中华人民共和国
常用法律 法规 规章
司法解释大全

中华人民共和国司法部 编

2021年版
总第十四版

中国法制出版社
CHINA LEGAL PUBLISHING HOUSE

编 辑 说 明

作为中国法制出版社常年畅销的工具书，本书已更新至第十四版。本书特点如下：

一、权威编撰

本书由中华人民共和国司法部编辑审定，内容准确、权威。

二、精选文件

从我国数千件法律文件中，精选出使用频率最高、最实用的法律、行政法规、部门规章、司法解释四个效力层级的三百余个法律文件。

三、准确查找

1. 将所选文件分为：宪法及相关法、民法商法、行政法、经济法、社会法、刑法、诉讼及非诉讼法七大类。每个大类下再根据内容进行二级分类，并按照文件的效力层级进行排列，力求主题明确，层级分明。

2. 除常规目录外，本书还制作了拼音索引，方便读者快速准确地查找文件。

3. 由于部分文件在划分类别时可能存在交叉或重叠，为避免重复收录，便于查阅，本版在目录中设置了“存目”，原处收录全文，存目处仅标出参见处及文件页码，方便读者检索。例如，《中华人民共和国消费者权益保护法》在“民法商法—总类”类目下收录全文，在“经济法—质量监督”类目下设存目，注明：“中华人民共和国消费者权益保护法［存目，参见民法商法（一）总类]”。

4. 选取了部分重要的法律和行政法规，逐条加注条旨，言简意赅，方便读者快速准确地了解条文内容。

四、超值赠送、动态增补（扫一扫文后二维码，免费获取增值服务）

1. 免费以电子版形式赠送截至2021年1月最高人民法院、最高人民检察院发布的指导性案例。

2. 依托我社权威法规出版物《中华人民共和国新法规汇编》，提供免费实时专业法规电子版增补服务。

由于编者水平有限，书中难免存在纰漏。读者在使用过程中如有任何的意见和建议，也请不吝赐教，以帮助我们不断修订完善。

编者

2021年1月

2021年版修订说明

本版就2019年10月－2021年1月**新出台的重要法律文件进行了增补**，如政府督查工作条例、公职人员政务处分法、民法典、全国法院民商事审判工作会议纪要、最高人民法院关于适用《中华人民共和国民法典》时间效力的若干规定、最高人民法院关于审理食品安全民事纠纷案件适用法律若干问题的解释（一）、最高人民法院关于适用《中华人民共和国民法典》物权编的解释（一）、最高人民法院关于适用《中华人民共和国民法典》有关担保制度的解释、最高人民法院关于审理建设工程施工合同纠纷案件适用法律问题的解释（一）、最高人民法院关于适用《中华人民共和国民法典》婚姻家庭编的解释（一）、最高人民法院关于适用《中华人民共和国民法典》继承编的解释（一）、优化营商环境条例、外商投资法实施条例、最高人民法院关于适用《中华人民共和国外商投资法》若干问题的解释、社区矫正法、城市维护建设税法、契税法、最高人民法院关于审理侵犯商业秘密民事案件适用法律若干问题的规定、保障农民工工资支付条例、最高人民法院关于审理劳动争议案件适用法律问题的解释（一）、最高人民法院关于审理行政协议案件若干问题的规定、最高人民法院关于行政机关负责人出庭应诉若干问题的规定等。

就**新修改的法律文件进行了替换**，如全国人民代表大会和地方各级人民代表大会选举法、著作权法、专利法、证券法、行政处罚法、公安机关办理行政案件程序规定、公安机关办理刑事案件程序规定、道路交通安全违法行为处理程序规定、公证程序规则、营业性演出管理条例、娱乐场所管理条例、城镇国有土地使用权出让和转让暂行条例、城市房地产开发经营管理条例、预算法实施条例、食品安全法实施条例、未成年人保护法、刑法、预防未成年人犯罪法、最高人民法院关于民事诉讼证据的若干规定等。

此外，根据最高人民法院贯彻实施民法典全面完成司法解释清理工作结果，对相关司法解释进行了修订。

编者

2021年1月

总 目 录

拼音索引 …………………………………… (1)

宪法及相关法

(一) 宪法 ………………………… (1-1)
(二) 国家机构组织 …………… (1-13)
(三) 立法制度 ……………… (1-69)
(四) 民族区域自治 …………… (1-79)
(五) 国家赔偿 ……………… (1-85)

民法商法

(一) 总类 ………………………… (2-1)
(二) 物权 ……………………… (2-119)
(三) 合同 ……………………… (2-144)
(四) 婚姻家庭、继承 ……… (2-176)
(五) 侵权责任 ……………… (2-187)
(六) 知识产权 ……………… (2-199)
(七) 商法 ……………………… (2-256)

行政法

(一) 总类 ………………………… (3-1)
(二) 人事 ……………………… (3-42)
(三) 公安 ……………………… (3-57)
(四) 交通安全 ……………… (3-154)
(五) 司法行政 ……………… (3-184)
(六) 教育、文化 …………… (3-212)
(七) 旅游 ……………………… (3-242)
(八) 应急管理 ……………… (3-259)
(九) 卫生 ……………………… (3-278)
(十) 环境保护 ……………… (3-323)
(十一) 土地 ………………… (3-335)
(十二) 房地产 ……………… (3-351)

经济法

(一) 财政 ………………………… (4-1)
(二) 会计、税务 …………… (4-25)
(三) 建筑 ……………………… (4-66)
(四) 公路运输 ……………… (4-88)
(五) 邮电、信息 …………… (4-107)
(六) 市场监管 ……………… (4-133)

社会法

(一) 社会保障 ………………… (5-1)
(二) 特殊保障 ……………… (5-47)
(三) 劳动用工 ……………… (5-79)
(四) 安全保护 ……………… (5-108)

刑 法

诉讼及非诉讼程序法

(一) 刑事诉讼 ………………… (7-1)
(二) 民事诉讼 ……………… (7-102)
(三) 行政诉讼 ……………… (7-193)
(四) 非诉讼程序 …………… (7-229)

目　　录*

拼音索引 …………………………………………………………………………………… (*1*)

宪法及相关法

(一)宪　法

中华人民共和国宪法…………………………………………………………………… (1－1)
(2018 年 3 月 11 日修正)

(二)国家机构组织

中华人民共和国全国人民代表大会组织法 ……………………………………………… (1－13)
(1982 年 12 月 10 日)
☆**中华人民共和国全国人民代表大会和地方各级人民代表大会选举法 ………………… (1－17)
(2020 年 10 月 17 日修正)
全国人民代表大会常务委员会关于县级以下人民代表大会代表直接选举的若干规定…… (1－24)
(1983 年 3 月 5 日)
中华人民共和国地方各级人民代表大会和地方各级人民政府组织法 ………………… (1－25)
(2015 年 8 月 29 日修正)
中华人民共和国各级人民代表大会常务委员会监督法 ……………………………… (1－33)
(2006 年 8 月 27 日)
中华人民共和国全国人民代表大会和地方各级人民代表大会代表法 ………………… (1－38)
(2015 年 8 月 29 日修正)
中华人民共和国监察法 ……………………………………………………………… (1－43)
(2018 年 3 月 20 日)
△政府督查工作条例 ………………………………………………………………… (1－49)
(2020 年 12 月 26 日)
中华人民共和国国务院组织法 ……………………………………………………… (1－51)
(1982 年 12 月 10 日)
中华人民共和国法官法 ……………………………………………………………… (1－52)
(2019 年 4 月 23 日修订)

---

* 本目录中的时间为法律文件的公布时间或最后一次修正、修订的公布时间。

** 文件名称前加△，表示 2019 年 10 月以后新公布的法律文件，加☆表示 2019 年 10 月以后最新修改的法律文件。

中华人民共和国检察官法 …………………………………………………………………… (1-57)
(2019 年 4 月 23 日修订)
△中华人民共和国公职人员政务处分法 ……………………………………………………… (1-62)
(2020 年 6 月 20 日)

(三)立法制度

中华人民共和国立法法 ……………………………………………………………………… (1-69)
(2015 年 3 月 15 日修正)

(四)民族区域自治

中华人民共和国民族区域自治法 …………………………………………………………… (1-79)
(2001 年 2 月 28 日修正)

(五)国家赔偿

中华人民共和国国家赔偿法 ………………………………………………………………… (1-85)
(2012 年 10 月 26 日修正)
最高人民法院关于适用《中华人民共和国国家赔偿法》若干问题的解释(一) ……………… (1-90)
(2011 年 2 月 28 日)

民法商法

(一)总　类

△中华人民共和国民法典……………………………………………………………………… (2-1)
(2020 年 5 月 28 日)
△最高人民法院关于适用《中华人民共和国民法典》时间效力的若干规定 ………………… (2-84)
(2020 年 12 月 29 日)
△全国法院民商事审判工作会议纪要 ……………………………………………………… (2-86)
(2019 年 11 月 8 日)
☆最高人民法院关于审理涉及公证活动相关民事案件的若干规定………………………… (2-111)
(2020 年 12 月 23 日修正)
中华人民共和国消费者权益保护法………………………………………………………… (2-112)
(2013 年 10 月 25 日修正)
△最高人民法院关于审理食品安全民事纠纷案件适用法律若干问题的解释(一) …… (2-117)
(2020 年 12 月 8 日)
最高人民法院关于审理消费民事公益诉讼案件适用法律若干问题的解释[存目,参见民法商法(五)侵权责任]* ………………………………………………………………… (2-197)

* 为便于查询,同时与几个主题相关的法律文件,本目录中均设置了存目条。

(二)物　权

△最高人民法院关于适用《中华人民共和国民法典》物权编的解释(一) …………………… (2-119)
(2020年12月29日)
△最高人民法院关于适用《中华人民共和国民法典》有关担保制度的解释 …………… (2-120)
(2020年12月31日)
☆最高人民法院关于审理矿业权纠纷案件适用法律若干问题的解释…………………… (2-130)
(2020年12月23日修正)
国有土地上房屋征收与补偿条例[存目,参见行政法(十二)房地产] …………………… (3-388)
不动产登记暂行条例[存目,参见行政法(十二)房地产] ………………………………… (3-372)
不动产登记暂行条例实施细则[存目,参见行政法(十二)房地产] ……………………… (3-375)
☆最高人民法院关于审理建筑物区分所有权纠纷案件适用法律若干问题的解释……… (2-132)
(2020年12月23日修正)
最高人民法院关于审理物业服务纠纷案件适用法律若干问题的解释[存目,参见
行政法(十二)房地产] ………………………………………………………………………… (3-397)
☆中华人民共和国农村土地承包法……………………………………………………………… (2-133)
(2018年12月29日修正)
农村土地承包经营权流转管理办法……………………………………………………………… (2-139)
(2005年1月19日)
☆最高人民法院关于审理涉及农村土地承包纠纷案件适用法律问题的解释……………… (2-141)
(2020年12月23日修正)
中华人民共和国农村土地承包经营纠纷调解仲裁法[存目,参见诉讼及非诉讼
程序法(四)非诉讼程序] ……………………………………………………………………… (7-244)
最高人民法院关于审理涉及农村土地承包经营纠纷调解仲裁案件适用法律
若干问题的解释[存目,参见诉讼及非诉讼程序法(四)非诉讼程序] ……………………… (7-248)

(三)合　同

☆最高人民法院关于审理买卖合同纠纷案件适用法律问题的解释…………………………… (2-144)
(2020年12月23日修正)
☆最高人民法院关于审理民间借贷案件适用法律若干问题的规定…………………………… (2-147)
(2020年12月23日修正)
☆最高人民法院关于审理旅游纠纷案件适用法律若干问题的规定…………………………… (2-150)
(2020年12月23日修正)
☆最高人民法院关于审理城镇房屋租赁合同纠纷案件具体应用法律若干问题的
解释……………………………………………………………………………………………… (2-152)
(2020年12月23日修正)
☆最高人民法院关于审理涉及国有土地使用权合同纠纷案件适用法律问题的解释…… (2-153)
(2020年12月23日修正)
△最高人民法院关于审理建设工程施工合同纠纷案件适用法律问题的解释(一) …… (2-155)
(2020年12月29日)

☆最高人民法院关于审理商品房买卖合同纠纷案件适用法律若干问题的解释………… (2－159)
(2020年12月23日修正)
☆最高人民法院关于审理融资租赁合同纠纷案件适用法律问题的解释…………………… (2－161)
(2020年12月23日修正)
中华人民共和国招标投标法………………………………………………………………… (2－162)
(2017年12月27日修正)
中华人民共和国招标投标法实施条例……………………………………………………… (2－168)
(2019年3月2日修订)

(四)婚姻家庭、继承

中华人民共和国反家庭暴力法[存目,参见社会法(二)特殊保障] ……………………… (5－76)
婚姻登记条例……………………………………………………………………………… (2－176)
(2003年8月8日)
△最高人民法院关于适用《中华人民共和国民法典》婚姻家庭编的解释(一) ………… (2－178)
(2020年12月29日修正)
△最高人民法院关于适用《中华人民共和国民法典》继承编的解释(一) ……………… (2－184)
(2020年12月29日修正)

(五)侵权责任

☆最高人民法院关于审理人身损害赔偿案件适用法律若干问题的解释…………………… (2－187)
(2020年12月23日修正)
☆最高人民法院关于审理道路交通事故损害赔偿案件适用法律若干问题的解释……… (2－189)
(2020年12月23日修正)
☆最高人民法院关于审理利用信息网络侵害人身权益民事纠纷案件适用法律若
干问题的规定………………………………………………………………………………… (2－191)
(2020年12月23日修正)
☆最高人民法院关于审理环境侵权责任纠纷案件适用法律若干问题的解释…………… (2－193)
(2020年12月23日修正)
☆最高人民法院关于审理环境民事公益诉讼案件适用法律若干问题的解释…………… (2－194)
(2020年12月23日修正)
☆最高人民法院关于审理生态环境损害赔偿案件的若干规定(试行)[存目,参见
行政法(十)环境保护]……………………………………………………………………… (3－333)
☆最高人民法院关于审理消费民事公益诉讼案件适用法律若干问题的解释…………… (2－197)
(2020年12月23日修正)

(六)知识产权

☆中华人民共和国著作权法………………………………………………………………… (2－199)
(2020年11月11日修正)
中华人民共和国著作权法实施条例………………………………………………………… (2－206)
(2013年1月30日修订)

☆最高人民法院关于审理著作权民事纠纷案件适用法律若干问题的解释…………（2－208）
（2020 年 12 月 23 日修正）
中华人民共和国商标法……………………………………………………（2－211）
（2019 年 4 月 23 日修正）
中华人民共和国商标法实施条例……………………………………………（2－219）
（2014 年 4 月 29 日修订）
☆最高人民法院关于审理商标民事纠纷案件适用法律若干问题的解释…………（2－227）
（2020 年 12 月 23 日修正）
☆最高人民法院关于审理涉及驰名商标保护的民事纠纷案件应用法律若干问题的解释……………………………………………………（2－230）
（2020 年 12 月 23 日修正）
☆中华人民共和国专利法……………………………………………………（2－231）
（2020 年 10 月 17 日修正）
中华人民共和国专利法实施细则……………………………………………（2－238）
（2010 年 1 月 9 日修订）
信息网络传播权保护条例……………………………………………………（2－253）
（2013 年 1 月 30 日修订）
最高人民法院关于审理利用信息网络侵害人身权益民事纠纷案件适用法律若干问题的规定［存目，参见民法商法（五）侵权责任］……………………（*2－191*）
最高人民法院、最高人民检察院关于办理利用信息网络实施诽谤等刑事案件适用法律若干问题的解释［存目，参见刑法］……………………………（*6－83*）

（七）商　法

中华人民共和国公司法……………………………………………………（2－256）
（2018 年 10 月 26 日修正）
△优化营商环境条例…………………………………………………………（2－275）
（2019 年 10 月 22 日）
中华人民共和国公司登记管理条例［存目，参见经济法（六）市场监管］…………（*4－149*）
最高人民法院关于适用《中华人民共和国公司法》若干问题的规定（一）…………（2－281）
（2014 年 2 月 20 日修正）
☆最高人民法院关于适用《中华人民共和国公司法》若干问题的规定（二）…………（2－282）
（2020 年 12 月 23 日修正）
☆最高人民法院关于适用《中华人民共和国公司法》若干问题的规定（三）…………（2－284）
（2020 年 12 月 23 日修正）
☆最高人民法院关于适用《中华人民共和国公司法》若干问题的规定（四）…………（2－287）
（2020 年 12 月 23 日修正）
☆最高人民法院关于适用《中华人民共和国公司法》若干问题的规定（五）…………（2－290）
（2020 年 12 月 23 日修正）
中华人民共和国合伙企业法…………………………………………………（2－291）
（2006 年 8 月 27 日修订）

中华人民共和国个人独资企业法……………………………………………………（2－298）
（1999年8月30日）
企业信息公示暂行条例……………………………………………………………（2－302）
（2014年8月7日）
中华人民共和国外商投资法…………………………………………………………（2－304）
（2019年3月15日）
△中华人民共和国外商投资法实施条例……………………………………………（2－307）
（2019年12月26日）
△最高人民法院关于适用《中华人民共和国外商投资法》若干问题的解释 ………（2－311）
（2019年12月26日）
中华人民共和国企业破产法…………………………………………………………（2－312）
（2006年8月27日）
最高人民法院关于适用《中华人民共和国企业破产法》若干问题的规定(一) ……（2－323）
（2011年9月9日）
☆最高人民法院关于适用《中华人民共和国企业破产法》若干问题的规定(二) ………（2－324）
（2020年12月23日修正）
☆最高人民法院关于适用《中华人民共和国企业破产法》若干问题的规定(三) ………（2－330）
（2020年12月23日修正）
中华人民共和国保险法………………………………………………………………（2－332）
（2015年4月24日修正）
机动车交通事故责任强制保险条例…………………………………………………（2－347）
（2019年3月2日修订）
最高人民法院关于适用《中华人民共和国保险法》若干问题的解释(一) ……………（2－351）
（2009年9月21日）
☆最高人民法院关于适用《中华人民共和国保险法》若干问题的解释(二) ……………（2－352）
（2020年12月23日修正）
☆最高人民法院关于适用《中华人民共和国保险法》若干问题的解释(三) ……………（2－354）
（2020年12月23日修正）
☆最高人民法院关于适用《中华人民共和国保险法》若干问题的解释(四) ……………（2－356）
（2020年12月23日修正）
中华人民共和国票据法………………………………………………………………（2－358）
（2004年8月28日修正）
☆最高人民法院关于审理票据纠纷案件若干问题的规定……………………………（2－365）
（2020年12月23日修正）
☆中华人民共和国证券法……………………………………………………………（2－370）
（2019年12月28日修订）
最高人民法院关于审理证券市场因虚假陈述引发的民事赔偿案件的若干
规定…………………………………………………………………………………（2－392）
（2003年1月9日）

行 政 法

(一)总　类

中华人民共和国行政许可法……………………………………………………………………（3－1）
（2019 年 4 月 23 日修正）
△中华人民共和国行政处罚法…………………………………………………………………（3－9）
（2021 年 1 月 22 日修订）
中华人民共和国行政复议法 ……………………………………………………………………（3－16）
（2017 年 9 月 1 日修正）
中华人民共和国行政复议法实施条例 …………………………………………………………（3－21）
（2007 年 5 月 29 日）
信访条例 …………………………………………………………………………………………（3－26）
（2005 年 1 月 10 日）
中华人民共和国政府信息公开条例 ……………………………………………………………（3－31）
（2019 年 4 月 3 日修订）
中华人民共和国行政强制法 ……………………………………………………………………（3－35）
（2011 年 6 月 30 日）

(二)人　事

中华人民共和国公务员法 ………………………………………………………………………（3－42）
（2018 年 12 月 29 日修订）
行政机关公务员处分条例 ………………………………………………………………………（3－52）
（2007 年 4 月 22 日）

(三)公　安

中华人民共和国人民警察法 ……………………………………………………………………（3－57）
（2012 年 10 月 26 日修正）
☆公安机关办理行政案件程序规定 ……………………………………………………………（3－61）
（2020 年 8 月 6 日修正）
☆公安机关办理刑事案件程序规定 ……………………………………………………………（3－85）
（2020 年 7 月 20 日修正）
中华人民共和国居民身份证法…………………………………………………………………（3－119）
（2011 年 10 月 29 日修正）
中华人民共和国户口登记条例…………………………………………………………………（3－122）
（1958 年 1 月 9 日）
居住证暂行条例…………………………………………………………………………………（3－123）
（2015 年 11 月 26 日）

中华人民共和国出境入境管理法……………………………………………………………（3-126）
（2012年6月30日）
中华人民共和国治安管理处罚法……………………………………………………………（3-134）
（2012年10月26日修正）
中华人民共和国禁毒法…………………………………………………………………………（3-145）
（2007年12月29日）
戒毒条例…………………………………………………………………………………………（3-150）
（2018年9月18日修订）

（四）交通安全

中华人民共和国道路交通安全法……………………………………………………………（3-154）
（2011年4月22日修正）
中华人民共和国道路交通安全法实施条例…………………………………………………（3-166）
（2017年10月7日修订）
机动车交通事故责任强制保险条例［存目，参见民法商法（七）商法］……………………（*2-347*）
☆道路交通安全违法行为处理程序规定………………………………………………………（3-176）
（2020年4月7日修正）
最高人民法院关于审理道路交通事故损害赔偿案件适用法律若干问题的解释
［存目，参见民法商法（五）侵权责任］………………………………………………………（*2-189*）
最高人民法院关于审理交通肇事刑事案件具体应用法律若干问题的解释［存目，
参见刑法］ ……………………………………………………………………………………（*6-85*）
最高人民法院、最高人民检察院、公安部关于办理醉酒驾驶机动车刑事案件
适用法律若干问题的意见［存目，参见刑法］ ………………………………………………（*6-86*）

（五）司法行政

中华人民共和国律师法…………………………………………………………………………（3-184）
（2017年9月1日修正）
法律援助条例……………………………………………………………………………………（3-189）
（2003年7月21日）
中华人民共和国公证法…………………………………………………………………………（3-192）
（2017年9月1日修正）
☆公证程序规则…………………………………………………………………………………（3-196）
（2020年10月20日修正）
最高人民法院关于审理涉及公证活动相关民事案件的若干规定［存目，参见
民法商法（一）总类］ …………………………………………………………………………（*2-111*）
最高人民法院关于公证债权文书执行若干问题的规定［存目，参见
诉讼及非诉讼程序法（二）民事诉讼］…………………………………………………………（*7-189*）
中华人民共和国监狱法…………………………………………………………………………（3-202）
（2012年10月26日修正）
△中华人民共和国社区矫正法…………………………………………………………………（3-207）
（2019年12月28日）

(六)教育、文化

中华人民共和国教育法…………………………………………………… (3-212)
(2015年12月27日修正)
中华人民共和国义务教育法…………………………………………… (3-218)
(2018年12月29日修正)
☆营业性演出管理条例…………………………………………………… (3-223)
(2020年11月29日修订)
☆娱乐场所管理条例……………………………………………………… (3-229)
(2020年11月29日修订)
中华人民共和国文物保护法…………………………………………… (3-234)
(2017年11月4日修正)

(七)旅　游

中华人民共和国旅游法………………………………………………… (3-242)
(2018年10月26日修正)
旅游行政处罚办法……………………………………………………… (3-251)
(2013年5月12日)
最高人民法院关于审理旅游纠纷案件适用法律若干问题的规定[存目,参见民法商法(三)合同]……………………………………………………… *(2-150)*

(八)应急管理

中华人民共和国消防法………………………………………………… (3-259)
(2019年4月23日修正)
中华人民共和国突发事件应对法……………………………………… (3-266)
(2007年8月30日)
突发公共卫生事件应急条例…………………………………………… (3-274)
(2011年1月8日修订)

(九)卫　生

中华人民共和国执业医师法…………………………………………… (3-278)
(2009年8月27日修正)
处方管理办法…………………………………………………………… (3-282)
(2007年2月14日)
医疗事故处理条例……………………………………………………… (3-287)
(2002年4月4日)
医疗纠纷预防和处理条例……………………………………………… (3-293)
(2018年7月31日)
☆最高人民法院关于审理医疗损害责任纠纷案件适用法律若干问题的解释………… (3-298)
(2020年12月23日修正)

中华人民共和国药品管理法…………………………………………………………………………（3－301）
（2019 年 8 月 26 日修订）
中华人民共和国传染病防治法………………………………………………………………………（3－314）
（2013 年 6 月 29 日修正）

（十）环境保护

中华人民共和国环境保护法…………………………………………………………………………（3－323）
（2014 年 4 月 24 日修订）
中华人民共和国环境影响评价法……………………………………………………………………（3－329）
（2018 年 12 月 29 日修正）
☆最高人民法院关于审理生态环境损害赔偿案件的若干规定（试行）……………………（3－333）
（2020 年 12 月 23 日修正）
中华人民共和国环境保护税法［存目，参见经济法（二）会计、税务］………………（4－52）
最高人民法院关于审理环境侵权责任纠纷案件适用法律若干问题的解释［存目，
参见民法商法（五）侵权责任］…………………………………………………………………（2－193）
最高人民法院关于审理环境民事公益诉讼案件适用法律若干问题的解释［存目，
参见民法商法（五）侵权责任］…………………………………………………………………（2－194）
最高人民法院、最高人民检察院关于办理环境污染刑事案件适用法律若干问题
的解释［存目，参见刑法］……………………………………………………………………（6－87）

（十一）土　地

中华人民共和国土地管理法…………………………………………………………………………（3－335）
（2019 年 8 月 26 日修正）
☆中华人民共和国城镇国有土地使用权出让和转让暂行条例……………………………（3－344）
（2020 年 11 月 29 日修订）
招标拍卖挂牌出让国有建设用地使用权规定…………………………………………………（3－347）
（2007 年 9 月 28 日）
最高人民法院关于审理涉及国有土地使用权合同纠纷案件适用法律问题的解释
［存目，参见民法商法（三）合同］……………………………………………………………（2－153）
最高人民法院关于审理涉及农村集体土地行政案件若干问题的规定……………………（3－350）
（2011 年 8 月 7 日）

（十二）房地产

中华人民共和国城乡规划法…………………………………………………………………………（3－351）
（2019 年 4 月 23 日修正）
中华人民共和国城市房地产管理法…………………………………………………………………（3－358）
（2019 年 8 月 26 日修正）
☆城市房地产开发经营管理条例……………………………………………………………………（3－363）
（2020 年 11 月 29 日修订）
城市商品房预售管理办法……………………………………………………………………………（3－366）
（2004 年 7 月 20 日修正）

商品房销售管理办法…………………………………………………………………………………（3-367）
（2001年4月4日）
最高人民法院关于审理商品房买卖合同纠纷案件适用法律若干问题的解释
［存目，参见民法商法（三）合同］……………………………………………………………（2-159）
不动产登记暂行条例……………………………………………………………………………（3-372）
（2019年3月24日修订）
不动产登记暂行条例实施细则……………………………………………………………………（3-375）
（2019年7月24日）
最高人民法院关于审理房屋登记案件若干问题的规定…………………………………………（3-386）
（2010年11月5日）
最高人民法院关于审理城镇房屋租赁合同纠纷案件具体应用法律若干问题
的解释［存目，参见民法商法（三）合同］……………………………………………………（2-152）
国有土地上房屋征收与补偿条例…………………………………………………………………（3-388）
（2011年1月21日）
最高人民法院关于办理申请人民法院强制执行国有土地上房屋征收补偿决定
案件若干问题的规定……………………………………………………………………………（3-391）
（2012年3月26日）
物业管理条例……………………………………………………………………………………（3-392）
（2018年3月19日修订）
☆最高人民法院关于审理物业服务纠纷案件适用法律若干问题的解释……………………（3-397）
（2020年12月23日修正）

经济法

（一）财　政

中华人民共和国预算法…………………………………………………………………………（4-1）
（2018年12月29日修正）
☆中华人民共和国预算法实施条例 ……………………………………………………………（4-10）
（2020年8月3日修订）
中华人民共和国政府采购法 ……………………………………………………………………（4-18）
（2014年8月31日修正）

（二）会计、税务

中华人民共和国会计法 …………………………………………………………………………（4-25）
（2017年11月4日修正）
企业财务会计报告条例 …………………………………………………………………………（4-29）
（2000年6月21日）
中华人民共和国企业所得税法 …………………………………………………………………（4-33）
（2018年12月29日修正）

中华人民共和国企业所得税法实施条例 …………………………………………… (4-38)
(2019 年 4 月 23 日修订)
中华人民共和国个人所得税法 ……………………………………………………… (4-49)
(2018 年 8 月 31 日修正)
中华人民共和国环境保护税法 ……………………………………………………… (4-52)
(2018 年 10 月 26 日修正)
△中华人民共和国城市维护建设税法 ……………………………………………… (4-55)
(2020 年 8 月 11 日)
△中华人民共和国契税法 …………………………………………………………… (4-56)
(2020 年 8 月 11 日)
中华人民共和国增值税暂行条例 …………………………………………………… (4-57)
(2017 年 11 月 19 日修订)
中华人民共和国消费税暂行条例 …………………………………………………… (4-59)
(2008 年 11 月 10 日修订)
中华人民共和国房产税暂行条例 …………………………………………………… (4-62)
(2011 年 1 月 8 日修订)
中华人民共和国车船税法 …………………………………………………………… (4-63)
(2019 年 4 月 23 日修正)
中华人民共和国土地增值税暂行条例 ……………………………………………… (4-64)
(2011 年 1 月 8 日修订)
中华人民共和国城镇土地使用税暂行条例 ………………………………………… (4-65)
(2019 年 3 月 2 日修订)

(三)建　筑

中华人民共和国建筑法 ……………………………………………………………… (4-66)
(2019 年 4 月 23 日修正)
最高人民法院关于审理建设工程施工合同纠纷案件适用法律问题的解释(一)
[存目,参见民法商法(三)合同] ………………………………………………… (2-155)
建设工程质量管理条例 ……………………………………………………………… (4-72)
(2019 年 4 月 23 日修订)
建设工程勘察设计管理条例 ………………………………………………………… (4-78)
(2017 年 10 月 7 日修订)
建设工程安全生产管理条例 ………………………………………………………… (4-81)
(2003 年 11 月 24 日)

(四)公路运输

中华人民共和国公路法 ……………………………………………………………… (4-88)
(2017 年 11 月 4 日修正)
公路安全保护条例 …………………………………………………………………… (4-94)
(2011 年 3 月 7 日)

中华人民共和国道路交通安全法[存目,参见行政法(四)交通安全] …………………… (3-154)
中华人民共和国道路交通安全法实施条例[存目,参见行政法(四)交通安全] ………… (3-166)
中华人民共和国道路运输条例…………………………………………………………… (4-101)
(2019年3月2日修订)

(五)邮电、信息

中华人民共和国邮政法……………………………………………………………………… (4-107)
(2015年4月24日修正)
快递暂行条例……………………………………………………………………………… (4-114)
(2019年3月2日修订)
中华人民共和国网络安全法……………………………………………………………… (4-119)
(2016年11月7日)
中华人民共和国电子商务法……………………………………………………………… (4-126)
(2018年8月31日)

(六)市场监管

中华人民共和国反垄断法………………………………………………………………… (4-133)
(2007年8月30日)
☆最高人民法院关于审理因垄断行为引发的民事纠纷案件应用法律若干问题的规定……………………………………………………………………………………… (4-138)
(2020年12月23日修正)
国务院关于经营者集中申报标准的规定………………………………………………… (4-140)
(2018年9月18日修订)
中华人民共和国反不正当竞争法………………………………………………………… (4-140)
(2019年4月23日修正)
☆最高人民法院关于审理不正当竞争民事案件应用法律若干问题的解释……………… (4-143)
(2020年12月23日修正)
△最高人民法院关于审理侵犯商业秘密民事案件适用法律若干问题的规定…………… (4-146)
(2020年9月10日)
中华人民共和国公司登记管理条例……………………………………………………… (4-149)
(2016年2月6日修订)
个体工商户条例…………………………………………………………………………… (4-156)
(2016年2月6日修订)
中华人民共和国广告法…………………………………………………………………… (4-158)
(2018年10月26日修正)
中华人民共和国产品质量法……………………………………………………………… (4-166)
(2018年12月29日修正)
中华人民共和国消费者权益保护法[存目,参见民法商法(一)总类] ………………… (2-112)
中华人民共和国食品安全法……………………………………………………………… (4-172)
(2018年12月29日修正)

☆中华人民共和国食品安全法实施条例…………………………………………………………(4-192)
(2019年10月11日修订)
最高人民法院关于审理食品安全民事纠纷案件适用法律若干问题的解释(一)
[存目,参见民法商法(一)总类]……………………………………………………(2-117)
市场监督管理行政处罚程序暂行规定…………………………………………………………(4-198)
(2018年12月21日)
市场监督管理行政处罚听证暂行办法…………………………………………………………(4-206)
(2018年12月21日)
市场监督管理行政许可程序暂行规定…………………………………………………………(4-209)
(2019年8月21日)

社会法

(一)社会保障

中华人民共和国工会法…………………………………………………………………………(5-1)
(2009年8月27日修正)
住房公积金管理条例…………………………………………………………………………(5-5)
(2019年3月24日修订)
中华人民共和国社会保险法……………………………………………………………………(5-9)
(2018年12月29日修正)
社会保险费征缴暂行条例……………………………………………………………………(5-17)
(2019年3月24日修订)
工伤保险条例…………………………………………………………………………………(5-19)
(2010年12月20日修订)
工伤认定办法…………………………………………………………………………………(5-26)
(2010年12月31日)
部分行业企业工伤保险费缴纳办法…………………………………………………………(5-28)
(2010年12月31日)
因工死亡职工供养亲属范围规定……………………………………………………………(5-28)
(2003年9月23日)
最高人民法院关于审理工伤保险行政案件若干问题的规定…………………………………(5-29)
(2014年6月18日)
失业保险条例…………………………………………………………………………………(5-30)
(1999年1月22日)
城市居民最低生活保障条例…………………………………………………………………(5-33)
(1999年9月28日)
社会救助暂行办法……………………………………………………………………………(5-34)
(2019年3月2日修订)
中华人民共和国慈善法………………………………………………………………………(5-39)
(2016年3月16日)

(二)特殊保障

中华人民共和国残疾人保障法 …………………………………………………… (5-47)
(2018年10月26日修正)
☆中华人民共和国未成年人保护法 ……………………………………………… (5-53)
(2020年10月17日修订)
禁止使用童工规定 …………………………………………………………………… (5-65)
(2002年10月1日)
中华人民共和国妇女权益保障法 ……………………………………………… (5-66)
(2018年10月26日修正)
中华人民共和国老年人权益保障法 …………………………………………… (5-70)
(2018年12月29日修正)
中华人民共和国反家庭暴力法 ………………………………………………… (5-76)
(2015年12月27日)

(三)劳动用工

中华人民共和国劳动法 ………………………………………………………… (5-79)
(2018年12月29日修正)
中华人民共和国劳动合同法 …………………………………………………… (5-86)
(2012年12月28日修正)
中华人民共和国劳动合同法实施条例 ………………………………………… (5-94)
(2008年9月18日)
职工带薪年休假条例 ……………………………………………………………… (5-97)
(2007年12月14日)
△保障农民工工资支付条例 …………………………………………………… (5-98)
(2019年12月30日)
中华人民共和国劳动争议调解仲裁法[存目,参见诉讼及非诉讼程序法
(四)非诉讼程序] ……………………………………………………………… (*7-239*)
△最高人民法院关于审理劳动争议案件适用法律问题的解释(一) ………… (5-103)
(2020年12月29日)

(四)安全保护

中华人民共和国安全生产法 …………………………………………………… (5-108)
(2014年8月31日修正)
安全生产许可证条例 ……………………………………………………………… (5-119)
(2014年7月29日修订)
生产安全事故报告和调查处理条例 …………………………………………… (5-121)
(2007年4月9日)
生产安全事故应急条例 ………………………………………………………… (5-125)
(2019年2月17日)

刑　法

☆中华人民共和国刑法 …… (6-1)
(2020 年 12 月 26 日修正)
全国人民代表大会常务委员会关于《中华人民共和国刑法》第九十三条第二款的解释 …… (6-52)
(2009 年 8 月 27 日修正)
全国人民代表大会常务委员会关于《中华人民共和国刑法》第二百二十八条、第三百四十二条、第四百一十条的解释 …… (6-52)
(2009 年 8 月 27 日修正)
全国人民代表大会常务委员会关于《中华人民共和国刑法》第二百九十四条第一款的解释 …… (6-53)
(2002 年 4 月 28 日)
全国人民代表大会常务委员会关于《中华人民共和国刑法》第三百八十四条第一款的解释 …… (6-53)
(2002 年 4 月 28 日)
全国人民代表大会常务委员会关于《中华人民共和国刑法》第三百一十三条的解释 …… (6-53)
(2002 年 8 月 29 日)
全国人民代表大会常务委员会关于《中华人民共和国刑法》第九章渎职罪主体适用问题的解释 …… (6-54)
(2002 年 12 月 28 日)
全国人民代表大会常务委员会关于《中华人民共和国刑法》有关信用卡规定的解释 …… (6-54)
(2004 年 12 月 29 日)
全国人民代表大会常务委员会关于惩治骗购外汇、逃汇和非法买卖外汇犯罪的决定 …… (6-54)
(1998 年 12 月 29 日)
全国人民代表大会常务委员会关于《中华人民共和国刑法》第三十条的解释 …… (6-55)
(2014 年 4 月 24 日)
全国人民代表大会常务委员会关于《中华人民共和国刑法》第一百五十八条、第一百五十九条的解释 …… (6-55)
(2014 年 4 月 24 日)
全国人民代表大会常务委员会关于《中华人民共和国刑法》第二百六十六条的解释 …… (6-56)
(2014 年 4 月 24 日)
全国人民代表大会常务委员会关于《中华人民共和国刑法》第三百四十一条、第三百一十二条的解释 …… (6-56)
(2014 年 4 月 24 日)

☆中华人民共和国预防未成年人犯罪法 …………………………………………………… (6－56)
(2020年12月26日修订)
最高人民法院关于处理自首和立功具体应用法律若干问题的解释 ……………………… (6－61)
(1998年4月17日)
最高人民法院关于处理自首和立功若干具体问题的意见 ………………………………… (6－62)
(2010年12月22日)
最高人民法院关于办理减刑、假释案件具体应用法律的规定……………………………… (6－65)
(2016年11月14日)
最高人民法院关于办理减刑、假释案件具体应用法律的补充规定………………………… (6－69)
(2019年4月24日)
最高人民法院关于减刑、假释案件审理程序的规定[存目,参见诉讼及非诉讼程序法(一)刑事诉讼] ……………………………………………………………… (7－93)
最高人民法院关于审理抢劫案件具体应用法律若干问题的解释 ………………………… (6－70)
(2000年11月22日)
最高人民法院、最高人民检察院关于办理抢夺刑事案件适用法律若干问题的解释 ……… (6－70)
(2013年11月11日)
最高人民法院、最高人民检察院关于办理盗窃刑事案件适用法律若干问题的解释 ……… (6－71)
(2013年4月2日)
最高人民法院、最高人民检察院关于办理诈骗刑事案件具体应用法律若干问题的解释 …………………………………………………………………………… (6－73)
(2011年3月1日)
最高人民法院、最高人民检察院关于办理走私刑事案件适用法律若干问题的解释 ……………………………………………………………………………… (6－74)
(2014年8月12日)
最高人民法院、最高人民检察院关于办理贪污贿赂刑事案件适用法律若干问题的解释 …………………………………………………………………………… (6－79)
(2016年4月18日)
最高人民法院、最高人民检察院关于办理渎职刑事案件适用法律若干问题的解释(一) …………………………………………………………………………… (6－81)
(2012年12月7日)
最高人民法院、最高人民检察院关于办理利用信息网络实施诽谤等刑事案件适用法律若干问题的解释 …………………………………………………………… (6－83)
(2013年9月6日)
最高人民法院、最高人民检察院关于办理侵犯公民个人信息刑事案件适用法律若干问题的解释 ……………………………………………………………… (6－84)
(2017年5月8日)
最高人民法院关于审理交通肇事刑事案件具体应用法律若干问题的解释 ……………… (6－85)
(2000年11月15日)
最高人民法院、最高人民检察院、公安部关于办理醉酒驾驶机动车刑事案件适用法律若干问题的意见 …………………………………………………………… (6－86)
(2013年12月18日)

最高人民法院、最高人民检察院关于办理环境污染刑事案件适用法律若干问题的解释 …… (6-87)
(2016年12月23日)

诉讼及非诉讼程序法

(一)刑事诉讼

中华人民共和国刑事诉讼法…… (7-1)
(2018年10月26日修正)
全国人民代表大会常务委员会关于《中华人民共和国刑事诉讼法》第七十九条第三款的解释 …… (7-27)
(2014年4月24日)
全国人民代表大会常务委员会关于《中华人民共和国刑事诉讼法》第二百五十四条第五款、第二百五十七条第二款的解释…… (7-27)
(2014年4月24日)
全国人民代表大会常务委员会关于《中华人民共和国刑事诉讼法》第二百七十一条第二款的解释 …… (7-28)
(2014年4月24日)
最高人民法院关于适用《中华人民共和国刑事诉讼法》的解释 …… (7-28)
(2021年1月26日)
最高人民法院、最高人民检察院、公安部、国家安全部、司法部、全国人大常委会法制工作委员会关于实施刑事诉讼法若干问题的规定 …… (7-89)
(2012年12月26日)
最高人民法院关于减刑、假释案件审理程序的规定…… (7-93)
(2014年4月23日)
最高人民法院、最高人民检察院、公安部、国家安全部、司法部关于办理刑事案件严格排除非法证据若干问题的规定 …… (7-95)
(2017年6月20日)
最高人民法院、最高人民检察院、公安部关于办理刑事案件收集提取和审查判断电子数据若干问题的规定 …… (7-98)
(2016年9月9日)

(二)民事诉讼

中华人民共和国民事诉讼法…… (7-102)
(2017年6月27日修正)
诉讼费用交纳办法…… (7-125)
(2006年12月19日)
☆最高人民法院关于适用《中华人民共和国民事诉讼法》的解释 …… (7-130)
(2020年12月23日修正)

☆最高人民法院关于民事诉讼证据的若干规定……………………………… (7－169)
(2019 年 12 月 25 日修正)
☆最高人民法院关于审理民事案件适用诉讼时效制度若干问题的规定………… (7－178)
(2020 年 12 月 23 日修正)
☆最高人民法院关于适用《中华人民共和国民事诉讼法》审判监督程序若干问题的解释……………………………… (7－180)
(2020 年 12 月 23 日修正)
☆最高人民法院关于适用《中华人民共和国民事诉讼法》执行程序若干问题的解释……………………………… (7－181)
(2020 年 12 月 23 日修正)
☆最高人民法院关于人民法院办理执行异议和复议案件若干问题的规定………… (7－183)
(2020 年 12 月 23 日修正)
☆最高人民法院关于执行担保若干问题的规定……………………………… (7－187)
(2020 年 12 月 23 日修正)
☆最高人民法院关于执行和解若干问题的规定……………………………… (7－188)
(2020 年 12 月 23 日修正)
最高人民法院关于公证债权文书执行若干问题的规定……………………… (7－189)
(2018 年 9 月 30 日)
最高人民法院关于适用《中华人民共和国人民陪审员法》若干问题的解释 …………… (7－191)
(2019 年 4 月 24 日)

(三)行政诉讼

中华人民共和国行政诉讼法……………………………… (7－193)
(2017 年 6 月 27 日修正)
最高人民法院关于适用《中华人民共和国行政诉讼法》的解释 …………… (7－201)
(2018 年 2 月 6 日)
最高人民法院关于行政诉讼证据若干问题的规定……………………………… (7－218)
(2002 年 7 月 24 日)
△最高人民法院关于审理行政协议案件若干问题的规定……………………… (7－225)
(2019 年 11 月 27 日)
△最高人民法院关于行政机关负责人出庭应诉若干问题的规定……………… (7－227)
(2020 年 6 月 22 日)

(四)非诉讼程序

中华人民共和国仲裁法……………………………… (7－229)
(2017 年 9 月 1 日修正)
最高人民法院关于适用《中华人民共和国仲裁法》若干问题的解释 …………… (7－234)
(2006 年 8 月 23 日)
中华人民共和国人民调解法……………………………… (7－236)
(2010 年 8 月 28 日)

最高人民法院关于人民调解协议司法确认程序的若干规定……………………………………(7-238)
(2011年3月23日)
中华人民共和国劳动争议调解仲裁法……………………………………………………………(7-239)
(2007年12月29日)
中华人民共和国农村土地承包经营纠纷调解仲裁法……………………………………………(7-244)
(2009年6月27日)
☆最高人民法院关于审理涉及农村土地承包经营纠纷调解仲裁案件适用法律
若干问题的解释……………………………………………………………………………(7-248)
(2020年12月23日修正)

拼音索引*

A

安全生产法 …………………………… (5－108)
安全生产许可证条例 ………………… (5－119)

B

保险法 ………………………………… (2－332)
保障农民工工资支付条例 …………… (5－98)
关于办理盗窃刑事案件适用法律若干问题的解释 …………… (6－71)
关于办理渎职刑事案件适用法律若干问题的解释（一） ……………… (6－81)
关于办理环境污染刑事案件适用法律若干问题的解释 ………………… (6－87)
关于办理减刑、假释案件具体应用法律的补充规定 ……………… (6－69)
关于办理减刑、假释案件具体应用法律的规定 ……………………… (6－65)
关于办理利用信息网络实施诽谤等刑事案件适用法律若干问题的解释 ………………………………… (6－83)
关于办理抢夺刑事案件适用法律若干问题的解释 …………………… (6－70)
关于办理侵犯公民个人信息刑事案件适用法律若干问题的解释 …… (6－84)
关于办理申请人民法院强制执行国有土地上房屋征收补偿决定案件若干问题的规定 …………… (3－391)
关于办理贪污贿赂刑事案件适用法律若干问题的解释 ………………… (6－79)
关于办理刑事案件收集提取和审查判断电子数据若干问题的规定 …… (7－98)
关于办理刑事案件严格排除非法证据若干问题的规定 ……………… (7－95)
关于办理诈骗刑事案件具体应用法律若干问题的解释 ……………… (6－73)
关于办理走私刑事案件适用法律若干问题的解释 ……………………… (6－74)
关于办理醉酒驾驶机动车刑事案件适用法律若干问题的意见 ……… (6－86)
不动产登记暂行条例 ………………… (3－372)
不动产登记暂行条例实施细则 …… (3－375)
部分行业企业工伤保险费缴纳办法 … (5－28)

C

残疾人保障法 ………………………… (5－47)
产品质量法 ………………………… (4－166)
车船税法 …………………………… (4－63)
城市房地产管理法 ………………… (3－358)
城市房地产开发经营管理条例 …… (3－363)
城市居民最低生活保障条例 ……… (5－33)
城市商品房预售管理办法 ………… (3－366)
城市维护建设税法 ………………… (4－55)
城乡规划法 ………………………… (3－351)
城镇国有土地使用权出让和转让暂行条例 ………………………… (3－344)
城镇土地使用税暂行条例 ………… (4－65)
关于惩治骗购外汇、逃汇和非法买卖外汇犯罪的决定 ……………… (6－54)
处方管理办法 ……………………… (3－282)

---

* 本索引按文件首字字母音序排列。为方便读者查阅，凡以“中华人民共和国”和“发文机关＋关于”起始的法律文件，均以其后的首字字母音序排列，且本索引表中将“中华人民共和国”和“发文机关”字样省略。

关于处理自首和立功具体应用法律若干问题的解释 …………………… (6-61)
关于处理自首和立功若干具体问题的意见 …………………………… (6-62)
出境入境管理法 …………………… (3-126)
传染病防治法 ……………………… (3-314)
慈善法 ……………………………… (5-39)

D

道路交通安全法 …………………… (3-154)
道路交通安全法实施条例 ………… (3-166)
道路交通安全违法行为处理程序规定 …………………………… (3-176)
道路运输条例 ……………………… (4-101)
地方各级人民代表大会和地方各级人民政府组织法 ……………… (1-25)
电子商务法 ………………………… (4-126)

F

法官法 ……………………………… (1-52)
法律援助条例 ……………………… (3-189)
反不正当竞争法 …………………… (4-140)
反家庭暴力法 ……………………… (5-76)
反垄断法 …………………………… (4-133)
房产税暂行条例 …………………… (4-62)
妇女权益保障法 …………………… (5-66)

G

个人独资企业法 …………………… (2-298)
个人所得税法 ……………………… (4-49)
个体工商户条例 …………………… (4-156)
各级人民代表大会常务委员会监督法 ……………………………… (1-33)
工会法 ……………………………… (5-1)
工伤保险条例 ……………………… (5-19)
工伤认定办法 ……………………… (5-26)
公安机关办理刑事案件程序规定 …… (3-85)
公安机关办理行政案件程序规定 …… (3-61)
公路安全保护条例 ………………… (4-94)
公路法 ……………………………… (4-88)
公司登记管理条例 ………………… (4-149)
公司法 ……………………………… (2-256)
公务员法 …………………………… (3-42)
公证程序规则 ……………………… (3-196)
公证法 ……………………………… (3-192)
关于公证债权文书执行若干问题的规定 …………………………… (7-189)
公职人员政务处分法 ……………… (1-62)
广告法 ……………………………… (4-158)
国家赔偿法 ………………………… (1-85)
关于经营者集中申报标准的规定 … (4-140)
国务院组织法 ……………………… (1-51)
国有土地上房屋征收与补偿条例 … (3-388)

H

合伙企业法 ………………………… (2-291)
户口登记条例 ……………………… (3-122)
环境保护法 ………………………… (3-323)
环境保护税法 ……………………… (4-52)
环境影响评价法 …………………… (3-329)
婚姻登记条例 ……………………… (2-176)

J

机动车交通事故责任强制保险条例 ………………………………… (2-347)
监察法 ……………………………… (1-43)
监狱法 ……………………………… (3-202)
检察官法 …………………………… (1-57)
关于减刑、假释案件审理程序的规定 ……………………………… (7-93)
建设工程安全生产管理条例 ……… (4-81)
建设工程勘察设计管理条例 ……… (4-78)
建设工程质量管理条例 …………… (4-72)
建筑法 ……………………………… (4-66)
教育法 ……………………………… (3-212)
戒毒条例 …………………………… (3-150)
禁毒法 ……………………………… (3-145)
禁止使用童工规定 ………………… (5-65)
居民身份证法 ……………………… (3-119)
居住证暂行条例 …………………… (3-123)

K

快递暂行条例 …………………………（4－114）
会计法 ……………………………………（4－25）

L

劳动法 ……………………………………（5－79）
劳动合同法 ………………………………（5－86）
劳动合同法实施条例 ……………………（5－94）
劳动争议调解仲裁法 ……………………（7－239）
老年人权益保障法 ………………………（5－70）
立法法 ……………………………………（1－69）
旅游法 ……………………………………（3－242）
旅游行政处罚办法 ………………………（3－251）
律师法 ……………………………………（3－184）

M

民法典 ……………………………………（2－1）
民事诉讼法 ………………………………（7－102）
关于民事诉讼证据的若干规定 ……（7－169）
民族区域自治法 …………………………（1－79）

N

农村土地承包法 …………………………（2－133）
农村土地承包经营纠纷调解仲裁法 ……………………………………（7－244）
农村土地承包经营权流转管理办法 ……………………………………（2－139）

P

票据法 ……………………………………（2－358）

Q

企业财务会计报告条例 …………………（4－29）
企业破产法 ………………………………（2－312）
企业所得税法 ……………………………（4－33）
企业所得税法实施条例 …………………（4－38）
企业信息公示暂行条例 …………………（2－302）
契税法 ……………………………………（4－56）
全国法院民商事审判工作会议纪要 …（2－86）
全国人民代表大会和地方各级人民代表大会代表法 ……………………（1－38）
全国人民代表大会和地方各级人民代表大会选举法 ……………………（1－17）
全国人民代表大会组织法 ………………（1－13）

R

关于人民法院办理执行异议和复议案件若干问题的规定 …………（7－183）
人民警察法 ………………………………（3－57）
人民调解法 ………………………………（7－236）
关于人民调解协议司法确认程序的若干规定 …………………………（7－238）

S

商标法 ……………………………………（2－211）
商标法实施条例 …………………………（2－219）
商品房销售管理办法 ……………………（3－367）
社会保险法 ………………………………（5－9）
社会保险费征缴暂行条例 ………………（5－17）
社会救助暂行办法 ………………………（5－34）
社区矫正法 ………………………………（3－207）
关于审理不正当竞争民事案件应用法律若干问题的解释 …………（4－143）
关于审理城镇房屋租赁合同纠纷案件具体应用法律若干问题的解释 …（2－152）
关于审理道路交通事故损害赔偿案件适用法律若干问题的解释 …（2－189）
关于审理房屋登记案件若干问题的规定 ……………………………（3－386）
关于审理工伤保险行政案件若干问题的规定 …………………………（5－29）
关于审理环境民事公益诉讼案件适用法律若干问题的解释 ………（2－194）
关于审理环境侵权责任纠纷案件适用法律若干问题的解释 ………（2－193）
关于审理建设工程施工合同纠纷案件适用法律问题的解释(一) …（2－155）
关于审理建筑物区分所有权纠纷案件适用法律若干问题的解释 …（2－132）

关于审理交通肇事刑事案件具体应用法律若干问题的解释 …………（6-85）
关于审理矿业权纠纷案件适用法律若干问题的解释 …………（2-130）
关于审理劳动争议案件适用法律问题的解释（一） …………（5-103）
关于审理利用信息网络侵害人身权益民事纠纷案件适用法律若干问题的规定 …………（2-191）
关于审理旅游纠纷案件适用法律若干问题的规定 …………（2-150）
关于审理买卖合同纠纷案件适用法律问题的解释 …………（2-144）
关于审理民间借贷案件适用法律若干问题的规定 …………（2-147）
关于审理民事案件适用诉讼时效制度若干问题的规定 …………（7-178）
关于审理票据纠纷案件若干问题的规定 …………（2-365）
关于审理抢劫案件具体应用法律若干问题的解释 …………（6-70）
关于审理侵犯商业秘密民事案件适用法律若干问题的规定 …………（4-146）
关于审理人身损害赔偿案件适用法律若干问题的解释 …………（2-187）
关于审理融资租赁合同纠纷案件适用法律问题的解释 …………（2-161）
关于审理商标民事纠纷案件适用法律若干问题的解释 …………（2-227）
关于审理商品房买卖合同纠纷案件适用法律若干问题的解释 …………（2-159）
关于审理涉及驰名商标保护的民事纠纷案件应用法律若干问题的解释 …………（2-230）
关于审理涉及公证活动相关民事案件的若干规定 …………（2-111）
关于审理涉及国有土地使用权合同纠纷案件适用法律问题的解释 …………（2-153）
关于审理涉及农村集体土地行政案件若干问题的规定 …………（3-350）
关于审理涉及农村土地承包经营纠纷调解仲裁案件适用法律若干问题的解释 …………（7-248）
关于审理涉及农村土地承包纠纷案件适用法律问题的解释 …………（2-141）
关于审理生态环境损害赔偿案件的若干规定（试行） …………（3-333）
关于审理食品安全民事纠纷案件适用法律若干问题的解释（一） …………（2-117）
关于审理物业服务纠纷案件适用法律若干问题的解释 …………（3-397）
关于审理消费民事公益诉讼案件适用法律若干问题的解释 …………（2-197）
关于审理行政协议案件若干问题的规定 …………（7-225）
关于审理医疗损害责任纠纷案件适用法律若干问题的解释 …………（3-298）
关于审理因垄断行为引发的民事纠纷案件应用法律若干问题的规定 …………（4-138）
关于审理证券市场因虚假陈述引发的民事赔偿案件的若干规定 …………（2-392）
关于审理著作权民事纠纷案件适用法律若干问题的解释 …………（2-208）
生产安全事故报告和调查处理条例 …………（5-121）
生产安全事故应急条例 …………（5-125）
失业保险条例 …………（5-30）
食品安全法 …………（4-172）
食品安全法实施条例 …………（4-192）
市场监督管理行政处罚程序暂行规定 …………（4-198）
市场监督管理行政处罚听证暂行办法 …………（4-206）
市场监督管理行政许可程序暂行规定 …………（4-209）
关于实施刑事诉讼法若干问题的规定 …………（7-89）
关于适用《中华人民共和国民法典》有关担保制度的解释 …………（2-120）

关于适用《中华人民共和国保险法》若干问题的解释（二） …… （2－352）
关于适用《中华人民共和国保险法》若干问题的解释（三） …… （2－354）
关于适用《中华人民共和国保险法》若干问题的解释（四） …… （2－356）
关于适用《中华人民共和国保险法》若干问题的解释（一） …… （2－351）
关于适用《中华人民共和国公司法》若干问题的规定（二） …… （2－282）
关于适用《中华人民共和国公司法》若干问题的规定（三） …… （2－284）
关于适用《中华人民共和国公司法》若干问题的规定（四） …… （2－287）
关于适用《中华人民共和国公司法》若干问题的规定（五） …… （2－290）
关于适用《中华人民共和国公司法》若干问题的规定（一） …… （2－281）
关于适用《中华人民共和国国家赔偿法》若干问题的解释（一） … （1－90）
关于适用《中华人民共和国民法典》婚姻家庭编的解释（一） … （2－178）
关于适用《中华人民共和国民法典》继承编的解释（一） ……… （2－184）
关于适用《中华人民共和国民法典》时间效力的若干规定………… （2－84）
关于适用《中华人民共和国民法典》物权编的解释（一） ……… （2－119）
关于适用《中华人民共和国民事诉讼法》的解释 ………………… （7－130）
关于适用《中华人民共和国民事诉讼法》审判监督程序若干问题的解释 ………………………… （7－180）
关于适用《中华人民共和国民事诉讼法》执行程序若干问题的解释 ………………………………… （7－181）
关于适用《中华人民共和国企业破产法》若干问题的规定（二） … （2－324）
关于适用《中华人民共和国企业破产法》若干问题的规定（三） … （2－330）
关于适用《中华人民共和国企业破产法》若干问题的规定（一） … （2－323）
关于适用《中华人民共和国人民陪审员法》若干问题的解释 …… （7－191）
关于适用《中华人民共和国外商投资法》若干问题的解释 ……… （2－311）
关于适用《中华人民共和国刑事诉讼法》的解释………………… （7－28）
关于适用《中华人民共和国行政诉讼法》的解释 ………………… （7－201）
关于适用《中华人民共和国仲裁法》若干问题的解释 …………… （7－234）
诉讼费用交纳办法 ……………………… （7－125）

T

突发公共卫生事件应急条例 ……… （3－274）
突发事件应对法 ……………………… （3－266）
土地管理法 …………………………… （3－335）
土地增值税暂行条例 ………………… （4－64）

W

外商投资法 …………………………… （2－304）
外商投资法实施条例 ………………… （2－307）
网络安全法 …………………………… （4－119）
未成年人保护法 ……………………… （5－53）
文物保护法 …………………………… （3－234）
物业管理条例 ………………………… （3－392）

X

宪法 …………………………………… （1－1）
关于县级以下人民代表大会代表直接选举的若干规定 …………… （1－24）
消防法 ………………………………… （3－259）
消费税暂行条例 ……………………… （4－59）
消费者权益保护法 …………………… （2－112）
信访条例 ……………………………… （3－26）
信息网络传播权保护条例 ………… （2－253）
刑法 …………………………………… （6－1）
刑事诉讼法 …………………………… （7－1）
行政处罚法 …………………………… （3－9）

行政复议法 …………………………………… (3-16)
行政复议法实施条例 ………………………… (3-21)
关于行政机关负责人出庭应诉若干问题的规定 ……………………… (7-227)
行政机关公务员处分条例 …………………… (3-52)
行政强制法 …………………………………… (3-35)
行政诉讼法 …………………………………… (7-193)
关于行政诉讼证据若干问题的规定 ………………………………… (7-218)
行政许可法 …………………………………… (3-1)

Y

药品管理法 …………………………………… (3-301)
医疗纠纷预防和处理条例 ………………… (3-293)
医疗事故处理条例 ………………………… (3-287)
义务教育法 …………………………………… (3-218)
因工死亡职工供养亲属范围规定 …… (5-28)
营业性演出管理条例 ……………………… (3-223)
优化营商环境条例 ………………………… (2-275)
邮政法 ………………………………………… (4-107)
娱乐场所管理条例 ………………………… (3-229)
预防未成年人犯罪法 ……………………… (6-56)
预算法 ………………………………………… (4-1)
预算法实施条例 …………………………… (4-10)

Z

增值税暂行条例 …………………………… (4-57)
招标拍卖挂牌出让国有建设用地使用权规定 ……………………… (3-347)
招标投标法 …………………………………… (2-162)
招标投标法实施条例 ……………………… (2-168)
证券法 ………………………………………… (2-370)
政府采购法 …………………………………… (4-18)
政府督查工作条例 ………………………… (1-49)
政府信息公开条例 ………………………… (3-31)
关于执行担保若干问题的规定 …… (7-187)
关于执行和解若干问题的规定 …… (7-188)
执业医师法 …………………………………… (3-278)
职工带薪年休假条例 ……………………… (5-97)
治安管理处罚法 …………………………… (3-134)
仲裁法 ………………………………………… (7-229)
关于《中华人民共和国刑法》第二百二十八条、第三百四十二条、第四百一十条的解释 ……… (6-52)
关于《中华人民共和国刑法》第二百九十四条第一款的解释 ……… (6-53)
关于《中华人民共和国刑法》第二百六十六条的解释 ……………… (6-56)
关于《中华人民共和国刑法》第九十三条第二款的解释 …………… (6-52)
关于《中华人民共和国刑法》第九章渎职罪主体适用问题的解释 ……………………………………… (6-54)
关于《中华人民共和国刑法》第三百八十四条第一款的解释 ……… (6-53)
关于《中华人民共和国刑法》第三百四十一条、第三百一十二条的解释 ……………………………… (6-56)
关于《中华人民共和国刑法》第三百一十三条的解释 ……………… (6-53)
关于《中华人民共和国刑法》第三十条的解释 ……………………… (6-55)
关于《中华人民共和国刑法》第一百五十八条、第一百五十九条的解释 ……………………………… (6-55)
关于《中华人民共和国刑法》有关信用卡规定的解释 ……………… (6-54)
关于《中华人民共和国刑事诉讼法》第二百七十一条第二款的解释 ……………………………………… (7-28)
关于《中华人民共和国刑事诉讼法》第二百五十四条第五款、第二百五十七条第二款的解释 …… (7-27)
关于《中华人民共和国刑事诉讼法》第七十九条第三款的解释 …… (7-27)
住房公积金管理条例 ……………………… (5-5)
著作权法 ……………………………………… (2-199)
著作权法实施条例 ………………………… (2-206)
专利法 ………………………………………… (2-231)
专利法实施细则 …………………………… (2-238)

(一)宪　法

中华人民共和国宪法

(1982年12月4日第五届全国人民代表大会第五次会议通过　1982年12月4日全国人民代表大会公告公布施行　根据1988年4月12日第七届全国人民代表大会第一次会议通过的《中华人民共和国宪法修正案》、1993年3月29日第八届全国人民代表大会第一次会议通过的《中华人民共和国宪法修正案》、1999年3月15日第九届全国人民代表大会第二次会议通过的《中华人民共和国宪法修正案》、2004年3月14日第十届全国人民代表大会第二次会议通过的《中华人民共和国宪法修正案》和2018年3月11日第十三届全国人民代表大会第一次会议通过的《中华人民共和国宪法修正案》修正)

目　录

序　言
第一章　总　　纲
第二章　公民的基本权利和义务
第三章　国家机构
　第一节　全国人民代表大会
　第二节　中华人民共和国主席
　第三节　国务院
　第四节　中央军事委员会
　第五节　地方各级人民代表大会和地方各级人民政府
　第六节　民族自治地方的自治机关
　第七节　监察委员会
　第八节　人民法院和人民检察院
第四章　国旗、国歌、国徽、首都

序　言

中国是世界上历史最悠久的国家之一。中国各族人民共同创造了光辉灿烂的文化,具有光荣的革命传统。

一八四〇年以后,封建的中国逐渐变成半殖民地、半封建的国家。中国人民为国家独立、民族解放和民主自由进行了前仆后继的英勇奋斗。

二十世纪,中国发生了翻天覆地的伟大历史变革。

一九一一年孙中山先生领导的辛亥革命,废除了封建帝制,创立了中华民国。但是,中国人民反对帝国主义和封建主义的历史任务还没有完成。

一九四九年,以毛泽东主席为领袖的中国共产党领导中国各族人民,在经历了长期的艰难曲折的武装斗争和其他形式的斗争以后,终于推翻了帝国主义、封建主义和官僚资本主义的统治,取得了新民主主义革命的伟大胜利,建立了中华人民共和国。从此,中国人民掌握了国家的权力,成为国家的主人。

中华人民共和国成立以后,我国社会逐步实现了由新民主主义到社会主义的过渡。生产资料私有制的社会主义改造已经完成,人剥削人的制度已经消灭,社会主义制度已经确立。工人阶级领导的、以工农联盟为基础的人民民主专政,实质上即无产阶级专政,得到巩固和发展。中国人民和中国人民解放军战胜了帝国主义、霸权主义的侵略、破坏和武装挑衅,维护了国家的独立和安全,增强了国防。经济建设取得了重大的成就,独立的、比较完整的社会主义工业体系已经基本形成,农业生产显著提高。教育、科学、文化等事业有了很大的发展,社会主义思想教育取得了明显的成效。广大人民的生活有了较大的改善。

中国新民主主义革命的胜利和社会主义事业的成就,是中国共产党领导中国各族人民,在马克思列宁主义、毛泽东思想的指引下,坚持真理,修正错误,战胜许多艰难险阻而取得的。我国将长期处于社会主义初级阶段。国家的根本任务是,沿着中国特色社会主义道路,集中力量进行社会主义现代化建设。中国各族人民将继续在中国共产党领导下,在马克思列宁主义、毛泽东思想、邓小平理论、“三个代表”重要思想、科学发展观、习近平新时代中国特色社会主义思想指引下,坚持人民民主专政,坚持社会主义道路,坚持改革开放,不断完善社会主义的各项制度,发展社会主义市场经济,发展社会主义民主,健全社会主义法治,贯彻新发展理念,自力更生,艰苦奋斗,逐步实现工业、农业、国防和科学技术的现代化,推动物质文明、政治文明、精神文明、社会文明、生态文明协调发展，把我国建设成为富强民主文明和谐美丽的社会主义现代化强国，实现中华民族伟大复兴。

在我国，剥削阶级作为阶级已经消灭，但是阶级斗争还将在一定范围内长期存在。中国人民对敌视和破坏我国社会主义制度的国内外的敌对势力和敌对分子，必须进行斗争。

台湾是中华人民共和国的神圣领土的一部分。完成统一祖国的大业是包括台湾同胞在内的全中国人民的神圣职责。

社会主义的建设事业必须依靠工人、农民和知识分子，团结一切可以团结的力量。在长期的革命、建设、改革过程中，已经结成由中国共产党领导的，有各民主党派和各人民团体参加的，包括全体社会主义劳动者、社会主义事业的建设者、拥护社会主义的爱国者、拥护祖国统一和致力于中华民族伟大复兴的爱国者的广泛的爱国统一战线，这个统一战线将继续巩固和发展。中国人民政治协商会议是有广泛代表性的统一战线组织，过去发挥了重要的历史作用，今后在国家政治生活、社会生活和对外友好活动中，在进行社会主义现代化建设、维护国家的统一和团结的斗争中，将进一步发挥它的重要作用。中国共产党领导的多党合作和政治协商制度将长期存在和发展。

中华人民共和国是全国各族人民共同缔造的统一的多民族国家。平等团结互助和谐的社会主义民族关系已经确立，并将继续加强。在维护民族团结的斗争中，要反对大民族主义，主要是大汉族主义，也要反对地方民族主义。国家尽一切努力，促进全国各民族的共同繁荣。

中国革命、建设、改革的成就是同世界人民的支持分不开的。中国的前途是同世界的前途紧密地联系在一起的。中国坚持独立自主的对外政策，坚持互相尊重主权和领土完整、互不侵犯、互不干涉内政、平等互利、和平共处的五项原则，坚持和平发展道路，坚持互利共赢开放战略，发展同各国的外交关系和经济、文化交流，推动构建人类命运共同体；坚持反对帝国主义、霸权主义、殖民主义，加强同世界各国人民的团结，支持被压迫民族和发展中国家争取和维护民族独立、发展民族经济的正义斗争，为维护世界和平和促进人类进步事业而努力。

本宪法以法律的形式确认了中国各族人民奋斗的成果，规定了国家的根本制度和根本任务，是国家的根本法，具有最高的法律效力。全国各族人民、一切国家机关和武装力量、各政党和各社会团体、各企业事业组织，都必须以宪法为根本的活动准则，并且负有维护宪法尊严、保证宪法实施的职责。

第一章　总　纲

第一条　【国体】* 中华人民共和国是工人阶级领导的、以工农联盟为基础的人民民主专政的社会主义国家。

社会主义制度是中华人民共和国的根本制度。中国共产党领导是中国特色社会主义最本质的特征。禁止任何组织或者个人破坏社会主义制度。

第二条　【政体】 中华人民共和国的一切权力属于人民。

人民行使国家权力的机关是全国人民代表大会和地方各级人民代表大会。

人民依照法律规定，通过各种途径和形式，管理国家事务，管理经济和文化事业，管理社会事务。

第三条　【民主集中制原则】 中华人民共和国的国家机构实行民主集中制的原则。

全国人民代表大会和地方各级人民代表大会都由民主选举产生，对人民负责，受人民监督。

国家行政机关、监察机关、审判机关、检察机关都由人民代表大会产生，对它负责，受它监督。

中央和地方的国家机构职权的划分，遵循在中央的统一领导下，充分发挥地方的主动性、积极性的原则。

第四条　【民族政策】 中华人民共和国各民族一律平等。国家保障各少数民族的合法的权利和利益，维护和发展各民族的平等团结互助和谐关系。禁止对任何民族的歧视和压迫，禁止破坏民族团结和制造民族分裂的行为。

国家根据各少数民族的特点和需要，帮助各少数民族地区加速经济和文化的发展。

各少数民族聚居的地方实行区域自治，设立自治机关，行使自治权。各民族自治地方都是中华人民共和国不可分离的部分。

---

* 条文主旨为编者所加，全书同。

各民族都有使用和发展自己的语言文字的自由，都有保持或者改革自己的风俗习惯的自由。

第五条 【法治原则】中华人民共和国实行依法治国，建设社会主义法治国家。

国家维护社会主义法制的统一和尊严。

一切法律、行政法规和地方性法规都不得同宪法相抵触。

一切国家机关和武装力量、各政党和各社会团体、各企业事业组织都必须遵守宪法和法律。一切违反宪法和法律的行为，必须予以追究。

任何组织或者个人都不得有超越宪法和法律的特权。

第六条 【经济制度与分配制度】中华人民共和国的社会主义经济制度的基础是生产资料的社会主义公有制，即全民所有制和劳动群众集体所有制。社会主义公有制消灭人剥削人的制度，实行各尽所能、按劳分配的原则。

国家在社会主义初级阶段，坚持公有制为主体、多种所有制经济共同发展的基本经济制度，坚持按劳分配为主体、多种分配方式并存的分配制度。

第七条 【国有经济】国有经济，即社会主义全民所有制经济，是国民经济中的主导力量。国家保障国有经济的巩固和发展。

第八条 【集体经济】农村集体经济组织实行家庭承包经营为基础、统分结合的双层经营体制。农村中的生产、供销、信用、消费等各种形式的合作经济，是社会主义劳动群众集体所有制经济。参加农村集体经济组织的劳动者，有权在法律规定的范围内经营自留地、自留山、家庭副业和饲养自留畜。

城镇中的手工业、工业、建筑业、运输业、商业、服务业等行业的各种形式的合作经济，都是社会主义劳动群众集体所有制经济。

国家保护城乡集体经济组织的合法的权利和利益，鼓励、指导和帮助集体经济的发展。

第九条 【自然资源】矿藏、水流、森林、山岭、草原、荒地、滩涂等自然资源，都属于国家所有，即全民所有；由法律规定属于集体所有的森林和山岭、草原、荒地、滩涂除外。

国家保障自然资源的合理利用，保护珍贵的动物和植物。禁止任何组织或者个人用任何手段侵占或者破坏自然资源。

第十条 【土地制度】城市的土地属于国家所有。

农村和城市郊区的土地，除由法律规定属于国家所有的以外，属于集体所有；宅基地和自留地、自留山，也属于集体所有。

国家为了公共利益的需要，可以依照法律规定对土地实行征收或者征用并给予补偿。

任何组织或者个人不得侵占、买卖或者以其他形式非法转让土地。土地的使用权可以依照法律的规定转让。

一切使用土地的组织和个人必须合理地利用土地。

第十一条 【非公有制经济】在法律规定范围内的个体经济、私营经济等非公有制经济，是社会主义市场经济的重要组成部分。

国家保护个体经济、私营经济等非公有制经济的合法的权利和利益。国家鼓励、支持和引导非公有制经济的发展，并对非公有制经济依法实行监督和管理。

第十二条 【公共财产不可侵犯】社会主义的公共财产神圣不可侵犯。

国家保护社会主义的公共财产。禁止任何组织或者个人用任何手段侵占或者破坏国家的和集体的财产。

第十三条 【保护私有财产】公民的合法的私有财产不受侵犯。

国家依照法律规定保护公民的私有财产权和继承权。

国家为了公共利益的需要，可以依照法律规定对公民的私有财产实行征收或者征用并给予补偿。

第十四条 【发展生产与社会保障】国家通过提高劳动者的积极性和技术水平，推广先进的科学技术，完善经济管理体制和企业经营管理制度，实行各种形式的社会主义责任制，改进劳动组织，以不断提高劳动生产率和经济效益，发展社会生产力。

国家厉行节约，反对浪费。

国家合理安排积累和消费，兼顾国家、集体和个人的利益，在发展生产的基础上，逐步改善人民的物质生活和文化生活。

国家建立健全同经济发展水平相适应的社会保障制度。

第十五条 【市场经济】国家实行社会主义市场经济。

国家加强经济立法，完善宏观调控。

国家依法禁止任何组织或者个人扰乱社会经

济秩序。

第十六条 【国有企业】国有企业在法律规定的范围内有权自主经营。

国有企业依照法律规定,通过职工代表大会和其他形式,实行民主管理。

第十七条 【集体经济组织】集体经济组织在遵守有关法律的前提下,有独立进行经济活动的自主权。

集体经济组织实行民主管理,依照法律规定选举和罢免管理人员,决定经营管理的重大问题。

第十八条 【外资经济】中华人民共和国允许外国的企业和其他经济组织或者个人依照中华人民共和国法律的规定在中国投资,同中国的企业或者其他经济组织进行各种形式的经济合作。

在中国境内的外国企业和其他外国经济组织以及中外合资经营的企业,都必须遵守中华人民共和国的法律。它们的合法的权利和利益受中华人民共和国法律的保护。

第十九条 【教育事业】国家发展社会主义的教育事业,提高全国人民的科学文化水平。

国家举办各种学校,普及初等义务教育,发展中等教育、职业教育和高等教育,并且发展学前教育。

国家发展各种教育设施,扫除文盲,对工人、农民、国家工作人员和其他劳动者进行政治、文化、科学、技术、业务的教育,鼓励自学成才。

国家鼓励集体经济组织、国家企业事业组织和其他社会力量依照法律规定举办各种教育事业。

国家推广全国通用的普通话。

第二十条 【科技事业】国家发展自然科学和社会科学事业,普及科学和技术知识,奖励科学研究成果和技术发明创造。

第二十一条 【医疗、卫生与体育事业】国家发展医疗卫生事业,发展现代医药和我国传统医药,鼓励和支持农村集体经济组织、国家企业事业组织和街道组织举办各种医疗卫生设施,开展群众性的卫生活动,保护人民健康。

国家发展体育事业,开展群众性的体育活动,增强人民体质。

第二十二条 【文化事业】国家发展为人民服务、为社会主义服务的文学艺术事业、新闻广播电视事业、出版发行事业、图书馆博物馆文化馆和其他文化事业,开展群众性的文化活动。

国家保护名胜古迹、珍贵文物和其他重要历史文化遗产。

第二十三条 【人才培养】国家培养为社会主义服务的各种专业人才,扩大知识分子的队伍,创造条件,充分发挥他们在社会主义现代化建设中的作用。

第二十四条 【精神文明建设】国家通过普及理想教育、道德教育、文化教育、纪律和法制教育,通过在城乡不同范围的群众中制定和执行各种守则、公约,加强社会主义精神文明的建设。

国家倡导社会主义核心价值观,提倡爱祖国、爱人民、爱劳动、爱科学、爱社会主义的公德,在人民中进行爱国主义、集体主义和国际主义、共产主义的教育,进行辩证唯物主义和历史唯物主义的教育,反对资本主义的、封建主义的和其他的腐朽思想。

第二十五条 【计划生育】国家推行计划生育,使人口的增长同经济和社会发展计划相适应。

第二十六条 【环境保护】国家保护和改善生活环境和生态环境,防治污染和其他公害。

国家组织和鼓励植树造林,保护林木。

第二十七条 【国家机关工作原则】一切国家机关实行精简的原则,实行工作责任制,实行工作人员的培训和考核制度,不断提高工作质量和工作效率,反对官僚主义。

一切国家机关和国家工作人员必须依靠人民的支持,经常保持同人民的密切联系,倾听人民的意见和建议,接受人民的监督,努力为人民服务。

国家工作人员就职时应当依照法律规定公开进行宪法宣誓。

第二十八条 【维护社会秩序】国家维护社会秩序,镇压叛国和其他危害国家安全的犯罪活动,制裁危害社会治安、破坏社会主义经济和其他犯罪的活动,惩办和改造犯罪分子。

第二十九条 【武装力量】中华人民共和国的武装力量属于人民。它的任务是巩固国防,抵抗侵略,保卫祖国,保卫人民的和平劳动,参加国家建设事业,努力为人民服务。

国家加强武装力量的革命化、现代化、正规化的建设,增强国防力量。

第三十条 【行政区划】中华人民共和国的行政区域划分如下:

(一)全国分为省、自治区、直辖市;

(二)省、自治区分为自治州、县、自治县、市;

(三)县、自治县分为乡、民族乡、镇。

直辖市和较大的市分为区、县。自治州分为县、自治县、市。

自治区、自治州、自治县都是民族自治地方。

第三十一条 【特别行政区】国家在必要时得设立特别行政区。在特别行政区内实行的制度按照具体情况由全国人民代表大会以法律规定。

第三十二条 【对外国人的保护】中华人民共和国保护在中国境内的外国人的合法权利和利益，在中国境内的外国人必须遵守中华人民共和国的法律。

中华人民共和国对于因为政治原因要求避难的外国人，可以给予受庇护的权利。

第二章 公民的基本权利和义务

第三十三条 【公民权】凡具有中华人民共和国国籍的人都是中华人民共和国公民。

中华人民共和国公民在法律面前一律平等。

国家尊重和保障人权。

任何公民享有宪法和法律规定的权利，同时必须履行宪法和法律规定的义务。

第三十四条 【选举权和被选举权】中华人民共和国年满十八周岁的公民，不分民族、种族、性别、职业、家庭出身、宗教信仰、教育程度、财产状况、居住期限，都有选举权和被选举权；但是依照法律被剥夺政治权利的人除外。

第三十五条 【基本政治自由】中华人民共和国公民有言论、出版、集会、结社、游行、示威的自由。

第三十六条 【信仰自由】中华人民共和国公民有宗教信仰自由。

任何国家机关、社会团体和个人不得强制公民信仰宗教或者不信仰宗教，不得歧视信仰宗教的公民和不信仰宗教的公民。

国家保护正常的宗教活动。任何人不得利用宗教进行破坏社会秩序、损害公民身体健康、妨碍国家教育制度的活动。

宗教团体和宗教事务不受外国势力的支配。

第三十七条 【人身自由】中华人民共和国公民的人身自由不受侵犯。

任何公民，非经人民检察院批准或者决定或者人民法院决定，并由公安机关执行，不受逮捕。

禁止非法拘禁和以其他方法非法剥夺或者限制公民的人身自由，禁止非法搜查公民的身体。

第三十八条 【人格尊严及保护】中华人民共和国公民的人格尊严不受侵犯。禁止用任何方法对公民进行侮辱、诽谤和诬告陷害。

第三十九条 【住宅权】中华人民共和国公民的住宅不受侵犯。禁止非法搜查或者非法侵入公民的住宅。

第四十条 【通信自由和秘密权】中华人民共和国公民的通信自由和通信秘密受法律的保护。除因国家安全或者追查刑事犯罪的需要，由公安机关或者检察机关依照法律规定的程序对通信进行检查外，任何组织或者个人不得以任何理由侵犯公民的通信自由和通信秘密。

第四十一条 【公民的监督权和取得赔偿权】中华人民共和国公民对于任何国家机关和国家工作人员，有提出批评和建议的权利；对于任何国家机关和国家工作人员的违法失职行为，有向有关国家机关提出申诉、控告或者检举的权利，但是不得捏造或者歪曲事实进行诬告陷害。

对于公民的申诉、控告或者检举，有关国家机关必须查清事实，负责处理。任何人不得压制和打击报复。

由于国家机关和国家工作人员侵犯公民权利而受到损失的人，有依照法律规定取得赔偿的权利。

第四十二条 【劳动权利和义务】中华人民共和国公民有劳动的权利和义务。

国家通过各种途径，创造劳动就业条件，加强劳动保护，改善劳动条件，并在发展生产的基础上，提高劳动报酬和福利待遇。

劳动是一切有劳动能力的公民的光荣职责。国有企业和城乡集体经济组织的劳动者都应当以国家主人翁的态度对待自己的劳动。国家提倡社会主义劳动竞赛，奖励劳动模范和先进工作者。国家提倡公民从事义务劳动。

国家对就业前的公民进行必要的劳动就业训练。

第四十三条 【劳动者的休息权】中华人民共和国劳动者有休息的权利。

国家发展劳动者休息和休养的设施，规定职工的工作时间和休假制度。

第四十四条 【退休制度】国家依照法律规定实行企业事业组织的职工和国家机关工作人员的退休制度。退休人员的生活受到国家和社会的保障。

第四十五条 【获得救济的权利】中华人民共

和国公民在年老、疾病或者丧失劳动能力的情况下,有从国家和社会获得物质帮助的权利。国家发展为公民享受这些权利所需要的社会保险、社会救济和医疗卫生事业。

国家和社会保障残废军人的生活,抚恤烈士家属,优待军人家属。

国家和社会帮助安排盲、聋、哑和其他有残疾的公民的劳动、生活和教育。

第四十六条 【受教育的权利和义务】中华人民共和国公民有受教育的权利和义务。

国家培养青年、少年、儿童在品德、智力、体质等方面全面发展。

第四十七条 【文化活动自由】中华人民共和国公民有进行科学研究、文学艺术创作和其他文化活动的自由。国家对于从事教育、科学、技术、文学、艺术和其他文化事业的公民的有益于人民的创造性工作,给以鼓励和帮助。

第四十八条 【男女平等】中华人民共和国妇女在政治的、经济的、文化的、社会的和家庭的生活等各方面享有同男子平等的权利。

国家保护妇女的权利和利益,实行男女同工同酬,培养和选拔妇女干部。

第四十九条 【婚姻家庭制度】婚姻、家庭、母亲和儿童受国家的保护。

夫妻双方有实行计划生育的义务。

父母有抚养教育未成年子女的义务,成年子女有赡养扶助父母的义务。

禁止破坏婚姻自由,禁止虐待老人、妇女和儿童。

第五十条 【华侨、归侨的权益保障】中华人民共和国保护华侨的正当的权利和利益,保护归侨和侨眷的合法的权利和利益。

第五十一条 【公民自由和权利的限度】中华人民共和国公民在行使自由和权利的时候,不得损害国家的、社会的、集体的利益和其他公民的合法的自由和权利。

第五十二条 【维护国家统一和民族团结的义务】中华人民共和国公民有维护国家统一和全国各民族团结的义务。

第五十三条 【遵纪守法的义务】中华人民共和国公民必须遵守宪法和法律,保守国家秘密,爱护公共财产,遵守劳动纪律,遵守公共秩序,尊重社会公德。

第五十四条 【维护祖国的安全、荣誉和利益的义务】中华人民共和国公民有维护祖国的安全、荣誉和利益的义务,不得有危害祖国的安全、荣誉和利益的行为。

第五十五条 【保卫国家和服兵役的义务】保卫祖国、抵抗侵略是中华人民共和国每一个公民的神圣职责。

依照法律服兵役和参加民兵组织是中华人民共和国公民的光荣义务。

第五十六条 【纳税的义务】中华人民共和国公民有依照法律纳税的义务。

第三章 国家机构

第一节 全国人民代表大会

第五十七条 【全国人大的性质及常设机关】中华人民共和国全国人民代表大会是最高国家权力机关。它的常设机关是全国人民代表大会常务委员会。

第五十八条 【国家立法权的行使主体】全国人民代表大会和全国人民代表大会常务委员会行使国家立法权。

第五十九条 【全国人大的组成及选举】全国人民代表大会由省、自治区、直辖市、特别行政区和军队选出的代表组成。各少数民族都应当有适当名额的代表。

全国人民代表大会代表的选举由全国人民代表大会常务委员会主持。

全国人民代表大会代表名额和代表产生办法由法律规定。

第六十条 【全国人大的任期】全国人民代表大会每届任期五年。

全国人民代表大会任期届满的两个月以前,全国人民代表大会常务委员会必须完成下届全国人民代表大会代表的选举。如果遇到不能进行选举的非常情况,由全国人民代表大会常务委员会以全体组成人员的三分之二以上的多数通过,可以推迟选举,延长本届全国人民代表大会的任期。在非常情况结束后一年内,必须完成下届全国人民代表大会代表的选举。

第六十一条 【全国人大的会议制度】全国人民代表大会会议每年举行一次,由全国人民代表大会常务委员会召集。如果全国人民代表大会常务委员会认为必要,或者有五分之一以上的全国人民代表大会代表提议,可以临时召集全国人民代表大会会议。

全国人民代表大会举行会议的时候,选举主席团主持会议。

第六十二条 【全国人大的职权】全国人民代表大会行使下列职权:

(一)修改宪法;

(二)监督宪法的实施;

(三)制定和修改刑事、民事、国家机构的和其他的基本法律;

(四)选举中华人民共和国主席、副主席;

(五)根据中华人民共和国主席的提名,决定国务院总理的人选;根据国务院总理的提名,决定国务院副总理、国务委员、各部部长、各委员会主任、审计长、秘书长的人选;

(六)选举中央军事委员会主席;根据中央军事委员会主席的提名,决定中央军事委员会其他组成人员的人选;

(七)选举国家监察委员会主任;

(八)选举最高人民法院院长;

(九)选举最高人民检察院检察长;

(十)审查和批准国民经济和社会发展计划和计划执行情况的报告;

(十一)审查和批准国家的预算和预算执行情况的报告;

(十二)改变或者撤销全国人民代表大会常务委员会不适当的决定;

(十三)批准省、自治区和直辖市的建置;

(十四)决定特别行政区的设立及其制度;

(十五)决定战争和和平的问题;

(十六)应当由最高国家权力机关行使的其他职权。

第六十三条 【全国人大的罢免权】全国人民代表大会有权罢免下列人员:

(一)中华人民共和国主席、副主席;

(二)国务院总理、副总理、国务委员、各部部长、各委员会主任、审计长、秘书长;

(三)中央军事委员会主席和中央军事委员会其他组成人员;

(四)国家监察委员会主任;

(五)最高人民法院院长;

(六)最高人民检察院检察长。

第六十四条 【宪法的修改及法律案的通过】宪法的修改,由全国人民代表大会常务委员会或者五分之一以上的全国人民代表大会代表提议,并由全国人民代表大会以全体代表的三分之二以上的多数通过。

法律和其他议案由全国人民代表大会以全体代表的过半数通过。

第六十五条 【全国人大常委会的组成及选举】全国人民代表大会常务委员会由下列人员组成:

委员长,

副委员长若干人,

秘书长,

委员若干人。

全国人民代表大会常务委员会组成人员中,应当有适当名额的少数民族代表。

全国人民代表大会选举并有权罢免全国人民代表大会常务委员会的组成人员。

全国人民代表大会常务委员会的组成人员不得担任国家行政机关、监察机关、审判机关和检察机关的职务。

第六十六条 【全国人大常委会的任期】全国人民代表大会常务委员会每届任期同全国人民代表大会每届任期相同,它行使职权到下届全国人民代表大会选出新的常务委员会为止。

委员长、副委员长连续任职不得超过两届。

第六十七条 【全国人大常委会的职权】全国人民代表大会常务委员会行使下列职权:

(一)解释宪法,监督宪法的实施;

(二)制定和修改除应当由全国人民代表大会制定的法律以外的其他法律;

(三)在全国人民代表大会闭会期间,对全国人民代表大会制定的法律进行部分补充和修改,但是不得同该法律的基本原则相抵触;

(四)解释法律;

(五)在全国人民代表大会闭会期间,审查和批准国民经济和社会发展计划、国家预算在执行过程中所必须作的部分调整方案;

(六)监督国务院、中央军事委员会、国家监察委员会、最高人民法院和最高人民检察院的工作;

(七)撤销国务院制定的同宪法、法律相抵触的行政法规、决定和命令;

(八)撤销省、自治区、直辖市国家权力机关制定的同宪法、法律和行政法规相抵触的地方性法规和决议；

（九）在全国人民代表大会闭会期间，根据国务院总理的提名，决定部长、委员会主任、审计长、秘书长的人选；

（十）在全国人民代表大会闭会期间，根据中央军事委员会主席的提名，决定中央军事委员会其他组成人员的人选；

（十一）根据国家监察委员会主任的提请，任免国家监察委员会副主任、委员；

（十二）根据最高人民法院院长的提请，任免最高人民法院副院长、审判员、审判委员会委员和军事法院院长；

（十三）根据最高人民检察院检察长的提请，任免最高人民检察院副检察长、检察员、检察委员会委员和军事检察院检察长，并且批准省、自治区、直辖市的人民检察院检察长的任免；

（十四）决定驻外全权代表的任免；

（十五）决定同外国缔结的条约和重要协定的批准和废除；

（十六）规定军人和外交人员的衔级制度和其他专门衔级制度；

（十七）规定和决定授予国家的勋章和荣誉称号；

（十八）决定特赦；

（十九）在全国人民代表大会闭会期间，如果遇到国家遭受武装侵犯或者必须履行国际间共同防止侵略的条约的情况，决定战争状态的宣布；

（二十）决定全国总动员或者局部动员；

（二十一）决定全国或者个别省、自治区、直辖市进入紧急状态；

（二十二）全国人民代表大会授予的其他职权。

第六十八条　【全国人大常委会的工作分工】全国人民代表大会常务委员会委员长主持全国人民代表大会常务委员会的工作，召集全国人民代表大会常务委员会会议。副委员长、秘书长协助委员长工作。

委员长、副委员长、秘书长组成委员长会议，处理全国人民代表大会常务委员会的重要日常工作。

第六十九条　【全国人大与其常委会的关系】全国人民代表大会常务委员会对全国人民代表大会负责并报告工作。

第七十条　【全国人大的专门委员会及其职责】全国人民代表大会设立民族委员会、宪法和法律委员会、财政经济委员会、教育科学文化卫生委员会、外事委员会、华侨委员会和其他需要设立的专门委员会。在全国人民代表大会闭会期间，各专门委员会受全国人民代表大会常务委员会的领导。

各专门委员会在全国人民代表大会和全国人民代表大会常务委员会领导下，研究、审议和拟订有关议案。

第七十一条　【特定问题的调查委员会】全国人民代表大会和全国人民代表大会常务委员会认为必要的时候，可以组织关于特定问题的调查委员会，并且根据调查委员会的报告，作出相应的决议。

调查委员会进行调查的时候，一切有关的国家机关、社会团体和公民都有义务向它提供必要的材料。

第七十二条　【提案权】全国人民代表大会代表和全国人民代表大会常务委员会组成人员，有权依照法律规定的程序分别提出属于全国人民代表大会和全国人民代表大会常务委员会职权范围内的议案。

第七十三条　【质询权】全国人民代表大会代表在全国人民代表大会开会期间，全国人民代表大会常务委员会组成人员在常务委员会开会期间，有权依照法律规定的程序提出对国务院或者国务院各部、各委员会的质询案。受质询的机关必须负责答复。

第七十四条　【司法豁免权】全国人民代表大会代表，非经全国人民代表大会会议主席团许可，在全国人民代表大会闭会期间非经全国人民代表大会常务委员会许可，不受逮捕或者刑事审判。

第七十五条　【言论、表决豁免权】全国人民代表大会代表在全国人民代表大会各种会议上的发言和表决，不受法律追究。

第七十六条　【全国人大代表的义务】全国人民代表大会代表必须模范地遵守宪法和法律，保守国家秘密，并且在自己参加的生产、工作和社会活动中，协助宪法和法律的实施。

全国人民代表大会代表应当同原选举单位和人民保持密切的联系，听取和反映人民的意见和要求，努力为人民服务。

第七十七条　【对全国人大代表的监督和罢免】全国人民代表大会代表受原选举单位的监督。原选举单位有权依照法律规定的程序罢免本单位选出的代表。

第七十八条　【全国人大及其常委会的组织和工作程序】全国人民代表大会和全国人民代表大会常务委员会的组织和工作程序由法律规定。

第二节　中华人民共和国主席

第七十九条　【主席、副主席的选举及任职】中华人民共和国主席、副主席由全国人民代表大会选举。

有选举权和被选举权的年满四十五周岁的中华人民共和国公民可以被选为中华人民共和国主席、副主席。

中华人民共和国主席、副主席每届任期同全国人民代表大会每届任期相同。

第八十条　【主席的职权】中华人民共和国主席根据全国人民代表大会的决定和全国人民代表大会常务委员会的决定，公布法律，任免国务院总理、副总理、国务委员、各部部长、各委员会主任、审计长、秘书长，授予国家的勋章和荣誉称号，发布特赦令，宣布进入紧急状态，宣布战争状态，发布动员令。

第八十一条　【主席的外交职权】中华人民共和国主席代表中华人民共和国，进行国事活动，接受外国使节；根据全国人民代表大会常务委员会的决定，派遣和召回驻外全权代表，批准和废除同外国缔结的条约和重要协定。

第八十二条　【副主席的职权】中华人民共和国副主席协助主席工作。

中华人民共和国副主席受主席的委托，可以代行主席的部分职权。

第八十三条　【主席、副主席的行使职权期止】中华人民共和国主席、副主席行使职权到下届全国人民代表大会选出的主席、副主席就职为止。

第八十四条　【主席、副主席的缺位处理】中华人民共和国主席缺位的时候，由副主席继任主席的职位。

中华人民共和国副主席缺位的时候，由全国人民代表大会补选。

中华人民共和国主席、副主席都缺位的时候，由全国人民代表大会补选；在补选以前，由全国人民代表大会常务委员会委员长暂时代理主席职位。

第三节　国　务　院

第八十五条　【国务院的性质、地位】中华人民共和国国务院，即中央人民政府，是最高国家权力机关的执行机关，是最高国家行政机关。

第八十六条　【国务院的组织】国务院由下列人员组成：

总理，

副总理若干人，

国务委员若干人，

各部部长，

各委员会主任，

审计长，

秘书长。

国务院实行总理负责制。各部、各委员会实行部长、主任负责制。

国务院的组织由法律规定。

第八十七条　【国务院的任期】国务院每届任期同全国人民代表大会每届任期相同。

总理、副总理、国务委员连续任职不得超过两届。

第八十八条　【国务院的工作分工】总理领导国务院的工作。副总理、国务委员协助总理工作。

总理、副总理、国务委员、秘书长组成国务院常务会议。

总理召集和主持国务院常务会议和国务院全体会议。

第八十九条　【国务院的职权】国务院行使下列职权：

（一）根据宪法和法律，规定行政措施，制定行政法规，发布决定和命令；

（二）向全国人民代表大会或者全国人民代表大会常务委员会提出议案；

（三）规定各部和各委员会的任务和职责，统一领导各部和各委员会的工作，并且领导不属于各部和各委员会的全国性的行政工作；

（四）统一领导全国地方各级国家行政机关的工作，规定中央和省、自治区、直辖市的国家行政机关的职权的具体划分；

（五）编制和执行国民经济和社会发展计划和国家预算；

（六）领导和管理经济工作和城乡建设、生态文明建设；

（七）领导和管理教育、科学、文化、卫生、体育和计划生育工作；

（八）领导和管理民政、公安、司法行政等工作；

（九）管理对外事务，同外国缔结条约和协定；

（十）领导和管理国防建设事业；

（十一）领导和管理民族事务，保障少数民族的平等权利和民族自治地方的自治权利；

（十二）保护华侨的正当的权利和利益，保护归侨和侨眷的合法的权利和利益；

（十三）改变或者撤销各部、各委员会发布的不适当的命令、指示和规章；

（十四）改变或者撤销地方各级国家行政机关的不适当的决定和命令；

（十五）批准省、自治区、直辖市的区域划分，批准自治州、县、自治县、市的建置和区域划分；

（十六）依照法律规定决定省、自治区、直辖市的范围内部分地区进入紧急状态；

（十七）审定行政机构的编制，依照法律规定任免、培训、考核和奖惩行政人员；

（十八）全国人民代表大会和全国人民代表大会常务委员会授予的其他职权。

第九十条 【各部、委首长负责制】国务院各部部长、各委员会主任负责本部门的工作；召集和主持部务会议或者委员会会议、委务会议，讨论决定本部门工作的重大问题。

各部、各委员会根据法律和国务院的行政法规、决定、命令，在本部门的权限内，发布命令、指示和规章。

第九十一条 【审计机关及其职权】国务院设立审计机关，对国务院各部门和地方各级政府的财政收支，对国家的财政金融机构和企业事业组织的财务收支，进行审计监督。

审计机关在国务院总理领导下，依照法律规定独立行使审计监督权，不受其他行政机关、社会团体和个人的干涉。

第九十二条 【国务院与全国人大及其常委会的关系】国务院对全国人民代表大会负责并报告工作；在全国人民代表大会闭会期间，对全国人民代表大会常务委员会负责并报告工作。

第四节 中央军事委员会

第九十三条 【中央军委的组成、职责与任期】中华人民共和国中央军事委员会领导全国武装力量。

中央军事委员会由下列人员组成：

主席，

副主席若干人，

委员若干人。

中央军事委员会实行主席负责制。

中央军事委员会每届任期同全国人民代表大会每届任期相同。

第九十四条 【中央军委向全国人大及其常委会负责】中央军事委员会主席对全国人民代表大会和全国人民代表大会常务委员会负责。

第五节 地方各级人民代表大会和地方各级人民政府

第九十五条 【地方人大及政府的设置和组织】省、直辖市、县、市、市辖区、乡、民族乡、镇设立人民代表大会和人民政府。

地方各级人民代表大会和地方各级人民政府的组织由法律规定。

自治区、自治州、自治县设立自治机关。自治机关的组织和工作根据宪法第三章第五节、第六节规定的基本原则由法律规定。

第九十六条 【地方人大的性质及常委会的设置】地方各级人民代表大会是地方国家权力机关。

县级以上的地方各级人民代表大会设立常务委员会。

第九十七条 【地方人大代表的选举】省、直辖市、设区的市的人民代表大会代表由下一级的人民代表大会选举；县、不设区的市、市辖区、乡、民族乡、镇的人民代表大会代表由选民直接选举。

地方各级人民代表大会代表名额和代表产生办法由法律规定。

第九十八条 【地方人大的任期】地方各级人民代表大会每届任期五年。

第九十九条 【地方人大的职权】地方各级人民代表大会在本行政区域内，保证宪法、法律、行政法规的遵守和执行；依照法律规定的权限，通过和发布决议，审查和决定地方的经济建设、文化建设和公共事业建设的计划。

县级以上的地方各级人民代表大会审查和批准本行政区域内的国民经济和社会发展计划、预算以及它们的执行情况的报告；有权改变或者撤销本级人民代表大会常务委员会不适当的决定。

民族乡的人民代表大会可以依照法律规定的权限采取适合民族特点的具体措施。

第一百条 【地方性法规的制定】省、直辖市的人民代表大会和它们的常务委员会，在不同宪法、法律、行政法规相抵触的前提下，可以制定地方性法规，报全国人民代表大会常务委员会备案。

设区的市的人民代表大会和它们的常务委员会，在不同宪法、法律、行政法规和本省、自治区的地方性法规相抵触的前提下，可以依照法律规定制定地方性法规，报本省、自治区人民代表大会常务委员会批准后施行。

第一百零一条　【地方人大的选举权】地方各级人民代表大会分别选举并且有权罢免本级人民政府的省长和副省长、市长和副市长、县长和副县长、区长和副区长、乡长和副乡长、镇长和副镇长。

县级以上的地方各级人民代表大会选举并且有权罢免本级监察委员会主任、本级人民法院院长和本级人民检察院检察长。选出或者罢免人民检察院检察长，须报上级人民检察院检察长提请该级人民代表大会常务委员会批准。

第一百零二条　【对地方人大代表的监督和罢免】省、直辖市、设区的市的人民代表大会代表受原选举单位的监督；县、不设区的市、市辖区、乡、民族乡、镇的人民代表大会代表受选民的监督。

地方各级人民代表大会代表的选举单位和选民有权依照法律规定的程序罢免由他们选出的代表。

第一百零三条　【地方人大常委会的组成、地位及产生】县级以上的地方各级人民代表大会常务委员会由主任、副主任若干人和委员若干人组成，对本级人民代表大会负责并报告工作。

县级以上的地方各级人民代表大会选举并有权罢免本级人民代表大会常务委员会的组成人员。

县级以上的地方各级人民代表大会常务委员会的组成人员不得担任国家行政机关、监察机关、审判机关和检察机关的职务。

第一百零四条　【地方人大常委会的职权】县级以上的地方各级人民代表大会常务委员会讨论、决定本行政区域内各方面工作的重大事项；监督本级人民政府、监察委员会、人民法院和人民检察院的工作；撤销本级人民政府的不适当的决定和命令；撤销下一级人民代表大会的不适当的决议；依照法律规定的权限决定国家机关工作人员的任免；在本级人民代表大会闭会期间，罢免和补选上一级人民代表大会的个别代表。

第一百零五条　【地方政府的性质、地位及行政首长负责制】地方各级人民政府是地方各级国家权力机关的执行机关，是地方各级国家行政机关。

地方各级人民政府实行省长、市长、县长、区长、乡长、镇长负责制。

第一百零六条　【地方政府的任期】地方各级人民政府每届任期同本级人民代表大会每届任期相同。

第一百零七条　【地方政府的职权】县级以上地方各级人民政府依照法律规定的权限，管理本行政区域内的经济、教育、科学、文化、卫生、体育事业、城乡建设事业和财政、民政、公安、民族事务、司法行政、计划生育等行政工作，发布决定和命令，任免、培训、考核和奖惩行政工作人员。

乡、民族乡、镇的人民政府执行本级人民代表大会的决议和上级国家行政机关的决定和命令，管理本行政区域内的行政工作。

省、直辖市的人民政府决定乡、民族乡、镇的建置和区域划分。

第一百零八条　【地方政府内部及各级政府之间的关系】县级以上的地方各级人民政府领导所属各工作部门和下级人民政府的工作，有权改变或者撤销所属各工作部门和下级人民政府的不适当的决定。

第一百零九条　【地方政府审计机关的地位和职权】县级以上的地方各级人民政府设立审计机关。地方各级审计机关依照法律规定独立行使审计监督权，对本级人民政府和上一级审计机关负责。

第一百一十条　【地方政府与同级人大、上级政府的关系】地方各级人民政府对本级人民代表大会负责并报告工作。县级以上的地方各级人民政府在本级人民代表大会闭会期间，对本级人民代表大会常务委员会负责并报告工作。

地方各级人民政府对上一级国家行政机关负责并报告工作。全国地方各级人民政府都是国务院统一领导下的国家行政机关，都服从国务院。

第一百一十一条　【居民委员会和村民委员会】城市和农村按居民居住地区设立的居民委员会或者村民委员会是基层群众性自治组织。居民委员会、村民委员会的主任、副主任和委员由居民选举。居民委员会、村民委员会同基层政权的相互关系由法律规定。

居民委员会、村民委员会设人民调解、治安保卫、公共卫生等委员会,办理本居住地区的公共事务和公益事业,调解民间纠纷,协助维护社会治安,并且向人民政府反映群众的意见、要求和提出建议。

第六节　民族自治地方的自治机关

第一百一十二条　【民族自治机关】民族自治地方的自治机关是自治区、自治州、自治县的人民代表大会和人民政府。

第一百一十三条　【自治地方的人大及其常委会的组成】自治区、自治州、自治县的人民代表大会中,除实行区域自治的民族的代表外,其他居住在本行政区域内的民族也应当有适当名额的代表。

自治区、自治州、自治县的人民代表大会常务委员会中应当有实行区域自治的民族的公民担任主任或者副主任。

第一百一十四条　【自治地方政府首长的人选】自治区主席、自治州州长、自治县县长由实行区域自治的民族的公民担任。

第一百一十五条　【民族自治地方的自治权】自治区、自治州、自治县的自治机关行使宪法第三章第五节规定的地方国家机关的职权,同时依照宪法、民族区域自治法和其他法律规定的权限行使自治权,根据本地方实际情况贯彻执行国家的法律、政策。

第一百一十六条　【自治条例和单行条例】民族自治地方的人民代表大会有权依照当地民族的政治、经济和文化的特点,制定自治条例和单行条例。自治区的自治条例和单行条例,报全国人民代表大会常务委员会批准后生效。自治州、自治县的自治条例和单行条例,报省或者自治区的人民代表大会常务委员会批准后生效,并报全国人民代表大会常务委员会备案。

第一百一十七条　【财政自治权】民族自治地方的自治机关有管理地方财政的自治权。凡是依照国家财政体制属于民族自治地方的财政收入,都应当由民族自治地方的自治机关自主地安排使用。

第一百一十八条　【地方性经济的自主权】民族自治地方的自治机关在国家计划的指导下,自主地安排和管理地方性的经济建设事业。

国家在民族自治地方开发资源、建设企业的时候,应当照顾民族自治地方的利益。

第一百一十九条　【地方文化事业的自主权】民族自治地方的自治机关自主地管理本地方的教育、科学、文化、卫生、体育事业,保护和整理民族的文化遗产,发展和繁荣民族文化。

第一百二十条　【民族自治地方的公安部队】民族自治地方的自治机关依照国家的军事制度和当地的实际需要,经国务院批准,可以组织本地方维护社会治安的公安部队。

第一百二十一条　【自治机关的公务语言】民族自治地方的自治机关在执行职务的时候,依照本民族自治地方自治条例的规定,使用当地通用的一种或者几种语言文字。

第一百二十二条　【国家对民族自治地方的帮助、扶持】国家从财政、物资、技术等方面帮助各少数民族加速发展经济建设和文化建设事业。

国家帮助民族自治地方从当地民族中大量培养各级干部、各种专业人才和技术工人。

第七节　监察委员会

第一百二十三条　【监察机关】中华人民共和国各级监察委员会是国家的监察机关。

第一百二十四条　【监察委员会】中华人民共和国设立国家监察委员会和地方各级监察委员会。

监察委员会由下列人员组成:

主任,

副主任若干人,

委员若干人。

监察委员会主任每届任期同本级人民代表大会每届任期相同。国家监察委员会主任连续任职不得超过两届。

监察委员会的组织和职权由法律规定。

第一百二十五条　【各级监察委员会间的关系】中华人民共和国国家监察委员会是最高监察机关。

国家监察委员会领导地方各级监察委员会的工作,上级监察委员会领导下级监察委员会的工作。

第一百二十六条　【对监察委员会的监督】国家监察委员会对全国人民代表大会和全国人民代表大会常务委员会负责。地方各级监察委员会对产生它的国家权力机关和上一级监察委员会负责。

第一百二十七条　【监察权的行使】监察委员会依照法律规定独立行使监察权,不受行政机关、社会团体和个人的干涉。

监察机关办理职务违法和职务犯罪案件,应当与审判机关、检察机关、执法部门互相配合,互相制约。

第八节 人民法院和人民检察院

第一百二十八条 【审判机关】中华人民共和国人民法院是国家的审判机关。

第一百二十九条 【人民法院的级别、组织和任期】中华人民共和国设立最高人民法院、地方各级人民法院和军事法院等专门人民法院。

最高人民法院院长每届任期同全国人民代表大会每届任期相同,连续任职不得超过两届。

人民法院的组织由法律规定。

第一百三十条 【审判公开原则和辩护原则】人民法院审理案件,除法律规定的特别情况外,一律公开进行。被告人有权获得辩护。

第一百三十一条 【依法独立行使审判权】人民法院依照法律规定独立行使审判权,不受行政机关、社会团体和个人的干涉。

第一百三十二条 【各级审判机关间的关系】最高人民法院是最高审判机关。

最高人民法院监督地方各级人民法院和专门人民法院的审判工作,上级人民法院监督下级人民法院的审判工作。

第一百三十三条 【法院与人大的关系】最高人民法院对全国人民代表大会和全国人民代表大会常务委员会负责。地方各级人民法院对产生它的国家权力机关负责。

第一百三十四条 【人民检察院的性质】中华人民共和国人民检察院是国家的法律监督机关。

第一百三十五条 【检察院的级别、组织和任期】中华人民共和国设立最高人民检察院、地方各级人民检察院和军事检察院等专门人民检察院。

最高人民检察院检察长每届任期同全国人民代表大会每届任期相同,连续任职不得超过两届。

人民检察院的组织由法律规定。

第一百三十六条 【依法独立行使检察权】人民检察院依照法律规定独立行使检察权,不受行政机关、社会团体和个人的干涉。

第一百三十七条 【检察机关间的关系】最高人民检察院是最高检察机关。

最高人民检察院领导地方各级人民检察院和专门人民检察院的工作,上级人民检察院领导下级人民检察院的工作。

第一百三十八条 【检察院与人大的关系】最高人民检察院对全国人民代表大会和全国人民代表大会常务委员会负责。地方各级人民检察院对产生它的国家权力机关和上级人民检察院负责。

第一百三十九条 【诉讼语言】各民族公民都有用本民族语言文字进行诉讼的权利。人民法院和人民检察院对于不通晓当地通用的语言文字的诉讼参与人,应当为他们翻译。

在少数民族聚居或者多民族共同居住的地区,应当用当地通用的语言进行审理;起诉书、判决书、布告和其他文书应当根据实际需要使用当地通用的一种或者几种文字。

第一百四十条 【司法机关间的分工与制约原则】人民法院、人民检察院和公安机关办理刑事案件,应当分工负责,互相配合,互相制约,以保证准确有效地执行法律。

第四章 国旗、国歌、国徽、首都

第一百四十一条 【国旗、国歌】中华人民共和国国旗是五星红旗。

中华人民共和国国歌是《义勇军进行曲》。

第一百四十二条 【国徽】中华人民共和国国徽,中间是五星照耀下的天安门,周围是谷穗和齿轮。

第一百四十三条 【首都】中华人民共和国首都是北京。

(二)国家机构组织

中华人民共和国全国人民代表大会组织法

(1982年12月10日第五届全国人民代表大会第五次会议通过 1982年12月10日全国人民代表大会公告公布施行)

目 录

第一章 全国人民代表大会会议
第二章 全国人民代表大会常务委员会
第三章 全国人民代表大会各委员会
第四章 全国人民代表大会代表

第一章　全国人民代表大会会议

第一条　全国人民代表大会会议，依照中华人民共和国宪法的有关规定召集。

每届全国人民代表大会第一次会议，在本届全国人民代表大会代表选举完成后的两个月内由上届全国人民代表大会常务委员会召集。

第二条　全国人民代表大会常务委员会应当在全国人民代表大会会议举行1个月以前，将开会日期和建议大会讨论的主要事项通知全国人民代表大会代表。

临时召集的全国人民代表大会会议不适用前款的规定。

第三条　全国人民代表大会代表选出后，由全国人民代表大会常务委员会代表资格审查委员会进行审查。

全国人民代表大会常务委员会根据代表资格审查委员会提出的报告，确认代表的资格或者确定个别代表的当选无效，在每届全国人民代表大会第一次会议前公布代表名单。

对补选的全国人民代表大会代表，依照前款规定进行代表资格审查。

第四条　全国人民代表大会代表按照选举单位组成代表团。各代表团分别推选代表团团长、副团长。

代表团在每次全国人民代表大会会议举行前，讨论全国人民代表大会常务委员会提出的关于会议的准备事项；在会议期间，对全国人民代表大会的各项议案进行审议，并可以由代表团团长或者由代表团推派的代表，在主席团会议上或者大会全体会议上，代表代表团对审议的议案发表意见。

第五条　全国人民代表大会每次会议举行预备会议，选举本次会议的主席团和秘书长，通过本次会议的议程和其他准备事项的决定。

预备会议由全国人民代表大会常务委员会主持。每届全国人民代表大会第一次会议的预备会议，由上届全国人民代表大会常务委员会主持。

第六条　主席团主持全国人民代表大会会议。

主席团互推若干人轮流担任会议的执行主席。

主席团推选常务主席若干人，召集并主持主席团会议。

第七条　全国人民代表大会会议设立秘书处，在秘书长领导下工作。

全国人民代表大会会议设副秘书长若干人。副秘书长的人选由主席团决定。

第八条　国务院的组成人员，中央军事委员会的组成人员，最高人民法院院长和最高人民检察院检察长，列席全国人民代表大会会议；其他有关机关、团体的负责人，经主席团决定，可以列席全国人民代表大会会议。

第九条　全国人民代表大会主席团，全国人民代表大会常务委员会，全国人民代表大会各专门委员会，国务院，中央军事委员会，最高人民法院，最高人民检察院，可以向全国人民代表大会提出属于全国人民代表大会职权范围内的议案，由主席团决定交各代表团审议，或者并交有关的专门委员会审议、提出报告，再由主席团审议决定提交大会表决。

第十条　一个代表团或者30名以上的代表，可以向全国人民代表大会提出属于全国人民代表大会职权范围内的议案，由主席团决定是否列入大会议程，或者先交有关的专门委员会审议、提出是否列入大会议程的意见，再决定是否列入大会议程。

第十一条　向全国人民代表大会提出的议案，在交付大会表决前，提案人要求撤回的，对该议案的审议即行终止。

第十二条　全国人民代表大会会议对于宪法的修改案、法律案和其他议案的通过，依照中华人民共和国宪法的有关规定。

第十三条　全国人民代表大会常务委员会委员长、副委员长、秘书长、委员的人选，中华人民共和国主席、副主席的人选，中央军事委员会主席的人选，最高人民法院院长和最高人民检察院检察长的人选，由主席团提名，经各代表团酝酿协商后，再由主席团根据多数代表的意见确定正式候选人名单。

第十四条　国务院总理和国务院其他组成人员的人选，中央军事委员会除主席以外的其他组成人员的人选，依照宪法的有关规定提名。

第十五条　全国人民代表大会3个以上的代表团或者1/10以上的代表，可以提出对于全国人民代表大会常务委员会的组成人员，中华人民共和国主席、副主席，国务院和中央军事委员会的组成人员，最高人民法院院长和最高人民检察院检察长的罢免案,由主席团提请大会审议。

第十六条 在全国人民代表大会会议期间,一个代表团或者30名以上的代表,可以书面提出对国务院和国务院各部、各委员会的质询案,由主席团决定交受质询机关书面答复,或者由受质询机关的领导人在主席团会议上或者有关的专门委员会会议上或者有关的代表团会议上口头答复。在主席团会议或者专门委员会会议上答复的,提质询案的代表团团长或者提质询案的代表可以列席会议,发表意见。

第十七条 在全国人民代表大会审议议案的时候,代表可以向有关国家机关提出询问,由有关机关派人在代表小组或者代表团会议上进行说明。

第十八条 全国人民代表大会会议进行选举和通过议案,由主席团决定采用无记名投票方式或者举手表决方式或者其他方式。

第十九条 全国人民代表大会举行会议的时候,应当为少数民族代表准备必要的翻译。

第二十条 全国人民代表大会会议公开举行;在必要的时候,经主席团和各代表团团长会议决定,可以举行秘密会议。

第二十一条 全国人民代表大会代表向全国人民代表大会或者全国人民代表大会常务委员会提出的对各方面工作的建议、批评和意见,由全国人民代表大会常务委员会的办事机构交由有关机关、组织研究处理并负责答复。

第二章 全国人民代表大会常务委员会

第二十二条 全国人民代表大会常务委员会行使中华人民共和国宪法规定的职权。

第二十三条 全国人民代表大会常务委员会由下列人员组成:

委员长,

副委员长若干人,

秘书长,

委员若干人。

常务委员会的组成人员由全国人民代表大会从代表中选出。

常务委员会的组成人员不得担任国家行政机关、审判机关和检察机关的职务;如果担任上述职务,必须向常务委员会辞去常务委员会的职务。

第二十四条 常务委员会委员长主持常务委员会会议和常务委员会的工作。副委员长、秘书长协助委员长工作。副委员长受委员长的委托,可以代行委员长的部分职权。

委员长因为健康情况不能工作或者缺位的时候,由常务委员会在副委员长中推选一人代理委员长的职务,直到委员长恢复健康或者全国人民代表大会选出新的委员长为止。

第二十五条 常务委员会的委员长、副委员长、秘书长组成委员长会议,处理常务委员会的重要日常工作:

(一)决定常务委员会每次会议的会期,拟定会议议程草案;

(二)对向常务委员会提出的议案和质询案,决定交由有关的专门委员会审议或者提请常务委员会全体会议审议;

(三)指导和协调各专门委员会的日常工作;

(四)处理常务委员会其他重要日常工作。

第二十六条 常务委员会设立代表资格审查委员会。

代表资格审查委员会的主任委员、副主任委员和委员的人选,由委员长会议在常务委员会组成人员中提名,常务委员会会议通过。

第二十七条 常务委员会设立办公厅,在秘书长领导下工作。

常务委员会设副秘书长若干人,由委员长提请常务委员会任免。

第二十八条 常务委员会可以根据需要设立工作委员会。

工作委员会的主任、副主任和委员由委员长提请常务委员会任免。

第二十九条 常务委员会会议由委员长召集,一般两个月举行一次。

第三十条 常务委员会举行会议的时候,可以由各省、自治区、直辖市的人民代表大会常务委员会派主任或者副主任1人列席会议,发表意见。

第三十一条 常务委员会审议的法律案和其他议案,由常务委员会以全体组成人员的过半数通过。

第三十二条 全国人民代表大会各专门委员会,国务院,中央军事委员会,最高人民法院,最高人民检察院,可以向常务委员会提出属于常务委员会职权范围内的议案,由委员长会议决定提请常务委员会会议审议,或者先交有关的专门委员会审议、提出报告,再提请常务委员会会议审议。

常务委员会组成人员10人以上可以向常务委员会提出属于常务委员会职权范围内的议案,由委员长会议决定是否提请常务委员会会议审议,或者先交有关的专门委员会审议、提出报告,再决定是否提请常务委员会会议审议。

第三十三条 在常务委员会会议期间,常务委员会组成人员10人以上,可以向常务委员会书面提出对国务院和国务院各部、各委员会的质询案,由委员长会议决定交受质询机关书面答复,或者由受质询机关的领导人在常务委员会会议上或者有关的专门委员会会议上口头答复。在专门委员会会议上答复的,提质询案的常务委员会组成人员可以出席会议,发表意见。

第三十四条 常务委员会在全国人民代表大会每次会议举行的时候,必须向全国人民代表大会提出工作报告。

第三章 全国人民代表大会各委员会

第三十五条 全国人民代表大会设立民族委员会、法律委员会、财政经济委员会、教育科学文化卫生委员会、外事委员会、华侨委员会和全国人民代表大会认为需要设立的其他专门委员会。各专门委员会受全国人民代表大会领导;在全国人民代表大会闭会期间,受全国人民代表大会常务委员会领导。

各专门委员会由主任委员、副主任委员若干人和委员若干人组成。

各专门委员会的主任委员、副主任委员和委员的人选,由主席团在代表中提名,大会通过。在大会闭会期间,全国人民代表大会常务委员会可以补充任命专门委员会的个别副主任委员和部分委员,由委员长会议提名,常务委员会会议通过。

第三十六条 各专门委员会主任委员主持委员会会议和委员会的工作。副主任委员协助主任委员工作。

各专门委员会可以根据工作需要,任命专家若干人为顾问;顾问可以列席专门委员会会议,发表意见。

顾问由全国人民代表大会常务委员会任免。

第三十七条 各专门委员会的工作如下:

(一)审议全国人民代表大会主席团或者全国人民代表大会常务委员会交付的议案;

(二)向全国人民代表大会主席团或者全国人民代表大会常务委员会提出属于全国人民代表大会或者全国人民代表大会常务委员会职权范围内同本委员会有关的议案;

(三)审议全国人民代表大会常务委员会交付的被认为同宪法、法律相抵触的国务院的行政法规、决定和命令,国务院各部、各委员会的命令、指示和规章,省、自治区、直辖市的人民代表大会和它的常务委员会的地方性法规和决议,以及省、自治区、直辖市的人民政府的决定、命令和规章,提出报告;

(四)审议全国人民代表大会主席团或者全国人民代表大会常务委员会交付的质询案,听取受质询机关对质询案的答复,必要的时候向全国人民代表大会主席团或者全国人民代表大会常务委员会提出报告;

(五)对属于全国人民代表大会或者全国人民代表大会常务委员会职权范围内同本委员会有关的问题,进行调查研究,提出建议。

民族委员会还可以对加强民族团结问题进行调查研究,提出建议;审议自治区报请全国人民代表大会常务委员会批准的自治区的自治条例和单行条例,向全国人民代表大会常务委员会提出报告。

法律委员会统一审议向全国人民代表大会或者全国人民代表大会常务委员会提出的法律草案;其他专门委员会就有关的法律草案向法律委员会提出意见。

第三十八条 全国人民代表大会或者全国人民代表大会常务委员会可以组织对于特定问题的调查委员会。调查委员会的组织和工作,由全国人民代表大会或者全国人民代表大会常务委员会决定。

第四章 全国人民代表大会代表

第三十九条 全国人民代表大会代表每届任期5年,从每届全国人民代表大会举行第一次会议开始,到下届全国人民代表大会举行第一次会议为止。

第四十条 全国人民代表大会代表必须模范地遵守宪法和法律，保守国家秘密，并且在自己参加的生产、工作和社会活动中，协助宪法和法律的实施。

第四十一条 全国人民代表大会代表应当同原选举单位和人民保持密切联系，可以列席原选举单位的人民代表大会会议，听取和反映人民的意见和要求，努力为人民服务。

第四十二条 全国人民代表大会代表在出席全国人民代表大会会议和执行其他属于代表的职务的时候，国家根据实际需要给予适当的补贴和物质上的便利。

第四十三条 全国人民代表大会代表、全国人民代表大会常务委员会的组成人员，在全国人民代表大会和全国人民代表大会常务委员会各种会议上的发言和表决，不受法律追究。

第四十四条 全国人民代表大会代表非经全国人民代表大会主席团许可，在全国人民代表大会闭会期间非经全国人民代表大会常务委员会许可，不受逮捕或者刑事审判。

全国人民代表大会代表如果因为是现行犯被拘留，执行拘留的公安机关应当立即向全国人民代表大会主席团或者全国人民代表大会常务委员会报告。

第四十五条 全国人民代表大会代表受原选举单位的监督。原选举单位有权罢免自己选出的代表。

罢免全国人民代表大会代表，须经原选举单位以全体代表的过半数通过。

省、自治区、直辖市的人民代表大会常务委员会在本级人民代表大会闭会期间，经全体组成人员的过半数通过，可以罢免本级人民代表大会选出的个别全国人民代表大会代表。

被罢免的代表可以出席上述会议或者书面申诉意见。

罢免代表的决议，须报全国人民代表大会常务委员会备案。

第四十六条 全国人民代表大会代表因故出缺的，由原选举单位补选。省、自治区、直辖市的人民代表大会常务委员会在本级人民代表大会闭会期间，可以补选个别出缺的全国人民代表大会代表。

中华人民共和国全国人民代表大会和地方各级人民代表大会选举法

（1979年7月1日第五届全国人民代表大会第二次会议通过　根据1982年12月10日第五届全国人民代表大会第五次会议《关于修改〈中华人民共和国全国人民代表大会和地方各级人民代表大会选举法〉的若干规定的决议》第一次修正　根据1986年12月2日第六届全国人民代表大会常务委员会第十八次会议《关于修改〈中华人民共和国全国人民代表大会和地方各级人民代表大会选举法〉的决定》第二次修正　根据1995年2月28日第八届全国人民代表大会常务委员会第十二次会议《关于修改〈中华人民共和国全国人民代表大会和地方各级人民代表大会选举法〉的决定》第三次修正　根据2004年10月27日第十届全国人民代表大会常务委员会第十二次会议《关于修改〈中华人民共和国全国人民代表大会和地方各级人民代表大会选举法〉的决定》第四次修正　根据2010年3月14日第十一届全国人民代表大会第三次会议《关于修改〈中华人民共和国全国人民代表大会和地方各级人民代表大会选举法〉的决定》第五次修正　根据2015年8月29日第十二届全国人民代表大会常务委员会第十六次会议《关于修改〈中华人民共和国地方各级人民代表大会和地方各级人民政府组织法〉、〈中华人民共和国全国人民代表大会和地方各级人民代表大会选举法〉、〈中华人民共和国全国人民代表大会和地方各级人民代表大会代表法〉的决定》第六次修正　根据2020年10月17日第十三届全国人民代表大会常务委员会第二十二次会议《关于修改〈中华人民共和国全国人民代表大会和地方各级人民代表大会选举法〉的决定》第七次修正）

目　录

第一章　总　则
第二章　选举机构
第三章　地方各级人民代表大会代表名额
第四章　全国人民代表大会代表名额

第五章　各少数民族的选举
第六章　选区划分
第七章　选民登记
第八章　代表候选人的提出
第九章　选举程序
第十章　对代表的监督和罢免、辞职、补选
第十一章　对破坏选举的制裁
第十二章　附　则

第一章　总　则

第一条　根据中华人民共和国宪法，制定全国人民代表大会和地方各级人民代表大会选举法。

第二条　全国人民代表大会和地方各级人民代表大会代表的选举工作，坚持中国共产党的领导，坚持充分发扬民主，坚持严格依法办事。

第三条　全国人民代表大会的代表，省、自治区、直辖市、设区的市、自治州的人民代表大会的代表，由下一级人民代表大会选举。

不设区的市、市辖区、县、自治县、乡、民族乡、镇的人民代表大会的代表，由选民直接选举。

第四条　中华人民共和国年满十八周岁的公民，不分民族、种族、性别、职业、家庭出身、宗教信仰、教育程度、财产状况和居住期限，都有选举权和被选举权。

依照法律被剥夺政治权利的人没有选举权和被选举权。

第五条　每一选民在一次选举中只有一个投票权。

第六条　人民解放军单独进行选举，选举办法另订。

第七条　全国人民代表大会和地方各级人民代表大会的代表应当具有广泛的代表性，应当有适当数量的基层代表，特别是工人、农民和知识分子代表；应当有适当数量的妇女代表，并逐步提高妇女代表的比例。

全国人民代表大会和归侨人数较多地区的地方人民代表大会，应当有适当名额的归侨代表。

旅居国外的中华人民共和国公民在县级以下人民代表大会代表选举期间在国内的，可以参加原籍地或者出国前居住地的选举。

第八条　全国人民代表大会和地方各级人民代表大会的选举经费，列入财政预算，由国库开支。

第二章　选举机构

第九条　全国人民代表大会常务委员会主持全国人民代表大会代表的选举。省、自治区、直辖市、设区的市、自治州的人民代表大会常务委员会主持本级人民代表大会代表的选举。

不设区的市、市辖区、县、自治县、乡、民族乡、镇设立选举委员会，主持本级人民代表大会代表的选举。不设区的市、市辖区、县、自治县的选举委员会受本级人民代表大会常务委员会的领导。乡、民族乡、镇的选举委员会受不设区的市、市辖区、县、自治县的人民代表大会常务委员会的领导。

省、自治区、直辖市、设区的市、自治州的人民代表大会常务委员会指导本行政区域内县级以下人民代表大会代表的选举工作。

第十条　不设区的市、市辖区、县、自治县的选举委员会的组成人员由本级人民代表大会常务委员会任命。乡、民族乡、镇的选举委员会的组成人员由不设区的市、市辖区、县、自治县的人民代表大会常务委员会任命。

选举委员会的组成人员为代表候选人的，应当辞去选举委员会的职务。

第十一条　选举委员会履行下列职责：

（一）划分选举本级人民代表大会代表的选区，分配各选区应选代表的名额；

（二）进行选民登记，审查选民资格，公布选民名单；受理对于选民名单不同意见的申诉，并作出决定；

（三）确定选举日期；

（四）了解核实并组织介绍代表候选人的情况；根据较多数选民的意见，确定和公布正式代表候选人名单；

（五）主持投票选举；

（六）确定选举结果是否有效，公布当选代表名单；

（七）法律规定的其他职责。

选举委员会应当及时公布选举信息。

第三章　地方各级人民代表大会代表名额

第十二条　地方各级人民代表大会的代表名

额，按照下列规定确定：

（一）省、自治区、直辖市的代表名额基数为三百五十名，省、自治区每十五万人可以增加一名代表，直辖市每二万五千人可以增加一名代表；但是，代表总名额不得超过一千名；

（二）设区的市、自治州的代表名额基数为二百四十名，每二万五千人可以增加一名代表；人口超过一千万的，代表总名额不得超过六百五十名；

（三）不设区的市、市辖区、县、自治县的代表名额基数为一百四十名，每五千人可以增加一名代表；人口超过一百五十五万的，代表总名额不得超过四百五十名；人口不足五万的，代表总名额可以少于一百四十名；

（四）乡、民族乡、镇的代表名额基数为四十五名，每一千五百人可以增加一名代表；但是，代表总名额不得超过一百六十名；人口不足二千的，代表总名额可以少于四十五名。

按照前款规定的地方各级人民代表大会的代表名额基数与按人口数增加的代表数相加，即为地方各级人民代表大会的代表总名额。

自治区、聚居的少数民族多的省，经全国人民代表大会常务委员会决定，代表名额可以另加百分之五。聚居的少数民族多或者人口居住分散的县、自治县、乡、民族乡，经省、自治区、直辖市的人民代表大会常务委员会决定，代表名额可以另加百分之五。

第十三条 省、自治区、直辖市的人民代表大会代表的具体名额，由全国人民代表大会常务委员会依照本法确定。设区的市、自治州和县级的人民代表大会代表的具体名额，由省、自治区、直辖市的人民代表大会常务委员会依照本法确定，报全国人民代表大会常务委员会备案。乡级的人民代表大会代表的具体名额，由县级的人民代表大会常务委员会依照本法确定，报上一级人民代表大会常务委员会备案。

第十四条 地方各级人民代表大会的代表总名额经确定后，不再变动。如果由于行政区划变动或者由于重大工程建设等原因造成人口较大变动的，该级人民代表大会的代表总名额依照本法的规定重新确定。

依照前款规定重新确定代表名额的，省、自治区、直辖市的人民代表大会常务委员会应当在三十日内将重新确定代表名额的情况报全国人民代表大会常务委员会备案。

第十五条 地方各级人民代表大会代表名额，由本级人民代表大会常务委员会或者本级选举委员会根据本行政区域所辖的下一级各行政区域或者各选区的人口数，按照每一代表所代表的城乡人口数相同的原则，以及保证各地区、各民族、各方面都有适当数量代表的要求进行分配。在县、自治县的人民代表大会中，人口特少的乡、民族乡、镇，至少应有代表一人。

地方各级人民代表大会代表名额的分配办法，由省、自治区、直辖市人民代表大会常务委员会参照全国人民代表大会代表名额分配的办法，结合本地区的具体情况规定。

第四章 全国人民代表大会代表名额

第十六条 全国人民代表大会的代表，由省、自治区、直辖市的人民代表大会和人民解放军选举产生。

全国人民代表大会代表的名额不超过三千人。

香港特别行政区、澳门特别行政区应选全国人民代表大会代表的名额和代表产生办法，由全国人民代表大会另行规定。

第十七条 全国人民代表大会代表名额，由全国人民代表大会常务委员会根据各省、自治区、直辖市的人口数，按照每一代表所代表的城乡人口数相同的原则，以及保证各地区、各民族、各方面都有适当数量代表的要求进行分配。

省、自治区、直辖市应选全国人民代表大会代表名额，由根据人口数计算确定的名额数、相同的地区基本名额数和其他应选名额数构成。

全国人民代表大会代表名额的具体分配，由全国人民代表大会常务委员会决定。

第十八条 全国少数民族应选全国人民代表大会代表，由全国人民代表大会常务委员会参照各少数民族的人口数和分布等情况，分配给各省、自治区、直辖市的人民代表大会选出。人口特少的民族，至少应有代表一人。

第五章 各少数民族的选举

第十九条 有少数民族聚居的地方，每一聚居的少数民族都应有代表参加当地的人民代表大会。

聚居境内同一少数民族的总人口数占境内总人口数百分之三十以上的,每一代表所代表的人口数应相当于当地人民代表大会每一代表所代表的人口数。

聚居境内同一少数民族的总人口数不足境内总人口数百分之十五的,每一代表所代表的人口数可以适当少于当地人民代表大会每一代表所代表的人口数,但不得少于二分之一;实行区域自治的民族人口特少的自治县,经省、自治区的人民代表大会常务委员会决定,可以少于二分之一。人口特少的其他聚居民族,至少应有代表一人。

聚居境内同一少数民族的总人口数占境内总人口数百分之十五以上、不足百分之三十的,每一代表所代表的人口数,可以适当少于当地人民代表大会每一代表所代表的人口数,但分配给该少数民族的应选代表名额不得超过代表总名额的百分之三十。

第二十条 自治区、自治州、自治县和有少数民族聚居的乡、民族乡、镇的人民代表大会,对于聚居在境内的其他少数民族和汉族代表的选举,适用本法第十九条的规定。

第二十一条 散居的少数民族应选当地人民代表大会的代表,每一代表所代表的人口数可以少于当地人民代表大会每一代表所代表的人口数。

自治区、自治州、自治县和有少数民族聚居的乡、民族乡、镇的人民代表大会,对于散居的其他少数民族和汉族代表的选举,适用前款的规定。

第二十二条 有少数民族聚居的不设区的市、市辖区、县、乡、民族乡、镇的人民代表大会代表的产生,按照当地的民族关系和居住状况,各少数民族选民可以单独选举或者联合选举。

自治县和有少数民族聚居的乡、民族乡、镇的人民代表大会,对于居住在境内的其他少数民族和汉族代表的选举办法,适用前款的规定。

第二十三条 自治区、自治州、自治县制定或者公布的选举文件、选民名单、选民证、代表候选人名单、代表当选证书和选举委员会的印章等,都应当同时使用当地通用的民族文字。

第二十四条 少数民族选举的其他事项,参照本法有关各条的规定办理。

第六章 选区划分

第二十五条 不设区的市、市辖区、县、自治县、乡、民族乡、镇的人民代表大会的代表名额分配到选区,按选区进行选举。选区可以按居住状况划分,也可以按生产单位、事业单位、工作单位划分。

选区的大小,按照每一选区选一名至三名代表划分。

第二十六条 本行政区域内各选区每一代表所代表的人口数应当大体相等。

第七章 选民登记

第二十七条 选民登记按选区进行,经登记确认的选民资格长期有效。每次选举前对上次选民登记以后新满十八周岁的、被剥夺政治权利期满后恢复政治权利的选民,予以登记。对选民经登记后迁出原选区的,列入新迁入的选区的选民名单;对死亡的和依照法律被剥夺政治权利的人,从选民名单上除名。

精神病患者不能行使选举权利的,经选举委员会确认,不列入选民名单。

第二十八条 选民名单应在选举日的二十日以前公布,实行凭选民证参加投票选举的,并应当发给选民证。

第二十九条 对于公布的选民名单有不同意见的,可以在选民名单公布之日起五日内向选举委员会提出申诉。选举委员会对申诉意见,应在三日内作出处理决定。申诉人如果对处理决定不服,可以在选举日的五日以前向人民法院起诉,人民法院应在选举日以前作出判决。人民法院的判决为最后决定。

第八章 代表候选人的提出

第三十条 全国和地方各级人民代表大会的代表候选人,按选区或者选举单位提名产生。

各政党、各人民团体,可以联合或者单独推荐代表候选人。选民或者代表,十人以上联名,也可以推荐代表候选人。推荐者应向选举委员会或者大会主席团介绍代表候选人的情况。接受推荐的代表候选人应当向选举委员会或者大会主席团如实提供个人身份、简历等基本情况。提供的基本情况不实的，选举委员会或者大会主席团应当向选民或者代表通报。

各政党、各人民团体联合或者单独推荐的代表候选人的人数，每一选民或者代表参加联名推荐的代表候选人的人数，均不得超过本选区或者选举单位应选代表的名额。

第三十一条 全国和地方各级人民代表大会代表实行差额选举，代表候选人的人数应多于应选代表的名额。

由选民直接选举人民代表大会代表的，代表候选人的人数应多于应选代表名额三分之一至一倍；由县级以上的地方各级人民代表大会选举上一级人民代表大会代表的，代表候选人的人数应多于应选代表名额五分之一至二分之一。

第三十二条 由选民直接选举人民代表大会代表的，代表候选人由各选区选民和各政党、各人民团体提名推荐。选举委员会汇总后，将代表候选人名单及代表候选人的基本情况在选举日的十五日以前公布，并交各该选区的选民小组讨论、协商，确定正式代表候选人名单。如果所提代表候选人的人数超过本法第三十一条规定的最高差额比例，由选举委员会交各该选区的选民小组讨论、协商，根据较多数选民的意见，确定正式代表候选人名单；对正式代表候选人不能形成较为一致意见的，进行预选，根据预选时得票多少的顺序，确定正式代表候选人名单。正式代表候选人名单及代表候选人的基本情况应当在选举日的七日以前公布。

县级以上的地方各级人民代表大会在选举上一级人民代表大会代表时，提名、酝酿代表候选人的时间不得少于两天。各该级人民代表大会主席团将依法提出的代表候选人名单及代表候选人的基本情况印发全体代表，由全体代表酝酿、讨论。如果所提代表候选人的人数符合本法第三十一条规定的差额比例，直接进行投票选举。如果所提代表候选人的人数超过本法第三十一条规定的最高差额比例，进行预选，根据预选时得票多少的顺序，按照本级人民代表大会的选举办法根据本法确定的具体差额比例，确定正式代表候选人名单，进行投票选举。

第三十三条 县级以上的地方各级人民代表大会在选举上一级人民代表大会代表时，代表候选人不限于各该级人民代表大会的代表。

第三十四条 选举委员会或者人民代表大会主席团应当向选民或者代表介绍代表候选人的情况。推荐代表候选人的政党、人民团体和选民、代表可以在选民小组或者代表小组会议上介绍所推荐的代表候选人的情况。选举委员会根据选民的要求，应当组织代表候选人与选民见面，由代表候选人介绍本人的情况，回答选民的问题。但是，在选举日必须停止代表候选人的介绍。

第三十五条 公民参加各级人民代表大会代表的选举，不得直接或者间接接受境外机构、组织、个人提供的与选举有关的任何形式的资助。

违反前款规定的，不列入代表候选人名单；已经列入代表候选人名单的，从名单中除名；已经当选的，其当选无效。

第九章 选举程序

第三十六条 全国人民代表大会和地方各级人民代表大会代表的选举，应当严格依照法定程序进行，并接受监督。任何组织或者个人都不得以任何方式干预选民或者代表自由行使选举权。

第三十七条 在选民直接选举人民代表大会代表时，选民根据选举委员会的规定，凭身份证或者选民证领取选票。

第三十八条 选举委员会应当根据各选区选民分布状况，按照方便选民投票的原则设立投票站，进行选举。选民居住比较集中的，可以召开选举大会，进行选举；因患有疾病等原因行动不便或者居住分散并且交通不便的选民，可以在流动票箱投票。

第三十九条 县级以上的地方各级人民代表大会在选举上一级人民代表大会代表时，由各该级人民代表大会主席团主持。

第四十条 全国和地方各级人民代表大会代表的选举，一律采用无记名投票的方法。选举时应当设有秘密写票处。

选民如果是文盲或者因残疾不能写选票的，可以委托他信任的人代写。

第四十一条 选举人对于代表候选人可以投赞成票，可以投反对票，可以另选其他任何选民，也可以弃权。

第四十二条 选民如果在选举期间外出，经选举委员会同意，可以书面委托其他选民代为投票。每一选民接受的委托不得超过三人，并应当按照委托人的意愿代为投票。

第四十三条 投票结束后，由选民或者代表推选的监票、计票人员和选举委员会或者人民代表大会主席团的人员将投票人数和票数加以核对，作出记录，并由监票人签字。

代表候选人的近亲属不得担任监票人、计票人。

第四十四条 每次选举所投的票数，多于投票人数的无效，等于或者少于投票人数的有效。

每一选票所选的人数，多于规定应选代表人数的作废，等于或者少于规定应选代表人数的有效。

第四十五条 在选民直接选举人民代表大会代表时，选区全体选民的过半数参加投票，选举有效。代表候选人获得参加投票的选民过半数的选票时，始得当选。

县级以上的地方各级人民代表大会在选举上一级人民代表大会代表时，代表候选人获得全体代表过半数的选票时，始得当选。

获得过半数选票的代表候选人的人数超过应选代表名额时，以得票多的当选。如遇票数相等不能确定当选人时，应当就票数相等的候选人再次投票，以得票多的当选。

获得过半数选票的当选代表的人数少于应选代表的名额时，不足的名额另行选举。另行选举时，根据在第一次投票时得票多少的顺序，按照本法第三十一条规定的差额比例，确定候选人名单。如果只选一人，候选人应为二人。

依照前款规定另行选举县级和乡级的人民代表大会代表时，代表候选人以得票多的当选，但是得票数不得少于选票的三分之一；县级以上的地方各级人民代表大会在另行选举上一级人民代表大会代表时，代表候选人获得全体代表过半数的选票，始得当选。

第四十六条 选举结果由选举委员会或者人民代表大会主席团根据本法确定是否有效，并予以宣布。

当选代表名单由选举委员会或者人民代表大会主席团予以公布。

第四十七条 代表资格审查委员会依法对当选代表是否符合宪法、法律规定的代表的基本条件，选举是否符合法律规定的程序，以及是否存在破坏选举和其他当选无效的违法行为进行审查，提出代表当选是否有效的意见，向本级人民代表大会常务委员会或者乡、民族乡、镇的人民代表大会主席团报告。

县级以上的各级人民代表大会常务委员会或者乡、民族乡、镇的人民代表大会主席团根据代表资格审查委员会提出的报告，确认代表的资格或者确定代表的当选无效，在每届人民代表大会第一次会议前公布代表名单。

第四十八条 公民不得同时担任两个以上无隶属关系的行政区域的人民代表大会代表。

第十章 对代表的监督和罢免、辞职、补选

第四十九条 全国和地方各级人民代表大会的代表，受选民和原选举单位的监督。选民或者选举单位都有权罢免自己选出的代表。

第五十条 对于县级的人民代表大会代表，原选区选民五十人以上联名，对于乡级的人民代表大会代表，原选区选民三十人以上联名，可以向县级的人民代表大会常务委员会书面提出罢免要求。

罢免要求应当写明罢免理由。被提出罢免的代表有权在选民会议上提出申辩意见，也可以书面提出申辩意见。

县级的人民代表大会常务委员会应当将罢免要求和被提出罢免的代表的书面申辩意见印发原选区选民。

表决罢免要求，由县级的人民代表大会常务委员会派有关负责人员主持。

第五十一条 县级以上的地方各级人民代表大会举行会议的时候，主席团或者十分之一以上代表联名，可以提出对由该级人民代表大会选出的上一级人民代表大会代表的罢免案。在人民代表大会闭会期间，县级以上的地方各级人民代表大会常务委员会主任会议或者常务委员会五分之一以上组成人员联名，可以向常务委员会提出对由该级人民代表大会选出的上一级人民代表大会代表的罢免案。罢免案应当写明罢免理由。

县级以上的地方各级人民代表大会举行会议的时候，被提出罢免的代表有权在主席团会议和大

会全体会议上提出申辩意见，或者书面提出申辩意见，由主席团印发会议。罢免案经会议审议后，由主席团提请全体会议表决。

县级以上的地方各级人民代表大会常务委员会举行会议的时候，被提出罢免的代表有权在主任会议和常务委员会全体会议上提出申辩意见，或者书面提出申辩意见，由主任会议印发会议。罢免案经会议审议后，由主任会议提请全体会议表决。

第五十二条 罢免代表采用无记名的表决方式。

第五十三条 罢免县级和乡级的人民代表大会代表，须经原选区过半数的选民通过。

罢免由县级以上的地方各级人民代表大会选出的代表，须经各该级人民代表大会过半数的代表通过；在代表大会闭会期间，须经常务委员会组成人员的过半数通过。罢免的决议，须报送上一级人民代表大会常务委员会备案、公告。

第五十四条 县级以上的各级人民代表大会常务委员会组成人员，县级以上的各级人民代表大会专门委员会成员的代表职务被罢免的，其常务委员会组成人员或者专门委员会成员的职务相应撤销，由主席团或者常务委员会予以公告。

乡、民族乡、镇的人民代表大会主席、副主席的代表职务被罢免的，其主席、副主席的职务相应撤销，由主席团予以公告。

第五十五条 全国人民代表大会代表，省、自治区、直辖市、设区的市、自治州的人民代表大会代表，可以向选举他的人民代表大会的常务委员会书面提出辞职。常务委员会接受辞职，须经常务委员会组成人员的过半数通过。接受辞职的决议，须报送上一级人民代表大会常务委员会备案、公告。

县级的人民代表大会代表可以向本级人民代表大会常务委员会书面提出辞职，乡级的人民代表大会代表可以向本级人民代表大会书面提出辞职。县级的人民代表大会常务委员会接受辞职，须经常务委员会组成人员的过半数通过。乡级的人民代表大会接受辞职，须经人民代表大会过半数的代表通过。接受辞职的，应当予以公告。

第五十六条 县级以上的各级人民代表大会常务委员会组成人员，县级以上的各级人民代表大会的专门委员会成员，辞去代表职务的请求被接受的，其常务委员会组成人员、专门委员会成员的职务相应终止，由常务委员会予以公告。

乡、民族乡、镇的人民代表大会主席、副主席，辞去代表职务的请求被接受的，其主席、副主席的职务相应终止，由主席团予以公告。

第五十七条 代表在任期内，因故出缺，由原选区或者原选举单位补选。

地方各级人民代表大会代表在任期内调离或者迁出本行政区域的，其代表资格自行终止，缺额另行补选。

县级以上的地方各级人民代表大会闭会期间，可以由本级人民代表大会常务委员会补选上一级人民代表大会代表。

补选出缺的代表时，代表候选人的名额可以多于应选代表的名额，也可以同应选代表的名额相等。补选的具体办法，由省、自治区、直辖市的人民代表大会常务委员会规定。

对补选产生的代表，依照本法第四十七条的规定进行代表资格审查。

第十一章 对破坏选举的制裁

第五十八条 为保障选民和代表自由行使选举权和被选举权，对有下列行为之一，破坏选举，违反治安管理规定的，依法给予治安管理处罚；构成犯罪的，依法追究刑事责任：

（一）以金钱或者其他财物贿赂选民或者代表，妨害选民和代表自由行使选举权和被选举权的；

（二）以暴力、威胁、欺骗或者其他非法手段妨害选民和代表自由行使选举权和被选举权的；

（三）伪造选举文件、虚报选举票数或者有其他违法行为的；

（四）对于控告、检举选举中违法行为的人，或者对于提出要求罢免代表的人进行压制、报复的。

国家工作人员有前款所列行为的，还应当由监察机关给予政务处分或者由所在机关、单位给予处分。

以本条第一款所列违法行为当选的，其当选无效。

第五十九条 主持选举的机构发现有破坏选举的行为或者收到对破坏选举行为的举报，应当及时依法调查处理；需要追究法律责任的，及时移送有关机关予以处理。

第十二章 附 则

第六十条 省、自治区、直辖市的人民代表大会及其常务委员会根据本法可以制定选举实施细则,报全国人民代表大会常务委员会备案。

全国人民代表大会常务委员会关于县级以下人民代表大会代表直接选举的若干规定

(1983年3月5日第五届全国人民代表大会常务委员会第二十六次会议通过)

为了便于实施《中华人民共和国全国人民代表大会和地方各级人民代表大会选举法》,对县级以下人民代表大会代表直接选举中的若干问题作如下规定:

一、县、自治县、不设区的市、市辖区、乡、民族乡、镇设立选举委员会。县、自治县、不设区的市、市辖区的选举委员会的组成人员由本级人民代表大会常务委员会任命。乡、民族乡、镇的选举委员会的组成人员由县、自治县、不设区的市、市辖区的人民代表大会常务委员会任命。

选举委员会设立办事机构,办理选举的具体事务。

二、选举委员会的职权是:

(一) 主持本级人民代表大会代表的选举;

(二) 进行选民登记,审查选民资格,公布选民名单;受理对于选民名单不同意见的申诉,并做出决定;

(三) 划分选举本级人民代表大会代表的选区,分配各选区应选代表的名额;

(四) 根据较多数选民的意见,确定和公布正式代表候选人的名单;

(五) 规定选举日期;

(六) 确定选举结果是否有效,公布当选代表名单。

县、自治县、不设区的市、市辖区的选举委员会指导乡、民族乡、镇的选举委员会的工作。

三、精神病患者不能行使选举权利的,经选举委员会确认,不行使选举权利。

四、因反革命案或者其他严重刑事犯罪案被羁押,正在受侦查、起诉、审判的人,经人民检察院或者人民法院决定,在被羁押期间停止行使选举权利。

五、下列人员准予行使选举权利:

(一) 被判处有期徒刑、拘役、管制而没有附加剥夺政治权利的;

(二) 被羁押,正在受侦查、起诉、审判,人民检察院或者人民法院没有决定停止行使选举权利的;

(三) 正在取保候审或者被监视居住的;

(四) 正在被劳动教养的;

(五) 正在受拘留处罚的。

以上所列人员参加选举,由选举委员会和执行监禁、羁押、拘留或者劳动教养的机关共同决定,可以在流动票箱投票,或者委托有选举权的亲属或者其他选民代为投票。被判处拘役、受拘留处罚或者被劳动教养的人也可以在选举日回原选区参加选举。

六、县、自治县的人民政府驻地在市区内的,其所属机关、团体和企业事业组织的职工,参加县、自治县的人民代表大会代表的选举,不参加市、市辖区的人民代表大会代表的选举。

七、驻在乡、民族乡、镇的不属于县级以下人民政府领导的企业事业组织的职工,可以只参加县级人民代表大会代表的选举,不参加乡、民族乡、镇的人民代表大会代表的选举。

八、选区的大小,按照每一选区选一至三名代表划分。

九、选民在选举期间临时在外地劳动、工作或者居住,不能回原选区参加选举的,经原居住地的选举委员会认可,可以书面委托有选举权的亲属或者其他选民在原选区代为投票。

选民实际上已经迁居外地但是没有转出户口的,在取得原选区选民资格的证明后,可以在现居住地的选区参加选举。

十、每一选民(三人以上附议)推荐的代表候选人的名额,不得超过本选区应选代表的名额。

选民和各政党、各人民团体推荐的代表候选人都应当列入代表候选人名单,选举委员会不得调换或者增减。

正式代表候选人名单,经过预选确定的,按得票多少的顺序排列。

中华人民共和国地方各级人民代表大会和地方各级人民政府组织法

（1979年7月1日第五届全国人民代表大会第二次会议通过　根据1982年12月10日第五届全国人民代表大会第五次会议《关于修改〈中华人民共和国地方各级人民代表大会和地方各级人民政府组织法〉的若干规定的决议》第一次修正　根据1986年12月2日第六届全国人民代表大会常务委员会第十八次会议《关于修改〈中华人民共和国地方各级人民代表大会和地方各级人民政府组织法〉的决定》第二次修正　根据1995年2月28日第八届全国人民代表大会常务委员会第十二次会议《关于修改〈中华人民共和国地方各级人民代表大会和地方各级人民政府组织法〉的决定》第三次修正　根据2004年10月27日第十届全国人民代表大会常务委员会第十二次会议《关于修改〈中华人民共和国地方各级人民代表大会和地方各级人民政府组织法〉的决定》第四次修正　根据2015年8月29日第十二届全国人民代表大会常务委员会第十六次会议《关于修改〈中华人民共和国地方各级人民代表大会和地方各级人民政府组织法〉、〈中华人民共和国全国人民代表大会和地方各级人民代表大会选举法〉、〈中华人民共和国全国人民代表大会和地方各级人民代表大会代表法〉的决定》第五次修正）

目　　录

第一章　总　　则
第二章　地方各级人民代表大会
第三章　县级以上的地方各级人民代表大会常务委员会
第四章　地方各级人民政府
第五章　附　　则

第一章　总　　则

第一条　省、自治区、直辖市、自治州、县、自治县、市、市辖区、乡、民族乡、镇设立人民代表大会和人民政府。

第二条　县级以上的地方各级人民代表大会设立常务委员会。

第三条　自治区、自治州、自治县的自治机关除行使本法规定的职权外，同时依照宪法、民族区域自治法和其他法律规定的权限行使自治权。

第二章　地方各级人民代表大会

第四条　地方各级人民代表大会都是地方国家权力机关。

第五条　省、自治区、直辖市、自治州、设区的市的人民代表大会代表由下一级的人民代表大会选举；县、自治县、不设区的市、市辖区、乡、民族乡、镇的人民代表大会代表由选民直接选举。

地方各级人民代表大会代表名额和代表产生办法由选举法规定。各行政区域内的少数民族应当有适当的代表名额。

第六条　地方各级人民代表大会每届任期五年。

第七条　省、自治区、直辖市的人民代表大会根据本行政区域的具体情况和实际需要，在不同宪法、法律、行政法规相抵触的前提下，可以制定和颁布地方性法规，报全国人民代表大会常务委员会和国务院备案。

设区的市的人民代表大会根据本市的具体情况和实际需要，在不同宪法、法律、行政法规和本省、自治区的地方性法规相抵触的前提下，可以制定地方性法规，报省、自治区的人民代表大会常务委员会批准后施行，并由省、自治区的人民代表大会常务委员会报全国人民代表大会常务委员会和国务院备案。

第八条　县级以上的地方各级人民代表大会行使下列职权：

（一）在本行政区域内，保证宪法、法律、行政法规和上级人民代表大会及其常务委员会决议的遵守和执行，保证国家计划和国家预算的执行；

（二）审查和批准本行政区域内的国民经济和社会发展计划、预算以及它们执行情况的报告；

（三）讨论、决定本行政区域内的政治、经济、教育、科学、文化、卫生、环境和资源保护、民政、民族等工作的重大事项；

（四）选举本级人民代表大会常务委员会的组

成人员；

（五）选举省长、副省长，自治区主席、副主席，市长、副市长，州长、副州长，县长、副县长，区长、副区长；

（六）选举本级人民法院院长和人民检察院检察长；选出的人民检察院检察长，须报经上一级人民检察院检察长提请该级人民代表大会常务委员会批准；

（七）选举上一级人民代表大会代表；

（八）听取和审查本级人民代表大会常务委员会的工作报告；

（九）听取和审查本级人民政府和人民法院、人民检察院的工作报告；

（十）改变或者撤销本级人民代表大会常务委员会的不适当的决议；

（十一）撤销本级人民政府的不适当的决定和命令；

（十二）保护社会主义的全民所有的财产和劳动群众集体所有的财产，保护公民私人所有的合法财产，维护社会秩序，保障公民的人身权利、民主权利和其他权利；

（十三）保护各种经济组织的合法权益；

（十四）保障少数民族的权利；

（十五）保障宪法和法律赋予妇女的男女平等、同工同酬和婚姻自由等各项权利。

第九条 乡、民族乡、镇的人民代表大会行使下列职权：

（一）在本行政区域内，保证宪法、法律、行政法规和上级人民代表大会及其常务委员会决议的遵守和执行；

（二）在职权范围内通过和发布决议；

（三）根据国家计划，决定本行政区域内的经济、文化事业和公共事业的建设计划；

（四）审查和批准本行政区域内的财政预算和预算执行情况的报告；

（五）决定本行政区域内的民政工作的实施计划；

（六）选举本级人民代表大会主席、副主席；

（七）选举乡长、副乡长，镇长、副镇长；

（八）听取和审查乡、民族乡、镇的人民政府的工作报告；

（九）撤销乡、民族乡、镇的人民政府的不适当的决定和命令；

（十）保护社会主义的全民所有的财产和劳动群众集体所有的财产，保护公民私人所有的合法财产，维护社会秩序，保障公民的人身权利、民主权利和其他权利；

（十一）保护各种经济组织的合法权益；

（十二）保障少数民族的权利；

（十三）保障宪法和法律赋予妇女的男女平等、同工同酬和婚姻自由等各项权利。

少数民族聚居的乡、民族乡、镇的人民代表大会在行使职权的时候，应当采取适合民族特点的具体措施。

第十条 地方各级人民代表大会有权罢免本级人民政府的组成人员。县级以上的地方各级人民代表大会有权罢免本级人民代表大会常务委员会的组成人员和由它选出的人民法院院长、人民检察院检察长。罢免人民检察院检察长，须报经上一级人民检察院检察长提请该级人民代表大会常务委员会批准。

第十一条 地方各级人民代表大会会议每年至少举行一次。

经过五分之一以上代表提议，可以临时召集本级人民代表大会会议。

第十二条 县级以上的地方各级人民代表大会会议由本级人民代表大会常务委员会召集。

第十三条 县级以上的地方各级人民代表大会每次会议举行预备会议，选举本次会议的主席团和秘书长，通过本次会议的议程和其他准备事项的决定。

预备会议由本级人民代表大会常务委员会主持。每届人民代表大会第一次会议的预备会议，由上届本级人民代表大会常务委员会主持。

县级以上的地方各级人民代表大会举行会议的时候，由主席团主持会议。

县级以上的地方各级人民代表大会会议设副秘书长若干人；副秘书长的人选由主席团决定。

第十四条 乡、民族乡、镇的人民代表大会设主席，并可以设副主席一人至二人。主席、副主席由本级人民代表大会从代表中选出，任期同本级人民代表大会每届任期相同。

乡、民族乡、镇的人民代表大会主席、副主席不得担任国家行政机关的职务；如果担任国家行政机关的职务，必须向本级人民代表大会辞去主席、副主席的职务。

乡、民族乡、镇的人民代表大会主席、副主席在本级人民代表大会闭会期间负责联系本级人民代表大会代表，根据主席团的安排组织代表开展活动，反映代表和群众对本级人民政府工作的建议、批评和意见，并负责处理主席团的日常工作。

第十五条 乡、民族乡、镇的人民代表大会举行会议的时候，选举主席团。由主席团主持会议，并负责召集下一次的本级人民代表大会会议。乡、民族乡、镇的人民代表大会主席、副主席为主席团的成员。

主席团在本级人民代表大会闭会期间，每年选择若干关系本地区群众切身利益和社会普遍关注的问题，有计划地安排代表听取和讨论本级人民政府的专项工作报告，对法律、法规实施情况进行检查，开展视察、调研等活动；听取和反映代表和群众对本级人民政府工作的建议、批评和意见。主席团在闭会期间的工作，向本级人民代表大会报告。

第十六条 地方各级人民代表大会每届第一次会议，在本届人民代表大会代表选举完成后的两个月内，由上届本级人民代表大会常务委员会或者乡、民族乡、镇的上次人民代表大会主席团召集。

第十七条 县级以上的地方各级人民政府组成人员和人民法院院长、人民检察院检察长，乡级的人民政府领导人员，列席本级人民代表大会会议；县级以上的其他有关机关、团体负责人，经本级人民代表大会常务委员会决定，可以列席本级人民代表大会会议。

第十八条 地方各级人民代表大会举行会议的时候，主席团、常务委员会、各专门委员会、本级人民政府，可以向本级人民代表大会提出属于本级人民代表大会职权范围内的议案，由主席团决定提交人民代表大会会议审议，或者并交有关的专门委员会审议、提出报告，再由主席团审议决定提交大会表决。

县级以上的地方各级人民代表大会代表十人以上联名，乡、民族乡、镇的人民代表大会代表五人以上联名，可以向本级人民代表大会提出属于本级人民代表大会职权范围内的议案，由主席团决定是否列入大会议程，或者先交有关的专门委员会审议，提出是否列入大会议程的意见，再由主席团决定是否列入大会议程。

列入会议议程的议案，在交付大会表决前，提案人要求撤回的，经主席团同意，会议对该项议案的审议即行终止。

第十九条 县级以上的地方各级人民代表大会代表向本级人民代表大会及其常务委员会提出的对各方面工作的建议、批评和意见，由本级人民代表大会常务委员会的办事机构交有关机关和组织研究处理并负责答复。

乡、民族乡、镇的人民代表大会代表向本级人民代表大会提出的对各方面工作的建议、批评和意见，由本级人民代表大会主席团交有关机关和组织研究处理并负责答复。

第二十条 地方各级人民代表大会进行选举和通过决议，以全体代表的过半数通过。

第二十一条 县级以上的地方各级人民代表大会常务委员会的组成人员，乡、民族乡、镇的人民代表大会主席、副主席，省长、副省长，自治区主席、副主席，市长、副市长，州长、副州长，县长、副县长，区长、副区长，乡长、副乡长，镇长、副镇长，人民法院院长，人民检察院检察长的人选，由本级人民代表大会主席团或者代表依照本法规定联合提名。

省、自治区、直辖市的人民代表大会代表三十人以上书面联名，设区的市和自治州的人民代表大会代表二十人以上书面联名，县级的人民代表大会代表十人以上书面联名，可以提出本级人民代表大会常务委员会组成人员，人民政府领导人员，人民法院院长，人民检察院检察长的候选人。乡、民族乡、镇的人民代表大会代表十人以上书面联名，可以提出本级人民代表大会主席、副主席，人民政府领导人员的候选人。不同选区或者选举单位选出的代表可以酝酿、联合提出候选人。

主席团提名的候选人人数，每一代表与其他代表联合提名的候选人人数，均不得超过应选名额。

提名人应当如实介绍所提名的候选人的情况。

第二十二条 人民代表大会常务委员会主任、秘书长，乡、民族乡、镇的人民代表大会主席，人民政府正职领导人员，人民法院院长，人民检察院检察长的候选人数一般应多一人，进行差额选举；如果提名的候选人只有一人，也可以等额选举。人民代表大会常务委员会副主任，乡、民族乡、镇的人民代表大会副主席，人民政府副职领导人员的候选人数应比应选人数多一人至三人，人民代表大会常务委员会委员的候选人数应比应选人数多十分之一至五分之一，由本级人民代表大会根据应选人数在选举办法中规定具体差额数，进行差额选举。如果提名的候选人数符合选举办法规定的差额数，由主席团提交代表酝酿、讨论后，进行选举。如果提名的候选人数超过选举办法规定的差额数，由主席团提交代表酝酿、讨论后，进行预选，根据在预选中得票多少的顺序，按照选举办法规定的差额数，确定正式候选人名单，进行选举。

县级以上的地方各级人民代表大会换届选举本级国家机关领导人员时，提名、酝酿候选人的时间不得少于两天。

第二十三条 选举采用无记名投票方式。代表对于确定的候选人，可以投赞成票，可以投反对票，可以另选其他任何代表或者选民，也可以弃权。

第二十四条 地方各级人民代表大会选举本级国家机关领导人员，获得过半数选票的候选人人数超过应选名额时，以得票多的当选。如遇票数相等不能确定当选人时，应当就票数相等的人再次投票，以得票多的当选。

获得过半数选票的当选人数少于应选名额时，不足的名额另行选举。另行选举时，可以根据在第一次投票时得票多少的顺序确定候选人，也可以依照本法规定的程序另行提名、确定候选人。经本级人民代表大会决定，不足的名额的另行选举可以在本次人民代表大会会议上进行，也可以在下一次人民代表大会会议上进行。

另行选举人民代表大会常务委员会副主任、委员，乡、民族乡、镇的人民代表大会副主席，人民政府副职领导人员时，依照本法第二十二条第一款的规定，确定差额数，进行差额选举。

第二十五条 地方各级人民代表大会补选常务委员会主任、副主任、秘书长、委员，乡、民族乡、镇的人民代表大会主席、副主席，省长、副省长，自治区主席、副主席，市长、副市长，州长、副州长，县长、副县长，区长、副区长，乡长、副乡长，镇长、副镇长，人民法院院长，人民检察院检察长时，候选人数可以多于应选人数，也可以同应选人数相等。选举办法由本级人民代表大会决定。

第二十六条 县级以上的地方各级人民代表大会举行会议的时候，主席团、常务委员会或者十分之一以上代表联名，可以提出对本级人民代表大会常务委员会组成人员、人民政府组成人员、人民法院院长、人民检察院检察长的罢免案，由主席团提请大会审议。

乡、民族乡、镇的人民代表大会举行会议的时候，主席团或者五分之一以上代表联名，可以提出对人民代表大会主席、副主席，乡长、副乡长，镇长、副镇长的罢免案，由主席团提请大会审议。

罢免案应当写明罢免理由。

被提出罢免的人员有权在主席团会议或者大会全体会议上提出申辩意见，或者书面提出申辩意见。在主席团会议上提出的申辩意见或者书面提出的申辩意见，由主席团印发会议。

向县级以上的地方各级人民代表大会提出的罢免案，由主席团交会议审议后，提请全体会议表决；或者由主席团提议，经全体会议决定，组织调查委员会，由本级人民代表大会下次会议根据调查委员会的报告审议决定。

第二十七条 县级以上的地方各级人民代表大会常务委员会组成人员和人民政府领导人员，人民法院院长，人民检察院检察长，可以向本级人民代表大会提出辞职，由大会决定是否接受辞职；大会闭会期间，可以向本级人民代表大会常务委员会提出辞职，由常务委员会决定是否接受辞职。常务委员会决定接受辞职后，报本级人民代表大会备案。人民检察院检察长的辞职，须报经上一级人民检察院检察长提请该级人民代表大会常务委员会批准。

乡、民族乡、镇的人民代表大会主席、副主席，乡长、副乡长，镇长、副镇长，可以向本级人民代表大会提出辞职，由大会决定是否接受辞职。

第二十八条 地方各级人民代表大会举行会议的时候，代表十人以上联名可以书面提出对本级人民政府和它所属各工作部门以及人民法院、人民检察院的质询案。质询案必须写明质询对象、质询的问题和内容。

质询案由主席团决定交由受质询机关在主席团会议、大会全体会议或者有关的专门委员会会议上口头答复，或者由受质询机关书面答复。在主席团会议或者专门委员会会议上答复的，提质询案的代表有权列席会议，发表意见；主席团认为必要的时候，可以将答复质询案的情况报告印发会议。

质询案以口头答复的，应当由受质询机关的负责人到会答复；质询案以书面答复的，应当由受质询机关的负责人签署，由主席团印发会议或者印发提质询案的代表。

第二十九条 在地方各级人民代表大会审议议案的时候，代表可以向有关地方国家机关提出询问，由有关机关派人说明。

第三十条 省、自治区、直辖市、自治州、设区的市的人民代表大会根据需要，可以设法制委员会、财政经济委员会、教育科学文化卫生委员会等专门委员会；县、自治县、不设区的市、市辖区的人民代表大会根据需要，可以设法制委员会、财政经济委员会等专门委员会。各专门委员会受本级人民代表大会领导；在大会闭会期间，受本级人民代表大会常务委员会领导。

各专门委员会的主任委员、副主任委员和委员的人选，由主席团在代表中提名，大会通过。在大会闭会期间，常务委员会可以任免专门委员会的个别副主任委员和部分委员，由主任会议提名，常务委员会会议通过。

各专门委员会在本级人民代表大会及其常务委员会领导下，研究、审议和拟订有关议案；对属于本级人民代表大会及其常务委员会职权范围内同本委员会有关的问题，进行调查研究，提出建议。

第三十一条 县级以上的地方各级人民代表大会可以组织关于特定问题的调查委员会。

主席团或者十分之一以上代表书面联名，可以向本级人民代表大会提议组织关于特定问题的调查委员会，由主席团提请全体会议决定。

调查委员会由主任委员、副主任委员和委员组成，由主席团在代表中提名，提请全体会议通过。

调查委员会应当向本级人民代表大会提出调查报告。人民代表大会根据调查委员会的报告，可以作出相应的决议。人民代表大会可以授权它的常务委员会听取调查委员会的调查报告，常务委员会可以作出相应的决议，报人民代表大会下次会议备案。

第三十二条 乡、民族乡、镇的每届人民代表大会第一次会议通过的代表资格审查委员会，行使职权至本届人民代表大会任期届满为止。

第三十三条 地方各级人民代表大会代表任期，从每届本级人民代表大会举行第一次会议开始，到下届本级人民代表大会举行第一次会议为止。

第三十四条 地方各级人民代表大会代表、常务委员会组成人员，在人民代表大会和常务委员会会议上的发言和表决，不受法律追究。

第三十五条 县级以上的地方各级人民代表大会代表，非经本级人民代表大会主席团许可，在大会闭会期间，非经本级人民代表大会常务委员会许可，不受逮捕或者刑事审判。如果因为是现行犯被拘留，执行拘留的公安机关应当立即向该级人民代表大会主席团或者常务委员会报告。

第三十六条 地方各级人民代表大会代表在出席人民代表大会会议和执行代表职务的时候，国家根据需要给予往返的旅费和必要的物质上的便利或者补贴。

第三十七条 地方各级人民代表大会代表应当与原选区选民或者原选举单位和人民群众保持密切联系，听取和反映他们的意见和要求。

省、自治区、直辖市、自治州、设区的市的人民代表大会代表可以列席原选举单位的人民代表大会会议。

县、自治县、不设区的市、市辖区、乡、民族乡、镇的人民代表大会代表分工联系选民，有代表三人以上的居民地区或者生产单位可以组织代表小组。

第三十八条 省、自治区、直辖市、自治州、设区的市的人民代表大会代表受原选举单位的监督；县、自治县、不设区的市、市辖区、乡、民族乡、镇的人民代表大会代表受选民的监督。

地方各级人民代表大会代表的选举单位和选民有权随时罢免自己选出的代表。代表的罢免必须由原选举单位以全体代表的过半数通过，或者由原选区以选民的过半数通过。

第三十九条 地方各级人民代表大会代表因故不能担任代表职务的时候，由原选举单位或者由原选区选民补选。

第三章 县级以上的地方各级人民代表大会常务委员会

第四十条 省、自治区、直辖市、自治州、县、自治县、市、市辖区的人民代表大会设立常务委员会。

县级以上的地方各级人民代表大会常务委员会是本级人民代表大会的常设机关，对本级人民代表大会负责并报告工作。

第四十一条 省、自治区、直辖市、自治州、设区的市的人民代表大会常务委员会由本级人民代表大会在代表中选举主任、副主任若干人、秘书长、委员若干人组成。

县、自治县、不设区的市、市辖区的人民代表大会常务委员会由本级人民代表大会在代表中选举主任、副主任若干人和委员若干人组成。

常务委员会的组成人员不得担任国家行政机关、审判机关和检察机关的职务；如果担任上述职务，必须向常务委员会辞去常务委员会的职务。

常务委员会组成人员的名额：

（一）省、自治区、直辖市三十五人至六十五人，人口超过八千万的省不超过八十五人；

（二）设区的市、自治州十九人至四十一人，人口超过八百万的设区的市不超过五十一人；

（三）县、自治县、不设区的市、市辖区十五人至三十五人，人口超过一百万的县、自治县、不设区的市、市辖区不超过四十五人。

省、自治区、直辖市每届人民代表大会常务委员会组成人员的名额，由省、自治区、直辖市的人民代表大会依照前款规定，按人口多少确定。自治州、县、自治县、市、市辖区每届人民代表大会常务委员会组成人员的名额，由省、自治区、直辖市的人民代表大会常务委员会依照前款规定，按人口多少确定。每届人民代表大会常务委员会组成人员的名额经确定后，在本届人民代表大会的任期内不再变动。

第四十二条 县级以上的地方各级人民代表大会常务委员会每届任期同本级人民代表大会每届任期相同，它行使职权到下届本级人民代表大会选出新的常务委员会为止。

第四十三条 省、自治区、直辖市的人民代表大会常务委员会在本级人民代表大会闭会期间，根据本行政区域的具体情况和实际需要，在不同宪法、法律、行政法规相抵触的前提下，可以制定和颁布地方性法规，报全国人民代表大会常务委员会和国务院备案。

设区的市的人民代表大会常务委员会在本级人民代表大会闭会期间，根据本市的具体情况和实际需要，在不同宪法、法律、行政法规和本省、自治区的地方性法规相抵触的前提下，可以制定地方性法规，报省、自治区的人民代表大会常务委员会批准后施行，并由省、自治区的人民代表大会常务委员会报全国人民代表大会常务委员会和国务院备案。

第四十四条 县级以上的地方各级人民代表大会常务委员会行使下列职权：

（一）在本行政区域内，保证宪法、法律、行政法规和上级人民代表大会及其常务委员会决议的遵守和执行；

（二）领导或者主持本级人民代表大会代表的选举；

（三）召集本级人民代表大会会议；

（四）讨论、决定本行政区域内的政治、经济、教育、科学、文化、卫生、环境和资源保护、民政、民族等工作的重大事项；

（五）根据本级人民政府的建议，决定对本行政区域内的国民经济和社会发展计划、预算的部分变更；

（六）监督本级人民政府、人民法院和人民检察院的工作，联系本级人民代表大会代表，受理人民群众对上述机关和国家工作人员的申诉和意见；

（七）撤销下一级人民代表大会及其常务委员会的不适当的决议；

（八）撤销本级人民政府的不适当的决定和命令；

（九）在本级人民代表大会闭会期间，决定副省长、自治区副主席、副市长、副州长、副县长、副区长的个别任免；在省长、自治区主席、市长、州长、县长、区长和人民法院院长、人民检察院检察长因故不能担任职务的时候，从本级人民政府、人民法院、人民检察院副职领导人员中决定代理的人选；决定代理检察长，须报上一级人民检察院和人民代表大会常务委员会备案；

（十）根据省长、自治区主席、市长、州长、县长、区长的提名，决定本级人民政府秘书长、厅长、局长、委员会主任、科长的任免，报上一级人民政府备案；

（十一）按照人民法院组织法和人民检察院组织法的规定，任免人民法院副院长、庭长、副庭长、审判委员会委员、审判员，任免人民检察院副检察长、检察委员会委员、检察员，批准任免下一级人民检察院检察长；省、自治区、直辖市的人民代表大会常务委员会根据主任会议的提名，决定在省、自治区内按地区设立的和在直辖市内设立的中级人民法院院长的任免，根据省、自治区、直辖市的人民检

察院检察长的提名,决定人民检察院分院检察长的任免;

(十二)在本级人民代表大会闭会期间,决定撤销个别副省长、自治区副主席、副市长、副州长、副县长、副区长的职务;决定撤销由它任命的本级人民政府其他组成人员和人民法院副院长、庭长、副庭长、审判委员会委员、审判员,人民检察院副检察长、检察委员会委员、检察员,中级人民法院院长,人民检察院分院检察长的职务;

(十三)在本级人民代表大会闭会期间,补选上一级人民代表大会出缺的代表和罢免个别代表;

(十四)决定授予地方的荣誉称号。

第四十五条 常务委员会会议由主任召集,每两个月至少举行一次。

常务委员会的决议,由常务委员会以全体组成人员的过半数通过。

第四十六条 县级以上的地方各级人民代表大会常务委员会主任会议可以向本级人民代表大会常务委员会提出属于常务委员会职权范围内的议案,由常务委员会会议审议。

县级以上的地方各级人民政府、人民代表大会各专门委员会,可以向本级人民代表大会常务委员会提出属于常务委员会职权范围内的议案,由主任会议决定提请常务委员会会议审议,或者先交有关的专门委员会审议、提出报告,再提请常务委员会会议审议。

省、自治区、直辖市、自治州、设区的市的人民代表大会常务委员会组成人员五人以上联名,县级的人民代表大会常务委员会组成人员三人以上联名,可以向本级常务委员会提出属于常务委员会职权范围内的议案,由主任会议决定是否提请常务委员会会议审议,或者先交有关的专门委员会审议、提出报告,再决定是否提请常务委员会会议审议。

第四十七条 在常务委员会会议期间,省、自治区、直辖市、自治州、设区的市的人民代表大会常务委员会组成人员五人以上联名,县级的人民代表大会常务委员会组成人员三人以上联名,可以向常务委员会书面提出对本级人民政府、人民法院、人民检察院的质询案。质询案必须写明质询对象、质询的问题和内容。

质询案由主任会议决定交由受质询机关在常务委员会全体会议上或者有关的专门委员会会议上口头答复,或者由受质询机关书面答复。在专门委员会会议上答复的,提质询案的常务委员会组成人员有权列席会议,发表意见;主任会议认为必要的时候,可以将答复质询案的情况报告印发会议。

质询案以口头答复的,应当由受质询机关的负责人到会答复;质询案以书面答复的,应当由受质询机关的负责人签署,由主任会议印发会议或者印发提质询案的常务委员会组成人员。

第四十八条 省、自治区、直辖市、自治州、设区的市的人民代表大会常务委员会主任、副主任和秘书长组成主任会议;县、自治县、不设区的市、市辖区的人民代表大会常务委员会主任、副主任组成主任会议。主任会议处理常务委员会的重要日常工作。

第四十九条 常务委员会主任因为健康情况不能工作或者缺位的时候,由常务委员会在副主任中推选一人代理主任的职务,直到主任恢复健康或者人民代表大会选出新的主任为止。

第五十条 县级以上的地方各级人民代表大会常务委员会设立代表资格审查委员会。

代表资格审查委员会的主任委员、副主任委员和委员的人选,由常务委员会主任会议在常务委员会组成人员中提名,常务委员会会议通过。

第五十一条 代表资格审查委员会审查代表的选举是否符合法律规定。

第五十二条 主任会议或者五分之一以上的常务委员会组成人员书面联名,可以向本级人民代表大会常务委员会提议组织关于特定问题的调查委员会,由全体会议决定。

调查委员会由主任委员、副主任委员和委员组成,由主任会议在常务委员会组成人员和其他代表中提名,提请全体会议通过。

调查委员会应当向本级人民代表大会常务委员会提出调查报告。常务委员会根据调查委员会的报告,可以作出相应的决议。

第五十三条 常务委员会根据工作需要,设立办事机构和其他工作机构。

省、自治区的人民代表大会常务委员会可以在地区设立工作机构。

市辖区、不设区的市的人民代表大会常务委员会可以在街道设立工作机构。工作机构负责联系街道辖区内的人民代表大会代表,组织代表开展活动，反映代表和群众的建议、批评和意见，办理常务委员会交办的监督、选举以及其他工作，并向常务委员会报告工作。

第四章　地方各级人民政府

第五十四条　地方各级人民政府是地方各级人民代表大会的执行机关，是地方各级国家行政机关。

第五十五条　地方各级人民政府对本级人民代表大会和上一级国家行政机关负责并报告工作。县级以上的地方各级人民政府在本级人民代表大会闭会期间，对本级人民代表大会常务委员会负责并报告工作。

全国地方各级人民政府都是国务院统一领导下的国家行政机关，都服从国务院。

地方各级人民政府必须依法行使行政职权。

第五十六条　省、自治区、直辖市、自治州、设区的市的人民政府分别由省长、副省长，自治区主席、副主席，市长、副市长，州长、副州长和秘书长、厅长、局长、委员会主任等组成。

县、自治县、不设区的市、市辖区的人民政府分别由县长、副县长，市长、副市长，区长、副区长和局长、科长等组成。

乡、民族乡的人民政府设乡长、副乡长。民族乡的乡长由建立民族乡的少数民族公民担任。镇人民政府设镇长、副镇长。

第五十七条　新的一届人民政府领导人员依法选举产生后，应当在两个月内提请本级人民代表大会常务委员会任命人民政府秘书长、厅长、局长、委员会主任、科长。

第五十八条　地方各级人民政府每届任期五年。

第五十九条　县级以上的地方各级人民政府行使下列职权：

（一）执行本级人民代表大会及其常务委员会的决议，以及上级国家行政机关的决定和命令，规定行政措施，发布决定和命令；

（二）领导所属各工作部门和下级人民政府的工作；

（三）改变或者撤销所属各工作部门的不适当的命令、指示和下级人民政府的不适当的决定、命令；

（四）依照法律的规定任免、培训、考核和奖惩国家行政机关工作人员；

（五）执行国民经济和社会发展计划、预算，管理本行政区域内的经济、教育、科学、文化、卫生、体育事业、环境和资源保护、城乡建设事业和财政、民政、公安、民族事务、司法行政、监察、计划生育等行政工作；

（六）保护社会主义的全民所有的财产和劳动群众集体所有的财产，保护公民私人所有的合法财产，维护社会秩序，保障公民的人身权利、民主权利和其他权利；

（七）保护各种经济组织的合法权益；

（八）保障少数民族的权利和尊重少数民族的风俗习惯，帮助本行政区域内各少数民族聚居的地方依照宪法和法律实行区域自治，帮助各少数民族发展政治、经济和文化的建设事业；

（九）保障宪法和法律赋予妇女的男女平等、同工同酬和婚姻自由等各项权利；

（十）办理上级国家行政机关交办的其他事项。

第六十条　省、自治区、直辖市的人民政府可以根据法律、行政法规和本省、自治区、直辖市的地方性法规，制定规章，报国务院和本级人民代表大会常务委员会备案。设区的市的人民政府可以根据法律、行政法规和本省、自治区的地方性法规，制定规章，报国务院和省、自治区的人民代表大会常务委员会、人民政府以及本级人民代表大会常务委员会备案。

依照前款规定制定规章，须经各该级政府常务会议或者全体会议讨论决定。

第六十一条　乡、民族乡、镇的人民政府行使下列职权：

（一）执行本级人民代表大会的决议和上级国家行政机关的决定和命令，发布决定和命令；

（二）执行本行政区域内的经济和社会发展计划、预算，管理本行政区域内的经济、教育、科学、文化、卫生、体育事业和财政、民政、公安、司法行政、计划生育等行政工作；

（三）保护社会主义的全民所有的财产和劳动群众集体所有的财产，保护公民私人所有的合法财产，维护社会秩序，保障公民的人身权利、民主权利和其他权利；

（四）保护各种经济组织的合法权益；

（五）保障少数民族的权利和尊重少数民族的

风俗习惯；

（六）保障宪法和法律赋予妇女的男女平等、同工同酬和婚姻自由等各项权利；

（七）办理上级人民政府交办的其他事项。

第六十二条 地方各级人民政府分别实行省长、自治区主席、市长、州长、县长、区长、乡长、镇长负责制。

省长、自治区主席、市长、州长、县长、区长、乡长、镇长分别主持地方各级人民政府的工作。

第六十三条 县级以上的地方各级人民政府会议分为全体会议和常务会议。全体会议由本级人民政府全体成员组成。省、自治区、直辖市、自治州、设区的市的人民政府常务会议，分别由省长、副省长，自治区主席、副主席，市长、副市长，州长、副州长和秘书长组成。县、自治县、不设区的市、市辖区的人民政府常务会议，分别由县长、副县长，市长、副市长，区长、副区长组成。省长、自治区主席、市长、州长、县长、区长召集和主持本级人民政府全体会议和常务会议。政府工作中的重大问题，须经政府常务会议或者全体会议讨论决定。

第六十四条 地方各级人民政府根据工作需要和精干的原则，设立必要的工作部门。

县级以上的地方各级人民政府设立审计机关。地方各级审计机关依照法律规定独立行使审计监督权，对本级人民政府和上一级审计机关负责。

省、自治区、直辖市的人民政府的厅、局、委员会等工作部门的设立、增加、减少或者合并，由本级人民政府报请国务院批准，并报本级人民代表大会常务委员会备案。

自治州、县、自治县、市、市辖区的人民政府的局、科等工作部门的设立、增加、减少或者合并，由本级人民政府报请上一级人民政府批准，并报本级人民代表大会常务委员会备案。

第六十五条 各厅、局、委员会、科分别设厅长、局长、主任、科长，在必要的时候可以设副职。

办公厅、办公室设主任，在必要的时候可以设副主任。

省、自治区、直辖市、自治州、设区的市的人民政府设秘书长一人，副秘书长若干人。

第六十六条 省、自治区、直辖市的人民政府的各工作部门受人民政府统一领导，并且依照法律或者行政法规的规定受国务院主管部门的业务指导或者领导。

自治州、县、自治县、市、市辖区的人民政府的各工作部门受人民政府统一领导，并且依照法律或者行政法规的规定受上级人民政府主管部门的业务指导或者领导。

第六十七条 省、自治区、直辖市、自治州、县、自治县、市、市辖区的人民政府应当协助设立在本行政区域内不属于自己管理的国家机关、企业、事业单位进行工作，并且监督它们遵守和执行法律和政策。

第六十八条 省、自治区的人民政府在必要的时候，经国务院批准，可以设立若干派出机关。

县、自治县的人民政府在必要的时候，经省、自治区、直辖市的人民政府批准，可以设立若干区公所，作为它的派出机关。

市辖区、不设区的市的人民政府，经上一级人民政府批准，可以设立若干街道办事处，作为它的派出机关。

第五章　附　　则

第六十九条 省、自治区、直辖市的人民代表大会及其常务委员会可以根据本法和实际情况，对执行中的问题作具体规定。

中华人民共和国各级人民代表大会常务委员会监督法

（2006年8月27日第十届全国人民代表大会常务委员会第二十三次会议通过　2006年8月27日中华人民共和国主席令第53号公布　自2007年1月1日起施行）

目　　录

第一章　总　　则
第二章　听取和审议人民政府、人民法院和人民检察院的专项工作报告
第三章　审查和批准决算，听取和审议国民经济和社会发展计划、预算的执行情况报告，听取和审议审计工作报告
第四章　法律法规实施情况的检查

第五章　规范性文件的备案审查
第六章　询问和质询
第七章　特定问题调查
第八章　撤职案的审议和决定
第九章　附　　则

第一章　总　　则

第一条　【立法目的】为保障全国人民代表大会常务委员会和县级以上地方各级人民代表大会常务委员会依法行使监督职权，发展社会主义民主，推进依法治国，根据宪法，制定本法。

第二条　【法律适用】各级人民代表大会常务委员会依据宪法和有关法律的规定，行使监督职权。

各级人民代表大会常务委员会行使监督职权的程序，适用本法；本法没有规定的，适用有关法律的规定。

第三条　【基本原则】各级人民代表大会常务委员会行使监督职权，应当围绕国家工作大局，以经济建设为中心，坚持中国共产党的领导，坚持马克思列宁主义、毛泽东思想、邓小平理论和“三个代表”重要思想，坚持人民民主专政，坚持社会主义道路，坚持改革开放。

第四条　【民主集中制原则】各级人民代表大会常务委员会按照民主集中制的原则，集体行使监督职权。

第五条　【监督对象】各级人民代表大会常务委员会对本级人民政府、人民法院和人民检察院的工作实施监督，促进依法行政、公正司法。

第六条　【常委会受同级人大监督】各级人民代表大会常务委员会行使监督职权的情况，应当向本级人民代表大会报告，接受监督。

第七条　【监督情况的公开】各级人民代表大会常务委员会行使监督职权的情况，向社会公开。

第二章　听取和审议人民政府、人民法院和人民检察院的专项工作报告

第八条　【听取和审议专项工作报告年度计划】各级人民代表大会常务委员会每年选择若干关系改革发展稳定大局和群众切身利益、社会普遍关注的重大问题，有计划地安排听取和审议本级人民政府、人民法院和人民检察院的专项工作报告。

常务委员会听取和审议专项工作报告的年度计划，经委员长会议或者主任会议通过，印发常务委员会组成人员并向社会公布。

第九条　【确定议题的途径】常务委员会听取和审议本级人民政府、人民法院和人民检察院的专项工作报告的议题，根据下列途径反映的问题确定：

（一）本级人民代表大会常务委员会在执法检查中发现的突出问题；

（二）本级人民代表大会代表对人民政府、人民法院和人民检察院工作提出的建议、批评和意见集中反映的问题；

（三）本级人民代表大会常务委员会组成人员提出的比较集中的问题；

（四）本级人民代表大会专门委员会、常务委员会工作机构在调查研究中发现的突出问题；

（五）人民来信来访集中反映的问题；

（六）社会普遍关注的其他问题。

人民政府、人民法院和人民检察院可以向本级人民代表大会常务委员会要求报告专项工作。

第十条　【视察或专题调查】常务委员会听取和审议专项工作报告前，委员长会议或者主任会议可以组织本级人民代表大会常务委员会组成人员和本级人民代表大会代表，对有关工作进行视察或者专题调查研究。

常务委员会可以安排参加视察或者专题调查研究的代表列席常务委员会会议，听取专项工作报告，提出意见。

第十一条　【意见汇总】常务委员会听取和审议专项工作报告前，常务委员会办事机构应当将各方面对该项工作的意见汇总，交由本级人民政府、人民法院或者人民检察院研究并在专项工作报告中作出回应。

第十二条　【送交、修改和发放报告的期限】人民政府、人民法院或者人民检察院应当在常务委员会举行会议的二十日前，由其办事机构将专项工作报告送交本级人民代表大会有关专门委员会或者常务委员会有关工作机构征求意见；人民政府、人民法院或者人民检察院对报告修改后，在常务委员会举行会议的十日前送交常务委员会。

常务委员会办事机构应当在常务委员会举行

会议的七日前，将专项工作报告发给常务委员会组成人员。

第十三条 【专项工作报告人】专项工作报告由人民政府、人民法院或者人民检察院的负责人向本级人民代表大会常务委员会报告，人民政府也可以委托有关部门负责人向本级人民代表大会常务委员会报告。

第十四条 【专项工作报告审议意见的处理或决议】常务委员会组成人员对专项工作报告的审议意见交由本级人民政府、人民法院或者人民检察院研究处理。人民政府、人民法院或者人民检察院应当将研究处理情况由其办事机构送交本级人民代表大会有关专门委员会或者常务委员会有关工作机构征求意见后，向常务委员会提出书面报告。常务委员会认为必要时，可以对专项工作报告作出决议；本级人民政府、人民法院或者人民检察院应当在决议规定的期限内，将执行决议的情况向常务委员会报告。

常务委员会听取的专项工作报告及审议意见，人民政府、人民法院或者人民检察院对审议意见研究处理情况或者执行决议情况的报告，向本级人民代表大会代表通报并向社会公布。

第三章 审查和批准决算，听取和审议国民经济和社会发展计划、预算的执行情况报告，听取和审议审计工作报告

第十五条 【决算草案的提出】国务院应当在每年六月，将上一年度的中央决算草案提请全国人民代表大会常务委员会审查和批准。

县级以上地方各级人民政府应当在每年六月至九月期间，将上一年度的本级决算草案提请本级人民代表大会常务委员会审查和批准。

决算草案应当按照本级人民代表大会批准的预算所列科目编制，按预算数、调整数或者变更数以及实际执行数分别列出，并作出说明。

第十六条 【国民经社发展计划、预算执行情况报告】国务院和县级以上地方各级人民政府应当在每年六月至九月期间，向本级人民代表大会常务委员会报告本年度上一阶段国民经济和社会发展计划、预算的执行情况。

第十七条 【国民经社发展计划和预算的调整】国民经济和社会发展计划、预算经人民代表大会批准后，在执行过程中需要作部分调整的，国务院和县级以上地方各级人民政府应当将调整方案提请本级人民代表大会常务委员会审查和批准。

严格控制不同预算科目之间的资金调整。预算安排的农业、教育、科技、文化、卫生、社会保障等资金需要调减的，国务院和县级以上地方各级人民政府应当提请本级人民代表大会常务委员会审查和批准。

国务院和县级以上地方各级人民政府有关主管部门应当在本级人民代表大会常务委员会举行会议审查和批准预算调整方案的一个月前，将预算调整初步方案送交本级人民代表大会财政经济委员会进行初步审查，或者送交常务委员会有关工作机构征求意见。

第十八条 【对决算草案、预算执行情况报告的审议内容】常务委员会对决算草案和预算执行情况报告，重点审查下列内容：

（一）预算收支平衡情况；

（二）重点支出的安排和资金到位情况；

（三）预算超收收入的安排和使用情况；

（四）部门预算制度建立和执行情况；

（五）向下级财政转移支付情况；

（六）本级人民代表大会关于批准预算的决议的执行情况。

除前款规定外，全国人民代表大会常务委员会还应当重点审查国债余额情况；县级以上地方各级人民代表大会常务委员会还应当重点审查上级财政补助资金的安排和使用情况。

第十九条 【听取审计报告】常务委员会每年审查和批准决算的同时，听取和审议本级人民政府提出的审计机关关于上一年度预算执行和其他财政收支的审计工作报告。

第二十条 【三种报告的审议意见和公布】常务委员会组成人员对国民经济和社会发展计划执行情况报告、预算执行情况报告和审计工作报告的审议意见交由本级人民政府研究处理。人民政府应当将研究处理情况向常务委员会提出书面报告。常务委员会认为必要时，可以对审计工作报告作出决议；本级人民政府应当在决议规定的期限内，将执行决议的情况向常务委员会报告。

常务委员会听取的国民经济和社会发展计划执行情况报告、预算执行情况报告和审计工作报告及审议意见,人民政府对审议意见研究处理情况或者执行决议情况的报告,向本级人民代表大会代表通报并向社会公布。

第二十一条 【五年规划的中期调整】国民经济和社会发展五年规划经人民代表大会批准后,在实施的中期阶段,人民政府应当将规划实施情况的中期评估报告提请本级人民代表大会常务委员会审议。规划经中期评估需要调整的,人民政府应当将调整方案提请本级人民代表大会常务委员会审查和批准。

第四章 法律法规实施情况的检查

第二十二条 【执法检查制度】各级人民代表大会常务委员会参照本法第九条规定的途径,每年选择若干关系改革发展稳定大局和群众切身利益、社会普遍关注的重大问题,有计划地对有关法律、法规实施情况组织执法检查。

第二十三条 【执法检查计划的通过和实施】常务委员会年度执法检查计划,经委员长会议或者主任会议通过,印发常务委员会组成人员并向社会公布。

常务委员会执法检查工作由本级人民代表大会有关专门委员会或者常务委员会有关工作机构具体组织实施。

第二十四条 【执法检查组的组成】常务委员会根据年度执法检查计划,按照精干、效能的原则,组织执法检查组。

执法检查组的组成人员,从本级人民代表大会常务委员会组成人员以及本级人民代表大会有关专门委员会组成人员中确定,并可以邀请本级人民代表大会代表参加。

第二十五条 【委托检查制度】全国人民代表大会常务委员会和省、自治区、直辖市的人民代表大会常务委员会根据需要,可以委托下一级人民代表大会常务委员会对有关法律、法规在本行政区域内的实施情况进行检查。受委托的人民代表大会常务委员会应当将检查情况书面报送上一级人民代表大会常务委员会。

第二十六条 【执法检查报告】执法检查结束后,执法检查组应当及时提出执法检查报告,由委员长会议或者主任会议决定提请常务委员会审议。

执法检查报告包括下列内容:

(一)对所检查的法律、法规实施情况进行评价,提出执法中存在的问题和改进执法工作的建议;

(二)对有关法律、法规提出修改完善的建议。

第二十七条 【执法检查报告的处理】常务委员会组成人员对执法检查报告的审议意见连同执法检查报告,一并交由本级人民政府、人民法院或者人民检察院研究处理。人民政府、人民法院或者人民检察院应当将研究处理情况由其办事机构送交本级人民代表大会有关专门委员会或者常务委员会有关工作机构征求意见后,向常务委员会提出报告。必要时,由委员长会议或者主任会议决定提请常务委员会审议,或者由常务委员会组织跟踪检查;常务委员会也可以委托本级人民代表大会有关专门委员会或者常务委员会有关工作机构组织跟踪检查。

常务委员会的执法检查报告及审议意见,人民政府、人民法院或者人民检察院对其研究处理情况的报告,向本级人民代表大会代表通报并向社会公布。

第五章 规范性文件的备案审查

第二十八条 【法规、条例、规章的备案、审查和撤销】行政法规、地方性法规、自治条例和单行条例、规章的备案、审查和撤销,依照立法法的有关规定办理。

第二十九条 【地方人大常委会行使撤销权的程序由省级人大常委会规定】县级以上地方各级人民代表大会常务委员会审查、撤销下一级人民代表大会及其常务委员会作出的不适当的决议、决定和本级人民政府发布的不适当的决定、命令的程序,由省、自治区、直辖市的人民代表大会常务委员会参照立法法的有关规定,作出具体规定。

第三十条 【撤销权的范围】县级以上地方各级人民代表大会常务委员会对下一级人民代表大会及其常务委员会作出的决议、决定和本级人民政府发布的决定、命令,经审查,认为有下列不适当的情形之一的,有权予以撤销:

(一)超越法定权限,限制或者剥夺公民、法人和其他组织的合法权利,或者增加公民、法人和其他组织的义务的；

（二）同法律、法规规定相抵触的；

（三）有其他不适当的情形，应当予以撤销的。

第三十一条 【司法解释的备案】最高人民法院、最高人民检察院作出的属于审判、检察工作中具体应用法律的解释，应当自公布之日起三十日内报全国人民代表大会常务委员会备案。

第三十二条 【对司法解释审查要求的提出】国务院、中央军事委员会和省、自治区、直辖市的人民代表大会常务委员会认为最高人民法院、最高人民检察院作出的具体应用法律的解释同法律规定相抵触的，最高人民法院、最高人民检察院之间认为对方作出的具体应用法律的解释同法律规定相抵触的，可以向全国人民代表大会常务委员会书面提出进行审查的要求，由常务委员会工作机构送有关专门委员会进行审查、提出意见。

前款规定以外的其他国家机关和社会团体、企业事业组织以及公民认为最高人民法院、最高人民检察院作出的具体应用法律的解释同法律规定相抵触的，可以向全国人民代表大会常务委员会书面提出进行审查的建议，由常务委员会工作机构进行研究，必要时，送有关专门委员会进行审查、提出意见。

第三十三条 【对不予修改或废止的司法解释的处理】全国人民代表大会法律委员会和有关专门委员会经审查认为最高人民法院或者最高人民检察院作出的具体应用法律的解释同法律规定相抵触，而最高人民法院或者最高人民检察院不予修改或者废止的，可以提出要求最高人民法院或者最高人民检察院予以修改、废止的议案，或者提出由全国人民代表大会常务委员会作出法律解释的议案，由委员长会议决定提请常务委员会审议。

第六章 询问和质询

第三十四条 【负责人到会制度】各级人民代表大会常务委员会会议审议议案和有关报告时，本级人民政府或者有关部门、人民法院或者人民检察院应当派有关负责人员到会，听取意见，回答询问。

第三十五条 【质询案的提出】全国人民代表大会常务委员会组成人员十人以上联名，省、自治区、直辖市、自治州、设区的市人民代表大会常务委员会组成人员五人以上联名，县级人民代表大会常务委员会组成人员三人以上联名，可以向常务委员会书面提出对本级人民政府及其部门和人民法院、人民检察院的质询案。

质询案应当写明质询对象、质询的问题和内容。

第三十六条 【质询案的答复】质询案由委员长会议或者主任会议决定交由受质询的机关答复。

委员长会议或者主任会议可以决定由受质询机关在常务委员会会议上或者有关专门委员会会议上口头答复，或者由受质询机关书面答复。在专门委员会会议上答复的，提质询案的常务委员会组成人员有权列席会议，发表意见。委员长会议或者主任会议认为必要时，可以将答复质询案的情况报告印发常务委员会会议。

第三十七条 【质询案的再答复】提质询案的常务委员会组成人员的过半数对受质询机关的答复不满意的，可以提出要求，经委员长会议或者主任会议决定，由受质询机关再作答复。

第三十八条 【质询案的答复方式】质询案以口头答复的，由受质询机关的负责人到会答复。质询案以书面答复的，由受质询机关的负责人签署。

第七章 特定问题调查

第三十九条 【组织调查委员会的情形】各级人民代表大会常务委员会对属于其职权范围内的事项，需要作出决议、决定，但有关重大事实不清的，可以组织关于特定问题的调查委员会。

第四十条 【提议组织调查委员会的主体】委员长会议或者主任会议可以向本级人民代表大会常务委员会提议组织关于特定问题的调查委员会，提请常务委员会审议。

五分之一以上常务委员会组成人员书面联名，可以向本级人民代表大会常务委员会提议组织关于特定问题的调查委员会，由委员长会议或者主任会议决定提请常务委员会审议，或者先交有关的专门委员会审议、提出报告，再决定提请常务委员会审议。

第四十一条 【调查委员会的组成】调查委员会由主任委员、副主任委员和委员组成，由委员长会议或者主任会议在本级人民代表大会常务委员会组成人员和本级人民代表大会代表中提名，提请常务委员会审议通过。调查委员会可以聘请有关专家参加调查工作。

与调查的问题有利害关系的常务委员会组成人员和其他人员不得参加调查委员会。

第四十二条 【调查委员会的权利义务】调查委员会进行调查时,有关的国家机关、社会团体、企业事业组织和公民都有义务向其提供必要的材料。

提供材料的公民要求对材料来源保密的,调查委员会应当予以保密。

调查委员会在调查过程中,可以不公布调查的情况和材料。

第四十三条 【调查报告】调查委员会应当向产生它的常务委员会提出调查报告。常务委员会根据报告,可以作出相应的决议、决定。

第八章 撤职案的审议和决定

第四十四条 【地方各级人大常委会的撤职权】县级以上地方各级人民代表大会常务委员会在本级人民代表大会闭会期间,可以决定撤销本级人民政府个别副省长、自治区副主席、副市长、副州长、副县长、副区长的职务;可以撤销由它任命的本级人民政府其他组成人员和人民法院副院长、庭长、副庭长、审判委员会委员、审判员,人民检察院副检察长、检察委员会委员、检察员,中级人民法院院长,人民检察院分院检察长的职务。

第四十五条 【撤职案的提出】县级以上地方各级人民政府、人民法院和人民检察院,可以向本级人民代表大会常务委员会提出对本法第四十四条所列国家机关工作人员的撤职案。

县级以上地方各级人民代表大会常务委员会主任会议,可以向常务委员会提出对本法第四十四条所列国家机关工作人员的撤职案。

县级以上地方各级人民代表大会常务委员会五分之一以上的组成人员书面联名,可以向常务委员会提出对本法第四十四条所列国家机关工作人员的撤职案,由主任会议决定是否提请常务委员会会议审议;或者由主任会议提议,经全体会议决定,组织调查委员会,由以后的常务委员会会议根据调查委员会的报告审议决定。

第四十六条 【撤职案的审议和表决】撤职案应当写明撤职的对象和理由,并提供有关的材料。

撤职案在提请表决前,被提出撤职的人员有权在常务委员会会议上提出申辩意见,或者书面提出申辩意见,由主任会议决定印发常务委员会会议。

撤职案的表决采用无记名投票的方式,由常务委员会全体组成人员的过半数通过。

第九章 附　　则

第四十七条 【实施办法】省、自治区、直辖市的人民代表大会常务委员会可以根据本法和有关法律,结合本地实际情况,制定实施办法。

第四十八条 【施行日期】本法自2007年1月1日起施行。

中华人民共和国全国人民代表大会和地方各级人民代表大会代表法

(1992年4月3日第七届全国人民代表大会第五次会议通过　根据2009年8月27日第十一届全国人民代表大会常务委员会第十次会议《关于修改部分法律的决定》第一次修正　根据2010年10月28日第十一届全国人民代表大会常务委员会第十七次会议《关于修改〈中华人民共和国全国人民代表大会和地方各级人民代表大会代表法〉的决定》第二次修正　根据2015年8月29日第十二届全国人民代表大会常务委员会第十六次会议《关于修改〈中华人民共和国地方各级人民代表大会和地方各级人民政府组织法〉、〈中华人民共和国全国人民代表大会和地方各级人民代表大会选举法〉、〈中华人民共和国全国人民代表大会和地方各级人民代表大会代表法〉的决定》第三次修正)

目　　录

第一章　总　　则
第二章　代表在本级人民代表大会会议期间的工作
第三章　代表在本级人民代表大会闭会期间的活动
第四章　代表执行职务的保障
第五章　对代表的监督
第六章　附　　则

第一章 总 则

第一条 【立法目的】为保证全国人民代表大会和地方各级人民代表大会代表依法行使代表的职权，履行代表的义务，发挥代表作用，根据宪法，制定本法。

第二条 【代表产生、性质、地位和作用】全国人民代表大会和地方各级人民代表大会代表依照法律规定选举产生。

全国人民代表大会代表是最高国家权力机关组成人员，地方各级人民代表大会代表是地方各级国家权力机关组成人员。

全国人民代表大会和地方各级人民代表大会代表，代表人民的利益和意志，依照宪法和法律赋予本级人民代表大会的各项职权，参加行使国家权力。

第三条 【代表的权利】代表享有下列权利：

（一）出席本级人民代表大会会议，参加审议各项议案、报告和其他议题，发表意见；

（二）依法联名提出议案、质询案、罢免案等；

（三）提出对各方面工作的建议、批评和意见；

（四）参加本级人民代表大会的各项选举；

（五）参加本级人民代表大会的各项表决；

（六）获得依法执行代表职务所需的信息和各项保障；

（七）法律规定的其他权利。

第四条 【代表的义务】代表应当履行下列义务：

（一）模范地遵守宪法和法律，保守国家秘密，在自己参加的生产、工作和社会活动中，协助宪法和法律的实施；

（二）按时出席本级人民代表大会会议，认真审议各项议案、报告和其他议题，发表意见，做好会议期间的各项工作；

（三）积极参加统一组织的视察、专题调研、执法检查等履职活动；

（四）加强履职学习和调查研究，不断提高执行代表职务的能力；

（五）与原选区选民或者原选举单位和人民群众保持密切联系，听取和反映他们的意见和要求，努力为人民服务；

（六）自觉遵守社会公德，廉洁自律，公道正派，勤勉尽责；

（七）法律规定的其他义务。

第五条 【代表职务的界定和保障】代表依照本法的规定在本级人民代表大会会议期间的工作和在本级人民代表大会闭会期间的活动，都是执行代表职务。

国家和社会为代表执行代表职务提供保障。

代表不脱离各自的生产和工作。代表出席本级人民代表大会会议，参加闭会期间统一组织的履职活动，应当安排好本人的生产和工作，优先执行代表职务。

第六条 【代表接受监督】代表受原选区选民或者原选举单位的监督。

第二章 代表在本级人民代表大会会议期间的工作

第七条 【代表出席本级人大会议】代表应当按时出席本级人民代表大会会议。代表因健康等特殊原因不能出席会议的，应当按照规定请假。

代表在出席本级人民代表大会会议前，应当听取人民群众的意见和建议，为会议期间执行代表职务做好准备。

第八条 【代表审议】代表参加大会全体会议、代表团全体会议、小组会议，审议列入会议议程的各项议案和报告。

代表可以被推选或者受邀请列席主席团会议、专门委员会会议，发表意见。

代表应当围绕会议议题发表意见，遵守议事规则。

第九条 【议案的提出和撤回】代表有权依照法律规定的程序向本级人民代表大会提出属于本级人民代表大会职权范围内的议案。议案应当有案由、案据和方案。

代表依法提出的议案，由本级人民代表大会主席团决定是否列入会议议程，或者先交有关的专门委员会审议、提出是否列入会议议程的意见，再决定是否列入会议议程。

列入会议议程的议案，在交付大会表决前，提出议案的代表要求撤回的，经主席团同意，会议对该项议案的审议即行终止。

第十条 【代表提出宪法修正案】全国人民代表大会代表，有权依照宪法规定的程序向全国人民代表大会提出修改宪法的议案。

第十一条 【选举权】代表参加本级人民代表大会的各项选举。

全国人民代表大会代表有权对主席团提名的全国人民代表大会常务委员会组成人员的人选，中华人民共和国主席、副主席的人选，中央军事委员会主席的人选，最高人民法院院长和最高人民检察院检察长的人选，全国人民代表大会各专门委员会的人选，提出意见。

县级以上的地方各级人民代表大会代表有权依照法律规定的程序提出本级人民代表大会常务委员会的组成人员，人民政府领导人员，人民法院院长，人民检察院检察长以及上一级人民代表大会代表的人选，并有权对本级人民代表大会主席团和代表依法提出的上述人员的人选提出意见。

乡、民族乡、镇的人民代表大会代表有权依照法律规定的程序提出本级人民代表大会主席、副主席和人民政府领导人员的人选，并有权对本级人民代表大会主席团和代表依法提出的上述人员的人选提出意见。

各级人民代表大会代表有权对本级人民代表大会主席团的人选，提出意见。

代表对确定的候选人，可以投赞成票，可以投反对票，可以另选他人，也可以弃权。

第十二条 【决定和表决通过有关人选权】全国人民代表大会代表参加决定国务院组成人员和中央军事委员会副主席、委员的人选。

县级以上的各级人民代表大会代表参加表决通过本级人民代表大会各专门委员会组成人员的人选。

第十三条 【询问权】代表在审议议案和报告时，可以向本级有关国家机关提出询问。有关国家机关应当派负责人或者负责人员回答询问。

第十四条 【质询权】全国人民代表大会会议期间，一个代表团或者三十名以上的代表联名，有权书面提出对国务院和国务院各部、各委员会，最高人民法院，最高人民检察院的质询案。

县级以上的地方各级人民代表大会代表有权依照法律规定的程序提出对本级人民政府及其所属各部门，人民法院，人民检察院的质询案。

乡、民族乡、镇的人民代表大会代表有权依照法律规定的程序提出对本级人民政府的质询案。

质询案应当写明质询对象、质询的问题和内容。

质询案按照主席团的决定由受质询机关答复。提出质询案的代表半数以上对答复不满意的，可以要求受质询机关再作答复。

第十五条 【罢免权】全国人民代表大会代表有权依照法律规定的程序提出对全国人民代表大会常务委员会组成人员，中华人民共和国主席、副主席，国务院组成人员，中央军事委员会组成人员，最高人民法院院长，最高人民检察院检察长的罢免案。

县级以上的地方各级人民代表大会代表有权依照法律规定的程序提出对本级人民代表大会常务委员会组成人员，人民政府组成人员，人民法院院长，人民检察院检察长的罢免案。

乡、民族乡、镇的人民代表大会代表有权依照法律规定的程序提出对本级人民代表大会主席、副主席和人民政府领导人员的罢免案。

罢免案应当写明罢免的理由。

第十六条 【特定问题调查委员会】县级以上的各级人民代表大会代表有权依法提议组织关于特定问题的调查委员会。

第十七条 【大会表决投票方式】代表参加本级人民代表大会表决，可以投赞成票，可以投反对票，也可以弃权。

第十八条 【提出建议、批评和意见权】代表有权向本级人民代表大会提出对各方面工作的建议、批评和意见。建议、批评和意见应当明确具体，注重反映实际情况和问题。

第三章 代表在本级人民代表大会闭会期间的活动

第十九条 【闭会期间代表活动组织主体】县级以上的各级人民代表大会常务委员会组织本级人民代表大会代表开展闭会期间的活动。

县级以上的地方各级人民代表大会常务委员会受上一级人民代表大会常务委员会的委托，组织本级人民代表大会选举产生的上一级人民代表大会代表开展闭会期间的活动。

乡、民族乡、镇的人民代表大会主席、副主席根据主席团的安排，组织本级人民代表大会代表开展闭会期间的活动。

第二十条 【闭会期间活动形式】代表在闭会期间的活动以集体活动为主，以代表小组活动为基本形式。代表可以通过多种方式听取、反映原选区选民或者原选举单位的意见和要求。

第二十一条 【代表小组】县级以上的各级人民代表大会代表,在本级或者下级人民代表大会常务委员会协助下,可以按照便于组织和开展活动的原则组成代表小组。

县级以上的各级人民代表大会代表,可以参加下级人民代表大会代表的代表小组活动。

第二十二条 【代表视察】县级以上的各级人民代表大会代表根据本级人民代表大会常务委员会的安排,对本级或者下级国家机关和有关单位的工作进行视察。乡、民族乡、镇的人民代表大会代表根据本级人民代表大会主席团的安排,对本级人民政府和有关单位的工作进行视察。

代表按前款规定进行视察,可以提出约见本级或者下级有关国家机关负责人。被约见的有关国家机关负责人或者由他委托的负责人员应当听取代表的建议、批评和意见。

代表可以持代表证就地进行视察。县级以上的地方各级人民代表大会常务委员会或者乡、民族乡、镇的人民代表大会主席团根据代表的要求,联系安排本级或者上级的代表持代表证就地进行视察。

代表视察时,可以向被视察单位提出建议、批评和意见,但不直接处理问题。

第二十三条 【专题调研】代表根据安排,围绕经济社会发展和关系人民群众切身利益、社会普遍关注的重大问题,开展专题调研。

第二十四条 【代表视察、专题调研报告的处理】代表参加视察、专题调研活动形成的报告,由本级人民代表大会常务委员会办事机构或者乡、民族乡、镇的人民代表大会主席团转交有关机关、组织。对报告中提出的意见和建议的研究处理情况应当向代表反馈。

第二十五条 【提议临时召集会议权】代表有权依照法律规定的程序提议临时召集本级人民代表大会会议。

第二十六条 【列席常委会会议及参加常委会活动】县级以上的各级人民代表大会代表可以应邀列席本级人民代表大会常务委员会会议、本级人民代表大会各专门委员会会议,参加本级人民代表大会常务委员会组织的执法检查和其他活动。乡、民族乡、镇的人民代表大会代表参加本级人民代表大会主席团组织的执法检查和其他活动。

第二十七条 【列席原选举单位会议】全国人民代表大会代表,省、自治区、直辖市、自治州、设区的市的人民代表大会代表可以列席原选举单位的人民代表大会会议,并可以应邀列席原选举单位的人民代表大会常务委员会会议。

第二十八条 【闭会期间参加特定问题调查委员会】县级以上的各级人民代表大会代表根据本级人民代表大会或者本级人民代表大会常务委员会的决定,参加关于特定问题的调查委员会。

第二十九条 【闭会期间提出建议、批评和意见】代表在本级人民代表大会闭会期间,有权向本级人民代表大会常务委员会或者乡、民族乡、镇的人民代表大会主席团提出对各方面工作的建议、批评和意见。建议、批评和意见应当明确具体,注重反映实际情况和问题。

第三十条 【乡级人大代表闭会期间活动】乡、民族乡、镇的人民代表大会代表在本级人民代表大会闭会期间,根据统一安排,开展调研等活动;组成代表小组,分工联系选民,反映人民群众的意见和要求。

第四章　代表执行职务的保障

第三十一条 【代表言论免责权】代表在人民代表大会各种会议上的发言和表决,不受法律追究。

第三十二条 【代表人身自由特殊法律保护】县级以上的各级人民代表大会代表,非经本级人民代表大会主席团许可,在本级人民代表大会闭会期间,非经本级人民代表大会常务委员会许可,不受逮捕或者刑事审判。如果因为是现行犯被拘留,执行拘留的机关应当立即向该级人民代表大会主席团或者人民代表大会常务委员会报告。

对县级以上的各级人民代表大会代表,如果采取法律规定的其他限制人身自由的措施,应当经该级人民代表大会主席团或者人民代表大会常务委员会许可。

人民代表大会主席团或者常务委员会受理有关机关依照本条规定提请许可的申请,应当审查是否存在对代表在人民代表大会各种会议上的发言和表决进行法律追究,或者对代表提出建议、批评和意见等其他执行职务行为打击报复的情形,并据此作出决定。

乡、民族乡、镇的人民代表大会代表，如果被逮捕、受刑事审判、或者被采取法律规定的其他限制人身自由的措施，执行机关应当立即报告乡、民族乡、镇的人民代表大会。

第三十三条 【执行代表职务的时间保障】代表在本级人民代表大会闭会期间，参加由本级人民代表大会常务委员会或者乡、民族乡、镇的人民代表大会主席团安排的代表活动，代表所在单位必须给予时间保障。

第三十四条 【执行代表职务的物质保障】代表按照本法第三十三条的规定执行代表职务，其所在单位按正常出勤对待，享受所在单位的工资和其他待遇。

无固定工资收入的代表执行代表职务，根据实际情况由本级财政给予适当补贴。

第三十五条 【代表活动经费保障】代表的活动经费，应当列入本级财政预算予以保障，专款专用。

第三十六条 【人大常委会与本级代表保持联系】县级以上的各级人民代表大会常务委员会应当采取多种方式同本级人民代表大会代表保持联系，扩大代表对本级人民代表大会常务委员会活动的参与。

第三十七条 【代表执行职务的组织保障】县级以上的地方各级人民代表大会常务委员会，应当为本行政区域内的代表执行代表职务提供必要的条件。

第三十八条 【代表知情权的保障】县级以上的各级人民代表大会常务委员会，各级人民政府和人民法院、人民检察院，应当及时向本级人民代表大会代表通报工作情况，提供信息资料，保障代表的知情权。

第三十九条 【代表履职学习】县级以上的各级人民代表大会常务委员会应当有计划地组织代表参加履职学习，协助代表全面熟悉人民代表大会制度、掌握履行代表职务所需的法律知识和其他专业知识。

乡、民族乡、镇的人民代表大会代表可以参加上级人民代表大会常务委员会组织的代表履职学习。

第四十条 【各级常委会为代表集体提供服务】县级以上的各级人民代表大会常务委员会的办事机构和工作机构是代表执行代表职务的集体服务机构，为代表执行代表职务提供服务保障。

第四十一条 【代表证的制发】为了便于代表执行代表职务，各级人民代表大会可以为本级人民代表大会代表制发代表证。

第四十二条 【代表建议、批评和意见的办理】有关机关、组织应当认真研究办理代表建议、批评和意见，并自交办之日起三个月内答复。涉及面广、处理难度大的建议、批评和意见，应当自交办之日起六个月内答复。

有关机关、组织在研究办理代表建议、批评和意见的过程中，应当与代表联系沟通，充分听取意见。

代表建议、批评和意见的办理情况，应当向本级人民代表大会常务委员会或者乡、民族乡、镇的人民代表大会主席团报告，并印发下一次人民代表大会会议。代表建议、批评和意见办理情况的报告，应当予以公开。

第四十三条 【对少数民族代表执行职务的帮助和照顾】少数民族代表执行代表职务时，有关部门应当在语言文字、生活习惯等方面给予必要的帮助和照顾。

第四十四条 【组织和个人支持代表执行职务的义务】一切组织和个人都必须尊重代表的权利，支持代表执行代表职务。

有义务协助代表执行代表职务而拒绝履行义务的，有关单位应当予以批评教育，直至给予行政处分。

阻碍代表依法执行代表职务的，根据情节，由所在单位或者上级机关给予行政处分，或者适用《中华人民共和国治安管理处罚法》第五十条的处罚规定；以暴力、威胁方法阻碍代表依法执行代表职务的，依照刑法有关规定追究刑事责任。

对代表依法执行代表职务进行打击报复的，由所在单位或者上级机关责令改正或者给予行政处分；国家工作人员进行打击报复构成犯罪的，依照刑法有关规定追究刑事责任。

第五章 对代表的监督

第四十五条 【代表接受原选区选民或者原选举单位的监督】代表应当采取多种方式经常听取人民群众对代表履职的意见，回答原选区选民或者原选举单位对代表工作和代表活动的询问,接受监督。

由选民直接选举的代表应当以多种方式向原选区选民报告履职情况。县级人民代表大会常务委员会和乡、民族乡、镇的人民代表大会主席团应当定期组织本级人民代表大会代表向原选区选民报告履职情况。

第四十六条 【个人职业活动与执行代表职务关系处理】代表应当正确处理从事个人职业活动与执行代表职务的关系,不得利用执行代表职务干涉具体司法案件或者招标投标等经济活动牟取个人利益。

第四十七条 【选民或者原选举单位罢免代表】选民或者选举单位有权依法罢免自己选出的代表。被提出罢免的代表有权出席罢免该代表的会议提出申辩意见,或者书面提出申辩意见。

第四十八条 【代表暂停执行职务的情形】代表有下列情形之一的,暂时停止执行代表职务,由代表资格审查委员会向本级人民代表大会常务委员会或者乡、民族乡、镇的人民代表大会报告:

(一)因刑事案件被羁押正在受侦查、起诉、审判的;

(二)被依法判处管制、拘役或者有期徒刑而没有附加剥夺政治权利,正在服刑的。

前款所列情形在代表任期内消失后,恢复其执行代表职务,但代表资格终止者除外。

第四十九条 【代表资格终止的情形】代表有下列情形之一的,其代表资格终止:

(一)地方各级人民代表大会代表迁出或者调离本行政区域的;

(二)辞职被接受的;

(三)未经批准两次不出席本级人民代表大会会议的;

(四)被罢免的;

(五)丧失中华人民共和国国籍的;

(六)依照法律被剥夺政治权利的;

(七)丧失行为能力的。

第五十条 【代表资格终止的程序】县级以上的各级人民代表大会代表资格的终止,由代表资格审查委员会报本级人民代表大会常务委员会,由本级人民代表大会常务委员会予以公告。

乡、民族乡、镇的人民代表大会代表资格的终止,由代表资格审查委员会报本级人民代表大会,由本级人民代表大会予以公告。

第六章 附 则

第五十一条 【制定实施办法授权】省、自治区、直辖市的人民代表大会及其常务委员会可以根据本法和本行政区域的实际情况,制定实施办法。

第五十二条 【施行时间】本法自公布之日起施行。

中华人民共和国监察法

(2018年3月20日第十三届全国人民代表大会第一次会议通过 2018年3月20日中华人民共和国主席令第3号公布 自公布之日起施行)

目 录

第一章 总 则
第二章 监察机关及其职责
第三章 监察范围和管辖
第四章 监察权限
第五章 监察程序
第六章 反腐败国际合作
第七章 对监察机关和监察人员的监督
第八章 法律责任
第九章 附 则

第一章 总 则

第一条 为了深化国家监察体制改革,加强对所有行使公权力的公职人员的监督,实现国家监察全面覆盖,深入开展反腐败工作,推进国家治理体系和治理能力现代化,根据宪法,制定本法。

第二条 坚持中国共产党对国家监察工作的领导,以马克思列宁主义、毛泽东思想、邓小平理论、“三个代表”重要思想、科学发展观、习近平新时代中国特色社会主义思想为指导,构建集中统一、权威高效的中国特色国家监察体制。

第三条 各级监察委员会是行使国家监察职能的专责机关,依照本法对所有行使公权力的公职人员(以下称公职人员)进行监察,调查职务违法和职务犯罪,开展廉政建设和反腐败工作,维护宪法和法律的尊严。

第四条 监察委员会依照法律规定独立行使监察权,不受行政机关、社会团体和个人的干涉。

监察机关办理职务违法和职务犯罪案件,应当与审判机关、检察机关、执法部门互相配合,互相制约。

监察机关在工作中需要协助的,有关机关和单位应当根据监察机关的要求依法予以协助。

第五条 国家监察工作严格遵照宪法和法律,以事实为根据,以法律为准绳;在适用法律上一律平等,保障当事人的合法权益;权责对等,严格监督;惩戒与教育相结合,宽严相济。

第六条 国家监察工作坚持标本兼治、综合治理,强化监督问责,严厉惩治腐败;深化改革、健全法治,有效制约和监督权力;加强法治教育和道德教育,弘扬中华优秀传统文化,构建不敢腐、不能腐、不想腐的长效机制。

第二章 监察机关及其职责

第七条 中华人民共和国国家监察委员会是最高监察机关。

省、自治区、直辖市、自治州、县、自治县、市、市辖区设立监察委员会。

第八条 国家监察委员会由全国人民代表大会产生,负责全国监察工作。

国家监察委员会由主任、副主任若干人、委员若干人组成,主任由全国人民代表大会选举,副主任、委员由国家监察委员会主任提请全国人民代表大会常务委员会任免。

国家监察委员会主任每届任期同全国人民代表大会每届任期相同,连续任职不得超过两届。

国家监察委员会对全国人民代表大会及其常务委员会负责,并接受其监督。

第九条 地方各级监察委员会由本级人民代表大会产生,负责本行政区域内的监察工作。

地方各级监察委员会由主任、副主任若干人、委员若干人组成,主任由本级人民代表大会选举,副主任、委员由监察委员会主任提请本级人民代表大会常务委员会任免。

地方各级监察委员会主任每届任期同本级人民代表大会每届任期相同。

地方各级监察委员会对本级人民代表大会及其常务委员会和上一级监察委员会负责,并接受其监督。

第十条 国家监察委员会领导地方各级监察委员会的工作,上级监察委员会领导下级监察委员会的工作。

第十一条 监察委员会依照本法和有关法律规定履行监督、调查、处置职责:

(一)对公职人员开展廉政教育,对其依法履职、秉公用权、廉洁从政从业以及道德操守情况进行监督检查;

(二)对涉嫌贪污贿赂、滥用职权、玩忽职守、权力寻租、利益输送、徇私舞弊以及浪费国家资财等职务违法和职务犯罪进行调查;

(三)对违法的公职人员依法作出政务处分决定;对履行职责不力、失职失责的领导人员进行问责;对涉嫌职务犯罪的,将调查结果移送人民检察院依法审查、提起公诉;向监察对象所在单位提出监察建议。

第十二条 各级监察委员会可以向本级中国共产党机关、国家机关、法律法规授权或者委托管理公共事务的组织和单位以及所管辖的行政区域、国有企业等派驻或者派出监察机构、监察专员。

监察机构、监察专员对派驻或者派出它的监察委员会负责。

第十三条 派驻或者派出的监察机构、监察专员根据授权,按照管理权限依法对公职人员进行监督,提出监察建议,依法对公职人员进行调查、处置。

第十四条 国家实行监察官制度,依法确定监察官的等级设置、任免、考评和晋升等制度。

第三章 监察范围和管辖

第十五条 监察机关对下列公职人员和有关人员进行监察:

(一)中国共产党机关、人民代表大会及其常务委员会机关、人民政府、监察委员会、人民法院、人民检察院、中国人民政治协商会议各级委员会机关、民主党派机关和工商业联合会机关的公务员,以及参照《中华人民共和国公务员法》管理的人员;

(二)法律、法规授权或者受国家机关依法委托管理公共事务的组织中从事公务的人员;

(三)国有企业管理人员;

(四)公办的教育、科研、文化、医疗卫生、体育等单位中从事管理的人员；

（五）基层群众性自治组织中从事管理的人员；

（六）其他依法履行公职的人员。

第十六条 各级监察机关按照管理权限管辖本辖区内本法第十五条规定的人员所涉监察事项。

上级监察机关可以办理下一级监察机关管辖范围内的监察事项，必要时也可以办理所辖各级监察机关管辖范围内的监察事项。

监察机关之间对监察事项的管辖有争议的，由其共同的上级监察机关确定。

第十七条 上级监察机关可以将其所管辖的监察事项指定下级监察机关管辖，也可以将下级监察机关有管辖权的监察事项指定给其他监察机关管辖。

监察机关认为所管辖的监察事项重大、复杂，需要由上级监察机关管辖的，可以报请上级监察机关管辖。

第四章 监察权限

第十八条 监察机关行使监督、调查职权，有权依法向有关单位和个人了解情况，收集、调取证据。有关单位和个人应当如实提供。

监察机关及其工作人员对监督、调查过程中知悉的国家秘密、商业秘密、个人隐私，应当保密。

任何单位和个人不得伪造、隐匿或者毁灭证据。

第十九条 对可能发生职务违法的监察对象，监察机关按照管理权限，可以直接或者委托有关机关、人员进行谈话或者要求说明情况。

第二十条 在调查过程中，对涉嫌职务违法的被调查人，监察机关可以要求其就涉嫌违法行为作出陈述，必要时向被调查人出具书面通知。

对涉嫌贪污贿赂、失职渎职等职务犯罪的被调查人，监察机关可以进行讯问，要求其如实供述涉嫌犯罪的情况。

第二十一条 在调查过程中，监察机关可以询问证人等人员。

第二十二条 被调查人涉嫌贪污贿赂、失职渎职等严重职务违法或者职务犯罪，监察机关已经掌握其部分违法犯罪事实及证据，仍有重要问题需要进一步调查，并有下列情形之一的，经监察机关依法审批，可以将其留置在特定场所：

（一）涉及案情重大、复杂的；

（二）可能逃跑、自杀的；

（三）可能串供或者伪造、隐匿、毁灭证据的；

（四）可能有其他妨碍调查行为的。

对涉嫌行贿犯罪或者共同职务犯罪的涉案人员，监察机关可以依照前款规定采取留置措施。

留置场所的设置、管理和监督依照国家有关规定执行。

第二十三条 监察机关调查涉嫌贪污贿赂、失职渎职等严重职务违法或者职务犯罪，根据工作需要，可以依照规定查询、冻结涉案单位和个人的存款、汇款、债券、股票、基金份额等财产。有关单位和个人应当配合。

冻结的财产经查明与案件无关的，应当在查明后三日内解除冻结，予以退还。

第二十四条 监察机关可以对涉嫌职务犯罪的被调查人以及可能隐藏被调查人或者犯罪证据的人的身体、物品、住处和其他有关地方进行搜查。在搜查时，应当出示搜查证，并有被搜查人或者其家属等见证人在场。

搜查女性身体，应当由女性工作人员进行。

监察机关进行搜查时，可以根据工作需要提请公安机关配合。公安机关应当依法予以协助。

第二十五条 监察机关在调查过程中，可以调取、查封、扣押用以证明被调查人涉嫌违法犯罪的财物、文件和电子数据等信息。采取调取、查封、扣押措施，应当收集原物原件，会同持有人或者保管人、见证人，当面逐一拍照、登记、编号，开列清单，由在场人员当场核对、签名，并将清单副本交财物、文件的持有人或者保管人。

对调取、查封、扣押的财物、文件，监察机关应当设立专用账户、专门场所，确定专门人员妥善保管，严格履行交接、调取手续，定期对账核实，不得毁损或者用于其他目的。对价值不明物品应当及时鉴定，专门封存保管。

查封、扣押的财物、文件经查明与案件无关的，应当在查明后三日内解除查封、扣押，予以退还。

第二十六条 监察机关在调查过程中，可以直接或者指派、聘请具有专门知识、资格的人员在调查人员主持下进行勘验检查。勘验检查情况应当制作笔录，由参加勘验检查的人员和见证人签名或者盖章。

第二十七条 监察机关在调查过程中，对于案件中的专门性问题，可以指派、聘请有专门知识的人进行鉴定。鉴定人进行鉴定后，应当出具鉴定意见,并且签名。

第二十八条 监察机关调查涉嫌重大贪污贿赂等职务犯罪,根据需要,经过严格的批准手续,可以采取技术调查措施,按照规定交有关机关执行。

批准决定应当明确采取技术调查措施的种类和适用对象,自签发之日起三个月以内有效;对于复杂、疑难案件,期限届满仍有必要继续采取技术调查措施的,经过批准,有效期可以延长,每次不得超过三个月。对于不需要继续采取技术调查措施的,应当及时解除。

第二十九条 依法应当留置的被调查人如果在逃,监察机关可以决定在本行政区域内通缉,由公安机关发布通缉令,追捕归案。通缉范围超出本行政区域的,应当报请有权决定的上级监察机关决定。

第三十条 监察机关为防止被调查人及相关人员逃匿境外,经省级以上监察机关批准,可以对被调查人及相关人员采取限制出境措施,由公安机关依法执行。对于不需要继续采取限制出境措施的,应当及时解除。

第三十一条 涉嫌职务犯罪的被调查人主动认罪认罚,有下列情形之一的,监察机关经领导人员集体研究,并报上一级监察机关批准,可以在移送人民检察院时提出从宽处罚的建议:

(一)自动投案,真诚悔罪悔过的;

(二)积极配合调查工作,如实供述监察机关还未掌握的违法犯罪行为的;

(三)积极退赃,减少损失的;

(四)具有重大立功表现或者案件涉及国家重大利益等情形的。

第三十二条 职务违法犯罪的涉案人员揭发有关被调查人职务违法犯罪行为,查证属实的,或者提供重要线索,有助于调查其他案件的,监察机关经领导人员集体研究,并报上一级监察机关批准,可以在移送人民检察院时提出从宽处罚的建议。

第三十三条 监察机关依照本法规定收集的物证、书证、证人证言、被调查人供述和辩解、视听资料、电子数据等证据材料,在刑事诉讼中可以作为证据使用。

监察机关在收集、固定、审查、运用证据时,应当与刑事审判关于证据的要求和标准相一致。

以非法方法收集的证据应当依法予以排除,不得作为案件处置的依据。

第三十四条 人民法院、人民检察院、公安机关、审计机关等国家机关在工作中发现公职人员涉嫌贪污贿赂、失职渎职等职务违法或者职务犯罪的问题线索,应当移送监察机关,由监察机关依法调查处置。

被调查人既涉嫌严重职务违法或者职务犯罪,又涉嫌其他违法犯罪的,一般应当由监察机关为主调查,其他机关予以协助。

第五章 监察程序

第三十五条 监察机关对于报案或者举报,应当接受并按照有关规定处理。对于不属于本机关管辖的,应当移送主管机关处理。

第三十六条 监察机关应当严格按照程序开展工作,建立问题线索处置、调查、审理各部门相互协调、相互制约的工作机制。

监察机关应当加强对调查、处置工作全过程的监督管理,设立相应的工作部门履行线索管理、监督检查、督促办理、统计分析等管理协调职能。

第三十七条 监察机关对监察对象的问题线索,应当按照有关规定提出处置意见,履行审批手续,进行分类办理。线索处置情况应当定期汇总、通报,定期检查、抽查。

第三十八条 需要采取初步核实方式处置问题线索的,监察机关应当依法履行审批程序,成立核查组。初步核实工作结束后,核查组应当撰写初步核实情况报告,提出处理建议。承办部门应当提出分类处理意见。初步核实情况报告和分类处理意见报监察机关主要负责人审批。

第三十九条 经过初步核实,对监察对象涉嫌职务违法犯罪,需要追究法律责任的,监察机关应当按照规定的权限和程序办理立案手续。

监察机关主要负责人依法批准立案后,应当主持召开专题会议,研究确定调查方案,决定需要采取的调查措施。

立案调查决定应当向被调查人宣布,并通报相关组织。涉嫌严重职务违法或者职务犯罪的,应当通知被调查人家属,并向社会公开发布。

第四十条 监察机关对职务违法和职务犯罪案件,应当进行调查,收集被调查人有无违法犯罪以及情节轻重的证据,查明违法犯罪事实,形成相互印证、完整稳定的证据链。

严禁以威胁、引诱、欺骗及其他非法方式收集证据,严禁侮辱、打骂、虐待、体罚或者变相体罚被调查人和涉案人员。

第四十一条 调查人员采取讯问、询问、留置、搜查、调取、查封、扣押、勘验检查等调查措施,均应当依照规定出示证件,出具书面通知,由二人以上进行,形成笔录、报告等书面材料,并由相关人员签名、盖章。

调查人员进行讯问以及搜查、查封、扣押等重要取证工作,应当对全过程进行录音录像,留存备查。

第四十二条 调查人员应当严格执行调查方案,不得随意扩大调查范围、变更调查对象和事项。

对调查过程中的重要事项,应当集体研究后按程序请示报告。

第四十三条 监察机关采取留置措施,应当由监察机关领导人员集体研究决定。设区的市级以下监察机关采取留置措施,应当报上一级监察机关批准。省级监察机关采取留置措施,应当报国家监察委员会备案。

留置时间不得超过三个月。在特殊情况下,可以延长一次,延长时间不得超过三个月。省级以下监察机关采取留置措施的,延长留置时间应当报上一级监察机关批准。监察机关发现采取留置措施不当的,应当及时解除。

监察机关采取留置措施,可以根据工作需要提请公安机关配合。公安机关应当依法予以协助。

第四十四条 对被调查人采取留置措施后,应当在二十四小时以内,通知被留置人员所在单位和家属,但有可能毁灭、伪造证据,干扰证人作证或者串供等有碍调查情形的除外。有碍调查的情形消失后,应当立即通知被留置人员所在单位和家属。

监察机关应当保障被留置人员的饮食、休息和安全,提供医疗服务。讯问被留置人员应当合理安排讯问时间和时长,讯问笔录由被讯问人阅看后签名。

被留置人员涉嫌犯罪移送司法机关后,被依法判处管制、拘役和有期徒刑的,留置一日折抵管制二日,折抵拘役、有期徒刑一日。

第四十五条 监察机关根据监督、调查结果,依法作出如下处置:

(一)对有职务违法行为但情节较轻的公职人员,按照管理权限,直接或者委托有关机关、人员,进行谈话提醒、批评教育、责令检查,或者予以诫勉;

(二)对违法的公职人员依照法定程序作出警告、记过、记大过、降级、撤职、开除等政务处分决定;

(三)对不履行或者不正确履行职责负有责任的领导人员,按照管理权限对其直接作出问责决定,或者向有权作出问责决定的机关提出问责建议;

(四)对涉嫌职务犯罪的,监察机关经调查认为犯罪事实清楚,证据确实、充分的,制作起诉意见书,连同案卷材料、证据一并移送人民检察院依法审查、提起公诉;

(五)对监察对象所在单位廉政建设和履行职责存在的问题等提出监察建议。

监察机关经调查,对没有证据证明被调查人存在违法犯罪行为的,应当撤销案件,并通知被调查人所在单位。

第四十六条 监察机关经调查,对违法取得的财物,依法予以没收、追缴或者责令退赔;对涉嫌犯罪取得的财物,应当随案移送人民检察院。

第四十七条 对监察机关移送的案件,人民检察院依照《中华人民共和国刑事诉讼法》对被调查人采取强制措施。

人民检察院经审查,认为犯罪事实已经查清,证据确实、充分,依法应当追究刑事责任的,应当作出起诉决定。

人民检察院经审查,认为需要补充核实的,应当退回监察机关补充调查,必要时可以自行补充侦查。对于补充调查的案件,应当在一个月内补充调查完毕。补充调查以二次为限。

人民检察院对于有《中华人民共和国刑事诉讼法》规定的不起诉的情形的,经上一级人民检察院批准,依法作出不起诉的决定。监察机关认为不起诉的决定有错误的,可以向上一级人民检察院提请复议。

第四十八条 监察机关在调查贪污贿赂、失职渎职等职务犯罪案件过程中,被调查人逃匿或者死亡,有必要继续调查的,经省级以上监察机关批准,应当继续调查并作出结论。被调查人逃匿,在通缉一年后不能到案,或者死亡的,由监察机关提请人民检察院依照法定程序,向人民法院提出没收违法所得的申请。

第四十九条 监察对象对监察机关作出的涉及本人的处理决定不服的,可以在收到处理决定之日起一个月内,向作出决定的监察机关申请复审,复审机关应当在一个月内作出复审决定;监察对象对复审决定仍不服的,可以在收到复审决定之日起一个月内,向上一级监察机关申请复核,复核机关应当在二个月内作出复核决定。复审、复核期间,不停止原处理决定的执行。复核机关经审查,认定处理决定有错误的,原处理机关应当及时予以纠正。

第六章　反腐败国际合作

第五十条　国家监察委员会统筹协调与其他国家、地区、国际组织开展的反腐败国际交流、合作,组织反腐败国际条约实施工作。

第五十一条　国家监察委员会组织协调有关方面加强与有关国家、地区、国际组织在反腐败执法、引渡、司法协助、被判刑人的移管、资产追回和信息交流等领域的合作。

第五十二条　国家监察委员会加强对反腐败国际追逃追赃和防逃工作的组织协调,督促有关单位做好相关工作:

(一)对于重大贪污贿赂、失职渎职等职务犯罪案件,被调查人逃匿到国(境)外,掌握证据比较确凿的,通过开展境外追逃合作,追捕归案;

(二)向赃款赃物所在国请求查询、冻结、扣押、没收、追缴、返还涉案资产;

(三)查询、监控涉嫌职务犯罪的公职人员及其相关人员进出国(境)和跨境资金流动情况,在调查案件过程中设置防逃程序。

第七章　对监察机关和监察人员的监督

第五十三条　各级监察委员会应当接受本级人民代表大会及其常务委员会的监督。

各级人民代表大会常务委员会听取和审议本级监察委员会的专项工作报告,组织执法检查。

县级以上各级人民代表大会及其常务委员会举行会议时,人民代表大会代表或者常务委员会组成人员可以依照法律规定的程序,就监察工作中的有关问题提出询问或者质询。

第五十四条　监察机关应当依法公开监察工作信息,接受民主监督、社会监督、舆论监督。

第五十五条　监察机关通过设立内部专门的监督机构等方式,加强对监察人员执行职务和遵守法律情况的监督,建设忠诚、干净、担当的监察队伍。

第五十六条　监察人员必须模范遵守宪法和法律,忠于职守、秉公执法,清正廉洁、保守秘密;必须具有良好的政治素质,熟悉监察业务,具备运用法律、法规、政策和调查取证等能力,自觉接受监督。

第五十七条　对于监察人员打听案情、过问案件、说情干预的,办理监察事项的监察人员应当及时报告。有关情况应当登记备案。

发现办理监察事项的监察人员未经批准接触被调查人、涉案人员及其特定关系人,或者存在交往情形的,知情人应当及时报告。有关情况应当登记备案。

第五十八条　办理监察事项的监察人员有下列情形之一的,应当自行回避,监察对象、检举人及其他有关人员也有权要求其回避:

(一)是监察对象或者检举人的近亲属的;

(二)担任过本案的证人的;

(三)本人或者其近亲属与办理的监察事项有利害关系的;

(四)有可能影响监察事项公正处理的其他情形的。

第五十九条　监察机关涉密人员离岗离职后,应当遵守脱密期管理规定,严格履行保密义务,不得泄露相关秘密。

监察人员辞职、退休三年内,不得从事与监察和司法工作相关联且可能发生利益冲突的职业。

第六十条　监察机关及其工作人员有下列行为之一的,被调查人及其近亲属有权向该机关申诉:

(一)留置法定期限届满,不予以解除的;

(二)查封、扣押、冻结与案件无关的财物的;

(三)应当解除查封、扣押、冻结措施而不解除的;

(四)贪污、挪用、私分、调换以及违反规定使用查封、扣押、冻结的财物的;

(五)其他违反法律法规、侵害被调查人合法权益的行为。

受理申诉的监察机关应当在受理申诉之日起一个月内作出处理决定。申诉人对处理决定不服的,可以在收到处理决定之日起一个月内向上一级监察机关申请复查,上一级监察机关应当在收到复查申请之日起二个月内作出处理决定,情况属实的,及时予以纠正。

第六十一条　对调查工作结束后发现立案依据不充分或者失实,案件处置出现重大失误,监察人员严重违法的,应当追究负有责任的领导人员和直接责任人员的责任。

第八章 法律责任

第六十二条 有关单位拒不执行监察机关作出的处理决定，或者无正当理由拒不采纳监察建议的，由其主管部门、上级机关责令改正，对单位给予通报批评；对负有责任的领导人员和直接责任人员依法给予处理。

第六十三条 有关人员违反本法规定，有下列行为之一的，由其所在单位、主管部门、上级机关或者监察机关责令改正，依法给予处理：

（一）不按要求提供有关材料，拒绝、阻碍调查措施实施等拒不配合监察机关调查的；

（二）提供虚假情况，掩盖事实真相的；

（三）串供或者伪造、隐匿、毁灭证据的；

（四）阻止他人揭发检举、提供证据的；

（五）其他违反本法规定的行为，情节严重的。

第六十四条 监察对象对控告人、检举人、证人或者监察人员进行报复陷害的；控告人、检举人、证人捏造事实诬告陷害监察对象的，依法给予处理。

第六十五条 监察机关及其工作人员有下列行为之一的，对负有责任的领导人员和直接责任人员依法给予处理：

（一）未经批准、授权处置问题线索，发现重大案情隐瞒不报，或者私自留存、处理涉案材料的；

（二）利用职权或者职务上的影响干预调查工作、以案谋私的；

（三）违法窃取、泄露调查工作信息，或者泄露举报事项、举报受理情况以及举报人信息的；

（四）对被调查人或者涉案人员逼供、诱供，或者侮辱、打骂、虐待、体罚或者变相体罚的；

（五）违反规定处置查封、扣押、冻结的财物的；

（六）违反规定发生办案安全事故，或者发生安全事故后隐瞒不报、报告失实、处置不当的；

（七）违反规定采取留置措施的；

（八）违反规定限制他人出境，或者不按规定解除出境限制的；

（九）其他滥用职权、玩忽职守、徇私舞弊的行为。

第六十六条 违反本法规定，构成犯罪的，依法追究刑事责任。

第六十七条 监察机关及其工作人员行使职权，侵犯公民、法人和其他组织的合法权益造成损害的，依法给予国家赔偿。

第九章 附 则

第六十八条 中国人民解放军和中国人民武装警察部队开展监察工作，由中央军事委员会根据本法制定具体规定。

第六十九条 本法自公布之日起施行。《中华人民共和国行政监察法》同时废止。

政府督查工作条例

（2020年12月1日国务院第116次常务会议通过 2020年12月26日中华人民共和国国务院令第733号公布 自2021年2月1日起施行）

第一条 为了加强和规范政府督查工作，保障政令畅通，提高行政效能，推进廉政建设，健全行政监督制度，制定本条例。

第二条 本条例所称政府督查，是指县级以上人民政府在法定职权范围内根据工作需要组织开展的监督检查。

第三条 政府督查工作应当坚持和加强党的领导，以人民为中心，服务大局、实事求是，推进依法行政，推动政策落实和问题解决，力戒形式主义、官僚主义。

第四条 政府督查内容包括：

（一）党中央、国务院重大决策部署落实情况；

（二）上级和本级人民政府重要工作部署落实情况；

（三）督查对象法定职责履行情况；

（四）本级人民政府所属部门和下级人民政府的行政效能。

第五条 政府督查对象包括：

（一）本级人民政府所属部门；

（二）下级人民政府及其所属部门；

（三）法律、法规授权的具有管理公共事务职能的组织；

（四）受行政机关委托管理公共事务的组织。

上级人民政府可以对下一级人民政府及其所属部门开展督查，必要时可以对所辖各级人民政府及其所属部门开展督查。

第六条 国务院办公厅指导全国政府督查工作，组织实施国务院督查工作。国务院办公厅督查机构承担国务院督查有关具体工作。

县级以上地方人民政府督查机构组织实施本级人民政府督查工作。县级以上地方人民政府督查机构设置的形式和规格，按照机构编制管理有关规定办理。

国务院办公厅督查机构和县级以上地方人民政府督查机构统称政府督查机构。

第七条 县级以上人民政府可以指定所属部门按照指定的事项、范围、职责、期限开展政府督查。

县级以上人民政府所属部门未经本级人民政府指定，不得开展政府督查。

第八条 县级以上人民政府根据工作需要，可以派出督查组。督查组按照本级人民政府确定的督查事项、范围、职责、期限开展政府督查。督查组对本级人民政府负责。

督查组实行组长负责制，组长由本级人民政府确定。

可以邀请人大代表、政协委员、政府参事和专家学者等参加督查组。

第九条 督查人员应当具备与其从事的督查工作相适应的政治素质、工作作风、专业知识、业务能力和法律素养，遵守宪法和法律，忠于职守、秉公持正，清正廉洁、保守秘密，自觉接受监督。

政府督查机构应当对督查人员进行政治、理论和业务培训。

第十条 政府督查机构履行职责所必需的经费，应当列入本级预算。

第十一条 政府督查机构根据本级人民政府的决定或者本级人民政府行政首长在职权范围内作出的指令，确定督查事项。

政府督查机构根据党中央、国务院重大决策部署，上级和本级人民政府重要工作部署，以及掌握的线索，可以提出督查工作建议，经本级人民政府行政首长批准后，确定督查事项。

第十二条 政府督查可以采取以下方式：

（一）要求督查对象自查、说明情况；

（二）听取督查对象汇报；

（三）开展检查、访谈、暗访；

（四）组织座谈、听证、统计、评估；

（五）调阅、复制与督查事项有关的资料；

（六）通过信函、电话、媒体等渠道收集线索；

（七）约谈督查对象负责人或者相关责任人；

（八）运用现代信息技术手段开展“互联网+督查”。

第十三条 政府督查工作需要协助的，有关行政机关应当在职权范围内予以协助。

第十四条 县级以上人民政府可以组织开展综合督查、专项督查、事件调查、日常督办、线索核查等政府督查工作。

第十五条 开展政府督查工作应当制定督查方案，明确督查内容、对象和范围；应当严格控制督查频次和时限，科学运用督查方式，严肃督查纪律，提前培训督查人员。

政府督查工作应当严格执行督查方案，不得随意扩大督查范围、变更督查对象和内容，不得干预督查对象的正常工作，严禁重复督查、多头督查、越权督查。

第十六条 县级以上人民政府在政府督查工作结束后应当作出督查结论。与督查对象有关的督查结论应当向督查对象反馈。

督查结论应当事实清楚，证据充分，客观公正。

第十七条 督查对象对督查结论有异议的，可以自收到该督查结论之日起30日内，向作出该督查结论的人民政府申请复核。收到申请的人民政府应当在30日内作出复核决定。参与作出督查结论的工作人员在复核中应当回避。

第十八条 对于督查结论中要求整改的事项，督查对象应当按要求整改。政府督查机构可以根据工作需要，对整改情况进行核查。

第十九条 政府督查机构可以根据督查结论，提出改变或者撤销本级或者下级人民政府及其所属部门不适当的决定、命令等规范性文件的建议，报本级人民政府或者本级人民政府行政首长。

第二十条 政府督查机构可以针对督查结论中反映的突出问题开展调查研究，真实准确地向本级人民政府或者本级人民政府行政首长报告调查研究情况。

第二十一条 政府督查机构可以根据督查结论或者整改核查结果，提出对督查对象依法依规进行表扬、激励、批评等建议,经本级人民政府或者本级人民政府行政首长批准后组织实施。

政府督查机构可以根据督查结论或者整改核查结果,提出对督查对象依法依规追究责任的建议,经本级人民政府或者本级人民政府行政首长批准后,交有权机关调查处理。

第二十二条 政府督查应当加强与行政执法监督、备案审查监督等的协调衔接。

第二十三条 督查工作中发现公职人员涉嫌贪污贿赂、失职渎职等职务违法或者职务犯罪的问题线索,政府督查机构应当移送监察机关,由监察机关依法调查处置;发现涉嫌其他犯罪的问题线索,移送司法机关依法处理。

第二十四条 政府督查机构及督查人员违反本条例规定,滥用职权、徇私舞弊、玩忽职守的,泄露督查过程中所知悉的国家秘密、商业秘密、个人隐私的,或者违反廉政规定的,对负有责任的领导人员和直接责任人员依法依规给予处理;构成犯罪的,依法追究刑事责任。

第二十五条 督查对象及其工作人员不得阻碍督查工作,不得隐瞒实情、弄虚作假,不得伪造、隐匿、毁灭证据。有上述情形的,由政府督查机构责令改正;情节严重的,依法依规追究责任。

第二十六条 对督查人员或者提供线索、反映情况的单位和个人进行威胁、打击、报复、陷害的,依法依规追究责任。

第二十七条 县级以上人民政府及其所属部门依照有关法律法规开展的其他监督检查,按照有关法律法规规定执行。

第二十八条 本条例自2021年2月1日起施行。

中华人民共和国国务院组织法

(1982年12月10日第五届全国人民代表大会第五次会议通过 1982年12月10日全国人民代表大会常务委员会委员长令第14号公布施行)

第一条 根据中华人民共和国宪法有关国务院的规定,制定本组织法。

第二条 国务院由总理、副总理、国务委员、各部部长、各委员会主任、审计长、秘书长组成。

国务院实行总理负责制。总理领导国务院的工作。副总理、国务委员协助总理工作。

第三条 国务院行使宪法第八十九条规定的职权。

第四条 国务院会议分为国务院全体会议和国务院常务会议。国务院全体会议由国务院全体成员组成。国务院常务会议由总理、副总理、国务委员、秘书长组成。总理召集和主持国务院全体会议和国务院常务会议。国务院工作中的重大问题,必须经国务院常务会议或者国务院全体会议讨论决定。

第五条 国务院发布的决定、命令和行政法规,向全国人民代表大会或者全国人民代表大会常务委员会提出的议案,任免人员,由总理签署。

第六条 国务委员受总理委托,负责某些方面的工作或者专项任务,并且可以代表国务院进行外事活动。

第七条 国务院秘书长在总理领导下,负责处理国务院的日常工作。

国务院设副秘书长若干人,协助秘书长工作。

国务院设立办公厅,由秘书长领导。

第八条 国务院各部、各委员会的设立、撤销或者合并,经总理提出,由全国人民代表大会决定;在全国人民代表大会闭会期间,由全国人民代表大会常务委员会决定。

第九条 各部设部长一人,副部长二至四人。各委员会设主任一人,副主任二至四人,委员五至十人。

各部、各委员会实行部长、主任负责制。各部部长、各委员会主任领导本部门的工作,召集和主持部务会议或者委员会会议、委务会议,签署上报国务院的重要请示、报告和下达的命令、指示。副部长、副主任协助部长、主任工作。

第十条 各部、各委员会工作中的方针、政策、计划和重大行政措施,应向国务院请示报告,由国务院决定。根据法律和国务院的决定,主管部、委员会可以在本部门的权限内发布命令、指示和规章。

第十一条 国务院可以根据工作需要和精简的原则,设立若干直属机构主管各项专门业务,设立若干办事机构协助总理办理专门事项。每个机构设负责人二至五人。

中华人民共和国法官法

（1995年2月28日第八届全国人民代表大会常务委员会第十二次会议通过　根据2001年6月30日第九届全国人民代表大会常务委员会第二十二次会议《关于修改〈中华人民共和国法官法〉的决定》第一次修正　根据2017年9月1日第十二届全国人民代表大会常务委员会第二十九次会议《关于修改〈中华人民共和国法官法〉等八部法律的决定》第二次修正　2019年4月23日第十三届全国人民代表大会常务委员会第十次会议修订　2019年4月23日中华人民共和国主席令第27号公布　自2019年10月1日起施行）

第一章　总　　则

第一条　【立法目的与根据】为了全面推进高素质法官队伍建设，加强对法官的管理和监督，维护法官合法权益，保障人民法院依法独立行使审判权，保障法官依法履行职责，保障司法公正，根据宪法，制定本法。

第二条　【法官的定义与范围】法官是依法行使国家审判权的审判人员，包括最高人民法院、地方各级人民法院和军事法院等专门人民法院的院长、副院长、审判委员会委员、庭长、副庭长和审判员。

第三条　【法官的基本要求】法官必须忠实执行宪法和法律，维护社会公平正义，全心全意为人民服务。

第四条　【公正对待原则　平等适用法律原则】法官应当公正对待当事人和其他诉讼参与人，对一切个人和组织在适用法律上一律平等。

第五条　【法官的职业伦理】法官应当勤勉尽责，清正廉明，恪守职业道德。

第六条　【法官审判案件的原则和立场】法官审判案件，应当以事实为根据，以法律为准绳，秉持客观公正的立场。

第七条　【法官依法履职不受干涉】法官依法履行职责，受法律保护，不受行政机关、社会团体和个人的干涉。

第二章　法官的职责、义务和权利

第八条　【法官的职责　办案责任制】法官的职责：

（一）依法参加合议庭审判或者独任审判刑事、民事、行政诉讼以及国家赔偿等案件；

（二）依法办理引渡、司法协助等案件；

（三）法律规定的其他职责。

法官在职权范围内对所办理的案件负责。

第九条　【担任特定职务的法官的相应职责】人民法院院长、副院长、审判委员会委员、庭长、副庭长除履行审判职责外，还应当履行与其职务相适应的职责。

第十条　【法官的义务】法官应当履行下列义务：

（一）严格遵守宪法和法律；

（二）秉公办案，不得徇私枉法；

（三）依法保障当事人和其他诉讼参与人的诉讼权利；

（四）维护国家利益、社会公共利益，维护个人和组织的合法权益；

（五）保守国家秘密和审判工作秘密，对履行职责中知悉的商业秘密和个人隐私予以保密；

（六）依法接受法律监督和人民群众监督；

（七）通过依法办理案件以案释法，增强全民法治观念，推进法治社会建设；

（八）法律规定的其他义务。

第十一条　【法官的权利】法官享有下列权利：

（一）履行法官职责应当具有的职权和工作条件；

（二）非因法定事由、非经法定程序，不被调离、免职、降职、辞退或者处分；

（三）履行法官职责应当享有的职业保障和福利待遇；

（四）人身、财产和住所安全受法律保护；

（五）提出申诉或者控告；

（六）法律规定的其他权利。

第三章　法官的条件和遴选

第十二条　【担任法官的条件】担任法官必须具备下列条件：

（一）具有中华人民共和国国籍；

（二）拥护中华人民共和国宪法，拥护中国共产党领导和社会主义制度；

（三）具有良好的政治、业务素质和道德品行；

（四）具有正常履行职责的身体条件；

（五）具备普通高等学校法学类本科学历并获得学士及以上学位；或者普通高等学校非法学类本科及以上学历并获得法律硕士、法学硕士及以上学位；或者普通高等学校非法学类本科及以上学历，获得其他相应学位，并具有法律专业知识；

（六）从事法律工作满五年。其中获得法律硕士、法学硕士学位，或者获得法学博士学位的，从事法律工作的年限可以分别放宽至四年、三年；

（七）初任法官应当通过国家统一法律职业资格考试取得法律职业资格。

适用前款第五项规定的学历条件确有困难的地方，经最高人民法院审核确定，在一定期限内，可以将担任法官的学历条件放宽为高等学校本科毕业。

第十三条 【不得担任法官的情形】下列人员不得担任法官：

（一）因犯罪受过刑事处罚的；

（二）被开除公职的；

（三）被吊销律师、公证员执业证书或者被仲裁委员会除名的；

（四）有法律规定的其他情形的。

第十四条【法官的选任方式和范围】初任法官采用考试、考核的办法，按照德才兼备的标准，从具备法官条件的人员中择优提出人选。

人民法院的院长应当具有法学专业知识和法律职业经历。副院长、审判委员会委员应当从法官、检察官或者其他具备法官条件的人员中产生。

第十五条 【公开选拔法官的范围和条件】人民法院可以根据审判工作需要，从律师或者法学教学、研究人员等从事法律职业的人员中公开选拔法官。

除应当具备法官任职条件外，参加公开选拔的律师应当实际执业不少于五年，执业经验丰富，从业声誉良好，参加公开选拔的法学教学、研究人员应当具有中级以上职称，从事教学、研究工作五年以上，有突出研究能力和相应研究成果。

第十六条 【法官遴选委员会】省、自治区、直辖市设立法官遴选委员会，负责初任法官人选专业能力的审核。

省级法官遴选委员会的组成人员应当包括地方各级人民法院法官代表、其他从事法律职业的人员和有关方面代表，其中法官代表不少于三分之一。

省级法官遴选委员会的日常工作由高级人民法院的内设职能部门承担。

遴选最高人民法院法官应当设立最高人民法院法官遴选委员会，负责法官人选专业能力的审核。

第十七条 【法官的初任与逐级遴选】初任法官一般到基层人民法院任职。上级人民法院法官一般逐级遴选；最高人民法院和高级人民法院法官可以从下两级人民法院遴选。参加上级人民法院遴选的法官应当在下级人民法院担任法官一定年限，并具有遴选职位相关工作经历。

第四章 法官的任免

第十八条 【法官的任免权限和程序】法官的任免，依照宪法和法律规定的任免权限和程序办理。

最高人民法院院长由全国人民代表大会选举和罢免，副院长、审判委员会委员、庭长、副庭长和审判员，由院长提请全国人民代表大会常务委员会任免。

最高人民法院巡回法庭庭长、副庭长，由院长提请全国人民代表大会常务委员会任免。

地方各级人民法院院长由本级人民代表大会选举和罢免，副院长、审判委员会委员、庭长、副庭长和审判员，由院长提请本级人民代表大会常务委员会任免。

在省、自治区内按地区设立的和在直辖市内设立的中级人民法院的院长，由省、自治区、直辖市人民代表大会常务委员会根据主任会议的提名决定任免，副院长、审判委员会委员、庭长、副庭长和审判员，由高级人民法院院长提请省、自治区、直辖市人民代表大会常务委员会任免。

新疆生产建设兵团各级人民法院、专门人民法院的院长、副院长、审判委员会委员、庭长、副庭长和审判员，依照全国人民代表大会常务委员会的有关规定任免。

第十九条 【法官就职宪法宣誓】法官在依照法定程序产生后,在就职时应当公开进行宪法宣誓。

第二十条 【应当免除法官职务的情形】法官有下列情形之一的,应当依法提请免除其法官职务:

(一)丧失中华人民共和国国籍的;

(二)调出所任职人民法院的;

(三)职务变动不需要保留法官职务的,或者本人申请免除法官职务经批准的;

(四)经考核不能胜任法官职务的;

(五)因健康原因长期不能履行职务的;

(六)退休的;

(七)辞职或者依法应当予以辞退的;

(八)因违纪违法不宜继续任职的。

第二十一条 【撤销法官的任命】发现违反本法规定的条件任命法官的,任命机关应当撤销该项任命;上级人民法院发现下级人民法院法官的任命违反本法规定的条件的,应当建议下级人民法院依法提请任命机关撤销该项任命。

第二十二条 【不得兼任职务的情形】法官不得兼任人民代表大会常务委员会的组成人员,不得兼任行政机关、监察机关、检察机关的职务,不得兼任企业或者其他营利性组织、事业单位的职务,不得兼任律师、仲裁员和公证员。

第二十三条 【亲属间不得同时担任职务的情形】法官之间有夫妻关系、直系血亲关系、三代以内旁系血亲以及近姻亲关系的,不得同时担任下列职务:

(一)同一人民法院的院长、副院长、审判委员会委员、庭长、副庭长;

(二)同一人民法院的院长、副院长和审判员;

(三)同一审判庭的庭长、副庭长、审判员;

(四)上下相邻两级人民法院的院长、副院长。

第二十四条 【任职回避的情形】法官的配偶、父母、子女有下列情形之一的,法官应当实行任职回避:

(一)担任该法官所任职人民法院辖区内律师事务所的合伙人或者设立人的;

(二)在该法官所任职人民法院辖区内以律师身份担任诉讼代理人、辩护人,或者为诉讼案件当事人提供其他有偿法律服务的。

第五章 法官的管理

第二十五条 【法官员额制】法官实行员额制管理。法官员额根据案件数量、经济社会发展情况、人口数量和人民法院审级等因素确定,在省、自治区、直辖市内实行总量控制、动态管理,优先考虑基层人民法院和案件数量多的人民法院办案需要。

法官员额出现空缺的,应当按照程序及时补充。

最高人民法院法官员额由最高人民法院商有关部门确定。

第二十六条 【法官单独职务序列管理】法官实行单独职务序列管理。

法官等级分为十二级,依次为首席大法官、一级大法官、二级大法官、一级高级法官、二级高级法官、三级高级法官、四级高级法官、一级法官、二级法官、三级法官、四级法官、五级法官。

第二十七条 【首席大法官】最高人民法院院长为首席大法官。

第二十八条 【法官等级确定和晋升】法官等级的确定,以法官德才表现、业务水平、审判工作实绩和工作年限等为依据。

法官等级晋升采取按期晋升和择优选升相结合的方式,特别优秀或者工作特殊需要的一线办案岗位法官可以特别选升。

第二十九条 【法官等级管理的具体办法另行规定】法官的等级设置、确定和晋升的具体办法,由国家另行规定。

第三十条 【初任法官统一职前培训】初任法官实行统一职前培训制度。

第三十一条 【法官培训的内容和原则】对法官应当有计划地进行政治、理论和业务培训。

法官的培训应当理论联系实际、按需施教、讲求实效。

第三十二条 【培训作为任职晋升依据】法官培训情况,作为法官任职、等级晋升的依据之一。

第三十三条 【法官培训机构】法官培训机构按照有关规定承担培训法官的任务。

第三十四条 【法官辞职】法官申请辞职,应当由本人书面提出,经批准后,依照法律规定的程序免除其职务。

第三十五条 【辞退法官的程序】辞退法官应

当依照法律规定的程序免除其职务。

辞退法官应当按照管理权限决定。辞退决定应当以书面形式通知被辞退的法官,并列明作出决定的理由和依据。

第三十六条 【离任法官担任诉讼代理人、辩护人的限制】法官从人民法院离任后两年内,不得以律师身份担任诉讼代理人或者辩护人。

法官从人民法院离任后,不得担任原任职法院办理案件的诉讼代理人或者辩护人,但是作为当事人的监护人或者近亲属代理诉讼或者进行辩护的除外。

法官被开除后,不得担任诉讼代理人或者辩护人,但是作为当事人的监护人或者近亲属代理诉讼或者进行辩护的除外。

第三十七条 【协助开展实践性教学、研究工作】法官因工作需要,经单位选派或者批准,可以在高等学校、科研院所协助开展实践性教学、研究工作,并遵守国家有关规定。

第六章 法官的考核、奖励和惩戒

第三十八条 【设立法官考评委员会】人民法院设立法官考评委员会,负责对本院法官的考核工作。

第三十九条 【法官考评委员会的组成】法官考评委员会的组成人员为五至九人。

法官考评委员会主任由本院院长担任。

第四十条 【法官考核原则】对法官的考核,应当全面、客观、公正,实行平时考核和年度考核相结合。

第四十一条 【法官考核内容】对法官的考核内容包括:审判工作实绩、职业道德、专业水平、工作能力、审判作风。重点考核审判工作实绩。

第四十二条 【法官考核结果】年度考核结果分为优秀、称职、基本称职和不称职四个等次。

考核结果作为调整法官等级、工资以及法官奖惩、免职、降职、辞退的依据。

第四十三条 【考核结果的复核】考核结果以书面形式通知法官本人。法官对考核结果如果有异议,可以申请复核。

第四十四条 【法官的奖励】法官在审判工作中有显著成绩和贡献的,或者有其他突出事迹的,应当给予奖励。

第四十五条 【给予法官奖励的情形】法官有下列表现之一的,应当给予奖励:

(一)公正司法,成绩显著的;

(二)总结审判实践经验成果突出,对审判工作有指导作用的;

(三)在办理重大案件、处理突发事件和承担专项重要工作中,做出显著成绩和贡献的;

(四)对审判工作提出改革建议被采纳,效果显著的;

(五)提出司法建议被采纳或者开展法治宣传、指导调解组织调解各类纠纷,效果显著的;

(六)有其他功绩的。

法官的奖励按照有关规定办理。

第四十六条 【给予法官处分的情形】法官有下列行为之一的,应当给予处分;构成犯罪的,依法追究刑事责任:

(一)贪污受贿、徇私舞弊、枉法裁判的;

(二)隐瞒、伪造、变造、故意损毁证据、案件材料的;

(三)泄露国家秘密、审判工作秘密、商业秘密或者个人隐私的;

(四)故意违反法律法规办理案件的;

(五)因重大过失导致裁判结果错误并造成严重后果的;

(六)拖延办案,贻误工作的;

(七)利用职权为自己或者他人谋取私利的;

(八)接受当事人及其代理人利益输送,或者违反有关规定会见当事人及其代理人的;

(九)违反有关规定从事或者参与营利性活动,在企业或者其他营利性组织中兼任职务的;

(十)有其他违纪违法行为的。

法官的处分按照有关规定办理。

第四十七条 【暂停法官履行职务】法官涉嫌违纪违法,已经被立案调查、侦查,不宜继续履行职责的,按照管理权限和规定的程序暂时停止其履行职务。

第四十八条 【法官惩戒委员会】最高人民法院和省、自治区、直辖市设立法官惩戒委员会,负责从专业角度审查认定法官是否存在本法第四十六条第四项、第五项规定的违反审判职责的行为,提出构成故意违反职责、存在重大过失、存在一般过失或者没有违反职责等审查意见。法官惩戒委员会提出审查意见后,人民法院依照有关规定作出是否予以惩戒的决定,并给予相应处理。

法官惩戒委员会由法官代表、其他从事法律职业的人员和有关方面代表组成,其中法官代表不少于半数。

最高人民法院法官惩戒委员会、省级法官惩戒委员会的日常工作,由相关人民法院的内设职能部门承担。

第四十九条 【法官在惩戒审议中的权利】法官惩戒委员会审议惩戒事项时,当事法官有权申请有关人员回避,有权进行陈述、举证、辩解。

第五十条 【对惩戒审查意见的异议及处理】法官惩戒委员会作出的审查意见应当送达当事法官。当事法官对审查意见有异议的,可以向惩戒委员会提出,惩戒委员会应当对异议及其理由进行审查,作出决定。

第五十一条 【惩戒审议具体程序的制定】法官惩戒委员会审议惩戒事项的具体程序,由最高人民法院商有关部门确定。

第七章 法官的职业保障

第五十二条 【法官权益保障委员会】人民法院设立法官权益保障委员会,维护法官合法权益,保障法官依法履行职责。

第五十三条 【非因法定事由不得调离审判岗位】除下列情形外,不得将法官调离审判岗位:

(一)按规定需要任职回避的;

(二)按规定实行任职交流的;

(三)因机构调整、撤销、合并或者缩减编制员额需要调整工作的;

(四)因违纪违法不适合在审判岗位工作的;

(五)法律规定的其他情形。

第五十四条 【禁止干涉法官履职】任何单位或者个人不得要求法官从事超出法定职责范围的事务。

对任何干涉法官办理案件的行为,法官有权拒绝并予以全面如实记录和报告;有违纪违法情形的,由有关机关根据情节轻重追究有关责任人员、行为人的责任。

第五十五条 【法官的职业尊严和人身安全保护】法官的职业尊严和人身安全受法律保护。

任何单位和个人不得对法官及其近亲属打击报复。

对法官及其近亲属实施报复陷害、侮辱诽谤、暴力侵害、威胁恐吓、滋事骚扰等违法犯罪行为的,应当依法从严惩治。

第五十六条 【法官名誉保障】法官因依法履行职责遭受不实举报、诬告陷害、侮辱诽谤,致使名誉受到损害的,人民法院应当会同有关部门及时澄清事实,消除不良影响,并依法追究相关单位或者个人的责任。

第五十七条 【法官及其近亲属人身安全保障】法官因依法履行职责,本人及其近亲属人身安全面临危险的,人民法院、公安机关应当对法官及其近亲属采取人身保护、禁止特定人员接触等必要保护措施。

第五十八条 【法官的工资制度】法官实行与其职责相适应的工资制度,按照法官等级享有国家规定的工资待遇,并建立与公务员工资同步调整机制。

法官的工资制度,根据审判工作特点,由国家另行规定。

第五十九条 【法官的定期增资制度】法官实行定期增资制度。

经年度考核确定为优秀、称职的,可以按照规定晋升工资档次。

第六十条 【津贴、补贴、奖金、保险和福利待遇】法官享受国家规定的津贴、补贴、奖金、保险和福利待遇。

第六十一条 【伤残待遇、抚恤和优待】法官因公致残的,享受国家规定的伤残待遇。法官因公牺牲、因公死亡或者病故的,其亲属享受国家规定的抚恤和优待。

第六十二条 【法官退休制度另行规定】法官的退休制度,根据审判工作特点,由国家另行规定。

第六十三条 【法官退休后的待遇】法官退休后,享受国家规定的养老金和其他待遇。

第六十四条 【法官的控告权】对于国家机关及其工作人员侵犯本法第十一条规定的法官权利的行为,法官有权提出控告。

第六十五条 【对法官处分或人事处理错误的纠正措施】对法官处分或者人事处理错误的,应当及时予以纠正;造成名誉损害的,应当恢复名誉、消除影响、赔礼道歉;造成经济损失的,应当赔偿。对打击报复的直接责任人员,应当依法追究其责任。

第八章　附　　则

第六十六条　【统一法律职业资格考试制度】国家对初任法官实行统一法律职业资格考试制度，由国务院司法行政部门商最高人民法院等有关部门组织实施。

第六十七条　【加强法官助理队伍建设】人民法院的法官助理在法官指导下负责审查案件材料、草拟法律文书等审判辅助事务。

人民法院应当加强法官助理队伍建设，为法官遴选储备人才。

第六十八条　【法官法和公务员法的衔接适用】有关法官的权利、义务和管理制度，本法已有规定的，适用本法的规定；本法未作规定的，适用公务员管理的相关法律法规。

第六十九条　【施行日期】本法自2019年10月1日起施行。

中华人民共和国检察官法

（1995年2月28日第八届全国人民代表大会常务委员会第十二次会议通过　根据2001年6月30日第九届全国人民代表大会常务委员会第二十二次会议《关于修改〈中华人民共和国检察官法〉的决定》第一次修正　根据2017年9月1日第十二届全国人民代表大会常务委员会第二十九次会议《关于修改〈中华人民共和国法官法〉等八部法律的决定》第二次修正　2019年4月23日第十三届全国人民代表大会常务委员会第十次会议修订　2019年4月23日中华人民共和国主席令第28号公布　自2019年10月1日起施行）

第一章　总　　则

第一条　【立法目的与根据】为了全面推进高素质检察官队伍建设，加强对检察官的管理和监督，维护检察官合法权益，保障人民检察院依法独立行使检察权，保障检察官依法履行职责，保障司法公正，根据宪法，制定本法。

第二条　【检察官的定义与范围】检察官是依法行使国家检察权的检察人员，包括最高人民检察院、地方各级人民检察院和军事检察院等专门人民检察院的检察长、副检察长、检察委员会委员和检察员。

第三条　【检察官的基本要求】检察官必须忠实执行宪法和法律，维护社会公平正义，全心全意为人民服务。

第四条　【检察官的职业伦理】检察官应当勤勉尽责，清正廉明，恪守职业道德。

第五条　【检察官履行职责的原则和立场】检察官履行职责，应当以事实为根据，以法律为准绳，秉持客观公正的立场。

检察官办理刑事案件，应当严格坚持罪刑法定原则，尊重和保障人权，既要追诉犯罪，也要保障无罪的人不受刑事追究。

第六条　【检察官依法履职不受干涉】检察官依法履行职责，受法律保护，不受行政机关、社会团体和个人的干涉。

第二章　检察官的职责、义务和权利

第七条　【检察官的职责】检察官的职责：

（一）对法律规定由人民检察院直接受理的刑事案件进行侦查；

（二）对刑事案件进行审查逮捕、审查起诉，代表国家进行公诉；

（三）开展公益诉讼工作；

（四）开展对刑事、民事、行政诉讼活动的监督工作；

（五）法律规定的其他职责。

检察官对其职权范围内就案件作出的决定负责。

第八条　【担任特定职务的检察官的相应职责】人民检察院检察长、副检察长、检察委员会委员除履行检察职责外，还应当履行与其职务相适应的职责。

第九条　【检察长领导检察官开展工作】检察官在检察长领导下开展工作，重大办案事项由检察长决定。检察长可以将部分职权委托检察官行使，可以授权检察官签发法律文书。

第十条　【检察官的义务】检察官应当履行下列义务：

（一）严格遵守宪法和法律；

（二）秉公办案，不得徇私枉法；

（三）依法保障当事人和其他诉讼参与人的诉

讼权利；

（四）维护国家利益、社会公共利益，维护个人和组织的合法权益；

（五）保守国家秘密和检察工作秘密，对履行职责中知悉的商业秘密和个人隐私予以保密；

（六）依法接受法律监督和人民群众监督；

（七）通过依法办理案件以案释法，增强全民法治观念，推进法治社会建设；

（八）法律规定的其他义务。

第十一条 【检察官的权利】检察官享有下列权利：

（一）履行检察官职责应当具有的职权和工作条件；

（二）非因法定事由、非经法定程序，不被调离、免职、降职、辞退或者处分；

（三）履行检察官职责应当享有的职业保障和福利待遇；

（四）人身、财产和住所安全受法律保护；

（五）提出申诉或者控告；

（六）法律规定的其他权利。

第三章 检察官的条件和遴选

第十二条 【担任检察官的条件】担任检察官必须具备下列条件：

（一）具有中华人民共和国国籍；

（二）拥护中华人民共和国宪法，拥护中国共产党领导和社会主义制度；

（三）具有良好的政治、业务素质和道德品行；

（四）具有正常履行职责的身体条件；

（五）具备普通高等学校法学类本科学历并获得学士及以上学位；或者普通高等学校非法学类本科及以上学历并获得法律硕士、法学硕士及以上学位；或者普通高等学校非法学类本科及以上学历，获得其他相应学位，并具有法律专业知识；

（六）从事法律工作满五年。其中获得法律硕士、法学硕士学位，或者获得法学博士学位的，从事法律工作的年限可以分别放宽至四年、三年；

（七）初任检察官应当通过国家统一法律职业资格考试取得法律职业资格。

适用前款第五项规定的学历条件确有困难的地方，经最高人民检察院审核确定，在一定期限内，可以将担任检察官的学历条件放宽为高等学校本科毕业。

第十三条 【不得担任检察官的情形】下列人员不得担任检察官：

（一）因犯罪受过刑事处罚的；

（二）被开除公职的；

（三）被吊销律师、公证员执业证书或者被仲裁委员会除名的；

（四）有法律规定的其他情形的。

第十四条 【检察官的选任方式和范围】初任检察官采用考试、考核的办法，按照德才兼备的标准，从具备检察官条件的人员中择优提出人选。

人民检察院的检察长应当具有法学专业知识和法律职业经历。副检察长、检察委员会委员应当从检察官、法官或者其他具备检察官条件的人员中产生。

第十五条 【公开选拔检察官的范围和条件】人民检察院可以根据检察工作需要，从律师或者法学教学、研究人员等从事法律职业的人员中公开选拔检察官。

除应当具备检察官任职条件外，参加公开选拔的律师应当实际执业不少于五年，执业经验丰富，从业声誉良好，参加公开选拔的法学教学、研究人员应当具有中级以上职称，从事教学、研究工作五年以上，有突出研究能力和相应研究成果。

第十六条 【检察官遴选委员会】省、自治区、直辖市设立检察官遴选委员会，负责初任检察官人选专业能力的审核。

省级检察官遴选委员会的组成人员应当包括地方各级人民检察院检察官代表、其他从事法律职业的人员和有关方面代表，其中检察官代表不少于三分之一。

省级检察官遴选委员会的日常工作由省级人民检察院的内设职能部门承担。

遴选最高人民检察院检察官应当设立最高人民检察院检察官遴选委员会，负责检察官人选专业能力的审核。

第十七条 【检察官的初任与逐级遴选】初任检察官一般到基层人民检察院任职。上级人民检察院检察官一般逐级遴选；最高人民检察院和省级人民检察院检察官可以从下两级人民检察院遴选。参加上级人民检察院遴选的检察官应当在下级人民检察院担任检察官一定年限，并具有遴选职位相关工作经历。

第四章　检察官的任免

第十八条　【检察官的任免权限和程序】检察官的任免，依照宪法和法律规定的任免权限和程序办理。

最高人民检察院检察长由全国人民代表大会选举和罢免，副检察长、检察委员会委员和检察员，由检察长提请全国人民代表大会常务委员会任免。

地方各级人民检察院检察长由本级人民代表大会选举和罢免，副检察长、检察委员会委员和检察员，由检察长提请本级人民代表大会常务委员会任免。

地方各级人民检察院检察长的任免，须报上一级人民检察院检察长提请本级人民代表大会常务委员会批准。

省、自治区、直辖市人民检察院分院检察长、副检察长、检察委员会委员和检察员，由省、自治区、直辖市人民检察院检察长提请本级人民代表大会常务委员会任免。

省级人民检察院和设区的市级人民检察院依法设立作为派出机构的人民检察院的检察长、副检察长、检察委员会委员和检察员，由派出的人民检察院检察长提请本级人民代表大会常务委员会任免。

新疆生产建设兵团各级人民检察院、专门人民检察院的检察长、副检察长、检察委员会委员和检察员，依照全国人民代表大会常务委员会的有关规定任免。

第十九条　【检察官就职宪法宣誓】检察官在依照法定程序产生后，在就职时应当公开进行宪法宣誓。

第二十条　【应当免除检察官职务的情形】检察官有下列情形之一的，应当依法提请免除其检察官职务：

(一)丧失中华人民共和国国籍的；

(二)调出所任职人民检察院的；

(三)职务变动不需要保留检察官职务的，或者本人申请免除检察官职务经批准的；

(四)经考核不能胜任检察官职务的；

(五)因健康原因长期不能履行职务的；

(六)退休的；

(七)辞职或者依法应当予以辞退的；

(八)因违纪违法不宜继续任职的。

第二十一条　【提请不批准违规选举的检察长】对于不具备本法规定条件或者违反法定程序被选举为人民检察院检察长的，上一级人民检察院检察长有权提请本级人民代表大会常务委员会不批准。

第二十二条　【撤销检察官的任命】发现违反本法规定的条件任命检察官的，任命机关应当撤销该项任命；上级人民检察院发现下级人民检察院检察官的任命违反本法规定的条件的，应当要求下级人民检察院依法提请任命机关撤销该项任命。

第二十三条　【不得兼任职务的情形】检察官不得兼任人民代表大会常务委员会的组成人员，不得兼任行政机关、监察机关、审判机关的职务，不得兼任企业或者其他营利性组织、事业单位的职务，不得兼任律师、仲裁员和公证员。

第二十四条　【亲属间不得同时担任职务的情形】检察官之间有夫妻关系、直系血亲关系、三代以内旁系血亲以及近姻亲关系的，不得同时担任下列职务：

(一)同一人民检察院的检察长、副检察长、检察委员会委员；

(二)同一人民检察院的检察长、副检察长和检察员；

(三)同一业务部门的检察员；

(四)上下相邻两级人民检察院的检察长、副检察长。

第二十五条　【任职回避的情形】检察官的配偶、父母、子女有下列情形之一的，检察官应当实行任职回避：

(一)担任该检察官所任职人民检察院辖区内律师事务所的合伙人或者设立人的；

(二)在该检察官所任职人民检察院辖区内以律师身份担任诉讼代理人、辩护人，或者为诉讼案件当事人提供其他有偿法律服务的。

第五章　检察官的管理

第二十六条　【检察官员额制】检察官实行员额制管理。检察官员额根据案件数量、经济社会发展情况、人口数量和人民检察院层级等因素确定，在省、自治区、直辖市内实行总量控制、动态管理，优先考虑基层人民检察院和案件数量多的人民检察院办案需要。

检察官员额出现空缺的，应当按照程序及时补充。

最高人民检察院检察官员额由最高人民检察院商有关部门确定。

第二十七条 【检察官单独职务序列管理】检察官实行单独职务序列管理。

检察官等级分为十二级，依次为首席大检察官、一级大检察官、二级大检察官、一级高级检察官、二级高级检察官、三级高级检察官、四级高级检察官、一级检察官、二级检察官、三级检察官、四级检察官、五级检察官。

第二十八条 【首席大检察官】最高人民检察院检察长为首席大检察官。

第二十九条 【检察官等级确定和晋升】检察官等级的确定，以检察官德才表现、业务水平、检察工作实绩和工作年限等为依据。

检察官等级晋升采取按期晋升和择优选升相结合的方式，特别优秀或者工作特殊需要的一线办案岗位检察官可以特别选升。

第三十条 【检察官等级管理的具体办法另行规定】检察官的等级设置、确定和晋升的具体办法，由国家另行规定。

第三十一条 【初任检察官统一职前培训】初任检察官实行统一职前培训制度。

第三十二条 【检察官培训的内容和原则】对检察官应当有计划地进行政治、理论和业务培训。

检察官的培训应当理论联系实际、按需施教、讲求实效。

第三十三条 【培训作为任职晋升依据】检察官培训情况，作为检察官任职、等级晋升的依据之一。

第三十四条 【检察官培训机构】检察官培训机构按照有关规定承担培训检察官的任务。

第三十五条 【检察官辞职】检察官申请辞职，应当由本人书面提出，经批准后，依照法律规定的程序免除其职务。

第三十六条 【辞退检察官的程序】辞退检察官应当依照法律规定的程序免除其职务。

辞退检察官应当按照管理权限决定。辞退决定应当以书面形式通知被辞退的检察官，并列明作出决定的理由和依据。

第三十七条 【离任检察官担任诉讼代理人、辩护人的限制】检察官从人民检察院离任后两年内，不得以律师身份担任诉讼代理人或者辩护人。

检察官从人民检察院离任后，不得担任原任职检察院办理案件的诉讼代理人或者辩护人，但是作为当事人的监护人或者近亲属代理诉讼或者进行辩护的除外。

检察官被开除后，不得担任诉讼代理人或者辩护人，但是作为当事人的监护人或者近亲属代理诉讼或者进行辩护的除外。

第三十八条 【协助开展实践性教学、研究工作】检察官因工作需要，经单位选派或者批准，可以在高等学校、科研院所协助开展实践性教学、研究工作，并遵守国家有关规定。

第六章 检察官的考核、奖励和惩戒

第三十九条 【设立检察官考评委员会】人民检察院设立检察官考评委员会，负责对本院检察官的考核工作。

第四十条 【检察官考评委员会的组成】检察官考评委员会的组成人员为五至九人。

检察官考评委员会主任由本院检察长担任。

第四十一条 【检察官考核原则】对检察官的考核，应当全面、客观、公正，实行平时考核和年度考核相结合。

第四十二条 【检察官考核内容】对检察官的考核内容包括：检察工作实绩、职业道德、专业水平、工作能力、工作作风。重点考核检察工作实绩。

第四十三条 【检察官考核结果】年度考核结果分为优秀、称职、基本称职和不称职四个等次。

考核结果作为调整检察官等级、工资以及检察官奖惩、免职、降职、辞退的依据。

第四十四条 【考核结果的复核】考核结果以书面形式通知检察官本人。检察官对考核结果如果有异议，可以申请复核。

第四十五条 【检察官的奖励】检察官在检察工作中有显著成绩和贡献的，或者有其他突出事迹的，应当给予奖励。

第四十六条 【给予检察官奖励的情形】检察官有下列表现之一的，应当给予奖励：

（一）公正司法，成绩显著的；

（二）总结检察实践经验成果突出，对检察工作有指导作用的；

（三）在办理重大案件、处理突发事件和承担专项重要工作中，做出显著成绩和贡献的；

（四）对检察工作提出改革建议被采纳，效果显著的；

（五）提出检察建议被采纳或者开展法治宣传、解决各类纠纷，效果显著的；

（六）有其他功绩的。

检察官的奖励按照有关规定办理。

第四十七条 【给予检察官处分的情形】检察官有下列行为之一的，应当给予处分；构成犯罪的，依法追究刑事责任：

（一）贪污受贿、徇私枉法、刑讯逼供的；

（二）隐瞒、伪造、变造、故意损毁证据、案件材料的；

（三）泄露国家秘密、检察工作秘密、商业秘密或者个人隐私的；

（四）故意违反法律法规办理案件的；

（五）因重大过失导致案件错误并造成严重后果的；

（六）拖延办案，贻误工作的；

（七）利用职权为自己或者他人谋取私利的；

（八）接受当事人及其代理人利益输送，或者违反有关规定会见当事人及其代理人的；

（九）违反有关规定从事或者参与营利性活动，在企业或者其他营利性组织中兼任职务的；

（十）有其他违纪违法行为的。

检察官的处分按照有关规定办理。

第四十八条 【暂停检察官履行职务】检察官涉嫌违纪违法，已经被立案调查、侦查，不宜继续履行职责的，按照管理权限和规定的程序暂时停止其履行职务。

第四十九条 【检察官惩戒委员会】最高人民检察院和省、自治区、直辖市设立检察官惩戒委员会，负责从专业角度审查认定检察官是否存在本法第四十七条第四项、第五项规定的违反检察职责的行为，提出构成故意违反职责、存在重大过失、存在一般过失或者没有违反职责等审查意见。检察官惩戒委员会提出审查意见后，人民检察院依照有关规定作出是否予以惩戒的决定，并给予相应处理。

检察官惩戒委员会由检察官代表、其他从事法律职业的人员和有关方面代表组成，其中检察官代表不少于半数。

最高人民检察院检察官惩戒委员会、省级检察官惩戒委员会的日常工作，由相关人民检察院的内设职能部门承担。

第五十条 【检察官在惩戒审议中的权利】检察官惩戒委员会审议惩戒事项时，当事检察官有权申请有关人员回避，有权进行陈述、举证、辩解。

第五十一条 【对惩戒审查意见的异议及处理】检察官惩戒委员会作出的审查意见应当送达当事检察官。当事检察官对审查意见有异议的，可以向惩戒委员会提出，惩戒委员会应当对异议及其理由进行审查，作出决定。

第五十二条 【惩戒审议具体程序的制度】检察官惩戒委员会审议惩戒事项的具体程序，由最高人民检察院商有关部门确定。

第七章 检察官的职业保障

第五十三条 【检察官权益保障委员会】人民检察院设立检察官权益保障委员会，维护检察官合法权益，保障检察官依法履行职责。

第五十四条 【非因法定事由不得调离检察业务岗位】除下列情形外，不得将检察官调离检察业务岗位：

（一）按规定需要任职回避的；

（二）按规定实行任职交流的；

（三）因机构调整、撤销、合并或者缩减编制员额需要调整工作的；

（四）因违纪违法不适合在检察业务岗位工作的；

（五）法律规定的其他情形。

第五十五条 【禁止干涉检察官履职】任何单位或者个人不得要求检察官从事超出法定职责范围的事务。

对任何干涉检察官办理案件的行为，检察官有权拒绝并予以全面如实记录和报告；有违纪违法情形的，由有关机关根据情节轻重追究有关责任人员、行为人的责任。

第五十六条 【检察官的职业尊严和人身安全保护】检察官的职业尊严和人身安全受法律保护。

任何单位和个人不得对检察官及其近亲属打击报复。

对检察官及其近亲属实施报复陷害、侮辱诽

谤、暴力侵害、威胁恐吓、滋事骚扰等违法犯罪行为的,应当依法从严惩治。

第五十七条 【检察官名誉保障】检察官因依法履行职责遭受不实举报、诬告陷害、侮辱诽谤,致使名誉受到损害的,人民检察院应当会同有关部门及时澄清事实,消除不良影响,并依法追究相关单位或者个人的责任。

第五十八条 【检察官及其近亲属人身安全保障】检察官因依法履行职责,本人及其近亲属人身安全面临危险的,人民检察院、公安机关应当对检察官及其近亲属采取人身保护、禁止特定人员接触等必要保护措施。

第五十九条 【检察官的工资制度】检察官实行与其职责相适应的工资制度,按照检察官等级享有国家规定的工资待遇,并建立与公务员工资同步调整机制。

检察官的工资制度,根据检察工作特点,由国家另行规定。

第六十条 【检察官定期增资制度】检察官实行定期增资制度。

经年度考核确定为优秀、称职的,可以按照规定晋升工资档次。

第六十一条 【津贴、补贴、奖金、保险和福利待遇】检察官享受国家规定的津贴、补贴、奖金、保险和福利待遇。

第六十二条 【伤残待遇、抚恤和优待】检察官因公致残的,享受国家规定的伤残待遇。检察官因公牺牲、因公死亡或者病故的,其亲属享受国家规定的抚恤和优待。

第六十三条 【检察官退休制度另行规定】检察官的退休制度,根据检察工作特点,由国家另行规定。

第六十四条 【检察官退休后的待遇】检察官退休后,享受国家规定的养老金和其他待遇。

第六十五条 【检察官的控告权】对于国家机关及其工作人员侵犯本法第十一条规定的检察官权利的行为,检察官有权提出控告。

第六十六条 【对检察官处分或人事处理错误的纠正措施】对检察官处分或者人事处理错误的,应当及时予以纠正;造成名誉损害的,应当恢复名誉、消除影响、赔礼道歉;造成经济损失的,应当赔偿。对打击报复的直接责任人员,应当依法追究其责任。

第八章 附 则

第六十七条 【统一法律职业资格考试】国家对初任检察官实行统一法律职业资格考试制度,由国务院司法行政部门商最高人民检察院等有关部门组织实施。

第六十八条 【加强检察官助理队伍建设】人民检察院的检察官助理在检察官指导下负责审查案件材料、草拟法律文书等检察辅助事务。

人民检察院应当加强检察官助理队伍建设,为检察官遴选储备人才。

第六十九条 【检察官法和公务员法的衔接适用】有关检察官的权利、义务和管理制度,本法已有规定的,适用本法的规定;本法未作规定的,适用公务员管理的相关法律法规。

第七十条 【施行日期】本法自2019年10月1日起施行。

中华人民共和国
公职人员政务处分法

(2020年6月20日第十三届全国人民代表大会常务委员会第十九次会议通过 2020年6月20日中华人民共和国主席令第46号公布 自2020年7月1日起施行)

目 录

第一章 总 则
第二章 政务处分的种类和适用
第三章 违法行为及其适用的政务处分
第四章 政务处分的程序
第五章 复审、复核
第六章 法律责任
第七章 附 则

第一章 总 则

第一条 为了规范政务处分,加强对所有行使公权力的公职人员的监督,促进公职人员依法履职、秉公用权、廉洁从政从业、坚持道德操守,根据

《中华人民共和国监察法》，制定本法。

第二条 本法适用于监察机关对违法的公职人员给予政务处分的活动。

本法第二章、第三章适用于公职人员任免机关、单位对违法的公职人员给予处分。处分的程序、申诉等适用其他法律、行政法规、国务院部门规章和国家有关规定。

本法所称公职人员，是指《中华人民共和国监察法》第十五条规定的人员。

第三条 监察机关应当按照管理权限，加强对公职人员的监督，依法给予违法的公职人员政务处分。

公职人员任免机关、单位应当按照管理权限，加强对公职人员的教育、管理、监督，依法给予违法的公职人员处分。

监察机关发现公职人员任免机关、单位应当给予处分而未给予，或者给予的处分违法、不当的，应当及时提出监察建议。

第四条 给予公职人员政务处分，坚持党管干部原则，集体讨论决定；坚持法律面前一律平等，以事实为根据，以法律为准绳，给予的政务处分与违法行为的性质、情节、危害程度相当；坚持惩戒与教育相结合，宽严相济。

第五条 给予公职人员政务处分，应当事实清楚、证据确凿、定性准确、处理恰当、程序合法、手续完备。

第六条 公职人员依法履行职责受法律保护，非因法定事由、非经法定程序，不受政务处分。

第二章 政务处分的种类和适用

第七条 政务处分的种类为：

（一）警告；

（二）记过；

（三）记大过；

（四）降级；

（五）撤职；

（六）开除。

第八条 政务处分的期间为：

（一）警告，六个月；

（二）记过，十二个月；

（三）记大过，十八个月；

（四）降级、撤职，二十四个月。

政务处分决定自作出之日起生效，政务处分期自政务处分决定生效之日起计算。

第九条 公职人员二人以上共同违法，根据各自在违法行为中所起的作用和应当承担的法律责任，分别给予政务处分。

第十条 有关机关、单位、组织集体作出的决定违法或者实施违法行为的，对负有责任的领导人员和直接责任人员中的公职人员依法给予政务处分。

第十一条 公职人员有下列情形之一的，可以从轻或者减轻给予政务处分：

（一）主动交代本人应当受到政务处分的违法行为的；

（二）配合调查，如实说明本人违法事实的；

（三）检举他人违纪违法行为，经查证属实的；

（四）主动采取措施，有效避免、挽回损失或者消除不良影响的；

（五）在共同违法行为中起次要或者辅助作用的；

（六）主动上交或者退赔违法所得的；

（七）法律、法规规定的其他从轻或者减轻情节。

第十二条 公职人员违法行为情节轻微，且具有本法第十一条规定的情形之一的，可以对其进行谈话提醒、批评教育、责令检查或者予以诫勉，免予或者不予政务处分。

公职人员因不明真相被裹挟或者被胁迫参与违法活动，经批评教育后确有悔改表现的，可以减轻、免予或者不予政务处分。

第十三条 公职人员有下列情形之一的，应当从重给予政务处分：

（一）在政务处分期内再次故意违法，应当受到政务处分的；

（二）阻止他人检举、提供证据的；

（三）串供或者伪造、隐匿、毁灭证据的；

（四）包庇同案人员的；

（五）胁迫、唆使他人实施违法行为的；

（六）拒不上交或者退赔违法所得的；

（七）法律、法规规定的其他从重情节。

第十四条 公职人员犯罪，有下列情形之一的，予以开除：

（一）因故意犯罪被判处管制、拘役或者有期徒刑以上刑罚（含宣告缓刑）的；

（二）因过失犯罪被判处有期徒刑，刑期超过三年的；

（三）因犯罪被单处或者并处剥夺政治权利的。

因过失犯罪被判处管制、拘役或者三年以下有期徒刑的，一般应当予以开除；案件情况特殊，予以撤职更为适当的，可以不予开除，但是应当报请上一级机关批准。

公职人员因犯罪被单处罚金，或者犯罪情节轻微，人民检察院依法作出不起诉决定或者人民法院依法免予刑事处罚的，予以撤职；造成不良影响的，予以开除。

第十五条 公职人员有两个以上违法行为的，应当分别确定政务处分。应当给予两种以上政务处分的，执行其中最重的政务处分；应当给予撤职以下多个相同政务处分的，可以在一个政务处分期以上、多个政务处分期之和以下确定政务处分期，但是最长不得超过四十八个月。

第十六条 对公职人员的同一违法行为，监察机关和公职人员任免机关、单位不得重复给予政务处分和处分。

第十七条 公职人员有违法行为，有关机关依照规定给予组织处理的，监察机关可以同时给予政务处分。

第十八条 担任领导职务的公职人员有违法行为，被罢免、撤销、免去或者辞去领导职务的，监察机关可以同时给予政务处分。

第十九条 公务员以及参照《中华人民共和国公务员法》管理的人员在政务处分期内，不得晋升职务、职级、衔级和级别；其中，被记过、记大过、降级、撤职的，不得晋升工资档次。被撤职的，按照规定降低职务、职级、衔级和级别，同时降低工资和待遇。

第二十条 法律、法规授权或者受国家机关依法委托管理公共事务的组织中从事公务的人员，以及公办的教育、科研、文化、医疗卫生、体育等单位中从事管理的人员，在政务处分期内，不得晋升职务、岗位和职员等级、职称；其中，被记过、记大过、降级、撤职的，不得晋升薪酬待遇等级。被撤职的，降低职务、岗位或者职员等级，同时降低薪酬待遇。

第二十一条 国有企业管理人员在政务处分期内，不得晋升职务、岗位等级和职称；其中，被记过、记大过、降级、撤职的，不得晋升薪酬待遇等级。被撤职的，降低职务或者岗位等级，同时降低薪酬待遇。

第二十二条 基层群众性自治组织中从事管理的人员有违法行为的，监察机关可以予以警告、记过、记大过。

基层群众性自治组织中从事管理的人员受到政务处分的，应当由县级或者乡镇人民政府根据具体情况减发或者扣发补贴、奖金。

第二十三条 《中华人民共和国监察法》第十五条第六项规定的人员有违法行为的，监察机关可以予以警告、记过、记大过。情节严重的，由所在单位直接给予或者监察机关建议有关机关、单位给予降低薪酬待遇、调离岗位、解除人事关系或者劳动关系等处理。

《中华人民共和国监察法》第十五条第二项规定的人员，未担任公务员、参照《中华人民共和国公务员法》管理的人员、事业单位工作人员或者国有企业人员职务的，对其违法行为依照前款规定处理。

第二十四条 公职人员被开除，或者依照本法第二十三条规定，受到解除人事关系或者劳动关系处理的，不得录用为公务员以及参照《中华人民共和国公务员法》管理的人员。

第二十五条 公职人员违法取得的财物和用于违法行为的本人财物，除依法应当由其他机关没收、追缴或者责令退赔的，由监察机关没收、追缴或者责令退赔；应当退还原所有人或者原持有人的，依法予以退还；属于国家财产或者不应当退还以及无法退还的，上缴国库。

公职人员因违法行为获得的职务、职级、衔级、级别、岗位和职员等级、职称、待遇、资格、学历、学位、荣誉、奖励等其他利益，监察机关应当建议有关机关、单位、组织按规定予以纠正。

第二十六条 公职人员被开除的，自政务处分决定生效之日起，应当解除其与所在机关、单位的人事关系或者劳动关系。

公职人员受到开除以外的政务处分，在政务处分期内有悔改表现，并且没有再发生应当给予政务处分的违法行为的，政务处分期满后自动解除，晋升职务、职级、衔级、级别、岗位和职员等级、职称、薪酬待遇不再受原政务处分影响。但是，解除降级、撤职的，不恢复原职务、职级、衔级、级别、岗位和职员等级、职称、薪酬待遇。

第二十七条 已经退休的公职人员退休前或者退休后有违法行为的，不再给予政务处分，但是可以对其立案调查；依法应当予以降级、撤职、开除的，应当按照规定相应调整其享受的待遇，对其违法取得的财物和用于违法行为的本人财物依照本法第二十五条的规定处理。

已经离职或者死亡的公职人员在履职期间有违法行为的，依照前款规定处理。

第三章 违法行为及其适用的政务处分

第二十八条 有下列行为之一的，予以记过或者记大过；情节较重的，予以降级或者撤职；情节严重的，予以开除：

（一）散布有损宪法权威、中国共产党领导和国家声誉的言论的；

（二）参加旨在反对宪法、中国共产党领导和国家的集会、游行、示威等活动的；

（三）拒不执行或者变相不执行中国共产党和国家的路线方针政策、重大决策部署的；

（四）参加非法组织、非法活动的；

（五）挑拨、破坏民族关系，或者参加民族分裂活动的；

（六）利用宗教活动破坏民族团结和社会稳定的；

（七）在对外交往中损害国家荣誉和利益的。

有前款第二项、第四项、第五项和第六项行为之一的，对策划者、组织者和骨干分子，予以开除。

公开发表反对宪法确立的国家指导思想，反对中国共产党领导，反对社会主义制度，反对改革开放的文章、演说、宣言、声明等的，予以开除。

第二十九条 不按照规定请示、报告重大事项，情节较重的，予以警告、记过或者记大过；情节严重的，予以降级或者撤职。

违反个人有关事项报告规定，隐瞒不报，情节较重的，予以警告、记过或者记大过。

篡改、伪造本人档案资料的，予以记过或者记大过；情节严重的，予以降级或者撤职。

第三十条 有下列行为之一的，予以警告、记过或者记大过；情节严重的，予以降级或者撤职：

（一）违反民主集中制原则，个人或者少数人决定重大事项，或者拒不执行、擅自改变集体作出的重大决定的；

（二）拒不执行或者变相不执行、拖延执行上级依法作出的决定、命令的。

第三十一条 违反规定出境或者办理因私出境证件的，予以记过或者记大过；情节严重的，予以降级或者撤职。

违反规定取得外国国籍或者获取境外永久居留资格、长期居留许可的，予以撤职或者开除。

第三十二条 有下列行为之一的，予以警告、记过或者记大过；情节较重的，予以降级或者撤职；情节严重的，予以开除：

（一）在选拔任用、录用、聘用、考核、晋升、评选等干部人事工作中违反有关规定的；

（二）弄虚作假，骗取职务、职级、衔级、级别、岗位和职员等级、职称、待遇、资格、学历、学位、荣誉、奖励或者其他利益的；

（三）对依法行使批评、申诉、控告、检举等权利的行为进行压制或者打击报复的；

（四）诬告陷害，意图使他人受到名誉损害或者责任追究等不良影响的；

（五）以暴力、威胁、贿赂、欺骗等手段破坏选举的。

第三十三条 有下列行为之一的，予以警告、记过或者记大过；情节较重的，予以降级或者撤职；情节严重的，予以开除：

（一）贪污贿赂的；

（二）利用职权或者职务上的影响为本人或者他人谋取私利的；

（三）纵容、默许特定关系人利用本人职权或者职务上的影响谋取私利的。

拒不按照规定纠正特定关系人违规任职、兼职或者从事经营活动，且不服从职务调整的，予以撤职。

第三十四条 收受可能影响公正行使公权力的礼品、礼金、有价证券等财物的，予以警告、记过或者记大过；情节较重的，予以降级或者撤职；情节严重的，予以开除。

向公职人员及其特定关系人赠送可能影响公正行使公权力的礼品、礼金、有价证券等财物，或者接受、提供可能影响公正行使公权力的宴请、旅游、健身、娱乐等活动安排，情节较重的，予以警告、记过或者记大过；情节严重的，予以降级或者撤职。

第三十五条 有下列行为之一，情节较重的，予以警告、记过或者记大过；情节严重的，予以降级或者撤职：

（一）违反规定设定、发放薪酬或者津贴、补贴、奖金的；

（二）违反规定，在公务接待、公务交通、会议活动、办公用房以及其他工作生活保障等方面超标准、超范围的；

（三）违反规定公款消费的。

第三十六条 违反规定从事或者参与营利性活动，或者违反规定兼任职务、领取报酬的，予以警告、记过或者记大过；情节较重的，予以降级或者撤职；情节严重的，予以开除。

第三十七条 利用宗族或者黑恶势力等欺压群众，或者纵容、包庇黑恶势力活动的，予以撤职；情节严重的，予以开除。

第三十八条 有下列行为之一，情节较重的，予以警告、记过或者记大过；情节严重的，予以降级或者撤职：

（一）违反规定向管理服务对象收取、摊派财物的；

（二）在管理服务活动中故意刁难、吃拿卡要的；

（三）在管理服务活动中态度恶劣粗暴，造成不良后果或者影响的；

（四）不按照规定公开工作信息，侵犯管理服务对象知情权，造成不良后果或者影响的；

（五）其他侵犯管理服务对象利益的行为，造成不良后果或者影响的。

有前款第一项、第二项和第五项行为，情节特别严重的，予以开除。

第三十九条 有下列行为之一，造成不良后果或者影响的，予以警告、记过或者记大过；情节较重的，予以降级或者撤职；情节严重的，予以开除：

（一）滥用职权，危害国家利益、社会公共利益或者侵害公民、法人、其他组织合法权益的；

（二）不履行或者不正确履行职责，玩忽职守，贻误工作的；

（三）工作中有形式主义、官僚主义行为的；

（四）工作中有弄虚作假，误导、欺骗行为的；

（五）泄露国家秘密、工作秘密，或者泄露因履行职责掌握的商业秘密、个人隐私的。

第四十条 有下列行为之一的，予以警告、记过或者记大过；情节较重的，予以降级或者撤职；情节严重的，予以开除：

（一）违背社会公序良俗，在公共场所有不当行为，造成不良影响的；

（二）参与或者支持迷信活动，造成不良影响的；

（三）参与赌博的；

（四）拒不承担赡养、抚养、扶养义务的；

（五）实施家庭暴力，虐待、遗弃家庭成员的；

（六）其他严重违反家庭美德、社会公德的行为。

吸食、注射毒品，组织赌博，组织、支持、参与卖淫、嫖娼、色情淫乱活动的，予以撤职或者开除。

第四十一条 公职人员有其他违法行为，影响公职人员形象，损害国家和人民利益的，可以根据情节轻重给予相应政务处分。

第四章 政务处分的程序

第四十二条 监察机关对涉嫌违法的公职人员进行调查，应当由二名以上工作人员进行。监察机关进行调查时，有权依法向有关单位和个人了解情况，收集、调取证据。有关单位和个人应当如实提供情况。

严禁以威胁、引诱、欺骗及其他非法方式收集证据。以非法方式收集的证据不得作为给予政务处分的依据。

第四十三条 作出政务处分决定前，监察机关应当将调查认定的违法事实及拟给予政务处分的依据告知被调查人，听取被调查人的陈述和申辩，并对其陈述的事实、理由和证据进行核实，记录在案。被调查人提出的事实、理由和证据成立的，应予采纳。不得因被调查人的申辩而加重政务处分。

第四十四条 调查终结后，监察机关应当根据下列不同情况，分别作出处理：

（一）确有应受政务处分的违法行为的，根据情节轻重，按照政务处分决定权限，履行规定的审批手续后，作出政务处分决定；

（二）违法事实不能成立的，撤销案件；

（三）符合免予、不予政务处分条件的，作出免予、不予政务处分决定；

（四）被调查人涉嫌其他违法或者犯罪行为的，依法移送主管机关处理。

第四十五条 决定给予政务处分的，应当制作政务处分决定书。

政务处分决定书应当载明下列事项：

（一）被处分人的姓名、工作单位和职务；

（二）违法事实和证据；

（三）政务处分的种类和依据；

（四）不服政务处分决定，申请复审、复核的途径和期限；

（五）作出政务处分决定的机关名称和日期。

政务处分决定书应当盖有作出决定的监察机关的印章。

第四十六条 政务处分决定书应当及时送达被处分人和被处分人所在机关、单位，并在一定范围内宣布。

作出政务处分决定后，监察机关应当根据被处分人的具体身份书面告知相关的机关、单位。

第四十七条 参与公职人员违法案件调查、处理的人员有下列情形之一的，应当自行回避，被调查人、检举人及其他有关人员也有权要求其回避：

（一）是被调查人或者检举人的近亲属的；

（二）担任过本案的证人的；

（三）本人或者其近亲属与调查的案件有利害关系的；

（四）可能影响案件公正调查、处理的其他情形。

第四十八条 监察机关负责人的回避，由上级监察机关决定；其他参与违法案件调查、处理人员的回避，由监察机关负责人决定。

监察机关或者上级监察机关发现参与违法案件调查、处理人员有应当回避情形的，可以直接决定该人员回避。

第四十九条 公职人员依法受到刑事责任追究的，监察机关应当根据司法机关的生效判决、裁定、决定及其认定的事实和情节，依照本法规定给予政务处分。

公职人员依法受到行政处罚，应当给予政务处分的，监察机关可以根据行政处罚决定认定的事实和情节，经立案调查核实后，依照本法给予政务处分。

监察机关根据本条第一款、第二款的规定作出政务处分后，司法机关、行政机关依法改变原生效判决、裁定、决定等，对原政务处分决定产生影响的，监察机关应当根据改变后的判决、裁定、决定等重新作出相应处理。

第五十条 监察机关对经各级人民代表大会、县级以上各级人民代表大会常务委员会选举或者决定任命的公职人员予以撤职、开除的，应当先依法罢免、撤销或者免去其职务，再依法作出政务处分决定。

监察机关对经中国人民政治协商会议各级委员会全体会议或者其常务委员会选举或者决定任命的公职人员予以撤职、开除的，应当先依章程免去其职务，再依法作出政务处分决定。

监察机关对各级人民代表大会代表、中国人民政治协商会议各级委员会委员给予政务处分的，应当向有关的人民代表大会常务委员会，乡、民族乡、镇的人民代表大会主席团或者中国人民政治协商会议委员会常务委员会通报。

第五十一条 下级监察机关根据上级监察机关的指定管辖决定进行调查的案件，调查终结后，对不属于本监察机关管辖范围内的监察对象，应当交有管理权限的监察机关依法作出政务处分决定。

第五十二条 公职人员涉嫌违法，已经被立案调查，不宜继续履行职责的，公职人员任免机关、单位可以决定暂停其履行职务。

公职人员在被立案调查期间，未经监察机关同意，不得出境、辞去公职；被调查公职人员所在机关、单位及上级机关、单位不得对其交流、晋升、奖励、处分或者办理退休手续。

第五十三条 监察机关在调查中发现公职人员受到不实检举、控告或者诬告陷害，造成不良影响的，应当按照规定及时澄清事实，恢复名誉，消除不良影响。

第五十四条 公职人员受到政务处分的，应当将政务处分决定书存入其本人档案。对于受到降级以上政务处分的，应当由人事部门按照管理权限在作出政务处分决定后一个月内办理职务、工资及其他有关待遇等的变更手续；特殊情况下，经批准可以适当延长办理期限，但是最长不得超过六个月。

第五章 复审、复核

第五十五条 公职人员对监察机关作出的涉及本人的政务处分决定不服的，可以依法向作出决定的监察机关申请复审；公职人员对复审决定仍不服的，可以向上一级监察机关申请复核。

监察机关发现本机关或者下级监察机关作出的政务处分决定确有错误的，应当及时予以纠正或者责令下级监察机关及时予以纠正。

第五十六条 复审、复核期间，不停止原政务处分决定的执行。

公职人员不因提出复审、复核而被加重政务处分。

第五十七条 有下列情形之一的，复审、复核机关应当撤销原政务处分决定，重新作出决定或者责令原作出决定的监察机关重新作出决定：

（一）政务处分所依据的违法事实不清或者证据不足的；

（二）违反法定程序，影响案件公正处理的；

（三）超越职权或者滥用职权作出政务处分决定的。

第五十八条 有下列情形之一的，复审、复核机关应当变更原政务处分决定，或者责令原作出决定的监察机关予以变更：

（一）适用法律、法规确有错误的；

（二）对违法行为的情节认定确有错误的；

（三）政务处分不当的。

第五十九条 复审、复核机关认为政务处分决定认定事实清楚，适用法律正确的，应当予以维持。

第六十条 公职人员的政务处分决定被变更，需要调整该公职人员的职务、职级、衔级、级别、岗位和职员等级或者薪酬待遇等的，应当按照规定予以调整。政务处分决定被撤销的，应当恢复该公职人员的级别、薪酬待遇，按照原职务、职级、衔级、岗位和职员等级安排相应的职务、职级、衔级、岗位和职员等级，并在原政务处分决定公布范围内为其恢复名誉。没收、追缴财物错误的，应当依法予以返还、赔偿。

公职人员因有本法第五十七条、第五十八条规定的情形被撤销政务处分或者减轻政务处分的，应当对其薪酬待遇受到的损失予以补偿。

第六章 法律责任

第六十一条 有关机关、单位无正当理由拒不采纳监察建议的，由其上级机关、主管部门责令改正，对该机关、单位给予通报批评，对负有责任的领导人员和直接责任人员依法给予处理。

第六十二条 有关机关、单位、组织或者人员有下列情形之一的，由其上级机关，主管部门，任免机关、单位或者监察机关责令改正，依法给予处理：

（一）拒不执行政务处分决定的；

（二）拒不配合或者阻碍调查的；

（三）对检举人、证人或者调查人员进行打击报复的；

（四）诬告陷害公职人员的；

（五）其他违反本法规定的情形。

第六十三条 监察机关及其工作人员有下列情形之一的，对负有责任的领导人员和直接责任人员依法给予处理：

（一）违反规定处置问题线索的；

（二）窃取、泄露调查工作信息，或者泄露检举事项、检举受理情况以及检举人信息的；

（三）对被调查人或者涉案人员逼供、诱供，或者侮辱、打骂、虐待、体罚或者变相体罚的；

（四）收受被调查人或者涉案人员的财物以及其他利益的；

（五）违反规定处置涉案财物的；

（六）违反规定采取调查措施的；

（七）利用职权或者职务上的影响干预调查工作、以案谋私的；

（八）违反规定发生办案安全事故，或者发生安全事故后隐瞒不报、报告失实、处置不当的；

（九）违反回避等程序规定，造成不良影响的；

（十）不依法受理和处理公职人员复审、复核的；

（十一）其他滥用职权、玩忽职守、徇私舞弊的行为。

第六十四条 违反本法规定，构成犯罪的，依法追究刑事责任。

第七章 附 则

第六十五条 国务院及其相关主管部门根据本法的原则和精神，结合事业单位、国有企业等的实际情况，对事业单位、国有企业等的违法的公职人员处分事宜作出具体规定。

第六十六条 中央军事委员会可以根据本法制定相关具体规定。

第六十七条 本法施行前，已结案的案件如果需要复审、复核，适用当时的规定。尚未结案的案件,如果行为发生时的规定不认为是违法的,适用当时的规定;如果行为发生时的规定认为是违法的,依照当时的规定处理,但是如果本法不认为是违法或者根据本法处理较轻的,适用本法。

第六十八条 本法自2020年7月1日起施行。

(三)立法制度

中华人民共和国立法法

(2000年3月15日第九届全国人民代表大会第三次会议通过 根据2015年3月15日第十二届全国人民代表大会第三次会议《关于修改〈中华人民共和国立法法〉的决定》修正)

目 录

第一章 总 则
第二章 法 律
第一节 立法权限
第二节 全国人民代表大会立法程序
第三节 全国人民代表大会常务委员会立法程序
第四节 法律解释
第五节 其他规定
第三章 行政法规
第四章 地方性法规、自治条例和单行条例、规章
第一节 地方性法规、自治条例和单行条例
第二节 规 章
第五章 适用与备案审查
第六章 附 则

第一章 总 则

第一条 【立法宗旨和依据】为了规范立法活动,健全国家立法制度,提高立法质量,完善中国特色社会主义法律体系,发挥立法的引领和推动作用,保障和发展社会主义民主,全面推进依法治国,建设社会主义法治国家,根据宪法,制定本法。

第二条 【调整范围】法律、行政法规、地方性法规、自治条例和单行条例的制定、修改和废止,适用本法。

国务院部门规章和地方政府规章的制定、修改和废止,依照本法的有关规定执行。

第三条 【遵循宪法的基本原则】立法应当遵循宪法的基本原则,以经济建设为中心,坚持社会主义道路、坚持人民民主专政、坚持中国共产党的领导、坚持马克思列宁主义毛泽东思想邓小平理论,坚持改革开放。

第四条 【依法立法】立法应当依照法定的权限和程序,从国家整体利益出发,维护社会主义法制的统一和尊严。

第五条 【民主立法】立法应当体现人民的意志,发扬社会主义民主,坚持立法公开,保障人民通过多种途径参与立法活动。

第六条 【科学立法】立法应当从实际出发,适应经济社会发展和全面深化改革的要求,科学合理地规定公民、法人和其他组织的权利与义务、国家机关的权力与责任。

法律规范应当明确、具体,具有针对性和可执行性。

第二章 法 律

第一节 立法权限

第七条 【全国人大及其常委会立法权限】全国人民代表大会和全国人民代表大会常务委员会行使国家立法权。

全国人民代表大会制定和修改刑事、民事、国家机构的和其他的基本法律。

全国人民代表大会常务委员会制定和修改除应当由全国人民代表大会制定的法律以外的其他法律;在全国人民代表大会闭会期间,对全国人民代表大会制定的法律进行部分补充和修改,但是不得同该法律的基本原则相抵触。

第八条 【全国人大及其常委会专属立法权】下列事项只能制定法律:

(一)国家主权的事项;

(二)各级人民代表大会、人民政府、人民法院和人民检察院的产生、组织和职权;

(三)民族区域自治制度、特别行政区制度、基

层群众自治制度；

（四）犯罪和刑罚；

（五）对公民政治权利的剥夺、限制人身自由的强制措施和处罚；

（六）税种的设立、税率的确定和税收征收管理等税收基本制度；

（七）对非国有财产的征收、征用；

（八）民事基本制度；

（九）基本经济制度以及财政、海关、金融和外贸的基本制度；

（十）诉讼和仲裁制度；

（十一）必须由全国人民代表大会及其常务委员会制定法律的其他事项。

第九条　【授权国务院制定行政法规】本法第八条规定的事项尚未制定法律的，全国人民代表大会及其常务委员会有权作出决定，授权国务院可以根据实际需要，对其中的部分事项先制定行政法规，但是有关犯罪和刑罚、对公民政治权利的剥夺和限制人身自由的强制措施和处罚、司法制度等事项除外。

第十条　【授权规则】授权决定应当明确授权的目的、事项、范围、期限以及被授权机关实施授权决定应当遵循的原则等。

授权的期限不得超过五年，但是授权决定另有规定的除外。

被授权机关应当在授权期限届满的六个月以前，向授权机关报告授权决定实施的情况，并提出是否需要制定有关法律的意见；需要继续授权的，可以提出相关意见，由全国人民代表大会及其常务委员会决定。

第十一条　【授权终止】授权立法事项，经过实践检验，制定法律的条件成熟时，由全国人民代表大会及其常务委员会及时制定法律。法律制定后，相应立法事项的授权终止。

第十二条　【行使被授予权力的规则】被授权机关应当严格按照授权决定行使被授予的权力。

被授权机关不得将被授予的权力转授给其他机关。

第十三条　【暂时调整或者暂时停止法律部分适用】全国人民代表大会及其常务委员会可以根据改革发展的需要，决定就行政管理等领域的特定事项授权在一定期限内在部分地方暂时调整或者暂时停止适用法律的部分规定。

第二节　全国人民代表大会立法程序

第十四条　【有关机关提出法律案】全国人民代表大会主席团可以向全国人民代表大会提出法律案，由全国人民代表大会会议审议。

全国人民代表大会常务委员会、国务院、中央军事委员会、最高人民法院、最高人民检察院、全国人民代表大会各专门委员会，可以向全国人民代表大会提出法律案，由主席团决定列入会议议程。

第十五条　【代表团或者代表联名提出法律案】一个代表团或者三十名以上的代表联名，可以向全国人民代表大会提出法律案，由主席团决定是否列入会议议程，或者先交有关的专门委员会审议、提出是否列入会议议程的意见，再决定是否列入会议议程。

专门委员会审议的时候，可以邀请提案人列席会议，发表意见。

第十六条　【常委会先行审议法律案】向全国人民代表大会提出的法律案，在全国人民代表大会闭会期间，可以先向常务委员会提出，经常务委员会会议依照本法第二章第三节规定的有关程序审议后，决定提请全国人民代表大会审议，由常务委员会向大会全体会议作说明，或者由提案人向大会全体会议作说明。

常务委员会依照前款规定审议法律案，应当通过多种形式征求全国人民代表大会代表的意见，并将有关情况予以反馈；专门委员会和常务委员会工作机构进行立法调研，可以邀请有关的全国人民代表大会代表参加。

第十七条　【法律草案提前印发代表】常务委员会决定提请全国人民代表大会会议审议的法律案，应当在会议举行的一个月前将法律草案发给代表。

第十八条　【代表团审议法律案】列入全国人民代表大会会议议程的法律案，大会全体会议听取提案人的说明后，由各代表团进行审议。

各代表团审议法律案时，提案人应当派人听取意见，回答询问。

各代表团审议法律案时，根据代表团的要求，有关机关、组织应当派人介绍情况。

第十九条　【专门委员会审议法律案】列入全国人民代表大会会议议程的法律案，由有关的专门委员会进行审议，向主席团提出审议意见，并印发会议。

第二十条 【法律委员会统一审议法律案】列入全国人民代表大会会议议程的法律案，由法律委员会根据各代表团和有关的专门委员会的审议意见，对法律案进行统一审议，向主席团提出审议结果报告和法律草案修改稿，对重要的不同意见应当在审议结果报告中予以说明，经主席团会议审议通过后，印发会议。

第二十一条 【主席团常务主席召开会议审议重大问题】列入全国人民代表大会会议议程的法律案，必要时，主席团常务主席可以召开各代表团团长会议，就法律案中的重大问题听取各代表团的审议意见，进行讨论，并将讨论的情况和意见向主席团报告。

主席团常务主席也可以就法律案中的重大的专门性问题，召集代表团推选的有关代表进行讨论，并将讨论的情况和意见向主席团报告。

第二十二条 【法律案的撤回】列入全国人民代表大会会议议程的法律案，在交付表决前，提案人要求撤回的，应当说明理由，经主席团同意，并向大会报告，对该法律案的审议即行终止。

第二十三条 【大会授权常委会审议大会的法律案】法律案在审议中有重大问题需要进一步研究的，经主席团提出，由大会全体会议决定，可以授权常务委员会根据代表的意见进一步审议，作出决定，并将决定情况向全国人民代表大会下次会议报告；也可以授权常务委员会根据代表的意见进一步审议，提出修改方案，提请全国人民代表大会下次会议审议决定。

第二十四条 【法律案的表决】法律草案修改稿经各代表团审议，由法律委员会根据各代表团的审议意见进行修改，提出法律草案表决稿，由主席团提请大会全体会议表决，由全体代表的过半数通过。

第二十五条 【大会通过的法律的公布】全国人民代表大会通过的法律由国家主席签署主席令予以公布。

第三节 全国人民代表大会常务委员会立法程序

第二十六条 【委员长会议及其他有关机构提出法律案】委员长会议可以向常务委员会提出法律案，由常务委员会会议审议。

国务院、中央军事委员会、最高人民法院、最高人民检察院、全国人民代表大会各专门委员会，可以向常务委员会提出法律案，由委员长会议决定列入常务委员会会议议程，或者先交有关的专门委员会审议、提出报告，再决定列入常务委员会会议议程。如果委员长会议认为法律案有重大问题需要进一步研究，可以建议提案人修改完善后再向常务委员会提出。

第二十七条 【常委会组成人员提出法律案】常务委员会组成人员十人以上联名，可以向常务委员会提出法律案，由委员长会议决定是否列入常务委员会会议议程，或者先交有关的专门委员会审议、提出是否列入会议议程的意见，再决定是否列入常务委员会会议议程。不列入常务委员会会议议程的，应当向常务委员会会议报告或者向提案人说明。

专门委员会审议的时候，可以邀请提案人列席会议，发表意见。

第二十八条 【提前印发法律草案和代表列席会议】列入常务委员会会议议程的法律案，除特殊情况外，应当在会议举行的七日前将法律草案发给常务委员会组成人员。

常务委员会会议审议法律案时，应当邀请有关的全国人民代表大会代表列席会议。

第二十九条 【三审制】列入常务委员会会议议程的法律案，一般应当经三次常务委员会会议审议后再交付表决。

常务委员会会议第一次审议法律案，在全体会议上听取提案人的说明，由分组会议进行初步审议。

常务委员会会议第二次审议法律案，在全体会议上听取法律委员会关于法律草案修改情况和主要问题的汇报，由分组会议进一步审议。

常务委员会会议第三次审议法律案，在全体会议上听取法律委员会关于法律草案审议结果的报告，由分组会议对法律草案修改稿进行审议。

常务委员会审议法律案时，根据需要，可以召开联组会议或者全体会议，对法律草案中的主要问题进行讨论。

第三十条 【三审制的例外情形】列入常务委员会会议议程的法律案，各方面意见比较一致的，可以经两次常务委员会会议审议后交付表决；调整事项较为单一或者部分修改的法律案，各方面的意见比较一致的,也可以经一次常务委员会会议审议即交付表决。

第三十一条 【分组审议】常务委员会分组会议审议法律案时,提案人应当派人听取意见,回答询问。

常务委员会分组会议审议法律案时,根据小组的要求,有关机关、组织应当派人介绍情况。

第三十二条 【专门委员会审议法律案】列入常务委员会会议议程的法律案,由有关的专门委员会进行审议,提出审议意见,印发常务委员会会议。

有关的专门委员会审议法律案时,可以邀请其他专门委员会的成员列席会议,发表意见。

第三十三条 【法律委员会统一审议法律案】列入常务委员会会议议程的法律案,由法律委员会根据常务委员会组成人员、有关的专门委员会的审议意见和各方面提出的意见,对法律案进行统一审议,提出修改情况的汇报或者审议结果报告和法律草案修改稿,对重要的不同意见应当在汇报或者审议结果报告中予以说明。对有关的专门委员会的审议意见没有采纳的,应当向有关的专门委员会反馈。

法律委员会审议法律案时,应当邀请有关的专门委员会的成员列席会议,发表意见。

第三十四条 【专委会审议法律案有关负责人说明情况】专门委员会审议法律案时,应当召开全体会议审议,根据需要,可以要求有关机关、组织派有关负责人说明情况。

第三十五条 【专委会重要问题意见不一致的处理】专门委员会之间对法律草案的重要问题意见不一致时,应当向委员长会议报告。

第三十六条 【法律案听取各方面意见】列入常务委员会会议议程的法律案,法律委员会、有关的专门委员会和常务委员会工作机构应当听取各方面的意见。听取意见可以采取座谈会、论证会、听证会等多种形式。

法律案有关问题专业性较强,需要进行可行性评价的,应当召开论证会,听取有关专家、部门和全国人民代表大会代表等方面的意见。论证情况应当向常务委员会报告。

法律案有关问题存在重大意见分歧或者涉及利益关系重大调整,需要进行听证的,应当召开听证会,听取有关基层和群体代表、部门、人民团体、专家、全国人民代表大会代表和社会有关方面的意见。听证情况应当向常务委员会报告。

常务委员会工作机构应当将法律草案发送相关领域的全国人民代表大会代表、地方人民代表大会常务委员会以及有关部门、组织和专家征求意见。

第三十七条 【法律案向社会公布征求意见】列入常务委员会会议议程的法律案,应当在常务委员会会议后将法律草案及其起草、修改的说明等向社会公布,征求意见,但是经委员长会议决定不公布的除外。向社会公布征求意见的时间一般不少于三十日。征求意见的情况应当向社会通报。

第三十八条 【常委会工作机构整理各方面意见】列入常务委员会会议议程的法律案,常务委员会工作机构应当收集整理分组审议的意见和各方面提出的意见以及其他有关资料,分送法律委员会和有关的专门委员会,并根据需要,印发常务委员会会议。

第三十九条 【法律案通过前评估】拟提请常务委员会会议审议通过的法律案,在法律委员会提出审议结果报告前,常务委员会工作机构可以对法律草案中主要制度规范的可行性、法律出台时机、法律实施的社会效果和可能出现的问题等进行评估。评估情况由法律委员会在审议结果报告中予以说明。

第四十条 【列入常委会议程的法律案的撤回】列入常务委员会会议议程的法律案,在交付表决前,提案人要求撤回的,应当说明理由,经委员长会议同意,并向常务委员会报告,对该法律案的审议即行终止。

第四十一条 【表决通过和单独表决】法律草案修改稿经常务委员会会议审议,由法律委员会根据常务委员会组成人员的审议意见进行修改,提出法律草案表决稿,由委员长会议提请常务委员会全体会议表决,由常务委员会全体组成人员的过半数通过。

法律草案表决稿交付常务委员会会议表决前,委员长会议根据常务委员会会议审议的情况,可以决定将个别意见分歧较大的重要条款提请常务委员会会议单独表决。

单独表决的条款经常务委员会会议表决后,委员长会议根据单独表决的情况,可以决定将法律草案表决稿交付表决,也可以决定暂不付表决,交法律委员会和有关的专门委员会进一步审议。

第四十二条 【法律案终止审议】列入常务委员会会议审议的法律案，因各方面对制定该法律的必要性、可行性等重大问题存在较大意见分歧搁置审议满两年的，或者因暂不付表决经过两年没有再次列入常务委员会会议议程审议的，由委员长会议向常务委员会报告，该法律案终止审议。

第四十三条 【分别表决】对多部法律中涉及同类事项的个别条款进行修改，一并提出法律案的，经委员长会议决定，可以合并表决，也可以分别表决。

第四十四条 【常委会通过的法律的公布】常务委员会通过的法律由国家主席签署主席令予以公布。

第四节 法律解释

第四十五条 【法律解释权和法律解释的范围】法律解释权属于全国人民代表大会常务委员会。

法律有以下情况之一的，由全国人民代表大会常务委员会解释：

（一）法律的规定需要进一步明确具体含义的；

（二）法律制定后出现新的情况，需要明确适用法律依据的。

第四十六条 【提出法律解释要求的机关】国务院、中央军事委员会、最高人民法院、最高人民检察院和全国人民代表大会各专门委员会以及省、自治区、直辖市的人民代表大会常务委员会可以向全国人民代表大会常务委员会提出法律解释要求。

第四十七条 【法律解释草案的研拟和列入议程】常务委员会工作机构研究拟订法律解释草案，由委员长会议决定列入常务委员会会议议程。

第四十八条 【法律解释草案审议程序】法律解释草案经常务委员会会议审议，由法律委员会根据常务委员会组成人员的审议意见进行审议、修改，提出法律解释草案表决稿。

第四十九条 【法律解释草案的表决和公布程序】法律解释草案表决稿由常务委员会全体组成人员的过半数通过，由常务委员会发布公告予以公布。

第五十条 【法律解释的效力】全国人民代表大会常务委员会的法律解释同法律具有同等效力。

第五节 其他规定

第五十一条 【发挥人大在立法工作中的主导作用】全国人民代表大会及其常务委员会加强对立法工作的组织协调，发挥在立法工作中的主导作用。

第五十二条 【全国人大常委会立法规划、年度立法计划】全国人民代表大会常务委员会通过立法规划、年度立法计划等形式，加强对立法工作的统筹安排。编制立法规划和年度立法计划，应当认真研究代表议案和建议，广泛征集意见，科学论证评估，根据经济社会发展和民主法治建设的需要，确定立法项目，提高立法的及时性、针对性和系统性。立法规划和年度立法计划由委员长会议通过并向社会公布。

全国人民代表大会常务委员会工作机构负责编制立法规划和拟订年度立法计划，并按照全国人民代表大会常务委员会的要求，督促立法规划和年度立法计划的落实。

第五十三条 【专委会、常委会工作机构起草法律草案】全国人民代表大会有关的专门委员会、常务委员会工作机构应当提前参与有关方面的法律草案起草工作；综合性、全局性、基础性的重要法律草案，可以由有关的专门委员会或者常务委员会工作机构组织起草。

专业性较强的法律草案，可以吸收相关领域的专家参与起草工作，或者委托有关专家、教学科研单位、社会组织起草。

第五十四条 【提出法律案配套的文件资料】提出法律案，应当同时提出法律草案文本及其说明，并提供必要的参阅资料。修改法律的，还应当提交修改前后的对照文本。法律草案的说明应当包括制定或者修改法律的必要性、可行性和主要内容，以及起草过程中对重大分歧意见的协调处理情况。

第五十五条 【法律案的撤回】向全国人民代表大会及其常务委员会提出的法律案，在列入会议议程前，提案人有权撤回。

第五十六条 【表决未获通过后的处理程序】交付全国人民代表大会及其常务委员会全体会议表决未获得通过的法律案，如果提案人认为必须制定该法律，可以按照法律规定的程序重新提出，由主席团、委员长会议决定是否列入会议议程；其中，未获得全国人民代表大会通过的法律案，应当提请全国人民代表大会审议决定。

第五十七条 【法律的施行日期】法律应当明

确规定施行日期。

第五十八条 【主席令的内容和法律的刊载】签署公布法律的主席令载明该法律的制定机关、通过和施行日期。

法律签署公布后,及时在全国人民代表大会常务委员会公报和中国人大网以及在全国范围内发行的报纸上刊载。

在常务委员会公报上刊登的法律文本为标准文本。

第五十九条 【法律的修改和废止】法律的修改和废止程序,适用本章的有关规定。

法律被修改的,应当公布新的法律文本。

法律被废止的,除由其他法律规定废止该法律的以外,由国家主席签署主席令予以公布。

第六十条 【法律草案与其他法律的衔接】法律草案与其他法律相关规定不一致的,提案人应当予以说明并提出处理意见,必要时应当同时提出修改或者废止其他法律相关规定的议案。

法律委员会和有关的专门委员会审议法律案时,认为需要修改或者废止其他法律相关规定的,应当提出处理意见。

第六十一条 【法律文本标号形式】法律根据内容需要,可以分编、章、节、条、款、项、目。

编、章、节、条的序号用中文数字依次表述,款不编序号,项的序号用中文数字加括号依次表述,目的序号用阿拉伯数字依次表述。

法律标题的题注应当载明制定机关、通过日期。经过修改的法律,应当依次载明修改机关、修改日期。

第六十二条 【专门事项配套规定】法律规定明确要求有关国家机关对专门事项作出配套的具体规定的,有关国家机关应当自法律施行之日起一年内作出规定,法律对配套的具体规定制定期限另有规定的,从其规定。有关国家机关未能在期限内作出配套的具体规定的,应当向全国人民代表大会常务委员会说明情况。

第六十三条 【立法后评估】全国人民代表大会有关的专门委员会、常务委员会工作机构可以组织对有关法律或者法律中有关规定进行立法后评估。评估情况应当向常务委员会报告。

第六十四条 【法律询问答复】全国人民代表大会常务委员会工作机构可以对有关具体问题的法律询问进行研究予以答复,并报常务委员会备案。

第三章 行政法规

第六十五条 【制定行政法规的权限】国务院根据宪法和法律,制定行政法规。

行政法规可以就下列事项作出规定:

(一)为执行法律的规定需要制定行政法规的事项;

(二)宪法第八十九条规定的国务院行政管理职权的事项。

应当由全国人民代表大会及其常务委员会制定法律的事项,国务院根据全国人民代表大会及其常务委员会的授权决定先制定的行政法规,经过实践检验,制定法律的条件成熟时,国务院应当及时提请全国人民代表大会及其常务委员会制定法律。

第六十六条 【国务院年度立法计划和行政法规立项】国务院法制机构应当根据国家总体工作部署拟订国务院年度立法计划,报国务院审批。国务院年度立法计划中的法律项目应当与全国人民代表大会常务委员会的立法规划和年度立法计划相衔接。国务院法制机构应当及时跟踪了解国务院各部门落实立法计划的情况,加强组织协调和督促指导。

国务院有关部门认为需要制定行政法规的,应当向国务院报请立项。

第六十七条 【行政法规起草和听取意见】行政法规由国务院有关部门或者国务院法制机构具体负责起草,重要行政管理的法律、行政法规草案由国务院法制机构组织起草。行政法规在起草过程中,应当广泛听取有关机关、组织、人民代表大会代表和社会公众的意见。听取意见可以采取座谈会、论证会、听证会等多种形式。

行政法规草案应当向社会公布,征求意见,但是经国务院决定不公布的除外。

第六十八条 【行政法规草案的审查】行政法规起草工作完成后,起草单位应当将草案及其说明、各方面对草案主要问题的不同意见和其他有关资料送国务院法制机构进行审查。

国务院法制机构应当向国务院提出审查报告和草案修改稿,审查报告应当对草案主要问题作出说明。

第六十九条 【行政法规的决定程序】行政法规的决定程序依照中华人民共和国国务院组织法

的有关规定办理。

第七十条 【行政法规公布的主体】行政法规由总理签署国务院令公布。

有关国防建设的行政法规，可以由国务院总理、中央军事委员会主席共同签署国务院、中央军事委员会令公布。

第七十一条 【行政法规公布的载体】行政法规签署公布后，及时在国务院公报和中国政府法制信息网以及在全国范围内发行的报纸上刊载。

在国务院公报上刊登的行政法规文本为标准文本。

第四章 地方性法规、自治条例和单行条例、规章

第一节 地方性法规、自治条例和单行条例

第七十二条 【地方性法规制定主体、原则】省、自治区、直辖市的人民代表大会及其常务委员会根据本行政区域的具体情况和实际需要，在不同宪法、法律、行政法规相抵触的前提下，可以制定地方性法规。

设区的市的人民代表大会及其常务委员会根据本市的具体情况和实际需要，在不同宪法、法律、行政法规和本省、自治区的地方性法规相抵触的前提下，可以对城乡建设与管理、环境保护、历史文化保护等方面的事项制定地方性法规，法律对设区的市制定地方性法规的事项另有规定的，从其规定。设区的市的地方性法规须报省、自治区的人民代表大会常务委员会批准后施行。省、自治区的人民代表大会常务委员会对报请批准的地方性法规，应当对其合法性进行审查，同宪法、法律、行政法规和本省、自治区的地方性法规不抵触的，应当在四个月内予以批准。

省、自治区的人民代表大会常务委员会在对报请批准的设区的市的地方性法规进行审查时，发现其同本省、自治区的人民政府的规章相抵触的，应当作出处理决定。

除省、自治区的人民政府所在地的市，经济特区所在地的市和国务院已经批准的较大的市以外，其他设区的市开始制定地方性法规的具体步骤和时间，由省、自治区的人民代表大会常务委员会综合考虑本省、自治区所辖的设区的市的人口数量、地域面积、经济社会发展情况以及立法需求、立法能力等因素确定，并报全国人民代表大会常务委员会和国务院备案。

自治州的人民代表大会及其常务委员会可以依照本条第二款规定行使设区的市制定地方性法规的职权。自治州开始制定地方性法规的具体步骤和时间，依照前款规定确定。

省、自治区的人民政府所在地的市，经济特区所在地的市和国务院已经批准的较大的市已经制定的地方性法规，涉及本条第二款规定事项范围以外的，继续有效。

第七十三条 【地方性法规权限】地方性法规可以就下列事项作出规定：

（一）为执行法律、行政法规的规定，需要根据本行政区域的实际情况作具体规定的事项；

（二）属于地方性事务需要制定地方性法规的事项。

除本法第八条规定的事项外，其他事项国家尚未制定法律或者行政法规的，省、自治区、直辖市和设区的市、自治州根据本地方的具体情况和实际需要，可以先制定地方性法规。在国家制定的法律或者行政法规生效后，地方性法规同法律或者行政法规相抵触的规定无效，制定机关应当及时予以修改或者废止。

设区的市、自治州根据本条第一款、第二款制定地方性法规，限于本法第七十二条第二款规定的事项。

制定地方性法规，对上位法已经明确规定的内容，一般不作重复性规定。

第七十四条 【经济特区法规】经济特区所在地的省、市的人民代表大会及其常务委员会根据全国人民代表大会的授权决定，制定法规，在经济特区范围内实施。

第七十五条 【自治条例和单行条例】民族自治地方的人民代表大会有权依照当地民族的政治、经济和文化的特点，制定自治条例和单行条例。自治区的自治条例和单行条例，报全国人民代表大会常务委员会批准后生效。自治州、自治县的自治条例和单行条例，报省、自治区、直辖市的人民代表大会常务委员会批准后生效。

自治条例和单行条例可以依照当地民族的特点，对法律和行政法规的规定作出变通规定，但不得违背法律或者行政法规的基本原则，不得对宪法和

民族区域自治法的规定以及其他有关法律、行政法规专门就民族自治地方所作的规定作出变通规定。

第七十六条 【由大会通过的地方性法规】规定本行政区域特别重大事项的地方性法规，应当由人民代表大会通过。

第七十七条 【地方性法规制定程序】地方性法规案、自治条例和单行条例案的提出、审议和表决程序，根据中华人民共和国地方各级人民代表大会和地方各级人民政府组织法，参照本法第二章第二节、第三节、第五节的规定，由本级人民代表大会规定。

地方性法规草案由负责统一审议的机构提出审议结果的报告和草案修改稿。

第七十八条 【地方性法规公布程序】省、自治区、直辖市的人民代表大会制定的地方性法规由大会主席团发布公告予以公布。

省、自治区、直辖市的人民代表大会常务委员会制定的地方性法规由常务委员会发布公告予以公布。

设区的市、自治州的人民代表大会及其常务委员会制定的地方性法规报经批准后，由设区的市、自治州的人民代表大会常务委员会发布公告予以公布。

自治条例和单行条例报经批准后，分别由自治区、自治州、自治县的人民代表大会常务委员会发布公告予以公布。

第七十九条 【地方性法规公布载体】地方性法规、自治区的自治条例和单行条例公布后，及时在本级人民代表大会常务委员会公报和中国人大网、本地方人民代表大会网站以及在本行政区域范围内发行的报纸上刊载。

在常务委员会公报上刊登的地方性法规、自治条例和单行条例文本为标准文本。

第二节 规 章

第八十条 【部门规章的制定主体、依据和权限范围】国务院各部、委员会、中国人民银行、审计署和具有行政管理职能的直属机构，可以根据法律和国务院的行政法规、决定、命令，在本部门的权限范围内，制定规章。

部门规章规定的事项应当属于执行法律或者国务院的行政法规、决定、命令的事项。没有法律或者国务院的行政法规、决定、命令的依据，部门规章不得设定减损公民、法人和其他组织权利或者增加其义务的规范，不得增加本部门的权力或者减少本部门的法定职责。

第八十一条 【联合制定部门规章】涉及两个以上国务院部门职权范围的事项，应当提请国务院制定行政法规或者由国务院有关部门联合制定规章。

第八十二条 【地方政府规章的制定主体、依据和权限范围】省、自治区、直辖市和设区的市、自治州的人民政府，可以根据法律、行政法规和本省、自治区、直辖市的地方性法规，制定规章。

地方政府规章可以就下列事项作出规定：

（一）为执行法律、行政法规、地方性法规的规定需要制定规章的事项；

（二）属于本行政区域的具体行政管理事项。

设区的市、自治州的人民政府根据本条第一款、第二款制定地方政府规章，限于城乡建设与管理、环境保护、历史文化保护等方面的事项。已经制定的地方政府规章，涉及上述事项范围以外的，继续有效。

除省、自治区的人民政府所在地的市，经济特区所在地的市和国务院已经批准的较大的市以外，其他设区的市、自治州的人民政府开始制定规章的时间，与本省、自治区人民代表大会常务委员会确定的本市、自治州开始制定地方性法规的时间同步。

应当制定地方性法规但条件尚不成熟的，因行政管理迫切需要，可以先制定地方政府规章。规章实施满两年需要继续实施规章所规定的行政措施的，应当提请本级人民代表大会或者其常务委员会制定地方性法规。

没有法律、行政法规、地方性法规的依据，地方政府规章不得设定减损公民、法人和其他组织权利或者增加其义务的规范。

第八十三条 【规章制定程序】国务院部门规章和地方政府规章的制定程序，参照本法第三章的规定，由国务院规定。

第八十四条 【规章决定程序】部门规章应当经部务会议或者委员会会议决定。

地方政府规章应当经政府常务会议或者全体会议决定。

第八十五条 【规章公布程序】部门规章由部门首长签署命令予以公布。

地方政府规章由省长、自治区主席、市长或者自治州州长签署命令予以公布。

第八十六条 【规章公布载体】部门规章签署

公布后，及时在国务院公报或者部门公报和中国政府法制信息网以及在全国范围内发行的报纸上刊载。

地方政府规章签署公布后，及时在本级人民政府公报和中国政府法制信息网以及在本行政区域范围内发行的报纸上刊载。

在国务院公报或者部门公报和地方人民政府公报上刊登的规章文本为标准文本。

第五章 适用与备案审查

第八十七条 【宪法的法律效力】 宪法具有最高的法律效力，一切法律、行政法规、地方性法规、自治条例和单行条例、规章都不得同宪法相抵触。

第八十八条 【法律、法规、规章的效力等级】 法律的效力高于行政法规、地方性法规、规章。

行政法规的效力高于地方性法规、规章。

第八十九条 【地方性法规、地方政府规章效力等级】 地方性法规的效力高于本级和下级地方政府规章。

省、自治区的人民政府制定的规章的效力高于本行政区域内的设区的市、自治州的人民政府制定的规章。

第九十条 【自治条例和单行条例、经济特区法规的效力】 自治条例和单行条例依法对法律、行政法规、地方性法规作变通规定的，在本自治地方适用自治条例和单行条例的规定。

经济特区法规根据授权对法律、行政法规、地方性法规作变通规定的，在本经济特区适用经济特区法规的规定。

第九十一条 【部门规章、地方政府规章的效力】 部门规章之间、部门规章与地方政府规章之间具有同等效力，在各自的权限范围内施行。

第九十二条 【特别法优于一般法和新法优于旧法】 同一机关制定的法律、行政法规、地方性法规、自治条例和单行条例、规章，特别规定与一般规定不一致的，适用特别规定；新的规定与旧的规定不一致的，适用新的规定。

第九十三条 【法不溯及既往原则及其例外】 法律、行政法规、地方性法规、自治条例和单行条例、规章不溯及既往，但为了更好地保护公民、法人和其他组织的权利和利益而作的特别规定除外。

第九十四条 【新的一般规定与旧的特别规定的冲突裁决】 法律之间对同一事项的新的一般规定与旧的特别规定不一致，不能确定如何适用时，由全国人民代表大会常务委员会裁决。

行政法规之间对同一事项的新的一般规定与旧的特别规定不一致，不能确定如何适用时，由国务院裁决。

第九十五条 【地方性法规、规章之间的冲突裁决】 地方性法规、规章之间不一致时，由有关机关依照下列规定的权限作出裁决：

（一）同一机关制定的新的一般规定与旧的特别规定不一致时，由制定机关裁决；

（二）地方性法规与部门规章之间对同一事项的规定不一致，不能确定如何适用时，由国务院提出意见，国务院认为应当适用地方性法规的，应当决定在该地方适用地方性法规的规定；认为应当适用部门规章的，应当提请全国人民代表大会常务委员会裁决；

（三）部门规章之间、部门规章与地方政府规章之间对同一事项的规定不一致时，由国务院裁决。

根据授权制定的法规与法律规定不一致，不能确定如何适用时，由全国人民代表大会常务委员会裁决。

第九十六条 【应予改变或撤销的情形】 法律、行政法规、地方性法规、自治条例和单行条例、规章有下列情形之一的，由有关机关依照本法第九十七条规定的权限予以改变或者撤销：

（一）超越权限的；

（二）下位法违反上位法规定的；

（三）规章之间对同一事项的规定不一致，经裁决应当改变或者撤销一方的规定的；

（四）规章的规定被认为不适当，应当予以改变或者撤销的；

（五）违背法定程序的。

第九十七条 【改变或撤销的权限】 改变或者撤销法律、行政法规、地方性法规、自治条例和单行条例、规章的权限是：

（一）全国人民代表大会有权改变或者撤销它的常务委员会制定的不适当的法律，有权撤销全国人民代表大会常务委员会批准的违背宪法和本法第七十五条第二款规定的自治条例和单行条例；

（二）全国人民代表大会常务委员会有权撤销同宪法和法律相抵触的行政法规，有权撤销同宪法、法律和行政法规相抵触的地方性法规，有权撤销省、自治区、直辖市的人民代表大会常务委员会批准的违背宪法和本法第七十五条第二款规定的自治条例和单行条例；

（三）国务院有权改变或者撤销不适当的部门规章和地方政府规章；

（四）省、自治区、直辖市的人民代表大会有权改变或者撤销它的常务委员会制定的和批准的不适当的地方性法规；

（五）地方人民代表大会常务委员会有权撤销本级人民政府制定的不适当的规章；

（六）省、自治区的人民政府有权改变或者撤销下一级人民政府制定的不适当的规章；

（七）授权机关有权撤销被授权机关制定的超越授权范围或者违背授权目的的法规，必要时可以撤销授权。

第九十八条 【报送备案】行政法规、地方性法规、自治条例和单行条例、规章应当在公布后的三十日内依照下列规定报有关机关备案：

（一）行政法规报全国人民代表大会常务委员会备案；

（二）省、自治区、直辖市的人民代表大会及其常务委员会制定的地方性法规，报全国人民代表大会常务委员会和国务院备案；设区的市、自治州的人民代表大会及其常务委员会制定的地方性法规，由省、自治区的人民代表大会常务委员会报全国人民代表大会常务委员会和国务院备案；

（三）自治州、自治县的人民代表大会制定的自治条例和单行条例，由省、自治区、直辖市的人民代表大会常务委员会报全国人民代表大会常务委员会和国务院备案；自治条例、单行条例报送备案时，应当说明对法律、行政法规、地方性法规作出变通的情况；

（四）部门规章和地方政府规章报国务院备案；地方政府规章应当同时报本级人民代表大会常务委员会备案；设区的市、自治州的人民政府制定的规章应当同时报省、自治区的人民代表大会常务委员会和人民政府备案；

（五）根据授权制定的法规应当报授权决定规定的机关备案；经济特区法规报送备案时，应当说明对法律、行政法规、地方性法规作出变通的情况。

第九十九条 【被动审查与主动审查】国务院、中央军事委员会、最高人民法院、最高人民检察院和各省、自治区、直辖市的人民代表大会常务委员会认为行政法规、地方性法规、自治条例和单行条例同宪法或者法律相抵触的，可以向全国人民代表大会常务委员会书面提出进行审查的要求，由常务委员会工作机构分送有关的专门委员会进行审查、提出意见。

前款规定以外的其他国家机关和社会团体、企业事业组织以及公民认为行政法规、地方性法规、自治条例和单行条例同宪法或者法律相抵触的，可以向全国人民代表大会常务委员会书面提出进行审查的建议，由常务委员会工作机构进行研究，必要时，送有关的专门委员会进行审查、提出意见。

有关的专门委员会和常务委员会工作机构可以对报送备案的规范性文件进行主动审查。

第一百条 【审查程序】全国人民代表大会专门委员会、常务委员会工作机构在审查、研究中认为行政法规、地方性法规、自治条例和单行条例同宪法或者法律相抵触的，可以向制定机关提出书面审查意见、研究意见；也可以由法律委员会与有关的专门委员会、常务委员会工作机构召开联合审查会议，要求制定机关到会说明情况，再向制定机关提出书面审查意见。制定机关应当在两个月内研究提出是否修改的意见，并向全国人民代表大会法律委员会和有关的专门委员会或者常务委员会工作机构反馈。

全国人民代表大会法律委员会、有关的专门委员会、常务委员会工作机构根据前款规定，向制定机关提出审查意见、研究意见，制定机关按照所提意见对行政法规、地方性法规、自治条例和单行条例进行修改或者废止的，审查终止。

全国人民代表大会法律委员会、有关的专门委员会、常务委员会工作机构经审查、研究认为行政法规、地方性法规、自治条例和单行条例同宪法或者法律相抵触而制定机关不予修改的，应当向委员长会议提出予以撤销的议案、建议，由委员长会议决定提请常务委员会会议审议决定。

第一百零一条 【审查情况的反馈与公开】全国人民代表大会有关的专门委员会和常务委员会工作机构应当按照规定要求，将审查、研究情况向提出审查建议的国家机关、社会团体、企业事业组织以及公民反馈，并可以向社会公开。

第一百零二条 【其他备案机关的审查程序】其他接受备案的机关对报送备案的地方性法规、自治条例和单行条例、规章的审查程序，按照维护法制统一的原则，由接受备案的机关规定。

第六章　附　　则

第一百零三条　【军事法规、军事规章的制定】中央军事委员会根据宪法和法律,制定军事法规。

中央军事委员会各总部、军兵种、军区、中国人民武装警察部队,可以根据法律和中央军事委员会的军事法规、决定、命令,在其权限范围内,制定军事规章。

军事法规、军事规章在武装力量内部实施。

军事法规、军事规章的制定、修改和废止办法,由中央军事委员会依照本法规定的原则规定。

第一百零四条　【司法解释制定原则与备案】最高人民法院、最高人民检察院作出的属于审判、检察工作中具体应用法律的解释,应当主要针对具体的法律条文,并符合立法的目的、原则和原意。遇有本法第四十五条第二款规定情况的,应当向全国人民代表大会常务委员会提出法律解释的要求或者提出制定、修改有关法律的议案。

最高人民法院、最高人民检察院作出的属于审判、检察工作中具体应用法律的解释,应当自公布之日起三十日内报全国人民代表大会常务委员会备案。

最高人民法院、最高人民检察院以外的审判机关和检察机关,不得作出具体应用法律的解释。

第一百零五条　【施行日期】本法自 2000 年 7 月 1 日起施行。

(四)民族区域自治

中华人民共和国民族区域自治法

(1984 年 5 月 31 日第六届全国人民代表大会第二次会议通过　根据 2001 年 2 月 28 日第九届全国人民代表大会常务委员会第二十次会议《关于修改〈中华人民共和国民族区域自治法〉的决定》修正)

目　　录

序　　言
第一章　总　　则
第二章　民族自治地方的建立和自治机关的组成
第三章　自治机关的自治权
第四章　民族自治地方的人民法院和人民检察院
第五章　民族自治地方内的民族关系
第六章　上级国家机关的职责
第七章　附　　则

序　　言

中华人民共和国是全国各族人民共同缔造的统一的多民族国家。民族区域自治是中国共产党运用马克思列宁主义解决我国民族问题的基本政策,是国家的一项基本政治制度。

民族区域自治是在国家统一领导下,各少数民族聚居的地方实行区域自治,设立自治机关,行使自治权。实行民族区域自治,体现了国家充分尊重和保障各少数民族管理本民族内部事务权利的精神,体现了国家坚持实行各民族平等、团结和共同繁荣的原则。

实行民族区域自治,对发挥各族人民当家作主的积极性,发展平等、团结、互助的社会主义民族关系,巩固国家的统一,促进民族自治地方和全国社会主义建设事业的发展,都起了巨大的作用。今后,继续坚持和完善民族区域自治制度,使这一制度在国家的社会主义现代化建设进程中发挥更大的作用。

实践证明,坚持实行民族区域自治,必须切实保障民族自治地方根据本地实际情况贯彻执行国家的法律和政策;必须大量培养少数民族的各级干部、各种专业人才和技术工人;民族自治地方必须发扬自力更生、艰苦奋斗精神,努力发展本地方的社会主义建设事业,为国家建设作出贡献;国家根据国民经济和社会发展计划,努力帮助民族自治地方加速经济和文化的发展。在维护民族团结的斗争中,要反对大民族主义,主要是大汉族主义,也要反对地方民族主义。

民族自治地方的各族人民和全国人民一道,在中国共产党的领导下,在马克思列宁主义、毛泽东思想、邓小平理论的指引下,坚持人民民主专政,坚持改革开放,沿着建设有中国特色社会主义的道路,集中力量进行社会主义现代化建设,发展社会主义市场经济，加强社会主义民主与法制建设，加强社会主义精神文明建设，加速民族自治地方经济、文化的发展，建设团结、繁荣的民族自治地方，为各民族的共同繁荣，把祖国建设成为富强、民主、文明的社会主义国家而努力奋斗。

《中华人民共和国民族区域自治法》是实施宪法规定的民族区域自治制度的基本法律。

第一章　总　　则

第一条　中华人民共和国民族区域自治法，根据中华人民共和国宪法制定。

第二条　各少数民族聚居的地方实行区域自治。

民族自治地方分为自治区、自治州、自治县。

各民族自治地方都是中华人民共和国不可分离的部分。

第三条　民族自治地方设立自治机关，自治机关是国家的一级地方政权机关。

民族自治地方的自治机关实行民主集中制的原则。

第四条　民族自治地方的自治机关行使宪法第三章第五节规定的地方国家机关的职权，同时依照宪法和本法以及其他法律规定的权限行使自治权，根据本地方的实际情况贯彻执行国家的法律、政策。

自治州的自治机关行使下设区、县的市的地方国家机关的职权，同时行使自治权。

第五条　民族自治地方的自治机关必须维护国家的统一，保证宪法和法律在本地方的遵守和执行。

第六条　民族自治地方的自治机关领导各族人民集中力量进行社会主义现代化建设。

民族自治地方的自治机关根据本地方的情况，在不违背宪法和法律的原则下，有权采取特殊政策和灵活措施，加速民族自治地方经济、文化建设事业的发展。

民族自治地方的自治机关在国家计划的指导下，从实际出发，不断提高劳动生产率和经济效益，发展社会生产力，逐步提高各民族的物质生活水平。

民族自治地方的自治机关继承和发扬民族文化的优良传统，建设具有民族特点的社会主义精神文明，不断提高各民族人民的社会主义觉悟和科学文化水平。

第七条　民族自治地方的自治机关要把国家的整体利益放在首位，积极完成上级国家机关交给的各项任务。

第八条　上级国家机关保障民族自治地方的自治机关行使自治权，并且依据民族自治地方的特点和需要，努力帮助民族自治地方加速发展社会主义建设事业。

第九条　上级国家机关和民族自治地方的自治机关维护和发展各民族的平等、团结、互助的社会主义民族关系。禁止对任何民族的歧视和压迫，禁止破坏民族团结和制造民族分裂的行为。

第十条　民族自治地方的自治机关保障本地方各民族都有使用和发展自己的语言文字的自由，都有保持或者改革自己的风俗习惯的自由。

第十一条　民族自治地方的自治机关保障各民族公民有宗教信仰自由。

任何国家机关、社会团体和个人不得强制公民信仰宗教或者不信仰宗教，不得歧视信仰宗教的公民和不信仰宗教的公民。

国家保护正常的宗教活动。

任何人不得利用宗教进行破坏社会秩序、损害公民身体健康、妨碍国家教育制度的活动。

宗教团体和宗教事务不受外国势力的支配。

第二章　民族自治地方的建立和自治机关的组成

第十二条　少数民族聚居的地方，根据当地民族关系、经济发展等条件，并参酌历史情况，可以建立以一个或者几个少数民族聚居区为基础的自治地方。

民族自治地方内其他少数民族聚居的地方，建立相应的自治地方或者民族乡。

民族自治地方依据本地方的实际情况，可以包括一部分汉族或者其他民族的居民区和城镇。

第十三条　民族自治地方的名称，除特殊情况外，按照地方名称、民族名称、行政地位的顺序组成。

第十四条　民族自治地方的建立、区域界线的划分、名称的组成，由上级国家机关会同有关地方的国家机关，和有关民族的代表充分协商拟定，按照法律规定的程序报请批准。

民族自治地方一经建立，未经法定程序，不得撤销或者合并;民族自治地方的区域界线一经确定,未经法定程序,不得变动;确实需要撤销、合并或者变动的,由上级国家机关的有关部门和民族自治地方的自治机关充分协商拟定,按照法定程序报请批准。

第十五条 民族自治地方的自治机关是自治区、自治州、自治县的人民代表大会和人民政府。

民族自治地方的人民政府对本级人民代表大会和上一级国家行政机关负责并报告工作,在本级人民代表大会闭会期间,对本级人民代表大会常务委员会负责并报告工作。各民族自治地方的人民政府都是国务院统一领导下的国家行政机关,都服从国务院。

民族自治地方的自治机关的组织和工作,根据宪法和法律,由民族自治地方的自治条例或者单行条例规定。

第十六条 民族自治地方的人民代表大会中,除实行区域自治的民族的代表外,其他居住在本行政区域内的民族也应当有适当名额的代表。

民族自治地方的人民代表大会中,实行区域自治的民族和其他少数民族代表的名额和比例,根据法律规定的原则,由省、自治区、直辖市的人民代表大会常务委员会决定,并报全国人民代表大会常务委员会备案。

民族自治地方的人民代表大会常务委员会中应当有实行区域自治的民族的公民担任主任或者副主任。

第十七条 自治区主席、自治州州长、自治县县长由实行区域自治的民族的公民担任。自治区、自治州、自治县的人民政府的其他组成人员,应当合理配备实行区域自治的民族和其他少数民族的人员。

民族自治地方的人民政府实行自治区主席、自治州州长、自治县县长负责制。自治区主席、自治州州长、自治县县长,分别主持本级人民政府工作。

第十八条 民族自治地方的自治机关所属工作部门的干部中,应当合理配备实行区域自治的民族和其他少数民族的人员。

第三章 自治机关的自治权

第十九条 民族自治地方的人民代表大会有权依照当地民族的政治、经济和文化的特点,制定自治条例和单行条例。自治区的自治条例和单行条例,报全国人民代表大会常务委员会批准后生效。自治州、自治县的自治条例和单行条例报省、自治区、直辖市的人民代表大会常务委员会批准后生效,并报全国人民代表大会常务委员会和国务院备案。

第二十条 上级国家机关的决议、决定、命令和指示,如有不适合民族自治地方实际情况的,自治机关可以报经该上级国家机关批准,变通执行或者停止执行;该上级国家机关应当在收到报告之日起60日内给予答复。

第二十一条 民族自治地方的自治机关在执行职务的时候,依照本民族自治地方自治条例的规定,使用当地通用的一种或者几种语言文字;同时使用几种通用的语言文字执行职务的,可以以实行区域自治的民族的语言文字为主。

第二十二条 民族自治地方的自治机关根据社会主义建设的需要,采取各种措施从当地民族中大量培养各级干部、各种科学技术、经营管理等专业人才和技术工人,充分发挥他们的作用,并且注意在少数民族妇女中培养各级干部和各种专业技术人才。

民族自治地方的自治机关录用工作人员的时候,对实行区域自治的民族和其他少数民族的人员应当给予适当的照顾。

民族自治地方的自治机关可以采取特殊措施,优待、鼓励各种专业人员参加自治地方各项建设工作。

第二十三条 民族自治地方的企业、事业单位依照国家规定招收人员时,优先招收少数民族人员,并且可以从农村和牧区少数民族人口中招收。

第二十四条 民族自治地方的自治机关依照国家的军事制度和当地的实际需要,经国务院批准,可以组织本地方维护社会治安的公安部队。

第二十五条 民族自治地方的自治机关在国家计划的指导下,根据本地方的特点和需要,制定经济建设的方针、政策和计划,自主地安排和管理地方性的经济建设事业。

第二十六条 民族自治地方的自治机关在坚持社会主义原则的前提下,根据法律规定和本地方经济发展的特点,合理调整生产关系和经济结构,努力发展社会主义市场经济。

民族自治地方的自治机关坚持公有制为主体、多种所有制经济共同发展的基本经济制度，鼓励发展非公有制经济。

第二十七条 民族自治地方的自治机关根据法律规定，确定本地方内草场和森林的所有权和使用权。

民族自治地方的自治机关保护、建设草原和森林，组织和鼓励植树种草。禁止任何组织或者个人利用任何手段破坏草原和森林。严禁在草原和森林毁草毁林开垦耕地。

第二十八条 民族自治地方的自治机关依照法律规定，管理和保护本地方的自然资源。

民族自治地方的自治机关根据法律规定和国家的统一规划，对可以由本地方开发的自然资源，优先合理开发利用。

第二十九条 民族自治地方的自治机关在国家计划的指导下，根据本地方的财力、物力和其他具体条件，自主地安排地方基本建设项目。

第三十条 民族自治地方的自治机关自主地管理隶属于本地方的企业、事业。

第三十一条 民族自治地方依照国家规定，可以开展对外经济贸易活动，经国务院批准，可以开辟对外贸易口岸。

与外国接壤的民族自治地方经国务院批准，开展边境贸易。

民族自治地方在对外经济贸易活动中，享受国家的优惠政策。

第三十二条 民族自治地方的财政是一级财政，是国家财政的组成部分。

民族自治地方的自治机关有管理地方财政的自治权。凡是依照国家财政体制属于民族自治地方的财政收入，都应当由民族自治地方的自治机关自主地安排使用。

民族自治地方在全国统一的财政体制下，通过国家实行的规范的财政转移支付制度，享受上级财政的照顾。

民族自治地方的财政预算支出，按照国家规定，设机动资金，预备费在预算中所占比例高于一般地区。

民族自治地方的自治机关在执行财政预算过程中，自行安排使用收入的超收和支出的节余资金。

第三十三条 民族自治地方的自治机关对本地方的各项开支标准、定员、定额，根据国家规定的原则，结合本地方的实际情况，可以制定补充规定和具体办法。自治区制定的补充规定和具体办法，报国务院备案；自治州、自治县制定的补充规定和具体办法，须报省、自治区、直辖市人民政府批准。

第三十四条 民族自治地方的自治机关在执行国家税法的时候，除应由国家统一审批的减免税收项目以外，对属于地方财政收入的某些需要从税收上加以照顾和鼓励的，可以实行减税或者免税。自治州、自治县决定减税或者免税，须报省、自治区、直辖市人民政府批准。

第三十五条 民族自治地方根据本地方经济和社会发展的需要，可以依照法律规定设立地方商业银行和城乡信用合作组织。

第三十六条 民族自治地方的自治机关根据国家的教育方针，依照法律规定，决定本地方的教育规划，各级各类学校的设置、学制、办学形式、教学内容、教学用语和招生办法。

第三十七条 民族自治地方的自治机关自主地发展民族教育，扫除文盲，举办各类学校，普及九年义务教育，采取多种形式发展普通高级中等教育和中等职业技术教育，根据条件和需要发展高等教育，培养各少数民族专业人才。

民族自治地方的自治机关为少数民族牧区和经济困难、居住分散的少数民族山区，设立以寄宿为主和助学金为主的公办民族小学和民族中学，保障就读学生完成义务教育阶段的学业。办学经费和助学金由当地财政解决，当地财政困难的，上级财政应当给予补助。

招收少数民族学生为主的学校（班级）和其他教育机构，有条件的应当采用少数民族文字的课本，并用少数民族语言讲课；根据情况从小学低年级或者高年级起开设汉语文课程，推广全国通用的普通话和规范汉字。

各级人民政府要在财政方面扶持少数民族文字的教材和出版物的编译和出版工作。

第三十八条 民族自治地方的自治机关自主地发展具有民族形式和民族特点的文学、艺术、新闻、出版、广播、电影、电视等民族文化事业，加大对文化事业的投入，加强文化设施建设，加快各项文化事业的发展。

民族自治地方的自治机关组织、支持有关单位和部门收集、整理、翻译和出版民族历史文化书籍，保护民族的名胜古迹、珍贵文物和其他重要历史文化遗产，继承和发展优秀的民族传统文化。

第三十九条 民族自治地方的自治机关自主地决定本地方的科学技术发展规划，普及科学技术知识。

第四十条 民族自治地方的自治机关，自主地决定本地方的医疗卫生事业的发展规划，发展现代医药和民族传统医药。

民族自治地方的自治机关加强对传染病、地方病的预防控制工作和妇幼卫生保健，改善医疗卫生条件。

第四十一条 民族自治地方的自治机关自主地发展体育事业，开展民族传统体育活动，增强各族人民的体质。

第四十二条 民族自治地方的自治机关积极开展和其他地方的教育、科学技术、文化艺术、卫生、体育等方面的交流和协作。

自治区、自治州的自治机关依照国家规定，可以和国外进行教育、科学技术、文化艺术、卫生、体育等方面的交流。

第四十三条 民族自治地方的自治机关根据法律规定，制定管理流动人口的办法。

第四十四条 民族自治地方实行计划生育和优生优育，提高各民族人口素质。

民族自治地方的自治机关根据法律规定，结合本地方的实际情况，制定实行计划生育的办法。

第四十五条 民族自治地方的自治机关保护和改善生活环境和生态环境，防治污染和其他公害，实现人口、资源和环境的协调发展。

第四章 民族自治地方的人民法院和人民检察院

第四十六条 民族自治地方的人民法院和人民检察院对本级人民代表大会及其常务委员会负责。民族自治地方的人民检察院并对上级人民检察院负责。

民族自治地方人民法院的审判工作，受最高人民法院和上级人民法院监督。民族自治地方的人民检察院的工作，受最高人民检察院和上级人民检察院领导。

民族自治地方的人民法院和人民检察院的领导成员和工作人员中，应当有实行区域自治的民族的人员。

第四十七条 民族自治地方的人民法院和人民检察院应当用当地通用的语言审理和检察案件，并合理配备通晓当地通用的少数民族语言文字的人员。对于不通晓当地通用的语言文字的诉讼参与人，应当为他们提供翻译。法律文书应当根据实际需要，使用当地通用的一种或者几种文字。保障各民族公民都有使用本民族语言文字进行诉讼的权利。

第五章 民族自治地方内的民族关系

第四十八条 民族自治地方的自治机关保障本地方内各民族都享有平等权利。

民族自治地方的自治机关团结各民族的干部和群众，充分调动他们的积极性，共同建设民族自治地方。

第四十九条 民族自治地方的自治机关教育和鼓励各民族的干部互相学习语言文字。汉族干部要学习当地少数民族的语言文字，少数民族干部在学习、使用本民族语言文字的同时，也要学习全国通用的普通话和规范文字。

民族自治地方的国家工作人员，能够熟练使用两种以上当地通用的语言文字的，应当予以奖励。

第五十条 民族自治地方的自治机关帮助聚居在本地方的其他少数民族，建立相应的自治地方或者民族乡。

民族自治地方的自治机关帮助本地方各民族发展经济、教育、科学技术、文化、卫生、体育事业。

民族自治地方的自治机关照顾本地方散居民族的特点和需要。

第五十一条 民族自治地方的自治机关在处理涉及本地方各民族的特殊问题的时候，必须与他们的代表充分协商，尊重他们的意见。

第五十二条 民族自治地方的自治机关保障本地方内各民族公民都享有宪法规定的公民权利，并且教育他们履行公民应尽的义务。

第五十三条 民族自治地方的自治机关提倡爱祖国、爱人民、爱劳动、爱科学、爱社会主义的公德，对本地方内各民族公民进行爱国主义、共产主义和民族政策的教育。教育各民族的干部和群众互相信任，互相学习，互相帮助，互相尊重语言文字、风俗习惯和宗教信仰，共同维护国家的统一和各民族的团结。

第六章　上级国家机关的职责

第五十四条　上级国家机关有关民族自治地方的决议、决定、命令和指示，应当适合民族自治地方的实际情况。

第五十五条　上级国家机关应当帮助、指导民族自治地方经济发展战略的研究、制定和实施，从财政、金融、物资、技术和人才等方面，帮助各民族自治地方加速发展经济、教育、科学技术、文化、卫生、体育等事业。

国家制定优惠政策，引导和鼓励国内外资金投向民族自治地方。

上级国家机关在制定国民经济和社会发展计划的时候，应当照顾民族自治地方的特点和需要。

第五十六条　国家根据统一规划和市场需求，优先在民族自治地方合理安排资源开发项目和基础设施建设项目。国家在重大基础设施投资项目中适当增加投资比重和政策性银行贷款比重。

国家在民族自治地方安排基础设施建设，需要民族自治地方配套资金的，根据不同情况给予减少或者免除配套资金的照顾。

国家帮助民族自治地方加快实用科技开发和成果转化，大力推广实用技术和有条件发展的高新技术，积极引导科技人才向民族自治地方合理流动。国家向民族自治地方提供转移建设项目的时候，根据当地的条件，提供先进、适用的设备和工艺。

第五十七条　国家根据民族自治地方的经济发展特点和需要，综合运用货币市场和资本市场，加大对民族自治地方的金融扶持力度。金融机构对民族自治地方的固定资产投资项目和符合国家产业政策的企业，在开发资源、发展多种经济方面的合理资金需求，应当给予重点扶持。

国家鼓励商业银行加大对民族自治地方的信贷投入，积极支持当地企业的合理资金需求。

第五十八条　上级国家机关从财政、金融、人才等方面帮助民族自治地方的企业进行技术创新，促进产业结构升级。

上级国家机关应当组织和鼓励民族自治地方的企业管理人员和技术人员到经济发达地区学习，同时引导和鼓励经济发达地区的企业管理人员和技术人员到民族自治地方的企业工作。

第五十九条　国家设立各项专用资金，扶助民族自治地方发展经济文化建设事业。

国家设立的各项专用资金和临时性的民族补助专款，任何部门不得扣减、截留、挪用，不得用以顶替民族自治地方的正常的预算收入。

第六十条　上级国家机关根据国家的民族贸易政策和民族自治地方的需要，对民族自治地方的商业、供销和医药企业，从投资、金融、税收等方面给予扶持。

第六十一条　国家制定优惠政策，扶持民族自治地方发展对外经济贸易，扩大民族自治地方生产企业对外贸易经营自主权，鼓励发展地方优势产品出口，实行优惠的边境贸易政策。

第六十二条　随着国民经济的发展和财政收入的增长，上级财政逐步加大对民族自治地方财政转移支付力度。通过一般性财政转移支付、专项财政转移支付、民族优惠政策财政转移支付以及国家确定的其他方式，增加对民族自治地方的资金投入，用于加快民族自治地方经济发展和社会进步，逐步缩小与发达地区的差距。

第六十三条　上级国家机关在投资、金融、税收等方面扶持民族自治地方改善农业、牧业、林业等生产条件和水利、交通、能源、通信等基础设施；扶持民族自治地方合理利用本地资源发展地方工业、乡镇企业、中小企业以及少数民族特需商品和传统手工业品的生产。

第六十四条　上级国家机关应当组织、支持和鼓励经济发达地区与民族自治地方开展经济、技术协作和多层次、多方面的对口支援，帮助和促进民族自治地方经济、教育、科学技术、文化、卫生、体育事业的发展。

第六十五条　国家在民族自治地方开发资源、进行建设的时候，应当照顾民族自治地方的利益，作出有利于民族自治地方经济建设的安排，照顾当地少数民族的生产和生活。国家采取措施，对输出自然资源的民族自治地方给予一定的利益补偿。

国家引导和鼓励经济发达地区的企业按照互惠互利的原则，到民族自治地方投资，开展多种形式的经济合作。

第六十六条　上级国家机关应当把民族自治地方的重大生态平衡、环境保护的综合治理工程项目纳入国民经济和社会发展计划，统一部署。

民族自治地方为国家的生态平衡、环境保护作出贡献的,国家给予一定的利益补偿。

任何组织和个人在民族自治地方开发资源、进行建设的时候,要采取有效措施,保护和改善当地的生活环境和生态环境,防治污染和其他公害。

第六十七条 上级国家机关隶属的在民族自治地方的企业、事业单位依照国家规定招收人员时,优先招收当地少数民族人员。

在民族自治地方的企业、事业单位,应当尊重当地自治机关的自治权,遵守当地自治条例、单行条例和地方性法规、规章,接受当地自治机关的监督。

第六十八条 上级国家机关非经民族自治地方自治机关同意,不得改变民族自治地方所属企业的隶属关系。

第六十九条 国家和上级人民政府应当从财政、金融、物资、技术、人才等方面加大对民族自治地方的贫困地区的扶持力度,帮助贫困人口尽快摆脱贫困状况,实现小康。

第七十条 上级国家机关帮助民族自治地方从当地民族中大量培养各级干部、各种专业人才和技术工人;根据民族自治地方的需要,采取多种形式调派适当数量的教师、医生、科学技术和经营管理人员,参加民族自治地方的工作,对他们的生活待遇给予适当照顾。

第七十一条 国家加大对民族自治地方的教育投入,并采取特殊措施,帮助民族自治地方加速普及九年义务教育和发展其他教育事业,提高各民族人民的科学文化水平。

国家举办民族高等学校,在高等学校举办民族班、民族预科,专门或者主要招收少数民族学生,并且可以采取定向招生、定向分配的办法。高等学校和中等专业学校招收新生的时候,对少数民族考生适当放宽录取标准和条件,对人口特少的少数民族考生给予特殊照顾。各级人民政府和学校应当采取多种措施帮助家庭经济困难的少数民族学生完成学业。

国家在发达地区举办民族中学或者在普通中学开设民族班,招收少数民族学生实施中等教育。

国家帮助民族自治地方培养和培训各民族教师。国家组织和鼓励各民族教师和符合任职条件的各民族毕业生到民族自治地方从事教育教学工作,并给予他们相应的优惠待遇。

第七十二条 上级国家机关应当对各民族的干部和群众加强民族政策的教育,经常检查民族政策和有关法律的遵守和执行。

第七章 附 则

第七十三条 国务院及其有关部门应当在职权范围内,为实施本法分别制定行政法规、规章、具体措施和办法。

自治区和辖有自治州、自治县的省、直辖市的人民代表大会及其常务委员会结合当地实际情况,制定实施本法的具体办法。

第七十四条 本法由全国人民代表大会通过,自1984年10月1日起施行。

(五)国家赔偿

中华人民共和国国家赔偿法

(1994年5月12日第八届全国人民代表大会常务委员会第七次会议通过 根据2010年4月29日第十一届全国人民代表大会常务委员会第十四次会议《关于修改〈中华人民共和国国家赔偿法〉的决定》第一次修正 根据2012年10月26日第十一届全国人民代表大会常务委员会第二十九次会议《关于修改〈中华人民共和国国家赔偿法〉的决定》第二次修正)

目 录

第一章 总 则
第二章 行政赔偿
　第一节 赔偿范围
　第二节 赔偿请求人和赔偿义务机关
　第三节 赔偿程序
第三章 刑事赔偿
　第一节 赔偿范围
　第二节 赔偿请求人和赔偿义务机关
　第三节 赔偿程序
第四章 赔偿方式和计算标准
第五章 其他规定
第六章 附 则

第一章 总 则

第一条 【立法目的】为保障公民、法人和其他组织享有依法取得国家赔偿的权利，促进国家机关依法行使职权，根据宪法，制定本法。

第二条 【依法赔偿】国家机关和国家机关工作人员行使职权，有本法规定的侵犯公民、法人和其他组织合法权益的情形，造成损害的，受害人有依照本法取得国家赔偿的权利。

本法规定的赔偿义务机关，应当依照本法及时履行赔偿义务。

第二章 行政赔偿

第一节 赔偿范围

第三条 【侵犯人身权的行政赔偿范围】行政机关及其工作人员在行使行政职权时有下列侵犯人身权情形之一的，受害人有取得赔偿的权利：

(一)违法拘留或者违法采取限制公民人身自由的行政强制措施的；

(二)非法拘禁或者以其他方法非法剥夺公民人身自由的；

(三)以殴打、虐待等行为或者唆使、放纵他人以殴打、虐待等行为造成公民身体伤害或者死亡的；

(四)违法使用武器、警械造成公民身体伤害或者死亡的；

(五)造成公民身体伤害或者死亡的其他违法行为。

第四条 【侵犯财产权的行政赔偿范围】行政机关及其工作人员在行使行政职权时有下列侵犯财产权情形之一的，受害人有取得赔偿的权利：

(一)违法实施罚款、吊销许可证和执照、责令停产停业、没收财物等行政处罚的；

(二)违法对财产采取查封、扣押、冻结等行政强制措施的；

(三)违法征收、征用财产的；

(四)造成财产损害的其他违法行为。

第五条 【行政侵权中的免责情形】属于下列情形之一的，国家不承担赔偿责任：

(一)行政机关工作人员与行使职权无关的个人行为；

(二)因公民、法人和其他组织自己的行为致使损害发生的；

(三)法律规定的其他情形。

第二节 赔偿请求人和赔偿义务机关

第六条 【行政赔偿请求人】受害的公民、法人和其他组织有权要求赔偿。

受害的公民死亡，其继承人和其他有扶养关系的亲属有权要求赔偿。

受害的法人或者其他组织终止的，其权利承受人有权要求赔偿。

第七条 【行政赔偿义务机关】行政机关及其工作人员行使行政职权侵犯公民、法人和其他组织的合法权益造成损害的，该行政机关为赔偿义务机关。

两个以上行政机关共同行使行政职权时侵犯公民、法人和其他组织的合法权益造成损害的，共同行使行政职权的行政机关为共同赔偿义务机关。

法律、法规授权的组织在行使授予的行政权力时侵犯公民、法人和其他组织的合法权益造成损害的，被授权的组织为赔偿义务机关。

受行政机关委托的组织或者个人在行使受委托的行政权力时侵犯公民、法人和其他组织的合法权益造成损害的，委托的行政机关为赔偿义务机关。

赔偿义务机关被撤销的，继续行使其职权的行政机关为赔偿义务机关；没有继续行使其职权的行政机关的，撤销该赔偿义务机关的行政机关为赔偿义务机关。

第八条 【经过行政复议的赔偿义务机关】经复议机关复议的，最初造成侵权行为的行政机关为赔偿义务机关，但复议机关的复议决定加重损害的，复议机关对加重的部分履行赔偿义务。

第三节 赔偿程序

第九条 【赔偿请求人要求行政赔偿的途径】赔偿义务机关有本法第三条、第四条规定情形之一的，应当给予赔偿。

赔偿请求人要求赔偿，应当先向赔偿义务机关提出，也可以在申请行政复议或者提起行政诉讼时一并提出。

第十条 【行政赔偿的共同赔偿义务机关】赔偿请求人可以向共同赔偿义务机关中的任何一个赔偿义务机关要求赔偿，该赔偿义务机关应当先予赔偿。

第十一条 【根据损害提出数项赔偿要求】赔偿请求人根据受到的不同损害，可以同时提出数项赔偿要求。

第十二条 【赔偿请求人递交赔偿申请书】要求赔偿应当递交申请书，申请书应当载明下列事项：

（一）受害人的姓名、性别、年龄、工作单位和住所，法人或者其他组织的名称、住所和法定代表人或者主要负责人的姓名、职务；

（二）具体的要求、事实根据和理由；

（三）申请的年、月、日。

赔偿请求人书写申请书确有困难的，可以委托他人代书；也可以口头申请，由赔偿义务机关记入笔录。

赔偿请求人不是受害人本人的，应当说明与受害人的关系，并提供相应证明。

赔偿请求人当面递交申请书的，赔偿义务机关应当当场出具加盖本行政机关专用印章并注明收讫日期的书面凭证。申请材料不齐全的，赔偿义务机关应当当场或者在五日内一次性告知赔偿请求人需要补正的全部内容。

第十三条 【行政赔偿义务机关作出赔偿决定】赔偿义务机关应当自收到申请之日起两个月内，作出是否赔偿的决定。赔偿义务机关作出赔偿决定，应当充分听取赔偿请求人的意见，并可以与赔偿请求人就赔偿方式、赔偿项目和赔偿数额依照本法第四章的规定进行协商。

赔偿义务机关决定赔偿的，应当制作赔偿决定书，并自作出决定之日起十日内送达赔偿请求人。

赔偿义务机关决定不予赔偿的，应当自作出决定之日起十日内书面通知赔偿请求人，并说明不予赔偿的理由。

第十四条 【赔偿请求人向法院提起诉讼】赔偿义务机关在规定期限内未作出是否赔偿的决定，赔偿请求人可以自期限届满之日起三个月内，向人民法院提起诉讼。

赔偿请求人对赔偿的方式、项目、数额有异议的，或者赔偿义务机关作出不予赔偿决定的，赔偿请求人可以自赔偿义务机关作出赔偿或者不予赔偿决定之日起三个月内，向人民法院提起诉讼。

第十五条 【举证责任】人民法院审理行政赔偿案件，赔偿请求人和赔偿义务机关对自己提出的主张，应当提供证据。

赔偿义务机关采取行政拘留或者限制人身自由的强制措施期间，被限制人身自由的人死亡或者丧失行为能力的，赔偿义务机关的行为与被限制人身自由的人的死亡或者丧失行为能力是否存在因果关系，赔偿义务机关应当提供证据。

第十六条 【行政追偿】赔偿义务机关赔偿损失后，应当责令有故意或者重大过失的工作人员或者受委托的组织或者个人承担部分或者全部赔偿费用。

对有故意或者重大过失的责任人员，有关机关应当依法给予处分；构成犯罪的，应当依法追究刑事责任。

第三章 刑事赔偿

第一节 赔偿范围

第十七条 【侵犯人身权的刑事赔偿范围】行使侦查、检察、审判职权的机关以及看守所、监狱管理机关及其工作人员在行使职权时有下列侵犯人身权情形之一的，受害人有取得赔偿的权利：

（一）违反刑事诉讼法的规定对公民采取拘留措施的，或者依照刑事诉讼法规定的条件和程序对公民采取拘留措施，但是拘留时间超过刑事诉讼法规定的时限，其后决定撤销案件、不起诉或者判决宣告无罪终止追究刑事责任的；

（二）对公民采取逮捕措施后，决定撤销案件、不起诉或者判决宣告无罪终止追究刑事责任的；

（三）依照审判监督程序再审改判无罪，原判刑罚已经执行的；

（四）刑讯逼供或者以殴打、虐待等行为或者唆使、放纵他人以殴打、虐待等行为造成公民身体伤害或者死亡的；

（五）违法使用武器、警械造成公民身体伤害或者死亡的。

第十八条 【侵犯财产权的刑事赔偿范围】行使侦查、检察、审判职权的机关以及看守所、监狱管理机关及其工作人员在行使职权时有下列侵犯财产权情形之一的，受害人有取得赔偿的权利：

（一）违法对财产采取查封、扣押、冻结、追缴等措施的；

（二）依照审判监督程序再审改判无罪，原判罚金、没收财产已经执行的。

第十九条 【刑事赔偿免责情形】属于下列情形之一的，国家不承担赔偿责任：

（一）因公民自己故意作虚伪供述，或者伪造其他有罪证据被羁押或者被判处刑罚的；

（二）依照刑法第十七条、第十八条规定不负刑事责任的人被羁押的；

（三）依照刑事诉讼法第十五条、第一百七十三条第二款、第二百七十三条第二款、第二百七十九条规定不追究刑事责任的人被羁押的；

（四）行使侦查、检察、审判职权的机关以及看守所、监狱管理机关的工作人员与行使职权无关的个人行为；

（五）因公民自伤、自残等故意行为致使损害发生的；

（六）法律规定的其他情形。

第二节 赔偿请求人和赔偿义务机关

第二十条 【刑事赔偿请求人】赔偿请求人的确定依照本法第六条的规定。

第二十一条 【刑事赔偿义务机关】行使侦查、检察、审判职权的机关以及看守所、监狱管理机关及其工作人员在行使职权时侵犯公民、法人和其他组织的合法权益造成损害的，该机关为赔偿义务机关。

对公民采取拘留措施，依照本法的规定应当给予国家赔偿的，作出拘留决定的机关为赔偿义务机关。

对公民采取逮捕措施后决定撤销案件、不起诉或者判决宣告无罪的，作出逮捕决定的机关为赔偿义务机关。

再审改判无罪的，作出原生效判决的人民法院为赔偿义务机关。二审改判无罪，以及二审发回重审后作无罪处理的，作出一审有罪判决的人民法院为赔偿义务机关。

第三节 赔偿程序

第二十二条 【刑事赔偿的提出和赔偿义务机关先行处理】赔偿义务机关有本法第十七条、第十八条规定情形之一的，应当给予赔偿。

赔偿请求人要求赔偿，应当先向赔偿义务机关提出。

赔偿请求人提出赔偿请求，适用本法第十一条、第十二条的规定。

第二十三条 【刑事赔偿义务机关赔偿决定的作出】赔偿义务机关应当自收到申请之日起两个月内，作出是否赔偿的决定。赔偿义务机关作出赔偿决定，应当充分听取赔偿请求人的意见，并可以与赔偿请求人就赔偿方式、赔偿项目和赔偿数额依照本法第四章的规定进行协商。

赔偿义务机关决定赔偿的，应当制作赔偿决定书，并自作出决定之日起十日内送达赔偿请求人。

赔偿义务机关决定不予赔偿的，应当自作出决定之日起十日内书面通知赔偿请求人，并说明不予赔偿的理由。

第二十四条 【刑事赔偿复议申请的提出】赔偿义务机关在规定期限内未作出是否赔偿的决定，赔偿请求人可以自期限届满之日起三十日内向赔偿义务机关的上一级机关申请复议。

赔偿请求人对赔偿的方式、项目、数额有异议的，或者赔偿义务机关作出不予赔偿决定的，赔偿请求人可以自赔偿义务机关作出赔偿或者不予赔偿决定之日起三十日内，向赔偿义务机关的上一级机关申请复议。

赔偿义务机关是人民法院的，赔偿请求人可以依照本条规定向其上一级人民法院赔偿委员会申请作出赔偿决定。

第二十五条 【刑事赔偿复议的处理和对复议决定的救济】复议机关应当自收到申请之日起两个月内作出决定。

赔偿请求人不服复议决定的，可以在收到复议决定之日起三十日内向复议机关所在地的同级人民法院赔偿委员会申请作出赔偿决定；复议机关逾期不作决定的，赔偿请求人可以自期限届满之日起三十日内向复议机关所在地的同级人民法院赔偿委员会申请作出赔偿决定。

第二十六条 【举证责任分配】人民法院赔偿委员会处理赔偿请求，赔偿请求人和赔偿义务机关对自己提出的主张，应当提供证据。

被羁押人在羁押期间死亡或者丧失行为能力的，赔偿义务机关的行为与被羁押人的死亡或者丧失行为能力是否存在因果关系，赔偿义务机关应当提供证据。

第二十七条 【赔偿委员会办理案件程序】人民法院赔偿委员会处理赔偿请求，采取书面审查的办法。必要时，可以向有关单位和人员调查情况、收集证据。赔偿请求人与赔偿义务机关对损害事实及因果关系有争议的,赔偿委员会可以听取赔偿请求人和赔偿义务机关的陈述和申辩,并可以进行质证。

第二十八条 【赔偿委员会办理案件期限】人民法院赔偿委员会应当自收到赔偿申请之日起三个月内作出决定;属于疑难、复杂、重大案件的,经本院院长批准,可以延长三个月。

第二十九条 【赔偿委员会的组成】中级以上的人民法院设立赔偿委员会,由人民法院三名以上审判员组成,组成人员的人数应当为单数。

赔偿委员会作赔偿决定,实行少数服从多数的原则。

赔偿委员会作出的赔偿决定,是发生法律效力的决定,必须执行。

第三十条 【赔偿委员会重新审查程序】赔偿请求人或者赔偿义务机关对赔偿委员会作出的决定,认为确有错误的,可以向上一级人民法院赔偿委员会提出申诉。

赔偿委员会作出的赔偿决定生效后,如发现赔偿决定违反本法规定的,经本院院长决定或者上级人民法院指令,赔偿委员会应当在两个月内重新审查并依法作出决定,上一级人民法院赔偿委员会也可以直接审查并作出决定。

最高人民检察院对各级人民法院赔偿委员会作出的决定,上级人民检察院对下级人民法院赔偿委员会作出的决定,发现违反本法规定的,应当向同级人民法院赔偿委员会提出意见,同级人民法院赔偿委员会应当在两个月内重新审查并依法作出决定。

第三十一条 【刑事赔偿的追偿】赔偿义务机关赔偿后,应当向有下列情形之一的工作人员追偿部分或者全部赔偿费用:

(一)有本法第十七条第四项、第五项规定情形的;

(二)在处理案件中有贪污受贿,徇私舞弊,枉法裁判行为的。

对有前款规定情形的责任人员,有关机关应当依法给予处分;构成犯罪的,应当依法追究刑事责任。

第四章 赔偿方式和计算标准

第三十二条 【赔偿方式】国家赔偿以支付赔偿金为主要方式。

能够返还财产或者恢复原状的,予以返还财产或者恢复原状。

第三十三条 【人身自由的国家赔偿标准】侵犯公民人身自由的,每日赔偿金按照国家上年度职工日平均工资计算。

第三十四条 【生命健康权的国家赔偿标准】侵犯公民生命健康权的,赔偿金按照下列规定计算:

(一)造成身体伤害的,应当支付医疗费、护理费,以及赔偿因误工减少的收入。减少的收入每日的赔偿金按照国家上年度职工日平均工资计算,最高额为国家上年度职工年平均工资的五倍;

(二)造成部分或者全部丧失劳动能力的,应当支付医疗费、护理费、残疾生活辅助具费、康复费等因残疾而增加的必要支出和继续治疗所必需的费用,以及残疾赔偿金。残疾赔偿金根据丧失劳动能力的程度,按照国家规定的伤残等级确定,最高不超过国家上年度职工年平均工资的二十倍。造成全部丧失劳动能力的,对其扶养的无劳动能力的人,还应当支付生活费;

(三)造成死亡的,应当支付死亡赔偿金、丧葬费,总额为国家上年度职工年平均工资的二十倍。对死者生前扶养的无劳动能力的人,还应当支付生活费。

前款第二项、第三项规定的生活费的发放标准,参照当地最低生活保障标准执行。被扶养的人是未成年人的,生活费给付至十八周岁止;其他无劳动能力的人,生活费给付至死亡时止。

第三十五条 【精神损害的国家赔偿标准】有本法第三条或者第十七条规定情形之一,致人精神损害的,应当在侵权行为影响的范围内,为受害人消除影响,恢复名誉,赔礼道歉;造成严重后果的,应当支付相应的精神损害抚慰金。

第三十六条 【财产权的国家赔偿标准】侵犯公民、法人和其他组织的财产权造成损害的,按照下列规定处理:

(一)处罚款、罚金、追缴、没收财产或者违法征收、征用财产的,返还财产;

(二)查封、扣押、冻结财产的,解除对财产的查封、扣押、冻结,造成财产损坏或者灭失的,依照本条第三项、第四项的规定赔偿;

(三)应当返还的财产损坏的,能够恢复原状的恢复原状,不能恢复原状的,按照损害程度给付相应的赔偿金;

（四）应当返还的财产灭失的，给付相应的赔偿金；

（五）财产已经拍卖或者变卖的，给付拍卖或者变卖所得的价款；变卖的价款明显低于财产价值的，应当支付相应的赔偿金；

（六）吊销许可证和执照、责令停产停业的，赔偿停产停业期间必要的经常性费用开支；

（七）返还执行的罚款或者罚金、追缴或者没收的金钱，解除冻结的存款或者汇款的，应当支付银行同期存款利息；

（八）对财产权造成其他损害的，按照直接损失给予赔偿。

第三十七条 【国家赔偿费用】赔偿费用列入各级财政预算。

赔偿请求人凭生效的判决书、复议决定书、赔偿决定书或者调解书，向赔偿义务机关申请支付赔偿金。

赔偿义务机关应当自收到支付赔偿金申请之日起七日内，依照预算管理权限向有关的财政部门提出支付申请。财政部门应当自收到支付申请之日起十五日内支付赔偿金。

赔偿费用预算与支付管理的具体办法由国务院规定。

第五章 其他规定

第三十八条 【民事、行政诉讼中的司法赔偿】人民法院在民事诉讼、行政诉讼过程中，违法采取对妨害诉讼的强制措施、保全措施或者对判决、裁定及其他生效法律文书执行错误，造成损害的，赔偿请求人要求赔偿的程序，适用本法刑事赔偿程序的规定。

第三十九条 【国家赔偿请求时效】赔偿请求人请求国家赔偿的时效为两年，自其知道或者应当知道国家机关及其工作人员行使职权时的行为侵犯其人身权、财产权之日起计算，但被羁押等限制人身自由期间不计算在内。在申请行政复议或者提起行政诉讼时一并提出赔偿请求的，适用行政复议法、行政诉讼法有关时效的规定。

赔偿请求人在赔偿请求时效的最后六个月内，因不可抗力或者其他障碍不能行使请求权的，时效中止。从中止时效的原因消除之日起，赔偿请求时效期间继续计算。

第四十条 【对等原则】外国人、外国企业和组织在中华人民共和国领域内要求中华人民共和国国家赔偿的，适用本法。

外国人、外国企业和组织的所属国对中华人民共和国公民、法人和其他组织要求该国国家赔偿的权利不予保护或者限制的，中华人民共和国与该外国人、外国企业和组织的所属国实行对等原则。

第六章 附 则

第四十一条 【不得收费和征税】赔偿请求人要求国家赔偿的，赔偿义务机关、复议机关和人民法院不得向赔偿请求人收取任何费用。

对赔偿请求人取得的赔偿金不予征税。

第四十二条 【施行时间】本法自1995年1月1日起施行。

最高人民法院关于适用《中华人民共和国国家赔偿法》若干问题的解释（一）

（2011年2月14日最高人民法院审判委员会第1511次会议通过 2011年2月28日最高人民法院公告公布 自2011年3月18日起施行 法释〔2011〕4号）

为正确适用2010年4月29日第十一届全国人民代表大会常务委员会第十四次会议修正的《中华人民共和国国家赔偿法》，对人民法院处理国家赔偿案件中适用国家赔偿法的有关问题解释如下：

第一条 国家机关及其工作人员行使职权侵犯公民、法人和其他组织合法权益的行为发生在2010年12月1日以后，或者发生在2010年12月1日以前、持续至2010年12月1日以后的，适用修正的国家赔偿法。

第二条 国家机关及其工作人员行使职权侵犯公民、法人和其他组织合法权益的行为发生在2010年12月1日以前的，适用修正前的国家赔偿法，但有下列情形之一的，适用修正的国家赔偿法：

（一）2010年12月1日以前已经受理赔偿请求人的赔偿请求但尚未作出生效赔偿决定的；

（二）赔偿请求人在2010年12月1日以后提

出赔偿请求的。

第三条 人民法院对2010年12月1日以前已经受理但尚未审结的国家赔偿确认案件,应当继续审理。

第四条 公民、法人和其他组织对行使侦查、检察、审判职权的机关以及看守所、监狱管理机关在2010年12月1日以前作出并已发生法律效力的不予确认职务行为违法的法律文书不服,未依据修正前的国家赔偿法规定提出申诉并经有权机关作出侵权确认结论,直接向人民法院赔偿委员会申请赔偿的,不予受理。

第五条 公民、法人和其他组织对在2010年12月1日以前发生法律效力的赔偿决定不服提出申诉的,人民法院审查处理时适用修正前的国家赔偿法;但是仅就修正的国家赔偿法增加的赔偿项目及标准提出申诉的,人民法院不予受理。

第六条 人民法院审查发现2010年12月1日以前发生法律效力的确认裁定、赔偿决定确有错误应当重新审查处理的,适用修正前的国家赔偿法。

第七条 赔偿请求人认为行使侦查、检察、审判职权的机关以及看守所、监狱管理机关及其工作人员在行使职权时有修正的国家赔偿法第十七条第(一)、(二)、(三)项、第十八条规定情形的,应当在刑事诉讼程序终结后提出赔偿请求,但下列情形除外:

(一)赔偿请求人有证据证明其与尚未终结的刑事案件无关的;

(二)刑事案件被害人依据刑事诉讼法第一百九十八条的规定,以财产未返还或者认为返还的财产受到损害而要求赔偿的。

第八条 赔偿请求人认为人民法院有修正的国家赔偿法第三十八条规定情形的,应当在民事、行政诉讼程序或者执行程序终结后提出赔偿请求,但人民法院已依法撤销对妨害诉讼采取的强制措施的情形除外。

第九条 赔偿请求人或者赔偿义务机关认为人民法院赔偿委员会作出的赔偿决定存在错误,依法向上一级人民法院赔偿委员会提出申诉的,不停止赔偿决定的执行;但人民法院赔偿委员会依据修正的国家赔偿法第三十条的规定决定重新审查的,可以决定中止原赔偿决定的执行。

第十条 人民检察院依据修正的国家赔偿法第三十条第三款的规定,对人民法院赔偿委员会在2010年12月1日以后作出的赔偿决定提出意见的,同级人民法院赔偿委员会应当决定重新审查,并可以决定中止原赔偿决定的执行。

第十一条 本解释自公布之日起施行。

(一)总　类

中华人民共和国民法典

(2020年5月28日第十三届全国人民代表大会第三次会议通过　2020年5月28日中华人民共和国主席令第45号公布　自2021年1月1日起施行)

目　　录

第一编　总　　则
第一章　基本规定
第二章　自然人
第一节　民事权利能力和民事行为能力
第二节　监　　护
第三节　宣告失踪和宣告死亡
第四节　个体工商户和农村承包经营户
第三章　法　　人
第一节　一般规定
第二节　营利法人
第三节　非营利法人
第四节　特别法人
第四章　非法人组织
第五章　民事权利
第六章　民事法律行为
第一节　一般规定
第二节　意思表示
第三节　民事法律行为的效力
第四节　民事法律行为的附条件和附期限
第七章　代　　理
第一节　一般规定
第二节　委托代理
第三节　代理终止
第八章　民事责任
第九章　诉讼时效
第十章　期间计算
第二编　物　　权
第一分编　通　　则
第一章　一般规定
第二章　物权的设立、变更、转让和消灭
第一节　不动产登记
第二节　动产交付
第三节　其他规定
第三章　物权的保护
第二分编　所有权
第四章　一般规定
第五章　国家所有权和集体所有权、私人所有权
第六章　业主的建筑物区分所有权
第七章　相邻关系
第八章　共　　有
第九章　所有权取得的特别规定
第三分编　用益物权
第十章　一般规定
第十一章　土地承包经营权
第十二章　建设用地使用权
第十三章　宅基地使用权
第十四章　居住权
第十五章　地役权
第四分编　担保物权
第十六章　一般规定
第十七章　抵押权
第一节　一般抵押权
第二节　最高额抵押权
第十八章　质　　权
第一节　动产质权
第二节　权利质权
第十九章　留置权
第五分编　占　　有
第二十章　占　　有
第三编　合　　同
第一分编　通　　则
第一章　一般规定
第二章　合同的订立
第三章　合同的效力
第四章　合同的履行
第五章　合同的保全
第六章　合同的变更和转让
第七章　合同的权利义务终止
第八章　违约责任
第二分编　典型合同
第九章　买卖合同
第十章　供用电、水、气、热力合同

第十一章　赠与合同
第十二章　借款合同
第十三章　保证合同
第一节　一般规定
第二节　保证责任
第十四章　租赁合同
第十五章　融资租赁合同
第十六章　保理合同
第十七章　承揽合同
第十八章　建设工程合同
第十九章　运输合同
第一节　一般规定
第二节　客运合同
第三节　货运合同
第四节　多式联运合同
第二十章　技术合同
第一节　一般规定
第二节　技术开发合同
第三节　技术转让合同和技术许可合同
第四节　技术咨询合同和技术服务合同
第二十一章　保管合同
第二十二章　仓储合同
第二十三章　委托合同
第二十四章　物业服务合同
第二十五章　行纪合同
第二十六章　中介合同
第二十七章　合伙合同
第三分编　准合同
第二十八章　无因管理
第二十九章　不当得利
第四编　人格权
第一章　一般规定
第二章　生命权、身体权和健康权
第三章　姓名权和名称权
第四章　肖像权
第五章　名誉权和荣誉权
第六章　隐私权和个人信息保护
第五编　婚姻家庭
第一章　一般规定
第二章　结　　婚
第三章　家庭关系
第一节　夫妻关系
第二节　父母子女关系和其他近亲属关系
第四章　离　　婚
第五章　收　　养
第一节　收养关系的成立
第二节　收养的效力
第三节　收养关系的解除
第六编　继　　承
第一章　一般规定
第二章　法定继承
第三章　遗嘱继承和遗赠
第四章　遗产的处理
第七编　侵权责任
第一章　一般规定
第二章　损害赔偿
第三章　责任主体的特殊规定
第四章　产品责任
第五章　机动车交通事故责任
第六章　医疗损害责任
第七章　环境污染和生态破坏责任
第八章　高度危险责任
第九章　饲养动物损害责任
第十章　建筑物和物件损害责任
附　　则

第一编　总　　则

第一章　基本规定

第一条　【立法目的和依据】为了保护民事主体的合法权益，调整民事关系，维护社会和经济秩序，适应中国特色社会主义发展要求，弘扬社会主义核心价值观，根据宪法，制定本法。

第二条　【调整范围】民法调整平等主体的自然人、法人和非法人组织之间的人身关系和财产关系。

第三条　【民事权利及其他合法权益受法律保护】民事主体的人身权利、财产权利以及其他合法权益受法律保护，任何组织或者个人不得侵犯。

第四条　【平等原则】民事主体在民事活动中的法律地位一律平等。

第五条　【自愿原则】民事主体从事民事活动，应当遵循自愿原则，按照自己的意思设立、变更、终止民事法律关系。

第六条 【公平原则】民事主体从事民事活动,应当遵循公平原则,合理确定各方的权利和义务。

第七条 【诚信原则】民事主体从事民事活动,应当遵循诚信原则,秉持诚实,恪守承诺。

第八条 【守法与公序良俗原则】民事主体从事民事活动,不得违反法律,不得违背公序良俗。

第九条 【绿色原则】民事主体从事民事活动,应当有利于节约资源、保护生态环境。

第十条 【处理民事纠纷的依据】处理民事纠纷,应当依照法律;法律没有规定的,可以适用习惯,但是不得违背公序良俗。

第十一条 【特别法优先】其他法律对民事关系有特别规定的,依照其规定。

第十二条 【民法的效力范围】中华人民共和国领域内的民事活动,适用中华人民共和国法律。法律另有规定的,依照其规定。

第二章 自 然 人

第一节 民事权利能力和民事行为能力

第十三条 【自然人民事权利能力的起止时间】自然人从出生时起到死亡时止,具有民事权利能力,依法享有民事权利,承担民事义务。

第十四条 【民事权利能力平等】自然人的民事权利能力一律平等。

第十五条 【出生和死亡时间的认定】自然人的出生时间和死亡时间,以出生证明、死亡证明记载的时间为准;没有出生证明、死亡证明的,以户籍登记或者其他有效身份登记记载的时间为准。有其他证据足以推翻以上记载时间的,以该证据证明的时间为准。

第十六条 【胎儿利益保护】涉及遗产继承、接受赠与等胎儿利益保护的,胎儿视为具有民事权利能力。但是,胎儿娩出时为死体的,其民事权利能力自始不存在。

第十七条 【成年时间】十八周岁以上的自然人为成年人。不满十八周岁的自然人为未成年人。

第十八条 【完全民事行为能力人】成年人为完全民事行为能力人,可以独立实施民事法律行为。

十六周岁以上的未成年人,以自己的劳动收入为主要生活来源的,视为完全民事行为能力人。

第十九条 【限制民事行为能力的未成年人】八周岁以上的未成年人为限制民事行为能力人,实施民事法律行为由其法定代理人代理或者经其法定代理人同意、追认;但是,可以独立实施纯获利益的民事法律行为或者与其年龄、智力相适应的民事法律行为。

第二十条 【无民事行为能力的未成年人】不满八周岁的未成年人为无民事行为能力人,由其法定代理人代理实施民事法律行为。

第二十一条 【无民事行为能力的成年人】不能辨认自己行为的成年人为无民事行为能力人,由其法定代理人代理实施民事法律行为。

八周岁以上的未成年人不能辨认自己行为的,适用前款规定。

第二十二条 【限制民事行为能力的成年人】不能完全辨认自己行为的成年人为限制民事行为能力人,实施民事法律行为由其法定代理人代理或者经其法定代理人同意、追认;但是,可以独立实施纯获利益的民事法律行为或者与其智力、精神健康状况相适应的民事法律行为。

第二十三条 【非完全民事行为能力人的法定代理人】无民事行为能力人、限制民事行为能力人的监护人是其法定代理人。

第二十四条 【民事行为能力的认定及恢复】不能辨认或者不能完全辨认自己行为的成年人,其利害关系人或者有关组织,可以向人民法院申请认定该成年人为无民事行为能力人或者限制民事行为能力人。

被人民法院认定为无民事行为能力人或者限制民事行为能力人的,经本人、利害关系人或者有关组织申请,人民法院可以根据其智力、精神健康恢复的状况,认定该成年人恢复为限制民事行为能力人或者完全民事行为能力人。

本条规定的有关组织包括:居民委员会、村民委员会、学校、医疗机构、妇女联合会、残疾人联合会、依法设立的老年人组织、民政部门等。

第二十五条 【自然人的住所】自然人以户籍登记或者其他有效身份登记记载的居所为住所;经常居所与住所不一致的,经常居所视为住所。

第二节 监 护

第二十六条 【父母子女之间的法律义务】父母对未成年子女负有抚养、教育和保护的义务。

成年子女对父母负有赡养、扶助和保护的义务。

第二十七条 【未成年人的监护人】父母是未成年子女的监护人。

未成年人的父母已经死亡或者没有监护能力的,由下列有监护能力的人按顺序担任监护人:

(一)祖父母、外祖父母;

(二)兄、姐;

(三)其他愿意担任监护人的个人或者组织,但是须经未成年人住所地的居民委员会、村民委员会或者民政部门同意。

第二十八条 【非完全民事行为能力成年人的监护人】无民事行为能力或者限制民事行为能力的成年人,由下列有监护能力的人按顺序担任监护人:

(一)配偶;

(二)父母、子女;

(三)其他近亲属;

(四)其他愿意担任监护人的个人或者组织,但是须经被监护人住所地的居民委员会、村民委员会或者民政部门同意。

第二十九条 【遗嘱指定监护】被监护人的父母担任监护人的,可以通过遗嘱指定监护人。

第三十条 【协议确定监护人】依法具有监护资格的人之间可以协议确定监护人。协议确定监护人应当尊重被监护人的真实意愿。

第三十一条 【监护争议解决程序】对监护人的确定有争议的,由被监护人住所地的居民委员会、村民委员会或者民政部门指定监护人,有关当事人对指定不服的,可以向人民法院申请指定监护人;有关当事人也可以直接向人民法院申请指定监护人。

居民委员会、村民委员会、民政部门或者人民法院应当尊重被监护人的真实意愿,按照最有利于被监护人的原则在依法具有监护资格的人中指定监护人。

依据本条第一款规定指定监护人前,被监护人的人身权利、财产权利以及其他合法权益处于无人保护状态的,由被监护人住所地的居民委员会、村民委员会、法律规定的有关组织或者民政部门担任临时监护人。

监护人被指定后,不得擅自变更;擅自变更的,不免除被指定的监护人的责任。

第三十二条 【公职监护人】没有依法具有监护资格的人的,监护人由民政部门担任,也可以由具备履行监护职责条件的被监护人住所地的居民委员会、村民委员会担任。

第三十三条 【意定监护】具有完全民事行为能力的成年人,可以与其近亲属、其他愿意担任监护人的个人或者组织事先协商,以书面形式确定自己的监护人,在自己丧失或者部分丧失民事行为能力时,由该监护人履行监护职责。

第三十四条 【监护职责及临时生活照料】监护人的职责是代理被监护人实施民事法律行为,保护被监护人的人身权利、财产权利以及其他合法权益等。

监护人依法履行监护职责产生的权利,受法律保护。

监护人不履行监护职责或者侵害被监护人合法权益的,应当承担法律责任。

因发生突发事件等紧急情况,监护人暂时无法履行监护职责,被监护人的生活处于无人照料状态的,被监护人住所地的居民委员会、村民委员会或者民政部门应当为被监护人安排必要的临时生活照料措施。

第三十五条 【履行监护职责应遵循的原则】监护人应当按照最有利于被监护人的原则履行监护职责。监护人除为维护被监护人利益外,不得处分被监护人的财产。

未成年人的监护人履行监护职责,在作出与被监护人利益有关的决定时,应当根据被监护人的年龄和智力状况,尊重被监护人的真实意愿。

成年人的监护人履行监护职责,应当最大程度地尊重被监护人的真实意愿,保障并协助被监护人实施与其智力、精神健康状况相适应的民事法律行为。对被监护人有能力独立处理的事务,监护人不得干涉。

第三十六条 【监护人资格的撤销】监护人有下列情形之一的,人民法院根据有关个人或者组织的申请,撤销其监护人资格,安排必要的临时监护措施,并按照最有利于被监护人的原则依法指定监护人:

(一)实施严重损害被监护人身心健康的行为;

(二)怠于履行监护职责,或者无法履行监护职责且拒绝将监护职责部分或者全部委托给他人,导致被监护人处于危困状态；

（三）实施严重侵害被监护人合法权益的其他行为。

本条规定的有关个人、组织包括：其他依法具有监护资格的人，居民委员会、村民委员会、学校、医疗机构、妇女联合会、残疾人联合会、未成年人保护组织、依法设立的老年人组织、民政部门等。

前款规定的个人和民政部门以外的组织未及时向人民法院申请撤销监护人资格的，民政部门应当向人民法院申请。

第三十七条 【监护人资格撤销后的义务】依法负担被监护人抚养费、赡养费、扶养费的父母、子女、配偶等，被人民法院撤销监护人资格后，应当继续履行负担的义务。

第三十八条 【监护人资格的恢复】被监护人的父母或者子女被人民法院撤销监护人资格后，除对被监护人实施故意犯罪的外，确有悔改表现的，经其申请，人民法院可以在尊重被监护人真实意愿的前提下，视情况恢复其监护人资格，人民法院指定的监护人与被监护人的监护关系同时终止。

第三十九条 【监护关系的终止】有下列情形之一的，监护关系终止：

（一）被监护人取得或者恢复完全民事行为能力；

（二）监护人丧失监护能力；

（三）被监护人或者监护人死亡；

（四）人民法院认定监护关系终止的其他情形。

监护关系终止后，被监护人仍然需要监护的，应当依法另行确定监护人。

第三节 宣告失踪和宣告死亡

第四十条 【宣告失踪】自然人下落不明满二年的，利害关系人可以向人民法院申请宣告该自然人为失踪人。

第四十一条 【下落不明的起算时间】自然人下落不明的时间自其失去音讯之日起计算。战争期间下落不明的，下落不明的时间自战争结束之日或者有关机关确定的下落不明之日起计算。

第四十二条 【财产代管人】失踪人的财产由其配偶、成年子女、父母或者其他愿意担任财产代管人的人代管。

代管有争议，没有前款规定的人，或者前款规定的人无代管能力的，由人民法院指定的人代管。

第四十三条 【财产代管人的职责】财产代管人应当妥善管理失踪人的财产，维护其财产权益。

失踪人所欠税款、债务和应付的其他费用，由财产代管人从失踪人的财产中支付。

财产代管人因故意或者重大过失造成失踪人财产损失的，应当承担赔偿责任。

第四十四条 【财产代管人的变更】财产代管人不履行代管职责、侵害失踪人财产权益或者丧失代管能力的，失踪人的利害关系人可以向人民法院申请变更财产代管人。

财产代管人有正当理由的，可以向人民法院申请变更财产代管人。

人民法院变更财产代管人的，变更后的财产代管人有权请求原财产代管人及时移交有关财产并报告财产代管情况。

第四十五条 【失踪宣告的撤销】失踪人重新出现，经本人或者利害关系人申请，人民法院应当撤销失踪宣告。

失踪人重新出现，有权请求财产代管人及时移交有关财产并报告财产代管情况。

第四十六条 【宣告死亡】自然人有下列情形之一的，利害关系人可以向人民法院申请宣告该自然人死亡：

（一）下落不明满四年；

（二）因意外事件，下落不明满二年。

因意外事件下落不明，经有关机关证明该自然人不可能生存的，申请宣告死亡不受二年时间的限制。

第四十七条 【宣告失踪与宣告死亡申请的竞合】对同一自然人，有的利害关系人申请宣告死亡，有的利害关系人申请宣告失踪，符合本法规定的宣告死亡条件的，人民法院应当宣告死亡。

第四十八条 【死亡日期的确定】被宣告死亡的人，人民法院宣告死亡的判决作出之日视为其死亡的日期；因意外事件下落不明宣告死亡的，意外事件发生之日视为其死亡的日期。

第四十九条 【被宣告死亡人实际生存时的行为效力】自然人被宣告死亡但是并未死亡的，不影响该自然人在被宣告死亡期间实施的民事法律行为的效力。

第五十条 【死亡宣告的撤销】被宣告死亡的人重新出现，经本人或者利害关系人申请，人民法院应当撤销死亡宣告。

第五十一条 【宣告死亡及其撤销后婚姻关系的效力】被宣告死亡的人的婚姻关系，自死亡宣告之日起消除。死亡宣告被撤销的，婚姻关系自撤销死亡宣告之日起自行恢复。但是，其配偶再婚或者向婚姻登记机关书面声明不愿意恢复的除外。

第五十二条 【死亡宣告撤销后子女被收养的效力】被宣告死亡的人在被宣告死亡期间，其子女被他人依法收养的，在死亡宣告被撤销后，不得以未经本人同意为由主张收养行为无效。

第五十三条 【死亡宣告撤销后的财产返还与赔偿责任】被撤销死亡宣告的人有权请求依照本法第六编取得其财产的民事主体返还财产；无法返还的，应当给予适当补偿。

利害关系人隐瞒真实情况，致使他人被宣告死亡而取得其财产的，除应当返还财产外，还应当对由此造成的损失承担赔偿责任。

第四节　个体工商户和农村承包经营户

第五十四条 【个体工商户】自然人从事工商业经营，经依法登记，为个体工商户。个体工商户可以起字号。

第五十五条 【农村承包经营户】农村集体经济组织的成员，依法取得农村土地承包经营权，从事家庭承包经营的，为农村承包经营户。

第五十六条 【"两户"的债务承担】个体工商户的债务，个人经营的，以个人财产承担；家庭经营的，以家庭财产承担；无法区分的，以家庭财产承担。

农村承包经营户的债务，以从事农村土地承包经营的农户财产承担；事实上由农户部分成员经营的，以该部分成员的财产承担。

第三章　法　　人

第一节　一 般 规 定

第五十七条 【法人的定义】法人是具有民事权利能力和民事行为能力，依法独立享有民事权利和承担民事义务的组织。

第五十八条 【法人的成立】法人应当依法成立。

法人应当有自己的名称、组织机构、住所、财产或者经费。法人成立的具体条件和程序，依照法律、行政法规的规定。

设立法人，法律、行政法规规定须经有关机关批准的，依照其规定。

第五十九条 【法人的民事权利能力和民事行为能力】法人的民事权利能力和民事行为能力，从法人成立时产生，到法人终止时消灭。

第六十条 【法人的民事责任承担】法人以其全部财产独立承担民事责任。

第六十一条 【法定代表人】依照法律或者法人章程的规定，代表法人从事民事活动的负责人，为法人的法定代表人。

法定代表人以法人名义从事的民事活动，其法律后果由法人承受。

法人章程或者法人权力机构对法定代表人代表权的限制，不得对抗善意相对人。

第六十二条 【法定代表人职务行为的法律责任】法定代表人因执行职务造成他人损害的，由法人承担民事责任。

法人承担民事责任后，依照法律或者法人章程的规定，可以向有过错的法定代表人追偿。

第六十三条 【法人的住所】法人以其主要办事机构所在地为住所。依法需要办理法人登记的，应当将主要办事机构所在地登记为住所。

第六十四条 【法人的变更登记】法人存续期间登记事项发生变化的，应当依法向登记机关申请变更登记。

第六十五条 【法人登记的对抗效力】法人的实际情况与登记的事项不一致的，不得对抗善意相对人。

第六十六条 【法人登记公示制度】登记机关应当依法及时公示法人登记的有关信息。

第六十七条 【法人合并、分立后的权利义务承担】法人合并的，其权利和义务由合并后的法人享有和承担。

法人分立的，其权利和义务由分立后的法人享有连带债权，承担连带债务，但是债权人和债务人另有约定的除外。

第六十八条 【法人的终止】有下列原因之一并依法完成清算、注销登记的，法人终止：

（一）法人解散；

（二）法人被宣告破产；

（三）法律规定的其他原因。

法人终止,法律、行政法规规定须经有关机关批准的,依照其规定。

第六十九条 【法人的解散】有下列情形之一的,法人解散:

(一)法人章程规定的存续期间届满或者法人章程规定的其他解散事由出现;

(二)法人的权力机构决议解散;

(三)因法人合并或者分立需要解散;

(四)法人依法被吊销营业执照、登记证书,被责令关闭或者被撤销;

(五)法律规定的其他情形。

第七十条 【法人解散后的清算】法人解散的,除合并或者分立的情形外,清算义务人应当及时组成清算组进行清算。

法人的董事、理事等执行机构或者决策机构的成员为清算义务人。法律、行政法规另有规定的,依照其规定。

清算义务人未及时履行清算义务,造成损害的,应当承担民事责任;主管机关或者利害关系人可以申请人民法院指定有关人员组成清算组进行清算。

第七十一条 【法人清算的法律适用】法人的清算程序和清算组职权,依照有关法律的规定;没有规定的,参照适用公司法律的有关规定。

第七十二条 【清算的法律效果】清算期间法人存续,但是不得从事与清算无关的活动。

法人清算后的剩余财产,按照法人章程的规定或者法人权力机构的决议处理。法律另有规定的,依照其规定。

清算结束并完成法人注销登记时,法人终止;依法不需要办理法人登记的,清算结束时,法人终止。

第七十三条 【法人因破产而终止】法人被宣告破产的,依法进行破产清算并完成法人注销登记时,法人终止。

第七十四条 【法人的分支机构】法人可以依法设立分支机构。法律、行政法规规定分支机构应当登记的,依照其规定。

分支机构以自己的名义从事民事活动,产生的民事责任由法人承担;也可以先以该分支机构管理的财产承担,不足以承担的,由法人承担。

第七十五条 【法人设立行为的法律后果】设立人为设立法人从事的民事活动,其法律后果由法人承受;法人未成立的,其法律后果由设立人承受,设立人为二人以上的,享有连带债权,承担连带债务。

设立人为设立法人以自己的名义从事民事活动产生的民事责任,第三人有权选择请求法人或者设立人承担。

第二节 营利法人

第七十六条 【营利法人的定义和类型】以取得利润并分配给股东等出资人为目的成立的法人,为营利法人。

营利法人包括有限责任公司、股份有限公司和其他企业法人等。

第七十七条 【营利法人的成立】营利法人经依法登记成立。

第七十八条 【营利法人的营业执照】依法设立的营利法人,由登记机关发给营利法人营业执照。营业执照签发日期为营利法人的成立日期。

第七十九条 【营利法人的章程】设立营利法人应当依法制定法人章程。

第八十条 【营利法人的权力机构】营利法人应当设权力机构。

权力机构行使修改法人章程,选举或者更换执行机构、监督机构成员,以及法人章程规定的其他职权。

第八十一条 【营利法人的执行机构】营利法人应当设执行机构。

执行机构行使召集权力机构会议,决定法人的经营计划和投资方案,决定法人内部管理机构的设置,以及法人章程规定的其他职权。

执行机构为董事会或者执行董事的,董事长、执行董事或者经理按照法人章程的规定担任法定代表人;未设董事会或者执行董事的,法人章程规定的主要负责人为其执行机构和法定代表人。

第八十二条 【营利法人的监督机构】营利法人设监事会或者监事等监督机构的,监督机构依法行使检查法人财务,监督执行机构成员、高级管理人员执行法人职务的行为,以及法人章程规定的其他职权。

第八十三条 【出资人滥用权利的责任承担】营利法人的出资人不得滥用出资人权利损害法人或者其他出资人的利益;滥用出资人权利造成法人或者其他出资人损失的,应当依法承担民事责任。

营利法人的出资人不得滥用法人独立地位和出资人有限责任损害法人债权人的利益；滥用法人独立地位和出资人有限责任，逃避债务，严重损害法人债权人的利益的，应当对法人债务承担连带责任。

第八十四条 【利用关联关系造成损失的赔偿责任】营利法人的控股出资人、实际控制人、董事、监事、高级管理人员不得利用其关联关系损害法人的利益；利用关联关系造成法人损失的，应当承担赔偿责任。

第八十五条 【营利法人出资人对瑕疵决议的撤销权】营利法人的权力机构、执行机构作出决议的会议召集程序、表决方式违反法律、行政法规、法人章程，或者决议内容违反法人章程的，营利法人的出资人可以请求人民法院撤销该决议。但是，营利法人依据该决议与善意相对人形成的民事法律关系不受影响。

第八十六条 【营利法人的社会责任】营利法人从事经营活动，应当遵守商业道德，维护交易安全，接受政府和社会的监督，承担社会责任。

第三节 非营利法人

第八十七条 【非营利法人的定义和范围】为公益目的或者其他非营利目的成立，不向出资人、设立人或者会员分配所取得利润的法人，为非营利法人。

非营利法人包括事业单位、社会团体、基金会、社会服务机构等。

第八十八条 【事业单位法人资格的取得】具备法人条件，为适应经济社会发展需要，提供公益服务设立的事业单位，经依法登记成立，取得事业单位法人资格；依法不需要办理法人登记的，从成立之日起，具有事业单位法人资格。

第八十九条 【事业单位法人的组织机构】事业单位法人设理事会的，除法律另有规定外，理事会为其决策机构。事业单位法人的法定代表人依照法律、行政法规或者法人章程的规定产生。

第九十条 【社会团体法人资格的取得】具备法人条件，基于会员共同意愿，为公益目的或者会员共同利益等非营利目的设立的社会团体，经依法登记成立，取得社会团体法人资格；依法不需要办理法人登记的，从成立之日起，具有社会团体法人资格。

第九十一条 【社会团体法人章程和组织机构】设立社会团体法人应当依法制定法人章程。

社会团体法人应当设会员大会或者会员代表大会等权力机构。

社会团体法人应当设理事会等执行机构。理事长或者会长等负责人按照法人章程的规定担任法定代表人。

第九十二条 【捐助法人】具备法人条件，为公益目的以捐助财产设立的基金会、社会服务机构等，经依法登记成立，取得捐助法人资格。

依法设立的宗教活动场所，具备法人条件的，可以申请法人登记，取得捐助法人资格。法律、行政法规对宗教活动场所有规定的，依照其规定。

第九十三条 【捐助法人章程和组织机构】设立捐助法人应当依法制定法人章程。

捐助法人应当设理事会、民主管理组织等决策机构，并设执行机构。理事长等负责人按照法人章程的规定担任法定代表人。

捐助法人应当设监事会等监督机构。

第九十四条 【捐助人的权利】捐助人有权向捐助法人查询捐助财产的使用、管理情况，并提出意见和建议，捐助法人应当及时、如实答复。

捐助法人的决策机构、执行机构或者法定代表人作出决定的程序违反法律、行政法规、法人章程，或者决定内容违反法人章程的，捐助人等利害关系人或者主管机关可以请求人民法院撤销该决定。但是，捐助法人依据该决定与善意相对人形成的民事法律关系不受影响。

第九十五条 【公益性非营利法人剩余财产的处理】为公益目的成立的非营利法人终止时，不得向出资人、设立人或者会员分配剩余财产。剩余财产应当按照法人章程的规定或者权力机构的决议用于公益目的；无法按照法人章程的规定或者权力机构的决议处理的，由主管机关主持转给宗旨相同或者相近的法人，并向社会公告。

第四节 特别法人

第九十六条 【特别法人的类型】本节规定的机关法人、农村集体经济组织法人、城镇农村的合作经济组织法人、基层群众性自治组织法人，为特别法人。

第九十七条 【机关法人】有独立经费的机关和承担行政职能的法定机构从成立之日起，具有机关法人资格,可以从事为履行职能所需要的民事活动。

第九十八条 【机关法人的终止】机关法人被撤销的,法人终止,其民事权利和义务由继任的机关法人享有和承担;没有继任的机关法人的,由作出撤销决定的机关法人享有和承担。

第九十九条 【农村集体经济组织法人】农村集体经济组织依法取得法人资格。

法律、行政法规对农村集体经济组织有规定的,依照其规定。

第一百条 【合作经济组织法人】城镇农村的合作经济组织依法取得法人资格。

法律、行政法规对城镇农村的合作经济组织有规定的,依照其规定。

第一百零一条 【基层群众性自治组织法人】居民委员会、村民委员会具有基层群众性自治组织法人资格,可以从事为履行职能所需要的民事活动。

未设立村集体经济组织的,村民委员会可以依法代行村集体经济组织的职能。

第四章 非法人组织

第一百零二条 【非法人组织的定义】非法人组织是不具有法人资格,但是能够依法以自己的名义从事民事活动的组织。

非法人组织包括个人独资企业、合伙企业、不具有法人资格的专业服务机构等。

第一百零三条 【非法人组织的设立程序】非法人组织应当依照法律的规定登记。

设立非法人组织,法律、行政法规规定须经有关机关批准的,依照其规定。

第一百零四条 【非法人组织的债务承担】非法人组织的财产不足以清偿债务的,其出资人或者设立人承担无限责任。法律另有规定的,依照其规定。

第一百零五条 【非法人组织的代表人】非法人组织可以确定一人或者数人代表该组织从事民事活动。

第一百零六条 【非法人组织的解散】有下列情形之一的,非法人组织解散:

(一)章程规定的存续期间届满或者章程规定的其他解散事由出现;

(二)出资人或者设立人决定解散;

(三)法律规定的其他情形。

第一百零七条 【非法人组织的清算】非法人组织解散的,应当依法进行清算。

第一百零八条 【非法人组织的参照适用规定】非法人组织除适用本章规定外,参照适用本编第三章第一节的有关规定。

第五章 民事权利

第一百零九条 【一般人格权】自然人的人身自由、人格尊严受法律保护。

第一百一十条 【民事主体的人格权】自然人享有生命权、身体权、健康权、姓名权、肖像权、名誉权、荣誉权、隐私权、婚姻自主权等权利。

法人、非法人组织享有名称权、名誉权和荣誉权。

第一百一十一条 【个人信息受法律保护】自然人的个人信息受法律保护。任何组织或者个人需要获取他人个人信息的,应当依法取得并确保信息安全,不得非法收集、使用、加工、传输他人个人信息,不得非法买卖、提供或者公开他人个人信息。

第一百一十二条 【婚姻家庭关系等产生的人身权利】自然人因婚姻家庭关系等产生的人身权利受法律保护。

第一百一十三条 【财产权受法律平等保护】民事主体的财产权利受法律平等保护。

第一百一十四条 【物权的定义及类型】民事主体依法享有物权。

物权是权利人依法对特定的物享有直接支配和排他的权利,包括所有权、用益物权和担保物权。

第一百一十五条 【物权的客体】物包括不动产和动产。法律规定权利作为物权客体的,依照其规定。

第一百一十六条 【物权法定原则】物权的种类和内容,由法律规定。

第一百一十七条 【征收与征用】为了公共利益的需要,依照法律规定的权限和程序征收、征用不动产或者动产的,应当给予公平、合理的补偿。

第一百一十八条 【债权的定义】民事主体依法享有债权。

债权是因合同、侵权行为、无因管理、不当得利以及法律的其他规定,权利人请求特定义务人为或者不为一定行为的权利。

第一百一十九条 【合同之债】依法成立的合同,对当事人具有法律约束力。

第一百二十条 【侵权之债】民事权益受到侵害的,被侵权人有权请求侵权人承担侵权责任。

第一百二十一条 【无因管理之债】没有法定的或者约定的义务,为避免他人利益受损失而进行管理的人,有权请求受益人偿还由此支出的必要费用。

第一百二十二条 【不当得利之债】因他人没有法律根据,取得不当利益,受损失的人有权请求其返还不当利益。

第一百二十三条 【知识产权及其客体】民事主体依法享有知识产权。

知识产权是权利人依法就下列客体享有的专有的权利:

(一)作品;

(二)发明、实用新型、外观设计;

(三)商标;

(四)地理标志;

(五)商业秘密;

(六)集成电路布图设计;

(七)植物新品种;

(八)法律规定的其他客体。

第一百二十四条 【继承权及其客体】自然人依法享有继承权。

自然人合法的私有财产,可以依法继承。

第一百二十五条 【投资性权利】民事主体依法享有股权和其他投资性权利。

第一百二十六条 【其他民事权益】民事主体享有法律规定的其他民事权利和利益。

第一百二十七条 【对数据和网络虚拟财产的保护】法律对数据、网络虚拟财产的保护有规定的,依照其规定。

第一百二十八条 【对弱势群体的特别保护】法律对未成年人、老年人、残疾人、妇女、消费者等的民事权利保护有特别规定的,依照其规定。

第一百二十九条 【民事权利的取得方式】民事权利可以依据民事法律行为、事实行为、法律规定的事件或者法律规定的其他方式取得。

第一百三十条 【权利行使的自愿原则】民事主体按照自己的意愿依法行使民事权利,不受干涉。

第一百三十一条 【权利人的义务履行】民事主体行使权利时,应当履行法律规定的和当事人约定的义务。

第一百三十二条 【禁止权利滥用】民事主体不得滥用民事权利损害国家利益、社会公共利益或者他人合法权益。

第六章　民事法律行为

第一节　一般规定

第一百三十三条 【民事法律行为的定义】民事法律行为是民事主体通过意思表示设立、变更、终止民事法律关系的行为。

第一百三十四条 【民事法律行为的成立】民事法律行为可以基于双方或者多方的意思表示一致成立,也可以基于单方的意思表示成立。

法人、非法人组织依照法律或者章程规定的议事方式和表决程序作出决议的,该决议行为成立。

第一百三十五条 【民事法律行为的形式】民事法律行为可以采用书面形式、口头形式或者其他形式;法律、行政法规规定或者当事人约定采用特定形式的,应当采用特定形式。

第一百三十六条 【民事法律行为的生效】民事法律行为自成立时生效,但是法律另有规定或者当事人另有约定的除外。

行为人非依法律规定或者未经对方同意,不得擅自变更或者解除民事法律行为。

第二节　意思表示

第一百三十七条 【有相对人的意思表示的生效时间】以对话方式作出的意思表示,相对人知道其内容时生效。

以非对话方式作出的意思表示,到达相对人时生效。以非对话方式作出的采用数据电文形式的意思表示,相对人指定特定系统接收数据电文的,该数据电文进入该特定系统时生效;未指定特定系统的,相对人知道或者应当知道该数据电文进入其系统时生效。当事人对采用数据电文形式的意思表示的生效时间另有约定的,按照其约定。

第一百三十八条 【无相对人的意思表示的生效时间】无相对人的意思表示,表示完成时生效。法律另有规定的,依照其规定。

第一百三十九条 【公告的意思表示的生效时间】以公告方式作出的意思表示,公告发布时生效。

第一百四十条 【意思表示的方式】行为人可以明示或者默示作出意思表示。

沉默只有在有法律规定、当事人约定或者符合当事人之间的交易习惯时,才可以视为意思表示。

第一百四十一条 【意思表示的撤回】行为人可以撤回意思表示。撤回意思表示的通知应当在意思表示到达相对人前或者与意思表示同时到达相对人。

第一百四十二条 【意思表示的解释】有相对人的意思表示的解释,应当按照所使用的词句,结合相关条款、行为的性质和目的、习惯以及诚信原则,确定意思表示的含义。

无相对人的意思表示的解释,不能完全拘泥于所使用的词句,而应当结合相关条款、行为的性质和目的、习惯以及诚信原则,确定行为人的真实意思。

第三节 民事法律行为的效力

第一百四十三条 【民事法律行为的有效条件】具备下列条件的民事法律行为有效:

(一)行为人具有相应的民事行为能力;

(二)意思表示真实;

(三)不违反法律、行政法规的强制性规定,不违背公序良俗。

第一百四十四条 【无民事行为能力人实施的民事法律行为】无民事行为能力人实施的民事法律行为无效。

第一百四十五条 【限制民事行为能力人实施的民事法律行为】限制民事行为能力人实施的纯获利益的民事法律行为或者与其年龄、智力、精神健康状况相适应的民事法律行为有效;实施的其他民事法律行为经法定代理人同意或者追认后有效。

相对人可以催告法定代理人自收到通知之日起三十日内予以追认。法定代理人未作表示的,视为拒绝追认。民事法律行为被追认前,善意相对人有撤销的权利。撤销应当以通知的方式作出。

第一百四十六条 【虚假表示与隐藏行为效力】行为人与相对人以虚假的意思表示实施的民事法律行为无效。

以虚假的意思表示隐藏的民事法律行为的效力,依照有关法律规定处理。

第一百四十七条 【重大误解】基于重大误解实施的民事法律行为,行为人有权请求人民法院或者仲裁机构予以撤销。

第一百四十八条 【欺诈】一方以欺诈手段,使对方在违背真实意思的情况下实施的民事法律行为,受欺诈方有权请求人民法院或者仲裁机构予以撤销。

第一百四十九条 【第三人欺诈】第三人实施欺诈行为,使一方在违背真实意思的情况下实施的民事法律行为,对方知道或者应当知道该欺诈行为的,受欺诈方有权请求人民法院或者仲裁机构予以撤销。

第一百五十条 【胁迫】一方或者第三人以胁迫手段,使对方在违背真实意思的情况下实施的民事法律行为,受胁迫方有权请求人民法院或者仲裁机构予以撤销。

第一百五十一条 【乘人之危导致的显失公平】一方利用对方处于危困状态、缺乏判断能力等情形,致使民事法律行为成立时显失公平的,受损害方有权请求人民法院或者仲裁机构予以撤销。

第一百五十二条 【撤销权的消灭期间】有下列情形之一的,撤销权消灭:

(一)当事人自知道或者应当知道撤销事由之日起一年内、重大误解的当事人自知道或者应当知道撤销事由之日起九十日内没有行使撤销权;

(二)当事人受胁迫,自胁迫行为终止之日起一年内没有行使撤销权;

(三)当事人知道撤销事由后明确表示或者以自己的行为表明放弃撤销权。

当事人自民事法律行为发生之日起五年内没有行使撤销权的,撤销权消灭。

第一百五十三条 【违反强制性规定及违背公序良俗的民事法律行为的效力】违反法律、行政法规的强制性规定的民事法律行为无效。但是,该强制性规定不导致该民事法律行为无效的除外。

违背公序良俗的民事法律行为无效。

第一百五十四条 【恶意串通】行为人与相对人恶意串通,损害他人合法权益的民事法律行为无效。

第一百五十五条 【无效或者被撤销民事法律行为自始无效】无效的或者被撤销的民事法律行为自始没有法律约束力。

第一百五十六条 【民事法律行为部分无效】

民事法律行为部分无效，不影响其他部分效力的，其他部分仍然有效。

第一百五十七条 【民事法律行为无效、被撤销、不生效力的法律后果】民事法律行为无效、被撤销或者确定不发生效力后，行为人因该行为取得的财产，应当予以返还；不能返还或者没有必要返还的，应当折价补偿。有过错的一方应当赔偿对方由此所受到的损失；各方都有过错的，应当各自承担相应的责任。法律另有规定的，依照其规定。

第四节 民事法律行为的附条件和附期限

第一百五十八条 【附条件的民事法律行为】民事法律行为可以附条件，但是根据其性质不得附条件的除外。附生效条件的民事法律行为，自条件成就时生效。附解除条件的民事法律行为，自条件成就时失效。

第一百五十九条 【条件成就或不成就的拟制】附条件的民事法律行为，当事人为自己的利益不正当地阻止条件成就的，视为条件已经成就；不正当地促成条件成就的，视为条件不成就。

第一百六十条 【附期限的民事法律行为】民事法律行为可以附期限，但是根据其性质不得附期限的除外。附生效期限的民事法律行为，自期限届至时生效。附终止期限的民事法律行为，自期限届满时失效。

第七章 代 理

第一节 一般规定

第一百六十一条 【代理的适用范围】民事主体可以通过代理人实施民事法律行为。

依照法律规定、当事人约定或者民事法律行为的性质，应当由本人亲自实施的民事法律行为，不得代理。

第一百六十二条 【代理的效力】代理人在代理权限内，以被代理人名义实施的民事法律行为，对被代理人发生效力。

第一百六十三条 【代理的类型】代理包括委托代理和法定代理。

委托代理人按照被代理人的委托行使代理权。法定代理人依照法律的规定行使代理权。

第一百六十四条 【不当代理的民事责任】代理人不履行或者不完全履行职责，造成被代理人损害的，应当承担民事责任。

代理人和相对人恶意串通，损害被代理人合法权益的，代理人和相对人应当承担连带责任。

第二节 委托代理

第一百六十五条 【授权委托书】委托代理授权采用书面形式的，授权委托书应当载明代理人的姓名或者名称、代理事项、权限和期限，并由被代理人签名或者盖章。

第一百六十六条 【共同代理】数人为同一代理事项的代理人的，应当共同行使代理权，但是当事人另有约定的除外。

第一百六十七条 【违法代理的责任承担】代理人知道或者应当知道代理事项违法仍然实施代理行为，或者被代理人知道或者应当知道代理人的代理行为违法未作反对表示的，被代理人和代理人应当承担连带责任。

第一百六十八条 【禁止自己代理和双方代理】代理人不得以被代理人的名义与自己实施民事法律行为，但是被代理人同意或者追认的除外。

代理人不得以被代理人的名义与自己同时代理的其他人实施民事法律行为，但是被代理的双方同意或者追认的除外。

第一百六十九条 【复代理】代理人需要转委托第三人代理的，应当取得被代理人的同意或者追认。

转委托代理经被代理人同意或者追认的，被代理人可以就代理事务直接指示转委托的第三人，代理人仅就第三人的选任以及对第三人的指示承担责任。

转委托代理未经被代理人同意或者追认的，代理人应当对转委托的第三人的行为承担责任；但是，在紧急情况下代理人为了维护被代理人的利益需要转委托第三人代理的除外。

第一百七十条 【职务代理】执行法人或者非法人组织工作任务的人员，就其职权范围内的事项，以法人或者非法人组织的名义实施的民事法律行为，对法人或者非法人组织发生效力。

法人或者非法人组织对执行其工作任务的人员职权范围的限制，不得对抗善意相对人。

第一百七十一条 【无权代理】行为人没有代理权、超越代理权或者代理权终止后，仍然实施代理行为，未经被代理人追认的，对被代理人不发生效力。

相对人可以催告被代理人自收到通知之日起三十日内予以追认。被代理人未作表示的，视为拒绝追认。行为人实施的行为被追认前，善意相对人有撤销的权利。撤销应当以通知的方式作出。

行为人实施的行为未被追认的，善意相对人有权请求行为人履行债务或者就其受到的损害请求行为人赔偿。但是，赔偿的范围不得超过被代理人追认时相对人所能获得的利益。

相对人知道或者应当知道行为人无权代理的，相对人和行为人按照各自的过错承担责任。

第一百七十二条 【表见代理】行为人没有代理权、超越代理权或者代理权终止后，仍然实施代理行为，相对人有理由相信行为人有代理权的，代理行为有效。

第三节 代理终止

第一百七十三条 【委托代理的终止】有下列情形之一的，委托代理终止：

（一）代理期限届满或者代理事务完成；

（二）被代理人取消委托或者代理人辞去委托；

（三）代理人丧失民事行为能力；

（四）代理人或者被代理人死亡；

（五）作为代理人或者被代理人的法人、非法人组织终止。

第一百七十四条 【委托代理终止的例外】被代理人死亡后，有下列情形之一的，委托代理人实施的代理行为有效：

（一）代理人不知道且不应当知道被代理人死亡；

（二）被代理人的继承人予以承认；

（三）授权中明确代理权在代理事务完成时终止；

（四）被代理人死亡前已经实施，为了被代理人的继承人的利益继续代理。

作为被代理人的法人、非法人组织终止的，参照适用前款规定。

第一百七十五条 【法定代理的终止】有下列情形之一的，法定代理终止：

（一）被代理人取得或者恢复完全民事行为能力；

（二）代理人丧失民事行为能力；

（三）代理人或者被代理人死亡；

（四）法律规定的其他情形。

第八章 民事责任

第一百七十六条 【民事责任】民事主体依照法律规定或者按照当事人约定，履行民事义务，承担民事责任。

第一百七十七条 【按份责任】二人以上依法承担按份责任，能够确定责任大小的，各自承担相应的责任；难以确定责任大小的，平均承担责任。

第一百七十八条 【连带责任】二人以上依法承担连带责任的，权利人有权请求部分或者全部连带责任人承担责任。

连带责任人的责任份额根据各自责任大小确定；难以确定责任大小的，平均承担责任。实际承担责任超过自己责任份额的连带责任人，有权向其他连带责任人追偿。

连带责任，由法律规定或者当事人约定。

第一百七十九条 【民事责任的承担方式】承担民事责任的方式主要有：

（一）停止侵害；

（二）排除妨碍；

（三）消除危险；

（四）返还财产；

（五）恢复原状；

（六）修理、重作、更换；

（七）继续履行；

（八）赔偿损失；

（九）支付违约金；

（十）消除影响、恢复名誉；

（十一）赔礼道歉。

法律规定惩罚性赔偿的，依照其规定。

本条规定的承担民事责任的方式，可以单独适用，也可以合并适用。

第一百八十条 【不可抗力】因不可抗力不能履行民事义务的，不承担民事责任。法律另有规定的，依照其规定。

不可抗力是不能预见、不能避免且不能克服的客观情况。

第一百八十一条 【正当防卫】因正当防卫造成损害的，不承担民事责任。

正当防卫超过必要的限度,造成不应有的损害的,正当防卫人应当承担适当的民事责任。

第一百八十二条 【紧急避险】因紧急避险造成损害的,由引起险情发生的人承担民事责任。

危险由自然原因引起的,紧急避险人不承担民事责任,可以给予适当补偿。

紧急避险采取措施不当或者超过必要的限度,造成不应有的损害的,紧急避险人应当承担适当的民事责任。

第一百八十三条 【因保护他人民事权益而受损的责任承担】因保护他人民事权益使自己受到损害的,由侵权人承担民事责任,受益人可以给予适当补偿。没有侵权人、侵权人逃逸或者无力承担民事责任,受害人请求补偿的,受益人应当给予适当补偿。

第一百八十四条 【紧急救助的责任豁免】因自愿实施紧急救助行为造成受助人损害的,救助人不承担民事责任。

第一百八十五条 【英雄烈士人格利益的保护】侵害英雄烈士等的姓名、肖像、名誉、荣誉,损害社会公共利益的,应当承担民事责任。

第一百八十六条 【违约责任与侵权责任的竞合】因当事人一方的违约行为,损害对方人身权益、财产权益的,受损害方有权选择请求其承担违约责任或者侵权责任。

第一百八十七条 【民事责任优先】民事主体因同一行为应当承担民事责任、行政责任和刑事责任的,承担行政责任或者刑事责任不影响承担民事责任;民事主体的财产不足以支付的,优先用于承担民事责任。

第九章　诉 讼 时 效

第一百八十八条 【普通诉讼时效】向人民法院请求保护民事权利的诉讼时效期间为三年。法律另有规定的,依照其规定。

诉讼时效期间自权利人知道或者应当知道权利受到损害以及义务人之日起计算。法律另有规定的,依照其规定。但是,自权利受到损害之日起超过二十年的,人民法院不予保护,有特殊情况的,人民法院可以根据权利人的申请决定延长。

第一百八十九条 【分期履行债务诉讼时效的起算】当事人约定同一债务分期履行的,诉讼时效期间自最后一期履行期限届满之日起计算。

第一百九十条 【对法定代理人请求权诉讼时效的起算】无民事行为能力人或者限制民事行为能力人对其法定代理人的请求权的诉讼时效期间,自该法定代理终止之日起计算。

第一百九十一条 【未成年人遭受性侵害的损害赔偿诉讼时效的起算】未成年人遭受性侵害的损害赔偿请求权的诉讼时效期间,自受害人年满十八周岁之日起计算。

第一百九十二条 【诉讼时效届满的法律效果】诉讼时效期间届满的,义务人可以提出不履行义务的抗辩。

诉讼时效期间届满后,义务人同意履行的,不得以诉讼时效期间届满为由抗辩;义务人已经自愿履行的,不得请求返还。

第一百九十三条 【诉讼时效援用】人民法院不得主动适用诉讼时效的规定。

第一百九十四条 【诉讼时效的中止】在诉讼时效期间的最后六个月内,因下列障碍,不能行使请求权的,诉讼时效中止:

(一)不可抗力;

(二)无民事行为能力人或者限制民事行为能力人没有法定代理人,或者法定代理人死亡、丧失民事行为能力、丧失代理权;

(三)继承开始后未确定继承人或者遗产管理人;

(四)权利人被义务人或者其他人控制;

(五)其他导致权利人不能行使请求权的障碍。

自中止时效的原因消除之日起满六个月,诉讼时效期间届满。

第一百九十五条 【诉讼时效的中断】有下列情形之一的,诉讼时效中断,从中断、有关程序终结时起,诉讼时效期间重新计算:

(一)权利人向义务人提出履行请求;

(二)义务人同意履行义务;

(三)权利人提起诉讼或者申请仲裁;

(四)与提起诉讼或者申请仲裁具有同等效力的其他情形。

第一百九十六条 【不适用诉讼时效的情形】下列请求权不适用诉讼时效的规定:

(一)请求停止侵害、排除妨碍、消除危险;

(二)不动产物权和登记的动产物权的权利人请求返还财产;

(三)请求支付抚养费、赡养费或者扶养费;

(四)依法不适用诉讼时效的其他请求权。

第一百九十七条 【诉讼时效法定】诉讼时效的期间、计算方法以及中止、中断的事由由法律规定,当事人约定无效。

当事人对诉讼时效利益的预先放弃无效。

第一百九十八条 【仲裁时效】法律对仲裁时效有规定的,依照其规定;没有规定的,适用诉讼时效的规定。

第一百九十九条 【除斥期间】法律规定或者当事人约定的撤销权、解除权等权利的存续期间,除法律另有规定外,自权利人知道或者应当知道权利产生之日起计算,不适用有关诉讼时效中止、中断和延长的规定。存续期间届满,撤销权、解除权等权利消灭。

第十章 期间计算

第二百条 【期间的计算单位】民法所称的期间按照公历年、月、日、小时计算。

第二百零一条 【期间的起算】按照年、月、日计算期间的,开始的当日不计入,自下一日开始计算。

按照小时计算期间的,自法律规定或者当事人约定的时间开始计算。

第二百零二条 【期间结束】按照年、月计算期间的,到期月的对应日为期间的最后一日;没有对应日的,月末日为期间的最后一日。

第二百零三条 【期间计算的特殊规定】期间的最后一日是法定休假日的,以法定休假日结束的次日为期间的最后一日。

期间的最后一日的截止时间为二十四时;有业务时间的,停止业务活动的时间为截止时间。

第二百零四条 【期间法定或约定】期间的计算方法依照本法的规定,但是法律另有规定或者当事人另有约定的除外。

第二编 物 权

第一分编 通 则

第一章 一般规定

第二百零五条 【物权编的调整范围】本编调整因物的归属和利用产生的民事关系。

第二百零六条 【我国基本经济制度与社会主义市场经济原则】国家坚持和完善公有制为主体、多种所有制经济共同发展,按劳分配为主体、多种分配方式并存,社会主义市场经济体制等社会主义基本经济制度。

国家巩固和发展公有制经济,鼓励、支持和引导非公有制经济的发展。

国家实行社会主义市场经济,保障一切市场主体的平等法律地位和发展权利。

第二百零七条 【平等保护原则】国家、集体、私人的物权和其他权利人的物权受法律平等保护,任何组织或者个人不得侵犯。

第二百零八条 【物权公示原则】不动产物权的设立、变更、转让和消灭,应当依照法律规定登记。动产物权的设立和转让,应当依照法律规定交付。

第二章 物权的设立、变更、转让和消灭

第一节 不动产登记

第二百零九条 【不动产物权的登记生效原则及其例外】不动产物权的设立、变更、转让和消灭,经依法登记,发生效力;未经登记,不发生效力,但是法律另有规定的除外。

依法属于国家所有的自然资源,所有权可以不登记。

第二百一十条 【不动产登记机构和不动产统一登记】不动产登记,由不动产所在地的登记机构办理。

国家对不动产实行统一登记制度。统一登记的范围、登记机构和登记办法,由法律、行政法规规定。

第二百一十一条 【申请不动产登记应提供的必要材料】当事人申请登记,应当根据不同登记事项提供权属证明和不动产界址、面积等必要材料。

第二百一十二条 【不动产登记机构应当履行的职责】登记机构应当履行下列职责:

(一)查验申请人提供的权属证明和其他必要材料;

(二)就有关登记事项询问申请人;

（三）如实、及时登记有关事项；

（四）法律、行政法规规定的其他职责。

申请登记的不动产的有关情况需要进一步证明的，登记机构可以要求申请人补充材料，必要时可以实地查看。

第二百一十三条 【不动产登记机构的禁止行为】登记机构不得有下列行为：

（一）要求对不动产进行评估；

（二）以年检等名义进行重复登记；

（三）超出登记职责范围的其他行为。

第二百一十四条 【不动产物权变动的生效时间】不动产物权的设立、变更、转让和消灭，依照法律规定应当登记的，自记载于不动产登记簿时发生效力。

第二百一十五条 【合同效力和物权效力区分】当事人之间订立有关设立、变更、转让和消灭不动产物权的合同，除法律另有规定或者当事人另有约定外，自合同成立时生效；未办理物权登记的，不影响合同效力。

第二百一十六条 【不动产登记簿效力及管理机构】不动产登记簿是物权归属和内容的根据。

不动产登记簿由登记机构管理。

第二百一十七条 【不动产登记簿与不动产权属证书的关系】不动产权属证书是权利人享有该不动产物权的证明。不动产权属证书记载的事项，应当与不动产登记簿一致；记载不一致的，除有证据证明不动产登记簿确有错误外，以不动产登记簿为准。

第二百一十八条 【不动产登记资料的查询、复制】权利人、利害关系人可以申请查询、复制不动产登记资料，登记机构应当提供。

第二百一十九条 【利害关系人的非法利用不动产登记资料禁止义务】利害关系人不得公开、非法使用权利人的不动产登记资料。

第二百二十条 【更正登记和异议登记】权利人、利害关系人认为不动产登记簿记载的事项错误的，可以申请更正登记。不动产登记簿记载的权利人书面同意更正或者有证据证明登记确有错误的，登记机构应当予以更正。

不动产登记簿记载的权利人不同意更正的，利害关系人可以申请异议登记。登记机构予以异议登记，申请人自异议登记之日起十五日内不提起诉讼的，异议登记失效。异议登记不当，造成权利人损害的，权利人可以向申请人请求损害赔偿。

第二百二十一条 【预告登记】当事人签订买卖房屋的协议或者签订其他不动产物权的协议，为保障将来实现物权，按照约定可以向登记机构申请预告登记。预告登记后，未经预告登记的权利人同意，处分该不动产的，不发生物权效力。

预告登记后，债权消灭或者自能够进行不动产登记之日起九十日内未申请登记的，预告登记失效。

第二百二十二条 【不动产登记错误损害赔偿责任】当事人提供虚假材料申请登记，造成他人损害的，应当承担赔偿责任。

因登记错误，造成他人损害的，登记机构应当承担赔偿责任。登记机构赔偿后，可以向造成登记错误的人追偿。

第二百二十三条 【不动产登记收费标准的确定】不动产登记费按件收取，不得按照不动产的面积、体积或者价款的比例收取。

第二节 动产交付

第二百二十四条 【动产物权变动生效时间】动产物权的设立和转让，自交付时发生效力，但是法律另有规定的除外。

第二百二十五条 【船舶、航空器和机动车物权变动采取登记对抗主义】船舶、航空器和机动车等的物权的设立、变更、转让和消灭，未经登记，不得对抗善意第三人。

第二百二十六条 【简易交付】动产物权设立和转让前，权利人已经占有该动产的，物权自民事法律行为生效时发生效力。

第二百二十七条 【指示交付】动产物权设立和转让前，第三人占有该动产的，负有交付义务的人可以通过转让请求第三人返还原物的权利代替交付。

第二百二十八条 【占有改定】动产物权转让时，当事人又约定由出让人继续占有该动产的，物权自该约定生效时发生效力。

第三节 其他规定

第二百二十九条 【法律文书、征收决定导致物权变动效力发生时间】因人民法院、仲裁机构的法律文书或者人民政府的征收决定等，导致物权设立、变更、转让或者消灭的，自法律文书或者征收决定等生效时发生效力。

第二百三十条 【因继承取得物权的生效时间】因继承取得物权的,自继承开始时发生效力。

第二百三十一条 【因事实行为设立或者消灭物权的生效时间】因合法建造、拆除房屋等事实行为设立或者消灭物权的,自事实行为成就时发生效力。

第二百三十二条 【非依民事法律行为享有的不动产物权变动】处分依照本节规定享有的不动产物权,依照法律规定需要办理登记的,未经登记,不发生物权效力。

第三章 物权的保护

第二百三十三条 【物权保护争讼程序】物权受到侵害的,权利人可以通过和解、调解、仲裁、诉讼等途径解决。

第二百三十四条 【物权确认请求权】因物权的归属、内容发生争议的,利害关系人可以请求确认权利。

第二百三十五条 【返还原物请求权】无权占有不动产或者动产的,权利人可以请求返还原物。

第二百三十六条 【排除妨害、消除危险请求权】妨害物权或者可能妨害物权的,权利人可以请求排除妨害或者消除危险。

第二百三十七条 【修理、重作、更换或者恢复原状请求权】造成不动产或者动产毁损的,权利人可以依法请求修理、重作、更换或者恢复原状。

第二百三十八条 【物权损害赔偿请求权】侵害物权,造成权利人损害的,权利人可以依法请求损害赔偿,也可以依法请求承担其他民事责任。

第二百三十九条 【物权保护方式的单用和并用】本章规定的物权保护方式,可以单独适用,也可以根据权利被侵害的情形合并适用。

第二分编 所 有 权

第四章 一 般 规 定

第二百四十条 【所有权的定义】所有权人对自己的不动产或者动产,依法享有占有、使用、收益和处分的权利。

第二百四十一条 【所有权人设立他物权】所有权人有权在自己的不动产或者动产上设立用益物权和担保物权。用益物权人、担保物权人行使权利,不得损害所有权人的权益。

第二百四十二条 【国家专有】法律规定专属于国家所有的不动产和动产,任何组织或者个人不能取得所有权。

第二百四十三条 【征收】为了公共利益的需要,依照法律规定的权限和程序可以征收集体所有的土地和组织、个人的房屋以及其他不动产。

征收集体所有的土地,应当依法及时足额支付土地补偿费、安置补助费以及农村村民住宅、其他地上附着物和青苗等的补偿费用,并安排被征地农民的社会保障费用,保障被征地农民的生活,维护被征地农民的合法权益。

征收组织、个人的房屋以及其他不动产,应当依法给予征收补偿,维护被征收人的合法权益;征收个人住宅的,还应当保障被征收人的居住条件。

任何组织或者个人不得贪污、挪用、私分、截留、拖欠征收补偿费等费用。

第二百四十四条 【保护耕地与禁止违法征地】国家对耕地实行特殊保护,严格限制农用地转为建设用地,控制建设用地总量。不得违反法律规定的权限和程序征收集体所有的土地。

第二百四十五条 【征用】因抢险救灾、疫情防控等紧急需要,依照法律规定的权限和程序可以征用组织、个人的不动产或者动产。被征用的不动产或者动产使用后,应当返还被征用人。组织、个人的不动产或者动产被征用或者征用后毁损、灭失的,应当给予补偿。

第五章 国家所有权和集体所有权、私人所有权

第二百四十六条 【国家所有权】法律规定属于国家所有的财产,属于国家所有即全民所有。

国有财产由国务院代表国家行使所有权。法律另有规定的,依照其规定。

第二百四十七条 【矿藏、水流和海域的国家所有权】矿藏、水流、海域属于国家所有。

第二百四十八条 【无居民海岛的国家所有权】无居民海岛属于国家所有,国务院代表国家行使无居民海岛所有权。

第二百四十九条 【国家所有土地的范围】城市的土地，属于国家所有。法律规定属于国家所有的农村和城市郊区的土地，属于国家所有。

第二百五十条 【国家所有的自然资源】森林、山岭、草原、荒地、滩涂等自然资源，属于国家所有，但是法律规定属于集体所有的除外。

第二百五十一条 【国家所有的野生动植物资源】法律规定属于国家所有的野生动植物资源，属于国家所有。

第二百五十二条 【无线电频谱资源的国家所有权】无线电频谱资源属于国家所有。

第二百五十三条 【国家所有的文物的范围】法律规定属于国家所有的文物，属于国家所有。

第二百五十四条 【国防资产、基础设施的国家所有权】国防资产属于国家所有。

铁路、公路、电力设施、电信设施和油气管道等基础设施，依照法律规定为国家所有的，属于国家所有。

第二百五十五条 【国家机关的物权】国家机关对其直接支配的不动产和动产，享有占有、使用以及依照法律和国务院的有关规定处分的权利。

第二百五十六条 【国家举办的事业单位的物权】国家举办的事业单位对其直接支配的不动产和动产，享有占有、使用以及依照法律和国务院的有关规定收益、处分的权利。

第二百五十七条 【国有企业出资人制度】国家出资的企业，由国务院、地方人民政府依照法律、行政法规规定分别代表国家履行出资人职责，享有出资人权益。

第二百五十八条 【国有财产的保护】国家所有的财产受法律保护，禁止任何组织或者个人侵占、哄抢、私分、截留、破坏。

第二百五十九条 【国有财产管理法律责任】履行国有财产管理、监督职责的机构及其工作人员，应当依法加强对国有财产的管理、监督，促进国有财产保值增值，防止国有财产损失；滥用职权，玩忽职守，造成国有财产损失的，应当依法承担法律责任。

违反国有财产管理规定，在企业改制、合并分立、关联交易等过程中，低价转让、合谋私分、擅自担保或者以其他方式造成国有财产损失的，应当依法承担法律责任。

第二百六十条 【集体财产范围】集体所有的不动产和动产包括：

（一）法律规定属于集体所有的土地和森林、山岭、草原、荒地、滩涂；

（二）集体所有的建筑物、生产设施、农田水利设施；

（三）集体所有的教育、科学、文化、卫生、体育等设施；

（四）集体所有的其他不动产和动产。

第二百六十一条 【农民集体所有财产归属及重大事项集体决定】农民集体所有的不动产和动产，属于本集体成员集体所有。

下列事项应当依照法定程序经本集体成员决定：

（一）土地承包方案以及将土地发包给本集体以外的组织或者个人承包；

（二）个别土地承包经营权人之间承包地的调整；

（三）土地补偿费等费用的使用、分配办法；

（四）集体出资的企业的所有权变动等事项；

（五）法律规定的其他事项。

第二百六十二条 【行使集体所有权的主体】对于集体所有的土地和森林、山岭、草原、荒地、滩涂等，依照下列规定行使所有权：

（一）属于村农民集体所有的，由村集体经济组织或者村民委员会依法代表集体行使所有权；

（二）分别属于村内两个以上农民集体所有的，由村内各该集体经济组织或者村民小组依法代表集体行使所有权；

（三）属于乡镇农民集体所有的，由乡镇集体经济组织代表集体行使所有权。

第二百六十三条 【城镇集体财产权利】城镇集体所有的不动产和动产，依照法律、行政法规的规定由本集体享有占有、使用、收益和处分的权利。

第二百六十四条 【集体财产状况的公布】农村集体经济组织或者村民委员会、村民小组应当依照法律、行政法规以及章程、村规民约向本集体成员公布集体财产的状况。集体成员有权查阅、复制相关资料。

第二百六十五条 【集体财产的保护】集体所有的财产受法律保护，禁止任何组织或者个人侵占、哄抢、私分、破坏。

农村集体经济组织、村民委员会或者其负责人作出的决定侵害集体成员合法权益的，受侵害的集体成员可以请求人民法院予以撤销。

第二百六十六条 【私人所有权】私人对其合法的收入、房屋、生活用品、生产工具、原材料等不动产和动产享有所有权。

第二百六十七条 【私有财产的保护】私人的合法财产受法律保护,禁止任何组织或者个人侵占、哄抢、破坏。

第二百六十八条 【企业出资人的权利】国家、集体和私人依法可以出资设立有限责任公司、股份有限公司或者其他企业。国家、集体和私人所有的不动产或者动产投到企业的,由出资人按照约定或者出资比例享有资产收益、重大决策以及选择经营管理者等权利并履行义务。

第二百六十九条 【法人财产权】营利法人对其不动产和动产依照法律、行政法规以及章程享有占有、使用、收益和处分的权利。

营利法人以外的法人,对其不动产和动产的权利,适用有关法律、行政法规以及章程的规定。

第二百七十条 【社会团体法人、捐助法人合法财产的保护】社会团体法人、捐助法人依法所有的不动产和动产,受法律保护。

第六章 业主的建筑物区分所有权

第二百七十一条 【建筑物区分所有权】业主对建筑物内的住宅、经营性用房等专有部分享有所有权,对专有部分以外的共有部分享有共有和共同管理的权利。

第二百七十二条 【业主对专有部分的专有权】业主对其建筑物专有部分享有占有、使用、收益和处分的权利。业主行使权利不得危及建筑物的安全,不得损害其他业主的合法权益。

第二百七十三条 【业主对共有部分的共有权及义务】业主对建筑物专有部分以外的共有部分,享有权利,承担义务;不得以放弃权利为由不履行义务。

业主转让建筑物内的住宅、经营性用房,其对共有部分享有的共有和共同管理的权利一并转让。

第二百七十四条 【建筑区划内的道路、绿地等场所和设施属于业主共有财产】建筑区划内的道路,属于业主共有,但是属于城镇公共道路的除外。建筑区划内的绿地,属于业主共有,但是属于城镇公共绿地或者明示属于个人的除外。建筑区划内的其他公共场所、公用设施和物业服务用房,属于业主共有。

第二百七十五条 【车位、车库的归属规则】建筑区划内,规划用于停放汽车的车位、车库的归属,由当事人通过出售、附赠或者出租等方式约定。

占用业主共有的道路或者其他场地用于停放汽车的车位,属于业主共有。

第二百七十六条 【车位、车库优先满足业主需求】建筑区划内,规划用于停放汽车的车位、车库应当首先满足业主的需要。

第二百七十七条 【设立业主大会和选举业主委员会】业主可以设立业主大会,选举业主委员会。业主大会、业主委员会成立的具体条件和程序,依照法律、法规的规定。

地方人民政府有关部门、居民委员会应当对设立业主大会和选举业主委员会给予指导和协助。

第二百七十八条 【由业主共同决定的事项以及表决规则】下列事项由业主共同决定:

(一)制定和修改业主大会议事规则;

(二)制定和修改管理规约;

(三)选举业主委员会或者更换业主委员会成员;

(四)选聘和解聘物业服务企业或者其他管理人;

(五)使用建筑物及其附属设施的维修资金;

(六)筹集建筑物及其附属设施的维修资金;

(七)改建、重建建筑物及其附属设施;

(八)改变共有部分的用途或者利用共有部分从事经营活动;

(九)有关共有和共同管理权利的其他重大事项。

业主共同决定事项,应当由专有部分面积占比三分之二以上的业主且人数占比三分之二以上的业主参与表决。决定前款第六项至第八项规定的事项,应当经参与表决专有部分面积四分之三以上的业主且参与表决人数四分之三以上的业主同意。决定前款其他事项,应当经参与表决专有部分面积过半数的业主且参与表决人数过半数的业主同意。

第二百七十九条 【业主将住宅转变为经营性用房应当遵循的规则】业主不得违反法律、法规以及管理规约,将住宅改变为经营性用房。业主将住宅改变为经营性用房的,除遵守法律、法规以及管理规约外,应当经有利害关系的业主一致同意。

第二百八十条 【业主大会、业主委员会决定的效力】业主大会或者业主委员会的决定，对业主具有法律约束力。

业主大会或者业主委员会作出的决定侵害业主合法权益的，受侵害的业主可以请求人民法院予以撤销。

第二百八十一条 【建筑物及其附属设施维修资金的归属和处分】建筑物及其附属设施的维修资金，属于业主共有。经业主共同决定，可以用于电梯、屋顶、外墙、无障碍设施等共有部分的维修、更新和改造。建筑物及其附属设施的维修资金的筹集、使用情况应当定期公布。

紧急情况下需要维修建筑物及其附属设施的，业主大会或者业主委员会可以依法申请使用建筑物及其附属设施的维修资金。

第二百八十二条 【业主共有部分产生收入的归属】建设单位、物业服务企业或者其他管理人等利用业主的共有部分产生的收入，在扣除合理成本之后，属于业主共有。

第二百八十三条 【建筑物及其附属设施的费用分摊和收益分配确定规则】建筑物及其附属设施的费用分摊、收益分配等事项，有约定的，按照约定；没有约定或者约定不明确的，按照业主专有部分面积所占比例确定。

第二百八十四条 【建筑物及其附属设施的管理】业主可以自行管理建筑物及其附属设施，也可以委托物业服务企业或者其他管理人管理。

对建设单位聘请的物业服务企业或者其他管理人，业主有权依法更换。

第二百八十五条 【物业服务企业或其他接受业主委托的管理人的管理义务】物业服务企业或者其他管理人根据业主的委托，依照本法第三编有关物业服务合同的规定管理建筑区划内的建筑物及其附属设施，接受业主的监督，并及时答复业主对物业服务情况提出的询问。

物业服务企业或者其他管理人应当执行政府依法实施的应急处置措施和其他管理措施，积极配合开展相关工作。

第二百八十六条 【业主守法义务和业主大会与业主委员会职责】业主应当遵守法律、法规以及管理规约，相关行为应当符合节约资源、保护生态环境的要求。对于物业服务企业或者其他管理人执行政府依法实施的应急处置措施和其他管理措施，业主应当依法予以配合。

业主大会或者业主委员会，对任意弃置垃圾、排放污染物或者噪声、违反规定饲养动物、违章搭建、侵占通道、拒付物业费等损害他人合法权益的行为，有权依照法律、法规以及管理规约，请求行为人停止侵害、排除妨碍、消除危险、恢复原状、赔偿损失。

业主或者其他行为人拒不履行相关义务的，有关当事人可以向有关行政主管部门报告或者投诉，有关行政主管部门应当依法处理。

第二百八十七条 【业主请求权】业主对建设单位、物业服务企业或者其他管理人以及其他业主侵害自己合法权益的行为，有权请求其承担民事责任。

第七章 相邻关系

第二百八十八条 【处理相邻关系的原则】不动产的相邻权利人应当按照有利生产、方便生活、团结互助、公平合理的原则，正确处理相邻关系。

第二百八十九条 【处理相邻关系的依据】法律、法规对处理相邻关系有规定的，依照其规定；法律、法规没有规定的，可以按照当地习惯。

第二百九十条 【相邻用水、排水、流水关系】不动产权利人应当为相邻权利人用水、排水提供必要的便利。

对自然流水的利用，应当在不动产的相邻权利人之间合理分配。对自然流水的排放，应当尊重自然流向。

第二百九十一条 【相邻关系中的通行权】不动产权利人对相邻权利人因通行等必须利用其土地的，应当提供必要的便利。

第二百九十二条 【相邻土地的利用】不动产权利人因建造、修缮建筑物以及铺设电线、电缆、水管、暖气和燃气管线等必须利用相邻土地、建筑物的，该土地、建筑物的权利人应当提供必要的便利。

第二百九十三条 【相邻建筑物通风、采光、日照】建造建筑物，不得违反国家有关工程建设标准，不得妨碍相邻建筑物的通风、采光和日照。

第二百九十四条 【相邻不动产之间不得排放、施放污染物】不动产权利人不得违反国家规定弃置固体废物，排放大气污染物、水污染物、土壤污染物、噪声、光辐射、电磁辐射等有害物质。

第二百九十五条 【维护相邻不动产安全】不动产权利人挖掘土地、建造建筑物、铺设管线以及安装设备等，不得危及相邻不动产的安全。

第二百九十六条 【相邻权的限度】不动产权利人因用水、排水、通行、铺设管线等利用相邻不动产的，应当尽量避免对相邻的不动产权利人造成损害。

第八章 共 有

第二百九十七条 【共有及其形式】不动产或者动产可以由两个以上组织、个人共有。共有包括按份共有和共同共有。

第二百九十八条 【按份共有】按份共有人对共有的不动产或者动产按照其份额享有所有权。

第二百九十九条 【共同共有】共同共有人对共有的不动产或者动产共同享有所有权。

第三百条 【共有物的管理】共有人按照约定管理共有的不动产或者动产；没有约定或者约定不明确的，各共有人都有管理的权利和义务。

第三百零一条 【共有人对共有财产重大事项的表决权规则】处分共有的不动产或者动产以及对共有的不动产或者动产作重大修缮、变更性质或者用途的，应当经占份额三分之二以上的按份共有人或者全体共同共有人同意，但是共有人之间另有约定的除外。

第三百零二条 【共有物管理费用的分担规则】共有人对共有物的管理费用以及其他负担，有约定的，按照其约定；没有约定或者约定不明确的，按份共有人按照其份额负担，共同共有人共同负担。

第三百零三条 【共有物的分割规则】共有人约定不得分割共有的不动产或者动产，以维持共有关系的，应当按照约定，但是共有人有重大理由需要分割的，可以请求分割；没有约定或者约定不明确的，按份共有人可以随时请求分割，共同共有人在共有的基础丧失或者有重大理由需要分割时可以请求分割。因分割造成其他共有人损害的，应当给予赔偿。

第三百零四条 【共有物分割的方式】共有人可以协商确定分割方式。达不成协议，共有的不动产或者动产可以分割且不会因分割减损价值的，应当对实物予以分割；难以分割或者因分割会减损价值的，应当对折价或者拍卖、变卖取得的价款予以分割。

共有人分割所得的不动产或者动产有瑕疵的，其他共有人应当分担损失。

第三百零五条 【按份共有人的优先购买权】按份共有人可以转让其享有的共有的不动产或者动产份额。其他共有人在同等条件下享有优先购买的权利。

第三百零六条 【按份共有人行使优先购买权的规则】按份共有人转让其享有的共有的不动产或者动产份额的，应当将转让条件及时通知其他共有人。其他共有人应当在合理期限内行使优先购买权。

两个以上其他共有人主张行使优先购买权的，协商确定各自的购买比例；协商不成的，按照转让时各自的共有份额比例行使优先购买权。

第三百零七条 【因共有产生的债权债务承担规则】因共有的不动产或者动产产生的债权债务，在对外关系上，共有人享有连带债权、承担连带债务，但是法律另有规定或者第三人知道共有人不具有连带债权债务关系的除外；在共有人内部关系上，除共有人另有约定外，按份共有人按照份额享有债权、承担债务，共同共有人共同享有债权、承担债务。偿还债务超过自己应当承担份额的按份共有人，有权向其他共有人追偿。

第三百零八条 【共有关系不明时对共有关系性质的推定】共有人对共有的不动产或者动产没有约定为按份共有或者共同共有，或者约定不明确的，除共有人具有家庭关系等外，视为按份共有。

第三百零九条 【按份共有人份额不明时份额的确定】按份共有人对共有的不动产或者动产享有的份额，没有约定或者约定不明确的，按照出资额确定；不能确定出资额的，视为等额享有。

第三百一十条 【准共有】两个以上组织、个人共同享有用益物权、担保物权的，参照适用本章的有关规定。

第九章 所有权取得的特别规定

第三百一十一条 【善意取得】无处分权人将不动产或者动产转让给受让人的，所有权人有权追回；除法律另有规定外，符合下列情形的，受让人取得该不动产或者动产的所有权：

(一)受让人受让该不动产或者动产时是善意;

(二)以合理的价格转让;

(三)转让的不动产或者动产依照法律规定应当登记的已经登记,不需要登记的已经交付给受让人。

受让人依据前款规定取得不动产或者动产的所有权的,原所有权人有权向无处分权人请求损害赔偿。

当事人善意取得其他物权的,参照适用前两款规定。

第三百一十二条 【遗失物的善意取得】所有权人或者其他权利人有权追回遗失物。该遗失物通过转让被他人占有的,权利人有权向无处分权人请求损害赔偿,或者自知道或者应当知道受让人之日起二年内向受让人请求返还原物;但是,受让人通过拍卖或者向具有经营资格的经营者购得该遗失物的,权利人请求返还原物时应当支付受让人所付的费用。权利人向受让人支付所付费用后,有权向无处分权人追偿。

第三百一十三条 【善意取得的动产上原有的权利负担消灭及其例外】善意受让人取得动产后,该动产上的原有权利消灭。但是,善意受让人在受让时知道或者应当知道该权利的除外。

第三百一十四条 【拾得遗失物的返还】拾得遗失物,应当返还权利人。拾得人应当及时通知权利人领取,或者送交公安等有关部门。

第三百一十五条 【有关部门收到遗失物的处理】有关部门收到遗失物,知道权利人的,应当及时通知其领取;不知道的,应当及时发布招领公告。

第三百一十六条 【遗失物的妥善保管义务】拾得人在遗失物送交有关部门前,有关部门在遗失物被领取前,应当妥善保管遗失物。因故意或者重大过失致使遗失物毁损、灭失的,应当承担民事责任。

第三百一十七条 【权利人领取遗失物时的费用支付义务】权利人领取遗失物时,应当向拾得人或者有关部门支付保管遗失物等支出的必要费用。

权利人悬赏寻找遗失物的,领取遗失物时应当按照承诺履行义务。

拾得人侵占遗失物的,无权请求保管遗失物等支出的费用,也无权请求权利人按照承诺履行义务。

第三百一十八条 【无人认领的遗失物的处理规则】遗失物自发布招领公告之日起一年内无人认领的,归国家所有。

第三百一十九条 【拾得漂流物、埋藏物或者隐藏物】拾得漂流物、发现埋藏物或者隐藏物的,参照适用拾得遗失物的有关规定。法律另有规定的,依照其规定。

第三百二十条 【从物随主物转让规则】主物转让的,从物随主物转让,但是当事人另有约定的除外。

第三百二十一条 【孳息的归属】天然孳息,由所有权人取得;既有所有权人又有用益物权人的,由用益物权人取得。当事人另有约定的,按照其约定。

法定孳息,当事人有约定的,按照约定取得;没有约定或者约定不明确的,按照交易习惯取得。

第三百二十二条 【添附】因加工、附合、混合而产生的物的归属,有约定的,按照约定;没有约定或者约定不明确的,依照法律规定;法律没有规定的,按照充分发挥物的效用以及保护无过错当事人的原则确定。因一方当事人的过错或者确定物的归属造成另一方当事人损害的,应当给予赔偿或者补偿。

第三分编 用益物权

第十章 一般规定

第三百二十三条 【用益物权的定义】用益物权人对他人所有的不动产或者动产,依法享有占有、使用和收益的权利。

第三百二十四条 【国家和集体所有的自然资源的使用规则】国家所有或者国家所有由集体使用以及法律规定属于集体所有的自然资源,组织、个人依法可以占有、使用和收益。

第三百二十五条 【自然资源有偿使用制度】国家实行自然资源有偿使用制度,但是法律另有规定的除外。

第三百二十六条 【用益物权的行使规范】用益物权人行使权利,应当遵守法律有关保护和合理开发利用资源、保护生态环境的规定。所有权人不得干涉用益物权人行使权利。

第三百二十七条 【被征收、征用时用益物权人的补偿请求权】因不动产或者动产被征收、征用致使用益物权消灭或者影响用益物权行使的，用益物权人有权依据本法第二百四十三条、第二百四十五条的规定获得相应补偿。

第三百二十八条 【海域使用权】依法取得的海域使用权受法律保护。

第三百二十九条 【特许物权依法保护】依法取得的探矿权、采矿权、取水权和使用水域、滩涂从事养殖、捕捞的权利受法律保护。

第十一章 土地承包经营权

第三百三十条 【农村土地承包经营】农村集体经济组织实行家庭承包经营为基础、统分结合的双层经营体制。

农民集体所有和国家所有由农民集体使用的耕地、林地、草地以及其他用于农业的土地，依法实行土地承包经营制度。

第三百三十一条 【土地承包经营权内容】土地承包经营权人依法对其承包经营的耕地、林地、草地等享有占有、使用和收益的权利，有权从事种植业、林业、畜牧业等农业生产。

第三百三十二条 【土地的承包期限】耕地的承包期为三十年。草地的承包期为三十年至五十年。林地的承包期为三十年至七十年。

前款规定的承包期限届满，由土地承包经营权人依照农村土地承包的法律规定继续承包。

第三百三十三条 【土地承包经营权的设立与登记】土地承包经营权自土地承包经营权合同生效时设立。

登记机构应当向土地承包经营权人发放土地承包经营权证、林权证等证书，并登记造册，确认土地承包经营权。

第三百三十四条 【土地承包经营权的互换、转让】土地承包经营权人依照法律规定，有权将土地承包经营权互换、转让。未经依法批准，不得将承包地用于非农建设。

第三百三十五条 【土地承包经营权流转的登记对抗主义】土地承包经营权互换、转让的，当事人可以向登记机构申请登记；未经登记，不得对抗善意第三人。

第三百三十六条 【承包地的调整】承包期内发包人不得调整承包地。

因自然灾害严重毁损承包地等特殊情形，需要适当调整承包的耕地和草地的，应当依照农村土地承包的法律规定办理。

第三百三十七条 【承包地的收回】承包期内发包人不得收回承包地。法律另有规定的，依照其规定。

第三百三十八条 【征收承包地的补偿规则】承包地被征收的，土地承包经营权人有权依据本法第二百四十三条的规定获得相应补偿。

第三百三十九条 【土地经营权的流转】土地承包经营权人可以自主决定依法采取出租、入股或者其他方式向他人流转土地经营权。

第三百四十条 【土地经营权人的基本权利】土地经营权人有权在合同约定的期限内占有农村土地，自主开展农业生产经营并取得收益。

第三百四十一条 【土地经营权的设立与登记】流转期限为五年以上的土地经营权，自流转合同生效时设立。当事人可以向登记机构申请土地经营权登记；未经登记，不得对抗善意第三人。

第三百四十二条 【以其他方式承包取得的土地经营权流转】通过招标、拍卖、公开协商等方式承包农村土地，经依法登记取得权属证书的，可以依法采取出租、入股、抵押或者其他方式流转土地经营权。

第三百四十三条 【国有农用地承包经营的法律适用】国家所有的农用地实行承包经营的，参照适用本编的有关规定。

第十二章 建设用地使用权

第三百四十四条 【建设用地使用权的概念】建设用地使用权人依法对国家所有的土地享有占有、使用和收益的权利，有权利用该土地建造建筑物、构筑物及其附属设施。

第三百四十五条 【建设用地使用权的分层设立】建设用地使用权可以在土地的地表、地上或者地下分别设立。

第三百四十六条 【建设用地使用权的设立原则】设立建设用地使用权，应当符合节约资源、保护生态环境的要求，遵守法律、行政法规关于土地用途的规定，不得损害已经设立的用益物权。

第三百四十七条 【建设用地使用权的出让方式】设立建设用地使用权，可以采取出让或者划拨等方式。

工业、商业、旅游、娱乐和商品住宅等经营性用地以及同一土地有两个以上意向用地者的，应当采取招标、拍卖等公开竞价的方式出让。

严格限制以划拨方式设立建设用地使用权。

第三百四十八条 【建设用地使用权出让合同】通过招标、拍卖、协议等出让方式设立建设用地使用权的，当事人应当采用书面形式订立建设用地使用权出让合同。

建设用地使用权出让合同一般包括下列条款：

（一）当事人的名称和住所；

（二）土地界址、面积等；

（三）建筑物、构筑物及其附属设施占用的空间；

（四）土地用途、规划条件；

（五）建设用地使用权期限；

（六）出让金等费用及其支付方式；

（七）解决争议的方法。

第三百四十九条 【建设用地使用权的登记】设立建设用地使用权的，应当向登记机构申请建设用地使用权登记。建设用地使用权自登记时设立。登记机构应当向建设用地使用权人发放权属证书。

第三百五十条 【土地用途限定规则】建设用地使用权人应当合理利用土地，不得改变土地用途；需要改变土地用途的，应当依法经有关行政主管部门批准。

第三百五十一条 【建设用地使用权人支付出让金等费用的义务】建设用地使用权人应当依照法律规定以及合同约定支付出让金等费用。

第三百五十二条 【建设用地使用权人建造的建筑物、构筑物及其附属设施的归属】建设用地使用权人建造的建筑物、构筑物及其附属设施的所有权属于建设用地使用权人，但是有相反证据证明的除外。

第三百五十三条 【建设用地使用权的流转方式】建设用地使用权人有权将建设用地使用权转让、互换、出资、赠与或者抵押，但是法律另有规定的除外。

第三百五十四条 【建设用地使用权流转的合同形式和期限】建设用地使用权转让、互换、出资、赠与或者抵押的，当事人应当采用书面形式订立相应的合同。使用期限由当事人约定，但是不得超过建设用地使用权的剩余期限。

第三百五十五条 【建设用地使用权流转登记】建设用地使用权转让、互换、出资或者赠与的，应当向登记机构申请变更登记。

第三百五十六条 【建设用地使用权流转之房随地走】建设用地使用权转让、互换、出资或者赠与的，附着于该土地上的建筑物、构筑物及其附属设施一并处分。

第三百五十七条 【建设用地使用权流转之地随房走】建筑物、构筑物及其附属设施转让、互换、出资或者赠与的，该建筑物、构筑物及其附属设施占用范围内的建设用地使用权一并处分。

第三百五十八条 【建设用地使用权的提前收回及其补偿】建设用地使用权期限届满前，因公共利益需要提前收回该土地的，应当依据本法第二百四十三条的规定对该土地上的房屋以及其他不动产给予补偿，并退还相应的出让金。

第三百五十九条 【建设用地使用权期限届满的处理规则】住宅建设用地使用权期限届满的，自动续期。续期费用的缴纳或者减免，依照法律、行政法规的规定办理。

非住宅建设用地使用权期限届满后的续期，依照法律规定办理。该土地上的房屋以及其他不动产的归属，有约定的，按照约定；没有约定或者约定不明确的，依照法律、行政法规的规定办理。

第三百六十条 【建设用地使用权注销登记】建设用地使用权消灭的，出让人应当及时办理注销登记。登记机构应当收回权属证书。

第三百六十一条 【集体土地作为建设用地的法律适用】集体所有的土地作为建设用地的，应当依照土地管理的法律规定办理。

第十三章 宅基地使用权

第三百六十二条 【宅基地使用权内容】宅基地使用权人依法对集体所有的土地享有占有和使用的权利，有权依法利用该土地建造住宅及其附属设施。

第三百六十三条 【宅基地使用权的法律适用】宅基地使用权的取得、行使和转让，适用土地管理的法律和国家有关规定。

第三百六十四条 【宅基地灭失后的重新分配】宅基地因自然灾害等原因灭失的，宅基地使用权消灭。对失去宅基地的村民，应当依法重新分配宅基地。

第三百六十五条 【宅基地使用权的变更登记与注销登记】已经登记的宅基地使用权转让或者消灭的，应当及时办理变更登记或者注销登记。

第十四章 居 住 权

第三百六十六条 【居住权的定义】居住权人有权按照合同约定，对他人的住宅享有占有、使用的用益物权，以满足生活居住的需要。

第三百六十七条 【居住权合同】设立居住权，当事人应当采用书面形式订立居住权合同。

居住权合同一般包括下列条款：

（一）当事人的姓名或者名称和住所；

（二）住宅的位置；

（三）居住的条件和要求；

（四）居住权期限；

（五）解决争议的方法。

第三百六十八条 【居住权的设立】居住权无偿设立，但是当事人另有约定的除外。设立居住权的，应当向登记机构申请居住权登记。居住权自登记时设立。

第三百六十九条 【居住权的限制性规定及例外】居住权不得转让、继承。设立居住权的住宅不得出租，但是当事人另有约定的除外。

第三百七十条 【居住权的消灭】居住权期限届满或者居住权人死亡的，居住权消灭。居住权消灭的，应当及时办理注销登记。

第三百七十一条 【以遗嘱设立居住权的法律适用】以遗嘱方式设立居住权的，参照适用本章的有关规定。

第十五章 地 役 权

第三百七十二条 【地役权的定义】地役权人有权按照合同约定，利用他人的不动产，以提高自己的不动产的效益。

前款所称他人的不动产为供役地，自己的不动产为需役地。

第三百七十三条 【地役权合同】设立地役权，当事人应当采用书面形式订立地役权合同。

地役权合同一般包括下列条款：

（一）当事人的姓名或者名称和住所；

（二）供役地和需役地的位置；

（三）利用目的和方法；

（四）地役权期限；

（五）费用及其支付方式；

（六）解决争议的方法。

第三百七十四条 【地役权的设立与登记】地役权自地役权合同生效时设立。当事人要求登记的，可以向登记机构申请地役权登记；未经登记，不得对抗善意第三人。

第三百七十五条 【供役地权利人的义务】供役地权利人应当按照合同约定，允许地役权人利用其不动产，不得妨害地役权人行使权利。

第三百七十六条 【地役权人的义务】地役权人应当按照合同约定的利用目的和方法利用供役地，尽量减少对供役地权利人物权的限制。

第三百七十七条 【地役权的期限】地役权期限由当事人约定；但是，不得超过土地承包经营权、建设用地使用权等用益物权的剩余期限。

第三百七十八条 【在享有或者负担地役权的土地上设立用益物权的规则】土地所有权人享有地役权或者负担地役权的，设立土地承包经营权、宅基地使用权等用益物权时，该用益物权人继续享有或者负担已经设立的地役权。

第三百七十九条 【土地所有权人在已设立用益物权的土地上设立地役权的规则】土地上已经设立土地承包经营权、建设用地使用权、宅基地使用权等用益物权的，未经用益物权人同意，土地所有权人不得设立地役权。

第三百八十条 【地役权的转让规则】地役权不得单独转让。土地承包经营权、建设用地使用权等转让的，地役权一并转让，但是合同另有约定的除外。

第三百八十一条 【地役权不得单独抵押】地役权不得单独抵押。土地经营权、建设用地使用权等抵押的，在实现抵押权时，地役权一并转让。

第三百八十二条 【需役地部分转让效果】需役地以及需役地上的土地承包经营权、建设用地使用权等部分转让时，转让部分涉及地役权的，受让人同时享有地役权。

第三百八十三条 【供役地部分转让效果】供役地以及供役地上的土地承包经营权、建设用地使用权等部分转让时，转让部分涉及地役权的，地役权对受让人具有法律约束力。

第三百八十四条 【供役地权利人解除权】地役权人有下列情形之一的,供役地权利人有权解除地役权合同,地役权消灭:

(一)违反法律规定或者合同约定,滥用地役权;

(二)有偿利用供役地,约定的付款期限届满后在合理期限内经两次催告未支付费用。

第三百八十五条 【地役权变动后的登记】已经登记的地役权变更、转让或者消灭的,应当及时办理变更登记或者注销登记。

第四分编 担保物权

第十六章 一般规定

第三百八十六条 【担保物权的定义】担保物权人在债务人不履行到期债务或者发生当事人约定的实现担保物权的情形,依法享有就担保财产优先受偿的权利,但是法律另有规定的除外。

第三百八十七条 【担保物权适用范围及反担保】债权人在借贷、买卖等民事活动中,为保障实现其债权,需要担保的,可以依照本法和其他法律的规定设立担保物权。

第三人为债务人向债权人提供担保的,可以要求债务人提供反担保。反担保适用本法和其他法律的规定。

第三百八十八条 【担保合同及其与主合同的关系】设立担保物权,应当依照本法和其他法律的规定订立担保合同。担保合同包括抵押合同、质押合同和其他具有担保功能的合同。担保合同是主债权债务合同的从合同。主债权债务合同无效的,担保合同无效,但是法律另有规定的除外。

担保合同被确认无效后,债务人、担保人、债权人有过错的,应当根据其过错各自承担相应的民事责任。

第三百八十九条 【担保范围】担保物权的担保范围包括主债权及其利息、违约金、损害赔偿金、保管担保财产和实现担保物权的费用。当事人另有约定的,按照其约定。

第三百九十条 【担保物权的物上代位性】担保期间,担保财产毁损、灭失或者被征收等,担保物权人可以就获得的保险金、赔偿金或者补偿金等优先受偿。被担保债权的履行期限未届满的,也可以提存该保险金、赔偿金或者补偿金等。

第三百九十一条 【债务转让对担保物权的效力】第三人提供担保,未经其书面同意,债权人允许债务人转移全部或者部分债务的,担保人不再承担相应的担保责任。

第三百九十二条 【人保和物保并存时的处理规则】被担保的债权既有物的担保又有人的担保的,债务人不履行到期债务或者发生当事人约定的实现担保物权的情形,债权人应当按照约定实现债权;没有约定或者约定不明确,债务人自己提供物的担保的,债权人应当先就该物的担保实现债权;第三人提供物的担保的,债权人可以就物的担保实现债权,也可以请求保证人承担保证责任。提供担保的第三人承担担保责任后,有权向债务人追偿。

第三百九十三条 【担保物权消灭的情形】有下列情形之一的,担保物权消灭:

(一)主债权消灭;

(二)担保物权实现;

(三)债权人放弃担保物权;

(四)法律规定担保物权消灭的其他情形。

第十七章 抵押权

第一节 一般抵押权

第三百九十四条 【抵押权的定义】为担保债务的履行,债务人或者第三人不转移财产的占有,将该财产抵押给债权人的,债务人不履行到期债务或者发生当事人约定的实现抵押权的情形,债权人有权就该财产优先受偿。

前款规定的债务人或者第三人为抵押人,债权人为抵押权人,提供担保的财产为抵押财产。

第三百九十五条 【可抵押财产的范围】债务人或者第三人有权处分的下列财产可以抵押:

(一)建筑物和其他土地附着物;

(二)建设用地使用权;

(三)海域使用权;

(四)生产设备、原材料、半成品、产品;

(五)正在建造的建筑物、船舶、航空器;

(六)交通运输工具;

(七)法律、行政法规未禁止抵押的其他财产。

抵押人可以将前款所列财产一并抵押。

第三百九十六条 【浮动抵押】企业、个体工商户、农业生产经营者可以将现有的以及将有的生产设备、原材料、半成品、产品抵押,债务人不履行到期债务或者发生当事人约定的实现抵押权的情形,债权人有权就抵押财产确定时的动产优先受偿。

第三百九十七条 【建筑物和相应的建设用地使用权一并抵押规则】以建筑物抵押的,该建筑物占用范围内的建设用地使用权一并抵押。以建设用地使用权抵押的,该土地上的建筑物一并抵押。

抵押人未依据前款规定一并抵押的,未抵押的财产视为一并抵押。

第三百九十八条 【乡镇、村企业的建设用地使用权与房屋一并抵押规则】乡镇、村企业的建设用地使用权不得单独抵押。以乡镇、村企业的厂房等建筑物抵押的,其占用范围内的建设用地使用权一并抵押。

第三百九十九条 【禁止抵押的财产范围】下列财产不得抵押:

(一)土地所有权;

(二)宅基地、自留地、自留山等集体所有土地的使用权,但是法律规定可以抵押的除外;

(三)学校、幼儿园、医疗机构等为公益目的成立的非营利法人的教育设施、医疗卫生设施和其他公益设施;

(四)所有权、使用权不明或者有争议的财产;

(五)依法被查封、扣押、监管的财产;

(六)法律、行政法规规定不得抵押的其他财产。

第四百条 【抵押合同】设立抵押权,当事人应当采用书面形式订立抵押合同。

抵押合同一般包括下列条款:

(一)被担保债权的种类和数额;

(二)债务人履行债务的期限;

(三)抵押财产的名称、数量等情况;

(四)担保的范围。

第四百零一条 【流押条款的效力】抵押权人在债务履行期限届满前,与抵押人约定债务人不履行到期债务时抵押财产归债权人所有的,只能依法就抵押财产优先受偿。

第四百零二条 【不动产抵押登记】以本法第三百九十五条第一款第一项至第三项规定的财产或者第五项规定的正在建造的建筑物抵押的,应当办理抵押登记。抵押权自登记时设立。

第四百零三条 【动产抵押的效力】以动产抵押的,抵押权自抵押合同生效时设立;未经登记,不得对抗善意第三人。

第四百零四条 【动产抵押权对抗效力的限制】以动产抵押的,不得对抗正常经营活动中已经支付合理价款并取得抵押财产的买受人。

第四百零五条 【抵押权和租赁权的关系】抵押权设立前,抵押财产已经出租并转移占有的,原租赁关系不受该抵押权的影响。

第四百零六条 【抵押期间抵押财产转让应当遵循的规则】抵押期间,抵押人可以转让抵押财产。当事人另有约定的,按照其约定。抵押财产转让的,抵押权不受影响。

抵押人转让抵押财产的,应当及时通知抵押权人。抵押权人能够证明抵押财产转让可能损害抵押权的,可以请求抵押人将转让所得的价款向抵押权人提前清偿债务或者提存。转让的价款超过债权数额的部分归抵押人所有,不足部分由债务人清偿。

第四百零七条 【抵押权的从属性】抵押权不得与债权分离而单独转让或者作为其他债权的担保。债权转让的,担保该债权的抵押权一并转让,但是法律另有规定或者当事人另有约定的除外。

第四百零八条 【抵押财产价值减少时抵押权人的保护措施】抵押人的行为足以使抵押财产价值减少的,抵押权人有权请求抵押人停止其行为;抵押财产价值减少的,抵押权人有权请求恢复抵押财产的价值,或者提供与减少的价值相应的担保。抵押人不恢复抵押财产的价值,也不提供担保的,抵押权人有权请求债务人提前清偿债务。

第四百零九条 【抵押权人放弃抵押权或抵押权顺位的法律后果】抵押权人可以放弃抵押权或者抵押权的顺位。抵押权人与抵押人可以协议变更抵押权顺位以及被担保的债权数额等内容。但是,抵押权的变更未经其他抵押权人书面同意的,不得对其他抵押权人产生不利影响。

债务人以自己的财产设定抵押,抵押权人放弃该抵押权、抵押权顺位或者变更抵押权的,其他担保人在抵押权人丧失优先受偿权益的范围内免除担保责任,但是其他担保人承诺仍然提供担保的除外。

第四百一十条 【抵押权实现的方式和程序】债务人不履行到期债务或者发生当事人约定的实

现抵押权的情形，抵押权人可以与抵押人协议以抵押财产折价或者以拍卖、变卖该抵押财产所得的价款优先受偿。协议损害其他债权人利益的，其他债权人可以请求人民法院撤销该协议。

抵押权人与抵押人未就抵押权实现方式达成协议的，抵押权人可以请求人民法院拍卖、变卖抵押财产。

抵押财产折价或者变卖的，应当参照市场价格。

第四百一十一条　【浮动抵押财产的确定】依据本法第三百九十六条规定设定抵押的，抵押财产自下列情形之一发生时确定：

（一）债务履行期限届满，债权未实现；

（二）抵押人被宣告破产或者解散；

（三）当事人约定的实现抵押权的情形；

（四）严重影响债权实现的其他情形。

第四百一十二条　【抵押财产孳息归属】债务人不履行到期债务或者发生当事人约定的实现抵押权的情形，致使抵押财产被人民法院依法扣押的，自扣押之日起，抵押权人有权收取该抵押财产的天然孳息或者法定孳息，但是抵押权人未通知应当清偿法定孳息义务人的除外。

前款规定的孳息应当先充抵收取孳息的费用。

第四百一十三条　【抵押财产变价款的归属原则】抵押财产折价或者拍卖、变卖后，其价款超过债权数额的部分归抵押人所有，不足部分由债务人清偿。

第四百一十四条　【同一财产上多个抵押权的效力顺序】同一财产向两个以上债权人抵押的，拍卖、变卖抵押财产所得的价款依照下列规定清偿：

（一）抵押权已经登记的，按照登记的时间先后确定清偿顺序；

（二）抵押权已经登记的先于未登记的受偿；

（三）抵押权未登记的，按照债权比例清偿。

其他可以登记的担保物权，清偿顺序参照适用前款规定。

第四百一十五条　【既有抵押权又有质权的财产的清偿顺序】同一财产既设立抵押权又设立质权的，拍卖、变卖该财产所得的价款按照登记、交付的时间先后确定清偿顺序。

第四百一十六条　【买卖价款抵押权】动产抵押担保的主债权是抵押物的价款，标的物交付后十日内办理抵押登记的，该抵押权人优先于抵押物买受人的其他担保物权人受偿，但是留置权人除外。

第四百一十七条　【抵押权对新增建筑物的效力】建设用地使用权抵押后，该土地上新增的建筑物不属于抵押财产。该建设用地使用权实现抵押权时，应当将该土地上新增的建筑物与建设用地使用权一并处分。但是，新增建筑物所得的价款，抵押权人无权优先受偿。

第四百一十八条　【集体所有土地使用权抵押权的实现效果】以集体所有土地的使用权依法抵押的，实现抵押权后，未经法定程序，不得改变土地所有权的性质和土地用途。

第四百一十九条　【抵押权的存续期间】抵押权人应当在主债权诉讼时效期间行使抵押权；未行使的，人民法院不予保护。

第二节　最高额抵押权

第四百二十条　【最高额抵押规则】为担保债务的履行，债务人或者第三人对一定期间内将要连续发生的债权提供担保财产的，债务人不履行到期债务或者发生当事人约定的实现抵押权的情形，抵押权人有权在最高债权额限度内就该担保财产优先受偿。

最高额抵押权设立前已经存在的债权，经当事人同意，可以转入最高额抵押担保的债权范围。

第四百二十一条　【最高额抵押权担保的部分债权转让效力】最高额抵押担保的债权确定前，部分债权转让的，最高额抵押权不得转让，但是当事人另有约定的除外。

第四百二十二条　【最高额抵押合同条款变更】最高额抵押担保的债权确定前，抵押权人与抵押人可以通过协议变更债权确定的期间、债权范围以及最高债权额。但是，变更的内容不得对其他抵押权人产生不利影响。

第四百二十三条　【最高额抵押所担保债权的确定事由】有下列情形之一的，抵押权人的债权确定：

（一）约定的债权确定期间届满；

（二）没有约定债权确定期间或者约定不明确，抵押权人或者抵押人自最高额抵押权设立之日起满二年后请求确定债权；

（三）新的债权不可能发生；

（四）抵押权人知道或者应当知道抵押财产被查封、扣押；

（五）债务人、抵押人被宣告破产或者解散；

（六）法律规定债权确定的其他情形。

第四百二十四条 【最高额抵押的法律适用】最高额抵押权除适用本节规定外，适用本章第一节的有关规定。

第十八章 质　　权

第一节 动产质权

第四百二十五条 【动产质权概念】为担保债务的履行，债务人或者第三人将其动产出质给债权人占有的，债务人不履行到期债务或者发生当事人约定的实现质权的情形，债权人有权就该动产优先受偿。

前款规定的债务人或者第三人为出质人，债权人为质权人，交付的动产为质押财产。

第四百二十六条 【禁止出质的动产范围】法律、行政法规禁止转让的动产不得出质。

第四百二十七条 【质押合同形式及内容】设立质权，当事人应当采用书面形式订立质押合同。

质押合同一般包括下列条款：

（一）被担保债权的种类和数额；

（二）债务人履行债务的期限；

（三）质押财产的名称、数量等情况；

（四）担保的范围；

（五）质押财产交付的时间、方式。

第四百二十八条 【流质条款的效力】质权人在债务履行期限届满前，与出质人约定债务人不履行到期债务时质押财产归债权人所有的，只能依法就质押财产优先受偿。

第四百二十九条 【质权的设立】质权自出质人交付质押财产时设立。

第四百三十条 【质权人的孳息收取权】质权人有权收取质押财产的孳息，但是合同另有约定的除外。

前款规定的孳息应当先充抵收取孳息的费用。

第四百三十一条 【质权人对质押财产处分的限制及其法律责任】质权人在质权存续期间，未经出质人同意，擅自使用、处分质押财产，造成出质人损害的，应当承担赔偿责任。

第四百三十二条 【质物保管义务】质权人负有妥善保管质押财产的义务；因保管不善致使质押财产毁损、灭失的，应当承担赔偿责任。

质权人的行为可能使质押财产毁损、灭失的，出质人可以请求质权人将质押财产提存，或者请求提前清偿债务并返还质押财产。

第四百三十三条 【质押财产保全】因不可归责于质权人的事由可能使质押财产毁损或者价值明显减少，足以危害质权人权利的，质权人有权请求出质人提供相应的担保；出质人不提供的，质权人可以拍卖、变卖质押财产，并与出质人协议将拍卖、变卖所得的价款提前清偿债务或者提存。

第四百三十四条 【转质】质权人在质权存续期间，未经出质人同意转质，造成质押财产毁损、灭失的，应当承担赔偿责任。

第四百三十五条 【放弃质权】质权人可以放弃质权。债务人以自己的财产出质，质权人放弃该质权的，其他担保人在质权人丧失优先受偿权益的范围内免除担保责任，但是其他担保人承诺仍然提供担保的除外。

第四百三十六条 【质物返还与质权实现】债务人履行债务或者出质人提前清偿所担保的债权的，质权人应当返还质押财产。

债务人不履行到期债务或者发生当事人约定的实现质权的情形，质权人可以与出质人协议以质押财产折价，也可以就拍卖、变卖质押财产所得的价款优先受偿。

质押财产折价或者变卖的，应当参照市场价格。

第四百三十七条 【出质人请求质权人及时行使质权】出质人可以请求质权人在债务履行期限届满后及时行使质权；质权人不行使的，出质人可以请求人民法院拍卖、变卖质押财产。

出质人请求质权人及时行使质权，因质权人怠于行使权利造成出质人损害的，由质权人承担赔偿责任。

第四百三十八条 【质押财产变价款归属原则】质押财产折价或者拍卖、变卖后，其价款超过债权数额的部分归出质人所有，不足部分由债务人清偿。

第四百三十九条 【最高额质权】出质人与质权人可以协议设立最高额质权。

最高额质权除适用本节有关规定外，参照适用本编第十七章第二节的有关规定。

第二节 权利质权

第四百四十条 【可出质的权利的范围】债务

人或者第三人有权处分的下列权利可以出质：

（一）汇票、本票、支票；

（二）债券、存款单；

（三）仓单、提单；

（四）可以转让的基金份额、股权；

（五）可以转让的注册商标专用权、专利权、著作权等知识产权中的财产权；

（六）现有的以及将有的应收账款；

（七）法律、行政法规规定可以出质的其他财产权利。

第四百四十一条　【有价证券质权】以汇票、本票、支票、债券、存款单、仓单、提单出质的，质权自权利凭证交付质权人时设立；没有权利凭证的，质权自办理出质登记时设立。法律另有规定的，依照其规定。

第四百四十二条　【有价证券质权人行使权利的特别规定】汇票、本票、支票、债券、存款单、仓单、提单的兑现日期或者提货日期先于主债权到期的，质权人可以兑现或者提货，并与出质人协议将兑现的价款或者提取的货物提前清偿债务或者提存。

第四百四十三条　【基金份额质权、股权质权】以基金份额、股权出质的，质权自办理出质登记时设立。

基金份额、股权出质后，不得转让，但是出质人与质权人协商同意的除外。出质人转让基金份额、股权所得的价款，应当向质权人提前清偿债务或者提存。

第四百四十四条　【知识产权质权】以注册商标专用权、专利权、著作权等知识产权中的财产权出质的，质权自办理出质登记时设立。

知识产权中的财产权出质后，出质人不得转让或者许可他人使用，但是出质人与质权人协商同意的除外。出质人转让或者许可他人使用出质的知识产权中的财产权所得的价款，应当向质权人提前清偿债务或者提存。

第四百四十五条　【应收账款质权】以应收账款出质的，质权自办理出质登记时设立。

应收账款出质后，不得转让，但是出质人与质权人协商同意的除外。出质人转让应收账款所得的价款，应当向质权人提前清偿债务或者提存。

第四百四十六条　【权利质权的法律适用】权利质权除适用本节规定外，适用本章第一节的有关规定。

第十九章　留　置　权

第四百四十七条　【留置权的定义】债务人不履行到期债务，债权人可以留置已经合法占有的债务人的动产，并有权就该动产优先受偿。

前款规定的债权人为留置权人，占有的动产为留置财产。

第四百四十八条　【留置财产与债权的关系】债权人留置的动产，应当与债权属于同一法律关系，但是企业之间留置的除外。

第四百四十九条　【留置权适用范围的限制性规定】法律规定或者当事人约定不得留置的动产，不得留置。

第四百五十条　【可分留置物】留置财产为可分物的，留置财产的价值应当相当于债务的金额。

第四百五十一条　【留置权人保管义务】留置权人负有妥善保管留置财产的义务；因保管不善致使留置财产毁损、灭失的，应当承担赔偿责任。

第四百五十二条　【留置财产的孳息收取】留置权人有权收取留置财产的孳息。

前款规定的孳息应当先充抵收取孳息的费用。

第四百五十三条　【留置权的实现】留置权人与债务人应当约定留置财产后的债务履行期限；没有约定或者约定不明确的，留置权人应当给债务人六十日以上履行债务的期限，但是鲜活易腐等不易保管的动产除外。债务人逾期未履行的，留置权人可以与债务人协议以留置财产折价，也可以就拍卖、变卖留置财产所得的价款优先受偿。

留置财产折价或者变卖的，应当参照市场价格。

第四百五十四条　【债务人请求留置权人行使留置权】债务人可以请求留置权人在债务履行期限届满后行使留置权；留置权人不行使的，债务人可以请求人民法院拍卖、变卖留置财产。

第四百五十五条　【留置权实现方式】留置财产折价或者拍卖、变卖后，其价款超过债权数额的部分归债务人所有，不足部分由债务人清偿。

第四百五十六条　【留置权优先于其他担保物权效力】同一动产上已经设立抵押权或者质权，该动产又被留置的，留置权人优先受偿。

第四百五十七条　【留置权消灭】留置权人对留置财产丧失占有或者留置权人接受债务人另行提供担保的，留置权消灭。

第五分编　占　　有

第二十章　占　　有

第四百五十八条　【有权占有法律适用】基于合同关系等产生的占有,有关不动产或者动产的使用、收益、违约责任等,按照合同约定;合同没有约定或者约定不明确的,依照有关法律规定。

第四百五十九条　【恶意占有人的损害赔偿责任】占有人因使用占有的不动产或者动产,致使该不动产或者动产受到损害的,恶意占有人应当承担赔偿责任。

第四百六十条　【权利人的返还请求权和占有人的费用求偿权】不动产或者动产被占有人占有的,权利人可以请求返还原物及其孳息;但是,应当支付善意占有人因维护该不动产或者动产支出的必要费用。

第四百六十一条　【占有物毁损或者灭失时占有人的责任】占有的不动产或者动产毁损、灭失,该不动产或者动产的权利人请求赔偿的,占有人应当将因毁损、灭失取得的保险金、赔偿金或者补偿金等返还给权利人;权利人的损害未得到足够弥补的,恶意占有人还应当赔偿损失。

第四百六十二条　【占有保护的方法】占有的不动产或者动产被侵占的,占有人有权请求返还原物;对妨害占有的行为,占有人有权请求排除妨害或者消除危险;因侵占或者妨害造成损害的,占有人有权依法请求损害赔偿。

占有人返还原物的请求权,自侵占发生之日起一年内未行使的,该请求权消灭。

第三编　合　　同

第一分编　通　　则

第一章　一般规定

第四百六十三条　【合同编的调整范围】本编调整因合同产生的民事关系。

第四百六十四条　【合同的定义及身份关系协议的法律适用】合同是民事主体之间设立、变更、终止民事法律关系的协议。

婚姻、收养、监护等有关身份关系的协议,适用有关该身份关系的法律规定;没有规定的,可以根据其性质参照适用本编规定。

第四百六十五条　【依法成立的合同受法律保护及合同相对性原则】依法成立的合同,受法律保护。

依法成立的合同,仅对当事人具有法律约束力,但是法律另有规定的除外。

第四百六十六条　【合同的解释规则】当事人对合同条款的理解有争议的,应当依据本法第一百四十二条第一款的规定,确定争议条款的含义。

合同文本采用两种以上文字订立并约定具有同等效力的,对各文本使用的词句推定具有相同含义。各文本使用的词句不一致的,应当根据合同的相关条款、性质、目的以及诚信原则等予以解释。

第四百六十七条　【非典型合同及特定涉外合同的法律适用】本法或者其他法律没有明文规定的合同,适用本编通则的规定,并可以参照适用本编或者其他法律最相类似合同的规定。

在中华人民共和国境内履行的中外合资经营企业合同、中外合作经营企业合同、中外合作勘探开发自然资源合同,适用中华人民共和国法律。

第四百六十八条　【非合同之债的法律适用】非因合同产生的债权债务关系,适用有关该债权债务关系的法律规定;没有规定的,适用本编通则的有关规定,但是根据其性质不能适用的除外。

第二章　合同的订立

第四百六十九条　【合同形式】当事人订立合同,可以采用书面形式、口头形式或者其他形式。

书面形式是合同书、信件、电报、电传、传真等可以有形地表现所载内容的形式。

以电子数据交换、电子邮件等方式能够有形地表现所载内容,并可以随时调取查用的数据电文,视为书面形式。

第四百七十条　【合同主要条款及示范文本】合同的内容由当事人约定,一般包括下列条款:

(一)当事人的姓名或者名称和住所;

(二)标的;

（三）数量；

（四）质量；

（五）价款或者报酬；

（六）履行期限、地点和方式；

（七）违约责任；

（八）解决争议的方法。

当事人可以参照各类合同的示范文本订立合同。

第四百七十一条 【订立合同的方式】当事人订立合同，可以采取要约、承诺方式或者其他方式。

第四百七十二条 【要约的定义及其构成】要约是希望与他人订立合同的意思表示，该意思表示应当符合下列条件：

（一）内容具体确定；

（二）表明经受要约人承诺，要约人即受该意思表示约束。

第四百七十三条 【要约邀请】要约邀请是希望他人向自己发出要约的表示。拍卖公告、招标公告、招股说明书、债券募集办法、基金招募说明书、商业广告和宣传、寄送的价目表等为要约邀请。

商业广告和宣传的内容符合要约条件的，构成要约。

第四百七十四条 【要约的生效时间】要约生效的时间适用本法第一百三十七条的规定。

第四百七十五条 【要约的撤回】要约可以撤回。要约的撤回适用本法第一百四十一条的规定。

第四百七十六条 【要约不得撤销情形】要约可以撤销，但是有下列情形之一的除外：

（一）要约人以确定承诺期限或者其他形式明示要约不可撤销；

（二）受要约人有理由认为要约是不可撤销的，并已经为履行合同做了合理准备工作。

第四百七十七条 【要约撤销条件】撤销要约的意思表示以对话方式作出的，该意思表示的内容应当在受要约人作出承诺之前为受要约人所知道；撤销要约的意思表示以非对话方式作出的，应当在受要约人作出承诺之前到达受要约人。

第四百七十八条 【要约失效】有下列情形之一的，要约失效：

（一）要约被拒绝；

（二）要约被依法撤销；

（三）承诺期限届满，受要约人未作出承诺；

（四）受要约人对要约的内容作出实质性变更。

第四百七十九条 【承诺的定义】承诺是受要约人同意要约的意思表示。

第四百八十条 【承诺的方式】承诺应当以通知的方式作出；但是，根据交易习惯或者要约表明可以通过行为作出承诺的除外。

第四百八十一条 【承诺的期限】承诺应当在要约确定的期限内到达要约人。

要约没有确定承诺期限的，承诺应当依照下列规定到达：

（一）要约以对话方式作出的，应当即时作出承诺；

（二）要约以非对话方式作出的，承诺应当在合理期限内到达。

第四百八十二条 【承诺期限的起算】要约以信件或者电报作出的，承诺期限自信件载明的日期或者电报交发之日开始计算。信件未载明日期的，自投寄该信件的邮戳日期开始计算。要约以电话、传真、电子邮件等快速通讯方式作出的，承诺期限自要约到达受要约人时开始计算。

第四百八十三条 【合同成立时间】承诺生效时合同成立，但是法律另有规定或者当事人另有约定的除外。

第四百八十四条 【承诺生效时间】以通知方式作出的承诺，生效的时间适用本法第一百三十七条的规定。

承诺不需要通知的，根据交易习惯或者要约的要求作出承诺的行为时生效。

第四百八十五条 【承诺的撤回】承诺可以撤回。承诺的撤回适用本法第一百四十一条的规定。

第四百八十六条 【逾期承诺及效果】受要约人超过承诺期限发出承诺，或者在承诺期限内发出承诺，按照通常情形不能及时到达要约人的，为新要约；但是，要约人及时通知受要约人该承诺有效的除外。

第四百八十七条 【迟到的承诺】受要约人在承诺期限内发出承诺，按照通常情形能够及时到达要约人，但是因其他原因致使承诺到达要约人时超过承诺期限的，除要约人及时通知受要约人因承诺超过期限不接受该承诺外，该承诺有效。

第四百八十八条 【承诺对要约内容的实质性变更】承诺的内容应当与要约的内容一致。受要约人对要约的内容作出实质性变更的，为新要约。有关合同标的、数量、质量、价款或者报酬、履行期限、履行地点和方式、违约责任和解决争议方法等的变更,是对要约内容的实质性变更。

第四百八十九条 【承诺对要约内容的非实质性变更】承诺对要约的内容作出非实质性变更的,除要约人及时表示反对或者要约表明承诺不得对要约的内容作出任何变更外,该承诺有效,合同的内容以承诺的内容为准。

第四百九十条 【采用书面形式订立合同的成立时间】当事人采用合同书形式订立合同的,自当事人均签名、盖章或者按指印时合同成立。在签名、盖章或者按指印之前,当事人一方已经履行主要义务,对方接受时,该合同成立。

法律、行政法规规定或者当事人约定合同应当采用书面形式订立,当事人未采用书面形式但是一方已经履行主要义务,对方接受时,该合同成立。

第四百九十一条 【签订确认书的合同及电子合同成立时间】当事人采用信件、数据电文等形式订立合同要求签订确认书的,签订确认书时合同成立。

当事人一方通过互联网等信息网络发布的商品或者服务信息符合要约条件的,对方选择该商品或者服务并提交订单成功时合同成立,但是当事人另有约定的除外。

第四百九十二条 【合同成立的地点】承诺生效的地点为合同成立的地点。

采用数据电文形式订立合同的,收件人的主营业地为合同成立的地点;没有主营业地的,其住所地为合同成立的地点。当事人另有约定的,按照其约定。

第四百九十三条 【采用合同书订立合同的成立地点】当事人采用合同书形式订立合同的,最后签名、盖章或者按指印的地点为合同成立的地点,但是当事人另有约定的除外。

第四百九十四条 【强制缔约义务】国家根据抢险救灾、疫情防控或者其他需要下达国家订货任务、指令性任务的,有关民事主体之间应当依照有关法律、行政法规规定的权利和义务订立合同。

依照法律、行政法规的规定负有发出要约义务的当事人,应当及时发出合理的要约。

依照法律、行政法规的规定负有作出承诺义务的当事人,不得拒绝对方合理的订立合同要求。

第四百九十五条 【预约合同】当事人约定在将来一定期限内订立合同的认购书、订购书、预订书等,构成预约合同。

当事人一方不履行预约合同约定的订立合同义务的,对方可以请求其承担预约合同的违约责任。

第四百九十六条 【格式条款】格式条款是当事人为了重复使用而预先拟定,并在订立合同时未与对方协商的条款。

采用格式条款订立合同的,提供格式条款的一方应当遵循公平原则确定当事人之间的权利和义务,并采取合理的方式提示对方注意免除或者减轻其责任等与对方有重大利害关系的条款,按照对方的要求,对该条款予以说明。提供格式条款的一方未履行提示或者说明义务,致使对方没有注意或者理解与其有重大利害关系的条款的,对方可以主张该条款不成为合同的内容。

第四百九十七条 【格式条款无效的情形】有下列情形之一的,该格式条款无效:

(一)具有本法第一编第六章第三节和本法第五百零六条规定的无效情形;

(二)提供格式条款一方不合理地免除或者减轻其责任、加重对方责任、限制对方主要权利;

(三)提供格式条款一方排除对方主要权利。

第四百九十八条 【格式条款的解释方法】对格式条款的理解发生争议的,应当按照通常理解予以解释。对格式条款有两种以上解释的,应当作出不利于提供格式条款一方的解释。格式条款和非格式条款不一致的,应当采用非格式条款。

第四百九十九条 【悬赏广告】悬赏人以公开方式声明对完成特定行为的人支付报酬的,完成该行为的人可以请求其支付。

第五百条 【缔约过失责任】当事人在订立合同过程中有下列情形之一,造成对方损失的,应当承担赔偿责任:

(一)假借订立合同,恶意进行磋商;

(二)故意隐瞒与订立合同有关的重要事实或者提供虚假情况;

(三)有其他违背诚信原则的行为。

第五百零一条 【合同缔结人的保密义务】当事人在订立合同过程中知悉的商业秘密或者其他应当保密的信息,无论合同是否成立,不得泄露或者不正当地使用;泄露、不正当地使用该商业秘密或者信息,造成对方损失的,应当承担赔偿责任。

第三章 合同的效力

第五百零二条 【合同生效时间及未办理批准手续的处理规则】依法成立的合同，自成立时生效，但是法律另有规定或者当事人另有约定的除外。

依照法律、行政法规的规定，合同应当办理批准等手续的，依照其规定。未办理批准等手续影响合同生效的，不影响合同中履行报批等义务条款以及相关条款的效力。应当办理申请批准等手续的当事人未履行义务的，对方可以请求其承担违反该义务的责任。

依照法律、行政法规的规定，合同的变更、转让、解除等情形应当办理批准等手续的，适用前款规定。

第五百零三条 【被代理人以默示方式追认无权代理】无权代理人以被代理人的名义订立合同，被代理人已经开始履行合同义务或者接受相对人履行的，视为对合同的追认。

第五百零四条 【超越权限订立合同的效力】法人的法定代表人或者非法人组织的负责人超越权限订立的合同，除相对人知道或者应当知道其超越权限外，该代表行为有效，订立的合同对法人或者非法人组织发生效力。

第五百零五条 【超越经营范围订立的合同效力】当事人超越经营范围订立的合同的效力，应当依照本法第一编第六章第三节和本编的有关规定确定，不得仅以超越经营范围确认合同无效。

第五百零六条 【免责条款无效情形】合同中的下列免责条款无效：

（一）造成对方人身损害的；

（二）因故意或者重大过失造成对方财产损失的。

第五百零七条 【争议解决条款的独立性】合同不生效、无效、被撤销或者终止的，不影响合同中有关解决争议方法的条款的效力。

第五百零八条 【合同效力适用指引】本编对合同的效力没有规定的，适用本法第一编第六章的有关规定。

第四章 合同的履行

第五百零九条 【合同履行的原则】当事人应当按照约定全面履行自己的义务。

当事人应当遵循诚信原则，根据合同的性质、目的和交易习惯履行通知、协助、保密等义务。

当事人在履行合同过程中，应当避免浪费资源、污染环境和破坏生态。

第五百一十条 【约定不明时合同内容的确定】合同生效后，当事人就质量、价款或者报酬、履行地点等内容没有约定或者约定不明确的，可以协议补充；不能达成补充协议的，按照合同相关条款或者交易习惯确定。

第五百一十一条 【质量、价款、履行地点等内容的确定】当事人就有关合同内容约定不明确，依据前条规定仍不能确定的，适用下列规定：

（一）质量要求不明确的，按照强制性国家标准履行；没有强制性国家标准的，按照推荐性国家标准履行；没有推荐性国家标准的，按照行业标准履行；没有国家标准、行业标准的，按照通常标准或者符合合同目的的特定标准履行。

（二）价款或者报酬不明确的，按照订立合同时履行地的市场价格履行；依法应当执行政府定价或者政府指导价的，依照规定履行。

（三）履行地点不明确，给付货币的，在接受货币一方所在地履行；交付不动产的，在不动产所在地履行；其他标的，在履行义务一方所在地履行。

（四）履行期限不明确的，债务人可以随时履行，债权人也可以随时请求履行，但是应当给对方必要的准备时间。

（五）履行方式不明确的，按照有利于实现合同目的的方式履行。

（六）履行费用的负担不明确的，由履行义务一方负担；因债权人原因增加的履行费用，由债权人负担。

第五百一十二条 【电子合同交付时间的认定】通过互联网等信息网络订立的电子合同的标的为交付商品并采用快递物流方式交付的，收货人的签收时间为交付时间。电子合同的标的为提供服务的，生成的电子凭证或者实物凭证中载明的时间为提供服务时间；前述凭证没有载明时间或者载明时间与实际提供服务时间不一致的，以实际提供服务的时间为准。

电子合同的标的物为采用在线传输方式交付的，合同标的物进入对方当事人指定的特定系统且能够检索识别的时间为交付时间。

电子合同当事人对交付商品或者提供服务的方式、时间另有约定的，按照其约定。

第五百一十三条 【执行政府定价或指导价的合同价格确定】执行政府定价或者政府指导价的，在合同约定的交付期限内政府价格调整时，按照交付时的价格计价。逾期交付标的物的，遇价格上涨时，按照原价格执行；价格下降时，按照新价格执行。逾期提取标的物或者逾期付款的，遇价格上涨时，按照新价格执行；价格下降时，按照原价格执行。

第五百一十四条 【金钱之债给付货币的确定规则】以支付金钱为内容的债，除法律另有规定或者当事人另有约定外，债权人可以请求债务人以实际履行地的法定货币履行。

第五百一十五条 【选择之债中债务人的选择权】标的有多项而债务人只需履行其中一项的，债务人享有选择权；但是，法律另有规定、当事人另有约定或者另有交易习惯的除外。

享有选择权的当事人在约定期限内或者履行期限届满未作选择，经催告后在合理期限内仍未选择的，选择权转移至对方。

第五百一十六条 【选择权的行使】当事人行使选择权应当及时通知对方，通知到达对方时，标的确定。标的确定后不得变更，但是经对方同意的除外。

可选择的标的发生不能履行情形的，享有选择权的当事人不得选择不能履行的标的，但是该不能履行的情形是由对方造成的除外。

第五百一十七条 【按份债权与按份债务】债权人为二人以上，标的可分，按照份额各自享有债权的，为按份债权；债务人为二人以上，标的可分，按照份额各自负担债务的，为按份债务。

按份债权人或者按份债务人的份额难以确定的，视为份额相同。

第五百一十八条 【连带债权与连带债务】债权人为二人以上，部分或者全部债权人均可以请求债务人履行债务的，为连带债权；债务人为二人以上，债权人可以请求部分或者全部债务人履行全部债务的，为连带债务。

连带债权或者连带债务，由法律规定或者当事人约定。

第五百一十九条 【连带债务份额的确定及追偿】连带债务人之间的份额难以确定的，视为份额相同。

实际承担债务超过自己份额的连带债务人，有权就超出部分在其他连带债务人未履行的份额范围内向其追偿，并相应地享有债权人的权利，但是不得损害债权人的利益。其他连带债务人对债权人的抗辩，可以向该债务人主张。

被追偿的连带债务人不能履行其应分担份额的，其他连带债务人应当在相应范围内按比例分担。

第五百二十条 【连带债务人之一所生事项涉他效力】部分连带债务人履行、抵销债务或者提存标的物的，其他债务人对债权人的债务在相应范围内消灭；该债务人可以依据前条规定向其他债务人追偿。

部分连带债务人的债务被债权人免除的，在该连带债务人应当承担的份额范围内，其他债务人对债权人的债务消灭。

部分连带债务人的债务与债权人的债权同归于一人的，在扣除该债务人应当承担的份额后，债权人对其他债务人的债权继续存在。

债权人对部分连带债务人的给付受领迟延的，对其他连带债务人发生效力。

第五百二十一条 【连带债权内外部关系】连带债权人之间的份额难以确定的，视为份额相同。

实际受领债权的连带债权人，应当按比例向其他连带债权人返还。

连带债权参照适用本章连带债务的有关规定。

第五百二十二条 【向第三人履行】当事人约定由债务人向第三人履行债务，债务人未向第三人履行债务或者履行债务不符合约定的，应当向债权人承担违约责任。

法律规定或者当事人约定第三人可以直接请求债务人向其履行债务，第三人未在合理期限内明确拒绝，债务人未向第三人履行债务或者履行债务不符合约定的，第三人可以请求债务人承担违约责任；债务人对债权人的抗辩，可以向第三人主张。

第五百二十三条 【第三人履行】当事人约定由第三人向债权人履行债务，第三人不履行债务或者履行债务不符合约定的，债务人应当向债权人承担违约责任。

第五百二十四条 【第三人代为履行】债务人不履行债务，第三人对履行该债务具有合法利益的，第三人有权向债权人代为履行；但是，根据债务性质、按照当事人约定或者依照法律规定只能由债务人履行的除外。

债权人接受第三人履行后，其对债务人的债权转让给第三人，但是债务人和第三人另有约定的除外。

第五百二十五条　【同时履行抗辩权】当事人互负债务，没有先后履行顺序的，应当同时履行。一方在对方履行之前有权拒绝其履行请求。一方在对方履行债务不符合约定时，有权拒绝其相应的履行请求。

第五百二十六条　【后履行抗辩权】当事人互负债务，有先后履行顺序，应当先履行债务一方未履行的，后履行一方有权拒绝其履行请求。先履行一方履行债务不符合约定的，后履行一方有权拒绝其相应的履行请求。

第五百二十七条　【不安抗辩权】应当先履行债务的当事人，有确切证据证明对方有下列情形之一的，可以中止履行：

（一）经营状况严重恶化；

（二）转移财产、抽逃资金，以逃避债务；

（三）丧失商业信誉；

（四）有丧失或者可能丧失履行债务能力的其他情形。

当事人没有确切证据中止履行的，应当承担违约责任。

第五百二十八条　【不安抗辩权的行使】当事人依据前条规定中止履行的，应当及时通知对方。对方提供适当担保的，应当恢复履行。中止履行后，对方在合理期限内未恢复履行能力且未提供适当担保的，视为以自己的行为表明不履行主要债务，中止履行的一方可以解除合同并可以请求对方承担违约责任。

第五百二十九条　【因债权人原因致债务履行困难的处理】债权人分立、合并或者变更住所没有通知债务人，致使履行债务发生困难的，债务人可以中止履行或者将标的物提存。

第五百三十条　【债务人提前履行债务】债权人可以拒绝债务人提前履行债务，但是提前履行不损害债权人利益的除外。

债务人提前履行债务给债权人增加的费用，由债务人负担。

第五百三十一条　【债务人部分履行债务】债权人可以拒绝债务人部分履行债务，但是部分履行不损害债权人利益的除外。

债务人部分履行债务给债权人增加的费用，由债务人负担。

第五百三十二条　【当事人变化不影响合同效力】合同生效后，当事人不得因姓名、名称的变更或者法定代表人、负责人、承办人的变动而不履行合同义务。

第五百三十三条　【情势变更】合同成立后，合同的基础条件发生了当事人在订立合同时无法预见的、不属于商业风险的重大变化，继续履行合同对于当事人一方明显不公平的，受不利影响的当事人可以与对方重新协商；在合理期限内协商不成的，当事人可以请求人民法院或者仲裁机构变更或者解除合同。

人民法院或者仲裁机构应当结合案件的实际情况，根据公平原则变更或者解除合同。

第五百三十四条　【合同监督】对当事人利用合同实施危害国家利益、社会公共利益行为的，市场监督管理和其他有关行政主管部门依照法律、行政法规的规定负责监督处理。

第五章　合同的保全

第五百三十五条　【债权人代位权】因债务人怠于行使其债权或者与该债权有关的从权利，影响债权人的到期债权实现的，债权人可以向人民法院请求以自己的名义代位行使债务人对相对人的权利，但是该权利专属于债务人自身的除外。

代位权的行使范围以债权人的到期债权为限。债权人行使代位权的必要费用，由债务人负担。

相对人对债务人的抗辩，可以向债权人主张。

第五百三十六条　【保存行为】债权人的债权到期前，债务人的债权或者与该债权有关的从权利存在诉讼时效期间即将届满或者未及时申报破产债权等情形，影响债权人的债权实现的，债权人可以代位向债务人的相对人请求其向债务人履行、向破产管理人申报或者作出其他必要的行为。

第五百三十七条　【代位权行使后的法律效果】人民法院认定代位权成立的，由债务人的相对人向债权人履行义务，债权人接受履行后，债权人与债务人、债务人与相对人之间相应的权利义务终止。债务人对相对人的债权或者与该债权有关的从权利被采取保全、执行措施，或者债务人破产的，依照相关法律的规定处理。

第五百三十八条 【撤销债务人无偿行为】债务人以放弃其债权、放弃债权担保、无偿转让财产等方式无偿处分财产权益,或者恶意延长其到期债权的履行期限,影响债权人的债权实现的,债权人可以请求人民法院撤销债务人的行为。

第五百三十九条 【撤销债务人有偿行为】债务人以明显不合理的低价转让财产、以明显不合理的高价受让他人财产或者为他人的债务提供担保,影响债权人的债权实现,债务人的相对人知道或者应当知道该情形的,债权人可以请求人民法院撤销债务人的行为。

第五百四十条 【撤销权的行使范围】撤销权的行使范围以债权人的债权为限。债权人行使撤销权的必要费用,由债务人负担。

第五百四十一条 【撤销权的行使期间】撤销权自债权人知道或者应当知道撤销事由之日起一年内行使。自债务人的行为发生之日起五年内没有行使撤销权的,该撤销权消灭。

第五百四十二条 【债务人行为被撤销的法律效果】债务人影响债权人的债权实现的行为被撤销的,自始没有法律约束力。

第六章 合同的变更和转让

第五百四十三条 【协议变更合同】当事人协商一致,可以变更合同。

第五百四十四条 【合同变更不明确推定为未变更】当事人对合同变更的内容约定不明确的,推定为未变更。

第五百四十五条 【债权转让】债权人可以将债权的全部或者部分转让给第三人,但是有下列情形之一的除外:

(一)根据债权性质不得转让;

(二)按照当事人约定不得转让;

(三)依照法律规定不得转让。

当事人约定非金钱债权不得转让的,不得对抗善意第三人。当事人约定金钱债权不得转让的,不得对抗第三人。

第五百四十六条 【债权转让的通知义务】债权人转让债权,未通知债务人的,该转让对债务人不发生效力。

债权转让的通知不得撤销,但是经受让人同意的除外。

第五百四十七条 【债权转让从权利一并转让】债权人转让债权的,受让人取得与债权有关的从权利,但是该从权利专属于债权人自身的除外。

受让人取得从权利不因该从权利未办理转移登记手续或者未转移占有而受到影响。

第五百四十八条 【债权转让中债务人抗辩】债务人接到债权转让通知后,债务人对让与人的抗辩,可以向受让人主张。

第五百四十九条 【债权转让中债务人的抵销权】有下列情形之一的,债务人可以向受让人主张抵销:

(一)债务人接到债权转让通知时,债务人对让与人享有债权,且债务人的债权先于转让的债权到期或者同时到期;

(二)债务人的债权与转让的债权是基于同一合同产生。

第五百五十条 【债权转让费用的承担】因债权转让增加的履行费用,由让与人负担。

第五百五十一条 【债务转移】债务人将债务的全部或者部分转移给第三人的,应当经债权人同意。

债务人或者第三人可以催告债权人在合理期限内予以同意,债权人未作表示的,视为不同意。

第五百五十二条 【债务加入】第三人与债务人约定加入债务并通知债权人,或者第三人向债权人表示愿意加入债务,债权人未在合理期限内明确拒绝的,债权人可以请求第三人在其愿意承担的债务范围内和债务人承担连带债务。

第五百五十三条 【债务转移时新债务人抗辩】债务人转移债务的,新债务人可以主张原债务人对债权人的抗辩;原债务人对债权人享有债权的,新债务人不得向债权人主张抵销。

第五百五十四条 【从债务随主债务转移】债务人转移债务的,新债务人应当承担与主债务有关的从债务,但是该从债务专属于原债务人自身的除外。

第五百五十五条 【合同权利义务的一并转让】当事人一方经对方同意,可以将自己在合同中的权利和义务一并转让给第三人。

第五百五十六条 【一并转让的法律适用】合同的权利和义务一并转让的,适用债权转让、债务转移的有关规定。

第七章 合同的权利义务终止

第五百五十七条 【债权债务终止的法定情形】有下列情形之一的,债权债务终止:

(一)债务已经履行;

(二)债务相互抵销;

(三)债务人依法将标的物提存;

(四)债权人免除债务;

(五)债权债务同归于一人;

(六)法律规定或者当事人约定终止的其他情形。

合同解除的,该合同的权利义务关系终止。

第五百五十八条 【后合同义务】债权债务终止后,当事人应当遵循诚信等原则,根据交易习惯履行通知、协助、保密、旧物回收等义务。

第五百五十九条 【从权利消灭】债权债务终止时,债权的从权利同时消灭,但是法律另有规定或者当事人另有约定的除外。

第五百六十条 【数项债务的清偿抵充顺序】债务人对同一债权人负担的数项债务种类相同,债务人的给付不足以清偿全部债务的,除当事人另有约定外,由债务人在清偿时指定其履行的债务。

债务人未作指定的,应当优先履行已经到期的债务;数项债务均到期的,优先履行对债权人缺乏担保或者担保最少的债务;均无担保或者担保相等的,优先履行债务人负担较重的债务;负担相同的,按照债务到期的先后顺序履行;到期时间相同的,按照债务比例履行。

第五百六十一条 【费用、利息和主债务的清偿抵充顺序】债务人在履行主债务外还应当支付利息和实现债权的有关费用,其给付不足以清偿全部债务的,除当事人另有约定外,应当按照下列顺序履行:

(一)实现债权的有关费用;

(二)利息;

(三)主债务。

第五百六十二条 【合同的约定解除】当事人协商一致,可以解除合同。

当事人可以约定一方解除合同的事由。解除合同的事由发生时,解除权人可以解除合同。

第五百六十三条 【合同的法定解除】有下列情形之一的,当事人可以解除合同:

(一)因不可抗力致使不能实现合同目的;

(二)在履行期限届满前,当事人一方明确表示或者以自己的行为表明不履行主要债务;

(三)当事人一方迟延履行主要债务,经催告后在合理期限内仍未履行;

(四)当事人一方迟延履行债务或者有其他违约行为致使不能实现合同目的;

(五)法律规定的其他情形。

以持续履行的债务为内容的不定期合同,当事人可以随时解除合同,但是应当在合理期限之前通知对方。

第五百六十四条 【解除权行使期限】法律规定或者当事人约定解除权行使期限,期限届满当事人不行使的,该权利消灭。

法律没有规定或者当事人没有约定解除权行使期限,自解除权人知道或者应当知道解除事由之日起一年内不行使,或者经对方催告后在合理期限内不行使的,该权利消灭。

第五百六十五条 【合同解除权的行使规则】当事人一方依法主张解除合同的,应当通知对方。合同自通知到达对方时解除;通知载明债务人在一定期限内不履行债务则合同自动解除,债务人在该期限内未履行债务的,合同自通知载明的期限届满时解除。对方对解除合同有异议的,任何一方当事人均可以请求人民法院或者仲裁机构确认解除行为的效力。

当事人一方未通知对方,直接以提起诉讼或者申请仲裁的方式依法主张解除合同,人民法院或者仲裁机构确认该主张的,合同自起诉状副本或者仲裁申请书副本送达对方时解除。

第五百六十六条 【合同解除的法律后果】合同解除后,尚未履行的,终止履行;已经履行的,根据履行情况和合同性质,当事人可以请求恢复原状或者采取其他补救措施,并有权请求赔偿损失。

合同因违约解除的,解除权人可以请求违约方承担违约责任,但是当事人另有约定的除外。

主合同解除后,担保人对债务人应当承担的民事责任仍应当承担担保责任,但是担保合同另有约定的除外。

第五百六十七条 【结算、清理条款效力的独立性】合同的权利义务关系终止,不影响合同中结算和清理条款的效力。

第五百六十八条 【法定抵销】当事人互负债

务,该债务的标的物种类、品质相同的,任何一方可以将自己的债务与对方的到期债务抵销;但是,根据债务性质、按照当事人约定或者依照法律规定不得抵销的除外。

当事人主张抵销的,应当通知对方。通知自到达对方时生效。抵销不得附条件或者附期限。

第五百六十九条 【约定抵销】当事人互负债务,标的物种类、品质不相同的,经协商一致,也可以抵销。

第五百七十条 【提存的条件】有下列情形之一,难以履行债务的,债务人可以将标的物提存:

(一)债权人无正当理由拒绝受领;

(二)债权人下落不明;

(三)债权人死亡未确定继承人、遗产管理人,或者丧失民事行为能力未确定监护人;

(四)法律规定的其他情形。

标的物不适于提存或者提存费用过高的,债务人依法可以拍卖或者变卖标的物,提存所得的价款。

第五百七十一条 【提存的成立】债务人将标的物或者将标的物依法拍卖、变卖所得价款交付提存部门时,提存成立。

提存成立的,视为债务人在其提存范围内已经交付标的物。

第五百七十二条 【提存的通知】标的物提存后,债务人应当及时通知债权人或者债权人的继承人、遗产管理人、监护人、财产代管人。

第五百七十三条 【提存期间风险、孳息和提存费用负担】标的物提存后,毁损、灭失的风险由债权人承担。提存期间,标的物的孳息归债权人所有。提存费用由债权人负担。

第五百七十四条 【提存物的领取与取回】债权人可以随时领取提存物。但是,债权人对债务人负有到期债务的,在债权人未履行债务或者提供担保之前,提存部门根据债务人的要求应当拒绝其领取提存物。

债权人领取提存物的权利,自提存之日起五年内不行使而消灭,提存物扣除提存费用后归国家所有。但是,债权人未履行对债务人的到期债务,或者债权人向提存部门书面表示放弃领取提存物权利的,债务人负担提存费用后有权取回提存物。

第五百七十五条 【债的免除】债权人免除债务人部分或者全部债务的,债权债务部分或者全部终止,但是债务人在合理期限内拒绝的除外。

第五百七十六条 【债权债务混同的处理】债权和债务同归于一人的,债权债务终止,但是损害第三人利益的除外。

第八章 违约责任

第五百七十七条 【违约责任的种类】当事人一方不履行合同义务或者履行合同义务不符合约定的,应当承担继续履行、采取补救措施或者赔偿损失等违约责任。

第五百七十八条 【预期违约责任】当事人一方明确表示或者以自己的行为表明不履行合同义务的,对方可以在履行期限届满前请求其承担违约责任。

第五百七十九条 【金钱债务的继续履行】当事人一方未支付价款、报酬、租金、利息,或者不履行其他金钱债务的,对方可以请求其支付。

第五百八十条 【非金钱债务的继续履行】当事人一方不履行非金钱债务或者履行非金钱债务不符合约定的,对方可以请求履行,但是有下列情形之一的除外:

(一)法律上或者事实上不能履行;

(二)债务的标的不适于强制履行或者履行费用过高;

(三)债权人在合理期限内未请求履行。

有前款规定的除外情形之一,致使不能实现合同目的的,人民法院或者仲裁机构可以根据当事人的请求终止合同权利义务关系,但是不影响违约责任的承担。

第五百八十一条 【替代履行】当事人一方不履行债务或者履行债务不符合约定,根据债务的性质不得强制履行的,对方可以请求其负担由第三人替代履行的费用。

第五百八十二条 【瑕疵履行违约责任】履行不符合约定的,应当按照当事人的约定承担违约责任。对违约责任没有约定或者约定不明确,依据本法第五百一十条的规定仍不能确定的,受损害方根据标的的性质以及损失的大小,可以合理选择请求对方承担修理、重作、更换、退货、减少价款或者报酬等违约责任。

第五百八十三条 【违约损害赔偿责任】当事人一方不履行合同义务或者履行合同义务不符合

约定的，在履行义务或者采取补救措施后，对方还有其他损失的，应当赔偿损失。

第五百八十四条 【法定的违约赔偿损失】当事人一方不履行合同义务或者履行合同义务不符合约定，造成对方损失的，损失赔偿额应当相当于因违约所造成的损失，包括合同履行后可以获得的利益；但是，不得超过违约一方订立合同时预见到或者应当预见到的因违约可能造成的损失。

第五百八十五条 【违约金的约定】当事人可以约定一方违约时应当根据违约情况向对方支付一定数额的违约金，也可以约定因违约产生的损失赔偿额的计算方法。

约定的违约金低于造成的损失的，人民法院或者仲裁机构可以根据当事人的请求予以增加；约定的违约金过分高于造成的损失的，人民法院或者仲裁机构可以根据当事人的请求予以适当减少。

当事人就迟延履行约定违约金的，违约方支付违约金后，还应当履行债务。

第五百八十六条 【定金】当事人可以约定一方向对方给付定金作为债权的担保。定金合同自实际交付定金时成立。

定金的数额由当事人约定；但是，不得超过主合同标的额的百分之二十，超过部分不产生定金的效力。实际交付的定金数额多于或者少于约定数额的，视为变更约定的定金数额。

第五百八十七条 【定金罚则】债务人履行债务的，定金应当抵作价款或者收回。给付定金的一方不履行债务或者履行债务不符合约定，致使不能实现合同目的的，无权请求返还定金；收受定金的一方不履行债务或者履行债务不符合约定，致使不能实现合同目的的，应当双倍返还定金。

第五百八十八条 【违约金与定金竞合选择权】当事人既约定违约金，又约定定金的，一方违约时，对方可以选择适用违约金或者定金条款。

定金不足以弥补一方违约造成的损失的，对方可以请求赔偿超过定金数额的损失。

第五百八十九条 【债权人受领迟延】债务人按照约定履行债务，债权人无正当理由拒绝受领的，债务人可以请求债权人赔偿增加的费用。

在债权人受领迟延期间，债务人无须支付利息。

第五百九十条 【因不可抗力不能履行合同】当事人一方因不可抗力不能履行合同的，根据不可抗力的影响，部分或者全部免除责任，但是法律另有规定的除外。因不可抗力不能履行合同的，应当及时通知对方，以减轻可能给对方造成的损失，并应当在合理期限内提供证明。

当事人迟延履行后发生不可抗力的，不免除其违约责任。

第五百九十一条 【非违约方防止损失扩大义务】当事人一方违约后，对方应当采取适当措施防止损失的扩大；没有采取适当措施致使损失扩大的，不得就扩大的损失请求赔偿。

当事人因防止损失扩大而支出的合理费用，由违约方负担。

第五百九十二条 【双方违约和与有过错规则】当事人都违反合同的，应当各自承担相应的责任。

当事人一方违约造成对方损失，对方对损失的发生有过错的，可以减少相应的损失赔偿额。

第五百九十三条 【因第三人原因造成违约情况下的责任承担】当事人一方因第三人的原因造成违约的，应当依法向对方承担违约责任。当事人一方和第三人之间的纠纷，依照法律规定或者按照约定处理。

第五百九十四条 【国际贸易合同诉讼时效和仲裁时效】因国际货物买卖合同和技术进出口合同争议提起诉讼或者申请仲裁的时效期间为四年。

第二分编 典型合同

第九章 买卖合同

第五百九十五条 【买卖合同的概念】买卖合同是出卖人转移标的物的所有权于买受人，买受人支付价款的合同。

第五百九十六条 【买卖合同条款】买卖合同的内容一般包括标的物的名称、数量、质量、价款、履行期限、履行地点和方式、包装方式、检验标准和方法、结算方式、合同使用的文字及其效力等条款。

第五百九十七条 【无权处分的违约责任】因出卖人未取得处分权致使标的物所有权不能转移的，买受人可以解除合同并请求出卖人承担违约责任。

法律、行政法规禁止或者限制转让的标的物，依照其规定。

第五百九十八条　【出卖人基本义务】出卖人应当履行向买受人交付标的物或者交付提取标的物的单证，并转移标的物所有权的义务。

第五百九十九条　【出卖人义务：交付单证、交付资料】出卖人应当按照约定或者交易习惯向买受人交付提取标的物单证以外的有关单证和资料。

第六百条　【买卖合同知识产权保留条款】出卖具有知识产权的标的物的，除法律另有规定或者当事人另有约定外，该标的物的知识产权不属于买受人。

第六百零一条　【出卖人义务：交付期间】出卖人应当按照约定的时间交付标的物。约定交付期限的，出卖人可以在该交付期限内的任何时间交付。

第六百零二条　【标的物交付期限不明时的处理】当事人没有约定标的物的交付期限或者约定不明确的，适用本法第五百一十条、第五百一十一条第四项的规定。

第六百零三条　【买卖合同标的物的交付地点】出卖人应当按照约定的地点交付标的物。

当事人没有约定交付地点或者约定不明确，依据本法第五百一十条的规定仍不能确定的，适用下列规定：

（一）标的物需要运输的，出卖人应当将标的物交付给第一承运人以运交给买受人；

（二）标的物不需要运输，出卖人和买受人订立合同时知道标的物在某一地点的，出卖人应当在该地点交付标的物；不知道标的物在某一地点的，应当在出卖人订立合同时的营业地交付标的物。

第六百零四条　【标的物的风险承担】标的物毁损、灭失的风险，在标的物交付之前由出卖人承担，交付之后由买受人承担，但是法律另有规定或者当事人另有约定的除外。

第六百零五条　【迟延交付标的物的风险负担】因买受人的原因致使标的物未按照约定的期限交付的，买受人应当自违反约定时起承担标的物毁损、灭失的风险。

第六百零六条　【路货买卖中的标的物风险转移】出卖人出卖交由承运人运输的在途标的物，除当事人另有约定外，毁损、灭失的风险自合同成立时起由买受人承担。

第六百零七条　【需要运输的标的物风险负担】出卖人按照约定将标的物运送至买受人指定地点并交付给承运人后，标的物毁损、灭失的风险由买受人承担。

当事人没有约定交付地点或者约定不明确，依据本法第六百零三条第二款第一项的规定标的物需要运输的，出卖人将标的物交付给第一承运人后，标的物毁损、灭失的风险由买受人承担。

第六百零八条　【买受人不履行接受标的物义务的风险负担】出卖人按照约定或者依据本法第六百零三条第二款第二项的规定将标的物置于交付地点，买受人违反约定没有收取的，标的物毁损、灭失的风险自违反约定时起由买受人承担。

第六百零九条　【未交付单证、资料的风险负担】出卖人按照约定未交付有关标的物的单证和资料的，不影响标的物毁损、灭失风险的转移。

第六百一十条　【根本违约】因标的物不符合质量要求，致使不能实现合同目的的，买受人可以拒绝接受标的物或者解除合同。买受人拒绝接受标的物或者解除合同的，标的物毁损、灭失的风险由出卖人承担。

第六百一十一条　【买受人承担风险与出卖人违约责任关系】标的物毁损、灭失的风险由买受人承担的，不影响因出卖人履行义务不符合约定，买受人请求其承担违约责任的权利。

第六百一十二条　【出卖人的权利瑕疵担保义务】出卖人就交付的标的物，负有保证第三人对该标的物不享有任何权利的义务，但是法律另有规定的除外。

第六百一十三条　【权利瑕疵担保责任之免除】买受人订立合同时知道或者应当知道第三人对买卖的标的物享有权利的，出卖人不承担前条规定的义务。

第六百一十四条　【买受人的中止支付价款权】买受人有确切证据证明第三人对标的物享有权利的，可以中止支付相应的价款，但是出卖人提供适当担保的除外。

第六百一十五条　【买卖标的物的质量瑕疵担保】出卖人应当按照约定的质量要求交付标的物。出卖人提供有关标的物质量说明的，交付的标的物应当符合该说明的质量要求。

第六百一十六条　【标的物法定质量担保义务】当事人对标的物的质量要求没有约定或者约定不明确，依据本法第五百一十条的规定仍不能确定的，适用本法第五百一十一条第一项的规定。

第六百一十七条　【质量瑕疵担保责任】出卖人交付的标的物不符合质量要求的，买受人可以依据本法第五百八十二条至第五百八十四条的规定请求承担违约责任。

第六百一十八条　【标的物瑕疵担保责任减免的特约效力】当事人约定减轻或者免除出卖人对标的物瑕疵承担的责任，因出卖人故意或者重大过失不告知买受人标的物瑕疵的，出卖人无权主张减轻或者免除责任。

第六百一十九条　【标的物的包装方式】出卖人应当按照约定的包装方式交付标的物。对包装方式没有约定或者约定不明确，依据本法第五百一十条的规定仍不能确定的，应当按照通用的方式包装；没有通用方式的，应当采取足以保护标的物且有利于节约资源、保护生态环境的包装方式。

第六百二十条　【买受人的检验义务】买受人收到标的物时应当在约定的检验期限内检验。没有约定检验期限的，应当及时检验。

第六百二十一条　【买受人检验标的物的异议通知】当事人约定检验期限的，买受人应当在检验期限内将标的物的数量或者质量不符合约定的情形通知出卖人。买受人怠于通知的，视为标的物的数量或者质量符合约定。

当事人没有约定检验期限的，买受人应当在发现或者应当发现标的物的数量或者质量不符合约定的合理期限内通知出卖人。买受人在合理期限内未通知或者自收到标的物之日起二年内未通知出卖人的，视为标的物的数量或者质量符合约定；但是，对标的物有质量保证期的，适用质量保证期，不适用该二年的规定。

出卖人知道或者应当知道提供的标的物不符合约定的，买受人不受前两款规定的通知时间的限制。

第六百二十二条　【检验期限或质量保证期过短的处理】当事人约定的检验期限过短，根据标的物的性质和交易习惯，买受人在检验期限内难以完成全面检验的，该期限仅视为买受人对标的物的外观瑕疵提出异议的期限。

约定的检验期限或者质量保证期短于法律、行政法规规定期限的，应当以法律、行政法规规定的期限为准。

第六百二十三条　【标的物数量和外观瑕疵检验】当事人对检验期限未作约定，买受人签收的送货单、确认单等载明标的物数量、型号、规格的，推定买受人已经对数量和外观瑕疵进行检验，但是有相关证据足以推翻的除外。

第六百二十四条　【向第三人履行情形的检验标准】出卖人依照买受人的指示向第三人交付标的物，出卖人和买受人约定的检验标准与买受人和第三人约定的检验标准不一致的，以出卖人和买受人约定的检验标准为准。

第六百二十五条　【出卖人的回收义务】依照法律、行政法规的规定或者按照当事人的约定，标的物在有效使用年限届满后应予回收的，出卖人负有自行或者委托第三人对标的物予以回收的义务。

第六百二十六条　【买受人支付价款及方式】买受人应当按照约定的数额和支付方式支付价款。对价款的数额和支付方式没有约定或者约定不明确的，适用本法第五百一十条、第五百一十一条第二项和第五项的规定。

第六百二十七条　【买受人支付价款的地点】买受人应当按照约定的地点支付价款。对支付地点没有约定或者约定不明确，依据本法第五百一十条的规定仍不能确定的，买受人应当在出卖人的营业地支付；但是，约定支付价款以交付标的物或者交付提取标的物单证为条件的，在交付标的物或者交付提取标的物单证的所在地支付。

第六百二十八条　【买受人支付价款的时间】买受人应当按照约定的时间支付价款。对支付时间没有约定或者约定不明确，依据本法第五百一十条的规定仍不能确定的，买受人应当在收到标的物或者提取标的物单证的同时支付。

第六百二十九条　【出卖人多交标的物的处理】出卖人多交标的物的，买受人可以接收或者拒绝接收多交的部分。买受人接收多交部分的，按照约定的价格支付价款；买受人拒绝接收多交部分的，应当及时通知出卖人。

第六百三十条　【买卖合同标的物孳息的归属】标的物在交付之前产生的孳息，归出卖人所有；交付之后产生的孳息，归买受人所有。但是，当事人另有约定的除外。

第六百三十一条　【主物与从物在解除合同时的效力】因标的物的主物不符合约定而解除合同的，解除合同的效力及于从物。因标的物的从物不符合约定被解除的，解除的效力不及于主物。

第六百三十二条 【数物买卖合同的解除】标的物为数物,其中一物不符合约定的,买受人可以就该物解除。但是,该物与他物分离使标的物的价值显受损害的,买受人可以就数物解除合同。

第六百三十三条 【分批交付标的物的情况下解除合同的情形】出卖人分批交付标的物的,出卖人对其中一批标的物不交付或者交付不符合约定,致使该批标的物不能实现合同目的的,买受人可以就该批标的物解除。

出卖人不交付其中一批标的物或者交付不符合约定,致使之后其他各批标的物的交付不能实现合同目的的,买受人可以就该批以及之后其他各批标的物解除。

买受人如果就其中一批标的物解除,该批标的物与其他各批标的物相互依存的,可以就已经交付和未交付的各批标的物解除。

第六百三十四条 【分期付款买卖】分期付款的买受人未支付到期价款的数额达到全部价款的五分之一,经催告后在合理期限内仍未支付到期价款的,出卖人可以请求买受人支付全部价款或者解除合同。

出卖人解除合同的,可以向买受人请求支付该标的物的使用费。

第六百三十五条 【凭样品买卖合同】凭样品买卖的当事人应当封存样品,并可以对样品质量予以说明。出卖人交付的标的物应当与样品及其说明的质量相同。

第六百三十六条 【凭样品买卖合同样品存在隐蔽瑕疵的处理】凭样品买卖的买受人不知道样品有隐蔽瑕疵的,即使交付的标的物与样品相同,出卖人交付的标的物的质量仍然应当符合同种物的通常标准。

第六百三十七条 【试用买卖的试用期限】试用买卖的当事人可以约定标的物的试用期限。对试用期限没有约定或者约定不明确,依据本法第五百一十条的规定仍不能确定的,由出卖人确定。

第六百三十八条 【试用买卖合同买受人对标的物购买选择权】试用买卖的买受人在试用期内可以购买标的物,也可以拒绝购买。试用期限届满,买受人对是否购买标的物未作表示的,视为购买。

试用买卖的买受人在试用期内已经支付部分价款或者对标的物实施出卖、出租、设立担保物权等行为的,视为同意购买。

第六百三十九条 【试用买卖使用费】试用买卖的当事人对标的物使用费没有约定或者约定不明确的,出卖人无权请求买受人支付。

第六百四十条 【试用买卖中的风险承担】标的物在试用期内毁损、灭失的风险由出卖人承担。

第六百四十一条 【标的物所有权保留条款】当事人可以在买卖合同中约定买受人未履行支付价款或者其他义务的,标的物的所有权属于出卖人。

出卖人对标的物保留的所有权,未经登记,不得对抗善意第三人。

第六百四十二条 【所有权保留中出卖人的取回权】当事人约定出卖人保留合同标的物的所有权,在标的物所有权转移前,买受人有下列情形之一,造成出卖人损害的,除当事人另有约定外,出卖人有权取回标的物:

(一)未按照约定支付价款,经催告后在合理期限内仍未支付;

(二)未按照约定完成特定条件;

(三)将标的物出卖、出质或者作出其他不当处分。

出卖人可以与买受人协商取回标的物;协商不成的,可以参照适用担保物权的实现程序。

第六百四十三条 【买受人回赎权及出卖人再出卖权】出卖人依据前条第一款的规定取回标的物后,买受人在双方约定或者出卖人指定的合理回赎期限内,消除出卖人取回标的物的事由的,可以请求回赎标的物。

买受人在回赎期限内没有回赎标的物,出卖人可以以合理价格将标的物出卖给第三人,出卖所得价款扣除买受人未支付的价款以及必要费用后仍有剩余的,应当返还买受人;不足部分由买受人清偿。

第六百四十四条 【招标投标买卖的法律适用】招标投标买卖的当事人的权利和义务以及招标投标程序等,依照有关法律、行政法规的规定。

第六百四十五条 【拍卖的法律适用】拍卖的当事人的权利和义务以及拍卖程序等,依照有关法律、行政法规的规定。

第六百四十六条 【买卖合同准用于有偿合同】法律对其他有偿合同有规定的,依照其规定;没有规定的,参照适用买卖合同的有关规定。

第六百四十七条 【易货交易的法律适用】当

事人约定易货交易，转移标的物的所有权的，参照适用买卖合同的有关规定。

第十章 供用电、水、气、热力合同

第六百四十八条 【供用电合同概念及强制缔约义务】供用电合同是供电人向用电人供电，用电人支付电费的合同。

向社会公众供电的供电人，不得拒绝用电人合理的订立合同要求。

第六百四十九条 【供用电合同的内容】供用电合同的内容一般包括供电的方式、质量、时间，用电容量、地址、性质，计量方式，电价、电费的结算方式，供用电设施的维护责任等条款。

第六百五十条 【供用电合同的履行地点】供用电合同的履行地点，按照当事人约定；当事人没有约定或者约定不明确的，供电设施的产权分界处为履行地点。

第六百五十一条 【供电人的安全供电义务】供电人应当按照国家规定的供电质量标准和约定安全供电。供电人未按照国家规定的供电质量标准和约定安全供电，造成用电人损失的，应当承担赔偿责任。

第六百五十二条 【供电人中断供电时的通知义务】供电人因供电设施计划检修、临时检修、依法限电或者用电人违法用电等原因，需要中断供电时，应当按照国家有关规定事先通知用电人；未事先通知用电人中断供电，造成用电人损失的，应当承担赔偿责任。

第六百五十三条 【供电人抢修义务】因自然灾害等原因断电，供电人应当按照国家有关规定及时抢修；未及时抢修，造成用电人损失的，应当承担赔偿责任。

第六百五十四条 【用电人支付电费的义务】用电人应当按照国家有关规定和当事人的约定及时支付电费。用电人逾期不支付电费的，应当按照约定支付违约金。经催告用电人在合理期限内仍不支付电费和违约金的，供电人可以按照国家规定的程序中止供电。

供电人依据前款规定中止供电的，应当事先通知用电人。

第六百五十五条 【用电人安全用电义务】用电人应当按照国家有关规定和当事人的约定安全、节约和计划用电。用电人未按照国家有关规定和当事人的约定用电，造成供电人损失的，应当承担赔偿责任。

第六百五十六条 【供用水、气、热力合同参照适用供用电合同】供用水、供用气、供用热力合同，参照适用供用电合同的有关规定。

第十一章 赠与合同

第六百五十七条 【赠与合同的概念】赠与合同是赠与人将自己的财产无偿给予受赠人，受赠人表示接受赠与的合同。

第六百五十八条 【赠与的任意撤销及限制】赠与人在赠与财产的权利转移之前可以撤销赠与。

经过公证的赠与合同或者依法不得撤销的具有救灾、扶贫、助残等公益、道德义务性质的赠与合同，不适用前款规定。

第六百五十九条 【赠与特殊财产需要办理有关法律手续】赠与的财产依法需要办理登记或者其他手续的，应当办理有关手续。

第六百六十条 【法定不得撤销赠与的赠与人不交付赠与财产的责任】经过公证的赠与合同或者依法不得撤销的具有救灾、扶贫、助残等公益、道德义务性质的赠与合同，赠与人不交付赠与财产的，受赠人可以请求交付。

依据前款规定应当交付的赠与财产因赠与人故意或者重大过失致使毁损、灭失的，赠与人应当承担赔偿责任。

第六百六十一条 【附义务的赠与合同】赠与可以附义务。

赠与附义务的，受赠人应当按照约定履行义务。

第六百六十二条 【赠与财产的瑕疵担保责任】赠与的财产有瑕疵的，赠与人不承担责任。附义务的赠与，赠与的财产有瑕疵的，赠与人在附义务的限度内承担与出卖人相同的责任。

赠与人故意不告知瑕疵或者保证无瑕疵，造成受赠人损失的，应当承担赔偿责任。

第六百六十三条 【赠与人的法定撤销情形及撤销权行使期间】受赠人有下列情形之一的，赠与人可以撤销赠与：

（一）严重侵害赠与人或者赠与人近亲属的合法权益；

（二）对赠与人有扶养义务而不履行；

（三）不履行赠与合同约定的义务。

赠与人的撤销权，自知道或者应当知道撤销事由之日起一年内行使。

第六百六十四条 【赠与人的继承人或法定代理人的撤销权】因受赠人的违法行为致使赠与人死亡或者丧失民事行为能力的，赠与人的继承人或者法定代理人可以撤销赠与。

赠与人的继承人或者法定代理人的撤销权，自知道或者应当知道撤销事由之日起六个月内行使。

第六百六十五条 【撤销赠与的效力】撤销权人撤销赠与的，可以向受赠人请求返还赠与的财产。

第六百六十六条 【赠与义务的免除】赠与人的经济状况显著恶化，严重影响其生产经营或者家庭生活的，可以不再履行赠与义务。

第十二章 借款合同

第六百六十七条 【借款合同的定义】借款合同是借款人向贷款人借款，到期返还借款并支付利息的合同。

第六百六十八条 【借款合同的形式和内容】借款合同应当采用书面形式，但是自然人之间借款另有约定的除外。

借款合同的内容一般包括借款种类、币种、用途、数额、利率、期限和还款方式等条款。

第六百六十九条 【借款合同借款人的告知义务】订立借款合同，借款人应当按照贷款人的要求提供与借款有关的业务活动和财务状况的真实情况。

第六百七十条 【借款利息不得预先扣除】借款的利息不得预先在本金中扣除。利息预先在本金中扣除的，应当按照实际借款数额返还借款并计算利息。

第六百七十一条 【提供及收取借款迟延责任】贷款人未按照约定的日期、数额提供借款，造成借款人损失的，应当赔偿损失。

借款人未按照约定的日期、数额收取借款的，应当按照约定的日期、数额支付利息。

第六百七十二条 【贷款人对借款使用情况检查、监督的权利】贷款人按照约定可以检查、监督借款的使用情况。借款人应当按照约定向贷款人定期提供有关财务会计报表或者其他资料。

第六百七十三条 【借款人违约使用借款的后果】借款人未按照约定的借款用途使用借款的，贷款人可以停止发放借款、提前收回借款或者解除合同。

第六百七十四条 【借款利息支付期限的确定】借款人应当按照约定的期限支付利息。对支付利息的期限没有约定或者约定不明确，依据本法第五百一十条的规定仍不能确定，借款期间不满一年的，应当在返还借款时一并支付；借款期间一年以上的，应当在每届满一年时支付，剩余期间不满一年的，应当在返还借款时一并支付。

第六百七十五条 【还款期限的确定】借款人应当按照约定的期限返还借款。对借款期限没有约定或者约定不明确，依据本法第五百一十条的规定仍不能确定的，借款人可以随时返还；贷款人可以催告借款人在合理期限内返还。

第六百七十六条 【借款合同违约责任承担】借款人未按照约定的期限返还借款的，应当按照约定或者国家有关规定支付逾期利息。

第六百七十七条 【提前偿还借款】借款人提前返还借款的，除当事人另有约定外，应当按照实际借款的期间计算利息。

第六百七十八条 【借款展期】借款人可以在还款期限届满前向贷款人申请展期；贷款人同意的，可以展期。

第六百七十九条 【自然人之间借款合同的成立】自然人之间的借款合同，自贷款人提供借款时成立。

第六百八十条 【借款利率和利息】禁止高利放贷，借款的利率不得违反国家有关规定。

借款合同对支付利息没有约定的，视为没有利息。

借款合同对支付利息约定不明确，当事人不能达成补充协议的，按照当地或者当事人的交易方式、交易习惯、市场利率等因素确定利息；自然人之间借款的，视为没有利息。

第十三章 保证合同

第一节 一般规定

第六百八十一条 【保证合同的概念】保证合同是为保障债权的实现，保证人和债权人约定，当债务人不履行到期债务或者发生当事人约定的情形时,保证人履行债务或者承担责任的合同。

第六百八十二条 【保证合同的附从性及被确认无效后的责任分配】保证合同是主债权债务合同的从合同。主债权债务合同无效的,保证合同无效,但是法律另有规定的除外。

保证合同被确认无效后,债务人、保证人、债权人有过错的,应当根据其过错各自承担相应的民事责任。

第六百八十三条 【保证人的资格】机关法人不得为保证人,但是经国务院批准为使用外国政府或者国际经济组织贷款进行转贷的除外。

以公益为目的的非营利法人、非法人组织不得为保证人。

第六百八十四条 【保证合同的一般内容】保证合同的内容一般包括被保证的主债权的种类、数额,债务人履行债务的期限,保证的方式、范围和期间等条款。

第六百八十五条 【保证合同的订立】保证合同可以是单独订立的书面合同,也可以是主债权债务合同中的保证条款。

第三人单方以书面形式向债权人作出保证,债权人接收且未提出异议的,保证合同成立。

第六百八十六条 【保证方式】保证的方式包括一般保证和连带责任保证。

当事人在保证合同中对保证方式没有约定或者约定不明确的,按照一般保证承担保证责任。

第六百八十七条 【一般保证及先诉抗辩权】当事人在保证合同中约定,债务人不能履行债务时,由保证人承担保证责任的,为一般保证。

一般保证的保证人在主合同纠纷未经审判或者仲裁,并就债务人财产依法强制执行仍不能履行债务前,有权拒绝向债权人承担保证责任,但是有下列情形之一的除外:

(一)债务人下落不明,且无财产可供执行;

(二)人民法院已经受理债务人破产案件;

(三)债权人有证据证明债务人的财产不足以履行全部债务或者丧失履行债务能力;

(四)保证人书面表示放弃本款规定的权利。

第六百八十八条 【连带责任保证】当事人在保证合同中约定保证人和债务人对债务承担连带责任的,为连带责任保证。

连带责任保证的债务人不履行到期债务或者发生当事人约定的情形时,债权人可以请求债务人履行债务,也可以请求保证人在其保证范围内承担保证责任。

第六百八十九条 【反担保】保证人可以要求债务人提供反担保。

第六百九十条 【最高额保证合同】保证人与债权人可以协商订立最高额保证的合同,约定在最高债权额限度内就一定期间连续发生的债权提供保证。

最高额保证除适用本章规定外,参照适用本法第二编最高额抵押权的有关规定。

第二节 保证责任

第六百九十一条 【保证责任的范围】保证的范围包括主债权及其利息、违约金、损害赔偿金和实现债权的费用。当事人另有约定的,按照其约定。

第六百九十二条 【保证期间】保证期间是确定保证人承担保证责任的期间,不发生中止、中断和延长。

债权人与保证人可以约定保证期间,但是约定的保证期间早于主债务履行期限或者与主债务履行期限同时届满的,视为没有约定;没有约定或者约定不明确的,保证期间为主债务履行期限届满之日起六个月。

债权人与债务人对主债务履行期限没有约定或者约定不明确的,保证期间自债权人请求债务人履行债务的宽限期届满之日起计算。

第六百九十三条 【保证期间届满的法律效果】一般保证的债权人未在保证期间对债务人提起诉讼或者申请仲裁的,保证人不再承担保证责任。

连带责任保证的债权人未在保证期间请求保证人承担保证责任的,保证人不再承担保证责任。

第六百九十四条 【保证债务的诉讼时效】一般保证的债权人在保证期间届满前对债务人提起诉讼或者申请仲裁的,从保证人拒绝承担保证责任的权利消灭之日起,开始计算保证债务的诉讼时效。

连带责任保证的债权人在保证期间届满前请求保证人承担保证责任的,从债权人请求保证人承担保证责任之日起,开始计算保证债务的诉讼时效。

第六百九十五条 【主合同变更对保证责任影响】债权人和债务人未经保证人书面同意,协商变更主债权债务合同内容,减轻债务的,保证人仍对变更后的债务承担保证责任;加重债务的,保证人对加重的部分不承担保证责任。

债权人和债务人变更主债权债务合同的履行期限,未经保证人书面同意的,保证期间不受影响。

第六百九十六条 【债权转让时保证人的保证责任】债权人转让全部或者部分债权,未通知保证人的,该转让对保证人不发生效力。

保证人与债权人约定禁止债权转让,债权人未经保证人书面同意转让债权的,保证人对受让人不再承担保证责任。

第六百九十七条 【债务承担对保证责任的影响】债权人未经保证人书面同意,允许债务人转移全部或者部分债务,保证人对未经其同意转移的债务不再承担保证责任,但是债权人和保证人另有约定的除外。

第三人加入债务的,保证人的保证责任不受影响。

第六百九十八条 【一般保证人免责】一般保证的保证人在主债务履行期限届满后,向债权人提供债务人可供执行财产的真实情况,债权人放弃或者怠于行使权利致使该财产不能被执行的,保证人在其提供可供执行财产的价值范围内不再承担保证责任。

第六百九十九条 【共同保证】同一债务有两个以上保证人的,保证人应当按照保证合同约定的保证份额,承担保证责任;没有约定保证份额的,债权人可以请求任何一个保证人在其保证范围内承担保证责任。

第七百条 【保证人的追偿权】保证人承担保证责任后,除当事人另有约定外,有权在其承担保证责任的范围内向债务人追偿,享有债权人对债务人的权利,但是不得损害债权人的利益。

第七百零一条 【保证人的抗辩权】保证人可以主张债务人对债权人的抗辩。债务人放弃抗辩的,保证人仍有权向债权人主张抗辩。

第七百零二条 【抵销权或撤销权范围内的免责】债务人对债权人享有抵销权或者撤销权的,保证人可以在相应范围内拒绝承担保证责任。

第十四章 租赁合同

第七百零三条 【租赁合同的概念】租赁合同是出租人将租赁物交付承租人使用、收益,承租人支付租金的合同。

第七百零四条 【租赁合同的内容】租赁合同的内容一般包括租赁物的名称、数量、用途、租赁期限、租金及其支付期限和方式、租赁物维修等条款。

第七百零五条 【租赁期限的最高限制】租赁期限不得超过二十年。超过二十年的,超过部分无效。

租赁期限届满,当事人可以续订租赁合同;但是,约定的租赁期限自续订之日起不得超过二十年。

第七百零六条 【租赁合同登记对合同效力影响】当事人未依照法律、行政法规规定办理租赁合同登记备案手续的,不影响合同的效力。

第七百零七条 【租赁合同形式】租赁期限六个月以上的,应当采用书面形式。当事人未采用书面形式,无法确定租赁期限的,视为不定期租赁。

第七百零八条 【出租人义务】出租人应当按照约定将租赁物交付承租人,并在租赁期限内保持租赁物符合约定的用途。

第七百零九条 【承租人义务】承租人应当按照约定的方法使用租赁物。对租赁物的使用方法没有约定或者约定不明确,依据本法第五百一十条的规定仍不能确定的,应当根据租赁物的性质使用。

第七百一十条 【承租人合理使用租赁物的免责】承租人按照约定的方法或者根据租赁物的性质使用租赁物,致使租赁物受到损耗的,不承担赔偿责任。

第七百一十一条 【承租人未合理使用租赁物的责任】承租人未按照约定的方法或者未根据租赁物的性质使用租赁物,致使租赁物受到损失的,出租人可以解除合同并请求赔偿损失。

第七百一十二条 【出租人的维修义务】出租人应当履行租赁物的维修义务,但是当事人另有约定的除外。

第七百一十三条 【租赁物的维修和维修费负担】承租人在租赁物需要维修时可以请求出租人在合理期限内维修。出租人未履行维修义务的,承租人可以自行维修,维修费用由出租人负担。因维修租赁物影响承租人使用的,应当相应减少租金或者延长租期。

因承租人的过错致使租赁物需要维修的,出租人不承担前款规定的维修义务。

第七百一十四条 【承租人的租赁物妥善保管义务】承租人应当妥善保管租赁物，因保管不善造成租赁物毁损、灭失的，应当承担赔偿责任。

第七百一十五条 【承租人对租赁物进行改善或增设他物】承租人经出租人同意，可以对租赁物进行改善或者增设他物。

承租人未经出租人同意，对租赁物进行改善或者增设他物的，出租人可以请求承租人恢复原状或者赔偿损失。

第七百一十六条 【转租】承租人经出租人同意，可以将租赁物转租给第三人。承租人转租的，承租人与出租人之间的租赁合同继续有效；第三人造成租赁物损失的，承租人应当赔偿损失。

承租人未经出租人同意转租的，出租人可以解除合同。

第七百一十七条 【转租期限】承租人经出租人同意将租赁物转租给第三人，转租期限超过承租人剩余租赁期限的，超过部分的约定对出租人不具有法律约束力，但是出租人与承租人另有约定的除外。

第七百一十八条 【出租人同意转租的推定】出租人知道或者应当知道承租人转租，但是在六个月内未提出异议的，视为出租人同意转租。

第七百一十九条 【次承租人的代为清偿权】承租人拖欠租金的，次承租人可以代承租人支付其欠付的租金和违约金，但是转租合同对出租人不具有法律约束力的除外。

次承租人代为支付的租金和违约金，可以充抵次承租人应当向承租人支付的租金；超出其应付的租金数额的，可以向承租人追偿。

第七百二十条 【租赁物的收益归属】在租赁期限内因占有、使用租赁物获得的收益，归承租人所有，但是当事人另有约定的除外。

第七百二十一条 【租金支付期限】承租人应当按照约定的期限支付租金。对支付租金的期限没有约定或者约定不明确，依据本法第五百一十条的规定仍不能确定，租赁期限不满一年的，应当在租赁期限届满时支付；租赁期限一年以上的，应当在每届满一年时支付，剩余期限不满一年的，应当在租赁期限届满时支付。

第七百二十二条 【承租人的租金支付义务】承租人无正当理由未支付或者迟延支付租金的，出租人可以请求承租人在合理期限内支付；承租人逾期不支付的，出租人可以解除合同。

第七百二十三条 【出租人的权利瑕疵担保责任】因第三人主张权利，致使承租人不能对租赁物使用、收益的，承租人可以请求减少租金或者不支付租金。

第三人主张权利的，承租人应当及时通知出租人。

第七百二十四条 【承租人解除合同的法定情形】有下列情形之一，非因承租人原因致使租赁物无法使用的，承租人可以解除合同：

（一）租赁物被司法机关或者行政机关依法查封、扣押；

（二）租赁物权属有争议；

（三）租赁物具有违反法律、行政法规关于使用条件的强制性规定情形。

第七百二十五条 【买卖不破租赁】租赁物在承租人按照租赁合同占有期限内发生所有权变动的，不影响租赁合同的效力。

第七百二十六条 【房屋承租人的优先购买权】出租人出卖租赁房屋的，应当在出卖之前的合理期限内通知承租人，承租人享有以同等条件优先购买的权利；但是，房屋按份共有人行使优先购买权或者出租人将房屋出卖给近亲属的除外。

出租人履行通知义务后，承租人在十五日内未明确表示购买的，视为承租人放弃优先购买权。

第七百二十七条 【承租人对拍卖房屋的优先购买权】出租人委托拍卖人拍卖租赁房屋的，应当在拍卖五日前通知承租人。承租人未参加拍卖的，视为放弃优先购买权。

第七百二十八条 【妨害承租人优先购买权的赔偿责任】出租人未通知承租人或者有其他妨害承租人行使优先购买权情形的，承租人可以请求出租人承担赔偿责任。但是，出租人与第三人订立的房屋买卖合同的效力不受影响。

第七百二十九条 【租赁物毁损、灭失的法律后果】因不可归责于承租人的事由，致使租赁物部分或者全部毁损、灭失的，承租人可以请求减少租金或者不支付租金；因租赁物部分或者全部毁损、灭失，致使不能实现合同目的的，承租人可以解除合同。

第七百三十条 【租期不明的处理】当事人对租赁期限没有约定或者约定不明确，依据本法第五百一十条的规定仍不能确定的，视为不定期租赁；

当事人可以随时解除合同,但是应当在合理期限之前通知对方。

第七百三十一条 【租赁物质量不合格时承租人的解除权】租赁物危及承租人的安全或者健康的,即使承租人订立合同时明知该租赁物质量不合格,承租人仍然可以随时解除合同。

第七百三十二条 【房屋承租人死亡时租赁关系的处理】承租人在房屋租赁期限内死亡的,与其生前共同居住的人或者共同经营人可以按照原租赁合同租赁该房屋。

第七百三十三条 【租赁物的返还】租赁期限届满,承租人应当返还租赁物。返还的租赁物应当符合按照约定或者根据租赁物的性质使用后的状态。

第七百三十四条 【租赁期限届满的续租及优先承租权】租赁期限届满,承租人继续使用租赁物,出租人没有提出异议的,原租赁合同继续有效,但是租赁期限为不定期。

租赁期限届满,房屋承租人享有以同等条件优先承租的权利。

第十五章 融资租赁合同

第七百三十五条 【融资租赁合同的概念】融资租赁合同是出租人根据承租人对出卖人、租赁物的选择,向出卖人购买租赁物,提供给承租人使用,承租人支付租金的合同。

第七百三十六条 【融资租赁合同的内容】融资租赁合同的内容一般包括租赁物的名称、数量、规格、技术性能、检验方法,租赁期限,租金构成及其支付期限和方式、币种,租赁期限届满租赁物的归属等条款。

融资租赁合同应当采用书面形式。

第七百三十七条 【融资租赁通谋虚伪表示】当事人以虚构租赁物方式订立的融资租赁合同无效。

第七百三十八条 【特定租赁物经营许可对合同效力影响】依照法律、行政法规的规定,对于租赁物的经营使用应当取得行政许可的,出租人未取得行政许可不影响融资租赁合同的效力。

第七百三十九条 【融资租赁标的物的交付】出租人根据承租人对出卖人、租赁物的选择订立的买卖合同,出卖人应当按照约定向承租人交付标的物,承租人享有与受领标的物有关的买受人的权利。

第七百四十条 【承租人的拒绝受领权】出卖人违反向承租人交付标的物的义务,有下列情形之一的,承租人可以拒绝受领出卖人向其交付的标的物:

(一)标的物严重不符合约定;

(二)未按照约定交付标的物,经承租人或者出租人催告后在合理期限内仍未交付。

承租人拒绝受领标的物的,应当及时通知出租人。

第七百四十一条 【承租人的索赔权】出租人、出卖人、承租人可以约定,出卖人不履行买卖合同义务的,由承租人行使索赔的权利。承租人行使索赔权利的,出租人应当协助。

第七百四十二条 【承租人行使索赔权的租金支付义务】承租人对出卖人行使索赔权利,不影响其履行支付租金的义务。但是,承租人依赖出租人的技能确定租赁物或者出租人干预选择租赁物的,承租人可以请求减免相应租金。

第七百四十三条 【承租人索赔不能的违约责任承担】出租人有下列情形之一,致使承租人对出卖人行使索赔权利失败的,承租人有权请求出租人承担相应的责任:

(一)明知租赁物有质量瑕疵而不告知承租人;

(二)承租人行使索赔权利时,未及时提供必要协助。

出租人怠于行使只能由其对出卖人行使的索赔权利,造成承租人损失的,承租人有权请求出租人承担赔偿责任。

第七百四十四条 【出租人不得擅自变更买卖合同内容】出租人根据承租人对出卖人、租赁物的选择订立的买卖合同,未经承租人同意,出租人不得变更与承租人有关的合同内容。

第七百四十五条 【租赁物的登记对抗效力】出租人对租赁物享有的所有权,未经登记,不得对抗善意第三人。

第七百四十六条 【租金的确定规则】融资租赁合同的租金,除当事人另有约定外,应当根据购买租赁物的大部分或者全部成本以及出租人的合理利润确定。

第七百四十七条 【租赁物瑕疵担保责任】租

赁物不符合约定或者不符合使用目的的，出租人不承担责任。但是，承租人依赖出租人的技能确定租赁物或者出租人干预选择租赁物的除外。

第七百四十八条 【出租人保证承租人占有和使用租赁物】出租人应当保证承租人对租赁物的占有和使用。

出租人有下列情形之一的，承租人有权请求其赔偿损失：

（一）无正当理由收回租赁物；

（二）无正当理由妨碍、干扰承租人对租赁物的占有和使用；

（三）因出租人的原因致使第三人对租赁物主张权利；

（四）不当影响承租人对租赁物占有和使用的其他情形。

第七百四十九条 【租赁物致人损害的责任承担】承租人占有租赁物期间，租赁物造成第三人人身损害或者财产损失的，出租人不承担责任。

第七百五十条 【租赁物的保管、使用、维修】承租人应当妥善保管、使用租赁物。

承租人应当履行占有租赁物期间的维修义务。

第七百五十一条 【承租人占有租赁物毁损、灭失的租金承担】承租人占有租赁物期间，租赁物毁损、灭失的，出租人有权请求承租人继续支付租金，但是法律另有规定或者当事人另有约定的除外。

第七百五十二条 【承租人支付租金的义务】承租人应当按照约定支付租金。承租人经催告后在合理期限内仍不支付租金的，出租人可以请求支付全部租金；也可以解除合同，收回租赁物。

第七百五十三条 【承租人擅自处分租赁物时出租人的解除权】承租人未经出租人同意，将租赁物转让、抵押、质押、投资入股或者以其他方式处分的，出租人可以解除融资租赁合同。

第七百五十四条 【出租人或承租人均可解除融资租赁合同情形】有下列情形之一的，出租人或者承租人可以解除融资租赁合同：

（一）出租人与出卖人订立的买卖合同解除、被确认无效或者被撤销，且未能重新订立买卖合同；

（二）租赁物因不可归责于当事人的原因毁损、灭失，且不能修复或者确定替代物；

（三）因出卖人的原因致使融资租赁合同的目的不能实现。

第七百五十五条 【承租人承担出租人损失赔偿责任情形】融资租赁合同因买卖合同解除、被确认无效或者被撤销而解除，出卖人、租赁物系由承租人选择的，出租人有权请求承租人赔偿相应损失；但是，因出租人原因致使买卖合同解除、被确认无效或者被撤销的除外。

出租人的损失已经在买卖合同解除、被确认无效或者被撤销时获得赔偿的，承租人不再承担相应的赔偿责任。

第七百五十六条 【租赁物意外毁损灭失】融资租赁合同因租赁物交付承租人后意外毁损、灭失等不可归责于当事人的原因解除的，出租人可以请求承租人按照租赁物折旧情况给予补偿。

第七百五十七条 【租赁期满租赁物的归属】出租人和承租人可以约定租赁期限届满租赁物的归属；对租赁物的归属没有约定或者约定不明确，依据本法第五百一十条的规定仍不能确定的，租赁物的所有权归出租人。

第七百五十八条 【承租人请求部分返还租赁物价值】当事人约定租赁期限届满租赁物归承租人所有，承租人已经支付大部分租金，但是无力支付剩余租金，出租人因此解除合同收回租赁物，收回的租赁物的价值超过承租人欠付的租金以及其他费用的，承租人可以请求相应返还。

当事人约定租赁期限届满租赁物归出租人所有，因租赁物毁损、灭失或者附合、混合于他物致使承租人不能返还的，出租人有权请求承租人给予合理补偿。

第七百五十九条 【支付象征性价款时的租赁物归属】当事人约定租赁期限届满，承租人仅需向出租人支付象征性价款的，视为约定的租金义务履行完毕后租赁物的所有权归承租人。

第七百六十条 【融资租赁合同无效时租赁物的归属】融资租赁合同无效，当事人就该情形下租赁物的归属有约定的，按照其约定；没有约定或者约定不明确的，租赁物应当返还出租人。但是，因承租人原因致使合同无效，出租人不请求返还或者返还后会显著降低租赁物效用的，租赁物的所有权归承租人，由承租人给予出租人合理补偿。

第十六章 保理合同

第七百六十一条 【保理合同的概念】保理合

同是应收账款债权人将现有的或者将有的应收账款转让给保理人,保理人提供资金融通、应收账款管理或者催收、应收账款债务人付款担保等服务的合同。

第七百六十二条 【保理合同的内容与形式】保理合同的内容一般包括业务类型、服务范围、服务期限、基础交易合同情况、应收账款信息、保理融资款或者服务报酬及其支付方式等条款。

保理合同应当采用书面形式。

第七百六十三条 【虚构应收账款】应收账款债权人与债务人虚构应收账款作为转让标的,与保理人订立保理合同的,应收账款债务人不得以应收账款不存在为由对抗保理人,但是保理人明知虚构的除外。

第七百六十四条 【保理人发出转让通知的表明身份义务】保理人向应收账款债务人发出应收账款转让通知的,应当表明保理人身份并附有必要凭证。

第七百六十五条 【无正当理由变更、终止基础交易合同对保理人的效力】应收账款债务人接到应收账款转让通知后,应收账款债权人与债务人无正当理由协商变更或者终止基础交易合同,对保理人产生不利影响的,对保理人不发生效力。

第七百六十六条 【有追索权保理】当事人约定有追索权保理的,保理人可以向应收账款债权人主张返还保理融资款本息或者回购应收账款债权,也可以向应收账款债务人主张应收账款债权。保理人向应收账款债务人主张应收账款债权,在扣除保理融资款本息和相关费用后有剩余的,剩余部分应当返还给应收账款债权人。

第七百六十七条 【无追索权保理】当事人约定无追索权保理的,保理人应当向应收账款债务人主张应收账款债权,保理人取得超过保理融资款本息和相关费用的部分,无需向应收账款债权人返还。

第七百六十八条 【多重保理的清偿顺序】应收账款债权人就同一应收账款订立多个保理合同,致使多个保理人主张权利的,已经登记的先于未登记的取得应收账款;均已经登记的,按照登记时间的先后顺序取得应收账款;均未登记的,由最先到达应收账款债务人的转让通知中载明的保理人取得应收账款;既未登记也未通知的,按照保理融资款或者服务报酬的比例取得应收账款。

第七百六十九条 【参照适用债权转让的规定】本章没有规定的,适用本编第六章债权转让的有关规定。

第十七章 承揽合同

第七百七十条 【承揽合同的定义及类型】承揽合同是承揽人按照定作人的要求完成工作,交付工作成果,定作人支付报酬的合同。

承揽包括加工、定作、修理、复制、测试、检验等工作。

第七百七十一条 【承揽合同的主要条款】承揽合同的内容一般包括承揽的标的、数量、质量、报酬,承揽方式,材料的提供,履行期限,验收标准和方法等条款。

第七百七十二条 【承揽人独立完成主要工作】承揽人应当以自己的设备、技术和劳力,完成主要工作,但是当事人另有约定的除外。

承揽人将其承揽的主要工作交由第三人完成的,应当就该第三人完成的工作成果向定作人负责;未经定作人同意的,定作人也可以解除合同。

第七百七十三条 【承揽人对辅助性工作的责任】承揽人可以将其承揽的辅助工作交由第三人完成。承揽人将其承揽的辅助工作交由第三人完成的,应当就该第三人完成的工作成果向定作人负责。

第七百七十四条 【承揽人提供材料时的主要义务】承揽人提供材料的,应当按照约定选用材料,并接受定作人检验。

第七百七十五条 【定作人提供材料时双方当事人的义务】定作人提供材料的,应当按照约定提供材料。承揽人对定作人提供的材料应当及时检验,发现不符合约定时,应当及时通知定作人更换、补齐或者采取其他补救措施。

承揽人不得擅自更换定作人提供的材料,不得更换不需要修理的零部件。

第七百七十六条 【定作人要求不合理时双方当事人的义务】承揽人发现定作人提供的图纸或者技术要求不合理的,应当及时通知定作人。因定作人怠于答复等原因造成承揽人损失的,应当赔偿损失。

第七百七十七条 【中途变更工作要求的责任】定作人中途变更承揽工作的要求,造成承揽人损失的,应当赔偿损失。

第七百七十八条 【定作人的协作义务】承揽工作需要定作人协助的,定作人有协助的义务。定作人不履行协助义务致使承揽工作不能完成的,承揽人可以催告定作人在合理期限内履行义务,并可以顺延履行期限;定作人逾期不履行的,承揽人可以解除合同。

第七百七十九条 【定作人监督检验承揽工作】承揽人在工作期间,应当接受定作人必要的监督检验。定作人不得因监督检验妨碍承揽人的正常工作。

第七百八十条 【工作成果交付】承揽人完成工作的,应当向定作人交付工作成果,并提交必要的技术资料和有关质量证明。定作人应当验收该工作成果。

第七百八十一条 【工作成果质量不合约定的责任】承揽人交付的工作成果不符合质量要求的,定作人可以合理选择请求承揽人承担修理、重作、减少报酬、赔偿损失等违约责任。

第七百八十二条 【支付报酬期限】定作人应当按照约定的期限支付报酬。对支付报酬的期限没有约定或者约定不明确,依据本法第五百一十条的规定仍不能确定的,定作人应当在承揽人交付工作成果时支付;工作成果部分交付的,定作人应当相应支付。

第七百八十三条 【承揽人的留置权及同时履行抗辩权】定作人未向承揽人支付报酬或者材料费等价款的,承揽人对完成的工作成果享有留置权或者有权拒绝交付,但是当事人另有约定的除外。

第七百八十四条 【承揽人保管义务】承揽人应当妥善保管定作人提供的材料以及完成的工作成果,因保管不善造成毁损、灭失的,应当承担赔偿责任。

第七百八十五条 【承揽人的保密义务】承揽人应当按照定作人的要求保守秘密,未经定作人许可,不得留存复制品或者技术资料。

第七百八十六条 【共同承揽】共同承揽人对定作人承担连带责任,但是当事人另有约定的除外。

第七百八十七条 【定作人的任意解除权】定作人在承揽人完成工作前可以随时解除合同,造成承揽人损失的,应当赔偿损失。

第十八章 建设工程合同

第七百八十八条 【建设工程合同的定义】建设工程合同是承包人进行工程建设,发包人支付价款的合同。

建设工程合同包括工程勘察、设计、施工合同。

第七百八十九条 【建设工程合同形式】建设工程合同应当采用书面形式。

第七百九十条 【工程招标投标】建设工程的招标投标活动,应当依照有关法律的规定公开、公平、公正进行。

第七百九十一条 【总包与分包】发包人可以与总承包人订立建设工程合同,也可以分别与勘察人、设计人、施工人订立勘察、设计、施工承包合同。发包人不得将应当由一个承包人完成的建设工程支解成若干部分发包给数个承包人。

总承包人或者勘察、设计、施工承包人经发包人同意,可以将自己承包的部分工作交由第三人完成。第三人就其完成的工作成果与总承包人或者勘察、设计、施工承包人向发包人承担连带责任。承包人不得将其承包的全部建设工程转包给第三人或者将其承包的全部建设工程支解以后以分包的名义分别转包给第三人。

禁止承包人将工程分包给不具备相应资质条件的单位。禁止分包单位将其承包的工程再分包。建设工程主体结构的施工必须由承包人自行完成。

第七百九十二条 【国家重大建设工程合同的订立】国家重大建设工程合同,应当按照国家规定的程序和国家批准的投资计划、可行性研究报告等文件订立。

第七百九十三条 【建设工程施工合同无效的处理】建设工程施工合同无效,但是建设工程经验收合格的,可以参照合同关于工程价款的约定折价补偿承包人。

建设工程施工合同无效,且建设工程经验收不合格的,按照以下情形处理:

(一)修复后的建设工程经验收合格的,发包人可以请求承包人承担修复费用;

(二)修复后的建设工程经验收不合格的,承包人无权请求参照合同关于工程价款的约定折价补偿。

发包人对因建设工程不合格造成的损失有过

错的,应当承担相应的责任。

第七百九十四条 【勘察、设计合同主要内容】勘察、设计合同的内容一般包括提交有关基础资料和概预算等文件的期限、质量要求、费用以及其他协作条件等条款。

第七百九十五条 【施工合同主要内容】施工合同的内容一般包括工程范围、建设工期、中间交工工程的开工和竣工时间、工程质量、工程造价、技术资料交付时间、材料和设备供应责任、拨款和结算、竣工验收、质量保修范围和质量保证期、相互协作等条款。

第七百九十六条 【建设工程监理】建设工程实行监理的,发包人应当与监理人采用书面形式订立委托监理合同。发包人与监理人的权利和义务以及法律责任,应当依照本编委托合同以及其他有关法律、行政法规的规定。

第七百九十七条 【发包人检查权】发包人在不妨碍承包人正常作业的情况下,可以随时对作业进度、质量进行检查。

第七百九十八条 【隐蔽工程】隐蔽工程在隐蔽以前,承包人应当通知发包人检查。发包人没有及时检查的,承包人可以顺延工程日期,并有权请求赔偿停工、窝工等损失。

第七百九十九条 【竣工验收】建设工程竣工后,发包人应当根据施工图纸及说明书、国家颁发的施工验收规范和质量检验标准及时进行验收。验收合格的,发包人应当按照约定支付价款,并接收该建设工程。

建设工程竣工经验收合格后,方可交付使用;未经验收或者验收不合格的,不得交付使用。

第八百条 【勘察、设计人质量责任】勘察、设计的质量不符合要求或者未按照期限提交勘察、设计文件拖延工期,造成发包人损失的,勘察人、设计人应当继续完善勘察、设计,减收或者免收勘察、设计费并赔偿损失。

第八百零一条 【施工人的质量责任】因施工人的原因致使建设工程质量不符合约定的,发包人有权请求施工人在合理期限内无偿修理或者返工、改建。经过修理或者返工、改建后,造成逾期交付的,施工人应当承担违约责任。

第八百零二条 【质量保证责任】因承包人的原因致使建设工程在合理使用期限内造成人身损害和财产损失的,承包人应当承担赔偿责任。

第八百零三条 【发包人违约责任】发包人未按照约定的时间和要求提供原材料、设备、场地、资金、技术资料的,承包人可以顺延工程日期,并有权请求赔偿停工、窝工等损失。

第八百零四条 【发包人原因致工程停建、缓建的责任】因发包人的原因致使工程中途停建、缓建的,发包人应当采取措施弥补或者减少损失,赔偿承包人因此造成的停工、窝工、倒运、机械设备调迁、材料和构件积压等损失和实际费用。

第八百零五条 【发包人原因致勘察、设计返工、停工或修改设计的责任】因发包人变更计划,提供的资料不准确,或者未按照期限提供必需的勘察、设计工作条件而造成勘察、设计的返工、停工或者修改设计,发包人应当按照勘察人、设计人实际消耗的工作量增付费用。

第八百零六条 【建设工程合同的法定解除】承包人将建设工程转包、违法分包的,发包人可以解除合同。

发包人提供的主要建筑材料、建筑构配件和设备不符合强制性标准或者不履行协助义务,致使承包人无法施工,经催告后在合理期限内仍未履行相应义务的,承包人可以解除合同。

合同解除后,已经完成的建设工程质量合格的,发包人应当按照约定支付相应的工程价款;已经完成的建设工程质量不合格的,参照本法第七百九十三条的规定处理。

第八百零七条 【工程价款的支付】发包人未按照约定支付价款的,承包人可以催告发包人在合理期限内支付价款。发包人逾期不支付的,除根据建设工程的性质不宜折价、拍卖外,承包人可以与发包人协议将该工程折价,也可以请求人民法院将该工程依法拍卖。建设工程的价款就该工程折价或者拍卖的价款优先受偿。

第八百零八条 【参照适用承揽合同的规定】本章没有规定的,适用承揽合同的有关规定。

第十九章 运输合同

第一节 一般规定

第八百零九条 【运输合同的定义】运输合同是承运人将旅客或者货物从起运地点运输到约定地点,旅客、托运人或者收货人支付票款或者运输费用的合同。

第八百一十条 【公共运输承运人的强制缔约义务】从事公共运输的承运人不得拒绝旅客、托运人通常、合理的运输要求。

第八百一十一条 【承运人安全运输义务】承运人应当在约定期限或者合理期限内将旅客、货物安全运输到约定地点。

第八百一十二条 【承运人合理运输义务】承运人应当按照约定的或者通常的运输路线将旅客、货物运输到约定地点。

第八百一十三条 【支付票款或运输费用】旅客、托运人或者收货人应当支付票款或者运输费用。承运人未按照约定路线或者通常路线运输增加票款或者运输费用的，旅客、托运人或者收货人可以拒绝支付增加部分的票款或者运输费用。

第二节 客运合同

第八百一十四条 【客运合同的成立】客运合同自承运人向旅客出具客票时成立，但是当事人另有约定或者另有交易习惯的除外。

第八百一十五条 【按有效客票记载内容乘坐义务】旅客应当按照有效客票记载的时间、班次和座位号乘坐。旅客无票乘坐、超程乘坐、越级乘坐或者持不符合减价条件的优惠客票乘坐的，应当补交票款，承运人可以按照规定加收票款；旅客不支付票款的，承运人可以拒绝运输。

实名制客运合同的旅客丢失客票的，可以请求承运人挂失补办，承运人不得再次收取票款和其他不合理费用。

第八百一十六条 【退票与变更】旅客因自己的原因不能按照客票记载的时间乘坐的，应当在约定的期限内办理退票或者变更手续；逾期办理的，承运人可以不退票款，并不再承担运输义务。

第八百一十七条 【按约定携带行李义务】旅客随身携带行李应当符合约定的限量和品类要求；超过限量或者违反品类要求携带行李的，应当办理托运手续。

第八百一十八条 【危险物品或者违禁物品的携带禁止】旅客不得随身携带或者在行李中夹带易燃、易爆、有毒、有腐蚀性、有放射性以及可能危及运输工具上人身和财产安全的危险物品或者违禁物品。

旅客违反前款规定的，承运人可以将危险物品或者违禁物品卸下、销毁或者送交有关部门。旅客坚持携带或者夹带危险物品或者违禁物品的，承运人应当拒绝运输。

第八百一十九条 【承运人告知义务和旅客协助配合义务】承运人应当严格履行安全运输义务，及时告知旅客安全运输应当注意的事项。旅客对承运人为安全运输所作的合理安排应当积极协助和配合。

第八百二十条 【承运人迟延运输或者有其他不能正常运输情形】承运人应当按照有效客票记载的时间、班次和座位号运输旅客。承运人迟延运输或者有其他不能正常运输情形的，应当及时告知和提醒旅客，采取必要的安置措施，并根据旅客的要求安排改乘其他班次或者退票；由此造成旅客损失的，承运人应当承担赔偿责任，但是不可归责于承运人的除外。

第八百二十一条 【承运人变更服务标准的后果】承运人擅自降低服务标准的，应当根据旅客的请求退票或者减收票款；提高服务标准的，不得加收票款。

第八百二十二条 【承运人尽力救助义务】承运人在运输过程中，应当尽力救助患有急病、分娩、遇险的旅客。

第八百二十三条 【旅客伤亡的赔偿责任】承运人应当对运输过程中旅客的伤亡承担赔偿责任；但是，伤亡是旅客自身健康原因造成的或者承运人证明伤亡是旅客故意、重大过失造成的除外。

前款规定适用于按照规定免票、持优待票或者经承运人许可搭乘的无票旅客。

第八百二十四条 【对行李的赔偿责任】在运输过程中旅客随身携带物品毁损、灭失，承运人有过错的，应当承担赔偿责任。

旅客托运的行李毁损、灭失的，适用货物运输的有关规定。

第三节 货运合同

第八百二十五条 【托运人如实申报情况义务】托运人办理货物运输，应当向承运人准确表明收货人的姓名、名称或者凭指示的收货人，货物的名称、性质、重量、数量，收货地点等有关货物运输的必要情况。

因托运人申报不实或者遗漏重要情况，造成承运人损失的，托运人应当承担赔偿责任。

第八百二十六条 【托运人办理审批、检验等手续义务】货物运输需要办理审批、检验等手续的，托运人应当将办理完有关手续的文件提交承运人。

第八百二十七条 【托运人的包装义务】托运人应当按照约定的方式包装货物。对包装方式没有约定或者约定不明确的，适用本法第六百一十九条的规定。

托运人违反前款规定的，承运人可以拒绝运输。

第八百二十八条 【托运人运送危险货物时的义务】托运人托运易燃、易爆、有毒、有腐蚀性、有放射性等危险物品的，应当按照国家有关危险物品运输的规定对危险物品妥善包装，做出危险物品标志和标签，并将有关危险物品的名称、性质和防范措施的书面材料提交承运人。

托运人违反前款规定的，承运人可以拒绝运输，也可以采取相应措施以避免损失的发生，因此产生的费用由托运人负担。

第八百二十九条 【托运人变更或解除的权利】在承运人将货物交付收货人之前，托运人可以要求承运人中止运输、返还货物、变更到达地或者将货物交给其他收货人，但是应当赔偿承运人因此受到的损失。

第八百三十条 【提货】货物运输到达后，承运人知道收货人的，应当及时通知收货人，收货人应当及时提货。收货人逾期提货的，应当向承运人支付保管费等费用。

第八百三十一条 【收货人对货物的检验】收货人提货时应当按照约定的期限检验货物。对检验货物的期限没有约定或者约定不明确，依据本法第五百一十条的规定仍不能确定的，应当在合理期限内检验货物。收货人在约定的期限或者合理期限内对货物的数量、毁损等未提出异议的，视为承运人已经按照运输单证的记载交付的初步证据。

第八百三十二条 【承运人对货损的赔偿责任】承运人对运输过程中货物的毁损、灭失承担赔偿责任。但是，承运人证明货物的毁损、灭失是因不可抗力、货物本身的自然性质或者合理损耗以及托运人、收货人的过错造成的，不承担赔偿责任。

第八百三十三条 【确定货损额的方法】货物的毁损、灭失的赔偿额，当事人有约定的，按照其约定；没有约定或者约定不明确，依据本法第五百一十条的规定仍不能确定的，按照交付或者应当交付时货物到达地的市场价格计算。法律、行政法规对赔偿额的计算方法和赔偿限额另有规定的，依照其规定。

第八百三十四条 【相继运输的责任承担】两个以上承运人以同一运输方式联运的，与托运人订立合同的承运人应当对全程运输承担责任；损失发生在某一运输区段的，与托运人订立合同的承运人和该区段的承运人承担连带责任。

第八百三十五条 【货物因不可抗力灭失的运费处理】货物在运输过程中因不可抗力灭失，未收取运费的，承运人不得请求支付运费；已经收取运费的，托运人可以请求返还。法律另有规定的，依照其规定。

第八百三十六条 【承运人留置权】托运人或者收货人不支付运费、保管费或者其他费用的，承运人对相应的运输货物享有留置权，但是当事人另有约定的除外。

第八百三十七条 【货物的提存】收货人不明或者收货人无正当理由拒绝受领货物的，承运人依法可以提存货物。

第四节 多式联运合同

第八百三十八条 【多式联运经营人的权利义务】多式联运经营人负责履行或者组织履行多式联运合同，对全程运输享有承运人的权利，承担承运人的义务。

第八百三十九条 【多式联运经营人的责任承担】多式联运经营人可以与参加多式联运的各区段承运人就多式联运合同的各区段运输约定相互之间的责任；但是，该约定不影响多式联运经营人对全程运输承担的义务。

第八百四十条 【多式联运单据】多式联运经营人收到托运人交付的货物时，应当签发多式联运单据。按照托运人的要求，多式联运单据可以是可转让单据，也可以是不可转让单据。

第八百四十一条 【托运人的过错赔偿责任】因托运人托运货物时的过错造成多式联运经营人损失的，即使托运人已经转让多式联运单据，托运人仍然应当承担赔偿责任。

第八百四十二条 【赔偿责任的法律适用】货物的毁损、灭失发生于多式联运的某一运输区段的，多式联运经营人的赔偿责任和责任限额，适用调整该区段运输方式的有关法律规定；货物毁损、灭失发生的运输区段不能确定的,依照本章规定承担赔偿责任。

第二十章 技术合同

第一节 一般规定

第八百四十三条 【技术合同的定义】技术合同是当事人就技术开发、转让、许可、咨询或者服务订立的确立相互之间权利和义务的合同。

第八百四十四条 【订立技术合同的原则】订立技术合同,应当有利于知识产权的保护和科学技术的进步,促进科学技术成果的研发、转化、应用和推广。

第八百四十五条 【技术合同的主要条款】技术合同的内容一般包括项目的名称,标的的内容、范围和要求,履行的计划、地点和方式,技术信息和资料的保密,技术成果的归属和收益的分配办法,验收标准和方法,名词和术语的解释等条款。

与履行合同有关的技术背景资料、可行性论证和技术评价报告、项目任务书和计划书、技术标准、技术规范、原始设计和工艺文件,以及其他技术文档,按照当事人的约定可以作为合同的组成部分。

技术合同涉及专利的,应当注明发明创造的名称、专利申请人和专利权人、申请日期、申请号、专利号以及专利权的有效期限。

第八百四十六条 【技术合同价款、报酬或使用费的支付方式】技术合同价款、报酬或者使用费的支付方式由当事人约定,可以采取一次总算、一次总付或者一次总算、分期支付,也可以采取提成支付或者提成支付附加预付入门费的方式。

约定提成支付的,可以按照产品价格、实施专利和使用技术秘密后新增的产值、利润或者产品销售额的一定比例提成,也可以按照约定的其他方式计算。提成支付的比例可以采取固定比例、逐年递增比例或者逐年递减比例。

约定提成支付的,当事人可以约定查阅有关会计账目的办法。

第八百四十七条 【职务技术成果的财产权归属】职务技术成果的使用权、转让权属于法人或者非法人组织的,法人或者非法人组织可以就该项职务技术成果订立技术合同。法人或者非法人组织订立技术合同转让职务技术成果时,职务技术成果的完成人享有以同等条件优先受让的权利。

职务技术成果是执行法人或者非法人组织的工作任务,或者主要是利用法人或者非法人组织的物质技术条件所完成的技术成果。

第八百四十八条 【非职务技术成果的财产权归属】非职务技术成果的使用权、转让权属于完成技术成果的个人,完成技术成果的个人可以就该项非职务技术成果订立技术合同。

第八百四十九条 【技术成果人身权】完成技术成果的个人享有在有关技术成果文件上写明自己是技术成果完成者的权利和取得荣誉证书、奖励的权利。

第八百五十条 【技术合同的无效】非法垄断技术或者侵害他人技术成果的技术合同无效。

第二节 技术开发合同

第八百五十一条 【技术开发合同的定义及种类】技术开发合同是当事人之间就新技术、新产品、新工艺、新品种或者新材料及其系统的研究开发所订立的合同。

技术开发合同包括委托开发合同和合作开发合同。

技术开发合同应当采用书面形式。

当事人之间就具有实用价值的科技成果实施转化订立的合同,参照适用技术开发合同的有关规定。

第八百五十二条 【委托人的主要义务】委托开发合同的委托人应当按照约定支付研究开发经费和报酬,提供技术资料,提出研究开发要求,完成协作事项,接受研究开发成果。

第八百五十三条 【研究开发人的主要义务】委托开发合同的研究开发人应当按照约定制定和实施研究开发计划,合理使用研究开发经费,按期完成研究开发工作,交付研究开发成果,提供有关的技术资料和必要的技术指导,帮助委托人掌握研究开发成果。

第八百五十四条 【委托开发合同的当事人违约责任】委托开发合同的当事人违反约定造成研究开发工作停滞、延误或者失败的,应当承担违约责任。

第八百五十五条 【合作开发各方的主要义务】合作开发合同的当事人应当按照约定进行投资,包括以技术进行投资,分工参与研究开发工作,协作配合研究开发工作。

第八百五十六条 【合作开发各方的违约责任】合作开发合同的当事人违反约定造成研究开发工作停滞、延误或者失败的,应当承担违约责任。

第八百五十七条 【技术开发合同的解除】作为技术开发合同标的的技术已经由他人公开,致使技术开发合同的履行没有意义的,当事人可以解除合同。

第八百五十八条 【技术开发合同的风险责任负担】技术开发合同履行过程中,因出现无法克服的技术困难,致使研究开发失败或者部分失败的,该风险由当事人约定;没有约定或者约定不明确,依据本法第五百一十条的规定仍不能确定的,风险由当事人合理分担。

当事人一方发现前款规定的可能致使研究开发失败或者部分失败的情形时,应当及时通知另一方并采取适当措施减少损失;没有及时通知并采取适当措施,致使损失扩大的,应当就扩大的损失承担责任。

第八百五十九条 【发明创造的归属和分享】委托开发完成的发明创造,除法律另有规定或者当事人另有约定外,申请专利的权利属于研究开发人。研究开发人取得专利权的,委托人可以依法实施该专利。

研究开发人转让专利申请权的,委托人享有以同等条件优先受让的权利。

第八百六十条 【合作开发发明创造专利申请权的归属和分享】合作开发完成的发明创造,申请专利的权利属于合作开发的当事人共有;当事人一方转让其共有的专利申请权的,其他各方享有以同等条件优先受让的权利。但是,当事人另有约定的除外。

合作开发的当事人一方声明放弃其共有的专利申请权的,除当事人另有约定外,可以由另一方单独申请或者由其他各方共同申请。申请人取得专利权的,放弃专利申请权的一方可以免费实施该专利。

合作开发的当事人一方不同意申请专利的,另一方或者其他各方不得申请专利。

第八百六十一条 【技术秘密成果的归属与分配】委托开发或者合作开发完成的技术秘密成果的使用权、转让权以及收益的分配办法,由当事人约定;没有约定或者约定不明确,依据本法第五百一十条的规定仍不能确定的,在没有相同技术方案被授予专利权前,当事人均有使用和转让的权利。但是,委托开发的研究开发人不得在向委托人交付研究开发成果之前,将研究开发成果转让给第三人。

第三节 技术转让合同和技术许可合同

第八百六十二条 【技术转让合同和技术许可合同的定义】技术转让合同是合法拥有技术的权利人,将现有特定的专利、专利申请、技术秘密的相关权利让与他人所订立的合同。

技术许可合同是合法拥有技术的权利人,将现有特定的专利、技术秘密的相关权利许可他人实施、使用所订立的合同。

技术转让合同和技术许可合同中关于提供实施技术的专用设备、原材料或者提供有关的技术咨询、技术服务的约定,属于合同的组成部分。

第八百六十三条 【技术转让合同和技术许可合同的种类及合同要件】技术转让合同包括专利权转让、专利申请权转让、技术秘密转让等合同。

技术许可合同包括专利实施许可、技术秘密使用许可等合同。

技术转让合同和技术许可合同应当采用书面形式。

第八百六十四条 【技术转让合同和技术许可合同的限制性条款】技术转让合同和技术许可合同可以约定实施专利或者使用技术秘密的范围,但是不得限制技术竞争和技术发展。

第八百六十五条 【专利实施许可合同的有效期限】专利实施许可合同仅在该专利权的存续期限内有效。专利权有效期限届满或者专利权被宣告无效的,专利权人不得就该专利与他人订立专利实施许可合同。

第八百六十六条 【专利实施许可合同许可人的义务】专利实施许可合同的许可人应当按照约定许可被许可人实施专利,交付实施专利有关的技术资料,提供必要的技术指导。

第八百六十七条 【专利实施许可合同被许可人的义务】专利实施许可合同的被许可人应当按照约定实施专利,不得许可约定以外的第三人实施该专利,并按照约定支付使用费。

第八百六十八条 【技术秘密让与人和许可人的义务】技术秘密转让合同的让与人和技术秘密使用许可合同的许可人应当按照约定提供技术资料,

进行技术指导,保证技术的实用性、可靠性,承担保密义务。

前款规定的保密义务,不限制许可人申请专利,但是当事人另有约定的除外。

第八百六十九条 【技术秘密受让人和被许可人的义务】技术秘密转让合同的受让人和技术秘密使用许可合同的被许可人应当按照约定使用技术,支付转让费、使用费,承担保密义务。

第八百七十条 【技术转让合同让与人和技术许可合同许可人的保证义务】技术转让合同的让与人和技术许可合同的许可人应当保证自己是所提供的技术的合法拥有者,并保证所提供的技术完整、无误、有效,能够达到约定的目标。

第八百七十一条 【技术转让合同受让人和技术许可合同被许可人保密义务】技术转让合同的受让人和技术许可合同的被许可人应当按照约定的范围和期限,对让与人、许可人提供的技术中尚未公开的秘密部分,承担保密义务。

第八百七十二条 【技术许可人和让与人的违约责任】许可人未按照约定许可技术的,应当返还部分或者全部使用费,并应当承担违约责任;实施专利或者使用技术秘密超越约定的范围的,违反约定擅自许可第三人实施该项专利或者使用该项技术秘密的,应当停止违约行为,承担违约责任;违反约定的保密义务的,应当承担违约责任。

让与人承担违约责任,参照适用前款规定。

第八百七十三条 【技术被许可人和受让人的违约责任】被许可人未按照约定支付使用费的,应当补交使用费并按照约定支付违约金;不补交使用费或者支付违约金的,应当停止实施专利或者使用技术秘密,交还技术资料,承担违约责任;实施专利或者使用技术秘密超越约定的范围的,未经许可人同意擅自许可第三人实施该专利或者使用该技术秘密的,应当停止违约行为,承担违约责任;违反约定的保密义务的,应当承担违约责任。

受让人承担违约责任,参照适用前款规定。

第八百七十四条 【实施专利、使用技术秘密侵害他人合法权益责任承担】受让人或者被许可人按照约定实施专利、使用技术秘密侵害他人合法权益的,由让与人或者许可人承担责任,但是当事人另有约定的除外。

第八百七十五条 【后续改进技术成果的分享办法】当事人可以按照互利的原则,在合同中约定实施专利、使用技术秘密后续改进的技术成果的分享办法;没有约定或者约定不明确,依据本法第五百一十条的规定仍不能确定的,一方后续改进的技术成果,其他各方无权分享。

第八百七十六条 【其他知识产权转让和许可的参照适用】集成电路布图设计专有权、植物新品种权、计算机软件著作权等其他知识产权的转让和许可,参照适用本节的有关规定。

第八百七十七条 【技术出口合同或专利、专利申请合同的法律适用】法律、行政法规对技术进出口合同或者专利、专利申请合同另有规定的,依照其规定。

第四节 技术咨询合同和技术服务合同

第八百七十八条 【技术咨询合同、技术服务合同的定义】技术咨询合同是当事人一方以技术知识为对方就特定技术项目提供可行性论证、技术预测、专题技术调查、分析评价报告等所订立的合同。

技术服务合同是当事人一方以技术知识为对方解决特定技术问题所订立的合同,不包括承揽合同和建设工程合同。

第八百七十九条 【技术咨询合同委托人的义务】技术咨询合同的委托人应当按照约定阐明咨询的问题,提供技术背景材料及有关技术资料,接受受托人的工作成果,支付报酬。

第八百八十条 【技术咨询合同受托人的义务】技术咨询合同的受托人应当按照约定的期限完成咨询报告或者解答问题,提出的咨询报告应当达到约定的要求。

第八百八十一条 【技术咨询合同当事人的违约责任及决策风险责任】技术咨询合同的委托人未按照约定提供必要的资料,影响工作进度和质量,不接受或者逾期接受工作成果的,支付的报酬不得追回,未支付的报酬应当支付。

技术咨询合同的受托人未按期提出咨询报告或者提出的咨询报告不符合约定的,应当承担减收或者免收报酬等违约责任。

技术咨询合同的委托人按照受托人符合约定要求的咨询报告和意见作出决策所造成的损失,由委托人承担,但是当事人另有约定的除外。

第八百八十二条 【技术服务合同委托人的义务】技术服务合同的委托人应当按照约定提供工作条件,完成配合事项,接受工作成果并支付报酬。

第八百八十三条　【技术服务合同受托人的义务】技术服务合同的受托人应当按照约定完成服务项目，解决技术问题，保证工作质量，并传授解决技术问题的知识。

第八百八十四条　【技术服务合同的当事人违约责任】技术服务合同的委托人不履行合同义务或者履行合同义务不符合约定，影响工作进度和质量，不接受或者逾期接受工作成果的，支付的报酬不得追回，未支付的报酬应当支付。

技术服务合同的受托人未按照约定完成服务工作的，应当承担免收报酬等违约责任。

第八百八十五条　【技术成果的归属和分享】技术咨询合同、技术服务合同履行过程中，受托人利用委托人提供的技术资料和工作条件完成的新的技术成果，属于受托人。委托人利用受托人的工作成果完成的新的技术成果，属于委托人。当事人另有约定的，按照其约定。

第八百八十六条　【受托人履行合同的费用负担】技术咨询合同和技术服务合同对受托人正常开展工作所需费用的负担没有约定或者约定不明确的，由受托人负担。

第八百八十七条　【技术中介合同和技术培训合同法律适用】法律、行政法规对技术中介合同、技术培训合同另有规定的，依照其规定。

第二十一章　保管合同

第八百八十八条　【保管合同的定义】保管合同是保管人保管寄存人交付的保管物，并返还该物的合同。

寄存人到保管人处从事购物、就餐、住宿等活动，将物品存放在指定场所的，视为保管，但是当事人另有约定或者另有交易习惯的除外。

第八百八十九条　【保管合同的报酬】寄存人应当按照约定向保管人支付保管费。

当事人对保管费没有约定或者约定不明确，依据本法第五百一十条的规定仍不能确定的，视为无偿保管。

第八百九十条　【保管合同的成立】保管合同自保管物交付时成立，但是当事人另有约定的除外。

第八百九十一条　【保管人给付保管凭证的义务】寄存人向保管人交付保管物的，保管人应当出具保管凭证，但是另有交易习惯的除外。

第八百九十二条　【保管人对保管物的妥善保管义务】保管人应当妥善保管保管物。

当事人可以约定保管场所或者方法。除紧急情况或者为维护寄存人利益外，不得擅自改变保管场所或者方法。

第八百九十三条　【寄存人如实告知义务】寄存人交付的保管物有瑕疵或者根据保管物的性质需要采取特殊保管措施的，寄存人应当将有关情况告知保管人。寄存人未告知，致使保管物受损失的，保管人不承担赔偿责任；保管人因此受损失的，除保管人知道或者应当知道且未采取补救措施外，寄存人应当承担赔偿责任。

第八百九十四条　【保管人亲自保管义务】保管人不得将保管物转交第三人保管，但是当事人另有约定的除外。

保管人违反前款规定，将保管物转交第三人保管，造成保管物损失的，应当承担赔偿责任。

第八百九十五条　【保管人不得使用或许可他人使用保管物义务】保管人不得使用或者许可第三人使用保管物，但是当事人另有约定的除外。

第八百九十六条　【保管人返还保管物的义务及危险通知义务】第三人对保管物主张权利的，除依法对保管物采取保全或者执行措施外，保管人应当履行向寄存人返还保管物的义务。

第三人对保管人提起诉讼或者对保管物申请扣押的，保管人应当及时通知寄存人。

第八百九十七条　【保管物毁损灭失责任】保管期内，因保管人保管不善造成保管物毁损、灭失的，保管人应当承担赔偿责任。但是，无偿保管人证明自己没有故意或者重大过失的，不承担赔偿责任。

第八百九十八条　【寄存贵重物品的声明义务】寄存人寄存货币、有价证券或者其他贵重物品的，应当向保管人声明，由保管人验收或者封存；寄存人未声明的，该物品毁损、灭失后，保管人可以按照一般物品予以赔偿。

第八百九十九条　【保管物的领取及领取时间】寄存人可以随时领取保管物。

当事人对保管期限没有约定或者约定不明确的，保管人可以随时请求寄存人领取保管物；约定保管期限的，保管人无特别事由，不得请求寄存人提前领取保管物。

第九百条 【保管人归还原物及孳息的义务】保管期限届满或者寄存人提前领取保管物的，保管人应当将原物及其孳息归还寄存人。

第九百零一条 【消费保管】保管人保管货币的，可以返还相同种类、数量的货币；保管其他可替代物的，可以按照约定返还相同种类、品质、数量的物品。

第九百零二条 【保管费的支付期限】有偿的保管合同，寄存人应当按照约定的期限向保管人支付保管费。

当事人对支付期限没有约定或者约定不明确，依据本法第五百一十条的规定仍不能确定的，应当在领取保管物的同时支付。

第九百零三条 【保管人的留置权】寄存人未按照约定支付保管费或者其他费用的，保管人对保管物享有留置权，但是当事人另有约定的除外。

第二十二章 仓储合同

第九百零四条 【仓储合同的定义】仓储合同是保管人储存存货人交付的仓储物，存货人支付仓储费的合同。

第九百零五条 【仓储合同的成立时间】仓储合同自保管人和存货人意思表示一致时成立。

第九百零六条 【危险物品和易变质物品的储存】储存易燃、易爆、有毒、有腐蚀性、有放射性等危险物品或者易变质物品的，存货人应当说明该物品的性质，提供有关资料。

存货人违反前款规定的，保管人可以拒收仓储物，也可以采取相应措施以避免损失的发生，因此产生的费用由存货人负担。

保管人储存易燃、易爆、有毒、有腐蚀性、有放射性等危险物品的，应当具备相应的保管条件。

第九百零七条 【仓储物的验收】保管人应当按照约定对入库仓储物进行验收。保管人验收时发现入库仓储物与约定不符合的，应当及时通知存货人。保管人验收后，发生仓储物的品种、数量、质量不符合约定的，保管人应当承担赔偿责任。

第九百零八条 【保管人出具仓单、入库单义务】存货人交付仓储物的，保管人应当出具仓单、入库单等凭证。

第九百零九条 【仓单的内容】保管人应当在仓单上签名或者盖章。仓单包括下列事项：

（一）存货人的姓名或者名称和住所；

（二）仓储物的品种、数量、质量、包装及其件数和标记；

（三）仓储物的损耗标准；

（四）储存场所；

（五）储存期限；

（六）仓储费；

（七）仓储物已经办理保险的，其保险金额、期间以及保险人的名称；

（八）填发人、填发地和填发日期。

第九百一十条 【仓单的转让和出质】仓单是提取仓储物的凭证。存货人或者仓单持有人在仓单上背书并经保管人签名或者盖章的，可以转让提取仓储物的权利。

第九百一十一条 【检查仓储物或提取样品的权利】保管人根据存货人或者仓单持有人的要求，应当同意其检查仓储物或者提取样品。

第九百一十二条 【保管人的通知义务】保管人发现入库仓储物有变质或者其他损坏的，应当及时通知存货人或者仓单持有人。

第九百一十三条 【保管人危险催告义务和紧急处置权】保管人发现入库仓储物有变质或者其他损坏，危及其他仓储物的安全和正常保管的，应当催告存货人或者仓单持有人作出必要的处置。因情况紧急，保管人可以作出必要的处置；但是，事后应当将该情况及时通知存货人或者仓单持有人。

第九百一十四条 【仓储物的提取】当事人对储存期限没有约定或者约定不明确的，存货人或者仓单持有人可以随时提取仓储物，保管人也可以随时请求存货人或者仓单持有人提取仓储物，但是应当给予必要的准备时间。

第九百一十五条 【仓储物的提取规则】储存期限届满，存货人或者仓单持有人应当凭仓单、入库单等提取仓储物。存货人或者仓单持有人逾期提取的，应当加收仓储费；提前提取的，不减收仓储费。

第九百一十六条 【逾期提取仓储物】储存期限届满，存货人或者仓单持有人不提取仓储物的，保管人可以催告其在合理期限内提取；逾期不提取的，保管人可以提存仓储物。

第九百一十七条 【保管不善的责任承担】储存期内，因保管不善造成仓储物毁损、灭失的，保管人应当承担赔偿责任。因仓储物本身的自然性质、包装不符合约定或者超过有效储存期造成仓储物变质、损坏的,保管人不承担赔偿责任。

第九百一十八条 【参照适用保管合同的规定】本章没有规定的,适用保管合同的有关规定。

第二十三章 委托合同

第九百一十九条 【委托合同的概念】委托合同是委托人和受托人约定,由受托人处理委托人事务的合同。

第九百二十条 【委托权限】委托人可以特别委托受托人处理一项或者数项事务,也可以概括委托受托人处理一切事务。

第九百二十一条 【处理委托事务的费用】委托人应当预付处理委托事务的费用。受托人为处理委托事务垫付的必要费用,委托人应当偿还该费用并支付利息。

第九百二十二条 【受托人服从指示的义务】受托人应当按照委托人的指示处理委托事务。需要变更委托人指示的,应当经委托人同意;因情况紧急,难以和委托人取得联系的,受托人应当妥善处理委托事务,但是事后应当将该情况及时报告委托人。

第九百二十三条 【受托人亲自处理委托事务】受托人应当亲自处理委托事务。经委托人同意,受托人可以转委托。转委托经同意或者追认的,委托人可以就委托事务直接指示转委托的第三人,受托人仅就第三人的选任及其对第三人的指示承担责任。转委托未经同意或者追认的,受托人应当对转委托的第三人的行为承担责任;但是,在紧急情况下受托人为了维护委托人的利益需要转委托第三人的除外。

第九百二十四条 【受托人的报告义务】受托人应当按照委托人的要求,报告委托事务的处理情况。委托合同终止时,受托人应当报告委托事务的结果。

第九百二十五条 【受托人以自己名义从事受托事务的法律效果】受托人以自己的名义,在委托人的授权范围内与第三人订立的合同,第三人在订立合同时知道受托人与委托人之间的代理关系的,该合同直接约束委托人和第三人;但是,有确切证据证明该合同只约束受托人和第三人的除外。

第九百二十六条 【委托人的介入权与第三人的选择权】受托人以自己的名义与第三人订立合同时,第三人不知道受托人与委托人之间的代理关系的,受托人因第三人的原因对委托人不履行义务,受托人应当向委托人披露第三人,委托人因此可以行使受托人对第三人的权利。但是,第三人与受托人订立合同时如果知道该委托人就不会订立合同的除外。

受托人因委托人的原因对第三人不履行义务,受托人应当向第三人披露委托人,第三人因此可以选择受托人或者委托人作为相对人主张其权利,但是第三人不得变更选定的相对人。

委托人行使受托人对第三人的权利的,第三人可以向委托人主张其对受托人的抗辩。第三人选定委托人作为其相对人的,委托人可以向第三人主张其对受托人的抗辩以及受托人对第三人的抗辩。

第九百二十七条 【受托人转移所得利益的义务】受托人处理委托事务取得的财产,应当转交给委托人。

第九百二十八条 【委托人支付报酬的义务】受托人完成委托事务的,委托人应当按照约定向其支付报酬。

因不可归责于受托人的事由,委托合同解除或者委托事务不能完成的,委托人应当向受托人支付相应的报酬。当事人另有约定的,按照其约定。

第九百二十九条 【因受托人过错致委托人损失的赔偿责任】有偿的委托合同,因受托人的过错造成委托人损失的,委托人可以请求赔偿损失。无偿的委托合同,因受托人的故意或者重大过失造成委托人损失的,委托人可以请求赔偿损失。

受托人超越权限造成委托人损失的,应当赔偿损失。

第九百三十条 【委托人的赔偿责任】受托人处理委托事务时,因不可归责于自己的事由受到损失的,可以向委托人请求赔偿损失。

第九百三十一条 【委托人另行委托他人处理事务】委托人经受托人同意,可以在受托人之外委托第三人处理委托事务。因此造成受托人损失的,受托人可以向委托人请求赔偿损失。

第九百三十二条 【共同委托】两个以上的受托人共同处理委托事务的,对委托人承担连带责任。

第九百三十三条 【任意解除权】委托人或者受托人可以随时解除委托合同。因解除合同造成对方损失的,除不可归责于该当事人的事由外,无偿委托合同的解除方应当赔偿因解除时间不当造成的直接损失,有偿委托合同的解除方应当赔偿对方的直接损失和合同履行后可以获得的利益。

第九百三十四条 【委托合同的终止】委托人死亡、终止或者受托人死亡、丧失民事行为能力、终止的,委托合同终止;但是,当事人另有约定或者根据委托事务的性质不宜终止的除外。

第九百三十五条 【受托人继续处理委托事务】因委托人死亡或者被宣告破产、解散,致使委托合同终止将损害委托人利益的,在委托人的继承人、遗产管理人或者清算人承受委托事务之前,受托人应当继续处理委托事务。

第九百三十六条 【受托人死亡后其继承人等的义务】因受托人死亡、丧失民事行为能力或者被宣告破产、解散,致使委托合同终止的,受托人的继承人、遗产管理人、法定代理人或者清算人应当及时通知委托人。因委托合同终止将损害委托人利益的,在委托人作出善后处理之前,受托人的继承人、遗产管理人、法定代理人或者清算人应当采取必要措施。

第二十四章　物业服务合同

第九百三十七条 【物业服务合同的定义】物业服务合同是物业服务人在物业服务区域内,为业主提供建筑物及其附属设施的维修养护、环境卫生和相关秩序的管理维护等物业服务,业主支付物业费的合同。

物业服务人包括物业服务企业和其他管理人。

第九百三十八条 【物业服务合同的内容与形式】物业服务合同的内容一般包括服务事项、服务质量、服务费用的标准和收取办法、维修资金的使用、服务用房的管理和使用、服务期限、服务交接等条款。

物业服务人公开作出的有利于业主的服务承诺,为物业服务合同的组成部分。

物业服务合同应当采用书面形式。

第九百三十九条 【物业服务合同的约束力】建设单位依法与物业服务人订立的前期物业服务合同,以及业主委员会与业主大会依法选聘的物业服务人订立的物业服务合同,对业主具有法律约束力。

第九百四十条 【前期物业服务合同的终止情形】建设单位依法与物业服务人订立的前期物业服务合同约定的服务期限届满前,业主委员会或者业主与新物业服务人订立的物业服务合同生效的,前期物业服务合同终止。

第九百四十一条 【物业服务合同的转委托】物业服务人将物业服务区域内的部分专项服务事项委托给专业性服务组织或者其他第三人的,应当就该部分专项服务事项向业主负责。

物业服务人不得将其应当提供的全部物业服务转委托给第三人,或者将全部物业服务支解后分别转委托给第三人。

第九百四十二条 【物业服务人的义务】物业服务人应当按照约定和物业的使用性质,妥善维修、养护、清洁、绿化和经营管理物业服务区域内的业主共有部分,维护物业服务区域内的基本秩序,采取合理措施保护业主的人身、财产安全。

对物业服务区域内违反有关治安、环保、消防等法律法规的行为,物业服务人应当及时采取合理措施制止、向有关行政主管部门报告并协助处理。

第九百四十三条 【物业服务人的信息公开义务】物业服务人应当定期将服务的事项、负责人员、质量要求、收费项目、收费标准、履行情况,以及维修资金使用情况、业主共有部分的经营与收益情况等以合理方式向业主公开并向业主大会、业主委员会报告。

第九百四十四条 【业主支付物业费义务】业主应当按照约定向物业服务人支付物业费。物业服务人已经按照约定和有关规定提供服务的,业主不得以未接受或者无需接受相关物业服务为由拒绝支付物业费。

业主违反约定逾期不支付物业费的,物业服务人可以催告其在合理期限内支付;合理期限届满仍不支付的,物业服务人可以提起诉讼或者申请仲裁。

物业服务人不得采取停止供电、供水、供热、供燃气等方式催交物业费。

第九百四十五条 【业主的告知、协助义务】业主装饰装修房屋的,应当事先告知物业服务人,遵守物业服务人提示的合理注意事项,并配合其进行必要的现场检查。

业主转让、出租物业专有部分、设立居住权或者依法改变共有部分用途的,应当及时将相关情况告知物业服务人。

第九百四十六条 【业主解聘物业服务人】业主依照法定程序共同决定解聘物业服务人的，可以解除物业服务合同。决定解聘的，应当提前六十日书面通知物业服务人，但是合同对通知期限另有约定的除外。

依据前款规定解除合同造成物业服务人损失的，除不可归责于业主的事由外，业主应当赔偿损失。

第九百四十七条 【物业服务人的续聘】物业服务期限届满前，业主依法共同决定续聘的，应当与原物业服务人在合同期限届满前续订物业服务合同。

物业服务期限届满前，物业服务人不同意续聘的，应当在合同期限届满前九十日书面通知业主或者业主委员会，但是合同对通知期限另有约定的除外。

第九百四十八条 【不定期物业服务合同的成立与解除】物业服务期限届满后，业主没有依法作出续聘或者另聘物业服务人的决定，物业服务人继续提供物业服务的，原物业服务合同继续有效，但是服务期限为不定期。

当事人可以随时解除不定期物业服务合同，但是应当提前六十日书面通知对方。

第九百四十九条 【物业服务合同终止后原物业服务人的义务】物业服务合同终止的，原物业服务人应当在约定期限或者合理期限内退出物业服务区域，将物业服务用房、相关设施、物业服务所必需的相关资料等交还给业主委员会、决定自行管理的业主或者其指定的人，配合新物业服务人做好交接工作，并如实告知物业的使用和管理状况。

原物业服务人违反前款规定的，不得请求业主支付物业服务合同终止后的物业费；造成业主损失的，应当赔偿损失。

第九百五十条 【物业服务合同终止后新合同成立前期间的相关事项】物业服务合同终止后，在业主或者业主大会选聘的新物业服务人或者决定自行管理的业主接管之前，原物业服务人应当继续处理物业服务事项，并可以请求业主支付该期间的物业费。

第二十五章 行纪合同

第九百五十一条 【行纪合同的概念】行纪合同是行纪人以自己的名义为委托人从事贸易活动，委托人支付报酬的合同。

第九百五十二条 【行纪人的费用负担】行纪人处理委托事务支出的费用，由行纪人负担，但是当事人另有约定的除外。

第九百五十三条 【行纪人保管义务】行纪人占有委托物的，应当妥善保管委托物。

第九百五十四条 【行纪人处置委托物义务】委托物交付给行纪人时有瑕疵或者容易腐烂、变质的，经委托人同意，行纪人可以处分该物；不能与委托人及时取得联系的，行纪人可以合理处分。

第九百五十五条 【行纪人按指定价格买卖的义务】行纪人低于委托人指定的价格卖出或者高于委托人指定的价格买入的，应当经委托人同意；未经委托人同意，行纪人补偿其差额的，该买卖对委托人发生效力。

行纪人高于委托人指定的价格卖出或者低于委托人指定的价格买入的，可以按照约定增加报酬；没有约定或者约定不明确，依据本法第五百一十条的规定仍不能确定的，该利益属于委托人。

委托人对价格有特别指示的，行纪人不得违背该指示卖出或者买入。

第九百五十六条 【行纪人的介入权】行纪人卖出或者买入具有市场定价的商品，除委托人有相反的意思表示外，行纪人自己可以作为买受人或者出卖人。

行纪人有前款规定情形的，仍然可以请求委托人支付报酬。

第九百五十七条 【委托人受领、取回义务及行纪人提存委托物】行纪人按照约定买入委托物，委托人应当及时受领。经行纪人催告，委托人无正当理由拒绝受领的，行纪人依法可以提存委托物。

委托物不能卖出或者委托人撤回出卖，经行纪人催告，委托人不取回或者不处分该物的，行纪人依法可以提存委托物。

第九百五十八条 【行纪人的直接履行义务】行纪人与第三人订立合同的，行纪人对该合同直接享有权利、承担义务。

第三人不履行义务致使委托人受到损害的，行纪人应当承担赔偿责任，但是行纪人与委托人另有约定的除外。

第九百五十九条 【行纪人的报酬请求权及留置权】行纪人完成或者部分完成委托事务的，委托人应当向其支付相应的报酬。委托人逾期不支付报酬的,行纪人对委托物享有留置权,但是当事人另有约定的除外。

第九百六十条 【参照适用委托合同的规定】 本章没有规定的,参照适用委托合同的有关规定。

第二十六章 中介合同

第九百六十一条 【中介合同的概念】 中介合同是中介人向委托人报告订立合同的机会或者提供订立合同的媒介服务,委托人支付报酬的合同。

第九百六十二条 【中介人的如实报告义务】 中介人应当就有关订立合同的事项向委托人如实报告。

中介人故意隐瞒与订立合同有关的重要事实或者提供虚假情况,损害委托人利益的,不得请求支付报酬并应当承担赔偿责任。

第九百六十三条 【中介人的报酬请求权】 中介人促成合同成立的,委托人应当按照约定支付报酬。对中介人的报酬没有约定或者约定不明确,依据本法第五百一十条的规定仍不能确定的,根据中介人的劳务合理确定。因中介人提供订立合同的媒介服务而促成合同成立的,由该合同的当事人平均负担中介人的报酬。

中介人促成合同成立的,中介活动的费用,由中介人负担。

第九百六十四条 【中介人的中介费用】 中介人未促成合同成立的,不得请求支付报酬;但是,可以按照约定请求委托人支付从事中介活动支出的必要费用。

第九百六十五条 【委托人"跳单"应支付中介报酬】 委托人在接受中介人的服务后,利用中介人提供的交易机会或者媒介服务,绕开中介人直接订立合同的,应当向中介人支付报酬。

第九百六十六条 【参照适用委托合同的规定】 本章没有规定的,参照适用委托合同的有关规定。

第二十七章 合伙合同

第九百六十七条 【合伙合同的定义】 合伙合同是两个以上合伙人为了共同的事业目的,订立的共享利益、共担风险的协议。

第九百六十八条 【合伙人的出资义务】 合伙人应当按照约定的出资方式、数额和缴付期限,履行出资义务。

第九百六十九条 【合伙财产的定义】 合伙人的出资、因合伙事务依法取得的收益和其他财产,属于合伙财产。

合伙合同终止前,合伙人不得请求分割合伙财产。

第九百七十条 【合伙事务的执行】 合伙人就合伙事务作出决定的,除合伙合同另有约定外,应当经全体合伙人一致同意。

合伙事务由全体合伙人共同执行。按照合伙合同的约定或者全体合伙人的决定,可以委托一个或者数个合伙人执行合伙事务;其他合伙人不再执行合伙事务,但是有权监督执行情况。

合伙人分别执行合伙事务的,执行事务合伙人可以对其他合伙人执行的事务提出异议;提出异议后,其他合伙人应当暂停该项事务的执行。

第九百七十一条 【合伙人执行合伙事务不得请求支付报酬】 合伙人不得因执行合伙事务而请求支付报酬,但是合伙合同另有约定的除外。

第九百七十二条 【合伙的利润分配和亏损分担】 合伙的利润分配和亏损分担,按照合伙合同的约定办理;合伙合同没有约定或者约定不明确的,由合伙人协商决定;协商不成的,由合伙人按照实缴出资比例分配、分担;无法确定出资比例的,由合伙人平均分配、分担。

第九百七十三条 【合伙人对合伙债务的连带责任及追偿权】 合伙人对合伙债务承担连带责任。清偿合伙债务超过自己应当承担份额的合伙人,有权向其他合伙人追偿。

第九百七十四条 【合伙人转让财产份额的要求】 除合伙合同另有约定外,合伙人向合伙人以外的人转让其全部或者部分财产份额的,须经其他合伙人一致同意。

第九百七十五条 【合伙人债权人代位行使权利的限制】 合伙人的债权人不得代位行使合伙人依照本章规定和合伙合同享有的权利,但是合伙人享有的利益分配请求权除外。

第九百七十六条 【合伙期限的推定】 合伙人对合伙期限没有约定或者约定不明确,依据本法第五百一十条的规定仍不能确定的,视为不定期合伙。

合伙期限届满,合伙人继续执行合伙事务,其他合伙人没有提出异议的,原合伙合同继续有效,但是合伙期限为不定期。

合伙人可以随时解除不定期合伙合同,但是应当在合理期限之前通知其他合伙人。

第九百七十七条 【合伙人死亡、民事行为能力丧失或终止时合伙合同的效力】合伙人死亡、丧失民事行为能力或者终止的,合伙合同终止;但是,合伙合同另有约定或者根据合伙事务的性质不宜终止的除外。

第九百七十八条 【合伙合同终止后剩余财产的分配规则】合伙合同终止后,合伙财产在支付因终止而产生的费用以及清偿合伙债务后有剩余的,依据本法第九百七十二条的规定进行分配。

第三分编 准 合 同

第二十八章 无 因 管 理

第九百七十九条 【无因管理的定义及法律效果】管理人没有法定的或者约定的义务,为避免他人利益受损失而管理他人事务的,可以请求受益人偿还因管理事务而支出的必要费用;管理人因管理事务受到损失的,可以请求受益人给予适当补偿。

管理事务不符合受益人真实意思的,管理人不享有前款规定的权利;但是,受益人的真实意思违反法律或者违背公序良俗的除外。

第九百八十条 【不适当的无因管理】管理人管理事务不属于前条规定的情形,但是受益人享有管理利益的,受益人应当在其获得的利益范围内向管理人承担前条第一款规定的义务。

第九百八十一条 【管理人的善良管理义务】管理人管理他人事务,应当采取有利于受益人的方法。中断管理对受益人不利的,无正当理由不得中断。

第九百八十二条 【管理人的通知义务】管理人管理他人事务,能够通知受益人的,应当及时通知受益人。管理的事务不需要紧急处理的,应当等待受益人的指示。

第九百八十三条 【管理人的报告及移交财产义务】管理结束后,管理人应当向受益人报告管理事务的情况。管理人管理事务取得的财产,应当及时转交给受益人。

第九百八十四条 【本人对管理事务的追认】管理人管理事务经受益人事后追认的,从管理事务开始时起,适用委托合同的有关规定,但是管理人另有意思表示的除外。

第二十九章 不 当 得 利

第九百八十五条 【不当得利的构成及除外情况】得利人没有法律根据取得不当利益的,受损失的人可以请求得利人返还取得的利益,但是有下列情形之一的除外:

(一)为履行道德义务进行的给付;

(二)债务到期之前的清偿;

(三)明知无给付义务而进行的债务清偿。

第九百八十六条 【善意得利人的返还责任】得利人不知道且不应当知道取得的利益没有法律根据,取得的利益已经不存在的,不承担返还该利益的义务。

第九百八十七条 【恶意得利人的返还责任】得利人知道或者应当知道取得的利益没有法律根据的,受损失的人可以请求得利人返还其取得的利益并依法赔偿损失。

第九百八十八条 【第三人的返还义务】得利人已经将取得的利益无偿转让给第三人的,受损失的人可以请求第三人在相应范围内承担返还义务。

第四编 人 格 权

第一章 一 般 规 定

第九百八十九条 【人格权编的调整范围】本编调整因人格权的享有和保护产生的民事关系。

第九百九十条 【人格权类型】人格权是民事主体享有的生命权、身体权、健康权、姓名权、名称权、肖像权、名誉权、荣誉权、隐私权等权利。

除前款规定的人格权外,自然人享有基于人身自由、人格尊严产生的其他人格权益。

第九百九十一条 【人格权受法律保护】民事主体的人格权受法律保护,任何组织或者个人不得侵害。

第九百九十二条 【人格权不得放弃、转让、继承】人格权不得放弃、转让或者继承。

第九百九十三条 【人格利益的许可使用】民事主体可以将自己的姓名、名称、肖像等许可他人使用,但是依照法律规定或者根据其性质不得许可的除外。

第九百九十四条 【死者人格利益保护】死者的姓名、肖像、名誉、荣誉、隐私、遗体等受到侵害的,其配偶、子女、父母有权依法请求行为人承担民事责任;死者没有配偶、子女且父母已经死亡的,其他近亲属有权依法请求行为人承担民事责任。

第九百九十五条 【人格权保护的请求权】人格权受到侵害的,受害人有权依照本法和其他法律的规定请求行为人承担民事责任。受害人的停止侵害、排除妨碍、消除危险、消除影响、恢复名誉、赔礼道歉请求权,不适用诉讼时效的规定。

第九百九十六条 【人格权责任竞合下的精神损害赔偿】因当事人一方的违约行为,损害对方人格权并造成严重精神损害,受损害方选择请求其承担违约责任的,不影响受损害方请求精神损害赔偿。

第九百九十七条 【申请法院责令停止侵害】民事主体有证据证明行为人正在实施或者即将实施侵害其人格权的违法行为,不及时制止将使其合法权益受到难以弥补的损害的,有权依法向人民法院申请采取责令行为人停止有关行为的措施。

第九百九十八条 【认定行为人承担责任时的考量因素】认定行为人承担侵害除生命权、身体权和健康权外的人格权的民事责任,应当考虑行为人和受害人的职业、影响范围、过错程度,以及行为的目的、方式、后果等因素。

第九百九十九条 【人格利益的合理使用】为公共利益实施新闻报道、舆论监督等行为的,可以合理使用民事主体的姓名、名称、肖像、个人信息等;使用不合理侵害民事主体人格权的,应当依法承担民事责任。

第一千条 【消除影响、恢复名誉、赔礼道歉责任方式】行为人因侵害人格权承担消除影响、恢复名誉、赔礼道歉等民事责任的,应当与行为的具体方式和造成的影响范围相当。

行为人拒不承担前款规定的民事责任的,人民法院可以采取在报刊、网络等媒体上发布公告或者公布生效裁判文书等方式执行,产生的费用由行为人负担。

第一千零一条 【自然人身份权利保护的参照】对自然人因婚姻家庭关系等产生的身份权利的保护,适用本法第一编、第五编和其他法律的相关规定;没有规定的,可以根据其性质参照适用本编人格权保护的有关规定。

第二章 生命权、身体权和健康权

第一千零二条 【生命权】自然人享有生命权。自然人的生命安全和生命尊严受法律保护。任何组织或者个人不得侵害他人的生命权。

第一千零三条 【身体权】自然人享有身体权。自然人的身体完整和行动自由受法律保护。任何组织或者个人不得侵害他人的身体权。

第一千零四条 【健康权】自然人享有健康权。自然人的身心健康受法律保护。任何组织或者个人不得侵害他人的健康权。

第一千零五条 【法定救助义务】自然人的生命权、身体权、健康权受到侵害或者处于其他危难情形的,负有法定救助义务的组织或者个人应当及时施救。

第一千零六条 【人体捐献】完全民事行为能力人有权依法自主决定无偿捐献其人体细胞、人体组织、人体器官、遗体。任何组织或者个人不得强迫、欺骗、利诱其捐献。

完全民事行为能力人依据前款规定同意捐献的,应当采用书面形式,也可以订立遗嘱。

自然人生前未表示不同意捐献的,该自然人死亡后,其配偶、成年子女、父母可以共同决定捐献,决定捐献应当采用书面形式。

第一千零七条 【禁止买卖人体细胞、组织、器官和遗体】禁止以任何形式买卖人体细胞、人体组织、人体器官、遗体。

违反前款规定的买卖行为无效。

第一千零八条 【人体临床试验】为研制新药、医疗器械或者发展新的预防和治疗方法,需要进行临床试验的,应当依法经相关主管部门批准并经伦理委员会审查同意,向受试者或者受试者的监护人告知试验目的、用途和可能产生的风险等详细情况,并经其书面同意。

进行临床试验的,不得向受试者收取试验费用。

第一千零九条 【从事人体基因、胚胎等医学和科研活动的法定限制】从事与人体基因、人体胚胎等有关的医学和科研活动，应当遵守法律、行政法规和国家有关规定，不得危害人体健康，不得违背伦理道德，不得损害公共利益。

第一千零一十条 【性骚扰】违背他人意愿，以言语、文字、图像、肢体行为等方式对他人实施性骚扰的，受害人有权依法请求行为人承担民事责任。

机关、企业、学校等单位应当采取合理的预防、受理投诉、调查处置等措施，防止和制止利用职权、从属关系等实施性骚扰。

第一千零一十一条 【非法剥夺、限制他人行动自由和非法搜查他人身体】以非法拘禁等方式剥夺、限制他人的行动自由，或者非法搜查他人身体的，受害人有权依法请求行为人承担民事责任。

第三章 姓名权和名称权

第一千零一十二条 【姓名权】自然人享有姓名权，有权依法决定、使用、变更或者许可他人使用自己的姓名，但是不得违背公序良俗。

第一千零一十三条 【名称权】法人、非法人组织享有名称权，有权依法决定、使用、变更、转让或者许可他人使用自己的名称。

第一千零一十四条 【禁止侵害他人的姓名或名称】任何组织或者个人不得以干涉、盗用、假冒等方式侵害他人的姓名权或者名称权。

第一千零一十五条 【自然人姓氏的选取】自然人应当随父姓或者母姓，但是有下列情形之一的，可以在父姓和母姓之外选取姓氏：

（一）选取其他直系长辈血亲的姓氏；

（二）因由法定扶养人以外的人扶养而选取扶养人姓氏；

（三）有不违背公序良俗的其他正当理由。

少数民族自然人的姓氏可以遵从本民族的文化传统和风俗习惯。

第一千零一十六条 【决定、变更姓名、名称及转让名称的规定】自然人决定、变更姓名，或者法人、非法人组织决定、变更、转让名称的，应当依法向有关机关办理登记手续，但是法律另有规定的除外。

民事主体变更姓名、名称的，变更前实施的民事法律行为对其具有法律约束力。

第一千零一十七条 【姓名与名称的扩展保护】具有一定社会知名度，被他人使用足以造成公众混淆的笔名、艺名、网名、译名、字号、姓名和名称的简称等，参照适用姓名权和名称权保护的有关规定。

第四章 肖像权

第一千零一十八条 【肖像权及肖像】自然人享有肖像权，有权依法制作、使用、公开或者许可他人使用自己的肖像。

肖像是通过影像、雕塑、绘画等方式在一定载体上所反映的特定自然人可以被识别的外部形象。

第一千零一十九条 【肖像权的保护】任何组织或者个人不得以丑化、污损，或者利用信息技术手段伪造等方式侵害他人的肖像权。未经肖像权人同意，不得制作、使用、公开肖像权人的肖像，但是法律另有规定的除外。

未经肖像权人同意，肖像作品权利人不得以发表、复制、发行、出租、展览等方式使用或者公开肖像权人的肖像。

第一千零二十条 【肖像权的合理使用】合理实施下列行为的，可以不经肖像权人同意：

（一）为个人学习、艺术欣赏、课堂教学或者科学研究，在必要范围内使用肖像权人已经公开的肖像；

（二）为实施新闻报道，不可避免地制作、使用、公开肖像权人的肖像；

（三）为依法履行职责，国家机关在必要范围内制作、使用、公开肖像权人的肖像；

（四）为展示特定公共环境，不可避免地制作、使用、公开肖像权人的肖像；

（五）为维护公共利益或者肖像权人合法权益，制作、使用、公开肖像权人的肖像的其他行为。

第一千零二十一条 【肖像许可使用合同的解释】当事人对肖像许可使用合同中关于肖像使用条款的理解有争议的，应当作出有利于肖像权人的解释。

第一千零二十二条 【肖像许可使用合同期限】当事人对肖像许可使用期限没有约定或者约定不明确的，任何一方当事人可以随时解除肖像许可使用合同，但是应当在合理期限之前通知对方。

当事人对肖像许可使用期限有明确约定，肖像权人有正当理由的，可以解除肖像许可使用合同，但是应当在合理期限之前通知对方。因解除合同造成对方损失的，除不可归责于肖像权人的事由外，应当赔偿损失。

第一千零二十三条 【姓名、声音等的许可使用参照肖像许可使用】对姓名等的许可使用，参照适用肖像许可使用的有关规定。

对自然人声音的保护，参照适用肖像权保护的有关规定。

第五章 名誉权和荣誉权

第一千零二十四条 【名誉权及名誉】民事主体享有名誉权。任何组织或者个人不得以侮辱、诽谤等方式侵害他人的名誉权。

名誉是对民事主体的品德、声望、才能、信用等的社会评价。

第一千零二十五条 【新闻报道、舆论监督与保护名誉权关系问题】行为人为公共利益实施新闻报道、舆论监督等行为，影响他人名誉的，不承担民事责任，但是有下列情形之一的除外：

（一）捏造、歪曲事实；

（二）对他人提供的严重失实内容未尽到合理核实义务；

（三）使用侮辱性言辞等贬损他人名誉。

第一千零二十六条 【认定是否尽到合理核实义务的考虑因素】认定行为人是否尽到前条第二项规定的合理核实义务，应当考虑下列因素：

（一）内容来源的可信度；

（二）对明显可能引发争议的内容是否进行了必要的调查；

（三）内容的时限性；

（四）内容与公序良俗的关联性；

（五）受害人名誉受贬损的可能性；

（六）核实能力和核实成本。

第一千零二十七条 【文学、艺术作品侵害名誉权的认定与例外】行为人发表的文学、艺术作品以真人真事或者特定人为描述对象，含有侮辱、诽谤内容，侵害他人名誉权的，受害人有权依法请求该行为人承担民事责任。

行为人发表的文学、艺术作品不以特定人为描述对象，仅其中的情节与该特定人的情况相似的，不承担民事责任。

第一千零二十八条 【名誉权人更正权】民事主体有证据证明报刊、网络等媒体报道的内容失实，侵害其名誉权的，有权请求该媒体及时采取更正或者删除等必要措施。

第一千零二十九条 【信用评价】民事主体可以依法查询自己的信用评价；发现信用评价不当的，有权提出异议并请求采取更正、删除等必要措施。信用评价人应当及时核查，经核查属实的，应当及时采取必要措施。

第一千零三十条 【处理信用信息的法律适用】民事主体与征信机构等信用信息处理者之间的关系，适用本编有关个人信息保护的规定和其他法律、行政法规的有关规定。

第一千零三十一条 【荣誉权】民事主体享有荣誉权。任何组织或者个人不得非法剥夺他人的荣誉称号，不得诋毁、贬损他人的荣誉。

获得的荣誉称号应当记载而没有记载的，民事主体可以请求记载；获得的荣誉称号记载错误的，民事主体可以请求更正。

第六章 隐私权和个人信息保护

第一千零三十二条 【隐私权及隐私】自然人享有隐私权。任何组织或者个人不得以刺探、侵扰、泄露、公开等方式侵害他人的隐私权。

隐私是自然人的私人生活安宁和不愿为他人知晓的私密空间、私密活动、私密信息。

第一千零三十三条 【侵害隐私权的行为】除法律另有规定或者权利人明确同意外，任何组织或者个人不得实施下列行为：

（一）以电话、短信、即时通讯工具、电子邮件、传单等方式侵扰他人的私人生活安宁；

（二）进入、拍摄、窥视他人的住宅、宾馆房间等私密空间；

（三）拍摄、窥视、窃听、公开他人的私密活动；

（四）拍摄、窥视他人身体的私密部位；

（五）处理他人的私密信息；

（六）以其他方式侵害他人的隐私权。

第一千零三十四条 【个人信息保护】自然人的个人信息受法律保护。

个人信息是以电子或者其他方式记录的能够单独或者与其他信息结合识别特定自然人的各种信息，包括自然人的姓名、出生日期、身份证件号码、生物识别信息、住址、电话号码、电子邮箱、健康信息、行踪信息等。

个人信息中的私密信息,适用有关隐私权的规定;没有规定的,适用有关个人信息保护的规定。

第一千零三十五条 【个人信息处理的原则】处理个人信息的,应当遵循合法、正当、必要原则,不得过度处理,并符合下列条件:

(一)征得该自然人或者其监护人同意,但是法律、行政法规另有规定的除外;

(二)公开处理信息的规则;

(三)明示处理信息的目的、方式和范围;

(四)不违反法律、行政法规的规定和双方的约定。

个人信息的处理包括个人信息的收集、存储、使用、加工、传输、提供、公开等。

第一千零三十六条 【处理个人信息的免责事由】处理个人信息,有下列情形之一的,行为人不承担民事责任:

(一)在该自然人或者其监护人同意的范围内合理实施的行为;

(二)合理处理该自然人自行公开的或者其他已经合法公开的信息,但是该自然人明确拒绝或者处理该信息侵害其重大利益的除外;

(三)为维护公共利益或者该自然人合法权益,合理实施的其他行为。

第一千零三十七条 【个人信息主体的权利】自然人可以依法向信息处理者查阅或者复制其个人信息;发现信息有错误的,有权提出异议并请求及时采取更正等必要措施。

自然人发现信息处理者违反法律、行政法规的规定或者双方的约定处理其个人信息的,有权请求信息处理者及时删除。

第一千零三十八条 【个人信息安全】信息处理者不得泄露或者篡改其收集、存储的个人信息;未经自然人同意,不得向他人非法提供其个人信息,但是经过加工无法识别特定个人且不能复原的除外。

信息处理者应当采取技术措施和其他必要措施,确保其收集、存储的个人信息安全,防止信息泄露、篡改、丢失;发生或者可能发生个人信息泄露、篡改、丢失的,应当及时采取补救措施,按照规定告知自然人并向有关主管部门报告。

第一千零三十九条 【国家机关及其工作人员对个人信息的保密义务】国家机关、承担行政职能的法定机构及其工作人员对于履行职责过程中知悉的自然人的隐私和个人信息,应当予以保密,不得泄露或者向他人非法提供。

第五编 婚姻家庭

第一章 一般规定

第一千零四十条 【婚姻家庭编的调整范围】本编调整因婚姻家庭产生的民事关系。

第一千零四十一条 【婚姻家庭关系基本原则】婚姻家庭受国家保护。

实行婚姻自由、一夫一妻、男女平等的婚姻制度。

保护妇女、未成年人、老年人、残疾人的合法权益。

第一千零四十二条 【禁止的婚姻家庭行为】禁止包办、买卖婚姻和其他干涉婚姻自由的行为。禁止借婚姻索取财物。

禁止重婚。禁止有配偶者与他人同居。

禁止家庭暴力。禁止家庭成员间的虐待和遗弃。

第一千零四十三条 【婚姻家庭道德规范】家庭应当树立优良家风,弘扬家庭美德,重视家庭文明建设。

夫妻应当互相忠实,互相尊重,互相关爱;家庭成员应当敬老爱幼,互相帮助,维护平等、和睦、文明的婚姻家庭关系。

第一千零四十四条 【收养的原则】收养应当遵循最有利于被收养人的原则,保障被收养人和收养人的合法权益。

禁止借收养名义买卖未成年人。

第一千零四十五条 【亲属、近亲属与家庭成员】亲属包括配偶、血亲和姻亲。

配偶、父母、子女、兄弟姐妹、祖父母、外祖父母、孙子女、外孙子女为近亲属。

配偶、父母、子女和其他共同生活的近亲属为家庭成员。

第二章 结 婚

第一千零四十六条 【结婚自愿】结婚应当男

女双方完全自愿,禁止任何一方对另一方加以强迫,禁止任何组织或者个人加以干涉。

第一千零四十七条 【法定婚龄】结婚年龄,男不得早于二十二周岁,女不得早于二十周岁。

第一千零四十八条 【禁止结婚的情形】直系血亲或者三代以内的旁系血亲禁止结婚。

第一千零四十九条 【结婚程序】要求结婚的男女双方应当亲自到婚姻登记机关申请结婚登记。符合本法规定的,予以登记,发给结婚证。完成结婚登记,即确立婚姻关系。未办理结婚登记的,应当补办登记。

第一千零五十条 【男女双方互为家庭成员】登记结婚后,按照男女双方约定,女方可以成为男方家庭的成员,男方可以成为女方家庭的成员。

第一千零五十一条 【婚姻无效的情形】有下列情形之一的,婚姻无效:

(一)重婚;

(二)有禁止结婚的亲属关系;

(三)未到法定婚龄。

第一千零五十二条 【受胁迫婚姻的撤销】因胁迫结婚的,受胁迫的一方可以向人民法院请求撤销婚姻。

请求撤销婚姻的,应当自胁迫行为终止之日起一年内提出。

被非法限制人身自由的当事人请求撤销婚姻的,应当自恢复人身自由之日起一年内提出。

第一千零五十三条 【隐瞒重大疾病的可撤销婚姻】一方患有重大疾病的,应当在结婚登记前如实告知另一方;不如实告知的,另一方可以向人民法院请求撤销婚姻。

请求撤销婚姻的,应当自知道或者应当知道撤销事由之日起一年内提出。

第一千零五十四条 【婚姻无效或被撤销的法律后果】无效的或者被撤销的婚姻自始没有法律约束力,当事人不具有夫妻的权利和义务。同居期间所得的财产,由当事人协议处理;协议不成的,由人民法院根据照顾无过错方的原则判决。对重婚导致的无效婚姻的财产处理,不得侵害合法婚姻当事人的财产权益。当事人所生的子女,适用本法关于父母子女的规定。

婚姻无效或者被撤销的,无过错方有权请求损害赔偿。

第三章 家庭关系

第一节 夫妻关系

第一千零五十五条 【夫妻平等】夫妻在婚姻家庭中地位平等。

第一千零五十六条 【夫妻姓名权】夫妻双方都有各自使用自己姓名的权利。

第一千零五十七条 【夫妻人身自由权】夫妻双方都有参加生产、工作、学习和社会活动的自由,一方不得对另一方加以限制或者干涉。

第一千零五十八条 【夫妻抚养、教育和保护子女的权利义务平等】夫妻双方平等享有对未成年子女抚养、教育和保护的权利,共同承担对未成年子女抚养、教育和保护的义务。

第一千零五十九条 【夫妻扶养义务】夫妻有相互扶养的义务。

需要扶养的一方,在另一方不履行扶养义务时,有要求其给付扶养费的权利。

第一千零六十条 【夫妻日常家事代理权】夫妻一方因家庭日常生活需要而实施的民事法律行为,对夫妻双方发生效力,但是夫妻一方与相对人另有约定的除外。

夫妻之间对一方可以实施的民事法律行为范围的限制,不得对抗善意相对人。

第一千零六十一条 【夫妻遗产继承权】夫妻有相互继承遗产的权利。

第一千零六十二条 【夫妻共同财产】夫妻在婚姻关系存续期间所得的下列财产,为夫妻的共同财产,归夫妻共同所有:

(一)工资、奖金、劳务报酬;

(二)生产、经营、投资的收益;

(三)知识产权的收益;

(四)继承或者受赠的财产,但是本法第一千零六十三条第三项规定的除外;

(五)其他应当归共同所有的财产。

夫妻对共同财产,有平等的处理权。

第一千零六十三条 【夫妻个人财产】下列财产为夫妻一方的个人财产:

(一)一方的婚前财产;

(二)一方因受到人身损害获得的赔偿或者补偿;

（三）遗嘱或者赠与合同中确定只归一方的财产；

（四）一方专用的生活用品；

（五）其他应当归一方的财产。

第一千零六十四条　【夫妻共同债务】夫妻双方共同签名或者夫妻一方事后追认等共同意思表示所负的债务，以及夫妻一方在婚姻关系存续期间以个人名义为家庭日常生活需要所负的债务，属于夫妻共同债务。

夫妻一方在婚姻关系存续期间以个人名义超出家庭日常生活需要所负的债务，不属于夫妻共同债务；但是，债权人能够证明该债务用于夫妻共同生活、共同生产经营或者基于夫妻双方共同意思表示的除外。

第一千零六十五条　【夫妻约定财产制】男女双方可以约定婚姻关系存续期间所得的财产以及婚前财产归各自所有、共同所有或者部分各自所有、部分共同所有。约定应当采用书面形式。没有约定或者约定不明确的，适用本法第一千零六十二条、第一千零六十三条的规定。

夫妻对婚姻关系存续期间所得的财产以及婚前财产的约定，对双方具有法律约束力。

夫妻对婚姻关系存续期间所得的财产约定归各自所有，夫或者妻一方对外所负的债务，相对人知道该约定的，以夫或者妻一方的个人财产清偿。

第一千零六十六条　【婚内分割夫妻共同财产】婚姻关系存续期间，有下列情形之一的，夫妻一方可以向人民法院请求分割共同财产：

（一）一方有隐藏、转移、变卖、毁损、挥霍夫妻共同财产或者伪造夫妻共同债务等严重损害夫妻共同财产利益的行为；

（二）一方负有法定扶养义务的人患重大疾病需要医治，另一方不同意支付相关医疗费用。

第二节　父母子女关系和其他近亲属关系

第一千零六十七条　【父母与子女间的抚养赡养义务】父母不履行抚养义务的，未成年子女或者不能独立生活的成年子女，有要求父母给付抚养费的权利。

成年子女不履行赡养义务的，缺乏劳动能力或者生活困难的父母，有要求成年子女给付赡养费的权利。

第一千零六十八条　【父母教育、保护未成年子女的权利和义务】父母有教育、保护未成年子女的权利和义务。未成年子女造成他人损害的，父母应当依法承担民事责任。

第一千零六十九条　【子女尊重父母的婚姻权利及赡养义务】子女应当尊重父母的婚姻权利，不得干涉父母离婚、再婚以及婚后的生活。子女对父母的赡养义务，不因父母的婚姻关系变化而终止。

第一千零七十条　【遗产继承权】父母和子女有相互继承遗产的权利。

第一千零七十一条　【非婚生子女权利】非婚生子女享有与婚生子女同等的权利，任何组织或者个人不得加以危害和歧视。

不直接抚养非婚生子女的生父或者生母，应当负担未成年子女或者不能独立生活的成年子女的抚养费。

第一千零七十二条　【继父母子女之间权利义务】继父母与继子女间，不得虐待或者歧视。

继父或者继母和受其抚养教育的继子女间的权利义务关系，适用本法关于父母子女关系的规定。

第一千零七十三条　【亲子关系异议之诉】对亲子关系有异议且有正当理由的，父或者母可以向人民法院提起诉讼，请求确认或者否认亲子关系。

对亲子关系有异议且有正当理由的，成年子女可以向人民法院提起诉讼，请求确认亲子关系。

第一千零七十四条　【祖孙之间的抚养、赡养义务】有负担能力的祖父母、外祖父母，对于父母已经死亡或者父母无力抚养的未成年孙子女、外孙子女，有抚养的义务。

有负担能力的孙子女、外孙子女，对于子女已经死亡或者子女无力赡养的祖父母、外祖父母，有赡养的义务。

第一千零七十五条　【兄弟姐妹间扶养义务】有负担能力的兄、姐，对于父母已经死亡或者父母无力抚养的未成年弟、妹，有扶养的义务。

由兄、姐扶养长大的有负担能力的弟、妹，对于缺乏劳动能力又缺乏生活来源的兄、姐，有扶养的义务。

第四章　离　　婚

第一千零七十六条　【协议离婚】夫妻双方自愿离婚的，应当签订书面离婚协议，并亲自到婚姻登记机关申请离婚登记。

离婚协议应当载明双方自愿离婚的意思表示和对子女抚养、财产以及债务处理等事项协商一致的意见。

第一千零七十七条 【离婚冷静期】自婚姻登记机关收到离婚登记申请之日起三十日内,任何一方不愿意离婚的,可以向婚姻登记机关撤回离婚登记申请。

前款规定期限届满后三十日内,双方应当亲自到婚姻登记机关申请发给离婚证;未申请的,视为撤回离婚登记申请。

第一千零七十八条 【婚姻登记机关对协议离婚的查明】婚姻登记机关查明双方确实是自愿离婚,并已经对子女抚养、财产以及债务处理等事项协商一致的,予以登记,发给离婚证。

第一千零七十九条 【诉讼离婚】夫妻一方要求离婚的,可以由有关组织进行调解或者直接向人民法院提起离婚诉讼。

人民法院审理离婚案件,应当进行调解;如果感情确已破裂,调解无效的,应当准予离婚。

有下列情形之一,调解无效的,应当准予离婚:

(一)重婚或者与他人同居;

(二)实施家庭暴力或者虐待、遗弃家庭成员;

(三)有赌博、吸毒等恶习屡教不改;

(四)因感情不和分居满二年;

(五)其他导致夫妻感情破裂的情形。

一方被宣告失踪,另一方提起离婚诉讼的,应当准予离婚。

经人民法院判决不准离婚后,双方又分居满一年,一方再次提起离婚诉讼的,应当准予离婚。

第一千零八十条 【婚姻关系的解除时间】完成离婚登记,或者离婚判决书、调解书生效,即解除婚姻关系。

第一千零八十一条 【现役军人离婚】现役军人的配偶要求离婚,应当征得军人同意,但是军人一方有重大过错的除外。

第一千零八十二条 【男方提出离婚的限制情形】女方在怀孕期间、分娩后一年内或者终止妊娠后六个月内,男方不得提出离婚;但是,女方提出离婚或者人民法院认为确有必要受理男方离婚请求的除外。

第一千零八十三条 【复婚】离婚后,男女双方自愿恢复婚姻关系的,应当到婚姻登记机关重新进行结婚登记。

第一千零八十四条 【离婚后子女的抚养】父母与子女间的关系,不因父母离婚而消除。离婚后,子女无论由父或者母直接抚养,仍是父母双方的子女。

离婚后,父母对于子女仍有抚养、教育、保护的权利和义务。

离婚后,不满两周岁的子女,以由母亲直接抚养为原则。已满两周岁的子女,父母双方对抚养问题协议不成的,由人民法院根据双方的具体情况,按照最有利于未成年子女的原则判决。子女已满八周岁的,应当尊重其真实意愿。

第一千零八十五条 【离婚后子女抚养费的负担】离婚后,子女由一方直接抚养的,另一方应当负担部分或者全部抚养费。负担费用的多少和期限的长短,由双方协议;协议不成的,由人民法院判决。

前款规定的协议或者判决,不妨碍子女在必要时向父母任何一方提出超过协议或者判决原定数额的合理要求。

第一千零八十六条 【探望子女权利】离婚后,不直接抚养子女的父或者母,有探望子女的权利,另一方有协助的义务。

行使探望权利的方式、时间由当事人协议;协议不成的,由人民法院判决。

父或者母探望子女,不利于子女身心健康的,由人民法院依法中止探望;中止的事由消失后,应当恢复探望。

第一千零八十七条 【离婚时夫妻共同财产的处理】离婚时,夫妻的共同财产由双方协议处理;协议不成的,由人民法院根据财产的具体情况,按照照顾子女、女方和无过错方权益的原则判决。

对夫或者妻在家庭土地承包经营中享有的权益等,应当依法予以保护。

第一千零八十八条 【离婚经济补偿】夫妻一方因抚育子女、照料老年人、协助另一方工作等负担较多义务的,离婚时有权向另一方请求补偿,另一方应当给予补偿。具体办法由双方协议;协议不成的,由人民法院判决。

第一千零八十九条 【离婚时夫妻共同债务的清偿】离婚时,夫妻共同债务应当共同偿还。共同财产不足清偿或者财产归各自所有的,由双方协议清偿;协议不成的,由人民法院判决。

第一千零九十条 【离婚经济帮助】离婚时,如果一方生活困难,有负担能力的另一方应当给予适当帮助。具体办法由双方协议;协议不成的,由人民法院判决。

第一千零九十一条 【离婚损害赔偿】有下列情形之一,导致离婚的,无过错方有权请求损害赔偿:

(一)重婚;

(二)与他人同居;

(三)实施家庭暴力;

(四)虐待、遗弃家庭成员;

(五)有其他重大过错。

第一千零九十二条 【一方侵害夫妻财产的处理规则】夫妻一方隐藏、转移、变卖、毁损、挥霍夫妻共同财产,或者伪造夫妻共同债务企图侵占另一方财产的,在离婚分割夫妻共同财产时,对该方可以少分或者不分。离婚后,另一方发现有上述行为的,可以向人民法院提起诉讼,请求再次分割夫妻共同财产。

第五章 收 养

第一节 收养关系的成立

第一千零九十三条 【被收养人的条件】下列未成年人,可以被收养:

(一)丧失父母的孤儿;

(二)查找不到生父母的未成年人;

(三)生父母有特殊困难无力抚养的子女。

第一千零九十四条 【送养人的条件】下列个人、组织可以作送养人:

(一)孤儿的监护人;

(二)儿童福利机构;

(三)有特殊困难无力抚养子女的生父母。

第一千零九十五条 【监护人送养未成年人的情形】未成年人的父母均不具备完全民事行为能力且可能严重危害该未成年人的,该未成年人的监护人可以将其送养。

第一千零九十六条 【监护人送养孤儿的限制及变更监护人】监护人送养孤儿的,应当征得有抚养义务的人同意。有抚养义务的人不同意送养、监护人不愿意继续履行监护职责的,应当依照本法第一编的规定另行确定监护人。

第一千零九十七条 【生父母送养子女的原则要求与例外】生父母送养子女,应当双方共同送养。生父母一方不明或者查找不到的,可以单方送养。

第一千零九十八条 【收养人条件】收养人应当同时具备下列条件:

(一)无子女或者只有一名子女;

(二)有抚养、教育和保护被收养人的能力;

(三)未患有在医学上认为不应当收养子女的疾病;

(四)无不利于被收养人健康成长的违法犯罪记录;

(五)年满三十周岁。

第一千零九十九条 【三代以内旁系同辈血亲的收养】收养三代以内旁系同辈血亲的子女,可以不受本法第一千零九十三条第三项、第一千零九十四条第三项和第一千一百零二条规定的限制。

华侨收养三代以内旁系同辈血亲的子女,还可以不受本法第一千零九十八条第一项规定的限制。

第一千一百条 【收养人收养子女数量】无子女的收养人可以收养两名子女;有子女的收养人只能收养一名子女。

收养孤儿、残疾未成年人或者儿童福利机构抚养的查找不到生父母的未成年人,可以不受前款和本法第一千零九十八条第一项规定的限制。

第一千一百零一条 【共同收养】有配偶者收养子女,应当夫妻共同收养。

第一千一百零二条 【无配偶者收养异性子女的限制】无配偶者收养异性子女的,收养人与被收养人的年龄应当相差四十周岁以上。

第一千一百零三条 【收养继子女的特别规定】继父或者继母经继子女的生父母同意,可以收养继子女,并可以不受本法第一千零九十三条第三项、第一千零九十四条第三项、第一千零九十八条和第一千一百条第一款规定的限制。

第一千一百零四条 【收养自愿原则】收养人收养与送养人送养,应当双方自愿。收养八周岁以上未成年人的,应当征得被收养人的同意。

第一千一百零五条 【收养登记、收养协议、收养公证及收养评估】收养应当向县级以上人民政府民政部门登记。收养关系自登记之日起成立。

收养查找不到生父母的未成年人的,办理登记的民政部门应当在登记前予以公告。

收养关系当事人愿意签订收养协议的,可以签订收养协议。

收养关系当事人各方或者一方要求办理收养公证的，应当办理收养公证。

县级以上人民政府民政部门应当依法进行收养评估。

第一千一百零六条 【收养后的户口登记】收养关系成立后，公安机关应当按照国家有关规定为被收养人办理户口登记。

第一千一百零七条 【亲属、朋友的抚养】孤儿或者生父母无力抚养的子女，可以由生父母的亲属、朋友抚养；抚养人与被抚养人的关系不适用本章规定。

第一千一百零八条 【祖父母、外祖父母优先抚养权】配偶一方死亡，另一方送养未成年子女的，死亡一方的父母有优先抚养的权利。

第一千一百零九条 【涉外收养】外国人依法可以在中华人民共和国收养子女。

外国人在中华人民共和国收养子女，应当经其所在国主管机关依照该国法律审查同意。收养人应当提供由其所在国有权机构出具的有关其年龄、婚姻、职业、财产、健康、有无受过刑事处罚等状况的证明材料，并与送养人签订书面协议，亲自向省、自治区、直辖市人民政府民政部门登记。

前款规定的证明材料应当经收养人所在国外交机关或者外交机关授权的机构认证，并经中华人民共和国驻该国使领馆认证，但是国家另有规定的除外。

第一千一百一十条 【保守收养秘密】收养人、送养人要求保守收养秘密的，其他人应当尊重其意愿，不得泄露。

第二节 收养的效力

第一千一百一十一条 【收养的效力】自收养关系成立之日起，养父母与养子女间的权利义务关系，适用本法关于父母子女关系的规定；养子女与养父母的近亲属间的权利义务关系，适用本法关于子女与父母的近亲属关系的规定。

养子女与生父母以及其他近亲属间的权利义务关系，因收养关系的成立而消除。

第一千一百一十二条 【养子女的姓氏】养子女可以随养父或者养母的姓氏，经当事人协商一致，也可以保留原姓氏。

第一千一百一十三条 【收养行为的无效】有本法第一编关于民事法律行为无效规定情形或者违反本编规定的收养行为无效。

无效的收养行为自始没有法律约束力。

第三节 收养关系的解除

第一千一百一十四条 【收养关系的协议解除与诉讼解除】收养人在被收养人成年以前，不得解除收养关系，但是收养人、送养人双方协议解除的除外。养子女八周岁以上的，应当征得本人同意。

收养人不履行抚养义务，有虐待、遗弃等侵害未成年养子女合法权益行为的，送养人有权要求解除养父母与养子女间的收养关系。送养人、收养人不能达成解除收养关系协议的，可以向人民法院提起诉讼。

第一千一百一十五条 【养父母与成年养子女解除收养关系】养父母与成年养子女关系恶化、无法共同生活的，可以协议解除收养关系。不能达成协议的，可以向人民法院提起诉讼。

第一千一百一十六条 【解除收养关系的登记】当事人协议解除收养关系的，应当到民政部门办理解除收养关系登记。

第一千一百一十七条 【收养关系解除的法律后果】收养关系解除后，养子女与养父母以及其他近亲属间的权利义务关系即行消除，与生父母以及其他近亲属间的权利义务关系自行恢复。但是，成年养子女与生父母以及其他近亲属间的权利义务关系是否恢复，可以协商确定。

第一千一百一十八条 【收养关系解除后生活费、抚养费支付】收养关系解除后，经养父母抚养的成年养子女，对缺乏劳动能力又缺乏生活来源的养父母，应当给付生活费。因养子女成年后虐待、遗弃养父母而解除收养关系的，养父母可以要求养子女补偿收养期间支出的抚养费。

生父母要求解除收养关系的，养父母可以要求生父母适当补偿收养期间支出的抚养费；但是，因养父母虐待、遗弃养子女而解除收养关系的除外。

第六编 继 承

第一章 一般规定

第一千一百一十九条 【继承编的调整范围】

本编调整因继承产生的民事关系。

第一千一百二十条 【继承权的保护】国家保护自然人的继承权。

第一千一百二十一条 【继承的开始时间和死亡时间的推定】继承从被继承人死亡时开始。

相互有继承关系的数人在同一事件中死亡,难以确定死亡时间的,推定没有其他继承人的人先死亡。都有其他继承人,辈份不同的,推定长辈先死亡;辈份相同的,推定同时死亡,相互不发生继承。

第一千一百二十二条 【遗产的范围】遗产是自然人死亡时遗留的个人合法财产。

依照法律规定或者根据其性质不得继承的遗产,不得继承。

第一千一百二十三条 【法定继承、遗嘱继承、遗赠和遗赠扶养协议的效力】继承开始后,按照法定继承办理;有遗嘱的,按照遗嘱继承或者遗赠办理;有遗赠扶养协议的,按照协议办理。

第一千一百二十四条 【继承和遗赠的接受和放弃】继承开始后,继承人放弃继承的,应当在遗产处理前,以书面形式作出放弃继承的表示;没有表示的,视为接受继承。

受遗赠人应当在知道受遗赠后六十日内,作出接受或者放弃受遗赠的表示;到期没有表示的,视为放弃受遗赠。

第一千一百二十五条 【继承权的丧失】继承人有下列行为之一的,丧失继承权:

(一)故意杀害被继承人;

(二)为争夺遗产而杀害其他继承人;

(三)遗弃被继承人,或者虐待被继承人情节严重;

(四)伪造、篡改、隐匿或者销毁遗嘱,情节严重;

(五)以欺诈、胁迫手段迫使或者妨碍被继承人设立、变更或者撤回遗嘱,情节严重。

继承人有前款第三项至第五项行为,确有悔改表现,被继承人表示宽恕或者事后在遗嘱中将其列为继承人的,该继承人不丧失继承权。

受遗赠人有本条第一款规定行为的,丧失受遗赠权。

第二章 法定继承

第一千一百二十六条 【继承权男女平等原则】继承权男女平等。

第一千一百二十七条 【继承人的范围及继承顺序】遗产按照下列顺序继承:

(一)第一顺序:配偶、子女、父母;

(二)第二顺序:兄弟姐妹、祖父母、外祖父母。

继承开始后,由第一顺序继承人继承,第二顺序继承人不继承;没有第一顺序继承人继承的,由第二顺序继承人继承。

本编所称子女,包括婚生子女、非婚生子女、养子女和有扶养关系的继子女。

本编所称父母,包括生父母、养父母和有扶养关系的继父母。

本编所称兄弟姐妹,包括同父母的兄弟姐妹、同父异母或者同母异父的兄弟姐妹、养兄弟姐妹、有扶养关系的继兄弟姐妹。

第一千一百二十八条 【代位继承】被继承人的子女先于被继承人死亡的,由被继承人的子女的直系晚辈血亲代位继承。

被继承人的兄弟姐妹先于被继承人死亡的,由被继承人的兄弟姐妹的子女代位继承。

代位继承人一般只能继承被代位继承人有权继承的遗产份额。

第一千一百二十九条 【丧偶儿媳、女婿的继承权】丧偶儿媳对公婆,丧偶女婿对岳父母,尽了主要赡养义务的,作为第一顺序继承人。

第一千一百三十条 【遗产分配规则】同一顺序继承人继承遗产的份额,一般应当均等。

对生活有特殊困难又缺乏劳动能力的继承人,分配遗产时,应当予以照顾。

对被继承人尽了主要扶养义务或者与被继承人共同生活的继承人,分配遗产时,可以多分。

有扶养能力和有扶养条件的继承人,不尽扶养义务的,分配遗产时,应当不分或者少分。

继承人协商同意的,也可以不均等。

第一千一百三十一条 【酌情分得遗产权】对继承人以外的依靠被继承人扶养的人,或者继承人以外的对被继承人扶养较多的人,可以分给适当的遗产。

第一千一百三十二条 【继承的处理方式】继承人应当本着互谅互让、和睦团结的精神,协商处理继承问题。遗产分割的时间、办法和份额,由继承人协商确定;协商不成的,可以由人民调解委员会调解或者向人民法院提起诉讼。

第三章 遗嘱继承和遗赠

第一千一百三十三条 【遗嘱处分个人财产】自然人可以依照本法规定立遗嘱处分个人财产，并可以指定遗嘱执行人。

自然人可以立遗嘱将个人财产指定由法定继承人中的一人或者数人继承。

自然人可以立遗嘱将个人财产赠与国家、集体或者法定继承人以外的组织、个人。

自然人可以依法设立遗嘱信托。

第一千一百三十四条 【自书遗嘱】自书遗嘱由遗嘱人亲笔书写，签名，注明年、月、日。

第一千一百三十五条 【代书遗嘱】代书遗嘱应当有两个以上见证人在场见证，由其中一人代书，并由遗嘱人、代书人和其他见证人签名，注明年、月、日。

第一千一百三十六条 【打印遗嘱】打印遗嘱应当有两个以上见证人在场见证。遗嘱人和见证人应当在遗嘱每一页签名，注明年、月、日。

第一千一百三十七条 【录音录像遗嘱】以录音录像形式立的遗嘱，应当有两个以上见证人在场见证。遗嘱人和见证人应当在录音录像中记录其姓名或者肖像，以及年、月、日。

第一千一百三十八条 【口头遗嘱】遗嘱人在危急情况下，可以立口头遗嘱。口头遗嘱应当有两个以上见证人在场见证。危急情况消除后，遗嘱人能够以书面或者录音录像形式立遗嘱的，所立的口头遗嘱无效。

第一千一百三十九条 【公证遗嘱】公证遗嘱由遗嘱人经公证机构办理。

第一千一百四十条 【作为遗嘱见证人的消极条件】下列人员不能作为遗嘱见证人：

（一）无民事行为能力人、限制民事行为能力人以及其他不具有见证能力的人；

（二）继承人、受遗赠人；

（三）与继承人、受遗赠人有利害关系的人。

第一千一百四十一条 【必留份】遗嘱应当为缺乏劳动能力又没有生活来源的继承人保留必要的遗产份额。

第一千一百四十二条 【遗嘱的撤回与变更】遗嘱人可以撤回、变更自己所立的遗嘱。

立遗嘱后，遗嘱人实施与遗嘱内容相反的民事法律行为的，视为对遗嘱相关内容的撤回。

立有数份遗嘱，内容相抵触的，以最后的遗嘱为准。

第一千一百四十三条 【遗嘱无效的情形】无民事行为能力人或者限制民事行为能力人所立的遗嘱无效。

遗嘱必须表示遗嘱人的真实意思，受欺诈、胁迫所立的遗嘱无效。

伪造的遗嘱无效。

遗嘱被篡改的，篡改的内容无效。

第一千一百四十四条 【附义务的遗嘱继承或遗赠】遗嘱继承或者遗赠附有义务的，继承人或者受遗赠人应当履行义务。没有正当理由不履行义务的，经利害关系人或者有关组织请求，人民法院可以取消其接受附义务部分遗产的权利。

第四章 遗产的处理

第一千一百四十五条 【遗产管理人的选任】继承开始后，遗嘱执行人为遗产管理人；没有遗嘱执行人的，继承人应当及时推选遗产管理人；继承人未推选的，由继承人共同担任遗产管理人；没有继承人或者继承人均放弃继承的，由被继承人生前住所地的民政部门或者村民委员会担任遗产管理人。

第一千一百四十六条 【法院指定遗产管理人】对遗产管理人的确定有争议的，利害关系人可以向人民法院申请指定遗产管理人。

第一千一百四十七条 【遗产管理人的职责】遗产管理人应当履行下列职责：

（一）清理遗产并制作遗产清单；

（二）向继承人报告遗产情况；

（三）采取必要措施防止遗产毁损、灭失；

（四）处理被继承人的债权债务；

（五）按照遗嘱或者依照法律规定分割遗产；

（六）实施与管理遗产有关的其他必要行为。

第一千一百四十八条 【遗产管理人的责任】遗产管理人应当依法履行职责，因故意或者重大过失造成继承人、受遗赠人、债权人损害的，应当承担民事责任。

第一千一百四十九条 【遗产管理人的报酬】遗产管理人可以依照法律规定或者按照约定获得报酬。

第一千一百五十条 【继承开始的通知】继承开始后,知道被继承人死亡的继承人应当及时通知其他继承人和遗嘱执行人。继承人中无人知道被继承人死亡或者知道被继承人死亡而不能通知的,由被继承人生前所在单位或者住所地的居民委员会、村民委员会负责通知。

第一千一百五十一条 【遗产的保管】存有遗产的人,应当妥善保管遗产,任何组织或者个人不得侵吞或者争抢。

第一千一百五十二条 【转继承】继承开始后,继承人于遗产分割前死亡,并没有放弃继承的,该继承人应当继承的遗产转给其继承人,但是遗嘱另有安排的除外。

第一千一百五十三条 【遗产的确定】夫妻共同所有的财产,除有约定的外,遗产分割时,应当先将共同所有的财产的一半分出为配偶所有,其余的为被继承人的遗产。

遗产在家庭共有财产之中的,遗产分割时,应当先分出他人的财产。

第一千一百五十四条 【按法定继承办理】有下列情形之一的,遗产中的有关部分按照法定继承办理:

(一)遗嘱继承人放弃继承或者受遗赠人放弃受遗赠;

(二)遗嘱继承人丧失继承权或者受遗赠人丧失受遗赠权;

(三)遗嘱继承人、受遗赠人先于遗嘱人死亡或者终止;

(四)遗嘱无效部分所涉及的遗产;

(五)遗嘱未处分的遗产。

第一千一百五十五条 【胎儿预留份】遗产分割时,应当保留胎儿的继承份额。胎儿娩出时是死体的,保留的份额按照法定继承办理。

第一千一百五十六条 【遗产分割】遗产分割应当有利于生产和生活需要,不损害遗产的效用。

不宜分割的遗产,可以采取折价、适当补偿或者共有等方法处理。

第一千一百五十七条 【再婚时对所继承遗产的处分】夫妻一方死亡后另一方再婚的,有权处分所继承的财产,任何组织或者个人不得干涉。

第一千一百五十八条 【遗赠扶养协议】自然人可以与继承人以外的组织或者个人签订遗赠扶养协议。按照协议,该组织或者个人承担该自然人生养死葬的义务,享有受遗赠的权利。

第一千一百五十九条 【遗产分割时的义务】分割遗产,应当清偿被继承人依法应当缴纳的税款和债务;但是,应当为缺乏劳动能力又没有生活来源的继承人保留必要的遗产。

第一千一百六十条 【无人继承的遗产的处理】无人继承又无人受遗赠的遗产,归国家所有,用于公益事业;死者生前是集体所有制组织成员的,归所在集体所有制组织所有。

第一千一百六十一条 【限定继承】继承人以所得遗产实际价值为限清偿被继承人依法应当缴纳的税款和债务。超过遗产实际价值部分,继承人自愿偿还的不在此限。

继承人放弃继承的,对被继承人依法应当缴纳的税款和债务可以不负清偿责任。

第一千一百六十二条 【遗赠与遗产债务清偿】执行遗赠不得妨碍清偿遗赠人依法应当缴纳的税款和债务。

第一千一百六十三条 【既有法定继承又有遗嘱继承、遗赠时的债务清偿】既有法定继承又有遗嘱继承、遗赠的,由法定继承人清偿被继承人依法应当缴纳的税款和债务;超过法定继承遗产实际价值部分,由遗嘱继承人和受遗赠人按比例以所得遗产清偿。

第七编 侵权责任

第一章 一般规定

第一千一百六十四条 【侵权责任编的调整范围】本编调整因侵害民事权益产生的民事关系。

第一千一百六十五条 【过错责任原则与过错推定责任】行为人因过错侵害他人民事权益造成损害的,应当承担侵权责任。

依照法律规定推定行为人有过错,其不能证明自己没有过错的,应当承担侵权责任。

第一千一百六十六条 【无过错责任】行为人造成他人民事权益损害,不论行为人有无过错,法律规定应当承担侵权责任的,依照其规定。

第一千一百六十七条 【危及他人人身、财产安全的责任承担方式】侵权行为危及他人人身、财产安全的,被侵权人有权请求侵权人承担停止侵害、排除妨碍、消除危险等侵权责任。

第一千一百六十八条 【共同侵权】二人以上共同实施侵权行为，造成他人损害的，应当承担连带责任。

第一千一百六十九条 【教唆侵权、帮助侵权】教唆、帮助他人实施侵权行为的，应当与行为人承担连带责任。

教唆、帮助无民事行为能力人、限制民事行为能力人实施侵权行为的，应当承担侵权责任；该无民事行为能力人、限制民事行为能力人的监护人未尽到监护职责的，应当承担相应的责任。

第一千一百七十条 【共同危险行为】二人以上实施危及他人人身、财产安全的行为，其中一人或者数人的行为造成他人损害，能够确定具体侵权人的，由侵权人承担责任；不能确定具体侵权人的，行为人承担连带责任。

第一千一百七十一条 【分别侵权的连带责任】二人以上分别实施侵权行为造成同一损害，每个人的侵权行为都足以造成全部损害的，行为人承担连带责任。

第一千一百七十二条 【分别侵权的按份责任】二人以上分别实施侵权行为造成同一损害，能够确定责任大小的，各自承担相应的责任；难以确定责任大小的，平均承担责任。

第一千一百七十三条 【与有过错】被侵权人对同一损害的发生或者扩大有过错的，可以减轻侵权人的责任。

第一千一百七十四条 【受害人故意】损害是因受害人故意造成的，行为人不承担责任。

第一千一百七十五条 【第三人过错】损害是因第三人造成的，第三人应当承担侵权责任。

第一千一百七十六条 【自甘风险】自愿参加具有一定风险的文体活动，因其他参加者的行为受到损害的，受害人不得请求其他参加者承担侵权责任；但是，其他参加者对损害的发生有故意或者重大过失的除外。

活动组织者的责任适用本法第一千一百九十八条至第一千二百零一条的规定。

第一千一百七十七条 【自力救济】合法权益受到侵害，情况紧迫且不能及时获得国家机关保护，不立即采取措施将使其合法权益受到难以弥补的损害的，受害人可以在保护自己合法权益的必要范围内采取扣留侵权人的财物等合理措施；但是，应当立即请求有关国家机关处理。

受害人采取的措施不当造成他人损害的，应当承担侵权责任。

第一千一百七十八条 【特别规定优先适用】本法和其他法律对不承担责任或者减轻责任的情形另有规定的，依照其规定。

第二章 损害赔偿

第一千一百七十九条 【人身损害赔偿范围】侵害他人造成人身损害的，应当赔偿医疗费、护理费、交通费、营养费、住院伙食补助费等为治疗和康复支出的合理费用，以及因误工减少的收入。造成残疾的，还应当赔偿辅助器具费和残疾赔偿金；造成死亡的，还应当赔偿丧葬费和死亡赔偿金。

第一千一百八十条 【以相同数额确定死亡赔偿金】因同一侵权行为造成多人死亡的，可以以相同数额确定死亡赔偿金。

第一千一百八十一条 【被侵权人死亡时请求权主体的确定】被侵权人死亡的，其近亲属有权请求侵权人承担侵权责任。被侵权人为组织，该组织分立、合并的，承继权利的组织有权请求侵权人承担侵权责任。

被侵权人死亡的，支付被侵权人医疗费、丧葬费等合理费用的人有权请求侵权人赔偿费用，但是侵权人已经支付该费用的除外。

第一千一百八十二条 【侵害他人人身权益造成财产损失的赔偿计算方式】侵害他人人身权益造成财产损失的，按照被侵权人因此受到的损失或者侵权人因此获得的利益赔偿；被侵权人因此受到的损失以及侵权人因此获得的利益难以确定，被侵权人和侵权人就赔偿数额协商不一致，向人民法院提起诉讼的，由人民法院根据实际情况确定赔偿数额。

第一千一百八十三条 【精神损害赔偿】侵害自然人人身权益造成严重精神损害的，被侵权人有权请求精神损害赔偿。

因故意或者重大过失侵害自然人具有人身意义的特定物造成严重精神损害的，被侵权人有权请求精神损害赔偿。

第一千一百八十四条 【财产损失的计算】侵害他人财产的，财产损失按照损失发生时的市场价格或者其他合理方式计算。

第一千一百八十五条 【故意侵害知识产权的惩罚性赔偿责任】故意侵害他人知识产权,情节严重的,被侵权人有权请求相应的惩罚性赔偿。

第一千一百八十六条 【公平分担损失】受害人和行为人对损害的发生都没有过错的,依照法律的规定由双方分担损失。

第一千一百八十七条 【赔偿费用的支付方式】损害发生后,当事人可以协商赔偿费用的支付方式。协商不一致的,赔偿费用应当一次性支付;一次性支付确有困难的,可以分期支付,但是被侵权人有权请求提供相应的担保。

第三章 责任主体的特殊规定

第一千一百八十八条 【监护人责任】无民事行为能力人、限制民事行为能力人造成他人损害的,由监护人承担侵权责任。监护人尽到监护职责的,可以减轻其侵权责任。

有财产的无民事行为能力人、限制民事行为能力人造成他人损害的,从本人财产中支付赔偿费用;不足部分,由监护人赔偿。

第一千一百八十九条 【委托监护时监护人的责任】无民事行为能力人、限制民事行为能力人造成他人损害,监护人将监护职责委托给他人的,监护人应当承担侵权责任;受托人有过错的,承担相应的责任。

第一千一百九十条 【暂时丧失意识后的侵权责任】完全民事行为能力人对自己的行为暂时没有意识或者失去控制造成他人损害有过错的,应当承担侵权责任;没有过错的,根据行为人的经济状况对受害人适当补偿。

完全民事行为能力人因醉酒、滥用麻醉药品或者精神药品对自己的行为暂时没有意识或者失去控制造成他人损害的,应当承担侵权责任。

第一千一百九十一条 【用人单位责任和劳务派遣单位、劳务用工单位责任】用人单位的工作人员因执行工作任务造成他人损害的,由用人单位承担侵权责任。用人单位承担侵权责任后,可以向有故意或者重大过失的工作人员追偿。

劳务派遣期间,被派遣的工作人员因执行工作任务造成他人损害的,由接受劳务派遣的用工单位承担侵权责任;劳务派遣单位有过错的,承担相应的责任。

第一千一百九十二条 【个人劳务关系中的侵权责任】个人之间形成劳务关系,提供劳务一方因劳务造成他人损害的,由接受劳务一方承担侵权责任。接受劳务一方承担侵权责任后,可以向有故意或者重大过失的提供劳务一方追偿。提供劳务一方因劳务受到损害的,根据双方各自的过错承担相应的责任。

提供劳务期间,因第三人的行为造成提供劳务一方损害的,提供劳务一方有权请求第三人承担侵权责任,也有权请求接受劳务一方给予补偿。接受劳务一方补偿后,可以向第三人追偿。

第一千一百九十三条 【承揽关系中的侵权责任】承揽人在完成工作过程中造成第三人损害或者自己损害的,定作人不承担侵权责任。但是,定作人对定作、指示或者选任有过错的,应当承担相应的责任。

第一千一百九十四条 【网络侵权责任】网络用户、网络服务提供者利用网络侵害他人民事权益的,应当承担侵权责任。法律另有规定的,依照其规定。

第一千一百九十五条 【"通知与取下"制度】网络用户利用网络服务实施侵权行为的,权利人有权通知网络服务提供者采取删除、屏蔽、断开链接等必要措施。通知应当包括构成侵权的初步证据及权利人的真实身份信息。

网络服务提供者接到通知后,应当及时将该通知转送相关网络用户,并根据构成侵权的初步证据和服务类型采取必要措施;未及时采取必要措施的,对损害的扩大部分与该网络用户承担连带责任。

权利人因错误通知造成网络用户或者网络服务提供者损害的,应当承担侵权责任。法律另有规定的,依照其规定。

第一千一百九十六条 【"反通知"制度】网络用户接到转送的通知后,可以向网络服务提供者提交不存在侵权行为的声明。声明应当包括不存在侵权行为的初步证据及网络用户的真实身份信息。

网络服务提供者接到声明后,应当将该声明转送发出通知的权利人,并告知其可以向有关部门投诉或者向人民法院提起诉讼。网络服务提供者在转送声明到达权利人后的合理期限内,未收到权利人已经投诉或者提起诉讼通知的,应当及时终止所采取的措施。

第一千一百九十七条 【网络服务提供者与网络用户的连带责任】网络服务提供者知道或者应当知道网络用户利用其网络服务侵害他人民事权益,未采取必要措施的,与该网络用户承担连带责任。

第一千一百九十八条 【违反安全保障义务的侵权责任】宾馆、商场、银行、车站、机场、体育场馆、娱乐场所等经营场所、公共场所的经营者、管理者或者群众性活动的组织者,未尽到安全保障义务,造成他人损害的,应当承担侵权责任。

因第三人的行为造成他人损害的,由第三人承担侵权责任;经营者、管理者或者组织者未尽到安全保障义务的,承担相应的补充责任。经营者、管理者或者组织者承担补充责任后,可以向第三人追偿。

第一千一百九十九条 【教育机构对无民事行为能力人受到人身损害的过错推定责任】无民事行为能力人在幼儿园、学校或者其他教育机构学习、生活期间受到人身损害的,幼儿园、学校或者其他教育机构应当承担侵权责任;但是,能够证明尽到教育、管理职责的,不承担侵权责任。

第一千二百条 【教育机构对限制民事行为能力人受到人身损害的过错责任】限制民事行为能力人在学校或者其他教育机构学习、生活期间受到人身损害,学校或者其他教育机构未尽到教育、管理职责的,应当承担侵权责任。

第一千二百零一条 【受到校外人员人身损害时的责任分担】无民事行为能力人或者限制民事行为能力人在幼儿园、学校或者其他教育机构学习、生活期间,受到幼儿园、学校或者其他教育机构以外的第三人人身损害的,由第三人承担侵权责任;幼儿园、学校或者其他教育机构未尽到管理职责的,承担相应的补充责任。幼儿园、学校或者其他教育机构承担补充责任后,可以向第三人追偿。

第四章 产品责任

第一千二百零二条 【产品生产者侵权责任】因产品存在缺陷造成他人损害的,生产者应当承担侵权责任。

第一千二百零三条 【被侵权人请求损害赔偿的途径和先行赔偿人追偿权】因产品存在缺陷造成他人损害的,被侵权人可以向产品的生产者请求赔偿,也可以向产品的销售者请求赔偿。

产品缺陷由生产者造成的,销售者赔偿后,有权向生产者追偿。因销售者的过错使产品存在缺陷的,生产者赔偿后,有权向销售者追偿。

第一千二百零四条 【生产者、销售者的第三人追偿权】因运输者、仓储者等第三人的过错使产品存在缺陷,造成他人损害的,产品的生产者、销售者赔偿后,有权向第三人追偿。

第一千二百零五条 【产品缺陷危及他人人身、财产安全的侵权责任】因产品缺陷危及他人人身、财产安全的,被侵权人有权请求生产者、销售者承担停止侵害、排除妨碍、消除危险等侵权责任。

第一千二百零六条 【生产者、销售者的补救措施及费用承担】产品投入流通后发现存在缺陷的,生产者、销售者应当及时采取停止销售、警示、召回等补救措施;未及时采取补救措施或者补救措施不力造成损害扩大的,对扩大的损害也应当承担侵权责任。

依据前款规定采取召回措施的,生产者、销售者应当负担被侵权人因此支出的必要费用。

第一千二百零七条 【产品责任中的惩罚性赔偿】明知产品存在缺陷仍然生产、销售,或者没有依据前条规定采取有效补救措施,造成他人死亡或者健康严重损害的,被侵权人有权请求相应的惩罚性赔偿。

第五章 机动车交通事故责任

第一千二百零八条 【机动车交通事故责任的法律适用】机动车发生交通事故造成损害的,依照道路交通安全法律和本法的有关规定承担赔偿责任。

第一千二百零九条 【租赁、借用机动车交通事故责任】因租赁、借用等情形机动车所有人、管理人与使用人不是同一人时,发生交通事故造成损害,属于该机动车一方责任的,由机动车使用人承担赔偿责任;机动车所有人、管理人对损害的发生有过错的,承担相应的赔偿责任。

第一千二百一十条 【转让并交付但未办理登记的机动车侵权责任】当事人之间已经以买卖或者其他方式转让并交付机动车但是未办理登记,发生交通事故造成损害,属于该机动车一方责任的,由受让人承担赔偿责任。

第一千二百一十一条 【挂靠机动车交通事故责任】以挂靠形式从事道路运输经营活动的机动车,发生交通事故造成损害,属于该机动车一方责任的,由挂靠人和被挂靠人承担连带责任。

第一千二百一十二条 【擅自驾驶他人机动车交通事故责任】未经允许驾驶他人机动车,发生交通事故造成损害,属于该机动车一方责任的,由机动车使用人承担赔偿责任;机动车所有人、管理人对损害的发生有过错的,承担相应的赔偿责任,但是本章另有规定的除外。

第一千二百一十三条 【交通事故侵权救济来源的支付顺序】机动车发生交通事故造成损害,属于该机动车一方责任的,先由承保机动车强制保险的保险人在强制保险责任限额范围内予以赔偿;不足部分,由承保机动车商业保险的保险人按照保险合同的约定予以赔偿;仍然不足或者没有投保机动车商业保险的,由侵权人赔偿。

第一千二百一十四条 【拼装车、报废车交通事故责任】以买卖或者其他方式转让拼装或者已经达到报废标准的机动车,发生交通事故造成损害的,由转让人和受让人承担连带责任。

第一千二百一十五条 【盗抢机动车交通事故责任】盗窃、抢劫或者抢夺的机动车发生交通事故造成损害的,由盗窃人、抢劫人或者抢夺人承担赔偿责任。盗窃人、抢劫人或者抢夺人与机动车使用人不是同一人,发生交通事故造成损害,属于该机动车一方责任的,由盗窃人、抢劫人或者抢夺人与机动车使用人承担连带责任。

保险人在机动车强制保险责任限额范围内垫付抢救费用的,有权向交通事故责任人追偿。

第一千二百一十六条 【驾驶人逃逸责任承担规则】机动车驾驶人发生交通事故后逃逸,该机动车参加强制保险的,由保险人在机动车强制保险责任限额范围内予以赔偿;机动车不明、该机动车未参加强制保险或者抢救费用超过机动车强制保险责任限额,需要支付被侵权人人身伤亡的抢救、丧葬等费用的,由道路交通事故社会救助基金垫付。道路交通事故社会救助基金垫付后,其管理机构有权向交通事故责任人追偿。

第一千二百一十七条 【好意同乘规则】非营运机动车发生交通事故造成无偿搭乘人损害,属于该机动车一方责任的,应当减轻其赔偿责任,但是机动车使用人有故意或者重大过失的除外。

第六章 医疗损害责任

第一千二百一十八条 【医疗损害责任归责原则】患者在诊疗活动中受到损害,医疗机构或者其医务人员有过错的,由医疗机构承担赔偿责任。

第一千二百一十九条 【医疗机构说明义务与患者知情同意权】医务人员在诊疗活动中应当向患者说明病情和医疗措施。需要实施手术、特殊检查、特殊治疗的,医务人员应当及时向患者具体说明医疗风险、替代医疗方案等情况,并取得其明确同意;不能或者不宜向患者说明的,应当向患者的近亲属说明,并取得其明确同意。

医务人员未尽到前款义务,造成患者损害的,医疗机构应当承担赔偿责任。

第一千二百二十条 【紧急情况下实施的医疗措施】因抢救生命垂危的患者等紧急情况,不能取得患者或者其近亲属意见的,经医疗机构负责人或者授权的负责人批准,可以立即实施相应的医疗措施。

第一千二百二十一条 【医务人员过错的医疗机构赔偿责任】医务人员在诊疗活动中未尽到与当时的医疗水平相应的诊疗义务,造成患者损害的,医疗机构应当承担赔偿责任。

第一千二百二十二条 【医疗机构过错推定的情形】患者在诊疗活动中受到损害,有下列情形之一的,推定医疗机构有过错:

(一)违反法律、行政法规、规章以及其他有关诊疗规范的规定;

(二)隐匿或者拒绝提供与纠纷有关的病历资料;

(三)遗失、伪造、篡改或者违法销毁病历资料。

第一千二百二十三条 【因药品、消毒产品、医疗器械的缺陷或输入不合格的血液的侵权责任】因药品、消毒产品、医疗器械的缺陷,或者输入不合格的血液造成患者损害的,患者可以向药品上市许可持有人、生产者、血液提供机构请求赔偿,也可以向医疗机构请求赔偿。患者向医疗机构请求赔偿的,医疗机构赔偿后,有权向负有责任的药品上市许可持有人、生产者、血液提供机构追偿。

第一千二百二十四条 【医疗机构免责事由】患者在诊疗活动中受到损害,有下列情形之一的,医疗机构不承担赔偿责任：

（一）患者或者其近亲属不配合医疗机构进行符合诊疗规范的诊疗；

（二）医务人员在抢救生命垂危的患者等紧急情况下已经尽到合理诊疗义务；

（三）限于当时的医疗水平难以诊疗。

前款第一项情形中，医疗机构或者其医务人员也有过错的，应当承担相应的赔偿责任。

第一千二百二十五条 【医疗机构对病历的义务及患者对病历的权利】医疗机构及其医务人员应当按照规定填写并妥善保管住院志、医嘱单、检验报告、手术及麻醉记录、病理资料、护理记录等病历资料。

患者要求查阅、复制前款规定的病历资料的，医疗机构应当及时提供。

第一千二百二十六条 【患者隐私和个人信息保护】医疗机构及其医务人员应当对患者的隐私和个人信息保密。泄露患者的隐私和个人信息，或者未经患者同意公开其病历资料的，应当承担侵权责任。

第一千二百二十七条 【不必要检查禁止义务】医疗机构及其医务人员不得违反诊疗规范实施不必要的检查。

第一千二百二十八条 【医疗机构及医务人员合法权益的维护】医疗机构及其医务人员的合法权益受法律保护。

干扰医疗秩序，妨碍医务人员工作、生活，侵害医务人员合法权益的，应当依法承担法律责任。

第七章 环境污染和生态破坏责任

第一千二百二十九条 【环境污染和生态破坏侵权责任】因污染环境、破坏生态造成他人损害的，侵权人应当承担侵权责任。

第一千二百三十条 【环境污染、生态破坏侵权举证责任】因污染环境、破坏生态发生纠纷，行为人应当就法律规定的不承担责任或者减轻责任的情形及其行为与损害之间不存在因果关系承担举证责任。

第一千二百三十一条 【两个以上侵权人造成损害的责任分担】两个以上侵权人污染环境、破坏生态的，承担责任的大小，根据污染物的种类、浓度、排放量，破坏生态的方式、范围、程度，以及行为对损害后果所起的作用等因素确定。

第一千二百三十二条 【侵权人的惩罚性赔偿】侵权人违反法律规定故意污染环境、破坏生态造成严重后果的，被侵权人有权请求相应的惩罚性赔偿。

第一千二百三十三条 【因第三人过错污染环境、破坏生态的责任】因第三人的过错污染环境、破坏生态的，被侵权人可以向侵权人请求赔偿，也可以向第三人请求赔偿。侵权人赔偿后，有权向第三人追偿。

第一千二百三十四条 【生态环境损害修复责任】违反国家规定造成生态环境损害，生态环境能够修复的，国家规定的机关或者法律规定的组织有权请求侵权人在合理期限内承担修复责任。侵权人在期限内未修复的，国家规定的机关或者法律规定的组织可以自行或者委托他人进行修复，所需费用由侵权人负担。

第一千二百三十五条 【生态环境损害赔偿的范围】违反国家规定造成生态环境损害的，国家规定的机关或者法律规定的组织有权请求侵权人赔偿下列损失和费用：

（一）生态环境受到损害至修复完成期间服务功能丧失导致的损失；

（二）生态环境功能永久性损害造成的损失；

（三）生态环境损害调查、鉴定评估等费用；

（四）清除污染、修复生态环境费用；

（五）防止损害的发生和扩大所支出的合理费用。

第八章 高度危险责任

第一千二百三十六条 【高度危险责任一般规定】从事高度危险作业造成他人损害的，应当承担侵权责任。

第一千二百三十七条 【民用核设施致害责任】民用核设施或者运入运出核设施的核材料发生核事故造成他人损害的，民用核设施的营运单位应当承担侵权责任；但是，能够证明损害是因战争、武装冲突、暴乱等情形或者受害人故意造成的，不承担责任。

第一千二百三十八条 【民用航空器致害责任】民用航空器造成他人损害的，民用航空器的经营者应当承担侵权责任；但是，能够证明损害是因受害人故意造成的,不承担责任。

第一千二百三十九条 【高度危险物致害责任】占有或者使用易燃、易爆、剧毒、高放射性、强腐蚀性、高致病性等高度危险物造成他人损害的,占有人或者使用人应当承担侵权责任;但是,能够证明损害是因受害人故意或者不可抗力造成的,不承担责任。被侵权人对损害的发生有重大过失的,可以减轻占有人或者使用人的责任。

第一千二百四十条 【高度危险活动致害责任】从事高空、高压、地下挖掘活动或者使用高速轨道运输工具造成他人损害的,经营者应当承担侵权责任;但是,能够证明损害是因受害人故意或者不可抗力造成的,不承担责任。被侵权人对损害的发生有重大过失的,可以减轻经营者的责任。

第一千二百四十一条 【遗失、抛弃高度危险物致害的侵权责任】遗失、抛弃高度危险物造成他人损害的,由所有人承担侵权责任。所有人将高度危险物交由他人管理的,由管理人承担侵权责任;所有人有过错的,与管理人承担连带责任。

第一千二百四十二条 【非法占有高度危险物致害的侵权责任】非法占有高度危险物造成他人损害的,由非法占有人承担侵权责任。所有人、管理人不能证明对防止非法占有尽到高度注意义务的,与非法占有人承担连带责任。

第一千二百四十三条 【未经许可进入高度危险作业区域的致害责任】未经许可进入高度危险活动区域或者高度危险物存放区域受到损害,管理人能够证明已经采取足够安全措施并尽到充分警示义务的,可以减轻或者不承担责任。

第一千二百四十四条 【高度危险责任赔偿限额】承担高度危险责任,法律规定赔偿限额的,依照其规定,但是行为人有故意或者重大过失的除外。

第九章 饲养动物损害责任

第一千二百四十五条 【饲养动物损害责任一般规定】饲养的动物造成他人损害的,动物饲养人或者管理人应当承担侵权责任;但是,能够证明损害是因被侵权人故意或者重大过失造成的,可以不承担或者减轻责任。

第一千二百四十六条 【未对动物采取安全措施损害责任】违反管理规定,未对动物采取安全措施造成他人损害的,动物饲养人或者管理人应当承担侵权责任;但是,能够证明损害是因被侵权人故意造成的,可以减轻责任。

第一千二百四十七条 【禁止饲养的危险动物损害责任】禁止饲养的烈性犬等危险动物造成他人损害的,动物饲养人或者管理人应当承担侵权责任。

第一千二百四十八条 【动物园饲养动物损害责任】动物园的动物造成他人损害的,动物园应当承担侵权责任;但是,能够证明尽到管理职责的,不承担侵权责任。

第一千二百四十九条 【遗弃、逃逸动物损害责任】遗弃、逃逸的动物在遗弃、逃逸期间造成他人损害的,由动物原饲养人或者管理人承担侵权责任。

第一千二百五十条 【因第三人过错致使动物致害责任】因第三人的过错致使动物造成他人损害的,被侵权人可以向动物饲养人或者管理人请求赔偿,也可以向第三人请求赔偿。动物饲养人或者管理人赔偿后,有权向第三人追偿。

第一千二百五十一条 【饲养动物应负的社会责任】饲养动物应当遵守法律法规,尊重社会公德,不得妨碍他人生活。

第十章 建筑物和物件损害责任

第一千二百五十二条 【建筑物、构筑物或者其他设施倒塌、塌陷致害责任】建筑物、构筑物或者其他设施倒塌、塌陷造成他人损害的,由建设单位与施工单位承担连带责任,但是建设单位与施工单位能够证明不存在质量缺陷的除外。建设单位、施工单位赔偿后,有其他责任人的,有权向其他责任人追偿。

因所有人、管理人、使用人或者第三人的原因,建筑物、构筑物或者其他设施倒塌、塌陷造成他人损害的,由所有人、管理人、使用人或者第三人承担侵权责任。

第一千二百五十三条 【建筑物、构筑物或者其他设施及其搁置物、悬挂物脱落、坠落致害责任】建筑物、构筑物或者其他设施及其搁置物、悬挂物发生脱落、坠落造成他人损害,所有人、管理人或者使用人不能证明自己没有过错的,应当承担侵权责任。所有人、管理人或者使用人赔偿后,有其他责任人的,有权向其他责任人追偿。

第一千二百五十四条 【高空抛掷物、坠落物致害责任】禁止从建筑物中抛掷物品。从建筑物中抛掷物品或者从建筑物上坠落的物品造成他人损害的,由侵权人依法承担侵权责任;经调查难以确定具体侵权人的,除能够证明自己不是侵权人的外,由可能加害的建筑物使用人给予补偿。可能加害的建筑物使用人补偿后,有权向侵权人追偿。

物业服务企业等建筑物管理人应当采取必要的安全保障措施防止前款规定情形的发生;未采取必要的安全保障措施的,应当依法承担未履行安全保障义务的侵权责任。

发生本条第一款规定的情形的,公安等机关应当依法及时调查,查清责任人。

第一千二百五十五条 **【堆放物致害责任】**堆放物倒塌、滚落或者滑落造成他人损害,堆放人不能证明自己没有过错的,应当承担侵权责任。

第一千二百五十六条 **【在公共道路上妨碍通行物品的致害责任】**在公共道路上堆放、倾倒、遗撒妨碍通行的物品造成他人损害的,由行为人承担侵权责任。公共道路管理人不能证明已经尽到清理、防护、警示等义务的,应当承担相应的责任。

第一千二百五十七条 **【林木致害的责任】**因林木折断、倾倒或者果实坠落等造成他人损害,林木的所有人或者管理人不能证明自己没有过错的,应当承担侵权责任。

第一千二百五十八条 **【公共场所或道路施工致害责任和窨井等地下设施致害责任】**在公共场所或者道路上挖掘、修缮安装地下设施等造成他人损害,施工人不能证明已经设置明显标志和采取安全措施的,应当承担侵权责任。

窨井等地下设施造成他人损害,管理人不能证明尽到管理职责的,应当承担侵权责任。

附　则

第一千二百五十九条 **【法律术语含义】**民法所称的"以上"、"以下"、"以内"、"届满",包括本数;所称的"不满"、"超过"、"以外",不包括本数。

第一千二百六十条 **【施行日期】**本法自2021年1月1日起施行。《中华人民共和国婚姻法》、《中华人民共和国继承法》、《中华人民共和国民法通则》、《中华人民共和国收养法》、《中华人民共和国担保法》、《中华人民共和国合同法》、《中华人民共和国物权法》、《中华人民共和国侵权责任法》、《中华人民共和国民法总则》同时废止。

最高人民法院关于适用《中华人民共和国民法典》时间效力的若干规定

(2020年12月14日最高人民法院审判委员会第1821次会议通过　2020年12月29日最高人民法院公告公布　自2021年1月1日起施行　法释〔2020〕15号)

根据《中华人民共和国立法法》《中华人民共和国民法典》等法律规定,就人民法院在审理民事纠纷案件中有关适用民法典时间效力问题作出如下规定。

一、一般规定

第一条　民法典施行后的法律事实引起的民事纠纷案件,适用民法典的规定。

民法典施行前的法律事实引起的民事纠纷案件,适用当时的法律、司法解释的规定,但是法律、司法解释另有规定的除外。

民法典施行前的法律事实持续至民法典施行后,该法律事实引起的民事纠纷案件,适用民法典的规定,但是法律、司法解释另有规定的除外。

第二条　民法典施行前的法律事实引起的民事纠纷案件,当时的法律、司法解释有规定,适用当时的法律、司法解释的规定,但是适用民法典的规定更有利于保护民事主体合法权益,更有利于维护社会和经济秩序,更有利于弘扬社会主义核心价值观的除外。

第三条　民法典施行前的法律事实引起的民事纠纷案件,当时的法律、司法解释没有规定而民法典有规定的,可以适用民法典的规定,但是明显减损当事人合法权益、增加当事人法定义务或者背离当事人合理预期的除外。

第四条　民法典施行前的法律事实引起的民事纠纷案件,当时的法律、司法解释仅有原则性规定而民法典有具体规定的,适用当时的法律、司法解释的规定,但是可以依据民法典具体规定进行裁判说理。

第五条　民法典施行前已经终审的案件,当事人申请再审或者按照审判监督程序决定再审的，不适用民法典的规定。

二、溯及适用的具体规定

第六条 《中华人民共和国民法总则》施行前，侵害英雄烈士等的姓名、肖像、名誉、荣誉，损害社会公共利益引起的民事纠纷案件，适用民法典第一百八十五条的规定。

第七条 民法典施行前，当事人在债务履行期限届满前约定债务人不履行到期债务时抵押财产或者质押财产归债权人所有的，适用民法典第四百零一条和第四百二十八条的规定。

第八条 民法典施行前成立的合同，适用当时的法律、司法解释的规定合同无效而适用民法典的规定合同有效的，适用民法典的相关规定。

第九条 民法典施行前订立的合同，提供格式条款一方未履行提示或者说明义务，涉及格式条款效力认定的，适用民法典第四百九十六条的规定。

第十条 民法典施行前，当事人一方未通知对方而直接以提起诉讼方式依法主张解除合同的，适用民法典第五百六十五条第二款的规定。

第十一条 民法典施行前成立的合同，当事人一方不履行非金钱债务或者履行非金钱债务不符合约定，对方可以请求履行，但是有民法典第五百八十条第一款第一项、第二项、第三项除外情形之一，致使不能实现合同目的，当事人请求终止合同权利义务关系的，适用民法典第五百八十条第二款的规定。

第十二条 民法典施行前订立的保理合同发生争议的，适用民法典第三编第十六章的规定。

第十三条 民法典施行前，继承人有民法典第一千一百二十五条第一款第四项和第五项规定行为之一，对该继承人是否丧失继承权发生争议的，适用民法典第一千一百二十五条第一款和第二款的规定。

民法典施行前，受遗赠人有民法典第一千一百二十五条第一款规定行为之一，对受遗赠人是否丧失受遗赠权发生争议的，适用民法典第一千一百二十五条第一款和第三款的规定。

第十四条 被继承人在民法典施行前死亡，遗产无人继承又无人受遗赠，其兄弟姐妹的子女请求代位继承的，适用民法典第一千一百二十八条第二款和第三款的规定，但是遗产已经在民法典施行前处理完毕的除外。

第十五条 民法典施行前，遗嘱人以打印方式立的遗嘱，当事人对该遗嘱效力发生争议的，适用民法典第一千一百三十六条的规定，但是遗产已经在民法典施行前处理完毕的除外。

第十六条 民法典施行前，受害人自愿参加具有一定风险的文体活动受到损害引起的民事纠纷案件，适用民法典第一千一百七十六条的规定。

第十七条 民法典施行前，受害人为保护自己合法权益采取扣留侵权人的财物等措施引起的民事纠纷案件，适用民法典第一千一百七十七条的规定。

第十八条 民法典施行前，因非营运机动车发生交通事故造成无偿搭乘人损害引起的民事纠纷案件，适用民法典第一千二百一十七条的规定。

第十九条 民法典施行前，从建筑物中抛掷物品或者从建筑物上坠落的物品造成他人损害引起的民事纠纷案件，适用民法典第一千二百五十四条的规定。

三、衔接适用的具体规定

第二十条 民法典施行前成立的合同，依照法律规定或者当事人约定该合同的履行持续至民法典施行后，因民法典施行前履行合同发生争议的，适用当时的法律、司法解释的规定；因民法典施行后履行合同发生争议的，适用民法典第三编第四章和第五章的相关规定。

第二十一条 民法典施行前租赁期限届满，当事人主张适用民法典第七百三十四条第二款规定的，人民法院不予支持；租赁期限在民法典施行后届满，当事人主张适用民法典第七百三十四条第二款规定的，人民法院依法予以支持。

第二十二条 民法典施行前，经人民法院判决不准离婚后，双方又分居满一年，一方再次提起离婚诉讼的，适用民法典第一千零七十九条第五款的规定。

第二十三条 被继承人在民法典施行前立有公证遗嘱，民法典施行后又立有新遗嘱，其死亡后，因该数份遗嘱内容相抵触发生争议的，适用民法典第一千一百四十二条第三款的规定。

第二十四条 侵权行为发生在民法典施行前，但是损害后果出现在民法典施行后的民事纠纷案件，适用民法典的规定。

第二十五条 民法典施行前成立的合同，当时的法律、司法解释没有规定且当事人没有约定解除权行使期限，对方当事人也未催告的，解除权人在民法典施行前知道或者应当知道解除事由，自民法典施行之日起一年内不行使的，人民法院应当依法认定该解除权消灭；解除权人在民法典施行后知道或者应当知道解除事由的，适用民法典第五百六十四条第二款关于解除权行使期限的规定。

第二十六条 当事人以民法典施行前受胁迫结婚为由请求人民法院撤销婚姻的，撤销权的行使期限适用民法典第一千零五十二条第二款的规定。

第二十七条 民法典施行前成立的保证合同，当事人对保证期间约定不明确，主债务履行期限届满至民法典施行之日不满二年，当事人主张保证期间为主债务履行期限届满之日起二年的，人民法院依法予以支持；当事人对保证期间没有约定，主债务履行期限届满至民法典施行之日不满六个月，当事人主张保证期间为主债务履行期限届满之日起六个月的，人民法院依法予以支持。

四、附　则

第二十八条 本规定自2021年1月1日起施行。

本规定施行后，人民法院尚未审结的一审、二审案件适用本规定。

全国法院民商事审判工作会议纪要

(2019年11月8日　法〔2019〕254号)

引　言

为全面贯彻党的十九大和十九届二中、三中全会以及中央经济工作会议、中央政法工作会议、全国金融工作会议精神，研究当前形势下如何进一步加强人民法院民商事审判工作，着力提升民商事审判工作能力和水平，为我国经济高质量发展提供更加有力的司法服务和保障，最高人民法院于2019年7月3日至4日在黑龙江省哈尔滨市召开了全国法院民商事审判工作会议。最高人民法院党组书记、院长周强同志出席会议并讲话。各省、自治区、直辖市高级人民法院分管民商事审判工作的副院长、承担民商事案件审判任务的审判庭庭长、解放军军事法院的代表、最高人民法院有关部门负责人在主会场出席会议，地方各级人民法院的其他负责同志和民商事审判法官在各地分会场通过视频参加会议。中央政法委、全国人大常委会法工委的代表、部分全国人大代表、全国政协委员、最高人民法院特约监督员、专家学者应邀参加会议。

会议认为，民商事审判工作必须坚持正确的政治方向，必须以习近平新时代中国特色社会主义思想武装头脑、指导实践、推动工作。一要坚持党的绝对领导。这是中国特色社会主义司法制度的本质特征和根本要求，是人民法院永远不变的根和魂。在民商事审判工作中，要切实增强“四个意识”、坚定“四个自信”、做到“两个维护”，坚定不移走中国特色社会主义法治道路。二要坚持服务党和国家大局。认清形势，高度关注中国特色社会主义进入新时代背景下经济社会的重大变化、社会主要矛盾的历史性变化、各类风险隐患的多元多变，提高服务大局的自觉性、针对性，主动作为，勇于担当，处理好依法办案和服务大局的辩证关系，着眼于贯彻落实党中央的重大决策部署、维护人民群众的根本利益、维护法治的统一。三要坚持司法为民。牢固树立以人民为中心的发展思想，始终坚守人民立场，胸怀人民群众，满足人民需求，带着对人民群众的深厚感情和强烈责任感去做好民商事审判工作。在民商事审判工作中要弘扬社会主义核心价值观，注意情理法的交融平衡，做到以法为据、以理服人、以情感人，既要义正辞严讲清法理，又要循循善诱讲明事理，还要感同身受讲透情理，争取广大人民群众和社会的理解与支持。要建立健全方便人民群众诉讼的民商事审判工作机制。四要坚持公正司法。公平正义是中国特色社会主义制度的内在要求，也是我党治国理政的一贯主张。司法是维护社会公平正义的最后一道防线，必须把公平正义作为生命线，必须把公平正义作为镌刻在心中的价值坐标，必须把“努力让人民群众在每一个司法案件中感受到公平正义”作为矢志不渝的奋斗目标。

会议指出，民商事审判工作要树立正确的审判理念。注意辩证理解并准确把握契约自由、平等保护、诚实信用、公序良俗等民商事审判基本原则；注意树立请求权基础思维、逻辑和价值相一致思维、同案同判思维,通过检索类案、参考指导案例等方式统一裁判尺度,有效防止滥用自由裁量权;注意处理好民商事审判与行政监管的关系,通过穿透式审判思维,查明当事人的真实意思,探求真实法律关系;特别注意外观主义系民商法上的学理概括,并非现行法律规定的原则,现行法律只是规定了体现外观主义的具体规则,如《物权法》第106条规定的善意取得,《合同法》第49条、《民法总则》第172条规定的表见代理,《合同法》第50条规定的越权代表,审判实务中应当依据有关具体法律规则进行判断,类推适用亦应当以法律规则设定的情形、条件为基础。从现行法律规则看,外观主义是为保护交易安全设置的例外规定,一般适用于因合理信赖权利外观或意思表示外观的交易行为。实际权利人与名义权利人的关系,应注重财产的实质归属,而不单纯地取决于公示外观。总之,审判实务中要准确把握外观主义的适用边界,避免泛化和滥用。

会议对当前民商事审判工作中的一些疑难法律问题取得了基本一致的看法,现纪要如下:

一、关于民法总则适用的法律衔接

会议认为,民法总则施行后至民法典施行前,拟编入民法典但尚未完成修订的物权法、合同法等民商事基本法,以及不编入民法典的公司法、证券法、信托法、保险法、票据法等民商事特别法,均可能存在与民法总则规定不一致的情形。人民法院应当依照《立法法》第92条、《民法总则》第11条等规定,综合考虑新的规定优于旧的规定、特别规定优于一般规定等法律适用规则,依法处理好民法总则与相关法律的衔接问题,主要是处理好与民法通则、合同法、公司法的关系。

1.【民法总则与民法通则的关系及其适用】民法通则既规定了民法的一些基本制度和一般性规则,也规定了合同、所有权及其他财产权、知识产权、民事责任、涉外民事法律关系适用等具体内容。民法总则基本吸收了民法通则规定的基本制度和一般性规则,同时作了补充、完善和发展。民法通则规定的合同、所有权及其他财产权、民事责任等具体内容还需要在编撰民法典各分编时作进一步统筹,系统整合。因民法总则施行后暂不废止民法通则,在此之前,民法总则与民法通则规定不一致的,根据新的规定优于旧的规定的法律适用规则,适用民法总则的规定。最高人民法院已依据民法总则制定了关于诉讼时效问题的司法解释,而原依据民法通则制定的关于诉讼时效的司法解释,只要与民法总则不冲突,仍可适用。

2.【民法总则与合同法的关系及其适用】根据民法典编撰工作"两步走"的安排,民法总则施行后,目前正在进行民法典的合同编、物权编等各分编的编撰工作。民法典施行后,合同法不再保留。在这之前,因民法总则施行前成立的合同发生的纠纷,原则上适用合同法的有关规定处理。因民法总则施行后成立的合同发生的纠纷,如果合同法"总则"对此的规定与民法总则的规定不一致的,根据新的规定优于旧的规定的法律适用规则,适用民法总则的规定。例如,关于欺诈、胁迫问题,根据合同法的规定,只有合同当事人之间存在欺诈、胁迫行为的,被欺诈、胁迫一方才享有撤销合同的权利。而依民法总则的规定,第三人实施的欺诈、胁迫行为,被欺诈、胁迫一方也有撤销合同的权利。另外,合同法视欺诈、胁迫行为所损害利益的不同,对合同效力作出了不同规定:损害合同当事人利益的,属于可撤销或者可变更合同;损害国家利益的,则属于无效合同。民法总则则未加区别,规定一律按可撤销合同对待。再如,关于显失公平问题,合同法将显失公平与乘人之危作为两类不同的可撤销或者可变更合同事由,而民法总则则将二者合并为一类可撤销合同事由。

民法总则施行后发生的纠纷,在民法典施行前,如果合同法"分则"对此的规定与民法总则不一致的,根据特别规定优于一般规定的法律适用规则,适用合同法"分则"的规定。例如,民法总则仅规定了显名代理,没有规定《合同法》第402条的隐名代理和第403条的间接代理。在民法典施行前,这两条规定应当继续适用。

3.【民法总则与公司法的关系及其适用】民法总则与公司法的关系,是一般法与商事特别法的关系。民法总则第三章"法人"第一节"一般规定"和第二节"营利法人"基本上是根据公司法的有关规定提炼的,二者的精神大体一致。因此,涉及民法总则这一部分的内容,规定一致的,适用民法总则或者公司法皆可;规定不一致的,根据《民法总则》第11条有关"其他法律对民事关系有特别规定的,依照其规定"的规定,原则上应当适用公司法的规定。但应当注意也有例外情况,主要表现在两个方面:一是就同一事项,民法总则制定时有意修正公司法有关条款的,应当适用民法总则的规定。例如,《公司法》第32条第3款规定:"公司应当将股东的姓名或者名称及其出资额向公司登记机关登记;登记事项发生变更的,应当办理变更登记。未经登记或者变更登记的,不得对抗第三人。"而《民法总则》第65条的规定则把"不得对抗第三人"修正为"不得对抗善意相对人"。经查询有关立法理由,可以认为,此种情况应当适用民法总则的规定。二是民法总则在公司法规定基础上增加了新内容的,如《公司法》第22条第2款就公司决议的撤销问题进行了规定,《民法总则》第85条在该条基础上增加规定:"但是营利法人依据该决议与善意相对人形成的民事法律关系不受影响。"此时,也应当适用民法总则的规定。

4.【民法总则的时间效力】根据"法不溯及既往"的原则,民法总则原则上没有溯及力,故只能适用于施行后发生的法律事实;民法总则施行前发生的法律事实,适用当时的法律;某一法律事实发生在民法总则施行前,其行为延续至民法总则施行后的,适用民法总则的规定。但要注意有例外情形,如虽然法律事实发生在民法总则施行前,但当时的法律对此没有规定而民法总则有规定的,例如,对于虚伪意思表示、第三人实施欺诈行为,合同法均无规定,发生纠纷后,基于"法官不得拒绝裁判"规则,可以将民法总则的相关规定作为裁判依据。又如,民法总则施行前成立的合同,根据当时的法律应当认定无效,而根据民法总则应当认定有效或者可撤销的,应当适用民法总则的规定。

在民法总则无溯及力的场合,人民法院应当依据法律事实发生时的法律进行裁判,但如果法律事实发生时的法律虽有规定,但内容不具体、不明确的,如关于无权代理在被代理人不予追认时的法律后果,民法通则和合同法均规定由行为人承担民事责任,但对民事责任的性质和方式没有规定,而民法总则对此有明确且详细的规定,人民法院在审理案件时,就可以在裁判文书的说理部分将民法总则规定的内容作为解释法律事实发生时法律规定的参考。

二、关于公司纠纷案件的审理

会议认为,审理好公司纠纷案件,对于保护交易安全和投资安全,激发经济活力,增强投资创业信心,具有重要意义。要依法协调好公司债权人、股东、公司等各种利益主体之间的关系,处理好公司外部与内部的关系,解决好公司自治与司法介入的关系。

(一)关于"对赌协议"的效力及履行

实践中俗称的"对赌协议",又称估值调整协议,是指投资方与融资方在达成股权性融资协议时,为解决交易双方对目标公司未来发展的不确定性、信息不对称以及代理成本而设计的包含了股权回购、金钱补偿等对未来目标公司的估值进行调整的协议。从订立"对赌协议"的主体来看,有投资方与目标公司的股东或者实际控制人"对赌"、投资方与目标公司"对赌"、投资方与目标公司的股东、目标公司"对赌"等形式。人民法院在审理"对赌协议"纠纷案件时,不仅应当适用合同法的相关规定,还应当适用公司法的相关规定;既要坚持鼓励投资方对实体企业特别是科技创新企业投资原则,从而在一定程度上缓解企业融资难问题,又要贯彻资本维持原则和保护债权人合法权益原则,依法平衡投资方、公司债权人、公司之间的利益。对于投资方与目标公司的股东或者实际控制人订立的"对赌协议",如无其他无效事由,认定有效并支持实际履行,实践中并无争议。但投资方与目标公司订立的"对赌协议"是否有效以及能否实际履行,存在争议。对此,应当把握如下处理规则:

5.【与目标公司"对赌"】投资方与目标公司订立的"对赌协议"在不存在法定无效事由的情况下,目标公司仅以存在股权回购或者金钱补偿约定为由,主张"对赌协议"无效的,人民法院不予支持,但投资方主张实际履行的,人民法院应当审查是否符合公司法关于"股东不得抽逃出资"及股份回购的强制性规定,判决是否支持其诉讼请求。

投资方请求目标公司回购股权的,人民法院应当依据《公司法》第35条关于"股东不得抽逃出资"或者第142条关于股份回购的强制性规定进行审查。经审查,目标公司未完成减资程序的,人民法院应当驳回其诉讼请求。

投资方请求目标公司承担金钱补偿义务的,人民法院应当依据《公司法》第35条关于"股东不得抽逃出资"和第166条关于利润分配的强制性规定进行审查。经审查,目标公司没有利润或者虽有利润但不足以补偿投资方的,人民法院应当驳回或者部分支持其诉讼请求。今后目标公司有利润时,投资方还可以依据该事实另行提起诉讼。

(二)关于股东出资加速到期及表决权

6.【股东出资应否加速到期】在注册资本认缴制下,股东依法享有期限利益。债权人以公司不能清偿到期债务为由,请求未届出资期限的股东在未出资范围内对公司不能清偿的债务承担补充赔偿责任的,人民法院不予支持。但是,下列情形除外:

(1)公司作为被执行人的案件,人民法院穷尽执行措施无财产可供执行,已具备破产原因,但不申请破产的;

(2)在公司债务产生后,公司股东(大)会决议或以其他方式延长股东出资期限的。

7.【表决权能否受限】股东认缴的出资未届履行期限,对未缴纳部分的出资是否享有以及如何行使表决权等问题,应当根据公司章程来确定。公司章程没有规定的,应当按照认缴出资的比例确定。如果股东(大)会作出不按认缴出资比例而按实际出资比例或者其他标准确定表决权的决议,股东请求确认决议无效的,人民法院应当审查该决议是否符合修改公司章程所要求的表决程序,即必须经代表三分之二以上表决权的股东通过。符合的,人民法院不予支持;反之,则依法予以支持。

(三)关于股权转让

8.【有限责任公司的股权变动】当事人之间转让有限责任公司股权,受让人以其姓名或者名称已记载于股东名册为由主张其已经取得股权的,人民法院依法予以支持,但法律、行政法规规定应当办理批准手续生效的股权转让除外。未向公司登记机关办理股权变更登记的,不得对抗善意相对人。

9.【侵犯优先购买权的股权转让合同的效力】审判实践中,部分人民法院对公司法司法解释(四)第21条规定的理解存在偏差,往往以保护其他股东的优先购买权为由认定股权转让合同无效。准确理解该条规定,既要注意保护其他股东的优先购买权,也要注意保护股东以外的股权受让人的合法权益,正确认定有限责任公司的股东与股东以外的股权受让人订立的股权转让合同的效力。一方面,其他股东依法享有优先购买权,在其主张按照股权转让合同约定的同等条件购买股权的情况下,应当支持其诉讼请求,除非出现该条第1款规定的情形。另一方面,为保护股东以外的股权受让人的合法权益,股权转让合同如无其他影响合同效力的事由,应当认定有效。其他股东行使优先购买权的,虽然股东以外的股权受让人关于继续履行股权转让合同的请求不能得到支持,但不影响其依约请求转让股东承担相应的违约责任。

(四)关于公司人格否认

公司人格独立和股东有限责任是公司法的基本原则。否认公司独立人格,由滥用公司法人独立地位和股东有限责任的股东对公司债务承担连带责任,是股东有限责任的例外情形,旨在矫正有限责任制度在特定法律事实发生时对债权人保护的失衡现象。在审判实践中,要准确把握《公司法》第20条第3款规定的精神。一是只有在股东实施了滥用公司法人独立地位及股东有限责任的行为,且该行为严重损害了公司债权人利益的情况下,才能适用。损害债权人利益,主要是指股东滥用权利使公司财产不足以清偿公司债权人的债权。二是只有实施了滥用法人独立地位和股东有限责任行为的股东才对公司债务承担连带清偿责任,而其他股东不应承担此责任。三是公司人格否认不是全面、彻底、永久地否定公司的法人资格,而只是在具体案件中依据特定的法律事实、法律关系,突破股东对公司债务不承担责任的一般规则,例外地判令其承担连带责任。人民法院在个案中否认公司人格的判决的既判力仅仅约束该诉讼的各方当事人,不当然适用于涉及该公司的其他诉讼,不影响公司独立法人资格的存续。如果其他债权人提起公司人格否认诉讼,已生效判决认定的事实可以作为证据使用。四是《公司法》第20条第3款规定的滥用行为,实践中常见的情形有人格混同、过度支配与控制、资本显著不足等。在审理案件时,需要根据查明的案件事实进行综合判断,既审慎适用,又当用则用。实践中存在标准把握不严而滥用这一例外制度的现象,同时也存在因法律规定较为原则、抽象,适用难度大,而不善于适用、不敢于适用的现象,均应当引起高度重视。

10.【人格混同】认定公司人格与股东人格是否存在混同,最根本的判断标准是公司是否具有独立意思和独立财产,最主要的表现是公司的财产与股东的财产是否混同且无法区分。在认定是否构成人格混同时,应当综合考虑以下因素:

(1)股东无偿使用公司资金或者财产,不作财务记载的;

(2)股东用公司的资金偿还股东的债务,或者将

公司的资金供关联公司无偿使用,不作财务记载的;

(3)公司账簿与股东账簿不分,致使公司财产与股东财产无法区分的;

(4)股东自身收益与公司盈利不加区分,致使双方利益不清的;

(5)公司的财产记载于股东名下,由股东占有、使用的;

(6)人格混同的其他情形。

在出现人格混同的情况下,往往同时出现以下混同:公司业务和股东业务混同;公司员工与股东员工混同,特别是财务人员混同;公司住所与股东住所混同。人民法院在审理案件时,关键要审查是否构成人格混同,而不要求同时具备其他方面的混同,其他方面的混同往往只是人格混同的补强。

11.【过度支配与控制】公司控制股东对公司过度支配与控制,操纵公司的决策过程,使公司完全丧失独立性,沦为控制股东的工具或躯壳,严重损害公司债权人利益,应当否认公司人格,由滥用控制权的股东对公司债务承担连带责任。实践中常见的情形包括:

(1)母子公司之间或者子公司之间进行利益输送的;

(2)母子公司或者子公司之间进行交易,收益归一方,损失却由另一方承担的;

(3)先从原公司抽走资金,然后再成立经营目的相同或者类似的公司,逃避原公司债务的;

(4)先解散公司,再以原公司场所、设备、人员及相同或者相似的经营目的另设公司,逃避原公司债务的;

(5)过度支配与控制的其他情形。

控制股东或实际控制人控制多个子公司或者关联公司,滥用控制权使多个子公司或者关联公司财产边界不清、财务混同,利益相互输送,丧失人格独立性,沦为控制股东逃避债务、非法经营,甚至违法犯罪工具的,可以综合案件事实,否认子公司或者关联公司法人人格,判令承担连带责任。

12.【资本显著不足】资本显著不足指的是,公司设立后在经营过程中,股东实际投入公司的资本数额与公司经营所隐含的风险相比明显不匹配。股东利用较少资本从事力所不及的经营,表明其没有从事公司经营的诚意,实质是恶意利用公司独立人格和股东有限责任把投资风险转嫁给债权人。由于资本显著不足的判断标准有很大的模糊性,特别是要与公司采取"以小博大"的正常经营方式相区分,因此在适用时要十分谨慎,应当与其他因素结合起来综合判断。

13.【诉讼地位】人民法院在审理公司人格否认纠纷案件时,应当根据不同情形确定当事人的诉讼地位:

(1)债权人对债务人公司享有的债权已经由生效裁判确认,其另行提起公司人格否认诉讼,请求股东对公司债务承担连带责任的,列股东为被告,公司为第三人;

(2)债权人对债务人公司享有的债权提起诉讼的同时,一并提起公司人格否认诉讼,请求股东对公司债务承担连带责任的,列公司和股东为共同被告;

(3)债权人对债务人公司享有的债权尚未经生效裁判确认,直接提起公司人格否认诉讼,请求公司股东对公司债务承担连带责任的,人民法院应当向债权人释明,告知其追加公司为共同被告。债权人拒绝追加的,人民法院应当裁定驳回起诉。

(五)关于有限责任公司清算义务人的责任

关于有限责任公司股东清算责任的认定,一些案件的处理结果不适当地扩大了股东的清算责任。特别是实践中出现了一些职业债权人,从其他债权人处大批量超低价收购僵尸企业的"陈年旧账"后,对批量僵尸企业提起强制清算之诉,在获得人民法院对公司主要财产、账册、重要文件等灭失的认定后,根据公司法司法解释(二)第18条第2款的规定,请求有限责任公司的股东对公司债务承担连带清偿责任。有的人民法院没有准确把握上述规定的适用条件,判决没有"怠于履行义务"的小股东或者虽"怠于履行义务"但与公司主要财产、账册、重要文件等灭失没有因果关系的小股东对公司债务承担远远超过其出资数额的责任,导致出现利益明显失衡的现象。需要明确的是,上述司法解释关于有限责任公司股东清算责任的规定,其性质是因股东怠于履行清算义务致使公司无法清算所应当承担的侵权责任。在认定有限责任公司股东是否应当对债权人承担侵权赔偿责任时,应当注意以下问题:

14.【怠于履行清算义务的认定】公司法司法解释(二)第18条第2款规定的"怠于履行义务",是指有限责任公司的股东在法定清算事由出现后,在能够履行清算义务的情况下,故意拖延、拒绝履行清算义务，或者因过失导致无法进行清算的消极行为。股东举证证明其已经为履行清算义务采取了积极措施，或者小股东举证证明其既不是公司董事会或者监事会成员，也没有选派人员担任该机关成员，且从未参与公司经营管理，以不构成"怠于履行义务"为由，主张其不应当对公司债务承担连带清偿责任的，人民法院依法予以支持。

15.【因果关系抗辩】有限责任公司的股东举证证明其"怠于履行义务"的消极不作为与"公司主要财产、账册、重要文件等灭失，无法进行清算"的结果之间没有因果关系，主张其不应对公司债务承担连带清偿责任的，人民法院依法予以支持。

16.【诉讼时效期间】公司债权人请求股东对公司债务承担连带清偿责任，股东以公司债权人对公司的债权已经超过诉讼时效期间为由抗辩，经查证属实的，人民法院依法予以支持。

公司债权人以公司法司法解释(二)第18条第2款为依据，请求有限责任公司的股东对公司债务承担连带清偿责任的，诉讼时效期间自公司债权人知道或者应当知道公司无法进行清算之日起计算。

(六)关于公司为他人提供担保

关于公司为他人提供担保的合同效力问题，审判实践中裁判尺度不统一，严重影响了司法公信力，有必要予以规范。对此，应当把握以下几点：

17.【违反《公司法》第16条构成越权代表】为防止法定代表人随意代表公司为他人提供担保给公司造成损失，损害中小股东利益，《公司法》第16条对法定代表人的代表权进行了限制。根据该条规定，担保行为不是法定代表人所能单独决定的事项，而必须以公司股东(大)会、董事会等公司机关的决议作为授权的基础和来源。法定代表人未经授权擅自为他人提供担保的，构成越权代表，人民法院应当根据《合同法》第50条关于法定代表人越权代表的规定，区分订立合同时债权人是否善意分别认定合同效力：债权人善意的，合同有效；反之，合同无效。

18.【善意的认定】前条所称的善意，是指债权人不知道或者不应当知道法定代表人超越权限订立担保合同。《公司法》第16条对关联担保和非关联担保的决议机关作出了区别规定，相应地，在善意的判断标准上也应当有所区别。一种情形是，为公司股东或者实际控制人提供关联担保，《公司法》第16条明确规定必须由股东(大)会决议，未经股东(大)会决议，构成越权代表。在此情况下，债权人主张担保合同有效，应当提供证据证明其在订立合同时对股东(大)会决议进行了审查，决议的表决程序符合《公司法》第16条的规定，即在排除被担保股东表决权的情况下，该项表决由出席会议的其他股东所持表决权的过半数通过，签字人员也符合公司章程的规定。另一种情形是，公司为公司股东或者实际控制人以外的人提供非关联担保，根据《公司法》第16条的规定，此时由公司章程规定是由董事会决议还是股东(大)会决议。无论章程是否对决议机关作出规定，也无论章程规定决议机关为董事会还是股东(大)会，根据《民法总则》第61条第3款关于"法人章程或者法人权力机构对法定代表人代表权的限制，不得对抗善意相对人"的规定，只要债权人能够证明其在订立担保合同时对董事会决议或者股东(大)会决议进行了审查，同意决议的人数及签字人员符合公司章程的规定，就应当认定其构成善意，但公司能够证明债权人明知公司章程对决议机关有明确规定的除外。

债权人对公司机关决议内容的审查一般限于形式审查，只要求尽到必要的注意义务即可，标准不宜太过严苛。公司以机关决议系法定代表人伪造或者变造、决议程序违法、签章(名)不实、担保金额超过法定限额等事由抗辩债权人非善意的，人民法院一般不予支持。但是，公司有证据证明债权人明知决议系伪造或者变造的除外。

19.【无须机关决议的例外情况】存在下列情形的，即便债权人知道或者应当知道没有公司机关决议，也应当认定担保合同符合公司的真实意思表示，合同有效：

(1)公司是以为他人提供担保为主营业务的担保公司，或者是开展保函业务的银行或者非银行金融机构；

(2)公司为其直接或者间接控制的公司开展经营活动向债权人提供担保；

(3)公司与主债务人之间存在相互担保等商业合作关系；

(4)担保合同系由单独或者共同持有公司三分之二以上有表决权的股东签字同意。

20.【越权担保的民事责任】依据前述3条规定，担保合同有效，债权人请求公司承担担保责任的，人民法院依法予以支持；担保合同无效，债权人请求公司承担担保责任的，人民法院不予支持，但可以按照担保法及有关司法解释关于担保无效的规定处理。公司举证证明债权人明知法定代表人超越权限或者机关决议系伪造或者变造，债权人请求公司承担合同无效后的民事责任的，人民法院不予支持。

21.【权利救济】法定代表人的越权担保行为给公司造成损失，公司请求法定代表人承担赔偿责任的，人民法院依法予以支持。公司没有提起诉讼，股东依据《公司法》第151条的规定请求法定代表人承担赔偿责任的，人民法院依法予以支持。

22.【上市公司为他人提供担保】债权人根据上市公司公开披露的关于担保事项已经董事会或者股东大会决议通过的信息订立的担保合同，人民法院应当认定有效。

23.【债务加入准用担保规则】法定代表人以公司名义与债务人约定加入债务并通知债权人或者向债权人表示愿意加入债务，该约定的效力问题，参照本纪要关于公司为他人提供担保的有关规则处理。

（七）关于股东代表诉讼

24.【何时成为股东不影响起诉】股东提起股东代表诉讼，被告以行为发生时原告尚未成为公司股东为由抗辩该股东不是适格原告的，人民法院不予支持。

25.【正确适用前置程序】根据《公司法》第151条的规定，股东提起代表诉讼的前置程序之一是，股东必须先书面请求公司有关机关向人民法院提起诉讼。一般情况下，股东没有履行该前置程序的，应当驳回起诉。但是，该项前置程序针对的是公司治理的一般情况，即在股东向公司有关机关提出书面申请之时，存在公司有关机关提起诉讼的可能性。如果查明的相关事实表明，根本不存在该种可能性的，人民法院不应当以原告未履行前置程序为由驳回起诉。

26.【股东代表诉讼的反诉】股东依据《公司法》第151条第3款的规定提起股东代表诉讼后，被告以原告股东恶意起诉侵犯其合法权益为由提起反诉的，人民法院应予受理。被告以公司在案涉纠纷中应当承担侵权或者违约等责任为由对公司提出的反诉，因不符合反诉的要件，人民法院应当裁定不予受理；已经受理的，裁定驳回起诉。

27.【股东代表诉讼的调解】公司是股东代表诉讼的最终受益人，为避免因原告股东与被告通过调解损害公司利益，人民法院应当审查调解协议是否为公司的意思。只有在调解协议经公司股东（大）会、董事会决议通过后，人民法院才能出具调解书予以确认。至于具体决议机关，取决于公司章程的规定。公司章程没有规定的，人民法院应当认定公司股东（大）会为决议机关。

（八）其他问题

28.【实际出资人显名的条件】实际出资人能够提供证据证明有限责任公司过半数的其他股东知道其实际出资的事实，且对其实际行使股东权利未曾提出异议的，对实际出资人提出的登记为公司股东的请求，人民法院依法予以支持。公司以实际出资人的请求不符合公司法司法解释（三）第24条的规定为由抗辩的，人民法院不予支持。

29.【请求召开股东（大）会不可诉】公司召开股东（大）会本质上属于公司内部治理范围。股东请求判令公司召开股东（大）会的，人民法院应当告知其按照《公司法》第40条或者第101条规定的程序自行召开。股东坚持起诉的，人民法院应当裁定不予受理；已经受理的，裁定驳回起诉。

三、关于合同纠纷案件的审理

会议认为，合同是市场化配置资源的主要方式，合同纠纷也是民商事纠纷的主要类型。人民法院在审理合同纠纷案件时，要坚持鼓励交易原则，充分尊重当事人的意思自治。要依法审慎认定合同效力。要根据诚实信用原则，合理解释合同条款、确定履行内容，合理确定当事人的权利义务关系，审慎适用合同解除制度，依法调整过高的违约金，强化对守约者诚信行为的保护力度，提高违法违约成本，促进诚信社会构建。

（一）关于合同效力

人民法院在审理合同纠纷案件过程中，要依职权审查合同是否存在无效的情形，注意无效与可撤销、未生效、效力待定等合同效力形态之间的区别，准确认定合同效力，并根据效力的不同情形，结合当事人的诉讼请求，确定相应的民事责任。

30.【强制性规定的识别】合同法施行后，针对一些人民法院动辄以违反法律、行政法规的强制性规定为由认定合同无效，不当扩大无效合同范围的情形，合同法司法解释（二）第14条将《合同法》第52条第5项规定的“强制性规定”明确限于“效力性强制性规定”。此后,《最高人民法院关于当前形势下审理民商事合同纠纷案件若干问题的指导意见》进一步提出了“管理性强制性规定”的概念,指出违反管理性强制性规定的,人民法院应当根据具体情形认定合同效力。随着这一概念的提出,审判实践中又出现了另一种倾向,有的人民法院认为凡是行政管理性质的强制性规定都属于“管理性强制性规定”,不影响合同效力。这种望文生义的认定方法,应予纠正。

人民法院在审理合同纠纷案件时,要依据《民法总则》第153条第1款和合同法司法解释(二)第14条的规定慎重判断“强制性规定”的性质,特别是要在考量强制性规定所保护的法益类型、违法行为的法律后果以及交易安全保护等因素的基础上认定其性质,并在裁判文书中充分说明理由。下列强制性规定,应当认定为“效力性强制性规定”:强制性规定涉及金融安全、市场秩序、国家宏观政策等公序良俗的;交易标的禁止买卖的,如禁止人体器官、毒品、枪支等买卖;违反特许经营规定的,如场外配资合同;交易方式严重违法的,如违反招投标等竞争性缔约方式订立的合同;交易场所违法的,如在批准的交易场所之外进行期货交易。关于经营范围、交易时间、交易数量等行政管理性质的强制性规定,一般应当认定为“管理性强制性规定”。

31.【违反规章的合同效力】违反规章一般情况下不影响合同效力,但该规章的内容涉及金融安全、市场秩序、国家宏观政策等公序良俗的,应当认定合同无效。人民法院在认定规章是否涉及公序良俗时,要在考察规范对象基础上,兼顾监管强度、交易安全保护以及社会影响等方面进行慎重考量,并在裁判文书中进行充分说理。

32.【合同不成立、无效或者被撤销的法律后果】《合同法》第58条就合同无效或者被撤销时的财产返还责任和损害赔偿责任作了规定,但未规定合同不成立的法律后果。考虑到合同不成立时也可能发生财产返还和损害赔偿责任问题,故应当参照适用该条的规定。

在确定合同不成立、无效或者被撤销后财产返还或者折价补偿范围时,要根据诚实信用原则的要求,在当事人之间合理分配,不能使不诚信的当事人因合同不成立、无效或者被撤销而获益。合同不成立、无效或者被撤销情况下,当事人所承担的缔约过失责任不应超过合同履行利益。比如,依据《最高人民法院关于审理建设工程施工合同纠纷案件适用法律问题的解释》第2条规定,建设工程施工合同无效,在建设工程经竣工验收合格情况下,可以参照合同约定支付工程款,但除非增加了合同约定之外新的工程项目,一般不应超出合同约定支付工程款。

33.【财产返还与折价补偿】合同不成立、无效或者被撤销后,在确定财产返还时,要充分考虑财产增值或者贬值的因素。双务合同不成立、无效或者被撤销后,双方因该合同取得财产的,应当相互返还。应予返还的股权、房屋等财产相对于合同约定价款出现增值或者贬值的,人民法院要综合考虑市场因素、受让人的经营或者添附等行为与财产增值或者贬值之间的关联性,在当事人之间合理分配或者分担,避免一方因合同不成立、无效或者被撤销而获益。在标的物已经灭失、转售他人或者其他无法返还的情况下,当事人主张返还原物的,人民法院不予支持,但其主张折价补偿的,人民法院依法予以支持。折价时,应当以当事人交易时约定的价款为基础,同时考虑当事人在标的物灭失或者转售时的获益情况综合确定补偿标准。标的物灭失时当事人获得的保险金或者其他赔偿金,转售时取得的对价,均属于当事人因标的物而获得的利益。对获益高于或者低于价款的部分,也应当在当事人之间合理分配或者分担。

34.【价款返还】双务合同不成立、无效或者被撤销时,标的物返还与价款返还互为对待给付,双方应当同时返还。关于应否支付利息问题,只要一方对标的物有使用情形的,一般应当支付使用费,该费用可与占有价款一方应当支付的资金占用费相互抵销,故在一方返还原物前,另一方仅须支付本金,而无须支付利息。

35.【损害赔偿】合同不成立、无效或者被撤销时,仅返还财产或者折价补偿不足以弥补损失,一方还可以向有过错的另一方请求损害赔偿。在确定损害赔偿范围时,既要根据当事人的过错程度合理确定责任,又要考虑在确定财产返还范围时已经考虑过的财产增值或者贬值因素,避免双重获利或者双重受损的现象发生。

36.【合同无效时的释明问题】在双务合同中,原告起诉请求确认合同有效并请求继续履行合同,被告主张合同无效的,或者原告起诉请求确认合同无效并返还财产,而被告主张合同有效的,都要防止机械适用"不告不理"原则，仅就当事人的诉讼请求进行审理，而应向原告释明变更或者增加诉讼请求，或者向被告释明提出同时履行抗辩，尽可能一次性解决纠纷。例如，基于合同有给付行为的原告请求确认合同无效，但并未提出返还原物或者折价补偿、赔偿损失等请求的，人民法院应当向其释明，告知其一并提出相应诉讼请求；原告请求确认合同无效并要求被告返还原物或者赔偿损失，被告基于合同也有给付行为的，人民法院同样应当向被告释明，告知其也可以提出返还请求；人民法院经审理认定合同无效的，除了要在判决书"本院认为"部分对同时返还作出认定外，还应当在判项中作出明确表述，避免因判令单方返还而出现不公平的结果。

第一审人民法院未予释明，第二审人民法院认为应当对合同不成立、无效或者被撤销的法律后果作出判决的，可以直接释明并改判。当然，如果返还财产或者赔偿损失的范围确实难以确定或者双方争议较大的，也可以告知当事人通过另行起诉等方式解决，并在裁判文书中予以明确。

当事人按照释明变更诉讼请求或者提出抗辩的，人民法院应当将其归纳为案件争议焦点，组织当事人充分举证、质证、辩论。

37.【未经批准合同的效力】法律、行政法规规定某类合同应当办理批准手续生效的，如商业银行法、证券法、保险法等法律规定购买商业银行、证券公司、保险公司5%以上股权须经相关主管部门批准，依据《合同法》第44条第2款的规定，批准是合同的法定生效条件，未经批准的合同因欠缺法律规定的特别生效条件而未生效。实践中的一个突出问题是，把未生效合同认定为无效合同，或者虽认定为未生效，却按无效合同处理。无效合同从本质上来说是欠缺合同的有效要件，或者具有合同无效的法定事由，自始不发生法律效力。而未生效合同已具备合同的有效要件，对双方具有一定的拘束力，任何一方不得擅自撤回、解除、变更，但因欠缺法律、行政法规规定或当事人约定的特别生效条件，在该生效条件成就前，不能产生请求对方履行合同主要权利义务的法律效力。

38.【报批义务及相关违约条款独立生效】须经行政机关批准生效的合同，对报批义务及未履行报批义务的违约责任等相关内容作出专门约定的，该约定独立生效。一方因另一方不履行报批义务，请求解除合同并请求其承担合同约定的相应违约责任的，人民法院依法予以支持。

39.【报批义务的释明】须经行政机关批准生效的合同，一方请求另一方履行合同主要权利义务的，人民法院应当向其释明，将诉讼请求变更为请求履行报批义务。一方变更诉讼请求的，人民法院依法予以支持；经释明后当事人拒绝变更的，应当驳回其诉讼请求，但不影响其另行提起诉讼。

40.【判决履行报批义务后的处理】人民法院判决一方履行报批义务后，该当事人拒绝履行，经人民法院强制执行仍未履行，对方请求其承担合同违约责任的，人民法院依法予以支持。一方依据判决履行报批义务，行政机关予以批准，合同发生完全的法律效力，其请求对方履行合同的，人民法院依法予以支持；行政机关没有批准，合同不具有法律上的可履行性，一方请求解除合同的，人民法院依法予以支持。

41.【盖章行为的法律效力】司法实践中，有些公司有意刻制两套甚至多套公章，有的法定代表人或者代理人甚至私刻公章，订立合同时恶意加盖非备案的公章或者假公章，发生纠纷后法人以加盖的是假公章为由否定合同效力的情形并不鲜见。人民法院在审理案件时，应当主要审查签约人于盖章之时有无代表权或者代理权，从而根据代表或者代理的相关规则来确定合同的效力。

法定代表人或者其授权之人在合同上加盖法人公章的行为，表明其是以法人名义签订合同，除《公司法》第16条等法律对其职权有特别规定的情形外，应当由法人承担相应的法律后果。法人以法定代表人事后已无代表权、加盖的是假章、所盖之章与备案公章不一致等为由否定合同效力的，人民法院不予支持。

代理人以被代理人名义签订合同，要取得合法授权。代理人取得合法授权后，以被代理人名义签订的合同，应当由被代理人承担责任。被代理人以代理人事后已无代理权、加盖的是假章、所盖之章与备案公章不一致等为由否定合同效力的，人民法院不予支持。

42.【撤销权的行使】撤销权应当由当事人行使。当事人未请求撤销的，人民法院不应当依职权撤销合同。一方请求另一方履行合同，另一方以合同具有可撤销事由提出抗辩的，人民法院应当在审查合同是否具有可撤销事由以及是否超过法定期间等事实的基础上,对合同是否可撤销作出判断,不能仅以当事人未提起诉讼或者反诉为由不予审查或者不予支持。一方主张合同无效,依据的却是可撤销事由,此时人民法院应当全面审查合同是否具有无效事由以及当事人主张的可撤销事由。当事人关于合同无效的事由成立的,人民法院应当认定合同无效。当事人主张合同无效的理由不成立,而可撤销的事由成立的,因合同无效和可撤销的后果相同,人民法院也可以结合当事人的诉讼请求,直接判决撤销合同。

(二)关于合同履行与救济

在认定以物抵债协议的性质和效力时,要根据订立协议时履行期限是否已经届满予以区别对待。合同解除、违约责任都是非违约方寻求救济的主要方式,人民法院在认定合同应否解除时,要根据当事人有无解除权、是约定解除还是法定解除等不同情形,分别予以处理。在确定违约责任时,尤其要注意依法适用违约金调整的相关规则,避免简单地以民间借贷利率的司法保护上限作为调整依据。

43.【抵销】抵销权既可以通知的方式行使,也可以提出抗辩或者提起反诉的方式行使。抵销的意思表示自到达对方时生效,抵销一经生效,其效力溯及自抵销条件成就之时,双方互负的债务在同等数额内消灭。双方互负的债务数额,是截至抵销条件成就之时各自负有的包括主债务、利息、违约金、赔偿金等在内的全部债务数额。行使抵销权一方享有的债权不足以抵销全部债务数额,当事人对抵销顺序又没有特别约定的,应当根据实现债权的费用、利息、主债务的顺序进行抵销。

44.【履行期届满后达成的以物抵债协议】当事人在债务履行期限届满后达成以物抵债协议,抵债物尚未交付债权人,债权人请求债务人交付的,人民法院要着重审查以物抵债协议是否存在恶意损害第三人合法权益等情形,避免虚假诉讼的发生。经审查,不存在以上情况,且无其他无效事由的,人民法院依法予以支持。

当事人在一审程序中因达成以物抵债协议申请撤回起诉的,人民法院可予准许。当事人在二审程序中申请撤回上诉的,人民法院应当告知其申请撤回起诉。当事人申请撤回起诉,经审查不损害国家利益、社会公共利益、他人合法权益的,人民法院可予准许。当事人不申请撤回起诉,请求人民法院出具调解书对以物抵债协议予以确认的,因债务人完全可以立即履行该协议,没有必要由人民法院出具调解书,故人民法院不应准许,同时应当继续对原债权债务关系进行审理。

45.【履行期届满前达成的以物抵债协议】当事人在债务履行期届满前达成以物抵债协议,抵债物尚未交付债权人,债权人请求债务人交付的,因此种情况不同于本纪要第71条规定的让与担保,人民法院应当向其释明,其应当根据原债权债务关系提起诉讼。经释明后当事人仍拒绝变更诉讼请求的,应当驳回其诉讼请求,但不影响其根据原债权债务关系另行提起诉讼。

46.【通知解除的条件】审判实践中,部分人民法院对合同法司法解释(二)第24条的理解存在偏差,认为不论发出解除通知的一方有无解除权,只要另一方未在异议期限内以起诉方式提出异议,就判令解除合同,这不符合合同法关于合同解除权行使的有关规定。对该条的准确理解是,只有享有法定或者约定解除权的当事人才能以通知方式解除合同。不享有解除权的一方向另一方发出解除通知,另一方即便未在异议期限内提起诉讼,也不发生合同解除的效果。人民法院在审理案件时,应当审查发出解除通知的一方是否享有约定或者法定的解除权来决定合同应否解除,不能仅以受通知一方在约定或者法定的异议期限届满内未起诉这一事实就认定合同已经解除。

47.【约定解除条件】合同约定的解除条件成就时,守约方以此为由请求解除合同的,人民法院应当审查违约方的违约程度是否显著轻微,是否影响守约方合同目的的实现,根据诚实信用原则,确定合同应否解除。违约方的违约程度显著轻微,不影响守约方合同目的的实现,守约方请求解除合同的,人民法院不予支持;反之,则依法予以支持。

48.【违约方起诉解除】违约方不享有单方解除合同的权利。但是,在一些长期性合同如房屋租赁合同履行过程中,双方形成合同僵局,一概不允许违约方通过起诉的方式解除合同,有时对双方都不利。在此前提下,符合下列条件,违约方起诉请求解除合同的,人民法院依法予以支持:

(1)违约方不存在恶意违约的情形;

(2)违约方继续履行合同,对其显失公平;

(3)守约方拒绝解除合同,违反诚实信用原则。

人民法院判决解除合同的,违约方本应当承担的违约责任不能因解除合同而减少或者免除。

49.【合同解除的法律后果】合同解除时，一方依据合同中有关违约金、约定损害赔偿的计算方法、定金责任等违约责任条款的约定，请求另一方承担违约责任的，人民法院依法予以支持。

双务合同解除时人民法院的释明问题，参照本纪要第36条的相关规定处理。

50.【违约金过高标准及举证责任】认定约定违约金是否过高，一般应当以《合同法》第113条规定的损失为基础进行判断，这里的损失包括合同履行后可以获得的利益。除借款合同外的双务合同，作为对价的价款或者报酬给付之债，并非借款合同项下的还款义务，不能以受法律保护的民间借贷利率上限作为判断违约金是否过高的标准，而应当兼顾合同履行情况、当事人过错程度以及预期利益等因素综合确定。主张违约金过高的违约方应当对违约金是否过高承担举证责任。

（三）关于借款合同

人民法院在审理借款合同纠纷案件过程中，要根据防范化解重大金融风险、金融服务实体经济、降低融资成本的精神，区别对待金融借贷与民间借贷，并适用不同规则与利率标准。要依法否定高利转贷行为、职业放贷行为的效力，充分发挥司法的示范、引导作用，促进金融服务实体经济。要注意到，为深化利率市场化改革，推动降低实体利率水平，自2019年8月20日起，中国人民银行已经授权全国银行间同业拆借中心于每月20日（遇节假日顺延）9时30分公布贷款市场报价利率（LPR），中国人民银行贷款基准利率这一标准已经取消。因此，自此之后人民法院裁判贷款利息的基本标准应改为全国银行间同业拆借中心公布的贷款市场报价利率。应予注意的是，贷款利率标准尽管发生了变化，但存款基准利率并未发生相应变化，相关标准仍可适用。

51.【变相利息的认定】金融借款合同纠纷中，借款人认为金融机构以服务费、咨询费、顾问费、管理费等为名变相收取利息，金融机构或者由其指定的人收取的相关费用不合理的，人民法院可以根据提供服务的实际情况确定借款人应否支付或者酌减相关费用。

52.【高利转贷】民间借贷中，出借人的资金必须是自有资金。出借人套取金融机构信贷资金又高利转贷给借款人的民间借贷行为，既增加了融资成本，又扰乱了信贷秩序，根据民间借贷司法解释第14条第1项的规定，应当认定此类民间借贷行为无效。人民法院在适用该条规定时，应当注意把握以下几点：一是要审查出借人的资金来源。借款人能够举证证明在签订借款合同时出借人尚欠银行贷款未还的，一般可以推定为出借人套取信贷资金，但出借人能够举反证予以推翻的除外；二是从宽认定“高利”转贷行为的标准，只要出借人通过转贷行为牟利的，就可以认定为是“高利”转贷行为；三是对该条规定的“借款人事先知道或者应当知道的”要件，不宜把握过苛。实践中，只要出借人在签订借款合同时存在尚欠银行贷款未还事实的，一般可以认为满足了该条规定的“借款人事先知道或者应当知道”这一要件。

53.【职业放贷人】未依法取得放贷资格的以民间借贷为业的法人，以及以民间借贷为业的非法人组织或者自然人从事的民间借贷行为，应当依法认定无效。同一出借人在一定期间内多次反复从事有偿民间借贷行为的，一般可以认定为是职业放贷人。民间借贷比较活跃的地方的高级人民法院或者经其授权的中级人民法院，可以根据本地区的实际情况制定具体的认定标准。

四、关于担保纠纷案件的审理

会议认为，要注意担保法及其司法解释与物权法对独立担保、混合担保、担保期间等有关制度的不同规定，根据新的规定优于旧的规定的法律适用规则，优先适用物权法的规定。从属性是担保的基本属性，要慎重认定独立担保行为的效力，将其严格限定在法律或者司法解释明确规定的情形。要根据区分原则，准确认定担保合同效力。要坚持物权法定、公示公信原则，区分不动产与动产担保物权在物权变动、效力规则等方面的异同，准确适用法律。要充分发挥担保对缓解融资难融资贵问题的积极作用，不轻易否定新类型担保、非典型担保的合同效力及担保功能。

（一）关于担保的一般规则

54.【独立担保】从属性是担保的基本属性，但由银行或者非银行金融机构开立的独立保函除外。独立保函纠纷案件依据《最高人民法院关于审理独立保函纠纷案件若干问题的规定》处理。需要进一步明确的是：凡是由银行或者非银行金融机构开立的符合该司法解释第1条、第3条规定情形的保函,无论是用于国际商事交易还是用于国内商事交易,均不影响保函的效力。银行或者非银行金融机构之外的当事人开立的独立保函,以及当事人有关排除担保从属性的约定,应当认定无效。但是,根据“无效法律行为的转换”原理,在否定其独立担保效力的同时,应当将其认定为从属性担保。此时,如果主合同有效,则担保合同有效,担保人与主债务人承担连带保证责任。主合同无效,则该所谓的独立担保也随之无效,担保人无过错的,不承担责任;担保人有过错的,其承担民事责任的部分,不应超过债务人不能清偿部分的三分之一。

55.【担保责任的范围】担保人承担的担保责任范围不应当大于主债务,是担保从属性的必然要求。当事人约定的担保责任的范围大于主债务的,如针对担保责任约定专门的违约责任、担保责任的数额高于主债务、担保责任约定的利息高于主债务利息、担保责任的履行期先于主债务履行期届满,等等,均应当认定大于主债务部分的约定无效,从而使担保责任缩减至主债务的范围。

56.【混合担保中担保人之间的追偿问题】被担保的债权既有保证又有第三人提供的物的担保的,担保法司法解释第38条明确规定,承担了担保责任的担保人可以要求其他担保人清偿其应当分担的份额。但《物权法》第176条并未作出类似规定,根据《物权法》第178条关于“担保法与本法的规定不一致的,适用本法”的规定,承担了担保责任的担保人向其他担保人追偿的,人民法院不予支持,但担保人在担保合同中约定可以相互追偿的除外。

57.【借新还旧的担保物权】贷款到期后,借款人与贷款人订立新的借款合同,将新贷用于归还旧贷,旧贷因清偿而消灭,为旧贷设立的担保物权也随之消灭。贷款人以旧贷上的担保物权尚未进行涂销登记为由,主张对新贷行使担保物权的,人民法院不予支持,但当事人约定继续为新贷提供担保的除外。

58.【担保债权的范围】以登记作为公示方式的不动产担保物权的担保范围,一般应当以登记的范围为准。但是,我国目前不动产担保物权登记,不同地区的系统设置及登记规则并不一致,人民法院在审理案件时应当充分注意制度设计上的差别,作出符合实际的判断:一是多数省区市的登记系统未设置“担保范围”栏目,仅有“被担保主债权数额(最高债权数额)”的表述,且只能填写固定数字。而当事人在合同中又往往约定担保物权的担保范围包括主债权及其利息、违约金等附属债权,致使合同约定的担保范围与登记不一致。显然,这种不一致是由于该地区登记系统设置及登记规则造成的该地区的普遍现象。人民法院以合同约定认定担保物权的担保范围,是符合实际的妥当选择。二是一些省区市不动产登记系统设置与登记规则比较规范,担保物权登记范围与合同约定一致在该地区是常态或者普遍现象,人民法院在审理案件时,应当以登记的担保范围为准。

59.【主债权诉讼时效届满的法律后果】抵押权人应当在主债权的诉讼时效期间内行使抵押权。抵押权人在主债权诉讼时效届满前未行使抵押权,抵押人在主债权诉讼时效届满后请求涂销抵押权登记的,人民法院依法予以支持。

以登记作为公示方法的权利质权,参照适用前款规定。

(二)关于不动产担保物权

60.【未办理登记的不动产抵押合同的效力】不动产抵押合同依法成立,但未办理抵押登记手续,债权人请求抵押人办理抵押登记手续的,人民法院依法予以支持。因抵押物灭失以及抵押物转让他人等原因不能办理抵押登记,债权人请求抵押人以抵押物的价值为限承担责任的,人民法院依法予以支持,但其范围不得超过抵押权有效设立时抵押人所应当承担的责任。

61.【房地分别抵押】根据《物权法》第182条之规定,仅以建筑物设定抵押的,抵押权的效力及于占用范围内的土地;仅以建设用地使用权抵押的,抵押权的效力亦及于其上的建筑物。在房地分别抵押,即建设用地使用权抵押给一个债权人,而其上的建筑物又抵押给另一个人的情况下,可能产生两个抵押权的冲突问题。基于“房地一体”规则,此时应当将建筑物和建设用地使用权视为同一财产,从而依照《物权法》第199条的规定确定清偿顺序:登记在先的先清偿;同时登记的,按照债权比例清偿。同一天登记的,视为同时登记。应予注意的是,根据《物权法》第200条的规定,建设用地使用权抵押后,该土地上新增的建筑物不属于抵押财产。

62.【抵押权随主债权转让】抵押权是从属于主合同的从权利,根据“从随主”规则,债权转让的，除法律另有规定或者当事人另有约定外，担保该债权的抵押权一并转让。受让人向抵押人主张行使抵押权，抵押人以受让人不是抵押合同的当事人、未办理变更登记等为由提出抗辩的，人民法院不予支持。

(三)关于动产担保物权

63.【流动质押的设立与监管人的责任】在流动质押中，经常由债权人、出质人与监管人订立三方监管协议，此时应当查明监管人究竟是受债权人的委托还是受出质人的委托监管质物，确定质物是否已经交付债权人，从而判断质权是否有效设立。如果监管人系受债权人的委托监管质物，则其是债权人的直接占有人，应当认定完成了质物交付，质权有效设立。监管人违反监管协议约定，违规向出质人放货、因保管不善导致质物毁损灭失，债权人请求监管人承担违约责任的，人民法院依法予以支持。

如果监管人系受出质人委托监管质物，表明质物并未交付债权人，应当认定质权未有效设立。尽管监管协议约定监管人系受债权人的委托监管质物，但有证据证明其并未履行监管职责，质物实际上仍由出质人管领控制的，也应当认定质物并未实际交付，质权未有效设立。此时，债权人可以基于质押合同的约定请求质押人承担违约责任，但其范围不得超过质权有效设立时质押人所应当承担的责任。监管人未履行监管职责的，债权人也可以请求监管人承担违约责任。

64.【浮动抵押的效力】企业将其现有的以及将有的生产设备、原材料、半成品及产品等财产设定浮动抵押后，又将其中的生产设备等部分财产设定了动产抵押，并都办理了抵押登记的，根据《物权法》第199条的规定，登记在先的浮动抵押优先于登记在后的动产抵押。

65.【动产抵押权与质权竞存】同一动产上同时设立质权和抵押权的，应当参照适用《物权法》第199条的规定，根据是否完成公示以及公示先后情况来确定清偿顺序：质权有效设立、抵押权办理了抵押登记的，按照公示先后确定清偿顺序；顺序相同的，按照债权比例清偿；质权有效设立，抵押权未办理抵押登记的，质权优先于抵押权；质权未有效设立，抵押权未办理抵押登记的，因此时抵押权已经有效设立，故抵押权优先受偿。

根据《物权法》第178条规定的精神，担保法司法解释第79条第1款不再适用。

(四)关于非典型担保

66.【担保关系的认定】当事人订立的具有担保功能的合同，不存在法定无效情形的，应当认定有效。虽然合同约定的权利义务关系不属于物权法规定的典型担保类型，但是其担保功能应予肯定。

67.【约定担保物权的效力】债权人与担保人订立担保合同，约定以法律、行政法规未禁止抵押或者质押的财产设定以登记作为公示方法的担保，因无法定的登记机构而未能进行登记的，不具有物权效力。当事人请求按照担保合同的约定就该财产折价、变卖或者拍卖所得价款等方式清偿债务的，人民法院依法予以支持，但对其他权利人不具有对抗效力和优先性。

68.【保兑仓交易】保兑仓交易作为一种新类型融资担保方式，其基本交易模式是，以银行信用为载体、以银行承兑汇票为结算工具、由银行控制货权、卖方(或者仓储方)受托保管货物并以承兑汇票与保证金之间的差额作为担保。其基本的交易流程是：卖方、买方和银行订立三方合作协议，其中买方向银行缴存一定比例的承兑保证金，银行向买方签发以卖方为收款人的银行承兑汇票，买方将银行承兑汇票交付卖方作为货款，银行根据买方缴纳的保证金的一定比例向卖方签发提货单，卖方根据提货单向买方交付对应金额的货物，买方销售货物后，将货款再缴存为保证金。

在三方协议中，一般来说，银行的主要义务是及时签发承兑汇票并按约定方式将其交给卖方，卖方的主要义务是根据银行签发的提货单发货，并在买方未及时销售或者回赎货物时，就保证金与承兑汇票之间的差额部分承担责任。银行为保障自身利益，往往还会约定卖方要将货物交给由其指定的当事人监管，并设定质押，从而涉及监管协议以及流动质押等问题。实践中，当事人还可能在前述基本交易模式基础上另行作出其他约定，只要不违反法律、行政法规的效力性强制性规定，这些约定应当认定有效。

一方当事人因保兑仓交易纠纷提起诉讼的，人民法院应当以保兑仓交易合同作为审理案件的基本依据，但买卖双方没有真实买卖关系的除外。

69.【无真实贸易背景的保兑仓交易】保兑仓交易以买卖双方有真实买卖关系为前提。双方无真实买卖关系的，该交易属于名为保兑仓交易实为借款合同，保兑仓交易因构成虚伪意思表示而无效，被隐藏的借款合同是当事人的真实意思表示，如不存在其他合同无效情形，应当认定有效。保兑仓交易认定为借款合同关系的，不影响卖方和银行之间担保关系的效力，卖方仍应当承担担保责任。

70.【保兑仓交易的合并审理】当事人就保兑仓交易中的不同法律关系的相对方分别或者同时向同一人民法院起诉的，人民法院可以根据民事诉讼法司法解释第221条的规定，合并审理。当事人未起诉某一方当事人的，人民法院可以依职权追加未参加诉讼的当事人为第三人，以便查明相关事实，正确认定责任。

71.【让与担保】债务人或者第三人与债权人订立合同，约定将财产形式上转让至债权人名下，债务人到期清偿债务，债权人将该财产返还给债务人或第三人，债务人到期没有清偿债务，债权人可以对财产拍卖、变卖、折价偿还债权的，人民法院应当认定合同有效。合同如果约定债务人到期没有清偿债务，财产归债权人所有的，人民法院应当认定该部分约定无效，但不影响合同其他部分的效力。

当事人根据上述合同约定，已经完成财产权利变动的公示方式转让至债权人名下，债务人到期没有清偿债务，债权人请求确认财产归其所有的，人民法院不予支持，但债权人请求参照法律关于担保物权的规定对财产拍卖、变卖、折价优先偿还其债权的，人民法院依法予以支持。债务人因到期没有清偿债务，请求对该财产拍卖、变卖、折价偿还所欠债权人合同项下债务的，人民法院亦应依法予以支持。

五、关于金融消费者权益保护纠纷案件的审理

会议认为，在审理金融产品发行人、销售者以及金融服务提供者（以下简称卖方机构）与金融消费者之间因销售各类高风险等级金融产品和为金融消费者参与高风险等级投资活动提供服务而引发的民商事案件中，必须坚持“卖者尽责、买者自负”原则，将金融消费者是否充分了解相关金融产品、投资活动的性质及风险并在此基础上作出自主决定作为应当查明的案件基本事实，依法保护金融消费者的合法权益，规范卖方机构的经营行为，推动形成公开、公平、公正的市场环境和市场秩序。

72.【适当性义务】适当性义务是指卖方机构在向金融消费者推介、销售银行理财产品、保险投资产品、信托理财产品、券商集合理财计划、杠杆基金份额、期权及其他场外衍生品等高风险等级金融产品，以及为金融消费者参与融资融券、新三板、创业板、科创板、期货等高风险等级投资活动提供服务的过程中，必须履行的了解客户、了解产品、将适当的产品（或者服务）销售（或者提供）给适合的金融消费者等义务。卖方机构承担适当性义务的目的是为了确保金融消费者能够在充分了解相关金融产品、投资活动的性质及风险的基础上作出自主决定，并承受由此产生的收益和风险。在推介、销售高风险等级金融产品和提供高风险等级金融服务领域，适当性义务的履行是“卖者尽责”的主要内容，也是“买者自负”的前提和基础。

73.【法律适用规则】在确定卖方机构适当性义务的内容时，应当以合同法、证券法、证券投资基金法、信托法等法律规定的基本原则和国务院发布的规范性文件作为主要依据。相关部门在部门规章、规范性文件中对高风险等级金融产品的推介、销售，以及为金融消费者参与高风险等级投资活动提供服务作出的监管规定，与法律和国务院发布的规范性文件的规定不相抵触的，可以参照适用。

74.【责任主体】金融产品发行人、销售者未尽适当性义务，导致金融消费者在购买金融产品过程中遭受损失的，金融消费者既可以请求金融产品的发行人承担赔偿责任，也可以请求金融产品的销售者承担赔偿责任，还可以根据《民法总则》第167条的规定，请求金融产品的发行人、销售者共同承担连带赔偿责任。发行人、销售者请求人民法院明确各自的责任份额的，人民法院可以在判决发行人、销售者对金融消费者承担连带赔偿责任的同时，明确发行人、销售者在实际承担了赔偿责任后，有权向责任方追偿其应当承担的赔偿份额。

金融服务提供者未尽适当性义务，导致金融消费者在接受金融服务后参与高风险等级投资活动遭受损失的，金融消费者可以请求金融服务提供者承担赔偿责任。

75.【举证责任分配】在案件审理过程中，金融消费者应当对购买产品（或者接受服务）、遭受的损失等事实承担举证责任。卖方机构对其是否履

行了适当性义务承担举证责任。卖方机构不能提供其已经建立了金融产品(或者服务)的风险评估及相应管理制度、对金融消费者的风险认知、风险偏好和风险承受能力进行了测试、向金融消费者告知产品(或者服务)的收益和主要风险因素等相关证据的,应当承担举证不能的法律后果。

76.【告知说明义务】告知说明义务的履行是金融消费者能够真正了解各类高风险等级金融产品或者高风险等级投资活动的投资风险和收益的关键,人民法院应当根据产品、投资活动的风险和金融消费者的实际情况,综合理性人能够理解的客观标准和金融消费者能够理解的主观标准来确定卖方机构是否已经履行了告知说明义务。卖方机构简单地以金融消费者手写了诸如"本人明确知悉可能存在本金损失风险"等内容主张其已经履行了告知说明义务,不能提供其他相关证据的,人民法院对其抗辩理由不予支持。

77.【损失赔偿数额】卖方机构未尽适当性义务导致金融消费者损失的,应当赔偿金融消费者所受的实际损失。实际损失为损失的本金和利息,利息按照中国人民银行发布的同期同类存款基准利率计算。

金融消费者因购买高风险等级金融产品或者为参与高风险投资活动接受服务,以卖方机构存在欺诈行为为由,主张卖方机构应当根据《消费者权益保护法》第55条的规定承担惩罚性赔偿责任的,人民法院不予支持。卖方机构的行为构成欺诈的,对金融消费者提出赔偿其支付金钱总额的利息损失请求,应当注意区分不同情况进行处理:

(1)金融产品的合同文本中载明了预期收益率、业绩比较基准或者类似约定的,可以将其作为计算利息损失的标准;

(2)合同文本以浮动区间的方式对预期收益率或者业绩比较基准等进行约定,金融消费者请求按照约定的上限作为利息损失计算标准的,人民法院依法予以支持;

(3)合同文本虽然没有关于预期收益率、业绩比较基准或者类似约定,但金融消费者能够提供证据证明产品发行的广告宣传资料中载明了预期收益率、业绩比较基准或者类似表述的,应当将宣传资料作为合同文本的组成部分;

(4)合同文本及广告宣传资料中未载明预期收益率、业绩比较基准或者类似表述的,按照全国银行间同业拆借中心公布的贷款市场报价利率计算。

78.【免责事由】因金融消费者故意提供虚假信息、拒绝听取卖方机构的建议等自身原因导致其购买产品或者接受服务不适当,卖方机构请求免除相应责任的,人民法院依法予以支持,但金融消费者能够证明该虚假信息的出具系卖方机构误导的除外。卖方机构能够举证证明根据金融消费者的既往投资经验、受教育程度等事实,适当性义务的违反并未影响金融消费者作出自主决定的,对其关于应当由金融消费者自负投资风险的抗辩理由,人民法院依法予以支持。

六、关于证券纠纷案件的审理

(一)关于证券虚假陈述

会议认为,《最高人民法院关于审理证券市场因虚假陈述引发的民事赔偿案件的若干规定》施行以来,证券市场的发展出现了新的情况,证券虚假陈述纠纷案件的审理对司法能力提出了更高的要求。在案件审理过程中,对于需要借助其他学科领域的专业知识进行职业判断的问题,要充分发挥专家证人的作用,使得案件的事实认定符合证券市场的基本常识和普遍认知或者认可的经验法则,责任承担与侵权行为及其主观过错程度相匹配,在切实维护投资者合法权益的同时,通过民事责任追究实现震慑违法的功能,维护公开、公平、公正的资本市场秩序。

79.【共同管辖的案件移送】原告以发行人、上市公司以外的虚假陈述行为人为被告提起诉讼,被告申请追加发行人或者上市公司为共同被告的,人民法院应予准许。人民法院在追加后发现其他有管辖权的人民法院已先行受理因同一虚假陈述引发的民事赔偿案件的,应当按照民事诉讼法司法解释第36条的规定,将案件移送给先立案的人民法院。

80.【案件审理方式】案件审理方式方面,在传统的"一案一立、分别审理"的方式之外,一些人民法院已经进行了将部分案件合并审理、在示范判决基础上委托调解等改革,初步实现了案件审理的集约化和诉讼经济。在认真总结审判实践经验的基础上,有条件的地方人民法院可以选择个案以《民事诉讼法》第54条规定的代表人诉讼方式进行审理,逐步展开试点工作。就案件审理中涉及的适格原告范围认定、公告通知方式、投资者权利登记、代表人推选、执行款项的发放等具体工作,积极协调相关部门和有关方面,推动信息技术审判辅助平台和常态化、可持续的工作机制建设,保障投资者能够便捷、高效、透明和低成本地维护自身合法权益,为构建符合中国国情的证券民事诉讼制度积累审判经验,培养审判队伍。

81.【立案登记】多个投资者就同一虚假陈述向人民法院提起诉讼,可以采用代表人诉讼方式对案件进行审理的,人民法院在登记立案时可以根据原告起诉状中所描述的虚假陈述的数量、性质及其实施日、揭露日或者更正日等时间节点,将投资者作为共同原告统一立案登记。原告主张被告实施了多个虚假陈述的,可以分别立案登记。

82.【案件甄别及程序决定】人民法院决定采用《民事诉讼法》第54条规定的方式审理案件的,在发出公告前,应当先行就被告的行为是否构成虚假陈述,投资者的交易方向与诱多、诱空的虚假陈述是否一致,以及虚假陈述的实施日、揭露日或者更正日等案件基本事实进行审查。

83.【选定代表人】权利登记的期间届满后,人民法院应当通知当事人在指定期间内完成代表人的推选工作。推选不出代表人的,人民法院可以与当事人商定代表人。人民法院在提出人选时,应当将当事人诉讼请求的典型性和利益诉求的份额等作为考量因素,确保代表行为能够充分、公正地表达投资者的诉讼主张。国家设立的投资者保护机构以自己的名义提起诉讼,或者接受投资者的委托指派工作人员或者委托诉讼代理人参与案件审理活动的,人民法院可以商定该机构或者其代理的当事人作为代表人。

84.【揭露日和更正日的认定】虚假陈述的揭露和更正,是指虚假陈述被市场所知悉、了解,其精确程度并不以"镜像规则"为必要,不要求达到全面、完整、准确的程度。原则上,只要交易市场对监管部门立案调查、权威媒体刊载的揭露文章等信息存在着明显的反应,对一方主张市场已经知悉虚假陈述的抗辩,人民法院依法予以支持。

85.【重大性要件的认定】审判实践中,部分人民法院对重大性要件和信赖要件存在着混淆认识,以行政处罚认定的信息披露违法行为对投资者的交易决定没有影响为由否定违法行为的重大性,应当引起注意。重大性是指可能对投资者进行投资决策具有重要影响的信息,虚假陈述已经被监管部门行政处罚的,应当认为是具有重大性的违法行为。在案件审理过程中,对于一方提出的监管部门作出处罚决定的行为不具有重大性的抗辩,人民法院不予支持,同时应当向其释明,该抗辩并非民商事案件的审理范围,应当通过行政复议、行政诉讼加以解决。

(二)关于场外配资

会议认为,将证券市场的信用交易纳入国家统一监管的范围,是维护金融市场透明度和金融稳定的重要内容。不受监管的场外配资业务,不仅盲目扩张了资本市场信用交易的规模,也容易冲击资本市场的交易秩序。融资融券作为证券市场的主要信用交易方式和证券经营机构的核心业务之一,依法属于国家特许经营的金融业务,未经依法批准,任何单位和个人不得非法从事配资业务。

86.【场外配资合同的效力】从审判实践看,场外配资业务主要是指一些P2P公司或者私募类配资公司利用互联网信息技术,搭建起游离于监管体系之外的融资业务平台,将资金融出方、资金融入方即用资人和券商营业部三方连接起来,配资公司利用计算机软件系统的二级分仓功能将其自有资金或者以较低成本融入的资金出借给用资人,赚取利息收入的行为。这些场外配资公司所开展的经营活动,本质上属于只有证券公司才能依法开展的融资活动,不仅规避了监管部门对融资融券业务中资金来源、投资标的、杠杆比例等诸多方面的限制,也加剧了市场的非理性波动。在案件审理过程中,除依法取得融资融券资格的证券公司与客户开展的融资融券业务外,对其他任何单位或者个人与用资人的场外配资合同,人民法院应当根据《证券法》第142条、合同法司法解释(一)第10条的规定,认定为无效。

87.【合同无效的责任承担】场外配资合同被确认无效后,配资方依场外配资合同的约定,请求用资人向其支付约定的利息和费用的,人民法院不予支持。

配资方依场外配资合同的约定,请求分享用资人因使用配资所产生的收益的,人民法院不予支持。

用资人以其因使用配资导致投资损失为由请求配资方予以赔偿的,人民法院不予支持。用资人能够证明因配资方采取更改密码等方式控制账户使得用资人无法及时平仓止损，并据此请求配资方赔偿其因此遭受的损失的，人民法院依法予以支持。

用资人能够证明配资合同是因配资方招揽、劝诱而订立，请求配资方赔偿其全部或者部分损失的，人民法院应当综合考虑配资方招揽、劝诱行为的方式、对用资人的实际影响、用资人自身的投资经历、风险判断和承受能力等因素，判决配资方承担与其过错相适应的赔偿责任。

七、关于营业信托纠纷案件的审理

会议认为，从审判实践看，营业信托纠纷主要表现为事务管理信托纠纷和主动管理信托纠纷两种类型。在事务管理信托纠纷案件中，对信托公司开展和参与的多层嵌套、通道业务、回购承诺等融资活动，要以其实际构成的法律关系确定其效力，并在此基础上依法确定各方的权利义务。在主动管理信托纠纷案件中，应当重点审查受托人在“受人之托，忠人之事”的财产管理过程中，是否恪尽职守，履行了谨慎、有效管理等法定或者约定义务。

88.【营业信托纠纷的认定】信托公司根据法律法规以及金融监督管理部门的监管规定，以取得信托报酬为目的接受委托人的委托，以受托人身份处理信托事务的经营行为，属于营业信托。由此产生的信托当事人之间的纠纷，为营业信托纠纷。

根据《关于规范金融机构资产管理业务的指导意见》的规定，其他金融机构开展的资产管理业务构成信托关系的，当事人之间的纠纷适用信托法及其他有关规定处理。

89.【资产或者资产收益权转让及回购】信托公司在资金信托成立后，以募集的信托资金受让特定资产或者特定资产收益权，属于信托公司在资金依法募集后的资金运用行为，由此引发的纠纷不应当认定为营业信托纠纷。如果合同中约定由转让方或者其指定的第三方在一定期间后以交易本金加上溢价款等固定价款无条件回购的，无论转让方所转让的标的物是否真实存在、是否实际交付或者过户，只要合同不存在法定无效事由，对信托公司提出的由转让方或者其指定的第三方按约定承担责任的诉讼请求，人民法院依法予以支持。

当事人在相关合同中同时约定采用信托公司受让目标公司股权、向目标公司增资方式并以相应股权担保债权实现的，应当认定在当事人之间成立让与担保法律关系。当事人之间的具体权利义务，根据本纪要第71条的规定加以确定。

90.【劣后级受益人的责任承担】信托文件及相关合同将受益人区分为优先级受益人和劣后级受益人等不同类别，约定优先级受益人以其财产认购信托计划份额，在信托到期后，劣后级受益人负有对优先级受益人从信托财产获得利益与其投资本金及约定收益之间的差额承担补足义务，优先级受益人请求劣后级受益人按照约定承担责任的，人民法院依法予以支持。

信托文件中关于不同类型受益人权利义务关系的约定，不影响受益人与受托人之间信托法律关系的认定。

91.【增信文件的性质】信托合同之外的当事人提供第三方差额补足、代为履行到期回购义务、流动性支持等类似承诺文件作为增信措施，其内容符合法律关于保证的规定的，人民法院应当认定当事人之间成立保证合同关系。其内容不符合法律关于保证的规定的，依据承诺文件的具体内容确定相应的权利义务关系，并根据案件事实情况确定相应的民事责任。

92.【保底或者刚兑条款无效】信托公司、商业银行等金融机构作为资产管理产品的受托人与受益人订立的含有保证本息固定回报、保证本金不受损失等保底或者刚兑条款的合同，人民法院应当认定该条款无效。受益人请求受托人对其损失承担与其过错相适应的赔偿责任的，人民法院依法予以支持。

实践中，保底或者刚兑条款通常不在资产管理产品合同中明确约定，而是以“抽屉协议”或者其他方式约定，不管形式如何，均应认定无效。

93.【通道业务的效力】当事人在信托文件中约定，委托人自主决定信托设立、信托财产运用对象、信托财产管理运用处分方式等事宜，自行承担信托资产的风险管理责任和相应风险损失，受托人仅提供必要的事务协助或者服务，不承担主动管理职责的，应当认定为通道业务。《中国人民银行、中国银行保险监督管理委员会、中国证券监督管理委员会、国家外汇管理局关于规范金融机构资产管理业务的指导意见》第22条在规定“金融机构不得为其他金融机构的资产管理产品提供规避投资范围、杠杆约束等监管要求的通道服务”的同时,也在第29条明确按照“新老划断”原则,将过渡期设置为截止2020年底,确保平稳过渡。在过渡期内,对通道业务中存在的利用信托通道掩盖风险,规避资金投向、资产分类、拨备计提和资本占用等监管规定,或者通过信托通道将表内资产虚假出表等信托业务,如果不存在其他无效事由,一方以信托目的违法违规为由请求确认无效的,人民法院不予支持。至于委托人和受托人之间的权利义务关系,应当依据信托文件的约定加以确定。

94.【受托人的举证责任】资产管理产品的委托人以受托人未履行勤勉尽责、公平对待客户等义务损害其合法权益为由,请求受托人承担损害赔偿责任的,应当由受托人举证证明其已经履行了义务。受托人不能举证证明,委托人请求其承担相应赔偿责任的,人民法院依法予以支持。

95.【信托财产的诉讼保全】信托财产在信托存续期间独立于委托人、受托人、受益人各自的固有财产。委托人将其财产委托给受托人进行管理,在信托依法设立后,该信托财产即独立于委托人未设立信托的其他固有财产。受托人因承诺信托而取得的信托财产,以及通过对信托财产的管理、运用、处分等方式取得的财产,均独立于受托人的固有财产。受益人对信托财产享有的权利表现为信托受益权,信托财产并非受益人的责任财产。因此,当事人因其与委托人、受托人或者受益人之间的纠纷申请对存管银行或者信托公司专门账户中的信托资金采取保全措施的,除符合《信托法》第17条规定的情形外,人民法院不应当准许。已经采取保全措施的,存管银行或者信托公司能够提供证据证明该账户为信托账户的,应当立即解除保全措施。对信托公司管理的其他信托财产的保全,也应当根据前述规则办理。

当事人申请对受益人的受益权采取保全措施的,人民法院应当根据《信托法》第47条的规定进行审查,决定是否采取保全措施。决定采取保全措施的,应当将保全裁定送达受托人和受益人。

96.【信托公司固有财产的诉讼保全】除信托公司作为被告外,原告申请对信托公司固有资金账户的资金采取保全措施的,人民法院不应准许。信托公司作为被告,确有必要对其固有财产采取诉讼保全措施的,必须强化善意执行理念,防范发生金融风险。要严格遵守相应的适用条件与法定程序,坚决杜绝超标的执行。在采取具体保全措施时,要尽量寻求依法平等保护各方利益的平衡点,优先采取方便执行且对信托公司正常经营影响最小的执行措施,能采取“活封”“活扣”措施的,尽量不进行“死封”“死扣”。在条件允许的情况下,可以为信托公司预留必要的流动资金和往来账户,最大限度降低对信托公司正常经营活动的不利影响。信托公司申请解除财产保全符合法律、司法解释规定情形的,应当在法定期限内及时解除保全措施。

八、关于财产保险合同纠纷案件的审理

会议认为,妥善审理财产保险合同纠纷案件,对于充分发挥保险的风险管理和保障功能,依法保护各方当事人合法权益,实现保险业持续健康发展和服务实体经济,具有重大意义。

97.【未依约支付保险费的合同效力】当事人在财产保险合同中约定以投保人支付保险费作为合同生效条件,但对该生效条件是否为全额支付保险费约定不明,已经支付了部分保险费的投保人主张保险合同已经生效的,人民法院依法予以支持。

98.【仲裁协议对保险人的效力】被保险人和第三者在保险事故发生前达成的仲裁协议,对行使保险代位求偿权的保险人是否具有约束力,实务中存在争议。保险代位求偿权是一种法定债权转让,保险人在向被保险人赔偿保险金后,有权行使被保险人对第三者请求赔偿的权利。被保险人和第三者在保险事故发生前达成的仲裁协议,对保险人具有约束力。考虑到涉外民商事案件的处理常常涉及国际条约、国际惯例的适用,相关问题具有特殊性,故具有涉外因素的民商事纠纷案件中该问题的处理,不纳入本条规范的范围。

99.【直接索赔的诉讼时效】商业责任保险的被保险人给第三者造成损害,被保险人对第三者应当承担的赔偿责任确定后,保险人应当根据被保险人的请求,直接向第三者赔偿保险金。被保险人怠于提出请求的,第三者有权依据《保险法》第65条第2款的规定,就其应获赔偿部分直接向保险人请求赔偿保险金。保险人拒绝赔偿的,第三者请求保险人直接赔偿保险金的诉讼时效期间的起算时间如何认定,实务中存在争议。根据诉讼时效制度的基本原理,第三者请求保险人直接赔偿保险金的诉

讼时效期间，自其知道或者应当知道向保险人的保险金赔偿请求权行使条件成就之日起计算。

九、关于票据纠纷案件的审理

会议认为，人民法院在审理票据纠纷案件时，应当注意区分票据的种类和功能，正确理解票据行为无因性的立法目的，在维护票据流通性功能的同时，依法认定票据行为的效力，依法确认当事人之间的权利义务关系以及保护合法持票人的权益，防范和化解票据融资市场风险，维护票据市场的交易安全。

100.【合谋伪造贴现申请材料的后果】贴现行的负责人或者有权从事该业务的工作人员与贴现申请人合谋，伪造贴现申请人与其前手之间具有真实的商品交易关系的合同、增值税专用发票等材料申请贴现，贴现行主张其享有票据权利的，人民法院不予支持。对贴现行因支付资金而产生的损失，按照基础关系处理。

101.【民间贴现行为的效力】票据贴现属于国家特许经营业务，合法持票人向不具有法定贴现资质的当事人进行“贴现”的，该行为应当认定无效，贴现款和票据应当相互返还。当事人不能返还票据的，原合法持票人可以拒绝返还贴现款。人民法院在民商事案件审理过程中，发现不具有法定资质的当事人以“贴现”为业的，因该行为涉嫌犯罪，应当将有关材料移送公安机关。民商事案件的审理必须以相关刑事案件的审理结果为依据的，应当中止诉讼，待刑事案件审结后，再恢复案件的审理。案件的基本事实无须以相关刑事案件的审理结果为依据的，人民法院应当继续审理。

根据票据行为无因性原理，在合法持票人向不具有贴现资质的主体进行“贴现”，该“贴现”人给付贴现款后直接将票据交付其后手，其后手支付对价并记载自己为被背书人后，又基于真实的交易关系和债权债务关系将票据进行背书转让的情形下，应当认定最后持票人为合法持票人。

102.【转贴现协议】转贴现是通过票据贴现持有票据的商业银行为了融通资金，在票据到期日之前将票据权利转让给其他商业银行，由转贴现行在收取一定的利息后，将转贴现款支付给持票人的票据转让行为。转贴现行提示付款被拒付后，依据转贴现协议的约定，请求未在票据上背书的转贴现申请人按照合同法律关系返还转贴现款并赔偿损失的，案由应当确定为合同纠纷。转贴现合同法律关系有效成立的，对于原告的诉讼请求，人民法院依法予以支持。当事人虚构转贴现事实，或者当事人之间不存在真实的转贴现合同法律关系的，人民法院应当向当事人释明按照真实交易关系提出诉讼请求，并按照真实交易关系和当事人约定本意依法确定当事人的责任。

103.【票据清单交易、封包交易案件中的票据权利】审判实践中，以票据贴现为手段的多链条融资模式引发的案件应当引起重视。这种交易俗称票据清单交易、封包交易，是指商业银行之间就案涉票据订立转贴现或者回购协议，附以票据清单，或者将票据封包作为质押，双方约定按照票据清单中列明的基本信息进行票据转贴现或者回购，但往往并不进行票据交付和背书。实务中，双方还往往再订立一份代保管协议，约定由原票据持有人代对方继续持有票据，从而实现合法、合规的形式要求。

出资银行仅以参与交易的单个或者部分银行为被告提起诉讼行使票据追索权，被告能够举证证明票据交易存在诸如不符合正常转贴现交易顺序的倒打款、未进行背书转让、票据未实际交付等相关证据，并据此主张相关金融机构之间并无转贴现的真实意思表示，抗辩出资银行不享有票据权利的，人民法院依法予以支持。

出资银行在取得商业承兑汇票后又将票据转贴现给其他商业银行，持票人向其前手主张票据权利的，人民法院依法予以支持。

104.【票据清单交易、封包交易案件的处理原则】在村镇银行、农信社等作为直贴行，农信社、农商行、城商行、股份制银行等多家金融机构共同开展以商业承兑汇票为基础的票据清单交易、封包交易引发的纠纷案件中，在商业承兑汇票的出票人等实际用资人不能归还票款的情况下，为实现纠纷的一次性解决，出资银行以实际用资人和参与交易的其他金融机构为共同被告，请求实际用资人归还本息、参与交易的其他金融机构承担与其过错相适应的赔偿责任的，人民法院依法予以支持。

出资银行仅以整个交易链条的部分当事人为被告提起诉讼的，人民法院应当向其释明，其应当申请追加参与交易的其他当事人作为共同被告。出资银行拒绝追加实际用资人为被告的，人民法院应当驳回其诉讼请求；出资银行拒绝追加参与交易的其他金融机构为被告的，人民法院在确定其他金融机构的过错责任范围时，应当将未参加诉讼的当事人应当承担的相应份额作为考量因素，相应减轻本案当事人的责任。在确定参与交易的其他金融机构的过错责任范围时，可以参照其收取的"通道费""过桥费"等费用的比例以及案件的其他情况综合加以确定。

105.【票据清单交易、封包交易案件中的民刑交叉问题】人民法院在案件审理过程中，如果发现公安机关已经就实际用资人、直贴行、出资银行的工作人员涉嫌骗取票据承兑罪、伪造印章罪等立案侦查，一方当事人根据《最高人民法院关于在审理经济纠纷案件中涉及经济犯罪嫌疑若干问题的规定》第11条的规定申请将案件移送公安机关的，因该节事实对于查明出资银行是否为正当持票人，以及参与交易的其他金融机构的抗辩理由能否成立存在重要关联，人民法院应当将有关材料移送公安机关。民商事案件的审理必须以相关刑事案件的审理结果为依据的，应当中止诉讼，待刑事案件审结后，再恢复案件的审理。案件的基本事实无须以相关刑事案件的审理结果为依据的，人民法院应当继续案件的审理。

参与交易的其他商业银行以公安机关已经对其工作人员涉嫌受贿、伪造印章等犯罪立案侦查为由请求将案件移送公安机关的，因该节事实并不影响相关当事人民事责任的承担，人民法院应当根据《最高人民法院关于在审理经济纠纷案件中涉及经济犯罪嫌疑若干问题的规定》第10条的规定继续审理。

106.【恶意申请公示催告的救济】公示催告程序本为对合法持票人进行失票救济所设，但实践中却沦为部分票据出卖方在未获得票款情形下，通过伪报票据丧失事实申请公示催告、阻止合法持票人行使票据权利的工具。对此，民事诉讼法司法解释已经作出了相应规定。适用时，应当区别付款人是否已经付款等情形，作出不同认定：

(1)在除权判决作出后，付款人尚未付款的情况下，最后合法持票人可以根据《民事诉讼法》第223条的规定，在法定期限内请求撤销除权判决，待票据恢复效力后再依法行使票据权利。最后合法持票人也可以基于基础法律关系向其直接前手退票并请求其直接前手另行给付基础法律关系项下的对价。

(2)除权判决作出后，付款人已经付款的，因恶意申请公示催告并持除权判决获得票款的行为损害了最后合法持票人的权利，最后合法持票人请求申请人承担侵权损害赔偿责任的，人民法院依法予以支持。

十、关于破产纠纷案件的审理

会议认为，审理好破产案件对于推动高质量发展、深化供给侧结构性改革、营造稳定公平透明可预期的营商环境，具有十分重要的意义。要继续深入推进破产审判工作的市场化、法治化、专业化、信息化，充分发挥破产审判公平清理债权债务、促进优胜劣汰、优化资源配置、维护市场经济秩序等重要功能。一是要继续加大对破产保护理念的宣传和落实，及时发挥破产重整制度的积极拯救功能，通过平衡债权人、债务人、出资人、员工等利害关系人的利益，实现社会整体价值最大化；注重发挥和解程序简便快速清理债权债务关系的功能，鼓励当事人通过和解程序或者达成自行和解的方式实现各方利益共赢；积极推进清算程序中的企业整体处置方式，有效维护企业营运价值和职工就业。二是要推进不符合国家产业政策、丧失经营价值的企业主体尽快从市场退出，通过依法简化破产清算程序流程加快对"僵尸企业"的清理。三是要注重提升破产制度实施的经济效益，降低破产程序运行的时间和成本，有效维护企业营运价值，最大程度发挥各类要素和资源潜力，减少企业破产给社会经济造成的损害。四是要积极稳妥进行实践探索，加强理论研究，分步骤、有重点地推进建立自然人破产制度，进一步推动健全市场主体退出制度。

107.【继续推动破产案件的及时受理】充分发挥破产重整案件信息网的线上预约登记功能，提高破产案件的受理效率。当事人提出破产申请的，人民法院不得以非法定理由拒绝接收破产申请材料。如果可能影响社会稳定的，要加强府院协调，制定相应预案，但不应当以"影响社会稳定"之名，行消极不作为之实。破产申请材料不完备的，立案部门应当告知当事人在指定期限内补充材料，待材料齐备后以"破申"作为案件类型代字编制案号登记立案，并及时将案件移送破产审判部门进行破产审查。

注重发挥破产和解制度简便快速清理债权债

务关系的功能,债务人根据《企业破产法》第 95 条的规定,直接提出和解申请,或者在破产申请受理后宣告破产前申请和解的,人民法院应当依法受理并及时作出是否批准的裁定。

108.【破产申请的不予受理和撤回】人民法院裁定受理破产申请前,提出破产申请的债权人的债权因清偿或者其他原因消灭的,因申请人不再具备申请资格,人民法院应当裁定不予受理。但该裁定不影响其他符合条件的主体再次提出破产申请。破产申请受理后,管理人以上述清偿符合《企业破产法》第 31 条、第 32 条为由请求撤销的,人民法院查实后应当予以支持。

人民法院裁定受理破产申请系对债务人具有破产原因的初步认可,破产申请受理后,申请人请求撤回破产申请的,人民法院不予准许。除非存在《企业破产法》第 12 条第 2 款规定的情形,人民法院不得裁定驳回破产申请。

109.【受理后债务人财产保全措施的处理】要切实落实破产案件受理后相关保全措施应予解除、相关执行措施应当中止、债务人财产应当及时交付管理人等规定,充分运用信息化技术手段,通过信息共享与整合,维护债务人财产的完整性。相关人民法院拒不解除保全措施或者拒不中止执行的,破产受理人民法院可以请求该法院的上级人民法院依法予以纠正。对债务人财产采取保全措施或者执行措施的人民法院未依法及时解除保全措施、移交处置权,或者中止执行程序并移交有关财产的,上级人民法院应当依法予以纠正。相关人员违反上述规定造成严重后果的,破产受理人民法院可以向人民法院纪检监察部门移送其违法审判责任线索。

人民法院审理企业破产案件时,有关债务人财产被其他具有强制执行权力的国家行政机关,包括税务机关、公安机关、海关等采取保全措施或者执行程序的,人民法院应当积极与上述机关进行协调和沟通,取得有关机关的配合,参照上述具体操作规程,解除有关保全措施,中止有关执行程序,以便保障破产程序顺利进行。

110.【受理后有关债务人诉讼的处理】人民法院受理破产申请后,已经开始而尚未终结的有关债务人的民事诉讼,在管理人接管债务人财产和诉讼事务后继续进行。债权人已经对债务人提起的给付之诉,破产申请受理后,人民法院应当继续审理,但是在判定相关当事人实体权利义务时,应当注意与企业破产法及其司法解释的规定相协调。

上述裁判作出并生效前,债权人可以同时向管理人申报债权,但其作为债权尚未确定的债权人,原则上不得行使表决权,除非人民法院临时确定其债权额。上述裁判生效后,债权人应当根据裁判认定的债权数额在破产程序中依法统一受偿,其对债务人享有的债权利息应当按照《企业破产法》第 46 条第 2 款的规定停止计算。

人民法院受理破产申请后,债权人新提起的要求债务人清偿的民事诉讼,人民法院不予受理,同时告知债权人应当向管理人申报债权。债权人申报债权后,对管理人编制的债权表记载有异议的,可以根据《企业破产法》第 58 条的规定提起债权确认之诉。

111.【债务人自行管理的条件】重整期间,债务人同时符合下列条件的,经申请,人民法院可以批准债务人在管理人的监督下自行管理财产和营业事务:

(1)债务人的内部治理机制仍正常运转;

(2)债务人自行管理有利于债务人继续经营;

(3)债务人不存在隐匿、转移财产的行为;

(4)债务人不存在其他严重损害债权人利益的行为。

债务人提出重整申请时可以一并提出自行管理的申请。经人民法院批准由债务人自行管理财产和营业事务的,企业破产法规定的管理人职权中有关财产管理和营业经营的职权应当由债务人行使。

管理人应当对债务人的自行管理行为进行监督。管理人发现债务人存在严重损害债权人利益的行为或者有其他不适宜自行管理情形的,可以申请人民法院作出终止债务人自行管理的决定。人民法院决定终止的,应当通知管理人接管债务人财产和营业事务。债务人有上述行为而管理人未申请人民法院作出终止决定的,债权人等利害关系人可以向人民法院提出申请。

112.【重整中担保物权的恢复行使】重整程序中,要依法平衡保护担保物权人的合法权益和企业重整价值。重整申请受理后,管理人或者自行管理的债务人应当及时确定设定有担保物权的债务人财产是否为重整所必需。如果认为担保物不是重整所必需,管理人或者自行管理的债务人应当及时对担保物进行拍卖或者变卖，拍卖或者变卖担保物所得价款在支付拍卖、变卖费用后优先清偿担保物权人的债权。

在担保物权暂停行使期间，担保物权人根据《企业破产法》第75条的规定向人民法院请求恢复行使担保物权的，人民法院应当自收到恢复行使担保物权申请之日起三十日内作出裁定。经审查，担保物权人的申请不符合第75条的规定，或者虽然符合该条规定但管理人或者自行管理的债务人有证据证明担保物是重整所必需，并且提供与减少价值相应担保或者补偿的，人民法院应当裁定不予批准恢复行使担保物权。担保物权人不服该裁定的，可以自收到裁定书之日起十日内，向作出裁定的人民法院申请复议。人民法院裁定批准行使担保物权的，管理人或者自行管理的债务人应当自收到裁定书之日起十五日内启动对担保物的拍卖或者变卖，拍卖或者变卖担保物所得价款在支付拍卖、变卖费用后优先清偿担保物权人的债权。

113.【重整计划监督期间的管理人报酬及诉讼管辖】要依法确保重整计划的执行和有效监督。重整计划的执行期间和监督期间原则上应当一致。二者不一致的，人民法院在确定和调整重整程序中的管理人报酬方案时，应当根据重整期间和重整计划监督期间管理人工作量的不同予以区别对待。其中，重整期间的管理人报酬应当根据管理人对重整发挥的实际作用等因素予以确定和支付；重整计划监督期间管理人报酬的支付比例和支付时间，应当根据管理人监督职责的履行情况，与债权人按照重整计划实际受偿比例和受偿时间相匹配。

重整计划执行期间，因重整程序终止后新发生的事实或者事件引发的有关债务人的民事诉讼，不适用《企业破产法》第21条有关集中管辖的规定。除重整计划有明确约定外，上述纠纷引发的诉讼，不再由管理人代表债务人进行。

114.【重整程序与破产清算程序的衔接】重整期间或者重整计划执行期间，债务人因法定事由被宣告破产的，人民法院不再另立新的案号，原重整程序的管理人原则上应当继续履行破产清算程序中的职责。原重整程序的管理人不能继续履行职责或者不适宜继续担任管理人的，人民法院应当依法重新指定管理人。

重整程序转破产清算案件中的管理人报酬，应当综合管理人为重整工作和清算工作分别发挥的实际作用等因素合理确定。重整期间因法定事由转入破产清算程序的，应当按照破产清算案件确定管理人报酬。重整计划执行期间因法定事由转入破产清算程序的，后续破产清算阶段的管理人报酬应当根据管理人实际工作量予以确定，不能简单根据债务人最终清偿的财产价值总额计算。

重整程序因人民法院裁定批准重整计划草案而终止的，重整案件可作结案处理。重整计划执行完毕后，人民法院可以根据管理人等利害关系人申请，作出重整程序终结的裁定。

115.【庭外重组协议效力在重整程序中的延伸】继续完善庭外重组与庭内重整的衔接机制，降低制度性成本，提高破产制度效率。人民法院受理重整申请前，债务人和部分债权人已经达成的有关协议与重整程序中制作的重整计划草案内容一致的，有关债权人对该协议的同意视为对该重整计划草案表决的同意。但重整计划草案对协议内容进行了修改并对有关债权人有不利影响，或者与有关债权人重大利益相关的，受到影响的债权人有权按照企业破产法的规定对重整计划草案重新进行表决。

116.【审计、评估等中介机构的确定及责任】要合理区分人民法院和管理人在委托审计、评估等财产管理工作中的职责。破产程序中确实需要聘请中介机构对债务人财产进行审计、评估的，根据《企业破产法》第28条的规定，经人民法院许可后，管理人可以自行公开聘请，但是应当对其聘请的中介机构的相关行为进行监督。上述中介机构因不当履行职责给债务人、债权人或者第三人造成损害的，应当承担赔偿责任。管理人在聘用过程中存在过错的，应当在其过错范围内承担相应的补充赔偿责任。

117.【公司解散清算与破产清算的衔接】要依法区分公司解散清算与破产清算的不同功能和不同适用条件。债务人同时符合破产清算条件和强制清算条件的，应当及时适用破产清算程序实现对债权人利益的公平保护。债权人对符合破产清算条件的债务人提起公司强制清算申请，经人民法院释明，债权人仍然坚持申请对债务人强制清算的，人民法院应当裁定不予受理。

118.【无法清算案件的审理与责任承担】人民法院在审理债务人相关人员下落不明或者财产状况不清的破产案件时，应当充分贯彻债权人利益保护原则,避免债务人通过破产程序不当损害债权人利益,同时也要避免不当突破股东有限责任原则。

人民法院在适用《最高人民法院关于债权人对人员下落不明或者财产状况不清的债务人申请破产清算案件如何处理的批复》第3款的规定,判定债务人相关人员承担责任时,应当依照企业破产法的相关规定来确定相关主体的义务内容和责任范围,不得根据公司法司法解释(二)第18条第2款的规定来判定相关主体的责任。

上述批复第3款规定的"债务人的有关人员不履行法定义务,人民法院可依据有关法律规定追究其相应法律责任",系指债务人的法定代表人、财务管理人员和其他经营管理人员不履行《企业破产法》第15条规定的配合清算义务,人民法院可以根据《企业破产法》第126条、第127条追究其相应法律责任,或者参照《民事诉讼法》第111条的规定,依法拘留,构成犯罪的,依法追究刑事责任;债务人的法定代表人或者实际控制人不配合清算的,人民法院可以依据《出境入境管理法》第12条的规定,对其作出不准出境的决定,以确保破产程序顺利进行。

上述批复第3款规定的"其行为导致无法清算或者造成损失",系指债务人的有关人员不配合清算的行为导致债务人财产状况不明,或者依法负有清算责任的人未依照《企业破产法》第7条第3款的规定及时履行破产申请义务,导致债务人主要财产、账册、重要文件等灭失,致使管理人无法执行清算职务,给债权人利益造成损害。"有关权利人起诉请求其承担相应民事责任",系指管理人请求上述主体承担相应损害赔偿责任并将因此获得的赔偿归入债务人财产。管理人未主张上述赔偿,个别债权人可以代表全体债权人提起上述诉讼。

上述破产清算案件被裁定终结后,相关主体以债务人主要财产、账册、重要文件等重新出现为由,申请对破产清算程序启动审判监督的,人民法院不予受理,但符合《企业破产法》第123条规定的,债权人可以请求人民法院追加分配。

十一、关于案外人救济案件的审理

案外人救济案件包括案外人申请再审、案外人执行异议之诉和第三人撤销之诉三种类型。修改后的民事诉讼法在保留案外人执行异议之诉及案外人申请再审的基础上,新设立第三人撤销之诉制度,在为案外人权利保障提供更多救济渠道的同时,因彼此之间错综复杂的关系也容易导致认识上的偏差,有必要厘清其相互之间的关系,以便正确适用不同程序,依法充分保护各方主体合法权益。

119.【案外人执行异议之诉的审理】案外人执行异议之诉以排除对特定标的物的执行为目的,从程序上而言,案外人依据《民事诉讼法》第227条提出执行异议被驳回的,即可向执行人民法院提起执行异议之诉。人民法院对执行异议之诉的审理,一般应当就案外人对执行标的物是否享有权利、享有什么样的权利、权利是否足以排除强制执行进行判断。至于是否作出具体的确权判项,视案外人的诉讼请求而定。案外人未提出确权或者给付诉讼请求的,不作出确权判项,仅在裁判理由中进行分析判断并作出是否排除执行的判项即可。但案外人既提出确权、给付请求,又提出排除执行请求的,人民法院对该请求是否支持、是否排除执行,均应当在具体判项中予以明确。执行异议之诉不以否定作为执行依据的生效裁判为目的,案外人如认为裁判确有错误的,只能通过申请再审或者提起第三人撤销之诉的方式进行救济。

120.【债权人能否提起第三人撤销之诉】第三人撤销之诉中的第三人仅局限于《民事诉讼法》第56条规定的有独立请求权及无独立请求权的第三人,而且一般不包括债权人。但是,设立第三人撤销之诉的目的在于,救济第三人享有的因不能归责于本人的事由未参加诉讼但因生效裁判文书内容错误受到损害的民事权益,因此,债权人在下列情况下可以提起第三人撤销之诉:

(1)该债权是法律明确给予特殊保护的债权,如《合同法》第286条规定的建设工程价款优先受偿权,《海商法》第22条规定的船舶优先权;

(2)因债务人与他人的权利义务被生效裁判文书确定,导致债权人本来可以对《合同法》第74条和《企业破产法》第31条规定的债务人的行为享有撤销权而不能行使的;

(3)债权人有证据证明,裁判文书主文确定的债权内容部分或者全部虚假的。

债权人提起第三人撤销之诉还要符合法律和司法解释规定的其他条件。对于除此之外的其他债权,债权人原则上不得提起第三人撤销之诉。

121.【必要共同诉讼漏列的当事人申请再审】

民事诉讼法司法解释对必要共同诉讼漏列的当事人申请再审规定了两种不同的程序，二者在管辖法院及申请再审期限的起算点上存在明显差别，人民法院在审理相关案件时应予注意：

(1)该当事人在执行程序中以案外人身份提出异议，异议被驳回的，根据民事诉讼法司法解释第423条的规定，其可以在驳回异议裁定送达之日起6个月内向原审人民法院申请再审；

(2)该当事人未在执行程序中以案外人身份提出异议的，根据民事诉讼法司法解释第422条的规定，其可以根据《民事诉讼法》第200条第8项的规定，自知道或者应当知道生效裁判之日起6个月内向上一级人民法院申请再审。当事人一方人数众多或者当事人双方为公民的案件，也可以向原审人民法院申请再审。

122.【程序启动后案外人不享有程序选择权】案外人申请再审与第三人撤销之诉功能上近似，如果案外人既有申请再审的权利，又符合第三人撤销之诉的条件，对于案外人是否可以行使选择权，民事诉讼法司法解释采取了限制的司法态度，即依据民事诉讼法司法解释第303条的规定，按照启动程序的先后，案外人只能选择相应的救济程序：案外人先启动执行异议程序的，对执行异议裁定不服，认为原裁判内容错误损害其合法权益的，只能向作出原裁判的人民法院申请再审，而不能提起第三人撤销之诉；案外人先启动了第三人撤销之诉，即便在执行程序中又提出执行异议，也只能继续进行第三人撤销之诉，而不能依《民事诉讼法》第227条申请再审。

123.【案外人依据另案生效裁判对非金钱债权的执行提起执行异议之诉】审判实践中，案外人有时依据另案生效裁判所认定的与执行标的物有关的权利提起执行异议之诉，请求排除对标的物的执行。此时，鉴于作为执行依据的生效裁判与作为案外人提出执行异议依据的生效裁判，均涉及对同一标的物权属或给付的认定，性质上属于两个生效裁判所认定的权利之间可能产生的冲突，人民法院在审理执行异议之诉时，需区别不同情况作出判断：如果作为执行依据的生效裁判是确权裁判，不论作为执行异议依据的裁判是确权裁判还是给付裁判，一般不应据此排除执行，但人民法院应当告知案外人对作为执行依据的确权裁判申请再审；如果作为执行依据的生效裁判是给付标的物的裁判，而作为提出异议之诉依据的裁判是确权裁判，一般应据此排除执行，此时人民法院应告知其对该确权裁判申请再审；如果两个裁判均属给付标的物的裁判，人民法院需依法判断哪个裁判所认定的给付权利具有优先性，进而判断是否可以排除执行。

124.【案外人依据另案生效裁判对金钱债权的执行提起执行异议之诉】作为执行依据的生效裁判并未涉及执行标的物，只是执行中为实现金钱债权对特定标的物采取了执行措施。对此种情形，《最高人民法院关于人民法院办理执行异议和复议案件若干问题的规定》第26条规定了解决案外人执行异议的规则，在审理执行异议之诉时可以参考适用。依据该条规定，作为案外人提起执行异议之诉依据的裁判将执行标的物确权给案外人，可以排除执行；作为案外人提起执行异议之诉依据的裁判，未将执行标的物确权给案外人，而是基于不以转移所有权为目的的有效合同(如租赁、借用、保管合同)，判令向案外人返还执行标的物的，其性质属于物权请求权，亦可以排除执行；基于以转移所有权为目的有效合同(如买卖合同)，判令向案外人交付标的物的，其性质属于债权请求权，不能排除执行。

应予注意的是，在金钱债权执行中，如果案外人提出执行异议之诉依据的生效裁判认定以转移所有权为目的的合同(如买卖合同)无效或应当解除，进而判令向案外人返还执行标的物的，此时案外人享有的是物权性质的返还请求权，本可排除金钱债权的执行，但在双务合同无效的情况下，双方互负返还义务，在案外人未返还价款的情况下，如果允许其排除金钱债权的执行，将会使申请执行人既执行不到被执行人名下的财产，又执行不到本应返还给被执行人的价款，显然有失公允。为平衡各方当事人的利益，只有在案外人已经返还价款的情况下，才能排除普通债权人的执行。反之，案外人未返还价款的，不能排除执行。

125.【案外人系商品房消费者】实践中，商品房消费者向房地产开发企业购买商品房，往往没有及时办理房地产过户手续。房地产开发企业因欠债而被强制执行，人民法院在对尚登记在房地产开发企业名下但已出卖给消费者的商品房采取执行措施时，商品房消费者往往会提出执行异议，以排除强制执行。对此，《最高人民法院关于人民法院办理执行异议和复议案件若干问题的规定》第29条规定,符合下列情形的,应当支持商品房消费者的诉讼请求:一是在人民法院查封之前已签订合法有效的书面买卖合同;二是所购商品房系用于居住且买受人名下无其他用于居住的房屋;三是已支付的价款超过合同约定总价款的百分之五十。人民法院在审理执行异议之诉案件时,可参照适用此条款。

问题是,对于其中"所购商品房系用于居住且买受人名下无其他用于居住的房屋"如何理解,审判实践中掌握的标准不一。"买受人名下无其他用于居住的房屋",可以理解为在案涉房屋同一设区的市或者县级市范围内商品房消费者名下没有用于居住的房屋。商品房消费者名下虽然已有1套房屋,但购买的房屋在面积上仍然属于满足基本居住需要的,可以理解为符合该规定的精神。

对于其中"已支付的价款超过合同约定总价款的百分之五十"如何理解,审判实践中掌握的标准也不一致。如果商品房消费者支付的价款接近于百分之五十,且已按照合同约定将剩余价款支付给申请执行人或者按照人民法院的要求交付执行的,可以理解为符合该规定的精神。

126.【商品房消费者的权利与抵押权的关系】根据《最高人民法院关于建设工程价款优先受偿权问题的批复》第1条、第2条的规定,交付全部或者大部分款项的商品房消费者的权利优先于抵押权人的抵押权,故抵押权人申请执行登记在房地产开发企业名下但已销售给消费者的商品房,消费者提出执行异议的,人民法院依法予以支持。但应当特别注意的是,此情况是针对实践中存在的商品房预售不规范现象为保护消费者生存权而作出的例外规定,必须严格把握条件,避免扩大范围,以免动摇抵押权具有优先性的基本原则。因此,这里的商品房消费者应当仅限于符合本纪要第125条规定的商品房消费者。买受人不是本纪要第125条规定的商品房消费者,而是一般的房屋买卖合同的买受人,不适用上述处理规则。

127.【案外人系商品房消费者之外的一般买受人】金钱债权执行中,商品房消费者之外的一般买受人对登记在被执行人名下的不动产提出异议,请求排除执行的,《最高人民法院关于人民法院办理执行异议和复议案件若干问题的规定》第28条规定,符合下列情形的依法予以支持:一是在人民法院查封之前已签订合法有效的书面买卖合同;二是在人民法院查封之前已合法占有该不动产;三是已支付全部价款,或者已按照合同约定支付部分价款且将剩余价款按照人民法院的要求交付执行;四是非因买受人自身原因未办理过户登记。人民法院在审理执行异议之诉案件时,可参照适用此条款。

实践中,对于该规定的前3个条件,理解并无分歧。对于其中的第4个条件,理解不一致。一般而言,买受人只要有向房屋登记机构递交过户登记材料,或向出卖人提出了办理过户登记的请求等积极行为的,可以认为符合该条件。买受人无上述积极行为,其未办理过户登记有合理的客观理由的,亦可认定符合该条件。

十二、关于民刑交叉案件的程序处理

会议认为,近年来,在民间借贷、P2P等融资活动中,与涉嫌诈骗、合同诈骗、票据诈骗、集资诈骗、非法吸收公众存款等犯罪有关的民商事案件的数量有所增加,出现了一些新情况和新问题。在审理案件时,应当依照《最高人民法院关于在审理经济纠纷案件中涉及经济犯罪嫌疑若干问题的规定》《最高人民法院关于审理非法集资刑事案件具体应用法律若干问题的解释》《最高人民法院最高人民检察院公安部关于办理非法集资刑事案件适用法律若干问题的意见》以及民间借贷司法解释等规定,处理好民刑交叉案件之间的程序关系。

128.【分别审理】同一当事人因不同事实分别发生民商事纠纷和涉嫌刑事犯罪,民商事案件与刑事案件应当分别审理,主要有下列情形:

(1)主合同的债务人涉嫌刑事犯罪或者刑事裁判认定其构成犯罪,债权人请求担保人承担民事责任的;

(2)行为人以法人、非法人组织或者他人名义订立合同的行为涉嫌刑事犯罪或者刑事裁判认定其构成犯罪,合同相对人请求该法人、非法人组织或者他人承担民事责任的;

(3)法人或者非法人组织的法定代表人、负责人或者其他工作人员的职务行为涉嫌刑事犯罪或者刑事裁判认定其构成犯罪,受害人请求该法人或者非法人组织承担民事责任的;

(4)侵权行为人涉嫌刑事犯罪或者刑事裁判认定其构成犯罪,被保险人、受益人或者其他赔偿权利人请求保险人支付保险金的;

(5)受害人请求涉嫌刑事犯罪的行为人之外的其他主体承担民事责任的。

审判实践中出现的问题是,在上述情形下,有的人民法院仍然以民商事案件涉嫌刑事犯罪为由不予受理,已经受理的,裁定驳回起诉。对此,应予纠正。

129.【涉众型经济犯罪与民商事案件的程序处理】2014年颁布实施的《最高人民法院最高人民检察院公安部关于办理非法集资刑事案件适用法律若干问题的意见》和2019年1月颁布实施的《最高人民法院最高人民检察院公安部关于办理非法集资刑事案件若干问题的意见》规定的涉嫌集资诈骗、非法吸收公众存款等涉众型经济犯罪,所涉人数众多、当事人分布地域广、标的额特别巨大、影响范围广,严重影响社会稳定,对于受害人就同一事实提起的以犯罪嫌疑人或者刑事被告人为被告的民事诉讼,人民法院应当裁定不予受理,并将有关材料移送侦查机关、检察机关或者正在审理该刑事案件的人民法院。受害人的民事权利保护应当通过刑事追赃、退赔的方式解决。正在审理民商事案件的人民法院发现有上述涉众型经济犯罪线索的,应当及时将犯罪线索和有关材料移送侦查机关。侦查机关作出立案决定前,人民法院应当中止审理;作出立案决定后,应当裁定驳回起诉;侦查机关未及时立案的,人民法院必要时可以将案件报请党委政法委协调处理。除上述情形人民法院不予受理外,要防止通过刑事手段干预民商事审判,搞地方保护,影响营商环境。

当事人因租赁、买卖、金融借款等与上述涉众型经济犯罪无关的民事纠纷,请求上述主体承担民事责任的,人民法院应予受理。

130.【民刑交叉案件中民商事案件中止审理的条件】人民法院在审理民商事案件时,如果民商事案件必须以相关刑事案件的审理结果为依据,而刑事案件尚未审结的,应当根据《民事诉讼法》第150条第5项的规定裁定中止诉讼。待刑事案件审结后,再恢复民商事案件的审理。如果民商事案件不是必须以相关的刑事案件的审理结果为依据,则民商事案件应当继续审理。

最高人民法院关于审理涉及公证活动相关民事案件的若干规定

(2014年4月28日最高人民法院审判委员会第1614次会议通过　根据2020年12月23日《最高人民法院关于修改〈最高人民法院关于人民法院民事调解工作若干问题的规定〉等十九件民事诉讼类司法解释的决定》修正)

为正确审理涉及公证活动相关民事案件,维护当事人的合法权益,根据《中华人民共和国民法典》《中华人民共和国公证法》《中华人民共和国民事诉讼法》等法律的规定,结合审判实践,制定本规定。

第一条　当事人、公证事项的利害关系人依照公证法第四十三条规定向人民法院起诉请求民事赔偿的,应当以公证机构为被告,人民法院应作为侵权责任纠纷案件受理。

第二条　当事人、公证事项的利害关系人起诉请求变更、撤销公证书或者确认公证书无效的,人民法院不予受理,告知其依照公证法第三十九条规定可以向出具公证书的公证机构提出复查。

第三条　当事人、公证事项的利害关系人对公证书所公证的民事权利义务有争议的,可以依照公证法第四十条规定就该争议向人民法院提起民事诉讼。

当事人、公证事项的利害关系人对具有强制执行效力的公证债权文书的民事权利义务有争议直接向人民法院提起民事诉讼的,人民法院依法不予受理。但是,公证债权文书被人民法院裁定不予执行的除外。

第四条　当事人、公证事项的利害关系人提供证据证明公证机构及其公证员在公证活动中具有下列情形之一的,人民法院应当认定公证机构有过错:

(一)为不真实、不合法的事项出具公证书的;

(二)毁损、篡改公证书或者公证档案的;

(三)泄露在执业活动中知悉的商业秘密或者个人隐私的;

(四)违反公证程序、办证规则以及国务院司法行政部门制定的行业规范出具公证书的;

(五)公证机构在公证过程中未尽到充分的审查、核实义务,致使公证书错误或者不真实的;

（六）对存在错误的公证书，经当事人、公证事项的利害关系人申请仍不予纠正或者补正的；

（七）其他违反法律、法规、国务院司法行政部门强制性规定的情形。

第五条 当事人提供虚假证明材料申请公证致使公证书错误造成他人损失的，当事人应当承担赔偿责任。公证机构依法尽到审查、核实义务的，不承担赔偿责任；未依法尽到审查、核实义务的，应当承担与其过错相应的补充赔偿责任；明知公证证明的材料虚假或者与当事人恶意串通的，承担连带赔偿责任。

第六条 当事人、公证事项的利害关系人明知公证机构所出具的公证书不真实、不合法而仍然使用造成自己损失，请求公证机构承担赔偿责任的，人民法院不予支持。

第七条 本规定施行后，涉及公证活动的民事案件尚未终审的，适用本规定；本规定施行前已经终审，当事人申请再审或者按照审判监督程序决定再审的，不适用本规定。

中华人民共和国
消费者权益保护法

（1993年10月31日第八届全国人民代表大会常务委员会第四次会议通过　根据2009年8月27日第十一届全国人民代表大会常务委员会第十次会议《关于修改部分法律的决定》第一次修正　根据2013年10月25日第十二届全国人民代表大会常务委员会第五次会议《关于修改〈中华人民共和国消费者权益保护法〉的决定》第二次修正）

第一章　总　　则

第一条　【立法宗旨】为保护消费者的合法权益，维护社会经济秩序，促进社会主义市场经济健康发展，制定本法。

第二条　【本法调整对象——消费者】消费者为生活消费需要购买、使用商品或者接受服务，其权益受本法保护；本法未作规定的，受其他有关法律、法规保护。

第三条　【本法调整对象——经营者】经营者为消费者提供其生产、销售的商品或者提供服务，应当遵守本法；本法未作规定的，应当遵守其他有关法律、法规。

第四条　【交易原则】经营者与消费者进行交易，应当遵循自愿、平等、公平、诚实信用的原则。

第五条　【国家保护消费者合法权益的职能】国家保护消费者的合法权益不受侵害。

国家采取措施，保障消费者依法行使权利，维护消费者的合法权益。

国家倡导文明、健康、节约资源和保护环境的消费方式，反对浪费。

第六条　【全社会共同保护消费者合法权益原则】保护消费者的合法权益是全社会的共同责任。

国家鼓励、支持一切组织和个人对损害消费者合法权益的行为进行社会监督。

大众传播媒介应当做好维护消费者合法权益的宣传，对损害消费者合法权益的行为进行舆论监督。

第二章　消费者的权利

第七条　【安全保障权】消费者在购买、使用商品和接受服务时享有人身、财产安全不受损害的权利。

消费者有权要求经营者提供的商品和服务，符合保障人身、财产安全的要求。

第八条　【知情权】消费者享有知悉其购买、使用的商品或者接受的服务的真实情况的权利。

消费者有权根据商品或者服务的不同情况，要求经营者提供商品的价格、产地、生产者、用途、性能、规格、等级、主要成份、生产日期、有效期限、检验合格证明、使用方法说明书、售后服务，或者服务的内容、规格、费用等有关情况。

第九条　【选择权】消费者享有自主选择商品或者服务的权利。

消费者有权自主选择提供商品或者服务的经营者，自主选择商品品种或者服务方式，自主决定购买或者不购买任何一种商品、接受或者不接受任何一项服务。

消费者在自主选择商品或者服务时，有权进行比较、鉴别和挑选。

第十条　【公平交易权】消费者享有公平交易的权利。

消费者在购买商品或者接受服务时，有权获得质量保障、价格合理、计量正确等公平交易条件，有权拒绝经营者的强制交易行为。

第十一条　【获得赔偿权】消费者因购买、使用商品或者接受服务受到人身、财产损害的,享有依法获得赔偿的权利。

第十二条 【成立维权组织权】消费者享有依法成立维护自身合法权益的社会组织的权利。

第十三条 【获得知识权】消费者享有获得有关消费和消费者权益保护方面的知识的权利。

消费者应当努力掌握所需商品或者服务的知识和使用技能,正确使用商品,提高自我保护意识。

第十四条 【受尊重权及信息得到保护权】消费者在购买、使用商品和接受服务时,享有人格尊严、民族风俗习惯得到尊重的权利,享有个人信息依法得到保护的权利。

第十五条 【监督权】消费者享有对商品和服务以及保护消费者权益工作进行监督的权利。

消费者有权检举、控告侵害消费者权益的行为和国家机关及其工作人员在保护消费者权益工作中的违法失职行为,有权对保护消费者权益工作提出批评、建议。

第三章 经营者的义务

第十六条 【经营者义务】经营者向消费者提供商品或者服务,应当依照本法和其他有关法律、法规的规定履行义务。

经营者和消费者有约定的,应当按照约定履行义务,但双方的约定不得违背法律、法规的规定。

经营者向消费者提供商品或者服务,应当恪守社会公德,诚信经营,保障消费者的合法权益;不得设定不公平、不合理的交易条件,不得强制交易。

第十七条 【听取意见、接受监督的义务】经营者应当听取消费者对其提供的商品或者服务的意见,接受消费者的监督。

第十八条 【安全保障义务】经营者应当保证其提供的商品或者服务符合保障人身、财产安全的要求。对可能危及人身、财产安全的商品和服务,应当向消费者作出真实的说明和明确的警示,并说明和标明正确使用商品或者接受服务的方法以及防止危害发生的方法。

宾馆、商场、餐馆、银行、机场、车站、港口、影剧院等经营场所的经营者,应当对消费者尽到安全保障义务。

第十九条 【对存在缺陷的产品和服务及时采取措施的义务】经营者发现其提供的商品或者服务存在缺陷,有危及人身、财产安全危险的,应当立即向有关行政部门报告和告知消费者,并采取停止销售、警示、召回、无害化处理、销毁、停止生产或者服务等措施。采取召回措施的,经营者应当承担消费者因商品被召回支出的必要费用。

第二十条 【提供真实、全面信息的义务】经营者向消费者提供有关商品或者服务的质量、性能、用途、有效期限等信息,应当真实、全面,不得作虚假或者引人误解的宣传。

经营者对消费者就其提供的商品或者服务的质量和使用方法等问题提出的询问,应当作出真实、明确的答复。

经营者提供商品或者服务应当明码标价。

第二十一条 【标明真实名称和标记的义务】经营者应当标明其真实名称和标记。

租赁他人柜台或者场地的经营者,应当标明其真实名称和标记。

第二十二条 【出具发票的义务】经营者提供商品或者服务,应当按照国家有关规定或者商业惯例向消费者出具发票等购货凭证或者服务单据;消费者索要发票等购货凭证或者服务单据的,经营者必须出具。

第二十三条 【质量担保义务、瑕疵举证责任】经营者应当保证在正常使用商品或者接受服务的情况下其提供的商品或者服务应当具有的质量、性能、用途和有效期限;但消费者在购买该商品或者接受该服务前已经知道其存在瑕疵,且存在该瑕疵不违反法律强制性规定的除外。

经营者以广告、产品说明、实物样品或者其他方式表明商品或者服务的质量状况的,应当保证其提供的商品或者服务的实际质量与表明的质量状况相符。

经营者提供的机动车、计算机、电视机、电冰箱、空调器、洗衣机等耐用商品或者装饰装修等服务,消费者自接受商品或者服务之日起六个月内发现瑕疵,发生争议的,由经营者承担有关瑕疵的举证责任。

第二十四条 【退货、更换、修理义务】经营者提供的商品或者服务不符合质量要求的,消费者可以依照国家规定、当事人约定退货,或者要求经营者履行更换、修理等义务。没有国家规定和当事人约定的,消费者可以自收到商品之日起七日内退货;七日后符合法定解除合同条件的,消费者可以及时退货,不符合法定解除合同条件的,可以要求经营者履行更换、修理等义务。

依照前款规定进行退货、更换、修理的，经营者应当承担运输等必要费用。

第二十五条 【无理由退货制度】经营者采用网络、电视、电话、邮购等方式销售商品，消费者有权自收到商品之日起七日内退货，且无需说明理由，但下列商品除外：

（一）消费者定作的；

（二）鲜活易腐的；

（三）在线下载或者消费者拆封的音像制品、计算机软件等数字化商品；

（四）交付的报纸、期刊。

除前款所列商品外，其他根据商品性质并经消费者在购买时确认不宜退货的商品，不适用无理由退货。

消费者退货的商品应当完好。经营者应当自收到退回商品之日起七日内返还消费者支付的商品价款。退回商品的运费由消费者承担；经营者和消费者另有约定的，按照约定。

第二十六条 【格式条款的限制】经营者在经营活动中使用格式条款的，应当以显著方式提请消费者注意商品或者服务的数量和质量、价款或者费用、履行期限和方式、安全注意事项和风险警示、售后服务、民事责任等与消费者有重大利害关系的内容，并按照消费者的要求予以说明。

经营者不得以格式条款、通知、声明、店堂告示等方式，作出排除或者限制消费者权利、减轻或者免除经营者责任、加重消费者责任等对消费者不公平、不合理的规定，不得利用格式条款并借助技术手段强制交易。

格式条款、通知、声明、店堂告示等含有前款所列内容的，其内容无效。

第二十七条 【不得侵犯人格尊严和人身自由的义务】经营者不得对消费者进行侮辱、诽谤，不得搜查消费者的身体及其携带的物品，不得侵犯消费者的人身自由。

第二十八条 【特定领域经营者的信息披露义务】采用网络、电视、电话、邮购等方式提供商品或者服务的经营者，以及提供证券、保险、银行等金融服务的经营者，应当向消费者提供经营地址、联系方式、商品或者服务的数量和质量、价款或者费用、履行期限和方式、安全注意事项和风险警示、售后服务、民事责任等信息。

第二十九条 【收集、使用消费者个人信息】经营者收集、使用消费者个人信息，应当遵循合法、正当、必要的原则，明示收集、使用信息的目的、方式和范围，并经消费者同意。经营者收集、使用消费者个人信息，应当公开其收集、使用规则，不得违反法律、法规的规定和双方的约定收集、使用信息。

经营者及其工作人员对收集的消费者个人信息必须严格保密，不得泄露、出售或者非法向他人提供。经营者应当采取技术措施和其他必要措施，确保信息安全，防止消费者个人信息泄露、丢失。在发生或者可能发生信息泄露、丢失的情况时，应当立即采取补救措施。

经营者未经消费者同意或者请求，或者消费者明确表示拒绝的，不得向其发送商业性信息。

第四章 国家对消费者合法权益的保护

第三十条 【听取消费者的意见】国家制定有关消费者权益的法律、法规、规章和强制性标准，应当听取消费者和消费者协会等组织的意见。

第三十一条 【各级政府的职责】各级人民政府应当加强领导，组织、协调、督促有关行政部门做好保护消费者合法权益的工作，落实保护消费者合法权益的职责。

各级人民政府应当加强监督，预防危害消费者人身、财产安全行为的发生，及时制止危害消费者人身、财产安全的行为。

第三十二条 【工商部门的职责】各级人民政府工商行政管理部门和其他有关行政部门应当依照法律、法规的规定，在各自的职责范围内，采取措施，保护消费者的合法权益。

有关行政部门应当听取消费者和消费者协会等组织对经营者交易行为、商品和服务质量问题的意见，及时调查处理。

第三十三条 【抽查检验的职责】有关行政部门在各自的职责范围内，应当定期或者不定期对经营者提供的商品和服务进行抽查检验，并及时向社会公布抽查检验结果。

有关行政部门发现并认定经营者提供的商品或者服务存在缺陷，有危及人身、财产安全危险的，应当立即责令经营者采取停止销售、警示、召回、无害化处理、销毁、停止生产或者服务等措施。

第三十四条 【行政部门的职责】有关国家机关应当依照法律、法规的规定,惩处经营者在提供商品和服务中侵害消费者合法权益的违法犯罪行为。

第三十五条 【人民法院的职责】人民法院应当采取措施,方便消费者提起诉讼。对符合《中华人民共和国民事诉讼法》起诉条件的消费者权益争议,必须受理,及时审理。

第五章 消费者组织

第三十六条 【消费者协会】消费者协会和其他消费者组织是依法成立的对商品和服务进行社会监督的保护消费者合法权益的社会组织。

第三十七条 【消费者协会的公益性职责】消费者协会履行下列公益性职责:

(一)向消费者提供消费信息和咨询服务,提高消费者维护自身合法权益的能力,引导文明、健康、节约资源和保护环境的消费方式;

(二)参与制定有关消费者权益的法律、法规、规章和强制性标准;

(三)参与有关行政部门对商品和服务的监督、检查;

(四)就有关消费者合法权益的问题,向有关部门反映、查询,提出建议;

(五)受理消费者的投诉,并对投诉事项进行调查、调解;

(六)投诉事项涉及商品和服务质量问题的,可以委托具备资格的鉴定人鉴定,鉴定人应当告知鉴定意见;

(七)就损害消费者合法权益的行为,支持受损害的消费者提起诉讼或者依照本法提起诉讼;

(八)对损害消费者合法权益的行为,通过大众传播媒介予以揭露、批评。

各级人民政府对消费者协会履行职责应当予以必要的经费等支持。

消费者协会应当认真履行保护消费者合法权益的职责,听取消费者的意见和建议,接受社会监督。

依法成立的其他消费者组织依照法律、法规及其章程的规定,开展保护消费者合法权益的活动。

第三十八条 【消费者组织的禁止行为】消费者组织不得从事商品经营和营利性服务,不得以收取费用或者其他牟取利益的方式向消费者推荐商品和服务。

第六章 争议的解决

第三十九条 【争议解决的途径】消费者和经营者发生消费者权益争议的,可以通过下列途径解决:

(一)与经营者协商和解;

(二)请求消费者协会或者依法成立的其他调解组织调解;

(三)向有关行政部门投诉;

(四)根据与经营者达成的仲裁协议提请仲裁机构仲裁;

(五)向人民法院提起诉讼。

第四十条 【消费者索赔的权利】消费者在购买、使用商品时,其合法权益受到损害的,可以向销售者要求赔偿。销售者赔偿后,属于生产者的责任或者属于向销售者提供商品的其他销售者的责任的,销售者有权向生产者或者其他销售者追偿。

消费者或者其他受害人因商品缺陷造成人身、财产损害的,可以向销售者要求赔偿,也可以向生产者要求赔偿。属于生产者责任的,销售者赔偿后,有权向生产者追偿。属于销售者责任的,生产者赔偿后,有权向销售者追偿。

消费者在接受服务时,其合法权益受到损害的,可以向服务者要求赔偿。

第四十一条 【企业变更后的索赔】消费者在购买、使用商品或者接受服务时,其合法权益受到损害,因原企业分立、合并的,可以向变更后承受其权利义务的企业要求赔偿。

第四十二条 【营业执照出借人或借用人的连带责任】使用他人营业执照的违法经营者提供商品或者服务,损害消费者合法权益的,消费者可以向其要求赔偿,也可以向营业执照的持有人要求赔偿。

第四十三条 【展销会、租赁柜台的责任】消费者在展销会、租赁柜台购买商品或者接受服务,其合法权益受到损害的,可以向销售者或者服务者要求赔偿。展销会结束或者柜台租赁期满后,也可以向展销会的举办者、柜台的出租者要求赔偿。展销会的举办者、柜台的出租者赔偿后,有权向销售者或者服务者追偿。

第四十四条 【网络交易平台提供者的责任】消费者通过网络交易平台购买商品或者接受服务,其合法权益受到损害的,可以向销售者或者服务者要求赔偿。网络交易平台提供者不能提供销售者或者服务者的真实名称、地址和有效联系方式的，消费者也可以向网络交易平台提供者要求赔偿；网络交易平台提供者作出更有利于消费者的承诺的，应当履行承诺。网络交易平台提供者赔偿后，有权向销售者或者服务者追偿。

网络交易平台提供者明知或者应知销售者或者服务者利用其平台侵害消费者合法权益，未采取必要措施的，依法与该销售者或者服务者承担连带责任。

第四十五条 【虚假广告相关责任人的责任】消费者因经营者利用虚假广告或者其他虚假宣传方式提供商品或者服务，其合法权益受到损害的，可以向经营者要求赔偿。广告经营者、发布者发布虚假广告的，消费者可以请求行政主管部门予以惩处。广告经营者、发布者不能提供经营者的真实名称、地址和有效联系方式的，应当承担赔偿责任。

广告经营者、发布者设计、制作、发布关系消费者生命健康商品或者服务的虚假广告，造成消费者损害的，应当与提供该商品或者服务的经营者承担连带责任。

社会团体或者其他组织、个人在关系消费者生命健康商品或者服务的虚假广告或者其他虚假宣传中向消费者推荐商品或者服务，造成消费者损害的，应当与提供该商品或者服务的经营者承担连带责任。

第四十六条 【投诉】消费者向有关行政部门投诉的，该部门应当自收到投诉之日起七个工作日内，予以处理并告知消费者。

第四十七条 【消费者协会的诉权】对侵害众多消费者合法权益的行为，中国消费者协会以及在省、自治区、直辖市设立的消费者协会，可以向人民法院提起诉讼。

第七章 法律责任

第四十八条 【经营者承担责任的情形】经营者提供商品或者服务有下列情形之一的，除本法另有规定外，应当依照其他有关法律、法规的规定，承担民事责任：

（一）商品或者服务存在缺陷的；

（二）不具备商品应当具备的使用性能而出售时未作说明的；

（三）不符合在商品或者其包装上注明采用的商品标准的；

（四）不符合商品说明、实物样品等方式表明的质量状况的；

（五）生产国家明令淘汰的商品或者销售失效、变质的商品的；

（六）销售的商品数量不足的；

（七）服务的内容和费用违反约定的；

（八）对消费者提出的修理、重作、更换、退货、补足商品数量、退还货款和服务费用或者赔偿损失的要求，故意拖延或者无理拒绝的；

（九）法律、法规规定的其他损害消费者权益的情形。

经营者对消费者未尽到安全保障义务，造成消费者损害的，应当承担侵权责任。

第四十九条 【造成人身损害的赔偿责任】经营者提供商品或者服务，造成消费者或者其他受害人人身伤害的，应当赔偿医疗费、护理费、交通费等为治疗和康复支出的合理费用，以及因误工减少的收入。造成残疾的，还应当赔偿残疾生活辅助具费和残疾赔偿金。造成死亡的，还应当赔偿丧葬费和死亡赔偿金。

第五十条 【侵犯人格尊严的弥补】经营者侵害消费者的人格尊严、侵犯消费者人身自由或者侵害消费者个人信息依法得到保护的权利的，应当停止侵害、恢复名誉、消除影响、赔礼道歉，并赔偿损失。

第五十一条 【精神损害赔偿责任】经营者有侮辱诽谤、搜查身体、侵犯人身自由等侵害消费者或者其他受害人人身权益的行为，造成严重精神损害的，受害人可以要求精神损害赔偿。

第五十二条 【造成财产损害的民事责任】经营者提供商品或者服务，造成消费者财产损害的，应当依照法律规定或者当事人约定承担修理、重作、更换、退货、补足商品数量、退还货款和服务费用或者赔偿损失等民事责任。

第五十三条 【预付款后未履约的责任】经营者以预收款方式提供商品或者服务的，应当按照约定提供。未按照约定提供的，应当按照消费者的要求履行约定或者退回预付款；并应当承担预付款的利息、消费者必须支付的合理费用。

第五十四条 【退货责任】依法经有关行政部门认定为不合格的商品，消费者要求退货的，经营者应当负责退货。

第五十五条 【惩罚性赔偿】经营者提供商品或者服务有欺诈行为的，应当按照消费者的要求增加赔偿其受到的损失，增加赔偿的金额为消费者购买商品的价款或者接受服务的费用的三倍;增加赔偿的金额不足五百元的,为五百元。法律另有规定的,依照其规定。

经营者明知商品或者服务存在缺陷,仍然向消费者提供,造成消费者或者其他受害人死亡或者健康严重损害的,受害人有权要求经营者依照本法第四十九条、第五十一条等法律规定赔偿损失,并有权要求所受损失二倍以下的惩罚性赔偿。

第五十六条 【严重处罚的情形】经营者有下列情形之一,除承担相应的民事责任外,其他有关法律、法规对处罚机关和处罚方式有规定的,依照法律、法规的规定执行;法律、法规未作规定的,由工商行政管理部门或者其他有关行政部门责令改正,可以根据情节单处或者并处警告、没收违法所得、处以违法所得一倍以上十倍以下的罚款,没有违法所得的,处以五十万元以下的罚款;情节严重的,责令停业整顿、吊销营业执照:

(一)提供的商品或者服务不符合保障人身、财产安全要求的;

(二)在商品中掺杂、掺假,以假充真,以次充好,或者以不合格商品冒充合格商品的;

(三)生产国家明令淘汰的商品或者销售失效、变质的商品的;

(四)伪造商品的产地,伪造或者冒用他人的厂名、厂址,篡改生产日期,伪造或者冒用认证标志等质量标志的;

(五)销售的商品应当检验、检疫而未检验、检疫或者伪造检验、检疫结果的;

(六)对商品或者服务作虚假或者引人误解的宣传的;

(七)拒绝或者拖延有关行政部门责令对缺陷商品或者服务采取停止销售、警示、召回、无害化处理、销毁、停止生产或者服务等措施的;

(八)对消费者提出的修理、重作、更换、退货、补足商品数量、退还货款和服务费用或者赔偿损失的要求,故意拖延或者无理拒绝的;

(九)侵害消费者人格尊严、侵犯消费者人身自由或者侵害消费者个人信息依法得到保护的权利的;

(十)法律、法规规定的对损害消费者权益应当予以处罚的其他情形。

经营者有前款规定情形的,除依照法律、法规规定予以处罚外,处罚机关应当记入信用档案,向社会公布。

第五十七条 【经营者的刑事责任】经营者违反本法规定提供商品或者服务,侵害消费者合法权益,构成犯罪的,依法追究刑事责任。

第五十八条 【民事赔偿责任优先原则】经营者违反本法规定,应当承担民事赔偿责任和缴纳罚款、罚金,其财产不足以同时支付的,先承担民事赔偿责任。

第五十九条 【经营者的权利】经营者对行政处罚决定不服的,可以依法申请行政复议或者提起行政诉讼。

第六十条 【暴力抗法的责任】以暴力、威胁等方法阻碍有关行政部门工作人员依法执行职务的,依法追究刑事责任;拒绝、阻碍有关行政部门工作人员依法执行职务,未使用暴力、威胁方法的,由公安机关依照《中华人民共和国治安管理处罚法》的规定处罚。

第六十一条 【国家机关工作人员的责任】国家机关工作人员玩忽职守或者包庇经营者侵害消费者合法权益的行为的,由其所在单位或者上级机关给予行政处分;情节严重,构成犯罪的,依法追究刑事责任。

第八章 附 则

第六十二条 【购买农业生产资料的参照执行】农民购买、使用直接用于农业生产的生产资料,参照本法执行。

第六十三条 【实施日期】本法自1994年1月1日起施行。

最高人民法院关于审理食品安全民事纠纷案件适用法律若干问题的解释(一)

(2020年10月19日最高人民法院审判委员会第1813次会议通过 2020年12月8日最高人民法院公告公布 自2021年1月1日起施行 法释〔2020〕14号)

为正确审理食品安全民事纠纷案件,保障公众身体健康和生命安全,根据《中华人民共和国民法典》《中华人民共和国食品安全法》《中华人民共和国消费者权益保护法》《中华人民共和国民事诉讼法》等法律的规定，结合民事审判实践，制定本解释。

第一条 消费者因不符合食品安全标准的食品受到损害，依据食品安全法第一百四十八条第一款规定诉请食品生产者或者经营者赔偿损失，被诉的生产者或者经营者以赔偿责任应由生产经营者中的另一方承担为由主张免责的，人民法院不予支持。属于生产者责任的，经营者赔偿后有权向生产者追偿；属于经营者责任的，生产者赔偿后有权向经营者追偿。

第二条 电子商务平台经营者以标记自营业务方式所销售的食品或者虽未标记自营但实际开展自营业务所销售的食品不符合食品安全标准，消费者依据食品安全法第一百四十八条规定主张电子商务平台经营者承担作为食品经营者的赔偿责任的，人民法院应予支持。

电子商务平台经营者虽非实际开展自营业务，但其所作标识等足以误导消费者让消费者相信系电子商务平台经营者自营，消费者依据食品安全法第一百四十八条规定主张电子商务平台经营者承担作为食品经营者的赔偿责任的，人民法院应予支持。

第三条 电子商务平台经营者违反食品安全法第六十二条和第一百三十一条规定，未对平台内食品经营者进行实名登记、审查许可证，或者未履行报告、停止提供网络交易平台服务等义务，使消费者的合法权益受到损害，消费者主张电子商务平台经营者与平台内食品经营者承担连带责任的，人民法院应予支持。

第四条 公共交通运输的承运人向旅客提供的食品不符合食品安全标准，旅客主张承运人依据食品安全法第一百四十八条规定承担作为食品生产者或者经营者的赔偿责任的，人民法院应予支持；承运人以其不是食品的生产经营者或者食品是免费提供为由进行免责抗辩的，人民法院不予支持。

第五条 有关单位或者个人明知食品生产经营者从事食品安全法第一百二十三条第一款规定的违法行为而仍为其提供设备、技术、原料、销售渠道、运输、储存或者其他便利条件，消费者主张该单位或者个人依据食品安全法第一百二十三条第二款的规定与食品生产经营者承担连带责任的，人民法院应予支持。

第六条 食品经营者具有下列情形之一，消费者主张构成食品安全法第一百四十八条规定的"明知"的，人民法院应予支持：

(一)已过食品标明的保质期但仍然销售的；

(二)未能提供所售食品的合法进货来源的；

(三)以明显不合理的低价进货且无合理原因的；

(四)未依法履行进货查验义务的；

(五)虚假标注、更改食品生产日期、批号的；

(六)转移、隐匿、非法销毁食品进销货记录或者故意提供虚假信息的；

(七)其他能够认定为明知的情形。

第七条 消费者认为生产经营者生产经营不符合食品安全标准的食品同时构成欺诈的，有权选择依据食品安全法第一百四十八条第二款或者消费者权益保护法第五十五条第一款规定主张食品生产者或者经营者承担惩罚性赔偿责任。

第八条 经营者经营明知是不符合食品安全标准的食品，但向消费者承诺的赔偿标准高于食品安全法第一百四十八条规定的赔偿标准，消费者主张经营者按照承诺赔偿的，人民法院应当依法予以支持。

第九条 食品符合食品安全标准但未达到生产经营者承诺的质量标准，消费者依照民法典、消费者权益保护法等法律规定主张生产经营者承担责任的，人民法院应予支持，但消费者主张生产经营者依据食品安全法第一百四十八条规定承担赔偿责任的，人民法院不予支持。

第十条 食品不符合食品安全标准，消费者主张生产者或者经营者依据食品安全法第一百四十八条第二款规定承担惩罚性赔偿责任，生产者或者经营者以未造成消费者人身损害为由抗辩的，人民法院不予支持。

第十一条 生产经营未标明生产者名称、地址、成分或者配料表，或者未清晰标明生产日期、保质期的预包装食品，消费者主张生产者或者经营者依据食品安全法第一百四十八条第二款规定承担惩罚性赔偿责任的，人民法院应予支持，但法律、行政法规、食品安全国家标准对标签标注事项另有规定的除外。

第十二条 进口的食品不符合我国食品安全国家标准或者国务院卫生行政部门决定暂予适用的标准，消费者主张销售者、进口商等经营者依据食品安全法第一百四十八条规定承担赔偿责任，销售者、进口商等经营者仅以进口的食品符合出口地食品安全标准或者已经过我国出入境检验检疫机构检验检疫为由进行免责抗辩的，人民法院不予支持。

第十三条 生产经营不符合食品安全标准的食品,侵害众多消费者合法权益,损害社会公共利益,民事诉讼法、消费者权益保护法等法律规定的机关和有关组织依法提起公益诉讼的,人民法院应予受理。

第十四条 本解释自2021年1月1日起施行。

本解释施行后人民法院正在审理的一审、二审案件适用本解释。

本解释施行前已经终审,本解释施行后当事人申请再审或者按照审判监督程序决定再审的案件,不适用本解释。

最高人民法院以前发布的司法解释与本解释不一致的,以本解释为准。

(二)物 权

最高人民法院关于适用《中华人民共和国民法典》物权编的解释(一)

(2020年12月25日最高人民法院审判委员会第1825次会议通过 2020年12月29日最高人民法院公告公布 自2021年1月1日起施行 法释〔2020〕24号)

为正确审理物权纠纷案件,根据《中华人民共和国民法典》等相关法律规定,结合审判实践,制定本解释。

第一条 因不动产物权的归属,以及作为不动产物权登记基础的买卖、赠与、抵押等产生争议,当事人提起民事诉讼的,应当依法受理。当事人已经在行政诉讼中申请一并解决上述民事争议,且人民法院一并审理的除外。

第二条 当事人有证据证明不动产登记簿的记载与真实权利状态不符、其为该不动产物权的真实权利人,请求确认其享有物权的,应予支持。

第三条 异议登记因民法典第二百二十条第二款规定的事由失效后,当事人提起民事诉讼,请求确认物权归属的,应当依法受理。异议登记失效不影响人民法院对案件的实体审理。

第四条 未经预告登记的权利人同意,转让不动产所有权等物权,或者设立建设用地使用权、居住权、地役权、抵押权等其他物权的,应当依照民法典第二百二十一条第一款的规定,认定其不发生物权效力。

第五条 预告登记的买卖不动产物权的协议被认定无效、被撤销,或者预告登记的权利人放弃债权的,应当认定为民法典第二百二十一条第二款所称的“债权消灭”。

第六条 转让人转让船舶、航空器和机动车等所有权,受让人已经支付合理价款并取得占有,虽未经登记,但转让人的债权人主张其为民法典第二百二十五条所称的“善意第三人”的,不予支持,法律另有规定的除外。

第七条 人民法院、仲裁机构在分割共有不动产或者动产等案件中作出并依法生效的改变原有物权关系的判决书、裁决书、调解书,以及人民法院在执行程序中作出的拍卖成交裁定书、变卖成交裁定书、以物抵债裁定书,应当认定为民法典第二百二十九条所称导致物权设立、变更、转让或者消灭的人民法院、仲裁机构的法律文书。

第八条 依据民法典第二百二十九条至第二百三十一条规定享有物权,但尚未完成动产交付或者不动产登记的权利人,依据民法典第二百三十五条至第二百三十八条的规定,请求保护其物权的,应予支持。

第九条 共有份额的权利主体因继承、遗赠等原因发生变化时,其他按份共有人主张优先购买的,不予支持,但按份共有人之间另有约定的除外。

第十条 民法典第三百零五条所称的“同等条件”,应当综合共有份额的转让价格、价款履行方式及期限等因素确定。

第十一条 优先购买权的行使期间,按份共有人之间有约定的,按照约定处理;没有约定或者约定不明的,按照下列情形确定:

(一)转让人向其他按份共有人发出的包含同等条件内容的通知中载明行使期间的,以该期间为准;

(二)通知中未载明行使期间,或者载明的期间短于通知送达之日起十五日的,为十五日;

(三)转让人未通知的,为其他按份共有人知道或者应当知道最终确定的同等条件之日起十五日;

(四)转让人未通知,且无法确定其他按份共有人知道或者应当知道最终确定的同等条件的，为共有份额权属转移之日起六个月。

第十二条 按份共有人向共有人之外的人转让其份额，其他按份共有人根据法律、司法解释规定，请求按照同等条件优先购买该共有份额的，应予支持。其他按份共有人的请求具有下列情形之一的，不予支持：

（一）未在本解释第十一条规定的期间内主张优先购买，或者虽主张优先购买，但提出减少转让价款、增加转让人负担等实质性变更要求；

（二）以其优先购买权受到侵害为由，仅请求撤销共有份额转让合同或者认定该合同无效。

第十三条 按份共有人之间转让共有份额，其他按份共有人主张依据民法典第三百零五条规定优先购买的，不予支持，但按份共有人之间另有约定的除外。

第十四条 受让人受让不动产或者动产时，不知道转让人无处分权，且无重大过失的，应当认定受让人为善意。

真实权利人主张受让人不构成善意的，应当承担举证证明责任。

第十五条 具有下列情形之一的，应当认定不动产受让人知道转让人无处分权：

（一）登记簿上存在有效的异议登记；

（二）预告登记有效期内，未经预告登记的权利人同意；

（三）登记簿上已经记载司法机关或者行政机关依法裁定、决定查封或者以其他形式限制不动产权利的有关事项；

（四）受让人知道登记簿上记载的权利主体错误；

（五）受让人知道他人已经依法享有不动产物权。

真实权利人有证据证明不动产受让人应当知道转让人无处分权的，应当认定受让人具有重大过失。

第十六条 受让人受让动产时，交易的对象、场所或者时机等不符合交易习惯的，应当认定受让人具有重大过失。

第十七条 民法典第三百一十一条第一款第一项所称的"受让人受让该不动产或者动产时"，是指依法完成不动产物权转移登记或者动产交付之时。

当事人以民法典第二百二十六条规定的方式交付动产的，转让动产民事法律行为生效时为动产交付之时；当事人以民法典第二百二十七条规定的方式交付动产的，转让人与受让人之间有关转让返还原物请求权的协议生效时为动产交付之时。

法律对不动产、动产物权的设立另有规定的，应当按照法律规定的时间认定权利人是否为善意。

第十八条 民法典第三百一十一条第一款第二项所称"合理的价格"，应当根据转让标的物的性质、数量以及付款方式等具体情况，参考转让时交易地市场价格以及交易习惯等因素综合认定。

第十九条 转让人将民法典第二百二十五条规定的船舶、航空器和机动车等交付给受让人的，应当认定符合民法典第三百一十一条第一款第三项规定的善意取得的条件。

第二十条 具有下列情形之一，受让人主张依据民法典第三百一十一条规定取得所有权的，不予支持：

（一）转让合同被认定无效；

（二）转让合同被撤销。

第二十一条 本解释自2021年1月1日起施行。

最高人民法院关于适用《中华人民共和国民法典》有关担保制度的解释

（2020年12月25日最高人民法院审判委员会第1824次会议通过　2020年12月31日最高人民法院公告公布　自2021年1月1日起施行　法释〔2020〕28号）

为正确适用《中华人民共和国民法典》有关担保制度的规定，结合民事审判实践，制定本解释。

一、关于一般规定

第一条 因抵押、质押、留置、保证等担保发生的纠纷，适用本解释。所有权保留买卖、融资租赁、保理等涉及担保功能发生的纠纷，适用本解释的有关规定。

第二条 当事人在担保合同中约定担保合同

的效力独立于主合同,或者约定担保人对主合同无效的法律后果承担担保责任,该有关担保独立性的约定无效。主合同有效的,有关担保独立性的约定无效不影响担保合同的效力;主合同无效的,人民法院应当认定担保合同无效,但是法律另有规定的除外。

因金融机构开立的独立保函发生的纠纷,适用《最高人民法院关于审理独立保函纠纷案件若干问题的规定》。

第三条 当事人对担保责任的承担约定专门的违约责任,或者约定的担保责任范围超出债务人应当承担的责任范围,担保人主张仅在债务人应当承担的责任范围内承担责任的,人民法院应予支持。

担保人承担的责任超出债务人应当承担的责任范围,担保人向债务人追偿,债务人主张仅在其应当承担的责任范围内承担责任的,人民法院应予支持;担保人请求债权人返还超出部分的,人民法院依法予以支持。

第四条 有下列情形之一,当事人将担保物权登记在他人名下,债务人不履行到期债务或者发生当事人约定的实现担保物权的情形,债权人或者其受托人主张就该财产优先受偿的,人民法院依法予以支持:

(一)为债券持有人提供的担保物权登记在债券受托管理人名下;

(二)为委托贷款人提供的担保物权登记在受托人名下;

(三)担保人知道债权人与他人之间存在委托关系的其他情形。

第五条 机关法人提供担保的,人民法院应当认定担保合同无效,但是经国务院批准为使用外国政府或者国际经济组织贷款进行转贷的除外。

居民委员会、村民委员会提供担保的,人民法院应当认定担保合同无效,但是依法代行村集体经济组织职能的村民委员会,依照村民委员会组织法规定的讨论决定程序对外提供担保的除外。

第六条 以公益为目的的非营利性学校、幼儿园、医疗机构、养老机构等提供担保的,人民法院应当认定担保合同无效,但是有下列情形之一的除外:

(一)在购入或者以融资租赁方式承租教育设施、医疗卫生设施、养老服务设施和其他公益设施时,出卖人、出租人为担保价款或者租金实现而在该公益设施上保留所有权;

(二)以教育设施、医疗卫生设施、养老服务设施和其他公益设施以外的不动产、动产或者财产权利设立担保物权。

登记为营利法人的学校、幼儿园、医疗机构、养老机构等提供担保,当事人以其不具有担保资格为由主张担保合同无效的,人民法院不予支持。

第七条 公司的法定代表人违反公司法关于公司对外担保决议程序的规定,超越权限代表公司与相对人订立担保合同,人民法院应当依照民法典第六十一条和第五百零四条等规定处理:

(一)相对人善意的,担保合同对公司发生效力;相对人请求公司承担担保责任的,人民法院应予支持。

(二)相对人非善意的,担保合同对公司不发生效力;相对人请求公司承担赔偿责任的,参照适用本解释第十七条的有关规定。

法定代表人超越权限提供担保造成公司损失,公司请求法定代表人承担赔偿责任的,人民法院应予支持。

第一款所称善意,是指相对人在订立担保合同时不知道且不应当知道法定代表人超越权限。相对人有证据证明已对公司决议进行了合理审查,人民法院应当认定其构成善意,但是公司有证据证明相对人知道或者应当知道决议系伪造、变造的除外。

第八条 有下列情形之一,公司以其未依照公司法关于公司对外担保的规定作出决议为由主张不承担担保责任的,人民法院不予支持:

(一)金融机构开立保函或者担保公司提供担保;

(二)公司为其全资子公司开展经营活动提供担保;

(三)担保合同系由单独或者共同持有公司三分之二以上对担保事项有表决权的股东签字同意。

上市公司对外提供担保,不适用前款第二项、第三项的规定。

第九条 相对人根据上市公司公开披露的关于担保事项已经董事会或者股东大会决议通过的信息,与上市公司订立担保合同,相对人主张担保合同对上市公司发生效力,并由上市公司承担担保责任的,人民法院应予支持。

相对人未根据上市公司公开披露的关于担保事项已经董事会或者股东大会决议通过的信息，与上市公司订立担保合同，上市公司主张担保合同对其不发生效力，且不承担担保责任或者赔偿责任的，人民法院应予支持。

相对人与上市公司已公开披露的控股子公司订立的担保合同，或者相对人与股票在国务院批准的其他全国性证券交易场所交易的公司订立的担保合同，适用前两款规定。

第十条 一人有限责任公司为其股东提供担保，公司以违反公司法关于公司对外担保决议程序的规定为由主张不承担担保责任的，人民法院不予支持。公司因承担担保责任导致无法清偿其他债务，提供担保时的股东不能证明公司财产独立于自己的财产，其他债权人请求该股东承担连带责任的，人民法院应予支持。

第十一条 公司的分支机构未经公司股东（大）会或者董事会决议以自己的名义对外提供担保，相对人请求公司或者其分支机构承担担保责任的，人民法院不予支持，但是相对人不知道且不应当知道分支机构对外提供担保未经公司决议程序的除外。

金融机构的分支机构在其营业执照记载的经营范围内开立保函，或者经有权从事担保业务的上级机构授权开立保函，金融机构或者其分支机构以违反公司法关于公司对外担保决议程序的规定为由主张不承担担保责任的，人民法院不予支持。金融机构的分支机构未经金融机构授权提供保函之外的担保，金融机构或者其分支机构主张不承担担保责任的，人民法院应予支持，但是相对人不知道且不应当知道分支机构对外提供担保未经金融机构授权的除外。

担保公司的分支机构未经担保公司授权对外提供担保，担保公司或者其分支机构主张不承担担保责任的，人民法院应予支持，但是相对人不知道且不应当知道分支机构对外提供担保未经担保公司授权的除外。

公司的分支机构对外提供担保，相对人非善意，请求公司承担赔偿责任的，参照本解释第十七条的有关规定处理。

第十二条 法定代表人依照民法典第五百五十二条的规定以公司名义加入债务的，人民法院在认定该行为的效力时，可以参照本解释关于公司为他人提供担保的有关规则处理。

第十三条 同一债务有两个以上第三人提供担保，担保人之间约定相互追偿及分担份额，承担了担保责任的担保人请求其他担保人按照约定分担份额的，人民法院应予支持；担保人之间约定承担连带共同担保，或者约定相互追偿但是未约定分担份额的，各担保人按照比例分担向债务人不能追偿的部分。

同一债务有两个以上第三人提供担保，担保人之间未对相互追偿作出约定且未约定承担连带共同担保，但是各担保人在同一份合同书上签字、盖章或者按指印，承担了担保责任的担保人请求其他担保人按照比例分担向债务人不能追偿部分的，人民法院应予支持。

除前两款规定的情形外，承担了担保责任的担保人请求其他担保人分担向债务人不能追偿部分的，人民法院不予支持。

第十四条 同一债务有两个以上第三人提供担保，担保人受让债权的，人民法院应当认定该行为系承担担保责任。受让债权的担保人作为债权人请求其他担保人承担担保责任的，人民法院不予支持；该担保人请求其他担保人分担相应份额的，依照本解释第十三条的规定处理。

第十五条 最高额担保中的最高债权额，是指包括主债权及其利息、违约金、损害赔偿金、保管担保财产的费用、实现债权或者实现担保物权的费用等在内的全部债权，但是当事人另有约定的除外。

登记的最高债权额与当事人约定的最高债权额不一致的，人民法院应当依据登记的最高债权额确定债权人优先受偿的范围。

第十六条 主合同当事人协议以新贷偿还旧贷，债权人请求旧贷的担保人承担担保责任的，人民法院不予支持；债权人请求新贷的担保人承担担保责任的，按照下列情形处理：

（一）新贷与旧贷的担保人相同的，人民法院应予支持；

（二）新贷与旧贷的担保人不同，或者旧贷无担保新贷有担保的，人民法院不予支持，但是债权人有证据证明新贷的担保人提供担保时对以新贷偿还旧贷的事实知道或者应当知道的除外。

主合同当事人协议以新贷偿还旧贷，旧贷的物的担保人在登记尚未注销的情形下同意继续为新贷提供担保，在订立新的贷款合同前又以该担保财产为其他债权人设立担保物权，其他债权人主张其担保物权顺位优先于新贷债权人的，人民法院不予支持。

第十七条 主合同有效而第三人提供的担保合同无效，人民法院应当区分不同情形确定担保人的赔偿责任：

（一）债权人与担保人均有过错的，担保人承担的赔偿责任不应超过债务人不能清偿部分的二分之一；

（二）担保人有过错而债权人无过错的，担保人对债务人不能清偿的部分承担赔偿责任；

（三）债权人有过错而担保人无过错的，担保人不承担赔偿责任。

主合同无效导致第三人提供的担保合同无效，担保人无过错的，不承担赔偿责任；担保人有过错的，其承担的赔偿责任不应超过债务人不能清偿部分的三分之一。

第十八条 承担了担保责任或者赔偿责任的担保人，在其承担责任的范围内向债务人追偿的，人民法院应予支持。

同一债权既有债务人自己提供的物的担保，又有第三人提供的担保，承担了担保责任或者赔偿责任的第三人，主张行使债权人对债务人享有的担保物权的，人民法院应予支持。

第十九条 担保合同无效，承担了赔偿责任的担保人按照反担保合同的约定，在其承担赔偿责任的范围内请求反担保人承担担保责任的，人民法院应予支持。

反担保合同无效的，依照本解释第十七条的有关规定处理。当事人仅以担保合同无效为由主张反担保合同无效的，人民法院不予支持。

第二十条 人民法院在审理第三人提供的物的担保纠纷案件时，可以适用民法典第六百九十五条第一款、第六百九十六条第一款、第六百九十七条第二款、第六百九十九条、第七百条、第七百零一条、第七百零二条等关于保证合同的规定。

第二十一条 主合同或者担保合同约定了仲裁条款的，人民法院对约定仲裁条款的合同当事人之间的纠纷无管辖权。

债权人一并起诉债务人和担保人的，应当根据主合同确定管辖法院。

债权人依法可以单独起诉担保人且仅起诉担保人的，应当根据担保合同确定管辖法院。

第二十二条 人民法院受理债务人破产案件后，债权人请求担保人承担担保责任，担保人主张担保债务自人民法院受理破产申请之日起停止计息的，人民法院对担保人的主张应予支持。

第二十三条 人民法院受理债务人破产案件，债权人在破产程序中申报债权后又向人民法院提起诉讼，请求担保人承担担保责任的，人民法院依法予以支持。

担保人清偿债权人的全部债权后，可以代替债权人在破产程序中受偿；在债权人的债权未获全部清偿前，担保人不得代替债权人在破产程序中受偿，但是有权就债权人通过破产分配和实现担保债权等方式获得清偿总额中超出债权的部分，在其承担担保责任的范围内请求债权人返还。

债权人在债务人破产程序中未获全部清偿，请求担保人继续承担担保责任的，人民法院应予支持；担保人承担担保责任后，向和解协议或者重整计划执行完毕后的债务人追偿的，人民法院不予支持。

第二十四条 债权人知道或者应当知道债务人破产，既未申报债权也未通知担保人，致使担保人不能预先行使追偿权的，担保人就该债权在破产程序中可能受偿的范围内免除担保责任，但是担保人因自身过错未行使追偿权的除外。

二、关于保证合同

第二十五条 当事人在保证合同中约定了保证人在债务人不能履行债务或者无力偿还债务时才承担保证责任等类似内容，具有债务人应当先承担责任的意思表示的，人民法院应当将其认定为一般保证。

当事人在保证合同中约定了保证人在债务人不履行债务或者未偿还债务时即承担保证责任、无条件承担保证责任等类似内容，不具有债务人应当先承担责任的意思表示的，人民法院应当将其认定为连带责任保证。

第二十六条 一般保证中，债权人以债务人为被告提起诉讼的，人民法院应予受理。债权人未就主合同纠纷提起诉讼或者申请仲裁，仅起诉一般保证人的，人民法院应当驳回起诉。

一般保证中，债权人一并起诉债务人和保证人的，人民法院可以受理，但是在作出判决时，除有民法典第六百八十七条第二款但书规定的情形外，应当在判决书主文中明确，保证人仅对债务人财产依法强制执行后仍不能履行的部分承担保证责任。

债权人未对债务人的财产申请保全，或者保全的债务人的财产足以清偿债务，债权人申请对一般保证人的财产进行保全的，人民法院不予准许。

第二十七条 一般保证的债权人取得对债务人赋予强制执行效力的公证债权文书后，在保证期间内向人民法院申请强制执行，保证人以债权人未在保证期间内对债务人提起诉讼或者申请仲裁为由主张不承担保证责任的，人民法院不予支持。

第二十八条 一般保证中，债权人依据生效法律文书对债务人的财产依法申请强制执行，保证债务诉讼时效的起算时间按照下列规则确定：

（一）人民法院作出终结本次执行程序裁定，或者依照民事诉讼法第二百五十七条第三项、第五项的规定作出终结执行裁定的，自裁定送达债权人之日起开始计算；

（二）人民法院自收到申请执行书之日起一年内未作出前项裁定的，自人民法院收到申请执行书满一年之日起开始计算，但是保证人有证据证明债务人仍有财产可供执行的除外。

一般保证的债权人在保证期间届满前对债务人提起诉讼或者申请仲裁，债权人举证证明存在民法典第六百八十七条第二款但书规定情形的，保证债务的诉讼时效自债权人知道或者应当知道该情形之日起开始计算。

第二十九条 同一债务有两个以上保证人，债权人以其已经在保证期间内依法向部分保证人行使权利为由，主张已经在保证期间内向其他保证人行使权利的，人民法院不予支持。

同一债务有两个以上保证人，保证人之间相互有追偿权，债权人未在保证期间内依法向部分保证人行使权利，导致其他保证人在承担保证责任后丧失追偿权，其他保证人主张在其不能追偿的范围内免除保证责任的，人民法院应予支持。

第三十条 最高额保证合同对保证期间的计算方式、起算时间等有约定的，按照其约定。

最高额保证合同对保证期间的计算方式、起算时间等没有约定或者约定不明，被担保债权的履行期限均已届满的，保证期间自债权确定之日起开始计算；被担保债权的履行期限尚未届满的，保证期间自最后到期债权的履行期限届满之日起开始计算。

前款所称债权确定之日，依照民法典第四百二十三条的规定认定。

第三十一条 一般保证的债权人在保证期间内对债务人提起诉讼或者申请仲裁后，又撤回起诉或者仲裁申请，债权人在保证期间届满前未再行提起诉讼或者申请仲裁，保证人主张不再承担保证责任的，人民法院应予支持。

连带责任保证的债权人在保证期间内对保证人提起诉讼或者申请仲裁后，又撤回起诉或者仲裁申请，起诉状副本或者仲裁申请书副本已经送达保证人的，人民法院应当认定债权人已经在保证期间内向保证人行使了权利。

第三十二条 保证合同约定保证人承担保证责任直至主债务本息还清时为止等类似内容的，视为约定不明，保证期间为主债务履行期限届满之日起六个月。

第三十三条 保证合同无效，债权人未在约定或者法定的保证期间内依法行使权利，保证人主张不承担赔偿责任的，人民法院应予支持。

第三十四条 人民法院在审理保证合同纠纷案件时，应当将保证期间是否届满、债权人是否在保证期间内依法行使权利等事实作为案件基本事实予以查明。

债权人在保证期间内未依法行使权利的，保证责任消灭。保证责任消灭后，债权人书面通知保证人要求承担保证责任，保证人在通知书上签字、盖章或者按指印，债权人请求保证人继续承担保证责任的，人民法院不予支持，但是债权人有证据证明成立了新的保证合同的除外。

第三十五条 保证人知道或者应当知道主债权诉讼时效期间届满仍然提供保证或者承担保证责任，又以诉讼时效期间届满为由拒绝承担保证责任或者请求返还财产的，人民法院不予支持；保证人承担保证责任后向债务人追偿的，人民法院不予支持，但是债务人放弃诉讼时效抗辩的除外。

第三十六条 第三人向债权人提供差额补足、流动性支持等类似承诺文件作为增信措施，具有提供担保的意思表示，债权人请求第三人承担保证责任的，人民法院应当依照保证的有关规定处理。

第三人向债权人提供的承诺文件，具有加入债务或者与债务人共同承担债务等意思表示的，人民法院应当认定为民法典第五百五十二条规定的债务加入。

前两款中第三人提供的承诺文件难以确定是保证还是债务加入的，人民法院应当将其认定为保证。

第三人向债权人提供的承诺文件不符合前三款规定的情形，债权人请求第三人承担保证责任或者连带责任的，人民法院不予支持，但是不影响其依据承诺文件请求第三人履行约定的义务或者承担相应的民事责任。

三、关于担保物权

（一）担保合同与担保物权的效力

第三十七条 当事人以所有权、使用权不明或者有争议的财产抵押，经审查构成无权处分的，人民法院应当依照民法典第三百一十一条的规定处理。

当事人以依法被查封或者扣押的财产抵押，抵押权人请求行使抵押权，经审查查封或者扣押措施已经解除的，人民法院应予支持。抵押人以抵押权设立时财产被查封或者扣押为由主张抵押合同无效的，人民法院不予支持。

以依法被监管的财产抵押的，适用前款规定。

第三十八条 主债权未受全部清偿，担保物权人主张就担保财产的全部行使担保物权的，人民法院应予支持，但是留置权人行使留置权的，应当依照民法典第四百五十条的规定处理。

担保财产被分割或者部分转让，担保物权人主张就分割或者转让后的担保财产行使担保物权的，人民法院应予支持，但是法律或者司法解释另有规定的除外。

第三十九条 主债权被分割或者部分转让，各债权人主张就其享有的债权份额行使担保物权的，人民法院应予支持，但是法律另有规定或者当事人另有约定的除外。

主债务被分割或者部分转移，债务人自己提供物的担保，债权人请求以该担保财产担保全部债务履行的，人民法院应予支持；第三人提供物的担保，主张对未经其书面同意转移的债务不再承担担保责任的，人民法院应予支持。

第四十条 从物产生于抵押权依法设立前，抵押权人主张抵押权的效力及于从物的，人民法院应予支持，但是当事人另有约定的除外。

从物产生于抵押权依法设立后，抵押权人主张抵押权的效力及于从物的，人民法院不予支持，但是在抵押权实现时可以一并处分。

第四十一条 抵押权依法设立后，抵押财产被添附，添附物归第三人所有，抵押权人主张抵押权效力及于补偿金的，人民法院应予支持。

抵押权依法设立后，抵押财产被添附，抵押人对添附物享有所有权，抵押权人主张抵押权的效力及于添附物的，人民法院应予支持，但是添附导致抵押财产价值增加的，抵押权的效力不及于增加的价值部分。

抵押权依法设立后，抵押人与第三人因添附成为添附物的共有人，抵押权人主张抵押权的效力及于抵押人对共有物享有的份额的，人民法院应予支持。

本条所称添附，包括附合、混合与加工。

第四十二条 抵押权依法设立后，抵押财产毁损、灭失或者被征收等，抵押权人请求按照原抵押权的顺位就保险金、赔偿金或者补偿金等优先受偿的，人民法院应予支持。

给付义务人已经向抵押人给付了保险金、赔偿金或者补偿金，抵押权人请求给付义务人向其给付保险金、赔偿金或者补偿金的，人民法院不予支持，但是给付义务人接到抵押权人要求向其给付的通知后仍然向抵押人给付的除外。

抵押权人请求给付义务人向其给付保险金、赔偿金或者补偿金的，人民法院可以通知抵押人作为第三人参加诉讼。

第四十三条 当事人约定禁止或者限制转让抵押财产但是未将约定登记，抵押人违反约定转让抵押财产，抵押权人请求确认转让合同无效的，人民法院不予支持；抵押财产已经交付或者登记，抵押权人请求确认转让不发生物权效力的，人民法院不予支持，但是抵押权人有证据证明受让人知道的除外；抵押权人请求抵押人承担违约责任的，人民法院依法予以支持。

当事人约定禁止或者限制转让抵押财产且已经将约定登记，抵押人违反约定转让抵押财产，抵押权人请求确认转让合同无效的，人民法院不予支持；抵押财产已经交付或者登记，抵押权人主张转让不发生物权效力的，人民法院应予支持，但是因受让人代替债务人清偿债务导致抵押权消灭的除外。

第四十四条 主债权诉讼时效期间届满后,抵押权人主张行使抵押权的,人民法院不予支持;抵押人以主债权诉讼时效期间届满为由,主张不承担担保责任的,人民法院应予支持。主债权诉讼时效期间届满前,债权人仅对债务人提起诉讼,经人民法院判决或者调解后未在民事诉讼法规定的申请执行时效期间内对债务人申请强制执行,其向抵押人主张行使抵押权的,人民法院不予支持。

主债权诉讼时效期间届满后,财产被留置的债务人或者对留置财产享有所有权的第三人请求债权人返还留置财产的,人民法院不予支持;债务人或者第三人请求拍卖、变卖留置财产并以所得价款清偿债务的,人民法院应予支持。

主债权诉讼时效期间届满的法律后果,以登记作为公示方式的权利质权,参照适用第一款的规定;动产质权、以交付权利凭证作为公示方式的权利质权,参照适用第二款的规定。

第四十五条 当事人约定当债务人不履行到期债务或者发生当事人约定的实现担保物权的情形,担保物权人有权将担保财产自行拍卖、变卖并就所得的价款优先受偿的,该约定有效。因担保人的原因导致担保物权人无法自行对担保财产进行拍卖、变卖,担保物权人请求担保人承担因此增加的费用的,人民法院应予支持。

当事人依照民事诉讼法有关"实现担保物权案件"的规定,申请拍卖、变卖担保财产,被申请人以担保合同约定仲裁条款为由主张驳回申请的,人民法院经审查后,应当按照以下情形分别处理:

(一)当事人对担保物权无实质性争议且实现担保物权条件已经成就的,应当裁定准许拍卖、变卖担保财产;

(二)当事人对实现担保物权有部分实质性争议的,可以就无争议的部分裁定准许拍卖、变卖担保财产,并告知可以就有争议的部分申请仲裁;

(三)当事人对实现担保物权有实质性争议的,裁定驳回申请,并告知可以向仲裁机构申请仲裁。

债权人以诉讼方式行使担保物权的,应当以债务人和担保人作为共同被告。

(二)不动产抵押

第四十六条 不动产抵押合同生效后未办理抵押登记手续,债权人请求抵押人办理抵押登记手续的,人民法院应予支持。

抵押财产因不可归责于抵押人自身的原因灭失或者被征收等导致不能办理抵押登记,债权人请求抵押人在约定的担保范围内承担责任的,人民法院不予支持;但是抵押人已经获得保险金、赔偿金或者补偿金等,债权人请求抵押人在其所获金额范围内承担赔偿责任的,人民法院依法予以支持。

因抵押人转让抵押财产或者其他可归责于抵押人自身的原因导致不能办理抵押登记,债权人请求抵押人在约定的担保范围内承担责任的,人民法院依法予以支持,但是不得超过抵押权能够设立时抵押人应当承担的责任范围。

第四十七条 不动产登记簿就抵押财产、被担保的债权范围等所作的记载与抵押合同约定不一致的,人民法院应当根据登记簿的记载确定抵押财产、被担保的债权范围等事项。

第四十八条 当事人申请办理抵押登记手续时,因登记机构的过错致使其不能办理抵押登记,当事人请求登记机构承担赔偿责任的,人民法院依法予以支持。

第四十九条 以违法的建筑物抵押的,抵押合同无效,但是一审法庭辩论终结前已经办理合法手续的除外。抵押合同无效的法律后果,依照本解释第十七条的有关规定处理。

当事人以建设用地使用权依法设立抵押,抵押人以土地上存在违法的建筑物为由主张抵押合同无效的,人民法院不予支持。

第五十条 抵押人以划拨建设用地上的建筑物抵押,当事人以该建设用地使用权不能抵押或者未办理批准手续为由主张抵押合同无效或者不生效的,人民法院不予支持。抵押权依法实现时,拍卖、变卖建筑物所得的价款,应当优先用于补缴建设用地使用权出让金。

当事人以划拨方式取得的建设用地使用权抵押,抵押人以未办理批准手续为由主张抵押合同无效或者不生效的,人民法院不予支持。已经依法办理抵押登记,抵押权人主张行使抵押权的,人民法院应予支持。抵押权依法实现时所得的价款,参照前款有关规定处理。

第五十一条 当事人仅以建设用地使用权抵押,债权人主张抵押权的效力及于土地上已有的建筑物以及正在建造的建筑物已完成部分的,人民法院应予支持。债权人主张抵押权的效力及于正在建造的建筑物的续建部分以及新增建筑物的，人民法院不予支持。

当事人以正在建造的建筑物抵押，抵押权的效力范围限于已办理抵押登记的部分。当事人按照担保合同的约定，主张抵押权的效力及于续建部分、新增建筑物以及规划中尚未建造的建筑物的，人民法院不予支持。

抵押人将建设用地使用权、土地上的建筑物或者正在建造的建筑物分别抵押给不同债权人的，人民法院应当根据抵押登记的时间先后确定清偿顺序。

第五十二条 当事人办理抵押预告登记后，预告登记权利人请求就抵押财产优先受偿，经审查存在尚未办理建筑物所有权首次登记、预告登记的财产与办理建筑物所有权首次登记时的财产不一致、抵押预告登记已经失效等情形，导致不具备办理抵押登记条件的，人民法院不予支持；经审查已经办理建筑物所有权首次登记，且不存在预告登记失效等情形的，人民法院应予支持，并应当认定抵押权自预告登记之日起设立。

当事人办理了抵押预告登记，抵押人破产，经审查抵押财产属于破产财产，预告登记权利人主张就抵押财产优先受偿的，人民法院应当在受理破产申请时抵押财产的价值范围内予以支持，但是在人民法院受理破产申请前一年内，债务人对没有财产担保的债务设立抵押预告登记的除外。

（三）动产与权利担保

第五十三条 当事人在动产和权利担保合同中对担保财产进行概括描述，该描述能够合理识别担保财产的，人民法院应当认定担保成立。

第五十四条 动产抵押合同订立后未办理抵押登记，动产抵押权的效力按照下列情形分别处理：

（一）抵押人转让抵押财产，受让人占有抵押财产后，抵押权人向受让人请求行使抵押权的，人民法院不予支持，但是抵押权人能够举证证明受让人知道或者应当知道已经订立抵押合同的除外；

（二）抵押人将抵押财产出租给他人并移转占有，抵押权人行使抵押权的，租赁关系不受影响，但是抵押权人能够举证证明承租人知道或者应当知道已经订立抵押合同的除外；

（三）抵押人的其他债权人向人民法院申请保全或者执行抵押财产，人民法院已经作出财产保全裁定或者采取执行措施，抵押权人主张对抵押财产优先受偿的，人民法院不予支持；

（四）抵押人破产，抵押权人主张对抵押财产优先受偿的，人民法院不予支持。

第五十五条 债权人、出质人与监管人订立三方协议，出质人以通过一定数量、品种等概括描述能够确定范围的货物为债务的履行提供担保，当事人有证据证明监管人系受债权人的委托监管并实际控制该货物的，人民法院应当认定质权于监管人实际控制货物之日起设立。监管人违反约定向出质人或者其他人放货、因保管不善导致货物毁损灭失，债权人请求监管人承担违约责任的，人民法院依法予以支持。

在前款规定情形下，当事人有证据证明监管人系受出质人委托监管该货物，或者虽然受债权人委托但是未实际履行监管职责，导致货物仍由出质人实际控制的，人民法院应当认定质权未设立。债权人可以基于质押合同的约定请求出质人承担违约责任，但是不得超过质权有效设立时出质人应当承担的责任范围。监管人未履行监管职责，债权人请求监管人承担责任的，人民法院依法予以支持。

第五十六条 买受人在出卖人正常经营活动中通过支付合理对价取得已被设立担保物权的动产，担保物权人请求就该动产优先受偿的，人民法院不予支持，但是有下列情形之一的除外：

（一）购买商品的数量明显超过一般买受人；

（二）购买出卖人的生产设备；

（三）订立买卖合同的目的在于担保出卖人或者第三人履行债务；

（四）买受人与出卖人存在直接或者间接的控制关系；

（五）买受人应当查询抵押登记而未查询的其他情形。

前款所称出卖人正常经营活动，是指出卖人的经营活动属于其营业执照明确记载的经营范围，且出卖人持续销售同类商品。前款所称担保物权人，是指已经办理登记的抵押权人、所有权保留买卖的出卖人、融资租赁合同的出租人。

第五十七条 担保人在设立动产浮动抵押并办理抵押登记后又购入或者以融资租赁方式承租新的动产，下列权利人为担保价款债权或者租金的实现而订立担保合同，并在该动产交付后十日内办理登记，主张其权利优先于在先设立的浮动抵押权的，人民法院应予支持：

（一）在该动产上设立抵押权或者保留所有权的出卖人；

（二）为价款支付提供融资而在该动产上设立抵押权的债权人；

（三）以融资租赁方式出租该动产的出租人。

买受人取得动产但未付清价款或者承租人以融资租赁方式占有租赁物但是未付清全部租金，又以标的物为他人设立担保物权，前款所列权利人为担保价款债权或者租金的实现而订立担保合同，并在该动产交付后十日内办理登记，主张其权利优先于买受人为他人设立的担保物权的，人民法院应予支持。

同一动产上存在多个价款优先权的，人民法院应当按照登记的时间先后确定清偿顺序。

第五十八条 以汇票出质，当事人以背书记载“质押”字样并在汇票上签章，汇票已经交付质权人的，人民法院应当认定质权自汇票交付质权人时设立。

第五十九条 存货人或者仓单持有人在仓单上以背书记载“质押”字样，并经保管人签章，仓单已经交付质权人的，人民法院应当认定质权自仓单交付质权人时设立。没有权利凭证的仓单，依法可以办理出质登记的，仓单质权自办理出质登记时设立。

出质人既以仓单出质，又以仓储物设立担保，按照公示的先后确定清偿顺序；难以确定先后的，按照债权比例清偿。

保管人为同一货物签发多份仓单，出质人在多份仓单上设立多个质权，按照公示的先后确定清偿顺序；难以确定先后的，按照债权比例受偿。

存在第二款、第三款规定的情形，债权人举证证明其损失系由出质人与保管人的共同行为所致，请求出质人与保管人承担连带赔偿责任的，人民法院应予支持。

第六十条 在跟单信用证交易中，开证行与开证申请人之间约定以提单作为担保的，人民法院应当依照民法典关于质权的有关规定处理。

在跟单信用证交易中，开证行依据其与开证申请人之间的约定或者跟单信用证的惯例持有提单，开证申请人未按照约定付款赎单，开证行主张对提单项下货物优先受偿的，人民法院应予支持；开证行主张对提单项下货物享有所有权的，人民法院不予支持。

在跟单信用证交易中，开证行依据其与开证申请人之间的约定或者跟单信用证的惯例，通过转让提单或者提单项下货物取得价款，开证申请人请求返还超出债权部分的，人民法院应予支持。

前三款规定不影响合法持有提单的开证行以提单持有人身份主张运输合同项下的权利。

第六十一条 以现有的应收账款出质，应收账款债务人向质权人确认应收账款的真实性后，又以应收账款不存在或者已经消灭为由主张不承担责任的，人民法院不予支持。

以现有的应收账款出质，应收账款债务人未确认应收账款的真实性，质权人以应收账款债务人为被告，请求就应收账款优先受偿，能够举证证明办理出质登记时应收账款真实存在的，人民法院应予支持；质权人不能举证证明办理出质登记时应收账款真实存在，仅以已经办理出质登记为由，请求就应收账款优先受偿的，人民法院不予支持。

以现有的应收账款出质，应收账款债务人已经向应收账款债权人履行了债务，质权人请求应收账款债务人履行债务的，人民法院不予支持，但是应收账款债务人接到质权人要求向其履行的通知后，仍然向应收账款债权人履行的除外。

以基础设施和公用事业项目收益权、提供服务或者劳务产生的债权以及其他将有的应收账款出质，当事人为应收账款设立特定账户，发生法定或者约定的质权实现事由时，质权人请求就该特定账户内的款项优先受偿的，人民法院应予支持；特定账户内的款项不足以清偿债务或者未设立特定账户，质权人请求折价或者拍卖、变卖项目收益权等将有的应收账款，并以所得的价款优先受偿的，人民法院依法予以支持。

第六十二条 债务人不履行到期债务，债权人因同一法律关系留置合法占有的第三人的动产，并主张就该留置财产优先受偿的，人民法院应予支持。第三人以该留置财产并非债务人的财产为由请求返还的，人民法院不予支持。

企业之间留置的动产与债权并非同一法律关系，债务人以该债权不属于企业持续经营中发生的债权为由请求债权人返还留置财产的，人民法院应予支持。

企业之间留置的动产与债权并非同一法律关系

系，债权人留置第三人的财产，第三人请求债权人返还留置财产的，人民法院应予支持。

四、关于非典型担保

第六十三条 债权人与担保人订立担保合同，约定以法律、行政法规尚未规定可以担保的财产权利设立担保，当事人主张合同无效的，人民法院不予支持。当事人未在法定的登记机构依法进行登记，主张该担保具有物权效力的，人民法院不予支持。

第六十四条 在所有权保留买卖中，出卖人依法有权取回标的物，但是与买受人协商不成，当事人请求参照民事诉讼法"实现担保物权案件"的有关规定，拍卖、变卖标的物的，人民法院应予准许。

出卖人请求取回标的物，符合民法典第六百四十二条规定的，人民法院应予支持；买受人以抗辩或者反诉的方式主张拍卖、变卖标的物，并在扣除买受人未支付的价款以及必要费用后返还剩余款项的，人民法院应当一并处理。

第六十五条 在融资租赁合同中，承租人未按照约定支付租金，经催告后在合理期限内仍不支付，出租人请求承租人支付全部剩余租金，并以拍卖、变卖租赁物所得的价款受偿的，人民法院应予支持；当事人请求参照民事诉讼法"实现担保物权案件"的有关规定，以拍卖、变卖租赁物所得价款支付租金的，人民法院应予准许。

出租人请求解除融资租赁合同并收回租赁物，承租人以抗辩或者反诉的方式主张返还租赁物价值超过欠付租金以及其他费用的，人民法院应当一并处理。当事人对租赁物的价值有争议的，应当按照下列规则确定租赁物的价值：

（一）融资租赁合同有约定的，按照其约定；

（二）融资租赁合同未约定或者约定不明的，根据约定的租赁物折旧以及合同到期后租赁物的残值来确定；

（三）根据前两项规定的方法仍然难以确定，或者当事人认为根据前两项规定的方法确定的价值严重偏离租赁物实际价值的，根据当事人的申请委托有资质的机构评估。

第六十六条 同一应收账款同时存在保理、应收账款质押和债权转让，当事人主张参照民法典第七百六十八条的规定确定优先顺序的，人民法院应予支持。

在有追索权的保理中，保理人以应收账款债权人或者应收账款债务人为被告提起诉讼，人民法院应予受理；保理人一并起诉应收账款债权人和应收账款债务人的，人民法院可以受理。

应收账款债权人向保理人返还保理融资款本息或者回购应收账款债权后，请求应收账款债务人向其履行应收账款债务的，人民法院应予支持。

第六十七条 在所有权保留买卖、融资租赁等合同中，出卖人、出租人的所有权未经登记不得对抗的"善意第三人"的范围及其效力，参照本解释第五十四条的规定处理。

第六十八条 债务人或者第三人与债权人约定将财产形式上转移至债权人名下，债务人不履行到期债务，债权人有权对财产折价或者以拍卖、变卖该财产所得价款偿还债务的，人民法院应当认定该约定有效。当事人已经完成财产权利变动的公示，债务人不履行到期债务，债权人请求参照民法典关于担保物权的有关规定就该财产优先受偿的，人民法院应予支持。

债务人或者第三人与债权人约定将财产形式上转移至债权人名下，债务人不履行到期债务，财产归债权人所有的，人民法院应当认定该约定无效，但是不影响当事人有关提供担保的意思表示的效力。当事人已经完成财产权利变动的公示，债务人不履行到期债务，债权人请求对该财产享有所有权的，人民法院不予支持；债权人请求参照民法典关于担保物权的规定对财产折价或者以拍卖、变卖该财产所得的价款优先受偿的，人民法院应予支持；债务人履行债务后请求返还财产，或者请求对财产折价或者以拍卖、变卖所得的价款清偿债务的，人民法院应予支持。

债务人与债权人约定将财产转移至债权人名下，在一定期间后再由债务人或者其指定的第三人以交易本金加上溢价款回购，债务人到期不履行回购义务，财产归债权人所有的，人民法院应当参照第二款规定处理。回购对象自始不存在的，人民法院应当依照民法典第一百四十六条第二款的规定，按照其实际构成的法律关系处理。

第六十九条 股东以将其股权转移至债权人名下的方式为债务履行提供担保，公司或者公司的债权人以股东未履行或者未全面履行出资义务、抽逃出资等为由，请求作为名义股东的债权人与股东承担连带责任的，人民法院不予支持。

第七十条 债务人或者第三人为担保债务的履行，设立专门的保证金账户并由债权人实际控制，或者将其资金存入债权人设立的保证金账户，债权人主张就账户内的款项优先受偿的，人民法院应予支持。当事人以保证金账户内的款项浮动为由，主张实际控制该账户的债权人对账户内的款项不享有优先受偿权的，人民法院不予支持。

在银行账户下设立的保证金分户，参照前款规定处理。

当事人约定的保证金并非为担保债务的履行设立，或者不符合前两款规定的情形，债权人主张就保证金优先受偿的，人民法院不予支持，但是不影响当事人依照法律的规定或者按照当事人的约定主张权利。

五、附　则

第七十一条 本解释自2021年1月1日起施行。

最高人民法院关于审理矿业权纠纷案件适用法律若干问题的解释

(2017年2月20日最高人民法院审判委员会第1710次会议通过　根据2020年12月23日最高人民法院审判委员会第1823次会议通过的《最高人民法院关于修改〈最高人民法院关于在民事审判工作中适用《中华人民共和国工会法》若干问题的解释〉等二十七件民事类司法解释的决定》修正)

为正确审理矿业权纠纷案件，依法保护当事人的合法权益，根据《中华人民共和国民法典》《中华人民共和国矿产资源法》《中华人民共和国环境保护法》等法律法规的规定，结合审判实践，制定本解释。

第一条 人民法院审理探矿权、采矿权等矿业权纠纷案件，应当依法保护矿业权流转，维护市场秩序和交易安全，保障矿产资源合理开发利用，促进资源节约与环境保护。

第二条 县级以上人民政府自然资源主管部门作为出让人与受让人签订的矿业权出让合同，除法律、行政法规另有规定的情形外，当事人请求确认自依法成立之日起生效的，人民法院应予支持。

第三条 受让人请求自矿产资源勘查许可证、采矿许可证载明的有效期起始日确认其探矿权、采矿权的，人民法院应予支持。

矿业权出让合同生效后、矿产资源勘查许可证或者采矿许可证颁发前，第三人越界或者以其他方式非法勘查开采，经出让人同意已实际占有勘查作业区或者矿区的受让人，请求第三人承担停止侵害、排除妨碍、赔偿损失等侵权责任的，人民法院应予支持。

第四条 出让人未按照出让合同的约定移交勘查作业区或者矿区、颁发矿产资源勘查许可证或者采矿许可证，受让人请求解除出让合同的，人民法院应予支持。

受让人勘查开采矿产资源未达到自然资源主管部门批准的矿山地质环境保护与土地复垦方案要求，在自然资源主管部门规定的期限内拒不改正，或者因违反法律法规被吊销矿产资源勘查许可证、采矿许可证，或者未按照出让合同的约定支付矿业权出让价款，出让人解除出让合同的，人民法院应予支持。

第五条 未取得矿产资源勘查许可证、采矿许可证，签订合同将矿产资源交由他人勘查开采的，人民法院应依法认定合同无效。

第六条 矿业权转让合同自依法成立之日起具有法律约束力。矿业权转让申请未经自然资源主管部门批准，受让人请求转让人办理矿业权变更登记手续的，人民法院不予支持。

当事人仅以矿业权转让申请未经自然资源主管部门批准为由请求确认转让合同无效的，人民法院不予支持。

第七条 矿业权转让合同依法成立后，在不具有法定无效情形下，受让人请求转让人履行报批义务或者转让人请求受让人履行协助报批义务的，人民法院应予支持，但法律上或者事实上不具备履行条件的除外。

人民法院可以依据案件事实和受让人的请求，判决受让人代为办理报批手续，转让人应当履行协助义务，并承担由此产生的费用。

第八条 矿业权转让合同依法成立后，转让人无正当理由拒不履行报批义务，受让人请求解除合同、返还已付转让款及利息,并由转让人承担违约责任的,人民法院应予支持。

第九条 矿业权转让合同约定受让人支付全部或者部分转让款后办理报批手续,转让人在办理报批手续前请求受让人先履行付款义务的,人民法院应予支持,但受让人有确切证据证明存在转让人将同一矿业权转让给第三人、矿业权人将被兼并重组等符合民法典第五百二十七条规定情形的除外。

第十条 自然资源主管部门不予批准矿业权转让申请致使矿业权转让合同被解除,受让人请求返还已付转让款及利息,采矿权人请求受让人返还获得的矿产品及收益,或者探矿权人请求受让人返还勘查资料和勘查中回收的矿产品及收益的,人民法院应予支持,但受让人可请求扣除相关的成本费用。

当事人一方对矿业权转让申请未获批准有过错的,应赔偿对方因此受到的损失;双方均有过错的,应当各自承担相应的责任。

第十一条 矿业权转让合同依法成立后、自然资源主管部门批准前,矿业权人又将矿业权转让给第三人并经自然资源主管部门批准、登记,受让人请求解除转让合同、返还已付转让款及利息,并由矿业权人承担违约责任的,人民法院应予支持。

第十二条 当事人请求确认矿业权租赁、承包合同自依法成立之日起生效的,人民法院应予支持。

矿业权租赁、承包合同约定矿业权人仅收取租金、承包费,放弃矿山管理,不履行安全生产、生态环境修复等法定义务,不承担相应法律责任的,人民法院应依法认定合同无效。

第十三条 矿业权人与他人合作进行矿产资源勘查开采所签订的合同,当事人请求确认自依法成立之日起生效的,人民法院应予支持。

合同中有关矿业权转让的条款适用本解释关于矿业权转让合同的规定。

第十四条 矿业权人为担保自己或者他人债务的履行,将矿业权抵押给债权人的,抵押合同自依法成立之日起生效,但法律、行政法规规定不得抵押的除外。

当事人仅以未经主管部门批准或者登记、备案为由请求确认抵押合同无效的,人民法院不予支持。

第十五条 当事人请求确认矿业权之抵押权自依法登记时设立的,人民法院应予支持。

颁发矿产资源勘查许可证或者采矿许可证的自然资源主管部门根据相关规定办理的矿业权抵押备案手续,视为前款规定的登记。

第十六条 债务人不履行到期债务或者发生当事人约定的实现抵押权的情形,抵押权人依据民事诉讼法第一百九十六条、第一百九十七条规定申请实现抵押权的,人民法院可以拍卖、变卖矿业权或者裁定以矿业权抵债,但矿业权竞买人、受让人应具备相应的资质条件。

第十七条 矿业权抵押期间因抵押人被兼并重组或者矿床被压覆等原因导致矿业权全部或者部分灭失,抵押权人请求就抵押人因此获得的保险金、赔偿金或者补偿金等款项优先受偿或者将该款项予以提存的,人民法院应予支持。

第十八条 当事人约定在自然保护区、风景名胜区、重点生态功能区、生态环境敏感区和脆弱区等区域内勘查开采矿产资源,违反法律、行政法规的强制性规定或者损害环境公共利益的,人民法院应依法认定合同无效。

第十九条 因越界勘查开采矿产资源引发的侵权责任纠纷,涉及自然资源主管部门批准的勘查开采范围重复或者界限不清的,人民法院应告知当事人先向自然资源主管部门申请解决。

第二十条 因他人越界勘查开采矿产资源,矿业权人请求侵权人承担停止侵害、排除妨碍、返还财产、赔偿损失等侵权责任的,人民法院应予支持,但探矿权人请求侵权人返还越界开采的矿产品及收益的除外。

第二十一条 勘查开采矿产资源造成环境污染,或者导致地质灾害、植被毁损等生态破坏,国家规定的机关或者法律规定的组织提起环境公益诉讼的,人民法院应依法予以受理。

国家规定的机关或者法律规定的组织为保护国家利益、环境公共利益提起诉讼的,不影响因同一勘查开采行为受到人身、财产损害的自然人、法人和非法人组织依据民事诉讼法第一百一十九条的规定提起诉讼。

第二十二条 人民法院在审理案件中,发现无证勘查开采,勘查资质、地质资料造假,或者勘查开采未履行生态环境修复义务等违法情形的,可以向有关行政主管部门提出司法建议,由其依法处理;涉嫌犯罪的,依法移送侦查机关处理。

第二十三条 本解释施行后,人民法院尚未审结的一审、二审案件适用本解释规定。本解释施行前已经作出生效裁判的案件,本解释施行后依法再审的,不适用本解释。

最高人民法院关于审理建筑物区分所有权纠纷案件适用法律若干问题的解释

(2009年3月23日最高人民法院审判委员会第1464次会议通过　根据2020年12月23日最高人民法院审判委员会第1823次会议通过的《最高人民法院关于修改〈最高人民法院关于在民事审判工作中适用《中华人民共和国工会法》若干问题的解释〉等二十七件民事类司法解释的决定》修正)

为正确审理建筑物区分所有权纠纷案件,依法保护当事人的合法权益,根据《中华人民共和国民法典》等法律的规定,结合民事审判实践,制定本解释。

第一条　依法登记取得或者依据民法典第二百二十九条至第二百三十一条规定取得建筑物专有部分所有权的人,应当认定为民法典第二编第六章所称的业主。

基于与建设单位之间的商品房买卖民事法律行为,已经合法占有建筑物专有部分,但尚未依法办理所有权登记的人,可以认定为民法典第二编第六章所称的业主。

第二条　建筑区划内符合下列条件的房屋,以及车位、摊位等特定空间,应当认定为民法典第二编第六章所称的专有部分:

(一)具有构造上的独立性,能够明确区分;

(二)具有利用上的独立性,可以排他使用;

(三)能够登记成为特定业主所有权的客体。

规划上专属于特定房屋,且建设单位销售时已经根据规划列入该特定房屋买卖合同中的露台等,应当认定为前款所称的专有部分的组成部分。

本条第一款所称房屋,包括整栋建筑物。

第三条　除法律、行政法规规定的共有部分外,建筑区划内的以下部分,也应当认定为民法典第二编第六章所称的共有部分:

(一)建筑物的基础、承重结构、外墙、屋顶等基本结构部分,通道、楼梯、大堂等公共通行部分,消防、公共照明等附属设施、设备,避难层、设备层或者设备间等结构部分;

(二)其他不属于业主专有部分,也不属于市政公用部分或者其他权利人所有的场所及设施等。

建筑区划内的土地,依法由业主共同享有建设用地使用权,但属于业主专有的整栋建筑物的规划占地或者城镇公共道路、绿地占地除外。

第四条　业主基于对住宅、经营性用房等专有部分特定使用功能的合理需要,无偿利用屋顶以及与其专有部分相对应的外墙面等共有部分的,不应认定为侵权。但违反法律、法规、管理规约,损害他人合法权益的除外。

第五条　建设单位按照配置比例将车位、车库,以出售、附赠或者出租等方式处分给业主的,应当认定其行为符合民法典第二百七十六条有关"应当首先满足业主的需要"的规定。

前款所称配置比例是指规划确定的建筑区划内规划用于停放汽车的车位、车库与房屋套数的比例。

第六条　建筑区划内在规划用于停放汽车的车位之外,占用业主共有道路或者其他场地增设的车位,应当认定为民法典第二百七十五条第二款所称的车位。

第七条　处分共有部分,以及业主大会依法决定或者管理规约依法确定应由业主共同决定的事项,应当认定为民法典第二百七十八条第一款第(九)项规定的有关共有和共同管理权利的"其他重大事项"。

第八条　民法典第二百七十八条第二款和第二百八十三条规定的专有部分面积可以按照不动产登记簿记载的面积计算;尚未进行物权登记的,暂按测绘机构的实测面积计算;尚未进行实测的,暂按房屋买卖合同记载的面积计算。

第九条　民法典第二百七十八条第二款规定的业主人数可以按照专有部分的数量计算,一个专有部分按一人计算。但建设单位尚未出售和虽已出售但尚未交付的部分,以及同一买受人拥有一个以上专有部分的,按一人计算。

第十条　业主将住宅改变为经营性用房,未依据民法典第二百七十九条的规定经有利害关系的业主一致同意,有利害关系的业主请求排除妨害、消除危险、恢复原状或者赔偿损失的,人民法院应予支持。

将住宅改变为经营性用房的业主以多数有利害关系的业主同意其行为进行抗辩的,人民法院不予支持。

第十一条 业主将住宅改变为经营性用房，本栋建筑物内的其他业主，应当认定为民法典第二百七十九条所称“有利害关系的业主”。建筑区划内，本栋建筑物之外的业主，主张与自己有利害关系的，应证明其房屋价值、生活质量受到或者可能受到不利影响。

第十二条 业主以业主大会或者业主委员会作出的决定侵害其合法权益或者违反了法律规定的程序为由，依据民法典第二百八十条第二款的规定请求人民法院撤销该决定的，应当在知道或者应当知道业主大会或者业主委员会作出决定之日起一年内行使。

第十三条 业主请求公布、查阅下列应当向业主公开的情况和资料的，人民法院应予支持：

（一）建筑物及其附属设施的维修资金的筹集、使用情况；

（二）管理规约、业主大会议事规则，以及业主大会或者业主委员会的决定及会议记录；

（三）物业服务合同、共有部分的使用和收益情况；

（四）建筑区划内规划用于停放汽车的车位、车库的处分情况；

（五）其他应当向业主公开的情况和资料。

第十四条 建设单位、物业服务企业或者其他管理人等擅自占用、处分业主共有部分、改变其使用功能或者进行经营性活动，权利人请求排除妨害、恢复原状、确认处分行为无效或者赔偿损失的，人民法院应予支持。

属于前款所称擅自进行经营性活动的情形，权利人请求建设单位、物业服务企业或者其他管理人等将扣除合理成本之后的收益用于补充专项维修资金或者业主共同决定的其他用途的，人民法院应予支持。行为人对成本的支出及其合理性承担举证责任。

第十五条 业主或者其他行为人违反法律、法规、国家相关强制性标准、管理规约，或者违反业主大会、业主委员会依法作出的决定，实施下列行为的，可以认定为民法典第二百八十六条第二款所称的其他“损害他人合法权益的行为”：

（一）损害房屋承重结构，损害或者违章使用电力、燃气、消防设施，在建筑物内放置危险、放射性物品等危及建筑物安全或者妨碍建筑物正常使用；

（二）违反规定破坏、改变建筑物外墙面的形状、颜色等损害建筑物外观；

（三）违反规定进行房屋装饰装修；

（四）违章加建、改建，侵占、挖掘公共通道、道路、场地或者其他共有部分。

第十六条 建筑物区分所有权纠纷涉及专有部分的承租人、借用人等物业使用人的，参照本解释处理。

专有部分的承租人、借用人等物业使用人，根据法律、法规、管理规约、业主大会或者业主委员会依法作出的决定，以及其与业主的约定，享有相应权利，承担相应义务。

第十七条 本解释所称建设单位，包括包销期满，按照包销合同约定的包销价格购买尚未销售的物业后，以自己名义对外销售的包销人。

第十八条 人民法院审理建筑物区分所有权案件中，涉及有关物权归属争议的，应当以法律、行政法规为依据。

第十九条 本解释自 2009 年 10 月 1 日起施行。

因物权法施行后实施的行为引起的建筑物区分所有权纠纷案件，适用本解释。

本解释施行前已经终审，本解释施行后当事人申请再审或者按照审判监督程序决定再审的案件，不适用本解释。

中华人民共和国农村土地承包法

（2002 年 8 月 29 日第九届全国人民代表大会常务委员会第二十九次会议通过　根据 2009 年 8 月 27 日第十一届全国人民代表大会常务委员会第十次会议《关于修改部分法律的决定》第一次修正　根据 2018 年 12 月 29 日第十三届全国人民代表大会常务委员会第七次会议《关于修改〈中华人民共和国农村土地承包法〉的决定》第二次修正）

目　录

第一章　总　　则
第二章　家庭承包
　第一节　发包方和承包方的权利和义务

第二节 承包的原则和程序
第三节 承包期限和承包合同
第四节 土地承包经营权的保护和互换、转让
第五节 土地经营权
第三章 其他方式的承包
第四章 争议的解决和法律责任
第五章 附 则

第一章 总 则

第一条 【立法目的】为了巩固和完善以家庭承包经营为基础、统分结合的双层经营体制，保持农村土地承包关系稳定并长久不变，维护农村土地承包经营当事人的合法权益，促进农业、农村经济发展和农村社会和谐稳定，根据宪法，制定本法。

第二条 【农村土地范围】本法所称农村土地，是指农民集体所有和国家所有依法由农民集体使用的耕地、林地、草地，以及其他依法用于农业的土地。

第三条 【农村土地承包经营制度】国家实行农村土地承包经营制度。

农村土地承包采取农村集体经济组织内部的家庭承包方式，不宜采取家庭承包方式的荒山、荒沟、荒丘、荒滩等农村土地，可以采取招标、拍卖、公开协商等方式承包。

第四条 【农村土地承包后土地所有权性质不变】农村土地承包后，土地的所有权性质不变。承包地不得买卖。

第五条 【承包权的主体及对承包权的保护】农村集体经济组织成员有权依法承包由本集体经济组织发包的农村土地。

任何组织和个人不得剥夺和非法限制农村集体经济组织成员承包土地的权利。

第六条 【土地承包经营权男女平等】农村土地承包，妇女与男子享有平等的权利。承包中应当保护妇女的合法权益，任何组织和个人不得剥夺、侵害妇女应当享有的土地承包经营权。

第七条 【公开、公平、公正原则】农村土地承包应当坚持公开、公平、公正的原则，正确处理国家、集体、个人三者的利益关系。

第八条 【集体土地所有者和承包方合法权益的保护】国家保护集体土地所有者的合法权益，保护承包方的土地承包经营权，任何组织和个人不得侵犯。

第九条 【三权分置】承包方承包土地后，享有土地承包经营权，可以自己经营，也可以保留土地承包权，流转其承包地的土地经营权，由他人经营。

第十条 【土地经营权流转的保护】国家保护承包方依法、自愿、有偿流转土地经营权，保护土地经营权人的合法权益，任何组织和个人不得侵犯。

第十一条 【土地资源的保护】农村土地承包经营应当遵守法律、法规，保护土地资源的合理开发和可持续利用。未经依法批准不得将承包地用于非农建设。

国家鼓励增加对土地的投入，培肥地力，提高农业生产能力。

第十二条 【土地承包管理部门】国务院农业农村、林业和草原主管部门分别依照国务院规定的职责负责全国农村土地承包经营及承包经营合同管理的指导。

县级以上地方人民政府农业农村、林业和草原等主管部门分别依照各自职责，负责本行政区域内农村土地承包经营及承包经营合同管理。

乡(镇)人民政府负责本行政区域内农村土地承包经营及承包经营合同管理。

第二章 家庭承包

第一节 发包方和承包方的权利和义务

第十三条 【发包主体】农民集体所有的土地依法属于村农民集体所有的，由村集体经济组织或者村民委员会发包；已经分别属于村内两个以上农村集体经济组织的农民集体所有的，由村内各该农村集体经济组织或者村民小组发包。村集体经济组织或者村民委员会发包的，不得改变村内各集体经济组织农民集体所有的土地的所有权。

国家所有依法由农民集体使用的农村土地，由使用该土地的农村集体经济组织、村民委员会或者村民小组发包。

第十四条 【发包方的权利】发包方享有下列权利：

(一)发包本集体所有的或者国家所有依法由本集体使用的农村土地；

（二）监督承包方依照承包合同约定的用途合理利用和保护土地；

（三）制止承包方损害承包地和农业资源的行为；

（四）法律、行政法规规定的其他权利。

第十五条 【发包方的义务】发包方承担下列义务：

（一）维护承包方的土地承包经营权，不得非法变更、解除承包合同；

（二）尊重承包方的生产经营自主权，不得干涉承包方依法进行正常的生产经营活动；

（三）依照承包合同约定为承包方提供生产、技术、信息等服务；

（四）执行县、乡（镇）土地利用总体规划，组织本集体经济组织内的农业基础设施建设；

（五）法律、行政法规规定的其他义务。

第十六条 【承包主体和家庭成员平等享有权益】家庭承包的承包方是本集体经济组织的农户。

农户内家庭成员依法平等享有承包土地的各项权益。

第十七条 【承包方的权利】承包方享有下列权利：

（一）依法享有承包地使用、收益的权利，有权自主组织生产经营和处置产品；

（二）依法互换、转让土地承包经营权；

（三）依法流转土地经营权；

（四）承包地被依法征收、征用、占用的，有权依法获得相应的补偿；

（五）法律、行政法规规定的其他权利。

第十八条 【承包方的义务】承包方承担下列义务：

（一）维持土地的农业用途，未经依法批准不得用于非农建设；

（二）依法保护和合理利用土地，不得给土地造成永久性损害；

（三）法律、行政法规规定的其他义务。

第二节　承包的原则和程序

第十九条 【土地承包的原则】土地承包应当遵循以下原则：

（一）按照规定统一组织承包时，本集体经济组织成员依法平等地行使承包土地的权利，也可以自愿放弃承包土地的权利；

（二）民主协商，公平合理；

（三）承包方案应当按照本法第十三条的规定，依法经本集体经济组织成员的村民会议三分之二以上成员或者三分之二以上村民代表的同意；

（四）承包程序合法。

第二十条 【土地承包的程序】土地承包应当按照以下程序进行：

（一）本集体经济组织成员的村民会议选举产生承包工作小组；

（二）承包工作小组依照法律、法规的规定拟订并公布承包方案；

（三）依法召开本集体经济组织成员的村民会议，讨论通过承包方案；

（四）公开组织实施承包方案；

（五）签订承包合同。

第三节　承包期限和承包合同

第二十一条 【承包期限】耕地的承包期为三十年。草地的承包期为三十年至五十年。林地的承包期为三十年至七十年。

前款规定的耕地承包期届满后再延长三十年，草地、林地承包期届满后依照前款规定相应延长。

第二十二条 【承包合同】发包方应当与承包方签订书面承包合同。

承包合同一般包括以下条款：

（一）发包方、承包方的名称，发包方负责人和承包方代表的姓名、住所；

（二）承包土地的名称、坐落、面积、质量等级；

（三）承包期限和起止日期；

（四）承包土地的用途；

（五）发包方和承包方的权利和义务；

（六）违约责任。

第二十三条 【承包合同的生效】承包合同自成立之日起生效。承包方自承包合同生效时取得土地承包经营权。

第二十四条 【土地承包经营权登记】国家对耕地、林地和草地等实行统一登记，登记机构应当向承包方颁发土地承包经营权证或者林权证等证书，并登记造册，确认土地承包经营权。

土地承包经营权证或者林权证等证书应当将具有土地承包经营权的全部家庭成员列入。

登记机构除按规定收取证书工本费外，不得收取其他费用。

第二十五条 【承包合同的稳定性】承包合同生效后,发包方不得因承办人或者负责人的变动而变更或者解除,也不得因集体经济组织的分立或者合并而变更或者解除。

第二十六条 【严禁国家机关及其工作人员利用职权干涉农村土地承包或者变更、解除承包合同】国家机关及其工作人员不得利用职权干涉农村土地承包或者变更、解除承包合同。

第四节 土地承包经营权的保护和互换、转让

第二十七条 【承包期内承包地的交回和收回】承包期内,发包方不得收回承包地。

国家保护进城农户的土地承包经营权。不得以退出土地承包经营权作为农户进城落户的条件。

承包期内,承包农户进城落户的,引导支持其按照自愿有偿原则依法在本集体经济组织内转让土地承包经营权或者将承包地交回发包方,也可以鼓励其流转土地经营权。

承包期内,承包方交回承包地或者发包方依法收回承包地时,承包方对其在承包地上投入而提高土地生产能力的,有权获得相应的补偿。

第二十八条 【承包期内承包地的调整】承包期内,发包方不得调整承包地。

承包期内,因自然灾害严重毁损承包地等特殊情形对个别农户之间承包的耕地和草地需要适当调整的,必须经本集体经济组织成员的村民会议三分之二以上成员或者三分之二以上村民代表的同意,并报乡(镇)人民政府和县级人民政府农业农村、林业和草原等主管部门批准。承包合同中约定不得调整的,按照其约定。

第二十九条 【用于调整承包土地或者承包给新增人口的土地】下列土地应当用于调整承包土地或者承包给新增人口:

(一)集体经济组织依法预留的机动地;

(二)通过依法开垦等方式增加的;

(三)发包方依法收回和承包方依法、自愿交回的。

第三十条 【承包期内承包方自愿将承包地交回发包方的处理】承包期内,承包方可以自愿将承包地交回发包方。承包方自愿交回承包地的,可以获得合理补偿,但是应当提前半年以书面形式通知发包方。承包方在承包期内交回承包地的,在承包期内不得再要求承包土地。

第三十一条 【妇女婚姻关系变动对土地承包的影响】承包期内,妇女结婚,在新居住地未取得承包地的,发包方不得收回其原承包地;妇女离婚或者丧偶,仍在原居住地生活或者不在原居住地生活但在新居住地未取得承包地的,发包方不得收回其原承包地。

第三十二条 【承包收益和林地承包权的继承】承包人应得的承包收益,依照继承法的规定继承。

林地承包的承包人死亡,其继承人可以在承包期内继续承包。

第三十三条 【土地承包经营权的互换】承包方之间为方便耕种或者各自需要,可以对属于同一集体经济组织的土地的土地承包经营权进行互换,并向发包方备案。

第三十四条 【土地承包经营权的转让】经发包方同意,承包方可以将全部或者部分的土地承包经营权转让给本集体经济组织的其他农户,由该农户同发包方确立新的承包关系,原承包方与发包方在该土地上的承包关系即行终止。

第三十五条 【土地承包经营权互换、转让的登记】土地承包经营权互换、转让的,当事人可以向登记机构申请登记。未经登记,不得对抗善意第三人。

第五节 土地经营权

第三十六条 【土地经营权设立】承包方可以自主决定依法采取出租(转包)、入股或者其他方式向他人流转土地经营权,并向发包方备案。

第三十七条 【土地经营权人的基本权利】土地经营权人有权在合同约定的期限内占有农村土地,自主开展农业生产经营并取得收益。

第三十八条 【土地经营权流转的原则】土地经营权流转应当遵循以下原则:

(一)依法、自愿、有偿,任何组织和个人不得强迫或者阻碍土地经营权流转;

(二)不得改变土地所有权的性质和土地的农业用途,不得破坏农业综合生产能力和农业生态环境;

(三)流转期限不得超过承包期的剩余期限;

(四)受让方须有农业经营能力或者资质;

(五)在同等条件下,本集体经济组织成员享

有优先权。

第三十九条 【土地经营权流转价款】土地经营权流转的价款，应当由当事人双方协商确定。流转的收益归承包方所有，任何组织和个人不得擅自截留、扣缴。

第四十条 【土地经营权流转合同】土地经营权流转，当事人双方应当签订书面流转合同。

土地经营权流转合同一般包括以下条款：

（一）双方当事人的姓名、住所；

（二）流转土地的名称、坐落、面积、质量等级；

（三）流转期限和起止日期；

（四）流转土地的用途；

（五）双方当事人的权利和义务；

（六）流转价款及支付方式；

（七）土地被依法征收、征用、占用时有关补偿费的归属；

（八）违约责任。

承包方将土地交由他人代耕不超过一年的，可以不签订书面合同。

第四十一条 【土地经营权流转的登记】土地经营权流转期限为五年以上的，当事人可以向登记机构申请土地经营权登记。未经登记，不得对抗善意第三人。

第四十二条 【土地经营权流转合同单方解除权】承包方不得单方解除土地经营权流转合同，但受让方有下列情形之一的除外：

（一）擅自改变土地的农业用途；

（二）弃耕抛荒连续两年以上；

（三）给土地造成严重损害或者严重破坏土地生态环境；

（四）其他严重违约行为。

第四十三条 【土地经营权受让方依法投资并获得补偿】经承包方同意，受让方可以依法投资改良土壤，建设农业生产附属、配套设施，并按照合同约定对其投资部分获得合理补偿。

第四十四条 【承包方流转土地经营权后与发包方承包关系不变】承包方流转土地经营权的，其与发包方的承包关系不变。

第四十五条 【建立社会资本取得土地经营权的资格审查等制度】县级以上地方人民政府应当建立工商企业等社会资本通过流转取得土地经营权的资格审查、项目审核和风险防范制度。

工商企业等社会资本通过流转取得土地经营权的，本集体经济组织可以收取适量管理费用。

具体办法由国务院农业农村、林业和草原主管部门规定。

第四十六条 【土地经营权的再流转】经承包方书面同意，并向本集体经济组织备案，受让方可以再流转土地经营权。

第四十七条 【土地经营权融资担保】承包方可以用承包地的土地经营权向金融机构融资担保，并向发包方备案。受让方通过流转取得的土地经营权，经承包方书面同意并向发包方备案，可以向金融机构融资担保。

担保物权自融资担保合同生效时设立。当事人可以向登记机构申请登记；未经登记，不得对抗善意第三人。

实现担保物权时，担保物权人有权就土地经营权优先受偿。

土地经营权融资担保办法由国务院有关部门规定。

第三章 其他方式的承包

第四十八条 【其他承包方式】不宜采取家庭承包方式的荒山、荒沟、荒丘、荒滩等农村土地，通过招标、拍卖、公开协商等方式承包的，适用本章规定。

第四十九条 【以其他方式承包农村土地时承包合同的签订】以其他方式承包农村土地的，应当签订承包合同，承包方取得土地经营权。当事人的权利和义务、承包期限等，由双方协商确定。以招标、拍卖方式承包的，承包费通过公开竞标、竞价确定；以公开协商等方式承包的，承包费由双方议定。

第五十条 【荒山、荒沟、荒丘、荒滩等的承包经营方式】荒山、荒沟、荒丘、荒滩等可以直接通过招标、拍卖、公开协商等方式实行承包经营，也可以将土地经营权折股分给本集体经济组织成员后，再实行承包经营或者股份合作经营。

承包荒山、荒沟、荒丘、荒滩的，应当遵守有关法律、行政法规的规定，防止水土流失，保护生态环境。

第五十一条 【本集体经济组织成员有权优先承包】以其他方式承包农村土地，在同等条件下，本集体经济组织成员有权优先承包。

第五十二条 【将农村土地发包给本集体经济

组织以外的单位或者个人承包的程序】发包方将农村土地发包给本集体经济组织以外的单位或者个人承包，应当事先经本集体经济组织成员的村民会议三分之二以上成员或者三分之二以上村民代表的同意，并报乡（镇）人民政府批准。

由本集体经济组织以外的单位或者个人承包的，应当对承包方的资信情况和经营能力进行审查后，再签订承包合同。

第五十三条 【以其他方式承包农村土地后，土地经营权的流转】通过招标、拍卖、公开协商等方式承包农村土地，经依法登记取得权属证书的，可以依法采取出租、入股、抵押或者其他方式流转土地经营权。

第五十四条 【以其他方式取得的土地承包经营权的继承】依照本章规定通过招标、拍卖、公开协商等方式取得土地经营权的，该承包人死亡，其应得的承包收益，依照继承法的规定继承；在承包期内，其继承人可以继续承包。

第四章 争议的解决和法律责任

第五十五条 【土地承包经营纠纷的解决方式】因土地承包经营发生纠纷的，双方当事人可以通过协商解决，也可以请求村民委员会、乡（镇）人民政府等调解解决。

当事人不愿协商、调解或者协商、调解不成的，可以向农村土地承包仲裁机构申请仲裁，也可以直接向人民法院起诉。

第五十六条 【侵害土地承包经营权、土地经营权应当承担民事责任】任何组织和个人侵害土地承包经营权、土地经营权的，应当承担民事责任。

第五十七条 【发包方的民事责任】发包方有下列行为之一的，应当承担停止侵害、排除妨碍、消除危险、返还财产、恢复原状、赔偿损失等民事责任：

（一）干涉承包方依法享有的生产经营自主权；

（二）违反本法规定收回、调整承包地；

（三）强迫或者阻碍承包方进行土地承包经营权的互换、转让或者土地经营权流转；

（四）假借少数服从多数强迫承包方放弃或者变更土地承包经营权；

（五）以划分"口粮田"和"责任田"等为由收回承包地搞招标承包；

（六）将承包地收回抵顶欠款；

（七）剥夺、侵害妇女依法享有的土地承包经营权；

（八）其他侵害土地承包经营权的行为。

第五十八条 【承包合同中无效的约定】承包合同中违背承包方意愿或者违反法律、行政法规有关不得收回、调整承包地等强制性规定的约定无效。

第五十九条 【违约责任】当事人一方不履行合同义务或者履行义务不符合约定的，应当依法承担违约责任。

第六十条 【无效的土地承包经营权互换、转让或土地经营权流转】任何组织和个人强迫进行土地承包经营权互换、转让或者土地经营权流转的，该互换、转让或者流转无效。

第六十一条 【擅自截留、扣缴土地承包经营权互换、转让或土地经营权流转收益的处理】任何组织和个人擅自截留、扣缴土地承包经营权互换、转让或者土地经营权流转收益的，应当退还。

第六十二条 【非法征收、征用、占用土地或者贪污、挪用土地征收、征用补偿费用的法律责任】违反土地管理法规，非法征收、征用、占用土地或者贪污、挪用土地征收、征用补偿费用，构成犯罪的，依法追究刑事责任；造成他人损害的，应当承担损害赔偿等责任。

第六十三条 【违法将承包地用于非农建设或者给承包地造成永久性损害的法律责任】承包方、土地经营权人违法将承包地用于非农建设的，由县级以上地方人民政府有关主管部门依法予以处罚。

承包方给承包地造成永久性损害的，发包方有权制止，并有权要求赔偿由此造成的损失。

第六十四条 【土地经营权人的民事责任】土地经营权人擅自改变土地的农业用途、弃耕抛荒连续两年以上、给土地造成严重损害或者严重破坏土地生态环境，承包方在合理期限内不解除土地经营权流转合同的，发包方有权要求终止土地经营权流转合同。土地经营权人对土地和土地生态环境造成的损害应当予以赔偿。

第六十五条 【国家机关及其工作人员利用职权侵害土地承包经营权、土地经营权行为的法律责任】国家机关及其工作人员有利用职权干涉农村土地承包经营，变更、解除承包经营合同，干涉承包经营当事人依法享有的生产经营自主权，强迫、阻碍承包经营当事人进行土地承包经营权互换、转让或者土地经营权流转等侵害土地承包经营权、土地经营权的行为，给承包经营当事人造成损失的，应当承担损害赔偿等责任；情节严重的，由上级机关或者所在单位给予直接责任人员处分；构成犯罪的，依法追究刑事责任。

第五章 附 则

第六十六条 【本法实施前的农村土地承包继续有效】本法实施前已经按照国家有关农村土地承包的规定承包，包括承包期限长于本法规定的，本法实施后继续有效，不得重新承包土地。未向承包方颁发土地承包经营权证或者林权证等证书的，应当补发证书。

第六十七条 【机动地的预留】本法实施前已经预留机动地的，机动地面积不得超过本集体经济组织耕地总面积的百分之五。不足百分之五的，不得再增加机动地。

本法实施前未留机动地的，本法实施后不得再留机动地。

第六十八条 【实施办法的制定】各省、自治区、直辖市人民代表大会常务委员会可以根据本法，结合本行政区域的实际情况，制定实施办法。

第六十九条 【农村集体经济组织成员身份的确认】确认农村集体经济组织成员身份的原则、程序等，由法律、法规规定。

第七十条 【施行时间】本法自2003年3月1日起施行。

农村土地承包经营权流转管理办法

（2005年1月19日农业部令第47号公布 自2005年3月1日起施行）

第一章 总 则

第一条 为规范农村土地承包经营权流转行为，维护流转双方当事人合法权益，促进农业和农村经济发展，根据《农村土地承包法》及有关规定制定本办法。

第二条 农村土地承包经营权流转应当在坚持农户家庭承包经营制度和稳定农村土地承包关系的基础上，遵循平等协商、依法、自愿、有偿的原则。

第三条 农村土地承包经营权流转不得改变承包土地的农业用途，流转期限不得超过承包期的剩余期限，不得损害利害关系人和农村集体经济组织的合法权益。

第四条 农村土地承包经营权流转应当规范有序。依法形成的流转关系应当受到保护。

第五条 县级以上人民政府农业行政主管（或农村经营管理）部门依照同级人民政府规定的职责负责本行政区域内的农村土地承包经营权流转及合同管理的指导。

第二章 流转当事人

第六条 承包方有权依法自主决定承包土地是否流转、流转的对象和方式。任何单位和个人不得强迫或者阻碍承包方依法流转其承包土地。

第七条 农村土地承包经营权流转收益归承包方所有，任何组织和个人不得侵占、截留、扣缴。

第八条 承包方自愿委托发包方或中介组织流转其承包土地的，应当由承包方出具土地流转委托书。委托书应当载明委托的事项、权限和期限等，并有委托人的签名或盖章。

没有承包方的书面委托，任何组织和个人无权以任何方式决定流转农户的承包土地。

第九条 农村土地承包经营权流转的受让方可以是承包农户，也可以是其他按有关法律及有关规定允许从事农业生产经营的组织和个人。在同等条件下，本集体经济组织成员享有优先权。

受让方应当具有农业经营能力。

第十条 农村土地承包经营权流转方式、期限和具体条件，由流转双方平等协商确定。

第十一条 承包方与受让方达成流转意向后，以转包、出租、互换或者其他方式流转的，承包方应当及时向发包方备案；以转让方式流转的，应当事先向发包方提出转让申请。

第十二条 受让方应当依照有关法律、法规的规定保护土地，禁止改变流转土地的农业用途。

第十三条 受让方将承包方以转包、出租方式流转的土地实行再流转，应当取得原承包方的同意。

第十四条 受让方在流转期间因投入而提高

土地生产能力的，土地流转合同到期或者未到期由承包方依法收回承包土地时，受让方有权获得相应的补偿。具体补偿办法可以在土地流转合同中约定或双方通过协商解决。

第三章 流转方式

第十五条 承包方依法取得的农村土地承包经营权可以采取转包、出租、互换、转让或者其他符合有关法律和国家政策规定的方式流转。

第十六条 承包方依法采取转包、出租、入股方式将农村土地承包经营权部分或者全部流转的，承包方与发包方的承包关系不变，双方享有的权利和承担的义务不变。

第十七条 同一集体经济组织的承包方之间自愿将土地承包经营权进行互换，双方对互换土地原享有的承包权利和承担的义务也相应互换，当事人可以要求办理农村土地承包经营权证变更登记手续。

第十八条 承包方采取转让方式流转农村土地承包经营权的，经发包方同意后，当事人可以要求及时办理农村土地承包经营权证变更、注销或重发手续。

第十九条 承包方之间可以自愿将承包土地入股发展农业合作生产，但股份合作解散时入股土地应当退回原承包农户。

第二十条 通过转让、互换方式取得的土地承包经营权经依法登记获得土地承包经营权证后，可以依法采取转包、出租、互换、转让或者其他符合法律和国家政策规定的方式流转。

第四章 流转合同

第二十一条 承包方流转农村土地承包经营权，应当与受让方在协商一致的基础上签订书面流转合同。

农村土地承包经营权流转合同一式四份，流转双方各执一份，发包方和乡（镇）人民政府农村土地承包管理部门各备案一份。

承包方将土地交由他人代耕不超过一年的，可以不签订书面合同。

第二十二条 承包方委托发包方或者中介服务组织流转其承包土地的，流转合同应当由承包方或其书面委托的代理人签订。

第二十三条 农村土地承包经营权流转合同一般包括以下内容：

（一）双方当事人的姓名、住所；

（二）流转土地的四至、座落、面积、质量等级；

（三）流转的期限和起止日期；

（四）流转方式；

（五）流转土地的用途；

（六）双方当事人的权利和义务；

（七）流转价款及支付方式；

（八）流转合同到期后地上附着物及相关设施的处理；

（九）违约责任。

农村土地承包经营权流转合同文本格式由省级人民政府农业行政主管部门确定。

第二十四条 农村土地承包经营权流转当事人可以向乡（镇）人民政府农村土地承包管理部门申请合同鉴证。

乡（镇）人民政府农村土地承包管理部门不得强迫土地承包经营权流转当事人接受鉴证。

第五章 流转管理

第二十五条 发包方对承包方提出的转包、出租、互换或者其他方式流转承包土地的要求，应当及时办理备案，并报告乡（镇）人民政府农村土地承包管理部门。

承包方转让承包土地，发包方同意转让的，应当及时向乡（镇）人民政府农村土地承包管理部门报告，并配合办理有关变更手续；发包方不同意转让的，应当于七日内向承包方书面说明理由。

第二十六条 乡（镇）人民政府农村土地承包管理部门应当及时向达成流转意向的承包方提供统一文本格式的流转合同，并指导签订。

第二十七条 乡（镇）人民政府农村土地承包管理部门应当建立农村土地承包经营权流转情况登记册，及时准确记载农村土地承包经营权流转情况。以转包、出租或者其他方式流转承包土地的，及时办理相关登记；以转让、互换方式流转承包土地的，及时办理有关承包合同和土地承包经营权证变更等手续。

第二十八条 乡（镇）人民政府农村土地承包管理部门应当对农村土地承包经营权流转合同及

有关文件、文本、资料等进行归档并妥善保管。

第二十九条 采取互换、转让方式流转土地承包经营权，当事人申请办理土地承包经营权流转登记的，县级人民政府农业行政（或农村经营管理）主管部门应当予以受理，并依照《农村土地承包经营权证管理办法》的规定办理。

第三十条 从事农村土地承包经营权流转服务的中介组织应当向县级以上地方人民政府农业行政（或农村经营管理）主管部门备案并接受其指导，依照法律和有关规定提供流转中介服务。

第三十一条 乡（镇）人民政府农村土地承包管理部门在指导流转合同签订或流转合同鉴证中，发现流转双方有违反法律法规的约定，要及时予以纠正。

第三十二条 县级以上地方人民政府农业行政（或农村经营管理）主管部门应当加强对乡（镇）人民政府农村土地承包管理部门工作的指导。乡（镇）人民政府农村土地承包管理部门应当依法开展农村土地承包经营权流转的指导和管理工作，正确履行职责。

第三十三条 农村土地承包经营权流转发生争议或者纠纷，当事人应当依法协商解决。

当事人协商不成的，可以请求村民委员会、乡（镇）人民政府调解。

当事人不愿协商或者调解不成的，可以向农村土地承包仲裁机构申请仲裁，也可以直接向人民法院起诉。

第六章 附 则

第三十四条 通过招标、拍卖和公开协商等方式承包荒山、荒沟、荒丘、荒滩等农村土地，经依法登记取得农村土地承包经营权证的，可以采取转让、出租、入股、抵押或者其他方式流转，其流转管理参照本办法执行。

第三十五条 本办法所称转让是指承包方有稳定的非农职业或者有稳定的收入来源，经承包方申请和发包方同意，将部分或全部土地承包经营权让渡给其他从事农业生产经营的农户，由其履行相应土地承包合同的权利和义务。转让后原土地承包关系自行终止，原承包方承包期内的土地承包经营权部分或全部灭失。

转包是指承包方将部分或全部土地承包经营权以一定期限转给同一集体经济组织的其他农户从事农业生产经营。转包后原土地承包关系不变，原承包方继续履行原土地承包合同规定的权利和义务。接包方按转包时约定的条件对转包方负责。承包方将土地交他人代耕不足一年的除外。

互换是指承包方之间为方便耕作或者各自需要，对属于同一集体经济组织的承包地块进行交换，同时交换相应的土地承包经营权。

入股是指实行家庭承包方式的承包方之间为发展农业经济，将土地承包经营权作为股权，自愿联合从事农业合作生产经营；其他承包方式的承包方将土地承包经营权量化为股权，入股组成股份公司或者合作社等，从事农业生产经营。

出租是指承包方将部分或全部土地承包经营权以一定期限租赁给他人从事农业生产经营。出租后原土地承包关系不变，原承包方继续履行原土地承包合同规定的权利和义务。承租方按出租时约定的条件对承包方负责。

本办法所称受让方包括接包方、承租方等。

第三十六条 本办法自2005年3月1日起正式施行。

最高人民法院关于审理涉及农村土地承包纠纷案件适用法律问题的解释

（2005年3月29日最高人民法院审判委员会第1346次会议通过 根据2020年12月23日最高人民法院审判委员会第1823次会议通过的《最高人民法院关于修改〈最高人民法院关于在民事审判工作中适用《中华人民共和国工会法》若干问题的解释〉等二十七件民事类司法解释的决定》修正）

为正确审理农村土地承包纠纷案件，依法保护当事人的合法权益，根据《中华人民共和国民法典》《中华人民共和国农村土地承包法》《中华人民共和国土地管理法》《中华人民共和国民事诉讼法》等法律的规定，结合民事审判实践，制定本解释。

一、受理与诉讼主体

第一条 下列涉及农村土地承包民事纠纷，人民法院应当依法受理：

(一)承包合同纠纷;

(二)承包经营权侵权纠纷;

(三)土地经营权侵权纠纷;

(四)承包经营权互换、转让纠纷;

(五)土地经营权流转纠纷;

(六)承包地征收补偿费用分配纠纷;

(七)承包经营权继承纠纷;

(八)土地经营权继承纠纷。

农村集体经济组织成员因未实际取得土地承包经营权提起民事诉讼的,人民法院应当告知其向有关行政主管部门申请解决。

农村集体经济组织成员就用于分配的土地补偿费数额提起民事诉讼的,人民法院不予受理。

第二条 当事人自愿达成书面仲裁协议的,受诉人民法院应当参照《最高人民法院关于适用〈中华人民共和国民事诉讼法〉的解释》第二百一十五条、第二百一十六条的规定处理。

当事人未达成书面仲裁协议,一方当事人向农村土地承包仲裁机构申请仲裁,另一方当事人提起诉讼的,人民法院应予受理,并书面通知仲裁机构。但另一方当事人接受仲裁管辖后又起诉的,人民法院不予受理。

当事人对仲裁裁决不服并在收到裁决书之日起三十日内提起诉讼的,人民法院应予受理。

第三条 承包合同纠纷,以发包方和承包方为当事人。

前款所称承包方是指以家庭承包方式承包本集体经济组织农村土地的农户,以及以其他方式承包农村土地的组织或者个人。

第四条 农户成员为多人的,由其代表人进行诉讼。

农户代表人按照下列情形确定:

(一)土地承包经营权证等证书上记载的人;

(二)未依法登记取得土地承包经营权证等证书的,为在承包合同上签名的人;

(三)前两项规定的人死亡、丧失民事行为能力或者因其他原因无法进行诉讼的,为农户成员推选的人。

二、家庭承包纠纷案件的处理

第五条 承包合同中有关收回、调整承包地的约定违反农村土地承包法第二十七条、第二十八条、第三十一条规定的,应当认定该约定无效。

第六条 因发包方违法收回、调整承包地,或者因发包方收回承包方弃耕、撂荒的承包地产生的纠纷,按照下列情形,分别处理:

(一)发包方未将承包地另行发包,承包方请求返还承包地的,应予支持;

(二)发包方已将承包地另行发包给第三人,承包方以发包方和第三人为共同被告,请求确认其所签订的承包合同无效、返还承包地并赔偿损失的,应予支持。但属于承包方弃耕、撂荒情形的,对其赔偿损失的诉讼请求,不予支持。

前款第(二)项所称的第三人,请求受益方补偿其在承包地上的合理投入的,应予支持。

第七条 承包合同约定或者土地承包经营权证等证书记载的承包期限短于农村土地承包法规定的期限,承包方请求延长的,应予支持。

第八条 承包方违反农村土地承包法第十八条规定,未经依法批准将承包地用于非农建设或者对承包地造成永久性损害,发包方请求承包方停止侵害、恢复原状或者赔偿损失的,应予支持。

第九条 发包方根据农村土地承包法第二十七条规定收回承包地前,承包方已经以出租、入股或者其他形式将其土地经营权流转给第三人,且流转期限尚未届满,因流转价款收取产生的纠纷,按照下列情形,分别处理:

(一)承包方已经一次性收取了流转价款,发包方请求承包方返还剩余流转期限的流转价款的,应予支持;

(二)流转价款为分期支付,发包方请求第三人按照流转合同的约定支付流转价款的,应予支持。

第十条 承包方交回承包地不符合农村土地承包法第三十条规定程序的,不得认定其为自愿交回。

第十一条 土地经营权流转中,本集体经济组织成员在流转价款、流转期限等主要内容相同的条件下主张优先权的,应予支持。但下列情形除外:

(一)在书面公示的合理期限内未提出优先权主张的;

(二)未经书面公示,在本集体经济组织以外的人开始使用承包地两个月内未提出优先权主张的。

第十二条 发包方胁迫承包方将土地经营权

流转给第三人,承包方请求撤销其与第三人签订的流转合同的,应予支持。

发包方阻碍承包方依法流转土地经营权,承包方请求排除妨碍、赔偿损失的,应予支持。

第十三条 承包方未经发包方同意,转让其土地承包经营权的,转让合同无效。但发包方无法定理由不同意或者拖延表态的除外。

第十四条 承包方依法采取出租、入股或者其他方式流转土地经营权,发包方仅以该土地经营权流转合同未报其备案为由,请求确认合同无效的,不予支持。

第十五条 因承包方不收取流转价款或者向对方支付费用的约定产生纠纷,当事人协商变更无法达成一致,且继续履行又显失公平的,人民法院可以根据发生变更的客观情况,按照公平原则处理。

第十六条 当事人对出租地流转期限没有约定或者约定不明的,参照民法典第七百三十条规定处理。除当事人另有约定或者属于林地承包经营外,承包地交回的时间应当在农作物收获期结束后或者下一耕种期开始前。

对提高土地生产能力的投入,对方当事人请求承包方给予相应补偿的,应予支持。

第十七条 发包方或者其他组织、个人擅自截留、扣缴承包收益或者土地经营权流转收益,承包方请求返还的,应予支持。

发包方或者其他组织、个人主张抵销的,不予支持。

三、其他方式承包纠纷的处理

第十八条 本集体经济组织成员在承包费、承包期限等主要内容相同的条件下主张优先承包的,应予支持。但在发包方将农村土地发包给本集体经济组织以外的组织或者个人,已经法律规定的民主议定程序通过,并由乡(镇)人民政府批准后主张优先承包的,不予支持。

第十九条 发包方就同一土地签订两个以上承包合同,承包方均主张取得土地经营权的,按照下列情形,分别处理:

(一)已经依法登记的承包方,取得土地经营权;

(二)均未依法登记的,生效在先合同的承包方取得土地经营权;

(三)依前两项规定无法确定的,已经根据承包合同合法占有使用承包地的人取得土地经营权,但争议发生后一方强行先占承包地的行为和事实,不得作为确定土地经营权的依据。

四、土地征收补偿费用分配及土地承包经营权继承纠纷的处理

第二十条 承包地被依法征收,承包方请求发包方给付已经收到的地上附着物和青苗的补偿费的,应予支持。

承包方已将土地经营权以出租、入股或者其他方式流转给第三人的,除当事人另有约定外,青苗补偿费归实际投入人所有,地上附着物补偿费归附着物所有人所有。

第二十一条 承包地被依法征收,放弃统一安置的家庭承包方,请求发包方给付已经收到的安置补助费的,应予支持。

第二十二条 农村集体经济组织或者村民委员会、村民小组,可以依照法律规定的民主议定程序,决定在本集体经济组织内部分配已经收到的土地补偿费。征地补偿安置方案确定时已经具有本集体经济组织成员资格的人,请求支付相应份额的,应予支持。但已报全国人大常委会、国务院备案的地方性法规、自治条例和单行条例、地方政府规章对土地补偿费在农村集体经济组织内部的分配办法另有规定的除外。

第二十三条 林地家庭承包中,承包方的继承人请求在承包期内继续承包的,应予支持。

其他方式承包中,承包方的继承人或者权利义务承受者请求在承包期内继续承包的,应予支持。

五、其他规定

第二十四条 人民法院在审理涉及本解释第五条、第六条第一款第(二)项及第二款、第十五条的纠纷案件时,应当着重进行调解。必要时可以委托人民调解组织进行调解。

第二十五条 本解释自2005年9月1日起施行。施行后受理的第一审案件,适用本解释的规定。

施行前已经生效的司法解释与本解释不一致的,以本解释为准。

(三)合　同

最高人民法院关于审理买卖合同纠纷案件适用法律问题的解释

(2012年3月31日最高人民法院审判委员会第1545次会议通过　根据2020年12月23日最高人民法院审判委员会第1823次会议通过的《最高人民法院关于修改〈最高人民法院关于在民事审判工作中适用《中华人民共和国工会法》若干问题的解释〉等二十七件民事类司法解释的决定》修正)

为正确审理买卖合同纠纷案件,根据《中华人民共和国民法典》《中华人民共和国民事诉讼法》等法律的规定,结合审判实践,制定本解释。

一、买卖合同的成立

第一条　当事人之间没有书面合同,一方以送货单、收货单、结算单、发票等主张存在买卖合同关系的,人民法院应当结合当事人之间的交易方式、交易习惯以及其他相关证据,对买卖合同是否成立作出认定。

对账确认函、债权确认书等函件、凭证没有记载债权人名称,买卖合同当事人一方以此证明存在买卖合同关系的,人民法院应予支持,但有相反证据足以推翻的除外。

二、标的物交付和所有权转移

第二条　标的物为无需以有形载体交付的电子信息产品,当事人对交付方式约定不明确,且依照民法典第五百一十条的规定仍不能确定的,买受人收到约定的电子信息产品或者权利凭证即为交付。

第三条　根据民法典第六百二十九条的规定,买受人拒绝接收多交部分标的物的,可以代为保管多交部分标的物。买受人主张出卖人负担代为保管期间的合理费用的,人民法院应予支持。

买受人主张出卖人承担代为保管期间非因买受人故意或者重大过失造成的损失的,人民法院应予支持。

第四条　民法典第五百九十九条规定的"提取标的物单证以外的有关单证和资料",主要应当包括保险单、保修单、普通发票、增值税专用发票、产品合格证、质量保证书、质量鉴定书、品质检验证书、产品进出口检疫书、原产地证明书、使用说明书、装箱单等。

第五条　出卖人仅以增值税专用发票及税款抵扣资料证明其已履行交付标的物义务,买受人不认可的,出卖人应当提供其他证据证明交付标的物的事实。

合同约定或者当事人之间习惯以普通发票作为付款凭证,买受人以普通发票证明已经履行付款义务的,人民法院应予支持,但有相反证据足以推翻的除外。

第六条　出卖人就同一普通动产订立多重买卖合同,在买卖合同均有效的情况下,买受人均要求实际履行合同的,应当按照以下情形分别处理:

(一)先行受领交付的买受人请求确认所有权已经转移的,人民法院应予支持;

(二)均未受领交付,先行支付价款的买受人请求出卖人履行交付标的物等合同义务的,人民法院应予支持;

(三)均未受领交付,也未支付价款,依法成立在先合同的买受人请求出卖人履行交付标的物等合同义务的,人民法院应予支持。

第七条　出卖人就同一船舶、航空器、机动车等特殊动产订立多重买卖合同,在买卖合同均有效的情况下,买受人均要求实际履行合同的,应当按照以下情形分别处理:

(一)先行受领交付的买受人请求出卖人履行办理所有权转移登记手续等合同义务的,人民法院应予支持;

(二)均未受领交付,先行办理所有权转移登记手续的买受人请求出卖人履行交付标的物等合同义务的,人民法院应予支持;

(三)均未受领交付,也未办理所有权转移登记手续,依法成立在先合同的买受人请求出卖人履行交付标的物和办理所有权转移登记手续等合同义务的,人民法院应予支持;

(四)出卖人将标的物交付给买受人之一,又为其他买受人办理所有权转移登记,已受领交付的买受人请求将标的物所有权登记在自己名下的,人民法院应予支持。

三、标的物风险负担

第八条 民法典第六百零三条第二款第一项规定的"标的物需要运输的",是指标的物由出卖人负责办理托运,承运人系独立于买卖合同当事人之外的运输业者的情形。标的物毁损、灭失的风险负担,按照民法典第六百零七条第二款的规定处理。

第九条 出卖人根据合同约定将标的物运送至买受人指定地点并交付给承运人后,标的物毁损、灭失的风险由买受人负担,但当事人另有约定的除外。

第十条 出卖人出卖交由承运人运输的在途标的物,在合同成立时知道或者应当知道标的物已经毁损、灭失却未告知买受人,买受人主张出卖人负担标的物毁损、灭失的风险的,人民法院应予支持。

第十一条 当事人对风险负担没有约定,标的物为种类物,出卖人未以装运单据、加盖标记、通知买受人等可识别的方式清楚地将标的物特定于买卖合同,买受人主张不负担标的物毁损、灭失的风险的,人民法院应予支持。

四、标的物检验

第十二条 人民法院具体认定民法典第六百二十一条第二款规定的"合理期限"时,应当综合当事人之间的交易性质、交易目的、交易方式、交易习惯、标的物的种类、数量、性质、安装和使用情况、瑕疵的性质、买受人应尽的合理注意义务、检验方法和难易程度、买受人或者检验人所处的具体环境、自身技能以及其他合理因素,依据诚实信用原则进行判断。

民法典第六百二十一条第二款规定的"二年"是最长的合理期限。该期限为不变期间,不适用诉讼时效中止、中断或者延长的规定。

第十三条 买受人在合理期限内提出异议,出卖人以买受人已经支付价款、确认欠款数额、使用标的物等为由,主张买受人放弃异议的,人民法院不予支持,但当事人另有约定的除外。

第十四条 民法典第六百二十一条规定的检验期限、合理期限、二年期限经过后,买受人主张标的物的数量或者质量不符合约定的,人民法院不予支持。

出卖人自愿承担违约责任后,又以上述期限经过为由翻悔的,人民法院不予支持。

五、违约责任

第十五条 买受人依约保留部分价款作为质量保证金,出卖人在质量保证期未及时解决质量问题而影响标的物的价值或者使用效果,出卖人主张支付该部分价款的,人民法院不予支持。

第十六条 买受人在检验期限、质量保证期、合理期限内提出质量异议,出卖人未按要求予以修理或者因情况紧急,买受人自行或者通过第三人修理标的物后,主张出卖人负担因此发生的合理费用的,人民法院应予支持。

第十七条 标的物质量不符合约定,买受人依照民法典第五百八十二条的规定要求减少价款的,人民法院应予支持。当事人主张以符合约定的标的物和实际交付的标的物按交付时的市场价值计算差价的,人民法院应予支持。

价款已经支付,买受人主张返还减价后多出部分价款的,人民法院应予支持。

第十八条 买卖合同对付款期限作出的变更,不影响当事人关于逾期付款违约金的约定,但该违约金的起算点应当随之变更。

买卖合同约定逾期付款违约金,买受人以出卖人接受价款时未主张逾期付款违约金为由拒绝支付该违约金的,人民法院不予支持。

买卖合同约定逾期付款违约金,但对账单、还款协议等未涉及逾期付款责任,出卖人根据对账单、还款协议等主张欠款时请求买受人依约支付逾期付款违约金的,人民法院应予支持,但对账单、还款协议等明确载有本金及逾期付款利息数额或者已经变更买卖合同中关于本金、利息等约定内容的除外。

买卖合同没有约定逾期付款违约金或者该违约金的计算方法,出卖人以买受人违约为由主张赔偿逾期付款损失,违约行为发生在2019年8月19

日之前的,人民法院可以中国人民银行同期同类人民币贷款基准利率为基础,参照逾期罚息利率标准计算;违约行为发生在2019年8月20日之后的,人民法院可以违约行为发生时中国人民银行授权全国银行间同业拆借中心公布的一年期贷款市场报价利率(LPR)标准为基础,加计30—50%计算逾期付款损失。

第十九条 出卖人没有履行或者不当履行从给付义务,致使买受人不能实现合同目的,买受人主张解除合同的,人民法院应当根据民法典第五百六十三条第一款第四项的规定,予以支持。

第二十条 买卖合同因违约而解除后,守约方主张继续适用违约金条款的,人民法院应予支持;但约定的违约金过分高于造成的损失的,人民法院可以参照民法典第五百八十五条第二款的规定处理。

第二十一条 买卖合同当事人一方以对方违约为由主张支付违约金,对方以合同不成立、合同未生效、合同无效或者不构成违约等为由进行免责抗辩而未主张调整过高的违约金的,人民法院应当就法院若不支持免责抗辩,当事人是否需要主张调整违约金进行释明。

一审法院认为免责抗辩成立且未予释明,二审法院认为应当判决支付违约金的,可以直接释明并改判。

第二十二条 买卖合同当事人一方违约造成对方损失,对方主张赔偿可得利益损失的,人民法院在确定违约责任范围时,应当根据当事人的主张,依据民法典第五百八十四条、第五百九十一条、第五百九十二条、本解释第二十三条等规定进行认定。

第二十三条 买卖合同当事人一方因对方违约而获有利益,违约方主张从损失赔偿额中扣除该部分利益的,人民法院应予支持。

第二十四条 买受人在缔约时知道或者应当知道标的物质量存在瑕疵,主张出卖人承担瑕疵担保责任的,人民法院不予支持,但买受人在缔约时不知道该瑕疵会导致标的物的基本效用显著降低的除外。

六、所有权保留

第二十五条 买卖合同当事人主张民法典第六百四十一条关于标的物所有权保留的规定适用于不动产的,人民法院不予支持。

第二十六条 买受人已经支付标的物总价款的百分之七十五以上,出卖人主张取回标的物的,人民法院不予支持。

在民法典第六百四十二条第一款第三项情形下,第三人依据民法典第三百一十一条的规定已经善意取得标的物所有权或者其他物权,出卖人主张取回标的物的,人民法院不予支持。

七、特种买卖

第二十七条 民法典第六百三十四条第一款规定的"分期付款",系指买受人将应付的总价款在一定期限内至少分三次向出卖人支付。

分期付款买卖合同的约定违反民法典第六百三十四条第一款的规定,损害买受人利益,买受人主张该约定无效的,人民法院应予支持。

第二十八条 分期付款买卖合同约定出卖人在解除合同时可以扣留已受领价金,出卖人扣留的金额超过标的物使用费以及标的物受损赔偿额,买受人请求返还超过部分的,人民法院应予支持。

当事人对标的物的使用费没有约定的,人民法院可以参照当地同类标的物的租金标准确定。

第二十九条 合同约定的样品质量与文字说明不一致且发生纠纷时当事人不能达成合意,样品封存后外观和内在品质没有发生变化的,人民法院应当以样品为准;外观和内在品质发生变化,或者当事人对是否发生变化有争议而又无法查明的,人民法院应当以文字说明为准。

第三十条 买卖合同存在下列约定内容之一的,不属于试用买卖。买受人主张属于试用买卖的,人民法院不予支持:

(一)约定标的物经过试用或者检验符合一定要求时,买受人应当购买标的物;

(二)约定第三人经试验对标的物认可时,买受人应当购买标的物;

(三)约定买受人在一定期限内可以调换标的物;

(四)约定买受人在一定期限内可以退还标的物。

八、其他问题

第三十一条 出卖人履行交付义务后诉请买

受人支付价款，买受人以出卖人违约在先为由提出异议的，人民法院应当按照下列情况分别处理：

（一）买受人拒绝支付违约金、拒绝赔偿损失或者主张出卖人应当采取减少价款等补救措施的，属于提出抗辩；

（二）买受人主张出卖人应支付违约金、赔偿损失或者要求解除合同的，应当提起反诉。

第三十二条 法律或者行政法规对债权转让、股权转让等权利转让合同有规定的，依照其规定；没有规定的，人民法院可以根据民法典第四百六十七条和第六百四十六条的规定，参照适用买卖合同的有关规定。

权利转让或者其他有偿合同参照适用买卖合同的有关规定的，人民法院应当首先引用民法典第六百四十六条的规定，再引用买卖合同的有关规定。

第三十三条 本解释施行前本院发布的有关购销合同、销售合同等有偿转移标的物所有权的合同的规定，与本解释抵触的，自本解释施行之日起不再适用。

本解释施行后尚未终审的买卖合同纠纷案件，适用本解释；本解释施行前已经终审，当事人申请再审或者按照审判监督程序决定再审的，不适用本解释。

最高人民法院关于审理民间借贷案件适用法律若干问题的规定

（2015年6月23日最高人民法院审判委员会第1655次会议通过 根据2020年8月18日最高人民法院审判委员会第1809次会议通过的《最高人民法院关于修改〈关于审理民间借贷案件适用法律若干问题的规定〉的决定》第一次修正 根据2020年12月23日最高人民法院审判委员会第1823次会议通过的《最高人民法院关于修改〈最高人民法院关于在民事审判工作中适用《中华人民共和国工会法》若干问题的解释〉等二十七件民事类司法解释的决定》第二次修正）

为正确审理民间借贷纠纷案件，根据《中华人民共和国民法典》《中华人民共和国民事诉讼法》《中华人民共和国刑事诉讼法》等相关法律之规定，结合审判实践，制定本规定。

第一条 本规定所称的民间借贷，是指自然人、法人和非法人组织之间进行资金融通的行为。

经金融监管部门批准设立的从事贷款业务的金融机构及其分支机构，因发放贷款等相关金融业务引发的纠纷，不适用本规定。

第二条 出借人向人民法院提起民间借贷诉讼时，应当提供借据、收据、欠条等债权凭证以及其他能够证明借贷法律关系存在的证据。

当事人持有的借据、收据、欠条等债权凭证没有载明债权人，持有债权凭证的当事人提起民间借贷诉讼的，人民法院应予受理。被告对原告的债权人资格提出有事实依据的抗辩，人民法院经审查认为原告不具有债权人资格的，裁定驳回起诉。

第三条 借贷双方就合同履行地未约定或者约定不明确，事后未达成补充协议，按照合同相关条款或者交易习惯仍不能确定的，以接受货币一方所在地为合同履行地。

第四条 保证人为借款人提供连带责任保证，出借人仅起诉借款人的，人民法院可以不追加保证人为共同被告；出借人仅起诉保证人的，人民法院可以追加借款人为共同被告。

保证人为借款人提供一般保证，出借人仅起诉保证人的，人民法院应当追加借款人为共同被告；出借人仅起诉借款人的，人民法院可以不追加保证人为共同被告。

第五条 人民法院立案后，发现民间借贷行为本身涉嫌非法集资等犯罪的，应当裁定驳回起诉，并将涉嫌非法集资等犯罪的线索、材料移送公安或者检察机关。

公安或者检察机关不予立案，或者立案侦查后撤销案件，或者检察机关作出不起诉决定，或者经人民法院生效判决认定不构成非法集资等犯罪，当事人又以同一事实向人民法院提起诉讼的，人民法院应予受理。

第六条 人民法院立案后，发现与民间借贷纠纷案件虽有关联但不是同一事实的涉嫌非法集资等犯罪的线索、材料的，人民法院应当继续审理民间借贷纠纷案件，并将涉嫌非法集资等犯罪的线索、材料移送公安或者检察机关。

第七条 民间借贷纠纷的基本案件事实必须以刑事案件的审理结果为依据，而该刑事案件尚未审结的，人民法院应当裁定中止诉讼。

第八条 借款人涉嫌犯罪或者生效判决认定其有罪，出借人起诉请求担保人承担民事责任的，人民法院应予受理。

第九条 自然人之间的借款合同具有下列情形之一的，可以视为合同成立：

（一）以现金支付的，自借款人收到借款时；

（二）以银行转账、网上电子汇款等形式支付的，自资金到达借款人账户时；

（三）以票据交付的，自借款人依法取得票据权利时；

（四）出借人将特定资金账户支配权授权给借款人的，自借款人取得对该账户实际支配权时；

（五）出借人以与借款人约定的其他方式提供借款并实际履行完成时。

第十条 法人之间、非法人组织之间以及它们相互之间为生产、经营需要订立的民间借贷合同，除存在民法典第一百四十六条、第一百五十三条、第一百五十四条以及本规定第十三条规定的情形外，当事人主张民间借贷合同有效的，人民法院应予支持。

第十一条 法人或者非法人组织在本单位内部通过借款形式向职工筹集资金，用于本单位生产、经营，且不存在民法典第一百四十四条、第一百四十六条、第一百五十三条、第一百五十四条以及本规定第十三条规定的情形，当事人主张民间借贷合同有效的，人民法院应予支持。

第十二条 借款人或者出借人的借贷行为涉嫌犯罪，或者已经生效的裁判认定构成犯罪，当事人提起民事诉讼的，民间借贷合同并不当然无效。人民法院应当依据民法典第一百四十四条、第一百四十六条、第一百五十三条、第一百五十四条以及本规定第十三条之规定，认定民间借贷合同的效力。

担保人以借款人或者出借人的借贷行为涉嫌犯罪或者已经生效的裁判认定构成犯罪为由，主张不承担民事责任的，人民法院应当依据民间借贷合同与担保合同的效力、当事人的过错程度，依法确定担保人的民事责任。

第十三条 具有下列情形之一的，人民法院应当认定民间借贷合同无效：

（一）套取金融机构贷款转贷的；

（二）以向其他营利法人借贷、向本单位职工集资，或者以向公众非法吸收存款等方式取得的资金转贷的；

（三）未依法取得放贷资格的出借人，以营利为目的向社会不特定对象提供借款的；

（四）出借人事先知道或者应当知道借款人借款用于违法犯罪活动仍然提供借款的；

（五）违反法律、行政法规强制性规定的；

（六）违背公序良俗的。

第十四条 原告以借据、收据、欠条等债权凭证为依据提起民间借贷诉讼，被告依据基础法律关系提出抗辩或者反诉，并提供证据证明债权纠纷非民间借贷行为引起的，人民法院应当依据查明的案件事实，按照基础法律关系审理。

当事人通过调解、和解或者清算达成的债权债务协议，不适用前款规定。

第十五条 原告仅依据借据、收据、欠条等债权凭证提起民间借贷诉讼，被告抗辩已经偿还借款的，被告应当对其主张提供证据证明。被告提供相应证据证明其主张后，原告仍应就借贷关系的存续承担举证责任。

被告抗辩借贷行为尚未实际发生并能作出合理说明的，人民法院应当结合借贷金额、款项交付、当事人的经济能力、当地或者当事人之间的交易方式、交易习惯、当事人财产变动情况以及证人证言等事实和因素，综合判断查证借贷事实是否发生。

第十六条 原告仅依据金融机构的转账凭证提起民间借贷诉讼，被告抗辩转账系偿还双方之前借款或者其他债务的，被告应当对其主张提供证据证明。被告提供相应证据证明其主张后，原告仍应就借贷关系的成立承担举证责任。

第十七条 依据《最高人民法院关于适用〈中华人民共和国民事诉讼法〉的解释》第一百七十四条第二款之规定，负有举证责任的原告无正当理由拒不到庭，经审查现有证据无法确认借贷行为、借贷金额、支付方式等案件主要事实的，人民法院对原告主张的事实不予认定。

第十八条 人民法院审理民间借贷纠纷案件时发现有下列情形之一的，应当严格审查借贷发生的原因、时间、地点、款项来源、交付方式、款项流向以及借贷双方的关系、经济状况等事实，综合判断是否属于虚假民事诉讼：

（一）出借人明显不具备出借能力；

（二）出借人起诉所依据的事实和理由明显不

符合常理；

（三）出借人不能提交债权凭证或者提交的债权凭证存在伪造的可能；

（四）当事人双方在一定期限内多次参加民间借贷诉讼；

（五）当事人无正当理由拒不到庭参加诉讼，委托代理人对借贷事实陈述不清或者陈述前后矛盾；

（六）当事人双方对借贷事实的发生没有任何争议或者诉辩明显不符合常理；

（七）借款人的配偶或者合伙人、案外人的其他债权人提出有事实依据的异议；

（八）当事人在其他纠纷中存在低价转让财产的情形；

（九）当事人不正当放弃权利；

（十）其他可能存在虚假民间借贷诉讼的情形。

第十九条 经查明属于虚假民间借贷诉讼，原告申请撤诉的，人民法院不予准许，并应当依据民事诉讼法第一百一十二条之规定，判决驳回其请求。

诉讼参与人或者其他人恶意制造、参与虚假诉讼，人民法院应当依据民事诉讼法第一百一十一条、第一百一十二条和第一百一十三条之规定，依法予以罚款、拘留；构成犯罪的，应当移送有管辖权的司法机关追究刑事责任。

单位恶意制造、参与虚假诉讼的，人民法院应当对该单位进行罚款，并可以对其主要负责人或者直接责任人员予以罚款、拘留；构成犯罪的，应当移送有管辖权的司法机关追究刑事责任。

第二十条 他人在借据、收据、欠条等债权凭证或者借款合同上签名或者盖章，但是未表明其保证人身份或者承担保证责任，或者通过其他事实不能推定其为保证人，出借人请求其承担保证责任的，人民法院不予支持。

第二十一条 借贷双方通过网络贷款平台形成借贷关系，网络贷款平台的提供者仅提供媒介服务，当事人请求其承担担保责任的，人民法院不予支持。

网络贷款平台的提供者通过网页、广告或者其他媒介明示或者有其他证据证明其为借贷提供担保，出借人请求网络贷款平台的提供者承担担保责任的，人民法院应予支持。

第二十二条 法人的法定代表人或者非法人组织的负责人以单位名义与出借人签订民间借贷合同，有证据证明所借款项系法定代表人或者负责人个人使用，出借人请求将法定代表人或者负责人列为共同被告或者第三人的，人民法院应予准许。

法人的法定代表人或者非法人组织的负责人以个人名义与出借人订立民间借贷合同，所借款项用于单位生产经营，出借人请求单位与个人共同承担责任的，人民法院应予支持。

第二十三条 当事人以订立买卖合同作为民间借贷合同的担保，借款到期后借款人不能还款，出借人请求履行买卖合同的，人民法院应当按照民间借贷法律关系审理。当事人根据法庭审理情况变更诉讼请求的，人民法院应当准许。

按照民间借贷法律关系审理作出的判决生效后，借款人不履行生效判决确定的金钱债务，出借人可以申请拍卖买卖合同标的物，以偿还债务。就拍卖所得的价款与应偿还借款本息之间的差额，借款人或者出借人有权主张返还或者补偿。

第二十四条 借贷双方没有约定利息，出借人主张支付利息的，人民法院不予支持。

自然人之间借贷对利息约定不明，出借人主张支付利息的，人民法院不予支持。除自然人之间借贷的外，借贷双方对借贷利息约定不明，出借人主张利息的，人民法院应当结合民间借贷合同的内容，并根据当地或者当事人的交易方式、交易习惯、市场报价利率等因素确定利息。

第二十五条 出借人请求借款人按照合同约定利率支付利息的，人民法院应予支持，但是双方约定的利率超过合同成立时一年期贷款市场报价利率四倍的除外。

前款所称“一年期贷款市场报价利率”，是指中国人民银行授权全国银行间同业拆借中心自2019年8月20日起每月发布的一年期贷款市场报价利率。

第二十六条 借据、收据、欠条等债权凭证载明的借款金额，一般认定为本金。预先在本金中扣除利息的，人民法院应当将实际出借的金额认定为本金。

第二十七条 借贷双方对前期借款本息结算后将利息计入后期借款本金并重新出具债权凭证，如果前期利率没有超过合同成立时一年期贷款市场报价利率四倍,重新出具的债权凭证载明的金额可认定为后期借款本金。超过部分的利息,不应认定为后期借款本金。

按前款计算,借款人在借款期间届满后应当支付的本息之和,超过以最初借款本金与以最初借款本金为基数、以合同成立时一年期贷款市场报价利率四倍计算的整个借款期间的利息之和的,人民法院不予支持。

第二十八条 借贷双方对逾期利率有约定的,从其约定,但是以不超过合同成立时一年期贷款市场报价利率四倍为限。

未约定逾期利率或者约定不明的,人民法院可以区分不同情况处理:

(一)既未约定借期内利率,也未约定逾期利率,出借人主张借款人自逾期还款之日起参照当时一年期贷款市场报价利率标准计算的利息承担逾期还款违约责任的,人民法院应予支持;

(二)约定了借期内利率但是未约定逾期利率,出借人主张借款人自逾期还款之日起按照借期内利率支付资金占用期间利息的,人民法院应予支持。

第二十九条 出借人与借款人既约定了逾期利率,又约定了违约金或者其他费用,出借人可以选择主张逾期利息、违约金或者其他费用,也可以一并主张,但是总计超过合同成立时一年期贷款市场报价利率四倍的部分,人民法院不予支持。

第三十条 借款人可以提前偿还借款,但是当事人另有约定的除外。

借款人提前偿还借款并主张按照实际借款期限计算利息的,人民法院应予支持。

第三十一条 本规定施行后,人民法院新受理的一审民间借贷纠纷案件,适用本规定。

2020年8月20日之后新受理的一审民间借贷案件,借贷合同成立于2020年8月20日之前,当事人请求适用当时的司法解释计算自合同成立到2020年8月19日的利息部分的,人民法院应予支持;对于自2020年8月20日到借款返还之日的利息部分,适用起诉时本规定的利率保护标准计算。

本规定施行后,最高人民法院以前作出的相关司法解释与本规定不一致的,以本规定为准。

最高人民法院关于审理旅游纠纷案件适用法律若干问题的规定

(2010年9月13日最高人民法院审判委员会第1496次会议通过　根据2020年12月23日最高人民法院审判委员会第1823次会议通过的《最高人民法院关于修改〈最高人民法院关于在民事审判工作中适用《中华人民共和国工会法》若干问题的解释〉等二十七件民事类司法解释的决定》修正)

为正确审理旅游纠纷案件,依法保护当事人合法权益,根据《中华人民共和国民法典》《中华人民共和国消费者权益保护法》《中华人民共和国旅游法》《中华人民共和国民事诉讼法》等有关法律规定,结合民事审判实践,制定本规定。

第一条 本规定所称的旅游纠纷,是指旅游者与旅游经营者、旅游辅助服务者之间因旅游发生的合同纠纷或者侵权纠纷。

"旅游经营者"是指以自己的名义经营旅游业务,向公众提供旅游服务的人。

"旅游辅助服务者"是指与旅游经营者存在合同关系,协助旅游经营者履行旅游合同义务,实际提供交通、游览、住宿、餐饮、娱乐等旅游服务的人。

旅游者在自行旅游过程中与旅游景点经营者因旅游发生的纠纷,参照适用本规定。

第二条 以单位、家庭等集体形式与旅游经营者订立旅游合同,在履行过程中发生纠纷,除集体以合同一方当事人名义起诉外,旅游者个人提起旅游合同纠纷诉讼的,人民法院应予受理。

第三条 因旅游经营者方面的同一原因造成旅游者人身损害、财产损失,旅游者选择请求旅游经营者承担违约责任或者侵权责任的,人民法院应当根据当事人选择的案由进行审理。

第四条 因旅游辅助服务者的原因导致旅游经营者违约,旅游者仅起诉旅游经营者的,人民法院可以将旅游辅助服务者追加为第三人。

第五条 旅游经营者已投保责任险,旅游者因保险责任事故仅起诉旅游经营者的,人民法院可以应当事人的请求将保险公司列为第三人。

第六条 旅游经营者以格式条款、通知、声明、店堂告示等方式作出排除或者限制旅游者权利、减轻或者免除旅游经营者责任、加重旅游者责任等对旅游者不公平、不合理的规定，旅游者依据消费者权益保护法第二十六条的规定请求认定该内容无效的，人民法院应予支持。

第七条 旅游经营者、旅游辅助服务者未尽到安全保障义务，造成旅游者人身损害、财产损失，旅游者请求旅游经营者、旅游辅助服务者承担责任的，人民法院应予支持。

因第三人的行为造成旅游者人身损害、财产损失，由第三人承担责任；旅游经营者、旅游辅助服务者未尽安全保障义务，旅游者请求其承担相应补充责任的，人民法院应予支持。

第八条 旅游经营者、旅游辅助服务者对可能危及旅游者人身、财产安全的旅游项目未履行告知、警示义务，造成旅游者人身损害、财产损失，旅游者请求旅游经营者、旅游辅助服务者承担责任的，人民法院应予支持。

旅游者未按旅游经营者、旅游辅助服务者的要求提供与旅游活动相关的个人健康信息并履行如实告知义务，或者不听从旅游经营者、旅游辅助服务者的告知、警示，参加不适合自身条件的旅游活动，导致旅游过程中出现人身损害、财产损失，旅游者请求旅游经营者、旅游辅助服务者承担责任的，人民法院不予支持。

第九条 旅游经营者、旅游辅助服务者以非法收集、存储、使用、加工、传输、买卖、提供、公开等方式处理旅游者个人信息，旅游者请求其承担相应责任的，人民法院应予支持。

第十条 旅游经营者将旅游业务转让给其他旅游经营者，旅游者不同意转让，请求解除旅游合同、追究旅游经营者违约责任的，人民法院应予支持。

旅游经营者擅自将其旅游业务转让给其他旅游经营者，旅游者在旅游过程中遭受损害，请求与其签订旅游合同的旅游经营者和实际提供旅游服务的旅游经营者承担连带责任的，人民法院应予支持。

第十一条 除合同性质不宜转让或者合同另有约定之外，在旅游行程开始前的合理期间内，旅游者将其在旅游合同中的权利义务转让给第三人，请求确认转让合同效力的，人民法院应予支持。

因前款所述原因，旅游经营者请求旅游者、第三人给付增加的费用或者旅游者请求旅游经营者退还减少的费用的，人民法院应予支持。

第十二条 旅游行程开始前或者进行中，因旅游者单方解除合同，旅游者请求旅游经营者退还尚未实际发生的费用，或者旅游经营者请求旅游者支付合理费用的，人民法院应予支持。

第十三条 签订旅游合同的旅游经营者将其部分旅游业务委托旅游目的地的旅游经营者，因受托方未尽旅游合同义务，旅游者在旅游过程中受到损害，要求作出委托的旅游经营者承担赔偿责任的，人民法院应予支持。

旅游经营者委托除前款规定以外的人从事旅游业务，发生旅游纠纷，旅游者起诉旅游经营者的，人民法院应予受理。

第十四条 旅游经营者准许他人挂靠其名下从事旅游业务，造成旅游者人身损害、财产损失，旅游者依据民法典第一千一百六十八条的规定请求旅游经营者与挂靠人承担连带责任的，人民法院应予支持。

第十五条 旅游经营者违反合同约定，有擅自改变旅游行程、遗漏旅游景点、减少旅游服务项目、降低旅游服务标准等行为，旅游者请求旅游经营者赔偿未完成约定旅游服务项目等合理费用的，人民法院应予支持。

旅游经营者提供服务时有欺诈行为，旅游者依据消费者权益保护法第五十五条第一款规定请求旅游经营者承担惩罚性赔偿责任的，人民法院应予支持。

第十六条 因飞机、火车、班轮、城际客运班车等公共客运交通工具延误，导致合同不能按照约定履行，旅游者请求旅游经营者退还未实际发生的费用的，人民法院应予支持。合同另有约定的除外。

第十七条 旅游者在自行安排活动期间遭受人身损害、财产损失，旅游经营者未尽到必要的提示义务、救助义务，旅游者请求旅游经营者承担相应责任的，人民法院应予支持。

前款规定的自行安排活动期间，包括旅游经营者安排的在旅游行程中独立的自由活动期间、旅游者不参加旅游行程的活动期间以及旅游者经导游或者领队同意暂时离队的个人活动期间等。

第十八条 旅游者在旅游行程中未经导游或者领队许可，故意脱离团队，遭受人身损害、财产损失，请求旅游经营者赔偿损失的，人民法院不予支持。

第十九条 旅游经营者或者旅游辅助服务者为旅游者代管的行李物品损毁、灭失，旅游者请求赔偿损失的，人民法院应予支持，但下列情形除外：

（一）损失是由于旅游者未听从旅游经营者或

者旅游辅助服务者的事先声明或者提示,未将现金、有价证券、贵重物品由其随身携带而造成的;

(二)损失是由于不可抗力造成的;

(三)损失是由于旅游者的过错造成的;

(四)损失是由于物品的自然属性造成的。

第二十条 旅游者要求旅游经营者返还下列费用的,人民法院应予支持:

(一)因拒绝旅游经营者安排的购物活动或者另行付费的项目被增收的费用;

(二)在同一旅游行程中,旅游经营者提供相同服务,因旅游者的年龄、职业等差异而增收的费用。

第二十一条 旅游经营者因过错致其代办的手续、证件存在瑕疵,或者未尽妥善保管义务而遗失、毁损,旅游者请求旅游经营者补办或者协助补办相关手续、证件并承担相应费用的,人民法院应予支持。

因上述行为影响旅游行程,旅游者请求旅游经营者退还尚未发生的费用、赔偿损失的,人民法院应予支持。

第二十二条 旅游经营者事先设计,并以确定的总价提供交通、住宿、游览等一项或者多项服务,不提供导游和领队服务,由旅游者自行安排游览行程的旅游过程中,旅游经营者提供的服务不符合合同约定,侵害旅游者合法权益,旅游者请求旅游经营者承担相应责任的,人民法院应予支持。

第二十三条 本规定施行前已经终审,本规定施行后当事人申请再审或者按照审判监督程序决定再审的案件,不适用本规定。

最高人民法院关于审理城镇房屋租赁合同纠纷案件具体应用法律若干问题的解释

(2009年6月22日最高人民法院审判委员会第1469次会议通过 根据2020年12月23日最高人民法院审判委员会第1823次会议通过的《最高人民法院关于修改〈最高人民法院关于在民事审判工作中适用《中华人民共和国工会法》若干问题的解释〉等二十七件民事类司法解释的决定》修正)

为正确审理城镇房屋租赁合同纠纷案件,依法保护当事人的合法权益,根据《中华人民共和国民法典》等法律规定,结合民事审判实践,制定本解释。

第一条 本解释所称城镇房屋,是指城市、镇规划区内的房屋。

乡、村庄规划区内的房屋租赁合同纠纷案件,可以参照本解释处理。但法律另有规定的,适用其规定。

当事人依照国家福利政策租赁公有住房、廉租住房、经济适用住房产生的纠纷案件,不适用本解释。

第二条 出租人就未取得建设工程规划许可证或者未按照建设工程规划许可证的规定建设的房屋,与承租人订立的租赁合同无效。但在一审法庭辩论终结前取得建设工程规划许可证或者经主管部门批准建设的,人民法院应当认定有效。

第三条 出租人就未经批准或者未按照批准内容建设的临时建筑,与承租人订立的租赁合同无效。但在一审法庭辩论终结前经主管部门批准建设的,人民法院应当认定有效。

租赁期限超过临时建筑的使用期限,超过部分无效。但在一审法庭辩论终结前经主管部门批准延长使用期限的,人民法院应当认定延长使用期限内的租赁期间有效。

第四条 房屋租赁合同无效,当事人请求参照合同约定的租金标准支付房屋占有使用费的,人民法院一般应予支持。

当事人请求赔偿因合同无效受到的损失,人民法院依照民法典第一百五十七条和本解释第七条、第十一条、第十二条的规定处理。

第五条 出租人就同一房屋订立数份租赁合同,在合同均有效的情况下,承租人均主张履行合同的,人民法院按照下列顺序确定履行合同的承租人:

(一)已经合法占有租赁房屋的;

(二)已经办理登记备案手续的;

(三)合同成立在先的。

不能取得租赁房屋的承租人请求解除合同、赔偿损失的,依照民法典的有关规定处理。

第六条 承租人擅自变动房屋建筑主体和承重结构或者扩建,在出租人要求的合理期限内仍不予恢复原状,出租人请求解除合同并要求赔偿损失的,人民法院依照民法典第七百一十一条的规定处理。

第七条 承租人经出租人同意装饰装修,租赁合同无效时,未形成附合的装饰装修物,出租人同意利用的,可折价归出租人所有;不同意利用的,可由承租人拆除。因拆除造成房屋毁损的,承租人应当恢复原状。

已形成附合的装饰装修物,出租人同意利用的,可折价归出租人所有;不同意利用的,由双方各自按照导致合同无效的过错分担现值损失。

第八条 承租人经出租人同意装饰装修,租赁期间届满或者合同解除时,除当事人另有约定外,未形成附合的装饰装修物,可由承租人拆除。因拆除造成房屋毁损的,承租人应当恢复原状。

第九条 承租人经出租人同意装饰装修,合同解除时,双方对已形成附合的装饰装修物的处理没有约定的,人民法院按照下列情形分别处理:

(一)因出租人违约导致合同解除,承租人请求出租人赔偿剩余租赁期内装饰装修残值损失的,应予支持;

(二)因承租人违约导致合同解除,承租人请求出租人赔偿剩余租赁期内装饰装修残值损失的,不予支持。但出租人同意利用的,应在利用价值范围内予以适当补偿;

(三)因双方违约导致合同解除,剩余租赁期内的装饰装修残值损失,由双方根据各自的过错承担相应的责任;

(四)因不可归责于双方的事由导致合同解除的,剩余租赁期内的装饰装修残值损失,由双方按照公平原则分担。法律另有规定的,适用其规定。

第十条 承租人经出租人同意装饰装修,租赁期间届满时,承租人请求出租人补偿附合装饰装修费用的,不予支持。但当事人另有约定的除外。

第十一条 承租人未经出租人同意装饰装修或者扩建发生的费用,由承租人负担。出租人请求承租人恢复原状或者赔偿损失的,人民法院应予支持。

第十二条 承租人经出租人同意扩建,但双方对扩建费用的处理没有约定的,人民法院按照下列情形分别处理:

(一)办理合法建设手续的,扩建造价费用由出租人负担;

(二)未办理合法建设手续的,扩建造价费用由双方按照过错分担。

第十三条 房屋租赁合同无效、履行期限届满或者解除,出租人请求负有腾房义务的次承租人支付逾期腾房占有使用费的,人民法院应予支持。

第十四条 租赁房屋在承租人按照租赁合同占有期限内发生所有权变动,承租人请求房屋受让人继续履行原租赁合同的,人民法院应予支持。但租赁房屋具有下列情形或者当事人另有约定的除外:

(一)房屋在出租前已设立抵押权,因抵押权人实现抵押权发生所有权变动的;

(二)房屋在出租前已被人民法院依法查封的。

第十五条 出租人与抵押权人协议折价、变卖租赁房屋偿还债务,应当在合理期限内通知承租人。承租人请求以同等条件优先购买房屋的,人民法院应予支持。

第十六条 本解释施行前已经终审,本解释施行后当事人申请再审或者按照审判监督程序决定再审的案件,不适用本解释。

最高人民法院关于审理涉及国有土地使用权合同纠纷案件适用法律问题的解释

(2004年11月23日最高人民法院审判委员会第1334次会议通过 根据2020年12月23日最高人民法院审判委员会第1823次会议通过的《最高人民法院关于修改〈最高人民法院关于在民事审判工作中适用《中华人民共和国工会法》若干问题的解释〉等二十七件民事类司法解释的决定》修正)

为正确审理国有土地使用权合同纠纷案件,依法保护当事人的合法权益,根据《中华人民共和国民法典》《中华人民共和国土地管理法》《中华人民共和国城市房地产管理法》等法律规定,结合民事审判实践,制定本解释。

一、土地使用权出让合同纠纷

第一条 本解释所称的土地使用权出让合同,是指市、县人民政府自然资源主管部门作为出让方将国有土地使用权在一定年限内让与受让方,受让方支付土地使用权出让金的合同。

第二条 开发区管理委员会作为出让方与受让方订立的土地使用权出让合同，应当认定无效。

本解释实施前，开发区管理委员会作为出让方与受让方订立的土地使用权出让合同，起诉前经市、县人民政府自然资源主管部门追认的，可以认定合同有效。

第三条 经市、县人民政府批准同意以协议方式出让的土地使用权，土地使用权出让金低于订立合同时当地政府按照国家规定确定的最低价的，应当认定土地使用权出让合同约定的价格条款无效。

当事人请求按照订立合同时的市场评估价格交纳土地使用权出让金的，应予支持；受让方不同意按照市场评估价格补足，请求解除合同的，应予支持。因此造成的损失，由当事人按照过错承担责任。

第四条 土地使用权出让合同的出让方因未办理土地使用权出让批准手续而不能交付土地，受让方请求解除合同的，应予支持。

第五条 受让方经出让方和市、县人民政府城市规划行政主管部门同意，改变土地使用权出让合同约定的土地用途，当事人请求按照起诉时同种用途的土地出让金标准调整土地出让金的，应予支持。

第六条 受让方擅自改变土地使用权出让合同约定的土地用途，出让方请求解除合同的，应予支持。

二、土地使用权转让合同纠纷

第七条 本解释所称的土地使用权转让合同，是指土地使用权人作为转让方将出让土地使用权转让于受让方，受让方支付价款的合同。

第八条 土地使用权人作为转让方与受让方订立土地使用权转让合同后，当事人一方以双方之间未办理土地使用权变更登记手续为由，请求确认合同无效的，不予支持。

第九条 土地使用权人作为转让方就同一出让土地使用权订立数个转让合同，在转让合同有效的情况下，受让方均要求履行合同的，按照以下情形分别处理：

（一）已经办理土地使用权变更登记手续的受让方，请求转让方履行交付土地等合同义务的，应予支持；

（二）均未办理土地使用权变更登记手续，已先行合法占有投资开发土地的受让方请求转让方履行土地使用权变更登记等合同义务的，应予支持；

（三）均未办理土地使用权变更登记手续，又未合法占有投资开发土地，先行支付土地转让款的受让方请求转让方履行交付土地和办理土地使用权变更登记等合同义务的，应予支持；

（四）合同均未履行，依法成立在先的合同受让方请求履行合同的，应予支持。

未能取得土地使用权的受让方请求解除合同、赔偿损失的，依照民法典的有关规定处理。

第十条 土地使用权人与受让方订立合同转让划拨土地使用权，起诉前经有批准权的人民政府同意转让，并由受让方办理土地使用权出让手续的，土地使用权人与受让方订立的合同可以按照补偿性质的合同处理。

第十一条 土地使用权人与受让方订立合同转让划拨土地使用权，起诉前经有批准权的人民政府决定不办理土地使用权出让手续，并将该划拨土地使用权直接划拨给受让方使用的，土地使用权人与受让方订立的合同可以按照补偿性质的合同处理。

三、合作开发房地产合同纠纷

第十二条 本解释所称的合作开发房地产合同，是指当事人订立的以提供出让土地使用权、资金等作为共同投资，共享利润、共担风险合作开发房地产为基本内容的合同。

第十三条 合作开发房地产合同的当事人一方具备房地产开发经营资质的，应当认定合同有效。

当事人双方均不具备房地产开发经营资质的，应当认定合同无效。但起诉前当事人一方已经取得房地产开发经营资质或者已依法合作成立具有房地产开发经营资质的房地产开发企业的，应当认定合同有效。

第十四条 投资数额超出合作开发房地产合同的约定，对增加的投资数额的承担比例，当事人协商不成的，按照当事人的违约情况确定；因不可归责于当事人的事由或者当事人的违约情况无法确定的,按照约定的投资比例确定;没有约定投资比例的,按照约定的利润分配比例确定。

第十五条 房屋实际建筑面积少于合作开发房地产合同的约定,对房屋实际建筑面积的分配比例,当事人协商不成的,按照当事人的违约情况确定;因不可归责于当事人的事由或者当事人违约情况无法确定的,按照约定的利润分配比例确定。

第十六条 在下列情形下,合作开发房地产合同的当事人请求分配房地产项目利益的,不予受理;已经受理的,驳回起诉:

(一)依法需经批准的房地产建设项目未经有批准权的人民政府主管部门批准;

(二)房地产建设项目未取得建设工程规划许可证;

(三)擅自变更建设工程规划。

因当事人隐瞒建设工程规划变更的事实所造成的损失,由当事人按照过错承担。

第十七条 房屋实际建筑面积超出规划建筑面积,经有批准权的人民政府主管部门批准后,当事人对超出部分的房屋分配比例协商不成的,按照约定的利润分配比例确定。对增加的投资数额的承担比例,当事人协商不成的,按照约定的投资比例确定;没有约定投资比例的,按照约定的利润分配比例确定。

第十八条 当事人违反规划开发建设的房屋,被有批准权的人民政府主管部门认定为违法建筑责令拆除,当事人对损失承担协商不成的,按照当事人过错确定责任;过错无法确定的,按照约定的投资比例确定责任;没有约定投资比例的,按照约定的利润分配比例确定责任。

第十九条 合作开发房地产合同约定仅以投资数额确定利润分配比例,当事人未足额交纳出资的,按照当事人的实际投资比例分配利润。

第二十条 合作开发房地产合同的当事人要求将房屋预售款充抵投资参与利润分配的,不予支持。

第二十一条 合作开发房地产合同约定提供土地使用权的当事人不承担经营风险,只收取固定利益的,应当认定为土地使用权转让合同。

第二十二条 合作开发房地产合同约定提供资金的当事人不承担经营风险,只分配固定数量房屋的,应当认定为房屋买卖合同。

第二十三条 合作开发房地产合同约定提供资金的当事人不承担经营风险,只收取固定数额货币的,应当认定为借款合同。

第二十四条 合作开发房地产合同约定提供资金的当事人不承担经营风险,只以租赁或者其他形式使用房屋的,应当认定为房屋租赁合同。

四、其它

第二十五条 本解释自2005年8月1日起施行;施行后受理的第一审案件适用本解释。

本解释施行前最高人民法院发布的司法解释与本解释不一致的,以本解释为准。

最高人民法院关于审理建设工程施工合同纠纷案件适用法律问题的解释(一)

(2020年12月25日最高人民法院审判委员会第1825次会议通过 2020年12月29日最高人民法院公告公布 自2021年1月1日起施行 法释〔2020〕25号)

为正确审理建设工程施工合同纠纷案件,依法保护当事人合法权益,维护建筑市场秩序,促进建筑市场健康发展,根据《中华人民共和国民法典》《中华人民共和国建筑法》《中华人民共和国招标投标法》《中华人民共和国民事诉讼法》等相关法律规定,结合审判实践,制定本解释。

第一条 建设工程施工合同具有下列情形之一的,应当依据民法典第一百五十三条第一款的规定,认定无效:

(一)承包人未取得建筑业企业资质或者超越资质等级的;

(二)没有资质的实际施工人借用有资质的建筑施工企业名义的;

(三)建设工程必须进行招标而未招标或者中标无效的。

承包人因转包、违法分包建设工程与他人签订的建设工程施工合同,应当依据民法典第一百五十三条第一款及第七百九十一条第二款、第三款的规定,认定无效。

第二条 招标人和中标人另行签订的建设工

程施工合同约定的工程范围、建设工期、工程质量、工程价款等实质性内容,与中标合同不一致,一方当事人请求按照中标合同确定权利义务的,人民法院应予支持。

招标人和中标人在中标合同之外就明显高于市场价格购买承建房产、无偿建设住房配套设施、让利、向建设单位捐赠财物等另行签订合同,变相降低工程价款,一方当事人以该合同背离中标合同实质性内容为由请求确认无效的,人民法院应予支持。

第三条 当事人以发包人未取得建设工程规划许可证等规划审批手续为由,请求确认建设工程施工合同无效的,人民法院应予支持,但发包人在起诉前取得建设工程规划许可证等规划审批手续的除外。

发包人能够办理审批手续而未办理,并以未办理审批手续为由请求确认建设工程施工合同无效的,人民法院不予支持。

第四条 承包人超越资质等级许可的业务范围签订建设工程施工合同,在建设工程竣工前取得相应资质等级,当事人请求按照无效合同处理的,人民法院不予支持。

第五条 具有劳务作业法定资质的承包人与总承包人、分包人签订的劳务分包合同,当事人请求确认无效的,人民法院依法不予支持。

第六条 建设工程施工合同无效,一方当事人请求对方赔偿损失的,应当就对方过错、损失大小、过错与损失之间的因果关系承担举证责任。

损失大小无法确定,一方当事人请求参照合同约定的质量标准、建设工期、工程价款支付时间等内容确定损失大小的,人民法院可以结合双方过错程度、过错与损失之间的因果关系等因素作出裁判。

第七条 缺乏资质的单位或者个人借用有资质的建筑施工企业名义签订建设工程施工合同,发包人请求出借方与借用方对建设工程质量不合格等因出借资质造成的损失承担连带赔偿责任的,人民法院应予支持。

第八条 当事人对建设工程开工日期有争议的,人民法院应当分别按照以下情形予以认定:

(一)开工日期为发包人或者监理人发出的开工通知载明的开工日期;开工通知发出后,尚不具备开工条件的,以开工条件具备的时间为开工日期;因承包人原因导致开工时间推迟的,以开工通知载明的时间为开工日期。

(二)承包人经发包人同意已经实际进场施工的,以实际进场施工时间为开工日期。

(三)发包人或者监理人未发出开工通知,亦无相关证据证明实际开工日期的,应当综合考虑开工报告、合同、施工许可证、竣工验收报告或者竣工验收备案表等载明的时间,并结合是否具备开工条件的事实,认定开工日期。

第九条 当事人对建设工程实际竣工日期有争议的,人民法院应当分别按照以下情形予以认定:

(一)建设工程经竣工验收合格的,以竣工验收合格之日为竣工日期;

(二)承包人已经提交竣工验收报告,发包人拖延验收的,以承包人提交验收报告之日为竣工日期;

(三)建设工程未经竣工验收,发包人擅自使用的,以转移占有建设工程之日为竣工日期。

第十条 当事人约定顺延工期应当经发包人或者监理人签证等方式确认,承包人虽未取得工期顺延的确认,但能够证明在合同约定的期限内向发包人或者监理人申请过工期顺延且顺延事由符合合同约定,承包人以此为由主张工期顺延的,人民法院应予支持。

当事人约定承包人未在约定期限内提出工期顺延申请视为工期不顺延的,按照约定处理,但发包人在约定期限后同意工期顺延或者承包人提出合理抗辩的除外。

第十一条 建设工程竣工前,当事人对工程质量发生争议,工程质量经鉴定合格的,鉴定期间为顺延工期期间。

第十二条 因承包人的原因造成建设工程质量不符合约定,承包人拒绝修理、返工或者改建,发包人请求减少支付工程价款的,人民法院应予支持。

第十三条 发包人具有下列情形之一,造成建设工程质量缺陷,应当承担过错责任:

(一)提供的设计有缺陷;

(二)提供或者指定购买的建筑材料、建筑构配件、设备不符合强制性标准;

(三)直接指定分包人分包专业工程。

承包人有过错的,也应当承担相应的过错责任。

第十四条 建设工程未经竣工验收,发包人擅自使用后,又以使用部分质量不符合约定为由主张权利的,人民法院不予支持;但是承包人应当在建设工程的合理使用寿命内对地基基础工程和主体结构质量承担民事责任。

第十五条 因建设工程质量发生争议的,发包人可以以总承包人、分包人和实际施工人为共同被告提起诉讼。

第十六条 发包人在承包人提起的建设工程施工合同纠纷案件中,以建设工程质量不符合合同约定或者法律规定为由,就承包人支付违约金或者赔偿修理、返工、改建的合理费用等损失提出反诉的,人民法院可以合并审理。

第十七条 有下列情形之一,承包人请求发包人返还工程质量保证金的,人民法院应予支持:

(一)当事人约定的工程质量保证金返还期限届满;

(二)当事人未约定工程质量保证金返还期限的,自建设工程通过竣工验收之日起满二年;

(三)因发包人原因建设工程未按约定期限进行竣工验收的,自承包人提交工程竣工验收报告九十日后当事人约定的工程质量保证金返还期限届满;当事人未约定工程质量保证金返还期限的,自承包人提交工程竣工验收报告九十日后起满二年。

发包人返还工程质量保证金后,不影响承包人根据合同约定或者法律规定履行工程保修义务。

第十八条 因保修人未及时履行保修义务,导致建筑物毁损或者造成人身损害、财产损失的,保修人应当承担赔偿责任。

保修人与建筑物所有人或者发包人对建筑物毁损均有过错的,各自承担相应的责任。

第十九条 当事人对建设工程的计价标准或者计价方法有约定的,按照约定结算工程价款。

因设计变更导致建设工程的工程量或者质量标准发生变化,当事人对该部分工程价款不能协商一致的,可以参照签订建设工程施工合同时当地建设行政主管部门发布的计价方法或者计价标准结算工程价款。

建设工程施工合同有效,但建设工程经竣工验收不合格的,依照民法典第五百七十七条规定处理。

第二十条 当事人对工程量有争议的,按照施工过程中形成的签证等书面文件确认。承包人能够证明发包人同意其施工,但未能提供签证文件证明工程量发生的,可以按照当事人提供的其他证据确认实际发生的工程量。

第二十一条 当事人约定,发包人收到竣工结算文件后,在约定期限内不予答复,视为认可竣工结算文件的,按照约定处理。承包人请求按照竣工结算文件结算工程价款的,人民法院应予支持。

第二十二条 当事人签订的建设工程施工合同与招标文件、投标文件、中标通知书载明的工程范围、建设工期、工程质量、工程价款不一致,一方当事人请求将招标文件、投标文件、中标通知书作为结算工程价款的依据的,人民法院应予支持。

第二十三条 发包人将依法不属于必须招标的建设工程进行招标后,与承包人另行订立的建设工程施工合同背离中标合同的实质性内容,当事人请求以中标合同作为结算建设工程价款依据的,人民法院应予支持,但发包人与承包人因客观情况发生了在招标投标时难以预见的变化而另行订立建设工程施工合同的除外。

第二十四条 当事人就同一建设工程订立的数份建设工程施工合同均无效,但建设工程质量合格,一方当事人请求参照实际履行的合同关于工程价款的约定折价补偿承包人的,人民法院应予支持。

实际履行的合同难以确定,当事人请求参照最后签订的合同关于工程价款的约定折价补偿承包人的,人民法院应予支持。

第二十五条 当事人对垫资和垫资利息有约定,承包人请求按照约定返还垫资及其利息的,人民法院应予支持,但是约定的利息计算标准高于垫资时的同类贷款利率或者同期贷款市场报价利率的部分除外。

当事人对垫资没有约定的,按照工程欠款处理。

当事人对垫资利息没有约定,承包人请求支付利息的,人民法院不予支持。

第二十六条 当事人对欠付工程价款利息计付标准有约定的,按照约定处理。没有约定的,按照同期同类贷款利率或者同期贷款市场报价利率计息。

第二十七条 利息从应付工程价款之日开始计付。当事人对付款时间没有约定或者约定不明的,下列时间视为应付款时间:

（一）建设工程已实际交付的，为交付之日；

（二）建设工程没有交付的，为提交竣工结算文件之日；

（三）建设工程未交付，工程价款也未结算的，为当事人起诉之日。

第二十八条 当事人约定按照固定价结算工程价款，一方当事人请求对建设工程造价进行鉴定的，人民法院不予支持。

第二十九条 当事人在诉讼前已经对建设工程价款结算达成协议，诉讼中一方当事人申请对工程造价进行鉴定的，人民法院不予准许。

第三十条 当事人在诉讼前共同委托有关机构、人员对建设工程造价出具咨询意见，诉讼中一方当事人不认可该咨询意见申请鉴定的，人民法院应予准许，但双方当事人明确表示受该咨询意见约束的除外。

第三十一条 当事人对部分案件事实有争议的，仅对有争议的事实进行鉴定，但争议事实范围不能确定，或者双方当事人请求对全部事实鉴定的除外。

第三十二条 当事人对工程造价、质量、修复费用等专门性问题有争议，人民法院认为需要鉴定的，应当向负有举证责任的当事人释明。当事人经释明未申请鉴定，虽申请鉴定但未支付鉴定费用或者拒不提供相关材料的，应当承担举证不能的法律后果。

一审诉讼中负有举证责任的当事人未申请鉴定，虽申请鉴定但未支付鉴定费用或者拒不提供相关材料，二审诉讼中申请鉴定，人民法院认为确有必要的，应当依照民事诉讼法第一百七十条第一款第三项的规定处理。

第三十三条 人民法院准许当事人的鉴定申请后，应当根据当事人申请及查明案件事实的需要，确定委托鉴定的事项、范围、鉴定期限等，并组织当事人对争议的鉴定材料进行质证。

第三十四条 人民法院应当组织当事人对鉴定意见进行质证。鉴定人将当事人有争议且未经质证的材料作为鉴定依据的，人民法院应当组织当事人就该部分材料进行质证。经质证认为不能作为鉴定依据的，根据该材料作出的鉴定意见不得作为认定案件事实的依据。

第三十五条 与发包人订立建设工程施工合同的承包人，依据民法典第八百零七条的规定请求其承建工程的价款就工程折价或者拍卖的价款优先受偿的，人民法院应予支持。

第三十六条 承包人根据民法典第八百零七条规定享有的建设工程价款优先受偿权优于抵押权和其他债权。

第三十七条 装饰装修工程具备折价或者拍卖条件，装饰装修工程的承包人请求工程价款就该装饰装修工程折价或者拍卖的价款优先受偿的，人民法院应予支持。

第三十八条 建设工程质量合格，承包人请求其承建工程的价款就工程折价或者拍卖的价款优先受偿的，人民法院应予支持。

第三十九条 未竣工的建设工程质量合格，承包人请求其承建工程的价款就其承建工程部分折价或者拍卖的价款优先受偿的，人民法院应予支持。

第四十条 承包人建设工程价款优先受偿的范围依照国务院有关行政主管部门关于建设工程价款范围的规定确定。

承包人就逾期支付建设工程价款的利息、违约金、损害赔偿金等主张优先受偿的，人民法院不予支持。

第四十一条 承包人应当在合理期限内行使建设工程价款优先受偿权，但最长不得超过十八个月，自发包人应当给付建设工程价款之日起算。

第四十二条 发包人与承包人约定放弃或者限制建设工程价款优先受偿权，损害建筑工人利益，发包人根据该约定主张承包人不享有建设工程价款优先受偿权的，人民法院不予支持。

第四十三条 实际施工人以转包人、违法分包人为被告起诉的，人民法院应当依法受理。

实际施工人以发包人为被告主张权利的，人民法院应当追加转包人或者违法分包人为本案第三人，在查明发包人欠付转包人或者违法分包人建设工程价款的数额后，判决发包人在欠付建设工程价款范围内对实际施工人承担责任。

第四十四条 实际施工人依据民法典第五百三十五条规定，以转包人或者违法分包人怠于向发包人行使到期债权或者与该债权有关的从权利，影响其到期债权实现，提起代位权诉讼的，人民法院应予支持。

第四十五条 本解释自2021年1月1日起施行。

最高人民法院关于审理商品房买卖合同纠纷案件适用法律若干问题的解释

(2003年3月24日最高人民法院审判委员会第1267次会议通过 根据2020年12月23日最高人民法院审判委员会第1823次会议通过的《最高人民法院关于修改〈最高人民法院关于在民事审判工作中适用《中华人民共和国工会法》若干问题的解释〉等二十七件民事类司法解释的决定》修正)

为正确、及时审理商品房买卖合同纠纷案件,根据《中华人民共和国民法典》《中华人民共和国城市房地产管理法》等相关法律,结合民事审判实践,制定本解释。

第一条 本解释所称的商品房买卖合同,是指房地产开发企业(以下统称为出卖人)将尚未建成或者已竣工的房屋向社会销售并转移房屋所有权于买受人,买受人支付价款的合同。

第二条 出卖人未取得商品房预售许可证明,与买受人订立的商品房预售合同,应当认定无效,但是在起诉前取得商品房预售许可证明的,可以认定有效。

第三条 商品房的销售广告和宣传资料为要约邀请,但是出卖人就商品房开发规划范围内的房屋及相关设施所作的说明和允诺具体确定,并对商品房买卖合同的订立以及房屋价格的确定有重大影响的,构成要约。该说明和允诺即使未载入商品房买卖合同,亦应当为合同内容,当事人违反的,应当承担违约责任。

第四条 出卖人通过认购、订购、预订等方式向买受人收受定金作为订立商品房买卖合同担保的,如果因当事人一方原因未能订立商品房买卖合同,应当按照法律关于定金的规定处理;因不可归责于当事人双方的事由,导致商品房买卖合同未能订立的,出卖人应当将定金返还买受人。

第五条 商品房的认购、订购、预订等协议具备《商品房销售管理办法》第十六条规定的商品房买卖合同的主要内容,并且出卖人已经按照约定收受购房款的,该协议应当认定为商品房买卖合同。

第六条 当事人以商品房预售合同未按照法律、行政法规规定办理登记备案手续为由,请求确认合同无效的,不予支持。

当事人约定以办理登记备案手续为商品房预售合同生效条件的,从其约定,但当事人一方已经履行主要义务,对方接受的除外。

第七条 买受人以出卖人与第三人恶意串通,另行订立商品房买卖合同并将房屋交付使用,导致其无法取得房屋为由,请求确认出卖人与第三人订立的商品房买卖合同无效的,应予支持。

第八条 对房屋的转移占有,视为房屋的交付使用,但当事人另有约定的除外。

房屋毁损、灭失的风险,在交付使用前由出卖人承担,交付使用后由买受人承担;买受人接到出卖人的书面交房通知,无正当理由拒绝接收的,房屋毁损、灭失的风险自书面交房通知确定的交付使用之日起由买受人承担,但法律另有规定或者当事人另有约定的除外。

第九条 因房屋主体结构质量不合格不能交付使用,或者房屋交付使用后,房屋主体结构质量经核验确属不合格,买受人请求解除合同和赔偿损失的,应予支持。

第十条 因房屋质量问题严重影响正常居住使用,买受人请求解除合同和赔偿损失的,应予支持。

交付使用的房屋存在质量问题,在保修期内,出卖人应当承担修复责任;出卖人拒绝修复或者在合理期限内拖延修复的,买受人可以自行或者委托他人修复。修复费用及修复期间造成的其他损失由出卖人承担。

第十一条 根据民法典第五百六十三条的规定,出卖人迟延交付房屋或者买受人迟延支付购房款,经催告后在三个月的合理期限内仍未履行,解除权人请求解除合同的,应予支持,但当事人另有约定的除外。

法律没有规定或者当事人没有约定,经对方当事人催告后,解除权行使的合理期限为三个月。对方当事人没有催告的,解除权人自知道或者应当知道解除事由之日起一年内行使。逾期不行使的,解除权消灭。

第十二条 当事人以约定的违约金过高为由请求减少的,应当以违约金超过造成的损失30%为标准适当减少;当事人以约定的违约金低于造成的损失为由请求增加的,应当以违约造成的损失确定违约金数额。

第十三条 商品房买卖合同没有约定违约金数额或者损失赔偿额计算方法，违约金数额或者损失赔偿额可以参照以下标准确定：

逾期付款的，按照未付购房款总额，参照中国人民银行规定的金融机构计收逾期贷款利息的标准计算。

逾期交付使用房屋的，按照逾期交付使用房屋期间有关主管部门公布或者有资格的房地产评估机构评定的同地段同类房屋租金标准确定。

第十四条 由于出卖人的原因，买受人在下列期限届满未能取得不动产权属证书的，除当事人有特殊约定外，出卖人应当承担违约责任：

（一）商品房买卖合同约定的办理不动产登记的期限；

（二）商品房买卖合同的标的物为尚未建成房屋的，自房屋交付使用之日起90日；

（三）商品房买卖合同的标的物为已竣工房屋的，自合同订立之日起90日。

合同没有约定违约金或者损失数额难以确定的，可以按照已付购房款总额，参照中国人民银行规定的金融机构计收逾期贷款利息的标准计算。

第十五条 商品房买卖合同约定或者城市房地产开发经营管理条例第三十二条规定的办理不动产登记的期限届满后超过一年，由于出卖人的原因，导致买受人无法办理不动产登记，买受人请求解除合同和赔偿损失的，应予支持。

第十六条 出卖人与包销人订立商品房包销合同，约定出卖人将其开发建设的房屋交由包销人以出卖人的名义销售的，包销期满未销售的房屋，由包销人按照合同约定的包销价格购买，但当事人另有约定的除外。

第十七条 出卖人自行销售已经约定由包销人包销的房屋，包销人请求出卖人赔偿损失的，应予支持，但当事人另有约定的除外。

第十八条 对于买受人因商品房买卖合同与出卖人发生的纠纷，人民法院应当通知包销人参加诉讼；出卖人、包销人和买受人对各自的权利义务有明确约定的，按照约定的内容确定各方的诉讼地位。

第十九条 商品房买卖合同约定，买受人以担保贷款方式付款、因当事人一方原因未能订立商品房担保贷款合同并导致商品房买卖合同不能继续履行的，对方当事人可以请求解除合同和赔偿损失。因不可归责于当事人双方的事由未能订立商品房担保贷款合同并导致商品房买卖合同不能继续履行的，当事人可以请求解除合同，出卖人应当将收受的购房款本金及其利息或者定金返还买受人。

第二十条 因商品房买卖合同被确认无效或者被撤销、解除，致使商品房担保贷款合同的目的无法实现，当事人请求解除商品房担保贷款合同的，应予支持。

第二十一条 以担保贷款为付款方式的商品房买卖合同的当事人一方请求确认商品房买卖合同无效或者撤销、解除合同的，如果担保权人作为有独立请求权第三人提出诉讼请求，应当与商品房担保贷款合同纠纷合并审理；未提出诉讼请求的，仅处理商品房买卖合同纠纷。担保权人就商品房担保贷款合同纠纷另行起诉的，可以与商品房买卖合同纠纷合并审理。

商品房买卖合同被确认无效或者被撤销、解除后，商品房担保贷款合同也被解除的、出卖人应当将收受的购房贷款和购房款的本金及利息分别返还担保权人和买受人。

第二十二条 买受人未按照商品房担保贷款合同的约定偿还贷款，亦未与担保权人办理不动产抵押登记手续，担保权人起诉买受人，请求处分商品房买卖合同项下买受人合同权利的，应当通知出卖人参加诉讼；担保权人同时起诉出卖人时，如果出卖人为商品房担保贷款合同提供保证的，应当列为共同被告。

第二十三条 买受人未按照商品房担保贷款合同的约定偿还贷款，但是已经取得不动产权属证书并与担保权人办理了不动产抵押登记手续，抵押权人请求买受人偿还贷款或者就抵押的房屋优先受偿的，不应当追加出卖人为当事人，但出卖人提供保证的除外。

第二十四条 本解释自2003年6月1日起施行。

城市房地产管理法施行后订立的商品房买卖合同发生的纠纷案件，本解释公布施行后尚在一审、二审阶段的，适用本解释。

城市房地产管理法施行后订立的商品房买卖合同发生的纠纷案件，在本解释公布施行前已经终审，当事人申请再审或者按照审判监督程序决定再审的，不适用本解释。

城市房地产管理法施行前发生的商品房买卖行为，适用当时的法律、法规和《最高人民法院〈关于审理房地产管理法施行前房地产开发经营案件若干问题的解答〉》。

最高人民法院关于审理融资租赁合同纠纷案件适用法律问题的解释

（2013年11月25日最高人民法院审判委员会第1597次会议通过　根据2020年12月23日最高人民法院审判委员会第1823次会议通过的《最高人民法院关于修改〈最高人民法院关于在民事审判工作中适用《中华人民共和国工会法》若干问题的解释〉等二十七件民事类司法解释的决定》修正）

为正确审理融资租赁合同纠纷案件，根据《中华人民共和国民法典》《中华人民共和国民事诉讼法》等法律的规定，结合审判实践，制定本解释。

一、融资租赁合同的认定

第一条　人民法院应当根据民法典第七百三十五条的规定，结合标的物的性质、价值、租金的构成以及当事人的合同权利和义务，对是否构成融资租赁法律关系作出认定。

对名为融资租赁合同，但实际不构成融资租赁法律关系的，人民法院应按照其实际构成的法律关系处理。

第二条　承租人将其自有物出卖给出租人，再通过融资租赁合同将租赁物从出租人处租回的，人民法院不应仅以承租人和出卖人系同一人为由认定不构成融资租赁法律关系。

二、合同的履行和租赁物的公示

第三条　承租人拒绝受领租赁物，未及时通知出租人，或者无正当理由拒绝受领租赁物，造成出租人损失，出租人向承租人主张损害赔偿的，人民法院应予支持。

第四条　出租人转让其在融资租赁合同项下的部分或者全部权利，受让方以此为由请求解除或者变更融资租赁合同的，人民法院不予支持。

三、合同的解除

第五条　有下列情形之一，出租人请求解除融资租赁合同的，人民法院应予支持：

（一）承租人未按照合同约定的期限和数额支付租金，符合合同约定的解除条件，经出租人催告后在合理期限内仍不支付的；

（二）合同对于欠付租金解除合同的情形没有明确约定，但承租人欠付租金达到两期以上，或者数额达到全部租金百分之十五以上，经出租人催告后在合理期限内仍不支付的；

（三）承租人违反合同约定，致使合同目的不能实现的其他情形。

第六条　因出租人的原因致使承租人无法占有、使用租赁物，承租人请求解除融资租赁合同的，人民法院应予支持。

第七条　当事人在一审诉讼中仅请求解除融资租赁合同，未对租赁物的归属及损失赔偿提出主张的，人民法院可以向当事人进行释明。

四、违约责任

第八条　租赁物不符合融资租赁合同的约定且出租人实施了下列行为之一，承租人依照民法典第七百四十四条、第七百四十七条的规定，要求出租人承担相应责任的，人民法院应予支持：

（一）出租人在承租人选择出卖人、租赁物时，对租赁物的选定起决定作用的；

（二）出租人干预或者要求承租人按照出租人意愿选择出卖人或者租赁物的；

（三）出租人擅自变更承租人已经选定的出卖人或者租赁物的。

承租人主张其系依赖出租人的技能确定租赁物或者出租人干预选择租赁物的，对上述事实承担举证责任。

第九条　承租人逾期履行支付租金义务或者迟延履行其他付款义务，出租人按照融资租赁合同的约定要求承租人支付逾期利息、相应违约金的，人民法院应予支持。

第十条 出租人既请求承租人支付合同约定的全部未付租金又请求解除融资租赁合同的，人民法院应告知其依照民法典第七百五十二条的规定作出选择。

出租人请求承租人支付合同约定的全部未付租金，人民法院判决后承租人未予履行，出租人再行起诉请求解除融资租赁合同、收回租赁物的，人民法院应予受理。

第十一条 出租人依照本解释第五条的规定请求解除融资租赁合同，同时请求收回租赁物并赔偿损失的，人民法院应予支持。

前款规定的损失赔偿范围为承租人全部未付租金及其他费用与收回租赁物价值的差额。合同约定租赁期间届满后租赁物归出租人所有的，损失赔偿范围还应包括融资租赁合同到期后租赁物的残值。

第十二条 诉讼期间承租人与出租人对租赁物的价值有争议的，人民法院可以按照融资租赁合同的约定确定租赁物价值；融资租赁合同未约定或者约定不明的，可以参照融资租赁合同约定的租赁物折旧以及合同到期后租赁物的残值确定租赁物价值。

承租人或者出租人认为依前款确定的价值严重偏离租赁物实际价值的，可以请求人民法院委托有资质的机构评估或者拍卖确定。

五、其他规定

第十三条 出卖人与买受人因买卖合同发生纠纷，或者出租人与承租人因融资租赁合同发生纠纷，当事人仅对其中一个合同关系提起诉讼，人民法院经审查后认为另一合同关系的当事人与案件处理结果有法律上的利害关系的，可以通知其作为第三人参加诉讼。

承租人与租赁物的实际使用人不一致，融资租赁合同当事人未对租赁物的实际使用人提起诉讼，人民法院经审查后认为租赁物的实际使用人与案件处理结果有法律上的利害关系的，可以通知其作为第三人参加诉讼。

承租人基于买卖合同和融资租赁合同直接向出卖人主张受领租赁物、索赔等买卖合同权利的，人民法院应通知出租人作为第三人参加诉讼。

第十四条 当事人因融资租赁合同租金欠付争议向人民法院请求保护其权利的诉讼时效期间为三年，自租赁期限届满之日起计算。

第十五条 本解释自2014年3月1日起施行。《最高人民法院关于审理融资租赁合同纠纷案件若干问题的规定》（法发〔1996〕19号）同时废止。

本解释施行后尚未终审的融资租赁合同纠纷案件，适用本解释；本解释施行前已经终审，当事人申请再审或者按照审判监督程序决定再审的，不适用本解释。

中华人民共和国招标投标法

（1999年8月30日第九届全国人民代表大会常务委员会第十一次会议通过　根据2017年12月27日第十二届全国人民代表大会常务委员会第三十一次会议《关于修改〈中华人民共和国招标投标法〉、〈中华人民共和国计量法〉的决定》修正）

目　录

第一章　总　则
第二章　招　标
第三章　投　标
第四章　开标、评标和中标
第五章　法律责任
第六章　附　则

第一章　总　则

第一条　【立法目的】为了规范招标投标活动，保护国家利益、社会公共利益和招标投标活动当事人的合法权益，提高经济效益，保证项目质量，制定本法。

第二条　【适用范围】在中华人民共和国境内进行招标投标活动，适用本法。

第三条　【必须进行招标的工程建设项目】在中华人民共和国境内进行下列工程建设项目包括项目的勘察、设计、施工、监理以及与工程建设有关的重要设备、材料等的采购，必须进行招标：

（一）大型基础设施、公用事业等关系社会公共利益、公众安全的项目；

（二）全部或者部分使用国有资金投资或者国家融资的项目；

（三）使用国际组织或者外国政府贷款、援助资金的项目。

前款所列项目的具体范围和规模标准，由国务院发展计划部门会同国务院有关部门制订，报国务院批准。

法律或者国务院对必须进行招标的其他项目的范围有规定的，依照其规定。

第四条 【禁止规避招标】任何单位和个人不得将依法必须进行招标的项目化整为零或者以其他任何方式规避招标。

第五条 【招投标活动的原则】招标投标活动应当遵循公开、公平、公正和诚实信用的原则。

第六条 【招投标活动不受地区或部门的限制】依法必须进行招标的项目，其招标投标活动不受地区或者部门的限制。任何单位和个人不得违法限制或者排斥本地区、本系统以外的法人或者其他组织参加投标，不得以任何方式非法干涉招标投标活动。

第七条 【对招投标活动的监督】招标投标活动及其当事人应当接受依法实施的监督。

有关行政监督部门依法对招标投标活动实施监督，依法查处招标投标活动中的违法行为。

对招标投标活动的行政监督及有关部门的具体职权划分，由国务院规定。

第二章 招 标

第八条 【招标人】招标人是依照本法规定提出招标项目、进行招标的法人或者其他组织。

第九条 【招标项目应具备的主要条件】招标项目按照国家有关规定需要履行项目审批手续的，应当先履行审批手续，取得批准。

招标人应当有进行招标项目的相应资金或者资金来源已经落实，并应当在招标文件中如实载明。

第十条 【公开招标和邀请招标】招标分为公开招标和邀请招标。

公开招标，是指招标人以招标公告的方式邀请不特定的法人或者其他组织投标。

邀请招标，是指招标人以投标邀请书的方式邀请特定的法人或者其他组织投标。

第十一条 【适用邀请招标的情形】国务院发展计划部门确定的国家重点项目和省、自治区、直辖市人民政府确定的地方重点项目不适宜公开招标的，经国务院发展计划部门或者省、自治区、直辖市人民政府批准，可以进行邀请招标。

第十二条 【代理招标和自行招标】招标人有权自行选择招标代理机构，委托其办理招标事宜。任何单位和个人不得以任何方式为招标人指定招标代理机构。

招标人具有编制招标文件和组织评标能力的，可以自行办理招标事宜。任何单位和个人不得强制其委托招标代理机构办理招标事宜。

依法必须进行招标的项目，招标人自行办理招标事宜的，应当向有关行政监督部门备案。

第十三条 【招标代理机构及条件】招标代理机构是依法设立、从事招标代理业务并提供相关服务的社会中介组织。

招标代理机构应当具备下列条件：

（一）有从事招标代理业务的营业场所和相应资金；

（二）有能够编制招标文件和组织评标的相应专业力量。

第十四条 【招标代理机构不得与国家机关存在利益关系】招标代理机构与行政机关和其他国家机关不得存在隶属关系或者其他利益关系。

第十五条 【招标代理机构的代理范围】招标代理机构应当在招标人委托的范围内办理招标事宜，并遵守本法关于招标人的规定。

第十六条 【招标公告】招标人采用公开招标方式的，应当发布招标公告。依法必须进行招标的项目的招标公告，应当通过国家指定的报刊、信息网络或者其他媒介发布。

招标公告应当载明招标人的名称和地址、招标项目的性质、数量、实施地点和时间以及获取招标文件的办法等事项。

第十七条 【投标邀请书】招标人采用邀请招标方式的，应当向 3 个以上具备承担招标项目的能力、资信良好的特定的法人或者其他组织发出投标邀请书。

投标邀请书应当载明本法第十六条第二款规定的事项。

第十八条 【对潜在投标人的资格审查】招标人可以根据招标项目本身的要求，在招标公告或者投标邀请书中,要求潜在投标人提供有关资质证明文件和业绩情况,并对潜在投标人进行资格审查;国家对投标人的资格条件有规定的,依照其规定。

招标人不得以不合理的条件限制或者排斥潜在投标人,不得对潜在投标人实行歧视待遇。

第十九条 【招标文件】招标人应当根据招标项目的特点和需要编制招标文件。招标文件应当包括招标项目的技术要求、对投标人资格审查的标准、投标报价要求和评标标准等所有实质性要求和条件以及拟签订合同的主要条款。

国家对招标项目的技术、标准有规定的,招标人应当按照其规定在招标文件中提出相应要求。

招标项目需要划分标段、确定工期的,招标人应当合理划分标段、确定工期,并在招标文件中载明。

第二十条 【招标文件的限制】招标文件不得要求或者标明特定的生产供应者以及含有倾向或者排斥潜在投标人的其他内容。

第二十一条 【潜在投标人对项目现场的踏勘】招标人根据招标项目的具体情况,可以组织潜在投标人踏勘项目现场。

第二十二条 【招标人的保密义务】招标人不得向他人透露已获取招标文件的潜在投标人的名称、数量以及可能影响公平竞争的有关招标投标的其他情况。

招标人设有标底的,标底必须保密。

第二十三条 【招标文件的澄清或修改】招标人对已发出的招标文件进行必要的澄清或者修改的,应当在招标文件要求提交投标文件截止时间至少15日前,以书面形式通知所有招标文件收受人。该澄清或者修改的内容为招标文件的组成部分。

第二十四条 【编制投标文件的时间】招标人应当确定投标人编制投标文件所需要的合理时间;但是,依法必须进行招标的项目,自招标文件开始发出之日起至投标人提交投标文件截止之日止,最短不得少于20日。

第三章 投 标

第二十五条 【投标人】投标人是响应招标、参加投标竞争的法人或者其他组织。

依法招标的科研项目允许个人参加投标的,投标的个人适用本法有关投标人的规定。

第二十六条 【投标人的资格条件】投标人应当具备承担招标项目的能力;国家有关规定对投标人资格条件或者招标文件对投标人资格条件有规定的,投标人应当具备规定的资格条件。

第二十七条 【投标文件的编制】投标人应当按照招标文件的要求编制投标文件。投标文件应当对招标文件提出的实质性要求和条件作出响应。

招标项目属于建设施工的,投标文件的内容应当包括拟派出的项目负责人与主要技术人员的简历、业绩和拟用于完成招标项目的机械设备等。

第二十八条 【投标文件的送达】投标人应当在招标文件要求提交投标文件的截止时间前,将投标文件送达投标地点。招标人收到投标文件后,应当签收保存,不得开启。投标人少于3个的,招标人应当依照本法重新招标。

在招标文件要求提交投标文件的截止时间后送达的投标文件,招标人应当拒收。

第二十九条 【投标文件的补充、修改、撤回】投标人在招标文件要求提交投标文件的截止时间前,可以补充、修改或者撤回已提交的投标文件,并书面通知招标人。补充、修改的内容为投标文件的组成部分。

第三十条 【投标文件对拟分包情况的说明】投标人根据招标文件载明的项目实际情况,拟在中标后将中标项目的部分非主体、非关键性工作进行分包的,应当在投标文件中载明。

第三十一条 【联合体投标】两个以上法人或者其他组织可以组成一个联合体,以一个投标人的身份共同投标。

联合体各方均应当具备承担招标项目的相应能力;国家有关规定或者招标文件对投标人资格条件有规定的,联合体各方均应当具备规定的相应资格条件。由同一专业的单位组成的联合体,按照资质等级较低的单位确定资质等级。

联合体各方应当签订共同投标协议,明确约定各方拟承担的工作和责任,并将共同投标协议连同投标文件一并提交招标人。联合体中标的,联合体各方应当共同与招标人签订合同,就中标项目向招标人承担连带责任。

招标人不得强制投标人组成联合体共同投标,不得限制投标人之间的竞争。

第三十二条 【串通投标的禁止】投标人不得

相互串通投标报价,不得排挤其他投标人的公平竞争,损害招标人或者其他投标人的合法权益。

投标人不得与招标人串通投标,损害国家利益、社会公共利益或者他人的合法权益。

禁止投标人以向招标人或者评标委员会成员行贿的手段谋取中标。

第三十三条 【低于成本的报价竞标与骗取中标的禁止】投标人不得以低于成本的报价竞标,也不得以他人名义投标或者以其他方式弄虚作假,骗取中标。

第四章 开标、评标和中标

第三十四条 【开标的时间与地点】开标应当在招标文件确定的提交投标文件截止时间的同一时间公开进行;开标地点应当为招标文件中预先确定的地点。

第三十五条 【开标参加人】开标由招标人主持,邀请所有投标人参加。

第三十六条 【开标方式】开标时,由投标人或者其推选的代表检查投标文件的密封情况,也可以由招标人委托的公证机构检查并公证;经确认无误后,由工作人员当众拆封,宣读投标人名称、投标价格和投标文件的其他主要内容。

招标人在招标文件要求提交投标文件的截止时间前收到的所有投标文件,开标时都应当当众予以拆封、宣读。

开标过程应当记录,并存档备查。

第三十七条 【评标委员会】评标由招标人依法组建的评标委员会负责。

依法必须进行招标的项目,其评标委员会由招标人的代表和有关技术、经济等方面的专家组成,成员人数为5人以上单数,其中技术、经济等方面的专家不得少于成员总数的2/3。

前款专家应当从事相关领域工作满8年并具有高级职称或者具有同等专业水平,由招标人从国务院有关部门或者省、自治区、直辖市人民政府有关部门提供的专家名册或者招标代理机构的专家库内的相关专业的专家名单中确定;一般招标项目可以采取随机抽取方式,特殊招标项目可以由招标人直接确定。

与投标人有利害关系的人不得进入相关项目的评标委员会;已经进入的应当更换。

评标委员会成员的名单在中标结果确定前应当保密。

第三十八条 【评标的保密】招标人应当采取必要的措施,保证评标在严格保密的情况下进行。

任何单位和个人不得非法干预、影响评标的过程和结果。

第三十九条 【投标人对投标文件的澄清或说明】评标委员会可以要求投标人对投标文件中含义不明确的内容作必要的澄清或者说明,但是澄清或者说明不得超出投标文件的范围或者改变投标文件的实质性内容。

第四十条 【评标】评标委员会应当按照招标文件确定的评标标准和方法,对投标文件进行评审和比较;设有标底的,应当参考标底。评标委员会完成评标后,应当向招标人提出书面评标报告,并推荐合格的中标候选人。

招标人根据评标委员会提出的书面评标报告和推荐的中标候选人确定中标人。招标人也可以授权评标委员会直接确定中标人。

国务院对特定招标项目的评标有特别规定的,从其规定。

第四十一条 【中标条件】中标人的投标应当符合下列条件之一:

(一)能够最大限度地满足招标文件中规定的各项综合评价标准;

(二)能够满足招标文件的实质性要求,并且经评审的投标价格最低;但是投标价格低于成本的除外。

第四十二条 【否决所有投标和重新招标】评标委员会经评审,认为所有投标都不符合招标文件要求的,可以否决所有投标。

依法必须进行招标的项目的所有投标被否决的,招标人应当依照本法重新招标。

第四十三条 【禁止与投标人进行实质性谈判】在确定中标人前,招标人不得与投标人就投标价格、投标方案等实质性内容进行谈判。

第四十四条 【评标委员会成员的义务】评标委员会成员应当客观、公正地履行职务,遵守职业道德,对所提出的评审意见承担个人责任。

评标委员会成员不得私下接触投标人,不得收受投标人的财物或者其他好处。

评标委员会成员和参与评标的有关工作人员

不得透露对投标文件的评审和比较、中标候选人的推荐情况以及与评标有关的其他情况。

第四十五条 【中标通知书的发出】中标人确定后，招标人应当向中标人发出中标通知书，并同时将中标结果通知所有未中标的投标人。

中标通知书对招标人和中标人具有法律效力。中标通知书发出后，招标人改变中标结果的，或者中标人放弃中标项目的，应当依法承担法律责任。

第四十六条 【订立书面合同和提交履约保证金】招标人和中标人应当自中标通知书发出之日起30日内，按照招标文件和中标人的投标文件订立书面合同。招标人和中标人不得再行订立背离合同实质性内容的其他协议。

招标文件要求中标人提交履约保证金的，中标人应当提交。

第四十七条 【招投标情况的报告】依法必须进行招标的项目，招标人应当自确定中标人之日起15日内，向有关行政监督部门提交招标投标情况的书面报告。

第四十八条 【禁止转包和有条件分包】中标人应当按照合同约定履行义务，完成中标项目。中标人不得向他人转让中标项目，也不得将中标项目肢解后分别向他人转让。

中标人按照合同约定或者经招标人同意，可以将中标项目的部分非主体、非关键性工作分包给他人完成。接受分包的人应当具备相应的资格条件，并不得再次分包。

中标人应当就分包项目向招标人负责，接受分包的人就分包项目承担连带责任。

第五章 法律责任

第四十九条 【必须进行招标的项目不招标的责任】违反本法规定，必须进行招标的项目而不招标的，将必须进行招标的项目化整为零或者以其他任何方式规避招标的，责令限期改正，可以处项目合同金额5‰以上10‰以下的罚款；对全部或者部分使用国有资金的项目，可以暂停项目执行或者暂停资金拨付；对单位直接负责的主管人员和其他直接责任人员依法给予处分。

第五十条 【招标代理机构的责任】招标代理机构违反本法规定，泄露应当保密的与招标投标活动有关的情况和资料的，或者与招标人、投标人串通损害国家利益、社会公共利益或者他人合法权益的，处五万元以上二十五万元以下的罚款，对单位直接负责的主管人员和其他直接责任人员处单位罚款数额百分之五以上百分之十以下的罚款；有违法所得的，并处没收违法所得；情节严重的，禁止其一年至二年内代理依法必须进行招标的项目并予以公告，直至由工商行政管理机关吊销营业执照；构成犯罪的，依法追究刑事责任。给他人造成损失的，依法承担赔偿责任。

前款所列行为影响中标结果的，中标无效。

第五十一条 【限制或排斥潜在投标人的责任】招标人以不合理的条件限制或者排斥潜在投标人的，对潜在投标人实行歧视待遇的，强制要求投标人组成联合体共同投标的，或者限制投标人之间竞争的，责令改正，可以处1万元以上5万元以下的罚款。

第五十二条 【泄露招投标活动有关秘密的责任】依法必须进行招标的项目的招标人向他人透露已获取招标文件的潜在投标人的名称、数量或者可能影响公平竞争的有关招标投标的其他情况的，或者泄露标底的，给予警告，可以并处1万元以上10万元以下的罚款；对单位直接负责的主管人员和其他直接责任人员依法给予处分；构成犯罪的，依法追究刑事责任。

前款所列行为影响中标结果的，中标无效。

第五十三条 【串通投标的责任】投标人相互串通投标或者与招标人串通投标的，投标人以向招标人或者评标委员会成员行贿的手段谋取中标的，中标无效，处中标项目金额5‰以上10‰以下的罚款，对单位直接负责的主管人员和其他直接责任人员处单位罚款数额5%以上10%以下的罚款；有违法所得的，并处没收违法所得；情节严重的，取消其1年至2年内参加依法必须进行招标的项目的投标资格并予以公告，直至由工商行政管理机关吊销营业执照；构成犯罪的，依法追究刑事责任。给他人造成损失的，依法承担赔偿责任。

第五十四条 【骗取中标的责任】投标人以他人名义投标或者以其他方式弄虚作假，骗取中标的，中标无效，给招标人造成损失的，依法承担赔偿责任；构成犯罪的，依法追究刑事责任。

依法必须进行招标的项目的投标人有前款所列行为尚未构成犯罪的，处中标项目金额5‰以上10‰以下的罚款，对单位直接负责的主管人员和其他直接责任人员处单位罚款数额5%以上10%以下的罚款；有违法所得的，并处没收违法所得；情节严重的，取消其1年至3年内参加依法必须进行招标的项目的投标资格并予以公告，直至由工商行政管理机关吊销营业执照。

第五十五条 【招标人违规谈判的责任】依法必须进行招标的项目，招标人违反本法规定，与投标人就投标价格、投标方案等实质性内容进行谈判的，给予警告，对单位直接负责的主管人员和其他直接责任人员依法给予处分。

前款所列行为影响中标结果的，中标无效。

第五十六条 【评标委员会成员违法行为的责任】评标委员会成员收受投标人的财物或者其他好处的，评标委员会成员或者参加评标的有关工作人员向他人透露对投标文件的评审和比较、中标候选人的推荐以及与评标有关的其他情况的，给予警告，没收收受的财物，可以并处3000元以上5万元以下的罚款，对有所列违法行为的评标委员会成员取消担任评标委员会成员的资格，不得再参加任何依法必须进行招标的项目的评标；构成犯罪的，依法追究刑事责任。

第五十七条 【招标人在中标候选人之外确定中标人的责任】招标人在评标委员会依法推荐的中标候选人以外确定中标人的，依法必须进行招标的项目在所有投标被评标委员会否决后自行确定中标人的，中标无效。责令改正，可以处中标项目金额5‰以上10‰以下的罚款；对单位直接负责的主管人员和其他直接责任人员依法给予处分。

第五十八条 【中标人违法转包、分包的责任】中标人将中标项目转让给他人的，将中标项目肢解后分别转让给他人的，违反本法规定将中标项目的部分主体、关键性工作分包给他人的，或者分包人再次分包的，转让、分包无效，处转让、分包项目金额5‰以上10‰以下的罚款；有违法所得的，并处没收违法所得；可以责令停业整顿；情节严重的，由工商行政管理机关吊销营业执照。

第五十九条 【不按招投标文件订立合同的责任】招标人与中标人不按照招标文件和中标人的投标文件订立合同的，或者招标人、中标人订立背离合同实质性内容的协议的，责令改正；可以处中标项目金额5‰以上10‰以下的罚款。

第六十条 【中标人不履行合同或不按合同履行义务的责任】中标人不履行与招标人订立的合同的，履约保证金不予退还，给招标人造成的损失超过履约保证金数额的，还应当对超过部分予以赔偿；没有提交履约保证金的，应当对招标人的损失承担赔偿责任。

中标人不按照与招标人订立的合同履行义务，情节严重的，取消其2年至5年内参加依法必须进行招标的项目的投标资格并予以公告，直至由工商行政管理机关吊销营业执照。

因不可抗力不能履行合同的，不适用前两款规定。

第六十一条 【行政处罚的决定】本章规定的行政处罚，由国务院规定的有关行政监督部门决定。本法已对实施行政处罚的机关作出规定的除外。

第六十二条 【干涉招投标活动的责任】任何单位违反本法规定，限制或者排斥本地区、本系统以外的法人或者其他组织参加投标的，为招标人指定招标代理机构的，强制招标人委托招标代理机构办理招标事宜的，或者以其他方式干涉招标投标活动的，责令改正；对单位直接负责的主管人员和其他直接责任人员依法给予警告、记过、记大过的处分，情节较重的，依法给予降级、撤职、开除的处分。

个人利用职权进行前款违法行为的，依照前款规定追究责任。

第六十三条 【行政监督机关工作人员的责任】对招标投标活动依法负有行政监督职责的国家机关工作人员徇私舞弊、滥用职权或者玩忽职守，构成犯罪的，依法追究刑事责任；不构成犯罪的，依法给予行政处分。

第六十四条 【中标无效的处理】依法必须进行招标的项目违反本法规定，中标无效的，应当依照本法规定的中标条件从其余投标人中重新确定中标人或者依照本法重新进行招标。

第六章 附 则

第六十五条 【异议或投诉】投标人和其他利害关系人认为招标投标活动不符合本法有关规定的，有权向招标人提出异议或者依法向有关行政监督部门投诉。

第六十六条 【不进行招标的项目】涉及国家安全、国家秘密、抢险救灾或者属于利用扶贫资金实行以工代赈、需要使用农民工等特殊情况，不适宜进行招标的项目，按照国家有关规定可以不进行招标。

第六十七条 【适用除外】使用国际组织或者外国政府贷款、援助资金的项目进行招标，贷款方、资金提供方对招标投标的具体条件和程序有不同规定的，可以适用其规定，但违背中华人民共和国的社会公共利益的除外。

第六十八条 【施行日期】本法自2000年1月1日起施行。

中华人民共和国招标投标法实施条例

（2011年12月20日中华人民共和国国务院令第613号公布　根据2017年3月1日《国务院关于修改和废止部分行政法规的决定》第一次修订　根据2018年3月19日《国务院关于修改和废止部分行政法规的决定》第二次修订　根据2019年3月2日《国务院关于修改部分行政法规的决定》第三次修订）

第一章　总　　则

第一条 为了规范招标投标活动，根据《中华人民共和国招标投标法》（以下简称招标投标法），制定本条例。

第二条 招标投标法第三条所称工程建设项目，是指工程以及与工程建设有关的货物、服务。

前款所称工程，是指建设工程，包括建筑物和构筑物的新建、改建、扩建及其相关的装修、拆除、修缮等；所称与工程建设有关的货物，是指构成工程不可分割的组成部分，且为实现工程基本功能所必需的设备、材料等；所称与工程建设有关的服务，是指为完成工程所需的勘察、设计、监理等服务。

第三条 依法必须进行招标的工程建设项目的具体范围和规模标准，由国务院发展改革部门会同国务院有关部门制订，报国务院批准后公布施行。

第四条 国务院发展改革部门指导和协调全国招标投标工作，对国家重大建设项目的工程招标投标活动实施监督检查。国务院工业和信息化、住房城乡建设、交通运输、铁道、水利、商务等部门，按照规定的职责分工对有关招标投标活动实施监督。

县级以上地方人民政府发展改革部门指导和协调本行政区域的招标投标工作。县级以上地方人民政府有关部门按照规定的职责分工，对招标投标活动实施监督，依法查处招标投标活动中的违法行为。县级以上地方人民政府对其所属部门有关招标投标活动的监督职责分工另有规定的，从其规定。

财政部门依法对实行招标投标的政府采购工程建设项目的政府采购政策执行情况实施监督。

监察机关依法对与招标投标活动有关的监察对象实施监察。

第五条 设区的市级以上地方人民政府可以根据实际需要，建立统一规范的招标投标交易场所，为招标投标活动提供服务。招标投标交易场所不得与行政监督部门存在隶属关系，不得以营利为目的。

国家鼓励利用信息网络进行电子招标投标。

第六条 禁止国家工作人员以任何方式非法干涉招标投标活动。

第二章　招　　标

第七条 按照国家有关规定需要履行项目审批、核准手续的依法必须进行招标的项目，其招标范围、招标方式、招标组织形式应当报项目审批、核准部门审批、核准。项目审批、核准部门应当及时将审批、核准确定的招标范围、招标方式、招标组织形式通报有关行政监督部门。

第八条 国有资金占控股或者主导地位的依法必须进行招标的项目，应当公开招标；但有下列情形之一的，可以邀请招标：

（一）技术复杂、有特殊要求或者受自然环境限制，只有少量潜在投标人可供选择；

（二）采用公开招标方式的费用占项目合同金额的比例过大。

有前款第二项所列情形，属于本条例第七条规定的项目，由项目审批、核准部门在审批、核准项目时作出认定；其他项目由招标人申请有关行政监督部门作出认定。

第九条 除招标投标法第六十六条规定的可以不进行招标的特殊情况外，有下列情形之一的，可以不进行招标：

（一）需要采用不可替代的专利或者专有技术；

（二）采购人依法能够自行建设、生产或者提供；

（三）已通过招标方式选定的特许经营项目投资人依法能够自行建设、生产或者提供；

（四）需要向原中标人采购工程、货物或者服务，否则将影响施工或者功能配套要求；

（五）国家规定的其他特殊情形。

招标人为适用前款规定弄虚作假的，属于招标投标法第四条规定的规避招标。

第十条 招标投标法第十二条第二款规定的招标人具有编制招标文件和组织评标能力，是指招标人具有与招标项目规模和复杂程度相适应的技术、经济等方面的专业人员。

第十一条 国务院住房城乡建设、商务、发展改革、工业和信息化等部门，按照规定的职责分工对招标代理机构依法实施监督管理。

第十二条 招标代理机构应当拥有一定数量的具备编制招标文件、组织评标等相应能力的专业人员。

第十三条 招标代理机构在招标人委托的范围内开展招标代理业务，任何单位和个人不得非法干涉。

招标代理机构代理招标业务，应当遵守招标投标法和本条例关于招标人的规定。招标代理机构不得在所代理的招标项目中投标或者代理投标，也不得为所代理的招标项目的投标人提供咨询。

第十四条 招标人应当与被委托的招标代理机构签订书面委托合同，合同约定的收费标准应当符合国家有关规定。

第十五条 公开招标的项目，应当依照招标投标法和本条例的规定发布招标公告、编制招标文件。

招标人采用资格预审办法对潜在投标人进行资格审查的，应当发布资格预审公告、编制资格预审文件。

依法必须进行招标的项目的资格预审公告和招标公告，应当在国务院发展改革部门依法指定的媒介发布。在不同媒介发布的同一招标项目的资格预审公告或者招标公告的内容应当一致。指定媒介发布依法必须进行招标的项目的境内资格预审公告、招标公告，不得收取费用。

编制依法必须进行招标的项目的资格预审文件和招标文件，应当使用国务院发展改革部门会同有关行政监督部门制定的标准文本。

第十六条 招标人应当按照资格预审公告、招标公告或者投标邀请书规定的时间、地点发售资格预审文件或者招标文件。资格预审文件或者招标文件的发售期不得少于5日。

招标人发售资格预审文件、招标文件收取的费用应当限于补偿印刷、邮寄的成本支出，不得以营利为目的。

第十七条 招标人应当合理确定提交资格预审申请文件的时间。依法必须进行招标的项目提交资格预审申请文件的时间，自资格预审文件停止发售之日起不得少于5日。

第十八条 资格预审应当按照资格预审文件载明的标准和方法进行。

国有资金占控股或者主导地位的依法必须进行招标的项目，招标人应当组建资格审查委员会审查资格预审申请文件。资格审查委员会及其成员应当遵守招标投标法和本条例有关评标委员会及其成员的规定。

第十九条 资格预审结束后，招标人应当及时向资格预审申请人发出资格预审结果通知书。未通过资格预审的申请人不具有投标资格。

通过资格预审的申请人少于3个的，应当重新招标。

第二十条 招标人采用资格后审办法对投标人进行资格审查的，应当在开标后由评标委员会按照招标文件规定的标准和方法对投标人的资格进行审查。

第二十一条 招标人可以对已发出的资格预审文件或者招标文件进行必要的澄清或者修改。澄清或者修改的内容可能影响资格预审申请文件或者投标文件编制的，招标人应当在提交资格预审申请文件截止时间至少3日前，或者投标截止时间至少15日前，以书面形式通知所有获取资格预审文件或者招标文件的潜在投标人；不足3日或者15日的，招标人应当顺延提交资格预审申请文件或者投标文件的截止时间。

第二十二条 潜在投标人或者其他利害关系人对资格预审文件有异议的，应当在提交资格预审申请文件截止时间2日前提出；对招标文件有异议的，应当在投标截止时间10日前提出。招标人应当自收到异议之日起3日内作出答复；作出答复前，应当暂停招标投标活动。

第二十三条 招标人编制的资格预审文件、招标文件的内容违反法律、行政法规的强制性规定，违反公开、公平、公正和诚实信用原则，影响资格预审结果或者潜在投标人投标的，依法必须进行招标的项目的招标人应当在修改资格预审文件或者招标文件后重新招标。

第二十四条 招标人对招标项目划分标段的，应当遵守招标投标法的有关规定，不得利用划分标段限制或者排斥潜在投标人。依法必须进行招标的项目的招标人不得利用划分标段规避招标。

第二十五条 招标人应当在招标文件中载明投标有效期。投标有效期从提交投标文件的截止之日起算。

第二十六条 招标人在招标文件中要求投标人提交投标保证金的，投标保证金不得超过招标项目估算价的2%。投标保证金有效期应当与投标有效期一致。

依法必须进行招标的项目的境内投标单位，以现金或者支票形式提交的投标保证金应当从其基本账户转出。

招标人不得挪用投标保证金。

第二十七条 招标人可以自行决定是否编制标底。一个招标项目只能有一个标底。标底必须保密。

接受委托编制标底的中介机构不得参加受托编制标底项目的投标，也不得为该项目的投标人编制投标文件或者提供咨询。

招标人设有最高投标限价的，应当在招标文件中明确最高投标限价或者最高投标限价的计算方法。招标人不得规定最低投标限价。

第二十八条 招标人不得组织单个或者部分潜在投标人踏勘项目现场。

第二十九条 招标人可以依法对工程以及与工程建设有关的货物、服务全部或者部分实行总承包招标。以暂估价形式包括在总承包范围内的工程、货物、服务属于依法必须进行招标的项目范围且达到国家规定规模标准的，应当依法进行招标。

前款所称暂估价，是指总承包招标时不能确定价格而由招标人在招标文件中暂时估定的工程、货物、服务的金额。

第三十条 对技术复杂或者无法精确拟定技术规格的项目，招标人可以分两阶段进行招标。

第一阶段，投标人按照招标公告或者投标邀请书的要求提交不带报价的技术建议，招标人根据投标人提交的技术建议确定技术标准和要求，编制招标文件。

第二阶段，招标人向在第一阶段提交技术建议的投标人提供招标文件，投标人按照招标文件的要求提交包括最终技术方案和投标报价的投标文件。

招标人要求投标人提交投标保证金的，应当在第二阶段提出。

第三十一条 招标人终止招标的，应当及时发布公告，或者以书面形式通知被邀请的或者已经获取资格预审文件、招标文件的潜在投标人。已经发售资格预审文件、招标文件或者已经收取投标保证金的，招标人应当及时退还所收取的资格预审文件、招标文件的费用，以及所收取的投标保证金及银行同期存款利息。

第三十二条 招标人不得以不合理的条件限制、排斥潜在投标人或者投标人。

招标人有下列行为之一的，属于以不合理条件限制、排斥潜在投标人或者投标人：

（一）就同一招标项目向潜在投标人或者投标人提供有差别的项目信息；

（二）设定的资格、技术、商务条件与招标项目的具体特点和实际需要不相适应或者与合同履行无关；

（三）依法必须进行招标的项目以特定行政区域或者特定行业的业绩、奖项作为加分条件或者中标条件；

（四）对潜在投标人或者投标人采取不同的资格审查或者评标标准；

（五）限定或者指定特定的专利、商标、品牌、原产地或者供应商；

（六）依法必须进行招标的项目非法限定潜在投标人或者投标人的所有制形式或者组织形式；

（七）以其他不合理条件限制、排斥潜在投标人或者投标人。

第三章 投 标

第三十三条 投标人参加依法必须进行招标的项目的投标,不受地区或者部门的限制,任何单位和个人不得非法干涉。

第三十四条 与招标人存在利害关系可能影响招标公正性的法人、其他组织或者个人,不得参加投标。

单位负责人为同一人或者存在控股、管理关系的不同单位,不得参加同一标段投标或者未划分标段的同一招标项目投标。

违反前两款规定的,相关投标均无效。

第三十五条 投标人撤回已提交的投标文件,应当在投标截止时间前书面通知招标人。招标人已收取投标保证金的,应当自收到投标人书面撤回通知之日起5日内退还。

投标截止后投标人撤销投标文件的,招标人可以不退还投标保证金。

第三十六条 未通过资格预审的申请人提交的投标文件,以及逾期送达或者不按照招标文件要求密封的投标文件,招标人应当拒收。

招标人应当如实记载投标文件的送达时间和密封情况,并存档备查。

第三十七条 招标人应当在资格预审公告、招标公告或者投标邀请书中载明是否接受联合体投标。

招标人接受联合体投标并进行资格预审的,联合体应当在提交资格预审申请文件前组成。资格预审后联合体增减、更换成员的,其投标无效。

联合体各方在同一招标项目中以自己名义单独投标或者参加其他联合体投标的,相关投标均无效。

第三十八条 投标人发生合并、分立、破产等重大变化的,应当及时书面告知招标人。投标人不再具备资格预审文件、招标文件规定的资格条件或者其投标影响招标公正性的,其投标无效。

第三十九条 禁止投标人相互串通投标。

有下列情形之一的,属于投标人相互串通投标:

(一)投标人之间协商投标报价等投标文件的实质性内容;

(二)投标人之间约定中标人;

(三)投标人之间约定部分投标人放弃投标或者中标;

(四)属于同一集团、协会、商会等组织成员的投标人按照该组织要求协同投标;

(五)投标人之间为谋取中标或者排斥特定投标人而采取的其他联合行动。

第四十条 有下列情形之一的,视为投标人相互串通投标:

(一)不同投标人的投标文件由同一单位或者个人编制;

(二)不同投标人委托同一单位或者个人办理投标事宜;

(三)不同投标人的投标文件载明的项目管理成员为同一人;

(四)不同投标人的投标文件异常一致或者投标报价呈规律性差异;

(五)不同投标人的投标文件相互混装;

(六)不同投标人的投标保证金从同一单位或者个人的账户转出。

第四十一条 禁止招标人与投标人串通投标。

有下列情形之一的,属于招标人与投标人串通投标:

(一)招标人在开标前开启投标文件并将有关信息泄露给其他投标人;

(二)招标人直接或者间接向投标人泄露标底、评标委员会成员等信息;

(三)招标人明示或者暗示投标人压低或者抬高投标报价;

(四)招标人授意投标人撤换、修改投标文件;

(五)招标人明示或者暗示投标人为特定投标人中标提供方便;

(六)招标人与投标人为谋求特定投标人中标而采取的其他串通行为。

第四十二条 使用通过受让或者租借等方式获取的资格、资质证书投标的,属于招标投标法第三十三条规定的以他人名义投标。

投标人有下列情形之一的,属于招标投标法第三十三条规定的以其他方式弄虚作假的行为:

(一)使用伪造、变造的许可证件;

(二)提供虚假的财务状况或者业绩;

(三)提供虚假的项目负责人或者主要技术人员简历、劳动关系证明;

(四)提供虚假的信用状况;

（五）其他弄虚作假的行为。

第四十三条 提交资格预审申请文件的申请人应当遵守招标投标法和本条例有关投标人的规定。

第四章 开标、评标和中标

第四十四条 招标人应当按照招标文件规定的时间、地点开标。

投标人少于3个的，不得开标；招标人应当重新招标。

投标人对开标有异议的，应当在开标现场提出，招标人应当当场作出答复，并制作记录。

第四十五条 国家实行统一的评标专家专业分类标准和管理办法。具体标准和办法由国务院发展改革部门会同国务院有关部门制定。

省级人民政府和国务院有关部门应当组建综合评标专家库。

第四十六条 除招标投标法第三十七条第三款规定的特殊招标项目外，依法必须进行招标的项目，其评标委员会的专家成员应当从评标专家库内相关专业的专家名单中以随机抽取方式确定。任何单位和个人不得以明示、暗示等任何方式指定或者变相指定参加评标委员会的专家成员。

依法必须进行招标的项目的招标人非因招标投标法和本条例规定的事由，不得更换依法确定的评标委员会成员。更换评标委员会的专家成员应当依照前款规定进行。

评标委员会成员与投标人有利害关系的，应当主动回避。

有关行政监督部门应当按照规定的职责分工，对评标委员会成员的确定方式、评标专家的抽取和评标活动进行监督。行政监督部门的工作人员不得担任本部门负责监督项目的评标委员会成员。

第四十七条 招标投标法第三十七条第三款所称特殊招标项目，是指技术复杂、专业性强或者国家有特殊要求，采取随机抽取方式确定的专家难以保证胜任评标工作的项目。

第四十八条 招标人应当向评标委员会提供评标所必需的信息，但不得明示或者暗示其倾向或者排斥特定投标人。

招标人应当根据项目规模和技术复杂程度等因素合理确定评标时间。超过三分之一的评标委员会成员认为评标时间不够的，招标人应当适当延长。

评标过程中，评标委员会成员有回避事由、擅离职守或者因健康等原因不能继续评标的，应当及时更换。被更换的评标委员会成员作出的评审结论无效，由更换后的评标委员会成员重新进行评审。

第四十九条 评标委员会成员应当依照招标投标法和本条例的规定，按照招标文件规定的评标标准和方法，客观、公正地对投标文件提出评审意见。招标文件没有规定的评标标准和方法不得作为评标的依据。

评标委员会成员不得私下接触投标人，不得收受投标人给予的财物或者其他好处，不得向招标人征询确定中标人的意向，不得接受任何单位或者个人明示或者暗示提出的倾向或者排斥特定投标人的要求，不得有其他不客观、不公正履行职务的行为。

第五十条 招标项目设有标底的，招标人应当在开标时公布。标底只能作为评标的参考，不得以投标报价是否接近标底作为中标条件，也不得以投标报价超过标底上下浮动范围作为否决投标的条件。

第五十一条 有下列情形之一的，评标委员会应当否决其投标：

（一）投标文件未经投标单位盖章和单位负责人签字；

（二）投标联合体没有提交共同投标协议；

（三）投标人不符合国家或者招标文件规定的资格条件；

（四）同一投标人提交两个以上不同的投标文件或者投标报价，但招标文件要求提交备选投标的除外；

（五）投标报价低于成本或者高于招标文件设定的最高投标限价；

（六）投标文件没有对招标文件的实质性要求和条件作出响应；

（七）投标人有串通投标、弄虚作假、行贿等违法行为。

第五十二条 投标文件中有含义不明确的内容、明显文字或者计算错误，评标委员会认为需要投标人作出必要澄清、说明的，应当书面通知该投标人。投标人的澄清、说明应当采用书面形式，并不得超出投标文件的范围或者改变投标文件的实质性内容。

评标委员会不得暗示或者诱导投标人作出澄清、说明,不得接受投标人主动提出的澄清、说明。

第五十三条 评标完成后,评标委员会应当向招标人提交书面评标报告和中标候选人名单。中标候选人应当不超过3个,并标明排序。

评标报告应当由评标委员会全体成员签字。对评标结果有不同意见的评标委员会成员应当以书面形式说明其不同意见和理由,评标报告应当注明该不同意见。评标委员会成员拒绝在评标报告上签字又不书面说明其不同意见和理由的,视为同意评标结果。

第五十四条 依法必须进行招标的项目,招标人应当自收到评标报告之日起3日内公示中标候选人,公示期不得少于3日。

投标人或者其他利害关系人对依法必须进行招标的项目的评标结果有异议的,应当在中标候选人公示期间提出。招标人应当自收到异议之日起3日内作出答复;作出答复前,应当暂停招标投标活动。

第五十五条 国有资金占控股或者主导地位的依法必须进行招标的项目,招标人应当确定排名第一的中标候选人为中标人。排名第一的中标候选人放弃中标、因不可抗力不能履行合同、不按照招标文件要求提交履约保证金,或者被查实存在影响中标结果的违法行为等情形,不符合中标条件的,招标人可以按照评标委员会提出的中标候选人名单排序依次确定其他中标候选人为中标人,也可以重新招标。

第五十六条 中标候选人的经营、财务状况发生较大变化或者存在违法行为,招标人认为可能影响其履约能力的,应当在发出中标通知书前由原评标委员会按照招标文件规定的标准和方法审查确认。

第五十七条 招标人和中标人应当依照招标投标法和本条例的规定签订书面合同,合同的标的、价款、质量、履行期限等主要条款应当与招标文件和中标人的投标文件的内容一致。招标人和中标人不得再行订立背离合同实质性内容的其他协议。

招标人最迟应当在书面合同签订后5日内向中标人和未中标的投标人退还投标保证金及银行同期存款利息。

第五十八条 招标文件要求中标人提交履约保证金的,中标人应当按照招标文件的要求提交。履约保证金不得超过中标合同金额的10%。

第五十九条 中标人应当按照合同约定履行义务,完成中标项目。中标人不得向他人转让中标项目,也不得将中标项目肢解后分别向他人转让。

中标人按照合同约定或者经招标人同意,可以将中标项目的部分非主体、非关键性工作分包给他人完成。接受分包的人应当具备相应的资格条件,并不得再次分包。

中标人应当就分包项目向招标人负责,接受分包的人就分包项目承担连带责任。

第五章 投诉与处理

第六十条 投标人或者其他利害关系人认为招标投标活动不符合法律、行政法规规定的,可以自知道或者应当知道之日起10日内向有关行政监督部门投诉。投诉应当有明确的请求和必要的证明材料。

就本条例第二十二条、第四十四条、第五十四条规定事项投诉的,应当先向招标人提出异议,异议答复期间不计算在前款规定的期限内。

第六十一条 投诉人就同一事项向两个以上有权受理的行政监督部门投诉的,由最先收到投诉的行政监督部门负责处理。

行政监督部门应当自收到投诉之日起3个工作日内决定是否受理投诉,并自受理投诉之日起30个工作日内作出书面处理决定;需要检验、检测、鉴定、专家评审的,所需时间不计算在内。

投诉人捏造事实、伪造材料或者以非法手段取得证明材料进行投诉的,行政监督部门应当予以驳回。

第六十二条 行政监督部门处理投诉,有权查阅、复制有关文件、资料,调查有关情况,相关单位和人员应当予以配合。必要时,行政监督部门可以责令暂停招标投标活动。

行政监督部门的工作人员对监督检查过程中知悉的国家秘密、商业秘密,应当依法予以保密。

第六章 法律责任

第六十三条 招标人有下列限制或者排斥潜在投标人行为之一的，由有关行政监督部门依照招标投标法第五十一条的规定处罚：

(一)依法应当公开招标的项目不按照规定在指定媒介发布资格预审公告或者招标公告；

(二)在不同媒介发布的同一招标项目的资格预审公告或者招标公告的内容不一致，影响潜在投标人申请资格预审或者投标。

依法必须进行招标的项目的招标人不按照规定发布资格预审公告或者招标公告，构成规避招标的，依照招标投标法第四十九条的规定处罚。

第六十四条 招标人有下列情形之一的，由有关行政监督部门责令改正，可以处10万元以下的罚款：

(一)依法应当公开招标而采用邀请招标；

(二)招标文件、资格预审文件的发售、澄清、修改的时限，或者确定的提交资格预审申请文件、投标文件的时限不符合招标投标法和本条例规定；

(三)接受未通过资格预审的单位或者个人参加投标；

(四)接受应当拒收的投标文件。

招标人有前款第一项、第三项、第四项所列行为之一的，对单位直接负责的主管人员和其他直接责任人员依法给予处分。

第六十五条 招标代理机构在所代理的招标项目中投标、代理投标或者向该项目投标人提供咨询的，接受委托编制标底的中介机构参加受托编制标底项目的投标或者为该项目的投标人编制投标文件、提供咨询的，依照招标投标法第五十条的规定追究法律责任。

第六十六条 招标人超过本条例规定的比例收取投标保证金、履约保证金或者不按照规定退还投标保证金及银行同期存款利息的，由有关行政监督部门责令改正，可以处5万元以下的罚款；给他人造成损失的，依法承担赔偿责任。

第六十七条 投标人相互串通投标或者与招标人串通投标的，投标人向招标人或者评标委员会成员行贿谋取中标的，中标无效；构成犯罪的，依法追究刑事责任；尚不构成犯罪的，依照招标投标法第五十三条的规定处罚。投标人未中标的，对单位的罚款金额按照招标项目合同金额依照招标投标法规定的比例计算。

投标人有下列行为之一的，属于招标投标法第五十三条规定的情节严重行为，由有关行政监督部门取消其1年至2年内参加依法必须进行招标的项目的投标资格：

(一)以行贿谋取中标；

(二)3年内2次以上串通投标；

(三)串通投标行为损害招标人、其他投标人或者国家、集体、公民的合法利益，造成直接经济损失30万元以上；

(四)其他串通投标情节严重的行为。

投标人自本条第二款规定的处罚执行期限届满之日起3年内又有该款所列违法行为之一的，或者串通投标、以行贿谋取中标情节特别严重的，由工商行政管理机关吊销营业执照。

法律、行政法规对串通投标报价行为的处罚另有规定的，从其规定。

第六十八条 投标人以他人名义投标或者以其他方式弄虚作假骗取中标的，中标无效；构成犯罪的，依法追究刑事责任；尚不构成犯罪的，依照招标投标法第五十四条的规定处罚。依法必须进行招标的项目的投标人未中标的，对单位的罚款金额按照招标项目合同金额依照招标投标法规定的比例计算。

投标人有下列行为之一的，属于招标投标法第五十四条规定的情节严重行为，由有关行政监督部门取消其1年至3年内参加依法必须进行招标的项目的投标资格：

(一)伪造、变造资格、资质证书或者其他许可证件骗取中标；

(二)3年内2次以上使用他人名义投标；

(三)弄虚作假骗取中标给招标人造成直接经济损失30万元以上；

(四)其他弄虚作假骗取中标情节严重的行为。

投标人自本条第二款规定的处罚执行期限届满之日起3年内又有该款所列违法行为之一的，或者弄虚作假骗取中标情节特别严重的，由工商行政管理机关吊销营业执照。

第六十九条 出让或者出租资格、资质证书供他人投标的，依照法律、行政法规的规定给予行政处罚；构成犯罪的，依法追究刑事责任。

第七十条 依法必须进行招标的项目的招标人不按照规定组建评标委员会，或者确定、更换评标委员会成员违反招标投标法和本条例规定的，由有关行政监督部门责令改正，可以处10万元以下的罚款，对单位直接负责的主管人员和其他直接责任人员依法给予处分；违法确定或者更换的评标委员会成员作出的评审结论无效，依法重新进行评审。

国家工作人员以任何方式非法干涉选取评标委员会成员的，依照本条例第八十条的规定追究法律责任。

第七十一条 评标委员会成员有下列行为之一的，由有关行政监督部门责令改正；情节严重的，禁止其在一定期限内参加依法必须进行招标的项目的评标；情节特别严重的，取消其担任评标委员会成员的资格：

（一）应当回避而不回避；

（二）擅离职守；

（三）不按照招标文件规定的评标标准和方法评标；

（四）私下接触投标人；

（五）向招标人征询确定中标人的意向或者接受任何单位或者个人明示或者暗示提出的倾向或者排斥特定投标人的要求；

（六）对依法应当否决的投标不提出否决意见；

（七）暗示或者诱导投标人作出澄清、说明或者接受投标人主动提出的澄清、说明；

（八）其他不客观、不公正履行职务的行为。

第七十二条 评标委员会成员收受投标人的财物或者其他好处的，没收收受的财物，处3000元以上5万元以下的罚款，取消担任评标委员会成员的资格，不得再参加依法必须进行招标的项目的评标；构成犯罪的，依法追究刑事责任。

第七十三条 依法必须进行招标的项目的招标人有下列情形之一的，由有关行政监督部门责令改正，可以处中标项目金额10‰以下的罚款；给他人造成损失的，依法承担赔偿责任；对单位直接负责的主管人员和其他直接责任人员依法给予处分：

（一）无正当理由不发出中标通知书；

（二）不按照规定确定中标人；

（三）中标通知书发出后无正当理由改变中标结果；

（四）无正当理由不与中标人订立合同；

（五）在订立合同时向中标人提出附加条件。

第七十四条 中标人无正当理由不与招标人订立合同，在签订合同时向招标人提出附加条件，或者不按照招标文件要求提交履约保证金的，取消其中标资格，投标保证金不予退还。对依法必须进行招标的项目的中标人，由有关行政监督部门责令改正，可以处中标项目金额10‰以下的罚款。

第七十五条 招标人和中标人不按照招标文件和中标人的投标文件订立合同，合同的主要条款与招标文件、中标人的投标文件的内容不一致，或者招标人、中标人订立背离合同实质性内容的协议的，由有关行政监督部门责令改正，可以处中标项目金额5‰以上10‰以下的罚款。

第七十六条 中标人将中标项目转让给他人的，将中标项目肢解后分别转让给他人的，违反招标投标法和本条例规定将中标项目的部分主体、关键性工作分包给他人的，或者分包人再次分包的，转让、分包无效，处转让、分包项目金额5‰以上10‰以下的罚款；有违法所得的，并处没收违法所得；可以责令停业整顿；情节严重的，由工商行政管理机关吊销营业执照。

第七十七条 投标人或者其他利害关系人捏造事实、伪造材料或者以非法手段取得证明材料进行投诉，给他人造成损失的，依法承担赔偿责任。

招标人不按照规定对异议作出答复，继续进行招标投标活动的，由有关行政监督部门责令改正，拒不改正或者不能改正并影响中标结果的，依照本条例第八十一条的规定处理。

第七十八条 国家建立招标投标信用制度。有关行政监督部门应当依法公告对招标人、招标代理机构、投标人、评标委员会成员等当事人违法行为的行政处理决定。

第七十九条 项目审批、核准部门不依法审批、核准项目招标范围、招标方式、招标组织形式的，对单位直接负责的主管人员和其他直接责任人员依法给予处分。

有关行政监督部门不依法履行职责，对违反招标投标法和本条例规定的行为不依法查处，或者不按照规定处理投诉、不依法公告对招标投标当事人违法行为的行政处理决定的，对直接负责的主管人员和其他直接责任人员依法给予处分。

项目审批、核准部门和有关行政监督部门的工作人员徇私舞弊、滥用职权、玩忽职守，构成犯罪的，依法追究刑事责任。

第八十条 国家工作人员利用职务便利，以直接或者间接、明示或者暗示等任何方式非法干涉招标投标活动，有下列情形之一的，依法给予记过或者记大过处分；情节严重的，依法给予降级或者撤职处分；情节特别严重的，依法给予开除处分；构成犯罪的，依法追究刑事责任：

（一）要求对依法必须进行招标的项目不招标，或者要求对依法应当公开招标的项目不公开招标；

（二）要求评标委员会成员或者招标人以其指定的投标人作为中标候选人或者中标人，或者以其他方式非法干涉评标活动，影响中标结果；

（三）以其他方式非法干涉招标投标活动。

第八十一条 依法必须进行招标的项目的招标投标活动违反招标投标法和本条例的规定，对中标结果造成实质性影响，且不能采取补救措施予以纠正的，招标、投标、中标无效，应当依法重新招标或者评标。

第七章 附 则

第八十二条 招标投标协会按照依法制定的章程开展活动，加强行业自律和服务。

第八十三条 政府采购的法律、行政法规对政府采购货物、服务的招标投标另有规定的，从其规定。

第八十四条 本条例自2012年2月1日起施行。

（四）婚姻家庭、继承

婚姻登记条例

（2003年7月30日国务院第16次常务会议通过 2003年8月8日中华人民共和国国务院令第387号公布 自2003年10月1日起施行）

第一章 总 则

第一条 为了规范婚姻登记工作，保障婚姻自由、一夫一妻、男女平等的婚姻制度的实施，保护婚姻当事人的合法权益，根据《中华人民共和国婚姻法》（以下简称婚姻法），制定本条例。

第二条 内地居民办理婚姻登记的机关是县级人民政府民政部门或者乡（镇）人民政府，省、自治区、直辖市人民政府可以按照便民原则确定农村居民办理婚姻登记的具体机关。

中国公民同外国人，内地居民同香港特别行政区居民（以下简称香港居民）、澳门特别行政区居民（以下简称澳门居民）、台湾地区居民（以下简称台湾居民）、华侨办理婚姻登记的机关是省、自治区、直辖市人民政府民政部门或者省、自治区、直辖市人民政府民政部门确定的机关。

第三条 婚姻登记机关的婚姻登记员应当接受婚姻登记业务培训，经考核合格，方可从事婚姻登记工作。

婚姻登记机关办理婚姻登记，除按收费标准向当事人收取工本费外，不得收取其他费用或者附加其他义务。

第二章 结婚登记

第四条 内地居民结婚，男女双方应当共同到一方当事人常住户口所在地的婚姻登记机关办理结婚登记。

中国公民同外国人在中国内地结婚的，内地居民同香港居民、澳门居民、台湾居民、华侨在中国内地结婚的，男女双方应当共同到内地居民常住户口所在地的婚姻登记机关办理结婚登记。

第五条 办理结婚登记的内地居民应当出具下列证件和证明材料：

（一）本人的户口簿、身份证；

（二）本人无配偶以及与对方当事人没有直系血亲和三代以内旁系血亲关系的签字声明。

办理结婚登记的香港居民、澳门居民、台湾居民应当出具下列证件和证明材料：

（一）本人的有效通行证、身份证；

（二）经居住地公证机构公证的本人无配偶以及与对方当事人没有直系血亲和三代以内旁系血亲关系的声明。

办理结婚登记的华侨应当出具下列证件和证明材料：

（一）本人的有效护照；

（二）居住国公证机构或者有权机关出具的、经中华人民共和国驻该国使（领）馆认证的本人无配偶以及与对方当事人没有直系血亲和三代以内旁系血亲关系的证明，或者中华人民共和国驻该国使(领)馆出具的本人无配偶以及与对方当事人没有直系血亲和三代以内旁系血亲关系的证明。

办理结婚登记的外国人应当出具下列证件和证明材料:

(一)本人的有效护照或者其他有效的国际旅行证件;

(二)所在国公证机构或者有权机关出具的、经中华人民共和国驻该国使(领)馆认证或者该国驻华使(领)馆认证的本人无配偶的证明,或者所在国驻华使(领)馆出具的本人无配偶的证明。

第六条 办理结婚登记的当事人有下列情形之一的,婚姻登记机关不予登记:

(一)未到法定结婚年龄的;

(二)非双方自愿的;

(三)一方或者双方已有配偶的;

(四)属于直系血亲或者三代以内旁系血亲的;

(五)患有医学上认为不应当结婚的疾病的。

第七条 婚姻登记机关应当对结婚登记当事人出具的证件、证明材料进行审查并询问相关情况。对当事人符合结婚条件的,应当当场予以登记,发给结婚证;对当事人不符合结婚条件不予登记的,应当向当事人说明理由。

第八条 男女双方补办结婚登记的,适用本条例结婚登记的规定。

第九条 因胁迫结婚的,受胁迫的当事人依据婚姻法第十一条的规定向婚姻登记机关请求撤销其婚姻的,应当出具下列证明材料:

(一)本人的身份证、结婚证;

(二)能够证明受胁迫结婚的证明材料。

婚姻登记机关经审查认为受胁迫结婚的情况属实且不涉及子女抚养、财产及债务问题的,应当撤销该婚姻,宣告结婚证作废。

第三章 离婚登记

第十条 内地居民自愿离婚的,男女双方应当共同到一方当事人常住户口所在地的婚姻登记机关办理离婚登记。

中国公民同外国人在中国内地自愿离婚的,内地居民同香港居民、澳门居民、台湾居民、华侨在中国内地自愿离婚的,男女双方应当共同到内地居民常住户口所在地的婚姻登记机关办理离婚登记。

第十一条 办理离婚登记的内地居民应当出具下列证件和证明材料:

(一)本人的户口簿、身份证;

(二)本人的结婚证;

(三)双方当事人共同签署的离婚协议书。

办理离婚登记的香港居民、澳门居民、台湾居民、华侨、外国人除应当出具前款第(二)项、第(三)项规定的证件、证明材料外,香港居民、澳门居民、台湾居民还应当出具本人的有效通行证、身份证,华侨、外国人还应当出具本人的有效护照或者其他有效国际旅行证件。

离婚协议书应当载明双方当事人自愿离婚的意思表示以及对子女抚养、财产及债务处理等事项协商一致的意见。

第十二条 办理离婚登记的当事人有下列情形之一的,婚姻登记机关不予受理:

(一)未达成离婚协议的;

(二)属于无民事行为能力人或者限制民事行为能力人的;

(三)其结婚登记不是在中国内地办理的。

第十三条 婚姻登记机关应当对离婚登记当事人出具的证件、证明材料进行审查并询问相关情况。对当事人确属自愿离婚,并已对子女抚养、财产、债务等问题达成一致处理意见的,应当当场予以登记,发给离婚证。

第十四条 离婚的男女双方自愿恢复夫妻关系的,应当到婚姻登记机关办理复婚登记。复婚登记适用本条例结婚登记的规定。

第四章 婚姻登记档案和婚姻登记证

第十五条 婚姻登记机关应当建立婚姻登记档案。婚姻登记档案应当长期保管。具体管理办法由国务院民政部门会同国家档案管理部门规定。

第十六条 婚姻登记机关收到人民法院宣告婚姻无效或者撤销婚姻的判决书副本后,应当将该判决书副本收入当事人的婚姻登记档案。

第十七条 结婚证、离婚证遗失或者损毁的,当事人可以持户口簿、身份证向原办理婚姻登记的机关或者一方当事人常住户口所在地的婚姻登记机关申请补领。婚姻登记机关对当事人的婚姻登记档案进行查证,确认属实的,应当为当事人补发结婚证、离婚证。

第五章　罚　则

第十八条　婚姻登记机关及其婚姻登记员有下列行为之一的，对直接负责的主管人员和其他直接责任人员依法给予行政处分：

（一）为不符合婚姻登记条件的当事人办理婚姻登记的；

（二）玩忽职守造成婚姻登记档案损失的；

（三）办理婚姻登记或者补发结婚证、离婚证超过收费标准收取费用的。

违反前款第（三）项规定收取的费用，应当退还当事人。

第六章　附　则

第十九条　中华人民共和国驻外使（领）馆可以依照本条例的有关规定，为男女双方均居住于驻在国的中国公民办理婚姻登记。

第二十条　本条例规定的婚姻登记证由国务院民政部门规定式样并监制。

第二十一条　当事人办理婚姻登记或者补领结婚证、离婚证应当交纳工本费。工本费的收费标准由国务院价格主管部门会同国务院财政部门规定并公布。

第二十二条　本条例自2003年10月1日起施行。1994年1月12日国务院批准、1994年2月1日民政部发布的《婚姻登记管理条例》同时废止。

最高人民法院关于适用《中华人民共和国民法典》婚姻家庭编的解释（一）

（2020年12月25日最高人民法院审判委员会第1825次会议通过　2020年12月29日最高人民法院公告公布　自2021年1月1日起施行　法释〔2020〕22号）

为正确审理婚姻家庭纠纷案件，根据《中华人民共和国民法典》《中华人民共和国民事诉讼法》等相关法律规定，结合审判实践，制定本解释。

一、一般规定

第一条　持续性、经常性的家庭暴力，可以认定为民法典第一千零四十二条、第一千零七十九条、第一千零九十一条所称的“虐待”。

第二条　民法典第一千零四十二条、第一千零七十九条、第一千零九十一条规定的“与他人同居”的情形，是指有配偶者与婚外异性，不以夫妻名义，持续、稳定地共同居住。

第三条　当事人提起诉讼仅请求解除同居关系的，人民法院不予受理；已经受理的，裁定驳回起诉。

当事人因同居期间财产分割或者子女抚养纠纷提起诉讼的，人民法院应当受理。

第四条　当事人仅以民法典第一千零四十三条为依据提起诉讼的，人民法院不予受理；已经受理的，裁定驳回起诉。

第五条　当事人请求返还按照习俗给付的彩礼的，如果查明属于以下情形，人民法院应当予以支持：

（一）双方未办理结婚登记手续；

（二）双方办理结婚登记手续但确未共同生活；

（三）婚前给付并导致给付人生活困难。

适用前款第二项、第三项的规定，应当以双方离婚为条件。

二、结　婚

第六条　男女双方依据民法典第一千零四十九条规定补办结婚登记的，婚姻关系的效力从双方均符合民法典所规定的结婚的实质要件时起算。

第七条　未依据民法典第一千零四十九条规定办理结婚登记而以夫妻名义共同生活的男女，提起诉讼要求离婚的，应当区别对待：

（一）1994年2月1日民政部《婚姻登记管理条例》公布实施以前，男女双方已经符合结婚实质要件的，按事实婚姻处理。

（二）1994年2月1日民政部《婚姻登记管理条例》公布实施以后，男女双方符合结婚实质要件的，人民法院应当告知其补办结婚登记。未补办结婚登记的，依据本解释第三条规定处理。

第八条 未依据民法典第一千零四十九条规定办理结婚登记而以夫妻名义共同生活的男女，一方死亡，另一方以配偶身份主张享有继承权的，依据本解释第七条的原则处理。

第九条 有权依据民法典第一千零五十一条规定向人民法院就已办理结婚登记的婚姻请求确认婚姻无效的主体，包括婚姻当事人及利害关系人。其中，利害关系人包括：

(一)以重婚为由的，为当事人的近亲属及基层组织；

(二)以未到法定婚龄为由的，为未到法定婚龄者的近亲属；

(三)以有禁止结婚的亲属关系为由的，为当事人的近亲属。

第十条 当事人依据民法典第一千零五十一条规定向人民法院请求确认婚姻无效，法定的无效婚姻情形在提起诉讼时已经消失的，人民法院不予支持。

第十一条 人民法院受理请求确认婚姻无效案件后，原告申请撤诉的，不予准许。

对婚姻效力的审理不适用调解，应当依法作出判决。

涉及财产分割和子女抚养的，可以调解。调解达成协议的，另行制作调解书；未达成调解协议的，应当一并作出判决。

第十二条 人民法院受理离婚案件后，经审理确属无效婚姻的，应当将婚姻无效的情形告知当事人，并依法作出确认婚姻无效的判决。

第十三条 人民法院就同一婚姻关系分别受理了离婚和请求确认婚姻无效案件的，对于离婚案件的审理，应当待请求确认婚姻无效案件作出判决后进行。

第十四条 夫妻一方或者双方死亡后，生存一方或者利害关系人依据民法典第一千零五十一条的规定请求确认婚姻无效的，人民法院应当受理。

第十五条 利害关系人依据民法典第一千零五十一条的规定，请求人民法院确认婚姻无效的，利害关系人为原告，婚姻关系当事人双方为被告。

夫妻一方死亡的，生存一方为被告。

第十六条 人民法院审理重婚导致的无效婚姻案件时，涉及财产处理的，应当准许合法婚姻当事人作为有独立请求权的第三人参加诉讼。

第十七条 当事人以民法典第一千零五十一条规定的三种无效婚姻以外的情形请求确认婚姻无效的，人民法院应当判决驳回当事人的诉讼请求。

当事人以结婚登记程序存在瑕疵为由提起民事诉讼，主张撤销结婚登记的，告知其可以依法申请行政复议或者提起行政诉讼。

第十八条 行为人以给另一方当事人或者其近亲属的生命、身体、健康、名誉、财产等方面造成损害为要挟，迫使另一方当事人违背真实意愿结婚的，可以认定为民法典第一千零五十二条所称的“胁迫”。

因受胁迫而请求撤销婚姻的，只能是受胁迫一方的婚姻关系当事人本人。

第十九条 民法典第一千零五十二条规定的“一年”，不适用诉讼时效中止、中断或者延长的规定。

受胁迫或者被非法限制人身自由的当事人请求撤销婚姻的，不适用民法典第一百五十二条第二款的规定。

第二十条 民法典第一千零五十四条所规定的“自始没有法律约束力”，是指无效婚姻或者可撤销婚姻在依法被确认无效或者被撤销时，才确定该婚姻自始不受法律保护。

第二十一条 人民法院根据当事人的请求，依法确认婚姻无效或者撤销婚姻的，应当收缴双方的结婚证书并将生效的判决书寄送当地婚姻登记管理机关。

第二十二条 被确认无效或者被撤销的婚姻，当事人同居期间所得的财产，除有证据证明为当事人一方所有的以外，按共同共有处理。

三、夫妻关系

第二十三条 夫以妻擅自中止妊娠侵犯其生育权为由请求损害赔偿的，人民法院不予支持；夫妻双方因是否生育发生纠纷，致使感情确已破裂，一方请求离婚的，人民法院经调解无效，应依照民法典第一千零七十九条第三款第五项的规定处理。

第二十四条 民法典第一千零六十二条第一款第三项规定的“知识产权的收益”，是指婚姻关系存续期间，实际取得或者已经明确可以取得的财产性收益。

第二十五条 婚姻关系存续期间，下列财产属于民法典第一千零六十二条规定的"其他应当归共同所有的财产"：

(一)一方以个人财产投资取得的收益；

(二)男女双方实际取得或者应当取得的住房补贴、住房公积金；

(三)男女双方实际取得或者应当取得的基本养老金、破产安置补偿费。

第二十六条 夫妻一方个人财产在婚后产生的收益，除孳息和自然增值外，应认定为夫妻共同财产。

第二十七条 由一方婚前承租、婚后用共同财产购买的房屋，登记在一方名下的，应当认定为夫妻共同财产。

第二十八条 一方未经另一方同意出售夫妻共同所有的房屋，第三人善意购买、支付合理对价并已办理不动产登记，另一方主张追回该房屋的，人民法院不予支持。

夫妻一方擅自处分共同所有的房屋造成另一方损失，离婚时另一方请求赔偿损失的，人民法院应予支持。

第二十九条 当事人结婚前，父母为双方购置房屋出资的，该出资应当认定为对自己子女个人的赠与，但父母明确表示赠与双方的除外。

当事人结婚后，父母为双方购置房屋出资的，依照约定处理；没有约定或者约定不明确的，按照民法典第一千零六十二条第一款第四项规定的原则处理。

第三十条 军人的伤亡保险金、伤残补助金、医药生活补助费属于个人财产。

第三十一条 民法典第一千零六十三条规定为夫妻一方的个人财产，不因婚姻关系的延续而转化为夫妻共同财产。但当事人另有约定的除外。

第三十二条 婚前或者婚姻关系存续期间，当事人约定将一方所有的房产赠与另一方或者共有，赠与方在赠与房产变更登记之前撤销赠与，另一方请求判令继续履行的，人民法院可以按照民法典第六百五十八条的规定处理。

第三十三条 债权人就一方婚前所负个人债务向债务人的配偶主张权利的，人民法院不予支持。但债权人能够证明所负债务用于婚后家庭共同生活的除外。

第三十四条 夫妻一方与第三人串通，虚构债务，第三人主张该债务为夫妻共同债务的，人民法院不予支持。

夫妻一方在从事赌博、吸毒等违法犯罪活动中所负债务，第三人主张该债务为夫妻共同债务的，人民法院不予支持。

第三十五条 当事人的离婚协议或者人民法院生效判决、裁定、调解书已经对夫妻财产分割问题作出处理的，债权人仍有权就夫妻共同债务向男女双方主张权利。

一方就夫妻共同债务承担清偿责任后，主张由另一方按照离婚协议或者人民法院的法律文书承担相应债务的，人民法院应予支持。

第三十六条 夫或者妻一方死亡的，生存一方应当对婚姻关系存续期间的夫妻共同债务承担清偿责任。

第三十七条 民法典第一千零六十五条第三款所称"相对人知道该约定的"，夫妻一方对此负有举证责任。

第三十八条 婚姻关系存续期间，除民法典第一千零六十六条规定情形以外，夫妻一方请求分割共同财产的，人民法院不予支持。

四、父母子女关系

第三十九条 父或者母向人民法院起诉请求否认亲子关系，并已提供必要证据予以证明，另一方没有相反证据又拒绝做亲子鉴定的，人民法院可以认定否认亲子关系一方的主张成立。

父或者母以及成年子女起诉请求确认亲子关系，并提供必要证据予以证明，另一方没有相反证据又拒绝做亲子鉴定的，人民法院可以认定确认亲子关系一方的主张成立。

第四十条 婚姻关系存续期间，夫妻双方一致同意进行人工授精，所生子女应视为婚生子女，父母子女间的权利义务关系适用民法典的有关规定。

第四十一条 尚在校接受高中及其以下学历教育，或者丧失、部分丧失劳动能力等非因主观原因而无法维持正常生活的成年子女，可以认定为民法典第一千零六十七条规定的"不能独立生活的成年子女"。

第四十二条 民法典第一千零六十七条所称"抚养费"，包括子女生活费、教育费、医疗费等费用。

第四十三条 婚姻关系存续期间，父母双方或者一方拒不履行抚养子女义务,未成年子女或者不能独立生活的成年子女请求支付抚养费的,人民法院应予支持。

第四十四条 离婚案件涉及未成年子女抚养的,对不满两周岁的子女,按照民法典第一千零八十四条第三款规定的原则处理。母亲有下列情形之一,父亲请求直接抚养的,人民法院应予支持:

(一)患有久治不愈的传染性疾病或者其他严重疾病,子女不宜与其共同生活;

(二)有抚养条件不尽抚养义务,而父亲要求子女随其生活;

(三)因其他原因,子女确不宜随母亲生活。

第四十五条 父母双方协议不满两周岁子女由父亲直接抚养,并对子女健康成长无不利影响的,人民法院应予支持。

第四十六条 对已满两周岁的未成年子女,父母均要求直接抚养,一方有下列情形之一的,可予优先考虑:

(一)已做绝育手术或者因其他原因丧失生育能力;

(二)子女随其生活时间较长,改变生活环境对子女健康成长明显不利;

(三)无其他子女,而另一方有其他子女;

(四)子女随其生活,对子女成长有利,而另一方患有久治不愈的传染性疾病或者其他严重疾病,或者有其他不利于子女身心健康的情形,不宜与子女共同生活。

第四十七条 父母抚养子女的条件基本相同,双方均要求直接抚养子女,但子女单独随祖父母或者外祖父母共同生活多年,且祖父母或者外祖父母要求并且有能力帮助子女照顾孙子女或者外孙子女的,可以作为父或者母直接抚养子女的优先条件予以考虑。

第四十八条 在有利于保护子女利益的前提下,父母双方协议轮流直接抚养子女的,人民法院应予支持。

第四十九条 抚养费的数额,可以根据子女的实际需要、父母双方的负担能力和当地的实际生活水平确定。

有固定收入的,抚养费一般可以按其月总收入的百分之二十至三十的比例给付。负担两个以上子女抚养费的,比例可以适当提高,但一般不得超过月总收入的百分之五十。

无固定收入的,抚养费的数额可以依据当年总收入或者同行业平均收入,参照上述比例确定。

有特殊情况的,可以适当提高或者降低上述比例。

第五十条 抚养费应当定期给付,有条件的可以一次性给付。

第五十一条 父母一方无经济收入或者下落不明的,可以用其财物折抵抚养费。

第五十二条 父母双方可以协议由一方直接抚养子女并由直接抚养方负担子女全部抚养费。但是,直接抚养方的抚养能力明显不能保障子女所需费用,影响子女健康成长的,人民法院不予支持。

第五十三条 抚养费的给付期限,一般至子女十八周岁为止。

十六周岁以上不满十八周岁,以其劳动收入为主要生活来源,并能维持当地一般生活水平的,父母可以停止给付抚养费。

第五十四条 生父与继母离婚或者生母与继父离婚时,对曾受其抚养教育的继子女,继父或者继母不同意继续抚养的,仍应由生父或者生母抚养。

第五十五条 离婚后,父母一方要求变更子女抚养关系的,或者子女要求增加抚养费的,应当另行提起诉讼。

第五十六条 具有下列情形之一,父母一方要求变更子女抚养关系的,人民法院应予支持:

(一)与子女共同生活的一方因患严重疾病或者因伤残无力继续抚养子女;

(二)与子女共同生活的一方不尽抚养义务或有虐待子女行为,或者其与子女共同生活对子女身心健康确有不利影响;

(三)已满八周岁的子女,愿随另一方生活,该方又有抚养能力;

(四)有其他正当理由需要变更。

第五十七条 父母双方协议变更子女抚养关系的,人民法院应予支持。

第五十八条 具有下列情形之一,子女要求有负担能力的父或者母增加抚养费的,人民法院应予支持:

(一)原定抚养费数额不足以维持当地实际生活水平;

(二)因子女患病、上学,实际需要已超过原定数额;

(三)有其他正当理由应当增加。

第五十九条 父母不得因子女变更姓氏而拒付子女抚养费。父或者母擅自将子女姓氏改为继母或继父姓氏而引起纠纷的,应当责令恢复原姓氏。

第六十条 在离婚诉讼期间,双方均拒绝抚养子女的,可以先行裁定暂由一方抚养。

第六十一条 对拒不履行或者妨害他人履行生效判决、裁定、调解书中有关子女抚养义务的当事人或者其他人,人民法院可依照民事诉讼法第一百一十一条的规定采取强制措施。

五、离　婚

第六十二条 无民事行为能力人的配偶有民法典第三十六条第一款规定行为,其他有监护资格的人可以要求撤销其监护资格,并依法指定新的监护人;变更后的监护人代理无民事行为能力一方提起离婚诉讼的,人民法院应予受理。

第六十三条 人民法院审理离婚案件,符合民法典第一千零七十九条第三款规定"应当准予离婚"情形的,不应当因当事人有过错而判决不准离婚。

第六十四条 民法典第一千零八十一条所称的"军人一方有重大过错",可以依据民法典第一千零七十九条第三款前三项规定及军人有其他重大过错导致夫妻感情破裂的情形予以判断。

第六十五条 人民法院作出的生效的离婚判决中未涉及探望权,当事人就探望权问题单独提起诉讼的,人民法院应予受理。

第六十六条 当事人在履行生效判决、裁定或者调解书的过程中,一方请求中止探望的,人民法院在征询双方当事人意见后,认为需要中止探望的,依法作出裁定;中止探望的情形消失后,人民法院应当根据当事人的请求书面通知其恢复探望。

第六十七条 未成年子女、直接抚养子女的父或者母以及其他对未成年子女负担抚养、教育、保护义务的法定监护人,有权向人民法院提出中止探望的请求。

第六十八条 对于拒不协助另一方行使探望权的有关个人或者组织,可以由人民法院依法采取拘留、罚款等强制措施,但是不能对子女的人身、探望行为进行强制执行。

第六十九条 当事人达成的以协议离婚或者到人民法院调解离婚为条件的财产以及债务处理协议,如果双方离婚未成,一方在离婚诉讼中反悔的,人民法院应当认定该财产以及债务处理协议没有生效,并根据实际情况依照民法典第一千零八十七条和第一千零八十九条的规定判决。

当事人依照民法典第一千零七十六条签订的离婚协议中关于财产以及债务处理的条款,对男女双方具有法律约束力。登记离婚后当事人因履行上述协议发生纠纷提起诉讼的,人民法院应当受理。

第七十条 夫妻双方协议离婚后就财产分割问题反悔,请求撤销财产分割协议的,人民法院应当受理。

人民法院审理后,未发现订立财产分割协议时存在欺诈、胁迫等情形的,应当依法驳回当事人的诉讼请求。

第七十一条 人民法院审理离婚案件,涉及分割发放到军人名下的复员费、自主择业费等一次性费用的,以夫妻婚姻关系存续年限乘以年平均值,所得数额为夫妻共同财产。

前款所称年平均值,是指将发放到军人名下的上述费用总额按具体年限均分得出的数额。其具体年限为人均寿命七十岁与军人入伍时实际年龄的差额。

第七十二条 夫妻双方分割共同财产中的股票、债券、投资基金份额等有价证券以及未上市股份有限公司股份时,协商不成或者按市价分配有困难的,人民法院可以根据数量按比例分配。

第七十三条 人民法院审理离婚案件,涉及分割夫妻共同财产中以一方名义在有限责任公司的出资额,另一方不是该公司股东的,按以下情形分别处理:

(一)夫妻双方协商一致将出资额部分或者全部转让给该股东的配偶,其他股东过半数同意,并且其他股东均明确表示放弃优先购买权的,该股东的配偶可以成为该公司股东;

(二)夫妻双方就出资额转让份额和转让价格等事项协商一致后,其他股东半数以上不同意转让,但愿意以同等条件购买该出资额的,人民法院可以对转让出资所得财产进行分割。其他股东半数以上不同意转让,也不愿意以同等条件购买该出资额的,视为其同意转让,该股东的配偶可以成为该公司股东。

用于证明前款规定的股东同意的证据,可以是股东会议材料,也可以是当事人通过其他合法途径取得的股东的书面声明材料。

第七十四条 人民法院审理离婚案件,涉及分割夫妻共同财产中以一方名义在合伙企业中的出资,另一方不是该企业合伙人的,当夫妻双方协商一致,将其合伙企业中的财产份额全部或者部分转让给对方时,按以下情形分别处理:

(一)其他合伙人一致同意的,该配偶依法取得合伙人地位;

(二)其他合伙人不同意转让,在同等条件下行使优先购买权的,可以对转让所得的财产进行分割;

(三)其他合伙人不同意转让,也不行使优先购买权,但同意该合伙人退伙或者削减部分财产份额的,可以对结算后的财产进行分割;

(四)其他合伙人既不同意转让,也不行使优先购买权,又不同意该合伙人退伙或者削减部分财产份额的,视为全体合伙人同意转让,该配偶依法取得合伙人地位。

第七十五条 夫妻以一方名义投资设立个人独资企业的,人民法院分割夫妻在该个人独资企业中的共同财产时,应当按照以下情形分别处理:

(一)一方主张经营该企业的,对企业资产进行评估后,由取得企业资产所有权一方给予另一方相应的补偿;

(二)双方均主张经营该企业的,在双方竞价基础上,由取得企业资产所有权的一方给予另一方相应的补偿;

(三)双方均不愿意经营该企业的,按照《中华人民共和国个人独资企业法》等有关规定办理。

第七十六条 双方对夫妻共同财产中的房屋价值及归属无法达成协议时,人民法院按以下情形分别处理:

(一)双方均主张房屋所有权并且同意竞价取得的,应当准许;

(二)一方主张房屋所有权的,由评估机构按市场价格对房屋作出评估,取得房屋所有权的一方应当给予另一方相应的补偿;

(三)双方均不主张房屋所有权的,根据当事人的申请拍卖、变卖房屋,就所得价款进行分割。

第七十七条 离婚时双方对尚未取得所有权或者尚未取得完全所有权的房屋有争议且协商不成的,人民法院不宜判决房屋所有权的归属,应当根据实际情况判决由当事人使用。

当事人就前款规定的房屋取得完全所有权后,有争议的,可以另行向人民法院提起诉讼。

第七十八条 夫妻一方婚前签订不动产买卖合同,以个人财产支付首付款并在银行贷款,婚后用夫妻共同财产还贷,不动产登记于首付款支付方名下的,离婚时该不动产由双方协议处理。

依前款规定不能达成协议的,人民法院可以判决该不动产归登记一方,尚未归还的贷款为不动产登记一方的个人债务。双方婚后共同还贷支付的款项及其相对应财产增值部分,离婚时应根据民法典第一千零八十七条第一款规定的原则,由不动产登记一方对另一方进行补偿。

第七十九条 婚姻关系存续期间,双方用夫妻共同财产出资购买以一方父母名义参加房改的房屋,登记在一方父母名下,离婚时另一方主张按照夫妻共同财产对该房屋进行分割的,人民法院不予支持。购买该房屋时的出资,可以作为债权处理。

第八十条 离婚时夫妻一方尚未退休、不符合领取基本养老金条件,另一方请求按照夫妻共同财产分割基本养老金的,人民法院不予支持;婚后以夫妻共同财产缴纳基本养老保险费,离婚时一方主张将养老金账户中婚姻关系存续期间个人实际缴纳部分及利息作为夫妻共同财产分割的,人民法院应予支持。

第八十一条 婚姻关系存续期间,夫妻一方作为继承人依法可以继承的遗产,在继承人之间尚未实际分割,起诉离婚时另一方请求分割的,人民法院应当告知当事人在继承人之间实际分割遗产后另行起诉。

第八十二条 夫妻之间订立借款协议,以夫妻共同财产出借给一方从事个人经营活动或者用于其他个人事务的,应视为双方约定处分夫妻共同财产的行为,离婚时可以按照借款协议的约定处理。

第八十三条 离婚后,一方以尚有夫妻共同财产未处理为由向人民法院起诉请求分割的,经审查该财产确属离婚时未涉及的夫妻共同财产,人民法院应当依法予以分割。

第八十四条 当事人依据民法典第一千零九十二条的规定向人民法院提起诉讼,请求再次分割夫妻共同财产的诉讼时效期间为三年,从当事人发现之日起计算。

第八十五条 夫妻一方申请对配偶的个人财产或者夫妻共同财产采取保全措施的，人民法院可以在采取保全措施可能造成损失的范围内，根据实际情况，确定合理的财产担保数额。

第八十六条 民法典第一千零九十一条规定的"损害赔偿"，包括物质损害赔偿和精神损害赔偿。涉及精神损害赔偿的，适用《最高人民法院关于确定民事侵权精神损害赔偿责任若干问题的解释》的有关规定。

第八十七条 承担民法典第一千零九十一条规定的损害赔偿责任的主体，为离婚诉讼当事人中无过错方的配偶。

人民法院判决不准离婚的案件，对于当事人基于民法典第一千零九十一条提出的损害赔偿请求，不予支持。

在婚姻关系存续期间，当事人不起诉离婚而单独依据民法典第一千零九十一条提起损害赔偿请求的，人民法院不予受理。

第八十八条 人民法院受理离婚案件时，应当将民法典第一千零九十一条等规定中当事人的有关权利义务，书面告知当事人。在适用民法典第一千零九十一条时，应当区分以下不同情况：

（一）符合民法典第一千零九十一条规定的无过错方作为原告基于该条规定向人民法院提起损害赔偿请求的，必须在离婚诉讼的同时提出。

（二）符合民法典第一千零九十一条规定的无过错方作为被告的离婚诉讼案件，如果被告不同意离婚也不基于该条规定提起损害赔偿请求的，可以就此单独提起诉讼。

（三）无过错方作为被告的离婚诉讼案件，一审时被告未基于民法典第一千零九十一条规定提出损害赔偿请求，二审期间提出的，人民法院应当进行调解；调解不成的，告知当事人另行起诉。双方当事人同意由第二审人民法院一并审理的，第二审人民法院可以一并裁判。

第八十九条 当事人在婚姻登记机关办理离婚登记手续后，以民法典第一千零九十一条规定为由向人民法院提出损害赔偿请求的，人民法院应当受理。但当事人在协议离婚时已经明确表示放弃该项请求的，人民法院不予支持。

第九十条 夫妻双方均有民法典第一千零九十一条规定的过错情形，一方或者双方向对方提出离婚损害赔偿请求的，人民法院不予支持。

六、附　则

第九十一条 本解释自2021年1月1日起施行。

最高人民法院关于适用《中华人民共和国民法典》继承编的解释（一）

（2020年12月25日最高人民法院审判委员会第1825次会议通过　2020年12月29日最高人民法院公告公布　自2021年1月1日起施行　法释〔2020〕23号）

为正确审理继承纠纷案件，根据《中华人民共和国民法典》等相关法律规定，结合审判实践，制定本解释。

一、一般规定

第一条 继承从被继承人生理死亡或者被宣告死亡时开始。

宣告死亡的，根据民法典第四十八条规定确定的死亡日期，为继承开始的时间。

第二条 承包人死亡时尚未取得承包收益的，可以将死者生前对承包所投入的资金和所付出的劳动及其增值和孳息，由发包单位或者接续承包合同的人合理折价、补偿。其价额作为遗产。

第三条 被继承人生前与他人订有遗赠扶养协议，同时又立有遗嘱的，继承开始后，如果遗赠扶养协议与遗嘱没有抵触，遗产分别按协议和遗嘱处理；如果有抵触，按协议处理，与协议抵触的遗嘱全部或者部分无效。

第四条 遗嘱继承人依遗嘱取得遗产后，仍有权依照民法典第一千一百三十条的规定取得遗嘱未处分的遗产。

第五条 在遗产继承中，继承人之间因是否丧失继承权发生纠纷，向人民法院提起诉讼的，由人民法院依据民法典第一千一百二十五条的规定，判决确认其是否丧失继承权。

第六条 继承人是否符合民法典第一千一百

二十五条第一款第三项规定的“虐待被继承人情节严重”,可以从实施虐待行为的时间、手段、后果和社会影响等方面认定。

虐待被继承人情节严重的,不论是否追究刑事责任,均可确认其丧失继承权。

第七条 继承人故意杀害被继承人的,不论是既遂还是未遂,均应当确认其丧失继承权。

第八条 继承人有民法典第一千一百二十五条第一款第一项或者第二项所列之行为,而被继承人以遗嘱将遗产指定由该继承人继承的,可以确认遗嘱无效,并确认该继承人丧失继承权。

第九条 继承人伪造、篡改、隐匿或者销毁遗嘱,侵害了缺乏劳动能力又无生活来源的继承人的利益,并造成其生活困难的,应当认定为民法典第一千一百二十五条第一款第四项规定的“情节严重”。

二、法定继承

第十条 被收养人对养父母尽了赡养义务,同时又对生父母扶养较多的,除可以依照民法典第一千一百二十七条的规定继承养父母的遗产外,还可以依照民法典第一千一百三十一条的规定分得生父母适当的遗产。

第十一条 继子女继承了继父母遗产的,不影响其继承生父母的遗产。

继父母继承了继子女遗产的,不影响其继承生子女的遗产。

第十二条 养子女与生子女之间、养子女与养子女之间,系养兄弟姐妹,可以互为第二顺序继承人。

被收养人与其亲兄弟姐妹之间的权利义务关系,因收养关系的成立而消除,不能互为第二顺序继承人。

第十三条 继兄弟姐妹之间的继承权,因继兄弟姐妹之间的扶养关系而发生。没有扶养关系的,不能互为第二顺序继承人。

继兄弟姐妹之间相互继承了遗产的,不影响其继承亲兄弟姐妹的遗产。

第十四条 被继承人的孙子女、外孙子女、曾孙子女、外曾孙子女都可以代位继承,代位继承人不受辈数的限制。

第十五条 被继承人的养子女、已形成扶养关系的继子女的生子女可以代位继承;被继承人亲生子女的养子女可以代位继承;被继承人养子女的养子女可以代位继承;与被继承人已形成扶养关系的继子女的养子女也可以代位继承。

第十六条 代位继承人缺乏劳动能力又没有生活来源,或者对被继承人尽过主要赡养义务的,分配遗产时,可以多分。

第十七条 继承人丧失继承权的,其晚辈直系血亲不得代位继承。如该代位继承人缺乏劳动能力又没有生活来源,或者对被继承人尽赡养义务较多的,可以适当分给遗产。

第十八条 丧偶儿媳对公婆、丧偶女婿对岳父母,无论其是否再婚,依照民法典第一千一百二十九条规定作为第一顺序继承人时,不影响其子女代位继承。

第十九条 对被继承人生活提供了主要经济来源,或者在劳务等方面给予了主要扶助的,应当认定其尽了主要赡养义务或主要扶养义务。

第二十条 依照民法典第一千一百三十一条规定可以分给适当遗产的人,分给他们遗产时,按具体情况可以多于或者少于继承人。

第二十一条 依照民法典第一千一百三十一条规定可以分给适当遗产的人,在其依法取得被继承人遗产的权利受到侵犯时,本人有权以独立的诉讼主体资格向人民法院提起诉讼。

第二十二条 继承人有扶养能力和扶养条件,愿意尽扶养义务,但被继承人因有固定收入和劳动能力,明确表示不要求其扶养的,分配遗产时,一般不应因此而影响其继承份额。

第二十三条 有扶养能力和扶养条件的继承人虽然与被继承人共同生活,但对需要扶养的被继承人不尽扶养义务,分配遗产时,可以少分或者不分。

三、遗嘱继承和遗赠

第二十四条 继承人、受遗赠人的债权人、债务人,共同经营的合伙人,也应当视为与继承人、受遗赠人有利害关系,不能作为遗嘱的见证人。

第二十五条 遗嘱人未保留缺乏劳动能力又没有生活来源的继承人的遗产份额,遗产处理时,应当为该继承人留下必要的遗产,所剩余的部分,才可参照遗嘱确定的分配原则处理。

继承人是否缺乏劳动能力又没有生活来源，应当按遗嘱生效时该继承人的具体情况确定。

第二十六条 遗嘱人以遗嘱处分了国家、集体或者他人财产的，应当认定该部分遗嘱无效。

第二十七条 自然人在遗书中涉及死后个人财产处分的内容，确为死者的真实意思表示，有本人签名并注明了年、月、日，又无相反证据的，可以按自书遗嘱对待。

第二十八条 遗嘱人立遗嘱时必须具有完全民事行为能力。无民事行为能力人或者限制民事行为能力人所立的遗嘱，即使其本人后来具有完全民事行为能力，仍属无效遗嘱。遗嘱人立遗嘱时具有完全民事行为能力，后来成为无民事行为能力人或者限制民事行为能力人的，不影响遗嘱的效力。

第二十九条 附义务的遗嘱继承或者遗赠，如义务能够履行，而继承人、受遗赠人无正当理由不履行，经受益人或者其他继承人请求，人民法院可以取消其接受附义务部分遗产的权利，由提出请求的继承人或者受益人负责按遗嘱人的意愿履行义务，接受遗产。

四、遗产的处理

第三十条 人民法院在审理继承案件时，如果知道有继承人而无法通知的，分割遗产时，要保留其应继承的遗产，并确定该遗产的保管人或者保管单位。

第三十一条 应当为胎儿保留的遗产份额没有保留的，应从继承人所继承的遗产中扣回。

为胎儿保留的遗产份额，如胎儿出生后死亡的，由其继承人继承；如胎儿娩出时是死体的，由被继承人的继承人继承。

第三十二条 继承人因放弃继承权，致其不能履行法定义务的，放弃继承权的行为无效。

第三十三条 继承人放弃继承应当以书面形式向遗产管理人或者其他继承人表示。

第三十四条 在诉讼中，继承人向人民法院以口头方式表示放弃继承的，要制作笔录，由放弃继承的人签名。

第三十五条 继承人放弃继承的意思表示，应当在继承开始后、遗产分割前作出。遗产分割后表示放弃的不再是继承权，而是所有权。

第三十六条 遗产处理前或者在诉讼进行中，继承人对放弃继承反悔的，由人民法院根据其提出的具体理由，决定是否承认。遗产处理后，继承人对放弃继承反悔的，不予承认。

第三十七条 放弃继承的效力，追溯到继承开始的时间。

第三十八条 继承开始后，受遗赠人表示接受遗赠，并于遗产分割前死亡的，其接受遗赠的权利转移给他的继承人。

第三十九条 由国家或者集体组织供给生活费用的烈属和享受社会救济的自然人，其遗产仍应准许合法继承人继承。

第四十条 继承人以外的组织或者个人与自然人签订遗赠扶养协议后，无正当理由不履行，导致协议解除的，不能享有受遗赠的权利，其支付的供养费用一般不予补偿；遗赠人无正当理由不履行，导致协议解除的，则应当偿还继承人以外的组织或者个人已支付的供养费用。

第四十一条 遗产因无人继承又无人受遗赠归国家或者集体所有制组织所有时，按照民法典第一千一百三十一条规定可以分给适当遗产的人提出取得遗产的诉讼请求，人民法院应当视情况适当分给遗产。

第四十二条 人民法院在分割遗产中的房屋、生产资料和特定职业所需要的财产时，应当依据有利于发挥其使用效益和继承人的实际需要，兼顾各继承人的利益进行处理。

第四十三条 人民法院对故意隐匿、侵吞或者争抢遗产的继承人，可以酌情减少其应继承的遗产。

第四十四条 继承诉讼开始后，如继承人、受遗赠人中有既不愿参加诉讼，又不表示放弃实体权利的，应当追加为共同原告；继承人已书面表示放弃继承、受遗赠人在知道受遗赠后六十日内表示放弃受遗赠或者到期没有表示的，不再列为当事人。

五、附 则

第四十五条 本解释自2021年1月1日起施行。

(五)侵权责任

最高人民法院关于审理人身损害赔偿案件适用法律若干问题的解释

(2003年12月4日最高人民法院审判委员会第1299次会议通过 根据2020年12月23日最高人民法院审判委员会第1823次会议通过的《最高人民法院关于修改〈最高人民法院关于在民事审判工作中适用《中华人民共和国工会法》若干问题的解释〉等二十七件民事类司法解释的决定》修正)

为正确审理人身损害赔偿案件,依法保护当事人的合法权益,根据《中华人民共和国民法典》《中华人民共和国民事诉讼法》等有关法律规定,结合审判实践,制定本解释。

第一条 因生命、身体、健康遭受侵害,赔偿权利人起诉请求赔偿义务人赔偿物质损害和精神损害的,人民法院应予受理。

本条所称"赔偿权利人",是指因侵权行为或者其他致害原因直接遭受人身损害的受害人以及死亡受害人的近亲属。

本条所称"赔偿义务人",是指因自己或者他人的侵权行为以及其他致害原因依法应当承担民事责任的自然人、法人或者非法人组织。

第二条 赔偿权利人起诉部分共同侵权人的,人民法院应当追加其他共同侵权人作为共同被告。赔偿权利人在诉讼中放弃对部分共同侵权人的诉讼请求的,其他共同侵权人对被放弃诉讼请求的被告应当承担的赔偿份额不承担连带责任。责任范围难以确定的,推定各共同侵权人承担同等责任。

人民法院应当将放弃诉讼请求的法律后果告知赔偿权利人,并将放弃诉讼请求的情况在法律文书中叙明。

第三条 依法应当参加工伤保险统筹的用人单位的劳动者,因工伤事故遭受人身损害,劳动者或者其近亲属向人民法院起诉请求用人单位承担民事赔偿责任的,告知其按《工伤保险条例》的规定处理。

因用人单位以外的第三人侵权造成劳动者人身损害,赔偿权利人请求第三人承担民事赔偿责任的,人民法院应予支持。

第四条 无偿提供劳务的帮工人,在从事帮工活动中致人损害的,被帮工人应当承担赔偿责任。被帮工人承担赔偿责任后向有故意或者重大过失的帮工人追偿的,人民法院应予支持。被帮工人明确拒绝帮工的,不承担赔偿责任。

第五条 无偿提供劳务的帮工人因帮工活动遭受人身损害的,根据帮工人和被帮工人各自的过错承担相应的责任;被帮工人明确拒绝帮工的,被帮工人不承担赔偿责任,但可以在受益范围内予以适当补偿。

帮工人在帮工活动中因第三人的行为遭受人身损害的,有权请求第三人承担赔偿责任,也有权请求被帮工人予以适当补偿。被帮工人补偿后,可以向第三人追偿。

第六条 医疗费根据医疗机构出具的医药费、住院费等收款凭证,结合病历和诊断证明等相关证据确定。赔偿义务人对治疗的必要性和合理性有异议的,应当承担相应的举证责任。

医疗费的赔偿数额,按照一审法庭辩论终结前实际发生的数额确定。器官功能恢复训练所必要的康复费、适当的整容费以及其他后续治疗费,赔偿权利人可以待实际发生后另行起诉。但根据医疗证明或者鉴定结论确定必然发生的费用,可以与已经发生的医疗费一并予以赔偿。

第七条 误工费根据受害人的误工时间和收入状况确定。

误工时间根据受害人接受治疗的医疗机构出具的证明确定。受害人因伤致残持续误工的,误工时间可以计算至定残日前一天。

受害人有固定收入的,误工费按照实际减少的收入计算。受害人无固定收入的,按照其最近三年的平均收入计算;受害人不能举证证明其最近三年的平均收入状况的,可以参照受诉法院所在地相同或者相近行业上一年度职工的平均工资计算。

第八条 护理费根据护理人员的收入状况和护理人数、护理期限确定。

护理人员有收入的,参照误工费的规定计算;护理人员没有收入或者雇佣护工的,参照当地护工从事同等级别护理的劳务报酬标准计算。护理人员原则上为一人,但医疗机构或者鉴定机构有明确意见的,可以参照确定护理人员人数。

护理期限应计算至受害人恢复生活自理能力时止。受害人因残疾不能恢复生活自理能力的,可以根据其年龄、健康状况等因素确定合理的护理期限,但最长不超过二十年。

受害人定残后的护理,应当根据其护理依赖程度并结合配制残疾辅助器具的情况确定护理级别。

第九条 交通费根据受害人及其必要的陪护人员因就医或者转院治疗实际发生的费用计算。交通费应当以正式票据为凭;有关凭据应当与就医地点、时间、人数、次数相符合。

第十条 住院伙食补助费可以参照当地国家机关一般工作人员的出差伙食补助标准予以确定。

受害人确有必要到外地治疗,因客观原因不能住院,受害人本人及其陪护人员实际发生的住宿费和伙食费,其合理部分应予赔偿。

第十一条 营养费根据受害人伤残情况参照医疗机构的意见确定。

第十二条 残疾赔偿金根据受害人丧失劳动能力程度或者伤残等级,按照受诉法院所在地上一年度城镇居民人均可支配收入或者农村居民人均纯收入标准,自定残之日起按二十年计算。但六十周岁以上的,年龄每增加一岁减少一年;七十五周岁以上的,按五年计算。

受害人因伤致残但实际收入没有减少,或者伤残等级较轻但造成职业妨害严重影响其劳动就业的,可以对残疾赔偿金作相应调整。

第十三条 残疾辅助器具费按照普通适用器具的合理费用标准计算。伤情有特殊需要的,可以参照辅助器具配制机构的意见确定相应的合理费用标准。

辅助器具的更换周期和赔偿期限参照配制机构的意见确定。

第十四条 丧葬费按照受诉法院所在地上一年度职工月平均工资标准,以六个月总额计算。

第十五条 死亡赔偿金按照受诉法院所在地上一年度城镇居民人均可支配收入或者农村居民人均纯收入标准,按二十年计算。但六十周岁以上的,年龄每增加一岁减少一年;七十五周岁以上的,按五年计算。

第十六条 被扶养人生活费计入残疾赔偿金或者死亡赔偿金。

第十七条 被扶养人生活费根据扶养人丧失劳动能力程度,按照受诉法院所在地上一年度城镇居民人均消费性支出和农村居民人均年生活消费支出标准计算。被扶养人为未成年人的,计算至十八周岁;被扶养人无劳动能力又无其他生活来源的,计算二十年。但六十周岁以上的,年龄每增加一岁减少一年;七十五周岁以上的,按五年计算。

被扶养人是指受害人依法应当承担扶养义务的未成年人或者丧失劳动能力又无其他生活来源的成年近亲属。被扶养人还有其他扶养人的,赔偿义务人只赔偿受害人依法应当负担的部分。被扶养人有数人的,年赔偿总额累计不超过上一年度城镇居民人均消费性支出额或者农村居民人均年生活消费支出额。

第十八条 赔偿权利人举证证明其住所地或者经常居住地城镇居民人均可支配收入或者农村居民人均纯收入高于受诉法院所在地标准的,残疾赔偿金或者死亡赔偿金可以按照其住所地或者经常居住地的相关标准计算。

被扶养人生活费的相关计算标准,依照前款原则确定。

第十九条 超过确定的护理期限、辅助器具费给付年限或者残疾赔偿金给付年限,赔偿权利人向人民法院起诉请求继续给付护理费、辅助器具费或者残疾赔偿金的,人民法院应予受理。赔偿权利人确需继续护理、配制辅助器具,或者没有劳动能力和生活来源的,人民法院应当判令赔偿义务人继续给付相关费用五至十年。

第二十条 赔偿义务人请求以定期金方式给付残疾赔偿金、辅助器具费的,应当提供相应的担保。人民法院可以根据赔偿义务人的给付能力和提供担保的情况,确定以定期金方式给付相关费用。但是,一审法庭辩论终结前已经发生的费用、死亡赔偿金以及精神损害抚慰金,应当一次性给付。

第二十一条 人民法院应当在法律文书中明确定期金的给付时间、方式以及每期给付标准。执行期间有关统计数据发生变化的,给付金额应当适时进行相应调整。

定期金按照赔偿权利人的实际生存年限给付,不受本解释有关赔偿期限的限制。

第二十二条 本解释所称"城镇居民人均可支配收入""农村居民人均纯收入""城镇居民人均消

费性支出”“农村居民人均年生活消费支出”“职工平均工资”，按照政府统计部门公布的各省、自治区、直辖市以及经济特区和计划单列市上一年度相关统计数据确定。

“上一年度”，是指一审法庭辩论终结时的上一统计年度。

第二十三条 精神损害抚慰金适用《最高人民法院关于确定民事侵权精神损害赔偿责任若干问题的解释》予以确定。

第二十四条 本解释自2004年5月1日起施行。2004年5月1日后新受理的一审人身损害赔偿案件，适用本解释的规定。已经作出生效裁判的人身损害赔偿案件依法再审的，不适用本解释的规定。

在本解释公布施行之前已经生效施行的司法解释，其内容与本解释不一致的，以本解释为准。

最高人民法院关于审理道路交通事故损害赔偿案件适用法律若干问题的解释

（2012年9月17日最高人民法院审判委员会第1556次会议通过 根据2020年12月23日最高人民法院审判委员会第1823次会议通过的《最高人民法院关于修改〈最高人民法院关于在民事审判工作中适用《中华人民共和国工会法》若干问题的解释〉等二十七件民事类司法解释的决定》修正）

为正确审理道路交通事故损害赔偿案件，根据《中华人民共和国民法典》《中华人民共和国道路交通安全法》《中华人民共和国保险法》《中华人民共和国民事诉讼法》等法律的规定，结合审判实践，制定本解释。

一、关于主体责任的认定

第一条 机动车发生交通事故造成损害，机动车所有人或者管理人有下列情形之一，人民法院应当认定其对损害的发生有过错，并适用民法典第一千二百零九条的规定确定其相应的赔偿责任：

（一）知道或者应当知道机动车存在缺陷，且该缺陷是交通事故发生原因之一的；

（二）知道或者应当知道驾驶人无驾驶资格或者未取得相应驾驶资格的；

（三）知道或者应当知道驾驶人因饮酒、服用国家管制的精神药品或者麻醉药品，或者患有妨碍安全驾驶机动车的疾病等依法不能驾驶机动车的；

（四）其它应当认定机动车所有人或者管理人有过错的。

第二条 被多次转让但是未办理登记的机动车发生交通事故造成损害，属于该机动车一方责任，当事人请求由最后一次转让并交付的受让人承担赔偿责任的，人民法院应予支持。

第三条 套牌机动车发生交通事故造成损害，属于该机动车一方责任，当事人请求由套牌机动车的所有人或者管理人承担赔偿责任的，人民法院应予支持；被套牌机动车所有人或者管理人同意套牌的，应当与套牌机动车的所有人或者管理人承担连带责任。

第四条 拼装车、已达到报废标准的机动车或者依法禁止行驶的其他机动车被多次转让，并发生交通事故造成损害，当事人请求由所有的转让人和受让人承担连带责任的，人民法院应予支持。

第五条 接受机动车驾驶培训的人员，在培训活动中驾驶机动车发生交通事故造成损害，属于该机动车一方责任，当事人请求驾驶培训单位承担赔偿责任的，人民法院应予支持。

第六条 机动车试乘过程中发生交通事故造成试乘人损害，当事人请求提供试乘服务者承担赔偿责任的，人民法院应予支持。试乘人有过错的，应当减轻提供试乘服务者的赔偿责任。

第七条 因道路管理维护缺陷导致机动车发生交通事故造成损害，当事人请求道路管理者承担相应赔偿责任的，人民法院应予支持。但道路管理者能够证明已经依照法律、法规、规章的规定，或者按照国家标准、行业标准、地方标准的要求尽到安全防护、警示等管理维护义务的除外。

依法不得进入高速公路的车辆、行人，进入高速公路发生交通事故造成自身损害，当事人请求高速公路管理者承担赔偿责任的，适用民法典第一千二百四十三条的规定。

第八条 未按照法律、法规、规章或者国家标准、行业标准、地方标准的强制性规定设计、施工，致使道路存在缺陷并造成交通事故，当事人请求建设单位与施工单位承担相应赔偿责任的，人民法院应予支持。

第九条 机动车存在产品缺陷导致交通事故造成损害，当事人请求生产者或者销售者依照民法典第七编第四章的规定承担赔偿责任的，人民法院应予支持。

第十条 多辆机动车发生交通事故造成第三人损害，当事人请求多个侵权人承担赔偿责任的，人民法院应当区分不同情况，依照民法典第一千一百七十条、第一千一百七十一条、第一千一百七十二条的规定，确定侵权人承担连带责任或者按份责任。

二、关于赔偿范围的认定

第十一条 道路交通安全法第七十六条规定的“人身伤亡”，是指机动车发生交通事故侵害被侵权人的生命权、身体权、健康权等人身权益所造成的损害，包括民法典第一千一百七十九条和第一千一百八十三条规定的各项损害。

道路交通安全法第七十六条规定的“财产损失”，是指因机动车发生交通事故侵害被侵权人的财产权益所造成的损失。

第十二条 因道路交通事故造成下列财产损失，当事人请求侵权人赔偿的，人民法院应予支持：

(一)维修被损坏车辆所支出的费用、车辆所载物品的损失、车辆施救费用；

(二)因车辆灭失或者无法修复，为购买交通事故发生时与被损坏车辆价值相当的车辆重置费用；

(三)依法从事货物运输、旅客运输等经营性活动的车辆，因无法从事相应经营活动所产生的合理停运损失；

(四)非经营性车辆因无法继续使用，所产生的通常替代性交通工具的合理费用。

三、关于责任承担的认定

第十三条 同时投保机动车第三者责任强制保险(以下简称“交强险”)和第三者责任商业保险(以下简称“商业三者险”)的机动车发生交通事故造成损害，当事人同时起诉侵权人和保险公司的，人民法院应当依照民法典第一千二百一十三条的规定，确定赔偿责任。

被侵权人或者其近亲属请求承保交强险的保险公司优先赔偿精神损害的，人民法院应予支持。

第十四条 投保人允许的驾驶人驾驶机动车致使投保人遭受损害，当事人请求承保交强险的保险公司在责任限额范围内予以赔偿的，人民法院应予支持，但投保人为本车上人员的除外。

第十五条 有下列情形之一导致第三人人身损害，当事人请求保险公司在交强险责任限额范围内予以赔偿，人民法院应予支持：

(一)驾驶人未取得驾驶资格或者未取得相应驾驶资格的；

(二)醉酒、服用国家管制的精神药品或者麻醉药品后驾驶机动车发生交通事故的；

(三)驾驶人故意制造交通事故的。

保险公司在赔偿范围内向侵权人主张追偿权的，人民法院应予支持。追偿权的诉讼时效期间自保险公司实际赔偿之日起计算。

第十六条 未依法投保交强险的机动车发生交通事故造成损害，当事人请求投保义务人在交强险责任限额范围内予以赔偿的，人民法院应予支持。

投保义务人和侵权人不是同一人，当事人请求投保义务人和侵权人在交强险责任限额范围内承担相应责任的，人民法院应予支持。

第十七条 具有从事交强险业务资格的保险公司违法拒绝承保、拖延承保或者违法解除交强险合同，投保义务人在向第三人承担赔偿责任后，请求该保险公司在交强险责任限额范围内承担相应赔偿责任的，人民法院应予支持。

第十八条 多辆机动车发生交通事故造成第三人损害，损失超出各机动车交强险责任限额之和的，由各保险公司在各自责任限额范围内承担赔偿责任；损失未超出各机动车交强险责任限额之和，当事人请求由各保险公司按照其责任限额与责任限额之和的比例承担赔偿责任的，人民法院应予支持。

依法分别投保交强险的牵引车和挂车连接使用时发生交通事故造成第三人损害，当事人请求由各保险公司在各自的责任限额范围内平均赔偿的，人民法院应予支持。

多辆机动车发生交通事故造成第三人损害，其中部分机动车未投保交强险，当事人请求先由已承保交强险的保险公司在责任限额范围内予以赔偿的，人民法院应予支持。保险公司就超出其应承担的部分向未投保交强险的投保义务人或者侵权人行使追偿权的,人民法院应予支持。

第十九条 同一交通事故的多个被侵权人同时起诉的,人民法院应当按照各被侵权人的损失比例确定交强险的赔偿数额。

第二十条 机动车所有权在交强险合同有效期内发生变动,保险公司在交通事故发生后,以该机动车未办理交强险合同变更手续为由主张免除赔偿责任的,人民法院不予支持。

机动车在交强险合同有效期内发生改装、使用性质改变等导致危险程度增加的情形,发生交通事故后,当事人请求保险公司在责任限额范围内予以赔偿的,人民法院应予支持。

前款情形下,保险公司另行起诉请求投保义务人按照重新核定后的保险费标准补足当期保险费的,人民法院应予支持。

第二十一条 当事人主张交强险人身伤亡保险金请求权转让或者设定担保的行为无效的,人民法院应予支持。

四、关于诉讼程序的规定

第二十二条 人民法院审理道路交通事故损害赔偿案件,应当将承保交强险的保险公司列为共同被告。但该保险公司已经在交强险责任限额范围内予以赔偿且当事人无异议的除外。

人民法院审理道路交通事故损害赔偿案件,当事人请求将承保商业三者险的保险公司列为共同被告的,人民法院应予准许。

第二十三条 被侵权人因道路交通事故死亡,无近亲属或者近亲属不明,未经法律授权的机关或者有关组织向人民法院起诉主张死亡赔偿金的,人民法院不予受理。

侵权人以已向未经法律授权的机关或者有关组织支付死亡赔偿金为理由,请求保险公司在交强险责任限额范围内予以赔偿的,人民法院不予支持。

被侵权人因道路交通事故死亡,无近亲属或者近亲属不明,支付被侵权人医疗费、丧葬费等合理费用的单位或者个人,请求保险公司在交强险责任限额范围内予以赔偿的,人民法院应予支持。

第二十四条 公安机关交通管理部门制作的交通事故认定书,人民法院应依法审查并确认其相应的证明力,但有相反证据推翻的除外。

五、关于适用范围的规定

第二十五条 机动车在道路以外的地方通行时引发的损害赔偿案件,可以参照适用本解释的规定。

第二十六条 本解释施行后尚未终审的案件,适用本解释;本解释施行前已经终审,当事人申请再审或者按照审判监督程序决定再审的案件,不适用本解释。

最高人民法院关于审理利用信息网络侵害人身权益民事纠纷案件适用法律若干问题的规定

(2014年6月23日最高人民法院审判委员会第1621次会议通过 根据2020年12月23日最高人民法院审判委员会第1823次会议通过的《最高人民法院关于修改〈最高人民法院关于在民事审判工作中适用《中华人民共和国工会法》若干问题的解释〉等二十七件民事类司法解释的决定》修正)

为正确审理利用信息网络侵害人身权益民事纠纷案件,根据《中华人民共和国民法典》《全国人民代表大会常务委员会关于加强网络信息保护的决定》《中华人民共和国民事诉讼法》等法律的规定,结合审判实践,制定本规定。

第一条 本规定所称的利用信息网络侵害人身权益民事纠纷案件,是指利用信息网络侵害他人姓名权、名称权、名誉权、荣誉权、肖像权、隐私权等人身权益引起的纠纷案件。

第二条 原告依据民法典第一千一百九十五条、第一千一百九十七条的规定起诉网络用户或者网络服务提供者的,人民法院应予受理。

原告仅起诉网络用户,网络用户请求追加涉嫌侵权的网络服务提供者为共同被告或者第三人的,人民法院应予准许。

原告仅起诉网络服务提供者,网络服务提供者请求追加可以确定的网络用户为共同被告或者第三人的,人民法院应予准许。

第三条 原告起诉网络服务提供者,网络服务提供者以涉嫌侵权的信息系网络用户发布为由抗辩的,人民法院可以根据原告的请求及案件的具体情况，责令网络服务提供者向人民法院提供能够确定涉嫌侵权的网络用户的姓名（名称）、联系方式、网络地址等信息。

网络服务提供者无正当理由拒不提供的，人民法院可以依据民事诉讼法第一百一十四条的规定对网络服务提供者采取处罚等措施。

原告根据网络服务提供者提供的信息请求追加网络用户为被告的，人民法院应予准许。

第四条 人民法院适用民法典第一千一百九十五条第二款的规定，认定网络服务提供者采取的删除、屏蔽、断开链接等必要措施是否及时，应当根据网络服务的类型和性质、有效通知的形式和准确程度、网络信息侵害权益的类型和程度等因素综合判断。

第五条 其发布的信息被采取删除、屏蔽、断开链接等措施的网络用户，主张网络服务提供者承担违约责任或者侵权责任，网络服务提供者以收到民法典第一千一百九十五条第一款规定的有效通知为由抗辩的，人民法院应予支持。

第六条 人民法院依据民法典第一千一百九十七条认定网络服务提供者是否"知道或者应当知道"，应当综合考虑下列因素：

（一）网络服务提供者是否以人工或者自动方式对侵权网络信息以推荐、排名、选择、编辑、整理、修改等方式作出处理；

（二）网络服务提供者应当具备的管理信息的能力，以及所提供服务的性质、方式及其引发侵权的可能性大小；

（三）该网络信息侵害人身权益的类型及明显程度；

（四）该网络信息的社会影响程度或者一定时间内的浏览量；

（五）网络服务提供者采取预防侵权措施的技术可能性及其是否采取了相应的合理措施；

（六）网络服务提供者是否针对同一网络用户的重复侵权行为或者同一侵权信息采取了相应的合理措施；

（七）与本案相关的其他因素。

第七条 人民法院认定网络用户或者网络服务提供者转载网络信息行为的过错及其程度，应当综合以下因素：

（一）转载主体所承担的与其性质、影响范围相适应的注意义务；

（二）所转载信息侵害他人人身权益的明显程度；

（三）对所转载信息是否作出实质性修改，是否添加或者修改文章标题，导致其与内容严重不符以及误导公众的可能性。

第八条 网络用户或者网络服务提供者采取诽谤、诋毁等手段，损害公众对经营主体的信赖，降低其产品或者服务的社会评价，经营主体请求网络用户或者网络服务提供者承担侵权责任的，人民法院应依法予以支持。

第九条 网络用户或者网络服务提供者，根据国家机关依职权制作的文书和公开实施的职权行为等信息来源所发布的信息，有下列情形之一，侵害他人人身权益，被侵权人请求侵权人承担侵权责任的，人民法院应予支持：

（一）网络用户或者网络服务提供者发布的信息与前述信息来源内容不符；

（二）网络用户或者网络服务提供者以添加侮辱性内容、诽谤性信息、不当标题或者通过增删信息、调整结构、改变顺序等方式致人误解；

（三）前述信息来源已被公开更正，但网络用户拒绝更正或者网络服务提供者不予更正；

（四）前述信息来源已被公开更正，网络用户或者网络服务提供者仍然发布更正之前的信息。

第十条 被侵权人与构成侵权的网络用户或者网络服务提供者达成一方支付报酬，另一方提供删除、屏蔽、断开链接等服务的协议，人民法院应认定为无效。

擅自篡改、删除、屏蔽特定网络信息或者以断开链接的方式阻止他人获取网络信息，发布该信息的网络用户或者网络服务提供者请求侵权人承担侵权责任的，人民法院应予支持。接受他人委托实施该行为的，委托人与受托人承担连带责任。

第十一条 网络用户或者网络服务提供者侵害他人人身权益，造成财产损失或者严重精神损害，被侵权人依据民法典第一千一百八十二条和第一千一百八十三条的规定，请求其承担赔偿责任的，人民法院应予支持。

第十二条 被侵权人为制止侵权行为所支付的合理开支，可以认定为民法典第一千一百八十二条规定的财产损失。合理开支包括被侵权人或者委托代理人对侵权行为进行调查、取证的合理费用。人民法院根据当事人的请求和具体案情，可以将符合国家有关部门规定的律师费用计算在赔偿范围内。

被侵权人因人身权益受侵害造成的财产损失以及侵权人因此获得的利益难以确定的,人民法院可以根据具体案情在50万元以下的范围内确定赔偿数额。

第十三条 本规定施行后人民法院正在审理的一审、二审案件适用本规定。

本规定施行前已经终审,本规定施行后当事人申请再审或者按照审判监督程序决定再审的案件,不适用本规定。

最高人民法院关于审理环境侵权责任纠纷案件适用法律若干问题的解释

(2015年2月9日最高人民法院审判委员会第1644次会议通过 根据2020年12月23日最高人民法院审判委员会第1823次会议通过的《最高人民法院关于修改〈最高人民法院关于在民事审判工作中适用《中华人民共和国工会法》若干问题的解释〉等二十七件民事类司法解释的决定》修正)

为正确审理环境侵权责任纠纷案件,根据《中华人民共和国民法典》《中华人民共和国环境保护法》《中华人民共和国民事诉讼法》等法律的规定,结合审判实践,制定本解释。

第一条 因污染环境、破坏生态造成他人损害,不论侵权人有无过错,侵权人应当承担侵权责任。

侵权人以排污符合国家或者地方污染物排放标准为由主张不承担责任的,人民法院不予支持。

侵权人不承担责任或者减轻责任的情形,适用海洋环境保护法、水污染防治法、大气污染防治法等环境保护单行法的规定;相关环境保护单行法没有规定的,适用民法典的规定。

第二条 两个以上侵权人共同实施污染环境、破坏生态行为造成损害,被侵权人根据民法典第一千一百六十八条规定请求侵权人承担连带责任的,人民法院应予支持。

第三条 两个以上侵权人分别实施污染环境、破坏生态行为造成同一损害,每一个侵权人的污染环境、破坏生态行为都足以造成全部损害,被侵权人根据民法典第一千一百七十一条规定请求侵权人承担连带责任的,人民法院应予支持。

两个以上侵权人分别实施污染环境、破坏生态行为造成同一损害,每一个侵权人的污染环境、破坏生态行为都不足以造成全部损害,被侵权人根据民法典第一千一百七十二条规定请求侵权人承担责任的,人民法院应予支持。

两个以上侵权人分别实施污染环境、破坏生态行为造成同一损害,部分侵权人的污染环境、破坏生态行为足以造成全部损害,部分侵权人的污染环境、破坏生态行为只造成部分损害,被侵权人根据民法典第一千一百七十一条规定请求足以造成全部损害的侵权人与其他侵权人就共同造成的损害部分承担连带责任,并对全部损害承担责任的,人民法院应予支持。

第四条 两个以上侵权人污染环境、破坏生态,对侵权人承担责任的大小,人民法院应当根据污染物的种类、浓度、排放量、危害性,有无排污许可证、是否超过污染物排放标准、是否超过重点污染物排放总量控制指标,破坏生态的方式、范围、程度,以及行为对损害后果所起的作用等因素确定。

第五条 被侵权人根据民法典第一千二百三十三条规定分别或者同时起诉侵权人、第三人的,人民法院应予受理。

被侵权人请求第三人承担赔偿责任的,人民法院应当根据第三人的过错程度确定其相应赔偿责任。

侵权人以第三人的过错污染环境、破坏生态造成损害为由主张不承担责任或者减轻责任的,人民法院不予支持。

第六条 被侵权人根据民法典第七编第七章的规定请求赔偿的,应当提供证明以下事实的证据材料:

(一)侵权人排放了污染物或者破坏了生态;

(二)被侵权人的损害;

(三)侵权人排放的污染物或者其次生污染物、破坏生态行为与损害之间具有关联性。

第七条 侵权人举证证明下列情形之一的,人民法院应当认定其污染环境、破坏生态行为与损害之间不存在因果关系:

(一)排放污染物、破坏生态的行为没有造成该损害可能的;

(二)排放的可造成该损害的污染物未到达该

损害发生地的；

（三）该损害于排放污染物、破坏生态行为实施之前已发生的；

（四）其他可以认定污染环境、破坏生态行为与损害之间不存在因果关系的情形。

第八条 对查明环境污染、生态破坏案件事实的专门性问题，可以委托具备相关资格的司法鉴定机构出具鉴定意见或者由负有环境资源保护监督管理职责的部门推荐的机构出具检验报告、检测报告、评估报告或者监测数据。

第九条 当事人申请通知一至两名具有专门知识的人出庭，就鉴定意见或者污染物认定、损害结果、因果关系、修复措施等专业问题提出意见的，人民法院可以准许。当事人未申请，人民法院认为有必要的，可以进行释明。

具有专门知识的人在法庭上提出的意见，经当事人质证，可以作为认定案件事实的根据。

第十条 负有环境资源保护监督管理职责的部门或者其委托的机构出具的环境污染、生态破坏事件调查报告、检验报告、检测报告、评估报告或者监测数据等，经当事人质证，可以作为认定案件事实的根据。

第十一条 对于突发性或者持续时间较短的环境污染、生态破坏行为，在证据可能灭失或者以后难以取得的情况下，当事人或者利害关系人根据民事诉讼法第八十一条规定申请证据保全的，人民法院应当准许。

第十二条 被申请人具有环境保护法第六十三条规定情形之一，当事人或者利害关系人根据民事诉讼法第一百条或者第一百零一条规定申请保全的，人民法院可以裁定责令被申请人立即停止侵害行为或者采取防治措施。

第十三条 人民法院应当根据被侵权人的诉讼请求以及具体案情，合理判定侵权人承担停止侵害、排除妨碍、消除危险、修复生态环境、赔礼道歉、赔偿损失等民事责任。

第十四条 被侵权人请求修复生态环境的，人民法院可以依法裁判侵权人承担环境修复责任，并同时确定其不履行环境修复义务时应当承担的环境修复费用。

侵权人在生效裁判确定的期限内未履行环境修复义务的，人民法院可以委托其他人进行环境修复，所需费用由侵权人承担。

第十五条 被侵权人起诉请求侵权人赔偿因污染环境、破坏生态造成的财产损失、人身损害以及为防止损害发生和扩大、清除污染、修复生态环境而采取必要措施所支出的合理费用的，人民法院应予支持。

第十六条 下列情形之一，应当认定为环境保护法第六十五条规定的弄虚作假：

（一）环境影响评价机构明知委托人提供的材料虚假而出具严重失实的评价文件的；

（二）环境监测机构或者从事环境监测设备维护、运营的机构故意隐瞒委托人超过污染物排放标准或者超过重点污染物排放总量控制指标的事实的；

（三）从事防治污染设施维护、运营的机构故意不运行或者不正常运行环境监测设备或者防治污染设施的；

（四）有关机构在环境服务活动中其他弄虚作假的情形。

第十七条 本解释适用于审理因污染环境、破坏生态造成损害的民事案件，但法律和司法解释对环境民事公益诉讼案件另有规定的除外。

相邻污染侵害纠纷、劳动者在职业活动中因受污染损害发生的纠纷，不适用本解释。

第十八条 本解释施行后，人民法院尚未审结的一审、二审案件适用本解释规定。本解释施行前已经作出生效裁判的案件，本解释施行后依法再审的，不适用本解释。

本解释施行后，最高人民法院以前颁布的司法解释与本解释不一致的，不再适用。

最高人民法院关于审理环境民事公益诉讼案件适用法律若干问题的解释

（2014年12月8日最高人民法院审判委员会第1631次会议通过　根据2020年12月23日最高人民法院审判委员会第1823次会议通过的《最高人民法院关于修改〈最高人民法院关于人民法院民事调解工作若干问题的规定〉等十九件民事诉讼类司法解释的决定》修正）

为正确审理环境民事公益诉讼案件，根据《中华人民共和国民法典》《中华人民共和国环境保护法》《中华人民共和国民事诉讼法》等法律的规定，结合审判实践，制定本解释。

第一条 法律规定的机关和有关组织依据民事诉讼法第五十五条、环境保护法第五十八条等法律的规定，对已经损害社会公共利益或者具有损害社会公共利益重大风险的污染环境、破坏生态的行为提起诉讼，符合民事诉讼法第一百一十九条第二项、第三项、第四项规定的，人民法院应予受理。

第二条 依照法律、法规的规定，在设区的市级以上人民政府民政部门登记的社会团体、基金会以及社会服务机构等，可以认定为环境保护法第五十八条规定的社会组织。

第三条 设区的市，自治州、盟、地区，不设区的地级市，直辖市的区以上人民政府民政部门，可以认定为环境保护法第五十八条规定的“设区的市级以上人民政府民政部门”。

第四条 社会组织章程确定的宗旨和主要业务范围是维护社会公共利益，且从事环境保护公益活动的，可以认定为环境保护法第五十八条规定的“专门从事环境保护公益活动”。

社会组织提起的诉讼所涉及的社会公共利益，应与其宗旨和业务范围具有关联性。

第五条 社会组织在提起诉讼前五年内未因从事业务活动违反法律、法规的规定受过行政、刑事处罚的，可以认定为环境保护法第五十八条规定的“无违法记录”。

第六条 第一审环境民事公益诉讼案件由污染环境、破坏生态行为发生地、损害结果地或者被告住所地的中级以上人民法院管辖。

中级人民法院认为确有必要的，可以在报请高级人民法院批准后，裁定将本院管辖的第一审环境民事公益诉讼案件交由基层人民法院审理。

同一原告或者不同原告对同一污染环境、破坏生态行为分别向两个以上有管辖权的人民法院提起环境民事公益诉讼的，由最先立案的人民法院管辖，必要时由共同上级人民法院指定管辖。

第七条 经最高人民法院批准，高级人民法院可以根据本辖区环境和生态保护的实际情况，在辖区内确定部分中级人民法院受理第一审环境民事公益诉讼案件。

中级人民法院管辖环境民事公益诉讼案件的区域由高级人民法院确定。

第八条 提起环境民事公益诉讼应当提交下列材料：

（一）符合民事诉讼法第一百二十一条规定的起诉状，并按照被告人数提出副本；

（二）被告的行为已经损害社会公共利益或者具有损害社会公共利益重大风险的初步证明材料；

（三）社会组织提起诉讼的，应当提交社会组织登记证书、章程、起诉前连续五年的年度工作报告书或者年检报告书，以及由其法定代表人或者负责人签字并加盖公章的无违法记录的声明。

第九条 人民法院认为原告提出的诉讼请求不足以保护社会公共利益的，可以向其释明变更或者增加停止侵害、修复生态环境等诉讼请求。

第十条 人民法院受理环境民事公益诉讼后，应当在立案之日起五日内将起诉状副本发送被告，并公告案件受理情况。

有权提起诉讼的其他机关和社会组织在公告之日起三十日内申请参加诉讼，经审查符合法定条件的，人民法院应当将其列为共同原告；逾期申请的，不予准许。

公民、法人和其他组织以人身、财产受到损害为由申请参加诉讼的，告知其另行起诉。

第十一条 检察机关、负有环境资源保护监督管理职责的部门及其他机关、社会组织、企业事业单位依据民事诉讼法第十五条的规定，可以通过提供法律咨询、提交书面意见、协助调查取证等方式支持社会组织依法提起环境民事公益诉讼。

第十二条 人民法院受理环境民事公益诉讼后，应当在十日内告知对被告行为负有环境资源保护监督管理职责的部门。

第十三条 原告请求被告提供其排放的主要污染物名称、排放方式、排放浓度和总量、超标排放情况以及防治污染设施的建设和运行情况等环境信息，法律、法规、规章规定被告应当持有或者有证据证明被告持有而拒不提供，如果原告主张相关事实不利于被告的，人民法院可以推定该主张成立。

第十四条 对于审理环境民事公益诉讼案件需要的证据，人民法院认为必要的，应当调查收集。

对于应当由原告承担举证责任且为维护社会公共利益所必要的专门性问题，人民法院可以委托具备资格的鉴定人进行鉴定。

第十五条 当事人申请通知有专门知识的人出庭，就鉴定人作出的鉴定意见或者就因果关系、生态环境修复方式、生态环境修复费用以及生态环境受到损害至修复完成期间服务功能丧失导致的损失等专门性问题提出意见的,人民法院可以准许。

前款规定的专家意见经质证,可以作为认定事实的根据。

第十六条 原告在诉讼过程中承认的对己方不利的事实和认可的证据,人民法院认为损害社会公共利益的,应当不予确认。

第十七条 环境民事公益诉讼案件审理过程中,被告以反诉方式提出诉讼请求的,人民法院不予受理。

第十八条 对污染环境、破坏生态,已经损害社会公共利益或者具有损害社会公共利益重大风险的行为,原告可以请求被告承担停止侵害、排除妨碍、消除危险、修复生态环境、赔偿损失、赔礼道歉等民事责任。

第十九条 原告为防止生态环境损害的发生和扩大,请求被告停止侵害、排除妨碍、消除危险的,人民法院可以依法予以支持。

原告为停止侵害、排除妨碍、消除危险采取合理预防、处置措施而发生的费用,请求被告承担的,人民法院可以依法予以支持。

第二十条 原告请求修复生态环境的,人民法院可以依法判决被告将生态环境修复到损害发生之前的状态和功能。无法完全修复的,可以准许采用替代性修复方式。

人民法院可以在判决被告修复生态环境的同时,确定被告不履行修复义务时应承担的生态环境修复费用;也可以直接判决被告承担生态环境修复费用。

生态环境修复费用包括制定、实施修复方案的费用,修复期间的监测、监管费用,以及修复完成后的验收费用、修复效果后评估费用等。

第二十一条 原告请求被告赔偿生态环境受到损害至修复完成期间服务功能丧失导致的损失、生态环境功能永久性损害造成的损失的,人民法院可以依法予以支持。

第二十二条 原告请求被告承担以下费用的,人民法院可以依法予以支持:

(一)生态环境损害调查、鉴定评估等费用;

(二)清除污染以及防止损害的发生和扩大所支出的合理费用;

(三)合理的律师费以及为诉讼支出的其他合理费用。

第二十三条 生态环境修复费用难以确定或者确定具体数额所需鉴定费用明显过高的,人民法院可以结合污染环境、破坏生态的范围和程度,生态环境的稀缺性,生态环境恢复的难易程度,防治污染设备的运行成本,被告因侵害行为所获得的利益以及过错程度等因素,并可以参考负有环境资源保护监督管理职责的部门的意见、专家意见等,予以合理确定。

第二十四条 人民法院判决被告承担的生态环境修复费用、生态环境受到损害至修复完成期间服务功能丧失导致的损失、生态环境功能永久性损害造成的损失等款项,应当用于修复被损害的生态环境。

其他环境民事公益诉讼中败诉原告所需承担的调查取证、专家咨询、检验、鉴定等必要费用,可以酌情从上述款项中支付。

第二十五条 环境民事公益诉讼当事人达成调解协议或者自行达成和解协议后,人民法院应当将协议内容公告,公告期间不少于三十日。

公告期满后,人民法院审查认为调解协议或者和解协议的内容不损害社会公共利益的,应当出具调解书。当事人以达成和解协议为由申请撤诉的,不予准许。

调解书应当写明诉讼请求、案件的基本事实和协议内容,并应当公开。

第二十六条 负有环境资源保护监督管理职责的部门依法履行监管职责而使原告诉讼请求全部实现,原告申请撤诉的,人民法院应予准许。

第二十七条 法庭辩论终结后,原告申请撤诉的,人民法院不予准许,但本解释第二十六条规定的情形除外。

第二十八条 环境民事公益诉讼案件的裁判生效后,有权提起诉讼的其他机关和社会组织就同一污染环境、破坏生态行为另行起诉,有下列情形之一的,人民法院应予受理:

(一)前案原告的起诉被裁定驳回的;

(二)前案原告申请撤诉被裁定准许的,但本解释第二十六条规定的情形除外。

环境民事公益诉讼案件的裁判生效后,有证据证明存在前案审理时未发现的损害,有权提起诉讼的机关和社会组织另行起诉的,人民法院应予受理。

第二十九条 法律规定的机关和社会组织提起环境民事公益诉讼的,不影响因同一污染环境、破坏生态行为受到人身、财产损害的公民、法人和其他组织依据民事诉讼法第一百一十九条的规定提起诉讼。

第三十条 已为环境民事公益诉讼生效裁判认定的事实,因同一污染环境、破坏生态行为依据民事诉讼法第一百一十九条规定提起诉讼的原告、被告均无需举证证明,但原告对该事实有异议并有相反证据足以推翻的除外。

对于环境民事公益诉讼生效裁判就被告是否存在法律规定的不承担责任或者减轻责任的情形、行为与损害之间是否存在因果关系、被告承担责任的大小等所作的认定,因同一污染环境、破坏生态行为依据民事诉讼法第一百一十九条规定提起诉讼的原告主张适用的,人民法院应予支持,但被告有相反证据足以推翻的除外。被告主张直接适用对其有利的认定的,人民法院不予支持,被告仍应举证证明。

第三十一条 被告因污染环境、破坏生态在环境民事公益诉讼和其他民事诉讼中均承担责任,其财产不足以履行全部义务的,应当先履行其他民事诉讼生效裁判所确定的义务,但法律另有规定的除外。

第三十二条 发生法律效力的环境民事公益诉讼案件的裁判,需要采取强制执行措施的,应当移送执行。

第三十三条 原告交纳诉讼费用确有困难,依法申请缓交的,人民法院应予准许。

败诉或者部分败诉的原告申请减交或者免交诉讼费用的,人民法院应当依照《诉讼费用交纳办法》的规定,视原告的经济状况和案件的审理情况决定是否准许。

第三十四条 社会组织有通过诉讼违法收受财物等牟取经济利益行为的,人民法院可以根据情节轻重依法收缴其非法所得、予以罚款;涉嫌犯罪的,依法移送有关机关处理。

社会组织通过诉讼牟取经济利益的,人民法院应当向登记管理机关或者有关机关发送司法建议,由其依法处理。

第三十五条 本解释施行前最高人民法院发布的司法解释和规范性文件,与本解释不一致的,以本解释为准。

最高人民法院关于审理消费民事公益诉讼案件适用法律若干问题的解释

(2016年2月1日最高人民法院审判委员会第1677次会议通过 根据2020年12月23日最高人民法院审判委员会第1823次会议通过的《最高人民法院关于修改〈最高人民法院关于人民法院民事调解工作若干问题的规定〉等十九件民事诉讼类司法解释的决定》修正)

为正确审理消费民事公益诉讼案件,根据《中华人民共和国民事诉讼法》《中华人民共和国民法典》《中华人民共和国消费者权益保护法》等法律规定,结合审判实践,制定本解释。

第一条 中国消费者协会以及在省、自治区、直辖市设立的消费者协会,对经营者侵害众多不特定消费者合法权益或者具有危及消费者人身、财产安全危险等损害社会公共利益的行为提起消费民事公益诉讼的,适用本解释。

法律规定或者全国人大及其常委会授权的机关和社会组织提起的消费民事公益诉讼,适用本解释。

第二条 经营者提供的商品或者服务具有下列情形之一的,适用消费者权益保护法第四十七条规定:

(一)提供的商品或者服务存在缺陷,侵害众多不特定消费者合法权益的;

(二)提供的商品或者服务可能危及消费者人身、财产安全,未作出真实的说明和明确的警示,未标明正确使用商品或者接受服务的方法以及防止危害发生方法的;对提供的商品或者服务质量、性能、用途、有效期限等信息作虚假或引人误解宣传的;

(三)宾馆、商场、餐馆、银行、机场、车站、港口、影剧院、景区、体育场馆、娱乐场所等经营场所存在危及消费者人身、财产安全危险的;

(四)以格式条款、通知、声明、店堂告示等方式,作出排除或者限制消费者权利、减轻或者免除经营者责任、加重消费者责任等对消费者不公平、不合理规定的;

（五）其他侵害众多不特定消费者合法权益或者具有危及消费者人身、财产安全危险等损害社会公共利益的行为。

第三条 消费民事公益诉讼案件管辖适用《最高人民法院关于适用〈中华人民共和国民事诉讼法〉的解释》第二百八十五条的有关规定。

经最高人民法院批准，高级人民法院可以根据本辖区实际情况，在辖区内确定部分中级人民法院受理第一审消费民事公益诉讼案件。

第四条 提起消费民事公益诉讼应当提交下列材料：

（一）符合民事诉讼法第一百二十一条规定的起诉状，并按照被告人数提交副本；

（二）被告的行为侵害众多不特定消费者合法权益或者具有危及消费者人身、财产安全危险等损害社会公共利益的初步证据；

（三）消费者组织就涉诉事项已按照消费者权益保护法第三十七条第四项或者第五项的规定履行公益性职责的证明材料。

第五条 人民法院认为原告提出的诉讼请求不足以保护社会公共利益的，可以向其释明变更或者增加停止侵害等诉讼请求。

第六条 人民法院受理消费民事公益诉讼案件后，应当公告案件受理情况，并在立案之日起十日内书面告知相关行政主管部门。

第七条 人民法院受理消费民事公益诉讼案件后，依法可以提起诉讼的其他机关或者社会组织，可以在一审开庭前向人民法院申请参加诉讼。

人民法院准许参加诉讼的，列为共同原告；逾期申请的，不予准许。

第八条 有权提起消费民事公益诉讼的机关或者社会组织，可以依据民事诉讼法第八十一条规定申请保全证据。

第九条 人民法院受理消费民事公益诉讼案件后，因同一侵权行为受到损害的消费者申请参加诉讼的，人民法院应当告知其根据民事诉讼法第一百一十九条规定主张权利。

第十条 消费民事公益诉讼案件受理后，因同一侵权行为受到损害的消费者请求对其根据民事诉讼法第一百一十九条规定提起的诉讼予以中止，人民法院可以准许。

第十一条 消费民事公益诉讼案件审理过程中，被告提出反诉的，人民法院不予受理。

第十二条 原告在诉讼中承认对己方不利的事实，人民法院认为损害社会公共利益的，不予确认。

第十三条 原告在消费民事公益诉讼案件中，请求被告承担停止侵害、排除妨碍、消除危险、赔礼道歉等民事责任的，人民法院可予支持。

经营者利用格式条款或者通知、声明、店堂告示等，排除或者限制消费者权利、减轻或者免除经营者责任、加重消费者责任，原告认为对消费者不公平、不合理主张无效的，人民法院应依法予以支持。

第十四条 消费民事公益诉讼案件裁判生效后，人民法院应当在十日内书面告知相关行政主管部门，并可发出司法建议。

第十五条 消费民事公益诉讼案件的裁判发生法律效力后，其他依法具有原告资格的机关或者社会组织就同一侵权行为另行提起消费民事公益诉讼的，人民法院不予受理。

第十六条 已为消费民事公益诉讼生效裁判认定的事实，因同一侵权行为受到损害的消费者根据民事诉讼法第一百一十九条规定提起的诉讼，原告、被告均无需举证证明，但当事人对该事实有异议并有相反证据足以推翻的除外。

消费民事公益诉讼生效裁判认定经营者存在不法行为，因同一侵权行为受到损害的消费者根据民事诉讼法第一百一十九条规定提起的诉讼，原告主张适用的，人民法院可予支持，但被告有相反证据足以推翻的除外。被告主张直接适用对其有利认定的，人民法院不予支持，被告仍应承担相应举证证明责任。

第十七条 原告为停止侵害、排除妨碍、消除危险采取合理预防、处置措施而发生的费用，请求被告承担的，人民法院应依法予以支持。

第十八条 原告及其诉讼代理人对侵权行为进行调查、取证的合理费用、鉴定费用、合理的律师代理费用，人民法院可根据实际情况予以相应支持。

第十九条 本解释自 2016 年 5 月 1 日起施行。

本解释施行后人民法院新受理的一审案件，适用本解释。

本解释施行前人民法院已经受理、施行后尚未审结的一审、二审案件，以及本解释施行前已经终审、施行后当事人申请再审或者按照审判监督程序决定再审的案件，不适用本解释。

（六）知识产权

中华人民共和国著作权法

（1990年9月7日第七届全国人民代表大会常务委员会第十五次会议通过　根据2001年10月27日第九届全国人民代表大会常务委员会第二十四次会议《关于修改〈中华人民共和国著作权法〉的决定》第一次修正　根据2010年2月26日第十一届全国人民代表大会常务委员会第十三次会议《关于修改〈中华人民共和国著作权法〉的决定》第二次修正　根据2020年11月11日第十三届全国人民代表大会常务委员会第二十三次会议《关于修改〈中华人民共和国著作权法〉的决定》第三次修正）

目　　录

第一章　总　　则
第二章　著作权
　第一节　著作权人及其权利
　第二节　著作权归属
　第三节　权利的保护期
　第四节　权利的限制
第三章　著作权许可使用和转让合同
第四章　与著作权有关的权利
　第一节　图书、报刊的出版
　第二节　表　　演
　第三节　录音录像
　第四节　广播电台、电视台播放
第五章　著作权和与著作权有关的权利的保护
第六章　附　　则

第一章　总　　则

第一条　为保护文学、艺术和科学作品作者的著作权，以及与著作权有关的权益，鼓励有益于社会主义精神文明、物质文明建设的作品的创作和传播，促进社会主义文化和科学事业的发展与繁荣，根据宪法制定本法。

第二条　中国公民、法人或者非法人组织的作品，不论是否发表，依照本法享有著作权。

外国人、无国籍人的作品根据其作者所属国或者经常居住地国同中国签订的协议或者共同参加的国际条约享有的著作权，受本法保护。

外国人、无国籍人的作品首先在中国境内出版的，依照本法享有著作权。

未与中国签订协议或者共同参加国际条约的国家的作者以及无国籍人的作品首次在中国参加的国际条约的成员国出版的，或者在成员国和非成员国同时出版的，受本法保护。

第三条　本法所称的作品，是指文学、艺术和科学领域内具有独创性并能以一定形式表现的智力成果，包括：

（一）文字作品；

（二）口述作品；

（三）音乐、戏剧、曲艺、舞蹈、杂技艺术作品；

（四）美术、建筑作品；

（五）摄影作品；

（六）视听作品；

（七）工程设计图、产品设计图、地图、示意图等图形作品和模型作品；

（八）计算机软件；

（九）符合作品特征的其他智力成果。

第四条　著作权人和与著作权有关的权利人行使权利，不得违反宪法和法律，不得损害公共利益。国家对作品的出版、传播依法进行监督管理。

第五条　本法不适用于：

（一）法律、法规，国家机关的决议、决定、命令和其他具有立法、行政、司法性质的文件，及其官方正式译文；

（二）单纯事实消息；

（三）历法、通用数表、通用表格和公式。

第六条　民间文学艺术作品的著作权保护办法由国务院另行规定。

第七条　国家著作权主管部门负责全国的著作权管理工作；县级以上地方主管著作权的部门负责本行政区域的著作权管理工作。

第八条　著作权人和与著作权有关的权利人可以授权著作权集体管理组织行使著作权或者与著作权有关的权利。依法设立的著作权集体管理组织是非营利法人，被授权后可以以自己的名义为著作权人和与著作权有关的权利人主张权利，并可以作为当事人进行涉及著作权或者与著作权有关的权利的诉讼、仲裁、调解活动。

著作权集体管理组织根据授权向使用者收取使用费。使用费的收取标准由著作权集体管理组织和使用者代表协商确定，协商不成的，可以向国家著作权主管部门申请裁决，对裁决不服的，可以向人民法院提起诉讼；当事人也可以直接向人民法院提起诉讼。

著作权集体管理组织应当将使用费的收取和转付、管理费的提取和使用、使用费的未分配部分等总体情况定期向社会公布，并应当建立权利信息查询系统，供权利人和使用者查询。国家著作权主管部门应当依法对著作权集体管理组织进行监督、管理。

著作权集体管理组织的设立方式、权利义务、使用费的收取和分配，以及对其监督和管理等由国务院另行规定。

第二章　著　作　权

第一节　著作权人及其权利

第九条　著作权人包括：

（一）作者；

（二）其他依照本法享有著作权的自然人、法人或者非法人组织。

第十条　著作权包括下列人身权和财产权：

（一）发表权，即决定作品是否公之于众的权利；

（二）署名权，即表明作者身份，在作品上署名的权利；

（三）修改权，即修改或者授权他人修改作品的权利；

（四）保护作品完整权，即保护作品不受歪曲、篡改的权利；

（五）复制权，即以印刷、复印、拓印、录音、录像、翻录、翻拍、数字化等方式将作品制作一份或者多份的权利；

（六）发行权，即以出售或者赠与方式向公众提供作品的原件或者复制件的权利；

（七）出租权，即有偿许可他人临时使用视听作品、计算机软件的原件或者复制件的权利，计算机软件不是出租的主要标的的除外；

（八）展览权，即公开陈列美术作品、摄影作品的原件或者复制件的权利；

（九）表演权，即公开表演作品，以及用各种手段公开播送作品的表演的权利；

（十）放映权，即通过放映机、幻灯机等技术设备公开再现美术、摄影、视听作品等的权利；

（十一）广播权，即以有线或者无线方式公开传播或者转播作品，以及通过扩音器或者其他传送符号、声音、图像的类似工具向公众传播广播的作品的权利，但不包括本款第十二项规定的权利；

（十二）信息网络传播权，即以有线或者无线方式向公众提供，使公众可以在其选定的时间和地点获得作品的权利；

（十三）摄制权，即以摄制视听作品的方法将作品固定在载体上的权利；

（十四）改编权，即改变作品，创作出具有独创性的新作品的权利；

（十五）翻译权，即将作品从一种语言文字转换成另一种语言文字的权利；

（十六）汇编权，即将作品或者作品的片段通过选择或者编排，汇集成新作品的权利；

（十七）应当由著作权人享有的其他权利。

著作权人可以许可他人行使前款第五项至第十七项规定的权利，并依照约定或者本法有关规定获得报酬。

著作权人可以全部或者部分转让本条第一款第五项至第十七项规定的权利，并依照约定或者本法有关规定获得报酬。

第二节　著作权归属

第十一条　著作权属于作者，本法另有规定的除外。

创作作品的自然人是作者。

由法人或者非法人组织主持，代表法人或者非法人组织意志创作，并由法人或者非法人组织承担责任的作品，法人或者非法人组织视为作者。

第十二条　在作品上署名的自然人、法人或者非法人组织为作者，且该作品上存在相应权利，但有相反证明的除外。

作者等著作权人可以向国家著作权主管部门认定的登记机构办理作品登记。

与著作权有关的权利参照适用前两款规定。

第十三条　改编、翻译、注释、整理已有作品而产生的作品，其著作权由改编、翻译、注释、整理人享有,但行使著作权时不得侵犯原作品的著作权。

第十四条 两人以上合作创作的作品,著作权由合作作者共同享有。没有参加创作的人,不能成为合作作者。

合作作品的著作权由合作作者通过协商一致行使;不能协商一致,又无正当理由的,任何一方不得阻止他方行使除转让、许可他人专有使用、出质以外的其他权利,但是所得收益应当合理分配给所有合作作者。

合作作品可以分割使用的,作者对各自创作的部分可以单独享有著作权,但行使著作权时不得侵犯合作作品整体的著作权。

第十五条 汇编若干作品、作品的片段或者不构成作品的数据或者其他材料,对其内容的选择或者编排体现独创性的作品,为汇编作品,其著作权由汇编人享有,但行使著作权时,不得侵犯原作品的著作权。

第十六条 使用改编、翻译、注释、整理、汇编已有作品而产生的作品进行出版、演出和制作录音录像制品,应当取得该作品的著作权人和原作品的著作权人许可,并支付报酬。

第十七条 视听作品中的电影作品、电视剧作品的著作权由制作者享有,但编剧、导演、摄影、作词、作曲等作者享有署名权,并有权按照与制作者签订的合同获得报酬。

前款规定以外的视听作品的著作权归属由当事人约定;没有约定或者约定不明确的,由制作者享有,但作者享有署名权和获得报酬的权利。

视听作品中的剧本、音乐等可以单独使用的作品的作者有权单独行使其著作权。

第十八条 自然人为完成法人或者非法人组织工作任务所创作的作品是职务作品,除本条第二款的规定以外,著作权由作者享有,但法人或者非法人组织有权在其业务范围内优先使用。作品完成两年内,未经单位同意,作者不得许可第三人以与单位使用的相同方式使用该作品。

有下列情形之一的职务作品,作者享有署名权,著作权的其他权利由法人或者非法人组织享有,法人或者非法人组织可以给予作者奖励:

(一)主要是利用法人或者非法人组织的物质技术条件创作,并由法人或者非法人组织承担责任的工程设计图、产品设计图、地图、示意图、计算机软件等职务作品;

(二)报社、期刊社、通讯社、广播电台、电视台的工作人员创作的职务作品;

(三)法律、行政法规规定或者合同约定著作权由法人或者非法人组织享有的职务作品。

第十九条 受委托创作的作品,著作权的归属由委托人和受托人通过合同约定。合同未作明确约定或者没有订立合同的,著作权属于受托人。

第二十条 作品原件所有权的转移,不改变作品著作权的归属,但美术、摄影作品原件的展览权由原件所有人享有。

作者将未发表的美术、摄影作品的原件所有权转让给他人,受让人展览该原件不构成对作者发表权的侵犯。

第二十一条 著作权属于自然人的,自然人死亡后,其本法第十条第一款第五项至第十七项规定的权利在本法规定的保护期内,依法转移。

著作权属于法人或者非法人组织的,法人或者非法人组织变更、终止后,其本法第十条第一款第五项至第十七项规定的权利在本法规定的保护期内,由承受其权利义务的法人或者非法人组织享有;没有承受其权利义务的法人或者非法人组织的,由国家享有。

第三节 权利的保护期

第二十二条 作者的署名权、修改权、保护作品完整权的保护期不受限制。

第二十三条 自然人的作品,其发表权、本法第十条第一款第五项至第十七项规定的权利的保护期为作者终生及其死亡后五十年,截止于作者死亡后第五十年的12月31日;如果是合作作品,截止于最后死亡的作者死亡后第五十年的12月31日。

法人或者非法人组织的作品、著作权(署名权除外)由法人或者非法人组织享有的职务作品,其发表权的保护期为五十年,截止于作品创作完成后第五十年的12月31日;本法第十条第一款第五项至第十七项规定的权利的保护期为五十年,截止于作品首次发表后第五十年的12月31日,但作品自创作完成后五十年内未发表的,本法不再保护。

视听作品,其发表权的保护期为五十年,截止于作品创作完成后第五十年的12月31日;本法第十条第一款第五项至第十七项规定的权利的保护期为五十年,截止于作品首次发表后第五十年的

12月31日,但作品自创作完成后五十年内未发表的,本法不再保护。

第四节　权利的限制

第二十四条　在下列情况下使用作品,可以不经著作权人许可,不向其支付报酬,但应当指明作者姓名或者名称、作品名称,并且不得影响该作品的正常使用,也不得不合理地损害著作权人的合法权益:

(一)为个人学习、研究或者欣赏,使用他人已经发表的作品;

(二)为介绍、评论某一作品或者说明某一问题,在作品中适当引用他人已经发表的作品;

(三)为报道新闻,在报纸、期刊、广播电台、电视台等媒体中不可避免地再现或者引用已经发表的作品;

(四)报纸、期刊、广播电台、电视台等媒体刊登或者播放其他报纸、期刊、广播电台、电视台等媒体已经发表的关于政治、经济、宗教问题的时事性文章,但著作权人声明不许刊登、播放的除外;

(五)报纸、期刊、广播电台、电视台等媒体刊登或者播放在公众集会上发表的讲话,但作者声明不许刊登、播放的除外;

(六)为学校课堂教学或者科学研究,翻译、改编、汇编、播放或者少量复制已经发表的作品,供教学或者科研人员使用,但不得出版发行;

(七)国家机关为执行公务在合理范围内使用已经发表的作品;

(八)图书馆、档案馆、纪念馆、博物馆、美术馆、文化馆等为陈列或者保存版本的需要,复制本馆收藏的作品;

(九)免费表演已经发表的作品,该表演未向公众收取费用,也未向表演者支付报酬,且不以营利为目的;

(十)对设置或者陈列在公共场所的艺术作品进行临摹、绘画、摄影、录像;

(十一)将中国公民、法人或者非法人组织已经发表的以国家通用语言文字创作的作品翻译成少数民族语言文字作品在国内出版发行;

(十二)以阅读障碍者能够感知的无障碍方式向其提供已经发表的作品;

(十三)法律、行政法规规定的其他情形。

前款规定适用于对与著作权有关的权利的限制。

第二十五条　为实施义务教育和国家教育规划而编写出版教科书,可以不经著作权人许可,在教科书中汇编已经发表的作品片段或者短小的文字作品、音乐作品或者单幅的美术作品、摄影作品、图形作品,但应当按照规定向著作权人支付报酬,指明作者姓名或者名称、作品名称,并且不得侵犯著作权人依照本法享有的其他权利。

前款规定适用于对与著作权有关的权利的限制。

第三章　著作权许可使用和转让合同

第二十六条　使用他人作品应当同著作权人订立许可使用合同,本法规定可以不经许可的除外。

许可使用合同包括下列主要内容:

(一)许可使用的权利种类;

(二)许可使用的权利是专有使用权或者非专有使用权;

(三)许可使用的地域范围、期间;

(四)付酬标准和办法;

(五)违约责任;

(六)双方认为需要约定的其他内容。

第二十七条　转让本法第十条第一款第五项至第十七项规定的权利,应当订立书面合同。

权利转让合同包括下列主要内容:

(一)作品的名称;

(二)转让的权利种类、地域范围;

(三)转让价金;

(四)交付转让价金的日期和方式;

(五)违约责任;

(六)双方认为需要约定的其他内容。

第二十八条　以著作权中的财产权出质的,由出质人和质权人依法办理出质登记。

第二十九条　许可使用合同和转让合同中著作权人未明确许可、转让的权利,未经著作权人同意,另一方当事人不得行使。

第三十条　使用作品的付酬标准可以由当事人约定,也可以按照国家著作权主管部门会同有关部门制定的付酬标准支付报酬。当事人约定不明确的,按照国家著作权主管部门会同有关部门制定的付酬标准支付报酬。

第三十一条 出版者、表演者、录音录像制作者、广播电台、电视台等依照本法有关规定使用他人作品的,不得侵犯作者的署名权、修改权、保护作品完整权和获得报酬的权利。

第四章 与著作权有关的权利

第一节 图书、报刊的出版

第三十二条 图书出版者出版图书应当和著作权人订立出版合同,并支付报酬。

第三十三条 图书出版者对著作权人交付出版的作品,按照合同约定享有的专有出版权受法律保护,他人不得出版该作品。

第三十四条 著作权人应当按照合同约定期限交付作品。图书出版者应当按照合同约定的出版质量、期限出版图书。

图书出版者不按照合同约定期限出版,应当依照本法第六十一条的规定承担民事责任。

图书出版者重印、再版作品的,应当通知著作权人,并支付报酬。图书脱销后,图书出版者拒绝重印、再版的,著作权人有权终止合同。

第三十五条 著作权人向报社、期刊社投稿的,自稿件发出之日起十五日内未收到报社通知决定刊登的,或者自稿件发出之日起三十日内未收到期刊社通知决定刊登的,可以将同一作品向其他报社、期刊社投稿。双方另有约定的除外。

作品刊登后,除著作权人声明不得转载、摘编的外,其他报刊可以转载或者作为文摘、资料刊登,但应当按照规定向著作权人支付报酬。

第三十六条 图书出版者经作者许可,可以对作品修改、删节。

报社、期刊社可以对作品作文字性修改、删节。对内容的修改,应当经作者许可。

第三十七条 出版者有权许可或者禁止他人使用其出版的图书、期刊的版式设计。

前款规定的权利的保护期为十年,截止于使用该版式设计的图书、期刊首次出版后第十年的12月31日。

第二节 表 演

第三十八条 使用他人作品演出,表演者应当取得著作权人许可,并支付报酬。演出组织者组织演出,由该组织者取得著作权人许可,并支付报酬。

第三十九条 表演者对其表演享有下列权利:

(一)表明表演者身份;

(二)保护表演形象不受歪曲;

(三)许可他人从现场直播和公开传送其现场表演,并获得报酬;

(四)许可他人录音录像,并获得报酬;

(五)许可他人复制、发行、出租录有其表演的录音录像制品,并获得报酬;

(六)许可他人通过信息网络向公众传播其表演,并获得报酬。

被许可人以前款第三项至第六项规定的方式使用作品,还应当取得著作权人许可,并支付报酬。

第四十条 演员为完成本演出单位的演出任务进行的表演为职务表演,演员享有表明身份和保护表演形象不受歪曲的权利,其他权利归属由当事人约定。当事人没有约定或者约定不明确的,职务表演的权利由演出单位享有。

职务表演的权利由演员享有的,演出单位可以在其业务范围内免费使用该表演。

第四十一条 本法第三十九条第一款第一项、第二项规定的权利的保护期不受限制。

本法第三十九条第一款第三项至第六项规定的权利的保护期为五十年,截止于该表演发生后第五十年的12月31日。

第三节 录音录像

第四十二条 录音录像制作者使用他人作品制作录音录像制品,应当取得著作权人许可,并支付报酬。

录音制作者使用他人已经合法录制为录音制品的音乐作品制作录音制品,可以不经著作权人许可,但应当按照规定支付报酬;著作权人声明不许使用的不得使用。

第四十三条 录音录像制作者制作录音录像制品,应当同表演者订立合同,并支付报酬。

第四十四条 录音录像制作者对其制作的录音录像制品,享有许可他人复制、发行、出租、通过信息网络向公众传播并获得报酬的权利;权利的保护期为五十年,截止于该制品首次制作完成后第五十年的12月31日。

被许可人复制、发行、通过信息网络向公众传播录音录像制品,应当同时取得著作权人、表演者许可,并支付报酬;被许可人出租录音录像制品,还应当取得表演者许可,并支付报酬。

第四十五条 将录音制品用于有线或者无线公开传播,或者通过传送声音的技术设备向公众公开播送的,应当向录音制作者支付报酬。

第四节 广播电台、电视台播放

第四十六条 广播电台、电视台播放他人未发表的作品,应当取得著作权人许可,并支付报酬。

广播电台、电视台播放他人已发表的作品,可以不经著作权人许可,但应当按照规定支付报酬。

第四十七条 广播电台、电视台有权禁止未经其许可的下列行为:

(一)将其播放的广播、电视以有线或者无线方式转播;

(二)将其播放的广播、电视录制以及复制;

(三)将其播放的广播、电视通过信息网络向公众传播。

广播电台、电视台行使前款规定的权利,不得影响、限制或者侵害他人行使著作权或者与著作权有关的权利。

本条第一款规定的权利的保护期为五十年,截止于该广播、电视首次播放后第五十年的12月31日。

第四十八条 电视台播放他人的视听作品、录像制品,应当取得视听作品著作权人或者录像制作者许可,并支付报酬;播放他人的录像制品,还应当取得著作权人许可,并支付报酬。

第五章 著作权和与著作权有关的权利的保护

第四十九条 为保护著作权和与著作权有关的权利,权利人可以采取技术措施。

未经权利人许可,任何组织或者个人不得故意避开或者破坏技术措施,不得以避开或者破坏技术措施为目的制造、进口或者向公众提供有关装置或者部件,不得故意为他人避开或者破坏技术措施提供技术服务。但是,法律、行政法规规定可以避开的情形除外。

本法所称的技术措施,是指用于防止、限制未经权利人许可浏览、欣赏作品、表演、录音录像制品或者通过信息网络向公众提供作品、表演、录音录像制品的有效技术、装置或者部件。

第五十条 下列情形可以避开技术措施,但不得向他人提供避开技术措施的技术、装置或者部件,不得侵犯权利人依法享有的其他权利:

(一)为学校课堂教学或者科学研究,提供少量已经发表的作品,供教学或者科研人员使用,而该作品无法通过正常途径获取;

(二)不以营利为目的,以阅读障碍者能够感知的无障碍方式向其提供已经发表的作品,而该作品无法通过正常途径获取;

(三)国家机关依照行政、监察、司法程序执行公务;

(四)对计算机及其系统或者网络的安全性能进行测试;

(五)进行加密研究或者计算机软件反向工程研究。

前款规定适用于对与著作权有关的权利的限制。

第五十一条 未经权利人许可,不得进行下列行为:

(一)故意删除或者改变作品、版式设计、表演、录音录像制品或者广播、电视上的权利管理信息,但由于技术上的原因无法避免的除外;

(二)知道或者应当知道作品、版式设计、表演、录音录像制品或者广播、电视上的权利管理信息未经许可被删除或者改变,仍然向公众提供。

第五十二条 有下列侵权行为的,应当根据情况,承担停止侵害、消除影响、赔礼道歉、赔偿损失等民事责任:

(一)未经著作权人许可,发表其作品的;

(二)未经合作作者许可,将与他人合作创作的作品当作自己单独创作的作品发表的;

(三)没有参加创作,为谋取个人名利,在他人作品上署名的;

(四)歪曲、篡改他人作品的;

(五)剽窃他人作品的;

(六)未经著作权人许可,以展览、摄制视听作品的方法使用作品,或者以改编、翻译、注释等方式使用作品的,本法另有规定的除外;

(七)使用他人作品,应当支付报酬而未支付的;

(八)未经视听作品、计算机软件、录音录像制品的著作权人、表演者或者录音录像制作者许可,出租其作品或者录音录像制品的原件或者复制件的，本法另有规定的除外；

（九）未经出版者许可，使用其出版的图书、期刊的版式设计的；

（十）未经表演者许可，从现场直播或者公开传送其现场表演，或者录制其表演的；

（十一）其他侵犯著作权以及与著作权有关的权利的行为。

第五十三条 有下列侵权行为的，应当根据情况，承担本法第五十二条规定的民事责任；侵权行为同时损害公共利益的，由主管著作权的部门责令停止侵权行为，予以警告，没收违法所得，没收、无害化销毁处理侵权复制品以及主要用于制作侵权复制品的材料、工具、设备等，违法经营额五万元以上的，可以并处违法经营额一倍以上五倍以下的罚款；没有违法经营额、违法经营额难以计算或者不足五万元的，可以并处二十五万元以下的罚款；构成犯罪的，依法追究刑事责任：

（一）未经著作权人许可，复制、发行、表演、放映、广播、汇编、通过信息网络向公众传播其作品的，本法另有规定的除外；

（二）出版他人享有专有出版权的图书的；

（三）未经表演者许可，复制、发行录有其表演的录音录像制品，或者通过信息网络向公众传播其表演的，本法另有规定的除外；

（四）未经录音录像制作者许可，复制、发行、通过信息网络向公众传播其制作的录音录像制品的，本法另有规定的除外；

（五）未经许可，播放、复制或者通过信息网络向公众传播广播、电视的，本法另有规定的除外；

（六）未经著作权人或者与著作权有关的权利人许可，故意避开或者破坏技术措施的，故意制造、进口或者向他人提供主要用于避开、破坏技术措施的装置或者部件的，或者故意为他人避开或者破坏技术措施提供技术服务的，法律、行政法规另有规定的除外；

（七）未经著作权人或者与著作权有关的权利人许可，故意删除或者改变作品、版式设计、表演、录音录像制品或者广播、电视上的权利管理信息的，知道或者应当知道作品、版式设计、表演、录音录像制品或者广播、电视上的权利管理信息未经许可被删除或者改变，仍然向公众提供的，法律、行政法规另有规定的除外；

（八）制作、出售假冒他人署名的作品的。

第五十四条 侵犯著作权或者与著作权有关的权利的，侵权人应当按照权利人因此受到的实际损失或者侵权人的违法所得给予赔偿；权利人的实际损失或者侵权人的违法所得难以计算的，可以参照该权利使用费给予赔偿。对故意侵犯著作权或者与著作权有关的权利，情节严重的，可以在按照上述方法确定数额的一倍以上五倍以下给予赔偿。

权利人的实际损失、侵权人的违法所得、权利使用费难以计算的，由人民法院根据侵权行为的情节，判决给予五百元以上五百万元以下的赔偿。

赔偿数额还应当包括权利人为制止侵权行为所支付的合理开支。

人民法院为确定赔偿数额，在权利人已经尽了必要举证责任，而与侵权行为相关的账簿、资料等主要由侵权人掌握的，可以责令侵权人提供与侵权行为相关的账簿、资料等；侵权人不提供，或者提供虚假的账簿、资料等的，人民法院可以参考权利人的主张和提供的证据确定赔偿数额。

人民法院审理著作权纠纷案件，应权利人请求，对侵权复制品，除特殊情况外，责令销毁；对主要用于制造侵权复制品的材料、工具、设备等，责令销毁，且不予补偿；或者在特殊情况下，责令禁止前述材料、工具、设备等进入商业渠道，且不予补偿。

第五十五条 主管著作权的部门对涉嫌侵犯著作权和与著作权有关的权利的行为进行查处时，可以询问有关当事人，调查与涉嫌违法行为有关的情况；对当事人涉嫌违法行为的场所和物品实施现场检查；查阅、复制与涉嫌违法行为有关的合同、发票、账簿以及其他有关资料；对于涉嫌违法行为的场所和物品，可以查封或者扣押。

主管著作权的部门依法行使前款规定的职权时，当事人应当予以协助、配合，不得拒绝、阻挠。

第五十六条 著作权人或者与著作权有关的权利人有证据证明他人正在实施或者即将实施侵犯其权利、妨碍其实现权利的行为，如不及时制止将会使其合法权益受到难以弥补的损害的，可以在起诉前依法向人民法院申请采取财产保全、责令作出一定行为或者禁止作出一定行为等措施。

第五十七条 为制止侵权行为，在证据可能灭失或者以后难以取得的情况下，著作权人或者与著作权有关的权利人可以在起诉前依法向人民法院申请保全证据。

第五十八条 人民法院审理案件，对于侵犯著作权或者与著作权有关的权利的，可以没收违法所得、侵权复制品以及进行违法活动的财物。

第五十九条 复制品的出版者、制作者不能证明其出版、制作有合法授权的，复制品的发行者或者视听作品、计算机软件、录音录像制品的复制品的出租者不能证明其发行、出租的复制品有合法来源的，应当承担法律责任。

在诉讼程序中，被诉侵权人主张其不承担侵权责任的，应当提供证据证明已经取得权利人的许可，或者具有本法规定的不经权利人许可而可以使用的情形。

第六十条 著作权纠纷可以调解，也可以根据当事人达成的书面仲裁协议或者著作权合同中的仲裁条款，向仲裁机构申请仲裁。

当事人没有书面仲裁协议，也没有在著作权合同中订立仲裁条款的，可以直接向人民法院起诉。

第六十一条 当事人因不履行合同义务或者履行合同义务不符合约定而承担民事责任，以及当事人行使诉讼权利、申请保全等，适用有关法律的规定。

第六章 附 则

第六十二条 本法所称的著作权即版权。

第六十三条 本法第二条所称的出版，指作品的复制、发行。

第六十四条 计算机软件、信息网络传播权的保护办法由国务院另行规定。

第六十五条 摄影作品，其发表权、本法第十条第一款第五项至第十七项规定的权利的保护期在2021年6月1日前已经届满，但依据本法第二十三条第一款的规定仍在保护期内的，不再保护。

第六十六条 本法规定的著作权人和出版者、表演者、录音录像制作者、广播电台、电视台的权利，在本法施行之日尚未超过本法规定的保护期的，依照本法予以保护。

本法施行前发生的侵权或者违约行为，依照侵权或者违约行为发生时的有关规定处理。

第六十七条 本法自1991年6月1日起施行。

中华人民共和国著作权法实施条例

（2002年8月2日中华人民共和国国务院令第359号公布　根据2011年1月8日《国务院关于废止和修改部分行政法规的决定》第一次修订　根据2013年1月30日《国务院关于修改〈中华人民共和国著作权法实施条例〉的决定》第二次修订）

第一条 根据《中华人民共和国著作权法》（以下简称著作权法），制定本条例。

第二条 著作权法所称作品，是指文学、艺术和科学领域内具有独创性并能以某种有形形式复制的智力成果。

第三条 著作权法所称创作，是指直接产生文学、艺术和科学作品的智力活动。

为他人创作进行组织工作，提供咨询意见、物质条件，或者进行其他辅助工作，均不视为创作。

第四条 著作权法和本条例中下列作品的含义：

（一）文字作品，是指小说、诗词、散文、论文等以文字形式表现的作品；

（二）口述作品，是指即兴的演说、授课、法庭辩论等以口头语言形式表现的作品；

（三）音乐作品，是指歌曲、交响乐等能够演唱或者演奏的带词或者不带词的作品；

（四）戏剧作品，是指话剧、歌剧、地方戏等供舞台演出的作品；

（五）曲艺作品，是指相声、快书、大鼓、评书等以说唱为主要形式表演的作品；

（六）舞蹈作品，是指通过连续的动作、姿势、表情等表现思想情感的作品；

（七）杂技艺术作品，是指杂技、魔术、马戏等通过形体动作和技巧表现的作品；

（八）美术作品，是指绘画、书法、雕塑等以线条、色彩或者其他方式构成的有审美意义的平面或者立体的造型艺术作品；

（九）建筑作品，是指以建筑物或者构筑物形式表现的有审美意义的作品；

（十）摄影作品，是指借助器械在感光材料或者其他介质上记录客观物体形象的艺术作品；

（十一）电影作品和以类似摄制电影的方法创作的作品，是指摄制在一定介质上，由一系列有伴音或者无伴音的画面组成，并且借助适当装置放映或者以其他方式传播的作品；

（十二）图形作品，是指为施工、生产绘制的工程设计图、产品设计图，以及反映地理现象、说明事物原理或者结构的地图、示意图等作品；

（十三）模型作品，是指为展示、试验或者观测等用途，根据物体的形状和结构，按照一定比例制成的立体作品。

第五条 著作权法和本条例中下列用语的含义：

（一）时事新闻，是指通过报纸、期刊、广播电台、电视台等媒体报道的单纯事实消息；

（二）录音制品，是指任何对表演的声音和其他声音的录制品；

（三）录像制品，是指电影作品和以类似摄制电影的方法创作的作品以外的任何有伴音或者无伴音的连续相关形象、图像的录制品；

（四）录音制作者，是指录音制品的首次制作人；

（五）录像制作者，是指录像制品的首次制作人；

（六）表演者，是指演员、演出单位或者其他表演文学、艺术作品的人。

第六条 著作权自作品创作完成之日起产生。

第七条 著作权法第二条第三款规定的首先在中国境内出版的外国人、无国籍人的作品，其著作权自首次出版之日起受保护。

第八条 外国人、无国籍人的作品在中国境外首先出版后，30日内在中国境内出版的，视为该作品同时在中国境内出版。

第九条 合作作品不可以分割使用的，其著作权由各合作作者共同享有，通过协商一致行使；不能协商一致，又无正当理由的，任何一方不得阻止他方行使除转让以外的其他权利，但是所得收益应当合理分配给所有合作作者。

第十条 著作权人许可他人将其作品摄制成电影作品和以类似摄制电影的方法创作的作品的，视为已同意对其作品进行必要的改动，但是这种改动不得歪曲篡改原作品。

第十一条 著作权法第十六条第一款关于职务作品的规定中的“工作任务”，是指公民在该法人或者该组织中应当履行的职责。

著作权法第十六条第二款关于职务作品的规定中的“物质技术条件”，是指该法人或者该组织为公民完成创作专门提供的资金、设备或者资料。

第十二条 职务作品完成两年内，经单位同意，作者许可第三人以与单位使用的相同方式使用作品所获报酬，由作者与单位按约定的比例分配。

作品完成两年的期限，自作者向单位交付作品之日起计算。

第十三条 作者身份不明的作品，由作品原件的所有人行使除署名权以外的著作权。作者身份确定后，由作者或者其继承人行使著作权。

第十四条 合作作者之一死亡后，其对合作作品享有的著作权法第十条第一款第五项至第十七项规定的权利无人继承又无人受遗赠的，由其他合作作者享有。

第十五条 作者死亡后，其著作权中的署名权、修改权和保护作品完整权由作者的继承人或者受遗赠人保护。

著作权无人继承又无人受遗赠的，其署名权、修改权和保护作品完整权由著作权行政管理部门保护。

第十六条 国家享有著作权的作品的使用，由国务院著作权行政管理部门管理。

第十七条 作者生前未发表的作品，如果作者未明确表示不发表，作者死亡后50年内，其发表权可由继承人或者受遗赠人行使；没有继承人又无人受遗赠的，由作品原件的所有人行使。

第十八条 作者身份不明的作品，其著作权法第十条第一款第五项至第十七项规定的权利的保护期截止于作品首次发表后第50年的12月31日。作者身份确定后，适用著作权法第二十一条的规定。

第十九条 使用他人作品的，应当指明作者姓名、作品名称；但是，当事人另有约定或者由于作品使用方式的特性无法指明的除外。

第二十条 著作权法所称已经发表的作品，是指著作权人自行或者许可他人公之于众的作品。

第二十一条 依照著作权法有关规定，使用可以不经著作权人许可的已经发表的作品的，不得影响该作品的正常使用，也不得不合理地损害著作权人的合法利益。

第二十二条 依照著作权法第二十三条、第三十三条第二款、第四十条第三款的规定使用作品的付酬标准，由国务院著作权行政管理部门会同国务院价格主管部门制定、公布。

第二十三条 使用他人作品应当同著作权人订立许可使用合同，许可使用的权利是专有使用权的，应当采取书面形式，但是报社、期刊社刊登作品除外。

第二十四条 著作权法第二十四条规定的专有使用权的内容由合同约定，合同没有约定或者约定不明的，视为被许可人有权排除包括著作权人在内的任何人以同样的方式使用作品；除合同另有约定外，被许可人许可第三人行使同一权利，必须取得著作权人的许可。

第二十五条 与著作权人订立专有许可使用合同、转让合同的，可以向著作权行政管理部门备案。

第二十六条 著作权法和本条例所称与著作权有关的权益，是指出版者对其出版的图书和期刊的版式设计享有的权利，表演者对其表演享有的权利，录音录像制作者对其制作的录音录像制品享有的权利，广播电台、电视台对其播放的广播、电视节目享有的权利。

第二十七条 出版者、表演者、录音录像制作者、广播电台、电视台行使权利，不得损害被使用作品和原作品著作权人的权利。

第二十八条 图书出版合同中约定图书出版者享有专有出版权但没有明确其具体内容的，视为图书出版者享有在合同有效期限内和在合同约定的地域范围内以同种文字的原版、修订版出版图书的专有权利。

第二十九条 著作权人寄给图书出版者的两份订单在6个月内未能得到履行，视为著作权法第三十二条所称图书脱销。

第三十条 著作权人依照著作权法第三十三条第二款声明不得转载、摘编其作品的，应当在报纸、期刊刊登该作品时附带声明。

第三十一条 著作权人依照著作权法第四十条第三款声明不得对其作品制作录音制品的，应当在该作品合法录制为录音制品时声明。

第三十二条 依照著作权法第二十三条、第三十三条第二款、第四十条第三款的规定，使用他人作品的，应当自使用该作品之日起2个月内向著作权人支付报酬。

第三十三条 外国人、无国籍人在中国境内的表演，受著作权法保护。

外国人、无国籍人根据中国参加的国际条约对其表演享有的权利，受著作权法保护。

第三十四条 外国人、无国籍人在中国境内制作、发行的录音制品，受著作权法保护。

外国人、无国籍人根据中国参加的国际条约对其制作、发行的录音制品享有的权利，受著作权法保护。

第三十五条 外国的广播电台、电视台根据中国参加的国际条约对其播放的广播、电视节目享有的权利，受著作权法保护。

第三十六条 有著作权法第四十八条所列侵权行为，同时损害社会公共利益，非法经营额5万元以上的，著作权行政管理部门可处非法经营额1倍以上5倍以下的罚款；没有非法经营额或者非法经营额5万元以下的，著作权行政管理部门根据情节轻重，可处25万元以下的罚款。

第三十七条 有著作权法第四十八条所列侵权行为，同时损害社会公共利益的，由地方人民政府著作权行政管理部门负责查处。

国务院著作权行政管理部门可以查处在全国有重大影响的侵权行为。

第三十八条 本条例自2002年9月15日起施行。1991年5月24日国务院批准、1991年5月30日国家版权局发布的《中华人民共和国著作权法实施条例》同时废止。

最高人民法院关于审理著作权民事纠纷案件适用法律若干问题的解释

（2002年10月12日最高人民法院审判委员会第1246次会议通过　根据2020年12月23日最高人民法院审判委员会第1823次会议通过的《最高人民法院关于修改〈最高人民法院关于审理侵犯专利权纠纷案件应用法律若干问题的解释（二）〉等十八件知识产权类司法解释的决定》修正）

为了正确审理著作权民事纠纷案件，根据《中华人民共和国民法典》《中华人民共和国著作权法》《中华人民共和国民事诉讼法》等法律的规定，就适用法律若干问题解释如下：

第一条 人民法院受理以下著作权民事纠纷案件：

（一）著作权及与著作权有关权益权属、侵权、合同纠纷案件；

（二）申请诉前停止侵害著作权、与著作权有关权益行为，申请诉前财产保全、诉前证据保全案件；

（三）其他著作权、与著作权有关权益纠纷案件。

第二条 著作权民事纠纷案件，由中级以上人民法院管辖。

各高级人民法院根据本辖区的实际情况，可以报请最高人民法院批准，由若干基层人民法院管辖第一审著作权民事纠纷案件。

第三条 对著作权行政管理部门查处的侵害著作权行为，当事人向人民法院提起诉讼追究该行为人民事责任的，人民法院应当受理。

人民法院审理已经过著作权行政管理部门处理的侵害著作权行为的民事纠纷案件，应当对案件事实进行全面审查。

第四条 因侵害著作权行为提起的民事诉讼，由著作权法第四十七条、第四十八条所规定侵权行为的实施地、侵权复制品储藏地或者查封扣押地、被告住所地人民法院管辖。

前款规定的侵权复制品储藏地，是指大量或者经常性储存、隐匿侵权复制品所在地；查封扣押地，是指海关、版权等行政机关依法查封、扣押侵权复制品所在地。

第五条 对涉及不同侵权行为实施地的多个被告提起的共同诉讼，原告可以选择向其中一个被告的侵权行为实施地人民法院提起诉讼；仅对其中某一被告提起的诉讼，该被告侵权行为实施地的人民法院有管辖权。

第六条 依法成立的著作权集体管理组织，根据著作权人的书面授权，以自己的名义提起诉讼，人民法院应当受理。

第七条 当事人提供的涉及著作权的底稿、原件、合法出版物、著作权登记证书、认证机构出具的证明、取得权利的合同等，可以作为证据。

在作品或者制品上署名的自然人、法人或者非法人组织视为著作权、与著作权有关权益的权利人，但有相反证明的除外。

第八条 当事人自行或者委托他人以定购、现场交易等方式购买侵权复制品而取得的实物、发票等，可以作为证据。

公证人员在未向涉嫌侵权的一方当事人表明身份的情况下，如实对另一方当事人按照前款规定的方式取得的证据和取证过程出具的公证书，应当作为证据使用，但有相反证据的除外。

第九条 著作权法第十条第（一）项规定的“公之于众”，是指著作权人自行或者经著作权人许可将作品向不特定的人公开，但不以公众知晓为构成条件。

第十条 著作权法第十五条第二款所指的作品，著作权人是自然人的，其保护期适用著作权法第二十一条第一款的规定；著作权人是法人或非法人组织的，其保护期适用著作权法第二十一条第二款的规定。

第十一条 因作品署名顺序发生的纠纷，人民法院按照下列原则处理：有约定的按约定确定署名顺序；没有约定的，可以按照创作作品付出的劳动、作品排列、作者姓氏笔画等确定署名顺序。

第十二条 按照著作权法第十七条规定委托作品著作权属于受托人的情形，委托人在约定的使用范围内享有使用作品的权利；双方没有约定使用作品范围的，委托人可以在委托创作的特定目的范围内免费使用该作品。

第十三条 除著作权法第十一条第三款规定的情形外，由他人执笔，本人审阅定稿并以本人名义发表的报告、讲话等作品，著作权归报告人或者讲话人享有。著作权人可以支付执笔人适当的报酬。

第十四条 当事人合意以特定人物经历为题材完成的自传体作品，当事人对著作权权属有约定的，依其约定；没有约定的，著作权归该特定人物享有，执笔人或整理人对作品完成付出劳动的，著作权人可以向其支付适当的报酬。

第十五条 由不同作者就同一题材创作的作品，作品的表达系独立完成并且有创作性的，应当认定作者各自享有独立著作权。

第十六条 通过大众传播媒介传播的单纯事实消息属于著作权法第五条第（二）项规定的时事新闻。传播报道他人采编的时事新闻，应当注明出处。

第十七条 著作权法第三十三条第二款规定的转载，是指报纸、期刊登载其他报刊已发表作品的行为。转载未注明被转载作品的作者和最初登载的报刊出处的，应当承担消除影响、赔礼道歉等民事责任。

第十八条 著作权法第二十二条第(十)项规定的室外公共场所的艺术作品，是指设置或者陈列在室外社会公众活动处所的雕塑、绘画、书法等艺术作品。

对前款规定艺术作品的临摹、绘画、摄影、录像人，可以对其成果以合理的方式和范围再行使用，不构成侵权。

第十九条 出版者、制作者应当对其出版、制作有合法授权承担举证责任，发行者、出租者应当对其发行或者出租的复制品有合法来源承担举证责任。举证不能的，依据著作权法第四十七条、第四十八条的相应规定承担法律责任。

第二十条 出版物侵害他人著作权的，出版者应当根据其过错、侵权程度及损害后果等承担赔偿损失的责任。

出版者对其出版行为的授权、稿件来源和署名、所编辑出版物的内容等未尽到合理注意义务的，依据著作权法第四十九条的规定，承担赔偿损失的责任。

出版者应对其已尽合理注意义务承担举证责任。

第二十一条 计算机软件用户未经许可或者超过许可范围商业使用计算机软件的，依据著作权法第四十八条第(一)项、《计算机软件保护条例》第二十四条第(一)项的规定承担民事责任。

第二十二条 著作权转让合同未采取书面形式的，人民法院依据民法典第四百九十条的规定审查合同是否成立。

第二十三条 出版者将著作权人交付出版的作品丢失、毁损致使出版合同不能履行的，著作权人有权依据民法典第一百八十六条、第二百三十八条、第一千一百八十四条等规定要求出版者承担相应的民事责任。

第二十四条 权利人的实际损失，可以根据权利人因侵权所造成复制品发行减少量或者侵权复制品销售量与权利人发行该复制品单位利润乘积计算。发行减少量难以确定的，按照侵权复制品市场销售量确定。

第二十五条 权利人的实际损失或者侵权人的违法所得无法确定的，人民法院根据当事人的请求或者依职权适用著作权法第四十九条第二款的规定确定赔偿数额。

人民法院在确定赔偿数额时，应当考虑作品类型、合理使用费、侵权行为性质、后果等情节综合确定。

当事人按照本条第一款的规定就赔偿数额达成协议的，应当准许。

第二十六条 著作权法第四十九条第一款规定的制止侵权行为所支付的合理开支，包括权利人或者委托代理人对侵权行为进行调查、取证的合理费用。

人民法院根据当事人的诉讼请求和具体案情，可以将符合国家有关部门规定的律师费用计算在赔偿范围内。

第二十七条 侵害著作权的诉讼时效为三年，自著作权人知道或者应当知道权利受到损害以及义务人之日起计算。权利人超过三年起诉的，如果侵权行为在起诉时仍在持续，在该著作权保护期内，人民法院应当判决被告停止侵权行为；侵权损害赔偿数额应当自权利人向人民法院起诉之日起向前推算三年计算。

第二十八条 人民法院采取保全措施的，依据民事诉讼法及《最高人民法院关于审查知识产权纠纷行为保全案件适用法律若干问题的规定》的有关规定办理。

第二十九条 除本解释另行规定外，人民法院受理的著作权民事纠纷案件，涉及著作权法修改前发生的民事行为的，适用修改前著作权法的规定；涉及著作权法修改以后发生的民事行为的，适用修改后著作权法的规定；涉及著作权法修改前发生，持续到著作权法修改后的民事行为的，适用修改后著作权法的规定。

第三十条 以前的有关规定与本解释不一致的，以本解释为准。

中华人民共和国商标法

（1982年8月23日第五届全国人民代表大会常务委员会第二十四次会议通过 根据1993年2月22日第七届全国人民代表大会常务委员会第三十次会议《关于修改〈中华人民共和国商标法〉的决定》第一次修正 根据2001年10月27日第九届全国人民代表大会常务委员会第二十四次会议《关于修改〈中华人民共和国商标法〉的决定》第二次修正 根据2013年8月30日第十二届全国人民代表大会常务委员会第四次会议《关于修改〈中华人民共和国商标法〉的决定》第三次修正 根据2019年4月23日第十三届全国人民代表大会常务委员会第十次会议《关于修改〈中华人民共和国建筑法〉等八部法律的决定》第四次修正）

目 录

第一章 总 则
第二章 商标注册的申请
第三章 商标注册的审查和核准
第四章 注册商标的续展、变更、转让和使用许可
第五章 注册商标的无效宣告
第六章 商标使用的管理
第七章 注册商标专用权的保护
第八章 附 则

第一章 总 则

第一条 【立法宗旨】为了加强商标管理，保护商标专用权，促使生产、经营者保证商品和服务质量，维护商标信誉，以保障消费者和生产、经营者的利益，促进社会主义市场经济的发展，特制定本法。

第二条 【行政主管部门】国务院工商行政管理部门商标局主管全国商标注册和管理的工作。

国务院工商行政管理部门设立商标评审委员会，负责处理商标争议事宜。

第三条 【注册商标及其分类与保护】经商标局核准注册的商标为注册商标，包括商品商标、服务商标和集体商标、证明商标；商标注册人享有商标专用权，受法律保护。

本法所称集体商标，是指以团体、协会或者其他组织名义注册，供该组织成员在商事活动中使用，以表明使用者在该组织中的成员资格的标志。

本法所称证明商标，是指由对某种商品或者服务具有监督能力的组织所控制，而由该组织以外的单位或者个人使用于其商品或者服务，用以证明该商品或者服务的原产地、原料、制造方法、质量或者其他特定品质的标志。

集体商标、证明商标注册和管理的特殊事项，由国务院工商行政管理部门规定。

第四条 【商标注册申请】自然人、法人或者其他组织在生产经营活动中，对其商品或者服务需要取得商标专用权的，应当向商标局申请商标注册。不以使用为目的的恶意商标注册申请，应当予以驳回。

本法有关商品商标的规定，适用于服务商标。

第五条 【注册商标共有】两个以上的自然人、法人或者其他组织可以共同向商标局申请注册同一商标，共同享有和行使该商标专用权。

第六条 【商标强制注册】法律、行政法规规定必须使用注册商标的商品，必须申请商标注册，未经核准注册的，不得在市场销售。

第七条 【诚实信用原则和商品质量】申请注册和使用商标，应当遵循诚实信用原则。

商标使用人应当对其使用商标的商品质量负责。各级工商行政管理部门应当通过商标管理，制止欺骗消费者的行为。

第八条 【商标的构成要素】任何能够将自然人、法人或者其他组织的商品与他人的商品区别开的标志，包括文字、图形、字母、数字、三维标志、颜色组合和声音等，以及上述要素的组合，均可以作为商标申请注册。

第九条 【申请注册的商标应具备的条件】申请注册的商标，应当有显著特征，便于识别，并不得与他人在先取得的合法权利相冲突。

商标注册人有权标明“注册商标”或者注册标记。

第十条 【禁止作为商标使用的标志】下列标志不得作为商标使用：

（一）同中华人民共和国的国家名称、国旗、国徽、国歌、军旗、军徽、军歌、勋章等相同或者近似

的，以及同中央国家机关的名称、标志、所在地特定地点的名称或者标志性建筑物的名称、图形相同的；

(二) 同外国的国家名称、国旗、国徽、军旗等相同或者近似的，但经该国政府同意的除外；

(三) 同政府间国际组织的名称、旗帜、徽记等相同或者近似的，但经该组织同意或者不易误导公众的除外；

(四) 与表明实施控制、予以保证的官方标志、检验印记相同或者近似的，但经授权的除外；

(五) 同“红十字”、“红新月”的名称、标志相同或者近似的；

(六) 带有民族歧视性的；

(七) 带有欺骗性，容易使公众对商品的质量等特点或者产地产生误认的；

(八) 有害于社会主义道德风尚或者有其他不良影响的。

县级以上行政区划的地名或者公众知晓的外国地名，不得作为商标。但是，地名具有其他含义或者作为集体商标、证明商标组成部分的除外；已经注册的使用地名的商标继续有效。

第十一条 【不得作为商标注册的标志】下列标志不得作为商标注册：

(一) 仅有本商品的通用名称、图形、型号的；

(二) 仅直接表示商品的质量、主要原料、功能、用途、重量、数量及其他特点的；

(三) 其他缺乏显著特征的。

前款所列标志经过使用取得显著特征，并便于识别的，可以作为商标注册。

第十二条 【三维标志申请注册商标的限制条件】以三维标志申请注册商标的，仅由商品自身的性质产生的形状、为获得技术效果而需有的商品形状或者使商品具有实质性价值的形状，不得注册。

第十三条 【驰名商标的保护】为相关公众所熟知的商标，持有人认为其权利受到侵害时，可以依照本法规定请求驰名商标保护。

就相同或者类似商品申请注册的商标是复制、摹仿或者翻译他人未在中国注册的驰名商标，容易导致混淆的，不予注册并禁止使用。

就不相同或者不相类似商品申请注册的商标是复制、摹仿或者翻译他人已经在中国注册的驰名商标，误导公众，致使该驰名商标注册人的利益可能受到损害的，不予注册并禁止使用。

第十四条 【驰名商标的认定】驰名商标应当根据当事人的请求，作为处理涉及商标案件需要认定的事实进行认定。认定驰名商标应当考虑下列因素：

(一)相关公众对该商标的知晓程度；

(二)该商标使用的持续时间；

(三)该商标的任何宣传工作的持续时间、程度和地理范围；

(四)该商标作为驰名商标受保护的记录；

(五)该商标驰名的其他因素。

在商标注册审查、工商行政管理部门查处商标违法案件过程中，当事人依照本法第十三条规定主张权利的，商标局根据审查、处理案件的需要，可以对商标驰名情况作出认定。

在商标争议处理过程中，当事人依照本法第十三条规定主张权利的，商标评审委员会根据处理案件的需要，可以对商标驰名情况作出认定。

在商标民事、行政案件审理过程中，当事人依照本法第十三条规定主张权利的，最高人民法院指定的人民法院根据审理案件的需要，可以对商标驰名情况作出认定。

生产、经营者不得将“驰名商标”字样用于商品、商品包装或者容器上，或者用于广告宣传、展览以及其他商业活动中。

第十五条 【恶意注册他人商标】未经授权，代理人或者代表人以自己的名义将被代理人或者被代表人的商标进行注册，被代理人或者被代表人提出异议的，不予注册并禁止使用。

就同一种商品或者类似商品申请注册的商标与他人在先使用的未注册商标相同或者近似，申请人与该他人具有前款规定以外的合同、业务往来关系或者其他关系而明知该他人商标存在，该他人提出异议的，不予注册。

第十六条 【地理标志】商标中有商品的地理标志，而该商品并非来源于该标志所标示的地区，误导公众的，不予注册并禁止使用；但是，已经善意取得注册的继续有效。

前款所称地理标志，是指标示某商品来源于某地区，该商品的特定质量、信誉或者其他特征，主要由该地区的自然因素或者人文因素所决定的标志。

第十七条 【外国人在中国申请商标注册】外国人或者外国企业在中国申请商标注册的，应当按其所属国和中华人民共和国签订的协议或者共同参加的国际条约办理,或者按对等原则办理。

第十八条 【商标代理机构】申请商标注册或者办理其他商标事宜,可以自行办理,也可以委托依法设立的商标代理机构办理。

外国人或者外国企业在中国申请商标注册和办理其他商标事宜的,应当委托依法设立的商标代理机构办理。

第十九条 【商标代理机构的行为规范】商标代理机构应当遵循诚实信用原则,遵守法律、行政法规,按照被代理人的委托办理商标注册申请或者其他商标事宜;对在代理过程中知悉的被代理人的商业秘密,负有保密义务。

委托人申请注册的商标可能存在本法规定不得注册情形的,商标代理机构应当明确告知委托人。

商标代理机构知道或者应当知道委托人申请注册的商标属于本法第四条、第十五条和第三十二条规定情形的,不得接受其委托。

商标代理机构除对其代理服务申请商标注册外,不得申请注册其他商标。

第二十条 【商标代理行业组织对会员的管理】商标代理行业组织应当按照章程规定,严格执行吸纳会员的条件,对违反行业自律规范的会员实行惩戒。商标代理行业组织对其吸纳的会员和对会员的惩戒情况,应当及时向社会公布。

第二十一条 【商标国际注册】商标国际注册遵循中华人民共和国缔结或者参加的有关国际条约确立的制度,具体办法由国务院规定。

第二章 商标注册的申请

第二十二条 【商标注册申请的提出】商标注册申请人应当按规定的商品分类表填报使用商标的商品类别和商品名称,提出注册申请。

商标注册申请人可以通过一份申请就多个类别的商品申请注册同一商标。

商标注册申请等有关文件,可以以书面方式或者数据电文方式提出。

第二十三条 【注册申请的另行提出】注册商标需要在核定使用范围之外的商品上取得商标专用权的,应当另行提出注册申请。

第二十四条 【注册申请的重新提出】注册商标需要改变其标志的,应当重新提出注册申请。

第二十五条 【优先权及其手续】商标注册申请人自其商标在外国第一次提出商标注册申请之日起六个月内,又在中国就相同商品以同一商标提出商标注册申请的,依照该外国同中国签订的协议或者共同参加的国际条约,或者按照相互承认优先权的原则,可以享有优先权。

依照前款要求优先权的,应当在提出商标注册申请的时候提出书面声明,并且在三个月内提交第一次提出的商标注册申请文件的副本;未提出书面声明或者逾期未提交商标注册申请文件副本的,视为未要求优先权。

第二十六条 【国际展览会中的临时保护】商标在中国政府主办的或者承认的国际展览会展出的商品上首次使用的,自该商品展出之日起六个月内,该商标的注册申请人可以享有优先权。

依照前款要求优先权的,应当在提出商标注册申请的时候提出书面声明,并且在三个月内提交展出其商品的展览会名称、在展出商品上使用该商标的证据、展出日期等证明文件;未提出书面声明或者逾期未提交证明文件的,视为未要求优先权。

第二十七条 【申报事项和材料的真实、准确、完整】为申请商标注册所申报的事项和所提供的材料应当真实、准确、完整。

第三章 商标注册的审查和核准

第二十八条 【初步审定并公告】对申请注册的商标,商标局应当自收到商标注册申请文件之日起九个月内审查完毕,符合本法有关规定的,予以初步审定公告。

第二十九条 【商标注册申请内容的说明和修正】在审查过程中,商标局认为商标注册申请内容需要说明或者修正的,可以要求申请人做出说明或者修正。申请人未做出说明或者修正的,不影响商标局做出审查决定。

第三十条 【商标注册申请的驳回】申请注册的商标,凡不符合本法有关规定或者同他人在同一种商品或者类似商品上已经注册的或者初步审定的商标相同或者近似的,由商标局驳回申请,不予公告。

第三十一条 【申请在先原则】两个或者两个以上的商标注册申请人,在同一种商品或者类似商品上,以相同或者近似的商标申请注册的,初步审定并公告申请在先的商标；同一天申请的，初步审定并公告使用在先的商标，驳回其他人的申请，不予公告。

第三十二条 【在先权利与恶意抢注】申请商标注册不得损害他人现有的在先权利，也不得以不正当手段抢先注册他人已经使用并有一定影响的商标。

第三十三条 【商标异议和核准注册】对初步审定公告的商标，自公告之日起三个月内，在先权利人、利害关系人认为违反本法第十三条第二款和第三款、第十五条、第十六条第一款、第三十条、第三十一条、第三十二条规定的，或者任何人认为违反本法第四条、第十条、第十一条、第十二条、第十九条第四款规定的，可以向商标局提出异议。公告期满无异议的，予以核准注册，发给商标注册证，并予公告。

第三十四条 【驳回商标申请的处理】对驳回申请、不予公告的商标，商标局应当书面通知商标注册申请人。商标注册申请人不服的，可以自收到通知之日起十五日内向商标评审委员会申请复审。商标评审委员会应当自收到申请之日起九个月内做出决定，并书面通知申请人。有特殊情况需要延长的，经国务院工商行政管理部门批准，可以延长三个月。当事人对商标评审委员会的决定不服的，可以自收到通知之日起三十日内向人民法院起诉。

第三十五条 【商标异议的处理】对初步审定公告的商标提出异议的，商标局应当听取异议人和被异议人陈述事实和理由，经调查核实后，自公告期满之日起十二个月内做出是否准予注册的决定，并书面通知异议人和被异议人。有特殊情况需要延长的，经国务院工商行政管理部门批准，可以延长六个月。

商标局做出准予注册决定的，发给商标注册证，并予公告。异议人不服的，可以依照本法第四十四条、第四十五条的规定向商标评审委员会请求宣告该注册商标无效。

商标局做出不予注册决定，被异议人不服的，可以自收到通知之日起十五日内向商标评审委员会申请复审。商标评审委员会应当自收到申请之日起十二个月内做出复审决定，并书面通知异议人和被异议人。有特殊情况需要延长的，经国务院工商行政管理部门批准，可以延长六个月。被异议人对商标评审委员会的决定不服的，可以自收到通知之日起三十日内向人民法院起诉。人民法院应当通知异议人作为第三人参加诉讼。

商标评审委员会在依照前款规定进行复审的过程中，所涉及的在先权利的确定必须以人民法院正在审理或者行政机关正在处理的另一案件的结果为依据的，可以中止审查。中止原因消除后，应当恢复审查程序。

第三十六条 【有关决定的生效及效力】法定期限届满，当事人对商标局做出的驳回申请决定、不予注册决定不申请复审或者对商标评审委员会做出的复审决定不向人民法院起诉的，驳回申请决定、不予注册决定或者复审决定生效。

经审查异议不成立而准予注册的商标，商标注册申请人取得商标专用权的时间自初步审定公告三个月期满之日起计算。自该商标公告期满之日起至准予注册决定做出前，对他人在同一种或者类似商品上使用与该商标相同或者近似的标志的行为不具有追溯力；但是，因该使用人的恶意给商标注册人造成的损失，应当给予赔偿。

第三十七条 【及时审查原则】对商标注册申请和商标复审申请应当及时进行审查。

第三十八条 【商标申请文件或注册文件错误的更正】商标注册申请人或者注册人发现商标申请文件或者注册文件有明显错误的，可以申请更正。商标局依法在其职权范围内作出更正，并通知当事人。

前款所称更正错误不涉及商标申请文件或者注册文件的实质性内容。

第四章 注册商标的续展、变更、转让和使用许可

第三十九条 【注册商标的有效期限】注册商标的有效期为十年，自核准注册之日起计算。

第四十条 【续展手续的办理】注册商标有效期满，需要继续使用的，商标注册人应当在期满前十二个月内按照规定办理续展手续；在此期间未能办理的，可以给予六个月的宽展期。每次续展注册的有效期为十年，自该商标上一届有效期满次日起计算。期满未办理续展手续的，注销其注册商标。

商标局应当对续展注册的商标予以公告。

第四十一条 【注册商标的变更】注册商标需要变更注册人的名义、地址或者其他注册事项的，

应当提出变更申请。

第四十二条 【注册商标的转让】转让注册商标的，转让人和受让人应当签订转让协议，并共同向商标局提出申请。受让人应当保证使用该注册商标的商品质量。

转让注册商标的，商标注册人对其在同一种商品上注册的近似的商标，或者在类似商品上注册的相同或者近似的商标，应当一并转让。

对容易导致混淆或者有其他不良影响的转让，商标局不予核准，书面通知申请人并说明理由。

转让注册商标经核准后，予以公告。受让人自公告之日起享有商标专用权。

第四十三条 【注册商标的使用许可】商标注册人可以通过签订商标使用许可合同，许可他人使用其注册商标。许可人应当监督被许可人使用其注册商标的商品质量。被许可人应当保证使用该注册商标的商品质量。

经许可使用他人注册商标的，必须在使用该注册商标的商品上标明被许可人的名称和商品产地。

许可他人使用其注册商标的，许可人应当将其商标使用许可报商标局备案，由商标局公告。商标使用许可未经备案不得对抗善意第三人。

第五章 注册商标的无效宣告

第四十四条 【注册不当商标的处理】已经注册的商标，违反本法第四条、第十条、第十一条、第十二条、第十九条第四款规定的，或者是以欺骗手段或者其他不正当手段取得注册的，由商标局宣告该注册商标无效；其他单位或者个人可以请求商标评审委员会宣告该注册商标无效。

商标局做出宣告注册商标无效的决定，应当书面通知当事人。当事人对商标局的决定不服的，可以自收到通知之日起十五日内向商标评审委员会申请复审。商标评审委员会应当自收到申请之日起九个月内做出决定，并书面通知当事人。有特殊情况需要延长的，经国务院工商行政管理部门批准，可以延长三个月。当事人对商标评审委员会的决定不服的，可以自收到通知之日起三十日内向人民法院起诉。

其他单位或者个人请求商标评审委员会宣告注册商标无效的，商标评审委员会收到申请后，应当书面通知有关当事人，并限期提出答辩。商标评审委员会应当自收到申请之日起九个月内做出维持注册商标或者宣告注册商标无效的裁定，并书面通知当事人。有特殊情况需要延长的，经国务院工商行政管理部门批准，可以延长三个月。当事人对商标评审委员会的裁定不服的，可以自收到通知之日起三十日内向人民法院起诉。人民法院应当通知商标裁定程序的对方当事人作为第三人参加诉讼。

第四十五条 【对与他人在先权利相冲突的注册商标的处理】已经注册的商标，违反本法第十三条第二款和第三款、第十五条、第十六条第一款、第三十条、第三十一条、第三十二条规定的，自商标注册之日起五年内，在先权利人或者利害关系人可以请求商标评审委员会宣告该注册商标无效。对恶意注册的，驰名商标所有人不受五年的时间限制。

商标评审委员会收到宣告注册商标无效的申请后，应当书面通知有关当事人，并限期提出答辩。商标评审委员会应当自收到申请之日起十二个月内做出维持注册商标或者宣告注册商标无效的裁定，并书面通知当事人。有特殊情况需要延长的，经国务院工商行政管理部门批准，可以延长六个月。当事人对商标评审委员会的裁定不服的，可以自收到通知之日起三十日内向人民法院起诉。人民法院应当通知商标裁定程序的对方当事人作为第三人参加诉讼。

商标评审委员会在依照前款规定对无效宣告请求进行审查的过程中，所涉及的在先权利的确定必须以人民法院正在审理或者行政机关正在处理的另一案件的结果为依据的，可以中止审查。中止原因消除后，应当恢复审查程序。

第四十六条 【有关宣告注册商标无效或维持的决定、裁定生效】法定期限届满，当事人对商标局宣告注册商标无效的决定不申请复审或者对商标评审委员会的复审决定、维持注册商标或者宣告注册商标无效的裁定不向人民法院起诉的，商标局的决定或者商标评审委员会的复审决定、裁定生效。

第四十七条 【宣告注册商标无效的法律效力】依照本法第四十四条、第四十五条的规定宣告无效的注册商标，由商标局予以公告，该注册商标专用权视为自始即不存在。

宣告注册商标无效的决定或者裁定，对宣告无效前人民法院做出并已执行的商标侵权案件的判决、裁定、调解书和工商行政管理部门做出并已执行的商标侵权案件的处理决定以及已经履行的商标转让或者使用许可合同不具有追溯力。但是,因商标注册人的恶意给他人造成的损失,应当给予赔偿。

依照前款规定不返还商标侵权赔偿金、商标转让费、商标使用费,明显违反公平原则的,应当全部或者部分返还。

第六章　商标使用的管理

第四十八条　【商标的使用】本法所称商标的使用,是指将商标用于商品、商品包装或者容器以及商品交易文书上,或者将商标用于广告宣传、展览以及其他商业活动中,用于识别商品来源的行为。

第四十九条　【违法使用注册商标】商标注册人在使用注册商标的过程中,自行改变注册商标、注册人名义、地址或者其他注册事项的,由地方工商行政管理部门责令限期改正;期满不改正的,由商标局撤销其注册商标。

注册商标成为其核定使用的商品的通用名称或者没有正当理由连续三年不使用的,任何单位或者个人可以向商标局申请撤销该注册商标。商标局应当自收到申请之日起九个月内做出决定。有特殊情况需要延长的,经国务院工商行政管理部门批准,可以延长三个月。

第五十条　【对被撤销、宣告无效或者注销的商标的管理】注册商标被撤销、被宣告无效或者期满不再续展的,自撤销、宣告无效或者注销之日起一年内,商标局对与该商标相同或者近似的商标注册申请,不予核准。

第五十一条　【对强制注册商标的管理】违反本法第六条规定的,由地方工商行政管理部门责令限期申请注册,违法经营额五万元以上的,可以处违法经营额百分之二十以下的罚款,没有违法经营额或者违法经营额不足五万元的,可以处一万元以下的罚款。

第五十二条　【对未注册商标的管理】将未注册商标冒充注册商标使用的,或者使用未注册商标违反本法第十条规定的,由地方工商行政管理部门予以制止,限期改正,并可以予以通报,违法经营额五万元以上的,可以处违法经营额百分之二十以下的罚款,没有违法经营额或者违法经营额不足五万元的,可以处一万元以下的罚款。

第五十三条　【违法使用驰名商标的责任】违反本法第十四条第五款规定的,由地方工商行政管理部门责令改正,处十万元罚款。

第五十四条　【对撤销或不予撤销注册商标决定的复审】对商标局撤销或者不予撤销注册商标的决定,当事人不服的,可以自收到通知之日起十五日内向商标评审委员会申请复审。商标评审委员会应当自收到申请之日起九个月内做出决定,并书面通知当事人。有特殊情况需要延长的,经国务院工商行政管理部门批准,可以延长三个月。当事人对商标评审委员会的决定不服的,可以自收到通知之日起三十日内向人民法院起诉。

第五十五条　【撤销注册商标决定的生效】法定期限届满,当事人对商标局做出的撤销注册商标的决定不申请复审或者对商标评审委员会做出的复审决定不向人民法院起诉的,撤销注册商标的决定、复审决定生效。

被撤销的注册商标,由商标局予以公告,该注册商标专用权自公告之日起终止。

第七章　注册商标专用权的保护

第五十六条　【注册商标专用权的保护范围】注册商标的专用权,以核准注册的商标和核定使用的商品为限。

第五十七条　【商标侵权行为】有下列行为之一的,均属侵犯注册商标专用权:

(一)未经商标注册人的许可,在同一种商品上使用与其注册商标相同的商标的;

(二)未经商标注册人的许可,在同一种商品上使用与其注册商标近似的商标,或者在类似商品上使用与其注册商标相同或者近似的商标,容易导致混淆的;

(三)销售侵犯注册商标专用权的商品的;

(四)伪造、擅自制造他人注册商标标识或者销售伪造、擅自制造的注册商标标识的;

(五)未经商标注册人同意,更换其注册商标并将该更换商标的商品又投入市场的;

(六)故意为侵犯他人商标专用权行为提供便利条件,帮助他人实施侵犯商标专用权行为的;

(七)给他人的注册商标专用权造成其他损害的。

第五十八条 【不正当竞争】将他人注册商标、未注册的驰名商标作为企业名称中的字号使用，误导公众，构成不正当竞争行为的，依照《中华人民共和国反不正当竞争法》处理。

第五十九条 【注册商标专用权行使限制】注册商标中含有的本商品的通用名称、图形、型号，或者直接表示商品的质量、主要原料、功能、用途、重量、数量及其他特点，或者含有的地名，注册商标专用权人无权禁止他人正当使用。

三维标志注册商标中含有的商品自身的性质产生的形状、为获得技术效果而需有的商品形状或者使商品具有实质性价值的形状，注册商标专用权人无权禁止他人正当使用。

商标注册人申请商标注册前，他人已经在同一种商品或者类似商品上先于商标注册人使用与注册商标相同或者近似并有一定影响的商标的，注册商标专用权人无权禁止该使用人在原使用范围内继续使用该商标，但可以要求其附加适当区别标识。

第六十条 【侵犯注册商标专用权的责任】有本法第五十七条所列侵犯注册商标专用权行为之一，引起纠纷的，由当事人协商解决；不愿协商或者协商不成的，商标注册人或者利害关系人可以向人民法院起诉，也可以请求工商行政管理部门处理。

工商行政管理部门处理时，认定侵权行为成立的，责令立即停止侵权行为，没收、销毁侵权商品和主要用于制造侵权商品、伪造注册商标标识的工具，违法经营额五万元以上的，可以处违法经营额五倍以下的罚款，没有违法经营额或者违法经营额不足五万元的，可以处二十五万元以下的罚款。对五年内实施两次以上商标侵权行为或者有其他严重情节的，应当从重处罚。销售不知道是侵犯注册商标专用权的商品，能证明该商品是自己合法取得并说明提供者的，由工商行政管理部门责令停止销售。

对侵犯商标专用权的赔偿数额的争议，当事人可以请求进行处理的工商行政管理部门调解，也可以依照《中华人民共和国民事诉讼法》向人民法院起诉。经工商行政管理部门调解，当事人未达成协议或者调解书生效后不履行的，当事人可以依照《中华人民共和国民事诉讼法》向人民法院起诉。

第六十一条 【对侵犯注册商标专用权的处理】对侵犯注册商标专用权的行为，工商行政管理部门有权依法查处；涉嫌犯罪的，应当及时移送司法机关依法处理。

第六十二条 【商标侵权行为的查处】县级以上工商行政管理部门根据已经取得的违法嫌疑证据或者举报，对涉嫌侵犯他人注册商标专用权的行为进行查处时，可以行使下列职权：

（一）询问有关当事人，调查与侵犯他人注册商标专用权有关的情况；

（二）查阅、复制当事人与侵权活动有关的合同、发票、账簿以及其他有关资料；

（三）对当事人涉嫌从事侵犯他人注册商标专用权活动的场所实施现场检查；

（四）检查与侵权活动有关的物品；对有证据证明是侵犯他人注册商标专用权的物品，可以查封或者扣押。

工商行政管理部门依法行使前款规定的职权时，当事人应当予以协助、配合，不得拒绝、阻挠。

在查处商标侵权案件过程中，对商标权属存在争议或者权利人同时向人民法院提起商标侵权诉讼的，工商行政管理部门可以中止案件的查处。中止原因消除后，应当恢复或者终结案件查处程序。

第六十三条 【侵犯商标专用权的赔偿数额的确定】侵犯商标专用权的赔偿数额，按照权利人因被侵权所受到的实际损失确定；实际损失难以确定的，可以按照侵权人因侵权所获得的利益确定；权利人的损失或者侵权人获得的利益难以确定的，参照该商标许可使用费的倍数合理确定。对恶意侵犯商标专用权，情节严重的，可以在按照上述方法确定数额的一倍以上五倍以下确定赔偿数额。赔偿数额应当包括权利人为制止侵权行为所支付的合理开支。

人民法院为确定赔偿数额，在权利人已经尽力举证，而与侵权行为相关的账簿、资料主要由侵权人掌握的情况下，可以责令侵权人提供与侵权行为相关的账簿、资料；侵权人不提供或者提供虚假的账簿、资料的，人民法院可以参考权利人的主张和提供的证据判定赔偿数额。

权利人因被侵权所受到的实际损失、侵权人因侵权所获得的利益、注册商标许可使用费难以确定的，由人民法院根据侵权行为的情节判决给予五百万元以下的赔偿。

人民法院审理商标纠纷案件，应权利人请求，对属于假冒注册商标的商品，除特殊情况外，责令销毁;对主要用于制造假冒注册商标的商品的材料、工具,责令销毁,且不予补偿;或者在特殊情况下,责令禁止前述材料、工具进入商业渠道,且不予补偿。

假冒注册商标的商品不得在仅去除假冒注册商标后进入商业渠道。

第六十四条 【商标侵权纠纷中的免责情形】注册商标专用权人请求赔偿,被控侵权人以注册商标专用权人未使用注册商标提出抗辩的,人民法院可以要求注册商标专用权人提供此前三年内实际使用该注册商标的证据。注册商标专用权人不能证明此前三年内实际使用过该注册商标,也不能证明因侵权行为受到其他损失的,被控侵权人不承担赔偿责任。

销售不知道是侵犯注册商标专用权的商品,能证明该商品是自己合法取得并说明提供者的,不承担赔偿责任。

第六十五条 【诉前临时保护措施】商标注册人或者利害关系人有证据证明他人正在实施或者即将实施侵犯其注册商标专用权的行为,如不及时制止将会使其合法权益受到难以弥补的损害的,可以依法在起诉前向人民法院申请采取责令停止有关行为和财产保全的措施。

第六十六条 【诉前证据保全】为制止侵权行为,在证据可能灭失或者以后难以取得的情况下,商标注册人或者利害关系人可以依法在起诉前向人民法院申请保全证据。

第六十七条 【刑事责任】未经商标注册人许可,在同一种商品上使用与其注册商标相同的商标,构成犯罪的,除赔偿被侵权人的损失外,依法追究刑事责任。

伪造、擅自制造他人注册商标标识或者销售伪造、擅自制造的注册商标标识,构成犯罪的,除赔偿被侵权人的损失外,依法追究刑事责任。

销售明知是假冒注册商标的商品,构成犯罪的,除赔偿被侵权人的损失外,依法追究刑事责任。

第六十八条 【商标代理机构的法律责任】商标代理机构有下列行为之一的,由工商行政管理部门责令限期改正,给予警告,处一万元以上十万元以下的罚款;对直接负责的主管人员和其他直接责任人员给予警告,处五千元以上五万元以下的罚款;构成犯罪的,依法追究刑事责任:

(一)办理商标事宜过程中,伪造、变造或者使用伪造、变造的法律文件、印章、签名的;

(二)以诋毁其他商标代理机构等手段招徕商标代理业务或者以其他不正当手段扰乱商标代理市场秩序的;

(三)违反本法第四条、第十九条第三款和第四款规定的。

商标代理机构有前款规定行为的,由工商行政管理部门记入信用档案;情节严重的,商标局、商标评审委员会并可以决定停止受理其办理商标代理业务,予以公告。

商标代理机构违反诚实信用原则,侵害委托人合法利益的,应当依法承担民事责任,并由商标代理行业组织按照章程规定予以惩戒。

对恶意申请商标注册的,根据情节给予警告、罚款等行政处罚;对恶意提起商标诉讼的,由人民法院依法给予处罚。

第六十九条 【商标监管机构及其人员的行为要求】从事商标注册、管理和复审工作的国家机关工作人员必须秉公执法,廉洁自律,忠于职守,文明服务。

商标局、商标评审委员会以及从事商标注册、管理和复审工作的国家机关工作人员不得从事商标代理业务和商品生产经营活动。

第七十条 【工商行政管理部门的内部监督】工商行政管理部门应当建立健全内部监督制度,对负责商标注册、管理和复审工作的国家机关工作人员执行法律、行政法规和遵守纪律的情况,进行监督检查。

第七十一条 【相关工作人员的法律责任】从事商标注册、管理和复审工作的国家机关工作人员玩忽职守、滥用职权、徇私舞弊,违法办理商标注册、管理和复审事项,收受当事人财物,牟取不正当利益,构成犯罪的,依法追究刑事责任;尚不构成犯罪的,依法给予处分。

第八章 附 则

第七十二条 【商标规费】申请商标注册和办理其他商标事宜的,应当缴纳费用,具体收费标准另定。

第七十三条 【时间效力】本法自1983年3月1日起施行。1963年4月10日国务院公布的《商标管理条例》同时废止;其他有关商标管理的规定,凡与本法抵触的，同时失效。

本法施行前已经注册的商标继续有效。

中华人民共和国商标法实施条例

（2002 年 8 月 3 日中华人民共和国国务院令第 358 号公布　2014 年 4 月 29 日中华人民共和国国务院令第 651 号修订公布　自 2014 年 5 月 1 日起施行）

第一章　总　　则

第一条　根据《中华人民共和国商标法》（以下简称商标法），制定本条例。

第二条　本条例有关商品商标的规定，适用于服务商标。

第三条　商标持有人依照商标法第十三条规定请求驰名商标保护的，应当提交其商标构成驰名商标的证据材料。商标局、商标评审委员会应当依照商标法第十四条的规定，根据审查、处理案件的需要以及当事人提交的证据材料，对其商标驰名情况作出认定。

第四条　商标法第十六条规定的地理标志，可以依照商标法和本条例的规定，作为证明商标或者集体商标申请注册。

以地理标志作为证明商标注册的，其商品符合使用该地理标志条件的自然人、法人或者其他组织可以要求使用该证明商标，控制该证明商标的组织应当允许。以地理标志作为集体商标注册的，其商品符合使用该地理标志条件的自然人、法人或者其他组织，可以要求参加以该地理标志作为集体商标注册的团体、协会或者其他组织，该团体、协会或者其他组织应当依据其章程接纳为会员；不要求参加以该地理标志作为集体商标注册的团体、协会或者其他组织的，也可以正当使用该地理标志，该团体、协会或者其他组织无权禁止。

第五条　当事人委托商标代理机构申请商标注册或者办理其他商标事宜，应当提交代理委托书。代理委托书应当载明代理内容及权限；外国人或者外国企业的代理委托书还应当载明委托人的国籍。

外国人或者外国企业的代理委托书及与其有关的证明文件的公证、认证手续，按照对等原则办理。

申请商标注册或者转让商标，商标注册申请人或者商标转让受让人为外国人或者外国企业的，应当在申请书中指定中国境内接收人负责接收商标局、商标评审委员会后继商标业务的法律文件。商标局、商标评审委员会后继商标业务的法律文件向中国境内接收人送达。

商标法第十八条所称外国人或者外国企业，是指在中国没有经常居所或者营业所的外国人或者外国企业。

第六条　申请商标注册或者办理其他商标事宜，应当使用中文。

依照商标法和本条例规定提交的各种证件、证明文件和证据材料是外文的，应当附送中文译文；未附送的，视为未提交该证件、证明文件或者证据材料。

第七条　商标局、商标评审委员会工作人员有下列情形之一的，应当回避，当事人或者利害关系人可以要求其回避：

（一）是当事人或者当事人、代理人的近亲属的；

（二）与当事人、代理人有其他关系，可能影响公正的；

（三）与申请商标注册或者办理其他商标事宜有利害关系的。

第八条　以商标法第二十二条规定的数据电文方式提交商标注册申请等有关文件，应当按照商标局或者商标评审委员会的规定通过互联网提交。

第九条　除本条例第十八条规定的情形外，当事人向商标局或者商标评审委员会提交文件或者材料的日期，直接递交的，以递交日为准；邮寄的，以寄出的邮戳日为准；邮戳日不清晰或者没有邮戳的，以商标局或者商标评审委员会实际收到日为准，但是当事人能够提出实际邮戳日证据的除外。通过邮政企业以外的快递企业递交的，以快递企业收寄日为准；收寄日不明确的，以商标局或者商标评审委员会实际收到日为准，但是当事人能够提出实际收寄日证据的除外。以数据电文方式提交的，以进入商标局或者商标评审委员会电子系统的日期为准。

当事人向商标局或者商标评审委员会邮寄文

件，应当使用给据邮件。

当事人向商标局或者商标评审委员会提交文件，以书面方式提交的，以商标局或者商标评审委员会所存档案记录为准；以数据电文方式提交的，以商标局或者商标评审委员会数据库记录为准，但是当事人确有证据证明商标局或者商标评审委员会档案、数据库记录有错误的除外。

第十条 商标局或者商标评审委员会的各种文件，可以通过邮寄、直接递交、数据电文或者其他方式送达当事人；以数据电文方式送达当事人的，应当经当事人同意。当事人委托商标代理机构的，文件送达商标代理机构视为送达当事人。

商标局或者商标评审委员会向当事人送达各种文件的日期，邮寄的，以当事人收到的邮戳日为准；邮戳日不清晰或者没有邮戳的，自文件发出之日起满15日视为送达当事人，但是当事人能够证明实际收到日的除外；直接递交的，以递交日为准；以数据电文方式送达的，自文件发出之日起满15日视为送达当事人，但是当事人能够证明文件进入其电子系统日期的除外。文件通过上述方式无法送达的，可以通过公告方式送达，自公告发布之日起满30日，该文件视为送达当事人。

第十一条 下列期间不计入商标审查、审理期限：

（一）商标局、商标评审委员会文件公告送达的期间；

（二）当事人需要补充证据或者补正文件的期间以及因当事人更换需要重新答辩的期间；

（三）同日申请提交使用证据及协商、抽签需要的期间；

（四）需要等待优先权确定的期间；

（五）审查、审理过程中，依案件申请人的请求等待在先权利案件审理结果的期间。

第十二条 除本条第二款规定的情形外，商标法和本条例规定的各种期限开始的当日不计算在期限内。期限以年或者月计算的，以期限最后一月的相应日为期限届满日；该月无相应日的，以该月最后一日为期限届满日；期限届满日是节假日的，以节假日后的第一个工作日为期限届满日。

商标法第三十九条、第四十条规定的注册商标有效期从法定日开始起算，期限最后一月相应日的前一日为期限届满日，该月无相应日的，以该月最后一日为期限届满日。

第二章 商标注册的申请

第十三条 申请商标注册，应当按照公布的商品和服务分类表填报。每一件商标注册申请应当向商标局提交《商标注册申请书》1份、商标图样1份；以颜色组合或者着色图样申请商标注册的，应当提交着色图样，并提交黑白稿1份；不指定颜色的，应当提交黑白图样。

商标图样应当清晰，便于粘贴，用光洁耐用的纸张印制或者用照片代替，长和宽应当不大于10厘米，不小于5厘米。

以三维标志申请商标注册的，应当在申请书中予以声明，说明商标的使用方式，并提交能够确定三维形状的图样，提交的商标图样应当至少包含三面视图。

以颜色组合申请商标注册的，应当在申请书中予以声明，说明商标的使用方式。

以声音标志申请商标注册的，应当在申请书中予以声明，提交符合要求的声音样本，对申请注册的声音商标进行描述，说明商标的使用方式。对声音商标进行描述，应当以五线谱或者简谱对申请用作商标的声音加以描述并附加文字说明；无法以五线谱或者简谱描述的，应当以文字加以描述；商标描述与声音样本应当一致。

申请注册集体商标、证明商标的，应当在申请书中予以声明，并提交主体资格证明文件和使用管理规则。

商标为外文或者包含外文的，应当说明含义。

第十四条 申请商标注册的，申请人应当提交其身份证明文件。商标注册申请人的名义与所提交的证明文件应当一致。

前款关于申请人提交其身份证明文件的规定适用于向商标局提出的办理变更、转让、续展、异议、撤销等其他商标事宜。

第十五条 商品或者服务项目名称应当按照商品和服务分类表中的类别号、名称填写；商品或者服务项目名称未列入商品和服务分类表的，应当附送对该商品或者服务的说明。

商标注册申请等有关文件以纸质方式提出的，应当打字或者印刷。

本条第二款规定适用于办理其他商标事宜。

第十六条 共同申请注册同一商标或者办理

其他共有商标事宜的,应当在申请书中指定一个代表人;没有指定代表人的,以申请书中顺序排列的第一人为代表人。

商标局和商标评审委员会的文件应当送达代表人。

第十七条 申请人变更其名义、地址、代理人、文件接收人或者删减指定的商品的,应当向商标局办理变更手续。

申请人转让其商标注册申请的,应当向商标局办理转让手续。

第十八条 商标注册的申请日期以商标局收到申请文件的日期为准。

商标注册申请手续齐备、按照规定填写申请文件并缴纳费用的,商标局予以受理并书面通知申请人;申请手续不齐备、未按照规定填写申请文件或者未缴纳费用的,商标局不予受理,书面通知申请人并说明理由。申请手续基本齐备或者申请文件基本符合规定,但是需要补正的,商标局通知申请人予以补正,限其自收到通知之日起30日内,按照指定内容补正并交回商标局。在规定期限内补正并交回商标局的,保留申请日期;期满未补正的或者不按照要求进行补正的,商标局不予受理并书面通知申请人。

本条第二款关于受理条件的规定适用于办理其他商标事宜。

第十九条 两个或者两个以上的申请人,在同一种商品或者类似商品上,分别以相同或者近似的商标在同一天申请注册的,各申请人应当自收到商标局通知之日起30日内提交其申请注册前在先使用该商标的证据。同日使用或者均未使用的,各申请人可以自收到商标局通知之日起30日内自行协商,并将书面协议报送商标局;不愿协商或者协商不成的,商标局通知各申请人以抽签的方式确定一个申请人,驳回其他人的注册申请。商标局已经通知但申请人未参加抽签的,视为放弃申请,商标局应当书面通知未参加抽签的申请人。

第二十条 依照商标法第二十五条规定要求优先权的,申请人提交的第一次提出商标注册申请文件的副本应当经受理该申请的商标主管机关证明,并注明申请日期和申请号。

第三章 商标注册申请的审查

第二十一条 商标局对受理的商标注册申请,依照商标法及本条例的有关规定进行审查,对符合规定或者在部分指定商品上使用商标的注册申请符合规定的,予以初步审定,并予以公告;对不符合规定或者在部分指定商品上使用商标的注册申请不符合规定的,予以驳回或者驳回在部分指定商品上使用商标的注册申请,书面通知申请人并说明理由。

第二十二条 商标局对一件商标注册申请在部分指定商品上予以驳回的,申请人可以将该申请中初步审定的部分申请分割成另一件申请,分割后的申请保留原申请的申请日期。

需要分割的,申请人应当自收到商标局《商标注册申请部分驳回通知书》之日起15日内,向商标局提出分割申请。

商标局收到分割申请后,应当将原申请分割为两件,对分割出来的初步审定申请生成新的申请号,并予以公告。

第二十三条 依照商标法第二十九条规定,商标局认为对商标注册申请内容需要说明或者修正的,申请人应当自收到商标局通知之日起15日内作出说明或者修正。

第二十四条 对商标局初步审定予以公告的商标提出异议的,异议人应当向商标局提交下列商标异议材料一式两份并标明正、副本:

(一)商标异议申请书;

(二)异议人的身份证明;

(三)以违反商标法第十三条第二款和第三款、第十五条、第十六条第一款、第三十条、第三十一条、第三十二条规定为由提出异议的,异议人作为在先权利人或者利害关系人的证明。

商标异议申请书应当有明确的请求和事实依据,并附送有关证据材料。

第二十五条 商标局收到商标异议申请书后,经审查,符合受理条件的,予以受理,向申请人发出受理通知书。

第二十六条 商标异议申请有下列情形的,商标局不予受理,书面通知申请人并说明理由:

(一)未在法定期限内提出的;

(二)申请人主体资格、异议理由不符合商标法第三十三条规定的;

(三)无明确的异议理由、事实和法律依据的;

(四)同一异议人以相同的理由、事实和法律依据针对同一商标再次提出异议申请的。

第二十七条 商标局应当将商标异议材料副本及时送交被异议人，限其自收到商标异议材料副本之日起30日内答辩。被异议人不答辩的，不影响商标局作出决定。

当事人需要在提出异议申请或者答辩后补充有关证据材料的，应当在商标异议申请书或者答辩书中声明，并自提交商标异议申请书或者答辩书之日起3个月内提交；期满未提交的，视为当事人放弃补充有关证据材料。但是，在期满后生成或者当事人有其他正当理由未能在期满前提交的证据，在期满后提交的，商标局将证据交对方当事人并质证后可以采信。

第二十八条 商标法第三十五条第三款和第三十六条第一款所称不予注册决定，包括在部分指定商品上不予注册决定。

被异议商标在商标局作出准予注册决定或者不予注册决定前已经刊发注册公告的，撤销该注册公告。经审查异议不成立而准予注册的，在准予注册决定生效后重新公告。

第二十九条 商标注册申请人或者商标注册人依照商标法第三十八条规定提出更正申请的，应当向商标局提交更正申请书。符合更正条件的，商标局核准后更正相关内容；不符合更正条件的，商标局不予核准，书面通知申请人并说明理由。

已经刊发初步审定公告或者注册公告的商标经更正的，刊发更正公告。

第四章 注册商标的变更、转让、续展

第三十条 变更商标注册人名义、地址或者其他注册事项的，应当向商标局提交变更申请书。变更商标注册人名义的，还应当提交有关登记机关出具的变更证明文件。商标局核准的，发给商标注册人相应证明，并予以公告；不予核准的，应当书面通知申请人并说明理由。

变更商标注册人名义或者地址的，商标注册人应当将其全部注册商标一并变更；未一并变更的，由商标局通知其限期改正；期满未改正的，视为放弃变更申请，商标局应当书面通知申请人。

第三十一条 转让注册商标的，转让人和受让人应当向商标局提交转让注册商标申请书。转让注册商标申请手续应当由转让人和受让人共同办理。商标局核准转让注册商标申请的，发给受让人相应证明，并予以公告。

转让注册商标，商标注册人对其在同一种或者类似商品上注册的相同或者近似的商标未一并转让的，由商标局通知其限期改正；期满未改正的，视为放弃转让该注册商标的申请，商标局应当书面通知申请人。

第三十二条 注册商标专用权因转让以外的继承等其他事由发生移转的，接受该注册商标专用权的当事人应当凭有关证明文件或者法律文书到商标局办理注册商标专用权移转手续。

注册商标专用权移转的，注册商标专用权人在同一种或者类似商品上注册的相同或者近似的商标，应当一并移转；未一并移转的，由商标局通知其限期改正；期满未改正的，视为放弃该移转注册商标的申请，商标局应当书面通知申请人。

商标移转申请经核准的，予以公告。接受该注册商标专用权移转的当事人自公告之日起享有商标专用权。

第三十三条 注册商标需要续展注册的，应当向商标局提交商标续展注册申请书。商标局核准商标注册续展申请的，发给相应证明并予以公告。

第五章 商标国际注册

第三十四条 商标法第二十一条规定的商标国际注册，是指根据《商标国际注册马德里协定》（以下简称马德里协定）、《商标国际注册马德里协定有关议定书》（以下简称马德里议定书）及《商标国际注册马德里协定及该协定有关议定书的共同实施细则》的规定办理的马德里商标国际注册。

马德里商标国际注册申请包括以中国为原属国的商标国际注册申请、指定中国的领土延伸申请及其他有关的申请。

第三十五条 以中国为原属国申请商标国际注册的，应当在中国设有真实有效的营业所，或者在中国有住所，或者拥有中国国籍。

第三十六条 符合本条例第三十五条规定的申请人，其商标已在商标局获得注册的，可以根据马德里协定申请办理该商标的国际注册。

符合本条例第三十五条规定的申请人，其商标已在商标局获得注册，或者已向商标局提出商标注册申请并被受理的，可以根据马德里议定书申请办

理该商标的国际注册。

第三十七条 以中国为原属国申请商标国际注册的，应当通过商标局向世界知识产权组织国际局（以下简称国际局）申请办理。

以中国为原属国的，与马德里协定有关的商标国际注册的后期指定、放弃、注销，应当通过商标局向国际局申请办理；与马德里协定有关的商标国际注册的转让、删减、变更、续展，可以通过商标局向国际局申请办理，也可以直接向国际局申请办理。

以中国为原属国的，与马德里议定书有关的商标国际注册的后期指定、转让、删减、放弃、注销、变更、续展，可以通过商标局向国际局申请办理，也可以直接向国际局申请办理。

第三十八条 通过商标局向国际局申请商标国际注册及办理其他有关申请的，应当提交符合国际局和商标局要求的申请书和相关材料。

第三十九条 商标国际注册申请指定的商品或者服务不得超出国内基础申请或者基础注册的商品或者服务的范围。

第四十条 商标国际注册申请手续不齐备或者未按照规定填写申请书的，商标局不予受理，申请日不予保留。

申请手续基本齐备或者申请书基本符合规定，但需要补正的，申请人应当自收到补正通知书之日起30日内予以补正，逾期未补正的，商标局不予受理，书面通知申请人。

第四十一条 通过商标局向国际局申请商标国际注册及办理其他有关申请的，应当按照规定缴纳费用。

申请人应当自收到商标局缴费通知单之日起15日内，向商标局缴纳费用。期满未缴纳的，商标局不受理其申请，书面通知申请人。

第四十二条 商标局在马德里协定或者马德里议定书规定的驳回期限（以下简称驳回期限）内，依照商标法和本条例的有关规定对指定中国的领土延伸申请进行审查，作出决定，并通知国际局。商标局在驳回期限内未发出驳回或者部分驳回通知的，该领土延伸申请视为核准。

第四十三条 指定中国的领土延伸申请人，要求将三维标志、颜色组合、声音标志作为商标保护或者要求保护集体商标、证明商标的，自该商标在国际局国际注册簿登记之日起3个月内，应当通过依法设立的商标代理机构，向商标局提交本条例第十三条规定的相关材料。未在上述期限内提交相关材料的，商标局驳回该领土延伸申请。

第四十四条 世界知识产权组织对商标国际注册有关事项进行公告，商标局不再另行公告。

第四十五条 对指定中国的领土延伸申请，自世界知识产权组织《国际商标公告》出版的次月1日起3个月内，符合商标法第三十三条规定条件的异议人可以向商标局提出异议申请。

商标局在驳回期限内将异议申请的有关情况以驳回决定的形式通知国际局。

被异议人可以自收到国际局转发的驳回通知书之日起30日内进行答辩，答辩书及相关证据材料应当通过依法设立的商标代理机构向商标局提交。

第四十六条 在中国获得保护的国际注册商标，有效期自国际注册日或者后期指定日起算。在有效期届满前，注册人可以向国际局申请续展，在有效期内未申请续展的，可以给予6个月的宽展期。商标局收到国际局的续展通知后，依法进行审查。国际局通知未续展的，注销该国际注册商标。

第四十七条 指定中国的领土延伸申请办理转让的，受让人应当在缔约方境内有真实有效的营业所，或者在缔约方境内有住所，或者是缔约方国民。

转让人未将其在相同或者类似商品或者服务上的相同或者近似商标一并转让的，商标局通知注册人自发出通知之日起3个月内改正；期满未改正或者转让容易引起混淆或者有其他不良影响的，商标局作出该转让在中国无效的决定，并向国际局作出声明。

第四十八条 指定中国的领土延伸申请办理删减，删减后的商品或者服务不符合中国有关商品或者服务分类要求或者超出原指定商品或者服务范围的，商标局作出该删减在中国无效的决定，并向国际局作出声明。

第四十九条 依照商标法第四十九条第二款规定申请撤销国际注册商标，应当自该商标国际注册申请的驳回期限届满之日起满3年后向商标局提出申请；驳回期限届满时仍处在驳回复审或者异议相关程序的，应当自商标局或者商标评审委员会作出的准予注册决定生效之日起满3年后向商标局提出申请。

依照商标法第四十四条第一款规定申请宣告国际注册商标无效的，应当自该商标国际注册申请的驳回期限届满后向商标评审委员会提出申请；驳回期限届满时仍处在驳回复审或者异议相关程序的，应当自商标局或者商标评审委员会作出的准予注册决定生效后向商标评审委员会提出申请。

依照商标法第四十五条第一款规定申请宣告国际注册商标无效的，应当自该商标国际注册申请的驳回期限届满之日起5年内向商标评审委员会提出申请；驳回期限届满时仍处在驳回复审或者异议相关程序的，应当自商标局或者商标评审委员会作出的准予注册决定生效之日起5年内向商标评审委员会提出申请。对恶意注册的，驰名商标所有人不受5年的时间限制。

第五十条 商标法和本条例下列条款的规定不适用于办理商标国际注册相关事宜：

（一）商标法第二十八条、第三十五条第一款关于审查和审理期限的规定；

（二）本条例第二十二条、第三十条第二款；

（三）商标法第四十二条及本条例第三十一条关于商标转让由转让人和受让人共同申请并办理手续的规定。

第六章 商标评审

第五十一条 商标评审是指商标评审委员会依照商标法第三十四条、第三十五条、第四十四条、第四十五条、第五十四条的规定审理有关商标争议事宜。当事人向商标评审委员会提出商标评审申请，应当有明确的请求、事实、理由和法律依据，并提供相应证据。

商标评审委员会根据事实，依法进行评审。

第五十二条 商标评审委员会审理不服商标局驳回商标注册申请决定的复审案件，应当针对商标局的驳回决定和申请人申请复审的事实、理由、请求及评审时的事实状态进行审理。

商标评审委员会审理不服商标局驳回商标注册申请决定的复审案件，发现申请注册的商标有违反商标法第十条、第十一条、第十二条和第十六条第一款规定情形，商标局并未依据上述条款作出驳回决定的，可以依据上述条款作出驳回申请的复审决定。商标评审委员会作出复审决定前应当听取申请人的意见。

第五十三条 商标评审委员会审理不服商标局不予注册决定的复审案件，应当针对商标局的不予注册决定和申请人申请复审的事实、理由、请求及原异议人提出的意见进行审理。

商标评审委员会审理不服商标局不予注册决定的复审案件，应当通知原异议人参加并提出意见。原异议人的意见对案件审理结果有实质影响的，可以作为评审的依据；原异议人不参加或者不提出意见的，不影响案件的审理。

第五十四条 商标评审委员会审理依照商标法第四十四条、第四十五条规定请求宣告注册商标无效的案件，应当针对当事人申请和答辩的事实、理由及请求进行审理。

第五十五条 商标评审委员会审理不服商标局依照商标法第四十四条第一款规定作出宣告注册商标无效决定的复审案件，应当针对商标局的决定和申请人申请复审的事实、理由及请求进行审理。

第五十六条 商标评审委员会审理不服商标局依照商标法第四十九条规定作出撤销或者维持注册商标决定的复审案件，应当针对商标局作出撤销或者维持注册商标决定和当事人申请复审时所依据的事实、理由及请求进行审理。

第五十七条 申请商标评审，应当向商标评审委员会提交申请书，并按照对方当事人的数量提交相应份数的副本；基于商标局的决定书申请复审的，还应当同时附送商标局的决定书副本。

商标评审委员会收到申请书后，经审查，符合受理条件的，予以受理；不符合受理条件的，不予受理，书面通知申请人并说明理由；需要补正的，通知申请人自收到通知之日起30日内补正。经补正仍不符合规定的，商标评审委员会不予受理，书面通知申请人并说明理由；期满未补正的，视为撤回申请，商标评审委员会应当书面通知申请人。

商标评审委员会受理商标评审申请后，发现不符合受理条件的，予以驳回，书面通知申请人并说明理由。

第五十八条 商标评审委员会受理商标评审申请后应当及时将申请书副本送交对方当事人，限其自收到申请书副本之日起30日内答辩；期满未答辩的，不影响商标评审委员会的评审。

第五十九条 当事人需要在提出评审申请或者答辩后补充有关证据材料的，应当在申请书或者答辩书中声明，并自提交申请书或者答辩书之日起3个月内提交；期满未提交的，视为放弃补充有关证据材料。但是，在期满后生成或者当事人有其他正当理由未能在期满前提交的证据，在期满后提交的，商标评审委员会将证据交对方当事人并质证后可以采信。

第六十条 商标评审委员会根据当事人的请求或者实际需要,可以决定对评审申请进行口头审理。

商标评审委员会决定对评审申请进行口头审理的,应当在口头审理15日前书面通知当事人,告知口头审理的日期、地点和评审人员。当事人应当在通知书指定的期限内作出答复。

申请人不答复也不参加口头审理的,其评审申请视为撤回,商标评审委员会应当书面通知申请人;被申请人不答复也不参加口头审理的,商标评审委员会可以缺席评审。

第六十一条 申请人在商标评审委员会作出决定、裁定前,可以书面向商标评审委员会要求撤回申请并说明理由,商标评审委员会认为可以撤回的,评审程序终止。

第六十二条 申请人撤回商标评审申请的,不得以相同的事实和理由再次提出评审申请。商标评审委员会对商标评审申请已经作出裁定或者决定的,任何人不得以相同的事实和理由再次提出评审申请。但是,经不予注册复审程序予以核准注册后向商标评审委员会提起宣告注册商标无效的除外。

第七章 商标使用的管理

第六十三条 使用注册商标,可以在商品、商品包装、说明书或者其他附着物上标明"注册商标"或者注册标记。

注册标记包括㊟和®。使用注册标记,应当标注在商标的右上角或者右下角。

第六十四条 《商标注册证》遗失或者破损的,应当向商标局提交补发《商标注册证》申请书。《商标注册证》遗失的,应当在《商标公告》上刊登遗失声明。破损的《商标注册证》,应当在提交补发申请时交回商标局。

商标注册人需要商标局补发商标变更、转让、续展证明,出具商标注册证明,或者商标申请人需要商标局出具优先权证明文件的,应当向商标局提交相应申请书。符合要求的,商标局发给相应证明;不符合要求的,商标局不予办理,通知申请人并告知理由。

伪造或者变造《商标注册证》或者其他商标证明文件的,依照刑法关于伪造、变造国家机关证件罪或者其他罪的规定,依法追究刑事责任。

第六十五条 有商标法第四十九条规定的注册商标成为其核定使用的商品通用名称情形的,任何单位或者个人可以向商标局申请撤销该注册商标,提交申请时应当附送证据材料。商标局受理后应当通知商标注册人,限其自收到通知之日起2个月内答辩;期满未答辩的,不影响商标局作出决定。

第六十六条 有商标法第四十九条规定的注册商标无正当理由连续3年不使用情形的,任何单位或者个人可以向商标局申请撤销该注册商标,提交申请时应当说明有关情况。商标局受理后应当通知商标注册人,限其自收到通知之日起2个月内提交该商标在撤销申请提出前使用的证据材料或者说明不使用的正当理由;期满未提供使用的证据材料或者证据材料无效并没有正当理由的,由商标局撤销其注册商标。

前款所称使用的证据材料,包括商标注册人使用注册商标的证据材料和商标注册人许可他人使用注册商标的证据材料。

以无正当理由连续3年不使用为由申请撤销注册商标的,应当自该注册商标注册公告之日起满3年后提出申请。

第六十七条 下列情形属于商标法第四十九条规定的正当理由:

(一)不可抗力;

(二)政府政策性限制;

(三)破产清算;

(四)其他不可归责于商标注册人的正当事由。

第六十八条 商标局、商标评审委员会撤销注册商标或者宣告注册商标无效,撤销或者宣告无效的理由仅及于部分指定商品的,对在该部分指定商品上使用的商标注册予以撤销或者宣告无效。

第六十九条 许可他人使用其注册商标的,许可人应当在许可合同有效期内向商标局备案并报送备案材料。备案材料应当说明注册商标使用许可人、被许可人、许可期限、许可使用的商品或者服务范围等事项。

第七十条 以注册商标专用权出质的,出质人与质权人应当签订书面质权合同,并共同向商标局提出质权登记申请,由商标局公告。

第七十一条 违反商标法第四十三条第二款规定的,由工商行政管理部门责令限期改正;逾期不改正的,责令停止销售,拒不停止销售的,处10万元以下的罚款。

第七十二条 商标持有人依照商标法第十三条规定请求驰名商标保护的,可以向工商行政管理部门提出请求。经商标局依照商标法第十四条规定认定为驰名商标的,由工商行政管理部门责令停止违反商标法第十三条规定使用商标的行为,收缴、销毁违法使用的商标标识;商标标识与商品难以分离的,一并收缴、销毁。

第七十三条 商标注册人申请注销其注册商标或者注销其商标在部分指定商品上的注册的,应当向商标局提交商标注销申请书,并交回原《商标注册证》。

商标注册人申请注销其注册商标或者注销其商标在部分指定商品上的注册,经商标局核准注销的,该注册商标专用权或者该注册商标专用权在该部分指定商品上的效力自商标局收到其注销申请之日起终止。

第七十四条 注册商标被撤销或者依照本条例第七十三条的规定被注销的,原《商标注册证》作废,并予以公告;撤销该商标在部分指定商品上的注册的,或者商标注册人申请注销其商标在部分指定商品上的注册的,重新核发《商标注册证》,并予以公告。

第八章 注册商标专用权的保护

第七十五条 为侵犯他人商标专用权提供仓储、运输、邮寄、印制、隐匿、经营场所、网络商品交易平台等,属于商标法第五十七条第六项规定的提供便利条件。

第七十六条 在同一种商品或者类似商品上将与他人注册商标相同或者近似的标志作为商品名称或者商品装潢使用,误导公众的,属于商标法第五十七条第二项规定的侵犯注册商标专用权的行为。

第七十七条 对侵犯注册商标专用权的行为,任何人可以向工商行政管理部门投诉或者举报。

第七十八条 计算商标法第六十条规定的违法经营额,可以考虑下列因素:

(一)侵权商品的销售价格;

(二)未销售侵权商品的标价;

(三)已查清侵权商品实际销售的平均价格;

(四)被侵权商品的市场中间价格;

(五)侵权人因侵权所产生的营业收入;

(六)其他能够合理计算侵权商品价值的因素。

第七十九条 下列情形属于商标法第六十条规定的能证明该商品是自己合法取得的情形:

(一)有供货单位合法签章的供货清单和货款收据且经查证属实或者供货单位认可的;

(二)有供销双方签订的进货合同且经查证已真实履行的;

(三)有合法进货发票且发票记载事项与涉案商品对应的;

(四)其他能够证明合法取得涉案商品的情形。

第八十条 销售不知道是侵犯注册商标专用权的商品,能证明该商品是自己合法取得并说明提供者的,由工商行政管理部门责令停止销售,并将案件情况通报侵权商品提供者所在地工商行政管理部门。

第八十一条 涉案注册商标权属正在商标局、商标评审委员会审理或者人民法院诉讼中,案件结果可能影响案件定性的,属于商标法第六十二条第三款规定的商标权属存在争议。

第八十二条 在查处商标侵权案件过程中,工商行政管理部门可以要求权利人对涉案商品是否为权利人生产或者其许可生产的产品进行辨认。

第九章 商标代理

第八十三条 商标法所称商标代理,是指接受委托人的委托,以委托人的名义办理商标注册申请、商标评审或者其他商标事宜。

第八十四条 商标法所称商标代理机构,包括经工商行政管理部门登记从事商标代理业务的服务机构和从事商标代理业务的律师事务所。

商标代理机构从事商标局、商标评审委员会主管的商标事宜代理业务的,应当按照下列规定向商标局备案:

(一)交验工商行政管理部门的登记证明文件或者司法行政部门批准设立律师事务所的证明文件并留存复印件;

(二)报送商标代理机构的名称、住所、负责人、联系方式等基本信息;

(三)报送商标代理从业人员名单及联系方式。

工商行政管理部门应当建立商标代理机构信用档案。商标代理机构违反商标法或者本条例规定的,由商标局或者商标评审委员会予以公开通报，并记入其信用档案。

第八十五条 商标法所称商标代理从业人员，是指在商标代理机构中从事商标代理业务的工作人员。

商标代理从业人员不得以个人名义自行接受委托。

第八十六条 商标代理机构向商标局、商标评审委员会提交的有关申请文件，应当加盖该代理机构公章并由相关商标代理从业人员签字。

第八十七条 商标代理机构申请注册或者受让其代理服务以外的其他商标，商标局不予受理。

第八十八条 下列行为属于商标法第六十八条第一款第二项规定的以其他不正当手段扰乱商标代理市场秩序的行为：

（一）以欺诈、虚假宣传、引人误解或者商业贿赂等方式招徕业务的；

（二）隐瞒事实，提供虚假证据，或者威胁、诱导他人隐瞒事实，提供虚假证据的；

（三）在同一商标案件中接受有利益冲突的双方当事人委托的。

第八十九条 商标代理机构有商标法第六十八条规定行为的，由行为人所在地或者违法行为发生地县级以上工商行政管理部门进行查处并将查处情况通报商标局。

第九十条 商标局、商标评审委员会依照商标法第六十八条规定停止受理商标代理机构办理商标代理业务的，可以作出停止受理该商标代理机构商标代理业务6个月以上直至永久停止受理的决定。停止受理商标代理业务的期间届满，商标局、商标评审委员会应当恢复受理。

商标局、商标评审委员会作出停止受理或者恢复受理商标代理的决定应当在其网站予以公告。

第九十一条 工商行政管理部门应当加强对商标代理行业组织的监督和指导。

第十章　附　　则

第九十二条 连续使用至1993年7月1日的服务商标，与他人在相同或者类似的服务上已注册的服务商标相同或者近似的，可以继续使用；但是，1993年7月1日后中断使用3年以上的，不得继续使用。

已连续使用至商标局首次受理新放开商品或者服务项目之日的商标，与他人在新放开商品或者服务项目相同或者类似的商品或者服务上已注册的商标相同或者近似的，可以继续使用；但是，首次受理之日后中断使用3年以上的，不得继续使用。

第九十三条 商标注册用商品和服务分类表，由商标局制定并公布。

申请商标注册或者办理其他商标事宜的文件格式，由商标局、商标评审委员会制定并公布。

商标评审委员会的评审规则由国务院工商行政管理部门制定并公布。

第九十四条 商标局设置《商标注册簿》，记载注册商标及有关注册事项。

第九十五条 《商标注册证》及相关证明是权利人享有注册商标专用权的凭证。《商标注册证》记载的注册事项，应当与《商标注册簿》一致；记载不一致的，除有证据证明《商标注册簿》确有错误外，以《商标注册簿》为准。

第九十六条 商标局发布《商标公告》，刊发商标注册及其他有关事项。

《商标公告》采用纸质或者电子形式发布。

除送达公告外，公告内容自发布之日起视为社会公众已经知道或者应当知道。

第九十七条 申请商标注册或者办理其他商标事宜，应当缴纳费用。缴纳费用的项目和标准，由国务院财政部门、国务院价格主管部门分别制定。

第九十八条 本条例自2014年5月1日起施行。

最高人民法院关于审理商标民事纠纷案件适用法律若干问题的解释

（2002年10月12日最高人民法院审判委员会第1246次会议通过　根据2020年12月23日最高人民法院审判委员会第1823次会议通过的《最高人民法院关于修改〈最高人民法院关于审理侵犯专利权纠纷案件应用法律若干问题的解释（二）〉等十八件知识产权类司法解释的决定》修正）

为了正确审理商标纠纷案件，根据《中华人民共和国民法典》《中华人民共和国商标法》《中华人民共和国民事诉讼法》等法律的规定，就适用法律若干问题解释如下：

第一条 下列行为属于商标法第五十七条第(七)项规定的给他人注册商标专用权造成其他损害的行为：

(一)将与他人注册商标相同或者相近似的文字作为企业的字号在相同或者类似商品上突出使用，容易使相关公众产生误认的；

(二)复制、摹仿、翻译他人注册的驰名商标或其主要部分在不相同或者不相类似商品上作为商标使用，误导公众，致使该驰名商标注册人的利益可能受到损害的；

(三)将与他人注册商标相同或者相近似的文字注册为域名，并且通过该域名进行相关商品交易的电子商务，容易使相关公众产生误认的。

第二条 依据商标法第十三条第二款的规定，复制、摹仿、翻译他人未在中国注册的驰名商标或其主要部分，在相同或者类似商品上作为商标使用，容易导致混淆的，应当承担停止侵害的民事法律责任。

第三条 商标法第四十三条规定的商标使用许可包括以下三类：

(一)独占使用许可，是指商标注册人在约定的期间、地域和以约定的方式，将该注册商标仅许可一个被许可人使用，商标注册人依约定不得使用该注册商标；

(二)排他使用许可，是指商标注册人在约定的期间、地域和以约定的方式，将该注册商标仅许可一个被许可人使用，商标注册人依约定可以使用该注册商标但不得另行许可他人使用该注册商标；

(三)普通使用许可，是指商标注册人在约定的期间、地域和以约定的方式，许可他人使用其注册商标，并可自行使用该注册商标和许可他人使用其注册商标。

第四条 商标法第六十条第一款规定的利害关系人，包括注册商标使用许可合同的被许可人、注册商标财产权利的合法继承人等。

在发生注册商标专用权被侵害时，独占使用许可合同的被许可人可以向人民法院提起诉讼；排他使用许可合同的被许可人可以和商标注册人共同起诉，也可以在商标注册人不起诉的情况下，自行提起诉讼；普通使用许可合同的被许可人经商标注册人明确授权，可以提起诉讼。

第五条 商标注册人或者利害关系人在注册商标续展宽展期内提出续展申请，未获核准前，以他人侵犯其注册商标专用权提起诉讼的，人民法院应当受理。

第六条 因侵犯注册商标专用权行为提起的民事诉讼，由商标法第十三条、第五十七条所规定侵权行为的实施地、侵权商品的储藏地或者查封扣押地、被告住所地人民法院管辖。

前款规定的侵权商品的储藏地，是指大量或者经常性储存、隐匿侵权商品所在地；查封扣押地，是指海关等行政机关依法查封、扣押侵权商品所在地。

第七条 对涉及不同侵权行为实施地的多个被告提起的共同诉讼，原告可以选择其中一个被告的侵权行为实施地人民法院管辖；仅对其中某一被告提起的诉讼，该被告侵权行为实施地的人民法院有管辖权。

第八条 商标法所称相关公众，是指与商标所标识的某类商品或者服务有关的消费者和与前述商品或者服务的营销有密切关系的其他经营者。

第九条 商标法第五十七条第(一)(二)项规定的商标相同，是指被控侵权的商标与原告的注册商标相比较，二者在视觉上基本无差别。

商标法第五十七条第(二)项规定的商标近似，是指被控侵权的商标与原告的注册商标相比较，其文字的字形、读音、含义或者图形的构图及颜色，或者其各要素组合后的整体结构相似，或者其立体形状、颜色组合近似，易使相关公众对商品的来源产生误认或者认为其来源与原告注册商标的商品有特定的联系。

第十条 人民法院依据商标法第五十七条第(一)(二)项的规定，认定商标相同或者近似按照以下原则进行：

(一)以相关公众的一般注意力为标准；

(二)既要进行对商标的整体比对，又要进行对商标主要部分的比对，比对应当在比对对象隔离的状态下分别进行；

(三)判断商标是否近似，应当考虑请求保护注册商标的显著性和知名度。

第十一条 商标法第五十七条第(二)项规定的类似商品，是指在功能、用途、生产部门、销售渠道、消费对象等方面相同,或者相关公众一般认为其存在特定联系、容易造成混淆的商品。

类似服务,是指在服务的目的、内容、方式、对象等方面相同,或者相关公众一般认为存在特定联系、容易造成混淆的服务。

商品与服务类似,是指商品和服务之间存在特定联系,容易使相关公众混淆。

第十二条 人民法院依据商标法第五十七条第(二)项的规定,认定商品或者服务是否类似,应当以相关公众对商品或者服务的一般认识综合判断;《商标注册用商品和服务国际分类表》《类似商品和服务区分表》可以作为判断类似商品或者服务的参考。

第十三条 人民法院依据商标法第六十三条第一款的规定确定侵权人的赔偿责任时,可以根据权利人选择的计算方法计算赔偿数额。

第十四条 商标法第六十三条第一款规定的侵权所获得的利益,可以根据侵权商品销售量与该商品单位利润乘积计算;该商品单位利润无法查明的,按照注册商标商品的单位利润计算。

第十五条 商标法第六十三条第一款规定的因被侵权所受到的损失,可以根据权利人因侵权所造成商品销售减少量或者侵权商品销售量与该注册商标商品的单位利润乘积计算。

第十六条 权利人因被侵权所受到的实际损失、侵权人因侵权所获得的利益、注册商标使用许可费均难以确定的,人民法院可以根据当事人的请求或者依职权适用商标法第六十三条第三款的规定确定赔偿数额。

人民法院在适用商标法第六十三条第三款规定确定赔偿数额时,应当考虑侵权行为的性质、期间、后果,侵权人的主观过错程度,商标的声誉及制止侵权行为的合理开支等因素综合确定。

当事人按照本条第一款的规定就赔偿数额达成协议的,应当准许。

第十七条 商标法第六十三条第一款规定的制止侵权行为所支付的合理开支,包括权利人或者委托代理人对侵权行为进行调查、取证的合理费用。

人民法院根据当事人的诉讼请求和案件具体情况,可以将符合国家有关部门规定的律师费用计算在赔偿范围内。

第十八条 侵犯注册商标专用权的诉讼时效为三年,自商标注册人或者利害权利人知道或者应当知道权利受到损害以及义务人之日起计算。商标注册人或者利害关系人超过三年起诉的,如果侵权行为在起诉时仍在持续,在该注册商标专用权有效期限内,人民法院应当判决被告停止侵权行为,侵权损害赔偿数额应当自权利人向人民法院起诉之日起向前推算三年计算。

第十九条 商标使用许可合同未经备案的,不影响该许可合同的效力,但当事人另有约定的除外。

第二十条 注册商标的转让不影响转让前已经生效的商标使用许可合同的效力,但商标使用许可合同另有约定的除外。

第二十一条 人民法院在审理侵犯注册商标专用权纠纷案件中,依据民法典第一百七十九条、商标法第六十条的规定和案件具体情况,可以判决侵权人承担停止侵害、排除妨碍、消除危险、赔偿损失、消除影响等民事责任,还可以作出罚款,收缴侵权商品、伪造的商标标识和主要用于生产侵权商品的材料、工具、设备等财物的民事制裁决定。罚款数额可以参照商标法第六十条第二款的有关规定确定。

行政管理部门对同一侵犯注册商标专用权行为已经给予行政处罚的,人民法院不再予以民事制裁。

第二十二条 人民法院在审理商标纠纷案件中,根据当事人的请求和案件的具体情况,可以对涉及的注册商标是否驰名依法作出认定。

认定驰名商标,应当依照商标法第十四条的规定进行。

当事人对曾经被行政主管机关或者人民法院认定的驰名商标请求保护的,对方当事人对涉及的商标驰名不持异议,人民法院不再审查。提出异议的,人民法院依照商标法第十四条的规定审查。

第二十三条 本解释有关商品商标的规定,适用于服务商标。

第二十四条 以前的有关规定与本解释不一致的,以本解释为准。

最高人民法院关于审理涉及驰名商标保护的民事纠纷案件应用法律若干问题的解释

(2009年4月22日最高人民法院审判委员会第1467次会议通过　根据2020年12月23日最高人民法院审判委员会第1823次会议通过的《最高人民法院关于修改〈最高人民法院关于审理侵犯专利权纠纷案件应用法律若干问题的解释(二)〉等十八件知识产权类司法解释的决定》修正)

为在审理侵犯商标权等民事纠纷案件中依法保护驰名商标,根据《中华人民共和国商标法》《中华人民共和国反不正当竞争法》《中华人民共和国民事诉讼法》等有关法律规定,结合审判实际,制定本解释。

第一条　本解释所称驰名商标,是指在中国境内为相关公众所熟知的商标。

第二条　在下列民事纠纷案件中,当事人以商标驰名作为事实根据,人民法院根据案件具体情况,认为确有必要的,对所涉商标是否驰名作出认定:

(一)以违反商标法第十三条的规定为由,提起的侵犯商标权诉讼;

(二)以企业名称与其驰名商标相同或者近似为由,提起的侵犯商标权或者不正当竞争诉讼;

(三)符合本解释第六条规定的抗辩或者反诉的诉讼。

第三条　在下列民事纠纷案件中,人民法院对于所涉商标是否驰名不予审查:

(一)被诉侵犯商标权或者不正当竞争行为的成立不以商标驰名为事实根据的;

(二)被诉侵犯商标权或者不正当竞争行为因不具备法律规定的其他要件而不成立的。

原告以被告注册、使用的域名与其注册商标相同或者近似,并通过该域名进行相关商品交易的电子商务,足以造成相关公众误认为由,提起的侵权诉讼,按照前款第(一)项的规定处理。

第四条　人民法院认定商标是否驰名,应当以证明其驰名的事实为依据,综合考虑商标法第十四条第一款规定的各项因素,但是根据案件具体情况无需考虑该条规定的全部因素即足以认定商标驰名的情形除外。

第五条　当事人主张商标驰名的,应当根据案件具体情况,提供下列证据,证明被诉侵犯商标权或者不正当竞争行为发生时,其商标已属驰名:

(一)使用该商标的商品的市场份额、销售区域、利税等;

(二)该商标的持续使用时间;

(三)该商标的宣传或者促销活动的方式、持续时间、程度、资金投入和地域范围;

(四)该商标曾被作为驰名商标受保护的记录;

(五)该商标享有的市场声誉;

(六)证明该商标已属驰名的其他事实。

前款所涉及的商标使用的时间、范围、方式等,包括其核准注册前持续使用的情形。

对于商标使用时间长短、行业排名、市场调查报告、市场价值评估报告、是否曾被认定为著名商标等证据,人民法院应当结合认定商标驰名的其他证据,客观、全面地进行审查。

第六条　原告以被诉商标的使用侵犯其注册商标专用权为由提起民事诉讼,被告以原告的注册商标复制、摹仿或者翻译其在先未注册驰名商标为由提出抗辩或者提起反诉的,应当对其在先未注册商标驰名的事实负举证责任。

第七条　被诉侵犯商标权或者不正当竞争行为发生前,曾被人民法院或者行政管理部门认定驰名的商标,被告对该商标驰名的事实不持异议的,人民法院应当予以认定。被告提出异议的,原告仍应当对该商标驰名的事实负举证责任。

除本解释另有规定外,人民法院对于商标驰名的事实,不适用民事诉讼证据的自认规则。

第八条　对于在中国境内为社会公众所熟知的商标,原告已提供其商标驰名的基本证据,或者被告不持异议的,人民法院对该商标驰名的事实予以认定。

第九条　足以使相关公众对使用驰名商标和被诉商标的商品来源产生误认,或者足以使相关公众认为使用驰名商标和被诉商标的经营者之间具有许可使用、关联企业关系等特定联系的,属于商标法第十三条第二款规定的"容易导致混淆"。

足以使相关公众认为被诉商标与驰名商标具有相当程度的联系，而减弱驰名商标的显著性、贬损驰名商标的市场声誉，或者不正当利用驰名商标的市场声誉的，属于商标法第十三条第三款规定的"误导公众，致使该驰名商标注册人的利益可能受到损害"。

第十条 原告请求禁止被告在不相类似商品上使用与原告驰名的注册商标相同或者近似的商标或者企业名称的，人民法院应当根据案件具体情况，综合考虑以下因素后作出裁判：

（一）该驰名商标的显著程度；

（二）该驰名商标在使用被诉商标或者企业名称的商品的相关公众中的知晓程度；

（三）使用驰名商标的商品与使用被诉商标或者企业名称的商品之间的关联程度；

（四）其他相关因素。

第十一条 被告使用的注册商标违反商标法第十三条的规定，复制、摹仿或者翻译原告驰名商标，构成侵犯商标权的，人民法院应当根据原告的请求，依法判决禁止被告使用该商标，但被告的注册商标有下列情形之一的，人民法院对原告的请求不予支持：

（一）已经超过商标法第四十五条第一款规定的请求宣告无效期限的；

（二）被告提出注册申请时，原告的商标并不驰名的。

第十二条 当事人请求保护的未注册驰名商标，属于商标法第十条、第十一条、第十二条规定不得作为商标使用或者注册情形的，人民法院不予支持。

第十三条 在涉及驰名商标保护的民事纠纷案件中，人民法院对于商标驰名的认定，仅作为案件事实和判决理由，不写入判决主文；以调解方式审结的，在调解书中对商标驰名的事实不予认定。

第十四条 本院以前有关司法解释与本解释不一致的，以本解释为准。

中华人民共和国专利法

（1984 年 3 月 12 日第六届全国人民代表大会常务委员会第四次会议通过　根据 1992 年 9 月 4 日第七届全国人民代表大会常务委员会第二十七次会议《关于修改〈中华人民共和国专利法〉的决定》第一次修正　根据 2000 年 8 月 25 日第九届全国人民代表大会常务委员会第十七次会议《关于修改〈中华人民共和国专利法〉的决定》第二次修正　根据 2008 年 12 月 27 日第十一届全国人民代表大会常务委员会第六次会议《关于修改〈中华人民共和国专利法〉的决定》第三次修正　根据 2020 年 10 月 17 日第十三届全国人民代表大会常务委员会第二十二次会议《关于修改〈中华人民共和国专利法〉的决定》第四次修正）

目　　录

第一章　总　　则
第二章　授予专利权的条件
第三章　专利的申请
第四章　专利申请的审查和批准
第五章　专利权的期限、终止和无效
第六章　专利实施的特别许可
第七章　专利权的保护
第八章　附　　则

第一章　总　　则

第一条 为了保护专利权人的合法权益，鼓励发明创造，推动发明创造的应用，提高创新能力，促进科学技术进步和经济社会发展，制定本法。

第二条 本法所称的发明创造是指发明、实用新型和外观设计。

发明，是指对产品、方法或者其改进所提出的新的技术方案。

实用新型，是指对产品的形状、构造或者其结合所提出的适于实用的新的技术方案。

外观设计，是指对产品的整体或者局部的形状、图案或者其结合以及色彩与形状、图案的结合所作出的富有美感并适于工业应用的新设计。

第三条 国务院专利行政部门负责管理全国的专利工作；统一受理和审查专利申请，依法授予专利权。

省、自治区、直辖市人民政府管理专利工作的部门负责本行政区域内的专利管理工作。

第四条 申请专利的发明创造涉及国家安全或者重大利益需要保密的，按照国家有关规定办理。

第五条 对违反法律、社会公德或者妨害公共利益的发明创造，不授予专利权。

对违反法律、行政法规的规定获取或者利用遗传资源，并依赖该遗传资源完成的发明创造，不授予专利权。

第六条 执行本单位的任务或者主要是利用本单位的物质技术条件所完成的发明创造为职务发明创造。职务发明创造申请专利的权利属于该单位，申请被批准后，该单位为专利权人。该单位可以依法处置其职务发明创造申请专利的权利和专利权，促进相关发明创造的实施和运用。

非职务发明创造，申请专利的权利属于发明人或者设计人；申请被批准后，该发明人或者设计人为专利权人。

利用本单位的物质技术条件所完成的发明创造，单位与发明人或者设计人订有合同，对申请专利的权利和专利权的归属作出约定的，从其约定。

第七条 对发明人或者设计人的非职务发明创造专利申请，任何单位或者个人不得压制。

第八条 两个以上单位或者个人合作完成的发明创造、一个单位或者个人接受其他单位或者个人委托所完成的发明创造，除另有协议的以外，申请专利的权利属于完成或者共同完成的单位或者个人；申请被批准后，申请的单位或者个人为专利权人。

第九条 同样的发明创造只能授予一项专利权。但是，同一申请人同日对同样的发明创造既申请实用新型专利又申请发明专利，先获得的实用新型专利权尚未终止，且申请人声明放弃该实用新型专利权的，可以授予发明专利权。

两个以上的申请人分别就同样的发明创造申请专利的，专利权授予最先申请的人。

第十条 专利申请权和专利权可以转让。

中国单位或者个人向外国人、外国企业或者外国其他组织转让专利申请权或者专利权的，应当依照有关法律、行政法规的规定办理手续。

转让专利申请权或者专利权的，当事人应当订立书面合同，并向国务院专利行政部门登记，由国务院专利行政部门予以公告。专利申请权或者专利权的转让自登记之日起生效。

第十一条 发明和实用新型专利权被授予后，除本法另有规定的以外，任何单位或者个人未经专利权人许可，都不得实施其专利，即不得为生产经营目的制造、使用、许诺销售、销售、进口其专利产品，或者使用其专利方法以及使用、许诺销售、销售、进口依照该专利方法直接获得的产品。

外观设计专利权被授予后，任何单位或者个人未经专利权人许可，都不得实施其专利，即不得为生产经营目的制造、许诺销售、销售、进口其外观设计专利产品。

第十二条 任何单位或者个人实施他人专利的，应当与专利权人订立实施许可合同，向专利权人支付专利使用费。被许可人无权允许合同规定以外的任何单位或者个人实施该专利。

第十三条 发明专利申请公布后，申请人可以要求实施其发明的单位或者个人支付适当的费用。

第十四条 专利申请权或者专利权的共有人对权利的行使有约定的，从其约定。没有约定的，共有人可以单独实施或者以普通许可方式许可他人实施该专利；许可他人实施该专利的，收取的使用费应当在共有人之间分配。

除前款规定的情形外，行使共有的专利申请权或者专利权应当取得全体共有人的同意。

第十五条 被授予专利权的单位应当对职务发明创造的发明人或者设计人给予奖励；发明创造专利实施后，根据其推广应用的范围和取得的经济效益，对发明人或者设计人给予合理的报酬。

国家鼓励被授予专利权的单位实行产权激励，采取股权、期权、分红等方式，使发明人或者设计人合理分享创新收益。

第十六条 发明人或者设计人有权在专利文件中写明自己是发明人或者设计人。

专利权人有权在其专利产品或者该产品的包装上标明专利标识。

第十七条 在中国没有经常居所或者营业所的外国人、外国企业或者外国其他组织在中国申请专利的，依照其所属国同中国签订的协议或者共同参加的国际条约，或者依照互惠原则，根据本法办理。

第十八条 在中国没有经常居所或者营业所

的外国人、外国企业或者外国其他组织在中国申请专利和办理其他专利事务的，应当委托依法设立的专利代理机构办理。

中国单位或者个人在国内申请专利和办理其他专利事务的，可以委托依法设立的专利代理机构办理。

专利代理机构应当遵守法律、行政法规，按照被代理人的委托办理专利申请或者其他专利事务；对被代理人发明创造的内容，除专利申请已经公布或者公告的以外，负有保密责任。专利代理机构的具体管理办法由国务院规定。

第十九条 任何单位或者个人将在中国完成的发明或者实用新型向外国申请专利的，应当事先报经国务院专利行政部门进行保密审查。保密审查的程序、期限等按照国务院的规定执行。

中国单位或者个人可以根据中华人民共和国参加的有关国际条约提出专利国际申请。申请人提出专利国际申请的，应当遵守前款规定。

国务院专利行政部门依照中华人民共和国参加的有关国际条约、本法和国务院有关规定处理专利国际申请。

对违反本条第一款规定向外国申请专利的发明或者实用新型，在中国申请专利的，不授予专利权。

第二十条 申请专利和行使专利权应当遵循诚实信用原则。不得滥用专利权损害公共利益或者他人合法权益。

滥用专利权，排除或者限制竞争，构成垄断行为的，依照《中华人民共和国反垄断法》处理。

第二十一条 国务院专利行政部门应当按照客观、公正、准确、及时的要求，依法处理有关专利的申请和请求。

国务院专利行政部门应当加强专利信息公共服务体系建设，完整、准确、及时发布专利信息，提供专利基础数据，定期出版专利公报，促进专利信息传播与利用。

在专利申请公布或者公告前，国务院专利行政部门的工作人员及有关人员对其内容负有保密责任。

第二章 授予专利权的条件

第二十二条 授予专利权的发明和实用新型，应当具备新颖性、创造性和实用性。

新颖性，是指该发明或者实用新型不属于现有技术；也没有任何单位或者个人就同样的发明或者实用新型在申请日以前向国务院专利行政部门提出过申请，并记载在申请日以后公布的专利申请文件或者公告的专利文件中。

创造性，是指与现有技术相比，该发明具有突出的实质性特点和显著的进步，该实用新型具有实质性特点和进步。

实用性，是指该发明或者实用新型能够制造或者使用，并且能够产生积极效果。

本法所称现有技术，是指申请日以前在国内外为公众所知的技术。

第二十三条 授予专利权的外观设计，应当不属于现有设计；也没有任何单位或者个人就同样的外观设计在申请日以前向国务院专利行政部门提出过申请，并记载在申请日以后公告的专利文件中。

授予专利权的外观设计与现有设计或者现有设计特征的组合相比，应当具有明显区别。

授予专利权的外观设计不得与他人在申请日以前已经取得的合法权利相冲突。

本法所称现有设计，是指申请日以前在国内外为公众所知的设计。

第二十四条 申请专利的发明创造在申请日以前六个月内，有下列情形之一的，不丧失新颖性：

（一）在国家出现紧急状态或者非常情况时，为公共利益目的首次公开的；

（二）在中国政府主办或者承认的国际展览会上首次展出的；

（三）在规定的学术会议或者技术会议上首次发表的；

（四）他人未经申请人同意而泄露其内容的。

第二十五条 对下列各项，不授予专利权：

（一）科学发现；

（二）智力活动的规则和方法；

（三）疾病的诊断和治疗方法；

（四）动物和植物品种；

（五）原子核变换方法以及用原子核变换方法获得的物质；

（六）对平面印刷品的图案、色彩或者二者的结合作出的主要起标识作用的设计。

对前款第（四）项所列产品的生产方法，可以依照本法规定授予专利权。

第三章 专利的申请

第二十六条 申请发明或者实用新型专利的，应当提交请求书、说明书及其摘要和权利要求书等文件。

请求书应当写明发明或者实用新型的名称，发明人的姓名，申请人姓名或者名称、地址，以及其他事项。

说明书应当对发明或者实用新型作出清楚、完整的说明，以所属技术领域的技术人员能够实现为准；必要的时候，应当有附图。摘要应当简要说明发明或者实用新型的技术要点。

权利要求书应当以说明书为依据，清楚、简要地限定要求专利保护的范围。

依赖遗传资源完成的发明创造，申请人应当在专利申请文件中说明该遗传资源的直接来源和原始来源；申请人无法说明原始来源的，应当陈述理由。

第二十七条 申请外观设计专利的，应当提交请求书、该外观设计的图片或者照片以及对该外观设计的简要说明等文件。

申请人提交的有关图片或者照片应当清楚地显示要求专利保护的产品的外观设计。

第二十八条 国务院专利行政部门收到专利申请文件之日为申请日。如果申请文件是邮寄的，以寄出的邮戳日为申请日。

第二十九条 申请人自发明或者实用新型在外国第一次提出专利申请之日起十二个月内，或者自外观设计在外国第一次提出专利申请之日起六个月内，又在中国就相同主题提出专利申请的，依照该外国同中国签订的协议或者共同参加的国际条约，或者依照相互承认优先权的原则，可以享有优先权。

申请人自发明或者实用新型在中国第一次提出专利申请之日起十二个月内，或者自外观设计在中国第一次提出专利申请之日起六个月内，又向国务院专利行政部门就相同主题提出专利申请的，可以享有优先权。

第三十条 申请人要求发明、实用新型专利优先权的，应当在申请的时候提出书面声明，并且在第一次提出申请之日起十六个月内，提交第一次提出的专利申请文件的副本。

申请人要求外观设计专利优先权的，应当在申请的时候提出书面声明，并且在三个月内提交第一次提出的专利申请文件的副本。

申请人未提出书面声明或者逾期未提交专利申请文件副本的，视为未要求优先权。

第三十一条 一件发明或者实用新型专利申请应当限于一项发明或者实用新型。属于一个总的发明构思的两项以上的发明或者实用新型，可以作为一件申请提出。

一件外观设计专利申请应当限于一项外观设计。同一产品两项以上的相似外观设计，或者用于同一类别并且成套出售或者使用的产品的两项以上外观设计，可以作为一件申请提出。

第三十二条 申请人可以在被授予专利权之前随时撤回其专利申请。

第三十三条 申请人可以对其专利申请文件进行修改，但是，对发明和实用新型专利申请文件的修改不得超出原说明书和权利要求书记载的范围，对外观设计专利申请文件的修改不得超出原图片或者照片表示的范围。

第四章 专利申请的审查和批准

第三十四条 国务院专利行政部门收到发明专利申请后，经初步审查认为符合本法要求的，自申请日起满十八个月，即行公布。国务院专利行政部门可以根据申请人的请求早日公布其申请。

第三十五条 发明专利申请自申请日起三年内，国务院专利行政部门可以根据申请人随时提出的请求，对其申请进行实质审查；申请人无正当理由逾期不请求实质审查的，该申请即被视为撤回。

国务院专利行政部门认为必要的时候，可以自行对发明专利申请进行实质审查。

第三十六条 发明专利的申请人请求实质审查的时候，应当提交在申请日前与其发明有关的参考资料。

发明专利已经在外国提出过申请的，国务院专利行政部门可以要求申请人在指定期限内提交该国为审查其申请进行检索的资料或者审查结果的资料；无正当理由逾期不提交的，该申请即被视为撤回。

第三十七条 国务院专利行政部门对发明专利申请进行实质审查后，认为不符合本法规定的，应当通知申请人，要求其在指定的期限内陈述意见，或者对其申请进行修改；无正当理由逾期不答复的，该申请即被视为撤回。

第三十八条 发明专利申请经申请人陈述意见或者进行修改后，国务院专利行政部门仍然认为不符合本法规定的，应当予以驳回。

第三十九条 发明专利申请经实质审查没有发现驳回理由的，由国务院专利行政部门作出授予发明专利权的决定，发给发明专利证书，同时予以登记和公告。发明专利权自公告之日起生效。

第四十条 实用新型和外观设计专利申请经初步审查没有发现驳回理由的，由国务院专利行政部门作出授予实用新型专利权或者外观设计专利权的决定，发给相应的专利证书，同时予以登记和公告。实用新型专利权和外观设计专利权自公告之日起生效。

第四十一条 专利申请人对国务院专利行政部门驳回申请的决定不服的，可以自收到通知之日起三个月内向国务院专利行政部门请求复审。国务院专利行政部门复审后，作出决定，并通知专利申请人。

专利申请人对国务院专利行政部门的复审决定不服的，可以自收到通知之日起三个月内向人民法院起诉。

第五章 专利权的期限、终止和无效

第四十二条 发明专利权的期限为二十年，实用新型专利权的期限为十年，外观设计专利权的期限为十五年，均自申请日起计算。

自发明专利申请日起满四年，且自实质审查请求之日起满三年后授予发明专利权的，国务院专利行政部门应专利权人的请求，就发明专利在授权过程中的不合理延迟给予专利权期限补偿，但由申请人引起的不合理延迟除外。

为补偿新药上市审评审批占用的时间，对在中国获得上市许可的新药相关发明专利，国务院专利行政部门应专利权人的请求给予专利权期限补偿。补偿期限不超过五年，新药批准上市后总有效专利权期限不超过十四年。

第四十三条 专利权人应当自被授予专利权的当年开始缴纳年费。

第四十四条 有下列情形之一的，专利权在期限届满前终止：

（一）没有按照规定缴纳年费的；

（二）专利权人以书面声明放弃其专利权的。

专利权在期限届满前终止的，由国务院专利行政部门登记和公告。

第四十五条 自国务院专利行政部门公告授予专利权之日起，任何单位或者个人认为该专利权的授予不符合本法有关规定的，可以请求国务院专利行政部门宣告该专利权无效。

第四十六条 国务院专利行政部门对宣告专利权无效的请求应当及时审查和作出决定，并通知请求人和专利权人。宣告专利权无效的决定，由国务院专利行政部门登记和公告。

对国务院专利行政部门宣告专利权无效或者维持专利权的决定不服的，可以自收到通知之日起三个月内向人民法院起诉。人民法院应当通知无效宣告请求程序的对方当事人作为第三人参加诉讼。

第四十七条 宣告无效的专利权视为自始即不存在。

宣告专利权无效的决定，对在宣告专利权无效前人民法院作出并已执行的专利侵权的判决、调解书，已经履行或者强制执行的专利侵权纠纷处理决定，以及已经履行的专利实施许可合同和专利权转让合同，不具有追溯力。但是因专利权人的恶意给他人造成的损失，应当给予赔偿。

依照前款规定不返还专利侵权赔偿金、专利使用费、专利权转让费，明显违反公平原则的，应当全部或者部分返还。

第六章 专利实施的特别许可

第四十八条 国务院专利行政部门、地方人民政府管理专利工作的部门应当会同同级相关部门采取措施，加强专利公共服务，促进专利实施和运用。

第四十九条 国有企业事业单位的发明专利，对国家利益或者公共利益具有重大意义的，国务院有关主管部门和省、自治区、直辖市人民政府报经国务院批准，可以决定在批准的范围内推广应用，允许指定的单位实施，由实施单位按照国家规定向专利权人支付使用费。

第五十条 专利权人自愿以书面方式向国务院专利行政部门声明愿意许可任何单位或者个人实施其专利,并明确许可使用费支付方式、标准的,由国务院专利行政部门予以公告,实行开放许可。就实用新型、外观设计专利提出开放许可声明的,应当提供专利权评价报告。

专利权人撤回开放许可声明的,应当以书面方式提出,并由国务院专利行政部门予以公告。开放许可声明被公告撤回的,不影响在先给予的开放许可的效力。

第五十一条 任何单位或者个人有意愿实施开放许可的专利的,以书面方式通知专利权人,并依照公告的许可使用费支付方式、标准支付许可使用费后,即获得专利实施许可。

开放许可实施期间,对专利权人缴纳专利年费相应给予减免。

实行开放许可的专利权人可以与被许可人就许可使用费进行协商后给予普通许可,但不得就该专利给予独占或者排他许可。

第五十二条 当事人就实施开放许可发生纠纷的,由当事人协商解决;不愿协商或者协商不成的,可以请求国务院专利行政部门进行调解,也可以向人民法院起诉。

第五十三条 有下列情形之一的,国务院专利行政部门根据具备实施条件的单位或者个人的申请,可以给予实施发明专利或者实用新型专利的强制许可:

(一)专利权人自专利权被授予之日起满三年,且自提出专利申请之日起满四年,无正当理由未实施或者未充分实施其专利的;

(二)专利权人行使专利权的行为被依法认定为垄断行为,为消除或者减少该行为对竞争产生的不利影响的。

第五十四条 在国家出现紧急状态或者非常情况时,或者为了公共利益的目的,国务院专利行政部门可以给予实施发明专利或者实用新型专利的强制许可。

第五十五条 为了公共健康目的,对取得专利权的药品,国务院专利行政部门可以给予制造并将其出口到符合中华人民共和国参加的有关国际条约规定的国家或者地区的强制许可。

第五十六条 一项取得专利权的发明或者实用新型比前已经取得专利权的发明或者实用新型具有显著经济意义的重大技术进步,其实施又有赖于前一发明或者实用新型的实施的,国务院专利行政部门根据后一专利权人的申请,可以给予实施前一发明或者实用新型的强制许可。

在依照前款规定给予实施强制许可的情形下,国务院专利行政部门根据前一专利权人的申请,也可以给予实施后一发明或者实用新型的强制许可。

第五十七条 强制许可涉及的发明创造为半导体技术的,其实施限于公共利益的目的和本法第五十三条第(二)项规定的情形。

第五十八条 除依照本法第五十三条第(二)项、第五十五条规定给予的强制许可外,强制许可的实施应当主要为了供应国内市场。

第五十九条 依照本法第五十三条第(一)项、第五十六条规定申请强制许可的单位或者个人应当提供证据,证明其以合理的条件请求专利权人许可其实施专利,但未能在合理的时间内获得许可。

第六十条 国务院专利行政部门作出的给予实施强制许可的决定,应当及时通知专利权人,并予以登记和公告。

给予实施强制许可的决定,应当根据强制许可的理由规定实施的范围和时间。强制许可的理由消除并不再发生时,国务院专利行政部门应当根据专利权人的请求,经审查后作出终止实施强制许可的决定。

第六十一条 取得实施强制许可的单位或者个人不享有独占的实施权,并且无权允许他人实施。

第六十二条 取得实施强制许可的单位或者个人应当付给专利权人合理的使用费,或者依照中华人民共和国参加的有关国际条约的规定处理使用费问题。付给使用费的,其数额由双方协商;双方不能达成协议的,由国务院专利行政部门裁决。

第六十三条 专利权人对国务院专利行政部门关于实施强制许可的决定不服的,专利权人和取得实施强制许可的单位或者个人对国务院专利行政部门关于实施强制许可的使用费的裁决不服的,可以自收到通知之日起三个月内向人民法院起诉。

第七章 专利权的保护

第六十四条 发明或者实用新型专利权的保护范围以其权利要求的内容为准,说明书及附图可以用于解释权利要求的内容。

外观设计专利权的保护范围以表示在图片或者照片中的该产品的外观设计为准，简要说明可以用于解释图片或者照片所表示的该产品的外观设计。

第六十五条 未经专利权人许可，实施其专利，即侵犯其专利权，引起纠纷的，由当事人协商解决；不愿协商或者协商不成的，专利权人或者利害关系人可以向人民法院起诉，也可以请求管理专利工作的部门处理。管理专利工作的部门处理时，认定侵权行为成立的，可以责令侵权人立即停止侵权行为，当事人不服的，可以自收到处理通知之日起十五日内依照《中华人民共和国行政诉讼法》向人民法院起诉；侵权人期满不起诉又不停止侵权行为的，管理专利工作的部门可以申请人民法院强制执行。进行处理的管理专利工作的部门应当事人的请求，可以就侵犯专利权的赔偿数额进行调解；调解不成的，当事人可以依照《中华人民共和国民事诉讼法》向人民法院起诉。

第六十六条 专利侵权纠纷涉及新产品制造方法的发明专利的，制造同样产品的单位或者个人应当提供其产品制造方法不同于专利方法的证明。

专利侵权纠纷涉及实用新型专利或者外观设计专利的，人民法院或者管理专利工作的部门可以要求专利权人或者利害关系人出具由国务院专利行政部门对相关实用新型或者外观设计进行检索、分析和评价后作出的专利权评价报告，作为审理、处理专利侵权纠纷的证据；专利权人、利害关系人或者被控侵权人也可以主动出具专利权评价报告。

第六十七条 在专利侵权纠纷中，被控侵权人有证据证明其实施的技术或者设计属于现有技术或者现有设计的，不构成侵犯专利权。

第六十八条 假冒专利的，除依法承担民事责任外，由负责专利执法的部门责令改正并予公告，没收违法所得，可以处违法所得五倍以下的罚款；没有违法所得或者违法所得在五万元以下的，可以处二十五万元以下的罚款；构成犯罪的，依法追究刑事责任。

第六十九条 负责专利执法的部门根据已经取得的证据，对涉嫌假冒专利行为进行查处时，有权采取下列措施：

（一）询问有关当事人，调查与涉嫌违法行为有关的情况；

（二）对当事人涉嫌违法行为的场所实施现场检查；

（三）查阅、复制与涉嫌违法行为有关的合同、发票、账簿以及其他有关资料；

（四）检查与涉嫌违法行为有关的产品；

（五）对有证据证明是假冒专利的产品，可以查封或者扣押。

管理专利工作的部门应专利权人或者利害关系人的请求处理专利侵权纠纷时，可以采取前款第（一）项、第（二）项、第（四）项所列措施。

负责专利执法的部门、管理专利工作的部门依法行使前两款规定的职权时，当事人应当予以协助、配合，不得拒绝、阻挠。

第七十条 国务院专利行政部门可以应专利权人或者利害关系人的请求处理在全国有重大影响的专利侵权纠纷。

地方人民政府管理专利工作的部门应专利权人或者利害关系人请求处理专利侵权纠纷，对在本行政区域内侵犯其同一专利权的案件可以合并处理；对跨区域侵犯其同一专利权的案件可以请求上级地方人民政府管理专利工作的部门处理。

第七十一条 侵犯专利权的赔偿数额按照权利人因被侵权所受到的实际损失或者侵权人因侵权所获得的利益确定；权利人的损失或者侵权人获得的利益难以确定的，参照该专利许可使用费的倍数合理确定。对故意侵犯专利权，情节严重的，可以在按照上述方法确定数额的一倍以上五倍以下确定赔偿数额。

权利人的损失、侵权人获得的利益和专利许可使用费均难以确定的，人民法院可以根据专利权的类型、侵权行为的性质和情节等因素，确定给予三万元以上五百万元以下的赔偿。

赔偿数额还应当包括权利人为制止侵权行为所支付的合理开支。

人民法院为确定赔偿数额，在权利人已经尽力举证，而与侵权行为相关的账簿、资料主要由侵权人掌握的情况下，可以责令侵权人提供与侵权行为相关的账簿、资料；侵权人不提供或者提供虚假的账簿、资料的，人民法院可以参考权利人的主张和提供的证据判定赔偿数额。

第七十二条 专利权人或者利害关系人有证据证明他人正在实施或者即将实施侵犯专利权、妨碍其实现权利的行为，如不及时制止将会使其合法权益受到难以弥补的损害的，可以在起诉前依法向人民法院申请采取财产保全、责令作出一定行为或者禁止作出一定行为的措施。

第七十三条 为了制止专利侵权行为，在证据可能灭失或者以后难以取得的情况下，专利权人或者利害关系人可以在起诉前依法向人民法院申请保全证据。

第七十四条 侵犯专利权的诉讼时效为三年，自专利权人或者利害关系人知道或者应当知道侵权行为以及侵权人之日起计算。

发明专利申请公布后至专利权授予前使用该发明未支付适当使用费的，专利权人要求支付使用费的诉讼时效为三年，自专利权人知道或者应当知道他人使用其发明之日起计算，但是，专利权人于专利权授予之日前即已知道或者应当知道的，自专利权授予之日起计算。

第七十五条 有下列情形之一的，不视为侵犯专利权：

（一）专利产品或者依照专利方法直接获得的产品，由专利权人或者经其许可的单位、个人售出后，使用、许诺销售、销售、进口该产品的；

（二）在专利申请日前已经制造相同产品、使用相同方法或者已经作好制造、使用的必要准备，并且仅在原有范围内继续制造、使用的；

（三）临时通过中国领陆、领水、领空的外国运输工具，依照其所属国同中国签订的协议或者共同参加的国际条约，或者依照互惠原则，为运输工具自身需要而在其装置和设备中使用有关专利的；

（四）专为科学研究和实验而使用有关专利的；

（五）为提供行政审批所需要的信息，制造、使用、进口专利药品或者专利医疗器械的，以及专门为其制造、进口专利药品或者专利医疗器械的。

第七十六条 药品上市审评审批过程中，药品上市许可申请人与有关专利权人或者利害关系人，因申请注册的药品相关的专利权产生纠纷的，相关当事人可以向人民法院起诉，请求就申请注册的药品相关技术方案是否落入他人药品专利权保护范围作出判决。国务院药品监督管理部门在规定的期限内，可以根据人民法院生效裁判作出是否暂停批准相关药品上市的决定。

药品上市许可申请人与有关专利权人或者利害关系人也可以就申请注册的药品相关的专利权纠纷，向国务院专利行政部门请求行政裁决。

国务院药品监督管理部门会同国务院专利行政部门制定药品上市许可审批与药品上市许可申请阶段专利权纠纷解决的具体衔接办法，报国务院同意后实施。

第七十七条 为生产经营目的使用、许诺销售或者销售不知道是未经专利权人许可而制造并售出的专利侵权产品，能证明该产品合法来源的，不承担赔偿责任。

第七十八条 违反本法第十九条规定向外国申请专利，泄露国家秘密的，由所在单位或者上级主管机关给予行政处分；构成犯罪的，依法追究刑事责任。

第七十九条 管理专利工作的部门不得参与向社会推荐专利产品等经营活动。

管理专利工作的部门违反前款规定的，由其上级机关或者监察机关责令改正，消除影响，有违法收入的予以没收；情节严重的，对直接负责的主管人员和其他直接责任人员依法给予处分。

第八十条 从事专利管理工作的国家机关工作人员以及其他有关国家机关工作人员玩忽职守、滥用职权、徇私舞弊，构成犯罪的，依法追究刑事责任；尚不构成犯罪的，依法给予处分。

第八章 附 则

第八十一条 向国务院专利行政部门申请专利和办理其他手续，应当按照规定缴纳费用。

第八十二条 本法自1985年4月1日起施行。

中华人民共和国专利法实施细则

（2001年6月15日中华人民共和国国务院令第306号公布 根据2002年12月28日《国务院关于修改〈中华人民共和国专利法实施细则〉的决定》第一次修订 根据2010年1月9日《国务院关于修改〈中华人民共和国专利法实施细则〉的决定》第二次修订）

第一章 总 则

第一条 根据《中华人民共和国专利法》（以下简称专利法），制定本细则。

第二条 专利法和本细则规定的各种手续,应当以书面形式或者国务院专利行政部门规定的其他形式办理。

第三条 依照专利法和本细则规定提交的各种文件应当使用中文;国家有统一规定的科技术语的,应当采用规范词;外国人名、地名和科技术语没有统一中文译文的,应当注明原文。

依照专利法和本细则规定提交的各种证件和证明文件是外文的,国务院专利行政部门认为必要时,可以要求当事人在指定期限内附送中文译文;期满未附送的,视为未提交该证件和证明文件。

第四条 向国务院专利行政部门邮寄的各种文件,以寄出的邮戳日为递交日;邮戳日不清晰的,除当事人能够提出证明外,以国务院专利行政部门收到日为递交日。

国务院专利行政部门的各种文件,可以通过邮寄、直接送交或者其他方式送达当事人。当事人委托专利代理机构的,文件送交专利代理机构;未委托专利代理机构的,文件送交请求书中指明的联系人。

国务院专利行政部门邮寄的各种文件,自文件发出之日起满15日,推定为当事人收到文件之日。

根据国务院专利行政部门规定应当直接送交的文件,以交付日为送达日。

文件送交地址不清,无法邮寄的,可以通过公告的方式送达当事人。自公告之日起满1个月,该文件视为已经送达。

第五条 专利法和本细则规定的各种期限的第一日不计算在期限内。期限以年或者月计算的,以其最后一月的相应日为期限届满日;该月无相应日的,以该月最后一日为期限届满日;期限届满日是法定休假日的,以休假日后的第一个工作日为期限届满日。

第六条 当事人因不可抗拒的事由而延误专利法或者本细则规定的期限或者国务院专利行政部门指定的期限,导致其权利丧失的,自障碍消除之日起2个月内,最迟自期限届满之日起2年内,可以向国务院专利行政部门请求恢复权利。

除前款规定的情形外,当事人因其他正当理由延误专利法或者本细则规定的期限或者国务院专利行政部门指定的期限,导致其权利丧失的,可以自收到国务院专利行政部门的通知之日起2个月内向国务院专利行政部门请求恢复权利。

当事人依照本条第一款或者第二款的规定请求恢复权利的,应当提交恢复权利请求书,说明理由,必要时附具有关证明文件,并办理权利丧失前应当办理的相应手续;依照本条第二款的规定请求恢复权利的,还应当缴纳恢复权利请求费。

当事人请求延长国务院专利行政部门指定的期限的,应当在期限届满前,向国务院专利行政部门说明理由并办理有关手续。

本条第一款和第二款的规定不适用专利法第二十四条、第二十九条、第四十二条、第六十八条规定的期限。

第七条 专利申请涉及国防利益需要保密的,由国防专利机构受理并进行审查;国务院专利行政部门受理的专利申请涉及国防利益需要保密的,应当及时移交国防专利机构进行审查。经国防专利机构审查没有发现驳回理由的,由国务院专利行政部门作出授予国防专利权的决定。

国务院专利行政部门认为其受理的发明或者实用新型专利申请涉及国防利益以外的国家安全或者重大利益需要保密的,应当及时作出按照保密专利申请处理的决定,并通知申请人。保密专利申请的审查、复审以及保密专利权无效宣告的特殊程序,由国务院专利行政部门规定。

第八条 专利法第二十条所称在中国完成的发明或者实用新型,是指技术方案的实质性内容在中国境内完成的发明或者实用新型。

任何单位或者个人将在中国完成的发明或者实用新型向外国申请专利的,应当按照下列方式之一请求国务院专利行政部门进行保密审查:

(一)直接向外国申请专利或者向有关国外机构提交专利国际申请的,应当事先向国务院专利行政部门提出请求,并详细说明其技术方案;

(二)向国务院专利行政部门申请专利后拟向外国申请专利或者向有关国外机构提交专利国际申请的,应当在向外国申请专利或者向有关国外机构提交专利国际申请前向国务院专利行政部门提出请求。

向国务院专利行政部门提交专利国际申请的,视为同时提出了保密审查请求。

第九条 国务院专利行政部门收到依照本细则第八条规定递交的请求后,经过审查认为该发明或者实用新型可能涉及国家安全或者重大利益需要保密的,应当及时向申请人发出保密审查通知;

申请人未在其请求递交日起4个月内收到保密审查通知的,可以就该发明或者实用新型向外国申请专利或者向有关国外机构提交专利国际申请。

国务院专利行政部门依照前款规定通知进行保密审查的,应当及时作出是否需要保密的决定,并通知申请人。申请人未在其请求递交日起6个月内收到需要保密的决定的,可以就该发明或者实用新型向外国申请专利或者向有关国外机构提交专利国际申请。

第十条 专利法第五条所称违反法律的发明创造,不包括仅其实施为法律所禁止的发明创造。

第十一条 除专利法第二十八条和第四十二条规定的情形外,专利法所称申请日,有优先权的,指优先权日。

本细则所称申请日,除另有规定的外,是指专利法第二十八条规定的申请日。

第十二条 专利法第六条所称执行本单位的任务所完成的职务发明创造,是指:

(一)在本职工作中作出的发明创造;

(二)履行本单位交付的本职工作之外的任务所作出的发明创造;

(三)退休、调离原单位后或者劳动、人事关系终止后1年内作出的,与其在原单位承担的本职工作或者原单位分配的任务有关的发明创造。

专利法第六条所称本单位,包括临时工作单位;专利法第六条所称本单位的物质技术条件,是指本单位的资金、设备、零部件、原材料或者不对外公开的技术资料等。

第十三条 专利法所称发明人或者设计人,是指对发明创造的实质性特点作出创造性贡献的人。在完成发明创造过程中,只负责组织工作的人、为物质技术条件的利用提供方便的人或者从事其他辅助工作的人,不是发明人或者设计人。

第十四条 除依照专利法第十条规定转让专利权外,专利权因其他事由发生转移的,当事人应当凭有关证明文件或者法律文书向国务院专利行政部门办理专利权转移手续。

专利权人与他人订立的专利实施许可合同,应当自合同生效之日起3个月内向国务院专利行政部门备案。

以专利权出质的,由出质人和质权人共同向国务院专利行政部门办理出质登记。

第二章 专利的申请

第十五条 以书面形式申请专利的,应当向国务院专利行政部门提交申请文件一式两份。

以国务院专利行政部门规定的其他形式申请专利的,应当符合规定的要求。

申请人委托专利代理机构向国务院专利行政部门申请专利和办理其他专利事务的,应当同时提交委托书,写明委托权限。

申请人有2人以上且未委托专利代理机构的,除请求书中另有声明的外,以请求书中指明的第一申请人为代表人。

第十六条 发明、实用新型或者外观设计专利申请的请求书应当写明下列事项:

(一)发明、实用新型或者外观设计的名称;

(二)申请人是中国单位或者个人的,其名称或者姓名、地址、邮政编码、组织机构代码或者居民身份证件号码;申请人是外国人、外国企业或者外国其他组织的,其姓名或者名称、国籍或者注册的国家或者地区;

(三)发明人或者设计人的姓名;

(四)申请人委托专利代理机构的,受托机构的名称、机构代码以及该机构指定的专利代理人的姓名、执业证号码、联系电话;

(五)要求优先权的,申请人第一次提出专利申请(以下简称在先申请)的申请日、申请号以及原受理机构的名称;

(六)申请人或者专利代理机构的签字或者盖章;

(七)申请文件清单;

(八)附加文件清单;

(九)其他需要写明的有关事项。

第十七条 发明或者实用新型专利申请的说明书应当写明发明或者实用新型的名称,该名称应当与请求书中的名称一致。说明书应当包括下列内容:

(一)技术领域:写明要求保护的技术方案所属的技术领域;

(二)背景技术:写明对发明或者实用新型的理解、检索、审查有用的背景技术;有可能的,并引证反映这些背景技术的文件;

(三)发明内容:写明发明或者实用新型所要

解决的技术问题以及解决其技术问题采用的技术方案,并对照现有技术写明发明或者实用新型的有益效果;

(四)附图说明:说明书有附图的,对各幅附图作简略说明;

(五)具体实施方式:详细写明申请人认为实现发明或者实用新型的优选方式;必要时,举例说明;有附图的,对照附图。

发明或者实用新型专利申请人应当按照前款规定的方式和顺序撰写说明书,并在说明书每一部分前面写明标题,除非其发明或者实用新型的性质用其他方式或者顺序撰写能节约说明书的篇幅并使他人能够准确理解其发明或者实用新型。

发明或者实用新型说明书应当用词规范、语句清楚,并不得使用"如权利要求……所述的……"一类的引用语,也不得使用商业性宣传用语。

发明专利申请包含一个或者多个核苷酸或者氨基酸序列的,说明书应当包括符合国务院专利行政部门规定的序列表。申请人应当将该序列表作为说明书的一个单独部分提交,并按照国务院专利行政部门的规定提交该序列表的计算机可读形式的副本。

实用新型专利申请说明书应当有表示要求保护的产品的形状、构造或者其结合的附图。

第十八条 发明或者实用新型的几幅附图应当按照"图1,图2,……"顺序编号排列。

发明或者实用新型说明书文字部分中未提及的附图标记不得在附图中出现,附图中未出现的附图标记不得在说明书文字部分中提及。申请文件中表示同一组成部分的附图标记应当一致。

附图中除必需的词语外,不应当含有其他注释。

第十九条 权利要求书应当记载发明或者实用新型的技术特征。

权利要求书有几项权利要求的,应当用阿拉伯数字顺序编号。

权利要求书中使用的科技术语应当与说明书中使用的科技术语一致,可以有化学式或者数学式,但是不得有插图。除绝对必要的外,不得使用"如说明书……部分所述"或者"如图……所示"的用语。

权利要求中的技术特征可以引用说明书附图中相应的标记,该标记应当放在相应的技术特征后并置于括号内,便于理解权利要求。附图标记不得解释为对权利要求的限制。

第二十条 权利要求书应当有独立权利要求,也可以有从属权利要求。

独立权利要求应当从整体上反映发明或者实用新型的技术方案,记载解决技术问题的必要技术特征。

从属权利要求应当用附加的技术特征,对引用的权利要求作进一步限定。

第二十一条 发明或者实用新型的独立权利要求应当包括前序部分和特征部分,按照下列规定撰写:

(一)前序部分:写明要求保护的发明或者实用新型技术方案的主题名称和发明或者实用新型主题与最接近的现有技术共有的必要技术特征;

(二)特征部分:使用"其特征是……"或者类似的用语,写明发明或者实用新型区别于最接近的现有技术的技术特征。这些特征和前序部分写明的特征合在一起,限定发明或者实用新型要求保护的范围。

发明或者实用新型的性质不适于用前款方式表达的,独立权利要求可以用其他方式撰写。

一项发明或者实用新型应当只有一个独立权利要求,并写在同一发明或者实用新型的从属权利要求之前。

第二十二条 发明或者实用新型的从属权利要求应当包括引用部分和限定部分,按照下列规定撰写:

(一)引用部分:写明引用的权利要求的编号及其主题名称;

(二)限定部分:写明发明或者实用新型附加的技术特征。

从属权利要求只能引用在前的权利要求。引用两项以上权利要求的多项从属权利要求,只能以择一方式引用在前的权利要求,并不得作为另一项多项从属权利要求的基础。

第二十三条 说明书摘要应当写明发明或者实用新型专利申请所公开内容的概要,即写明发明或者实用新型的名称和所属技术领域,并清楚地反映所要解决的技术问题、解决该问题的技术方案的要点以及主要用途。

说明书摘要可以包含最能说明发明的化学式;有附图的专利申请,还应当提供一幅最能说明该发明或者实用新型技术特征的附图。附图的大小及清晰度应当保证在该图缩小到4厘米×6厘米时，仍能清晰地分辨出图中的各个细节。摘要文字部分不得超过300个字。摘要中不得使用商业性宣传用语。

第二十四条 申请专利的发明涉及新的生物材料，该生物材料公众不能得到，并且对该生物材料的说明不足以使所属领域的技术人员实施其发明的，除应当符合专利法和本细则的有关规定外，申请人还应当办理下列手续：

（一）在申请日前或者最迟在申请日（有优先权的，指优先权日），将该生物材料的样品提交国务院专利行政部门认可的保藏单位保藏，并在申请时或者最迟自申请日起4个月内提交保藏单位出具的保藏证明和存活证明；期满未提交证明的，该样品视为未提交保藏；

（二）在申请文件中，提供有关该生物材料特征的资料；

（三）涉及生物材料样品保藏的专利申请应当在请求书和说明书中写明该生物材料的分类命名（注明拉丁文名称）、保藏该生物材料样品的单位名称、地址、保藏日期和保藏编号；申请时未写明的，应当自申请日起4个月内补正；期满未补正的，视为未提交保藏。

第二十五条 发明专利申请人依照本细则第二十四条的规定保藏生物材料样品的，在发明专利申请公布后，任何单位或者个人需要将该专利申请所涉及的生物材料作为实验目的使用的，应当向国务院专利行政部门提出请求，并写明下列事项：

（一）请求人的姓名或者名称和地址；

（二）不向其他任何人提供该生物材料的保证；

（三）在授予专利权前，只作为实验目的使用的保证。

第二十六条 专利法所称遗传资源，是指取自人体、动物、植物或者微生物等含有遗传功能单位并具有实际或者潜在价值的材料；专利法所称依赖遗传资源完成的发明创造，是指利用了遗传资源的遗传功能完成的发明创造。

就依赖遗传资源完成的发明创造申请专利的，申请人应当在请求书中予以说明，并填写国务院专利行政部门制定的表格。

第二十七条 申请人请求保护色彩的，应当提交彩色图片或者照片。

申请人应当就每件外观设计产品所需要保护的内容提交有关图片或者照片。

第二十八条 外观设计的简要说明应当写明外观设计产品的名称、用途，外观设计的设计要点，并指定一幅最能表明设计要点的图片或者照片。省略视图或者请求保护色彩的，应当在简要说明中写明。

对同一产品的多项相似外观设计提出一件外观设计专利申请的，应当在简要说明中指定其中一项作为基本设计。

简要说明不得使用商业性宣传用语，也不能用来说明产品的性能。

第二十九条 国务院专利行政部门认为必要时，可以要求外观设计专利申请人提交使用外观设计的产品样品或者模型。样品或者模型的体积不得超过30厘米×30厘米×30厘米，重量不得超过15公斤。易腐、易损或者危险品不得作为样品或者模型提交。

第三十条 专利法第二十四条第（一）项所称中国政府承认的国际展览会，是指国际展览会公约规定的在国际展览局注册或者由其认可的国际展览会。

专利法第二十四条第（二）项所称学术会议或者技术会议，是指国务院有关主管部门或者全国性学术团体组织召开的学术会议或者技术会议。

申请专利的发明创造有专利法第二十四条第（一）项或者第（二）项所列情形的，申请人应当在提出专利申请时声明，并自申请日起2个月内提交有关国际展览会或者学术会议、技术会议的组织单位出具的有关发明创造已经展出或者发表，以及展出或者发表日期的证明文件。

申请专利的发明创造有专利法第二十四条第（三）项所列情形的，国务院专利行政部门认为必要时，可以要求申请人在指定期限内提交证明文件。

申请人未依照本条第三款的规定提出声明和提交证明文件的，或者未依照本条第四款的规定在指定期限内提交证明文件的，其申请不适用专利法第二十四条的规定。

第三十一条 申请人依照专利法第三十条的规定要求外国优先权的，申请人提交的在先申请文件副本应当经原受理机构证明。依照国务院专利行政部门与该受理机构签订的协议，国务院专利行政部门通过电子交换等途径获得在先申请文件副本的，视为申请人提交了经该受理机构证明的在先申请文件副本。要求本国优先权，申请人在请求书中写明在先申请的申请日和申请号的，视为提交了在先申请文件副本。

要求优先权，但请求书中漏写或者错写在先申请的申请日、申请号和原受理机构名称中的一项或者两项内容的，国务院专利行政部门应当通知申请人在指定期限内补正；期满未补正的，视为未要求优先权。

要求优先权的申请人的姓名或者名称与在先申请文件副本中记载的申请人姓名或者名称不一致的，应当提交优先权转让证明材料，未提交该证明材料的，视为未要求优先权。

外观设计专利申请的申请人要求外国优先权，其在先申请未包括对外观设计的简要说明，申请人按照本细则第二十八条规定提交的简要说明未超出在先申请文件的图片或者照片表示的范围的，不影响其享有优先权。

第三十二条 申请人在一件专利申请中，可以要求一项或者多项优先权；要求多项优先权的，该申请的优先权期限从最早的优先权日起计算。

申请人要求本国优先权，在先申请是发明专利申请的，可以就相同主题提出发明或者实用新型专利申请；在先申请是实用新型专利申请的，可以就相同主题提出实用新型或者发明专利申请。但是，提出后一申请时，在先申请的主题有下列情形之一的，不得作为要求本国优先权的基础：

（一）已经要求外国优先权或者本国优先权的；

（二）已经被授予专利权的；

（三）属于按照规定提出的分案申请的。

申请人要求本国优先权的，其在先申请自后一申请提出之日起即视为撤回。

第三十三条 在中国没有经常居所或者营业所的申请人，申请专利或者要求外国优先权的，国务院专利行政部门认为必要时，可以要求其提供下列文件：

（一）申请人是个人的，其国籍证明；

（二）申请人是企业或者其他组织的，其注册的国家或者地区的证明文件；

（三）申请人的所属国，承认中国单位和个人可以按照该国国民的同等条件，在该国享有专利权、优先权和其他与专利有关的权利的证明文件。

第三十四条 依照专利法第三十一条第一款规定，可以作为一件专利申请提出的属于一个总的发明构思的两项以上的发明或者实用新型，应当在技术上相互关联，包含一个或者多个相同或者相应的特定技术特征，其中特定技术特征是指每一项发明或者实用新型作为整体，对现有技术作出贡献的技术特征。

第三十五条 依照专利法第三十一条第二款规定，将同一产品的多项相似外观设计作为一件申请提出的，对该产品的其他设计应当与简要说明中指定的基本设计相似。一件外观设计专利申请中的相似外观设计不得超过10项。

专利法第三十一条第二款所称同一类别并且成套出售或者使用的产品的两项以上外观设计，是指各产品属于分类表中同一大类，习惯上同时出售或者同时使用，而且各产品的外观设计具有相同的设计构思。

将两项以上外观设计作为一件申请提出的，应当将各项外观设计的顺序编号标注在每件外观设计产品各幅图片或者照片的名称之前。

第三十六条 申请人撤回专利申请的，应当向国务院专利行政部门提出声明，写明发明创造的名称、申请号和申请日。

撤回专利申请的声明在国务院专利行政部门作好公布专利申请文件的印刷准备工作后提出的，申请文件仍予公布；但是，撤回专利申请的声明应当在以后出版的专利公报上予以公告。

第三章 专利申请的审查和批准

第三十七条 在初步审查、实质审查、复审和无效宣告程序中，实施审查和审理的人员有下列情形之一的，应当自行回避，当事人或者其他利害关系人可以要求其回避：

（一）是当事人或者其代理人的近亲属的；

（二）与专利申请或者专利权有利害关系的；

（三）与当事人或者其代理人有其他关系，可能影响公正审查和审理的；

（四）专利复审委员会成员曾参与原申请的审查的。

第三十八条 国务院专利行政部门收到发明或者实用新型专利申请的请求书、说明书（实用新型必须包括附图)和权利要求书,或者外观设计专利申请的请求书、外观设计的图片或者照片和简要说明后,应当明确申请日、给予申请号,并通知申请人。

第三十九条 专利申请文件有下列情形之一的,国务院专利行政部门不予受理,并通知申请人:

(一)发明或者实用新型专利申请缺少请求书、说明书(实用新型无附图)或者权利要求书的,或者外观设计专利申请缺少请求书、图片或者照片、简要说明的;

(二)未使用中文的;

(三)不符合本细则第一百二十一条第一款规定的;

(四)请求书中缺少申请人姓名或者名称,或者缺少地址的;

(五)明显不符合专利法第十八条或者第十九条第一款的规定的;

(六)专利申请类别(发明、实用新型或者外观设计)不明确或者难以确定的。

第四十条 说明书中写有对附图的说明但无附图或者缺少部分附图的,申请人应当在国务院专利行政部门指定的期限内补交附图或者声明取消对附图的说明。申请人补交附图的,以向国务院专利行政部门提交或者邮寄附图之日为申请日;取消对附图的说明的,保留原申请日。

第四十一条 两个以上的申请人同日(指申请日;有优先权的,指优先权日)分别就同样的发明创造申请专利的,应当在收到国务院专利行政部门的通知后自行协商确定申请人。

同一申请人在同日(指申请日)对同样的发明创造既申请实用新型专利又申请发明专利的,应当在申请时分别说明对同样的发明创造已申请了另一专利;未作说明的,依照专利法第九条第一款关于同样的发明创造只能授予一项专利权的规定处理。

国务院专利行政部门公告授予实用新型专利权,应当公告申请人已依照本条第二款的规定同时申请了发明专利的说明。

发明专利申请经审查没有发现驳回理由,国务院专利行政部门应当通知申请人在规定期限内声明放弃实用新型专利权。申请人声明放弃的,国务院专利行政部门应当作出授予发明专利权的决定,并在公告授予发明专利权时一并公告申请人放弃实用新型专利权声明。申请人不同意放弃的,国务院专利行政部门应当驳回该发明专利申请;申请人期满未答复的,视为撤回该发明专利申请。

实用新型专利权自公告授予发明专利权之日起终止。

第四十二条 一件专利申请包括两项以上发明、实用新型或者外观设计的,申请人可以在本细则第五十四条第一款规定的期限届满前,向国务院专利行政部门提出分案申请;但是,专利申请已经被驳回、撤回或者视为撤回的,不能提出分案申请。

国务院专利行政部门认为一件专利申请不符合专利法第三十一条和本细则第三十四条或者第三十五条的规定的,应当通知申请人在指定期限内对其申请进行修改;申请人期满未答复的,该申请视为撤回。

分案的申请不得改变原申请的类别。

第四十三条 依照本细则第四十二条规定提出的分案申请,可以保留原申请日,享有优先权的,可以保留优先权日,但是不得超出原申请记载的范围。

分案申请应当依照专利法及本细则的规定办理有关手续。

分案申请的请求书中应当写明原申请的申请号和申请日。提交分案申请时,申请人应当提交原申请文件副本;原申请享有优先权的,并应当提交原申请的优先权文件副本。

第四十四条 专利法第三十四条和第四十条所称初步审查,是指审查专利申请是否具备专利法第二十六条或者第二十七条规定的文件和其他必要的文件,这些文件是否符合规定的格式,并审查下列各项:

(一)发明专利申请是否明显属于专利法第五条、第二十五条规定的情形,是否不符合专利法第十八条、第十九条第一款、第二十条第一款或者本细则第十六条、第二十六条第二款的规定,是否明显不符合专利法第二条第二款、第二十六条第五款、第三十一条第一款、第三十三条或者本细则第十七条至第二十一条的规定;

(二)实用新型专利申请是否明显属于专利法第五条、第二十五条规定的情形,是否不符合专利法第十八条、第十九条第一款、第二十条第一款或者本细则第十六条至第十九条、第二十一条至第二十三条的规定,是否明显不符合专利法第二条第三款、第二十二条第二款、第四款、第二十六条第三款、第四款、第三十一条第一款、第三十三条或者本细则第二十条、第四十三条第一款的规定,是否依照专利法第九条规定不能取得专利权;

（三）外观设计专利申请是否明显属于专利法第五条、第二十五条第一款第（六）项规定的情形,是否不符合专利法第十八条、第十九条第一款或者本细则第十六条、第二十七条、第二十八条的规定,是否明显不符合专利法第二条第四款、第二十三条第一款、第二十七条第二款、第三十一条第二款、第三十三条或者本细则第四十三条第一款的规定,是否依照专利法第九条规定不能取得专利权;

（四）申请文件是否符合本细则第二条、第三条第一款的规定。

国务院专利行政部门应当将审查意见通知申请人,要求其在指定期限内陈述意见或者补正;申请人期满未答复的,其申请视为撤回。申请人陈述意见或者补正后,国务院专利行政部门仍然认为不符合前款所列各项规定的,应当予以驳回。

第四十五条 除专利申请文件外,申请人向国务院专利行政部门提交的与专利申请有关的其他文件有下列情形之一的,视为未提交:

（一）未使用规定的格式或者填写不符合规定的;

（二）未按照规定提交证明材料的。

国务院专利行政部门应当将视为未提交的审查意见通知申请人。

第四十六条 申请人请求早日公布其发明专利申请的,应当向国务院专利行政部门声明。国务院专利行政部门对该申请进行初步审查后,除予以驳回的外,应当立即将申请予以公布。

第四十七条 申请人写明使用外观设计的产品及其所属类别的,应当使用国务院专利行政部门公布的外观设计产品分类表。未写明使用外观设计的产品所属类别或者所写的类别不确切的,国务院专利行政部门可以予以补充或者修改。

第四十八条 自发明专利申请公布之日起至公告授予专利权之日止,任何人均可以对不符合专利法规定的专利申请向国务院专利行政部门提出意见,并说明理由。

第四十九条 发明专利申请人因有正当理由无法提交专利法第三十六条规定的检索资料或者审查结果资料的,应当向国务院专利行政部门声明,并在得到有关资料后补交。

第五十条 国务院专利行政部门依照专利法第三十五条第二款的规定对专利申请自行进行审查时,应当通知申请人。

第五十一条 发明专利申请人在提出实质审查请求时以及在收到国务院专利行政部门发出的发明专利申请进入实质审查阶段通知书之日起的3个月内,可以对发明专利申请主动提出修改。

实用新型或者外观设计专利申请人自申请日起2个月内,可以对实用新型或者外观设计专利申请主动提出修改。

申请人在收到国务院专利行政部门发出的审查意见通知书后对专利申请文件进行修改的,应当针对通知书指出的缺陷进行修改。

国务院专利行政部门可以自行修改专利申请文件中文字和符号的明显错误。国务院专利行政部门自行修改的,应当通知申请人。

第五十二条 发明或者实用新型专利申请的说明书或者权利要求书的修改部分,除个别文字修改或者增删外,应当按照规定格式提交替换页。外观设计专利申请的图片或者照片的修改,应当按照规定提交替换页。

第五十三条 依照专利法第三十八条的规定,发明专利申请经实质审查应当予以驳回的情形是指:

（一）申请属于专利法第五条、第二十五条规定的情形,或者依照专利法第九条规定不能取得专利权的;

（二）申请不符合专利法第二条第二款、第二十条第一款、第二十二条、第二十六条第三款、第四款、第五款、第三十一条第一款或者本细则第二十条第二款规定的;

（三）申请的修改不符合专利法第三十三条规定,或者分案的申请不符合本细则第四十三条第一款的规定的。

第五十四条 国务院专利行政部门发出授予专利权的通知后,申请人应当自收到通知之日起2个月内办理登记手续。申请人按期办理登记手续的,国务院专利行政部门应当授予专利权,颁发专利证书,并予以公告。

期满未办理登记手续的,视为放弃取得专利权的权利。

第五十五条 保密专利申请经审查没有发现驳回理由的,国务院专利行政部门应当作出授予保密专利权的决定，颁发保密专利证书，登记保密专利权的有关事项。

第五十六条 授予实用新型或者外观设计专利权的决定公告后，专利法第六十条规定的专利权人或者利害关系人可以请求国务院专利行政部门作出专利权评价报告。

请求作出专利权评价报告的，应当提交专利权评价报告请求书，写明专利号。每项请求应当限于一项专利权。

专利权评价报告请求书不符合规定的，国务院专利行政部门应当通知请求人在指定期限内补正；请求人期满未补正的，视为未提出请求。

第五十七条 国务院专利行政部门应当自收到专利权评价报告请求书后 2 个月内作出专利权评价报告。对同一项实用新型或者外观设计专利权，有多个请求人请求作出专利权评价报告的，国务院专利行政部门仅作出一份专利权评价报告。任何单位或者个人可以查阅或者复制该专利权评价报告。

第五十八条 国务院专利行政部门对专利公告、专利单行本中出现的错误，一经发现，应当及时更正，并对所作更正予以公告。

第四章 专利申请的复审与专利权的无效宣告

第五十九条 专利复审委员会由国务院专利行政部门指定的技术专家和法律专家组成，主任委员由国务院专利行政部门负责人兼任。

第六十条 依照专利法第四十一条的规定向专利复审委员会请求复审的，应当提交复审请求书，说明理由，必要时还应当附具有关证据。

复审请求不符合专利法第十九条第一款或者第四十一条第一款规定的，专利复审委员会不予受理，书面通知复审请求人并说明理由。

复审请求书不符合规定格式的，复审请求人应当在专利复审委员会指定的期限内补正；期满未补正的，该复审请求视为未提出。

第六十一条 请求人在提出复审请求或者在对专利复审委员会的复审通知书作出答复时，可以修改专利申请文件；但是，修改应当仅限于消除驳回决定或者复审通知书指出的缺陷。

修改的专利申请文件应当提交一式两份。

第六十二条 专利复审委员会应当将受理的复审请求书转交国务院专利行政部门原审查部门进行审查。原审查部门根据复审请求人的请求，同意撤销原决定的，专利复审委员会应当据此作出复审决定，并通知复审请求人。

第六十三条 专利复审委员会进行复审后，认为复审请求不符合专利法和本细则有关规定的，应当通知复审请求人，要求其在指定期限内陈述意见。期满未答复的，该复审请求视为撤回；经陈述意见或者进行修改后，专利复审委员会认为仍不符合专利法和本细则有关规定的，应当作出维持原驳回决定的复审决定。

专利复审委员会进行复审后，认为原驳回决定不符合专利法和本细则有关规定的，或者认为经过修改的专利申请文件消除了原驳回决定指出的缺陷的，应当撤销原驳回决定，由原审查部门继续进行审查程序。

第六十四条 复审请求人在专利复审委员会作出决定前，可以撤回其复审请求。

复审请求人在专利复审委员会作出决定前撤回其复审请求的，复审程序终止。

第六十五条 依照专利法第四十五条的规定，请求宣告专利权无效或者部分无效的，应当向专利复审委员会提交专利权无效宣告请求书和必要的证据一式两份。无效宣告请求书应当结合提交的所有证据，具体说明无效宣告请求的理由，并指明每项理由所依据的证据。

前款所称无效宣告请求的理由，是指被授予专利的发明创造不符合专利法第二条、第二十条第一款、第二十二条、第二十三条、第二十六条第三款、第四款、第二十七条第二款、第三十三条或者本细则第二十条第二款、第四十三条第一款的规定，或者属于专利法第五条、第二十五条的规定，或者依照专利法第九条规定不能取得专利权。

第六十六条 专利权无效宣告请求不符合专利法第十九条第一款或者本细则第六十五条规定的，专利复审委员会不予受理。

在专利复审委员会就无效宣告请求作出决定之后，又以同样的理由和证据请求无效宣告的，专利复审委员会不予受理。

以不符合专利法第二十三条第三款的规定为理由请求宣告外观设计专利权无效，但是未提交证明权利冲突的证据的，专利复审委员会不予受理。

专利权无效宣告请求书不符合规定格式的，无效宣告请求人应当在专利复审委员会指定的期限内补正；期满未补正的，该无效宣告请求视为未提出。

第六十七条 在专利复审委员会受理无效宣告请求后，请求人可以在提出无效宣告请求之日起1个月内增加理由或者补充证据。逾期增加理由或者补充证据的，专利复审委员会可以不予考虑。

第六十八条 专利复审委员会应当将专利权无效宣告请求书和有关文件的副本送交专利权人，要求其在指定的期限内陈述意见。

专利权人和无效宣告请求人应当在指定期限内答复专利复审委员会发出的转送文件通知书或者无效宣告请求审查通知书；期满未答复的，不影响专利复审委员会审理。

第六十九条 在无效宣告请求的审查过程中，发明或者实用新型专利的专利权人可以修改其权利要求书，但是不得扩大原专利的保护范围。

发明或者实用新型专利的专利权人不得修改专利说明书和附图，外观设计专利的专利权人不得修改图片、照片和简要说明。

第七十条 专利复审委员会根据当事人的请求或者案情需要，可以决定对无效宣告请求进行口头审理。

专利复审委员会决定对无效宣告请求进行口头审理的，应当向当事人发出口头审理通知书，告知举行口头审理的日期和地点。当事人应当在通知书指定的期限内作出答复。

无效宣告请求人对专利复审委员会发出的口头审理通知书在指定的期限内未作答复，并且不参加口头审理的，其无效宣告请求视为撤回；专利权人不参加口头审理的，可以缺席审理。

第七十一条 在无效宣告请求审查程序中，专利复审委员会指定的期限不得延长。

第七十二条 专利复审委员会对无效宣告的请求作出决定前，无效宣告请求人可以撤回其请求。

专利复审委员会作出决定之前，无效宣告请求人撤回其请求或者其无效宣告请求被视为撤回的，无效宣告请求审查程序终止。但是，专利复审委员会认为根据已进行的审查工作能够作出宣告专利权无效或者部分无效的决定的，不终止审查程序。

第五章 专利实施的强制许可

第七十三条 专利法第四十八条第（一）项所称未充分实施其专利，是指专利权人及其被许可人实施其专利的方式或者规模不能满足国内对专利产品或者专利方法的需求。

专利法第五十条所称取得专利权的药品，是指解决公共健康问题所需的医药领域中的任何专利产品或者依照专利方法直接获得的产品，包括取得专利权的制造该产品所需的活性成分以及使用该产品所需的诊断用品。

第七十四条 请求给予强制许可的，应当向国务院专利行政部门提交强制许可请求书，说明理由并附具有关证明文件。

国务院专利行政部门应当将强制许可请求书的副本送交专利权人，专利权人应当在国务院专利行政部门指定的期限内陈述意见；期满未答复的，不影响国务院专利行政部门作出决定。

国务院专利行政部门在作出驳回强制许可请求的决定或者给予强制许可的决定前，应当通知请求人和专利权人拟作出的决定及其理由。

国务院专利行政部门依照专利法第五十条的规定作出给予强制许可的决定，应当同时符合中国缔结或者参加的有关国际条约关于为了解决公共健康问题而给予强制许可的规定，但中国作出保留的除外。

第七十五条 依照专利法第五十七条的规定，请求国务院专利行政部门裁决使用费数额的，当事人应当提出裁决请求书，并附具双方不能达成协议的证明文件。国务院专利行政部门应当自收到请求书之日起3个月内作出裁决，并通知当事人。

第六章 对职务发明创造的发明人或者设计人的奖励和报酬

第七十六条 被授予专利权的单位可以与发明人、设计人约定或者在其依法制定的规章制度中规定专利法第十六条规定的奖励、报酬的方式和数额。

企业、事业单位给予发明人或者设计人的奖励、报酬，按照国家有关财务、会计制度的规定进行处理。

第七十七条 被授予专利权的单位未与发明人、设计人约定也未在其依法制定的规章制度中规定专利法第十六条规定的奖励的方式和数额的，应当自专利权公告之日起3个月内发给发明人或者设计人奖金。一项发明专利的奖金最低不少于3000元；一项实用新型专利或者外观设计专利的奖金最低不少于1000元。

由于发明人或者设计人的建议被其所属单位采纳而完成的发明创造，被授予专利权的单位应当从优发给奖金。

第七十八条 被授予专利权的单位未与发明人、设计人约定也未在其依法制定的规章制度中规定专利法第十六条规定的报酬的方式和数额的，在专利权有效期限内，实施发明创造专利后，每年应当从实施该项发明或者实用新型专利的营业利润中提取不低于2%或者从实施该项外观设计专利的营业利润中提取不低于0.2%，作为报酬给予发明人或者设计人，或者参照上述比例，给予发明人或者设计人一次性报酬；被授予专利权的单位许可其他单位或者个人实施其专利的，应当从收取的使用费中提取不低于10%，作为报酬给予发明人或者设计人。

第七章 专利权的保护

第七十九条 专利法和本细则所称管理专利工作的部门，是指由省、自治区、直辖市人民政府以及专利管理工作量大又有实际处理能力的设区的市人民政府设立的管理专利工作的部门。

第八十条 国务院专利行政部门应当对管理专利工作的部门处理专利侵权纠纷、查处假冒专利行为、调解专利纠纷进行业务指导。

第八十一条 当事人请求处理专利侵权纠纷或者调解专利纠纷的，由被请求人所在地或者侵权行为地的管理专利工作的部门管辖。

两个以上管理专利工作的部门都有管辖权的专利纠纷，当事人可以向其中一个管理专利工作的部门提出请求；当事人向两个以上有管辖权的管理专利工作的部门提出请求的，由最先受理的管理专利工作的部门管辖。

管理专利工作的部门对管辖权发生争议的，由其共同的上级人民政府管理专利工作的部门指定管辖；无共同上级人民政府管理专利工作的部门的，由国务院专利行政部门指定管辖。

第八十二条 在处理专利侵权纠纷过程中，被请求人提出无效宣告请求并被专利复审委员会受理的，可以请求管理专利工作的部门中止处理。

管理专利工作的部门认为被请求人提出的中止理由明显不能成立的，可以不中止处理。

第八十三条 专利权人依照专利法第十七条的规定，在其专利产品或者该产品的包装上标明专利标识的，应当按照国务院专利行政部门规定的方式予以标明。

专利标识不符合前款规定的，由管理专利工作的部门责令改正。

第八十四条 下列行为属于专利法第六十三条规定的假冒专利的行为：

（一）在未被授予专利权的产品或者其包装上标注专利标识，专利权被宣告无效后或者终止后继续在产品或者其包装上标注专利标识，或者未经许可在产品或者产品包装上标注他人的专利号；

（二）销售第（一）项所述产品；

（三）在产品说明书等材料中将未被授予专利权的技术或者设计称为专利技术或者专利设计，将专利申请称为专利，或者未经许可使用他人的专利号，使公众将所涉及的技术或者设计误认为是专利技术或者专利设计；

（四）伪造或者变造专利证书、专利文件或者专利申请文件；

（五）其他使公众混淆，将未被授予专利权的技术或者设计误认为是专利技术或者专利设计的行为。

专利权终止前依法在专利产品、依照专利方法直接获得的产品或者其包装上标注专利标识，在专利权终止后许诺销售、销售该产品的，不属于假冒专利行为。

销售不知道是假冒专利的产品，并且能够证明该产品合法来源的，由管理专利工作的部门责令停止销售，但免除罚款的处罚。

第八十五条 除专利法第六十条规定的外，管理专利工作的部门应当事人请求，可以对下列专利纠纷进行调解：

（一）专利申请权和专利权归属纠纷；

（二）发明人、设计人资格纠纷；

（三）职务发明创造的发明人、设计人的奖励和报酬纠纷；

（四）在发明专利申请公布后专利权授予前使用发明而未支付适当费用的纠纷；

（五）其他专利纠纷。

对于前款第（四）项所列的纠纷，当事人请求管理专利工作的部门调解的，应当在专利权被授予之后提出。

第八十六条 当事人因专利申请权或者专利权的归属发生纠纷，已请求管理专利工作的部门调解或者向人民法院起诉的，可以请求国务院专利行政部门中止有关程序。

依照前款规定请求中止有关程序的，应当向国务院专利行政部门提交请求书，并附具管理专利工作的部门或者人民法院的写明申请号或者专利号的有关受理文件副本。

管理专利工作的部门作出的调解书或者人民法院作出的判决生效后，当事人应当向国务院专利行政部门办理恢复有关程序的手续。自请求中止之日起1年内，有关专利申请权或者专利权归属的纠纷未能结案，需要继续中止有关程序的，请求人应当在该期限内请求延长中止。期满未请求延长的，国务院专利行政部门自行恢复有关程序。

第八十七条 人民法院在审理民事案件中裁定对专利申请权或者专利权采取保全措施的，国务院专利行政部门应当在收到写明申请号或者专利号的裁定书和协助执行通知书之日中止被保全的专利申请权或者专利权的有关程序。保全期限届满，人民法院没有裁定继续采取保全措施的，国务院专利行政部门自行恢复有关程序。

第八十八条 国务院专利行政部门根据本细则第八十六条和第八十七条规定中止有关程序，是指暂停专利申请的初步审查、实质审查、复审程序，授予专利权程序和专利权无效宣告程序；暂停办理放弃、变更、转移专利权或者专利申请权手续，专利权质押手续以及专利权期限届满前的终止手续等。

第八章 专利登记和专利公报

第八十九条 国务院专利行政部门设置专利登记簿，登记下列与专利申请和专利权有关的事项：

（一）专利权的授予；

（二）专利申请权、专利权的转移；

（三）专利权的质押、保全及其解除；

（四）专利实施许可合同的备案；

（五）专利权的无效宣告；

（六）专利权的终止；

（七）专利权的恢复；

（八）专利实施的强制许可；

（九）专利权人的姓名或者名称、国籍和地址的变更。

第九十条 国务院专利行政部门定期出版专利公报，公布或者公告下列内容：

（一）发明专利申请的著录事项和说明书摘要；

（二）发明专利申请的实质审查请求和国务院专利行政部门对发明专利申请自行进行实质审查的决定；

（三）发明专利申请公布后的驳回、撤回、视为撤回、视为放弃、恢复和转移；

（四）专利权的授予以及专利权的著录事项；

（五）发明或者实用新型专利的说明书摘要，外观设计专利的一幅图片或者照片；

（六）国防专利、保密专利的解密；

（七）专利权的无效宣告；

（八）专利权的终止、恢复；

（九）专利权的转移；

（十）专利实施许可合同的备案；

（十一）专利权的质押、保全及其解除；

（十二）专利实施的强制许可的给予；

（十三）专利权人的姓名或者名称、地址的变更；

（十四）文件的公告送达；

（十五）国务院专利行政部门作出的更正；

（十六）其他有关事项。

第九十一条 国务院专利行政部门应当提供专利公报、发明专利申请单行本以及发明专利、实用新型专利、外观设计专利单行本，供公众免费查阅。

第九十二条 国务院专利行政部门负责按照互惠原则与其他国家、地区的专利机关或者区域性专利组织交换专利文献。

第九章 费　　用

第九十三条 向国务院专利行政部门申请专利和办理其他手续时，应当缴纳下列费用：

（一）申请费、申请附加费、公布印刷费、优先权要求费；

（二）发明专利申请实质审查费、复审费；

（三）专利登记费、公告印刷费、年费；

（四）恢复权利请求费、延长期限请求费；

（五）著录事项变更费、专利权评价报告请求费、无效宣告请求费。

前款所列各种费用的缴纳标准，由国务院价格管理部门、财政部门会同国务院专利行政部门规定。

第九十四条　专利法和本细则规定的各种费用，可以直接向国务院专利行政部门缴纳，也可以通过邮局或者银行汇付，或者以国务院专利行政部门规定的其他方式缴纳。

通过邮局或者银行汇付的，应当在送交国务院专利行政部门的汇单上写明正确的申请号或者专利号以及缴纳的费用名称。不符合本款规定的，视为未办理缴费手续。

直接向国务院专利行政部门缴纳费用的，以缴纳当日为缴费日；以邮局汇付方式缴纳费用的，以邮局汇出的邮戳日为缴费日；以银行汇付方式缴纳费用的，以银行实际汇出日为缴费日。

多缴、重缴、错缴专利费用的，当事人可以自缴费日起3年内，向国务院专利行政部门提出退款请求，国务院专利行政部门应当予以退还。

第九十五条　申请人应当自申请日起2个月内或者在收到受理通知书之日起15日内缴纳申请费、公布印刷费和必要的申请附加费；期满未缴纳或者未缴足的，其申请视为撤回。

申请人要求优先权的，应当在缴纳申请费的同时缴纳优先权要求费；期满未缴纳或者未缴足的，视为未要求优先权。

第九十六条　当事人请求实质审查或者复审的，应当在专利法及本细则规定的相关期限内缴纳费用；期满未缴纳或者未缴足的，视为未提出请求。

第九十七条　申请人办理登记手续时，应当缴纳专利登记费、公告印刷费和授予专利权当年的年费；期满未缴纳或者未缴足的，视为未办理登记手续。

第九十八条　授予专利权当年以后的年费应当在上一年度期满前缴纳。专利权人未缴纳或者未缴足的，国务院专利行政部门应当通知专利权人自应当缴纳年费期满之日起6个月内补缴，同时缴纳滞纳金；滞纳金的金额按照每超过规定的缴费时间1个月，加收当年全额年费的5%计算；期满未缴纳的，专利权自应当缴纳年费期满之日起终止。

第九十九条　恢复权利请求费应当在本细则规定的相关期限内缴纳；期满未缴纳或者未缴足的，视为未提出请求。

延长期限请求费应当在相应期限届满之日前缴纳；期满未缴纳或者未缴足的，视为未提出请求。

著录事项变更费、专利权评价报告请求费、无效宣告请求费应当自提出请求之日起1个月内缴纳；期满未缴纳或者未缴足的，视为未提出请求。

第一百条　申请人或者专利权人缴纳本细则规定的各种费用有困难的，可以按照规定向国务院专利行政部门提出减缴或者缓缴的请求。减缴或者缓缴的办法由国务院财政部门会同国务院价格管理部门、国务院专利行政部门规定。

第十章　关于国际申请的特别规定

第一百零一条　国务院专利行政部门根据专利法第二十条规定，受理按照专利合作条约提出的专利国际申请。

按照专利合作条约提出并指定中国的专利国际申请（以下简称国际申请）进入国务院专利行政部门处理阶段（以下称进入中国国家阶段）的条件和程序适用本章的规定；本章没有规定的，适用专利法及本细则其他各章的有关规定。

第一百零二条　按照专利合作条约已确定国际申请日并指定中国的国际申请，视为向国务院专利行政部门提出的专利申请，该国际申请日视为专利法第二十八条所称的申请日。

第一百零三条　国际申请的申请人应当在专利合作条约第二条所称的优先权日（本章简称优先权日）起30个月内，向国务院专利行政部门办理进入中国国家阶段的手续；申请人未在该期限内办理该手续的，在缴纳宽限费后，可以在自优先权日起32个月内办理进入中国国家阶段的手续。

第一百零四条　申请人依照本细则第一百零三条的规定办理进入中国国家阶段的手续的，应当符合下列要求：

（一）以中文提交进入中国国家阶段的书面声明，写明国际申请号和要求获得的专利权类型；

（二）缴纳本细则第九十三条第一款规定的申

请费、公布印刷费,必要时缴纳本细则第一百零三条规定的宽限费;

(三)国际申请以外文提出的,提交原始国际申请的说明书和权利要求书的中文译文;

(四)在进入中国国家阶段的书面声明中写明发明创造的名称,申请人姓名或者名称、地址和发明人的姓名,上述内容应当与世界知识产权组织国际局(以下简称国际局)的记录一致;国际申请中未写明发明人的,在上述声明中写明发明人的姓名;

(五)国际申请以外文提出的,提交摘要的中文译文,有附图和摘要附图的,提交附图副本和摘要附图副本,附图中有文字的,将其替换为对应的中文文字;国际申请以中文提出的,提交国际公布文件中的摘要和摘要附图副本;

(六)在国际阶段向国际局已办理申请人变更手续的,提供变更后的申请人享有申请权的证明材料;

(七)必要时缴纳本细则第九十三条第一款规定的申请附加费。

符合本条第一款第(一)项至第(三)项要求的,国务院专利行政部门应当给予申请号,明确国际申请进入中国国家阶段的日期(以下简称进入日),并通知申请人其国际申请已进入中国国家阶段。

国际申请已进入中国国家阶段,但不符合本条第一款第(四)项至第(七)项要求的,国务院专利行政部门应当通知申请人在指定期限内补正;期满未补正的,其申请视为撤回。

第一百零五条 国际申请有下列情形之一的,其在中国的效力终止:

(一)在国际阶段,国际申请被撤回或者被视为撤回,或者国际申请对中国的指定被撤回的;

(二)申请人未在优先权日起32个月内按照本细则第一百零三条规定办理进入中国国家阶段手续的;

(三)申请人办理进入中国国家阶段的手续,但自优先权日起32个月期限届满仍不符合本细则第一百零四条第(一)项至第(三)项要求的。

依照前款第(一)项的规定,国际申请在中国的效力终止的,不适用本细则第六条的规定;依照前款第(二)项、第(三)项的规定,国际申请在中国的效力终止的,不适用本细则第六条第二款的规定。

第一百零六条 国际申请在国际阶段作过修改,申请人要求以经修改的申请文件为基础进行审查的,应当自进入日起2个月内提交修改部分的中文译文。在该期间内未提交中文译文的,对申请人在国际阶段提出的修改,国务院专利行政部门不予考虑。

第一百零七条 国际申请涉及的发明创造有专利法第二十四条第(一)项或者第(二)项所列情形之一,在提出国际申请时作过声明的,申请人应当在进入中国国家阶段的书面声明中予以说明,并自进入日起2个月内提交本细则第三十条第三款规定的有关证明文件;未予说明或者期满未提交证明文件的,其申请不适用专利法第二十四条的规定。

第一百零八条 申请人按照专利合作条约的规定,对生物材料样品的保藏已作出说明的,视为已经满足了本细则第二十四条第(三)项的要求。申请人应当在进入中国国家阶段声明中指明记载生物材料样品保藏事项的文件以及在该文件中的具体记载位置。

申请人在原始提交的国际申请的说明书中已记载生物材料样品保藏事项,但是没有在进入中国国家阶段声明中指明的,应当自进入日起4个月内补正。期满未补正的,该生物材料视为未提交保藏。

申请人自进入日起4个月内向国务院专利行政部门提交生物材料样品保藏证明和存活证明的,视为在本细则第二十四条第(一)项规定的期限内提交。

第一百零九条 国际申请涉及的发明创造依赖遗传资源完成的,申请人应当在国际申请进入中国国家阶段的书面声明中予以说明,并填写国务院专利行政部门制定的表格。

第一百一十条 申请人在国际阶段已要求一项或者多项优先权,在进入中国国家阶段时该优先权要求继续有效的,视为已经依照专利法第三十条的规定提出了书面声明。

申请人应当自进入日起2个月内缴纳优先权要求费;期满未缴纳或者未缴足的,视为未要求该优先权。

申请人在国际阶段已依照专利合作条约的规定,提交过在先申请文件副本的,办理进入中国国家阶段手续时不需要向国务院专利行政部门提交在先申请文件副本。申请人在国际阶段未提交在先申请文件副本的，国务院专利行政部门认为必要时，可以通知申请人在指定期限内补交；申请人期满未补交的，其优先权要求视为未提出。

第一百一十一条 在优先权日起30个月期满前要求国务院专利行政部门提前处理和审查国际申请的，申请人除应当办理进入中国国家阶段手续外，还应当依照专利合作条约第二十三条第二款规定提出请求。国际局尚未向国务院专利行政部门传送国际申请的，申请人应当提交经确认的国际申请副本。

第一百一十二条 要求获得实用新型专利权的国际申请，申请人可以自进入日起2个月内对专利申请文件主动提出修改。

要求获得发明专利权的国际申请，适用本细则第五十一条第一款的规定。

第一百一十三条 申请人发现提交的说明书、权利要求书或者附图中的文字的中文译文存在错误的，可以在下列规定期限内依照原始国际申请文本提出改正：

(一)在国务院专利行政部门作好公布发明专利申请或者公告实用新型专利权的准备工作之前；

(二)在收到国务院专利行政部门发出的发明专利申请进入实质审查阶段通知书之日起3个月内。

申请人改正译文错误的，应当提出书面请求并缴纳规定的译文改正费。

申请人按照国务院专利行政部门的通知书的要求改正译文的，应当在指定期限内办理本条第二款规定的手续；期满未办理规定手续的，该申请视为撤回。

第一百一十四条 对要求获得发明专利权的国际申请，国务院专利行政部门经初步审查认为符合专利法和本细则有关规定的，应当在专利公报上予以公布；国际申请以中文以外的文字提出的，应当公布申请文件的中文译文。

要求获得发明专利权的国际申请，由国际局以中文进行国际公布的，自国际公布日起适用专利法第十三条的规定；由国际局以中文以外的文字进行国际公布的，自国务院专利行政部门公布之日起适用专利法第十三条的规定。

对国际申请，专利法第二十一条和第二十二条中所称的公布是指本条第一款所规定的公布。

第一百一十五条 国际申请包含两项以上发明或者实用新型的，申请人可以自进入日起，依照本细则第四十二条第一款的规定提出分案申请。

在国际阶段，国际检索单位或者国际初步审查单位认为国际申请不符合专利合作条约规定的单一性要求时，申请人未按照规定缴纳附加费，导致国际申请某些部分未经国际检索或者未经国际初步审查，在进入中国国家阶段时，申请人要求将所述部分作为审查基础，国务院专利行政部门认为国际检索单位或者国际初步审查单位对发明单一性的判断正确的，应当通知申请人在指定期限内缴纳单一性恢复费。期满未缴纳或者未足额缴纳的，国际申请中未经检索或者未经国际初步审查的部分视为撤回。

第一百一十六条 国际申请在国际阶段被有关国际单位拒绝给予国际申请日或者宣布视为撤回的，申请人在收到通知之日起2个月内，可以请求国际局将国际申请档案中任何文件的副本转交国务院专利行政部门，并在该期限内向国务院专利行政部门办理本细则第一百零三条规定的手续，国务院专利行政部门应当在接到国际局传送的文件后，对国际单位作出的决定是否正确进行复查。

第一百一十七条 基于国际申请授予的专利权，由于译文错误，致使依照专利法第五十九条规定确定的保护范围超出国际申请的原文所表达的范围的，以依据原文限制后的保护范围为准；致使保护范围小于国际申请的原文所表达的范围的，以授权时的保护范围为准。

第十一章 附 则

第一百一十八条 经国务院专利行政部门同意，任何人均可以查阅或者复制已经公布或者公告的专利申请的案卷和专利登记簿，并可以请求国务院专利行政部门出具专利登记簿副本。

已视为撤回、驳回和主动撤回的专利申请的案卷，自该专利申请失效之日起满2年后不予保存。

已放弃、宣告全部无效和终止的专利权的案卷，自该专利权失效之日起满3年后不予保存。

第一百一十九条 向国务院专利行政部门提交申请文件或者办理各种手续，应当由申请人、专利权人、其他利害关系人或者其代表人签字或者盖章；委托专利代理机构的，由专利代理机构盖章。

请求变更发明人姓名、专利申请人和专利权人的姓名或者名称、国籍和地址、专利代理机构的名称、地址和代理人姓名的，应当向国务院专利行政部门办理著录事项变更手续，并附具变更理由的证明材料。

第一百二十条 向国务院专利行政部门邮寄有关申请或者专利权的文件，应当使用挂号信函，不得使用包裹。

除首次提交专利申请文件外，向国务院专利行政部门提交各种文件、办理各种手续的，应当标明申请号或者专利号、发明创造名称和申请人或者专利权人姓名或者名称。

一件信函中应当只包含同一申请的文件。

第一百二十一条 各类申请文件应当打字或者印刷，字迹呈黑色，整齐清晰，并不得涂改。附图应当用制图工具和黑色墨水绘制，线条应当均匀清晰，并不得涂改。

请求书、说明书、权利要求书、附图和摘要应当分别用阿拉伯数字顺序编号。

申请文件的文字部分应当横向书写。纸张限于单面使用。

第一百二十二条 国务院专利行政部门根据专利法和本细则制定专利审查指南。

第一百二十三条 本细则自2001年7月1日起施行。1992年12月12日国务院批准修订、1992年12月21日中国专利局发布的《中华人民共和国专利法实施细则》同时废止。

信息网络传播权保护条例

（2006年5月18日中华人民共和国国务院令第468号公布　根据2013年1月30日《国务院关于修改〈信息网络传播权保护条例〉的决定》修订）

第一条 为保护著作权人、表演者、录音录像制作者（以下统称权利人）的信息网络传播权，鼓励有益于社会主义精神文明、物质文明建设的作品的创作和传播，根据《中华人民共和国著作权法》（以下简称著作权法），制定本条例。

第二条 权利人享有的信息网络传播权受著作权法和本条例保护。除法律、行政法规另有规定的外，任何组织或者个人将他人的作品、表演、录音录像制品通过信息网络向公众提供，应当取得权利人许可，并支付报酬。

第三条 依法禁止提供的作品、表演、录音录像制品，不受本条例保护。

权利人行使信息网络传播权，不得违反宪法和法律、行政法规，不得损害公共利益。

第四条 为了保护信息网络传播权，权利人可以采取技术措施。

任何组织或者个人不得故意避开或者破坏技术措施，不得故意制造、进口或者向公众提供主要用于避开或者破坏技术措施的装置或者部件，不得故意为他人避开或者破坏技术措施提供技术服务。但是，法律、行政法规规定可以避开的除外。

第五条 未经权利人许可，任何组织或者个人不得进行下列行为：

（一）故意删除或者改变通过信息网络向公众提供的作品、表演、录音录像制品的权利管理电子信息，但由于技术上的原因无法避免删除或者改变的除外；

（二）通过信息网络向公众提供明知或者应知未经权利人许可被删除或者改变权利管理电子信息的作品、表演、录音录像制品。

第六条 通过信息网络提供他人作品，属于下列情形的，可以不经著作权人许可，不向其支付报酬：

（一）为介绍、评论某一作品或者说明某一问题，在向公众提供的作品中适当引用已经发表的作品；

（二）为报道时事新闻，在向公众提供的作品中不可避免地再现或者引用已经发表的作品；

（三）为学校课堂教学或者科学研究，向少数教学、科研人员提供少量已经发表的作品；

（四）国家机关为执行公务，在合理范围内向公众提供已经发表的作品；

（五）将中国公民、法人或者其他组织已经发表的、以汉语言文字创作的作品翻译成的少数民族语言文字作品，向中国境内少数民族提供；

（六）不以营利为目的，以盲人能够感知的独特方式向盲人提供已经发表的文字作品；

（七）向公众提供在信息网络上已经发表的关于政治、经济问题的时事性文章；

（八）向公众提供在公众集会上发表的讲话。

第七条 图书馆、档案馆、纪念馆、博物馆、美术馆等可以不经著作权人许可，通过信息网络向本馆馆舍内服务对象提供本馆收藏的合法出版的数字作品和依法为陈列或者保存版本的需要以数字化形式复制的作品,不向其支付报酬,但不得直接或者间接获得经济利益。当事人另有约定的除外。

前款规定的为陈列或者保存版本需要以数字化形式复制的作品,应当是已经损毁或者濒临损毁、丢失或者失窃,或者其存储格式已经过时,并且在市场上无法购买或者只能以明显高于标定的价格购买的作品。

第八条 为通过信息网络实施九年制义务教育或者国家教育规划,可以不经著作权人许可,使用其已经发表作品的片断或者短小的文字作品、音乐作品或者单幅的美术作品、摄影作品制作课件,由制作课件或者依法取得课件的远程教育机构通过信息网络向注册学生提供,但应当向著作权人支付报酬。

第九条 为扶助贫困,通过信息网络向农村地区的公众免费提供中国公民、法人或者其他组织已经发表的种植养殖、防病治病、防灾减灾等与扶助贫困有关的作品和适应基本文化需求的作品,网络服务提供者应当在提供前公告拟提供的作品及其作者、拟支付报酬的标准。自公告之日起30日内,著作权人不同意提供的,网络服务提供者不得提供其作品;自公告之日起满30日,著作权人没有异议的,网络服务提供者可以提供其作品,并按照公告的标准向著作权人支付报酬。网络服务提供者提供著作权人的作品后,著作权人不同意提供的,网络服务提供者应当立即删除著作权人的作品,并按照公告的标准向著作权人支付提供作品期间的报酬。

依照前款规定提供作品的,不得直接或者间接获得经济利益。

第十条 依照本条例规定不经著作权人许可、通过信息网络向公众提供其作品的,还应当遵守下列规定:

(一)除本条例第六条第一项至第六项、第七条规定的情形外,不得提供作者事先声明不许提供的作品;

(二)指明作品的名称和作者的姓名(名称);

(三)依照本条例规定支付报酬;

(四)采取技术措施,防止本条例第七条、第八条、第九条规定的服务对象以外的其他人获得著作权人的作品,并防止本条例第七条规定的服务对象的复制行为对著作权人利益造成实质性损害;

(五)不得侵犯著作权人依法享有的其他权利。

第十一条 通过信息网络提供他人表演、录音录像制品的,应当遵守本条例第六条至第十条的规定。

第十二条 属于下列情形的,可以避开技术措施,但不得向他人提供避开技术措施的技术、装置或者部件,不得侵犯权利人依法享有的其他权利:

(一)为学校课堂教学或者科学研究,通过信息网络向少数教学、科研人员提供已经发表的作品、表演、录音录像制品,而该作品、表演、录音录像制品只能通过信息网络获取;

(二)不以营利为目的,通过信息网络以盲人能够感知的独特方式向盲人提供已经发表的文字作品,而该作品只能通过信息网络获取;

(三)国家机关依照行政、司法程序执行公务;

(四)在信息网络上对计算机及其系统或者网络的安全性能进行测试。

第十三条 著作权行政管理部门为了查处侵犯信息网络传播权的行为,可以要求网络服务提供者提供涉嫌侵权的服务对象的姓名(名称)、联系方式、网络地址等资料。

第十四条 对提供信息存储空间或者提供搜索、链接服务的网络服务提供者,权利人认为其服务所涉及的作品、表演、录音录像制品,侵犯自己的信息网络传播权或者被删除、改变了自己的权利管理电子信息的,可以向该网络服务提供者提交书面通知,要求网络服务提供者删除该作品、表演、录音录像制品,或者断开与该作品、表演、录音录像制品的链接。通知书应当包含下列内容:

(一)权利人的姓名(名称)、联系方式和地址;

(二)要求删除或者断开链接的侵权作品、表演、录音录像制品的名称和网络地址;

(三)构成侵权的初步证明材料。

权利人应当对通知书的真实性负责。

第十五条 网络服务提供者接到权利人的通知书后,应当立即删除涉嫌侵权的作品、表演、录音录像制品,或者断开与涉嫌侵权的作品、表演、录音录像制品的链接,并同时将通知书转送提供作品、表演、录音录像制品的服务对象;服务对象网络地址不明、无法转送的,应当将通知书的内容同时在信息网络上公告。

第十六条 服务对象接到网络服务提供者转送的通知书后,认为其提供的作品、表演、录音录像制品未侵犯他人权利的,可以向网络服务提供者提交书面说明,要求恢复被删除的作品、表演、录音录像制品,或者恢复与被断开的作品、表演、录音录像制品的链接。书面说明应当包含下列内容:

(一)服务对象的姓名(名称)、联系方式和地址;

(二)要求恢复的作品、表演、录音录像制品的名称和网络地址;

(三)不构成侵权的初步证明材料。

服务对象应当对书面说明的真实性负责。

第十七条 网络服务提供者接到服务对象的书面说明后,应当立即恢复被删除的作品、表演、录音录像制品,或者可以恢复与被断开的作品、表演、录音录像制品的链接,同时将服务对象的书面说明转送权利人。权利人不得再通知网络服务提供者删除该作品、表演、录音录像制品,或者断开与该作品、表演、录音录像制品的链接。

第十八条 违反本条例规定,有下列侵权行为之一的,根据情况承担停止侵害、消除影响、赔礼道歉、赔偿损失等民事责任;同时损害公共利益的,可以由著作权行政管理部门责令停止侵权行为,没收违法所得,非法经营额5万元以上的,可处非法经营额1倍以上5倍以下的罚款;没有非法经营额或者非法经营额5万元以下的,根据情节轻重,可处25万元以下的罚款;情节严重的,著作权行政管理部门可以没收主要用于提供网络服务的计算机等设备;构成犯罪的,依法追究刑事责任:

(一)通过信息网络擅自向公众提供他人的作品、表演、录音录像制品的;

(二)故意避开或者破坏技术措施的;

(三)故意删除或者改变通过信息网络向公众提供的作品、表演、录音录像制品的权利管理电子信息,或者通过信息网络向公众提供明知或者应知未经权利人许可而被删除或者改变权利管理电子信息的作品、表演、录音录像制品的;

(四)为扶助贫困通过信息网络向农村地区提供作品、表演、录音录像制品超过规定范围,或者未按照公告的标准支付报酬,或者在权利人不同意提供其作品、表演、录音录像制品后未立即删除的;

(五)通过信息网络提供他人的作品、表演、录音录像制品,未指明作品、表演、录音录像制品的名称或者作者、表演者、录音录像制作者的姓名(名称),或者未支付报酬,或者未依照本条例规定采取技术措施防止服务对象以外的其他人获得他人的作品、表演、录音录像制品,或者未防止服务对象的复制行为对权利人利益造成实质性损害的。

第十九条 违反本条例规定,有下列行为之一的,由著作权行政管理部门予以警告,没收违法所得,没收主要用于避开、破坏技术措施的装置或者部件;情节严重的,可以没收主要用于提供网络服务的计算机等设备;非法经营额5万元以上的,可处非法经营额1倍以上5倍以下的罚款;没有非法经营额或者非法经营额5万元以下的,根据情节轻重,可处25万元以下的罚款;构成犯罪的,依法追究刑事责任:

(一)故意制造、进口或者向他人提供主要用于避开、破坏技术措施的装置或者部件,或者故意为他人避开或者破坏技术措施提供技术服务的;

(二)通过信息网络提供他人的作品、表演、录音录像制品,获得经济利益的;

(三)为扶助贫困通过信息网络向农村地区提供作品、表演、录音录像制品,未在提供前公告作品、表演、录音录像制品的名称和作者、表演者、录音录像制作者的姓名(名称)以及报酬标准的。

第二十条 网络服务提供者根据服务对象的指令提供网络自动接入服务,或者对服务对象提供的作品、表演、录音录像制品提供自动传输服务,并具备下列条件的,不承担赔偿责任:

(一)未选择并且未改变所传输的作品、表演、录音录像制品;

(二)向指定的服务对象提供该作品、表演、录音录像制品,并防止指定的服务对象以外的其他人获得。

第二十一条 网络服务提供者为提高网络传输效率,自动存储从其他网络服务提供者获得的作品、表演、录音录像制品,根据技术安排自动向服务对象提供,并具备下列条件的,不承担赔偿责任:

(一)未改变自动存储的作品、表演、录音录像制品;

(二)不影响提供作品、表演、录音录像制品的原网络服务提供者掌握服务对象获取该作品、表演、录音录像制品的情况;

(三)在原网络服务提供者修改、删除或者屏蔽该作品、表演、录音录像制品时,根据技术安排自动予以修改、删除或者屏蔽。

第二十二条 网络服务提供者为服务对象提供信息存储空间,供服务对象通过信息网络向公众提供作品、表演、录音录像制品,并具备下列条件

的,不承担赔偿责任:

(一)明确标示该信息存储空间是为服务对象所提供,并公开网络服务提供者的名称、联系人、网络地址;

(二)未改变服务对象所提供的作品、表演、录音录像制品;

(三)不知道也没有合理的理由应当知道服务对象提供的作品、表演、录音录像制品侵权;

(四)未从服务对象提供作品、表演、录音录像制品中直接获得经济利益;

(五)在接到权利人的通知书后,根据本条例规定删除权利人认为侵权的作品、表演、录音录像制品。

第二十三条 网络服务提供者为服务对象提供搜索或者链接服务,在接到权利人的通知书后,根据本条例规定断开与侵权的作品、表演、录音录像制品的链接的,不承担赔偿责任;但是,明知或者应知所链接的作品、表演、录音录像制品侵权的,应当承担共同侵权责任。

第二十四条 因权利人的通知导致网络服务提供者错误删除作品、表演、录音录像制品,或者错误断开与作品、表演、录音录像制品的链接,给服务对象造成损失的,权利人应当承担赔偿责任。

第二十五条 网络服务提供者无正当理由拒绝提供或者拖延提供涉嫌侵权的服务对象的姓名(名称)、联系方式、网络地址等资料的,由著作权行政管理部门予以警告;情节严重的,没收主要用于提供网络服务的计算机等设备。

第二十六条 本条例下列用语的含义:

信息网络传播权,是指以有线或者无线方式向公众提供作品、表演或者录音录像制品,使公众可以在其个人选定的时间和地点获得作品、表演或者录音录像制品的权利。

技术措施,是指用于防止、限制未经权利人许可浏览、欣赏作品、表演、录音录像制品的或者通过信息网络向公众提供作品、表演、录音录像制品的有效技术、装置或者部件。

权利管理电子信息,是指说明作品及其作者、表演及其表演者、录音录像制品及其制作者的信息,作品、表演、录音录像制品权利人的信息和使用条件的信息,以及表示上述信息的数字或者代码。

第二十七条 本条例自2006年7月1日起施行。

(七)商　法

中华人民共和国公司法

(1993年12月29日第八届全国人民代表大会常务委员会第五次会议通过　根据1999年12月25日第九届全国人民代表大会常务委员会第十三次会议《关于修改〈中华人民共和国公司法〉的决定》第一次修正　根据2004年8月28日第十届全国人民代表大会常务委员会第十一次会议《关于修改〈中华人民共和国公司法〉的决定》第二次修正　2005年10月27日第十届全国人民代表大会常务委员会第十八次会议修订　根据2013年12月28日第十二届全国人民代表大会常务委员会第六次会议《关于修改〈中华人民共和国海洋环境保护法〉等七部法律的决定》第三次修正　根据2018年10月26日第十三届全国人民代表大会常务委员会第六次会议《关于修改〈中华人民共和国公司法〉的决定》第四次修正)

目　录

第一章　总　　则
第二章　有限责任公司的设立和组织机构
　第一节　设　　立
　第二节　组织机构
　第三节　一人有限责任公司的特别规定
　第四节　国有独资公司的特别规定
第三章　有限责任公司的股权转让
第四章　股份有限公司的设立和组织机构
　第一节　设　　立
　第二节　股东大会
　第三节　董事会、经理
　第四节　监 事 会
　第五节　上市公司组织机构的特别规定
第五章　股份有限公司的股份发行和转让
　第一节　股份发行
　第二节　股份转让
第六章　公司董事、监事、高级管理人员的资格和义务

第七章　公司债券
第八章　公司财务、会计
第九章　公司合并、分立、增资、减资
第十章　公司解散和清算
第十一章　外国公司的分支机构
第十二章　法律责任
第十三章　附　　则

第一章　总　　则

第一条　【立法宗旨】为了规范公司的组织和行为,保护公司、股东和债权人的合法权益,维护社会经济秩序,促进社会主义市场经济的发展,制定本法。

第二条　【调整对象】本法所称公司是指依照本法在中国境内设立的有限责任公司和股份有限公司。

第三条　【公司界定及股东责任】公司是企业法人,有独立的法人财产,享有法人财产权。公司以其全部财产对公司的债务承担责任。

有限责任公司的股东以其认缴的出资额为限对公司承担责任;股份有限公司的股东以其认购的股份为限对公司承担责任。

第四条　【股东权利】公司股东依法享有资产收益、参与重大决策和选择管理者等权利。

第五条　【公司义务及权益保护】公司从事经营活动,必须遵守法律、行政法规,遵守社会公德、商业道德,诚实守信,接受政府和社会公众的监督,承担社会责任。

公司的合法权益受法律保护,不受侵犯。

第六条　【公司登记】设立公司,应当依法向公司登记机关申请设立登记。符合本法规定的设立条件的,由公司登记机关分别登记为有限责任公司或者股份有限公司;不符合本法规定的设立条件的,不得登记为有限责任公司或者股份有限公司。

法律、行政法规规定设立公司必须报经批准的,应当在公司登记前依法办理批准手续。

公众可以向公司登记机关申请查询公司登记事项,公司登记机关应当提供查询服务。

第七条　【营业执照】依法设立的公司,由公司登记机关发给公司营业执照。公司营业执照签发日期为公司成立日期。

公司营业执照应当载明公司的名称、住所、注册资本、经营范围、法定代表人姓名等事项。

公司营业执照记载的事项发生变更的,公司应当依法办理变更登记,由公司登记机关换发营业执照。

第八条　【公司名称】依照本法设立的有限责任公司,必须在公司名称中标明有限责任公司或者有限公司字样。

依照本法设立的股份有限公司,必须在公司名称中标明股份有限公司或者股份公司字样。

第九条　【公司形式变更】有限责任公司变更为股份有限公司,应当符合本法规定的股份有限公司的条件。股份有限公司变更为有限责任公司,应当符合本法规定的有限责任公司的条件。

有限责任公司变更为股份有限公司的,或者股份有限公司变更为有限责任公司的,公司变更前的债权、债务由变更后的公司承继。

第十条　【公司住所】公司以其主要办事机构所在地为住所。

第十一条　【公司章程】设立公司必须依法制定公司章程。公司章程对公司、股东、董事、监事、高级管理人员具有约束力。

第十二条　【经营范围】公司的经营范围由公司章程规定,并依法登记。公司可以修改公司章程,改变经营范围,但是应当办理变更登记。

公司的经营范围中属于法律、行政法规规定须经批准的项目,应当依法经过批准。

第十三条　【法定代表人】公司法定代表人依照公司章程的规定,由董事长、执行董事或者经理担任,并依法登记。公司法定代表人变更,应当办理变更登记。

第十四条　【分公司与子公司】公司可以设立分公司。设立分公司,应当向公司登记机关申请登记,领取营业执照。分公司不具有法人资格,其民事责任由公司承担。

公司可以设立子公司,子公司具有法人资格,依法独立承担民事责任。

第十五条　【转投资】公司可以向其他企业投资;但是,除法律另有规定外,不得成为对所投资企业的债务承担连带责任的出资人。

第十六条　【公司担保】公司向其他企业投资或者为他人提供担保,依照公司章程的规定,由董事会或者股东会、股东大会决议;公司章程对投资或者担保的总额及单项投资或者担保的数额有限额规定的,不得超过规定的限额。

公司为公司股东或者实际控制人提供担保的,必须经股东会或者股东大会决议。

前款规定的股东或者受前款规定的实际控制人支配的股东,不得参加前款规定事项的表决。该项表决由出席会议的其他股东所持表决权的过半数通过。

第十七条 【职工权益保护与职业教育】公司必须保护职工的合法权益,依法与职工签订劳动合同,参加社会保险,加强劳动保护,实现安全生产。

公司应当采用多种形式,加强公司职工的职业教育和岗位培训,提高职工素质。

第十八条 【工会】公司职工依照《中华人民共和国工会法》组织工会,开展工会活动,维护职工合法权益。公司应当为本公司工会提供必要的活动条件。公司工会代表职工就职工的劳动报酬、工作时间、福利、保险和劳动安全卫生等事项依法与公司签订集体合同。

公司依照宪法和有关法律的规定,通过职工代表大会或者其他形式,实行民主管理。

公司研究决定改制以及经营方面的重大问题、制定重要的规章制度时,应当听取公司工会的意见,并通过职工代表大会或者其他形式听取职工的意见和建议。

第十九条 【党组织】在公司中,根据中国共产党章程的规定,设立中国共产党的组织,开展党的活动。公司应当为党组织的活动提供必要条件。

第二十条 【股东禁止行为】公司股东应当遵守法律、行政法规和公司章程,依法行使股东权利,不得滥用股东权利损害公司或者其他股东的利益;不得滥用公司法人独立地位和股东有限责任损害公司债权人的利益。

公司股东滥用股东权利给公司或者其他股东造成损失的,应当依法承担赔偿责任。

公司股东滥用公司法人独立地位和股东有限责任,逃避债务,严重损害公司债权人利益的,应当对公司债务承担连带责任。

第二十一条 【禁止关联交易】公司的控股股东、实际控制人、董事、监事、高级管理人员不得利用其关联关系损害公司利益。

违反前款规定,给公司造成损失的,应当承担赔偿责任。

第二十二条 【公司决议的无效或被撤销】公司股东会或者股东大会、董事会的决议内容违反法律、行政法规的无效。

股东会或者股东大会、董事会的会议召集程序、表决方式违反法律、行政法规或者公司章程,或者决议内容违反公司章程的,股东可以自决议作出之日起六十日内,请求人民法院撤销。

股东依照前款规定提起诉讼的,人民法院可以应公司的请求,要求股东提供相应担保。

公司根据股东会或者股东大会、董事会决议已办理变更登记的,人民法院宣告该决议无效或者撤销该决议后,公司应当向公司登记机关申请撤销变更登记。

第二章 有限责任公司的设立和组织机构

第一节 设 立

第二十三条 【有限责任公司的设立条件】设立有限责任公司,应当具备下列条件:

(一)股东符合法定人数;

(二)有符合公司章程规定的全体股东认缴的出资额;

(三)股东共同制定公司章程;

(四)有公司名称,建立符合有限责任公司要求的组织机构;

(五)有公司住所。

第二十四条 【股东人数】有限责任公司由五十个以下股东出资设立。

第二十五条 【公司章程内容】有限责任公司章程应当载明下列事项:

(一)公司名称和住所;

(二)公司经营范围;

(三)公司注册资本;

(四)股东的姓名或者名称;

(五)股东的出资方式、出资额和出资时间;

(六)公司的机构及其产生办法、职权、议事规则;

(七)公司法定代表人;

(八)股东会会议认为需要规定的其他事项。

股东应当在公司章程上签名、盖章。

第二十六条 【注册资本】有限责任公司的注册资本为在公司登记机关登记的全体股东认缴的

出资额。

法律、行政法规以及国务院决定对有限责任公司注册资本实缴、注册资本最低限额另有规定的，从其规定。

第二十七条 【出资方式】股东可以用货币出资，也可以用实物、知识产权、土地使用权等可以用货币估价并可以依法转让的非货币财产作价出资；但是，法律、行政法规规定不得作为出资的财产除外。

对作为出资的非货币财产应当评估作价，核实财产，不得高估或者低估作价。法律、行政法规对评估作价有规定的，从其规定。

第二十八条 【出资义务】股东应当按期足额缴纳公司章程中规定的各自所认缴的出资额。股东以货币出资的，应当将货币出资足额存入有限责任公司在银行开设的账户；以非货币财产出资的，应当依法办理其财产权的转移手续。

股东不按照前款规定缴纳出资的，除应当向公司足额缴纳外，还应当向已按期足额缴纳出资的股东承担违约责任。

第二十九条 【设立登记】股东认足公司章程规定的出资后，由全体股东指定的代表或者共同委托的代理人向公司登记机关报送公司登记申请书、公司章程等文件，申请设立登记。

第三十条 【出资不足的补充】有限责任公司成立后，发现作为设立公司出资的非货币财产的实际价额显著低于公司章程所定价额的，应当由交付该出资的股东补足其差额；公司设立时的其他股东承担连带责任。

第三十一条 【出资证明书】有限责任公司成立后，应当向股东签发出资证明书。

出资证明书应当载明下列事项：

（一）公司名称；

（二）公司成立日期；

（三）公司注册资本；

（四）股东的姓名或者名称、缴纳的出资额和出资日期；

（五）出资证明书的编号和核发日期。

出资证明书由公司盖章。

第三十二条 【股东名册】有限责任公司应当置备股东名册，记载下列事项：

（一）股东的姓名或者名称及住所；

（二）股东的出资额；

（三）出资证明书编号。

记载于股东名册的股东，可以依股东名册主张行使股东权利。

公司应当将股东的姓名或者名称向公司登记机关登记；登记事项发生变更的，应当办理变更登记。未经登记或者变更登记的，不得对抗第三人。

第三十三条 【股东查阅、复制权】股东有权查阅、复制公司章程、股东会会议记录、董事会会议决议、监事会会议决议和财务会计报告。

股东可以要求查阅公司会计账簿。股东要求查阅公司会计账簿的，应当向公司提出书面请求，说明目的。公司有合理根据认为股东查阅会计账簿有不正当目的，可能损害公司合法利益的，可以拒绝提供查阅，并应当自股东提出书面请求之日起十五日内书面答复股东并说明理由。公司拒绝提供查阅的，股东可以请求人民法院要求公司提供查阅。

第三十四条 【分红权与优先认购权】股东按照实缴的出资比例分取红利；公司新增资本时，股东有权优先按照实缴的出资比例认缴出资。但是，全体股东约定不按照出资比例分取红利或者不按照出资比例优先认缴出资的除外。

第三十五条 【不得抽逃出资】公司成立后，股东不得抽逃出资。

第二节 组织机构

第三十六条 【股东会的组成及地位】有限责任公司股东会由全体股东组成。股东会是公司的权力机构，依照本法行使职权。

第三十七条 【股东会职权】股东会行使下列职权：

（一）决定公司的经营方针和投资计划；

（二）选举和更换非由职工代表担任的董事、监事，决定有关董事、监事的报酬事项；

（三）审议批准董事会的报告；

（四）审议批准监事会或者监事的报告；

（五）审议批准公司的年度财务预算方案、决算方案；

（六）审议批准公司的利润分配方案和弥补亏损方案；

（七）对公司增加或者减少注册资本作出决议；

（八）对发行公司债券作出决议；

（九）对公司合并、分立、解散、清算或者变更公司形式作出决议；

（十）修改公司章程；

（十一）公司章程规定的其他职权。

对前款所列事项股东以书面形式一致表示同意的，可以不召开股东会会议，直接作出决定，并由全体股东在决定文件上签名、盖章。

第三十八条 【首次股东会会议】首次股东会会议由出资最多的股东召集和主持，依照本法规定行使职权。

第三十九条 【定期会议和临时会议】股东会会议分为定期会议和临时会议。

定期会议应当依照公司章程的规定按时召开。代表十分之一以上表决权的股东，三分之一以上的董事，监事会或者不设监事会的公司的监事提议召开临时会议的，应当召开临时会议。

第四十条 【股东会会议的召集与主持】有限责任公司设立董事会的，股东会会议由董事会召集，董事长主持；董事长不能履行职务或者不履行职务的，由副董事长主持；副董事长不能履行职务或者不履行职务的，由半数以上董事共同推举一名董事主持。

有限责任公司不设董事会的，股东会会议由执行董事召集和主持。

董事会或者执行董事不能履行或者不履行召集股东会会议职责的，由监事会或者不设监事会的公司的监事召集和主持；监事会或者监事不召集和主持的，代表十分之一以上表决权的股东可以自行召集和主持。

第四十一条 【股东会会议的通知与记录】召开股东会会议，应当于会议召开十五日前通知全体股东；但是，公司章程另有规定或者全体股东另有约定的除外。

股东会应当对所议事项的决定作成会议记录，出席会议的股东应当在会议记录上签名。

第四十二条 【股东的表决权】股东会会议由股东按照出资比例行使表决权；但是，公司章程另有规定的除外。

第四十三条 【股东会的议事方式和表决程序】股东会的议事方式和表决程序，除本法有规定的外，由公司章程规定。

股东会会议作出修改公司章程、增加或者减少注册资本的决议，以及公司合并、分立、解散或者变更公司形式的决议，必须经代表三分之二以上表决权的股东通过。

第四十四条 【董事会的组成】有限责任公司设董事会，其成员为三人至十三人；但是，本法第五十条另有规定的除外。

两个以上的国有企业或者两个以上的其他国有投资主体投资设立的有限责任公司，其董事会成员中应当有公司职工代表；其他有限责任公司董事会成员中可以有公司职工代表。董事会中的职工代表由公司职工通过职工代表大会、职工大会或者其他形式民主选举产生。

董事会设董事长一人，可以设副董事长。董事长、副董事长的产生办法由公司章程规定。

第四十五条 【董事任期】董事任期由公司章程规定，但每届任期不得超过三年。董事任期届满，连选可以连任。

董事任期届满未及时改选，或者董事在任期内辞职导致董事会成员低于法定人数的，在改选出的董事就任前，原董事仍应当依照法律、行政法规和公司章程的规定，履行董事职务。

第四十六条 【董事会职权】董事会对股东会负责，行使下列职权：

（一）召集股东会会议，并向股东会报告工作；

（二）执行股东会的决议；

（三）决定公司的经营计划和投资方案；

（四）制订公司的年度财务预算方案、决算方案；

（五）制订公司的利润分配方案和弥补亏损方案；

（六）制订公司增加或者减少注册资本以及发行公司债券的方案；

（七）制订公司合并、分立、解散或者变更公司形式的方案；

（八）决定公司内部管理机构的设置；

（九）决定聘任或者解聘公司经理及其报酬事项，并根据经理的提名决定聘任或者解聘公司副经理、财务负责人及其报酬事项；

（十）制定公司的基本管理制度；

（十一）公司章程规定的其他职权。

第四十七条 【董事会会议的召集与主持】董事会会议由董事长召集和主持；董事长不能履行职务或者不履行职务的，由副董事长召集和主持；副董事长不能履行职务或者不履行职务的，由半数以上董事共同推举一名董事召集和主持。

第四十八条 【董事会的议事方式和表决程序】董事会的议事方式和表决程序，除本法有规定的外，由公司章程规定。

董事会应当对所议事项的决定作成会议记录，出席会议的董事应当在会议记录上签名。

董事会决议的表决，实行一人一票。

第四十九条 【经理的设立与职权】有限责任公司可以设经理，由董事会决定聘任或者解聘。经理对董事会负责，行使下列职权：

（一）主持公司的生产经营管理工作，组织实施董事会决议；

（二）组织实施公司年度经营计划和投资方案；

（三）拟订公司内部管理机构设置方案；

（四）拟订公司的基本管理制度；

（五）制定公司的具体规章；

（六）提请聘任或者解聘公司副经理、财务负责人；

（七）决定聘任或者解聘除应由董事会决定聘任或者解聘以外的负责管理人员；

（八）董事会授予的其他职权。

公司章程对经理职权另有规定的，从其规定。

经理列席董事会会议。

第五十条 【执行董事】股东人数较少或者规模较小的有限责任公司，可以设一名执行董事，不设董事会。执行董事可以兼任公司经理。

执行董事的职权由公司章程规定。

第五十一条 【监事会的设立与组成】有限责任公司设监事会，其成员不得少于三人。股东人数较少或者规模较小的有限责任公司，可以设一至二名监事，不设监事会。

监事会应当包括股东代表和适当比例的公司职工代表，其中职工代表的比例不得低于三分之一，具体比例由公司章程规定。监事会中的职工代表由公司职工通过职工代表大会、职工大会或者其他形式民主选举产生。

监事会设主席一人，由全体监事过半数选举产生。监事会主席召集和主持监事会会议；监事会主席不能履行职务或者不履行职务的，由半数以上监事共同推举一名监事召集和主持监事会会议。

董事、高级管理人员不得兼任监事。

第五十二条 【监事的任期】监事的任期每届为三年。监事任期届满，连选可以连任。

监事任期届满未及时改选，或者监事在任期内辞职导致监事会成员低于法定人数的，在改选出的监事就任前，原监事仍应当依照法律、行政法规和公司章程的规定，履行监事职务。

第五十三条 【监事会或监事的职权（一）】监事会、不设监事会的公司的监事行使下列职权：

（一）检查公司财务；

（二）对董事、高级管理人员执行公司职务的行为进行监督，对违反法律、行政法规、公司章程或者股东会决议的董事、高级管理人员提出罢免的建议；

（三）当董事、高级管理人员的行为损害公司的利益时，要求董事、高级管理人员予以纠正；

（四）提议召开临时股东会会议，在董事会不履行本法规定的召集和主持股东会会议职责时召集和主持股东会会议；

（五）向股东会会议提出提案；

（六）依照本法第一百五十一条的规定，对董事、高级管理人员提起诉讼；

（七）公司章程规定的其他职权。

第五十四条 【监事会或监事的职权（二）】监事可以列席董事会会议，并对董事会决议事项提出质询或者建议。

监事会、不设监事会的公司的监事发现公司经营情况异常，可以进行调查；必要时，可以聘请会计师事务所等协助其工作，费用由公司承担。

第五十五条 【监事会的会议制度】监事会每年度至少召开一次会议，监事可以提议召开临时监事会会议。

监事会的议事方式和表决程序，除本法有规定的外，由公司章程规定。

监事会决议应当经半数以上监事通过。

监事会应当对所议事项的决定作成会议记录，出席会议的监事应当在会议记录上签名。

第五十六条 【监事履行职责所需费用的承担】监事会、不设监事会的公司的监事行使职权所必需的费用，由公司承担。

第三节 一人有限责任公司的特别规定

第五十七条 【一人公司的概念】一人有限责任公司的设立和组织机构，适用本节规定；本节没有规定的，适用本章第一节、第二节的规定。

本法所称一人有限责任公司，是指只有一个自然人股东或者一个法人股东的有限责任公司。

第五十八条 【一人公司的特殊要求】一个自然人只能投资设立一个一人有限责任公司。该一人有限责任公司不能投资设立新的一人有限责任公司。

第五十九条 【一人公司的登记注意事项】一人有限责任公司应当在公司登记中注明自然人独资或者法人独资，并在公司营业执照中载明。

第六十条 【一人公司的章程】一人有限责任公司章程由股东制定。

第六十一条 【一人公司的股东决议】一人有限责任公司不设股东会。股东作出本法第三十七条第一款所列决定时，应当采用书面形式，并由股东签名后置备于公司。

第六十二条 【一人公司的财会报告】一人有限责任公司应当在每一会计年度终了时编制财务会计报告，并经会计师事务所审计。

第六十三条 【一人公司的债务承担】一人有限责任公司的股东不能证明公司财产独立于股东自己的财产的，应当对公司债务承担连带责任。

第四节 国有独资公司的特别规定

第六十四条 【国有独资公司的概念】国有独资公司的设立和组织机构，适用本节规定；本节没有规定的，适用本章第一节、第二节的规定。

本法所称国有独资公司，是指国家单独出资、由国务院或者地方人民政府授权本级人民政府国有资产监督管理机构履行出资人职责的有限责任公司。

第六十五条 【国有独资公司的章程】国有独资公司章程由国有资产监督管理机构制定，或者由董事会制订报国有资产监督管理机构批准。

第六十六条 【国有独资公司股东权的行使】国有独资公司不设股东会，由国有资产监督管理机构行使股东会职权。国有资产监督管理机构可以授权公司董事会行使股东会的部分职权，决定公司的重大事项，但公司的合并、分立、解散、增加或者减少注册资本和发行公司债券，必须由国有资产监督管理机构决定；其中，重要的国有独资公司合并、分立、解散、申请破产的，应当由国有资产监督管理机构审核后，报本级人民政府批准。

前款所称重要的国有独资公司，按照国务院的规定确定。

第六十七条 【国有独资公司的董事会】国有独资公司设董事会，依照本法第四十六条、第六十六条的规定行使职权。董事每届任期不得超过三年。董事会成员中应当有公司职工代表。

董事会成员由国有资产监督管理机构委派；但是，董事会成员中的职工代表由公司职工代表大会选举产生。

董事会设董事长一人，可以设副董事长。董事长、副董事长由国有资产监督管理机构从董事会成员中指定。

第六十八条 【国有独资公司的经理】国有独资公司设经理，由董事会聘任或者解聘。经理依照本法第四十九条规定行使职权。

经国有资产监督管理机构同意，董事会成员可以兼任经理。

第六十九条 【国有独资公司高层人员的兼职禁止】国有独资公司的董事长、副董事长、董事、高级管理人员，未经国有资产监督管理机构同意，不得在其他有限责任公司、股份有限公司或者其他经济组织兼职。

第七十条 【国有独资公司的监事会】国有独资公司监事会成员不得少于五人，其中职工代表的比例不得低于三分之一，具体比例由公司章程规定。

监事会成员由国有资产监督管理机构委派；但是，监事会成员中的职工代表由公司职工代表大会选举产生。监事会主席由国有资产监督管理机构从监事会成员中指定。

监事会行使本法第五十三条第（一）项至第（三）项规定的职权和国务院规定的其他职权。

第三章 有限责任公司的股权转让

第七十一条 【股权转让】有限责任公司的股东之间可以相互转让其全部或者部分股权。

股东向股东以外的人转让股权，应当经其他股东过半数同意。股东应就其股权转让事项书面通知其他股东征求同意，其他股东自接到书面通知之日起满三十日未答复的，视为同意转让。其他股东半数以上不同意转让的，不同意的股东应当购买该转让的股权；不购买的，视为同意转让。

经股东同意转让的股权，在同等条件下，其他股东有优先购买权。两个以上股东主张行使优先购买权的，协商确定各自的购买比例；协商不成的，按照转让时各自的出资比例行使优先购买权。

公司章程对股权转让另有规定的，从其规定。

第七十二条　【优先购买权】人民法院依照法律规定的强制执行程序转让股东的股权时，应当通知公司及全体股东，其他股东在同等条件下有优先购买权。其他股东自人民法院通知之日起满二十日不行使优先购买权的，视为放弃优先购买权。

第七十三条　【股权转让的变更记载】依照本法第七十一条、第七十二条转让股权后，公司应当注销原股东的出资证明书，向新股东签发出资证明书，并相应修改公司章程和股东名册中有关股东及其出资额的记载。对公司章程的该项修改不需再由股东会表决。

第七十四条　【异议股东股权收购请求权】有下列情形之一的，对股东会该项决议投反对票的股东可以请求公司按照合理的价格收购其股权：

（一）公司连续五年不向股东分配利润，而公司该五年连续盈利，并且符合本法规定的分配利润条件的；

（二）公司合并、分立、转让主要财产的；

（三）公司章程规定的营业期限届满或者章程规定的其他解散事由出现，股东会会议通过决议修改章程使公司存续的。

自股东会会议决议通过之日起六十日内，股东与公司不能达成股权收购协议的，股东可以自股东会会议决议通过之日起九十日内向人民法院提起诉讼。

第七十五条　【股东资格的继承】自然人股东死亡后，其合法继承人可以继承股东资格；但是，公司章程另有规定的除外。

第四章　股份有限公司的设立和组织机构

第一节　设　　立

第七十六条　【股份有限公司的设立条件】设立股份有限公司，应当具备下列条件：

（一）发起人符合法定人数；

（二）有符合公司章程规定的全体发起人认购的股本总额或者募集的实收股本总额；

（三）股份发行、筹办事项符合法律规定；

（四）发起人制订公司章程，采用募集方式设立的经创立大会通过；

（五）有公司名称，建立符合股份有限公司要求的组织机构；

（六）有公司住所。

第七十七条　【设立方式】股份有限公司的设立，可以采取发起设立或者募集设立的方式。

发起设立，是指由发起人认购公司应发行的全部股份而设立公司。

募集设立，是指由发起人认购公司应发行股份的一部分，其余股份向社会公开募集或者向特定对象募集而设立公司。

第七十八条　【发起人的限制】设立股份有限公司，应当有二人以上二百人以下为发起人，其中须有半数以上的发起人在中国境内有住所。

第七十九条　【发起人的义务】股份有限公司发起人承担公司筹办事务。

发起人应当签订发起人协议，明确各自在公司设立过程中的权利和义务。

第八十条　【注册资本】股份有限公司采取发起设立方式设立的，注册资本为在公司登记机关登记的全体发起人认购的股本总额。在发起人认购的股份缴足前，不得向他人募集股份。

股份有限公司采取募集方式设立的，注册资本为在公司登记机关登记的实收股本总额。

法律、行政法规以及国务院决定对股份有限公司注册资本实缴、注册资本最低限额另有规定的，从其规定。

第八十一条　【公司章程】股份有限公司章程应当载明下列事项：

（一）公司名称和住所；

（二）公司经营范围；

（三）公司设立方式；

（四）公司股份总数、每股金额和注册资本；

（五）发起人的姓名或者名称、认购的股份数、出资方式和出资时间；

（六）董事会的组成、职权和议事规则；

（七）公司法定代表人；

（八）监事会的组成、职权和议事规则；

（九）公司利润分配办法；

（十）公司的解散事由与清算办法；

（十一）公司的通知和公告办法；

（十二）股东大会会议认为需要规定的其他事项。

第八十二条 【出资方式】发起人的出资方式，适用本法第二十七条的规定。

第八十三条 【发起设立的程序】以发起设立方式设立股份有限公司的，发起人应当书面认足公司章程规定其认购的股份，并按照公司章程规定缴纳出资。以非货币财产出资的，应当依法办理其财产权的转移手续。

发起人不依照前款规定缴纳出资的，应当按照发起人协议承担违约责任。

发起人认足公司章程规定的出资后，应当选举董事会和监事会，由董事会向公司登记机关报送公司章程以及法律、行政法规规定的其他文件，申请设立登记。

第八十四条 【募集设立的发起人认购股份】以募集设立方式设立股份有限公司的，发起人认购的股份不得少于公司股份总数的百分之三十五；但是，法律、行政法规另有规定的，从其规定。

第八十五条 【募集股份的公告和认股书】发起人向社会公开募集股份，必须公告招股说明书，并制作认股书。认股书应当载明本法第八十六条所列事项，由认股人填写认购股数、金额、住所，并签名、盖章。认股人按照所认购股数缴纳股款。

第八十六条 【招股说明书】招股说明书应当附有发起人制订的公司章程，并载明下列事项：

（一）发起人认购的股份数；

（二）每股的票面金额和发行价格；

（三）无记名股票的发行总数；

（四）募集资金的用途；

（五）认股人的权利、义务；

（六）本次募股的起止期限及逾期未募足时认股人可以撤回所认股份的说明。

第八十七条 【股票承销】发起人向社会公开募集股份，应当由依法设立的证券公司承销，签订承销协议。

第八十八条 【代收股款】发起人向社会公开募集股份，应当同银行签订代收股款协议。

代收股款的银行应当按照协议代收和保存股款，向缴纳股款的认股人出具收款单据，并负有向有关部门出具收款证明的义务。

第八十九条 【验资及创立大会的召开】发行股份的股款缴足后，必须经依法设立的验资机构验资并出具证明。发起人应当自股款缴足之日起三十日内主持召开公司创立大会。创立大会由发起人、认股人组成。

发行的股份超过招股说明书规定的截止期限尚未募足的，或者发行股份的股款缴足后，发起人在三十日内未召开创立大会的，认股人可以按照所缴股款并加算银行同期存款利息，要求发起人返还。

第九十条 【创立大会的职权】发起人应当在创立大会召开十五日前将会议日期通知各认股人或者予以公告。创立大会应有代表股份总数过半数的发起人、认股人出席，方可举行。

创立大会行使下列职权：

（一）审议发起人关于公司筹办情况的报告；

（二）通过公司章程；

（三）选举董事会成员；

（四）选举监事会成员；

（五）对公司的设立费用进行审核；

（六）对发起人用于抵作股款的财产的作价进行审核；

（七）发生不可抗力或者经营条件发生重大变化直接影响公司设立的，可以作出不设立公司的决议。

创立大会对前款所列事项作出决议，必须经出席会议的认股人所持表决权过半数通过。

第九十一条 【不得任意抽回股本】发起人、认股人缴纳股款或者交付抵作股款的出资后，除未按期募足股份、发起人未按期召开创立大会或者创立大会决议不设立公司的情形外，不得抽回其股本。

第九十二条 【申请设立登记】董事会应于创立大会结束后三十日内，向公司登记机关报送下列文件，申请设立登记：

（一）公司登记申请书；

（二）创立大会的会议记录；

（三）公司章程；

（四）验资证明；

（五）法定代表人、董事、监事的任职文件及其身份证明；

（六）发起人的法人资格证明或者自然人身份证明；

（七）公司住所证明。

以募集方式设立股份有限公司公开发行股票的，还应当向公司登记机关报送国务院证券监督管理机构的核准文件。

第九十三条 【出资不足的补充】股份有限公司成立后,发起人未按照公司章程的规定缴足出资的,应当补缴;其他发起人承担连带责任。

股份有限公司成立后,发现作为设立公司出资的非货币财产的实际价额显著低于公司章程所定价额的,应当由交付该出资的发起人补足其差额;其他发起人承担连带责任。

第九十四条 【发起人的责任】股份有限公司的发起人应当承担下列责任:

(一)公司不能成立时,对设立行为所产生的债务和费用负连带责任;

(二)公司不能成立时,对认股人已缴纳的股款,负返还股款并加算银行同期存款利息的连带责任;

(三)在公司设立过程中,由于发起人的过失致使公司利益受到损害的,应当对公司承担赔偿责任。

第九十五条 【公司形式的变更】有限责任公司变更为股份有限公司时,折合的实收股本总额不得高于公司净资产额。有限责任公司变更为股份有限公司,为增加资本公开发行股份时,应当依法办理。

第九十六条 【重要资料的置备】股份有限公司应当将公司章程、股东名册、公司债券存根、股东大会会议记录、董事会会议记录、监事会会议记录、财务会计报告置备于本公司。

第九十七条 【股东的查阅、建议和质询权】股东有权查阅公司章程、股东名册、公司债券存根、股东大会会议记录、董事会会议决议、监事会会议决议、财务会计报告,对公司的经营提出建议或者质询。

第二节 股东大会

第九十八条 【股东大会的组成与地位】股份有限公司股东大会由全体股东组成。股东大会是公司的权力机构,依照本法行使职权。

第九十九条 【股东会的职权】本法第三十七条第一款关于有限责任公司股东会职权的规定,适用于股份有限公司股东大会。

第一百条 【年会和临时会】股东大会应当每年召开一次年会。有下列情形之一的,应当在两个月内召开临时股东大会:

(一)董事人数不足本法规定人数或者公司章程所定人数的三分之二时;

(二)公司未弥补的亏损达实收股本总额三分之一时;

(三)单独或者合计持有公司百分之十以上股份的股东请求时;

(四)董事会认为必要时;

(五)监事会提议召开时;

(六)公司章程规定的其他情形。

第一百零一条 【股东大会会议的召集与主持】股东大会会议由董事会召集,董事长主持;董事长不能履行职务或者不履行职务的,由副董事长主持;副董事长不能履行职务或者不履行职务的,由半数以上董事共同推举一名董事主持。

董事会不能履行或者不履行召集股东大会会议职责的,监事会应当及时召集和主持;监事会不召集和主持的,连续九十日以上单独或者合计持有公司百分之十以上股份的股东可以自行召集和主持。

第一百零二条 【股东大会会议】召开股东大会会议,应当将会议召开的时间、地点和审议的事项于会议召开二十日前通知各股东;临时股东大会应当于会议召开十五日前通知各股东;发行无记名股票的,应当于会议召开三十日前公告会议召开的时间、地点和审议事项。

单独或者合计持有公司百分之三以上股份的股东,可以在股东大会召开十日前提出临时提案并书面提交董事会;董事会应当在收到提案后二日内通知其他股东,并将该临时提案提交股东大会审议。临时提案的内容应当属于股东大会职权范围,并有明确议题和具体决议事项。

股东大会不得对前两款通知中未列明的事项作出决议。

无记名股票持有人出席股东大会会议的,应当于会议召开五日前至股东大会闭会时将股票交存于公司。

第一百零三条 【股东表决权】股东出席股东大会会议,所持每一股份有一表决权。但是,公司持有的本公司股份没有表决权。

股东大会作出决议,必须经出席会议的股东所持表决权过半数通过。但是,股东大会作出修改公司章程、增加或者减少注册资本的决议,以及公司合并、分立、解散或者变更公司形式的决议,必须经出席会议的股东所持表决权的三分之二以上通过。

第一百零四条 【重要事项的股东大会决议权】本法和公司章程规定公司转让、受让重大资产或者对外提供担保等事项必须经股东大会作出决议的，董事会应当及时召集股东大会会议，由股东大会就上述事项进行表决。

第一百零五条 【董事、监事选举的累积投票制】股东大会选举董事、监事，可以依照公司章程的规定或者股东大会的决议，实行累积投票制。

本法所称累积投票制，是指股东大会选举董事或者监事时，每一股份拥有与应选董事或者监事人数相同的表决权，股东拥有的表决权可以集中使用。

第一百零六条 【出席股东大会的代理】股东可以委托代理人出席股东大会会议，代理人应当向公司提交股东授权委托书，并在授权范围内行使表决权。

第一百零七条 【股东大会会议记录】股东大会应当对所议事项的决定作成会议记录，主持人、出席会议的董事应当在会议记录上签名。会议记录应当与出席股东的签名册及代理出席的委托书一并保存。

第三节 董事会、经理

第一百零八条 【董事会组成、任期及职权】股份有限公司设董事会，其成员为五人至十九人。

董事会成员中可以有公司职工代表。董事会中的职工代表由公司职工通过职工代表大会、职工大会或者其他形式民主选举产生。

本法第四十五条关于有限责任公司董事任期的规定，适用于股份有限公司董事。

本法第四十六条关于有限责任公司董事会职权的规定，适用于股份有限公司董事会。

第一百零九条 【董事长的产生及职权】董事会设董事长一人，可以设副董事长。董事长和副董事长由董事会以全体董事的过半数选举产生。

董事长召集和主持董事会会议，检查董事会决议的实施情况。副董事长协助董事长工作，董事长不能履行职务或者不履行职务的，由副董事长履行职务；副董事长不能履行职务或者不履行职务的，由半数以上董事共同推举一名董事履行职务。

第一百一十条 【董事会会议的召集】董事会每年度至少召开两次会议，每次会议应当于会议召开十日前通知全体董事和监事。

代表十分之一以上表决权的股东、三分之一以上董事或者监事会，可以提议召开董事会临时会议。董事长应当自接到提议后十日内，召集和主持董事会会议。

董事会召开临时会议，可以另定召集董事会的通知方式和通知时限。

第一百一十一条 【董事会会议的议事规则】董事会会议应有过半数的董事出席方可举行。董事会作出决议，必须经全体董事的过半数通过。

董事会决议的表决，实行一人一票。

第一百一十二条 【董事会会议的出席及责任承担】董事会会议，应由董事本人出席；董事因故不能出席，可以书面委托其他董事代为出席，委托书中应载明授权范围。

董事会应当对会议所议事项的决定作成会议记录，出席会议的董事应当在会议记录上签名。

董事应当对董事会的决议承担责任。董事会的决议违反法律、行政法规或者公司章程、股东大会决议，致使公司遭受严重损失的，参与决议的董事对公司负赔偿责任。但经证明在表决时曾表明异议并记载于会议记录的，该董事可以免除责任。

第一百一十三条 【经理的设立与职权】股份有限公司设经理，由董事会决定聘任或者解聘。

本法第四十九条关于有限责任公司经理职权的规定，适用于股份有限公司经理。

第一百一十四条 【董事兼任经理】公司董事会可以决定由董事会成员兼任经理。

第一百一十五条 【公司向高管人员借款禁止】公司不得直接或者通过子公司向董事、监事、高级管理人员提供借款。

第一百一十六条 【高管人员的报酬披露】公司应当定期向股东披露董事、监事、高级管理人员从公司获得报酬的情况。

第四节 监 事 会

第一百一十七条 【监事会的组成及任期】股份有限公司设监事会，其成员不得少于三人。

监事会应当包括股东代表和适当比例的公司职工代表，其中职工代表的比例不得低于三分之一，具体比例由公司章程规定。监事会中的职工代表由公司职工通过职工代表大会、职工大会或者其他形式民主选举产生。

监事会设主席一人，可以设副主席。监事会主席和副主席由全体监事过半数选举产生。监事会主席召集和主持监事会会议；监事会主席不能履行职务或者不履行职务的，由监事会副主席召集和主持监事会会议；监事会副主席不能履行职务或者不履行职务的，由半数以上监事共同推举一名监事召集和主持监事会会议。

董事、高级管理人员不得兼任监事。

本法第五十二条关于有限责任公司监事任期的规定，适用于股份有限公司监事。

第一百一十八条 【监事会的职权及费用】本法第五十三条、第五十四条关于有限责任公司监事会职权的规定，适用于股份有限公司监事会。

监事会行使职权所必需的费用，由公司承担。

第一百一十九条 【监事会的会议制度】监事会每六个月至少召开一次会议。监事可以提议召开临时监事会会议。

监事会的议事方式和表决程序，除本法有规定的外，由公司章程规定。

监事会决议应当经半数以上监事通过。

监事会应当对所议事项的决定作成会议记录，出席会议的监事应当在会议记录上签名。

第五节 上市公司组织机构的特别规定

第一百二十条 【上市公司的定义】本法所称上市公司，是指其股票在证券交易所上市交易的股份有限公司。

第一百二十一条 【特别事项的通过】上市公司在一年内购买、出售重大资产或者担保金额超过公司资产总额百分之三十的，应当由股东大会作出决议，并经出席会议的股东所持表决权的三分之二以上通过。

第一百二十二条 【独立董事】上市公司设独立董事，具体办法由国务院规定。

第一百二十三条 【董事会秘书】上市公司设董事会秘书，负责公司股东大会和董事会会议的筹备、文件保管以及公司股东资料的管理，办理信息披露事务等事宜。

第一百二十四条 【会议决议的关联关系董事不得表决】上市公司董事与董事会会议决议事项所涉及的企业有关联关系的，不得对该项决议行使表决权，也不得代理其他董事行使表决权。该董事会会议由过半数的无关联关系董事出席即可举行，董事会会议所作决议须经无关联关系董事过半数通过。出席董事会的无关联关系董事人数不足三人的，应将该事项提交上市公司股东大会审议。

第五章 股份有限公司的股份发行和转让

第一节 股份发行

第一百二十五条 【股份及其形式】股份有限公司的资本划分为股份，每一股的金额相等。

公司的股份采取股票的形式。股票是公司签发的证明股东所持股份的凭证。

第一百二十六条 【股份发行的原则】股份的发行，实行公平、公正的原则，同种类的每一股份应当具有同等权利。

同次发行的同种类股票，每股的发行条件和价格应当相同；任何单位或者个人所认购的股份，每股应当支付相同价额。

第一百二十七条 【股票发行价格】股票发行价格可以按票面金额，也可以超过票面金额，但不得低于票面金额。

第一百二十八条 【股票的形式及载明的事项】股票采用纸面形式或者国务院证券监督管理机构规定的其他形式。

股票应当载明下列主要事项：

（一）公司名称；

（二）公司成立日期；

（三）股票种类、票面金额及代表的股份数；

（四）股票的编号。

股票由法定代表人签名，公司盖章。

发起人的股票，应当标明发起人股票字样。

第一百二十九条 【股票的种类】公司发行的股票，可以为记名股票，也可以为无记名股票。

公司向发起人、法人发行的股票，应当为记名股票，并应当记载该发起人、法人的名称或者姓名，不得另立户名或者以代表人姓名记名。

第一百三十条 【股东信息的记载】公司发行记名股票的，应当置备股东名册，记载下列事项：

（一）股东的姓名或者名称及住所；

（二）各股东所持股份数；

（三）各股东所持股票的编号；

（四）各股东取得股份的日期。

发行无记名股票的，公司应当记载其股票数量、编号及发行日期。

第一百三十一条 【其他种类的股份】国务院

可以对公司发行本法规定以外的其他种类的股份，另行作出规定。

第一百三十二条 【向股东交付股票】股份有限公司成立后，即向股东正式交付股票。公司成立前不得向股东交付股票。

第一百三十三条 【发行新股的决议】公司发行新股，股东大会应当对下列事项作出决议：

(一)新股种类及数额；

(二)新股发行价格；

(三)新股发行的起止日期；

(四)向原有股东发行新股的种类及数额。

第一百三十四条 【发行新股的程序】公司经国务院证券监督管理机构核准公开发行新股时，必须公告新股招股说明书和财务会计报告，并制作认股书。

本法第八十七条、第八十八条的规定适用于公司公开发行新股。

第一百三十五条 【发行新股的作价方案】公司发行新股，可以根据公司经营情况和财务状况，确定其作价方案。

第一百三十六条 【发行新股的变更登记】公司发行新股募足股款后，必须向公司登记机关办理变更登记，并公告。

第二节 股份转让

第一百三十七条 【股份转让】股东持有的股份可以依法转让。

第一百三十八条 【股份转让的场所】股东转让其股份，应当在依法设立的证券交易场所进行或者按照国务院规定的其他方式进行。

第一百三十九条 【记名股票的转让】记名股票，由股东以背书方式或者法律、行政法规规定的其他方式转让；转让后由公司将受让人的姓名或者名称及住所记载于股东名册。

股东大会召开前二十日内或者公司决定分配股利的基准日前五日内，不得进行前款规定的股东名册的变更登记。但是，法律对上市公司股东名册变更登记另有规定的，从其规定。

第一百四十条 【无记名股票的转让】无记名股票的转让，由股东将该股票交付给受让人后即发生转让的效力。

第一百四十一条 【特定持有人的股份转让】发起人持有的本公司股份，自公司成立之日起一年内不得转让。公司公开发行股份前已发行的股份，自公司股票在证券交易所上市交易之日起一年内不得转让。

公司董事、监事、高级管理人员应当向公司申报所持有的本公司的股份及其变动情况，在任职期间每年转让的股份不得超过其所持有本公司股份总数的百分之二十五；所持本公司股份自公司股票上市交易之日起一年内不得转让。上述人员离职后半年内，不得转让其所持有的本公司股份。公司章程可以对公司董事、监事、高级管理人员转让其所持有的本公司股份作出其他限制性规定。

第一百四十二条 【本公司股份的收购及质押】公司不得收购本公司股份。但是，有下列情形之一的除外：

(一)减少公司注册资本；

(二)与持有本公司股份的其他公司合并；

(三)将股份用于员工持股计划或者股权激励；

(四)股东因对股东大会作出的公司合并、分立决议持异议，要求公司收购其股份；

(五)将股份用于转换上市公司发行的可转换为股票的公司债券；

(六)上市公司为维护公司价值及股东权益所必需。

公司因前款第(一)项、第(二)项规定的情形收购本公司股份的，应当经股东大会决议；公司因前款第(三)项、第(五)项、第(六)项规定的情形收购本公司股份的，可以依照公司章程的规定或者股东大会的授权，经三分之二以上董事出席的董事会会议决议。

公司依照本条第一款规定收购本公司股份后，属于第(一)项情形的，应当自收购之日起十日内注销；属于第(二)项、第(四)项情形的，应当在六个月内转让或者注销；属于第(三)项、第(五)项、第(六)项情形的，公司合计持有的本公司股份数不得超过本公司已发行股份总额的百分之十，并应当在三年内转让或者注销。

上市公司收购本公司股份的，应当依照《中华人民共和国证券法》的规定履行信息披露义务。上市公司因本条第一款第(三)项、第(五)项、第(六)项规定的情形收购本公司股份的，应当通过公开的集中交易方式进行。

公司不得接受本公司的股票作为质押权的标的。

第一百四十三条 【记名股票丢失的救济】记名股票被盗、遗失或者灭失,股东可以依照《中华人民共和国民事诉讼法》规定的公示催告程序,请求人民法院宣告该股票失效。人民法院宣告该股票失效后,股东可以向公司申请补发股票。

第一百四十四条 【上市公司的股票交易】上市公司的股票,依照有关法律、行政法规及证券交易所交易规则上市交易。

第一百四十五条 【上市公司的信息公开】上市公司必须依照法律、行政法规的规定,公开其财务状况、经营情况及重大诉讼,在每会计年度内半年公布一次财务会计报告。

第六章 公司董事、监事、高级管理人员的资格和义务

第一百四十六条 【高管人员的资格禁止】有下列情形之一的,不得担任公司的董事、监事、高级管理人员:

(一)无民事行为能力或者限制民事行为能力;

(二)因贪污、贿赂、侵占财产、挪用财产或者破坏社会主义市场经济秩序,被判处刑罚,执行期满未逾五年,或者因犯罪被剥夺政治权利,执行期满未逾五年;

(三)担任破产清算的公司、企业的董事或者厂长、经理,对该公司、企业的破产负有个人责任的,自该公司、企业破产清算完结之日起未逾三年;

(四)担任因违法被吊销营业执照、责令关闭的公司、企业的法定代表人,并负有个人责任的,自该公司、企业被吊销营业执照之日起未逾三年;

(五)个人所负数额较大的债务到期未清偿。

公司违反前款规定选举、委派董事、监事或者聘任高级管理人员的,该选举、委派或者聘任无效。

董事、监事、高级管理人员在任职期间出现本条第一款所列情形的,公司应当解除其职务。

第一百四十七条 【董事、监事、高管人员的义务和禁止行为】董事、监事、高级管理人员应当遵守法律、行政法规和公司章程,对公司负有忠实义务和勤勉义务。

董事、监事、高级管理人员不得利用职权收受贿赂或者其他非法收入,不得侵占公司的财产。

第一百四十八条 【董事、高管人员的禁止行为】董事、高级管理人员不得有下列行为:

(一)挪用公司资金;

(二)将公司资金以其个人名义或者以其他个人名义开立账户存储;

(三)违反公司章程的规定,未经股东会、股东大会或者董事会同意,将公司资金借贷给他人或者以公司财产为他人提供担保;

(四)违反公司章程的规定或者未经股东会、股东大会同意,与本公司订立合同或者进行交易;

(五)未经股东会或者股东大会同意,利用职务便利为自己或者他人谋取属于公司的商业机会,自营或者为他人经营与所任职公司同类的业务;

(六)接受他人与公司交易的佣金归为己有;

(七)擅自披露公司秘密;

(八)违反对公司忠实义务的其他行为。

董事、高级管理人员违反前款规定所得的收入应当归公司所有。

第一百四十九条 【董事、监事、高管人员的损害赔偿责任】董事、监事、高级管理人员执行公司职务时违反法律、行政法规或者公司章程的规定,给公司造成损失的,应当承担赔偿责任。

第一百五十条 【董事、监事、高管人员对股东会、监事会的义务】股东会或者股东大会要求董事、监事、高级管理人员列席会议的,董事、监事、高级管理人员应当列席并接受股东的质询。

董事、高级管理人员应当如实向监事会或者不设监事会的有限责任公司的监事提供有关情况和资料,不得妨碍监事会或者监事行使职权。

第一百五十一条 【公司权益受损的股东救济】董事、高级管理人员有本法第一百四十九条规定的情形的,有限责任公司的股东、股份有限公司连续一百八十日以上单独或者合计持有公司百分之一以上股份的股东,可以书面请求监事会或者不设监事会的有限责任公司的监事向人民法院提起诉讼;监事有本法第一百四十九条规定的情形的,前述股东可以书面请求董事会或者不设董事会的有限责任公司的执行董事向人民法院提起诉讼。

监事会、不设监事会的有限责任公司的监事,或者董事会、执行董事收到前款规定的股东书面请求后拒绝提起诉讼,或者自收到请求之日起三十日内未提起诉讼,或者情况紧急、不立即提起诉讼将会使公司利益受到难以弥补的损害的,前款规定的股东有权为了公司的利益以自己的名义直接向人

民法院提起诉讼。

他人侵犯公司合法权益，给公司造成损失的，本条第一款规定的股东可以依照前两款的规定向人民法院提起诉讼。

第一百五十二条 【股东权益受损的诉讼】董事、高级管理人员违反法律、行政法规或者公司章程的规定，损害股东利益的，股东可以向人民法院提起诉讼。

第七章　公司债券

第一百五十三条 【公司债券的概念和发行条件】本法所称公司债券，是指公司依照法定程序发行、约定在一定期限还本付息的有价证券。

公司发行公司债券应当符合《中华人民共和国证券法》规定的发行条件。

第一百五十四条 【公司债券募集办法】发行公司债券的申请经国务院授权的部门核准后，应当公告公司债券募集办法。

公司债券募集办法中应当载明下列主要事项：

（一）公司名称；

（二）债券募集资金的用途；

（三）债券总额和债券的票面金额；

（四）债券利率的确定方式；

（五）还本付息的期限和方式；

（六）债券担保情况；

（七）债券的发行价格、发行的起止日期；

（八）公司净资产额；

（九）已发行的尚未到期的公司债券总额；

（十）公司债券的承销机构。

第一百五十五条 【公司债券票面的记载事项】公司以实物券方式发行公司债券的，必须在债券上载明公司名称、债券票面金额、利率、偿还期限等事项，并由法定代表人签名，公司盖章。

第一百五十六条 【公司债券的分类】公司债券，可以为记名债券，也可以为无记名债券。

第一百五十七条 【公司债券存根簿】公司发行公司债券应当置备公司债券存根簿。

发行记名公司债券的，应当在公司债券存根簿上载明下列事项：

（一）债券持有人的姓名或者名称及住所；

（二）债券持有人取得债券的日期及债券的编号；

（三）债券总额，债券的票面金额、利率、还本付息的期限和方式；

（四）债券的发行日期。

发行无记名公司债券的，应当在公司债券存根簿上载明债券总额、利率、偿还期限和方式、发行日期及债券的编号。

第一百五十八条 【记名公司债券的登记结算】记名公司债券的登记结算机构应当建立债券登记、存管、付息、兑付等相关制度。

第一百五十九条 【公司债券转让】公司债券可以转让，转让价格由转让人与受让人约定。

公司债券在证券交易所上市交易的，按照证券交易所的交易规则转让。

第一百六十条 【公司债券的转让方式】记名公司债券，由债券持有人以背书方式或者法律、行政法规规定的其他方式转让；转让后由公司将受让人的姓名或者名称及住所记载于公司债券存根簿。

无记名公司债券的转让，由债券持有人将该债券交付给受让人后即发生转让的效力。

第一百六十一条 【可转换公司债券的发行】上市公司经股东大会决议可以发行可转换为股票的公司债券，并在公司债券募集办法中规定具体的转换办法。上市公司发行可转换为股票的公司债券，应当报国务院证券监督管理机构核准。

发行可转换为股票的公司债券，应当在债券上标明可转换公司债券字样，并在公司债券存根簿上载明可转换公司债券的数额。

第一百六十二条 【可转换公司债券的转换】发行可转换为股票的公司债券的，公司应当按照其转换办法向债券持有人换发股票，但债券持有人对转换股票或者不转换股票有选择权。

第八章　公司财务、会计

第一百六十三条 【公司财务与会计制度】公司应当依照法律、行政法规和国务院财政部门的规定建立本公司的财务、会计制度。

第一百六十四条 【财务会计报告】公司应当在每一会计年度终了时编制财务会计报告，并依法经会计师事务所审计。

财务会计报告应当依照法律、行政法规和国务院财政部门的规定制作。

第一百六十五条 【财务会计报告的公示】有限责任公司应当依照公司章程规定的期限将财务会计报告送交各股东。

股份有限公司的财务会计报告应当在召开股东大会年会的二十日前置备于本公司,供股东查阅;公开发行股票的股份有限公司必须公告其财务会计报告。

第一百六十六条 【法定公积金与任意公积金】公司分配当年税后利润时,应当提取利润的百分之十列入公司法定公积金。公司法定公积金累计额为公司注册资本的百分之五十以上的,可以不再提取。

公司的法定公积金不足以弥补以前年度亏损的,在依照前款规定提取法定公积金之前,应当先用当年利润弥补亏损。

公司从税后利润中提取法定公积金后,经股东会或者股东大会决议,还可以从税后利润中提取任意公积金。

公司弥补亏损和提取公积金后所余税后利润,有限责任公司依照本法第三十四条的规定分配;股份有限公司按照股东持有的股份比例分配,但股份有限公司章程规定不按持股比例分配的除外。

股东会、股东大会或者董事会违反前款规定,在公司弥补亏损和提取法定公积金之前向股东分配利润的,股东必须将违反规定分配的利润退还公司。

公司持有的本公司股份不得分配利润。

第一百六十七条 【股份有限公司资本公积金】股份有限公司以超过股票票面金额的发行价格发行股份所得的溢价款以及国务院财政部门规定列入资本公积金的其他收入,应当列为公司资本公积金。

第一百六十八条 【公积金的用途】公司的公积金用于弥补公司的亏损、扩大公司生产经营或者转为增加公司资本。但是,资本公积金不得用于弥补公司的亏损。

法定公积金转为资本时,所留存的该项公积金不得少于转增前公司注册资本的百分之二十五。

第一百六十九条 【聘用、解聘会计师事务所】公司聘用、解聘承办公司审计业务的会计师事务所,依照公司章程的规定,由股东会、股东大会或者董事会决定。

公司股东会、股东大会或者董事会就解聘会计师事务所进行表决时,应当允许会计师事务所陈述意见。

第一百七十条 【真实提供会计资料】公司应当向聘用的会计师事务所提供真实、完整的会计凭证、会计账簿、财务会计报告及其他会计资料,不得拒绝、隐匿、谎报。

第一百七十一条 【会计账簿】公司除法定的会计账簿外,不得另立会计账簿。

对公司资产,不得以任何个人名义开立账户存储。

第九章 公司合并、分立、增资、减资

第一百七十二条 【公司的合并】公司合并可以采取吸收合并或者新设合并。

一个公司吸收其他公司为吸收合并,被吸收的公司解散。两个以上公司合并设立一个新的公司为新设合并,合并各方解散。

第一百七十三条 【公司合并的程序】公司合并,应当由合并各方签订合并协议,并编制资产负债表及财产清单。公司应当自作出合并决议之日起十日内通知债权人,并于三十日内在报纸上公告。债权人自接到通知书之日起三十日内,未接到通知书的自公告之日起四十五日内,可以要求公司清偿债务或者提供相应的担保。

第一百七十四条 【公司合并债权债务的承继】公司合并时,合并各方的债权、债务,应当由合并后存续的公司或者新设的公司承继。

第一百七十五条 【公司的分立】公司分立,其财产作相应的分割。

公司分立,应当编制资产负债表及财产清单。公司应当自作出分立决议之日起十日内通知债权人,并于三十日内在报纸上公告。

第一百七十六条 【公司分立前的债务承担】公司分立前的债务由分立后的公司承担连带责任。但是,公司在分立前与债权人就债务清偿达成的书面协议另有约定的除外。

第一百七十七条 【公司减资】公司需要减少注册资本时,必须编制资产负债表及财产清单。

公司应当自作出减少注册资本决议之日起十日内通知债权人,并于三十日内在报纸上公告。债权人自接到通知书之日起三十日内,未接到通知书

的自公告之日起四十五日内,有权要求公司清偿债务或者提供相应的担保。

第一百七十八条 【公司增资】有限责任公司增加注册资本时,股东认缴新增资本的出资,依照本法设立有限责任公司缴纳出资的有关规定执行。

股份有限公司为增加注册资本发行新股时,股东认购新股,依照本法设立股份有限公司缴纳股款的有关规定执行。

第一百七十九条 【公司变更的登记】公司合并或者分立,登记事项发生变更的,应当依法向公司登记机关办理变更登记;公司解散的,应当依法办理公司注销登记;设立新公司的,应当依法办理公司设立登记。

公司增加或者减少注册资本,应当依法向公司登记机关办理变更登记。

第十章 公司解散和清算

第一百八十条 【公司解散原因】公司因下列原因解散:

(一)公司章程规定的营业期限届满或者公司章程规定的其他解散事由出现;

(二)股东会或者股东大会决议解散;

(三)因公司合并或者分立需要解散;

(四)依法被吊销营业执照、责令关闭或者被撤销;

(五)人民法院依照本法第一百八十二条的规定予以解散。

第一百八十一条 【修改公司章程】公司有本法第一百八十条第(一)项情形的,可以通过修改公司章程而存续。

依照前款规定修改公司章程,有限责任公司须经持有三分之二以上表决权的股东通过,股份有限公司须经出席股东大会会议的股东所持表决权的三分之二以上通过。

第一百八十二条 【司法强制解散公司】公司经营管理发生严重困难,继续存续会使股东利益受到重大损失,通过其他途径不能解决的,持有公司全部股东表决权百分之十以上的股东,可以请求人民法院解散公司。

第一百八十三条 【清算组的成立与组成】公司因本法第一百八十条第(一)项、第(二)项、第(四)项、第(五)项规定而解散的,应当在解散事由出现之日起十五日内成立清算组,开始清算。有限责任公司的清算组由股东组成,股份有限公司的清算组由董事或者股东大会确定的人员组成。逾期不成立清算组进行清算的,债权人可以申请人民法院指定有关人员组成清算组进行清算。人民法院应当受理该申请,并及时组织清算组进行清算。

第一百八十四条 【清算组的职权】清算组在清算期间行使下列职权:

(一)清理公司财产,分别编制资产负债表和财产清单;

(二)通知、公告债权人;

(三)处理与清算有关的公司未了结的业务;

(四)清缴所欠税款以及清算过程中产生的税款;

(五)清理债权、债务;

(六)处理公司清偿债务后的剩余财产;

(七)代表公司参与民事诉讼活动。

第一百八十五条 【债权人申报债权】清算组应当自成立之日起十日内通知债权人,并于六十日内在报纸上公告。债权人应当自接到通知书之日起三十日内,未接到通知书的自公告之日起四十五日内,向清算组申报其债权。

债权人申报债权,应当说明债权的有关事项,并提供证明材料。清算组应当对债权进行登记。

在申报债权期间,清算组不得对债权人进行清偿。

第一百八十六条 【清算程序】清算组在清理公司财产、编制资产负债表和财产清单后,应当制定清算方案,并报股东会、股东大会或者人民法院确认。

公司财产在分别支付清算费用、职工的工资、社会保险费用和法定补偿金,缴纳所欠税款,清偿公司债务后的剩余财产,有限责任公司按照股东的出资比例分配,股份有限公司按照股东持有的股份比例分配。

清算期间,公司存续,但不得开展与清算无关的经营活动。公司财产在未依照前款规定清偿前,不得分配给股东。

第一百八十七条 【破产申请】清算组在清理公司财产、编制资产负债表和财产清单后,发现公司财产不足清偿债务的,应当依法向人民法院申请宣告破产。

公司经人民法院裁定宣告破产后,清算组应当将清算事务移交给人民法院。

第一百八十八条 【公司注销】公司清算结束后，清算组应当制作清算报告，报股东会、股东大会或者人民法院确认，并报送公司登记机关，申请注销公司登记，公告公司终止。

第一百八十九条 【清算组成员的义务与责任】清算组成员应当忠于职守，依法履行清算义务。

清算组成员不得利用职权收受贿赂或者其他非法收入，不得侵占公司财产。

清算组成员因故意或者重大过失给公司或者债权人造成损失的，应当承担赔偿责任。

第一百九十条 【公司破产】公司被依法宣告破产的，依照有关企业破产的法律实施破产清算。

第十一章 外国公司的分支机构

第一百九十一条 【外国公司的概念】本法所称外国公司是指依照外国法律在中国境外设立的公司。

第一百九十二条 【外国公司分支机构的设立程序】外国公司在中国境内设立分支机构，必须向中国主管机关提出申请，并提交其公司章程、所属国的公司登记证书等有关文件，经批准后，向公司登记机关依法办理登记，领取营业执照。

外国公司分支机构的审批办法由国务院另行规定。

第一百九十三条 【外国公司分支机构的设立条件】外国公司在中国境内设立分支机构，必须在中国境内指定负责该分支机构的代表人或者代理人，并向该分支机构拨付与其所从事的经营活动相适应的资金。

对外国公司分支机构的经营资金需要规定最低限额的，由国务院另行规定。

第一百九十四条 【外国公司分支机构的名称】外国公司的分支机构应当在其名称中标明该外国公司的国籍及责任形式。

外国公司的分支机构应当在本机构中置备该外国公司章程。

第一百九十五条 【外国公司分支机构的法律地位】外国公司在中国境内设立的分支机构不具有中国法人资格。

外国公司对其分支机构在中国境内进行经营活动承担民事责任。

第一百九十六条 【外国公司分支机构的活动原则】经批准设立的外国公司分支机构，在中国境内从事业务活动，必须遵守中国的法律，不得损害中国的社会公共利益，其合法权益受中国法律保护。

第一百九十七条 【外国公司分支机构的撤销与清算】外国公司撤销其在中国境内的分支机构时，必须依法清偿债务，依照本法有关公司清算程序的规定进行清算。未清偿债务之前，不得将其分支机构的财产移至中国境外。

第十二章 法律责任

第一百九十八条 【虚报注册资本的法律责任】违反本法规定，虚报注册资本、提交虚假材料或者采取其他欺诈手段隐瞒重要事实取得公司登记的，由公司登记机关责令改正，对虚报注册资本的公司，处以虚报注册资本金额百分之五以上百分之十五以下的罚款；对提交虚假材料或者采取其他欺诈手段隐瞒重要事实的公司，处以五万元以上五十万元以下的罚款；情节严重的，撤销公司登记或者吊销营业执照。

第一百九十九条 【虚假出资的法律责任】公司的发起人、股东虚假出资，未交付或者未按期交付作为出资的货币或者非货币财产的，由公司登记机关责令改正，处以虚假出资金额百分之五以上百分之十五以下的罚款。

第二百条 【抽逃出资的法律责任】公司的发起人、股东在公司成立后，抽逃其出资的，由公司登记机关责令改正，处以所抽逃出资金额百分之五以上百分之十五以下的罚款。

第二百零一条 【另立会计账簿的法律责任】公司违反本法规定，在法定的会计账簿以外另立会计账簿的，由县级以上人民政府财政部门责令改正，处以五万元以上五十万元以下的罚款。

第二百零二条 【提供虚假财会报告的法律责任】公司在依法向有关主管部门提供的财务会计报告等材料上作虚假记载或者隐瞒重要事实的，由有关主管部门对直接负责的主管人员和其他直接责任人员处以三万元以上三十万元以下的罚款。

第二百零三条 【违法提取法定公积金的法律责任】公司不依照本法规定提取法定公积金的，由县级以上人民政府财政部门责令如数补足应当提取的金额，可以对公司处以二十万元以下的罚款。

第二百零四条 【公司合并、分立、减资、清算中违法行为的法律责任】公司在合并、分立、减少注册资本或者进行清算时，不依照本法规定通知或者公告债权人的，由公司登记机关责令改正，对公司处以一万元以上十万元以下的罚款。

公司在进行清算时，隐匿财产，对资产负债表或者财产清单作虚假记载或者在未清偿债务前分配公司财产的，由公司登记机关责令改正，对公司处以隐匿财产或者未清偿债务前分配公司财产金额百分之五以上百分之十以下的罚款；对直接负责的主管人员和其他直接责任人员处以一万元以上十万元以下的罚款。

第二百零五条 【公司在清算期间违法经营活动的法律责任】公司在清算期间开展与清算无关的经营活动的，由公司登记机关予以警告，没收违法所得。

第二百零六条 【清算组违法活动的法律责任】清算组不依照本法规定向公司登记机关报送清算报告，或者报送清算报告隐瞒重要事实或者有重大遗漏的，由公司登记机关责令改正。

清算组成员利用职权徇私舞弊、谋取非法收入或者侵占公司财产的，由公司登记机关责令退还公司财产，没收违法所得，并可以处以违法所得一倍以上五倍以下的罚款。

第二百零七条 【资产评估、验资或者验证机构违法的法律责任】承担资产评估、验资或者验证的机构提供虚假材料的，由公司登记机关没收违法所得，处以违法所得一倍以上五倍以下的罚款，并可以由有关主管部门依法责令该机构停业、吊销直接责任人员的资格证书，吊销营业执照。

承担资产评估、验资或者验证的机构因过失提供有重大遗漏的报告的，由公司登记机关责令改正，情节较重的，处以所得收入一倍以上五倍以下的罚款，并可以由有关主管部门依法责令该机构停业、吊销直接责任人员的资格证书，吊销营业执照。

承担资产评估、验资或者验证的机构因其出具的评估结果、验资或者验证证明不实，给公司债权人造成损失的，除能够证明自己没有过错的外，在其评估或者证明不实的金额范围内承担赔偿责任。

第二百零八条 【公司登记机关违法的法律责任】公司登记机关对不符合本法规定条件的登记申请予以登记，或者对符合本法规定条件的登记申请不予登记的，对直接负责的主管人员和其他直接责任人员，依法给予行政处分。

第二百零九条 【公司登记机关的上级部门违法的法律责任】公司登记机关的上级部门强令公司登记机关对不符合本法规定条件的登记申请予以登记，或者对符合本法规定条件的登记申请不予登记的，或者对违法登记进行包庇的，对直接负责的主管人员和其他直接责任人员依法给予行政处分。

第二百一十条 【假冒公司名义的法律责任】未依法登记为有限责任公司或者股份有限公司，而冒用有限责任公司或者股份有限公司名义的，或者未依法登记为有限责任公司或者股份有限公司的分公司，而冒用有限责任公司或者股份有限公司的分公司名义的，由公司登记机关责令改正或者予以取缔，可以并处十万元以下的罚款。

第二百一十一条 【逾期开业、停业、不依法办理变更登记的法律责任】公司成立后无正当理由超过六个月未开业的，或者开业后自行停业连续六个月以上的，可以由公司登记机关吊销营业执照。

公司登记事项发生变更时，未依照本法规定办理有关变更登记的，由公司登记机关责令限期登记；逾期不登记的，处以一万元以上十万元以下的罚款。

第二百一十二条 【外国公司擅自设立分支机构的法律责任】外国公司违反本法规定，擅自在中国境内设立分支机构的，由公司登记机关责令改正或者关闭，可以并处五万元以上二十万元以下的罚款。

第二百一十三条 【吊销营业执照】利用公司名义从事危害国家安全、社会公共利益的严重违法行为的，吊销营业执照。

第二百一十四条 【民事赔偿优先】公司违反本法规定，应当承担民事赔偿责任和缴纳罚款、罚金的，其财产不足以支付时，先承担民事赔偿责任。

第二百一十五条 【刑事责任】违反本法规定，构成犯罪的，依法追究刑事责任。

第十三章 附 则

第二百一十六条 【本法相关用语的含义】本法下列用语的含义：

（一）高级管理人员，是指公司的经理、副经理、财务负责人，上市公司董事会秘书和公司章程规定的其他人员。

（二）控股股东，是指其出资额占有限责任公司资本总额百分之五十以上或者其持有的股份占股份有限公司股本总额百分之五十以上的股东；出资额或者持有股份的比例虽然不足百分之五十，但依其出资额或者持有的股份所享有的表决权已足以对股东会、股东大会的决议产生重大影响的股东。

（三）实际控制人，是指虽不是公司的股东，但通过投资关系、协议或者其他安排，能够实际支配公司行为的人。

（四）关联关系，是指公司控股股东、实际控制人、董事、监事、高级管理人员与其直接或者间接控制的企业之间的关系，以及可能导致公司利益转移的其他关系。但是，国家控股的企业之间不仅因为同受国家控股而具有关联关系。

第二百一十七条 【外资公司的法律适用】外商投资的有限责任公司和股份有限公司适用本法；有关外商投资的法律另有规定的，适用其规定。

第二百一十八条 【施行日期】本法自2006年1月1日起施行。

优化营商环境条例

（2019年10月8日国务院第66次常务会议通过 2019年10月22日中华人民共和国国务院令第722号公布 自2020年1月1日起施行）

第一章 总 则

第一条 为了持续优化营商环境，不断解放和发展社会生产力，加快建设现代化经济体系，推动高质量发展，制定本条例。

第二条 本条例所称营商环境，是指企业等市场主体在市场经济活动中所涉及的体制机制性因素和条件。

第三条 国家持续深化简政放权、放管结合、优化服务改革，最大限度减少政府对市场资源的直接配置，最大限度减少政府对市场活动的直接干预，加强和规范事中事后监管，着力提升政务服务能力和水平，切实降低制度性交易成本，更大激发市场活力和社会创造力，增强发展动力。

各级人民政府及其部门应当坚持政务公开透明，以公开为常态、不公开为例外，全面推进决策、执行、管理、服务、结果公开。

第四条 优化营商环境应当坚持市场化、法治化、国际化原则，以市场主体需求为导向，以深刻转变政府职能为核心，创新体制机制、强化协同联动、完善法治保障，对标国际先进水平，为各类市场主体投资兴业营造稳定、公平、透明、可预期的良好环境。

第五条 国家加快建立统一开放、竞争有序的现代市场体系，依法促进各类生产要素自由流动，保障各类市场主体公平参与市场竞争。

第六条 国家鼓励、支持、引导非公有制经济发展，激发非公有制经济活力和创造力。

国家进一步扩大对外开放，积极促进外商投资，平等对待内资企业、外商投资企业等各类市场主体。

第七条 各级人民政府应当加强对优化营商环境工作的组织领导，完善优化营商环境的政策措施，建立健全统筹推进、督促落实优化营商环境工作的相关机制，及时协调、解决优化营商环境工作中的重大问题。

县级以上人民政府有关部门应当按照职责分工，做好优化营商环境的相关工作。县级以上地方人民政府根据实际情况，可以明确优化营商环境工作的主管部门。

国家鼓励和支持各地区、各部门结合实际情况，在法治框架内积极探索原创性、差异化的优化营商环境具体措施；对探索中出现失误或者偏差，符合规定条件的，可以予以免责或者减轻责任。

第八条 国家建立和完善以市场主体和社会公众满意度为导向的营商环境评价体系，发挥营商环境评价对优化营商环境的引领和督促作用。

开展营商环境评价，不得影响各地区、各部门正常工作，不得影响市场主体正常生产经营活动或者增加市场主体负担。

任何单位不得利用营商环境评价谋取利益。

第九条 市场主体应当遵守法律法规，恪守社会公德和商业道德，诚实守信、公平竞争，履行安全、质量、劳动者权益保护、消费者权益保护等方面的法定义务，在国际经贸活动中遵循国际通行规则。

第二章 市场主体保护

第十条 国家坚持权利平等、机会平等、规则平等,保障各种所有制经济平等受到法律保护。

第十一条 市场主体依法享有经营自主权。对依法应当由市场主体自主决策的各类事项,任何单位和个人不得干预。

第十二条 国家保障各类市场主体依法平等使用资金、技术、人力资源、土地使用权及其他自然资源等各类生产要素和公共服务资源。

各类市场主体依法平等适用国家支持发展的政策。政府及其有关部门在政府资金安排、土地供应、税费减免、资质许可、标准制定、项目申报、职称评定、人力资源政策等方面,应当依法平等对待各类市场主体,不得制定或者实施歧视性政策措施。

第十三条 招标投标和政府采购应当公开透明、公平公正,依法平等对待各类所有制和不同地区的市场主体,不得以不合理条件或者产品产地来源等进行限制或者排斥。

政府有关部门应当加强招标投标和政府采购监管,依法纠正和查处违法违规行为。

第十四条 国家依法保护市场主体的财产权和其他合法权益,保护企业经营者人身和财产安全。

严禁违反法定权限、条件、程序对市场主体的财产和企业经营者个人财产实施查封、冻结和扣押等行政强制措施;依法确需实施前述行政强制措施的,应当限定在所必需的范围内。

禁止在法律、法规规定之外要求市场主体提供财力、物力或者人力的摊派行为。市场主体有权拒绝任何形式的摊派。

第十五条 国家建立知识产权侵权惩罚性赔偿制度,推动建立知识产权快速协同保护机制,健全知识产权纠纷多元化解决机制和知识产权维权援助机制,加大对知识产权的保护力度。

国家持续深化商标注册、专利申请便利化改革,提高商标注册、专利申请审查效率。

第十六条 国家加大中小投资者权益保护力度,完善中小投资者权益保护机制,保障中小投资者的知情权、参与权,提升中小投资者维护合法权益的便利度。

第十七条 除法律、法规另有规定外,市场主体有权自主决定加入或者退出行业协会商会等社会组织,任何单位和个人不得干预。

除法律、法规另有规定外,任何单位和个人不得强制或者变相强制市场主体参加评比、达标、表彰、培训、考核、考试以及类似活动,不得借前述活动向市场主体收费或者变相收费。

第十八条 国家推动建立全国统一的市场主体维权服务平台,为市场主体提供高效、便捷的维权服务。

第三章 市场环境

第十九条 国家持续深化商事制度改革,统一企业登记业务规范,统一数据标准和平台服务接口,采用统一社会信用代码进行登记管理。

国家推进“证照分离”改革,持续精简涉企经营许可事项,依法采取直接取消审批、审批改为备案、实行告知承诺、优化审批服务等方式,对所有涉企经营许可事项进行分类管理,为企业取得营业执照后开展相关经营活动提供便利。除法律、行政法规规定的特定领域外,涉企经营许可事项不得作为企业登记的前置条件。

政府有关部门应当按照国家有关规定,简化企业从申请设立到具备一般性经营条件所需办理的手续。在国家规定的企业开办时限内,各地区应当确定并公开具体办理时间。

企业申请办理住所等相关变更登记的,有关部门应当依法及时办理,不得限制。除法律、法规、规章另有规定外,企业迁移后其持有的有效许可证件不再重复办理。

第二十条 国家持续放宽市场准入,并实行全国统一的市场准入负面清单制度。市场准入负面清单以外的领域,各类市场主体均可以依法平等进入。

各地区、各部门不得另行制定市场准入性质的负面清单。

第二十一条 政府有关部门应当加大反垄断和反不正当竞争执法力度,有效预防和制止市场经济活动中的垄断行为、不正当竞争行为以及滥用行政权力排除、限制竞争的行为,营造公平竞争的市场环境。

第二十二条 国家建立健全统一开放、竞争有序的人力资源市场体系,打破城乡、地区、行业分割和身份、性别等歧视,促进人力资源有序社会性流动和合理配置。

第二十三条 政府及其有关部门应当完善政策措施、强化创新服务,鼓励和支持市场主体拓展创新空间，持续推进产品、技术、商业模式、管理等创新，充分发挥市场主体在推动科技成果转化中的作用。

第二十四条 政府及其有关部门应当严格落实国家各项减税降费政策，及时研究解决政策落实中的具体问题，确保减税降费政策全面、及时惠及市场主体。

第二十五条 设立政府性基金、涉企行政事业性收费、涉企保证金，应当有法律、行政法规依据或者经国务院批准。对政府性基金、涉企行政事业性收费、涉企保证金以及实行政府定价的经营服务性收费，实行目录清单管理并向社会公开，目录清单之外的前述收费和保证金一律不得执行。推广以金融机构保函替代现金缴纳涉企保证金。

第二十六条 国家鼓励和支持金融机构加大对民营企业、中小企业的支持力度，降低民营企业、中小企业综合融资成本。

金融监督管理部门应当完善对商业银行等金融机构的监管考核和激励机制，鼓励、引导其增加对民营企业、中小企业的信贷投放，并合理增加中长期贷款和信用贷款支持，提高贷款审批效率。

商业银行等金融机构在授信中不得设置不合理条件，不得对民营企业、中小企业设置歧视性要求。商业银行等金融机构应当按照国家有关规定规范收费行为，不得违规向服务对象收取不合理费用。商业银行应当向社会公开开设企业账户的服务标准、资费标准和办理时限。

第二十七条 国家促进多层次资本市场规范健康发展，拓宽市场主体融资渠道，支持符合条件的民营企业、中小企业依法发行股票、债券以及其他融资工具，扩大直接融资规模。

第二十八条 供水、供电、供气、供热等公用企事业单位应当向社会公开服务标准、资费标准等信息，为市场主体提供安全、便捷、稳定和价格合理的服务，不得强迫市场主体接受不合理的服务条件，不得以任何名义收取不合理费用。各地区应当优化报装流程，在国家规定的报装办理时限内确定并公开具体办理时间。

政府有关部门应当加强对公用企事业单位运营的监督管理。

第二十九条 行业协会商会应当依照法律、法规和章程，加强行业自律，及时反映行业诉求，为市场主体提供信息咨询、宣传培训、市场拓展、权益保护、纠纷处理等方面的服务。

国家依法严格规范行业协会商会的收费、评比、认证等行为。

第三十条 国家加强社会信用体系建设，持续推进政务诚信、商务诚信、社会诚信和司法公信建设，提高全社会诚信意识和信用水平，维护信用信息安全，严格保护商业秘密和个人隐私。

第三十一条 地方各级人民政府及其有关部门应当履行向市场主体依法作出的政策承诺以及依法订立的各类合同，不得以行政区划调整、政府换届、机构或者职能调整以及相关责任人更替等为由违约毁约。因国家利益、社会公共利益需要改变政策承诺、合同约定的，应当依照法定权限和程序进行，并依法对市场主体因此受到的损失予以补偿。

第三十二条 国家机关、事业单位不得违约拖欠市场主体的货物、工程、服务等账款，大型企业不得利用优势地位拖欠中小企业账款。

县级以上人民政府及其有关部门应当加大对国家机关、事业单位拖欠市场主体账款的清理力度，并通过加强预算管理、严格责任追究等措施，建立防范和治理国家机关、事业单位拖欠市场主体账款的长效机制。

第三十三条 政府有关部门应当优化市场主体注销办理流程，精简申请材料、压缩办理时间、降低注销成本。对设立后未开展生产经营活动或者无债权债务的市场主体，可以按照简易程序办理注销。对有债权债务的市场主体，在债权债务依法解决后及时办理注销。

县级以上地方人民政府应当根据需要建立企业破产工作协调机制，协调解决企业破产过程中涉及的有关问题。

第四章 政务服务

第三十四条 政府及其有关部门应当进一步增强服务意识，切实转变工作作风，为市场主体提供规范、便利、高效的政务服务。

第三十五条 政府及其有关部门应当推进政务服务标准化，按照减环节、减材料、减时限的要求，编制并向社会公开政务服务事项（包括行政权力事项和公共服务事项，下同）标准化工作流程和办事指南，细化量化政务服务标准，压缩自由裁量权，推进同一事项实行无差别受理、同标准办理。没有法律、法规、规章依据，不得增设政务服务事项的办理条件和环节。

第三十六条 政府及其有关部门办理政务服务事项，应当根据实际情况，推行当场办结、一次办结、限时办结等制度，实现集中办理、就近办理、网上办理、异地可办。需要市场主体补正有关材料、手续的，应当一次性告知需要补正的内容；需要进行现场踏勘、现场核查、技术审查、听证论证的，应当及时安排、限时办结。

法律、法规、规章以及国家有关规定对政务服务事项办理时限有规定的，应当在规定的时限内尽快办结；没有规定的，应当按照合理、高效的原则确定办理时限并按时办结。各地区可以在国家规定的政务服务事项办理时限内进一步压减时间，并应当向社会公开；超过办理时间的，办理单位应当公开说明理由。

地方各级人民政府已设立政务服务大厅的，本行政区域内各类政务服务事项一般应当进驻政务服务大厅统一办理。对政务服务大厅中部门分设的服务窗口，应当创造条件整合为综合窗口，提供一站式服务。

第三十七条 国家加快建设全国一体化在线政务服务平台（以下称一体化在线平台），推动政务服务事项在全国范围内实现"一网通办"。除法律、法规另有规定或者涉及国家秘密等情形外，政务服务事项应当按照国务院确定的步骤，纳入一体化在线平台办理。

国家依托一体化在线平台，推动政务信息系统整合，优化政务流程，促进政务服务跨地区、跨部门、跨层级数据共享和业务协同。政府及其有关部门应当按照国家有关规定，提供数据共享服务，及时将有关政务服务数据上传至一体化在线平台，加强共享数据使用全过程管理，确保共享数据安全。

国家建立电子证照共享服务系统，实现电子证照跨地区、跨部门共享和全国范围内互信互认。各地区、各部门应当加强电子证照的推广应用。

各地区、各部门应当推动政务服务大厅与政务服务平台全面对接融合。市场主体有权自主选择政务服务办理渠道，行政机关不得限定办理渠道。

第三十八条 政府及其有关部门应当通过政府网站、一体化在线平台，集中公布涉及市场主体的法律、法规、规章、行政规范性文件和各类政策措施，并通过多种途径和方式加强宣传解读。

第三十九条 国家严格控制新设行政许可。新设行政许可应当按照行政许可法和国务院的规定严格设定标准，并进行合法性、必要性和合理性审查论证。对通过事中事后监管或者市场机制能够解决以及行政许可法和国务院规定不得设立行政许可的事项，一律不得设立行政许可，严禁以备案、登记、注册、目录、规划、年检、年报、监制、认定、认证、审定以及其他任何形式变相设定或者实施行政许可。

法律、行政法规和国务院决定对相关管理事项已作出规定，但未采取行政许可管理方式的，地方不得就该事项设定行政许可。对相关管理事项尚未制定法律、行政法规的，地方可以依法就该事项设定行政许可。

第四十条 国家实行行政许可清单管理制度，适时调整行政许可清单并向社会公布，清单之外不得违法实施行政许可。

国家大力精简已有行政许可。对已取消的行政许可，行政机关不得继续实施或者变相实施，不得转由行业协会商会或者其他组织实施。

对实行行政许可管理的事项，行政机关应当通过整合实施、下放审批层级等多种方式，优化审批服务，提高审批效率，减轻市场主体负担。符合相关条件和要求的，可以按照有关规定采取告知承诺的方式办理。

第四十一条 县级以上地方人民政府应当深化投资审批制度改革，根据项目性质、投资规模等分类规范投资审批程序，精简审批要件，简化技术审查事项，强化项目决策与用地、规划等建设条件落实的协同，实行与相关审批在线并联办理。

第四十二条 设区的市级以上地方人民政府应当按照国家有关规定，优化工程建设项目（不包括特殊工程和交通、水利、能源等领域的重大工程）审批流程，推行并联审批、多图联审、联合竣工验收等方式，简化审批手续，提高审批效能。

在依法设立的开发区、新区和其他有条件的区域，按照国家有关规定推行区域评估，由设区的市级以上地方人民政府组织对一定区域内压覆重要矿产资源、地质灾害危险性等事项进行统一评估，不再对区域内的市场主体单独提出评估要求。区域评估的费用不得由市场主体承担。

第四十三条 作为办理行政审批条件的中介

服务事项(以下称法定行政审批中介服务)应当有法律、法规或者国务院决定依据;没有依据的,不得作为办理行政审批的条件。中介服务机构应当明确办理法定行政审批中介服务的条件、流程、时限、收费标准,并向社会公开。

国家加快推进中介服务机构与行政机关脱钩。行政机关不得为市场主体指定或者变相指定中介服务机构;除法定行政审批中介服务外,不得强制或者变相强制市场主体接受中介服务。行政机关所属事业单位、主管的社会组织及其举办的企业不得开展与本机关所负责行政审批相关的中介服务,法律、行政法规另有规定的除外。

行政机关在行政审批过程中需要委托中介服务机构开展技术性服务的,应当通过竞争性方式选择中介服务机构,并自行承担服务费用,不得转嫁给市场主体承担。

第四十四条 证明事项应当有法律、法规或者国务院决定依据。

设定证明事项,应当坚持确有必要、从严控制的原则。对通过法定证照、法定文书、书面告知承诺、政府部门内部核查和部门间核查、网络核验、合同凭证等能够办理,能够被其他材料涵盖或者替代,以及开具单位无法调查核实的,不得设定证明事项。

政府有关部门应当公布证明事项清单,逐项列明设定依据、索要单位、开具单位、办理指南等。清单之外,政府部门、公用企事业单位和服务机构不得索要证明。各地区、各部门之间应当加强证明的互认共享,避免重复索要证明。

第四十五条 政府及其有关部门应当按照国家促进跨境贸易便利化的有关要求,依法削减进出口环节审批事项,取消不必要的监管要求,优化简化通关流程,提高通关效率,清理规范口岸收费,降低通关成本,推动口岸和国际贸易领域相关业务统一通过国际贸易“单一窗口”办理。

第四十六条 税务机关应当精简办税资料和流程,简并申报缴税次数,公开涉税事项办理时限,压减办税时间,加大推广使用电子发票的力度,逐步实现全程网上办税,持续优化纳税服务。

第四十七条 不动产登记机构应当按照国家有关规定,加强部门协作,实行不动产登记、交易和缴税一窗受理、并行办理,压缩办理时间,降低办理成本。在国家规定的不动产登记时限内,各地区应当确定并公开具体办理时间。

国家推动建立统一的动产和权利担保登记公示系统,逐步实现市场主体在一个平台上办理动产和权利担保登记。纳入统一登记公示系统的动产和权利范围另行规定。

第四十八条 政府及其有关部门应当按照构建亲清新型政商关系的要求,建立畅通有效的政企沟通机制,采取多种方式及时听取市场主体的反映和诉求,了解市场主体生产经营中遇到的困难和问题,并依法帮助其解决。

建立政企沟通机制,应当充分尊重市场主体意愿,增强针对性和有效性,不得干扰市场主体正常生产经营活动,不得增加市场主体负担。

第四十九条 政府及其有关部门应当建立便利、畅通的渠道,受理有关营商环境的投诉和举报。

第五十条 新闻媒体应当及时、准确宣传优化营商环境的措施和成效,为优化营商环境创造良好舆论氛围。

国家鼓励对营商环境进行舆论监督,但禁止捏造虚假信息或者歪曲事实进行不实报道。

第五章 监管执法

第五十一条 政府有关部门应当严格按照法律法规和职责,落实监管责任,明确监管对象和范围、厘清监管事权,依法对市场主体进行监管,实现监管全覆盖。

第五十二条 国家健全公开透明的监管规则和标准体系。国务院有关部门应当分领域制定全国统一、简明易行的监管规则和标准,并向社会公开。

第五十三条 政府及其有关部门应当按照国家关于加快构建以信用为基础的新型监管机制的要求,创新和完善信用监管,强化信用监管的支撑保障,加强信用监管的组织实施,不断提升信用监管效能。

第五十四条 国家推行“双随机、一公开”监管,除直接涉及公共安全和人民群众生命健康等特殊行业、重点领域外,市场监管领域的行政检查应当通过随机抽取检查对象、随机选派执法检查人员、抽查事项及查处结果及时向社会公开的方式进行。针对同一检查对象的多个检查事项,应当尽可能合并或者纳入跨部门联合抽查范围。

对直接涉及公共安全和人民群众生命健康等特殊行业、重点领域，依法依规实行全覆盖的重点监管，并严格规范重点监管的程序；对通过投诉举报、转办交办、数据监测等发现的问题，应当有针对性地进行检查并依法依规处理。

第五十五条 政府及其有关部门应当按照鼓励创新的原则，对新技术、新产业、新业态、新模式等实行包容审慎监管，针对其性质、特点分类制定和实行相应的监管规则和标准，留足发展空间，同时确保质量和安全，不得简单化予以禁止或者不予监管。

第五十六条 政府及其有关部门应当充分运用互联网、大数据等技术手段，依托国家统一建立的在线监管系统，加强监管信息归集共享和关联整合，推行以远程监管、移动监管、预警防控为特征的非现场监管，提升监管的精准化、智能化水平。

第五十七条 国家建立健全跨部门、跨区域行政执法联动响应和协作机制，实现违法线索互联、监管标准互通、处理结果互认。

国家统筹配置行政执法职能和执法资源，在相关领域推行综合行政执法，整合精简执法队伍，减少执法主体和执法层级，提高基层执法能力。

第五十八条 行政执法机关应当按照国家有关规定，全面落实行政执法公示、行政执法全过程记录和重大行政执法决定法制审核制度，实现行政执法信息及时准确公示、行政执法全过程留痕和可回溯管理、重大行政执法决定法制审核全覆盖。

第五十九条 行政执法中应当推广运用说服教育、劝导示范、行政指导等非强制性手段，依法慎重实施行政强制。采用非强制性手段能够达到行政管理目的的，不得实施行政强制；违法行为情节轻微或者社会危害较小的，可以不实施行政强制；确需实施行政强制的，应当尽可能减少对市场主体正常生产经营活动的影响。

开展清理整顿、专项整治等活动，应当严格依法进行，除涉及人民群众生命安全、发生重特大事故或者举办国家重大活动，并报经有权机关批准外，不得在相关区域采取要求相关行业、领域的市场主体普遍停产、停业的措施。

禁止将罚没收入与行政执法机关利益挂钩。

第六十条 国家健全行政执法自由裁量基准制度，合理确定裁量范围、种类和幅度，规范行政执法自由裁量权的行使。

第六章 法治保障

第六十一条 国家根据优化营商环境需要，依照法定权限和程序及时制定或者修改、废止有关法律、法规、规章、行政规范性文件。

优化营商环境的改革措施涉及调整实施现行法律、行政法规等有关规定的，依照法定程序经有权机关授权后，可以先行先试。

第六十二条 制定与市场主体生产经营活动密切相关的行政法规、规章、行政规范性文件，应当按照国务院的规定，充分听取市场主体、行业协会商会的意见。

除依法需要保密外，制定与市场主体生产经营活动密切相关的行政法规、规章、行政规范性文件，应当通过报纸、网络等向社会公开征求意见，并建立健全意见采纳情况反馈机制。向社会公开征求意见的期限一般不少于30日。

第六十三条 制定与市场主体生产经营活动密切相关的行政法规、规章、行政规范性文件，应当按照国务院的规定进行公平竞争审查。

制定涉及市场主体权利义务的行政规范性文件，应当按照国务院的规定进行合法性审核。

市场主体认为地方性法规同行政法规相抵触，或者认为规章同法律、行政法规相抵触的，可以向国务院书面提出审查建议，由有关机关按照规定程序处理。

第六十四条 没有法律、法规或者国务院决定和命令依据的，行政规范性文件不得减损市场主体合法权益或者增加其义务，不得设置市场准入和退出条件，不得干预市场主体正常生产经营活动。

涉及市场主体权利义务的行政规范性文件应当按照法定要求和程序予以公布，未经公布的不得作为行政管理依据。

第六十五条 制定与市场主体生产经营活动密切相关的行政法规、规章、行政规范性文件，应当结合实际，确定是否为市场主体留出必要的适应调整期。

政府及其有关部门应当统筹协调、合理把握规章、行政规范性文件等的出台节奏，全面评估政策效果，避免因政策叠加或者相互不协调对市场主体正常生产经营活动造成不利影响。

第六十六条 国家完善调解、仲裁、行政裁决、行政复议、诉讼等有机衔接、相互协调的多元化纠纷解决机制,为市场主体提供高效、便捷的纠纷解决途径。

第六十七条 国家加强法治宣传教育,落实国家机关普法责任制,提高国家工作人员依法履职能力,引导市场主体合法经营、依法维护自身合法权益,不断增强全社会的法治意识,为营造法治化营商环境提供基础性支撑。

第六十八条 政府及其有关部门应当整合律师、公证、司法鉴定、调解、仲裁等公共法律服务资源,加快推进公共法律服务体系建设,全面提升公共法律服务能力和水平,为优化营商环境提供全方位法律服务。

第六十九条 政府和有关部门及其工作人员有下列情形之一的,依法依规追究责任:

(一)违法干预应当由市场主体自主决策的事项;

(二)制定或者实施政策措施不依法平等对待各类市场主体;

(三)违反法定权限、条件、程序对市场主体的财产和企业经营者个人财产实施查封、冻结和扣押等行政强制措施;

(四)在法律、法规规定之外要求市场主体提供财力、物力或者人力;

(五)没有法律、法规依据,强制或者变相强制市场主体参加评比、达标、表彰、培训、考核、考试以及类似活动,或者借前述活动向市场主体收费或者变相收费;

(六)违法设立或者在目录清单之外执行政府性基金、涉企行政事业性收费、涉企保证金;

(七)不履行向市场主体依法作出的政策承诺以及依法订立的各类合同,或者违约拖欠市场主体的货物、工程、服务等账款;

(八)变相设定或者实施行政许可,继续实施或者变相实施已取消的行政许可,或者转由行业协会商会或者其他组织实施已取消的行政许可;

(九)为市场主体指定或者变相指定中介服务机构,或者违法强制市场主体接受中介服务;

(十)制定与市场主体生产经营活动密切相关的行政法规、规章、行政规范性文件时,不按照规定听取市场主体、行业协会商会的意见;

(十一)其他不履行优化营商环境职责或者损害营商环境的情形。

第七十条 公用企事业单位有下列情形之一的,由有关部门责令改正,依法追究法律责任:

(一)不向社会公开服务标准、资费标准、办理时限等信息;

(二)强迫市场主体接受不合理的服务条件;

(三)向市场主体收取不合理费用。

第七十一条 行业协会商会、中介服务机构有下列情形之一的,由有关部门责令改正,依法追究法律责任:

(一)违法开展收费、评比、认证等行为;

(二)违法干预市场主体加入或者退出行业协会商会等社会组织;

(三)没有法律、法规依据,强制或者变相强制市场主体参加评比、达标、表彰、培训、考核、考试以及类似活动,或者借前述活动向市场主体收费或者变相收费;

(四)不向社会公开办理法定行政审批中介服务的条件、流程、时限、收费标准;

(五)违法强制或者变相强制市场主体接受中介服务。

第七章 附 则

第七十二条 本条例自2020年1月1日起施行。

最高人民法院关于适用《中华人民共和国公司法》若干问题的规定(一)

(2006年3月27日最高人民法院审判委员会第1382次会议通过 根据2014年2月20日最高人民法院审判委员会第1607次会议《关于修改关于适用〈中华人民共和国公司法〉若干问题的规定的决定》修正)

为正确适用2005年10月27日十届全国人大常委会第十八次会议修订的《中华人民共和国公司法》,对人民法院在审理相关的民事纠纷案件中,具体适用公司法的有关问题规定如下:

第一条 公司法实施后,人民法院尚未审结的和新受理的民事案件,其民事行为或事件发生在公司法实施以前的，适用当时的法律法规和司法解释。

第二条 因公司法实施前有关民事行为或者事件发生纠纷起诉到人民法院的，如当时的法律法规和司法解释没有明确规定时，可参照适用公司法的有关规定。

第三条 原告以公司法第二十二条第二款、第七十四条第二款规定事由，向人民法院提起诉讼时，超过公司法规定期限的，人民法院不予受理。

第四条 公司法第一百五十一条规定的180日以上连续持股期间，应为股东向人民法院提起诉讼时，已期满的持股时间；规定的合计持有公司百分之一以上股份，是指两个以上股东持股份额的合计。

第五条 人民法院对公司法实施前已经终审的案件依法进行再审时，不适用公司法的规定。

第六条 本规定自公布之日起实施。

最高人民法院关于适用《中华人民共和国公司法》若干问题的规定（二）

（2008年5月5日最高人民法院审判委员会第1447次会议通过　根据2014年2月17日最高人民法院审判委员会第1607次会议《关于修改关于适用〈中华人民共和国公司法〉若干问题的规定的决定》第一次修正　根据2020年12月23日最高人民法院审判委员会第1823次会议通过的《最高人民法院关于修改〈最高人民法院关于破产企业国有划拨土地使用权应否列入破产财产等问题的批复〉等二十九件商事类司法解释的决定》第二次修正）

为正确适用《中华人民共和国公司法》，结合审判实践，就人民法院审理公司解散和清算案件适用法律问题作出如下规定。

第一条 单独或者合计持有公司全部股东表决权百分之十以上的股东，以下列事由之一提起解散公司诉讼，并符合公司法第一百八十二条规定的，人民法院应予受理：

（一）公司持续两年以上无法召开股东会或者股东大会，公司经营管理发生严重困难的；

（二）股东表决时无法达到法定或者公司章程规定的比例，持续两年以上不能做出有效的股东会或者股东大会决议，公司经营管理发生严重困难的；

（三）公司董事长期冲突，且无法通过股东会或者股东大会解决，公司经营管理发生严重困难的；

（四）经营管理发生其他严重困难，公司继续存续会使股东利益受到重大损失的情形。

股东以知情权、利润分配请求权等权益受到损害，或者公司亏损、财产不足以偿还全部债务，以及公司被吊销企业法人营业执照未进行清算等为由，提起解散公司诉讼的，人民法院不予受理。

第二条 股东提起解散公司诉讼，同时又申请人民法院对公司进行清算的，人民法院对其提出的清算申请不予受理。人民法院可以告知原告，在人民法院判决解散公司后，依据民法典第七十条、公司法第一百八十三条和本规定第七条的规定，自行组织清算或者另行申请人民法院对公司进行清算。

第三条 股东提起解散公司诉讼时，向人民法院申请财产保全或者证据保全的，在股东提供担保且不影响公司正常经营的情形下，人民法院可予以保全。

第四条 股东提起解散公司诉讼应当以公司为被告。

原告以其他股东为被告一并提起诉讼的，人民法院应当告知原告将其他股东变更为第三人；原告坚持不予变更的，人民法院应当驳回原告对其他股东的起诉。

原告提起解散公司诉讼应当告知其他股东，或者由人民法院通知其参加诉讼。其他股东或者有关利害关系人申请以共同原告或者第三人身份参加诉讼的，人民法院应予准许。

第五条 人民法院审理解散公司诉讼案件，应当注重调解。当事人协商同意由公司或者股东收购股份，或者以减资等方式使公司存续，且不违反法律、行政法规强制性规定的，人民法院应予支持。当事人不能协商一致使公司存续的，人民法院应当及时判决。

经人民法院调解公司收购原告股份的，公司应当自调解书生效之日起六个月内将股份转让或者注销。股份转让或者注销之前，原告不得以公司收购其股份为由对抗公司债权人。

第六条 人民法院关于解散公司诉讼作出的判决，对公司全体股东具有法律约束力。

人民法院判决驳回解散公司诉讼请求后，提起该诉讼的股东或者其他股东又以同一事实和理由提起解散公司诉讼的,人民法院不予受理。

第七条 公司应当依照民法典第七十条、公司法第一百八十三条的规定,在解散事由出现之日起十五日内成立清算组,开始自行清算。

有下列情形之一,债权人、公司股东、董事或其他利害关系人申请人民法院指定清算组进行清算的,人民法院应予受理:

(一)公司解散逾期不成立清算组进行清算的;

(二)虽然成立清算组但故意拖延清算的;

(三)违法清算可能严重损害债权人或者股东利益的。

第八条 人民法院受理公司清算案件,应当及时指定有关人员组成清算组。

清算组成员可以从下列人员或者机构中产生:

(一)公司股东、董事、监事、高级管理人员;

(二)依法设立的律师事务所、会计师事务所、破产清算事务所等社会中介机构;

(三)依法设立的律师事务所、会计师事务所、破产清算事务所等社会中介机构中具备相关专业知识并取得执业资格的人员。

第九条 人民法院指定的清算组成员有下列情形之一的,人民法院可以根据债权人、公司股东、董事或其他利害关系人的申请,或者依职权更换清算组成员:

(一)有违反法律或者行政法规的行为;

(二)丧失执业能力或者民事行为能力;

(三)有严重损害公司或者债权人利益的行为。

第十条 公司依法清算结束并办理注销登记前,有关公司的民事诉讼,应当以公司的名义进行。

公司成立清算组的,由清算组负责人代表公司参加诉讼;尚未成立清算组的,由原法定代表人代表公司参加诉讼。

第十一条 公司清算时,清算组应当按照公司法第一百八十五条的规定,将公司解散清算事宜书面通知全体已知债权人,并根据公司规模和营业地域范围在全国或者公司注册登记地省级有影响的报纸上进行公告。

清算组未按照前款规定履行通知和公告义务,导致债权人未及时申报债权而未获清偿,债权人主张清算组成员对因此造成的损失承担赔偿责任的,人民法院应依法予以支持。

第十二条 公司清算时,债权人对清算组核定的债权有异议的,可以要求清算组重新核定。清算组不予重新核定,或者债权人对重新核定的债权仍有异议,债权人以公司为被告向人民法院提起诉讼请求确认的,人民法院应予受理。

第十三条 债权人在规定的期限内未申报债权,在公司清算程序终结前补充申报的,清算组应予登记。

公司清算程序终结,是指清算报告经股东会、股东大会或者人民法院确认完毕。

第十四条 债权人补充申报的债权,可以在公司尚未分配财产中依法清偿。公司尚未分配财产不能全额清偿,债权人主张股东以其在剩余财产分配中已经取得的财产予以清偿的,人民法院应予支持;但债权人因重大过错未在规定期限内申报债权的除外。

债权人或者清算组,以公司尚未分配财产和股东在剩余财产分配中已经取得的财产,不能全额清偿补充申报的债权为由,向人民法院提出破产清算申请的,人民法院不予受理。

第十五条 公司自行清算的,清算方案应当报股东会或者股东大会决议确认;人民法院组织清算的,清算方案应当报人民法院确认。未经确认的清算方案,清算组不得执行。

执行未经确认的清算方案给公司或者债权人造成损失,公司、股东、董事、公司其他利害关系人或者债权人主张清算组成员承担赔偿责任的,人民法院应依法予以支持。

第十六条 人民法院组织清算的,清算组应当自成立之日起六个月内清算完毕。

因特殊情况无法在六个月内完成清算的,清算组应当向人民法院申请延长。

第十七条 人民法院指定的清算组在清理公司财产、编制资产负债表和财产清单时,发现公司财产不足清偿债务的,可以与债权人协商制作有关债务清偿方案。

债务清偿方案经全体债权人确认且不损害其他利害关系人利益的,人民法院可依清算组的申请裁定予以认可。清算组依据该清偿方案清偿债务后,应当向人民法院申请裁定终结清算程序。

债权人对债务清偿方案不予确认或者人民法院不予认可的,清算组应当依法向人民法院申请宣告破产。

第十八条 有限责任公司的股东、股份有限公司的董事和控股股东未在法定期限内成立清算组开始清算，导致公司财产贬值、流失、毁损或者灭失，债权人主张其在造成损失范围内对公司债务承担赔偿责任的，人民法院应依法予以支持。

有限责任公司的股东、股份有限公司的董事和控股股东因怠于履行义务，导致公司主要财产、账册、重要文件等灭失，无法进行清算，债权人主张其对公司债务承担连带清偿责任的，人民法院应依法予以支持。

上述情形系实际控制人原因造成，债权人主张实际控制人对公司债务承担相应民事责任的，人民法院应依法予以支持。

第十九条 有限责任公司的股东、股份有限公司的董事和控股股东，以及公司的实际控制人在公司解散后，恶意处置公司财产给债权人造成损失，或者未经依法清算，以虚假的清算报告骗取公司登记机关办理法人注销登记，债权人主张其对公司债务承担相应赔偿责任的，人民法院应依法予以支持。

第二十条 公司解散应当在依法清算完毕后，申请办理注销登记。公司未经清算即办理注销登记，导致公司无法进行清算，债权人主张有限责任公司的股东、股份有限公司的董事和控股股东，以及公司的实际控制人对公司债务承担清偿责任的，人民法院应依法予以支持。

公司未经依法清算即办理注销登记，股东或者第三人在公司登记机关办理注销登记时承诺对公司债务承担责任，债权人主张其对公司债务承担相应民事责任的，人民法院应依法予以支持。

第二十一条 按照本规定第十八条和第二十条第一款的规定应当承担责任的有限责任公司的股东、股份有限公司的董事和控股股东，以及公司的实际控制人为二人以上的，其中一人或者数人依法承担民事责任后，主张其他人员按照过错大小分担责任的，人民法院应依法予以支持。

第二十二条 公司解散时，股东尚未缴纳的出资均应作为清算财产。股东尚未缴纳的出资，包括到期应缴未缴的出资，以及依照公司法第二十六条和第八十条的规定分期缴纳尚未届满缴纳期限的出资。

公司财产不足以清偿债务时，债权人主张未缴出资股东，以及公司设立时的其他股东或者发起人在未缴出资范围内对公司债务承担连带清偿责任的，人民法院应依法予以支持。

第二十三条 清算组成员从事清算事务时，违反法律、行政法规或者公司章程给公司或者债权人造成损失，公司或者债权人主张其承担赔偿责任的，人民法院应依法予以支持。

有限责任公司的股东、股份有限公司连续一百八十日以上单独或者合计持有公司百分之一以上股份的股东，依据公司法第一百五十一条第三款的规定，以清算组成员有前款所述行为为由向人民法院提起诉讼的，人民法院应予受理。

公司已经清算完毕注销，上述股东参照公司法第一百五十一条第三款的规定，直接以清算组成员为被告、其他股东为第三人向人民法院提起诉讼的，人民法院应予受理。

第二十四条 解散公司诉讼案件和公司清算案件由公司住所地人民法院管辖。公司住所地是指公司主要办事机构所在地。公司办事机构所在地不明确的，由其注册地人民法院管辖。

基层人民法院管辖县、县级市或者区的公司登记机关核准登记公司的解散诉讼案件和公司清算案件；中级人民法院管辖地区、地级市以上的公司登记机关核准登记公司的解散诉讼案件和公司清算案件。

最高人民法院关于适用《中华人民共和国公司法》若干问题的规定（三）

（2010年12月6日最高人民法院审判委员会第1504次会议通过　根据2014年2月17日最高人民法院审判委员会第1607次会议《关于修改关于适用〈中华人民共和国公司法〉若干问题的规定的决定》第一次修正　根据2020年12月23日最高人民法院审判委员会第1823次会议通过的《最高人民法院关于修改〈最高人民法院关于破产企业国有划拨土地使用权应否列入破产财产等问题的批复〉等二十九件商事类司法解释的决定》第二次修正）

为正确适用《中华人民共和国公司法》，结合审判实践，就人民法院审理公司设立、出资、股权确认等纠纷案件适用法律问题作出如下规定。

第一条 为设立公司而签署公司章程、向公司认购出资或者股份并履行公司设立职责的人,应当认定为公司的发起人,包括有限责任公司设立时的股东。

第二条 发起人为设立公司以自己名义对外签订合同,合同相对人请求该发起人承担合同责任的,人民法院应予支持;公司成立后合同相对人请求公司承担合同责任的,人民法院应予支持。

第三条 发起人以设立中公司名义对外签订合同,公司成立后合同相对人请求公司承担合同责任的,人民法院应予支持。

公司成立后有证据证明发起人利用设立中公司的名义为自己的利益与相对人签订合同,公司以此为由主张不承担合同责任的,人民法院应予支持,但相对人为善意的除外。

第四条 公司因故未成立,债权人请求全体或者部分发起人对设立公司行为所产生的费用和债务承担连带清偿责任的,人民法院应予支持。

部分发起人依照前款规定承担责任后,请求其他发起人分担的,人民法院应当判令其他发起人按照约定的责任承担比例分担责任;没有约定责任承担比例的,按照约定的出资比例分担责任;没有约定出资比例的,按照均等份额分担责任。

因部分发起人的过错导致公司未成立,其他发起人主张其承担设立行为所产生的费用和债务的,人民法院应当根据过错情况,确定过错一方的责任范围。

第五条 发起人因履行公司设立职责造成他人损害,公司成立后受害人请求公司承担侵权赔偿责任的,人民法院应予支持;公司未成立,受害人请求全体发起人承担连带赔偿责任的,人民法院应予支持。

公司或者无过错的发起人承担赔偿责任后,可以向有过错的发起人追偿。

第六条 股份有限公司的认股人未按期缴纳所认股份的股款,经公司发起人催缴后在合理期间内仍未缴纳,公司发起人对该股份另行募集的,人民法院应当认定该募集行为有效。认股人延期缴纳股款给公司造成损失,公司请求该认股人承担赔偿责任的,人民法院应予支持。

第七条 出资人以不享有处分权的财产出资,当事人之间对于出资行为效力产生争议的,人民法院可以参照民法典第三百一十一条的规定予以认定。

以贪污、受贿、侵占、挪用等违法犯罪所得的货币出资后取得股权的,对违法犯罪行为予以追究、处罚时,应当采取拍卖或者变卖的方式处置其股权。

第八条 出资人以划拨土地使用权出资,或者以设定权利负担的土地使用权出资,公司、其他股东或者公司债权人主张认定出资人未履行出资义务的,人民法院应当责令当事人在指定的合理期间内办理土地变更手续或者解除权利负担;逾期未办理或者未解除的,人民法院应当认定出资人未依法全面履行出资义务。

第九条 出资人以非货币财产出资,未依法评估作价,公司、其他股东或者公司债权人请求认定出资人未履行出资义务的,人民法院应当委托具有合法资格的评估机构对该财产评估作价。评估确定的价额显著低于公司章程所定价额的,人民法院应当认定出资人未依法全面履行出资义务。

第十条 出资人以房屋、土地使用权或者需要办理权属登记的知识产权等财产出资,已经交付公司使用但未办理权属变更手续,公司、其他股东或者公司债权人主张认定出资人未履行出资义务的,人民法院应当责令当事人在指定的合理期间内办理权属变更手续;在前述期间内办理了权属变更手续的,人民法院应当认定其已经履行了出资义务;出资人主张自其实际交付财产给公司使用时享有相应股东权利的,人民法院应予支持。

出资人以前款规定的财产出资,已经办理权属变更手续但未交付给公司使用,公司或者其他股东主张其向公司交付、并在实际交付之前不享有相应股东权利的,人民法院应予支持。

第十一条 出资人以其他公司股权出资,符合下列条件的,人民法院应当认定出资人已履行出资义务:

(一)出资的股权由出资人合法持有并依法可以转让;

(二)出资的股权无权利瑕疵或者权利负担;

(三)出资人已履行关于股权转让的法定手续;

(四)出资的股权已依法进行了价值评估。

股权出资不符合前款第(一)、(二)、(三)项的规定,公司、其他股东或者公司债权人请求认定出资人未履行出资义务的,人民法院应当责令该出资人在指定的合理期间内采取补正措施,以符合上述条件;逾期未补正的,人民法院应当认定其未依法全面履行出资义务。

股权出资不符合本条第一款第(四)项的规定,公司、其他股东或者公司债权人请求认定出资人未履行出资义务的,人民法院应当按照本规定第九条的规定处理。

第十二条 公司成立后,公司、股东或者公司债权人以相关股东的行为符合下列情形之一且损害公司权益为由,请求认定该股东抽逃出资的,人民法院应予支持:

(一)制作虚假财务会计报表虚增利润进行分配;

(二)通过虚构债权债务关系将其出资转出;

(三)利用关联交易将出资转出;

(四)其他未经法定程序将出资抽回的行为。

第十三条 股东未履行或者未全面履行出资义务,公司或者其他股东请求其向公司依法全面履行出资义务的,人民法院应予支持。

公司债权人请求未履行或者未全面履行出资义务的股东在未出资本息范围内对公司债务不能清偿的部分承担补充赔偿责任的,人民法院应予支持;未履行或者未全面履行出资义务的股东已经承担上述责任,其他债权人提出相同请求的,人民法院不予支持。

股东在公司设立时未履行或者未全面履行出资义务,依照本条第一款或者第二款提起诉讼的原告,请求公司的发起人与被告股东承担连带责任的,人民法院应予支持;公司的发起人承担责任后,可以向被告股东追偿。

股东在公司增资时未履行或者未全面履行出资义务,依照本条第一款或者第二款提起诉讼的原告,请求未尽公司法第一百四十七条第一款规定的义务而使出资未缴足的董事、高级管理人员承担相应责任的,人民法院应予支持;董事、高级管理人员承担责任后,可以向被告股东追偿。

第十四条 股东抽逃出资,公司或者其他股东请求其向公司返还出资本息、协助抽逃出资的其他股东、董事、高级管理人员或者实际控制人对此承担连带责任的,人民法院应予支持。

公司债权人请求抽逃出资的股东在抽逃出资本息范围内对公司债务不能清偿的部分承担补充赔偿责任、协助抽逃出资的其他股东、董事、高级管理人员或者实际控制人对此承担连带责任的,人民法院应予支持;抽逃出资的股东已经承担上述责任,其他债权人提出相同请求的,人民法院不予支持。

第十五条 出资人以符合法定条件的非货币财产出资后,因市场变化或者其他客观因素导致出资财产贬值,公司、其他股东或者公司债权人请求该出资人承担补足出资责任的,人民法院不予支持。但是,当事人另有约定的除外。

第十六条 股东未履行或者未全面履行出资义务或者抽逃出资,公司根据公司章程或者股东会决议对其利润分配请求权、新股优先认购权、剩余财产分配请求权等股东权利作出相应的合理限制,该股东请求认定该限制无效的,人民法院不予支持。

第十七条 有限责任公司的股东未履行出资义务或者抽逃全部出资,经公司催告缴纳或者返还,其在合理期间内仍未缴纳或者返还出资,公司以股东会决议解除该股东的股东资格,该股东请求确认该解除行为无效的,人民法院不予支持。

在前款规定的情形下,人民法院在判决时应当释明,公司应当及时办理法定减资程序或者由其他股东或者第三人缴纳相应的出资。在办理法定减资程序或者其他股东或者第三人缴纳相应的出资之前,公司债权人依照本规定第十三条或者第十四条请求相关当事人承担相应责任的,人民法院应予支持。

第十八条 有限责任公司的股东未履行或者未全面履行出资义务即转让股权,受让人对此知道或者应当知道,公司请求该股东履行出资义务、受让人对此承担连带责任的,人民法院应予支持;公司债权人依照本规定第十三条第二款向该股东提起诉讼,同时请求前述受让人对此承担连带责任的,人民法院应予支持。

受让人根据前款规定承担责任后,向该未履行或者未全面履行出资义务的股东追偿的,人民法院应予支持。但是,当事人另有约定的除外。

第十九条 公司股东未履行或者未全面履行出资义务或者抽逃出资,公司或者其他股东请求其向公司全面履行出资义务或者返还出资,被告股东以诉讼时效为由进行抗辩的,人民法院不予支持。

公司债权人的债权未过诉讼时效期间,其依照本规定第十三条第二款、第十四条第二款的规定请求未履行或者未全面履行出资义务或者抽逃出资的股东承担赔偿责任,被告股东以出资义务或者返还出资义务超过诉讼时效期间为由进行抗辩的,人民法院不予支持。

第二十条 当事人之间对是否已履行出资义务发生争议,原告提供对股东履行出资义务产生合理怀疑证据的,被告股东应当就其已履行出资义务承担举证责任。

第二十一条 当事人向人民法院起诉请求确认其股东资格的,应当以公司为被告,与案件争议股权有利害关系的人作为第三人参加诉讼。

第二十二条 当事人之间对股权归属发生争议,一方请求人民法院确认其享有股权的,应当证明以下事实之一:

(一)已经依法向公司出资或者认缴出资,且不违反法律法规强制性规定;

(二)已经受让或者以其他形式继受公司股权,且不违反法律法规强制性规定。

第二十三条 当事人依法履行出资义务或者依法继受取得股权后,公司未根据公司法第三十一条、第三十二条的规定签发出资证明书、记载于股东名册并办理公司登记机关登记,当事人请求公司履行上述义务的,人民法院应予支持。

第二十四条 有限责任公司的实际出资人与名义出资人订立合同,约定由实际出资人出资并享有投资权益,以名义出资人为名义股东,实际出资人与名义股东对该合同效力发生争议的,如无法律规定的无效情形,人民法院应当认定该合同有效。

前款规定的实际出资人与名义股东因投资权益的归属发生争议,实际出资人以其实际履行了出资义务为由向名义股东主张权利的,人民法院应予支持。名义股东以公司股东名册记载、公司登记机关登记为由否认实际出资人权利的,人民法院不予支持。

实际出资人未经公司其他股东半数以上同意,请求公司变更股东、签发出资证明书、记载于股东名册、记载于公司章程并办理公司登记机关登记的,人民法院不予支持。

第二十五条 名义股东将登记于其名下的股权转让、质押或者以其他方式处分,实际出资人以其对于股权享有实际权利为由,请求认定处分股权行为无效的,人民法院可以参照民法典第三百一十一条的规定处理。

名义股东处分股权造成实际出资人损失,实际出资人请求名义股东承担赔偿责任的,人民法院应予支持。

第二十六条 公司债权人以登记于公司登记机关的股东未履行出资义务为由,请求其对公司债务不能清偿的部分在未出资本息范围内承担补充赔偿责任,股东以其仅为名义股东而非实际出资人为由进行抗辩的,人民法院不予支持。

名义股东根据前款规定承担赔偿责任后,向实际出资人追偿的,人民法院应予支持。

第二十七条 股权转让后尚未向公司登记机关办理变更登记,原股东将仍登记于其名下的股权转让、质押或者以其他方式处分,受让股东以其对于股权享有实际权利为由,请求认定处分股权行为无效的,人民法院可以参照民法典第三百一十一条的规定处理。

原股东处分股权造成受让股东损失,受让股东请求原股东承担赔偿责任、对于未及时办理变更登记有过错的董事、高级管理人员或者实际控制人承担相应责任的,人民法院应予支持;受让股东对于未及时办理变更登记也有过错的,可以适当减轻上述董事、高级管理人员或者实际控制人的责任。

第二十八条 冒用他人名义出资并将该他人作为股东在公司登记机关登记的,冒名登记行为人应当承担相应责任;公司、其他股东或者公司债权人以未履行出资义务为由,请求被冒名登记为股东的承担补足出资责任或者对公司债务不能清偿部分的赔偿责任的,人民法院不予支持。

最高人民法院关于适用《中华人民共和国公司法》若干问题的规定(四)

(2016年12月5日最高人民法院审判委员会第1702次会议通过　根据2020年12月23日最高人民法院审判委员会第1823次会议通过的《最高人民法院关于修改〈最高人民法院关于破产企业国有划拨土地使用权应否列入破产财产等问题的批复〉等二十九件商事类司法解释的决定》修正)

为正确适用《中华人民共和国公司法》,结合人民法院审判实践,现就公司决议效力、股东知情权、利润分配权、优先购买权和股东代表诉讼等案件适用法律问题作出如下规定。

第一条 公司股东、董事、监事等请求确认股东会或者股东大会、董事会决议无效或者不成立的，人民法院应当依法予以受理。

第二条 依据民法典第八十五条、公司法第二十二条第二款请求撤销股东会或者股东大会、董事会决议的原告，应当在起诉时具有公司股东资格。

第三条 原告请求确认股东会或者股东大会、董事会决议不成立、无效或者撤销决议的案件，应当列公司为被告。对决议涉及的其他利害关系人，可以依法列为第三人。

一审法庭辩论终结前，其他有原告资格的人以相同的诉讼请求申请参加前款规定诉讼的，可以列为共同原告。

第四条 股东请求撤销股东会或者股东大会、董事会决议，符合民法典第八十五条、公司法第二十二条第二款规定的，人民法院应当予以支持，但会议召集程序或者表决方式仅有轻微瑕疵，且对决议未产生实质影响的，人民法院不予支持。

第五条 股东会或者股东大会、董事会决议存在下列情形之一，当事人主张决议不成立的，人民法院应当予以支持：

（一）公司未召开会议的，但依据公司法第三十七条第二款或者公司章程规定可以不召开股东会或者股东大会而直接作出决定，并由全体股东在决定文件上签名、盖章的除外；

（二）会议未对决议事项进行表决的；

（三）出席会议的人数或者股东所持表决权不符合公司法或者公司章程规定的；

（四）会议的表决结果未达到公司法或者公司章程规定的通过比例的；

（五）导致决议不成立的其他情形。

第六条 股东会或者股东大会、董事会决议被人民法院判决确认无效或者撤销的，公司依据该决议与善意相对人形成的民事法律关系不受影响。

第七条 股东依据公司法第三十三条、第九十七条或者公司章程的规定，起诉请求查阅或者复制公司特定文件材料的，人民法院应当依法予以受理。

公司有证据证明前款规定的原告在起诉时不具有公司股东资格的，人民法院应当驳回起诉，但原告有初步证据证明在持股期间其合法权益受到损害，请求依法查阅或者复制其持股期间的公司特定文件材料的除外。

第八条 有限责任公司有证据证明股东存在下列情形之一的，人民法院应当认定股东有公司法第三十三条第二款规定的“不正当目的”：

（一）股东自营或者为他人经营与公司主营业务有实质性竞争关系业务的，但公司章程另有规定或者全体股东另有约定的除外；

（二）股东为了向他人通报有关信息查阅公司会计账簿，可能损害公司合法利益的；

（三）股东在向公司提出查阅请求之日前的三年内，曾通过查阅公司会计账簿，向他人通报有关信息损害公司合法利益的；

（四）股东有不正当目的的其他情形。

第九条 公司章程、股东之间的协议等实质性剥夺股东依据公司法第三十三条、第九十七条规定查阅或者复制公司文件材料的权利，公司以此为由拒绝股东查阅或者复制的，人民法院不予支持。

第十条 人民法院审理股东请求查阅或者复制公司特定文件材料的案件，对原告诉讼请求予以支持的，应当在判决中明确查阅或者复制公司特定文件材料的时间、地点和特定文件材料的名录。

股东依据人民法院生效判决查阅公司文件材料的，在该股东在场的情况下，可以由会计师、律师等依法或者依据执业行为规范负有保密义务的中介机构执业人员辅助进行。

第十一条 股东行使知情权后泄露公司商业秘密导致公司合法利益受到损害，公司请求该股东赔偿相关损失的，人民法院应当予以支持。

根据本规定第十条辅助股东查阅公司文件材料的会计师、律师等泄露公司商业秘密导致公司合法利益受到损害，公司请求其赔偿相关损失的，人民法院应当予以支持。

第十二条 公司董事、高级管理人员等未依法履行职责，导致公司未依法制作或者保存公司法第三十三条、第九十七条规定的公司文件材料，给股东造成损失，股东依法请求负有相应责任的公司董事、高级管理人员承担民事赔偿责任的，人民法院应当予以支持。

第十三条 股东请求公司分配利润案件，应当列公司为被告。

一审法庭辩论终结前，其他股东基于同一分配方案请求分配利润并申请参加诉讼的，应当列为共同原告。

第十四条 股东提交载明具体分配方案的股东会或者股东大会的有效决议,请求公司分配利润,公司拒绝分配利润且其关于无法执行决议的抗辩理由不成立的,人民法院应当判决公司按照决议载明的具体分配方案向股东分配利润。

第十五条 股东未提交载明具体分配方案的股东会或者股东大会决议,请求公司分配利润的,人民法院应当驳回其诉讼请求,但违反法律规定滥用股东权利导致公司不分配利润,给其他股东造成损失的除外。

第十六条 有限责任公司的自然人股东因继承发生变化时,其他股东主张依据公司法第七十一条第三款规定行使优先购买权的,人民法院不予支持,但公司章程另有规定或者全体股东另有约定的除外。

第十七条 有限责任公司的股东向股东以外的人转让股权,应就其股权转让事项以书面或者其他能够确认收悉的合理方式通知其他股东征求同意。其他股东半数以上不同意转让,不同意的股东不购买的,人民法院应当认定视为同意转让。

经股东同意转让的股权,其他股东主张转让股东应当向其以书面或者其他能够确认收悉的合理方式通知转让股权的同等条件的,人民法院应当予以支持。

经股东同意转让的股权,在同等条件下,转让股东以外的其他股东主张优先购买的,人民法院应当予以支持,但转让股东依据本规定第二十条放弃转让的除外。

第十八条 人民法院在判断是否符合公司法第七十一条第三款及本规定所称的"同等条件"时,应当考虑转让股权的数量、价格、支付方式及期限等因素。

第十九条 有限责任公司的股东主张优先购买转让股权的,应当在收到通知后,在公司章程规定的行使期间内提出购买请求。公司章程没有规定行使期间或者规定不明确的,以通知确定的期间为准,通知确定的期间短于三十日或者未明确行使期间的,行使期间为三十日。

第二十条 有限责任公司的转让股东,在其他股东主张优先购买后又不同意转让股权的,对其他股东优先购买的主张,人民法院不予支持,但公司章程另有规定或者全体股东另有约定的除外。其他股东主张转让股东赔偿其损失合理的,人民法院应当予以支持。

第二十一条 有限责任公司的股东向股东以外的人转让股权,未就其股权转让事项征求其他股东意见,或者以欺诈、恶意串通等手段,损害其他股东优先购买权,其他股东主张按照同等条件购买该转让股权的,人民法院应当予以支持,但其他股东自知道或者应当知道行使优先购买权的同等条件之日起三十日内没有主张,或者自股权变更登记之日起超过一年的除外。

前款规定的其他股东仅提出确认股权转让合同及股权变动效力等请求,未同时主张按照同等条件购买转让股权的,人民法院不予支持,但其他股东非因自身原因导致无法行使优先购买权,请求损害赔偿的除外。

股东以外的股权受让人,因股东行使优先购买权而不能实现合同目的的,可以依法请求转让股东承担相应民事责任。

第二十二条 通过拍卖向股东以外的人转让有限责任公司股权的,适用公司法第七十一条第二款、第三款或者第七十二条规定的"书面通知""通知""同等条件"时,根据相关法律、司法解释确定。

在依法设立的产权交易场所转让有限责任公司国有股权的,适用公司法第七十一条第二款、第三款或者第七十二条规定的"书面通知""通知""同等条件"时,可以参照产权交易场所的交易规则。

第二十三条 监事会或者不设监事会的有限责任公司的监事依据公司法第一百五十一条第一款规定对董事、高级管理人员提起诉讼的,应当列公司为原告,依法由监事会主席或者不设监事会的有限责任公司的监事代表公司进行诉讼。

董事会或者不设董事会的有限责任公司的执行董事依据公司法第一百五十一条第一款规定对监事提起诉讼的,或者依据公司法第一百五十一条第三款规定对他人提起诉讼的,应当列公司为原告,依法由董事长或者执行董事代表公司进行诉讼。

第二十四条 符合公司法第一百五十一条第一款规定条件的股东,依据公司法第一百五十一条第二款、第三款规定,直接对董事、监事、高级管理人员或者他人提起诉讼的,应当列公司为第三人参加诉讼。

一审法庭辩论终结前,符合公司法第一百五十一条第一款规定条件的其他股东，以相同的诉讼请求申请参加诉讼的，应当列为共同原告。

第二十五条 股东依据公司法第一百五十一条第二款、第三款规定直接提起诉讼的案件，胜诉利益归属于公司。股东请求被告直接向其承担民事责任的，人民法院不予支持。

第二十六条 股东依据公司法第一百五十一条第二款、第三款规定直接提起诉讼的案件，其诉讼请求部分或者全部得到人民法院支持的，公司应当承担股东因参加诉讼支付的合理费用。

第二十七条 本规定自2017年9月1日起施行。

本规定施行后尚未终审的案件，适用本规定；本规定施行前已经终审的案件，或者适用审判监督程序再审的案件，不适用本规定。

最高人民法院关于适用《中华人民共和国公司法》若干问题的规定（五）

（2019年4月22日最高人民法院审判委员会第1766次会议审议通过　根据2020年12月23日最高人民法院审判委员会第1823次会议通过的《最高人民法院关于修改〈最高人民法院关于破产企业国有划拨土地使用权应否列入破产财产等问题的批复〉等二十九件商事类司法解释的决定》修正）

为正确适用《中华人民共和国公司法》，结合人民法院审判实践，就股东权益保护等纠纷案件适用法律问题作出如下规定。

第一条 关联交易损害公司利益，原告公司依据民法典第八十四条、公司法第二十一条规定请求控股股东、实际控制人、董事、监事、高级管理人员赔偿所造成的损失，被告仅以该交易已经履行了信息披露、经股东会或者股东大会同意等法律、行政法规或者公司章程规定的程序为由抗辩的，人民法院不予支持。

公司没有提起诉讼的，符合公司法第一百五十一条第一款规定条件的股东，可以依据公司法第一百五十一条第二款、第三款规定向人民法院提起诉讼。

第二条 关联交易合同存在无效、可撤销或者对公司不发生效力的情形，公司没有起诉合同相对方的，符合公司法第一百五十一条第一款规定条件的股东，可以依据公司法第一百五十一条第二款、第三款规定向人民法院提起诉讼。

第三条 董事任期届满前被股东会或者股东大会有效决议解除职务，其主张解除不发生法律效力的，人民法院不予支持。

董事职务被解除后，因补偿与公司发生纠纷提起诉讼的，人民法院应当依据法律、行政法规、公司章程的规定或者合同的约定，综合考虑解除的原因、剩余任期、董事薪酬等因素，确定是否补偿以及补偿的合理数额。

第四条 分配利润的股东会或者股东大会决议作出后，公司应当在决议载明的时间内完成利润分配。决议没有载明时间的，以公司章程规定的为准。决议、章程中均未规定时间或者时间超过一年的，公司应当自决议作出之日起一年内完成利润分配。

决议中载明的利润分配完成时间超过公司章程规定时间的，股东可以依据民法典第八十五条、公司法第二十二条第二款规定请求人民法院撤销决议中关于该时间的规定。

第五条 人民法院审理涉及有限责任公司股东重大分歧案件时，应当注重调解。当事人协商一致以下列方式解决分歧，且不违反法律、行政法规的强制性规定的，人民法院应予支持：

（一）公司回购部分股东股份；

（二）其他股东受让部分股东股份；

（三）他人受让部分股东股份；

（四）公司减资；

（五）公司分立；

（六）其他能够解决分歧，恢复公司正常经营，避免公司解散的方式。

第六条 本规定自2019年4月29日起施行。

本规定施行后尚未终审的案件，适用本规定；本规定施行前已经终审的案件，或者适用审判监督程序再审的案件，不适用本规定。

本院以前发布的司法解释与本规定不一致的，以本规定为准。

中华人民共和国合伙企业法

（1997年2月23日第八届全国人民代表大会常务委员会第二十四次会议通过　2006年8月27日第十届全国人民代表大会常务委员会第二十三次会议修订　2006年8月27日中华人民共和国主席令第55号公布　自2007年6月1日起施行）

目　　录

第一章　总　　则
第二章　普通合伙企业
　第一节　合伙企业设立
　第二节　合伙企业财产
　第三节　合伙事务执行
　第四节　合伙企业与第三人关系
　第五节　入伙、退伙
　第六节　特殊的普通合伙企业
第三章　有限合伙企业
第四章　合伙企业解散、清算
第五章　法律责任
第六章　附　　则

第一章　总　　则

第一条　【立法目的】为了规范合伙企业的行为，保护合伙企业及其合伙人、债权人的合法权益，维护社会经济秩序，促进社会主义市场经济的发展，制定本法。

第二条　【调整范围】本法所称合伙企业，是指自然人、法人和其他组织依照本法在中国境内设立的普通合伙企业和有限合伙企业。

普通合伙企业由普通合伙人组成，合伙人对合伙企业债务承担无限连带责任。本法对普通合伙人承担责任的形式有特别规定的，从其规定。

有限合伙企业由普通合伙人和有限合伙人组成，普通合伙人对合伙企业债务承担无限连带责任，有限合伙人以其认缴的出资额为限对合伙企业债务承担责任。

第三条　【不得成为普通合伙人的主体】国有独资公司、国有企业、上市公司以及公益性的事业单位、社会团体不得成为普通合伙人。

第四条　【合伙协议】合伙协议依法由全体合伙人协商一致、以书面形式订立。

第五条　【自愿、平等、公平、诚实信用原则】订立合伙协议、设立合伙企业，应当遵循自愿、平等、公平、诚实信用原则。

第六条　【所得税的缴纳】合伙企业的生产经营所得和其他所得，按照国家有关税收规定，由合伙人分别缴纳所得税。

第七条　【合伙企业及其合伙人的义务】合伙企业及其合伙人必须遵守法律、行政法规，遵守社会公德、商业道德，承担社会责任。

第八条　【合伙企业及其合伙人的合法财产及其权益受法律保护】合伙企业及其合伙人的合法财产及其权益受法律保护。

第九条　【申请设立应提交的文件】申请设立合伙企业，应当向企业登记机关提交登记申请书、合伙协议书、合伙人身份证明等文件。

合伙企业的经营范围中有属于法律、行政法规规定在登记前须经批准的项目的，该项经营业务应当依法经过批准，并在登记时提交批准文件。

第十条　【登记程序】申请人提交的登记申请材料齐全、符合法定形式，企业登记机关能够当场登记的，应予当场登记，发给营业执照。

除前款规定情形外，企业登记机关应当自受理申请之日起二十日内，作出是否登记的决定。予以登记的，发给营业执照；不予登记的，应当给予书面答复，并说明理由。

第十一条　【成立日期】合伙企业的营业执照签发日期，为合伙企业成立日期。

合伙企业领取营业执照前，合伙人不得以合伙企业名义从事合伙业务。

第十二条　【设立分支机构】合伙企业设立分支机构，应当向分支机构所在地的企业登记机关申请登记，领取营业执照。

第十三条　【变更登记】合伙企业登记事项发生变更的，执行合伙事务的合伙人应当自作出变更决定或者发生变更事由之日起十五日内，向企业登记机关申请办理变更登记。

第二章　普通合伙企业

第一节　合伙企业设立

第十四条　【设立合伙企业应具备的条件】设立合伙企业，应当具备下列条件：

（一）有二个以上合伙人。合伙人为自然人的，应当具有完全民事行为能力；

（二）有书面合伙协议；

（三）有合伙人认缴或者实际缴付的出资；

（四）有合伙企业的名称和生产经营场所；

（五）法律、行政法规规定的其他条件。

第十五条　【名称】合伙企业名称中应当标明“普通合伙”字样。

第十六条　【出资方式】合伙人可以用货币、实物、知识产权、土地使用权或者其他财产权利出资，也可以用劳务出资。

合伙人以实物、知识产权、土地使用权或者其他财产权利出资，需要评估作价的，可以由全体合伙人协商确定，也可以由全体合伙人委托法定评估机构评估。

合伙人以劳务出资的，其评估办法由全体合伙人协商确定，并在合伙协议中载明。

第十七条　【出资义务的履行】合伙人应当按照合伙协议约定的出资方式、数额和缴付期限，履行出资义务。

以非货币财产出资的，依照法律、行政法规的规定，需要办理财产权转移手续的，应当依法办理。

第十八条　【合伙协议的内容】合伙协议应当载明下列事项：

（一）合伙企业的名称和主要经营场所的地点；

（二）合伙目的和合伙经营范围；

（三）合伙人的姓名或者名称、住所；

（四）合伙人的出资方式、数额和缴付期限；

（五）利润分配、亏损分担方式；

（六）合伙事务的执行；

（七）入伙与退伙；

（八）争议解决办法；

（九）合伙企业的解散与清算；

（十）违约责任。

第十九条　【合伙协议生效、效力和修改、补充】合伙协议经全体合伙人签名、盖章后生效。合伙人按照合伙协议享有权利，履行义务。

修改或者补充合伙协议，应当经全体合伙人一致同意；但是，合伙协议另有约定的除外。

合伙协议未约定或者约定不明确的事项，由合伙人协商决定；协商不成的，依照本法和其他有关法律、行政法规的规定处理。

第二节　合伙企业财产

第二十条　【合伙企业财产构成】合伙人的出资、以合伙企业名义取得的收益和依法取得的其他财产，均为合伙企业的财产。

第二十一条　【在合伙企业清算前不得请求分割合伙企业财产】合伙人在合伙企业清算前，不得请求分割合伙企业的财产；但是，本法另有规定的除外。

合伙人在合伙企业清算前私自转移或者处分合伙企业财产的，合伙企业不得以此对抗善意第三人。

第二十二条　【转让合伙企业中的财产份额】除合伙协议另有约定外，合伙人向合伙人以外的人转让其在合伙企业中的全部或者部分财产份额时，须经其他合伙人一致同意。

合伙人之间转让在合伙企业中的全部或者部分财产份额时，应当通知其他合伙人。

第二十三条　【优先购买权】合伙人向合伙人以外的人转让其在合伙企业中的财产份额的，在同等条件下，其他合伙人有优先购买权；但是，合伙协议另有约定的除外。

第二十四条　【受让人成为合伙人】合伙人以外的人依法受让合伙人在合伙企业中的财产份额的，经修改合伙协议即成为合伙企业的合伙人，依照本法和修改后的合伙协议享有权利，履行义务。

第二十五条　【以合伙企业财产份额出质】合伙人以其在合伙企业中的财产份额出质的，须经其他合伙人一致同意；未经其他合伙人一致同意，其行为无效，由此给善意第三人造成损失的，由行为人依法承担赔偿责任。

第三节　合伙事务执行

第二十六条　【合伙事务的执行】合伙人对执行合伙事务享有同等的权利。

按照合伙协议的约定或者经全体合伙人决定，可以委托一个或者数个合伙人对外代表合伙企业，执行合伙事务。

作为合伙人的法人、其他组织执行合伙事务的,由其委派的代表执行。

第二十七条 【不执行合伙事务的合伙人的监督权】依照本法第二十六条第二款规定委托一个或者数个合伙人执行合伙事务的,其他合伙人不再执行合伙事务。

不执行合伙事务的合伙人有权监督执行事务合伙人执行合伙事务的情况。

第二十八条 【执行事务合伙人的报告义务、权利义务承担及合伙人查阅财务资料权】由一个或者数个合伙人执行合伙事务的,执行事务合伙人应当定期向其他合伙人报告事务执行情况以及合伙企业的经营和财务状况,其执行合伙事务所产生的收益归合伙企业,所产生的费用和亏损由合伙企业承担。

合伙人为了解合伙企业的经营状况和财务状况,有权查阅合伙企业会计账簿等财务资料。

第二十九条 【提出异议权和撤销委托权】合伙人分别执行合伙事务的,执行事务合伙人可以对其他合伙人执行的事务提出异议。提出异议时,应当暂停该项事务的执行。如果发生争议,依照本法第三十条规定作出决定。

受委托执行合伙事务的合伙人不按照合伙协议或者全体合伙人的决定执行事务的,其他合伙人可以决定撤销该委托。

第三十条 【合伙企业有关事项的表决办法】合伙人对合伙企业有关事项作出决议,按照合伙协议约定的表决办法办理。合伙协议未约定或者约定不明确的,实行合伙人一人一票并经全体合伙人过半数通过的表决办法。

本法对合伙企业的表决办法另有规定的,从其规定。

第三十一条 【须经全体合伙人一致同意的事项】除合伙协议另有约定外,合伙企业的下列事项应当经全体合伙人一致同意:

(一)改变合伙企业的名称;

(二)改变合伙企业的经营范围、主要经营场所的地点;

(三)处分合伙企业的不动产;

(四)转让或者处分合伙企业的知识产权和其他财产权利;

(五)以合伙企业名义为他人提供担保;

(六)聘任合伙人以外的人担任合伙企业的经营管理人员。

第三十二条 【竞业禁止和限制合伙人同本合伙企业交易】合伙人不得自营或者同他人合作经营与本合伙企业相竞争的业务。

除合伙协议另有约定或者经全体合伙人一致同意外,合伙人不得同本合伙企业进行交易。

合伙人不得从事损害本合伙企业利益的活动。

第三十三条 【利润分配和亏损分担】合伙企业的利润分配、亏损分担,按照合伙协议的约定办理;合伙协议未约定或者约定不明确的,由合伙人协商决定;协商不成的,由合伙人按照实缴出资比例分配、分担;无法确定出资比例的,由合伙人平均分配、分担。

合伙协议不得约定将全部利润分配给部分合伙人或者由部分合伙人承担全部亏损。

第三十四条 【增加或减少对合伙企业的出资】合伙人按照合伙协议的约定或者经全体合伙人决定,可以增加或者减少对合伙企业的出资。

第三十五条 【经营管理人员】被聘任的合伙企业的经营管理人员应当在合伙企业授权范围内履行职务。

被聘任的合伙企业的经营管理人员,超越合伙企业授权范围履行职务,或者在履行职务过程中因故意或者重大过失给合伙企业造成损失的,依法承担赔偿责任。

第三十六条 【财务、会计制度】合伙企业应当依照法律、行政法规的规定建立企业财务、会计制度。

第四节　合伙企业与第三人关系

第三十七条 【保护善意第三人】合伙企业对合伙人执行合伙事务以及对外代表合伙企业权利的限制,不得对抗善意第三人。

第三十八条 【合伙企业对其债务先以其全部财产进行清偿】合伙企业对其债务,应先以其全部财产进行清偿。

第三十九条 【无限连带责任】合伙企业不能清偿到期债务的,合伙人承担无限连带责任。

第四十条 【追偿权】合伙人由于承担无限连带责任,清偿数额超过本法第三十三条第一款规定的其亏损分担比例的,有权向其他合伙人追偿。

第四十一条 【相关债权人抵销权和代位权的

限制】合伙人发生与合伙企业无关的债务，相关债权人不得以其债权抵销其对合伙企业的债务；也不得代位行使合伙人在合伙企业中的权利。

第四十二条 【以合伙企业中的财产份额偿还债务】合伙人的自有财产不足清偿其与合伙企业无关的债务的，该合伙人可以以其从合伙企业中分取的收益用于清偿；债权人也可以依法请求人民法院强制执行该合伙人在合伙企业中的财产份额用于清偿。

人民法院强制执行合伙人的财产份额时，应当通知全体合伙人，其他合伙人有优先购买权；其他合伙人未购买，又不同意将该财产份额转让给他人的，依照本法第五十一条的规定为该合伙人办理退伙结算，或者办理削减该合伙人相应财产份额的结算。

第五节 入伙、退伙

第四十三条 【入伙】新合伙人入伙，除合伙协议另有约定外，应当经全体合伙人一致同意，并依法订立书面入伙协议。

订立入伙协议时，原合伙人应当向新合伙人如实告知原合伙企业的经营状况和财务状况。

第四十四条 【新合伙人的权利、责任】入伙的新合伙人与原合伙人享有同等权利，承担同等责任。入伙协议另有约定的，从其约定。

新合伙人对入伙前合伙企业的债务承担无限连带责任。

第四十五条 【约定合伙期限的退伙】合伙协议约定合伙期限的，在合伙企业存续期间，有下列情形之一的，合伙人可以退伙：

（一）合伙协议约定的退伙事由出现；

（二）经全体合伙人一致同意；

（三）发生合伙人难以继续参加合伙的事由；

（四）其他合伙人严重违反合伙协议约定的义务。

第四十六条 【未约定合伙期限的退伙】合伙协议未约定合伙期限的，合伙人在不给合伙企业事务执行造成不利影响的情况下，可以退伙，但应当提前三十日通知其他合伙人。

第四十七条 【违规退伙的法律责任】合伙人违反本法第四十五条、第四十六条的规定退伙的，应当赔偿由此给合伙企业造成的损失。

第四十八条 【当然退伙】合伙人有下列情形之一的，当然退伙：

（一）作为合伙人的自然人死亡或者被依法宣告死亡；

（二）个人丧失偿债能力；

（三）作为合伙人的法人或者其他组织依法被吊销营业执照、责令关闭、撤销，或者被宣告破产；

（四）法律规定或者合伙协议约定合伙人必须具有相关资格而丧失该资格；

（五）合伙人在合伙企业中的全部财产份额被人民法院强制执行。

合伙人被依法认定为无民事行为能力人或者限制民事行为能力人的，经其他合伙人一致同意，可以依法转为有限合伙人，普通合伙企业依法转为有限合伙企业。其他合伙人未能一致同意的，该无民事行为能力或者限制民事行为能力的合伙人退伙。

退伙事由实际发生之日为退伙生效日。

第四十九条 【除名退伙】合伙人有下列情形之一的，经其他合伙人一致同意，可以决议将其除名：

（一）未履行出资义务；

（二）因故意或者重大过失给合伙企业造成损失；

（三）执行合伙事务时有不正当行为；

（四）发生合伙协议约定的事由。

对合伙人的除名决议应当书面通知被除名人。被除名人接到除名通知之日，除名生效，被除名人退伙。

被除名人对除名决议有异议的，可以自接到除名通知之日起三十日内，向人民法院起诉。

第五十条 【合伙人死亡时财产份额的继承】合伙人死亡或者被依法宣告死亡的，对该合伙人在合伙企业中的财产份额享有合法继承权的继承人，按照合伙协议的约定或者经全体合伙人一致同意，从继承开始之日起，取得该合伙企业的合伙人资格。

有下列情形之一的，合伙企业应当向合伙人的继承人退还被继承合伙人的财产份额：

（一）继承人不愿意成为合伙人；

（二）法律规定或者合伙协议约定合伙人必须具有相关资格，而该继承人未取得该资格；

（三）合伙协议约定不能成为合伙人的其他情形。

合伙人的继承人为无民事行为能力人或者限制民事行为能力人的，经全体合伙人一致同意，可以依法成为有限合伙人，普通合伙企业依法转为有限合伙企业。全体合伙人未能一致同意的，合伙企业应当将被继承合伙人的财产份额退还该继承人。

第五十一条　【退伙结算】合伙人退伙，其他合伙人应当与该退伙人按照退伙时的合伙企业财产状况进行结算，退还退伙人的财产份额。退伙人对给合伙企业造成的损失负有赔偿责任的，相应扣减其应当赔偿的数额。

退伙时有未了结的合伙企业事务的，待该事务了结后进行结算。

第五十二条　【退伙人财产份额的退还办法】退伙人在合伙企业中财产份额的退还办法，由合伙协议约定或者由全体合伙人决定，可以退还货币，也可以退还实物。

第五十三条　【退伙人对退伙前企业债务的责任】退伙人对基于其退伙前的原因发生的合伙企业债务，承担无限连带责任。

第五十四条　【退伙时分担亏损】合伙人退伙时，合伙企业财产少于合伙企业债务的，退伙人应当依照本法第三十三条第一款的规定分担亏损。

第六节　特殊的普通合伙企业

第五十五条　【特殊普通合伙企业的设立】以专业知识和专门技能为客户提供有偿服务的专业服务机构，可以设立为特殊的普通合伙企业。

特殊的普通合伙企业是指合伙人依照本法第五十七条的规定承担责任的普通合伙企业。

特殊的普通合伙企业适用本节规定；本节未作规定的，适用本章第一节至第五节的规定。

第五十六条　【名称】特殊的普通合伙企业名称中应当标明“特殊普通合伙”字样。

第五十七条　【责任形式】一个合伙人或者数个合伙人在执业活动中因故意或者重大过失造成合伙企业债务的，应当承担无限责任或者无限连带责任，其他合伙人以其在合伙企业中的财产份额为限承担责任。

合伙人在执业活动中非因故意或者重大过失造成的合伙企业债务以及合伙企业的其他债务，由全体合伙人承担无限连带责任。

第五十八条　【合伙人过错的赔偿责任】合伙人执业活动中因故意或者重大过失造成的合伙企业债务，以合伙企业财产对外承担责任后，该合伙人应当按照合伙协议的约定对给合伙企业造成的损失承担赔偿责任。

第五十九条　【执业风险基金和职业保险】特殊的普通合伙企业应当建立执业风险基金、办理职业保险。

执业风险基金用于偿付合伙人执业活动造成的债务。执业风险基金应当单独立户管理。具体管理办法由国务院规定。

第三章　有限合伙企业

第六十条　【有限合伙企业的法律适用】有限合伙企业及其合伙人适用本章规定；本章未作规定的，适用本法第二章第一节至第五节关于普通合伙企业及其合伙人的规定。

第六十一条　【合伙人人数以及要求】有限合伙企业由二个以上五十个以下合伙人设立；但是，法律另有规定的除外。

有限合伙企业至少应当有一个普通合伙人。

第六十二条　【名称】有限合伙企业名称中应当标明“有限合伙”字样。

第六十三条　【合伙协议内容】合伙协议除符合本法第十八条的规定外，还应当载明下列事项：

（一）普通合伙人和有限合伙人的姓名或者名称、住所；

（二）执行事务合伙人应具备的条件和选择程序；

（三）执行事务合伙人权限与违约处理办法；

（四）执行事务合伙人的除名条件和更换程序；

（五）有限合伙人入伙、退伙的条件、程序以及相关责任；

（六）有限合伙人和普通合伙人相互转变程序。

第六十四条　【出资方式】有限合伙人可以用货币、实物、知识产权、土地使用权或者其他财产权利作价出资。

有限合伙人不得以劳务出资。

第六十五条　【出资义务的履行】有限合伙人应当按照合伙协议的约定按期足额缴纳出资；未按期足额缴纳的，应当承担补缴义务，并对其他合伙人承担违约责任。

第六十六条　【登记事项】有限合伙企业登记事项中应当载明有限合伙人的姓名或者名称及认缴的出资数额。

第六十七条　【合伙事务执行】有限合伙企业

由普通合伙人执行合伙事务。执行事务合伙人可以要求在合伙协议中确定执行事务的报酬及报酬提取方式。

第六十八条 【合伙事务执行禁止】有限合伙人不执行合伙事务,不得对外代表有限合伙企业。

有限合伙人的下列行为,不视为执行合伙事务:

(一)参与决定普通合伙人入伙、退伙;

(二)对企业的经营管理提出建议;

(三)参与选择承办有限合伙企业审计业务的会计师事务所;

(四)获取经审计的有限合伙企业财务会计报告;

(五)对涉及自身利益的情况,查阅有限合伙企业财务会计账簿等财务资料;

(六)在有限合伙企业中的利益受到侵害时,向有责任的合伙人主张权利或者提起诉讼;

(七)执行事务合伙人怠于行使权利时,督促其行使权利或者为了本企业的利益以自己的名义提起诉讼;

(八)依法为本企业提供担保。

第六十九条 【利润分配】有限合伙企业不得将全部利润分配给部分合伙人;但是,合伙协议另有约定的除外。

第七十条 【有限合伙人与本有限合伙企业交易】有限合伙人可以同本有限合伙企业进行交易;但是,合伙协议另有约定的除外。

第七十一条 【有限合伙人经营与本有限合伙企业相竞争业务】有限合伙人可以自营或者同他人合作经营与本有限合伙企业相竞争的业务;但是,合伙协议另有约定的除外。

第七十二条 【有限合伙人财产份额的出质】有限合伙人可以将其在有限合伙企业中的财产份额出质;但是,合伙协议另有约定的除外。

第七十三条 【有限合伙人财产份额对外转让】有限合伙人可以按照合伙协议的约定向合伙人以外的人转让其在有限合伙企业中的财产份额,但应当提前三十日通知其他合伙人。

第七十四条 【有限合伙人以合伙企业中的财产份额偿还债务】有限合伙人的自有财产不足清偿其与合伙企业无关的债务的,该合伙人可以以其从有限合伙企业中分取的收益用于清偿;债权人也可以依法请求人民法院强制执行该合伙人在有限合伙企业中的财产份额用于清偿。

人民法院强制执行有限合伙人的财产份额时,应当通知全体合伙人。在同等条件下,其他合伙人有优先购买权。

第七十五条 【合伙人结构变化时的处理】有限合伙企业仅剩有限合伙人的,应当解散;有限合伙企业仅剩普通合伙人的,转为普通合伙企业。

第七十六条 【表见代理及无权代理】第三人有理由相信有限合伙人为普通合伙人并与其交易的,该有限合伙人对该笔交易承担与普通合伙人同样的责任。

有限合伙人未经授权以有限合伙企业名义与他人进行交易,给有限合伙企业或者其他合伙人造成损失的,该有限合伙人应当承担赔偿责任。

第七十七条 【新入伙有限合伙人的责任】新入伙的有限合伙人对入伙前有限合伙企业的债务,以其认缴的出资额为限承担责任。

第七十八条 【有限合伙人当然退伙】有限合伙人有本法第四十八条第一款第一项、第三项至第五项所列情形之一的,当然退伙。

第七十九条 【有限合伙人丧失民事行为能力时不得被退伙】作为有限合伙人的自然人在有限合伙企业存续期间丧失民事行为能力的,其他合伙人不得因此要求其退伙。

第八十条 【有限合伙人死亡或者终止时的资格继受】作为有限合伙人的自然人死亡、被依法宣告死亡或者作为有限合伙人的法人及其他组织终止时,其继承人或者权利承受人可以依法取得该有限合伙人在有限合伙企业中的资格。

第八十一条 【有限合伙人退伙后的责任承担】有限合伙人退伙后,对基于其退伙前的原因发生的有限合伙企业债务,以其退伙时从有限合伙企业中取回的财产承担责任。

第八十二条 【合伙人类型转变】除合伙协议另有约定外,普通合伙人转变为有限合伙人,或者有限合伙人转变为普通合伙人,应当经全体合伙人一致同意。

第八十三条 【有限合伙人转变为普通合伙人的债务承担】有限合伙人转变为普通合伙人的,对其作为有限合伙人期间有限合伙企业发生的债务承担无限连带责任。

第八十四条 【普通合伙人转变为有限合伙人的债务承担】普通合伙人转变为有限合伙人的,对其作为普通合伙人期间合伙企业发生的债务承担无限连带责任。

第四章 合伙企业解散、清算

第八十五条 【解散的情形】合伙企业有下列情形之一的,应当解散:

(一)合伙期限届满,合伙人决定不再经营;

(二)合伙协议约定的解散事由出现;

(三)全体合伙人决定解散;

(四)合伙人已不具备法定人数满三十天;

(五)合伙协议约定的合伙目的已经实现或者无法实现;

(六)依法被吊销营业执照、责令关闭或者被撤销;

(七)法律、行政法规规定的其他原因。

第八十六条 【清算】合伙企业解散,应当由清算人进行清算。

清算人由全体合伙人担任;经全体合伙人过半数同意,可以自合伙企业解散事由出现后十五日内指定一个或者数个合伙人,或者委托第三人,担任清算人。

自合伙企业解散事由出现之日起十五日内未确定清算人的,合伙人或者其他利害关系人可以申请人民法院指定清算人。

第八十七条 【清算人在清算期间所执行的事务】清算人在清算期间执行下列事务:

(一)清理合伙企业财产,分别编制资产负债表和财产清单;

(二)处理与清算有关的合伙企业未了结事务;

(三)清缴所欠税款;

(四)清理债权、债务;

(五)处理合伙企业清偿债务后的剩余财产;

(六)代表合伙企业参加诉讼或者仲裁活动。

第八十八条 【债权申报】清算人自被确定之日起十日内将合伙企业解散事项通知债权人,并于六十日内在报纸上公告。债权人应当自接到通知书之日起三十日内,未接到通知书的自公告之日起四十五日内,向清算人申报债权。

债权人申报债权,应当说明债权的有关事项,并提供证明材料。清算人应当对债权进行登记。

清算期间,合伙企业存续,但不得开展与清算无关的经营活动。

第八十九条 【清偿顺序】合伙企业财产在支付清算费用和职工工资、社会保险费用、法定补偿金以及缴纳所欠税款、清偿债务后的剩余财产,依照本法第三十三条第一款的规定进行分配。

第九十条 【注销】清算结束,清算人应当编制清算报告,经全体合伙人签名、盖章后,在十五日内向企业登记机关报送清算报告,申请办理合伙企业注销登记。

第九十一条 【注销后原普通合伙人的责任】合伙企业注销后,原普通合伙人对合伙企业存续期间的债务仍应承担无限连带责任。

第九十二条 【破产】合伙企业不能清偿到期债务的,债权人可以依法向人民法院提出破产清算申请,也可以要求普通合伙人清偿。

合伙企业依法被宣告破产的,普通合伙人对合伙企业债务仍应承担无限连带责任。

第五章 法律责任

第九十三条 【骗取企业登记的法律责任】违反本法规定,提交虚假文件或者采取其他欺骗手段,取得合伙企业登记的,由企业登记机关责令改正,处以五千元以上五万元以下的罚款;情节严重的,撤销企业登记,并处以五万元以上二十万元以下的罚款。

第九十四条 【名称中未标明法定字样的法律责任】违反本法规定,合伙企业未在其名称中标明"普通合伙"、"特殊普通合伙"或者"有限合伙"字样的,由企业登记机关责令限期改正,处以二千元以上一万元以下的罚款。

第九十五条 【未领取营业执照,擅自从事合伙业务及未依法办理变更登记的法律责任】违反本法规定,未领取营业执照,而以合伙企业或者合伙企业分支机构名义从事合伙业务的,由企业登记机关责令停止,处以五千元以上五万元以下的罚款。

合伙企业登记事项发生变更时,未依照本法规定办理变更登记的,由企业登记机关责令限期登记;逾期不登记的,处以二千元以上二万元以下的罚款。

合伙企业登记事项发生变更,执行合伙事务的合伙人未按期申请办理变更登记的,应当赔偿由此给合伙企业、其他合伙人或者善意第三人造成的损失。

第九十六条 【侵占合伙企业财产的法律责任】合伙人执行合伙事务,或者合伙企业从业人员利用职务上的便利，将应当归合伙企业的利益据为己有的，或者采取其他手段侵占合伙企业财产的，应当将该利益和财产退还合伙企业；给合伙企业或者其他合伙人造成损失的，依法承担赔偿责任。

第九十七条　【擅自处理合伙事务的法律责任】合伙人对本法规定或者合伙协议约定必须经全体合伙人一致同意始得执行的事务擅自处理，给合伙企业或者其他合伙人造成损失的，依法承担赔偿责任。

第九十八条　【擅自执行合伙事务的法律责任】不具有事务执行权的合伙人擅自执行合伙事务，给合伙企业或者其他合伙人造成损失的，依法承担赔偿责任。

第九十九条　【违反竞业禁止或与本合伙企业进行交易的规定的法律责任】合伙人违反本法规定或者合伙协议的约定，从事与本合伙企业相竞争的业务或者与本合伙企业进行交易的，该收益归合伙企业所有；给合伙企业或者其他合伙人造成损失的，依法承担赔偿责任。

第一百条　【未依法报送清算报告的法律责任】清算人未依照本法规定向企业登记机关报送清算报告，或者报送清算报告隐瞒重要事实，或者有重大遗漏的，由企业登记机关责令改正。由此产生的费用和损失，由清算人承担和赔偿。

第一百零一条　【清算人执行清算事务时牟取非法收入或侵占合伙企业财产的法律责任】清算人执行清算事务，牟取非法收入或者侵占合伙企业财产的，应当将该收入和侵占的财产退还合伙企业；给合伙企业或者其他合伙人造成损失的，依法承担赔偿责任。

第一百零二条　【清算人违法隐匿、转移合伙企业财产，对资产负债表或者财产清单作虚伪记载，或者在未清偿债务前分配财产的法律责任】清算人违反本法规定，隐匿、转移合伙企业财产，对资产负债表或者财产清单作虚假记载，或者在未清偿债务前分配财产，损害债权人利益的，依法承担赔偿责任。

第一百零三条　【合伙人违反合伙协议的法律责任及争议解决方式】合伙人违反合伙协议的，应当依法承担违约责任。

合伙人履行合伙协议发生争议的，合伙人可以通过协商或者调解解决。不愿通过协商、调解解决或者协商、调解不成的，可以按照合伙协议约定的仲裁条款或者事后达成的书面仲裁协议，向仲裁机构申请仲裁。合伙协议中未订立仲裁条款，事后又没有达成书面仲裁协议的，可以向人民法院起诉。

第一百零四条　【行政管理机关工作人员滥用职权、徇私舞弊、收受贿赂、侵害合伙企业合法权益的法律责任】有关行政管理机关的工作人员违反本法规定，滥用职权、徇私舞弊、收受贿赂、侵害合伙企业合法权益的，依法给予行政处分。

第一百零五条　【刑事责任】违反本法规定，构成犯罪的，依法追究刑事责任。

第一百零六条　【民事赔偿责任和罚款、罚金的承担顺序】违反本法规定，应当承担民事赔偿责任和缴纳罚款、罚金，其财产不足以同时支付的，先承担民事赔偿责任。

第六章　附　　则

第一百零七条　【非企业专业服务机构采取合伙制的法律适用】非企业专业服务机构依据有关法律采取合伙制的，其合伙人承担责任的形式可以适用本法关于特殊的普通合伙企业合伙人承担责任的规定。

第一百零八条　【外国企业或个人在中国境内设立合伙企业的管理办法的制定】外国企业或者个人在中国境内设立合伙企业的管理办法由国务院规定。

第一百零九条　【实施日期】本法自2007年6月1日起施行。

中华人民共和国
个人独资企业法

（1999年8月30日第九届全国人民代表大会常务委员会第十一次会议通过　1999年8月30日中华人民共和国主席令第20号公布　自2000年1月1日起施行）

目　　录

第一章　总　　则
第二章　个人独资企业的设立
第三章　个人独资企业的投资人及事务管理

第四章 个人独资企业的解散和清算
第五章 法律责任
第六章 附 则

第一章 总 则

第一条 【立法目的】为了规范个人独资企业的行为,保护个人独资企业投资人和债权人的合法权益,维护社会经济秩序,促进社会主义市场经济的发展,根据宪法,制定本法。

第二条 【个人独资企业定义】本法所称个人独资企业,是指依照本法在中国境内设立,由一个自然人投资,财产为投资人个人所有,投资人以其个人财产对企业债务承担无限责任的经营实体。

第三条 【住所】个人独资企业以其主要办事机构所在地为住所。

第四条 【依法经营】个人独资企业从事经营活动必须遵守法律、行政法规,遵守诚实信用原则,不得损害社会公共利益。

个人独资企业应当依法履行纳税义务。

第五条 【权益保护】国家依法保护个人独资企业的财产和其他合法权益。

第六条 【依法招聘职工建立工会】个人独资企业应当依法招用职工。职工的合法权益受法律保护。

个人独资企业职工依法建立工会,工会依法开展活动。

第七条 【党的活动】在个人独资企业中的中国共产党党员依照中国共产党章程进行活动。

第二章 个人独资企业的设立

第八条 【建立条件】设立个人独资企业应当具备下列条件:

(一) 投资人为一个自然人;

(二) 有合法的企业名称;

(三) 有投资人申报的出资;

(四) 有固定的生产经营场所和必要的生产经营条件;

(五) 有必要的从业人员。

第九条 【申请程序】申请设立个人独资企业,应当由投资人或者其委托的代理人向个人独资企业所在地的登记机关提交设立申请书、投资人身份证明、生产经营场所使用证明等文件。委托代理人申请设立登记时,应当出具投资人的委托书和代理人的合法证明。

个人独资企业不得从事法律、行政法规禁止经营的业务;从事法律、行政法规规定须报经有关部门审批的业务,应当在申请设立登记时提交有关部门的批准文件。

第十条 【申请书内容】个人独资企业设立申请书应当载明下列事项:

(一) 企业的名称和住所;

(二) 投资人的姓名和居所;

(三) 投资人的出资额和出资方式;

(四) 经营范围。

第十一条 【名称】个人独资企业的名称应当与其责任形式及从事的营业相符合。

第十二条 【登记】登记机关应当在收到设立申请文件之日起15日内,对符合本法规定条件的,予以登记,发给营业执照;对不符合本法规定条件的,不予登记,并应当给予书面答复,说明理由。

第十三条 【成立日期】个人独资企业的营业执照的签发日期,为个人独资企业成立日期。

在领取个人独资企业营业执照前,投资人不得以个人独资企业名义从事经营活动。

第十四条 【分支机构的设立】个人独资企业设立分支机构,应当由投资人或者其委托的代理人向分支机构所在地的登记机关申请登记,领取营业执照。

分支机构经核准登记后,应将登记情况报该分支机构隶属的个人独资企业的登记机关备案。

分支机构的民事责任由设立该分支机构的个人独资企业承担。

第十五条 【变更登记】个人独资企业存续期间登记事项发生变更的,应当在作出变更决定之日起的15日内依法向登记机关申请办理变更登记。

第三章 个人独资企业的投资人及事务管理

第十六条 【禁止设立】法律、行政法规禁止从事营利性活动的人,不得作为投资人申请设立个人独资企业。

第十七条 【财产权】个人独资企业投资人对

本企业的财产依法享有所有权,其有关权利可以依法进行转让或继承。

第十八条 【无限责任】个人独资企业投资人在申请企业设立登记时明确以其家庭共有财产作为个人出资的,应当依法以家庭共有财产对企业债务承担无限责任。

第十九条 【管理】个人独资企业投资人可以自行管理企业事务,也可以委托或者聘用其他具有民事行为能力的人负责企业的事务管理。

投资人委托或者聘用他人管理个人独资企业事务,应当与受托人或者被聘用的人签订书面合同,明确委托的具体内容和授予的权利范围。

受托人或者被聘用的人员应当履行诚信、勤勉义务,按照与投资人签订的合同负责个人独资企业的事务管理。

投资人对受托人或者被聘用的人员职权的限制,不得对抗善意第三人。

第二十条 【管理人员的禁止行为】投资人委托或者聘用的管理个人独资企业事务的人员不得有下列行为:

(一) 利用职务上的便利,索取或者收受贿赂;

(二) 利用职务或者工作上的便利侵占企业财产;

(三) 挪用企业的资金归个人使用或者借贷给他人;

(四) 擅自将企业资金以个人名义或者以他人名义开立账户储存;

(五) 擅自以企业财产提供担保;

(六) 未经投资人同意,从事与本企业相竞争的业务;

(七) 未经投资人同意,同本企业订立合同或者进行交易;

(八) 未经投资人同意,擅自将企业商标或者其他知识产权转让给他人使用;

(九) 泄露本企业的商业秘密;

(十) 法律、行政法规禁止的其他行为。

第二十一条 【财务】个人独资企业应当依法设置会计账簿,进行会计核算。

第二十二条 【职工权益保护】个人独资企业招用职工的,应当依法与职工签订劳动合同,保障职工的劳动安全,按时、足额发放职工工资。

第二十三条 【职工保险】个人独资企业应当按照国家规定参加社会保险,为职工缴纳社会保险费。

第二十四条 【企业权利】个人独资企业可以依法申请贷款、取得土地使用权,并享有法律、行政法规规定的其他权利。

第二十五条 【禁止摊派】任何单位和个人不得违反法律、行政法规的规定,以任何方式强制个人独资企业提供财力、物力、人力;对于违法强制提供财力、物力、人力的行为,个人独资企业有权拒绝。

第四章 个人独资企业的解散和清算

第二十六条 【解散情形】个人独资企业有下列情形之一时,应当解散:

(一) 投资人决定解散;

(二) 投资人死亡或者被宣告死亡,无继承人或者继承人决定放弃继承;

(三) 被依法吊销营业执照;

(四) 法律、行政法规规定的其他情形。

第二十七条 【解散程序】个人独资企业解散,由投资人自行清算或者由债权人申请人民法院指定清算人进行清算。

投资人自行清算的,应当在清算前15日内书面通知债权人,无法通知的,应当予以公告。债权人应当在接到通知之日起30日内,未接到通知的应当在公告之日起60日内,向投资人申报其债权。

第二十八条 【解散后的责任】个人独资企业解散后,原投资人对个人独资企业存续期间的债务仍应承担偿还责任,但债权人在5年内未向债务人提出偿债请求的,该责任消灭。

第二十九条 【债务清偿】个人独资企业解散的,财产应当按照下列顺序清偿:

(一) 所欠职工工资和社会保险费用;

(二) 所欠税款;

(三) 其他债务。

第三十条 【清算期内的禁止行为】清算期间,个人独资企业不得开展与清算目的无关的经营活动。在按前条规定清偿债务前,投资人不得转移、隐匿财产。

第三十一条 【个人其他财产清偿】个人独资企业财产不足以清偿债务的,投资人应当以其个人的其他财产予以清偿。

第三十二条 【注销登记】个人独资企业清算结束后，投资人或者人民法院指定的清算人应当编制清算报告，并于15日内到登记机关办理注销登记。

第五章 法律责任

第三十三条 【欺骗登记】违反本法规定，提交虚假文件或采取其他欺骗手段，取得企业登记的，责令改正，处以5000元以下的罚款；情节严重的，并处吊销营业执照。

第三十四条 【擅自更名责任】违反本法规定，个人独资企业使用的名称与其在登记机关登记的名称不相符合的，责令限期改正，处以2000元以下的罚款。

第三十五条 【涂改、出租、转让执照责任】涂改、出租、转让营业执照的，责令改正，没收违法所得，处以3000元以下的罚款；情节严重的，吊销营业执照。

伪造营业执照的，责令停业，没收违法所得，处以5000元以下的罚款。构成犯罪的，依法追究刑事责任。

第三十六条 【不开业或停业责任】个人独资企业成立后无正当理由超过6个月未开业的，或者开业后自行停业连续6个月以上的，吊销营业执照。

第三十七条 【未登记或变更登记责任】违反本法规定，未领取营业执照，以个人独资企业名义从事经营活动的，责令停止经营活动，处以3000元以下的罚款。

个人独资企业登记事项发生变更时，未按本法规定办理有关变更登记的，责令限期办理变更登记；逾期不办理的，处以2000元以下的罚款。

第三十八条 【管理人责任】投资人委托或者聘用的人员管理个人独资企业事务时违反双方订立的合同，给投资人造成损害的，承担民事赔偿责任。

第三十九条 【企业侵犯职工利益责任】个人独资企业违反本法规定，侵犯职工合法权益，未保障职工劳动安全，不缴纳社会保险费用的，按照有关法律、行政法规予以处罚，并追究有关责任人员的责任。

第四十条 【管理人侵犯财产责任】投资人委托或者聘用的人员违反本法第二十条规定，侵犯个人独资企业财产权益的，责令退还侵占的财产；给企业造成损失的，依法承担赔偿责任；有违法所得的，没收违法所得；构成犯罪的，依法追究刑事责任。

第四十一条 【摊派责任】违反法律、行政法规的规定强制个人独资企业提供财力、物力、人力的，按照有关法律、行政法规予以处罚，并追究有关责任人员的责任。

第四十二条 【企业逃避债务责任】个人独资企业及其投资人在清算前或清算期间隐匿或转移财产，逃避债务的，依法追回其财产，并按照有关规定予以处罚；构成犯罪的，依法追究刑事责任。

第四十三条 【责任顺序】投资人违反本法规定，应当承担民事赔偿责任和缴纳罚款、罚金，其财产不足以支付的，或者被判处没收财产的，应当先承担民事赔偿责任。

第四十四条 【登记机关责任】登记机关对不符合本法规定条件的个人独资企业予以登记，或者对符合本法规定条件的企业不予登记的，对直接责任人员依法给予行政处分；构成犯罪的，依法追究刑事责任。

第四十五条 【登记机关上级主管人员责任】登记机关的上级部门的有关主管人员强令登记机关对不符合本法规定条件的企业予以登记，或者对符合本法规定条件的企业不予登记的，或者对登记机关的违法登记行为进行包庇的，对直接责任人员依法给予行政处分；构成犯罪的，依法追究刑事责任。

第四十六条 【不予登记的救济】登记机关对符合法定条件的申请不予登记或者超过法定时限不予答复的，当事人可依法申请行政复议或提起行政诉讼。

第六章 附 则

第四十七条 【适用范围】外商独资企业不适用本法。

第四十八条 【生效日期】本法自2000年1月1日起施行。

企业信息公示暂行条例

（2014年7月23日国务院第57次常务会议通过　2014年8月7日中华人民共和国国务院令第654号公布　自2014年10月1日起施行）

第一条　为了保障公平竞争，促进企业诚信自律，规范企业信息公示，强化企业信用约束，维护交易安全，提高政府监管效能，扩大社会监督，制定本条例。

第二条　本条例所称企业信息，是指在工商行政管理部门登记的企业从事生产经营活动过程中形成的信息，以及政府部门在履行职责过程中产生的能够反映企业状况的信息。

第三条　企业信息公示应当真实、及时。公示的企业信息涉及国家秘密、国家安全或者社会公共利益的，应当报请主管的保密行政管理部门或者国家安全机关批准。县级以上地方人民政府有关部门公示的企业信息涉及企业商业秘密或者个人隐私的，应当报请上级主管部门批准。

第四条　省、自治区、直辖市人民政府领导本行政区域的企业信息公示工作，按照国家社会信用信息平台建设的总体要求，推动本行政区域企业信用信息公示系统的建设。

第五条　国务院工商行政管理部门推进、监督企业信息公示工作，组织企业信用信息公示系统的建设。国务院其他有关部门依照本条例规定做好企业信息公示相关工作。

县级以上地方人民政府有关部门依照本条例规定做好企业信息公示工作。

第六条　工商行政管理部门应当通过企业信用信息公示系统，公示其在履行职责过程中产生的下列企业信息：

（一）注册登记、备案信息；

（二）动产抵押登记信息；

（三）股权出质登记信息；

（四）行政处罚信息；

（五）其他依法应当公示的信息。

前款规定的企业信息应当自产生之日起20个工作日内予以公示。

第七条　工商行政管理部门以外的其他政府部门（以下简称其他政府部门）应当公示其在履行职责过程中产生的下列企业信息：

（一）行政许可准予、变更、延续信息；

（二）行政处罚信息；

（三）其他依法应当公示的信息。

其他政府部门可以通过企业信用信息公示系统，也可以通过其他系统公示前款规定的企业信息。工商行政管理部门和其他政府部门应当按照国家社会信用信息平台建设的总体要求，实现企业信息的互联共享。

第八条　企业应当于每年1月1日至6月30日，通过企业信用信息公示系统向工商行政管理部门报送上一年度年度报告，并向社会公示。

当年设立登记的企业，自下一年起报送并公示年度报告。

第九条　企业年度报告内容包括：

（一）企业通信地址、邮政编码、联系电话、电子邮箱等信息；

（二）企业开业、歇业、清算等存续状态信息；

（三）企业投资设立企业、购买股权信息；

（四）企业为有限责任公司或者股份有限公司的，其股东或者发起人认缴和实缴的出资额、出资时间、出资方式等信息；

（五）有限责任公司股东股权转让等股权变更信息；

（六）企业网站以及从事网络经营的网店的名称、网址等信息；

（七）企业从业人数、资产总额、负债总额、对外提供保证担保、所有者权益合计、营业总收入、主营业务收入、利润总额、净利润、纳税总额信息。

前款第一项至第六项规定的信息应当向社会公示，第七项规定的信息由企业选择是否向社会公示。

经企业同意，公民、法人或者其他组织可以查询企业选择不公示的信息。

第十条　企业应当自下列信息形成之日起20个工作日内通过企业信用信息公示系统向社会公示：

（一）有限责任公司股东或者股份有限公司发起人认缴和实缴的出资额、出资时间、出资方式等信息；

（二）有限责任公司股东股权转让等股权变更信息；

（三）行政许可取得、变更、延续信息；

（四）知识产权出质登记信息；

（五）受到行政处罚的信息；

（六）其他依法应当公示的信息。

工商行政管理部门发现企业未依照前款规定履行公示义务的，应当责令其限期履行。

第十一条 政府部门和企业分别对其公示信息的真实性、及时性负责。

第十二条 政府部门发现其公示的信息不准确的，应当及时更正。公民、法人或者其他组织有证据证明政府部门公示的信息不准确的，有权要求该政府部门予以更正。

企业发现其公示的信息不准确的，应当及时更正；但是，企业年度报告公示信息的更正应当在每年6月30日之前完成。更正前后的信息应当同时公示。

第十三条 公民、法人或者其他组织发现企业公示的信息虚假的，可以向工商行政管理部门举报，接到举报的工商行政管理部门应当自接到举报材料之日起20个工作日内进行核查，予以处理，并将处理情况书面告知举报人。

公民、法人或者其他组织对依照本条例规定公示的企业信息有疑问的，可以向政府部门申请查询，收到查询申请的政府部门应当自收到申请之日起20个工作日内书面答复申请人。

第十四条 国务院工商行政管理部门和省、自治区、直辖市人民政府工商行政管理部门应当按照公平规范的要求，根据企业注册号等随机摇号，确定抽查的企业，组织对企业公示信息的情况进行检查。

工商行政管理部门抽查企业公示的信息，可以采取书面检查、实地核查、网络监测等方式。工商行政管理部门抽查企业公示的信息，可以委托会计师事务所、税务师事务所、律师事务所等专业机构开展相关工作，并依法利用其他政府部门作出的检查、核查结果或者专业机构作出的专业结论。

抽查结果由工商行政管理部门通过企业信用信息公示系统向社会公布。

第十五条 工商行政管理部门对企业公示的信息依法开展抽查或者根据举报进行核查，企业应当配合，接受询问调查，如实反映情况，提供相关材料。

对不予配合情节严重的企业，工商行政管理部门应当通过企业信用信息公示系统公示。

第十六条 任何公民、法人或者其他组织不得非法修改公示的企业信息，不得非法获取企业信息。

第十七条 有下列情形之一的，由县级以上工商行政管理部门列入经营异常名录，通过企业信用信息公示系统向社会公示，提醒其履行公示义务；情节严重的，由有关主管部门依照有关法律、行政法规规定给予行政处罚；造成他人损失的，依法承担赔偿责任；构成犯罪的，依法追究刑事责任：

（一）企业未按照本条例规定的期限公示年度报告或者未按照工商行政管理部门责令的期限公示有关企业信息的；

（二）企业公示信息隐瞒真实情况、弄虚作假的。

被列入经营异常名录的企业依照本条例规定履行公示义务的，由县级以上工商行政管理部门移出经营异常名录；满3年未依照本条例规定履行公示义务的，由国务院工商行政管理部门或者省、自治区、直辖市人民政府工商行政管理部门列入严重违法企业名单，并通过企业信用信息公示系统向社会公示。被列入严重违法企业名单的企业的法定代表人、负责人，3年内不得担任其他企业的法定代表人、负责人。

企业自被列入严重违法企业名单之日起满5年未再发生第一款规定情形的，由国务院工商行政管理部门或者省、自治区、直辖市人民政府工商行政管理部门移出严重违法企业名单。

第十八条 县级以上地方人民政府及其有关部门应当建立健全信用约束机制，在政府采购、工程招投标、国有土地出让、授予荣誉称号等工作中，将企业信息作为重要考量因素，对被列入经营异常名录或者严重违法企业名单的企业依法予以限制或者禁入。

第十九条 政府部门未依照本条例规定履行职责的，由监察机关、上一级政府部门责令改正；情节严重的，对负有责任的主管人员和其他直接责任人员依法给予处分；构成犯罪的，依法追究刑事责任。

第二十条 非法修改公示的企业信息，或者非法获取企业信息的，依照有关法律、行政法规规定追究法律责任。

第二十一条 公民、法人或者其他组织认为政府部门在企业信息公示工作中的具体行政行为侵犯其合法权益的，可以依法申请行政复议或者提起行政诉讼。

第二十二条 企业依照本条例规定公示信息，不免除其依照其他有关法律、行政法规规定公示信息的义务。

第二十三条 法律、法规授权的具有管理公共事务职能的组织公示企业信息适用本条例关于政府部门公示企业信息的规定。

第二十四条 国务院工商行政管理部门负责制定企业信用信息公示系统的技术规范。

个体工商户、农民专业合作社信息公示的具体办法由国务院工商行政管理部门另行制定。

第二十五条 本条例自2014年10月1日起施行。

中华人民共和国外商投资法

（2019年3月15日第十三届全国人民代表大会第二次会议通过　2019年3月15日中华人民共和国主席令第26号公布　自2020年1月1日起施行）

第一章　总　　则

第一条 为了进一步扩大对外开放，积极促进外商投资，保护外商投资合法权益，规范外商投资管理，推动形成全面开放新格局，促进社会主义市场经济健康发展，根据宪法，制定本法。

第二条 在中华人民共和国境内（以下简称中国境内）的外商投资，适用本法。

本法所称外商投资，是指外国的自然人、企业或者其他组织（以下称外国投资者）直接或者间接在中国境内进行的投资活动，包括下列情形：

（一）外国投资者单独或者与其他投资者共同在中国境内设立外商投资企业；

（二）外国投资者取得中国境内企业的股份、股权、财产份额或者其他类似权益；

（三）外国投资者单独或者与其他投资者共同在中国境内投资新建项目；

（四）法律、行政法规或者国务院规定的其他方式的投资。

本法所称外商投资企业，是指全部或者部分由外国投资者投资，依照中国法律在中国境内经登记注册设立的企业。

第三条 国家坚持对外开放的基本国策，鼓励外国投资者依法在中国境内投资。

国家实行高水平投资自由化便利化政策，建立和完善外商投资促进机制，营造稳定、透明、可预期和公平竞争的市场环境。

第四条 国家对外商投资实行准入前国民待遇加负面清单管理制度。

前款所称准入前国民待遇，是指在投资准入阶段给予外国投资者及其投资不低于本国投资者及其投资的待遇；所称负面清单，是指国家规定在特定领域对外商投资实施的准入特别管理措施。国家对负面清单之外的外商投资，给予国民待遇。

负面清单由国务院发布或者批准发布。

中华人民共和国缔结或者参加的国际条约、协定对外国投资者准入待遇有更优惠规定的，可以按照相关规定执行。

第五条 国家依法保护外国投资者在中国境内的投资、收益和其他合法权益。

第六条 在中国境内进行投资活动的外国投资者、外商投资企业，应当遵守中国法律法规，不得危害中国国家安全、损害社会公共利益。

第七条 国务院商务主管部门、投资主管部门按照职责分工，开展外商投资促进、保护和管理工作；国务院其他有关部门在各自职责范围内，负责外商投资促进、保护和管理的相关工作。

县级以上地方人民政府有关部门依照法律法规和本级人民政府确定的职责分工，开展外商投资促进、保护和管理工作。

第八条 外商投资企业职工依法建立工会组织，开展工会活动，维护职工的合法权益。外商投资企业应当为本企业工会提供必要的活动条件。

第二章　投资促进

第九条 外商投资企业依法平等适用国家支持企业发展的各项政策。

第十条 制定与外商投资有关的法律、法规、规章，应当采取适当方式征求外商投资企业的意见和建议。

与外商投资有关的规范性文件、裁判文书等，应当依法及时公布。

第十一条 国家建立健全外商投资服务体系，为外国投资者和外商投资企业提供法律法规、政策措施、投资项目信息等方面的咨询和服务。

第十二条 国家与其他国家和地区、国际组织建立多边、双边投资促进合作机制，加强投资领域的国际交流与合作。

第十三条 国家根据需要,设立特殊经济区域,或者在部分地区实行外商投资试验性政策措施,促进外商投资,扩大对外开放。

第十四条 国家根据国民经济和社会发展需要,鼓励和引导外国投资者在特定行业、领域、地区投资。外国投资者、外商投资企业可以依照法律、行政法规或者国务院的规定享受优惠待遇。

第十五条 国家保障外商投资企业依法平等参与标准制定工作,强化标准制定的信息公开和社会监督。

国家制定的强制性标准平等适用于外商投资企业。

第十六条 国家保障外商投资企业依法通过公平竞争参与政府采购活动。政府采购依法对外商投资企业在中国境内生产的产品、提供的服务平等对待。

第十七条 外商投资企业可以依法通过公开发行股票、公司债券等证券和其他方式进行融资。

第十八条 县级以上地方人民政府可以根据法律、行政法规、地方性法规的规定,在法定权限内制定外商投资促进和便利化政策措施。

第十九条 各级人民政府及其有关部门应当按照便利、高效、透明的原则,简化办事程序,提高办事效率,优化政务服务,进一步提高外商投资服务水平。

有关主管部门应当编制和公布外商投资指引,为外国投资者和外商投资企业提供服务和便利。

第三章 投资保护

第二十条 国家对外国投资者的投资不实行征收。

在特殊情况下,国家为了公共利益的需要,可以依照法律规定对外国投资者的投资实行征收或者征用。征收、征用应当依照法定程序进行,并及时给予公平、合理的补偿。

第二十一条 外国投资者在中国境内的出资、利润、资本收益、资产处置所得、知识产权许可使用费、依法获得的补偿或者赔偿、清算所得等,可以依法以人民币或者外汇自由汇入、汇出。

第二十二条 国家保护外国投资者和外商投资企业的知识产权,保护知识产权权利人和相关权利人的合法权益;对知识产权侵权行为,严格依法追究法律责任。

国家鼓励在外商投资过程中基于自愿原则和商业规则开展技术合作。技术合作的条件由投资各方遵循公平原则平等协商确定。行政机关及其工作人员不得利用行政手段强制转让技术。

第二十三条 行政机关及其工作人员对于履行职责过程中知悉的外国投资者、外商投资企业的商业秘密,应当依法予以保密,不得泄露或者非法向他人提供。

第二十四条 各级人民政府及其有关部门制定涉及外商投资的规范性文件,应当符合法律法规的规定;没有法律、行政法规依据的,不得减损外商投资企业的合法权益或者增加其义务,不得设置市场准入和退出条件,不得干预外商投资企业的正常生产经营活动。

第二十五条 地方各级人民政府及其有关部门应当履行向外国投资者、外商投资企业依法作出的政策承诺以及依法订立的各类合同。

因国家利益、社会公共利益需要改变政策承诺、合同约定的,应当依照法定权限和程序进行,并依法对外国投资者、外商投资企业因此受到的损失予以补偿。

第二十六条 国家建立外商投资企业投诉工作机制,及时处理外商投资企业或者其投资者反映的问题,协调完善相关政策措施。

外商投资企业或者其投资者认为行政机关及其工作人员的行政行为侵犯其合法权益的,可以通过外商投资企业投诉工作机制申请协调解决。

外商投资企业或者其投资者认为行政机关及其工作人员的行政行为侵犯其合法权益的,除依照前款规定通过外商投资企业投诉工作机制申请协调解决外,还可以依法申请行政复议、提起行政诉讼。

第二十七条 外商投资企业可以依法成立和自愿参加商会、协会。商会、协会依照法律法规和章程的规定开展相关活动,维护会员的合法权益。

第四章 投资管理

第二十八条 外商投资准入负面清单规定禁止投资的领域,外国投资者不得投资。

外商投资准入负面清单规定限制投资的领域,

外国投资者进行投资应当符合负面清单规定的条件。

外商投资准入负面清单以外的领域，按照内外资一致的原则实施管理。

第二十九条 外商投资需要办理投资项目核准、备案的，按照国家有关规定执行。

第三十条 外国投资者在依法需要取得许可的行业、领域进行投资的，应当依法办理相关许可手续。

有关主管部门应当按照与内资一致的条件和程序，审核外国投资者的许可申请，法律、行政法规另有规定的除外。

第三十一条 外商投资企业的组织形式、组织机构及其活动准则，适用《中华人民共和国公司法》、《中华人民共和国合伙企业法》等法律的规定。

第三十二条 外商投资企业开展生产经营活动，应当遵守法律、行政法规有关劳动保护、社会保险的规定，依照法律、行政法规和国家有关规定办理税收、会计、外汇等事宜，并接受相关主管部门依法实施的监督检查。

第三十三条 外国投资者并购中国境内企业或者以其他方式参与经营者集中的，应当依照《中华人民共和国反垄断法》的规定接受经营者集中审查。

第三十四条 国家建立外商投资信息报告制度。外国投资者或者外商投资企业应当通过企业登记系统以及企业信用信息公示系统向商务主管部门报送投资信息。

外商投资信息报告的内容和范围按照确有必要的原则确定；通过部门信息共享能够获得的投资信息，不得再行要求报送。

第三十五条 国家建立外商投资安全审查制度，对影响或者可能影响国家安全的外商投资进行安全审查。

依法作出的安全审查决定为最终决定。

第五章 法律责任

第三十六条 外国投资者投资外商投资准入负面清单规定禁止投资的领域的，由有关主管部门责令停止投资活动，限期处分股份、资产或者采取其他必要措施，恢复到实施投资前的状态；有违法所得的，没收违法所得。

外国投资者的投资活动违反外商投资准入负面清单规定的限制性准入特别管理措施的，由有关主管部门责令限期改正，采取必要措施满足准入特别管理措施的要求；逾期不改正的，依照前款规定处理。

外国投资者的投资活动违反外商投资准入负面清单规定的，除依照前两款规定处理外，还应当依法承担相应的法律责任。

第三十七条 外国投资者、外商投资企业违反本法规定，未按照外商投资信息报告制度的要求报送投资信息的，由商务主管部门责令限期改正；逾期不改正的，处十万元以上五十万元以下的罚款。

第三十八条 对外国投资者、外商投资企业违反法律、法规的行为，由有关部门依法查处，并按照国家有关规定纳入信用信息系统。

第三十九条 行政机关工作人员在外商投资促进、保护和管理工作中滥用职权、玩忽职守、徇私舞弊的，或者泄露、非法向他人提供履行职责过程中知悉的商业秘密的，依法给予处分；构成犯罪的，依法追究刑事责任。

第六章 附 则

第四十条 任何国家或者地区在投资方面对中华人民共和国采取歧视性的禁止、限制或者其他类似措施的，中华人民共和国可以根据实际情况对该国家或者该地区采取相应的措施。

第四十一条 对外国投资者在中国境内投资银行业、证券业、保险业等金融行业，或者在证券市场、外汇市场等金融市场进行投资的管理，国家另有规定的，依照其规定。

第四十二条 本法自2020年1月1日起施行。《中华人民共和国中外合资经营企业法》、《中华人民共和国外资企业法》、《中华人民共和国中外合作经营企业法》同时废止。

本法施行前依照《中华人民共和国中外合资经营企业法》、《中华人民共和国外资企业法》、《中华人民共和国中外合作经营企业法》设立的外商投资企业，在本法施行后五年内可以继续保留原企业组织形式等。具体实施办法由国务院规定。

中华人民共和国
外商投资法实施条例

（2019年12月12日国务院第74次常务会议通过　2019年12月26日中华人民共和国国务院令第723号公布　自2020年1月1日起施行）

第一章　总　　则

第一条　根据《中华人民共和国外商投资法》（以下简称外商投资法），制定本条例。

第二条　国家鼓励和促进外商投资，保护外商投资合法权益，规范外商投资管理，持续优化外商投资环境，推进更高水平对外开放。

第三条　外商投资法第二条第二款第一项、第三项所称其他投资者，包括中国的自然人在内。

第四条　外商投资准入负面清单（以下简称负面清单）由国务院投资主管部门会同国务院商务主管部门等有关部门提出，报国务院发布或者报国务院批准后由国务院投资主管部门、商务主管部门发布。

国家根据进一步扩大对外开放和经济社会发展需要，适时调整负面清单。调整负面清单的程序，适用前款规定。

第五条　国务院商务主管部门、投资主管部门以及其他有关部门按照职责分工，密切配合、相互协作，共同做好外商投资促进、保护和管理工作。

县级以上地方人民政府应当加强对外商投资促进、保护和管理工作的组织领导，支持、督促有关部门依照法律法规和职责分工开展外商投资促进、保护和管理工作，及时协调、解决外商投资促进、保护和管理工作中的重大问题。

第二章　投资促进

第六条　政府及其有关部门在政府资金安排、土地供应、税费减免、资质许可、标准制定、项目申报、人力资源政策等方面，应当依法平等对待外商投资企业和内资企业。

政府及其有关部门制定的支持企业发展的政策应当依法公开；对政策实施中需要由企业申请办理的事项，政府及其有关部门应当公开申请办理的条件、流程、时限等，并在审核中依法平等对待外商投资企业和内资企业。

第七条　制定与外商投资有关的行政法规、规章、规范性文件，或者政府及其有关部门起草与外商投资有关的法律、地方性法规，应当根据实际情况，采取书面征求意见以及召开座谈会、论证会、听证会等多种形式，听取外商投资企业和有关商会、协会等方面的意见和建议；对反映集中或者涉及外商投资企业重大权利义务问题的意见和建议，应当通过适当方式反馈采纳的情况。

与外商投资有关的规范性文件应当依法及时公布，未经公布的不得作为行政管理依据。与外商投资企业生产经营活动密切相关的规范性文件，应当结合实际，合理确定公布到施行之间的时间。

第八条　各级人民政府应当按照政府主导、多方参与的原则，建立健全外商投资服务体系，不断提升外商投资服务能力和水平。

第九条　政府及其有关部门应当通过政府网站、全国一体化在线政务服务平台集中列明有关外商投资的法律、法规、规章、规范性文件、政策措施和投资项目信息，并通过多种途径和方式加强宣传、解读，为外国投资者和外商投资企业提供咨询、指导等服务。

第十条　外商投资法第十三条所称特殊经济区域，是指经国家批准设立、实行更大力度的对外开放政策措施的特定区域。

国家在部分地区实行的外商投资试验性政策措施，经实践证明可行的，根据实际情况在其他地区或者全国范围内推广。

第十一条　国家根据国民经济和社会发展需要，制定鼓励外商投资产业目录，列明鼓励和引导外国投资者投资的特定行业、领域、地区。鼓励外商投资产业目录由国务院投资主管部门会同国务院商务主管部门等有关部门拟订，报国务院批准后由国务院投资主管部门、商务主管部门发布。

第十二条　外国投资者、外商投资企业可以依照法律、行政法规或者国务院的规定，享受财政、税收、金融、用地等方面的优惠待遇。

外国投资者以其在中国境内的投资收益在中国境内扩大投资的，依法享受相应的优惠待遇。

第十三条 外商投资企业依法和内资企业平等参与国家标准、行业标准、地方标准和团体标准的制定、修订工作。外商投资企业可以根据需要自行制定或者与其他企业联合制定企业标准。

外商投资企业可以向标准化行政主管部门和有关行政主管部门提出标准的立项建议，在标准立项、起草、技术审查以及标准实施信息反馈、评估等过程中提出意见和建议，并按照规定承担标准起草、技术审查的相关工作以及标准的外文翻译工作。

标准化行政主管部门和有关行政主管部门应当建立健全相关工作机制，提高标准制定、修订的透明度，推进标准制定、修订全过程信息公开。

第十四条 国家制定的强制性标准对外商投资企业和内资企业平等适用，不得专门针对外商投资企业适用高于强制性标准的技术要求。

第十五条 政府及其有关部门不得阻挠和限制外商投资企业自由进入本地区和本行业的政府采购市场。

政府采购的采购人、采购代理机构不得在政府采购信息发布、供应商条件确定和资格审查、评标标准等方面，对外商投资企业实行差别待遇或者歧视待遇，不得以所有制形式、组织形式、股权结构、投资者国别、产品或者服务品牌以及其他不合理的条件对供应商予以限定，不得对外商投资企业在中国境内生产的产品、提供的服务和内资企业区别对待。

第十六条 外商投资企业可以依照《中华人民共和国政府采购法》（以下简称政府采购法）及其实施条例的规定，就政府采购活动事项向采购人、采购代理机构提出询问、质疑，向政府采购监督管理部门投诉。采购人、采购代理机构、政府采购监督管理部门应当在规定的时限内作出答复或者处理决定。

第十七条 政府采购监督管理部门和其他有关部门应当加强对政府采购活动的监督检查，依法纠正和查处对外商投资企业实行差别待遇或者歧视待遇等违法违规行为。

第十八条 外商投资企业可以依法在中国境内或者境外通过公开发行股票、公司债券等证券，以及公开或者非公开发行其他融资工具、借用外债等方式进行融资。

第十九条 县级以上地方人民政府可以根据法律、行政法规、地方性法规的规定，在法定权限内制定费用减免、用地指标保障、公共服务提供等方面的外商投资促进和便利化政策措施。

县级以上地方人民政府制定外商投资促进和便利化政策措施，应当以推动高质量发展为导向，有利于提高经济效益、社会效益、生态效益，有利于持续优化外商投资环境。

第二十条 有关主管部门应当编制和公布外商投资指引，为外国投资者和外商投资企业提供服务和便利。外商投资指引应当包括投资环境介绍、外商投资办事指南、投资项目信息以及相关数据信息等内容，并及时更新。

第三章　投资保护

第二十一条 国家对外国投资者的投资不实行征收。

在特殊情况下，国家为了公共利益的需要依照法律规定对外国投资者的投资实行征收的，应当依照法定程序、以非歧视性的方式进行，并按照被征收投资的市场价值及时给予补偿。

外国投资者对征收决定不服的，可以依法申请行政复议或者提起行政诉讼。

第二十二条 外国投资者在中国境内的出资、利润、资本收益、资产处置所得、取得的知识产权许可使用费、依法获得的补偿或者赔偿、清算所得等，可以依法以人民币或者外汇自由汇入、汇出，任何单位和个人不得违法对币种、数额以及汇入、汇出的频次等进行限制。

外商投资企业的外籍职工和香港、澳门、台湾职工的工资收入和其他合法收入，可以依法自由汇出。

第二十三条 国家加大对知识产权侵权行为的惩处力度，持续强化知识产权执法，推动建立知识产权快速协同保护机制，健全知识产权纠纷多元化解决机制，平等保护外国投资者和外商投资企业的知识产权。

标准制定中涉及外国投资者和外商投资企业专利的，应当按照标准涉及专利的有关管理规定办理。

第二十四条 行政机关（包括法律、法规授权的具有管理公共事务职能的组织，下同）及其工作人员不得利用实施行政许可、行政检查、行政处罚、行政强制以及其他行政手段,强制或者变相强制外国投资者、外商投资企业转让技术。

第二十五条 行政机关依法履行职责,确需外国投资者、外商投资企业提供涉及商业秘密的材料、信息的,应当限定在履行职责所必需的范围内,并严格控制知悉范围,与履行职责无关的人员不得接触有关材料、信息。

行政机关应当建立健全内部管理制度,采取有效措施保护履行职责过程中知悉的外国投资者、外商投资企业的商业秘密;依法需要与其他行政机关共享信息的,应当对信息中含有的商业秘密进行保密处理,防止泄露。

第二十六条 政府及其有关部门制定涉及外商投资的规范性文件,应当按照国务院的规定进行合法性审核。

外国投资者、外商投资企业认为行政行为所依据的国务院部门和地方人民政府及其部门制定的规范性文件不合法,在依法对行政行为申请行政复议或者提起行政诉讼时,可以一并请求对该规范性文件进行审查。

第二十七条 外商投资法第二十五条所称政策承诺,是指地方各级人民政府及其有关部门在法定权限内,就外国投资者、外商投资企业在本地区投资所适用的支持政策、享受的优惠待遇和便利条件等作出的书面承诺。政策承诺的内容应当符合法律、法规规定。

第二十八条 地方各级人民政府及其有关部门应当履行向外国投资者、外商投资企业依法作出的政策承诺以及依法订立的各类合同,不得以行政区划调整、政府换届、机构或者职能调整以及相关责任人更替等为由违约毁约。因国家利益、社会公共利益需要改变政策承诺、合同约定的,应当依照法定权限和程序进行,并依法对外国投资者、外商投资企业因此受到的损失及时予以公平、合理的补偿。

第二十九条 县级以上人民政府及其有关部门应当按照公开透明、高效便利的原则,建立健全外商投资企业投诉工作机制,及时处理外商投资企业或者其投资者反映的问题,协调完善相关政策措施。

国务院商务主管部门会同国务院有关部门建立外商投资企业投诉工作部际联席会议制度,协调、推动中央层面的外商投资企业投诉工作,对地方的外商投资企业投诉工作进行指导和监督。县级以上地方人民政府应当指定部门或者机构负责受理本地区外商投资企业或者其投资者的投诉。

国务院商务主管部门、县级以上地方人民政府指定的部门或者机构应当完善投诉工作规则、健全投诉方式、明确投诉处理时限。投诉工作规则、投诉方式、投诉处理时限应当对外公布。

第三十条 外商投资企业或者其投资者认为行政机关及其工作人员的行政行为侵犯其合法权益,通过外商投资企业投诉工作机制申请协调解决的,有关方面进行协调时可以向被申请的行政机关及其工作人员了解情况,被申请的行政机关及其工作人员应当予以配合。协调结果应当以书面形式及时告知申请人。

外商投资企业或者其投资者依照前款规定申请协调解决有关问题的,不影响其依法申请行政复议、提起行政诉讼。

第三十一条 对外商投资企业或者其投资者通过外商投资企业投诉工作机制反映或者申请协调解决问题,任何单位和个人不得压制或者打击报复。

除外商投资企业投诉工作机制外,外商投资企业或者其投资者还可以通过其他合法途径向政府及其有关部门反映问题。

第三十二条 外商投资企业可以依法成立商会、协会。除法律、法规另有规定外,外商投资企业有权自主决定参加或者退出商会、协会,任何单位和个人不得干预。

商会、协会应当依照法律法规和章程的规定,加强行业自律,及时反映行业诉求,为会员提供信息咨询、宣传培训、市场拓展、经贸交流、权益保护、纠纷处理等方面的服务。

国家支持商会、协会依照法律法规和章程的规定开展相关活动。

第四章 投资管理

第三十三条 负面清单规定禁止投资的领域,外国投资者不得投资。负面清单规定限制投资的领域,外国投资者进行投资应当符合负面清单规定的股权要求、高级管理人员要求等限制性准入特别管理措施。

第三十四条 有关主管部门在依法履行职责过程中，对外国投资者拟投资负面清单内领域，但不符合负面清单规定的，不予办理许可、企业登记注册等相关事项；涉及固定资产投资项目核准的，不予办理相关核准事项。

有关主管部门应当对负面清单规定执行情况加强监督检查，发现外国投资者投资负面清单规定禁止投资的领域，或者外国投资者的投资活动违反负面清单规定的限制性准入特别管理措施的，依照外商投资法第三十六条的规定予以处理。

第三十五条 外国投资者在依法需要取得许可的行业、领域进行投资的，除法律、行政法规另有规定外，负责实施许可的有关主管部门应当按照与内资一致的条件和程序，审核外国投资者的许可申请，不得在许可条件、申请材料、审核环节、审核时限等方面对外国投资者设置歧视性要求。

负责实施许可的有关主管部门应当通过多种方式，优化审批服务，提高审批效率。对符合相关条件和要求的许可事项，可以按照有关规定采取告知承诺的方式办理。

第三十六条 外商投资需要办理投资项目核准、备案的，按照国家有关规定执行。

第三十七条 外商投资企业的登记注册，由国务院市场监督管理部门或者其授权的地方人民政府市场监督管理部门依法办理。国务院市场监督管理部门应当公布其授权的市场监督管理部门名单。

外商投资企业的注册资本可以用人民币表示，也可以用可自由兑换货币表示。

第三十八条 外国投资者或者外商投资企业应当通过企业登记系统以及企业信用信息公示系统向商务主管部门报送投资信息。国务院商务主管部门、市场监督管理部门应当做好相关业务系统的对接和工作衔接，并为外国投资者或者外商投资企业报送投资信息提供指导。

第三十九条 外商投资信息报告的内容、范围、频次和具体流程，由国务院商务主管部门会同国务院市场监督管理部门等有关部门按照确有必要、高效便利的原则确定并公布。商务主管部门、其他有关部门应当加强信息共享，通过部门信息共享能够获得的投资信息，不得再行要求外国投资者或者外商投资企业报送。

外国投资者或者外商投资企业报送的投资信息应当真实、准确、完整。

第四十条 国家建立外商投资安全审查制度，对影响或者可能影响国家安全的外商投资进行安全审查。

第五章 法律责任

第四十一条 政府和有关部门及其工作人员有下列情形之一的，依法依规追究责任：

（一）制定或者实施有关政策不依法平等对待外商投资企业和内资企业；

（二）违法限制外商投资企业平等参与标准制定、修订工作，或者专门针对外商投资企业适用高于强制性标准的技术要求；

（三）违法限制外国投资者汇入、汇出资金；

（四）不履行向外国投资者、外商投资企业依法作出的政策承诺以及依法订立的各类合同，超出法定权限作出政策承诺，或者政策承诺的内容不符合法律、法规规定。

第四十二条 政府采购的采购人、采购代理机构以不合理的条件对外商投资企业实行差别待遇或者歧视待遇的，依照政府采购法及其实施条例的规定追究其法律责任；影响或者可能影响中标、成交结果的，依照政府采购法及其实施条例的规定处理。

政府采购监督管理部门对外商投资企业的投诉逾期未作处理的，对直接负责的主管人员和其他直接责任人员依法给予处分。

第四十三条 行政机关及其工作人员利用行政手段强制或者变相强制外国投资者、外商投资企业转让技术的，对直接负责的主管人员和其他直接责任人员依法给予处分。

第六章 附 则

第四十四条 外商投资法施行前依照《中华人民共和国中外合资经营企业法》、《中华人民共和国外资企业法》、《中华人民共和国中外合作经营企业法》设立的外商投资企业（以下称现有外商投资企业），在外商投资法施行后5年内，可以依照《中华人民共和国公司法》、《中华人民共和国合伙企业法》等法律的规定调整其组织形式、组织机构等，并依法办理变更登记，也可以继续保留原企业组织形式、组织机构等。

自2025年1月1日起,对未依法调整组织形式、组织机构等并办理变更登记的现有外商投资企业,市场监督管理部门不予办理其申请的其他登记事项,并将相关情形予以公示。

第四十五条 现有外商投资企业办理组织形式、组织机构等变更登记的具体事宜,由国务院市场监督管理部门规定并公布。国务院市场监督管理部门应当加强对变更登记工作的指导,负责办理变更登记的市场监督管理部门应当通过多种方式优化服务,为企业办理变更登记提供便利。

第四十六条 现有外商投资企业的组织形式、组织机构等依法调整后,原合营、合作各方在合同中约定的股权或者权益转让办法、收益分配办法、剩余财产分配办法等,可以继续按照约定办理。

第四十七条 外商投资企业在中国境内投资,适用外商投资法和本条例的有关规定。

第四十八条 香港特别行政区、澳门特别行政区投资者在内地投资,参照外商投资法和本条例执行;法律、行政法规或者国务院另有规定的,从其规定。

台湾地区投资者在大陆投资,适用《中华人民共和国台湾同胞投资保护法》(以下简称台湾同胞投资保护法)及其实施细则的规定;台湾同胞投资保护法及其实施细则未规定的事项,参照外商投资法和本条例执行。

定居在国外的中国公民在中国境内投资,参照外商投资法和本条例执行;法律、行政法规或者国务院另有规定的,从其规定。

第四十九条 本条例自2020年1月1日起施行。《中华人民共和国中外合资经营企业法实施条例》、《中外合资经营企业合营期限暂行规定》、《中华人民共和国外资企业法实施细则》、《中华人民共和国中外合作经营企业法实施细则》同时废止。

2020年1月1日前制定的有关外商投资的规定与外商投资法和本条例不一致的,以外商投资法和本条例的规定为准。

最高人民法院关于适用《中华人民共和国外商投资法》若干问题的解释

(2019年12月16日最高人民法院审判委员会第1787次会议通过 2019年12月26日最高人民法院公告公布 自2020年1月1日起施行 法释〔2019〕20号)

为正确适用《中华人民共和国外商投资法》,依法平等保护中外投资者合法权益,营造稳定、公平、透明的法治化营商环境,结合审判实践,就人民法院审理平等主体之间的投资合同纠纷案件适用法律问题作出如下解释。

第一条 本解释所称投资合同,是指外国投资者即外国的自然人、企业或者其他组织因直接或者间接在中国境内进行投资而形成的相关协议,包括设立外商投资企业合同、股份转让合同、股权转让合同、财产份额或者其他类似权益转让合同、新建项目合同等协议。

外国投资者因赠与、财产分割、企业合并、企业分立等方式取得相应权益所产生的合同纠纷,适用本解释。

第二条 对外商投资法第四条所指的外商投资准入负面清单之外的领域形成的投资合同,当事人以合同未经有关行政主管部门批准、登记为由主张合同无效或者未生效的,人民法院不予支持。

前款规定的投资合同签订于外商投资法施行前,但人民法院在外商投资法施行时尚未作出生效裁判的,适用前款规定认定合同的效力。

第三条 外国投资者投资外商投资准入负面清单规定禁止投资的领域,当事人主张投资合同无效的,人民法院应予支持。

第四条 外国投资者投资外商投资准入负面清单规定限制投资的领域,当事人以违反限制性准入特别管理措施为由,主张投资合同无效的,人民法院应予支持。

人民法院作出生效裁判前,当事人采取必要措施满足准入特别管理措施的要求,当事人主张前款规定的投资合同有效的,应予支持。

第五条 在生效裁判作出前,因外商投资准入负面清单调整,外国投资者投资不再属于禁止或者限制投资的领域,当事人主张投资合同有效的,人民法院应予支持。

第六条 人民法院审理香港特别行政区、澳门特别行政区投资者、定居在国外的中国公民在内地、台湾地区投资者在大陆投资产生的相关纠纷案件,可以参照适用本解释。

第七条 本解释自2020年1月1日起施行。

本解释施行前本院作出的有关司法解释与本解释不一致的,以本解释为准。

中华人民共和国企业破产法

(2006年8月27日第十届全国人民代表大会常务委员会第二十三次会议通过 2006年8月27日中华人民共和国主席令第54号公布 自2007年6月1日起施行)

目 录

第一章 总 则
第二章 申请和受理
　第一节 申 请
　第二节 受 理
第三章 管理人
第四章 债务人财产
第五章 破产费用和共益债务
第六章 债权申报
第七章 债权人会议
　第一节 一般规定
　第二节 债权人委员会
第八章 重 整
　第一节 重整申请和重整期间
　第二节 重整计划的制定和批准
　第三节 重整计划的执行
第九章 和 解
第十章 破产清算
　第一节 破产宣告
　第二节 变价和分配
　第三节 破产程序的终结
第十一章 法律责任
第十二章 附 则

第一章 总 则

第一条 **【立法宗旨】**为规范企业破产程序,公平清理债权债务,保护债权人和债务人的合法权益,维护社会主义市场经济秩序,制定本法。

第二条 **【清理债务与重整】**企业法人不能清偿到期债务,并且资产不足以清偿全部债务或者明显缺乏清偿能力的,依照本法规定清理债务。

企业法人有前款规定情形,或者有明显丧失清偿能力可能的,可以依照本法规定进行重整。

第三条 **【破产案件的管辖】**破产案件由债务人住所地人民法院管辖。

第四条 **【程序的法律适用】**破产案件审理程序,本法没有规定的,适用民事诉讼法的有关规定。

第五条 **【破产程序的效力】**依照本法开始的破产程序,对债务人在中华人民共和国领域外的财产发生效力。

对外国法院作出的发生法律效力的破产案件的判决、裁定,涉及债务人在中华人民共和国领域内的财产,申请或者请求人民法院承认和执行的,人民法院依照中华人民共和国缔结或者参加的国际条约,或者按照互惠原则进行审查,认为不违反中华人民共和国法律的基本原则,不损害国家主权、安全和社会公共利益,不损害中华人民共和国领域内债权人的合法权益的,裁定承认和执行。

第六条 **【企业职工权益的保障与企业经营管理人员法律责任的追究】**人民法院审理破产案件,应当依法保障企业职工的合法权益,依法追究破产企业经营管理人员的法律责任。

第二章 申请和受理

第一节 申 请

第七条 **【申请主体】**债务人有本法第二条规定的情形,可以向人民法院提出重整、和解或者破产清算申请。

债务人不能清偿到期债务,债权人可以向人民法院提出对债务人进行重整或者破产清算的申请。

企业法人已解散但未清算或者未清算完毕,资产不足以清偿债务的,依法负有清算责任的人应当向人民法院申请破产清算。

第八条 【破产申请书与证据】向人民法院提出破产申请，应当提交破产申请书和有关证据。

破产申请书应当载明下列事项：

（一）申请人、被申请人的基本情况；

（二）申请目的；

（三）申请的事实和理由；

（四）人民法院认为应当载明的其他事项。

债务人提出申请的，还应当向人民法院提交财产状况说明、债务清册、债权清册、有关财务会计报告、职工安置预案以及职工工资的支付和社会保险费用的缴纳情况。

第九条 【破产申请的撤回】人民法院受理破产申请前，申请人可以请求撤回申请。

第二节 受 理

第十条 【破产申请的受理】债权人提出破产申请的，人民法院应当自收到申请之日起五日内通知债务人。债务人对申请有异议的，应当自收到人民法院的通知之日起七日内向人民法院提出。人民法院应当自异议期满之日起十日内裁定是否受理。

除前款规定的情形外，人民法院应当自收到破产申请之日起十五日内裁定是否受理。

有特殊情况需要延长前两款规定的裁定受理期限的，经上一级人民法院批准，可以延长十五日。

第十一条 【裁定受理与债务人提交材料】人民法院受理破产申请的，应当自裁定作出之日起五日内送达申请人。

债权人提出申请的，人民法院应当自裁定作出之日起五日内送达债务人。债务人应当自裁定送达之日起十五日内，向人民法院提交财产状况说明、债务清册、债权清册、有关财务会计报告以及职工工资的支付和社会保险费用的缴纳情况。

第十二条 【裁定不受理与驳回申请】人民法院裁定不受理破产申请的，应当自裁定作出之日起五日内送达申请人并说明理由。申请人对裁定不服的，可以自裁定送达之日起十日内向上一级人民法院提起上诉。

人民法院受理破产申请后至破产宣告前，经审查发现债务人不符合本法第二条规定情形的，可以裁定驳回申请。申请人对裁定不服的，可以自裁定送达之日起十日内向上一级人民法院提起上诉。

第十三条 【指定管理人】人民法院裁定受理破产申请的，应当同时指定管理人。

第十四条 【通知债权人与公告】人民法院应当自裁定受理破产申请之日起二十五日内通知已知债权人，并予以公告。

通知和公告应当载明下列事项：

（一）申请人、被申请人的名称或者姓名；

（二）人民法院受理破产申请的时间；

（三）申报债权的期限、地点和注意事项；

（四）管理人的名称或者姓名及其处理事务的地址；

（五）债务人的债务人或者财产持有人应当向管理人清偿债务或者交付财产的要求；

（六）第一次债权人会议召开的时间和地点；

（七）人民法院认为应当通知和公告的其他事项。

第十五条 【债务人的有关人员的义务】自人民法院受理破产申请的裁定送达债务人之日起至破产程序终结之日，债务人的有关人员承担下列义务：

（一）妥善保管其占有和管理的财产、印章和账簿、文书等资料；

（二）根据人民法院、管理人的要求进行工作，并如实回答询问；

（三）列席债权人会议并如实回答债权人的询问；

（四）未经人民法院许可，不得离开住所地；

（五）不得新任其他企业的董事、监事、高级管理人员。

前款所称有关人员，是指企业的法定代表人；经人民法院决定，可以包括企业的财务管理人员和其他经营管理人员。

第十六条 【债务人个别清偿的无效】人民法院受理破产申请后，债务人对个别债权人的债务清偿无效。

第十七条 【债务人的债务人或者财产持有人的义务】人民法院受理破产申请后，债务人的债务人或者财产持有人应当向管理人清偿债务或者交付财产。

债务人的债务人或者财产持有人故意违反前款规定向债务人清偿债务或者交付财产，使债权人受到损失的，不免除其清偿债务或者交付财产的义务。

第十八条 【破产申请受理前成立的合同的继续履行与解除】人民法院受理破产申请后，管理人对破产申请受理前成立而债务人和对方当事人均未履行完毕的合同有权决定解除或者继续履行,并通知对方当事人。管理人自破产申请受理之日起二个月内未通知对方当事人,或者自收到对方当事人催告之日起三十日内未答复的,视为解除合同。

管理人决定继续履行合同的,对方当事人应当履行;但是,对方当事人有权要求管理人提供担保。管理人不提供担保的,视为解除合同。

第十九条 【保全措施解除与执行程序中止】人民法院受理破产申请后,有关债务人财产的保全措施应当解除,执行程序应当中止。

第二十条 【民事诉讼或仲裁的中止与继续】人民法院受理破产申请后,已经开始而尚未终结的有关债务人的民事诉讼或者仲裁应当中止;在管理人接管债务人的财产后,该诉讼或者仲裁继续进行。

第二十一条 【债务人的民事诉讼的管辖】人民法院受理破产申请后,有关债务人的民事诉讼,只能向受理破产申请的人民法院提起。

第三章 管 理 人

第二十二条 【管理人的指定与更换】管理人由人民法院指定。

债权人会议认为管理人不能依法、公正执行职务或者有其他不能胜任职务情形的,可以申请人民法院予以更换。

指定管理人和确定管理人报酬的办法,由最高人民法院规定。

第二十三条 【管理人的义务】管理人依照本法规定执行职务,向人民法院报告工作,并接受债权人会议和债权人委员会的监督。

管理人应当列席债权人会议,向债权人会议报告职务执行情况,并回答询问。

第二十四条 【管理人的资格】管理人可以由有关部门、机构的人员组成的清算组或者依法设立的律师事务所、会计师事务所、破产清算事务所等社会中介机构担任。

人民法院根据债务人的实际情况,可以在征询有关社会中介机构的意见后,指定该机构具备相关专业知识并取得执业资格的人员担任管理人。

有下列情形之一的,不得担任管理人:

(一)因故意犯罪受过刑事处罚;

(二)曾被吊销相关专业执业证书;

(三)与本案有利害关系;

(四)人民法院认为不宜担任管理人的其他情形。

个人担任管理人的,应当参加执业责任保险。

第二十五条 【管理人的职责】管理人履行下列职责:

(一)接管债务人的财产、印章和账簿、文书等资料;

(二)调查债务人财产状况,制作财产状况报告;

(三)决定债务人的内部管理事务;

(四)决定债务人的日常开支和其他必要开支;

(五)在第一次债权人会议召开之前,决定继续或者停止债务人的营业;

(六)管理和处分债务人的财产;

(七)代表债务人参加诉讼、仲裁或者其他法律程序;

(八)提议召开债权人会议;

(九)人民法院认为管理人应当履行的其他职责。

本法对管理人的职责另有规定的,适用其规定。

第二十六条 【第一次债权人会议前管理人行为的许可】在第一次债权人会议召开之前,管理人决定继续或者停止债务人的营业或者有本法第六十九条规定行为之一的,应当经人民法院许可。

第二十七条 【管理人的忠实义务】管理人应当勤勉尽责,忠实执行职务。

第二十八条 【管理人聘任工作人员与管理人的报酬】管理人经人民法院许可,可以聘用必要的工作人员。

管理人的报酬由人民法院确定。债权人会议对管理人的报酬有异议的,有权向人民法院提出。

第二十九条 【管理人的辞职】管理人没有正当理由不得辞去职务。管理人辞去职务应当经人民法院许可。

第四章 债务人财产

第三十条 【债务人财产】破产申请受理时属于债务人的全部财产,以及破产申请受理后至破产程序终结前债务人取得的财产,为债务人财产。

第三十一条 【受理破产申请前一年内行为的撤销】人民法院受理破产申请前一年内,涉及债务人财产的下列行为,管理人有权请求人民法院予以撤销:

(一)无偿转让财产的;

(二)以明显不合理的价格进行交易的;

(三)对没有财产担保的债务提供财产担保的;

(四)对未到期的债务提前清偿的;

(五)放弃债权的。

第三十二条 【受理破产申请前六个月内行为的撤销】人民法院受理破产申请前六个月内,债务人有本法第二条第一款规定的情形,仍对个别债权人进行清偿的,管理人有权请求人民法院予以撤销。但是,个别清偿使债务人财产受益的除外。

第三十三条 【无效行为】涉及债务人财产的下列行为无效:

(一)为逃避债务而隐匿、转移财产的;

(二)虚构债务或者承认不真实的债务的。

第三十四条 【追回因被撤销或无效行为取得的债务人的财产】因本法第三十一条、第三十二条或者第三十三条规定的行为而取得的债务人的财产,管理人有权追回。

第三十五条 【债务人的出资人缴纳出资】人民法院受理破产申请后,债务人的出资人尚未完全履行出资义务的,管理人应当要求该出资人缴纳所认缴的出资,而不受出资期限的限制。

第三十六条 【管理人员非正常收入和财产的追回】债务人的董事、监事和高级管理人员利用职权从企业获取的非正常收入和侵占的企业财产,管理人应当追回。

第三十七条 【管理人取回质物、留置物】人民法院受理破产申请后,管理人可以通过清偿债务或者提供为债权人接受的担保,取回质物、留置物。

前款规定的债务清偿或者替代担保,在质物或者留置物的价值低于被担保的债权额时,以该质物或者留置物当时的市场价值为限。

第三十八条 【权利人财产的取回】人民法院受理破产申请后,债务人占有的不属于债务人的财产,该财产的权利人可以通过管理人取回。但是,本法另有规定的除外。

第三十九条 【在途运输标的物的取回与交付】人民法院受理破产申请时,出卖人已将买卖标的物向作为买受人的债务人发运,债务人尚未收到且未付清全部价款的,出卖人可以取回在运途中的标的物。但是,管理人可以支付全部价款,请求出卖人交付标的物。

第四十条 【抵销权】债权人在破产申请受理前对债务人负有债务的,可以向管理人主张抵销。但是,有下列情形之一的,不得抵销:

(一)债务人的债务人在破产申请受理后取得他人对债务人的债权的;

(二)债权人已知债务人有不能清偿到期债务或者破产申请的事实,对债务人负担债务的;但是,债权人因为法律规定或者有破产申请一年前所发生的原因而负担债务的除外;

(三)债务人的债务人已知债务人有不能清偿到期债务或者破产申请的事实,对债务人取得债权的;但是,债务人的债务人因为法律规定或者有破产申请一年前所发生的原因而取得债权的除外。

第五章 破产费用和共益债务

第四十一条 【破产费用】人民法院受理破产申请后发生的下列费用,为破产费用:

(一)破产案件的诉讼费用;

(二)管理、变价和分配债务人财产的费用;

(三)管理人执行职务的费用、报酬和聘用工作人员的费用。

第四十二条 【共益债务】人民法院受理破产申请后发生的下列债务,为共益债务:

(一)因管理人或者债务人请求对方当事人履行双方均未履行完毕的合同所产生的债务;

(二)债务人财产受无因管理所产生的债务;

(三)因债务人不当得利所产生的债务;

(四)为债务人继续营业而应支付的劳动报酬和社会保险费用以及由此产生的其他债务;

(五)管理人或者相关人员执行职务致人损害所产生的债务;

(六)债务人财产致人损害所产生的债务。

第四十三条 【破产费用和共益债务的清偿】破产费用和共益债务由债务人财产随时清偿。

债务人财产不足以清偿所有破产费用和共益债务的,先行清偿破产费用。

债务人财产不足以清偿所有破产费用或者共益债务的,按照比例清偿。

债务人财产不足以清偿破产费用的,管理人应当提请人民法院终结破产程序。人民法院应当自收到请求之日起十五日内裁定终结破产程序,并予以公告。

第六章 债权申报

第四十四条 【债权人依法定程序行使权利】人民法院受理破产申请时对债务人享有债权的债权人,依照本法规定的程序行使权利。

第四十五条 【债权申报期限】人民法院受理破产申请后,应当确定债权人申报债权的期限。债权申报期限自人民法院发布受理破产申请公告之日起计算,最短不得少于三十日,最长不得超过三个月。

第四十六条 【未到期的债权与附利息的债权的算定】未到期的债权,在破产申请受理时视为到期。

附利息的债权自破产申请受理时起停止计息。

第四十七条 【附条件、附期限债权与未决债权的申报】附条件、附期限的债权和诉讼、仲裁未决的债权,债权人可以申报。

第四十八条 【申报债权的公示与异议】债权人应当在人民法院确定的债权申报期限内向管理人申报债权。

债务人所欠职工的工资和医疗、伤残补助、抚恤费用,所欠的应当划入职工个人账户的基本养老保险、基本医疗保险费用,以及法律、行政法规规定应当支付给职工的补偿金,不必申报,由管理人调查后列出清单并予以公示。职工对清单记载有异议的,可以要求管理人更正;管理人不予更正的,职工可以向人民法院提起诉讼。

第四十九条 【申报债权的书面说明】债权人申报债权时,应当书面说明债权的数额和有无财产担保,并提交有关证据。申报的债权是连带债权的,应当说明。

第五十条 【连带债权人申报债权】连带债权人可以由其中一人代表全体连带债权人申报债权,也可以共同申报债权。

第五十一条 【连带债务人申报债权】债务人的保证人或者其他连带债务人已经代替债务人清偿债务的,以其对债务人的求偿权申报债权。

债务人的保证人或者其他连带债务人尚未代替债务人清偿债务的,以其对债务人的将来求偿权申报债权。但是,债权人已经向管理人申报全部债权的除外。

第五十二条 【连带债务人的债权人申报债权】连带债务人数人被裁定适用本法规定的程序的,其债权人有权就全部债权分别在各破产案件中申报债权。

第五十三条 【解除合同后对方当事人申报债权】管理人或者债务人依照本法规定解除合同的,对方当事人以因合同解除所产生的损害赔偿请求权申报债权。

第五十四条 【受托人申报债权】债务人是委托合同的委托人,被裁定适用本法规定的程序,受托人不知该事实,继续处理委托事务的,受托人以由此产生的请求权申报债权。

第五十五条 【票据付款人申报债权】债务人是票据的出票人,被裁定适用本法规定的程序,该票据的付款人继续付款或者承兑的,付款人以由此产生的请求权申报债权。

第五十六条 【补充申报债权】在人民法院确定的债权申报期限内,债权人未申报债权的,可以在破产财产最后分配前补充申报;但是,此前已进行的分配,不再对其补充分配。为审查和确认补充申报债权的费用,由补充申报人承担。

债权人未依照本法规定申报债权的,不得依照本法规定的程序行使权利。

第五十七条 【债权表】管理人收到债权申报材料后,应当登记造册,对申报的债权进行审查,并编制债权表。

债权表和债权申报材料由管理人保存,供利害关系人查阅。

第五十八条 【债权表的核查、确认与异议】依照本法第五十七条规定编制的债权表,应当提交第一次债权人会议核查。

债务人、债权人对债权表记载的债权无异议的,由人民法院裁定确认。

债务人、债权人对债权表记载的债权有异议的,可以向受理破产申请的人民法院提起诉讼。

第七章 债权人会议

第一节 一般规定

第五十九条 【债权人会议的组成】依法申报债权的债权人为债权人会议的成员,有权参加债权人会议,享有表决权。

债权尚未确定的债权人,除人民法院能够为其行使表决权而临时确定债权额的外，不得行使表决权。

对债务人的特定财产享有担保权的债权人，未放弃优先受偿权利的，对于本法第六十一条第一款第七项、第十项规定的事项不享有表决权。

债权人可以委托代理人出席债权人会议，行使表决权。代理人出席债权人会议，应当向人民法院或者债权人会议主席提交债权人的授权委托书。

债权人会议应当有债务人的职工和工会的代表参加，对有关事项发表意见。

第六十条　【债权人会议主席】债权人会议设主席一人，由人民法院从有表决权的债权人中指定。

债权人会议主席主持债权人会议。

第六十一条　【债权人会议的职权】债权人会议行使下列职权：

（一）核查债权；

（二）申请人民法院更换管理人，审查管理人的费用和报酬；

（三）监督管理人；

（四）选任和更换债权人委员会成员；

（五）决定继续或者停止债务人的营业；

（六）通过重整计划；

（七）通过和解协议；

（八）通过债务人财产的管理方案；

（九）通过破产财产的变价方案；

（十）通过破产财产的分配方案；

（十一）人民法院认为应当由债权人会议行使的其他职权。

债权人会议应当对所议事项的决议作成会议记录。

第六十二条　【债权人会议的召开】第一次债权人会议由人民法院召集，自债权申报期限届满之日起十五日内召开。

以后的债权人会议，在人民法院认为必要时，或者管理人、债权人委员会、占债权总额四分之一以上的债权人向债权人会议主席提议时召开。

第六十三条　【通知债权人】召开债权人会议，管理人应当提前十五日通知已知的债权人。

第六十四条　【债权人会议的决议】债权人会议的决议，由出席会议的有表决权的债权人过半数通过，并且其所代表的债权额占无财产担保债权总额的二分之一以上。但是，本法另有规定的除外。

债权人认为债权人会议的决议违反法律规定，损害其利益的，可以自债权人会议作出决议之日起十五日内，请求人民法院裁定撤销该决议，责令债权人会议依法重新作出决议。

债权人会议的决议，对于全体债权人均有约束力。

第六十五条　【法院裁定事项】本法第六十一条第一款第八项、第九项所列事项，经债权人会议表决未通过的，由人民法院裁定。

本法第六十一条第一款第十项所列事项，经债权人会议二次表决仍未通过的，由人民法院裁定。

对前两款规定的裁定，人民法院可以在债权人会议上宣布或者另行通知债权人。

第六十六条　【债权人申请复议】债权人对人民法院依照本法第六十五条第一款作出的裁定不服的，债权额占无财产担保债权总额二分之一以上的债权人对人民法院依照本法第六十五条第二款作出的裁定不服的，可以自裁定宣布之日或者收到通知之日起十五日内向该人民法院申请复议。复议期间不停止裁定的执行。

第二节　债权人委员会

第六十七条　【债权人委员会的组成】债权人会议可以决定设立债权人委员会。债权人委员会由债权人会议选任的债权人代表和一名债务人的职工代表或者工会代表组成。债权人委员会成员不得超过九人。

债权人委员会成员应当经人民法院书面决定认可。

第六十八条　【债权人委员会的职权】债权人委员会行使下列职权：

（一）监督债务人财产的管理和处分；

（二）监督破产财产分配；

（三）提议召开债权人会议；

（四）债权人会议委托的其他职权。

债权人委员会执行职务时，有权要求管理人、债务人的有关人员对其职权范围内的事务作出说明或者提供有关文件。

管理人、债务人的有关人员违反本法规定拒绝接受监督的，债权人委员会有权就监督事项请求人民法院作出决定；人民法院应当在五日内作出决定。

第六十九条　【管理人行为的告知】管理人实施下列行为，应当及时报告债权人委员会：

（一）涉及土地、房屋等不动产权益的转让；

（二）探矿权、采矿权、知识产权等财产权的转让；

（三）全部库存或者营业的转让；

（四）借款；

（五）设定财产担保；

（六）债权和有价证券的转让；

（七）履行债务人和对方当事人均未履行完毕的合同；

（八）放弃权利；

（九）担保物的取回；

（十）对债权人利益有重大影响的其他财产处分行为。

未设立债权人委员会的，管理人实施前款规定的行为应当及时报告人民法院。

第八章　重　　整

第一节　重整申请和重整期间

第七十条　【重整申请】债务人或者债权人可以依照本法规定，直接向人民法院申请对债务人进行重整。

债权人申请对债务人进行破产清算的，在人民法院受理破产申请后、宣告债务人破产前，债务人或者出资额占债务人注册资本十分之一以上的出资人，可以向人民法院申请重整。

第七十一条　【裁定重整与公告】人民法院经审查认为重整申请符合本法规定的，应当裁定债务人重整，并予以公告。

第七十二条　【重整期间】自人民法院裁定债务人重整之日起至重整程序终止，为重整期间。

第七十三条　【债务人自行管理与营业】在重整期间，经债务人申请，人民法院批准，债务人可以在管理人的监督下自行管理财产和营业事务。

有前款规定情形的，依照本法规定已接管债务人财产和营业事务的管理人应当向债务人移交财产和营业事务，本法规定的管理人的职权由债务人行使。

第七十四条　【管理人管理与营业】管理人负责管理财产和营业事务的，可以聘任债务人的经营管理人员负责营业事务。

第七十五条　【重整期间担保权的行使与借款】在重整期间，对债务人的特定财产享有的担保权暂停行使。但是，担保物有损坏或者价值明显减少的可能，足以危害担保权人权利的，担保权人可以向人民法院请求恢复行使担保权。

在重整期间，债务人或者管理人为继续营业而借款的，可以为该借款设定担保。

第七十六条　【重整期间的取回权】债务人合法占有的他人财产，该财产的权利人在重整期间要求取回的，应当符合事先约定的条件。

第七十七条　【重整期间对出资人收益分配与董事、监事、高级管理人员持股转让的限制】在重整期间，债务人的出资人不得请求投资收益分配。

在重整期间，债务人的董事、监事、高级管理人员不得向第三人转让其持有的债务人的股权。但是，经人民法院同意的除外。

第七十八条　【重整终止与破产宣告】在重整期间，有下列情形之一的，经管理人或者利害关系人请求，人民法院应当裁定终止重整程序，并宣告债务人破产：

（一）债务人的经营状况和财产状况继续恶化，缺乏挽救的可能性；

（二）债务人有欺诈、恶意减少债务人财产或者其他显著不利于债权人的行为；

（三）由于债务人的行为致使管理人无法执行职务。

第二节　重整计划的制定和批准

第七十九条　【重整计划草案的提交期限】债务人或者管理人应当自人民法院裁定债务人重整之日起六个月内，同时向人民法院和债权人会议提交重整计划草案。

前款规定的期限届满，经债务人或者管理人请求，有正当理由的，人民法院可以裁定延期三个月。

债务人或者管理人未按期提出重整计划草案的，人民法院应当裁定终止重整程序，并宣告债务人破产。

第八十条　【重整计划草案的制作主体】债务人自行管理财产和营业事务的，由债务人制作重整计划草案。

管理人负责管理财产和营业事务的，由管理人制作重整计划草案。

第八十一条　【重整计划草案的内容】重整计划草案应当包括下列内容：

（一）债务人的经营方案；

（二）债权分类；

（三）债权调整方案；

（四）债权受偿方案；

（五）重整计划的执行期限；

（六）重整计划执行的监督期限；

（七）有利于债务人重整的其他方案。

第八十二条　【债权分类与重整计划草案分组表决】下列各类债权的债权人参加讨论重整计划草案的债权人会议，依照下列债权分类，分组对重整计划草案进行表决：

（一）对债务人的特定财产享有担保权的债权；

（二）债务人所欠职工的工资和医疗、伤残补助、抚恤费用，所欠的应当划入职工个人账户的基本养老保险、基本医疗保险费用，以及法律、行政法规规定应当支付给职工的补偿金；

（三）债务人所欠税款；

（四）普通债权。

人民法院在必要时可以决定在普通债权组中设小额债权组对重整计划草案进行表决。

第八十三条　【不得减免的费用】重整计划不得规定减免债务人欠缴的本法第八十二条第一款第二项规定以外的社会保险费用；该项费用的债权人不参加重整计划草案的表决。

第八十四条　【重整计划草案的表决】人民法院应当自收到重整计划草案之日起三十日内召开债权人会议，对重整计划草案进行表决。

出席会议的同一表决组的债权人过半数同意重整计划草案，并且其所代表的债权额占该组债权总额的三分之二以上的，即为该组通过重整计划草案。

债务人或者管理人应当向债权人会议就重整计划草案作出说明，并回答询问。

第八十五条　【出资人代表列席会议与出资人组表决】债务人的出资人代表可以列席讨论重整计划草案的债权人会议。

重整计划草案涉及出资人权益调整事项的，应当设出资人组，对该事项进行表决。

第八十六条　【表决通过重整计划与重整程序终止】各表决组均通过重整计划草案时，重整计划即为通过。

自重整计划通过之日起十日内，债务人或者管理人应当向人民法院提出批准重整计划的申请。人民法院经审查认为符合本法规定的，应当自收到申请之日起三十日内裁定批准，终止重整程序，并予以公告。

第八十七条　【裁定批准重整计划与重整程序终止】部分表决组未通过重整计划草案的，债务人或者管理人可以同未通过重整计划草案的表决组协商。该表决组可以在协商后再表决一次。双方协商的结果不得损害其他表决组的利益。

未通过重整计划草案的表决组拒绝再次表决或者再次表决仍未通过重整计划草案，但重整计划草案符合下列条件的，债务人或者管理人可以申请人民法院批准重整计划草案：

（一）按照重整计划草案，本法第八十二条第一款第一项所列债权就该特定财产将获得全额清偿，其因延期清偿所受的损失将得到公平补偿，并且其担保权未受到实质性损害，或者该表决组已经通过重整计划草案；

（二）按照重整计划草案，本法第八十二条第一款第二项、第三项所列债权将获得全额清偿，或者相应表决组已经通过重整计划草案；

（三）按照重整计划草案，普通债权所获得的清偿比例，不低于其在重整计划草案被提请批准时依照破产清算程序所能获得的清偿比例，或者该表决组已经通过重整计划草案；

（四）重整计划草案对出资人权益的调整公平、公正，或者出资人组已经通过重整计划草案；

（五）重整计划草案公平对待同一表决组的成员，并且所规定的债权清偿顺序不违反本法第一百一十三条的规定；

（六）债务人的经营方案具有可行性。

人民法院经审查认为重整计划草案符合前款规定的，应当自收到申请之日起三十日内裁定批准，终止重整程序，并予以公告。

第八十八条　【重整程序的非正常终止】重整计划草案未获得通过且未依照本法第八十七条的规定获得批准，或者已通过的重整计划未获得批准的，人民法院应当裁定终止重整程序，并宣告债务人破产。

第三节　重整计划的执行

第八十九条　【重整计划的执行主体】重整计划由债务人负责执行。

人民法院裁定批准重整计划后，已接管财产和营业事务的管理人应当向债务人移交财产和营业事务。

第九十条 【重整计划执行的监督与报告】自人民法院裁定批准重整计划之日起，在重整计划规定的监督期内，由管理人监督重整计划的执行。

在监督期内，债务人应当向管理人报告重整计划执行情况和债务人财务状况。

第九十一条 【监督报告与监督期限的延长】监督期届满时，管理人应当向人民法院提交监督报告。自监督报告提交之日起，管理人的监督职责终止。

管理人向人民法院提交的监督报告，重整计划的利害关系人有权查阅。

经管理人申请，人民法院可以裁定延长重整计划执行的监督期限。

第九十二条 【重整计划的约束力】经人民法院裁定批准的重整计划，对债务人和全体债权人均有约束力。

债权人未依照本法规定申报债权的，在重整计划执行期间不得行使权利；在重整计划执行完毕后，可以按照重整计划规定的同类债权的清偿条件行使权利。

债权人对债务人的保证人和其他连带债务人所享有的权利，不受重整计划的影响。

第九十三条 【重整计划的终止】债务人不能执行或者不执行重整计划的，人民法院经管理人或者利害关系人请求，应当裁定终止重整计划的执行，并宣告债务人破产。

人民法院裁定终止重整计划执行的，债权人在重整计划中作出的债权调整的承诺失去效力。债权人因执行重整计划所受的清偿仍然有效，债权未受清偿的部分作为破产债权。

前款规定的债权人，只有在其他同顺位债权人同自己所受的清偿达到同一比例时，才能继续接受分配。

有本条第一款规定情形的，为重整计划的执行提供的担保继续有效。

第九十四条 【重整计划减免的债务不再清偿】按照重整计划减免的债务，自重整计划执行完毕时起，债务人不再承担清偿责任。

第九章 和 解

第九十五条 【和解申请】债务人可以依照本法规定，直接向人民法院申请和解；也可以在人民法院受理破产申请后、宣告债务人破产前，向人民法院申请和解。

债务人申请和解，应当提出和解协议草案。

第九十六条 【裁定和解】人民法院经审查认为和解申请符合本法规定的，应当裁定和解，予以公告，并召集债权人会议讨论和解协议草案。

对债务人的特定财产享有担保权的权利人，自人民法院裁定和解之日起可以行使权利。

第九十七条 【通过和解协议】债权人会议通过和解协议的决议，由出席会议的有表决权的债权人过半数同意，并且其所代表的债权额占无财产担保债权总额的三分之二以上。

第九十八条 【裁定认可和解协议并终止和解程序】债权人会议通过和解协议的，由人民法院裁定认可，终止和解程序，并予以公告。管理人应当向债务人移交财产和营业事务，并向人民法院提交执行职务的报告。

第九十九条 【和解协议的否决与宣告破产】和解协议草案经债权人会议表决未获得通过，或者已经债权人会议通过的和解协议未获得人民法院认可的，人民法院应当裁定终止和解程序，并宣告债务人破产。

第一百条 【和解协议的约束力】经人民法院裁定认可的和解协议，对债务人和全体和解债权人均有约束力。

和解债权人是指人民法院受理破产申请时对债务人享有无财产担保债权的人。

和解债权人未依照本法规定申报债权的，在和解协议执行期间不得行使权利；在和解协议执行完毕后，可以按照和解协议规定的清偿条件行使权利。

第一百零一条 【和解协议的影响】和解债权人对债务人的保证人和其他连带债务人所享有的权利，不受和解协议的影响。

第一百零二条 【债务人履行和解协议的义务】债务人应当按照和解协议规定的条件清偿债务。

第一百零三条 【和解协议无效与宣告破产】因债务人的欺诈或者其他违法行为而成立的和解协议，人民法院应当裁定无效，并宣告债务人破产。

有前款规定情形的，和解债权人因执行和解协议所受的清偿，在其他债权人所受清偿同等比例的范围内，不予返还。

第一百零四条 【终止执行和解协议与宣告破产】债务人不能执行或者不执行和解协议的，人民法院经和解债权人请求，应当裁定终止和解协议的执行，并宣告债务人破产。

人民法院裁定终止和解协议执行的，和解债权人在和解协议中作出的债权调整的承诺失去效力。和解债权人因执行和解协议所受的清偿仍然有效，和解债权未受清偿的部分作为破产债权。

前款规定的债权人，只有在其他债权人同自己所受的清偿达到同一比例时，才能继续接受分配。

有本条第一款规定情形的，为和解协议的执行提供的担保继续有效。

第一百零五条 【自行和解与破产程序终结】人民法院受理破产申请后，债务人与全体债权人就债权债务的处理自行达成协议的，可以请求人民法院裁定认可，并终结破产程序。

第一百零六条 【和解协议减免债务不再清偿】按照和解协议减免的债务，自和解协议执行完毕时起，债务人不再承担清偿责任。

第十章 破产清算

第一节 破产宣告

第一百零七条 【破产宣告】人民法院依照本法规定宣告债务人破产的，应当自裁定作出之日起五日内送达债务人和管理人，自裁定作出之日起十日内通知已知债权人，并予以公告。

债务人被宣告破产后，债务人称为破产人，债务人财产称为破产财产，人民法院受理破产申请时对债务人享有的债权称为破产债权。

第一百零八条 【破产宣告前的破产程序终结】破产宣告前，有下列情形之一的，人民法院应当裁定终结破产程序，并予以公告：

（一）第三人为债务人提供足额担保或者为债务人清偿全部到期债务的；

（二）债务人已清偿全部到期债务的。

第一百零九条 【别除权】对破产人的特定财产享有担保权的权利人，对该特定财产享有优先受偿的权利。

第一百一十条 【别除权的不完全实现与放弃】享有本法第一百零九条规定权利的债权人行使优先受偿权利未能完全受偿的，其未受偿的债权作为普通债权；放弃优先受偿权利的，其债权作为普通债权。

第二节 变价和分配

第一百一十一条 【破产财产变价方案】管理人应当及时拟订破产财产变价方案，提交债权人会议讨论。

管理人应当按照债权人会议通过的或者人民法院依照本法第六十五条第一款规定裁定的破产财产变价方案，适时变价出售破产财产。

第一百一十二条 【变价出售方式】变价出售破产财产应当通过拍卖进行。但是，债权人会议另有决议的除外。

破产企业可以全部或者部分变价出售。企业变价出售时，可以将其中的无形资产和其他财产单独变价出售。

按照国家规定不能拍卖或者限制转让的财产，应当按照国家规定的方式处理。

第一百一十三条 【破产财产的清偿顺序】破产财产在优先清偿破产费用和共益债务后，依照下列顺序清偿：

（一）破产人所欠职工的工资和医疗、伤残补助、抚恤费用，所欠的应当划入职工个人账户的基本养老保险、基本医疗保险费用，以及法律、行政法规规定应当支付给职工的补偿金；

（二）破产人欠缴的除前项规定以外的社会保险费用和破产人所欠税款；

（三）普通破产债权。

破产财产不足以清偿同一顺序的清偿要求的，按照比例分配。

破产企业的董事、监事和高级管理人员的工资按照该企业职工的平均工资计算。

第一百一十四条 【破产财产的分配方式】破产财产的分配应当以货币分配方式进行。但是，债权人会议另有决议的除外。

第一百一十五条 【破产财产的分配方案】管理人应当及时拟订破产财产分配方案，提交债权人会议讨论。

破产财产分配方案应当载明下列事项：

（一）参加破产财产分配的债权人名称或者姓名、住所；

（二）参加破产财产分配的债权额；

（三）可供分配的破产财产数额；

（四）破产财产分配的顺序、比例及数额；

（五）实施破产财产分配的方法。

债权人会议通过破产财产分配方案后，由管理人将该方案提请人民法院裁定认可。

第一百一十六条　【破产财产分配方案的执行】破产财产分配方案经人民法院裁定认可后，由管理人执行。

管理人按照破产财产分配方案实施多次分配的，应当公告本次分配的财产额和债权额。管理人实施最后分配的，应当在公告中指明，并载明本法第一百一十七条第二款规定的事项。

第一百一十七条　【附条件债权的分配】对于附生效条件或者解除条件的债权，管理人应当将其分配额提存。

管理人依照前款规定提存的分配额，在最后分配公告日，生效条件未成就或者解除条件成就的，应当分配给其他债权人；在最后分配公告日，生效条件成就或者解除条件未成就的，应当交付给债权人。

第一百一十八条　【未受领的破产财产的分配】债权人未受领的破产财产分配额，管理人应当提存。债权人自最后分配公告之日起满二个月仍不领取的，视为放弃受领分配的权利，管理人或者人民法院应当将提存的分配额分配给其他债权人。

第一百一十九条　【诉讼或仲裁未决债权的分配】破产财产分配时，对于诉讼或者仲裁未决的债权，管理人应当将其分配额提存。自破产程序终结之日起满二年仍不能受领分配的，人民法院应当将提存的分配额分配给其他债权人。

第三节　破产程序的终结

第一百二十条　【破产程序的终结及公告】破产人无财产可供分配的，管理人应当请求人民法院裁定终结破产程序。

管理人在最后分配完结后，应当及时向人民法院提交破产财产分配报告，并提请人民法院裁定终结破产程序。

人民法院应当自收到管理人终结破产程序的请求之日起十五日内作出是否终结破产程序的裁定。裁定终结的，应当予以公告。

第一百二十一条　【破产人的注销登记】管理人应当自破产程序终结之日起十日内，持人民法院终结破产程序的裁定，向破产人的原登记机关办理注销登记。

第一百二十二条　【管理人执行职务的终止】管理人于办理注销登记完毕的次日终止执行职务。但是，存在诉讼或者仲裁未决情况的除外。

第一百二十三条　【破产程序终结后的追加分配】自破产程序依照本法第四十三条第四款或者第一百二十条的规定终结之日起二年内，有下列情形之一的，债权人可以请求人民法院按照破产财产分配方案进行追加分配：

（一）发现有依照本法第三十一条、第三十二条、第三十三条、第三十六条规定应当追回的财产的；

（二）发现破产人有应当供分配的其他财产的。

有前款规定情形，但财产数量不足以支付分配费用的，不再进行追加分配，由人民法院将其上交国库。

第一百二十四条　【对未受偿债权的清偿责任】破产人的保证人和其他连带债务人，在破产程序终结后，对债权人依照破产清算程序未受清偿的债权，依法继续承担清偿责任。

第十一章　法律责任

第一百二十五条　【破产企业董事、监事和高级管理人员的法律责任】企业董事、监事或者高级管理人员违反忠实义务、勤勉义务，致使所在企业破产的，依法承担民事责任。

有前款规定情形的人员，自破产程序终结之日起三年内不得担任任何企业的董事、监事、高级管理人员。

第一百二十六条　【有义务列席债权人会议的债务人的有关人员的法律责任】有义务列席债权人会议的债务人的有关人员，经人民法院传唤，无正当理由拒不列席债权人会议的，人民法院可以拘传，并依法处以罚款。债务人的有关人员违反本法规定，拒不陈述、回答，或者作虚假陈述、回答的，人民法院可以依法处以罚款。

第一百二十七条　【不履行法定义务的直接责任人员的法律责任】债务人违反本法规定，拒不向人民法院提交或者提交不真实的财产状况说明、债务清册、债权清册、有关财务会计报告以及职工工资的支付情况和社会保险费用的缴纳情况的，人民法院可以对直接责任人员依法处以罚款。

债务人违反本法规定，拒不向管理人移交财产、印章和账簿、文书等资料的，或者伪造、销毁有关财产证据材料而使财产状况不明的,人民法院可以对直接责任人员依法处以罚款。

第一百二十八条 【债务人的法定代表人和其他直接责任人员的法律责任】债务人有本法第三十一条、第三十二条、第三十三条规定的行为,损害债权人利益的,债务人的法定代表人和其他直接责任人员依法承担赔偿责任。

第一百二十九条 【债务人的有关人员擅自离开住所地的法律责任】债务人的有关人员违反本法规定,擅自离开住所地的,人民法院可以予以训诫、拘留,可以依法并处罚款。

第一百三十条 【管理人的法律责任】管理人未依照本法规定勤勉尽责,忠实执行职务的,人民法院可以依法处以罚款;给债权人、债务人或者第三人造成损失的,依法承担赔偿责任。

第一百三十一条 【刑事责任】违反本法规定,构成犯罪的,依法追究刑事责任。

第十二章 附 则

第一百三十二条 【别除权适用的例外】本法施行后,破产人在本法公布之日前所欠职工的工资和医疗、伤残补助、抚恤费用,所欠的应当划入职工个人账户的基本养老保险、基本医疗保险费用,以及法律、行政法规规定应当支付给职工的补偿金,依照本法第一百一十三条的规定清偿后不足以清偿的部分,以本法第一百零九条规定的特定财产优先于对该特定财产享有担保权的权利人受偿。

第一百三十三条 【本法施行前国务院规定范围内企业破产的特别规定】在本法施行前国务院规定的期限和范围内的国有企业实施破产的特殊事宜,按照国务院有关规定办理。

第一百三十四条 【金融机构破产的特别规定】商业银行、证券公司、保险公司等金融机构有本法第二条规定情形的,国务院金融监督管理机构可以向人民法院提出对该金融机构进行重整或者破产清算的申请。国务院金融监督管理机构依法对出现重大经营风险的金融机构采取接管、托管等措施的,可以向人民法院申请中止以该金融机构为被告或者被执行人的民事诉讼程序或者执行程序。

金融机构实施破产的,国务院可以依据本法和其他有关法律的规定制定实施办法。

第一百三十五条 【企业法人以外组织破产的准用规定】其他法律规定企业法人以外的组织的清算,属于破产清算的,参照适用本法规定的程序。

第一百三十六条 【施行日期】本法自2007年6月1日起施行,《中华人民共和国企业破产法(试行)》同时废止。

最高人民法院关于适用《中华人民共和国企业破产法》若干问题的规定(一)

(2011年8月29日最高人民法院审判委员会第1527次会议通过 2011年9月9日最高人民法院公告公布 自2011年9月26日起施行 法释〔2011〕22号)

为正确适用《中华人民共和国企业破产法》,结合审判实践,就人民法院依法受理企业破产案件适用法律问题作出如下规定。

第一条 【破产原因的具体情形】债务人不能清偿到期债务并且具有下列情形之一的,人民法院应当认定其具备破产原因:

(一)资产不足以清偿全部债务;

(二)明显缺乏清偿能力。

相关当事人以对债务人的债务负有连带责任的人未丧失清偿能力为由,主张债务人不具备破产原因的,人民法院应不予支持。

第二条 【不能清偿到期债务的认定】下列情形同时存在的,人民法院应当认定债务人不能清偿到期债务:

(一)债权债务关系依法成立;

(二)债务履行期限已经届满;

(三)债务人未完全清偿债务。

第三条 【债务人资产不足以清偿全部债务的认定】债务人的资产负债表,或者审计报告、资产评估报告等显示其全部资产不足以偿付全部负债的,人民法院应当认定债务人资产不足以清偿全部债务,但有相反证据足以证明债务人资产能够偿付全部负债的除外。

第四条 【明显缺乏清偿能力的认定】债务人账面资产虽大于负债,但存在下列情形之一的,人民法院应当认定其明显缺乏清偿能力:

(一)因资金严重不足或者财产不能变现等原因,无法清偿债务;

(二)法定代表人下落不明且无其他人员负责管理财产,无法清偿债务;

(三)经人民法院强制执行,无法清偿债务;

(四)长期亏损且经营扭亏困难,无法清偿债务;

(五)导致债务人丧失清偿能力的其他情形。

第五条 【债权人申请债务人破产】企业法人已解散但未清算或者未在合理期限内清算完毕,债权人申请债务人破产清算的,除债务人在法定异议期限内举证证明其未出现破产原因外,人民法院应当受理。

第六条 【债权人申请债务人破产的举证责任分配】债权人申请债务人破产的,应当提交债务人不能清偿到期债务的有关证据。债务人对债权人的申请未在法定期限内向人民法院提出异议,或者异议不成立的,人民法院应当依法裁定受理破产申请。

受理破产申请后,人民法院应当责令债务人依法提交其财产状况说明、债务清册、债权清册、财务会计报告等有关材料,债务人拒不提交的,人民法院可以对债务人的直接责任人员采取罚款等强制措施。

第七条 【法院出具书名凭证和及时审查】人民法院收到破产申请时,应当向申请人出具收到申请及所附证据的书面凭证。

人民法院收到破产申请后应当及时对申请人的主体资格、债务人的主体资格和破产原因,以及有关材料和证据等进行审查,并依据企业破产法第十条的规定作出是否受理的裁定。

人民法院认为申请人应当补充、补正相关材料的,应当自收到破产申请之日起五日内告知申请人。当事人补充、补正相关材料的期间不计入企业破产法第十条规定的期限。

第八条 【破产案件诉讼费用】破产案件的诉讼费用,应根据企业破产法第四十三条的规定,从债务人财产中拨付。相关当事人以申请人未预先交纳诉讼费用为由,对破产申请提出异议的,人民法院不予支持。

第九条 【对未依法裁定是否受理破产案件的审判监督】申请人向人民法院提出破产申请,人民法院未接收其申请,或者未按本规定第七条执行的,申请人可以向上一级人民法院提出破产申请。

上一级人民法院接到破产申请后,应当责令下级法院依法审查并及时作出是否受理的裁定;下级法院仍不作出是否受理裁定的,上一级人民法院可以径行作出裁定。

上一级人民法院裁定受理破产申请的,可以同时指令下级人民法院审理该案件。

最高人民法院关于适用《中华人民共和国企业破产法》若干问题的规定(二)

(2013年7月29日最高人民法院审判委员会第1586次会议通过　根据2020年12月23日最高人民法院审判委员会第1823次会议通过的《最高人民法院关于修改〈最高人民法院关于破产企业国有划拨土地使用权应否列入破产财产等问题的批复〉等二十九件商事类司法解释的决定》修正)

根据《中华人民共和国民法典》《中华人民共和国企业破产法》等相关法律,结合审判实践,就人民法院审理企业破产案件中认定债务人财产相关的法律适用问题,制定本规定。

第一条 【债务人财产】除债务人所有的货币、实物外,债务人依法享有的可以用货币估价并可以依法转让的债权、股权、知识产权、用益物权等财产和财产权益,人民法院均应认定为债务人财产。

第二条 【不属于债务人的财产】下列财产不应认定为债务人财产:

(一)债务人基于仓储、保管、承揽、代销、借用、寄存、租赁等合同或者其他法律关系占有、使用的他人财产;

(二)债务人在所有权保留买卖中尚未取得所有权的财产;

(三)所有权专属于国家且不得转让的财产;

(四)其他依照法律、行政法规不属于债务人的财产。

第三条 【债务人特定财产】债务人已依法设定担保物权的特定财产,人民法院应当认定为债务人财产。

对债务人的特定财产在担保物权消灭或者实现担保物权后的剩余部分,在破产程序中可用以清偿破产费用、共益债务和其他破产债权。

第四条 【债务人共有财产】债务人对按份享有所有权的共有财产的相关份额,或者共同享有所有权的共有财产的相应财产权利,以及依法分割共有财产所得部分,人民法院均应认定为债务人财产。

人民法院宣告债务人破产清算,属于共有财产分割的法定事由。人民法院裁定债务人重整或者和解的,共有财产的分割应当依据民法典第三百零三条的规定进行;基于重整或者和解的需要必须分割共有财产,管理人请求分割的,人民法院应予准许。

因分割共有财产导致其他共有人损害产生的债务,其他共有人请求作为共益债务清偿的,人民法院应予支持。

第五条 【债务人执行回转的财产】破产申请受理后,有关债务人财产的执行程序未依照企业破产法第十九条的规定中止的,采取执行措施的相关单位应当依法予以纠正。依法执行回转的财产,人民法院应当认定为债务人财产。

第六条 【债务人财产保全】破产申请受理后,对于可能因有关利益相关人的行为或者其他原因,影响破产程序依法进行的,受理破产申请的人民法院可以根据管理人的申请或者依职权,对债务人的全部或者部分财产采取保全措施。

第七条 【财产保全措施解除】对债务人财产已采取保全措施的相关单位,在知悉人民法院已裁定受理有关债务人的破产申请后,应当依照企业破产法第十九条的规定及时解除对债务人财产的保全措施。

第八条 【财产保全措施恢复】人民法院受理破产申请后至破产宣告前裁定驳回破产申请,或者依据企业破产法第一百零八条的规定裁定终结破产程序的,应当及时通知原已采取保全措施并已依法解除保全措施的单位按照原保全顺位恢复相关保全措施。

在已依法解除保全的单位恢复保全措施或者表示不再恢复之前,受理破产申请的人民法院不得解除对债务人财产的保全措施。

第九条 【管理人撤销权】管理人依据企业破产法第三十一条和第三十二条的规定提起诉讼,请求撤销涉及债务人财产的相关行为并由相对人返还债务人财产的,人民法院应予支持。

管理人因过错未依法行使撤销权导致债务人财产不当减损,债权人提起诉讼主张管理人对其损失承担相应赔偿责任的,人民法院应予支持。

第十条 【可撤销行为起算点】债务人经过行政清理程序转入破产程序的,企业破产法第三十一条和第三十二条规定的可撤销行为的起算点,为行政监管机构作出撤销决定之日。

债务人经过强制清算程序转入破产程序的,企业破产法第三十一条和第三十二条规定的可撤销行为的起算点,为人民法院裁定受理强制清算申请之日。

第十一条 【交易撤销后的财产或者价款的返还】人民法院根据管理人的请求撤销涉及债务人财产的以明显不合理价格进行的交易的,买卖双方应当依法返还从对方获取的财产或者价款。

因撤销该交易,对于债务人应返还受让人已支付价款所产生的债务,受让人请求作为共益债务清偿的,人民法院应予支持。

第十二条 【债务人提前清偿行为的撤销】破产申请受理前一年内债务人提前清偿的未到期债务,在破产申请受理前已经到期,管理人请求撤销该清偿行为的,人民法院不予支持。但是,该清偿行为发生在破产申请受理前六个月内且债务人有企业破产法第二条第一款规定情形的除外。

第十三条 【债权人撤销权】破产申请受理后,管理人未依据企业破产法第三十一条的规定请求撤销债务人无偿转让财产、以明显不合理价格交易、放弃债权行为的,债权人依据民法典第五百三十八条、第五百三十九条等规定提起诉讼,请求撤销债务人上述行为并将因此追回的财产归入债务人财产的,人民法院应予受理。

相对人以债权人行使撤销权的范围超出债权人的债权抗辩的,人民法院不予支持。

第十四条 【管理人就设定担保的债权个别清偿行为的撤销】债务人对以自有财产设定担保物权的债权进行的个别清偿,管理人依据企业破产法第三十二条的规定请求撤销的,人民法院不予支持。但是,债务清偿时担保财产的价值低于债权额的除外。

第十五条 【经诉讼等程序进行的个人清偿行为的撤销】债务人经诉讼、仲裁、执行程序对债权人进行的个别清偿,管理人依据企业破产法第三十二条的规定请求撤销的,人民法院不予支持。但是,债务人与债权人恶意串通损害其他债权人利益的除外。

第十六条 【管理人不得请求撤销的个别清偿行为】债务人对债权人进行的以下个别清偿，管理人依据企业破产法第三十二条的规定请求撤销的，人民法院不予支持：

（一）债务人为维系基本生产需要而支付水费、电费等的；

（二）债务人支付劳动报酬、人身损害赔偿金的；

（三）使债务人财产受益的其他个别清偿。

第十七条 【管理人起诉涉及债务人财产的无效行为并可依法要求返还财产】管理人依据企业破产法第三十三条的规定提起诉讼，主张被隐匿、转移财产的实际占有人返还债务人财产，或者主张债务人虚构债务或者承认不真实债务的行为无效并返还债务人财产的，人民法院应予支持。

第十八条 【债务人的法定代表人和其他直接责任人员的法律责任】管理人代表债务人依据企业破产法第一百二十八条的规定，以债务人的法定代表人和其他直接责任人员对所涉债务人财产的相关行为存在故意或者重大过失，造成债务人财产损失为由提起诉讼，主张上述责任人员承担相应赔偿责任的，人民法院应予支持。

第十九条 【债务人对外享有债权诉讼时效的中断】债务人对外享有债权的诉讼时效，自人民法院受理破产申请之日起中断。

债务人无正当理由未对其到期债权及时行使权利，导致其对外债权在破产申请受理前一年内超过诉讼时效期间的，人民法院受理破产申请之日起重新计算上述债权的诉讼时效期间。

第二十条 【管理人起诉未依法出资或抽逃出资相关责任人】管理人代表债务人提起诉讼，主张出资人向债务人依法缴付未履行的出资或者返还抽逃的出资本息，出资人以认缴出资尚未届至公司章程规定的缴纳期限或者违反出资义务已经超过诉讼时效为由抗辩的，人民法院不予支持。

管理人依据公司法的相关规定代表债务人提起诉讼，主张公司的发起人和负有监督股东履行出资义务的董事、高级管理人员，或者协助抽逃出资的其他股东、董事、高级管理人员、实际控制人等，对股东违反出资义务或者抽逃出资承担相应责任，并将财产归入债务人财产的，人民法院应予支持。

第二十一条 【破产申请受理后个别清偿诉讼中止审理】破产申请受理前，债权人就债务人财产提起下列诉讼，破产申请受理时案件尚未审结的，人民法院应当中止审理：

（一）主张次债务人代替债务人直接向其偿还债务的；

（二）主张债务人的出资人、发起人和负有监督股东履行出资义务的董事、高级管理人员，或者协助抽逃出资的其他股东、董事、高级管理人员、实际控制人等直接向其承担出资不实或者抽逃出资责任的；

（三）以债务人的股东与债务人法人人格严重混同为由，主张债务人的股东直接向其偿还债务人对其所负债务的；

（四）其他就债务人财产提起的个别清偿诉讼。

债务人破产宣告后，人民法院应当依照企业破产法第四十四条的规定判决驳回债权人的诉讼请求。但是，债权人一审中变更其诉讼请求为追收的相关财产归入债务人财产的除外。

债务人破产宣告前，人民法院依据企业破产法第十二条或者第一百零八条的规定裁定驳回破产申请或者终结破产程序的，上述中止审理的案件应当依法恢复审理。

第二十二条 【破产申请受理后个别清偿中止执行】破产申请受理前，债权人就债务人财产向人民法院提起本规定第二十一条第一款所列诉讼，人民法院已经作出生效民事判决书或者调解书但尚未执行完毕的，破产申请受理后，相关执行行为应当依据企业破产法第十九条的规定中止，债权人应当依法向管理人申报相关债权。

第二十三条 【破产申请受理后个别清偿不予受理】破产申请受理后，债权人就债务人财产向人民法院提起本规定第二十一条第一款所列诉讼的，人民法院不予受理。

债权人通过债权人会议或者债权人委员会，要求管理人依法向次债务人、债务人的出资人等追收债务人财产，管理人无正当理由拒绝追收，债权人会议依据企业破产法第二十二条的规定，申请人民法院更换管理人的，人民法院应予支持。

管理人不予追收，个别债权人代表全体债权人提起相关诉讼，主张次债务人或者债务人的出资人等向债务人清偿或者返还债务人财产，或者依法申请合并破产的,人民法院应予受理。

第二十四条 【管理人员非正常收入】债务人有企业破产法第二条第一款规定的情形时,债务人的董事、监事和高级管理人员利用职权获取的以下收入,人民法院应当认定为企业破产法第三十六条规定的非正常收入:

(一)绩效奖金;

(二)普遍拖欠职工工资情况下获取的工资性收入;

(三)其他非正常收入。

债务人的董事、监事和高级管理人员拒不向管理人返还上述债务人财产,管理人主张上述人员予以返还的,人民法院应予支持。

债务人的董事、监事和高级管理人员因返还第一款第(一)项、第(三)项非正常收入形成的债权,可以作为普通破产债权清偿。因返还第一款第(二)项非正常收入形成的债权,依据企业破产法第一百一十三条第三款的规定,按照该企业职工平均工资计算的部分作为拖欠职工工资清偿;高出该企业职工平均工资计算的部分,可以作为普通破产债权清偿。

第二十五条 【对债权人利益有重大影响的财产处分行为的报告】管理人拟通过清偿债务或者提供担保取回质物、留置物,或者与质权人、留置权人协议以质物、留置物折价清偿债务等方式,进行对债权人利益有重大影响的财产处分行为的,应当及时报告债权人委员会。未设立债权人委员会的,管理人应当及时报告人民法院。

第二十六条 【取回权行使期限】权利人依据企业破产法第三十八条的规定行使取回权,应当在破产财产变价方案或者和解协议、重整计划草案提交债权人会议表决前向管理人提出。权利人在上述期限后主张取回相关财产的,应当承担延迟行使取回权增加的相关费用。

第二十七条 【取回权行使】权利人依据企业破产法第三十八条的规定向管理人主张取回相关财产,管理人不予认可,权利人以债务人为被告向人民法院提起诉讼请求行使取回权的,人民法院应予受理。

权利人依据人民法院或者仲裁机关的相关生效法律文书向管理人主张取回所涉争议财产,管理人以生效法律文书错误为由拒绝其行使取回权的,人民法院不予支持。

第二十八条 【行使取回权应履行相关费用支付义务】权利人行使取回权时未依法向管理人支付相关的加工费、保管费、托运费、委托费、代销费等费用,管理人拒绝其取回相关财产的,人民法院应予支持。

第二十九条 【提存变价款的取回】对债务人占有的权属不清的鲜活易腐等不易保管的财产或者不及时变现价值将严重贬损的财产,管理人及时变价并提存变价款后,有关权利人就该变价款行使取回权的,人民法院应予支持。

第三十条 【第三人取得所有权的债务人违法转让的财产的取回】债务人占有的他人财产被违法转让给第三人,依据民法典第三百一十一条的规定第三人已善意取得财产所有权,原权利人无法取回该财产的,人民法院应当按照以下规定处理:

(一)转让行为发生在破产申请受理前的,原权利人因财产损失形成的债权,作为普通破产债权清偿;

(二)转让行为发生在破产申请受理后的,因管理人或者相关人员执行职务导致原权利人损害产生的债务,作为共益债务清偿。

第三十一条 【第三人未取得所有权的债务人违法转让的财产的取回】债务人占有的他人财产被违法转让给第三人,第三人已向债务人支付了转让价款,但依据民法典第三百一十一条的规定未取得财产所有权,原权利人依法追回转让财产的,对因第三人已支付对价而产生的债务,人民法院应当按照以下规定处理:

(一)转让行为发生在破产申请受理前的,作为普通破产债权清偿;

(二)转让行为发生在破产申请受理后的,作为共益债务清偿。

第三十二条 【代偿性取回权】债务人占有的他人财产毁损、灭失,因此获得的保险金、赔偿金、代偿物尚未交付给债务人,或者代偿物虽已交付给债务人但能与债务人财产予以区分的,权利人主张取回就此获得的保险金、赔偿金、代偿物的,人民法院应予支持。

保险金、赔偿金已经交付给债务人,或者代偿物已经交付给债务人且不能与债务人财产予以区分的,人民法院应当按照以下规定处理:

(一)财产毁损、灭失发生在破产申请受理前的,权利人因财产损失形成的债权,作为普通破产债权清偿；

（二）财产毁损、灭失发生在破产申请受理后的，因管理人或者相关人员执行职务导致权利人损害产生的债务，作为共益债务清偿。

债务人占有的他人财产毁损、灭失，没有获得相应的保险金、赔偿金、代偿物，或者保险金、赔偿物、代偿物不足以弥补其损失的部分，人民法院应当按照本条第二款的规定处理。

第三十三条　【管理人等执行职务时不当处置他人财产的处理】管理人或者相关人员在执行职务过程中，因故意或者重大过失不当转让他人财产或者造成他人财产毁损、灭失，导致他人损害产生的债务作为共益债务，由债务人财产随时清偿不足弥补损失，权利人向管理人或者相关人员主张承担补充赔偿责任的，人民法院应予支持。

上述债务作为共益债务由债务人财产随时清偿后，债权人以管理人或者相关人员执行职务不当导致债务人财产减少给其造成损失为由提起诉讼，主张管理人或者相关人员承担相应赔偿责任的，人民法院应予支持。

第三十四条　【管理人有权决定所有权保留合同解除或继续履行】买卖合同双方当事人在合同中约定标的物所有权保留，在标的物所有权未依法转移给买受人前，一方当事人破产的，该买卖合同属于双方均未履行完毕的合同，管理人有权依据企业破产法第十八条的规定决定解除或者继续履行合同。

第三十五条　【出卖人破产时所有权保留合同的继续履行】出卖人破产，其管理人决定继续履行所有权保留买卖合同的，买受人应当按照原买卖合同的约定支付价款或者履行其他义务。

买受人未依约支付价款或者履行完毕其他义务，或者将标的物出卖、出质或者作出其他不当处分，给出卖人造成损害，出卖人管理人依法主张取回标的物的，人民法院应予支持。但是，买受人已经支付标的物总价款百分之七十五以上或者第三人善意取得标的物所有权或者其他物权的除外。

因本条第二款规定未能取回标的物，出卖人管理人依法主张买受人继续支付价款、履行完毕其他义务，以及承担相应赔偿责任的，人民法院应予支持。

第三十六条　【出卖人破产时所有权保留合同的解除】出卖人破产，其管理人决定解除所有权保留买卖合同，并依据企业破产法第十七条的规定要求买受人向其交付买卖标的物的，人民法院应予支持。

买受人以其不存在未依约支付价款或者履行完毕其他义务，或者将标的物出卖、出质或者作出其他不当处分情形抗辩的，人民法院不予支持。

买受人依法履行合同义务并依据本条第一款将买卖标的物交付出卖人管理人后，买受人已支付价款损失形成的债权作为共益债务清偿。但是，买受人违反合同约定，出卖人管理人主张上述债权作为普通破产债权清偿的，人民法院应予支持。

第三十七条　【买受人破产时所有权保留合同的继续履行】买受人破产，其管理人决定继续履行所有权保留买卖合同的，原买卖合同中约定的买受人支付价款或者履行其他义务的期限在破产申请受理时视为到期，买受人管理人应当及时向出卖人支付价款或者履行其他义务。

买受人管理人无正当理由未及时支付价款或者履行完毕其他义务，或者将标的物出卖、出质或者作出其他不当处分，给出卖人造成损害，出卖人依据民法典第六百四十一条等规定主张取回标的物的，人民法院应予支持。但是，买受人已支付标的物总价款百分之七十五以上或者第三人善意取得标的物所有权或其他物权的除外。

因本条第二款规定未能取回标的物，出卖人依法主张买受人继续支付价款、履行完毕其他义务，以及承担相应赔偿责任的，人民法院应予支持。对因买受人未支付价款或者未履行完毕其他义务，以及买受人管理人将标的物出卖、出质或者作出其他不当处分导致出卖人损害产生的债务，出卖人主张作为共益债务清偿的，人民法院应予支持。

第三十八条　【买受人破产时所有权保留合同的解除】买受人破产，其管理人决定解除所有权保留买卖合同，出卖人依据企业破产法第三十八条的规定主张取回买卖标的物的，人民法院应予支持。

出卖人取回买卖标的物，买受人管理人主张出卖人返还已支付价款的，人民法院应予支持。取回的标的物价值明显减少给出卖人造成损失的，出卖人可从买受人已支付价款中优先予以抵扣后，将剩余部分返还给买受人；对买受人已支付价款不足以弥补出卖人标的物价值减损损失形成的债权，出卖人主张作为共益债务清偿的，人民法院院应予支持。

第三十九条 【在运途中标的物的取回】出卖人依据企业破产法第三十九条的规定,通过通知承运人或者实际占有人中止运输、返还货物、变更到达地,或者将货物交给其他收货人等方式,对在运途中标的物主张了取回权但未能实现,或者在货物未达管理人前已向管理人主张取回在运途中标的物,在买卖标的物到达管理人后,出卖人向管理人主张取回的,管理人应予准许。

出卖人对在运途中标的物未及时行使取回权,在买卖标的物到达管理人后向管理人行使在运途中标的物取回权的,管理人不应准许。

第四十条 【重整期间债务人占有财产的取回】债务人重整期间,权利人要求取回债务人合法占有的权利人的财产,不符合双方事先约定条件的,人民法院不予支持。但是,因管理人或者自行管理的债务人违反约定,可能导致取回物被转让、毁损、灭失或者价值明显减少的除外。

第四十一条 【抵销权的行使】债权人依据企业破产法第四十条的规定行使抵销权,应当向管理人提出抵销主张。

管理人不得主动抵销债务人与债权人的互负债务,但抵销使债务人财产受益的除外。

第四十二条 【抵销的生效】管理人收到债权人提出的主张债务抵销的通知后,经审查无异议的,抵销自管理人收到通知之日起生效。

管理人对抵销主张有异议的,应当在约定的异议期限内或者自收到主张债务抵销的通知之日起三个月内向人民法院提起诉讼。无正当理由逾期提起的,人民法院不予支持。

人民法院判决驳回管理人提起的抵销无效诉讼请求的,该抵销自管理人收到主张债务抵销的通知之日起生效。

第四十三条 【不受支持的针对抵销权的管理人异议】债权人主张抵销,管理人以下列理由提出异议的,人民法院不予支持:

(一)破产申请受理时,债务人对债权人负有的债务尚未到期;

(二)破产申请受理时,债权人对债务人负有的债务尚未到期;

(三)双方互负债务标的物种类、品质不同。

第四十四条 【抵销无效的情形】破产申请受理前六个月内,债务人有企业破产法第二条第一款规定的情形,债务人与个别债权人以抵销方式对个别债权人清偿,其抵销的债权债务属于企业破产法第四十条第(二)、(三)项规定的情形之一,管理人在破产申请受理之日起三个月内向人民法院提起诉讼,主张该抵销无效的,人民法院应予支持。

第四十五条 【债权人享有优先受偿权与债务人不享有优先受偿权的债权的抵销】企业破产法第四十条所列不得抵销情形的债权人,主张以其对债务人特定财产享有优先受偿权的债权,与债务人对其不享有优先受偿权的债权抵销,债务人管理人以抵销存在企业破产法第四十条规定的情形提出异议的,人民法院不予支持。但是,用以抵销的债权大于债权人享有优先受偿权财产价值的除外。

第四十六条 【债务人股东与债务人的债务抵销】债务人的股东主张以下列债务与债务人对其负有的债务抵销,债务人管理人提出异议的,人民法院应予支持:

(一)债务人股东因欠缴债务人的出资或者抽逃出资对债务人所负的债务;

(二)债务人股东滥用股东权利或者关联关系损害公司利益对债务人所负的债务。

第四十七条 【诉讼管辖】人民法院受理破产申请后,当事人提起的有关债务人的民事诉讼案件,应当依据企业破产法第二十一条的规定,由受理破产申请的人民法院管辖。

受理破产申请的人民法院管辖的有关债务人的第一审民事案件,可以依据民事诉讼法第三十八条的规定,由上级人民法院提审,或者报请上级人民法院批准后交下级人民法院审理。

受理破产申请的人民法院,如对有关债务人的海事纠纷、专利纠纷、证券市场因虚假陈述引发的民事赔偿纠纷等案件不能行使管辖权的,可以依据民事诉讼法第三十七条的规定,由上级人民法院指定管辖。

第四十八条 【本解释效力条款】本规定施行前本院发布的有关企业破产的司法解释,与本规定相抵触的,自本规定施行之日起不再适用。

最高人民法院关于适用《中华人民共和国企业破产法》若干问题的规定(三)

(2019年2月25日最高人民法院审判委员会第1762次会议通过 根据2020年12月23日最高人民法院审判委员会第1823次会议通过的《最高人民法院关于修改〈最高人民法院关于破产企业国有划拨土地使用权应否列入破产财产等问题的批复〉等二十九件商事类司法解释的决定》修正)

为正确适用《中华人民共和国企业破产法》,结合审判实践,就人民法院审理企业破产案件中有关债权人权利行使等相关法律适用问题,制定本规定。

第一条 【破产费用范围】人民法院裁定受理破产申请的,此前债务人尚未支付的公司强制清算费用、未终结的执行程序中产生的评估费、公告费、保管费等执行费用,可以参照企业破产法关于破产费用的规定,由债务人财产随时清偿。

此前债务人尚未支付的案件受理费、执行申请费,可以作为破产债权清偿。

第二条 【继续营业借款的清偿】破产申请受理后,经债权人会议决议通过,或者第一次债权人会议召开前经人民法院许可,管理人或者自行管理的债务人可以为债务人继续营业而借款。提供借款的债权人主张参照企业破产法第四十二条第四项的规定优先于普通破产债权清偿的,人民法院应予支持,但其主张优先于此前已就债务人特定财产享有担保的债权清偿的,人民法院不予支持。

管理人或者自行管理的债务人可以为前述借款设定抵押担保,抵押物在破产申请受理前已为其他债权人设定抵押的,债权人主张按照民法典第四百一十四条规定的顺序清偿,人民法院应予支持。

第三条 【破产申请受理后产生的滞纳金不得申报破产债权】破产申请受理后,债务人欠缴款项产生的滞纳金,包括债务人未履行生效法律文书应当加倍支付的迟延利息和劳动保险金的滞纳金,债权人作为破产债权申报的,人民法院不予确认。

第四条 【保证人破产对债权人债权申报】保证人被裁定进入破产程序的,债权人有权申报其对保证人的保证债权。

主债务未到期的,保证债权在保证人破产申请受理时视为到期。一般保证的保证人主张行使先诉抗辩权的,人民法院不予支持,但债权人在一般保证人破产程序中的分配额应予提存,待一般保证人应承担的保证责任确定后再按照破产清偿比例予以分配。

保证人被确定应当承担保证责任的,保证人的管理人可以就保证人实际承担的清偿额向主债务人或其他债务人行使求偿权。

第五条 【债务人、保证人均破产时债权人债权申报】债务人、保证人均被裁定进入破产程序的,债权人有权向债务人、保证人分别申报债权。

债权人向债务人、保证人均申报全部债权的,从一方破产程序中获得清偿后,其对另一方的债权额不作调整,但债权人的受偿额不得超出其债权总额。保证人履行保证责任后不再享有求偿权。

第六条 【债权申报登记册、债权表等的制作、保管】管理人应当依照企业破产法第五十七条的规定对所申报的债权进行登记造册,详尽记载申报人的姓名、单位、代理人、申报债权额、担保情况、证据、联系方式等事项,形成债权申报登记册。

管理人应当依照企业破产法第五十七条的规定对债权的性质、数额、担保财产、是否超过诉讼时效期间、是否超过强制执行期间等情况进行审查、编制债权表并提交债权人会议核查。

债权表、债权申报登记册及债权申报材料在破产期间由管理人保管,债权人、债务人、债务人职工及其他利害关系人有权查阅。

第七条 【生效法律文书确定的债权确认】已经生效法律文书确定的债权,管理人应当予以确认。

管理人认为债权人据以申报债权的生效法律文书确定的债权错误,或者有证据证明债权人与债务人恶意通过诉讼、仲裁或者公证机关赋予强制执行力公证文书的形式虚构债权债务的,应当依法通过审判监督程序向作出该判决、裁定、调解书的人民法院或者上一级人民法院申请撤销生效法律文书,或者向受理破产申请的人民法院申请撤销或者不予执行仲裁裁决、不予执行公证债权文书后,重新确定债权。

第八条 【债权确认异议的方式】债务人、债权人对债权表记载的债权有异议的,应当说明理由和法律依据。经管理人解释或调整后,异议人仍然不服的,或者管理人不予解释或调整的,异议人应当在债权人会议核查结束后十五日内向人民法院提起债权确认的诉讼。当事人之间在破产申请受理前订立有仲裁条款或仲裁协议的,应当向选定的仲裁机构申请确认债权债务关系。

第九条 【债权确认异议之诉当事人】债务人对债权表记载的债权有异议向人民法院提起诉讼的,应将被异议债权人列为被告。债权人对债权表记载的他人债权有异议的,应将被异议债权人列为被告;债权人对债权表记载的本人债权有异议的,应将债务人列为被告。

对同一笔债权存在多个异议人,其他异议人申请参加诉讼的,应当列为共同原告。

第十条 【知情权】单个债权人有权查阅债务人财产状况报告、债权人会议决议、债权人委员会决议、管理人监督报告等参与破产程序所必需的债务人财务和经营信息资料。管理人无正当理由不予提供的,债权人可以请求人民法院作出决定;人民法院应当在五日内作出决定。

上述信息资料涉及商业秘密的,债权人应当依法承担保密义务或者签署保密协议;涉及国家秘密的应当依照相关法律规定处理。

第十一条 【非现场会议表决及重整计划草案分组表决】债权人会议的决议除现场表决外,可以由管理人事先将相关决议事项告知债权人,采取通信、网络投票等非现场方式进行表决。采取非现场方式进行表决的,管理人应当在债权人会议召开后的三日内,以信函、电子邮件、公告等方式将表决结果告知参与表决的债权人。

根据企业破产法第八十二条规定,对重整计划草案进行分组表决时,权益因重整计划草案受到调整或者影响的债权人或者股东,有权参加表决;权益未受到调整或者影响的债权人或者股东,参照企业破产法第八十三条的规定,不参加重整计划草案的表决。

第十二条 【债权人会议决议的撤销】债权人会议的决议具有以下情形之一,损害债权人利益,债权人申请撤销的,人民法院应予支持:

(一)债权人会议的召开违反法定程序;

(二)债权人会议的表决违反法定程序;

(三)债权人会议的决议内容违法;

(四)债权人会议的决议超出债权人会议的职权范围。

人民法院可以裁定撤销全部或者部分事项决议,责令债权人会议依法重新作出决议。

债权人申请撤销债权人会议决议的,应当提出书面申请。债权人会议采取通信、网络投票等非现场方式进行表决的,债权人申请撤销的期限自债权人收到通知之日起算。

第十三条 【债权人会议职权委托规则】债权人会议可以依照企业破产法第六十八条第一款第四项的规定,委托债权人委员会行使企业破产法第六十一条第一款第二、三、五项规定的债权人会议职权。债权人会议不得作出概括性授权,委托其行使债权人会议所有职权。

第十四条 【债权人委员会议事规则】债权人委员会决定所议事项应获得全体成员过半数通过,并作成议事记录。债权人委员会成员对所议事项的决议有不同意见的,应当在记录中载明。

债权人委员会行使职权应当接受债权人会议的监督,以适当的方式向债权人会议及时汇报工作,并接受人民法院的指导。

第十五条 【重大财产处置】管理人处分企业破产法第六十九条规定的债务人重大财产的,应当事先制作财产管理或者变价方案并提交债权人会议进行表决,债权人会议表决未通过的,管理人不得处分。

管理人实施处分前,应当根据企业破产法第六十九条的规定,提前十日书面报告债权人委员会或者人民法院。债权人委员会可以依照企业破产法第六十八条第二款的规定,要求管理人对处分行为作出相应说明或者提供有关文件依据。

债权人委员会认为管理人实施的处分行为不符合债权人会议通过的财产管理或变价方案的,有权要求管理人纠正。管理人拒绝纠正的,债权人委员会可以请求人民法院作出决定。

人民法院认为管理人实施的处分行为不符合债权人会议通过的财产管理或变价方案的,应当责令管理人停止处分行为。管理人应当予以纠正,或者提交债权人会议重新表决通过后实施。

第十六条 【实施日期】本规定自 2019 年 3 月 28 日起实施。

实施前本院发布的有关企业破产的司法解释,与本规定相抵触的,自本规定实施之日起不再适用。

中华人民共和国保险法

（1995 年 6 月 30 日第八届全国人民代表大会常务委员会第十四次会议通过　根据 2002 年 10 月 28 日第九届全国人民代表大会常务委员会第三十次会议《关于修改〈中华人民共和国保险法〉的决定》第一次修正　2009 年 2 月 28 日第十一届全国人民代表大会常务委员会第七次会议修订　根据 2014 年 8 月 31 日第十二届全国人民代表大会常务委员会第十次会议《关于修改〈中华人民共和国保险法〉等五部法律的决定》第二次修正　根据 2015 年 4 月 24 日第十二届全国人民代表大会常务委员会第十四次会议《关于修改〈中华人民共和国计量法〉等五部法律的决定》第三次修正）

目　录

第一章　总　　则
第二章　保险合同
　第一节　一般规定
　第二节　人身保险合同
　第三节　财产保险合同
第三章　保险公司
第四章　保险经营规则
第五章　保险代理人和保险经纪人
第六章　保险业监督管理
第七章　法律责任
第八章　附　　则

第一章　总　　则

第一条　【立法目的】为了规范保险活动，保护保险活动当事人的合法权益，加强对保险业的监督管理，维护社会经济秩序和社会公共利益，促进保险事业的健康发展，制定本法。

第二条　【调整范围】本法所称保险，是指投保人根据合同约定，向保险人支付保险费，保险人对于合同约定的可能发生的事故因其发生所造成的财产损失承担赔偿保险金责任，或者当被保险人死亡、伤残、疾病或者达到合同约定的年龄、期限等条件时承担给付保险金责任的商业保险行为。

第三条　【适用范围】在中华人民共和国境内从事保险活动，适用本法。

第四条　【从事保险活动的基本原则】从事保险活动必须遵守法律、行政法规，尊重社会公德，不得损害社会公共利益。

第五条　【诚实信用原则】保险活动当事人行使权利、履行义务应当遵循诚实信用原则。

第六条　【保险业务经营主体】保险业务由依照本法设立的保险公司以及法律、行政法规规定的其他保险组织经营，其他单位和个人不得经营保险业务。

第七条　【境内投保原则】在中华人民共和国境内的法人和其他组织需要办理境内保险的，应当向中华人民共和国境内的保险公司投保。

第八条　【分业经营原则】保险业和银行业、证券业、信托业实行分业经营、分业管理，保险公司与银行、证券、信托业务机构分别设立。国家另有规定的除外。

第九条　【保险监督管理机构】国务院保险监督管理机构依法对保险业实施监督管理。

国务院保险监督管理机构根据履行职责的需要设立派出机构。派出机构按照国务院保险监督管理机构的授权履行监督管理职责。

第二章　保险合同

第一节　一般规定

第十条　【保险合同及其主体】保险合同是投保人与保险人约定保险权利义务关系的协议。

投保人是指与保险人订立保险合同，并按照合同约定负有支付保险费义务的人。

保险人是指与投保人订立保险合同，并按照合同约定承担赔偿或者给付保险金责任的保险公司。

第十一条　【保险合同订立原则】订立保险合同，应当协商一致，遵循公平原则确定各方的权利和义务。

除法律、行政法规规定必须保险的外，保险合同自愿订立。

第十二条　【保险利益、保险标的】人身保险的投保人在保险合同订立时，对被保险人应当具有保险利益。

财产保险的被保险人在保险事故发生时，对保险标的应当具有保险利益。

人身保险是以人的寿命和身体为保险标的的

保险。

财产保险是以财产及其有关利益为保险标的的保险。

被保险人是指其财产或者人身受保险合同保障，享有保险金请求权的人。投保人可以为被保险人。

保险利益是指投保人或者被保险人对保险标的具有的法律上承认的利益。

第十三条 【保险合同成立与生效】投保人提出保险要求，经保险人同意承保，保险合同成立。保险人应当及时向投保人签发保险单或者其他保险凭证。

保险单或者其他保险凭证应当载明当事人双方约定的合同内容。当事人也可以约定采用其他书面形式载明合同内容。

依法成立的保险合同，自成立时生效。投保人和保险人可以对合同的效力约定附条件或者附期限。

第十四条 【保险合同效力】保险合同成立后，投保人按照约定交付保险费，保险人按照约定的时间开始承担保险责任。

第十五条 【保险合同解除】除本法另有规定或者保险合同另有约定外，保险合同成立后，投保人可以解除合同，保险人不得解除合同。

第十六条 【投保人如实告知义务】订立保险合同，保险人就保险标的或者被保险人的有关情况提出询问的，投保人应当如实告知。

投保人故意或者因重大过失未履行前款规定的如实告知义务，足以影响保险人决定是否同意承保或者提高保险费率的，保险人有权解除合同。

前款规定的合同解除权，自保险人知道有解除事由之日起，超过三十日不行使而消灭。自合同成立之日起超过二年的，保险人不得解除合同；发生保险事故的，保险人应当承担赔偿或者给付保险金的责任。

投保人故意不履行如实告知义务的，保险人对于合同解除前发生的保险事故，不承担赔偿或者给付保险金的责任，并不退还保险费。

投保人因重大过失未履行如实告知义务，对保险事故的发生有严重影响的，保险人对于合同解除前发生的保险事故，不承担赔偿或者给付保险金的责任，但应当退还保险费。

保险人在合同订立时已经知道投保人未如实告知的情况的，保险人不得解除合同；发生保险事故的，保险人应当承担赔偿或者给付保险金的责任。

保险事故是指保险合同约定的保险责任范围内的事故。

第十七条 【保险人说明义务】订立保险合同，采用保险人提供的格式条款的，保险人向投保人提供的投保单应当附格式条款，保险人应当向投保人说明合同的内容。

对保险合同中免除保险人责任的条款，保险人在订立合同时应当在投保单、保险单或者其他保险凭证上作出足以引起投保人注意的提示，并对该条款的内容以书面或者口头形式向投保人作出明确说明；未作提示或者明确说明的，该条款不产生效力。

第十八条 【保险合同内容】保险合同应当包括下列事项：

（一）保险人的名称和住所；

（二）投保人、被保险人的姓名或者名称、住所，以及人身保险的受益人的姓名或者名称、住所；

（三）保险标的；

（四）保险责任和责任免除；

（五）保险期间和保险责任开始时间；

（六）保险金额；

（七）保险费以及支付办法；

（八）保险金赔偿或者给付办法；

（九）违约责任和争议处理；

（十）订立合同的年、月、日。

投保人和保险人可以约定与保险有关的其他事项。

受益人是指人身保险合同中由被保险人或者投保人指定的享有保险金请求权的人。投保人、被保险人可以为受益人。

保险金额是指保险人承担赔偿或者给付保险金责任的最高限额。

第十九条 【无效格式条款】采用保险人提供的格式条款订立的保险合同中的下列条款无效：

（一）免除保险人依法应承担的义务或者加重投保人、被保险人责任的；

（二）排除投保人、被保险人或者受益人依法享有的权利的。

第二十条 【保险合同变更】投保人和保险人可以协商变更合同内容。

变更保险合同的，应当由保险人在保险单或者其他保险凭证上批注或者附贴批单，或者由投保人和保险人订立变更的书面协议。

第二十一条 【通知义务】投保人、被保险人或者受益人知道保险事故发生后，应当及时通知保险人。故意或者因重大过失未及时通知，致使保险事故的性质、原因、损失程度等难以确定的，保险人对无法确定的部分，不承担赔偿或者给付保险金的责任，但保险人通过其他途径已经及时知道或者应当及时知道保险事故发生的除外。

第二十二条　【协助义务】保险事故发生后，按照保险合同请求保险人赔偿或者给付保险金时，投保人、被保险人或者受益人应当向保险人提供其所能提供的与确认保险事故的性质、原因、损失程度等有关的证明和资料。

保险人按照合同的约定，认为有关的证明和资料不完整的，应当及时一次性通知投保人、被保险人或者受益人补充提供。

第二十三条　【理赔】保险人收到被保险人或者受益人的赔偿或者给付保险金的请求后，应当及时作出核定；情形复杂的，应当在三十日内作出核定，但合同另有约定的除外。保险人应当将核定结果通知被保险人或者受益人；对属于保险责任的，在与被保险人或者受益人达成赔偿或者给付保险金的协议后十日内，履行赔偿或者给付保险金义务。保险合同对赔偿或者给付保险金的期限有约定的，保险人应当按照约定履行赔偿或者给付保险金义务。

保险人未及时履行前款规定义务的，除支付保险金外，应当赔偿被保险人或者受益人因此受到的损失。

任何单位和个人不得非法干预保险人履行赔偿或者给付保险金的义务，也不得限制被保险人或者受益人取得保险金的权利。

第二十四条　【拒绝赔付通知】保险人依照本法第二十三条的规定作出核定后，对不属于保险责任的，应当自作出核定之日起三日内向被保险人或者受益人发出拒绝赔偿或者拒绝给付保险金通知书，并说明理由。

第二十五条　【先行赔付】保险人自收到赔偿或者给付保险金的请求和有关证明、资料之日起六十日内，对其赔偿或者给付保险金的数额不能确定的，应当根据已有证明和资料可以确定的数额先予支付；保险人最终确定赔偿或者给付保险金的数额后，应当支付相应的差额。

第二十六条　【诉讼时效】人寿保险以外的其他保险的被保险人或者受益人，向保险人请求赔偿或者给付保险金的诉讼时效期间为二年，自其知道或者应当知道保险事故发生之日起计算。

人寿保险的被保险人或者受益人向保险人请求给付保险金的诉讼时效期间为五年，自其知道或者应当知道保险事故发生之日起计算。

第二十七条　【保险欺诈】未发生保险事故，被保险人或者受益人谎称发生了保险事故，向保险人提出赔偿或者给付保险金请求的，保险人有权解除合同，并不退还保险费。

投保人、被保险人故意制造保险事故的，保险人有权解除合同，不承担赔偿或者给付保险金的责任；除本法第四十三条规定外，不退还保险费。

保险事故发生后，投保人、被保险人或者受益人以伪造、变造的有关证明、资料或者其他证据，编造虚假的事故原因或者夸大损失程度的，保险人对其虚报的部分不承担赔偿或者给付保险金的责任。

投保人、被保险人或者受益人有前三款规定行为之一，致使保险人支付保险金或者支出费用的，应当退回或者赔偿。

第二十八条　【再保险】保险人将其承担的保险业务，以分保形式部分转移给其他保险人的，为再保险。

应再保险接受人的要求，再保险分出人应当将其自负责任及原保险的有关情况书面告知再保险接受人。

第二十九条　【再保险的保费及赔付】再保险接受人不得向原保险的投保人要求支付保险费。

原保险的被保险人或者受益人不得向再保险接受人提出赔偿或者给付保险金的请求。

再保险分出人不得以再保险接受人未履行再保险责任为由，拒绝履行或者迟延履行其原保险责任。

第三十条　【争议条款解释】采用保险人提供的格式条款订立的保险合同，保险人与投保人、被保险人或者受益人对合同条款有争议的，应当按照通常理解予以解释。对合同条款有两种以上解释的，人民法院或者仲裁机构应当作出有利于被保险人和受益人的解释。

第二节　人身保险合同

第三十一条　【人身保险利益】投保人对下列人员具有保险利益：

（一）本人；

（二）配偶、子女、父母；

（三）前项以外与投保人有抚养、赡养或者扶养关系的家庭其他成员、近亲属；

（四）与投保人有劳动关系的劳动者。

除前款规定外，被保险人同意投保人为其订立合同的，视为投保人对被保险人具有保险利益。

订立合同时，投保人对被保险人不具有保险利益的，合同无效。

第三十二条　【申报年龄不真实的处理】投保人申报的被保险人年龄不真实，并且其真实年龄不符合合同约定的年龄限制的，保险人可以解除合同，并按照合同约定退还保险单的现金价值。保险人行使合同解除权，适用本法第十六条第三款、第六款的规定。

投保人申报的被保险人年龄不真实，致使投保人支付的保险费少于应付保险费的，保险人有权更正并要求投保人补交保险费，或者在给付保险金时按照实付保险费与应付保险费的比例支付。

投保人申报的被保险人年龄不真实，致使投保人支付的保险费多于应付保险费的，保险人应当将多收的保险费退还投保人。

第三十三条　【死亡保险的禁止】投保人不得为无民事行为能力人投保以死亡为给付保险金条件的人身保险，保险人也不得承保。

父母为其未成年子女投保的人身保险，不受前款规定限制。但是，因被保险人死亡给付的保险金总和不得超过国务院保险监督管理机构规定的限额。

第三十四条　【死亡保险合同的效力】以死亡为给付保险金条件的合同，未经被保险人同意并认可保险金额的，合同无效。

按照以死亡为给付保险金条件的合同所签发的保险单，未经被保险人书面同意，不得转让或者质押。

父母为其未成年子女投保的人身保险，不受本条第一款规定限制。

第三十五条　【保险费的支付】投保人可以按照合同约定向保险人一次支付全部保险费或者分期支付保险费。

第三十六条　【逾期支付保险费】合同约定分期支付保险费，投保人支付首期保险费后，除合同另有约定外，投保人自保险人催告之日起超过三十日未支付当期保险费，或者超过约定的期限六十日未支付当期保险费的，合同效力中止，或者由保险人按照合同约定的条件减少保险金额。

被保险人在前款规定期限内发生保险事故的，保险人应当按照合同约定给付保险金，但可以扣减欠交的保险费。

第三十七条　【合同效力的恢复】合同效力依照本法第三十六条规定中止的，经保险人与投保人协商并达成协议，在投保人补交保险费后，合同效力恢复。但是，自合同效力中止之日起满二年双方未达成协议的，保险人有权解除合同。

保险人依照前款规定解除合同的，应当按照合同约定退还保险单的现金价值。

第三十八条　【禁止通过诉讼要求支付保险费】保险人对人寿保险的保险费，不得用诉讼方式要求投保人支付。

第三十九条　【受益人的确定】人身保险的受益人由被保险人或者投保人指定。

投保人指定受益人时须经被保险人同意。投保人为与其有劳动关系的劳动者投保人身保险，不得指定被保险人及其近亲属以外的人为受益人。

被保险人为无民事行为能力人或者限制民事行为能力人的，可以由其监护人指定受益人。

第四十条　【受益顺序及份额】被保险人或者投保人可以指定一人或者数人为受益人。

受益人为数人的，被保险人或者投保人可以确定受益顺序和受益份额；未确定受益份额的，受益人按照相等份额享有受益权。

第四十一条　【受益人变更】被保险人或者投保人可以变更受益人并书面通知保险人。保险人收到变更受益人的书面通知后，应当在保险单或者其他保险凭证上批注或者附贴批单。

投保人变更受益人时须经被保险人同意。

第四十二条　【保险金作为遗产情形】被保险人死亡后，有下列情形之一的，保险金作为被保险人的遗产，由保险人依照《中华人民共和国继承法》的规定履行给付保险金的义务：

（一）没有指定受益人，或者受益人指定不明无法确定的；

（二）受益人先于被保险人死亡，没有其他受益人的；

（三）受益人依法丧失受益权或者放弃受益权，没有其他受益人的。

受益人与被保险人在同一事件中死亡，且不能确定死亡先后顺序的，推定受益人死亡在先。

第四十三条　【受益权丧失】投保人故意造成被保险人死亡、伤残或者疾病的，保险人不承担给付保险金的责任。投保人已交足二年以上保险费的，保险人应当按照合同约定向其他权利人退还保险单的现金价值。

受益人故意造成被保险人死亡、伤残、疾病的，或者故意杀害被保险人未遂的，该受益人丧失受益权。

第四十四条 【被保险人自杀处理】以被保险人死亡为给付保险金条件的合同，自合同成立或者合同效力恢复之日起二年内，被保险人自杀的，保险人不承担给付保险金的责任，但被保险人自杀时为无民事行为能力人的除外。

保险人依照前款规定不承担给付保险金责任的，应当按照合同约定退还保险单的现金价值。

第四十五条 【免于赔付情形】因被保险人故意犯罪或者抗拒依法采取的刑事强制措施导致其伤残或者死亡的，保险人不承担给付保险金的责任。投保人已交足二年以上保险费的，保险人应当按照合同约定退还保险单的现金价值。

第四十六条 【禁止追偿】被保险人因第三者的行为而发生死亡、伤残或者疾病等保险事故的，保险人向被保险人或者受益人给付保险金后，不享有向第三者追偿的权利，但被保险人或者受益人仍有权向第三者请求赔偿。

第四十七条 【人身保险合同解除】投保人解除合同的，保险人应当自收到解除合同通知之日起三十日内，按照合同约定退还保险单的现金价值。

第三节 财产保险合同

第四十八条 【财产保险利益】保险事故发生时，被保险人对保险标的不具有保险利益的，不得向保险人请求赔偿保险金。

第四十九条 【保险标的转让】保险标的转让的，保险标的的受让人承继被保险人的权利和义务。

保险标的转让的，被保险人或者受让人应当及时通知保险人，但货物运输保险合同和另有约定的合同除外。

因保险标的转让导致危险程度显著增加的，保险人自收到前款规定的通知之日起三十日内，可以按照合同约定增加保险费或者解除合同。保险人解除合同的，应当将已收取的保险费，按照合同约定扣除自保险责任开始之日起至合同解除之日止应收的部分后，退还投保人。

被保险人、受让人未履行本条第二款规定的通知义务的，因转让导致保险标的危险程度显著增加而发生的保险事故，保险人不承担赔偿保险金的责任。

第五十条 【禁止解除合同】货物运输保险合同和运输工具航程保险合同，保险责任开始后，合同当事人不得解除合同。

第五十一条 【安全义务】被保险人应当遵守国家有关消防、安全、生产操作、劳动保护等方面的规定，维护保险标的的安全。

保险人可以按照合同约定对保险标的的安全状况进行检查，及时向投保人、被保险人提出消除不安全因素和隐患的书面建议。

投保人、被保险人未按照约定履行其对保险标的的安全应尽责任的，保险人有权要求增加保险费或者解除合同。

保险人为维护保险标的的安全，经被保险人同意，可以采取安全预防措施。

第五十二条 【危险增加通知义务】在合同有效期内，保险标的的危险程度显著增加的，被保险人应当按照合同约定及时通知保险人，保险人可以按照合同约定增加保险费或者解除合同。保险人解除合同的，应当将已收取的保险费，按照合同约定扣除自保险责任开始之日起至合同解除之日止应收的部分后，退还投保人。

被保险人未履行前款规定的通知义务的，因保险标的的危险程度显著增加而发生的保险事故，保险人不承担赔偿保险金的责任。

第五十三条 【降低保险费】有下列情形之一的，除合同另有约定外，保险人应当降低保险费，并按日计算退还相应的保险费：

（一）据以确定保险费率的有关情况发生变化，保险标的的危险程度明显减少的；

（二）保险标的的保险价值明显减少的。

第五十四条 【保费退还】保险责任开始前，投保人要求解除合同的，应当按照合同约定向保险人支付手续费，保险人应当退还保险费。保险责任开始后，投保人要求解除合同的，保险人应当将已收取的保险费，按照合同约定扣除自保险责任开始之日起至合同解除之日止应收的部分后，退还投保人。

第五十五条 【保险价值的确定】投保人和保险人约定保险标的的保险价值并在合同中载明的，保险标的发生损失时，以约定的保险价值为赔偿计算标准。

投保人和保险人未约定保险标的的保险价值

的,保险标的发生损失时,以保险事故发生时保险标的的实际价值为赔偿计算标准。

保险金额不得超过保险价值。超过保险价值的,超过部分无效,保险人应当退还相应的保险费。

保险金额低于保险价值的,除合同另有约定外,保险人按照保险金额与保险价值的比例承担赔偿保险金的责任。

第五十六条 【重复保险】重复保险的投保人应当将重复保险的有关情况通知各保险人。

重复保险的各保险人赔偿保险金的总和不得超过保险价值。除合同另有约定外,各保险人按照其保险金额与保险金额总和的比例承担赔偿保险金的责任。

重复保险的投保人可以就保险金额总和超过保险价值的部分,请求各保险人按比例返还保险费。

重复保险是指投保人对同一保险标的、同一保险利益、同一保险事故分别与两个以上保险人订立保险合同,且保险金额总和超过保险价值的保险。

第五十七条 【防止或减少损失责任】保险事故发生时,被保险人应当尽力采取必要的措施,防止或者减少损失。

保险事故发生后,被保险人为防止或者减少保险标的的损失所支付的必要的、合理的费用,由保险人承担;保险人所承担的费用数额在保险标的损失赔偿金额以外另行计算,最高不超过保险金额的数额。

第五十八条 【赔偿解除】保险标的发生部分损失的,自保险人赔偿之日起三十日内,投保人可以解除合同;除合同另有约定外,保险人也可以解除合同,但应当提前十五日通知投保人。

合同解除的,保险人应当将保险标的未受损失部分的保险费,按照合同约定扣除自保险责任开始之日起至合同解除之日止应收的部分后,退还投保人。

第五十九条 【保险标的残值权利归属】保险事故发生后,保险人已支付了全部保险金额,并且保险金额等于保险价值的,受损保险标的的全部权利归于保险人;保险金额低于保险价值的,保险人按照保险金额与保险价值的比例取得受损保险标的的部分权利。

第六十条 【代位求偿权】因第三者对保险标的的损害而造成保险事故的,保险人自向被保险人赔偿保险金之日起,在赔偿金额范围内代位行使被保险人对第三者请求赔偿的权利。

前款规定的保险事故发生后,被保险人已经从第三者取得损害赔偿的,保险人赔偿保险金时,可以相应扣减被保险人从第三者已取得的赔偿金额。

保险人依照本条第一款规定行使代位请求赔偿的权利,不影响被保险人就未取得赔偿的部分向第三者请求赔偿的权利。

第六十一条 【不能行使代位求偿权的法律后果】保险事故发生后,保险人未赔偿保险金之前,被保险人放弃对第三者请求赔偿的权利的,保险人不承担赔偿保险金的责任。

保险人向被保险人赔偿保险金后,被保险人未经保险人同意放弃对第三者请求赔偿的权利的,该行为无效。

被保险人故意或者因重大过失致使保险人不能行使代位请求赔偿的权利的,保险人可以扣减或者要求返还相应的保险金。

第六十二条 【代位求偿权行使限制】除被保险人的家庭成员或者其组成人员故意造成本法第六十条第一款规定的保险事故外,保险人不得对被保险人的家庭成员或者其组成人员行使代位请求赔偿的权利。

第六十三条 【协助行使代位求偿权】保险人向第三者行使代位请求赔偿的权利时,被保险人应当向保险人提供必要的文件和所知道的有关情况。

第六十四条 【勘险费用承担】保险人、被保险人为查明和确定保险事故的性质、原因和保险标的的损失程度所支付的必要的、合理的费用,由保险人承担。

第六十五条 【责任保险】保险人对责任保险的被保险人给第三者造成的损害,可以依照法律的规定或者合同的约定,直接向该第三者赔偿保险金。

责任保险的被保险人给第三者造成损害,被保险人对第三者应负的赔偿责任确定的,根据被保险人的请求,保险人应当直接向该第三者赔偿保险金。被保险人怠于请求的,第三者有权就其应获赔偿部分直接向保险人请求赔偿保险金。

责任保险的被保险人给第三者造成损害,被保险人未向该第三者赔偿的,保险人不得向被保险人赔偿保险金。

责任保险是指以被保险人对第三者依法应负的赔偿责任为保险标的的保险。

第六十六条 【责任保险相应费用承担】责任保险的被保险人因给第三者造成损害的保险事故

而被提起仲裁或者诉讼的，被保险人支付的仲裁或者诉讼费用以及其他必要的、合理的费用，除合同另有约定外，由保险人承担。

第三章 保险公司

第六十七条 【设立须经批准】设立保险公司应当经国务院保险监督管理机构批准。

国务院保险监督管理机构审查保险公司的设立申请时，应当考虑保险业的发展和公平竞争的需要。

第六十八条 【设立条件】设立保险公司应当具备下列条件：

（一）主要股东具有持续盈利能力，信誉良好，最近三年内无重大违法违规记录，净资产不低于人民币二亿元；

（二）有符合本法和《中华人民共和国公司法》规定的章程；

（三）有符合本法规定的注册资本；

（四）有具备任职专业知识和业务工作经验的董事、监事和高级管理人员；

（五）有健全的组织机构和管理制度；

（六）有符合要求的营业场所和与经营业务有关的其他设施；

（七）法律、行政法规和国务院保险监督管理机构规定的其他条件。

第六十九条 【注册资本】设立保险公司，其注册资本的最低限额为人民币二亿元。

国务院保险监督管理机构根据保险公司的业务范围、经营规模，可以调整其注册资本的最低限额，但不得低于本条第一款规定的限额。

保险公司的注册资本必须为实缴货币资本。

第七十条 【申请文件、资料】申请设立保险公司，应当向国务院保险监督管理机构提出书面申请，并提交下列材料：

（一）设立申请书，申请书应当载明拟设立的保险公司的名称、注册资本、业务范围等；

（二）可行性研究报告；

（三）筹建方案；

（四）投资人的营业执照或者其他背景资料，经会计师事务所审计的上一年度财务会计报告；

（五）投资人认可的筹备组负责人和拟任董事长、经理名单及本人认可证明；

（六）国务院保险监督管理机构规定的其他材料。

第七十一条 【批准决定】国务院保险监督管理机构应当对设立保险公司的申请进行审查，自受理之日起六个月内作出批准或者不批准筹建的决定，并书面通知申请人。决定不批准的，应当书面说明理由。

第七十二条 【筹建期限和要求】申请人应当自收到批准筹建通知之日起一年内完成筹建工作；筹建期间不得从事保险经营活动。

第七十三条 【保险监督管理机构批准开业申请的期限和决定】筹建工作完成后，申请人具备本法第六十八条规定的设立条件的，可以向国务院保险监督管理机构提出开业申请。

国务院保险监督管理机构应当自受理开业申请之日起六十日内，作出批准或者不批准开业的决定。决定批准的，颁发经营保险业务许可证；决定不批准的，应当书面通知申请人并说明理由。

第七十四条 【设立分支机构】保险公司在中华人民共和国境内设立分支机构，应当经保险监督管理机构批准。

保险公司分支机构不具有法人资格，其民事责任由保险公司承担。

第七十五条 【设立分支机构提交的材料】保险公司申请设立分支机构，应当向保险监督管理机构提出书面申请，并提交下列材料：

（一）设立申请书；

（二）拟设机构三年业务发展规划和市场分析材料；

（三）拟任高级管理人员的简历及相关证明材料；

（四）国务院保险监督管理机构规定的其他材料。

第七十六条 【审批保险公司设立分支机构申请的期限】保险监督管理机构应当对保险公司设立分支机构的申请进行审查，自受理之日起六十日内作出批准或者不批准的决定。决定批准的，颁发分支机构经营保险业务许可证；决定不批准的，应当书面通知申请人并说明理由。

第七十七条 【工商登记】经批准设立的保险公司及其分支机构，凭经营保险业务许可证向工商行政管理机关办理登记，领取营业执照。

第七十八条 【工商登记期限】保险公司及其分支机构自取得经营保险业务许可证之日起六个月内，无正当理由未向工商行政管理机关办理登记的，其经营保险业务许可证失效。

第七十九条 【境外机构设立规定】保险公司

在中华人民共和国境外设立子公司、分支机构，应当经国务院保险监督管理机构批准。

第八十条　【外国保险机构驻华代表机构设立的批准】外国保险机构在中华人民共和国境内设立代表机构，应当经国务院保险监督管理机构批准。代表机构不得从事保险经营活动。

第八十一条　【董事、监事和高级管理人员任职规定】保险公司的董事、监事和高级管理人员，应当品行良好，熟悉与保险相关的法律、行政法规，具有履行职责所需的经营管理能力，并在任职前取得保险监督管理机构核准的任职资格。

保险公司高级管理人员的范围由国务院保险监督管理机构规定。

第八十二条　【董事、高级管理人员的任职禁止】有《中华人民共和国公司法》第一百四十六条规定的情形或者下列情形之一的，不得担任保险公司的董事、监事、高级管理人员：

（一）因违法行为或者违纪行为被金融监督管理机构取消任职资格的金融机构的董事、监事、高级管理人员，自被取消任职资格之日起未逾五年的；

（二）因违法行为或者违纪行为被吊销执业资格的律师、注册会计师或者资产评估机构、验证机构等机构的专业人员，自被吊销执业资格之日起未逾五年的。

第八十三条　【董事、监事、高级管理人员的责任】保险公司的董事、监事、高级管理人员执行公司职务时违反法律、行政法规或者公司章程的规定，给公司造成损失的，应当承担赔偿责任。

第八十四条　【变更事项批准】保险公司有下列情形之一的，应当经保险监督管理机构批准：

（一）变更名称；

（二）变更注册资本；

（三）变更公司或者分支机构的营业场所；

（四）撤销分支机构；

（五）公司分立或者合并；

（六）修改公司章程；

（七）变更出资额占有限责任公司资本总额百分之五以上的股东，或者变更持有股份有限公司股份百分之五以上的股东；

（八）国务院保险监督管理机构规定的其他情形。

第八十五条　【精算报告制度和合规报告制度】保险公司应当聘用专业人员，建立精算报告制度和合规报告制度。

第八十六条　【如实报送报告、报表、文件和资料】保险公司应当按照保险监督管理机构的规定，报送有关报告、报表、文件和资料。

保险公司的偿付能力报告、财务会计报告、精算报告、合规报告及其他有关报告、报表、文件和资料必须如实记录保险业务事项，不得有虚假记载、误导性陈述和重大遗漏。

第八十七条　【账簿、原始凭证和有关资料的保管】保险公司应当按照国务院保险监督管理机构的规定妥善保管业务经营活动的完整账簿、原始凭证和有关资料。

前款规定的账簿、原始凭证和有关资料的保管期限，自保险合同终止之日起计算，保险期间在一年以下的不得少于五年，保险期间超过一年的不得少于十年。

第八十八条　【聘请或解聘中介服务机构】保险公司聘请或者解聘会计师事务所、资产评估机构、资信评级机构等中介服务机构，应当向保险监督管理机构报告；解聘会计师事务所、资产评估机构、资信评级机构等中介服务机构，应当说明理由。

第八十九条　【解散和清算】保险公司因分立、合并需要解散，或者股东会、股东大会决议解散，或者公司章程规定的解散事由出现，经国务院保险监督管理机构批准后解散。

经营有人寿保险业务的保险公司，除因分立、合并或者被依法撤销外，不得解散。

保险公司解散，应当依法成立清算组进行清算。

第九十条　【重整、和解和破产清算】保险公司有《中华人民共和国企业破产法》第二条规定情形的，经国务院保险监督管理机构同意，保险公司或者其债权人可以依法向人民法院申请重整、和解或者破产清算；国务院保险监督管理机构也可以依法向人民法院申请对该保险公司进行重整或者破产清算。

第九十一条　【破产财产的清偿顺序】破产财产在优先清偿破产费用和共益债务后，按照下列顺序清偿：

（一）所欠职工工资和医疗、伤残补助、抚恤费用，所欠应当划入职工个人账户的基本养老保险、基本医疗保险费用，以及法律、行政法规规定应当支付给职工的补偿金；

（二）赔偿或者给付保险金；

（三）保险公司欠缴的除第（一）项规定以外的

社会保险费用和所欠税款；

（四）普通破产债权。

破产财产不足以清偿同一顺序的清偿要求的，按照比例分配。

破产保险公司的董事、监事和高级管理人员的工资，按照该公司职工的平均工资计算。

第九十二条 【人寿保险合同及责任准备金转让】经营有人寿保险业务的保险公司被依法撤销或者被依法宣告破产的，其持有的人寿保险合同及责任准备金，必须转让给其他经营有人寿保险业务的保险公司；不能同其他保险公司达成转让协议的，由国务院保险监督管理机构指定经营有人寿保险业务的保险公司接受转让。

转让或者由国务院保险监督管理机构指定接受转让前款规定的人寿保险合同及责任准备金的，应当维护被保险人、受益人的合法权益。

第九十三条 【经营保险业务许可证的注销】保险公司依法终止其业务活动，应当注销其经营保险业务许可证。

第九十四条 【适用公司法的规定】保险公司，除本法另有规定外，适用《中华人民共和国公司法》的规定。

第四章 保险经营规则

第九十五条 【业务范围】保险公司的业务范围：

（一）人身保险业务，包括人寿保险、健康保险、意外伤害保险等保险业务；

（二）财产保险业务，包括财产损失保险、责任保险、信用保险、保证保险等保险业务；

（三）国务院保险监督管理机构批准的与保险有关的其他业务。

保险人不得兼营人身保险业务和财产保险业务。但是，经营财产保险业务的保险公司经国务院保险监督管理机构批准，可以经营短期健康保险业务和意外伤害保险业务。

保险公司应当在国务院保险监督管理机构依法批准的业务范围内从事保险经营活动。

第九十六条 【再保险业务】经国务院保险监督管理机构批准，保险公司可以经营本法第九十五条规定的保险业务的下列再保险业务：

（一）分出保险；

（二）分入保险。

第九十七条 【保证金】保险公司应当按照其注册资本总额的百分之二十提取保证金，存入国务院保险监督管理机构指定的银行，除公司清算时用于清偿债务外，不得动用。

第九十八条 【责任准备金】保险公司应当根据保障被保险人利益、保证偿付能力的原则，提取各项责任准备金。

保险公司提取和结转责任准备金的具体办法，由国务院保险监督管理机构制定。

第九十九条 【公积金】保险公司应当依法提取公积金。

第一百条 【保险保障基金】保险公司应当缴纳保险保障基金。

保险保障基金应当集中管理，并在下列情形下统筹使用：

（一）在保险公司被撤销或者被宣告破产时，向投保人、被保险人或者受益人提供救济；

（二）在保险公司被撤销或者被宣告破产时，向依法接受其人寿保险合同的保险公司提供救济；

（三）国务院规定的其他情形。

保险保障基金筹集、管理和使用的具体办法，由国务院制定。

第一百零一条 【最低偿付能力】保险公司应当具有与其业务规模和风险程度相适应的最低偿付能力。保险公司的认可资产减去认可负债的差额不得低于国务院保险监督管理机构规定的数额；低于规定数额的，应当按照国务院保险监督管理机构的要求采取相应措施达到规定的数额。

第一百零二条 【财产保险公司自留保险费】经营财产保险业务的保险公司当年自留保险费，不得超过其实有资本金加公积金总和的四倍。

第一百零三条 【最大损失责任的赔付要求】保险公司对每一危险单位，即对一次保险事故可能造成的最大损失范围所承担的责任，不得超过其实有资本金加公积金总和的百分之十；超过的部分应当办理再保险。

保险公司对危险单位的划分应当符合国务院保险监督管理机构的规定。

第一百零四条 【危险单位划分方法和巨灾风险安排方案】保险公司对危险单位的划分方法和巨灾风险安排方案，应当报国务院保险监督管理机构备案。

第一百零五条 【再保险】保险公司应当按照国务院保险监督管理机构的规定办理再保险，并审慎选择再保险接受人。

第一百零六条 【资金运用的原则和形式】保险公司的资金运用必须稳健，遵循安全性原则。

保险公司的资金运用限于下列形式：

（一）银行存款；

（二）买卖债券、股票、证券投资基金份额等有价证券；

（三）投资不动产；

（四）国务院规定的其他资金运用形式。

保险公司资金运用的具体管理办法，由国务院保险监督管理机构依照前两款的规定制定。

第一百零七条 【保险资产管理公司】经国务院保险监督管理机构会同国务院证券监督管理机构批准，保险公司可以设立保险资产管理公司。

保险资产管理公司从事证券投资活动，应当遵守《中华人民共和国证券法》等法律、行政法规的规定。

保险资产管理公司的管理办法，由国务院保险监督管理机构会同国务院有关部门制定。

第一百零八条 【关联交易管理和信息披露制度】保险公司应当按照国务院保险监督管理机构的规定，建立对关联交易的管理和信息披露制度。

第一百零九条 【关联交易的禁止】保险公司的控股股东、实际控制人、董事、监事、高级管理人员不得利用关联交易损害公司的利益。

第一百一十条 【重大事项披露】保险公司应当按照国务院保险监督管理机构的规定，真实、准确、完整地披露财务会计报告、风险管理状况、保险产品经营情况等重大事项。

第一百一十一条 【保险销售人员任职资格】保险公司从事保险销售的人员应当品行良好，具有保险销售所需的专业能力。保险销售人员的行为规范和管理办法，由国务院保险监督管理机构规定。

第一百一十二条 【保险代理人登记制度】保险公司应当建立保险代理人登记管理制度，加强对保险代理人的培训和管理，不得唆使、诱导保险代理人进行违背诚信义务的活动。

第一百一十三条 【依法使用经营保险业务许可证】保险公司及其分支机构应当依法使用经营保险业务许可证，不得转让、出租、出借经营保险业务许可证。

第一百一十四条 【公平合理拟订保险条款和保险费率并及时履行义务】保险公司应当按照国务院保险监督管理机构的规定，公平、合理拟订保险条款和保险费率，不得损害投保人、被保险人和受益人的合法权益。

保险公司应当按照合同约定和本法规定，及时履行赔偿或者给付保险金义务。

第一百一十五条 【公平竞争原则】保险公司开展业务，应当遵循公平竞争的原则，不得从事不正当竞争。

第一百一十六条 【保险业务行为禁止】保险公司及其工作人员在保险业务活动中不得有下列行为：

（一）欺骗投保人、被保险人或者受益人；

（二）对投保人隐瞒与保险合同有关的重要情况；

（三）阻碍投保人履行本法规定的如实告知义务，或者诱导其不履行本法规定的如实告知义务；

（四）给予或者承诺给予投保人、被保险人、受益人保险合同约定以外的保险费回扣或者其他利益；

（五）拒不依法履行保险合同约定的赔偿或者给付保险金义务；

（六）故意编造未曾发生的保险事故、虚构保险合同或者故意夸大已经发生的保险事故的损失程度进行虚假理赔，骗取保险金或者牟取其他不正当利益；

（七）挪用、截留、侵占保险费；

（八）委托未取得合法资格的机构从事保险销售活动；

（九）利用开展保险业务为其他机构或者个人牟取不正当利益；

（十）利用保险代理人、保险经纪人或者保险评估机构，从事以虚构保险中介业务或者编造退保等方式套取费用等违法活动；

（十一）以捏造、散布虚假事实等方式损害竞争对手的商业信誉，或者以其他不正当竞争行为扰乱保险市场秩序；

（十二）泄露在业务活动中知悉的投保人、被保险人的商业秘密；

（十三）违反法律、行政法规和国务院保险监督管理机构规定的其他行为。

第五章 保险代理人和保险经纪人

第一百一十七条 【保险代理人】保险代理人是根据保险人的委托，向保险人收取佣金，并在保险人授权的范围内代为办理保险业务的机构或者个人。

保险代理机构包括专门从事保险代理业务的保险专业代理机构和兼营保险代理业务的保险兼业代理机构。

第一百一十八条 【保险经纪人】保险经纪人是基于投保人的利益，为投保人与保险人订立保险合同提供中介服务，并依法收取佣金的机构。

第一百一十九条 【保险代理机构、保险经纪人的资格条件及以业务许可管理】保险代理机构、保险经纪人应当具备国务院保险监督管理机构规定的条件，取得保险监督管理机构颁发的经营保险代理业务许可证、保险经纪业务许可证。

第一百二十条 【以公司形式设立的保险专业代理机构、保险经纪人的注册资本】以公司形式设立保险专业代理机构、保险经纪人，其注册资本最低限额适用《中华人民共和国公司法》的规定。

国务院保险监督管理机构根据保险专业代理机构、保险经纪人的业务范围和经营规模，可以调整其注册资本的最低限额，但不得低于《中华人民共和国公司法》规定的限额。

保险专业代理机构、保险经纪人的注册资本或者出资额必须为实缴货币资本。

第一百二十一条 【保险专业代理机构、保险经纪人的高级管理人员的经营管理能力与任职资格】保险专业代理机构、保险经纪人的高级管理人员，应当品行良好，熟悉保险法律、行政法规，具有履行职责所需的经营管理能力，并在任职前取得保险监督管理机构核准的任职资格。

第一百二十二条 【个人保险代理人、保险代理机构的代理从业人员、保险经纪人的经纪从业人员的任职资格】个人保险代理人、保险代理机构的代理从业人员、保险经纪人的经纪从业人员，应当品行良好，具有从事保险代理业务或者保险经纪业务所需的专业能力。

第一百二十三条 【经营场所与账簿记载】保险代理机构、保险经纪人应当有自己的经营场所，设立专门账簿记载保险代理业务、经纪业务的收支情况。

第一百二十四条 【保险代理机构、保险经纪人缴存保证金或者投保职业责任保险】保险代理机构、保险经纪人应当按照国务院保险监督管理机构的规定缴存保证金或者投保职业责任保险。

第一百二十五条 【个人保险代理人代为办理人寿保险业务接受委托的限制】个人保险代理人在代为办理人寿保险业务时，不得同时接受两个以上保险人的委托。

第一百二十六条 【保险业务委托代理协议】保险人委托保险代理人代为办理保险业务，应当与保险代理人签订委托代理协议，依法约定双方的权利和义务。

第一百二十七条 【保险代理责任承担】保险代理人根据保险人的授权代为办理保险业务的行为，由保险人承担责任。

保险代理人没有代理权、超越代理权或者代理权终止后以保险人名义订立合同，使投保人有理由相信其有代理权的，该代理行为有效。保险人可以依法追究越权的保险代理人的责任。

第一百二十八条 【保险经纪人的赔偿责任】保险经纪人因过错给投保人、被保险人造成损失的，依法承担赔偿责任。

第一百二十九条 【保险事故的评估和鉴定】保险活动当事人可以委托保险公估机构等依法设立的独立评估机构或者具有相关专业知识的人员，对保险事故进行评估和鉴定。

接受委托对保险事故进行评估和鉴定的机构和人员，应当依法、独立、客观、公正地进行评估和鉴定，任何单位和个人不得干涉。

前款规定的机构和人员，因故意或者过失给保险人或者被保险人造成损失的，依法承担赔偿责任。

第一百三十条 【保险佣金的支付】保险佣金只限于向保险代理人、保险经纪人支付，不得向其他人支付。

第一百三十一条 【保险代理人、保险经纪人及其从业人员的禁止行为】保险代理人、保险经纪人及其从业人员在办理保险业务活动中不得有下列行为：

（一）欺骗保险人、投保人、被保险人或者受益人；

（二）隐瞒与保险合同有关的重要情况；

（三）阻碍投保人履行本法规定的如实告知义务，或者诱导其不履行本法规定的如实告知义务；

（四）给予或者承诺给予投保人、被保险人或者受益人保险合同约定以外的利益；

（五）利用行政权力、职务或者职业便利以及其他不正当手段强迫、引诱或者限制投保人订立保险合同；

（六）伪造、擅自变更保险合同，或者为保险合同当事人提供虚假证明材料；

（七）挪用、截留、侵占保险费或者保险金；

（八）利用业务便利为其他机构或者个人牟取不正当利益；

（九）串通投保人、被保险人或者受益人，骗取保险金；

（十）泄露在业务活动中知悉的保险人、投保人、被保险人的商业秘密。

第一百三十二条 【准用条款】本法第八十六条第一款、第一百一十三条的规定，适用于保险代理机构和保险经纪人。

第六章 保险业监督管理

第一百三十三条 【保险监督管理机构职责】保险监督管理机构依照本法和国务院规定的职责，遵循依法、公开、公正的原则，对保险业实施监督管理，维护保险市场秩序，保护投保人、被保险人和受益人的合法权益。

第一百三十四条 【国务院保险监督管理机构立法权限】国务院保险监督管理机构依照法律、行政法规制定并发布有关保险业监督管理的规章。

第一百三十五条 【保险条款与保险费率的审批与备案】关系社会公众利益的保险险种、依法实行强制保险的险种和新开发的人寿保险险种等的保险条款和保险费率，应当报国务院保险监督管理机构批准。国务院保险监督管理机构审批时，应当遵循保护社会公众利益和防止不正当竞争的原则。其他保险险种的保险条款和保险费率，应当报保险监督管理机构备案。

保险条款和保险费率审批、备案的具体办法，由国务院保险监督管理机构依照前款规定制定。

第一百三十六条 【对违法、违规保险条款和费率采取的措施】保险公司使用的保险条款和保险费率违反法律、行政法规或者国务院保险监督管理机构的有关规定的，由保险监督管理机构责令停止使用，限期修改；情节严重的，可以在一定期限内禁止申报新的保险条款和保险费率。

第一百三十七条 【对保险公司偿付能力的监控】国务院保险监督管理机构应当建立健全保险公司偿付能力监管体系，对保险公司的偿付能力实施监控。

第一百三十八条 【对偿付能力不足的保险公司采取的措施】对偿付能力不足的保险公司，国务院保险监督管理机构应当将其列为重点监管对象，并可以根据具体情况采取下列措施：

（一）责令增加资本金、办理再保险；

（二）限制业务范围；

（三）限制向股东分红；

（四）限制固定资产购置或者经营费用规模；

（五）限制资金运用的形式、比例；

（六）限制增设分支机构；

（七）责令拍卖不良资产、转让保险业务；

（八）限制董事、监事、高级管理人员的薪酬水平；

（九）限制商业性广告；

（十）责令停止接受新业务。

第一百三十九条 【责令保险公司改正违法行为】保险公司未依照本法规定提取或者结转各项责任准备金，或者未依照本法规定办理再保险，或者严重违反本法关于资金运用的规定的，由保险监督管理机构责令限期改正，并可以责令调整负责人及有关管理人员。

第一百四十条 【保险公司整顿】保险监督管理机构依照本法第一百三十九条的规定作出限期改正的决定后，保险公司逾期未改正的，国务院保险监督管理机构可以决定选派保险专业人员和指定该保险公司的有关人员组成整顿组，对公司进行整顿。

整顿决定应当载明被整顿公司的名称、整顿理由、整顿组成员和整顿期限，并予以公告。

第一百四十一条 【整顿组职权】整顿组有权监督被整顿保险公司的日常业务。被整顿公司的负责人及有关管理人员应当在整顿组的监督下行使职权。

第一百四十二条 【被整顿保险公司的业务运作】整顿过程中，被整顿保险公司的原有业务继续进行。但是,国务院保险监督管理机构可以责令被整顿公司停止部分原有业务、停止接受新业务,调整资金运用。

第一百四十三条 【保险公司结束整顿】被整顿保险公司经整顿已纠正其违反本法规定的行为,恢复正常经营状况的,由整顿组提出报告,经国务院保险监督管理机构批准,结束整顿,并由国务院保险监督管理机构予以公告。

第一百四十四条 【保险公司接管】保险公司有下列情形之一的,国务院保险监督管理机构可以对其实行接管:

(一)公司的偿付能力严重不足的;

(二)违反本法规定,损害社会公共利益,可能严重危及或者已经严重危及公司的偿付能力的。

被接管的保险公司的债权债务关系不因接管而变化。

第一百四十五条 【国务院保险监管机构决定接管实施办法】接管组的组成和接管的实施办法,由国务院保险监督管理机构决定,并予以公告。

第一百四十六条 【接管保险公司期限】接管期限届满,国务院保险监督管理机构可以决定延长接管期限,但接管期限最长不得超过二年。

第一百四十七条 【终止接管】接管期限届满,被接管的保险公司已恢复正常经营能力的,由国务院保险监督管理机构决定终止接管,并予以公告。

第一百四十八条 【被整顿、被接管的保险公司的重整及破产清算】被整顿、被接管的保险公司有《中华人民共和国企业破产法》第二条规定情形的,国务院保险监督管理机构可以依法向人民法院申请对该保险公司进行重整或者破产清算。

第一百四十九条 【保险公司的撤销及清算】保险公司因违法经营被依法吊销经营保险业务许可证的,或者偿付能力低于国务院保险监督管理机构规定标准,不予撤销将严重危害保险市场秩序、损害公共利益的,由国务院保险监督管理机构予以撤销并公告,依法及时组织清算组进行清算。

第一百五十条 【提供信息资料】国务院保险监督管理机构有权要求保险公司股东、实际控制人在指定的期限内提供有关信息和资料。

第一百五十一条 【股东利用关联交易严重损害公司利益,危及公司偿付能力的处理措施】保险公司的股东利用关联交易严重损害公司利益,危及公司偿付能力的,由国务院保险监督管理机构责令改正。在按照要求改正前,国务院保险监督管理机构可以限制其股东权利;拒不改正的,可以责令其转让所持的保险公司股权。

第一百五十二条 【保险公司业务活动和风险管理重大事项说明】保险监督管理机构根据履行监督管理职责的需要,可以与保险公司董事、监事和高级管理人员进行监督管理谈话,要求其就公司的业务活动和风险管理的重大事项作出说明。

第一百五十三条 【保险公司被整顿、接管、撤销清算期间及出现重大风险时对直接责任人员采取的措施】保险公司在整顿、接管、撤销清算期间,或者出现重大风险时,国务院保险监督管理机构可以对该公司直接负责的董事、监事、高级管理人员和其他直接责任人员采取以下措施:

(一)通知出境管理机关依法阻止其出境;

(二)申请司法机关禁止其转移、转让或者以其他方式处分财产,或者在财产上设定其他权利。

第一百五十四条 【保险监督管理机构的履职措施及程序】保险监督管理机构依法履行职责,可以采取下列措施:

(一)对保险公司、保险代理人、保险经纪人、保险资产管理公司、外国保险机构的代表机构进行现场检查;

(二)进入涉嫌违法行为发生场所调查取证;

(三)询问当事人及与被调查事件有关的单位和个人,要求其对与被调查事件有关的事项作出说明;

(四)查阅、复制与被调查事件有关的财产权登记等资料;

(五)查阅、复制保险公司、保险代理人、保险经纪人、保险资产管理公司、外国保险机构的代表机构以及与被调查事件有关的单位和个人的财务会计资料及其他相关文件和资料;对可能被转移、隐匿或者毁损的文件和资料予以封存;

(六)查询涉嫌违法经营的保险公司、保险代理人、保险经纪人、保险资产管理公司、外国保险机构的代表机构以及与涉嫌违法事项有关的单位和个人的银行账户;

(七)对有证据证明已经或者可能转移、隐匿违法资金等涉案财产或者隐匿、伪造、毁损重要证据的,经保险监督管理机构主要负责人批准,申请人民法院予以冻结或者查封。

保险监督管理机构采取前款第(一)项、第(二)项、第(五)项措施的,应当经保险监督管理机构负责人批准;采取第(六)项措施的,应当经国务院保险监督管理机构负责人批准。

保险监督管理机构依法进行监督检查或者调查,其监督检查、调查的人员不得少于二人,并应当出示合法证件和监督检查、调查通知书;监督检查、调查的人员少于二人或者未出示合法证件和监督检查、调查通知书的,被检查、调查的单位和个人有权拒绝。

第一百五十五条　【配合检查、调查】保险监督管理机构依法履行职责,被检查、调查的单位和个人应当配合。

第一百五十六条　【保险监督管理机构工作人员行为准则】保险监督管理机构工作人员应当忠于职守,依法办事,公正廉洁,不得利用职务便利牟取不正当利益,不得泄露所知悉的有关单位和个人的商业秘密。

第一百五十七条　【金融监督管理机构监督管理信息共享机制】国务院保险监督管理机构应当与中国人民银行、国务院其他金融监督管理机构建立监督管理信息共享机制。

保险监督管理机构依法履行职责,进行监督检查、调查时,有关部门应当予以配合。

第七章　法律责任

第一百五十八条　【擅自设立保险公司、保险资产管理公司或非法经营商业保险业务的法律责任】违反本法规定,擅自设立保险公司、保险资产管理公司或者非法经营商业保险业务的,由保险监督管理机构予以取缔,没收违法所得,并处违法所得一倍以上五倍以下的罚款;没有违法所得或者违法所得不足二十万元的,处二十万元以上一百万元以下的罚款。

第一百五十九条　【擅自设立保险代理机构、保险经纪人或者未取得许可从事保险业务的法律责任】违反本法规定,擅自设立保险专业代理机构、保险经纪人,或者未取得经营保险代理业务许可证、保险经纪业务许可证从事保险代理业务、保险经纪业务的,由保险监督管理机构予以取缔,没收违法所得,并处违法所得一倍以上五倍以下的罚款;没有违法所得或者违法所得不足五万元的,处五万元以上三十万元以下的罚款。

第一百六十条　【保险公司超出业务范围经营的法律责任】保险公司违反本法规定,超出批准的业务范围经营的,由保险监督管理机构责令限期改正,没收违法所得,并处违法所得一倍以上五倍以下的罚款;没有违法所得或者违法所得不足十万元的,处十万元以上五十万元以下的罚款。逾期不改正或者造成严重后果的,责令停业整顿或者吊销业务许可证。

第一百六十一条　【保险公司在保险业务活动中从事禁止性行为的法律责任】保险公司有本法第一百一十六条规定行为之一的,由保险监督管理机构责令改正,处五万元以上三十万元以下的罚款;情节严重的,限制其业务范围、责令停止接受新业务或者吊销业务许可证。

第一百六十二条　【保险公司未经批准变更公司登记事项的法律责任】保险公司违反本法第八十四条规定的,由保险监督管理机构责令改正,处一万元以上十万元以下的罚款。

第一百六十三条　【超额承保及为无民事行为能力人承保以死亡为给付保险金条件的保险的法律责任】保险公司违反本法规定,有下列行为之一的,由保险监督管理机构责令改正,处五万元以上三十万元以下的罚款:

(一)超额承保,情节严重的;

(二)为无民事行为能力人承保以死亡为给付保险金条件的保险的。

第一百六十四条　【违反保险业务规则和保险组织机构管理规定的法律责任】违反本法规定,有下列行为之一的,由保险监督管理机构责令改正,处五万元以上三十万元以下的罚款;情节严重的,可以限制其业务范围、责令停止接受新业务或者吊销业务许可证:

(一)未按照规定提存保证金或者违反规定动用保证金的;

(二)未按照规定提取或者结转各项责任准备金的;

(三)未按照规定缴纳保险保障基金或者提取公积金的;

(四)未按照规定办理再保险的;

(五)未按照规定运用保险公司资金的;

(六)未经批准设立分支机构的;

(七)未按照规定申请批准保险条款、保险费率的。

第一百六十五条 【保险代理机构、保险经纪人违反诚信原则办理保险业务的法律责任】保险代理机构、保险经纪人有本法第一百三十一条规定行为之一的，由保险监督管理机构责令改正，处五万元以上三十万元以下的罚款；情节严重的，吊销业务许可证。

第一百六十六条 【不按规定缴存保证金或者投保职业责任保险、设立收支财簿的法律责任】保险代理机构、保险经纪人违反本法规定，有下列行为之一的，由保险监督管理机构责令改正，处二万元以上十万元以下的罚款；情节严重的，责令停业整顿或者吊销业务许可证：

（一）未按照规定缴存保证金或者投保职业责任保险的；

（二）未按照规定设立专门账簿记载业务收支情况的。

第一百六十七条 【违法聘任不具有任职资格的人员的法律责任】违反本法规定，聘任不具有任职资格的人员的，由保险监督管理机构责令改正，处二万元以上十万元以下的罚款。

第一百六十八条 【违法转让、出租、出借业务许可证的法律责任】违反本法规定，转让、出租、出借业务许可证的，由保险监督管理机构处一万元以上十万元以下的罚款；情节严重的，责令停业整顿或者吊销业务许可证。

第一百六十九条 【不按规定披露保险业务相关信息的法律责任】违反本法规定，有下列行为之一的，由保险监督管理机构责令限期改正；逾期不改正的，处一万元以上十万元以下的罚款：

（一）未按照规定报送或者保管报告、报表、文件、资料的，或者未按照规定提供有关信息、资料的；

（二）未按照规定报送保险条款、保险费率备案的；

（三）未按照规定披露信息的。

第一百七十条 【提供保险业务相关信息不实、拒绝或者妨碍监督检查、不按规定使用保险条款、保险费率的法律责任】违反本法规定，有下列行为之一的，由保险监督管理机构责令改正，处十万元以上五十万元以下的罚款；情节严重的，可以限制其业务范围、责令停止接受新业务或者吊销业务许可证：

（一）编制或者提供虚假的报告、报表、文件、资料的；

（二）拒绝或者妨碍依法监督检查的；

（三）未按照规定使用经批准或者备案的保险条款、保险费率的。

第一百七十一条 【董事、监事、高级管理人员的法律责任】保险公司、保险资产管理公司、保险专业代理机构、保险经纪人违反本法规定的，保险监督管理机构除分别依照本法第一百六十条至第一百七十条的规定对该单位给予处罚外，对其直接负责的主管人员和其他直接责任人员给予警告，并处一万元以上十万元以下的罚款；情节严重的，撤销任职资格。

第一百七十二条 【个人保险代理人的法律责任】个人保险代理人违反本法规定的，由保险监督管理机构给予警告，可以并处二万元以下的罚款；情节严重的，处二万元以上十万元以下的罚款。

第一百七十三条 【外国保险机构违法从事保险活动的法律责任】外国保险机构未经国务院保险监督管理机构批准，擅自在中华人民共和国境内设立代表机构的，由国务院保险监督管理机构予以取缔，处五万元以上三十万元以下的罚款。

外国保险机构在中华人民共和国境内设立的代表机构从事保险经营活动的，由保险监督管理机构责令改正，没收违法所得，并处违法所得一倍以上五倍以下的罚款；没有违法所得或者违法所得不足二十万元的，处二十万元以上一百万元以下的罚款；对其首席代表可以责令撤换；情节严重的，撤销其代表机构。

第一百七十四条 【投保人、被保险人或受益人进行保险诈骗活动的法律责任】投保人、被保险人或者受益人有下列行为之一，进行保险诈骗活动，尚不构成犯罪的，依法给予行政处罚：

（一）投保人故意虚构保险标的，骗取保险金的；

（二）编造未曾发生的保险事故，或者编造虚假的事故原因或者夸大损失程度，骗取保险金的；

（三）故意造成保险事故，骗取保险金的。

保险事故的鉴定人、评估人、证明人故意提供虚假的证明文件，为投保人、被保险人或者受益人进行保险诈骗提供条件的，依照前款规定给予处罚。

第一百七十五条 【侵权民事责任的规定】违反本法规定，给他人造成损害的，依法承担民事责任。

第一百七十六条 【拒绝、阻碍监督检查、调查职权的行政责任】拒绝、阻碍保险监督管理机构及其工作人员依法行使监督检查、调查职权,未使用暴力、威胁方法的,依法给予治安管理处罚。

第一百七十七条 【禁止从业的规定】违反法律、行政法规的规定,情节严重的,国务院保险监督管理机构可以禁止有关责任人员一定期限直至终身进入保险业。

第一百七十八条 【保险监督人员的法律责任】保险监督管理机构从事监督管理工作的人员有下列情形之一的,依法给予处分:

(一)违反规定批准机构的设立的;

(二)违反规定进行保险条款、保险费率审批的;

(三)违反规定进行现场检查的;

(四)违反规定查询账户或者冻结资金的;

(五)泄露其知悉的有关单位和个人的商业秘密的;

(六)违反规定实施行政处罚的;

(七)滥用职权、玩忽职守的其他行为。

第一百七十九条 【刑事责任的规定】违反本法规定,构成犯罪的,依法追究刑事责任。

第八章 附 则

第一百八十条 【保险行业协会的规定】保险公司应当加入保险行业协会。保险代理人、保险经纪人、保险公估机构可以加入保险行业协会。

保险行业协会是保险业的自律性组织,是社会团体法人。

第一百八十一条 【其他保险组织的商业保险业务适用本法】保险公司以外的其他依法设立的保险组织经营的商业保险业务,适用本法。

第一百八十二条 【海上保险的法律适用】海上保险适用《中华人民共和国海商法》的有关规定;《中华人民共和国海商法》未规定的,适用本法的有关规定。

第一百八十三条 【合资保险公司、外资公司法律适用规定】中外合资保险公司、外资独资保险公司、外国保险公司分公司适用本法规定;法律、行政法规另有规定的,适用其规定。

第一百八十四条 【农业保险的规定】国家支持发展为农业生产服务的保险事业。农业保险由法律、行政法规另行规定。

强制保险,法律、行政法规另有规定的,适用其规定。

第一百八十五条 【施行日期】本法自2009年10月1日起施行。

机动车交通事故责任强制保险条例

(2006年3月21日中华人民共和国国务院令第462号公布 根据2012年3月30日《国务院关于修改〈机动车交通事故责任强制保险条例〉的决定》第一次修订 根据2012年12月17日《国务院关于修改〈机动车交通事故责任强制保险条例〉的决定》第二次修订 根据2016年2月6日《国务院关于修改部分行政法规的决定》第三次修订 根据2019年3月2日《国务院关于修改部分行政法规的决定》第四次修订)

第一章 总 则

第一条 为了保障机动车道路交通事故受害人依法得到赔偿,促进道路交通安全,根据《中华人民共和国道路交通安全法》、《中华人民共和国保险法》,制定本条例。

第二条 在中华人民共和国境内道路上行驶的机动车的所有人或者管理人,应当依照《中华人民共和国道路交通安全法》的规定投保机动车交通事故责任强制保险。

机动车交通事故责任强制保险的投保、赔偿和监督管理,适用本条例。

第三条 本条例所称机动车交通事故责任强制保险,是指由保险公司对被保险机动车发生道路交通事故造成本车人员、被保险人以外的受害人的人身伤亡、财产损失,在责任限额内予以赔偿的强制性责任保险。

第四条 国务院保险监督管理机构依法对保险公司的机动车交通事故责任强制保险业务实施监督管理。

公安机关交通管理部门、农业(农业机械)主管部门(以下统称机动车管理部门)应当依法对机动车参加机动车交通事故责任强制保险的情况实施监督检查。对未参加机动车交通事故责任强制保险的机动车,机动车管理部门不得予以登记,机动车安全技术检验机构不得予以检验。

公安机关交通管理部门及其交通警察在调查处理道路交通安全违法行为和道路交通事故时,应当依法检查机动车交通事故责任强制保险的保险标志。

第二章 投 保

第五条 保险公司可以从事机动车交通事故责任强制保险业务。

为了保证机动车交通事故责任强制保险制度的实行,国务院保险监督管理机构有权要求保险公司从事机动车交通事故责任强制保险业务。

除保险公司外,任何单位或者个人不得从事机动车交通事故责任强制保险业务。

第六条 机动车交通事故责任强制保险实行统一的保险条款和基础保险费率。国务院保险监督管理机构按照机动车交通事故责任强制保险业务总体上不盈利不亏损的原则审批保险费率。

国务院保险监督管理机构在审批保险费率时,可以聘请有关专业机构进行评估,可以举行听证会听取公众意见。

第七条 保险公司的机动车交通事故责任强制保险业务,应当与其他保险业务分开管理,单独核算。

国务院保险监督管理机构应当每年对保险公司的机动车交通事故责任强制保险业务情况进行核查,并向社会公布;根据保险公司机动车交通事故责任强制保险业务的总体盈利或者亏损情况,可以要求或者允许保险公司相应调整保险费率。

调整保险费率的幅度较大的,国务院保险监督管理机构应当进行听证。

第八条 被保险机动车没有发生道路交通安全违法行为和道路交通事故的,保险公司应当在下一年度降低其保险费率。在此后的年度内,被保险机动车仍然没有发生道路交通安全违法行为和道路交通事故的,保险公司应当继续降低其保险费率,直至最低标准。被保险机动车发生道路交通安全违法行为或者道路交通事故的,保险公司应当在下一年度提高其保险费率。多次发生道路交通安全违法行为、道路交通事故,或者发生重大道路交通事故的,保险公司应当加大提高其保险费率的幅度。在道路交通事故中被保险人没有过错的,不提高其保险费率。降低或者提高保险费率的标准,由国务院保险监督管理机构会同国务院公安部门制定。

第九条 国务院保险监督管理机构、国务院公安部门、国务院农业主管部门以及其他有关部门应当逐步建立有关机动车交通事故责任强制保险、道路交通安全违法行为和道路交通事故的信息共享机制。

第十条 投保人在投保时应当选择从事机动车交通事故责任强制保险业务的保险公司,被选择的保险公司不得拒绝或者拖延承保。

国务院保险监督管理机构应当将从事机动车交通事故责任强制保险业务的保险公司向社会公示。

第十一条 投保人投保时,应当向保险公司如实告知重要事项。

重要事项包括机动车的种类、厂牌型号、识别代码、牌照号码、使用性质和机动车所有人或者管理人的姓名(名称)、性别、年龄、住所、身份证或者驾驶证号码(组织机构代码)、续保前该机动车发生事故的情况以及国务院保险监督管理机构规定的其他事项。

第十二条 签订机动车交通事故责任强制保险合同时,投保人应当一次支付全部保险费;保险公司应当向投保人签发保险单、保险标志。保险单、保险标志应当注明保险单号码、车牌号码、保险期限、保险公司的名称、地址和理赔电话号码。

被保险人应当在被保险机动车上放置保险标志。

保险标志式样全国统一。保险单、保险标志由国务院保险监督管理机构监制。任何单位或者个人不得伪造、变造或者使用伪造、变造的保险单、保险标志。

第十三条 签订机动车交通事故责任强制保险合同时,投保人不得在保险条款和保险费率之外,向保险公司提出附加其他条件的要求。

签订机动车交通事故责任强制保险合同时,保险公司不得强制投保人订立商业保险合同以及提出附加其他条件的要求。

第十四条 保险公司不得解除机动车交通事故责任强制保险合同;但是,投保人对重要事项未履行如实告知义务的除外。

投保人对重要事项未履行如实告知义务，保险公司解除合同前，应当书面通知投保人，投保人应当自收到通知之日起5日内履行如实告知义务；投保人在上述期限内履行如实告知义务的，保险公司不得解除合同。

第十五条 保险公司解除机动车交通事故责任强制保险合同的，应当收回保险单和保险标志，并书面通知机动车管理部门。

第十六条 投保人不得解除机动车交通事故责任强制保险合同，但有下列情形之一的除外：

（一）被保险机动车被依法注销登记的；

（二）被保险机动车办理停驶的；

（三）被保险机动车经公安机关证实丢失的。

第十七条 机动车交通事故责任强制保险合同解除前，保险公司应当按照合同承担保险责任。

合同解除时，保险公司可以收取自保险责任开始之日起至合同解除之日止的保险费，剩余部分的保险费退还投保人。

第十八条 被保险机动车所有权转移的，应当办理机动车交通事故责任强制保险合同变更手续。

第十九条 机动车交通事故责任强制保险合同期满，投保人应当及时续保，并提供上一年度的保险单。

第二十条 机动车交通事故责任强制保险的保险期间为1年，但有下列情形之一的，投保人可以投保短期机动车交通事故责任强制保险：

（一）境外机动车临时入境的；

（二）机动车临时上道路行驶的；

（三）机动车距规定的报废期限不足1年的；

（四）国务院保险监督管理机构规定的其他情形。

第三章 赔 偿

第二十一条 被保险机动车发生道路交通事故造成本车人员、被保险人以外的受害人人身伤亡、财产损失的，由保险公司依法在机动车交通事故责任强制保险责任限额范围内予以赔偿。

道路交通事故的损失是由受害人故意造成的，保险公司不予赔偿。

第二十二条 有下列情形之一的，保险公司在机动车交通事故责任强制保险责任限额范围内垫付抢救费用，并有权向致害人追偿：

（一）驾驶人未取得驾驶资格或者醉酒的；

（二）被保险机动车被盗抢期间肇事的；

（三）被保险人故意制造道路交通事故的。

有前款所列情形之一，发生道路交通事故的，造成受害人的财产损失，保险公司不承担赔偿责任。

第二十三条 机动车交通事故责任强制保险在全国范围内实行统一的责任限额。责任限额分为死亡伤残赔偿限额、医疗费用赔偿限额、财产损失赔偿限额以及被保险人在道路交通事故中无责任的赔偿限额。

机动车交通事故责任强制保险责任限额由国务院保险监督管理机构会同国务院公安部门、国务院卫生主管部门、国务院农业主管部门规定。

第二十四条 国家设立道路交通事故社会救助基金（以下简称救助基金）。有下列情形之一时，道路交通事故中受害人人身伤亡的丧葬费用、部分或者全部抢救费用，由救助基金先行垫付，救助基金管理机构有权向道路交通事故责任人追偿：

（一）抢救费用超过机动车交通事故责任强制保险责任限额的；

（二）肇事机动车未参加机动车交通事故责任强制保险的；

（三）机动车肇事后逃逸的。

第二十五条 救助基金的来源包括：

（一）按照机动车交通事故责任强制保险的保险费的一定比例提取的资金；

（二）对未按照规定投保机动车交通事故责任强制保险的机动车的所有人、管理人的罚款；

（三）救助基金管理机构依法向道路交通事故责任人追偿的资金；

（四）救助基金孳息；

（五）其他资金。

第二十六条 救助基金的具体管理办法，由国务院财政部门会同国务院保险监督管理机构、国务院公安部门、国务院卫生主管部门、国务院农业主管部门制定试行。

第二十七条 被保险机动车发生道路交通事故，被保险人或者受害人通知保险公司的，保险公司应当立即给予答复，告知被保险人或者受害人具体的赔偿程序等有关事项。

第二十八条 被保险机动车发生道路交通事故的，由被保险人向保险公司申请赔偿保险金。保险公司应当自收到赔偿申请之日起1日内,书面告知被保险人需要向保险公司提供的与赔偿有关的证明和资料。

第二十九条 保险公司应当自收到被保险人提供的证明和资料之日起5日内,对是否属于保险责任作出核定,并将结果通知被保险人;对不属于保险责任的,应当书面说明理由;对属于保险责任的,在与被保险人达成赔偿保险金的协议后10日内,赔偿保险金。

第三十条 被保险人与保险公司对赔偿有争议的,可以依法申请仲裁或者向人民法院提起诉讼。

第三十一条 保险公司可以向被保险人赔偿保险金,也可以直接向受害人赔偿保险金。但是,因抢救受伤人员需要保险公司支付或者垫付抢救费用的,保险公司在接到公安机关交通管理部门通知后,经核对应当及时向医疗机构支付或者垫付抢救费用。

因抢救受伤人员需要救助基金管理机构垫付抢救费用的,救助基金管理机构在接到公安机关交通管理部门通知后,经核对应当及时向医疗机构垫付抢救费用。

第三十二条 医疗机构应当参照国务院卫生主管部门组织制定的有关临床诊疗指南,抢救、治疗道路交通事故中的受伤人员。

第三十三条 保险公司赔偿保险金或者垫付抢救费用,救助基金管理机构垫付抢救费用,需要向有关部门、医疗机构核实有关情况的,有关部门、医疗机构应当予以配合。

第三十四条 保险公司、救助基金管理机构的工作人员对当事人的个人隐私应当保密。

第三十五条 道路交通事故损害赔偿项目和标准依照有关法律的规定执行。

第四章 罚 则

第三十六条 保险公司以外的单位或者个人,非法从事机动车交通事故责任强制保险业务的,由国务院保险监督管理机构予以取缔;构成犯罪的,依法追究刑事责任;尚不构成犯罪的,由国务院保险监督管理机构没收违法所得,违法所得20万元以上的,并处违法所得1倍以上5倍以下罚款;没有违法所得或者违法所得不足20万元的,处20万元以上100万元以下罚款。

第三十七条 保险公司违反本条例规定,有下列行为之一的,由国务院保险监督管理机构责令改正,处5万元以上30万元以下罚款;情节严重的,可以限制业务范围、责令停止接受新业务或者吊销经营保险业务许可证:

(一)拒绝或者拖延承保机动车交通事故责任强制保险的;

(二)未按照统一的保险条款和基础保险费率从事机动车交通事故责任强制保险业务的;

(三)未将机动车交通事故责任强制保险业务和其他保险业务分开管理,单独核算的;

(四)强制投保人订立商业保险合同的;

(五)违反规定解除机动车交通事故责任强制保险合同的;

(六)拒不履行约定的赔偿保险金义务的;

(七)未按照规定及时支付或者垫付抢救费用的。

第三十八条 机动车所有人、管理人未按照规定投保机动车交通事故责任强制保险的,由公安机关交通管理部门扣留机动车,通知机动车所有人、管理人依照规定投保,处依照规定投保最低责任限额应缴纳的保险费的2倍罚款。

机动车所有人、管理人依照规定补办机动车交通事故责任强制保险的,应当及时退还机动车。

第三十九条 上道路行驶的机动车未放置保险标志的,公安机关交通管理部门应当扣留机动车,通知当事人提供保险标志或者补办相应手续,可以处警告或者20元以上200元以下罚款。

当事人提供保险标志或者补办相应手续的,应当及时退还机动车。

第四十条 伪造、变造或者使用伪造、变造的保险标志,或者使用其他机动车的保险标志,由公安机关交通管理部门予以收缴,扣留该机动车,处200元以上2000元以下罚款;构成犯罪的,依法追究刑事责任。

当事人提供相应的合法证明或者补办相应手续的,应当及时退还机动车。

第五章 附 则

第四十一条 本条例下列用语的含义:

(一)投保人,是指与保险公司订立机动车交通事故责任强制保险合同,并按照合同负有支付保险费义务的机动车的所有人、管理人。

(二)被保险人,是指投保人及其允许的合法驾驶人。

(三)抢救费用,是指机动车发生道路交通事故导致人员受伤时,医疗机构参照国务院卫生主管部门组织制定的有关临床诊疗指南,对生命体征不平稳和虽然生命体征平稳但如果不采取处理措施会产生生命危险,或者导致残疾、器官功能障碍,或者导致病程明显延长的受伤人员,采取必要的处理措施所发生的医疗费用。

第四十二条 挂车不投保机动车交通事故责任强制保险。发生道路交通事故造成人身伤亡、财产损失的,由牵引车投保的保险公司在机动车交通事故责任强制保险责任限额范围内予以赔偿;不足的部分,由牵引车方和挂车方依照法律规定承担赔偿责任。

第四十三条 机动车在道路以外的地方通行时发生事故,造成人身伤亡、财产损失的赔偿,比照适用本条例。

第四十四条 中国人民解放军和中国人民武装警察部队在编机动车参加机动车交通事故责任强制保险的办法,由中国人民解放军和中国人民武装警察部队另行规定。

第四十五条 机动车所有人、管理人自本条例施行之日起3个月内投保机动车交通事故责任强制保险;本条例施行前已经投保商业性机动车第三者责任保险的,保险期满,应当投保机动车交通事故责任强制保险。

第四十六条 本条例自2006年7月1日起施行。

最高人民法院关于适用《中华人民共和国保险法》若干问题的解释(一)

(2009年9月14日最高人民法院审判委员会第1473次会议通过 2009年9月21日最高人民法院公告公布 自2009年10月1日起施行 法释〔2009〕12号)

为正确审理保险合同纠纷案件,切实维护当事人的合法权益,现就人民法院适用2009年2月28日第十一届全国人大常委会第七次会议修订的《中华人民共和国保险法》(以下简称保险法)的有关问题规定如下:

第一条 【新旧法适用的原则】保险法施行后成立的保险合同发生的纠纷,适用保险法的规定。保险法施行前成立的保险合同发生的纠纷,除本解释另有规定外,适用当时的法律规定;当时的法律没有规定的,参照适用保险法的有关规定。

认定保险合同是否成立,适用合同订立时的法律。

第二条 【认定合同效力的法律适用原则】对于保险法施行前成立的保险合同,适用当时的法律认定无效而适用保险法认定有效的,适用保险法的规定。

第三条 【现行保险法的适用规则一】保险合同成立于保险法施行前而保险标的转让、保险事故、理赔、代位求偿等行为或事件,发生于保险法施行后的,适用保险法的规定。

第四条 【现行保险法的适用规则二】保险合同成立于保险法施行前,保险法施行后,保险人以投保人未履行如实告知义务或者申报被保险人年龄不真实为由,主张解除合同的,适用保险法的规定。

第五条 【期间起算的特别规定】保险法施行前成立的保险合同,下列情形下的期间自2009年10月1日起计算:

(一)保险法施行前,保险人收到赔偿或者给付保险金的请求,保险法施行后,适用保险法第二十三条规定的三十日的;

(二)保险法施行前,保险人知道解除事由,保险法施行后,按照保险法第十六条、第三十二条的规定行使解除权,适用保险法第十六条规定的三十日的;

(三)保险法施行后,保险人按照保险法第十六条第二款的规定请求解除合同,适用保险法第十六条规定的二年的;

(四)保险法施行前,保险人收到保险标的转让通知,保险法施行后,以保险标的转让导致危险程度显著增加为由请求按照合同约定增加保险费或者解除合同,适用保险法第四十九条规定的三十日的。

第六条 【排除适用的情形】保险法施行前已经终审的案件,当事人申请再审或者按照审判监督程序提起再审的案件,不适用保险法的规定。

最高人民法院关于适用《中华人民共和国保险法》若干问题的解释(二)

(2013 年 5 月 6 日最高人民法院审判委员会第 1577 次会议通过　根据 2020 年 12 月 23 日最高人民法院审判委员会第 1823 次会议通过的《最高人民法院关于修改〈最高人民法院关于破产企业国有划拨土地使用权应否列入破产财产等问题的批复〉等二十九件商事类司法解释的决定》修正)

为正确审理保险合同纠纷案件,切实维护当事人的合法权益,根据《中华人民共和国民法典》《中华人民共和国保险法》《中华人民共和国民事诉讼法》等法律规定,结合审判实践,就保险法中关于保险合同一般规定部分有关法律适用问题解释如下:

第一条　【被保险人在其保险利益范围内主张赔偿】财产保险中,不同投保人就同一保险标的分别投保,保险事故发生后,被保险人在其保险利益范围内依据保险合同主张保险赔偿的,人民法院应予支持。

第二条　【无保险利益导致人身保险合同无效可退还部分保险费】人身保险中,因投保人对被保险人不具有保险利益导致保险合同无效,投保人主张保险人退还扣减相应手续费后的保险费的,人民法院应予支持。

第三条　【代签名和代填保险单证的处理】投保人或者投保人的代理人订立保险合同时没有亲自签字或者盖章,而由保险人或者保险人的代理人代为签字或者盖章的,对投保人不生效。但投保人已经交纳保险费的,视为其对代签字或者盖章行为的追认。

保险人或者保险人的代理人代为填写保险单证后经投保人签字或者盖章确认的,代为填写的内容视为投保人的真实意思表示。但有证据证明保险人或者保险人的代理人存在保险法第一百一十六条、第一百三十一条相关规定情形的除外。

第四条　【收取保费后作出承保意思表示前发生保险事故的处理】保险人接受了投保人提交的投保单并收取了保险费,尚未作出是否承保的意思表示,发生保险事故,被保险人或者受益人请求保险人按照保险合同承担赔偿或者给付保险金责任,符合承保条件的,人民法院应予支持;不符合承保条件的,保险人不承担保险责任,但应当退还已经收取的保险费。

保险人主张不符合承保条件的,应承担举证责任。

第五条　【"应当如实告知"的内容】保险合同订立时,投保人明知的与保险标的或者被保险人有关的情况,属于保险法第十六条第一款规定的投保人"应当如实告知"的内容。

第六条　【投保人告知义务的履行】投保人的告知义务限于保险人询问的范围和内容。当事人对询问范围及内容有争议的,保险人负举证责任。

保险人以投保人违反了对投保单询问表中所列概括性条款的如实告知义务为由请求解除合同的,人民法院不予支持。但该概括性条款有具体内容的除外。

第七条　【弃权规则】保险人在保险合同成立后知道或者应当知道投保人未履行如实告知义务,仍然收取保险费,又依照保险法第十六条第二款的规定主张解除合同的,人民法院不予支持。

第八条　【解除保险合同与拒绝赔偿的关系】保险人未行使合同解除权,直接以存在保险法第十六条第四款、第五款规定的情形为由拒绝赔偿的,人民法院不予支持。但当事人就拒绝赔偿事宜及保险合同存续另行达成一致的情况除外。

第九条　【免除保险人责任的条款的认定】保险人提供的格式合同文本中的责任免除条款、免赔额、免赔率、比例赔付或者给付等免除或者减轻保险人责任的条款,可以认定为保险法第十七条第二款规定的"免除保险人责任的条款"。

保险人因投保人、被保险人违反法定或者约定义务,享有解除合同权利的条款,不属于保险法第十七条第二款规定的"免除保险人责任的条款"。

第十条　【禁止性规定作为免责事由的适用】保险人将法律、行政法规中的禁止性规定情形作为保险合同免责条款的免责事由,保险人对该条款作出提示后,投保人、被保险人或者受益人以保险人未履行明确说明义务为由主张该条款不成为合同内容的,人民法院不予支持。

第十一条 【提示与明确说明义务】保险合同订立时,保险人在投保单或者保险单等其他保险凭证上,对保险合同中免除保险人责任的条款,以足以引起投保人注意的文字、字体、符号或者其他明显标志作出提示的,人民法院应当认定其履行了保险法第十七条第二款规定的提示义务。

保险人对保险合同中有关免除保险人责任条款的概念、内容及其法律后果以书面或者口头形式向投保人作出常人能够理解的解释说明的,人民法院应当认定保险人履行了保险法第十七条第二款规定的明确说明义务。

第十二条 【提示与明确说明义务的形式】通过网络、电话等方式订立的保险合同,保险人以网页、音频、视频等形式对免除保险人责任条款予以提示和明确说明的,人民法院可以认定其履行了提示和明确说明义务。

第十三条 【明确说明义务的履行】保险人对其履行了明确说明义务负举证责任。

投保人对保险人履行了符合本解释第十一条第二款要求的明确说明义务在相关文书上签字、盖章或者以其他形式予以确认的,应当认定保险人履行了该项义务。但另有证据证明保险人未履行明确说明义务的除外。

第十四条 【保险合同记载内容不一致的处理】保险合同中记载的内容不一致的,按照下列规则认定:

(一)投保单与保险单或者其他保险凭证不一致的,以投保单为准。但不一致的情形系经保险人说明并经投保人同意的,以投保人签收的保险单或者其他保险凭证载明的内容为准;

(二)非格式条款与格式条款不一致的,以非格式条款为准;

(三)保险凭证记载的时间不同的,以形成时间在后的为准;

(四)保险凭证存在手写和打印两种方式的,以双方签字、盖章的手写部分的内容为准。

第十五条 【核定期间的起算与确定】保险法第二十三条规定的三十日核定期间,应自保险人初次收到索赔请求及投保人、被保险人或者受益人提供的有关证明和资料之日起算。

保险人主张扣除投保人、被保险人或者受益人补充提供有关证明和资料期间的,人民法院应予支持。扣除期间自保险人根据保险法第二十二条规定作出的通知到达投保人、被保险人或者受益人之日起,至投保人、被保险人或者受益人按照通知要求补充提供的有关证明和资料到达保险人之日止。

第十六条 【代位求偿权的行使与诉讼时效期间的起算】保险人应以自己的名义行使保险代位求偿权。

根据保险法第六十条第一款的规定,保险人代位求偿权的诉讼时效期间应自其取得代位求偿权之日起算。

第十七条 【非保险术语的解释】保险人在其提供的保险合同格式条款中对非保险术语所作的解释符合专业意义,或者虽不符合专业意义,但有利于投保人、被保险人或者受益人的,人民法院应予认可。

第十八条 【事故认定书的证明力】行政管理部门依据法律规定制作的交通事故认定书、火灾事故认定书等,人民法院应当依法审查并确认其相应的证明力,但有相反证据能够推翻的除外。

第十九条 【被保险人、受益人对第三人、保险人请求权的行使】保险事故发生后,被保险人或者受益人起诉保险人,保险人以被保险人或者受益人未要求第三者承担责任为由抗辩不承担保险责任的,人民法院不予支持。

财产保险事故发生后,被保险人就其所受损失从第三者取得赔偿后的不足部分提起诉讼,请求保险人赔偿的,人民法院应予依法受理。

第二十条 【保险分支机构】保险公司依法设立并取得营业执照的分支机构属于《中华人民共和国民事诉讼法》第四十八条规定的其他组织,可以作为保险合同纠纷案件的当事人参加诉讼。

第二十一条 【新旧法适用】本解释施行后尚未终审的保险合同纠纷案件,适用本解释;本解释施行前已经终审,当事人申请再审或者按照审判监督程序决定再审的案件,不适用本解释。

最高人民法院关于适用《中华人民共和国保险法》若干问题的解释(三)

(2015年9月21日最高人民法院审判委员会第1661次会议通过 根据2020年12月23日最高人民法院审判委员会第1823次会议通过的《最高人民法院关于修改〈最高人民法院关于破产企业国有划拨土地使用权应否列入破产财产等问题的批复〉等二十九件商事类司法解释的决定》修正)

为正确审理保险合同纠纷案件,切实维护当事人的合法权益,根据《中华人民共和国民法典》《中华人民共和国保险法》《中华人民共和国民事诉讼法》等法律规定,结合审判实践,就保险法中关于保险合同章人身保险部分有关法律适用问题解释如下:

第一条 【“被保险人同意并认可保险金额”的形式与认定】当事人订立以死亡为给付保险金条件的合同,根据保险法第三十四条的规定,“被保险人同意并认可保险金额”可以采取书面形式、口头形式或者其他形式;可以在合同订立时作出,也可以在合同订立后追认。

有下列情形之一的,应认定为被保险人同意投保人为其订立保险合同并认可保险金额:

(一)被保险人明知他人代其签名同意而未表示异议的;

(二)被保险人同意投保人指定的受益人的;

(三)有证据足以认定被保险人同意投保人为其投保的其他情形。

第二条 【被保险人可撤销同意他人为其订立死亡险的意思表示】被保险人以书面形式通知保险人和投保人撤销其依据保险法第三十四条第一款规定所作出的同意意思表示的,可认定为保险合同解除。

第三条 【人身保险合同纠纷中法院主动审查事项】人民法院审理人身保险合同纠纷案件时,应主动审查投保人订立保险合同时是否具有保险利益,以及以死亡为给付保险金条件的合同是否经过被保险人同意并认可保险金额。

第四条 【合同不因投保人丧失保险利益而无效】保险合同订立后,因投保人丧失对被保险人的保险利益,当事人主张保险合同无效的,人民法院不予支持。

第五条 【如实告知义务】保险人在合同订立时指定医疗机构对被保险人体检,当事人主张投保人如实告知义务免除的,人民法院不予支持。

保险人知道被保险人的体检结果,仍以投保人未就相关情况履行如实告知义务为由要求解除合同的,人民法院不予支持。

第六条 【以未成年人为被保险人订立死亡险的合同效力】未成年人父母之外的其他履行监护职责的人为未成年人订立以死亡为给付保险金条件的合同,当事人主张参照保险法第三十三条第二款、第三十四条第三款的规定认定该合同有效的,人民法院不予支持,但经未成年人父母同意的除外。

第七条 【第三人代交保险费】当事人以被保险人、受益人或者他人已经代为支付保险费为由,主张投保人对应的交费义务已经履行的,人民法院应予支持。

第八条 【保险合同复效制度】保险合同效力依照保险法第三十六条规定中止,投保人提出恢复效力申请并同意补交保险费的,除被保险人的危险程度在中止期间显著增加外,保险人拒绝恢复效力的,人民法院不予支持。

保险人在收到恢复效力申请后,三十日内未明确拒绝的,应认定为同意恢复效力。

保险合同自投保人补交保险费之日恢复效力。保险人要求投保人补交相应利息的,人民法院应予支持。

第九条 【受益人的指定】投保人指定受益人未经被保险人同意的,人民法院应认定指定行为无效。

当事人对保险合同约定的受益人存在争议,除投保人、被保险人在保险合同之外另有约定外,按以下情形分别处理:

(一)受益人约定为“法定”或者“法定继承人”的,以民法典规定的法定继承人为受益人;

(二)受益人仅约定为身份关系的,投保人与被保险人为同一主体时,根据保险事故发生时与被保险人的身份关系确定受益人;投保人与被保险人为不同主体时,根据保险合同成立时与被保险人的身份关系确定受益人;

(三)约定的受益人包括姓名和身份关系,保险事故发生时身份关系发生变化的,认定为未指定受益人。

第十条 【受益人的变更】投保人或者被保险人变更受益人,当事人主张变更行为自变更意思表示发出时生效的,人民法院应予支持。

投保人或者被保险人变更受益人未通知保险人,保险人主张变更对其不发生效力的,人民法院应予支持。

投保人变更受益人未经被保险人同意,人民法院应认定变更行为无效。

第十一条 【保险事故发生后变更受益人的限制】投保人或者被保险人在保险事故发生后变更受益人,变更后的受益人请求保险人给付保险金的,人民法院不予支持。

第十二条 【共同受益人的受益权分配】投保人或者被保险人指定数人为受益人,部分受益人在保险事故发生前死亡、放弃受益权或者依法丧失受益权的,该受益人应得的受益份额按照保险合同的约定处理;保险合同没有约定或者约定不明的,该受益人应得的受益份额按照以下情形分别处理:

(一)未约定受益顺序及受益份额的,由其他受益人平均享有;

(二)未约定受益顺序但约定受益份额的,由其他受益人按照相应比例享有;

(三)约定受益顺序但未约定受益份额的,由同顺序的其他受益人平均享有;同一顺序没有其他受益人的,由后一顺序的受益人平均享有;

(四)约定受益顺序及受益份额的,由同顺序的其他受益人按照相应比例享有;同一顺序没有其他受益人的,由后一顺序的受益人按照相应比例享有。

第十三条 【保险金请求权的转让】保险事故发生后,受益人将与本次保险事故相对应的全部或者部分保险金请求权转让给第三人,当事人主张该转让行为有效的,人民法院应予支持,但根据合同性质、当事人约定或者法律规定不得转让的除外。

第十四条 【保险金作产遗产的给付】保险金根据保险法第四十二条规定作为被保险人遗产,被保险人的继承人要求保险人给付保险金,保险人以其已向持有保险单的被保险人的其他继承人给付保险金为由抗辩的,人民法院应予支持。

第十五条 【受益人与被保险人死亡先后顺序的推定】受益人与被保险人存在继承关系,在同一事件中死亡且不能确定死亡先后顺序的,人民法院应依据保险法第四十二条第二款推定受益人死亡在先,并按照保险法及本解释的相关规定确定保险金归属。

第十六条 【保险现金价值的归属】人身保险合同解除时,投保人与被保险人、受益人为不同主体,被保险人或者受益人要求退还保险单的现金价值的,人民法院不予支持,但保险合同另有约定的除外。

投保人故意造成被保险人死亡、伤残或者疾病,保险人依照保险法第四十三条规定退还保险单的现金价值的,其他权利人按照被保险人、被保险人的继承人的顺序确定。

第十七条 【投保人的任意解除权】投保人解除保险合同,当事人以其解除合同未经被保险人或者受益人同意为由主张解除行为无效的,人民法院不予支持,但被保险人或者受益人已向投保人支付相当于保险单现金价值的款项并通知保险人的除外。

第十八条 【医疗费用保险】保险人给付费用补偿型的医疗费用保险金时,主张扣减被保险人从公费医疗或者社会医疗保险取得的赔偿金额的,应当证明该保险产品在厘定医疗费用保险费率时已经将公费医疗或者社会医疗保险部分相应扣除,并按照扣减后的标准收取保险费。

第十九条 【医保标准条款的效力】保险合同约定按照基本医疗保险的标准核定医疗费用,保险人以被保险人的医疗支出超出基本医疗保险范围为由拒绝给付保险金的,人民法院不予支持;保险人有证据证明被保险人支出的费用超过基本医疗保险同类医疗费用标准,要求对超出部分拒绝给付保险金的,人民法院应予支持。

第二十条 【约定医院条款的效力】保险人以被保险人未在保险合同约定的医疗服务机构接受治疗为由拒绝给付保险金的,人民法院应予支持,但被保险人因情况紧急必须立即就医的除外。

第二十一条 【保险人以被保险人自杀为由拒付保险金时的举证责任】保险人以被保险人自杀为由拒绝承担给付保险金责任的,由保险人承担举证责任。

受益人或者被保险人的继承人以被保险人自杀时无民事行为能力为由抗辩的,由其承担举证责任。

第二十二条 【被保险人故意犯罪的认定】保险法第四十五条规定的“被保险人故意犯罪”的认定,应当以刑事侦查机关、检察机关和审判机关的生效法律文书或者其他结论性意见为依据。

第二十三条 【保险人以被保险人故意犯罪为由拒付保险金时的举证责任】保险人主张根据保险法第四十五条的规定不承担给付保险金责任的，应当证明被保险人的死亡、伤残结果与其实施的故意犯罪或者抗拒依法采取的刑事强制措施的行为之间存在因果关系。

被保险人在羁押、服刑期间因意外或者疾病造成伤残或者死亡，保险人主张根据保险法第四十五条的规定不承担给付保险金责任的，人民法院不予支持。

第二十四条 【宣告死亡适用死亡保险】投保人为被保险人订立以死亡为给付保险金条件的人身保险合同，被保险人被宣告死亡后，当事人要求保险人按照保险合同约定给付保险金的，人民法院应予支持。

被保险人被宣告死亡之日在保险责任期间之外，但有证据证明下落不明之日在保险责任期间之内，当事人要求保险人按照保险合同约定给付保险金的，人民法院应予支持。

第二十五条 【损失无法确定时保险金的给付】被保险人的损失系由承保事故或者非承保事故、免责事由造成难以确定，当事人请求保险人给付保险金的，人民法院可以按照相应比例予以支持。

第二十六条 【生效日期及新旧法适用】本解释施行后尚未终审的保险合同纠纷案件，适用本解释；本解释施行前已经终审，当事人申请再审或者按照审判监督程序决定再审的案件，不适用本解释。

最高人民法院关于适用《中华人民共和国保险法》若干问题的解释(四)

(2018年5月14日最高人民法院审判委员会第1738次会议通过　根据2020年12月23日最高人民法院审判委员会第1823次会议通过的《最高人民法院关于修改〈最高人民法院关于破产企业国有划拨土地使用权应否列入破产财产等问题的批复〉等二十九件商事类司法解释的决定》修正)

为正确审理保险合同纠纷案件，切实维护当事人的合法权益，根据《中华人民共和国民法典》《中华人民共和国保险法》《中华人民共和国民事诉讼法》等法律规定，结合审判实践，就保险法中财产保险合同部分有关法律适用问题解释如下：

第一条 【保险标的已交付未登记时的权利行使】保险标的已交付受让人，但尚未依法办理所有权变更登记，承担保险标的毁损灭失风险的受让人，依照保险法第四十八条、第四十九条的规定主张行使被保险人权利的，人民法院应予支持。

第二条 【保险标的转让时免责条款的适用】保险人已向投保人履行了保险法规定的提示和明确说明义务，保险标的受让人以保险标的转让后保险人未向其提示或者明确说明为由，主张免除保险人责任的条款不成为合同内容的，人民法院不予支持。

第三条 【被保险人死亡时其权利义务的承继】被保险人死亡，继承保险标的的当事人主张承继被保险人的权利和义务的，人民法院应予支持。

第四条 【危险程度显著增加的认定】人民法院认定保险标的是否构成保险法第四十九条、第五十二条规定的"危险程度显著增加"时，应当综合考虑以下因素：

(一)保险标的用途的改变；

(二)保险标的使用范围的改变；

(三)保险标的所处环境的变化；

(四)保险标的因改装等原因引起的变化；

(五)保险标的使用人或者管理人的改变；

(六)危险程度增加持续的时间；

(七)其他可能导致危险程度显著增加的因素。

保险标的危险程度虽然增加，但增加的危险属于保险合同订立时保险人预见或者应当预见的保险合同承保范围的，不构成危险程度显著增加。

第五条 【保险标的转让空档期的保险责任承担】被保险人、受让人依法及时向保险人发出保险标的转让通知后，保险人作出答复前，发生保险事故，被保险人或者受让人主张保险人按照保险合同承担赔偿保险金的责任的，人民法院应予支持。

第六条 【防止或减少损失费用的给付】保险事故发生后，被保险人依照保险法第五十七条的规定，请求保险人承担为防止或者减少保险标的的损失所支付的必要、合理费用，保险人以被保险人采取的措施未产生实际效果为由抗辩的，人民法院不予支持。

第七条 【代位求偿权的行使基础】保险人依照保险法第六十条的规定,主张代位行使被保险人因第三者侵权或者违约等享有的请求赔偿的权利的,人民法院应予支持。

第八条 【保险人对投保人行使求偿权情形】投保人和被保险人为不同主体,因投保人对保险标的的损害而造成保险事故,保险人依法主张代位行使被保险人对投保人请求赔偿的权利的,人民法院应予支持,但法律另有规定或者保险合同另有约定的除外。

第九条 【被保险人预先放弃赔偿权利的情形】在保险人以第三者为被告提起的代位求偿权之诉中,第三者以被保险人在保险合同订立前已放弃对其请求赔偿的权利为由进行抗辩,人民法院认定上述放弃行为合法有效,保险人就相应部分主张行使代位求偿权的,人民法院不予支持。

保险合同订立时,保险人就是否存在上述放弃情形提出询问,投保人未如实告知,导致保险人不能代位行使请求赔偿的权利,保险人请求返还相应保险金的,人民法院应予支持,但保险人知道或者应当知道上述情形仍同意承保的除外。

第十条 【重复赔偿时保险人权利的救济】因第三者对保险标的的损害而造成保险事故,保险人获得代位请求赔偿的权利的情况未通知第三者或者通知到达第三者前,第三者在被保险人已经从保险人处获赔的范围内又向被保险人作出赔偿,保险人主张代位行使被保险人对第三者请求赔偿的权利的,人民法院不予支持。保险人就相应保险金主张被保险人返还的,人民法院应予支持。

保险人获得代位请求赔偿的权利的情况已经通知到第三者,第三者又向被保险人作出赔偿,保险人主张代位行使请求赔偿的权利,第三者以其已经向被保险人赔偿为由抗辩的,人民法院不予支持。

第十一条 【保险人无法行使代位求偿权时权利的救济】被保险人因故意或者重大过失未履行保险法第六十三条规定的义务,致使保险人未能行使或者未能全部行使代位请求赔偿的权利,保险人主张在其损失范围内扣减或者返还相应保险金的,人民法院应予支持。

第十二条 【以第三者为被告的代位求偿权之诉的管辖】保险人以造成保险事故的第三者为被告提起代位求偿权之诉的,以被保险人与第三者之间的法律关系确定管辖法院。

第十三条 【代位求偿权的诉讼程序规定】保险人提起代位求偿权之诉时,被保险人已经向第三者提起诉讼的,人民法院可以依法合并审理。

保险人行使代位求偿权时,被保险人已经向第三者提起诉讼,保险人向受理该案的人民法院申请变更当事人,代位行使被保险人对第三者请求赔偿的权利,被保险人同意的,人民法院应予准许;被保险人不同意的,保险人可以作为共同原告参加诉讼。

第十四条 【被保险人请求保险人直接向第三者赔偿保险金的情形】具有下列情形之一的,被保险人可以依照保险法第六十五条第二款的规定请求保险人直接向第三者赔偿保险金:

(一)被保险人对第三者所负的赔偿责任经人民法院生效裁判、仲裁裁决确认;

(二)被保险人对第三者所负的赔偿责任经被保险人与第三者协商一致;

(三)被保险人对第三者应负的赔偿责任能够确定的其他情形。

前款规定的情形下,保险人主张按照保险合同确定保险赔偿责任的,人民法院应予支持。

第十五条 【被保险人怠于请求的认定】被保险人对第三者应负的赔偿责任确定后,被保险人不履行赔偿责任,且第三者以保险人为被告或者以保险人与被保险人为共同被告提起诉讼时,被保险人尚未向保险人提出直接向第三者赔偿保险金的请求的,可以认定为属于保险法第六十五条第二款规定的"被保险人怠于请求"的情形。

第十六条 【责任保险的被保险人因共同侵权承担连带责任的情形】责任保险的被保险人因共同侵权依法承担连带责任,保险人以该连带责任超出被保险人应承担的责任份额为由,拒绝赔付保险金的,人民法院不予支持。保险人承担保险责任后,主张就超出被保险人责任份额的部分向其他连带责任人追偿的,人民法院应予支持。

第十七条 【被保险人对第三者的赔偿责任已经确认并进入执行后保险人的保险责任】责任保险的被保险人对第三者所负的赔偿责任已经生效判决确认并已进入执行程序,但未获得清偿或者未获得全部清偿,第三者依法请求保险人赔偿保险金,保险人以前述生效判决已进入执行程序为由抗辩的,人民法院不予支持。

第十八条　【商业责任险诉讼时效期间的起算】商业责任险的被保险人向保险人请求赔偿保险金的诉讼时效期间，自被保险人对第三者应负的赔偿责任确定之日起计算。

第十九条　【责任保险的保险人和解参与权】责任保险的被保险人与第三者就被保险人的赔偿责任达成和解协议且经保险人认可，被保险人主张保险人在保险合同范围内依据和解协议承担保险责任的，人民法院应予支持。

被保险人与第三者就被保险人的赔偿责任达成和解协议，未经保险人认可，保险人主张对保险责任范围以及赔偿数额重新予以核定的，人民法院应予支持。

第二十条　【责任保险的保险人不得以向被保险人赔偿保险金对抗第三者的赔偿要求】责任保险的保险人在被保险人向第三者赔偿之前向被保险人赔偿保险金，第三者依照保险法第六十五条第二款的规定行使保险金请求权时，保险人以其已向被保险人赔偿为由拒绝赔偿保险金的，人民法院不予支持。保险人向第三者赔偿后，请求被保险人返还相应保险金的，人民法院应予支持。

第二十一条　【生效日期及新旧法适用】本解释自2018年9月1日起施行。

本解释施行后人民法院正在审理的一审、二审案件，适用本解释；本解释施行前已经终审，当事人申请再审或者按照审判监督程序决定再审的案件，不适用本解释。

中华人民共和国票据法

（1995年5月10日第八届全国人民代表大会常务委员会第十三次会议通过　根据2004年8月28日第十届全国人民代表大会常务委员会第十一次会议《关于修改〈中华人民共和国票据法〉的决定》修正）

目　录

第一章　总　　则
第二章　汇　　票
　第一节　出　　票
　第二节　背　　书
　第三节　承　　兑
　第四节　保　　证
　第五节　付　　款
　第六节　追索权
第三章　本　　票
第四章　支　　票
第五章　涉外票据的法律适用
第六章　法律责任
第七章　附　　则

第一章　总　　则

第一条　【立法宗旨】为了规范票据行为，保障票据活动中当事人的合法权益，维护社会经济秩序，促进社会主义市场经济的发展，制定本法。

第二条　【适用范围】在中华人民共和国境内的票据活动，适用本法。

本法所称票据，是指汇票、本票和支票。

第三条　【基本原则】票据活动应当遵守法律、行政法规，不得损害社会公共利益。

第四条　【票据权利与票据责任】票据出票人制作票据，应当按照法定条件在票据上签章，并按照所记载的事项承担票据责任。

持票人行使票据权利，应当按照法定程序在票据上签章，并出示票据。

其他票据债务人在票据上签章的，按照票据所记载的事项承担票据责任。

本法所称票据权利，是指持票人向票据债务人请求支付票据金额的权利，包括付款请求权和追索权。

本法所称票据责任，是指票据债务人向持票人支付票据金额的义务。

第五条　【票据代理】票据当事人可以委托其代理人在票据上签章，并应当在票据上表明其代理关系。

没有代理权而以代理人名义在票据上签章的，应当由签章人承担票据责任；代理人超越代理权限的，应当就其超越权限的部分承担票据责任。

第六条　【非完全行为能力人签章的效力】无民事行为能力人或者限制民事行为能力人在票据上签章的，其签章无效，但是不影响其他签章的效力。

第七条　【票据签章】票据上的签章，为签名、盖章或者签名加盖章。

法人和其他使用票据的单位在票据上的签章，

为该法人或者该单位的盖章加其法定代表人或者其授权的代理人的签章。

在票据上的签名,应当为该当事人的本名。

第八条 【票据金额的记载】票据金额以中文大写和数码同时记载,二者必须一致,二者不一致的,票据无效。

第九条 【票据的记载事项及其更改】票据上的记载事项必须符合本法的规定。

票据金额、日期、收款人名称不得更改,更改的票据无效。

对票据上的其他记载事项,原记载人可以更改,更改时应当由原记载人签章证明。

第十条 【票据的基础关系】票据的签发、取得和转让,应当遵循诚实信用的原则,具有真实的交易关系和债权债务关系。

票据的取得,必须给付对价,即应当给付票据双方当事人认可的相对应的代价。

第十一条 【无对价的票据取得】因税收、继承、赠与可以依法无偿取得票据的,不受给付对价的限制。但是,所享有的票据权利不得优于其前手的权利。

前手是指在票据签章人或者持票人之前签章的其他票据债务人。

第十二条 【非法、恶意或重大过失取得票据的效力】以欺诈、偷盗或者胁迫等手段取得票据的,或者明知有前列情形,出于恶意取得票据的,不得享有票据权利。

持票人因重大过失取得不符合本法规定的票据的,也不得享有票据权利。

第十三条 【票据抗辩】票据债务人不得以自己与出票人或者与持票人的前手之间的抗辩事由,对抗持票人。但是,持票人明知存在抗辩事由而取得票据的除外。

票据债务人可以对不履行约定义务的与自己有直接债权债务关系的持票人,进行抗辩。

本法所称抗辩,是指票据债务人根据本法规定对票据债权人拒绝履行义务的行为。

第十四条 【伪造和变造票据的效力】票据上的记载事项应当真实,不得伪造、变造。伪造、变造票据上的签章和其他记载事项的,应当承担法律责任。

票据上有伪造、变造的签章的,不影响票据上其他真实签章的效力。

票据上其他记载事项被变造的,在变造之前签章的人,对原记载事项负责;在变造之后签章的人,对变造之后的记载事项负责;不能辨别是在票据被变造之前或者之后签章的,视同在变造之前签章。

第十五条 【票据丧失及其救济】票据丧失,失票人可以及时通知票据的付款人挂失止付,但是,未记载付款人或者无法确定付款人及其代理付款人的票据除外。

收到挂失止付通知的付款人,应当暂停支付。

失票人应当在通知挂失止付后3日内,也可以在票据丧失后,依法向人民法院申请公示催告,或者向人民法院提起诉讼。

第十六条 【行使或保全票据权利的场所和时间】持票人对票据债务人行使票据权利,或者保全票据权利,应当在票据当事人的营业场所和营业时间内进行,票据当事人无营业场所的,应当在其住所进行。

第十七条 【票据时效】票据权利在下列期限内不行使而消灭:

(一)持票人对票据的出票人和承兑人的权利,自票据到期日起2年。见票即付的汇票、本票,自出票日起2年;

(二)持票人对支票出票人的权利,自出票日起6个月;

(三)持票人对前手的追索权,自被拒绝承兑或者被拒绝付款之日起6个月;

(四)持票人对前手的再追索权,自清偿日或者被提起诉讼之日起3个月。

票据的出票日、到期日由票据当事人依法确定。

第十八条 【票据利益的返还请求权】持票人因超过票据权利时效或者因票据记载事项欠缺而丧失票据权利的,仍享有民事权利,可以请求出票人或者承兑人返还其与未支付的票据金额相当的利益。

第二章 汇 票

第一节 出 票

第十九条 【汇票的定义和种类】汇票是出票人签发的,委托付款人在见票时或者在指定日期无条件支付确定的金额给收款人或者持票人的票据。

汇票分为银行汇票和商业汇票。

第二十条 【出票的定义】出票是指出票人签发票据并将其交付给收款人的票据行为。

第二十一条 【出票行为的有效条件】汇票的出票人必须与付款人具有真实的委托付款关系，并且具有支付汇票金额的可靠资金来源。

不得签发无对价的汇票用以骗取银行或者其他票据当事人的资金。

第二十二条 【汇票的绝对必要记载事项】汇票必须记载下列事项：

（一）表明“汇票”的字样；

（二）无条件支付的委托；

（三）确定的金额；

（四）付款人名称；

（五）收款人名称；

（六）出票日期；

（七）出票人签章。

汇票上未记载前款规定事项之一的，汇票无效。

第二十三条 【汇票的相对必要记载事项】汇票上记载付款日期、付款地、出票地等事项的，应当清楚、明确。

汇票上未记载付款日期的，为见票即付。

汇票上未记载付款地的，付款人的营业场所、住所或者经常居住地为付款地。

汇票上未记载出票地的，出票人的营业场所、住所或者经常居住地为出票地。

第二十四条 【不具票据上效力的记载事项】汇票上可以记载本法规定事项以外的其他出票事项，但是该记载事项不具有汇票上的效力。

第二十五条 【付款日期的记载形式】付款日期可以按照下列形式之一记载：

（一）见票即付；

（二）定日付款；

（三）出票后定期付款；

（四）见票后定期付款。

前款规定的付款日期为汇票到期日。

第二十六条 【出票的效力】出票人签发汇票后，即承担保证该汇票承兑和付款的责任。出票人在汇票得不到承兑或者付款时，应当向持票人清偿本法第七十条、第七十一条规定的金额和费用。

第二节 背 书

第二十七条 【汇票权利转让】持票人可以将汇票权利转让给他人或者将一定的汇票权利授予他人行使。

出票人在汇票上记载“不得转让”字样的，汇票不得转让。

持票人行使第一款规定的权利时，应当背书并交付汇票。

背书是指在票据背面或者粘单上记载有关事项并签章的票据行为。

第二十八条 【粘单】票据凭证不能满足背书人记载事项的需要，可以加附粘单，粘附于票据凭证上。

粘单上的第一记载人，应当在汇票和粘单的粘接处签章。

第二十九条 【背书的记载事项】背书由背书人签章并记载背书日期。

背书未记载日期的，视为在汇票到期日前背书。

第三十条 【记名背书】汇票以背书转让或者以背书将一定的汇票权利授予他人行使时，必须记载被背书人名称。

第三十一条 【背书的连续】以背书转让的汇票，背书应当连续。持票人以背书的连续，证明其汇票权利；非经背书转让，而以其他合法方式取得汇票的，依法举证，证明其汇票权利。

前款所称背书连续，是指在票据转让中，转让汇票的背书人与受让汇票的被背书人在汇票上的签章依次前后衔接。

第三十二条 【后手及其责任】以背书转让的汇票，后手应当对其直接前手背书的真实性负责。

后手是指在票据签章人之后签章的其他票据债务人。

第三十三条 【附条件背书、部分背书、分别背书的效力】背书不得附有条件。背书时附有条件的，所附条件不具有汇票上的效力。

将汇票金额的一部分转让的背书或者将汇票金额分别转让给 2 人以上的背书无效。

第三十四条 【背书人的禁止行为】背书人在汇票上记载“不得转让”字样，其后手再背书转让的，原背书人对后手的被背书人不承担保证责任。

第三十五条 【委托收款背书和质押背书及其效力】背书记载“委托收款”字样的，被背书人有权代背书人行使被委托的汇票权利。但是，被背书人不得再以背书转让汇票权利。

汇票可以设定质押；质押时应当以背书记载

"质押"字样。被背书人依法实现其质权时,可以行使汇票权利。

第三十六条 【不得背书转让的情形】汇票被拒绝承兑、被拒绝付款或者超过付款提示期限的,不得背书转让;背书转让的,背书人应当承担汇票责任。

第三十七条 【背书人的责任】背书人以背书转让汇票后,即承担保证其后手所持汇票承兑和付款的责任。背书人在汇票得不到承兑或者付款时,应当向持票人清偿本法第七十条、第七十一条规定的金额和费用。

第三节 承 兑

第三十八条 【承兑的定义】承兑是指汇票付款人承诺在汇票到期日支付汇票金额的票据行为。

第三十九条 【定日付款或出票后定期付款的汇票的提示承兑】定日付款或者出票后定期付款的汇票,持票人应当在汇票到期日前向付款人提示承兑。

提示承兑是指持票人向付款人出示汇票,并要求付款人承诺付款的行为。

第四十条 【见票后定期付款汇票的提示承兑】见票后定期付款的汇票,持票人应当自出票日起1个月内向付款人提示承兑。

汇票未按照规定期限提示承兑的,持票人丧失对其前手的追索权。

见票即付的汇票无需提示承兑。

第四十一条 【付款人的承兑期间】付款人对向其提示承兑的汇票,应当自收到提示承兑的汇票之日起3日内承兑或者拒绝承兑。

付款人收到持票人提示承兑的汇票时,应当向持票人签发收到汇票的回单。回单上应当记明汇票提示承兑日期并签章。

第四十二条 【承兑的记载】付款人承兑汇票的,应当在汇票正面记载"承兑"字样和承兑日期并签章;见票后定期付款的汇票,应当在承兑时记载付款日期。

汇票上未记载承兑日期的,以前条第一款规定期限的最后1日为承兑日期。

第四十三条 【承兑不得附有条件】付款人承兑汇票,不得附有条件;承兑附有条件的,视为拒绝承兑。

第四十四条 【付款人承兑后的责任】付款人承兑汇票后,应当承担到期付款的责任。

第四节 保 证

第四十五条 【汇票保证】汇票的债务可以由保证人承担保证责任。

保证人由汇票债务人以外的他人担当。

第四十六条 【汇票保证的记载事项】保证人必须在汇票或者粘单上记载下列事项:

(一) 表明"保证"的字样;

(二) 保证人名称和住所;

(三) 被保证人的名称;

(四) 保证日期;

(五) 保证人签章。

第四十七条 【未记载事项的处理】保证人在汇票或者粘单上未记载前条第(三)项的,已承兑的汇票,承兑人为被保证人;未承兑的汇票,出票人为被保证人。

保证人在汇票或者粘单上未记载前条第(四)项的,出票日期为保证日期。

第四十八条 【票据保证不得附有条件】保证不得附有条件;附有条件的,不影响对汇票的保证责任。

第四十九条 【票据保证人的责任】保证人对合法取得汇票的持票人所享有的汇票权利,承担保证责任。但是,被保证人的债务因汇票记载事项欠缺而无效的除外。

第五十条 【保证人和被保证人的连带责任】被保证的汇票,保证人应当与被保证人对持票人承担连带责任。汇票到期后得不到付款的,持票人有权向保证人请求付款,保证人应当足额付款。

第五十一条 【共同保证人的连带责任】保证人为2人以上的,保证人之间承担连带责任。

第五十二条 【保证人的追索权】保证人清偿汇票债务后,可以行使持票人对被保证人及其前手的追索权。

第五节 付 款

第五十三条 【提示付款的期限】持票人应当按照下列期限提示付款:

(一) 见票即付的汇票,自出票日起1个月内向付款人提示付款;

(二) 定日付款、出票后定期付款或者见票后定期付款的汇票,自到期日起10日内向承兑人提示付款。

持票人未按照前款规定期限提示付款的，在作出说明后，承兑人或者付款人仍应当继续对持票人承担付款责任。

通过委托收款银行或者通过票据交换系统向付款人提示付款的，视同持票人提示付款。

第五十四条 【付款人当日足额付款】持票人依照前条规定提示付款的，付款人必须在当日足额付款。

第五十五条 【汇票签收】持票人获得付款的，应当在汇票上签收，并将汇票交给付款人。持票人委托银行收款的，受委托的银行将代收的汇票金额转账收入持票人账户，视同签收。

第五十六条 【收款银行和受托付款银行的责任】持票人委托的收款银行的责任，限于按照汇票上记载事项将汇票金额转入持票人账户。

付款人委托的付款银行的责任，限于按照汇票上记载事项从付款人账户支付汇票金额。

第五十七条 【付款人的审查义务】付款人及其代理付款人付款时，应当审查汇票背书的连续，并审查提示付款人的合法身份证明或者有效证件。

付款人及其代理付款人以恶意或者有重大过失付款的，应当自行承担责任。

第五十八条 【提前付款的责任承担】对定日付款、出票后定期付款或者见票后定期付款的汇票，付款人在到期日前付款的，由付款人自行承担所产生的责任。

第五十九条 【付款的币种】汇票金额为外币的，按照付款日的市场汇价，以人民币支付。

汇票当事人对汇票支付的货币种类另有约定的，从其约定。

第六十条 【付款的效力】付款人依法足额付款后，全体汇票债务人的责任解除。

第六节 追 索 权

第六十一条 【行使追索权的情形】汇票到期被拒绝付款的，持票人可以对背书人、出票人以及汇票的其他债务人行使追索权。

汇票到期日前，有下列情形之一的，持票人也可以行使追索权：

（一）汇票被拒绝承兑的；

（二）承兑人或者付款人死亡、逃匿的；

（三）承兑人或者付款人被依法宣告破产的或者因违法被责令终止业务活动的。

第六十二条 【追索权的行使】持票人行使追索权时，应当提供被拒绝承兑或者被拒绝付款的有关证明。

持票人提示承兑或者提示付款被拒绝的，承兑人或者付款人必须出具拒绝证明，或者出具退票理由书。未出具拒绝证明或者退票理由书的，应当承担由此产生的民事责任。

第六十三条 【不能取得拒绝证明的处理】持票人因承兑人或者付款人死亡、逃匿或者其他原因，不能取得拒绝证明的，可以依法取得其他有关证明。

第六十四条 【法院司法文书、行政处罚决定具有拒绝证明的效力】承兑人或者付款人被人民法院依法宣告破产的，人民法院的有关司法文书具有拒绝证明的效力。

承兑人或者付款人因违法被责令终止业务活动的，有关行政主管部门的处罚决定具有拒绝证明的效力。

第六十五条 【追索权的丧失】持票人不能出示拒绝证明、退票理由书或者未按照规定期限提供其他合法证明的，丧失对其前手的追索权。但是，承兑人或者付款人仍应当对持票人承担责任。

第六十六条 【拒绝事由的通知】持票人应当自收到被拒绝承兑或者被拒绝付款的有关证明之日起3日内，将被拒绝事由书面通知其前手；其前手应当自收到通知之日起3日内书面通知其再前手。持票人也可以同时向各汇票债务人发出书面通知。

未按照前款规定期限通知的，持票人仍可以行使追索权。因延期通知给其前手或者出票人造成损失的，由没有按照规定期限通知的汇票当事人，承担对该损失的赔偿责任，但是所赔偿的金额以汇票金额为限。

在规定期限内将通知按照法定地址或者约定的地址邮寄的，视为已经发出通知。

第六十七条 【拒绝事由通知的记载】依照前条第一款所作的书面通知，应当记明汇票的主要记载事项，并说明该汇票已被退票。

第六十八条 【连带债务人追索权的行使】汇票的出票人、背书人、承兑人和保证人对持票人承担连带责任。

持票人可以不按照汇票债务人的先后顺序，对其中任何一人、数人或者全体行使追索权。

持票人对汇票债务人中的1人或者数人已经进行追索的,对其他汇票债务人仍可以行使追索权。被追索人清偿债务后,与持票人享有同一权利。

第六十九条 【追索权的限制】持票人为出票人的,对其前手无追索权。持票人为背书人的,对其后手无追索权。

第七十条 【追索金额和费用】持票人行使追索权,可以请求被追索人支付下列金额和费用:

(一)被拒绝付款的汇票金额;

(二)汇票金额自到期日或者提示付款日起至清偿日止,按照中国人民银行规定的利率计算的利息;

(三)取得有关拒绝证明和发出通知书的费用。

被追索人清偿债务时,持票人应当交出汇票和有关拒绝证明,并出具所收到利息和费用的收据。

第七十一条 【再追索权及再追索金额】被追索人依照前条规定清偿后,可以向其他汇票债务人行使再追索权,请求其他汇票债务人支付下列金额和费用:

(一)已清偿的全部金额;

(二)前项金额自清偿日起至再追索清偿日止,按照中国人民银行规定的利率计算的利息;

(三)发出通知书的费用。

行使再追索权的被追索人获得清偿时,应当交出汇票和有关拒绝证明,并出具所收到利息和费用的收据。

第七十二条 【被追索人清偿债务的效力】被追索人依照前二条规定清偿债务后,其责任解除。

第三章 本 票

第七十三条 【本票的定义】本票是出票人签发的,承诺自己在见票时无条件支付确定的金额给收款人或者持票人的票据。

本法所称本票,是指银行本票。

第七十四条 【出票人资格】本票的出票人必须具有支付本票金额的可靠资金来源,并保证支付。

第七十五条 【本票绝对记载事项】本票必须记载下列事项:

(一)表明"本票"的字样;

(二)无条件支付的承诺;

(三)确定的金额;

(四)收款人名称;

(五)出票日期;

(六)出票人签章。

本票上未记载前款规定事项之一的,本票无效。

第七十六条 【本票相对记载事项】本票上记载付款地、出票地等事项的,应当清楚、明确。

本票上未记载付款地的,出票人的营业场所为付款地。

本票上未记载出票地的,出票人的营业场所为出票地。

第七十七条 【提示见票的效力】本票的出票人在持票人提示见票时,必须承担付款的责任。

第七十八条 【付款期限】本票自出票日起,付款期限最长不得超过2个月。

第七十九条 【逾期提示见票的法律后果】本票的持票人未按照规定期限提示见票的,丧失对出票人以外的前手的追索权。

第八十条 【汇票有关规定对本票的适用】本票的背书、保证、付款行为和追索权的行使,除本章规定外,适用本法第二章有关汇票的规定。

本票的出票行为,除本章规定外,适用本法第二十四条关于汇票的规定。

第四章 支 票

第八十一条 【支票的定义】支票是出票人签发的,委托办理支票存款业务的银行或者其他金融机构在见票时无条件支付确定的金额给收款人或者持票人的票据。

第八十二条 【支票存款账户的开立】开立支票存款账户,申请人必须使用其本名,并提交证明其身份的合法证件。

开立支票存款账户和领用支票,应当有可靠的资信,并存入一定的资金。

开立支票存款账户,申请人应当预留其本名的签名式样和印鉴。

第八十三条 【现金支票与转账支票】支票可以支取现金,也可以转账,用于转账时,应当在支票正面注明。

支票中专门用于支取现金的,可以另行制作现金支票,现金支票只能用于支取现金。

支票中专门用于转账的,可以另行制作转账支票,转账支票只能用于转账,不得支取现金。

第八十四条 **【支票绝对记载事项】**支票必须记载下列事项:

(一)表明"支票"的字样;

(二)无条件支付的委托;

(三)确定的金额;

(四)付款人名称;

(五)出票日期;

(六)出票人签章。

支票上未记载前款规定事项之一的,支票无效。

第八十五条 **【支票金额的授权补记】**支票上的金额可以由出票人授权补记,未补记前的支票,不得使用。

第八十六条 **【支票相对记载事项】**支票上未记载收款人名称的,经出票人授权,可以补记。

支票上未记载付款地的,付款人的营业场所为付款地。

支票上未记载出票地的,出票人的营业场所、住所或者经常居住地为出票地。

出票人可以在支票上记载自己为收款人。

第八十七条 **【支票金额与空头支票的禁止】**支票的出票人所签发的支票金额不得超过其付款时在付款人处实有的存款金额。

出票人签发的支票金额超过其付款时在付款人处实有的存款金额的,为空头支票。禁止签发空头支票。

第八十八条 **【支票的签章与预留签名印鉴一致】**支票的出票人不得签发与其预留本名的签名式样或者印鉴不符的支票。

第八十九条 **【支票出票的效力】**出票人必须按照签发的支票金额承担保证向该持票人付款的责任。

出票人在付款人处的存款足以支付支票金额时,付款人应当在当日足额付款。

第九十条 **【支票见票即付】**支票限于见票即付,不得另行记载付款日期。另行记载付款日期的,该记载无效。

第九十一条 **【提示付款期限】**支票的持票人应当自出票日起10日内提示付款;异地使用的支票,其提示付款的期限由中国人民银行另行规定。

超过提示付款期限的,付款人可以不予付款;付款人不予付款的,出票人仍应当对持票人承担票据责任。

第九十二条 **【支票付款的效力】**付款人依法支付支票金额的,对出票人不再承担受委托付款的责任,对持票人不再承担付款的责任。但是,付款人以恶意或者有重大过失付款的除外。

第九十三条 **【汇票有关规定对支票的适用】**支票的背书、付款行为和追索权的行使,除本章规定外,适用本法第二章有关汇票的规定。

支票的出票行为,除本章规定外,适用本法第二十四条、第二十六条关于汇票的规定。

第五章 涉外票据的法律适用

第九十四条 **【涉外票据及其法律适用】**涉外票据的法律适用,依照本章的规定确定。

前款所称涉外票据,是指出票、背书、承兑、保证、付款等行为中,既有发生在中华人民共和国境内又有发生在中华人民共和国境外的票据。

第九十五条 **【国际条约和国际惯例的适用】**中华人民共和国缔结或者参加的国际条约同本法有不同规定的,适用国际条约的规定。但是,中华人民共和国声明保留的条款除外。

本法和中华人民共和国缔结或者参加的国际条约没有规定的,可以适用国际惯例。

第九十六条 **【票据行为能力的准据法】**票据债务人的民事行为能力,适用其本国法律。

票据债务人的民事行为能力,依照其本国法律为无民事行为能力或者为限制民事行为能力而依照行为地法律为完全民事行为能力的,适用行为地法律。

第九十七条 **【票据形式的准据法】**汇票、本票出票时的记载事项,适用出票地法律。

支票出票时的记载事项,适用出票地法律,经当事人协议,也可以适用付款地法律。

第九十八条 **【票据行为的准据法】**票据的背书、承兑、付款和保证行为,适用行为地法律。

第九十九条 **【票据追索权行使期限的准据法】**票据追索权的行使期限,适用出票地法律。

第一百条 **【票据提示期限的准据法】**票据的提示期限、有关拒绝证明的方式、出具拒绝证明的期限,适用付款地法律。

第一百零一条 **【票据权利保全的准据法】**票据丧失时,失票人请求保全票据权利的程序,适用付款地法律。

第六章 法律责任

第一百零二条 【票据欺诈行为的刑事责任】有下列票据欺诈行为之一的,依法追究刑事责任:

(一)伪造、变造票据的;

(二)故意使用伪造、变造的票据的;

(三)签发空头支票或者故意签发与其预留的本名签名式样或者印鉴不符的支票,骗取财物的;

(四)签发无可靠资金来源的汇票、本票,骗取资金的;

(五)汇票、本票的出票人在出票时作虚假记载,骗取财物的;

(六)冒用他人的票据,或者故意使用过期或者作废的票据,骗取财物的;

(七)付款人同出票人、持票人恶意串通,实施前六项所列行为之一的。

第一百零三条 【票据欺诈行为的行政责任】有前条所列行为之一,情节轻微,不构成犯罪的,依照国家有关规定给予行政处罚。

第一百零四条 【票据业务中玩忽职守的法律责任】金融机构工作人员在票据业务中玩忽职守,对违反本法规定的票据予以承兑、付款或者保证的,给予处分;造成重大损失,构成犯罪的,依法追究刑事责任。

由于金融机构工作人员因前款行为给当事人造成损失的,由该金融机构和直接责任人员依法承担赔偿责任。

第一百零五条 【付款人故意压票的法律责任】票据的付款人对见票即付或者到期的票据,故意压票,拖延支付的,由金融行政管理部门处以罚款,对直接责任人员给予处分。

票据的付款人故意压票,拖延支付,给持票人造成损失的,依法承担赔偿责任。

第一百零六条 【其他违法行为的民事责任】依照本法规定承担赔偿责任以外的其他违反本法规定的行为,给他人造成损失的,应当依法承担民事责任。

第七章 附则

第一百零七条 【期限计算】本法规定的各项期限的计算,适用民法通则关于计算期间的规定。

按月计算期限的,按到期月的对日计算;无对日的,月末日为到期日。

第一百零八条 【票据的格式与印制】汇票、本票、支票的格式应当统一。

票据凭证的格式和印制管理办法,由中国人民银行规定。

第一百零九条 【实施办法的制定】票据管理的具体实施办法,由中国人民银行依照本法制定,报国务院批准后施行。

第一百一十条 【施行日期】本法自1996年1月1日起施行。

最高人民法院关于审理票据纠纷案件若干问题的规定

(2000年2月24日最高人民法院审判委员会第1102次会议通过 根据2020年12月23日最高人民法院审判委员会第1823次会议通过的《最高人民法院关于修改〈最高人民法院关于破产企业国有划拨土地使用权应否列入破产财产等问题的批复〉等二十九件商事类司法解释的决定》修正)

为了正确适用《中华人民共和国票据法》(以下简称票据法),公正、及时审理票据纠纷案件,保护票据当事人的合法权益,维护金融秩序和金融安全,根据票据法及其他有关法律的规定,结合审判实践,现对人民法院审理票据纠纷案件的若干问题规定如下:

一、受理和管辖

第一条 因行使票据权利或者票据法上的非票据权利而引起的纠纷,人民法院应当依法受理。

第二条 依照票据法第十条的规定,票据债务人(即出票人)以在票据未转让时的基础关系违法、双方不具有真实的交易关系和债权债务关系、持票人应付对价而未付对价为由,要求返还票据而提起诉讼的,人民法院应当依法受理。

第三条 依照票据法第三十六条的规定,票据被拒绝承兑、被拒绝付款或者汇票、支票超过提示付款期限后,票据持有人背书转让的,被背书人以背书人为被告行使追索权而提起诉讼的,人民法院应当依法受理。

第四条 持票人不先行使付款请求权而先行使追索权遭拒绝提起诉讼的，人民法院不予受理。除有票据法第六十一条第二款和本规定第三条所列情形外，持票人只能在首先向付款人行使付款请求权而得不到付款时，才可以行使追索权。

第五条 付款请求权是持票人享有的第一顺序权利，追索权是持票人享有的第二顺序权利，即汇票到期被拒绝付款或者具有票据法第六十一条第二款所列情形的，持票人请求背书人、出票人以及汇票的其他债务人支付票据法第七十条第一款所列金额和费用的权利。

第六条 因票据纠纷提起的诉讼，依法由票据支付地或者被告住所地人民法院管辖。

票据支付地是指票据上载明的付款地，票据上未载明付款地的，汇票付款人或者代理付款人的营业场所、住所或者经常居住地，本票出票人的营业场所，支票付款人或者代理付款人的营业场所所在地为票据付款地。代理付款人即付款人的委托代理人，是指根据付款人的委托代为支付票据金额的银行、信用合作社等金融机构。

二、票据保全

第七条 人民法院在审理、执行票据纠纷案件时，对具有下列情形之一的票据，经当事人申请并提供担保，可以依法采取保全措施或者执行措施：

（一）不履行约定义务，与票据债务人有直接债权债务关系的票据当事人所持有的票据；

（二）持票人恶意取得的票据；

（三）应付对价而未付对价的持票人持有的票据；

（四）记载有“不得转让”字样而用于贴现的票据；

（五）记载有“不得转让”字样而用于质押的票据；

（六）法律或者司法解释规定有其他情形的票据。

三、举证责任

第八条 票据诉讼的举证责任由提出主张的一方当事人承担。

依照票据法第四条第二款、第十条、第十二条、第二十一条的规定，向人民法院提起诉讼的持票人有责任提供诉争票据。该票据的出票、承兑、交付、背书转让涉嫌欺诈、偷盗、胁迫、恐吓、暴力等非法行为的，持票人对持票的合法性应当负责举证。

第九条 票据债务人依照票据法第十三条的规定，对与其有直接债权债务关系的持票人提出抗辩，人民法院合并审理票据关系和基础关系的，持票人应当提供相应的证据证明已经履行了约定义务。

第十条 付款人或者承兑人被人民法院依法宣告破产的，持票人因行使追索权而向人民法院提起诉讼时，应当向受理法院提供人民法院依法作出的宣告破产裁定书或者能够证明付款人或者承兑人破产的其他证据。

第十一条 在票据诉讼中，负有举证责任的票据当事人应当在一审人民法院法庭辩论结束以前提供证据。因客观原因不能在上述举证期限以内提供的，应当在举证期限届满以前向人民法院申请延期。延长的期限由人民法院根据案件的具体情况决定。

票据当事人在一审人民法院审理期间隐匿票据、故意有证不举，应当承担相应的诉讼后果。

四、票据权利及抗辩

第十二条 票据法第十七条第一款第（一）、（二）项规定的持票人对票据的出票人和承兑人的权利，包括付款请求权和追索权。

第十三条 票据债务人以票据法第十条、第二十一条的规定为由，对业经背书转让票据的持票人进行抗辩的，人民法院不予支持。

第十四条 票据债务人依照票据法第十二条、第十三条的规定，对持票人提出下列抗辩的，人民法院应予支持：

（一）与票据债务人有直接债权债务关系并且不履行约定义务的；

（二）以欺诈、偷盗或者胁迫等非法手段取得票据，或者明知有前列情形，出于恶意取得票据的；

（三）明知票据债务人与出票人或者与持票人的前手之间存在抗辩事由而取得票据的；

（四）因重大过失取得票据的；

（五）其他依法不得享有票据权利的。

第十五条 票据债务人依照票据法第九条、第十七条、第十八条、第二十二条和第三十一条的规定,对持票人提出下列抗辩的,人民法院应予支持:

(一)欠缺法定必要记载事项或者不符合法定格式的;

(二)超过票据权利时效的;

(三)人民法院作出的除权判决已经发生法律效力的;

(四)以背书方式取得但背书不连续的;

(五)其他依法不得享有票据权利的。

第十六条 票据出票人或者背书人被宣告破产的,而付款人或者承兑人不知其事实而付款或者承兑,因此所产生的追索权可以登记为破产债权,付款人或者承兑人为债权人。

第十七条 票据法第十七条第一款第(三)、(四)项规定的持票人对前手的追索权,不包括对票据出票人的追索权。

第十八条 票据法第四十条第二款和第六十五条规定的持票人丧失对其前手的追索权,不包括对票据出票人的追索权。

第十九条 票据法第十七条规定的票据权利时效发生中断的,只对发生时效中断事由的当事人有效。

第二十条 票据法第六十六条第一款规定的书面通知是否逾期,以持票人或者其前手发出书面通知之日为准;以信函通知的,以信函投寄邮戳记载之日为准。

第二十一条 票据法第七十条、第七十一条所称中国人民银行规定的利率,是指中国人民银行规定的企业同期流动资金贷款利率。

第二十二条 代理付款人在人民法院公示催告公告发布以前按照规定程序善意付款后,承兑人或者付款人以已经公示催告为由拒付代理付款人已经垫付的款项的,人民法院不予支持。

五、失票救济

第二十三条 票据丧失后,失票人直接向人民法院申请公示催告或者提起诉讼的,人民法院应当依法受理。

第二十四条 出票人已经签章的授权补记的支票丧失后,失票人依法向人民法院申请公示催告的,人民法院应当依法受理。

第二十五条 票据法第十五条第三款规定的可以申请公示催告的失票人,是指按照规定可以背书转让的票据在丧失票据占有以前的最后合法持票人。

第二十六条 出票人已经签章但未记载代理付款人的银行汇票丧失后,失票人依法向付款人即出票银行所在地人民法院申请公示催告的,人民法院应当依法受理。

第二十七条 超过付款提示期限的票据丧失以后,失票人申请公示催告的,人民法院应当依法受理。

第二十八条 失票人通知票据付款人挂失止付后三日内向人民法院申请公示催告的,公示催告申请书应当载明下列内容:

(一)票面金额;

(二)出票人、持票人、背书人;

(三)申请的理由、事实;

(四)通知票据付款人或者代理付款人挂失止付的时间;

(五)付款人或者代理付款人的名称、通信地址、电话号码等。

第二十九条 人民法院决定受理公示催告申请,应当同时通知付款人及代理付款人停止支付,并自立案之日起三日内发出公告。

第三十条 付款人或者代理付款人收到人民法院发出的止付通知,应当立即停止支付,直至公示催告程序终结。非经发出止付通知的人民法院许可擅自解付的,不得免除票据责任。

第三十一条 公告应当在全国性报纸或者其他媒体上刊登,并于同日公布于人民法院公告栏内。人民法院所在地有证券交易所的,还应当同日在该交易所公布。

第三十二条 依照《中华人民共和国民事诉讼法》(以下简称民事诉讼法)第二百一十九条的规定,公告期间不得少于六十日,且公示催告期间届满日不得早于票据付款日后十五日。

第三十三条 依照民事诉讼法第二百二十条第二款的规定,在公示催告期间,以公示催告的票据质押、贴现,因质押、贴现而接受该票据的持票人主张票据权利的,人民法院不予支持,但公示催告期间届满以后人民法院作出除权判决以前取得该票据的除外。

第三十四条 票据丧失后,失票人在票据权利时效届满以前请求出票人补发票据，或者请求债务人付款，在提供相应担保的情况下因债务人拒绝付款或者出票人拒绝补发票据提起诉讼的，由被告住所地或者票据支付地人民法院管辖。

第三十五条 失票人因请求出票人补发票据或者请求债务人付款遭到拒绝而向人民法院提起诉讼的，被告为与失票人具有票据债权债务关系的出票人、拒绝付款的票据付款人或者承兑人。

第三十六条 失票人为行使票据所有权，向非法持有票据人请求返还票据的，人民法院应当依法受理。

第三十七条 失票人向人民法院提起诉讼的，应向人民法院说明曾经持有票据及丧失票据的情形，人民法院应当根据案件的具体情况，决定当事人是否应当提供担保以及担保的数额。

第三十八条 对于伪报票据丧失的当事人，人民法院在查明事实，裁定终结公示催告或者诉讼程序后，可以参照民事诉讼法第一百一十一条的规定，追究伪报人的法律责任。

六、票据效力

第三十九条 依照票据法第一百零八条以及经国务院批准的《票据管理实施办法》的规定，票据当事人使用的不是中国人民银行规定的统一格式票据的，按照《票据管理实施办法》的规定认定，但在中国境外签发的票据除外。

第四十条 票据出票人在票据上的签章上不符合票据法以及下述规定的，该签章不具有票据法上的效力：

（一）商业汇票上的出票人的签章，为该法人或者该单位的财务专用章或者公章加其法定代表人、单位负责人或者其授权的代理人的签名或者盖章；

（二）银行汇票上的出票人的签章和银行承兑汇票的承兑人的签章，为该银行汇票专用章加其法定代表人或者其授权的代理人的签名或者盖章；

（三）银行本票上的出票人的签章，为该银行的本票专用章加其法定代表人或者其授权的代理人的签名或者盖章；

（四）支票上的出票人的签章，出票人为单位的，为与该单位在银行预留签章一致的财务专用章或者公章加其法定代表人或者其授权的代理人的签名或者盖章；出票人为个人的，为与该个人在银行预留签章一致的签名或者盖章。

第四十一条 银行汇票、银行本票的出票人以及银行承兑汇票的承兑人在票据上未加盖规定的专用章而加盖该银行的公章，支票的出票人在票据上未加盖与该单位在银行预留签章一致的财务专用章而加盖该出票人公章的，签章人应当承担票据责任。

第四十二条 依照票据法第九条以及《票据管理实施办法》的规定，票据金额的中文大写与数码不一致，或者票据载明的金额、出票日期或者签发日期、收款人名称更改，或者违反规定加盖银行部门印章代替专用章，付款人或者代理付款人对此类票据付款的，应当承担责任。

第四十三条 因更改银行汇票的实际结算金额引起纠纷而提起诉讼，当事人请求认定汇票效力的，人民法院应当认定该银行汇票无效。

第四十四条 空白授权票据的持票人行使票据权利时未对票据必须记载事项补充完全，因付款人或者代理付款人拒绝接收该票据而提起诉讼的，人民法院不予支持。

第四十五条 票据的背书人、承兑人、保证人在票据上的签章不符合票据法以及《票据管理实施办法》规定的，或者无民事行为能力人、限制民事行为能力人在票据上签章的，其签章无效，但不影响人民法院对票据上其他签章效力的认定。

七、票据背书

第四十六条 因票据质权人以质押票据再行背书质押或者背书转让引起纠纷而提起诉讼的，人民法院应当认定背书行为无效。

第四十七条 依照票据法第二十七条的规定，票据的出票人在票据上记载“不得转让”字样，票据持有人背书转让的，背书行为无效。背书转让后的受让人不得享有票据权利，票据的出票人、承兑人对受让人不承担票据责任。

第四十八条 依照票据法第二十七条和第三十条的规定，背书人未记载被背书人名称即将票据交付他人的，持票人在票据被背书人栏内记载自己的名称与背书人记载具有同等法律效力。

第四十九条 依照票据法第三十一条的规定，连续背书的第一背书人应当是在票据上记载的收款人，最后的票据持有人应当是最后一次背书的被背书人。

第五十条 依照票据法第三十四条和第三十五条的规定，背书人在票据上记载"不得转让""委托收款""质押"字样，其后手再背书转让、委托收款或者质押的，原背书人对后手的被背书人不承担票据责任，但不影响出票人、承兑人以及原背书人之前手的票据责任。

第五十一条 依照票据法第五十七条第二款的规定，贷款人恶意或者有重大过失从事票据质押贷款的，人民法院应当认定质押行为无效。

第五十二条 依照票据法第二十七条的规定，出票人在票据上记载"不得转让"字样，其后手以此票据进行贴现、质押的，通过贴现、质押取得票据的持票人主张票据权利的，人民法院不予支持。

第五十三条 依照票据法第三十四条和第三十五条的规定，背书人在票据上记载"不得转让"字样，其后手以此票据进行贴现、质押的，原背书人对后手的被背书人不承担票据责任。

第五十四条 依照票据法第三十五条第二款的规定，以汇票设定质押时，出质人在汇票上只记载了"质押"字样未在票据上签章的，或者出质人未在汇票、粘单上记载"质押"字样而另行签订质押合同、质押条款的，不构成票据质押。

第五十五条 商业汇票的持票人向其非开户银行申请贴现，与向自己开立存款账户的银行申请贴现具有同等法律效力。但是，持票人有恶意或者与贴现银行恶意串通的除外。

第五十六条 违反规定区域出票，背书转让银行汇票，或者违反票据管理规定跨越票据交换区域出票、背书转让银行本票、支票的，不影响出票人、背书人依法应当承担的票据责任。

第五十七条 依照票据法第三十六条的规定，票据被拒绝承兑、被拒绝付款或者超过提示付款期限，票据持有人背书转让的，背书人应当承担票据责任。

第五十八条 承兑人或者付款人依照票据法第五十三条第二款的规定对逾期提示付款的持票人付款与按照规定的期限付款具有同等法律效力。

八、票据保证

第五十九条 国家机关、以公益为目的的事业单位、社会团体作为票据保证人的，票据保证无效，但经国务院批准为使用外国政府或者国际经济组织贷款进行转贷，国家机关提供票据保证的除外。

第六十条 票据保证无效的，票据的保证人应当承担与其过错相应的民事责任。

第六十一条 保证人未在票据或者粘单上记载"保证"字样而另行签订保证合同或者保证条款的，不属于票据保证，人民法院应当适用《中华人民共和国民法典》的有关规定。

九、法律适用

第六十二条 人民法院审理票据纠纷案件，适用票据法的规定；票据法没有规定的，适用《中华人民共和国民法典》等法律以及国务院制定的行政法规。

中国人民银行制定并公布施行的有关行政规章与法律、行政法规不抵触的，可以参照适用。

第六十三条 票据当事人因对金融行政管理部门的具体行政行为不服提起诉讼的，适用《中华人民共和国行政处罚法》、票据法以及《票据管理实施办法》等有关票据管理的规定。

中国人民银行制定并公布施行的有关行政规章与法律、行政法规不抵触的，可以参照适用。

第六十四条 人民法院对票据法施行以前已经作出终审裁决的票据纠纷案件进行再审，不适用票据法。

十、法律责任

第六十五条 具有下列情形之一的票据，未经背书转让的，票据债务人不承担票据责任；已经背书转让的，票据无效不影响其他真实签章的效力：

（一）出票人签章不真实的；

（二）出票人为无民事行为能力人的；

（三）出票人为限制民事行为能力人的。

第六十六条 依照票据法第十四条、第一百零二条、第一百零三条的规定，伪造、变造票据者除应当依法承担刑事、行政责任外，给他人造成损失的，还应当承担民事赔偿责任。被伪造签章者不承担票据责任。

第六十七条 对票据未记载事项或者未完全记载事项作补充记载，补充事项超出授权范围的，出票人对补充后的票据应当承担票据责任。给他人造成损失的，出票人还应当承担相应的民事责任。

第六十八条 付款人或者代理付款人未能识别出伪造、变造的票据或者身份证件而错误付款，属于票据法第五十七条规定的“重大过失”，给持票人造成损失的，应当依法承担民事责任。付款人或者代理付款人承担责任后有权向伪造者、变造者依法追偿。

持票人有过错的，也应当承担相应的民事责任。

第六十九条 付款人及其代理付款人有下列情形之一的，应当自行承担责任：

(一)未依照票据法第五十七条的规定对提示付款人的合法身份证明或者有效证件以及汇票背书的连续性履行审查义务而错误付款的；

(二)公示催告期间对公示催告的票据付款的；

(三)收到人民法院的止付通知后付款的；

(四)其他以恶意或者重大过失付款的。

第七十条 票据法第六十三条所称“其他有关证明”是指：

(一)人民法院出具的宣告承兑人、付款人失踪或者死亡的证明、法律文书；

(二)公安机关出具的承兑人、付款人逃匿或者下落不明的证明；

(三)医院或者有关单位出具的承兑人、付款人死亡的证明；

(四)公证机构出具的具有拒绝证明效力的文书。

承兑人自己作出并发布的表明其没有支付票款能力的公告，可以认定为拒绝证明。

第七十一条 当事人因申请票据保全错误而给他人造成损失的，应当依法承担民事责任。

第七十二条 因出票人签发空头支票、与其预留本名的签名式样或者印鉴不符的支票给他人造成损失的，支票的出票人和背书人应当依法承担民事责任。

第七十三条 人民法院在审理票据纠纷案件时，发现与本案有牵连但不属同一法律关系的票据欺诈犯罪嫌疑线索的，应当及时将犯罪嫌疑线索提供给有关公安机关，但票据纠纷案件不应因此而中止审理。

第七十四条 依据票据法第一百零四条的规定，由于金融机构工作人员在票据业务中玩忽职守，对违反票据法规定的票据予以承兑、付款、贴现或者保证，给当事人造成损失的，由该金融机构与直接责任人员依法承担连带责任。

第七十五条 依照票据法第一百零六条的规定，由于出票人制作票据，或者其他票据债务人未按照法定条件在票据上签章，给他人造成损失的，除应当按照所记载事项承担票据责任外，还应当承担相应的民事责任。

持票人明知或者应当知道前款情形而接受的，可以适当减轻出票人或者票据债务人的责任。

中华人民共和国证券法

(1998年12月29日第九届全国人民代表大会常务委员会第六次会议通过　根据2004年8月28日第十届全国人民代表大会常务委员会第十一次会议《关于修改〈中华人民共和国证券法〉的决定》第一次修正　2005年10月27日第十届全国人民代表大会常务委员会第十八次会议第一次修订　根据2013年6月29日第十二届全国人民代表大会常务委员会第三次会议《关于修改〈中华人民共和国文物保护法〉等十二部法律的决定》第二次修正　根据2014年8月31日第十二届全国人民代表大会常务委员会第十次会议《关于修改〈中华人民共和国保险法〉等五部法律的决定》第三次修正　2019年12月28日第十三届全国人民代表大会常务委员会第十五次会议第二次修订)

目　录

第一章　总　　则

第二章　证券发行

第三章　证券交易

　第一节　一般规定

　第二节　证券上市

　第三节　禁止的交易行为

第四章　上市公司的收购

第五章　信息披露

第六章　投资者保护

第七章　证券交易场所

第八章　证券公司

第九章 证券登记结算机构
第十章 证券服务机构
第十一章 证券业协会
第十二章 证券监督管理机构
第十三章 法律责任
第十四章 附 则

第一章 总 则

第一条 为了规范证券发行和交易行为,保护投资者的合法权益,维护社会经济秩序和社会公共利益,促进社会主义市场经济的发展,制定本法。

第二条 在中华人民共和国境内,股票、公司债券、存托凭证和国务院依法认定的其他证券的发行和交易,适用本法;本法未规定的,适用《中华人民共和国公司法》和其他法律、行政法规的规定。

政府债券、证券投资基金份额的上市交易,适用本法;其他法律、行政法规另有规定的,适用其规定。

资产支持证券、资产管理产品发行、交易的管理办法,由国务院依照本法的原则规定。

在中华人民共和国境外的证券发行和交易活动,扰乱中华人民共和国境内市场秩序,损害境内投资者合法权益的,依照本法有关规定处理并追究法律责任。

第三条 证券的发行、交易活动,必须遵循公开、公平、公正的原则。

第四条 证券发行、交易活动的当事人具有平等的法律地位,应当遵守自愿、有偿、诚实信用的原则。

第五条 证券的发行、交易活动,必须遵守法律、行政法规;禁止欺诈、内幕交易和操纵证券市场的行为。

第六条 证券业和银行业、信托业、保险业实行分业经营、分业管理,证券公司与银行、信托、保险业务机构分别设立。国家另有规定的除外。

第七条 国务院证券监督管理机构依法对全国证券市场实行集中统一监督管理。

国务院证券监督管理机构根据需要可以设立派出机构,按照授权履行监督管理职责。

第八条 国家审计机关依法对证券交易场所、证券公司、证券登记结算机构、证券监督管理机构进行审计监督。

第二章 证券发行

第九条 公开发行证券,必须符合法律、行政法规规定的条件,并依法报经国务院证券监督管理机构或者国务院授权的部门注册。未经依法注册,任何单位和个人不得公开发行证券。证券发行注册制的具体范围、实施步骤,由国务院规定。

有下列情形之一的,为公开发行:

(一)向不特定对象发行证券;

(二)向特定对象发行证券累计超过二百人,但依法实施员工持股计划的员工人数不计算在内;

(三)法律、行政法规规定的其他发行行为。

非公开发行证券,不得采用广告、公开劝诱和变相公开方式。

第十条 发行人申请公开发行股票、可转换为股票的公司债券,依法采取承销方式的,或者公开发行法律、行政法规规定实行保荐制度的其他证券的,应当聘请证券公司担任保荐人。

保荐人应当遵守业务规则和行业规范,诚实守信,勤勉尽责,对发行人的申请文件和信息披露资料进行审慎核查,督导发行人规范运作。

保荐人的管理办法由国务院证券监督管理机构规定。

第十一条 设立股份有限公司公开发行股票,应当符合《中华人民共和国公司法》规定的条件和经国务院批准的国务院证券监督管理机构规定的其他条件,向国务院证券监督管理机构报送募股申请和下列文件:

(一)公司章程;

(二)发起人协议;

(三)发起人姓名或者名称,发起人认购的股份数、出资种类及验资证明;

(四)招股说明书;

(五)代收股款银行的名称及地址;

(六)承销机构名称及有关的协议。

依照本法规定聘请保荐人的,还应当报送保荐人出具的发行保荐书。

法律、行政法规规定设立公司必须报经批准的,还应当提交相应的批准文件。

第十二条 公司首次公开发行新股,应当符合下列条件:

(一)具备健全且运行良好的组织机构;

（二）具有持续经营能力；

（三）最近三年财务会计报告被出具无保留意见审计报告；

（四）发行人及其控股股东、实际控制人最近三年不存在贪污、贿赂、侵占财产、挪用财产或者破坏社会主义市场经济秩序的刑事犯罪；

（五）经国务院批准的国务院证券监督管理机构规定的其他条件。

上市公司发行新股，应当符合经国务院批准的国务院证券监督管理机构规定的条件，具体管理办法由国务院证券监督管理机构规定。

公开发行存托凭证的，应当符合首次公开发行新股的条件以及国务院证券监督管理机构规定的其他条件。

第十三条 公司公开发行新股，应当报送募股申请和下列文件：

（一）公司营业执照；

（二）公司章程；

（三）股东大会决议；

（四）招股说明书或者其他公开发行募集文件；

（五）财务会计报告；

（六）代收股款银行的名称及地址。

依照本法规定聘请保荐人的，还应当报送保荐人出具的发行保荐书。依照本法规定实行承销的，还应当报送承销机构名称及有关的协议。

第十四条 公司对公开发行股票所募集资金，必须按照招股说明书或者其他公开发行募集文件所列资金用途使用；改变资金用途，必须经股东大会作出决议。擅自改变用途，未作纠正的，或者未经股东大会认可的，不得公开发行新股。

第十五条 公开发行公司债券，应当符合下列条件：

（一）具备健全且运行良好的组织机构；

（二）最近三年平均可分配利润足以支付公司债券一年的利息；

（三）国务院规定的其他条件。

公开发行公司债券筹集的资金，必须按照公司债券募集办法所列资金用途使用；改变资金用途，必须经债券持有人会议作出决议。公开发行公司债券筹集的资金，不得用于弥补亏损和非生产性支出。

上市公司发行可转换为股票的公司债券，除应当符合第一款规定的条件外，还应当遵守本法第十二条第二款的规定。但是，按照公司债券募集办法，上市公司通过收购本公司股份的方式进行公司债券转换的除外。

第十六条 申请公开发行公司债券，应当向国务院授权的部门或者国务院证券监督管理机构报送下列文件：

（一）公司营业执照；

（二）公司章程；

（三）公司债券募集办法；

（四）国务院授权的部门或者国务院证券监督管理机构规定的其他文件。

依照本法规定聘请保荐人的，还应当报送保荐人出具的发行保荐书。

第十七条 有下列情形之一的，不得再次公开发行公司债券：

（一）对已公开发行的公司债券或者其他债务有违约或者延迟支付本息的事实，仍处于继续状态；

（二）违反本法规定，改变公开发行公司债券所募资金的用途。

第十八条 发行人依法申请公开发行证券所报送的申请文件的格式、报送方式，由依法负责注册的机构或者部门规定。

第十九条 发行人报送的证券发行申请文件，应当充分披露投资者作出价值判断和投资决策所必需的信息，内容应当真实、准确、完整。

为证券发行出具有关文件的证券服务机构和人员，必须严格履行法定职责，保证所出具文件的真实性、准确性和完整性。

第二十条 发行人申请首次公开发行股票的，在提交申请文件后，应当按照国务院证券监督管理机构的规定预先披露有关申请文件。

第二十一条 国务院证券监督管理机构或者国务院授权的部门依照法定条件负责证券发行申请的注册。证券公开发行注册的具体办法由国务院规定。

按照国务院的规定，证券交易所等可以审核公开发行证券申请，判断发行人是否符合发行条件、信息披露要求，督促发行人完善信息披露内容。

依照前两款规定参与证券发行申请注册的人员，不得与发行申请人有利害关系，不得直接或者间接接受发行申请人的馈赠，不得持有所注册的发行申请的证券,不得私下与发行申请人进行接触。

第二十二条 国务院证券监督管理机构或者国务院授权的部门应当自受理证券发行申请文件之日起三个月内,依照法定条件和法定程序作出予以注册或者不予注册的决定,发行人根据要求补充、修改发行申请文件的时间不计算在内。不予注册的,应当说明理由。

第二十三条 证券发行申请经注册后,发行人应当依照法律、行政法规的规定,在证券公开发行前公告公开发行募集文件,并将该文件置备于指定场所供公众查阅。

发行证券的信息依法公开前,任何知情人不得公开或者泄露该信息。

发行人不得在公告公开发行募集文件前发行证券。

第二十四条 国务院证券监督管理机构或者国务院授权的部门对已作出的证券发行注册的决定,发现不符合法定条件或者法定程序,尚未发行证券的,应当予以撤销,停止发行。已经发行尚未上市的,撤销发行注册决定,发行人应当按照发行价并加算银行同期存款利息返还证券持有人;发行人的控股股东、实际控制人以及保荐人,应当与发行人承担连带责任,但是能够证明自己没有过错的除外。

股票的发行人在招股说明书等证券发行文件中隐瞒重要事实或者编造重大虚假内容,已经发行并上市的,国务院证券监督管理机构可以责令发行人回购证券,或者责令负有责任的控股股东、实际控制人买回证券。

第二十五条 股票依法发行后,发行人经营与收益的变化,由发行人自行负责;由此变化引致的投资风险,由投资者自行负责。

第二十六条 发行人向不特定对象发行的证券,法律、行政法规规定应当由证券公司承销的,发行人应当同证券公司签订承销协议。证券承销业务采取代销或者包销方式。

证券代销是指证券公司代发行人发售证券,在承销期结束时,将未售出的证券全部退还给发行人的承销方式。

证券包销是指证券公司将发行人的证券按照协议全部购入或者在承销期结束时将售后剩余证券全部自行购入的承销方式。

第二十七条 公开发行证券的发行人有权依法自主选择承销的证券公司。

第二十八条 证券公司承销证券,应当同发行人签订代销或者包销协议,载明下列事项:

(一)当事人的名称、住所及法定代表人姓名;

(二)代销、包销证券的种类、数量、金额及发行价格;

(三)代销、包销的期限及起止日期;

(四)代销、包销的付款方式及日期;

(五)代销、包销的费用和结算办法;

(六)违约责任;

(七)国务院证券监督管理机构规定的其他事项。

第二十九条 证券公司承销证券,应当对公开发行募集文件的真实性、准确性、完整性进行核查。发现有虚假记载、误导性陈述或者重大遗漏的,不得进行销售活动;已经销售的,必须立即停止销售活动,并采取纠正措施。

证券公司承销证券,不得有下列行为:

(一)进行虚假的或者误导投资者的广告宣传或者其他宣传推介活动;

(二)以不正当竞争手段招揽承销业务;

(三)其他违反证券承销业务规定的行为。

证券公司有前款所列行为,给其他证券承销机构或者投资者造成损失的,应当依法承担赔偿责任。

第三十条 向不特定对象发行证券聘请承销团承销的,承销团应当由主承销和参与承销的证券公司组成。

第三十一条 证券的代销、包销期限最长不得超过九十日。

证券公司在代销、包销期内,对所代销、包销的证券应当保证先行出售给认购人,证券公司不得为本公司预留所代销的证券和预先购入并留存所包销的证券。

第三十二条 股票发行采取溢价发行的,其发行价格由发行人与承销的证券公司协商确定。

第三十三条 股票发行采用代销方式,代销期限届满,向投资者出售的股票数量未达到拟公开发行股票数量百分之七十的,为发行失败。发行人应当按照发行价并加算银行同期存款利息返还股票认购人。

第三十四条 公开发行股票,代销、包销期限届满,发行人应当在规定的期限内将股票发行情况报国务院证券监督管理机构备案。

第三章 证券交易

第一节 一般规定

第三十五条 证券交易当事人依法买卖的证券，必须是依法发行并交付的证券。

非依法发行的证券，不得买卖。

第三十六条 依法发行的证券，《中华人民共和国公司法》和其他法律对其转让期限有限制性规定的，在限定的期限内不得转让。

上市公司持有百分之五以上股份的股东、实际控制人、董事、监事、高级管理人员，以及其他持有发行人首次公开发行前发行的股份或者上市公司向特定对象发行的股份的股东，转让其持有的本公司股份的，不得违反法律、行政法规和国务院证券监督管理机构关于持有期限、卖出时间、卖出数量、卖出方式、信息披露等规定，并应当遵守证券交易所的业务规则。

第三十七条 公开发行的证券，应当在依法设立的证券交易所上市交易或者在国务院批准的其他全国性证券交易场所交易。

非公开发行的证券，可以在证券交易所、国务院批准的其他全国性证券交易场所、按照国务院规定设立的区域性股权市场转让。

第三十八条 证券在证券交易所上市交易，应当采用公开的集中交易方式或者国务院证券监督管理机构批准的其他方式。

第三十九条 证券交易当事人买卖的证券可以采用纸面形式或者国务院证券监督管理机构规定的其他形式。

第四十条 证券交易场所、证券公司和证券登记结算机构的从业人员，证券监督管理机构的工作人员以及法律、行政法规规定禁止参与股票交易的其他人员，在任期或者法定限期内，不得直接或者以化名、借他人名义持有、买卖股票或者其他具有股权性质的证券，也不得收受他人赠送的股票或者其他具有股权性质的证券。

任何人在成为前款所列人员时，其原已持有的股票或者其他具有股权性质的证券，必须依法转让。

实施股权激励计划或者员工持股计划的证券公司的从业人员，可以按照国务院证券监督管理机构的规定持有、卖出本公司股票或者其他具有股权性质的证券。

第四十一条 证券交易场所、证券公司、证券登记结算机构、证券服务机构及其工作人员应当依法为投资者的信息保密，不得非法买卖、提供或者公开投资者的信息。

证券交易场所、证券公司、证券登记结算机构、证券服务机构及其工作人员不得泄露所知悉的商业秘密。

第四十二条 为证券发行出具审计报告或者法律意见书等文件的证券服务机构和人员，在该证券承销期内和期满后六个月内，不得买卖该证券。

除前款规定外，为发行人及其控股股东、实际控制人，或者收购人、重大资产交易方出具审计报告或者法律意见书等文件的证券服务机构和人员，自接受委托之日起至上述文件公开后五日内，不得买卖该证券。实际开展上述有关工作之日早于接受委托之日的，自实际开展上述有关工作之日起至上述文件公开后五日内，不得买卖该证券。

第四十三条 证券交易的收费必须合理，并公开收费项目、收费标准和管理办法。

第四十四条 上市公司、股票在国务院批准的其他全国性证券交易场所交易的公司持有百分之五以上股份的股东、董事、监事、高级管理人员，将其持有的该公司的股票或者其他具有股权性质的证券在买入后六个月内卖出，或者在卖出后六个月内又买入，由此所得收益归该公司所有，公司董事会应当收回其所得收益。但是，证券公司因购入包销售后剩余股票而持有百分之五以上股份，以及有国务院证券监督管理机构规定的其他情形的除外。

前款所称董事、监事、高级管理人员、自然人股东持有的股票或者其他具有股权性质的证券，包括其配偶、父母、子女持有的及利用他人账户持有的股票或者其他具有股权性质的证券。

公司董事会不按照第一款规定执行的，股东有权要求董事会在三十日内执行。公司董事会未在上述期限内执行的，股东有权为了公司的利益以自己的名义直接向人民法院提起诉讼。

公司董事会不按照第一款的规定执行的，负有责任的董事依法承担连带责任。

第四十五条 通过计算机程序自动生成或者下达交易指令进行程序化交易的，应当符合国务院证券监督管理机构的规定，并向证券交易所报告，不得影响证券交易所系统安全或者正常交易秩序。

第二节 证券上市

第四十六条 申请证券上市交易,应当向证券交易所提出申请,由证券交易所依法审核同意,并由双方签订上市协议。

证券交易所根据国务院授权的部门的决定安排政府债券上市交易。

第四十七条 申请证券上市交易,应当符合证券交易所上市规则规定的上市条件。

证券交易所上市规则规定的上市条件,应当对发行人的经营年限、财务状况、最低公开发行比例和公司治理、诚信记录等提出要求。

第四十八条 上市交易的证券,有证券交易所规定的终止上市情形的,由证券交易所按照业务规则终止其上市交易。

证券交易所决定终止证券上市交易的,应当及时公告,并报国务院证券监督管理机构备案。

第四十九条 对证券交易所作出的不予上市交易、终止上市交易决定不服的,可以向证券交易所设立的复核机构申请复核。

第三节 禁止的交易行为

第五十条 禁止证券交易内幕信息的知情人和非法获取内幕信息的人利用内幕信息从事证券交易活动。

第五十一条 证券交易内幕信息的知情人包括:

(一)发行人及其董事、监事、高级管理人员;

(二)持有公司百分之五以上股份的股东及其董事、监事、高级管理人员,公司的实际控制人及其董事、监事、高级管理人员;

(三)发行人控股或者实际控制的公司及其董事、监事、高级管理人员;

(四)由于所任公司职务或者因与公司业务往来可以获取公司有关内幕信息的人员;

(五)上市公司收购人或者重大资产交易方及其控股股东、实际控制人、董事、监事和高级管理人员;

(六)因职务、工作可以获取内幕信息的证券交易场所、证券公司、证券登记结算机构、证券服务机构的有关人员;

(七)因职责、工作可以获取内幕信息的证券监督管理机构工作人员;

(八)因法定职责对证券的发行、交易或者对上市公司及其收购、重大资产交易进行管理可以获取内幕信息的有关主管部门、监管机构的工作人员;

(九)国务院证券监督管理机构规定的可以获取内幕信息的其他人员。

第五十二条 证券交易活动中,涉及发行人的经营、财务或者对该发行人证券的市场价格有重大影响的尚未公开的信息,为内幕信息。

本法第八十条第二款、第八十一条第二款所列重大事件属于内幕信息。

第五十三条 证券交易内幕信息的知情人和非法获取内幕信息的人,在内幕信息公开前,不得买卖该公司的证券,或者泄露该信息,或者建议他人买卖该证券。

持有或者通过协议、其他安排与他人共同持有公司百分之五以上股份的自然人、法人、非法人组织收购上市公司的股份,本法另有规定的,适用其规定。

内幕交易行为给投资者造成损失的,应当依法承担赔偿责任。

第五十四条 禁止证券交易场所、证券公司、证券登记结算机构、证券服务机构和其他金融机构的从业人员、有关监管部门或者行业协会的工作人员,利用因职务便利获取的内幕信息以外的其他未公开的信息,违反规定,从事与该信息相关的证券交易活动,或者明示、暗示他人从事相关交易活动。

利用未公开信息进行交易给投资者造成损失的,应当依法承担赔偿责任。

第五十五条 禁止任何人以下列手段操纵证券市场,影响或者意图影响证券交易价格或者证券交易量:

(一)单独或者通过合谋,集中资金优势、持股优势或者利用信息优势联合或者连续买卖;

(二)与他人串通,以事先约定的时间、价格和方式相互进行证券交易;

(三)在自己实际控制的账户之间进行证券交易;

(四)不以成交为目的,频繁或者大量申报并撤销申报;

(五)利用虚假或者不确定的重大信息,诱导投资者进行证券交易;

(六)对证券、发行人公开作出评价、预测或者

投资建议,并进行反向证券交易;

(七)利用在其他相关市场的活动操纵证券市场;

(八)操纵证券市场的其他手段。

操纵证券市场行为给投资者造成损失的,应当依法承担赔偿责任。

第五十六条 禁止任何单位和个人编造、传播虚假信息或者误导性信息,扰乱证券市场。

禁止证券交易场所、证券公司、证券登记结算机构、证券服务机构及其从业人员,证券业协会、证券监督管理机构及其工作人员,在证券交易活动中作出虚假陈述或者信息误导。

各种传播媒介传播证券市场信息必须真实、客观,禁止误导。传播媒介及其从事证券市场信息报道的工作人员不得从事与其工作职责发生利益冲突的证券买卖。

编造、传播虚假信息或者误导性信息,扰乱证券市场,给投资者造成损失的,应当依法承担赔偿责任。

第五十七条 禁止证券公司及其从业人员从事下列损害客户利益的行为:

(一)违背客户的委托为其买卖证券;

(二)不在规定时间内向客户提供交易的确认文件;

(三)未经客户的委托,擅自为客户买卖证券,或者假借客户的名义买卖证券;

(四)为牟取佣金收入,诱使客户进行不必要的证券买卖;

(五)其他违背客户真实意思表示,损害客户利益的行为。

违反前款规定给客户造成损失的,应当依法承担赔偿责任。

第五十八条 任何单位和个人不得违反规定,出借自己的证券账户或者借用他人的证券账户从事证券交易。

第五十九条 依法拓宽资金入市渠道,禁止资金违规流入股市。

禁止投资者违规利用财政资金、银行信贷资金买卖证券。

第六十条 国有独资企业、国有独资公司、国有资本控股公司买卖上市交易的股票,必须遵守国家有关规定。

第六十一条 证券交易场所、证券公司、证券登记结算机构、证券服务机构及其从业人员对证券交易中发现的禁止的交易行为,应当及时向证券监督管理机构报告。

第四章 上市公司的收购

第六十二条 投资者可以采取要约收购、协议收购及其他合法方式收购上市公司。

第六十三条 通过证券交易所的证券交易,投资者持有或者通过协议、其他安排与他人共同持有一个上市公司已发行的有表决权股份达到百分之五时,应当在该事实发生之日起三日内,向国务院证券监督管理机构、证券交易所作出书面报告,通知该上市公司,并予公告,在上述期限内不得再行买卖该上市公司的股票,但国务院证券监督管理机构规定的情形除外。

投资者持有或者通过协议、其他安排与他人共同持有一个上市公司已发行的有表决权股份达到百分之五后,其所持该上市公司已发行的有表决权股份比例每增加或者减少百分之五,应当依照前款规定进行报告和公告,在该事实发生之日起至公告后三日内,不得再行买卖该上市公司的股票,但国务院证券监督管理机构规定的情形除外。

投资者持有或者通过协议、其他安排与他人共同持有一个上市公司已发行的有表决权股份达到百分之五后,其所持该上市公司已发行的有表决权股份比例每增加或者减少百分之一,应当在该事实发生的次日通知该上市公司,并予公告。

违反第一款、第二款规定买入上市公司有表决权的股份的,在买入后的三十六个月内,对该超过规定比例部分的股份不得行使表决权。

第六十四条 依照前条规定所作的公告,应当包括下列内容:

(一)持股人的名称、住所;

(二)持有的股票的名称、数额;

(三)持股达到法定比例或者持股增减变化达到法定比例的日期、增持股份的资金来源;

(四)在上市公司中拥有有表决权的股份变动的时间及方式。

第六十五条 通过证券交易所的证券交易,投资者持有或者通过协议、其他安排与他人共同持有一个上市公司已发行的有表决权股份达到百分之三十时,继续进行收购的,应当依法向该上市公司所有股东发出收购上市公司全部或者部分股份的要约。

收购上市公司部分股份的要约应当约定，被收购公司股东承诺出售的股份数额超过预定收购的股份数额的，收购人按比例进行收购。

第六十六条 依照前条规定发出收购要约，收购人必须公告上市公司收购报告书，并载明下列事项：

（一）收购人的名称、住所；

（二）收购人关于收购的决定；

（三）被收购的上市公司名称；

（四）收购目的；

（五）收购股份的详细名称和预定收购的股份数额；

（六）收购期限、收购价格；

（七）收购所需资金额及资金保证；

（八）公告上市公司收购报告书时持有被收购公司股份数占该公司已发行的股份总数的比例。

第六十七条 收购要约约定的收购期限不得少于三十日，并不得超过六十日。

第六十八条 在收购要约确定的承诺期限内，收购人不得撤销其收购要约。收购人需要变更收购要约的，应当及时公告，载明具体变更事项，且不得存在下列情形：

（一）降低收购价格；

（二）减少预定收购股份数额；

（三）缩短收购期限；

（四）国务院证券监督管理机构规定的其他情形。

第六十九条 收购要约提出的各项收购条件，适用于被收购公司的所有股东。

上市公司发行不同种类股份的，收购人可以针对不同种类股份提出不同的收购条件。

第七十条 采取要约收购方式的，收购人在收购期限内，不得卖出被收购公司的股票，也不得采取要约规定以外的形式和超出要约的条件买入被收购公司的股票。

第七十一条 采取协议收购方式的，收购人可以依照法律、行政法规的规定同被收购公司的股东以协议方式进行股份转让。

以协议方式收购上市公司时，达成协议后，收购人必须在三日内将该收购协议向国务院证券监督管理机构及证券交易所作出书面报告，并予公告。

在公告前不得履行收购协议。

第七十二条 采取协议收购方式的，协议双方可以临时委托证券登记结算机构保管协议转让的股票，并将资金存放于指定的银行。

第七十三条 采取协议收购方式的，收购人收购或者通过协议、其他安排与他人共同收购一个上市公司已发行的有表决权股份达到百分之三十时，继续进行收购的，应当依法向该上市公司所有股东发出收购上市公司全部或者部分股份的要约。但是，按照国务院证券监督管理机构的规定免除发出要约的除外。

收购人依照前款规定以要约方式收购上市公司股份，应当遵守本法第六十五条第二款、第六十六条至第七十条的规定。

第七十四条 收购期限届满，被收购公司股权分布不符合证券交易所规定的上市交易要求的，该上市公司的股票应当由证券交易所依法终止上市交易；其余仍持有被收购公司股票的股东，有权向收购人以收购要约的同等条件出售其股票，收购人应当收购。

收购行为完成后，被收购公司不再具备股份有限公司条件的，应当依法变更企业形式。

第七十五条 在上市公司收购中，收购人持有的被收购的上市公司的股票，在收购行为完成后的十八个月内不得转让。

第七十六条 收购行为完成后，收购人与被收购公司合并，并将该公司解散的，被解散公司的原有股票由收购人依法更换。

收购行为完成后，收购人应当在十五日内将收购情况报告国务院证券监督管理机构和证券交易所，并予公告。

第七十七条 国务院证券监督管理机构依照本法制定上市公司收购的具体办法。

上市公司分立或者被其他公司合并，应当向国务院证券监督管理机构报告，并予公告。

第五章 信息披露

第七十八条 发行人及法律、行政法规和国务院证券监督管理机构规定的其他信息披露义务人，应当及时依法履行信息披露义务。

信息披露义务人披露的信息，应当真实、准确、完整，简明清晰，通俗易懂，不得有虚假记载、误导性陈述或者重大遗漏。

证券同时在境内境外公开发行、交易的，其信息披露义务人在境外披露的信息，应当在境内同时披露。

第七十九条 上市公司、公司债券上市交易的公司、股票在国务院批准的其他全国性证券交易场所交易的公司，应当按照国务院证券监督管理机构和证券交易场所规定的内容和格式编制定期报告，并按照以下规定报送和公告：

（一）在每一会计年度结束之日起四个月内，报送并公告年度报告，其中的年度财务会计报告应当经符合本法规定的会计师事务所审计；

（二）在每一会计年度的上半年结束之日起二个月内，报送并公告中期报告。

第八十条 发生可能对上市公司、股票在国务院批准的其他全国性证券交易场所交易的公司的股票交易价格产生较大影响的重大事件，投资者尚未得知时，公司应当立即将有关该重大事件的情况向国务院证券监督管理机构和证券交易场所报送临时报告，并予公告，说明事件的起因、目前的状态和可能产生的法律后果。

前款所称重大事件包括：

（一）公司的经营方针和经营范围的重大变化；

（二）公司的重大投资行为，公司在一年内购买、出售重大资产超过公司资产总额百分之三十，或者公司营业用主要资产的抵押、质押、出售或者报废一次超过该资产的百分之三十；

（三）公司订立重要合同、提供重大担保或者从事关联交易，可能对公司的资产、负债、权益和经营成果产生重要影响；

（四）公司发生重大债务和未能清偿到期重大债务的违约情况；

（五）公司发生重大亏损或者重大损失；

（六）公司生产经营的外部条件发生的重大变化；

（七）公司的董事、三分之一以上监事或者经理发生变动，董事长或者经理无法履行职责；

（八）持有公司百分之五以上股份的股东或者实际控制人持有股份或者控制公司的情况发生较大变化，公司的实际控制人及其控制的其他企业从事与公司相同或者相似业务的情况发生较大变化；

（九）公司分配股利、增资的计划，公司股权结构的重要变化，公司减资、合并、分立、解散及申请破产的决定，或者依法进入破产程序、被责令关闭；

（十）涉及公司的重大诉讼、仲裁，股东大会、董事会决议被依法撤销或者宣告无效；

（十一）公司涉嫌犯罪被依法立案调查，公司的控股股东、实际控制人、董事、监事、高级管理人员涉嫌犯罪被依法采取强制措施；

（十二）国务院证券监督管理机构规定的其他事项。

公司的控股股东或者实际控制人对重大事件的发生、进展产生较大影响的，应当及时将其知悉的有关情况书面告知公司，并配合公司履行信息披露义务。

第八十一条 发生可能对上市交易公司债券的交易价格产生较大影响的重大事件，投资者尚未得知时，公司应当立即将有关该重大事件的情况向国务院证券监督管理机构和证券交易场所报送临时报告，并予公告，说明事件的起因、目前的状态和可能产生的法律后果。

前款所称重大事件包括：

（一）公司股权结构或者生产经营状况发生重大变化；

（二）公司债券信用评级发生变化；

（三）公司重大资产抵押、质押、出售、转让、报废；

（四）公司发生未能清偿到期债务的情况；

（五）公司新增借款或者对外提供担保超过上年末净资产的百分之二十；

（六）公司放弃债权或者财产超过上年末净资产的百分之十；

（七）公司发生超过上年末净资产百分之十的重大损失；

（八）公司分配股利，作出减资、合并、分立、解散及申请破产的决定，或者依法进入破产程序、被责令关闭；

（九）涉及公司的重大诉讼、仲裁；

（十）公司涉嫌犯罪被依法立案调查，公司的控股股东、实际控制人、董事、监事、高级管理人员涉嫌犯罪被依法采取强制措施；

（十一）国务院证券监督管理机构规定的其他事项。

第八十二条 发行人的董事、高级管理人员应当对证券发行文件和定期报告签署书面确认意见。

发行人的监事会应当对董事会编制的证券发

行文件和定期报告进行审核并提出书面审核意见。监事应当签署书面确认意见。

发行人的董事、监事和高级管理人员应当保证发行人及时、公平地披露信息，所披露的信息真实、准确、完整。

董事、监事和高级管理人员无法保证证券发行文件和定期报告内容的真实性、准确性、完整性或者有异议的，应当在书面确认意见中发表意见并陈述理由，发行人应当披露。发行人不予披露的，董事、监事和高级管理人员可以直接申请披露。

第八十三条 信息披露义务人披露的信息应当同时向所有投资者披露，不得提前向任何单位和个人泄露。但是，法律、行政法规另有规定的除外。

任何单位和个人不得非法要求信息披露义务人提供依法需要披露但尚未披露的信息。任何单位和个人提前获知的前述信息，在依法披露前应当保密。

第八十四条 除依法需要披露的信息之外，信息披露义务人可以自愿披露与投资者作出价值判断和投资决策有关的信息，但不得与依法披露的信息相冲突，不得误导投资者。

发行人及其控股股东、实际控制人、董事、监事、高级管理人员等作出公开承诺的，应当披露。不履行承诺给投资者造成损失的，应当依法承担赔偿责任。

第八十五条 信息披露义务人未按照规定披露信息，或者公告的证券发行文件、定期报告、临时报告及其他信息披露资料存在虚假记载、误导性陈述或者重大遗漏，致使投资者在证券交易中遭受损失的，信息披露义务人应当承担赔偿责任；发行人的控股股东、实际控制人、董事、监事、高级管理人员和其他直接责任人员以及保荐人、承销的证券公司及其直接责任人员，应当与发行人承担连带赔偿责任，但是能够证明自己没有过错的除外。

第八十六条 依法披露的信息，应当在证券交易场所的网站和符合国务院证券监督管理机构规定条件的媒体发布，同时将其置备于公司住所、证券交易场所，供社会公众查阅。

第八十七条 国务院证券监督管理机构对信息披露义务人的信息披露行为进行监督管理。

证券交易场所应当对其组织交易的证券的信息披露义务人的信息披露行为进行监督，督促其依法及时、准确地披露信息。

第六章　投资者保护

第八十八条 证券公司向投资者销售证券、提供服务时，应当按照规定充分了解投资者的基本情况、财产状况、金融资产状况、投资知识和经验、专业能力等相关信息；如实说明证券、服务的重要内容，充分揭示投资风险；销售、提供与投资者上述状况相匹配的证券、服务。

投资者在购买证券或者接受服务时，应当按照证券公司明示的要求提供前款所列真实信息。拒绝提供或者未按照要求提供信息的，证券公司应当告知其后果，并按照规定拒绝向其销售证券、提供服务。

证券公司违反第一款规定导致投资者损失的，应当承担相应的赔偿责任。

第八十九条 根据财产状况、金融资产状况、投资知识和经验、专业能力等因素，投资者可以分为普通投资者和专业投资者。专业投资者的标准由国务院证券监督管理机构规定。

普通投资者与证券公司发生纠纷的，证券公司应当证明其行为符合法律、行政法规以及国务院证券监督管理机构的规定，不存在误导、欺诈等情形。证券公司不能证明的，应当承担相应的赔偿责任。

第九十条 上市公司董事会、独立董事、持有百分之一以上有表决权股份的股东或者依照法律、行政法规或者国务院证券监督管理机构的规定设立的投资者保护机构（以下简称投资者保护机构），可以作为征集人，自行或者委托证券公司、证券服务机构，公开请求上市公司股东委托其代为出席股东大会，并代为行使提案权、表决权等股东权利。

依照前款规定征集股东权利的，征集人应当披露征集文件，上市公司应当予以配合。

禁止以有偿或者变相有偿的方式公开征集股东权利。

公开征集股东权利违反法律、行政法规或者国务院证券监督管理机构有关规定，导致上市公司或者其股东遭受损失的，应当依法承担赔偿责任。

第九十一条 上市公司应当在章程中明确分配现金股利的具体安排和决策程序，依法保障股东的资产收益权。

上市公司当年税后利润，在弥补亏损及提取法定公积金后有盈余的，应当按照公司章程的规定分配现金股利。

第九十二条 公开发行公司债券的，应当设立债券持有人会议，并应当在募集说明书中说明债券持有人会议的召集程序、会议规则和其他重要事项。

公开发行公司债券的，发行人应当为债券持有人聘请债券受托管理人，并订立债券受托管理协议。受托管理人应当由本次发行的承销机构或者其他经国务院证券监督管理机构认可的机构担任，债券持有人会议可以决议变更债券受托管理人。债券受托管理人应当勤勉尽责，公正履行受托管理职责，不得损害债券持有人利益。

债券发行人未能按期兑付债券本息的，债券受托管理人可以接受全部或者部分债券持有人的委托，以自己名义代表债券持有人提起、参加民事诉讼或者清算程序。

第九十三条 发行人因欺诈发行、虚假陈述或者其他重大违法行为给投资者造成损失的，发行人的控股股东、实际控制人、相关的证券公司可以委托投资者保护机构，就赔偿事宜与受到损失的投资者达成协议，予以先行赔付。先行赔付后，可以依法向发行人以及其他连带责任人追偿。

第九十四条 投资者与发行人、证券公司等发生纠纷的，双方可以向投资者保护机构申请调解。普通投资者与证券公司发生证券业务纠纷，普通投资者提出调解请求的，证券公司不得拒绝。

投资者保护机构对损害投资者利益的行为，可以依法支持投资者向人民法院提起诉讼。

发行人的董事、监事、高级管理人员执行公司职务时违反法律、行政法规或者公司章程的规定给公司造成损失，发行人的控股股东、实际控制人等侵犯公司合法权益给公司造成损失，投资者保护机构持有该公司股份的，可以为公司的利益以自己的名义向人民法院提起诉讼，持股比例和持股期限不受《中华人民共和国公司法》规定的限制。

第九十五条 投资者提起虚假陈述等证券民事赔偿诉讼时，诉讼标的是同一种类，且当事人一方人数众多的，可以依法推选代表人进行诉讼。

对按照前款规定提起的诉讼，可能存在有相同诉讼请求的其他众多投资者的，人民法院可以发出公告，说明该诉讼请求的案件情况，通知投资者在一定期间向人民法院登记。人民法院作出的判决、裁定，对参加登记的投资者发生效力。

投资者保护机构受五十名以上投资者委托，可以作为代表人参加诉讼，并为经证券登记结算机构确认的权利人依照前款规定向人民法院登记，但投资者明确表示不愿意参加该诉讼的除外。

第七章 证券交易场所

第九十六条 证券交易所、国务院批准的其他全国性证券交易场所为证券集中交易提供场所和设施，组织和监督证券交易，实行自律管理，依法登记，取得法人资格。

证券交易所、国务院批准的其他全国性证券交易场所的设立、变更和解散由国务院决定。

国务院批准的其他全国性证券交易场所的组织机构、管理办法等，由国务院规定。

第九十七条 证券交易所、国务院批准的其他全国性证券交易场所可以根据证券品种、行业特点、公司规模等因素设立不同的市场层次。

第九十八条 按照国务院规定设立的区域性股权市场为非公开发行证券的发行、转让提供场所和设施，具体管理办法由国务院规定。

第九十九条 证券交易所履行自律管理职能，应当遵守社会公共利益优先原则，维护市场的公平、有序、透明。

设立证券交易所必须制定章程。证券交易所章程的制定和修改，必须经国务院证券监督管理机构批准。

第一百条 证券交易所必须在其名称中标明证券交易所字样。其他任何单位或者个人不得使用证券交易所或者近似的名称。

第一百零一条 证券交易所可以自行支配的各项费用收入，应当首先用于保证其证券交易场所和设施的正常运行并逐步改善。

实行会员制的证券交易所的财产积累归会员所有，其权益由会员共同享有，在其存续期间，不得将其财产积累分配给会员。

第一百零二条 实行会员制的证券交易所设理事会、监事会。

证券交易所设总经理一人，由国务院证券监督管理机构任免。

第一百零三条 有《中华人民共和国公司法》第一百四十六条规定的情形或者下列情形之一的，

不得担任证券交易所的负责人：

（一）因违法行为或者违纪行为被解除职务的证券交易场所、证券登记结算机构的负责人或者证券公司的董事、监事、高级管理人员，自被解除职务之日起未逾五年；

（二）因违法行为或者违纪行为被吊销执业证书或者被取消资格的律师、注册会计师或者其他证券服务机构的专业人员，自被吊销执业证书或者被取消资格之日起未逾五年。

第一百零四条 因违法行为或者违纪行为被开除的证券交易场所、证券公司、证券登记结算机构、证券服务机构的从业人员和被开除的国家机关工作人员，不得招聘为证券交易所的从业人员。

第一百零五条 进入实行会员制的证券交易所参与集中交易的，必须是证券交易所的会员。证券交易所不得允许非会员直接参与股票的集中交易。

第一百零六条 投资者应当与证券公司签订证券交易委托协议，并在证券公司实名开立账户，以书面、电话、自助终端、网络等方式，委托该证券公司代其买卖证券。

第一百零七条 证券公司为投资者开立账户，应当按照规定对投资者提供的身份信息进行核对。

证券公司不得将投资者的账户提供给他人使用。

投资者应当使用实名开立的账户进行交易。

第一百零八条 证券公司根据投资者的委托，按照证券交易规则提出交易申报，参与证券交易所场内的集中交易，并根据成交结果承担相应的清算交收责任。证券登记结算机构根据成交结果，按照清算交收规则，与证券公司进行证券和资金的清算交收，并为证券公司客户办理证券的登记过户手续。

第一百零九条 证券交易所应当为组织公平的集中交易提供保障，实时公布证券交易即时行情，并按交易日制作证券市场行情表，予以公布。

证券交易即时行情的权益由证券交易所依法享有。未经证券交易所许可，任何单位和个人不得发布证券交易即时行情。

第一百一十条 上市公司可以向证券交易所申请其上市交易股票的停牌或者复牌，但不得滥用停牌或者复牌损害投资者的合法权益。

证券交易所可以按照业务规则的规定，决定上市交易股票的停牌或者复牌。

第一百一十一条 因不可抗力、意外事件、重大技术故障、重大人为差错等突发性事件而影响证券交易正常进行时，为维护证券交易正常秩序和市场公平，证券交易所可以按照业务规则采取技术性停牌、临时停市等处置措施，并应当及时向国务院证券监督管理机构报告。

因前款规定的突发性事件导致证券交易结果出现重大异常，按交易结果进行交收将对证券交易正常秩序和市场公平造成重大影响的，证券交易所按照业务规则可以采取取消交易、通知证券登记结算机构暂缓交收等措施，并应当及时向国务院证券监督管理机构报告并公告。

证券交易所对其依照本条规定采取措施造成的损失，不承担民事赔偿责任，但存在重大过错的除外。

第一百一十二条 证券交易所对证券交易实行实时监控，并按照国务院证券监督管理机构的要求，对异常的交易情况提出报告。

证券交易所根据需要，可以按照业务规则对出现重大异常交易情况的证券账户的投资者限制交易，并及时报告国务院证券监督管理机构。

第一百一十三条 证券交易所应当加强对证券交易的风险监测，出现重大异常波动的，证券交易所可以按照业务规则采取限制交易、强制停牌等处置措施，并向国务院证券监督管理机构报告；严重影响证券市场稳定的，证券交易所可以按照业务规则采取临时停市等处置措施并公告。

证券交易所对其依照本条规定采取措施造成的损失，不承担民事赔偿责任，但存在重大过错的除外。

第一百一十四条 证券交易所应当从其收取的交易费用和会员费、席位费中提取一定比例的金额设立风险基金。风险基金由证券交易所理事会管理。

风险基金提取的具体比例和使用办法，由国务院证券监督管理机构会同国务院财政部门规定。

证券交易所应当将收存的风险基金存入开户银行专门账户，不得擅自使用。

第一百一十五条 证券交易所依照法律、行政法规和国务院证券监督管理机构的规定，制定上市规则、交易规则、会员管理规则和其他有关业务规则，并报国务院证券监督管理机构批准。

在证券交易所从事证券交易，应当遵守证券交易所依法制定的业务规则。违反业务规则的，由证券交易所给予纪律处分或者采取其他自律管理措施。

第一百一十六条 证券交易所的负责人和其他从业人员执行与证券交易有关的职务时，与其本人或者其亲属有利害关系的，应当回避。

第一百一十七条 按照依法制定的交易规则进行的交易，不得改变其交易结果，但本法第一百一十一条第二款规定的除外。对交易中违规交易者应负的民事责任不得免除；在违规交易中所获利益，依照有关规定处理。

第八章 证券公司

第一百一十八条 设立证券公司，应当具备下列条件，并经国务院证券监督管理机构批准：

（一）有符合法律、行政法规规定的公司章程；

（二）主要股东及公司的实际控制人具有良好的财务状况和诚信记录，最近三年无重大违法违规记录；

（三）有符合本法规定的公司注册资本；

（四）董事、监事、高级管理人员、从业人员符合本法规定的条件；

（五）有完善的风险管理与内部控制制度；

（六）有合格的经营场所、业务设施和信息技术系统；

（七）法律、行政法规和经国务院批准的国务院证券监督管理机构规定的其他条件。

未经国务院证券监督管理机构批准，任何单位和个人不得以证券公司名义开展证券业务活动。

第一百一十九条 国务院证券监督管理机构应当自受理证券公司设立申请之日起六个月内，依照法定条件和法定程序并根据审慎监管原则进行审查，作出批准或者不予批准的决定，并通知申请人；不予批准的，应当说明理由。

证券公司设立申请获得批准的，申请人应当在规定的期限内向公司登记机关申请设立登记，领取营业执照。

证券公司应当自领取营业执照之日起十五日内，向国务院证券监督管理机构申请经营证券业务许可证。未取得经营证券业务许可证，证券公司不得经营证券业务。

第一百二十条 经国务院证券监督管理机构核准，取得经营证券业务许可证，证券公司可以经营下列部分或者全部证券业务：

（一）证券经纪；

（二）证券投资咨询；

（三）与证券交易、证券投资活动有关的财务顾问；

（四）证券承销与保荐；

（五）证券融资融券；

（六）证券做市交易；

（七）证券自营；

（八）其他证券业务。

国务院证券监督管理机构应当自受理前款规定事项申请之日起三个月内，依照法定条件和程序进行审查，作出核准或者不予核准的决定，并通知申请人；不予核准的，应当说明理由。

证券公司经营证券资产管理业务的，应当符合《中华人民共和国证券投资基金法》等法律、行政法规的规定。

除证券公司外，任何单位和个人不得从事证券承销、证券保荐、证券经纪和证券融资融券业务。

证券公司从事证券融资融券业务，应当采取措施，严格防范和控制风险，不得违反规定向客户出借资金或者证券。

第一百二十一条 证券公司经营本法第一百二十条第一款第（一）项至第（三）项业务的，注册资本最低限额为人民币五千万元；经营第（四）项至第（八）项业务之一的，注册资本最低限额为人民币一亿元；经营第（四）项至第（八）项业务中两项以上的，注册资本最低限额为人民币五亿元。证券公司的注册资本应当是实缴资本。

国务院证券监督管理机构根据审慎监管原则和各项业务的风险程度，可以调整注册资本最低限额，但不得少于前款规定的限额。

第一百二十二条 证券公司变更证券业务范围，变更主要股东或者公司的实际控制人，合并、分立、停业、解散、破产，应当经国务院证券监督管理机构核准。

第一百二十三条 国务院证券监督管理机构应当对证券公司净资本和其他风险控制指标作出规定。

证券公司除依照规定为其客户提供融资融券外，不得为其股东或者股东的关联人提供融资或者担保。

第一百二十四条 证券公司的董事、监事、高级管理人员，应当正直诚实、品行良好，熟悉证券法律、行政法规，具有履行职责所需的经营管理能力。证券公司任免董事、监事、高级管理人员，应当报国务院证券监督管理机构备案。

有《中华人民共和国公司法》第一百四十六条规定的情形或者下列情形之一的，不得担任证券公司的董事、监事、高级管理人员：

(一)因违法行为或者违纪行为被解除职务的证券交易场所、证券登记结算机构的负责人或者证券公司的董事、监事、高级管理人员，自被解除职务之日起未逾五年；

(二)因违法行为或者违纪行为被吊销执业证书或者被取消资格的律师、注册会计师或者其他证券服务机构的专业人员，自被吊销执业证书或者被取消资格之日起未逾五年。

第一百二十五条 证券公司从事证券业务的人员应当品行良好，具备从事证券业务所需的专业能力。

因违法行为或者违纪行为被开除的证券交易场所、证券公司、证券登记结算机构、证券服务机构的从业人员和被开除的国家机关工作人员，不得招聘为证券公司的从业人员。

国家机关工作人员和法律、行政法规规定的禁止在公司中兼职的其他人员，不得在证券公司中兼任职务。

第一百二十六条 国家设立证券投资者保护基金。证券投资者保护基金由证券公司缴纳的资金及其他依法筹集的资金组成，其规模以及筹集、管理和使用的具体办法由国务院规定。

第一百二十七条 证券公司从每年的业务收入中提取交易风险准备金，用于弥补证券经营的损失，其提取的具体比例由国务院证券监督管理机构会同国务院财政部门规定。

第一百二十八条 证券公司应当建立健全内部控制制度，采取有效隔离措施，防范公司与客户之间、不同客户之间的利益冲突。

证券公司必须将其证券经纪业务、证券承销业务、证券自营业务、证券做市业务和证券资产管理业务分开办理，不得混合操作。

第一百二十九条 证券公司的自营业务必须以自己的名义进行，不得假借他人名义或者以个人名义进行。

证券公司的自营业务必须使用自有资金和依法筹集的资金。

证券公司不得将其自营账户借给他人使用。

第一百三十条 证券公司应当依法审慎经营，勤勉尽责，诚实守信。

证券公司的业务活动，应当与其治理结构、内部控制、合规管理、风险管理以及风险控制指标、从业人员构成等情况相适应，符合审慎监管和保护投资者合法权益的要求。

证券公司依法享有自主经营的权利，其合法经营不受干涉。

第一百三十一条 证券公司客户的交易结算资金应当存放在商业银行，以每个客户的名义单独立户管理。

证券公司不得将客户的交易结算资金和证券归入其自有财产。禁止任何单位或者个人以任何形式挪用客户的交易结算资金和证券。证券公司破产或者清算时，客户的交易结算资金和证券不属于其破产财产或者清算财产。非因客户本身的债务或者法律规定的其他情形，不得查封、冻结、扣划或者强制执行客户的交易结算资金和证券。

第一百三十二条 证券公司办理经纪业务，应当置备统一制定的证券买卖委托书，供委托人使用。采取其他委托方式的，必须作出委托记录。

客户的证券买卖委托，不论是否成交，其委托记录应当按照规定的期限，保存于证券公司。

第一百三十三条 证券公司接受证券买卖的委托，应当根据委托书载明的证券名称、买卖数量、出价方式、价格幅度等，按照交易规则代理买卖证券，如实进行交易记录；买卖成交后，应当按照规定制作买卖成交报告单交付客户。

证券交易中确认交易行为及其交易结果的对账单必须真实，保证账面证券余额与实际持有的证券相一致。

第一百三十四条 证券公司办理经纪业务，不得接受客户的全权委托而决定证券买卖、选择证券种类、决定买卖数量或者买卖价格。

证券公司不得允许他人以证券公司的名义直接参与证券的集中交易。

第一百三十五条 证券公司不得对客户证券买卖的收益或者赔偿证券买卖的损失作出承诺。

第一百三十六条 证券公司的从业人员在证

券交易活动中，执行所属的证券公司的指令或者利用职务违反交易规则的，由所属的证券公司承担全部责任。

证券公司的从业人员不得私下接受客户委托买卖证券。

第一百三十七条 证券公司应当建立客户信息查询制度，确保客户能够查询其账户信息、委托记录、交易记录以及其他与接受服务或者购买产品有关的重要信息。

证券公司应当妥善保存客户开户资料、委托记录、交易记录和与内部管理、业务经营有关的各项信息，任何人不得隐匿、伪造、篡改或者毁损。上述信息的保存期限不得少于二十年。

第一百三十八条 证券公司应当按照规定向国务院证券监督管理机构报送业务、财务等经营管理信息和资料。国务院证券监督管理机构有权要求证券公司及其主要股东、实际控制人在指定的期限内提供有关信息、资料。

证券公司及其主要股东、实际控制人向国务院证券监督管理机构报送或者提供的信息、资料，必须真实、准确、完整。

第一百三十九条 国务院证券监督管理机构认为有必要时，可以委托会计师事务所、资产评估机构对证券公司的财务状况、内部控制状况、资产价值进行审计或者评估。具体办法由国务院证券监督管理机构会同有关主管部门制定。

第一百四十条 证券公司的治理结构、合规管理、风险控制指标不符合规定的，国务院证券监督管理机构应当责令其限期改正；逾期未改正，或者其行为严重危及该证券公司的稳健运行、损害客户合法权益的，国务院证券监督管理机构可以区别情形，对其采取下列措施：

（一）限制业务活动，责令暂停部分业务，停止核准新业务；

（二）限制分配红利，限制向董事、监事、高级管理人员支付报酬、提供福利；

（三）限制转让财产或者在财产上设定其他权利；

（四）责令更换董事、监事、高级管理人员或者限制其权利；

（五）撤销有关业务许可；

（六）认定负有责任的董事、监事、高级管理人员为不适当人选；

（七）责令负有责任的股东转让股权，限制负有责任的股东行使股东权利。

证券公司整改后，应当向国务院证券监督管理机构提交报告。国务院证券监督管理机构经验收，治理结构、合规管理、风险控制指标符合规定的，应当自验收完毕之日起三日内解除对其采取的前款规定的有关限制措施。

第一百四十一条 证券公司的股东有虚假出资、抽逃出资行为的，国务院证券监督管理机构应当责令其限期改正，并可责令其转让所持证券公司的股权。

在前款规定的股东按照要求改正违法行为、转让所持证券公司的股权前，国务院证券监督管理机构可以限制其股东权利。

第一百四十二条 证券公司的董事、监事、高级管理人员未能勤勉尽责，致使证券公司存在重大违法违规行为或者重大风险的，国务院证券监督管理机构可以责令证券公司予以更换。

第一百四十三条 证券公司违法经营或者出现重大风险，严重危害证券市场秩序、损害投资者利益的，国务院证券监督管理机构可以对该证券公司采取责令停业整顿、指定其他机构托管、接管或者撤销等监管措施。

第一百四十四条 在证券公司被责令停业整顿、被依法指定托管、接管或者清算期间，或者出现重大风险时，经国务院证券监督管理机构批准，可以对该证券公司直接负责的董事、监事、高级管理人员和其他直接责任人员采取以下措施：

（一）通知出境入境管理机关依法阻止其出境；

（二）申请司法机关禁止其转移、转让或者以其他方式处分财产，或者在财产上设定其他权利。

第九章 证券登记结算机构

第一百四十五条 证券登记结算机构为证券交易提供集中登记、存管与结算服务，不以营利为目的，依法登记，取得法人资格。

设立证券登记结算机构必须经国务院证券监督管理机构批准。

第一百四十六条 设立证券登记结算机构，应当具备下列条件：

（一）自有资金不少于人民币二亿元；

（二）具有证券登记、存管和结算服务所必须的场所和设施；

（三）国务院证券监督管理机构规定的其他条件。

证券登记结算机构的名称中应当标明证券登记结算字样。

第一百四十七条 证券登记结算机构履行下列职能：

（一）证券账户、结算账户的设立；

（二）证券的存管和过户；

（三）证券持有人名册登记；

（四）证券交易的清算和交收；

（五）受发行人的委托派发证券权益；

（六）办理与上述业务有关的查询、信息服务；

（七）国务院证券监督管理机构批准的其他业务。

第一百四十八条 在证券交易所和国务院批准的其他全国性证券交易场所交易的证券的登记结算，应当采取全国集中统一的运营方式。

前款规定以外的证券，其登记、结算可以委托证券登记结算机构或者其他依法从事证券登记、结算业务的机构办理。

第一百四十九条 证券登记结算机构应当依法制定章程和业务规则，并经国务院证券监督管理机构批准。证券登记结算业务参与人应当遵守证券登记结算机构制定的业务规则。

第一百五十条 在证券交易所或者国务院批准的其他全国性证券交易场所交易的证券，应当全部存管在证券登记结算机构。

证券登记结算机构不得挪用客户的证券。

第一百五十一条 证券登记结算机构应当向证券发行人提供证券持有人名册及有关资料。

证券登记结算机构应当根据证券登记结算的结果，确认证券持有人持有证券的事实，提供证券持有人登记资料。

证券登记结算机构应当保证证券持有人名册和登记过户记录真实、准确、完整，不得隐匿、伪造、篡改或者毁损。

第一百五十二条 证券登记结算机构应当采取下列措施保证业务的正常进行：

（一）具有必备的服务设备和完善的数据安全保护措施；

（二）建立完善的业务、财务和安全防范等管理制度；

（三）建立完善的风险管理系统。

第一百五十三条 证券登记结算机构应当妥善保存登记、存管和结算的原始凭证及有关文件和资料。其保存期限不得少于二十年。

第一百五十四条 证券登记结算机构应当设立证券结算风险基金，用于垫付或者弥补因违约交收、技术故障、操作失误、不可抗力造成的证券登记结算机构的损失。

证券结算风险基金从证券登记结算机构的业务收入和收益中提取，并可以由结算参与人按照证券交易业务量的一定比例缴纳。

证券结算风险基金的筹集、管理办法，由国务院证券监督管理机构会同国务院财政部门规定。

第一百五十五条 证券结算风险基金应当存入指定银行的专门账户，实行专项管理。

证券登记结算机构以证券结算风险基金赔偿后，应当向有关责任人追偿。

第一百五十六条 证券登记结算机构申请解散，应当经国务院证券监督管理机构批准。

第一百五十七条 投资者委托证券公司进行证券交易，应当通过证券公司申请在证券登记结算机构开立证券账户。证券登记结算机构应当按照规定为投资者开立证券账户。

投资者申请开立账户，应当持有证明中华人民共和国公民、法人、合伙企业身份的合法证件。国家另有规定的除外。

第一百五十八条 证券登记结算机构作为中央对手方提供证券结算服务的，是结算参与人共同的清算交收对手，进行净额结算，为证券交易提供集中履约保障。

证券登记结算机构为证券交易提供净额结算服务时，应当要求结算参与人按照货银对付的原则，足额交付证券和资金，并提供交收担保。

在交收完成之前，任何人不得动用用于交收的证券、资金和担保物。

结算参与人未按时履行交收义务的，证券登记结算机构有权按照业务规则处理前款所述财产。

第一百五十九条 证券登记结算机构按照业务规则收取的各类结算资金和证券，必须存放于专门的清算交收账户，只能按业务规则用于已成交的证券交易的清算交收，不得被强制执行。

第十章 证券服务机构

第一百六十条 会计师事务所、律师事务所以及从事证券投资咨询、资产评估、资信评级、财务顾问、信息技术系统服务的证券服务机构,应当勤勉尽责、恪尽职守,按照相关业务规则为证券的交易及相关活动提供服务。

从事证券投资咨询服务业务,应当经国务院证券监督管理机构核准;未经核准,不得为证券的交易及相关活动提供服务。从事其他证券服务业务,应当报国务院证券监督管理机构和国务院有关主管部门备案。

第一百六十一条 证券投资咨询机构及其从业人员从事证券服务业务不得有下列行为:

(一)代理委托人从事证券投资;

(二)与委托人约定分享证券投资收益或者分担证券投资损失;

(三)买卖本证券投资咨询机构提供服务的证券;

(四)法律、行政法规禁止的其他行为。

有前款所列行为之一,给投资者造成损失的,应当依法承担赔偿责任。

第一百六十二条 证券服务机构应当妥善保存客户委托文件、核查和验证资料、工作底稿以及与质量控制、内部管理、业务经营有关的信息和资料,任何人不得泄露、隐匿、伪造、篡改或者毁损。上述信息和资料的保存期限不得少于十年,自业务委托结束之日起算。

第一百六十三条 证券服务机构为证券的发行、上市、交易等证券业务活动制作、出具审计报告及其他鉴证报告、资产评估报告、财务顾问报告、资信评级报告或者法律意见书等文件,应当勤勉尽责,对所依据的文件资料内容的真实性、准确性、完整性进行核查和验证。其制作、出具的文件有虚假记载、误导性陈述或者重大遗漏,给他人造成损失的,应当与委托人承担连带赔偿责任,但是能够证明自己没有过错的除外。

第十一章 证券业协会

第一百六十四条 证券业协会是证券业的自律性组织,是社会团体法人。

证券公司应当加入证券业协会。

证券业协会的权力机构为全体会员组成的会员大会。

第一百六十五条 证券业协会章程由会员大会制定,并报国务院证券监督管理机构备案。

第一百六十六条 证券业协会履行下列职责:

(一)教育和组织会员及其从业人员遵守证券法律、行政法规,组织开展证券行业诚信建设,督促证券行业履行社会责任;

(二)依法维护会员的合法权益,向证券监督管理机构反映会员的建议和要求;

(三)督促会员开展投资者教育和保护活动,维护投资者合法权益;

(四)制定和实施证券行业自律规则,监督、检查会员及其从业人员行为,对违反法律、行政法规、自律规则或者协会章程的,按照规定给予纪律处分或者实施其他自律管理措施;

(五)制定证券行业业务规范,组织从业人员的业务培训;

(六)组织会员就证券行业的发展、运作及有关内容进行研究,收集整理、发布证券相关信息,提供会员服务,组织行业交流,引导行业创新发展;

(七)对会员之间、会员与客户之间发生的证券业务纠纷进行调解;

(八)证券业协会章程规定的其他职责。

第一百六十七条 证券业协会设理事会。理事会成员依章程的规定由选举产生。

第十二章 证券监督管理机构

第一百六十八条 国务院证券监督管理机构依法对证券市场实行监督管理,维护证券市场公开、公平、公正,防范系统性风险,维护投资者合法权益,促进证券市场健康发展。

第一百六十九条 国务院证券监督管理机构在对证券市场实施监督管理中履行下列职责:

(一)依法制定有关证券市场监督管理的规章、规则,并依法进行审批、核准、注册,办理备案;

(二)依法对证券的发行、上市、交易、登记、存管、结算等行为,进行监督管理;

(三)依法对证券发行人、证券公司、证券服务机构、证券交易场所、证券登记结算机构的证券业务活动,进行监督管理;

（四）依法制定从事证券业务人员的行为准则，并监督实施；

（五）依法监督检查证券发行、上市、交易的信息披露；

（六）依法对证券业协会的自律管理活动进行指导和监督；

（七）依法监测并防范、处置证券市场风险；

（八）依法开展投资者教育；

（九）依法对证券违法行为进行查处；

（十）法律、行政法规规定的其他职责。

第一百七十条 国务院证券监督管理机构依法履行职责，有权采取下列措施：

（一）对证券发行人、证券公司、证券服务机构、证券交易场所、证券登记结算机构进行现场检查；

（二）进入涉嫌违法行为发生场所调查取证；

（三）询问当事人和与被调查事件有关的单位和个人，要求其对与被调查事件有关的事项作出说明；或者要求其按照指定的方式报送与被调查事件有关的文件和资料；

（四）查阅、复制与被调查事件有关的财产权登记、通讯记录等文件和资料；

（五）查阅、复制当事人和与被调查事件有关的单位和个人的证券交易记录、登记过户记录、财务会计资料及其他相关文件和资料；对可能被转移、隐匿或者毁损的文件和资料，可以予以封存、扣押；

（六）查询当事人和与被调查事件有关的单位和个人的资金账户、证券账户、银行账户以及其他具有支付、托管、结算等功能的账户信息，可以对有关文件和资料进行复制；对有证据证明已经或者可能转移或者隐匿违法资金、证券等涉案财产或者隐匿、伪造、毁损重要证据的，经国务院证券监督管理机构主要负责人或者其授权的其他负责人批准，可以冻结或者查封，期限为六个月；因特殊原因需要延长的，每次延长期限不得超过三个月，冻结、查封期限最长不得超过二年；

（七）在调查操纵证券市场、内幕交易等重大证券违法行为时，经国务院证券监督管理机构主要负责人或者其授权的其他负责人批准，可以限制被调查的当事人的证券买卖，但限制的期限不得超过三个月；案情复杂的，可以延长三个月；

（八）通知出境入境管理机关依法阻止涉嫌违法人员、涉嫌违法单位的主管人员和其他直接责任人员出境。

为防范证券市场风险，维护市场秩序，国务院证券监督管理机构可以采取责令改正、监管谈话、出具警示函等措施。

第一百七十一条 国务院证券监督管理机构对涉嫌证券违法的单位或者个人进行调查期间，被调查的当事人书面申请，承诺在国务院证券监督管理机构认可的期限内纠正涉嫌违法行为，赔偿有关投资者损失，消除损害或者不良影响的，国务院证券监督管理机构可以决定中止调查。被调查的当事人履行承诺的，国务院证券监督管理机构可以决定终止调查；被调查的当事人未履行承诺或者有国务院规定的其他情形的，应当恢复调查。具体办法由国务院规定。

国务院证券监督管理机构决定中止或者终止调查的，应当按照规定公开相关信息。

第一百七十二条 国务院证券监督管理机构依法履行职责，进行监督检查或者调查，其监督检查、调查的人员不得少于二人，并应当出示合法证件和监督检查、调查通知书或者其他执法文书。监督检查、调查的人员少于二人或者未出示合法证件和监督检查、调查通知书或者其他执法文书的，被检查、调查的单位和个人有权拒绝。

第一百七十三条 国务院证券监督管理机构依法履行职责，被检查、调查的单位和个人应当配合，如实提供有关文件和资料，不得拒绝、阻碍和隐瞒。

第一百七十四条 国务院证券监督管理机构制定的规章、规则和监督管理工作制度应当依法公开。

国务院证券监督管理机构依据调查结果，对证券违法行为作出的处罚决定，应当公开。

第一百七十五条 国务院证券监督管理机构应当与国务院其他金融监督管理机构建立监督管理信息共享机制。

国务院证券监督管理机构依法履行职责，进行监督检查或者调查时，有关部门应当予以配合。

第一百七十六条 对涉嫌证券违法、违规行为，任何单位和个人有权向国务院证券监督管理机构举报。

对涉嫌重大违法、违规行为的实名举报线索经查证属实的，国务院证券监督管理机构按照规定给予举报人奖励。

国务院证券监督管理机构应当对举报人的身份信息保密。

第一百七十七条 国务院证券监督管理机构可以和其他国家或者地区的证券监督管理机构建立监督管理合作机制,实施跨境监督管理。

境外证券监督管理机构不得在中华人民共和国境内直接进行调查取证等活动。未经国务院证券监督管理机构和国务院有关主管部门同意,任何单位和个人不得擅自向境外提供与证券业务活动有关的文件和资料。

第一百七十八条 国务院证券监督管理机构依法履行职责,发现证券违法行为涉嫌犯罪的,应当依法将案件移送司法机关处理;发现公职人员涉嫌职务违法或者职务犯罪的,应当依法移送监察机关处理。

第一百七十九条 国务院证券监督管理机构工作人员必须忠于职守、依法办事、公正廉洁,不得利用职务便利牟取不正当利益,不得泄露所知悉的有关单位和个人的商业秘密。

国务院证券监督管理机构工作人员在任职期间,或者离职后在《中华人民共和国公务员法》规定的期限内,不得到与原工作业务直接相关的企业或者其他营利性组织任职,不得从事与原工作业务直接相关的营利性活动。

第十三章 法律责任

第一百八十条 违反本法第九条的规定,擅自公开或者变相公开发行证券的,责令停止发行,退还所募资金并加算银行同期存款利息,处以非法所募资金金额百分之五以上百分之五十以下的罚款;对擅自公开或者变相公开发行证券设立的公司,由依法履行监督管理职责的机构或者部门会同县级以上地方人民政府予以取缔。对直接负责的主管人员和其他直接责任人员给予警告,并处以五十万元以上五百万元以下的罚款。

第一百八十一条 发行人在其公告的证券发行文件中隐瞒重要事实或者编造重大虚假内容,尚未发行证券的,处以二百万元以上二千万元以下的罚款;已经发行证券的,处以非法所募资金金额百分之十以上一倍以下的罚款。对直接负责的主管人员和其他直接责任人员,处以一百万元以上一千万元以下的罚款。

发行人的控股股东、实际控制人组织、指使从事前款违法行为的,没收违法所得,并处以违法所得百分之十以上一倍以下的罚款;没有违法所得或者违法所得不足二千万元的,处以二百万元以上二千万元以下的罚款。对直接负责的主管人员和其他直接责任人员,处以一百万元以上一千万元以下的罚款。

第一百八十二条 保荐人出具有虚假记载、误导性陈述或者重大遗漏的保荐书,或者不履行其他法定职责的,责令改正,给予警告,没收业务收入,并处以业务收入一倍以上十倍以下的罚款;没有业务收入或者业务收入不足一百万元的,处以一百万元以上一千万元以下的罚款;情节严重的,并处暂停或者撤销保荐业务许可。对直接负责的主管人员和其他直接责任人员给予警告,并处以五十万元以上五百万元以下的罚款。

第一百八十三条 证券公司承销或者销售擅自公开发行或者变相公开发行的证券的,责令停止承销或者销售,没收违法所得,并处以违法所得一倍以上十倍以下的罚款;没有违法所得或者违法所得不足一百万元的,处以一百万元以上一千万元以下的罚款;情节严重的,并处暂停或者撤销相关业务许可。给投资者造成损失的,应当与发行人承担连带赔偿责任。对直接负责的主管人员和其他直接责任人员给予警告,并处以五十万元以上五百万元以下的罚款。

第一百八十四条 证券公司承销证券违反本法第二十九条规定的,责令改正,给予警告,没收违法所得,可以并处五十万元以上五百万元以下的罚款;情节严重的,暂停或者撤销相关业务许可。对直接负责的主管人员和其他直接责任人员给予警告,可以并处二十万元以上二百万元以下的罚款;情节严重的,并处以五十万元以上五百万元以下的罚款。

第一百八十五条 发行人违反本法第十四条、第十五条的规定擅自改变公开发行证券所募集资金的用途的,责令改正,处以五十万元以上五百万元以下的罚款;对直接负责的主管人员和其他直接责任人员给予警告,并处以十万元以上一百万元以下的罚款。

发行人的控股股东、实际控制人从事或者组织、指使从事前款违法行为的,给予警告,并处以五十万元以上五百万元以下的罚款；对直接负责的主管人员和其他直接责任人员，处以十万元以上一百万元以下的罚款。

第一百八十六条 违反本法第三十六条的规定，在限制转让期内转让证券，或者转让股票不符合法律、行政法规和国务院证券监督管理机构规定的，责令改正，给予警告，没收违法所得，并处以买卖证券等值以下的罚款。

第一百八十七条 法律、行政法规规定禁止参与股票交易的人员，违反本法第四十条的规定，直接或者以化名、借他人名义持有、买卖股票或者其他具有股权性质的证券的，责令依法处理非法持有的股票、其他具有股权性质的证券，没收违法所得，并处以买卖证券等值以下的罚款；属于国家工作人员的，还应当依法给予处分。

第一百八十八条 证券服务机构及其从业人员，违反本法第四十二条的规定买卖证券的，责令依法处理非法持有的证券，没收违法所得，并处以买卖证券等值以下的罚款。

第一百八十九条 上市公司、股票在国务院批准的其他全国性证券交易场所交易的公司的董事、监事、高级管理人员、持有该公司百分之五以上股份的股东，违反本法第四十四条的规定，买卖该公司股票或者其他具有股权性质的证券的，给予警告，并处以十万元以上一百万元以下的罚款。

第一百九十条 违反本法第四十五条的规定，采取程序化交易影响证券交易所系统安全或者正常交易秩序的，责令改正，并处以五十万元以上五百万元以下的罚款。对直接负责的主管人员和其他直接责任人员给予警告，并处以十万元以上一百万元以下的罚款。

第一百九十一条 证券交易内幕信息的知情人或者非法获取内幕信息的人违反本法第五十三条的规定从事内幕交易的，责令依法处理非法持有的证券，没收违法所得，并处以违法所得一倍以上十倍以下的罚款；没有违法所得或者违法所得不足五十万元的，处以五十万元以上五百万元以下的罚款。单位从事内幕交易的，还应当对直接负责的主管人员和其他直接责任人员给予警告，并处以二十万元以上二百万元以下的罚款。国务院证券监督管理机构工作人员从事内幕交易的，从重处罚。

违反本法第五十四条的规定，利用未公开信息进行交易的，依照前款的规定处罚。

第一百九十二条 违反本法第五十五条的规定，操纵证券市场的，责令依法处理其非法持有的证券，没收违法所得，并处以违法所得一倍以上十倍以下的罚款；没有违法所得或者违法所得不足一百万元的，处以一百万元以上一千万元以下的罚款。单位操纵证券市场的，还应当对直接负责的主管人员和其他直接责任人员给予警告，并处以五十万元以上五百万元以下的罚款。

第一百九十三条 违反本法第五十六条第一款、第三款的规定，编造、传播虚假信息或者误导性信息，扰乱证券市场的，没收违法所得，并处以违法所得一倍以上十倍以下的罚款；没有违法所得或者违法所得不足二十万元的，处以二十万元以上二百万元以下的罚款。

违反本法第五十六条第二款的规定，在证券交易活动中作出虚假陈述或者信息误导的，责令改正，处以二十万元以上二百万元以下的罚款；属于国家工作人员的，还应当依法给予处分。

传播媒介及其从事证券市场信息报道的工作人员违反本法第五十六条第三款的规定，从事与其工作职责发生利益冲突的证券买卖的，没收违法所得，并处以买卖证券等值以下的罚款。

第一百九十四条 证券公司及其从业人员违反本法第五十七条的规定，有损害客户利益的行为的，给予警告，没收违法所得，并处以违法所得一倍以上十倍以下的罚款；没有违法所得或者违法所得不足十万元的，处以十万元以上一百万元以下的罚款；情节严重的，暂停或者撤销相关业务许可。

第一百九十五条 违反本法第五十八条的规定，出借自己的证券账户或者借用他人的证券账户从事证券交易的，责令改正，给予警告，可以处五十万元以下的罚款。

第一百九十六条 收购人未按照本法规定履行上市公司收购的公告、发出收购要约义务的，责令改正，给予警告，并处以五十万元以上五百万元以下的罚款。对直接负责的主管人员和其他直接责任人员给予警告，并处以二十万元以上二百万元以下的罚款。

收购人及其控股股东、实际控制人利用上市公司收购，给被收购公司及其股东造成损失的，应当依法承担赔偿责任。

第一百九十七条 信息披露义务人未按照本法规定报送有关报告或者履行信息披露义务的，责令改正，给予警告，并处以五十万元以上五百万元以下的罚款；对直接负责的主管人员和其他直接责任人员给予警告，并处以二十万元以上二百万元以下的罚款。发行人的控股股东、实际控制人组织、指使从事上述违法行为，或者隐瞒相关事项导致发生上述情形的，处以五十万元以上五百万元以下的罚款；对直接负责的主管人员和其他直接责任人员，处以二十万元以上二百万元以下的罚款。

信息披露义务人报送的报告或者披露的信息有虚假记载、误导性陈述或者重大遗漏的，责令改正，给予警告，并处以一百万元以上一千万元以下的罚款；对直接负责的主管人员和其他直接责任人员给予警告，并处以五十万元以上五百万元以下的罚款。发行人的控股股东、实际控制人组织、指使从事上述违法行为，或者隐瞒相关事项导致发生上述情形的，处以一百万元以上一千万元以下的罚款；对直接负责的主管人员和其他直接责任人员，处以五十万元以上五百万元以下的罚款。

第一百九十八条　证券公司违反本法第八十八条的规定未履行或者未按照规定履行投资者适当性管理义务的，责令改正，给予警告，并处以十万元以上一百万元以下的罚款。对直接负责的主管人员和其他直接责任人员给予警告，并处以二十万元以下的罚款。

第一百九十九条　违反本法第九十条的规定征集股东权利的，责令改正，给予警告，可以处五十万元以下的罚款。

第二百条　非法开设证券交易场所的，由县级以上人民政府予以取缔，没收违法所得，并处以违法所得一倍以上十倍以下的罚款；没有违法所得或者违法所得不足一百万元的，处以一百万元以上一千万元以下的罚款。对直接负责的主管人员和其他直接责任人员给予警告，并处以二十万元以上二百万元以下的罚款。

证券交易所违反本法第一百零五条的规定，允许非会员直接参与股票的集中交易的，责令改正，可以并处五十万元以下的罚款。

第二百零一条　证券公司违反本法第一百零七条第一款的规定，未对投资者开立账户提供的身份信息进行核对的，责令改正，给予警告，并处以五万元以上五十万元以下的罚款。对直接负责的主管人员和其他直接责任人员给予警告，并处以十万元以下的罚款。

证券公司违反本法第一百零七条第二款的规定，将投资者的账户提供给他人使用的，责令改正，给予警告，并处以十万元以上一百万元以下的罚款。对直接负责的主管人员和其他直接责任人员给予警告，并处以二十万元以下的罚款。

第二百零二条　违反本法第一百一十八条、第一百二十条第一款、第四款的规定，擅自设立证券公司、非法经营证券业务或者未经批准以证券公司名义开展证券业务活动的，责令改正，没收违法所得，并处以违法所得一倍以上十倍以下的罚款；没有违法所得或者违法所得不足一百万元的，处以一百万元以上一千万元以下的罚款。对直接负责的主管人员和其他直接责任人员给予警告，并处以二十万元以上二百万元以下的罚款。对擅自设立的证券公司，由国务院证券监督管理机构予以取缔。

证券公司违反本法第一百二十条第五款规定提供证券融资融券服务的，没收违法所得，并处以融资融券等值以下的罚款；情节严重的，禁止其在一定期限内从事证券融资融券业务。对直接负责的主管人员和其他直接责任人员给予警告，并处以二十万元以上二百万元以下的罚款。

第二百零三条　提交虚假证明文件或者采取其他欺诈手段骗取证券公司设立许可、业务许可或者重大事项变更核准的，撤销相关许可，并处以一百万元以上一千万元以下的罚款。对直接负责的主管人员和其他直接责任人员给予警告，并处以二十万元以上二百万元以下的罚款。

第二百零四条　证券公司违反本法第一百二十二条的规定，未经核准变更证券业务范围，变更主要股东或者公司的实际控制人，合并、分立、停业、解散、破产的，责令改正，给予警告，没收违法所得，并处以违法所得一倍以上十倍以下的罚款；没有违法所得或者违法所得不足五十万元的，处以五十万元以上五百万元以下的罚款；情节严重的，并处撤销相关业务许可。对直接负责的主管人员和其他直接责任人员给予警告，并处以二十万元以上二百万元以下的罚款。

第二百零五条　证券公司违反本法第一百二十三条第二款的规定，为其股东或者股东的关联人提供融资或者担保的，责令改正，给予警告，并处以五十万元以上五百万元以下的罚款。对直接负责的主管人员和其他直接责任人员给予警告，并处以十万元以上一百万元以下的罚款。股东有过错的，在按照要求改正前,国务院证券监督管理机构可以限制其股东权利;拒不改正的,可以责令其转让所持证券公司股权。

第二百零六条 证券公司违反本法第一百二十八条的规定,未采取有效隔离措施防范利益冲突,或者未分开办理相关业务、混合操作的,责令改正,给予警告,没收违法所得,并处以违法所得一倍以上十倍以下的罚款;没有违法所得或者违法所得不足五十万元的,处以五十万元以上五百万元以下的罚款;情节严重的,并处撤销相关业务许可。对直接负责的主管人员和其他直接责任人员给予警告,并处以二十万元以上二百万元以下的罚款。

第二百零七条 证券公司违反本法第一百二十九条的规定从事证券自营业务的,责令改正,给予警告,没收违法所得,并处以违法所得一倍以上十倍以下的罚款;没有违法所得或者违法所得不足五十万元的,处以五十万元以上五百万元以下的罚款;情节严重的,并处撤销相关业务许可或者责令关闭。对直接负责的主管人员和其他直接责任人员给予警告,并处以二十万元以上二百万元以下的罚款。

第二百零八条 违反本法第一百三十一条的规定,将客户的资金和证券归入自有财产,或者挪用客户的资金和证券的,责令改正,给予警告,没收违法所得,并处以违法所得一倍以上十倍以下的罚款;没有违法所得或者违法所得不足一百万元的,处以一百万元以上一千万元以下的罚款;情节严重的,并处撤销相关业务许可或者责令关闭。对直接负责的主管人员和其他直接责任人员给予警告,并处以五十万元以上五百万元以下的罚款。

第二百零九条 证券公司违反本法第一百三十四条第一款的规定接受客户的全权委托买卖证券的,或者违反本法第一百三十五条的规定对客户的收益或者赔偿客户的损失作出承诺的,责令改正,给予警告,没收违法所得,并处以违法所得一倍以上十倍以下的罚款;没有违法所得或者违法所得不足五十万元的,处以五十万元以上五百万元以下的罚款;情节严重的,并处撤销相关业务许可。对直接负责的主管人员和其他直接责任人员给予警告,并处以二十万元以上二百万元以下的罚款。

证券公司违反本法第一百三十四条第二款的规定,允许他人以证券公司的名义直接参与证券的集中交易的,责令改正,可以并处五十万元以下的罚款。

第二百一十条 证券公司的从业人员违反本法第一百三十六条的规定,私下接受客户委托买卖证券的,责令改正,给予警告,没收违法所得,并处以违法所得一倍以上十倍以下的罚款;没有违法所得的,处以五十万元以下的罚款。

第二百一十一条 证券公司及其主要股东、实际控制人违反本法第一百三十八条的规定,未报送、提供信息和资料,或者报送、提供的信息和资料有虚假记载、误导性陈述或者重大遗漏的,责令改正,给予警告,并处以一百万元以下的罚款;情节严重的,并处撤销相关业务许可。对直接负责的主管人员和其他直接责任人员,给予警告,并处以五十万元以下的罚款。

第二百一十二条 违反本法第一百四十五条的规定,擅自设立证券登记结算机构的,由国务院证券监督管理机构予以取缔,没收违法所得,并处以违法所得一倍以上十倍以下的罚款;没有违法所得或者违法所得不足五十万元的,处以五十万元以上五百万元以下的罚款。对直接负责的主管人员和其他直接责任人员给予警告,并处以二十万元以上二百万元以下的罚款。

第二百一十三条 证券投资咨询机构违反本法第一百六十条第二款的规定擅自从事证券服务业务,或者从事证券服务业务有本法第一百六十一条规定行为的,责令改正,没收违法所得,并处以违法所得一倍以上十倍以下的罚款;没有违法所得或者违法所得不足五十万元的,处以五十万元以上五百万元以下的罚款。对直接负责的主管人员和其他直接责任人员,给予警告,并处以二十万元以上二百万元以下的罚款。

会计师事务所、律师事务所以及从事资产评估、资信评级、财务顾问、信息技术系统服务的机构违反本法第一百六十条第二款的规定,从事证券服务业务未报备案的,责令改正,可以处二十万元以下的罚款。

证券服务机构违反本法第一百六十三条的规定,未勤勉尽责,所制作、出具的文件有虚假记载、误导性陈述或者重大遗漏的,责令改正,没收业务收入,并处以业务收入一倍以上十倍以下的罚款,没有业务收入或者业务收入不足五十万元的,处以五十万元以上五百万元以下的罚款;情节严重的,并处暂停或者禁止从事证券服务业务。对直接负责的主管人员和其他直接责任人员给予警告，并处以二十万元以上二百万元以下的罚款。

第二百一十四条 发行人、证券登记结算机构、证券公司、证券服务机构未按照规定保存有关文件和资料的，责令改正，给予警告，并处以十万元以上一百万元以下的罚款；泄露、隐匿、伪造、篡改或者毁损有关文件和资料的，给予警告，并处以二十万元以上二百万元以下的罚款；情节严重的，处以五十万元以上五百万元以下的罚款，并处暂停、撤销相关业务许可或者禁止从事相关业务。对直接负责的主管人员和其他直接责任人员给予警告，并处以十万元以上一百万元以下的罚款。

第二百一十五条 国务院证券监督管理机构依法将有关市场主体遵守本法的情况纳入证券市场诚信档案。

第二百一十六条 国务院证券监督管理机构或者国务院授权的部门有下列情形之一的，对直接负责的主管人员和其他直接责任人员，依法给予处分：

（一）对不符合本法规定的发行证券、设立证券公司等申请予以核准、注册、批准的；

（二）违反本法规定采取现场检查、调查取证、查询、冻结或者查封等措施的；

（三）违反本法规定对有关机构和人员采取监督管理措施的；

（四）违反本法规定对有关机构和人员实施行政处罚的；

（五）其他不依法履行职责的行为。

第二百一十七条 国务院证券监督管理机构或者国务院授权的部门的工作人员，不履行本法规定的职责，滥用职权、玩忽职守，利用职务便利牟取不正当利益，或者泄露所知悉的有关单位和个人的商业秘密的，依法追究法律责任。

第二百一十八条 拒绝、阻碍证券监督管理机构及其工作人员依法行使监督检查、调查职权，由证券监督管理机构责令改正，处以十万元以上一百万元以下的罚款，并由公安机关依法给予治安管理处罚。

第二百一十九条 违反本法规定，构成犯罪的，依法追究刑事责任。

第二百二十条 违反本法规定，应当承担民事赔偿责任和缴纳罚款、罚金、违法所得，违法行为人的财产不足以支付的，优先用于承担民事赔偿责任。

第二百二十一条 违反法律、行政法规或者国务院证券监督管理机构的有关规定，情节严重的，国务院证券监督管理机构可以对有关责任人员采取证券市场禁入的措施。

前款所称证券市场禁入，是指在一定期限内直至终身不得从事证券业务、证券服务业务，不得担任证券发行人的董事、监事、高级管理人员，或者一定期限内不得在证券交易所、国务院批准的其他全国性证券交易场所交易证券的制度。

第二百二十二条 依照本法收缴的罚款和没收的违法所得，全部上缴国库。

第二百二十三条 当事人对证券监督管理机构或者国务院授权的部门的处罚决定不服的，可以依法申请行政复议，或者依法直接向人民法院提起诉讼。

第十四章　附　　则

第二百二十四条 境内企业直接或者间接到境外发行证券或者将其证券在境外上市交易，应当符合国务院的有关规定。

第二百二十五条 境内公司股票以外币认购和交易的，具体办法由国务院另行规定。

第二百二十六条 本法自2020年3月1日起施行。

最高人民法院关于审理证券市场因虚假陈述引发的民事赔偿案件的若干规定

（2002年12月26日最高人民法院审判委员会第1261次会议通过　2003年1月9日最高人民法院公告公布　自2003年2月1日起施行　法释〔2003〕2号）

为正确审理证券市场因虚假陈述引发的民事赔偿案件，规范证券市场民事行为，保护投资人合法权益，根据《中华人民共和国民法通则》、《中华人民共和国证券法》、《中华人民共和国公司法》以及《中华人民共和国民事诉讼法》等法律、法规的规定，结合证券市场实际情况和审判实践，制定本规定。

一、一般规定

第一条 本规定所称证券市场因虚假陈述引发的民事赔偿案件(以下简称虚假陈述证券民事赔偿案件),是指证券市场投资人以信息披露义务人违反法律规定,进行虚假陈述并致使其遭受损失为由,而向人民法院提起诉讼的民事赔偿案件。

第二条 本规定所称投资人,是指在证券市场上从事证券认购和交易的自然人、法人或者其他组织。

本规定所称证券市场,是指发行人向社会公开募集股份的发行市场,通过证券交易所报价系统进行证券交易的市场,证券公司代办股份转让市场以及国家批准设立的其他证券市场。

第三条 因下列交易发生的民事诉讼,不适用本规定:

(一) 在国家批准设立的证券市场以外进行的交易;

(二) 在国家批准设立的证券市场上通过协议转让方式进行的交易。

第四条 人民法院审理虚假陈述证券民事赔偿案件,应当着重调解,鼓励当事人和解。

第五条 投资人对虚假陈述行为人提起民事赔偿的诉讼时效期间,适用民法通则第一百三十五条的规定,根据下列不同情况分别起算:

(一)中国证券监督管理委员会或其派出机构公布对虚假陈述行为人作出处罚决定之日;

(二) 中华人民共和国财政部、其他行政机关以及有权作出行政处罚的机构公布对虚假陈述行为人作出处罚决定之日;

(三) 虚假陈述行为人未受行政处罚,但已被人民法院认定有罪的,作出刑事判决生效之日。

因同一虚假陈述行为,对不同虚假陈述行为人作出两个以上行政处罚;或者既有行政处罚,又有刑事处罚的,以最先作出的行政处罚决定公告之日或者作出的刑事判决生效之日,为诉讼时效起算之日。

二、受理与管辖

第六条 投资人以自己受到虚假陈述侵害为由,依据有关机关的行政处罚决定或者人民法院的刑事裁判文书,对虚假陈述行为人提起的民事赔偿诉讼;符合民事诉讼法第一百零八条规定的,人民法院应当受理。

投资人提起虚假陈述证券民事赔偿诉讼,除提交行政处罚决定或者公告,或者人民法院的刑事裁判文书以外,还须提交以下证据:

(一) 自然人、法人或者其他组织的身份证明文件,不能提供原件的,应当提交经公证证明的复印件;

(二) 进行交易的凭证等投资损失证据材料。

第七条 虚假陈述证券民事赔偿案件的被告,应当是虚假陈述行为人,包括:

(一) 发起人、控股股东等实际控制人;

(二) 发行人或者上市公司;

(三) 证券承销商;

(四) 证券上市推荐人;

(五) 会计师事务所、律师事务所、资产评估机构等专业中介服务机构;

(六) 上述(二)、(三)、(四)项所涉单位中负有责任的董事、监事和经理等高级管理人员以及(五)项中直接责任人;

(七) 其他作出虚假陈述的机构或者自然人。

第八条 虚假陈述证券民事赔偿案件,由省、直辖市、自治区人民政府所在的市、计划单列市和经济特区中级人民法院管辖。

第九条 投资人对多个被告提起证券民事赔偿诉讼的,按下列原则确定管辖:

(一) 由发行人或者上市公司所在地有管辖权的中级人民法院管辖。但有本规定第十条第二款规定的情形除外。

(二) 对发行人或者上市公司以外的虚假陈述行为人提起的诉讼,由被告所在地有管辖权的中级人民法院管辖。

(三) 仅以自然人为被告提起的诉讼,由被告所在地有管辖权的中级人民法院管辖。

第十条 人民法院受理以发行人或者上市公司以外的虚假陈述行为人为被告提起的诉讼后,经当事人申请或者征得所有原告同意后,可以追加发行人或者上市公司为共同被告。人民法院追加后,应当将案件移送发行人或者上市公司所在地有管辖权的中级人民法院管辖。

当事人不申请或者原告不同意追加,人民法院认为确有必要追加的,应当通知发行人或者上市公司作为共同被告参加诉讼,但不得移送案件。

第十一条 人民法院受理虚假陈述证券民事赔偿案件后,受行政处罚当事人对行政处罚不服申请行政复议或者提起行政诉讼的,可以裁定中止审理。

人民法院受理虚假陈述证券民事赔偿案件后,有关行政处罚被撤销的,应当裁定终结诉讼。

三、诉讼方式

第十二条 本规定所涉证券民事赔偿案件的原告可以选择单独诉讼或者共同诉讼方式提起诉讼。

第十三条 多个原告因同一虚假陈述事实对相同被告提起的诉讼,既有单独诉讼也有共同诉讼的,人民法院可以通知提起单独诉讼的原告参加共同诉讼。

多个原告因同一虚假陈述事实对相同被告同时提起两个以上共同诉讼的,人民法院可以将其合并为一个共同诉讼。

第十四条 共同诉讼的原告人数应当在开庭审理前确定。原告人数众多的可以推选二至五名诉讼代表人,每名诉讼代表人可以委托一至二名诉讼代理人。

第十五条 诉讼代表人应当经过其所代表的原告特别授权,代表原告参加开庭审理,变更或者放弃诉讼请求、与被告进行和解或者达成调解协议。

第十六条 人民法院判决被告对人数众多的原告承担民事赔偿责任时,可以在判决主文中对赔偿总额作出判决,并将每个原告的姓名、应获得赔偿金额等列表附于民事判决书后。

四、虚假陈述的认定

第十七条 证券市场虚假陈述,是指信息披露义务人违反证券法律规定,在证券发行或者交易过程中,对重大事件作出违背事实真相的虚假记载、误导性陈述,或者在披露信息时发生重大遗漏、不正当披露信息的行为。

对于重大事件,应当结合证券法第五十九条、第六十条、第六十一条、第六十二条、第七十二条及相关规定的内容认定。

虚假记载,是指信息披露义务人在披露信息时,将不存在的事实在信息披露文件中予以记载的行为。

误导性陈述,是指虚假陈述行为人在信息披露文件中或者通过媒体,作出使投资人对其投资行为发生错误判断并产生重大影响的陈述。

重大遗漏,是指信息披露义务人在信息披露文件中,未将应当记载的事项完全或者部分予以记载。

不正当披露,是指信息披露义务人未在适当期限内或者未以法定方式公开披露应当披露的信息。

第十八条 投资人具有以下情形的,人民法院应当认定虚假陈述与损害结果之间存在因果关系:

(一)投资人所投资的是与虚假陈述直接关联的证券;

(二)投资人在虚假陈述实施日及以后,至揭露日或者更正日之前买入该证券;

(三)投资人在虚假陈述揭露日或者更正日及以后,因卖出该证券发生亏损,或者因持续持有该证券而产生亏损。

第十九条 被告举证证明原告具有以下情形的,人民法院应当认定虚假陈述与损害结果之间不存在因果关系:

(一)在虚假陈述揭露日或者更正日之前已经卖出证券;

(二)在虚假陈述揭露日或者更正日及以后进行的投资;

(三)明知虚假陈述存在而进行的投资;

(四)损失或者部分损失是由证券市场系统风险等其他因素所导致;

(五)属于恶意投资、操纵证券价格的。

第二十条 本规定所指的虚假陈述实施日,是指作出虚假陈述或者发生虚假陈述之日。

虚假陈述揭露日,是指虚假陈述在全国范围发行或者播放的报刊、电台、电视台等媒体上,首次被公开揭露之日。

虚假陈述更正日,是指虚假陈述行为人在中国证券监督管理委员会指定披露证券市场信息的媒体上,自行公告更正虚假陈述并按规定履行停牌手续之日。

五、归责与免责事由

第二十一条 发起人、发行人或者上市公司对其虚假陈述给投资人造成的损失承担民事赔偿责任。

发行人、上市公司负有责任的董事、监事和经理等高级管理人员对前款的损失承担连带赔偿责任。但有证据证明无过错的,应予免责。

第二十二条 实际控制人操纵发行人或者上市公司违反证券法律规定,以发行人或者上市公司名义虚假陈述并给投资人造成损失的,可以由发行人或者上市公司承担赔偿责任。发行人或者上市公司承担赔偿责任后,可以向实际控制人追偿。

实际控制人违反证券法第四条、第五条以及第一百八十八条规定虚假陈述,给投资人造成损失的,由实际控制人承担赔偿责任。

第二十三条 证券承销商、证券上市推荐人对虚假陈述给投资人造成的损失承担赔偿责任。但有证据证明无过错的,应予免责。

负有责任的董事、监事和经理等高级管理人员对证券承销商、证券上市推荐人承担的赔偿责任负连带责任。其免责事由同前款规定。

第二十四条 专业中介服务机构及其直接责任人违反证券法第一百六十一条和第二百零二条的规定虚假陈述,给投资人造成损失的,就其负有责任的部分承担赔偿责任。但有证据证明无过错的,应予免责。

第二十五条 本规定第七条第(七)项规定的其他作出虚假陈述行为的机构或者自然人,违反证券法第五条、第七十二条、第一百八十八条和第一百八十九条规定,给投资人造成损失的,应当承担赔偿责任。

六、共同侵权责任

第二十六条 发起人对发行人信息披露提供担保的,发起人与发行人对投资人的损失承担连带责任。

第二十七条 证券承销商、证券上市推荐人或者专业中介服务机构,知道或者应当知道发行人或者上市公司虚假陈述,而不予纠正或者不出具保留意见的,构成共同侵权,对投资人的损失承担连带责任。

第二十八条 发行人、上市公司、证券承销商、证券上市推荐人负有责任的董事、监事和经理等高级管理人员有下列情形之一的,应当认定为共同虚假陈述,分别与发行人、上市公司、证券承销商、证券上市推荐人对投资人的损失承担连带责任:

(一)参与虚假陈述的;

(二)知道或者应当知道虚假陈述而未明确表示反对的;

(三)其他应当负有责任的情形。

七、损失认定

第二十九条 虚假陈述行为人在证券发行市场虚假陈述,导致投资人损失的,投资人有权要求虚假陈述行为人按本规定第三十条赔偿损失;导致证券被停止发行的,投资人有权要求返还和赔偿所缴股款及银行同期活期存款利率的利息。

第三十条 虚假陈述行为人在证券交易市场承担民事赔偿责任的范围,以投资人因虚假陈述而实际发生的损失为限。投资人实际损失包括:

(一)投资差额损失;

(二)投资差额损失部分的佣金和印花税。

前款所涉资金利息,自买入至卖出证券日或者基准日,按银行同期活期存款利率计算。

第三十一条 投资人在基准日及以前卖出证券的,其投资差额损失,以买入证券平均价格与实际卖出证券平均价格之差,乘以投资人所持证券数量计算。

第三十二条 投资人在基准日之后卖出或者仍持有证券的,其投资差额损失,以买入证券平均价格与虚假陈述揭露日或者更正日起至基准日期间,每个交易日收盘价的平均价格之差,乘以投资人所持证券数量计算。

第三十三条 投资差额损失计算的基准日,是指虚假陈述揭露或者更正后,为将投资人应获赔偿限定在虚假陈述所造成的损失范围内,确定损失计算的合理期间而规定的截止日期。基准日分别按下列情况确定:

(一)揭露日或者更正日起,至被虚假陈述影响的证券累计成交量达到其可流通部分100%之日。但通过大宗交易协议转让的证券成交量不予计算。

(二)按前项规定在开庭审理前尚不能确定的,则以揭露日或者更正日后第30个交易日为基准日。

(三)已经退出证券交易市场的,以摘牌日前一交易日为基准日。

（四）已经停止证券交易的，可以停牌日前一交易日为基准日；恢复交易的，可以本条第（一）项规定确定基准日。

第三十四条 投资人持股期间基于股东身份取得的收益，包括红利、红股、公积金转增所得的股份以及投资人持股期间出资购买的配股、增发股和转配股，不得冲抵虚假陈述行为人的赔偿金额。

第三十五条 已经除权的证券，计算投资差额损失时，证券价格和证券数量应当复权计算。

八、附　　则

第三十六条 本规定自2003年2月1日起施行。

第三十七条 本院2002年1月15日发布的《关于受理证券市场因虚假陈述引发的民事侵权纠纷案件有关问题的通知》中与本规定不一致的，以本规定为准。

(一)总　类

中华人民共和国行政许可法

(2003年8月27日第十届全国人民代表大会常务委员会第四次会议通过　根据2019年4月23日第十三届全国人民代表大会常务委员会第十次会议《关于修改〈中华人民共和国建筑法〉等八部法律的决定》修正)

目　录

第一章　总　则
第二章　行政许可的设定
第三章　行政许可的实施机关
第四章　行政许可的实施程序
　第一节　申请与受理
　第二节　审查与决定
　第三节　期　限
　第四节　听　证
　第五节　变更与延续
　第六节　特别规定
第五章　行政许可的费用
第六章　监督检查
第七章　法律责任
第八章　附　则

第一章　总　则

第一条　【立法目的】为了规范行政许可的设定和实施,保护公民、法人和其他组织的合法权益,维护公共利益和社会秩序,保障和监督行政机关有效实施行政管理,根据宪法,制定本法。

第二条　【行政许可的含义】本法所称行政许可,是指行政机关根据公民、法人或者其他组织的申请,经依法审查,准予其从事特定活动的行为。

第三条　【适用范围】行政许可的设定和实施,适用本法。

有关行政机关对其他机关或者对其直接管理的事业单位的人事、财务、外事等事项的审批,不适用本法。

第四条　【合法原则】设定和实施行政许可,应当依照法定的权限、范围、条件和程序。

第五条　【公开、公平、公正、非歧视原则】设定和实施行政许可,应当遵循公开、公平、公正、非歧视的原则。

有关行政许可的规定应当公布;未经公布的,不得作为实施行政许可的依据。行政许可的实施和结果,除涉及国家秘密、商业秘密或者个人隐私的外,应当公开。未经申请人同意,行政机关及其工作人员、参与专家评审等的人员不得披露申请人提交的商业秘密、未披露信息或者保密商务信息,法律另有规定或者涉及国家安全、重大社会公共利益的除外;行政机关依法公开申请人前述信息的,允许申请人在合理期限内提出异议。

符合法定条件、标准的,申请人有依法取得行政许可的平等权利,行政机关不得歧视任何人。

第六条　【便民原则】实施行政许可,应当遵循便民的原则,提高办事效率,提供优质服务。

第七条　【陈述权、申辩权和救济权】公民、法人或者其他组织对行政机关实施行政许可,享有陈述权、申辩权;有权依法申请行政复议或者提起行政诉讼;其合法权益因行政机关违法实施行政许可受到损害的,有权依法要求赔偿。

第八条　【信赖保护原则】公民、法人或者其他组织依法取得的行政许可受法律保护,行政机关不得擅自改变已经生效的行政许可。

行政许可所依据的法律、法规、规章修改或者废止,或者准予行政许可所依据的客观情况发生重大变化的,为了公共利益的需要,行政机关可以依法变更或者撤回已经生效的行政许可。由此给公民、法人或者其他组织造成财产损失的,行政机关应当依法给予补偿。

第九条　【行政许可的转让】依法取得的行政许可,除法律、法规规定依照法定条件和程序可以转让的外,不得转让。

第十条　【行政许可监督】县级以上人民政府应当建立健全对行政机关实施行政许可的监督制度,加强对行政机关实施行政许可的监督检查。

行政机关应当对公民、法人或者其他组织从事行政许可事项的活动实施有效监督。

第二章 行政许可的设定

第十一条 【行政许可设定原则】设定行政许可,应当遵循经济和社会发展规律,有利于发挥公民、法人或者其他组织的积极性、主动性,维护公共利益和社会秩序,促进经济、社会和生态环境协调发展。

第十二条 【行政许可的设定事项】下列事项可以设定行政许可:

(一)直接涉及国家安全、公共安全、经济宏观调控、生态环境保护以及直接关系人身健康、生命财产安全等特定活动,需要按照法定条件予以批准的事项;

(二)有限自然资源开发利用、公共资源配置以及直接关系公共利益的特定行业的市场准入等,需要赋予特定权利的事项;

(三)提供公众服务并且直接关系公共利益的职业、行业,需要确定具备特殊信誉、特殊条件或者特殊技能等资格、资质的事项;

(四)直接关系公共安全、人身健康、生命财产安全的重要设备、设施、产品、物品,需要按照技术标准、技术规范,通过检验、检测、检疫等方式进行审定的事项;

(五)企业或者其他组织的设立等,需要确定主体资格的事项;

(六)法律、行政法规规定可以设定行政许可的其他事项。

第十三条 【不设定行政许可的事项】本法第十二条所列事项,通过下列方式能够予以规范的,可以不设行政许可:

(一)公民、法人或者其他组织能够自主决定的;

(二)市场竞争机制能够有效调节的;

(三)行业组织或者中介机构能够自律管理的;

(四)行政机关采用事后监督等其他行政管理方式能够解决的。

第十四条 【法律、行政法规、国务院决定的行政许可设定权】本法第十二条所列事项,法律可以设定行政许可。尚未制定法律的,行政法规可以设定行政许可。

必要时,国务院可以采用发布决定的方式设定行政许可。实施后,除临时性行政许可事项外,国务院应当及时提请全国人民代表大会及其常务委员会制定法律,或者自行制定行政法规。

第十五条 【地方性法规、省级政府规章的行政许可设定权】本法第十二条所列事项,尚未制定法律、行政法规的,地方性法规可以设定行政许可;尚未制定法律、行政法规和地方性法规的,因行政管理的需要,确需立即实施行政许可的,省、自治区、直辖市人民政府规章可以设定临时性的行政许可。临时性的行政许可实施满一年需要继续实施的,应当提请本级人民代表大会及其常务委员会制定地方性法规。

地方性法规和省、自治区、直辖市人民政府规章,不得设定应当由国家统一确定的公民、法人或者其他组织的资格、资质的行政许可;不得设定企业或者其他组织的设立登记及其前置性行政许可。其设定的行政许可,不得限制其他地区的个人或者企业到本地区从事生产经营和提供服务,不得限制其他地区的商品进入本地区市场。

第十六条 【行政许可规定权】行政法规可以在法律设定的行政许可事项范围内,对实施该行政许可作出具体规定。

地方性法规可以在法律、行政法规设定的行政许可事项范围内,对实施该行政许可作出具体规定。

规章可以在上位法设定的行政许可事项范围内,对实施该行政许可作出具体规定。

法规、规章对实施上位法设定的行政许可作出的具体规定,不得增设行政许可;对行政许可条件作出的具体规定,不得增设违反上位法的其他条件。

第十七条 【行政许可设立禁止】除本法第十四条、第十五条规定的外,其他规范性文件一律不得设定行政许可。

第十八条 【行政许可应当明确规定的事项】设定行政许可,应当规定行政许可的实施机关、条件、程序、期限。

第十九条 【设定行政许可应当听取意见、说明理由】起草法律草案、法规草案和省、自治区、直辖市人民政府规章草案,拟设定行政许可的,起草单位应当采取听证会、论证会等形式听取意见,并向制定机关说明设定该行政许可的必要性、对经济和社会可能产生的影响以及听取和采纳意见的情况。

第二十条 【行政许可评价制度】行政许可的设定机关应当定期对其设定的行政许可进行评价;对已设定的行政许可,认为通过本法第十三条所列方式能够解决的,应当对设定该行政许可的规定及时予以修改或者废止。

行政许可的实施机关可以对已设定的行政许可的实施情况及存在的必要性适时进行评价，并将意见报告该行政许可的设定机关。

公民、法人或者其他组织可以向行政许可的设定机关和实施机关就行政许可的设定和实施提出意见和建议。

第二十一条 【停止实施行政许可】省、自治区、直辖市人民政府对行政法规设定的有关经济事务的行政许可，根据本行政区域经济和社会发展情况，认为通过本法第十三条所列方式能够解决的，报国务院批准后，可以在本行政区域内停止实施该行政许可。

第三章 行政许可的实施机关

第二十二条 【行政许可实施主体的一般规定】行政许可由具有行政许可权的行政机关在其法定职权范围内实施。

第二十三条 【法律、法规授权组织实施行政许可】法律、法规授权的具有管理公共事务职能的组织，在法定授权范围内，以自己的名义实施行政许可。被授权的组织适用本法有关行政机关的规定。

第二十四条 【委托实施行政许可的主体】行政机关在其法定职权范围内，依照法律、法规、规章的规定，可以委托其他行政机关实施行政许可。委托机关应当将受委托行政机关和受委托实施行政许可的内容予以公告。

委托行政机关对受委托行政机关实施行政许可的行为应当负责监督，并对该行为的后果承担法律责任。

受委托行政机关在委托范围内，以委托行政机关名义实施行政许可；不得再委托其他组织或者个人实施行政许可。

第二十五条 【相对集中行政许可权】经国务院批准，省、自治区、直辖市人民政府根据精简、统一、效能的原则，可以决定一个行政机关行使有关行政机关的行政许可权。

第二十六条 【一个窗口对外、统一办理或者联合办理、集中办理】行政许可需要行政机关内设的多个机构办理的，该行政机关应当确定一个机构统一受理行政许可申请，统一送达行政许可决定。

行政许可依法由地方人民政府两个以上部门分别实施的，本级人民政府可以确定一个部门受理行政许可申请并转告有关部门分别提出意见后统一办理，或者组织有关部门联合办理、集中办理。

第二十七条 【行政机关及其工作人员的纪律约束】行政机关实施行政许可，不得向申请人提出购买指定商品、接受有偿服务等不正当要求。

行政机关工作人员办理行政许可，不得索取或者收受申请人的财物，不得谋取其他利益。

第二十八条 【授权专业组织实施的指导性规定】对直接关系公共安全、人身健康、生命财产安全的设备、设施、产品、物品的检验、检测、检疫，除法律、行政法规规定由行政机关实施的外，应当逐步由符合法定条件的专业技术组织实施。专业技术组织及其有关人员对所实施的检验、检测、检疫结论承担法律责任。

第四章 行政许可的实施程序

第一节 申请与受理

第二十九条 【行政许可申请】公民、法人或者其他组织从事特定活动，依法需要取得行政许可的，应当向行政机关提出申请。申请书需要采用格式文本的，行政机关应当向申请人提供行政许可申请书格式文本。申请书格式文本中不得包含与申请行政许可事项没有直接关系的内容。

申请人可以委托代理人提出行政许可申请。但是，依法应当由申请人到行政机关办公场所提出行政许可申请的除外。

行政许可申请可以通过信函、电报、电传、传真、电子数据交换和电子邮件等方式提出。

第三十条 【行政机关公示义务】行政机关应当将法律、法规、规章规定的有关行政许可的事项、依据、条件、数量、程序、期限以及需要提交的全部材料的目录和申请书示范文本等在办公场所公示。

申请人要求行政机关对公示内容予以说明、解释的，行政机关应当说明、解释，提供准确、可靠的信息。

第三十一条 【申请人提交有关材料、反映真实情况义务】申请人申请行政许可，应当如实向行政机关提交有关材料和反映真实情况，并对其申请材料实质内容的真实性负责。行政机关不得要求申请人提交与其申请的行政许可事项无关的技术资料和其他材料。

行政机关及其工作人员不得以转让技术作为

取得行政许可的条件;不得在实施行政许可的过程中,直接或者间接地要求转让技术。

第三十二条 【行政许可申请的处理】行政机关对申请人提出的行政许可申请,应当根据下列情况分别作出处理:

(一)申请事项依法不需要取得行政许可的,应当即时告知申请人不受理;

(二)申请事项依法不属于本行政机关职权范围的,应当即时作出不予受理的决定,并告知申请人向有关行政机关申请;

(三)申请材料存在可以当场更正的错误的,应当允许申请人当场更正;

(四)申请材料不齐全或者不符合法定形式的,应当当场或者在5日内一次告知申请人需要补正的全部内容,逾期不告知的,自收到申请材料之日起即为受理;

(五)申请事项属于本行政机关职权范围,申请材料齐全、符合法定形式,或者申请人按照本行政机关的要求提交全部补正申请材料的,应当受理行政许可申请。

行政机关受理或者不予受理行政许可申请,应当出具加盖本行政机关专用印章和注明日期的书面凭证。

第三十三条 【鼓励行政机关发展电子政务实施行政许可】行政机关应当建立和完善有关制度,推行电子政务,在行政机关的网站上公布行政许可事项,方便申请人采取数据电文等方式提出行政许可申请;应当与其他行政机关共享有关行政许可信息,提高办事效率。

第二节 审查与决定

第三十四条 【审查行政许可材料】行政机关应当对申请人提交的申请材料进行审查。

申请人提交的申请材料齐全、符合法定形式,行政机关能够当场作出决定的,应当当场作出书面的行政许可决定。

根据法定条件和程序,需要对申请材料的实质内容进行核实的,行政机关应当指派两名以上工作人员进行核查。

第三十五条 【多层级行政机关实施行政许可的审查程序】依法应当先经下级行政机关审查后报上级行政机关决定的行政许可,下级行政机关应当在法定期限内将初步审查意见和全部申请材料直接报送上级行政机关。上级行政机关不得要求申请人重复提供申请材料。

第三十六条 【直接关系他人重大利益的行政许可审查程序】行政机关对行政许可申请进行审查时,发现行政许可事项直接关系他人重大利益的,应当告知该利害关系人。申请人、利害关系人有权进行陈述和申辩。行政机关应当听取申请人、利害关系人的意见。

第三十七条 【行政机关依法作出行政许可决定】行政机关对行政许可申请进行审查后,除当场作出行政许可决定的外,应当在法定期限内按照规定程序作出行政许可决定。

第三十八条 【行政机关许可和不予许可应当履行的义务】申请人的申请符合法定条件、标准的,行政机关应当依法作出准予行政许可的书面决定。

行政机关依法作出不予行政许可的书面决定的,应当说明理由,并告知申请人享有依法申请行政复议或者提起行政诉讼的权利。

第三十九条 【颁发行政许可证件】行政机关作出准予行政许可的决定,需要颁发行政许可证件的,应当向申请人颁发加盖本行政机关印章的下列行政许可证件:

(一)许可证、执照或者其他许可证书;

(二)资格证、资质证或者其他合格证书;

(三)行政机关的批准文件或者证明文件;

(四)法律、法规规定的其他行政许可证件。

行政机关实施检验、检测、检疫的,可以在检验、检测、检疫合格的设备、设施、产品、物品上加贴标签或者加盖检验、检测、检疫印章。

第四十条 【准予行政许可决定的公开义务】行政机关作出的准予行政许可决定,应当予以公开,公众有权查阅。

第四十一条 【行政许可的地域效力】法律、行政法规设定的行政许可,其适用范围没有地域限制的,申请人取得的行政许可在全国范围内有效。

第三节 期 限

第四十二条 【行政许可一般期限】除可以当场作出行政许可决定的外,行政机关应当自受理行政许可申请之日起20日内作出行政许可决定。20日内不能作出决定的,经本行政机关负责人批准,可以延长10日,并应当将延长期限的理由告知申请人。但是,法律、法规另有规定的,依照其规定。

依照本法第二十六条的规定，行政许可采取统一办理或者联合办理、集中办理的，办理的时间不得超过45日；45日内不能办结的，经本级人民政府负责人批准，可以延长15日，并应当将延长期限的理由告知申请人。

第四十三条 【多层级许可的审查期限】依法应当先经下级行政机关审查后报上级行政机关决定的行政许可，下级行政机关应当自其受理行政许可申请之日起20日内审查完毕。但是，法律、法规另有规定的，依照其规定。

第四十四条 【许可证章颁发期限】行政机关作出准予行政许可的决定，应当自作出决定之日起10日内向申请人颁发、送达行政许可证件，或者加贴标签、加盖检验、检测、检疫印章。

第四十五条 【不纳入许可期限的事项】行政机关作出行政许可决定，依法需要听证、招标、拍卖、检验、检测、检疫、鉴定和专家评审的，所需时间不计算在本节规定的期限内。行政机关应当将所需时间书面告知申请人。

第四节 听 证

第四十六条 【行政机关主动举行听证的行政许可事项】法律、法规、规章规定实施行政许可应当听证的事项，或者行政机关认为需要听证的其他涉及公共利益的重大行政许可事项，行政机关应当向社会公告，并举行听证。

第四十七条 【行政机关应申请举行听证的行政许可事项】行政许可直接涉及申请人与他人之间重大利益关系的，行政机关在作出行政许可决定前，应当告知申请人、利害关系人享有要求听证的权利；申请人、利害关系人在被告知听证权利之日起5日内提出听证申请的，行政机关应当在20日内组织听证。

申请人、利害关系人不承担行政机关组织听证的费用。

第四十八条 【行政许可听证程序规则】听证按照下列程序进行：

（一）行政机关应当于举行听证的7日前将举行听证的时间、地点通知申请人、利害关系人，必要时予以公告；

（二）听证应当公开举行；

（三）行政机关应当指定审查该行政许可申请的工作人员以外的人员为听证主持人，申请人、利害关系人认为主持人与该行政许可事项有直接利害关系的，有权申请回避；

（四）举行听证时，审查该行政许可申请的工作人员应当提供审查意见的证据、理由，申请人、利害关系人可以提出证据，并进行申辩和质证；

（五）听证应当制作笔录，听证笔录应当交听证参加人确认无误后签字或者盖章。

行政机关应当根据听证笔录，作出行政许可决定。

第五节 变更与延续

第四十九条 【变更行政许可的程序】被许可人要求变更行政许可事项的，应当向作出行政许可决定的行政机关提出申请；符合法定条件、标准的，行政机关应当依法办理变更手续。

第五十条 【延续行政许可的程序】被许可人需要延续依法取得的行政许可的有效期的，应当在该行政许可有效期届满30日前向作出行政许可决定的行政机关提出申请。但是，法律、法规、规章另有规定的，依照其规定。

行政机关应当根据被许可人的申请，在该行政许可有效期届满前作出是否准予延续的决定；逾期未作决定的，视为准予延续。

第六节 特别规定

第五十一条 【其他规定适用规则】实施行政许可的程序，本节有规定的，适用本节规定；本节没有规定的，适用本章其他有关规定。

第五十二条 【国务院实施行政许可程序】国务院实施行政许可的程序，适用有关法律、行政法规的规定。

第五十三条 【通过招标拍卖作出行政许可决定】实施本法第十二条第二项所列事项的行政许可的，行政机关应当通过招标、拍卖等公平竞争的方式作出决定。但是，法律、行政法规另有规定的，依照其规定。

行政机关通过招标、拍卖等方式作出行政许可决定的具体程序，依照有关法律、行政法规的规定。

行政机关按照招标、拍卖程序确定中标人、买受人后，应当作出准予行政许可的决定，并依法向中标人、买受人颁发行政许可证件。

行政机关违反本条规定，不采用招标、拍卖方式，或者违反招标、拍卖程序，损害申请人合法权益的，申请人可以依法申请行政复议或者提起行政诉讼。

第五十四条 【通过考试考核方式作出行政许可决定】实施本法第十二条第三项所列事项的行政许可，赋予公民特定资格，依法应当举行国家考试的，行政机关根据考试成绩和其他法定条件作出行政许可决定；赋予法人或者其他组织特定的资格、资质的，行政机关根据申请人的专业人员构成、技术条件、经营业绩和管理水平等的考核结果作出行政许可决定。但是，法律、行政法规另有规定的，依照其规定。

公民特定资格的考试依法由行政机关或者行业组织实施，公开举行。行政机关或者行业组织应当事先公布资格考试的报名条件、报考办法、考试科目以及考试大纲。但是，不得组织强制性的资格考试的考前培训，不得指定教材或者其他助考材料。

第五十五条 【根据技术标准、技术规范作出行政许可决定】实施本法第十二条第四项所列事项的行政许可的，应当按照技术标准、技术规范依法进行检验、检测、检疫，行政机关根据检验、检测、检疫的结果作出行政许可决定。

行政机关实施检验、检测、检疫，应当自受理申请之日起5日内指派两名以上工作人员按照技术标准、技术规范进行检验、检测、检疫。不需要对检验、检测、检疫结果作进一步技术分析即可认定设备、设施、产品、物品是否符合技术标准、技术规范的，行政机关应当当场作出行政许可决定。

行政机关根据检验、检测、检疫结果，作出不予行政许可决定的，应当书面说明不予行政许可所依据的技术标准、技术规范。

第五十六条 【当场许可的特别规定】实施本法第十二条第五项所列事项的行政许可，申请人提交的申请材料齐全、符合法定形式的，行政机关应当当场予以登记。需要对申请材料的实质内容进行核实的，行政机关依照本法第三十四条第三款的规定办理。

第五十七条 【有数量限制的行政许可】有数量限制的行政许可，两个或者两个以上申请人的申请均符合法定条件、标准的，行政机关应当根据受理行政许可申请的先后顺序作出准予行政许可的决定。但是，法律、行政法规另有规定的，依照其规定。

第五章 行政许可的费用

第五十八条 【收费原则和经费保障】行政机关实施行政许可和对行政许可事项进行监督检查，不得收取任何费用。但是，法律、行政法规另有规定的，依照其规定。

行政机关提供行政许可申请书格式文本，不得收费。

行政机关实施行政许可所需经费应当列入本行政机关的预算，由本级财政予以保障，按照批准的预算予以核拨。

第五十九条 【收费规则以及对收费所得款项的处理】行政机关实施行政许可，依照法律、行政法规收取费用的，应当按照公布的法定项目和标准收费；所收取的费用必须全部上缴国库，任何机关或者个人不得以任何形式截留、挪用、私分或者变相私分。财政部门不得以任何形式向行政机关返还或者变相返还实施行政许可所收取的费用。

第六章 监督检查

第六十条 【行政许可层级监督】上级行政机关应当加强对下级行政机关实施行政许可的监督检查，及时纠正行政许可实施中的违法行为。

第六十一条 【书面检查原则】行政机关应当建立健全监督制度，通过核查反映被许可人从事行政许可事项活动情况的有关材料，履行监督责任。

行政机关依法对被许可人从事行政许可事项的活动进行监督检查时，应当将监督检查的情况和处理结果予以记录，由监督检查人员签字后归档。公众有权查阅行政机关监督检查记录。

行政机关应当创造条件，实现与被许可人、其他有关行政机关的计算机档案系统互联，核查被许可人从事行政许可事项活动情况。

第六十二条 【抽样检查、检验、检测和实地检查、定期检验权适用的情形及程序】行政机关可以对被许可人生产经营的产品依法进行抽样检查、检验、检测，对其生产经营场所依法进行实地检查。检查时，行政机关可以依法查阅或者要求被许可人报送有关材料；被许可人应当如实提供有关情况和材料。

行政机关根据法律、行政法规的规定，对直接关系公共安全、人身健康、生命财产安全的重要设备、设施进行定期检验。对检验合格的，行政机关应当发给相应的证明文件。

第六十三条 【行政机关实施监督检查时应当遵守的纪律】行政机关实施监督检查，不得妨碍被许可人正常的生产经营活动，不得索取或者收受被许可人的财物,不得谋取其他利益。

第六十四条 【行政许可监督检查的属地管辖与协作】被许可人在作出行政许可决定的行政机关管辖区域外违法从事行政许可事项活动的,违法行为发生地的行政机关应当依法将被许可人的违法事实、处理结果抄告作出行政许可决定的行政机关。

第六十五条 【个人、组织对违法从事行政许可活动的监督】个人和组织发现违法从事行政许可事项的活动,有权向行政机关举报,行政机关应当及时核实、处理。

第六十六条 【依法开发利用资源】被许可人未依法履行开发利用自然资源义务或者未依法履行利用公共资源义务的,行政机关应当责令限期改正;被许可人在规定期限内不改正的,行政机关应当依照有关法律、行政法规的规定予以处理。

第六十七条 【特定行业市场准入被许可人的义务和法律责任】取得直接关系公共利益的特定行业的市场准入行政许可的被许可人,应当按照国家规定的服务标准、资费标准和行政机关依法规定的条件,向用户提供安全、方便、稳定和价格合理的服务,并履行普遍服务的义务;未经作出行政许可决定的行政机关批准,不得擅自停业、歇业。

被许可人不履行前款规定的义务的,行政机关应当责令限期改正,或者依法采取有效措施督促其履行义务。

第六十八条 【自检制度】对直接关系公共安全、人身健康、生命财产安全的重要设备、设施,行政机关应当督促设计、建造、安装和使用单位建立相应的自检制度。

行政机关在监督检查时,发现直接关系公共安全、人身健康、生命财产安全的重要设备、设施存在安全隐患的,应当责令停止建造、安装和使用,并责令设计、建造、安装和使用单位立即改正。

第六十九条 【撤销行政许可的情形】有下列情形之一的,作出行政许可决定的行政机关或者其上级行政机关,根据利害关系人的请求或者依据职权,可以撤销行政许可:

(一)行政机关工作人员滥用职权、玩忽职守作出准予行政许可决定的;

(二)超越法定职权作出准予行政许可决定的;

(三)违反法定程序作出准予行政许可决定的;

(四)对不具备申请资格或者不符合法定条件的申请人准予行政许可的;

(五)依法可以撤销行政许可的其他情形。

被许可人以欺骗、贿赂等不正当手段取得行政许可的,应当予以撤销。

依照前两款的规定撤销行政许可,可能对公共利益造成重大损害的,不予撤销。

依照本条第一款的规定撤销行政许可,被许可人的合法权益受到损害的,行政机关应当依法给予赔偿。依照本条第二款的规定撤销行政许可的,被许可人基于行政许可取得的利益不受保护。

第七十条 【注销行政许可的情形】有下列情形之一的,行政机关应当依法办理有关行政许可的注销手续:

(一)行政许可有效期届满未延续的;

(二)赋予公民特定资格的行政许可,该公民死亡或者丧失行为能力的;

(三)法人或者其他组织依法终止的;

(四)行政许可依法被撤销、撤回,或者行政许可证件依法被吊销的;

(五)因不可抗力导致行政许可事项无法实施的;

(六)法律、法规规定的应当注销行政许可的其他情形。

第七章 法律责任

第七十一条 【规范性文件违法设定行政许可的法律责任】违反本法第十七条规定设定的行政许可,有关机关应当责令设定该行政许可的机关改正,或者依法予以撤销。

第七十二条 【行政机关及其工作人员违反行政许可程序应当承担的法律责任】行政机关及其工作人员违反本法的规定,有下列情形之一的,由其上级行政机关或者监察机关责令改正;情节严重的,对直接负责的主管人员和其他直接责任人员依法给予行政处分:

(一)对符合法定条件的行政许可申请不予受理的;

(二)不在办公场所公示依法应当公示的材料的;

(三)在受理、审查、决定行政许可过程中,未向申请人、利害关系人履行法定告知义务的;

(四)申请人提交的申请材料不齐全、不符合法定形式,不一次告知申请人必须补正的全部内容的;

(五)违法披露申请人提交的商业秘密、未披露信息或者保密商务信息的；

（六）以转让技术作为取得行政许可的条件，或者在实施行政许可的过程中直接或者间接地要求转让技术的；

（七）未依法说明不受理行政许可申请或者不予行政许可的理由的；

（八）依法应当举行听证而不举行听证的。

第七十三条　【行政机关工作人员索取或者收受他人财物及利益应当承担的法律责任】行政机关工作人员办理行政许可、实施监督检查，索取或者收受他人财物或者谋取其他利益，构成犯罪的，依法追究刑事责任；尚不构成犯罪的，依法给予行政处分。

第七十四条　【行政机关及其工作人员实体违法的法律责任】行政机关实施行政许可，有下列情形之一的，由其上级行政机关或者监察机关责令改正，对直接负责的主管人员和其他直接责任人员依法给予行政处分；构成犯罪的，依法追究刑事责任：

（一）对不符合法定条件的申请人准予行政许可或者超越法定职权作出准予行政许可决定的；

（二）对符合法定条件的申请人不予行政许可或者不在法定期限内作出准予行政许可决定的；

（三）依法应当根据招标、拍卖结果或者考试成绩择优作出准予行政许可决定，未经招标、拍卖或者考试，或者不根据招标、拍卖结果或者考试成绩择优作出准予行政许可决定的。

第七十五条　【行政机关及其工作人员违反收费规定的法律责任】行政机关实施行政许可，擅自收费或者不按照法定项目和标准收费的，由其上级行政机关或者监察机关责令退还非法收取的费用；对直接负责的主管人员和其他直接责任人员依法给予行政处分。

截留、挪用、私分或者变相私分实施行政许可依法收取的费用的，予以追缴；对直接负责的主管人员和其他直接责任人员依法给予行政处分；构成犯罪的，依法追究刑事责任。

第七十六条　【行政机关违法实施许可的赔偿责任】行政机关违法实施行政许可，给当事人的合法权益造成损害的，应当依照国家赔偿法的规定给予赔偿。

第七十七条　【行政机关不依法履行监督责任或者监督不力的法律责任】行政机关不依法履行监督职责或者监督不力，造成严重后果的，由其上级行政机关或者监察机关责令改正，对直接负责的主管人员和其他直接责任人员依法给予行政处分；构成犯罪的，依法追究刑事责任。

第七十八条　【申请人申请不实应承担的法律责任】行政许可申请人隐瞒有关情况或者提供虚假材料申请行政许可的，行政机关不予受理或者不予行政许可，并给予警告；行政许可申请属于直接关系公共安全、人身健康、生命财产安全事项的，申请人在一年内不得再次申请该行政许可。

第七十九条　【申请人以欺骗、贿赂等不正当手段取得行政许可应当承担的法律责任】被许可人以欺骗、贿赂等不正当手段取得行政许可的，行政机关应当依法给予行政处罚；取得的行政许可属于直接关系公共安全、人身健康、生命财产安全事项的，申请人在3年内不得再次申请该行政许可；构成犯罪的，依法追究刑事责任。

第八十条　【被许可人违法从事行政许可活动的法律责任】被许可人有下列行为之一的，行政机关应当依法给予行政处罚；构成犯罪的，依法追究刑事责任：

（一）涂改、倒卖、出租、出借行政许可证件，或者以其他形式非法转让行政许可的；

（二）超越行政许可范围进行活动的；

（三）向负责监督检查的行政机关隐瞒有关情况、提供虚假材料或者拒绝提供反映其活动情况的真实材料的；

（四）法律、法规、规章规定的其他违法行为。

第八十一条　【公民、法人或者其他组织未经行政许可从事应当取得行政许可活动的法律责任】公民、法人或者其他组织未经行政许可，擅自从事依法应当取得行政许可的活动的，行政机关应当依法采取措施予以制止，并依法给予行政处罚；构成犯罪的，依法追究刑事责任。

第八章　附　　则

第八十二条　【行政许可的期限计算】本法规定的行政机关实施行政许可的期限以工作日计算，不含法定节假日。

第八十三条　【施行日期及对现行行政许可进行清理的规定】本法自2004年7月1日起施行。

本法施行前有关行政许可的规定，制定机关应当依照本法规定予以清理；不符合本法规定的，自本法施行之日起停止执行。

中华人民共和国行政处罚法

（1996年3月17日第八届全国人民代表大会第四次会议通过　根据2009年8月27日第十一届全国人民代表大会常务委员会第十次会议《关于修改部分法律的决定》第一次修正　根据2017年9月1日第十二届全国人民代表大会常务委员会第二十九次会议《关于修改〈中华人民共和国法官法〉等八部法律的决定》第二次修正　2021年1月22日第十三届全国人民代表大会常务委员会第二十五次会议修订）

目　录

第一章　总　　则
第二章　行政处罚的种类和设定
第三章　行政处罚的实施机关
第四章　行政处罚的管辖和适用
第五章　行政处罚的决定
　第一节　一般规定
　第二节　简易程序
　第三节　普通程序
　第四节　听证程序
第六章　行政处罚的执行
第七章　法律责任
第八章　附　　则

第一章　总　　则

第一条　【立法目的】为了规范行政处罚的设定和实施，保障和监督行政机关有效实施行政管理，维护公共利益和社会秩序，保护公民、法人或者其他组织的合法权益，根据宪法，制定本法。

第二条　【行政处罚的定义】行政处罚是指行政机关依法对违反行政管理秩序的公民、法人或者其他组织，以减损权益或者增加义务的方式予以惩戒的行为。

第三条　【适用范围】行政处罚的设定和实施，适用本法。

第四条　【适用对象】公民、法人或者其他组织违反行政管理秩序的行为，应当给予行政处罚的，依照本法由法律、法规、规章规定，并由行政机关依照本法规定的程序实施。

第五条　【适用原则】行政处罚遵循公正、公开的原则。

设定和实施行政处罚必须以事实为依据，与违法行为的事实、性质、情节以及社会危害程度相当。

对违法行为给予行政处罚的规定必须公布；未经公布的，不得作为行政处罚的依据。

第六条　【适用目的】实施行政处罚，纠正违法行为，应当坚持处罚与教育相结合，教育公民、法人或者其他组织自觉守法。

第七条　【被处罚者权利】公民、法人或者其他组织对行政机关所给予的行政处罚，享有陈述权、申辩权；对行政处罚不服的，有权依法申请行政复议或者提起行政诉讼。

公民、法人或者其他组织因行政机关违法给予行政处罚受到损害的，有权依法提出赔偿要求。

第八条　【被处罚者承担的其他法律责任】公民、法人或者其他组织因违法行为受到行政处罚，其违法行为对他人造成损害的，应当依法承担民事责任。

违法行为构成犯罪，应当依法追究刑事责任的，不得以行政处罚代替刑事处罚。

第二章　行政处罚的种类和设定

第九条　【处罚的种类】行政处罚的种类：

（一）警告、通报批评；

（二）罚款、没收违法所得、没收非法财物；

（三）暂扣许可证件、降低资质等级、吊销许可证件；

（四）限制开展生产经营活动、责令停产停业、责令关闭、限制从业；

（五）行政拘留；

（六）法律、行政法规规定的其他行政处罚。

第十条　【法律对处罚的设定】法律可以设定各种行政处罚。

限制人身自由的行政处罚，只能由法律设定。

第十一条　【行政法规对处罚的设定】行政法规可以设定除限制人身自由以外的行政处罚。

法律对违法行为已经作出行政处罚规定，行政法规需要作出具体规定的，必须在法律规定的给予行政处罚的行为、种类和幅度的范围内规定。

法律对违法行为未作出行政处罚规定，行政法规为实施法律，可以补充设定行政处罚。拟补充设定行政处罚的，应当通过听证会、论证会等形式广泛听取意见，并向制定机关作出书面说明。行政法规报送备案时，应当说明补充设定行政处罚的情况。

第十二条 【地方性法规对处罚的设定】地方性法规可以设定除限制人身自由、吊销营业执照以外的行政处罚。

法律、行政法规对违法行为已经作出行政处罚规定，地方性法规需要作出具体规定的，必须在法律、行政法规规定的给予行政处罚的行为、种类和幅度的范围内规定。

法律、行政法规对违法行为未作出行政处罚规定，地方性法规为实施法律、行政法规，可以补充设定行政处罚。拟补充设定行政处罚的，应当通过听证会、论证会等形式广泛听取意见，并向制定机关作出书面说明。地方性法规报送备案时，应当说明补充设定行政处罚的情况。

第十三条 【国务院部门规章对处罚的设定】国务院部门规章可以在法律、行政法规规定的给予行政处罚的行为、种类和幅度的范围内作出具体规定。

尚未制定法律、行政法规的，国务院部门规章对违反行政管理秩序的行为，可以设定警告、通报批评或者一定数额罚款的行政处罚。罚款的限额由国务院规定。

第十四条 【地方政府规章对处罚的设定】地方政府规章可以在法律、法规规定的给予行政处罚的行为、种类和幅度的范围内作出具体规定。

尚未制定法律、法规的，地方政府规章对违反行政管理秩序的行为，可以设定警告、通报批评或者一定数额罚款的行政处罚。罚款的限额由省、自治区、直辖市人民代表大会常务委员会规定。

第十五条 【对行政处罚定期评估】国务院部门和省、自治区、直辖市人民政府及其有关部门应当定期组织评估行政处罚的实施情况和必要性，对不适当的行政处罚事项及种类、罚款数额等，应当提出修改或者废止的建议。

第十六条 【其他规范性文件不得设定处罚】除法律、法规、规章外，其他规范性文件不得设定行政处罚。

第三章 行政处罚的实施机关

第十七条 【处罚的实施】行政处罚由具有行政处罚权的行政机关在法定职权范围内实施。

第十八条 【处罚的权限】国家在城市管理、市场监管、生态环境、文化市场、交通运输、应急管理、农业等领域推行建立综合行政执法制度，相对集中行政处罚权。

国务院或者省、自治区、直辖市人民政府可以决定一个行政机关行使有关行政机关的行政处罚权。

限制人身自由的行政处罚权只能由公安机关和法律规定的其他机关行使。

第十九条 【授权实施处罚】法律、法规授权的具有管理公共事务职能的组织可以在法定授权范围内实施行政处罚。

第二十条 【委托实施处罚】行政机关依照法律、法规、规章的规定，可以在其法定权限内书面委托符合本法第二十一条规定条件的组织实施行政处罚。行政机关不得委托其他组织或者个人实施行政处罚。

委托书应当载明委托的具体事项、权限、期限等内容。委托行政机关和受委托组织应当将委托书向社会公布。

委托行政机关对受委托组织实施行政处罚的行为应当负责监督，并对该行为的后果承担法律责任。

受委托组织在委托范围内，以委托行政机关名义实施行政处罚；不得再委托其他组织或者个人实施行政处罚。

第二十一条 【受托组织的条件】受委托组织必须符合以下条件：

（一）依法成立并具有管理公共事务职能；

（二）有熟悉有关法律、法规、规章和业务并取得行政执法资格的工作人员；

（三）需要进行技术检查或者技术鉴定的，应当有条件组织进行相应的技术检查或者技术鉴定。

第四章 行政处罚的管辖和适用

第二十二条 【地域管辖】行政处罚由违法行为发生地的行政机关管辖。法律、行政法规、部门规章另有规定的，从其规定。

第二十三条 【级别管辖】行政处罚由县级以上地方人民政府具有行政处罚权的行政机关管辖。法律、行政法规另有规定的，从其规定。

第二十四条 【行政处罚权的承接】省、自治区、直辖市根据当地实际情况，可以决定将基层管理迫切需要的县级人民政府部门的行政处罚权交由能够有效承接的乡镇人民政府、街道办事处行使，并定期组织评估。决定应当公布。

承接行政处罚权的乡镇人民政府、街道办事处应当加强执法能力建设，按照规定范围、依照法定程序实施行政处罚。

有关地方人民政府及其部门应当加强组织协调、业务指导、执法监督，建立健全行政处罚协调配合机制，完善评议、考核制度。

第二十五条 【共同管辖及指定管辖】两个以上行政机关都有管辖权的，由最先立案的行政机关管辖。

对管辖发生争议的，应当协商解决，协商不成的，报请共同的上一级行政机关指定管辖；也可以直接由共同的上一级行政机关指定管辖。

第二十六条 【行政协助】行政机关因实施行政处罚的需要，可以向有关机关提出协助请求。协助事项属于被请求机关职权范围内的，应当依法予以协助。

第二十七条 【刑事责任优先】违法行为涉嫌犯罪的，行政机关应当及时将案件移送司法机关，依法追究刑事责任。对依法不需要追究刑事责任或者免予刑事处罚，但应当给予行政处罚的，司法机关应当及时将案件移送有关行政机关。

行政处罚实施机关与司法机关之间应当加强协调配合，建立健全案件移送制度，加强证据材料移交、接收衔接，完善案件处理信息通报机制。

第二十八条 【责令改正与责令退赔】行政机关实施行政处罚时，应当责令当事人改正或者限期改正违法行为。

当事人有违法所得，除依法应当退赔的外，应当予以没收。违法所得是指实施违法行为所取得的款项。法律、行政法规、部门规章对违法所得的计算另有规定的，从其规定。

第二十九条 【一事不二罚】对当事人的同一个违法行为，不得给予两次以上罚款的行政处罚。同一个违法行为违反多个法律规范应当给予罚款处罚的，按照罚款数额高的规定处罚。

第三十条 【未成年人处罚的限制】不满十四周岁的未成年人有违法行为的，不予行政处罚，责令监护人加以管教；已满十四周岁不满十八周岁的未成年人有违法行为的，应当从轻或者减轻行政处罚。

第三十一条 【精神病人及限制性精神病人处罚的限制】精神病人、智力残疾人在不能辨认或者不能控制自己行为时有违法行为的，不予行政处罚，但应当责令其监护人严加看管和治疗。间歇性精神病人在精神正常时有违法行为的，应当给予行政处罚。尚未完全丧失辨认或者控制自己行为能力的精神病人、智力残疾人有违法行为的，可以从轻或者减轻行政处罚。

第三十二条 【从轻、减轻处罚的情形】当事人有下列情形之一，应当从轻或者减轻行政处罚：

（一）主动消除或者减轻违法行为危害后果的；

（二）受他人胁迫或者诱骗实施违法行为的；

（三）主动供述行政机关尚未掌握的违法行为的；

（四）配合行政机关查处违法行为有立功表现的；

（五）法律、法规、规章规定其他应当从轻或者减轻行政处罚的。

第三十三条 【不予行政处罚的条件】违法行为轻微并及时改正，没有造成危害后果的，不予行政处罚。初次违法且危害后果轻微并及时改正的，可以不予行政处罚。

当事人有证据足以证明没有主观过错的，不予行政处罚。法律、行政法规另有规定的，从其规定。

对当事人的违法行为依法不予行政处罚的，行政机关应当对当事人进行教育。

第三十四条 【行政处罚裁量基准】行政机关可以依法制定行政处罚裁量基准，规范行使行政处罚裁量权。行政处罚裁量基准应当向社会公布。

第三十五条 【刑罚的折抵】违法行为构成犯罪，人民法院判处拘役或者有期徒刑时，行政机关已经给予当事人行政拘留的，应当依法折抵相应刑期。

违法行为构成犯罪，人民法院判处罚金时，行政机关已经给予当事人罚款的，应当折抵相应罚金；行政机关尚未给予当事人罚款的，不再给予罚款。

第三十六条 【处罚的时效】违法行为在二年内未被发现的，不再给予行政处罚；涉及公民生命健康安全、金融安全且有危害后果的，上述期限延长至五年。法律另有规定的除外。

前款规定的期限，从违法行为发生之日起计算；违法行为有连续或者继续状态的，从行为终了之日起计算。

第三十七条 【法不溯及既往】实施行政处

罚,适用违法行为发生时的法律、法规、规章的规定。但是,作出行政处罚决定时,法律、法规、规章已被修改或者废止,且新的规定处罚较轻或者不认为是违法的,适用新的规定。

第三十八条 【行政处罚无效】行政处罚没有依据或者实施主体不具有行政主体资格的,行政处罚无效。

违反法定程序构成重大且明显违法的,行政处罚无效。

第五章 行政处罚的决定

第一节 一般规定

第三十九条 【信息公示】行政处罚的实施机关、立案依据、实施程序和救济渠道等信息应当公示。

第四十条 【处罚的前提】公民、法人或者其他组织违反行政管理秩序的行为,依法应当给予行政处罚的,行政机关必须查明事实;违法事实不清、证据不足的,不得给予行政处罚。

第四十一条 【信息化手段的运用】行政机关依照法律、行政法规规定利用电子技术监控设备收集、固定违法事实的,应当经过法制和技术审核,确保电子技术监控设备符合标准、设置合理、标志明显,设置地点应当向社会公布。

电子技术监控设备记录违法事实应当真实、清晰、完整、准确。行政机关应当审核记录内容是否符合要求;未经审核或者经审核不符合要求的,不得作为行政处罚的证据。

行政机关应当及时告知当事人违法事实,并采取信息化手段或者其他措施,为当事人查询、陈述和申辩提供便利。不得限制或者变相限制当事人享有的陈述权、申辩权。

第四十二条 【执法人员要求】行政处罚应当由具有行政执法资格的执法人员实施。执法人员不得少于两人,法律另有规定的除外。

执法人员应当文明执法,尊重和保护当事人合法权益。

第四十三条 【回避】执法人员与案件有直接利害关系或者有其他关系可能影响公正执法的,应当回避。

当事人认为执法人员与案件有直接利害关系或者有其他关系可能影响公正执法的,有权申请回避。

当事人提出回避申请的,行政机关应当依法审查,由行政机关负责人决定。决定作出之前,不停止调查。

第四十四条 【告知义务】行政机关在作出行政处罚决定之前,应当告知当事人拟作出的行政处罚内容及事实、理由、依据,并告知当事人依法享有的陈述、申辩、要求听证等权利。

第四十五条 【当事人的陈述权和申辩权】当事人有权进行陈述和申辩。行政机关必须充分听取当事人的意见,对当事人提出的事实、理由和证据,应当进行复核;当事人提出的事实、理由或者证据成立的,行政机关应当采纳。

行政机关不得因当事人陈述、申辩而给予更重的处罚。

第四十六条 【证据】证据包括:

(一)书证;

(二)物证;

(三)视听资料;

(四)电子数据;

(五)证人证言;

(六)当事人的陈述;

(七)鉴定意见;

(八)勘验笔录、现场笔录。

证据必须经查证属实,方可作为认定案件事实的根据。

以非法手段取得的证据,不得作为认定案件事实的根据。

第四十七条 【执法全过程记录制度】行政机关应当依法以文字、音像等形式,对行政处罚的启动、调查取证、审核、决定、送达、执行等进行全过程记录,归档保存。

第四十八条 【行政处罚决定公示制度】具有一定社会影响的行政处罚决定应当依法公开。

公开的行政处罚决定被依法变更、撤销、确认违法或者确认无效的,行政机关应当在三日内撤回行政处罚决定信息并公开说明理由。

第四十九条 【应急处罚】发生重大传染病疫情等突发事件,为了控制、减轻和消除突发事件引起的社会危害,行政机关对违反突发事件应对措施的行为,依法快速、从重处罚。

第五十条 【保密义务】行政机关及其工作人员对实施行政处罚过程中知悉的国家秘密、商业秘密或者个人隐私,应当依法予以保密。

第二节 简易程序

第五十一条 【当场处罚的情形】违法事实确凿并有法定依据，对公民处以二百元以下、对法人或者其他组织处以三千元以下罚款或者警告的行政处罚的，可以当场作出行政处罚决定。法律另有规定的，从其规定。

第五十二条 【当场处罚的程序】执法人员当场作出行政处罚决定的，应当向当事人出示执法证件，填写预定格式、编有号码的行政处罚决定书，并当场交付当事人。当事人拒绝签收的，应当在行政处罚决定书上注明。

前款规定的行政处罚决定书应当载明当事人的违法行为，行政处罚的种类和依据、罚款数额、时间、地点，申请行政复议、提起行政诉讼的途径和期限以及行政机关名称，并由执法人员签名或者盖章。

执法人员当场作出的行政处罚决定，应当报所属行政机关备案。

第五十三条 【当场处罚的履行】对当场作出的行政处罚决定，当事人应当依照本法第六十七条至第六十九条的规定履行。

第三节 普通程序

第五十四条 【调查取证与立案】除本法第五十一条规定的可以当场作出的行政处罚外，行政机关发现公民、法人或者其他组织有依法应当给予行政处罚的行为的，必须全面、客观、公正地调查，收集有关证据；必要时，依照法律、法规的规定，可以进行检查。

符合立案标准的，行政机关应当及时立案。

第五十五条 【出示证件与协助调查】执法人员在调查或者进行检查时，应当主动向当事人或者有关人员出示执法证件。当事人或者有关人员有权要求执法人员出示执法证件。执法人员不出示执法证件的，当事人或者有关人员有权拒绝接受调查或者检查。

当事人或者有关人员应当如实回答询问，并协助调查或者检查，不得拒绝或者阻挠。询问或者检查应当制作笔录。

第五十六条 【证据的收集原则】行政机关在收集证据时，可以采取抽样取证的方法；在证据可能灭失或者以后难以取得的情况下，经行政机关负责人批准，可以先行登记保存，并应当在七日内及时作出处理决定，在此期间，当事人或者有关人员不得销毁或者转移证据。

第五十七条 【处罚决定】调查终结，行政机关负责人应当对调查结果进行审查，根据不同情况，分别作出如下决定：

（一）确有应受行政处罚的违法行为的，根据情节轻重及具体情况，作出行政处罚决定；

（二）违法行为轻微，依法可以不予行政处罚的，不予行政处罚；

（三）违法事实不能成立的，不予行政处罚；

（四）违法行为涉嫌犯罪的，移送司法机关。

对情节复杂或者重大违法行为给予行政处罚，行政机关负责人应当集体讨论决定。

第五十八条 【法制审核】有下列情形之一，在行政机关负责人作出行政处罚的决定之前，应当由从事行政处罚决定法制审核的人员进行法制审核；未经法制审核或者审核未通过的，不得作出决定：

（一）涉及重大公共利益的；

（二）直接关系当事人或者第三人重大权益，经过听证程序的；

（三）案件情况疑难复杂、涉及多个法律关系的；

（四）法律、法规规定应当进行法制审核的其他情形。

行政机关中初次从事行政处罚决定法制审核的人员，应当通过国家统一法律职业资格考试取得法律职业资格。

第五十九条 【行政处罚决定书的内容】行政机关依照本法第五十七条的规定给予行政处罚，应当制作行政处罚决定书。行政处罚决定书应当载明下列事项：

（一）当事人的姓名或者名称、地址；

（二）违反法律、法规、规章的事实和证据；

（三）行政处罚的种类和依据；

（四）行政处罚的履行方式和期限；

（五）申请行政复议、提起行政诉讼的途径和期限；

（六）作出行政处罚决定的行政机关名称和作出决定的日期。

行政处罚决定书必须盖有作出行政处罚决定的行政机关的印章。

第六十条 **【决定期限】**行政机关应当自行政处罚案件立案之日起九十日内作出行政处罚决定。法律、法规、规章另有规定的，从其规定。

第六十一条 **【送达】**行政处罚决定书应当在宣告后当场交付当事人；当事人不在场的，行政机关应当在七日内依照《中华人民共和国民事诉讼法》的有关规定，将行政处罚决定书送达当事人。

当事人同意并签订确认书的，行政机关可以采用传真、电子邮件等方式，将行政处罚决定书等送达当事人。

第六十二条 **【处罚的成立条件】**行政机关及其执法人员在作出行政处罚决定之前，未依照本法第四十四条、第四十五条的规定向当事人告知拟作出的行政处罚内容及事实、理由、依据，或者拒绝听取当事人的陈述、申辩，不得作出行政处罚决定；当事人明确放弃陈述或者申辩权利的除外。

第四节 听证程序

第六十三条 **【听证权】**行政机关拟作出下列行政处罚决定，应当告知当事人有要求听证的权利，当事人要求听证的，行政机关应当组织听证：

（一）较大数额罚款；

（二）没收较大数额违法所得、没收较大价值非法财物；

（三）降低资质等级、吊销许可证件；

（四）责令停产停业、责令关闭、限制从业；

（五）其他较重的行政处罚；

（六）法律、法规、规章规定的其他情形。

当事人不承担行政机关组织听证的费用。

第六十四条 **【听证程序】**听证应当依照以下程序组织：

（一）当事人要求听证的，应当在行政机关告知后五日内提出；

（二）行政机关应当在举行听证的七日前，通知当事人及有关人员听证的时间、地点；

（三）除涉及国家秘密、商业秘密或者个人隐私依法予以保密外，听证公开举行；

（四）听证由行政机关指定的非本案调查人员主持；当事人认为主持人与本案有直接利害关系的，有权申请回避；

（五）当事人可以亲自参加听证，也可以委托一至二人代理；

（六）当事人及其代理人无正当理由拒不出席听证或者未经许可中途退出听证的，视为放弃听证权利，行政机关终止听证；

（七）举行听证时，调查人员提出当事人违法的事实、证据和行政处罚建议，当事人进行申辩和质证；

（八）听证应当制作笔录。笔录应当交当事人或者其代理人核对无误后签字或者盖章。当事人或者其代理人拒绝签字或者盖章的，由听证主持人在笔录中注明。

第六十五条 **【听证笔录】**听证结束后，行政机关应当根据听证笔录，依照本法第五十七条的规定，作出决定。

第六章 行政处罚的执行

第六十六条 **【履行义务及分期履行】**行政处罚决定依法作出后，当事人应当在行政处罚决定书载明的期限内，予以履行。

当事人确有经济困难，需要延期或者分期缴纳罚款的，经当事人申请和行政机关批准，可以暂缓或者分期缴纳。

第六十七条 **【罚缴分离原则】**作出罚款决定的行政机关应当与收缴罚款的机构分离。

除依照本法第六十八条、第六十九条的规定当场收缴的罚款外，作出行政处罚决定的行政机关及其执法人员不得自行收缴罚款。

当事人应当自收到行政处罚决定书之日起十五日内，到指定的银行或者通过电子支付系统缴纳罚款。银行应当收受罚款，并将罚款直接上缴国库。

第六十八条 **【当场收缴罚款范围】**依照本法第五十一条的规定当场作出行政处罚决定，有下列情形之一，执法人员可以当场收缴罚款：

（一）依法给予一百元以下罚款的；

（二）不当场收缴事后难以执行的。

第六十九条 **【边远地区当场收缴罚款】**在边远、水上、交通不便地区，行政机关及其执法人员依照本法第五十一条、第五十七条的规定作出罚款决定后，当事人到指定的银行或者通过电子支付系统缴纳罚款确有困难，经当事人提出，行政机关及其执法人员可以当场收缴罚款。

第七十条 **【罚款票据】**行政机关及其执法人员当场收缴罚款的，必须向当事人出具国务院财政部门或者省、自治区、直辖市人民政府财政部门统一制发的专用票据;不出具财政部门统一制发的专用票据的,当事人有权拒绝缴纳罚款。

第七十一条 【罚款交纳期】执法人员当场收缴的罚款,应当自收缴罚款之日起二日内,交至行政机关;在水上当场收缴的罚款,应当自抵岸之日起二日内交至行政机关;行政机关应当在二日内将罚款缴付指定的银行。

第七十二条 【执行措施】当事人逾期不履行行政处罚决定的,作出行政处罚决定的行政机关可以采取下列措施:

(一)到期不缴纳罚款的,每日按罚款数额的百分之三加处罚款,加处罚款的数额不得超出罚款的数额;

(二)根据法律规定,将查封、扣押的财物拍卖、依法处理或者将冻结的存款、汇款划拨抵缴罚款;

(三)根据法律规定,采取其他行政强制执行方式;

(四)依照《中华人民共和国行政强制法》的规定申请人民法院强制执行。

行政机关批准延期、分期缴纳罚款的,申请人民法院强制执行的期限,自暂缓或者分期缴纳罚款期限结束之日起计算。

第七十三条 【不停止执行及暂缓执行】当事人对行政处罚决定不服,申请行政复议或者提起行政诉讼的,行政处罚不停止执行,法律另有规定的除外。

当事人对限制人身自由的行政处罚决定不服,申请行政复议或者提起行政诉讼的,可以向作出决定的机关提出暂缓执行申请。符合法律规定情形的,应当暂缓执行。

当事人申请行政复议或者提起行政诉讼的,加处罚款的数额在行政复议或者行政诉讼期间不予计算。

第七十四条 【没收的非法财物的处理】除依法应当予以销毁的物品外,依法没收的非法财物必须按照国家规定公开拍卖或者按照国家有关规定处理。

罚款、没收的违法所得或者没收非法财物拍卖的款项,必须全部上缴国库,任何行政机关或者个人不得以任何形式截留、私分或者变相私分。

罚款、没收的违法所得或者没收非法财物拍卖的款项,不得同作出行政处罚决定的行政机关及其工作人员的考核、考评直接或者变相挂钩。除依法应当退还、退赔的外,财政部门不得以任何形式向作出行政处罚决定的行政机关返还罚款、没收的违法所得或者没收非法财物拍卖的款项。

第七十五条 【监督检查】行政机关应当建立健全对行政处罚的监督制度。县级以上人民政府应当定期组织开展行政执法评议、考核,加强对行政处罚的监督检查,规范和保障行政处罚的实施。

行政机关实施行政处罚应当接受社会监督。公民、法人或者其他组织对行政机关实施行政处罚的行为,有权申诉或者检举;行政机关应当认真审查,发现有错误的,应当主动改正。

第七章 法律责任

第七十六条 【上级行政机关的监督】行政机关实施行政处罚,有下列情形之一,由上级行政机关或者有关机关责令改正,对直接负责的主管人员和其他直接责任人员依法给予处分:

(一)没有法定的行政处罚依据的;

(二)擅自改变行政处罚种类、幅度的;

(三)违反法定的行政处罚程序的;

(四)违反本法第二十条关于委托处罚的规定的;

(五)执法人员未取得执法证件的。

行政机关对符合立案标准的案件不及时立案的,依照前款规定予以处理。

第七十七条 【当事人的拒绝处罚权及检举权】行政机关对当事人进行处罚不使用罚款、没收财物单据或者使用非法定部门制发的罚款、没收财物单据的,当事人有权拒绝,并有权予以检举,由上级行政机关或者有关机关对使用的非法单据予以收缴销毁,对直接负责的主管人员和其他直接责任人员依法给予处分。

第七十八条 【自行收缴罚款的处理】行政机关违反本法第六十七条的规定自行收缴罚款的,财政部门违反本法第七十四条的规定向行政机关返还罚款、没收的违法所得或者拍卖款项的,由上级行政机关或者有关机关责令改正,对直接负责的主管人员和其他直接责任人员依法给予处分。

第七十九条 【私分罚没财物的处理】行政机关截留、私分或者变相私分罚款、没收的违法所得或者财物的,由财政部门或者有关机关予以追缴,对直接负责的主管人员和其他直接责任人员依法给予处分;情节严重构成犯罪的,依法追究刑事责任。

执法人员利用职务上的便利,索取或者收受他人财物、将收缴罚款据为已有,构成犯罪的,依法追究刑事责任;情节轻微不构成犯罪的,依法给予处分。

第八十条　【行政机关的赔偿责任及对有关人员的处理】行政机关使用或者损毁查封、扣押的财物,对当事人造成损失的,应当依法予以赔偿,对直接负责的主管人员和其他直接责任人员依法给予处分。

第八十一条　【违法实行检查或执行措施的赔偿责任】行政机关违法实施检查措施或者执行措施,给公民人身或者财产造成损害、给法人或者其他组织造成损失的,应当依法予以赔偿,对直接负责的主管人员和其他直接责任人员依法给予处分;情节严重构成犯罪的,依法追究刑事责任。

第八十二条　【以行代刑的责任】行政机关对应当依法移交司法机关追究刑事责任的案件不移交,以行政处罚代替刑事处罚,由上级行政机关或者有关机关责令改正,对直接负责的主管人员和其他直接责任人员依法给予处分;情节严重构成犯罪的,依法追究刑事责任。

第八十三条　【失职责任】行政机关对应当予以制止和处罚的违法行为不予制止、处罚,致使公民、法人或者其他组织的合法权益、公共利益和社会秩序遭受损害的,对直接负责的主管人员和其他直接责任人员依法给予处分;情节严重构成犯罪的,依法追究刑事责任。

第八章　附　　则

第八十四条　【属地原则】外国人、无国籍人、外国组织在中华人民共和国领域内有违法行为,应当给予行政处罚的,适用本法,法律另有规定的除外。

第八十五条　【工作日】本法中"二日""三日""五日""七日"的规定是指工作日,不含法定节假日。

第八十六条　【施行日期】本法自2021年7月15日起施行。

中华人民共和国行政复议法

(1999年4月29日第九届全国人民代表大会常务委员会第九次会议通过　根据2009年8月27日第十一届全国人民代表大会常务委员会第十次会议《关于修改部分法律的决定》第一次修正　根据2017年9月1日第十二届全国人民代表大会常务委员会第二十九次会议《关于修改〈中华人民共和国法官法〉等八部法律的决定》第二次修正)

目　录

第一章　总　则
第二章　行政复议范围
第三章　行政复议申请
第四章　行政复议受理
第五章　行政复议决定
第六章　法律责任
第七章　附　则

第一章　总　　则

第一条　【立法目的】为了防止和纠正违法的或者不当的具体行政行为,保护公民、法人和其他组织的合法权益,保障和监督行政机关依法行使职权,根据宪法,制定本法。

第二条　【适用范围】公民、法人或者其他组织认为具体行政行为侵犯其合法权益,向行政机关提出行政复议申请,行政机关受理行政复议申请、作出行政复议决定,适用本法。

第三条　【复议机关及其职责】依照本法履行行政复议职责的行政机关是行政复议机关。行政复议机关负责法制工作的机构具体办理行政复议事项,履行下列职责:

(一)受理行政复议申请;

(二)向有关组织和人员调查取证,查阅文件和资料;

(三)审查申请行政复议的具体行政行为是否合法与适当,拟订行政复议决定;

(四)处理或者转送对本法第七条所列有关规定的审查申请;

（五）对行政机关违反本法规定的行为依照规定的权限和程序提出处理建议；

（六）办理因不服行政复议决定提起行政诉讼的应诉事项；

（七）法律、法规规定的其他职责。

行政机关中初次从事行政复议的人员，应当通过国家统一法律职业资格考试取得法律职业资格。

第四条 【复议原则】行政复议机关履行行政复议职责，应当遵循合法、公正、公开、及时、便民的原则，坚持有错必纠，保障法律、法规的正确实施。

第五条 【对复议不服的诉讼】公民、法人或者其他组织对行政复议决定不服的，可以依照行政诉讼法的规定向人民法院提起行政诉讼，但是法律规定行政复议决定为最终裁决的除外。

第二章 行政复议范围

第六条 【复议范围】有下列情形之一的，公民、法人或者其他组织可以依照本法申请行政复议：

（一）对行政机关作出的警告、罚款、没收违法所得、没收非法财物、责令停产停业、暂扣或者吊销许可证、暂扣或者吊销执照、行政拘留等行政处罚决定不服的；

（二）对行政机关作出的限制人身自由或者查封、扣押、冻结财产等行政强制措施决定不服的；

（三）对行政机关作出的有关许可证、执照、资质证、资格证等证书变更、中止、撤销的决定不服的；

（四）对行政机关作出的关于确认土地、矿藏、水流、森林、山岭、草原、荒地、滩涂、海域等自然资源的所有权或者使用权的决定不服的；

（五）认为行政机关侵犯合法的经营自主权的；

（六）认为行政机关变更或者废止农业承包合同，侵犯其合法权益的；

（七）认为行政机关违法集资、征收财物、摊派费用或者违法要求履行其他义务的；

（八）认为符合法定条件，申请行政机关颁发许可证、执照、资质证、资格证等证书，或者申请行政机关审批、登记有关事项，行政机关没有依法办理的；

（九）申请行政机关履行保护人身权利、财产权利、受教育权利的法定职责，行政机关没有依法履行的；

（十）申请行政机关依法发放抚恤金、社会保险金或者最低生活保障费，行政机关没有依法发放的；

（十一）认为行政机关的其他具体行政行为侵犯其合法权益的。

第七条 【规定的审查】公民、法人或者其他组织认为行政机关的具体行政行为所依据的下列规定不合法，在对具体行政行为申请行政复议时，可以一并向行政复议机关提出对该规定的审查申请：

（一）国务院部门的规定；

（二）县级以上地方各级人民政府及其工作部门的规定；

（三）乡、镇人民政府的规定。

前款所列规定不含国务院部、委员会规章和地方人民政府规章。规章的审查依照法律、行政法规办理。

第八条 【不能提起复议的事项】不服行政机关作出的行政处分或者其他人事处理决定的，依照有关法律、行政法规的规定提出申诉。

不服行政机关对民事纠纷作出的调解或者其他处理，依法申请仲裁或者向人民法院提起诉讼。

第三章 行政复议申请

第九条 【申请复议的期限】公民、法人或者其他组织认为具体行政行为侵犯其合法权益的，可以自知道该具体行政行为之日起60日内提出行政复议申请；但是法律规定的申请期限超过60日的除外。

因不可抗力或者其他正当理由耽误法定申请期限的，申请期限自障碍消除之日起继续计算。

第十条 【复议申请人】依照本法申请行政复议的公民、法人或者其他组织是申请人。

有权申请行政复议的公民死亡的，其近亲属可以申请行政复议。有权申请行政复议的公民为无民事行为能力人或者限制民事行为能力人的，其法定代理人可以代为申请行政复议。有权申请行政复议的法人或者其他组织终止的，承受其权利的法人或者其他组织可以申请行政复议。

同申请行政复议的具体行政行为有利害关系的其他公民、法人或者其他组织，可以作为第三人参加行政复议。

公民、法人或者其他组织对行政机关的具体行政行为不服申请行政复议的，作出具体行政行为的行政机关是被申请人。

申请人、第三人可以委托代理人代为参加行政复议。

第十一条　【复议申请】申请人申请行政复议，可以书面申请，也可以口头申请；口头申请的，行政复议机关应当当场记录申请人的基本情况、行政复议请求、申请行政复议的主要事实、理由和时间。

第十二条　【部门具体行政行为的复议机关】对县级以上地方各级人民政府工作部门的具体行政行为不服的，由申请人选择，可以向该部门的本级人民政府申请行政复议，也可以向上一级主管部门申请行政复议。

对海关、金融、国税、外汇管理等实行垂直领导的行政机关和国家安全机关的具体行政行为不服的，向上一级主管部门申请行政复议。

第十三条　【对其他行政机关具体行政行为不服的复议申请】对地方各级人民政府的具体行政行为不服的，向上一级地方人民政府申请行政复议。

对省、自治区人民政府依法设立的派出机关所属的县级地方人民政府的具体行政行为不服的，向该派出机关申请行政复议。

第十四条　【对国务院部门或省、自治区、直辖市政府具体行政行为不服的复议】对国务院部门或者省、自治区、直辖市人民政府的具体行政行为不服的，向作出该具体行政行为的国务院部门或者省、自治区、直辖市人民政府申请行政复议。对行政复议决定不服的，可以向人民法院提起行政诉讼；也可以向国务院申请裁决，国务院依照本法的规定作出最终裁决。

第十五条　【其他机关具体行政行为的复议机关】对本法第十二条、第十三条、第十四条规定以外的其他行政机关、组织的具体行政行为不服的，按照下列规定申请行政复议：

（一）对县级以上地方人民政府依法设立的派出机关的具体行政行为不服的，向设立该派出机关的人民政府申请行政复议；

（二）对政府工作部门依法设立的派出机构依照法律、法规或者规章规定，以自己的名义作出的具体行政行为不服的，向设立该派出机构的部门或者该部门的本级地方人民政府申请行政复议；

（三）对法律、法规授权的组织的具体行政行为不服的，分别向直接管理该组织的地方人民政府、地方人民政府工作部门或者国务院部门申请行政复议；

（四）对两个或者两个以上行政机关以共同的名义作出的具体行政行为不服的，向其共同上一级行政机关申请行政复议；

（五）对被撤销的行政机关在撤销前所作出的具体行政行为不服的，向继续行使其职权的行政机关的上一级行政机关申请行政复议。

有前款所列情形之一的，申请人也可以向具体行政行为发生地的县级地方人民政府提出行政复议申请，由接受申请的县级地方人民政府依照本法第十八条的规定办理。

第十六条　【复议与诉讼的选择】公民、法人或者其他组织申请行政复议，行政复议机关已经依法受理的，或者法律、法规规定应当先向行政复议机关申请行政复议、对行政复议决定不服再向人民法院提起行政诉讼的，在法定行政复议期限内不得向人民法院提起行政诉讼。

公民、法人或者其他组织向人民法院提起行政诉讼，人民法院已经依法受理的，不得申请行政复议。

第四章　行政复议受理

第十七条　【复议的受理】行政复议机关收到行政复议申请后，应当在 5 日内进行审查，对不符合本法规定的行政复议申请，决定不予受理，并书面告知申请人；对符合本法规定，但是不属于本机关受理的行政复议申请，应当告知申请人向有关行政复议机关提出。

除前款规定外，行政复议申请自行政复议机关负责法制工作的机构收到之日起即为受理。

第十八条　【复议申请的转送】依照本法第十五条第二款的规定接受行政复议申请的县级地方人民政府，对依照本法第十五条第一款的规定属于其他行政复议机关受理的行政复议申请，应当自接到该行政复议申请之日起 7 日内，转送有关行政复议机关，并告知申请人。接受转送的行政复议机关应当依照本法第十七条的规定办理。

第十九条　【复议前置的规定】法律、法规规定应当先向行政复议机关申请行政复议、对行政复议决定不服再向人民法院提起行政诉讼的，行政复议机关决定不予受理或者受理后超过行政复议期限不作答复的，公民、法人或者其他组织可以自收到不予受理决定书之日起或者行政复议期满之日起 15 日内，依法向人民法院提起行政诉讼。

第二十条　【上级机关责令受理及直接受理】公民、法人或者其他组织依法提出行政复议申请，行政复议机关无正当理由不予受理的，上级行政机关应当责令其受理；必要时，上级行政机关也可以直接受理。

第二十一条 【复议停止执行的情形】行政复议期间具体行政行为不停止执行；但是，有下列情形之一的，可以停止执行：

（一）被申请人认为需要停止执行的；

（二）行政复议机关认为需要停止执行的；

（三）申请人申请停止执行，行政复议机关认为其要求合理，决定停止执行的；

（四）法律规定停止执行的。

第五章 行政复议决定

第二十二条 【书面审查原则及例外】行政复议原则上采取书面审查的办法，但是申请人提出要求或者行政复议机关负责法制工作的机构认为有必要时，可以向有关组织和人员调查情况，听取申请人、被申请人和第三人的意见。

第二十三条 【复议程序事项】行政复议机关负责法制工作的机构应当自行政复议申请受理之日起7日内，将行政复议申请书副本或者行政复议申请笔录复印件发送被申请人。被申请人应当自收到申请书副本或者申请笔录复印件之日起10日内，提出书面答复，并提交当初作出具体行政行为的证据、依据和其他有关材料。

申请人、第三人可以查阅被申请人提出的书面答复、作出具体行政行为的证据、依据和其他有关材料，除涉及国家秘密、商业秘密或者个人隐私外，行政复议机关不得拒绝。

第二十四条 【被申请人不得自行取证】在行政复议过程中，被申请人不得自行向申请人和其他有关组织或者个人收集证据。

第二十五条 【申请的撤回】行政复议决定作出前，申请人要求撤回行政复议申请的，经说明理由，可以撤回；撤回行政复议申请的，行政复议终止。

第二十六条 【复议机关对规定的处理】申请人在申请行政复议时，一并提出对本法第七条所列有关规定的审查申请的，行政复议机关对该规定有权处理的，应当在30日内依法处理；无权处理的，应当在7日内按照法定程序转送有权处理的行政机关依法处理，有权处理的行政机关应当在60日内依法处理。处理期间，中止对具体行政行为的审查。

第二十七条 【对具体行政行为依据的审查】行政复议机关在对被申请人作出的具体行政行为进行审查时，认为其依据不合法，本机关有权处理的，应当在30日内依法处理；无权处理的，应当在7日内按照法定程序转送有权处理的国家机关依法处理。处理期间，中止对具体行政行为的审查。

第二十八条 【复议决定的作出】行政复议机关负责法制工作的机构应当对被申请人作出的具体行政行为进行审查，提出意见，经行政复议机关的负责人同意或者集体讨论通过后，按照下列规定作出行政复议决定：

（一）具体行政行为认定事实清楚，证据确凿，适用依据正确，程序合法，内容适当的，决定维持；

（二）被申请人不履行法定职责的，决定其在一定期限内履行；

（三）具体行政行为有下列情形之一的，决定撤销、变更或者确认该具体行政行为违法；决定撤销或者确认该具体行政行为违法的，可以责令被申请人在一定期限内重新作出具体行政行为：

1. 主要事实不清、证据不足的；
2. 适用依据错误的；
3. 违反法定程序的；
4. 超越或者滥用职权的；
5. 具体行政行为明显不当的。

（四）被申请人不按照本法第二十三条的规定提出书面答复、提交当初作出具体行政行为的证据、依据和其他有关材料的，视为该具体行政行为没有证据、依据，决定撤销该具体行政行为。

行政复议机关责令被申请人重新作出具体行政行为的，被申请人不得以同一的事实和理由作出与原具体行政行为相同或者基本相同的具体行政行为。

第二十九条 【行政赔偿】申请人在申请行政复议时可以一并提出行政赔偿请求，行政复议机关对符合国家赔偿法的有关规定应当给予赔偿的，在决定撤销、变更具体行政行为或者确认具体行政行为违法时，应当同时决定被申请人依法给予赔偿。

申请人在申请行政复议时没有提出行政赔偿请求的，行政复议机关在依法决定撤销或者变更罚款，撤销违法集资、没收财物、征收财物、摊派费用以及对财产的查封、扣押、冻结等具体行政行为时，应当同时责令被申请人返还财产，解除对财产的查封、扣押、冻结措施，或者赔偿相应的价款。

第三十条 【对侵犯自然资源所有权或使用权

行为的先行复议原则】公民、法人或者其他组织认为行政机关的具体行政行为侵犯其已经依法取得的土地、矿藏、水流、森林、山岭、草原、荒地、滩涂、海域等自然资源的所有权或者使用权的，应当先申请行政复议；对行政复议决定不服的，可以依法向人民法院提起行政诉讼。

根据国务院或者省、自治区、直辖市人民政府对行政区划的勘定、调整或者征收土地的决定，省、自治区、直辖市人民政府确认土地、矿藏、水流、森林、山岭、草原、荒地、滩涂、海域等自然资源的所有权或者使用权的行政复议决定为最终裁决。

第三十一条　【复议决定期限】行政复议机关应当自受理申请之日起60日内作出行政复议决定；但是法律规定的行政复议期限少于60日的除外。情况复杂，不能在规定期限内作出行政复议决定的，经行政复议机关的负责人批准，可以适当延长，并告知申请人和被申请人；但是延长期限最多不超过30日。

行政复议机关作出行政复议决定，应当制作行政复议决定书，并加盖印章。

行政复议决定书一经送达，即发生法律效力。

第三十二条　【复议决定的履行】被申请人应当履行行政复议决定。

被申请人不履行或者无正当理由拖延履行行政复议决定的，行政复议机关或者有关上级行政机关应当责令其限期履行。

第三十三条　【不履行复议决定的处理】申请人逾期不起诉又不履行行政复议决定的，或者不履行最终裁决的行政复议决定的，按照下列规定分别处理：

（一）维持具体行政行为的行政复议决定，由作出具体行政行为的行政机关依法强制执行，或者申请人民法院强制执行；

（二）变更具体行政行为的行政复议决定，由行政复议机关依法强制执行，或者申请人民法院强制执行。

第六章　法律责任

第三十四条　【复议机关不依法履行职责的处罚】行政复议机关违反本法规定，无正当理由不予受理依法提出的行政复议申请或者不按照规定转送行政复议申请的，或者在法定期限内不作出行政复议决定的，对直接负责的主管人员和其他直接责任人员依法给予警告、记过、记大过的行政处分；经责令受理仍不受理或者不按照规定转送行政复议申请，造成严重后果的，依法给予降级、撤职、开除的行政处分。

第三十五条　【渎职处罚】行政复议机关工作人员在行政复议活动中，徇私舞弊或者有其他渎职、失职行为的，依法给予警告、记过、记大过的行政处分；情节严重的，依法给予降级、撤职、开除的行政处分；构成犯罪的，依法追究刑事责任。

第三十六条　【被申请人不提交答复、资料和阻碍他人复议申请的处罚】被申请人违反本法规定，不提出书面答复或者不提交作出具体行政行为的证据、依据和其他有关材料，或者阻挠、变相阻挠公民、法人或者其他组织依法申请行政复议的，对直接负责的主管人员和其他直接责任人员依法给予警告、记过、记大过的行政处分；进行报复陷害的，依法给予降级、撤职、开除的行政处分；构成犯罪的，依法追究刑事责任。

第三十七条　【不履行、迟延履行复议决定的处罚】被申请人不履行或者无正当理由拖延履行行政复议决定的，对直接负责的主管人员和其他直接责任人员依法给予警告、记过、记大过的行政处分；经责令履行仍拒不履行的，依法给予降级、撤职、开除的行政处分。

第三十八条　【复议机关的建议权】行政复议机关负责法制工作的机构发现有无正当理由不予受理行政复议申请、不按照规定期限作出行政复议决定、徇私舞弊、对申请人打击报复或者不履行行政复议决定等情形的，应当向有关行政机关提出建议，有关行政机关应当依照本法和有关法律、行政法规的规定作出处理。

第七章　附　　则

第三十九条　【复议费用】行政复议机关受理行政复议申请，不得向申请人收取任何费用。行政复议活动所需经费，应当列入本机关的行政经费，由本级财政予以保障。

第四十条　【期间计算和文书送达】行政复议期间的计算和行政复议文书的送达，依照民事诉讼法关于期间、送达的规定执行。

本法关于行政复议期间有关“5日”、“7日”的规定是指工作日,不含节假日。

第四十一条 【适用范围补充规定】外国人、无国籍人、外国组织在中华人民共和国境内申请行政复议,适用本法。

第四十二条 【法律冲突的解决】本法施行前公布的法律有关行政复议的规定与本法的规定不一致的,以本法的规定为准。

第四十三条 【生效日期】本法自1999年10月1日起施行。1990年12月24日国务院发布、1994年10月9日国务院修订发布的《行政复议条例》同时废止。

中华人民共和国行政复议法实施条例

(2007年5月23日国务院第177次常务会议通过 2007年5月29日中华人民共和国国务院令第499号公布 自2007年8月1日起施行)

第一章 总 则

第一条 为了进一步发挥行政复议制度在解决行政争议、建设法治政府、构建社会主义和谐社会中的作用,根据《中华人民共和国行政复议法》(以下简称行政复议法),制定本条例。

第二条 各级行政复议机关应当认真履行行政复议职责,领导并支持本机关负责法制工作的机构(以下简称行政复议机构)依法办理行政复议事项,并依照有关规定配备、充实、调剂专职行政复议人员,保证行政复议机构的办案能力与工作任务相适应。

第三条 行政复议机构除应当依照行政复议法第三条的规定履行职责外,还应当履行下列职责:

(一)依照行政复议法第十八条的规定转送有关行政复议申请;

(二)办理行政复议法第二十九条规定的行政赔偿等事项;

(三)按照职责权限,督促行政复议申请的受理和行政复议决定的履行;

(四)办理行政复议、行政应诉案件统计和重大行政复议决定备案事项;

(五)办理或者组织办理未经行政复议直接提起行政诉讼的行政应诉事项;

(六)研究行政复议工作中发现的问题,及时向有关机关提出改进建议,重大问题及时向行政复议机关报告。

第四条 专职行政复议人员应当具备与履行行政复议职责相适应的品行、专业知识和业务能力,并取得相应资格。具体办法由国务院法制机构会同国务院有关部门规定。

第二章 行政复议申请

第一节 申 请 人

第五条 依照行政复议法和本条例的规定申请行政复议的公民、法人或者其他组织为申请人。

第六条 合伙企业申请行政复议的,应当以核准登记的企业为申请人,由执行合伙事务的合伙人代表该企业参加行政复议;其他合伙组织申请行政复议的,由合伙人共同申请行政复议。

前款规定以外的不具备法人资格的其他组织申请行政复议的,由该组织的主要负责人代表该组织参加行政复议;没有主要负责人的,由共同推选的其他成员代表该组织参加行政复议。

第七条 股份制企业的股东大会、股东代表大会、董事会认为行政机关作出的具体行政行为侵犯企业合法权益的,可以以企业的名义申请行政复议。

第八条 同一行政复议案件申请人超过5人的,推选1至5名代表参加行政复议。

第九条 行政复议期间,行政复议机构认为申请人以外的公民、法人或者其他组织与被审查的具体行政行为有利害关系的,可以通知其作为第三人参加行政复议。

行政复议期间,申请人以外的公民、法人或者其他组织与被审查的具体行政行为有利害关系的,可以向行政复议机构申请作为第三人参加行政复议。

第三人不参加行政复议,不影响行政复议案件的审理。

第十条 申请人、第三人可以委托1至2名代理人参加行政复议。申请人、第三人委托代理人的,应当向行政复议机构提交授权委托书。授权委托书应当载明委托事项、权限和期限。公民在特殊情况下无法书面委托的,可以口头委托。口头委托的,行政复议机构应当核实并记录在卷。申请人、第三人解除或者变更委托的,应当书面报告行政复议机构。

第二节 被申请人

第十一条 公民、法人或者其他组织对行政机关的具体行政行为不服，依照行政复议法和本条例的规定申请行政复议的，作出该具体行政行为的行政机关为被申请人。

第十二条 行政机关与法律、法规授权的组织以共同的名义作出具体行政行为的，行政机关和法律、法规授权的组织为共同被申请人。

行政机关与其他组织以共同名义作出具体行政行为的，行政机关为被申请人。

第十三条 下级行政机关依照法律、法规、规章规定，经上级行政机关批准作出具体行政行为的，批准机关为被申请人。

第十四条 行政机关设立的派出机构、内设机构或者其他组织，未经法律、法规授权，对外以自己名义作出具体行政行为的，该行政机关为被申请人。

第三节 行政复议申请期限

第十五条 行政复议法第九条第一款规定的行政复议申请期限的计算，依照下列规定办理：

（一）当场作出具体行政行为的，自具体行政行为作出之日起计算；

（二）载明具体行政行为的法律文书直接送达的，自受送达人签收之日起计算；

（三）载明具体行政行为的法律文书邮寄送达的，自受送达人在邮件签收单上签收之日起计算；没有邮件签收单的，自受送达人在送达回执上签名之日起计算；

（四）具体行政行为依法通过公告形式告知受送达人的，自公告规定的期限届满之日起计算；

（五）行政机关作出具体行政行为时未告知公民、法人或者其他组织，事后补充告知的，自该公民、法人或者其他组织收到行政机关补充告知的通知之日起计算；

（六）被申请人能够证明公民、法人或者其他组织知道具体行政行为的，自证据材料证明其知道具体行政行为之日起计算。

行政机关作出具体行政行为，依法应当向有关公民、法人或者其他组织送达法律文书而未送达的，视为该公民、法人或者其他组织不知道该具体行政行为。

第十六条 公民、法人或者其他组织依照行政复议法第六条第（八）项、第（九）项、第（十）项的规定申请行政机关履行法定职责，行政机关未履行的，行政复议申请期限依照下列规定计算：

（一）有履行期限规定的，自履行期限届满之日起计算；

（二）没有履行期限规定的，自行政机关收到申请满60日起计算。

公民、法人或者其他组织在紧急情况下请求行政机关履行保护人身权、财产权的法定职责，行政机关不履行的，行政复议申请期限不受前款规定的限制。

第十七条 行政机关作出的具体行政行为对公民、法人或者其他组织的权利、义务可能产生不利影响的，应当告知其申请行政复议的权利、行政复议机关和行政复议申请期限。

第四节 行政复议申请的提出

第十八条 申请人书面申请行政复议的，可以采取当面递交、邮寄或者传真等方式提出行政复议申请。

有条件的行政复议机构可以接受以电子邮件形式提出的行政复议申请。

第十九条 申请人书面申请行政复议的，应当在行政复议申请书中载明下列事项：

（一）申请人的基本情况，包括：公民的姓名、性别、年龄、身份证号码、工作单位、住所、邮政编码；法人或者其他组织的名称、住所、邮政编码和法定代表人或者主要负责人的姓名、职务；

（二）被申请人的名称；

（三）行政复议请求、申请行政复议的主要事实和理由；

（四）申请人的签名或者盖章；

（五）申请行政复议的日期。

第二十条 申请人口头申请行政复议的，行政复议机构应当依照本条例第十九条规定的事项，当场制作行政复议申请笔录交申请人核对或者向申请人宣读，并由申请人签字确认。

第二十一条 有下列情形之一的，申请人应当提供证明材料：

（一）认为被申请人不履行法定职责的，提供曾经要求被申请人履行法定职责而被申请人未履行的证明材料；

（二）申请行政复议时一并提出行政赔偿请求

的,提供受具体行政行为侵害而造成损害的证明材料;

(三)法律、法规规定需要申请人提供证据材料的其他情形。

第二十二条 申请人提出行政复议申请时错列被申请人的,行政复议机构应当告知申请人变更被申请人。

第二十三条 申请人对两个以上国务院部门共同作出的具体行政行为不服的,依照行政复议法第十四条的规定,可以向其中任何一个国务院部门提出行政复议申请,由作出具体行政行为的国务院部门共同作出行政复议决定。

第二十四条 申请人对经国务院批准实行省以下垂直领导的部门作出的具体行政行为不服的,可以选择向该部门的本级人民政府或者上一级主管部门申请行政复议;省、自治区、直辖市另有规定的,依照省、自治区、直辖市的规定办理。

第二十五条 申请人依照行政复议法第三十条第二款的规定申请行政复议的,应当向省、自治区、直辖市人民政府提出行政复议申请。

第二十六条 依照行政复议法第七条的规定,申请人认为具体行政行为所依据的规定不合法的,可以在对具体行政行为申请行政复议的同时一并提出对该规定的审查申请;申请人在对具体行政行为提出行政复议申请时尚不知道该具体行政行为所依据的规定的,可以在行政复议机关作出行政复议决定前向行政复议机关提出对该规定的审查申请。

第三章 行政复议受理

第二十七条 公民、法人或者其他组织认为行政机关的具体行政行为侵犯其合法权益提出行政复议申请,除不符合行政复议法和本条例规定的申请条件的,行政复议机关必须受理。

第二十八条 行政复议申请符合下列规定的,应当予以受理:

(一)有明确的申请人和符合规定的被申请人;

(二)申请人与具体行政行为有利害关系;

(三)有具体的行政复议请求和理由;

(四)在法定申请期限内提出;

(五)属于行政复议法规定的行政复议范围;

(六)属于收到行政复议申请的行政复议机构的职责范围;

(七)其他行政复议机关尚未受理同一行政复议申请,人民法院尚未受理同一主体就同一事实提起的行政诉讼。

第二十九条 行政复议申请材料不齐全或者表述不清楚的,行政复议机构可以自收到该行政复议申请之日起5日内书面通知申请人补正。补正通知应当载明需要补正的事项和合理的补正期限。无正当理由逾期不补正的,视为申请人放弃行政复议申请。补正申请材料所用时间不计入行政复议审理期限。

第三十条 申请人就同一事项向两个或者两个以上有权受理的行政机关申请行政复议的,由最先收到行政复议申请的行政机关受理;同时收到行政复议申请的,由收到行政复议申请的行政机关在10日内协商确定;协商不成的,由其共同上一级行政机关在10日内指定受理机关。协商确定或者指定受理机关所用时间不计入行政复议审理期限。

第三十一条 依照行政复议法第二十条的规定,上级行政机关认为行政复议机关不予受理行政复议申请的理由不成立的,可以先行督促其受理;经督促仍不受理的,应当责令其限期受理,必要时也可以直接受理;认为行政复议申请不符合法定受理条件的,应当告知申请人。

第四章 行政复议决定

第三十二条 行政复议机构审理行政复议案件,应当由2名以上行政复议人员参加。

第三十三条 行政复议机构认为必要时,可以实地调查核实证据;对重大、复杂的案件,申请人提出要求或者行政复议机构认为必要时,可以采取听证的方式审理。

第三十四条 行政复议人员向有关组织和人员调查取证时,可以查阅、复制、调取有关文件和资料,向有关人员进行询问。

调查取证时,行政复议人员不得少于2人,并应当向当事人或者有关人员出示证件。被调查单位和人员应当配合行政复议人员的工作,不得拒绝或者阻挠。

需要现场勘验的,现场勘验所用时间不计入行政复议审理期限。

第三十五条 行政复议机关应当为申请人、第三人查阅有关材料提供必要条件。

第三十六条 依照行政复议法第十四条的规

定申请原级行政复议的案件,由原承办具体行政行为有关事项的部门或者机构提出书面答复,并提交作出具体行政行为的证据、依据和其他有关材料。

第三十七条 行政复议期间涉及专门事项需要鉴定的,当事人可以自行委托鉴定机构进行鉴定,也可以申请行政复议机构委托鉴定机构进行鉴定。鉴定费用由当事人承担。鉴定所用时间不计入行政复议审理期限。

第三十八条 申请人在行政复议决定作出前自愿撤回行政复议申请的,经行政复议机构同意,可以撤回。

申请人撤回行政复议申请的,不得再以同一事实和理由提出行政复议申请。但是,申请人能够证明撤回行政复议申请违背其真实意思表示的除外。

第三十九条 行政复议期间被申请人改变原具体行政行为的,不影响行政复议案件的审理。但是,申请人依法撤回行政复议申请的除外。

第四十条 公民、法人或者其他组织对行政机关行使法律、法规规定的自由裁量权作出的具体行政行为不服申请行政复议,申请人与被申请人在行政复议决定作出前自愿达成和解的,应当向行政复议机构提交书面和解协议;和解内容不损害社会公共利益和他人合法权益的,行政复议机构应当准许。

第四十一条 行政复议期间有下列情形之一,影响行政复议案件审理的,行政复议中止:

(一)作为申请人的自然人死亡,其近亲属尚未确定是否参加行政复议的;

(二)作为申请人的自然人丧失参加行政复议的能力,尚未确定法定代理人参加行政复议的;

(三)作为申请人的法人或者其他组织终止,尚未确定权利义务承受人的;

(四)作为申请人的自然人下落不明或者被宣告失踪的;

(五)申请人、被申请人因不可抗力,不能参加行政复议的;

(六)案件涉及法律适用问题,需要有权机关作出解释或者确认的;

(七)案件审理需要以其他案件的审理结果为依据,而其他案件尚未审结的;

(八)其他需要中止行政复议的情形。

行政复议中止的原因消除后,应当及时恢复行政复议案件的审理。

行政复议机构中止、恢复行政复议案件的审理,应当告知有关当事人。

第四十二条 行政复议期间有下列情形之一的,行政复议终止:

(一)申请人要求撤回行政复议申请,行政复议机构准予撤回的;

(二)作为申请人的自然人死亡,没有近亲属或者其近亲属放弃行政复议权利的;

(三)作为申请人的法人或者其他组织终止,其权利义务的承受人放弃行政复议权利的;

(四)申请人与被申请人依照本条例第四十条的规定,经行政复议机构准许达成和解的;

(五)申请人对行政拘留或者限制人身自由的行政强制措施不服申请行政复议后,因申请人同一违法行为涉嫌犯罪,该行政拘留或者限制人身自由的行政强制措施变更为刑事拘留的。

依照本条例第四十一条第一款第(一)项、第(二)项、第(三)项规定中止行政复议,满60日行政复议中止的原因仍未消除的,行政复议终止。

第四十三条 依照行政复议法第二十八条第一款第(一)项规定,具体行政行为认定事实清楚,证据确凿,适用依据正确,程序合法,内容适当的,行政复议机关应当决定维持。

第四十四条 依照行政复议法第二十八条第一款第(二)项规定,被申请人不履行法定职责的,行政复议机关应当决定其在一定期限内履行法定职责。

第四十五条 具体行政行为有行政复议法第二十八条第一款第(三)项规定情形之一的,行政复议机关应当决定撤销、变更该具体行政行为或者确认该具体行政行为违法;决定撤销该具体行政行为或者确认该具体行政行为违法的,可以责令被申请人在一定期限内重新作出具体行政行为。

第四十六条 被申请人未依照行政复议法第二十三条的规定提出书面答复、提交当初作出具体行政行为的证据、依据和其他有关材料的,视为该具体行政行为没有证据、依据,行政复议机关应当决定撤销该具体行政行为。

第四十七条 具体行政行为有下列情形之一,行政复议机关可以决定变更:

(一)认定事实清楚,证据确凿,程序合法,但是明显不当或者适用依据错误的;

(二)认定事实不清,证据不足,但是经行政复议机关审理查明事实清楚,证据确凿的。

第四十八条 有下列情形之一的，行政复议机关应当决定驳回行政复议申请：

（一）申请人认为行政机关不履行法定职责申请行政复议，行政复议机关受理后发现该行政机关没有相应法定职责或者在受理前已经履行法定职责的；

（二）受理行政复议申请后，发现该行政复议申请不符合行政复议法和本条例规定的受理条件的。

上级行政机关认为行政复议机关驳回行政复议申请的理由不成立的，应当责令其恢复审理。

第四十九条 行政复议机关依照行政复议法第二十八条的规定责令被申请人重新作出具体行政行为的，被申请人应当在法律、法规、规章规定的期限内重新作出具体行政行为；法律、法规、规章未规定期限的，重新作出具体行政行为的期限为60日。

公民、法人或者其他组织对被申请人重新作出的具体行政行为不服，可以依法申请行政复议或者提起行政诉讼。

第五十条 有下列情形之一的，行政复议机关可以按照自愿、合法的原则进行调解：

（一）公民、法人或者其他组织对行政机关行使法律、法规规定的自由裁量权作出的具体行政行为不服申请行政复议的；

（二）当事人之间的行政赔偿或者行政补偿纠纷。

当事人经调解达成协议的，行政复议机关应当制作行政复议调解书。调解书应当载明行政复议请求、事实、理由和调解结果，并加盖行政复议机关印章。行政复议调解书经双方当事人签字，即具有法律效力。

调解未达成协议或者调解书生效前一方反悔的，行政复议机关应当及时作出行政复议决定。

第五十一条 行政复议机关在申请人的行政复议请求范围内，不得作出对申请人更为不利的行政复议决定。

第五十二条 第三人逾期不起诉又不履行行政复议决定的，依照行政复议法第三十三条的规定处理。

第五章 行政复议指导和监督

第五十三条 行政复议机关应当加强对行政复议工作的领导。

行政复议机构在本级行政复议机关的领导下，按照职责权限对行政复议工作进行督促、指导。

第五十四条 县级以上各级人民政府应当加强对所属工作部门和下级人民政府履行行政复议职责的监督。

行政复议机关应当加强对其行政复议机构履行行政复议职责的监督。

第五十五条 县级以上地方各级人民政府应当建立健全行政复议工作责任制，将行政复议工作纳入本级政府目标责任制。

第五十六条 县级以上地方各级人民政府应当按照职责权限，通过定期组织检查、抽查等方式，对所属工作部门和下级人民政府行政复议工作进行检查，并及时向有关方面反馈检查结果。

第五十七条 行政复议期间行政复议机关发现被申请人或者其他下级行政机关的相关行政行为违法或者需要做好善后工作的，可以制作行政复议意见书。有关机关应当自收到行政复议意见书之日起60日内将纠正相关行政违法行为或者做好善后工作的情况通报行政复议机构。

行政复议期间行政复议机构发现法律、法规、规章实施中带有普遍性的问题，可以制作行政复议建议书，向有关机关提出完善制度和改进行政执法的建议。

第五十八条 县级以上各级人民政府行政复议机构应当定期向本级人民政府提交行政复议工作状况分析报告。

第五十九条 下级行政复议机关应当及时将重大行政复议决定报上级行政复议机关备案。

第六十条 各级行政复议机构应当定期组织对行政复议人员进行业务培训，提高行政复议人员的专业素质。

第六十一条 各级行政复议机关应当定期总结行政复议工作，对在行政复议工作中做出显著成绩的单位和个人，依照有关规定给予表彰和奖励。

第六章 法律责任

第六十二条 被申请人在规定期限内未按照行政复议决定的要求重新作出具体行政行为，或者违反规定重新作出具体行政行为的，依照行政复议法第三十七条的规定追究法律责任。

第六十三条 拒绝或者阻挠行政复议人员调查取证、查阅、复制、调取有关文件和资料的，对有关责任人员依法给予处分或者治安处罚；构成犯罪的,依法追究刑事责任。

第六十四条 行政复议机关或者行政复议机构不履行行政复议法和本条例规定的行政复议职责,经有权监督的行政机关督促仍不改正的,对直接负责的主管人员和其他直接责任人员依法给予警告、记过、记大过的处分;造成严重后果的,依法给予降级、撤职、开除的处分。

第六十五条 行政机关及其工作人员违反行政复议法和本条例规定的,行政复议机构可以向人事、监察部门提出对有关责任人员的处分建议,也可以将有关人员违法的事实材料直接转送人事、监察部门处理;接受转送的人事、监察部门应当依法处理,并将处理结果通报转送的行政复议机构。

第七章 附 则

第六十六条 本条例自2007年8月1日起施行。

信访条例

(2005年1月5日国务院第76次常务会议通过 2005年1月10日中华人民共和国国务院令第431号公布 自2005年5月1日起施行)

第一章 总 则

第一条 【立法宗旨】为了保持各级人民政府同人民群众的密切联系,保护信访人的合法权益,维护信访秩序,制定本条例。

第二条 【信访界定】本条例所称信访,是指公民、法人或者其他组织采用书信、电子邮件、传真、电话、走访等形式,向各级人民政府、县级以上人民政府工作部门反映情况,提出建议、意见或者投诉请求,依法由有关行政机关处理的活动。

采用前款规定的形式,反映情况,提出建议、意见或者投诉请求的公民、法人或者其他组织,称信访人。

第三条 【信访要求】各级人民政府、县级以上人民政府工作部门应当做好信访工作,认真处理来信、接待来访,倾听人民群众的意见、建议和要求,接受人民群众的监督,努力为人民群众服务。

各级人民政府、县级以上人民政府工作部门应当畅通信访渠道,为信访人采用本条例规定的形式反映情况,提出建议、意见或者投诉请求提供便利条件。

任何组织和个人不得打击报复信访人。

第四条 【信访原则】信访工作应当在各级人民政府领导下,坚持属地管理、分级负责,谁主管、谁负责,依法、及时、就地解决问题与疏导教育相结合的原则。

第五条 【信访工作基本要求】各级人民政府、县级以上人民政府工作部门应当科学、民主决策,依法履行职责,从源头上预防导致信访事项的矛盾和纠纷。

县级以上人民政府应当建立统一领导、部门协调,统筹兼顾、标本兼治,各负其责、齐抓共管的信访工作格局,通过联席会议、建立排查调处机制、建立信访督查工作制度等方式,及时化解矛盾和纠纷。

各级人民政府、县级以上人民政府各工作部门的负责人应当阅批重要来信、接待重要来访、听取信访工作汇报,研究解决信访工作中的突出问题。

第六条 【信访工作机构职责】县级以上人民政府应当设立信访工作机构;县级以上人民政府工作部门及乡、镇人民政府应当按照有利工作、方便信访人的原则,确定负责信访工作的机构(以下简称信访工作机构)或者人员,具体负责信访工作。

县级以上人民政府信访工作机构是本级人民政府负责信访工作的行政机构,履行下列职责:

(一)受理、交办、转送信访人提出的信访事项;

(二)承办上级和本级人民政府交由处理的信访事项;

(三)协调处理重要信访事项;

(四)督促检查信访事项的处理;

(五)研究、分析信访情况,开展调查研究,及时向本级人民政府提出完善政策和改进工作的建议;

(六)对本级人民政府其他工作部门和下级人民政府信访工作机构的信访工作进行指导。

第七条 【信访工作责任制】各级人民政府应当建立健全信访工作责任制,对信访工作中的失职、渎职行为,严格依照有关法律、行政法规和本条例的规定,追究有关责任人员的责任,并在一定范围内予以通报。

各级人民政府应当将信访工作绩效纳入公务员考核体系。

第八条 【信访奖励制度】信访人反映的情

况,提出的建议、意见,对国民经济和社会发展或者对改进国家机关工作以及保护社会公共利益有贡献的,由有关行政机关或者单位给予奖励。

对在信访工作中做出优异成绩的单位或者个人,由有关行政机关给予奖励。

第二章 信访渠道

第九条 【信访渠道公开】各级人民政府、县级以上人民政府工作部门应当向社会公布信访工作机构的通信地址、电子信箱、投诉电话、信访接待的时间和地点、查询信访事项处理进展及结果的方式等相关事项。

各级人民政府、县级以上人民政府工作部门应当在其信访接待场所或者网站公布与信访工作有关的法律、法规、规章,信访事项的处理程序,以及其他为信访人提供便利的相关事项。

第十条 【信访接待日制度】设区的市级、县级人民政府及其工作部门,乡、镇人民政府应当建立行政机关负责人信访接待日制度,由行政机关负责人协调处理信访事项。信访人可以在公布的接待日和接待地点向有关行政机关负责人当面反映信访事项。

县级以上人民政府及其工作部门负责人或者其指定的人员,可以就信访人反映突出的问题到信访人居住地与信访人面谈沟通。

第十一条 【信访信息系统】国家信访工作机构充分利用现有政务信息网络资源,建立全国信访信息系统,为信访人在当地提出信访事项、查询信访事项办理情况提供便利。

县级以上地方人民政府应当充分利用现有政务信息网络资源,建立或者确定本行政区域的信访信息系统,并与上级人民政府、政府有关部门、下级人民政府的信访信息系统实现互联互通。

第十二条 【投诉请求办理情况的查询】县级以上各级人民政府的信访工作机构或者有关工作部门应当及时将信访人的投诉请求输入信访信息系统,信访人可以持行政机关出具的投诉请求受理凭证到当地人民政府的信访工作机构或者有关工作部门的接待场所查询其所提出的投诉请求的办理情况。具体实施办法和步骤由省、自治区、直辖市人民政府规定。

第十三条 【信访工作机制】设区的市、县两级人民政府可以根据信访工作的实际需要,建立政府主导、社会参与、有利于迅速解决纠纷的工作机制。

信访工作机构应当组织相关社会团体、法律援助机构、相关专业人员、社会志愿者等共同参与,运用咨询、教育、协商、调解、听证等方法,依法、及时、合理处理信访人的投诉请求。

第三章 信访事项的提出

第十四条 【信访指向对象】信访人对下列组织、人员的职务行为反映情况,提出建议、意见,或者不服下列组织、人员的职务行为,可以向有关行政机关提出信访事项:

(一)行政机关及其工作人员;

(二)法律、法规授权的具有管理公共事务职能的组织及其工作人员;

(三)提供公共服务的企业、事业单位及其工作人员;

(四)社会团体或者其他企业、事业单位中由国家行政机关任命、派出的人员;

(五)村民委员会、居民委员会及其成员。

对依法应当通过诉讼、仲裁、行政复议等法定途径解决的投诉请求,信访人应当依照有关法律、行政法规规定的程序向有关机关提出。

第十五条 【信访提出对象】信访人对各级人民代表大会以及县级以上各级人民代表大会常务委员会、人民法院、人民检察院职权范围内的信访事项,应当分别向有关的人民代表大会及其常务委员会、人民法院、人民检察院提出,并遵守本条例第十六条、第十七条、第十八条、第十九条、第二十条的规定。

第十六条 【信访的提出】信访人采用走访形式提出信访事项,应当向依法有权处理的本级或者上一级机关提出;信访事项已经受理或者正在办理的,信访人在规定期限内向受理、办理机关的上级机关再提出同一信访事项的,该上级机关不予受理。

第十七条 【信访提出形式】信访人提出信访事项,一般应当采用书信、电子邮件、传真等书面形式;信访人提出投诉请求的,还应当载明信访人的姓名(名称)、住址和请求、事实、理由。

有关机关对采用口头形式提出的投诉请求,应当记录信访人的姓名(名称)、住址和请求、事实、理由。

第十八条 【信访代表】信访人采用走访形式

提出信访事项的，应当到有关机关设立或者指定的接待场所提出。

多人采用走访形式提出共同的信访事项的，应当推选代表，代表人数不得超过5人。

第十九条 【信访客观性要求】信访人提出信访事项，应当客观真实，对其所提供材料内容的真实性负责，不得捏造、歪曲事实，不得诬告、陷害他人。

第二十条 【信访秩序】信访人在信访过程中应当遵守法律、法规，不得损害国家、社会、集体的利益和其他公民的合法权利，自觉维护社会公共秩序和信访秩序，不得有下列行为：

（一）在国家机关办公场所周围、公共场所非法聚集，围堵、冲击国家机关，拦截公务车辆，或者堵塞、阻断交通的；

（二）携带危险物品、管制器具的；

（三）侮辱、殴打、威胁国家机关工作人员，或者非法限制他人人身自由的；

（四）在信访接待场所滞留、滋事，或者将生活不能自理的人弃留在信访接待场所的；

（五）煽动、串联、胁迫、以财物诱使、幕后操纵他人信访或者以信访为名借机敛财的；

（六）扰乱公共秩序、妨害国家和公共安全的其他行为。

第四章　信访事项的受理

第二十一条 【信访工作机构信访处理】县级以上人民政府信访工作机构收到信访事项，应当予以登记，并区分情况，在15日内分别按下列方式处理：

（一）对本条例第十五条规定的信访事项，应当告知信访人分别向有关的人民代表大会及其常务委员会、人民法院、人民检察院提出。对已经或者依法应当通过诉讼、仲裁、行政复议等法定途径解决的，不予受理，但应当告知信访人依照有关法律、行政法规规定程序向有关机关提出。

（二）对依照法定职责属于本级人民政府或者其工作部门处理决定的信访事项，应当转送有权处理的行政机关；情况重大、紧急的，应当及时提出建议，报请本级人民政府决定。

（三）信访事项涉及下级行政机关或者其工作人员的，按照“属地管理、分级负责，谁主管、谁负责”的原则，直接转送有权处理的行政机关，并抄送下一级人民政府信访工作机构。

县级以上人民政府信访工作机构要定期向下一级人民政府信访工作机构通报转送情况，下级人民政府信访工作机构要定期向上一级人民政府信访工作机构报告转送信访事项的办理情况。

（四）对转送信访事项中的重要情况需要反馈办理结果的，可以直接交由有权处理的行政机关办理，要求其在指定办理期限内反馈结果，提交办结报告。

按照前款第（二）项至第（四）项规定，有关行政机关应当自收到转送、交办的信访事项之日起15日内决定是否受理并书面告知信访人，并按要求通报信访工作机构。

第二十二条 【其他行政机关信访处理】信访人按照本条例规定直接向各级人民政府信访工作机构以外的行政机关提出的信访事项，有关行政机关应当予以登记；对符合本条例第十四条第一款规定并属于本机关法定职权范围的信访事项，应当受理，不得推诿、敷衍、拖延；对不属于本机关职权范围的信访事项，应当告知信访人向有权的机关提出。

有关行政机关收到信访事项后，能够当场答复是否受理的，应当当场书面答复；不能当场答复的，应当自收到信访事项之日起15日内书面告知信访人。但是，信访人的姓名（名称）、住址不清的除外。

有关行政机关应当相互通报信访事项的受理情况。

第二十三条 【保密义务】行政机关及其工作人员不得将信访人的检举、揭发材料及有关情况透露或者转给被检举、揭发的人员或者单位。

第二十四条 【共同受理】涉及两个或者两个以上行政机关的信访事项，由所涉及的行政机关协商受理；受理有争议的，由其共同的上一级行政机关决定受理机关。

第二十五条 【行政机关变更时信访的受理】应当对信访事项作出处理的行政机关分立、合并、撤销的，由继续行使其职权的行政机关受理；职责不清的，由本级人民政府或者其指定的机关受理。

第二十六条 【紧急信访事项】公民、法人或者其他组织发现可能造成社会影响的重大、紧急信访事项和信访信息时，可以就近向有关行政机关报告。地方各级人民政府接到报告后，应当立即报告上一级人民政府；必要时，通报有关主管部门。县级以上地方人民政府有关部门接到报告后，应当立即报告本级人民政府和上一级主管部门；必要时，通报有关主管部门。国务院有关部门接到报告后，应当立即报告国务院；必要时，通报有关主管部门。

行政机关对重大、紧急信访事项和信访信息不得隐瞒、谎报、缓报，或者授意他人隐瞒、谎报、缓报。

第二十七条 【重大信访信息的控制】对于可能造成社会影响的重大、紧急信访事项和信访信息，有关行政机关应当在职责范围内依法及时采取措施，防止不良影响的产生、扩大。

第五章 信访事项的办理和督办

第二十八条 【信访工作人员职责】行政机关及其工作人员办理信访事项，应当恪尽职守、秉公办事，查明事实、分清责任，宣传法制、教育疏导，及时妥善处理，不得推诿、敷衍、拖延。

第二十九条 【信访的采纳】信访人反映的情况，提出的建议、意见，有利于行政机关改进工作、促进国民经济和社会发展的，有关行政机关应当认真研究论证并积极采纳。

第三十条 【回避】行政机关工作人员与信访事项或者信访人有直接利害关系的，应当回避。

第三十一条 【信访处理程序】对信访事项有权处理的行政机关办理信访事项，应当听取信访人陈述事实和理由；必要时可以要求信访人、有关组织和人员说明情况；需要进一步核实有关情况的，可以向其他组织和人员调查。

对重大、复杂、疑难的信访事项，可以举行听证。听证应当公开举行，通过质询、辩论、评议、合议等方式，查明事实，分清责任。听证范围、主持人、参加人、程序等由省、自治区、直辖市人民政府规定。

第三十二条 【信访处理结果】对信访事项有权处理的行政机关经调查核实，应当依照有关法律、法规、规章及其他有关规定，分别作出以下处理，并书面答复信访人：

（一）请求事实清楚，符合法律、法规、规章或者其他有关规定的，予以支持；

（二）请求事由合理但缺乏法律依据的，应当对信访人做好解释工作；

（三）请求缺乏事实根据或者不符合法律、法规、规章或者其他有关规定的，不予支持。

有权处理的行政机关依照前款第（一）项规定作出支持信访请求意见的，应当督促有关机关或者单位执行。

第三十三条 【信访办结期限】信访事项应当自受理之日起60日内办结；情况复杂的，经本行政机关负责人批准，可以适当延长办理期限，但延长期限不得超过30日，并告知信访人延期理由。法律、行政法规另有规定的，从其规定。

第三十四条 【复查】信访人对行政机关作出的信访事项处理意见不服的，可以自收到书面答复之日起30日内请求原办理行政机关的上一级行政机关复查。收到复查请求的行政机关应当自收到复查请求之日起30日内提出复查意见，并予以书面答复。

第三十五条 【复核】信访人对复查意见不服的，可以自收到书面答复之日起30日内向复查机关的上一级行政机关请求复核。收到复核请求的行政机关应当自收到复核请求之日起30日内提出复核意见。

复核机关可以按照本条例第三十一条第二款的规定举行听证，经过听证的复核意见可以依法向社会公示。听证所需时间不计算在前款规定的期限内。

信访人对复核意见不服，仍然以同一事实和理由提出投诉请求的，各级人民政府信访工作机构和其他行政机关不再受理。

第三十六条 【信访改进建议】县级以上人民政府信访工作机构发现有关行政机关有下列情形之一的，应当及时督办，并提出改进建议：

（一）无正当理由未按规定的办理期限办结信访事项的；

（二）未按规定反馈信访事项办理结果的；

（三）未按规定程序办理信访事项的；

（四）办理信访事项推诿、敷衍、拖延的；

（五）不执行信访处理意见的；

（六）其他需要督办的情形。

收到改进建议的行政机关应当在30日内书面反馈情况；未采纳改进建议的，应当说明理由。

第三十七条 【信访建议】县级以上人民政府信访工作机构对于信访人反映的有关政策性问题，应当及时向本级人民政府报告，并提出完善政策、解决问题的建议。

第三十八条 【信访处分建议】县级以上人民政府信访工作机构对在信访工作中推诿、敷衍、拖延、弄虚作假造成严重后果的行政机关工作人员，可以向有关行政机关提出给予行政处分的建议。

第三十九条 【信访分析报告】县级以上人民

政府信访工作机构应当就以下事项向本级人民政府定期提交信访情况分析报告：

（一）受理信访事项的数据统计、信访事项涉及领域以及被投诉较多的机关；

（二）转送、督办情况以及各部门采纳改进建议的情况；

（三）提出的政策性建议及其被采纳情况。

第六章 法律责任

第四十条 【侵害信访人合法权益的责任】因下列情形之一导致信访事项发生，造成严重后果的，对直接负责的主管人员和其他直接责任人员，依照有关法律、行政法规的规定给予行政处分；构成犯罪的，依法追究刑事责任：

（一）超越或者滥用职权，侵害信访人合法权益的；

（二）行政机关应当作为而不作为，侵害信访人合法权益的；

（三）适用法律、法规错误或者违反法定程序，侵害信访人合法权益的；

（四）拒不执行有权处理的行政机关作出的支持信访请求意见的。

第四十一条 【对失职行为的行政处分】县级以上人民政府信访工作机构对收到的信访事项应当登记、转送、交办而未按规定登记、转送、交办，或者应当履行督办职责而未履行的，由其上级行政机关责令改正；造成严重后果的，对直接负责的主管人员和其他直接责任人员依法给予行政处分。

第四十二条 【对不作为行为的行政处分】负有受理信访事项职责的行政机关在受理信访事项过程中违反本条例的规定，有下列情形之一的，由其上级行政机关责令改正；造成严重后果的，对直接负责的主管人员和其他直接责任人员依法给予行政处分：

（一）对收到的信访事项不按规定登记的；

（二）对属于其法定职权范围的信访事项不予受理的；

（三）行政机关未在规定期限内书面告知信访人是否受理信访事项的。

第四十三条 【信访失职的行政处分】对信访事项有权处理的行政机关在办理信访事项过程中，有下列行为之一的，由其上级行政机关责令改正；造成严重后果的，对直接负责的主管人员和其他直接责任人员依法给予行政处分：

（一）推诿、敷衍、拖延信访事项办理或者未在法定期限内办结信访事项的；

（二）对事实清楚，符合法律、法规、规章或者其他有关规定的投诉请求未予支持的。

第四十四条 【违法透露检举、揭发材料的处分】行政机关工作人员违反本条例规定，将信访人的检举、揭发材料或者有关情况透露、转给被检举、揭发的人员或者单位的，依法给予行政处分。

行政机关工作人员在处理信访事项过程中，作风粗暴，激化矛盾并造成严重后果的，依法给予行政处分。

第四十五条 【隐瞒、谎报、缓报重大、紧急信访事项的责任】行政机关及其工作人员违反本条例第二十六条规定，对可能造成社会影响的重大、紧急信访事项和信访信息，隐瞒、谎报、缓报，或者授意他人隐瞒、谎报、缓报，造成严重后果的，对直接负责的主管人员和其他直接责任人员依法给予行政处分；构成犯罪的，依法追究刑事责任。

第四十六条 【打击报复信访人的责任】打击报复信访人，构成犯罪的，依法追究刑事责任；尚不构成犯罪的，依法给予行政处分或者纪律处分。

第四十七条 【违反社会公共秩序及信访秩序的处理】违反本条例第十八条、第二十条规定的，有关国家机关工作人员应当对信访人进行劝阻、批评或者教育。

经劝阻、批评和教育无效的，由公安机关予以警告、训诫或者制止；违反集会游行示威的法律、行政法规，或者构成违反治安管理行为的，由公安机关依法采取必要的现场处置措施、给予治安管理处罚；构成犯罪的，依法追究刑事责任。

第四十八条 【捏造、诬告责任】信访人捏造歪曲事实、诬告陷害他人，构成犯罪的，依法追究刑事责任；尚不构成犯罪的，由公安机关依法给予治安管理处罚。

第七章 附 则

第四十九条 【单位信访工作】社会团体、企业事业单位的信访工作参照本条例执行。

第五十条 【涉外信访】对外国人、无国籍人、外国组织信访事项的处理，参照本条例执行。

第五十一条 【实施日期】本条例自2005年5月1日起施行。1995年10月28日国务院发布的《信访条例》同时废止。

中华人民共和国政府信息公开条例

（2007年4月5日中华人民共和国国务院令第492号公布 2019年4月3日中华人民共和国国务院令第711号修订 自2019年5月15日起施行）

第一章 总 则

第一条 为了保障公民、法人和其他组织依法获取政府信息，提高政府工作的透明度，建设法治政府，充分发挥政府信息对人民群众生产、生活和经济社会活动的服务作用，制定本条例。

第二条 本条例所称政府信息，是指行政机关在履行行政管理职能过程中制作或者获取的，以一定形式记录、保存的信息。

第三条 各级人民政府应当加强对政府信息公开工作的组织领导。

国务院办公厅是全国政府信息公开工作的主管部门，负责推进、指导、协调、监督全国的政府信息公开工作。

县级以上地方人民政府办公厅（室）是本行政区域的政府信息公开工作主管部门，负责推进、指导、协调、监督本行政区域的政府信息公开工作。

实行垂直领导的部门的办公厅（室）主管本系统的政府信息公开工作。

第四条 各级人民政府及县级以上人民政府部门应当建立健全本行政机关的政府信息公开工作制度，并指定机构（以下统称政府信息公开工作机构）负责本行政机关政府信息公开的日常工作。

政府信息公开工作机构的具体职能是：

（一）办理本行政机关的政府信息公开事宜；

（二）维护和更新本行政机关公开的政府信息；

（三）组织编制本行政机关的政府信息公开指南、政府信息公开目录和政府信息公开工作年度报告；

（四）组织开展对拟公开政府信息的审查；

（五）本行政机关规定的与政府信息公开有关的其他职能。

第五条 行政机关公开政府信息，应当坚持以公开为常态、不公开为例外，遵循公正、公平、合法、便民的原则。

第六条 行政机关应当及时、准确地公开政府信息。

行政机关发现影响或者可能影响社会稳定、扰乱社会和经济管理秩序的虚假或者不完整信息的，应当发布准确的政府信息予以澄清。

第七条 各级人民政府应当积极推进政府信息公开工作，逐步增加政府信息公开的内容。

第八条 各级人民政府应当加强政府信息资源的规范化、标准化、信息化管理，加强互联网政府信息公开平台建设，推进政府信息公开平台与政务服务平台融合，提高政府信息公开在线办理水平。

第九条 公民、法人和其他组织有权对行政机关的政府信息公开工作进行监督，并提出批评和建议。

第二章 公开的主体和范围

第十条 行政机关制作的政府信息，由制作该政府信息的行政机关负责公开。行政机关从公民、法人和其他组织获取的政府信息，由保存该政府信息的行政机关负责公开；行政机关获取的其他行政机关的政府信息，由制作或者最初获取该政府信息的行政机关负责公开。法律、法规对政府信息公开的权限另有规定的，从其规定。

行政机关设立的派出机构、内设机构依照法律、法规对外以自己名义履行行政管理职能的，可以由该派出机构、内设机构负责与所履行行政管理职能有关的政府信息公开工作。

两个以上行政机关共同制作的政府信息，由牵头制作的行政机关负责公开。

第十一条 行政机关应当建立健全政府信息公开协调机制。行政机关公开政府信息涉及其他机关的，应当与有关机关协商、确认，保证行政机关公开的政府信息准确一致。

行政机关公开政府信息依照法律、行政法规和国家有关规定需要批准的，经批准予以公开。

第十二条 行政机关编制、公布的政府信息公开指南和政府信息公开目录应当及时更新。

政府信息公开指南包括政府信息的分类、编排体系、获取方式和政府信息公开工作机构的名称、办公地址、办公时间、联系电话、传真号码、互联网联系方式等内容。

政府信息公开目录包括政府信息的索引、名称、内容概述、生成日期等内容。

第十三条 除本条例第十四条、第十五条、第十六条规定的政府信息外，政府信息应当公开。

行政机关公开政府信息，采取主动公开和依申请公开的方式。

第十四条 依法确定为国家秘密的政府信息，法律、行政法规禁止公开的政府信息，以及公开后可能危及国家安全、公共安全、经济安全、社会稳定的政府信息，不予公开。

第十五条 涉及商业秘密、个人隐私等公开会对第三方合法权益造成损害的政府信息，行政机关不得公开。但是，第三方同意公开或者行政机关认为不公开会对公共利益造成重大影响的，予以公开。

第十六条 行政机关的内部事务信息，包括人事管理、后勤管理、内部工作流程等方面的信息，可以不予公开。

行政机关在履行行政管理职能过程中形成的讨论记录、过程稿、磋商信函、请示报告等过程性信息以及行政执法案卷信息，可以不予公开。法律、法规、规章规定上述信息应当公开的，从其规定。

第十七条 行政机关应当建立健全政府信息公开审查机制，明确审查的程序和责任。

行政机关应当依照《中华人民共和国保守国家秘密法》以及其他法律、法规和国家有关规定对拟公开的政府信息进行审查。

行政机关不能确定政府信息是否可以公开的，应当依照法律、法规和国家有关规定报有关主管部门或者保密行政管理部门确定。

第十八条 行政机关应当建立健全政府信息管理动态调整机制，对本行政机关不予公开的政府信息进行定期评估审查，对因情势变化可以公开的政府信息应当公开。

第三章 主动公开

第十九条 对涉及公众利益调整、需要公众广泛知晓或者需要公众参与决策的政府信息，行政机关应当主动公开。

第二十条 行政机关应当依照本条例第十九条的规定，主动公开本行政机关的下列政府信息：

（一）行政法规、规章和规范性文件；

（二）机关职能、机构设置、办公地址、办公时间、联系方式、负责人姓名；

（三）国民经济和社会发展规划、专项规划、区域规划及相关政策；

（四）国民经济和社会发展统计信息；

（五）办理行政许可和其他对外管理服务事项的依据、条件、程序以及办理结果；

（六）实施行政处罚、行政强制的依据、条件、程序以及本行政机关认为具有一定社会影响的行政处罚决定；

（七）财政预算、决算信息；

（八）行政事业性收费项目及其依据、标准；

（九）政府集中采购项目的目录、标准及实施情况；

（十）重大建设项目的批准和实施情况；

（十一）扶贫、教育、医疗、社会保障、促进就业等方面的政策、措施及其实施情况；

（十二）突发公共事件的应急预案、预警信息及应对情况；

（十三）环境保护、公共卫生、安全生产、食品药品、产品质量的监督检查情况；

（十四）公务员招考的职位、名额、报考条件等事项以及录用结果；

（十五）法律、法规、规章和国家有关规定规定应当主动公开的其他政府信息。

第二十一条 除本条例第二十条规定的政府信息外，设区的市级、县级人民政府及其部门还应当根据本地方的具体情况，主动公开涉及市政建设、公共服务、公益事业、土地征收、房屋征收、治安管理、社会救助等方面的政府信息；乡（镇）人民政府还应当根据本地方的具体情况，主动公开贯彻落实农业农村政策、农田水利工程建设运营、农村土地承包经营权流转、宅基地使用情况审核、土地征收、房屋征收、筹资筹劳、社会救助等方面的政府信息。

第二十二条 行政机关应当依照本条例第二十条、第二十一条的规定，确定主动公开政府信息的具体内容，并按照上级行政机关的部署，不断增加主动公开的内容。

第二十三条 行政机关应当建立健全政府信息发布机制，将主动公开的政府信息通过政府公报、政府网站或者其他互联网政务媒体、新闻发布会以及报刊、广播、电视等途径予以公开。

第二十四条 各级人民政府应当加强依托政

府门户网站公开政府信息的工作，利用统一的政府信息公开平台集中发布主动公开的政府信息。政府信息公开平台应当具备信息检索、查阅、下载等功能。

第二十五条 各级人民政府应当在国家档案馆、公共图书馆、政务服务场所设置政府信息查阅场所，并配备相应的设施、设备，为公民、法人和其他组织获取政府信息提供便利。

行政机关可以根据需要设立公共查阅室、资料索取点、信息公告栏、电子信息屏等场所、设施，公开政府信息。

行政机关应当及时向国家档案馆、公共图书馆提供主动公开的政府信息。

第二十六条 属于主动公开范围的政府信息，应当自该政府信息形成或者变更之日起20个工作日内及时公开。法律、法规对政府信息公开的期限另有规定的，从其规定。

第四章 依申请公开

第二十七条 除行政机关主动公开的政府信息外，公民、法人或者其他组织可以向地方各级人民政府、对外以自己名义履行行政管理职能的县级以上人民政府部门（含本条例第十条第二款规定的派出机构、内设机构）申请获取相关政府信息。

第二十八条 本条例第二十七条规定的行政机关应当建立完善政府信息公开申请渠道，为申请人依法申请获取政府信息提供便利。

第二十九条 公民、法人或者其他组织申请获取政府信息的，应当向行政机关的政府信息公开工作机构提出，并采用包括信件、数据电文在内的书面形式；采用书面形式确有困难的，申请人可以口头提出，由受理该申请的政府信息公开工作机构代为填写政府信息公开申请。

政府信息公开申请应当包括下列内容：

（一）申请人的姓名或者名称、身份证明、联系方式；

（二）申请公开的政府信息的名称、文号或者便于行政机关查询的其他特征性描述；

（三）申请公开的政府信息的形式要求，包括获取信息的方式、途径。

第三十条 政府信息公开申请内容不明确的，行政机关应当给予指导和释明，并自收到申请之日起7个工作日内一次性告知申请人作出补正，说明需要补正的事项和合理的补正期限。答复期限自行政机关收到补正的申请之日起计算。申请人无正当理由逾期不补正的，视为放弃申请，行政机关不再处理该政府信息公开申请。

第三十一条 行政机关收到政府信息公开申请的时间，按照下列规定确定：

（一）申请人当面提交政府信息公开申请的，以提交之日为收到申请之日；

（二）申请人以邮寄方式提交政府信息公开申请的，以行政机关签收之日为收到申请之日；以平常信函等无需签收的邮寄方式提交政府信息公开申请的，政府信息公开工作机构应当于收到申请的当日与申请人确认，确认之日为收到申请之日；

（三）申请人通过互联网渠道或者政府信息公开工作机构的传真提交政府信息公开申请的，以双方确认之日为收到申请之日。

第三十二条 依申请公开的政府信息公开会损害第三方合法权益的，行政机关应当书面征求第三方的意见。第三方应当自收到征求意见书之日起15个工作日内提出意见。第三方逾期未提出意见的，由行政机关依照本条例的规定决定是否公开。第三方不同意公开且有合理理由的，行政机关不予公开。行政机关认为不公开可能对公共利益造成重大影响的，可以决定予以公开，并将决定公开的政府信息内容和理由书面告知第三方。

第三十三条 行政机关收到政府信息公开申请，能够当场答复的，应当当场予以答复。

行政机关不能当场答复的，应当自收到申请之日起20个工作日内予以答复；需要延长答复期限的，应当经政府信息公开工作机构负责人同意并告知申请人，延长的期限最长不得超过20个工作日。

行政机关征求第三方和其他机关意见所需时间不计算在前款规定的期限内。

第三十四条 申请公开的政府信息由两个以上行政机关共同制作的，牵头制作的行政机关收到政府信息公开申请后可以征求相关行政机关的意见，被征求意见机关应当自收到征求意见书之日起15个工作日内提出意见，逾期未提出意见的视为同意公开。

第三十五条 申请人申请公开政府信息的数量、频次明显超过合理范围，行政机关可以要求申请人说明理由。行政机关认为申请理由不合理的，告知申请人不予处理；行政机关认为申请理由合理，但是无法在本条例第三十三条规定的期限内答复申请人的，可以确定延迟答复的合理期限并告知申请人。

第三十六条 对政府信息公开申请，行政机关根据下列情况分别作出答复：

（一）所申请公开信息已经主动公开的，告知申请人获取该政府信息的方式、途径；

（二）所申请公开信息可以公开的，向申请人提供该政府信息，或者告知申请人获取该政府信息的方式、途径和时间；

（三）行政机关依据本条例的规定决定不予公开的，告知申请人不予公开并说明理由；

（四）经检索没有所申请公开信息的，告知申请人该政府信息不存在；

（五）所申请公开信息不属于本行政机关负责公开的，告知申请人并说明理由；能够确定负责公开该政府信息的行政机关的，告知申请人该行政机关的名称、联系方式；

（六）行政机关已就申请人提出的政府信息公开申请作出答复、申请人重复申请公开相同政府信息的，告知申请人不予重复处理；

（七）所申请公开信息属于工商、不动产登记资料等信息，有关法律、行政法规对信息的获取有特别规定的，告知申请人依照有关法律、行政法规的规定办理。

第三十七条 申请公开的信息中含有不应当公开或者不属于政府信息的内容，但是能够作区分处理的，行政机关应当向申请人提供可以公开的政府信息内容，并对不予公开的内容说明理由。

第三十八条 行政机关向申请人提供的信息，应当是已制作或者获取的政府信息。除依照本条例第三十七条的规定能够作区分处理的外，需要行政机关对现有政府信息进行加工、分析的，行政机关可以不予提供。

第三十九条 申请人以政府信息公开申请的形式进行信访、投诉、举报等活动，行政机关应当告知申请人不作为政府信息公开申请处理并可以告知通过相应渠道提出。

申请人提出的申请内容为要求行政机关提供政府公报、报刊、书籍等公开出版物的，行政机关可以告知获取的途径。

第四十条 行政机关依申请公开政府信息，应当根据申请人的要求及行政机关保存政府信息的实际情况，确定提供政府信息的具体形式；按照申请人要求的形式提供政府信息，可能危及政府信息载体安全或者公开成本过高的，可以通过电子数据以及其他适当形式提供，或者安排申请人查阅、抄录相关政府信息。

第四十一条 公民、法人或者其他组织有证据证明行政机关提供的与其自身相关的政府信息记录不准确的，可以要求行政机关更正。有权更正的行政机关审核属实的，应当予以更正并告知申请人；不属于本行政机关职能范围的，行政机关可以转送有权更正的行政机关处理并告知申请人，或者告知申请人向有权更正的行政机关提出。

第四十二条 行政机关依申请提供政府信息，不收取费用。但是，申请人申请公开政府信息的数量、频次明显超过合理范围的，行政机关可以收取信息处理费。

行政机关收取信息处理费的具体办法由国务院价格主管部门会同国务院财政部门、全国政府信息公开工作主管部门制定。

第四十三条 申请公开政府信息的公民存在阅读困难或者视听障碍的，行政机关应当为其提供必要的帮助。

第四十四条 多个申请人就相同政府信息向同一行政机关提出公开申请，且该政府信息属于可以公开的，行政机关可以纳入主动公开的范围。

对行政机关依申请公开的政府信息，申请人认为涉及公众利益调整、需要公众广泛知晓或者需要公众参与决策的，可以建议行政机关将该信息纳入主动公开的范围。行政机关经审核认为属于主动公开范围的，应当及时主动公开。

第四十五条 行政机关应当建立健全政府信息公开申请登记、审核、办理、答复、归档的工作制度，加强工作规范。

第五章 监督和保障

第四十六条 各级人民政府应当建立健全政府信息公开工作考核制度、社会评议制度和责任追究制度，定期对政府信息公开工作进行考核、评议。

第四十七条 政府信息公开工作主管部门应当加强对政府信息公开工作的日常指导和监督检查，对行政机关未按照要求开展政府信息公开工作的，予以督促整改或者通报批评；需要对负有责任的领导人员和直接责任人员追究责任的，依法向有权机关提出处理建议。

公民、法人或者其他组织认为行政机关未按照要求主动公开政府信息或者对政府信息公开申请不依法答复处理的，可以向政府信息公开工作主管部门提出。政府信息公开工作主管部门查证属实的，应当予以督促整改或者通报批评。

第四十八条 政府信息公开工作主管部门应当对行政机关的政府信息公开工作人员定期进行培训。

第四十九条 县级以上人民政府部门应当在每年1月31日前向本级政府信息公开工作主管部门提交本行政机关上一年度政府信息公开工作年度报告并向社会公布。

县级以上地方人民政府的政府信息公开工作主管部门应当在每年3月31日前向社会公布本级政府上一年度政府信息公开工作年度报告。

第五十条 政府信息公开工作年度报告应当包括下列内容：

（一）行政机关主动公开政府信息的情况；

（二）行政机关收到和处理政府信息公开申请的情况；

（三）因政府信息公开工作被申请行政复议、提起行政诉讼的情况；

（四）政府信息公开工作存在的主要问题及改进情况，各级人民政府的政府信息公开工作年度报告还应当包括工作考核、社会评议和责任追究结果情况；

（五）其他需要报告的事项。

全国政府信息公开工作主管部门应当公布政府信息公开工作年度报告统一格式，并适时更新。

第五十一条 公民、法人或者其他组织认为行政机关在政府信息公开工作中侵犯其合法权益的，可以向上一级行政机关或者政府信息公开工作主管部门投诉、举报，也可以依法申请行政复议或者提起行政诉讼。

第五十二条 行政机关违反本条例的规定，未建立健全政府信息公开有关制度、机制的，由上一级行政机关责令改正；情节严重的，对负有责任的领导人员和直接责任人员依法给予处分。

第五十三条 行政机关违反本条例的规定，有下列情形之一的，由上一级行政机关责令改正；情节严重的，对负有责任的领导人员和直接责任人员依法给予处分；构成犯罪的，依法追究刑事责任：

（一）不依法履行政府信息公开职能；

（二）不及时更新公开的政府信息内容、政府信息公开指南和政府信息公开目录；

（三）违反本条例规定的其他情形。

第六章　附　　则

第五十四条 法律、法规授权的具有管理公共事务职能的组织公开政府信息的活动，适用本条例。

第五十五条 教育、卫生健康、供水、供电、供气、供热、环境保护、公共交通等与人民群众利益密切相关的公共企事业单位，公开在提供社会公共服务过程中制作、获取的信息，依照相关法律、法规和国务院有关主管部门或者机构的规定执行。全国政府信息公开工作主管部门根据实际需要可以制定专门的规定。

前款规定的公共企事业单位未依照相关法律、法规和国务院有关主管部门或者机构的规定公开在提供社会公共服务过程中制作、获取的信息，公民、法人或者其他组织可以向有关主管部门或者机构申诉，接受申诉的部门或者机构应当及时调查处理并将处理结果告知申诉人。

第五十六条 本条例自2019年5月15日起施行。

中华人民共和国行政强制法

（2011年6月30日第十一届全国人民代表大会常务委员会第二十一次会议通过　2011年6月30日中华人民共和国主席令第49号公布　自2012年1月1日起施行）

目　　录

第一章　总　　则
第二章　行政强制的种类和设定
第三章　行政强制措施实施程序
　第一节　一般规定
　第二节　查封、扣押
　第三节　冻　　结
第四章　行政机关强制执行程序
　第一节　一般规定

第二节 金钱给付义务的执行
第三节 代履行
第五章 申请人民法院强制执行
第六章 法律责任
第七章 附 则

第一章 总 则

第一条 【立法目的】为了规范行政强制的设定和实施,保障和监督行政机关依法履行职责,维护公共利益和社会秩序,保护公民、法人和其他组织的合法权益,根据宪法,制定本法。

第二条 【行政强制的定义】本法所称行政强制,包括行政强制措施和行政强制执行。

行政强制措施,是指行政机关在行政管理过程中,为制止违法行为、防止证据损毁、避免危害发生、控制危险扩大等情形,依法对公民的人身自由实施暂时性限制,或者对公民、法人或者其他组织的财物实施暂时性控制的行为。

行政强制执行,是指行政机关或者行政机关申请人民法院,对不履行行政决定的公民、法人或者其他组织,依法强制履行义务的行为。

第三条 【适用范围】行政强制的设定和实施,适用本法。

发生或者即将发生自然灾害、事故灾难、公共卫生事件或者社会安全事件等突发事件,行政机关采取应急措施或者临时措施,依照有关法律、行政法规的规定执行。

行政机关采取金融业审慎监管措施、进出境货物强制性技术监控措施,依照有关法律、行政法规的规定执行。

第四条 【合法性原则】行政强制的设定和实施,应当依照法定的权限、范围、条件和程序。

第五条 【适当原则】行政强制的设定和实施,应当适当。采用非强制手段可以达到行政管理目的的,不得设定和实施行政强制。

第六条 【教育与强制相结合原则】实施行政强制,应当坚持教育与强制相结合。

第七条 【不得利用行政强制谋利】行政机关及其工作人员不得利用行政强制权为单位或者个人谋取利益。

第八条 【相对人的权利与救济】公民、法人或者其他组织对行政机关实施行政强制,享有陈述权、申辩权;有权依法申请行政复议或者提起行政诉讼;因行政机关违法实施行政强制受到损害的,有权依法要求赔偿。

公民、法人或者其他组织因人民法院在强制执行中有违法行为或者扩大强制执行范围受到损害的,有权依法要求赔偿。

第二章 行政强制的种类和设定

第九条 【行政强制措施种类】行政强制措施的种类:

(一)限制公民人身自由;

(二)查封场所、设施或者财物;

(三)扣押财物;

(四)冻结存款、汇款;

(五)其他行政强制措施。

第十条 【行政强制措施设定权】行政强制措施由法律设定。

尚未制定法律,且属于国务院行政管理职权事项的,行政法规可以设定除本法第九条第一项、第四项和应当由法律规定的行政强制措施以外的其他行政强制措施。

尚未制定法律、行政法规,且属于地方性事务的,地方性法规可以设定本法第九条第二项、第三项的行政强制措施。

法律、法规以外的其他规范性文件不得设定行政强制措施。

第十一条 【行政强制措施设定的统一性】法律对行政强制措施的对象、条件、种类作了规定的,行政法规、地方性法规不得作出扩大规定。

法律中未设定行政强制措施的,行政法规、地方性法规不得设定行政强制措施。但是,法律规定特定事项由行政法规规定具体管理措施的,行政法规可以设定除本法第九条第一项、第四项和应当由法律规定的行政强制措施以外的其他行政强制措施。

第十二条 【行政强制执行方式】行政强制执行的方式:

(一)加处罚款或者滞纳金;

(二)划拨存款、汇款;

(三)拍卖或者依法处理查封、扣押的场所、设施或者财物;

(四)排除妨碍、恢复原状;

(五)代履行;

（六）其他强制执行方式。

第十三条 【行政强制执行设定权】行政强制执行由法律设定。

法律没有规定行政机关强制执行的，作出行政决定的行政机关应当申请人民法院强制执行。

第十四条 【听取社会意见、说明必要性及影响】起草法律草案、法规草案，拟设定行政强制的，起草单位应当采取听证会、论证会等形式听取意见，并向制定机关说明设定该行政强制的必要性、可能产生的影响以及听取和采纳意见的情况。

第十五条 【已设定的行政强制的评价制度】行政强制的设定机关应当定期对其设定的行政强制进行评价，并对不适当的行政强制及时予以修改或者废止。

行政强制的实施机关可以对已设定的行政强制的实施情况及存在的必要性适时进行评价，并将意见报告该行政强制的设定机关。

公民、法人或者其他组织可以向行政强制的设定机关和实施机关就行政强制的设定和实施提出意见和建议。有关机关应当认真研究论证，并以适当方式予以反馈。

第三章 行政强制措施实施程序

第一节 一般规定

第十六条 【实施行政强制措施的条件】行政机关履行行政管理职责，依照法律、法规的规定，实施行政强制措施。

违法行为情节显著轻微或者没有明显社会危害的，可以不采取行政强制措施。

第十七条 【行政强制措施的实施主体】行政强制措施由法律、法规规定的行政机关在法定职权范围内实施。行政强制措施权不得委托。

依据《中华人民共和国行政处罚法》的规定行使相对集中行政处罚权的行政机关，可以实施法律、法规规定的与行政处罚权有关的行政强制措施。

行政强制措施应当由行政机关具备资格的行政执法人员实施，其他人员不得实施。

第十八条 【一般程序】行政机关实施行政强制措施应当遵守下列规定：

（一）实施前须向行政机关负责人报告并经批准；

（二）由两名以上行政执法人员实施；

（三）出示执法身份证件；

（四）通知当事人到场；

（五）当场告知当事人采取行政强制措施的理由、依据以及当事人依法享有的权利、救济途径；

（六）听取当事人的陈述和申辩；

（七）制作现场笔录；

（八）现场笔录由当事人和行政执法人员签名或者盖章，当事人拒绝的，在笔录中予以注明；

（九）当事人不到场的，邀请见证人到场，由见证人和行政执法人员在现场笔录上签名或者盖章；

（十）法律、法规规定的其他程序。

第十九条 【情况紧急时的程序】情况紧急，需要当场实施行政强制措施的，行政执法人员应当在二十四小时内向行政机关负责人报告，并补办批准手续。行政机关负责人认为不应当采取行政强制措施的，应当立即解除。

第二十条 【限制人身自由行政强制措施的程序】依照法律规定实施限制公民人身自由的行政强制措施，除应当履行本法第十八条规定的程序外，还应当遵守下列规定：

（一）当场告知或者实施行政强制措施后立即通知当事人家属实施行政强制措施的行政机关、地点和期限；

（二）在紧急情况下当场实施行政强制措施的，在返回行政机关后，立即向行政机关负责人报告并补办批准手续；

（三）法律规定的其他程序。

实施限制人身自由的行政强制措施不得超过法定期限。实施行政强制措施的目的已经达到或者条件已经消失，应当立即解除。

第二十一条 【涉嫌犯罪案件的移送】违法行为涉嫌犯罪应当移送司法机关的，行政机关应当将查封、扣押、冻结的财物一并移送，并书面告知当事人。

第二节 查封、扣押

第二十二条 【查封、扣押实施主体】查封、扣押应当由法律、法规规定的行政机关实施，其他任何行政机关或者组织不得实施。

第二十三条 【查封、扣押对象】查封、扣押限于涉案的场所、设施或者财物，不得查封、扣押与违法行为无关的场所、设施或者财物；不得查封、扣押公民个人及其所扶养家属的生活必需品。

当事人的场所、设施或者财物已被其他国家机关依法查封的,不得重复查封。

第二十四条 【查封、扣押实施程序】行政机关决定实施查封、扣押的,应当履行本法第十八条规定的程序,制作并当场交付查封、扣押决定书和清单。

查封、扣押决定书应当载明下列事项:

(一)当事人的姓名或者名称、地址;

(二)查封、扣押的理由、依据和期限;

(三)查封、扣押场所、设施或者财物的名称、数量等;

(四)申请行政复议或者提起行政诉讼的途径和期限;

(五)行政机关的名称、印章和日期。

查封、扣押清单一式二份,由当事人和行政机关分别保存。

第二十五条 【查封、扣押期限】查封、扣押的期限不得超过三十日;情况复杂的,经行政机关负责人批准,可以延长,但是延长期限不得超过三十日。法律、行政法规另有规定的除外。

延长查封、扣押的决定应当及时书面告知当事人,并说明理由。

对物品需要进行检测、检验、检疫或者技术鉴定的,查封、扣押的期间不包括检测、检验、检疫或者技术鉴定的期间。检测、检验、检疫或者技术鉴定的期间应当明确,并书面告知当事人。检测、检验、检疫或者技术鉴定的费用由行政机关承担。

第二十六条 【对查封、扣押财产的保管】对查封、扣押的场所、设施或者财物,行政机关应当妥善保管,不得使用或者损毁;造成损失的,应当承担赔偿责任。

对查封的场所、设施或者财物,行政机关可以委托第三人保管,第三人不得损毁或者擅自转移、处置。因第三人的原因造成的损失,行政机关先行赔付后,有权向第三人追偿。

因查封、扣押发生的保管费用由行政机关承担。

第二十七条 【查封、扣押后的处理】行政机关采取查封、扣押措施后,应当及时查清事实,在本法第二十五条规定的期限内作出处理决定。对违法事实清楚,依法应当没收的非法财物予以没收;法律、行政法规规定应当销毁的,依法销毁;应当解除查封、扣押的,作出解除查封、扣押的决定。

第二十八条 【解除查封、扣押的情形】有下列情形之一的,行政机关应当及时作出解除查封、扣押决定:

(一)当事人没有违法行为;

(二)查封、扣押的场所、设施或者财物与违法行为无关;

(三)行政机关对违法行为已经作出处理决定,不再需要查封、扣押;

(四)查封、扣押期限已经届满;

(五)其他不再需要采取查封、扣押措施的情形。

解除查封、扣押应当立即退还财物;已将鲜活物品或者其他不易保管的财物拍卖或者变卖的,退还拍卖或者变卖所得款项。变卖价格明显低于市场价格,给当事人造成损失的,应当给予补偿。

第三节 冻 结

第二十九条 【冻结的实施主体、数额限制、不得重复冻结】冻结存款、汇款应当由法律规定的行政机关实施,不得委托给其他行政机关或者组织;其他任何行政机关或者组织不得冻结存款、汇款。

冻结存款、汇款的数额应当与违法行为涉及的金额相当;已被其他国家机关依法冻结的,不得重复冻结。

第三十条 【冻结的程序、金融机构的配合义务】行政机关依照法律规定决定实施冻结存款、汇款的,应当履行本法第十八条第一项、第二项、第三项、第七项规定的程序,并向金融机构交付冻结通知书。

金融机构接到行政机关依法作出的冻结通知书后,应当立即予以冻结,不得拖延,不得在冻结前向当事人泄露信息。

法律规定以外的行政机关或者组织要求冻结当事人存款、汇款的,金融机构应当拒绝。

第三十一条 【冻结决定书交付期限及内容】依照法律规定冻结存款、汇款的,作出决定的行政机关应当在三日内向当事人交付冻结决定书。冻结决定书应当载明下列事项:

(一)当事人的姓名或者名称、地址;

(二)冻结的理由、依据和期限;

(三)冻结的账号和数额;

(四)申请行政复议或者提起行政诉讼的途径和期限;

(五)行政机关的名称、印章和日期。

第三十二条 【冻结期限及其延长】自冻结存款、汇款之日起三十日内,行政机关应当作出处理决定或者作出解除冻结决定;情况复杂的,经行政机关负责人批准,可以延长,但是延长期限不得超过三十日。法律另有规定的除外。

延长冻结的决定应当及时书面告知当事人,并说明理由。

第三十三条 【解除冻结的情形】有下列情形之一的,行政机关应当及时作出解除冻结决定:

(一)当事人没有违法行为;

(二)冻结的存款、汇款与违法行为无关;

(三)行政机关对违法行为已经作出处理决定,不再需要冻结;

(四)冻结期限已经届满;

(五)其他不再需要采取冻结措施的情形。

行政机关作出解除冻结决定的,应当及时通知金融机构和当事人。金融机构接到通知后,应当立即解除冻结。

行政机关逾期未作出处理决定或者解除冻结决定的,金融机构应当自冻结期满之日起解除冻结。

第四章 行政机关强制执行程序

第一节 一般规定

第三十四条 【行政机关强制执行】行政机关依法作出行政决定后,当事人在行政机关决定的期限内不履行义务的,具有行政强制执行权的行政机关依照本章规定强制执行。

第三十五条 【催告】行政机关作出强制执行决定前,应当事先催告当事人履行义务。催告应当以书面形式作出,并载明下列事项:

(一)履行义务的期限;

(二)履行义务的方式;

(三)涉及金钱给付的,应当有明确的金额和给付方式;

(四)当事人依法享有的陈述权和申辩权。

第三十六条 【陈述、申辩权】当事人收到催告书后有权进行陈述和申辩。行政机关应当充分听取当事人的意见,对当事人提出的事实、理由和证据,应当进行记录、复核。当事人提出的事实、理由或者证据成立的,行政机关应当采纳。

第三十七条 【强制执行决定】经催告,当事人逾期仍不履行行政决定,且无正当理由的,行政机关可以作出强制执行决定。

强制执行决定应当以书面形式作出,并载明下列事项:

(一)当事人的姓名或者名称、地址;

(二)强制执行的理由和依据;

(三)强制执行的方式和时间;

(四)申请行政复议或者提起行政诉讼的途径和期限;

(五)行政机关的名称、印章和日期。

在催告期间,对有证据证明有转移或者隐匿财物迹象的,行政机关可以作出立即强制执行决定。

第三十八条 【催告书、行政强制决定书送达】催告书、行政强制执行决定书应当直接送达当事人。当事人拒绝接收或者无法直接送达当事人的,应当依照《中华人民共和国民事诉讼法》的有关规定送达。

第三十九条 【中止执行】有下列情形之一的,中止执行:

(一)当事人履行行政决定确有困难或者暂无履行能力的;

(二)第三人对执行标的主张权利,确有理由的;

(三)执行可能造成难以弥补的损失,且中止执行不损害公共利益的;

(四)行政机关认为需要中止执行的其他情形。

中止执行的情形消失后,行政机关应当恢复执行。对没有明显社会危害,当事人确无能力履行,中止执行满三年未恢复执行的,行政机关不再执行。

第四十条 【终结执行】有下列情形之一的,终结执行:

(一)公民死亡,无遗产可供执行,又无义务承受人的;

(二)法人或者其他组织终止,无财产可供执行,又无义务承受人的;

(三)执行标的灭失的;

(四)据以执行的行政决定被撤销的;

(五)行政机关认为需要终结执行的其他情形。

第四十一条 【执行回转】在执行中或者执行完毕后,据以执行的行政决定被撤销、变更,或者执行错误的,应当恢复原状或者退还财物;不能恢复原状或者退还财物的,依法给予赔偿。

第四十二条 【执行和解】实施行政强制执

行,行政机关可以在不损害公共利益和他人合法权益的情况下,与当事人达成执行协议。执行协议可以约定分阶段履行;当事人采取补救措施的,可以减免加处的罚款或者滞纳金。

执行协议应当履行。当事人不履行执行协议的,行政机关应当恢复强制执行。

第四十三条 【文明执法】行政机关不得在夜间或者法定节假日实施行政强制执行。但是,情况紧急的除外。

行政机关不得对居民生活采取停止供水、供电、供热、供燃气等方式迫使当事人履行相关行政决定。

第四十四条 【强制拆除】对违法的建筑物、构筑物、设施等需要强制拆除的,应当由行政机关予以公告,限期当事人自行拆除。当事人在法定期限内不申请行政复议或者提起行政诉讼,又不拆除的,行政机关可以依法强制拆除。

第二节 金钱给付义务的执行

第四十五条 【加处罚款或滞纳金】行政机关依法作出金钱给付义务的行政决定,当事人逾期不履行的,行政机关可以依法加处罚款或者滞纳金。加处罚款或者滞纳金的标准应当告知当事人。

加处罚款或者滞纳金的数额不得超出金钱给付义务的数额。

第四十六条 【金钱给付义务的直接强制执行】行政机关依照本法第四十五条规定实施加处罚款或者滞纳金超过三十日,经催告当事人仍不履行的,具有行政强制执行权的行政机关可以强制执行。

行政机关实施强制执行前,需要采取查封、扣押、冻结措施的,依照本法第三章规定办理。

没有行政强制执行权的行政机关应当申请人民法院强制执行。但是,当事人在法定期限内不申请行政复议或者提起行政诉讼,经催告仍不履行的,在实施行政管理过程中已经采取查封、扣押措施的行政机关,可以将查封、扣押的财物依法拍卖抵缴罚款。

第四十七条 【划拨存款、汇款】划拨存款、汇款应当由法律规定的行政机关决定,并书面通知金融机构。金融机构接到行政机关依法作出划拨存款、汇款的决定后,应当立即划拨。

法律规定以外的行政机关或者组织要求划拨当事人存款、汇款的,金融机构应当拒绝。

第四十八条 【委托拍卖】依法拍卖财物,由行政机关委托拍卖机构依照《中华人民共和国拍卖法》的规定办理。

第四十九条 【划拨的存款、汇款的管理】划拨的存款、汇款以及拍卖和依法处理所得的款项应当上缴国库或者划入财政专户。任何行政机关或者个人不得以任何形式截留、私分或者变相私分。

第三节 代履行

第五十条 【代履行】行政机关依法作出要求当事人履行排除妨碍、恢复原状等义务的行政决定,当事人逾期不履行,经催告仍不履行,其后果已经或者将危害交通安全、造成环境污染或者破坏自然资源的,行政机关可以代履行,或者委托没有利害关系的第三人代履行。

第五十一条 【实施程序、费用、手段】代履行应当遵守下列规定:

(一)代履行前送达决定书,代履行决定书应当载明当事人的姓名或者名称、地址,代履行的理由和依据、方式和时间、标的、费用预算以及代履行人;

(二)代履行三日前,催告当事人履行,当事人履行的,停止代履行;

(三)代履行时,作出决定的行政机关应当派员到场监督;

(四)代履行完毕,行政机关到场监督的工作人员、代履行人和当事人或者见证人应当在执行文书上签名或者盖章。

代履行的费用按照成本合理确定,由当事人承担。但是,法律另有规定的除外。

代履行不得采用暴力、胁迫以及其他非法方式。

第五十二条 【立即实施代履行】需要立即清除道路、河道、航道或者公共场所的遗洒物、障碍物或者污染物,当事人不能清除的,行政机关可以决定立即实施代履行;当事人不在场的,行政机关应当在事后立即通知当事人,并依法作出处理。

第五章 申请人民法院强制执行

第五十三条 【非诉行政执行】当事人在法定期限内不申请行政复议或者提起行政诉讼,又不履行行政决定的,没有行政强制执行权的行政机关可以自期限届满之日起三个月内,依照本章规定申请人民法院强制执行。

第五十四条 【催告与执行管辖】行政机关申

请人民法院强制执行前，应当催告当事人履行义务。催告书送达十日后当事人仍未履行义务的，行政机关可以向所在地有管辖权的人民法院申请强制执行；执行对象是不动产的，向不动产所在地有管辖权的人民法院申请强制执行。

第五十五条 【申请执行的材料】行政机关向人民法院申请强制执行，应当提供下列材料：

（一）强制执行申请书；

（二）行政决定书及作出决定的事实、理由和依据；

（三）当事人的意见及行政机关催告情况；

（四）申请强制执行标的情况；

（五）法律、行政法规规定的其他材料。

强制执行申请书应当由行政机关负责人签名，加盖行政机关的印章，并注明日期。

第五十六条 【申请受理与救济】人民法院接到行政机关强制执行的申请，应当在五日内受理。

行政机关对人民法院不予受理的裁定有异议的，可以在十五日内向上一级人民法院申请复议，上一级人民法院应当自收到复议申请之日起十五日内作出是否受理的裁定。

第五十七条 【书面审查】人民法院对行政机关强制执行的申请进行书面审查，对符合本法第五十五条规定，且行政决定具备法定执行效力的，除本法第五十八条规定的情形外，人民法院应当自受理之日起七日内作出执行裁定。

第五十八条 【实质审查】人民法院发现有下列情形之一的，在作出裁定前可以听取被执行人和行政机关的意见：

（一）明显缺乏事实根据的；

（二）明显缺乏法律、法规依据的；

（三）其他明显违法并损害被执行人合法权益的。

人民法院应当自受理之日起三十日内作出是否执行的裁定。裁定不予执行的，应当说明理由，并在五日内将不予执行的裁定送达行政机关。

行政机关对人民法院不予执行的裁定有异议的，可以自收到裁定之日起十五日内向上一级人民法院申请复议，上一级人民法院应当自收到复议申请之日起三十日内作出是否执行的裁定。

第五十九条 【申请立即执行】因情况紧急，为保障公共安全，行政机关可以申请人民法院立即执行。经人民法院院长批准，人民法院应当自作出执行裁定之日起五日内执行。

第六十条 【执行费用】行政机关申请人民法院强制执行，不缴纳申请费。强制执行的费用由被执行人承担。

人民法院以划拨、拍卖方式强制执行的，可以在划拨、拍卖后将强制执行的费用扣除。

依法拍卖财物，由人民法院委托拍卖机构依照《中华人民共和国拍卖法》的规定办理。

划拨的存款、汇款以及拍卖和依法处理所得的款项应当上缴国库或者划入财政专户，不得以任何形式截留、私分或者变相私分。

第六章 法律责任

第六十一条 【实施行政强制违法责任】行政机关实施行政强制，有下列情形之一的，由上级行政机关或者有关部门责令改正，对直接负责的主管人员和其他直接责任人员依法给予处分：

（一）没有法律、法规依据的；

（二）改变行政强制对象、条件、方式的；

（三）违反法定程序实施行政强制的；

（四）违反本法规定，在夜间或者法定节假日实施行政强制执行的；

（五）对居民生活采取停止供水、供电、供热、供燃气等方式迫使当事人履行相关行政决定的；

（六）有其他违法实施行政强制情形的。

第六十二条 【违法查封、扣押、冻结的责任】违反本法规定，行政机关有下列情形之一的，由上级行政机关或者有关部门责令改正，对直接负责的主管人员和其他直接责任人员依法给予处分：

（一）扩大查封、扣押、冻结范围的；

（二）使用或者损毁查封、扣押场所、设施或者财物的；

（三）在查封、扣押法定期间不作出处理决定或者未依法及时解除查封、扣押的；

（四）在冻结存款、汇款法定期间不作出处理决定或者未依法及时解除冻结的。

第六十三条 【截留、私分或变相私分查封、扣押的财物、划拨的存款、汇款和拍卖、依法处理所得款项的法律责任】行政机关将查封、扣押的财物或者划拨的存款、汇款以及拍卖和依法处理所得的款项，截留、私分或者变相私分的，由财政部门或者有关部门予以追缴；对直接负责的主管人员和其他直接责任人员依法给予记大过、降级、撤职或者开除的处分。

行政机关工作人员利用职务上的便利，将查封、扣押的场所、设施或者财物据为己有的，由上级行政机关或者有关部门责令改正，依法给予记大过、降级、撤职或者开除的处分。

第六十四条 【利用行政强制权谋利的法律责任】行政机关及其工作人员利用行政强制权为单位或者个人谋取利益的，由上级行政机关或者有关部门责令改正，对直接负责的主管人员和其他直接责任人员依法给予处分。

第六十五条 【金融机构违反冻结、划拨规定的法律责任】违反本法规定，金融机构有下列行为之一的，由金融业监督管理机构责令改正，对直接负责的主管人员和其他直接责任人员依法给予处分：

（一）在冻结前向当事人泄露信息的；

（二）对应当立即冻结、划拨的存款、汇款不冻结或者不划拨，致使存款、汇款转移的；

（三）将不应当冻结、划拨的存款、汇款予以冻结或者划拨的；

（四）未及时解除冻结存款、汇款的。

第六十六条 【执行款项未划入规定账户的法律责任】违反本法规定，金融机构将款项划入国库或者财政专户以外的其他账户的，由金融业监督管理机构责令改正，并处以违法划拨款项二倍的罚款；对直接负责的主管人员和其他直接责任人员依法给予处分。

违反本法规定，行政机关、人民法院指令金融机构将款项划入国库或者财政专户以外的其他账户的，对直接负责的主管人员和其他直接责任人员依法给予处分。

第六十七条 【人民法院及其工作人员强制执行违法的责任】人民法院及其工作人员在强制执行中有违法行为或者扩大强制执行范围的，对直接负责的主管人员和其他直接责任人员依法给予处分。

第六十八条 【赔偿和刑事责任】违反本法规定，给公民、法人或者其他组织造成损失的，依法给予赔偿。

违反本法规定，构成犯罪的，依法追究刑事责任。

第七章 附 则

第六十九条 【期限的界定】本法中十日以内期限的规定是指工作日，不含法定节假日。

第七十条 【法律、行政法规授权的组织实施行政强制受本法调整】法律、行政法规授权的具有管理公共事务职能的组织在法定授权范围内，以自己的名义实施行政强制，适用本法有关行政机关的规定。

第七十一条 【施行时间】本法自2012年1月1日起施行。

（二）人 事

中华人民共和国公务员法

（2005年4月27日第十届全国人民代表大会常务委员会第十五次会议通过　根据2017年9月1日第十二届全国人民代表大会常务委员会第二十九次会议《关于修改〈中华人民共和国法官法〉等八部法律的决定》修正　2018年12月29日第十三届全国人民代表大会常务委员会第七次会议修订　2018年12月29日中华人民共和国主席令第20号公布　自2019年6月1日起施行）

目 录

第一章 总 则
第二章 公务员的条件、义务与权利
第三章 职务、职级与级别
第四章 录 用
第五章 考 核
第六章 职务、职级任免
第七章 职务、职级升降
第八章 奖 励
第九章 监督与惩戒
第十章 培 训
第十一章 交流与回避
第十二章 工资、福利与保险
第十三章 辞职与辞退
第十四章 退 休
第十五章 申诉与控告
第十六章 职位聘任
第十七章 法律责任
第十八章 附 则

第一章 总 则

第一条 【立法目的】为了规范公务员的管理,保障公务员的合法权益,加强对公务员的监督,促进公务员正确履职尽责,建设信念坚定、为民服务、勤政务实、敢于担当、清正廉洁的高素质专业化公务员队伍,根据宪法,制定本法。

第二条 【公务员定义】本法所称公务员,是指依法履行公职、纳入国家行政编制、由国家财政负担工资福利的工作人员。

公务员是干部队伍的重要组成部分,是社会主义事业的中坚力量,是人民的公仆。

第三条 【适用范围】公务员的义务、权利和管理,适用本法。

法律对公务员中领导成员的产生、任免、监督以及监察官、法官、检察官等的义务、权利和管理另有规定的,从其规定。

第四条 【指导思想和政治原则】公务员制度坚持中国共产党领导,坚持以马克思列宁主义、毛泽东思想、邓小平理论、“三个代表”重要思想、科学发展观、习近平新时代中国特色社会主义思想为指导,贯彻社会主义初级阶段的基本路线,贯彻新时代中国共产党的组织路线,坚持党管干部原则。

第五条 【公开、平等、竞争、择优管理原则】公务员的管理,坚持公开、平等、竞争、择优的原则,依照法定的权限、条件、标准和程序进行。

第六条 【监督约束与激励保障并重原则】公务员的管理,坚持监督约束与激励保障并重的原则。

第七条 【公务员的任用原则】公务员的任用,坚持德才兼备、以德为先,坚持五湖四海、任人唯贤,坚持事业为上、公道正派,突出政治标准,注重工作实绩。

第八条 【分类管理、效能原则】国家对公务员实行分类管理,提高管理效能和科学化水平。

第九条 【宪法宣誓】公务员就职时应当依照法律规定公开进行宪法宣誓。

第十条 【法律保护原则】公务员依法履行职责的行为,受法律保护。

第十一条 【工资福利保险等待遇的经费保障】公务员工资、福利、保险以及录用、奖励、培训、辞退等所需经费,列入财政预算,予以保障。

第十二条 【管理机关】中央公务员主管部门负责全国公务员的综合管理工作。县级以上地方各级公务员主管部门负责本辖区内公务员的综合管理工作。上级公务员主管部门指导下级公务员主管部门的公务员管理工作。各级公务员主管部门指导同级各机关的公务员管理工作。

第二章 公务员的条件、义务与权利

第十三条 【公务员的条件】公务员应当具备下列条件:

(一)具有中华人民共和国国籍;

(二)年满十八周岁;

(三)拥护中华人民共和国宪法,拥护中国共产党领导和社会主义制度;

(四)具有良好的政治素质和道德品行;

(五)具有正常履行职责的身体条件和心理素质;

(六)具有符合职位要求的文化程度和工作能力;

(七)法律规定的其他条件。

第十四条 【公务员的义务】公务员应当履行下列义务:

(一)忠于宪法,模范遵守、自觉维护宪法和法律,自觉接受中国共产党领导;

(二)忠于国家,维护国家的安全、荣誉和利益;

(三)忠于人民,全心全意为人民服务,接受人民监督;

(四)忠于职守,勤勉尽责,服从和执行上级依法作出的决定和命令,按照规定的权限和程序履行职责,努力提高工作质量和效率;

(五)保守国家秘密和工作秘密;

(六)带头践行社会主义核心价值观,坚守法治,遵守纪律,恪守职业道德,模范遵守社会公德、家庭美德;

(七)清正廉洁,公道正派;

(八)法律规定的其他义务。

第十五条 【公务员的权利】公务员享有下列权利:

(一)获得履行职责应当具有的工作条件;

(二)非因法定事由、非经法定程序,不被免职、降职、辞退或者处分；

（三）获得工资报酬，享受福利、保险待遇；

（四）参加培训；

（五）对机关工作和领导人员提出批评和建议；

（六）提出申诉和控告；

（七）申请辞职；

（八）法律规定的其他权利。

第三章 职务、职级与级别

第十六条 【职位分类制度】国家实行公务员职位分类制度。

公务员职位类别按照公务员职位的性质、特点和管理需要，划分为综合管理类、专业技术类和行政执法类等类别。根据本法，对于具有职位特殊性，需要单独管理的，可以增设其他职位类别。各职位类别的适用范围由国家另行规定。

第十七条 【职务序列设置的根据】国家实行公务员职务与职级并行制度，根据公务员职位类别和职责设置公务员领导职务、职级序列。

第十八条 【领导职务层次】公务员领导职务根据宪法、有关法律和机构规格设置。

领导职务层次分为：国家级正职、国家级副职、省部级正职、省部级副职、厅局级正职、厅局级副职、县处级正职、县处级副职、乡科级正职、乡科级副职。

第十九条 【职级序列】公务员职级在厅局级以下设置。

综合管理类公务员职级序列分为：一级巡视员、二级巡视员、一级调研员、二级调研员、三级调研员、四级调研员、一级主任科员、二级主任科员、三级主任科员、四级主任科员、一级科员、二级科员。

综合管理类以外其他职位类别公务员的职级序列，根据本法由国家另行规定。

第二十条 【具体职位的设置】各机关依照确定的职能、规格、编制限额、职数以及结构比例，设置本机关公务员的具体职位，并确定各职位的工作职责和任职资格条件。

第二十一条 【公务员的级别】公务员的领导职务、职级应当对应相应的级别。公务员领导职务、职级与级别的对应关系，由国家规定。

根据工作需要和领导职务与职级的对应关系，公务员担任的领导职务和职级可以互相转任、兼任；符合规定资格条件的，可以晋升领导职务或者职级。

公务员的级别根据所任领导职务、职级及其德才表现、工作实绩和资历确定。公务员在同一领导职务、职级上，可以按照国家规定晋升级别。

公务员的领导职务、职级与级别是确定公务员工资以及其他待遇的依据。

第二十二条 【衔级制度】国家根据人民警察、消防救援人员以及海关、驻外外交机构等公务员的工作特点，设置与其领导职务、职级相对应的衔级。

第四章 录用

第二十三条 【一级主任科员以下公务员的录用】录用担任一级主任科员以下及其他相当职级层次的公务员，采取公开考试、严格考察、平等竞争、择优录取的办法。

民族自治地方依照前款规定录用公务员时，依照法律和有关规定对少数民族报考者予以适当照顾。

第二十四条 【公务员录用部门】中央机关及其直属机构公务员的录用，由中央公务员主管部门负责组织。地方各级机关公务员的录用，由省级公务员主管部门负责组织，必要时省级公务员主管部门可以授权设区的市级公务员主管部门组织。

第二十五条 【报考条件】报考公务员，除应当具备本法第十三条规定的条件以外，还应当具备省级以上公务员主管部门规定的拟任职位所要求的资格条件。

国家对行政机关中初次从事行政处罚决定审核、行政复议、行政裁决、法律顾问的公务员实行统一法律职业资格考试制度，由国务院司法行政部门商有关部门组织实施。

第二十六条 【不得录用的情形】下列人员不得录用为公务员：

（一）因犯罪受过刑事处罚的；

（二）被开除中国共产党党籍的；

（三）被开除公职的；

（四）被依法列为失信联合惩戒对象的；

（五）有法律规定不得录用为公务员的其他情形的。

第二十七条 【录用前提】录用公务员，应当在规定的编制限额内，并有相应的职位空缺。

第二十八条 【招考公告】录用公务员，应当发布招考公告。招考公告应当载明招考的职位、名额、报考资格条件、报考需要提交的申请材料以及其他报考须知事项。

招录机关应当采取措施，便利公民报考。

第二十九条 【对报考申请的审查】招录机关根据报考资格条件对报考申请进行审查。报考者提交的申请材料应当真实、准确。

第三十条 【考试方式和内容】公务员录用考试采取笔试和面试等方式进行，考试内容根据公务员应当具备的基本能力和不同职位类别、不同层级机关分别设置。

第三十一条 【复审、考察和体检】招录机关根据考试成绩确定考察人选，并进行报考资格复审、考察和体检。

体检的项目和标准根据职位要求确定。具体办法由中央公务员主管部门会同国务院卫生健康行政部门规定。

第三十二条 【公示】招录机关根据考试成绩、考察情况和体检结果，提出拟录用人员名单，并予以公示。公示期不少于五个工作日。

公示期满，中央一级招录机关应当将拟录用人员名单报中央公务员主管部门备案；地方各级招录机关应当将拟录用人员名单报省级或者设区的市级公务员主管部门审批。

第三十三条 【特殊职位录用】录用特殊职位的公务员，经省级以上公务员主管部门批准，可以简化程序或者采用其他测评办法。

第三十四条 【试用期】新录用的公务员试用期为一年。试用期满合格的，予以任职；不合格的，取消录用。

第五章 考 核

第三十五条 【考核内容】公务员的考核应当按照管理权限，全面考核公务员的德、能、勤、绩、廉，重点考核政治素质和工作实绩。考核指标根据不同职位类别、不同层级机关分别设置。

第三十六条 【考核方式】公务员的考核分为平时考核、专项考核和定期考核等方式。定期考核以平时考核、专项考核为基础。

第三十七条 【定期考核的程序】非领导成员公务员的定期考核采取年度考核的方式。先由个人按照职位职责和有关要求进行总结，主管领导在听取群众意见后，提出考核等次建议，由本机关负责人或者授权的考核委员会确定考核等次。

领导成员的考核由主管机关按照有关规定办理。

第三十八条 【定期考核的结果】定期考核的结果分为优秀、称职、基本称职和不称职四个等次。

定期考核的结果应当以书面形式通知公务员本人。

第三十九条 【定期考核结果的作用】定期考核的结果作为调整公务员职位、职务、职级、级别、工资以及公务员奖励、培训、辞退的依据。

第六章 职务、职级任免

第四十条 【任职方式】公务员领导职务实行选任制、委任制和聘任制。公务员职级实行委任制和聘任制。

领导成员职务按照国家规定实行任期制。

第四十一条 【选任制公务员任免】选任制公务员在选举结果生效时即任当选职务；任期届满不再连任或者任期内辞职、被罢免、被撤职的，其所任职务即终止。

第四十二条 【委任制公务员任免】委任制公务员试用期满考核合格，职务、职级发生变化，以及其他情形需要任免职务、职级的，应当按照管理权限和规定的程序任免。

第四十三条 【任职前提】公务员任职应当在规定的编制限额和职数内进行，并有相应的职位空缺。

第四十四条 【公务员兼职】公务员因工作需要在机关外兼职，应当经有关机关批准，并不得领取兼职报酬。

第七章 职务、职级升降

第四十五条 【领导职务晋升的条件和方式】公务员晋升领导职务，应当具备拟任职务所要求的政治素质、工作能力、文化程度和任职经历等方面的条件和资格。

公务员领导职务应当逐级晋升。特别优秀的

或者工作特殊需要的，可以按照规定破格或者越级晋升。

第四十六条 【领导职务晋升的程序】公务员晋升领导职务，按照下列程序办理：

(一)动议；

(二)民主推荐；

(三)确定考察对象，组织考察；

(四)按照管理权限讨论决定；

(五)履行任职手续。

第四十七条 【职务空缺时任职人选产生方式】厅局级正职以下领导职务出现空缺且本机关没有合适人选的，可以通过适当方式面向社会选拔任职人选。

第四十八条 【领导职务任前公示和任职试用期】公务员晋升领导职务的，应当按照有关规定实行任职前公示制度和任职试用期制度。

第四十九条 【逐级晋升】公务员职级应当逐级晋升，根据个人德才表现、工作实绩和任职资历，参考民主推荐或者民主测评结果确定人选，经公示后，按照管理权限审批。

第五十条 【降职】公务员的职务、职级实行能上能下。对不适宜或者不胜任现任职务、职级的，应当进行调整。

公务员在年度考核中被确定为不称职的，按照规定程序降低一个职务或者职级层次任职。

第八章 奖 励

第五十一条 【奖励的条件和方式】对工作表现突出，有显著成绩和贡献，或者有其他突出事迹的公务员或者公务员集体，给予奖励。奖励坚持定期奖励与及时奖励相结合，精神奖励与物质奖励相结合、以精神奖励为主的原则。

公务员集体的奖励适用于按照编制序列设置的机构或者为完成专项任务组成的工作集体。

第五十二条 【应予奖励的情形】公务员或者公务员集体有下列情形之一的，给予奖励：

(一)忠于职守，积极工作，勇于担当，工作实绩显著的；

(二)遵纪守法，廉洁奉公，作风正派，办事公道，模范作用突出的；

(三)在工作中有发明创造或者提出合理化建议，取得显著经济效益或者社会效益的；

(四)为增进民族团结，维护社会稳定做出突出贡献的；

(五)爱护公共财产，节约国家资财有突出成绩的；

(六)防止或者消除事故有功，使国家和人民群众利益免受或者减少损失的；

(七)在抢险、救灾等特定环境中做出突出贡献的；

(八)同违纪违法行为作斗争有功绩的；

(九)在对外交往中为国家争得荣誉和利益的；

(十)有其他突出功绩的。

第五十三条 【奖励的种类】奖励分为：嘉奖、记三等功、记二等功、记一等功、授予称号。

对受奖励的公务员或者公务员集体予以表彰，并对受奖励的个人给予一次性奖金或者其他待遇。

第五十四条 【奖励的程序】给予公务员或者公务员集体奖励，按照规定的权限和程序决定或者审批。

第五十五条 【重大工作的奖励】按照国家规定，可以向参与特定时期、特定领域重大工作的公务员颁发纪念证书或者纪念章。

第五十六条 【撤销奖励的情形】公务员或者公务员集体有下列情形之一的，撤销奖励：

(一)弄虚作假，骗取奖励的；

(二)申报奖励时隐瞒严重错误或者严重违反规定程序的；

(三)有严重违纪违法等行为，影响称号声誉的；

(四)有法律、法规规定应当撤销奖励的其他情形的。

第九章 监督与惩戒

第五十七条 【日常管理监督制度】机关应当对公务员的思想政治、履行职责、作风表现、遵纪守法等情况进行监督，开展勤政廉政教育，建立日常管理监督制度。

对公务员监督发现问题的，应当区分不同情况，予以谈话提醒、批评教育、责令检查、诫勉、组织调整、处分。

对公务员涉嫌职务违法和职务犯罪的，应当依法移送监察机关处理。

第五十八条 【请示报告】公务员应当自觉接受监督,按照规定请示报告工作、报告个人有关事项。

第五十九条 【违纪行为】公务员应当遵纪守法,不得有下列行为:

(一)散布有损宪法权威、中国共产党和国家声誉的言论,组织或者参加旨在反对宪法、中国共产党领导和国家的集会、游行、示威等活动;

(二)组织或者参加非法组织,组织或者参加罢工;

(三)挑拨、破坏民族关系,参加民族分裂活动或者组织、利用宗教活动破坏民族团结和社会稳定;

(四)不担当,不作为,玩忽职守,贻误工作;

(五)拒绝执行上级依法作出的决定和命令;

(六)对批评、申诉、控告、检举进行压制或者打击报复;

(七)弄虚作假,误导、欺骗领导和公众;

(八)贪污贿赂,利用职务之便为自己或者他人谋取私利;

(九)违反财经纪律,浪费国家资财;

(十)滥用职权,侵害公民、法人或者其他组织的合法权益;

(十一)泄露国家秘密或者工作秘密;

(十二)在对外交往中损害国家荣誉和利益;

(十三)参与或者支持色情、吸毒、赌博、迷信等活动;

(十四)违反职业道德、社会公德和家庭美德;

(十五)违反有关规定参与禁止的网络传播行为或者网络活动;

(十六)违反有关规定从事或者参与营利性活动,在企业或者其他营利性组织中兼任职务;

(十七)旷工或者因公外出、请假期满无正当理由逾期不归;

(十八)违纪违法的其他行为。

第六十条 【对上级决定或命令有异议时的处理】公务员执行公务时,认为上级的决定或者命令有错误的,可以向上级提出改正或者撤销该决定或者命令的意见;上级不改变该决定或者命令,或者要求立即执行的,公务员应当执行该决定或者命令,执行的后果由上级负责,公务员不承担责任;但是,公务员执行明显违法的决定或者命令的,应当依法承担相应的责任。

第六十一条 【处分的实施】公务员因违纪违法应当承担纪律责任的,依照本法给予处分或者由监察机关依法给予政务处分;违纪违法行为情节轻微,经批评教育后改正的,可以免予处分。

对同一违纪违法行为,监察机关已经作出政务处分决定的,公务员所在机关不再给予处分。

第六十二条 【处分种类】处分分为:警告、记过、记大过、降级、撤职、开除。

第六十三条 【处分程序】对公务员的处分,应当事实清楚、证据确凿、定性准确、处理恰当、程序合法、手续完备。

公务员违纪违法的,应当由处分决定机关决定对公务员违纪违法的情况进行调查,并将调查认定的事实以及拟给予处分的依据告知公务员本人。公务员有权进行陈述和申辩;处分决定机关不得因公务员申辩而加重处分。

处分决定机关认为对公务员应当给予处分的,应当在规定的期限内,按照管理权限和规定的程序作出处分决定。处分决定应当以书面形式通知公务员本人。

第六十四条 【处分的后果和期间】公务员在受处分期间不得晋升职务、职级和级别,其中受记过、记大过、降级、撤职处分的,不得晋升工资档次。

受处分的期间为:警告,六个月;记过,十二个月;记大过,十八个月;降级、撤职,二十四个月。

受撤职处分的,按照规定降低级别。

第六十五条 【处分的解除】公务员受开除以外的处分,在受处分期间有悔改表现,并且没有再发生违纪违法行为的,处分期满后自动解除。

解除处分后,晋升工资档次、级别和职务、职级不再受原处分的影响。但是,解除降级、撤职处分的,不视为恢复原级别、原职务、原职级。

第十章 培 训

第六十六条 【培训方式和机构】机关根据公务员工作职责的要求和提高公务员素质的需要,对公务员进行分类分级培训。

国家建立专门的公务员培训机构。机关根据需要也可以委托其他培训机构承担公务员培训任务。

第六十七条 【培训种类】机关对新录用人员应当在试用期内进行初任培训;对晋升领导职务的公务员应当在任职前或者任职后一年内进行任职

培训；对从事专项工作的公务员应当进行专门业务培训；对全体公务员应当进行提高政治素质和工作能力、更新知识的在职培训，其中对专业技术类公务员应当进行专业技术培训。

国家有计划地加强对优秀年轻公务员的培训。

第六十八条 【培训的管理、时间和结果】公务员的培训实行登记管理。

公务员参加培训的时间由公务员主管部门按照本法第六十七条规定的培训要求予以确定。

公务员培训情况、学习成绩作为公务员考核的内容和任职、晋升的依据之一。

第十一章 交流与回避

第六十九条 【公务员交流制度】国家实行公务员交流制度。

公务员可以在公务员和参照本法管理的工作人员队伍内部交流，也可以与国有企业和不参照本法管理的事业单位中从事公务的人员交流。

交流的方式包括调任、转任。

第七十条 【调任】国有企业、高等院校和科研院所以及其他不参照本法管理的事业单位中从事公务的人员，可以调人机关担任领导职务或者四级调研员以上及其他相当层次的职级。

调任人选应当具备本法第十三条规定的条件和拟任职位所要求的资格条件，并不得有本法第二十六条规定的情形。调任机关应当根据上述规定，对调任人选进行严格考察，并按照管理权限审批，必要时可以对调任人选进行考试。

第七十一条 【转任】公务员在不同职位之间转任应当具备拟任职位所要求的资格条件，在规定的编制限额和职数内进行。

对省部级正职以下的领导成员应当有计划、有重点地实行跨地区、跨部门转任。

对担任机关内设机构领导职务和其他工作性质特殊的公务员，应当有计划地在本机关内转任。

上级机关应当注重从基层机关公开遴选公务员。

第七十二条 【挂职】根据工作需要，机关可以采取挂职方式选派公务员承担重大工程、重大项目、重点任务或者其他专项工作。

公务员在挂职期间，不改变与原机关的人事关系。

第七十三条 【服从交流决定】公务员应当服从机关的交流决定。

公务员本人申请交流的，按照管理权限审批。

第七十四条 【任职回避】公务员之间有夫妻关系、直系血亲关系、三代以内旁系血亲关系以及近姻亲关系的，不得在同一机关双方直接隶属于同一领导人员的职位或者有直接上下级领导关系的职位工作，也不得在其中一方担任领导职务的机关从事组织、人事、纪检、监察、审计和财务工作。

公务员不得在其配偶、子女及其配偶经营的企业、营利性组织的行业监管或者主管部门担任领导成员。

因地域或者工作性质特殊，需要变通执行任职回避的，由省级以上公务员主管部门规定。

第七十五条 【地域回避】公务员担任乡级机关、县级机关、设区的市级机关及其有关部门主要领导职务的，应当按照有关规定实行地域回避。

第七十六条 【公务回避】公务员执行公务时，有下列情形之一的，应当回避：

（一）涉及本人利害关系的；

（二）涉及与本人有本法第七十四条第一款所列亲属关系人员的利害关系的；

（三）其他可能影响公正执行公务的。

第七十七条 【回避的程序】公务员有应当回避情形的，本人应当申请回避；利害关系人有权申请公务员回避。其他人员可以向机关提供公务员需要回避的情况。

机关根据公务员本人或者利害关系人的申请，经审查后作出是否回避的决定，也可以不经申请直接作出回避决定。

第七十八条 【关于回避的其他法律规定】法律对公务员回避另有规定的，从其规定。

第十二章 工资、福利与保险

第七十九条 【工资制度】公务员实行国家统一规定的工资制度。

公务员工资制度贯彻按劳分配的原则，体现工作职责、工作能力、工作实绩、资历等因素，保持不同领导职务、职级、级别之间的合理工资差距。

国家建立公务员工资的正常增长机制。

第八十条 【工资构成】公务员工资包括基本工资、津贴、补贴和奖金。

公务员按照国家规定享受地区附加津贴、艰苦边远地区津贴、岗位津贴等津贴。

公务员按照国家规定享受住房、医疗等补贴、补助。

公务员在定期考核中被确定为优秀、称职的，按照国家规定享受年终奖金。

公务员工资应当按时足额发放。

第八十一条 【**工资水平的确定**】公务员的工资水平应当与国民经济发展相协调、与社会进步相适应。

国家实行工资调查制度，定期进行公务员和企业相当人员工资水平的调查比较，并将工资调查比较结果作为调整公务员工资水平的依据。

第八十二条 【**福利待遇**】公务员按照国家规定享受福利待遇。国家根据经济社会发展水平提高公务员的福利待遇。

公务员执行国家规定的工时制度，按照国家规定享受休假。公务员在法定工作日之外加班的，应当给予相应的补休，不能补休的按照国家规定给予补助。

第八十三条 【**保险和抚恤优待**】公务员依法参加社会保险，按照国家规定享受保险待遇。

公务员因公牺牲或者病故的，其亲属享受国家规定的抚恤和优待。

第八十四条 【**工资福利保险待遇的法律保障**】任何机关不得违反国家规定自行更改公务员工资、福利、保险政策，擅自提高或者降低公务员的工资、福利、保险待遇。任何机关不得扣减或者拖欠公务员的工资。

第十三章 辞职与辞退

第八十五条 【**辞职程序**】公务员辞去公职，应当向任免机关提出书面申请。任免机关应当自接到申请之日起三十日内予以审批，其中对领导成员辞去公职的申请，应当自接到申请之日起九十日内予以审批。

第八十六条 【**不得辞职的情形**】公务员有下列情形之一的，不得辞去公职：

（一）未满国家规定的最低服务年限的；

（二）在涉及国家秘密等特殊职位任职或者离开上述职位不满国家规定的脱密期限的；

（三）重要公务尚未处理完毕，且须由本人继续处理的；

（四）正在接受审计、纪律审查、监察调查，或者涉嫌犯罪，司法程序尚未终结的；

（五）法律、行政法规规定的其他不得辞去公职的情形。

第八十七条 【**领导成员的辞职**】担任领导职务的公务员，因工作变动依照法律规定需要辞去现任职务的，应当履行辞职手续。

担任领导职务的公务员，因个人或者其他原因，可以自愿提出辞去领导职务。

领导成员因工作严重失误、失职造成重大损失或者恶劣社会影响的，或者对重大事故负有领导责任的，应当引咎辞去领导职务。

领导成员因其他原因不再适合担任现任领导职务的，或者应当引咎辞职本人不提出辞职的，应当责令其辞去领导职务。

第八十八条 【**应予辞退的情形**】公务员有下列情形之一的，予以辞退：

（一）在年度考核中，连续两年被确定为不称职的；

（二）不胜任现职工作，又不接受其他安排的；

（三）因所在机关调整、撤销、合并或者缩减编制员额需要调整工作，本人拒绝合理安排的；

（四）不履行公务员义务，不遵守法律和公务员纪律，经教育仍无转变，不适合继续在机关工作，又不宜给予开除处分的；

（五）旷工或者因公外出、请假期满无正当理由逾期不归连续超过十五天，或者一年内累计超过三十天的。

第八十九条 【**不得辞退的情形**】对有下列情形之一的公务员，不得辞退：

（一）因公致残，被确认丧失或者部分丧失工作能力的；

（二）患病或者负伤，在规定的医疗期内的；

（三）女性公务员在孕期、产假、哺乳期内的；

（四）法律、行政法规规定的其他不得辞退的情形。

第九十条 【**辞退程序及待遇**】辞退公务员，按照管理权限决定。辞退决定应当以书面形式通知被辞退的公务员，并应当告知辞退依据和理由。

被辞退的公务员，可以领取辞退费或者根据国家有关规定享受失业保险。

第九十一条 【**离职前的义务**】公务员辞职或

者被辞退，离职前应当办理公务交接手续，必要时按照规定接受审计。

第十四章　退　休

第九十二条　【退休条件】公务员达到国家规定的退休年龄或者完全丧失工作能力的，应当退休。

第九十三条　【提前退休的条件】公务员符合下列条件之一的，本人自愿提出申请，经任免机关批准，可以提前退休：

（一）工作年限满三十年的；

（二）距国家规定的退休年龄不足五年，且工作年限满二十年的；

（三）符合国家规定的可以提前退休的其他情形的。

第九十四条　【退休待遇】公务员退休后，享受国家规定的养老金和其他待遇，国家为其生活和健康提供必要的服务和帮助，鼓励发挥个人专长，参与社会发展。

第十五章　申诉与控告

第九十五条　【申请复核权和申诉权】公务员对涉及本人的下列人事处理不服的，可以自知道该人事处理之日起三十日内向原处理机关申请复核；对复核结果不服的，可以自接到复核决定之日起十五日内，按照规定向同级公务员主管部门或者作出该人事处理的机关的上一级机关提出申诉；也可以不经复核，自知道该人事处理之日起三十日内直接提出申诉：

（一）处分；

（二）辞退或者取消录用；

（三）降职；

（四）定期考核定为不称职；

（五）免职；

（六）申请辞职、提前退休未予批准；

（七）不按照规定确定或者扣减工资、福利、保险待遇；

（八）法律、法规规定可以申诉的其他情形。

对省级以下机关作出的申诉处理决定不服的，可以向作出处理决定的上一级机关提出再申诉。

受理公务员申诉的机关应当组成公务员申诉公正委员会，负责受理和审理公务员的申诉案件。

公务员对监察机关作出的涉及本人的处理决定不服向监察机关申请复审、复核的，按照有关规定办理。

第九十六条　【复核申请、申诉的处理期限】原处理机关应当自接到复核申请书后的三十日内作出复核决定，并以书面形式告知申请人。受理公务员申诉的机关应当自受理之日起六十日内作出处理决定；案情复杂的，可以适当延长，但是延长时间不得超过三十日。

复核、申诉期间不停止人事处理的执行。

公务员不因申请复核、提出申诉而被加重处理。

第九十七条　【错误处理的纠正】公务员申诉的受理机关审查认定人事处理有错误的，原处理机关应当及时予以纠正。

第九十八条　【对侵权行为的控告】公务员认为机关及其领导人员侵犯其合法权益的，可以依法向上级机关或者监察机关提出控告。受理控告的机关应当按照规定及时处理。

第九十九条　【对申诉、控告的限制】公务员提出申诉、控告，应当尊重事实，不得捏造事实，诬告、陷害他人。对捏造事实，诬告、陷害他人的，依法追究法律责任。

第十六章　职位聘任

第一百条　【聘任条件】机关根据工作需要，经省级以上公务员主管部门批准，可以对专业性较强的职位和辅助性职位实行聘任制。

前款所列职位涉及国家秘密的，不实行聘任制。

第一百零一条　【聘任方式】机关聘任公务员可以参照公务员考试录用的程序进行公开招聘，也可以从符合条件的人员中直接选聘。

机关聘任公务员应当在规定的编制限额和工资经费限额内进行。

第一百零二条　【聘任合同】机关聘任公务员，应当按照平等自愿、协商一致的原则，签订书面的聘任合同，确定机关与所聘公务员双方的权利、义务。聘任合同经双方协商一致可以变更或者解除。

聘任合同的签订、变更或者解除，应当报同级公务员主管部门备案。

第一百零三条 【聘任合同内容】聘任合同应当具备合同期限,职位及其职责要求,工资、福利、保险待遇,违约责任等条款。

聘任合同期限为一年至五年。聘任合同可以约定试用期,试用期为一个月至十二个月。

聘任制公务员实行协议工资制,具体办法由中央公务员主管部门规定。

第一百零四条 【聘任公务员管理依据】机关依据本法和聘任合同对所聘公务员进行管理。

第一百零五条 【人事争议仲裁】聘任制公务员与所在机关之间因履行聘任合同发生争议的,可以自争议发生之日起六十日内申请仲裁。

省级以上公务员主管部门根据需要设立人事争议仲裁委员会,受理仲裁申请。人事争议仲裁委员会由公务员主管部门的代表、聘用机关的代表、聘任制公务员的代表以及法律专家组成。

当事人对仲裁裁决不服的,可以自接到仲裁裁决书之日起十五日内向人民法院提起诉讼。仲裁裁决生效后,一方当事人不履行的,另一方当事人可以申请人民法院执行。

第十七章 法律责任

第一百零六条 【违反本法规定的行为及法律责任】对有下列违反本法规定情形的,由县级以上领导机关或者公务员主管部门按照管理权限,区别不同情况,分别予以责令纠正或者宣布无效;对负有责任的领导人员和直接责任人员,根据情节轻重,给予批评教育、责令检查、诫勉、组织调整、处分;构成犯罪的,依法追究刑事责任:

(一)不按照编制限额、职数或者任职资格条件进行公务员录用、调任、转任、聘任和晋升的;

(二)不按照规定条件进行公务员奖惩、回避和办理退休的;

(三)不按照规定程序进行公务员录用、调任、转任、聘任、晋升以及考核、奖惩的;

(四)违反国家规定,更改公务员工资、福利、保险待遇标准的;

(五)在录用、公开遴选等工作中发生泄露试题、违反考场纪律以及其他严重影响公开、公正行为的;

(六)不按照规定受理和处理公务员申诉、控告的;

(七)违反本法规定的其他情形的。

第一百零七条 【离职后的执业禁止】公务员辞去公职或者退休的,原系领导成员、县处级以上领导职务的公务员在离职三年内,其他公务员在离职两年内,不得到与原工作业务直接相关的企业或者其他营利性组织任职,不得从事与原工作业务直接相关的营利性活动。

公务员辞去公职或者退休后有违反前款规定行为的,由其原所在机关的同级公务员主管部门责令限期改正;逾期不改正的,由县级以上市场监管部门没收该人员从业期间的违法所得,责令接收单位将该人员予以清退,并根据情节轻重,对接收单位处以被处罚人员违法所得一倍以上五倍以下的罚款。

第一百零八条 【公务员主管部门工作人员违反规定的处理】公务员主管部门的工作人员,违反本法规定,滥用职权、玩忽职守、徇私舞弊,构成犯罪的,依法追究刑事责任;尚不构成犯罪的,给予处分或者由监察机关依法给予政务处分。

第一百零九条 【公务员录用、聘任工作中违反规定的处理】在公务员录用、聘任等工作中,有隐瞒真实信息、弄虚作假、考试作弊、扰乱考试秩序等行为的,由公务员主管部门根据情节作出考试成绩无效、取消资格、限制报考等处理;情节严重的,依法追究法律责任。

第一百一十条 【机关对公务员造成损害的责任承担】机关因错误的人事处理对公务员造成名誉损害的,应当赔礼道歉、恢复名誉、消除影响;造成经济损失的,应当依法给予赔偿。

第十八章 附 则

第一百一十一条 【领导成员的定义】本法所称领导成员,是指机关的领导人员,不包括机关内设机构担任领导职务的人员。

第一百一十二条 【参照本法管理的其他人员】法律、法规授权的具有公共事务管理职能的事业单位中除工勤人员以外的工作人员,经批准参照本法进行管理。

第一百一十三条 【实施日期】本法自2019年6月1日起施行。

行政机关公务员处分条例

（2007年4月4日国务院第173次常务会议通过 2007年4月22日中华人民共和国国务院令第495号公布 自2007年6月1日起施行）

第一章 总 则

第一条 为了严肃行政机关纪律，规范行政机关公务员的行为，保证行政机关及其公务员依法履行职责，根据《中华人民共和国公务员法》和《中华人民共和国行政监察法》，制定本条例。

第二条 行政机关公务员违反法律、法规、规章以及行政机关的决定和命令，应当承担纪律责任的，依照本条例给予处分。

法律、其他行政法规、国务院决定对行政机关公务员处分有规定的，依照该法律、行政法规、国务院决定的规定执行；法律、其他行政法规、国务院决定对行政机关公务员应当受到处分的违法违纪行为做了规定，但是未对处分幅度做规定的，适用本条例第三章与其最相类似的条款有关处分幅度的规定。

地方性法规、部门规章、地方政府规章可以补充规定本条例第三章未作规定的应当给予处分的违法违纪行为以及相应的处分幅度。除国务院监察机关、国务院人事部门外，国务院其他部门制定处分规章，应当与国务院监察机关、国务院人事部门联合制定。

除法律、法规、规章以及国务院决定外，行政机关不得以其他形式设定行政机关公务员处分事项。

第三条 行政机关公务员依法履行职务的行为受法律保护，非因法定事由，非经法定程序，不受处分。

第四条 给予行政机关公务员处分，应当坚持公正、公平和教育与惩处相结合的原则。

给予行政机关公务员处分，应当与其违法违纪行为的性质、情节、危害程度相适应。

给予行政机关公务员处分，应当事实清楚、证据确凿、定性准确、处理恰当、程序合法、手续完备。

第五条 行政机关公务员违法违纪涉嫌犯罪的，应当移送司法机关依法追究刑事责任。

第二章 处分的种类和适用

第六条 行政机关公务员处分的种类为：

（一）警告；

（二）记过；

（三）记大过；

（四）降级；

（五）撤职；

（六）开除。

第七条 行政机关公务员受处分的期间为：

（一）警告，6个月；

（二）记过，12个月；

（三）记大过，18个月；

（四）降级、撤职，24个月。

第八条 行政机关公务员在受处分期间不得晋升职务和级别，其中，受记过、记大过、降级、撤职处分的，不得晋升工资档次；受撤职处分的，应当按照规定降低级别。

第九条 行政机关公务员受开除处分的，自处分决定生效之日起，解除其与单位的人事关系，不得再担任公务员职务。

行政机关公务员受开除以外的处分，在受处分期间有悔改表现，并且没有再发生违法违纪行为的，处分期满后，应当解除处分。解除处分后，晋升工资档次、级别和职务不再受原处分的影响。但是，解除降级、撤职处分的，不视为恢复原级别、原职务。

第十条 行政机关公务员同时有两种以上需要给予处分的行为的，应当分别确定其处分。应当给予的处分种类不同的，执行其中最重的处分；应当给予撤职以下多个相同种类处分的，执行该处分，并在一个处分期以上、多个处分期之和以下，决定处分期。

行政机关公务员在受处分期间受到新的处分的，其处分期为原处分期尚未执行的期限与新处分期限之和。

处分期最长不得超过48个月。

第十一条 行政机关公务员2人以上共同违法违纪，需要给予处分的，根据各自应当承担的纪律责任，分别给予处分。

第十二条 有下列情形之一的，应当从重处分：

（一）在2人以上的共同违法违纪行为中起主要作用的；

（二）隐匿、伪造、销毁证据的；

（三）串供或者阻止他人揭发检举、提供证据材料的；

（四）包庇同案人员的；

（五）法律、法规、规章规定的其他从重情节。

第十三条 有下列情形之一的，应当从轻处分：

（一）主动交代违法违纪行为的；

（二）主动采取措施，有效避免或者挽回损失的；

（三）检举他人重大违法违纪行为，情况属实的。

第十四条 行政机关公务员主动交代违法违纪行为，并主动采取措施有效避免或者挽回损失的，应当减轻处分。

行政机关公务员违纪行为情节轻微，经过批评教育后改正的，可以免予处分。

第十五条 行政机关公务员有本条例第十二条、第十三条规定情形之一的，应当在本条例第三章规定的处分幅度以内从重或者从轻给予处分。

行政机关公务员有本条例第十四条第一款规定情形的，应当在本条例第三章规定的处分幅度以外，减轻一个处分的档次给予处分。应当给予警告处分，又有减轻处分的情形的，免予处分。

第十六条 行政机关经人民法院、监察机关、行政复议机关或者上级行政机关依法认定有行政违法行为或者其他违法违纪行为，需要追究纪律责任的，对负有责任的领导人员和直接责任人员给予处分。

第十七条 违法违纪的行政机关公务员在行政机关对其作出处分决定前，已经依法被判处刑罚、罢免、免职或者已经辞去领导职务，依法应当给予处分的，由行政机关根据其违法违纪事实，给予处分。

行政机关公务员依法被判处刑罚的，给予开除处分。

第三章 违法违纪行为及其适用的处分

第十八条 有下列行为之一的，给予记大过处分；情节较重的，给予降级或者撤职处分；情节严重的，给予开除处分：

（一）散布有损国家声誉的言论，组织或者参加旨在反对国家的集会、游行、示威等活动的；

（二）组织或者参加非法组织，组织或者参加罢工的；

（三）违反国家的民族宗教政策，造成不良后果的；

（四）以暴力、威胁、贿赂、欺骗等手段，破坏选举的；

（五）在对外交往中损害国家荣誉和利益的；

（六）非法出境，或者违反规定滞留境外不归的；

（七）未经批准获取境外永久居留资格，或者取得外国国籍的；

（八）其他违反政治纪律的行为。

有前款第（六）项规定行为的，给予开除处分；有前款第（一）项、第（二）项或者第（三）项规定的行为，属于不明真相被裹挟参加，经批评教育后确有悔改表现的，可以减轻或者免予处分。

第十九条 有下列行为之一的，给予警告、记过或者记大过处分；情节较重的，给予降级或者撤职处分；情节严重的，给予开除处分：

（一）负有领导责任的公务员违反议事规则，个人或者少数人决定重大事项，或者改变集体作出的重大决定的；

（二）拒绝执行上级依法作出的决定、命令的；

（三）拒不执行机关的交流决定的；

（四）拒不执行人民法院对行政案件的判决、裁定或者监察机关、审计机关、行政复议机关作出的决定的；

（五）违反规定应当回避而不回避，影响公正执行公务，造成不良后果的；

（六）离任、辞职或者被辞退时，拒不办理公务交接手续或者拒不接受审计的；

（七）旷工或者因公外出、请假期满无正当理由逾期不归，造成不良影响的；

（八）其他违反组织纪律的行为。

第二十条 有下列行为之一的，给予记过、记大过处分；情节较重的，给予降级或者撤职处分；情节严重的，给予开除处分：

（一）不依法履行职责，致使可以避免的爆炸、火灾、传染病传播流行、严重环境污染、严重人员伤亡等重大事故或者群体性事件发生的；

（二）发生重大事故、灾害、事件或者重大刑事案件、治安案件，不按规定报告、处理的；

（三）对救灾、抢险、防汛、防疫、优抚、扶贫、移民、救济、社会保险、征地补偿等专项款物疏于管理，致使款物被贪污、挪用，或者毁损、灭失的；

（四）其他玩忽职守、贻误工作的行为。

第二十一条 有下列行为之一的，给予警告或者记过处分；情节较重的，给予记大过或者降级处分；情节严重的，给予撤职处分：

（一）在行政许可工作中违反法定权限、条件和程序设定或者实施行政许可的；

（二）违法设定或者实施行政强制措施的；

（三）违法设定或者实施行政处罚的；

（四）违反法律、法规规定进行行政委托的；

（五）对需要政府、政府部门决定的招标投标、征收征用、城市房屋拆迁、拍卖等事项违反规定办理的。

第二十二条 弄虚作假，误导、欺骗领导和公众，造成不良后果的，给予警告、记过或者记大过处分；情节较重的，给予降级或者撤职处分；情节严重的，给予开除处分。

第二十三条 有贪污、索贿、受贿、行贿、介绍贿赂、挪用公款、利用职务之便为自己或者他人谋取私利、巨额财产来源不明等违反廉政纪律行为的，给予记过或者记大过处分；情节较重的，给予降级或者撤职处分；情节严重的，给予开除处分。

第二十四条 违反财经纪律，挥霍浪费国家资财的，给予警告处分；情节较重的，给予记过或者记大过处分；情节严重的，给予降级或者撤职处分。

第二十五条 有下列行为之一的，给予记过或者记大过处分；情节较重的，给予降级或者撤职处分；情节严重的，给予开除处分：

（一）以殴打、体罚、非法拘禁等方式侵犯公民人身权利的；

（二）压制批评，打击报复，扣压、销毁举报信件，或者向被举报人透露举报情况的；

（三）违反规定向公民、法人或者其他组织摊派或者收取财物的；

（四）妨碍执行公务或者违反规定干预执行公务的；

（五）其他滥用职权，侵害公民、法人或者其他组织合法权益的行为。

第二十六条 泄露国家秘密、工作秘密，或者泄露因履行职责掌握的商业秘密、个人隐私，造成不良后果的，给予警告、记过或者记大过处分；情节较重的，给予降级或者撤职处分；情节严重的，给予开除处分。

第二十七条 从事或者参与营利性活动，在企业或者其他营利性组织中兼任职务的，给予记过或者记大过处分；情节较重的，给予降级或者撤职处分；情节严重的，给予开除处分。

第二十八条 严重违反公务员职业道德，工作作风懈怠、工作态度恶劣，造成不良影响的，给予警告、记过或者记大过处分。

第二十九条 有下列行为之一的，给予警告、记过或者记大过处分；情节较重的，给予降级或者撤职处分；情节严重的，给予开除处分：

（一）拒不承担赡养、抚养、扶养义务的；

（二）虐待、遗弃家庭成员的；

（三）包养情人的；

（四）严重违反社会公德的行为。

有前款第（三）项行为的，给予撤职或者开除处分。

第三十条 参与迷信活动，造成不良影响的，给予警告、记过或者记大过处分；组织迷信活动的，给予降级或者撤职处分，情节严重的，给予开除处分。

第三十一条 吸食、注射毒品或者组织、支持、参与卖淫、嫖娼、色情淫乱活动的，给予撤职或者开除处分。

第三十二条 参与赌博的，给予警告或者记过处分；情节较重的，给予记大过或者降级处分；情节严重的，给予撤职或者开除处分。

为赌博活动提供场所或者其他便利条件的，给予警告、记过或者记大过处分；情节严重的，给予撤职或者开除处分。

在工作时间赌博的，给予记过、记大过或者降级处分；屡教不改的，给予撤职或者开除处分。

挪用公款赌博的，给予撤职或者开除处分。

利用赌博索贿、受贿或者行贿的，依照本条例第二十三条的规定给予处分。

第三十三条 违反规定超计划生育的，给予降级或者撤职处分；情节严重的，给予开除处分。

第四章 处分的权限

第三十四条 对行政机关公务员给予处分，由任免机关或者监察机关(以下统称处分决定机关)按照管理权限决定。

第三十五条 对经全国人民代表大会及其常务委员会决定任命的国务院组成人员给予处分,由国务院决定。其中,拟给予撤职、开除处分的,由国务院向全国人民代表大会提出罢免建议,或者向全国人民代表大会常务委员会提出免职建议。罢免或者免职前,国务院可以决定暂停其履行职务。

第三十六条 对经地方各级人民代表大会及其常务委员会选举或者决定任命的地方各级人民政府领导人员给予处分,由上一级人民政府决定。

拟给予经县级以上地方人民代表大会及其常务委员会选举或者决定任命的县级以上地方人民政府领导人员撤职、开除处分的,应当先由本级人民政府向同级人民代表大会提出罢免建议。其中,拟给予县级以上地方人民政府副职领导人员撤职、开除处分的,也可以向同级人民代表大会常务委员会提出撤销职务的建议。拟给予乡镇人民政府领导人员撤职、开除处分的,应当先由本级人民政府向同级人民代表大会提出罢免建议。罢免或者撤销职务前,上级人民政府可以决定暂停其履行职务;遇有特殊紧急情况,省级以上人民政府认为必要时,也可以对其作出撤职或者开除的处分,同时报告同级人民代表大会常务委员会,并通报下级人民代表大会常务委员会。

第三十七条 对地方各级人民政府工作部门正职领导人员给予处分,由本级人民政府决定。其中,拟给予撤职、开除处分的,由本级人民政府向同级人民代表大会常务委员会提出免职建议。免去职务前,本级人民政府或者上级人民政府可以决定暂停其履行职务。

第三十八条 行政机关公务员违法违纪,已经被立案调查,不宜继续履行职责的,任免机关可以决定暂停其履行职务。

被调查的公务员在违法违纪案件立案调查期间,不得交流、出境、辞去公职或者办理退休手续。

第五章 处分的程序

第三十九条 任免机关对涉嫌违法违纪的行政机关公务员的调查、处理,按照下列程序办理:

(一)经任免机关负责人同意,由任免机关有关部门对需要调查处理的事项进行初步调查;

(二)任免机关有关部门经初步调查认为该公务员涉嫌违法违纪,需要进一步查证的,报任免机关负责人批准后立案;

(三)任免机关有关部门负责对该公务员违法违纪事实做进一步调查,包括收集、查证有关证据材料,听取被调查的公务员所在单位的领导成员、有关工作人员以及所在单位监察机构的意见,向其他有关单位和人员了解情况,并形成书面调查材料,向任免机关负责人报告;

(四)任免机关有关部门将调查认定的事实及拟给予处分的依据告知被调查的公务员本人,听取其陈述和申辩,并对其所提出的事实、理由和证据进行复核,记录在案。被调查的公务员提出的事实、理由和证据成立的,应予采信;

(五)经任免机关领导成员集体讨论,作出对该公务员给予处分、免予处分或者撤销案件的决定;

(六)任免机关应当将处分决定以书面形式通知受处分的公务员本人,并在一定范围内宣布;

(七)任免机关有关部门应当将处分决定归入受处分的公务员本人档案,同时汇集有关材料形成该处分案件的工作档案。

受处分的行政机关公务员处分期满解除处分的程序,参照前款第(五)项、第(六)项和第(七)项的规定办理。

任免机关应当按照管理权限,及时将处分决定或者解除处分决定报公务员主管部门备案。

第四十条 监察机关对违法违纪的行政机关公务员的调查、处理,依照《中华人民共和国行政监察法》规定的程序办理。

第四十一条 对行政机关公务员违法违纪案件进行调查,应当由2名以上办案人员进行;接受调查的单位和个人应当如实提供情况。

严禁以暴力、威胁、引诱、欺骗等非法方式收集证据;非法收集的证据不得作为定案的依据。

第四十二条 参与行政机关公务员违法违纪案件调查、处理的人员有下列情形之一的,应当提出回避申请;被调查的公务员以及与案件有利害关系的公民、法人或者其他组织有权要求其回避:

(一)与被调查的公务员是近亲属关系的;

(二)与被调查的案件有利害关系的;

(三)与被调查的公务员有其他关系,可能影响案件公正处理的。

第四十三条 处分决定机关负责人的回避，由处分决定机关的上一级行政机关负责人决定；其他违法违纪案件调查、处理人员的回避，由处分决定机关负责人决定。

处分决定机关或者处分决定机关的上一级行政机关，发现违法违纪案件调查、处理人员有应当回避的情形，可以直接决定该人员回避。

第四十四条 给予行政机关公务员处分，应当自批准立案之日起6个月内作出决定；案情复杂或者遇有其他特殊情形的，办案期限可以延长，但是最长不得超过12个月。

第四十五条 处分决定应当包括下列内容：

(一)被处分人员的姓名、职务、级别、工作单位等基本情况；

(二)经查证的违法违纪事实；

(三)处分的种类和依据；

(四)不服处分决定的申诉途径和期限；

(五)处分决定机关的名称、印章和作出决定的日期。

解除处分决定除包括前款第(一)项、第(二)项和第(五)项规定的内容外，还应当包括原处分的种类和解除处分的依据，以及受处分的行政机关公务员在受处分期间的表现情况。

第四十六条 处分决定、解除处分决定自作出之日起生效。

第四十七条 行政机关公务员受到开除处分后，有新工作单位的，其本人档案转由新工作单位管理；没有新工作单位的，其本人档案转由其户籍所在地人事部门所属的人才服务机构管理。

第六章 不服处分的申诉

第四十八条 受到处分的行政机关公务员对处分决定不服的，依照《中华人民共和国公务员法》和《中华人民共和国行政监察法》的有关规定，可以申请复核或者申诉。

复核、申诉期间不停止处分的执行。

行政机关公务员不因提出复核、申诉而被加重处分。

第四十九条 有下列情形之一的，受理公务员复核、申诉的机关应当撤销处分决定，重新作出决定或者责令原处分决定机关重新作出决定：

(一)处分所依据的违法违纪事实证据不足的；

(二)违反法定程序，影响案件公正处理的；

(三)作出处分决定超越职权或者滥用职权的。

第五十条 有下列情形之一的，受理公务员复核、申诉的机关应当变更处分决定，或者责令原处分决定机关变更处分决定：

(一)适用法律、法规、规章或者国务院决定错误的；

(二)对违法违纪行为的情节认定有误的；

(三)处分不当的。

第五十一条 行政机关公务员的处分决定被变更，需要调整该公务员的职务、级别或者工资档次的，应当按照规定予以调整；行政机关公务员的处分决定被撤销的，应当恢复该公务员的级别、工资档次，按照原职务安排相应的职务，并在适当范围内为其恢复名誉。

被撤销处分或者被减轻处分的行政机关公务员工资福利受到损失的，应当予以补偿。

第七章 附 则

第五十二条 有违法违纪行为应当受到处分的行政机关公务员，在处分决定机关作出处分决定前已经退休的，不再给予处分；但是，依法应当给予降级、撤职、开除处分的，应当按照规定相应降低或者取消其享受的待遇。

第五十三条 行政机关公务员违法违纪取得的财物和用于违法违纪的财物，除依法应当由其他机关没收、追缴或者责令退赔的，由处分决定机关没收、追缴或者责令退赔。违法违纪取得的财物应当退还原所有人或者原持有人的，退还原所有人或者原持有人；属于国家财产以及不应当退还或者无法退还原所有人或者原持有人的，上缴国库。

第五十四条 对法律、法规授权的具有公共事务管理职能的事业单位中经批准参照《中华人民共和国公务员法》管理的工作人员给予处分，参照本条例的有关规定办理。

第五十五条 本条例自2007年6月1日起施行。1988年9月13日国务院发布的《国家行政机关工作人员贪污贿赂行政处分暂行规定》同时废止。

(三)公　安

中华人民共和国人民警察法

(1995年2月28日第八届全国人民代表大会常务委员会第十二次会议通过　根据2012年10月26日第十一届全国人民代表大会常务委员会第二十九次会议《关于修改〈中华人民共和国人民警察法〉的决定》修正)

目　录

第一章　总　　则
第二章　职　　权
第三章　义务和纪律
第四章　组织管理
第五章　警务保障
第六章　执法监督
第七章　法律责任
第八章　附　　则

第一章　总　　则

第一条　【立法目的】为了维护国家安全和社会治安秩序,保护公民的合法权益,加强人民警察的队伍建设,从严治警,提高人民警察的素质,保障人民警察依法行使职权,保障改革开放和社会主义现代化建设的顺利进行,根据宪法,制定本法。

第二条　【人民警察的任务和范围】人民警察的任务是维护国家安全,维护社会治安秩序,保护公民的人身安全、人身自由和合法财产,保护公共财产,预防、制止和惩治违法犯罪活动。

人民警察包括公安机关、国家安全机关、监狱、劳动教养管理机关的人民警察和人民法院、人民检察院的司法警察。

第三条　【基本要求和宗旨】人民警察必须依靠人民的支持,保持同人民的密切联系,倾听人民的意见和建议,接受人民的监督,维护人民的利益,全心全意为人民服务。

第四条　【活动准则】人民警察必须以宪法和法律为活动准则,忠于职守,清正廉洁,纪律严明,服从命令,严格执法。

第五条　【依法执行公务受法律保护】人民警察依法执行职务,受法律保护。

第二章　职　　权

第六条　【公安机关人民警察的职责】公安机关的人民警察按照职责分工,依法履行下列职责:

(一)预防、制止和侦查违法犯罪活动;

(二)维护社会治安秩序,制止危害社会治安秩序的行为;

(三)维护交通安全和交通秩序,处理交通事故;

(四)组织、实施消防工作,实行消防监督;

(五)管理枪支弹药、管制刀具和易燃易爆、剧毒、放射性等危险物品;

(六)对法律、法规规定的特种行业进行管理;

(七)警卫国家规定的特定人员,守卫重要的场所和设施;

(八)管理集会、游行、示威活动;

(九)管理户政、国籍、入境出境事务和外国人在中国境内居留、旅行的有关事务;

(十)维护国(边)境地区的治安秩序;

(十一)对被判处拘役、剥夺政治权利的罪犯执行刑罚;

(十二)监督管理计算机信息系统的安全保护工作;

(十三)指导和监督国家机关、社会团体、企业事业组织和重点建设工程的治安保卫工作,指导治安保卫委员会等群众性组织的治安防范工作;

(十四)法律、法规规定的其他职责。

第七条　【实施行政强制措施、行政处罚的权利】公安机关的人民警察对违反治安管理或者其他公安行政管理法律、法规的个人或者组织,依法可以实施行政强制措施、行政处罚。

第八条　【强行带离现场、依法予以拘留的权利】公安机关的人民警察对严重危害社会治安秩序或者威胁公共安全的人员,可以强行带离现场、依法予以拘留或者采取法律规定的其他措施。

第九条　【盘问、检查的权利】为维护社会治安秩序,公安机关的人民警察对有违法犯罪嫌疑的人员,经出示相应证件,可以当场盘问、检查;经盘

问、检查,有下列情形之一的,可以将其带至公安机关,经该公安机关批准,对其继续盘问:

(一)被指控有犯罪行为的;

(二)有现场作案嫌疑的;

(三)有作案嫌疑身份不明的;

(四)携带的物品有可能是赃物的。

对被盘问人的留置时间自带至公安机关之时起不超过24小时,在特殊情况下,经县级以上公安机关批准,可以延长至48小时,并应当留有盘问记录。对于批准继续盘问的,应当立即通知其家属或者其所在单位。对于不批准继续盘问的,应当立即释放被盘问人。

经继续盘问,公安机关认为对被盘问人需要依法采取拘留或者其他强制措施的,应当在前款规定的期间作出决定;在前款规定的期间不能作出上述决定的,应当立即释放被盘问人。

第十条 【紧急情况下使用武器的权利】遇有拒捕、暴乱、越狱、抢夺枪支或者其他暴力行为的紧急情况,公安机关的人民警察依照国家有关规定可以使用武器。

第十一条 【对严重违法犯罪活动使用警械的权利】为制止严重违法犯罪活动的需要,公安机关的人民警察依照国家有关规定可以使用警械。

第十二条 【刑事强制措施】为侦查犯罪活动的需要,公安机关的人民警察可以依法执行拘留、搜查、逮捕或者其他强制措施。

第十三条 【优先通行权】公安机关的人民警察因履行职责的紧急需要,经出示相应证件,可以优先乘坐公共交通工具,遇交通阻碍时,优先通行。

公安机关因侦查犯罪的需要,必要时,按照国家有关规定,可以优先使用机关、团体、企业事业组织和个人的交通工具、通信工具、场地和建筑物,用后应当及时归还,并支付适当费用;造成损失的,应当赔偿。

第十四条 【对精神病人采取保护性约束措施的权利】公安机关的人民警察对严重危害公共安全或者他人人身安全的精神病人,可以采取保护性约束措施。需要送往指定的单位、场所加以监护的,应当报请县级以上人民政府公安机关批准,并及时通知其监护人。

第十五条 【交通管制权】县级以上人民政府公安机关,为预防和制止严重危害社会治安秩序的行为,可以在一定的区域和时间,限制人员、车辆的通行或者停留,必要时可以实行交通管制。

公安机关的人民警察依照前款规定,可以采取相应的交通管制措施。

第十六条 【公安机关采取技术侦察措施的职权】公安机关因侦查犯罪的需要,根据国家有关规定,经过严格的批准手续,可以采取技术侦察措施。

第十七条 【突发事件现场管制权】县级以上人民政府公安机关,经上级公安机关和同级人民政府批准,对严重危害社会治安秩序的突发事件,可以根据情况实行现场管制。

公安机关的人民警察依照前款规定,可以采取必要手段强行驱散,并对拒不服从的人员强行带离现场或者立即予以拘留。

第十八条 【其他机关警察的职权】国家安全机关、监狱、劳动教养管理机关的人民警察和人民法院、人民检察院的司法警察,分别依照有关法律、行政法规的规定履行职权。

第十九条 【非工作时间遇有紧急情况应履行职责】人民警察在非工作时间,遇有其职责范围内的紧急情况,应当履行职责。

第三章 义务和纪律

第二十条 【基本义务】人民警察必须做到:

(一)秉公执法,办事公道;

(二)模范遵守社会公德;

(三)礼貌待人,文明执勤;

(四)尊重人民群众的风俗习惯。

第二十一条 【救助义务】人民警察遇到公民人身、财产安全受到侵犯或者处于其他危难情形,应当立即救助;对公民提出解决纠纷的要求,应当给予帮助;对公民的报警案件,应当及时查处。

人民警察应当积极参加抢险救灾和社会公益工作。

第二十二条 【禁止行为】人民警察不得有下列行为:

(一)散布有损国家声誉的言论,参加非法组织,参加旨在反对国家的集会、游行、示威等活动,参加罢工;

(二)泄露国家秘密、警务工作秘密;

(三)弄虚作假,隐瞒案情,包庇、纵容违法犯罪活动;

(四)刑讯逼供或者体罚、虐待人犯;

（五）非法剥夺、限制他人人身自由，非法搜查他人的身体、物品、住所或者场所；

（六）敲诈勒索或者索取、收受贿赂；

（七）殴打他人或者唆使他人打人；

（八）违法实施处罚或者收取费用；

（九）接受当事人及其代理人的请客送礼；

（十）从事营利性的经营活动或者受雇于任何个人或者组织；

（十一）玩忽职守，不履行法定义务；

（十二）其他违法乱纪的行为。

第二十三条 【按照规定着装等义务】人民警察必须按照规定着装，佩带人民警察标志或者持有人民警察证件，保持警容严整，举止端庄。

第四章 组织管理

第二十四条 【组织机构设置和职务序列管理】国家根据人民警察的工作性质、任务和特点，规定组织机构设置和职务序列。

第二十五条 【警衔制度】人民警察依法实行警衔制度。

第二十六条 【任职条件】担任人民警察应当具备下列条件：

（一）年满 18 岁的公民；

（二）拥护中华人民共和国宪法；

（三）有良好的政治、业务素质和良好的品行；

（四）身体健康；

（五）具有高中毕业以上文化程度；

（六）自愿从事人民警察工作。

有下列情形之一的，不得担任人民警察：

（一）曾因犯罪受过刑事处罚的；

（二）曾被开除公职的。

第二十七条 【人民警察的录用】录用人民警察，必须按照国家规定，公开考试，严格考核，择优选用。

第二十八条 【领导职务任职条件】担任人民警察领导职务的人员，应当具备下列条件：

（一）具有法律专业知识；

（二）具有政法工作经验和一定的组织管理、指挥能力；

（三）具有大学专科以上学历；

（四）经人民警察院校培训，考试合格。

第二十九条 【教育培训】国家发展人民警察教育事业，对人民警察有计划地进行政治思想、法制、警察业务等教育培训。

第三十条 【服务年限和最高任职年龄】国家根据人民警察的工作性质、任务和特点，分别规定不同岗位的服务年限和不同职务的最高任职年龄。

第三十一条 【奖励制度】人民警察个人或者集体在工作中表现突出，有显著成绩和特殊贡献的，给予奖励。奖励分为：嘉奖、三等功、二等功、一等功、授予荣誉称号。

对受奖励的人民警察，按照国家有关规定，可以提前晋升警衔，并给予一定的物质奖励。

第五章 警务保障

第三十二条 【上级决定和命令的执行】人民警察必须执行上级的决定和命令。

人民警察认为决定和命令有错误的，可以按照规定提出意见，但不得中止或者改变决定和命令的执行；提出的意见不被采纳时，必须服从决定和命令；执行决定和命令的后果由作出决定和命令的上级负责。

第三十三条 【拒绝执行超越法定职责的指令】人民警察对超越法律、法规规定的人民警察职责范围的指令，有权拒绝执行，并同时向上级机关报告。

第三十四条 【公民和组织的支持和协助义务】人民警察依法执行职务，公民和组织应当给予支持和协助。公民和组织协助人民警察依法执行职务的行为受法律保护。对协助人民警察执行职务有显著成绩的，给予表彰和奖励。

公民和组织因协助人民警察执行职务，造成人身伤亡或者财产损失的，应当按照国家有关规定给予抚恤或者补偿。

第三十五条 【拒绝或阻碍人民警察依法执行职务应受处罚的行为】拒绝或者阻碍人民警察依法执行职务，有下列行为之一的，给予治安管理处罚：

（一）公然侮辱正在执行职务的人民警察的；

（二）阻碍人民警察调查取证的；

（三）拒绝或者阻碍人民警察执行追捕、搜查、救险等任务进入有关住所、场所的；

（四）对执行救人、救险、追捕、警卫等紧急任务的警车故意设置障碍的；

（五）有拒绝或者阻碍人民警察执行职务的其

他行为的。

以暴力、威胁方法实施前款规定的行为，构成犯罪的，依法追究刑事责任。

第三十六条 【警用标志、制式服装和警械的管理】人民警察的警用标志、制式服装和警械，由国务院公安部门统一监制，会同其他有关国家机关管理，其他个人和组织不得非法制造、贩卖。

人民警察的警用标志、制式服装、警械、证件为人民警察专用，其他个人和组织不得持有和使用。

违反前两款规定的，没收非法制造、贩卖、持有、使用的人民警察警用标志、制式服装、警械、证件，由公安机关处15日以下拘留或者警告，可以并处违法所得5倍以下的罚款；构成犯罪的，依法追究刑事责任。

第三十七条 【经费来源】国家保障人民警察的经费。人民警察的经费，按照事权划分的原则，分别列入中央和地方的财政预算。

第三十八条 【警察工作所必需的通讯、训练设施和交通及基础设施的建设】人民警察工作所必需的通讯、训练设施和交通、消防以及派出所、监管场所等基础设施建设，各级人民政府应当列入基本建设规划和城乡建设总体规划。

第三十九条 【国家加强警察装备的现代化建设】国家加强人民警察装备的现代化建设，努力推广、应用先进的科技成果。

第四十条 【工资及其他福利待遇】人民警察实行国家公务员的工资制度，并享受国家规定的警衔津贴和其他津贴、补贴以及保险福利待遇。

第四十一条 【抚恤和优待】人民警察因公致残的，与因公致残的现役军人享受国家同样的抚恤和优待。

人民警察因公牺牲或者病故的，其家属与因公牺牲或者病故的现役军人家属享受国家同样的抚恤和优待。

第六章 执法监督

第四十二条 【接受人民检察院和行政监察机关的监督】人民警察执行职务，依法接受人民检察院和行政监察机关的监督。

第四十三条 【上级机关对下级机关执法活动的监督】人民警察的上级机关对下级机关的执法活动进行监督，发现其作出的处理或者决定有错误的，应当予以撤销或者变更。

第四十四条 【接受社会和公民的监督】人民警察执行职务，必须自觉地接受社会和公民的监督。人民警察机关作出的与公众利益直接有关的规定，应当向公众公布。

第四十五条 【办案过程中的回避】人民警察在办理治安案件过程中，遇有下列情形之一的，应当回避，当事人或者其法定代理人也有权要求他们回避：

（一）是本案的当事人或者是当事人的近亲属的；

（二）本人或者其近亲属与本案有利害关系的；

（三）与本案当事人有其他关系，可能影响案件公正处理的。

前款规定的回避，由有关的公安机关决定。

人民警察在办理刑事案件过程中的回避，适用刑事诉讼法的规定。

第四十六条 【公民或组织对违法违纪行为的检举、控告权】公民或者组织对人民警察的违法、违纪行为，有权向人民警察机关或者人民检察院、行政监察机关检举、控告。受理检举、控告的机关应当及时查处，并将查处结果告知检举人、控告人。

对依法检举、控告的公民或者组织，任何人不得压制和打击报复。

第四十七条 【内部督察制度】公安机关建立督察制度，对公安机关的人民警察执行法律、法规、遵守纪律的情况进行监督。

第七章 法律责任

第四十八条 【行政处分】人民警察有本法第二十二条所列行为之一的，应当给予行政处分；构成犯罪的，依法追究刑事责任。

行政处分分为：警告、记过、记大过、降级、撤职、开除。对受行政处分的人民警察，按照国家有关规定，可以降低警衔、取消警衔。

对违反纪律的人民警察，必要时可以对其采取停止执行职务、禁闭的措施。

第四十九条 【违规使用武器、警械的责任】人民警察违反规定使用武器、警械，构成犯罪的，依法追究刑事责任；尚不构成犯罪的，应当依法给予行政处分。

第五十条 【损害赔偿】人民警察在执行职务

中,侵犯公民或者组织的合法权益造成损害的,应当依照《中华人民共和国国家赔偿法》和其他有关法律、法规的规定给予赔偿。

第八章 附 则

第五十一条 【武装警察部队的任务】中国人民武装警察部队执行国家赋予的安全保卫任务。

第五十二条 【施行日期】本法自公布之日起施行。1957年6月25日公布的《中华人民共和国人民警察条例》同时废止。

公安机关办理行政案件程序规定

(2012年12月19日公安部令第125号修订发布 根据2014年6月29日公安部令第132号《公安部关于修改部分部门规章的决定》第一次修正 根据2018年11月25日公安部令第149号《公安部关于修改〈公安机关办理行政案件程序规定〉的决定》第二次修正 根据2020年8月6日公安部令第160号《公安部关于废止和修改部分规章的决定》第三次修正)

第一章 总 则

第一条 为了规范公安机关办理行政案件程序,保障公安机关在办理行政案件中正确履行职责,保护公民、法人和其他组织的合法权益,根据《中华人民共和国行政处罚法》《中华人民共和国行政强制法》《中华人民共和国治安管理处罚法》等有关法律、行政法规,制定本规定。

第二条 本规定所称行政案件,是指公安机关依照法律、法规和规章的规定对违法行为人决定行政处罚以及强制隔离戒毒等处理措施的案件。

本规定所称公安机关,是指县级以上公安机关、公安派出所、依法具有独立执法主体资格的公安机关业务部门以及出入境边防检查站。

第三条 办理行政案件应当以事实为根据,以法律为准绳。

第四条 办理行政案件应当遵循合法、公正、公开、及时的原则,尊重和保障人权,保护公民的人格尊严。

第五条 办理行政案件应当坚持教育与处罚相结合的原则,教育公民、法人和其他组织自觉守法。

第六条 办理未成年人的行政案件,应当根据未成年人的身心特点,保障其合法权益。

第七条 办理行政案件,在少数民族聚居或者多民族共同居住的地区,应当使用当地通用的语言进行询问。对不通晓当地通用语言文字的当事人,应当为他们提供翻译。

第八条 公安机关及其人民警察在办理行政案件时,对涉及的国家秘密、商业秘密或者个人隐私,应当保密。

第九条 公安机关人民警察在办案中玩忽职守、徇私舞弊、滥用职权、索取或者收受他人财物的,依法给予处分;构成犯罪的,依法追究刑事责任。

第二章 管 辖

第十条 行政案件由违法行为地的公安机关管辖。由违法行为人居住地公安机关管辖更为适宜的,可以由违法行为人居住地公安机关管辖,但是涉及卖淫、嫖娼、赌博、毒品的案件除外。

违法行为地包括违法行为发生地和违法结果发生地。违法行为发生地,包括违法行为的实施地以及开始地、途经地、结束地等与违法行为有关的地点;违法行为有连续、持续或者继续状态的,违法行为连续、持续或者继续实施的地方都属于违法行为发生地。违法结果发生地,包括违法对象被侵害地、违法所得的实际取得地、藏匿地、转移地、使用地、销售地。

居住地包括户籍所在地、经常居住地。经常居住地是指公民离开户籍所在地最后连续居住一年以上的地方,但在医院住院就医的除外。

移交违法行为人居住地公安机关管辖的行政案件,违法行为地公安机关在移交前应当及时收集证据,并配合违法行为人居住地公安机关开展调查取证工作。

第十一条 针对或者利用网络实施的违法行为,用于实施违法行为的网站服务器所在地、网络接入地以及网站建立者或者管理者所在地,被侵害的网络及其运营者所在地,违法过程中违法行为人、被侵害人使用的网络及其运营者所在地，被侵害人被侵害时所在地，以及被侵害人财产遭受损失地公安机关可以管辖。

第十二条 行驶中的客车上发生的行政案件，由案发后客车最初停靠地公安机关管辖；必要时，始发地、途经地、到达地公安机关也可以管辖。

第十三条 行政案件由县级公安机关及其公安派出所、依法具有独立执法主体资格的公安机关业务部门以及出入境边防检查站按照法律、行政法规、规章授权和管辖分工办理，但法律、行政法规、规章规定由设区的市级以上公安机关办理的除外。

第十四条 几个公安机关都有权管辖的行政案件，由最初受理的公安机关管辖。必要时，可以由主要违法行为地公安机关管辖。

第十五条 对管辖权发生争议的，报请共同的上级公安机关指定管辖。

对于重大、复杂的案件，上级公安机关可以直接办理或者指定管辖。

上级公安机关直接办理或者指定管辖的，应当书面通知被指定管辖的公安机关和其他有关的公安机关。

原受理案件的公安机关自收到上级公安机关书面通知之日起不再行使管辖权，并立即将案卷材料移送被指定管辖的公安机关或者办理的上级公安机关，及时书面通知当事人。

第十六条 铁路公安机关管辖列车上，火车站工作区域内，铁路系统的机关、厂、段、所、队等单位内发生的行政案件，以及在铁路线上放置障碍物或者损毁、移动铁路设施等可能影响铁路运输安全、盗窃铁路设施的行政案件。对倒卖、伪造、变造火车票案件，由最初受理的铁路或者地方公安机关管辖。必要时，可以移送主要违法行为发生地的铁路或者地方公安机关管辖。

交通公安机关管辖港航管理机构管理的轮船上、港口、码头工作区域内和港航系统的机关、厂、所、队等单位内发生的行政案件。

民航公安机关管辖民航管理机构管理的机场工作区域以及民航系统的机关、厂、所、队等单位内和民航飞机上发生的行政案件。

国有林区的森林公安机关管辖林区内发生的行政案件。

海关缉私机构管辖阻碍海关缉私警察依法执行职务的治安案件。

第三章 回　避

第十七条 公安机关负责人、办案人民警察有下列情形之一的，应当自行提出回避申请，案件当事人及其法定代理人有权要求他们回避：

（一）是本案的当事人或者当事人近亲属的；

（二）本人或者其近亲属与本案有利害关系的；

（三）与本案当事人有其他关系，可能影响案件公正处理的。

第十八条 公安机关负责人、办案人民警察提出回避申请的，应当说明理由。

第十九条 办案人民警察的回避，由其所属的公安机关决定；公安机关负责人的回避，由上一级公安机关决定。

第二十条 当事人及其法定代理人要求公安机关负责人、办案人民警察回避的，应当提出申请，并说明理由。口头提出申请的，公安机关应当记录在案。

第二十一条 对当事人及其法定代理人提出的回避申请，公安机关应当在收到申请之日起二日内作出决定并通知申请人。

第二十二条 公安机关负责人、办案人民警察具有应当回避的情形之一，本人没有申请回避，当事人及其法定代理人也没有申请其回避的，有权决定其回避的公安机关可以指令其回避。

第二十三条 在行政案件调查过程中，鉴定人和翻译人员需要回避的，适用本章的规定。

鉴定人、翻译人员的回避，由指派或者聘请的公安机关决定。

第二十四条 在公安机关作出回避决定前，办案人民警察不得停止对行政案件的调查。

作出回避决定后，公安机关负责人、办案人民警察不得再参与该行政案件的调查和审核、审批工作。

第二十五条 被决定回避的公安机关负责人、办案人民警察、鉴定人和翻译人员，在回避决定作出前所进行的与案件有关的活动是否有效，由作出回避决定的公安机关根据是否影响案件依法公正处理等情况决定。

第四章 证 据

第二十六条 可以用于证明案件事实的材料，都是证据。公安机关办理行政案件的证据包括：

(一)物证；

(二)书证；

(三)被侵害人陈述和其他证人证言；

(四)违法嫌疑人的陈述和申辩；

(五)鉴定意见；

(六)勘验、检查、辨认笔录，现场笔录；

(七)视听资料、电子数据。

证据必须经过查证属实，才能作为定案的根据。

第二十七条 公安机关必须依照法定程序，收集能够证实违法嫌疑人是否违法、违法情节轻重的证据。

严禁刑讯逼供和以威胁、欺骗等非法方法收集证据。采用刑讯逼供等非法方法收集的违法嫌疑人的陈述和申辩以及采用暴力、威胁等非法方法收集的被侵害人陈述、其他证人证言，不能作为定案的根据。收集物证、书证不符合法定程序，可能严重影响执法公正的，应当予以补正或者作出合理解释；不能补正或者作出合理解释的，不能作为定案的根据。

第二十八条 公安机关向有关单位和个人收集、调取证据时，应当告知其必须如实提供证据，并告知其伪造、隐匿、毁灭证据，提供虚假证词应当承担的法律责任。

需要向有关单位和个人调取证据的，经公安机关办案部门负责人批准，开具调取证据通知书，明确调取的证据和提供时限。被调取人应当在通知书上盖章或者签名，被调取人拒绝的，公安机关应当注明。必要时，公安机关应当采用录音、录像等方式固定证据内容及取证过程。

需要向有关单位紧急调取证据的，公安机关可以在电话告知人民警察身份的同时，将调取证据通知书连同办案人民警察的人民警察证复印件通过传真、互联网通讯工具等方式送达有关单位。

第二十九条 收集调取的物证应当是原物。在原物不便搬运、不易保存或者依法应当由有关部门保管、处理或者依法应当返还时，可以拍摄或者制作足以反映原物外形或者内容的照片、录像。

物证的照片、录像，经与原物核实无误或者经鉴定证明为真实的，可以作为证据使用。

第三十条 收集、调取的书证应当是原件。在取得原件确有困难时，可以使用副本或者复制件。

书证的副本、复制件，经与原件核实无误或者经鉴定证明为真实的，可以作为证据使用。书证有更改或者更改迹象不能作出合理解释的，或者书证的副本、复制件不能反映书证原件及其内容的，不能作为证据使用。

第三十一条 物证的照片、录像，书证的副本、复制件，视听资料的复制件，应当附有关制作过程及原件、原物存放处的文字说明，并由制作人和物品持有人或者持有单位有关人员签名。

第三十二条 收集电子数据，能够扣押电子数据原始存储介质的，应当扣押。

无法扣押原始存储介质的，可以提取电子数据。提取电子数据，应当制作笔录，并附电子数据清单，由办案人民警察、电子数据持有人签名。持有人无法或者拒绝签名的，应当在笔录中注明。

由于客观原因无法或者不宜依照前两款规定收集电子数据的，可以采取打印、拍照或者录像等方式固定相关证据，并附有关原因、过程等情况的文字说明，由办案人民警察、电子数据持有人签名。持有人无法或者拒绝签名的，应当注明情况。

第三十三条 刑事案件转为行政案件办理的，刑事案件办理过程中收集的证据材料，可以作为行政案件的证据使用。

第三十四条 凡知道案件情况的人，都有作证的义务。

生理上、精神上有缺陷或者年幼，不能辨别是非、不能正确表达的人，不能作为证人。

第五章 期间与送达

第三十五条 期间以时、日、月、年计算，期间开始之时或者日不计算在内。法律文书送达的期间不包括路途上的时间。期间的最后一日是节假日的，以节假日后的第一日为期满日期，但违法行为人被限制人身自由的期间，应当至期满之日为止，不得因节假日而延长。

第三十六条 送达法律文书，应当遵守下列规定：

(一)依照简易程序作出当场处罚决定的，应当将决定书当场交付被处罚人,并由被处罚人在备案的决定书上签名或者捺指印;被处罚人拒绝的,由办案人民警察在备案的决定书上注明;

(二)除本款第一项规定外,作出行政处罚决定和其他行政处理决定,应当在宣告后将决定书当场交付被处理人,并由被处理人在附卷的决定书上签名或者捺指印,即为送达;被处理人拒绝的,由办案人民警察在附卷的决定书上注明;被处理人不在场的,公安机关应当在作出决定的七日内将决定书送达被处理人,治安管理处罚决定应当在二日内送达。

送达法律文书应当首先采取直接送达方式,交给受送达人本人;受送达人不在的,可以交付其成年家属、所在单位的负责人员或者其居住地居(村)民委员会代收。受送达人本人或者代收人拒绝接收或者拒绝签名和捺指印的,送达人可以邀请其邻居或者其他见证人到场,说明情况,也可以对拒收情况进行录音录像,把文书留在受送达人处,在附卷的法律文书上注明拒绝的事由、送达日期,由送达人、见证人签名或者捺指印,即视为送达。

无法直接送达的,委托其他公安机关代为送达,或者邮寄送达。经受送达人同意,可以采用传真、互联网通讯工具等能够确认其收悉的方式送达。

经采取上述送达方式仍无法送达的,可以公告送达。公告的范围和方式应当便于公民知晓,公告期限不得少于六十日。

第六章 简易程序和快速办理

第一节 简易程序

第三十七条 违法事实确凿,且具有下列情形之一的,人民警察可以当场作出处罚决定,有违禁品的,可以当场收缴:

(一)对违反治安管理行为人或者道路交通违法行为人处二百元以下罚款或者警告的;

(二)出入境边防检查机关对违反出境入境管理行为人处五百元以下罚款或者警告的;

(三)对有其他违法行为的个人处五十元以下罚款或者警告、对单位处一千元以下罚款或者警告的;

(四)法律规定可以当场处罚的其他情形。

涉及卖淫、嫖娼、赌博、毒品的案件,不适用当场处罚。

第三十八条 当场处罚,应当按照下列程序实施:

(一)向违法行为人表明执法身份;

(二)收集证据;

(三)口头告知违法行为人拟作出行政处罚决定的事实、理由和依据,并告知违法行为人依法享有的陈述权和申辩权;

(四)充分听取违法行为人的陈述和申辩。违法行为人提出的事实、理由或者证据成立的,应当采纳;

(五)填写当场处罚决定书并当场交付被处罚人;

(六)当场收缴罚款的,同时填写罚款收据,交付被处罚人;未当场收缴罚款的,应当告知被处罚人在规定期限内到指定的银行缴纳罚款。

第三十九条 适用简易程序处罚的,可以由人民警察一人作出行政处罚决定。

人民警察当场作出行政处罚决定的,应当于作出决定后的二十四小时内将当场处罚决定书报所属公安机关备案,交通警察应当于作出决定后的二日内报所属公安机关交通管理部门备案。在旅客列车、民航飞机、水上作出行政处罚决定的,应当在返回后的二十四小时内报所属公安机关备案。

第二节 快速办理

第四十条 对不适用简易程序,但事实清楚,违法嫌疑人自愿认错认罚,且对违法事实和法律适用没有异议的行政案件,公安机关可以通过简化取证方式和审核审批手续等措施快速办理。

第四十一条 行政案件具有下列情形之一的,不适用快速办理:

(一)违法嫌疑人系盲、聋、哑人,未成年人或者疑似精神病人的;

(二)依法应当适用听证程序的;

(三)可能作出十日以上行政拘留处罚的;

(四)其他不宜快速办理的。

第四十二条 快速办理行政案件前,公安机关应当书面告知违法嫌疑人快速办理的相关规定,征得其同意,并由其签名确认。

第四十三条 对符合快速办理条件的行政案件,违法嫌疑人在自行书写材料或者询问笔录中承认违法事实、认错认罚，并有视音频记录、电子数据、检查笔录等关键证据能够相互印证的，公安机关可以不再开展其他调查取证工作。

第四十四条 对适用快速办理的行政案件，可以由专兼职法制员或者办案部门负责人审核后，报公安机关负责人审批。

第四十五条 对快速办理的行政案件，公安机关可以根据不同案件类型，使用简明扼要的格式询问笔录，尽量减少需要文字记录的内容。

被询问人自行书写材料的，办案单位可以提供样式供其参考。

使用执法记录仪等设备对询问过程录音录像的，可以替代书面询问笔录，必要时，对视听资料的关键内容和相应时间段等作文字说明。

第四十六条 对快速办理的行政案件，公安机关可以根据违法行为人认错悔改、纠正违法行为、赔偿损失以及被侵害人谅解情况等情节，依法对违法行为人从轻、减轻处罚或者不予行政处罚。

对快速办理的行政案件，公安机关可以采用口头方式履行处罚前告知程序，由办案人民警察在案卷材料中注明告知情况，并由被告知人签名确认。

第四十七条 对快速办理的行政案件，公安机关应当在违法嫌疑人到案后四十八小时内作出处理决定。

第四十八条 公安机关快速办理行政案件时，发现不适宜快速办理的，转为一般案件办理。快速办理阶段依法收集的证据，可以作为定案的根据。

第七章 调查取证

第一节 一般规定

第四十九条 对行政案件进行调查时，应当合法、及时、客观、全面地收集、调取证据材料，并予以审查、核实。

第五十条 需要调查的案件事实包括：

（一）违法嫌疑人的基本情况；

（二）违法行为是否存在；

（三）违法行为是否为违法嫌疑人实施；

（四）实施违法行为的时间、地点、手段、后果以及其他情节；

（五）违法嫌疑人有无法定从重、从轻、减轻以及不予行政处罚的情形；

（六）与案件有关的其他事实。

第五十一条 公安机关调查取证时，应当防止泄露工作秘密。

第五十二条 公安机关进行询问、辨认、检查、勘验，实施行政强制措施等调查取证工作时，人民警察不得少于二人，并表明执法身份。

接报案、受案登记、接受证据、信息采集、调解、送达文书等工作，可以由一名人民警察带领警务辅助人员进行，但应当全程录音录像。

第五十三条 对查获或者到案的违法嫌疑人应当进行安全检查，发现违禁品或者管制器具、武器、易燃易爆等危险品以及与案件有关的需要作为证据的物品的，应当立即扣押；对违法嫌疑人随身携带的与案件无关的物品，应当按照有关规定予以登记、保管、退还。安全检查不需要开具检查证。

前款规定的扣押适用本规定第五十五条和第五十六条以及本章第七节的规定。

第五十四条 办理行政案件时，可以依法采取下列行政强制措施：

（一）对物品、设施、场所采取扣押、扣留、查封、先行登记保存、抽样取证、封存文件资料等强制措施，对恐怖活动嫌疑人的存款、汇款、债券、股票、基金份额等财产还可以采取冻结措施；

（二）对违法嫌疑人采取保护性约束措施、继续盘问、强制传唤、强制检测、拘留审查、限制活动范围，对恐怖活动嫌疑人采取约束措施等强制措施。

第五十五条 实施行政强制措施应当遵守下列规定：

（一）实施前须依法向公安机关负责人报告并经批准；

（二）通知当事人到场，当场告知当事人采取行政强制措施的理由、依据以及当事人依法享有的权利、救济途径。当事人不到场的，邀请见证人到场，并在现场笔录中注明；

（三）听取当事人的陈述和申辩；

（四）制作现场笔录，由当事人和办案人民警察签名或者盖章，当事人拒绝的，在笔录中注明。当事人不在场的，由见证人和办案人民警察在笔录上签名或者盖章；

（五）实施限制公民人身自由的行政强制措施的，应当当场告知当事人家属实施强制措施的公安机关、理由、地点和期限；无法当场告知的，应当在实施强制措施后立即通过电话、短信、传真等方式通知;身份不明、拒不提供家属联系方式或者因自然灾害等不可抗力导致无法通知的,可以不予通知。告知、通知家属情况或者无法通知家属的原因应当在询问笔录中注明。

(六)法律、法规规定的其他程序。

勘验、检查时实施行政强制措施,制作勘验、检查笔录的,不再制作现场笔录。

实施行政强制措施的全程录音录像,已经具备本条第一款第二项、第三项规定的实质要素的,可以替代书面现场笔录,但应当对视听资料的关键内容和相应时间段等作文字说明。

第五十六条 情况紧急,当场实施行政强制措施的,办案人民警察应当在二十四小时内依法向其所属的公安机关负责人报告,并补办批准手续。当场实施限制公民人身自由的行政强制措施的,办案人民警察应当在返回单位后立即报告,并补办批准手续。公安机关负责人认为不应当采取行政强制措施的,应当立即解除。

第五十七条 为维护社会秩序,人民警察对有违法嫌疑的人员,经表明执法身份后,可以当场盘问、检查。对当场盘问、检查后,不能排除其违法嫌疑,依法可以适用继续盘问的,可以将其带至公安机关,经公安派出所负责人批准,对其继续盘问。对违反出境入境管理的嫌疑人依法适用继续盘问的,应当经县级以上公安机关或者出入境边防检查机关负责人批准。

继续盘问的时限一般为十二小时;对在十二小时以内确实难以证实或者排除其违法犯罪嫌疑的,可以延长至二十四小时;对不讲真实姓名、住址、身份,且在二十四小时以内仍不能证实或者排除其违法犯罪嫌疑的,可以延长至四十八小时。

第五十八条 违法嫌疑人在醉酒状态中,对本人有危险或者对他人的人身、财产或者公共安全有威胁的,可以对其采取保护性措施约束至酒醒,也可以通知其家属、亲友或者所属单位将其领回看管,必要时,应当送医院醒酒。对行为举止失控的醉酒人,可以使用约束带或者警绳等进行约束,但是不得使用手铐、脚镣等警械。

约束过程中,应当指定专人严加看护。确认醉酒人酒醒后,应当立即解除约束,并进行询问。约束时间不计算在询问查证时间内。

第五十九条 对恐怖活动嫌疑人实施约束措施,应当遵守下列规定:

(一)实施前须经县级以上公安机关负责人批准;

(二)告知嫌疑人采取约束措施的理由、依据以及其依法享有的权利、救济途径;

(三)听取嫌疑人的陈述和申辩;

(四)出具决定书。

公安机关可以采取电子监控、不定期检查等方式对被约束人遵守约束措施的情况进行监督。

约束措施的期限不得超过三个月。对不需要继续采取约束措施的,应当及时解除并通知被约束人。

第二节 受 案

第六十条 县级公安机关及其公安派出所、依法具有独立执法主体资格的公安机关业务部门以及出入境边防检查站对报案、控告、举报、群众扭送或者违法嫌疑人投案,以及其他国家机关移送的案件,应当及时受理并按照规定进行网上接报案登记。对重复报案、案件正在办理或者已经办结的,应当向报案人、控告人、举报人、扭送人、投案人作出解释,不再登记。

第六十一条 公安机关应当对报案、控告、举报、群众扭送或者违法嫌疑人投案分别作出下列处理,并将处理情况在接报案登记中注明:

(一)对属于本单位管辖范围内的案件,应当立即调查处理,制作受案登记表和受案回执,并将受案回执交报案人、控告人、举报人、扭送人;

(二)对属于公安机关职责范围,但不属于本单位管辖的,应当在二十四小时内移送有管辖权的单位处理,并告知报案人、控告人、举报人、扭送人、投案人;

(三)对不属于公安机关职责范围的事项,在接报案时能够当场判断的,应当立即口头告知报案人、控告人、举报人、扭送人、投案人向其他主管机关报案或者投案,报案人、控告人、举报人、扭送人、投案人对口头告知内容有异议或者不能当场判断的,应当书面告知,但因没有联系方式、身份不明等客观原因无法书面告知的除外。

在日常执法执勤中发现的违法行为,适用前款规定。

第六十二条 属于公安机关职责范围但不属于本单位管辖的案件,具有下列情形之一的,受理案件或者发现案件的公安机关及其人民警察应当依法先行采取必要的强制措施或者其他处置措施，再移送有管辖权的单位处理：

（一）违法嫌疑人正在实施危害行为的；

（二）正在实施违法行为或者违法后即时被发现的现行犯被扭送至公安机关的；

（三）在逃的违法嫌疑人已被抓获或者被发现的；

（四）有人员伤亡，需要立即采取救治措施的；

（五）其他应当采取紧急措施的情形。

行政案件移送管辖的，询问查证时间和扣押等措施的期限重新计算。

第六十三条 报案人不愿意公开自己的姓名和报案行为的，公安机关应当在受案登记时注明，并为其保密。

第六十四条 对报案人、控告人、举报人、扭送人、投案人提供的有关证据材料、物品等应当登记，出具接受证据清单，并妥善保管。必要时，应当拍照、录音、录像。移送案件时，应当将有关证据材料和物品一并移交。

第六十五条 对发现或者受理的案件暂时无法确定为刑事案件或者行政案件的，可以按照行政案件的程序办理。在办理过程中，认为涉嫌构成犯罪的，应当按照《公安机关办理刑事案件程序规定》办理。

第三节 询　问

第六十六条 询问违法嫌疑人，可以到违法嫌疑人住处或者单位进行，也可以将违法嫌疑人传唤到其所在市、县内的指定地点进行。

第六十七条 需要传唤违法嫌疑人接受调查的，经公安派出所、县级以上公安机关办案部门或者出入境边防检查机关负责人批准，使用传唤证传唤。对现场发现的违法嫌疑人，人民警察经出示人民警察证，可以口头传唤，并在询问笔录中注明违法嫌疑人到案经过、到案时间和离开时间。

单位违反公安行政管理规定，需要传唤其直接负责的主管人员和其他直接责任人员的，适用前款规定。

对无正当理由不接受传唤或者逃避传唤的违反治安管理、出境入境管理的嫌疑人以及法律规定可以强制传唤的其他违法嫌疑人，经公安派出所、县级以上公安机关办案部门或者出入境边防检查机关负责人批准，可以强制传唤。强制传唤时，可以依法使用手铐、警绳等约束性警械。

公安机关应当将传唤的原因和依据告知被传唤人，并通知其家属。公安机关通知被传唤人家属适用本规定第五十五条第一款第五项的规定。

第六十八条 使用传唤证传唤的，违法嫌疑人被传唤到案后和询问查证结束后，应当由其在传唤证上填写到案和离开时间并签名。拒绝填写或者签名的，办案人民警察应当在传唤证上注明。

第六十九条 对被传唤的违法嫌疑人，应当及时询问查证，询问查证的时间不得超过八小时；案情复杂，违法行为依法可能适用行政拘留处罚的，询问查证的时间不得超过二十四小时。

不得以连续传唤的形式变相拘禁违法嫌疑人。

第七十条 对于投案自首或者群众扭送的违法嫌疑人，公安机关应当立即进行询问查证，并在询问笔录中记明违法嫌疑人到案经过、到案和离开时间。询问查证时间适用本规定第六十九条第一款的规定。

对于投案自首或者群众扭送的违法嫌疑人，公安机关应当适用本规定第五十五条第一款第五项的规定通知其家属。

第七十一条 在公安机关询问违法嫌疑人，应当在办案场所进行。

询问查证期间应当保证违法嫌疑人的饮食和必要的休息时间，并在询问笔录中注明。

在询问查证的间隙期间，可以将违法嫌疑人送入候问室，并按照候问室的管理规定执行。

第七十二条 询问违法嫌疑人、被侵害人或者其他证人，应当个别进行。

第七十三条 首次询问违法嫌疑人时，应当问明违法嫌疑人的姓名、出生日期、户籍所在地、现住址、身份证件种类及号码，是否为各级人民代表大会代表，是否受过刑事处罚或者行政拘留、强制隔离戒毒、社区戒毒、收容教养等情况。必要时，还应当问明其家庭主要成员、工作单位、文化程度、民族、身体状况等情况。

违法嫌疑人为外国人的，首次询问时还应当问明其国籍、出入境证件种类及号码、签证种类、入境时间、入境事由等情况。必要时，还应当问明其在华关系人等情况。

第七十四条 询问时，应当告知被询问人必须如实提供证据、证言和故意作伪证或者隐匿证据应负的法律责任，对与本案无关的问题有拒绝回答的权利。

第七十五条 询问未成年人时，应当通知其父母或者其他监护人到场，其父母或者其他监护人不能到场的，也可以通知未成年人的其他成年亲属，所在学校、单位、居住地基层组织或者未成年人保护组织的代表到场，并将有关情况记录在案。确实无法通知或者通知后未到场的，应当在询问笔录中注明。

第七十六条 询问聋哑人，应当有通晓手语的人提供帮助，并在询问笔录中注明被询问人的聋哑情况以及翻译人员的姓名、住址、工作单位和联系方式。

对不通晓当地通用的语言文字的被询问人，应当为其配备翻译人员，并在询问笔录中注明翻译人员的姓名、住址、工作单位和联系方式。

第七十七条 询问笔录应当交被询问人核对，对没有阅读能力的，应当向其宣读。记录有误或者遗漏的，应当允许被询问人更正或者补充，并要求其在修改处捺指印。被询问人确认笔录无误后，应当在询问笔录上逐页签名或者捺指印。拒绝签名和捺指印的，办案人民警察应当在询问笔录中注明。

办案人民警察应当在询问笔录上签名，翻译人员应当在询问笔录的结尾处签名。

询问时，可以全程录音、录像，并保持录音、录像资料的完整性。

第七十八条 询问违法嫌疑人时，应当听取违法嫌疑人的陈述和申辩。对违法嫌疑人的陈述和申辩，应当核查。

第七十九条 询问被侵害人或者其他证人，可以在现场进行，也可以到其单位、学校、住所、其居住地居(村)民委员会或者其提出的地点进行。必要时，也可以书面、电话或者当场通知其到公安机关提供证言。

在现场询问的，办案人民警察应当出示人民警察证。

询问前，应当了解被询问人的身份以及其与被侵害人、其他证人、违法嫌疑人之间的关系。

第八十条 违法嫌疑人、被侵害人或者其他证人请求自行提供书面材料的，应当准许。必要时，办案人民警察也可以要求违法嫌疑人、被侵害人或者其他证人自行书写。违法嫌疑人、被侵害人或者其他证人应当在其提供的书面材料的结尾处签名或者捺指印。对打印的书面材料，违法嫌疑人、被侵害人或者其他证人应当逐页签名或者捺指印。办案人民警察收到书面材料后，应当在首页注明收到日期，并签名。

第四节 勘验、检查

第八十一条 对于违法行为案发现场，必要时应当进行勘验，提取与案件有关的证据材料，判断案件性质，确定调查方向和范围。

现场勘验参照刑事案件现场勘验的有关规定执行。

第八十二条 对与违法行为有关的场所、物品、人身可以进行检查。检查时，人民警察不得少于二人，并应当出示人民警察证和县级以上公安机关开具的检查证。对确有必要立即进行检查的，人民警察经出示人民警察证，可以当场检查；但检查公民住所的，必须有证据表明或者有群众报警公民住所内正在发生危害公共安全或者公民人身安全的案(事)件，或者违法存放危险物质，不立即检查可能会对公共安全或者公民人身、财产安全造成重大危害。

对机关、团体、企业、事业单位或者公共场所进行日常执法监督检查，依照有关法律、法规和规章执行，不适用前款规定。

第八十三条 对违法嫌疑人，可以依法提取或者采集肖像、指纹等人体生物识别信息；涉嫌酒后驾驶机动车、吸毒、从事恐怖活动等违法行为的，可以依照《中华人民共和国道路交通安全法》《中华人民共和国禁毒法》《中华人民共和国反恐怖主义法》等规定提取或者采集血液、尿液、毛发、脱落细胞等生物样本。人身安全检查和当场检查时已经提取、采集的信息，不再提取、采集。

第八十四条 对违法嫌疑人进行检查时，应当尊重被检查人的人格尊严，不得以有损人格尊严的方式进行检查。

检查妇女的身体，应当由女性工作人员进行。

依法对卖淫、嫖娼人员进行性病检查，应当由医生进行。

第八十五条 检查场所或者物品时，应当注意避免对物品造成不必要的损坏。

检查场所时，应当有被检查人或者见证人在场。

第八十六条 检查情况应当制作检查笔录。检查笔录由检查人员、被检查人或者见证人签名；被检查人不在场或者拒绝签名的，办案人民警察应当在检查笔录中注明。

检查时的全程录音录像可以替代书面检查笔录，但应当对视听资料的关键内容和相应时间段等作文字说明。

第五节 鉴 定

第八十七条 为了查明案情，需要对专门性技术问题进行鉴定的，应当指派或者聘请具有专门知识的人员进行。

需要聘请本公安机关以外的人进行鉴定的，应当经公安机关办案部门负责人批准后，制作鉴定聘请书。

第八十八条 公安机关应当为鉴定提供必要的条件，及时送交有关检材和比对样本等原始材料，介绍与鉴定有关的情况，并且明确提出要求鉴定解决的问题。

办案人民警察应当做好检材的保管和送检工作，并注明检材送检环节的责任人，确保检材在流转环节中的同一性和不被污染。

禁止强迫或者暗示鉴定人作出某种鉴定意见。

第八十九条 对人身伤害的鉴定由法医进行。

卫生行政主管部门许可的医疗机构具有执业资格的医生出具的诊断证明，可以作为公安机关认定人身伤害程度的依据，但具有本规定第九十条规定情形的除外。

对精神病的鉴定，由有精神病鉴定资格的鉴定机构进行。

第九十条 人身伤害案件具有下列情形之一的，公安机关应当进行伤情鉴定：

（一）受伤程度较重，可能构成轻伤以上伤害程度的；

（二）被侵害人要求作伤情鉴定的；

（三）违法嫌疑人、被侵害人对伤害程度有争议的。

第九十一条 对需要进行伤情鉴定的案件，被侵害人拒绝提供诊断证明或者拒绝进行伤情鉴定的，公安机关应当将有关情况记录在案，并可以根据已认定的事实作出处理决定。

经公安机关通知，被侵害人无正当理由未在公安机关确定的时间内作伤情鉴定的，视为拒绝鉴定。

第九十二条 对电子数据涉及的专门性问题难以确定的，由司法鉴定机构出具鉴定意见，或者由公安部指定的机构出具报告。

第九十三条 涉案物品价值不明或者难以确定的，公安机关应当委托价格鉴证机构估价。

根据当事人提供的购买发票等票据能够认定价值的涉案物品，或者价值明显不够刑事立案标准的涉案物品，公安机关可以不进行价格鉴证。

第九十四条 对涉嫌吸毒的人员，应当进行吸毒检测，被检测人员应当配合；对拒绝接受检测的，经县级以上公安机关或者其派出机构负责人批准，可以强制检测。采集女性被检测人检测样本，应当由女性工作人员进行。

对涉嫌服用国家管制的精神药品、麻醉药品驾驶机动车的人员，可以对其进行体内国家管制的精神药品、麻醉药品含量检验。

第九十五条 对有酒后驾驶机动车嫌疑的人，应当对其进行呼气酒精测试，对具有下列情形之一的，应当立即提取血样，检验血液酒精含量：

（一）当事人对呼气酒精测试结果有异议的；

（二）当事人拒绝配合呼气酒精测试的；

（三）涉嫌醉酒驾驶机动车的；

（四）涉嫌饮酒后驾驶机动车发生交通事故的。

当事人对呼气酒精测试结果无异议的，应当签字确认。事后提出异议的，不予采纳。

第九十六条 鉴定人鉴定后，应当出具鉴定意见。鉴定意见应当载明委托人、委托鉴定的事项、提交鉴定的相关材料、鉴定的时间、依据和结论性意见等内容，并由鉴定人签名或者盖章。通过分析得出鉴定意见的，应当有分析过程的说明。鉴定意见应当附有鉴定机构和鉴定人的资质证明或者其他证明文件。

鉴定人对鉴定意见负责，不受任何机关、团体、企业、事业单位和个人的干涉。多人参加鉴定，对鉴定意见有不同意见的，应当注明。

鉴定人故意作虚假鉴定的，应当承担法律责任。

第九十七条 办案人民警察应当对鉴定意见进行审查。

对经审查作为证据使用的鉴定意见，公安机关应当在收到鉴定意见之日起五日内将鉴定意见复印件送达违法嫌疑人和被侵害人。

医疗机构出具的诊断证明作为公安机关认定人身伤害程度的依据的，应当将诊断证明结论书面告知违法嫌疑人和被侵害人。

违法嫌疑人或者被侵害人对鉴定意见有异议的，可以在收到鉴定意见复印件之日起三日内提出重新鉴定的申请，经县级以上公安机关批准后，进行重新鉴定。同一行政案件的同一事项重新鉴定以一次为限。

当事人是否申请重新鉴定，不影响案件的正常办理。

公安机关认为必要时，也可以直接决定重新鉴定。

第九十八条 具有下列情形之一的，应当进行重新鉴定：

（一）鉴定程序违法或者违反相关专业技术要求，可能影响鉴定意见正确性的；

（二）鉴定机构、鉴定人不具备鉴定资质和条件的；

（三）鉴定意见明显依据不足的；

（四）鉴定人故意作虚假鉴定的；

（五）鉴定人应当回避而没有回避的；

（六）检材虚假或者被损坏的；

（七）其他应当重新鉴定的。

不符合前款规定情形的，经县级以上公安机关负责人批准，作出不准予重新鉴定的决定，并在作出决定之日起的三日以内书面通知申请人。

第九十九条 重新鉴定，公安机关应当另行指派或者聘请鉴定人。

第一百条 鉴定费用由公安机关承担，但当事人自行鉴定的除外。

第六节 辨认

第一百零一条 为了查明案情，办案人民警察可以让违法嫌疑人、被侵害人或者其他证人对与违法行为有关的物品、场所或者违法嫌疑人进行辨认。

第一百零二条 辨认由二名以上办案人民警察主持。

组织辨认前，应当向辨认人详细询问辨认对象的具体特征，并避免辨认人见到辨认对象。

第一百零三条 多名辨认人对同一辨认对象或者一名辨认人对多名辨认对象进行辨认时，应当个别进行。

第一百零四条 辨认时，应当将辨认对象混杂在特征相类似的其他对象中，不得给辨认人任何暗示。

辨认违法嫌疑人时，被辨认的人数不得少于七人；对违法嫌疑人照片进行辨认的，不得少于十人的照片。

辨认每一件物品时，混杂的同类物品不得少于五件。

同一辨认人对与同一案件有关的辨认对象进行多组辨认的，不得重复使用陪衬照片或者陪衬人。

第一百零五条 辨认人不愿意暴露身份的，对违法嫌疑人的辨认可以在不暴露辨认人的情况下进行，公安机关及其人民警察应当为其保守秘密。

第一百零六条 辨认经过和结果，应当制作辨认笔录，由办案人民警察和辨认人签名或者捺指印。必要时，应当对辨认过程进行录音、录像。

第七节 证据保全

第一百零七条 对下列物品，经公安机关负责人批准，可以依法扣押或者扣留：

（一）与治安案件、违反出境入境管理的案件有关的需要作为证据的物品；

（二）道路交通安全法律、法规规定适用扣留的车辆、机动车驾驶证；

（三）《中华人民共和国反恐怖主义法》等法律、法规规定适用扣押或者扣留的物品。

对下列物品，不得扣押或者扣留：

（一）与案件无关的物品；

（二）公民个人及其所扶养家属的生活必需品；

（三）被侵害人或者善意第三人合法占有的财产。

对具有本条第二款第二项、第三项情形的，应当予以登记，写明登记财物的名称、规格、数量、特征，并由占有人签名或者捺指印。必要时，可以进行拍照。但是，与案件有关必须鉴定的，可以依法扣押，结束后应当立即解除。

第一百零八条 办理下列行政案件时，对专门用于从事无证经营活动的场所、设施、物品，经公安机关负责人批准，可以依法查封。但对与违法行为无关的场所、设施，公民个人及其扶养家属的生活必需品不得查封：

（一）擅自经营按照国家规定需要由公安机关许可的行业的；

（二）依照《娱乐场所管理条例》可以由公安机关采取取缔措施的；

（三）《中华人民共和国反恐怖主义法》等法律、法规规定适用查封的其他公安行政案件。

场所、设施、物品已被其他国家机关依法查封的，不得重复查封。

第一百零九条 收集证据时，经公安机关办案部门负责人批准，可以采取抽样取证的方法。

抽样取证应当采取随机的方式，抽取样品的数量以能够认定本品的品质特征为限。

抽样取证时，应当对抽样取证的现场、被抽样物品及被抽取的样品进行拍照或者对抽样过程进行录像。

对抽取的样品应当及时进行检验。经检验，能够作为证据使用的，应当依法扣押、先行登记保存或者登记；不属于证据的，应当及时返还样品。样品有减损的，应当予以补偿。

第一百一十条 在证据可能灭失或者以后难以取得的情况下，经公安机关办案部门负责人批准，可以先行登记保存。

先行登记保存期间，证据持有人及其他人员不得损毁或者转移证据。

对先行登记保存的证据，应当在七日内作出处理决定。逾期不作出处理决定的，视为自动解除。

第一百一十一条 实施扣押、扣留、查封、抽样取证、先行登记保存等证据保全措施时，应当会同当事人查点清楚，制作并当场交付证据保全决定书。必要时，应当对采取证据保全措施的证据进行拍照或者对采取证据保全的过程进行录像。证据保全决定书应当载明下列事项：

（一）当事人的姓名或者名称、地址；

（二）抽样取证、先行登记保存、扣押、扣留、查封的理由、依据和期限；

（三）申请行政复议或者提起行政诉讼的途径和期限；

（四）作出决定的公安机关的名称、印章和日期。

证据保全决定书应当附清单，载明被采取证据保全措施的场所、设施、物品的名称、规格、数量、特征等，由办案人民警察和当事人签名后，一份交当事人，一份附卷。有见证人的，还应当由见证人签名。当事人或者见证人拒绝签名的，办案人民警察应当在证据保全清单上注明。

对可以作为证据使用的录音带、录像带，在扣押时应当予以检查，记明案由、内容以及录取和复制的时间、地点等，并妥为保管。

对扣押的电子数据原始存储介质，应当封存，保证在不解除封存状态的情况下，无法增加、删除、修改电子数据，并在证据保全清单中记录封存状态。

第一百一十二条 扣押、扣留、查封期限为三十日，情况复杂的，经县级以上公安机关负责人批准，可以延长三十日；法律、行政法规另有规定的除外。延长扣押、扣留、查封期限的，应当及时书面告知当事人，并说明理由。

对物品需要进行鉴定的，鉴定期间不计入扣押、扣留、查封期间，但应当将鉴定的期间书面告知当事人。

第一百一十三条 公安机关对恐怖活动嫌疑人的存款、汇款、债券、股票、基金份额等财产采取冻结措施的，应当经县级以上公安机关负责人批准，向金融机构交付冻结通知书。

作出冻结决定的公安机关应当在三日内向恐怖活动嫌疑人交付冻结决定书。冻结决定书应当载明下列事项：

（一）恐怖活动嫌疑人的姓名或者名称、地址；

（二）冻结的理由、依据和期限；

（三）冻结的账号和数额；

（四）申请行政复议或者提起行政诉讼的途径和期限；

（五）公安机关的名称、印章和日期。

第一百一十四条 自被冻结之日起二个月内，公安机关应当作出处理决定或者解除冻结；情况复杂的，经上一级公安机关负责人批准，可以延长一个月。

延长冻结的决定应当及时书面告知恐怖活动嫌疑人，并说明理由。

第一百一十五条 有下列情形之一的，公安机关应当立即退还财物，并由当事人签名确认；不涉及财物退还的，应当书面通知当事人解除证据保全：

（一）当事人没有违法行为的；

（二）被采取证据保全的场所、设施、物品、财产与违法行为无关的；

（三）已经作出处理决定，不再需要采取证据保全措施的；

（四）采取证据保全措施的期限已经届满的；

（五）其他不再需要采取证据保全措施的。

作出解除冻结决定的，应当及时通知金融机构。

第一百一十六条 行政案件变更管辖时，与案件有关的财物及其孳息应当随案移交，并书面告知当事人。移交时，由接收人、移交人当面查点清楚，并在交接单据上共同签名。

第八节 办案协作

第一百一十七条 办理行政案件需要异地公安机关协作的，应当制作办案协作函件。负责协作的公安机关接到请求协作的函件后，应当办理。

第一百一十八条 需要到异地执行传唤的，办案人民警察应当持传唤证、办案协作函件和人民警察证，与协作地公安机关联系，在协作地公安机关的协作下进行传唤。协作地公安机关应当协助将违法嫌疑人传唤到其所在市、县内的指定地点或者到其住处、单位进行询问。

第一百一十九条 需要异地办理检查、查询，查封、扣押或者冻结与案件有关的财物、文件的，应当持相关的法律文书、办案协作函件和人民警察证，与协作地公安机关联系，协作地公安机关应当协助执行。

在紧急情况下，可以将办案协作函件和相关的法律文书传真或者通过执法办案信息系统发送至协作地公安机关，协作地公安机关应当及时采取措施。办案地公安机关应当立即派员前往协作地办理。

第一百二十条 需要进行远程视频询问、处罚前告知的，应当由协作地公安机关事先核实被询问、告知人的身份。办案地公安机关应当制作询问、告知笔录并传输至协作地公安机关。询问、告知笔录经被询问、告知人确认并逐页签名或者捺指印后，由协作地公安机关协作人员签名或者盖章，并将原件或者电子签名笔录提供给办案地公安机关。办案地公安机关负责询问、告知的人民警察应当在首页注明收到日期，并签名或者盖章。询问、告知过程应当全程录音录像。

第一百二十一条 办案地公安机关可以委托异地公安机关代为询问、向有关单位和个人调取电子数据、接收自行书写材料、进行辨认、履行处罚前告知程序、送达法律文书等工作。

委托代为询问、辨认、处罚前告知的，办案地公安机关应当列出明确具体的询问、辨认、告知提纲，提供被辨认对象的照片和陪衬照片。

委托代为向有关单位和个人调取电子数据的，办案地公安机关应当将办案协作函件和相关法律文书传真或者通过执法办案信息系统发送至协作地公安机关，由协作地公安机关办案部门审核确认后办理。

第一百二十二条 协作地公安机关依照办案地公安机关的要求，依法履行办案协作职责所产生的法律责任，由办案地公安机关承担。

第八章 听证程序

第一节 一般规定

第一百二十三条 在作出下列行政处罚决定之前，应当告知违法嫌疑人有要求举行听证的权利：

（一）责令停产停业；

（二）吊销许可证或者执照；

（三）较大数额罚款；

（四）法律、法规和规章规定违法嫌疑人可以要求举行听证的其他情形。

前款第三项所称“较大数额罚款”，是指对个人处以二千元以上罚款，对单位处以一万元以上罚款，对违反边防出境入境管理法律、法规和规章的个人处以六千元以上罚款。对依据地方性法规或者地方政府规章作出的罚款处罚，适用听证的罚款数额按照地方规定执行。

第一百二十四条 听证由公安机关法制部门组织实施。

依法具有独立执法主体资格的公安机关业务部门以及出入境边防检查站依法作出行政处罚决定的，由其非本案调查人员组织听证。

第一百二十五条 公安机关不得因违法嫌疑人提出听证要求而加重处罚。

第一百二十六条 听证人员应当就行政案件的事实、证据、程序、适用法律等方面全面听取当事人陈述和申辩。

第二节 听证人员和听证参加人

第一百二十七条 听证设听证主持人一名,负责组织听证;记录员一名,负责制作听证笔录。必要时,可以设听证员一至二名,协助听证主持人进行听证。

本案调查人员不得担任听证主持人、听证员或者记录员。

第一百二十八条 听证主持人决定或者开展下列事项:

(一)举行听证的时间、地点;

(二)听证是否公开举行;

(三)要求听证参加人到场参加听证,提供或者补充证据;

(四)听证的延期、中止或者终止;

(五)主持听证,就案件的事实、理由、证据、程序、适用法律等组织质证和辩论;

(六)维持听证秩序,对违反听证纪律的行为予以制止;

(七)听证员、记录员的回避;

(八)其他有关事项。

第一百二十九条 听证参加人包括:

(一)当事人及其代理人;

(二)本案办案人民警察;

(三)证人、鉴定人、翻译人员;

(四)其他有关人员。

第一百三十条 当事人在听证活动中享有下列权利:

(一)申请回避;

(二)委托一至二人代理参加听证;

(三)进行陈述、申辩和质证;

(四)核对、补正听证笔录;

(五)依法享有的其他权利。

第一百三十一条 与听证案件处理结果有直接利害关系的其他公民、法人或者其他组织,作为第三人申请参加听证的,应当允许。为查明案情,必要时,听证主持人也可以通知其参加听证。

第三节 听证的告知、申请和受理

第一百三十二条 对适用听证程序的行政案件,办案部门在提出处罚意见后,应当告知违法嫌疑人拟作出的行政处罚和有要求举行听证的权利。

第一百三十三条 违法嫌疑人要求听证的,应当在公安机关告知后三日内提出申请。

第一百三十四条 违法嫌疑人放弃听证或者撤回听证要求后,处罚决定作出前,又提出听证要求的,只要在听证申请有效期限内,应当允许。

第一百三十五条 公安机关收到听证申请后,应当在二日内决定是否受理。认为听证申请人的要求不符合听证条件,决定不予受理的,应当制作不予受理听证通知书,告知听证申请人。逾期不通知听证申请人的,视为受理。

第一百三十六条 公安机关受理听证后,应当在举行听证的七日前将举行听证通知书送达听证申请人,并将举行听证的时间、地点通知其他听证参加人。

第四节 听证的举行

第一百三十七条 听证应当在公安机关收到听证申请之日起十日内举行。

除涉及国家秘密、商业秘密、个人隐私的行政案件外,听证应当公开举行。

第一百三十八条 听证申请人不能按期参加听证的,可以申请延期,是否准许,由听证主持人决定。

第一百三十九条 二个以上违法嫌疑人分别对同一行政案件提出听证要求的,可以合并举行。

第一百四十条 同一行政案件中有二个以上违法嫌疑人,其中部分违法嫌疑人提出听证申请的,应当在听证举行后一并作出处理决定。

第一百四十一条 听证开始时,听证主持人核对听证参加人;宣布案由;宣布听证员、记录员和翻译人员名单;告知当事人在听证中的权利和义务;询问当事人是否提出回避申请;对不公开听证的行政案件,宣布不公开听证的理由。

第一百四十二条 听证开始后,首先由办案人民警察提出听证申请人违法的事实、证据和法律依据及行政处罚意见。

第一百四十三条 办案人民警察提出证据时,应当向听证会出示。对证人证言、鉴定意见、勘验笔录和其他作为证据的文书,应当当场宣读。

第一百四十四条 听证申请人可以就办案人民警察提出的违法事实、证据和法律依据以及行政处罚意见进行陈述、申辩和质证,并可以提出新的证据。

第三人可以陈述事实,提出新的证据。

第一百四十五条 听证过程中,当事人及其代理人有权申请通知新的证人到会作证,调取新的证据。对上述申请,听证主持人应当当场作出是否同意的决定;申请重新鉴定的,按照本规定第七章第五节有关规定办理。

第一百四十六条 听证申请人、第三人和办案人民警察可以围绕案件的事实、证据、程序、适用法律、处罚种类和幅度等问题进行辩论。

第一百四十七条 辩论结束后,听证主持人应当听取听证申请人、第三人、办案人民警察各方最后陈述意见。

第一百四十八条 听证过程中,遇有下列情形之一,听证主持人可以中止听证:

(一)需要通知新的证人到会、调取新的证据或者需要重新鉴定或者勘验的;

(二)因回避致使听证不能继续进行的;

(三)其他需要中止听证的。

中止听证的情形消除后,听证主持人应当及时恢复听证。

第一百四十九条 听证过程中,遇有下列情形之一,应当终止听证:

(一)听证申请人撤回听证申请的;

(二)听证申请人及其代理人无正当理由拒不出席或者未经听证主持人许可中途退出听证的;

(三)听证申请人死亡或者作为听证申请人的法人或者其他组织被撤销、解散的;

(四)听证过程中,听证申请人或者其代理人扰乱听证秩序,不听劝阻,致使听证无法正常进行的;

(五)其他需要终止听证的。

第一百五十条 听证参加人和旁听人员应当遵守听证会场纪律。对违反听证会场纪律的,听证主持人应当警告制止;对不听制止,干扰听证正常进行的旁听人员,责令其退场。

第一百五十一条 记录员应当将举行听证的情况记入听证笔录。听证笔录应当载明下列内容:

(一)案由;

(二)听证的时间、地点和方式;

(三)听证人员和听证参加人的身份情况;

(四)办案人民警察陈述的事实、证据和法律依据以及行政处罚意见;

(五)听证申请人或者其代理人的陈述和申辩;

(六)第三人陈述的事实和理由;

(七)办案人民警察、听证申请人或者其代理人、第三人质证、辩论的内容;

(八)证人陈述的事实;

(九)听证申请人、第三人、办案人民警察的最后陈述意见;

(十)其他事项。

第一百五十二条 听证笔录应当交听证申请人阅读或者向其宣读。听证笔录中的证人陈述部分,应当交证人阅读或者向其宣读。听证申请人或者证人认为听证笔录有误的,可以请求补充或者改正。听证申请人或者证人审核无误后签名或者捺指印。听证申请人或者证人拒绝的,由记录员在听证笔录中记明情况。

听证笔录经听证主持人审阅后,由听证主持人、听证员和记录员签名。

第一百五十三条 听证结束后,听证主持人应当写出听证报告书,连同听证笔录一并报送公安机关负责人。

听证报告书应当包括下列内容:

(一)案由;

(二)听证人员和听证参加人的基本情况;

(三)听证的时间、地点和方式;

(四)听证会的基本情况;

(五)案件事实;

(六)处理意见和建议。

第九章 行政处理决定

第一节 行政处罚的适用

第一百五十四条 违反治安管理行为在六个月内没有被公安机关发现,其他违法行为在二年内没有被公安机关发现的,不再给予行政处罚。

前款规定的期限,从违法行为发生之日起计算,违法行为有连续、继续或者持续状态的,从行为终了之日起计算。

被侵害人在违法行为追究时效内向公安机关控告,公安机关应当受理而不受理的,不受本条第一款追究时效的限制。

第一百五十五条 实施行政处罚时,应当责令违法行为人当场或者限期改正违法行为。

第一百五十六条 对违法行为人的同一个违法行为,不得给予两次以上罚款的行政处罚。

第一百五十七条 不满十四周岁的人有违法行为的,不予行政处罚,但是应当责令其监护人严加管教,并在不予行政处罚决定书中载明。已满十四周岁不满十八周岁的人有违法行为的,从轻或者减轻行政处罚。

第一百五十八条 精神病人在不能辨认或者不能控制自己行为时有违法行为的,不予行政处罚,但应当责令其监护人严加看管和治疗,并在不予行政处罚决定书中载明。间歇性精神病人在精神正常时有违法行为的,应当给予行政处罚。尚未完全丧失辨认或者控制自己行为能力的精神病人有违法行为的,应当予以行政处罚,但可以从轻或者减轻行政处罚。

第一百五十九条 违法行为人有下列情形之一的,应当从轻、减轻处罚或者不予行政处罚:

(一)主动消除或者减轻违法行为危害后果,并取得被侵害人谅解的;

(二)受他人胁迫或者诱骗的;

(三)有立功表现的;

(四)主动投案,向公安机关如实陈述自己的违法行为的;

(五)其他依法应当从轻、减轻或者不予行政处罚的。

违法行为轻微并及时纠正,没有造成危害后果的,不予行政处罚。

盲人或者又聋又哑的人违反治安管理的,可以从轻、减轻或者不予行政处罚;醉酒的人违反治安管理的,应当给予处罚。

第一百六十条 违法行为人有下列情形之一的,应当从重处罚:

(一)有较严重后果的;

(二)教唆、胁迫、诱骗他人实施违法行为的;

(三)对报案人、控告人、举报人、证人等打击报复的;

(四)六个月内曾受过治安管理处罚或者一年内因同类违法行为受到两次以上公安行政处罚的;

(五)刑罚执行完毕三年内,或者在缓刑期间,违反治安管理的。

第一百六十一条 一人有两种以上违法行为的,分别决定,合并执行,可以制作一份决定书,分别写明对每种违法行为的处理内容和合并执行的内容。

一个案件有多个违法行为人的,分别决定,可以制作一式多份决定书,写明给予每个人的处理决定,分别送达每一个违法行为人。

第一百六十二条 行政拘留处罚合并执行的,最长不超过二十日。

行政拘留处罚执行完毕前,发现违法行为人有其他违法行为,公安机关依法作出行政拘留决定的,与正在执行的行政拘留合并执行。

第一百六十三条 对决定给予行政拘留处罚的人,在处罚前因同一行为已经被采取强制措施限制人身自由的时间应当折抵。限制人身自由一日,折抵执行行政拘留一日。询问查证、继续盘问和采取约束措施的时间不予折抵。

被采取强制措施限制人身自由的时间超过决定的行政拘留期限的,行政拘留决定不再执行。

第一百六十四条 违法行为人具有下列情形之一,依法应当给予行政拘留处罚的,应当作出处罚决定,但不送拘留所执行:

(一)已满十四周岁不满十六周岁的;

(二)已满十六周岁不满十八周岁,初次违反治安管理或者其他公安行政管理的。但是,曾被收容教养、被行政拘留依法不执行行政拘留或者曾因实施扰乱公共秩序,妨害公共安全,侵犯人身权利、财产权利,妨害社会管理的行为被人民法院判决有罪的除外;

(三)七十周岁以上的;

(四)孕妇或者正在哺乳自己婴儿的妇女。

第二节 行政处理的决定

第一百六十五条 公安机关办理治安案件的期限,自受理之日起不得超过三十日;案情重大、复杂的,经上一级公安机关批准,可以延长三十日。办理其他行政案件,有法定办案期限的,按照相关法律规定办理。

为了查明案情进行鉴定的期间,不计入办案期限。

对因违反治安管理行为人不明或者逃跑等客观原因造成案件在法定期限内无法作出行政处理决定的,公安机关应当继续进行调查取证,并向被侵害人说明情况,及时依法作出处理决定。

第一百六十六条 违法嫌疑人不讲真实姓名、住址,身份不明,但只要违法事实清楚、证据确实充分的,可以按其自报的姓名并贴附照片作出处理决定,并在相关法律文书中注明。

第一百六十七条 在作出行政处罚决定前，应当告知违法嫌疑人拟作出行政处罚决定的事实、理由及依据，并告知违法嫌疑人依法享有陈述权和申辩权。单位违法的，应当告知其法定代表人、主要负责人或者其授权的人员。

适用一般程序作出行政处罚决定的，采用书面形式或者笔录形式告知。

依照本规定第一百七十二条第一款第三项作出不予行政处罚决定的，可以不履行本条第一款规定的告知程序。

第一百六十八条 对违法行为事实清楚，证据确实充分，依法应当予以行政处罚，因违法行为人逃跑等原因无法履行告知义务的，公安机关可以采取公告方式予以告知。自公告之日起七日内，违法嫌疑人未提出申辩的，可以依法作出行政处罚决定。

第一百六十九条 违法嫌疑人有权进行陈述和申辩。对违法嫌疑人提出的新的事实、理由和证据，公安机关应当进行复核。

公安机关不得因违法嫌疑人申辩而加重处罚。

第一百七十条 对行政案件进行审核、审批时，应当审查下列内容：

（一）违法嫌疑人的基本情况；

（二）案件事实是否清楚，证据是否确实充分；

（三）案件定性是否准确；

（四）适用法律、法规和规章是否正确；

（五）办案程序是否合法；

（六）拟作出的处理决定是否适当。

第一百七十一条 法制员或者办案部门指定的人员、办案部门负责人、法制部门的人员可以作为行政案件审核人员。

初次从事行政处罚决定审核的人员，应当通过国家统一法律职业资格考试取得法律职业资格。

第一百七十二条 公安机关根据行政案件的不同情况分别作出下列处理决定：

（一）确有违法行为，应当给予行政处罚的，根据其情节和危害后果的轻重，作出行政处罚决定；

（二）确有违法行为，但有依法不予行政处罚情形的，作出不予行政处罚决定；有违法所得和非法财物、违禁品、管制器具的，应当予以追缴或者收缴；

（三）违法事实不能成立的，作出不予行政处罚决定；

（四）对需要给予社区戒毒、强制隔离戒毒、收容教养等处理的，依法作出决定；

（五）违法行为涉嫌构成犯罪的，转为刑事案件办理或者移送有权处理的主管机关、部门办理，无需撤销行政案件。公安机关已经作出行政处理决定的，应当附卷；

（六）发现违法行为人有其他违法行为的，在依法作出行政处理决定的同时，通知有关行政主管部门处理。

对已经依照前款第三项作出不予行政处罚决定的案件，又发现新的证据的，应当依法及时调查；违法行为能够认定的，依法重新作出处理决定，并撤销原不予行政处罚决定。

治安案件有被侵害人的，公安机关应当在作出不予行政处罚或者处罚决定之日起二日内将决定书复印件送达被侵害人。无法送达的，应当注明。

第一百七十三条 行政拘留处罚由县级以上公安机关或者出入境边防检查机关决定。依法应当对违法行为人予以行政拘留的，公安派出所、依法具有独立执法主体资格的公安机关业务部门应当报其所属的县级以上公安机关决定。

第一百七十四条 对县级以上的各级人民代表大会代表予以行政拘留的，作出处罚决定前应当经该级人民代表大会主席团或者人民代表大会常务委员会许可。

对乡、民族乡、镇的人民代表大会代表予以行政拘留的，作出决定的公安机关应当立即报告乡、民族乡、镇的人民代表大会。

第一百七十五条 作出行政处罚决定的，应当制作行政处罚决定书。决定书应当载明下列内容：

（一）被处罚人的姓名、性别、出生日期、身份证件种类及号码、户籍所在地、现住址、工作单位、违法经历以及被处罚单位的名称、地址和法定代表人；

（二）违法事实和证据以及从重、从轻、减轻等情节；

（三）处罚的种类、幅度和法律依据；

（四）处罚的执行方式和期限；

（五）对涉案财物的处理结果及对被处罚人的其他处理情况；

（六）对处罚决定不服，申请行政复议、提起行政诉讼的途径和期限；

（七）作出决定的公安机关的名称、印章和日期。

作出罚款处罚的，行政处罚决定书应当载明逾期不缴纳罚款依法加处罚款的标准和最高限额；对涉案财物作出处理的，行政处罚决定书应当附没收、收缴、追缴物品清单。

第一百七十六条 作出行政拘留处罚决定的，应当及时将处罚情况和执行场所或者依法不执行的情况通知被处罚人家属。

作出社区戒毒决定的，应当通知被决定人户籍所在地或者现居住地的城市街道办事处、乡镇人民政府。作出强制隔离戒毒、收容教养决定的，应当在法定期限内通知被决定人的家属、所在单位、户籍所在地公安派出所。

被处理人拒不提供家属联系方式或者不讲真实姓名、住址，身份不明的，可以不予通知，但应当在附卷的决定书中注明。

第一百七十七条 公安机关办理的刑事案件，尚不够刑事处罚，依法应当给予公安行政处理的，经县级以上公安机关负责人批准，依照本章规定作出处理决定。

第十章 治安调解

第一百七十八条 对于因民间纠纷引起的殴打他人、故意伤害、侮辱、诽谤、诬告陷害、故意损毁财物、干扰他人正常生活、侵犯隐私、非法侵入住宅等违反治安管理行为，情节较轻，且具有下列情形之一的，可以调解处理：

（一）亲友、邻里、同事、在校学生之间因琐事发生纠纷引起的；

（二）行为人的侵害行为系由被侵害人事前的过错行为引起的；

（三）其他适用调解处理更易化解矛盾的。

对不构成违反治安管理行为的民间纠纷，应当告知当事人向人民法院或者人民调解组织申请处理。

对情节轻微、事实清楚、因果关系明确，不涉及医疗费用、物品损失或者双方当事人对医疗费用和物品损失的赔付无争议，符合治安调解条件，双方当事人同意当场调解并当场履行的治安案件，可以当场调解，并制作调解协议书。当事人基本情况、主要违法事实和协议内容在现场录音录像中明确记录的，不再制作调解协议书。

第一百七十九条 具有下列情形之一的，不适用调解处理：

（一）雇凶伤害他人的；

（二）结伙斗殴或者其他寻衅滋事的；

（三）多次实施违反治安管理行为的；

（四）当事人明确表示不愿意调解处理的；

（五）当事人在治安调解过程中又针对对方实施违反治安管理行为的；

（六）调解过程中，违法嫌疑人逃跑的；

（七）其他不宜调解处理的。

第一百八十条 调解处理案件，应当查明事实，收集证据，并遵循合法、公正、自愿、及时的原则，注重教育和疏导，化解矛盾。

第一百八十一条 当事人中有未成年人的，调解时应当通知其父母或者其他监护人到场。但是，当事人为年满十六周岁以上的未成年人，以自己的劳动收入为主要生活来源，本人同意不通知的，可以不通知。

被侵害人委托其他人参加调解的，应当向公安机关提交委托书，并写明委托权限。违法嫌疑人不得委托他人参加调解。

第一百八十二条 对因邻里纠纷引起的治安案件进行调解时，可以邀请当事人居住地的居（村）民委员会的人员或者双方当事人熟悉的人员参加帮助调解。

第一百八十三条 调解一般为一次。对一次调解不成，公安机关认为有必要或者当事人申请的，可以再次调解，并应当在第一次调解后的七个工作日内完成。

第一百八十四条 调解达成协议的，在公安机关主持下制作调解协议书，双方当事人应当在调解协议书上签名，并履行调解协议。

调解协议书应当包括调解机关名称、主持人、双方当事人和其他在场人员的基本情况，案件发生时间、地点、人员、起因、经过、情节、结果等情况、协议内容、履行期限和方式等内容。

对调解达成协议的，应当保存案件证据材料，与其他文书材料和调解协议书一并归入案卷。

第一百八十五条 调解达成协议并履行的，公安机关不再处罚。对调解未达成协议或者达成协议后不履行的，应当对违反治安管理行为人依法予以处罚；对违法行为造成的损害赔偿纠纷，公安机关可以进行调解，调解不成的，应当告知当事人向人民法院提起民事诉讼。

调解案件的办案期限从调解未达成协议或者调解达成协议不履行之日起开始计算。

第一百八十六条 对符合本规定第一百七十八条规定的治安案件,当事人申请人民调解或者自行和解,达成协议并履行后,双方当事人书面申请并经公安机关认可的,公安机关不予治安管理处罚,但公安机关已依法作出处理决定的除外。

第十一章 涉案财物的管理和处理

第一百八十七条 对于依法扣押、扣留、查封、抽样取证、追缴、收缴的财物以及由公安机关负责保管的先行登记保存的财物,公安机关应当妥善保管,不得使用、挪用、调换或者损毁。造成损失的,应当承担赔偿责任。

涉案财物的保管费用由作出决定的公安机关承担。

第一百八十八条 县级以上公安机关应当指定一个内设部门作为涉案财物管理部门,负责对涉案财物实行统一管理,并设立或者指定专门保管场所,对涉案财物进行集中保管。涉案财物集中保管的范围,由地方公安机关根据本地区实际情况确定。

对价值较低、易于保管,或者需要作为证据继续使用,以及需要先行返还被侵害人的涉案财物,可以由办案部门设置专门的场所进行保管。办案部门应当指定不承担办案工作的民警负责本部门涉案财物的接收、保管、移交等管理工作;严禁由办案人员自行保管涉案财物。

对查封的场所、设施、财物,可以委托第三人保管,第三人不得损毁或者擅自转移、处置。因第三人的原因造成的损失,公安机关先行赔付后,有权向第三人追偿。

第一百八十九条 公安机关涉案财物管理部门和办案部门应当建立电子台账,对涉案财物逐一编号登记,载明案由、来源、保管状态、场所和去向。

第一百九十条 办案人民警察应当在依法提取涉案财物后的二十四小时内将财物移交涉案财物管理人员,并办理移交手续。对查封、冻结、先行登记保存的涉案财物,应当在采取措施后的二十四小时内,将法律文书复印件及涉案财物的情况送交涉案财物管理人员予以登记。

在异地或者在偏远、交通不便地区提取涉案财物的,办案人民警察应当在返回单位后的二十四小时内移交。

对情况紧急,需要在提取涉案财物后的二十四小时内进行鉴定、辨认、检验、检查等工作的,经办案部门负责人批准,可以在完成上述工作后的二十四小时内移交。

在提取涉案财物后的二十四小时内已将涉案财物处理完毕的,不再移交,但应当将处理涉案财物的相关手续附卷保存。

因询问、鉴定、辨认、检验、检查等办案需要,经办案部门负责人批准,办案人民警察可以调用涉案财物,并及时归还。

第一百九十一条 对容易腐烂变质及其他不易保管的物品、危险物品,经公安机关负责人批准,在拍照或者录像后依法变卖或者拍卖,变卖或者拍卖的价款暂予保存,待结案后按有关规定处理。

对易燃、易爆、毒害性、放射性等危险物品应当存放在符合危险物品存放条件的专门场所。

对属于被侵害人或者善意第三人合法占有的财物,应当在登记、拍照或者录像、估价后及时返还,并在案卷中注明返还的理由,将原物照片、清单和领取手续存卷备查。

对不宜入卷的物证,应当拍照入卷,原物在结案后按照有关规定处理。

第一百九十二条 有关违法行为查证属实后,对有证据证明权属明确且无争议的被侵害人合法财物及其孳息,凡返还不损害其他被侵害人或者利害关系人的利益,不影响案件正常办理的,应当在登记、拍照或者录像和估价后,及时发还被侵害人。办案人民警察应当在案卷材料中注明返还的理由,并将原物照片、清单和被侵害人的领取手续附卷。

第一百九十三条 在作出行政处理决定时,应当对涉案财物一并作出处理。

第一百九十四条 对在办理行政案件中查获的下列物品应当依法收缴:

(一)毒品、淫秽物品等违禁品;

(二)赌具和赌资;

(三)吸食、注射毒品的用具;

(四)伪造、变造的公文、证件、证明文件、票证、印章等;

(五)倒卖的车船票、文艺演出票、体育比赛入场券等有价票证;

(六)主要用于实施违法行为的本人所有的工

具以及直接用于实施毒品违法行为的资金；

（七）法律、法规规定可以收缴的其他非法财物。

前款第六项所列的工具，除非有证据表明属于他人合法所有，可以直接认定为违法行为人本人所有。对明显无价值的，可以不作出收缴决定，但应当在证据保全文书中注明处理情况。

违法所得应当依法予以追缴或者没收。

多名违法行为人共同实施违法行为，违法所得或者非法财物无法分清所有人的，作为共同违法所得或者非法财物予以处理。

第一百九十五条 收缴由县级以上公安机关决定。但是，违禁品，管制器具，吸食、注射毒品的用具以及非法财物价值在五百元以下且当事人对财物价值无异议的，公安派出所可以收缴。

追缴由县级以上公安机关决定。但是，追缴的财物应当退还被侵害人的，公安派出所可以追缴。

第一百九十六条 对收缴和追缴的财物，经原决定机关负责人批准，按照下列规定分别处理：

（一）属于被侵害人或者善意第三人的合法财物，应当及时返还；

（二）没有被侵害人的，登记造册，按照规定上缴国库或者依法变卖、拍卖后，将所得款项上缴国库；

（三）违禁品、没有价值的物品，或者价值轻微，无法变卖、拍卖的物品，统一登记造册后销毁；

（四）对无法变卖或者拍卖的危险物品，由县级以上公安机关主管部门组织销毁或者交有关厂家回收。

第一百九十七条 对应当退还原主或者当事人的财物，通知原主或者当事人在六个月内来领取；原主不明确的，应当采取公告方式告知原主认领。在通知原主、当事人或者公告后六个月内，无人认领的，按无主财物处理，登记后上缴国库，或者依法变卖或者拍卖后，将所得款项上缴国库。遇有特殊情况的，可酌情延期处理，延长期限最长不超过三个月。

第十二章 执　　行

第一节 一般规定

第一百九十八条 公安机关依法作出行政处理决定后，被处理人应当在行政处理决定的期限内予以履行。逾期不履行的，作出行政处理决定的公安机关可以依法强制执行或者申请人民法院强制执行。

第一百九十九条 被处理人对行政处理决定不服申请行政复议或者提起行政诉讼的，行政处理决定不停止执行，但法律另有规定的除外。

第二百条 公安机关在依法作出强制执行决定或者申请人民法院强制执行前，应当事先催告被处理人履行行政处理决定。催告以书面形式作出，并直接送达被处理人。被处理人拒绝接受或者无法直接送达被处理人的，依照本规定第五章的有关规定送达。

催告书应当载明下列事项：

（一）履行行政处理决定的期限和方式；

（二）涉及金钱给付的，应当有明确的金额和给付方式；

（三）被处理人依法享有的陈述权和申辩权。

第二百零一条 被处理人收到催告书后有权进行陈述和申辩。公安机关应当充分听取并记录、复核。被处理人提出的事实、理由或者证据成立的，公安机关应当采纳。

第二百零二条 经催告，被处理人无正当理由逾期仍不履行行政处理决定，法律规定由公安机关强制执行的，公安机关可以依法作出强制执行决定。

在催告期间，对有证据证明有转移或者隐匿财物迹象的，公安机关可以作出立即强制执行决定。

强制执行决定应当以书面形式作出，并载明下列事项：

（一）被处理人的姓名或者名称、地址；

（二）强制执行的理由和依据；

（三）强制执行的方式和时间；

（四）申请行政复议或者提起行政诉讼的途径和期限；

（五）作出决定的公安机关名称、印章和日期。

第二百零三条 依法作出要求被处理人履行排除妨碍、恢复原状等义务的行政处理决定，被处理人逾期不履行，经催告仍不履行，其后果已经或者将危害交通安全的，公安机关可以代履行，或者委托没有利害关系的第三人代履行。

代履行应当遵守下列规定：

（一）代履行前送达决定书，代履行决定书应当载明当事人的姓名或者名称、地址，代履行的理由和依据、方式和时间、标的、费用预算及代履行人；

（二）代履行三日前，催告当事人履行，当事人履行的，停止代履行；

（三）代履行时，作出决定的公安机关应当派员到场监督；

（四）代履行完毕，公安机关到场监督人员、代履行人和当事人或者见证人应当在执行文书上签名或者盖章。

代履行的费用由当事人承担。但是，法律另有规定的除外。

第二百零四条 需要立即清理道路的障碍物，当事人不能清除的，或者有其他紧急情况需要立即履行的，公安机关可以决定立即实施代履行。当事人不在场的，公安机关应当在事后立即通知当事人，并依法作出处理。

第二百零五条 实施行政强制执行，公安机关可以在不损害公共利益和他人合法权益的情况下，与当事人达成执行协议。执行协议可以约定分阶段履行；当事人采取补救措施的，可以减免加处的罚款。

执行协议应当履行。被处罚人不履行执行协议的，公安机关应当恢复强制执行。

第二百零六条 当事人在法定期限内不申请行政复议或者提起行政诉讼，又不履行行政处理决定的，法律没有规定公安机关强制执行的，作出行政处理决定的公安机关可以自期限届满之日起三个月内，向所在地有管辖权的人民法院申请强制执行。因情况紧急，为保障公共安全，公安机关可以申请人民法院立即执行。

强制执行的费用由被执行人承担。

第二百零七条 申请人民法院强制执行前，公安机关应当催告被处理人履行义务，催告书送达十日后被处理人仍未履行义务的，公安机关可以向人民法院申请强制执行。

第二百零八条 公安机关向人民法院申请强制执行，应当提供下列材料：

（一）强制执行申请书；

（二）行政处理决定书及作出决定的事实、理由和依据；

（三）当事人的意见及公安机关催告情况；

（四）申请强制执行标的情况；

（五）法律、法规规定的其他材料。

强制执行申请书应当由作出处理决定的公安机关负责人签名，加盖公安机关印章，并注明日期。

第二百零九条 公安机关对人民法院不予受理强制执行申请、不予强制执行的裁定有异议的，可以在十五日内向上一级人民法院申请复议。

第二百一十条 具有下列情形之一的，中止强制执行：

（一）当事人暂无履行能力的；

（二）第三人对执行标的主张权利，确有理由的；

（三）执行可能对他人或者公共利益造成难以弥补的重大损失的；

（四）其他需要中止执行的。

中止执行的情形消失后，公安机关应当恢复执行。对没有明显社会危害，当事人确无能力履行，中止执行满三年未恢复执行的，不再执行。

第二百一十一条 具有下列情形之一的，终结强制执行：

（一）公民死亡，无遗产可供执行，又无义务承受人的；

（二）法人或者其他组织终止，无财产可供执行，又无义务承受人的；

（三）执行标的灭失的；

（四）据以执行的行政处理决定被撤销的；

（五）其他需要终结执行的。

第二百一十二条 在执行中或者执行完毕后，据以执行的行政处理决定被撤销、变更，或者执行错误，应当恢复原状或者退还财物；不能恢复原状或者退还财物的，依法给予赔偿。

第二百一十三条 除依法应当销毁的物品外，公安机关依法没收或者收缴、追缴的违法所得和非法财物，必须按照国家有关规定处理或者上缴国库。

罚款、没收或者收缴的违法所得和非法财物拍卖或者变卖的款项和没收的保证金，必须全部上缴国库，不得以任何形式截留、私分或者变相私分。

第二节 罚款的执行

第二百一十四条 公安机关作出罚款决定，被处罚人应当自收到行政处罚决定书之日起十五日内，到指定的银行缴纳罚款。具有下列情形之一的，公安机关及其办案人民警察可以当场收缴罚款，法律另有规定的，从其规定：

（一）对违反治安管理行为人处五十元以下罚款和对违反交通管理的行人、乘车人和非机动车驾驶人处罚款，被处罚人没有异议的；

（二）对违反治安管理、交通管理以外的违法行为人当场处二十元以下罚款的；

（三）在边远、水上、交通不便地区、旅客列车上或者口岸，被处罚人向指定银行缴纳罚款确有困难，经被处罚人提出的；

（四）被处罚人在当地没有固定住所，不当场收缴事后难以执行的。

对具有前款第一项和第三项情形之一的，办案人民警察应当要求被处罚人签名确认。

第二百一十五条 公安机关及其人民警察当场收缴罚款的，应当出具省级或者国家财政部门统一制发的罚款收据。对不出具省级或者国家财政部门统一制发的罚款收据的，被处罚人有权拒绝缴纳罚款。

第二百一十六条 人民警察应当自收缴罚款之日起二日内，将当场收缴的罚款交至其所属公安机关；在水上当场收缴的罚款，应当自抵岸之日起二日内将当场收缴的罚款交至其所属公安机关；在旅客列车上当场收缴的罚款，应当自返回之日起二日内将当场收缴的罚款交至其所属公安机关。

公安机关应当自收到罚款之日起二日内将罚款缴付指定的银行。

第二百一十七条 被处罚人确有经济困难，经被处罚人申请和作出处罚决定的公安机关批准，可以暂缓或者分期缴纳罚款。

第二百一十八条 被处罚人未在本规定第二百一十四条规定的期限内缴纳罚款的，作出行政处罚决定的公安机关可以采取下列措施：

（一）将依法查封、扣押的被处罚人的财物拍卖或者变卖抵缴罚款。拍卖或者变卖的价款超过罚款数额的，余额部分应当及时退还被处罚人；

（二）不能采取第一项措施的，每日按罚款数额的百分之三加处罚款，加处罚款总额不得超出罚款数额。

拍卖财物，由公安机关委托拍卖机构依法办理。

第二百一十九条 依法加处罚款超过三十日，经催告被处罚人仍不履行的，作出行政处罚决定的公安机关可以按照本规定第二百零六条的规定向所在地有管辖权的人民法院申请强制执行。

第三节　行政拘留的执行

第二百二十条 对被决定行政拘留的人，由作出决定的公安机关送达拘留所执行。对抗拒执行的，可以使用约束性警械。

对被决定行政拘留的人，在异地被抓获或者具有其他有必要在异地拘留所执行情形的，经异地拘留所主管公安机关批准，可以在异地执行。

第二百二十一条 对同时被决定行政拘留和社区戒毒或者强制隔离戒毒的人员，应当先执行行政拘留，由拘留所给予必要的戒毒治疗，强制隔离戒毒期限连续计算。

拘留所不具备戒毒治疗条件的，行政拘留决定机关可以直接将被行政拘留人送公安机关管理的强制隔离戒毒所代为执行行政拘留，强制隔离戒毒期限连续计算。

第二百二十二条 被处罚人不服行政拘留处罚决定，申请行政复议或者提起行政诉讼的，可以向作出行政拘留决定的公安机关提出暂缓执行行政拘留的申请；口头提出申请的，公安机关人民警察应当予以记录，并由申请人签名或者捺指印。

被处罚人在行政拘留执行期间，提出暂缓执行行政拘留申请的，拘留所应当立即将申请转交作出行政拘留决定的公安机关。

第二百二十三条 公安机关应当在收到被处罚人提出暂缓执行行政拘留申请之时起二十四小时内作出决定。

公安机关认为暂缓执行行政拘留不致发生社会危险，且被处罚人或者其近亲属提出符合条件的担保人，或者按每日行政拘留二百元的标准交纳保证金的，应当作出暂缓执行行政拘留的决定。

对同一被处罚人，不得同时责令其提出保证人和交纳保证金。

被处罚人已送达拘留所执行的，公安机关应当立即将暂缓执行行政拘留决定送达拘留所，拘留所应当立即释放被处罚人。

第二百二十四条 被处罚人具有下列情形之一的，应当作出不暂缓执行行政拘留的决定，并告知申请人：

（一）暂缓执行行政拘留后可能逃跑的；

（二）有其他违法犯罪嫌疑，正在被调查或者侦查的；

（三）不宜暂缓执行行政拘留的其他情形。

第二百二十五条 行政拘留并处罚款的,罚款不因暂缓执行行政拘留而暂缓执行。

第二百二十六条 在暂缓执行行政拘留期间,被处罚人应当遵守下列规定:

(一)未经决定机关批准不得离开所居住的市、县;

(二)住址、工作单位和联系方式发生变动的,在二十四小时以内向决定机关报告;

(三)在行政复议和行政诉讼中不得干扰证人作证、伪造证据或者串供;

(四)不得逃避、拒绝或者阻碍处罚的执行。

在暂缓执行行政拘留期间,公安机关不得妨碍被处罚人依法行使行政复议和行政诉讼权利。

第二百二十七条 暂缓执行行政拘留的担保人应当符合下列条件:

(一)与本案无牵连;

(二)享有政治权利,人身自由未受到限制或者剥夺;

(三)在当地有常住户口和固定住所;

(四)有能力履行担保义务。

第二百二十八条 公安机关经过审查认为暂缓执行行政拘留的担保人符合条件的,由担保人出具保证书,并到公安机关将被担保人领回。

第二百二十九条 暂缓执行行政拘留的担保人应当履行下列义务:

(一)保证被担保人遵守本规定第二百二十六条的规定;

(二)发现被担保人伪造证据、串供或者逃跑的,及时向公安机关报告。

暂缓执行行政拘留的担保人不履行担保义务,致使被担保人逃避行政拘留处罚执行的,公安机关可以对担保人处以三千元以下罚款,并对被担保人恢复执行行政拘留。

暂缓执行行政拘留的担保人履行了担保义务,但被担保人仍逃避行政拘留处罚执行的,或者被处罚人逃跑后,担保人积极帮助公安机关抓获被处罚人的,可以从轻或者不予行政处罚。

第二百三十条 暂缓执行行政拘留的担保人在暂缓执行行政拘留期间,不愿继续担保或者丧失担保条件的,行政拘留的决定机关应当责令被处罚人重新提出担保人或者交纳保证金。不提出担保人又不交纳保证金的,行政拘留的决定机关应当将被处罚人送拘留所执行。

第二百三十一条 保证金应当由银行代收。在银行非营业时间,公安机关可以先行收取,并在收到保证金后的三日内存入指定的银行账户。

公安机关应当指定办案部门以外的法制、装备财务等部门负责管理保证金。严禁截留、坐支、挪用或者以其他任何形式侵吞保证金。

第二百三十二条 行政拘留处罚被撤销或者开始执行时,公安机关应当将保证金退还交纳人。

被决定行政拘留的人逃避行政拘留处罚执行的,由决定行政拘留的公安机关作出没收或者部分没收保证金的决定,行政拘留的决定机关应当将被处罚人送拘留所执行。

第二百三十三条 被处罚人对公安机关没收保证金的决定不服的,可以依法申请行政复议或者提起行政诉讼。

第四节 其他处理决定的执行

第二百三十四条 作出吊销公安机关发放的许可证或者执照处罚的,应当在被吊销的许可证或者执照上加盖吊销印章后收缴。被处罚人拒不缴销证件的,公安机关可以公告宣布作废。吊销许可证或者执照的机关不是发证机关的,作出决定的机关应当在处罚决定生效后及时通知发证机关。

第二百三十五条 作出取缔决定的,可以采取在经营场所张贴公告等方式予以公告,责令被取缔者立即停止经营活动;有违法所得的,依法予以没收或者追缴。拒不停止经营活动的,公安机关可以依法没收或者收缴其专门用于从事非法经营活动的工具、设备。已经取得营业执照的,公安机关应当通知工商行政管理部门依法撤销其营业执照。

第二百三十六条 对拒不执行公安机关依法作出的责令停产停业决定的,公安机关可以依法强制执行或者申请人民法院强制执行。

第二百三十七条 对被决定强制隔离戒毒、收容教养的人员,由作出决定的公安机关送强制隔离戒毒场所、收容教养场所执行。

对被决定社区戒毒的人员,公安机关应当责令其到户籍所在地接受社区戒毒,在户籍所在地以外的现居住地有固定住所的,可以责令其在现居住地接受社区戒毒。

第十三章　涉外行政案件的办理

第二百三十八条　办理涉外行政案件，应当维护国家主权和利益，坚持平等互利原则。

第二百三十九条　对外国人国籍的确认，以其入境时有效证件上所表明的国籍为准；国籍有疑问或者国籍不明的，由公安机关出入境管理部门协助查明。

对无法查明国籍、身份不明的外国人，按照其自报的国籍或者无国籍人对待。

第二百四十条　违法行为人为享有外交特权和豁免权的外国人的，办案公安机关应当将其身份、证件及违法行为等基本情况记录在案，保存有关证据，并尽快将有关情况层报省级公安机关，由省级公安机关商请同级人民政府外事部门通过外交途径处理。

对享有外交特权和豁免权的外国人，不得采取限制人身自由和查封、扣押的强制措施。

第二百四十一条　办理涉外行政案件，应当使用中华人民共和国通用的语言文字。对不通晓我国语言文字的，公安机关应当为其提供翻译；当事人通晓我国语言文字，不需要他人翻译的，应当出具书面声明。

经县级以上公安机关负责人批准，外国籍当事人可以自己聘请翻译，翻译费由其个人承担。

第二百四十二条　外国人具有下列情形之一，经当场盘问或者继续盘问后不能排除嫌疑，需要作进一步调查的，经县级以上公安机关或者出入境边防检查机关负责人批准，可以拘留审查：

（一）有非法出境入境嫌疑的；

（二）有协助他人非法出境入境嫌疑的；

（三）有非法居留、非法就业嫌疑的；

（四）有危害国家安全和利益，破坏社会公共秩序或者从事其他违法犯罪活动嫌疑的。

实施拘留审查，应当出示拘留审查决定书，并在二十四小时内进行询问。

拘留审查的期限不得超过三十日，案情复杂的，经上一级公安机关或者出入境边防检查机关批准可以延长至六十日。对国籍、身份不明的，拘留审查期限自查清其国籍、身份之日起计算。

第二百四十三条　具有下列情形之一的，应当解除拘留审查：

（一）被决定遣送出境、限期出境或者驱逐出境的；

（二）不应当拘留审查的；

（三）被采取限制活动范围措施的；

（四）案件移交其他部门处理的；

（五）其他应当解除拘留审查的。

第二百四十四条　外国人具有下列情形之一的，不适用拘留审查，经县级以上公安机关或者出入境边防检查机关负责人批准，可以限制其活动范围：

（一）患有严重疾病的；

（二）怀孕或者哺乳自己婴儿的；

（三）未满十六周岁或者已满七十周岁的；

（四）不宜适用拘留审查的其他情形。

被限制活动范围的外国人，应当按照要求接受审查，未经公安机关批准，不得离开限定的区域。限制活动范围的期限不得超过六十日。对国籍、身份不明的，限制活动范围期限自查清其国籍、身份之日起计算。

第二百四十五条　被限制活动范围的外国人应当遵守下列规定：

（一）未经决定机关批准，不得变更生活居所，超出指定的活动区域；

（二）在传唤的时候及时到案；

（三）不得以任何形式干扰证人作证；

（四）不得毁灭、伪造证据或者串供。

第二百四十六条　外国人具有下列情形之一的，经县级以上公安机关或者出入境边防检查机关负责人批准，可以遣送出境：

（一）被处限期出境，未在规定期限内离境的；

（二）有不准入境情形的；

（三）非法居留、非法就业的；

（四）违反法律、行政法规需要遣送出境的。

其他境外人员具有前款所列情形之一的，可以依法遣送出境。

被遣送出境的人员，自被遣送出境之日起一至五年内不准入境。

第二百四十七条　被遣送出境的外国人可以被遣送至下列国家或者地区：

（一）国籍国；

（二）入境前的居住国或者地区；

（三）出生地国或者地区；

（四）入境前的出境口岸的所属国或者地区；

（五）其他允许被遣送出境的外国人入境的国家或者地区。

第二百四十八条 具有下列情形之一的外国人，应当羁押在拘留所或者遣返场所：

（一）被拘留审查的；

（二）被决定遣送出境或者驱逐出境但因天气、交通运输工具班期、当事人健康状况等客观原因或者国籍、身份不明，不能立即执行的。

第二百四十九条 外国人对继续盘问、拘留审查、限制活动范围、遣送出境措施不服的，可以依法申请行政复议，该行政复议决定为最终决定。

其他境外人员对遣送出境措施不服，申请行政复议的，适用前款规定。

第二百五十条 外国人具有下列情形之一的，经县级以上公安机关或者出入境边防检查机关决定，可以限期出境：

（一）违反治安管理的；

（二）从事与停留居留事由不相符的活动的；

（三）违反中国法律、法规规定，不适宜在中国境内继续停留居留的。

对外国人决定限期出境的，应当规定外国人离境的期限，注销其有效签证或者停留居留证件。限期出境的期限不得超过三十日。

第二百五十一条 外国人违反治安管理或者出境入境管理，情节严重，尚不构成犯罪的，承办的公安机关可以层报公安部处以驱逐出境。公安部作出的驱逐出境决定为最终决定，由承办机关宣布并执行。

被驱逐出境的外国人，自被驱逐出境之日起十年内不准入境。

第二百五十二条 对外国人处以罚款或者行政拘留并处限期出境或者驱逐出境的，应当于罚款或者行政拘留执行完毕后执行限期出境或者驱逐出境。

第二百五十三条 办理涉外行政案件，应当按照国家有关办理涉外案件的规定，严格执行请示报告、内部通报、对外通知等各项制度。

第二百五十四条 对外国人作出行政拘留、拘留审查或者其他限制人身自由以及限制活动范围的决定后，决定机关应当在四十八小时内将外国人的姓名、性别、入境时间、护照或者其他身份证件号码，案件发生的时间、地点及有关情况，违法的主要事实，已采取的措施及其法律依据等情况报告省级公安机关；省级公安机关应当在规定期限内，将有关情况通知该外国人所属国家的驻华使馆、领馆，并通报同级人民政府外事部门。当事人要求不通知使馆、领馆，且我国与当事人国籍国未签署双边协议规定必须通知的，可以不通知，但应当由其本人提出书面请求。

第二百五十五条 外国人在被行政拘留、拘留审查或者其他限制人身自由以及限制活动范围期间死亡的，有关省级公安机关应当通知该外国人所属国家驻华使馆、领馆，同时报告公安部并通报同级人民政府外事部门。

第二百五十六条 外国人在被行政拘留、拘留审查或者其他限制人身自由以及限制活动范围期间，其所属国家驻华外交、领事官员要求探视的，决定机关应当及时安排。该外国人拒绝其所属国家驻华外交、领事官员探视的，公安机关可以不予安排，但应当由其本人出具书面声明。

第二百五十七条 办理涉外行政案件，本章未作规定的，适用其他各章的有关规定。

第十四章　案件终结

第二百五十八条 行政案件具有下列情形之一的，应当予以结案：

（一）作出不予行政处罚决定的；

（二）按照本规定第十章的规定达成调解、和解协议并已履行的；

（三）作出行政处罚等处理决定，且已执行的；

（四）违法行为涉嫌构成犯罪，转为刑事案件办理的；

（五）作出处理决定后，因执行对象灭失、死亡等客观原因导致无法执行或者无需执行的。

第二百五十九条 经过调查，发现行政案件具有下列情形之一的，经公安派出所、县级公安机关办案部门或者出入境边防检查机关以上负责人批准，终止调查：

（一）没有违法事实的；

（二）违法行为已过追究时效的；

（三）违法嫌疑人死亡的；

（四）其他需要终止调查的情形。

终止调查时，违法嫌疑人已被采取行政强制措施的，应当立即解除。

第二百六十条 对在办理行政案件过程中形

成的文书材料,应当按照一案一卷原则建立案卷,并按照有关规定在结案或者终止案件调查后将案卷移交档案部门保管或者自行保管。

第二百六十一条 行政案件的案卷应当包括下列内容:

(一)受案登记表或者其他发现案件的记录;

(二)证据材料;

(三)决定文书;

(四)在办理案件中形成的其他法律文书。

第二百六十二条 行政案件的法律文书及定性依据材料应当齐全完整,不得损毁、伪造。

第十五章 附 则

第二百六十三条 省级公安机关应当建立并不断完善统一的执法办案信息系统。

办案部门应当按照有关规定将行政案件的受理、调查取证、采取强制措施、处理等情况以及相关文书材料录入执法办案信息系统,并进行网上审核审批。

公安机关可以使用电子签名、电子指纹捺印技术制作电子笔录等材料,可以使用电子印章制作法律文书。对案件当事人进行电子签名、电子指纹捺印的过程,公安机关应当同步录音录像。

第二百六十四条 执行本规定所需要的法律文书式样,由公安部制定。公安部没有制定式样,执法工作中需要的其他法律文书,省级公安机关可以制定式样。

第二百六十五条 本规定所称"以上"、"以下"、"内"皆包括本数或者本级。

第二百六十六条 本规定自2013年1月1日起施行,依照《中华人民共和国出境入境管理法》新设定的制度自2013年7月1日起施行。2006年8月24日发布的《公安机关办理行政案件程序规定》同时废止。

公安部其他规章对办理行政案件程序有特别规定的,按照特别规定办理;没有特别规定的,按照本规定办理。

公安机关办理刑事案件程序规定

(2012年12月13日公安部令第127号修订发布 根据2020年7月20日公安部令第159号《公安部关于修改〈公安机关办理刑事案件程序规定〉的决定》修正)

第一章 任务和基本原则

第一条 为了保障《中华人民共和国刑事诉讼法》的贯彻实施,保证公安机关在刑事诉讼中正确履行职权,规范办案程序,确保办案质量,提高办案效率,制定本规定。

第二条 公安机关在刑事诉讼中的任务,是保证准确、及时地查明犯罪事实,正确应用法律,惩罚犯罪分子,保障无罪的人不受刑事追究,教育公民自觉遵守法律,积极同犯罪行为作斗争,维护社会主义法制,尊重和保障人权,保护公民的人身权利、财产权利、民主权利和其他权利,保障社会主义建设事业的顺利进行。

第三条 公安机关在刑事诉讼中的基本职权,是依照法律对刑事案件立案、侦查、预审;决定、执行强制措施;对依法不追究刑事责任的不予立案,已经追究的撤销案件;对侦查终结应当起诉的案件,移送人民检察院审查决定;对不够刑事处罚的犯罪嫌疑人需要行政处理的,依法予以处理或者移送有关部门;对被判处有期徒刑的罪犯,在被交付执行刑罚前,剩余刑期在三个月以下的,代为执行刑罚;执行拘役、剥夺政治权利、驱逐出境。

第四条 公安机关进行刑事诉讼,必须依靠群众,以事实为根据,以法律为准绳。对于一切公民,在适用法律上一律平等,在法律面前,不允许有任何特权。

第五条 公安机关进行刑事诉讼,同人民法院、人民检察院分工负责,互相配合,互相制约,以保证准确有效地执行法律。

第六条 公安机关进行刑事诉讼,依法接受人民检察院的法律监督。

第七条 公安机关进行刑事诉讼,应当建立、完善和严格执行办案责任制度、执法过错责任追究制度等内部执法监督制度。

在刑事诉讼中,上级公安机关发现下级公安机关作出的决定或者办理的案件有错误的,有权予以撤销或者变更,也可以指令下级公安机关予以纠正。

下级公安机关对上级公安机关的决定必须执行,如果认为有错误,可以在执行的同时向上级公安机关报告。

第八条 公安机关办理刑事案件,应当重证据,重调查研究,不轻信口供。严禁刑讯逼供和以威胁、引诱、欺骗以及其他非法方法收集证据,不得强迫任何人证实自己有罪。

第九条 公安机关在刑事诉讼中,应当保障犯罪嫌疑人、被告人和其他诉讼参与人依法享有的辩护权和其他诉讼权利。

第十条 公安机关办理刑事案件,应当向同级人民检察院提请批准逮捕、移送审查起诉。

第十一条 公安机关办理刑事案件,对不通晓当地通用的语言文字的诉讼参与人,应当为他们翻译。

在少数民族聚居或者多民族杂居的地区,应当使用当地通用的语言进行讯问。对外公布的诉讼文书,应当使用当地通用的文字。

第十二条 公安机关办理刑事案件,各地区、各部门之间应当加强协作和配合,依法履行协查、协办职责。

上级公安机关应当加强监督、协调和指导。

第十三条 根据《中华人民共和国引渡法》《中华人民共和国国际刑事司法协助法》,中华人民共和国缔结或者参加的国际条约和公安部签订的双边、多边合作协议,或者按照互惠原则,我国公安机关可以和外国警察机关开展刑事司法协助和警务合作。

第二章 管 辖

第十四条 根据刑事诉讼法的规定,除下列情形外,刑事案件由公安机关管辖:

(一)监察机关管辖的职务犯罪案件;

(二)人民检察院管辖的在对诉讼活动实行法律监督中发现的司法工作人员利用职权实施的非法拘禁、刑讯逼供、非法搜查等侵犯公民权利、损害司法公正的犯罪,以及经省级以上人民检察院决定立案侦查的公安机关管辖的国家机关工作人员利用职权实施的重大犯罪案件;

(三)人民法院管辖的自诉案件。对于人民法院直接受理的被害人有证据证明的轻微刑事案件,因证据不足驳回起诉,人民法院移送公安机关或者被害人向公安机关控告的,公安机关应当受理;被害人直接向公安机关控告的,公安机关应当受理;

(四)军队保卫部门管辖的军人违反职责的犯罪和军队内部发生的刑事案件;

(五)监狱管辖的罪犯在监狱内犯罪的刑事案件;

(六)海警部门管辖的海(岛屿)岸线以外我国管辖海域内发生的刑事案件。对于发生在沿海港岙口、码头、滩涂、台轮停泊点等区域的,由公安机关管辖;

(七)其他依照法律和规定应当由其他机关管辖的刑事案件。

第十五条 刑事案件由犯罪地的公安机关管辖。如果由犯罪嫌疑人居住地的公安机关管辖更为适宜的,可以由犯罪嫌疑人居住地的公安机关管辖。

法律、司法解释或者其他规范性文件对有关犯罪案件的管辖作出特别规定的,从其规定。

第十六条 犯罪地包括犯罪行为发生地和犯罪结果发生地。犯罪行为发生地,包括犯罪行为的实施地以及预备地、开始地、途经地、结束地等与犯罪行为有关的地点;犯罪行为有连续、持续或者继续状态的,犯罪行为连续、持续或者继续实施的地方都属于犯罪行为发生地。犯罪结果发生地,包括犯罪对象被侵害地、犯罪所得的实际取得地、藏匿地、转移地、使用地、销售地。

居住地包括户籍所在地、经常居住地。经常居住地是指公民离开户籍所在地最后连续居住一年以上的地方,但住院就医的除外。单位登记的住所地为其居住地。主要营业地或者主要办事机构所在地与登记的住所地不一致的,主要营业地或者主要办事机构所在地为其居住地。

第十七条 针对或者主要利用计算机网络实施的犯罪,用于实施犯罪行为的网络服务使用的服务器所在地,网络服务提供者所在地,被侵害的网络信息系统及其管理者所在地,以及犯罪过程中犯罪嫌疑人、被害人使用的网络信息系统所在地,被害人被侵害时所在地和被害人财产遭受损失地公安机关可以管辖。

第十八条 行驶中的交通工具上发生的刑事案件,由交通工具最初停靠地公安机关管辖;必要时,交通工具始发地、途经地、目的地公安机关也可以管辖。

第十九条 在中华人民共和国领域外的中国航空器内发生的刑事案件,由该航空器在中国最初降落地的公安机关管辖。

第二十条 中国公民在中国驻外使、领馆内的犯罪,由其主管单位所在地或者原户籍地的公安机关管辖。

中国公民在中华人民共和国领域外的犯罪,由其入境地、离境前居住地或者现居住地的公安机关管辖;被害人是中国公民的,也可由被害人离境前居住地或者现居住地的公安机关管辖。

第二十一条 几个公安机关都有权管辖的刑事案件,由最初受理的公安机关管辖。必要时,可以由主要犯罪地的公安机关管辖。

具有下列情形之一的,公安机关可以在职责范围内并案侦查:

(一)一人犯数罪的;

(二)共同犯罪的;

(三)共同犯罪的犯罪嫌疑人还实施其他犯罪的;

(四)多个犯罪嫌疑人实施的犯罪存在关联,并案处理有利于查明犯罪事实的。

第二十二条 对管辖不明确或者有争议的刑事案件,可以由有关公安机关协商。协商不成的,由共同的上级公安机关指定管辖。

对情况特殊的刑事案件,可以由共同的上级公安机关指定管辖。

提请上级公安机关指定管辖时,应当在有关材料中列明犯罪嫌疑人基本情况、涉嫌罪名、案件基本事实、管辖争议情况、协商情况和指定管辖理由,经公安机关负责人批准后,层报有权指定管辖的上级公安机关。

第二十三条 上级公安机关指定管辖的,应当将指定管辖决定书分别送达被指定管辖的公安机关和其他有关的公安机关,并根据办案需要抄送同级人民法院、人民检察院。

原受理案件的公安机关,在收到上级公安机关指定其他公安机关管辖的决定书后,不再行使管辖权,同时应当将犯罪嫌疑人、涉案财物以及案卷材料等移送被指定管辖的公安机关。

对指定管辖的案件,需要逮捕犯罪嫌疑人的,由被指定管辖的公安机关提请同级人民检察院审查批准;需要提起公诉的,由该公安机关移送同级人民检察院审查决定。

第二十四条 县级公安机关负责侦查发生在本辖区内的刑事案件。

设区的市一级以上公安机关负责下列犯罪中重大案件的侦查:

(一)危害国家安全犯罪;

(二)恐怖活动犯罪;

(三)涉外犯罪;

(四)经济犯罪;

(五)集团犯罪;

(六)跨区域犯罪。

上级公安机关认为有必要的,可以侦查下级公安机关管辖的刑事案件;下级公安机关认为案情重大需要上级公安机关侦查的刑事案件,可以请求上一级公安机关管辖。

第二十五条 公安机关内部对刑事案件的管辖,按照刑事侦查机构的设置及其职责分工确定。

第二十六条 铁路公安机关管辖铁路系统的机关、厂、段、院、校、所、队、工区等单位发生的刑事案件,车站工作区域内、列车内发生的刑事案件,铁路沿线发生的盗窃或者破坏铁路、通信、电力线路和其他重要设施的刑事案件,以及内部职工在铁路线上工作时发生的刑事案件。

铁路系统的计算机信息系统延伸到地方涉及铁路业务的网点,其计算机信息系统发生的刑事案件由铁路公安机关管辖。

对倒卖、伪造、变造火车票的刑事案件,由最初受理案件的铁路公安机关或者地方公安机关管辖。必要时,可以移送主要犯罪地的铁路公安机关或者地方公安机关管辖。

在列车上发生的刑事案件,犯罪嫌疑人在列车运行途中被抓获的,由前方停靠站所在地的铁路公安机关管辖;必要时,也可以由列车始发站、终点站所在地的铁路公安机关管辖。犯罪嫌疑人不是在列车运行途中被抓获的,由负责该列车乘务的铁路公安机关管辖;但在列车运行途经的车站被抓获的,也可以由该车站所在地的铁路公安机关管辖。

在国际列车上发生的刑事案件,根据我国与相关国家签订的协定确定管辖;没有协定的,由该列车始发或者前方停靠的中国车站所在地的铁路公安机关管辖。

铁路建设施工工地发生的刑事案件由地方公安机关管辖。

第二十七条 民航公安机关管辖民航系统的机关、厂、段、院、校、所、队、工区等单位、机场工作区域内、民航飞机内发生的刑事案件。

重大飞行事故刑事案件由犯罪结果发生地机场公安机关管辖。犯罪结果发生地未设机场公安机关或者不在机场公安机关管辖范围内的,由地方公安机关管辖,有关机场公安机关予以协助。

第二十八条 海关走私犯罪侦查机构管辖中华人民共和国海关关境内发生的涉税走私犯罪和发生在海关监管区内的非涉税走私犯罪等刑事案件。

第二十九条 公安机关侦查的刑事案件的犯罪嫌疑人涉及监察机关管辖的案件时,应当及时与同级监察机关协商,一般应当由监察机关为主调查,公安机关予以协助。

第三十条 公安机关侦查的刑事案件涉及人民检察院管辖的案件时,应当将属于人民检察院管辖的刑事案件移送人民检察院。涉嫌主罪属于公安机关管辖的,由公安机关为主侦查;涉嫌主罪属于人民检察院管辖的,公安机关予以配合。

公安机关侦查的刑事案件涉及其他侦查机关管辖的案件时,参照前款规定办理。

第三十一条 公安机关和军队互涉刑事案件的管辖分工按照有关规定办理。

公安机关和武装警察部队互涉刑事案件的管辖分工依照公安机关和军队互涉刑事案件的管辖分工的原则办理。

第三章 回 避

第三十二条 公安机关负责人、侦查人员有下列情形之一的,应当自行提出回避申请,没有自行提出回避申请的,应当责令其回避,当事人及其法定代理人也有权要求他们回避:

(一)是本案的当事人或者是当事人的近亲属的;

(二)本人或者他的近亲属和本案有利害关系的;

(三)担任过本案的证人、鉴定人、辩护人、诉讼代理人的;

(四)与本案当事人有其他关系,可能影响公正处理案件的。

第三十三条 公安机关负责人、侦查人员不得有下列行为:

(一)违反规定会见本案当事人及其委托人;

(二)索取、接受本案当事人及其委托人的财物或者其他利益;

(三)接受本案当事人及其委托人的宴请,或者参加由其支付费用的活动;

(四)其他可能影响案件公正办理的不正当行为。

违反前款规定的,应当责令其回避并依法追究法律责任。当事人及其法定代理人有权要求其回避。

第三十四条 公安机关负责人、侦查人员自行提出回避申请的,应当说明回避的理由;口头提出申请的,公安机关应当记录在案。

当事人及其法定代理人要求公安机关负责人、侦查人员回避,应当提出申请,并说明理由;口头提出申请的,公安机关应当记录在案。

第三十五条 侦查人员的回避,由县级以上公安机关负责人决定;县级以上公安机关负责人的回避,由同级人民检察院检察委员会决定。

第三十六条 当事人及其法定代理人对侦查人员提出回避申请的,公安机关应当在收到回避申请后二日以内作出决定并通知申请人;情况复杂的,经县级以上公安机关负责人批准,可以在收到回避申请后五日以内作出决定。

当事人及其法定代理人对县级以上公安机关负责人提出回避申请的,公安机关应当及时将申请移送同级人民检察院。

第三十七条 当事人及其法定代理人对驳回申请回避的决定不服的,可以在收到驳回申请回避决定书后五日以内向作出决定的公安机关申请复议。

公安机关应当在收到复议申请后五日以内作出复议决定并书面通知申请人。

第三十八条 在作出回避决定前,申请或者被申请回避的公安机关负责人、侦查人员不得停止对案件的侦查。

作出回避决定后,申请或者被申请回避的公安机关负责人、侦查人员不得再参与本案的侦查工作。

第三十九条 被决定回避的公安机关负责人、侦查人员在回避决定作出以前所进行的诉讼活动是否有效，由作出决定的机关根据案件情况决定。

第四十条 本章关于回避的规定适用于记录人、翻译人员和鉴定人。

记录人、翻译人员和鉴定人需要回避的，由县级以上公安机关负责人决定。

第四十一条 辩护人、诉讼代理人可以依照本章的规定要求回避、申请复议。

第四章 律师参与刑事诉讼

第四十二条 公安机关应当保障辩护律师在侦查阶段依法从事下列执业活动：

(一)向公安机关了解犯罪嫌疑人涉嫌的罪名和案件有关情况，提出意见；

(二)与犯罪嫌疑人会见和通信，向犯罪嫌疑人了解案件有关情况；

(三)为犯罪嫌疑人提供法律帮助、代理申诉、控告；

(四)为犯罪嫌疑人申请变更强制措施。

第四十三条 公安机关在第一次讯问犯罪嫌疑人或者对犯罪嫌疑人采取强制措施的时候，应当告知犯罪嫌疑人有权委托律师作为辩护人，并告知其如果因经济困难或者其他原因没有委托辩护律师的，可以向法律援助机构申请法律援助。告知的情形应当记录在案。

对于同案的犯罪嫌疑人委托同一名辩护律师的，或者两名以上未同案处理但实施的犯罪存在关联的犯罪嫌疑人委托同一名辩护律师的，公安机关应当要求其更换辩护律师。

第四十四条 犯罪嫌疑人可以自己委托辩护律师。犯罪嫌疑人在押的，也可以由其监护人、近亲属代为委托辩护律师。

犯罪嫌疑人委托辩护律师的请求可以书面提出，也可以口头提出。口头提出的，公安机关应当制作笔录，由犯罪嫌疑人签名、捺指印。

第四十五条 在押的犯罪嫌疑人向看守所提出委托辩护律师要求的，看守所应当及时将其请求转达给办案部门，办案部门应当及时向犯罪嫌疑人委托的辩护律师或者律师事务所转达该项请求。

在押的犯罪嫌疑人仅提出委托辩护律师的要求，但提不出具体对象的，办案部门应当及时通知犯罪嫌疑人的监护人、近亲属代为委托辩护律师。犯罪嫌疑人无监护人或者近亲属的，办案部门应当及时通知当地律师协会或者司法行政机关为其推荐辩护律师。

第四十六条 符合下列情形之一，犯罪嫌疑人没有委托辩护人的，公安机关应当自发现该情形之日起三日以内通知法律援助机构为犯罪嫌疑人指派辩护律师：

(一)犯罪嫌疑人是盲、聋、哑人，或者是尚未完全丧失辨认或者控制自己行为能力的精神病人；

(二)犯罪嫌疑人可能被判处无期徒刑、死刑。

第四十七条 公安机关收到在押的犯罪嫌疑人提出的法律援助申请后，应当在二十四小时以内将其申请转交所在地的法律援助机构，并在三日以内通知申请人的法定代理人、近亲属或者其委托的其他人员协助提供有关证件、证明等相关材料。犯罪嫌疑人的法定代理人、近亲属或者其委托的其他人员地址不详无法通知的，应当在转交申请时一并告知法律援助机构。

犯罪嫌疑人拒绝法律援助机构指派的律师作为辩护人或者自行委托辩护人的，公安机关应当在三日以内通知法律援助机构。

第四十八条 辩护律师接受犯罪嫌疑人委托或者法律援助机构的指派后，应当及时告知公安机关并出示律师执业证书、律师事务所证明和委托书或者法律援助公函。

第四十九条 犯罪嫌疑人、被告人入所羁押时没有委托辩护人，法律援助机构也没有指派律师提供辩护的，看守所应当告知其有权约见值班律师，获得法律咨询、程序选择建议、申请变更强制措施、对案件处理提出意见等法律帮助，并为犯罪嫌疑人、被告人约见值班律师提供便利。

没有委托辩护人、法律援助机构没有指派律师提供辩护的犯罪嫌疑人、被告人，向看守所申请由值班律师提供法律帮助的，看守所应当在二十四小时内通知值班律师。

第五十条 辩护律师向公安机关了解案件有关情况的，公安机关应当依法将犯罪嫌疑人涉嫌的罪名以及当时已查明的该罪的主要事实，犯罪嫌疑人被采取、变更、解除强制措施，延长侦查羁押期限等案件有关情况，告知接受委托或者指派的辩护律师，并记录在案。

第五十一条 辩护律师可以同在押或者被监

视居住的犯罪嫌疑人会见、通信。

第五十二条 对危害国家安全犯罪案件、恐怖活动犯罪案件，办案部门应当在将犯罪嫌疑人送看守所羁押时书面通知看守所；犯罪嫌疑人被监视居住的，应当在送交执行时书面通知执行机关。

辩护律师在侦查期间要求会见前款规定案件的在押或者被监视居住的犯罪嫌疑人，应当向办案部门提出申请。

对辩护律师提出的会见申请，办案部门应当在收到申请后三日以内，报经县级以上公安机关负责人批准，作出许可或者不许可的决定，书面通知辩护律师，并及时通知看守所或者执行监视居住的部门。除有碍侦查或者可能泄露国家秘密的情形外，应当作出许可的决定。

公安机关不许可会见的，应当说明理由。有碍侦查或者可能泄露国家秘密的情形消失后，公安机关应当许可会见。

有下列情形之一的，属于本条规定的“有碍侦查”：

(一)可能毁灭、伪造证据，干扰证人作证或者串供的；

(二)可能引起犯罪嫌疑人自残、自杀或者逃跑的；

(三)可能引起同案犯逃避、妨碍侦查的；

(四)犯罪嫌疑人的家属与犯罪有牵连的。

第五十三条 辩护律师要求会见在押的犯罪嫌疑人，看守所应当在查验其律师执业证书、律师事务所证明和委托书或者法律援助公函后，在四十八小时以内安排律师会见到犯罪嫌疑人，同时通知办案部门。

侦查期间，辩护律师会见危害国家安全犯罪案件、恐怖活动犯罪案件在押或者被监视居住的犯罪嫌疑人时，看守所或者监视居住执行机关还应当查验侦查机关的许可决定文书。

第五十四条 辩护律师会见在押或者被监视居住的犯罪嫌疑人需要聘请翻译人员的，应当向办案部门提出申请。办案部门应当在收到申请后三日以内，报经县级以上公安机关负责人批准，作出许可或者不许可的决定，书面通知辩护律师。对于具有本规定第三十二条所列情形之一的，作出不予许可的决定，并通知其更换；不具有相关情形的，应当许可。

翻译人员参与会见的，看守所或者监视居住执行机关应当查验公安机关的许可决定文书。

第五十五条 辩护律师会见在押或者被监视居住的犯罪嫌疑人时，看守所或者监视居住执行机关应当采取必要的管理措施，保障会见顺利进行，并告知其遵守会见的有关规定。辩护律师会见犯罪嫌疑人时，公安机关不得监听，不得派员在场。

辩护律师会见在押或者被监视居住的犯罪嫌疑人时，违反法律规定或者会见的规定的，看守所或者监视居住执行机关应当制止。对于严重违反规定或者不听劝阻的，可以决定停止本次会见，并及时通报其所在的律师事务所、所属的律师协会以及司法行政机关。

第五十六条 辩护人或者其他任何人在刑事诉讼中，违反法律规定，实施干扰诉讼活动行为的，应当依法追究法律责任。

辩护人实施干扰诉讼活动行为，涉嫌犯罪，属于公安机关管辖的，应当由办理辩护人所承办案件的公安机关报请上一级公安机关指定其他公安机关立案侦查，或者由上一级公安机关立案侦查。不得指定原承办案件公安机关的下级公安机关立案侦查。辩护人是律师的，立案侦查的公安机关应当及时通知其所在的律师事务所、所属的律师协会以及司法行政机关。

第五十七条 辩护律师对在执业活动中知悉的委托人的有关情况和信息，有权予以保密。但是，辩护律师在执业活动中知悉委托人或者其他人，准备或者正在实施危害国家安全、公共安全以及严重危害他人人身安全的犯罪的，应当及时告知司法机关。

第五十八条 案件侦查终结前，辩护律师提出要求的，公安机关应当听取辩护律师的意见，根据情况进行核实，并记录在案。辩护律师提出书面意见的，应当附卷。

对辩护律师收集的犯罪嫌疑人不在犯罪现场、未达到刑事责任年龄、属于依法不负刑事责任的精神病人的证据，公安机关应当进行核实并将有关情况记录在案，有关证据应当附卷。

第五章 证 据

第五十九条 可以用于证明案件事实的材料，都是证据。

证据包括：

（一）物证；

（二）书证；

（三）证人证言；

（四）被害人陈述；

（五）犯罪嫌疑人供述和辩解；

（六）鉴定意见；

（七）勘验、检查、侦查实验、搜查、查封、扣押、提取、辨认等笔录；

（八）视听资料、电子数据。

证据必须经过查证属实，才能作为认定案件事实的根据。

第六十条 公安机关必须依照法定程序，收集、调取能够证实犯罪嫌疑人有罪或者无罪、犯罪情节轻重的各种证据。必须保证一切与案件有关或者了解案情的公民，有客观地充分地提供证据的条件，除特殊情况外，可以吸收他们协助调查。

第六十一条 公安机关向有关单位和个人收集、调取证据时，应当告知其必须如实提供证据。

对涉及国家秘密、商业秘密、个人隐私的证据，应当保密。

对于伪造证据、隐匿证据或者毁灭证据的，应当追究其法律责任。

第六十二条 公安机关向有关单位和个人调取证据，应当经办案部门负责人批准，开具调取证据通知书，明确调取的证据和提供时限。被调取单位及其经办人、持有证据的个人应当在通知书上盖章或者签名，拒绝盖章或者签名的，公安机关应当注明。必要时，应当采用录音录像方式固定证据内容及取证过程。

第六十三条 公安机关接受或者依法调取的行政机关在行政执法和查办案件过程中收集的物证、书证、视听资料、电子数据、鉴定意见、勘验笔录、检查笔录等证据材料，经公安机关审查符合法定要求的，可以作为证据使用。

第六十四条 收集、调取的物证应当是原物。只有在原物不便搬运、不易保存或者依法应当由有关部门保管、处理或者依法应当返还时，才可以拍摄或者制作足以反映原物外形或者内容的照片、录像或者复制品。

物证的照片、录像或者复制品经与原物核实无误或者经鉴定证明为真实的，或者以其他方式确能证明其真实的，可以作为证据使用。原物的照片、录像或者复制品，不能反映原物的外形和特征的，不能作为证据使用。

第六十五条 收集、调取的书证应当是原件。只有在取得原件确有困难时，才可以使用副本或者复制件。

书证的副本、复制件，经与原件核实无误或者经鉴定证明为真实的，或者以其他方式确能证明其真实的，可以作为证据使用。书证有更改或者更改迹象不能作出合理解释的，或者书证的副本、复制件不能反映书证原件及其内容的，不能作为证据使用。

第六十六条 收集、调取电子数据，能够扣押电子数据原始存储介质的，应当扣押原始存储介质，并制作笔录、予以封存。

确因客观原因无法扣押原始存储介质的，可以现场提取或者网络在线提取电子数据。无法扣押原始存储介质，也无法现场提取或者网络在线提取的，可以采取打印、拍照或者录音录像等方式固定相关证据，并在笔录中注明原因。

收集、调取的电子数据，足以保证完整性，无删除、修改、增加等情形的，可以作为证据使用。经审查无法确定真伪，或者制作、取得的时间、地点、方式等有疑问，不能提供必要证明或者作出合理解释的，不能作为证据使用。

第六十七条 物证的照片、录像或者复制品，书证的副本、复制件，视听资料、电子数据的复制件，应当附有关制作过程及原件、原物存放处的文字说明，并由制作人和物品持有人或者物品持有单位有关人员签名。

第六十八条 公安机关提请批准逮捕书、起诉意见书必须忠实于事实真象。故意隐瞒事实真象的，应当依法追究责任。

第六十九条 需要查明的案件事实包括：

（一）犯罪行为是否存在；

（二）实施犯罪行为的时间、地点、手段、后果以及其他情节；

（三）犯罪行为是否为犯罪嫌疑人实施；

（四）犯罪嫌疑人的身份；

（五）犯罪嫌疑人实施犯罪行为的动机、目的；

（六）犯罪嫌疑人的责任以及与其他同案人的关系；

（七）犯罪嫌疑人有无法定从重、从轻、减轻处罚以及免除处罚的情节；

（八）其他与案件有关的事实。

第七十条　公安机关移送审查起诉的案件，应当做到犯罪事实清楚，证据确实、充分。

证据确实、充分，应当符合以下条件：

（一）认定的案件事实都有证据证明；

（二）认定案件事实的证据均经法定程序查证属实；

（三）综合全案证据，对所认定事实已排除合理怀疑。

对证据的审查，应当结合案件的具体情况，从各证据与待证事实的关联程度、各证据之间的联系等方面进行审查判断。

只有犯罪嫌疑人供述，没有其他证据的，不能认定案件事实；没有犯罪嫌疑人供述，证据确实、充分的，可以认定案件事实。

第七十一条　采用刑讯逼供等非法方法收集的犯罪嫌疑人供述和采用暴力、威胁等非法方法收集的证人证言、被害人陈述，应当予以排除。

收集物证、书证、视听资料、电子数据违反法定程序，可能严重影响司法公正的，应当予以补正或者作出合理解释；不能补正或者作出合理解释的，对该证据应当予以排除。

在侦查阶段发现有应当排除的证据的，经县级以上公安机关负责人批准，应当依法予以排除，不得作为提请批准逮捕、移送审查起诉的依据。

人民检察院认为可能存在以非法方法收集证据情形，要求公安机关进行说明的，公安机关应当及时进行调查，并向人民检察院作出书面说明。

第七十二条　人民法院认为现有证据材料不能证明证据收集的合法性，通知有关侦查人员或者公安机关其他人员出庭说明情况的，有关侦查人员或者其他人员应当出庭。必要时，有关侦查人员或者其他人员也可以要求出庭说明情况。侦查人员或者其他人员出庭，应当向法庭说明证据收集过程，并就相关情况接受发问。

经人民法院通知，人民警察应当就其执行职务时目击的犯罪情况出庭作证。

第七十三条　凡是知道案件情况的人，都有作证的义务。

生理上、精神上有缺陷或者年幼，不能辨别是非，不能正确表达的人，不能作证人。

对于证人能否辨别是非，能否正确表达，必要时可以进行审查或者鉴别。

第七十四条　公安机关应当保障证人及其近亲属的安全。

对证人及其近亲属进行威胁、侮辱、殴打或者打击报复，构成犯罪的，依法追究刑事责任；尚不够刑事处罚的，依法给予治安管理处罚。

第七十五条　对危害国家安全犯罪、恐怖活动犯罪、黑社会性质的组织犯罪、毒品犯罪等案件，证人、鉴定人、被害人因在侦查过程中作证，本人或者其近亲属的人身安全面临危险的，公安机关应当采取以下一项或者多项保护措施：

（一）不公开真实姓名、住址、通讯方式和工作单位等个人信息；

（二）禁止特定的人员接触被保护人；

（三）对被保护人的人身和住宅采取专门性保护措施；

（四）将被保护人带到安全场所保护；

（五）变更被保护人的住所和姓名；

（六）其他必要的保护措施。

证人、鉴定人、被害人认为因在侦查过程中作证，本人或者其近亲属的人身安全面临危险，向公安机关请求予以保护，公安机关经审查认为符合前款规定的条件，确有必要采取保护措施的，应当采取上述一项或者多项保护措施。

公安机关依法采取保护措施，可以要求有关单位和个人配合。

案件移送审查起诉时，应当将采取保护措施的相关情况一并移交人民检察院。

第七十六条　公安机关依法决定不公开证人、鉴定人、被害人的真实姓名、住址、通讯方式和工作单位等个人信息的，可以在起诉意见书、询问笔录等法律文书、证据材料中使用化名等代替证人、鉴定人、被害人的个人信息。但是，应当另行书面说明使用化名的情况并标明密级，单独成卷。

第七十七条　证人保护工作所必需的人员、经费、装备等，应当予以保障。

证人因履行作证义务而支出的交通、住宿、就餐等费用，应当给予补助。证人作证的补助列入公安机关业务经费。

第六章　强制措施

第一节　拘　传

第七十八条　公安机关根据案件情况对需要

拘传的犯罪嫌疑人,或者经过传唤没有正当理由不到案的犯罪嫌疑人,可以拘传到其所在市、县公安机关执法办案场所进行讯问。

需要拘传的,应当填写呈请拘传报告书,并附有关材料,报县级以上公安机关负责人批准。

第七十九条 公安机关拘传犯罪嫌疑人应当出示拘传证,并责令其在拘传证上签名、捺指印。

犯罪嫌疑人到案后,应当责令其在拘传证上填写到案时间;拘传结束后,应当由其在拘传证上填写拘传结束时间。犯罪嫌疑人拒绝填写的,侦查人员应当在拘传证上注明。

第八十条 拘传持续的时间不得超过十二小时;案情特别重大、复杂,需要采取拘留、逮捕措施的,经县级以上公安机关负责人批准,拘传持续的时间不得超过二十四小时。不得以连续拘传的形式变相拘禁犯罪嫌疑人。

拘传期限届满,未作出采取其他强制措施决定的,应当立即结束拘传。

第二节 取保候审

第八十一条 公安机关对具有下列情形之一的犯罪嫌疑人,可以取保候审:

(一)可能判处管制、拘役或者独立适用附加刑的;

(二)可能判处有期徒刑以上刑罚,采取取保候审不致发生社会危险性的;

(三)患有严重疾病、生活不能自理,怀孕或者正在哺乳自己婴儿的妇女,采取取保候审不致发生社会危险性的;

(四)羁押期限届满,案件尚未办结,需要继续侦查的。

对拘留的犯罪嫌疑人,证据不符合逮捕条件,以及提请逮捕后,人民检察院不批准逮捕,需要继续侦查,并且符合取保候审条件的,可以依法取保候审。

第八十二条 对累犯,犯罪集团的主犯,以自伤、自残办法逃避侦查的犯罪嫌疑人,严重暴力犯罪以及其他严重犯罪的犯罪嫌疑人不得取保候审,但犯罪嫌疑人具有本规定第八十一条第一款第三项、第四项规定情形的除外。

第八十三条 需要对犯罪嫌疑人取保候审的,应当制作呈请取保候审报告书,说明取保候审的理由、采取的保证方式以及应当遵守的规定,经县级以上公安机关负责人批准,制作取保候审决定书。取保候审决定书应当向犯罪嫌疑人宣读,由犯罪嫌疑人签名、捺指印。

第八十四条 公安机关决定对犯罪嫌疑人取保候审的,应当责令犯罪嫌疑人提出保证人或者交纳保证金。

对同一犯罪嫌疑人,不得同时责令其提出保证人和交纳保证金。对未成年人取保候审,应当优先适用保证人保证。

第八十五条 采取保证人保证的,保证人必须符合以下条件,并经公安机关审查同意:

(一)与本案无牵连;

(二)有能力履行保证义务;

(三)享有政治权利,人身自由未受到限制;

(四)有固定的住处和收入。

第八十六条 保证人应当履行以下义务:

(一)监督被保证人遵守本规定第八十九条、第九十条的规定;

(二)发现被保证人可能发生或者已经发生违反本规定第八十九条、第九十条规定的行为的,应当及时向执行机关报告。

保证人应当填写保证书,并在保证书上签名、捺指印。

第八十七条 犯罪嫌疑人的保证金起点数额为人民币一千元。犯罪嫌疑人为未成年人的,保证金起点数额为人民币五百元。具体数额应当综合考虑保证诉讼活动正常进行的需要、犯罪嫌疑人的社会危险性、案件的性质、情节、可能判处刑罚的轻重以及犯罪嫌疑人的经济状况等情况确定。

第八十八条 县级以上公安机关应当在其指定的银行设立取保候审保证金专门账户,委托银行代为收取和保管保证金。

提供保证金的人,应当一次性将保证金存入取保候审保证金专门账户。保证金应当以人民币交纳。

保证金应当由办案部门以外的部门管理。严禁截留、坐支、挪用或者以其他任何形式侵吞保证金。

第八十九条 公安机关在宣布取保候审决定时,应当告知被取保候审人遵守以下规定:

(一)未经执行机关批准不得离开所居住的市、县;

(二)住址、工作单位和联系方式发生变动的,在二十四小时以内向执行机关报告；

（三）在传讯的时候及时到案；

（四）不得以任何形式干扰证人作证；

（五）不得毁灭、伪造证据或者串供。

第九十条 公安机关在决定取保候审时，还可以根据案件情况，责令被取保候审人遵守以下一项或者多项规定：

（一）不得进入与其犯罪活动等相关联的特定场所；

（二）不得与证人、被害人及其近亲属、同案犯以及与案件有关联的其他特定人员会见或者以任何方式通信；

（三）不得从事与其犯罪行为等相关联的特定活动；

（四）将护照等出入境证件、驾驶证件交执行机关保存。

公安机关应当综合考虑案件的性质、情节、社会影响、犯罪嫌疑人的社会关系等因素，确定特定场所、特定人员和特定活动的范围。

第九十一条 公安机关决定取保候审的，应当及时通知被取保候审人居住地的派出所执行。必要时，办案部门可以协助执行。

采取保证人担保形式的，应当同时送交有关法律文书、被取保候审人基本情况、保证人基本情况等材料。采取保证金担保形式的，应当同时送交有关法律文书、被取保候审人基本情况和保证金交纳情况等材料。

第九十二条 人民法院、人民检察院决定取保候审的，负责执行的县级公安机关应当在收到法律文书和有关材料后二十四小时以内，指定被取保候审人居住地派出所核实情况后执行。

第九十三条 执行取保候审的派出所应当履行下列职责：

（一）告知被取保候审人必须遵守的规定，及其违反规定或者在取保候审期间重新犯罪应当承担的法律后果；

（二）监督、考察被取保候审人遵守有关规定，及时掌握其活动、住址、工作单位、联系方式及变动情况；

（三）监督保证人履行保证义务；

（四）被取保候审人违反应当遵守的规定以及保证人未履行保证义务的，应当及时制止、采取紧急措施，同时告知决定机关。

第九十四条 执行取保候审的派出所应当定期了解被取保候审人遵守取保候审规定的有关情况，并制作笔录。

第九十五条 被取保候审人无正当理由不得离开所居住的市、县。有正当理由需要离开所居住的市、县的，应当经负责执行的派出所负责人批准。

人民法院、人民检察院决定取保候审的，负责执行的派出所在批准被取保候审人离开所居住的市、县前，应当征得决定取保候审的机关同意。

第九十六条 被取保候审人在取保候审期间违反本规定第八十九条、第九十条规定，已交纳保证金的，公安机关应当根据其违反规定的情节，决定没收部分或者全部保证金，并且区别情形，责令其具结悔过、重新交纳保证金、提出保证人，变更强制措施或者给予治安管理处罚；需要予以逮捕的，可以对其先行拘留。

人民法院、人民检察院决定取保候审的，被取保候审人违反应当遵守的规定，负责执行的派出所应当及时通知决定取保候审的机关。

第九十七条 需要没收保证金的，应当经过严格审核后，报县级以上公安机关负责人批准，制作没收保证金决定书。

决定没收五万元以上保证金的，应当经设区的市一级以上公安机关负责人批准。

第九十八条 没收保证金的决定，公安机关应当在三日以内向被取保候审人宣读，并责令其在没收保证金决定书上签名、捺指印；被取保候审人在逃或者具有其他情形不能到场的，应当向其成年家属、法定代理人、辩护人或者单位、居住地的居民委员会、村民委员会宣布，由其成年家属、法定代理人、辩护人或者单位、居住地的居民委员会或者村民委员会的负责人在没收保证金决定书上签名。

被取保候审人或者其成年家属、法定代理人、辩护人或者单位、居民委员会、村民委员会负责人拒绝签名的，公安机关应当在没收保证金决定书上注明。

第九十九条 公安机关在宣读没收保证金决定书时，应当告知如果对没收保证金的决定不服，被取保候审人或者其法定代理人可以在五日以内向作出决定的公安机关申请复议。公安机关应当在收到复议申请后七日以内作出决定。

被取保候审人或者其法定代理人对复议决定不服的，可以在收到复议决定书后五日以内向上一级公安机关申请复核一次。上一级公安机关应当在收到复核申请后七日以内作出决定。对上级公安机关撤销或者变更没收保证金决定的,下级公安机关应当执行。

第一百条 没收保证金的决定已过复议期限,或者复议、复核后维持原决定或者变更没收保证金数额的,公安机关应当及时通知指定的银行将没收的保证金按照国家的有关规定上缴国库。人民法院、人民检察院决定取保候审的,还应当在三日以内通知决定取保候审的机关。

第一百零一条 被取保候审人在取保候审期间,没有违反本规定第八十九条、第九十条有关规定,也没有重新故意犯罪的,或者具有本规定第一百八十六条规定的情形之一的,在解除取保候审、变更强制措施的同时,公安机关应当制作退还保证金决定书,通知银行如数退还保证金。

被取保候审人可以凭退还保证金决定书到银行领取退还的保证金。被取保候审人委托他人领取的,应当出具委托书。

第一百零二条 被取保候审人没有违反本规定第八十九条、第九十条规定,但在取保候审期间涉嫌重新故意犯罪被立案侦查的,负责执行的公安机关应当暂扣其交纳的保证金,待人民法院判决生效后,根据有关判决作出处理。

第一百零三条 被保证人违反应当遵守的规定,保证人未履行保证义务的,查证属实后,经县级以上公安机关负责人批准,对保证人处一千元以上二万元以下罚款;构成犯罪的,依法追究刑事责任。

第一百零四条 决定对保证人罚款的,应当报经县级以上公安机关负责人批准,制作对保证人罚款决定书,在三日以内送达保证人,告知其如果对罚款决定不服,可以在收到决定书之日起五日以内向作出决定的公安机关申请复议。公安机关应当在收到复议申请后七日以内作出决定。

保证人对复议决定不服的,可以在收到复议决定书后五日以内向上一级公安机关申请复核一次。上一级公安机关应当在收到复核申请后七日以内作出决定。对上级公安机关撤销或者变更罚款决定的,下级公安机关应当执行。

第一百零五条 对于保证人罚款的决定已过复议期限,或者复议、复核后维持原决定或者变更罚款数额的,公安机关应当及时通知指定的银行将保证人罚款按照国家的有关规定上缴国库。人民法院、人民检察院决定取保候审的,还应当在三日以内通知决定取保候审的机关。

第一百零六条 对于犯罪嫌疑人采取保证人保证的,如果保证人在取保候审期间情况发生变化,不愿继续担保或者丧失担保条件的,公安机关应当责令被取保候审人重新提出保证人或者交纳保证金,或者作出变更强制措施的决定。

人民法院、人民检察院决定取保候审的,负责执行的派出所应当自发现保证人不愿继续担保或者丧失担保条件之日起三日以内通知决定取保候审的机关。

第一百零七条 公安机关在取保候审期间不得中断对案件的侦查,对取保候审的犯罪嫌疑人,根据案情变化,应当及时变更强制措施或者解除取保候审。

取保候审最长不得超过十二个月。

第一百零八条 需要解除取保候审的,应当经县级以上公安机关负责人批准,制作解除取保候审决定书、通知书,并及时通知负责执行的派出所、被取保候审人、保证人和有关单位。

人民法院、人民检察院作出解除取保候审决定的,负责执行的公安机关应当根据决定书及时解除取保候审,并通知被取保候审人、保证人和有关单位。

第三节 监视居住

第一百零九条 公安机关对符合逮捕条件,有下列情形之一的犯罪嫌疑人,可以监视居住:

(一)患有严重疾病、生活不能自理的;

(二)怀孕或者正在哺乳自己婴儿的妇女;

(三)系生活不能自理的人的唯一扶养人;

(四)因案件的特殊情况或者办理案件的需要,采取监视居住措施更为适宜的;

(五)羁押期限届满,案件尚未办结,需要采取监视居住措施的。

对人民检察院决定不批准逮捕的犯罪嫌疑人,需要继续侦查,并且符合监视居住条件的,可以监视居住。

对于符合取保候审条件,但犯罪嫌疑人不能提出保证人,也不交纳保证金的,可以监视居住。

对于被取保候审人违反本规定第八十九条、第九十条规定的,可以监视居住。

第一百一十条 对犯罪嫌疑人监视居住,应当制作呈请监视居住报告书，说明监视居住的理由、采取监视居住的方式以及应当遵守的规定，经县级以上公安机关负责人批准，制作监视居住决定书。监视居住决定书应当向犯罪嫌疑人宣读，由犯罪嫌疑人签名、捺指印。

第一百一十一条 监视居住应当在犯罪嫌疑人、被告人住处执行；无固定住处的，可以在指定的居所执行。对于涉嫌危害国家安全犯罪、恐怖活动犯罪，在住处执行可能有碍侦查的，经上一级公安机关批准，也可以在指定的居所执行。

有下列情形之一的，属于本条规定的"有碍侦查"：

（一）可能毁灭、伪造证据，干扰证人作证或者串供的；

（二）可能引起犯罪嫌疑人自残、自杀或者逃跑的；

（三）可能引起同案犯逃避、妨碍侦查的；

（四）犯罪嫌疑人、被告人在住处执行监视居住有人身危险的；

（五）犯罪嫌疑人、被告人的家属或者所在单位人员与犯罪有牵连的。

指定居所监视居住的，不得要求被监视居住人支付费用。

第一百一十二条 固定住处，是指被监视居住人在办案机关所在的市、县内生活的合法住处；指定的居所，是指公安机关根据案件情况，在办案机关所在的市、县内为被监视居住人指定的生活居所。

指定的居所应当符合下列条件：

（一）具备正常的生活、休息条件；

（二）便于监视、管理；

（三）保证安全。

公安机关不得在羁押场所、专门的办案场所或者办公场所执行监视居住。

第一百一十三条 指定居所监视居住的，除无法通知的以外，应当制作监视居住通知书，在执行监视居住后二十四小时以内，由决定机关通知被监视居住人的家属。

有下列情形之一的，属于本条规定的"无法通知"：

（一）不讲真实姓名、住址、身份不明的；

（二）没有家属的；

（三）提供的家属联系方式无法取得联系的；

（四）因自然灾害等不可抗力导致无法通知的。

无法通知的情形消失以后，应当立即通知被监视居住人的家属。

无法通知家属的，应当在监视居住通知书中注明原因。

第一百一十四条 被监视居住人委托辩护律师，适用本规定第四十三条、第四十四条、第四十五条规定。

第一百一十五条 公安机关在宣布监视居住决定时，应当告知被监视居住人必须遵守以下规定：

（一）未经执行机关批准不得离开执行监视居住的处所；

（二）未经执行机关批准不得会见他人或者以任何方式通信；

（三）在传讯的时候及时到案；

（四）不得以任何形式干扰证人作证；

（五）不得毁灭、伪造证据或者串供；

（六）将护照等出入境证件、身份证件、驾驶证件交执行机关保存。

第一百一十六条 公安机关对被监视居住人，可以采取电子监控、不定期检查等监视方法对其遵守监视居住规定的情况进行监督；在侦查期间，可以对被监视居住的犯罪嫌疑人的电话、传真、信函、邮件、网络等通信进行监控。

第一百一十七条 公安机关决定监视居住的，由被监视居住人住处或者指定居所所在地的派出所执行，办案部门可以协助执行。必要时，也可以由办案部门负责执行，派出所或者其他部门协助执行。

第一百一十八条 人民法院、人民检察院决定监视居住的，负责执行的县级公安机关应当在收到法律文书和有关材料后二十四小时以内，通知被监视居住人住处或者指定居所所在地的派出所，核实被监视居住人身份、住处或者居所等情况后执行。必要时，可以由人民法院、人民检察院协助执行。

负责执行的派出所应当及时将执行情况通知决定监视居住的机关。

第一百一十九条 负责执行监视居住的派出所或者办案部门应当严格对被监视居住人进行监督考察，确保安全。

第一百二十条 被监视居住人有正当理由要

求离开住处或者指定的居所以及要求会见他人或者通信的，应当经负责执行的派出所或者办案部门负责人批准。

人民法院、人民检察院决定监视居住的，负责执行的派出所在批准被监视居住人离开住处或者指定的居所以及与他人会见或者通信前，应当征得决定监视居住的机关同意。

第一百二十一条 被监视居住人违反应当遵守的规定，公安机关应当区分情形责令被监视居住人具结悔过或者给予治安管理处罚。情节严重的，可以予以逮捕；需要予以逮捕的，可以对其先行拘留。

人民法院、人民检察院决定监视居住的，被监视居住人违反应当遵守的规定，负责执行的派出所应当及时通知决定监视居住的机关。

第一百二十二条 在监视居住期间，公安机关不得中断案件的侦查，对被监视居住的犯罪嫌疑人，应当根据案情变化，及时解除监视居住或者变更强制措施。

监视居住最长不得超过六个月。

第一百二十三条 需要解除监视居住的，应当经县级以上公安机关负责人批准，制作解除监视居住决定书，并及时通知负责执行的派出所、被监视居住人和有关单位。

人民法院、人民检察院作出解除、变更监视居住决定的，负责执行的公安机关应当及时解除并通知被监视居住人和有关单位。

第四节 拘 留

第一百二十四条 公安机关对于现行犯或者重大嫌疑分子，有下列情形之一的，可以先行拘留：

(一)正在预备犯罪、实行犯罪或者在犯罪后即时被发觉的；

(二)被害人或者在场亲眼看见的人指认他犯罪的；

(三)在身边或者住处发现有犯罪证据的；

(四)犯罪后企图自杀、逃跑或者在逃的；

(五)有毁灭、伪造证据或者串供可能的；

(六)不讲真实姓名、住址，身份不明的；

(七)有流窜作案、多次作案、结伙作案重大嫌疑的。

第一百二十五条 拘留犯罪嫌疑人，应当填写呈请拘留报告书，经县级以上公安机关负责人批准，制作拘留证。执行拘留时，必须出示拘留证，并责令被拘留人在拘留证上签名、捺指印，拒绝签名、捺指印的，侦查人员应当注明。

紧急情况下，对于符合本规定第一百二十四条所列情形之一的，经出示人民警察证，可以将犯罪嫌疑人口头传唤至公安机关后立即审查，办理法律手续。

第一百二十六条 拘留后，应当立即将被拘留人送看守所羁押，至迟不得超过二十四小时。

异地执行拘留，无法及时将犯罪嫌疑人押解回管辖地的，应当在宣布拘留后立即将其送抓获地看守所羁押，至迟不得超过二十四小时。到达管辖地后，应当立即将犯罪嫌疑人送看守所羁押。

第一百二十七条 除无法通知或者涉嫌危害国家安全犯罪、恐怖活动犯罪通知可能有碍侦查的情形以外，应当在拘留后二十四小时以内制作拘留通知书，通知被拘留人的家属。拘留通知书应当写明拘留原因和羁押处所。

本条规定的“无法通知”的情形适用本规定第一百一十三条第二款的规定。

有下列情形之一的，属于本条规定的“有碍侦查”：

(一)可能毁灭、伪造证据，干扰证人作证或者串供的；

(二)可能引起同案犯逃避、妨碍侦查的；

(三)犯罪嫌疑人的家属与犯罪有牵连的。

无法通知、有碍侦查的情形消失以后，应当立即通知被拘留人的家属。

对于没有在二十四小时以内通知家属的，应当在拘留通知书中注明原因。

第一百二十八条 对被拘留的人，应当在拘留后二十四小时以内进行讯问。发现不应当拘留的，应当经县级以上公安机关负责人批准，制作释放通知书，看守所凭释放通知书发给被拘留人释放证明书，将其立即释放。

第一百二十九条 对被拘留的犯罪嫌疑人，经过审查认为需要逮捕的，应当在拘留后的三日以内，提请人民检察院审查批准。在特殊情况下，经县级以上公安机关负责人批准，提请审查批准逮捕的时间可以延长一日至四日。

对流窜作案、多次作案、结伙作案的重大嫌疑分子，经县级以上公安机关负责人批准，提请审查批准逮捕的时间可以延长至三十日。

本条规定的“流窜作案”,是指跨市、县管辖范围连续作案,或者在居住地作案后逃跑到外市、县继续作案;“多次作案”,是指三次以上作案;“结伙作案”,是指二人以上共同作案。

第一百三十条 犯罪嫌疑人不讲真实姓名、住址,身份不明的,应当对其身份进行调查。对符合逮捕条件的犯罪嫌疑人,也可以按其自报的姓名提请批准逮捕。

第一百三十一条 对被拘留的犯罪嫌疑人审查后,根据案件情况报经县级以上公安机关负责人批准,分别作出如下处理:

(一)需要逮捕的,在拘留期限内,依法办理提请批准逮捕手续;

(二)应当追究刑事责任,但不需要逮捕的,依法直接向人民检察院移送审查起诉,或者依法办理取保候审或者监视居住手续后,向人民检察院移送审查起诉;

(三)拘留期限届满,案件尚未办结,需要继续侦查的,依法办理取保候审或者监视居住手续;

(四)具有本规定第一百八十六条规定情形之一的,释放被拘留人,发给释放证明书;需要行政处理的,依法予以处理或者移送有关部门。

第一百三十二条 人民检察院决定拘留犯罪嫌疑人的,由县级以上公安机关凭人民检察院送达的决定拘留的法律文书制作拘留证并立即执行。必要时,可以请人民检察院协助。拘留后,应当及时通知人民检察院。

公安机关未能抓获犯罪嫌疑人的,应当将执行情况和未能抓获犯罪嫌疑人的原因通知作出拘留决定的人民检察院。对于犯罪嫌疑人在逃的,在人民检察院撤销拘留决定之前,公安机关应当组织力量继续执行。

第五节 逮 捕

第一百三十三条 对有证据证明有犯罪事实,可能判处徒刑以上刑罚的犯罪嫌疑人,采取取保候审尚不足以防止发生下列社会危险性的,应当提请批准逮捕:

(一)可能实施新的犯罪的;

(二)有危害国家安全、公共安全或者社会秩序的现实危险的;

(三)可能毁灭、伪造证据,干扰证人作证或者串供的;

(四)可能对被害人、举报人、控告人实施打击报复的;

(五)企图自杀或者逃跑的。

对于有证据证明有犯罪事实,可能判处十年有期徒刑以上刑罚的,或者有证据证明有犯罪事实,可能判处徒刑以上刑罚,曾经故意犯罪或者身份不明的,应当提请批准逮捕。

公安机关在根据第一款的规定提请人民检察院审查批准逮捕时,应当对犯罪嫌疑人具有社会危险性说明理由。

第一百三十四条 有证据证明有犯罪事实,是指同时具备下列情形:

(一)有证据证明发生了犯罪事实;

(二)有证据证明该犯罪事实是犯罪嫌疑人实施的;

(三)证明犯罪嫌疑人实施犯罪行为的证据已有查证属实的。

前款规定的“犯罪事实”既可以是单一犯罪行为的事实,也可以是数个犯罪行为中任何一个犯罪行为的事实。

第一百三十五条 被取保候审人违反取保候审规定,具有下列情形之一的,可以提请批准逮捕:

(一)涉嫌故意实施新的犯罪行为的;

(二)有危害国家安全、公共安全或者社会秩序的现实危险的;

(三)实施毁灭、伪造证据或者干扰证人作证、串供行为,足以影响侦查工作正常进行的;

(四)对被害人、举报人、控告人实施打击报复的;

(五)企图自杀、逃跑,逃避侦查的;

(六)未经批准,擅自离开所居住的市、县,情节严重的,或者两次以上未经批准,擅自离开所居住的市、县的;

(七)经传讯无正当理由不到案,情节严重的,或者经两次以上传讯不到案的;

(八)违反规定进入特定场所、从事特定活动或者与特定人员会见、通信两次以上的。

第一百三十六条 被监视居住人违反监视居住规定,具有下列情形之一的,可以提请批准逮捕:

(一)涉嫌故意实施新的犯罪行为的;

(二)实施毁灭、伪造证据或者干扰证人作证、串供行为,足以影响侦查工作正常进行的;

（三）对被害人、举报人、控告人实施打击报复的；

（四）企图自杀、逃跑，逃避侦查的；

（五）未经批准，擅自离开执行监视居住的处所，情节严重的，或者两次以上未经批准，擅自离开执行监视居住的处所的；

（六）未经批准，擅自会见他人或者通信，情节严重的，或者两次以上未经批准，擅自会见他人或者通信的；

（七）经传讯无正当理由不到案，情节严重的，或者经两次以上传讯不到案的。

第一百三十七条 需要提请批准逮捕犯罪嫌疑人的，应当经县级以上公安机关负责人批准，制作提请批准逮捕书，连同案卷材料、证据，一并移送同级人民检察院审查批准。

犯罪嫌疑人自愿认罪认罚的，应当记录在案，并在提请批准逮捕书中写明有关情况。

第一百三十八条 对于人民检察院不批准逮捕并通知补充侦查的，公安机关应当按照人民检察院的补充侦查提纲补充侦查。

公安机关补充侦查完毕，认为符合逮捕条件的，应当重新提请批准逮捕。

第一百三十九条 对于人民检察院不批准逮捕而未说明理由的，公安机关可以要求人民检察院说明理由。

第一百四十条 对于人民检察院决定不批准逮捕的，公安机关在收到不批准逮捕决定书后，如果犯罪嫌疑人已被拘留的，应当立即释放，发给释放证明书，并在执行完毕后三日以内将执行回执送达作出不批准逮捕决定的人民检察院。

第一百四十一条 对人民检察院不批准逮捕的决定，认为有错误需要复议的，应当在收到不批准逮捕决定书后五日以内制作要求复议意见书，报经县级以上公安机关负责人批准后，送交同级人民检察院复议。

如果意见不被接受，认为需要复核的，应当在收到人民检察院的复议决定书后五日以内制作提请复核意见书，报经县级以上公安机关负责人批准后，连同人民检察院的复议决定书，一并提请上一级人民检察院复核。

第一百四十二条 接到人民检察院批准逮捕决定书后，应当由县级以上公安机关负责人签发逮捕证，立即执行，并在执行完毕后三日以内将执行回执送达作出批准逮捕决定的人民检察院。如果未能执行，也应当将回执送达人民检察院，并写明未能执行的原因。

第一百四十三条 执行逮捕时，必须出示逮捕证，并责令被逮捕人在逮捕证上签名、捺指印，拒绝签名、捺指印的，侦查人员应当注明。逮捕后，应当立即将被逮捕人送看守所羁押。

执行逮捕的侦查人员不得少于二人。

第一百四十四条 对被逮捕的人，必须在逮捕后的二十四小时以内进行讯问。发现不应当逮捕的，经县级以上公安机关负责人批准，制作释放通知书，送看守所和原批准逮捕的人民检察院。看守所凭释放通知书立即释放被逮捕人，并发给释放证明书。

第一百四十五条 对犯罪嫌疑人执行逮捕后，除无法通知的情形以外，应当在逮捕后二十四小时以内，制作逮捕通知书，通知被逮捕人的家属。逮捕通知书应当写明逮捕原因和羁押处所。

本条规定的“无法通知”的情形适用本规定第一百一十三条第二款的规定。

无法通知的情形消除后，应当立即通知被逮捕人的家属。

对于没有在二十四小时以内通知家属的，应当在逮捕通知书中注明原因。

第一百四十六条 人民法院、人民检察院决定逮捕犯罪嫌疑人、被告人的，由县级以上公安机关凭人民法院、人民检察院决定逮捕的法律文书制作逮捕证并立即执行。必要时，可以请人民法院、人民检察院协助执行。执行逮捕后，应当及时通知决定机关。

公安机关未能抓获犯罪嫌疑人、被告人的，应当将执行情况和未能抓获的原因通知决定逮捕的人民检察院、人民法院。对于犯罪嫌疑人、被告人在逃的，在人民检察院、人民法院撤销逮捕决定之前，公安机关应当组织力量继续执行。

第一百四十七条 人民检察院在审查批准逮捕工作中发现公安机关的侦查活动存在违法情况，通知公安机关予以纠正的，公安机关应当调查核实，对于发现的违法情况应当及时纠正，并将纠正情况书面通知人民检察院。

第六节　羁　押

第一百四十八条 对犯罪嫌疑人逮捕后的侦

查羁押期限不得超过二个月。案情复杂、期限届满不能侦查终结的案件,应当制作提请批准延长侦查羁押期限意见书,经县级以上公安机关负责人批准后,在期限届满七日前送请同级人民检察院转报上一级人民检察院批准延长一个月。

第一百四十九条 下列案件在本规定第一百四十八条规定的期限届满不能侦查终结的,应当制作提请批准延长侦查羁押期限意见书,经县级以上公安机关负责人批准,在期限届满七日前送请同级人民检察院层报省、自治区、直辖市人民检察院批准,延长二个月:

(一)交通十分不便的边远地区的重大复杂案件;

(二)重大的犯罪集团案件;

(三)流窜作案的重大复杂案件;

(四)犯罪涉及面广,取证困难的重大复杂案件。

第一百五十条 对犯罪嫌疑人可能判处十年有期徒刑以上刑罚,依照本规定第一百四十九条规定的延长期限届满,仍不能侦查终结的,应当制作提请批准延长侦查羁押期限意见书,经县级以上公安机关负责人批准,在期限届满七日前送请同级人民检察院层报省、自治区、直辖市人民检察院批准,再延长二个月。

第一百五十一条 在侦查期间,发现犯罪嫌疑人另有重要罪行的,应当自发现之日起五日以内报县级以上公安机关负责人批准后,重新计算侦查羁押期限,制作变更羁押期限通知书,送达看守所,并报批准逮捕的人民检察院备案。

前款规定的“另有重要罪行”,是指与逮捕时的罪行不同种的重大犯罪以及同种犯罪并将影响罪名认定、量刑档次的重大犯罪。

第一百五十二条 犯罪嫌疑人不讲真实姓名、住址,身份不明的,应当对其身份进行调查。经县级以上公安机关负责人批准,侦查羁押期限自查清其身份之日起计算,但不得停止对其犯罪行为的侦查取证。

对于犯罪事实清楚,证据确实、充分,确实无法查明其身份的,按其自报的姓名移送人民检察院审查起诉。

第一百五十三条 看守所应当凭公安机关签发的拘留证、逮捕证收押被拘留、逮捕的犯罪嫌疑人、被告人。犯罪嫌疑人、被告人被送至看守所羁押时,看守所应当在拘留证、逮捕证上注明犯罪嫌疑人、被告人到达看守所的时间。

查获被通缉、脱逃的犯罪嫌疑人以及执行追捕、押解任务需要临时寄押的,应当持通缉令或者其他有关法律文书并经寄押地县级以上公安机关负责人批准,送看守所寄押。

临时寄押的犯罪嫌疑人出所时,看守所应当出具羁押该犯罪嫌疑人的证明,载明该犯罪嫌疑人基本情况、羁押原因、入所和出所时间。

第一百五十四条 看守所收押犯罪嫌疑人、被告人和罪犯,应当进行健康和体表检查,并予以记录。

第一百五十五条 看守所收押犯罪嫌疑人、被告人和罪犯,应当对其人身和携带的物品进行安全检查。发现违禁物品、犯罪证据和可疑物品,应当制作笔录,由被羁押人签名、捺指印后,送办案机关处理。

对女性的人身检查,应当由女工作人员进行。

第七节 其他规定

第一百五十六条 继续盘问期间发现需要对犯罪嫌疑人拘留、逮捕、取保候审或者监视居住的,应当立即办理法律手续。

第一百五十七条 对犯罪嫌疑人执行拘传、拘留、逮捕、押解过程中,应当依法使用约束性警械。遇有暴力性对抗或者暴力犯罪行为,可以依法使用制服性警械或者武器。

第一百五十八条 公安机关发现对犯罪嫌疑人采取强制措施不当的,应当及时撤销或者变更。犯罪嫌疑人在押的,应当及时释放。公安机关释放被逮捕的人或者变更逮捕措施的,应当通知批准逮捕的人民检察院。

第一百五十九条 犯罪嫌疑人被逮捕后,人民检察院经审查认为不需要继续羁押,建议予以释放或者变更强制措施的,公安机关应当予以调查核实。认为不需要继续羁押的,应当予以释放或者变更强制措施;认为需要继续羁押的,应当说明理由。

公安机关应当在十日以内将处理情况通知人民检察院。

第一百六十条 犯罪嫌疑人及其法定代理人、近亲属或者辩护人有权申请变更强制措施。公安机关应当在收到申请后三日以内作出决定;不同意变更强制措施的，应当告知申请人，并说明理由。

第一百六十一条 公安机关对被采取强制措施法定期限届满的犯罪嫌疑人，应当予以释放，解除取保候审、监视居住或者依法变更强制措施。

犯罪嫌疑人及其法定代理人、近亲属或者辩护人对于公安机关采取强制措施法定期限届满的，有权要求公安机关解除强制措施。公安机关应当进行审查，对于情况属实的，应当立即解除或者变更强制措施。

对于犯罪嫌疑人、被告人羁押期限即将届满的，看守所应当立即通知办案机关。

第一百六十二条 取保候审变更为监视居住的，取保候审、监视居住变更为拘留、逮捕的，对原强制措施不再办理解除法律手续。

第一百六十三条 案件在取保候审、监视居住期间移送审查起诉后，人民检察院决定重新取保候审、监视居住或者变更强制措施的，对原强制措施不再办理解除法律手续。

第一百六十四条 公安机关依法对县级以上各级人民代表大会代表拘传、取保候审、监视居住、拘留或者提请批准逮捕的，应当书面报请该代表所属的人民代表大会主席团或者常务委员会许可。

第一百六十五条 公安机关对现行犯拘留的时候，发现其是县级以上人民代表大会代表的，应当立即向其所属的人民代表大会主席团或者常务委员会报告。

公安机关在依法执行拘传、取保候审、监视居住、拘留或者逮捕中，发现被执行人是县级以上人民代表大会代表的，应当暂缓执行，并报告决定或者批准机关。如果在执行后发现被执行人是县级以上人民代表大会代表的，应当立即解除，并报告决定或者批准机关。

第一百六十六条 公安机关依法对乡、民族乡、镇的人民代表大会代表拘传、取保候审、监视居住、拘留或者执行逮捕的，应当在执行后立即报告其所属的人民代表大会。

第一百六十七条 公安机关依法对政治协商委员会委员拘传、取保候审、监视居住的，应当将有关情况通报给该委员所属的政协组织。

第一百六十八条 公安机关依法对政治协商委员会委员执行拘留、逮捕前，应当向该委员所属的政协组织通报情况；情况紧急的，可在执行的同时或者执行以后及时通报。

第七章 立案、撤案

第一节 受　　案

第一百六十九条 公安机关对于公民扭送、报案、控告、举报或者犯罪嫌疑人自动投案的，都应当立即接受，问明情况，并制作笔录，经核对无误后，由扭送人、报案人、控告人、举报人、投案人签名、捺指印。必要时，应当对接受过程录音录像。

第一百七十条 公安机关对扭送人、报案人、控告人、举报人、投案人提供的有关证据材料等应当登记，制作接受证据材料清单，由扭送人、报案人、控告人、举报人、投案人签名，并妥善保管。必要时，应当拍照或者录音录像。

第一百七十一条 公安机关接受案件时，应当制作受案登记表和受案回执，并将受案回执交扭送人、报案人、控告人、举报人。扭送人、报案人、控告人、举报人无法取得联系或者拒绝接受回执的，应当在回执中注明。

第一百七十二条 公安机关接受控告、举报的工作人员，应当向控告人、举报人说明诬告应负的法律责任。但是，只要不是捏造事实、伪造证据，即使控告、举报的事实有出入，甚至是错告的，也要和诬告严格加以区别。

第一百七十三条 公安机关应当保障扭送人、报案人、控告人、举报人及其近亲属的安全。

扭送人、报案人、控告人、举报人如果不愿意公开自己的身份，应当为其保守秘密，并在材料中注明。

第一百七十四条 对接受的案件，或者发现的犯罪线索，公安机关应当迅速进行审查。发现案件事实或者线索不明的，必要时，经办案部门负责人批准，可以进行调查核实。

调查核实过程中，公安机关可以依照有关法律和规定采取询问、查询、勘验、鉴定和调取证据材料等不限制被调查对象人身、财产权利的措施。但是，不得对被调查对象采取强制措施，不得查封、扣押、冻结被调查对象的财产，不得采取技术侦查措施。

第一百七十五条 经过审查，认为有犯罪事实，但不属于自己管辖的案件，应当立即报经县级以上公安机关负责人批准，制作移送案件通知书，在二十四小时以内移送有管辖权的机关处理，并告知扭送人、报案人、控告人、举报人。对于不属于自己管辖而又必须采取紧急措施的，应当先采取紧急措施，然后办理手续，移送主管机关。

对不属于公安机关职责范围的事项，在接报案时能够当场判断的，应当立即口头告知扭送人、报案人、控告人、举报人向其他主管机关报案。

对于重复报案、案件正在办理或者已经办结的，应当向扭送人、报案人、控告人、举报人作出解释，不再登记，但有新的事实或者证据的除外。

第一百七十六条 经过审查，对告诉才处理的案件，公安机关应当告知当事人向人民法院起诉。

对被害人有证据证明的轻微刑事案件，公安机关应当告知被害人可以向人民法院起诉；被害人要求公安机关处理的，公安机关应当依法受理。

人民法院审理自诉案件，依法调取公安机关已经收集的案件材料和有关证据的，公安机关应当及时移交。

第一百七十七条 经过审查，对于不够刑事处罚需要给予行政处理的，依法予以处理或者移送有关部门。

第二节 立 案

第一百七十八条 公安机关接受案件后，经审查，认为有犯罪事实需要追究刑事责任，且属于自己管辖的，经县级以上公安机关负责人批准，予以立案；认为没有犯罪事实，或者犯罪事实显著轻微不需要追究刑事责任，或者具有其他依法不追究刑事责任情形的，经县级以上公安机关负责人批准，不予立案。

对有控告人的案件，决定不予立案的，公安机关应当制作不予立案通知书，并在三日以内送达控告人。

决定不予立案后又发现新的事实或者证据，或者发现原认定事实错误，需要追究刑事责任的，应当及时立案处理。

第一百七十九条 控告人对不予立案决定不服的，可以在收到不予立案通知书后七日以内向作出决定的公安机关申请复议；公安机关应当在收到复议申请后三十日以内作出决定，并将决定书送达控告人。

控告人对不予立案的复议决定不服的，可以在收到复议决定书后七日以内向上一级公安机关申请复核；上一级公安机关应当在收到复核申请后三十日以内作出决定。对上级公安机关撤销不予立案决定的，下级公安机关应当执行。

案情重大、复杂的，公安机关可以延长复议、复核时限，但是延长时限不得超过三十日，并书面告知申请人。

第一百八十条 对行政执法机关移送的案件，公安机关应当自接受案件之日起三日以内进行审查，认为有犯罪事实，需要追究刑事责任，依法决定立案的，应当书面通知移送案件的行政执法机关；认为没有犯罪事实，或者犯罪事实显著轻微，不需要追究刑事责任，依法不予立案的，应当说明理由，并将不予立案通知书送达移送案件的行政执法机关，相应退回案件材料。

公安机关认为行政执法机关移送的案件材料不全的，应当在接受案件后二十四小时以内通知移送案件的行政执法机关在三日以内补正，但不得以材料不全为由不接受移送案件。

公安机关认为行政执法机关移送的案件不属于公安机关职责范围的，应当书面通知移送案件的行政执法机关向其他主管机关移送案件，并说明理由。

第一百八十一条 移送案件的行政执法机关对不予立案决定不服的，可以在收到不予立案通知书后三日以内向作出决定的公安机关申请复议；公安机关应当在收到行政执法机关的复议申请后三日以内作出决定，并书面通知移送案件的行政执法机关。

第一百八十二条 对人民检察院要求说明不立案理由的案件，公安机关应当在收到通知书后七日以内，对不立案的情况、依据和理由作出书面说明，回复人民检察院。公安机关作出立案决定的，应当将立案决定书复印件送达人民检察院。

人民检察院通知公安机关立案的，公安机关应当在收到通知书后十五日以内立案，并将立案决定书复印件送达人民检察院。

第一百八十三条 人民检察院认为公安机关不应当立案而立案，提出纠正意见的，公安机关应当进行调查核实，并将有关情况回复人民检察院。

第一百八十四条 经立案侦查，认为有犯罪事实需要追究刑事责任，但不属于自己管辖或者需要由其他公安机关并案侦查的案件，经县级以上公安机关负责人批准，制作移送案件通知书，移送有管辖权的机关或者并案侦查的公安机关,并在移送案件后三日以内书面通知扭送人、报案人、控告人、举报人或者移送案件的行政执法机关;犯罪嫌疑人已经到案的,应当依照本规定的有关规定通知其家属。

第一百八十五条 案件变更管辖或者移送其他公安机关并案侦查时,与案件有关的法律文书、证据、财物及其孳息等应当随案移交。

移交时,由接收人、移交人当面查点清楚,并在交接单据上共同签名。

第三节 撤 案

第一百八十六条 经过侦查,发现具有下列情形之一的,应当撤销案件:

(一)没有犯罪事实的;

(二)情节显著轻微、危害不大,不认为是犯罪的;

(三)犯罪已过追诉时效期限的;

(四)经特赦令免除刑罚的;

(五)犯罪嫌疑人死亡的;

(六)其他依法不追究刑事责任的。

对于经过侦查,发现有犯罪事实需要追究刑事责任,但不是被立案侦查的犯罪嫌疑人实施的,或者共同犯罪案件中部分犯罪嫌疑人不够刑事处罚的,应当对有关犯罪嫌疑人终止侦查,并对该案件继续侦查。

第一百八十七条 需要撤销案件或者对犯罪嫌疑人终止侦查的,办案部门应当制作撤销案件或者终止侦查报告书,报县级以上公安机关负责人批准。

公安机关决定撤销案件或者对犯罪嫌疑人终止侦查时,原犯罪嫌疑人在押的,应当立即释放,发给释放证明书。原犯罪嫌疑人被逮捕的,应当通知原批准逮捕的人民检察院。对原犯罪嫌疑人采取其他强制措施的,应当立即解除强制措施;需要行政处理的,依法予以处理或者移交有关部门。

对查封、扣押的财物及其孳息、文件,或者冻结的财产,除按照法律和有关规定另行处理的以外,应当解除查封、扣押、冻结,并及时返还或者通知当事人。

第一百八十八条 犯罪嫌疑人自愿如实供述涉嫌犯罪的事实,有重大立功或者案件涉及国家重大利益,需要撤销案件的,应当层报公安部,由公安部商请最高人民检察院核准后撤销案件。报请撤销案件的公安机关应当同时将相关情况通报同级人民检察院。

公安机关根据前款规定撤销案件的,应当对查封、扣押、冻结的财物及其孳息作出处理。

第一百八十九条 公安机关作出撤销案件决定后,应当在三日以内告知原犯罪嫌疑人、被害人或者其近亲属、法定代理人以及案件移送机关。

公安机关作出终止侦查决定后,应当在三日以内告知原犯罪嫌疑人。

第一百九十条 公安机关撤销案件以后又发现新的事实或者证据,或者发现原认定事实错误,认为有犯罪事实需要追究刑事责任的,应当重新立案侦查。

对犯罪嫌疑人终止侦查后又发现新的事实或者证据,或者发现原认定事实错误,需要对其追究刑事责任的,应当继续侦查。

第八章 侦 查

第一节 一般规定

第一百九十一条 公安机关对已经立案的刑事案件,应当及时进行侦查,全面、客观地收集、调取犯罪嫌疑人有罪或者无罪、罪轻或者罪重的证据材料。

第一百九十二条 公安机关经过侦查,对有证据证明有犯罪事实的案件,应当进行预审,对收集、调取的证据材料的真实性、合法性、关联性及证明力予以审查、核实。

第一百九十三条 公安机关侦查犯罪,应当严格依照法律规定的条件和程序采取强制措施和侦查措施,严禁在没有证据的情况下,仅凭怀疑就对犯罪嫌疑人采取强制措施和侦查措施。

第一百九十四条 公安机关开展勘验、检查、搜查、辨认、查封、扣押等侦查活动,应当邀请有关公民作为见证人。

下列人员不得担任侦查活动的见证人:

(一)生理上、精神上有缺陷或者年幼,不具有相应辨别能力或者不能正确表达的人;

(二)与案件有利害关系,可能影响案件公正处理的人;

(三)公安机关的工作人员或者其聘用的人员。

确因客观原因无法由符合条件的人员担任见证人的,应当对有关侦查活动进行全程录音录像,并在笔录中注明有关情况。

第一百九十五条 公安机关侦查犯罪,涉及国家秘密、商业秘密、个人隐私的,应当保密。

第一百九十六条 当事人和辩护人、诉讼代理人、利害关系人对于公安机关及其侦查人员有下列行为之一的,有权向该机关申诉或者控告:

(一)采取强制措施法定期限届满,不予以释放、解除或者变更的;

(二)应当退还取保候审保证金不退还的;

(三)对与案件无关的财物采取查封、扣押、冻结措施的;

(四)应当解除查封、扣押、冻结不解除的;

(五)贪污、挪用、私分、调换、违反规定使用查封、扣押、冻结的财物的。

受理申诉或者控告的公安机关应当及时进行调查核实,并在收到申诉、控告之日起三十日以内作出处理决定,书面回复申诉人、控告人。发现公安机关及其侦查人员有上述行为之一的,应当立即纠正。

第一百九十七条 上级公安机关发现下级公安机关存在本规定第一百九十六条第一款规定的违法行为或者对申诉、控告事项不按照规定处理的,应当责令下级公安机关限期纠正,下级公安机关应当立即执行。必要时,上级公安机关可以就申诉、控告事项直接作出处理决定。

第二节 讯问犯罪嫌疑人

第一百九十八条 讯问犯罪嫌疑人,除下列情形以外,应当在公安机关执法办案场所的讯问室进行:

(一)紧急情况下在现场进行讯问的;

(二)对有严重伤病或者残疾、行动不便的,以及正在怀孕的犯罪嫌疑人,在其住处或者就诊的医疗机构进行讯问的。

对于已送交看守所羁押的犯罪嫌疑人,应当在看守所讯问室进行讯问。

对于正在被执行行政拘留、强制隔离戒毒的人员以及正在监狱服刑的罪犯,可以在其执行场所进行讯问。

对于不需要拘留、逮捕的犯罪嫌疑人,经办案部门负责人批准,可以传唤到犯罪嫌疑人所在市、县公安机关执法办案场所或者到他的住处进行讯问。

第一百九十九条 传唤犯罪嫌疑人时,应当出示传唤证和侦查人员的人民警察证,并责令其在传唤证上签名、捺指印。

犯罪嫌疑人到案后,应当由其在传唤证上填写到案时间。传唤结束时,应当由其在传唤证上填写传唤结束时间。犯罪嫌疑人拒绝填写的,侦查人员应当在传唤证上注明。

对在现场发现的犯罪嫌疑人,侦查人员经出示人民警察证,可以口头传唤,并将传唤的原因和依据告知被传唤人。在讯问笔录中应当注明犯罪嫌疑人到案方式,并由犯罪嫌疑人注明到案时间和传唤结束时间。

对自动投案或者群众扭送到公安机关的犯罪嫌疑人,可以依法传唤。

第二百条 传唤持续的时间不得超过十二小时。案情特别重大、复杂,需要采取拘留、逮捕措施的,经办案部门负责人批准,传唤持续的时间不得超过二十四小时。不得以连续传唤的形式变相拘禁犯罪嫌疑人。

传唤期限届满,未作出采取其他强制措施决定的,应当立即结束传唤。

第二百零一条 传唤、拘传、讯问犯罪嫌疑人,应当保证犯罪嫌疑人的饮食和必要的休息时间,并记录在案。

第二百零二条 讯问犯罪嫌疑人,必须由侦查人员进行。讯问的时候,侦查人员不得少于二人。

讯问同案的犯罪嫌疑人,应当个别进行。

第二百零三条 侦查人员讯问犯罪嫌疑人时,应当首先讯问犯罪嫌疑人是否有犯罪行为,并告知犯罪嫌疑人享有的诉讼权利,如实供述自己罪行可以从宽处理以及认罪认罚的法律规定,让他陈述有罪的情节或者无罪的辩解,然后向他提出问题。

犯罪嫌疑人对侦查人员的提问,应当如实回答。但是对与本案无关的问题,有拒绝回答的权利。

第一次讯问,应当问明犯罪嫌疑人的姓名、别名、曾用名、出生年月日、户籍所在地、现住地、籍贯、出生地、民族、职业、文化程度、政治面貌、工作单位、家庭情况、社会经历,是否属于人大代表、政协委员,是否受过刑事处罚或者行政处理等情况。

第二百零四条 讯问聋、哑的犯罪嫌疑人,应当有通晓聋、哑手势的人参加,并在讯问笔录上注明犯罪嫌疑人的聋、哑情况,以及翻译人员的姓名、工作单位和职业。

讯问不通晓当地语言文字的犯罪嫌疑人,应当配备翻译人员。

第二百零五条 侦查人员应当将问话和犯罪嫌疑人的供述或者辩解如实地记录清楚。制作讯问笔录应当使用能够长期保持字迹的材料。

第二百零六条 讯问笔录应当交犯罪嫌疑人核对;对于没有阅读能力的,应当向他宣读。如果记录有遗漏或者差错,应当允许犯罪嫌疑人补充或者更正,并捺指印。笔录经犯罪嫌疑人核对无误后,应当由其在笔录上逐页签名、捺指印,并在末页写明"以上笔录我看过(或向我宣读过),和我说的相符"。拒绝签名、捺指印的,侦查人员应当在笔录上注明。

讯问笔录上所列项目,应当按照规定填写齐全。侦查人员、翻译人员应当在讯问笔录上签名。

第二百零七条 犯罪嫌疑人请求自行书写供述的,应当准许;必要时,侦查人员也可以要求犯罪嫌疑人亲笔书写供词。犯罪嫌疑人应当在亲笔供词上逐页签名、捺指印。侦查人员收到后,应当在首页右上方写明"于某年某月某日收到",并签名。

第二百零八条 讯问犯罪嫌疑人,在文字记录的同时,可以对讯问过程进行录音录像。对于可能判处无期徒刑、死刑的案件或者其他重大犯罪案件,应当对讯问过程进行录音录像。

前款规定的"可能判处无期徒刑、死刑的案件",是指应当适用的法定刑或者量刑档次包含无期徒刑、死刑的案件。"其他重大犯罪案件",是指致人重伤、死亡的严重危害公共安全犯罪、严重侵犯公民人身权利犯罪,以及黑社会性质组织犯罪、严重毒品犯罪等重大故意犯罪案件。

对讯问过程录音录像的,应当对每一次讯问全程不间断进行,保持完整性。不得选择性地录制,不得剪接、删改。

第二百零九条 对犯罪嫌疑人供述的犯罪事实、无罪或者罪轻的事实、申辩和反证,以及犯罪嫌疑人提供的证明自己无罪、罪轻的证据,公安机关应当认真核查;对有关证据,无论是否采信,都应当如实记录、妥善保管,并连同核查情况附卷。

第三节 询问证人、被害人

第二百一十条 询问证人、被害人,可以在现场进行,也可以到证人、被害人所在单位、住处或者证人、被害人提出的地点进行。在必要的时候,可以书面、电话或者当场通知证人、被害人到公安机关提供证言。

询问证人、被害人应当个别进行。

在现场询问证人、被害人,侦查人员应当出示人民警察证。到证人、被害人所在单位、住处或者证人、被害人提出的地点询问证人、被害人,应当经办案部门负责人批准,制作询问通知书。询问前,侦查人员应当出示询问通知书和人民警察证。

第二百一十一条 询问前,应当了解证人、被害人的身份,证人、被害人、犯罪嫌疑人之间的关系。询问时,应当告知证人、被害人必须如实地提供证据、证言和有意作伪证或者隐匿罪证应负的法律责任。

侦查人员不得向证人、被害人泄露案情或者表示对案件的看法,严禁采用暴力、威胁等非法方法询问证人、被害人。

第二百一十二条 本规定第二百零六条、第二百零七条的规定,也适用于询问证人、被害人。

第四节 勘验、检查

第二百一十三条 侦查人员对于与犯罪有关的场所、物品、人身、尸体应当进行勘验或者检查,及时提取、采集与案件有关的痕迹、物证、生物样本等。在必要的时候,可以指派或者聘请具有专门知识的人,在侦查人员的主持下进行勘验、检查。

第二百一十四条 发案地派出所、巡警等部门应当妥善保护犯罪现场和证据,控制犯罪嫌疑人,并立即报告公安机关主管部门。

执行勘查的侦查人员接到通知后,应当立即赶赴现场;勘查现场,应当持有刑事犯罪现场勘查证。

第二百一十五条 公安机关对案件现场进行勘查,侦查人员不得少于二人。

第二百一十六条 勘查现场,应当拍摄现场照片、绘制现场图,制作笔录,由参加勘查的人和见证人签名。对重大案件的现场勘查,应当录音录像。

第二百一十七条 为了确定被害人、犯罪嫌疑人的某些特征、伤害情况或者生理状态,可以对人身进行检查,依法提取、采集肖像、指纹等人体生物识别信息,采集血液、尿液等生物样本。被害人死亡的,应当通过被害人近亲属辨认、提取生物样本鉴定等方式确定被害人身份。

犯罪嫌疑人拒绝检查、提取、采集的,侦查人员认为必要的时候,经办案部门负责人批准,可以强制检查、提取、采集。

检查妇女的身体,应当由女工作人员或者医师进行。

检查的情况应当制作笔录,由参加检查的侦查人员、检查人员、被检查人员和见证人签名。被检查人员拒绝签名的,侦查人员应当在笔录中注明。

第二百一十八条 为了确定死因,经县级以上公安机关负责人批准,可以解剖尸体,并且通知死者家属到场,让其在解剖尸体通知书上签名。

死者家属无正当理由拒不到场或者拒绝签名的,侦查人员应当在解剖尸体通知书上注明。对身份不明的尸体,无法通知死者家属的,应当在笔录中注明。

第二百一十九条 对已查明死因,没有继续保存必要的尸体,应当通知家属领回处理,对于无法通知或者通知后家属拒绝领回的,经县级以上公安机关负责人批准,可以及时处理。

第二百二十条 公安机关进行勘验、检查后,人民检察院要求复验、复查的,公安机关应当进行复验、复查,并可以通知人民检察院派员参加。

第二百二十一条 为了查明案情,在必要的时候,经县级以上公安机关负责人批准,可以进行侦查实验。

进行侦查实验,应当全程录音录像,并制作侦查实验笔录,由参加实验的人签名。

进行侦查实验,禁止一切足以造成危险、侮辱人格或者有伤风化的行为。

第五节 搜 查

第二百二十二条 为了收集犯罪证据、查获犯罪人,经县级以上公安机关负责人批准,侦查人员可以对犯罪嫌疑人以及可能隐藏罪犯或者犯罪证据的人的身体、物品、住处和其他有关的地方进行搜查。

第二百二十三条 进行搜查,必须向被搜查人出示搜查证,执行搜查的侦查人员不得少于二人。

第二百二十四条 执行拘留、逮捕的时候,遇有下列紧急情况之一的,不用搜查证也可以进行搜查:

(一)可能随身携带凶器的;

(二)可能隐藏爆炸、剧毒等危险物品的;

(三)可能隐匿、毁弃、转移犯罪证据的;

(四)可能隐匿其他犯罪嫌疑人的;

(五)其他突然发生的紧急情况。

第二百二十五条 进行搜查时,应当有被搜查人或者他的家属、邻居或者其他见证人在场。

公安机关可以要求有关单位和个人交出可以证明犯罪嫌疑人有罪或者无罪的物证、书证、视听资料等证据。遇到阻碍搜查的,侦查人员可以强制搜查。

搜查妇女的身体,应当由女工作人员进行。

第二百二十六条 搜查的情况应当制作笔录,由侦查人员和被搜查人或者他的家属,邻居或者其他见证人签名。

如果被搜查人拒绝签名,或者被搜查人在逃,他的家属拒绝签名或者不在场的,侦查人员应当在笔录中注明。

第六节 查封、扣押

第二百二十七条 在侦查活动中发现的可用以证明犯罪嫌疑人有罪或者无罪的各种财物、文件,应当查封、扣押;但与案件无关的财物、文件,不得查封、扣押。

持有人拒绝交出应当查封、扣押的财物、文件的,公安机关可以强制查封、扣押。

第二百二十八条 在侦查过程中需要扣押财物、文件的,应当经办案部门负责人批准,制作扣押决定书;在现场勘查或者搜查中需要扣押财物、文件的,由现场指挥人员决定;但扣押财物、文件价值较高或者可能严重影响正常生产经营的,应当经县级以上公安机关负责人批准,制作扣押决定书。

在侦查过程中需要查封土地、房屋等不动产,或者船舶、航空器以及其他不宜移动的大型机器、设备等特定动产的,应当经县级以上公安机关负责人批准并制作查封决定书。

第二百二十九条 执行查封、扣押的侦查人员不得少于二人,并出示本规定第二百二十八条规定的有关法律文书。

查封、扣押的情况应当制作笔录,由侦查人员、持有人和见证人签名。对于无法确定持有人或者持有人拒绝签名的,侦查人员应当在笔录中注明。

第二百三十条 对查封、扣押的财物和文件,应当会同在场见证人和被查封、扣押财物、文件的持有人查点清楚,当场开列查封、扣押清单一式三份，写明财物或者文件的名称、编号、数量、特征及其来源等，由侦查人员、持有人和见证人签名，一份交给持有人，一份交给公安机关保管人员，一份附卷备查。

对于财物、文件的持有人无法确定，以及持有人不在现场或者拒绝签名的，侦查人员应当在清单中注明。

依法扣押文物、贵金属、珠宝、字画等贵重财物的，应当拍照或者录音录像，并及时鉴定、估价。

执行查封、扣押时，应当为犯罪嫌疑人及其所扶养的亲属保留必需的生活费用和物品。能够保证侦查活动正常进行的，可以允许有关当事人继续合理使用有关涉案财物，但应当采取必要的保值、保管措施。

第二百三十一条 对作为犯罪证据但不便提取或者没有必要提取的财物、文件，经登记、拍照或者录音录像、估价后，可以交财物、文件持有人保管或者封存，并且开具登记保存清单一式两份，由侦查人员、持有人和见证人签名，一份交给财物、文件持有人，另一份连同照片或者录音录像资料附卷备查。财物、文件持有人应当妥善保管，不得转移、变卖、毁损。

第二百三十二条 扣押犯罪嫌疑人的邮件、电子邮件、电报，应当经县级以上公安机关负责人批准，制作扣押邮件、电报通知书，通知邮电部门或者网络服务单位检交扣押。

不需要继续扣押的时候，应当经县级以上公安机关负责人批准，制作解除扣押邮件、电报通知书，立即通知邮电部门或者网络服务单位。

第二百三十三条 对查封、扣押的财物、文件、邮件、电子邮件、电报，经查明确实与案件无关的，应当在三日以内解除查封、扣押，退还原主或者原邮电部门、网络服务单位；原主不明确的，应当采取公告方式告知原主认领。在通知原主或者公告后六个月以内，无人认领的，按照无主财物处理，登记后上缴国库。

第二百三十四条 有关犯罪事实查证属实后，对于有证据证明权属明确且无争议的被害人合法财产及其孳息，且返还不损害其他被害人或者利害关系人的利益，不影响案件正常办理的，应当在登记、拍照或者录音录像和估价后，报经县级以上公安机关负责人批准，开具发还清单返还，并在案卷材料中注明返还的理由，将原物照片、发还清单和被害人的领取手续存卷备查。

领取人应当是涉案财物的合法权利人或者其委托的人；委托他人领取的，应当出具委托书。侦查人员或者公安机关其他工作人员不得代为领取。

查找不到被害人，或者通知被害人后，无人领取的，应当将有关财产及其孳息随案移送。

第二百三十五条 对查封、扣押的财物及其孳息、文件，公安机关应当妥善保管，以供核查。任何单位和个人不得违规使用、调换、损毁或者自行处理。

县级以上公安机关应当指定一个内设部门作为涉案财物管理部门，负责对涉案财物实行统一管理，并设立或者指定专门保管场所，对涉案财物进行集中保管。

对价值较低、易于保管，或者需要作为证据继续使用，以及需要先行返还被害人的涉案财物，可以由办案部门设置专门的场所进行保管。办案部门应当指定不承担办案工作的民警负责本部门涉案财物的接收、保管、移交等管理工作；严禁由侦查人员自行保管涉案财物。

第二百三十六条 在侦查期间，对于易损毁、灭失、腐烂、变质而不宜长期保存，或者难以保管的物品，经县级以上公安机关主要负责人批准，可以在拍照或者录音录像后委托有关部门变卖、拍卖，变卖、拍卖的价款暂予保存，待诉讼终结后一并处理。

对于违禁品，应当依照国家有关规定处理；需要作为证据使用的，应当在诉讼终结后处理。

第七节 查询、冻结

第二百三十七条 公安机关根据侦查犯罪的需要，可以依照规定查询、冻结犯罪嫌疑人的存款、汇款、证券交易结算资金、期货保证金等资金，债券、股票、基金份额和其他证券，以及股权、保单权益和其他投资权益等财产，并可以要求有关单位和个人配合。

对于前款规定的财产，不得划转、转账或者以其他方式变相扣押。

第二百三十八条 向金融机构等单位查询犯罪嫌疑人的存款、汇款、证券交易结算资金、期货保证金等资金，债券、股票、基金份额和其他证券，以及股权、保单权益和其他投资权益等财产，应当经县级以上公安机关负责人批准，制作协助查询财产通知书，通知金融机构等单位协助办理。

第二百三十九条 需要冻结犯罪嫌疑人财产的，应当经县级以上公安机关负责人批准，制作协助冻结财产通知书，明确冻结财产的账户名称、账户号码、冻结数额、冻结期限、冻结范围以及是否及于孳息等事项，通知金融机构等单位协助办理。

冻结股权、保单权益的，应当经设区的市一级以上公安机关负责人批准。

冻结上市公司股权的，应当经省级以上公安机关负责人批准。

第二百四十条 需要延长冻结期限的，应当按照原批准权限和程序，在冻结期限届满前办理继续冻结手续。逾期不办理继续冻结手续的，视为自动解除冻结。

第二百四十一条 不需要继续冻结犯罪嫌疑人财产时，应当经原批准冻结的公安机关负责人批准，制作协助解除冻结财产通知书，通知金融机构等单位协助办理。

第二百四十二条 犯罪嫌疑人的财产已被冻结的，不得重复冻结，但可以轮候冻结。

第二百四十三条 冻结存款、汇款、证券交易结算资金、期货保证金等财产的期限为六个月。每次续冻期限最长不得超过六个月。

对于重大、复杂案件，经设区的市一级以上公安机关负责人批准，冻结存款、汇款、证券交易结算资金、期货保证金等财产的期限可以为一年。每次续冻期限最长不得超过一年。

第二百四十四条 冻结债券、股票、基金份额等证券的期限为二年。每次续冻期限最长不得超过二年。

第二百四十五条 冻结股权、保单权益或者投资权益的期限为六个月。每次续冻期限最长不得超过六个月。

第二百四十六条 对冻结的债券、股票、基金份额等财产，应当告知当事人或者其法定代理人、委托代理人有权申请出售。

权利人书面申请出售被冻结的债券、股票、基金份额等财产，不损害国家利益、被害人、其他权利人利益，不影响诉讼正常进行的，以及冻结的汇票、本票、支票的有效期即将届满的，经县级以上公安机关负责人批准，可以依法出售或者变现，所得价款应当继续冻结在其对应的银行账户中；没有对应的银行账户的，所得价款由公安机关在银行指定专门账户保管，并及时告知当事人或者其近亲属。

第二百四十七条 对冻结的财产，经查明确实与案件无关的，应当在三日以内通知金融机构等单位解除冻结，并通知被冻结财产的所有人。

第八节 鉴　　定

第二百四十八条 为了查明案情，解决案件中某些专门性问题，应当指派、聘请有专门知识的人进行鉴定。

需要聘请有专门知识的人进行鉴定，应当经县级以上公安机关负责人批准后，制作鉴定聘请书。

第二百四十九条 公安机关应当为鉴定人进行鉴定提供必要的条件，及时向鉴定人送交有关检材和对比样本等原始材料，介绍与鉴定有关的情况，并且明确提出要求鉴定解决的问题。

禁止暗示或者强迫鉴定人作出某种鉴定意见。

第二百五十条 侦查人员应当做好检材的保管和送检工作，并注明检材送检环节的责任人，确保检材在流转环节中的同一性和不被污染。

第二百五十一条 鉴定人应当按照鉴定规则，运用科学方法独立进行鉴定。鉴定后，应当出具鉴定意见，并在鉴定意见书上签名，同时附上鉴定机构和鉴定人的资质证明或者其他证明文件。

多人参加鉴定，鉴定人有不同意见的，应当注明。

第二百五十二条 对鉴定意见，侦查人员应当进行审查。

对经审查作为证据使用的鉴定意见，公安机关应当及时告知犯罪嫌疑人、被害人或者其法定代理人。

第二百五十三条 犯罪嫌疑人、被害人对鉴定意见有异议提出申请，以及办案部门或者侦查人员对鉴定意见有疑义的，可以将鉴定意见送交其他有专门知识的人员提出意见。必要时，询问鉴定人并制作笔录附卷。

第二百五十四条 经审查，发现有下列情形之一的，经县级以上公安机关负责人批准，应当补充鉴定：

（一）鉴定内容有明显遗漏的；

（二）发现新的有鉴定意义的证物的；

（三）对鉴定证物有新的鉴定要求的；

（四）鉴定意见不完整，委托事项无法确定的；

（五）其他需要补充鉴定的情形。

经审查,不符合上述情形的,经县级以上公安机关负责人批准,作出不准予补充鉴定的决定,并在作出决定后三日以内书面通知申请人。

第二百五十五条 经审查,发现有下列情形之一的,经县级以上公安机关负责人批准,应当重新鉴定:

(一)鉴定程序违法或者违反相关专业技术要求的;

(二)鉴定机构、鉴定人不具备鉴定资质和条件的;

(三)鉴定人故意作虚假鉴定或者违反回避规定的;

(四)鉴定意见依据明显不足的;

(五)检材虚假或者被损坏的;

(六)其他应当重新鉴定的情形。

重新鉴定,应当另行指派或者聘请鉴定人。

经审查,不符合上述情形的,经县级以上公安机关负责人批准,作出不准予重新鉴定的决定,并在作出决定后三日以内书面通知申请人。

第二百五十六条 公诉人、当事人或者辩护人、诉讼代理人对鉴定意见有异议,经人民法院依法通知的,公安机关鉴定人应当出庭作证。

鉴定人故意作虚假鉴定的,应当依法追究其法律责任。

第二百五十七条 对犯罪嫌疑人作精神病鉴定的时间不计入办案期限,其他鉴定时间都应当计入办案期限。

第九节 辨 认

第二百五十八条 为了查明案情,在必要的时候,侦查人员可以让被害人、证人或者犯罪嫌疑人对与犯罪有关的物品、文件、尸体、场所或者犯罪嫌疑人进行辨认。

第二百五十九条 辨认应当在侦查人员的主持下进行。主持辨认的侦查人员不得少于二人。

几名辨认人对同一辨认对象进行辨认时,应当由辨认人个别进行。

第二百六十条 辨认时,应当将辨认对象混杂在特征相类似的其他对象中,不得在辨认前向辨认人展示辨认对象及其影像资料,不得给辨认人任何暗示。

辨认犯罪嫌疑人时,被辨认的人数不得少于七人;对犯罪嫌疑人照片进行辨认的,不得少于十人的照片。

辨认物品时,混杂的同类物品不得少于五件;对物品的照片进行辨认的,不得少于十个物品的照片。

对场所、尸体等特定辨认对象进行辨认,或者辨认人能够准确描述物品独有特征的,陪衬物不受数量的限制。

第二百六十一条 对犯罪嫌疑人的辨认,辨认人不愿意公开进行时,可以在不暴露辨认人的情况下进行,并应当为其保守秘密。

第二百六十二条 对辨认经过和结果,应当制作辨认笔录,由侦查人员、辨认人、见证人签名。必要时,应当对辨认过程进行录音录像。

第十节 技术侦查

第二百六十三条 公安机关在立案后,根据侦查犯罪的需要,可以对下列严重危害社会的犯罪案件采取技术侦查措施:

(一)危害国家安全犯罪、恐怖活动犯罪、黑社会性质的组织犯罪、重大毒品犯罪案件;

(二)故意杀人、故意伤害致人重伤或者死亡、强奸、抢劫、绑架、放火、爆炸、投放危险物质等严重暴力犯罪案件;

(三)集团性、系列性、跨区域性重大犯罪案件;

(四)利用电信、计算机网络、寄递渠道等实施的重大犯罪案件,以及针对计算机网络实施的重大犯罪案件;

(五)其他严重危害社会的犯罪案件,依法可能判处七年以上有期徒刑的。

公安机关追捕被通缉或者批准、决定逮捕的在逃的犯罪嫌疑人、被告人,可以采取追捕所必需的技术侦查措施。

第二百六十四条 技术侦查措施是指由设区的市一级以上公安机关负责技术侦查的部门实施的记录监控、行踪监控、通信监控、场所监控等措施。

技术侦查措施的适用对象是犯罪嫌疑人、被告人以及与犯罪活动直接关联的人员。

第二百六十五条 需要采取技术侦查措施的,应当制作呈请采取技术侦查措施报告书,报设区的市一级以上公安机关负责人批准,制作采取技术侦查措施决定书。

人民检察院等部门决定采取技术侦查措施，交公安机关执行的，由设区的市一级以上公安机关按照规定办理相关手续后，交负责技术侦查的部门执行，并将执行情况通知人民检察院等部门。

第二百六十六条 批准采取技术侦查措施的决定自签发之日起三个月以内有效。

在有效期限内，对不需要继续采取技术侦查措施的，办案部门应当立即书面通知负责技术侦查的部门解除技术侦查措施；负责技术侦查的部门认为需要解除技术侦查措施的，报批准机关负责人批准，制作解除技术侦查措施决定书，并及时通知办案部门。

对复杂、疑难案件，采取技术侦查措施的有效期限届满仍需要继续采取技术侦查措施的，经负责技术侦查的部门审核后，报批准机关负责人批准，制作延长技术侦查措施期限决定书。批准延长期限，每次不得超过三个月。

有效期限届满，负责技术侦查的部门应当立即解除技术侦查措施。

第二百六十七条 采取技术侦查措施，必须严格按照批准的措施种类、适用对象和期限执行。

在有效期限内，需要变更技术侦查措施种类或者适用对象的，应当按照本规定第二百六十五条规定重新办理批准手续。

第二百六十八条 采取技术侦查措施收集的材料在刑事诉讼中可以作为证据使用。使用技术侦查措施收集的材料作为证据时，可能危及有关人员的人身安全，或者可能产生其他严重后果的，应当采取不暴露有关人员身份和使用的技术设备、侦查方法等保护措施。

采取技术侦查措施收集的材料作为证据使用的，采取技术侦查措施决定书应当附卷。

第二百六十九条 采取技术侦查措施收集的材料，应当严格依照有关规定存放，只能用于对犯罪的侦查、起诉和审判，不得用于其他用途。

采取技术侦查措施收集的与案件无关的材料，必须及时销毁，并制作销毁记录。

第二百七十条 侦查人员对采取技术侦查措施过程中知悉的国家秘密、商业秘密和个人隐私，应当保密。

公安机关依法采取技术侦查措施，有关单位和个人应当配合，并对有关情况予以保密。

第二百七十一条 为了查明案情，在必要的时候，经县级以上公安机关负责人决定，可以由侦查人员或者公安机关指定的其他人员隐匿身份实施侦查。

隐匿身份实施侦查时，不得使用促使他人产生犯罪意图的方法诱使他人犯罪，不得采用可能危害公共安全或者发生重大人身危险的方法。

第二百七十二条 对涉及给付毒品等违禁品或者财物的犯罪活动，为查明参与该项犯罪的人员和犯罪事实，根据侦查需要，经县级以上公安机关负责人决定，可以实施控制下交付。

第二百七十三条 公安机关依照本节规定实施隐匿身份侦查和控制下交付收集的材料在刑事诉讼中可以作为证据使用。

使用隐匿身份侦查和控制下交付收集的材料作为证据时，可能危及隐匿身份人员的人身安全，或者可能产生其他严重后果的，应当采取不暴露有关人员身份等保护措施。

第十一节 通 缉

第二百七十四条 应当逮捕的犯罪嫌疑人在逃的，经县级以上公安机关负责人批准，可以发布通缉令，采取有效措施，追捕归案。

县级以上公安机关在自己管辖的地区内，可以直接发布通缉令；超出自己管辖的地区，应当报请有权决定的上级公安机关发布。

通缉令的发送范围，由签发通缉令的公安机关负责人决定。

第二百七十五条 通缉令中应当尽可能写明被通缉人的姓名、别名、曾用名、绰号、性别、年龄、民族、籍贯、出生地、户籍所在地、居住地、职业、身份证号码、衣着和体貌特征、口音、行为习惯，并附被通缉人近期照片，可以附指纹及其他物证的照片。除了必须保密的事项以外，应当写明发案的时间、地点和简要案情。

第二百七十六条 通缉令发出后，如果发现新的重要情况可以补发通报。通报必须注明原通缉令的编号和日期。

第二百七十七条 公安机关接到通缉令后，应当及时布置查缉。抓获犯罪嫌疑人后，报经县级以上公安机关负责人批准，凭通缉令或者相关法律文书羁押，并通知通缉令发布机关进行核实，办理交接手续。

第二百七十八条 需要对犯罪嫌疑人在口岸

采取边控措施的,应当按照有关规定制作边控对象通知书,并附有关法律文书,经县级以上公安机关负责人审核后,层报省级公安机关批准,办理全国范围内的边控措施。需要限制犯罪嫌疑人人身自由的,应当附有关限制人身自由的法律文书。

紧急情况下,需要采取边控措施的,县级以上公安机关可以出具公函,先向有关口岸所在地出入境边防检查机关交控,但应当在七日以内按照规定程序办理全国范围内的边控措施。

第二百七十九条 为发现重大犯罪线索,追缴涉案财物、证据,查获犯罪嫌疑人,必要时,经县级以上公安机关负责人批准,可以发布悬赏通告。

悬赏通告应当写明悬赏对象的基本情况和赏金的具体数额。

第二百八十条 通缉令、悬赏通告应当广泛张贴,并可以通过广播、电视、报刊、计算机网络等方式发布。

第二百八十一条 经核实,犯罪嫌疑人已经自动投案、被击毙或者被抓获,以及发现有其他不需要采取通缉、边控、悬赏通告的情形的,发布机关应当在原通缉、通知、通告范围内,撤销通缉令、边控通知、悬赏通告。

第二百八十二条 通缉越狱逃跑的犯罪嫌疑人、被告人或者罪犯,适用本节的有关规定。

第十二节 侦查终结

第二百八十三条 侦查终结的案件,应当同时符合以下条件:

(一)案件事实清楚;

(二)证据确实、充分;

(三)犯罪性质和罪名认定正确;

(四)法律手续完备;

(五)依法应当追究刑事责任。

第二百八十四条 对侦查终结的案件,公安机关应当全面审查证明证据收集合法性的证据材料,依法排除非法证据。排除非法证据后证据不足的,不得移送审查起诉。

公安机关发现侦查人员非法取证的,应当依法作出处理,并可另行指派侦查人员重新调查取证。

第二百八十五条 侦查终结的案件,侦查人员应当制作结案报告。

结案报告应当包括以下内容:

(一)犯罪嫌疑人的基本情况;

(二)是否采取了强制措施及其理由;

(三)案件的事实和证据;

(四)法律依据和处理意见。

第二百八十六条 侦查终结案件的处理,由县级以上公安机关负责人批准;重大、复杂、疑难的案件应当经过集体讨论。

第二百八十七条 侦查终结后,应当将全部案卷材料按照要求装订立卷。

向人民检察院移送案件时,只移送诉讼卷,侦查卷由公安机关存档备查。

第二百八十八条 对查封、扣押的犯罪嫌疑人的财物及其孳息、文件或者冻结的财产,作为证据使用的,应当随案移送,并制作随案移送清单一式两份,一份留存,一份交人民检察院。制作清单时,应当根据已经查明的案情,写明对涉案财物的处理建议。

对于实物不宜移送的,应当将其清单、照片或者其他证明文件随案移送。待人民法院作出生效判决后,按照人民法院送达的生效判决书、裁定书依法作出处理,并向人民法院送交回执。人民法院在判决、裁定中未对涉案财物作出处理的,公安机关应当征求人民法院意见,并根据人民法院的决定依法作出处理。

第二百八十九条 对侦查终结的案件,应当制作起诉意见书,经县级以上公安机关负责人批准后,连同全部案卷材料、证据,以及辩护律师提出的意见,一并移送同级人民检察院审查决定;同时将案件移送情况告知犯罪嫌疑人及其辩护律师。

犯罪嫌疑人自愿认罪的,应当记录在案,随案移送,并在起诉意见书中写明有关情况;认为案件符合速裁程序适用条件的,可以向人民检察院提出适用速裁程序的建议。

第二百九十条 对于犯罪嫌疑人在境外,需要及时进行审判的严重危害国家安全犯罪、恐怖活动犯罪案件,应当在侦查终结后层报公安部批准,移送同级人民检察院审查起诉。

在审查起诉或者缺席审理过程中,犯罪嫌疑人、被告人向公安机关自动投案或者被公安机关抓获的,公安机关应当立即通知人民检察院、人民法院。

第二百九十一条 共同犯罪案件的起诉意见书,应当写明每个犯罪嫌疑人在共同犯罪中的地位、作用、具体罪责和认罪态度,并分别提出处理意见。

第二百九十二条 被害人提出附带民事诉讼的，应当记录在案；移送审查起诉时，应当在起诉意见书末页注明。

第二百九十三条 人民检察院作出不起诉决定的，如果被不起诉人在押，公安机关应当立即办理释放手续。除依法转为行政案件办理外，应当根据人民检察院解除查封、扣押、冻结财物的书面通知，及时解除查封、扣押、冻结。

人民检察院提出对被不起诉人给予行政处罚、处分或者没收其违法所得的检察意见，移送公安机关处理的，公安机关应当将处理结果及时通知人民检察院。

第二百九十四条 认为人民检察院作出的不起诉决定有错误的，应当在收到不起诉决定书后七日以内制作要求复议意见书，经县级以上公安机关负责人批准后，移送人民检察院复议。

要求复议的意见不被接受的，可以在收到人民检察院的复议决定书后七日以内制作提请复核意见书，经县级以上公安机关负责人批准后，连同人民检察院的复议决定书，一并提请上一级人民检察院复核。

第十三节 补充侦查

第二百九十五条 侦查终结，移送人民检察院审查起诉的案件，人民检察院退回公安机关补充侦查的，公安机关接到人民检察院退回补充侦查的法律文书后，应当按照补充侦查提纲在一个月以内补充侦查完毕。

补充侦查以二次为限。

第二百九十六条 对人民检察院退回补充侦查的案件，根据不同情况，报县级以上公安机关负责人批准，分别作如下处理：

（一）原认定犯罪事实不清或者证据不够充分的，应当在查清事实、补充证据后，制作补充侦查报告书，移送人民检察院审查；对确实无法查明的事项或者无法补充的证据，应当书面向人民检察院说明情况；

（二）在补充侦查过程中，发现新的同案犯或者新的罪行，需要追究刑事责任的，应当重新制作起诉意见书，移送人民检察院审查；

（三）发现原认定的犯罪事实有重大变化，不应当追究刑事责任的，应当撤销案件或者对犯罪嫌疑人终止侦查，并将有关情况通知退查的人民检察院；

（四）原认定犯罪事实清楚，证据确实、充分，人民检察院退回补充侦查不当的，应当说明理由，移送人民检察院审查。

第二百九十七条 对于人民检察院在审查起诉过程中以及在人民法院作出生效判决前，要求公安机关提供法庭审判所必需的证据材料的，应当及时收集和提供。

第九章 执行刑罚

第一节 罪犯的交付

第二百九十八条 对被依法判处刑罚的罪犯，如果罪犯已被采取强制措施的，公安机关应当依据人民法院生效的判决书、裁定书以及执行通知书，将罪犯交付执行。

对人民法院作出无罪或者免除刑事处罚的判决，如果被告人在押，公安机关在收到相应的法律文书后应当立即办理释放手续；对人民法院建议给予行政处理的，应当依照有关规定处理或者移送有关部门。

第二百九十九条 对被判处死刑的罪犯，公安机关应当依据人民法院执行死刑的命令，将罪犯交由人民法院执行。

第三百条 公安机关接到人民法院生效的判处死刑缓期二年执行、无期徒刑、有期徒刑的判决书、裁定书以及执行通知书后，应当在一个月以内将罪犯送交监狱执行。

对未成年犯应当送交未成年犯管教所执行刑罚。

第三百零一条 对被判处有期徒刑的罪犯，在被交付执行刑罚前，剩余刑期在三个月以下的，由看守所根据人民法院的判决代为执行。

对被判处拘役的罪犯，由看守所执行。

第三百零二条 对被判处管制、宣告缓刑、假释或者暂予监外执行的罪犯，已被羁押的，由看守所将其交付社区矫正机构执行。

对被判处剥夺政治权利的罪犯，由罪犯居住地的派出所负责执行。

第三百零三条 对被判处有期徒刑由看守所代为执行和被判处拘役的罪犯，执行期间如果没有再犯新罪，执行期满，看守所应当发给刑满释放证明书。

第三百零四条 公安机关在执行刑罚中，如果认为判决有错误或者罪犯提出申诉，应当转请人民检察院或者原判人民法院处理。

第二节 减刑、假释、暂予监外执行

第三百零五条 对依法留看守所执行刑罚的罪犯，符合减刑条件的，由看守所制作减刑建议书，经设区的市一级以上公安机关审查同意后，报请所在地中级以上人民法院审核裁定。

第三百零六条 对依法留看守所执行刑罚的罪犯，符合假释条件的，由看守所制作假释建议书，经设区的市一级以上公安机关审查同意后，报请所在地中级以上人民法院审核裁定。

第三百零七条 对依法留所执行刑罚的罪犯，有下列情形之一的，可以暂予监外执行：

（一）有严重疾病需要保外就医的；

（二）怀孕或者正在哺乳自己婴儿的妇女；

（三）生活不能自理，适用暂予监外执行不致危害社会的。

对罪犯暂予监外执行的，看守所应当提出书面意见，报设区的市一级以上公安机关批准，同时将书面意见抄送同级人民检察院。

对适用保外就医可能有社会危险性的罪犯，或者自伤自残的罪犯，不得保外就医。

对罪犯确有严重疾病，必须保外就医的，由省级人民政府指定的医院诊断并开具证明文件。

第三百零八条 公安机关决定对罪犯暂予监外执行的，应当将暂予监外执行决定书交被暂予监外执行的罪犯和负责监外执行的社区矫正机构，同时抄送同级人民检察院。

第三百零九条 批准暂予监外执行的公安机关接到人民检察院认为暂予监外执行不当的意见后，应当立即对暂予监外执行的决定进行重新核查。

第三百一十条 对暂予监外执行的罪犯，有下列情形之一的，批准暂予监外执行的公安机关应当作出收监执行决定：

（一）发现不符合暂予监外执行条件的；

（二）严重违反有关暂予监外执行监督管理规定的；

（三）暂予监外执行的情形消失后，罪犯刑期未满的。

对暂予监外执行的罪犯决定收监执行的，由暂予监外执行地看守所将罪犯收监执行。

不符合暂予监外执行条件的罪犯通过贿赂等非法手段被暂予监外执行的，或者罪犯在暂予监外执行期间脱逃的，罪犯被收监执行后，所在看守所应当提出不计入执行刑期的建议，经设区的市一级以上公安机关审查同意后，报请所在地中级以上人民法院审核裁定。

第三节 剥夺政治权利

第三百一十一条 负责执行剥夺政治权利的派出所应当按照人民法院的判决，向罪犯及其所在单位、居住地基层组织宣布其犯罪事实、被剥夺政治权利的期限，以及罪犯在执行期间应当遵守的规定。

第三百一十二条 被剥夺政治权利的罪犯在执行期间应当遵守下列规定：

（一）遵守国家法律、行政法规和公安部制定的有关规定，服从监督管理；

（二）不得享有选举权和被选举权；

（三）不得组织或者参加集会、游行、示威、结社活动；

（四）不得出版、制作、发行书籍、音像制品；

（五）不得接受采访，发表演说；

（六）不得在境内外发表有损国家荣誉、利益或者其他具有社会危害性的言论；

（七）不得担任国家机关职务；

（八）不得担任国有公司、企业、事业单位和人民团体的领导职务。

第三百一十三条 被剥夺政治权利的罪犯违反本规定第三百一十二条的规定，尚未构成新的犯罪的，公安机关依法可以给予治安管理处罚。

第三百一十四条 被剥夺政治权利的罪犯，执行期满，公安机关应当书面通知本人及其所在单位、居住地基层组织。

第四节 对又犯新罪罪犯的处理

第三百一十五条 对留看守所执行刑罚的罪犯，在暂予监外执行期间又犯新罪的，由犯罪地公安机关立案侦查，并通知批准机关。批准机关作出收监执行决定后，应当根据侦查、审判需要，由犯罪地看守所或者暂予监外执行地看守所收监执行。

第三百一十六条 被剥夺政治权利、管制、宣告缓刑和假释的罪犯在执行期间又犯新罪的，由犯罪地公安机关立案侦查。

对留看守所执行刑罚的罪犯,因犯新罪被撤销假释的,应当根据侦查、审判需要,由犯罪地看守所或者原执行看守所收监执行。

第十章 特别程序

第一节 未成年人刑事案件诉讼程序

第三百一十七条 公安机关办理未成年人刑事案件,实行教育、感化、挽救的方针,坚持教育为主、惩罚为辅的原则。

第三百一十八条 公安机关办理未成年人刑事案件,应当保障未成年人行使其诉讼权利并得到法律帮助,依法保护未成年人的名誉和隐私,尊重其人格尊严。

第三百一十九条 公安机关应当设置专门机构或者配备专职人员办理未成年人刑事案件。

未成年人刑事案件应当由熟悉未成年人身心特点,善于做未成年人思想教育工作,具有一定办案经验的人员办理。

第三百二十条 未成年犯罪嫌疑人没有委托辩护人的,公安机关应当通知法律援助机构指派律师为其提供辩护。

第三百二十一条 公安机关办理未成年人刑事案件时,应当重点查清未成年犯罪嫌疑人实施犯罪行为时是否已满十四周岁、十六周岁、十八周岁的临界年龄。

第三百二十二条 公安机关办理未成年人刑事案件,根据情况可以对未成年犯罪嫌疑人的成长经历、犯罪原因、监护教育等情况进行调查并制作调查报告。

作出调查报告的,在提请批准逮捕、移送审查起诉时,应当结合案情综合考虑,并将调查报告与案卷材料一并移送人民检察院。

第三百二十三条 讯问未成年犯罪嫌疑人,应当通知未成年犯罪嫌疑人的法定代理人到场。无法通知、法定代理人不能到场或者法定代理人是共犯的,也可以通知未成年犯罪嫌疑人的其他成年亲属,所在学校、单位、居住地或者办案单位所在地基层组织或者未成年人保护组织的代表到场,并将有关情况记录在案。到场的法定代理人可以代为行使未成年犯罪嫌疑人的诉讼权利。

到场的法定代理人或者其他人员提出侦查人员在讯问中侵犯未成年人合法权益的,公安机关应当认真核查,依法处理。

第三百二十四条 讯问未成年犯罪嫌疑人应当采取适合未成年人的方式,耐心细致地听取其供述或者辩解,认真审核、查证与案件有关的证据和线索,并针对其思想顾虑、恐惧心理、抵触情绪进行疏导和教育。

讯问女性未成年犯罪嫌疑人,应当有女工作人员在场。

第三百二十五条 讯问笔录应当交未成年犯罪嫌疑人、到场的法定代理人或者其他人员阅读或者向其宣读;对笔录内容有异议的,应当核实清楚,准予更正或者补充。

第三百二十六条 询问未成年被害人、证人,适用本规定第三百二十三条、第三百二十四条、第三百二十五条的规定。

询问未成年被害人、证人,应当以适当的方式进行,注意保护其隐私和名誉,尽可能减少询问频次,避免造成二次伤害。必要时,可以聘请熟悉未成年人身心特点的专业人员协助。

第三百二十七条 对未成年犯罪嫌疑人应当严格限制和尽量减少使用逮捕措施。

未成年犯罪嫌疑人被拘留、逮捕后服从管理、依法变更强制措施不致发生社会危险性,能够保证诉讼正常进行的,公安机关应当依法及时变更强制措施;人民检察院批准逮捕的案件,公安机关应当将变更强制措施情况及时通知人民检察院。

第三百二十八条 对被羁押的未成年人应当与成年人分别关押、分别管理、分别教育,并根据其生理和心理特点在生活和学习方面给予照顾。

第三百二十九条 人民检察院在对未成年人作出附条件不起诉的决定前,听取公安机关意见时,公安机关应当提出书面意见,经县级以上公安机关负责人批准,移送同级人民检察院。

第三百三十条 认为人民检察院作出的附条件不起诉决定有错误的,应当在收到不起诉决定书后七日以内制作要求复议意见书,经县级以上公安机关负责人批准,移送同级人民检察院复议。

要求复议的意见不被接受的,可以在收到人民检察院的复议决定书后七日以内制作提请复核意见书,经县级以上公安机关负责人批准后,连同人民检察院的复议决定书,一并提请上一级人民检察院复核。

第三百三十一条 未成年人犯罪的时候不满十八周岁，被判处五年有期徒刑以下刑罚的，公安机关应当依据人民法院已经生效的判决书，将该未成年人的犯罪记录予以封存。

犯罪记录被封存的，除司法机关为办案需要或者有关单位根据国家规定进行查询外，公安机关不得向其他任何单位和个人提供。

被封存犯罪记录的未成年人，如果发现漏罪，合并被判处五年有期徒刑以上刑罚的，应当对其犯罪记录解除封存。

第三百三十二条 办理未成年人刑事案件，除本节已有规定的以外，按照本规定的其他规定进行。

二节 当事人和解的公诉案件诉讼程序

第三百三十三条 下列公诉案件，犯罪嫌疑人真诚悔罪，通过向被害人赔偿损失、赔礼道歉等方式获得被害人谅解，被害人自愿和解的，经县级以上公安机关负责人批准，可以依法作为当事人和解的公诉案件办理：

（一）因民间纠纷引起，涉嫌刑法分则第四章、第五章规定的犯罪案件，可能判处三年有期徒刑以下刑罚的；

（二）除渎职犯罪以外的可能判处七年有期徒刑以下刑罚的过失犯罪案件。

犯罪嫌疑人在五年以内曾经故意犯罪的，不得作为当事人和解的公诉案件办理。

第三百三十四条 有下列情形之一的，不属于因民间纠纷引起的犯罪案件：

（一）雇凶伤害他人的；

（二）涉及黑社会性质组织犯罪的；

（三）涉及寻衅滋事的；

（四）涉及聚众斗殴的；

（五）多次故意伤害他人身体的；

（六）其他不宜和解的。

第三百三十五条 双方当事人和解的，公安机关应当审查案件事实是否清楚，被害人是否自愿和解，是否符合规定的条件。

公安机关审查时，应当听取双方当事人的意见，并记录在案；必要时，可以听取双方当事人亲属、当地居民委员会或者村民委员会人员以及其他了解案件情况的相关人员的意见。

第三百三十六条 达成和解的，公安机关应当主持制作和解协议书，并由双方当事人及其他参加人员签名。

当事人中有未成年人的，未成年当事人的法定代理人或者其他成年亲属应当在场。

第三百三十七条 和解协议书应当包括以下内容：

（一）案件的基本事实和主要证据；

（二）犯罪嫌疑人承认自己所犯罪行，对指控的犯罪事实没有异议，真诚悔罪；

（三）犯罪嫌疑人通过向被害人赔礼道歉、赔偿损失等方式获得被害人谅解；涉及赔偿损失的，应当写明赔偿的数额、方式等；提起附带民事诉讼的，由附带民事诉讼原告人撤回附带民事诉讼；

（四）被害人自愿和解，请求或者同意对犯罪嫌疑人依法从宽处罚。

和解协议应当及时履行。

第三百三十八条 对达成和解协议的案件，经县级以上公安机关负责人批准，公安机关将案件移送人民检察院审查起诉时，可以提出从宽处理的建议。

第三节 犯罪嫌疑人逃匿、死亡案件违法所得的没收程序

第三百三十九条 有下列情形之一，依照刑法规定应当追缴其违法所得及其他涉案财产的，经县级以上公安机关负责人批准，公安机关应当写出没收违法所得意见书，连同相关证据材料一并移送同级人民检察院：

（一）恐怖活动犯罪等重大犯罪案件，犯罪嫌疑人逃匿，在通缉一年后不能到案的；

（二）犯罪嫌疑人死亡的。

犯罪嫌疑人死亡，现有证据证明其存在违法所得及其他涉案财产应当予以没收的，公安机关可以进行调查。公安机关进行调查，可以依法进行查封、扣押、查询、冻结。

第三百四十条 没收违法所得意见书应当包括以下内容：

（一）犯罪嫌疑人的基本情况；

（二）犯罪事实和相关的证据材料；

（三）犯罪嫌疑人逃匿、被通缉或者死亡的情况；

（四）犯罪嫌疑人的违法所得及其他涉案财产

的种类、数量、所在地；

（五）查封、扣押、冻结的情况等。

第三百四十一条 公安机关将没收违法所得意见书移送人民检察院后，在逃的犯罪嫌疑人自动投案或者被抓获的，公安机关应当及时通知同级人民检察院。

第四节 依法不负刑事责任的精神病人的强制医疗程序

第三百四十二条 公安机关发现实施暴力行为，危害公共安全或者严重危害公民人身安全的犯罪嫌疑人，可能属于依法不负刑事责任的精神病人的，应当对其进行精神病鉴定。

第三百四十三条 对经法定程序鉴定依法不负刑事责任的精神病人，有继续危害社会可能，符合强制医疗条件的，公安机关应当在七日以内写出强制医疗意见书，经县级以上公安机关负责人批准，连同相关证据材料和鉴定意见一并移送同级人民检察院。

第三百四十四条 对实施暴力行为的精神病人，在人民法院决定强制医疗前，经县级以上公安机关负责人批准，公安机关可以采取临时的保护性约束措施。必要时，可以将其送精神病医院接受治疗。

第三百四十五条 采取临时的保护性约束措施时，应当对精神病人严加看管，并注意约束的方式、方法和力度，以避免和防止危害他人和精神病人的自身安全为限度。

对于精神病人已没有继续危害社会可能，解除约束后不致发生社会危险性的，公安机关应当及时解除保护性约束措施。

第十一章 办案协作

第三百四十六条 公安机关在异地执行传唤、拘传、拘留、逮捕，开展勘验、检查、搜查、查封、扣押、冻结、讯问等侦查活动，应当向当地公安机关提出办案协作请求，并在当地公安机关协助下进行，或者委托当地公安机关代为执行。

开展查询、询问、辨认等侦查活动或者送达法律文书的，也可以向当地公安机关提出办案协作请求，并按照有关规定进行通报。

第三百四十七条 需要异地公安机关协助的，办案地公安机关应当制作办案协作函件，连同有关法律文书和人民警察证复印件一并提供给协作地公安机关。必要时，可以将前述法律手续传真或者通过公安机关有关信息系统传输至协作地公安机关。

请求协助执行传唤、拘传、拘留、逮捕的，应当提供传唤证、拘传证、拘留证、逮捕证；请求协助开展搜查、查封、扣押、查询、冻结等侦查活动的，应当提供搜查证、查封决定书、扣押决定书、协助查询财产通知书、协助冻结财产通知书；请求协助开展勘验、检查、讯问、询问等侦查活动的，应当提供立案决定书。

第三百四十八条 公安机关应当指定一个部门归口接收协作请求，并进行审核。对符合本规定第三百四十七条规定的协作请求，应当及时交主管业务部门办理。

异地公安机关提出协作请求的，只要法律手续完备，协作地公安机关就应当及时无条件予以配合，不得收取任何形式的费用或者设置其他条件。

第三百四十九条 对协作过程中获取的犯罪线索，不属于自己管辖的，应当及时移交有管辖权的公安机关或者其他有关部门。

第三百五十条 异地执行传唤、拘传的，协作地公安机关应当协助将犯罪嫌疑人传唤、拘传到本市、县公安机关执法办案场所或者到他的住处进行讯问。

异地执行拘留、逮捕的，协作地公安机关应当派员协助执行。

第三百五十一条 已被决定拘留、逮捕的犯罪嫌疑人在逃的，可以通过网上工作平台发布犯罪嫌疑人相关信息、拘留证或者逮捕证。各地公安机关发现网上逃犯的，应当立即组织抓捕。

协作地公安机关抓获犯罪嫌疑人后，应当立即通知办案地公安机关。办案地公安机关应当立即携带法律文书及时提解，提解的侦查人员不得少于二人。

办案地公安机关不能及时到达协作地的，应当委托协作地公安机关在拘留、逮捕后二十四小时以内进行讯问。

第三百五十二条 办案地公安机关请求代为讯问、询问、辨认的，协作地公安机关应当制作讯问、询问、辨认笔录，交被讯问、询问人和辨认人签名、捺指印后，提供给办案地公安机关。

办案地公安机关可以委托协作地公安机关协助进行远程视频讯问、询问,讯问、询问过程应当全程录音录像。

第三百五十三条 办案地公安机关请求协查犯罪嫌疑人的身份、年龄、违法犯罪经历等情况的,协作地公安机关应当在接到请求后七日以内将协查结果通知办案地公安机关;交通十分不便的边远地区,应当在十五日以内将协查结果通知办案地公安机关。

办案地公安机关请求协助调查取证或者查询犯罪信息、资料的,协作地公安机关应当及时协查并反馈。

第三百五十四条 对不履行办案协作程序或者协作职责造成严重后果的,对直接负责的主管人员和其他直接责任人员,应当给予处分;构成犯罪的,依法追究刑事责任。

第三百五十五条 协作地公安机关依照办案地公安机关的协作请求履行办案协作职责所产生的法律责任,由办案地公安机关承担。但是,协作行为超出协作请求范围,造成执法过错的,由协作地公安机关承担相应法律责任。

第三百五十六条 办案地和协作地公安机关对于案件管辖、定性处理等发生争议的,可以进行协商。协商不成的,提请共同的上级公安机关决定。

第十二章 外国人犯罪案件的办理

第三百五十七条 办理外国人犯罪案件,应当严格依照我国法律、法规、规章,维护国家主权和利益,并在对等互惠原则的基础上,履行我国所承担的国际条约义务。

第三百五十八条 外国籍犯罪嫌疑人在刑事诉讼中,享有我国法律规定的诉讼权利,并承担相应的义务。

第三百五十九条 外国籍犯罪嫌疑人的国籍,以其在入境时持用的有效证件予以确认;国籍不明的,由出入境管理部门协助予以查明。国籍确实无法查明的,以无国籍人对待。

第三百六十条 确认外国籍犯罪嫌疑人身份,可以依照有关国际条约或者通过国际刑事警察组织、警务合作渠道办理。确实无法查明的,可以按其自报的姓名移送人民检察院审查起诉。

第三百六十一条 犯罪嫌疑人为享有外交或者领事特权和豁免权的外国人的,应当层报公安部,同时通报同级人民政府外事办公室,由公安部商请外交部通过外交途径办理。

第三百六十二条 公安机关办理外国人犯罪案件,使用中华人民共和国通用的语言文字。犯罪嫌疑人不通晓我国语言文字的,公安机关应当为他翻译;犯罪嫌疑人通晓我国语言文字,不需要他人翻译的,应当出具书面声明。

第三百六十三条 外国人犯罪案件,由犯罪地的县级以上公安机关立案侦查。

第三百六十四条 外国人犯中华人民共和国缔结或者参加的国际条约规定的罪行后进入我国领域内的,由该外国人被抓获地的设区的市一级以上公安机关立案侦查。

第三百六十五条 外国人在中华人民共和国领域外对中华人民共和国国家或者公民犯罪,应当受刑罚处罚的,由该外国人入境地或者入境后居住地的县级以上公安机关立案侦查;该外国人未入境的,由被害人居住地的县级以上公安机关立案侦查;没有被害人或者是对中华人民共和国国家犯罪的,由公安部指定管辖。

第三百六十六条 发生重大或者可能引起外交交涉的外国人犯罪案件的,有关省级公安机关应当及时将案件办理情况报告公安部,同时通报同级人民政府外事办公室。必要时,由公安部商外交部将案件情况通知我国驻外使馆、领事馆。

第三百六十七条 对外国籍犯罪嫌疑人依法作出取保候审、监视居住决定或者执行拘留、逮捕后,应当在四十八小时以内层报省级公安机关,同时通报同级人民政府外事办公室。

重大涉外案件应当在四十八小时以内层报公安部,同时通报同级人民政府外事办公室。

第三百六十八条 对外国籍犯罪嫌疑人依法作出取保候审、监视居住决定或者执行拘留、逮捕后,由省级公安机关根据有关规定,将其姓名、性别、入境时间、护照或者证件号码、案件发生的时间、地点,涉嫌犯罪的主要事实,已采取的强制措施及其法律依据等,通知该外国人所属国家的驻华使馆、领事馆,同时报告公安部。经省级公安机关批准,领事通报任务较重的副省级城市公安局可以直接行使领事通报职能。

外国人在公安机关侦查或者执行刑罚期间死

亡的，有关省级公安机关应当通知该外国人国籍国的驻华使馆、领事馆，同时报告公安部。

未在华设立使馆、领事馆的国家，可以通知其代管国家的驻华使馆、领事馆；无代管国家或者代管国家不明的，可以不予通知。

第三百六十九条 外国籍犯罪嫌疑人委托辩护人的，应当委托在中华人民共和国的律师事务所执业的律师。

第三百七十条 公安机关侦查终结前，外国驻华外交、领事官员要求探视被监视居住、拘留、逮捕或者正在看守所服刑的本国公民的，应当及时安排有关探视事宜。犯罪嫌疑人拒绝其国籍国驻华外交、领事官员探视的，公安机关可以不予安排，但应当由其本人提出书面声明。

在公安机关侦查羁押期间，经公安机关批准，外国籍犯罪嫌疑人可以与其近亲属、监护人会见、与外界通信。

第三百七十一条 对判处独立适用驱逐出境刑罚的外国人，省级公安机关在收到人民法院的刑事判决书、执行通知书的副本后，应当指定该外国人所在地的设区的市一级公安机关执行。

被判处徒刑的外国人，主刑执行期满后应当执行驱逐出境附加刑的，省级公安机关在收到执行监狱的上级主管部门转交的刑事判决书、执行通知书副本或者复印件后，应当通知该外国人所在地的设区的市一级公安机关或者指定有关公安机关执行。

我国政府已按照国际条约或者《中华人民共和国外交特权与豁免条例》的规定，对实施犯罪，但享有外交或者领事特权和豁免权的外国人宣布为不受欢迎的人，或者不可接受并拒绝承认其外交或者领事人员身份，责令限期出境的人，无正当理由逾期不自动出境的，由公安部凭外交部公文指定该外国人所在地的省级公安机关负责执行或者监督执行。

第三百七十二条 办理外国人犯罪案件，本章未规定的，适用本规定其他各章的有关规定。

第三百七十三条 办理无国籍人犯罪案件，适用本章的规定。

第十三章 刑事司法协助和警务合作

第三百七十四条 公安部是公安机关进行刑事司法协助和警务合作的中央主管机关，通过有关法律、国际条约、协议规定的联系途径、外交途径或者国际刑事警察组织渠道，接收或者向外国提出刑事司法协助或者警务合作请求。

地方各级公安机关依照职责权限办理刑事司法协助事务和警务合作事务。

其他司法机关在办理刑事案件中，需要外国警方协助的，由其中央主管机关与公安部联系办理。

第三百七十五条 公安机关进行刑事司法协助和警务合作的范围，主要包括犯罪情报信息的交流与合作，调查取证，安排证人作证或者协助调查，查封、扣押、冻结涉案财物，没收、返还违法所得及其他涉案财物，送达刑事诉讼文书，引渡、缉捕和递解犯罪嫌疑人、被告人或者罪犯，以及国际条约、协议规定的其他刑事司法协助和警务合作事宜。

第三百七十六条 在不违背我国法律和有关国际条约、协议的前提下，我国边境地区设区的市一级公安机关和县级公安机关与相邻国家的警察机关，可以按照惯例相互开展执法会晤、人员往来、边境管控、情报信息交流等警务合作，但应当报省级公安机关批准，并报公安部备案；开展其他警务合作的，应当报公安部批准。

第三百七十七条 公安部收到外国的刑事司法协助或者警务合作请求后，应当依据我国法律和国际条约、协议的规定进行审查。对于符合规定的，交有关省级公安机关办理，或者移交其他有关中央主管机关；对于不符合条约或者协议规定的，通过接收请求的途径退回请求方。

对于请求书的签署机关、请求书及所附材料的语言文字、有关办理期限和具体程序等事项，在不违反我国法律基本原则的情况下，可以按照刑事司法协助条约、警务合作协议规定或者双方协商办理。

第三百七十八条 负责执行刑事司法协助或者警务合作的公安机关收到请求书和所附材料后，应当按照我国法律和有关国际条约、协议的规定安排执行，并将执行结果及其有关材料报经省级公安机关审核后报送公安部。

在执行过程中，需要采取查询、查封、扣押、冻结等措施或者返还涉案财物，且符合法律规定的条件的，可以根据我国有关法律和公安部的执行通知办理有关法律手续。

请求书提供的信息不准确或者材料不齐全难

以执行的,应当立即通过省级公安机关报请公安部要求请求方补充材料;因其他原因无法执行或者具有应当拒绝协助、合作的情形等不能执行的,应当将请求书和所附材料,连同不能执行的理由通过省级公安机关报送公安部。

第三百七十九条 执行刑事司法协助和警务合作,请求书中附有办理期限的,应当按期完成。未附办理期限的,调查取证应当在三个月以内完成;送达刑事诉讼文书,应当在十日以内完成。不能按期完成的,应当说明情况和理由,层报公安部。

第三百八十条 需要请求外国警方提供刑事司法协助或者警务合作的,应当按照我国有关法律、国际条约、协议的规定提出刑事司法协助或者警务合作请求书,所附文件及相应译文,经省级公安机关审核后报送公安部。

第三百八十一条 需要通过国际刑事警察组织查找或者缉捕犯罪嫌疑人、被告人或者罪犯,查询资料、调查取证的,应当提出申请层报国际刑事警察组织中国国家中心局。

第三百八十二条 公安机关需要外国协助安排证人、鉴定人来中华人民共和国作证或者通过视频、音频作证,或者协助调查的,应当制作刑事司法协助请求书并附相关材料,经公安部审核同意后,由对外联系机关及时向外国提出请求。

来中华人民共和国作证或者协助调查的证人、鉴定人离境前,公安机关不得就其入境前实施的犯罪进行追究;除因入境后实施违法犯罪而被采取强制措施的以外,其人身自由不受限制。

证人、鉴定人在条约规定的期限内或者被通知无需继续停留后十五日内没有离境的,前款规定不再适用,但是由于不可抗力或者其他特殊原因未能离境的除外。

第三百八十三条 公安机关提供或者请求外国提供刑事司法协助或者警务合作,应当收取或者支付费用的,根据有关国际条约、协议的规定,或者按照对等互惠的原则协商办理。

第三百八十四条 办理引渡案件,依照《中华人民共和国引渡法》等法律规定和有关条约执行。

第十四章 附 则

第三百八十五条 本规定所称"危害国家安全犯罪",包括刑法分则第一章规定的危害国家安全罪以及危害国家安全的其他犯罪;"恐怖活动犯罪",包括以制造社会恐慌、危害公共安全或者胁迫国家机关、国际组织为目的,采取暴力、破坏、恐吓等手段,造成或者意图造成人员伤亡、重大财产损失、公共设施损坏、社会秩序混乱等严重社会危害的犯罪,以及煽动、资助或者以其他方式协助实施上述活动的犯罪。

第三百八十六条 当事人及其法定代理人、诉讼代理人、辩护律师提出的复议复核请求,由公安机关法制部门办理。

办理刑事复议、复核案件的具体程序,适用《公安机关办理刑事复议复核案件程序规定》。

第三百八十七条 公安机关可以使用电子签名、电子指纹捺印技术制作电子笔录等材料,可以使用电子印章制作法律文书。对案件当事人进行电子签名、电子指纹捺印的过程,公安机关应当同步录音录像。

第三百八十八条 本规定自2013年1月1日起施行。1998年5月14日发布的《公安机关办理刑事案件程序规定》(公安部令第35号)和2007年10月25日发布的《公安机关办理刑事案件程序规定修正案》(公安部令第95号)同时废止。

中华人民共和国居民身份证法

(2003年6月28日第十届全国人民代表大会常务委员会第三次会议通过 根据2011年10月29日第十一届全国人民代表大会常务委员会第二十三次会议《关于修改〈中华人民共和国居民身份证法〉的决定》修正)

目 录

第一章 总 则
第二章 申领和发放
第三章 使用和查验
第四章 法律责任
第五章 附 则

第一章 总 则

第一条 为了证明居住在中华人民共和国境

内的公民的身份，保障公民的合法权益，便利公民进行社会活动，维护社会秩序，制定本法。

第二条 居住在中华人民共和国境内的年满十六周岁的中国公民，应当依照本法的规定申请领取居民身份证；未满十六周岁的中国公民，可以依照本法的规定申请领取居民身份证。

第三条 居民身份证登记的项目包括：姓名、性别、民族、出生日期、常住户口所在地住址、公民身份号码、本人相片、指纹信息、证件的有效期和签发机关。

公民身份号码是每个公民唯一的、终身不变的身份代码，由公安机关按照公民身份号码国家标准编制。

公民申请领取、换领、补领居民身份证，应当登记指纹信息。

第四条 居民身份证使用规范汉字和符合国家标准的数字符号填写。

民族自治地方的自治机关根据本地区的实际情况，对居民身份证用汉字登记的内容，可以决定同时使用实行区域自治的民族的文字或者选用一种当地通用的文字。

第五条 十六周岁以上公民的居民身份证的有效期为十年、二十年、长期。十六周岁至二十五周岁的，发给有效期十年的居民身份证；二十六周岁至四十五周岁的，发给有效期二十年的居民身份证；四十六周岁以上的，发给长期有效的居民身份证。

未满十六周岁的公民，自愿申请领取居民身份证的，发给有效期五年的居民身份证。

第六条 居民身份证式样由国务院公安部门制定。居民身份证由公安机关统一制作、发放。

居民身份证具备视读与机读两种功能，视读、机读的内容限于本法第三条第一款规定的项目。

公安机关及其人民警察对因制作、发放、查验、扣押居民身份证而知悉的公民的个人信息，应当予以保密。

第二章 申领和发放

第七条 公民应当自年满十六周岁之日起三个月内，向常住户口所在地的公安机关申请领取居民身份证。

未满十六周岁的公民，由监护人代为申请领取居民身份证。

第八条 居民身份证由居民常住户口所在地的县级人民政府公安机关签发。

第九条 香港同胞、澳门同胞、台湾同胞迁入内地定居的，华侨回国定居的，以及外国人、无国籍人在中华人民共和国境内定居并被批准加入或者恢复中华人民共和国国籍的，在办理常住户口登记时，应当依照本法规定申请领取居民身份证。

第十条 申请领取居民身份证，应当填写《居民身份证申领登记表》，交验居民户口簿。

第十一条 国家决定换发新一代居民身份证、居民身份证有效期满、公民姓名变更或者证件严重损坏不能辨认的，公民应当换领新证；居民身份证登记项目出现错误的，公安机关应当及时更正，换发新证；领取新证时，必须交回原证。居民身份证丢失的，应当申请补领。

未满十六周岁公民的居民身份证有前款情形的，可以申请换领、换发或者补领新证。

公民办理常住户口迁移手续时，公安机关应当在居民身份证的机读项目中记载公民常住户口所在地住址变动的情况，并告知本人。

第十二条 公民申请领取、换领、补领居民身份证，公安机关应当按照规定及时予以办理。公安机关应当自公民提交《居民身份证申领登记表》之日起六十日内发放居民身份证；交通不便的地区，办理时间可以适当延长，但延长的时间不得超过三十日。

公民在申请领取、换领、补领居民身份证期间，急需使用居民身份证的，可以申请领取临时居民身份证，公安机关应当按照规定及时予以办理。具体办法由国务院公安部门规定。

第三章 使用和查验

第十三条 公民从事有关活动，需要证明身份的，有权使用居民身份证证明身份，有关单位及其工作人员不得拒绝。

有关单位及其工作人员对履行职责或者提供服务过程中获得的居民身份证记载的公民个人信息，应当予以保密。

第十四条 有下列情形之一的，公民应当出示居民身份证证明身份：

（一）常住户口登记项目变更；

（二）兵役登记；

（三）婚姻登记、收养登记；

（四）申请办理出境手续；

（五）法律、行政法规规定需要用居民身份证证明身份的其他情形。

依照本法规定未取得居民身份证的公民，从事前款规定的有关活动，可以使用符合国家规定的其他证明方式证明身份。

第十五条 人民警察依法执行职务，遇有下列情形之一的，经出示执法证件，可以查验居民身份证：

（一）对有违法犯罪嫌疑的人员，需要查明身份的；

（二）依法实施现场管制时，需要查明有关人员身份的；

（三）发生严重危害社会治安突发事件时，需要查明现场有关人员身份的；

（四）在火车站、长途汽车站、港口、码头、机场或者在重大活动期间设区的市级人民政府规定的场所，需要查明有关人员身份的；

（五）法律规定需要查明身份的其他情形。

有前款所列情形之一，拒绝人民警察查验居民身份证的，依照有关法律规定，分别不同情形，采取措施予以处理。

任何组织或者个人不得扣押居民身份证。但是，公安机关依照《中华人民共和国刑事诉讼法》执行监视居住强制措施的情形除外。

第四章 法律责任

第十六条 有下列行为之一的，由公安机关给予警告，并处二百元以下罚款，有违法所得的，没收违法所得：

（一）使用虚假证明材料骗领居民身份证的；

（二）出租、出借、转让居民身份证的；

（三）非法扣押他人居民身份证的。

第十七条 有下列行为之一的，由公安机关处二百元以上一千元以下罚款，或者处十日以下拘留，有违法所得的，没收违法所得：

（一）冒用他人居民身份证或者使用骗领的居民身份证的；

（二）购买、出售、使用伪造、变造的居民身份证的。

伪造、变造的居民身份证和骗领的居民身份证，由公安机关予以收缴。

第十八条 伪造、变造居民身份证的，依法追究刑事责任。

有本法第十六条、第十七条所列行为之一，从事犯罪活动的，依法追究刑事责任。

第十九条 国家机关或者金融、电信、交通、教育、医疗等单位的工作人员泄露在履行职责或者提供服务过程中获得的居民身份证记载的公民个人信息，构成犯罪的，依法追究刑事责任；尚不构成犯罪的，由公安机关处十日以上十五日以下拘留，并处五千元罚款，有违法所得的，没收违法所得。

单位有前款行为，构成犯罪的，依法追究刑事责任；尚不构成犯罪的，由公安机关对其直接负责的主管人员和其他直接责任人员，处十日以上十五日以下拘留，并处十万元以上五十万元以下罚款，有违法所得的，没收违法所得。

有前两款行为，对他人造成损害的，依法承担民事责任。

第二十条 人民警察有下列行为之一的，根据情节轻重，依法给予行政处分；构成犯罪的，依法追究刑事责任：

（一）利用制作、发放、查验居民身份证的便利，收受他人财物或者谋取其他利益的；

（二）非法变更公民身份号码，或者在居民身份证上登载本法第三条第一款规定项目以外的信息或者故意登载虚假信息的；

（三）无正当理由不在法定期限内发放居民身份证的；

（四）违反规定查验、扣押居民身份证，侵害公民合法权益的；

（五）泄露因制作、发放、查验、扣押居民身份证而知悉的公民个人信息，侵害公民合法权益的。

第五章 附则

第二十一条 公民申请领取、换领、补领居民身份证，应当缴纳证件工本费。居民身份证工本费标准，由国务院价格主管部门会同国务院财政部门核定。

对城市中领取最低生活保障金的居民、农村中有特殊生活困难的居民，在其初次申请领取和换领居民身份证时，免收工本费。对其他生活确有困难的居民,在其初次申请领取和换领居民身份证时,可以减收工本费。免收和减收工本费的具体办法,由国务院财政部门会同国务院价格主管部门规定。

公安机关收取的居民身份证工本费,全部上缴国库。

第二十二条 现役的人民解放军军人、人民武装警察申请领取和发放居民身份证的具体办法,由国务院和中央军事委员会另行规定。

第二十三条 本法自2004年1月1日起施行,《中华人民共和国居民身份证条例》同时废止。

依照《中华人民共和国居民身份证条例》领取的居民身份证,自2013年1月1日起停止使用。依照本法在2012年1月1日以前领取的居民身份证,在其有效期内,继续有效。

国家决定换发新一代居民身份证后,原居民身份证的停止使用日期由国务院决定。

中华人民共和国户口登记条例

(1958年1月9日全国人民代表大会常务委员会第九十一次会议通过 1958年1月9日中华人民共和国主席令公布 自公布之日起施行)

第一条 为了维持社会秩序,保护公民的权利和利益,服务于社会主义建设,制定本条例。

第二条 中华人民共和国公民,都应当依照本条例的规定履行户口登记。

现役军人的户口登记,由军事机关按照管理现役军人的有关规定办理。

居留在中华人民共和国境内的外国人和无国籍的人的户口登记,除法令另有规定外,适用本条例。

第三条 户口登记工作,由各级公安机关主管。

城市和设有公安派出所的镇,以公安派出所管辖区为户口管辖区;乡和不设公安派出所的镇,以乡、镇管辖区为户口管辖区。乡、镇人民委员会和公安派出所为户口登记机关。

居住在机关、团体、学校、企业、事业等单位内部和公共宿舍的户口,由各单位指定专人,协助户口登记机关办理户口登记;分散居住的户口,由户口登记机关直接办理户口登记。

居住在军事机关和军人宿舍的非现役军人的户口,由各单位指定专人,协助户口登记机关办理户口登记。

农业、渔业、盐业、林业、牧畜业、手工业等生产合作社的户口,由合作社指定专人,协助户口登记机关办理户口登记。合作社以外的户口,由户口登记机关直接办理户口登记。

第四条 户口登记机关应当设立户口登记簿。

城市、水上和设有公安派出所的镇,应当每户发给一本户口簿。

农村以合作社为单位发给户口簿;合作社以外的户口不发给户口簿。

户口登记簿和户口簿登记的事项,具有证明公民身份的效力。

第五条 户口登记以户为单位。同主管人共同居住一处的立为一户,以主管人为户主。单身居住的自立一户,以本人为户主。居住在机关、团体、学校、企业、事业等单位内部和公共宿舍的户口共立一户或者分别立户。户主负责按照本条例的规定申报户口登记。

第六条 公民应当在经常居住的地方登记为常住人口,一个公民只能在一个地方登记为常住人口。

第七条 婴儿出生后1个月以内,由户主、亲属、抚养人或者邻居向婴儿常住地户口登记机关申报出生登记。

弃婴,由收养人或者育婴机关向户口登记机关申报出生登记。

第八条 公民死亡,城市在葬前,农村在1个月以内,由户主、亲属、抚养人或者邻居向户口登记机关申报死亡登记,注销户口。公民如果在暂住地死亡,由暂住地户口登记机关通知常住地户口登记机关注销户口。

公民因意外事故致死或者死因不明,户主、发现人应当立即报告当地公安派出所或者乡、镇人民委员会。

第九条 婴儿出生后,在申报出生登记前死亡的,应当同时申报出生、死亡两项登记。

第十条 公民迁出本户口管辖区,由本人或者户主在迁出前向户口登记机关申报迁出登记,领取迁移证件,注销户口。

公民由农村迁往城市,必须持有城市劳动部门的录用证明,学校的录取证明,或者城市户口登记机关的准予迁入的证明，向常住地户口登记机关申请办理迁出手续。

公民迁往边防地区，必须经过常住地县、市、市辖区公安机关批准。

第十一条 被征集服现役的公民，在入伍前，由本人或者户主持应征公民入伍通知书向常住地户口登记机关申报迁出登记，注销户口，不发迁移证件。

第十二条 被逮捕的人犯，由逮捕机关在通知人犯家属的同时，通知人犯常住地户口登记机关注销户口。

第十三条 公民迁移，从到达迁入地的时候起，城市在3日以内，农村在10日以内，由本人或者户主持迁移证件向户口登记机关申报迁入登记，缴销迁移证件。

没有迁移证件的公民，凭下列证件到迁入地的户口登记机关申报迁入登记：

（一）复员、转业和退伍的军人，凭县、市兵役机关或者团以上军事机关发给的证件；

（二）从国外回来的华侨和留学生，凭中华人民共和国护照或者入境证件；

（三）被人民法院、人民检察院或者公安机关释放的人，凭释放机关发给的证件。

第十四条 被假释、缓刑的犯人，被管制分子和其他依法被剥夺政治权利的人，在迁移的时候，必须经过户口登记机关转报县、市、市辖区人民法院或者公安机关批准，才可以办理迁出登记；到达迁入地后，应当立即向户口登记机关申报迁入登记。

第十五条 公民在常住地市、县范围以外的城市暂住3日以上的，由暂住地的户主或者本人在3日以内向户口登记机关申报暂住登记，离开前申报注销；暂住在旅店的，由旅店设置旅客登记簿随时登记。

公民在常住地市、县范围以内暂住，或者在常住地市、县范围以外的农村暂住，除暂住在旅店的由旅店设置旅客登记簿随时登记以外，不办理暂住登记。

第十六条 公民因私事离开常住地外出、暂住的时间超过3个月的，应当向户口登记机关申请延长时间或者办理迁移手续；既无理由延长时间又无迁移条件的，应当返回常住地。

第十七条 户口登记的内容需要变更或者更正的时候，由户主或者本人向户口登记机关申报；户口登记机关审查属实后予以变更或者更正。

户口登记机关认为必要的时候，可以向申请人索取有关变更或者更正的证明。

第十八条 公民变更姓名，依照下列规定办理：

（一）未满18周岁的人需要变更姓名的时候，由本人或者父母、收养人向户口登记机关申请变更登记；

（二）18周岁以上的人需要变更姓名的时候，由本人向户口登记机关申请变更登记。

第十九条 公民因结婚、离婚、收养、认领、分户、并户、失踪、寻回或者其他事由引起户口变动的时候，由户主或者本人向户口登记机关申报变更登记。

第二十条 有下列情形之一的，根据情节轻重，依法给予治安管理处罚或者追究刑事责任：

（一）不按照本条例的规定申报户口的；

（二）假报户口的；

（三）伪造、涂改、转让、出借、出卖户口证件的；

（四）冒名顶替他人户口的；

（五）旅店管理人不按照规定办理旅客登记的。

第二十一条 户口登记机关在户口登记工作中，如果发现有反革命分子和其他犯罪分子，应当提请司法机关依法追究刑事责任。

第二十二条 户口簿、册、表格、证件，由中华人民共和国公安部统一制定式样，由省、自治区、直辖市公安机关统筹印制。

公民领取户口簿和迁移证应当缴纳工本费。

第二十三条 民族自治地方的自治机关可以根据本条例的精神，结合当地具体情况，制定单行办法。

第二十四条 本条例自公布之日起施行。

居住证暂行条例

（2015年10月21日国务院第109次常务会议通过　2015年11月26日中华人民共和国国务院令第663号公布　自2016年1月1日起施行）

第一条 为了促进新型城镇化的健康发展，推进城镇基本公共服务和便利常住人口全覆盖，保障公民合法权益，促进社会公平正义，制定本条例。

第二条 公民离开常住户口所在地，到其他城市居住半年以上，符合有合法稳定就业、合法稳定住所、连续就读条件之一的，可以依照本条例的规定申领居住证。

第三条 居住证是持证人在居住地居住、作为常住人口享受基本公共服务和便利、申请登记常住户口的证明。

第四条 居住证登载的内容包括：姓名、性别、民族、出生日期、公民身份号码、本人相片、常住户口所在地住址、居住地住址、证件的签发机关和签发日期。

第五条 县级以上人民政府应当建立健全为居住证持有人提供基本公共服务和便利的机制。县级以上人民政府发展改革、教育、公安、民政、司法行政、人力资源社会保障、住房城乡建设、卫生计生等有关部门应当根据各自职责，做好居住证持有人的权益保障、服务和管理工作。

第六条 县级以上人民政府应当将为居住证持有人提供基本公共服务和便利的工作纳入国民经济和社会发展规划，完善财政转移支付制度，将提供基本公共服务和便利所需费用纳入财政预算。

第七条 县级以上人民政府有关部门应当建立和完善人口信息库，分类完善劳动就业、教育、社会保障、房产、信用、卫生计生、婚姻等信息系统以及居住证持有人信息的采集、登记工作，加强部门之间、地区之间居住证持有人信息的共享，为推进社会保险、住房公积金等转移接续制度，实现基本公共服务常住人口全覆盖提供信息支持，为居住证持有人在居住地居住提供便利。

第八条 公安机关负责居住证的申领受理、制作、发放、签注等证件管理工作。

居民委员会、村民委员会、用人单位、就读学校以及房屋出租人应当协助做好居住证的申领受理、发放等工作。

第九条 申领居住证，应当向居住地公安派出所或者受公安机关委托的社区服务机构提交本人居民身份证、本人相片以及居住地住址、就业、就读等证明材料。

居住地住址证明包括房屋租赁合同、房屋产权证明文件、购房合同或者房屋出租人、用人单位、就读学校出具的住宿证明等；就业证明包括工商营业执照、劳动合同、用人单位出具的劳动关系证明或者其他能够证明有合法稳定就业的材料等；就读证明包括学生证、就读学校出具的其他能够证明连续就读的材料等。

未满16周岁的未成年人和行动不便的老年人、残疾人等，可以由其监护人、近亲属代为申领居住证。监护人、近亲属代为办理的，应当提供委托人、代办人的合法有效身份证件。

申请人及相关证明材料出具人应当对本条规定的证明材料的真实性、合法性负责。

对申请材料不全的，公安派出所或者受公安机关委托的社区服务机构应当一次性告知申领人需要补充的材料。

对符合居住证办理条件的，公安机关应当自受理之日起15日内制作发放居住证；在偏远地区、交通不便的地区或者因特殊情况，不能按期制作发放居住证的，设区的市级以上地方人民政府在实施办法中可以对制作发放时限作出延长规定，但延长后最长不得超过30日。

第十条 居住证由县级人民政府公安机关签发，每年签注1次。

居住证持有人在居住地连续居住的，应当在居住每满1年之日前1个月内，到居住地公安派出所或者受公安机关委托的社区服务机构办理签注手续。

逾期未办理签注手续的，居住证使用功能中止；补办签注手续的，居住证的使用功能恢复，居住证持有人在居住地的居住年限自补办签注手续之日起连续计算。

第十一条 居住证损坏难以辨认或者丢失的，居住证持有人应当到居住地公安派出所或者受公安机关委托的社区服务机构办理换领、补领手续。

居住证持有人换领新证时，应当交回原证。

第十二条 居住证持有人在居住地依法享受劳动就业，参加社会保险，缴存、提取和使用住房公积金的权利。县级以上人民政府及其有关部门应当为居住证持有人提供下列基本公共服务：

（一）义务教育；

（二）基本公共就业服务；

（三）基本公共卫生服务和计划生育服务；

（四）公共文化体育服务；

（五）法律援助和其他法律服务；

（六）国家规定的其他基本公共服务。

第十三条 居住证持有人在居住地享受下列

便利：

(一)按照国家有关规定办理出入境证件；

(二)按照国家有关规定换领、补领居民身份证；

(三)机动车登记；

(四)申领机动车驾驶证；

(五)报名参加职业资格考试、申请授予职业资格；

(六)办理生育服务登记和其他计划生育证明材料；

(七)国家规定的其他便利。

第十四条 国务院有关部门、地方各级人民政府及其有关部门应当积极创造条件，逐步扩大为居住证持有人提供公共服务和便利的范围，提高服务标准，并定期向社会公布居住证持有人享受的公共服务和便利的范围。

第十五条 居住证持有人符合居住地人民政府规定的落户条件的，可以根据本人意愿，将常住户口由原户口所在地迁入居住地。

第十六条 居住地人民政府应当根据下列规定确定落户条件：

(一)建制镇和城区人口50万以下的小城市的落户条件为在城市市区、县人民政府驻地镇或者其他建制镇有合法稳定住所。

(二)城区人口50万至100万的中等城市的落户条件为在城市有合法稳定就业并有合法稳定住所，同时按照国家规定参加城镇社会保险达到一定年限。其中，城市综合承载能力压力小的地方，可以参照建制镇和小城市标准，全面放开落户限制；城市综合承载能力压力大的地方，可以对合法稳定就业的范围、年限和合法稳定住所的范围、条件等作出规定，但对合法稳定住所不得设置住房面积、金额等要求，对参加城镇社会保险年限的要求不得超过3年。

(三)城区人口100万至500万的大城市的落户条件为在城市有合法稳定就业达到一定年限并有合法稳定住所，同时按照国家规定参加城镇社会保险达到一定年限，但对参加城镇社会保险年限的要求不得超过5年。其中，城区人口300万至500万的大城市可以对合法稳定就业的范围、年限和合法稳定住所的范围、条件等作出规定，也可结合本地实际，建立积分落户制度。

(四)城区人口500万以上的特大城市和超大城市应当根据城市综合承载能力和经济社会发展需要，以具有合法稳定就业和合法稳定住所、参加城镇社会保险年限、连续居住年限等为主要指标，建立完善积分落户制度。

第十七条 国家机关及其工作人员对在工作过程中知悉的居住证持有人个人信息，应当予以保密。

第十八条 有下列行为之一的，由公安机关给予警告、责令改正，处200元以下罚款，有违法所得的，没收违法所得：

(一)使用虚假证明材料骗领居住证；

(二)出租、出借、转让居住证；

(三)非法扣押他人居住证。

第十九条 有下列行为之一的，由公安机关处200元以上1000元以下罚款，有违法所得的，没收违法所得：

(一)冒用他人居住证或者使用骗领的居住证；

(二)购买、出售、使用伪造、变造的居住证。

伪造、变造的居住证和骗领的居住证，由公安机关予以收缴。

第二十条 国家机关及其工作人员有下列行为之一的，依法给予处分；构成犯罪的，依法追究刑事责任：

(一)符合居住证申领条件但拒绝受理、发放；

(二)违反有关规定收取费用；

(三)利用制作、发放居住证的便利，收受他人财物或者谋取其他利益；

(四)将在工作中知悉的居住证持有人个人信息出售或者非法提供给他人；

(五)篡改居住证信息。

第二十一条 首次申领居住证，免收证件工本费。换领、补领居住证，应当缴纳证件工本费。办理签注手续不得收取费用。

具体收费办法由国务院财政部门、价格主管部门制定。

第二十二条 设区的市级以上地方人民政府应当结合本行政区域经济社会发展需要及落户条件等因素，根据本条例制定实施办法。

第二十三条 本条例自2016年1月1日起施行。本条例施行前各地已发放的居住证，在有效期内继续有效。

中华人民共和国出境入境管理法

（2012年6月30日第十一届全国人民代表大会常务委员会第二十七次会议通过　2012年6月30日中华人民共和国主席令第57号公布　自2013年7月1日起施行）

目　　录

第一章　总　　则
第二章　中国公民出境入境
第三章　外国人入境出境
　第一节　签　　证
　第二节　入境出境
第四章　外国人停留居留
　第一节　停留居留
　第二节　永久居留
第五章　交通运输工具出境入境边防检查
第六章　调查和遣返
第七章　法律责任
第八章　附　　则

第一章　总　　则

第一条　为了规范出境入境管理，维护中华人民共和国的主权、安全和社会秩序，促进对外交往和对外开放，制定本法。

第二条　中国公民出境入境、外国人入境出境、外国人在中国境内停留居留的管理，以及交通运输工具出境入境的边防检查，适用本法。

第三条　国家保护中国公民出境入境合法权益。

在中国境内的外国人的合法权益受法律保护。在中国境内的外国人应当遵守中国法律，不得危害中国国家安全、损害社会公共利益、破坏社会公共秩序。

第四条　公安部、外交部按照各自职责负责有关出境入境事务的管理。

中华人民共和国驻外使馆、领馆或者外交部委托的其他驻外机构（以下称驻外签证机关）负责在境外签发外国人入境签证。出入境边防检查机关负责实施出境入境边防检查。县级以上地方人民政府公安机关及其出入境管理机构负责外国人停留居留管理。

公安部、外交部可以在各自职责范围内委托县级以上地方人民政府公安机关出入境管理机构、县级以上地方人民政府外事部门受理外国人入境、停留居留申请。

公安部、外交部在出境入境事务管理中，应当加强沟通配合，并与国务院有关部门密切合作，按照各自职责分工，依法行使职权，承担责任。

第五条　国家建立统一的出境入境管理信息平台，实现有关管理部门信息共享。

第六条　国家在对外开放的口岸设立出入境边防检查机关。

中国公民、外国人以及交通运输工具应当从对外开放的口岸出境入境，特殊情况下，可以从国务院或者国务院授权的部门批准的地点出境入境。出境入境人员和交通运输工具应当接受出境入境边防检查。

出入境边防检查机关负责对口岸限定区域实施管理。根据维护国家安全和出境入境管理秩序的需要，出入境边防检查机关可以对出境入境人员携带的物品实施边防检查。必要时，出入境边防检查机关可以对出境入境交通运输工具载运的货物实施边防检查，但是应当通知海关。

第七条　经国务院批准，公安部、外交部根据出境入境管理的需要，可以对留存出境入境人员的指纹等人体生物识别信息作出规定。

外国政府对中国公民签发签证、出境入境管理有特别规定的，中国政府可以根据情况采取相应的对等措施。

第八条　履行出境入境管理职责的部门和机构应当切实采取措施，不断提升服务和管理水平，公正执法，便民高效，维护安全、便捷的出境入境秩序。

第二章　中国公民出境入境

第九条　中国公民出境入境，应当依法申请办理护照或者其他旅行证件。

中国公民前往其他国家或者地区，还需要取得前往国签证或者其他入境许可证明。但是，中国政府与其他国家政府签订互免签证协议或者公安部、外交部另有规定的除外。

中国公民以海员身份出境入境和在国外船舶上从事工作的，应当依法申请办理海员证。

第十条 中国公民往来内地与香港特别行政区、澳门特别行政区，中国公民往来大陆与台湾地区，应当依法申请办理通行证件，并遵守本法有关规定。具体管理办法由国务院规定。

第十一条 中国公民出境入境，应当向出入境边防检查机关交验本人的护照或者其他旅行证件等出境入境证件，履行规定的手续，经查验准许，方可出境入境。

具备条件的口岸，出入境边防检查机关应当为中国公民出境入境提供专用通道等便利措施。

第十二条 中国公民有下列情形之一的，不准出境：

（一）未持有效出境入境证件或者拒绝、逃避接受边防检查的；

（二）被判处刑罚尚未执行完毕或者属于刑事案件被告人、犯罪嫌疑人的；

（三）有未了结的民事案件，人民法院决定不准出境的；

（四）因妨害国（边）境管理受到刑事处罚或者因非法出境、非法居留、非法就业被其他国家或者地区遣返，未满不准出境规定年限的；

（五）可能危害国家安全和利益，国务院有关主管部门决定不准出境的；

（六）法律、行政法规规定不准出境的其他情形。

第十三条 定居国外的中国公民要求回国定居的，应当在入境前向中华人民共和国驻外使馆、领馆或者外交部委托的其他驻外机构提出申请，也可以由本人或者经由国内亲属向拟定居地的县级以上地方人民政府侨务部门提出申请。

第十四条 定居国外的中国公民在中国境内办理金融、教育、医疗、交通、电信、社会保险、财产登记等事务需要提供身份证明的，可以凭本人的护照证明其身份。

第三章 外国人入境出境

第一节 签 证

第十五条 外国人入境，应当向驻外签证机关申请办理签证，但是本法另有规定的除外。

第十六条 签证分为外交签证、礼遇签证、公务签证、普通签证。

对因外交、公务事由入境的外国人，签发外交、公务签证；对因身份特殊需要给予礼遇的外国人，签发礼遇签证。外交签证、礼遇签证、公务签证的签发范围和签发办法由外交部规定。

对因工作、学习、探亲、旅游、商务活动、人才引进等非外交、公务事由入境的外国人，签发相应类别的普通签证。普通签证的类别和签发办法由国务院规定。

第十七条 签证的登记项目包括：签证种类，持有人姓名、性别、出生日期、入境次数、入境有效期、停留期限，签发日期、地点，护照或者其他国际旅行证件号码等。

第十八条 外国人申请办理签证，应当向驻外签证机关提交本人的护照或者其他国际旅行证件，以及申请事由的相关材料，按照驻外签证机关的要求办理相关手续、接受面谈。

第十九条 外国人申请办理签证需要提供中国境内的单位或者个人出具的邀请函件的，申请人应当按照驻外签证机关的要求提供。出具邀请函件的单位或者个人应当对邀请内容的真实性负责。

第二十条 出于人道原因需要紧急入境，应邀入境从事紧急商务、工程抢修或者具有其他紧急入境需要并持有有关主管部门同意在口岸申办签证的证明材料的外国人，可以在国务院批准办理口岸签证业务的口岸，向公安部委托的口岸签证机关（以下简称口岸签证机关）申请办理口岸签证。

旅行社按照国家有关规定组织入境旅游的，可以向口岸签证机关申请办理团体旅游签证。

外国人向口岸签证机关申请办理签证，应当提交本人的护照或者其他国际旅行证件，以及申请事由的相关材料，按照口岸签证机关的要求办理相关手续，并从申请签证的口岸入境。

口岸签证机关签发的签证一次入境有效，签证注明的停留期限不得超过三十日。

第二十一条 外国人有下列情形之一的，不予签发签证：

（一）被处驱逐出境或者被决定遣送出境，未满不准入境规定年限的；

（二）患有严重精神障碍、传染性肺结核病或者有可能对公共卫生造成重大危害的其他传染病的；

（三）可能危害中国国家安全和利益、破坏社会公共秩序或者从事其他违法犯罪活动的；

（四）在申请签证过程中弄虚作假或者不能保障在中国境内期间所需费用的；

（五）不能提交签证机关要求提交的相关材料的；

（六）签证机关认为不宜签发签证的其他情形。

对不予签发签证的，签证机关可以不说明理由。

第二十二条 外国人有下列情形之一的，可以免办签证：

（一）根据中国政府与其他国家政府签订的互免签证协议，属于免办签证人员的；

（二）持有效的外国人居留证件的；

（三）持联程客票搭乘国际航行的航空器、船舶、列车从中国过境前往第三国或者地区，在中国境内停留不超过二十四小时且不离开口岸，或者在国务院批准的特定区域内停留不超过规定时限的；

（四）国务院规定的可以免办签证的其他情形。

第二十三条 有下列情形之一的外国人需要临时入境的，应当向出入境边防检查机关申请办理临时入境手续：

（一）外国船员及其随行家属登陆港口所在城市的；

（二）本法第二十二条第三项规定的人员需要离开口岸的；

（三）因不可抗力或者其他紧急原因需要临时入境的。

临时入境的期限不得超过十五日。

对申请办理临时入境手续的外国人，出入境边防检查机关可以要求外国人本人、载运其入境的交通运输工具的负责人或者交通运输工具出境入境业务代理单位提供必要的保证措施。

第二节 入境出境

第二十四条 外国人入境，应当向出入境边防检查机关交验本人的护照或者其他国际旅行证件、签证或者其他入境许可证明，履行规定的手续，经查验准许，方可入境。

第二十五条 外国人有下列情形之一的，不准入境：

（一）未持有效出境入境证件或者拒绝、逃避接受边防检查的；

（二）具有本法第二十一条第一款第一项至第四项规定情形的；

（三）入境后可能从事与签证种类不符的活动的；

（四）法律、行政法规规定不准入境的其他情形。

对不准入境的，出入境边防检查机关可以不说明理由。

第二十六条 对未被准许入境的外国人，出入境边防检查机关应当责令其返回；对拒不返回的，强制其返回。外国人等待返回期间，不得离开限定的区域。

第二十七条 外国人出境，应当向出入境边防检查机关交验本人的护照或者其他国际旅行证件等出境入境证件，履行规定的手续，经查验准许，方可出境。

第二十八条 外国人有下列情形之一的，不准出境：

（一）被判处刑罚尚未执行完毕或者属于刑事案件被告人、犯罪嫌疑人的，但是按照中国与外国签订的有关协议，移管被判刑人的除外；

（二）有未了结的民事案件，人民法院决定不准出境的；

（三）拖欠劳动者的劳动报酬，经国务院有关部门或者省、自治区、直辖市人民政府决定不准出境的；

（四）法律、行政法规规定不准出境的其他情形。

第四章 外国人停留居留

第一节 停留居留

第二十九条 外国人所持签证注明的停留期限不超过一百八十日的，持证人凭签证并按照签证注明的停留期限在中国境内停留。

需要延长签证停留期限的，应当在签证注明的停留期限届满七日前向停留地县级以上地方人民政府公安机关出入境管理机构申请，按照要求提交申请事由的相关材料。经审查，延期理由合理、充分的，准予延长停留期限；不予延长停留期限的，应当按期离境。

延长签证停留期限，累计不得超过签证原注明的停留期限。

第三十条 外国人所持签证注明入境后需要办理居留证件的，应当自入境之日起三十日内，向拟居留地县级以上地方人民政府公安机关出入境管理机构申请办理外国人居留证件。

申请办理外国人居留证件，应当提交本人的护照或者其他国际旅行证件，以及申请事由的相关材料，并留存指纹等人体生物识别信息。公安机关出入境管理机构应当自收到申请材料之日起十五日内进行审查并作出审查决定，根据居留事由签发相应类别和期限的外国人居留证件。

外国人工作类居留证件的有效期最短为九十日，最长为五年；非工作类居留证件的有效期最短为一百八十日，最长为五年。

第三十一条 外国人有下列情形之一的，不予签发外国人居留证件：

（一）所持签证类别属于不应办理外国人居留证件的；

（二）在申请过程中弄虚作假的；

（三）不能按照规定提供相关证明材料的；

（四）违反中国有关法律、行政法规，不适合在中国境内居留的；

（五）签发机关认为不宜签发外国人居留证件的其他情形。

符合国家规定的专门人才、投资者或者出于人道等原因确需由停留变更为居留的外国人，经设区的市级以上地方人民政府公安机关出入境管理机构批准可以办理外国人居留证件。

第三十二条 在中国境内居留的外国人申请延长居留期限的，应当在居留证件有效期限届满三十日前向居留地县级以上地方人民政府公安机关出入境管理机构提出申请，按照要求提交申请事由的相关材料。经审查，延期理由合理、充分的，准予延长居留期限；不予延长居留期限的，应当按期离境。

第三十三条 外国人居留证件的登记项目包括：持有人姓名、性别、出生日期、居留事由、居留期限，签发日期、地点，护照或者其他国际旅行证件号码等。

外国人居留证件登记事项发生变更的，持证件人应当自登记事项发生变更之日起十日内向居留地县级以上地方人民政府公安机关出入境管理机构申请办理变更。

第三十四条 免办签证入境的外国人需要超过免签期限在中国境内停留的，外国船员及其随行家属在中国境内停留需要离开港口所在城市，或者具有需要办理外国人停留证件其他情形的，应当按照规定办理外国人停留证件。

外国人停留证件的有效期最长为一百八十日。

第三十五条 外国人入境后，所持的普通签证、停留居留证件损毁、遗失、被盗抢或者有符合国家规定的事由需要换发、补发的，应当按照规定向停留居留地县级以上地方人民政府公安机关出入境管理机构提出申请。

第三十六条 公安机关出入境管理机构作出的不予办理普通签证延期、换发、补发，不予办理外国人停留居留证件、不予延长居留期限的决定为最终决定。

第三十七条 外国人在中国境内停留居留，不得从事与停留居留事由不相符的活动，并应当在规定的停留居留期限届满前离境。

第三十八条 年满十六周岁的外国人在中国境内停留居留，应当随身携带本人的护照或者其他国际旅行证件，或者外国人停留居留证件，接受公安机关的查验。

在中国境内居留的外国人，应当在规定的时间内到居留地县级以上地方人民政府公安机关交验外国人居留证件。

第三十九条 外国人在中国境内旅馆住宿的，旅馆应当按照旅馆业治安管理的有关规定为其办理住宿登记，并向所在地公安机关报送外国人住宿登记信息。

外国人在旅馆以外的其他住所居住或者住宿的，应当在入住后二十四小时内由本人或者留宿人，向居住地的公安机关办理登记。

第四十条 在中国境内出生的外国婴儿，其父母或者代理人应当在婴儿出生六十日内，持该婴儿的出生证明到父母停留居留地县级以上地方人民政府公安机关出入境管理机构为其办理停留或者居留登记。

外国人在中国境内死亡的，其家属、监护人或者代理人，应当按照规定，持该外国人的死亡证明向县级以上地方人民政府公安机关出入境管理机构申报，注销外国人停留居留证件。

第四十一条 外国人在中国境内工作，应当按照规定取得工作许可和工作类居留证件。任何单位和个人不得聘用未取得工作许可和工作类居留证件的外国人。

外国人在中国境内工作管理办法由国务院规定。

第四十二条 国务院人力资源社会保障主管部门、外国专家主管部门会同国务院有关部门根据经济社会发展需要和人力资源供求状况制定并定期调整外国人在中国境内工作指导目录。

国务院教育主管部门会同国务院有关部门建立外国留学生勤工助学管理制度，对外国留学生勤工助学的岗位范围和时限作出规定。

第四十三条 外国人有下列行为之一的，属于非法就业：

（一）未按照规定取得工作许可和工作类居留证件在中国境内工作的；

（二）超出工作许可限定范围在中国境内工作的；

（三）外国留学生违反勤工助学管理规定，超出规定的岗位范围或者时限在中国境内工作的。

第四十四条 根据维护国家安全、公共安全的需要，公安机关、国家安全机关可以限制外国人、外国机构在某些地区设立居住或者办公场所；对已经设立的，可以限期迁离。

未经批准，外国人不得进入限制外国人进入的区域。

第四十五条 聘用外国人工作或者招收外国留学生的单位，应当按照规定向所在地公安机关报告有关信息。

公民、法人或者其他组织发现外国人有非法入境、非法居留、非法就业情形的，应当及时向所在地公安机关报告。

第四十六条 申请难民地位的外国人，在难民地位甄别期间，可以凭公安机关签发的临时身份证明在中国境内停留；被认定为难民的外国人，可以凭公安机关签发的难民身份证件在中国境内停留居留。

第二节 永久居留

第四十七条 对中国经济社会发展作出突出贡献或者符合其他在中国境内永久居留条件的外国人，经本人申请和公安部批准，取得永久居留资格。

外国人在中国境内永久居留的审批管理办法由公安部、外交部会同国务院有关部门规定。

第四十八条 取得永久居留资格的外国人，凭永久居留证件在中国境内居留和工作，凭本人的护照和永久居留证件出境入境。

第四十九条 外国人有下列情形之一的，由公安部决定取消其在中国境内永久居留资格：

（一）对中国国家安全和利益造成危害的；

（二）被处驱逐出境的；

（三）弄虚作假骗取在中国境内永久居留资格的；

（四）在中国境内居留未达到规定时限的；

（五）不适宜在中国境内永久居留的其他情形。

第五章 交通运输工具出境入境边防检查

第五十条 出境入境交通运输工具离开、抵达口岸时，应当接受边防检查。对交通运输工具的入境边防检查，在其最先抵达的口岸进行；对交通运输工具的出境边防检查，在其最后离开的口岸进行。特殊情况下，可以在有关主管机关指定的地点进行。

出境的交通运输工具自出境检查后至出境前，入境的交通运输工具自入境后至入境检查前，未经出入境边防检查机关按照规定程序许可，不得上下人员、装卸货物或者物品。

第五十一条 交通运输工具负责人或者交通运输工具出境入境业务代理单位应当按照规定提前向出入境边防检查机关报告入境、出境的交通运输工具抵达、离开口岸的时间和停留地点，如实申报员工、旅客、货物或者物品等信息。

第五十二条 交通运输工具负责人、交通运输工具出境入境业务代理单位应当配合出境入境边防检查，发现违反本法规定行为的，应当立即报告并协助调查处理。

入境交通运输工具载运不准入境人员的，交通运输工具负责人应当负责载离。

第五十三条 出入境边防检查机关按照规定对处于下列情形之一的出境入境交通运输工具进行监护：

（一）出境的交通运输工具在出境边防检查开始后至出境前、入境的交通运输工具在入境后至入境边防检查完成前；

（二）外国船舶在中国内河航行期间；

（三）有必要进行监护的其他情形。

第五十四条 因装卸物品、维修作业、参观访问等事由需要上下外国船舶的人员，应当向出入境边防检查机关申请办理登轮证件。

中国船舶与外国船舶或者外国船舶之间需要搭靠作业的，应当由船长或者交通运输工具出境入境业务代理单位向出入境边防检查机关申请办理船舶搭靠手续。

第五十五条 外国船舶、航空器在中国境内应当按照规定的路线、航线行驶。

出境入境的船舶、航空器不得驶入对外开放口岸以外地区。因不可预见的紧急情况或者不可抗力驶入的，应当立即向就近的出入境边防检查机关或者当地公安机关报告，并接受监护和管理。

第五十六条 交通运输工具有下列情形之一的，不准出境入境；已经驶离口岸的，可以责令返回：

（一）离开、抵达口岸时，未经查验准许擅自出境入境的；

（二）未经批准擅自改变出境入境口岸的；

（三）涉嫌载有不准出境入境人员，需要查验核实的；

（四）涉嫌载有危害国家安全、利益和社会公共秩序的物品，需要查验核实的；

（五）拒绝接受出入境边防检查机关管理的其他情形。

前款所列情形消失后，出入境边防检查机关对有关交通运输工具应当立即放行。

第五十七条 从事交通运输工具出境入境业务代理的单位，应当向出入境边防检查机关备案。从事业务代理的人员，由所在单位向出入境边防检查机关办理备案手续。

第六章 调查和遣返

第五十八条 本章规定的当场盘问、继续盘问、拘留审查、限制活动范围、遣送出境措施，由县级以上地方人民政府公安机关或者出入境边防检查机关实施。

第五十九条 对涉嫌违反出境入境管理的人员，可以当场盘问；经当场盘问，有下列情形之一的，可以依法继续盘问：

（一）有非法出境入境嫌疑的；

（二）有协助他人非法出境入境嫌疑的；

（三）外国人有非法居留、非法就业嫌疑的；

（四）有危害国家安全和利益，破坏社会公共秩序或者从事其他违法犯罪活动嫌疑的。

当场盘问和继续盘问应当依据《中华人民共和国人民警察法》规定的程序进行。

县级以上地方人民政府公安机关或者出入境边防检查机关需要传唤涉嫌违反出境入境管理的人员的，依照《中华人民共和国治安管理处罚法》的有关规定执行。

第六十条 外国人有本法第五十九条第一款规定情形之一的，经当场盘问或者继续盘问后仍不能排除嫌疑，需要作进一步调查的，可以拘留审查。

实施拘留审查，应当出示拘留审查决定书，并在二十四小时内进行询问。发现不应当拘留审查的，应当立即解除拘留审查。

拘留审查的期限不得超过三十日；案情复杂的，经上一级地方人民政府公安机关或者出入境边防检查机关批准可以延长至六十日。对国籍、身份不明的外国人，拘留审查期限自查清其国籍、身份之日起计算。

第六十一条 外国人有下列情形之一的，不适用拘留审查，可以限制其活动范围：

（一）患有严重疾病的；

（二）怀孕或者哺乳自己不满一周岁婴儿的；

（三）未满十六周岁或者已满七十周岁的；

（四）不宜适用拘留审查的其他情形。

被限制活动范围的外国人，应当按照要求接受审查，未经公安机关批准，不得离开限定的区域。限制活动范围的期限不得超过六十日。对国籍、身份不明的外国人，限制活动范围期限自查清其国籍、身份之日起计算。

第六十二条 外国人有下列情形之一的，可以遣送出境：

（一）被处限期出境，未在规定期限内离境的；

（二）有不准入境情形的；

（三）非法居留、非法就业的；

（四）违反本法或者其他法律、行政法规需要遣送出境的。

其他境外人员有前款所列情形之一的，可以依法遣送出境。

被遣送出境的人员，自被遣送出境之日起一至五年内不准入境。

第六十三条 被拘留审查或者被决定遣送出境但不能立即执行的人员，应当羁押在拘留所或者遣返场所。

第六十四条 外国人对依照本法规定对其实施的继续盘问、拘留审查、限制活动范围、遣送出境措施不服的，可以依法申请行政复议，该行政复议决定为最终决定。

其他境外人员对依照本法规定对其实施的遣送出境措施不服，申请行政复议的，适用前款规定。

第六十五条 对依法决定不准出境或者不准入境的人员，决定机关应当按照规定及时通知出入境边防检查机关；不准出境、入境情形消失的，决定机关应当及时撤销不准出境、入境决定，并通知出入境边防检查机关。

第六十六条 根据维护国家安全和出境入境管理秩序的需要，必要时，出入境边防检查机关可以对出境入境的人员进行人身检查。人身检查应当由两名与受检查人同性别的边防检查人员进行。

第六十七条 签证、外国人停留居留证件等出境入境证件发生损毁、遗失、被盗抢或者签发后发现持证人不符合签发条件等情形的，由签发机关宣布该出境入境证件作废。

伪造、变造、骗取或者被证件签发机关宣布作废的出境入境证件无效。

公安机关可以对前款规定的或被他人冒用的出境入境证件予以注销或者收缴。

第六十八条 对用于组织、运送、协助他人非法出境入境的交通运输工具，以及需要作为办案证据的物品，公安机关可以扣押。

对查获的违禁物品，涉及国家秘密的文件、资料以及用于实施违反出境入境管理活动的工具等，公安机关应当予以扣押，并依照相关法律、行政法规规定处理。

第六十九条 出境入境证件的真伪由签发机关、出入境边防检查机关或者公安机关出入境管理机构认定。

第七章 法律责任

第七十条 本章规定的行政处罚，除本章另有规定外，由县级以上地方人民政府公安机关或者出入境边防检查机关决定；其中警告或者五千元以下罚款，可以由县级以上地方人民政府公安机关出入境管理机构决定。

第七十一条 有下列行为之一的，处一千元以上五千元以下罚款；情节严重的，处五日以上十日以下拘留，可以并处二千元以上一万元以下罚款：

(一)持用伪造、变造、骗取的出境入境证件出境入境的；

(二)冒用他人出境入境证件出境入境的；

(三)逃避出境入境边防检查的；

(四)以其他方式非法出境入境的。

第七十二条 协助他人非法出境入境的，处二千元以上一万元以下罚款；情节严重的，处十日以上十五日以下拘留，并处五千元以上二万元以下罚款，有违法所得的，没收违法所得。

单位有前款行为的，处一万元以上五万元以下罚款，有违法所得的，没收违法所得，并对其直接负责的主管人员和其他直接责任人员依照前款规定予以处罚。

第七十三条 弄虚作假骗取签证、停留居留证件等出境入境证件的，处二千元以上五千元以下罚款；情节严重的，处十日以上十五日以下拘留，并处五千元以上二万元以下罚款。

单位有前款行为的，处一万元以上五万元以下罚款，并对其直接负责的主管人员和其他直接责任人员依照前款规定予以处罚。

第七十四条 违反本法规定，为外国人出具邀请函件或者其他申请材料的，处五千元以上一万元以下罚款，有违法所得的，没收违法所得，并责令其承担所邀请外国人的出境费用。

单位有前款行为的，处一万元以上五万元以下罚款，有违法所得的，没收违法所得，并责令其承担所邀请外国人的出境费用，对其直接负责的主管人员和其他直接责任人员依照前款规定予以处罚。

第七十五条 中国公民出境后非法前往其他国家或者地区被遣返的，出入境边防检查机关应当收缴其出境入境证件，出境入境证件签发机关自其被遣返之日起六个月至三年以内不予签发出境入境证件。

第七十六条 有下列情形之一的，给予警告，可以并处二千元以下罚款：

(一)外国人拒不接受公安机关查验其出境入境证件的；

(二)外国人拒不交验居留证件的;

(三)未按照规定办理外国人出生登记、死亡申报的;

(四)外国人居留证件登记事项发生变更,未按照规定办理变更的;

(五)在中国境内的外国人冒用他人出境入境证件的;

(六)未按照本法第三十九条第二款规定办理登记的。

旅馆未按照规定办理外国人住宿登记的,依照《中华人民共和国治安管理处罚法》的有关规定予以处罚;未按照规定向公安机关报送外国人住宿登记信息的,给予警告;情节严重的,处一千元以上五千元以下罚款。

第七十七条 外国人未经批准,擅自进入限制外国人进入的区域,责令立即离开;情节严重的,处五日以上十日以下拘留。对外国人非法获取的文字记录、音像资料、电子数据和其他物品,予以收缴或者销毁,所用工具予以收缴。

外国人、外国机构违反本法规定,拒不执行公安机关、国家安全机关限期迁离决定的,给予警告并强制迁离;情节严重的,对有关责任人员处五日以上十五日以下拘留。

第七十八条 外国人非法居留的,给予警告;情节严重的,处每非法居留一日五百元,总额不超过一万元的罚款或者五日以上十五日以下拘留。

因监护人或者其他负有监护责任的人未尽到监护义务,致使未满十六周岁的外国人非法居留的,对监护人或者其他负有监护责任的人给予警告,可以并处一千元以下罚款。

第七十九条 容留、藏匿非法入境、非法居留的外国人,协助非法入境、非法居留的外国人逃避检查,或者为非法居留的外国人违法提供出境入境证件的,处二千元以上一万元以下罚款;情节严重的,处五日以上十五日以下拘留,并处五千元以上二万元以下罚款,有违法所得的,没收违法所得。

单位有前款行为的,处一万元以上五万元以下罚款,有违法所得的,没收违法所得,并对其直接负责的主管人员和其他直接责任人员依照前款规定予以处罚。

第八十条 外国人非法就业的,处五千元以上二万元以下罚款;情节严重的,处五日以上十五日以下拘留,并处五千元以上二万元以下罚款。

介绍外国人非法就业的,对个人处每非法介绍一人五千元,总额不超过五万元的罚款;对单位处每非法介绍一人五千元,总额不超过十万元的罚款;有违法所得的,没收违法所得。

非法聘用外国人的,处每非法聘用一人一万元,总额不超过十万元的罚款;有违法所得的,没收违法所得。

第八十一条 外国人从事与停留居留事由不相符的活动,或者有其他违反中国法律、法规规定,不适宜在中国境内继续停留居留情形的,可以处限期出境。

外国人违反本法规定,情节严重,尚不构成犯罪的,公安部可以处驱逐出境。公安部的处罚决定为最终决定。

被驱逐出境的外国人,自被驱逐出境之日起十年内不准入境。

第八十二条 有下列情形之一的,给予警告,可以并处二千元以下罚款:

(一)扰乱口岸限定区域管理秩序的;

(二)外国船员及其随行家属未办理临时入境手续登陆的;

(三)未办理登轮证件上下外国船舶的。

违反前款第一项规定,情节严重的,可以并处五日以上十日以下拘留。

第八十三条 交通运输工具有下列情形之一的,对其负责人处五千元以上五万元以下罚款:

(一)未经查验准许擅自出境入境或者未经批准擅自改变出境入境口岸的;

(二)未按照规定如实申报员工、旅客、货物或者物品等信息,或者拒绝协助出境入境边防检查的;

(三)违反出境入境边防检查规定上下人员、装卸货物或者物品的。

出境入境交通运输工具载运不准出境入境人员出境入境的,处每载运一人五千元以上一万元以下罚款。交通运输工具负责人证明其已经采取合理预防措施的,可以减轻或者免予处罚。

第八十四条 交通运输工具有下列情形之一的,对其负责人处二千元以上二万元以下罚款:

(一)中国或者外国船舶未经批准擅自搭靠外国船舶的;

(二)外国船舶、航空器在中国境内未按照规定的路线、航线行驶的;

(三)出境入境的船舶、航空器违反规定驶入对外开放口岸以外地区的。

第八十五条 履行出境入境管理职责的工作人员,有下列行为之一的,依法给予处分:

(一)违反法律、行政法规,为不符合规定条件的外国人签发签证、外国人停留居留证件等出境入境证件的;

(二)违反法律、行政法规,审核验放不符合规定条件的人员或者交通运输工具出境入境的;

(三)泄露在出境入境管理工作中知悉的个人信息,侵害当事人合法权益的;

(四)不按照规定将依法收取的费用、收缴的罚款及没收的违法所得、非法财物上缴国库的;

(五)私分、侵占、挪用罚没、扣押的款物或者收取的费用的;

(六)滥用职权、玩忽职守、徇私舞弊,不依法履行法定职责的其他行为。

第八十六条 对违反出境入境管理行为处五百元以下罚款的,出入境边防检查机关可以当场作出处罚决定。

第八十七条 对违反出境入境管理行为处罚款的,被处罚人应当自收到处罚决定书之日起十五日内,到指定的银行缴纳罚款。被处罚人在所在地没有固定住所,不当场收缴罚款事后难以执行或者在口岸向指定银行缴纳罚款确有困难的,可以当场收缴。

第八十八条 违反本法规定,构成犯罪的,依法追究刑事责任。

第八章 附 则

第八十九条 本法下列用语的含义:

出境,是指由中国内地前往其他国家或者地区,由中国内地前往香港特别行政区、澳门特别行政区,由中国大陆前往台湾地区。

入境,是指由其他国家或者地区进入中国内地,由香港特别行政区、澳门特别行政区进入中国内地,由台湾地区进入中国大陆。

外国人,是指不具有中国国籍的人。

第九十条 经国务院批准,同毗邻国家接壤的省、自治区可以根据中国与有关国家签订的边界管理协定制定地方性法规、地方政府规章,对两国边境接壤地区的居民往来作出规定。

第九十一条 外国驻中国的外交代表机构、领事机构成员以及享有特权和豁免的其他外国人,其入境出境及停留居留管理,其他法律另有规定的,依照其规定。

第九十二条 外国人申请办理签证、外国人停留居留证件等出境入境证件或者申请办理证件延期、变更的,应当按照规定缴纳签证费、证件费。

第九十三条 本法自2013年7月1日起施行。《中华人民共和国外国人入境出境管理法》和《中华人民共和国公民出境入境管理法》同时废止。

中华人民共和国治安管理处罚法

(2005年8月28日第十届全国人民代表大会常务委员会第十七次会议通过 根据2012年10月26日第十一届全国人民代表大会常务委员会第二十九次会议《关于修改〈中华人民共和国治安管理处罚法〉的决定》修正)

目 录

第一章 总 则
第二章 处罚的种类和适用
第三章 违反治安管理的行为和处罚
第一节 扰乱公共秩序的行为和处罚
第二节 妨害公共安全的行为和处罚
第三节 侵犯人身权利、财产权利的行为和处罚
第四节 妨害社会管理的行为和处罚
第四章 处罚程序
第一节 调 查
第二节 决 定
第三节 执 行
第五章 执法监督
第六章 附 则

第一章 总 则

第一条 【立法目的】为维护社会治安秩序,保障公共安全,保护公民、法人和其他组织的合法

权益,规范和保障公安机关及其人民警察依法履行治安管理职责,制定本法。

第二条 【违反治安管理行为的性质和特征】扰乱公共秩序,妨害公共安全,侵犯人身权利、财产权利,妨害社会管理,具有社会危害性,依照《中华人民共和国刑法》的规定构成犯罪的,依法追究刑事责任;尚不够刑事处罚的,由公安机关依照本法给予治安管理处罚。

第三条 【处罚程序应适用的法律规范】治安管理处罚的程序,适用本法的规定;本法没有规定的,适用《中华人民共和国行政处罚法》的有关规定。

第四条 【适用范围】在中华人民共和国领域内发生的违反治安管理行为,除法律有特别规定的外,适用本法。

在中华人民共和国船舶和航空器内发生的违反治安管理行为,除法律有特别规定的外,适用本法。

第五条 【基本原则】治安管理处罚必须以事实为依据,与违反治安管理行为的性质、情节以及社会危害程度相当。

实施治安管理处罚,应当公开、公正,尊重和保障人权,保护公民的人格尊严。

办理治安案件应当坚持教育与处罚相结合的原则。

第六条 【社会治安综合治理】各级人民政府应当加强社会治安综合治理,采取有效措施,化解社会矛盾,增进社会和谐,维护社会稳定。

第七条 【主管和管辖】国务院公安部门负责全国的治安管理工作。县级以上地方各级人民政府公安机关负责本行政区域内的治安管理工作。

治安案件的管辖由国务院公安部门规定。

第八条 【民事责任】违反治安管理的行为对他人造成损害的,行为人或者其监护人应当依法承担民事责任。

第九条 【调解】对于因民间纠纷引起的打架斗殴或者损毁他人财物等违反治安管理行为,情节较轻的,公安机关可以调解处理。经公安机关调解,当事人达成协议的,不予处罚。经调解未达成协议或者达成协议后不履行的,公安机关应当依照本法的规定对违反治安管理行为人给予处罚,并告知当事人可以就民事争议依法向人民法院提起民事诉讼。

第二章 处罚的种类和适用

第十条 【处罚种类】治安管理处罚的种类分为:

(一)警告;

(二)罚款;

(三)行政拘留;

(四)吊销公安机关发放的许可证。

对违反治安管理的外国人,可以附加适用限期出境或者驱逐出境。

第十一条 【查获违禁品、工具和违法所得财物的处理】办理治安案件所查获的毒品、淫秽物品等违禁品,赌具、赌资,吸食、注射毒品的用具以及直接用于实施违反治安管理行为的本人所有的工具,应当收缴,按照规定处理。

违反治安管理所得的财物,追缴退还被侵害人;没有被侵害人的,登记造册,公开拍卖或者按照国家有关规定处理,所得款项上缴国库。

第十二条 【未成年人违法的处罚】已满十四周岁不满十八周岁的人违反治安管理的,从轻或者减轻处罚;不满十四周岁的人违反治安管理的,不予处罚,但是应当责令其监护人严加管教。

第十三条 【精神病人违法的处罚】精神病人在不能辨认或者不能控制自己行为的时候违反治安管理的,不予处罚,但是应当责令其监护人严加看管和治疗。间歇性的精神病人在精神正常的时候违反治安管理的,应当给予处罚。

第十四条 【盲人或聋哑人违法的处罚】盲人或者又聋又哑的人违反治安管理的,可以从轻、减轻或者不予处罚。

第十五条 【醉酒的人违法的处罚】醉酒的人违反治安管理的,应当给予处罚。

醉酒的人在醉酒状态中,对本人有危险或者对他人的人身、财产或者公共安全有威胁的,应当对其采取保护性措施约束至酒醒。

第十六条 【有两种以上违法行为的处罚】有两种以上违反治安管理行为的,分别决定,合并执行。行政拘留处罚合并执行的,最长不超过二十日。

第十七条 【共同违法行为的处罚】共同违反治安管理的,根据违反治安管理行为人在违反治安管理行为中所起的作用,分别处罚。

教唆、胁迫、诱骗他人违反治安管理的,按照其教唆、胁迫、诱骗的行为处罚。

第十八条 【单位违法行为的处罚】单位违反治安管理的，对其直接负责的主管人员和其他直接责任人员依照本法的规定处罚。其他法律、行政法规对同一行为规定给予单位处罚的，依照其规定处罚。

第十九条 【减轻处罚或不予处罚的情形】违反治安管理有下列情形之一的，减轻处罚或者不予处罚：

（一）情节特别轻微的；

（二）主动消除或者减轻违法后果，并取得被侵害人谅解的；

（三）出于他人胁迫或者诱骗的；

（四）主动投案，向公安机关如实陈述自己的违法行为的；

（五）有立功表现的。

第二十条 【从重处罚的情形】违反治安管理有下列情形之一的，从重处罚：

（一）有较严重后果的；

（二）教唆、胁迫、诱骗他人违反治安管理的；

（三）对报案人、控告人、举报人、证人打击报复的；

（四）六个月内曾受过治安管理处罚的。

第二十一条 【应给予行政拘留处罚而不予执行的情形】违反治安管理行为人有下列情形之一，依照本法应当给予行政拘留处罚的，不执行行政拘留处罚：

（一）已满十四周岁不满十六周岁的；

（二）已满十六周岁不满十八周岁，初次违反治安管理的；

（三）七十周岁以上的；

（四）怀孕或者哺乳自己不满一周岁婴儿的。

第二十二条 【追究时效】违反治安管理行为在六个月内没有被公安机关发现的，不再处罚。

前款规定的期限，从违反治安管理行为发生之日起计算；违反治安管理行为有连续或者继续状态的，从行为终了之日起计算。

第三章 违反治安管理的行为和处罚

第一节 扰乱公共秩序的行为和处罚

第二十三条 【对扰乱单位、公共场所、公共交通和选举秩序行为的处罚】有下列行为之一的，处警告或者二百元以下罚款；情节较重的，处五日以上十日以下拘留，可以并处五百元以下罚款：

（一）扰乱机关、团体、企业、事业单位秩序，致使工作、生产、营业、医疗、教学、科研不能正常进行，尚未造成严重损失的；

（二）扰乱车站、港口、码头、机场、商场、公园、展览馆或者其他公共场所秩序的；

（三）扰乱公共汽车、电车、火车、船舶、航空器或者其他公共交通工具上的秩序的；

（四）非法拦截或者强登、扒乘机动车、船舶、航空器以及其他交通工具，影响交通工具正常行驶的；

（五）破坏依法进行的选举秩序的。

聚众实施前款行为的，对首要分子处十日以上十五日以下拘留，可以并处一千元以下罚款。

第二十四条 【对扰乱文化、体育等大型群众性活动秩序行为的处罚】有下列行为之一，扰乱文化、体育等大型群众性活动秩序的，处警告或者二百元以下罚款；情节严重的，处五日以上十日以下拘留，可以并处五百元以下罚款：

（一）强行进入场内的；

（二）违反规定，在场内燃放烟花爆竹或者其他物品的；

（三）展示侮辱性标语、条幅等物品的；

（四）围攻裁判员、运动员或者其他工作人员的；

（五）向场内投掷杂物，不听制止的；

（六）扰乱大型群众性活动秩序的其他行为。

因扰乱体育比赛秩序被处以拘留处罚的，可以同时责令其十二个月内不得进入体育场馆观看同类比赛；违反规定进入体育场馆的，强行带离现场。

第二十五条 【对扰乱公共秩序行为的处罚】有下列行为之一的，处五日以上十日以下拘留，可以并处五百元以下罚款；情节较轻的，处五日以下拘留或者五百元以下罚款：

（一）散布谣言，谎报险情、疫情、警情或者以其他方法故意扰乱公共秩序的；

（二）投放虚假的爆炸性、毒害性、放射性、腐蚀性物质或者传染病病原体等危险物质扰乱公共秩序的；

（三）扬言实施放火、爆炸、投放危险物质扰乱公共秩序的。

第二十六条 【对寻衅滋事行为的处罚】有下

列行为之一的，处五日以上十日以下拘留，可以并处五百元以下罚款；情节较重的，处十日以上十五日以下拘留，可以并处一千元以下罚款：

（一）结伙斗殴的；

（二）追逐、拦截他人的；

（三）强拿硬要或者任意损毁、占用公私财物的；

（四）其他寻衅滋事行为。

第二十七条 【对利用封建迷信、会道门进行非法活动行为的处罚】有下列行为之一的，处十日以上十五日以下拘留，可以并处一千元以下罚款；情节较轻的，处五日以上十日以下拘留，可以并处五百元以下罚款：

（一）组织、教唆、胁迫、诱骗、煽动他人从事邪教、会道门活动或者利用邪教、会道门、迷信活动，扰乱社会秩序、损害他人身体健康的；

（二）冒用宗教、气功名义进行扰乱社会秩序、损害他人身体健康活动的。

第二十八条 【对干扰无线电业务及无线电台（站）行为的处罚】违反国家规定，故意干扰无线电业务正常进行的，或者对正常运行的无线电台（站）产生有害干扰，经有关主管部门指出后，拒不采取有效措施消除的，处五日以上十日以下拘留；情节严重的，处十日以上十五日以下拘留。

第二十九条 【对侵入、破坏计算机信息系统行为的处罚】有下列行为之一的，处五日以下拘留；情节较重的，处五日以上十日以下拘留：

（一）违反国家规定，侵入计算机信息系统，造成危害的；

（二）违反国家规定，对计算机信息系统功能进行删除、修改、增加、干扰，造成计算机信息系统不能正常运行的；

（三）违反国家规定，对计算机信息系统中存储、处理、传输的数据和应用程序进行删除、修改、增加的；

（四）故意制作、传播计算机病毒等破坏性程序，影响计算机信息系统正常运行的。

第二节 妨害公共安全的行为和处罚

第三十条 【对违反危险物质管理行为的处罚】违反国家规定，制造、买卖、储存、运输、邮寄、携带、使用、提供、处置爆炸性、毒害性、放射性、腐蚀性物质或者传染病病原体等危险物质的，处十日以上十五日以下拘留；情节较轻的，处五日以上十日以下拘留。

第三十一条 【对危险物质被盗、被抢、丢失不报行为的处罚】爆炸性、毒害性、放射性、腐蚀性物质或者传染病病原体等危险物质被盗、被抢或者丢失，未按规定报告的，处五日以下拘留；故意隐瞒不报的，处五日以上十日以下拘留。

第三十二条 【对非法携带管制器具行为的处罚】非法携带枪支、弹药或者弩、匕首等国家规定的管制器具的，处五日以下拘留，可以并处五百元以下罚款；情节较轻的，处警告或者二百元以下罚款。

非法携带枪支、弹药或者弩、匕首等国家规定的管制器具进入公共场所或者公共交通工具的，处五日以上十日以下拘留，可以并处五百元以下罚款。

第三十三条 【对盗窃、损毁公共设施行为的处罚】有下列行为之一的，处十日以上十五日以下拘留：

（一）盗窃、损毁油气管道设施、电力电信设施、广播电视设施、水利防汛工程设施或者水文监测、测量、气象测报、环境监测、地质监测、地震监测等公共设施的；

（二）移动、损毁国家边境的界碑、界桩以及其他边境标志、边境设施或者领土、领海标志设施的；

（三）非法进行影响国（边）界线走向的活动或者修建有碍国（边）境管理的设施的。

第三十四条 【对妨害航空器飞行安全行为的处罚】盗窃、损坏、擅自移动使用中的航空设施，或者强行进入航空器驾驶舱的，处十日以上十五日以下拘留。

在使用中的航空器上使用可能影响导航系统正常功能的器具、工具，不听劝阻的，处五日以下拘留或者五百元以下罚款。

第三十五条 【对妨害铁路运行安全行为的处罚】有下列行为之一的，处五日以上十日以下拘留，可以并处五百元以下罚款；情节较轻的，处五日以下拘留或者五百元以下罚款：

（一）盗窃、损毁或者擅自移动铁路设施、设备、机车车辆配件或者安全标志的；

（二）在铁路线路上放置障碍物，或者故意向列车投掷物品的；

（三）在铁路线路、桥梁、涵洞处挖掘坑穴、采石取沙的；

（四）在铁路线路上私设道口或者平交过道的。

第三十六条 【对妨害列车行车安全行为的处罚】擅自进入铁路防护网或者火车来临时在铁路线路上行走坐卧、抢越铁路，影响行车安全的，处警告或者二百元以下罚款。

第三十七条 【对妨害公共道路安全行为的处罚】有下列行为之一的，处五日以下拘留或者五百元以下罚款；情节严重的，处五日以上十日以下拘留，可以并处五百元以下罚款：

（一）未经批准，安装、使用电网的，或者安装、使用电网不符合安全规定的；

（二）在车辆、行人通行的地方施工，对沟井坎穴不设覆盖物、防围和警示标志的，或者故意损毁、移动覆盖物、防围和警示标志的；

（三）盗窃、损毁路面井盖、照明等公共设施的。

第三十八条 【对违反规定举办大型活动行为的处罚】举办文化、体育等大型群众性活动，违反有关规定，有发生安全事故危险的，责令停止活动，立即疏散；对组织者处五日以上十日以下拘留，并处二百元以上五百元以下罚款；情节较轻的，处五日以下拘留或者五百元以下罚款。

第三十九条 【对违反公共场所安全规定行为的处罚】旅馆、饭店、影剧院、娱乐场、运动场、展览馆或者其他供社会公众活动的场所的经营管理人员，违反安全规定，致使该场所有发生安全事故危险，经公安机关责令改正，拒不改正的，处五日以下拘留。

第三节 侵犯人身权利、财产权利的行为和处罚

第四十条 【对恐怖表演、强迫劳动、限制人身自由行为的处罚】有下列行为之一的，处十日以上十五日以下拘留，并处五百元以上一千元以下罚款；情节较轻的，处五日以上十日以下拘留，并处二百元以上五百元以下罚款：

（一）组织、胁迫、诱骗不满十六周岁的人或者残疾人进行恐怖、残忍表演的；

（二）以暴力、威胁或者其他手段强迫他人劳动的；

（三）非法限制他人人身自由、非法侵入他人住宅或者非法搜查他人身体的。

第四十一条 【对胁迫利用他人乞讨和滋扰乞讨行为的处罚】胁迫、诱骗或者利用他人乞讨的，处十日以上十五日以下拘留，可以并处一千元以下罚款。

反复纠缠、强行讨要或者以其他滋扰他人的方式乞讨的，处五日以下拘留或者警告。

第四十二条 【对侵犯人身权利六项行为的处罚】有下列行为之一的，处五日以下拘留或者五百元以下罚款；情节较重的，处五日以上十日以下拘留，可以并处五百元以下罚款：

（一）写恐吓信或者以其他方法威胁他人人身安全的；

（二）公然侮辱他人或者捏造事实诽谤他人的；

（三）捏造事实诬告陷害他人，企图使他人受到刑事追究或者受到治安管理处罚的；

（四）对证人及其近亲属进行威胁、侮辱、殴打或者打击报复的；

（五）多次发送淫秽、侮辱、恐吓或者其他信息，干扰他人正常生活的；

（六）偷窥、偷拍、窃听、散布他人隐私的。

第四十三条 【对殴打或故意伤害他人身体行为的处罚】殴打他人的，或者故意伤害他人身体的，处五日以上十日以下拘留，并处二百元以上五百元以下罚款；情节较轻的，处五日以下拘留或者五百元以下罚款。

有下列情形之一的，处十日以上十五日以下拘留，并处五百元以上一千元以下罚款：

（一）结伙殴打、伤害他人的；

（二）殴打、伤害残疾人、孕妇、不满十四周岁的人或者六十周岁以上的人的；

（三）多次殴打、伤害他人或者一次殴打、伤害多人的。

第四十四条 【对猥亵他人和在公共场所裸露身体行为的处罚】猥亵他人的，或者在公共场所故意裸露身体，情节恶劣的，处五日以上十日以下拘留；猥亵智力残疾人、精神病人、不满十四周岁的人或者有其他严重情节的，处十日以上十五日以下拘留。

第四十五条 【对虐待家庭成员、遗弃被扶养人行为的处罚】有下列行为之一的，处五日以下拘留或者警告：

（一）虐待家庭成员，被虐待人要求处理的；

（二）遗弃没有独立生活能力的被扶养人的。

第四十六条　【对强迫交易行为的处罚】强买强卖商品，强迫他人提供服务或者强迫他人接受服务的，处五日以上十日以下拘留，并处二百元以上五百元以下罚款；情节较轻的，处五日以下拘留或者五百元以下罚款。

第四十七条　【对煽动民族仇恨、民族歧视行为的处罚】煽动民族仇恨、民族歧视，或者在出版物、计算机信息网络中刊载民族歧视、侮辱内容的，处十日以上十五日以下拘留，可以并处一千元以下罚款。

第四十八条　【对侵犯通信自由行为的处罚】冒领、隐匿、毁弃、私自开拆或者非法检查他人邮件的，处五日以下拘留或者五百元以下罚款。

第四十九条　【对盗窃、诈骗、哄抢、抢夺、敲诈勒索、损毁公私财物行为的处罚】盗窃、诈骗、哄抢、抢夺、敲诈勒索或者故意损毁公私财物的，处五日以上十日以下拘留，可以并处五百元以下罚款；情节较重的，处十日以上十五日以下拘留，可以并处一千元以下罚款。

第四节　妨害社会管理的行为和处罚

第五十条　【对拒不执行紧急状态决定、命令和阻碍执行公务的处罚】有下列行为之一的，处警告或者二百元以下罚款；情节严重的，处五日以上十日以下拘留，可以并处五百元以下罚款：

（一）拒不执行人民政府在紧急状态情况下依法发布的决定、命令的；

（二）阻碍国家机关工作人员依法执行职务的；

（三）阻碍执行紧急任务的消防车、救护车、工程抢险车、警车等车辆通行的；

（四）强行冲闯公安机关设置的警戒带、警戒区的。

阻碍人民警察依法执行职务的，从重处罚。

第五十一条　【对招摇撞骗行为的处罚】冒充国家机关工作人员或者以其他虚假身份招摇撞骗的，处五日以上十日以下拘留，可以并处五百元以下罚款；情节较轻的，处五日以下拘留或者五百元以下罚款。

冒充军警人员招摇撞骗的，从重处罚。

第五十二条　【对伪造、变造、买卖公文、证件、票证行为的处罚】有下列行为之一的，处十日以上十五日以下拘留，可以并处一千元以下罚款；情节较轻的，处五日以上十日以下拘留，可以并处五百元以下罚款：

（一）伪造、变造或者买卖国家机关、人民团体、企业、事业单位或者其他组织的公文、证件、证明文件、印章的；

（二）买卖或者使用伪造、变造的国家机关、人民团体、企业、事业单位或者其他组织的公文、证件、证明文件的；

（三）伪造、变造、倒卖车票、船票、航空客票、文艺演出票、体育比赛入场券或者其他有价票证、凭证的；

（四）伪造、变造船舶户牌，买卖或者使用伪造、变造的船舶户牌，或者涂改船舶发动机号码的。

第五十三条　【对船舶擅自进入禁、限入水域或岛屿行为的处罚】船舶擅自进入、停靠国家禁止、限制进入的水域或者岛屿的，对船舶负责人及有关责任人员处五百元以上一千元以下罚款；情节严重的，处五日以下拘留，并处五百元以上一千元以下罚款。

第五十四条　【对违法设立社会团体行为的处罚】有下列行为之一的，处十日以上十五日以下拘留，并处五百元以上一千元以下罚款；情节较轻的，处五日以下拘留或者五百元以下罚款：

（一）违反国家规定，未经注册登记，以社会团体名义进行活动，被取缔后，仍进行活动的；

（二）被依法撤销登记的社会团体，仍以社会团体名义进行活动的；

（三）未经许可，擅自经营按照国家规定需要由公安机关许可的行业的。

有前款第三项行为的，予以取缔。

取得公安机关许可的经营者，违反国家有关管理规定，情节严重的，公安机关可以吊销许可证。

第五十五条　【对非法集会、游行、示威行为的处罚】煽动、策划非法集会、游行、示威，不听劝阻的，处十日以上十五日以下拘留。

第五十六条　【对旅馆工作人员违反规定行为的处罚】旅馆业的工作人员对住宿的旅客不按规定登记姓名、身份证件种类和号码的，或者明知住宿的旅客将危险物质带入旅馆，不予制止的，处二百元以上五百元以下罚款。

旅馆业的工作人员明知住宿的旅客是犯罪嫌疑人员或者被公安机关通缉的人员，不向公安机关报告的，处二百元以上五百元以下罚款；情节严重的，处五日以下拘留，可以并处五百元以下罚款。

第五十七条 【对违法出租房屋行为的处罚】房屋出租人将房屋出租给无身份证件的人居住的，或者不按规定登记承租人姓名、身份证件种类和号码的，处二百元以上五百元以下罚款。

房屋出租人明知承租人利用出租房屋进行犯罪活动，不向公安机关报告的，处二百元以上五百元以下罚款；情节严重的，处五日以下拘留，可以并处五百元以下罚款。

第五十八条 【对制造噪声干扰他人生活行为的处罚】违反关于社会生活噪声污染防治的法律规定，制造噪声干扰他人正常生活的，处警告；警告后不改正的，处二百元以上五百元以下罚款。

第五十九条 【对违法典当、收购行为的处罚】有下列行为之一的，处五百元以上一千元以下罚款；情节严重的，处五日以上十日以下拘留，并处五百元以上一千元以下罚款：

（一）典当业工作人员承接典当的物品，不查验有关证明、不履行登记手续，或者明知是违法犯罪嫌疑人、赃物，不向公安机关报告的；

（二）违反国家规定，收购铁路、油田、供电、电信、矿山、水利、测量和城市公用设施等废旧专用器材的；

（三）收购公安机关通报寻查的赃物或者有赃物嫌疑的物品的；

（四）收购国家禁止收购的其他物品的。

第六十条 【对妨害执法秩序行为的处罚】有下列行为之一的，处五日以上十日以下拘留，并处二百元以上五百元以下罚款：

（一）隐藏、转移、变卖或者损毁行政执法机关依法扣押、查封、冻结的财物的；

（二）伪造、隐匿、毁灭证据或者提供虚假证言、谎报案情，影响行政执法机关依法办案的；

（三）明知是赃物而窝藏、转移或者代为销售的；

（四）被依法执行管制、剥夺政治权利或者在缓刑、暂予监外执行中的罪犯或者被依法采取刑事强制措施的人，有违反法律、行政法规或者国务院有关部门的监督管理规定的行为。

第六十一条 【对协助组织、运送他人偷越国（边）境行为的处罚】协助组织或者运送他人偷越国（边）境的，处十日以上十五日以下拘留，并处一千元以上五千元以下罚款。

第六十二条 【对偷越国（边）境行为的处罚】为偷越国（边）境人员提供条件的，处五日以上十日以下拘留，并处五百元以上二千元以下罚款。

偷越国（边）境的，处五日以下拘留或者五百元以下罚款。

第六十三条 【对妨害文物管理行为的处罚】有下列行为之一的，处警告或者二百元以下罚款；情节较重的，处五日以上十日以下拘留，并处二百元以上五百元以下罚款：

（一）刻划、涂污或者以其他方式故意损坏国家保护的文物、名胜古迹的；

（二）违反国家规定，在文物保护单位附近进行爆破、挖掘等活动，危及文物安全的。

第六十四条 【对非法驾驶交通工具行为的处罚】有下列行为之一的，处五百元以上一千元以下罚款；情节严重的，处十日以上十五日以下拘留，并处五百元以上一千元以下罚款：

（一）偷开他人机动车的；

（二）未取得驾驶证驾驶或者偷开他人航空器、机动船舶的。

第六十五条 【对破坏他人坟墓、尸体和乱停放尸体行为的处罚】有下列行为之一的，处五日以上十日以下拘留；情节严重的，处十日以上十五日以下拘留，可以并处一千元以下罚款：

（一）故意破坏、污损他人坟墓或者毁坏、丢弃他人尸骨、骨灰的；

（二）在公共场所停放尸体或者因停放尸体影响他人正常生活、工作秩序，不听劝阻的。

第六十六条 【对卖淫、嫖娼行为的处罚】卖淫、嫖娼的，处十日以上十五日以下拘留，可以并处五千元以下罚款；情节较轻的，处五日以下拘留或者五百元以下罚款。

在公共场所拉客招嫖的，处五日以下拘留或者五百元以下罚款。

第六十七条 【对引诱、容留、介绍卖淫行为的处罚】引诱、容留、介绍他人卖淫的，处十日以上十五日以下拘留，可以并处五千元以下罚款；情节较轻的，处五日以下拘留或者五百元以下罚款。

第六十八条 【对传播淫秽信息行为的处罚】制作、运输、复制、出售、出租淫秽的书刊、图片、影片、音像制品等淫秽物品或者利用计算机信息网络、电话以及其他通讯工具传播淫秽信息的，处十日以上十五日以下拘留,可以并处三千元以下罚款;情节较轻的,处五日以下拘留或者五百元以下罚款。

第六十九条 【对组织、参与淫秽活动的处罚】有下列行为之一的,处十日以上十五日以下拘留,并处五百元以上一千元以下罚款:

(一)组织播放淫秽音像的;

(二)组织或者进行淫秽表演的;

(三)参与聚众淫乱活动的。

明知他人从事前款活动,为其提供条件的,依照前款的规定处罚。

第七十条 【对赌博行为的处罚】以营利为目的,为赌博提供条件的,或者参与赌博赌资较大的,处五日以下拘留或者五百元以下罚款;情节严重的,处十日以上十五日以下拘留,并处五百元以上三千元以下罚款。

第七十一条 【对涉及毒品原植物行为的处罚】有下列行为之一的,处十日以上十五日以下拘留,可以并处三千元以下罚款;情节较轻的,处五日以下拘留或者五百元以下罚款:

(一)非法种植罂粟不满五百株或者其他少量毒品原植物的;

(二)非法买卖、运输、携带、持有少量未经灭活的罂粟等毒品原植物种子或者幼苗的;

(三)非法运输、买卖、储存、使用少量罂粟壳的。

有前款第一项行为,在成熟前自行铲除的,不予处罚。

第七十二条 【对毒品违法行为的处罚】有下列行为之一的,处十日以上十五日以下拘留,可以并处二千元以下罚款;情节较轻的,处五日以下拘留或者五百元以下罚款:

(一)非法持有鸦片不满二百克、海洛因或者甲基苯丙胺不满十克或者其他少量毒品的;

(二)向他人提供毒品的;

(三)吸食、注射毒品的;

(四)胁迫、欺骗医务人员开具麻醉药品、精神药品的。

第七十三条 【对教唆、引诱、欺骗他人吸食、注射毒品行为的处罚】教唆、引诱、欺骗他人吸食、注射毒品的,处十日以上十五日以下拘留,并处五百元以上二千元以下罚款。

第七十四条 【对服务行业人员通风报信行为的处罚】旅馆业、饮食服务业、文化娱乐业、出租汽车业等单位的人员,在公安机关查处吸毒、赌博、卖淫、嫖娼活动时,为违法犯罪行为人通风报信的,处十日以上十五日以下拘留。

第七十五条 【对饲养动物违法行为的处罚】饲养动物,干扰他人正常生活的,处警告;警告后不改正的,或者放任动物恐吓他人的,处二百元以上五百元以下罚款。

驱使动物伤害他人的,依照本法第四十三条第一款的规定处罚。

第七十六条 【对屡教不改行为的处罚】有本法第六十七条、第六十八条、第七十条的行为,屡教不改的,可以按照国家规定采取强制性教育措施。

第四章 处罚程序

第一节 调 查

第七十七条 【受理治安案件须登记】公安机关对报案、控告、举报或者违反治安管理行为人主动投案,以及其他行政主管部门、司法机关移送的违反治安管理案件,应当及时受理,并进行登记。

第七十八条 【受理治安案件后的处理】公安机关受理报案、控告、举报、投案后,认为属于违反治安管理行为的,应当立即进行调查;认为不属于违反治安管理行为的,应当告知报案人、控告人、举报人、投案人,并说明理由。

第七十九条 【严禁非法取证】公安机关及其人民警察对治安案件的调查,应当依法进行。严禁刑讯逼供或者采用威胁、引诱、欺骗等非法手段收集证据。

以非法手段收集的证据不得作为处罚的根据。

第八十条 【公安机关的保密义务】公安机关及其人民警察在办理治安案件时,对涉及的国家秘密、商业秘密或者个人隐私,应当予以保密。

第八十一条 【关于回避的规定】人民警察在办理治安案件过程中,遇有下列情形之一的,应当回避;违反治安管理行为人、被侵害人或者其法定代理人也有权要求他们回避:

(一)是本案当事人或者当事人的近亲属的;

(二)本人或者其近亲属与本案有利害关系的;

(三)与本案当事人有其他关系,可能影响案件公正处理的。

人民警察的回避，由其所属的公安机关决定；公安机关负责人的回避，由上一级公安机关决定。

第八十二条　【关于传唤的规定】需要传唤违反治安管理行为人接受调查的，经公安机关办案部门负责人批准，使用传唤证传唤。对现场发现的违反治安管理行为人，人民警察经出示工作证件，可以口头传唤，但应当在询问笔录中注明。

公安机关应当将传唤的原因和依据告知被传唤人。对无正当理由不接受传唤或者逃避传唤的人，可以强制传唤。

第八十三条　【传唤后的询问期限与通知义务】对违反治安管理行为人，公安机关传唤后应当及时询问查证，询问查证的时间不得超过八小时；情况复杂，依照本法规定可能适用行政拘留处罚的，询问查证的时间不得超过二十四小时。

公安机关应当及时将传唤的原因和处所通知被传唤人家属。

第八十四条　【询问笔录、书面材料与询问不满十六周岁人的规定】询问笔录应当交被询问人核对；对没有阅读能力的，应当向其宣读。记载有遗漏或者差错的，被询问人可以提出补充或者更正。被询问人确认笔录无误后，应当签名或者盖章，询问的人民警察也应当在笔录上签名。

被询问人要求就被询问事项自行提供书面材料的，应当准许；必要时，人民警察也可以要求被询问人自行书写。

询问不满十六周岁的违反治安管理行为人，应当通知其父母或者其他监护人到场。

第八十五条　【询问被侵害人和其他证人的规定】人民警察询问被侵害人或者其他证人，可以到其所在单位或者住处进行；必要时，也可以通知其到公安机关提供证言。

人民警察在公安机关以外询问被侵害人或者其他证人，应当出示工作证件。

询问被侵害人或者其他证人，同时适用本法第八十四条的规定。

第八十六条　【询问中的语言帮助】询问聋哑的违反治安管理行为人、被侵害人或者其他证人，应当有通晓手语的人提供帮助，并在笔录上注明。

询问不通晓当地通用的语言文字的违反治安管理行为人、被侵害人或者其他证人，应当配备翻译人员，并在笔录上注明。

第八十七条　【检查时应遵守的程序】公安机关对与违反治安管理行为有关的场所、物品、人身可以进行检查。检查时，人民警察不得少于二人，并应当出示工作证件和县级以上人民政府公安机关开具的检查证明文件。对确有必要立即进行检查的，人民警察经出示工作证件，可以当场检查，但检查公民住所应当出示县级以上人民政府公安机关开具的检查证明文件。

检查妇女的身体，应当由女性工作人员进行。

第八十八条　【检查笔录的制作】检查的情况应当制作检查笔录，由检查人、被检查人和见证人签名或者盖章；被检查人拒绝签名的，人民警察应当在笔录上注明。

第八十九条　【关于扣押物品的规定】公安机关办理治安案件，对与案件有关的需要作为证据的物品，可以扣押；对被侵害人或者善意第三人合法占有的财产，不得扣押，应当予以登记。对与案件无关的物品，不得扣押。

对扣押的物品，应当会同在场见证人和被扣押物品持有人查点清楚，当场开列清单一式二份，由调查人员、见证人和持有人签名或者盖章，一份交给持有人，另一份附卷备查。

对扣押的物品，应当妥善保管，不得挪作他用；对不宜长期保存的物品，按照有关规定处理。经查明与案件无关的，应当及时退还；经核实属于他人合法财产的，应当登记后立即退还；满六个月无人对该财产主张权利或者无法查清权利人的，应当公开拍卖或者按照国家有关规定处理，所得款项上缴国库。

第九十条　【关于鉴定的规定】为了查明案情，需要解决案件中有争议的专门性问题的，应当指派或者聘请具有专门知识的人员进行鉴定；鉴定人鉴定后，应当写出鉴定意见，并且签名。

第二节　决　定

第九十一条　【处罚的决定机关】治安管理处罚由县级以上人民政府公安机关决定；其中警告、五百元以下的罚款可以由公安派出所决定。

第九十二条　【行政拘留的折抵】对决定给予行政拘留处罚的人，在处罚前已经采取强制措施限制人身自由的时间，应当折抵。限制人身自由一日，折抵行政拘留一日。

**第九十三条　【违反治安管理行为人的陈述与

其他证据的关系】公安机关查处治安案件，对没有本人陈述，但其他证据能够证明案件事实的，可以作出治安管理处罚决定。但是，只有本人陈述，没有其他证据证明的，不能作出治安管理处罚决定。

第九十四条 【陈述与申辩权】公安机关作出治安管理处罚决定前，应当告知违反治安管理行为人作出治安管理处罚的事实、理由及依据，并告知违反治安管理行为人依法享有的权利。

违反治安管理行为人有权陈述和申辩。公安机关必须充分听取违反治安管理行为人的意见，对违反治安管理行为人提出的事实、理由和证据，应当进行复核；违反治安管理行为人提出的事实、理由或者证据成立的，公安机关应当采纳。

公安机关不得因违反治安管理行为人的陈述、申辩而加重处罚。

第九十五条 【治安案件的处理】治安案件调查结束后，公安机关应当根据不同情况，分别作出以下处理：

（一）确有依法应当给予治安管理处罚的违法行为的，根据情节轻重及具体情况，作出处罚决定；

（二）依法不予处罚的，或者违法事实不能成立的，作出不予处罚决定；

（三）违法行为已涉嫌犯罪的，移送主管机关依法追究刑事责任；

（四）发现违反治安管理行为人有其他违法行为的，在对违反治安管理行为作出处罚决定的同时，通知有关行政主管部门处理。

第九十六条 【治安管理处罚决定书的内容】公安机关作出治安管理处罚决定的，应当制作治安管理处罚决定书。决定书应当载明下列内容：

（一）被处罚人的姓名、性别、年龄、身份证件的名称和号码、住址；

（二）违法事实和证据；

（三）处罚的种类和依据；

（四）处罚的执行方式和期限；

（五）对处罚决定不服，申请行政复议、提起行政诉讼的途径和期限；

（六）作出处罚决定的公安机关的名称和作出决定的日期。

决定书应当由作出处罚决定的公安机关加盖印章。

第九十七条 【宣告、送达、抄送】公安机关应当向被处罚人宣告治安管理处罚决定书，并当场交付被处罚人；无法当场向被处罚人宣告的，应当在二日内送达被处罚人。决定给予行政拘留处罚的，应当及时通知被处罚人的家属。

有被侵害人的，公安机关应当将决定书副本抄送被侵害人。

第九十八条 【听证】公安机关作出吊销许可证以及处二千元以上罚款的治安管理处罚决定前，应当告知违反治安管理行为人有权要求举行听证；违反治安管理行为人要求听证的，公安机关应当及时依法举行听证。

第九十九条 【期限】公安机关办理治安案件的期限，自受理之日起不得超过三十日；案情重大、复杂的，经上一级公安机关批准，可以延长三十日。

为了查明案情进行鉴定的期间，不计入办理治安案件的期限。

第一百条 【当场处罚】违反治安管理行为事实清楚，证据确凿，处警告或者二百元以下罚款的，可以当场作出治安管理处罚决定。

第一百零一条 【当场处罚决定程序】当场作出治安管理处罚决定的，人民警察应当向违反治安管理行为人出示工作证件，并填写处罚决定书。处罚决定书应当当场交付被处罚人；有被侵害人的，并将决定书副本抄送被侵害人。

前款规定的处罚决定书，应当载明被处罚人的姓名、违法行为、处罚依据、罚款数额、时间、地点以及公安机关名称，并由经办的人民警察签名或者盖章。

当场作出治安管理处罚决定的，经办的人民警察应当在二十四小时内报所属公安机关备案。

第一百零二条 【不服处罚提起的复议或诉讼】被处罚人对治安管理处罚决定不服的，可以依法申请行政复议或者提起行政诉讼。

第三节 执 行

第一百零三条 【行政拘留处罚的执行】对被决定给予行政拘留处罚的人，由作出决定的公安机关送达拘留所执行。

第一百零四条 【当场收缴罚款范围】受到罚款处罚的人应当自收到处罚决定书之日起十五日内，到指定的银行缴纳罚款。但是，有下列情形之一的，人民警察可以当场收缴罚款：

（一）被处五十元以下罚款，被处罚人对罚款无异议的；

（二）在边远、水上、交通不便地区，公安机关及其人民警察依照本法的规定作出罚款决定后，被处罚人向指定的银行缴纳罚款确有困难，经被处罚人提出的；

（三）被处罚人在当地没有固定住所，不当场收缴事后难以执行的。

第一百零五条 【罚款交纳期限】人民警察当场收缴的罚款，应当自收缴罚款之日起二日内，交至所属的公安机关；在水上、旅客列车上当场收缴的罚款，应当自抵岸或者到站之日起二日内，交至所属的公安机关；公安机关应当自收到罚款之日起二日内将罚款缴付指定的银行。

第一百零六条 【罚款收据】人民警察当场收缴罚款的，应当向被处罚人出具省、自治区、直辖市人民政府财政部门统一制发的罚款收据；不出具统一制发的罚款收据的，被处罚人有权拒绝缴纳罚款。

第一百零七条 【暂缓执行行政拘留】被处罚人不服行政拘留处罚决定，申请行政复议、提起行政诉讼的，可以向公安机关提出暂缓执行行政拘留的申请。公安机关认为暂缓执行行政拘留不致发生社会危险的，由被处罚人或者其近亲属提出符合本法第一百零八条规定条件的担保人，或者按每日行政拘留二百元的标准交纳保证金，行政拘留的处罚决定暂缓执行。

第一百零八条 【担保人的条件】担保人应当符合下列条件：

（一）与本案无牵连；

（二）享有政治权利，人身自由未受到限制；

（三）在当地有常住户口和固定住所；

（四）有能力履行担保义务。

第一百零九条 【担保人的义务】担保人应当保证被担保人不逃避行政拘留处罚的执行。

担保人不履行担保义务，致使被担保人逃避行政拘留处罚的执行的，由公安机关对其处三千元以下罚款。

第一百一十条 【没收保证金】被决定给予行政拘留处罚的人交纳保证金，暂缓行政拘留后，逃避行政拘留处罚的执行的，保证金予以没收并上缴国库，已经作出的行政拘留决定仍应执行。

第一百一十一条 【退还保证金】行政拘留的处罚决定被撤销，或者行政拘留处罚开始执行的，公安机关收取的保证金应当及时退还交纳人。

第五章 执法监督

第一百一十二条 【执法原则】公安机关及其人民警察应当依法、公正、严格、高效办理治安案件，文明执法，不得徇私舞弊。

第一百一十三条 【禁止行为】公安机关及其人民警察办理治安案件，禁止对违反治安管理行为人打骂、虐待或者侮辱。

第一百一十四条 【社会监督】公安机关及其人民警察办理治安案件，应当自觉接受社会和公民的监督。

公安机关及其人民警察办理治安案件，不严格执法或者有违法违纪行为的，任何单位和个人都有权向公安机关或者人民检察院、行政监察机关检举、控告；收到检举、控告的机关，应当依据职责及时处理。

第一百一十五条 【罚缴分离原则】公安机关依法实施罚款处罚，应当依照有关法律、行政法规的规定，实行罚款决定与罚款收缴分离；收缴的罚款应当全部上缴国库。

第一百一十六条 【公安机关及其民警的行政责任和刑事责任】人民警察办理治安案件，有下列行为之一的，依法给予行政处分；构成犯罪的，依法追究刑事责任：

（一）刑讯逼供、体罚、虐待、侮辱他人的；

（二）超过询问查证的时间限制人身自由的；

（三）不执行罚款决定与罚款收缴分离制度或者不按规定将罚没的财物上缴国库或者依法处理的；

（四）私分、侵占、挪用、故意损毁收缴、扣押的财物的；

（五）违反规定使用或者不及时返还被侵害人财物的；

（六）违反规定不及时退还保证金的；

（七）利用职务上的便利收受他人财物或者谋取其他利益的；

（八）当场收缴罚款不出具罚款收据或者不如实填写罚款数额的；

（九）接到要求制止违反治安管理行为的报警后，不及时出警的；

（十）在查处违反治安管理活动时，为违法犯罪行为人通风报信的；

（十一）有徇私舞弊、滥用职权，不依法履行法定职责的其他情形的。

办理治安案件的公安机关有前款所列行为的，对直接负责的主管人员和其他直接责任人员给予相应的行政处分。

第一百一十七条 【赔偿责任】公安机关及其人民警察违法行使职权，侵犯公民、法人和其他组织合法权益的，应当赔礼道歉；造成损害的，应当依法承担赔偿责任。

第六章 附 则

第一百一十八条 【"以上、以下、以内"的含义】本法所称以上、以下、以内，包括本数。

第一百一十九条 【生效日期】本法自2006年3月1日起施行。1986年9月5日公布、1994年5月12日修订公布的《中华人民共和国治安管理处罚条例》同时废止。

中华人民共和国禁毒法

（2007年12月29日第十届全国人民代表大会常务委员会第三十一次会议通过 2007年12月29日中华人民共和国主席令第79号公布 自2008年6月1日起施行）

目 录

第一章 总 则
第二章 禁毒宣传教育
第三章 毒品管制
第四章 戒毒措施
第五章 禁毒国际合作
第六章 法律责任
第七章 附 则

第一章 总 则

第一条 【立法宗旨】为了预防和惩治毒品违法犯罪行为，保护公民身心健康，维护社会秩序，制定本法。

第二条 【适用范围】本法所称毒品，是指鸦片、海洛因、甲基苯丙胺（冰毒）、吗啡、大麻、可卡因，以及国家规定管制的其他能够使人形成瘾癖的麻醉药品和精神药品。

根据医疗、教学、科研的需要，依法可以生产、经营、使用、储存、运输麻醉药品和精神药品。

第三条 【禁毒社会责任】禁毒是全社会的共同责任。国家机关、社会团体、企业事业单位以及其他组织和公民，应当依照本法和有关法律的规定，履行禁毒职责或者义务。

第四条 【禁毒工作方针和工作机制】禁毒工作实行预防为主，综合治理，禁种、禁制、禁贩、禁吸并举的方针。

禁毒工作实行政府统一领导，有关部门各负其责，社会广泛参与的工作机制。

第五条 【禁毒委员会的设立、职责】国务院设立国家禁毒委员会，负责组织、协调、指导全国的禁毒工作。

县级以上地方各级人民政府根据禁毒工作的需要，可以设立禁毒委员会，负责组织、协调、指导本行政区域内的禁毒工作。

第六条 【禁毒工作保障】县级以上各级人民政府应当将禁毒工作纳入国民经济和社会发展规划，并将禁毒经费列入本级财政预算。

第七条 【鼓励禁毒社会捐赠】国家鼓励对禁毒工作的社会捐赠，并依法给予税收优惠。

第八条 【鼓励禁毒科学技术研究】国家鼓励开展禁毒科学技术研究，推广先进的缉毒技术、装备和戒毒方法。

第九条 【鼓励举报毒品违法犯罪】国家鼓励公民举报毒品违法犯罪行为。各级人民政府和有关部门应当对举报人予以保护，对举报有功人员以及在禁毒工作中有突出贡献的单位和个人，给予表彰和奖励。

第十条 【鼓励禁毒志愿工作】国家鼓励志愿人员参与禁毒宣传教育和戒毒社会服务工作。地方各级人民政府应当对志愿人员进行指导、培训，并提供必要的工作条件。

第二章 禁毒宣传教育

第十一条 【国家禁毒宣传教育】国家采取各种形式开展全民禁毒宣传教育，普及毒品预防知识，增强公民的禁毒意识，提高公民自觉抵制毒品的能力。

国家鼓励公民、组织开展公益性的禁毒宣传活动。

第十二条 【各级政府和有关组织禁毒宣传教育】各级人民政府应当经常组织开展多种形式的禁毒宣传教育。

工会、共产主义青年团、妇女联合会应当结合各自工作对象的特点,组织开展禁毒宣传教育。

第十三条 【教育行政部门、学校禁毒宣传教育】教育行政部门、学校应当将禁毒知识纳入教育、教学内容,对学生进行禁毒宣传教育。公安机关、司法行政部门和卫生行政部门应当予以协助。

第十四条 【新闻媒体禁毒宣传教育】新闻、出版、文化、广播、电影、电视等有关单位,应当有针对性地面向社会进行禁毒宣传教育。

第十五条 【公共场所禁毒宣传教育】飞机场、火车站、长途汽车站、码头以及旅店、娱乐场所等公共场所的经营者、管理者,负责本场所的禁毒宣传教育,落实禁毒防范措施,预防毒品违法犯罪行为在本场所内发生。

第十六条 【单位内部禁毒宣传教育】国家机关、社会团体、企业事业单位以及其他组织,应当加强对本单位人员的禁毒宣传教育。

第十七条 【基层组织禁毒宣传教育】居民委员会、村民委员会应当协助人民政府以及公安机关等部门,加强禁毒宣传教育,落实禁毒防范措施。

第十八条 【监护人对未成年人的毒品危害教育】未成年人的父母或者其他监护人应当对未成年人进行毒品危害的教育,防止其吸食、注射毒品或者进行其他毒品违法犯罪活动。

第三章 毒品管制

第十九条 【麻醉药品药用原植物种植管制】国家对麻醉药品药用原植物种植实行管制。禁止非法种植罂粟、古柯植物、大麻植物以及国家规定管制的可以用于提炼加工毒品的其他原植物。禁止走私或者非法买卖、运输、携带、持有未经灭活的毒品原植物种子或者幼苗。

地方各级人民政府发现非法种植毒品原植物的,应当立即采取措施予以制止、铲除。村民委员会、居民委员会发现非法种植毒品原植物的,应当及时予以制止、铲除,并向当地公安机关报告。

第二十条 【麻醉药品提取、储存场所的警戒】国家确定的麻醉药品药用原植物种植企业,必须按照国家有关规定种植麻醉药品药用原植物。

国家确定的麻醉药品药用原植物种植企业的提取加工场所,以及国家设立的麻醉药品储存仓库,列为国家重点警戒目标。

未经许可,擅自进入国家确定的麻醉药品药用原植物种植企业的提取加工场所或者国家设立的麻醉药品储存仓库等警戒区域的,由警戒人员责令其立即离开;拒不离开的,强行带离现场。

第二十一条 【麻醉药品、精神药品、易制毒化学品管制】国家对麻醉药品和精神药品实行管制,对麻醉药品和精神药品的实验研究、生产、经营、使用、储存、运输实行许可和查验制度。

国家对易制毒化学品的生产、经营、购买、运输实行许可制度。

禁止非法生产、买卖、运输、储存、提供、持有、使用麻醉药品、精神药品和易制毒化学品。

第二十二条 【麻醉药品、精神药品、易制毒化学品进出口管理】国家对麻醉药品、精神药品和易制毒化学品的进口、出口实行许可制度。国务院有关部门应当按照规定的职责,对进口、出口麻醉药品、精神药品和易制毒化学品依法进行管理。禁止走私麻醉药品、精神药品和易制毒化学品。

第二十三条 【防止麻醉药品、精神药品、易制毒化学品流入非法渠道】发生麻醉药品、精神药品和易制毒化学品被盗、被抢、丢失或者其他流入非法渠道的情形,案发单位应当立即采取必要的控制措施,并立即向公安机关报告,同时依照规定向有关主管部门报告。

公安机关接到报告后,或者有证据证明麻醉药品、精神药品和易制毒化学品可能流入非法渠道的,应当及时开展调查,并可以对相关单位采取必要的控制措施。药品监督管理部门、卫生行政部门以及其他有关部门应当配合公安机关开展工作。

第二十四条 【禁止非法传授麻醉药品、精神药品、易制毒化学品的制造方法】禁止非法传授麻醉药品、精神药品和易制毒化学品的制造方法。公安机关接到举报或者发现非法传授麻醉药品、精神药品和易制毒化学品制造方法的,应当及时依法查处。

第二十五条 【麻醉药品、精神药品、易制毒化学品管理办法由国务院制定】麻醉药品、精神药品和易制毒化学品管理的具体办法，由国务院规定。

第二十六条 【毒品、易制毒化学品检查】公安机关根据查缉毒品的需要，可以在边境地区、交通要道、口岸以及飞机场、火车站、长途汽车站、码头对来往人员、物品、货物以及交通工具进行毒品和易制毒化学品检查，民航、铁路、交通部门应当予以配合。

海关应当依法加强对进出口岸的人员、物品、货物和运输工具的检查，防止走私毒品和易制毒化学品。

邮政企业应当依法加强对邮件的检查，防止邮寄毒品和非法邮寄易制毒化学品。

第二十七条 【娱乐场所巡查和报告毒品违法犯罪】娱乐场所应当建立巡查制度，发现娱乐场所内有毒品违法犯罪活动的，应当立即向公安机关报告。

第二十八条 【查获毒品和涉毒财物的收缴与处理】对依法查获的毒品，吸食、注射毒品的用具，毒品违法犯罪的非法所得及其收益，以及直接用于实施毒品违法犯罪行为的本人所有的工具、设备、资金，应当收缴，依照规定处理。

第二十九条 【可疑毒品犯罪资金监测】反洗钱行政主管部门应当依法加强对可疑毒品犯罪资金的监测。反洗钱行政主管部门和其他依法负有反洗钱监督管理职责的部门、机构发现涉嫌毒品犯罪的资金流动情况，应当及时向侦查机关报告，并配合侦查机关做好侦查、调查工作。

第三十条 【毒品监测和禁毒信息系统】国家建立健全毒品监测和禁毒信息系统，开展毒品监测和禁毒信息的收集、分析、使用、交流工作。

第四章 戒毒措施

第三十一条 【吸毒成瘾人员应当进行戒毒治疗】国家采取各种措施帮助吸毒人员戒除毒瘾，教育和挽救吸毒人员。

吸毒成瘾人员应当进行戒毒治疗。

吸毒成瘾的认定办法，由国务院卫生行政部门、药品监督管理部门、公安部门规定。

第三十二条 【对吸毒人员的检测和登记】公安机关可以对涉嫌吸毒的人员进行必要的检测，被检测人员应当予以配合；对拒绝接受检测的，经县级以上人民政府公安机关或者其派出机构负责人批准，可以强制检测。

公安机关应当对吸毒人员进行登记。

第三十三条 【社区戒毒】对吸毒成瘾人员，公安机关可以责令其接受社区戒毒，同时通知吸毒人员户籍所在地或者现居住地的城市街道办事处、乡镇人民政府。社区戒毒的期限为三年。

戒毒人员应当在户籍所在地接受社区戒毒；在户籍所在地以外的现居住地有固定住所的，可以在现居住地接受社区戒毒。

第三十四条 【社区戒毒的主管机构】城市街道办事处、乡镇人民政府负责社区戒毒工作。城市街道办事处、乡镇人民政府可以指定有关基层组织，根据戒毒人员本人和家庭情况，与戒毒人员签订社区戒毒协议，落实有针对性的社区戒毒措施。公安机关和司法行政、卫生行政、民政等部门应当对社区戒毒工作提供指导和协助。

城市街道办事处、乡镇人民政府，以及县级人民政府劳动行政部门对无职业且缺乏就业能力的戒毒人员，应当提供必要的职业技能培训、就业指导和就业援助。

第三十五条 【社区戒毒人员的义务】接受社区戒毒的戒毒人员应当遵守法律、法规，自觉履行社区戒毒协议，并根据公安机关的要求，定期接受检测。

对违反社区戒毒协议的戒毒人员，参与社区戒毒的工作人员应当进行批评、教育；对严重违反社区戒毒协议或者在社区戒毒期间又吸食、注射毒品的，应当及时向公安机关报告。

第三十六条 【戒毒医疗机构】吸毒人员可以自行到具有戒毒治疗资质的医疗机构接受戒毒治疗。

设置戒毒医疗机构或者医疗机构从事戒毒治疗业务的，应当符合国务院卫生行政部门规定的条件，报所在地的省、自治区、直辖市人民政府卫生行政部门批准，并报同级公安机关备案。戒毒治疗应当遵守国务院卫生行政部门制定的戒毒治疗规范，接受卫生行政部门的监督检查。

戒毒治疗不得以营利为目的。戒毒治疗的药品、医疗器械和治疗方法不得做广告。戒毒治疗收取费用的，应当按照省、自治区、直辖市人民政府价格主管部门会同卫生行政部门制定的收费标准执行。

第三十七条 【戒毒医疗机构职责】医疗机构根据戒毒治疗的需要,可以对接受戒毒治疗的戒毒人员进行身体和所携带物品的检查;对在治疗期间有人身危险的,可以采取必要的临时保护性约束措施。

发现接受戒毒治疗的戒毒人员在治疗期间吸食、注射毒品的,医疗机构应当及时向公安机关报告。

第三十八条 【强制隔离戒毒适用条件】吸毒成瘾人员有下列情形之一的,由县级以上人民政府公安机关作出强制隔离戒毒的决定:

(一)拒绝接受社区戒毒的;

(二)在社区戒毒期间吸食、注射毒品的;

(三)严重违反社区戒毒协议的;

(四)经社区戒毒、强制隔离戒毒后再次吸食、注射毒品的。

对于吸毒成瘾严重,通过社区戒毒难以戒除毒瘾的人员,公安机关可以直接作出强制隔离戒毒的决定。

吸毒成瘾人员自愿接受强制隔离戒毒的,经公安机关同意,可以进入强制隔离戒毒场所戒毒。

第三十九条 【不适用强制隔离戒毒的情形】怀孕或者正在哺乳自己不满一周岁婴儿的妇女吸毒成瘾的,不适用强制隔离戒毒。不满十六周岁的未成年人吸毒成瘾的,可以不适用强制隔离戒毒。

对依照前款规定不适用强制隔离戒毒的吸毒成瘾人员,依照本法规定进行社区戒毒,由负责社区戒毒工作的城市街道办事处、乡镇人民政府加强帮助、教育和监督,督促落实社区戒毒措施。

第四十条 【强制隔离戒毒的决定程序和救济措施】公安机关对吸毒成瘾人员决定予以强制隔离戒毒的,应当制作强制隔离戒毒决定书,在执行强制隔离戒毒前送达被决定人,并在送达后二十四小时以内通知被决定人的家属、所在单位和户籍所在地公安派出所;被决定人不讲真实姓名、住址,身份不明的,公安机关应当自查清其身份后通知。

被决定人对公安机关作出的强制隔离戒毒决定不服的,可以依法申请行政复议或者提起行政诉讼。

第四十一条 【强制隔离戒毒场所】对被决定予以强制隔离戒毒的人员,由作出决定的公安机关送强制隔离戒毒场所执行。

强制隔离戒毒场所的设置、管理体制和经费保障,由国务院规定。

第四十二条 【戒毒人员入所查检】戒毒人员进入强制隔离戒毒场所戒毒时,应当接受对其身体和所携带物品的检查。

第四十三条 【强制隔离戒毒的内容】强制隔离戒毒场所应当根据戒毒人员吸食、注射毒品的种类及成瘾程度等,对戒毒人员进行有针对性的生理、心理治疗和身体康复训练。

根据戒毒的需要,强制隔离戒毒场所可以组织戒毒人员参加必要的生产劳动,对戒毒人员进行职业技能培训。组织戒毒人员参加生产劳动的,应当支付劳动报酬。

第四十四条 【强制隔离戒毒场所的管理】强制隔离戒毒场所应当根据戒毒人员的性别、年龄、患病等情况,对戒毒人员实行分别管理。

强制隔离戒毒场所对有严重残疾或者疾病的戒毒人员,应当给予必要的看护和治疗;对患有传染病的戒毒人员,应当依法采取必要的隔离、治疗措施;对可能发生自伤、自残等情形的戒毒人员,可以采取相应的保护性约束措施。

强制隔离戒毒场所管理人员不得体罚、虐待或者侮辱戒毒人员。

第四十五条 【强制隔离戒毒场所配备执业医师】强制隔离戒毒场所应当根据戒毒治疗的需要配备执业医师。强制隔离戒毒场所的执业医师具有麻醉药品和精神药品处方权的,可以按照有关技术规范对戒毒人员使用麻醉药品、精神药品。

卫生行政部门应当加强对强制隔离戒毒场所执业医师的业务指导和监督管理。

第四十六条 【探访、探视和物品的检查】戒毒人员的亲属和所在单位或者就读学校的工作人员,可以按照有关规定探访戒毒人员。戒毒人员经强制隔离戒毒场所批准,可以外出探视配偶、直系亲属。

强制隔离戒毒场所管理人员应当对强制隔离戒毒场所以外的人员交给戒毒人员的物品和邮件进行检查,防止夹带毒品。在检查邮件时,应当依法保护戒毒人员的通信自由和通信秘密。

第四十七条 【强制隔离戒毒期限】强制隔离戒毒的期限为二年。

执行强制隔离戒毒一年后,经诊断评估,对于戒毒情况良好的戒毒人员,强制隔离戒毒场所可以提出提前解除强制隔离戒毒的意见,报强制隔离戒毒的决定机关批准。

强制隔离戒毒期满前,经诊断评估,对于需要延长戒毒期限的戒毒人员,由强制隔离戒毒场所提出延长戒毒期限的意见,报强制隔离戒毒的决定机关批准。强制隔离戒毒的期限最长可以延长一年。

第四十八条 【社区康复】对于被解除强制隔离戒毒的人员,强制隔离戒毒的决定机关可以责令其接受不超过三年的社区康复。

社区康复参照本法关于社区戒毒的规定实施。

第四十九条 【戒毒康复场所】县级以上地方各级人民政府根据戒毒工作的需要,可以开办戒毒康复场所;对社会力量依法开办的公益性戒毒康复场所应当给予扶持,提供必要的便利和帮助。

戒毒人员可以自愿在戒毒康复场所生活、劳动。戒毒康复场所组织戒毒人员参加生产劳动的,应当参照国家劳动用工制度的规定支付劳动报酬。

第五十条 【被限制人身自由的人员的戒毒治疗】公安机关、司法行政部门对被依法拘留、逮捕、收监执行刑罚以及被依法采取强制性教育措施的吸毒人员,应当给予必要的戒毒治疗。

第五十一条 【药物维持治疗】省、自治区、直辖市人民政府卫生行政部门会同公安机关、药品监督管理部门依照国家有关规定,根据巩固戒毒成果的需要和本行政区域艾滋病流行情况,可以组织开展戒毒药物维持治疗工作。

第五十二条 【戒毒人员不受歧视】戒毒人员在入学、就业、享受社会保障等方面不受歧视。有关部门、组织和人员应当在入学、就业、享受社会保障等方面对戒毒人员给予必要的指导和帮助。

第五章 禁毒国际合作

第五十三条 【禁毒国际合作的原则】中华人民共和国根据缔结或者参加的国际条约或者按照对等原则,开展禁毒国际合作。

第五十四条 【国家禁毒委员会的国际合作职责】国家禁毒委员会根据国务院授权,负责组织开展禁毒国际合作,履行国际禁毒公约义务。

第五十五条 【毒品犯罪的司法协助】涉及追究毒品犯罪的司法协助,由司法机关依照有关法律的规定办理。

第五十六条 【执法合作】国务院有关部门应当按照各自职责,加强与有关国家或者地区执法机关以及国际组织的禁毒情报信息交流,依法开展禁毒执法合作。

经国务院公安部门批准,边境地区县级以上人民政府公安机关可以与有关国家或者地区的执法机关开展执法合作。

第五十七条 【涉案财物分享】通过禁毒国际合作破获毒品犯罪案件的,中华人民共和国政府可以与有关国家分享查获的非法所得、由非法所得获得的收益以及供毒品犯罪使用的财物或者财物变卖所得的款项。

第五十八条 【对外援助】国务院有关部门根据国务院授权,可以通过对外援助等渠道,支持有关国家实施毒品原植物替代种植、发展替代产业。

第六章 法律责任

第五十九条 【毒品违法犯罪行为的法律责任】有下列行为之一,构成犯罪的,依法追究刑事责任;尚不构成犯罪的,依法给予治安管理处罚:

(一)走私、贩卖、运输、制造毒品的;

(二)非法持有毒品的;

(三)非法种植毒品原植物的;

(四)非法买卖、运输、携带、持有未经灭活的毒品原植物种子或者幼苗的;

(五)非法传授麻醉药品、精神药品或者易制毒化学品制造方法的;

(六)强迫、引诱、教唆、欺骗他人吸食、注射毒品的;

(七)向他人提供毒品的。

第六十条 【妨害毒品查禁工作行为的法律责任】有下列行为之一,构成犯罪的,依法追究刑事责任;尚不构成犯罪的,依法给予治安管理处罚:

(一)包庇走私、贩卖、运输、制造毒品的犯罪分子,以及为犯罪分子窝藏、转移、隐瞒毒品或者犯罪所得财物的;

(二)在公安机关查处毒品违法犯罪活动时为违法犯罪行为人通风报信的;

(三)阻碍依法进行毒品检查的;

(四)隐藏、转移、变卖或者损毁司法机关、行政执法机关依法扣押、查封、冻结的涉及毒品违法犯罪活动的财物的。

第六十一条 【容留他人吸毒、介绍买卖毒品的法律责任】容留他人吸食、注射毒品或者介绍买卖毒品,构成犯罪的,依法追究刑事责任;尚不构成犯罪的,由公安机关处十日以上十五日以下拘留,可以并处三千元以下罚款;情节较轻的,处五日以下拘留或者五百元以下罚款。

第六十二条 【吸毒的法律责任】吸食、注射毒品的,依法给予治安管理处罚。吸毒人员主动到公安机关登记或者到有资质的医疗机构接受戒毒治疗的,不予处罚。

第六十三条 【违反麻醉药品、精神药品管制的法律责任】在麻醉药品、精神药品的实验研究、生产、经营、使用、储存、运输、进口、出口以及麻醉药品药用原植物种植活动中,违反国家规定,致使麻醉药品、精神药品或者麻醉药品药用原植物流入非法渠道,构成犯罪的,依法追究刑事责任;尚不构成犯罪的,依照有关法律、行政法规的规定给予处罚。

第六十四条 【违反易制毒化学品管制的法律责任】在易制毒化学品的生产、经营、购买、运输或者进口、出口活动中,违反国家规定,致使易制毒化学品流入非法渠道,构成犯罪的,依法追究刑事责任;尚不构成犯罪的,依照有关法律、行政法规的规定给予处罚。

第六十五条 【娱乐场所涉毒违法犯罪行为的法律责任】娱乐场所及其从业人员实施毒品违法犯罪行为,或者为进入娱乐场所的人员实施毒品违法犯罪行为提供条件,构成犯罪的,依法追究刑事责任;尚不构成犯罪的,依照有关法律、行政法规的规定给予处罚。

娱乐场所经营管理人员明知场所内发生聚众吸食、注射毒品或者贩毒活动,不向公安机关报告的,依照前款的规定给予处罚。

第六十六条 【非法从事戒毒治疗业务的法律责任】未经批准,擅自从事戒毒治疗业务的,由卫生行政部门责令停止违法业务活动,没收违法所得和使用的药品、医疗器械等物品;构成犯罪的,依法追究刑事责任。

第六十七条 【戒毒医疗机构发现吸毒不报告的法律责任】戒毒医疗机构发现接受戒毒治疗的戒毒人员在治疗期间吸食、注射毒品,不向公安机关报告的,由卫生行政部门责令改正;情节严重的,责令停业整顿。

第六十八条 【违反麻醉药品、精神药品使用规定的法律责任】强制隔离戒毒场所、医疗机构、医师违反规定使用麻醉药品、精神药品,构成犯罪的,依法追究刑事责任;尚不构成犯罪的,依照有关法律、行政法规的规定给予处罚。

第六十九条 【禁毒工作人员违法犯罪行为的法律责任】公安机关、司法行政部门或者其他有关主管部门的工作人员在禁毒工作中有下列行为之一,构成犯罪的,依法追究刑事责任;尚不构成犯罪的,依法给予处分:

(一)包庇、纵容毒品违法犯罪人员的;

(二)对戒毒人员有体罚、虐待、侮辱等行为的;

(三)挪用、截留、克扣禁毒经费的;

(四)擅自处分查获的毒品和扣押、查封、冻结的涉及毒品违法犯罪活动的财物的。

第七十条 【歧视戒毒人员的法律责任】有关单位及其工作人员在入学、就业、享受社会保障等方面歧视戒毒人员的,由教育行政部门、劳动行政部门责令改正;给当事人造成损失的,依法承担赔偿责任。

第七章 附 则

第七十一条 【关于法律效力的规定】本法自2008年6月1日起施行。《全国人民代表大会常务委员会关于禁毒的决定》同时废止。

戒毒条例

(2011年6月26日国务院令第597号公布 根据2018年9月18日《国务院关于修改部分行政法规的决定》修订)

第一章 总 则

第一条 为了规范戒毒工作,帮助吸毒成瘾人员戒除毒瘾,维护社会秩序,根据《中华人民共和国禁毒法》,制定本条例。

第二条 县级以上人民政府应当建立政府统一领导,禁毒委员会组织、协调、指导,有关部门各负其责,社会力量广泛参与的戒毒工作体制。

戒毒工作坚持以人为本、科学戒毒、综合矫治、关怀救助的原则,采取自愿戒毒、社区戒毒、强制隔离戒毒、社区康复等多种措施,建立戒毒治疗、康复指导、救助服务兼备的工作体系。

第三条 县级以上人民政府应当按照国家有关规定将戒毒工作所需经费列入本级财政预算。

第四条 县级以上地方人民政府设立的禁毒委员会可以组织公安机关、卫生行政和负责药品监督管理的部门开展吸毒监测、调查,并向社会公开监测、调查结果。

县级以上地方人民政府公安机关负责对涉嫌吸毒人员进行检测,对吸毒人员进行登记并依法实行动态管控,依法责令社区戒毒、决定强制隔离戒毒、责令社区康复,管理公安机关的强制隔离戒毒场所、戒毒康复场所,对社区戒毒、社区康复工作提供指导和支持。

设区的市级以上地方人民政府司法行政部门负责管理司法行政部门的强制隔离戒毒场所、戒毒康复场所,对社区戒毒、社区康复工作提供指导和支持。

县级以上地方人民政府卫生行政部门负责戒毒医疗机构的监督管理,会同公安机关、司法行政等部门制定戒毒医疗机构设置规划,对戒毒医疗服务提供指导和支持。

县级以上地方人民政府民政、人力资源社会保障、教育等部门依据各自的职责,对社区戒毒、社区康复工作提供康复和职业技能培训等指导和支持。

第五条 乡(镇)人民政府、城市街道办事处负责社区戒毒、社区康复工作。

第六条 县级、设区的市级人民政府需要设置强制隔离戒毒场所、戒毒康复场所的,应当合理布局,报省、自治区、直辖市人民政府批准,并纳入当地国民经济和社会发展规划。

强制隔离戒毒场所、戒毒康复场所的建设标准,由国务院建设部门、发展改革部门会同国务院公安部门、司法行政部门制定。

第七条 戒毒人员在入学、就业、享受社会保障等方面不受歧视。

对戒毒人员戒毒的个人信息应当依法予以保密。对戒断3年未复吸的人员,不再实行动态管控。

第八条 国家鼓励、扶持社会组织、企业、事业单位和个人参与戒毒科研、戒毒社会服务和戒毒社会公益事业。

对在戒毒工作中有显著成绩和突出贡献的,按照国家有关规定给予表彰、奖励。

第二章 自愿戒毒

第九条 国家鼓励吸毒成瘾人员自行戒除毒瘾。吸毒人员可以自行到戒毒医疗机构接受戒毒治疗。对自愿接受戒毒治疗的吸毒人员,公安机关对其原吸毒行为不予处罚。

第十条 戒毒医疗机构应当与自愿戒毒人员或者其监护人签订自愿戒毒协议,就戒毒方法、戒毒期限、戒毒的个人信息保密、戒毒人员应当遵守的规章制度、终止戒毒治疗的情形等作出约定,并应当载明戒毒疗效、戒毒治疗风险。

第十一条 戒毒医疗机构应当履行下列义务:

(一)对自愿戒毒人员开展艾滋病等传染病的预防、咨询教育;

(二)对自愿戒毒人员采取脱毒治疗、心理康复、行为矫治等多种治疗措施,并应当符合国务院卫生行政部门制定的戒毒治疗规范;

(三)采用科学、规范的诊疗技术和方法,使用的药物、医院制剂、医疗器械应当符合国家有关规定;

(四)依法加强药品管理,防止麻醉药品、精神药品流失滥用。

第十二条 符合参加戒毒药物维持治疗条件的戒毒人员,由本人申请,并经登记,可以参加戒毒药物维持治疗。登记参加戒毒药物维持治疗的戒毒人员的信息应当及时报公安机关备案。

戒毒药物维持治疗的管理办法,由国务院卫生行政部门会同国务院公安部门、药品监督管理部门制定。

第三章 社区戒毒

第十三条 对吸毒成瘾人员,县级、设区的市级人民政府公安机关可以责令其接受社区戒毒,并出具责令社区戒毒决定书,送达本人及其家属,通知本人户籍所在地或者现居住地乡(镇)人民政府、城市街道办事处。

第十四条 社区戒毒人员应当自收到责令社区戒毒决定书之日起15日内到社区戒毒执行地乡(镇)人民政府、城市街道办事处报到,无正当理由逾期不报到的,视为拒绝接受社区戒毒。

社区戒毒的期限为3年,自报到之日起计算。

第十五条 乡(镇)人民政府、城市街道办事处应当根据工作需要成立社区戒毒工作领导小组,配备社区戒毒专职工作人员,制定社区戒毒工作计划,落实社区戒毒措施。

第十六条 乡(镇)人民政府、城市街道办事处,应当在社区戒毒人员报到后及时与其签订社区戒毒协议,明确社区戒毒的具体措施、社区戒毒人员应当遵守的规定以及违反社区戒毒协议应承担的责任。

第十七条 社区戒毒专职工作人员、社区民警、社区医务人员、社区戒毒人员的家庭成员以及禁毒志愿者共同组成社区戒毒工作小组具体实施社区戒毒。

第十八条 乡(镇)人民政府、城市街道办事处和社区戒毒工作小组应当采取下列措施管理、帮助社区戒毒人员:

(一)戒毒知识辅导;

(二)教育、劝诫;

(三)职业技能培训,职业指导,就学、就业、就医援助;

(四)帮助戒毒人员戒除毒瘾的其他措施。

第十九条 社区戒毒人员应当遵守下列规定:

(一)履行社区戒毒协议;

(二)根据公安机关的要求,定期接受检测;

(三)离开社区戒毒执行地所在县(市、区)3日以上的,须书面报告。

第二十条 社区戒毒人员在社区戒毒期间,逃避或者拒绝接受检测3次以上,擅自离开社区戒毒执行地所在县(市、区)3次以上或者累计超过30日的,属于《中华人民共和国禁毒法》规定的“严重违反社区戒毒协议”。

第二十一条 社区戒毒人员拒绝接受社区戒毒,在社区戒毒期间又吸食、注射毒品,以及严重违反社区戒毒协议的,社区戒毒专职工作人员应当及时向当地公安机关报告。

第二十二条 社区戒毒人员的户籍所在地或者现居住地发生变化,需要变更社区戒毒执行地的,社区戒毒执行地乡(镇)人民政府、城市街道办事处应当将有关材料转送至变更后的乡(镇)人民政府、城市街道办事处。

社区戒毒人员应当自社区戒毒执行地变更之日起15日内前往变更后的乡(镇)人民政府、城市街道办事处报到,社区戒毒时间自报到之日起连续计算。

变更后的乡(镇)人民政府、城市街道办事处,应当按照本条例第十六条的规定,与社区戒毒人员签订新的社区戒毒协议,继续执行社区戒毒。

第二十三条 社区戒毒自期满之日起解除。社区戒毒执行地公安机关应当出具解除社区戒毒通知书送达社区戒毒人员本人及其家属,并在7日内通知社区戒毒执行地乡(镇)人民政府、城市街道办事处。

第二十四条 社区戒毒人员被依法收监执行刑罚、采取强制性教育措施的,社区戒毒终止。

社区戒毒人员被依法拘留、逮捕的,社区戒毒中止,由羁押场所给予必要的戒毒治疗,释放后继续接受社区戒毒。

第四章 强制隔离戒毒

第二十五条 吸毒成瘾人员有《中华人民共和国禁毒法》第三十八条第一款所列情形之一的,由县级、设区的市级人民政府公安机关作出强制隔离戒毒的决定。

对于吸毒成瘾严重,通过社区戒毒难以戒除毒瘾的人员,县级、设区的市级人民政府公安机关可以直接作出强制隔离戒毒的决定。

吸毒成瘾人员自愿接受强制隔离戒毒的,经强制隔离戒毒场所所在地县级、设区的市级人民政府公安机关同意,可以进入强制隔离戒毒场所戒毒。强制隔离戒毒场所应当与其就戒毒治疗期限、戒毒治疗措施等作出约定。

第二十六条 对依照《中华人民共和国禁毒法》第三十九条第一款规定不适用强制隔离戒毒的吸毒成瘾人员,县级、设区的市级人民政府公安机关应当作出社区戒毒的决定,依照本条例第三章的规定进行社区戒毒。

第二十七条 强制隔离戒毒的期限为2年,自作出强制隔离戒毒决定之日起计算。

被强制隔离戒毒的人员在公安机关的强制隔离戒毒场所执行强制隔离戒毒3个月至6个月后,转至司法行政部门的强制隔离戒毒场所继续执行强制隔离戒毒。

执行前款规定不具备条件的省、自治区、直辖市,由公安机关和司法行政部门共同提出意见报省、自治区、直辖市人民政府决定具体执行方案,但在公安机关的强制隔离戒毒场所执行强制隔离戒毒的时间不得超过12个月。

第二十八条 强制隔离戒毒场所对强制隔离戒毒人员的身体和携带物品进行检查时发现的毒品等违禁品,应当依法处理;对生活必需品以外的其他物品,由强制隔离戒毒场所代为保管。

女性强制隔离戒毒人员的身体检查,应当由女性工作人员进行。

第二十九条 强制隔离戒毒场所设立戒毒医疗机构应当经所在地省、自治区、直辖市人民政府卫生行政部门批准。强制隔离戒毒场所应当配备设施设备及必要的管理人员,依法为强制隔离戒毒人员提供科学规范的戒毒治疗、心理治疗、身体康复训练和卫生、道德、法制教育,开展职业技能培训。

第三十条 强制隔离戒毒场所应当根据强制隔离戒毒人员的性别、年龄、患病等情况对强制隔离戒毒人员实行分别管理;对吸食不同种类毒品的,应当有针对性地采取必要的治疗措施;根据戒毒治疗的不同阶段和强制隔离戒毒人员的表现,实行逐步适应社会的分级管理。

第三十一条 强制隔离戒毒人员患严重疾病,不出所治疗可能危及生命的,经强制隔离戒毒场所主管机关批准,并报强制隔离戒毒决定机关备案,强制隔离戒毒场所可以允许其所外就医。所外就医的费用由强制隔离戒毒人员本人承担。

所外就医期间,强制隔离戒毒期限连续计算。对于健康状况不再适宜回所执行强制隔离戒毒的,强制隔离戒毒场所应当向强制隔离戒毒决定机关提出变更为社区戒毒的建议,强制隔离戒毒决定机关应当自收到建议之日起7日内,作出是否批准的决定。经批准变更为社区戒毒的,已执行的强制隔离戒毒期限折抵社区戒毒期限。

第三十二条 强制隔离戒毒人员脱逃的,强制隔离戒毒场所应当立即通知所在地县级人民政府公安机关,并配合公安机关追回脱逃人员。被追回的强制隔离戒毒人员应当继续执行强制隔离戒毒,脱逃期间不计入强制隔离戒毒期限。被追回的强制隔离戒毒人员不得提前解除强制隔离戒毒。

第三十三条 对强制隔离戒毒场所依照《中华人民共和国禁毒法》第四十七条第二款、第三款规定提出的提前解除强制隔离戒毒、延长戒毒期限的意见,强制隔离戒毒决定机关应当自收到意见之日起7日内,作出是否批准的决定。对提前解除强制隔离戒毒或者延长强制隔离戒毒期限的,批准机关应当出具提前解除强制隔离戒毒决定书或者延长强制隔离戒毒期限决定书,送达被决定人,并在送达后24小时以内通知被决定人的家属、所在单位以及其户籍所在地或者现居住地公安派出所。

第三十四条 解除强制隔离戒毒的,强制隔离戒毒场所应当在解除强制隔离戒毒3日前通知强制隔离戒毒决定机关,出具解除强制隔离戒毒证明书送达戒毒人员本人,并通知其家属、所在单位、其户籍所在地或者现居住地公安派出所将其领回。

第三十五条 强制隔离戒毒诊断评估办法由国务院公安部门、司法行政部门会同国务院卫生行政部门制定。

第三十六条 强制隔离戒毒人员被依法收监执行刑罚、采取强制性教育措施或者被依法拘留、逮捕的,由监管场所、羁押场所给予必要的戒毒治疗,强制隔离戒毒的时间连续计算;刑罚执行完毕时、解除强制性教育措施时或者释放时强制隔离戒毒尚未期满的,继续执行强制隔离戒毒。

第五章 社区康复

第三十七条 对解除强制隔离戒毒的人员,强制隔离戒毒的决定机关可以责令其接受不超过3年的社区康复。

社区康复在当事人户籍所在地或者现居住地乡(镇)人民政府、城市街道办事处执行,经当事人同意,也可以在戒毒康复场所中执行。

第三十八条 被责令接受社区康复的人员,应当自收到责令社区康复决定书之日起15日内到户籍所在地或者现居住地乡(镇)人民政府、城市街道办事处报到,签订社区康复协议。

被责令接受社区康复的人员拒绝接受社区康复或者严重违反社区康复协议,并再次吸食、注射毒品被决定强制隔离戒毒的,强制隔离戒毒不得提前解除。

第三十九条 负责社区康复工作的人员应当为社区康复人员提供必要的心理治疗和辅导、职业技能培训、职业指导以及就学、就业、就医援助。

第四十条 社区康复自期满之日起解除。社区康复执行地公安机关出具解除社区康复通知书送达社区康复人员本人及其家属，并在7日内通知社区康复执行地乡(镇)人民政府、城市街道办事处。

第四十一条 自愿戒毒人员、社区戒毒、社区康复的人员可以自愿与戒毒康复场所签订协议，到戒毒康复场所戒毒康复、生活和劳动。

戒毒康复场所应当配备必要的管理人员和医务人员，为戒毒人员提供戒毒康复、职业技能培训和生产劳动条件。

第四十二条 戒毒康复场所应当加强管理，严禁毒品流入，并建立戒毒康复人员自我管理、自我教育、自我服务的机制。

戒毒康复场所组织戒毒人员参加生产劳动，应当参照国家劳动用工制度的规定支付劳动报酬。

第六章 法律责任

第四十三条 公安、司法行政、卫生行政等有关部门工作人员泄露戒毒人员个人信息的，依法给予处分；构成犯罪的，依法追究刑事责任。

第四十四条 乡(镇)人民政府、城市街道办事处负责社区戒毒、社区康复工作的人员有下列行为之一的，依法给予处分：

(一)未与社区戒毒、社区康复人员签订社区戒毒、社区康复协议，不落实社区戒毒、社区康复措施的；

(二)不履行本条例第二十一条规定的报告义务的；

(三)其他不履行社区戒毒、社区康复监督职责的行为。

第四十五条 强制隔离戒毒场所的工作人员有下列行为之一的，依法给予处分；构成犯罪的，依法追究刑事责任：

(一)侮辱、虐待、体罚强制隔离戒毒人员的；

(二)收受、索要财物的；

(三)擅自使用、损毁、处理没收或者代为保管的财物的；

(四)为强制隔离戒毒人员提供麻醉药品、精神药品或者违反规定传递其他物品的；

(五)在强制隔离戒毒诊断评估工作中弄虚作假的；

(六)私放强制隔离戒毒人员的；

(七)其他徇私舞弊、玩忽职守、不履行法定职责的行为。

第七章 附 则

第四十六条 本条例自公布之日起施行。1995年1月12日国务院发布的《强制戒毒办法》同时废止。

(四)交通安全

中华人民共和国道路交通安全法

(2003年10月28日第十届全国人民代表大会常务委员会第五次会议通过 根据2007年12月29日第十届全国人民代表大会常务委员会第三十一次会议《关于修改〈中华人民共和国道路交通安全法〉的决定》第一次修正 根据2011年4月22日第十一届全国人民代表大会常务委员会第二十次会议《关于修改〈中华人民共和国道路交通安全法〉的决定》第二次修正)

目 录

第一章 总 则
第二章 车辆和驾驶人
 第一节 机动车、非机动车
 第二节 机动车驾驶人
第三章 道路通行条件
第四章 道路通行规定
 第一节 一般规定
 第二节 机动车通行规定
 第三节 非机动车通行规定
 第四节 行人和乘车人通行规定
 第五节 高速公路的特别规定
第五章 交通事故处理
第六章 执法监督
第七章 法律责任
第八章 附 则

第一章 总 则

第一条 【立法宗旨】为了维护道路交通秩

序,预防和减少交通事故,保护人身安全,保护公民、法人和其他组织的财产安全及其他合法权益,提高通行效率,制定本法。

第二条 【适用范围】中华人民共和国境内的车辆驾驶人、行人、乘车人以及与道路交通活动有关的单位和个人,都应当遵守本法。

第三条 【基本原则】道路交通安全工作,应当遵循依法管理、方便群众的原则,保障道路交通有序、安全、畅通。

第四条 【道路交通安全管理规划及实施】各级人民政府应当保障道路交通安全管理工作与经济建设和社会发展相适应。

县级以上地方各级人民政府应当适应道路交通发展的需要,依据道路交通安全法律、法规和国家有关政策,制定道路交通安全管理规划,并组织实施。

第五条 【道路交通安全工作的管辖】国务院公安部门负责全国道路交通安全管理工作。县级以上地方各级人民政府公安机关交通管理部门负责本行政区域内的道路交通安全管理工作。

县级以上各级人民政府交通、建设管理部门依据各自职责,负责有关的道路交通工作。

第六条 【道路交通安全宣传】各级人民政府应当经常进行道路交通安全教育,提高公民的道路交通安全意识。

公安机关交通管理部门及其交通警察执行职务时,应当加强道路交通安全法律、法规的宣传,并模范遵守道路交通安全法律、法规。

机关、部队、企业事业单位、社会团体以及其他组织,应当对本单位的人员进行道路交通安全教育。

教育行政部门、学校应当将道路交通安全教育纳入法制教育的内容。

新闻、出版、广播、电视等有关单位,有进行道路交通安全教育的义务。

第七条 【道路交通安全管理的发展要求】对道路交通安全管理工作,应当加强科学研究,推广、使用先进的管理方法、技术、设备。

第二章 车辆和驾驶人

第一节 机动车、非机动车

第八条 【机动车登记制度】国家对机动车实行登记制度。机动车经公安机关交通管理部门登记后,方可上道路行驶。尚未登记的机动车,需要临时上道路行驶的,应当取得临时通行牌证。

第九条 【注册登记】申请机动车登记,应当提交以下证明、凭证:

(一)机动车所有人的身份证明;

(二)机动车来历证明;

(三)机动车整车出厂合格证明或者进口机动车进口凭证;

(四)车辆购置税的完税证明或者免税凭证;

(五)法律、行政法规规定应当在机动车登记时提交的其他证明、凭证。

公安机关交通管理部门应当自受理申请之日起五个工作日内完成机动车登记审查工作,对符合前款规定条件的,应当发放机动车登记证书、号牌和行驶证;对不符合前款规定条件的,应当向申请人说明不予登记的理由。

公安机关交通管理部门以外的任何单位或者个人不得发放机动车号牌或者要求机动车悬挂其他号牌,本法另有规定的除外。

机动车登记证书、号牌、行驶证的式样由国务院公安部门规定并监制。

第十条 【机动车应符合国家安全技术标准】准予登记的机动车应当符合机动车国家安全技术标准。申请机动车登记时,应当接受对该机动车的安全技术检验。但是,经国家机动车产品主管部门依据机动车国家安全技术标准认定的企业生产的机动车型,该车型的新车在出厂时经检验符合机动车国家安全技术标准,获得检验合格证的,免予安全技术检验。

第十一条 【机动车上道行驶手续和号牌悬挂】驾驶机动车上道路行驶,应当悬挂机动车号牌,放置检验合格标志、保险标志,并随车携带机动车行驶证。

机动车号牌应当按照规定悬挂并保持清晰、完整,不得故意遮挡、污损。

任何单位和个人不得收缴、扣留机动车号牌。

第十二条 【变更登记】有下列情形之一的,应当办理相应的登记:

(一)机动车所有权发生转移的;

(二)机动车登记内容变更的;

(三)机动车用作抵押的;

(四)机动车报废的。

第十三条 【机动车安检】对登记后上道路行驶的机动车,应当依照法律、行政法规的规定,根据车辆用途、载客载货数量、使用年限等不同情况,定期进行安全技术检验。对提供机动车行驶证和机动车第三者责任强制保险单的,机动车安全技术检验机构应当予以检验,任何单位不得附加其他条件。对符合机动车国家安全技术标准的,公安机关交通管理部门应当发给检验合格标志。

对机动车的安全技术检验实行社会化。具体办法由国务院规定。

机动车安全技术检验实行社会化的地方,任何单位不得要求机动车到指定的场所进行检验。

公安机关交通管理部门、机动车安全技术检验机构不得要求机动车到指定的场所进行维修、保养。

机动车安全技术检验机构对机动车检验收取费用,应当严格执行国务院价格主管部门核定的收费标准。

第十四条 【强制报废制度】国家实行机动车强制报废制度,根据机动车的安全技术状况和不同用途,规定不同的报废标准。

应当报废的机动车必须及时办理注销登记。

达到报废标准的机动车不得上道路行驶。报废的大型客、货车及其他营运车辆应当在公安机关交通管理部门的监督下解体。

第十五条 【特种车辆标志图案的喷涂和警报器、标志灯具的安装、使用】警车、消防车、救护车、工程救险车应当按照规定喷涂标志图案,安装警报器、标志灯具。其他机动车不得喷涂、安装、使用上述车辆专用的或者与其相类似的标志图案、警报器或者标志灯具。

警车、消防车、救护车、工程救险车应当严格按照规定的用途和条件使用。

公路监督检查的专用车辆,应当依照公路法的规定,设置统一的标志和示警灯。

第十六条 【禁止拼装、改变、伪造、变造等违法行为】任何单位或者个人不得有下列行为:

(一)拼装机动车或者擅自改变机动车已登记的结构、构造或者特征;

(二)改变机动车型号、发动机号、车架号或者车辆识别代号;

(三)伪造、变造或者使用伪造、变造的机动车登记证书、号牌、行驶证、检验合格标志、保险标志;

(四)使用其他机动车的登记证书、号牌、行驶证、检验合格标志、保险标志。

第十七条 【机动车第三者责任强制保险制度和道路交通事故社会救助基金】国家实行机动车第三者责任强制保险制度,设立道路交通事故社会救助基金。具体办法由国务院规定。

第十八条 【非机动车的管理】依法应当登记的非机动车,经公安机关交通管理部门登记后,方可上道路行驶。

依法应当登记的非机动车的种类,由省、自治区、直辖市人民政府根据当地实际情况规定。

非机动车的外形尺寸、质量、制动器、车铃和夜间反光装置,应当符合非机动车安全技术标准。

第二节 机动车驾驶人

第十九条 【驾驶证】驾驶机动车,应当依法取得机动车驾驶证。

申请机动车驾驶证,应当符合国务院公安部门规定的驾驶许可条件;经考试合格后,由公安机关交通管理部门发给相应类别的机动车驾驶证。

持有境外机动车驾驶证的人,符合国务院公安部门规定的驾驶许可条件,经公安机关交通管理部门考核合格的,可以发给中国的机动车驾驶证。

驾驶人应当按照驾驶证载明的准驾车型驾驶机动车;驾驶机动车时,应当随身携带机动车驾驶证。

公安机关交通管理部门以外的任何单位或者个人,不得收缴、扣留机动车驾驶证。

第二十条 【驾驶培训】机动车的驾驶培训实行社会化,由交通主管部门对驾驶培训学校、驾驶培训班实行资格管理,其中专门的拖拉机驾驶培训学校、驾驶培训班由农业(农业机械)主管部门实行资格管理。

驾驶培训学校、驾驶培训班应当严格按照国家有关规定,对学员进行道路交通安全法律、法规、驾驶技能的培训,确保培训质量。

任何国家机关以及驾驶培训和考试主管部门不得举办或者参与举办驾驶培训学校、驾驶培训班。

第二十一条 【上路行驶前的安全检查】驾驶人驾驶机动车上道路行驶前,应当对机动车的安全技术性能进行认真检查;不得驾驶安全设施不全或者机件不符合技术标准等具有安全隐患的机动车。

第二十二条 【机动车驾驶人应当安全驾驶】机动车驾驶人应当遵守道路交通安全法律、法规的规定，按照操作规范安全驾驶、文明驾驶。

饮酒、服用国家管制的精神药品或者麻醉药品，或者患有妨碍安全驾驶机动车的疾病，或者过度疲劳影响安全驾驶的，不得驾驶机动车。

任何人不得强迫、指使、纵容驾驶人违反道路交通安全法律、法规和机动车安全驾驶要求驾驶机动车。

第二十三条 【机动车驾驶证定期审验】公安机关交通管理部门依照法律、行政法规的规定，定期对机动车驾驶证实施审验。

第二十四条 【累积记分制度】公安机关交通管理部门对机动车驾驶人违反道路交通安全法律、法规的行为，除依法给予行政处罚外，实行累积记分制度。公安机关交通管理部门对累积记分达到规定分值的机动车驾驶人，扣留机动车驾驶证，对其进行道路交通安全法律、法规教育，重新考试；考试合格的，发还其机动车驾驶证。

对遵守道路交通安全法律、法规，在一年内无累积记分的机动车驾驶人，可以延长机动车驾驶证的审验期。具体办法由国务院公安部门规定。

第三章 道路通行条件

第二十五条 【道路交通信号和分类】全国实行统一的道路交通信号。

交通信号包括交通信号灯、交通标志、交通标线和交通警察的指挥。

交通信号灯、交通标志、交通标线的设置应当符合道路交通安全、畅通的要求和国家标准，并保持清晰、醒目、准确、完好。

根据通行需要，应当及时增设、调换、更新道路交通信号。增设、调换、更新限制性的道路交通信号，应当提前向社会公告，广泛进行宣传。

第二十六条 【交通信号灯分类和示义】交通信号灯由红灯、绿灯、黄灯组成。红灯表示禁止通行，绿灯表示准许通行，黄灯表示警示。

第二十七条 【铁路道口的警示标志】铁路与道路平面交叉的道口，应当设置警示灯、警示标志或者安全防护设施。无人看守的铁路道口，应当在距道口一定距离处设置警示标志。

第二十八条 【道路交通信号的保护】任何单位和个人不得擅自设置、移动、占用、损毁交通信号灯、交通标志、交通标线。

道路两侧及隔离带上种植的树木或者其他植物，设置的广告牌、管线等，应当与交通设施保持必要的距离，不得遮挡路灯、交通信号灯、交通标志，不得妨碍安全视距，不得影响通行。

第二十九条 【公共交通的规划、设计、建设和对交通安全隐患的防范】道路、停车场和道路配套设施的规划、设计、建设，应当符合道路交通安全、畅通的要求，并根据交通需求及时调整。

公安机关交通管理部门发现已经投入使用的道路存在交通事故频发路段，或者停车场、道路配套设施存在交通安全严重隐患的，应当及时向当地人民政府报告，并提出防范交通事故、消除隐患的建议，当地人民政府应当及时作出处理决定。

第三十条 【道路或交通信号毁损的处置措施】道路出现坍塌、坑漕、水毁、隆起等损毁或者交通信号灯、交通标志、交通标线等交通设施损毁、灭失的，道路、交通设施的养护部门或者管理部门应当设置警示标志并及时修复。

公安机关交通管理部门发现前款情形，危及交通安全，尚未设置警示标志的，应当及时采取安全措施，疏导交通，并通知道路、交通设施的养护部门或者管理部门。

第三十一条 【未经许可不得占道从事非交通活动】未经许可，任何单位和个人不得占用道路从事非交通活动。

第三十二条 【占用道路施工的处置措施】因工程建设需要占用、挖掘道路，或者跨越、穿越道路架设、增设管线设施，应当事先征得道路主管部门的同意；影响交通安全的，还应当征得公安机关交通管理部门的同意。

施工作业单位应当在经批准的路段和时间内施工作业，并在距离施工作业地点来车方向安全距离处设置明显的安全警示标志，采取防护措施；施工作业完毕，应当迅速清除道路上的障碍物，消除安全隐患，经道路主管部门和公安机关交通管理部门验收合格，符合通行要求后，方可恢复通行。

对未中断交通的施工作业道路，公安机关交通管理部门应当加强交通安全监督检查，维护道路交通秩序。

第三十三条 【停车场、停车泊位的设置】新建、改建、扩建的公共建筑、商业街区、居住区、大

(中)型建筑等,应当配建、增建停车场;停车泊位不足的,应当及时改建或者扩建;投入使用的停车场不得擅自停止使用或者改作他用。

在城市道路范围内,在不影响行人、车辆通行的情况下,政府有关部门可以施划停车泊位。

第三十四条 【行人过街设施、盲道的设置】学校、幼儿园、医院、养老院门前的道路没有行人过街设施的,应当施划人行横道线,设置提示标志。

城市主要道路的人行道,应当按照规划设置盲道。盲道的设置应当符合国家标准。

第四章 道路通行规定

第一节 一般规定

第三十五条 【右侧通行】机动车、非机动车实行右侧通行。

第三十六条 【车道划分和通行规则】根据道路条件和通行需要,道路划分为机动车道、非机动车道和人行道的,机动车、非机动车、行人实行分道通行。没有划分机动车道、非机动车道和人行道的,机动车在道路中间通行,非机动车和行人在道路两侧通行。

第三十七条 【专用车道只准许规定车辆通行】道路划设专用车道的,在专用车道内,只准许规定的车辆通行,其他车辆不得进入专用车道内行驶。

第三十八条 【遵守交通信号】车辆、行人应当按照交通信号通行;遇有交通警察现场指挥时,应当按照交通警察的指挥通行;在没有交通信号的道路上,应当在确保安全、畅通的原则下通行。

第三十九条 【交通管理部门可根据情况采取管理措施并提前公告】公安机关交通管理部门根据道路和交通流量的具体情况,可以对机动车、非机动车、行人采取疏导、限制通行、禁止通行等措施。遇有大型群众性活动、大范围施工等情况,需要采取限制交通的措施,或者作出与公众的道路交通活动直接有关的决定,应当提前向社会公告。

第四十条 【交通管制】遇有自然灾害、恶劣气象条件或者重大交通事故等严重影响交通安全的情形,采取其他措施难以保证交通安全时,公安机关交通管理部门可以实行交通管制。

第四十一条 【授权国务院规定道路通行的其他具体规定】有关道路通行的其他具体规定,由国务院规定。

第二节 机动车通行规定

第四十二条 【机动车行驶速度】机动车上道路行驶,不得超过限速标志标明的最高时速。在没有限速标志的路段,应当保持安全车速。

夜间行驶或者在容易发生危险的路段行驶,以及遇有沙尘、冰雹、雨、雪、雾、结冰等气象条件时,应当降低行驶速度。

第四十三条 【不得超车的情形】同车道行驶的机动车,后车应当与前车保持足以采取紧急制动措施的安全距离。有下列情形之一的,不得超车:

(一)前车正在左转弯、掉头、超车的;

(二)与对面来车有会车可能的;

(三)前车为执行紧急任务的警车、消防车、救护车、工程救险车的;

(四)行经铁路道口、交叉路口、窄桥、弯道、陡坡、隧道、人行横道、市区交通流量大的路段等没有超车条件的。

第四十四条 【交叉路口通行规则】机动车通过交叉路口,应当按照交通信号灯、交通标志、交通标线或者交通警察的指挥通过;通过没有交通信号灯、交通标志、交通标线或者交通警察指挥的交叉路口时,应当减速慢行,并让行人和优先通行的车辆先行。

第四十五条 【交通不畅条件下的行驶】机动车遇有前方车辆停车排队等候或者缓慢行驶时,不得借道超车或者占用对面车道,不得穿插等候的车辆。

在车道减少的路段、路口,或者在没有交通信号灯、交通标志、交通标线或者交通警察指挥的交叉路口遇到停车排队等候或者缓慢行驶时,机动车应当依次交替通行。

第四十六条 【铁路道口通行规则】机动车通过铁路道口时,应当按照交通信号或者管理人员的指挥通行;没有交通信号或者管理人员的,应当减速或者停车,在确认安全后通过。

第四十七条 【避让行人】机动车行经人行横道时,应当减速行驶;遇行人正在通过人行横道,应当停车让行。

机动车行经没有交通信号的道路时,遇行人横过道路,应当避让。

第四十八条 【机动车载物】机动车载物应当符合核定的载质量，严禁超载；载物的长、宽、高不得违反装载要求，不得遗洒、飘散载运物。

机动车运载超限的不可解体的物品，影响交通安全的，应当按照公安机关交通管理部门指定的时间、路线、速度行驶，悬挂明显标志。在公路上运载超限的不可解体的物品，并应当依照公路法的规定执行。

机动车载运爆炸物品、易燃易爆化学物品以及剧毒、放射性等危险物品，应当经公安机关批准后，按指定的时间、路线、速度行驶，悬挂警示标志并采取必要的安全措施。

第四十九条 【机动车载人】机动车载人不得超过核定的人数，客运机动车不得违反规定载货。

第五十条 【货运车运营规则】禁止货运机动车载客。

货运机动车需要附载作业人员的，应当设置保护作业人员的安全措施。

第五十一条 【安全带及安全头盔的使用】机动车行驶时，驾驶人、乘坐人员应当按规定使用安全带，摩托车驾驶人及乘坐人员应当按规定戴安全头盔。

第五十二条 【机动车故障处置】机动车在道路上发生故障，需要停车排除故障时，驾驶人应当立即开启危险报警闪光灯，将机动车移至不妨碍交通的地方停放；难以移动的，应当持续开启危险报警闪光灯，并在来车方向设置警告标志等措施扩大示警距离，必要时迅速报警。

第五十三条 【特种车辆的优先通行权】警车、消防车、救护车、工程救险车执行紧急任务时，可以使用警报器、标志灯具；在确保安全的前提下，不受行驶路线、行驶方向、行驶速度和信号灯的限制，其他车辆和行人应当让行。

警车、消防车、救护车、工程救险车非执行紧急任务时，不得使用警报器、标志灯具，不享有前款规定的道路优先通行权。

第五十四条 【养护、工程作业等车辆的作业通行权】道路养护车辆、工程作业车进行作业时，在不影响过往车辆通行的前提下，其行驶路线和方向不受交通标志、标线限制，过往车辆和人员应当注意避让。

洒水车、清扫车等机动车应当按照安全作业标准作业；在不影响其他车辆通行的情况下，可以不受车辆分道行驶的限制，但是不得逆向行驶。

第五十五条 【拖拉机的通行和营运】高速公路、大中城市中心城区内的道路，禁止拖拉机通行。其他禁止拖拉机通行的道路，由省、自治区、直辖市人民政府根据当地实际情况规定。

在允许拖拉机通行的道路上，拖拉机可以从事货运，但是不得用于载人。

第五十六条 【机动车的停泊】机动车应当在规定地点停放。禁止在人行道上停放机动车；但是，依照本法第三十三条规定施划的停车泊位除外。

在道路上临时停车的，不得妨碍其他车辆和行人通行。

第三节 非机动车通行规定

第五十七条 【非机动车通行规则】驾驶非机动车在道路上行驶应当遵守有关交通安全的规定。非机动车应当在非机动车道内行驶；在没有非机动车道的道路上，应当靠车行道的右侧行驶。

第五十八条 【非机动车行驶速度限制】残疾人机动轮椅车、电动自行车在非机动车道内行驶时，最高时速不得超过十五公里。

第五十九条 【非机动车的停放】非机动车应当在规定地点停放。未设停放地点的，非机动车停放不得妨碍其他车辆和行人通行。

第六十条 【畜力车使用规则】驾驭畜力车，应当使用驯服的牲畜；驾驭畜力车横过道路时，驾驭人应当下车牵引牲畜；驾驭人离开车辆时，应当拴系牲畜。

第四节 行人和乘车人通行规定

第六十一条 【行人通行规则】行人应当在人行道内行走，没有人行道的靠路边行走。

第六十二条 【行人横过道路规则】行人通过路口或者横过道路，应当走人行横道或者过街设施；通过有交通信号灯的人行横道，应当按照交通信号灯指示通行；通过没有交通信号灯、人行横道的路口，或者在没有过街设施的路段横过道路，应当在确认安全后通过。

第六十三条 【行人禁止行为】行人不得跨越、倚坐道路隔离设施，不得扒车、强行拦车或者实施妨碍道路交通安全的其他行为。

第六十四条 【特殊行人通行规则】学龄前儿

童以及不能辨认或者不能控制自己行为的精神疾病患者、智力障碍者在道路上通行，应当由其监护人、监护人委托的人或者对其负有管理、保护职责的人带领。

盲人在道路上通行，应当使用盲杖或者采取其他导盲手段，车辆应当避让盲人。

第六十五条 【行人通过铁路道口规则】行人通过铁路道口时，应当按照交通信号或者管理人员的指挥通行；没有交通信号和管理人员的，应当在确认无火车驶临后，迅速通过。

第六十六条 【乘车规则】乘车人不得携带易燃易爆等危险物品，不得向车外抛洒物品，不得有影响驾驶人安全驾驶的行为。

第五节 高速公路的特别规定

第六十七条 【高速公路通行规则、时速限制】行人、非机动车、拖拉机、轮式专用机械车、铰接式客车、全挂拖斗车以及其他设计最高时速低于七十公里的机动车，不得进入高速公路。高速公路限速标志标明的最高时速不得超过一百二十公里。

第六十八条 【故障处理】机动车在高速公路上发生故障时，应当依照本法第五十二条的有关规定办理；但是，警告标志应当设置在故障车来车方向一百五十米以外，车上人员应当迅速转移到右侧路肩上或者应急车道内，并且迅速报警。

机动车在高速公路上发生故障或者交通事故，无法正常行驶的，应当由救援车、清障车拖曳、牵引。

第六十九条 【不得在高速公路上拦截车辆】任何单位、个人不得在高速公路上拦截检查行驶的车辆，公安机关的人民警察依法执行紧急公务除外。

第五章 交通事故处理

第七十条 【交通事故处理及报警】在道路上发生交通事故，车辆驾驶人应当立即停车，保护现场；造成人身伤亡的，车辆驾驶人应当立即抢救受伤人员，并迅速报告执勤的交通警察或者公安机关交通管理部门。因抢救受伤人员变动现场的，应当标明位置。乘车人、过往车辆驾驶人、过往行人应当予以协助。

在道路上发生交通事故，未造成人身伤亡，当事人对事实及成因无争议的，可以即行撤离现场，恢复交通，自行协商处理损害赔偿事宜；不即行撤离现场的，应当迅速报告执勤的交通警察或者公安机关交通管理部门。

在道路上发生交通事故，仅造成轻微财产损失，并且基本事实清楚的，当事人应当先撤离现场再进行协商处理。

第七十一条 【交通事故逃逸的处理】车辆发生交通事故后逃逸的，事故现场目击人员和其他知情人员应当向公安机关交通管理部门或者交通警察举报。举报属实的，公安机关交通管理部门应当给予奖励。

第七十二条 【交警处理交通事故程序】公安机关交通管理部门接到交通事故报警后，应当立即派交通警察赶赴现场，先组织抢救受伤人员，并采取措施，尽快恢复交通。

交通警察应当对交通事故现场进行勘验、检查，收集证据；因收集证据的需要，可以扣留事故车辆，但是应当妥善保管，以备核查。

对当事人的生理、精神状况等专业性较强的检验，公安机关交通管理部门应当委托专门机构进行鉴定。鉴定结论应当由鉴定人签名。

第七十三条 【交通事故认定书】公安机关交通管理部门应当根据交通事故现场勘验、检查、调查情况和有关的检验、鉴定结论，及时制作交通事故认定书，作为处理交通事故的证据。交通事故认定书应当载明交通事故的基本事实、成因和当事人的责任，并送达当事人。

第七十四条 【交通事故的调解或起诉】对交通事故损害赔偿的争议，当事人可以请求公安机关交通管理部门调解，也可以直接向人民法院提起民事诉讼。

经公安机关交通管理部门调解，当事人未达成协议或者调解书生效后不履行的，当事人可以向人民法院提起民事诉讼。

第七十五条 【受伤人员的抢救及费用承担】医疗机构对交通事故中的受伤人员应当及时抢救，不得因抢救费用未及时支付而拖延救治。肇事车辆参加机动车第三者责任强制保险的，由保险公司在责任限额范围内支付抢救费用；抢救费用超过责任限额的，未参加机动车第三者责任强制保险或者肇事后逃逸的，由道路交通事故社会救助基金先行垫付部分或者全部抢救费用，道路交通事故社会救助基金管理机构有权向交通事故责任人追偿。

第七十六条 【交通事故赔偿责任】机动车发生交通事故造成人身伤亡、财产损失的，由保险公司在机动车第三者责任强制保险责任限额范围内予以赔偿；不足的部分，按照下列规定承担赔偿责任：

（一）机动车之间发生交通事故的，由有过错的一方承担赔偿责任；双方都有过错的，按照各自过错的比例分担责任。

（二）机动车与非机动车驾驶人、行人之间发生交通事故，非机动车驾驶人、行人没有过错的，由机动车一方承担赔偿责任；有证据证明非机动车驾驶人、行人有过错的，根据过错程度适当减轻机动车一方的赔偿责任；机动车一方没有过错的，承担不超过百分之十的赔偿责任。

交通事故的损失是由非机动车驾驶人、行人故意碰撞机动车造成的，机动车一方不承担赔偿责任。

第七十七条 【道路外交通事故处理】车辆在道路以外通行时发生的事故，公安机关交通管理部门接到报案的，参照本法有关规定办理。

第六章 执法监督

第七十八条 【交警管理及考核上岗】公安机关交通管理部门应当加强对交通警察的管理，提高交通警察的素质和管理道路交通的水平。

公安机关交通管理部门应当对交通警察进行法制和交通安全管理业务培训、考核。交通警察经考核不合格的，不得上岗执行职务。

第七十九条 【依法履行法定职责】公安机关交通管理部门及其交通警察实施道路交通安全管理，应当依据法定的职权和程序，简化办事手续，做到公正、严格、文明、高效。

第八十条 【执行职务要求】交通警察执行职务时，应当按照规定着装，佩带人民警察标志，持有人民警察证件，保持警容严整，举止端庄，指挥规范。

第八十一条 【收费标准】依照本法发放牌证等收取工本费，应当严格执行国务院价格主管部门核定的收费标准，并全部上缴国库。

第八十二条 【处罚和收缴分离原则】公安机关交通管理部门依法实施罚款的行政处罚，应当依照有关法律、行政法规的规定，实施罚款决定与罚款收缴分离；收缴的罚款以及依法没收的违法所得，应当全部上缴国库。

第八十三条 【回避制度】交通警察调查处理道路交通安全违法行为和交通事故，有下列情形之一的，应当回避：

（一）是本案的当事人或者当事人的近亲属；

（二）本人或者其近亲属与本案有利害关系；

（三）与本案当事人有其他关系，可能影响案件的公正处理。

第八十四条 【执法监督】公安机关交通管理部门及其交通警察的行政执法活动，应当接受行政监察机关依法实施的监督。

公安机关督察部门应当对公安机关交通管理部门及其交通警察执行法律、法规和遵守纪律的情况依法进行监督。

上级公安机关交通管理部门应当对下级公安机关交通管理部门的执法活动进行监督。

第八十五条 【举报、投诉制度】公安机关交通管理部门及其交通警察执行职务，应当自觉接受社会和公民的监督。

任何单位和个人都有权对公安机关交通管理部门及其交通警察不严格执法以及违法违纪行为进行检举、控告。收到检举、控告的机关，应当依据职责及时查处。

第八十六条 【交警执法保障】任何单位不得给公安机关交通管理部门下达或者变相下达罚款指标；公安机关交通管理部门不得以罚款数额作为考核交通警察的标准。

公安机关交通管理部门及其交通警察对超越法律、法规规定的指令，有权拒绝执行，并同时向上级机关报告。

第七章 法律责任

第八十七条 【交通管理部门的职权】公安机关交通管理部门及其交通警察对道路交通安全违法行为，应当及时纠正。

公安机关交通管理部门及其交通警察应当依据事实和本法的有关规定对道路交通安全违法行为予以处罚。对于情节轻微，未影响道路通行的，指出违法行为，给予口头警告后放行。

第八十八条 【处罚种类】对道路交通安全违法行为的处罚种类包括：警告、罚款、暂扣或者吊销机动车驾驶证、拘留。

第八十九条 【对违法行人、乘车人、非机动车驾驶人的处罚】行人、乘车人、非机动车驾驶人违反道路交通安全法律、法规关于道路通行规定的，处警告或者五元以上五十元以下罚款；非机动车驾驶人拒绝接受罚款处罚的，可以扣留其非机动车。

第九十条 【对违法机动车驾驶人的处罚】机动车驾驶人违反道路交通安全法律、法规关于道路通行规定的，处警告或者二十元以上二百元以下罚款。本法另有规定的，依照规定处罚。

第九十一条 【饮酒、醉酒驾车处罚】饮酒后驾驶机动车的，处暂扣六个月机动车驾驶证，并处一千元以上二千元以下罚款。因饮酒后驾驶机动车被处罚，再次饮酒后驾驶机动车的，处十日以下拘留，并处一千元以上二千元以下罚款，吊销机动车驾驶证。

醉酒驾驶机动车的，由公安机关交通管理部门约束至酒醒，吊销机动车驾驶证，依法追究刑事责任；五年内不得重新取得机动车驾驶证。

饮酒后驾驶营运机动车的，处十五日拘留，并处五千元罚款，吊销机动车驾驶证，五年内不得重新取得机动车驾驶证。

醉酒驾驶营运机动车的，由公安机关交通管理部门约束至酒醒，吊销机动车驾驶证，依法追究刑事责任；十年内不得重新取得机动车驾驶证，重新取得机动车驾驶证后，不得驾驶营运机动车。

饮酒后或者醉酒驾驶机动车发生重大交通事故，构成犯罪的，依法追究刑事责任，并由公安机关交通管理部门吊销机动车驾驶证，终生不得重新取得机动车驾驶证。

第九十二条 【超载行为处罚】公路客运车辆载客超过额定乘员的，处二百元以上五百元以下罚款；超过额定乘员百分之二十或者违反规定载货的，处五百元以上二千元以下罚款。

货运机动车超过核定载质量的，处二百元以上五百元以下罚款；超过核定载质量百分之三十或者违反规定载客的，处五百元以上二千元以下罚款。

有前两款行为的，由公安机关交通管理部门扣留机动车至违法状态消除。

运输单位的车辆有本条第一款、第二款规定的情形，经处罚不改的，对直接负责的主管人员处二千元以上五千元以下罚款。

第九十三条 【对违法泊车的处理及拖车规则】对违反道路交通安全法律、法规关于机动车停放、临时停车规定的，可以指出违法行为，并予以口头警告，令其立即驶离。

机动车驾驶人不在现场或者虽在现场但拒绝立即驶离，妨碍其他车辆、行人通行的，处二十元以上二百元以下罚款，并可以将该机动车拖移至不妨碍交通的地点或者公安机关交通管理部门指定的地点停放。公安机关交通管理部门拖车不得向当事人收取费用，并应当及时告知当事人停放地点。

因采取不正确的方法拖车造成机动车损坏的，应当依法承担补偿责任。

第九十四条 【对机动车安检机构的管理】机动车安全技术检验机构实施机动车安全技术检验超过国务院价格主管部门核定的收费标准收取费用的，退还多收取的费用，并由价格主管部门依照《中华人民共和国价格法》的有关规定给予处罚。

机动车安全技术检验机构不按照机动车国家安全技术标准进行检验，出具虚假检验结果的，由公安机关交通管理部门处所收检验费用五倍以上十倍以下罚款，并依法撤销其检验资格；构成犯罪的，依法追究刑事责任。

第九十五条 【未悬挂号牌、未放置标志、未携带证件、未合理安放号牌的处理】上道路行驶的机动车未悬挂机动车号牌，未放置检验合格标志、保险标志，或者未随车携带行驶证、驾驶证的，公安机关交通管理部门应当扣留机动车，通知当事人提供相应的牌证、标志或者补办相应手续，并可以依照本法第九十条的规定予以处罚。当事人提供相应的牌证、标志或者补办相应手续的，应当及时退还机动车。

故意遮挡、污损或者不按规定安装机动车号牌的，依照本法第九十条的规定予以处罚。

第九十六条 【对伪造、变造行为的处罚】伪造、变造或者使用伪造、变造的机动车登记证书、号牌、行驶证、驾驶证的，由公安机关交通管理部门予以收缴，扣留该机动车，处十五日以下拘留，并处二千元以上五千元以下罚款；构成犯罪的，依法追究刑事责任。

伪造、变造或者使用伪造、变造的检验合格标志、保险标志的，由公安机关交通管理部门予以收缴，扣留该机动车，处十日以下拘留，并处一千元以上三千元以下罚款；构成犯罪的，依法追究刑事责任。

使用其他车辆的机动车登记证书、号牌、行驶证、检验合格标志、保险标志的，由公安机关交通管理部门予以收缴，扣留该机动车，处二千元以上五千元以下罚款。

当事人提供相应的合法证明或者补办相应手续的，应当及时退还机动车。

第九十七条　【对非法安装警报器、标志灯具的处罚】非法安装警报器、标志灯具的，由公安机关交通管理部门强制拆除，予以收缴，并处二百元以上二千元以下罚款。

第九十八条　【对未投保交强险的处罚】机动车所有人、管理人未按照国家规定投保机动车第三者责任强制保险的，由公安机关交通管理部门扣留车辆至依照规定投保后，并处依照规定投保最低责任限额应缴纳的保险费的二倍罚款。

依照前款缴纳的罚款全部纳入道路交通事故社会救助基金。具体办法由国务院规定。

第九十九条　【其他违法行为的处罚】有下列行为之一的，由公安机关交通管理部门处二百元以上二千元以下罚款：

（一）未取得机动车驾驶证、机动车驾驶证被吊销或者机动车驾驶证被暂扣期间驾驶机动车的；

（二）将机动车交由未取得机动车驾驶证或者机动车驾驶证被吊销、暂扣的人驾驶的；

（三）造成交通事故后逃逸，尚不构成犯罪的；

（四）机动车行驶超过规定时速百分之五十的；

（五）强迫机动车驾驶人违反道路交通安全法律、法规和机动车安全驾驶要求驾驶机动车，造成交通事故，尚不构成犯罪的；

（六）违反交通管制的规定强行通行，不听劝阻的；

（七）故意损毁、移动、涂改交通设施，造成危害后果，尚不构成犯罪的；

（八）非法拦截、扣留机动车辆，不听劝阻，造成交通严重阻塞或者较大财产损失的。

行为人有前款第二项、第四项情形之一的，可以并处吊销机动车驾驶证；有第一项、第三项、第五项至第八项情形之一的，可以并处十五日以下拘留。

第一百条　【驾驶拼装及应报废机动车的处理】驾驶拼装的机动车或者已达到报废标准的机动车上道路行驶的，公安机关交通管理部门应当予以收缴，强制报废。

对驾驶前款所列机动车上道路行驶的驾驶人，处二百元以上二千元以下罚款，并吊销机动车驾驶证。

出售已达到报废标准的机动车的，没收违法所得，处销售金额等额的罚款，对该机动车依照本条第一款的规定处理。

第一百零一条　【交通事故刑事责任及终生禁驾规定】违反道路交通安全法律、法规的规定，发生重大交通事故，构成犯罪的，依法追究刑事责任，并由公安机关交通管理部门吊销机动车驾驶证。

造成交通事故后逃逸的，由公安机关交通管理部门吊销机动车驾驶证，且终生不得重新取得机动车驾驶证。

第一百零二条　【对专业运输单位的管理】对六个月内发生二次以上特大交通事故负有主要责任或者全部责任的专业运输单位，由公安机关交通管理部门责令消除安全隐患，未消除安全隐患的机动车，禁止上道路行驶。

第一百零三条　【机动车的生产和销售管理】国家机动车产品主管部门未按照机动车国家安全技术标准严格审查，许可不合格机动车型投入生产的，对负有责任的主管人员和其他直接责任人员给予降级或者撤职的行政处分。

机动车生产企业经国家机动车产品主管部门许可生产的机动车型，不执行机动车国家安全技术标准或者不严格进行机动车成品质量检验，致使质量不合格的机动车出厂销售的，由质量技术监督部门依照《中华人民共和国产品质量法》的有关规定给予处罚。

擅自生产、销售未经国家机动车产品主管部门许可生产的机动车型的，没收非法生产、销售的机动车成品及配件，可以并处非法产品价值三倍以上五倍以下罚款；有营业执照的，由工商行政管理部门吊销营业执照，没有营业执照的，予以查封。

生产、销售拼装的机动车或者生产、销售擅自改装的机动车的，依照本条第三款的规定处罚。

有本条第二款、第三款、第四款所列违法行为，生产或者销售不符合机动车国家安全技术标准的机动车，构成犯罪的，依法追究刑事责任。

第一百零四条　【擅自挖掘、占用道路的处理】未经批准，擅自挖掘道路、占用道路施工或者从事其他影响道路交通安全活动的，由道路主管部门责令停止违法行为，并恢复原状，可以依法给予罚款；致使通行的人员、车辆及其他财产遭受损失的，依法承担赔偿责任。

有前款行为，影响道路交通安全活动的，公安机关交通管理部门可以责令停止违法行为，迅速恢复交通。

第一百零五条 【道路施工、管理单位未履行职责的责任】道路施工作业或者道路出现损毁，未及时设置警示标志、未采取防护措施，或者应当设置交通信号灯、交通标志、交通标线而没有设置或者应当及时变更交通信号灯、交通标志、交通标线而没有及时变更，致使通行的人员、车辆及其他财产遭受损失的，负有相关职责的单位应当依法承担赔偿责任。

第一百零六条 【对妨碍交通标志行为的管理】在道路两侧及隔离带上种植树木、其他植物或者设置广告牌、管线等，遮挡路灯、交通信号灯、交通标志，妨碍安全视距的，由公安机关交通管理部门责令行为人排除妨碍；拒不执行的，处二百元以上二千元以下罚款，并强制排除妨碍，所需费用由行为人负担。

第一百零七条 【当场处罚】对道路交通违法行为人予以警告、二百元以下罚款，交通警察可以当场作出行政处罚决定，并出具行政处罚决定书。

行政处罚决定书应当载明当事人的违法事实、行政处罚的依据、处罚内容、时间、地点以及处罚机关名称，并由执法人员签名或者盖章。

第一百零八条 【罚款的缴纳】当事人应当自收到罚款的行政处罚决定书之日起十五日内，到指定的银行缴纳罚款。

对行人、乘车人和非机动车驾驶人的罚款，当事人无异议的，可以当场予以收缴罚款。

罚款应当开具省、自治区、直辖市财政部门统一制发的罚款收据；不出具财政部门统一制发的罚款收据的，当事人有权拒绝缴纳罚款。

第一百零九条 【逾期不缴纳罚款的处理】当事人逾期不履行行政处罚决定的，作出行政处罚决定的行政机关可以采取下列措施：

（一）到期不缴纳罚款的，每日按罚款数额的百分之三加处罚款；

（二）申请人民法院强制执行。

第一百一十条 【扣留机动车驾驶证的规则】执行职务的交通警察认为应当对道路交通违法行为人给予暂扣或者吊销机动车驾驶证处罚的，可以先予扣留机动车驾驶证，并在二十四小时内将案件移交公安机关交通管理部门处理。

道路交通违法行为人应当在十五日内到公安机关交通管理部门接受处理。无正当理由逾期未接受处理的，吊销机动车驾驶证。

公安机关交通管理部门暂扣或者吊销机动车驾驶证的，应当出具行政处罚决定书。

第一百一十一条 【有权作出拘留裁决的机关】对违反本法规定予以拘留的行政处罚，由县、市公安局、公安分局或者相当于县一级的公安机关裁决。

第一百一十二条 【扣留车辆的规则】公安机关交通管理部门扣留机动车、非机动车，应当当场出具凭证，并告知当事人在规定期限内到公安机关交通管理部门接受处理。

公安机关交通管理部门对被扣留的车辆应当妥善保管，不得使用。

逾期不来接受处理，并且经公告三个月仍不来接受处理的，对扣留的车辆依法处理。

第一百一十三条 【暂扣、吊销的期限】暂扣机动车驾驶证的期限从处罚决定生效之日起计算；处罚决定生效前先予扣留机动车驾驶证的，扣留一日折抵暂扣期限一日。

吊销机动车驾驶证后重新申请领取机动车驾驶证的期限，按照机动车驾驶证管理规定办理。

第一百一十四条 【根据技术监控记录进行的处罚】公安机关交通管理部门根据交通技术监控记录资料，可以对违法的机动车所有人或者管理人依法予以处罚。对能够确定驾驶人的，可以依照本法的规定依法予以处罚。

第一百一十五条 【对交警及交管部门违法行为的处理】交通警察有下列行为之一的，依法给予行政处分：

（一）为不符合法定条件的机动车发放机动车登记证书、号牌、行驶证、检验合格标志的；

（二）批准不符合法定条件的机动车安装、使用警车、消防车、救护车、工程救险车的警报器、标志灯具，喷涂标志图案的；

（三）为不符合驾驶许可条件、未经考试或者考试不合格人员发放机动车驾驶证的；

（四）不执行罚款决定与罚款收缴分离制度或者不按规定将依法收取的费用、收缴的罚款及没收的违法所得全部上缴国库的；

（五）举办或者参与举办驾驶学校或者驾驶培训班、机动车修理厂或者收费停车场等经营活动的；

（六）利用职务上的便利收受他人财物或者谋取其他利益的；

（七）违法扣留车辆、机动车行驶证、驾驶证、车辆号牌的；

（八）使用依法扣留的车辆的；

（九）当场收取罚款不开具罚款收据或者不如实填写罚款额的；

（十）徇私舞弊，不公正处理交通事故的；

（十一）故意刁难，拖延办理机动车牌证的；

（十二）非执行紧急任务时使用警报器、标志灯具的；

（十三）违反规定拦截、检查正常行驶的车辆的；

（十四）非执行紧急公务时拦截搭乘机动车的；

（十五）不履行法定职责的。

公安机关交通管理部门有前款所列行为之一的，对直接负责的主管人员和其他直接责任人员给予相应的行政处分。

第一百一十六条 【对违规交警的处分】依照本法第一百一十五条的规定，给予交通警察行政处分的，在作出行政处分决定前，可以停止其执行职务；必要时，可以予以禁闭。

依照本法第一百一十五条的规定，交通警察受到降级或者撤职行政处分的，可以予以辞退。

交通警察受到开除处分或者被辞退的，应当取消警衔；受到撤职以下行政处分的交通警察，应当降低警衔。

第一百一十七条 【对构成犯罪的交警追究刑事责任】交通警察利用职权非法占有公共财物，索取、收受贿赂，或者滥用职权、玩忽职守，构成犯罪的，依法追究刑事责任。

第一百一十八条 【公安交管部门、交警违法赔偿责任】公安机关交通管理部门及其交通警察有本法第一百一十五条所列行为之一，给当事人造成损失的，应当依法承担赔偿责任。

第八章 附 则

第一百一十九条 【本法用语含义】本法中下列用语的含义：

（一）“道路”，是指公路、城市道路和虽在单位管辖范围但允许社会机动车通行的地方，包括广场、公共停车场等用于公众通行的场所。

（二）“车辆”，是指机动车和非机动车。

（三）“机动车”，是指以动力装置驱动或者牵引，上道路行驶的供人员乘用或者用于运送物品以及进行工程专项作业的轮式车辆。

（四）“非机动车”，是指以人力或者畜力驱动，上道路行驶的交通工具，以及虽有动力装置驱动但设计最高时速、空车质量、外形尺寸符合有关国家标准的残疾人机动轮椅车、电动自行车等交通工具。

（五）“交通事故”，是指车辆在道路上因过错或者意外造成的人身伤亡或者财产损失的事件。

第一百二十条 【军警机动车管理】中国人民解放军和中国人民武装警察部队在编机动车牌证、在编机动车检验以及机动车驾驶人考核工作，由中国人民解放军、中国人民武装警察部队有关部门负责。

第一百二十一条 【拖拉机管理】对上道路行驶的拖拉机，由农业（农业机械）主管部门行使本法第八条、第九条、第十三条、第十九条、第二十三条规定的公安机关交通管理部门的管理职权。

农业（农业机械）主管部门依照前款规定行使职权，应当遵守本法有关规定，并接受公安机关交通管理部门的监督；对违反规定的，依照本法有关规定追究法律责任。

本法施行前由农业（农业机械）主管部门发放的机动车牌证，在本法施行后继续有效。

第一百二十二条 【境外车辆入境管理】国家对入境的境外机动车的道路交通安全实施统一管理。

第一百二十三条 【授权制定执行具体标准】省、自治区、直辖市人民代表大会常务委员会可以根据本地区的实际情况，在本法规定的罚款幅度内，规定具体的执行标准。

第一百二十四条 【生效日期】本法自2004年5月1日起施行。

中华人民共和国道路交通安全法实施条例

（2004年4月30日中华人民共和国国务院令第405号公布　根据2017年10月7日《国务院关于修改部分行政法规的决定》修订）

第一章　总　　则

第一条　根据《中华人民共和国道路交通安全法》（以下简称道路交通安全法）的规定，制定本条例。

第二条　中华人民共和国境内的车辆驾驶人、行人、乘车人以及与道路交通活动有关的单位和个人，应当遵守道路交通安全法和本条例。

第三条　县级以上地方各级人民政府应当建立、健全道路交通安全工作协调机制，组织有关部门对城市建设项目进行交通影响评价，制定道路交通安全管理规划，确定管理目标，制定实施方案。

第二章　车辆和驾驶人

第一节　机　动　车

第四条　机动车的登记，分为注册登记、变更登记、转移登记、抵押登记和注销登记。

第五条　初次申领机动车号牌、行驶证的，应当向机动车所有人住所地的公安机关交通管理部门申请注册登记。

申请机动车注册登记，应当交验机动车，并提交以下证明、凭证：

（一）机动车所有人的身份证明；

（二）购车发票等机动车来历证明；

（三）机动车整车出厂合格证明或者进口机动车进口凭证；

（四）车辆购置税完税证明或者免税凭证；

（五）机动车第三者责任强制保险凭证；

（六）法律、行政法规规定应当在机动车注册登记时提交的其他证明、凭证。

不属于国务院机动车产品主管部门规定免予安全技术检验的车型的，还应当提供机动车安全技术检验合格证明。

第六条　已注册登记的机动车有下列情形之一的，机动车所有人应当向登记该机动车的公安机关交通管理部门申请变更登记：

（一）改变机动车车身颜色的；

（二）更换发动机的；

（三）更换车身或者车架的；

（四）因质量有问题，制造厂更换整车的；

（五）营运机动车改为非营运机动车或者非营运机动车改为营运机动车的；

（六）机动车所有人的住所迁出或者迁入公安机关交通管理部门管辖区域的。

申请机动车变更登记，应当提交下列证明、凭证，属于前款第（一）项、第（二）项、第（三）项、第（四）项、第（五）项情形之一的，还应当交验机动车；属于前款第（二）项、第（三）项情形之一的，还应当同时提交机动车安全技术检验合格证明：

（一）机动车所有人的身份证明；

（二）机动车登记证书；

（三）机动车行驶证。

机动车所有人的住所在公安机关交通管理部门管辖区域内迁移、机动车所有人的姓名（单位名称）或者联系方式变更的，应当向登记该机动车的公安机关交通管理部门备案。

第七条　已注册登记的机动车所有权发生转移的，应当及时办理转移登记。

申请机动车转移登记，当事人应当向登记该机动车的公安机关交通管理部门交验机动车，并提交以下证明、凭证：

（一）当事人的身份证明；

（二）机动车所有权转移的证明、凭证；

（三）机动车登记证书；

（四）机动车行驶证。

第八条　机动车所有人将机动车作为抵押物抵押的，机动车所有人应当向登记该机动车的公安机关交通管理部门申请抵押登记。

第九条　已注册登记的机动车达到国家规定的强制报废标准的，公安机关交通管理部门应当在报废期满的2个月前通知机动车所有人办理注销登记。机动车所有人应当在报废期满前将机动车交售给机动车回收企业，由机动车回收企业将报废的机动车登记证书、号牌、行驶证交公安机关交通管理部门注销。机动车所有人逾期不办理注销登记的，公安机关交通管理部门应当公告该机动车登记证书、号牌、行驶证作废。

因机动车灭失申请注销登记的,机动车所有人应当向公安机关交通管理部门提交本人身份证明,交回机动车登记证书。

第十条 办理机动车登记的申请人提交的证明、凭证齐全、有效的,公安机关交通管理部门应当当场办理登记手续。

人民法院、人民检察院以及行政执法部门依法查封、扣押的机动车,公安机关交通管理部门不予办理机动车登记。

第十一条 机动车登记证书、号牌、行驶证丢失或者损毁,机动车所有人申请补发的,应当向公安机关交通管理部门提交本人身份证明和申请材料。公安机关交通管理部门经与机动车登记档案核实后,在收到申请之日起15日内补发。

第十二条 税务部门、保险机构可以在公安机关交通管理部门的办公场所集中办理与机动车有关的税费缴纳、保险合同订立等事项。

第十三条 机动车号牌应当悬挂在车前、车后指定位置,保持清晰、完整。重型、中型载货汽车及其挂车、拖拉机及其挂车的车身或者车厢后部应当喷涂放大的牌号,字样应当端正并保持清晰。

机动车检验合格标志、保险标志应当粘贴在机动车前窗右上角。

机动车喷涂、粘贴标识或者车身广告的,不得影响安全驾驶。

第十四条 用于公路营运的载客汽车、重型载货汽车、半挂牵引车应当安装、使用符合国家标准的行驶记录仪。交通警察可以对机动车行驶速度、连续驾驶时间以及其他行驶状态信息进行检查。安装行驶记录仪可以分步实施,实施步骤由国务院机动车产品主管部门会同有关部门规定。

第十五条 机动车安全技术检验由机动车安全技术检验机构实施。机动车安全技术检验机构应当按照国家机动车安全技术检验标准对机动车进行检验,对检验结果承担法律责任。

质量技术监督部门负责对机动车安全技术检验机构实行计量认证管理,对机动车安全技术检验设备进行检定,对执行国家机动车安全技术检验标准的情况进行监督。

机动车安全技术检验项目由国务院公安部门会同国务院质量技术监督部门规定。

第十六条 机动车应当从注册登记之日起,按照下列期限进行安全技术检验:

(一)营运载客汽车5年以内每年检验1次;超过5年的,每6个月检验1次;

(二)载货汽车和大型、中型非营运载客汽车10年以内每年检验1次;超过10年的,每6个月检验1次;

(三)小型、微型非营运载客汽车6年以内每2年检验1次;超过6年的,每年检验1次;超过15年的,每6个月检验1次;

(四)摩托车4年以内每2年检验1次;超过4年的,每年检验1次;

(五)拖拉机和其他机动车每年检验1次。

营运机动车在规定检验期限内经安全技术检验合格的,不再重复进行安全技术检验。

第十七条 已注册登记的机动车进行安全技术检验时,机动车行驶证记载的登记内容与该机动车的有关情况不符,或者未按照规定提供机动车第三者责任强制保险凭证的,不予通过检验。

第十八条 警车、消防车、救护车、工程救险车标志图案的喷涂以及警报器、标志灯具的安装、使用规定,由国务院公安部门制定。

第二节 机动车驾驶人

第十九条 符合国务院公安部门规定的驾驶许可条件的人,可以向公安机关交通管理部门申请机动车驾驶证。

机动车驾驶证由国务院公安部门规定式样并监制。

第二十条 学习机动车驾驶,应当先学习道路交通安全法律、法规和相关知识,考试合格后,再学习机动车驾驶技能。

在道路上学习驾驶,应当按照公安机关交通管理部门指定的路线、时间进行。在道路上学习机动车驾驶技能应当使用教练车,在教练员随车指导下进行,与教学无关的人员不得乘坐教练车。学员在学习驾驶中有道路交通安全违法行为或者造成交通事故的,由教练员承担责任。

第二十一条 公安机关交通管理部门应当对申请机动车驾驶证的人进行考试,对考试合格的,在5日内核发机动车驾驶证;对考试不合格的,书面说明理由。

第二十二条 机动车驾驶证的有效期为6年,本条例另有规定的除外。

机动车驾驶人初次申领机动车驾驶证后的12个月为实习期。在实习期内驾驶机动车的，应当在车身后部粘贴或者悬挂统一式样的实习标志。

机动车驾驶人在实习期内不得驾驶公共汽车、营运客车或者执行任务的警车、消防车、救护车、工程救险车以及载有爆炸物品、易燃易爆化学物品、剧毒或者放射性等危险物品的机动车；驾驶的机动车不得牵引挂车。

第二十三条 公安机关交通管理部门对机动车驾驶人的道路交通安全违法行为除给予行政处罚外，实行道路交通安全违法行为累积记分（以下简称记分）制度，记分周期为12个月。对在一个记分周期内记分达到12分的，由公安机关交通管理部门扣留其机动车驾驶证，该机动车驾驶人应当按照规定参加道路交通安全法律、法规的学习并接受考试。考试合格的，记分予以清除，发还机动车驾驶证；考试不合格的，继续参加学习和考试。

应当给予记分的道路交通安全违法行为及其分值，由国务院公安部门根据道路交通安全违法行为的危害程度规定。

公安机关交通管理部门应当提供记分查询方式供机动车驾驶人查询。

第二十四条 机动车驾驶人在一个记分周期内记分未达到12分，所处罚款已经缴纳的，记分予以清除；记分虽未达到12分，但尚有罚款未缴纳的，记分转入下一记分周期。

机动车驾驶人在一个记分周期内记分2次以上达到12分的，除按照第二十三条的规定扣留机动车驾驶证、参加学习、接受考试外，还应当接受驾驶技能考试。考试合格的，记分予以清除，发还机动车驾驶证；考试不合格的，继续参加学习和考试。

接受驾驶技能考试的，按照本人机动车驾驶证载明的最高准驾车型考试。

第二十五条 机动车驾驶人记分达到12分，拒不参加公安机关交通管理部门通知的学习，也不接受考试的，由公安机关交通管理部门公告其机动车驾驶证停止使用。

第二十六条 机动车驾驶人在机动车驾驶证的6年有效期内，每个记分周期均未达到12分的，换发10年有效期的机动车驾驶证；在机动车驾驶证的10年有效期内，每个记分周期均未达到12分的，换发长期有效的机动车驾驶证。

换发机动车驾驶证时，公安机关交通管理部门应当对机动车驾驶证进行审验。

第二十七条 机动车驾驶证丢失、损毁，机动车驾驶人申请补发的，应当向公安机关交通管理部门提交本人身份证明和申请材料。公安机关交通管理部门经与机动车驾驶证档案核实后，在收到申请之日起3日内补发。

第二十八条 机动车驾驶人在机动车驾驶证丢失、损毁、超过有效期或者被依法扣留、暂扣期间以及记分达到12分的，不得驾驶机动车。

第三章 道路通行条件

第二十九条 交通信号灯分为：机动车信号灯、非机动车信号灯、人行横道信号灯、车道信号灯、方向指示信号灯、闪光警告信号灯、道路与铁路平面交叉道口信号灯。

第三十条 交通标志分为：指示标志、警告标志、禁令标志、指路标志、旅游区标志、道路施工安全标志和辅助标志。

道路交通标线分为：指示标线、警告标线、禁止标线。

第三十一条 交通警察的指挥分为：手势信号和使用器具的交通指挥信号。

第三十二条 道路交叉路口和行人横过道路较为集中的路段应当设置人行横道、过街天桥或者过街地下通道。

在盲人通行较为集中的路段，人行横道信号灯应当设置声响提示装置。

第三十三条 城市人民政府有关部门可以在不影响行人、车辆通行的情况下，在城市道路上施划停车泊位，并规定停车泊位的使用时间。

第三十四条 开辟或者调整公共汽车、长途汽车的行驶路线或者车站，应当符合交通规划和安全、畅通的要求。

第三十五条 道路养护施工单位在道路上进行养护、维修时，应当按照规定设置规范的安全警示标志和安全防护设施。道路养护施工作业车辆、机械应当安装示警灯，喷涂明显的标志图案，作业时应当开启示警灯和危险报警闪光灯。对未中断交通的施工作业道路，公安机关交通管理部门应当加强交通安全监督检查。发生交通阻塞时，及时做好分流、疏导，维护交通秩序。

道路施工需要车辆绕行的，施工单位应当在绕行处设置标志;不能绕行的,应当修建临时通道,保证车辆和行人通行。需要封闭道路中断交通的,除紧急情况外,应当提前5日向社会公告。

第三十六条 道路或者交通设施养护部门、管理部门应当在急弯、陡坡、临崖、临水等危险路段,按照国家标准设置警告标志和安全防护设施。

第三十七条 道路交通标志、标线不规范,机动车驾驶人容易发生辨认错误的,交通标志、标线的主管部门应当及时予以改善。

道路照明设施应当符合道路建设技术规范,保持照明功能完好。

第四章 道路通行规定

第一节 一般规定

第三十八条 机动车信号灯和非机动车信号灯表示:

(一)绿灯亮时,准许车辆通行,但转弯的车辆不得妨碍被放行的直行车辆、行人通行;

(二)黄灯亮时,已越过停止线的车辆可以继续通行;

(三)红灯亮时,禁止车辆通行。

在未设置非机动车信号灯和人行横道信号灯的路口,非机动车和行人应当按照机动车信号灯的表示通行。

红灯亮时,右转弯的车辆在不妨碍被放行的车辆、行人通行的情况下,可以通行。

第三十九条 人行横道信号灯表示:

(一)绿灯亮时,准许行人通过人行横道;

(二)红灯亮时,禁止行人进入人行横道,但是已经进入人行横道的,可以继续通过或者在道路中心线处停留等候。

第四十条 车道信号灯表示:

(一)绿色箭头灯亮时,准许本车道车辆按指示方向通行;

(二)红色叉形灯或者箭头灯亮时,禁止本车道车辆通行。

第四十一条 方向指示信号灯的箭头方向向左、向上、向右分别表示左转、直行、右转。

第四十二条 闪光警告信号灯为持续闪烁的黄灯,提示车辆、行人通行时注意瞭望,确认安全后通过。

第四十三条 道路与铁路平面交叉道口有两个红灯交替闪烁或者一个红灯亮时,表示禁止车辆、行人通行;红灯熄灭时,表示允许车辆、行人通行。

第二节 机动车通行规定

第四十四条 在道路同方向划有2条以上机动车道的,左侧为快速车道,右侧为慢速车道。在快速车道行驶的机动车应当按照快速车道规定的速度行驶,未达到快速车道规定的行驶速度的,应当在慢速车道行驶。摩托车应当在最右侧车道行驶。有交通标志标明行驶速度的,按照标明的行驶速度行驶。慢速车道内的机动车超越前车时,可以借用快速车道行驶。

在道路同方向划有2条以上机动车道的,变更车道的机动车不得影响相关车道内行驶的机动车的正常行驶。

第四十五条 机动车在道路上行驶不得超过限速标志、标线标明的速度。在没有限速标志、标线的道路上,机动车不得超过下列最高行驶速度:

(一)没有道路中心线的道路,城市道路为每小时30公里,公路为每小时40公里;

(二)同方向只有1条机动车道的道路,城市道路为每小时50公里,公路为每小时70公里。

第四十六条 机动车行驶中遇有下列情形之一的,最高行驶速度不得超过每小时30公里,其中拖拉机、电瓶车、轮式专用机械车不得超过每小时15公里:

(一)进出非机动车道,通过铁路道口、急弯路、窄路、窄桥时;

(二)掉头、转弯、下陡坡时;

(三)遇雾、雨、雪、沙尘、冰雹,能见度在50米以内时;

(四)在冰雪、泥泞的道路上行驶时;

(五)牵引发生故障的机动车时。

第四十七条 机动车超车时,应当提前开启左转向灯、变换使用远、近光灯或者鸣喇叭。在没有道路中心线或者同方向只有1条机动车道的道路上,前车遇后车发出超车信号时,在条件许可的情况下,应当降低速度、靠右让路。后车应当在确认有充足的安全距离后,从前车的左侧超越,在与被超车辆拉开必要的安全距离后,开启右转向灯,驶回原车道。

第四十八条 在没有中心隔离设施或者没有中心线的道路上,机动车遇相对方向来车时应当遵守下列规定：

（一）减速靠右行驶，并与其他车辆、行人保持必要的安全距离；

（二）在有障碍的路段，无障碍的一方先行；但有障碍的一方已驶入障碍路段而无障碍的一方未驶入时，有障碍的一方先行；

（三）在狭窄的坡路，上坡的一方先行；但下坡的一方已行至中途而上坡的一方未上坡时，下坡的一方先行；

（四）在狭窄的山路，不靠山体的一方先行；

（五）夜间会车应当在距相对方向来车 150 米以外改用近光灯，在窄路、窄桥与非机动车会车时应当使用近光灯。

第四十九条 机动车在有禁止掉头或者禁止左转弯标志、标线的地点以及在铁路道口、人行横道、桥梁、急弯、陡坡、隧道或者容易发生危险的路段，不得掉头。

机动车在没有禁止掉头或者没有禁止左转弯标志、标线的地点可以掉头，但不得妨碍正常行驶的其他车辆和行人的通行。

第五十条 机动车倒车时，应当察明车后情况，确认安全后倒车。不得在铁路道口、交叉路口、单行路、桥梁、急弯、陡坡或者隧道中倒车。

第五十一条 机动车通过有交通信号灯控制的交叉路口，应当按照下列规定通行：

（一）在划有导向车道的路口，按所需行进方向驶入导向车道；

（二）准备进入环形路口的让已在路口内的机动车先行；

（三）向左转弯时，靠路口中心点左侧转弯。转弯时开启转向灯，夜间行驶开启近光灯；

（四）遇放行信号时，依次通过；

（五）遇停止信号时，依次停在停止线以外。没有停止线的，停在路口以外；

（六）向右转弯遇有同车道前车正在等候放行信号时，依次停车等候；

（七）在没有方向指示信号灯的交叉路口，转弯的机动车让直行的车辆、行人先行。相对方向行驶的右转弯机动车让左转弯车辆先行。

第五十二条 机动车通过没有交通信号灯控制也没有交通警察指挥的交叉路口，除应当遵守第五十一条第（二）项、第（三）项的规定外，还应当遵守下列规定：

（一）有交通标志、标线控制的，让优先通行的一方先行；

（二）没有交通标志、标线控制的，在进入路口前停车瞭望，让右方道路的来车先行；

（三）转弯的机动车让直行的车辆先行；

（四）相对方向行驶的右转弯的机动车让左转弯的车辆先行。

第五十三条 机动车遇有前方交叉路口交通阻塞时，应当依次停在路口以外等候，不得进入路口。

机动车在遇有前方机动车停车排队等候或者缓慢行驶时，应当依次排队，不得从前方车辆两侧穿插或者超越行驶，不得在人行横道、网状线区域内停车等候。

机动车在车道减少的路口、路段，遇有前方机动车停车排队等候或者缓慢行驶的，应当每车道一辆依次交替驶入车道减少后的路口、路段。

第五十四条 机动车载物不得超过机动车行驶证上核定的载质量，装载长度、宽度不得超出车厢，并应当遵守下列规定：

（一）重型、中型载货汽车，半挂车载物，高度从地面起不得超过 4 米，载运集装箱的车辆不得超过 4.2 米；

（二）其他载货的机动车载物，高度从地面起不得超过 2.5 米；

（三）摩托车载物，高度从地面起不得超过 1.5 米，长度不得超出车身 0.2 米。两轮摩托车载物宽度左右各不得超出车把 0.15 米；三轮摩托车载物宽度不得超过车身。

载客汽车除车身外部的行李架和内置的行李箱外，不得载货。载客汽车行李架载货，从车顶起高度不得超过 0.5 米，从地面起高度不得超过 4 米。

第五十五条 机动车载人应当遵守下列规定：

（一）公路载客汽车不得超过核定的载客人数，但按照规定免票的儿童除外，在载客人数已满的情况下，按照规定免票的儿童不得超过核定载客人数的 10%；

（二）载货汽车车厢不得载客。在城市道路上，货运机动车在留有安全位置的情况下，车厢内可以附载临时作业人员 1 人至 5 人；载物高度超过车厢栏板时，货物上不得载人；

（三）摩托车后座不得乘坐未满 12 周岁的未成年人，轻便摩托车不得载人。

第五十六条 机动车牵引挂车应当符合下列

规定：

（一）载货汽车、半挂牵引车、拖拉机只允许牵引1辆挂车。挂车的灯光信号、制动、连接、安全防护等装置应当符合国家标准；

（二）小型载客汽车只允许牵引旅居挂车或者总质量700千克以下的挂车。挂车不得载人；

（三）载货汽车所牵引挂车的载质量不得超过载货汽车本身的载质量。

大型、中型载客汽车，低速载货汽车，三轮汽车以及其他机动车不得牵引挂车。

第五十七条 机动车应当按照下列规定使用转向灯：

（一）向左转弯、向左变更车道、准备超车、驶离停车地点或者掉头时，应当提前开启左转向灯；

（二）向右转弯、向右变更车道、超车完毕驶回原车道、靠路边停车时，应当提前开启右转向灯。

第五十八条 机动车在夜间没有路灯、照明不良或者遇有雾、雨、雪、沙尘、冰雹等低能见度情况下行驶时，应当开启前照灯、示廓灯和后位灯，但同方向行驶的后车与前车近距离行驶时，不得使用远光灯。机动车雾天行驶应当开启雾灯和危险报警闪光灯。

第五十九条 机动车在夜间通过急弯、坡路、拱桥、人行横道或者没有交通信号灯控制的路口时，应当交替使用远近光灯示意。

机动车驶近急弯、坡道顶端等影响安全视距的路段以及超车或者遇有紧急情况时，应当减速慢行，并鸣喇叭示意 。

第六十条 机动车在道路上发生故障或者发生交通事故，妨碍交通又难以移动的，应当按照规定开启危险报警闪光灯并在车后50米至100米处设置警告标志，夜间还应当同时开启示廓灯和后位灯。

第六十一条 牵引故障机动车应当遵守下列规定：

（一）被牵引的机动车除驾驶人外不得载人，不得拖带挂车；

（二）被牵引的机动车宽度不得大于牵引机动车的宽度；

（三）使用软连接牵引装置时，牵引车与被牵引车之间的距离应当大于4米小于10米；

（四）对制动失效的被牵引车，应当使用硬连接牵引装置牵引；

（五）牵引车和被牵引车均应当开启危险报警闪光灯。

汽车吊车和轮式专用机械车不得牵引车辆。摩托车不得牵引车辆或者被其他车辆牵引。

转向或者照明、信号装置失效的故障机动车，应当使用专用清障车拖曳。

第六十二条 驾驶机动车不得有下列行为：

（一）在车门、车厢没有关好时行车；

（二）在机动车驾驶室的前后窗范围内悬挂、放置妨碍驾驶人视线的物品；

（三）拨打接听手持电话、观看电视等妨碍安全驾驶的行为；

（四）下陡坡时熄火或者空挡滑行；

（五）向道路上抛撒物品；

（六）驾驶摩托车手离车把或者在车把上悬挂物品；

（七）连续驾驶机动车超过4小时未停车休息或者停车休息时间少于20分钟；

（八）在禁止鸣喇叭的区域或者路段鸣喇叭。

第六十三条 机动车在道路上临时停车，应当遵守下列规定：

（一）在设有禁停标志、标线的路段，在机动车道与非机动车道、人行道之间设有隔离设施的路段以及人行横道、施工地段，不得停车；

（二）交叉路口、铁路道口、急弯路、宽度不足4米的窄路、桥梁、陡坡、隧道以及距离上述地点50米以内的路段，不得停车；

（三）公共汽车站、急救站、加油站、消防栓或者消防队（站）门前以及距离上述地点30米以内的路段，除使用上述设施的以外，不得停车；

（四）车辆停稳前不得开车门和上下人员，开关车门不得妨碍其他车辆和行人通行；

（五）路边停车应当紧靠道路右侧，机动车驾驶人不得离车，上下人员或者装卸物品后，立即驶离；

（六）城市公共汽车不得在站点以外的路段停车上下乘客。

第六十四条 机动车行经漫水路或者漫水桥时，应当停车察明水情，确认安全后，低速通过。

第六十五条 机动车载运超限物品行经铁路道口的，应当按照当地铁路部门指定的铁路道口、时间通过。

机动车行经渡口，应当服从渡口管理人员指挥，按照指定地点依次待渡。机动车上下渡船时，应当低速慢行。

第六十六条 警车、消防车、救护车、工程救险车在执行紧急任务遇交通受阻时，可以断续使用警报器，并遵守下列规定：

（一）不得在禁止使用警报器的区域或者路段使用警报器；

（二）夜间在市区不得使用警报器；

（三）列队行驶时，前车已经使用警报器的，后车不再使用警报器。

第六十七条 在单位院内、居民居住区内，机动车应当低速行驶，避让行人；有限速标志的，按照限速标志行驶。

第三节 非机动车通行规定

第六十八条 非机动车通过有交通信号灯控制的交叉路口，应当按照下列规定通行：

（一）转弯的非机动车让直行的车辆、行人优先通行；

（二）遇有前方路口交通阻塞时，不得进入路口；

（三）向左转弯时，靠路口中心点的右侧转弯；

（四）遇有停止信号时，应当依次停在路口停止线以外。没有停止线的，停在路口以外；

（五）向右转弯遇有同方向前车正在等候放行信号时，在本车道内能够转弯的，可以通行；不能转弯的，依次等候。

第六十九条 非机动车通过没有交通信号灯控制也没有交通警察指挥的交叉路口，除应当遵守第六十八条第（一）项、第（二）项和第（三）项的规定外，还应当遵守下列规定：

（一）有交通标志、标线控制的，让优先通行的一方先行；

（二）没有交通标志、标线控制的，在路口外慢行或者停车瞭望，让右方道路的来车先行；

（三）相对方向行驶的右转弯的非机动车让左转弯的车辆先行。

第七十条 驾驶自行车、电动自行车、三轮车在路段上横过机动车道，应当下车推行，有人行横道或者行人过街设施的，应当从人行横道或者行人过街设施通过；没有人行横道、没有行人过街设施或者不便使用行人过街设施的，在确认安全后直行通过。

因非机动车道被占用无法在本车道内行驶的非机动车，可以在受阻的路段借用相邻的机动车道行驶，并在驶过被占用路段后迅速驶回非机动车道。机动车遇此情况应当减速让行。

第七十一条 非机动车载物，应当遵守下列规定：

（一）自行车、电动自行车、残疾人机动轮椅车载物，高度从地面起不得超过1.5米，宽度左右各不得超出车把0.15米，长度前端不得超出车轮，后端不得超出车身0.3米；

（二）三轮车、人力车载物，高度从地面起不得超过2米，宽度左右各不得超出车身0.2米，长度不得超出车身1米；

（三）畜力车载物，高度从地面起不得超过2.5米，宽度左右各不得超出车身0.2米，长度前端不得超出车辕，后端不得超出车身1米。

自行车载人的规定，由省、自治区、直辖市人民政府根据当地实际情况制定。

第七十二条 在道路上驾驶自行车、三轮车、电动自行车、残疾人机动轮椅车应当遵守下列规定：

（一）驾驶自行车、三轮车必须年满12周岁；

（二）驾驶电动自行车和残疾人机动轮椅车必须年满16周岁；

（三）不得醉酒驾驶；

（四）转弯前应当减速慢行，伸手示意，不得突然猛拐，超越前车时不得妨碍被超越的车辆行驶；

（五）不得牵引、攀扶车辆或者被其他车辆牵引，不得双手离把或者手中持物；

（六）不得扶身并行、互相追逐或者曲折竞驶；

（七）不得在道路上骑独轮自行车或者2人以上骑行的自行车；

（八）非下肢残疾的人不得驾驶残疾人机动轮椅车；

（九）自行车、三轮车不得加装动力装置；

（十）不得在道路上学习驾驶非机动车。

第七十三条 在道路上驾驭畜力车应当年满16周岁，并遵守下列规定：

（一）不得醉酒驾驭；

（二）不得并行，驾驭人不得离开车辆；

（三）行经繁华路段、交叉路口、铁路道口、人行横道、急弯路、宽度不足4米的窄路或者窄桥、陡坡、隧道或者容易发生危险的路段，不得超车。驾驭两轮畜力车应当下车牵引牲畜；

（四）不得使用未经驯服的牲畜驾车，随车幼畜须拴系；

（五）停放车辆应当拉紧车闸，拴系牲畜。

第四节　行人和乘车人通行规定

第七十四条　行人不得有下列行为：

（一）在道路上使用滑板、旱冰鞋等滑行工具；

（二）在车行道内坐卧、停留、嬉闹；

（三）追车、抛物击车等妨碍道路交通安全的行为。

第七十五条　行人横过机动车道，应当从行人过街设施通过；没有行人过街设施的，应当从人行横道通过；没有人行横道的，应当观察来往车辆的情况，确认安全后直行通过，不得在车辆临近时突然加速横穿或者中途倒退、折返。

第七十六条　行人列队在道路上通行，每横列不得超过2人，但在已经实行交通管制的路段不受限制。

第七十七条　乘坐机动车应当遵守下列规定：

（一）不得在机动车道上拦乘机动车；

（二）在机动车道上不得从机动车左侧上下车；

（三）开关车门不得妨碍其他车辆和行人通行；

（四）机动车行驶中，不得干扰驾驶，不得将身体任何部分伸出车外，不得跳车；

（五）乘坐两轮摩托车应当正向骑坐。

第五节　高速公路的特别规定

第七十八条　高速公路应当标明车道的行驶速度，最高车速不得超过每小时120公里，最低车速不得低于每小时60公里。

在高速公路上行驶的小型载客汽车最高车速不得超过每小时120公里，其他机动车不得超过每小时100公里，摩托车不得超过每小时80公里。

同方向有2条车道的，左侧车道的最低车速为每小时100公里；同方向有3条以上车道的，最左侧车道的最低车速为每小时110公里，中间车道的最低车速为每小时90公里。道路限速标志标明的车速与上述车道行驶车速的规定不一致的，按照道路限速标志标明的车速行驶。

第七十九条　机动车从匝道驶入高速公路，应当开启左转向灯，在不妨碍已在高速公路内的机动车正常行驶的情况下驶入车道。

机动车驶离高速公路时，应当开启右转向灯，驶入减速车道，降低车速后驶离。

第八十条　机动车在高速公路上行驶，车速超过每小时100公里时，应当与同车道前车保持100米以上的距离，车速低于每小时100公里时，与同车道前车距离可以适当缩短，但最小距离不得少于50米。

第八十一条　机动车在高速公路上行驶，遇有雾、雨、雪、沙尘、冰雹等低能见度气象条件时，应当遵守下列规定：

（一）能见度小于200米时，开启雾灯、近光灯、示廓灯和前后位灯，车速不得超过每小时60公里，与同车道前车保持100米以上的距离；

（二）能见度小于100米时，开启雾灯、近光灯、示廓灯、前后位灯和危险报警闪光灯，车速不得超过每小时40公里，与同车道前车保持50米以上的距离；

（三）能见度小于50米时，开启雾灯、近光灯、示廓灯、前后位灯和危险报警闪光灯，车速不得超过每小时20公里，并从最近的出口尽快驶离高速公路。

遇有前款规定情形时，高速公路管理部门应当通过显示屏等方式发布速度限制、保持车距等提示信息。

第八十二条　机动车在高速公路上行驶，不得有下列行为：

（一）倒车、逆行、穿越中央分隔带掉头或者在车道内停车；

（二）在匝道、加速车道或者减速车道上超车；

（三）骑、轧车行道分界线或者在路肩上行驶；

（四）非紧急情况时在应急车道行驶或者停车；

（五）试车或者学习驾驶机动车。

第八十三条　在高速公路上行驶的载货汽车车厢不得载人。两轮摩托车在高速公路行驶时不得载人。

第八十四条　机动车通过施工作业路段时，应当注意警示标志，减速行驶。

第八十五条　城市快速路的道路交通安全管理，参照本节的规定执行。

高速公路、城市快速路的道路交通安全管理工作，省、自治区、直辖市人民政府公安机关交通管理部门可以指定设区的市人民政府公安机关交通管理部门或者相当于同级的公安机关交通管理部门承担。

第五章　交通事故处理

第八十六条　机动车与机动车、机动车与非机动车在道路上发生未造成人身伤亡的交通事故，当事人对事实及成因无争议的，在记录交通事故的时间、地点、对方当事人的姓名和联系方式、机动车牌号、驾驶证号、保险凭证号、碰撞部位，并共同签名后，撤离现场，自行协商损害赔偿事宜。当事人对交通事故事实及成因有争议的，应当迅速报警。

第八十七条　非机动车与非机动车或者行人在道路上发生交通事故，未造成人身伤亡，且基本事实及成因清楚的，当事人应当先撤离现场，再自行协商处理损害赔偿事宜。当事人对交通事故事实及成因有争议的，应当迅速报警。

第八十八条　机动车发生交通事故，造成道路、供电、通讯等设施损毁的，驾驶人应当报警等候处理，不得驶离。机动车可以移动的，应当将机动车移至不妨碍交通的地点。公安机关交通管理部门应当将事故有关情况通知有关部门。

第八十九条　公安机关交通管理部门或者交通警察接到交通事故报警，应当及时赶赴现场，对未造成人身伤亡，事实清楚，并且机动车可以移动的，应当在记录事故情况后责令当事人撤离现场，恢复交通。对拒不撤离现场的，予以强制撤离。

对属于前款规定情况的道路交通事故，交通警察可以适用简易程序处理，并当场出具事故认定书。当事人共同请求调解的，交通警察可以当场对损害赔偿争议进行调解。

对道路交通事故造成人员伤亡和财产损失需要勘验、检查现场的，公安机关交通管理部门应当按照勘查现场工作规范进行。现场勘查完毕，应当组织清理现场，恢复交通。

第九十条　投保机动车第三者责任强制保险的机动车发生交通事故，因抢救受伤人员需要保险公司支付抢救费用的，由公安机关交通管理部门通知保险公司。

抢救受伤人员需要道路交通事故救助基金垫付费用的，由公安机关交通管理部门通知道路交通事故社会救助基金管理机构。

第九十一条　公安机关交通管理部门应当根据交通事故当事人的行为对发生交通事故所起的作用以及过错的严重程度，确定当事人的责任。

第九十二条　发生交通事故后当事人逃逸的，逃逸的当事人承担全部责任。但是，有证据证明对方当事人也有过错的，可以减轻责任。

当事人故意破坏、伪造现场、毁灭证据的，承担全部责任。

第九十三条　公安机关交通管理部门对经过勘验、检查现场的交通事故应当在勘查现场之日起10日内制作交通事故认定书。对需要进行检验、鉴定的，应当在检验、鉴定结果确定之日起5日内制作交通事故认定书。

第九十四条　当事人对交通事故损害赔偿有争议，各方当事人一致请求公安机关交通管理部门调解的，应当在收到交通事故认定书之日起10日内提出书面调解申请。

对交通事故致死的，调解从办理丧葬事宜结束之日起开始；对交通事故致伤的，调解从治疗终结或者定残之日起开始；对交通事故造成财产损失的，调解从确定损失之日起开始。

第九十五条　公安机关交通管理部门调解交通事故损害赔偿争议的期限为10日。调解达成协议的，公安机关交通管理部门应当制作调解书送交各方当事人，调解书经各方当事人共同签字后生效；调解未达成协议的，公安机关交通管理部门应当制作调解终结书送交各方当事人。

交通事故损害赔偿项目和标准依照有关法律的规定执行。

第九十六条　对交通事故损害赔偿的争议，当事人向人民法院提起民事诉讼的，公安机关交通管理部门不再受理调解申请。

公安机关交通管理部门调解期间，当事人向人民法院提起民事诉讼的，调解终止。

第九十七条　车辆在道路以外发生交通事故，公安机关交通管理部门接到报案的，参照道路交通安全法和本条例的规定处理。

车辆、行人与火车发生的交通事故以及在渡口发生的交通事故，依照国家有关规定处理。

第六章　执法监督

第九十八条　公安机关交通管理部门应当公开办事制度、办事程序，建立警风警纪监督员制度，自觉接受社会和群众的监督。

第九十九条　公安机关交通管理部门及其交

通警察办理机动车登记，发放号牌，对驾驶人考试、发证，处理道路交通安全违法行为，处理道路交通事故，应当严格遵守有关规定，不得越权执法，不得延迟履行职责，不得擅自改变处罚的种类和幅度。

第一百条 公安机关交通管理部门应当公布举报电话，受理群众举报投诉，并及时调查核实，反馈查处结果。

第一百零一条 公安机关交通管理部门应当建立执法质量考核评议、执法责任制和执法过错追究制度，防止和纠正道路交通安全执法中的错误或者不当行为。

第七章 法律责任

第一百零二条 违反本条例规定的行为，依照道路交通安全法和本条例的规定处罚。

第一百零三条 以欺骗、贿赂等不正当手段取得机动车登记或者驾驶许可的，收缴机动车登记证书、号牌、行驶证或者机动车驾驶证，撤销机动车登记或者机动车驾驶许可；申请人在3年内不得申请机动车登记或者机动车驾驶许可。

第一百零四条 机动车驾驶人有下列行为之一，又无其他机动车驾驶人即时替代驾驶的，公安机关交通管理部门除依法给予处罚外，可以将其驾驶的机动车移至不妨碍交通的地点或者有关部门指定的地点停放：

(一)不能出示本人有效驾驶证的；

(二)驾驶的机动车与驾驶证载明的准驾车型不符的；

(三)饮酒、服用国家管制的精神药品或者麻醉药品、患有妨碍安全驾驶的疾病，或者过度疲劳仍继续驾驶的；

(四)学习驾驶人员没有教练人员随车指导单独驾驶的。

第一百零五条 机动车驾驶人有饮酒、醉酒、服用国家管制的精神药品或者麻醉药品嫌疑的，应当接受测试、检验。

第一百零六条 公路客运载客汽车超过核定乘员、载货汽车超过核定载质量的，公安机关交通管理部门依法扣留机动车后，驾驶人应当将超载的乘车人转运、将超载的货物卸载，费用由超载机动车的驾驶人或者所有人承担。

第一百零七条 依照道路交通安全法第九十二条、第九十五条、第九十六条、第九十八条的规定被扣留的机动车，驾驶人或者所有人、管理人30日内没有提供被扣留机动车的合法证明，没有补办相应手续，或者不前来接受处理，经公安机关交通管理部门通知并且经公告3个月仍不前来接受处理的，由公安机关交通管理部门将该机动车送交有资格的拍卖机构拍卖，所得价款上缴国库；非法拼装的机动车予以拆除；达到报废标准的机动车予以报废；机动车涉及其他违法犯罪行为的，移交有关部门处理。

第一百零八条 交通警察按照简易程序当场作出行政处罚的，应当告知当事人道路交通安全违法行为的事实、处罚的理由和依据，并将行政处罚决定书当场交付被处罚人。

第一百零九条 对道路交通安全违法行为人处以罚款或者暂扣驾驶证处罚的，由违法行为发生地的县级以上人民政府公安机关交通管理部门或者相当于同级的公安机关交通管理部门作出决定；对处以吊销机动车驾驶证处罚的，由设区的市人民政府公安机关交通管理部门或者相当于同级的公安机关交通管理部门作出决定。

公安机关交通管理部门对非本辖区机动车的道路交通安全违法行为没有当场处罚的，可以由机动车登记地的公安机关交通管理部门处罚。

第一百一十条 当事人对公安机关交通管理部门及其交通警察的处罚有权进行陈述和申辩，交通警察应当充分听取当事人的陈述和申辩，不得因当事人陈述、申辩而加重其处罚。

第八章 附 则

第一百一十一条 本条例所称上道路行驶的拖拉机，是指手扶拖拉机等最高设计行驶速度不超过每小时20公里的轮式拖拉机和最高设计行驶速度不超过每小时40公里、牵引挂车方可从事道路运输的轮式拖拉机。

第一百一十二条 农业(农业机械)主管部门应当定期向公安机关交通管理部门提供拖拉机登记、安全技术检验以及拖拉机驾驶证发放的资料、数据。公安机关交通管理部门对拖拉机驾驶人作出暂扣、吊销驾驶证处罚或者记分处理的，应当定期将处罚决定书和记分情况通报有关的农业(农业机械)主管部门。吊销驾驶证的，还应当将驾驶证送交有关的农业(农业机械)主管部门。

第一百一十三条 境外机动车入境行驶,应当向入境地的公安机关交通管理部门申请临时通行号牌、行驶证。临时通行号牌、行驶证应当根据行驶需要,载明有效日期和允许行驶的区域。

入境的境外机动车申请临时通行号牌、行驶证以及境外人员申请机动车驾驶许可的条件、考试办法由国务院公安部门规定。

第一百一十四条 机动车驾驶许可考试的收费标准,由国务院价格主管部门规定。

第一百一十五条 本条例自2004年5月1日起施行。1960年2月11日国务院批准、交通部发布的《机动车管理办法》,1988年3月9日国务院发布的《中华人民共和国道路交通管理条例》,1991年9月22日国务院发布的《道路交通事故处理办法》,同时废止。

道路交通安全违法行为处理程序规定

(2008年12月20日公安部令第105号公布 根据2020年4月7日《公安部关于修改〈道路交通安全违法行为处理程序规定〉的决定》修正)

第一章 总 则

第一条 为了规范道路交通安全违法行为处理程序,保障公安机关交通管理部门正确履行职责,保护公民、法人和其他组织的合法权益,根据《中华人民共和国道路交通安全法》及其实施条例等法律、行政法规制定本规定。

第二条 公安机关交通管理部门及其交通警察对道路交通安全违法行为(以下简称违法行为)的处理程序,在法定职权范围内依照本规定实施。

第三条 对违法行为的处理应当遵循合法、公正、文明、公开、及时的原则,尊重和保障人权,保护公民的人格尊严。

对违法行为的处理应当坚持教育与处罚相结合的原则,教育公民、法人和其他组织自觉遵守道路交通安全法律法规。

对违法行为的处理,应当以事实为依据,与违法行为的事实、性质、情节以及社会危害程度相当。

第二章 管 辖

第四条 交通警察执勤执法中发现的违法行为由违法行为发生地的公安机关交通管理部门管辖。

对管辖权发生争议的,报请共同的上一级公安机关交通管理部门指定管辖。上一级公安机关交通管理部门应当及时确定管辖主体,并通知争议各方。

第五条 违法行为人可以在违法行为发生地、机动车登记地或者其他任意地公安机关交通管理部门处理交通技术监控设备记录的违法行为。

违法行为人在违法行为发生地以外的地方(以下简称处理地)处理交通技术监控设备记录的违法行为的,处理地公安机关交通管理部门可以协助违法行为发生地公安机关交通管理部门调查违法事实、代为送达法律文书、代为履行处罚告知程序,由违法行为发生地公安机关交通管理部门按照发生地标准作出处罚决定。

违法行为人或者机动车所有人、管理人对交通技术监控设备记录的违法行为事实有异议的,可以通过公安机关交通管理部门互联网站、移动互联网应用程序或者违法行为处理窗口向公安机关交通管理部门提出。处理地公安机关交通管理部门应当在收到当事人申请后当日,通过道路交通违法信息管理系统通知违法行为发生地公安机关交通管理部门。违法行为发生地公安机关交通管理部门应当在五日内予以审查,异议成立的,予以消除;异议不成立的,告知当事人。

第六条 对违法行为人处以警告、罚款或者暂扣机动车驾驶证处罚的,由县级以上公安机关交通管理部门作出处罚决定。

对违法行为人处以吊销机动车驾驶证处罚的,由设区的市公安机关交通管理部门作出处罚决定。

对违法行为人处以行政拘留处罚的,由县、市公安局、公安分局或者相当于县一级的公安机关作出处罚决定。

第三章 调查取证

第一节 一般规定

第七条 交通警察调查违法行为时,应当表明执法身份。

交通警察执勤执法应当严格执行安全防护规定，注意自身安全，在公路上执勤执法不得少于两人。

第八条 交通警察应当全面、及时、合法收集能够证实违法行为是否存在、违法情节轻重的证据。

第九条 交通警察调查违法行为时，应当查验机动车驾驶证、行驶证、机动车号牌、检验合格标志、保险标志等牌证以及机动车和驾驶人违法信息。对运载爆炸物品、易燃易爆化学物品以及剧毒、放射性等危险物品车辆驾驶人违法行为调查的，还应当查验其他相关证件及信息。

第十条 交通警察查验机动车驾驶证时，应当询问驾驶人姓名、住址、出生年月并与驾驶证上记录的内容进行核对；对持证人的相貌与驾驶证上的照片进行核对。必要时，可以要求驾驶人出示居民身份证进行核对。

第十一条 调查中需要采取行政强制措施的，依照法律、法规、本规定及国家其他有关规定实施。

第十二条 交通警察对机动车驾驶人不在现场的违法停放机动车行为，应当在机动车侧门玻璃或者摩托车座位上粘贴违法停车告知单，并采取拍照或者录像方式固定相关证据。

第十三条 调查中发现违法行为人有其他违法行为的，在依法对其道路交通安全违法行为作出处理决定的同时，按照有关规定移送有管辖权的单位处理。涉嫌构成犯罪的，转为刑事案件办理或者移送有权处理的主管机关、部门办理。

第十四条 公安机关交通管理部门对于控告、举报的违法行为以及其他行政主管部门移送的案件应当接受，并按规定处理。

第二节 交通技术监控

第十五条 公安机关交通管理部门可以利用交通技术监控设备、执法记录设备收集、固定违法行为证据。

交通技术监控设备、执法记录设备应当符合国家标准或者行业标准，需要认定、检定的交通技术监控设备应当经认定、检定合格后，方可用于收集、固定违法行为证据。

交通技术监控设备应当定期维护、保养、检测，保持功能完好。

第十六条 交通技术监控设备的设置应当遵循科学、规范、合理的原则，设置的地点应当有明确规范相应交通行为的交通信号。

固定式交通技术监控设备设置地点应当向社会公布。

第十七条 使用固定式交通技术监控设备测速的路段，应当设置测速警告标志。

使用移动测速设备测速的，应当由交通警察操作。使用车载移动测速设备的，还应当使用制式警车。

第十八条 作为处理依据的交通技术监控设备收集的违法行为记录资料，应当清晰、准确地反映机动车类型、号牌、外观等特征以及违法时间、地点、事实。

第十九条 交通技术监控设备收集违法行为记录资料后五日内，违法行为发生地公安机关交通管理部门应当对记录内容进行审核，经审核无误后录入道路交通违法信息管理系统，作为处罚违法行为的证据。

第二十条 交通技术监控设备记录的违法行为信息录入道路交通违法信息管理系统后当日，违法行为发生地和机动车登记地公安机关交通管理部门应当向社会提供查询。违法行为发生地公安机关交通管理部门应当在违法行为信息录入道路交通违法信息管理系统后五日内，按照机动车备案信息中的联系方式，通过移动互联网应用程序、手机短信或者邮寄等方式将违法时间、地点、事实通知违法行为人或者机动车所有人、管理人，并告知其在三十日内接受处理。

公安机关交通管理部门应当在违法行为人或者机动车所有人、管理人处理违法行为和交通事故、办理机动车或者驾驶证业务时，书面确认违法行为人或者机动车所有人、管理人的联系方式和法律文书送达方式，并告知其可以通过公安机关交通管理部门互联网站、移动互联网应用程序等方式备案或者变更联系方式、法律文书送达方式。

第二十一条 对交通技术监控设备记录的违法行为信息，经核查能够确定实际驾驶人的，公安机关交通管理部门可以在道路交通违法信息管理系统中将其记录为实际驾驶人的违法行为信息。

第二十二条 交通技术监控设备记录或者录入道路交通违法信息管理系统的违法行为信息，有下列情形之一并经核实的，违法行为发生地或者机动车登记地公安机关交通管理部门应当自核实之日起三日内予以消除：

（一）警车、消防救援车辆、救护车、工程救险车执行紧急任务期间交通技术监控设备记录的违法行为；

（二）机动车所有人或者管理人提供报案记录证明机动车被盗抢期间、机动车号牌被他人冒用期间交通技术监控设备记录的违法行为；

（三）违法行为人或者机动车所有人、管理人提供证据证明机动车因救助危难或者紧急避险造成的违法行为；

（四）已经在现场被交通警察处理的交通技术监控设备记录的违法行为；

（五）因交通信号指示不一致造成的违法行为；

（六）作为处理依据的交通技术监控设备收集的违法行为记录资料，不能清晰、准确地反映机动车类型、号牌、外观等特征以及违法时间、地点、事实的；

（七）经比对交通技术监控设备记录的违法行为照片、道路交通违法信息管理系统登记的机动车信息，确认记录的机动车号牌信息错误的；

（八）其他应当消除的情形。

第二十三条 经查证属实，单位或者个人提供的违法行为照片或者视频等资料可以作为处罚的证据。

对群众举报的违法行为照片或者视频资料的审核录入要求，参照本规定执行。

第四章 行政强制措施适用

第二十四条 公安机关交通管理部门及其交通警察在执法过程中，依法可以采取下列行政强制措施：

（一）扣留车辆；

（二）扣留机动车驾驶证；

（三）拖移机动车；

（四）检验体内酒精、国家管制的精神药品、麻醉药品含量；

（五）收缴物品；

（六）法律、法规规定的其他行政强制措施。

第二十五条 采取本规定第二十四条第（一）、（二）、（四）、（五）项行政强制措施，应当按照下列程序实施：

（一）口头告知违法行为人或者机动车所有人、管理人违法行为的基本事实、拟作出行政强制措施的种类、依据及其依法享有的权利；

（二）听取当事人的陈述和申辩，当事人提出的事实、理由或者证据成立的，应当采纳；

（三）制作行政强制措施凭证，并告知当事人在十五日内到指定地点接受处理；

（四）行政强制措施凭证应当由当事人签名、交通警察签名或者盖章，并加盖公安机关交通管理部门印章；当事人拒绝签名的，交通警察应当在行政强制措施凭证上注明；

（五）行政强制措施凭证应当当场交付当事人；当事人拒收的，由交通警察在行政强制措施凭证上注明，即为送达。

现场采取行政强制措施的，交通警察应当在二十四小时内向所属公安机关交通管理部门负责人报告，并补办批准手续。公安机关交通管理部门负责人认为不应当采取行政强制措施的，应当立即解除。

第二十六条 行政强制措施凭证应当载明当事人的基本情况、车辆牌号、车辆类型、违法事实、采取行政强制措施种类和依据、接受处理的具体地点和期限、决定机关名称及当事人依法享有的行政复议、行政诉讼权利等内容。

第二十七条 有下列情形之一的，依法扣留车辆：

（一）上道路行驶的机动车未悬挂机动车号牌，未放置检验合格标志、保险标志，或者未随车携带机动车行驶证、驾驶证的；

（二）有伪造、变造或者使用伪造、变造的机动车登记证书、号牌、行驶证、检验合格标志、保险标志、驾驶证或者使用其他车辆的机动车登记证书、号牌、行驶证、检验合格标志、保险标志嫌疑的；

（三）未按照国家规定投保机动车交通事故责任强制保险的；

（四）公路客运车辆或者货运机动车超载的；

（五）机动车有被盗抢嫌疑的；

（六）机动车有拼装或者达到报废标准嫌疑的；

（七）未申领《剧毒化学品公路运输通行证》通过公路运输剧毒化学品的；

（八）非机动车驾驶人拒绝接受罚款处罚的。

对发生道路交通事故，因收集证据需要的，可以依法扣留事故车辆。

第二十八条 交通警察应当在扣留车辆后二十四小时内，将被扣留车辆交所属公安机关交通管理部门。

公安机关交通管理部门扣留车辆的，不得扣留车辆所载货物。对车辆所载货物应当通知当事人自行处理，当事人无法自行处理或者不自行处理的，应当登记并妥善保管，对容易腐烂、损毁、灭失或者其他不具备保管条件的物品，经县级以上公安机关交通管理部门负责人批准，可以在拍照或者录像后变卖或者拍卖，变卖、拍卖所得按照有关规定处理。

第二十九条 对公路客运车辆载客超过核定乘员、货运机动车超过核定载质量的，公安机关交通管理部门应当按照下列规定消除违法状态：

（一）违法行为人可以自行消除违法状态的，应当在公安机关交通管理部门的监督下，自行将超载的乘车人转运、将超载的货物卸载；

（二）违法行为人无法自行消除违法状态的，对超载的乘车人，公安机关交通管理部门应当及时通知有关部门联系转运；对超载的货物，应当在指定的场地卸载，并由违法行为人与指定场地的保管方签订卸载货物的保管合同。

消除违法状态的费用由违法行为人承担。违法状态消除后，应当立即退还被扣留的机动车。

第三十条 对扣留的车辆，当事人接受处理或者提供、补办的相关证明或者手续经核实后，公安机关交通管理部门应当依法及时退还。

公安机关交通管理部门核实的时间不得超过十日；需要延长的，经县级以上公安机关交通管理部门负责人批准，可以延长至十五日。核实时间自车辆驾驶人或者所有人、管理人提供被扣留车辆合法来历证明，补办相应手续，或者接受处理之日起计算。

发生道路交通事故因收集证据需要扣留车辆的，扣留车辆时间依照《道路交通事故处理程序规定》有关规定执行。

第三十一条 有下列情形之一的，依法扣留机动车驾驶证：

（一）饮酒后驾驶机动车的；

（二）将机动车交由未取得机动车驾驶证或者机动车驾驶证被吊销、暂扣的人驾驶的；

（三）机动车行驶超过规定时速百分之五十的；

（四）驾驶有拼装或者达到报废标准嫌疑的机动车上道路行驶的；

（五）在一个记分周期内累积记分达到十二分的。

第三十二条 交通警察应当在扣留机动车驾驶证后二十四小时内，将被扣留机动车驾驶证交所属公安机关交通管理部门。

具有本规定第三十一条第（一）、（二）、（三）、（四）项所列情形之一的，扣留机动车驾驶证至作出处罚决定之日；处罚决定生效前先予扣留机动车驾驶证的，扣留一日折抵暂扣期限一日。只对违法行为人作出罚款处罚的，缴纳罚款完毕后，应当立即发还机动车驾驶证。具有本规定第三十一条第（五）项情形的，扣留机动车驾驶证至考试合格之日。

第三十三条 违反机动车停放、临时停车规定，驾驶人不在现场或者虽在现场但拒绝立即驶离，妨碍其他车辆、行人通行的，公安机关交通管理部门及其交通警察可以将机动车拖移至不妨碍交通的地点或者公安机关交通管理部门指定的地点。

拖移机动车的，现场交通警察应当通过拍照、录像等方式固定违法事实和证据。

第三十四条 公安机关交通管理部门应当公开拖移机动车查询电话，并通过设置拖移机动车专用标志牌明示或者以其他方式告知当事人。当事人可以通过电话查询接受处理的地点、期限和被拖移机动车的停放地点。

第三十五条 车辆驾驶人有下列情形之一的，应当对其检验体内酒精含量：

（一）对酒精呼气测试等方法测试的酒精含量结果有异议并当场提出的；

（二）涉嫌饮酒驾驶车辆发生交通事故的；

（三）涉嫌醉酒驾驶的；

（四）拒绝配合酒精呼气测试等方法测试的。

车辆驾驶人对酒精呼气测试结果无异议的，应当签字确认。事后提出异议的，不予采纳。

车辆驾驶人涉嫌吸食、注射毒品或者服用国家管制的精神药品、麻醉药品后驾驶车辆的，应当按照《吸毒检测程序规定》对车辆驾驶人进行吸毒检测，并通知其家属，但无法通知的除外。

对酒后、吸毒后行为失控或者拒绝配合检验、检测的，可以使用约束带或者警绳等约束性警械。

第三十六条 对车辆驾驶人进行体内酒精含量检验的，应当按照下列程序实施：

（一）由两名交通警察或者由一名交通警察带领警务辅助人员将车辆驾驶人带到医疗机构提取血样，或者现场由法医等具有相应资质的人员提取血样；

（二）公安机关交通管理部门应当在提取血样后五日内将血样送交有检验资格的单位或者机构进行检验，并在收到检验结果后五日内书面告知车辆驾驶人。

检验车辆驾驶人体内酒精含量的，应当通知其家属，但无法通知的除外。

车辆驾驶人对检验结果有异议的，可以在收到检验结果之日起三日内申请重新检验。

具有下列情形之一的，应当进行重新检验：

（一）检验程序违法或者违反相关专业技术要求，可能影响检验结果正确性的；

（二）检验单位或者机构、检验人不具备相应资质和条件的；

（三）检验结果明显依据不足的；

（四）检验人故意作虚假检验的；

（五）检验人应当回避而没有回避的；

（六）检材虚假或者被污染的；

（七）其他应当重新检验的情形。

不符合前款规定情形的，经县级以上公安机关交通管理部门负责人批准，作出不准予重新检验的决定，并在作出决定之日起的三日内书面通知申请人。

重新检验，公安机关应当另行指派或者聘请检验人。

第三十七条 对非法安装警报器、标志灯具或者自行车、三轮车加装动力装置的，公安机关交通管理部门应当强制拆除，予以收缴，并依法予以处罚。

交通警察现场收缴非法装置的，应当在二十四小时内，将收缴的物品交所属公安机关交通管理部门。

对收缴的物品，除作为证据保存外，经县级以上公安机关交通管理部门批准后，依法予以销毁。

第三十八条 公安机关交通管理部门对扣留的拼装或者已达到报废标准的机动车，经县级以上公安机关交通管理部门批准后，予以收缴，强制报废。

第三十九条 对伪造、变造或者使用伪造、变造的机动车登记证书、号牌、行驶证、检验合格标志、保险标志、驾驶证的，应当予以收缴，依法处罚后予以销毁。

对使用其他车辆的机动车登记证书、号牌、行驶证、检验合格标志、保险标志的，应当予以收缴，依法处罚后转至机动车登记地车辆管理所。

第四十条 对在道路两侧及隔离带上种植树木、其他植物或者设置广告牌、管线等，遮挡路灯、交通信号灯、交通标志，妨碍安全视距的，公安机关交通管理部门应当向违法行为人送达排除妨碍通知书，告知履行期限和不履行的后果。违法行为人在规定期限内拒不履行的，依法予以处罚并强制排除妨碍。

第四十一条 强制排除妨碍，公安机关交通管理部门及其交通警察可以当场实施。无法当场实施的，应当按照下列程序实施：

（一）经县级以上公安机关交通管理部门负责人批准，可以委托或者组织没有利害关系的单位予以强制排除妨碍；

（二）执行强制排除妨碍时，公安机关交通管理部门应当派员到场监督。

第五章 行政处罚

第一节 行政处罚的决定

第四十二条 交通警察对于当场发现的违法行为，认为情节轻微、未影响道路通行和安全的，口头告知其违法行为的基本事实、依据，向违法行为人提出口头警告，纠正违法行为后放行。

各省、自治区、直辖市公安机关交通管理部门可以根据实际确定适用口头警告的具体范围和实施办法。

第四十三条 对违法行为人处以警告或者二百元以下罚款的，可以适用简易程序。

对违法行为人处以二百元（不含）以上罚款、暂扣或者吊销机动车驾驶证的，应当适用一般程序。不需要采取行政强制措施的，现场交通警察应当收集、固定相关证据，并制作违法行为处理通知书。其中，对违法行为人单处二百元（不含）以上罚款的，可以通过简化取证方式和审核审批手续等措施快速办理。

对违法行为人处以行政拘留处罚的，按照《公安机关办理行政案件程序规定》实施。

第四十四条 适用简易程序处罚的，可以由一名交通警察作出，并应当按照下列程序实施：

（一）口头告知违法行为人违法行为的基本事实、拟作出的行政处罚、依据及其依法享有的权利；

（二）听取违法行为人的陈述和申辩，违法行为人提出的事实、理由或者证据成立的，应当采纳；

（三）制作简易程序处罚决定书；

（四）处罚决定书应当由被处罚人签名、交通警察签名或者盖章，并加盖公安机关交通管理部门印章；被处罚人拒绝签名的，交通警察应当在处罚决定书上注明；

（五）处罚决定书应当当场交付被处罚人；被处罚人拒收的，由交通警察在处罚决定书上注明，即为送达。

交通警察应当在二日内将简易程序处罚决定书报所属公安机关交通管理部门备案。

第四十五条 简易程序处罚决定书应当载明被处罚人的基本情况、车辆牌号、车辆类型、违法事实、处罚的依据、处罚的内容、履行方式、期限、处罚机关名称及被处罚人依法享有的行政复议、行政诉讼权利等内容。

第四十六条 制发违法行为处理通知书应当按照下列程序实施：

（一）口头告知违法行为人违法行为的基本事实；

（二）听取违法行为人的陈述和申辩，违法行为人提出的事实、理由或者证据成立的，应当采纳；

（三）制作违法行为处理通知书，并通知当事人在十五日内接受处理；

（四）违法行为处理通知书应当由违法行为人签名、交通警察签名或者盖章，并加盖公安机关交通管理部门印章；当事人拒绝签名的，交通警察应当在违法行为处理通知书上注明；

（五）违法行为处理通知书应当当场交付当事人；当事人拒收的，由交通警察在违法行为处理通知书上注明，即为送达。

交通警察应当在二十四小时内将违法行为处理通知书报所属公安机关交通管理部门备案。

第四十七条 违法行为处理通知书应当载明当事人的基本情况、车辆牌号、车辆类型、违法事实、接受处理的具体地点和时限、通知机关名称等内容。

第四十八条 适用一般程序作出处罚决定，应当由两名以上交通警察按照下列程序实施：

（一）对违法事实进行调查，询问当事人违法行为的基本情况，并制作笔录；当事人拒绝接受询问、签名或者盖章的，交通警察应当在询问笔录上注明；

（二）采用书面形式或者笔录形式告知当事人拟作出的行政处罚的事实、理由及依据，并告知其依法享有的权利；

（三）对当事人陈述、申辩进行复核，复核结果应当在笔录中注明；

（四）制作行政处罚决定书；

（五）行政处罚决定书应当由被处罚人签名，并加盖公安机关交通管理部门印章；被处罚人拒绝签名的，交通警察应当在处罚决定书上注明；

（六）行政处罚决定书应当当场交付被处罚人；被处罚人拒收的，由交通警察在处罚决定书上注明，即为送达；被处罚人不在场的，应当依照《公安机关办理行政案件程序规定》的有关规定送达。

第四十九条 行政处罚决定书应当载明被处罚人的基本情况、车辆牌号、车辆类型、违法事实和证据、处罚的依据、处罚的内容、履行方式、期限、处罚机关名称及被处罚人依法享有的行政复议、行政诉讼权利等内容。

第五十条 一人有两种以上违法行为，分别裁决，合并执行，可以制作一份行政处罚决定书。

一人只有一种违法行为，依法应当并处两个以上处罚种类且涉及两个处罚主体的，应当分别制作行政处罚决定书。

第五十一条 对违法行为事实清楚，需要按照一般程序处以罚款的，应当自违法行为人接受处理之时起二十四小时内作出处罚决定；处以暂扣机动车驾驶证的，应当自违法行为人接受处理之日起三日内作出处罚决定；处以吊销机动车驾驶证的，应当自违法行为人接受处理或者听证程序结束之日起七日内作出处罚决定，交通肇事构成犯罪的，应当在人民法院判决后及时作出处罚决定。

第五十二条 对交通技术监控设备记录的违法行为，当事人应当及时到公安机关交通管理部门接受处理，处以警告或者二百元以下罚款的，可以适用简易程序；处以二百元（不含）以上罚款、吊销机动车驾驶证的，应当适用一般程序。

第五十三条 违法行为人或者机动车所有人、

管理人收到道路交通安全违法行为通知后，应当及时到公安机关交通管理部门接受处理。机动车所有人、管理人将机动车交由他人驾驶的，应当通知机动车驾驶人按照本规定第二十条规定期限接受处理。

违法行为人或者机动车所有人、管理人无法在三十日内接受处理的，可以申请延期处理。延长的期限最长不得超过三个月。

第五十四条 机动车有五起以上未处理的违法行为记录，违法行为人或者机动车所有人、管理人未在三十日内接受处理且未申请延期处理的，违法行为发生地公安机关交通管理部门应当按照备案信息中的联系方式，通过移动互联网应用程序、手机短信或者邮寄等方式将拟作出的行政处罚决定的事实、理由、依据以及依法享有的权利，告知违法行为人或者机动车所有人、管理人。违法行为人或者机动车所有人、管理人未在告知后三十日内接受处理的，可以采取公告方式告知拟作出的行政处罚决定的事实、理由、依据、依法享有的权利以及公告期届满后将依法作出行政处罚决定。公告期为七日。

违法行为人或者机动车所有人、管理人提出申辩或者接受处理的，应当按照本规定第四十四条或者第四十八条办理；违法行为人或者机动车所有人、管理人未提出申辩的，公安机关交通管理部门可以依法作出行政处罚决定，并制作行政处罚决定书。

第五十五条 行政处罚决定书可以邮寄或者电子送达。邮寄或者电子送达不成功的，公安机关交通管理部门可以公告送达，公告期为六十日。

第五十六条 电子送达可以采用移动互联网应用程序、电子邮件、移动通信等能够确认受送达人收悉的特定系统作为送达媒介。送达日期为公安机关交通管理部门对应系统显示发送成功的日期。受送达人证明到达其特定系统的日期与公安机关交通管理部门对应系统显示发送成功的日期不一致的，以受送达人证明到达其特定系统的日期为准。

公告应当通过互联网交通安全综合服务管理平台、移动互联网应用程序等方式进行。公告期满，即为送达。

公告内容应当避免泄漏个人隐私。

第五十七条 交通警察在道路执勤执法时，发现违法行为人或者机动车所有人、管理人有交通技术监控设备记录的违法行为逾期未处理的，应当以口头或者书面方式告知违法行为人或者机动车所有人、管理人。

第五十八条 违法行为人可以通过公安机关交通管理部门自助处理平台自助处理违法行为。

第二节 行政处罚的执行

第五十九条 对行人、乘车人、非机动车驾驶人处以罚款，交通警察当场收缴的，交通警察应当在简易程序处罚决定书上注明，由被处罚人签名确认。被处罚人拒绝签名的，交通警察应当在处罚决定书上注明。

交通警察依法当场收缴罚款的，应当开具省、自治区、直辖市财政部门统一制发的罚款收据；不开具省、自治区、直辖市财政部门统一制发的罚款收据的，当事人有权拒绝缴纳罚款。

第六十条 当事人逾期不履行行政处罚决定的，作出行政处罚决定的公安机关交通管理部门可以采取下列措施：

（一）到期不缴纳罚款的，每日按罚款数额的百分之三加处罚款，加处罚款总额不得超出罚款数额；

（二）申请人民法院强制执行。

第六十一条 公安机关交通管理部门对非本辖区机动车驾驶人给予暂扣、吊销机动车驾驶证处罚的，应当在作出处罚决定之日起十五日内，将机动车驾驶证转至核发地公安机关交通管理部门。

违法行为人申请不将暂扣的机动车驾驶证转至核发地公安机关交通管理部门的，应当准许，并在行政处罚决定书上注明。

第六十二条 对违法行为人决定行政拘留并处罚款的，公安机关交通管理部门应当告知违法行为人可以委托他人代缴罚款。

第六章 执法监督

第六十三条 交通警察执勤执法时，应当按照规定着装，佩戴人民警察标志，随身携带人民警察证件，保持警容严整，举止端庄，指挥规范。

交通警察查处违法行为时应当使用规范、文明的执法用语。

第六十四条 公安机关交通管理部门所属的

交警队、车管所及重点业务岗位应当建立值日警官和法制员制度，防止和纠正执法中的错误和不当行为。

第六十五条 各级公安机关交通管理部门应当加强执法监督，建立本单位及其所属民警的执法档案，实施执法质量考评、执法责任制和执法过错追究。

执法档案可以是电子档案或者纸质档案。

第六十六条 公安机关交通管理部门应当依法建立交通民警执勤执法考核评价标准，不得下达或者变相下达罚款指标，不得以处罚数量作为考核民警执法效果的依据。

第七章 其他规定

第六十七条 当事人对公安机关交通管理部门采取的行政强制措施或者作出的行政处罚决定不服的，可以依法申请行政复议或者提起行政诉讼。

第六十八条 公安机关交通管理部门应当使用道路交通违法信息管理系统对违法行为信息进行管理。对记录和处理的交通违法行为信息应当及时录入道路交通违法信息管理系统。

第六十九条 公安机关交通管理部门对非本辖区机动车有违法行为记录的，应当在违法行为信息录入道路交通违法信息管理系统后，在规定时限内将违法行为信息转至机动车登记地公安机关交通管理部门。

第七十条 公安机关交通管理部门对非本辖区机动车驾驶人的违法行为给予记分或者暂扣、吊销机动车驾驶证以及扣留机动车驾驶证的，应当在违法行为信息录入道路交通违法信息管理系统后，在规定时限内将违法行为信息转至驾驶证核发地公安机关交通管理部门。

第七十一条 公安机关交通管理部门可以与保险监管机构建立违法行为与机动车交通事故责任强制保险费率联系浮动制度。

第七十二条 机动车所有人为单位的，公安机关交通管理部门可以将严重影响道路交通安全的违法行为通报机动车所有人。

第七十三条 对非本辖区机动车驾驶人申请在违法行为发生地、处理地参加满分学习、考试的，公安机关交通管理部门应当准许，考试合格后发还扣留的机动车驾驶证，并将考试合格的信息转至驾驶证核发地公安机关交通管理部门。

驾驶证核发地公安机关交通管理部门应当根据转递信息清除机动车驾驶人的累积记分。

第七十四条 以欺骗、贿赂等不正当手段取得机动车登记的，应当收缴机动车登记证书、号牌、行驶证，由机动车登记地公安机关交通管理部门撤销机动车登记。

以欺骗、贿赂等不正当手段取得驾驶许可的，应当收缴机动车驾驶证，由驾驶证核发地公安机关交通管理部门撤销机动车驾驶许可。

非本辖区机动车登记或者机动车驾驶许可需要撤销的，公安机关交通管理部门应当将收缴的机动车登记证书、号牌、行驶证或者机动车驾驶证以及相关证据材料，及时转至机动车登记地或者驾驶证核发地公安机关交通管理部门。

第七十五条 撤销机动车登记或者机动车驾驶许可的，应当按照下列程序实施：

（一）经设区的市公安机关交通管理部门负责人批准，制作撤销决定书送达当事人；

（二）将收缴的机动车登记证书、号牌、行驶证或者机动车驾驶证以及撤销决定书转至机动车登记地或者驾驶证核发地车辆管理所予以注销；

（三）无法收缴的，公告作废。

第七十六条 简易程序案卷应当包括简易程序处罚决定书。一般程序案卷应当包括行政强制措施凭证或者违法行为处理通知书、证据材料、公安交通管理行政处罚决定书。

在处理违法行为过程中形成的其他文书应当一并存入案卷。

第八章 附 则

第七十七条 本规定中下列用语的含义：

（一）“违法行为人”，是指违反道路交通安全法律、行政法规规定的公民、法人及其他组织。

（二）“县级以上公安机关交通管理部门”，是指县级以上人民政府公安机关交通管理部门或者相当于同级的公安机关交通管理部门。“设区的市公安机关交通管理部门”，是指设区的市人民政府公安机关交通管理部门或者相当于同级的公安机关交通管理部门。

第七十八条 交通技术监控设备记录的非机

动车、行人违法行为参照本规定关于机动车违法行为处理程序处理。

第七十九条 公安机关交通管理部门可以以电子案卷形式保存违法处理案卷。

第八十条 本规定未规定的违法行为处理程序,依照《公安机关办理行政案件程序规定》执行。

第八十一条 本规定所称"以上""以下",除特别注明的外,包括本数在内。

本规定所称的"二日""三日""五日""七日""十日""十五日",是指工作日,不包括节假日。

第八十二条 执行本规定所需要的法律文书式样,由公安部制定。公安部没有制定式样,执法工作中需要的其他法律文书,各省、自治区、直辖市公安机关交通管理部门可以制定式样。

第八十三条 本规定自2009年4月1日起施行。2004年4月30日发布的《道路交通安全违法行为处理程序规定》(公安部第69号令)同时废止。本规定生效后,以前有关规定与本规定不一致的,以本规定为准。

(五)司法行政

中华人民共和国律师法

(1996年5月15日第八届全国人民代表大会常务委员会第十九次会议通过 根据2001年12月29日第九届全国人民代表大会常务委员会第二十五次会议《关于修改〈中华人民共和国律师法〉的决定》第一次修正 2007年10月28日第十届全国人民代表大会常务委员会第三十次会议修订 根据2012年10月26日第十一届全国人民代表大会常务委员会第二十九次会议《关于修改〈中华人民共和国律师法〉的决定》第二次修正 根据2017年9月1日第十二届全国人民代表大会常务委员会第二十九次会议《关于修改〈中华人民共和国法官法〉等八部法律的决定》第三次修正)

目　录

第一章　总　　则
第二章　律师执业许可
第三章　律师事务所
第四章　律师的业务和权利、义务
第五章　律师协会
第六章　法律责任
第七章　附　　则

第一章　总　　则

第一条 为了完善律师制度,规范律师执业行为,保障律师依法执业,发挥律师在社会主义法制建设中的作用,制定本法。

第二条 本法所称律师,是指依法取得律师执业证书,接受委托或者指定,为当事人提供法律服务的执业人员。

律师应当维护当事人合法权益,维护法律正确实施,维护社会公平和正义。

第三条 律师执业必须遵守宪法和法律,恪守律师职业道德和执业纪律。

律师执业必须以事实为根据,以法律为准绳。

律师执业应当接受国家、社会和当事人的监督。

律师依法执业受法律保护,任何组织和个人不得侵害律师的合法权益。

第四条 司法行政部门依照本法对律师、律师事务所和律师协会进行监督、指导。

第二章　律师执业许可

第五条 申请律师执业,应当具备下列条件:

(一)拥护中华人民共和国宪法;

(二)通过国家统一法律职业资格考试取得法律职业资格;

(三)在律师事务所实习满一年;

(四)品行良好。

实行国家统一法律职业资格考试前取得的国家统一司法考试合格证书、律师资格凭证,与国家统一法律职业资格证书具有同等效力。

第六条 申请律师执业,应当向设区的市级或者直辖市的区人民政府司法行政部门提出申请,并提交下列材料:

(一)国家统一法律职业资格证书;

(二)律师协会出具的申请人实习考核合格的材料;

（三）申请人的身份证明；

（四）律师事务所出具的同意接收申请人的证明。

申请兼职律师执业的，还应当提交所在单位同意申请人兼职从事律师职业的证明。

受理申请的部门应当自受理之日起二十日内予以审查，并将审查意见和全部申请材料报送省、自治区、直辖市人民政府司法行政部门。省、自治区、直辖市人民政府司法行政部门应当自收到报送材料之日起十日内予以审核，作出是否准予执业的决定。准予执业的，向申请人颁发律师执业证书；不准予执业的，向申请人书面说明理由。

第七条 申请人有下列情形之一的，不予颁发律师执业证书：

（一）无民事行为能力或者限制民事行为能力的；

（二）受过刑事处罚的，但过失犯罪的除外；

（三）被开除公职或者被吊销律师、公证员执业证书的。

第八条 具有高等院校本科以上学历，在法律服务人员紧缺领域从事专业工作满十五年，具有高级职称或者同等专业水平并具有相应的专业法律知识的人员，申请专职律师执业的，经国务院司法行政部门考核合格，准予执业。具体办法由国务院规定。

第九条 有下列情形之一的，由省、自治区、直辖市人民政府司法行政部门撤销准予执业的决定，并注销被准予执业人员的律师执业证书：

（一）申请人以欺诈、贿赂等不正当手段取得律师执业证书的；

（二）对不符合本法规定条件的申请人准予执业的。

第十条 律师只能在一个律师事务所执业。律师变更执业机构的，应当申请换发律师执业证书。

律师执业不受地域限制。

第十一条 公务员不得兼任执业律师。

律师担任各级人民代表大会常务委员会组成人员的，任职期间不得从事诉讼代理或者辩护业务。

第十二条 高等院校、科研机构中从事法学教育、研究工作的人员，符合本法第五条规定条件的，经所在单位同意，依照本法第六条规定的程序，可以申请兼职律师执业。

第十三条 没有取得律师执业证书的人员，不得以律师名义从事法律服务业务；除法律另有规定外，不得从事诉讼代理或者辩护业务。

第三章　律师事务所

第十四条 律师事务所是律师的执业机构。设立律师事务所应当具备下列条件：

（一）有自己的名称、住所和章程；

（二）有符合本法规定的律师；

（三）设立人应当是具有一定的执业经历，且三年内未受过停止执业处罚的律师；

（四）有符合国务院司法行政部门规定数额的资产。

第十五条 设立合伙律师事务所，除应当符合本法第十四条规定的条件外，还应当有三名以上合伙人，设立人应当是具有三年以上执业经历的律师。

合伙律师事务所可以采用普通合伙或者特殊的普通合伙形式设立。合伙律师事务所的合伙人按照合伙形式对该律师事务所的债务依法承担责任。

第十六条 设立个人律师事务所，除应当符合本法第十四条规定的条件外，设立人还应当是具有五年以上执业经历的律师。设立人对律师事务所的债务承担无限责任。

第十七条 申请设立律师事务所，应当提交下列材料：

（一）申请书；

（二）律师事务所的名称、章程；

（三）律师的名单、简历、身份证明、律师执业证书；

（四）住所证明；

（五）资产证明。

设立合伙律师事务所，还应当提交合伙协议。

第十八条 设立律师事务所，应当向设区的市级或者直辖市的区人民政府司法行政部门提出申请，受理申请的部门应当自受理之日起二十日内予以审查，并将审查意见和全部申请材料报送省、自治区、直辖市人民政府司法行政部门。省、自治区、直辖市人民政府司法行政部门应当自收到报送材料之日起十日内予以审核，作出是否准予设立的决定。准予设立的，向申请人颁发律师事务所执业证书；不准予设立的，向申请人书面说明理由。

第十九条 成立三年以上并具有二十名以上执业律师的合伙律师事务所，可以设立分所。设立分所，须经拟设立分所所在地的省、自治区、直辖市人民政府司法行政部门审核。申请设立分所的，依照本法第十八条规定的程序办理。

合伙律师事务所对其分所的债务承担责任。

第二十条 国家出资设立的律师事务所,依法自主开展律师业务,以该律师事务所的全部资产对其债务承担责任。

第二十一条 律师事务所变更名称、负责人、章程、合伙协议的,应当报原审核部门批准。

律师事务所变更住所、合伙人的,应当自变更之日起十五日内报原审核部门备案。

第二十二条 律师事务所有下列情形之一的,应当终止:

(一)不能保持法定设立条件,经限期整改仍不符合条件的;

(二)律师事务所执业证书被依法吊销的;

(三)自行决定解散的;

(四)法律、行政法规规定应当终止的其他情形。

律师事务所终止的,由颁发执业证书的部门注销该律师事务所的执业证书。

第二十三条 律师事务所应当建立健全执业管理、利益冲突审查、收费与财务管理、投诉查处、年度考核、档案管理等制度,对律师在执业活动中遵守职业道德、执业纪律的情况进行监督。

第二十四条 律师事务所应当于每年的年度考核后,向设区的市级或者直辖市的区人民政府司法行政部门提交本所的年度执业情况报告和律师执业考核结果。

第二十五条 律师承办业务,由律师事务所统一接受委托,与委托人签订书面委托合同,按照国家规定统一收取费用并如实入账。

律师事务所和律师应当依法纳税。

第二十六条 律师事务所和律师不得以诋毁其他律师事务所、律师或者支付介绍费等不正当手段承揽业务。

第二十七条 律师事务所不得从事法律服务以外的经营活动。

第四章 律师的业务和权利、义务

第二十八条 律师可以从事下列业务:

(一)接受自然人、法人或者其他组织的委托,担任法律顾问;

(二)接受民事案件、行政案件当事人的委托,担任代理人,参加诉讼;

(三)接受刑事案件犯罪嫌疑人、被告人的委托或者依法接受法律援助机构的指派,担任辩护人,接受自诉案件自诉人、公诉案件被害人或者其近亲属的委托,担任代理人,参加诉讼;

(四)接受委托,代理各类诉讼案件的申诉;

(五)接受委托,参加调解、仲裁活动;

(六)接受委托,提供非诉讼法律服务;

(七)解答有关法律的询问、代写诉讼文书和有关法律事务的其他文书。

第二十九条 律师担任法律顾问的,应当按照约定为委托人就有关法律问题提供意见,草拟、审查法律文书,代理参加诉讼、调解或者仲裁活动,办理委托的其他法律事务,维护委托人的合法权益。

第三十条 律师担任诉讼法律事务代理人或者非诉讼法律事务代理人的,应当在受委托的权限内,维护委托人的合法权益。

第三十一条 律师担任辩护人的,应当根据事实和法律,提出犯罪嫌疑人、被告人无罪、罪轻或者减轻、免除其刑事责任的材料和意见,维护犯罪嫌疑人、被告人的诉讼权利和其他合法权益。

第三十二条 委托人可以拒绝已委托的律师为其继续辩护或者代理,同时可以另行委托律师担任辩护人或者代理人。

律师接受委托后,无正当理由的,不得拒绝辩护或者代理。但是,委托事项违法、委托人利用律师提供的服务从事违法活动或者委托人故意隐瞒与案件有关的重要事实的,律师有权拒绝辩护或者代理。

第三十三条 律师担任辩护人的,有权持律师执业证书、律师事务所证明和委托书或者法律援助公函,依照刑事诉讼法的规定会见在押或者被监视居住的犯罪嫌疑人、被告人。辩护律师会见犯罪嫌疑人、被告人时不被监听。

第三十四条 律师担任辩护人的,自人民检察院对案件审查起诉之日起,有权查阅、摘抄、复制本案的案卷材料。

第三十五条 受委托的律师根据案情的需要,可以申请人民检察院、人民法院收集、调取证据或者申请人民法院通知证人出庭作证。

律师自行调查取证的,凭律师执业证书和律师事务所证明,可以向有关单位或者个人调查与承办法律事务有关的情况。

第三十六条 律师担任诉讼代理人或者辩护人的,其辩论或者辩护的权利依法受到保障。

第三十七条 律师在执业活动中的人身权利不受侵犯。

律师在法庭上发表的代理、辩护意见不受法律追究。但是,发表危害国家安全、恶意诽谤他人、严重扰乱法庭秩序的言论除外。

律师在参与诉讼活动中涉嫌犯罪的,侦查机关应当及时通知其所在的律师事务所或者所属的律师协会;被依法拘留、逮捕的,侦查机关应当依照刑事诉讼法的规定通知该律师的家属。

第三十八条 律师应当保守在执业活动中知悉的国家秘密、商业秘密,不得泄露当事人的隐私。

律师对在执业活动中知悉的委托人和其他人不愿泄露的有关情况和信息,应当予以保密。但是,委托人或者其他人准备或者正在实施危害国家安全、公共安全以及严重危害他人人身安全的犯罪事实和信息除外。

第三十九条 律师不得在同一案件中为双方当事人担任代理人,不得代理与本人或者其近亲属有利益冲突的法律事务。

第四十条 律师在执业活动中不得有下列行为:

(一)私自接受委托、收取费用,接受委托人的财物或者其他利益;

(二)利用提供法律服务的便利牟取当事人争议的权益;

(三)接受对方当事人的财物或者其他利益,与对方当事人或者第三人恶意串通,侵害委托人的权益;

(四)违反规定会见法官、检察官、仲裁员以及其他有关工作人员;

(五)向法官、检察官、仲裁员以及其他有关工作人员行贿,介绍贿赂或者指使、诱导当事人行贿,或者以其他不正当方式影响法官、检察官、仲裁员以及其他有关工作人员依法办理案件;

(六)故意提供虚假证据或者威胁、利诱他人提供虚假证据,妨碍对方当事人合法取得证据;

(七)煽动、教唆当事人采取扰乱公共秩序、危害公共安全等非法手段解决争议;

(八)扰乱法庭、仲裁庭秩序,干扰诉讼、仲裁活动的正常进行。

第四十一条 曾经担任法官、检察官的律师,从人民法院、人民检察院离任后二年内,不得担任诉讼代理人或者辩护人。

第四十二条 律师、律师事务所应当按照国家规定履行法律援助义务,为受援人提供符合标准的法律服务,维护受援人的合法权益。

第五章 律师协会

第四十三条 律师协会是社会团体法人,是律师的自律性组织。

全国设立中华全国律师协会,省、自治区、直辖市设立地方律师协会,设区的市根据需要可以设立地方律师协会。

第四十四条 全国律师协会章程由全国会员代表大会制定,报国务院司法行政部门备案。

地方律师协会章程由地方会员代表大会制定,报同级司法行政部门备案。地方律师协会章程不得与全国律师协会章程相抵触。

第四十五条 律师、律师事务所应当加入所在地的地方律师协会。加入地方律师协会的律师、律师事务所,同时是全国律师协会的会员。

律师协会会员享有律师协会章程规定的权利,履行律师协会章程规定的义务。

第四十六条 律师协会应当履行下列职责:

(一)保障律师依法执业,维护律师的合法权益;

(二)总结、交流律师工作经验;

(三)制定行业规范和惩戒规则;

(四)组织律师业务培训和职业道德、执业纪律教育,对律师的执业活动进行考核;

(五)组织管理申请律师执业人员的实习活动,对实习人员进行考核;

(六)对律师、律师事务所实施奖励和惩戒;

(七)受理对律师的投诉或者举报,调解律师执业活动中发生的纠纷,受理律师的申诉;

(八)法律、行政法规、规章以及律师协会章程规定的其他职责。

律师协会制定的行业规范和惩戒规则,不得与有关法律、行政法规、规章相抵触。

第六章 法律责任

第四十七条 律师有下列行为之一的,由设区的市级或者直辖市的区人民政府司法行政部门给予警告，可以处五千元以下的罚款；有违法所得的，没收违法所得；情节严重的，给予停止执业三个月以下的处罚：

（一）同时在两个以上律师事务所执业的；

（二）以不正当手段承揽业务的；

（三）在同一案件中为双方当事人担任代理人，或者代理与本人及其近亲属有利益冲突的法律事务的；

（四）从人民法院、人民检察院离任后二年内担任诉讼代理人或者辩护人的；

（五）拒绝履行法律援助义务的。

第四十八条 律师有下列行为之一的，由设区的市级或者直辖市的区人民政府司法行政部门给予警告，可以处一万元以下的罚款；有违法所得的，没收违法所得；情节严重的，给予停止执业三个月以上六个月以下的处罚：

（一）私自接受委托、收取费用，接受委托人财物或者其他利益的；

（二）接受委托后，无正当理由，拒绝辩护或者代理，不按时出庭参加诉讼或者仲裁的；

（三）利用提供法律服务的便利牟取当事人争议的权益的；

（四）泄露商业秘密或者个人隐私的。

第四十九条 律师有下列行为之一的，由设区的市级或者直辖市的区人民政府司法行政部门给予停止执业六个月以上一年以下的处罚，可以处五万元以下的罚款；有违法所得的，没收违法所得；情节严重的，由省、自治区、直辖市人民政府司法行政部门吊销其律师执业证书；构成犯罪的，依法追究刑事责任：

（一）违反规定会见法官、检察官、仲裁员以及其他有关工作人员，或者以其他不正当方式影响依法办理案件的；

（二）向法官、检察官、仲裁员以及其他有关工作人员行贿，介绍贿赂或者指使、诱导当事人行贿的；

（三）向司法行政部门提供虚假材料或者有其他弄虚作假行为的；

（四）故意提供虚假证据或者威胁、利诱他人提供虚假证据，妨碍对方当事人合法取得证据的；

（五）接受对方当事人财物或者其他利益，与对方当事人或者第三人恶意串通，侵害委托人权益的；

（六）扰乱法庭、仲裁庭秩序，干扰诉讼、仲裁活动的正常进行的；

（七）煽动、教唆当事人采取扰乱公共秩序、危害公共安全等非法手段解决争议的；

（八）发表危害国家安全、恶意诽谤他人、严重扰乱法庭秩序的言论的；

（九）泄露国家秘密的。

律师因故意犯罪受到刑事处罚的，由省、自治区、直辖市人民政府司法行政部门吊销其律师执业证书。

第五十条 律师事务所有下列行为之一的，由设区的市级或者直辖市的区人民政府司法行政部门视其情节给予警告、停业整顿一个月以上六个月以下的处罚，可以处十万元以下的罚款；有违法所得的，没收违法所得；情节特别严重的，由省、自治区、直辖市人民政府司法行政部门吊销律师事务所执业证书：

（一）违反规定接受委托、收取费用的；

（二）违反法定程序办理变更名称、负责人、章程、合伙协议、住所、合伙人等重大事项的；

（三）从事法律服务以外的经营活动的；

（四）以诋毁其他律师事务所、律师或者支付介绍费等不正当手段承揽业务的；

（五）违反规定接受有利益冲突的案件的；

（六）拒绝履行法律援助义务的；

（七）向司法行政部门提供虚假材料或者有其他弄虚作假行为的；

（八）对本所律师疏于管理，造成严重后果的。

律师事务所因前款违法行为受到处罚的，对其负责人视情节轻重，给予警告或者处二万元以下的罚款。

第五十一条 律师因违反本法规定，在受到警告处罚后一年内又发生应当给予警告处罚情形的，由设区的市级或者直辖市的区人民政府司法行政部门给予停止执业三个月以上一年以下的处罚；在受到停止执业处罚期满后二年内又发生应当给予停止执业处罚情形的，由省、自治区、直辖市人民政府司法行政部门吊销其律师执业证书。

律师事务所因违反本法规定，在受到停业整顿处罚期满后二年内又发生应当给予停业整顿处罚情形的，由省、自治区、直辖市人民政府司法行政部门吊销律师事务所执业证书。

第五十二条 县级人民政府司法行政部门对律师和律师事务所的执业活动实施日常监督管理,对检查发现的问题,责令改正;对当事人的投诉,应当及时进行调查。县级人民政府司法行政部门认为律师和律师事务所的违法行为应当给予行政处罚的,应当向上级司法行政部门提出处罚建议。

第五十三条 受到六个月以上停止执业处罚的律师,处罚期满未逾三年的,不得担任合伙人。

被吊销律师执业证书的,不得担任辩护人、诉讼代理人,但系刑事诉讼、民事诉讼、行政诉讼当事人的监护人、近亲属的除外。

第五十四条 律师违法执业或者因过错给当事人造成损失的,由其所在的律师事务所承担赔偿责任。律师事务所赔偿后,可以向有故意或者重大过失行为的律师追偿。

第五十五条 没有取得律师执业证书的人员以律师名义从事法律服务业务的,由所在地的县级以上地方人民政府司法行政部门责令停止非法执业,没收违法所得,处违法所得一倍以上五倍以下的罚款。

第五十六条 司法行政部门工作人员违反本法规定,滥用职权、玩忽职守,构成犯罪的,依法追究刑事责任;尚不构成犯罪的,依法给予处分。

第七章 附 则

第五十七条 为军队提供法律服务的军队律师,其律师资格的取得和权利、义务及行为准则,适用本法规定。军队律师的具体管理办法,由国务院和中央军事委员会制定。

第五十八条 外国律师事务所在中华人民共和国境内设立机构从事法律服务活动的管理办法,由国务院制定。

第五十九条 律师收费办法,由国务院价格主管部门会同国务院司法行政部门制定。

第六十条 本法自2008年6月1日起施行。

法律援助条例

(2003年7月16日国务院第15次常务会议通过 2003年7月21日中华人民共和国国务院令第385号公布 自2003年9月1日起施行)

第一章 总 则

第一条 为了保障经济困难的公民获得必要的法律服务,促进和规范法律援助工作,制定本条例。

第二条 符合本条例规定的公民,可以依照本条例获得法律咨询、代理、刑事辩护等无偿法律服务。

第三条 法律援助是政府的责任,县级以上人民政府应当采取积极措施推动法律援助工作,为法律援助提供财政支持,保障法律援助事业与经济、社会协调发展。

法律援助经费应当专款专用,接受财政、审计部门的监督。

第四条 国务院司法行政部门监督管理全国的法律援助工作。县级以上地方各级人民政府司法行政部门监督管理本行政区域的法律援助工作。

中华全国律师协会和地方律师协会应当按照律师协会章程对依据本条例实施的法律援助工作予以协助。

第五条 直辖市、设区的市或者县级人民政府司法行政部门根据需要确定本行政区域的法律援助机构。

法律援助机构负责受理、审查法律援助申请,指派或者安排人员为符合本条例规定的公民提供法律援助。

第六条 律师应当依照律师法和本条例的规定履行法律援助义务,为受援人提供符合标准的法律服务,依法维护受援人的合法权益,接受律师协会和司法行政部门的监督。

第七条 国家鼓励社会对法律援助活动提供捐助。

第八条 国家支持和鼓励社会团体、事业单位等社会组织利用自身资源为经济困难的公民提供法律援助。

第九条 对在法律援助工作中作出突出贡献的组织和个人，有关的人民政府、司法行政部门应当给予表彰、奖励。

第二章 法律援助范围

第十条 公民对下列需要代理的事项，因经济困难没有委托代理人的，可以向法律援助机构申请法律援助：

（一）依法请求国家赔偿的；

（二）请求给予社会保险待遇或者最低生活保障待遇的；

（三）请求发给抚恤金、救济金的；

（四）请求给付赡养费、抚养费、扶养费的；

（五）请求支付劳动报酬的；

（六）主张因见义勇为行为产生的民事权益的。

省、自治区、直辖市人民政府可以对前款规定以外的法律援助事项作出补充规定。

公民可以就本条第一款、第二款规定的事项向法律援助机构申请法律咨询。

第十一条 刑事诉讼中有下列情形之一的，公民可以向法律援助机构申请法律援助：

（一）犯罪嫌疑人在被侦查机关第一次讯问后或者采取强制措施之日起，因经济困难没有聘请律师的；

（二）公诉案件中的被害人及其法定代理人或者近亲属，自案件移送审查起诉之日起，因经济困难没有委托诉讼代理人的；

（三）自诉案件的自诉人及其法定代理人，自案件被人民法院受理之日起，因经济困难没有委托诉讼代理人的。

第十二条 公诉人出庭公诉的案件，被告人因经济困难或者其他原因没有委托辩护人，人民法院为被告人指定辩护时，法律援助机构应当提供法律援助。

被告人是盲、聋、哑人或者未成年人而没有委托辩护人的，或者被告人可能被判处死刑而没有委托辩护人的，人民法院为被告人指定辩护时，法律援助机构应当提供法律援助，无须对被告人进行经济状况的审查。

第十三条 本条例所称公民经济困难的标准，由省、自治区、直辖市人民政府根据本行政区域经济发展状况和法律援助事业的需要规定。

申请人住所地的经济困难标准与受理申请的法律援助机构所在地的经济困难标准不一致的，按照受理申请的法律援助机构所在地的经济困难标准执行。

第三章 法律援助申请和审查

第十四条 公民就本条例第十条所列事项申请法律援助，应当按照下列规定提出：

（一）请求国家赔偿的，向赔偿义务机关所在地的法律援助机构提出申请；

（二）请求给予社会保险待遇、最低生活保障待遇或者请求发给抚恤金、救济金的，向提供社会保险待遇、最低生活保障待遇或者发给抚恤金、救济金的义务机关所在地的法律援助机构提出申请；

（三）请求给付赡养费、抚养费、扶养费的，向给付赡养费、抚养费、扶养费的义务人住所地的法律援助机构提出申请；

（四）请求支付劳动报酬的，向支付劳动报酬的义务人住所地的法律援助机构提出申请；

（五）主张因见义勇为行为产生的民事权益的，向被请求人住所地的法律援助机构提出申请。

第十五条 本条例第十一条所列人员申请法律援助的，应当向审理案件的人民法院所在地的法律援助机构提出申请。被羁押的犯罪嫌疑人的申请由看守所在24小时内转交法律援助机构，申请法律援助所需提交的有关证件、证明材料由看守所通知申请人的法定代理人或者近亲属协助提供。

第十六条 申请人为无民事行为能力人或者限制民事行为能力人的，由其法定代理人代为提出申请。

无民事行为能力人或者限制民事行为能力人与其法定代理人之间发生诉讼或者因其他利益纠纷需要法律援助的，由与该争议事项无利害关系的其他法定代理人代为提出申请。

第十七条 公民申请代理、刑事辩护的法律援助应当提交下列证件、证明材料：

（一）身份证或者其他有效的身份证明，代理申请人还应当提交有代理权的证明；

（二）经济困难的证明；

（三）与所申请法律援助事项有关的案件材料。

申请应当采用书面形式,填写申请表;以书面形式提出申请确有困难的,可以口头申请,由法律援助机构工作人员或者代为转交申请的有关机构工作人员作书面记录。

第十八条 法律援助机构收到法律援助申请后,应当进行审查;认为申请人提交的证件、证明材料不齐全的,可以要求申请人作出必要的补充或者说明,申请人未按要求作出补充或者说明的,视为撤销申请;认为申请人提交的证件、证明材料需要查证的,由法律援助机构向有关机关、单位查证。

对符合法律援助条件的,法律援助机构应当及时决定提供法律援助;对不符合法律援助条件的,应当书面告知申请人理由。

第十九条 申请人对法律援助机构作出的不符合法律援助条件的通知有异议的,可以向确定该法律援助机构的司法行政部门提出,司法行政部门应当在收到异议之日起5个工作日内进行审查,经审查认为申请人符合法律援助条件的,应当以书面形式责令法律援助机构及时对该申请人提供法律援助。

第四章 法律援助实施

第二十条 由人民法院指定辩护的案件,人民法院在开庭10日前将指定辩护通知书和起诉书副本或者判决书副本送交其所在地的法律援助机构;人民法院不在其所在地审判的,可以将指定辩护通知书和起诉书副本或者判决书副本送交审判地的法律援助机构。

第二十一条 法律援助机构可以指派律师事务所安排律师或者安排本机构的工作人员办理法律援助案件;也可以根据其他社会组织的要求,安排其所属人员办理法律援助案件。对人民法院指定辩护的案件,法律援助机构应当在开庭3日前将确定的承办人员名单回复作出指定的人民法院。

第二十二条 办理法律援助案件的人员,应当遵守职业道德和执业纪律,提供法律援助不得收取任何财物。

第二十三条 办理法律援助案件的人员遇有下列情形之一的,应当向法律援助机构报告,法律援助机构经审查核实的,应当终止该项法律援助:

(一)受援人的经济收入状况发生变化,不再符合法律援助条件的;

(二)案件终止审理或者已被撤销的;

(三)受援人又自行委托律师或者其他代理人的;

(四)受援人要求终止法律援助的。

第二十四条 受指派办理法律援助案件的律师或者接受安排办理法律援助案件的社会组织人员在案件结案时,应当向法律援助机构提交有关的法律文书副本或者复印件以及结案报告等材料。

法律援助机构收到前款规定的结案材料后,应当向受指派办理法律援助案件的律师或者接受安排办理法律援助案件的社会组织人员支付法律援助办案补贴。

法律援助办案补贴的标准由省、自治区、直辖市人民政府司法行政部门会同同级财政部门,根据当地经济发展水平,参考法律援助机构办理各类法律援助案件的平均成本等因素核定,并可以根据需要调整。

第二十五条 法律援助机构对公民申请的法律咨询服务,应当即时办理;复杂疑难的,可以预约择时办理。

第五章 法律责任

第二十六条 法律援助机构及其工作人员有下列情形之一的,对直接负责的主管人员以及其他直接责任人员依法给予纪律处分:

(一)为不符合法律援助条件的人员提供法律援助,或者拒绝为符合法律援助条件的人员提供法律援助的;

(二)办理法律援助案件收取财物的;

(三)从事有偿法律服务的;

(四)侵占、私分、挪用法律援助经费的。

办理法律援助案件收取的财物,由司法行政部门责令退还;从事有偿法律服务的违法所得,由司法行政部门予以没收;侵占、私分、挪用法律援助经费的,由司法行政部门责令追回,情节严重,构成犯罪的,依法追究刑事责任。

第二十七条 律师事务所拒绝法律援助机构的指派,不安排本所律师办理法律援助案件的,由司法行政部门给予警告、责令改正;情节严重的,给予1个月以上3个月以下停业整顿的处罚。

第二十八条 律师有下列情形之一的，由司法行政部门给予警告、责令改正；情节严重的，给予1个月以上3个月以下停止执业的处罚：

（一）无正当理由拒绝接受、擅自终止法律援助案件的；

（二）办理法律援助案件收取财物的。

有前款第（二）项违法行为的，由司法行政部门责令退还违法所得的财物，可以并处所收财物价值1倍以上3倍以下的罚款。

第二十九条 律师办理法律援助案件违反职业道德和执业纪律的，按照律师法的规定予以处罚。

第三十条 司法行政部门工作人员在法律援助的监督管理工作中，有滥用职权、玩忽职守行为的，依法给予行政处分；情节严重，构成犯罪的，依法追究刑事责任。

第六章 附 则

第三十一条 本条例自2003年9月1日起施行。

中华人民共和国公证法

（2005年8月28日第十届全国人民代表大会常务委员会第十七次会议通过 根据2015年4月24日第十二届全国人民代表大会常务委员会第十四次会议《关于修改〈中华人民共和国义务教育法〉等五部法律的决定》第一次修正 根据2017年9月1日第十二届全国人民代表大会常务委员会第二十九次会议《关于修改〈中华人民共和国法官法〉等八部法律的决定》第二次修正）

目 录

第一章 总 则
第二章 公证机构
第三章 公 证 员
第四章 公证程序
第五章 公证效力
第六章 法律责任
第七章 附 则

第一章 总 则

第一条 为规范公证活动，保障公证机构和公证员依法履行职责，预防纠纷，保障自然人、法人或者其他组织的合法权益，制定本法。

第二条 公证是公证机构根据自然人、法人或者其他组织的申请，依照法定程序对民事法律行为、有法律意义的事实和文书的真实性、合法性予以证明的活动。

第三条 公证机构办理公证，应当遵守法律，坚持客观、公正的原则。

第四条 全国设立中国公证协会，省、自治区、直辖市设立地方公证协会。中国公证协会和地方公证协会是社会团体法人。中国公证协会章程由会员代表大会制定，报国务院司法行政部门备案。

公证协会是公证业的自律性组织，依据章程开展活动，对公证机构、公证员的执业活动进行监督。

第五条 司法行政部门依照本法规定对公证机构、公证员和公证协会进行监督、指导。

第二章 公证机构

第六条 公证机构是依法设立，不以营利为目的，依法独立行使公证职能、承担民事责任的证明机构。

第七条 公证机构按照统筹规划、合理布局的原则，可以在县、不设区的市、设区的市、直辖市或者市辖区设立；在设区的市、直辖市可以设立一个或者若干个公证机构。公证机构不按行政区划层层设立。

第八条 设立公证机构，应当具备下列条件：

（一）有自己的名称；

（二）有固定的场所；

（三）有二名以上公证员；

（四）有开展公证业务所必需的资金。

第九条 设立公证机构，由所在地的司法行政部门报省、自治区、直辖市人民政府司法行政部门按照规定程序批准后，颁发公证机构执业证书。

第十条 公证机构的负责人应当在有三年以上执业经历的公证员中推选产生，由所在地的司法行政部门核准，报省、自治区、直辖市人民政府司法行政部门备案。

第十一条 根据自然人、法人或者其他组织的申请,公证机构办理下列公证事项:

(一)合同;

(二)继承;

(三)委托、声明、赠与、遗嘱;

(四)财产分割;

(五)招标投标、拍卖;

(六)婚姻状况、亲属关系、收养关系;

(七)出生、生存、死亡、身份、经历、学历、学位、职务、职称、有无违法犯罪记录;

(八)公司章程;

(九)保全证据;

(十)文书上的签名、印鉴、日期,文书的副本、影印本与原本相符;

(十一)自然人、法人或者其他组织自愿申请办理的其他公证事项。

法律、行政法规规定应当公证的事项,有关自然人、法人或者其他组织应当向公证机构申请办理公证。

第十二条 根据自然人、法人或者其他组织的申请,公证机构可以办理下列事务:

(一)法律、行政法规规定由公证机构登记的事务;

(二)提存;

(三)保管遗嘱、遗产或者其他与公证事项有关的财产、物品、文书;

(四)代写与公证事项有关的法律事务文书;

(五)提供公证法律咨询。

第十三条 公证机构不得有下列行为:

(一)为不真实、不合法的事项出具公证书;

(二)毁损、篡改公证文书或者公证档案;

(三)以诋毁其他公证机构、公证员或者支付回扣、佣金等不正当手段争揽公证业务;

(四)泄露在执业活动中知悉的国家秘密、商业秘密或者个人隐私;

(五)违反规定的收费标准收取公证费;

(六)法律、法规、国务院司法行政部门规定禁止的其他行为。

第十四条 公证机构应当建立业务、财务、资产等管理制度,对公证员的执业行为进行监督,建立执业过错责任追究制度。

第十五条 公证机构应当参加公证执业责任保险。

第三章 公 证 员

第十六条 公证员是符合本法规定的条件,在公证机构从事公证业务的执业人员。

第十七条 公证员的数量根据公证业务需要确定。省、自治区、直辖市人民政府司法行政部门应当根据公证机构的设置情况和公证业务的需要核定公证员配备方案,报国务院司法行政部门备案。

第十八条 担任公证员,应当具备下列条件:

(一)具有中华人民共和国国籍;

(二)年龄二十五周岁以上六十五周岁以下;

(三)公道正派,遵纪守法,品行良好;

(四)通过国家统一法律职业资格考试取得法律职业资格;

(五)在公证机构实习二年以上或者具有三年以上其他法律职业经历并在公证机构实习一年以上,经考核合格。

第十九条 从事法学教学、研究工作,具有高级职称的人员,或者具有本科以上学历,从事审判、检察、法制工作、法律服务满十年的公务员、律师,已经离开原工作岗位,经考核合格的,可以担任公证员。

第二十条 有下列情形之一的,不得担任公证员:

(一)无民事行为能力或者限制民事行为能力的;

(二)因故意犯罪或者职务过失犯罪受过刑事处罚的;

(三)被开除公职的;

(四)被吊销公证员、律师执业证书的。

第二十一条 担任公证员,应当由符合公证员条件的人员提出申请,经公证机构推荐,由所在地的司法行政部门报省、自治区、直辖市人民政府司法行政部门审核同意后,报请国务院司法行政部门任命,并由省、自治区、直辖市人民政府司法行政部门颁发公证员执业证书。

第二十二条 公证员应当遵纪守法,恪守职业道德,依法履行公证职责,保守执业秘密。

公证员有权获得劳动报酬,享受保险和福利待遇;有权提出辞职、申诉或者控告;非因法定事由和非经法定程序,不被免职或者处罚。

第二十三条 公证员不得有下列行为:

(一)同时在二个以上公证机构执业;

（二）从事有报酬的其他职业；

（三）为本人及近亲属办理公证或者办理与本人及近亲属有利害关系的公证；

（四）私自出具公证书；

（五）为不真实、不合法的事项出具公证书；

（六）侵占、挪用公证费或者侵占、盗窃公证专用物品；

（七）毁损、篡改公证文书或者公证档案；

（八）泄露在执业活动中知悉的国家秘密、商业秘密或者个人隐私；

（九）法律、法规、国务院司法行政部门规定禁止的其他行为。

第二十四条 公证员有下列情形之一的，由所在地的司法行政部门报省、自治区、直辖市人民政府司法行政部门提请国务院司法行政部门予以免职：

（一）丧失中华人民共和国国籍的；

（二）年满六十五周岁或者因健康原因不能继续履行职务的；

（三）自愿辞去公证员职务的；

（四）被吊销公证员执业证书的。

第四章 公证程序

第二十五条 自然人、法人或者其他组织申请办理公证，可以向住所地、经常居住地、行为地或者事实发生地的公证机构提出。

申请办理涉及不动产的公证，应当向不动产所在地的公证机构提出；申请办理涉及不动产的委托、声明、赠与、遗嘱的公证，可以适用前款规定。

第二十六条 自然人、法人或者其他组织可以委托他人办理公证，但遗嘱、生存、收养关系等应当由本人办理公证的除外。

第二十七条 申请办理公证的当事人应当向公证机构如实说明申请公证事项的有关情况，提供真实、合法、充分的证明材料；提供的证明材料不充分的，公证机构可以要求补充。

公证机构受理公证申请后，应当告知当事人申请公证事项的法律意义和可能产生的法律后果，并将告知内容记录存档。

第二十八条 公证机构办理公证，应当根据不同公证事项的办证规则，分别审查下列事项：

（一）当事人的身份、申请办理该项公证的资格以及相应的权利；

（二）提供的文书内容是否完备，含义是否清晰，签名、印鉴是否齐全；

（三）提供的证明材料是否真实、合法、充分；

（四）申请公证的事项是否真实、合法。

第二十九条 公证机构对申请公证的事项以及当事人提供的证明材料，按照有关办证规则需要核实或者对其有疑义的，应当进行核实，或者委托异地公证机构代为核实，有关单位或者个人应当依法予以协助。

第三十条 公证机构经审查，认为申请提供的证明材料真实、合法、充分，申请公证的事项真实、合法的，应当自受理公证申请之日起十五个工作日内向当事人出具公证书。但是，因不可抗力、补充证明材料或者需要核实有关情况的，所需时间不计算在期限内。

第三十一条 有下列情形之一的，公证机构不予办理公证：

（一）无民事行为能力人或者限制民事行为能力人没有监护人代理申请办理公证的；

（二）当事人与申请公证的事项没有利害关系的；

（三）申请公证的事项属专业技术鉴定、评估事项的；

（四）当事人之间对申请公证的事项有争议的；

（五）当事人虚构、隐瞒事实，或者提供虚假证明材料的；

（六）当事人提供的证明材料不充分或者拒绝补充证明材料的；

（七）申请公证的事项不真实、不合法的；

（八）申请公证的事项违背社会公德的；

（九）当事人拒绝按照规定支付公证费的。

第三十二条 公证书应当按照国务院司法行政部门规定的格式制作，由公证员签名或者加盖签名章并加盖公证机构印章。公证书自出具之日起生效。

公证书应当使用全国通用的文字；在民族自治地方，根据当事人的要求，可以制作当地通用的民族文字文本。

第三十三条 公证书需要在国外使用，使用国要求先认证的，应当经中华人民共和国外交部或者外交部授权的机构和有关国家驻中华人民共和国使（领）馆认证。

第三十四条 当事人应当按照规定支付公证费。

对符合法律援助条件的当事人，公证机构应当按照规定减免公证费。

第三十五条 公证机构应当将公证文书分类立卷，归档保存。法律、行政法规规定应当公证的事项等重要的公证档案在公证机构保存期满，应当按照规定移交地方档案馆保管。

第五章 公证效力

第三十六条 经公证的民事法律行为、有法律意义的事实和文书，应当作为认定事实的根据，但有相反证据足以推翻该项公证的除外。

第三十七条 对经公证的以给付为内容并载明债务人愿意接受强制执行承诺的债权文书，债务人不履行或者履行不适当的，债权人可以依法向有管辖权的人民法院申请执行。

前款规定的债权文书确有错误的，人民法院裁定不予执行，并将裁定书送达双方当事人和公证机构。

第三十八条 法律、行政法规规定未经公证的事项不具有法律效力的，依照其规定。

第三十九条 当事人、公证事项的利害关系人认为公证书有错误的，可以向出具该公证书的公证机构提出复查。公证书的内容违法或者与事实不符的，公证机构应当撤销该公证书并予以公告，该公证书自始无效；公证书有其他错误的，公证机构应当予以更正。

第四十条 当事人、公证事项的利害关系人对公证书的内容有争议的，可以就该争议向人民法院提起民事诉讼。

第六章 法律责任

第四十一条 公证机构及其公证员有下列行为之一的，由省、自治区、直辖市或者设区的市人民政府司法行政部门给予警告；情节严重的，对公证机构处一万元以上五万元以下罚款，对公证员处一千元以上五千元以下罚款，并可以给予三个月以上六个月以下停止执业的处罚；有违法所得的，没收违法所得：

（一）以诋毁其他公证机构、公证员或者支付回扣、佣金等不正当手段争揽公证业务的；

（二）违反规定的收费标准收取公证费的；

（三）同时在二个以上公证机构执业的；

（四）从事有报酬的其他职业的；

（五）为本人及近亲属办理公证或者办理与本人及近亲属有利害关系的公证的；

（六）依照法律、行政法规的规定，应当给予处罚的其他行为。

第四十二条 公证机构及其公证员有下列行为之一的，由省、自治区、直辖市或者设区的市人民政府司法行政部门对公证机构给予警告，并处二万元以上十万元以下罚款，并可以给予一个月以上三个月以下停业整顿的处罚；对公证员给予警告，并处二千元以上一万元以下罚款，并可以给予三个月以上十二个月以下停止执业的处罚；有违法所得的，没收违法所得；情节严重的，由省、自治区、直辖市人民政府司法行政部门吊销公证员执业证书；构成犯罪的，依法追究刑事责任：

（一）私自出具公证书的；

（二）为不真实、不合法的事项出具公证书的；

（三）侵占、挪用公证费或者侵占、盗窃公证专用物品的；

（四）毁损、篡改公证文书或者公证档案的；

（五）泄露在执业活动中知悉的国家秘密、商业秘密或者个人隐私的；

（六）依照法律、行政法规的规定，应当给予处罚的其他行为。

因故意犯罪或者职务过失犯罪受刑事处罚的，应当吊销公证员执业证书。

被吊销公证员执业证书的，不得担任辩护人、诉讼代理人，但系刑事诉讼、民事诉讼、行政诉讼当事人的监护人、近亲属的除外。

第四十三条 公证机构及其公证员因过错给当事人、公证事项的利害关系人造成损失的，由公证机构承担相应的赔偿责任；公证机构赔偿后，可以向有故意或者重大过失的公证员追偿。

当事人、公证事项的利害关系人与公证机构因赔偿发生争议的，可以向人民法院提起民事诉讼。

第四十四条 当事人以及其他个人或者组织有下列行为之一，给他人造成损失的，依法承担民事责任；违反治安管理的，依法给予治安管理处罚；构成犯罪的，依法追究刑事责任：

（一）提供虚假证明材料，骗取公证书的；

（二）利用虚假公证书从事欺诈活动的；

（三）伪造、变造或者买卖伪造、变造的公证书、公证机构印章的。

第七章　附　　则

第四十五条　中华人民共和国驻外使（领）馆可以依照本法的规定或者中华人民共和国缔结或者参加的国际条约的规定，办理公证。

第四十六条　公证费的收费标准由省、自治区、直辖市人民政府价格主管部门会同同级司法行政部门制定。

第四十七条　本法自2006年3月1日起施行。

公证程序规则

（2006年5月18日司法部令第103号发布
2020年10月20日司法部令第145号修正）

第一章　总　　则

第一条　为了规范公证程序，保证公证质量，根据《中华人民共和国公证法》（以下简称《公证法》）和有关法律、行政法规的规定，制定本规则。

第二条　公证机构办理公证，应当遵守法律，坚持客观、公正、便民的原则，遵守公证执业规范和执业纪律。

第三条　公证机构依法独立行使公证职能，独立承担民事责任，任何单位、个人不得非法干预，其合法权益不受侵犯。

第四条　公证机构应当根据《公证法》的规定，受理公证申请，办理公证业务，以本公证机构的名义出具公证书。

第五条　公证员受公证机构指派，依照《公证法》和本规则规定的程序办理公证业务，并在出具的公证书上署名。

依照《公证法》和本规则的规定，在办理公证过程中须公证员亲自办理的事务，不得指派公证机构的其他工作人员办理。

第六条　公证机构和公证员办理公证，不得有《公证法》第十三条、第二十三条禁止的行为。

公证机构的其他工作人员以及依据本规则接触到公证业务的相关人员，不得泄露在参与公证业务活动中知悉的国家秘密、商业秘密或者个人隐私。

第七条　公证机构应当建立、健全公证业务管理制度和公证质量管理制度，对公证员的执业行为进行监督。

第八条　司法行政机关依照《公证法》和本规则规定，对公证机构和公证员的执业活动和遵守程序规则的情况进行监督、指导。

公证协会依据章程和行业规范，对公证机构和公证员的执业活动和遵守程序规则的情况进行监督。

第二章　公证当事人

第九条　公证当事人是指与公证事项有利害关系并以自己的名义向公证机构提出公证申请，在公证活动中享有权利和承担义务的自然人、法人或者其他组织。

第十条　无民事行为能力人或者限制民事行为能力人申办公证，应当由其监护人代理。

法人申办公证，应当由其法定代表人代表。

其他组织申办公证，应当由其负责人代表。

第十一条　当事人可以委托他人代理申办公证，但申办遗嘱、遗赠扶养协议、赠与、认领亲子、收养关系、解除收养关系、生存状况、委托、声明、保证及其他与自然人人身有密切关系的公证事项，应当由其本人亲自申办。

公证员、公证机构的其他工作人员不得代理当事人在本公证机构申办公证。

第十二条　居住在香港、澳门、台湾地区的当事人，委托他人代理申办涉及继承、财产权益处分、人身关系变更等重要公证事项的，其授权委托书应当经其居住地的公证人（机构）公证，或者经司法部指定的机构、人员证明。

居住在国外的当事人，委托他人代理申办前款规定的重要公证事项的，其授权委托书应当经其居住地的公证人（机构）、我驻外使（领）馆公证。

第三章　公证执业区域

第十三条　公证执业区域是指由省、自治区、直辖市司法行政机关，根据《公证法》第二十五条和《公证机构执业管理办法》第十条的规定以及当地公证机构设置方案，划定的公证机构受理公证业务的地域范围。

公证机构的执业区域，由省、自治区、直辖市司法行政机关在办理该公证机构设立或者变更审批时予以核定。

公证机构应当在核定的执业区域内受理公证业务。

第十四条 公证事项由当事人住所地、经常居住地、行为地或者事实发生地的公证机构受理。

涉及不动产的公证事项,由不动产所在地的公证机构受理;涉及不动产的委托、声明、赠与、遗嘱的公证事项,可以适用前款规定。

第十五条 二个以上当事人共同申办同一公证事项的,可以共同到行为地、事实发生地或者其中一名当事人住所地、经常居住地的公证机构申办。

第十六条 当事人向二个以上可以受理该公证事项的公证机构提出申请的,由最先受理申请的公证机构办理。

第四章 申请与受理

第十七条 自然人、法人或者其他组织向公证机构申请办理公证,应当填写公证申请表。公证申请表应当载明下列内容:

(一)申请人及其代理人的基本情况;

(二)申请公证的事项及公证书的用途;

(三)申请公证的文书的名称;

(四)提交证明材料的名称、份数及有关证人的姓名、住址、联系方式;

(五)申请的日期;

(六)其他需要说明的情况。

申请人应当在申请表上签名或者盖章,不能签名、盖章的由本人捺指印。

第十八条 自然人、法人或者其他组织申请办理公证,应当提交下列材料:

(一)自然人的身份证明,法人的资格证明及其法定代表人的身份证明,其他组织的资格证明及其负责人的身份证明;

(二)委托他人代为申请的,代理人须提交当事人的授权委托书,法定代理人或者其他代理人须提交有代理权的证明;

(三)申请公证的文书;

(四)申请公证的事项的证明材料,涉及财产关系的须提交有关财产权利证明;

(五)与申请公证的事项有关的其他材料。

对于前款第四项、第五项所规定的申请人应当提交的证明材料,公证机构能够通过政务信息资源共享方式获取的,当事人可以不提交,但应当作出有关信息真实合法的书面承诺。

第十九条 符合下列条件的申请,公证机构可以受理:

(一)申请人与申请公证的事项有利害关系;

(二)申请人之间对申请公证的事项无争议;

(三)申请公证的事项符合《公证法》第十一条规定的范围;

(四)申请公证的事项符合《公证法》第二十五条的规定和该公证机构在其执业区域内可以受理公证业务的范围。

法律、行政法规规定应当公证的事项,符合前款第一项、第二项、第四项规定条件的,公证机构应当受理。

对不符合本条第一款、第二款规定条件的申请,公证机构不予受理,并通知申请人。对因不符合本条第一款第四项规定不予受理的,应当告知申请人向可以受理该公证事项的公证机构申请。

第二十条 公证机构受理公证申请后,应当指派承办公证员,并通知当事人。当事人要求该公证员回避,经查属于《公证法》第二十三条第三项规定应当回避情形的,公证机构应当改派其他公证员承办。

第二十一条 公证机构受理公证申请后,应当告知当事人申请公证事项的法律意义和可能产生的法律后果,告知其在办理公证过程中享有的权利、承担的义务。告知内容、告知方式和时间,应当记录归档,并由申请人或其代理人签字。

公证机构受理公证申请后,应当在全国公证管理系统录入办证信息,加强公证办理流程管理,方便当事人查询。

第二十二条 公证机构受理公证申请后,应当按照规定向当事人收取公证费。公证办结后,经核定的公证费与预收数额不一致的,应当办理退还或者补收手续。

对符合法律援助条件的当事人,公证机构应当按照规定减收或者免收公证费。

第五章 审　查

第二十三条 公证机构受理公证申请后,应当根据不同公证事项的办证规则,分别审查下列事项:

(一)当事人的人数、身份、申请办理该项公证的资格及相应的权利；

（二）当事人的意思表示是否真实；

（三）申请公证的文书的内容是否完备，含义是否清晰，签名、印鉴是否齐全；

（四）提供的证明材料是否真实、合法、充分；

（五）申请公证的事项是否真实、合法。

第二十四条 当事人应当向公证机构如实说明申请公证的事项的有关情况，提交的证明材料应当真实、合法、充分。

公证机构在审查中，对申请公证的事项的真实性、合法性有疑义的，认为当事人的情况说明或者提供的证明材料不充分、不完备或者有疑义的，可以要求当事人作出说明或者补充证明材料。

当事人拒绝说明有关情况或者补充证明材料的，依照本规则第四十八条的规定处理。

第二十五条 公证机构在审查中，对当事人的身份、申请公证的事项以及当事人提供的证明材料，按照有关办证规则需要核实或者对其有疑义的，应当进行核实，或者委托异地公证机构代为核实。有关单位或者个人应当依法予以协助。

审查自然人身份，应当采取使用身份识别核验设备等方式，并记录附卷。

第二十六条 公证机构在审查中，应当询问当事人有关情况，释明法律风险，提出法律意见建议，解答当事人疑问；发现有重大、复杂情形的，应当由公证机构集体讨论。

第二十七条 公证机构可以采用下列方式，核实公证事项的有关情况以及证明材料：

（一）通过询问当事人、公证事项的利害关系人核实；

（二）通过询问证人核实；

（三）向有关单位或者个人了解相关情况或者核实、收集相关书证、物证、视听资料等证明材料；

（四）通过现场勘验核实；

（五）委托专业机构或者专业人员鉴定、检验检测、翻译。

第二十八条 公证机构进行核实，应当遵守有关法律、法规和有关办证规则的规定。

公证机构派员外出核实的，应当由二人进行，但核实、收集书证的除外。特殊情况下只有一人外出核实的，应当有一名见证人在场。

第二十九条 采用询问方式向当事人、公证事项的利害关系人或者有关证人了解、核实公证事项的有关情况以及证明材料的，应当告知被询问人享有的权利、承担的义务及其法律责任。询问的内容应当制作笔录。

询问笔录应当载明：询问日期、地点、询问人、记录人，询问事由，被询问人的基本情况，告知内容、询问谈话内容等。

询问笔录应当交由被询问人核对后签名或者盖章、捺指印。笔录中修改处应当由被询问人盖章或者捺指印认可。

第三十条 在向当事人、公证事项的利害关系人、证人或者有关单位、个人核实或者收集有关公证事项的证明材料时，需要摘抄、复印（复制）有关资料、证明原件、档案材料或者对实物证据照相并作文字描述记载的，摘抄、复印（复制）的材料或者物证照片及文字描述记载应当与原件或者物证相符，并由资料、原件、物证所有人或者档案保管人对摘抄、复印（复制）的材料或者物证照片及文字描述记载核对后签名或者盖章。

第三十一条 采用现场勘验方式核实公证事项及其有关证明材料的，应当制作勘验笔录，由核实人员及见证人签名或者盖章。根据需要，可以采用绘图、照相、录像或者录音等方式对勘验情况或者实物证据予以记载。

第三十二条 需要委托专业机构或者专业人员对申请公证的文书或者公证事项的证明材料进行鉴定、检验检测、翻译的，应当告知当事人由其委托办理，或者征得当事人的同意代为办理。鉴定意见、检验检测结论、翻译材料，应当由相关专业机构及承办鉴定、检验检测、翻译的人员盖章和签名。

委托鉴定、检验检测、翻译所需的费用，由当事人支付。

第三十三条 公证机构委托异地公证机构核实公证事项及其有关证明材料的，应当出具委托核实函，对需要核实的事项及内容提出明确的要求。受委托的公证机构收到委托函后，应当在一个月内完成核实。因故不能完成或者无法核实的，应当在上述期限内函告委托核实的公证机构。

第三十四条 公证机构在审查中，认为申请公证的文书内容不完备、表达不准确的，应当指导当事人补正或者修改。当事人拒绝补正、修改的，应当在工作记录中注明。

应当事人的请求，公证机构可以代为起草、修改申请公证的文书。

第六章 出具公证书

第三十五条 公证机构经审查,认为申请公证的事项符合《公证法》、本规则及有关办证规则规定的,应当自受理之日起十五个工作日内向当事人出具公证书。

因不可抗力、补充证明材料或者需要核实有关情况的,所需时间不计算在前款规定的期限内,并应当及时告知当事人。

第三十六条 民事法律行为的公证,应当符合下列条件:

(一)当事人具有从事该行为的资格和相应的民事行为能力;

(二)当事人的意思表示真实;

(三)该行为的内容和形式合法,不违背社会公德;

(四)《公证法》规定的其他条件。

不同的民事法律行为公证的办证规则有特殊要求的,从其规定。

第三十七条 有法律意义的事实或者文书的公证,应当符合下列条件:

(一)该事实或者文书与当事人有利害关系;

(二)事实或者文书真实无误;

(三)事实或者文书的内容和形式合法,不违背社会公德;

(四)《公证法》规定的其他条件。

不同的有法律意义的事实或者文书公证的办证规则有特殊要求的,从其规定。

第三十八条 文书上的签名、印鉴、日期的公证,其签名、印鉴、日期应当准确、属实;文书的副本、影印本等文本的公证,其文本内容应当与原本相符。

第三十九条 具有强制执行效力的债权文书的公证,应当符合下列条件:

(一)债权文书以给付为内容;

(二)债权债务关系明确,债权人和债务人对债权文书有关给付内容无疑义;

(三)债务履行方式、内容、时限明确;

(四)债权文书中载明当债务人不履行或者不适当履行义务时,债务人愿意接受强制执行的承诺;

(五)债权人和债务人愿意接受公证机构对债务履行情况进行核实;

(六)《公证法》规定的其他条件。

第四十条 符合《公证法》、本规则及有关办证规则规定条件的公证事项,由承办公证员拟制公证书,连同被证明的文书、当事人提供的证明材料及核实情况的材料、公证审查意见,报公证机构的负责人或其指定的公证员审批。但按规定不需要审批的公证事项除外。

公证机构的负责人或者被指定负责审批的公证员不得审批自己承办的公证事项。

第四十一条 审批公证事项及拟出具的公证书,应当审核以下内容:

(一)申请公证的事项及其文书是否真实、合法;

(二)公证事项的证明材料是否真实、合法、充分;

(三)办证程序是否符合《公证法》、本规则及有关办证规则的规定;

(四)拟出具的公证书的内容、表述和格式是否符合相关规定。

审批重大、复杂的公证事项,应当在审批前提交公证机构集体讨论。讨论的情况和形成的意见,应当记录归档。

第四十二条 公证书应当按照司法部规定的格式制作。公证书包括以下主要内容:

(一)公证书编号;

(二)当事人及其代理人的基本情况;

(三)公证证词;

(四)承办公证员的签名(签名章)、公证机构印章;

(五)出具日期。

公证证词证明的文书是公证书的组成部分。

有关办证规则对公证书的格式有特殊要求的,从其规定。

第四十三条 制作公证书应当使用全国通用的文字。在民族自治地方,根据当事人的要求,可以同时制作当地通用的民族文字文本。两种文字的文本,具有同等效力。

发往香港、澳门、台湾地区使用的公证书应当使用全国通用的文字。

发往国外使用的公证书应当使用全国通用的文字。根据需要和当事人的要求,公证书可以附外文译文。

第四十四条 公证书自出具之日起生效。

需要审批的公证事项,审批人的批准日期为公证书的出具日期;不需要审批的公证事项,承办公证员的签发日期为公证书的出具日期;现场监督类公证需要现场宣读公证证词的,宣读日期为公证书的出具日期。

第四十五条 公证机构制作的公证书正本,由当事人各方各收执一份,并可以根据当事人的需要制作若干份副本。公证机构留存公证书原本(审批稿、签发稿)和一份正本归档。

第四十六条 公证书出具后,可以由当事人或其代理人到公证机构领取,也可以应当事人的要求由公证机构发送。当事人或其代理人收到公证书应当在回执上签收。

第四十七条 公证书需要办理领事认证的,根据有关规定或者当事人的委托,公证机构可以代为办理公证书认证,所需费用由当事人支付。

第七章 不予办理公证和终止公证

第四十八条 公证事项有下列情形之一的,公证机构应当不予办理公证:

(一)无民事行为能力人或者限制民事行为能力人没有监护人代理申请办理公证的;

(二)当事人与申请公证的事项没有利害关系的;

(三)申请公证的事项属专业技术鉴定、评估事项的;

(四)当事人之间对申请公证的事项有争议的;

(五)当事人虚构、隐瞒事实,或者提供虚假证明材料的;

(六)当事人提供的证明材料不充分又无法补充,或者拒绝补充证明材料的;

(七)申请公证的事项不真实、不合法的;

(八)申请公证的事项违背社会公德的;

(九)当事人拒绝按照规定支付公证费的。

第四十九条 不予办理公证的,由承办公证员写出书面报告,报公证机构负责人审批。不予办理公证的决定应当书面通知当事人或其代理人。

不予办理公证的,公证机构应当根据不予办理的原因及责任,酌情退还部分或者全部收取的公证费。

第五十条 公证事项有下列情形之一的,公证机构应当终止公证:

(一)因当事人的原因致使该公证事项在六个月内不能办结的;

(二)公证书出具前当事人撤回公证申请的;

(三)因申请公证的自然人死亡、法人或者其他组织终止,不能继续办理公证或者继续办理公证已无意义的;

(四)当事人阻挠、妨碍公证机构及承办公证员按规定的程序、期限办理公证的;

(五)其他应当终止的情形。

第五十一条 终止公证的,由承办公证员写出书面报告,报公证机构负责人审批。终止公证的决定应当书面通知当事人或其代理人。

终止公证的,公证机构应当根据终止的原因及责任,酌情退还部分收取的公证费。

第八章 特别规定

第五十二条 公证机构办理招标投标、拍卖、开奖等现场监督类公证,应当由二人共同办理。承办公证员应当依照有关规定,通过事前审查、现场监督,对其真实性、合法性予以证明,现场宣读公证证词,并在宣读后七日内将公证书发送当事人。该公证书自宣读公证证词之日起生效。

办理现场监督类公证,承办公证员发现当事人有弄虚作假、徇私舞弊、违反活动规则、违反国家法律和有关规定行为的,应当即时要求当事人改正;当事人拒不改正的,应当不予办理公证。

第五十三条 公证机构办理遗嘱公证,应当由二人共同办理。承办公证员应当全程亲自办理,并对遗嘱人订立遗嘱的过程录音录像。

特殊情况下只能由一名公证员办理时,应当请一名见证人在场,见证人应当在询问笔录上签名或者盖章。

公证机构办理遗嘱公证,应当查询全国公证管理系统。出具公证书的,应当于出具当日录入办理信息。

第五十四条 公证机构派员外出办理保全证据公证的,由二人共同办理,承办公证员应当亲自外出办理。

办理保全证据公证,承办公证员发现当事人是采用法律、法规禁止的方式取得证据的,应当不予办理公证。

第五十五条 债务人不履行或者不适当履行经公证的具有强制执行效力的债权文书的，公证机构应当对履约情况进行核实后，依照有关规定出具执行证书。

债务人履约、公证机构核实、当事人就债权债务达成新的协议等涉及强制执行的情况，承办公证员应当制作工作记录附卷。

执行证书应当载明申请人、被申请执行人、申请执行标的和申请执行的期限。债务人已经履行的部分，应当在申请执行标的中予以扣除。因债务人不履行或者不适当履行而发生的违约金、滞纳金、利息等，可以应债权人的要求列入申请执行标的。

第五十六条 经公证的事项在履行过程中发生争议的，出具公证书的公证机构可以应当事人的请求进行调解。经调解后当事人达成新的协议并申请公证的，公证机构可以办理公证；调解不成的，公证机构应当告知当事人就该争议依法向人民法院提起民事诉讼或者向仲裁机构申请仲裁。

第九章 公证登记和立卷归档

第五十七条 公证机构办理公证，应当填写公证登记簿，建立分类登记制度。

登记事项包括：公证事项类别、当事人姓名（名称）、代理人（代表人）姓名、受理日期、承办人、审批人（签发人）、结案方式、办结日期、公证书编号等。

公证登记簿按年度建档，应当永久保存。

第五十八条 公证机构在出具公证书后或者作出不予办理公证、终止公证的决定后，应当依照司法部、国家档案局制定的有关公证文书立卷归档和公证档案管理的规定，由承办公证员将公证文书和相关材料，在三个月内完成汇总整理、分类立卷、移交归档。

第五十九条 公证机构受理公证申请后，承办公证员即应当着手立卷的准备工作，开始收集有关的证明材料，整理询问笔录和核实情况的有关材料等。

对不能附卷的证明原件或者实物证据，应当按照规定将其原件复印件（复制件）、物证照片及文字描述记载留存附卷。

第六十条 公证案卷应当根据公证事项的类别、内容，划分为普通卷、密卷，分类归档保存。

公证案卷应当根据公证事项的类别、用途及其证据价值确定保管期限。保管期限分短期、长期、永久三种。

涉及国家秘密、遗嘱的公证事项，列为密卷。立遗嘱人死亡后，遗嘱公证案卷转为普通卷保存。

公证机构内部对公证事项的讨论意见和有关请示、批复等材料，应当装订成副卷，与正卷一起保存。

第十章 公证争议处理

第六十一条 当事人认为公证书有错误的，可以在收到公证书之日起一年内，向出具该公证书的公证机构提出复查。

公证事项的利害关系人认为公证书有错误的，可以自知道或者应当知道该项公证之日起一年内向出具该公证书的公证机构提出复查，但能证明自己不知道的除外。提出复查的期限自公证书出具之日起最长不得超过二十年。

复查申请应当以书面形式提出，载明申请人认为公证书存在的错误及其理由，提出撤销或者更正公证书的具体要求，并提供相关证明材料。

第六十二条 公证机构收到复查申请后，应当指派原承办公证员之外的公证员进行复查。复查结论及处理意见，应当报公证机构的负责人审批。

第六十三条 公证机构进行复查，应当对申请人提出的公证书的错误及其理由进行审查、核实，区别不同情况，按照以下规定予以处理：

（一）公证书的内容合法、正确、办理程序无误的，作出维持公证书的处理决定；

（二）公证书的内容合法、正确，仅证词表述或者格式不当的，应当收回公证书，更正后重新发给当事人；不能收回的，另行出具补正公证书；

（三）公证书的基本内容违法或者与事实不符的，应当作出撤销公证书的处理决定；

（四）公证书的部分内容违法或者与事实不符的，可以出具补正公证书，撤销对违法或者与事实不符部分的证明内容；也可以收回公证书，对违法或者与事实不符的部分进行删除、更正后，重新发给当事人；

（五）公证书的内容合法、正确，但在办理过程中有违反程序规定、缺乏必要手续的情形,应当补办缺漏的程序和手续;无法补办或者严重违反公证程序的,应当撤销公证书。

被撤销的公证书应当收回,并予以公告,该公证书自始无效。

公证机构撤销公证书或出具补正公证书的,应当于撤销决定作出或补正公证书出具当日报地方公证协会备案,并录入全国公证管理系统。

第六十四条 公证机构应当自收到复查申请之日起三十日内完成复查,作出复查处理决定,发给申请人。需要对公证书作撤销或者更正、补正处理的,应当在作出复查处理决定后十日内完成。复查处理决定及处理后的公证书,应当存入原公证案卷。

公证机构办理复查,因不可抗力、补充证明材料或者需要核实有关情况的,所需时间不计算在前款规定的期限内,但补充证明材料或者需要核实有关情况的,最长不得超过六个月。

第六十五条 公证机构发现出具的公证书的内容及办理程序有本规则第六十三条第二项至第五项规定情形的,应当通知当事人,按照本规则第六十三条的规定予以处理。

第六十六条 公证书被撤销的,所收的公证费按以下规定处理:

(一)因公证机构的过错撤销公证书的,收取的公证费应当全部退还当事人;

(二)因当事人的过错撤销公证书的,收取的公证费不予退还;

(三)因公证机构和当事人双方的过错撤销公证书的,收取的公证费酌情退还。

第六十七条 当事人、公证事项的利害关系人对公证机构作出的撤销或者不予撤销公证书的决定有异议的,可以向地方公证协会投诉。

投诉的处理办法,由中国公证协会制定。

第六十八条 当事人、公证事项的利害关系人对公证书涉及当事人之间或者当事人与公证事项的利害关系人之间实体权利义务的内容有争议的,公证机构应当告知其可以就该争议向人民法院提起民事诉讼。

第六十九条 公证机构及其公证员因过错给当事人、公证事项的利害关系人造成损失的,由公证机构承担相应的赔偿责任;公证机构赔偿后,可以向有故意或者重大过失的公证员追偿。

当事人、公证事项的利害关系人与公证机构因过错责任和赔偿数额发生争议,协商不成的,可以向人民法院提起民事诉讼,也可以申请地方公证协会调解。

第十一章 附 则

第七十条 有关办证规则对不同的公证事项的办证程序有特殊规定的,从其规定。

公证机构采取在线方式办理公证业务,适用本规则。司法部另有规定的,从其规定。

第七十一条 公证机构根据《公证法》第十二条规定受理的提存、登记、保管等事务,依照有关专门规定办理;没有专门规定的,参照本规则办理。

第七十二条 公证机构及其公证员在办理公证过程中,有违反《公证法》第四十一条、第四十二条以及本规则规定行为的,由司法行政机关依据《公证法》、《公证机构执业管理办法》、《公证员执业管理办法》给予相应的处罚;有违反公证行业规范行为的,由公证协会给予相应的行业处分。

第七十三条 本规则由司法部解释。

第七十四条 本规则自2006年7月1日起施行。司法部2002年6月18日发布的《公证程序规则》(司法部令第72号)同时废止。

中华人民共和国监狱法

(1994年12月29日第八届全国人民代表大会常务委员会第十一次会议通过 根据2012年10月26日第十一届全国人民代表大会常务委员会第二十九次会议《关于修改〈中华人民共和国监狱法〉的决定》修正)

第一章 总 则

第一条 为了正确执行刑罚,惩罚和改造罪犯,预防和减少犯罪,根据宪法,制定本法。

第二条 监狱是国家的刑罚执行机关。

依照刑法和刑事诉讼法的规定,被判处死刑缓期二年执行、无期徒刑、有期徒刑的罪犯,在监狱内执行刑罚。

第三条 监狱对罪犯实行惩罚和改造相结合、

教育和劳动相结合的原则,将罪犯改造成为守法公民。

第四条 监狱对罪犯应当依法监管,根据改造罪犯的需要,组织罪犯从事生产劳动,对罪犯进行思想教育、文化教育、技术教育。

第五条 监狱的人民警察依法管理监狱、执行刑罚、对罪犯进行教育改造等活动,受法律保护。

第六条 人民检察院对监狱执行刑罚的活动是否合法,依法实行监督。

第七条 罪犯的人格不受侮辱,其人身安全、合法财产和辩护、申诉、控告、检举以及其他未被依法剥夺或者限制的权利不受侵犯。

罪犯必须严格遵守法律、法规和监规纪律,服从管理,接受教育,参加劳动。

第八条 国家保障监狱改造罪犯所需经费。监狱的人民警察经费、罪犯改造经费、罪犯生活费、狱政设施经费及其他专项经费,列入国家预算。

国家提供罪犯劳动必需的生产设施和生产经费。

第九条 监狱依法使用的土地、矿产资源和其他自然资源以及监狱的财产,受法律保护,任何组织或者个人不得侵占、破坏。

第十条 国务院司法行政部门主管全国的监狱工作。

第二章 监 狱

第十一条 监狱的设置、撤销、迁移,由国务院司法行政部门批准。

第十二条 监狱设监狱长一人、副监狱长若干人,并根据实际需要设置必要的工作机构和配备其他监狱管理人员。

监狱的管理人员是人民警察。

第十三条 监狱的人民警察应当严格遵守宪法和法律,忠于职守,秉公执法,严守纪律,清正廉洁。

第十四条 监狱的人民警察不得有下列行为:

(一) 索要、收受、侵占罪犯及其亲属的财物;

(二) 私放罪犯或者玩忽职守造成罪犯脱逃;

(三) 刑讯逼供或者体罚、虐待罪犯;

(四) 侮辱罪犯的人格;

(五) 殴打或者纵容他人殴打罪犯;

(六) 为谋取私利,利用罪犯提供劳务;

(七) 违反规定,私自为罪犯传递信件或者物品;

(八) 非法将监管罪犯的职权交予他人行使;

(九) 其他违法行为。

监狱的人民警察有前款所列行为,构成犯罪的,依法追究刑事责任;尚未构成犯罪的,应当予以行政处分。

第三章 刑罚的执行

第一节 收 监

第十五条 人民法院对被判处死刑缓期二年执行、无期徒刑、有期徒刑的罪犯,应当将执行通知书、判决书送达羁押该罪犯的公安机关,公安机关应当自收到执行通知书、判决书之日起一个月内将该罪犯送交监狱执行刑罚。

罪犯在被交付执行刑罚前,剩余刑期在三个月以下的,由看守所代为执行。

第十六条 罪犯被交付执行刑罚时,交付执行的人民法院应当将人民检察院的起诉书副本、人民法院的判决书、执行通知书、结案登记表同时送达监狱。监狱没有收到上述文件的,不得收监;上述文件不齐全或者记载有误的,作出生效判决的人民法院应当及时补充齐全或者作出更正;对其中可能导致错误收监的,不予收监。

第十七条 罪犯被交付执行刑罚,符合本法第十六条规定的,应当予以收监。罪犯收监后,监狱应当对其进行身体检查。经检查,对于具有暂予监外执行情形的,监狱可以提出书面意见,报省级以上监狱管理机关批准。

第十八条 罪犯收监,应当严格检查其人身和所携带的物品。非生活必需品,由监狱代为保管或者征得罪犯同意退回其家属,违禁品予以没收。

女犯由女性人民警察检查。

第十九条 罪犯不得携带子女在监内服刑。

第二十条 罪犯收监后,监狱应当通知罪犯家属。通知书应当自收监之日起五日内发出。

第二节 对罪犯提出的申诉、控告、检举的处理

第二十一条 罪犯对生效的判决不服的,可以提出申诉。

对于罪犯的申诉,人民检察院或者人民法院应当及时处理。

第二十二条 对罪犯提出的控告、检举材料，监狱应当及时处理或者转送公安机关或者人民检察院处理，公安机关或者人民检察院应当将处理结果通知监狱。

第二十三条 罪犯的申诉、控告、检举材料，监狱应当及时转递，不得扣压。

第二十四条 监狱在执行刑罚过程中，根据罪犯的申诉，认为判决可能有错误的，应当提请人民检察院或者人民法院处理，人民检察院或者人民法院应当自收到监狱提请处理意见书之日起六个月内将处理结果通知监狱。

第三节 监外执行

第二十五条 对于被判处无期徒刑、有期徒刑在监内服刑的罪犯，符合刑事诉讼法规定的监外执行条件的，可以暂予监外执行。

第二十六条 暂予监外执行，由监狱提出书面意见，报省、自治区、直辖市监狱管理机关批准。批准机关应当将批准的暂予监外执行决定通知公安机关和原判人民法院，并抄送人民检察院。

人民检察院认为对罪犯适用暂予监外执行不当的，应当自接到通知之日起一个月内将书面意见送交批准暂予监外执行的机关，批准暂予监外执行的机关接到人民检察院的书面意见后，应当立即对该决定进行重新核查。

第二十七条 对暂予监外执行的罪犯，依法实行社区矫正，由社区矫正机构负责执行。原关押监狱应当及时将罪犯在监内改造情况通报负责执行的社区矫正机构。

第二十八条 暂予监外执行的罪犯具有刑事诉讼法规定的应当收监的情形的，社区矫正机构应当及时通知监狱收监；刑期届满的，由原关押监狱办理释放手续。罪犯在暂予监外执行期间死亡的，社区矫正机构应当及时通知原关押监狱。

第四节 减刑、假释

第二十九条 被判处无期徒刑、有期徒刑的罪犯，在服刑期间确有悔改或者立功表现的，根据监狱考核的结果，可以减刑。有下列重大立功表现之一的，应当减刑：

（一）阻止他人重大犯罪活动的；

（二）检举监狱内外重大犯罪活动，经查证属实的；

（三）有发明创造或者重大技术革新的；

（四）在日常生产、生活中舍己救人的；

（五）在抗御自然灾害或者排除重大事故中，有突出表现的；

（六）对国家和社会有其他重大贡献的。

第三十条 减刑建议由监狱向人民法院提出，人民法院应当自收到减刑建议书之日起一个月内予以审核裁定；案情复杂或者情况特殊的，可以延长一个月。减刑裁定的副本应当抄送人民检察院。

第三十一条 被判处死刑缓期二年执行的罪犯，在死刑缓期执行期间，符合法律规定的减为无期徒刑、有期徒刑条件的，二年期满时，所在监狱应当及时提出减刑建议，报经省、自治区、直辖市监狱管理机关审核后，提请高级人民法院裁定。

第三十二条 被判处无期徒刑、有期徒刑的罪犯，符合法律规定的假释条件的，由监狱根据考核结果向人民法院提出假释建议，人民法院应当自收到假释建议书之日起一个月内予以审核裁定；案情复杂或者情况特殊的，可以延长一个月。假释裁定的副本应当抄送人民检察院。

第三十三条 人民法院裁定假释的，监狱应当按期假释并发给假释证明书。

对被假释的罪犯，依法实行社区矫正，由社区矫正机构负责执行。被假释的罪犯，在假释考验期限内有违反法律、行政法规或者国务院有关部门关于假释的监督管理规定的行为，尚未构成新的犯罪的，社区矫正机构应当向人民法院提出撤销假释的建议，人民法院应当自收到撤销假释建议书之日起一个月内予以审核裁定。人民法院裁定撤销假释的，由公安机关将罪犯送交监狱收监。

第三十四条 对不符合法律规定的减刑、假释条件的罪犯，不得以任何理由将其减刑、假释。

人民检察院认为人民法院减刑、假释的裁定不当，应当依照刑事诉讼法规定的期间向人民法院提出书面纠正意见。对于人民检察院提出书面纠正意见的案件，人民法院应当重新审理。

第五节 释放和安置

第三十五条 罪犯服刑期满，监狱应当按期释放并发给释放证明书。

第三十六条 罪犯释放后，公安机关凭释放证明书办理户籍登记。

第三十七条 对刑满释放人员，当地人民政府帮助其安置生活。

刑满释放人员丧失劳动能力又无法定赡养人、扶养人和基本生活来源的,由当地人民政府予以救济。

第三十八条 刑满释放人员依法享有与其他公民平等的权利。

第四章 狱政管理

第一节 分押分管

第三十九条 监狱对成年男犯、女犯和未成年犯实行分开关押和管理,对未成年犯和女犯的改造,应当照顾其生理、心理特点。

监狱根据罪犯的犯罪类型、刑罚种类、刑期、改造表现等情况,对罪犯实行分别关押,采取不同方式管理。

第四十条 女犯由女性人民警察直接管理。

第二节 警戒

第四十一条 监狱的武装警戒由人民武装警察部队负责,具体办法由国务院、中央军事委员会规定。

第四十二条 监狱发现在押罪犯脱逃,应当即时将其抓获,不能即时抓获的,应当立即通知公安机关,由公安机关负责追捕,监狱密切配合。

第四十三条 监狱根据监管需要,设立警戒设施。监狱周围设警戒隔离带,未经准许,任何人不得进入。

第四十四条 监区、作业区周围的机关、团体、企业事业单位和基层组织,应当协助监狱做好安全警戒工作。

第三节 戒具和武器的使用

第四十五条 监狱遇有下列情形之一的,可以使用戒具:

(一) 罪犯有脱逃行为的;

(二) 罪犯有使用暴力行为的;

(三) 罪犯正在押解途中的;

(四) 罪犯有其他危险行为需要采取防范措施的。

前款所列情形消失后,应当停止使用戒具。

第四十六条 人民警察和人民武装警察部队的执勤人员遇有下列情形之一,非使用武器不能制止的,按照国家有关规定,可以使用武器:

(一) 罪犯聚众骚乱、暴乱的;

(二) 罪犯脱逃或者拒捕的;

(三) 罪犯持有凶器或者其他危险物,正在行凶或者破坏,危及他人生命、财产安全的;

(四) 劫夺罪犯的;

(五) 罪犯抢夺武器的。

使用武器的人员,应当按照国家有关规定报告情况。

第四节 通信、会见

第四十七条 罪犯在服刑期间可以与他人通信,但是来往信件应当经过监狱检查。监狱发现有碍罪犯改造内容的信件,可以扣留。罪犯写给监狱的上级机关和司法机关的信件,不受检查。

第四十八条 罪犯在监狱服刑期间,按照规定,可以会见亲属、监护人。

第四十九条 罪犯收受物品和钱款,应当经监狱批准、检查。

第五节 生活、卫生

第五十条 罪犯的生活标准按实物量计算,由国家规定。

第五十一条 罪犯的被服由监狱统一配发。

第五十二条 对少数民族罪犯的特殊生活习惯,应当予以照顾。

第五十三条 罪犯居住的监舍应当坚固、通风、透光、清洁、保暖。

第五十四条 监狱应当设立医疗机构和生活、卫生设施,建立罪犯生活、卫生制度。罪犯的医疗保健列入监狱所在地区的卫生、防疫计划。

第五十五条 罪犯在服刑期间死亡的,监狱应当立即通知罪犯家属和人民检察院、人民法院。罪犯因病死亡的,由监狱作出医疗鉴定。人民检察院对监狱的医疗鉴定有疑义的,可以重新对死亡原因作出鉴定。罪犯家属有疑义的,可以向人民检察院提出。罪犯非正常死亡的,人民检察院应当立即检验,对死亡原因作出鉴定。

第六节 奖惩

第五十六条 监狱应当建立罪犯的日常考核制度,考核的结果作为对罪犯奖励和处罚的依据。

第五十七条 罪犯有下列情形之一的,监狱可以给予表扬、物质奖励或者记功:

(一) 遵守监规纪律,努力学习,积极劳动,有认罪服法表现的;

(二) 阻止违法犯罪活动的;

(三) 超额完成生产任务的;

(四) 节约原材料或者爱护公物,有成绩的;

(五) 进行技术革新或者传授生产技术,有一定成效的;

(六) 在防止或者消除灾害事故中作出一定贡献的;

(七) 对国家和社会有其他贡献的。

被判处有期徒刑的罪犯有前款所列情形之一,执行原判刑期二分之一以上,在服刑期间一贯表现好,离开监狱不致再危害社会的,监狱可以根据情况准其离监探亲。

第五十八条 罪犯有下列破坏监管秩序情形之一的,监狱可以给予警告、记过或者禁闭:

(一) 聚众哄闹监狱,扰乱正常秩序的;

(二) 辱骂或者殴打人民警察的;

(三) 欺压其他罪犯的;

(四) 偷窃、赌博、打架斗殴、寻衅滋事的;

(五) 有劳动能力拒不参加劳动或者消极怠工,经教育不改的;

(六) 以自伤、自残手段逃避劳动的;

(七) 在生产劳动中故意违反操作规程,或者有意损坏生产工具的;

(八) 有违反监规纪律的其他行为的。

依照前款规定对罪犯实行禁闭的期限为七天至十五天。

罪犯在服刑期间有第一款所列行为,构成犯罪的,依法追究刑事责任。

第七节 对罪犯服刑期间犯罪的处理

第五十九条 罪犯在服刑期间故意犯罪的,依法从重处罚。

第六十条 对罪犯在监狱内犯罪的案件,由监狱进行侦查。侦查终结后,写出起诉意见书,连同案卷材料、证据一并移送人民检察院。

第五章 对罪犯的教育改造

第六十一条 教育改造罪犯,实行因人施教、分类教育、以理服人的原则,采取集体教育与个别教育相结合、狱内教育与社会教育相结合的方法。

第六十二条 监狱应当对罪犯进行法制、道德、形势、政策、前途等内容的思想教育。

第六十三条 监狱应当根据不同情况,对罪犯进行扫盲教育、初等教育和初级中等教育,经考试合格的,由教育部门发给相应的学业证书。

第六十四条 监狱应当根据监狱生产和罪犯释放后就业的需要,对罪犯进行职业技术教育,经考核合格的,由劳动部门发给相应的技术等级证书。

第六十五条 监狱鼓励罪犯自学,经考试合格的,由有关部门发给相应的证书。

第六十六条 罪犯的文化和职业技术教育,应当列入所在地区教育规划。监狱应当设立教室、图书阅览室等必要的教育设施。

第六十七条 监狱应当组织罪犯开展适当的体育活动和文化娱乐活动。

第六十八条 国家机关、社会团体、部队、企业事业单位和社会各界人士以及罪犯的亲属,应当协助监狱做好对罪犯的教育改造工作。

第六十九条 有劳动能力的罪犯,必须参加劳动。

第七十条 监狱根据罪犯的个人情况,合理组织劳动,使其矫正恶习,养成劳动习惯,学会生产技能,并为释放后就业创造条件。

第七十一条 监狱对罪犯的劳动时间,参照国家有关劳动工时的规定执行;在季节性生产等特殊情况下,可以调整劳动时间。

罪犯有在法定节日和休息日休息的权利。

第七十二条 监狱对参加劳动的罪犯,应当按照有关规定给予报酬并执行国家有关劳动保护的规定。

第七十三条 罪犯在劳动中致伤、致残或者死亡的,由监狱参照国家劳动保险的有关规定处理。

第六章 对未成年犯的教育改造

第七十四条 对未成年犯应当在未成年犯管教所执行刑罚。

第七十五条 对未成年犯执行刑罚应当以教育改造为主。未成年犯的劳动,应当符合未成年人的特点,以学习文化和生产技能为主。

监狱应当配合国家、社会、学校等教育机构,为未成年犯接受义务教育提供必要的条件。

第七十六条 未成年犯年满十八周岁时，剩余刑期不超过二年的，仍可以留在未成年犯管教所执行剩余刑期。

第七十七条 对未成年犯的管理和教育改造，本章未作规定的，适用本法的有关规定。

第七章 附 则

第七十八条 本法自公布之日起施行。

中华人民共和国社区矫正法

（2019年12月28日第十三届全国人民代表大会常务委员会第十五次会议通过 2019年12月28日中华人民共和国主席令第40号公布 自2020年7月1日起施行）

目 录

第一章 总 则
第二章 机构、人员和职责
第三章 决定和接收
第四章 监督管理
第五章 教育帮扶
第六章 解除和终止
第七章 未成年人社区矫正特别规定
第八章 法律责任
第九章 附 则

第一章 总 则

第一条 【立法宗旨】为了推进和规范社区矫正工作，保障刑事判决、刑事裁定和暂予监外执行决定的正确执行，提高教育矫正质量，促进社区矫正对象顺利融入社会，预防和减少犯罪，根据宪法，制定本法。

第二条 【适用范围】对被判处管制、宣告缓刑、假释和暂予监外执行的罪犯，依法实行社区矫正。

对社区矫正对象的监督管理、教育帮扶等活动，适用本法。

第三条 【原则和目标】社区矫正工作坚持监督管理与教育帮扶相结合，专门机关与社会力量相结合，采取分类管理、个别化矫正，有针对性地消除社区矫正对象可能重新犯罪的因素，帮助其成为守法公民。

第四条 【依法矫正、尊重和保障人权】社区矫正对象应当依法接受社区矫正，服从监督管理。

社区矫正工作应当依法进行，尊重和保障人权。社区矫正对象依法享有的人身权利、财产权利和其他权利不受侵犯，在就业、就学和享受社会保障等方面不受歧视。

第五条 【矫正工作信息化】国家支持社区矫正机构提高信息化水平，运用现代信息技术开展监督管理和教育帮扶。社区矫正工作相关部门之间依法进行信息共享。

第六条 【经费保障】各级人民政府应当将社区矫正经费列入本级政府预算。

居民委员会、村民委员会和其他社会组织依法协助社区矫正机构开展工作所需的经费应当按照规定列入社区矫正机构本级政府预算。

第七条 【表彰和奖励】对在社区矫正工作中做出突出贡献的组织、个人，按照国家有关规定给予表彰、奖励。

第二章 机构、人员和职责

第八条 【社区矫正工作体制和分工】国务院司法行政部门主管全国的社区矫正工作。县级以上地方人民政府司法行政部门主管本行政区域内的社区矫正工作。

人民法院、人民检察院、公安机关和其他有关部门依照各自职责，依法做好社区矫正工作。人民检察院依法对社区矫正工作实行法律监督。

地方人民政府根据需要设立社区矫正委员会，负责统筹协调和指导本行政区域内的社区矫正工作。

第九条 【社区矫正机构】县级以上地方人民政府根据需要设置社区矫正机构，负责社区矫正工作的具体实施。社区矫正机构的设置和撤销，由县级以上地方人民政府司法行政部门提出意见，按照规定的权限和程序审批。

司法所根据社区矫正机构的委托，承担社区矫正相关工作。

第十条 【社区矫正机构工作人员的职责】社区矫正机构应当配备具有法律等专业知识的专门国家工作人员(以下称社区矫正机构工作人员),履行监督管理、教育帮扶等执法职责。

第十一条 【社区矫正社会工作者】社区矫正机构根据需要,组织具有法律、教育、心理、社会工作等专业知识或者实践经验的社会工作者开展社区矫正相关工作。

第十二条 【基层组织、有关单位和个人的协助】居民委员会、村民委员会依法协助社区矫正机构做好社区矫正工作。

社区矫正对象的监护人、家庭成员,所在单位或者就读学校应当协助社区矫正机构做好社区矫正工作。

第十三条 【社会力量参与社区矫正工作】国家鼓励、支持企业事业单位、社会组织、志愿者等社会力量依法参与社区矫正工作。

第十四条 【社区矫正机构工作人员的职业准则】社区矫正机构工作人员应当严格遵守宪法和法律,忠于职守,严守纪律,清正廉洁。

第十五条 【依法履职受法律保护】社区矫正机构工作人员和其他参与社区矫正工作的人员依法开展社区矫正工作,受法律保护。

第十六条 【社区矫正工作队伍建设】国家推进高素质的社区矫正工作队伍建设。社区矫正机构应当加强对社区矫正工作人员的管理、监督、培训和职业保障,不断提高社区矫正工作的规范化、专业化水平。

第三章 决定和接收

第十七条 【社区矫正执行地的确定】社区矫正决定机关判处管制、宣告缓刑、裁定假释、决定或者批准暂予监外执行时应当确定社区矫正执行地。

社区矫正执行地为社区矫正对象的居住地。社区矫正对象在多个地方居住的,可以确定经常居住地为执行地。

社区矫正对象的居住地、经常居住地无法确定或者不适宜执行社区矫正的,社区矫正决定机关应当根据有利于社区矫正对象接受矫正、更好地融入社会的原则,确定执行地。

本法所称社区矫正决定机关,是指依法判处管制、宣告缓刑、裁定假释、决定暂予监外执行的人民法院和依法批准暂予监外执行的监狱管理机关、公安机关。

第十八条 【决定前的调查评估】社区矫正决定机关根据需要,可以委托社区矫正机构或者有关社会组织对被告人或者罪犯的社会危险性和对所居住社区的影响,进行调查评估,提出意见,供决定社区矫正时参考。居民委员会、村民委员会等组织应当提供必要的协助。

第十九条 【依法决定社区矫正】社区矫正决定机关判处管制、宣告缓刑、裁定假释、决定或者批准暂予监外执行,应当按照刑法、刑事诉讼法等法律规定的条件和程序进行。

社区矫正决定机关应当对社区矫正对象进行教育,告知其在社区矫正期间应当遵守的规定以及违反规定的法律后果,责令其按时报到。

第二十条 【通知和文书送达】社区矫正决定机关应当自判决、裁定或者决定生效之日起五日内通知执行地社区矫正机构,并在十日内送达有关法律文书,同时抄送人民检察院和执行地公安机关。社区矫正决定地与执行地不在同一地方的,由执行地社区矫正机构将法律文书转送所在地的人民检察院、公安机关。

第二十一条 【报到和移送】人民法院判处管制、宣告缓刑、裁定假释的社区矫正对象,应当自判决、裁定生效之日起十日内到执行地社区矫正机构报到。

人民法院决定暂予监外执行的社区矫正对象,由看守所或者执行取保候审、监视居住的公安机关自收到决定之日起十日内将社区矫正对象移送社区矫正机构。

监狱管理机关、公安机关批准暂予监外执行的社区矫正对象,由监狱或者看守所自收到批准决定之日起十日内将社区矫正对象移送社区矫正机构。

第二十二条 【接收和宣告程序】社区矫正机构应当依法接收社区矫正对象,核对法律文书、核实身份、办理接收登记、建立档案,并宣告社区矫正对象的犯罪事实、执行社区矫正的期限以及应当遵守的规定。

第四章 监督管理

第二十三条 【社区矫正对象的义务】社区矫正对象在社区矫正期间应当遵守法律、行政法规,履行判决、裁定、暂予监外执行决定等法律文书确定的义务,遵守国务院司法行政部门关于报告、会客、外出、迁居、保外就医等监督管理规定,服从社区矫正机构的管理。

第二十四条 【矫正方案】社区矫正机构应当根据裁判内容和社区矫正对象的性别、年龄、心理特点、健康状况、犯罪原因、犯罪类型、犯罪情节、悔罪表现等情况,制定有针对性的矫正方案,实现分类管理、个别化矫正。矫正方案应当根据社区矫正对象的表现等情况相应调整。

第二十五条 【矫正小组】社区矫正机构应当根据社区矫正对象的情况,为其确定矫正小组,负责落实相应的矫正方案。

根据需要,矫正小组可以由司法所、居民委员会、村民委员会的人员,社区矫正对象的监护人、家庭成员,所在单位或者就读学校的人员以及社会工作者、志愿者等组成。社区矫正对象为女性的,矫正小组中应有女性成员。

第二十六条 【掌握社区矫正对象的情况和表现】社区矫正机构应当了解掌握社区矫正对象的活动情况和行为表现。社区矫正机构可以通过通信联络、信息化核查、实地查访等方式核实有关情况,有关单位和个人应当予以配合。

社区矫正机构开展实地查访等工作时,应当保护社区矫正对象的身份信息和个人隐私。

第二十七条 【外出、迁居和变更执行地】社区矫正对象离开所居住的市、县或者迁居,应当报经社区矫正机构批准。社区矫正机构对于有正当理由的,应当批准;对于因正常工作和生活需要经常性跨市、县活动的,可以根据情况,简化批准程序和方式。

因社区矫正对象迁居等原因需要变更执行地的,社区矫正机构应当按照有关规定作出变更决定。社区矫正机构作出变更决定后,应当通知社区矫正决定机关和变更后的社区矫正机构,并将有关法律文书抄送变更后的社区矫正机构。变更后的社区矫正机构应当将法律文书转送所在地的人民检察院、公安机关。

第二十八条 【考核奖惩】社区矫正机构根据社区矫正对象的表现,依照有关规定对其实施考核奖惩。社区矫正对象认罪悔罪、遵守法律法规、服从监督管理、接受教育表现突出的,应当给予表扬。社区矫正对象违反法律法规或者监督管理规定的,应当视情节依法给予训诫、警告、提请公安机关予以治安管理处罚,或者依法提请撤销缓刑、撤销假释、对暂予监外执行的收监执行。

对社区矫正对象的考核结果,可以作为认定其是否确有悔改表现或者是否严重违反监督管理规定的依据。

第二十九条 【使用电子定位装置】社区矫正对象有下列情形之一的,经县级司法行政部门负责人批准,可以使用电子定位装置,加强监督管理:

(一)违反人民法院禁止令的;

(二)无正当理由,未经批准离开所居住的市、县的;

(三)拒不按照规定报告自己的活动情况,被给予警告的;

(四)违反监督管理规定,被给予治安管理处罚的;

(五)拟提请撤销缓刑、假释或者暂予监外执行收监执行的。

前款规定的使用电子定位装置的期限不得超过三个月。对于不需要继续使用的,应当及时解除;对于期限届满后,经评估仍有必要继续使用的,经过批准,期限可以延长,每次不得超过三个月。

社区矫正机构对通过电子定位装置获得的信息应当严格保密,有关信息只能用于社区矫正工作,不得用于其他用途。

第三十条 【查找失去联系的社区矫正对象】社区矫正对象失去联系的,社区矫正机构应当立即组织查找,公安机关等有关单位和人员应当予以配合协助。查找到社区矫正对象后,应当区别情形依法作出处理。

第三十一条 【违法行为的制止与处置】社区矫正机构发现社区矫正对象正在实施违反监督管理规定的行为或者违反人民法院禁止令等违法行为的,应当立即制止;制止无效的,应当立即通知公安机关到场处置。

第三十二条 【其他机关限制人身自由的通知义务】社区矫正对象有被依法决定拘留、强制隔离戒毒、采取刑事强制措施等限制人身自由情形的,有关机关应当及时通知社区矫正机构。

第三十三条 【减刑程序】社区矫正对象符合刑法规定的减刑条件的,社区矫正机构应当向社区矫正执行地的中级以上人民法院提出减刑建议,并将减刑建议书抄送同级人民检察院。

人民法院应当在收到社区矫正机构的减刑建议书后三十日内作出裁定，并将裁定书送达社区矫正机构，同时抄送人民检察院、公安机关。

第三十四条 【合法权益保障】开展社区矫正工作，应当保障社区矫正对象的合法权益。社区矫正的措施和方法应当避免对社区矫正对象的正常工作和生活造成不必要的影响；非依法律规定，不得限制或者变相限制社区矫正对象的人身自由。

社区矫正对象认为其合法权益受到侵害的，有权向人民检察院或者有关机关申诉、控告和检举。受理机关应当及时办理，并将办理结果告知申诉人、控告人和检举人。

第五章 教育帮扶

第三十五条 【场所和条件】县级以上地方人民政府及其有关部门应当通过多种形式为教育帮扶社区矫正对象提供必要的场所和条件，组织动员社会力量参与教育帮扶工作。

有关人民团体应当依法协助社区矫正机构做好教育帮扶工作。

第三十六条 【教育矫正】社区矫正机构根据需要，对社区矫正对象进行法治、道德等教育，增强其法治观念，提高其道德素质和悔罪意识。

对社区矫正对象的教育应当根据其个体特征、日常表现等实际情况，充分考虑其工作和生活情况，因人施教。

第三十七条 【职业技能培训和就学】社区矫正机构可以协调有关部门和单位，依法对就业困难的社区矫正对象开展职业技能培训、就业指导，帮助社区矫正对象中的在校学生完成学业。

第三十八条 【特殊困难对象的社区教育帮扶】居民委员会、村民委员会可以引导志愿者和社区群众，利用社区资源，采取多种形式，对有特殊困难的社区矫正对象进行必要的教育帮扶。

第三十九条 【监护人、家庭成员、单位和学校的义务】社区矫正对象的监护人、家庭成员，所在单位或者就读学校应当协助社区矫正机构做好对社区矫正对象的教育。

第四十条 【社工、专业社会组织的帮扶】社区矫正机构可以通过公开择优购买社区矫正社会工作服务或者其他社会服务，为社区矫正对象在教育、心理辅导、职业技能培训、社会关系改善等方面提供必要的帮扶。

社区矫正机构也可以通过项目委托社会组织等方式开展上述帮扶活动。国家鼓励有经验和资源的社会组织跨地区开展帮扶交流和示范活动。

第四十一条 【社会力量帮助就业】国家鼓励企业事业单位、社会组织为社区矫正对象提供就业岗位和职业技能培训。招用符合条件的社区矫正对象的企业，按照规定享受国家优惠政策。

第四十二条 【参加公益活动】社区矫正机构可以根据社区矫正对象的个人特长，组织其参加公益活动，修复社会关系，培养社会责任感。

第四十三条 【社会救助、社会保险和法律援助】社区矫正对象可以按照国家有关规定申请社会救助、参加社会保险、获得法律援助，社区矫正机构应当给予必要的协助。

第六章 解除和终止

第四十四条 【社区矫正的解除】社区矫正对象矫正期满或者被赦免的，社区矫正机构应当向社区矫正对象发放解除社区矫正证明书，并通知社区矫正决定机关、所在地的人民检察院、公安机关。

第四十五条 【社区矫正的终止】社区矫正对象被裁定撤销缓刑、假释，被决定收监执行，或者社区矫正对象死亡的，社区矫正终止。

第四十六条 【撤销缓刑、假释的管辖和提请】社区矫正对象具有刑法规定的撤销缓刑、假释情形的，应当由人民法院撤销缓刑、假释。

对于在考验期限内犯新罪或者发现判决宣告以前还有其他罪没有判决的，应当由审理该案件的人民法院撤销缓刑、假释，并书面通知原审人民法院和执行地社区矫正机构。

对于有第二款规定以外的其他需要撤销缓刑、假释情形的，社区矫正机构应当向原审人民法院或者执行地人民法院提出撤销缓刑、假释建议，并将建议书抄送人民检察院。社区矫正机构提出撤销缓刑、假释建议时，应当说明理由，并提供有关证据材料。

第四十七条 【撤销缓刑、假释程序中的逮捕措施】被提请撤销缓刑、假释的社区矫正对象可能逃跑或者可能发生社会危险的，社区矫正机构可以在提出撤销缓刑、假释建议的同时，提请人民法院决定对其予以逮捕。

人民法院应当在四十八小时内作出是否逮捕的决定。决定逮捕的,由公安机关执行。逮捕后的羁押期限不得超过三十日。

第四十八条 【撤销缓刑、假释的裁定和执行】人民法院应当在收到社区矫正机构撤销缓刑、假释建议书后三十日内作出裁定,将裁定书送达社区矫正机构和公安机关,并抄送人民检察院。

人民法院拟撤销缓刑、假释的,应当听取社区矫正对象的申辩及其委托的律师的意见。

人民法院裁定撤销缓刑、假释的,公安机关应当及时将社区矫正对象送交监狱或者看守所执行。执行以前被逮捕的,羁押一日折抵刑期一日。

人民法院裁定不予撤销缓刑、假释的,对被逮捕的社区矫正对象,公安机关应当立即予以释放。

第四十九条 【暂予监外执行的社区矫正对象收监执行程序】暂予监外执行的社区矫正对象具有刑事诉讼法规定的应当予以收监情形的,社区矫正机构应当向执行地或者原社区矫正决定机关提出收监执行建议,并将建议书抄送人民检察院。

社区矫正决定机关应当在收到建议书后三十日内作出决定,将决定书送达社区矫正机构和公安机关,并抄送人民检察院。

人民法院、公安机关对暂予监外执行的社区矫正对象决定收监执行的,由公安机关立即将社区矫正对象送交监狱或者看守所收监执行。

监狱管理机关对暂予监外执行的社区矫正对象决定收监执行的,监狱应当立即将社区矫正对象收监执行。

第五十条 【追捕】被裁定撤销缓刑、假释和被决定收监执行的社区矫正对象逃跑的,由公安机关追捕,社区矫正机构、有关单位和个人予以协助。

第五十一条 【社区矫正对象死亡的报告和通知】社区矫正对象在社区矫正期间死亡的,其监护人、家庭成员应当及时向社区矫正机构报告。社区矫正机构应当及时通知社区矫正决定机关、所在地的人民检察院、公安机关。

第七章 未成年人社区矫正特别规定

第五十二条 【对未成年人社区矫正的一般要求】社区矫正机构应当根据未成年社区矫正对象的年龄、心理特点、发育需要、成长经历、犯罪原因、家庭监护教育条件等情况,采取针对性的矫正措施。

社区矫正机构为未成年社区矫正对象确定矫正小组,应当吸收熟悉未成年人身心特点的人员参加。

对未成年人的社区矫正,应当与成年人分别进行。

第五十三条 【监护人责任】未成年社区矫正对象的监护人应当履行监护责任,承担抚养、管教等义务。

监护人怠于履行监护职责的,社区矫正机构应当督促、教育其履行监护责任。监护人拒不履行监护职责的,通知有关部门依法作出处理。

第五十四条 【未成年社区矫正对象相关信息的保密】社区矫正机构工作人员和其他依法参与社区矫正工作的人员对履行职责过程中获得的未成年人身份信息应当予以保密。

除司法机关办案需要或者有关单位根据国家规定查询外,未成年社区矫正对象的档案信息不得提供给任何单位或者个人。依法进行查询的单位,应当对获得的信息予以保密。

第五十五条 【就学就业】对未完成义务教育的未成年社区矫正对象,社区矫正机构应当通知并配合教育部门为其完成义务教育提供条件。未成年社区矫正对象的监护人应当依法保证其按时入学接受并完成义务教育。

年满十六周岁的社区矫正对象有就业意愿的,社区矫正机构可以协调有关部门和单位为其提供职业技能培训,给予就业指导和帮助。

第五十六条 【有关组织的责任】共产主义青年团、妇女联合会、未成年人保护组织应当依法协助社区矫正机构做好未成年人社区矫正工作。

国家鼓励其他未成年人相关社会组织参与未成年人社区矫正工作,依法给予政策支持。

第五十七条 【就学就业不受歧视】未成年社区矫正对象在复学、升学、就业等方面依法享有与其他未成年人同等的权利,任何单位和个人不得歧视。有歧视行为的,应当由教育、人力资源和社会保障等部门依法作出处理。

第五十八条 【矫正期间成年的继续适用相关规定】未成年社区矫正对象在社区矫正期间年满十八周岁的,继续按照未成年人社区矫正有关规定执行。

第八章　法律责任

第五十九条　【社区矫正对象违反监管规定的处理】社区矫正对象在社区矫正期间有违反监督管理规定行为的，由公安机关依照《中华人民共和国治安管理处罚法》的规定给予处罚；具有撤销缓刑、假释或者暂予监外执行收监情形的，应当依法作出处理。

第六十条　【社区矫正对象报复等违法行为的法律责任】社区矫正对象殴打、威胁、侮辱、骚扰、报复社区矫正机构工作人员和其他依法参与社区矫正工作的人员及其近亲属，构成犯罪的，依法追究刑事责任；尚不构成犯罪的，由公安机关依法给予治安管理处罚。

第六十一条　【相关国家工作人员的法律责任】社区矫正机构工作人员和其他国家工作人员有下列行为之一的，应当给予处分；构成犯罪的，依法追究刑事责任：

（一）利用职务或者工作便利索取、收受贿赂的；

（二）不履行法定职责的；

（三）体罚、虐待社区矫正对象，或者违反法律规定限制或者变相限制社区矫正对象的人身自由的；

（四）泄露社区矫正工作秘密或者其他依法应当保密的信息的；

（五）对依法申诉、控告或者检举的社区矫正对象进行打击报复的；

（六）有其他违纪违法行为的。

第六十二条　【检察机关的监督责任】人民检察院发现社区矫正工作违反法律规定的，应当依法提出纠正意见、检察建议。有关单位应当将采纳纠正意见、检察建议的情况书面回复人民检察院，没有采纳的应当说明理由。

第九章　附　　则

第六十三条　【施行日期】本法自2020年7月1日起施行。

（六）教育、文化

中华人民共和国教育法

（1995年3月18日第八届全国人民代表大会第三次会议通过　根据2009年8月27日第十一届全国人民代表大会常务委员会第十次会议《关于修改部分法律的决定》第一次修正　根据2015年12月27日第十二届全国人民代表大会常务委员会第十八次会议《关于修改〈中华人民共和国教育法〉的决定》第二次修正）

目　　录

第一章　总　　则
第二章　教育基本制度
第三章　学校及其他教育机构
第四章　教师和其他教育工作者
第五章　受教育者
第六章　教育与社会
第七章　教育投入与条件保障
第八章　教育对外交流与合作
第九章　法律责任
第十章　附　　则

第一章　总　　则

第一条　【立法宗旨】为了发展教育事业，提高全民族的素质，促进社会主义物质文明和精神文明建设，根据宪法，制定本法。

第二条　【适用范围】在中华人民共和国境内的各级各类教育，适用本法。

第三条　【发展教育的指导思想】国家坚持以马克思列宁主义、毛泽东思想和建设有中国特色社会主义理论为指导，遵循宪法确定的基本原则，发展社会主义的教育事业。

第四条　【教育的重要性】教育是社会主义现代化建设的基础，国家保障教育事业优先发展。

全社会应当关心和支持教育事业的发展。

全社会应当尊重教师。

第五条 【教育事业的宗旨】教育必须为社会主义现代化建设服务、为人民服务，必须与生产劳动和社会实践相结合，培养德、智、体、美等方面全面发展的社会主义建设者和接班人。

第六条 【教育方针】教育应当坚持立德树人，对受教育者加强社会主义核心价值观教育，增强受教育者的社会责任感、创新精神和实践能力。

国家在受教育者中进行爱国主义、集体主义、中国特色社会主义的教育，进行理想、道德、纪律、法治、国防和民族团结的教育。

第七条 【优秀文化的继承与弘扬】教育应当继承和弘扬中华民族优秀的历史文化传统，吸收人类文明发展的一切优秀成果。

第八条 【教育与宗教分离原则】教育活动必须符合国家和社会公共利益。

国家实行教育与宗教相分离。任何组织和个人不得利用宗教进行妨碍国家教育制度的活动。

第九条 【公民的教育权利与义务】中华人民共和国公民有受教育的权利和义务。

公民不分民族、种族、性别、职业、财产状况、宗教信仰等，依法享有平等的受教育机会。

第十条 【民族地区、贫困地区及残疾人教育事业的发展】国家根据各少数民族的特点和需要，帮助各少数民族地区发展教育事业。

国家扶持边远贫困地区发展教育事业。

国家扶持和发展残疾人教育事业。

第十一条 【教育改革】国家适应社会主义市场经济发展和社会进步的需要，推进教育改革，推动各级各类教育协调发展、衔接融通，完善现代国民教育体系，健全终身教育体系，提高教育现代化水平。

国家采取措施促进教育公平，推动教育均衡发展。

国家支持、鼓励和组织教育科学研究，推广教育科学研究成果，促进教育质量提高。

第十二条 【教育语言文字】国家通用语言文字为学校及其他教育机构的基本教育教学语言文字，学校及其他教育机构应当使用国家通用语言文字进行教育教学。

民族自治地方以少数民族学生为主的学校及其他教育机构，从实际出发，使用国家通用语言文字和本民族或者当地民族通用的语言文字实施双语教育。

国家采取措施，为少数民族学生为主的学校及其他教育机构实施双语教育提供条件和支持。

第十三条 【教育奖励制度】国家对发展教育事业做出突出贡献的组织和个人，给予奖励。

第十四条 【教育管理体制】国务院和地方各级人民政府根据分级管理、分工负责的原则，领导和管理教育工作。

中等及中等以下教育在国务院领导下，由地方人民政府管理。

高等教育由国务院和省、自治区、直辖市人民政府管理。

第十五条 【教育主管部门】国务院教育行政部门主管全国教育工作，统筹规划、协调管理全国的教育事业。

县级以上地方各级人民政府教育行政部门主管本行政区域内的教育工作。

县级以上各级人民政府其他有关部门在各自的职责范围内，负责有关的教育工作。

第十六条 【教育监督机制】国务院和县级以上地方各级人民政府应当向本级人民代表大会或者其常务委员会报告教育工作和教育经费预算、决算情况，接受监督。

第二章 教育基本制度

第十七条 【教育学制系统】国家实行学前教育、初等教育、中等教育、高等教育的学校教育制度。

国家建立科学的学制系统。学制系统内的学校和其他教育机构的设置、教育形式、修业年限、招生对象、培养目标等，由国务院或者由国务院授权教育行政部门规定。

第十八条 【学前教育】国家制定学前教育标准，加快普及学前教育，构建覆盖城乡，特别是农村的学前教育公共服务体系。

各级人民政府应当采取措施，为适龄儿童接受学前教育提供条件和支持。

第十九条 【义务教育制度】国家实行九年制义务教育制度。

各级人民政府采取各种措施保障适龄儿童、少年就学。

适龄儿童、少年的父母或者其他监护人以及有关社会组织和个人有义务使适龄儿童、少年接受并完成规定年限的义务教育。

第二十条 【职业教育和继续教育制度】国家实行职业教育制度和继续教育制度。

各级人民政府、有关行政部门和行业组织以及企业事业组织应当采取措施，发展并保障公民接受职业学校教育或者各种形式的职业培训。

国家鼓励发展多种形式的继续教育，使公民接受适当形式的政治、经济、文化、科学、技术、业务等方面的教育，促进不同类型学习成果的互认和衔接，推动全民终身学习。

第二十一条 【国家教育考试制度】国家实行国家教育考试制度。

国家教育考试由国务院教育行政部门确定种类，并由国家批准的实施教育考试的机构承办。

第二十二条 【学业证书制度】国家实行学业证书制度。

经国家批准设立或者认可的学校及其他教育机构按照国家有关规定，颁发学历证书或者其他学业证书。

第二十三条 【学位制度】国家实行学位制度。

学位授予单位依法对达到一定学术水平或者专业技术水平的人员授予相应的学位，颁发学位证书。

第二十四条 【扫盲教育工作】各级人民政府、基层群众性自治组织和企业事业组织应当采取各种措施，开展扫除文盲的教育工作。

按照国家规定具有接受扫除文盲教育能力的公民，应当接受扫除文盲的教育。

第二十五条 【教育督导和评估制度】国家实行教育督导制度和学校及其他教育机构教育评估制度。

第三章 学校及其他教育机构

第二十六条 【教育机构的举办】国家制定教育发展规划，并举办学校及其他教育机构。

国家鼓励企业事业组织、社会团体、其他社会组织及公民个人依法举办学校及其他教育机构。

国家举办学校及其他教育机构，应当坚持勤俭节约的原则。

以财政性经费、捐赠资产举办或者参与举办的学校及其他教育机构不得设立为营利性组织。

第二十七条 【教育机构的基本条件】设立学校及其他教育机构，必须具备下列基本条件：

（一）有组织机构和章程；

（二）有合格的教师；

（三）有符合规定标准的教学场所及设施、设备等；

（四）有必备的办学资金和稳定的经费来源。

第二十八条 【教育机构的设立、变更和终止】学校及其他教育机构的设立、变更和终止，应当按照国家有关规定办理审核、批准、注册或者备案手续。

第二十九条 【教育机构的权利】学校及其他教育机构行使下列权利：

（一）按照章程自主管理；

（二）组织实施教育教学活动；

（三）招收学生或者其他受教育者；

（四）对受教育者进行学籍管理，实施奖励或者处分；

（五）对受教育者颁发相应的学业证书；

（六）聘任教师及其他职工，实施奖励或者处分；

（七）管理、使用本单位的设施和经费；

（八）拒绝任何组织和个人对教育教学活动的非法干涉；

（九）法律、法规规定的其他权利。

国家保护学校及其他教育机构的合法权益不受侵犯。

第三十条 【教育机构的义务】学校及其他教育机构应当履行下列义务：

（一）遵守法律、法规；

（二）贯彻国家的教育方针，执行国家教育教学标准，保证教育教学质量；

（三）维护受教育者、教师及其他职工的合法权益；

（四）以适当方式为受教育者及其监护人了解受教育者的学业成绩及其他有关情况提供便利；

（五）遵照国家有关规定收取费用并公开收费项目；

（六）依法接受监督。

第三十一条 【教育机构的管理体制】学校及其他教育机构的举办者按照国家有关规定，确定其所举办的学校或者其他教育机构的管理体制。

学校及其他教育机构的校长或者主要行政负责人必须由具有中华人民共和国国籍、在中国境内定居、并具备国家规定任职条件的公民担任，其任免按照国家有关规定办理。学校的教学及其他行政管理，由校长负责。

学校及其他教育机构应当按照国家有关规定，通过以教师为主体的教职工代表大会等组织形式，保障教职工参与民主管理和监督。

第三十二条 【教育机构的法律地位】学校及其他教育机构具备法人条件的，自批准设立或者登记注册之日起取得法人资格。

学校及其他教育机构在民事活动中依法享有民事权利，承担民事责任。

学校及其他教育机构中的国有资产属于国家所有。

学校及其他教育机构兴办的校办产业独立承担民事责任。

第四章 教师和其他教育工作者

第三十三条 【教师的权利和义务】教师享有法律规定的权利，履行法律规定的义务，忠诚于人民的教育事业。

第三十四条 【国家对教师的保护与鼓励】国家保护教师的合法权益，改善教师的工作条件和生活条件，提高教师的社会地位。

教师的工资报酬、福利待遇，依照法律、法规的规定办理。

第三十五条 【教师资格、职务、聘任制度】国家实行教师资格、职务、聘任制度，通过考核、奖励、培养和培训，提高教师素质，加强教师队伍建设。

第三十六条 【教学管理、辅助、专业技术人员人事制度】学校及其他教育机构中的管理人员，实行教育职员制度。

学校及其他教育机构中的教学辅助人员和其他专业技术人员，实行专业技术职务聘任制度。

第五章 受教育者

第三十七条 【受教育者权利平等】受教育者在入学、升学、就业等方面依法享有平等权利。

学校和有关行政部门应当按照国家有关规定，保障女子在入学、升学、就业、授予学位、派出留学等方面享有同男子平等的权利。

第三十八条 【对贫困学生的资助】国家、社会对符合入学条件、家庭经济困难的儿童、少年、青年，提供各种形式的资助。

第三十九条 【残疾人教育】国家、社会、学校及其他教育机构应当根据残疾人身心特性和需要实施教育，并为其提供帮助和便利。

第四十条 【未成年违法行为人的教育】国家、社会、家庭、学校及其他教育机构应当为有违法犯罪行为的未成年人接受教育创造条件。

第四十一条 【学习与培训】从业人员有依法接受职业培训和继续教育的权利和义务。

国家机关、企业事业组织和其他社会组织，应当为本单位职工的学习和培训提供条件和便利。

第四十二条 【鼓励终身教育条件的创造】国家鼓励学校及其他教育机构、社会组织采取措施，为公民接受终身教育创造条件。

第四十三条 【受教育者的权利】受教育者享有下列权利：

（一）参加教育教学计划安排的各种活动，使用教育教学设施、设备、图书资料；

（二）按照国家有关规定获得奖学金、贷学金、助学金；

（三）在学业成绩和品行上获得公正评价，完成规定的学业后获得相应的学业证书、学位证书；

（四）对学校给予的处分不服向有关部门提出申诉，对学校、教师侵犯其人身权、财产权等合法权益，提出申诉或者依法提起诉讼；

（五）法律、法规规定的其他权利。

第四十四条 【受教育者的义务】受教育者应当履行下列义务：

（一）遵守法律、法规；

（二）遵守学生行为规范，尊敬师长，养成良好的思想品德和行为习惯；

（三）努力学习，完成规定的学习任务；

（四）遵守所在学校或者其他教育机构的管理制度。

第四十五条 【学生身心健康的保护】教育、体育、卫生行政部门和学校及其他教育机构应当完善体育、卫生保健设施，保护学生的身心健康。

第六章 教育与社会

第四十六条 【良好社会环境的创造】国家机关、军队、企业事业组织、社会团体及其他社会组织和个人，应当依法为儿童、少年、青年学生的身心健康成长创造良好的社会环境。

第四十七条 【教学合作】国家鼓励企业事业组织、社会团体及其他社会组织同高等学校、中等职业学校在教学、科研、技术开发和推广等方面进行多种形式的合作。

企业事业组织、社会团体及其他社会组织和个人,可以通过适当形式,支持学校的建设,参与学校管理。

第四十八条 【帮助学生实习、社会实践】国家机关、军队、企业事业组织及其他社会组织应当为学校组织的学生实习、社会实践活动提供帮助和便利。

第四十九条 【社会公益活动的参与】学校及其他教育机构在不影响正常教育教学活动的前提下,应当积极参加当地的社会公益活动。

第五十条 【未成年人父母或其他监护人教育配合义务】未成年人的父母或者其他监护人应当为其未成年子女或者其他被监护人受教育提供必要条件。

未成年人的父母或者其他监护人应当配合学校及其他教育机构,对其未成年子女或者其他被监护人进行教育。

学校、教师可以对学生家长提供家庭教育指导。

第五十一条 【公共文化机构的义务】图书馆、博物馆、科技馆、文化馆、美术馆、体育馆(场)等社会公共文化体育设施,以及历史文化古迹和革命纪念馆(地),应当对教师、学生实行优待,为受教育者接受教育提供便利。

广播、电视台(站)应当开设教育节目,促进受教育者思想品德、文化和科学技术素质的提高。

第五十二条 【校外教育工作】国家、社会建立和发展对未成年人进行校外教育的设施。

学校及其他教育机构应当同基层群众性自治组织、企业事业组织、社会团体相互配合,加强对未成年人的校外教育工作。

第五十三条 【社会文化教育活动】国家鼓励社会团体、社会文化机构及其他社会组织和个人开展有益于受教育者身心健康的社会文化教育活动。

第七章 教育投入与条件保障

第五十四条 【教育经费的投入】国家建立以财政拨款为主、其他多种渠道筹措教育经费为辅的体制,逐步增加对教育的投入,保证国家举办的学校教育经费的稳定来源。

企业事业组织、社会团体及其他社会组织和个人依法举办的学校及其他教育机构,办学经费由举办者负责筹措,各级人民政府可以给予适当支持。

第五十五条 【教育经费的提高】国家财政性教育经费支出占国民生产总值的比例应当随着国民经济的发展和财政收入的增长逐步提高。具体比例和实施步骤由国务院规定。

全国各级财政支出总额中教育经费所占比例应当随着国民经济的发展逐步提高。

第五十六条 【教育经费的列支】各级人民政府的教育经费支出,按照事权和财权相统一的原则,在财政预算中单独列项。

各级人民政府教育财政拨款的增长应当高于财政经常性收入的增长,并使按在校学生人数平均的教育费用逐步增长,保证教师工资和学生人均公用经费逐步增长。

第五十七条 【教育专项基金】国务院及县级以上地方各级人民政府应当设立教育专项资金,重点扶持边远贫困地区、少数民族地区实施义务教育。

第五十八条 【教育费附加】税务机关依法足额征收教育费附加,由教育行政部门统筹管理,主要用于实施义务教育。

省、自治区、直辖市人民政府根据国务院的有关规定,可以决定开征用于教育的地方附加费,专款专用。

第五十九条 【校办产业】国家采取优惠措施,鼓励和扶持学校在不影响正常教育教学的前提下开展勤工俭学和社会服务,兴办校办产业。

第六十条 【捐资助学】国家鼓励境内、境外社会组织和个人捐资助学。

第六十一条 【禁止挪用、克扣教育经费】国家财政性教育经费、社会组织和个人对教育的捐赠,必须用于教育,不得挪用、克扣。

第六十二条 【对发展教育事业的支持】国家鼓励运用金融、信贷手段,支持教育事业的发展。

第六十三条 【教育经费的监督管理】各级人民政府及其教育行政部门应当加强对学校及其他教育机构教育经费的监督管理,提高教育投资效益。

第六十四条 【学校基本建设的统筹安排】地方各级人民政府及其有关行政部门必须把学校的基本建设纳入城乡建设规划,统筹安排学校的基本建设用地及所需物资,按照国家有关规定实行优先、优惠政策。

第六十五条 【教学物资的优先、优惠政策】各级人民政府对教科书及教学用图书资料的出版发行,对教学仪器、设备的生产和供应,对用于学校教育教学和科学研究的图书资料、教学仪器、设备的进口,按照国家有关规定实行优先、优惠政策。

第六十六条 【现代化教学方式】国家推进教育信息化，加快教育信息基础设施建设，利用信息技术促进优质教育资源普及共享，提高教育教学水平和教育管理水平。

县级以上人民政府及其有关部门应当发展教育信息技术和其他现代化教学方式，有关行政部门应当优先安排，给予扶持。

国家鼓励学校及其他教育机构推广运用现代化教学方式。

第八章 教育对外交流与合作

第六十七条 【教育对外交流】国家鼓励开展教育对外交流与合作，支持学校及其他教育机构引进优质教育资源，依法开展中外合作办学，发展国际教育服务，培养国际化人才。

教育对外交流与合作坚持独立自主、平等互利、相互尊重的原则，不得违反中国法律，不得损害国家主权、安全和社会公共利益。

第六十八条 【出国留学、研究等规定】中国境内公民出国留学、研究、进行学术交流或者任教，依照国家有关规定办理。

第六十九条 【境外个人入境学习等规定】中国境外个人符合国家规定的条件并办理有关手续后，可以进入中国境内学校及其他教育机构学习、研究、进行学术交流或者任教，其合法权益受国家保护。

第七十条 【对境外教育机构颁发的学位、学历及其他学业证书的承认】中国对境外教育机构颁发的学位证书、学历证书及其他学业证书的承认，依照中华人民共和国缔结或者加入的国际条约办理，或者按照国家有关规定办理。

第九章 法律责任

第七十一条 【有关教育经费违法行为的责任追究】违反国家有关规定，不按照预算核拨教育经费的，由同级人民政府限期核拨；情节严重的，对直接负责的主管人员和其他直接责任人员，依法给予处分。

违反国家财政制度、财务制度，挪用、克扣教育经费的，由上级机关责令限期归还被挪用、克扣的经费，并对直接负责的主管人员和其他直接责任人员，依法给予处分；构成犯罪的，依法追究刑事责任。

第七十二条 【对破坏教学秩序行为的责任追究】结伙斗殴、寻衅滋事，扰乱学校及其他教育机构教育教学秩序或者破坏校舍、场地及其他财产的，由公安机关给予治安管理处罚；构成犯罪的，依法追究刑事责任。

侵占学校及其他教育机构的校舍、场地及其他财产的，依法承担民事责任。

第七十三条 【教学设施责任事故】明知校舍或者教育教学设施有危险，而不采取措施，造成人员伤亡或者重大财产损失的，对直接负责的主管人员和其他直接责任人员，依法追究刑事责任。

第七十四条 【向教育机构乱收费的责任追究】违反国家有关规定，向学校或者其他教育机构收取费用的，由政府责令退还所收费用；对直接负责的主管人员和其他直接责任人员，依法给予处分。

第七十五条 【对违法举办教育机构行为的责任追究】违反国家有关规定，举办学校或者其他教育机构的，由教育行政部门或者其他有关行政部门予以撤销；有违法所得的，没收违法所得；对直接负责的主管人员和其他直接责任人员，依法给予处分。

第七十六条 【违规招收学生行为的责任追究】学校或者其他教育机构违反国家有关规定招收学生的，由教育行政部门或者其他有关行政部门责令退回招收的学生，退还所收费用；对学校、其他教育机构给予警告，可以处违法所得五倍以下罚款；情节严重的，责令停止相关招生资格一年以上三年以下，直至撤销招生资格、吊销办学许可证；对直接负责的主管人员和其他直接责任人员，依法给予处分；构成犯罪的，依法追究刑事责任。

第七十七条 【徇私舞弊招收学生行为的责任追究】在招收学生工作中徇私舞弊的，由教育行政部门或者其他有关行政部门责令退回招收的人员；对直接负责的主管人员和其他直接责任人员，依法给予处分；构成犯罪的，依法追究刑事责任。

第七十八条 【向受教育者乱收费的责任追究】学校及其他教育机构违反国家有关规定向受教育者收取费用的，由教育行政部门或者其他有关行政部门责令退还所收费用；对直接负责的主管人员和其他直接责任人员，依法给予处分。

第七十九条 【以不正当手段获得考试成绩的责任追究】考生在国家教育考试中有下列行为之一的，由组织考试的教育考试机构工作人员在考试现场采取必要措施予以制止并终止其继续参加考试；组织考试的教育考试机构可以取消其相关考试资格或者考试成绩;情节严重的,由教育行政部门责令停止参加相关国家教育考试一年以上三年以下;构成违反治安管理行为的,由公安机关依法给予治安管理处罚;构成犯罪的,依法追究刑事责任:

(一)非法获取考试试题或者答案的;

(二)携带或者使用考试作弊器材、资料的;

(三)抄袭他人答案的;

(四)让他人代替自己参加考试的;

(五)其他以不正当手段获得考试成绩的作弊行为。

第八十条 【扰乱考试秩序的责任追究】任何组织或者个人在国家教育考试中有下列行为之一,有违法所得的,由公安机关没收违法所得,并处违法所得一倍以上五倍以下罚款;情节严重的,处五日以上十五日以下拘留;构成犯罪的,依法追究刑事责任;属于国家机关工作人员的,还应当依法给予处分:

(一)组织作弊的;

(二)通过提供考试作弊器材等方式为作弊提供帮助或者便利的;

(三)代替他人参加考试的;

(四)在考试结束前泄露、传播考试试题或者答案的;

(五)其他扰乱考试秩序的行为。

第八十一条 【教育行政部门、教育考试机构的责任追究】举办国家教育考试,教育行政部门、教育考试机构疏于管理,造成考场秩序混乱、作弊情况严重的,对直接负责的主管人员和其他直接责任人员,依法给予处分;构成犯罪的,依法追究刑事责任。

第八十二条 【违法颁发相关教育证书行为的责任追究】学校或者其他教育机构违反本法规定,颁发学位证书、学历证书或者其他学业证书的,由教育行政部门或者其他有关行政部门宣布证书无效,责令收回或者予以没收;有违法所得的,没收违法所得;情节严重的,责令停止相关招生资格一年以上三年以下,直至撤销招生资格、颁发证书资格;对直接负责的主管人员和其他直接责任人员,依法给予处分。

前款规定以外的任何组织或者个人制造、销售、颁发假冒学位证书、学历证书或者其他学业证书,构成违反治安管理行为的,由公安机关依法给予治安管理处罚;构成犯罪的,依法追究刑事责任。

以作弊、剽窃、抄袭等欺诈行为或者其他不正当手段获得学位证书、学历证书或者其他学业证书的,由颁发机构撤销相关证书。购买、使用假冒学位证书、学历证书或者其他学业证书,构成违反治安管理行为的,由公安机关依法给予治安管理处罚。

第八十三条 【教育侵权责任的追究】违反本法规定,侵犯教师、受教育者、学校或者其他教育机构的合法权益,造成损失、损害的,应当依法承担民事责任。

第十章　附　　则

第八十四条 【军事学校教育和宗教学校教育】军事学校教育由中央军事委员会根据本法的原则规定。

宗教学校教育由国务院另行规定。

第八十五条 【境内投资办学规定】境外的组织和个人在中国境内办学和合作办学的办法,由国务院规定。

第八十六条 【施行时间】本法自1995年9月1日起施行。

中华人民共和国义务教育法

(1986年4月12日第六届全国人民代表大会第四次会议通过　2006年6月29日第十届全国人民代表大会常务委员会第二十二次会议修订　根据2015年4月24日第十二届全国人民代表大会常务委员会第十四次会议《关于修改〈中华人民共和国义务教育法〉等五部法律的决定》第一次修正　根据2018年12月29日第十三届全国人民代表大会常务委员会第七次会议《关于修改〈中华人民共和国产品质量法〉等五部法律的决定》第二次修正)

目　　录

第一章　总　　则
第二章　学　　生
第三章　学　　校
第四章　教　　师
第五章　教育教学
第六章　经费保障
第七章　法律责任
第八章　附　　则

第一章 总 则

第一条 【立法宗旨】为了保障适龄儿童、少年接受义务教育的权利,保证义务教育的实施,提高全民族素质,根据宪法和教育法,制定本法。

第二条 【义务教育制度】国家实行九年义务教育制度。

义务教育是国家统一实施的所有适龄儿童、少年必须接受的教育,是国家必须予以保障的公益性事业。

实施义务教育,不收学费、杂费。

国家建立义务教育经费保障机制,保证义务教育制度实施。

第三条 【义务教育方针】义务教育必须贯彻国家的教育方针,实施素质教育,提高教育质量,使适龄儿童、少年在品德、智力、体质等方面全面发展,为培养有理想、有道德、有文化、有纪律的社会主义建设者和接班人奠定基础。

第四条 【义务教育对象】凡具有中华人民共和国国籍的适龄儿童、少年,不分性别、民族、种族、家庭财产状况、宗教信仰等,依法享有平等接受义务教育的权利,并履行接受义务教育的义务。

第五条 【权利保障】各级人民政府及其有关部门应当履行本法规定的各项职责,保障适龄儿童、少年接受义务教育的权利。

适龄儿童、少年的父母或者其他法定监护人应当依法保证其按时入学接受并完成义务教育。

依法实施义务教育的学校应当按照规定标准完成教育教学任务,保证教育教学质量。

社会组织和个人应当为适龄儿童、少年接受义务教育创造良好的环境。

第六条 【义务教育均衡发展】国务院和县级以上地方人民政府应当合理配置教育资源,促进义务教育均衡发展,改善薄弱学校的办学条件,并采取措施,保障农村地区、民族地区实施义务教育,保障家庭经济困难的和残疾的适龄儿童、少年接受义务教育。

国家组织和鼓励经济发达地区支援经济欠发达地区实施义务教育。

第七条 【义务教育领导体制】义务教育实行国务院领导,省、自治区、直辖市人民政府统筹规划实施,县级人民政府为主管理的体制。

县级以上人民政府教育行政部门具体负责义务教育实施工作;县级以上人民政府其他有关部门在各自的职责范围内负责义务教育实施工作。

第八条 【义务教育督导】人民政府教育督导机构对义务教育工作执行法律法规情况、教育教学质量以及义务教育均衡发展状况等进行督导,督导报告向社会公布。

第九条 【社会监督】任何社会组织或者个人有权对违反本法的行为向有关国家机关提出检举或者控告。

发生违反本法的重大事件,妨碍义务教育实施,造成重大社会影响的,负有领导责任的人民政府或者人民政府教育行政部门负责人应当引咎辞职。

第十条 【表彰奖励】对在义务教育实施工作中做出突出贡献的社会组织和个人,各级人民政府及其有关部门按照有关规定给予表彰、奖励。

第二章 学 生

第十一条 【入学时间】凡年满六周岁的儿童,其父母或者其他法定监护人应当送其入学接受并完成义务教育;条件不具备的地区的儿童,可以推迟到七周岁。

适龄儿童、少年因身体状况需要延缓入学或者休学的,其父母或者其他法定监护人应当提出申请,由当地乡镇人民政府或者县级人民政府教育行政部门批准。

第十二条 【入学地点】适龄儿童、少年免试入学。地方各级人民政府应当保障适龄儿童、少年在户籍所在地学校就近入学。

父母或者其他法定监护人在非户籍所在地工作或者居住的适龄儿童、少年,在其父母或者其他法定监护人工作或者居住地接受义务教育的,当地人民政府应当为其提供平等接受义务教育的条件。具体办法由省、自治区、直辖市规定。

县级人民政府教育行政部门对本行政区域内的军人子女接受义务教育予以保障。

第十三条 【督促入学】县级人民政府教育行政部门和乡镇人民政府组织和督促适龄儿童、少年入学,帮助解决适龄儿童、少年接受义务教育的困难,采取措施防止适龄儿童、少年辍学。

居民委员会和村民委员会协助政府做好工作,督促适龄儿童、少年入学。

第十四条 【禁止招用适龄儿童、少年;专业训练组织实施义务教育】禁止用人单位招用应当接受义务教育的适龄儿童、少年。

根据国家有关规定经批准招收适龄儿童、少年进行文艺、体育等专业训练的社会组织，应当保证所招收的适龄儿童、少年接受义务教育；自行实施义务教育的，应当经县级人民政府教育行政部门批准。

第三章 学 校

第十五条 【学校设置规划】县级以上地方人民政府根据本行政区域内居住的适龄儿童、少年的数量和分布状况等因素，按照国家有关规定，制定、调整学校设置规划。新建居民区需要设置学校的，应当与居民区的建设同步进行。

第十六条 【选址要求和建设标准】学校建设，应当符合国家规定的办学标准，适应教育教学需要；应当符合国家规定的选址要求和建设标准，确保学生和教职工安全。

第十七条 【寄宿制学校】县级人民政府根据需要设置寄宿制学校，保障居住分散的适龄儿童、少年入学接受义务教育。

第十八条 【经济发达地区设置少数民族学校(班)】国务院教育行政部门和省、自治区、直辖市人民政府根据需要，在经济发达地区设置接收少数民族适龄儿童、少年的学校(班)。

第十九条 【特殊教育的学校(班)】县级以上地方人民政府根据需要设置相应的实施特殊教育的学校(班)，对视力残疾、听力语言残疾和智力残疾的适龄儿童、少年实施义务教育。特殊教育学校(班)应当具备适应残疾儿童、少年学习、康复、生活特点的场所和设施。

普通学校应当接收具有接受普通教育能力的残疾适龄儿童、少年随班就读，并为其学习、康复提供帮助。

第二十条 【严重不良行为适龄少年的义务教育】县级以上地方人民政府根据需要，为具有预防未成年人犯罪法规定的严重不良行为的适龄少年设置专门的学校实施义务教育。

第二十一条 【未成年犯和被采取强制措施的未成年人的义务教育】对未完成义务教育的未成年犯和被采取强制性教育措施的未成年人应当进行义务教育，所需经费由人民政府予以保障。

第二十二条 【促进学校均衡发展；禁止改变公办学校性质】县级以上人民政府及其教育行政部门应当促进学校均衡发展，缩小学校之间办学条件的差距，不得将学校分为重点学校和非重点学校。学校不得分设重点班和非重点班。

县级以上人民政府及其教育行政部门不得以任何名义改变或者变相改变公办学校的性质。

第二十三条 【维护学校周边秩序】各级人民政府及其有关部门依法维护学校周边秩序，保护学生、教师、学校的合法权益，为学校提供安全保障。

第二十四条 【安全制度和应急机制】学校应当建立、健全安全制度和应急机制，对学生进行安全教育，加强管理，及时消除隐患，预防发生事故。

县级以上地方人民政府定期对学校校舍安全进行检查；对需要维修、改造的，及时予以维修、改造。

学校不得聘用曾经因故意犯罪被依法剥夺政治权利或者其他不适合从事义务教育工作的人担任工作人员。

第二十五条 【禁止违法收费和谋利】学校不得违反国家规定收取费用，不得以向学生推销或者变相推销商品、服务等方式谋取利益。

第二十六条 【校长负责制】学校实行校长负责制。校长应当符合国家规定的任职条件。校长由县级人民政府教育行政部门依法聘任。

第二十七条 【禁止开除学生】对违反学校管理制度的学生，学校应当予以批评教育，不得开除。

第四章 教 师

第二十八条 【教师权利和义务】教师享有法律规定的权利，履行法律规定的义务，应当为人师表，忠诚于人民的教育事业。

全社会应当尊重教师。

第二十九条 【平等对待学生；尊重学生人格】教师在教育教学中应当平等对待学生，关注学生的个体差异，因材施教，促进学生的充分发展。

教师应当尊重学生的人格，不得歧视学生，不得对学生实施体罚、变相体罚或者其他侮辱人格尊严的行为，不得侵犯学生合法权益。

第三十条 【教师资格；教师职务】教师应当取得国家规定的教师资格。

国家建立统一的义务教育教师职务制度。教师职务分为初级职务、中级职务和高级职务。

第三十一条 【工资福利待遇】各级人民政府保障教师工资福利和社会保险待遇，改善教师工作和生活条件;完善农村教师工资经费保障机制。

教师的平均工资水平应当不低于当地公务员的平均工资水平。

特殊教育教师享有特殊岗位补助津贴。在民族地区和边远贫困地区工作的教师享有艰苦贫困地区补助津贴。

第三十二条 【教师培养和流动】县级以上人民政府应当加强教师培养工作,采取措施发展教师教育。

县级人民政府教育行政部门应当均衡配置本行政区域内学校师资力量,组织校长、教师的培训和流动,加强对薄弱学校的建设。

第三十三条 【引导和鼓励去农村和民族地区教学】国务院和地方各级人民政府鼓励和支持城市学校教师和高等学校毕业生到农村地区、民族地区从事义务教育工作。

国家鼓励高等学校毕业生以志愿者的方式到农村地区、民族地区缺乏教师的学校任教。县级人民政府教育行政部门依法认定其教师资格,其任教时间计入工龄。

第五章 教育教学

第三十四条 【促进学生全面发展】教育教学工作应当符合教育规律和学生身心发展特点,面向全体学生,教书育人,将德育、智育、体育、美育等有机统一在教育教学活动中,注重培养学生独立思考能力、创新能力和实践能力,促进学生全面发展。

第三十五条 【确定教学、内容和课程设置】国务院教育行政部门根据适龄儿童、少年身心发展的状况和实际情况,确定教学制度、教育教学内容和课程设置,改革考试制度,并改进高级中等学校招生办法,推进实施素质教育。

学校和教师按照确定的教育教学内容和课程设置开展教育教学活动,保证达到国家规定的基本质量要求。

国家鼓励学校和教师采用启发式教育等教育教学方法,提高教育教学质量。

第三十六条 【促进德育】学校应当把德育放在首位,寓德育于教育教学之中,开展与学生年龄相适应的社会实践活动,形成学校、家庭、社会相互配合的思想道德教育体系,促进学生养成良好的思想品德和行为习惯。

第三十七条 【开展体育】学校应当保证学生的课外活动时间,组织开展文化娱乐等课外活动。社会公共文化体育设施应当为学校开展课外活动提供便利。

第三十八条 【教科书的编写】教科书根据国家教育方针和课程标准编写,内容力求精简,精选必备的基础知识、基本技能,经济实用,保证质量。

国家机关工作人员和教科书审查人员,不得参与或者变相参与教科书的编写工作。

第三十九条 【教科书审定制度】国家实行教科书审定制度。教科书的审定办法由国务院教育行政部门规定。

未经审定的教科书,不得出版、选用。

第四十条 【教科书价格确定】教科书价格由省、自治区、直辖市人民政府价格行政部门会同同级出版主管部门按照微利原则确定。

第四十一条 【教科书循环使用】国家鼓励教科书循环使用。

第六章 经费保障

第四十二条 【义务教育经费纳入财政预算和保证经费增长比例】国家将义务教育全面纳入财政保障范围,义务教育经费由国务院和地方各级人民政府依照本法规定予以保障。

国务院和地方各级人民政府将义务教育经费纳入财政预算,按照教职工编制标准、工资标准和学校建设标准、学生人均公用经费标准等,及时足额拨付义务教育经费,确保学校的正常运转和校舍安全,确保教职工工资按照规定发放。

国务院和地方各级人民政府用于实施义务教育财政拨款的增长比例应当高于财政经常性收入的增长比例,保证按照在校学生人数平均的义务教育费用逐步增长,保证教职工工资和学生人均公用经费逐步增长。

第四十三条 【人均公用经费基本标准】学校的学生人均公用经费基本标准由国务院财政部门会同教育行政部门制定,并根据经济和社会发展状况适时调整。制定、调整学生人均公用经费基本标准,应当满足教育教学基本需要。

省、自治区、直辖市人民政府可以根据本行政区域的实际情况,制定不低于国家标准的学校学生人均公用经费标准。

特殊教育学校(班)学生人均公用经费标准应当高于普通学校学生人均公用经费标准。

第四十四条 【义务教育经费投入共同负担】义务教育经费投入实行国务院和地方各级人民政府根据职责共同负担,省、自治区、直辖市人民政府负责统筹落实的体制。农村义务教育所需经费,由各级人民政府根据国务院的规定分项目、按比例分担。

各级人民政府对家庭经济困难的适龄儿童、少年免费提供教科书并补助寄宿生生活费。

义务教育经费保障的具体办法由国务院规定。

第四十五条 【单列和均衡安排义务教育经费】地方各级人民政府在财政预算中将义务教育经费单列。

县级人民政府编制预算,除向农村地区学校和薄弱学校倾斜外,应当均衡安排义务教育经费。

第四十六条 【义务教育转移支付资金】国务院和省、自治区、直辖市人民政府规范财政转移支付制度,加大一般性转移支付规模和规范义务教育专项转移支付,支持和引导地方各级人民政府增加对义务教育的投入。地方各级人民政府确保将上级人民政府的义务教育转移支付资金按照规定用于义务教育。

第四十七条 【义务教育专项资金】国务院和县级以上地方人民政府根据实际需要,设立专项资金,扶持农村地区、民族地区实施义务教育。

第四十八条 【义务教育捐赠和基金】国家鼓励社会组织和个人向义务教育捐赠,鼓励按照国家有关基金会管理的规定设立义务教育基金。

第四十九条 【禁止侵占、挪用义务教育经费;禁止非法收费和摊派】义务教育经费严格按照预算规定用于义务教育;任何组织和个人不得侵占、挪用义务教育经费,不得向学校非法收取或者摊派费用。

第五十条 【审计监督和统计公告】县级以上人民政府建立健全义务教育经费的审计监督和统计公告制度。

第七章 法律责任

第五十一条 【未履行对义务教育经费保障职责行为的处理】国务院有关部门和地方各级人民政府违反本法第六章的规定,未履行对义务教育经费保障职责的,由国务院或者上级地方人民政府责令限期改正;情节严重的,对直接负责的主管人员和其他直接责任人员依法给予行政处分。

第五十二条 【县级以上地方人民政府违法行为的处理】县级以上地方人民政府有下列情形之一的,由上级人民政府责令限期改正;情节严重的,对直接负责的主管人员和其他直接责任人员依法给予行政处分:

(一)未按照国家有关规定制定、调整学校的设置规划的;

(二)学校建设不符合国家规定的办学标准、选址要求和建设标准的;

(三)未定期对学校校舍安全进行检查,并及时维修、改造的;

(四)未依照本法规定均衡安排义务教育经费的。

第五十三条 【政府或其教育行政部门的法律责任】县级以上人民政府或者其教育行政部门有下列情形之一的,由上级人民政府或者其教育行政部门责令限期改正、通报批评;情节严重的,对直接负责的主管人员和其他直接责任人员依法给予行政处分:

(一)将学校分为重点学校和非重点学校的;

(二)改变或者变相改变公办学校性质的。

县级人民政府教育行政部门或者乡镇人民政府未采取措施组织适龄儿童、少年入学或者防止辍学的,依照前款规定追究法律责任。

第五十四条 【侵占、挪用义务经费行为的法律责任】有下列情形之一的,由上级人民政府或者上级人民政府教育行政部门、财政部门、价格行政部门和审计机关根据职责分工责令限期改正;情节严重的,对直接负责的主管人员和其他直接责任人员依法给予处分:

(一)侵占、挪用义务教育经费的;

(二)向学校非法收取或者摊派费用的。

第五十五条 【学校或教师违反教育法、教师法行为的处理】学校或者教师在义务教育工作中违反教育法、教师法规定的,依照教育法、教师法的有关规定处罚。

第五十六条 【违法收费等行为的法律责任】学校违反国家规定收取费用的,由县级人民政府教育行政部门责令退还所收费用;对直接负责的主管人员和其他直接责任人员依法给予处分。

学校以向学生推销或者变相推销商品、服务等方式谋取利益的,由县级人民政府教育行政部门给予通报批评;有违法所得的,没收违法所得;对直接负责的主管人员和其他直接责任人员依法给予处分。

国家机关工作人员和教科书审查人员参与或者变相参与教科书编写的，由县级以上人民政府或者其教育行政部门根据职责权限责令限期改正，依法给予行政处分；有违法所得的，没收违法所得。

第五十七条 【拒收残疾儿童、少年随班就读等行为的法律责任】学校有下列情形之一的，由县级人民政府教育行政部门责令限期改正；情节严重的，对直接负责的主管人员和其他直接责任人员依法给予处分：

（一）拒绝接收具有接受普通教育能力的残疾适龄儿童、少年随班就读的；

（二）分设重点班和非重点班的；

（三）违反本法规定开除学生的；

（四）选用未经审定的教科书的。

第五十八条 【未依法送适龄儿童少年入学行为的处理】适龄儿童、少年的父母或者其他法定监护人无正当理由未依照本法规定送适龄儿童、少年入学接受义务教育的，由当地乡镇人民政府或者县级人民政府教育行政部门给予批评教育，责令限期改正。

第五十九条 【胁迫或者诱骗儿童、少年失学、辍学等行为的法律责任】有下列情形之一的，依照有关法律、行政法规的规定予以处罚：

（一）胁迫或者诱骗应当接受义务教育的适龄儿童、少年失学、辍学的；

（二）非法招用应当接受义务教育的适龄儿童、少年的；

（三）出版未经依法审定的教科书的。

第六十条 【构成犯罪的处理】违反本法规定，构成犯罪的，依法追究刑事责任。

第八章 附 则

第六十一条 【免收杂费的实施步骤】对接受义务教育的适龄儿童、少年不收杂费的实施步骤，由国务院规定。

第六十二条 【民办教育】社会组织或者个人依法举办的民办学校实施义务教育的，依照民办教育促进法有关规定执行；民办教育促进法未作规定的，适用本法。

第六十三条 【施行日期】本法自2006年9月1日起施行。

营业性演出管理条例

（2005年7月7日中华人民共和国国务院令第439号公布　根据2008年7月22日《国务院关于修改〈营业性演出管理条例〉的决定》第一次修订　根据2013年7月18日《国务院关于废止和修改部分行政法规的决定》第二次修订　根据2016年2月6日《国务院关于修改部分行政法规的决定》第三次修订　根据2020年11月29日《国务院关于修改和废止部分行政法规的决定》第四次修订）

第一章 总 则

第一条 为了加强对营业性演出的管理，促进文化产业的发展，繁荣社会主义文艺事业，满足人民群众文化生活的需要，促进社会主义精神文明建设，制定本条例。

第二条 本条例所称营业性演出，是指以营利为目的为公众举办的现场文艺表演活动。

第三条 营业性演出必须坚持为人民服务、为社会主义服务的方向，把社会效益放在首位、实现社会效益和经济效益的统一，丰富人民群众的文化生活。

第四条 国家鼓励文艺表演团体、演员创作和演出思想性艺术性统一、体现民族优秀文化传统、受人民群众欢迎的优秀节目，鼓励到农村、工矿企业演出和为少年儿童提供免费或者优惠的演出。

第五条 国务院文化主管部门主管全国营业性演出的监督管理工作。国务院公安部门、工商行政管理部门在各自职责范围内，主管营业性演出的监督管理工作。

县级以上地方人民政府文化主管部门负责本行政区域内营业性演出的监督管理工作。县级以上地方人民政府公安部门、工商行政管理部门在各自职责范围内，负责本行政区域内营业性演出的监督管理工作。

第二章 营业性演出经营主体的设立

第六条 文艺表演团体申请从事营业性演出

活动,应当有与其业务相适应的专职演员和器材设备,并向县级人民政府文化主管部门提出申请;演出经纪机构申请从事营业性演出经营活动,应当有3名以上专职演出经纪人员和与其业务相适应的资金,并向省、自治区、直辖市人民政府文化主管部门提出申请。文化主管部门应当自受理申请之日起20日内作出决定。批准的,颁发营业性演出许可证;不批准的,应当书面通知申请人并说明理由。

第七条 设立演出场所经营单位,应当依法到工商行政管理部门办理注册登记,领取营业执照,并依照有关消防、卫生管理等法律、行政法规的规定办理审批手续。

演出场所经营单位应当自领取营业执照之日起20日内向所在地县级人民政府文化主管部门备案。

第八条 文艺表演团体变更名称、住所、法定代表人或者主要负责人、营业性演出经营项目,应当向原发证机关申请换发营业性演出许可证,并依法到工商行政管理部门办理变更登记。

演出场所经营单位变更名称、住所、法定代表人或者主要负责人,应当依法到工商行政管理部门办理变更登记,并向原备案机关重新备案。

第九条 以从事营业性演出为职业的个体演员(以下简称个体演员)和以从事营业性演出的居间、代理活动为职业的个体演出经纪人(以下简称个体演出经纪人),应当依法到工商行政管理部门办理注册登记,领取营业执照。

个体演员、个体演出经纪人应当自领取营业执照之日起20日内向所在地县级人民政府文化主管部门备案。

第十条 外国投资者可以依法在中国境内设立演出经纪机构、演出场所经营单位;不得设立文艺表演团体。

外商投资的演出经纪机构申请从事营业性演出经营活动、外商投资的演出场所经营单位申请从事演出场所经营活动,应当向国务院文化主管部门提出申请。国务院文化主管部门应当自收到申请之日起20日内作出决定。批准的,颁发营业性演出许可证;不批准的,应当书面通知申请人并说明理由。

第十一条 香港特别行政区、澳门特别行政区的投资者可以在内地投资设立演出经纪机构、演出场所经营单位以及由内地方控股的文艺表演团体;香港特别行政区、澳门特别行政区的演出经纪机构可以在内地设立分支机构。

台湾地区的投资者可以在大陆投资设立演出经纪机构、演出场所经营单位,不得设立文艺表演团体。

依照本条规定设立的演出经纪机构、文艺表演团体申请从事营业性演出经营活动,依照本条规定设立的演出场所经营单位申请从事演出场所经营活动,应当向省、自治区、直辖市人民政府文化主管部门提出申请。省、自治区、直辖市人民政府文化主管部门应当自收到申请之日起20日内作出决定。批准的,颁发营业性演出许可证;不批准的,应当书面通知申请人并说明理由。

依照本条规定设立演出经纪机构、演出场所经营单位的,还应当遵守我国其他法律、法规的规定。

第三章　营业性演出规范

第十二条 文艺表演团体、个体演员可以自行举办营业性演出,也可以参加营业性组台演出。

营业性组台演出应当由演出经纪机构举办;但是,演出场所经营单位可以在本单位经营的场所内举办营业性组台演出。

演出经纪机构可以从事营业性演出的居间、代理、行纪活动;个体演出经纪人只能从事营业性演出的居间、代理活动。

第十三条 举办营业性演出,应当向演出所在地县级人民政府文化主管部门提出申请。县级人民政府文化主管部门应当自受理申请之日起3日内作出决定。对符合本条例第二十五条规定的,发给批准文件;对不符合本条例第二十五条规定的,不予批准,书面通知申请人并说明理由。

第十四条 除演出经纪机构外,其他任何单位或者个人不得举办外国的或者香港特别行政区、澳门特别行政区、台湾地区的文艺表演团体、个人参加的营业性演出。但是,文艺表演团体自行举办营业性演出,可以邀请外国的或者香港特别行政区、澳门特别行政区、台湾地区的文艺表演团体、个人参加。

举办外国的或者香港特别行政区、澳门特别行政区、台湾地区的文艺表演团体、个人参加的营业性演出,应当符合下列条件:

(一)有与其举办的营业性演出相适应的资金;

(二)有2年以上举办营业性演出的经历;

(三)举办营业性演出前2年内无违反本条例规定的记录。

第十五条 举办外国的文艺表演团体、个人参加的营业性演出,演出举办单位应当向演出所在地省、自治区、直辖市人民政府文化主管部门提出申请。

举办香港特别行政区、澳门特别行政区的文艺表演团体、个人参加的营业性演出,演出举办单位应当向演出所在地省、自治区、直辖市人民政府文化主管部门提出申请;举办台湾地区的文艺表演团体、个人参加的营业性演出,演出举办单位应当向国务院文化主管部门会同国务院有关部门规定的审批机关提出申请。

国务院文化主管部门或者省、自治区、直辖市人民政府文化主管部门应当自受理申请之日起20日内作出决定。对符合本条例第二十五条规定的,发给批准文件;对不符合本条例第二十五条规定的,不予批准,书面通知申请人并说明理由。

第十六条 申请举办营业性演出,提交的申请材料应当包括下列内容:

(一)演出名称、演出举办单位和参加演出的文艺表演团体、演员;

(二)演出时间、地点、场次;

(三)节目及其视听资料。

申请举办营业性组台演出,还应当提交文艺表演团体、演员同意参加演出的书面函件。

营业性演出需要变更申请材料所列事项的,应当分别依照本条例第十三条、第十五条规定重新报批。

第十七条 演出场所经营单位提供演出场地,应当核验演出举办单位取得的批准文件;不得为未经批准的营业性演出提供演出场地。

第十八条 演出场所经营单位应当确保演出场所的建筑、设施符合国家安全标准和消防安全规范,定期检查消防安全设施状况,并及时维护、更新。

演出场所经营单位应当制定安全保卫工作方案和灭火、应急疏散预案。

演出举办单位在演出场所进行营业性演出,应当核验演出场所经营单位的消防安全设施检查记录、安全保卫工作方案和灭火、应急疏散预案,并与演出场所经营单位就演出活动中突发安全事件的防范、处理等事项签订安全责任协议。

第十九条 在公共场所举办营业性演出,演出举办单位应当依照有关安全、消防的法律、行政法规和国家有关规定办理审批手续,并制定安全保卫工作方案和灭火、应急疏散预案。演出场所应当配备应急广播、照明设施,在安全出入口设置明显标识,保证安全出入口畅通;需要临时搭建舞台、看台的,演出举办单位应当按照国家有关安全标准搭建舞台、看台,确保安全。

第二十条 审批临时搭建舞台、看台的营业性演出时,文化主管部门应当核验演出举办单位的下列文件:

(一)依法验收后取得的演出场所合格证明;

(二)安全保卫工作方案和灭火、应急疏散预案;

(三)依法取得的安全、消防批准文件。

第二十一条 演出场所容纳的观众数量应当报公安部门核准;观众区域与缓冲区域应当由公安部门划定,缓冲区域应当有明显标识。

演出举办单位应当按照公安部门核准的观众数量、划定的观众区域印制和出售门票。

验票时,发现进入演出场所的观众达到核准数量仍有观众等待入场的,应当立即终止验票并同时向演出所在地县级人民政府公安部门报告;发现观众持有观众区域以外的门票或者假票的,应当拒绝其入场并同时向演出所在地县级人民政府公安部门报告。

第二十二条 任何人不得携带传染病病原体和爆炸性、易燃性、放射性、腐蚀性等危险物质或者非法携带枪支、弹药、管制器具进入营业性演出现场。

演出场所经营单位应当根据公安部门的要求,配备安全检查设施,并对进入营业性演出现场的观众进行必要的安全检查;观众不接受安全检查或者有前款禁止行为的,演出场所经营单位有权拒绝其进入。

第二十三条 演出举办单位应当组织人员落实营业性演出时的安全、消防措施,维护营业性演出现场秩序。

演出举办单位和演出场所经营单位发现营业性演出现场秩序混乱,应当立即采取措施并同时向演出所在地县级人民政府公安部门报告。

第二十四条 演出举办单位不得以政府或者政府部门的名义举办营业性演出。

营业性演出不得冠以“中国”、“中华”、“全国”、“国际”等字样。

营业性演出广告内容必须真实、合法，不得误导、欺骗公众。

第二十五条 营业性演出不得有下列情形：

（一）反对宪法确定的基本原则的；

（二）危害国家统一、主权和领土完整，危害国家安全，或者损害国家荣誉和利益的；

（三）煽动民族仇恨、民族歧视，侵害民族风俗习惯，伤害民族感情，破坏民族团结，违反宗教政策的；

（四）扰乱社会秩序，破坏社会稳定的；

（五）危害社会公德或者民族优秀文化传统的；

（六）宣扬淫秽、色情、邪教、迷信或者渲染暴力的；

（七）侮辱或者诽谤他人，侵害他人合法权益的；

（八）表演方式恐怖、残忍，摧残演员身心健康的；

（九）利用人体缺陷或者以展示人体变异等方式招徕观众的；

（十）法律、行政法规禁止的其他情形。

第二十六条 演出场所经营单位、演出举办单位发现营业性演出有本条例第二十五条禁止情形的，应当立即采取措施予以制止并同时向演出所在地县级人民政府文化主管部门、公安部门报告。

第二十七条 参加营业性演出的文艺表演团体、主要演员或者主要节目内容等发生变更的，演出举办单位应当及时告知观众并说明理由。观众有权退票。

演出过程中，除因不可抗力不能演出的外，演出举办单位不得中止或者停止演出，演员不得退出演出。

第二十八条 演员不得以假唱欺骗观众，演出举办单位不得组织演员假唱。任何单位或者个人不得为假唱提供条件。

演出举办单位应当派专人对演出进行监督，防止假唱行为的发生。

第二十九条 营业性演出经营主体应当对其营业性演出的经营收入依法纳税。

演出举办单位在支付演员、职员的演出报酬时应当依法履行税款代扣代缴义务。

第三十条 募捐义演的演出收入，除必要的成本开支外，必须全部交付受捐单位；演出举办单位、参加演出的文艺表演团体和演员、职员，不得获取经济利益。

第三十一条 任何单位或者个人不得伪造、变造、出租、出借或者买卖营业性演出许可证、批准文件或者营业执照，不得伪造、变造营业性演出门票或者倒卖伪造、变造的营业性演出门票。

第四章 监督管理

第三十二条 除文化主管部门依照国家有关规定对体现民族特色和国家水准的演出给予补助外，各级人民政府和政府部门不得资助、赞助或者变相资助、赞助营业性演出，不得用公款购买营业性演出门票用于个人消费。

第三十三条 文化主管部门应当加强对营业性演出的监督管理。

演出所在地县级人民政府文化主管部门对外国的或者香港特别行政区、澳门特别行政区、台湾地区的文艺表演团体、个人参加的营业性演出和临时搭建舞台、看台的营业性演出，应当进行实地检查；对其他营业性演出，应当进行实地抽样检查。

第三十四条 县级以上地方人民政府文化主管部门应当充分发挥文化执法机构的作用，并可以聘请社会义务监督员对营业性演出进行监督。

任何单位或者个人可以采取电话、手机短信等方式举报违反本条例规定的行为。县级以上地方人民政府文化主管部门应当向社会公布举报电话，并保证随时有人接听。

县级以上地方人民政府文化主管部门接到社会义务监督员的报告或者公众的举报，应当作出记录，立即赶赴现场进行调查、处理，并自处理完毕之日起7日内公布结果。

县级以上地方人民政府文化主管部门对作出突出贡献的社会义务监督员应当给予表彰；公众举报经调查核实的，应当对举报人给予奖励。

第三十五条 文化主管部门应当建立营业性演出经营主体的经营活动信用监管制度，建立健全信用约束机制，并及时公布行政处罚信息。

第三十六条 公安部门对其依照有关法律、行政法规和国家有关规定批准的营业性演出，应当在演出举办前对营业性演出现场的安全状况进行实地检查；发现安全隐患的，在消除安全隐患后方可允许进行营业性演出。

公安部门可以对进入营业性演出现场的观众进行必要的安全检查;发现观众有本条例第二十二条第一款禁止行为的,在消除安全隐患后方可允许其进入。

公安部门可以组织警力协助演出举办单位维持营业性演出现场秩序。

第三十七条 公安部门接到观众达到核准数量仍有观众等待入场或者演出秩序混乱的报告后,应当立即组织采取措施消除安全隐患。

第三十八条 承担现场管理检查任务的公安部门和文化主管部门的工作人员进入营业性演出现场,应当出示值勤证件。

第三十九条 文化主管部门依法对营业性演出进行监督检查时,应当将监督检查的情况和处理结果予以记录,由监督检查人员签字后归档。公众有权查阅监督检查记录。

第四十条 文化主管部门、公安部门和其他有关部门及其工作人员不得向演出举办单位、演出场所经营单位索取演出门票。

第四十一条 国务院文化主管部门和省、自治区、直辖市人民政府文化主管部门,对在农村、工矿企业进行演出以及为少年儿童提供免费或者优惠演出表现突出的文艺表演团体、演员,应当给予表彰,并采取多种形式予以宣传。

国务院文化主管部门对适合在农村、工矿企业演出的节目,可以在依法取得著作权人许可后,提供给文艺表演团体、演员在农村、工矿企业演出时使用。

文化主管部门实施文艺评奖,应当适当考虑参评对象在农村、工矿企业的演出场次。

县级以上地方人民政府应当对在农村、工矿企业演出的文艺表演团体、演员给予支持。

第四十二条 演出行业协会应当依照章程的规定,制定行业自律规范,指导、监督会员的经营活动,促进公平竞争。

第五章 法律责任

第四十三条 有下列行为之一的,由县级人民政府文化主管部门予以取缔,没收演出器材和违法所得,并处违法所得8倍以上10倍以下的罚款;没有违法所得或者违法所得不足1万元的,并处5万元以上10万元以下的罚款;构成犯罪的,依法追究刑事责任:

(一)违反本条例第六条、第十条、第十一条规定,擅自从事营业性演出经营活动的;

(二)违反本条例第十二条、第十四条规定,超范围从事营业性演出经营活动的;

(三)违反本条例第八条第一款规定,变更营业性演出经营项目未向原发证机关申请换发营业性演出许可证的。

违反本条例第七条、第九条规定,擅自设立演出场所经营单位或者擅自从事营业性演出经营活动的,由工商行政管理部门依法予以取缔、处罚;构成犯罪的,依法追究刑事责任。

第四十四条 违反本条例第十三条、第十五条规定,未经批准举办营业性演出的,由县级人民政府文化主管部门责令停止演出,没收违法所得,并处违法所得8倍以上10倍以下的罚款;没有违法所得或者违法所得不足1万元的,并处5万元以上10万元以下的罚款;情节严重的,由原发证机关吊销营业性演出许可证。

违反本条例第十六条第三款规定,变更演出举办单位、参加演出的文艺表演团体、演员或者节目未重新报批的,依照前款规定处罚;变更演出的名称、时间、地点、场次未重新报批的,由县级人民政府文化主管部门责令改正,给予警告,可以并处3万元以下的罚款。

演出场所经营单位为未经批准的营业性演出提供场地的,由县级人民政府文化主管部门责令改正,没收违法所得,并处违法所得3倍以上5倍以下的罚款;没有违法所得或者违法所得不足1万元的,并处3万元以上5万元以下的罚款。

第四十五条 违反本条例第三十一条规定,伪造、变造、出租、出借、买卖营业性演出许可证、批准文件,或者以非法手段取得营业性演出许可证、批准文件的,由县级人民政府文化主管部门没收违法所得,并处违法所得8倍以上10倍以下的罚款;没有违法所得或者违法所得不足1万元的,并处5万元以上10万元以下的罚款;对原取得的营业性演出许可证、批准文件,予以吊销、撤销;构成犯罪的,依法追究刑事责任。

第四十六条 营业性演出有本条例第二十五条禁止情形的,由县级人民政府文化主管部门责令停止演出,没收违法所得,并处违法所得8倍以上10倍以下的罚款;没有违法所得或者违法所得不足1万元的，并处5万元以上10万元以下的罚款；情节严重的，由原发证机关吊销营业性演出许可证；违反治安管理规定的，由公安部门依法予以处罚；构成犯罪的，依法追究刑事责任。

演出场所经营单位、演出举办单位发现营业性演出有本条例第二十五条禁止情形未采取措施予以制止的，由县级人民政府文化主管部门、公安部门依据法定职权给予警告，并处5万元以上10万元以下的罚款；未依照本条例第二十六条规定报告的，由县级人民政府文化主管部门、公安部门依据法定职权给予警告，并处5000元以上1万元以下的罚款。

第四十七条 有下列行为之一的，对演出举办单位、文艺表演团体、演员，由国务院文化主管部门或者省、自治区、直辖市人民政府文化主管部门向社会公布；演出举办单位、文艺表演团体在2年内再次被公布的，由原发证机关吊销营业性演出许可证；个体演员在2年内再次被公布的，由工商行政管理部门吊销营业执照：

（一）非因不可抗力中止、停止或者退出演出的；

（二）文艺表演团体、主要演员或者主要节目内容等发生变更未及时告知观众的；

（三）以假唱欺骗观众的；

（四）为演员假唱提供条件的。

有前款第（一）项、第（二）项和第（三）项所列行为之一的，观众有权在退场后依照有关消费者权益保护的法律规定要求演出举办单位赔偿损失；演出举办单位可以依法向负有责任的文艺表演团体、演员追偿。

有本条第一款第（一）项、第（二）项和第（三）项所列行为之一的，由县级人民政府文化主管部门处5万元以上10万元以下的罚款；有本条第一款第（四）项所列行为的，由县级人民政府文化主管部门处5000元以上1万元以下的罚款。

第四十八条 以政府或者政府部门的名义举办营业性演出，或者营业性演出冠以“中国”、“中华”、“全国”、“国际”等字样的，由县级人民政府文化主管部门责令改正，没收违法所得，并处违法所得3倍以上5倍以下的罚款；没有违法所得或者违法所得不足1万元的，并处3万元以上5万元以下的罚款；拒不改正或者造成严重后果的，由原发证机关吊销营业性演出许可证。

营业性演出广告的内容误导、欺骗公众或者含有其他违法内容的，由工商行政管理部门责令停止发布，并依法予以处罚。

第四十九条 演出举办单位或者其法定代表人、主要负责人及其他直接责任人员在募捐义演中获取经济利益的，由县级以上人民政府文化主管部门依据各自职权责令其退回并交付受捐单位；构成犯罪的，依法追究刑事责任；尚不构成犯罪的，由县级以上人民政府文化主管部门依据各自职权处违法所得3倍以上5倍以下的罚款，并由国务院文化主管部门或者省、自治区、直辖市人民政府文化主管部门向社会公布违法行为人的名称或者姓名，直至由原发证机关吊销演出举办单位的营业性演出许可证。

文艺表演团体或者演员、职员在募捐义演中获取经济利益的，由县级以上人民政府文化主管部门依据各自职权责令其退回并交付受捐单位。

第五十条 违反本条例第八条第一款规定，变更名称、住所、法定代表人或者主要负责人未向原发证机关申请换发营业性演出许可证的，由县级人民政府文化主管部门责令改正，给予警告，并处1万元以上3万元以下的罚款。

违反本条例第七条第二款、第八条第二款、第九条第二款规定，未办理备案手续的，由县级人民政府文化主管部门责令改正，给予警告，并处5000元以上1万元以下的罚款。

第五十一条 有下列行为之一的，由公安部门或者公安消防机构依据法定职权依法予以处罚；构成犯罪的，依法追究刑事责任：

（一）违反本条例安全、消防管理规定的；

（二）伪造、变造营业性演出门票或者倒卖伪造、变造的营业性演出门票的。

演出举办单位印制、出售超过核准观众数量的或者观众区域以外的营业性演出门票的，由县级以上人民政府公安部门依据各自职权责令改正，没收违法所得，并处违法所得3倍以上5倍以下的罚款；没有违法所得或者违法所得不足1万元的，并处3万元以上5万元以下的罚款；造成严重后果的，由原发证机关吊销营业性演出许可证；构成犯罪的，依法追究刑事责任。

第五十二条 演出场所经营单位、个体演出经纪人、个体演员违反本条例规定，情节严重的，由县级以上人民政府文化主管部门依据各自职权责令其停止营业性演出经营活动，并通知工商行政管理部门，由工商行政管理部门依法吊销营业执照。其中，演出场所经营单位有其他经营业务的，由工商行政管理部门责令其办理变更登记，逾期不办理的，吊销营业执照。

第五十三条 因违反本条例规定被文化主管部门吊销营业性演出许可证，或者被工商行政管理部门吊销营业执照或者责令变更登记的，自受到行政处罚之日起，当事人为单位的，其法定代表人、主要负责人5年内不得担任文艺表演团体、演出经纪机构或者演出场所经营单位的法定代表人、主要负责人；当事人为个人的，个体演员1年内不得从事营业性演出，个体演出经纪人5年内不得从事营业性演出的居间、代理活动。

因营业性演出有本条例第二十五条禁止情形被文化主管部门吊销营业性演出许可证，或者被工商行政管理部门吊销营业执照或者责令变更登记的，不得再次从事营业性演出或者营业性演出的居间、代理、行纪活动。

因违反本条例规定2年内2次受到行政处罚又有应受本条例处罚的违法行为的，应当从重处罚。

第五十四条 各级人民政府或者政府部门非法资助、赞助，或者非法变相资助、赞助营业性演出，或者用公款购买营业性演出门票用于个人消费的，依照有关财政违法行为处罚处分的行政法规的规定责令改正。对单位给予警告或者通报批评。对直接负责的主管人员和其他直接责任人员给予记大过处分；情节较重的，给予降级或者撤职处分；情节严重的，给予开除处分。

第五十五条 文化主管部门、公安部门、工商行政管理部门的工作人员滥用职权、玩忽职守、徇私舞弊或者未依照本条例规定履行职责的，依法给予行政处分；构成犯罪的，依法追究刑事责任。

第六章 附 则

第五十六条 民间游散艺人的营业性演出，省、自治区、直辖市人民政府可以参照本条例的规定制定具体管理办法。

第五十七条 本条例自2005年9月1日起施行。1997年8月11日国务院发布的《营业性演出管理条例》同时废止。

娱乐场所管理条例

（2006年1月29日中华人民共和国国务院令第458号公布 根据2016年2月6日《国务院关于修改部分行政法规的决定》第一次修订 根据2020年11月29日《国务院关于修改和废止部分行政法规的决定》第二次修订）

第一章 总 则

第一条 为了加强对娱乐场所的管理，保障娱乐场所的健康发展，制定本条例。

第二条 本条例所称娱乐场所，是指以营利为目的，并向公众开放、消费者自娱自乐的歌舞、游艺等场所。

第三条 县级以上人民政府文化主管部门负责对娱乐场所日常经营活动的监督管理；县级以上公安部门负责对娱乐场所消防、治安状况的监督管理。

第四条 国家机关及其工作人员不得开办娱乐场所，不得参与或者变相参与娱乐场所的经营活动。

与文化主管部门、公安部门的工作人员有夫妻关系、直系血亲关系、三代以内旁系血亲关系以及近姻亲关系的亲属，不得开办娱乐场所，不得参与或者变相参与娱乐场所的经营活动。

第二章 设 立

第五条 有下列情形之一的人员，不得开办娱乐场所或者在娱乐场所内从业：

（一）曾犯有组织、强迫、引诱、容留、介绍卖淫罪，制作、贩卖、传播淫秽物品罪，走私、贩卖、运输、制造毒品罪，强奸罪，强制猥亵、侮辱妇女罪，赌博罪，洗钱罪，组织、领导、参加黑社会性质组织罪的；

（二）因犯罪曾被剥夺政治权利的；

（三）因吸食、注射毒品曾被强制戒毒的；

（四）因卖淫、嫖娼曾被处以行政拘留的。

第六条 外国投资者可以依法在中国境内设立娱乐场所。

第七条 娱乐场所不得设在下列地点：

(一)居民楼、博物馆、图书馆和被核定为文物保护单位的建筑物内;

(二)居民住宅区和学校、医院、机关周围;

(三)车站、机场等人群密集的场所;

(四)建筑物地下一层以下;

(五)与危险化学品仓库毗连的区域。

娱乐场所的边界噪声,应当符合国家规定的环境噪声标准。

第八条 娱乐场所的使用面积,不得低于国务院文化主管部门规定的最低标准;设立含有电子游戏机的游艺娱乐场所,应当符合国务院文化主管部门关于总量和布局的要求。

第九条 娱乐场所申请从事娱乐场所经营活动,应当向所在地县级人民政府文化主管部门提出申请;外商投资的娱乐场所申请从事娱乐场所经营活动,应当向所在地省、自治区、直辖市人民政府文化主管部门提出申请。

娱乐场所申请从事娱乐场所经营活动,应当提交投资人员、拟任的法定代表人和其他负责人没有本条例第五条规定情形的书面声明。申请人应当对书面声明内容的真实性负责。

受理申请的文化主管部门应当就书面声明向公安部门或者其他有关单位核查,公安部门或者其他有关单位应当予以配合;经核查属实的,文化主管部门应当依据本条例第七条、第八条的规定进行实地检查,作出决定。予以批准的,颁发娱乐经营许可证,并根据国务院文化主管部门的规定核定娱乐场所容纳的消费者数量;不予批准的,应当书面通知申请人并说明理由。

有关法律、行政法规规定需要办理消防、卫生、环境保护等审批手续的,从其规定。

第十条 文化主管部门审批娱乐场所应当举行听证。有关听证的程序,依照《中华人民共和国行政许可法》的规定执行。

第十一条 娱乐场所依法取得营业执照和相关批准文件、许可证后,应当在15日内向所在地县级公安部门备案。

第十二条 娱乐场所改建、扩建营业场所或者变更场地、主要设施设备、投资人员,或者变更娱乐经营许可证载明的事项的,应当向原发证机关申请重新核发娱乐经营许可证,并向公安部门备案;需要办理变更登记的,应当依法向工商行政管理部门办理变更登记。

第三章 经 营

第十三条 国家倡导弘扬民族优秀文化,禁止娱乐场所内的娱乐活动含有下列内容:

(一)违反宪法确定的基本原则的;

(二)危害国家统一、主权或者领土完整的;

(三)危害国家安全,或者损害国家荣誉、利益的;

(四)煽动民族仇恨、民族歧视,伤害民族感情或者侵害民族风俗、习惯,破坏民族团结的;

(五)违反国家宗教政策,宣扬邪教、迷信的;

(六)宣扬淫秽、赌博、暴力以及与毒品有关的违法犯罪活动,或者教唆犯罪的;

(七)违背社会公德或者民族优秀文化传统的;

(八)侮辱、诽谤他人,侵害他人合法权益的;

(九)法律、行政法规禁止的其他内容。

第十四条 娱乐场所及其从业人员不得实施下列行为,不得为进入娱乐场所的人员实施下列行为提供条件:

(一)贩卖、提供毒品,或者组织、强迫、教唆、引诱、欺骗、容留他人吸食、注射毒品;

(二)组织、强迫、引诱、容留、介绍他人卖淫、嫖娼;

(三)制作、贩卖、传播淫秽物品;

(四)提供或者从事以营利为目的的陪侍;

(五)赌博;

(六)从事邪教、迷信活动;

(七)其他违法犯罪行为。

娱乐场所的从业人员不得吸食、注射毒品,不得卖淫、嫖娼;娱乐场所及其从业人员不得为进入娱乐场所的人员实施上述行为提供条件。

第十五条 歌舞娱乐场所应当按照国务院公安部门的规定在营业场所的出入口、主要通道安装闭路电视监控设备,并应当保证闭路电视监控设备在营业期间正常运行,不得中断。

歌舞娱乐场所应当将闭路电视监控录像资料留存30日备查,不得删改或者挪作他用。

第十六条 歌舞娱乐场所的包厢、包间内不得设置隔断,并应当安装展现室内整体环境的透明门窗。包厢、包间的门不得有内锁装置。

第十七条 营业期间,歌舞娱乐场所内亮度不得低于国家规定的标准。

第十八条 娱乐场所使用的音像制品或者电子游戏应当是依法出版、生产或者进口的产品。

歌舞娱乐场所播放的曲目和屏幕画面以及游艺娱乐场所的电子游戏机内的游戏项目，不得含有本条例第十三条禁止的内容；歌舞娱乐场所使用的歌曲点播系统不得与境外的曲库联接。

第十九条 游艺娱乐场所不得设置具有赌博功能的电子游戏机机型、机种、电路板等游戏设施设备，不得以现金或者有价证券作为奖品，不得回购奖品。

第二十条 娱乐场所的法定代表人或者主要负责人应当对娱乐场所的消防安全和其他安全负责。

娱乐场所应当确保其建筑、设施符合国家安全标准和消防技术规范，定期检查消防设施状况，并及时维护、更新。

娱乐场所应当制定安全工作方案和应急疏散预案。

第二十一条 营业期间，娱乐场所应当保证疏散通道和安全出口畅通，不得封堵、锁闭疏散通道和安全出口，不得在疏散通道和安全出口设置栅栏等影响疏散的障碍物。

娱乐场所应当在疏散通道和安全出口设置明显指示标志，不得遮挡、覆盖指示标志。

第二十二条 任何人不得非法携带枪支、弹药、管制器具或者携带爆炸性、易燃性、毒害性、放射性、腐蚀性等危险物品和传染病病原体进入娱乐场所。

迪斯科舞厅应当配备安全检查设备，对进入营业场所的人员进行安全检查。

第二十三条 歌舞娱乐场所不得接纳未成年人。除国家法定节假日外，游艺娱乐场所设置的电子游戏机不得向未成年人提供。

第二十四条 娱乐场所不得招用未成年人；招用外国人的，应当按照国家有关规定为其办理外国人就业许可证。

第二十五条 娱乐场所应当与从业人员签订文明服务责任书，并建立从业人员名簿；从业人员名簿应当包括从业人员的真实姓名、居民身份证复印件、外国人就业许可证复印件等内容。

娱乐场所应当建立营业日志，记载营业期间从业人员的工作职责、工作时间、工作地点；营业日志不得删改，并应当留存60日备查。

第二十六条 娱乐场所应当与保安服务企业签订保安服务合同，配备专业保安人员；不得聘用其他人员从事保安工作。

第二十七条 营业期间，娱乐场所的从业人员应当统一着工作服，佩带工作标志并携带居民身份证或者外国人就业许可证。

从业人员应当遵守职业道德和卫生规范，诚实守信，礼貌待人，不得侵害消费者的人身和财产权利。

第二十八条 每日凌晨2时至上午8时，娱乐场所不得营业。

第二十九条 娱乐场所提供娱乐服务项目和出售商品，应当明码标价，并向消费者出示价目表；不得强迫、欺骗消费者接受服务、购买商品。

第三十条 娱乐场所应当在营业场所的大厅、包厢、包间内的显著位置悬挂含有禁毒、禁赌、禁止卖淫嫖娼等内容的警示标志、未成年人禁入或者限入标志。标志应当注明公安部门、文化主管部门的举报电话。

第三十一条 娱乐场所应当建立巡查制度，发现娱乐场所内有违法犯罪活动的，应当立即向所在地县级公安部门、县级人民政府文化主管部门报告。

第四章 监督管理

第三十二条 文化主管部门、公安部门和其他有关部门的工作人员依法履行监督检查职责时，有权进入娱乐场所。娱乐场所应当予以配合，不得拒绝、阻挠。

文化主管部门、公安部门和其他有关部门的工作人员依法履行监督检查职责时，需要查阅闭路电视监控录像资料、从业人员名簿、营业日志等资料的，娱乐场所应当及时提供。

第三十三条 文化主管部门、公安部门和其他有关部门应当记录监督检查的情况和处理结果。监督检查记录由监督检查人员签字归档。公众有权查阅监督检查记录。

第三十四条 文化主管部门、公安部门和其他有关部门应当建立娱乐场所违法行为警示记录系统；对列入警示记录的娱乐场所，应当及时向社会公布，并加大监督检查力度。

第三十五条 文化主管部门应当建立娱乐场

所的经营活动信用监管制度，建立健全信用约束机制，并及时公布行政处罚信息。

第三十六条 文化主管部门、公安部门和其他有关部门应当建立相互间的信息通报制度，及时通报监督检查情况和处理结果。

第三十七条 任何单位或者个人发现娱乐场所内有违反本条例行为的，有权向文化主管部门、公安部门等有关部门举报。

文化主管部门、公安部门等有关部门接到举报，应当记录，并及时依法调查、处理；对不属于本部门职责范围的，应当及时移送有关部门。

第三十八条 上级人民政府文化主管部门、公安部门在必要时，可以依照本条例的规定调查、处理由下级人民政府文化主管部门、公安部门调查、处理的案件。

下级人民政府文化主管部门、公安部门认为案件重大、复杂的，可以请求移送上级人民政府文化主管部门、公安部门调查、处理。

第三十九条 文化主管部门、公安部门和其他有关部门及其工作人员违反本条例规定的，任何单位或者个人可以向依法有权处理的本级或者上一级机关举报。接到举报的机关应当依法及时调查、处理。

第四十条 娱乐场所行业协会应当依照章程的规定，制定行业自律规范，加强对会员经营活动的指导、监督。

第五章 法律责任

第四十一条 违反本条例规定，擅自从事娱乐场所经营活动的，由文化主管部门依法予以取缔；公安部门在查处治安、刑事案件时，发现擅自从事娱乐场所经营活动的，应当依法予以取缔。

第四十二条 违反本条例规定，以欺骗等不正当手段取得娱乐经营许可证的，由原发证机关撤销娱乐经营许可证。

第四十三条 娱乐场所实施本条例第十四条禁止行为的，由县级公安部门没收违法所得和非法财物，责令停业整顿3个月至6个月；情节严重的，由原发证机关吊销娱乐经营许可证，对直接负责的主管人员和其他直接责任人员处1万元以上2万元以下的罚款。

第四十四条 娱乐场所违反本条例规定，有下列情形之一的，由县级公安部门责令改正，给予警告；情节严重的，责令停业整顿1个月至3个月：

（一）照明设施、包厢、包间的设置以及门窗的使用不符合本条例规定的；

（二）未按照本条例规定安装闭路电视监控设备或者中断使用的；

（三）未按照本条例规定留存监控录像资料或者删改监控录像资料的；

（四）未按照本条例规定配备安全检查设备或者未对进入营业场所的人员进行安全检查的；

（五）未按照本条例规定配备保安人员的。

第四十五条 娱乐场所违反本条例规定，有下列情形之一的，由县级公安部门没收违法所得和非法财物，并处违法所得2倍以上5倍以下的罚款；没有违法所得或者违法所得不足1万元的，并处2万元以上5万元以下的罚款；情节严重的，责令停业整顿1个月至3个月：

（一）设置具有赌博功能的电子游戏机机型、机种、电路板等游戏设施设备的；

（二）以现金、有价证券作为奖品，或者回购奖品的。

第四十六条 娱乐场所指使、纵容从业人员侵害消费者人身权利的，应当依法承担民事责任，并由县级公安部门责令停业整顿1个月至3个月；造成严重后果的，由原发证机关吊销娱乐经营许可证。

第四十七条 娱乐场所取得营业执照后，未按照本条例规定向公安部门备案的，由县级公安部门责令改正，给予警告。

第四十八条 违反本条例规定，有下列情形之一的，由县级人民政府文化主管部门没收违法所得和非法财物，并处违法所得1倍以上3倍以下的罚款；没有违法所得或者违法所得不足1万元的，并处1万元以上3万元以下的罚款；情节严重的，责令停业整顿1个月至6个月：

（一）歌舞娱乐场所的歌曲点播系统与境外的曲库联接的；

（二）歌舞娱乐场所播放的曲目、屏幕画面或者游艺娱乐场所电子游戏机内的游戏项目含有本条例第十三条禁止内容的；

（三）歌舞娱乐场所接纳未成年人的；

（四）游艺娱乐场所设置的电子游戏机在国家法定节假日外向未成年人提供的；

(五)娱乐场所容纳的消费者超过核定人数的。

第四十九条 娱乐场所违反本条例规定,有下列情形之一的,由县级人民政府文化主管部门责令改正,给予警告;情节严重的,责令停业整顿1个月至3个月:

(一)变更有关事项,未按照本条例规定申请重新核发娱乐经营许可证的;

(二)在本条例规定的禁止营业时间内营业的;

(三)从业人员在营业期间未统一着装并佩带工作标志的。

第五十条 娱乐场所未按照本条例规定建立从业人员名簿、营业日志,或者发现违法犯罪行为未按照本条例规定报告的,由县级人民政府文化主管部门、县级公安部门依据法定职权责令改正,给予警告;情节严重的,责令停业整顿1个月至3个月。

第五十一条 娱乐场所未按照本条例规定悬挂警示标志、未成年人禁入或者限入标志的,由县级人民政府文化主管部门、县级公安部门依据法定职权责令改正,给予警告。

第五十二条 娱乐场所招用未成年人的,由劳动保障行政部门责令改正,并按照每招用一名未成年人每月处5000元罚款的标准给予处罚。

第五十三条 因擅自从事娱乐场所经营活动被依法取缔的,其投资人员和负责人终身不得投资开办娱乐场所或者担任娱乐场所的法定代表人、负责人。

娱乐场所因违反本条例规定,被吊销或者撤销娱乐经营许可证的,自被吊销或者撤销之日起,其法定代表人、负责人5年内不得担任娱乐场所的法定代表人、负责人。

娱乐场所因违反本条例规定,2年内被处以3次警告或者罚款又有违反本条例的行为应受行政处罚的,由县级人民政府文化主管部门、县级公安部门依据法定职权责令停业整顿3个月至6个月;2年内被2次责令停业整顿又有违反本条例的行为应受行政处罚的,由原发证机关吊销娱乐经营许可证。

第五十四条 娱乐场所违反有关治安管理或者消防管理法律、行政法规规定的,由公安部门依法予以处罚;构成犯罪的,依法追究刑事责任。

娱乐场所违反有关卫生、环境保护、价格、劳动等法律、行政法规规定的,由有关部门依法予以处罚;构成犯罪的,依法追究刑事责任。

娱乐场所及其从业人员与消费者发生争议的,应当依照消费者权益保护的法律规定解决;造成消费者人身、财产损害的,由娱乐场所依法予以赔偿。

第五十五条 国家机关及其工作人员开办娱乐场所,参与或者变相参与娱乐场所经营活动的,对直接负责的主管人员和其他直接责任人员依法给予撤职或者开除的行政处分。

文化主管部门、公安部门的工作人员明知其亲属开办娱乐场所或者发现其亲属参与、变相参与娱乐场所的经营活动,不予制止或者制止不力的,依法给予行政处分;情节严重的,依法给予撤职或者开除的行政处分。

第五十六条 文化主管部门、公安部门、工商行政管理部门和其他有关部门的工作人员有下列行为之一的,对直接负责的主管人员和其他直接责任人员依法给予行政处分;构成犯罪的,依法追究刑事责任:

(一)向不符合法定设立条件的单位颁发许可证、批准文件、营业执照的;

(二)不履行监督管理职责,或者发现擅自从事娱乐场所经营活动不依法取缔,或者发现违法行为不依法查处的;

(三)接到对违法行为的举报、通报后不依法查处的;

(四)利用职务之便,索取、收受他人财物或者谋取其他利益的;

(五)利用职务之便,参与、包庇违法行为,或者向有关单位、个人通风报信的;

(六)有其他滥用职权、玩忽职守、徇私舞弊行为的。

第六章 附 则

第五十七条 本条例所称从业人员,包括娱乐场所的管理人员、服务人员、保安人员和在娱乐场所工作的其他人员。

第五十八条 本条例自2006年3月1日起施行。1999年3月26日国务院发布的《娱乐场所管理条例》同时废止。

中华人民共和国文物保护法

（1982年11月19日第五届全国人民代表大会常务委员会第二十五次会议通过　根据1991年6月29日第七届全国人民代表大会常务委员会第二十次会议《关于修改〈中华人民共和国文物保护法〉第三十条、第三十一条的决定》第一次修正　2002年10月28日第九届全国人民代表大会常务委员会第三十次会议修订　根据2007年12月29日第十届全国人民代表大会常务委员会第三十一次会议《关于修改〈中华人民共和国文物保护法〉的决定》第二次修正　根据2013年6月29日第十二届全国人民代表大会常务委员会第三次会议《关于修改〈中华人民共和国文物保护法〉等十二部法律的决定》第三次修正　根据2015年4月24日第十二届全国人民代表大会常务委员会第十四次会议《关于修改〈中华人民共和国文物保护法〉的决定》第四次修正　根据2017年11月4日第十二届全国人民代表大会常务委员会第三十次会议《关于修改〈中华人民共和国会计法〉等十一部法律的决定》第五次修正）

目　录

第一章　总　　则
第二章　不可移动文物
第三章　考古发掘
第四章　馆藏文物
第五章　民间收藏文物
第六章　文物出境进境
第七章　法律责任
第八章　附　　则

第一章　总　　则

第一条　为了加强对文物的保护，继承中华民族优秀的历史文化遗产，促进科学研究工作，进行爱国主义和革命传统教育，建设社会主义精神文明和物质文明，根据宪法，制定本法。

第二条　在中华人民共和国境内，下列文物受国家保护：

（一）具有历史、艺术、科学价值的古文化遗址、古墓葬、古建筑、石窟寺和石刻、壁画；

（二）与重大历史事件、革命运动或者著名人物有关的以及具有重要纪念意义、教育意义或者史料价值的近代现代重要史迹、实物、代表性建筑；

（三）历史上各时代珍贵的艺术品、工艺美术品；

（四）历史上各时代重要的文献资料以及具有历史、艺术、科学价值的手稿和图书资料等；

（五）反映历史上各时代、各民族社会制度、社会生产、社会生活的代表性实物。

文物认定的标准和办法由国务院文物行政部门制定，并报国务院批准。

具有科学价值的古脊椎动物化石和古人类化石同文物一样受国家保护。

第三条　古文化遗址、古墓葬、古建筑、石窟寺、石刻、壁画、近代现代重要史迹和代表性建筑等不可移动文物，根据它们的历史、艺术、科学价值，可以分别确定为全国重点文物保护单位，省级文物保护单位，市、县级文物保护单位。

历史上各时代重要实物、艺术品、文献、手稿、图书资料、代表性实物等可移动文物，分为珍贵文物和一般文物；珍贵文物分为一级文物、二级文物、三级文物。

第四条　文物工作贯彻保护为主、抢救第一、合理利用、加强管理的方针。

第五条　中华人民共和国境内地下、内水和领海中遗存的一切文物，属于国家所有。

古文化遗址、古墓葬、石窟寺属于国家所有。国家指定保护的纪念建筑物、古建筑、石刻、壁画、近代现代代表性建筑等不可移动文物，除国家另有规定的以外，属于国家所有。

国有不可移动文物的所有权不因其所依附的土地所有权或者使用权的改变而改变。

下列可移动文物，属于国家所有：

（一）中国境内出土的文物，国家另有规定的除外；

（二）国有文物收藏单位以及其他国家机关、部队和国有企业、事业组织等收藏、保管的文物；

（三）国家征集、购买的文物；

（四）公民、法人和其他组织捐赠给国家的文物；

（五）法律规定属于国家所有的其他文物。

属于国家所有的可移动文物的所有权不因其

保管、收藏单位的终止或者变更而改变。

国有文物所有权受法律保护,不容侵犯。

第六条 属于集体所有和私人所有的纪念建筑物、古建筑和祖传文物以及依法取得的其他文物,其所有权受法律保护。文物的所有者必须遵守国家有关文物保护的法律、法规的规定。

第七条 一切机关、组织和个人都有依法保护文物的义务。

第八条 国务院文物行政部门主管全国文物保护工作。

地方各级人民政府负责本行政区域内的文物保护工作。县级以上地方人民政府承担文物保护工作的部门对本行政区域内的文物保护实施监督管理。

县级以上人民政府有关行政部门在各自的职责范围内,负责有关的文物保护工作。

第九条 各级人民政府应当重视文物保护,正确处理经济建设、社会发展与文物保护的关系,确保文物安全。

基本建设、旅游发展必须遵守文物保护工作的方针,其活动不得对文物造成损害。

公安机关、工商行政管理部门、海关、城乡建设规划部门和其他有关国家机关,应当依法认真履行所承担的保护文物的职责,维护文物管理秩序。

第十条 国家发展文物保护事业。县级以上人民政府应当将文物保护事业纳入本级国民经济和社会发展规划,所需经费列入本级财政预算。

国家用于文物保护的财政拨款随着财政收入增长而增加。

国有博物馆、纪念馆、文物保护单位等的事业性收入,专门用于文物保护,任何单位或者个人不得侵占、挪用。

国家鼓励捐赠等方式设立文物保护社会基金,专门用于文物保护,任何单位或者个人不得侵占、挪用。

第十一条 文物是不可再生的文化资源。国家加强文物保护的宣传教育,增强全民文物保护的意识,鼓励文物保护的科学研究,提高文物保护的科学技术水平。

第十二条 有下列事迹的单位或者个人,由国家给予精神鼓励或者物质奖励:

(一)认真执行文物保护法律、法规,保护文物成绩显著的;

(二)为保护文物与违法犯罪行为作坚决斗争的;

(三)将个人收藏的重要文物捐献给国家或者为文物保护事业作出捐赠的;

(四)发现文物及时上报或者上交,使文物得到保护的;

(五)在考古发掘工作中作出重大贡献的;

(六)在文物保护科学技术方面有重要发明创造或者其他重要贡献的;

(七)在文物面临破坏危险时,抢救文物有功的;

(八)长期从事文物工作,作出显著成绩的。

第二章 不可移动文物

第十三条 国务院文物行政部门在省级、市、县级文物保护单位中,选择具有重大历史、艺术、科学价值的确定为全国重点文物保护单位,或者直接确定为全国重点文物保护单位,报国务院核定公布。

省级文物保护单位,由省、自治区、直辖市人民政府核定公布,并报国务院备案。

市级和县级文物保护单位,分别由设区的市、自治州和县级人民政府核定公布,并报省、自治区、直辖市人民政府备案。

尚未核定公布为文物保护单位的不可移动文物,由县级人民政府文物行政部门予以登记并公布。

第十四条 保存文物特别丰富并且具有重大历史价值或者革命纪念意义的城市,由国务院核定公布为历史文化名城。

保存文物特别丰富并且具有重大历史价值或者革命纪念意义的城镇、街道、村庄,由省、自治区、直辖市人民政府核定公布为历史文化街区、村镇,并报国务院备案。

历史文化名城和历史文化街区、村镇所在地的县级以上地方人民政府应当组织编制专门的历史文化名城和历史文化街区、村镇保护规划,并纳入城市总体规划。

历史文化名城和历史文化街区、村镇的保护办法,由国务院制定。

第十五条 各级文物保护单位,分别由省、自治区、直辖市人民政府和市、县级人民政府划定必要的保护范围,作出标志说明,建立记录档案,并区别情况分别设置专门机构或者专人负责管理。全国重点文物保护单位的保护范围和记录档案,由省、自治区、直辖市人民政府文物行政部门报国务院文物行政部门备案。

县级以上地方人民政府文物行政部门应当根据不同文物的保护需要,制定文物保护单位和未核定为文物保护单位的不可移动文物的具体保护措施,并公告施行。

第十六条 各级人民政府制定城乡建设规划,应当根据文物保护的需要,事先由城乡建设规划部门会同文物行政部门商定对本行政区域内各级文物保护单位的保护措施,并纳入规划。

第十七条 文物保护单位的保护范围内不得进行其他建设工程或者爆破、钻探、挖掘等作业。但是,因特殊情况需要在文物保护单位的保护范围内进行其他建设工程或者爆破、钻探、挖掘等作业的,必须保证文物保护单位的安全,并经核定公布该文物保护单位的人民政府批准,在批准前应当征得上一级人民政府文物行政部门同意;在全国重点文物保护单位的保护范围内进行其他建设工程或者爆破、钻探、挖掘等作业的,必须经省、自治区、直辖市人民政府批准,在批准前应当征得国务院文物行政部门同意。

第十八条 根据保护文物的实际需要,经省、自治区、直辖市人民政府批准,可以在文物保护单位的周围划出一定的建设控制地带,并予以公布。

在文物保护单位的建设控制地带内进行建设工程,不得破坏文物保护单位的历史风貌;工程设计方案应当根据文物保护单位的级别,经相应的文物行政部门同意后,报城乡建设规划部门批准。

第十九条 在文物保护单位的保护范围和建设控制地带内,不得建设污染文物保护单位及其环境的设施,不得进行可能影响文物保护单位安全及其环境的活动。对已有的污染文物保护单位及其环境的设施,应当限期治理。

第二十条 建设工程选址,应当尽可能避开不可移动文物;因特殊情况不能避开的,对文物保护单位应当尽可能实施原址保护。

实施原址保护的,建设单位应当事先确定保护措施,根据文物保护单位的级别报相应的文物行政部门批准;未经批准的,不得开工建设。

无法实施原址保护,必须迁移异地保护或者拆除的,应当报省、自治区、直辖市人民政府批准;迁移或者拆除省级文物保护单位的,批准前须征得国务院文物行政部门同意。全国重点文物保护单位不得拆除;需要迁移的,须由省、自治区、直辖市人民政府报国务院批准。

依照前款规定拆除的国有不可移动文物中具有收藏价值的壁画、雕塑、建筑构件等,由文物行政部门指定的文物收藏单位收藏。

本条规定的原址保护、迁移、拆除所需费用,由建设单位列入建设工程预算。

第二十一条 国有不可移动文物由使用人负责修缮、保养;非国有不可移动文物由所有人负责修缮、保养。非国有不可移动文物有损毁危险,所有人不具备修缮能力的,当地人民政府应当给予帮助;所有人具备修缮能力而拒不依法履行修缮义务的,县级以上人民政府可以给予抢救修缮,所需费用由所有人负担。

对文物保护单位进行修缮,应当根据文物保护单位的级别报相应的文物行政部门批准;对未核定为文物保护单位的不可移动文物进行修缮,应当报登记的县级人民政府文物行政部门批准。

文物保护单位的修缮、迁移、重建,由取得文物保护工程资质证书的单位承担。

对不可移动文物进行修缮、保养、迁移,必须遵守不改变文物原状的原则。

第二十二条 不可移动文物已经全部毁坏的,应当实施遗址保护,不得在原址重建。但是,因特殊情况需要在原址重建的,由省、自治区、直辖市人民政府文物行政部门报省、自治区、直辖市人民政府批准;全国重点文物保护单位需要在原址重建的,由省、自治区、直辖市人民政府报国务院批准。

第二十三条 核定为文物保护单位的属于国家所有的纪念建筑物或者古建筑,除可以建立博物馆、保管所或者辟为参观游览场所外,作其他用途的,市、县级文物保护单位应当经核定公布该文物保护单位的人民政府文物行政部门征得上一级文物行政部门同意后,报核定公布该文物保护单位的人民政府批准;省级文物保护单位应当经核定公布该文物保护单位的省级人民政府的文物行政部门审核同意后,报该省级人民政府批准;全国重点文物保护单位作其他用途的,应当由省、自治区、直辖市人民政府报国务院批准。国有未核定为文物保护单位的不可移动文物作其他用途的,应当报告县级人民政府文物行政部门。

第二十四条 国有不可移动文物不得转让、抵押。建立博物馆、保管所或者辟为参观游览场所的国有文物保护单位,不得作为企业资产经营。

第二十五条 非国有不可移动文物不得转让、抵押给外国人。

非国有不可移动文物转让、抵押或者改变用途的,应当根据其级别报相应的文物行政部门备案。

第二十六条 使用不可移动文物,必须遵守不改变文物原状的原则,负责保护建筑物及其附属文物的安全,不得损毁、改建、添建或者拆除不可移动文物。

对危害文物保护单位安全、破坏文物保护单位历史风貌的建筑物、构筑物,当地人民政府应当及时调查处理,必要时,对该建筑物、构筑物予以拆迁。

第三章 考古发掘

第二十七条 一切考古发掘工作,必须履行报批手续;从事考古发掘的单位,应当经国务院文物行政部门批准。

地下埋藏的文物,任何单位或者个人都不得私自发掘。

第二十八条 从事考古发掘的单位,为了科学研究进行考古发掘,应当提出发掘计划,报国务院文物行政部门批准;对全国重点文物保护单位的考古发掘计划,应当经国务院文物行政部门审核后报国务院批准。国务院文物行政部门在批准或者审核前,应当征求社会科学研究机构及其他科研机构和有关专家的意见。

第二十九条 进行大型基本建设工程,建设单位应当事先报请省、自治区、直辖市人民政府文物行政部门组织从事考古发掘的单位在工程范围内有可能埋藏文物的地方进行考古调查、勘探。

考古调查、勘探中发现文物的,由省、自治区、直辖市人民政府文物行政部门根据文物保护的要求会同建设单位共同商定保护措施;遇有重要发现的,由省、自治区、直辖市人民政府文物行政部门及时报国务院文物行政部门处理。

第三十条 需要配合建设工程进行的考古发掘工作,应当由省、自治区、直辖市文物行政部门在勘探工作的基础上提出发掘计划,报国务院文物行政部门批准。国务院文物行政部门在批准前,应当征求社会科学研究机构及其他科研机构和有关专家的意见。

确因建设工期紧迫或者有自然破坏危险,对古文化遗址、古墓葬急需进行抢救发掘的,由省、自治区、直辖市人民政府文物行政部门组织发掘,并同时补办审批手续。

第三十一条 凡因进行基本建设和生产建设需要的考古调查、勘探、发掘,所需费用由建设单位列入建设工程预算。

第三十二条 在进行建设工程或者在农业生产中,任何单位或者个人发现文物,应当保护现场,立即报告当地文物行政部门,文物行政部门接到报告后,如无特殊情况,应当在二十四小时内赶赴现场,并在七日内提出处理意见。文物行政部门可以报请当地人民政府通知公安机关协助保护现场;发现重要文物的,应当立即上报国务院文物行政部门,国务院文物行政部门应当在接到报告后十五日内提出处理意见。

依照前款规定发现的文物属于国家所有,任何单位或者个人不得哄抢、私分、藏匿。

第三十三条 非经国务院文物行政部门报国务院特别许可,任何外国人或者外国团体不得在中华人民共和国境内进行考古调查、勘探、发掘。

第三十四条 考古调查、勘探、发掘的结果,应当报告国务院文物行政部门和省、自治区、直辖市人民政府文物行政部门。

考古发掘的文物,应当登记造册,妥善保管,按照国家有关规定移交给由省、自治区、直辖市人民政府文物行政部门或者国务院文物行政部门指定的国有博物馆、图书馆或者其他国有收藏文物的单位收藏。经省、自治区、直辖市人民政府文物行政部门批准,从事考古发掘的单位可以保留少量出土文物作为科研标本。

考古发掘的文物,任何单位或者个人不得侵占。

第三十五条 根据保证文物安全、进行科学研究和充分发挥文物作用的需要,省、自治区、直辖市人民政府文物行政部门经本级人民政府批准,可以调用本行政区域内的出土文物;国务院文物行政部门经国务院批准,可以调用全国的重要出土文物。

第四章 馆藏文物

第三十六条 博物馆、图书馆和其他文物收藏单位对收藏的文物，必须区分文物等级，设置藏品档案，建立严格的管理制度，并报主管的文物行政部门备案。

县级以上地方人民政府文物行政部门应当分别建立本行政区域内的馆藏文物档案；国务院文物行政部门应当建立国家一级文物藏品档案和其主管的国有文物收藏单位馆藏文物档案。

第三十七条 文物收藏单位可以通过下列方式取得文物：

（一）购买；

（二）接受捐赠；

（三）依法交换；

（四）法律、行政法规规定的其他方式。

国有文物收藏单位还可以通过文物行政部门指定保管或者调拨方式取得文物。

第三十八条 文物收藏单位应当根据馆藏文物的保护需要，按照国家有关规定建立、健全管理制度，并报主管的文物行政部门备案。未经批准，任何单位或者个人不得调取馆藏文物。

文物收藏单位的法定代表人对馆藏文物的安全负责。国有文物收藏单位的法定代表人离任时，应当按照馆藏文物档案办理馆藏文物移交手续。

第三十九条 国务院文物行政部门可以调拨全国的国有馆藏文物。省、自治区、直辖市人民政府文物行政部门可以调拨本行政区域内其主管的国有文物收藏单位馆藏文物；调拨国有馆藏一级文物，应当报国务院文物行政部门备案。

国有文物收藏单位可以申请调拨国有馆藏文物。

第四十条 文物收藏单位应当充分发挥馆藏文物的作用，通过举办展览、科学研究等活动，加强对中华民族优秀的历史文化和革命传统的宣传教育。

国有文物收藏单位之间因举办展览、科学研究等需借用馆藏文物的，应当报主管的文物行政部门备案；借用馆藏一级文物的，应当同时报国务院文物行政部门备案。

非国有文物收藏单位和其他单位举办展览需借用国有馆藏文物的，应当报主管的文物行政部门批准；借用国有馆藏一级文物，应当经国务院文物行政部门批准。

文物收藏单位之间借用文物的最长期限不得超过三年。

第四十一条 已经建立馆藏文物档案的国有文物收藏单位，经省、自治区、直辖市人民政府文物行政部门批准，并报国务院文物行政部门备案，其馆藏文物可以在国有文物收藏单位之间交换。

第四十二条 未建立馆藏文物档案的国有文物收藏单位，不得依照本法第四十条、第四十一条的规定处置其馆藏文物。

第四十三条 依法调拨、交换、借用国有馆藏文物，取得文物的文物收藏单位可以对提供文物的文物收藏单位给予合理补偿，具体管理办法由国务院文物行政部门制定。

国有文物收藏单位调拨、交换、出借文物所得的补偿费用，必须用于改善文物的收藏条件和收集新的文物，不得挪作他用；任何单位或者个人不得侵占。

调拨、交换、借用的文物必须严格保管，不得丢失、损毁。

第四十四条 禁止国有文物收藏单位将馆藏文物赠与、出租或者出售给其他单位、个人。

第四十五条 国有文物收藏单位不再收藏的文物的处置办法，由国务院另行制定。

第四十六条 修复馆藏文物，不得改变馆藏文物的原状；复制、拍摄、拓印馆藏文物，不得对馆藏文物造成损害。具体管理办法由国务院制定。

不可移动文物的单体文物的修复、复制、拍摄、拓印，适用前款规定。

第四十七条 博物馆、图书馆和其他收藏文物的单位应当按照国家有关规定配备防火、防盗、防自然损坏的设施，确保馆藏文物的安全。

第四十八条 馆藏一级文物损毁的，应当报国务院文物行政部门核查处理。其他馆藏文物损毁的，应当报省、自治区、直辖市人民政府文物行政部门核查处理；省、自治区、直辖市人民政府文物行政部门应当将核查处理结果报国务院文物行政部门备案。

馆藏文物被盗、被抢或者丢失的，文物收藏单位应当立即向公安机关报案，并同时向主管的文物行政部门报告。

第四十九条 文物行政部门和国有文物收藏单位的工作人员不得借用国有文物，不得非法侵占国有文物。

第五章　民间收藏文物

第五十条　文物收藏单位以外的公民、法人和其他组织可以收藏通过下列方式取得的文物：

（一）依法继承或者接受赠与；

（二）从文物商店购买；

（三）从经营文物拍卖的拍卖企业购买；

（四）公民个人合法所有的文物相互交换或者依法转让；

（五）国家规定的其他合法方式。

文物收藏单位以外的公民、法人和其他组织收藏的前款文物可以依法流通。

第五十一条　公民、法人和其他组织不得买卖下列文物：

（一）国有文物，但是国家允许的除外；

（二）非国有馆藏珍贵文物；

（三）国有不可移动文物中的壁画、雕塑、建筑构件等，但是依法拆除的国有不可移动文物中的壁画、雕塑、建筑构件等不属于本法第二十条第四款规定的应由文物收藏单位收藏的除外；

（四）来源不符合本法第五十条规定的文物。

第五十二条　国家鼓励文物收藏单位以外的公民、法人和其他组织将其收藏的文物捐赠给国有文物收藏单位或者出借给文物收藏单位展览和研究。

国有文物收藏单位应当尊重并按照捐赠人的意愿，对捐赠的文物妥善收藏、保管和展示。

国家禁止出境的文物，不得转让、出租、质押给外国人。

第五十三条　文物商店应当由省、自治区、直辖市人民政府文物行政部门批准设立，依法进行管理。

文物商店不得从事文物拍卖经营活动，不得设立经营文物拍卖的拍卖企业。

第五十四条　依法设立的拍卖企业经营文物拍卖的，应当取得省、自治区、直辖市人民政府文物行政部门颁发的文物拍卖许可证。

经营文物拍卖的拍卖企业不得从事文物购销经营活动，不得设立文物商店。

第五十五条　文物行政部门的工作人员不得举办或者参与举办文物商店或者经营文物拍卖的拍卖企业。

文物收藏单位不得举办或者参与举办文物商店或者经营文物拍卖的拍卖企业。

禁止设立中外合资、中外合作和外商独资的文物商店或者经营文物拍卖的拍卖企业。

除经批准的文物商店、经营文物拍卖的拍卖企业外，其他单位或者个人不得从事文物的商业经营活动。

第五十六条　文物商店不得销售、拍卖企业不得拍卖本法第五十一条规定的文物。

拍卖企业拍卖的文物，在拍卖前应当经省、自治区、直辖市人民政府文物行政部门审核，并报国务院文物行政部门备案。

第五十七条　省、自治区、直辖市人民政府文物行政部门应当建立文物购销、拍卖信息与信用管理系统。文物商店购买、销售文物，拍卖企业拍卖文物，应当按照国家有关规定作出记录，并于销售、拍卖文物后三十日内报省、自治区、直辖市人民政府文物行政部门备案。

拍卖文物时，委托人、买受人要求对其身份保密的，文物行政部门应当为其保密；但是，法律、行政法规另有规定的除外。

第五十八条　文物行政部门在审核拟拍卖的文物时，可以指定国有文物收藏单位优先购买其中的珍贵文物。购买价格由文物收藏单位的代表与文物的委托人协商确定。

第五十九条　银行、冶炼厂、造纸厂以及废旧物资回收单位，应当与当地文物行政部门共同负责拣选掺杂在金银器和废旧物资中的文物。拣选文物除供银行研究所必需的历史货币可以由人民银行留用外，应当移交当地文物行政部门。移交拣选文物，应当给予合理补偿。

第六章　文物出境进境

第六十条　国有文物、非国有文物中的珍贵文物和国家规定禁止出境的其他文物，不得出境；但是依照本法规定出境展览或者因特殊需要经国务院批准出境的除外。

第六十一条　文物出境，应当经国务院文物行政部门指定的文物进出境审核机构审核。经审核允许出境的文物，由国务院文物行政部门发给文物出境许可证，从国务院文物行政部门指定的口岸出境。

任何单位或者个人运送、邮寄、携带文物出境，应当向海关申报；海关凭文物出境许可证放行。

第六十二条　文物出境展览，应当报国务院文物行政部门批准；一级文物超过国务院规定数量的，应当报国务院批准。

一级文物中的孤品和易损品，禁止出境展览。

出境展览的文物出境，由文物进出境审核机构审核、登记。海关凭国务院文物行政部门或者国务院的批准文件放行。出境展览的文物复进境，由原文物进出境审核机构审核查验。

第六十三条　文物临时进境，应当向海关申报，并报文物进出境审核机构审核、登记。

临时进境的文物复出境，必须经原审核、登记的文物进出境审核机构审核查验；经审核查验无误的，由国务院文物行政部门发给文物出境许可证，海关凭文物出境许可证放行。

第七章　法律责任

第六十四条　违反本法规定，有下列行为之一，构成犯罪的，依法追究刑事责任：

（一）盗掘古文化遗址、古墓葬的；

（二）故意或者过失损毁国家保护的珍贵文物的；

（三）擅自将国有馆藏文物出售或者私自送给非国有单位或者个人的；

（四）将国家禁止出境的珍贵文物私自出售或者送给外国人的；

（五）以牟利为目的倒卖国家禁止经营的文物的；

（六）走私文物的；

（七）盗窃、哄抢、私分或者非法侵占国有文物的；

（八）应当追究刑事责任的其他妨害文物管理行为。

第六十五条　违反本法规定，造成文物灭失、损毁的，依法承担民事责任。

违反本法规定，构成违反治安管理行为的，由公安机关依法给予治安管理处罚。

违反本法规定，构成走私行为，尚不构成犯罪的，由海关依照有关法律、行政法规的规定给予处罚。

第六十六条　有下列行为之一，尚不构成犯罪的，由县级以上人民政府文物主管部门责令改正，造成严重后果的，处五万元以上五十万元以下的罚款；情节严重的，由原发证机关吊销资质证书：

（一）擅自在文物保护单位的保护范围内进行建设工程或者爆破、钻探、挖掘等作业的；

（二）在文物保护单位的建设控制地带内进行建设工程，其工程设计方案未经文物行政部门同意、报城乡建设规划部门批准，对文物保护单位的历史风貌造成破坏的；

（三）擅自迁移、拆除不可移动文物的；

（四）擅自修缮不可移动文物，明显改变文物原状的；

（五）擅自在原址重建已全部毁坏的不可移动文物，造成文物破坏的；

（六）施工单位未取得文物保护工程资质证书，擅自从事文物修缮、迁移、重建的。

刻划、涂污或者损坏文物尚不严重的，或者损毁依照本法第十五条第一款规定设立的文物保护单位标志的，由公安机关或者文物所在单位给予警告，可以并处罚款。

第六十七条　在文物保护单位的保护范围内或者建设控制地带内建设污染文物保护单位及其环境的设施的，或者对已有的污染文物保护单位及其环境的设施未在规定的期限内完成治理的，由环境保护行政部门依照有关法律、法规的规定给予处罚。

第六十八条　有下列行为之一的，由县级以上人民政府文物主管部门责令改正，没收违法所得，违法所得一万元以上的，并处违法所得二倍以上五倍以下的罚款；违法所得不足一万元的，并处五千元以上二万元以下的罚款：

（一）转让或者抵押国有不可移动文物，或者将国有不可移动文物作为企业资产经营的；

（二）将非国有不可移动文物转让或者抵押给外国人的；

（三）擅自改变国有文物保护单位的用途的。

第六十九条　历史文化名城的布局、环境、历史风貌等遭到严重破坏的，由国务院撤销其历史文化名城称号；历史文化城镇、街道、村庄的布局、环境、历史风貌等遭到严重破坏的，由省、自治区、直辖市人民政府撤销其历史文化街区、村镇称号；对负有责任的主管人员和其他直接责任人员依法给予行政处分。

第七十条　有下列行为之一，尚不构成犯罪的，由县级以上人民政府文物主管部门责令改正，可以并处二万元以下的罚款，有违法所得的，没收违法所得：

（一）文物收藏单位未按照国家有关规定配备防火、防盗、防自然损坏的设施的；

（二）国有文物收藏单位法定代表人离任时未按照馆藏文物档案移交馆藏文物，或者所移交的馆藏文物与馆藏文物档案不符的；

（三）将国有馆藏文物赠与、出租或者出售给其他单位、个人的；

（四）违反本法第四十条、第四十一条、第四十五条规定处置国有馆藏文物的；

（五）违反本法第四十三条规定挪用或者侵占依法调拨、交换、出借文物所得补偿费用的。

第七十一条 买卖国家禁止买卖的文物或者将禁止出境的文物转让、出租、质押给外国人，尚不构成犯罪的，由县级以上人民政府文物主管部门责令改正，没收违法所得，违法经营额一万元以上的，并处违法经营额二倍以上五倍以下的罚款；违法经营额不足一万元的，并处五千元以上二万元以下的罚款。

文物商店、拍卖企业有前款规定的违法行为的，由县级以上人民政府文物主管部门没收违法所得、非法经营的文物，违法经营额五万元以上的，并处违法经营额一倍以上三倍以下的罚款；违法经营额不足五万元的，并处五千元以上五万元以下的罚款；情节严重的，由原发证机关吊销许可证书。

第七十二条 未经许可，擅自设立文物商店、经营文物拍卖的拍卖企业，或者擅自从事文物的商业经营活动，尚不构成犯罪的，由工商行政管理部门依法予以制止，没收违法所得、非法经营的文物，违法经营额五万元以上的，并处违法经营额二倍以上五倍以下的罚款；违法经营额不足五万元的，并处二万元以上十万元以下的罚款。

第七十三条 有下列情形之一的，由工商行政管理部门没收违法所得、非法经营的文物，违法经营额五万元以上的，并处违法经营额一倍以上三倍以下的罚款；违法经营额不足五万元的，并处五千元以上五万元以下的罚款；情节严重的，由原发证机关吊销许可证书：

（一）文物商店从事文物拍卖经营活动的；

（二）经营文物拍卖的拍卖企业从事文物购销经营活动的；

（三）拍卖企业拍卖的文物，未经审核的；

（四）文物收藏单位从事文物的商业经营活动的。

第七十四条 有下列行为之一，尚不构成犯罪的，由县级以上人民政府文物主管部门会同公安机关追缴文物；情节严重的，处五千元以上五万元以下的罚款：

（一）发现文物隐匿不报或者拒不上交的；

（二）未按照规定移交拣选文物的。

第七十五条 有下列行为之一的，由县级以上人民政府文物主管部门责令改正：

（一）改变国有未核定为文物保护单位的不可移动文物的用途，未依照本法规定报告的；

（二）转让、抵押非国有不可移动文物或者改变其用途，未依照本法规定备案的；

（三）国有不可移动文物的使用人拒不依法履行修缮义务的；

（四）考古发掘单位未经批准擅自进行考古发掘，或者不如实报告考古发掘结果的；

（五）文物收藏单位未按照国家有关规定建立馆藏文物档案、管理制度，或者未将馆藏文物档案、管理制度备案的；

（六）违反本法第三十八条规定，未经批准擅自调取馆藏文物的；

（七）馆藏文物损毁未报文物行政部门核查处理，或者馆藏文物被盗、被抢或者丢失，文物收藏单位未及时向公安机关或者文物行政部门报告的；

（八）文物商店销售文物或者拍卖企业拍卖文物，未按照国家有关规定作出记录或者未将所作记录报文物行政部门备案的。

第七十六条 文物行政部门、文物收藏单位、文物商店、经营文物拍卖的拍卖企业的工作人员，有下列行为之一的，依法给予行政处分，情节严重的，依法开除公职或者吊销其从业资格；构成犯罪的，依法追究刑事责任：

（一）文物行政部门的工作人员违反本法规定，滥用审批权限、不履行职责或者发现违法行为不予查处，造成严重后果的；

（二）文物行政部门和国有文物收藏单位的工作人员借用或者非法侵占国有文物的；

（三）文物行政部门的工作人员举办或者参与举办文物商店或者经营文物拍卖的拍卖企业的；

（四）因不负责任造成文物保护单位、珍贵文物损毁或者流失的；

（五）贪污、挪用文物保护经费的。

前款被开除公职或者被吊销从业资格的人员，自被开除公职或者被吊销从业资格之日起十年内不得担任文物管理人员或者从事文物经营活动。

第七十七条 有本法第六十六条、第六十八条、第七十条、第七十一条、第七十四条、第七十五条规定所列行为之一的，负有责任的主管人员和其他直接责任人员是国家工作人员的，依法给予行政处分。

第七十八条 公安机关、工商行政管理部门、海关、城乡建设规划部门和其他国家机关，违反本法规定滥用职权、玩忽职守、徇私舞弊，造成国家保护的珍贵文物损毁或者流失的，对负有责任的主管人员和其他直接责任人员依法给予行政处分；构成犯罪的，依法追究刑事责任。

第七十九条 人民法院、人民检察院、公安机关、海关和工商行政管理部门依法没收的文物应当登记造册，妥善保管，结案后无偿移交文物行政部门，由文物行政部门指定的国有文物收藏单位收藏。

第八章　附　　则

第八十条 本法自公布之日起施行。

（七）旅　游

中华人民共和国旅游法

（2013年4月25日第十二届全国人民代表大会常务委员会第二次会议通过　根据2016年11月7日第十二届全国人民代表大会常务委员会第二十四次会议《关于修改〈中华人民共和国对外贸易法〉等十二部法律的决定》第一次修正　根据2018年10月26日第十三届全国人民代表大会常务委员会第六次会议《关于修改〈中华人民共和国野生动物保护法〉等十五部法律的决定》第二次修正）

目　录

第一章　总　则
第二章　旅 游 者
第三章　旅游规划和促进
第四章　旅游经营
第五章　旅游服务合同
第六章　旅游安全
第七章　旅游监督管理
第八章　旅游纠纷处理
第九章　法律责任
第十章　附　　则

第一章　总　　则

第一条　【立法宗旨】为保障旅游者和旅游经营者的合法权益，规范旅游市场秩序，保护和合理利用旅游资源，促进旅游业持续健康发展，制定本法。

第二条　【适用范围】在中华人民共和国境内的和在中华人民共和国境内组织到境外的游览、度假、休闲等形式的旅游活动以及为旅游活动提供相关服务的经营活动，适用本法。

第三条　【国家发展旅游事业的原则与职责】国家发展旅游事业，完善旅游公共服务，依法保护旅游者在旅游活动中的权利。

第四条　【旅游发展原则】旅游业发展应当遵循社会效益、经济效益和生态效益相统一的原则。国家鼓励各类市场主体在有效保护旅游资源的前提下，依法合理利用旅游资源。利用公共资源建设的游览场所应当体现公益性质。

第五条　【旅游消费导引】国家倡导健康、文明、环保的旅游方式，支持和鼓励各类社会机构开展旅游公益宣传，对促进旅游业发展做出突出贡献的单位和个人给予奖励。

第六条　【旅游经营原则】国家建立健全旅游服务标准和市场规则，禁止行业垄断和地区垄断。旅游经营者应当诚信经营，公平竞争，承担社会责任，为旅游者提供安全、健康、卫生、方便的旅游服务。

第七条　【旅游综合协调机制】国务院建立健全旅游综合协调机制，对旅游业发展进行综合协调。

县级以上地方人民政府应当加强对旅游工作的组织和领导，明确相关部门或者机构，对本行政区域的旅游业发展和监督管理进行统筹协调。

第八条　【旅游行业组织】依法成立的旅游行业组织，实行自律管理。

第二章 旅 游 者

第九条 【旅游者自主选择权、信息知情权】旅游者有权自主选择旅游产品和服务，有权拒绝旅游经营者的强制交易行为。

旅游者有权知悉其购买的旅游产品和服务的真实情况。

旅游者有权要求旅游经营者按照约定提供产品和服务。

第十条 【受尊重权】旅游者的人格尊严、民族风俗习惯和宗教信仰应当得到尊重。

第十一条 【特殊群体优惠】残疾人、老年人、未成年人等旅游者在旅游活动中依照法律、法规和有关规定享受便利和优惠。

第十二条 【旅游救助、保护及求偿权】旅游者在人身、财产安全遇有危险时，有请求救助和保护的权利。

旅游者人身、财产受到侵害的，有依法获得赔偿的权利。

第十三条 【旅游者文明旅游义务】旅游者在旅游活动中应当遵守社会公共秩序和社会公德，尊重当地的风俗习惯、文化传统和宗教信仰，爱护旅游资源，保护生态环境，遵守旅游文明行为规范。

第十四条 【旅游者不得损害他人合法权益的义务】旅游者在旅游活动中或者在解决纠纷时，不得损害当地居民的合法权益，不得干扰他人的旅游活动，不得损害旅游经营者和旅游从业人员的合法权益。

第十五条 【旅游者的告知及配合义务】旅游者购买、接受旅游服务时，应当向旅游经营者如实告知与旅游活动相关的个人健康信息，遵守旅游活动中的安全警示规定。

旅游者对国家应对重大突发事件暂时限制旅游活动的措施以及有关部门、机构或者旅游经营者采取的安全防范和应急处置措施，应当予以配合。

旅游者违反安全警示规定，或者对国家应对重大突发事件暂时限制旅游活动的措施、安全防范和应急处置措施不予配合的，依法承担相应责任。

第十六条 【出境、入境旅游者义务】出境旅游者不得在境外非法滞留，随团出境的旅游者不得擅自分团、脱团。

入境旅游者不得在境内非法滞留，随团入境的旅游者不得擅自分团、脱团。

第三章 旅游规划和促进

第十七条 【旅游发展规划的编制】国务院和县级以上地方人民政府应当将旅游业发展纳入国民经济和社会发展规划。

国务院和省、自治区、直辖市人民政府以及旅游资源丰富的设区的市和县级人民政府，应当按照国民经济和社会发展规划的要求，组织编制旅游发展规划。对跨行政区域且适宜进行整体利用的旅游资源进行利用时，应当由上级人民政府组织编制或者由相关地方人民政府协商编制统一的旅游发展规划。

第十八条 【规划内容要求】旅游发展规划应当包括旅游业发展的总体要求和发展目标，旅游资源保护和利用的要求和措施，以及旅游产品开发、旅游服务质量提升、旅游文化建设、旅游形象推广、旅游基础设施和公共服务设施建设的要求和促进措施等内容。

根据旅游发展规划，县级以上地方人民政府可以编制重点旅游资源开发利用的专项规划，对特定区域内的旅游项目、设施和服务功能配套提出专门要求。

第十九条 【规划衔接】旅游发展规划应当与土地利用总体规划、城乡规划、环境保护规划以及其他自然资源和文物等人文资源的保护和利用规划相衔接。

第二十条 【其他相关规划的支持】各级人民政府编制土地利用总体规划、城乡规划，应当充分考虑相关旅游项目、设施的空间布局和建设用地要求。规划和建设交通、通信、供水、供电、环保等基础设施和公共服务设施，应当兼顾旅游业发展的需要。

第二十一条 【旅游资源利用原则和监督措施】对自然资源和文物等人文资源进行旅游利用，必须严格遵守有关法律、法规的规定，符合资源、生态保护和文物安全的要求，尊重和维护当地传统文化和习俗，维护资源的区域整体性、文化代表性和地域特殊性，并考虑军事设施保护的需要。有关主管部门应当加强对资源保护和旅游利用状况的监督检查。

第二十二条 【规划评估】各级人民政府应当组织对本级政府编制的旅游发展规划的执行情况进行评估，并向社会公布。

第二十三条 【旅游政策支持、区域合作、跨领域融合】国务院和县级以上地方人民政府应当制定并组织实施有利于旅游业持续健康发展的产业政策,推进旅游休闲体系建设,采取措施推动区域旅游合作,鼓励跨区域旅游线路和产品开发,促进旅游与工业、农业、商业、文化、卫生、体育、科教等领域的融合,扶持少数民族地区、革命老区、边远地区和贫困地区旅游业发展。

第二十四条 【资金支持】国务院和县级以上地方人民政府应当根据实际情况安排资金,加强旅游基础设施建设、旅游公共服务和旅游形象推广。

第二十五条 【国家旅游形象推广】国家制定并实施旅游形象推广战略。国务院旅游主管部门统筹组织国家旅游形象的境外推广工作,建立旅游形象推广机构和网络,开展旅游国际合作与交流。

县级以上地方人民政府统筹组织本地的旅游形象推广工作。

第二十六条 【旅游公共信息服务】国务院旅游主管部门和县级以上地方人民政府应当根据需要建立旅游公共信息和咨询平台,无偿向旅游者提供旅游景区、线路、交通、气象、住宿、安全、医疗急救等必要信息和咨询服务。设区的市和县级人民政府有关部门应当根据需要在交通枢纽、商业中心和旅游者集中场所设置旅游咨询中心,在景区和通往主要景区的道路设置旅游指示标识。

旅游资源丰富的设区的市和县级人民政府可以根据本地的实际情况,建立旅游客运专线或者游客中转站,为旅游者在城市及周边旅游提供服务。

第二十七条 【职业培训】国家鼓励和支持发展旅游职业教育和培训,提高旅游从业人员素质。

第四章 旅游经营

第二十八条 【旅行社的设立条件】设立旅行社,招徕、组织、接待旅游者,为其提供旅游服务,应当具备下列条件,取得旅游主管部门的许可,依法办理工商登记:

(一)有固定的经营场所;

(二)有必要的营业设施;

(三)有符合规定的注册资本;

(四)有必要的经营管理人员和导游;

(五)法律、行政法规规定的其他条件。

第二十九条 【旅行社经营业务及相应许可分类】旅行社可以经营下列业务:

(一)境内旅游;

(二)出境旅游;

(三)边境旅游;

(四)入境旅游;

(五)其他旅游业务。

旅行社经营前款第二项和第三项业务,应当取得相应的业务经营许可,具体条件由国务院规定。

第三十条 【旅行社经营许可证管理规定】旅行社不得出租、出借旅行社业务经营许可证,或者以其他形式非法转让旅行社业务经营许可。

第三十一条 【质量保证金】旅行社应当按照规定交纳旅游服务质量保证金,用于旅游者权益损害赔偿和垫付旅游者人身安全遇有危险时紧急救助的费用。

第三十二条 【旅行社信息发布要求】旅行社为招徕、组织旅游者发布信息,必须真实、准确,不得进行虚假宣传,误导旅游者。

第三十三条 【旅行社活动安排的禁止内容】旅行社及其从业人员组织、接待旅游者,不得安排参观或者参与违反我国法律、法规和社会公德的项目或者活动。

第三十四条 【合理选任履行辅助人】旅行社组织旅游活动应当向合格的供应商订购产品和服务。

第三十五条 【公平交易】旅行社不得以不合理的低价组织旅游活动,诱骗旅游者,并通过安排购物或者另行付费旅游项目获取回扣等不正当利益。

旅行社组织、接待旅游者,不得指定具体购物场所,不得安排另行付费旅游项目。但是,经双方协商一致或者旅游者要求,且不影响其他旅游者行程安排的除外。

发生违反前两款规定情形的,旅游者有权在旅游行程结束后三十日内,要求旅行社为其办理退货并先行垫付退货货款,或者退还另行付费旅游项目的费用。

第三十六条 【领队或导游全程陪同】旅行社组织团队出境旅游或者组织、接待团队入境旅游,应当按照规定安排领队或者导游全程陪同。

第三十七条 【导游执业许可】参加导游资格考试成绩合格,与旅行社订立劳动合同或者在相关旅游行业组织注册的人员,可以申请取得导游证。

第三十八条 【导游权利保护】旅行社应当与其聘用的导游依法订立劳动合同，支付劳动报酬，缴纳社会保险费用。

旅行社临时聘用导游为旅游者提供服务的，应当全额向导游支付本法第六十条第三款规定的导游服务费用。

旅行社安排导游为团队旅游提供服务的，不得要求导游垫付或者向导游收取任何费用。

第三十九条 【从事领队业务的条件】从事领队业务，应当取得导游证，具有相应的学历、语言能力和旅游从业经历，并与委派其从事领队业务的取得出境旅游业务经营许可的旅行社订立劳动合同。

第四十条 【禁止导游和领队私揽业务】导游和领队为旅游者提供服务必须接受旅行社委派，不得私自承揽导游和领队业务。

第四十一条 【导游和领队执业规范】导游和领队从事业务活动，应当佩戴导游证，遵守职业道德，尊重旅游者的风俗习惯和宗教信仰，应当向旅游者告知和解释旅游文明行为规范，引导旅游者健康、文明旅游，劝阻旅游者违反社会公德的行为。

导游和领队应当严格执行旅游行程安排，不得擅自变更旅游行程或者中止服务活动，不得向旅游者索取小费，不得诱导、欺骗、强迫或者变相强迫旅游者购物或者参加另行付费旅游项目。

第四十二条 【景区开放条件】景区开放应当具备下列条件，并听取旅游主管部门的意见：

（一）有必要的旅游配套服务和辅助设施；

（二）有必要的安全设施及制度，经过安全风险评估，满足安全条件；

（三）有必要的环境保护设施和生态保护措施；

（四）法律、行政法规规定的其他条件。

第四十三条 【利用公共资源建设的景区门票管理】利用公共资源建设的景区的门票以及景区内的游览场所、交通工具等另行收费项目，实行政府定价或者政府指导价，严格控制价格上涨。拟收费或者提高价格的，应当举行听证会，征求旅游者、经营者和有关方面的意见，论证其必要性、可行性。

利用公共资源建设的景区，不得通过增加另行收费项目等方式变相涨价；另行收费项目已收回投资成本的，应当相应降低价格或者取消收费。

公益性的城市公园、博物馆、纪念馆等，除重点文物保护单位和珍贵文物收藏单位外，应当逐步免费开放。

第四十四条 【景区门票价格及公示】景区应当在醒目位置公示门票价格、另行收费项目的价格及团体收费价格。景区提高门票价格应当提前六个月公布。

将不同景区的门票或者同一景区内不同游览场所的门票合并出售的，合并后的价格不得高于各单项门票的价格之和，且旅游者有权选择购买其中的单项票。

景区内的核心游览项目因故暂停向旅游者开放或者停止提供服务的，应当公示并相应减少收费。

第四十五条 【景区流量控制】景区接待旅游者不得超过景区主管部门核定的最大承载量。景区应当公布景区主管部门核定的最大承载量，制定和实施旅游者流量控制方案，并可以采取门票预约等方式，对景区接待旅游者的数量进行控制。

旅游者数量可能达到最大承载量时，景区应当提前公告并同时向当地人民政府报告，景区和当地人民政府应当及时采取疏导、分流等措施。

第四十六条 【民俗、乡村旅游经营】城镇和乡村居民利用自有住宅或者其他条件依法从事旅游经营，其管理办法由省、自治区、直辖市制定。

第四十七条 【高风险旅游经营许可】经营高空、高速、水上、潜水、探险等高风险旅游项目，应当按照国家有关规定取得经营许可。

第四十八条 【网络旅游经营】通过网络经营旅行社业务的，应当依法取得旅行社业务经营许可，并在其网站主页的显著位置标明其业务经营许可证信息。

发布旅游经营信息的网站，应当保证其信息真实、准确。

第四十九条 【交通、住宿等服务的履行要求】为旅游者提供交通、住宿、餐饮、娱乐等服务的经营者，应当符合法律、法规规定的要求，按照合同约定履行义务。

第五十条 【旅游经营者安全、质量保证义务】旅游经营者应当保证其提供的商品和服务符合保障人身、财产安全的要求。

旅游经营者取得相关质量标准等级的，其设施和服务不得低于相应标准；未取得质量标准等级的，不得使用相关质量等级的称谓和标识。

第五十一条 【禁止给予或收受贿赂】旅游经营者销售、购买商品或者服务，不得给予或者收受贿赂。

第五十二条 【旅游者个人信息保护】旅游经营者对其在经营活动中知悉的旅游者个人信息，应当予以保密。

第五十三条 【道路旅游客运安全管理】从事道路旅游客运的经营者应当遵守道路客运安全管理的各项制度，并在车辆显著位置明示道路旅游客运专用标识，在车厢内显著位置公示经营者和驾驶人信息、道路运输管理机构监督电话等事项。

第五十四条 【景区、住宿经营者与实际经营者的连带责任】景区、住宿经营者将其部分经营项目或者场地交由他人从事住宿、餐饮、购物、游览、娱乐、旅游交通等经营的，应当对实际经营者的经营行为给旅游者造成的损害承担连带责任。

第五十五条 【旅游经营者报告义务】旅游经营者组织、接待出入境旅游，发现旅游者从事违法活动或者有违反本法第十六条规定情形的，应当及时向公安机关、旅游主管部门或者我国驻外机构报告。

第五十六条 【旅游经营强制责任保险】国家根据旅游活动的风险程度，对旅行社、住宿、旅游交通以及本法第四十七条规定的高风险旅游项目等经营者实施责任保险制度。

第五章 旅游服务合同

第五十七条 【订立合同】旅行社组织和安排旅游活动，应当与旅游者订立合同。

第五十八条 【包价旅游合同】包价旅游合同应当采用书面形式，包括下列内容：

（一）旅行社、旅游者的基本信息；

（二）旅游行程安排；

（三）旅游团成团的最低人数；

（四）交通、住宿、餐饮等旅游服务安排和标准；

（五）游览、娱乐等项目的具体内容和时间；

（六）自由活动时间安排；

（七）旅游费用及其交纳的期限和方式；

（八）违约责任和解决纠纷的方式；

（九）法律、法规规定和双方约定的其他事项。

订立包价旅游合同时，旅行社应当向旅游者详细说明前款第二项至第八项所载内容。

第五十九条 【旅游行程单】旅行社应当在旅游行程开始前向旅游者提供旅游行程单。旅游行程单是包价旅游合同的组成部分。

第六十条 【地接社的合同要求】旅行社委托其他旅行社代理销售包价旅游产品并与旅游者订立包价旅游合同的，应当在包价旅游合同中载明委托社和代理社的基本信息。

旅行社依照本法规定将包价旅游合同中的接待业务委托给地接社履行的，应当在包价旅游合同中载明地接社的基本信息。

安排导游为旅游者提供服务的，应当在包价旅游合同中载明导游服务费用。

第六十一条 【人身意外伤害保险提示义务】旅行社应当提示参加团队旅游的旅游者按照规定投保人身意外伤害保险。

第六十二条 【旅游经营者告知义务】订立包价旅游合同时，旅行社应当向旅游者告知下列事项：

（一）旅游者不适合参加旅游活动的情形；

（二）旅游活动中的安全注意事项；

（三）旅行社依法可以减免责任的信息；

（四）旅游者应当注意的旅游目的地相关法律、法规和风俗习惯、宗教禁忌，依照中国法律不宜参加的活动等；

（五）法律、法规规定的其他应当告知的事项。

在包价旅游合同履行中，遇有前款规定事项的，旅行社也应当告知旅游者。

第六十三条 【不能成团的告知与合同解除】旅行社招徕旅游者组团旅游，因未达到约定人数不能出团的，组团社可以解除合同。但是，境内旅游应当至少提前七日通知旅游者，出境旅游应当至少提前三十日通知旅游者。

因未达到约定人数不能出团的，组团社经征得旅游者书面同意，可以委托其他旅行社履行合同。组团社对旅游者承担责任，受委托的旅行社对组团社承担责任。旅游者不同意的，可以解除合同。

因未达到约定的成团人数解除合同的，组团社应当向旅游者退还已收取的全部费用。

第六十四条 【旅游者替换与合同解除】旅游行程开始前，旅游者可以将包价旅游合同中自身的权利义务转让给第三人，旅行社没有正当理由的不得拒绝，因此增加的费用由旅游者和第三人承担。

第六十五条 【旅游者任意解除权】旅游行程结束前，旅游者解除合同的，组团社应当在扣除必要的费用后，将余款退还旅游者。

第六十六条 【旅行社因旅游者原因解除合同】旅游者有下列情形之一的，旅行社可以解除合同：

（一）患有传染病等疾病，可能危害其他旅游者健康和安全的；

（二）携带危害公共安全的物品且不同意交有关部门处理的；

（三）从事违法或者违反社会公德的活动的；

（四）从事严重影响其他旅游者权益的活动，且不听劝阻、不能制止的；

（五）法律规定的其他情形。

因前款规定情形解除合同的，组团社应当在扣除必要的费用后，将余款退还旅游者；给旅行社造成损失的，旅游者应当依法承担赔偿责任。

第六十七条 【不可抗力情形处理】因不可抗力或者旅行社、履行辅助人已尽合理注意义务仍不能避免的事件，影响旅游行程的，按照下列情形处理：

（一）合同不能继续履行的，旅行社和旅游者均可以解除合同。合同不能完全履行的，旅行社经向旅游者作出说明，可以在合理范围内变更合同；旅游者不同意变更的，可以解除合同。

（二）合同解除的，组团社应当在扣除已向地接社或者履行辅助人支付且不可退还的费用后，将余款退还旅游者；合同变更的，因此增加的费用由旅游者承担，减少的费用退还旅游者。

（三）危及旅游者人身、财产安全的，旅行社应当采取相应的安全措施，因此支出的费用，由旅行社与旅游者分担。

（四）造成旅游者滞留的，旅行社应当采取相应的安置措施。因此增加的食宿费用，由旅游者承担；增加的返程费用，由旅行社与旅游者分担。

第六十八条 【合同解除后的协助返程义务】旅游行程中解除合同的，旅行社应当协助旅游者返回出发地或者旅游者指定的合理地点。由于旅行社或者履行辅助人的原因导致合同解除的，返程费用由旅行社承担。

第六十九条 【包价旅游合同履行规定】旅行社应当按照包价旅游合同的约定履行义务，不得擅自变更旅游行程安排。

经旅游者同意，旅行社将包价旅游合同中的接待业务委托给其他具有相应资质的地接社履行的，应当与地接社订立书面委托合同，约定双方的权利和义务，向地接社提供与旅游者订立的包价旅游合同的副本，并向地接社支付不低于接待和服务成本的费用。地接社应当按照包价旅游合同和委托合同提供服务。

第七十条 【包价旅游合同中旅行社违约责任】旅行社不履行包价旅游合同义务或者履行合同义务不符合约定的，应当依法承担继续履行、采取补救措施或者赔偿损失等违约责任；造成旅游者人身损害、财产损失的，应当依法承担赔偿责任。旅行社具备履行条件，经旅游者要求仍拒绝履行合同，造成旅游者人身损害、滞留等严重后果的，旅游者还可以要求旅行社支付旅游费用一倍以上三倍以下的赔偿金。

由于旅游者自身原因导致包价旅游合同不能履行或者不能按照约定履行，或者造成旅游者人身损害、财产损失的，旅行社不承担责任。

在旅游者自行安排活动期间，旅行社未尽到安全提示、救助义务的，应当对旅游者的人身损害、财产损失承担相应责任。

第七十一条 【地接社、履行辅助人的违约责任】由于地接社、履行辅助人的原因导致违约的，由组团社承担责任；组团社承担责任后可以向地接社、履行辅助人追偿。

由于地接社、履行辅助人的原因造成旅游者人身损害、财产损失的，旅游者可以要求地接社、履行辅助人承担赔偿责任，也可以要求组团社承担赔偿责任；组团社承担责任后可以向地接社、履行辅助人追偿。但是，由于公共交通经营者的原因造成旅游者人身损害、财产损失的，由公共交通经营者依法承担赔偿责任，旅行社应当协助旅游者向公共交通经营者索赔。

第七十二条 【旅游者责任】旅游者在旅游活动中或者在解决纠纷时，损害旅行社、履行辅助人、旅游从业人员或者其他旅游者的合法权益的，依法承担赔偿责任。

第七十三条 【变更旅游行程】旅行社根据旅游者的具体要求安排旅游行程，与旅游者订立包价旅游合同的，旅游者请求变更旅游行程安排，因此增加的费用由旅游者承担，减少的费用退还旅游者。

第七十四条 【旅游代订及设计、咨询】旅行社接受旅游者的委托，为其代订交通、住宿、餐饮、游览、娱乐等旅游服务，收取代办费用的，应当亲自处理委托事务。因旅行社的过错给旅游者造成损失的，旅行社应当承担赔偿责任。

旅行社接受旅游者的委托，为其提供旅游行程设计、旅游信息咨询等服务的，应当保证设计合理、可行，信息及时、准确。

第七十五条 【团队旅游住宿合同】住宿经营者应当按照旅游服务合同的约定为团队旅游者提供住宿服务。住宿经营者未能按照旅游服务合同提供服务的，应当为旅游者提供不低于原定标准的住宿服务，因此增加的费用由住宿经营者承担；但由于不可抗力、政府因公共利益需要采取措施造成不能提供服务的，住宿经营者应当协助安排旅游者住宿。

第六章 旅游安全

第七十六条 【政府的旅游安全保障职责】县级以上人民政府统一负责旅游安全工作。县级以上人民政府有关部门依照法律、法规履行旅游安全监管职责。

第七十七条 【旅游目的地安全风险提示制度】国家建立旅游目的地安全风险提示制度。旅游目的地安全风险提示的级别划分和实施程序，由国务院旅游主管部门会同有关部门制定。

县级以上人民政府及其有关部门应当将旅游安全作为突发事件监测和评估的重要内容。

第七十八条 【旅游应急机制】县级以上人民政府应当依法将旅游应急管理纳入政府应急管理体系，制定应急预案，建立旅游突发事件应对机制。

突发事件发生后，当地人民政府及其有关部门和机构应当采取措施开展救援，并协助旅游者返回出发地或者旅游者指定的合理地点。

第七十九条 【旅游安全与消防管理】旅游经营者应当严格执行安全生产管理和消防安全管理的法律、法规和国家标准、行业标准，具备相应的安全生产条件，制定旅游者安全保护制度和应急预案。

旅游经营者应当对直接为旅游者提供服务的从业人员开展经常性应急救助技能培训，对提供的产品和服务进行安全检验、监测和评估，采取必要措施防止危害发生。

旅游经营者组织、接待老年人、未成年人、残疾人等旅游者，应当采取相应的安全保障措施。

第八十条 【旅游经营者的说明与警示义务】旅游经营者应当就旅游活动中的下列事项，以明示的方式事先向旅游者作出说明或者警示：

（一）正确使用相关设施、设备的方法；

（二）必要的安全防范和应急措施；

（三）未向旅游者开放的经营、服务场所和设施、设备；

（四）不适宜参加相关活动的群体；

（五）可能危及旅游者人身、财产安全的其他情形。

第八十一条 【旅游经营者的事故救助处置】突发事件或者旅游安全事故发生后，旅游经营者应当立即采取必要的救助和处置措施，依法履行报告义务，并对旅游者作出妥善安排。

第八十二条 【旅游救助】旅游者在人身、财产安全遇有危险时，有权请求旅游经营者、当地政府和相关机构进行及时救助。

中国出境旅游者在境外陷于困境时，有权请求我国驻当地机构在其职责范围内给予协助和保护。

旅游者接受相关组织或者机构的救助后，应当支付应由个人承担的费用。

第七章 旅游监督管理

第八十三条 【监管机制】县级以上人民政府旅游主管部门和有关部门依照本法和有关法律、法规的规定，在各自职责范围内对旅游市场实施监督管理。

县级以上人民政府应当组织旅游主管部门、有关主管部门和市场监督管理、交通等执法部门对相关旅游经营行为实施监督检查。

第八十四条 【监管部门职责要求】旅游主管部门履行监督管理职责，不得违反法律、行政法规的规定向监督管理对象收取费用。

旅游主管部门及其工作人员不得参与任何形式的旅游经营活动。

第八十五条 【监督检查事项及权限】县级以上人民政府旅游主管部门有权对下列事项实施监督检查：

（一）经营旅行社业务以及从事导游、领队服务是否取得经营、执业许可；

（二）旅行社的经营行为；

（三）导游和领队等旅游从业人员的服务行为；

（四）法律、法规规定的其他事项。

旅游主管部门依照前款规定实施监督检查，可以对涉嫌违法的合同、票据、账簿以及其他资料进行查阅、复制。

第八十六条 【检查要求】旅游主管部门和有关部门依法实施监督检查,其监督检查人员不得少于二人,并应当出示合法证件。监督检查人员少于二人或者未出示合法证件的,被检查单位和个人有权拒绝。

监督检查人员对在监督检查中知悉的被检查单位的商业秘密和个人信息应当依法保密。

第八十七条 【被检查者配合义务】对依法实施的监督检查,有关单位和个人应当配合,如实说明情况并提供文件、资料,不得拒绝、阻碍和隐瞒。

第八十八条 【违法行为及投诉、举报的处理】县级以上人民政府旅游主管部门和有关部门,在履行监督检查职责中或者在处理举报、投诉时,发现违反本法规定行为的,应当依法及时作出处理;对不属于本部门职责范围的事项,应当及时书面通知并移交有关部门查处。

第八十九条 【旅游违法行为查处机制】县级以上地方人民政府建立旅游违法行为查处信息的共享机制,对需要跨部门、跨地区联合查处的违法行为,应当进行督办。

旅游主管部门和有关部门应当按照各自职责,及时向社会公布监督检查的情况。

第九十条 【行业组织的自律管理】依法成立的旅游行业组织依照法律、行政法规和章程的规定,制定行业经营规范和服务标准,对其会员的经营行为和服务质量进行自律管理,组织开展职业道德教育和业务培训,提高从业人员素质。

第八章 旅游纠纷处理

第九十一条 【投诉受理机制】县级以上人民政府应当指定或者设立统一的旅游投诉受理机构。受理机构接到投诉,应当及时进行处理或者移交有关部门处理,并告知投诉者。

第九十二条 【争议解决途径】旅游者与旅游经营者发生纠纷,可以通过下列途径解决:

(一)双方协商;

(二)向消费者协会、旅游投诉受理机构或者有关调解组织申请调解;

(三)根据与旅游经营者达成的仲裁协议提请仲裁机构仲裁;

(四)向人民法院提起诉讼。

第九十三条 【争议调解】消费者协会、旅游投诉受理机构和有关调解组织在双方自愿的基础上,依法对旅游者与旅游经营者之间的纠纷进行调解。

第九十四条 【多数人争议解决】旅游者与旅游经营者发生纠纷,旅游者一方人数众多并有共同请求的,可以推选代表人参加协商、调解、仲裁、诉讼活动。

第九章 法律责任

第九十五条 【未经许可经营责任】违反本法规定,未经许可经营旅行社业务的,由旅游主管部门或者市场监督管理部门责令改正,没收违法所得,并处一万元以上十万元以下罚款;违法所得十万元以上的,并处违法所得一倍以上五倍以下罚款;对有关责任人员,处二千元以上二万元以下罚款。

旅行社违反本法规定,未经许可经营本法第二十九条第一款第二项、第三项业务,或者出租、出借旅行社业务经营许可证,或者以其他方式非法转让旅行社业务经营许可的,除依照前款规定处罚外,并责令停业整顿;情节严重的,吊销旅行社业务经营许可证;对直接负责的主管人员,处二千元以上二万元以下罚款。

第九十六条 【旅行社责任之一】旅行社违反本法规定,有下列行为之一的,由旅游主管部门责令改正,没收违法所得,并处五千元以上五万元以下罚款;情节严重的,责令停业整顿或者吊销旅行社业务经营许可证;对直接负责的主管人员和其他直接责任人员,处二千元以上二万元以下罚款:

(一)未按照规定为出境或者入境团队旅游安排领队或者导游全程陪同的;

(二)安排未取得导游证的人员提供导游服务或者安排不具备领队条件的人员提供领队服务的;

(三)未向临时聘用的导游支付导游服务费用的;

(四)要求导游垫付或者向导游收取费用的。

第九十七条 【旅行社责任之二】旅行社违反本法规定,有下列行为之一的,由旅游主管部门或者有关部门责令改正,没收违法所得,并处五千元以上五万元以下罚款;违法所得五万元以上的,并处违法所得一倍以上五倍以下罚款;情节严重的,责令停业整顿或者吊销旅行社业务经营许可证;对

直接负责的主管人员和其他直接责任人员,处二千元以上二万元以下罚款:

(一)进行虚假宣传,误导旅游者的;

(二)向不合格的供应商订购产品和服务的;

(三)未按照规定投保旅行社责任保险的。

第九十八条 【旅行社责任之三】旅行社违反本法第三十五条规定的,由旅游主管部门责令改正,没收违法所得,责令停业整顿,并处三万元以上三十万元以下罚款;违法所得三十万元以上的,并处违法所得一倍以上五倍以下罚款;情节严重的,吊销旅行社业务经营许可证;对直接负责的主管人员和其他直接责任人员,没收违法所得,处二千元以上二万元以下罚款,并暂扣或者吊销导游证。

第九十九条 【旅行社责任之四】旅行社未履行本法第五十五条规定的报告义务的,由旅游主管部门处五千元以上五万元以下罚款;情节严重的,责令停业整顿或者吊销旅行社业务经营许可证;对直接负责的主管人员和其他直接责任人员,处二千元以上二万元以下罚款,并暂扣或者吊销导游证。

第一百条 【旅行社责任之五】旅行社违反本法规定,有下列行为之一的,由旅游主管部门责令改正,处三万元以上三十万元以下罚款,并责令停业整顿;造成旅游者滞留等严重后果的,吊销旅行社业务经营许可证;对直接负责的主管人员和其他直接责任人员,处二千元以上二万元以下罚款,并暂扣或者吊销导游证:

(一)在旅游行程中擅自变更旅游行程安排,严重损害旅游者权益的;

(二)拒绝履行合同的;

(三)未征得旅游者书面同意,委托其他旅行社履行包价旅游合同的。

第一百零一条 【旅行社责任之六】旅行社违反本法规定,安排旅游者参观或者参与违反我国法律、法规和社会公德的项目或者活动的,由旅游主管部门责令改正,没收违法所得,责令停业整顿,并处二万元以上二十万元以下罚款;情节严重的,吊销旅行社业务经营许可证;对直接负责的主管人员和其他直接责任人员,处二千元以上二万元以下罚款,并暂扣或者吊销导游证。

第一百零二条 【导游和领队责任】违反本法规定,未取得导游证或者不具备领队条件而从事导游、领队活动的,由旅游主管部门责令改正,没收违法所得,并处一千元以上一万元以下罚款,予以公告。

导游、领队违反本法规定,私自承揽业务的,由旅游主管部门责令改正,没收违法所得,处一千元以上一万元以下罚款,并暂扣或者吊销导游证。

导游、领队违反本法规定,向旅游者索取小费的,由旅游主管部门责令退还,处一千元以上一万元以下罚款;情节严重的,并暂扣或者吊销导游证。

第一百零三条 【导游和领队从业禁止】违反本法规定被吊销导游证的导游、领队和受到吊销旅行社业务经营许可证处罚的旅行社的有关管理人员,自处罚之日起未逾三年的,不得重新申请导游证或者从事旅行社业务。

第一百零四条 【给予或收受贿赂责任】旅游经营者违反本法规定,给予或者收受贿赂的,由市场监督管理部门依照有关法律、法规的规定处罚;情节严重的,并由旅游主管部门吊销旅行社业务经营许可证。

第一百零五条 【景区责任】景区不符合本法规定的开放条件而接待旅游者的,由景区主管部门责令停业整顿直至符合开放条件,并处二万元以上二十万元以下罚款。

景区在旅游者数量可能达到最大承载量时,未依照本法规定公告或者未向当地人民政府报告,未及时采取疏导、分流等措施,或者超过最大承载量接待旅游者的,由景区主管部门责令改正,情节严重的,责令停业整顿一个月至六个月。

第一百零六条 【景区擅自提高门票责任】景区违反本法规定,擅自提高门票或者另行收费项目的价格,或者有其他价格违法行为的,由有关主管部门依照有关法律、法规的规定处罚。

第一百零七条 【安全与消防责任】旅游经营者违反有关安全生产管理和消防安全管理的法律、法规或者国家标准、行业标准的,由有关主管部门依照有关法律、法规的规定处罚。

第一百零八条 【信用档案】对违反本法规定的旅游经营者及其从业人员,旅游主管部门和有关部门应当记入信用档案,向社会公布。

第一百零九条 【监管者责任】旅游主管部门和有关部门的工作人员在履行监督管理职责中,滥用职权、玩忽职守、徇私舞弊,尚不构成犯罪的,依法给予处分。

第一百一十条 【刑事责任】违反本法规定,构成犯罪的,依法追究刑事责任。

第十章 附 则

第一百一十一条 【术语定义】本法下列用语的含义:

(一)旅游经营者,是指旅行社、景区以及为旅游者提供交通、住宿、餐饮、购物、娱乐等服务的经营者。

(二)景区,是指为旅游者提供游览服务、有明确的管理界限的场所或者区域。

(三)包价旅游合同,是指旅行社预先安排行程,提供或者通过履行辅助人提供交通、住宿、餐饮、游览、导游或者领队等两项以上旅游服务,旅游者以总价支付旅游费用的合同。

(四)组团社,是指与旅游者订立包价旅游合同的旅行社。

(五)地接社,是指接受组团社委托,在目的地接待旅游者的旅行社。

(六)履行辅助人,是指与旅行社存在合同关系,协助其履行包价旅游合同义务,实际提供相关服务的法人或者自然人。

第一百一十二条 【施行时间】本法自2013年10月1日起施行。

旅游行政处罚办法

(2013年5月12日国家旅游局令第38号公布 自2013年10月1日起施行)

第一章 总 则

第一条 为规范旅游行政处罚行为,维护旅游市场秩序,保护旅游者、旅游经营者和旅游从业人员的合法权益,根据《中华人民共和国行政处罚法》、《中华人民共和国行政强制法》、《中华人民共和国旅游法》及有关法律、法规,制定本办法。

第二条 旅游行政处罚的实施和监督,应当遵守《中华人民共和国行政处罚法》、《中华人民共和国行政强制法》、《中华人民共和国旅游法》及有关法律、法规和本办法的规定。

第三条 实施旅游行政处罚,应当遵循合法合理、公正公开、处罚与教育相结合的原则。

第四条 旅游行政处罚的种类包括:

(一)警告;

(二)罚款;

(三)没收违法所得;

(四)暂停或者取消出国(境)旅游业务经营资格;

(五)责令停业整顿;

(六)暂扣或者吊销导游证、领队证;

(七)吊销旅行社业务经营许可证;

(八)法律、行政法规规定的其他种类。

第五条 县级以上人民政府组织旅游主管部门、有关主管部门和工商行政管理、产品质量监督、交通等执法部门对相关旅游经营行为实施监督检查。

县级以上旅游主管部门应当在同级人民政府的组织和领导下,加强与相关部门的执法协作和联合检查。

县级以上地方旅游主管部门应当逐步建立跨地区协同执法机制,加强执法协作,共享旅游违法行为查处信息,配合、协助其他地区旅游主管部门依法对本地区旅游经营者和从业人员实施的行政处罚。

第六条 对在行政处罚中获取的涉及相对人商业秘密或者个人隐私的内容,旅游主管部门及其执法人员应当予以保密。

第七条 除涉及国家秘密、商业秘密和个人隐私外,行政处罚结果应当向社会公开。

第二章 旅游行政处罚的实施主体与管辖

第八条 县级以上旅游主管部门应当在法定职权范围内实施行政处罚。

法律、法规授权从事旅游执法的机构,应当在法定授权范围内以自己的名义实施行政处罚,并对该行为的后果独立承担法律责任。

第九条 旅游主管部门可以在其法定职权范围内委托符合法定条件的旅游质监执法机构实施行政处罚,并对该行为的后果承担法律责任。受委托机构在委托范围内,以作出委托的旅游主管部门的名义实施行政处罚。

旅游主管部门委托实施行政处罚的,应当与受委托机构签订书面委托书,载明受委托机构名称、委托的依据、事项、权限和责任等内容,报上一级旅游主管部门备案，并将受委托机构名称、委托权限和事项向社会公示。

委托实施行政处罚，可以设定委托期限。

第十条 县级以上旅游主管部门应当加强行政执法队伍建设，强化对执法人员的教育和培训，全面提高执法人员素质。

国家旅游局执法人员应当取得本局颁发的行政执法证件；县级以上地方旅游主管部门的执法人员应当取得县级以上地方人民政府颁发的行政执法证件。

第十一条 旅游行政处罚由违法行为发生地的县级以上地方旅游主管部门管辖。

旅行社组织境内旅游，旅游主管部门在查处地接社的违法行为时，发现组团社有其他违法行为的，应当将有关材料或其副本送组团社所在地县级以上地方旅游主管部门。旅行社组织出境旅游违法行为的处罚，由组团社所在地县级以上地方旅游主管部门管辖。

第十二条 国家旅游局负责查处在全国范围内有重大影响的案件。

省、自治区、直辖市旅游主管部门负责查处本地区内重大、复杂的案件。

设区的市级和县级旅游主管部门的管辖权限，由省、自治区、直辖市旅游主管部门确定。

吊销旅行社业务经营许可证、导游证、领队证或者取消出国（境）旅游业务经营资格的行政处罚，由设区的市级以上旅游主管部门作出。

第十三条 旅游主管部门发现已立案的案件不属于自己管辖的，应当在10日内移送有管辖权的旅游主管部门或者其他部门处理。接受移送的旅游主管部门认为案件不属于本部门管辖的，应当报上级旅游主管部门指定管辖，不得再自行移送。

违法行为构成犯罪的，应当按照《行政执法机关移送涉嫌犯罪案件的规定》，将案件移送司法机关，不得以行政处罚代替刑事处罚。

第十四条 两个以上旅游主管部门都有管辖权的行政处罚案件，由最先立案的旅游主管部门管辖，或者由相关旅游主管部门协商；协商不成的，报共同的上级旅游主管部门指定管辖。

第十五条 上级旅游主管部门有权查处下级旅游主管部门管辖的案件，也可以把自己管辖的案件移交下级旅游主管部门查处。

下级旅游主管部门对其管辖的案件，认为需要由上级旅游主管部门查处的，可以报请上级旅游主管部门决定。

第三章 旅游行政处罚的适用

第十六条 国家旅游局逐步建立、完善旅游行政裁量权指导标准。各级旅游主管部门行使旅游行政处罚裁量权应当综合考虑下列情节：

（一）违法行为的具体方式、手段、程度或者次数；

（二）违法行为危害的对象或者所造成的危害后果；

（三）当事人改正违法行为的态度、措施和效果；

（四）当事人的主观过错程度。

旅游主管部门实施处罚时，对性质相同、情节相近、危害后果基本相当、违法主体类同的违法行为，处罚种类及处罚幅度应当基本一致。

第十七条 当事人的同一违法行为同时违反两个以上法律、法规或者规章规定的，效力高的优先适用。

法律、法规、规章规定两种以上处罚可以单处或者并处的，可以选择适用；规定应当并处的，不得选择适用。

对当事人的同一违法行为，不得给予两次以上罚款的行政处罚。

第十八条 违法行为轻微并及时纠正，且没有造成危害后果的，不予处罚。违法行为在2年内未被发现的，不再给予行政处罚，但法律另有规定的除外。

第十九条 有下列情形之一的，应当从轻或者减轻处罚：

（一）主动消除或者减轻违法行为危害后果的；

（二）受他人胁迫实施违法行为的；

（三）配合行政机关查处违法行为有立功表现的；

（四）其他依法应当从轻或者减轻处罚的情形。

第二十条 执法人员在现场检查中发现违法行为或者实施行政处罚时，应当责令当事人立即改正违法行为。不能立即改正的，应当责令限期改正，限期改正期限一般不得超过15日，改正期间当事人应当停止相关违法行为。

责令改正应当以书面形式作出，可以一并列入行政处罚决定书。单独出具责令改正通知书的,应当说明违法行为的事实,以及责令改正的依据、期限、要求。

第四章 旅游行政处罚的一般程序

第一节 立案和调查

第二十一条 旅游主管部门在监督检查、接到举报、处理投诉或者接受移送、交办的案件,发现当事人的行为涉嫌违反旅游法律、法规、规章时,对符合下列条件的,应当在7个工作日内立案:

(一)对该行为可能作出行政处罚的;

(二)属于本部门管辖的;

(三)违法行为未过追责时效的。

立案应当经案件承办机构或者旅游主管部门负责人批准。

案件情况复杂的,经承办机构负责人批准,立案时间可以延长至14个工作日内。

第二十二条 旅游主管部门对不符合立案条件的,不予立案;立案后发现不符合立案条件的,应当撤销立案。

对实名投诉、举报不予立案或者撤销立案的,应当告知投诉人、举报人,并说明理由。

第二十三条 在现场检查中发现旅游违法行为时,认为证据以后难以取得的,可以先行调查取证,并在10日内决定是否立案和补办立案手续。

第二十四条 对已经立案的案件,案件承办机构应当指定两名以上的执法人员承办,及时组织调查取证。

第二十五条 执法人员有下列情形之一的,应当自行回避,当事人及其代理人也有权申请其回避:

(一)是本案当事人或者其近亲属的;

(二)本人或者其近亲属与本案有直接利害关系的;

(三)与当事人有其他关系,可能影响公正执法的。

第二十六条 需要委托其他旅游主管部门协助调查取证的,应当出具书面委托调查函。受委托的旅游主管部门应当予以协助;有正当理由确实无法协助的,应当及时函告。

第二十七条 执法人员在调查、检查时,有权采取下列措施:

(一)进入有关场所进行检查、勘验、先行登记保存证据、录音、拍照、录像;

(二)询问当事人及有关人员,要求其说明相关事项和提供有关材料;

(三)查阅、复制经营记录和其他有关材料。

第二十八条 执法人员在调查、检查时,应当遵守下列规定:

(一)不得少于两人;

(二)佩戴执法标志,并向当事人或者有关人员出示执法证件;

(三)全面、客观、及时、公正地调查违法事实、违法情节和危害后果等情况;

(四)询问当事人时,应当告知其依法享有的权利;

(五)依法收集与案件有关的证据,不得以诱导、欺骗等违法手段获取证据;

(六)如实记录当事人、证人或者其他有关人员的陈述;

(七)除必要情况外,应当避免延误团队旅游行程。

第二十九条 旅游行政处罚的证据包括当事人的陈述和辩解、证人证言、现场笔录、勘验笔录、询问笔录、听证笔录、鉴定意见、视听资料、电子数据和书证、物证等。

据以认定事实的证据,应当合法取得,并经查证属实。

旅游主管部门办理移送或者指定管辖的案件,应当对原案件办理部门依法取得的证据进行核实。

第三十条 执法人员现场检查、勘验时,应当通知当事人到场,可以采取拍照、录像或者其他方式记录现场情况,并制作笔录,载明时间、地点和事件等内容。无法找到当事人、当事人拒绝到场或者在笔录上签名、盖章的,应当注明原因。有其亲属、所在单位人员或者基层组织人员等其他人在现场的,可由其他人签名。

第三十一条 执法人员询问当事人和有关人员时,应当单独进行,并制作询问笔录,由执法人员、被询问人、陈述人、谈话人签名或者盖章。一份询问笔录只能对应一个被询问人、陈述人或者谈话人。

第三十二条 执法人员应当收集、调取与案件有关的书证、物证、视听资料和电子数据等原始凭证作为证据，调取原始证据确有困难的，可以提取相应的复印件、复制件、照片、节录本或者录像。

书证应当经核对与原件无误，注明出证日期和证据出处，由证据提供人和执法人员签名或者盖章；证据提供人拒绝签名或者盖章的，应当注明原因。

第三十三条 在证据可能灭失或者以后难以取得的情况下，经旅游主管部门负责人批准，执法人员可以采取先行登记保存措施，并移转保存。执法人员难以保存或者无须移转的，可以就地保存。

情况紧急的，执法人员可以先采取登记保存措施，再报请旅游主管部门负责人批准。

先行登记保存有关证据，应当当场出具先行登记保存证据决定书，载明先行登记保存证据的名称、单位、数量以及保存地点、时间、要求等内容，送达当事人。

第三十四条 对于先行登记保存的证据，应当在7日内采取下列措施：

（一）及时采取记录、复制、拍照、录像、公证等证据保全措施；

（二）需要鉴定的，送交鉴定。

旅游主管部门应当在期限届满前，解除先行登记保存措施。已移转保存的，应当返还当事人。

第三十五条 有下列情形之一的，可以终结调查：

（一）违法事实清楚、证据充分的；

（二）违法事实不成立的；

（三）作为当事人的自然人死亡的；

（四）作为当事人的法人或者其他组织终止，无法人或者其他组织承受其权利义务，又无其他关系人可以追查的；

（五）其他依法应当终结调查的情形。

调查终结后，对违法行为应当给予处罚的，执法人员应当提出行政处罚建议，并报案件承办机构或者旅游主管部门负责人批准；不予处罚或者免予处罚的，报案件承办机构或者旅游主管部门负责人批准后，终止案件。

第二节　告知和听证

第三十六条 旅游主管部门在作出行政处罚决定前，应当以书面形式告知当事人作出行政处罚决定的事实、理由、依据和当事人依法享有的陈述、申辩权利。

旅游主管部门可以就违法行为的性质、情节、危害后果、主观过错等因素，以及选择的处罚种类、幅度等情况，向当事人作出说明。

第三十七条 旅游主管部门应当充分听取当事人的陈述和申辩并制作笔录，对当事人提出的事实、理由和证据，应当进行复核。当事人提出的事实、理由或者证据成立的，应当予以采纳；不能成立而不予采纳的，应当向当事人说明理由。

旅游主管部门不得因当事人申辩而加重处罚。

第三十八条 旅游主管部门作出较大数额罚款、没收较大数额违法所得、取消出国（境）旅游业务经营资格、责令停业整顿、吊销旅行社业务经营许可证、导游证或者领队证等行政处罚决定前，应当以书面形式告知当事人有申请听证的权利。

听证告知的内容应当包括，提出听证申请的期限，未如期提出申请的法律后果，以及受理听证申请的旅游主管部门名称、地址等内容。

第一款所称较大数额，对公民为1万元人民币以上、对法人或者其他组织为5万元人民币以上；地方人民代表大会及其常务委员会或者地方人民政府另有规定的，从其规定。

第三十九条 听证应当遵循公开、公正和效率的原则，保障当事人的合法权益。

除涉及国家秘密、商业秘密或者个人隐私的外，应当公开听证。

第四十条 当事人要求听证的，应当在收到行政处罚听证告知书后3日内，向听证部门提出申请。

旅游主管部门接到申请后，应当在30日内举行听证，并在听证7日前，将举行听证的时间、地点、主持人，以及当事人可以申请听证回避、公开、延期、委托代理人、提供证据等事项，书面通知当事人。

申请人不是本案当事人，当事人未在规定期限内提出申请，或者有其他不符合听证条件的情形，旅游主管部门可以不举行听证，但应当向申请人说明理由。

第四十一条 同一旅游行政处罚案件的两个以上当事人分别提出听证申请的，可以合并举行听证；部分当事人提出听证申请的，可以只对该部分当事人的有关情况进行听证。

第四十二条 当事人应当按期参加听证,未按期参加听证且未事先说明理由的,视为放弃听证权利。

当事人有正当理由要求延期的,经听证承办机构负责人批准可以延期一次,并通知听证参加人。延期不得超过15日。

第四十三条 听证应当由旅游主管部门负责法制工作的机构承办。听证由一名主持人和若干名听证员组织,也可以由主持人一人组织。听证主持人、听证员、书记员应当由旅游主管部门负责人指定的非本案调查人员担任。

涉及专业知识的听证案件,可以邀请有关专家担任听证员。

听证参加人由案件调查人员、当事人和与本案处理结果有直接利害关系的第三人及其委托代理人等组成。公开举行的听证,公民、法人或者其他组织可以申请参加旁听。

当事人认为听证主持人、听证员或者书记员与本案有直接利害关系的,有权向旅游主管部门提出回避申请。

第四十四条 当事人在听证中有下列权利:

(一)对案件事实、适用法律及有关情况进行陈述和申辩;

(二)对案件调查人员提出的证据进行质证并提出新的证据;

(三)核对听证笔录,依法查阅案卷相关证据材料。

当事人、案件调查人员、第三人、有关证人举证、质证应当客观、真实,如实陈述案件事实和回答主持人的提问,遵守听证纪律。

听证主持人有权对参加人不当的辩论内容予以制止,维护正常的听证程序。听证参加人和旁听人员违反听证纪律的,听证主持人可以予以警告,情节特别严重的,可以责令其退出会场。

第四十五条 组织听证应当按下列程序进行:

(一)听证主持人询问核实案件调查人员、听证当事人、第三人的身份,宣布听证的目的、会场纪律、注意事项、当事人的权利和义务,介绍听证主持人、听证员和书记员,询问当事人、第三人是否申请回避,宣布听证开始;

(二)调查人员就当事人的违法事实进行陈述,并向听证主持人提交有关证据、处罚依据;

(三)当事人就案件的事实进行陈述和辩解,提交有关证据;

(四)第三人陈述事实,并就其要求提出理由,提交证据;

(五)调查人员、当事人、第三人对相关证据进行质证,听证主持人对重要的事实及证据予以核实;

(六)调查人员、当事人、第三人就与本案相关的事实、处罚理由和依据进行辩论;

(七)调查人员、当事人、第三人作最后陈述;

(八)主持人宣布听证结束。

听证过程应当制作笔录,案件调查人员、当事人、第三人应当在听证结束后核对听证笔录,确认无误后签名或者盖章。

第四十六条 听证主持人认为听证过程中提出的新的事实、理由、依据有待进一步调查核实或者鉴定的,可以中止听证并通知听证参加人。经调查核实或者作出鉴定意见后,应当恢复听证。

第四十七条 有下列情形之一的,终止听证:

(一)申请人撤回听证申请的;

(二)申请人无正当理由不参加听证会、在听证中擅自退场,或者严重违反听证纪律被听证主持人责令退场的;

(三)应当终止听证的其他情形。

听证举行过程中终止听证的,应当记入听证笔录。

第四十八条 听证结束后,听证主持人应当向旅游主管部门提交听证报告,并对拟作出的行政处罚决定,依照下列情形提出意见:

(一)违法事实清楚、证据充分、适用法律、法规、规章正确,过罚相当的,建议作出处罚;

(二)违法事实清楚、证据充分,但适用法律、法规、规章错误或者处罚显失公正的,建议重新作出处罚;

(三)违法事实不清、证据不足,或者由于违反法定程序可能影响案件公正处理的,建议另行指定执法人员重新调查。

听证会结束后,行政处罚决定作出前,执法人员发现新的违法事实,对当事人可能加重处罚的,应当按照本办法第三十六条、第四十条的规定,重新履行处罚决定告知和听证告知程序。

第四十九条 旅游主管部门组织听证所需费用,列入本部门行政经费,不得向当事人收取任何费用。

第三节 审查和决定

第五十条 案件调查终结并依法告知、听证后，需要作出行政处罚的，执法人员应当填写行政处罚审批表，经案件承办机构负责人同意后，报旅游主管部门负责人批准。

旅游主管部门应当对调查结果进行审查，根据下列情况，分别作出处理：

（一）确有应受行政处罚的违法行为的，根据情节轻重及具体情况，作出行政处罚决定；

（二）违法行为轻微，依法可以不予行政处罚的，不予行政处罚；

（三）违法事实不能成立的，不得给予行政处罚；

（四）违法行为已构成犯罪的，移送司法机关。

对情节复杂的案件或者因重大违法行为给予公民3万元以上罚款、法人或者其他组织20万元以上罚款，取消出国（境）旅游业务经营资格，责令停业整顿，吊销旅行社业务经营许可证、导游证、领队证等行政处罚的，旅游主管部门负责人应当集体讨论决定。地方人民代表大会及其常务委员会或者地方人民政府对集体讨论的情形另有规定的，从其规定。

第五十一条 决定给予行政处罚的，应当制作行政处罚决定书。旅游行政处罚决定书应当载明下列内容：

（一）当事人的姓名或者名称、证照号码、地址、联系方式等基本情况；

（二）违反法律、法规或者规章的事实和证据；

（三）行政处罚的种类和依据；

（四）行政处罚的履行方式和期限；

（五）逾期不缴纳罚款的后果；

（六）不服行政处罚决定，申请行政复议或者提起行政诉讼的途径和期限；

（七）作出行政处罚决定的旅游主管部门名称和作出决定的日期，并加盖部门印章。

第五十二条 旅游行政处罚案件应当自立案之日起的3个月内作出决定；案情复杂或者重大的，经旅游主管部门负责人批准可以延长，但不得超过3个月。

案件办理过程中组织听证、鉴定证据、送达文书，以及请示法律适用或者解释的时间，不计入期限。

第五十三条 旅游行政处罚文书应当送达当事人，并符合下列要求：

（一）有送达回证并直接送交受送达人，由受送达人在送达回证上载明收到的日期，并签名或者盖章；

（二）受送达人是个人的，本人不在交他的同住成年家属签收，并在送达回证上载明与受送达人的关系；

（三）受送达人或者他的同住成年家属拒绝接收的，送达人可以邀请有关基层组织的代表或者有关人员到场，说明情况，在送达回证上载明拒收的事由和日期，由送达人、见证人签名或者盖章，把文书留置受送达人的住所或者收发部门，也可以把文书留在受送达人的住所，并采用拍照、录像等方式记录送达过程；

（四）受送达人是法人或者其他组织的，应当由法人的法定代表人、其他组织的主要负责人或者该法人、组织办公室、收发室等负责收件的人签收或者盖章，拒绝签收或者盖章的，适用第（三）项留置送达的规定；

（五）经受送达人同意，可以采用传真、电子邮件等能够确认其收悉的方式送达行政处罚决定书以外的文书；

（六）受送达人有代理人或者指定代收人的，可以送交代理人或者代收人签收并载明受当事人委托的情况；

（七）直接送达确有困难的，可以用挂号信邮寄送达，也可以委托当地旅游主管部门代为送达，代收机关收到文书后，应当立即送交受送达人签收。

受送达人下落不明，或者以前款规定的方式无法送达的，可以在受送达人原住所地张贴公告，或者通过报刊、旅游部门网站公告送达，执法人员应当在送达文书上注明原因和经过。自公告发布之日起经过60日，即视为送达。

第五十四条 旅游行政处罚决定书应当在宣告后当场交付当事人；当事人不在场的，旅游主管部门应当按照本办法第五十三条的规定，在7日内送达当事人，并根据需要抄送与案件有关的单位和个人。

第五十五条 在案件处理过程中，当事人委托代理人的，应当提交授权委托书，载明委托人及其代理人的基本信息、委托事项及权限、代理权的起止日期、委托日期和委托人签名或者盖章。

第五十六条 违法行为发生地的旅游主管部

门对非本部门许可的旅游经营者作出行政处罚的，应当依法将被处罚人的违法事实、处理结果告知原许可的旅游主管部门。取消出国(境)旅游业务经营资格或者吊销旅行社业务经营许可证、导游证、领队证的，原许可的旅游主管部门应当注销或者换发许可证件。

第五章　旅游行政处罚的简易程序

第五十七条　违法事实清楚、证据确凿并有法定依据，对公民处以50元以下、对法人或者其他组织处以1000元以下罚款或者警告的旅游行政处罚，可以适用本章简易程序，当场作出行政处罚决定。

第五十八条　当场作出旅游行政处罚决定时，执法人员应当制作笔录，并遵守下列规定：

(一)不得少于两人，并向当事人出示行政执法证件；

(二)向当事人说明违法的事实、处罚的理由和依据以及拟给予的行政处罚；

(三)询问当事人对违法事实、处罚依据是否有异议，并告知当事人有陈述、申辩的权利，听取当事人的陈述和申辩；

(四)责令当事人改正违法行为，并填写预定格式、编有号码、盖有旅游主管部门印章的行政处罚决定书，由执法人员和当事人签名或者盖章，并将行政处罚决定书当场交付当事人；

(五)依法当场收缴罚款的，应当向当事人出具省、自治区、直辖市财政部门统一制发的罚款收据。

当场作出行政处罚决定的，执法人员应当在决定之日起3日内向旅游主管部门报告；当场收缴的罚款应当在规定时限内存入指定的银行。

第五十九条　当场处罚决定书应当载明第五十一条规定的内容和作出处罚的地点。

第六章　旅游行政处罚的执行

第六十条　当事人应当在行政处罚决定书确定的期限内，履行处罚决定；被处以罚款的，应当自收到行政处罚决定书之日起15日内，向指定的银行缴纳罚款。

申请行政复议或者提起行政诉讼的，不停止行政处罚决定的执行，但有下列情形的除外：

(一)处罚机关认为需要停止执行的；

(二)行政复议机关认为需要停止执行的；

(三)申请人申请停止执行，行政复议机关认为其要求合理决定停止执行，或者人民法院认为执行会造成难以弥补的损失，并且停止执行不损害社会性公共利益，裁定停止执行的；

(四)法律、法规规定的其他情形。

第六十一条　当事人逾期不履行处罚决定的，作出处罚决定的旅游主管部门可以采取下列措施：

(一)到期不缴纳罚款的，每日按罚款数额的百分之三加处罚款，但加处罚款的数额不得超出罚款额；

(二)向旅游主管部门所在地有管辖权的人民法院申请强制执行。

第六十二条　申请人民法院强制执行应当在下列期限内提出：

(一)行政处罚决定书送达后，当事人未申请行政复议或者提起行政诉讼的，在处罚决定书送达之日起3个月后起算的3个月内；

(二)复议决定书送达后当事人未提起行政诉讼的，在复议决定书送达之日起15日后起算的3个月内；

(三)人民法院对当事人提起行政诉讼作出的判决、裁定生效之日起3个月内。

第六十三条　旅游主管部门申请人民法院强制执行前，应当催告当事人履行义务。催告应当以书面形式作出，并载明下列事项：

(一)履行义务的期限；

(二)履行义务的方式；

(三)涉及金钱给付的，应当有明确的金额和给付方式；

(四)当事人依法享有的陈述权和申辩权。

旅游主管部门应当充分听取当事人的意见，对当事人提出的事实、理由和证据，应当进行记录、复核。当事人提出的事实、理由或者证据成立的，应当采纳。

催告书送达10日后当事人仍未履行义务的，可以申请强制执行。

第六十四条　旅游主管部门向人民法院申请强制执行，应当提供下列材料：

(一)强制执行申请书；

(二)处罚决定书及作出决定的事实、理由和依据；

（三）旅游主管部门的催告及当事人的陈述或申辩情况；

（四）申请强制执行标的情况；

（五）法律、行政法规规定的其他材料。

强制执行申请书应当由旅游主管部门负责人签名，加盖旅游主管部门的印章，并注明日期。

第六十五条 当事人确有经济困难，需要延期或者分期缴纳罚款的，应当在行政处罚决定书确定的缴纳期限届满前，向作出行政处罚决定的旅游主管部门提出延期或者分期缴纳的书面申请。

批准当事人延期或者分期缴纳罚款的，应当制作同意延期（分期）缴纳罚款通知书，送达当事人，并告知当事人缴纳罚款时，应当向收缴机构出示。

延期、分期缴纳罚款的，最长不得超过6个月，或者最后一期缴纳时间不得晚于申请人民法院强制执行的最后期限。

第六十六条 旅游主管部门和执法人员应当严格执行罚缴分离的规定，不得非法自行收缴罚款。

罚没款及没收物品的变价款，应当全部上缴国库，任何单位和个人不得截留、私分或者变相私分。

第七章 旅游行政处罚的结案和归档

第六十七条 有下列情形之一的，应当结案：

（一）行政处罚决定由当事人履行完毕的；

（二）行政处罚决定依法强制执行完毕的；

（三）不予处罚或者免予处罚等无须执行的；

（四）行政处罚决定被依法撤销的；

（五）旅游主管部门认为可以结案的其他情形。

第六十八条 结案的旅游行政处罚案件，应当制作结案报告，报案件承办机构负责人批准。结案报告应当包括案由、案源、立案时间、当事人基本情况、主要案情、案件办理情况、复议和诉讼情况、执行情况、承办人结案意见等内容。

第六十九条 旅游行政处罚案件结案后15日内，案件承办人员应当将案件材料立卷，并符合下列要求：

（一）一案一卷；

（二）与案件相关的各类文书应当齐全，手续完备；

（三）书写文书用签字笔或者钢笔；

（四）案卷装订应当规范有序，符合文档要求。

第七十条 案卷材料可以分为正卷、副卷。主要文书、外部程序的材料立正卷；请示报告与批示、集体讨论材料、涉密文件等内部程序的材料立副卷。

第七十一条 立卷完成后应当立即将案卷统一归档。案卷保管及查阅，按档案管理有关规定执行，任何单位、个人不得非法修改、增加、抽取案卷材料。

第八章 旅游行政处罚的监督

第七十二条 各级旅游主管部门应当加强行政处罚监督工作。

各级旅游主管部门负责对本部门和受其委托的旅游质监执法机构实施的行政处罚行为，进行督促、检查和纠正；上级旅游主管部门负责对下级旅游主管部门及其委托的旅游质监执法机构实施的行政处罚行为，进行督促、检查和纠正。

各级旅游主管部门法制工作机构，应当在本级旅游主管部门的组织、领导下，具体实施、协调和指导行政处罚工作。

各级旅游主管部门应当设立法制工作机构或者配备行政执法监督检查人员。

第七十三条 旅游行政处罚监督的主要内容包括：

（一）旅游行政执法主体资格是否符合规定；

（二）执法人员及其执法证件是否合法、有效；

（三）行政检查和行政处罚行为是否符合权限；

（四）对违法行为查处是否及时；

（五）适用的行政处罚依据是否准确、规范；

（六）行政处罚的种类和幅度是否合法、适当；

（七）行政处罚程序是否合法；

（八）行政处罚文书使用是否规范；

（九）重大行政处罚备案情况。

第七十四条 对旅游行政处罚的监督，可以采取定期或者不定期方式，通过案卷评查和现场检查等形式进行；处理对行政处罚行为的投诉、举报时，可以进行调查、查询，调阅旅游行政处罚案卷和其他有关材料。

第七十五条 各级旅游主管部门及其委托的旅游质监执法机构不履行法定职责，或者实施的行政处罚行为违反法律、法规和本办法规定、处罚不当的,应当主动纠正。

上级旅游主管部门在行政处罚监督中,发现下级旅游主管部门有不履行法定职责、处罚不当或者实施的行政处罚行为违反法律、法规和本办法规定等情形的,应当责令其纠正。

第七十六条 重大旅游行政处罚案件实行备案制度。

县级以上地方旅游主管部门作出的行政处罚决定,符合本办法第三十八条第一款规定的听证条件的,应当自结案之日起15日内,将行政处罚决定书的副本,报上一级旅游主管部门备案。

第七十七条 旅游行政处罚实行工作报告制度。

县级以上地方旅游主管部门应当分别于当年7月和翌年1月,汇总本地区旅游行政处罚案件,并对旅游行政处罚工作的基本情况、存在的问题以及改进建议,提出工作报告,报上一级旅游主管部门。

省、自治区、直辖市旅游主管部门应当在当年8月31日和翌年2月28日前,将工作总结和案件汇总情况报国家旅游局。

第七十八条 承担行政复议职责的旅游主管部门应当认真履行行政复议职责,依照有关规定配备专职行政复议人员,依法对违法的行政处罚决定予以撤销、变更或者确认,保障法律、法规的正确实施和对行政处罚工作的监督。

第七十九条 各级旅游主管部门应当建立健全对案件承办机构和执法人员旅游行政处罚工作的投诉、举报制度,并公布投诉、举报电话。受理投诉、举报的机构应当按照信访、纪检等有关规定对投诉、举报内容核查处理或者责成有关机构核查处理,并将处理结果通知投诉、举报人。受理举报、投诉的部门应当为举报、投诉人保密。

第八十条 各级旅游主管部门可以采取组织考评、个人自我考评和互查互评相结合,案卷评查和听取行政相对人意见相结合,日常评议考核和年度评议考核相结合的方法,对本部门案件承办机构和执法人员的行政处罚工作进行评议考核。

第八十一条 对在行政处罚工作中做出显著成绩和贡献的单位和个人,旅游主管部门可以依照国家或者地方的有关规定给予表彰和奖励。

旅游行政执法人员有下列行为之一的,由任免机关、监察机关依法给予行政处分;构成犯罪的,依法追究刑事责任:

(一)不依法履行行政执法职责的;

(二)滥用职权、徇私舞弊的;

(三)其他失职、渎职的行为。

第九章 附 则

第八十二条 本办法有关期间的规定,除第二十一条的规定外,均按自然日计算。期间开始之日,不计算在内。期间届满的最后一日是节假日的,以节假日后的第一日为期间届满的日期。行政处罚文书在期满前邮寄的,视为在有效期内。

第八十三条 本办法所称的“以上”包括本数或者本级,所称的“以下”不包括本数。

第八十四条 省、自治区、直辖市人民政府决定旅游行政处罚权由其他部门集中行使的,其旅游行政处罚的实施参照适用本办法。

第八十五条 本办法自2013年10月1日起施行。

(八)应急管理

中华人民共和国消防法

(1998年4月29日第九届全国人民代表大会常务委员会第二次会议通过 2008年10月28日第十一届全国人民代表大会常务委员会第五次会议修订 根据2019年4月23日第十三届全国人民代表大会常务委员会第十次会议《关于修改〈中华人民共和国建筑法〉等八部法律的决定》修正)

目 录

第一章 总 则

第二章 火灾预防

第三章 消防组织

第四章 灭火救援

第五章 监督检查

第六章 法律责任

第七章 附 则

第一章 总 则

第一条 为了预防火灾和减少火灾危害,加强应急救援工作,保护人身、财产安全,维护公共安全,制定本法。

第二条 消防工作贯彻预防为主、防消结合的方针,按照政府统一领导、部门依法监管、单位全面负责、公民积极参与的原则,实行消防安全责任制,建立健全社会化的消防工作网络。

第三条 国务院领导全国的消防工作。地方各级人民政府负责本行政区域内的消防工作。

各级人民政府应当将消防工作纳入国民经济和社会发展计划,保障消防工作与经济社会发展相适应。

第四条 国务院应急管理部门对全国的消防工作实施监督管理。县级以上地方人民政府应急管理部门对本行政区域内的消防工作实施监督管理,并由本级人民政府消防救援机构负责实施。军事设施的消防工作,由其主管单位监督管理,消防救援机构协助;矿井地下部分、核电厂、海上石油天然气设施的消防工作,由其主管单位监督管理。

县级以上人民政府其他有关部门在各自的职责范围内,依照本法和其他相关法律、法规的规定做好消防工作。

法律、行政法规对森林、草原的消防工作另有规定的,从其规定。

第五条 任何单位和个人都有维护消防安全、保护消防设施、预防火灾、报告火警的义务。任何单位和成年人都有参加有组织的灭火工作的义务。

第六条 各级人民政府应当组织开展经常性的消防宣传教育,提高公民的消防安全意识。

机关、团体、企业、事业等单位,应当加强对本单位人员的消防宣传教育。

应急管理部门及消防救援机构应当加强消防法律、法规的宣传,并督促、指导、协助有关单位做好消防宣传教育工作。

教育、人力资源行政主管部门和学校、有关职业培训机构应当将消防知识纳入教育、教学、培训的内容。

新闻、广播、电视等有关单位,应当有针对性地面向社会进行消防宣传教育。

工会、共产主义青年团、妇女联合会等团体应当结合各自工作对象的特点,组织开展消防宣传教育。

村民委员会、居民委员会应当协助人民政府以及公安机关、应急管理等部门,加强消防宣传教育。

第七条 国家鼓励、支持消防科学研究和技术创新,推广使用先进的消防和应急救援技术、设备;鼓励、支持社会力量开展消防公益活动。

对在消防工作中有突出贡献的单位和个人,应当按照国家有关规定给予表彰和奖励。

第二章 火灾预防

第八条 地方各级人民政府应当将包括消防安全布局、消防站、消防供水、消防通信、消防车通道、消防装备等内容的消防规划纳入城乡规划,并负责组织实施。

城乡消防安全布局不符合消防安全要求的,应当调整、完善;公共消防设施、消防装备不足或者不适应实际需要的,应当增建、改建、配置或者进行技术改造。

第九条 建设工程的消防设计、施工必须符合国家工程建设消防技术标准。建设、设计、施工、工程监理等单位依法对建设工程的消防设计、施工质量负责。

第十条 对按照国家工程建设消防技术标准需要进行消防设计的建设工程,实行建设工程消防设计审查验收制度。

第十一条 国务院住房和城乡建设主管部门规定的特殊建设工程,建设单位应当将消防设计文件报送住房和城乡建设主管部门审查,住房和城乡建设主管部门依法对审查的结果负责。

前款规定以外的其他建设工程,建设单位申请领取施工许可证或者申请批准开工报告时应当提供满足施工需要的消防设计图纸及技术资料。

第十二条 特殊建设工程未经消防设计审查或者审查不合格的,建设单位、施工单位不得施工;其他建设工程,建设单位未提供满足施工需要的消防设计图纸及技术资料的,有关部门不得发放施工许可证或者批准开工报告。

第十三条 国务院住房和城乡建设主管部门规定应当申请消防验收的建设工程竣工,建设单位应当向住房和城乡建设主管部门申请消防验收。

前款规定以外的其他建设工程,建设单位在验收后应当报住房和城乡建设主管部门备案,住房和城乡建设主管部门应当进行抽查。

依法应当进行消防验收的建设工程,未经消防验收或者消防验收不合格的,禁止投入使用;其他建设工程经依法抽查不合格的,应当停止使用。

第十四条 建设工程消防设计审查、消防验收、备案和抽查的具体办法,由国务院住房和城乡建设主管部门规定。

第十五条 公众聚集场所在投入使用、营业前,建设单位或者使用单位应当向场所所在地的县级以上地方人民政府消防救援机构申请消防安全检查。

消防救援机构应当自受理申请之日起十个工作日内,根据消防技术标准和管理规定,对该场所进行消防安全检查。未经消防安全检查或者经检查不符合消防安全要求的,不得投入使用、营业。

第十六条 机关、团体、企业、事业等单位应当履行下列消防安全职责:

(一)落实消防安全责任制,制定本单位的消防安全制度、消防安全操作规程,制定灭火和应急疏散预案;

(二)按照国家标准、行业标准配置消防设施、器材,设置消防安全标志,并定期组织检验、维修,确保完好有效;

(三)对建筑消防设施每年至少进行一次全面检测,确保完好有效,检测记录应当完整准确,存档备查;

(四)保障疏散通道、安全出口、消防车通道畅通,保证防火防烟分区、防火间距符合消防技术标准;

(五)组织防火检查,及时消除火灾隐患;

(六)组织进行有针对性的消防演练;

(七)法律、法规规定的其他消防安全职责。

单位的主要负责人是本单位的消防安全责任人。

第十七条 县级以上地方人民政府消防救援机构应当将发生火灾可能性较大以及发生火灾可能造成重大的人身伤亡或者财产损失的单位,确定为本行政区域内的消防安全重点单位,并由应急管理部门报本级人民政府备案。

消防安全重点单位除应当履行本法第十六条规定的职责外,还应当履行下列消防安全职责:

(一)确定消防安全管理人,组织实施本单位的消防安全管理工作;

(二)建立消防档案,确定消防安全重点部位,设置防火标志,实行严格管理;

(三)实行每日防火巡查,并建立巡查记录;

(四)对职工进行岗前消防安全培训,定期组织消防安全培训和消防演练。

第十八条 同一建筑物由两个以上单位管理或者使用的,应当明确各方的消防安全责任,并确定责任人对共用的疏散通道、安全出口、建筑消防设施和消防车通道进行统一管理。

住宅区的物业服务企业应当对管理区域内的共用消防设施进行维护管理,提供消防安全防范服务。

第十九条 生产、储存、经营易燃易爆危险品的场所不得与居住场所设置在同一建筑物内,并应当与居住场所保持安全距离。

生产、储存、经营其他物品的场所与居住场所设置在同一建筑物内的,应当符合国家工程建设消防技术标准。

第二十条 举办大型群众性活动,承办人应当依法向公安机关申请安全许可,制定灭火和应急疏散预案并组织演练,明确消防安全责任分工,确定消防安全管理人员,保持消防设施和消防器材配置齐全、完好有效,保证疏散通道、安全出口、疏散指示标志、应急照明和消防车通道符合消防技术标准和管理规定。

第二十一条 禁止在具有火灾、爆炸危险的场所吸烟、使用明火。因施工等特殊情况需要使用明火作业的,应当按照规定事先办理审批手续,采取相应的消防安全措施;作业人员应当遵守消防安全规定。

进行电焊、气焊等具有火灾危险作业的人员和自动消防系统的操作人员,必须持证上岗,并遵守消防安全操作规程。

第二十二条 生产、储存、装卸易燃易爆危险品的工厂、仓库和专用车站、码头的设置,应当符合消防技术标准。易燃易爆气体和液体的充装站、供应站、调压站,应当设置在符合消防安全要求的位置,并符合防火防爆要求。

已经设置的生产、储存、装卸易燃易爆危险品的工厂、仓库和专用车站、码头,易燃易爆气体和液体的充装站、供应站、调压站,不再符合前款规定的,地方人民政府应当组织、协调有关部门、单位限期解决,消除安全隐患。

第二十三条 生产、储存、运输、销售、使用、销毁易燃易爆危险品,必须执行消防技术标准和管理规定。

进入生产、储存易燃易爆危险品的场所,必须执行消防安全规定。禁止非法携带易燃易爆危险品进入公共场所或者乘坐公共交通工具。

储存可燃物资仓库的管理,必须执行消防技术标准和管理规定。

第二十四条 消防产品必须符合国家标准;没有国家标准的,必须符合行业标准。禁止生产、销售或者使用不合格的消防产品以及国家明令淘汰的消防产品。

依法实行强制性产品认证的消防产品,由具有法定资质的认证机构按照国家标准、行业标准的强制性要求认证合格后,方可生产、销售、使用。实行强制性产品认证的消防产品目录,由国务院产品质量监督部门会同国务院应急管理部门制定并公布。

新研制的尚未制定国家标准、行业标准的消防产品,应当按照国务院产品质量监督部门会同国务院应急管理部门规定的办法,经技术鉴定符合消防安全要求的,方可生产、销售、使用。

依照本条规定经强制性产品认证合格或者技术鉴定合格的消防产品,国务院应急管理部门应当予以公布。

第二十五条 产品质量监督部门、工商行政管理部门、消防救援机构应当按照各自职责加强对消防产品质量的监督检查。

第二十六条 建筑构件、建筑材料和室内装修、装饰材料的防火性能必须符合国家标准;没有国家标准的,必须符合行业标准。

人员密集场所室内装修、装饰,应当按照消防技术标准的要求,使用不燃、难燃材料。

第二十七条 电器产品、燃气用具的产品标准,应当符合消防安全的要求。

电器产品、燃气用具的安装、使用及其线路、管路的设计、敷设、维护保养、检测,必须符合消防技术标准和管理规定。

第二十八条 任何单位、个人不得损坏、挪用或者擅自拆除、停用消防设施、器材,不得埋压、圈占、遮挡消火栓或者占用防火间距,不得占用、堵塞、封闭疏散通道、安全出口、消防车通道。人员密集场所的门窗不得设置影响逃生和灭火救援的障碍物。

第二十九条 负责公共消防设施维护管理的单位,应当保持消防供水、消防通信、消防车通道等公共消防设施的完好有效。在修建道路以及停电、停水、截断通信线路时有可能影响消防队灭火救援的,有关单位必须事先通知当地消防救援机构。

第三十条 地方各级人民政府应当加强对农村消防工作的领导,采取措施加强公共消防设施建设,组织建立和督促落实消防安全责任制。

第三十一条 在农业收获季节、森林和草原防火期间、重大节假日期间以及火灾多发季节,地方各级人民政府应当组织开展有针对性的消防宣传教育,采取防火措施,进行消防安全检查。

第三十二条 乡镇人民政府、城市街道办事处应当指导、支持和帮助村民委员会、居民委员会开展群众性的消防工作。村民委员会、居民委员会应当确定消防安全管理人,组织制定防火安全公约,进行防火安全检查。

第三十三条 国家鼓励、引导公众聚集场所和生产、储存、运输、销售易燃易爆危险品的企业投保火灾公众责任保险;鼓励保险公司承保火灾公众责任保险。

第三十四条 消防产品质量认证、消防设施检测、消防安全监测等消防技术服务机构和执业人员,应当依法获得相应的资质、资格;依照法律、行政法规、国家标准、行业标准和执业准则,接受委托提供消防技术服务,并对服务质量负责。

第三章 消防组织

第三十五条 各级人民政府应当加强消防组织建设,根据经济社会发展的需要,建立多种形式的消防组织,加强消防技术人才培养,增强火灾预防、扑救和应急救援的能力。

第三十六条 县级以上地方人民政府应当按照国家规定建立国家综合性消防救援队、专职消防队,并按照国家标准配备消防装备,承担火灾扑救工作。

乡镇人民政府应当根据当地经济发展和消防工作的需要，建立专职消防队、志愿消防队，承担火灾扑救工作。

第三十七条 国家综合性消防救援队、专职消防队按照国家规定承担重大灾害事故和其他以抢救人员生命为主的应急救援工作。

第三十八条 国家综合性消防救援队、专职消防队应当充分发挥火灾扑救和应急救援专业力量的骨干作用；按照国家规定，组织实施专业技能训练，配备并维护保养装备器材，提高火灾扑救和应急救援的能力。

第三十九条 下列单位应当建立单位专职消防队，承担本单位的火灾扑救工作：

（一）大型核设施单位、大型发电厂、民用机场、主要港口；

（二）生产、储存易燃易爆危险品的大型企业；

（三）储备可燃的重要物资的大型仓库、基地；

（四）第一项、第二项、第三项规定以外的火灾危险性较大、距离国家综合性消防救援队较远的其他大型企业；

（五）距离国家综合性消防救援队较远、被列为全国重点文物保护单位的古建筑群的管理单位。

第四十条 专职消防队的建立，应当符合国家有关规定，并报当地消防救援机构验收。

专职消防队的队员依法享受社会保险和福利待遇。

第四十一条 机关、团体、企业、事业等单位以及村民委员会、居民委员会根据需要，建立志愿消防队等多种形式的消防组织，开展群众性自防自救工作。

第四十二条 消防救援机构应当对专职消防队、志愿消防队等消防组织进行业务指导；根据扑救火灾的需要，可以调动指挥专职消防队参加火灾扑救工作。

第四章 灭火救援

第四十三条 县级以上地方人民政府应当组织有关部门针对本行政区域内的火灾特点制定应急预案，建立应急反应和处置机制，为火灾扑救和应急救援工作提供人员、装备等保障。

第四十四条 任何人发现火灾都应当立即报警。任何单位、个人都应当无偿为报警提供便利，不得阻拦报警。严禁谎报火警。

人员密集场所发生火灾，该场所的现场工作人员应当立即组织、引导在场人员疏散。

任何单位发生火灾，必须立即组织力量扑救。邻近单位应当给予支援。

消防队接到火警，必须立即赶赴火灾现场，救助遇险人员，排除险情，扑灭火灾。

第四十五条 消防救援机构统一组织和指挥火灾现场扑救，应当优先保障遇险人员的生命安全。

火灾现场总指挥根据扑救火灾的需要，有权决定下列事项：

（一）使用各种水源；

（二）截断电力、可燃气体和可燃液体的输送，限制用火用电；

（三）划定警戒区，实行局部交通管制；

（四）利用临近建筑物和有关设施；

（五）为了抢救人员和重要物资，防止火势蔓延，拆除或者破损毗邻火灾现场的建筑物、构筑物或者设施等；

（六）调动供水、供电、供气、通信、医疗救护、交通运输、环境保护等有关单位协助灭火救援。

根据扑救火灾的紧急需要，有关地方人民政府应当组织人员、调集所需物资支援灭火。

第四十六条 国家综合性消防救援队、专职消防队参加火灾以外的其他重大灾害事故的应急救援工作，由县级以上人民政府统一领导。

第四十七条 消防车、消防艇前往执行火灾扑救或者应急救援任务，在确保安全的前提下，不受行驶速度、行驶路线、行驶方向和指挥信号的限制，其他车辆、船舶以及行人应当让行，不得穿插超越；收费公路、桥梁免收车辆通行费。交通管理指挥人员应当保证消防车、消防艇迅速通行。

赶赴火灾现场或者应急救援现场的消防人员和调集的消防装备、物资，需要铁路、水路或者航空运输的，有关单位应当优先运输。

第四十八条 消防车、消防艇以及消防器材、装备和设施，不得用于与消防和应急救援工作无关的事项。

第四十九条 国家综合性消防救援队、专职消防队扑救火灾、应急救援，不得收取任何费用。

单位专职消防队、志愿消防队参加扑救外单位火灾所损耗的燃料、灭火剂和器材、装备等，由火灾发生地的人民政府给予补偿。

第五十条 对因参加扑救火灾或者应急救援受伤、致残或者死亡的人员,按照国家有关规定给予医疗、抚恤。

第五十一条 消防救援机构有权根据需要封闭火灾现场,负责调查火灾原因,统计火灾损失。

火灾扑灭后,发生火灾的单位和相关人员应当按照消防救援机构的要求保护现场,接受事故调查,如实提供与火灾有关的情况。

消防救援机构根据火灾现场勘验、调查情况和有关的检验、鉴定意见,及时制作火灾事故认定书,作为处理火灾事故的证据。

第五章 监督检查

第五十二条 地方各级人民政府应当落实消防工作责任制,对本级人民政府有关部门履行消防安全职责的情况进行监督检查。

县级以上地方人民政府有关部门应当根据本系统的特点,有针对性地开展消防安全检查,及时督促整改火灾隐患。

第五十三条 消防救援机构应当对机关、团体、企业、事业等单位遵守消防法律、法规的情况依法进行监督检查。公安派出所可以负责日常消防监督检查、开展消防宣传教育,具体办法由国务院公安部门规定。

消防救援机构、公安派出所的工作人员进行消防监督检查,应当出示证件。

第五十四条 消防救援机构在消防监督检查中发现火灾隐患的,应当通知有关单位或者个人立即采取措施消除隐患;不及时消除隐患可能严重威胁公共安全的,消防救援机构应当依照规定对危险部位或者场所采取临时查封措施。

第五十五条 消防救援机构在消防监督检查中发现城乡消防安全布局、公共消防设施不符合消防安全要求,或者发现本地区存在影响公共安全的重大火灾隐患的,应当由应急管理部门书面报告本级人民政府。

接到报告的人民政府应当及时核实情况,组织或者责成有关部门、单位采取措施,予以整改。

第五十六条 住房和城乡建设主管部门、消防救援机构及其工作人员应当按照法定的职权和程序进行消防设计审查、消防验收、备案抽查和消防安全检查,做到公正、严格、文明、高效。

住房和城乡建设主管部门、消防救援机构及其工作人员进行消防设计审查、消防验收、备案抽查和消防安全检查等,不得收取费用,不得利用职务谋取利益;不得利用职务为用户、建设单位指定或者变相指定消防产品的品牌、销售单位或者消防技术服务机构、消防设施施工单位。

第五十七条 住房和城乡建设主管部门、消防救援机构及其工作人员执行职务,应当自觉接受社会和公民的监督。

任何单位和个人都有权对住房和城乡建设主管部门、消防救援机构及其工作人员在执法中的违法行为进行检举、控告。收到检举、控告的机关,应当按照职责及时查处。

第六章 法律责任

第五十八条 违反本法规定,有下列行为之一的,由住房和城乡建设主管部门、消防救援机构按照各自职权责令停止施工、停止使用或者停产停业,并处三万元以上三十万元以下罚款:

(一)依法应当进行消防设计审查的建设工程,未经依法审查或者审查不合格,擅自施工的;

(二)依法应当进行消防验收的建设工程,未经消防验收或者消防验收不合格,擅自投入使用的;

(三)本法第十三条规定的其他建设工程验收后经依法抽查不合格,不停止使用的;

(四)公众聚集场所未经消防安全检查或者经检查不符合消防安全要求,擅自投入使用、营业的。

建设单位未依照本法规定在验收后报住房和城乡建设主管部门备案的,由住房和城乡建设主管部门责令改正,处五千元以下罚款。

第五十九条 违反本法规定,有下列行为之一的,由住房和城乡建设主管部门责令改正或者停止施工,并处一万元以上十万元以下罚款:

(一)建设单位要求建筑设计单位或者建筑施工企业降低消防技术标准设计、施工的;

(二)建筑设计单位不按照消防技术标准强制性要求进行消防设计的;

(三)建筑施工企业不按照消防设计文件和消防技术标准施工,降低消防施工质量的;

（四）工程监理单位与建设单位或者建筑施工企业串通，弄虚作假，降低消防施工质量的。

第六十条 单位违反本法规定，有下列行为之一的，责令改正，处五千元以上五万元以下罚款：

（一）消防设施、器材或者消防安全标志的配置、设置不符合国家标准、行业标准，或者未保持完好有效的；

（二）损坏、挪用或者擅自拆除、停用消防设施、器材的；

（三）占用、堵塞、封闭疏散通道、安全出口或者有其他妨碍安全疏散行为的；

（四）埋压、圈占、遮挡消火栓或者占用防火间距的；

（五）占用、堵塞、封闭消防车通道，妨碍消防车通行的；

（六）人员密集场所在门窗上设置影响逃生和灭火救援的障碍物的；

（七）对火灾隐患经消防救援机构通知后不及时采取措施消除的。

个人有前款第二项、第三项、第四项、第五项行为之一的，处警告或者五百元以下罚款。

有本条第一款第三项、第四项、第五项、第六项行为，经责令改正拒不改正的，强制执行，所需费用由违法行为人承担。

第六十一条 生产、储存、经营易燃易爆危险品的场所与居住场所设置在同一建筑物内，或者未与居住场所保持安全距离的，责令停产停业，并处五千元以上五万元以下罚款。

生产、储存、经营其他物品的场所与居住场所设置在同一建筑物内，不符合消防技术标准的，依照前款规定处罚。

第六十二条 有下列行为之一的，依照《中华人民共和国治安管理处罚法》的规定处罚：

（一）违反有关消防技术标准和管理规定生产、储存、运输、销售、使用、销毁易燃易爆危险品的；

（二）非法携带易燃易爆危险品进入公共场所或者乘坐公共交通工具的；

（三）谎报火警的；

（四）阻碍消防车、消防艇执行任务的；

（五）阻碍消防救援机构的工作人员依法执行职务的。

第六十三条 违反本法规定，有下列行为之一的，处警告或者五百元以下罚款；情节严重的，处五日以下拘留：

（一）违反消防安全规定进入生产、储存易燃易爆危险品场所的；

（二）违反规定使用明火作业或者在具有火灾、爆炸危险的场所吸烟、使用明火的。

第六十四条 违反本法规定，有下列行为之一，尚不构成犯罪的，处十日以上十五日以下拘留，可以并处五百元以下罚款；情节较轻的，处警告或者五百元以下罚款：

（一）指使或者强令他人违反消防安全规定，冒险作业的；

（二）过失引起火灾的；

（三）在火灾发生后阻拦报警，或者负有报告职责的人员不及时报警的；

（四）扰乱火灾现场秩序，或者拒不执行火灾现场指挥员指挥，影响灭火救援的；

（五）故意破坏或者伪造火灾现场的；

（六）擅自拆封或者使用被消防救援机构查封的场所、部位的。

第六十五条 违反本法规定，生产、销售不合格的消防产品或者国家明令淘汰的消防产品的，由产品质量监督部门或者工商行政管理部门依照《中华人民共和国产品质量法》的规定从重处罚。

人员密集场所使用不合格的消防产品或者国家明令淘汰的消防产品的，责令限期改正；逾期不改正的，处五千元以上五万元以下罚款，并对其直接负责的主管人员和其他直接责任人员处五百元以上二千元以下罚款；情节严重的，责令停产停业。

消防救援机构对于本条第二款规定的情形，除依法对使用者予以处罚外，应当将发现不合格的消防产品和国家明令淘汰的消防产品的情况通报产品质量监督部门、工商行政管理部门。产品质量监督部门、工商行政管理部门应当对生产者、销售者依法及时查处。

第六十六条 电器产品、燃气用具的安装、使用及其线路、管路的设计、敷设、维护保养、检测不符合消防技术标准和管理规定的，责令限期改正；逾期不改正的，责令停止使用，可以并处一千元以上五千元以下罚款。

第六十七条 机关、团体、企业、事业等单位违反本法第十六条、第十七条、第十八条、第二十一条第二款规定的,责令限期改正;逾期不改正的,对其直接负责的主管人员和其他直接责任人员依法给予处分或者给予警告处罚。

第六十八条 人员密集场所发生火灾,该场所的现场工作人员不履行组织、引导在场人员疏散的义务,情节严重,尚不构成犯罪的,处五日以上十日以下拘留。

第六十九条 消防产品质量认证、消防设施检测等消防技术服务机构出具虚假文件的,责令改正,处五万元以上十万元以下罚款,并对直接负责的主管人员和其他直接责任人员处一万元以上五万元以下罚款;有违法所得的,并处没收违法所得;给他人造成损失的,依法承担赔偿责任;情节严重的,由原许可机关依法责令停止执业或者吊销相应资质、资格。

前款规定的机构出具失实文件,给他人造成损失的,依法承担赔偿责任;造成重大损失的,由原许可机关依法责令停止执业或者吊销相应资质、资格。

第七十条 本法规定的行政处罚,除应当由公安机关依照《中华人民共和国治安管理处罚法》的有关规定决定的外,由住房和城乡建设主管部门、消防救援机构按照各自职权决定。

被责令停止施工、停止使用、停产停业的,应当在整改后向作出决定的部门或者机构报告,经检查合格,方可恢复施工、使用、生产、经营。

当事人逾期不执行停产停业、停止使用、停止施工决定的,由作出决定的部门或者机构强制执行。

责令停产停业,对经济和社会生活影响较大的,由住房和城乡建设主管部门或者应急管理部门报请本级人民政府依法决定。

第七十一条 住房和城乡建设主管部门、消防救援机构的工作人员滥用职权、玩忽职守、徇私舞弊,有下列行为之一,尚不构成犯罪的,依法给予处分:

(一)对不符合消防安全要求的消防设计文件、建设工程、场所准予审查合格、消防验收合格、消防安全检查合格的;

(二)无故拖延消防设计审查、消防验收、消防安全检查,不在法定期限内履行职责的;

(三)发现火灾隐患不及时通知有关单位或者个人整改的;

(四)利用职务为用户、建设单位指定或者变相指定消防产品的品牌、销售单位或者消防技术服务机构、消防设施施工单位的;

(五)将消防车、消防艇以及消防器材、装备和设施用于与消防和应急救援无关的事项的;

(六)其他滥用职权、玩忽职守、徇私舞弊的行为。

产品质量监督、工商行政管理等其他有关行政主管部门的工作人员在消防工作中滥用职权、玩忽职守、徇私舞弊,尚不构成犯罪的,依法给予处分。

第七十二条 违反本法规定,构成犯罪的,依法追究刑事责任。

第七章 附 则

第七十三条 本法下列用语的含义:

(一)消防设施,是指火灾自动报警系统、自动灭火系统、消火栓系统、防烟排烟系统以及应急广播和应急照明、安全疏散设施等。

(二)消防产品,是指专门用于火灾预防、灭火救援和火灾防护、避难、逃生的产品。

(三)公众聚集场所,是指宾馆、饭店、商场、集贸市场、客运车站候车室、客运码头候船厅、民用机场航站楼、体育场馆、会堂以及公共娱乐场所等。

(四)人员密集场所,是指公众聚集场所,医院的门诊楼、病房楼,学校的教学楼、图书馆、食堂和集体宿舍,养老院,福利院,托儿所,幼儿园,公共图书馆的阅览室,公共展览馆、博物馆的展示厅,劳动密集型企业的生产加工车间和员工集体宿舍,旅游、宗教活动场所等。

第七十四条 本法自2009年5月1日起施行。

中华人民共和国突发事件应对法

(2007年8月30日第十届全国人民代表大会常务委员会第二十九次会议通过 2007年8月30日中华人民共和国主席令第69号公布 自2007年11月1日起施行)

目 录

第一章 总 则
第二章 预防与应急准备
第三章 监测与预警

第四章　应急处置与救援
第五章　事后恢复与重建
第六章　法律责任
第七章　附　　则

第一章　总　　则

第一条　【立法目的】为了预防和减少突发事件的发生,控制、减轻和消除突发事件引起的严重社会危害,规范突发事件应对活动,保护人民生命财产安全,维护国家安全、公共安全、环境安全和社会秩序,制定本法。

第二条　【适用范围】突发事件的预防与应急准备、监测与预警、应急处置与救援、事后恢复与重建等应对活动,适用本法。

第三条　【突发事件含义及分级标准】本法所称突发事件,是指突然发生,造成或者可能造成严重社会危害,需要采取应急处置措施予以应对的自然灾害、事故灾难、公共卫生事件和社会安全事件。

按照社会危害程度、影响范围等因素,自然灾害、事故灾难、公共卫生事件分为特别重大、重大、较大和一般四级。法律、行政法规或者国务院另有规定的,从其规定。

突发事件的分级标准由国务院或者国务院确定的部门制定。

第四条　【应急管理体制】国家建立统一领导、综合协调、分类管理、分级负责、属地管理为主的应急管理体制。

第五条　【风险评估】突发事件应对工作实行预防为主、预防与应急相结合的原则。国家建立重大突发事件风险评估体系,对可能发生的突发事件进行综合性评估,减少重大突发事件的发生,最大限度地减轻重大突发事件的影响。

第六条　【社会动员机制】国家建立有效的社会动员机制,增强全民的公共安全和防范风险的意识,提高全社会的避险救助能力。

第七条　【负责机关】县级人民政府对本行政区域内突发事件的应对工作负责;涉及两个以上行政区域的,由有关行政区域共同的上一级人民政府负责,或者由各有关行政区域的上一级人民政府共同负责。

突发事件发生后,发生地县级人民政府应当立即采取措施控制事态发展,组织开展应急救援和处置工作,并立即向上一级人民政府报告,必要时可以越级上报。

突发事件发生地县级人民政府不能消除或者不能有效控制突发事件引起的严重社会危害的,应当及时向上级人民政府报告。上级人民政府应当及时采取措施,统一领导应急处置工作。

法律、行政法规规定由国务院有关部门对突发事件的应对工作负责的,从其规定;地方人民政府应当积极配合并提供必要的支持。

第八条　【应急管理机构】国务院在总理领导下研究、决定和部署特别重大突发事件的应对工作;根据实际需要,设立国家突发事件应急指挥机构,负责突发事件应对工作;必要时,国务院可以派出工作组指导有关工作。

县级以上地方各级人民政府设立由本级人民政府主要负责人、相关部门负责人、驻当地中国人民解放军和中国人民武装警察部队有关负责人组成的突发事件应急指挥机构,统一领导、协调本级人民政府各有关部门和下级人民政府开展突发事件应对工作;根据实际需要,设立相关类别突发事件应急指挥机构,组织、协调、指挥突发事件应对工作。

上级人民政府主管部门应当在各自职责范围内,指导、协助下级人民政府及其相应部门做好有关突发事件的应对工作。

第九条　【行政领导机关】国务院和县级以上地方各级人民政府是突发事件应对工作的行政领导机关,其办事机构及具体职责由国务院规定。

第十条　【及时公布决定、命令】有关人民政府及其部门作出的应对突发事件的决定、命令,应当及时公布。

第十一条　【合理措施原则】有关人民政府及其部门采取的应对突发事件的措施,应当与突发事件可能造成的社会危害的性质、程度和范围相适应;有多种措施可供选择的,应当选择有利于最大程度地保护公民、法人和其他组织权益的措施。

公民、法人和其他组织有义务参与突发事件应对工作。

第十二条　【财产征用】有关人民政府及其部门为应对突发事件,可以征用单位和个人的财产。被征用的财产在使用完毕或者突发事件应急处置工作结束后，应当及时返还。财产被征用或者征用后毁损、灭失的，应当给予补偿。

第十三条 【时效中止、程序中止】因采取突发事件应对措施，诉讼、行政复议、仲裁活动不能正常进行的，适用有关时效中止和程序中止的规定，但法律另有规定的除外。

第十四条 【武装力量参与应急】中国人民解放军、中国人民武装警察部队和民兵组织依照本法和其他有关法律、行政法规、军事法规的规定以及国务院、中央军事委员会的命令，参加突发事件的应急救援和处置工作。

第十五条 【国际交流与合作】中华人民共和国政府在突发事件的预防、监测与预警、应急处置与救援、事后恢复与重建等方面，同外国政府和有关国际组织开展合作与交流。

第十六条 【同级人大监督】县级以上人民政府作出应对突发事件的决定、命令，应当报本级人民代表大会常务委员会备案；突发事件应急处置工作结束后，应当向本级人民代表大会常务委员会作出专项工作报告。

第二章 预防与应急准备

第十七条 【应急预案体系】国家建立健全突发事件应急预案体系。

国务院制定国家突发事件总体应急预案，组织制定国家突发事件专项应急预案；国务院有关部门根据各自的职责和国务院相关应急预案，制定国家突发事件部门应急预案。

地方各级人民政府和县级以上地方各级人民政府有关部门根据有关法律、法规、规章、上级人民政府及其有关部门的应急预案以及本地区的实际情况，制定相应的突发事件应急预案。

应急预案制定机关应当根据实际需要和情势变化，适时修订应急预案。应急预案的制定、修订程序由国务院规定。

第十八条 【应急预案制定依据与内容】应急预案应当根据本法和其他有关法律、法规的规定，针对突发事件的性质、特点和可能造成的社会危害，具体规定突发事件应急管理工作的组织指挥体系与职责和突发事件的预防与预警机制、处置程序、应急保障措施以及事后恢复与重建措施等内容。

第十九条 【城乡规划】城乡规划应当符合预防、处置突发事件的需要，统筹安排应对突发事件所必需的设备和基础设施建设，合理确定应急避难场所。

第二十条 【安全防范】县级人民政府应当对本行政区域内容易引发自然灾害、事故灾难和公共卫生事件的危险源、危险区域进行调查、登记、风险评估，定期进行检查、监控，并责令有关单位采取安全防范措施。

省级和设区的市级人民政府应当对本行政区域内容易引发特别重大、重大突发事件的危险源、危险区域进行调查、登记、风险评估，组织进行检查、监控，并责令有关单位采取安全防范措施。

县级以上地方各级人民政府按照本法规定登记的危险源、危险区域，应当按照国家规定及时向社会公布。

第二十一条 【及时调解处理矛盾纠纷】县级人民政府及其有关部门、乡级人民政府、街道办事处、居民委员会、村民委员会应当及时调解处理可能引发社会安全事件的矛盾纠纷。

第二十二条 【安全管理】所有单位应当建立健全安全管理制度，定期检查本单位各项安全防范措施的落实情况，及时消除事故隐患；掌握并及时处理本单位存在的可能引发社会安全事件的问题，防止矛盾激化和事态扩大；对本单位可能发生的突发事件和采取安全防范措施的情况，应当按照规定及时向所在地人民政府或者人民政府有关部门报告。

第二十三条 【矿山、建筑施工单位和危险物品生产、经营、储运、使用单位的预防义务】矿山、建筑施工单位和易燃易爆物品、危险化学品、放射性物品等危险物品的生产、经营、储运、使用单位，应当制定具体应急预案，并对生产经营场所、有危险物品的建筑物、构筑物及周边环境开展隐患排查，及时采取措施消除隐患，防止发生突发事件。

第二十四条 【人员密集场所的经营单位或者管理单位的预防义务】公共交通工具、公共场所和其他人员密集场所的经营单位或者管理单位应当制定具体应急预案，为交通工具和有关场所配备报警装置和必要的应急救援设备、设施，注明其使用方法，并显著标明安全撤离的通道、路线，保证安全通道、出口的畅通。

有关单位应当定期检测、维护其报警装置和应急救援设备、设施,使其处于良好状态,确保正常使用。

第二十五条 【应急管理培训制度】县级以上人民政府应当建立健全突发事件应急管理培训制度,对人民政府及其有关部门负有处置突发事件职责的工作人员定期进行培训。

第二十六条 【应急救援队伍】县级以上人民政府应当整合应急资源,建立或者确定综合性应急救援队伍。人民政府有关部门可以根据实际需要设立专业应急救援队伍。

县级以上人民政府及其有关部门可以建立由成年志愿者组成的应急救援队伍。单位应当建立由本单位职工组成的专职或者兼职应急救援队伍。

县级以上人民政府应当加强专业应急救援队伍与非专业应急救援队伍的合作,联合培训、联合演练,提高合成应急、协同应急的能力。

第二十七条 【应急救援人员人身保险】国务院有关部门、县级以上地方各级人民政府及其有关部门、有关单位应当为专业应急救援人员购买人身意外伤害保险,配备必要的防护装备和器材,减少应急救援人员的人身风险。

第二十八条 【军队和民兵组织的专门训练】中国人民解放军、中国人民武装警察部队和民兵组织应当有计划地组织开展应急救援的专门训练。

第二十九条 【应急知识宣传普及和应急演练】县级人民政府及其有关部门、乡级人民政府、街道办事处应当组织开展应急知识的宣传普及活动和必要的应急演练。

居民委员会、村民委员会、企业事业单位应当根据所在地人民政府的要求,结合各自的实际情况,开展有关突发事件应急知识的宣传普及活动和必要的应急演练。

新闻媒体应当无偿开展突发事件预防与应急、自救与互救知识的公益宣传。

第三十条 【学校的应急知识教育义务】各级各类学校应当把应急知识教育纳入教学内容,对学生进行应急知识教育,培养学生的安全意识和自救与互救能力。

教育主管部门应当对学校开展应急知识教育进行指导和监督。

第三十一条 【经费保障】国务院和县级以上地方各级人民政府应当采取财政措施,保障突发事件应对工作所需经费。

第三十二条 【应急物资储备保障】国家建立健全应急物资储备保障制度,完善重要应急物资的监管、生产、储备、调拨和紧急配送体系。

设区的市级以上人民政府和突发事件易发、多发地区的县级人民政府应当建立应急救援物资、生活必需品和应急处置装备的储备制度。

县级以上地方各级人民政府应当根据本地区的实际情况,与有关企业签订协议,保障应急救援物资、生活必需品和应急处置装备的生产、供给。

第三十三条 【应急通信保障】国家建立健全应急通信保障体系,完善公用通信网,建立有线与无线相结合、基础电信网络与机动通信系统相配套的应急通信系统,确保突发事件应对工作的通信畅通。

第三十四条 【鼓励捐赠】国家鼓励公民、法人和其他组织为人民政府应对突发事件工作提供物资、资金、技术支持和捐赠。

第三十五条 【巨灾风险保险】国家发展保险事业,建立国家财政支持的巨灾风险保险体系,并鼓励单位和公民参加保险。

第三十六条 【人才培养和研究开发】国家鼓励、扶持具备相应条件的教学科研机构培养应急管理专门人才,鼓励、扶持教学科研机构和有关企业研究开发用于突发事件预防、监测、预警、应急处置与救援的新技术、新设备和新工具。

第三章 监测与预警

第三十七条 【突发事件信息系统】国务院建立全国统一的突发事件信息系统。

县级以上地方各级人民政府应当建立或者确定本地区统一的突发事件信息系统,汇集、储存、分析、传输有关突发事件的信息,并与上级人民政府及其有关部门、下级人民政府及其有关部门、专业机构和监测网点的突发事件信息系统实现互联互通,加强跨部门、跨地区的信息交流与情报合作。

第三十八条 【突发事件信息收集】县级以上人民政府及其有关部门、专业机构应当通过多种途径收集突发事件信息。

县级人民政府应当在居民委员会、村民委员会和有关单位建立专职或者兼职信息报告员制度。

获悉突发事件信息的公民、法人或者其他组织,应当立即向所在地人民政府、有关主管部门或者指定的专业机构报告。

第三十九条 【突发事件信息报送和报告】地方各级人民政府应当按照国家有关规定向上级人民政府报送突发事件信息。县级以上人民政府有关主管部门应当向本级人民政府相关部门通报突发事件信息。专业机构、监测网点和信息报告员应当及时向所在地人民政府及其有关主管部门报告突发事件信息。

有关单位和人员报送、报告突发事件信息,应当做到及时、客观、真实,不得迟报、谎报、瞒报、漏报。

第四十条 【汇总分析突发事件隐患和预警信息】县级以上地方各级人民政府应当及时汇总分析突发事件隐患和预警信息,必要时组织相关部门、专业技术人员、专家学者进行会商,对发生突发事件的可能性及其可能造成的影响进行评估;认为可能发生重大或者特别重大突发事件的,应当立即向上级人民政府报告,并向上级人民政府有关部门、当地驻军和可能受到危害的毗邻或者相关地区的人民政府通报。

第四十一条 【突发事件监测】国家建立健全突发事件监测制度。

县级以上人民政府及其有关部门应当根据自然灾害、事故灾难和公共卫生事件的种类和特点,建立健全基础信息数据库,完善监测网络,划分监测区域,确定监测点,明确监测项目,提供必要的设备、设施,配备专职或者兼职人员,对可能发生的突发事件进行监测。

第四十二条 【突发事件预警】国家建立健全突发事件预警制度。

可以预警的自然灾害、事故灾难和公共卫生事件的预警级别,按照突发事件发生的紧急程度、发展势态和可能造成的危害程度分为一级、二级、三级和四级,分别用红色、橙色、黄色和蓝色标示,一级为最高级别。

预警级别的划分标准由国务院或者国务院确定的部门制定。

第四十三条 【发布预警】可以预警的自然灾害、事故灾难或者公共卫生事件即将发生或者发生的可能性增大时,县级以上地方各级人民政府应当根据有关法律、行政法规和国务院规定的权限和程序,发布相应级别的警报,决定并宣布有关地区进入预警期,同时向上一级人民政府报告,必要时可以越级上报,并向当地驻军和可能受到危害的毗邻或者相关地区的人民政府通报。

第四十四条 【三、四级预警应当采取的措施】发布三级、四级警报,宣布进入预警期后,县级以上地方各级人民政府应当根据即将发生的突发事件的特点和可能造成的危害,采取下列措施:

(一)启动应急预案;

(二)责令有关部门、专业机构、监测网点和负有特定职责的人员及时收集、报告有关信息,向社会公布反映突发事件信息的渠道,加强对突发事件发生、发展情况的监测、预报和预警工作;

(三)组织有关部门和机构、专业技术人员、有关专家学者,随时对突发事件信息进行分析评估,预测发生突发事件可能性的大小、影响范围和强度以及可能发生的突发事件的级别;

(四)定时向社会发布与公众有关的突发事件预测信息和分析评估结果,并对相关信息的报道工作进行管理;

(五)及时按照有关规定向社会发布可能受到突发事件危害的警告,宣传避免、减轻危害的常识,公布咨询电话。

第四十五条 【一、二级预警应当采取的措施】发布一级、二级警报,宣布进入预警期后,县级以上地方各级人民政府除采取本法第四十四条规定的措施外,还应当针对即将发生的突发事件的特点和可能造成的危害,采取下列一项或者多项措施:

(一)责令应急救援队伍、负有特定职责的人员进入待命状态,并动员后备人员做好参加应急救援和处置工作的准备;

(二)调集应急救援所需物资、设备、工具,准备应急设施和避难场所,并确保其处于良好状态、随时可以投入正常使用;

(三)加强对重点单位、重要部位和重要基础设施的安全保卫,维护社会治安秩序;

(四)采取必要措施,确保交通、通信、供水、排水、供电、供气、供热等公共设施的安全和正常运行;

(五)及时向社会发布有关采取特定措施避免

或者减轻危害的建议、劝告；

（六）转移、疏散或者撤离易受突发事件危害的人员并予以妥善安置，转移重要财产；

（七）关闭或者限制使用易受突发事件危害的场所，控制或者限制容易导致危害扩大的公共场所的活动；

（八）法律、法规、规章规定的其他必要的防范性、保护性措施。

第四十六条 【社会安全事件报告制度】对即将发生或者已经发生的社会安全事件，县级以上地方各级人民政府及其有关主管部门应当按照规定向上一级人民政府及其有关主管部门报告，必要时可以越级上报。

第四十七条 【预警调整和解除】发布突发事件警报的人民政府应当根据事态的发展，按照有关规定适时调整预警级别并重新发布。

有事实证明不可能发生突发事件或者危险已经解除的，发布警报的人民政府应当立即宣布解除警报，终止预警期，并解除已经采取的有关措施。

第四章 应急处置与救援

第四十八条 【突发事件发生后政府应履行的职责】突发事件发生后，履行统一领导职责或者组织处置突发事件的人民政府应当针对其性质、特点和危害程度，立即组织有关部门，调动应急救援队伍和社会力量，依照本章的规定和有关法律、法规、规章的规定采取应急处置措施。

第四十九条 【应对自然灾害、事故灾难或者公共卫生事件的处置措施】自然灾害、事故灾难或者公共卫生事件发生后，履行统一领导职责的人民政府可以采取下列一项或者多项应急处置措施：

（一）组织营救和救治受害人员，疏散、撤离并妥善安置受到威胁的人员以及采取其他救助措施；

（二）迅速控制危险源，标明危险区域，封锁危险场所，划定警戒区，实行交通管制以及其他控制措施；

（三）立即抢修被损坏的交通、通信、供水、排水、供电、供气、供热等公共设施，向受到危害的人员提供避难场所和生活必需品，实施医疗救护和卫生防疫以及其他保障措施；

（四）禁止或者限制使用有关设备、设施，关闭或者限制使用有关场所，中止人员密集的活动或者可能导致危害扩大的生产经营活动以及采取其他保护措施；

（五）启用本级人民政府设置的财政预备费和储备的应急救援物资，必要时调用其他急需物资、设备、设施、工具；

（六）组织公民参加应急救援和处置工作，要求具有特定专长的人员提供服务；

（七）保障食品、饮用水、燃料等基本生活必需品的供应；

（八）依法从严惩处囤积居奇、哄抬物价、制假售假等扰乱市场秩序的行为，稳定市场价格，维护市场秩序；

（九）依法从严惩处哄抢财物、干扰破坏应急处置工作等扰乱社会秩序的行为，维护社会治安；

（十）采取防止发生次生、衍生事件的必要措施。

第五十条 【应对社会安全事件的处置措施】社会安全事件发生后，组织处置工作的人民政府应当立即组织有关部门并由公安机关针对事件的性质和特点，依照有关法律、行政法规和国家其他有关规定，采取下列一项或者多项应急处置措施：

（一）强制隔离使用器械相互对抗或者以暴力行为参与冲突的当事人，妥善解决现场纠纷和争端，控制事态发展；

（二）对特定区域内的建筑物、交通工具、设备、设施以及燃料、燃气、电力、水的供应进行控制；

（三）封锁有关场所、道路，查验现场人员的身份证件，限制有关公共场所内的活动；

（四）加强对易受冲击的核心机关和单位的警卫，在国家机关、军事机关、国家通讯社、广播电台、电视台、外国驻华使领馆等单位附近设置临时警戒线；

（五）法律、行政法规和国务院规定的其他必要措施。

严重危害社会治安秩序的事件发生时，公安机关应当立即依法出动警力，根据现场情况依法采取相应的强制性措施，尽快使社会秩序恢复正常。

第五十一条 【突发事件严重影响国民经济运行时的应急处置措施】发生突发事件，严重影响国民经济正常运行时，国务院或者国务院授权的有关主管部门可以采取保障、控制等必要的应急措施，保障人民群众的基本生活需要，最大限度地减轻突发事件的影响。

第五十二条 【征用财产权、请求支援权及相应义务】履行统一领导职责或者组织处置突发事件的人民政府，必要时可以向单位和个人征用应急救援所需设备、设施、场地、交通工具和其他物资，请求其他地方人民政府提供人力、物力、财力或者技术支援，要求生产、供应生活必需品和应急救援物资的企业组织生产、保证供给，要求提供医疗、交通等公共服务的组织提供相应的服务。

履行统一领导职责或者组织处置突发事件的人民政府，应当组织协调运输经营单位，优先运送处置突发事件所需物资、设备、工具、应急救援人员和受到突发事件危害的人员。

第五十三条 【发布相关信息的义务】履行统一领导职责或者组织处置突发事件的人民政府，应当按照有关规定统一、准确、及时发布有关突发事件事态发展和应急处置工作的信息。

第五十四条 【禁止编造、传播虚假信息】任何单位和个人不得编造、传播有关突发事件事态发展或者应急处置工作的虚假信息。

第五十五条 【相关组织的协助义务】突发事件发生地的居民委员会、村民委员会和其他组织应当按照当地人民政府的决定、命令，进行宣传动员，组织群众开展自救和互救，协助维护社会秩序。

第五十六条 【受突发事件影响或辐射突发事件的单位的应急处置措施】受到自然灾害危害或者发生事故灾难、公共卫生事件的单位，应当立即组织本单位应急救援队伍和工作人员营救受害人员，疏散、撤离、安置受到威胁的人员，控制危险源，标明危险区域，封锁危险场所，并采取其他防止危害扩大的必要措施，同时向所在地县级人民政府报告；对因本单位的问题引发的或者主体是本单位人员的社会安全事件，有关单位应当按照规定上报情况，并迅速派出负责人赶赴现场开展劝解、疏导工作。

突发事件发生地的其他单位应当服从人民政府发布的决定、命令，配合人民政府采取的应急处置措施，做好本单位的应急救援工作，并积极组织人员参加所在地的应急救援和处置工作。

第五十七条 【突发事件发生地的公民应当履行的义务】突发事件发生地的公民应当服从人民政府、居民委员会、村民委员会或者所属单位的指挥和安排，配合人民政府采取的应急处置措施，积极参加应急救援工作，协助维护社会秩序。

第五章 事后恢复与重建

第五十八条 【停止执行应急处置措施并继续实施必要措施】突发事件的威胁和危害得到控制或者消除后，履行统一领导职责或者组织处置突发事件的人民政府应当停止执行依照本法规定采取的应急处置措施，同时采取或者继续实施必要措施，防止发生自然灾害、事故灾难、公共卫生事件的次生、衍生事件或者重新引发社会安全事件。

第五十九条 【损失评估和组织恢复重建】突发事件应急处置工作结束后，履行统一领导职责的人民政府应当立即组织对突发事件造成的损失进行评估，组织受影响地区尽快恢复生产、生活、工作和社会秩序，制定恢复重建计划，并向上一级人民政府报告。

受突发事件影响地区的人民政府应当及时组织和协调公安、交通、铁路、民航、邮电、建设等有关部门恢复社会治安秩序，尽快修复被损坏的交通、通信、供水、排水、供电、供气、供热等公共设施。

第六十条 【支援恢复重建】受突发事件影响地区的人民政府开展恢复重建工作需要上一级人民政府支持的，可以向上一级人民政府提出请求。上一级人民政府应当根据受影响地区遭受的损失和实际情况，提供资金、物资支持和技术指导，组织其他地区提供资金、物资和人力支援。

第六十一条 【善后工作计划】国务院根据受突发事件影响地区遭受损失的情况，制定扶持该地区有关行业发展的优惠政策。

受突发事件影响地区的人民政府应当根据本地区遭受损失的情况，制定救助、补偿、抚慰、抚恤、安置等善后工作计划并组织实施，妥善解决因处置突发事件引发的矛盾和纠纷。

公民参加应急救援工作或者协助维护社会秩序期间，其在本单位的工资待遇和福利不变；表现突出、成绩显著的，由县级以上人民政府给予表彰或者奖励。

县级以上人民政府对在应急救援工作中伤亡

的人员依法给予抚恤。

第六十二条 【查明原因并总结经验教训】履行统一领导职责的人民政府应当及时查明突发事件的发生经过和原因,总结突发事件应急处置工作的经验教训,制定改进措施,并向上一级人民政府提出报告。

第六章 法律责任

第六十三条 【政府及其有关部门不履行法定职责的法律责任】地方各级人民政府和县级以上各级人民政府有关部门违反本法规定,不履行法定职责的,由其上级行政机关或者监察机关责令改正;有下列情形之一的,根据情节对直接负责的主管人员和其他直接责任人员依法给予处分:

(一)未按规定采取预防措施,导致发生突发事件,或者未采取必要的防范措施,导致发生次生、衍生事件的;

(二)迟报、谎报、瞒报、漏报有关突发事件的信息,或者通报、报送、公布虚假信息,造成后果的;

(三)未按规定及时发布突发事件警报、采取预警期的措施,导致损害发生的;

(四)未按规定及时采取措施处置突发事件或者处置不当,造成后果的;

(五)不服从上级人民政府对突发事件应急处置工作的统一领导、指挥和协调的;

(六)未及时组织开展生产自救、恢复重建等善后工作的;

(七)截留、挪用、私分或者变相私分应急救援资金、物资的;

(八)不及时归还征用的单位和个人的财产,或者对被征用财产的单位和个人不按规定给予补偿的。

第六十四条 【突发事件发生地的单位不履行法定义务的法律责任】有关单位有下列情形之一的,由所在地履行统一领导职责的人民政府责令停产停业,暂扣或者吊销许可证或者营业执照,并处五万元以上二十万元以下的罚款;构成违反治安管理行为的,由公安机关依法给予处罚:

(一)未按规定采取预防措施,导致发生严重突发事件的;

(二)未及时消除已发现的可能引发突发事件的隐患,导致发生严重突发事件的;

(三)未做好应急设备、设施日常维护、检测工作,导致发生严重突发事件或者突发事件危害扩大的;

(四)突发事件发生后,不及时组织开展应急救援工作,造成严重后果的。

前款规定的行为,其他法律、行政法规规定由人民政府有关部门依法决定处罚的,从其规定。

第六十五条 【编造、传播虚假信息的法律责任】违反本法规定,编造并传播有关突发事件事态发展或者应急处置工作的虚假信息,或者明知是有关突发事件事态发展或者应急处置工作的虚假信息而进行传播的,责令改正,给予警告;造成严重后果的,依法暂停其业务活动或者吊销其执业许可证;负有直接责任的人员是国家工作人员的,还应当对其依法给予处分;构成违反治安管理行为的,由公安机关依法给予处罚。

第六十六条 【治安管理处罚】单位或者个人违反本法规定,不服从所在地人民政府及其有关部门发布的决定、命令或者不配合其依法采取的措施,构成违反治安管理行为的,由公安机关依法给予处罚。

第六十七条 【民事责任】单位或者个人违反本法规定,导致突发事件发生或者危害扩大,给他人人身、财产造成损害的,应当依法承担民事责任。

第六十八条 【刑事责任】违反本法规定,构成犯罪的,依法追究刑事责任。

第七章 附 则

第六十九条 【紧急状态】发生特别重大突发事件,对人民生命财产安全、国家安全、公共安全、环境安全或者社会秩序构成重大威胁,采取本法和其他有关法律、法规、规章规定的应急处置措施不能消除或者有效控制、减轻其严重社会危害,需要进入紧急状态的,由全国人民代表大会常务委员会或者国务院依照宪法和其他有关法律规定的权限和程序决定。

紧急状态期间采取的非常措施,依照有关法律规定执行或者由全国人民代表大会常务委员会另行规定。

第七十条 【施行日期】本法自 2007 年 11 月 1 日起施行。

突发公共卫生事件应急条例

（2003年5月9日中华人民共和国国务院令第376号公布　根据2011年1月8日《国务院关于废止和修改部分行政法规的决定》修订）

第一章　总　　则

第一条　为了有效预防、及时控制和消除突发公共卫生事件的危害，保障公众身体健康与生命安全，维护正常的社会秩序，制定本条例。

第二条　本条例所称突发公共卫生事件（以下简称突发事件），是指突然发生，造成或者可能造成社会公众健康严重损害的重大传染病疫情、群体性不明原因疾病、重大食物和职业中毒以及其他严重影响公众健康的事件。

第三条　突发事件发生后，国务院设立全国突发事件应急处理指挥部，由国务院有关部门和军队有关部门组成，国务院主管领导人担任总指挥，负责对全国突发事件应急处理的统一领导、统一指挥。

国务院卫生行政主管部门和其他有关部门，在各自的职责范围内做好突发事件应急处理的有关工作。

第四条　突发事件发生后，省、自治区、直辖市人民政府成立地方突发事件应急处理指挥部，省、自治区、直辖市人民政府主要领导人担任总指挥，负责领导、指挥本行政区域内突发事件应急处理工作。

县级以上地方人民政府卫生行政主管部门，具体负责组织突发事件的调查、控制和医疗救治工作。

县级以上地方人民政府有关部门，在各自的职责范围内做好突发事件应急处理的有关工作。

第五条　突发事件应急工作，应当遵循预防为主、常备不懈的方针，贯彻统一领导、分级负责、反应及时、措施果断、依靠科学、加强合作的原则。

第六条　县级以上各级人民政府应当组织开展防治突发事件相关科学研究，建立突发事件应急流行病学调查、传染源隔离、医疗救护、现场处置、监督检查、监测检验、卫生防护等有关物资、设备、设施、技术与人才资源储备，所需经费列入本级政府财政预算。

国家对边远贫困地区突发事件应急工作给予财政支持。

第七条　国家鼓励、支持开展突发事件监测、预警、反应处理有关技术的国际交流与合作。

第八条　国务院有关部门和县级以上地方人民政府及其有关部门，应当建立严格的突发事件防范和应急处理责任制，切实履行各自的职责，保证突发事件应急处理工作的正常进行。

第九条　县级以上各级人民政府及其卫生行政主管部门，应当对参加突发事件应急处理的医疗卫生人员，给予适当补助和保健津贴；对参加突发事件应急处理作出贡献的人员，给予表彰和奖励；对因参与应急处理工作致病、致残、死亡的人员，按照国家有关规定，给予相应的补助和抚恤。

第二章　预防与应急准备

第十条　国务院卫生行政主管部门按照分类指导、快速反应的要求，制定全国突发事件应急预案，报请国务院批准。

省、自治区、直辖市人民政府根据全国突发事件应急预案，结合本地实际情况，制定本行政区域的突发事件应急预案。

第十一条　全国突发事件应急预案应当包括以下主要内容：

（一）突发事件应急处理指挥部的组成和相关部门的职责；

（二）突发事件的监测与预警；

（三）突发事件信息的收集、分析、报告、通报制度；

（四）突发事件应急处理技术和监测机构及其任务；

（五）突发事件的分级和应急处理工作方案；

（六）突发事件预防、现场控制，应急设施、设备、救治药品和医疗器械以及其他物资和技术的储备与调度；

（七）突发事件应急处理专业队伍的建设和培训。

第十二条　突发事件应急预案应当根据突发事件的变化和实施中发现的问题及时进行修订、补充。

第十三条 地方各级人民政府应当依照法律、行政法规的规定,做好传染病预防和其他公共卫生工作,防范突发事件的发生。

县级以上各级人民政府卫生行政主管部门和其他有关部门,应当对公众开展突发事件应急知识的专门教育,增强全社会对突发事件的防范意识和应对能力。

第十四条 国家建立统一的突发事件预防控制体系。

县级以上地方人民政府应当建立和完善突发事件监测与预警系统。

县级以上各级人民政府卫生行政主管部门,应当指定机构负责开展突发事件的日常监测,并确保监测与预警系统的正常运行。

第十五条 监测与预警工作应当根据突发事件的类别,制定监测计划,科学分析、综合评价监测数据。对早期发现的潜在隐患以及可能发生的突发事件,应当依照本条例规定的报告程序和时限及时报告。

第十六条 国务院有关部门和县级以上地方人民政府及其有关部门,应当根据突发事件应急预案的要求,保证应急设施、设备、救治药品和医疗器械等物资储备。

第十七条 县级以上各级人民政府应当加强急救医疗服务网络的建设,配备相应的医疗救治药物、技术、设备和人员,提高医疗卫生机构应对各类突发事件的救治能力。

设区的市级以上地方人民政府应当设置与传染病防治工作需要相适应的传染病专科医院,或者指定具备传染病防治条件和能力的医疗机构承担传染病防治任务。

第十八条 县级以上地方人民政府卫生行政主管部门,应当定期对医疗卫生机构和人员开展突发事件应急处理相关知识、技能的培训,定期组织医疗卫生机构进行突发事件应急演练,推广最新知识和先进技术。

第三章 报告与信息发布

第十九条 国家建立突发事件应急报告制度。

国务院卫生行政主管部门制定突发事件应急报告规范,建立重大、紧急疫情信息报告系统。

有下列情形之一的,省、自治区、直辖市人民政府应当在接到报告1小时内,向国务院卫生行政主管部门报告:

(一)发生或者可能发生传染病暴发、流行的;

(二)发生或者发现不明原因的群体性疾病的;

(三)发生传染病菌种、毒种丢失的;

(四)发生或者可能发生重大食物和职业中毒事件的。

国务院卫生行政主管部门对可能造成重大社会影响的突发事件,应当立即向国务院报告。

第二十条 突发事件监测机构、医疗卫生机构和有关单位发现有本条例第十九条规定情形之一的,应当在2小时内向所在地县级人民政府卫生行政主管部门报告;接到报告的卫生行政主管部门应当在2小时内向本级人民政府报告,并同时向上级人民政府卫生行政主管部门和国务院卫生行政主管部门报告。

县级人民政府应当在接到报告后2小时内向设区的市级人民政府或者上一级人民政府报告;设区的市级人民政府应当在接到报告后2小时内向省、自治区、直辖市人民政府报告。

第二十一条 任何单位和个人对突发事件,不得隐瞒、缓报、谎报或者授意他人隐瞒、缓报、谎报。

第二十二条 接到报告的地方人民政府、卫生行政主管部门依照本条例规定报告的同时,应当立即组织力量对报告事项调查核实、确证,采取必要的控制措施,并及时报告调查情况。

第二十三条 国务院卫生行政主管部门应当根据发生突发事件的情况,及时向国务院有关部门和各省、自治区、直辖市人民政府卫生行政主管部门以及军队有关部门通报。

突发事件发生地的省、自治区、直辖市人民政府卫生行政主管部门,应当及时向毗邻省、自治区、直辖市人民政府卫生行政主管部门通报。

接到通报的省、自治区、直辖市人民政府卫生行政主管部门,必要时应当及时通知本行政区域内的医疗卫生机构。

县级以上地方人民政府有关部门,已经发生或者发现可能引起突发事件的情形时,应当及时向同级人民政府卫生行政主管部门通报。

第二十四条 国家建立突发事件举报制度,公布统一的突发事件报告、举报电话。

任何单位和个人有权向人民政府及其有关部

门报告突发事件隐患，有权向上级人民政府及其有关部门举报地方人民政府及其有关部门不履行突发事件应急处理职责，或者不按照规定履行职责的情况。接到报告、举报的有关人民政府及其有关部门，应当立即组织对突发事件隐患、不履行或者不按照规定履行突发事件应急处理职责的情况进行调查处理。

对举报突发事件有功的单位和个人，县级以上各级人民政府及其有关部门应当予以奖励。

第二十五条 国家建立突发事件的信息发布制度。

国务院卫生行政主管部门负责向社会发布突发事件的信息。必要时，可以授权省、自治区、直辖市人民政府卫生行政主管部门向社会发布本行政区域内突发事件的信息。

信息发布应当及时、准确、全面。

第四章 应急处理

第二十六条 突发事件发生后，卫生行政主管部门应当组织专家对突发事件进行综合评估，初步判断突发事件的类型，提出是否启动突发事件应急预案的建议。

第二十七条 在全国范围内或者跨省、自治区、直辖市范围内启动全国突发事件应急预案，由国务院卫生行政主管部门报国务院批准后实施。省、自治区、直辖市启动突发事件应急预案，由省、自治区、直辖市人民政府决定，并向国务院报告。

第二十八条 全国突发事件应急处理指挥部对突发事件应急处理工作进行督察和指导，地方各级人民政府及其有关部门应当予以配合。

省、自治区、直辖市突发事件应急处理指挥部对本行政区域内突发事件应急处理工作进行督察和指导。

第二十九条 省级以上人民政府卫生行政主管部门或者其他有关部门指定的突发事件应急处理专业技术机构，负责突发事件的技术调查、确证、处置、控制和评价工作。

第三十条 国务院卫生行政主管部门对新发现的突发传染病，根据危害程度、流行强度，依照《中华人民共和国传染病防治法》的规定及时宣布为法定传染病；宣布为甲类传染病的，由国务院决定。

第三十一条 应急预案启动前，县级以上各级人民政府有关部门应当根据突发事件的实际情况，做好应急处理准备，采取必要的应急措施。

应急预案启动后，突发事件发生地的人民政府有关部门，应当根据预案规定的职责要求，服从突发事件应急处理指挥部的统一指挥，立即到达规定岗位，采取有关的控制措施。

医疗卫生机构、监测机构和科学研究机构，应当服从突发事件应急处理指挥部的统一指挥，相互配合、协作，集中力量开展相关的科学研究工作。

第三十二条 突发事件发生后，国务院有关部门和县级以上地方人民政府及其有关部门，应当保证突发事件应急处理所需的医疗救护设备、救治药品、医疗器械等物资的生产、供应；铁路、交通、民用航空行政主管部门应当保证及时运送。

第三十三条 根据突发事件应急处理的需要，突发事件应急处理指挥部有权紧急调集人员、储备的物资、交通工具以及相关设施、设备；必要时，对人员进行疏散或者隔离，并可以依法对传染病疫区实行封锁。

第三十四条 突发事件应急处理指挥部根据突发事件应急处理的需要，可以对食物和水源采取控制措施。

县级以上地方人民政府卫生行政主管部门应当对突发事件现场等采取控制措施，宣传突发事件防治知识，及时对易受感染的人群和其他易受损害的人群采取应急接种、预防性投药、群体防护等措施。

第三十五条 参加突发事件应急处理的工作人员，应当按照预案的规定，采取卫生防护措施，并在专业人员的指导下进行工作。

第三十六条 国务院卫生行政主管部门或者其他有关部门指定的专业技术机构，有权进入突发事件现场进行调查、采样、技术分析和检验，对地方突发事件的应急处理工作进行技术指导，有关单位和个人应当予以配合；任何单位和个人不得以任何理由予以拒绝。

第三十七条 对新发现的突发传染病、不明原因的群体性疾病、重大食物和职业中毒事件，国务院卫生行政主管部门应当尽快组织力量制定相关的技术标准、规范和控制措施。

第三十八条 交通工具上发现根据国务院卫生行政主管部门的规定需要采取应急控制措施的

传染病病人、疑似传染病病人,其负责人应当以最快的方式通知前方停靠点,并向交通工具的营运单位报告。交通工具的前方停靠点和营运单位应当立即向交通工具营运单位行政主管部门和县级以上地方人民政府卫生行政主管部门报告。卫生行政主管部门接到报告后,应当立即组织有关人员采取相应的医学处置措施。

交通工具上的传染病病人密切接触者,由交通工具停靠点的县级以上各级人民政府卫生行政主管部门或者铁路、交通、民用航空行政主管部门,根据各自的职责,依照传染病防治法律、行政法规的规定,采取控制措施。

涉及国境口岸和入出境的人员、交通工具、货物、集装箱、行李、邮包等需要采取传染病应急控制措施的,依照国境卫生检疫法律、行政法规的规定办理。

第三十九条 医疗卫生机构应当对因突发事件致病的人员提供医疗救护和现场救援,对就诊病人必须接诊治疗,并书写详细、完整的病历记录;对需要转送的病人,应当按照规定将病人及其病历记录的复印件转送至接诊的或者指定的医疗机构。

医疗卫生机构内应当采取卫生防护措施,防止交叉感染和污染。

医疗卫生机构应当对传染病病人密切接触者采取医学观察措施,传染病病人密切接触者应当予以配合。

医疗机构收治传染病病人、疑似传染病病人,应当依法报告所在地的疾病预防控制机构。接到报告的疾病预防控制机构应当立即对可能受到危害的人员进行调查,根据需要采取必要的控制措施。

第四十条 传染病暴发、流行时,街道、乡镇以及居民委员会、村民委员会应当组织力量,团结协作,群防群治,协助卫生行政主管部门和其他有关部门、医疗卫生机构做好疫情信息的收集和报告、人员的分散隔离、公共卫生措施的落实工作,向居民、村民宣传传染病防治的相关知识。

第四十一条 对传染病暴发、流行区域内流动人口,突发事件发生地的县级以上地方人民政府应当做好预防工作,落实有关卫生控制措施;对传染病病人和疑似传染病病人,应当采取就地隔离、就地观察、就地治疗的措施。对需要治疗和转诊的,应当依照本条例第三十九条第一款的规定执行。

第四十二条 有关部门、医疗卫生机构应当对传染病做到早发现、早报告、早隔离、早治疗,切断传播途径,防止扩散。

第四十三条 县级以上各级人民政府应当提供必要资金,保障因突发事件致病、致残的人员得到及时、有效的救治。具体办法由国务院财政部门、卫生行政主管部门和劳动保障行政主管部门制定。

第四十四条 在突发事件中需要接受隔离治疗、医学观察措施的病人、疑似病人和传染病病人密切接触者在卫生行政主管部门或者有关机构采取医学措施时应当予以配合;拒绝配合的,由公安机关依法协助强制执行。

第五章 法律责任

第四十五条 县级以上地方人民政府及其卫生行政主管部门未依照本条例的规定履行报告职责,对突发事件隐瞒、缓报、谎报或者授意他人隐瞒、缓报、谎报的,对政府主要领导人及其卫生行政主管部门主要负责人,依法给予降级或者撤职的行政处分;造成传染病传播、流行或者对社会公众健康造成其他严重危害后果的,依法给予开除的行政处分;构成犯罪的,依法追究刑事责任。

第四十六条 国务院有关部门、县级以上地方人民政府及其有关部门未依照本条例的规定,完成突发事件应急处理所需要的设施、设备、药品和医疗器械等物资的生产、供应、运输和储备的,对政府主要领导人和政府部门主要负责人依法给予降级或者撤职的行政处分;造成传染病传播、流行或者对社会公众健康造成其他严重危害后果的,依法给予开除的行政处分;构成犯罪的,依法追究刑事责任。

第四十七条 突发事件发生后,县级以上地方人民政府及其有关部门对上级人民政府有关部门的调查不予配合,或者采取其他方式阻碍、干涉调查的,对政府主要领导人和政府部门主要负责人依法给予降级或者撤职的行政处分;构成犯罪的,依法追究刑事责任。

第四十八条 县级以上各级人民政府卫生行政主管部门和其他有关部门在突发事件调查、控制、医疗救治工作中玩忽职守、失职、渎职的,由本级人民政府或者上级人民政府有关部门责令改正、通报批评、给予警告；对主要负责人、负有责任的主管人员和其他责任人员依法给予降级、撤职的行政处分；造成传染病传播、流行或者对社会公众健康造成其他严重危害后果的，依法给予开除的行政处分；构成犯罪的，依法追究刑事责任。

第四十九条 县级以上各级人民政府有关部门拒不履行应急处理职责的，由同级人民政府或者上级人民政府有关部门责令改正、通报批评、给予警告；对主要负责人、负有责任的主管人员和其他责任人员依法给予降级、撤职的行政处分；造成传染病传播、流行或者对社会公众健康造成其他严重危害后果的，依法给予开除的行政处分；构成犯罪的，依法追究刑事责任。

第五十条 医疗卫生机构有下列行为之一的，由卫生行政主管部门责令改正、通报批评、给予警告；情节严重的，吊销《医疗机构执业许可证》；对主要负责人、负有责任的主管人员和其他直接责任人员依法给予降级或者撤职的纪律处分；造成传染病传播、流行或者对社会公众健康造成其他严重危害后果，构成犯罪的，依法追究刑事责任：

（一）未依照本条例的规定履行报告职责，隐瞒、缓报或者谎报的；

（二）未依照本条例的规定及时采取控制措施的；

（三）未依照本条例的规定履行突发事件监测职责的；

（四）拒绝接诊病人的；

（五）拒不服从突发事件应急处理指挥部调度的。

第五十一条 在突发事件应急处理工作中，有关单位和个人未依照本条例的规定履行报告职责，隐瞒、缓报或者谎报，阻碍突发事件应急处理工作人员执行职务，拒绝国务院卫生行政主管部门或者其他有关部门指定的专业技术机构进入突发事件现场，或者不配合调查、采样、技术分析和检验的，对有关责任人员依法给予行政处分或者纪律处分；触犯《中华人民共和国治安管理处罚法》，构成违反治安管理行为的，由公安机关依法予以处罚；构成犯罪的，依法追究刑事责任。

第五十二条 在突发事件发生期间，散布谣言、哄抬物价、欺骗消费者，扰乱社会秩序、市场秩序的，由公安机关或者工商行政管理部门依法给予行政处罚；构成犯罪的，依法追究刑事责任。

第六章 附 则

第五十三条 中国人民解放军、武装警察部队医疗卫生机构参与突发事件应急处理的，依照本条例的规定和军队的相关规定执行。

第五十四条 本条例自公布之日起施行。

（九）卫 生

中华人民共和国执业医师法

（1998年6月26日第九届全国人民代表大会常务委员会第三次会议通过 根据2009年8月27日第十一届全国人民代表大会常务委员会第十次会议《关于修改部分法律的决定》修正）

目 录

第一章 总 则
第二章 考试和注册
第三章 执业规则
第四章 考核和培训
第五章 法律责任
第六章 附 则

第一章 总 则

第一条 为了加强医师队伍的建设，提高医师的职业道德和业务素质，保障医师的合法权益，保护人民健康，制定本法。

第二条 依法取得执业医师资格或者执业助理医师资格，经注册在医疗、预防、保健机构中执业的专业医务人员，适用本法。

本法所称医师，包括执业医师和执业助理医师。

第三条 医师应当具备良好的职业道德和医疗执业水平，发扬人道主义精神，履行防病治病、救死扶伤、保护人民健康的神圣职责。

全社会应当尊重医师。医师依法履行职责，受法律保护。

第四条 国务院卫生行政部门主管全国的医师工作。

县级以上地方人民政府卫生行政部门负责管理本行政区域内的医师工作。

第五条 国家对在医疗、预防、保健工作中作出贡献的医师,给予奖励。

第六条 医师的医学专业技术职称和医学专业技术职务的评定、聘任,按照国家有关规定办理。

第七条 医师可以依法组织和参加医师协会。

第二章 考试和注册

第八条 国家实行医师资格考试制度。医师资格考试分为执业医师资格考试和执业助理医师资格考试。

医师资格统一考试的办法,由国务院卫生行政部门制定。医师资格考试由省级以上人民政府卫生行政部门组织实施。

第九条 具有下列条件之一的,可以参加执业医师资格考试:

(一)具有高等学校医学专业本科以上学历,在执业医师指导下,在医疗、预防、保健机构中试用期满1年的;

(二)取得执业助理医师执业证书后,具有高等学校医学专科学历,在医疗、预防、保健机构中工作满2年的;具有中等专业学校医学专业学历,在医疗、预防、保健机构中工作满5年的。

第十条 具有高等学校医学专科学历或者中等专业学校医学专业学历,在执业医师指导下,在医疗、预防、保健机构中试用期满1年的,可以参加执业助理医师资格考试。

第十一条 以师承方式学习传统医学满3年或者经多年实践医术确有专长的,经县级以上人民政府卫生行政部门确定的传统医学专业组织或者医疗、预防、保健机构考核合格并推荐,可以参加执业医师资格或者执业助理医师资格考试。考试的内容和办法由国务院卫生行政部门另行制定。

第十二条 医师资格考试成绩合格,取得执业医师资格或者执业助理医师资格。

第十三条 国家实行医师执业注册制度。

取得医师资格的,可以向所在地县级以上人民政府卫生行政部门申请注册。

除有本法第十五条规定的情形外,受理申请的卫生行政部门应当自收到申请之日起30日内准予注册,并发给由国务院卫生行政部门统一印制的医师执业证书。

医疗、预防、保健机构可以为本机构中的医师集体办理注册手续。

第十四条 医师经注册后,可以在医疗、预防、保健机构中按照注册的执业地点、执业类别、执业范围执业,从事相应的医疗、预防、保健业务。

未经医师注册取得执业证书,不得从事医师执业活动。

第十五条 有下列情形之一的,不予注册:

(一)不具有完全民事行为能力的;

(二)因受刑事处罚,自刑罚执行完毕之日起至申请注册之日止不满2年的;

(三)受吊销医师执业证书行政处罚,自处罚决定之日起至申请注册之日止不满2年的;

(四)有国务院卫生行政部门规定不宜从事医疗、预防、保健业务的其他情形的。

受理申请的卫生行政部门对不符合条件不予注册的,应当自收到申请之日起30日内书面通知申请人,并说明理由。申请人有异议的,可以自收到通知之日起15日内,依法申请复议或者向人民法院提起诉讼。

第十六条 医师注册后有下列情形之一的,其所在的医疗、预防、保健机构应当在30日内报告准予注册的卫生行政部门,卫生行政部门应当注销注册,收回医师执业证书:

(一)死亡或者被宣告失踪的;

(二)受刑事处罚的;

(三)受吊销医师执业证书行政处罚的;

(四)依照本法第三十一条规定暂停执业活动期满,再次考核仍不合格的;

(五)中止医师执业活动满2年的;

(六)有国务院卫生行政部门规定不宜从事医疗、预防、保健业务的其他情形的。

被注销注册的当事人有异议的,可以自收到注销注册通知之日起15日内,依法申请复议或者向人民法院提起诉讼。

第十七条 医师变更执业地点、执业类别、执业范围等注册事项的,应当到准予注册的卫生行政部门依照本法第十三条的规定办理变更注册手续。

第十八条 中止医师执业活动2年以上以及有本法第十五条规定情形消失的,申请重新执业,应当由本法第三十一条规定的机构考核合格,并依照本法第十三条的规定重新注册。

第十九条 申请个体行医的执业医师,须经注册后在医疗、预防、保健机构中执业满5年,并按照国家有关规定办理审批手续;未经批准,不得行医。

县级以上地方人民政府卫生行政部门对个体行医的医师,应当按照国务院卫生行政部门的规定,经常监督检查,凡发现有本法第十六条规定的情形的,应当及时注销注册,收回医师执业证书。

第二十条 县级以上地方人民政府卫生行政部门应当将准予注册和注销注册的人员名单予以公告,并由省级人民政府卫生行政部门汇总,报国务院卫生行政部门备案。

第三章　执业规则

第二十一条 医师在执业活动中享有下列权利:

(一)在注册的执业范围内,进行医学诊查、疾病调查、医学处置、出具相应的医学证明文件,选择合理的医疗、预防、保健方案;

(二)按照国务院卫生行政部门规定的标准,获得与本人执业活动相当的医疗设备基本条件;

(三)从事医学研究、学术交流,参加专业学术团体;

(四)参加专业培训,接受继续医学教育;

(五)在执业活动中,人格尊严、人身安全不受侵犯;

(六)获取工资报酬和津贴,享受国家规定的福利待遇;

(七)对所在机构的医疗、预防、保健工作和卫生行政部门的工作提出意见和建议,依法参与所在机构的民主管理。

第二十二条 医师在执业活动中履行下列义务:

(一)遵守法律、法规,遵守技术操作规范;

(二)树立敬业精神,遵守职业道德,履行医师职责,尽职尽责为患者服务;

(三)关心、爱护、尊重患者,保护患者的隐私;

(四)努力钻研业务,更新知识,提高专业技术水平;

(五)宣传卫生保健知识,对患者进行健康教育。

第二十三条 医师实施医疗、预防、保健措施,签署有关医学证明文件,必须亲自诊查、调查,并按照规定及时填写医学文书,不得隐匿、伪造或者销毁医学文书及有关资料。

医师不得出具与自己执业范围无关或者与执业类别不相符的医学证明文件。

第二十四条 对急危患者,医师应当采取紧急措施进行诊治;不得拒绝急救处置。

第二十五条 医师应当使用经国家有关部门批准使用的药品、消毒药剂和医疗器械。

除正当诊断治疗外,不得使用麻醉药品、医疗用毒性药品、精神药品和放射性药品。

第二十六条 医师应当如实向患者或者其家属介绍病情,但应注意避免对患者产生不利后果。

医师进行实验性临床医疗,应当经医院批准并征得患者本人或者其家属同意。

第二十七条 医师不得利用职务之便,索取、非法收受患者财物或者牟取其他不正当利益。

第二十八条 遇有自然灾害、传染病流行、突发重大伤亡事故及其他严重威胁人民生命健康的紧急情况时,医师应当服从县级以上人民政府卫生行政部门的调遣。

第二十九条 医师发生医疗事故或者发现传染病疫情时,应当按照有关规定及时向所在机构或者卫生行政部门报告。

医师发现患者涉嫌伤害事件或者非正常死亡时,应当按照有关规定向有关部门报告。

第三十条 执业助理医师应当在执业医师的指导下,在医疗、预防、保健机构中按照其执业类别执业。

在乡、民族乡、镇的医疗、预防、保健机构中工作的执业助理医师,可以根据医疗诊治的情况和需要,独立从事一般的执业活动。

第四章　考核和培训

第三十一条 受县级以上人民政府卫生行政部门委托的机构或者组织应当按照医师执业标准,对医师的业务水平、工作成绩和职业道德状况进行定期考核。

对医师的考核结果,考核机构应当报告准予注册的卫生行政部门备案。

对考核不合格的医师,县级以上人民政府卫生行政部门可以责令其暂停执业活动3个月至6个月,并接受培训和继续医学教育。暂停执业活动期满,再次进行考核,对考核合格的,允许其继续执业;对考核不合格的,由县级以上人民政府卫生行政部门注销注册,收回医师执业证书。

第三十二条 县级以上人民政府卫生行政部门负责指导、检查和监督医师考核工作。

第三十三条 医师有下列情形之一的,县级以上人民政府卫生行政部门应当给予表彰或者奖励:

(一)在执业活动中,医德高尚,事迹突出的;

(二)对医学专业技术有重大突破,作出显著贡献的;

(三)遇有自然灾害、传染病流行、突发重大伤亡事故及其他严重威胁人民生命健康的紧急情况时,救死扶伤、抢救诊疗表现突出的;

(四)长期在边远贫困地区、少数民族地区条件艰苦的基层单位努力工作的;

(五)国务院卫生行政部门规定应当予以表彰或者奖励的其他情形的。

第三十四条 县级以上人民政府卫生行政部门应当制定医师培训计划,对医师进行多种形式的培训,为医师接受继续医学教育提供条件。

县级以上人民政府卫生行政部门应当采取有力措施,对在农村和少数民族地区从事医疗、预防、保健业务的医务人员实施培训。

第三十五条 医疗、预防、保健机构应当按照规定和计划保证本机构医师的培训和继续医学教育。

县级以上人民政府卫生行政部门委托的承担医师考核任务的医疗卫生机构,应当为医师的培训和接受继续医学教育提供和创造条件。

第五章 法律责任

第三十六条 以不正当手段取得医师执业证书的,由发给证书的卫生行政部门予以吊销;对负有直接责任的主管人员和其他直接责任人员,依法给予行政处分。

第三十七条 医师在执业活动中,违反本法规定,有下列行为之一的,由县级以上人民政府卫生行政部门给予警告或者责令暂停6个月以上1年以下执业活动;情节严重的,吊销其执业证书;构成犯罪的,依法追究刑事责任:

(一)违反卫生行政规章制度或者技术操作规范,造成严重后果的;

(二)由于不负责任延误急危患者的抢救和诊治,造成严重后果的;

(三)造成医疗责任事故的;

(四)未经亲自诊查、调查,签署诊断、治疗、流行病学等证明文件或者有关出生、死亡等证明文件的;

(五)隐匿、伪造或者擅自销毁医学文书及有关资料的;

(六)使用未经批准使用的药品、消毒药剂和医疗器械的;

(七)不按照规定使用麻醉药品、医疗用毒性药品、精神药品和放射性药品的;

(八)未经患者或者其家属同意,对患者进行实验性临床医疗的;

(九)泄露患者隐私,造成严重后果的;

(十)利用职务之便,索取、非法收受患者财物或者牟取其他不正当利益的;

(十一)发生自然灾害、传染病流行、突发重大伤亡事故以及其他严重威胁人民生命健康的紧急情况时,不服从卫生行政部门调遣的;

(十二)发生医疗事故或者发现传染病疫情,患者涉嫌伤害事件或者非正常死亡,不按照规定报告的。

第三十八条 医师在医疗、预防、保健工作中造成事故的,依照法律或者国家有关规定处理。

第三十九条 未经批准擅自开办医疗机构行医或者非医师行医的,由县级以上人民政府卫生行政部门予以取缔,没收其违法所得及其药品、器械,并处10万元以下的罚款;对医师吊销其执业证书;给患者造成损害的,依法承担赔偿责任;构成犯罪的,依法追究刑事责任。

第四十条 阻碍医师依法执业,侮辱、诽谤、威胁、殴打医师或者侵犯医师人身自由、干扰医师正常工作、生活的,依照治安管理处罚法的规定处罚;构成犯罪的,依法追究刑事责任。

第四十一条 医疗、预防、保健机构未依照本法第十六条的规定履行报告职责,导致严重后果的,由县级以上人民政府卫生行政部门给予警告;并对该机构的行政负责人依法给予行政处分。

第四十二条 卫生行政部门工作人员或者医

疗、预防、保健机构工作人员违反本法有关规定,弄虚作假、玩忽职守、滥用职权、徇私舞弊,尚不构成犯罪的,依法给予行政处分;构成犯罪的,依法追究刑事责任。

第六章 附 则

第四十三条 本法颁布之日前按照国家有关规定取得医学专业技术职称和医学专业技术职务的人员,由所在机构报请县级以上人民政府卫生行政部门认定,取得相应的医师资格。其中在医疗、预防、保健机构中从事医疗、预防、保健业务的医务人员,依照本法规定的条件,由所在机构集体核报县级以上人民政府卫生行政部门,予以注册并发给医师执业证书。具体办法由国务院卫生行政部门会同国务院人事行政部门制定。

第四十四条 计划生育技术服务机构中的医师,适用本法。

第四十五条 在乡村医疗卫生机构中向村民提供预防、保健和一般医疗服务的乡村医生,符合本法有关规定的,可以依法取得执业医师资格或者执业助理医师资格;不具备本法规定的执业医师资格或者执业助理医师资格的乡村医生,由国务院另行制定管理办法。

第四十六条 军队医师执行本法的实施办法,由国务院、中央军事委员会依据本法的原则制定。

第四十七条 境外人员在中国境内申请医师考试、注册、执业或者从事临床示教、临床研究等活动的,按照国家有关规定办理。

第四十八条 本法自 1999 年 5 月 1 日起施行。

处方管理办法

(2007 年 2 月 14 日中华人民共和国卫生部令第 53 号发布 自 2007 年 5 月 1 日起施行)

第一章 总 则

第一条 为规范处方管理,提高处方质量,促进合理用药,保障医疗安全,根据《执业医师法》、《药品管理法》、《医疗机构管理条例》、《麻醉药品和精神药品管理条例》等有关法律、法规,制定本办法。

第二条 本办法所称处方,是指由注册的执业医师和执业助理医师(以下简称医师)在诊疗活动中为患者开具的、由取得药学专业技术职务任职资格的药学专业技术人员(以下简称药师)审核、调配、核对,并作为患者用药凭证的医疗文书。处方包括医疗机构病区用药医嘱单。

本办法适用于与处方开具、调剂、保管相关的医疗机构及其人员。

第三条 卫生部负责全国处方开具、调剂、保管相关工作的监督管理。

县级以上地方卫生行政部门负责本行政区域内处方开具、调剂、保管相关工作的监督管理。

第四条 医师开具处方和药师调剂处方应当遵循安全、有效、经济的原则。

处方药应当凭医师处方销售、调剂和使用。

第二章 处方管理的一般规定

第五条 处方标准(附件 1)由卫生部统一规定,处方格式由省、自治区、直辖市卫生行政部门(以下简称省级卫生行政部门)统一制定,处方由医疗机构按照规定的标准和格式印制。

第六条 处方书写应当符合下列规则:

(一)患者一般情况、临床诊断填写清晰、完整,并与病历记载相一致。

(二)每张处方限于一名患者的用药。

(三)字迹清楚,不得涂改;如需修改,应当在修改处签名并注明修改日期。

(四)药品名称应当使用规范的中文名称书写,没有中文名称的可以使用规范的英文名称书写;医疗机构或者医师、药师不得自行编制药品缩写名称或者使用代号;书写药品名称、剂量、规格、用法、用量要准确规范,药品用法可用规范的中文、英文、拉丁文或者缩写体书写,但不得使用"遵医嘱"、"自用"等含糊不清字句。

(五)患者年龄应当填写实足年龄,新生儿、婴幼儿写日、月龄,必要时要注明体重。

(六)西药和中成药可以分别开具处方,也可以开具一张处方,中药饮片应当单独开具处方。

(七)开具西药、中成药处方,每一种药品应当另起一行,每张处方不得超过 5 种药品。

（八）中药饮片处方的书写，一般应当按照“君、臣、佐、使”的顺序排列；调剂、煎煮的特殊要求注明在药品右上方，并加括号，如布包、先煎、后下等；对饮片的产地、炮制有特殊要求的，应当在药品名称之前写明。

（九）药品用法用量应当按照药品说明书规定的常规用法用量使用，特殊情况需要超剂量使用时，应当注明原因并再次签名。

（十）除特殊情况外，应当注明临床诊断。

（十一）开具处方后的空白处划一斜线以示处方完毕。

（十二）处方医师的签名式样和专用签章应当与院内药学部门留样备查的式样相一致，不得任意改动，否则应当重新登记留样备案。

第七条 药品剂量与数量用阿拉伯数字书写。剂量应当使用法定剂量单位：重量以克（g）、毫克（mg）、微克（μg）、纳克（ng）为单位；容量以升（L）、毫升（ml）为单位；国际单位（IU）、单位（U）；中药饮片以克（g）为单位。

片剂、丸剂、胶囊剂、颗粒剂分别以片、丸、粒、袋为单位；溶液剂以支、瓶为单位；软膏及乳膏剂以支、盒为单位；注射剂以支、瓶为单位，应当注明含量；中药饮片以剂为单位。

第三章 处方权的获得

第八条 经注册的执业医师在执业地点取得相应的处方权。

经注册的执业助理医师在医疗机构开具的处方，应当经所在执业地点执业医师签名或加盖专用签章后方有效。

第九条 经注册的执业助理医师在乡、民族乡、镇、村的医疗机构独立从事一般的执业活动，可以在注册的执业地点取得相应的处方权。

第十条 医师应当在注册的医疗机构签名留样或者专用签章备案后，方可开具处方。

第十一条 医疗机构应当按照有关规定，对本机构执业医师和药师进行麻醉药品和精神药品使用知识和规范化管理的培训。执业医师经考核合格后取得麻醉药品和第一类精神药品的处方权，药师经考核合格后取得麻醉药品和第一类精神药品调剂资格。

医师取得麻醉药品和第一类精神药品处方权后，方可在本机构开具麻醉药品和第一类精神药品处方，但不得为自己开具该类药品处方。药师取得麻醉药品和第一类精神药品调剂资格后，方可在本机构调剂麻醉药品和第一类精神药品。

第十二条 试用期人员开具处方，应当经所在医疗机构有处方权的执业医师审核、并签名或加盖专用签章后方有效。

第十三条 进修医师由接收进修的医疗机构对其胜任本专业工作的实际情况进行认定后授予相应的处方权。

第四章 处方的开具

第十四条 医师应当根据医疗、预防、保健需要，按照诊疗规范、药品说明书中的药品适应证、药理作用、用法、用量、禁忌、不良反应和注意事项等开具处方。

开具医疗用毒性药品、放射性药品的处方应当严格遵守有关法律、法规和规章的规定。

第十五条 医疗机构应当根据本机构性质、功能、任务，制定药品处方集。

第十六条 医疗机构应当按照经药品监督管理部门批准并公布的药品通用名称购进药品。同一通用名称药品的品种，注射剂型和口服剂型各不得超过2种，处方组成类同的复方制剂1~2种。因特殊诊疗需要使用其他剂型和剂量规格药品的情况除外。

第十七条 医师开具处方应当使用经药品监督管理部门批准并公布的药品通用名称、新活性化合物的专利药品名称和复方制剂药品名称。

医师开具院内制剂处方时应当使用经省级卫生行政部门审核、药品监督管理部门批准的名称。

医师可以使用由卫生部公布的药品习惯名称开具处方。

第十八条 处方开具当日有效。特殊情况下需延长有效期的，由开具处方的医师注明有效期限，但有效期最长不得超过3天。

第十九条 处方一般不得超过7日用量；急诊处方一般不得超过3日用量；对于某些慢性病、老年病或特殊情况，处方用量可适当延长，但医师应当注明理由。

医疗用毒性药品、放射性药品的处方用量应当严格按照国家有关规定执行。

第二十条 医师应当按照卫生部制定的麻醉药品和精神药品临床应用指导原则，开具麻醉药品、第一类精神药品处方。

第二十一条 门（急）诊癌症疼痛患者和中、重度慢性疼痛患者需长期使用麻醉药品和第一类精神药品的，首诊医师应当亲自诊查患者，建立相应的病历，要求其签署《知情同意书》。

病历中应当留存下列材料复印件：

（一）二级以上医院开具的诊断证明；

（二）患者户籍簿、身份证或者其他相关有效身份证明文件；

（三）为患者代办人员身份证明文件。

第二十二条 除需长期使用麻醉药品和第一类精神药品的门（急）诊癌症疼痛患者和中、重度慢性疼痛患者外，麻醉药品注射剂仅限于医疗机构内使用。

第二十三条 为门（急）诊患者开具的麻醉药品注射剂，每张处方为一次常用量；控缓释制剂，每张处方不得超过7日常用量；其他剂型，每张处方不得超过3日常用量。

第一类精神药品注射剂，每张处方为一次常用量；控缓释制剂，每张处方不得超过7日常用量；其他剂型，每张处方不得超过3日常用量。哌醋甲酯用于治疗儿童多动症时，每张处方不得超过15日常用量。

第二类精神药品一般每张处方不得超过7日常用量；对于慢性病或某些特殊情况的患者，处方用量可以适当延长，医师应当注明理由。

第二十四条 为门（急）诊癌症疼痛患者和中、重度慢性疼痛患者开具的麻醉药品、第一类精神药品注射剂，每张处方不得超过3日常用量；控缓释制剂，每张处方不得超过15日常用量；其他剂型，每张处方不得超过7日常用量。

第二十五条 为住院患者开具的麻醉药品和第一类精神药品处方应当逐日开具，每张处方为1日常用量。

第二十六条 对于需要特别加强管制的麻醉药品，盐酸二氢埃托啡处方为一次常用量，仅限于二级以上医院内使用；盐酸哌替啶处方为一次常用量，仅限于医疗机构内使用。

第二十七条 医疗机构应当要求长期使用麻醉药品和第一类精神药品的门（急）诊癌症患者和中、重度慢性疼痛患者，每3个月复诊或者随诊一次。

第二十八条 医师利用计算机开具、传递普通处方时，应当同时打印出纸质处方，其格式与手写处方一致；打印的纸质处方经签名或者加盖签章后有效。药师核发药品时，应当核对打印的纸质处方，无误后发给药品，并将打印的纸质处方与计算机传递处方同时收存备查。

第五章 处方的调剂

第二十九条 取得药学专业技术职务任职资格的人员方可从事处方调剂工作。

第三十条 药师在执业的医疗机构取得处方调剂资格。药师签名或者专用签章式样应当在本机构留样备查。

第三十一条 具有药师以上专业技术职务任职资格的人员负责处方审核、评估、核对、发药以及安全用药指导；药士从事处方调配工作。

第三十二条 药师应当凭医师处方调剂处方药品，非经医师处方不得调剂。

第三十三条 药师应当按照操作规程调剂处方药品：认真审核处方，准确调配药品，正确书写药袋或粘贴标签，注明患者姓名和药品名称、用法、用量，包装；向患者交付药品时，按照药品说明书或者处方用法，进行用药交待与指导，包括每种药品的用法、用量、注意事项等。

第三十四条 药师应当认真逐项检查处方前记、正文和后记书写是否清晰、完整，并确认处方的合法性。

第三十五条 药师应当对处方用药适宜性进行审核，审核内容包括：

（一）规定必须做皮试的药品，处方医师是否注明过敏试验及结果的判定；

（二）处方用药与临床诊断的相符性；

（三）剂量、用法的正确性；

（四）选用剂型与给药途径的合理性；

（五）是否有重复给药现象；

（六）是否有潜在临床意义的药物相互作用和配伍禁忌；

（七）其它用药不适宜情况。

第三十六条 药师经处方审核后，认为存在用药不适宜时，应当告知处方医师，请其确认或者重新开具处方。

药师发现严重不合理用药或者用药错误，应当拒绝调剂,及时告知处方医师,并应当记录,按照有关规定报告。

第三十七条 药师调剂处方时必须做到"四查十对":查处方,对科别、姓名、年龄;查药品,对药名、剂型、规格、数量;查配伍禁忌,对药品性状、用法用量;查用药合理性,对临床诊断。

第三十八条 药师在完成处方调剂后,应当在处方上签名或者加盖专用签章。

第三十九条 药师应当对麻醉药品和第一类精神药品处方,按年月日逐日编制顺序号。

第四十条 药师对于不规范处方或者不能判定其合法性的处方,不得调剂。

第四十一条 医疗机构应当将本机构基本用药供应目录内同类药品相关信息告知患者。

第四十二条 除麻醉药品、精神药品、医疗用毒性药品和儿科处方外,医疗机构不得限制门诊就诊人员持处方到药品零售企业购药。

第六章 监督管理

第四十三条 医疗机构应当加强对本机构处方开具、调剂和保管的管理。

第四十四条 医疗机构应当建立处方点评制度,填写处方评价表(附件2),对处方实施动态监测及超常预警,登记并通报不合理处方,对不合理用药及时予以干预。

第四十五条 医疗机构应当对出现超常处方3次以上且无正当理由的医师提出警告,限制其处方权;限制处方权后,仍连续2次以上出现超常处方且无正当理由的,取消其处方权。

第四十六条 医师出现下列情形之一的,处方权由其所在医疗机构予以取消:

(一)被责令暂停执业;

(二)考核不合格离岗培训期间;

(三)被注销、吊销执业证书;

(四)不按照规定开具处方,造成严重后果的;

(五)不按照规定使用药品,造成严重后果的;

(六)因开具处方牟取私利。

第四十七条 未取得处方权的人员及被取消处方权的医师不得开具处方。未取得麻醉药品和第一类精神药品处方资格的医师不得开具麻醉药品和第一类精神药品处方。

第四十八条 除治疗需要外,医师不得开具麻醉药品、精神药品、医疗用毒性药品和放射性药品处方。

第四十九条 未取得药学专业技术职务任职资格的人员不得从事处方调剂工作。

第五十条 处方由调剂处方药品的医疗机构妥善保存。普通处方、急诊处方、儿科处方保存期限为1年,医疗用毒性药品、第二类精神药品处方保存期限为2年,麻醉药品和第一类精神药品处方保存期限为3年。

处方保存期满后,经医疗机构主要负责人批准、登记备案,方可销毁。

第五十一条 医疗机构应当根据麻醉药品和精神药品处方开具情况,按照麻醉药品和精神药品品种、规格对其消耗量进行专册登记,登记内容包括发药日期、患者姓名、用药数量。专册保存期限为3年。

第五十二条 县级以上地方卫生行政部门应当定期对本行政区域内医疗机构处方管理情况进行监督检查。

县级以上卫生行政部门在对医疗机构实施监督管理过程中,发现医师出现本办法第四十六条规定情形的,应当责令医疗机构取消医师处方权。

第五十三条 卫生行政部门的工作人员依法对医疗机构处方管理情况进行监督检查时,应当出示证件;被检查的医疗机构应当予以配合,如实反映情况,提供必要的资料,不得拒绝、阻碍、隐瞒。

第七章 法律责任

第五十四条 医疗机构有下列情形之一的,由县级以上卫生行政部门按照《医疗机构管理条例》第四十八条的规定,责令限期改正,并可处以5000元以下的罚款;情节严重的,吊销其《医疗机构执业许可证》:

(一)使用未取得处方权的人员、被取消处方权的医师开具处方的;

(二)使用未取得麻醉药品和第一类精神药品处方资格的医师开具麻醉药品和第一类精神药品处方的;

(三)使用未取得药学专业技术职务任职资格的人员从事处方调剂工作的。

第五十五条 医疗机构未按照规定保管麻醉药品和精神药品处方,或者未依照规定进行专册登记的，按照《麻醉药品和精神药品管理条例》第七十二条的规定，由设区的市级卫生行政部门责令限期改正，给予警告；逾期不改正的，处5000元以上1万元以下的罚款；情节严重的，吊销其印鉴卡；对直接负责的主管人员和其他直接责任人员，依法给予降级、撤职、开除的处分。

第五十六条 医师和药师出现下列情形之一的，由县级以上卫生行政部门按照《麻醉药品和精神药品管理条例》第七十三条的规定予以处罚：

（一）未取得麻醉药品和第一类精神药品处方资格的医师擅自开具麻醉药品和第一类精神药品处方的；

（二）具有麻醉药品和第一类精神药品处方医师未按照规定开具麻醉药品和第一类精神药品处方，或者未按照卫生部制定的麻醉药品和精神药品临床应用指导原则使用麻醉药品和第一类精神药品的；

（三）药师未按照规定调剂麻醉药品、精神药品处方的。

第五十七条 医师出现下列情形之一的，按照《执业医师法》第三十七条的规定，由县级以上卫生行政部门给予警告或者责令暂停六个月以上一年以下执业活动；情节严重的，吊销其执业证书。

（一）未取得处方权或者被取消处方权后开具药品处方的；

（二）未按照本办法规定开具药品处方的；

（三）违反本办法其他规定的。

第五十八条 药师未按照规定调剂处方药品，情节严重的，由县级以上卫生行政部门责令改正、通报批评，给予警告；并由所在医疗机构或者其上级单位给予纪律处分。

第五十九条 县级以上地方卫生行政部门未按照本办法规定履行监管职责的，由上级卫生行政部门责令改正。

第八章 附 则

第六十条 乡村医生按照《乡村医生从业管理条例》的规定，在省级卫生行政部门制定的乡村医生基本用药目录范围内开具药品处方。

第六十一条 本办法所称药学专业技术人员，是指按照卫生部《卫生技术人员职务试行条例》规定，取得药学专业技术职务任职资格人员，包括主任药师、副主任药师、主管药师、药师、药士。

第六十二条 本办法所称医疗机构，是指按照《医疗机构管理条例》批准登记的从事疾病诊断、治疗活动的医院、社区卫生服务中心（站）、妇幼保健院、卫生院、疗养院、门诊部、诊所、卫生室（所）、急救中心（站）、专科疾病防治院（所、站）以及护理院（站）等医疗机构。

第六十三条 本办法自2007年5月1日起施行。《处方管理办法（试行）》（卫医发［2004］269号）和《麻醉药品、精神药品处方管理规定》（卫医法［2005］436号）同时废止。

附件1

处方标准

一、处方内容

1. 前记：包括医疗机构名称、费别、患者姓名、性别、年龄、门诊或住院病历号，科别或病区和床位号、临床诊断、开具日期等。可添列特殊要求的项目。

麻醉药品和第一类精神药品处方还应当包括患者身份证明编号，代办人姓名、身份证明编号。

2. 正文：以Rp或R（拉丁文Recipe“请取”的缩写）标示，分列药品名称、剂型、规格、数量、用法用量。

3. 后记：医师签名或者加盖专用签章，药品金额以及审核、调配，核对、发药药师签名或者加盖专用签章。

二、处方颜色

1. 普通处方的印刷用纸为白色。

2. 急诊处方印刷用纸为淡黄色，右上角标注“急诊”。

3. 儿科处方印刷用纸为淡绿色，右上角标注“儿科”。

4. 麻醉药品和第一类精神药品处方印刷用纸为淡红色，右上角标注“麻、精一”。

5. 第二类精神药品处方印刷用纸为白色，右上角标注“精二”。

附件2（略）

医疗事故处理条例

（2002 年 2 月 20 日国务院第 55 次常务会议通过 2002 年 4 月 4 日中华人民共和国国务院令第 351 号公布 自 2002 年 9 月 1 日起施行）

第一章 总 则

第一条 【立法宗旨】为了正确处理医疗事故，保护患者和医疗机构及其医务人员的合法权益，维护医疗秩序，保障医疗安全，促进医学科学的发展，制定本条例。

第二条 【医疗事故的概念】本条例所称医疗事故，是指医疗机构及其医务人员在医疗活动中，违反医疗卫生管理法律、行政法规、部门规章和诊疗护理规范、常规，过失造成患者人身损害的事故。

第三条 【基本原则】处理医疗事故，应当遵循公开、公平、公正、及时、便民的原则，坚持实事求是的科学态度，做到事实清楚、定性准确、责任明确、处理恰当。

第四条 【医疗事故分级】根据对患者人身造成的损害程度，医疗事故分为四级：

一级医疗事故：造成患者死亡、重度残疾的；

二级医疗事故：造成患者中度残疾、器官组织损伤导致严重功能障碍的；

三级医疗事故：造成患者轻度残疾、器官组织损伤导致一般功能障碍的；

四级医疗事故：造成患者明显人身损害的其他后果的。

具体分级标准由国务院卫生行政部门制定。

第二章 医疗事故的预防与处置

第五条 【管理规范与职业道德】医疗机构及其医务人员在医疗活动中，必须严格遵守医疗卫生管理法律、行政法规、部门规章和诊疗护理规范、常规，恪守医疗服务职业道德。

第六条 【培训和教育】医疗机构应当对其医务人员进行医疗卫生管理法律、行政法规、部门规章和诊疗护理规范、常规的培训和医疗服务职业道德教育。

第七条 【医疗服务监督】医疗机构应当设置医疗服务质量监控部门或者配备专（兼）职人员，具体负责监督本医疗机构的医务人员的医疗服务工作，检查医务人员执业情况，接受患者对医疗服务的投诉，向其提供咨询服务。

第八条 【病历书写】医疗机构应当按照国务院卫生行政部门规定的要求，书写并妥善保管病历资料。

因抢救急危患者，未能及时书写病历的，有关医务人员应当在抢救结束后 6 小时内据实补记，并加以注明。

第九条 【病历的真实与完整】严禁涂改、伪造、隐匿、销毁或者抢夺病历资料。

第十条 【病历管理】患者有权复印或者复制其门诊病历、住院志、体温单、医嘱单、化验单（检验报告）、医学影像检查资料、特殊检查同意书、手术同意书、手术及麻醉记录单、病理资料、护理记录以及国务院卫生行政部门规定的其他病历资料。

患者依照前款规定要求复印或者复制病历资料的，医疗机构应当提供复印或者复制服务并在复印或者复制的病历资料上加盖证明印记。复印或者复制病历资料时，应当有患者在场。

医疗机构应患者的要求，为其复印或者复制病历资料，可以按照规定收取工本费。具体收费标准由省、自治区、直辖市人民政府价格主管部门会同同级卫生行政部门规定。

第十一条 【如实告知义务】在医疗活动中，医疗机构及其医务人员应当将患者的病情、医疗措施、医疗风险等如实告知患者，及时解答其咨询；但是，应当避免对患者产生不利后果。

第十二条 【处理医疗事故预案】医疗机构应当制定防范、处理医疗事故的预案，预防医疗事故的发生，减轻医疗事故的损害。

第十三条 【内部报告制度】医务人员在医疗活动中发生或者发现医疗事故、可能引起医疗事故的医疗过失行为或者发生医疗事故争议的，应当立即向所在科室负责人报告，科室负责人应当及时向本医疗机构负责医疗服务质量监控的部门或者专（兼）职人员报告；负责医疗服务质量监控的部门或者专（兼）职人员接到报告后，应当立即进行调查、核实，将有关情况如实向本医疗机构的负责人报告，并向患者通报、解释。

第十四条 【向卫生行政部门的报告】发生医疗事故的,医疗机构应当按照规定向所在地卫生行政部门报告。

发生下列重大医疗过失行为的,医疗机构应当在12小时内向所在地卫生行政部门报告:

(一)导致患者死亡或者可能为二级以上的医疗事故;

(二)导致3人以上人身损害后果;

(三)国务院卫生行政部门和省、自治区、直辖市人民政府卫生行政部门规定的其他情形。

第十五条 【防止损害扩大】发生或者发现医疗过失行为,医疗机构及其医务人员应当立即采取有效措施,避免或者减轻对患者身体健康的损害,防止损害扩大。

第十六条 【病历资料的封存和启封】发生医疗事故争议时,死亡病例讨论记录、疑难病例讨论记录、上级医师查房记录、会诊意见、病程记录应当在医患双方在场的情况下封存和启封。封存的病历资料可以是复印件,由医疗机构保管。

第十七条 【现场实物的封存和检验】疑似输液、输血、注射、药物等引起不良后果的,医患双方应当共同对现场实物进行封存和启封,封存的现场实物由医疗机构保管;需要检验的,应当由双方共同指定的、依法具有检验资格的检验机构进行检验;双方无法共同指定时,由卫生行政部门指定。

疑似输血引起不良后果,需要对血液进行封存保留的,医疗机构应当通知提供该血液的采供血机构派员到场。

第十八条 【尸检】患者死亡,医患双方当事人不能确定死因或者对死因有异议的,应当在患者死亡后48小时内进行尸检;具备尸体冻存条件的,可以延长至7日。尸检应当经死者近亲属同意并签字。

尸检应当由按照国家有关规定取得相应资格的机构和病理解剖专业技术人员进行。承担尸检任务的机构和病理解剖专业技术人员有进行尸检的义务。

医疗事故争议双方当事人可以请法医病理学人员参加尸检,也可以委派代表观察尸检过程。拒绝或者拖延尸检,超过规定时间,影响对死因判定的,由拒绝或者拖延的一方承担责任。

第十九条 【尸体存放和处理】患者在医疗机构内死亡的,尸体应当立即移放太平间。死者尸体存放时间一般不得超过2周。逾期不处理的尸体,经医疗机构所在地卫生行政部门批准,并报经同级公安部门备案后,由医疗机构按照规定进行处理。

第三章 医疗事故的技术鉴定

第二十条 【鉴定程序的启动】卫生行政部门接到医疗机构关于重大医疗过失行为的报告或者医疗事故争议当事人要求处理医疗事故争议的申请后,对需要进行医疗事故技术鉴定的,应当交由负责医疗事故技术鉴定工作的医学会组织鉴定;医患双方协商解决医疗事故争议,需要进行医疗事故技术鉴定的,由双方当事人共同委托负责医疗事故技术鉴定工作的医学会组织鉴定。

第二十一条 【鉴定主体及职责分工】设区的市级地方医学会和省、自治区、直辖市直接管辖的县(市)地方医学会负责组织首次医疗事故技术鉴定工作。省、自治区、直辖市地方医学会负责组织再次鉴定工作。

必要时,中华医学会可以组织疑难、复杂并在全国有重大影响的医疗事故争议的技术鉴定工作。

第二十二条 【申请再鉴定程序】当事人对首次医疗事故技术鉴定结论不服的,可以自收到首次鉴定结论之日起15日内向医疗机构所在地卫生行政部门提出再次鉴定的申请。

第二十三条 【专家库】负责组织医疗事故技术鉴定工作的医学会应当建立专家库。

专家库由具备下列条件的医疗卫生专业技术人员组成:

(一)有良好的业务素质和执业品德;

(二)受聘于医疗卫生机构或者医学教学、科研机构并担任相应专业高级技术职务3年以上。

符合前款第(一)项规定条件并具备高级技术任职资格的法医可以受聘进入专家库。

负责组织医疗事故技术鉴定工作的医学会依照本条例规定聘请医疗卫生专业技术人员和法医进入专家库,可以不受行政区域的限制。

第二十四条 【专家鉴定组的产生方式】医疗事故技术鉴定,由负责组织医疗事故技术鉴定工作的医学会组织专家鉴定组进行。

参加医疗事故技术鉴定的相关专业的专家,由医患双方在医学会主持下从专家库中随机抽取。在特殊情况下,医学会根据医疗事故技术鉴定工作的需要，可以组织医患双方在其他医学会建立的专家库中随机抽取相关专业的专家参加鉴定或者函件咨询。

符合本条例第二十三条规定条件的医疗卫生专业技术人员和法医有义务受聘进入专家库，并承担医疗事故技术鉴定工作。

第二十五条 【专家鉴定组合议制及成员构成】专家鉴定组进行医疗事故技术鉴定，实行合议制。专家鉴定组人数为单数，涉及的主要学科的专家一般不得少于鉴定组成员的二分之一；涉及死因、伤残等级鉴定的，并应当从专家库中随机抽取法医参加专家鉴定组。

第二十六条 【回避】专家鉴定组成员有下列情形之一的，应当回避，当事人也可以以口头或者书面的方式申请其回避：

（一）是医疗事故争议当事人或者当事人的近亲属的；

（二）与医疗事故争议有利害关系的；

（三）与医疗事故争议当事人有其他关系，可能影响公正鉴定的。

第二十七条 【鉴定的目的和依据】专家鉴定组依照医疗卫生管理法律、行政法规、部门规章和诊疗护理规范、常规，运用医学科学原理和专业知识，独立进行医疗事故技术鉴定，对医疗事故进行鉴别和判定，为处理医疗事故争议提供医学依据。

任何单位或者个人不得干扰医疗事故技术鉴定工作，不得威胁、利诱、辱骂、殴打专家鉴定组成员。

专家鉴定组成员不得接受双方当事人的财物或者其他利益。

第二十八条 【通知程序和提交材料】负责组织医疗事故技术鉴定工作的医学会应当自受理医疗事故技术鉴定之日起5日内通知医疗事故争议双方当事人提交进行医疗事故技术鉴定所需的材料。

当事人应当自收到医学会的通知之日起10日内提交有关医疗事故技术鉴定的材料、书面陈述及答辩。医疗机构提交的有关医疗事故技术鉴定的材料应当包括下列内容：

（一）住院患者的病程记录、死亡病例讨论记录、疑难病例讨论记录、会诊意见、上级医师查房记录等病历资料原件；

（二）住院患者的住院志、体温单、医嘱单、化验单（检验报告）、医学影像检查资料、特殊检查同意书、手术同意书、手术及麻醉记录单、病理资料、护理记录等病历资料原件；

（三）抢救急危患者，在规定时间内补记的病历资料原件；

（四）封存保留的输液、注射用物品和血液、药物等实物，或者依法具有检验资格的检验机构对这些物品、实物作出的检验报告；

（五）与医疗事故技术鉴定有关的其他材料。

在医疗机构建有病历档案的门诊、急诊患者，其病历资料由医疗机构提供；没有在医疗机构建立病历档案的，由患者提供。

医患双方应当依照本条例的规定提交相关材料。医疗机构无正当理由未依照本条例的规定如实提供相关材料，导致医疗事故技术鉴定不能进行的，应当承担责任。

第二十九条 【鉴定的期限和调查取证权】负责组织医疗事故技术鉴定工作的医学会应当自接到当事人提交的有关医疗事故技术鉴定的材料、书面陈述及答辩之日起45日内组织鉴定并出具医疗事故技术鉴定书。

负责组织医疗事故技术鉴定工作的医学会可以向双方当事人调查取证。

第三十条 【审查与调查】专家鉴定组应当认真审查双方当事人提交的材料，听取双方当事人的陈述及答辩并进行核实。

双方当事人应当按照本条例的规定如实提交进行医疗事故技术鉴定所需要的材料，并积极配合调查。当事人任何一方不予配合，影响医疗事故技术鉴定的，由不予配合的一方承担责任。

第三十一条 【鉴定的工作原则及鉴定书的制作】专家鉴定组应当在事实清楚、证据确凿的基础上，综合分析患者的病情和个体差异，作出鉴定结论，并制作医疗事故技术鉴定书。鉴定结论以专家鉴定组成员的过半数通过。鉴定过程应当如实记载。

医疗事故技术鉴定书应当包括下列主要内容：

（一）双方当事人的基本情况及要求；

（二）当事人提交的材料和负责组织医疗事故技术鉴定工作的医学会的调查材料；

（三）对鉴定过程的说明；

（四）医疗行为是否违反医疗卫生管理法律、行政法规、部门规章和诊疗护理规范、常规；

（五）医疗过失行为与人身损害后果之间是否

存在因果关系；

（六）医疗过失行为在医疗事故损害后果中的责任程度；

（七）医疗事故等级；

（八）对医疗事故患者的医疗护理医学建议。

第三十二条 【医疗事故技术鉴定办法的制定】医疗事故技术鉴定办法由国务院卫生行政部门制定。

第三十三条 【不属于医疗事故的情形】有下列情形之一的，不属于医疗事故：

（一）在紧急情况下为抢救垂危患者生命而采取紧急医学措施造成不良后果的；

（二）在医疗活动中由于患者病情异常或者患者体质特殊而发生医疗意外的；

（三）在现有医学科学技术条件下，发生无法预料或者不能防范的不良后果的；

（四）无过错输血感染造成不良后果的；

（五）因患方原因延误诊疗导致不良后果的；

（六）因不可抗力造成不良后果的。

第三十四条 【鉴定费用】医疗事故技术鉴定，可以收取鉴定费用。经鉴定，属于医疗事故的，鉴定费用由医疗机构支付；不属于医疗事故的，鉴定费用由提出医疗事故处理申请的一方支付。鉴定费用标准由省、自治区、直辖市人民政府价格主管部门会同同级财政部门、卫生行政部门规定。

第四章 医疗事故的行政处理与监督

第三十五条 【医疗事故的行政处理】卫生行政部门应当依照本条例和有关法律、行政法规、部门规章的规定，对发生医疗事故的医疗机构和医务人员作出行政处理。

第三十六条 【重大医疗过失的处理】卫生行政部门接到医疗机构关于重大医疗过失行为的报告后，除责令医疗机构及时采取必要的医疗救治措施，防止损害后果扩大外，应当组织调查，判定是否属于医疗事故；对不能判定是否属于医疗事故的，应当依照本条例的有关规定交由负责医疗事故技术鉴定工作的医学会组织鉴定。

第三十七条 【医疗事故争议处理申请】发生医疗事故争议，当事人申请卫生行政部门处理的，应当提出书面申请。申请书应当载明申请人的基本情况、有关事实、具体请求及理由等。

当事人自知道或者应当知道其身体健康受到损害之日起1年内，可以向卫生行政部门提出医疗事故争议处理申请。

第三十八条 【受理申请的权限划分】发生医疗事故争议，当事人申请卫生行政部门处理的，由医疗机构所在地的县级人民政府卫生行政部门受理。医疗机构所在地是直辖市的，由医疗机构所在地的区、县人民政府卫生行政部门受理。

有下列情形之一的，县级人民政府卫生行政部门应当自接到医疗机构的报告或者当事人提出医疗事故争议处理申请之日起7日内移送上一级人民政府卫生行政部门处理：

（一）患者死亡；

（二）可能为二级以上的医疗事故；

（三）国务院卫生行政部门和省、自治区、直辖市人民政府卫生行政部门规定的其他情形。

第三十九条 【申请的审查和受理】卫生行政部门应当自收到医疗事故争议处理申请之日起10日内进行审查，作出是否受理的决定。对符合本条例规定，予以受理，需要进行医疗事故技术鉴定的，应当自作出受理决定之日起5日内将有关材料交由负责医疗事故技术鉴定工作的医学会组织鉴定并书面通知申请人；对不符合本条例规定，不予受理的，应当书面通知申请人并说明理由。

当事人对首次医疗事故技术鉴定结论有异议，申请再次鉴定的，卫生行政部门应当自收到申请之日起7日内交由省、自治区、直辖市地方医学会组织再次鉴定。

第四十条 【行政处理与诉讼】当事人既向卫生行政部门提出医疗事故争议处理申请，又向人民法院提起诉讼的，卫生行政部门不予受理；卫生行政部门已经受理的，应当终止处理。

第四十一条 【鉴定结论的审核】卫生行政部门收到负责组织医疗事故技术鉴定工作的医学会出具的医疗事故技术鉴定书后，应当对参加鉴定的人员资格和专业类别、鉴定程序进行审核；必要时，可以组织调查，听取医疗事故争议双方当事人的意见。

第四十二条 【鉴定结论的处理】卫生行政部门经审核，对符合本条例规定作出的医疗事故技术鉴定结论，应当作为对发生医疗事故的医疗机构和医务人员作出行政处理以及进行医疗事故赔偿调解的依据；经审核，发现医疗事故技术鉴定不符合本条例规定的，应当要求重新鉴定。

第四十三条 【自行协商解决情况报告】医疗事故争议由双方当事人自行协商解决的，医疗机构应当自协商解决之日起 7 日内向所在地卫生行政部门作出书面报告，并附具协议书。

第四十四条 【调解或判决】医疗事故争议经人民法院调解或者判决解决的，医疗机构应当自收到生效的人民法院的调解书或者判决书之日起 7 日内向所在地卫生行政部门作出书面报告，并附具调解书或者判决书。

第四十五条 【各级医疗事故情况报告】县级以上地方人民政府卫生行政部门应当按照规定逐级将当地发生的医疗事故以及依法对发生医疗事故的医疗机构和医务人员作出行政处理的情况，上报国务院卫生行政部门。

第五章　医疗事故的赔偿

第四十六条 【争议解决途径】发生医疗事故的赔偿等民事责任争议，医患双方可以协商解决；不愿意协商或者协商不成的，当事人可以向卫生行政部门提出调解申请，也可以直接向人民法院提起民事诉讼。

第四十七条 【协商途径协议书】双方当事人协商解决医疗事故的赔偿等民事责任争议的，应当制作协议书。协议书应当载明双方当事人的基本情况和医疗事故的原因、双方当事人共同认定的医疗事故等级以及协商确定的赔偿数额等，并由双方当事人在协议书上签名。

第四十八条 【行政调解】已确定为医疗事故的，卫生行政部门应医疗事故争议双方当事人请求，可以进行医疗事故赔偿调解。调解时，应当遵循当事人双方自愿原则，并应当依据本条例的规定计算赔偿数额。

经调解，双方当事人就赔偿数额达成协议的，制作调解书，双方当事人应当履行；调解不成或者经调解达成协议后一方反悔的，卫生行政部门不再调解。

第四十九条 【确定赔偿数额的原则】医疗事故赔偿，应当考虑下列因素，确定具体赔偿数额：

（一）医疗事故等级；

（二）医疗过失行为在医疗事故损害后果中的责任程度；

（三）医疗事故损害后果与患者原有疾病状况之间的关系。

不属于医疗事故的，医疗机构不承担赔偿责任。

第五十条 【赔偿项目和标准】医疗事故赔偿，按照下列项目和标准计算：

（一）医疗费：按照医疗事故对患者造成的人身损害进行治疗所发生的医疗费用计算，凭据支付，但不包括原发病医疗费用。结案后确实需要继续治疗的，按照基本医疗费用支付。

（二）误工费：患者有固定收入的，按照本人因误工减少的固定收入计算，对收入高于医疗事故发生地上一年度职工年平均工资 3 倍以上的，按照 3 倍计算；无固定收入的，按照医疗事故发生地上一年度职工年平均工资计算。

（三）住院伙食补助费：按照医疗事故发生地国家机关一般工作人员的出差伙食补助标准计算。

（四）陪护费：患者住院期间需要专人陪护的，按照医疗事故发生地上一年度职工年平均工资计算。

（五）残疾生活补助费：根据伤残等级，按照医疗事故发生地居民年平均生活费计算，自定残之月起最长赔偿 30 年；但是，60 周岁以上的，不超过 15 年；70 周岁以上的，不超过 5 年。

（六）残疾用具费：因残疾需要配置补偿功能器具的，凭医疗机构证明，按照普及型器具的费用计算。

（七）丧葬费：按照医疗事故发生地规定的丧葬费补助标准计算。

（八）被扶养人生活费：以死者生前或者残疾者丧失劳动能力前实际扶养且没有劳动能力的人为限，按照其户籍所在地或者居所地居民最低生活保障标准计算。对不满 16 周岁的，扶养到 16 周岁。对年满 16 周岁但无劳动能力的，扶养 20 年；但是，60 周岁以上的，不超过 15 年；70 周岁以上的，不超过 5 年。

（九）交通费：按照患者实际必需的交通费用计算，凭据支付。

（十）住宿费：按照医疗事故发生地国家机关一般工作人员的出差住宿补助标准计算，凭据支付。

（十一）精神损害抚慰金：按照医疗事故发生地居民年平均生活费计算。造成患者死亡的，赔偿年限最长不超过 6 年；造成患者残疾的，赔偿年限最长不超过3年。

第五十一条 【患者亲属损失赔偿】参加医疗事故处理的患者近亲属所需交通费、误工费、住宿费，参照本条例第五十条的有关规定计算，计算费用的人数不超过2人。

医疗事故造成患者死亡的，参加丧葬活动的患者的配偶和直系亲属所需交通费、误工费、住宿费，参照本条例第五十条的有关规定计算，计算费用的人数不超过2人。

第五十二条 【赔偿费用结算】医疗事故赔偿费用，实行一次性结算，由承担医疗事故责任的医疗机构支付。

第六章 罚 则

第五十三条 【卫生行政部门工作人员的法律责任】卫生行政部门的工作人员在处理医疗事故过程中违反本条例的规定，利用职务上的便利收受他人财物或者其他利益，滥用职权，玩忽职守，或者发现违法行为不予查处，造成严重后果的，依照刑法关于受贿罪、滥用职权罪、玩忽职守罪或者其他有关罪的规定，依法追究刑事责任；尚不够刑事处罚的，依法给予降级或者撤职的行政处分。

第五十四条 【卫生行政部门的法律责任】卫生行政部门违反本条例的规定，有下列情形之一的，由上级卫生行政部门给予警告并责令限期改正；情节严重的，对负有责任的主管人员和其他直接责任人员依法给予行政处分：

（一）接到医疗机构关于重大医疗过失行为的报告后，未及时组织调查的；

（二）接到医疗事故争议处理申请后，未在规定时间内审查或者移送上一级人民政府卫生行政部门处理的；

（三）未将应当进行医疗事故技术鉴定的重大医疗过失行为或者医疗事故争议移交医学会组织鉴定的；

（四）未按照规定逐级将当地发生的医疗事故以及依法对发生医疗事故的医疗机构和医务人员的行政处理情况上报的；

（五）未依照本条例规定审核医疗事故技术鉴定书的。

第五十五条 【医疗事故主体的法律责任】医疗机构发生医疗事故的，由卫生行政部门根据医疗事故等级和情节，给予警告；情节严重的，责令限期停业整顿直至由原发证部门吊销执业许可证，对负有责任的医务人员依照刑法关于医疗事故罪的规定，依法追究刑事责任；尚不够刑事处罚的，依法给予行政处分或者纪律处分。

对发生医疗事故的有关医务人员，除依照前款处罚外，卫生行政部门并可以责令暂停6个月以上1年以下执业活动；情节严重的，吊销其执业证书。

第五十六条 【违反医疗事故预防和处理规范的情形】医疗机构违反本条例的规定，有下列情形之一的，由卫生行政部门责令改正；情节严重的，对负有责任的主管人员和其他直接责任人员依法给予行政处分或者纪律处分：

（一）未如实告知患者病情、医疗措施和医疗风险的；

（二）没有正当理由，拒绝为患者提供复印或者复制病历资料服务的；

（三）未按照国务院卫生行政部门规定的要求书写和妥善保管病历资料的；

（四）未在规定时间内补记抢救工作病历内容的；

（五）未按照本条例的规定封存、保管和启封病历资料和实物的；

（六）未设置医疗服务质量监控部门或者配备专（兼）职人员的；

（七）未制定有关医疗事故防范和处理预案的；

（八）未在规定时间内向卫生行政部门报告重大医疗过失行为的；

（九）未按照本条例的规定向卫生行政部门报告医疗事故的；

（十）未按照规定进行尸检和保存、处理尸体的。

第五十七条 【出具虚假医疗事故技术鉴定书】参加医疗事故技术鉴定工作的人员违反本条例的规定，接受申请鉴定双方或者一方当事人的财物或者其他利益，出具虚假医疗事故技术鉴定书，造成严重后果的，依照刑法关于受贿罪的规定，依法追究刑事责任；尚不够刑事处罚的，由原发证部门吊销其执业证书或者资格证书。

第五十八条 【拒绝尸检与涂改、伪造、隐匿、销毁病历资料】医疗机构或者其他有关机构违反本条例的规定，有下列情形之一的，由卫生行政部门责令改正,给予警告;对负有责任的主管人员和其他直接责任人员依法给予行政处分或者纪律处分;情节严重的,由原发证部门吊销其执业证书或者资格证书:

(一)承担尸检任务的机构没有正当理由,拒绝进行尸检的;

(二)涂改、伪造、隐匿、销毁病历资料的。

第五十九条 【扰乱医疗秩序和医疗事故鉴定工作】以医疗事故为由,寻衅滋事、抢夺病历资料,扰乱医疗机构正常医疗秩序和医疗事故技术鉴定工作,依照刑法关于扰乱社会秩序罪的规定,依法追究刑事责任;尚不够刑事处罚的,依法给予治安管理处罚。

第七章 附 则

第六十条 【医疗机构的范围与事故处理部门职能分工】本条例所称医疗机构,是指依照《医疗机构管理条例》的规定取得《医疗机构执业许可证》的机构。

县级以上城市从事计划生育技术服务的机构依照《计划生育技术服务管理条例》的规定开展与计划生育有关的临床医疗服务,发生的计划生育技术服务事故,依照本条例的有关规定处理;但是,其中不属于医疗机构的县级以上城市从事计划生育技术服务的机构发生的计划生育技术服务事故,由计划生育行政部门行使依照本条例有关规定由卫生行政部门承担的受理、交由负责医疗事故技术鉴定工作的医学会组织鉴定和赔偿调解的职能;对发生计划生育技术服务事故的该机构及其有关责任人员,依法进行处理。

第六十一条 【非法行医的定性及法律责任】非法行医,造成患者人身损害,不属于医疗事故,触犯刑律的,依法追究刑事责任;有关赔偿,由受害人直接向人民法院提起诉讼。

第六十二条 【军队医疗机构】军队医疗机构的医疗事故处理办法,由中国人民解放军卫生主管部门会同国务院卫生行政部门依据本条例制定。

第六十三条 【生效日期及废止条款】本条例自2002年9月1日起施行。1987年6月29日国务院发布的《医疗事故处理办法》同时废止。本条例施行前已经处理结案的医疗事故争议,不再重新处理。

医疗纠纷预防和处理条例

(2018年6月20日国务院第13次常务会议通过 2018年7月31日中华人民共和国国务院令第701号公布 自2018年10月1日起施行)

第一章 总 则

第一条 为了预防和妥善处理医疗纠纷,保护医患双方的合法权益,维护医疗秩序,保障医疗安全,制定本条例。

第二条 本条例所称医疗纠纷,是指医患双方因诊疗活动引发的争议。

第三条 国家建立医疗质量安全管理体系,深化医药卫生体制改革,规范诊疗活动,改善医疗服务,提高医疗质量,预防、减少医疗纠纷。

在诊疗活动中,医患双方应当互相尊重,维护自身权益应当遵守有关法律、法规的规定。

第四条 处理医疗纠纷,应当遵循公平、公正、及时的原则,实事求是,依法处理。

第五条 县级以上人民政府应当加强对医疗纠纷预防和处理工作的领导、协调,将其纳入社会治安综合治理体系,建立部门分工协作机制,督促部门依法履行职责。

第六条 卫生主管部门负责指导、监督医疗机构做好医疗纠纷的预防和处理工作,引导医患双方依法解决医疗纠纷。

司法行政部门负责指导医疗纠纷人民调解工作。

公安机关依法维护医疗机构治安秩序,查处、打击侵害患者和医务人员合法权益以及扰乱医疗秩序等违法犯罪行为。

财政、民政、保险监督管理等部门和机构按照各自职责做好医疗纠纷预防和处理的有关工作。

第七条 国家建立完善医疗风险分担机制,发挥保险机制在医疗纠纷处理中的第三方赔付和医疗风险社会化分担的作用,鼓励医疗机构参加医疗责任保险,鼓励患者参加医疗意外保险。

第八条 新闻媒体应当加强医疗卫生法律、法规和医疗卫生常识的宣传,引导公众理性对待医疗风险;报道医疗纠纷,应当遵守有关法律、法规的规定,恪守职业道德,做到真实、客观、公正。

第二章　医疗纠纷预防

第九条　医疗机构及其医务人员在诊疗活动中应当以患者为中心，加强人文关怀，严格遵守医疗卫生法律、法规、规章和诊疗相关规范、常规，恪守职业道德。

医疗机构应当对其医务人员进行医疗卫生法律、法规、规章和诊疗相关规范、常规的培训，并加强职业道德教育。

第十条　医疗机构应当制定并实施医疗质量安全管理制度，设置医疗服务质量监控部门或者配备专(兼)职人员，加强对诊断、治疗、护理、药事、检查等工作的规范化管理，优化服务流程，提高服务水平。

医疗机构应当加强医疗风险管理，完善医疗风险的识别、评估和防控措施，定期检查措施落实情况，及时消除隐患。

第十一条　医疗机构应当按照国务院卫生主管部门制定的医疗技术临床应用管理规定，开展与其技术能力相适应的医疗技术服务，保障临床应用安全，降低医疗风险；采用医疗新技术的，应当开展技术评估和伦理审查，确保安全有效、符合伦理。

第十二条　医疗机构应当依照有关法律、法规的规定，严格执行药品、医疗器械、消毒药剂、血液等的进货查验、保管等制度。禁止使用无合格证明文件、过期等不合格的药品、医疗器械、消毒药剂、血液等。

第十三条　医务人员在诊疗活动中应当向患者说明病情和医疗措施。需要实施手术，或者开展临床试验等存在一定危险性、可能产生不良后果的特殊检查、特殊治疗的，医务人员应当及时向患者说明医疗风险、替代医疗方案等情况，并取得其书面同意；在患者处于昏迷等无法自主作出决定的状态或者病情不宜向患者说明等情形下，应当向患者的近亲属说明，并取得其书面同意。

紧急情况下不能取得患者或者其近亲属意见的，经医疗机构负责人或者授权的负责人批准，可以立即实施相应的医疗措施。

第十四条　开展手术、特殊检查、特殊治疗等具有较高医疗风险的诊疗活动，医疗机构应当提前预备应对方案，主动防范突发风险。

第十五条　医疗机构及其医务人员应当按照国务院卫生主管部门的规定，填写并妥善保管病历资料。

因紧急抢救未能及时填写病历的，医务人员应当在抢救结束后6小时内据实补记，并加以注明。

任何单位和个人不得篡改、伪造、隐匿、毁灭或者抢夺病历资料。

第十六条　患者有权查阅、复制其门诊病历、住院志、体温单、医嘱单、化验单(检验报告)、医学影像检查资料、特殊检查同意书、手术同意书、手术及麻醉记录、病理资料、护理记录、医疗费用以及国务院卫生主管部门规定的其他属于病历的全部资料。

患者要求复制病历资料的，医疗机构应当提供复制服务，并在复制的病历资料上加盖证明印记。复制病历资料时，应当有患者或者其近亲属在场。医疗机构应患者的要求为其复制病历资料，可以收取工本费，收费标准应当公开。

患者死亡的，其近亲属可以依照本条例的规定，查阅、复制病历资料。

第十七条　医疗机构应当建立健全医患沟通机制，对患者在诊疗过程中提出的咨询、意见和建议，应当耐心解释、说明，并按照规定进行处理；对患者就诊疗行为提出的疑问，应当及时予以核实、自查，并指定有关人员与患者或者其近亲属沟通，如实说明情况。

第十八条　医疗机构应当建立健全投诉接待制度，设置统一的投诉管理部门或者配备专(兼)职人员，在医疗机构显著位置公布医疗纠纷解决途径、程序和联系方式等，方便患者投诉或者咨询。

第十九条　卫生主管部门应当督促医疗机构落实医疗质量安全管理制度，组织开展医疗质量安全评估，分析医疗质量安全信息，针对发现的风险制定防范措施。

第二十条　患者应当遵守医疗秩序和医疗机构有关就诊、治疗、检查的规定，如实提供与病情有关的信息，配合医务人员开展诊疗活动。

第二十一条　各级人民政府应当加强健康促进与教育工作，普及健康科学知识，提高公众对疾病治疗等医学科学知识的认知水平。

第三章　医疗纠纷处理

第二十二条　发生医疗纠纷，医患双方可以通过下列途径解决：

(一)双方自愿协商；

（二）申请人民调解；

（三）申请行政调解；

（四）向人民法院提起诉讼；

（五）法律、法规规定的其他途径。

第二十三条 发生医疗纠纷，医疗机构应当告知患者或者其近亲属下列事项：

（一）解决医疗纠纷的合法途径；

（二）有关病历资料、现场实物封存和启封的规定；

（三）有关病历资料查阅、复制的规定。

患者死亡的，还应当告知其近亲属有关尸检的规定。

第二十四条 发生医疗纠纷需要封存、启封病历资料的，应当在医患双方在场的情况下进行。封存的病历资料可以是原件，也可以是复制件，由医疗机构保管。病历尚未完成需要封存的，对已完成病历先行封存；病历按照规定完成后，再对后续完成部分进行封存。医疗机构应当对封存的病历开列封存清单，由医患双方签字或者盖章，各执一份。

病历资料封存后医疗纠纷已经解决，或者患者在病历资料封存满3年未再提出解决医疗纠纷要求的，医疗机构可以自行启封。

第二十五条 疑似输液、输血、注射、用药等引起不良后果的，医患双方应当共同对现场实物进行封存、启封，封存的现场实物由医疗机构保管。需要检验的，应当由双方共同委托依法具有检验资格的检验机构进行检验；双方无法共同委托的，由医疗机构所在地县级人民政府卫生主管部门指定。

疑似输血引起不良后果，需要对血液进行封存保留的，医疗机构应当通知提供该血液的血站派员到场。

现场实物封存后医疗纠纷已经解决，或者患者在现场实物封存满3年未再提出解决医疗纠纷要求的，医疗机构可以自行启封。

第二十六条 患者死亡，医患双方对死因有异议的，应当在患者死亡后48小时内进行尸检；具备尸体冻存条件的，可以延长至7日。尸检应当经死者近亲属同意并签字，拒绝签字的，视为死者近亲属不同意进行尸检。不同意或者拖延尸检，超过规定时间，影响对死因判定的，由不同意或者拖延的一方承担责任。

尸检应当由按照国家有关规定取得相应资格的机构和专业技术人员进行。

医患双方可以委派代表观察尸检过程。

第二十七条 患者在医疗机构内死亡的，尸体应当立即移放太平间或者指定的场所，死者尸体存放时间一般不得超过14日。逾期不处理的尸体，由医疗机构在向所在地县级人民政府卫生主管部门和公安机关报告后，按照规定处理。

第二十八条 发生重大医疗纠纷的，医疗机构应当按照规定向所在地县级以上地方人民政府卫生主管部门报告。卫生主管部门接到报告后，应当及时了解掌握情况，引导医患双方通过合法途径解决纠纷。

第二十九条 医患双方应当依法维护医疗秩序。任何单位和个人不得实施危害患者和医务人员人身安全、扰乱医疗秩序的行为。

医疗纠纷中发生涉嫌违反治安管理行为或者犯罪行为的，医疗机构应当立即向所在地公安机关报案。公安机关应当及时采取措施，依法处置，维护医疗秩序。

第三十条 医患双方选择协商解决医疗纠纷的，应当在专门场所协商，不得影响正常医疗秩序。医患双方人数较多的，应当推举代表进行协商，每方代表人数不超过5人。

协商解决医疗纠纷应当坚持自愿、合法、平等的原则，尊重当事人的权利，尊重客观事实。医患双方应当文明、理性表达意见和要求，不得有违法行为。

协商确定赔付金额应当以事实为依据，防止畸高或者畸低。对分歧较大或者索赔数额较高的医疗纠纷，鼓励医患双方通过人民调解的途径解决。

医患双方经协商达成一致的，应当签署书面和解协议书。

第三十一条 申请医疗纠纷人民调解的，由医患双方共同向医疗纠纷人民调解委员会提出申请；一方申请调解的，医疗纠纷人民调解委员会在征得另一方同意后进行调解。

申请人可以以书面或者口头形式申请调解。书面申请的，申请书应当载明申请人的基本情况、申请调解的争议事项和理由等；口头申请的，医疗纠纷人民调解员应当当场记录申请人的基本情况、申请调解的争议事项和理由等，并经申请人签字确认。

医疗纠纷人民调解委员会获悉医疗机构内发生重大医疗纠纷，可以主动开展工作，引导医患双方申请调解。

当事人已经向人民法院提起诉讼并且已被受

理,或者已经申请卫生主管部门调解并且已被受理的,医疗纠纷人民调解委员会不予受理;已经受理的,终止调解。

第三十二条 设立医疗纠纷人民调解委员会,应当遵守《中华人民共和国人民调解法》的规定,并符合本地区实际需要。医疗纠纷人民调解委员会应当自设立之日起30个工作日内向所在地县级以上地方人民政府司法行政部门备案。

医疗纠纷人民调解委员会应当根据具体情况,聘任一定数量的具有医学、法学等专业知识且热心调解工作的人员担任专(兼)职医疗纠纷人民调解员。

医疗纠纷人民调解委员会调解医疗纠纷,不得收取费用。医疗纠纷人民调解工作所需经费按照国务院财政、司法行政部门的有关规定执行。

第三十三条 医疗纠纷人民调解委员会调解医疗纠纷时,可以根据需要咨询专家,并可以从本条例第三十五条规定的专家库中选取专家。

第三十四条 医疗纠纷人民调解委员会调解医疗纠纷,需要进行医疗损害鉴定以明确责任的,由医患双方共同委托医学会或者司法鉴定机构进行鉴定,也可以经医患双方同意,由医疗纠纷人民调解委员会委托鉴定。

医学会或者司法鉴定机构接受委托从事医疗损害鉴定,应当由鉴定事项所涉专业的临床医学、法医学等专业人员进行鉴定;医学会或者司法鉴定机构没有相关专业人员的,应当从本条例第三十五条规定的专家库中抽取相关专业专家进行鉴定。

医学会或者司法鉴定机构开展医疗损害鉴定,应当执行规定的标准和程序,尊重科学,恪守职业道德,对出具的医疗损害鉴定意见负责,不得出具虚假鉴定意见。医疗损害鉴定的具体管理办法由国务院卫生、司法行政部门共同制定。

鉴定费预先向医患双方收取,最终按照责任比例承担。

第三十五条 医疗损害鉴定专家库由设区的市级以上人民政府卫生、司法行政部门共同设立。专家库应当包含医学、法学、法医学等领域的专家。聘请专家进入专家库,不受行政区域的限制。

第三十六条 医学会、司法鉴定机构作出的医疗损害鉴定意见应当载明并详细论述下列内容:

(一)是否存在医疗损害以及损害程度;

(二)是否存在医疗过错;

(三)医疗过错与医疗损害是否存在因果关系;

(四)医疗过错在医疗损害中的责任程度。

第三十七条 咨询专家、鉴定人员有下列情形之一的,应当回避,当事人也可以以口头或者书面形式申请其回避:

(一)是医疗纠纷当事人或者当事人的近亲属;

(二)与医疗纠纷有利害关系;

(三)与医疗纠纷当事人有其他关系,可能影响医疗纠纷公正处理。

第三十八条 医疗纠纷人民调解委员会应当自受理之日起30个工作日内完成调解。需要鉴定的,鉴定时间不计入调解期限。因特殊情况需要延长调解期限的,医疗纠纷人民调解委员会和医患双方可以约定延长调解期限。超过调解期限未达成调解协议的,视为调解不成。

第三十九条 医患双方经人民调解达成一致的,医疗纠纷人民调解委员会应当制作调解协议书。调解协议书经医患双方签字或者盖章,人民调解员签字并加盖医疗纠纷人民调解委员会印章后生效。

达成调解协议的,医疗纠纷人民调解委员会应当告知医患双方可以依法向人民法院申请司法确认。

第四十条 医患双方申请医疗纠纷行政调解的,应当参照本条例第三十一条第一款、第二款的规定向医疗纠纷发生地县级人民政府卫生主管部门提出申请。

卫生主管部门应当自收到申请之日起5个工作日内作出是否受理的决定。当事人已经向人民法院提起诉讼并且已被受理,或者已经申请医疗纠纷人民调解委员会调解并且已被受理的,卫生主管部门不予受理;已经受理的,终止调解。

卫生主管部门应当自受理之日起30个工作日内完成调解。需要鉴定的,鉴定时间不计入调解期限。超过调解期限未达成调解协议的,视为调解不成。

第四十一条 卫生主管部门调解医疗纠纷需要进行专家咨询的,可以从本条例第三十五条规定的专家库中抽取专家;医患双方认为需要进行医疗损害鉴定以明确责任的,参照本条例第三十四条的规定进行鉴定。

医患双方经卫生主管部门调解达成一致的,应当签署调解协议书。

第四十二条 医疗纠纷人民调解委员会及其人民调解员、卫生主管部门及其工作人员应当对医患双方的个人隐私等事项予以保密。

未经医患双方同意,医疗纠纷人民调解委员会、卫生主管部门不得公开进行调解,也不得公开调解协议的内容。

第四十三条 发生医疗纠纷,当事人协商、调解不成的,可以依法向人民法院提起诉讼。当事人也可以直接向人民法院提起诉讼。

第四十四条 发生医疗纠纷,需要赔偿的,赔付金额依照法律的规定确定。

第四章 法律责任

第四十五条 医疗机构篡改、伪造、隐匿、毁灭病历资料的,对直接负责的主管人员和其他直接责任人员,由县级以上人民政府卫生主管部门给予或者责令给予降低岗位等级或者撤职的处分,对有关医务人员责令暂停6个月以上1年以下执业活动;造成严重后果的,对直接负责的主管人员和其他直接责任人员给予或者责令给予开除的处分,对有关医务人员由原发证部门吊销执业证书;构成犯罪的,依法追究刑事责任。

第四十六条 医疗机构将未通过技术评估和伦理审查的医疗新技术应用于临床的,由县级以上人民政府卫生主管部门没收违法所得,并处5万元以上10万元以下罚款,对直接负责的主管人员和其他直接责任人员给予或者责令给予降低岗位等级或者撤职的处分,对有关医务人员责令暂停6个月以上1年以下执业活动;情节严重的,对直接负责的主管人员和其他直接责任人员给予或者责令给予开除的处分,对有关医务人员由原发证部门吊销执业证书;构成犯罪的,依法追究刑事责任。

第四十七条 医疗机构及其医务人员有下列情形之一的,由县级以上人民政府卫生主管部门责令改正,给予警告,并处1万元以上5万元以下罚款;情节严重的,对直接负责的主管人员和其他直接责任人员给予或者责令给予降低岗位等级或者撤职的处分,对有关医务人员可以责令暂停1个月以上6个月以下执业活动;构成犯罪的,依法追究刑事责任:

(一)未按规定制定和实施医疗质量安全管理制度;

(二)未按规定告知患者病情、医疗措施、医疗风险、替代医疗方案等;

(三)开展具有较高医疗风险的诊疗活动,未提前预备应对方案防范突发风险;

(四)未按规定填写、保管病历资料,或者未按规定补记抢救病历;

(五)拒绝为患者提供查阅、复制病历资料服务;

(六)未建立投诉接待制度、设置统一投诉管理部门或者配备专(兼)职人员;

(七)未按规定封存、保管、启封病历资料和现场实物;

(八)未按规定向卫生主管部门报告重大医疗纠纷;

(九)其他未履行本条例规定义务的情形。

第四十八条 医学会、司法鉴定机构出具虚假医疗损害鉴定意见的,由县级以上人民政府卫生、司法行政部门依据职责没收违法所得,并处5万元以上10万元以下罚款,对该医学会、司法鉴定机构和有关鉴定人员责令暂停3个月以上1年以下医疗损害鉴定业务,对直接负责的主管人员和其他直接责任人员给予或者责令给予降低岗位等级或者撤职的处分;情节严重的,该医学会、司法鉴定机构和有关鉴定人员5年内不得从事医疗损害鉴定业务或者撤销登记,对直接负责的主管人员和其他直接责任人员给予或者责令给予开除的处分;构成犯罪的,依法追究刑事责任。

第四十九条 尸检机构出具虚假尸检报告的,由县级以上人民政府卫生、司法行政部门依据职责没收违法所得,并处5万元以上10万元以下罚款,对该尸检机构和有关尸检专业技术人员责令暂停3个月以上1年以下尸检业务,对直接负责的主管人员和其他直接责任人员给予或者责令给予降低岗位等级或者撤职的处分;情节严重的,撤销该尸检机构和有关尸检专业技术人员的尸检资格,对直接负责的主管人员和其他直接责任人员给予或者责令给予开除的处分;构成犯罪的,依法追究刑事责任。

第五十条 医疗纠纷人民调解员有下列行为之一的,由医疗纠纷人民调解委员会给予批评教育、责令改正;情节严重的,依法予以解聘:

(一)偏袒一方当事人;

(二)侮辱当事人;

(三)索取、收受财物或者牟取其他不正当利益;

(四)泄露医患双方个人隐私等事项。

第五十一条 新闻媒体编造、散布虚假医疗纠纷信息的，由有关主管部门依法给予处罚；给公民、法人或者其他组织的合法权益造成损害的，依法承担消除影响、恢复名誉、赔偿损失、赔礼道歉等民事责任。

第五十二条 县级以上人民政府卫生主管部门和其他有关部门及其工作人员在医疗纠纷预防和处理工作中，不履行职责或者滥用职权、玩忽职守、徇私舞弊的，由上级人民政府卫生等有关部门或者监察机关责令改正；依法对直接负责的主管人员和其他直接责任人员给予处分；构成犯罪的，依法追究刑事责任。

第五十三条 医患双方在医疗纠纷处理中，造成人身、财产或者其他损害的，依法承担民事责任；构成违反治安管理行为的，由公安机关依法给予治安管理处罚；构成犯罪的，依法追究刑事责任。

第五章 附 则

第五十四条 军队医疗机构的医疗纠纷预防和处理办法，由中央军委机关有关部门会同国务院卫生主管部门依据本条例制定。

第五十五条 对诊疗活动中医疗事故的行政调查处理，依照《医疗事故处理条例》的相关规定执行。

第五十六条 本条例自2018年10月1日起施行。

最高人民法院关于审理医疗损害责任纠纷案件适用法律若干问题的解释

（2017年3月27日最高人民法院审判委员会第1713次会议通过 根据2020年12月23日最高人民法院审判委员会第1823次会议通过的《最高人民法院关于修改〈最高人民法院关于在民事审判工作中适用《中华人民共和国工会法》若干问题的解释〉等二十七件民事类司法解释的决定》修正）

为正确审理医疗损害责任纠纷案件，依法维护当事人的合法权益，推动构建和谐医患关系，促进卫生健康事业发展，根据《中华人民共和国民法典》《中华人民共和国民事诉讼法》等法律规定，结合审判实践，制定本解释。

第一条 患者以在诊疗活动中受到人身或者财产损害为由请求医疗机构，医疗产品的生产者、销售者、药品上市许可持有人或者血液提供机构承担侵权责任的案件，适用本解释。

患者以在美容医疗机构或者开设医疗美容科室的医疗机构实施的医疗美容活动中受到人身或者财产损害为由提起的侵权纠纷案件，适用本解释。

当事人提起的医疗服务合同纠纷案件，不适用本解释。

第二条 患者因同一伤病在多个医疗机构接受诊疗受到损害，起诉部分或者全部就诊的医疗机构的，应予受理。

患者起诉部分就诊的医疗机构后，当事人依法申请追加其他就诊的医疗机构为共同被告或者第三人的，应予准许。必要时，人民法院可以依法追加相关当事人参加诉讼。

第三条 患者因缺陷医疗产品受到损害，起诉部分或者全部医疗产品的生产者、销售者、药品上市许可持有人和医疗机构的，应予受理。

患者仅起诉医疗产品的生产者、销售者、药品上市许可持有人、医疗机构中部分主体，当事人依法申请追加其他主体为共同被告或者第三人的，应予准许。必要时，人民法院可以依法追加相关当事人参加诉讼。

患者因输入不合格的血液受到损害提起侵权诉讼的，参照适用前两款规定。

第四条 患者依据民法典第一千二百一十八条规定主张医疗机构承担赔偿责任的，应当提交到该医疗机构就诊、受到损害的证据。

患者无法提交医疗机构或者其医务人员有过错、诊疗行为与损害之间具有因果关系的证据，依法提出医疗损害鉴定申请的，人民法院应予准许。

医疗机构主张不承担责任的，应当就民法典第一千二百二十四条第一款规定情形等抗辩事由承担举证证明责任。

第五条 患者依据民法典第一千二百一十九条规定主张医疗机构承担赔偿责任的，应当按照前条第一款规定提交证据。

实施手术、特殊检查、特殊治疗的，医疗机构应当承担说明义务并取得患者或者患者近亲属明确同意，但属于民法典第一千二百二十条规定情形的除外。医疗机构提交患者或者患者近亲属明确同意证据的,人民法院可以认定医疗机构尽到说明义务,但患者有相反证据足以反驳的除外。

第六条 民法典第一千二百二十二条规定的病历资料包括医疗机构保管的门诊病历、住院志、体温单、医嘱单、检验报告、医学影像检查资料、特殊检查(治疗)同意书、手术同意书、手术及麻醉记录、病理资料、护理记录、出院记录以及国务院卫生行政主管部门规定的其他病历资料。

患者依法向人民法院申请医疗机构提交由其保管的与纠纷有关的病历资料等,医疗机构未在人民法院指定期限内提交的,人民法院可以依照民法典第一千二百二十二条第二项规定推定医疗机构有过错,但是因不可抗力等客观原因无法提交的除外。

第七条 患者依据民法典第一千二百二十三条规定请求赔偿的,应当提交使用医疗产品或者输入血液、受到损害的证据。

患者无法提交使用医疗产品或者输入血液与损害之间具有因果关系的证据,依法申请鉴定的,人民法院应予准许。

医疗机构,医疗产品的生产者、销售者、药品上市许可持有人或者血液提供机构主张不承担责任的,应当对医疗产品不存在缺陷或者血液合格等抗辩事由承担举证证明责任。

第八条 当事人依法申请对医疗损害责任纠纷中的专门性问题进行鉴定的,人民法院应予准许。

当事人未申请鉴定,人民法院对前款规定的专门性问题认为需要鉴定的,应当依职权委托鉴定。

第九条 当事人申请医疗损害鉴定的,由双方当事人协商确定鉴定人。

当事人就鉴定人无法达成一致意见,人民法院提出确定鉴定人的方法,当事人同意的,按照该方法确定;当事人不同意的,由人民法院指定。

鉴定人应当从具备相应鉴定能力、符合鉴定要求的专家中确定。

第十条 委托医疗损害鉴定的,当事人应当按照要求提交真实、完整、充分的鉴定材料。提交的鉴定材料不符合要求的,人民法院应当通知当事人更换或者补充相应材料。

在委托鉴定前,人民法院应当组织当事人对鉴定材料进行质证。

第十一条 委托鉴定书,应当有明确的鉴定事项和鉴定要求。鉴定人应当按照委托鉴定的事项和要求进行鉴定。

下列专门性问题可以作为申请医疗损害鉴定的事项:

(一)实施诊疗行为有无过错;

(二)诊疗行为与损害后果之间是否存在因果关系以及原因力大小;

(三)医疗机构是否尽到了说明义务、取得患者或者患者近亲属明确同意的义务;

(四)医疗产品是否有缺陷、该缺陷与损害后果之间是否存在因果关系以及原因力的大小;

(五)患者损伤残疾程度;

(六)患者的护理期、休息期、营养期;

(七)其他专门性问题。

鉴定要求包括鉴定人的资质、鉴定人的组成、鉴定程序、鉴定意见、鉴定期限等。

第十二条 鉴定意见可以按照导致患者损害的全部原因、主要原因、同等原因、次要原因、轻微原因或者与患者损害无因果关系,表述诊疗行为或者医疗产品等造成患者损害的原因力大小。

第十三条 鉴定意见应当经当事人质证。

当事人申请鉴定人出庭作证,经人民法院审查同意,或者人民法院认为鉴定人有必要出庭的,应当通知鉴定人出庭作证。双方当事人同意鉴定人通过书面说明、视听传输技术或者视听资料等方式作证的,可以准许。

鉴定人因健康原因、自然灾害等不可抗力或者其他正当理由不能按期出庭的,可以延期开庭;经人民法院许可,也可以通过书面说明、视听传输技术或者视听资料等方式作证。

无前款规定理由,鉴定人拒绝出庭作证,当事人对鉴定意见又不认可的,对该鉴定意见不予采信。

第十四条 当事人申请通知一至二名具有医学专门知识的人出庭,对鉴定意见或者案件的其他专门性事实问题提出意见,人民法院准许的,应当通知具有医学专门知识的人出庭。

前款规定的具有医学专门知识的人提出的意见,视为当事人的陈述,经质证可以作为认定案件事实的根据。

第十五条 当事人自行委托鉴定人作出的医疗损害鉴定意见,其他当事人认可的,可予采信。

当事人共同委托鉴定人作出的医疗损害鉴定

意见,一方当事人不认可的,应当提出明确的异议内容和理由。经审查,有证据足以证明异议成立的,对鉴定意见不予采信;异议不成立的,应予采信。

第十六条 对医疗机构或者其医务人员的过错,应当依据法律、行政法规、规章以及其他有关诊疗规范进行认定,可以综合考虑患者病情的紧急程度、患者个体差异、当地的医疗水平、医疗机构与医务人员资质等因素。

第十七条 医务人员违反民法典第一千二百一十九条第一款规定义务,但未造成患者人身损害,患者请求医疗机构承担损害赔偿责任的,不予支持。

第十八条 因抢救生命垂危的患者等紧急情况且不能取得患者意见时,下列情形可以认定为民法典第一千二百二十条规定的不能取得患者近亲属意见:

(一)近亲属不明的;

(二)不能及时联系到近亲属的;

(三)近亲属拒绝发表意见的;

(四)近亲属达不成一致意见的;

(五)法律、法规规定的其他情形。

前款情形,医务人员经医疗机构负责人或者授权的负责人批准立即实施相应医疗措施,患者因此请求医疗机构承担赔偿责任的,不予支持;医疗机构及其医务人员怠于实施相应医疗措施造成损害,患者请求医疗机构承担赔偿责任的,应予支持。

第十九条 两个以上医疗机构的诊疗行为造成患者同一损害,患者请求医疗机构承担赔偿责任的,应当区分不同情况,依照民法典第一千一百六十八条、第一千一百七十一条或者第一千一百七十二条的规定,确定各医疗机构承担的赔偿责任。

第二十条 医疗机构邀请本单位以外的医务人员对患者进行诊疗,因受邀医务人员的过错造成患者损害的,由邀请医疗机构承担赔偿责任。

第二十一条 因医疗产品的缺陷或者输入不合格血液受到损害,患者请求医疗机构,缺陷医疗产品的生产者、销售者、药品上市许可持有人或者血液提供机构承担赔偿责任的,应予支持。

医疗机构承担赔偿责任后,向缺陷医疗产品的生产者、销售者、药品上市许可持有人或者血液提供机构追偿的,应予支持。

因医疗机构的过错使医疗产品存在缺陷或者血液不合格,医疗产品的生产者、销售者、药品上市许可持有人或者血液提供机构承担赔偿责任后,向医疗机构追偿的,应予支持。

第二十二条 缺陷医疗产品与医疗机构的过错诊疗行为共同造成患者同一损害,患者请求医疗机构与医疗产品的生产者、销售者、药品上市许可持有人承担连带责任的,应予支持。

医疗机构或者医疗产品的生产者、销售者、药品上市许可持有人承担赔偿责任后,向其他责任主体追偿的,应当根据诊疗行为与缺陷医疗产品造成患者损害的原因力大小确定相应的数额。

输入不合格血液与医疗机构的过错诊疗行为共同造成患者同一损害的,参照适用前两款规定。

第二十三条 医疗产品的生产者、销售者、药品上市许可持有人明知医疗产品存在缺陷仍然生产、销售,造成患者死亡或者健康严重损害,被侵权人请求生产者、销售者、药品上市许可持有人赔偿损失及二倍以下惩罚性赔偿的,人民法院应予支持。

第二十四条 被侵权人同时起诉两个以上医疗机构承担赔偿责任,人民法院经审理,受诉法院所在地的医疗机构依法不承担赔偿责任,其他医疗机构承担赔偿责任的,残疾赔偿金、死亡赔偿金的计算,按下列情形分别处理:

(一)一个医疗机构承担责任的,按照该医疗机构所在地的赔偿标准执行;

(二)两个以上医疗机构均承担责任的,可以按照其中赔偿标准较高的医疗机构所在地标准执行。

第二十五条 患者死亡后,其近亲属请求医疗损害赔偿的,适用本解释;支付患者医疗费、丧葬费等合理费用的人请求赔偿该费用的,适用本解释。

本解释所称的"医疗产品"包括药品、消毒产品、医疗器械等。

第二十六条 本院以前发布的司法解释与本解释不一致的,以本解释为准。

本解释施行后尚未终审的案件,适用本解释;本解释施行前已经终审,当事人申请再审或者按照审判监督程序决定再审的案件,不适用本解释。

中华人民共和国药品管理法

（1984年9月20日第六届全国人民代表大会常务委员会第七次会议通过　2001年2月28日第九届全国人民代表大会常务委员会第二十次会议第一次修订　根据2013年12月28日第十二届全国人民代表大会常务委员会第六次会议《关于修改〈中华人民共和国海洋环境保护法〉等七部法律的决定》第一次修正　根据2015年4月24日第十二届全国人民代表大会常务委员会第十四次会议《关于修改〈中华人民共和国药品管理法〉的决定》第二次修正　2019年8月26日第十三届全国人民代表大会常务委员会第十二次会议第二次修订　2019年8月26日中华人民共和国主席令第31号公布　自2019年12月1日起施行）

目　录

第一章　总　　则
第二章　药品研制和注册
第三章　药品上市许可持有人
第四章　药品生产
第五章　药品经营
第六章　医疗机构药事管理
第七章　药品上市后管理
第八章　药品价格和广告
第九章　药品储备和供应
第十章　监督管理
第十一章　法律责任
第十二章　附　　则

第一章　总　　则

第一条　为了加强药品管理，保证药品质量，保障公众用药安全和合法权益，保护和促进公众健康，制定本法。

第二条　在中华人民共和国境内从事药品研制、生产、经营、使用和监督管理活动，适用本法。

本法所称药品，是指用于预防、治疗、诊断人的疾病，有目的地调节人的生理机能并规定有适应症或者功能主治、用法和用量的物质，包括中药、化学药和生物制品等。

第三条　药品管理应当以人民健康为中心，坚持风险管理、全程管控、社会共治的原则，建立科学、严格的监督管理制度，全面提升药品质量，保障药品的安全、有效、可及。

第四条　国家发展现代药和传统药，充分发挥其在预防、医疗和保健中的作用。

国家保护野生药材资源和中药品种，鼓励培育道地中药材。

第五条　国家鼓励研究和创制新药，保护公民、法人和其他组织研究、开发新药的合法权益。

第六条　国家对药品管理实行药品上市许可持有人制度。药品上市许可持有人依法对药品研制、生产、经营、使用全过程中药品的安全性、有效性和质量可控性负责。

第七条　从事药品研制、生产、经营、使用活动，应当遵守法律、法规、规章、标准和规范，保证全过程信息真实、准确、完整和可追溯。

第八条　国务院药品监督管理部门主管全国药品监督管理工作。国务院有关部门在各自职责范围内负责与药品有关的监督管理工作。国务院药品监督管理部门配合国务院有关部门，执行国家药品行业发展规划和产业政策。

省、自治区、直辖市人民政府药品监督管理部门负责本行政区域内的药品监督管理工作。设区的市级、县级人民政府承担药品监督管理职责的部门（以下称药品监督管理部门）负责本行政区域内的药品监督管理工作。县级以上地方人民政府有关部门在各自职责范围内负责与药品有关的监督管理工作。

第九条　县级以上地方人民政府对本行政区域内的药品监督管理工作负责，统一领导、组织、协调本行政区域内的药品监督管理工作以及药品安全突发事件应对工作，建立健全药品监督管理工作机制和信息共享机制。

第十条　县级以上人民政府应当将药品安全工作纳入本级国民经济和社会发展规划，将药品安全工作经费列入本级政府预算，加强药品监督管理能力建设，为药品安全工作提供保障。

第十一条　药品监督管理部门设置或者指定的药品专业技术机构，承担依法实施药品监督管理所需的审评、检验、核查、监测与评价等工作。

第十二条　国家建立健全药品追溯制度。国务院药品监督管理部门应当制定统一的药品追溯标准和规范，推进药品追溯信息互通互享，实现药品可追溯。

国家建立药物警戒制度，对药品不良反应及其他与用药有关的有害反应进行监测、识别、评估和控制。

第十三条 各级人民政府及其有关部门、药品行业协会等应当加强药品安全宣传教育，开展药品安全法律法规等知识的普及工作。

新闻媒体应当开展药品安全法律法规等知识的公益宣传，并对药品违法行为进行舆论监督。有关药品的宣传报道应当全面、科学、客观、公正。

第十四条 药品行业协会应当加强行业自律，建立健全行业规范，推动行业诚信体系建设，引导和督促会员依法开展药品生产经营等活动。

第十五条 县级以上人民政府及其有关部门对在药品研制、生产、经营、使用和监督管理工作中做出突出贡献的单位和个人，按照国家有关规定给予表彰、奖励。

第二章 药品研制和注册

第十六条 国家支持以临床价值为导向、对人的疾病具有明确或者特殊疗效的药物创新，鼓励具有新的治疗机理、治疗严重危及生命的疾病或者罕见病、对人体具有多靶向系统性调节干预功能等的新药研制，推动药品技术进步。

国家鼓励运用现代科学技术和传统中药研究方法开展中药科学技术研究和药物开发，建立和完善符合中药特点的技术评价体系，促进中药传承创新。

国家采取有效措施，鼓励儿童用药品的研制和创新，支持开发符合儿童生理特征的儿童用药品新品种、剂型和规格，对儿童用药品予以优先审评审批。

第十七条 从事药品研制活动，应当遵守药物非临床研究质量管理规范、药物临床试验质量管理规范，保证药品研制全过程持续符合法定要求。

药物非临床研究质量管理规范、药物临床试验质量管理规范由国务院药品监督管理部门会同国务院有关部门制定。

第十八条 开展药物非临床研究，应当符合国家有关规定，有与研究项目相适应的人员、场地、设备、仪器和管理制度，保证有关数据、资料和样品的真实性。

第十九条 开展药物临床试验，应当按照国务院药品监督管理部门的规定如实报送研制方法、质量指标、药理及毒理试验结果等有关数据、资料和样品，经国务院药品监督管理部门批准。国务院药品监督管理部门应当自受理临床试验申请之日起六十个工作日内决定是否同意并通知临床试验申办者，逾期未通知的，视为同意。其中，开展生物等效性试验的，报国务院药品监督管理部门备案。

开展药物临床试验，应当在具备相应条件的临床试验机构进行。药物临床试验机构实行备案管理，具体办法由国务院药品监督管理部门、国务院卫生健康主管部门共同制定。

第二十条 开展药物临床试验，应当符合伦理原则，制定临床试验方案，经伦理委员会审查同意。

伦理委员会应当建立伦理审查工作制度，保证伦理审查过程独立、客观、公正，监督规范开展药物临床试验，保障受试者合法权益，维护社会公共利益。

第二十一条 实施药物临床试验，应当向受试者或者其监护人如实说明和解释临床试验的目的和风险等详细情况，取得受试者或者其监护人自愿签署的知情同意书，并采取有效措施保护受试者合法权益。

第二十二条 药物临床试验期间，发现存在安全性问题或者其他风险的，临床试验申办者应当及时调整临床试验方案、暂停或者终止临床试验，并向国务院药品监督管理部门报告。必要时，国务院药品监督管理部门可以责令调整临床试验方案、暂停或者终止临床试验。

第二十三条 对正在开展临床试验的用于治疗严重危及生命且尚无有效治疗手段的疾病的药物，经医学观察可能获益，并且符合伦理原则的，经审查、知情同意后可以在开展临床试验的机构内用于其他病情相同的患者。

第二十四条 在中国境内上市的药品，应当经国务院药品监督管理部门批准，取得药品注册证书；但是，未实施审批管理的中药材和中药饮片除外。实施审批管理的中药材、中药饮片品种目录由国务院药品监督管理部门会同国务院中医药主管部门制定。

申请药品注册，应当提供真实、充分、可靠的数据、资料和样品，证明药品的安全性、有效性和质量可控性。

第二十五条 对申请注册的药品,国务院药品监督管理部门应当组织药学、医学和其他技术人员进行审评,对药品的安全性、有效性和质量可控性以及申请人的质量管理、风险防控和责任赔偿等能力进行审查;符合条件的,颁发药品注册证书。

国务院药品监督管理部门在审批药品时,对化学原料药一并审评审批,对相关辅料、直接接触药品的包装材料和容器一并审评,对药品的质量标准、生产工艺、标签和说明书一并核准。

本法所称辅料,是指生产药品和调配处方时所用的赋形剂和附加剂。

第二十六条 对治疗严重危及生命且尚无有效治疗手段的疾病以及公共卫生方面急需的药品,药物临床试验已有数据显示疗效并能预测其临床价值的,可以附条件批准,并在药品注册证书中载明相关事项。

第二十七条 国务院药品监督管理部门应当完善药品审评审批工作制度,加强能力建设,建立健全沟通交流、专家咨询等机制,优化审评审批流程,提高审评审批效率。

批准上市药品的审评结论和依据应当依法公开,接受社会监督。对审评审批中知悉的商业秘密应当保密。

第二十八条 药品应当符合国家药品标准。经国务院药品监督管理部门核准的药品质量标准高于国家药品标准的,按照经核准的药品质量标准执行;没有国家药品标准的,应当符合经核准的药品质量标准。

国务院药品监督管理部门颁布的《中华人民共和国药典》和药品标准为国家药品标准。

国务院药品监督管理部门会同国务院卫生健康主管部门组织药典委员会,负责国家药品标准的制定和修订。

国务院药品监督管理部门设置或者指定的药品检验机构负责标定国家药品标准品、对照品。

第二十九条 列入国家药品标准的药品名称为药品通用名称。已经作为药品通用名称的,该名称不得作为药品商标使用。

第三章 药品上市许可持有人

第三十条 药品上市许可持有人是指取得药品注册证书的企业或者药品研制机构等。

药品上市许可持有人应当依照本法规定,对药品的非临床研究、临床试验、生产经营、上市后研究、不良反应监测及报告与处理等承担责任。其他从事药品研制、生产、经营、储存、运输、使用等活动的单位和个人依法承担相应责任。

药品上市许可持有人的法定代表人、主要负责人对药品质量全面负责。

第三十一条 药品上市许可持有人应当建立药品质量保证体系,配备专门人员独立负责药品质量管理。

药品上市许可持有人应当对受托药品生产企业、药品经营企业的质量管理体系进行定期审核,监督其持续具备质量保证和控制能力。

第三十二条 药品上市许可持有人可以自行生产药品,也可以委托药品生产企业生产。

药品上市许可持有人自行生产药品的,应当依照本法规定取得药品生产许可证;委托生产的,应当委托符合条件的药品生产企业。药品上市许可持有人和受托生产企业应当签订委托协议和质量协议,并严格履行协议约定的义务。

国务院药品监督管理部门制定药品委托生产质量协议指南,指导、监督药品上市许可持有人和受托生产企业履行药品质量保证义务。

血液制品、麻醉药品、精神药品、医疗用毒性药品、药品类易制毒化学品不得委托生产;但是,国务院药品监督管理部门另有规定的除外。

第三十三条 药品上市许可持有人应当建立药品上市放行规程,对药品生产企业出厂放行的药品进行审核,经质量受权人签字后方可放行。不符合国家药品标准的,不得放行。

第三十四条 药品上市许可持有人可以自行销售其取得药品注册证书的药品,也可以委托药品经营企业销售。药品上市许可持有人从事药品零售活动的,应当取得药品经营许可证。

药品上市许可持有人自行销售药品的,应当具备本法第五十二条规定的条件;委托销售的,应当委托符合条件的药品经营企业。药品上市许可持有人和受托经营企业应当签订委托协议,并严格履行协议约定的义务。

第三十五条 药品上市许可持有人、药品生产企业、药品经营企业委托储存、运输药品的,应当对受托方的质量保证能力和风险管理能力进行评估,与其签订委托协议,约定药品质量责任、操作规程等内容,并对受托方进行监督。

第三十六条 药品上市许可持有人、药品生产企业、药品经营企业和医疗机构应当建立并实施药品追溯制度,按照规定提供追溯信息,保证药品可追溯。

第三十七条 药品上市许可持有人应当建立年度报告制度,每年将药品生产销售、上市后研究、风险管理等情况按照规定向省、自治区、直辖市人民政府药品监督管理部门报告。

第三十八条 药品上市许可持有人为境外企业的,应当由其指定的在中国境内的企业法人履行药品上市许可持有人义务,与药品上市许可持有人承担连带责任。

第三十九条 中药饮片生产企业履行药品上市许可持有人的相关义务,对中药饮片生产、销售实行全过程管理,建立中药饮片追溯体系,保证中药饮片安全、有效、可追溯。

第四十条 经国务院药品监督管理部门批准,药品上市许可持有人可以转让药品上市许可。受让方应当具备保障药品安全性、有效性和质量可控性的质量管理、风险防控和责任赔偿等能力,履行药品上市许可持有人义务。

第四章 药品生产

第四十一条 从事药品生产活动,应当经所在地省、自治区、直辖市人民政府药品监督管理部门批准,取得药品生产许可证。无药品生产许可证的,不得生产药品。

药品生产许可证应当标明有效期和生产范围,到期重新审查发证。

第四十二条 从事药品生产活动,应当具备以下条件:

(一)有依法经过资格认定的药学技术人员、工程技术人员及相应的技术工人;

(二)有与药品生产相适应的厂房、设施和卫生环境;

(三)有能对所生产药品进行质量管理和质量检验的机构、人员及必要的仪器设备;

(四)有保证药品质量的规章制度,并符合国务院药品监督管理部门依据本法制定的药品生产质量管理规范要求。

第四十三条 从事药品生产活动,应当遵守药品生产质量管理规范,建立健全药品生产质量管理体系,保证药品生产全过程持续符合法定要求。

药品生产企业的法定代表人、主要负责人对本企业的药品生产活动全面负责。

第四十四条 药品应当按照国家药品标准和经药品监督管理部门核准的生产工艺进行生产。生产、检验记录应当完整准确,不得编造。

中药饮片应当按照国家药品标准炮制;国家药品标准没有规定的,应当按照省、自治区、直辖市人民政府药品监督管理部门制定的炮制规范炮制。省、自治区、直辖市人民政府药品监督管理部门制定的炮制规范应当报国务院药品监督管理部门备案。不符合国家药品标准或者不按照省、自治区、直辖市人民政府药品监督管理部门制定的炮制规范炮制的,不得出厂、销售。

第四十五条 生产药品所需的原料、辅料,应当符合药用要求、药品生产质量管理规范的有关要求。

生产药品,应当按照规定对供应原料、辅料等的供应商进行审核,保证购进、使用的原料、辅料等符合前款规定要求。

第四十六条 直接接触药品的包装材料和容器,应当符合药用要求,符合保障人体健康、安全的标准。

对不合格的直接接触药品的包装材料和容器,由药品监督管理部门责令停止使用。

第四十七条 药品生产企业应当对药品进行质量检验。不符合国家药品标准的,不得出厂。

药品生产企业应当建立药品出厂放行规程,明确出厂放行的标准、条件。符合标准、条件的,经质量受权人签字后方可放行。

第四十八条 药品包装应当适合药品质量的要求,方便储存、运输和医疗使用。

发运中药材应当有包装。在每件包装上,应当注明品名、产地、日期、供货单位,并附有质量合格的标志。

第四十九条 药品包装应当按照规定印有或者贴有标签并附有说明书。

标签或者说明书应当注明药品的通用名称、成份、规格、上市许可持有人及其地址、生产企业及其地址、批准文号、产品批号、生产日期、有效期、适应症或者功能主治、用法、用量、禁忌、不良反应和注意事项。标签、说明书中的文字应当清晰,生产日期、有效期等事项应当显著标注,容易辨识。

麻醉药品、精神药品、医疗用毒性药品、放射性药品、外用药品和非处方药的标签、说明书，应当印有规定的标志。

第五十条 药品上市许可持有人、药品生产企业、药品经营企业和医疗机构中直接接触药品的工作人员，应当每年进行健康检查。患有传染病或者其他可能污染药品的疾病的，不得从事直接接触药品的工作。

第五章 药品经营

第五十一条 从事药品批发活动，应当经所在地省、自治区、直辖市人民政府药品监督管理部门批准，取得药品经营许可证。从事药品零售活动，应当经所在地县级以上地方人民政府药品监督管理部门批准，取得药品经营许可证。无药品经营许可证的，不得经营药品。

药品经营许可证应当标明有效期和经营范围，到期重新审查发证。

药品监督管理部门实施药品经营许可，除依据本法第五十二条规定的条件外，还应当遵循方便群众购药的原则。

第五十二条 从事药品经营活动应当具备以下条件：

（一）有依法经过资格认定的药师或者其他药学技术人员；

（二）有与所经营药品相适应的营业场所、设备、仓储设施和卫生环境；

（三）有与所经营药品相适应的质量管理机构或者人员；

（四）有保证药品质量的规章制度，并符合国务院药品监督管理部门依据本法制定的药品经营质量管理规范要求。

第五十三条 从事药品经营活动，应当遵守药品经营质量管理规范，建立健全药品经营质量管理体系，保证药品经营全过程持续符合法定要求。

国家鼓励、引导药品零售连锁经营。从事药品零售连锁经营活动的企业总部，应当建立统一的质量管理制度，对所属零售企业的经营活动履行管理责任。

药品经营企业的法定代表人、主要负责人对本企业的药品经营活动全面负责。

第五十四条 国家对药品实行处方药与非处方药分类管理制度。具体办法由国务院药品监督管理部门会同国务院卫生健康主管部门制定。

第五十五条 药品上市许可持有人、药品生产企业、药品经营企业和医疗机构应当从药品上市许可持有人或者具有药品生产、经营资格的企业购进药品；但是，购进未实施审批管理的中药材除外。

第五十六条 药品经营企业购进药品，应当建立并执行进货检查验收制度，验明药品合格证明和其他标识；不符合规定要求的，不得购进和销售。

第五十七条 药品经营企业购销药品，应当有真实、完整的购销记录。购销记录应当注明药品的通用名称、剂型、规格、产品批号、有效期、上市许可持有人、生产企业、购销单位、购销数量、购销价格、购销日期及国务院药品监督管理部门规定的其他内容。

第五十八条 药品经营企业零售药品应当准确无误，并正确说明用法、用量和注意事项；调配处方应当经过核对，对处方所列药品不得擅自更改或者代用。对有配伍禁忌或者超剂量的处方，应当拒绝调配；必要时，经处方医师更正或者重新签字，方可调配。

药品经营企业销售中药材，应当标明产地。

依法经过资格认定的药师或者其他药学技术人员负责本企业的药品管理、处方审核和调配、合理用药指导等工作。

第五十九条 药品经营企业应当制定和执行药品保管制度，采取必要的冷藏、防冻、防潮、防虫、防鼠等措施，保证药品质量。

药品入库和出库应当执行检查制度。

第六十条 城乡集市贸易市场可以出售中药材，国务院另有规定的除外。

第六十一条 药品上市许可持有人、药品经营企业通过网络销售药品，应当遵守本法药品经营的有关规定。具体管理办法由国务院药品监督管理部门会同国务院卫生健康主管部门等部门制定。

疫苗、血液制品、麻醉药品、精神药品、医疗用毒性药品、放射性药品、药品类易制毒化学品等国家实行特殊管理的药品不得在网络上销售。

第六十二条 药品网络交易第三方平台提供者应当按照国务院药品监督管理部门的规定，向所在地省、自治区、直辖市人民政府药品监督管理部门备案。

第三方平台提供者应当依法对申请进入平台经营的药品上市许可持有人、药品经营企业的资质等进行审核，保证其符合法定要求，并对发生在平台的药品经营行为进行管理。

第三方平台提供者发现进入平台经营的药品上市许可持有人、药品经营企业有违反本法规定行为的，应当及时制止并立即报告所在地县级人民政府药品监督管理部门；发现严重违法行为的，应当立即停止提供网络交易平台服务。

第六十三条 新发现和从境外引种的药材，经国务院药品监督管理部门批准后，方可销售。

第六十四条 药品应当从允许药品进口的口岸进口，并由进口药品的企业向口岸所在地药品监督管理部门备案。海关凭药品监督管理部门出具的进口药品通关单办理通关手续。无进口药品通关单的，海关不得放行。

口岸所在地药品监督管理部门应当通知药品检验机构按照国务院药品监督管理部门的规定对进口药品进行抽查检验。

允许药品进口的口岸由国务院药品监督管理部门会同海关总署提出，报国务院批准。

第六十五条 医疗机构因临床急需进口少量药品的，经国务院药品监督管理部门或者国务院授权的省、自治区、直辖市人民政府批准，可以进口。进口的药品应当在指定医疗机构内用于特定医疗目的。

个人自用携带入境少量药品，按照国家有关规定办理。

第六十六条 进口、出口麻醉药品和国家规定范围内的精神药品，应当持有国务院药品监督管理部门颁发的进口准许证、出口准许证。

第六十七条 禁止进口疗效不确切、不良反应大或者因其他原因危害人体健康的药品。

第六十八条 国务院药品监督管理部门对下列药品在销售前或者进口时，应当指定药品检验机构进行检验；未经检验或者检验不合格的，不得销售或者进口：

（一）首次在中国境内销售的药品；

（二）国务院药品监督管理部门规定的生物制品；

（三）国务院规定的其他药品。

第六章 医疗机构药事管理

第六十九条 医疗机构应当配备依法经过资格认定的药师或者其他药学技术人员，负责本单位的药品管理、处方审核和调配、合理用药指导等工作。非药学技术人员不得直接从事药剂技术工作。

第七十条 医疗机构购进药品，应当建立并执行进货检查验收制度，验明药品合格证明和其他标识；不符合规定要求的，不得购进和使用。

第七十一条 医疗机构应当有与所使用药品相适应的场所、设备、仓储设施和卫生环境，制定和执行药品保管制度，采取必要的冷藏、防冻、防潮、防虫、防鼠等措施，保证药品质量。

第七十二条 医疗机构应当坚持安全有效、经济合理的用药原则，遵循药品临床应用指导原则、临床诊疗指南和药品说明书等合理用药，对医师处方、用药医嘱的适宜性进行审核。

医疗机构以外的其他药品使用单位，应当遵守本法有关医疗机构使用药品的规定。

第七十三条 依法经过资格认定的药师或者其他药学技术人员调配处方，应当进行核对，对处方所列药品不得擅自更改或者代用。对有配伍禁忌或者超剂量的处方，应当拒绝调配；必要时，经处方医师更正或者重新签字，方可调配。

第七十四条 医疗机构配制制剂，应当经所在地省、自治区、直辖市人民政府药品监督管理部门批准，取得医疗机构制剂许可证。无医疗机构制剂许可证的，不得配制制剂。

医疗机构制剂许可证应当标明有效期，到期重新审查发证。

第七十五条 医疗机构配制制剂，应当有能够保证制剂质量的设施、管理制度、检验仪器和卫生环境。

医疗机构配制制剂，应当按照经核准的工艺进行，所需的原料、辅料和包装材料等应当符合药用要求。

第七十六条 医疗机构配制的制剂，应当是本单位临床需要而市场上没有供应的品种，并应当经所在地省、自治区、直辖市人民政府药品监督管理部门批准；但是，法律对配制中药制剂另有规定的除外。

医疗机构配制的制剂应当按照规定进行质量检验；合格的，凭医师处方在本单位使用。经国务院药品监督管理部门或者省、自治区、直辖市人民政府药品监督管理部门批准，医疗机构配制的制剂可以在指定的医疗机构之间调剂使用。

医疗机构配制的制剂不得在市场上销售。

第七章 药品上市后管理

第七十七条 药品上市许可持有人应当制定药品上市后风险管理计划,主动开展药品上市后研究,对药品的安全性、有效性和质量可控性进行进一步确证,加强对已上市药品的持续管理。

第七十八条 对附条件批准的药品,药品上市许可持有人应当采取相应风险管理措施,并在规定期限内按照要求完成相关研究;逾期未按照要求完成研究或者不能证明其获益大于风险的,国务院药品监督管理部门应当依法处理,直至注销药品注册证书。

第七十九条 对药品生产过程中的变更,按照其对药品安全性、有效性和质量可控性的风险和产生影响的程度,实行分类管理。属于重大变更的,应当经国务院药品监督管理部门批准,其他变更应当按照国务院药品监督管理部门的规定备案或者报告。

药品上市许可持有人应当按照国务院药品监督管理部门的规定,全面评估、验证变更事项对药品安全性、有效性和质量可控性的影响。

第八十条 药品上市许可持有人应当开展药品上市后不良反应监测,主动收集、跟踪分析疑似药品不良反应信息,对已识别风险的药品及时采取风险控制措施。

第八十一条 药品上市许可持有人、药品生产企业、药品经营企业和医疗机构应当经常考察本单位所生产、经营、使用的药品质量、疗效和不良反应。发现疑似不良反应的,应当及时向药品监督管理部门和卫生健康主管部门报告。具体办法由国务院药品监督管理部门会同国务院卫生健康主管部门制定。

对已确认发生严重不良反应的药品,由国务院药品监督管理部门或者省、自治区、直辖市人民政府药品监督管理部门根据实际情况采取停止生产、销售、使用等紧急控制措施,并应当在五日内组织鉴定,自鉴定结论作出之日起十五日内依法作出行政处理决定。

第八十二条 药品存在质量问题或者其他安全隐患的,药品上市许可持有人应当立即停止销售,告知相关药品经营企业和医疗机构停止销售和使用,召回已销售的药品,及时公开召回信息,必要时应当立即停止生产,并将药品召回和处理情况向省、自治区、直辖市人民政府药品监督管理部门和卫生健康主管部门报告。药品生产企业、药品经营企业和医疗机构应当配合。

药品上市许可持有人依法应当召回药品而未召回的,省、自治区、直辖市人民政府药品监督管理部门应当责令其召回。

第八十三条 药品上市许可持有人应当对已上市药品的安全性、有效性和质量可控性定期开展上市后评价。必要时,国务院药品监督管理部门可以责令药品上市许可持有人开展上市后评价或者直接组织开展上市后评价。

经评价,对疗效不确切、不良反应大或者因其他原因危害人体健康的药品,应当注销药品注册证书。

已被注销药品注册证书的药品,不得生产或者进口、销售和使用。

已被注销药品注册证书、超过有效期等的药品,应当由药品监督管理部门监督销毁或者依法采取其他无害化处理等措施。

第八章 药品价格和广告

第八十四条 国家完善药品采购管理制度,对药品价格进行监测,开展成本价格调查,加强药品价格监督检查,依法查处价格垄断、哄抬价格等药品价格违法行为,维护药品价格秩序。

第八十五条 依法实行市场调节价的药品,药品上市许可持有人、药品生产企业、药品经营企业和医疗机构应当按照公平、合理和诚实信用、质价相符的原则制定价格,为用药者提供价格合理的药品。

药品上市许可持有人、药品生产企业、药品经营企业和医疗机构应当遵守国务院药品价格主管部门关于药品价格管理的规定,制定和标明药品零售价格,禁止暴利、价格垄断和价格欺诈等行为。

第八十六条 药品上市许可持有人、药品生产企业、药品经营企业和医疗机构应当依法向药品价格主管部门提供其药品的实际购销价格和购销数量等资料。

第八十七条 医疗机构应当向患者提供所用药品的价格清单,按照规定如实公布其常用药品的价格，加强合理用药管理。具体办法由国务院卫生健康主管部门制定。

第八十八条 禁止药品上市许可持有人、药品生产企业、药品经营企业和医疗机构在药品购销中给予、收受回扣或者其他不正当利益。

禁止药品上市许可持有人、药品生产企业、药品经营企业或者代理人以任何名义给予使用其药品的医疗机构的负责人、药品采购人员、医师、药师等有关人员财物或者其他不正当利益。禁止医疗机构的负责人、药品采购人员、医师、药师等有关人员以任何名义收受药品上市许可持有人、药品生产企业、药品经营企业或者代理人给予的财物或者其他不正当利益。

第八十九条 药品广告应当经广告主所在地省、自治区、直辖市人民政府确定的广告审查机关批准；未经批准的，不得发布。

第九十条 药品广告的内容应当真实、合法，以国务院药品监督管理部门核准的药品说明书为准，不得含有虚假的内容。

药品广告不得含有表示功效、安全性的断言或者保证；不得利用国家机关、科研单位、学术机构、行业协会或者专家、学者、医师、药师、患者等的名义或者形象作推荐、证明。

非药品广告不得有涉及药品的宣传。

第九十一条 药品价格和广告，本法未作规定的，适用《中华人民共和国价格法》、《中华人民共和国反垄断法》、《中华人民共和国反不正当竞争法》、《中华人民共和国广告法》等的规定。

第九章 药品储备和供应

第九十二条 国家实行药品储备制度，建立中央和地方两级药品储备。

发生重大灾情、疫情或者其他突发事件时，依照《中华人民共和国突发事件应对法》的规定，可以紧急调用药品。

第九十三条 国家实行基本药物制度，遴选适当数量的基本药物品种，加强组织生产和储备，提高基本药物的供给能力，满足疾病防治基本用药需求。

第九十四条 国家建立药品供求监测体系，及时收集和汇总分析短缺药品供求信息，对短缺药品实行预警，采取应对措施。

第九十五条 国家实行短缺药品清单管理制度。具体办法由国务院卫生健康主管部门会同国务院药品监督管理部门等部门制定。

药品上市许可持有人停止生产短缺药品的，应当按照规定向国务院药品监督管理部门或者省、自治区、直辖市人民政府药品监督管理部门报告。

第九十六条 国家鼓励短缺药品的研制和生产，对临床急需的短缺药品、防治重大传染病和罕见病等疾病的新药予以优先审评审批。

第九十七条 对短缺药品，国务院可以限制或者禁止出口。必要时，国务院有关部门可以采取组织生产、价格干预和扩大进口等措施，保障药品供应。

药品上市许可持有人、药品生产企业、药品经营企业应当按照规定保障药品的生产和供应。

第十章 监督管理

第九十八条 禁止生产（包括配制，下同）、销售、使用假药、劣药。

有下列情形之一的，为假药：

（一）药品所含成份与国家药品标准规定的成份不符；

（二）以非药品冒充药品或者以他种药品冒充此种药品；

（三）变质的药品；

（四）药品所标明的适应症或者功能主治超出规定范围。

有下列情形之一的，为劣药：

（一）药品成份的含量不符合国家药品标准；

（二）被污染的药品；

（三）未标明或者更改有效期的药品；

（四）未注明或者更改产品批号的药品；

（五）超过有效期的药品；

（六）擅自添加防腐剂、辅料的药品；

（七）其他不符合药品标准的药品。

禁止未取得药品批准证明文件生产、进口药品；禁止使用未按照规定审评、审批的原料药、包装材料和容器生产药品。

第九十九条 药品监督管理部门应当依照法律、法规的规定对药品研制、生产、经营和药品使用单位使用药品等活动进行监督检查，必要时可以对为药品研制、生产、经营、使用提供产品或者服务的单位和个人进行延伸检查,有关单位和个人应当予以配合,不得拒绝和隐瞒。

药品监督管理部门应当对高风险的药品实施重点监督检查。

对有证据证明可能存在安全隐患的,药品监督管理部门根据监督检查情况,应当采取告诫、约谈、限期整改以及暂停生产、销售、使用、进口等措施,并及时公布检查处理结果。

药品监督管理部门进行监督检查时,应当出示证明文件,对监督检查中知悉的商业秘密应当保密。

第一百条 药品监督管理部门根据监督管理的需要,可以对药品质量进行抽查检验。抽查检验应当按照规定抽样,并不得收取任何费用;抽样应当购买样品。所需费用按照国务院规定列支。

对有证据证明可能危害人体健康的药品及其有关材料,药品监督管理部门可以查封、扣押,并在七日内作出行政处理决定;药品需要检验的,应当自检验报告书发出之日起十五日内作出行政处理决定。

第一百零一条 国务院和省、自治区、直辖市人民政府的药品监督管理部门应当定期公告药品质量抽查检验结果;公告不当的,应当在原公告范围内予以更正。

第一百零二条 当事人对药品检验结果有异议的,可以自收到药品检验结果之日起七日内向原药品检验机构或者上一级药品监督管理部门设置或者指定的药品检验机构申请复验,也可以直接向国务院药品监督管理部门设置或者指定的药品检验机构申请复验。受理复验的药品检验机构应当在国务院药品监督管理部门规定的时间内作出复验结论。

第一百零三条 药品监督管理部门应当对药品上市许可持有人、药品生产企业、药品经营企业和药物非临床安全性评价研究机构、药物临床试验机构等遵守药品生产质量管理规范、药品经营质量管理规范、药物非临床研究质量管理规范、药物临床试验质量管理规范等情况进行检查,监督其持续符合法定要求。

第一百零四条 国家建立职业化、专业化药品检查员队伍。检查员应当熟悉药品法律法规,具备药品专业知识。

第一百零五条 药品监督管理部门建立药品上市许可持有人、药品生产企业、药品经营企业、药物非临床安全性评价研究机构、药物临床试验机构和医疗机构药品安全信用档案,记录许可颁发、日常监督检查结果、违法行为查处等情况,依法向社会公布并及时更新;对有不良信用记录的,增加监督检查频次,并可以按照国家规定实施联合惩戒。

第一百零六条 药品监督管理部门应当公布本部门的电子邮件地址、电话,接受咨询、投诉、举报,并依法及时答复、核实、处理。对查证属实的举报,按照有关规定给予举报人奖励。

药品监督管理部门应当对举报人的信息予以保密,保护举报人的合法权益。举报人举报所在单位的,该单位不得以解除、变更劳动合同或者其他方式对举报人进行打击报复。

第一百零七条 国家实行药品安全信息统一公布制度。国家药品安全总体情况、药品安全风险警示信息、重大药品安全事件及其调查处理信息和国务院确定需要统一公布的其他信息由国务院药品监督管理部门统一公布。药品安全风险警示信息和重大药品安全事件及其调查处理信息的影响限于特定区域的,也可以由有关省、自治区、直辖市人民政府药品监督管理部门公布。未经授权不得发布上述信息。

公布药品安全信息,应当及时、准确、全面,并进行必要的说明,避免误导。

任何单位和个人不得编造、散布虚假药品安全信息。

第一百零八条 县级以上人民政府应当制定药品安全事件应急预案。药品上市许可持有人、药品生产企业、药品经营企业和医疗机构等应当制定本单位的药品安全事件处置方案,并组织开展培训和应急演练。

发生药品安全事件,县级以上人民政府应当按照应急预案立即组织开展应对工作;有关单位应当立即采取有效措施进行处置,防止危害扩大。

第一百零九条 药品监督管理部门未及时发现药品安全系统性风险,未及时消除监督管理区域内药品安全隐患的,本级人民政府或者上级人民政府药品监督管理部门应当对其主要负责人进行约谈。

地方人民政府未履行药品安全职责,未及时消除区域性重大药品安全隐患的,上级人民政府或者上级人民政府药品监督管理部门应当对其主要负责人进行约谈。

被约谈的部门和地方人民政府应当立即采取措施，对药品监督管理工作进行整改。

约谈情况和整改情况应当纳入有关部门和地方人民政府药品监督管理工作评议、考核记录。

第一百一十条 地方人民政府及其药品监督管理部门不得以要求实施药品检验、审批等手段限制或者排斥非本地区药品上市许可持有人、药品生产企业生产的药品进入本地区。

第一百一十一条 药品监督管理部门及其设置或者指定的药品专业技术机构不得参与药品生产经营活动，不得以其名义推荐或者监制、监销药品。

药品监督管理部门及其设置或者指定的药品专业技术机构的工作人员不得参与药品生产经营活动。

第一百一十二条 国务院对麻醉药品、精神药品、医疗用毒性药品、放射性药品、药品类易制毒化学品等有其他特殊管理规定的，依照其规定。

第一百一十三条 药品监督管理部门发现药品违法行为涉嫌犯罪的，应当及时将案件移送公安机关。

对依法不需要追究刑事责任或者免予刑事处罚，但应当追究行政责任的，公安机关、人民检察院、人民法院应当及时将案件移送药品监督管理部门。

公安机关、人民检察院、人民法院商请药品监督管理部门、生态环境主管部门等部门提供检验结论、认定意见以及对涉案药品进行无害化处理等协助的，有关部门应当及时提供，予以协助。

第十一章 法律责任

第一百一十四条 违反本法规定，构成犯罪的，依法追究刑事责任。

第一百一十五条 未取得药品生产许可证、药品经营许可证或者医疗机构制剂许可证生产、销售药品的，责令关闭，没收违法生产、销售的药品和违法所得，并处违法生产、销售的药品（包括已售出和未售出的药品，下同）货值金额十五倍以上三十倍以下的罚款；货值金额不足十万元的，按十万元计算。

第一百一十六条 生产、销售假药的，没收违法生产、销售的药品和违法所得，责令停产停业整顿，吊销药品批准证明文件，并处违法生产、销售的药品货值金额十五倍以上三十倍以下的罚款；货值金额不足十万元的，按十万元计算；情节严重的，吊销药品生产许可证、药品经营许可证或者医疗机构制剂许可证，十年内不受理其相应申请；药品上市许可持有人为境外企业的，十年内禁止其药品进口。

第一百一十七条 生产、销售劣药的，没收违法生产、销售的药品和违法所得，并处违法生产、销售的药品货值金额十倍以上二十倍以下的罚款；违法生产、批发的药品货值金额不足十万元的，按十万元计算，违法零售的药品货值金额不足一万元的，按一万元计算；情节严重的，责令停产停业整顿直至吊销药品批准证明文件、药品生产许可证、药品经营许可证或者医疗机构制剂许可证。

生产、销售的中药饮片不符合药品标准，尚不影响安全性、有效性的，责令限期改正，给予警告；可以处十万元以上五十万元以下的罚款。

第一百一十八条 生产、销售假药，或者生产、销售劣药且情节严重的，对法定代表人、主要负责人、直接负责的主管人员和其他责任人员，没收违法行为发生期间自本单位所获收入，并处所获收入百分之三十以上三倍以下的罚款，终身禁止从事药品生产经营活动，并可以由公安机关处五日以上十五日以下的拘留。

对生产者专门用于生产假药、劣药的原料、辅料、包装材料、生产设备予以没收。

第一百一十九条 药品使用单位使用假药、劣药的，按照销售假药、零售劣药的规定处罚；情节严重的，法定代表人、主要负责人、直接负责的主管人员和其他责任人员有医疗卫生人员执业证书的，还应当吊销执业证书。

第一百二十条 知道或者应当知道属于假药、劣药或者本法第一百二十四条第一款第一项至第五项规定的药品，而为其提供储存、运输等便利条件的，没收全部储存、运输收入，并处违法收入一倍以上五倍以下的罚款；情节严重的，并处违法收入五倍以上十五倍以下的罚款；违法收入不足五万元的，按五万元计算。

第一百二十一条 对假药、劣药的处罚决定，应当依法载明药品检验机构的质量检验结论。

第一百二十二条 伪造、变造、出租、出借、非法买卖许可证或者药品批准证明文件的,没收违法所得,并处违法所得一倍以上五倍以下的罚款;情节严重的,并处违法所得五倍以上十五倍以下的罚款,吊销药品生产许可证、药品经营许可证、医疗机构制剂许可证或者药品批准证明文件,对法定代表人、主要负责人、直接负责的主管人员和其他责任人员,处二万元以上二十万元以下的罚款,十年内禁止从事药品生产经营活动,并可以由公安机关处五日以上十五日以下的拘留;违法所得不足十万元的,按十万元计算。

第一百二十三条 提供虚假的证明、数据、资料、样品或者采取其他手段骗取临床试验许可、药品生产许可、药品经营许可、医疗机构制剂许可或者药品注册等许可的,撤销相关许可,十年内不受理其相应申请,并处五十万元以上五百万元以下的罚款;情节严重的,对法定代表人、主要负责人、直接负责的主管人员和其他责任人员,处二万元以上二十万元以下的罚款,十年内禁止从事药品生产经营活动,并可以由公安机关处五日以上十五日以下的拘留。

第一百二十四条 违反本法规定,有下列行为之一的,没收违法生产、进口、销售的药品和违法所得以及专门用于违法生产的原料、辅料、包装材料和生产设备,责令停产停业整顿,并处违法生产、进口、销售的药品货值金额十五倍以上三十倍以下的罚款;货值金额不足十万元的,按十万元计算;情节严重的,吊销药品批准证明文件直至吊销药品生产许可证、药品经营许可证或者医疗机构制剂许可证,对法定代表人、主要负责人、直接负责的主管人员和其他责任人员,没收违法行为发生期间自本单位所获收入,并处所获收入百分之三十以上三倍以下的罚款,十年直至终身禁止从事药品生产经营活动,并可以由公安机关处五日以上十五日以下的拘留:

(一)未取得药品批准证明文件生产、进口药品;

(二)使用采取欺骗手段取得的药品批准证明文件生产、进口药品;

(三)使用未经审评审批的原料药生产药品;

(四)应当检验而未经检验即销售药品;

(五)生产、销售国务院药品监督管理部门禁止使用的药品;

(六)编造生产、检验记录;

(七)未经批准在药品生产过程中进行重大变更。

销售前款第一项至第三项规定的药品,或者药品使用单位使用前款第一项至第五项规定的药品的,依照前款规定处罚;情节严重的,药品使用单位的法定代表人、主要负责人、直接负责的主管人员和其他责任人员有医疗卫生人员执业证书的,还应当吊销执业证书。

未经批准进口少量境外已合法上市的药品,情节较轻的,可以依法减轻或者免予处罚。

第一百二十五条 违反本法规定,有下列行为之一的,没收违法生产、销售的药品和违法所得以及包装材料、容器,责令停产停业整顿,并处五十万元以上五百万元以下的罚款;情节严重的,吊销药品批准证明文件、药品生产许可证、药品经营许可证,对法定代表人、主要负责人、直接负责的主管人员和其他责任人员处二万元以上二十万元以下的罚款,十年直至终身禁止从事药品生产经营活动:

(一)未经批准开展药物临床试验;

(二)使用未经审评的直接接触药品的包装材料或者容器生产药品,或者销售该类药品;

(三)使用未经核准的标签、说明书。

第一百二十六条 除本法另有规定的情形外,药品上市许可持有人、药品生产企业、药品经营企业、药物非临床安全性评价研究机构、药物临床试验机构等未遵守药品生产质量管理规范、药品经营质量管理规范、药物非临床研究质量管理规范、药物临床试验质量管理规范等的,责令限期改正,给予警告;逾期不改正的,处十万元以上五十万元以下的罚款;情节严重的,处五十万元以上二百万元以下的罚款,责令停产停业整顿直至吊销药品批准证明文件、药品生产许可证、药品经营许可证等,药物非临床安全性评价研究机构、药物临床试验机构等五年内不得开展药物非临床安全性评价研究、药物临床试验,对法定代表人、主要负责人、直接负责的主管人员和其他责任人员,没收违法行为发生期间自本单位所获收入,并处所获收入百分之十以上百分之五十以下的罚款,十年直至终身禁止从事药品生产经营等活动。

第一百二十七条 违反本法规定,有下列行为之一的,责令限期改正,给予警告;逾期不改正的,处十万元以上五十万元以下的罚款:

(一)开展生物等效性试验未备案;

（二）药物临床试验期间，发现存在安全性问题或者其他风险，临床试验申办者未及时调整临床试验方案、暂停或者终止临床试验，或者未向国务院药品监督管理部门报告；

（三）未按照规定建立并实施药品追溯制度；

（四）未按照规定提交年度报告；

（五）未按照规定对药品生产过程中的变更进行备案或者报告；

（六）未制定药品上市后风险管理计划；

（七）未按照规定开展药品上市后研究或者上市后评价。

第一百二十八条 除依法应当按照假药、劣药处罚的外，药品包装未按照规定印有、贴有标签或者附有说明书，标签、说明书未按照规定注明相关信息或者印有规定标志的，责令改正，给予警告；情节严重的，吊销药品注册证书。

第一百二十九条 违反本法规定，药品上市许可持有人、药品生产企业、药品经营企业或者医疗机构未从药品上市许可持有人或者具有药品生产、经营资格的企业购进药品的，责令改正，没收违法购进的药品和违法所得，并处违法购进药品货值金额二倍以上十倍以下的罚款；情节严重的，并处货值金额十倍以上三十倍以下的罚款，吊销药品批准证明文件、药品生产许可证、药品经营许可证或者医疗机构执业许可证；货值金额不足五万元的，按五万元计算。

第一百三十条 违反本法规定，药品经营企业购销药品未按照规定进行记录，零售药品未正确说明用法、用量等事项，或者未按照规定调配处方的，责令改正，给予警告；情节严重的，吊销药品经营许可证。

第一百三十一条 违反本法规定，药品网络交易第三方平台提供者未履行资质审核、报告、停止提供网络交易平台服务等义务的，责令改正，没收违法所得，并处二十万元以上二百万元以下的罚款；情节严重的，责令停业整顿，并处二百万元以上五百万元以下的罚款。

第一百三十二条 进口已获得药品注册证书的药品，未按照规定向允许药品进口的口岸所在地药品监督管理部门备案的，责令限期改正，给予警告；逾期不改正的，吊销药品注册证书。

第一百三十三条 违反本法规定，医疗机构将其配制的制剂在市场上销售的，责令改正，没收违法销售的制剂和违法所得，并处违法销售制剂货值金额二倍以上五倍以下的罚款；情节严重的，并处货值金额五倍以上十五倍以下的罚款；货值金额不足五万元的，按五万元计算。

第一百三十四条 药品上市许可持有人未按照规定开展药品不良反应监测或者报告疑似药品不良反应的，责令限期改正，给予警告；逾期不改正的，责令停产停业整顿，并处十万元以上一百万元以下的罚款。

药品经营企业未按照规定报告疑似药品不良反应的，责令限期改正，给予警告；逾期不改正的，责令停产停业整顿，并处五万元以上五十万元以下的罚款。

医疗机构未按照规定报告疑似药品不良反应的，责令限期改正，给予警告；逾期不改正的，处五万元以上五十万元以下的罚款。

第一百三十五条 药品上市许可持有人在省、自治区、直辖市人民政府药品监督管理部门责令其召回后，拒不召回的，处应召回药品货值金额五倍以上十倍以下的罚款；货值金额不足十万元的，按十万元计算；情节严重的，吊销药品批准证明文件、药品生产许可证、药品经营许可证，对法定代表人、主要负责人、直接负责的主管人员和其他责任人员，处二万元以上二十万元以下的罚款。药品生产企业、药品经营企业、医疗机构拒不配合召回的，处十万元以上五十万元以下的罚款。

第一百三十六条 药品上市许可持有人为境外企业的，其指定的在中国境内的企业法人未依照本法规定履行相关义务的，适用本法有关药品上市许可持有人法律责任的规定。

第一百三十七条 有下列行为之一的，在本法规定的处罚幅度内从重处罚：

（一）以麻醉药品、精神药品、医疗用毒性药品、放射性药品、药品类易制毒化学品冒充其他药品，或者以其他药品冒充上述药品；

（二）生产、销售以孕产妇、儿童为主要使用对象的假药、劣药；

（三）生产、销售的生物制品属于假药、劣药；

（四）生产、销售假药、劣药，造成人身伤害后果；

（五）生产、销售假药、劣药，经处理后再犯；

（六）拒绝、逃避监督检查，伪造、销毁、隐匿有关证据材料，或者擅自动用查封、扣押物品。

第一百三十八条 药品检验机构出具虚假检验报告的，责令改正，给予警告，对单位并处二十万元以上一百万元以下的罚款；对直接负责的主管人员和其他直接责任人员依法给予降级、撤职、开除处分，没收违法所得，并处五万元以下的罚款；情节严重的，撤销其检验资格。药品检验机构出具的检验结果不实，造成损失的，应当承担相应的赔偿责任。

第一百三十九条 本法第一百一十五条至第一百三十八条规定的行政处罚，由县级以上人民政府药品监督管理部门按照职责分工决定；撤销许可、吊销许可证件的，由原批准、发证的部门决定。

第一百四十条 药品上市许可持有人、药品生产企业、药品经营企业或者医疗机构违反本法规定聘用人员的，由药品监督管理部门或者卫生健康主管部门责令解聘，处五万元以上二十万元以下的罚款。

第一百四十一条 药品上市许可持有人、药品生产企业、药品经营企业或者医疗机构在药品购销中给予、收受回扣或者其他不正当利益的，药品上市许可持有人、药品生产企业、药品经营企业或者代理人给予使用其药品的医疗机构的负责人、药品采购人员、医师、药师等有关人员财物或者其他不正当利益的，由市场监督管理部门没收违法所得，并处三十万元以上三百万元以下的罚款；情节严重的，吊销药品上市许可持有人、药品生产企业、药品经营企业营业执照，并由药品监督管理部门吊销药品批准证明文件、药品生产许可证、药品经营许可证。

药品上市许可持有人、药品生产企业、药品经营企业在药品研制、生产、经营中向国家工作人员行贿的，对法定代表人、主要负责人、直接负责的主管人员和其他责任人员终身禁止从事药品生产经营活动。

第一百四十二条 药品上市许可持有人、药品生产企业、药品经营企业的负责人、采购人员等有关人员在药品购销中收受其他药品上市许可持有人、药品生产企业、药品经营企业或者代理人给予的财物或者其他不正当利益的，没收违法所得，依法给予处罚；情节严重的，五年内禁止从事药品生产经营活动。

医疗机构的负责人、药品采购人员、医师、药师等有关人员收受药品上市许可持有人、药品生产企业、药品经营企业或者代理人给予的财物或者其他不正当利益的，由卫生健康主管部门或者本单位给予处分，没收违法所得；情节严重的，还应当吊销其执业证书。

第一百四十三条 违反本法规定，编造、散布虚假药品安全信息，构成违反治安管理行为的，由公安机关依法给予治安管理处罚。

第一百四十四条 药品上市许可持有人、药品生产企业、药品经营企业或者医疗机构违反本法规定，给用药者造成损害的，依法承担赔偿责任。

因药品质量问题受到损害的，受害人可以向药品上市许可持有人、药品生产企业请求赔偿损失，也可以向药品经营企业、医疗机构请求赔偿损失。接到受害人赔偿请求的，应当实行首负责任制，先行赔付；先行赔付后，可以依法追偿。

生产假药、劣药或者明知是假药、劣药仍然销售、使用的，受害人或者其近亲属除请求赔偿损失外，还可以请求支付价款十倍或者损失三倍的赔偿金；增加赔偿的金额不足一千元的，为一千元。

第一百四十五条 药品监督管理部门或者其设置、指定的药品专业技术机构参与药品生产经营活动的，由其上级主管机关责令改正，没收违法收入；情节严重的，对直接负责的主管人员和其他直接责任人员依法给予处分。

药品监督管理部门或者其设置、指定的药品专业技术机构的工作人员参与药品生产经营活动的，依法给予处分。

第一百四十六条 药品监督管理部门或者其设置、指定的药品检验机构在药品监督检验中违法收取检验费用的，由政府有关部门责令退还，对直接负责的主管人员和其他直接责任人员依法给予处分；情节严重的，撤销其检验资格。

第一百四十七条 违反本法规定，药品监督管理部门有下列行为之一的，应当撤销相关许可，对直接负责的主管人员和其他直接责任人员依法给予处分：

（一）不符合条件而批准进行药物临床试验；

（二）对不符合条件的药品颁发药品注册证书；

（三）对不符合条件的单位颁发药品生产许可证、药品经营许可证或者医疗机构制剂许可证。

第一百四十八条 违反本法规定，县级以上地方人民政府有下列行为之一的，对直接负责的主管人员和其他直接责任人员给予记过或者记大过处

分;情节严重的,给予降级、撤职或者开除处分:

(一)瞒报、谎报、缓报、漏报药品安全事件;

(二)未及时消除区域性重大药品安全隐患,造成本行政区域内发生特别重大药品安全事件,或者连续发生重大药品安全事件;

(三)履行职责不力,造成严重不良影响或者重大损失。

第一百四十九条 违反本法规定,药品监督管理等部门有下列行为之一的,对直接负责的主管人员和其他直接责任人员给予记过或者记大过处分;情节较重的,给予降级或者撤职处分;情节严重的,给予开除处分:

(一)瞒报、谎报、缓报、漏报药品安全事件;

(二)对发现的药品安全违法行为未及时查处;

(三)未及时发现药品安全系统性风险,或者未及时消除监督管理区域内药品安全隐患,造成严重影响;

(四)其他不履行药品监督管理职责,造成严重不良影响或者重大损失。

第一百五十条 药品监督管理人员滥用职权、徇私舞弊、玩忽职守的,依法给予处分。

查处假药、劣药违法行为有失职、渎职行为的,对药品监督管理部门直接负责的主管人员和其他直接责任人员依法从重给予处分。

第一百五十一条 本章规定的货值金额以违法生产、销售药品的标价计算;没有标价的,按照同类药品的市场价格计算。

第十二章 附 则

第一百五十二条 中药材种植、采集和饲养的管理,依照有关法律、法规的规定执行。

第一百五十三条 地区性民间习用药材的管理办法,由国务院药品监督管理部门会同国务院中医药主管部门制定。

第一百五十四条 中国人民解放军和中国人民武装警察部队执行本法的具体办法,由国务院、中央军事委员会依据本法制定。

第一百五十五条 本法自2019年12月1日起施行。

中华人民共和国传染病防治法

(1989年2月21日第七届全国人民代表大会常务委员会第六次会议通过 2004年8月28日第十届全国人民代表大会常务委员会第十一次会议修订 根据2013年6月29日第十二届全国人民代表大会常务委员会第三次会议《关于修改〈中华人民共和国文物保护法〉等十二部法律的决定》修正)

目 录

第一章 总 则
第二章 传染病预防
第三章 疫情报告、通报和公布
第四章 疫情控制
第五章 医疗救治
第六章 监督管理
第七章 保障措施
第八章 法律责任
第九章 附 则

第一章 总 则

第一条 为了预防、控制和消除传染病的发生与流行,保障人体健康和公共卫生,制定本法。

第二条 国家对传染病防治实行预防为主的方针,防治结合、分类管理、依靠科学、依靠群众。

第三条 本法规定的传染病分为甲类、乙类和丙类。

甲类传染病是指:鼠疫、霍乱。

乙类传染病是指:传染性非典型肺炎、艾滋病、病毒性肝炎、脊髓灰质炎、人感染高致病性禽流感、麻疹、流行性出血热、狂犬病、流行性乙型脑炎、登革热、炭疽、细菌性和阿米巴性痢疾、肺结核、伤寒和副伤寒、流行性脑脊髓膜炎、百日咳、白喉、新生儿破伤风、猩红热、布鲁氏菌病、淋病、梅毒、钩端螺旋体病、血吸虫病、疟疾。

丙类传染病是指:流行性感冒、流行性腮腺炎、风疹、急性出血性结膜炎、麻风病、流行性和地方性斑疹伤寒、黑热病、包虫病、丝虫病,除霍乱、细菌性和阿米巴性痢疾、伤寒和副伤寒以外的感染性腹泻病。

国务院卫生行政部门根据传染病暴发、流行情况和危害程度,可以决定增加、减少或者调整乙类、丙类传染病病种并予以公布。

第四条 对乙类传染病中传染性非典型肺炎、炭疽中的肺炭疽和人感染高致病性禽流感,采取本法所称甲类传染病的预防、控制措施。其他乙类传染病和突发原因不明的传染病需要采取本法所称甲类传染病的预防、控制措施的,由国务院卫生行政部门及时报经国务院批准后予以公布、实施。

需要解除依照前款规定采取的甲类传染病预防、控制措施的,由国务院卫生行政部门报经国务院批准后予以公布。

省、自治区、直辖市人民政府对本行政区域内常见、多发的其他地方性传染病,可以根据情况决定按照乙类或者丙类传染病管理并予以公布,报国务院卫生行政部门备案。

第五条 各级人民政府领导传染病防治工作。

县级以上人民政府制定传染病防治规划并组织实施,建立健全传染病防治的疾病预防控制、医疗救治和监督管理体系。

第六条 国务院卫生行政部门主管全国传染病防治及其监督管理工作。县级以上地方人民政府卫生行政部门负责本行政区域内的传染病防治及其监督管理工作。

县级以上人民政府其他部门在各自的职责范围内负责传染病防治工作。

军队的传染病防治工作,依照本法和国家有关规定办理,由中国人民解放军卫生主管部门实施监督管理。

第七条 各级疾病预防控制机构承担传染病监测、预测、流行病学调查、疫情报告以及其他预防、控制工作。

医疗机构承担与医疗救治有关的传染病防治工作和责任区域内的传染病预防工作。城市社区和农村基层医疗机构在疾病预防控制机构的指导下,承担城市社区、农村基层相应的传染病防治工作。

第八条 国家发展现代医学和中医药等传统医学,支持和鼓励开展传染病防治的科学研究,提高传染病防治的科学技术水平。

国家支持和鼓励开展传染病防治的国际合作。

第九条 国家支持和鼓励单位和个人参与传染病防治工作。各级人民政府应当完善有关制度,方便单位和个人参与防治传染病的宣传教育、疫情报告、志愿服务和捐赠活动。

居民委员会、村民委员会应当组织居民、村民参与社区、农村的传染病预防与控制活动。

第十条 国家开展预防传染病的健康教育。新闻媒体应当无偿开展传染病防治和公共卫生教育的公益宣传。

各级各类学校应当对学生进行健康知识和传染病预防知识的教育。

医学院校应当加强预防医学教育和科学研究,对在校学生以及其他与传染病防治相关人员进行预防医学教育和培训,为传染病防治工作提供技术支持。

疾病预防控制机构、医疗机构应当定期对其工作人员进行传染病防治知识、技能的培训。

第十一条 对在传染病防治工作中做出显著成绩和贡献的单位和个人,给予表彰和奖励。

对因参与传染病防治工作致病、致残、死亡的人员,按照有关规定给予补助、抚恤。

第十二条 在中华人民共和国领域内的一切单位和个人,必须接受疾病预防控制机构、医疗机构有关传染病的调查、检验、采集样本、隔离治疗等预防、控制措施,如实提供有关情况。疾病预防控制机构、医疗机构不得泄露涉及个人隐私的有关信息、资料。

卫生行政部门以及其他有关部门、疾病预防控制机构和医疗机构因违法实施行政管理或者预防、控制措施,侵犯单位和个人合法权益的,有关单位和个人可以依法申请行政复议或者提起诉讼。

第二章 传染病预防

第十三条 各级人民政府组织开展群众性卫生活动,进行预防传染病的健康教育,倡导文明健康的生活方式,提高公众对传染病的防治意识和应对能力,加强环境卫生建设,消除鼠害和蚊、蝇等病媒生物的危害。

各级人民政府农业、水利、林业行政部门按照职责分工负责指导和组织消除农田、湖区、河流、牧场、林区的鼠害与血吸虫危害,以及其他传播传染病的动物和病媒生物的危害。

铁路、交通、民用航空行政部门负责组织消除交通工具以及相关场所的鼠害和蚊、蝇等病媒生物的危害。

第十四条 地方各级人民政府应当有计划地建设和改造公共卫生设施，改善饮用水卫生条件，对污水、污物、粪便进行无害化处置。

第十五条 国家实行有计划的预防接种制度。国务院卫生行政部门和省、自治区、直辖市人民政府卫生行政部门，根据传染病预防、控制的需要，制定传染病预防接种规划并组织实施。用于预防接种的疫苗必须符合国家质量标准。

国家对儿童实行预防接种证制度。国家免疫规划项目的预防接种实行免费。医疗机构、疾病预防控制机构与儿童的监护人应当相互配合，保证儿童及时接受预防接种。具体办法由国务院制定。

第十六条 国家和社会应当关心、帮助传染病病人、病原携带者和疑似传染病病人，使其得到及时救治。任何单位和个人不得歧视传染病病人、病原携带者和疑似传染病病人。

传染病病人、病原携带者和疑似传染病病人，在治愈前或者在排除传染病嫌疑前，不得从事法律、行政法规和国务院卫生行政部门规定禁止从事的易使该传染病扩散的工作。

第十七条 国家建立传染病监测制度。

国务院卫生行政部门制定国家传染病监测规划和方案。省、自治区、直辖市人民政府卫生行政部门根据国家传染病监测规划和方案，制定本行政区域的传染病监测计划和工作方案。

各级疾病预防控制机构对传染病的发生、流行以及影响其发生、流行的因素，进行监测；对国外发生、国内尚未发生的传染病或者国内新发生的传染病，进行监测。

第十八条 各级疾病预防控制机构在传染病预防控制中履行下列职责：

（一）实施传染病预防控制规划、计划和方案；

（二）收集、分析和报告传染病监测信息，预测传染病的发生、流行趋势；

（三）开展对传染病疫情和突发公共卫生事件的流行病学调查、现场处理及其效果评价；

（四）开展传染病实验室检测、诊断、病原学鉴定；

（五）实施免疫规划，负责预防性生物制品的使用管理；

（六）开展健康教育、咨询，普及传染病防治知识；

（七）指导、培训下级疾病预防控制机构及其工作人员开展传染病监测工作；

（八）开展传染病防治应用性研究和卫生评价，提供技术咨询。

国家、省级疾病预防控制机构负责对传染病发生、流行以及分布进行监测，对重大传染病流行趋势进行预测，提出预防控制对策，参与并指导对暴发的疫情进行调查处理，开展传染病病原学鉴定，建立检测质量控制体系，开展应用性研究和卫生评价。

设区的市和县级疾病预防控制机构负责传染病预防控制规划、方案的落实，组织实施免疫、消毒、控制病媒生物的危害，普及传染病防治知识，负责本地区疫情和突发公共卫生事件监测、报告，开展流行病学调查和常见病原微生物检测。

第十九条 国家建立传染病预警制度。

国务院卫生行政部门和省、自治区、直辖市人民政府根据传染病发生、流行趋势的预测，及时发出传染病预警，根据情况予以公布。

第二十条 县级以上地方人民政府应当制定传染病预防、控制预案，报上一级人民政府备案。

传染病预防、控制预案应当包括以下主要内容：

（一）传染病预防控制指挥部的组成和相关部门的职责；

（二）传染病的监测、信息收集、分析、报告、通报制度；

（三）疾病预防控制机构、医疗机构在发生传染病疫情时的任务与职责；

（四）传染病暴发、流行情况的分级以及相应的应急工作方案；

（五）传染病预防、疫点疫区现场控制，应急设施、设备、救治药品和医疗器械以及其他物资和技术的储备与调用。

地方人民政府和疾病预防控制机构接到国务院卫生行政部门或者省、自治区、直辖市人民政府发出的传染病预警后，应当按照传染病预防、控制预案，采取相应的预防、控制措施。

第二十一条 医疗机构必须严格执行国务院卫生行政部门规定的管理制度、操作规范，防止传染病的医源性感染和医院感染。

医疗机构应当确定专门的部门或者人员，承担传染病疫情报告、本单位的传染病预防、控制以及责任区域内的传染病预防工作;承担医疗活动中与医院感染有关的危险因素监测、安全防护、消毒、隔离和医疗废物处置工作。

疾病预防控制机构应当指定专门人员负责对医疗机构内传染病预防工作进行指导、考核,开展流行病学调查。

第二十二条 疾病预防控制机构、医疗机构的实验室和从事病原微生物实验的单位,应当符合国家规定的条件和技术标准,建立严格的监督管理制度,对传染病病原体样本按照规定的措施实行严格监督管理,严防传染病病原体的实验室感染和病原微生物的扩散。

第二十三条 采供血机构、生物制品生产单位必须严格执行国家有关规定,保证血液、血液制品的质量。禁止非法采集血液或者组织他人出卖血液。

疾病预防控制机构、医疗机构使用血液和血液制品,必须遵守国家有关规定,防止因输入血液、使用血液制品引起经血液传播疾病的发生。

第二十四条 各级人民政府应当加强艾滋病的防治工作,采取预防、控制措施,防止艾滋病的传播。具体办法由国务院制定。

第二十五条 县级以上人民政府农业、林业行政部门以及其他有关部门,依据各自的职责负责与人畜共患传染病有关的动物传染病的防治管理工作。

与人畜共患传染病有关的野生动物、家畜家禽,经检疫合格后,方可出售、运输。

第二十六条 国家建立传染病菌种、毒种库。

对传染病菌种、毒种和传染病检测样本的采集、保藏、携带、运输和使用实行分类管理,建立健全严格的管理制度。

对可能导致甲类传染病传播的以及国务院卫生行政部门规定的菌种、毒种和传染病检测样本,确需采集、保藏、携带、运输和使用的,须经省级以上人民政府卫生行政部门批准。具体办法由国务院制定。

第二十七条 对被传染病病原体污染的污水、污物、场所和物品,有关单位和个人必须在疾病预防控制机构的指导下或者按照其提出的卫生要求,进行严格消毒处理;拒绝消毒处理的,由当地卫生行政部门或者疾病预防控制机构进行强制消毒处理。

第二十八条 在国家确认的自然疫源地计划兴建水利、交通、旅游、能源等大型建设项目的,应当事先由省级以上疾病预防控制机构对施工环境进行卫生调查。建设单位应当根据疾病预防控制机构的意见,采取必要的传染病预防、控制措施。施工期间,建设单位应当设专人负责工地上的卫生防疫工作。工程竣工后,疾病预防控制机构应当对可能发生的传染病进行监测。

第二十九条 用于传染病防治的消毒产品、饮用水供水单位供应的饮用水和涉及饮用水卫生安全的产品,应当符合国家卫生标准和卫生规范。

饮用水供水单位从事生产或者供应活动,应当依法取得卫生许可证。

生产用于传染病防治的消毒产品的单位和生产用于传染病防治的消毒产品,应当经省级以上人民政府卫生行政部门审批。具体办法由国务院制定。

第三章 疫情报告、通报和公布

第三十条 疾病预防控制机构、医疗机构和采供血机构及其执行职务的人员发现本法规定的传染病疫情或者发现其他传染病暴发、流行以及突发原因不明的传染病时,应当遵循疫情报告属地管理原则,按照国务院规定的或者国务院卫生行政部门规定的内容、程序、方式和时限报告。

军队医疗机构向社会公众提供医疗服务,发现前款规定的传染病疫情时,应当按照国务院卫生行政部门的规定报告。

第三十一条 任何单位和个人发现传染病病人或者疑似传染病病人时,应当及时向附近的疾病预防控制机构或者医疗机构报告。

第三十二条 港口、机场、铁路疾病预防控制机构以及国境卫生检疫机关发现甲类传染病病人、病原携带者、疑似传染病病人时,应当按照国家有关规定立即向国境口岸所在地的疾病预防控制机构或者所在地县级以上地方人民政府卫生行政部门报告并互相通报。

第三十三条 疾病预防控制机构应当主动收集、分析、调查、核实传染病疫情信息。接到甲类、乙类传染病疫情报告或者发现传染病暴发、流行时,应当立即报告当地卫生行政部门,由当地卫生行政部门立即报告当地人民政府,同时报告上级卫生行政部门和国务院卫生行政部门。

疾病预防控制机构应当设立或者指定专门的部门、人员负责传染病疫情信息管理工作，及时对疫情报告进行核实、分析。

第三十四条 县级以上地方人民政府卫生行政部门应当及时向本行政区域内的疾病预防控制机构和医疗机构通报传染病疫情以及监测、预警的相关信息。接到通报的疾病预防控制机构和医疗机构应当及时告知本单位的有关人员。

第三十五条 国务院卫生行政部门应当及时向国务院其他有关部门和各省、自治区、直辖市人民政府卫生行政部门通报全国传染病疫情以及监测、预警的相关信息。

毗邻的以及相关的地方人民政府卫生行政部门，应当及时互相通报本行政区域的传染病疫情以及监测、预警的相关信息。

县级以上人民政府有关部门发现传染病疫情时，应当及时向同级人民政府卫生行政部门通报。

中国人民解放军卫生主管部门发现传染病疫情时，应当向国务院卫生行政部门通报。

第三十六条 动物防疫机构和疾病预防控制机构，应当及时互相通报动物间和人间发生的人畜共患传染病疫情以及相关信息。

第三十七条 依照本法的规定负有传染病疫情报告职责的人民政府有关部门、疾病预防控制机构、医疗机构、采供血机构及其工作人员，不得隐瞒、谎报、缓报传染病疫情。

第三十八条 国家建立传染病疫情信息公布制度。

国务院卫生行政部门定期公布全国传染病疫情信息。省、自治区、直辖市人民政府卫生行政部门定期公布本行政区域的传染病疫情信息。

传染病暴发、流行时，国务院卫生行政部门负责向社会公布传染病疫情信息，并可以授权省、自治区、直辖市人民政府卫生行政部门向社会公布本行政区域的传染病疫情信息。

公布传染病疫情信息应当及时、准确。

第四章 疫情控制

第三十九条 医疗机构发现甲类传染病时，应当及时采取下列措施：

（一）对病人、病原携带者，予以隔离治疗，隔离期限根据医学检查结果确定；

（二）对疑似病人，确诊前在指定场所单独隔离治疗；

（三）对医疗机构内的病人、病原携带者、疑似病人的密切接触者，在指定场所进行医学观察和采取其他必要的预防措施。

拒绝隔离治疗或者隔离期未满擅自脱离隔离治疗的，可以由公安机关协助医疗机构采取强制隔离治疗措施。

医疗机构发现乙类或者丙类传染病病人，应当根据病情采取必要的治疗和控制传播措施。

医疗机构对本单位内被传染病病原体污染的场所、物品以及医疗废物，必须依照法律、法规的规定实施消毒和无害化处置。

第四十条 疾病预防控制机构发现传染病疫情或者接到传染病疫情报告时，应当及时采取下列措施：

（一）对传染病疫情进行流行病学调查，根据调查情况提出划定疫点、疫区的建议，对被污染的场所进行卫生处理，对密切接触者，在指定场所进行医学观察和采取其他必要的预防措施，并向卫生行政部门提出疫情控制方案；

（二）传染病暴发、流行时，对疫点、疫区进行卫生处理，向卫生行政部门提出疫情控制方案，并按照卫生行政部门的要求采取措施；

（三）指导下级疾病预防控制机构实施传染病预防、控制措施，组织、指导有关单位对传染病疫情的处理。

第四十一条 对已经发生甲类传染病病例的场所或者该场所内的特定区域的人员，所在地的县级以上地方人民政府可以实施隔离措施，并同时向上一级人民政府报告；接到报告的上级人民政府应当即时作出是否批准的决定。上级人民政府作出不予批准决定的，实施隔离措施的人民政府应当立即解除隔离措施。

在隔离期间，实施隔离措施的人民政府应当对被隔离人员提供生活保障；被隔离人员有工作单位的，所在单位不得停止支付其隔离期间的工作报酬。

隔离措施的解除，由原决定机关决定并宣布。

第四十二条 传染病暴发、流行时，县级以上地方人民政府应当立即组织力量，按照预防、控制预案进行防治，切断传染病的传播途径，必要时，报经上一级人民政府决定，可以采取下列紧急措施并予以公告：

（一）限制或者停止集市、影剧院演出或者其他人群聚集的活动；

（二）停工、停业、停课；

（三）封闭或者封存被传染病病原体污染的公共饮用水源、食品以及相关物品；

（四）控制或者扑杀染疫野生动物、家畜家禽；

（五）封闭可能造成传染病扩散的场所。

上级人民政府接到下级人民政府关于采取前款所列紧急措施的报告时，应当即时作出决定。

紧急措施的解除，由原决定机关决定并宣布。

第四十三条 甲类、乙类传染病暴发、流行时，县级以上地方人民政府报经上一级人民政府决定，可以宣布本行政区域部分或者全部为疫区；国务院可以决定并宣布跨省、自治区、直辖市的疫区。县级以上地方人民政府可以在疫区内采取本法第四十二条规定的紧急措施，并可以对出入疫区的人员、物资和交通工具实施卫生检疫。

省、自治区、直辖市人民政府可以决定对本行政区域内的甲类传染病疫区实施封锁；但是，封锁大、中城市的疫区或者封锁跨省、自治区、直辖市的疫区，以及封锁疫区导致中断干线交通或者封锁国境的，由国务院决定。

疫区封锁的解除，由原决定机关决定并宣布。

第四十四条 发生甲类传染病时，为了防止该传染病通过交通工具及其乘运的人员、物资传播，可以实施交通卫生检疫。具体办法由国务院制定。

第四十五条 传染病暴发、流行时，根据传染病疫情控制的需要，国务院有权在全国范围或者跨省、自治区、直辖市范围内，县级以上地方人民政府有权在本行政区域内紧急调集人员或者调用储备物资，临时征用房屋、交通工具以及相关设施、设备。

紧急调集人员的，应当按照规定给予合理报酬。临时征用房屋、交通工具以及相关设施、设备的，应当依法给予补偿；能返还的，应当及时返还。

第四十六条 患甲类传染病、炭疽死亡的，应当将尸体立即进行卫生处理，就近火化。患其他传染病死亡的，必要时，应当将尸体进行卫生处理后火化或者按照规定深埋。

为了查找传染病病因，医疗机构在必要时可以按照国务院卫生行政部门的规定，对传染病病人尸体或者疑似传染病病人尸体进行解剖查验，并应当告知死者家属。

第四十七条 疫区中被传染病病原体污染或者可能被传染病病原体污染的物品，经消毒可以使用的，应当在当地疾病预防控制机构的指导下，进行消毒处理后，方可使用、出售和运输。

第四十八条 发生传染病疫情时，疾病预防控制机构和省级以上人民政府卫生行政部门指派的其他与传染病有关的专业技术机构，可以进入传染病疫点、疫区进行调查、采集样本、技术分析和检验。

第四十九条 传染病暴发、流行时，药品和医疗器械生产、供应单位应当及时生产、供应防治传染病的药品和医疗器械。铁路、交通、民用航空经营单位必须优先运送处理传染病疫情的人员以及防治传染病的药品和医疗器械。县级以上人民政府有关部门应当做好组织协调工作。

第五章　医疗救治

第五十条 县级以上人民政府应当加强和完善传染病医疗救治服务网络的建设，指定具备传染病救治条件和能力的医疗机构承担传染病救治任务，或者根据传染病救治需要设置传染病医院。

第五十一条 医疗机构的基本标准、建筑设计和服务流程，应当符合预防传染病医院感染的要求。

医疗机构应当按照规定对使用的医疗器械进行消毒；对按照规定一次使用的医疗器具，应当在使用后予以销毁。

医疗机构应当按照国务院卫生行政部门规定的传染病诊断标准和治疗要求，采取相应措施，提高传染病医疗救治能力。

第五十二条 医疗机构应当对传染病病人或者疑似传染病病人提供医疗救护、现场救援和接诊治疗，书写病历记录以及其他有关资料，并妥善保管。

医疗机构应当实行传染病预检、分诊制度；对传染病病人、疑似传染病病人，应当引导至相对隔离的分诊点进行初诊。医疗机构不具备相应救治能力的，应当将患者及其病历记录复印件一并转至具备相应救治能力的医疗机构。具体办法由国务院卫生行政部门规定。

第六章　监督管理

第五十三条　县级以上人民政府卫生行政部门对传染病防治工作履行下列监督检查职责：

（一）对下级人民政府卫生行政部门履行本法规定的传染病防治职责进行监督检查；

（二）对疾病预防控制机构、医疗机构的传染病防治工作进行监督检查；

（三）对采供血机构的采供血活动进行监督检查；

（四）对用于传染病防治的消毒产品及其生产单位进行监督检查，并对饮用水供水单位从事生产或者供应活动以及涉及饮用水卫生安全的产品进行监督检查；

（五）对传染病菌种、毒种和传染病检测样本的采集、保藏、携带、运输、使用进行监督检查；

（六）对公共场所和有关单位的卫生条件和传染病预防、控制措施进行监督检查。

省级以上人民政府卫生行政部门负责组织对传染病防治重大事项的处理。

第五十四条　县级以上人民政府卫生行政部门在履行监督检查职责时，有权进入被检查单位和传染病疫情发生现场调查取证，查阅或者复制有关的资料和采集样本。被检查单位应当予以配合，不得拒绝、阻挠。

第五十五条　县级以上地方人民政府卫生行政部门在履行监督检查职责时，发现被传染病病原体污染的公共饮用水源、食品以及相关物品，如不及时采取控制措施可能导致传染病传播、流行的，可以采取封闭公共饮用水源、封存食品以及相关物品或者暂停销售的临时控制措施，并予以检验或者进行消毒。经检验，属于被污染的食品，应当予以销毁；对未被污染的食品或者经消毒后可以使用的物品，应当解除控制措施。

第五十六条　卫生行政部门工作人员依法执行职务时，应当不少于两人，并出示执法证件，填写卫生执法文书。

卫生执法文书经核对无误后，应当由卫生执法人员和当事人签名。当事人拒绝签名的，卫生执法人员应当注明情况。

第五十七条　卫生行政部门应当依法建立健全内部监督制度，对其工作人员依据法定职权和程序履行职责的情况进行监督。

上级卫生行政部门发现下级卫生行政部门不及时处理职责范围内的事项或者不履行职责的，应当责令纠正或者直接予以处理。

第五十八条　卫生行政部门及其工作人员履行职责，应当自觉接受社会和公民的监督。单位和个人有权向上级人民政府及其卫生行政部门举报违反本法的行为。接到举报的有关人民政府或者其卫生行政部门，应当及时调查处理。

第七章　保障措施

第五十九条　国家将传染病防治工作纳入国民经济和社会发展计划，县级以上地方人民政府将传染病防治工作纳入本行政区域的国民经济和社会发展计划。

第六十条　县级以上地方人民政府按照本级政府职责负责本行政区域内传染病预防、控制、监督工作的日常经费。

国务院卫生行政部门会同国务院有关部门，根据传染病流行趋势，确定全国传染病预防、控制、救治、监测、预测、预警、监督检查等项目。中央财政对困难地区实施重大传染病防治项目给予补助。

省、自治区、直辖市人民政府根据本行政区域内传染病流行趋势，在国务院卫生行政部门确定的项目范围内，确定传染病预防、控制、监督等项目，并保障项目的实施经费。

第六十一条　国家加强基层传染病防治体系建设，扶持贫困地区和少数民族地区的传染病防治工作。

地方各级人民政府应当保障城市社区、农村基层传染病预防工作的经费。

第六十二条　国家对患有特定传染病的困难人群实行医疗救助，减免医疗费用。具体办法由国务院卫生行政部门会同国务院财政部门等部门制定。

第六十三条　县级以上人民政府负责储备防治传染病的药品、医疗器械和其他物资，以备调用。

第六十四条　对从事传染病预防、医疗、科研、教学、现场处理疫情的人员，以及在生产、工作中接触传染病病原体的其他人员，有关单位应当按照国家规定，采取有效的卫生防护措施和医疗保健措施，并给予适当的津贴。

第八章 法律责任

第六十五条 地方各级人民政府未依照本法的规定履行报告职责,或者隐瞒、谎报、缓报传染病疫情,或者在传染病暴发、流行时,未及时组织救治、采取控制措施的,由上级人民政府责令改正,通报批评;造成传染病传播、流行或者其他严重后果的,对负有责任的主管人员,依法给予行政处分;构成犯罪的,依法追究刑事责任。

第六十六条 县级以上人民政府卫生行政部门违反本法规定,有下列情形之一的,由本级人民政府、上级人民政府卫生行政部门责令改正,通报批评;造成传染病传播、流行或者其他严重后果的,对负有责任的主管人员和其他直接责任人员,依法给予行政处分;构成犯罪的,依法追究刑事责任:

(一)未依法履行传染病疫情通报、报告或者公布职责,或者隐瞒、谎报、缓报传染病疫情的;

(二)发生或者可能发生传染病传播时未及时采取预防、控制措施的;

(三)未依法履行监督检查职责,或者发现违法行为不及时查处的;

(四)未及时调查、处理单位和个人对下级卫生行政部门不履行传染病防治职责的举报的;

(五)违反本法的其他失职、渎职行为。

第六十七条 县级以上人民政府有关部门未依照本法的规定履行传染病防治和保障职责的,由本级人民政府或者上级人民政府有关部门责令改正,通报批评;造成传染病传播、流行或者其他严重后果的,对负有责任的主管人员和其他直接责任人员,依法给予行政处分;构成犯罪的,依法追究刑事责任。

第六十八条 疾病预防控制机构违反本法规定,有下列情形之一的,由县级以上人民政府卫生行政部门责令限期改正,通报批评,给予警告;对负有责任的主管人员和其他直接责任人员,依法给予降级、撤职、开除的处分,并可以依法吊销有关责任人员的执业证书;构成犯罪的,依法追究刑事责任:

(一)未依法履行传染病监测职责的;

(二)未依法履行传染病疫情报告、通报职责,或者隐瞒、谎报、缓报传染病疫情的;

(三)未主动收集传染病疫情信息,或者对传染病疫情信息和疫情报告未及时进行分析、调查、核实的;

(四)发现传染病疫情时,未依据职责及时采取本法规定的措施的;

(五)故意泄露传染病病人、病原携带者、疑似传染病病人、密切接触者涉及个人隐私的有关信息、资料的。

第六十九条 医疗机构违反本法规定,有下列情形之一的,由县级以上人民政府卫生行政部门责令改正,通报批评,给予警告;造成传染病传播、流行或者其他严重后果的,对负有责任的主管人员和其他直接责任人员,依法给予降级、撤职、开除的处分,并可以依法吊销有关责任人员的执业证书;构成犯罪的,依法追究刑事责任:

(一)未按照规定承担本单位的传染病预防、控制工作、医院感染控制任务和责任区域内的传染病预防工作的;

(二)未按照规定报告传染病疫情,或者隐瞒、谎报、缓报传染病疫情的;

(三)发现传染病疫情时,未按照规定对传染病病人、疑似传染病病人提供医疗救护、现场救援、接诊、转诊的,或者拒绝接受转诊的;

(四)未按照规定对本单位内被传染病病原体污染的场所、物品以及医疗废物实施消毒或者无害化处置的;

(五)未按照规定对医疗器械进行消毒,或者对按照规定一次使用的医疗器具未予销毁,再次使用的;

(六)在医疗救治过程中未按照规定保管医学记录资料的;

(七)故意泄露传染病病人、病原携带者、疑似传染病病人、密切接触者涉及个人隐私的有关信息、资料的。

第七十条 采供血机构未按照规定报告传染病疫情,或者隐瞒、谎报、缓报传染病疫情,或者未执行国家有关规定,导致因输入血液引起经血液传播疾病发生的,由县级以上人民政府卫生行政部门责令改正,通报批评,给予警告;造成传染病传播、流行或者其他严重后果的,对负有责任的主管人员和其他直接责任人员,依法给予降级、撤职、开除的处分,并可以依法吊销采供血机构的执业许可证;构成犯罪的,依法追究刑事责任。

非法采集血液或者组织他人出卖血液的,由县级以上人民政府卫生行政部门予以取缔,没收违法所得，可以并处十万元以下的罚款；构成犯罪的，依法追究刑事责任。

第七十一条 国境卫生检疫机关、动物防疫机构未依法履行传染病疫情通报职责的，由有关部门在各自职责范围内责令改正，通报批评；造成传染病传播、流行或者其他严重后果的，对负有责任的主管人员和其他直接责任人员，依法给予降级、撤职、开除的处分；构成犯罪的，依法追究刑事责任。

第七十二条 铁路、交通、民用航空经营单位未依照本法的规定优先运送处理传染病疫情的人员以及防治传染病的药品和医疗器械的，由有关部门责令限期改正，给予警告；造成严重后果的，对负有责任的主管人员和其他直接责任人员，依法给予降级、撤职、开除的处分。

第七十三条 违反本法规定，有下列情形之一，导致或者可能导致传染病传播、流行的，由县级以上人民政府卫生行政部门责令限期改正，没收违法所得，可以并处五万元以下的罚款；已取得许可证的，原发证部门可以依法暂扣或者吊销许可证；构成犯罪的，依法追究刑事责任：

（一）饮用水供水单位供应的饮用水不符合国家卫生标准和卫生规范的；

（二）涉及饮用水卫生安全的产品不符合国家卫生标准和卫生规范的；

（三）用于传染病防治的消毒产品不符合国家卫生标准和卫生规范的；

（四）出售、运输疫区中被传染病病原体污染或者可能被传染病病原体污染的物品，未进行消毒处理的；

（五）生物制品生产单位生产的血液制品不符合国家质量标准的。

第七十四条 违反本法规定，有下列情形之一的，由县级以上地方人民政府卫生行政部门责令改正，通报批评，给予警告，已取得许可证的，可以依法暂扣或者吊销许可证；造成传染病传播、流行以及其他严重后果的，对负有责任的主管人员和其他直接责任人员，依法给予降级、撤职、开除的处分，并可以依法吊销有关责任人员的执业证书；构成犯罪的，依法追究刑事责任：

（一）疾病预防控制机构、医疗机构和从事病原微生物实验的单位，不符合国家规定的条件和技术标准，对传染病病原体样本未按照规定进行严格管理，造成实验室感染和病原微生物扩散的；

（二）违反国家有关规定，采集、保藏、携带、运输和使用传染病菌种、毒种和传染病检测样本的；

（三）疾病预防控制机构、医疗机构未执行国家有关规定，导致因输入血液、使用血液制品引起经血液传播疾病发生的。

第七十五条 未经检疫出售、运输与人畜共患传染病有关的野生动物、家畜家禽的，由县级以上地方人民政府畜牧兽医行政部门责令停止违法行为，并依法给予行政处罚。

第七十六条 在国家确认的自然疫源地兴建水利、交通、旅游、能源等大型建设项目，未经卫生调查进行施工的，或者未按照疾病预防控制机构的意见采取必要的传染病预防、控制措施的，由县级以上人民政府卫生行政部门责令限期改正，给予警告，处五千元以上三万元以下的罚款；逾期不改正的，处三万元以上十万元以下的罚款，并可以提请有关人民政府依据职责权限，责令停建、关闭。

第七十七条 单位和个人违反本法规定，导致传染病传播、流行，给他人人身、财产造成损害的，应当依法承担民事责任。

第九章 附 则

第七十八条 本法中下列用语的含义：

（一）传染病病人、疑似传染病病人：指根据国务院卫生行政部门发布的《中华人民共和国传染病防治法规定管理的传染病诊断标准》，符合传染病病人和疑似传染病病人诊断标准的人。

（二）病原携带者：指感染病原体无临床症状但能排出病原体的人。

（三）流行病学调查：指对人群中疾病或者健康状况的分布及其决定因素进行调查研究，提出疾病预防控制措施及保健对策。

（四）疫点：指病原体从传染源向周围播散的范围较小或者单个疫源地。

（五）疫区：指传染病在人群中暴发、流行，其病原体向周围播散时所能波及的地区。

（六）人畜共患传染病：指人与脊椎动物共同罹患的传染病，如鼠疫、狂犬病、血吸虫病等。

（七）自然疫源地：指某些可引起人类传染病的病原体在自然界的野生动物中长期存在和循环的地区。

（八）病媒生物：指能够将病原体从人或者其

他动物传播给人的生物，如蚊、蝇、蚤类等。

（九）医源性感染：指在医学服务中，因病原体传播引起的感染。

（十）医院感染：指住院病人在医院内获得的感染，包括在住院期间发生的感染和在医院内获得出院后发生的感染，但不包括入院前已开始或者入院时已处于潜伏期的感染。医院工作人员在医院内获得的感染也属医院感染。

（十一）实验室感染：指从事实验室工作时，因接触病原体所致的感染。

（十二）菌种、毒种：指可能引起本法规定的传染病发生的细菌菌种、病毒毒种。

（十三）消毒：指用化学、物理、生物的方法杀灭或者消除环境中的病原微生物。

（十四）疾病预防控制机构：指从事疾病预防控制活动的疾病预防控制中心以及与上述机构业务活动相同的单位。

（十五）医疗机构：指按照《医疗机构管理条例》取得医疗机构执业许可证，从事疾病诊断、治疗活动的机构。

第七十九条 传染病防治中有关食品、药品、血液、水、医疗废物和病原微生物的管理以及动物防疫和国境卫生检疫，本法未规定的，分别适用其他有关法律、行政法规的规定。

第八十条 本法自2004年12月1日起施行。

（十）环境保护

中华人民共和国环境保护法

（1989年12月26日第七届全国人民代表大会常务委员会第十一次会议通过 2014年4月24日第十二届全国人民代表大会常务委员会第八次会议修订 2014年4月24日中华人民共和国主席令第9号公布 自2015年1月1日起施行）

目 录

第一章 总 则
第二章 监督管理
第三章 保护和改善环境
第四章 防治污染和其他公害
第五章 信息公开和公众参与
第六章 法律责任
第七章 附 则

第一章 总 则

第一条 【立法目的】为保护和改善环境，防治污染和其他公害，保障公众健康，推进生态文明建设，促进经济社会可持续发展，制定本法。

第二条 【环境定义】本法所称环境，是指影响人类生存和发展的各种天然的和经过人工改造的自然因素的总体，包括大气、水、海洋、土地、矿藏、森林、草原、湿地、野生生物、自然遗迹、人文遗迹、自然保护区、风景名胜区、城市和乡村等。

第三条 【适用范围】本法适用于中华人民共和国领域和中华人民共和国管辖的其他海域。

第四条 【基本国策】保护环境是国家的基本国策。

国家采取有利于节约和循环利用资源、保护和改善环境、促进人与自然和谐的经济、技术政策和措施，使经济社会发展与环境保护相协调。

第五条 【基本原则】环境保护坚持保护优先、预防为主、综合治理、公众参与、损害担责的原则。

第六条 【保护环境的义务】一切单位和个人都有保护环境的义务。

地方各级人民政府应当对本行政区域的环境质量负责。

企业事业单位和其他生产经营者应当防止、减少环境污染和生态破坏，对所造成的损害依法承担责任。

公民应当增强环境保护意识，采取低碳、节俭的生活方式，自觉履行环境保护义务。

第七条 【环保发展方针】国家支持环境保护科学技术研究、开发和应用，鼓励环境保护产业发展，促进环境保护信息化建设，提高环境保护科学技术水平。

第八条 【财政投入】各级人民政府应当加大保护和改善环境、防治污染和其他公害的财政投入，提高财政资金的使用效益。

第九条 【宣传教育】各级人民政府应当加强环境保护宣传和普及工作，鼓励基层群众性自治组织、社会组织、环境保护志愿者开展环境保护法律法规和环境保护知识的宣传,营造保护环境的良好风气。

教育行政部门、学校应当将环境保护知识纳入学校教育内容,培养学生的环境保护意识。

新闻媒体应当开展环境保护法律法规和环境保护知识的宣传,对环境违法行为进行舆论监督。

第十条 【管理体制】国务院环境保护主管部门,对全国环境保护工作实施统一监督管理;县级以上地方人民政府环境保护主管部门,对本行政区域环境保护工作实施统一监督管理。

县级以上人民政府有关部门和军队环境保护部门,依照有关法律的规定对资源保护和污染防治等环境保护工作实施监督管理。

第十一条 【奖励措施】对保护和改善环境有显著成绩的单位和个人,由人民政府给予奖励。

第十二条 【环境日】每年6月5日为环境日。

第二章 监督管理

第十三条 【环境保护规划】县级以上人民政府应当将环境保护工作纳入国民经济和社会发展规划。

国务院环境保护主管部门会同有关部门,根据国民经济和社会发展规划编制国家环境保护规划,报国务院批准并公布实施。

县级以上地方人民政府环境保护主管部门会同有关部门,根据国家环境保护规划的要求,编制本行政区域的环境保护规划,报同级人民政府批准并公布实施。

环境保护规划的内容应当包括生态保护和污染防治的目标、任务、保障措施等,并与主体功能区规划、土地利用总体规划和城乡规划等相衔接。

第十四条 【政策制定考虑环境影响】国务院有关部门和省、自治区、直辖市人民政府组织制定经济、技术政策,应当充分考虑对环境的影响,听取有关方面和专家的意见。

第十五条 【环境质量标准及环境基准】国务院环境保护主管部门制定国家环境质量标准。

省、自治区、直辖市人民政府对国家环境质量标准中未作规定的项目,可以制定地方环境质量标准;对国家环境质量标准中已作规定的项目,可以制定严于国家环境质量标准的地方环境质量标准。地方环境质量标准应当报国务院环境保护主管部门备案。

国家鼓励开展环境基准研究。

第十六条 【污染物排放标准】国务院环境保护主管部门根据国家环境质量标准和国家经济、技术条件,制定国家污染物排放标准。

省、自治区、直辖市人民政府对国家污染物排放标准中未作规定的项目,可以制定地方污染物排放标准;对国家污染物排放标准中已作规定的项目,可以制定严于国家污染物排放标准的地方污染物排放标准。地方污染物排放标准应当报国务院环境保护主管部门备案。

第十七条 【环境监测】国家建立、健全环境监测制度。国务院环境保护主管部门制定监测规范,会同有关部门组织监测网络,统一规划国家环境质量监测站(点)的设置,建立监测数据共享机制,加强对环境监测的管理。

有关行业、专业等各类环境质量监测站(点)的设置应当符合法律法规规定和监测规范的要求。

监测机构应当使用符合国家标准的监测设备,遵守监测规范。监测机构及其负责人对监测数据的真实性和准确性负责。

第十八条 【环境资源承载能力监测预警机制】省级以上人民政府应当组织有关部门或者委托专业机构,对环境状况进行调查、评价,建立环境资源承载能力监测预警机制。

第十九条 【环境影响评价】编制有关开发利用规划,建设对环境有影响的项目,应当依法进行环境影响评价。

未依法进行环境影响评价的开发利用规划,不得组织实施;未依法进行环境影响评价的建设项目,不得开工建设。

第二十条 【联防联控】国家建立跨行政区域的重点区域、流域环境污染和生态破坏联合防治协调机制,实行统一规划、统一标准、统一监测、统一的防治措施。

前款规定以外的跨行政区域的环境污染和生态破坏的防治,由上级人民政府协调解决,或者由有关地方人民政府协商解决。

第二十一条 【环境保护产业】国家采取财政、税收、价格、政府采购等方面的政策和措施,鼓励和支持环境保护技术装备、资源综合利用和环境服务等环境保护产业的发展。

第二十二条 【对减排企业鼓励和支持】企业事业单位和其他生产经营者，在污染物排放符合法定要求的基础上，进一步减少污染物排放的，人民政府应当依法采取财政、税收、价格、政府采购等方面的政策和措施予以鼓励和支持。

第二十三条 【环境污染整治企业的支持】企业事业单位和其他生产经营者，为改善环境，依照有关规定转产、搬迁、关闭的，人民政府应当予以支持。

第二十四条 【现场检查】县级以上人民政府环境保护主管部门及其委托的环境监察机构和其他负有环境保护监督管理职责的部门，有权对排放污染物的企业事业单位和其他生产经营者进行现场检查。被检查者应当如实反映情况，提供必要的资料。实施现场检查的部门、机构及其工作人员应当为被检查者保守商业秘密。

第二十五条 【查封、扣押】企业事业单位和其他生产经营者违反法律法规规定排放污染物，造成或者可能造成严重污染的，县级以上人民政府环境保护主管部门和其他负有环境保护监督管理职责的部门，可以查封、扣押造成污染物排放的设施、设备。

第二十六条 【目标责任制和考核评价制度】国家实行环境保护目标责任制和考核评价制度。县级以上人民政府应当将环境保护目标完成情况纳入对本级人民政府负有环境保护监督管理职责的部门及其负责人和下级人民政府及其负责人的考核内容，作为对其考核评价的重要依据。考核结果应当向社会公开。

第二十七条 【人大监督】县级以上人民政府应当每年向本级人民代表大会或者人民代表大会常务委员会报告环境状况和环境保护目标完成情况，对发生的重大环境事件应当及时向本级人民代表大会常务委员会报告，依法接受监督。

第三章 保护和改善环境

第二十八条 【环境质量责任】地方各级人民政府应当根据环境保护目标和治理任务，采取有效措施，改善环境质量。

未达到国家环境质量标准的重点区域、流域的有关地方人民政府，应当制定限期达标规划，并采取措施按期达标。

第二十九条 【生态保护红线】国家在重点生态功能区、生态环境敏感区和脆弱区等区域划定生态保护红线，实行严格保护。

各级人民政府对具有代表性的各种类型的自然生态系统区域，珍稀、濒危的野生动植物自然分布区域，重要的水源涵养区域，具有重大科学文化价值的地质构造、著名溶洞和化石分布区、冰川、火山、温泉等自然遗迹，以及人文遗迹、古树名木，应当采取措施予以保护，严禁破坏。

第三十条 【保护生物多样性】开发利用自然资源，应当合理开发，保护生物多样性，保障生态安全，依法制定有关生态保护和恢复治理方案并予以实施。

引进外来物种以及研究、开发和利用生物技术，应当采取措施，防止对生物多样性的破坏。

第三十一条 【生态保护补偿制度】国家建立、健全生态保护补偿制度。

国家加大对生态保护地区的财政转移支付力度。有关地方人民政府应当落实生态保护补偿资金，确保其用于生态保护补偿。

国家指导受益地区和生态保护地区人民政府通过协商或者按照市场规则进行生态保护补偿。

第三十二条 【调查、监测、评估和修复制度】国家加强对大气、水、土壤等的保护，建立和完善相应的调查、监测、评估和修复制度。

第三十三条 【农业与农村环境保护】各级人民政府应当加强对农业环境的保护，促进农业环境保护新技术的使用，加强对农业污染源的监测预警，统筹有关部门采取措施，防治土壤污染和土地沙化、盐渍化、贫瘠化、石漠化、地面沉降以及防治植被破坏、水土流失、水体富营养化、水源枯竭、种源灭绝等生态失调现象，推广植物病虫害的综合防治。

县级、乡级人民政府应当提高农村环境保护公共服务水平，推动农村环境综合整治。

第三十四条 【海洋环境保护】国务院和沿海地方各级人民政府应当加强对海洋环境的保护。向海洋排放污染物、倾倒废弃物，进行海岸工程和海洋工程建设，应当符合法律法规规定和有关标准，防止和减少对海洋环境的污染损害。

第三十五条 【城乡建设中环境保护】城乡建设应当结合当地自然环境的特点，保护植被、水域和自然景观，加强城市园林、绿地和风景名胜区的建设与管理。

第三十六条 【使用环保产品】国家鼓励和引导公民、法人和其他组织使用有利于保护环境的产品和再生产品，减少废弃物的产生。

国家机关和使用财政资金的其他组织应当优先采购和使用节能、节水、节材等有利于保护环境的产品、设备和设施。

第三十七条 【生活废弃物的分类与回收】地方各级人民政府应当采取措施，组织对生活废弃物的分类处置、回收利用。

第三十八条 【公民的环保义务】公民应当遵守环境保护法律法规，配合实施环境保护措施，按照规定对生活废弃物进行分类放置，减少日常生活对环境造成的损害。

第三十九条 【环境质量与公众健康】国家建立、健全环境与健康监测、调查和风险评估制度；鼓励和组织开展环境质量对公众健康影响的研究，采取措施预防和控制与环境污染有关的疾病。

第四章　防治污染和其他公害

第四十条 【清洁生产和清洁能源】国家促进清洁生产和资源循环利用。

国务院有关部门和地方各级人民政府应当采取措施，推广清洁能源的生产和使用。

企业应当优先使用清洁能源，采用资源利用率高、污染物排放量少的工艺、设备以及废弃物综合利用技术和污染物无害化处理技术，减少污染物的产生。

第四十一条 【"三同时"制度】建设项目中防治污染的设施，应当与主体工程同时设计、同时施工、同时投产使用。防治污染的设施应当符合经批准的环境影响评价文件的要求，不得擅自拆除或者闲置。

第四十二条 【生产经营者的防治污染责任】排放污染物的企业事业单位和其他生产经营者，应当采取措施，防治在生产建设或者其他活动中产生的废气、废水、废渣、医疗废物、粉尘、恶臭气体、放射性物质以及噪声、振动、光辐射、电磁辐射等对环境的污染和危害。

排放污染物的企业事业单位，应当建立环境保护责任制度，明确单位负责人和相关人员的责任。

重点排污单位应当按照国家有关规定和监测规范安装使用监测设备，保证监测设备正常运行，保存原始监测记录。

严禁通过暗管、渗井、渗坑、灌注或者篡改、伪造监测数据，或者不正常运行防治污染设施等逃避监管的方式违法排放污染物。

第四十三条 【排污费和环境保护税】排放污染物的企业事业单位和其他生产经营者，应当按照国家有关规定缴纳排污费。排污费应当全部专项用于环境污染防治，任何单位和个人不得截留、挤占或者挪作他用。

依照法律规定征收环境保护税的，不再征收排污费。

第四十四条 【重点污染物排放总量控制】国家实行重点污染物排放总量控制制度。重点污染物排放总量控制指标由国务院下达，省、自治区、直辖市人民政府分解落实。企业事业单位在执行国家和地方污染物排放标准的同时，应当遵守分解落实到本单位的重点污染物排放总量控制指标。

对超过国家重点污染物排放总量控制指标或者未完成国家确定的环境质量目标的地区，省级以上人民政府环境保护主管部门应当暂停审批其新增重点污染物排放总量的建设项目环境影响评价文件。

第四十五条 【排污许可管理制度】国家依照法律规定实行排污许可管理制度。

实行排污许可管理的企业事业单位和其他生产经营者应当按照排污许可证的要求排放污染物；未取得排污许可证的，不得排放污染物。

第四十六条 【淘汰制度与禁止引进制度】国家对严重污染环境的工艺、设备和产品实行淘汰制度。任何单位和个人不得生产、销售或者转移、使用严重污染环境的工艺、设备和产品。

禁止引进不符合我国环境保护规定的技术、设备、材料和产品。

第四十七条 【突发环境事件】各级人民政府及其有关部门和企业事业单位，应当依照《中华人民共和国突发事件应对法》的规定，做好突发环境事件的风险控制、应急准备、应急处置和事后恢复等工作。

县级以上人民政府应当建立环境污染公共监测预警机制，组织制定预警方案；环境受到污染，可能影响公众健康和环境安全时，依法及时公布预警信息，启动应急措施。

企业事业单位应当按照国家有关规定制定突发环境事件应急预案，报环境保护主管部门和有关部门备案。在发生或者可能发生突发环境事件时，企业事业单位应当立即采取措施处理,及时通报可能受到危害的单位和居民,并向环境保护主管部门和有关部门报告。

突发环境事件应急处置工作结束后,有关人民政府应当立即组织评估事件造成的环境影响和损失,并及时将评估结果向社会公布。

第四十八条 【化学物品和含有放射性物质物品的管理】生产、储存、运输、销售、使用、处置化学物品和含有放射性物质的物品,应当遵守国家有关规定,防止污染环境。

第四十九条 【农业、农村环境污染防治】各级人民政府及其农业等有关部门和机构应当指导农业生产经营者科学种植和养殖,科学合理施用农药、化肥等农业投入品,科学处置农用薄膜、农作物秸秆等农业废弃物,防止农业面源污染。

禁止将不符合农用标准和环境保护标准的固体废物、废水施入农田。施用农药、化肥等农业投入品及进行灌溉,应当采取措施,防止重金属和其他有毒有害物质污染环境。

畜禽养殖场、养殖小区、定点屠宰企业等的选址、建设和管理应当符合有关法律法规规定。从事畜禽养殖和屠宰的单位和个人应当采取措施,对畜禽粪便、尸体和污水等废弃物进行科学处置,防止污染环境。

县级人民政府负责组织农村生活废弃物的处置工作。

第五十条 【农村环境污染防治资金支持】各级人民政府应当在财政预算中安排资金,支持农村饮用水水源地保护、生活污水和其他废弃物处理、畜禽养殖和屠宰污染防治、土壤污染防治和农村工矿污染治理等环境保护工作。

第五十一条 【统筹城乡建设环境卫生设施和环境保护公共设施】各级人民政府应当统筹城乡建设污水处理设施及配套管网,固体废物的收集、运输和处置等环境卫生设施,危险废物集中处置设施、场所以及其他环境保护公共设施,并保障其正常运行。

第五十二条 【环境责任险】国家鼓励投保环境污染责任保险。

第五章 信息公开和公众参与

第五十三条 【公众参与】公民、法人和其他组织依法享有获取环境信息、参与和监督环境保护的权利。

各级人民政府环境保护主管部门和其他负有环境保护监督管理职责的部门,应当依法公开环境信息、完善公众参与程序,为公民、法人和其他组织参与和监督环境保护提供便利。

第五十四条 【政府环境信息公开】国务院环境保护主管部门统一发布国家环境质量、重点污染源监测信息及其他重大环境信息。省级以上人民政府环境保护主管部门定期发布环境状况公报。

县级以上人民政府环境保护主管部门和其他负有环境保护监督管理职责的部门,应当依法公开环境质量、环境监测、突发环境事件以及环境行政许可、行政处罚、排污费的征收和使用情况等信息。

县级以上地方人民政府环境保护主管部门和其他负有环境保护监督管理职责的部门,应当将企业事业单位和其他生产经营者的环境违法信息记入社会诚信档案,及时向社会公布违法者名单。

第五十五条 【企业环境信息公开】重点排污单位应当如实向社会公开其主要污染物的名称、排放方式、排放浓度和总量、超标排放情况,以及防治污染设施的建设和运行情况,接受社会监督。

第五十六条 【公众参与建设项目环境影响评价】对依法应当编制环境影响报告书的建设项目,建设单位应当在编制时向可能受影响的公众说明情况,充分征求意见。

负责审批建设项目环境影响评价文件的部门在收到建设项目环境影响报告书后,除涉及国家秘密和商业秘密的事项外,应当全文公开;发现建设项目未充分征求公众意见的,应当责成建设单位征求公众意见。

第五十七条 【举报】公民、法人和其他组织发现任何单位和个人有污染环境和破坏生态行为的,有权向环境保护主管部门或者其他负有环境保护监督管理职责的部门举报。

公民、法人和其他组织发现地方各级人民政府、县级以上人民政府环境保护主管部门和其他负有环境保护监督管理职责的部门不依法履行职责的,有权向其上级机关或者监察机关举报。

接受举报的机关应当对举报人的相关信息予以保密,保护举报人的合法权益。

第五十八条 【环境公益诉讼】对污染环境、

破坏生态，损害社会公共利益的行为，符合下列条件的社会组织可以向人民法院提起诉讼：

（一）依法在设区的市级以上人民政府民政部门登记；

（二）专门从事环境保护公益活动连续五年以上且无违法记录。

符合前款规定的社会组织向人民法院提起诉讼，人民法院应当依法受理。

提起诉讼的社会组织不得通过诉讼牟取经济利益。

第六章 法律责任

第五十九条 【按日计罚】企业事业单位和其他生产经营者违法排放污染物，受到罚款处罚，被责令改正，拒不改正的，依法作出处罚决定的行政机关可以自责令改正之日的次日起，按照原处罚数额按日连续处罚。

前款规定的罚款处罚，依照有关法律法规按照防治污染设施的运行成本、违法行为造成的直接损失或者违法所得等因素确定的规定执行。

地方性法规可以根据环境保护的实际需要，增加第一款规定的按日连续处罚的违法行为的种类。

第六十条 【超标超总量的法律责任】企业事业单位和其他生产经营者超过污染物排放标准或者超过重点污染物排放总量控制指标排放污染物的，县级以上人民政府环境保护主管部门可以责令其采取限制生产、停产整治等措施；情节严重的，报经有批准权的人民政府批准，责令停业、关闭。

第六十一条 【未批先建的法律责任】建设单位未依法提交建设项目环境影响评价文件或者环境影响评价文件未经批准，擅自开工建设的，由负有环境保护监督管理职责的部门责令停止建设，处以罚款，并可以责令恢复原状。

第六十二条 【不依法公开环境信息的法律责任】违反本法规定，重点排污单位不公开或者不如实公开环境信息的，由县级以上地方人民政府环境保护主管部门责令公开，处以罚款，并予以公告。

第六十三条 【行政处罚】企业事业单位和其他生产经营者有下列行为之一，尚不构成犯罪的，除依照有关法律法规规定予以处罚外，由县级以上人民政府环境保护主管部门或者其他有关部门将案件移送公安机关，对其直接负责的主管人员和其他直接责任人员，处十日以上十五日以下拘留；情节较轻的，处五日以上十日以下拘留：

（一）建设项目未依法进行环境影响评价，被责令停止建设，拒不执行的；

（二）违反法律规定，未取得排污许可证排放污染物，被责令停止排污，拒不执行的；

（三）通过暗管、渗井、渗坑、灌注或者篡改、伪造监测数据，或者不正常运行防治污染设施等逃避监管的方式违法排放污染物的；

（四）生产、使用国家明令禁止生产、使用的农药，被责令改正，拒不改正的。

第六十四条 【民事责任】因污染环境和破坏生态造成损害的，应当依照《中华人民共和国侵权责任法》的有关规定承担侵权责任。

第六十五条 【连带责任】环境影响评价机构、环境监测机构以及从事环境监测设备和防治污染设施维护、运营的机构，在有关环境服务活动中弄虚作假，对造成的环境污染和生态破坏负有责任的，除依照有关法律法规规定予以处罚外，还应当与造成环境污染和生态破坏的其他责任者承担连带责任。

第六十六条 【诉讼时效】提起环境损害赔偿诉讼的时效期间为三年，从当事人知道或者应当知道其受到损害时起计算。

第六十七条 【内部监督】上级人民政府及其环境保护主管部门应当加强对下级人民政府及其有关部门环境保护工作的监督。发现有关工作人员有违法行为，依法应当给予处分的，应当向其任免机关或者监察机关提出处分建议。

依法应当给予行政处罚，而有关环境保护主管部门不给予行政处罚的，上级人民政府环境保护主管部门可以直接作出行政处罚的决定。

第六十八条 【行政处分】地方各级人民政府、县级以上人民政府环境保护主管部门和其他负有环境保护监督管理职责的部门有下列行为之一的，对直接负责的主管人员和其他直接责任人员给予记过、记大过或者降级处分；造成严重后果的，给予撤职或者开除处分，其主要负责人应当引咎辞职：

（一）不符合行政许可条件准予行政许可的；

（二）对环境违法行为进行包庇的；

（三）依法应当作出责令停业、关闭的决定而未作出的；

（四）对超标排放污染物、采用逃避监管的方式排放污染物、造成环境事故以及不落实生态保护措施造成生态破坏等行为，发现或者接到举报未及时查处的；

（五）违反本法规定，查封、扣押企业事业单位和其他生产经营者的设施、设备的；

（六）篡改、伪造或者指使篡改、伪造监测数据的；

（七）应当依法公开环境信息而未公开的；

（八）将征收的排污费截留、挤占或者挪作他用的；

（九）法律法规规定的其他违法行为。

第六十九条 **【刑事责任】**违反本法规定，构成犯罪的，依法追究刑事责任。

第七章 附 则

第七十条 **【实施日期】**本法自2015年1月1日起施行。

中华人民共和国环境影响评价法

（2002年10月28日第九届全国人民代表大会常务委员会第三十次会议通过 根据2016年7月2日第十二届全国人民代表大会常务委员会第二十一次会议《关于修改〈中华人民共和国节约能源法〉等六部法律的决定》第一次修正 根据2018年12月29日第十三届全国人民代表大会常务委员会第七次会议《关于修改〈中华人民共和国劳动法〉等七部法律的决定》第二次修正）

目 录

第一章 总 则
第二章 规划的环境影响评价
第三章 建设项目的环境影响评价
第四章 法律责任
第五章 附 则

第一章 总 则

第一条 为了实施可持续发展战略，预防因规划和建设项目实施后对环境造成不良影响，促进经济、社会和环境的协调发展，制定本法。

第二条 本法所称环境影响评价，是指对规划和建设项目实施后可能造成的环境影响进行分析、预测和评估，提出预防或者减轻不良环境影响的对策和措施，进行跟踪监测的方法与制度。

第三条 编制本法第九条所规定的范围内的规划，在中华人民共和国领域和中华人民共和国管辖的其他海域内建设对环境有影响的项目，应当依照本法进行环境影响评价。

第四条 环境影响评价必须客观、公开、公正，综合考虑规划或者建设项目实施后对各种环境因素及其所构成的生态系统可能造成的影响，为决策提供科学依据。

第五条 国家鼓励有关单位、专家和公众以适当方式参与环境影响评价。

第六条 国家加强环境影响评价的基础数据库和评价指标体系建设，鼓励和支持对环境影响评价的方法、技术规范进行科学研究，建立必要的环境影响评价信息共享制度，提高环境影响评价的科学性。

国务院生态环境主管部门应当会同国务院有关部门，组织建立和完善环境影响评价的基础数据库和评价指标体系。

第二章 规划的环境影响评价

第七条 国务院有关部门、设区的市级以上地方人民政府及其有关部门，对其组织编制的土地利用的有关规划，区域、流域、海域的建设、开发利用规划，应当在规划编制过程中组织进行环境影响评价，编写该规划有关环境影响的篇章或者说明。

规划有关环境影响的篇章或者说明，应当对规划实施后可能造成的环境影响作出分析、预测和评估，提出预防或者减轻不良环境影响的对策和措施，作为规划草案的组成部分一并报送规划审批机关。

未编写有关环境影响的篇章或者说明的规划草案，审批机关不予审批。

第八条 国务院有关部门、设区的市级以上地方人民政府及其有关部门，对其组织编制的工业、农业、畜牧业、林业、能源、水利、交通、城市建设、旅游、自然资源开发的有关专项规划（以下简称专项规划），应当在该专项规划草案上报审批前，组织进行环境影响评价，并向审批该专项规划的机关提出环境影响报告书。

前款所列专项规划中的指导性规划，按照本法第七条的规定进行环境影响评价。

第九条 依照本法第七条、第八条的规定进行环境影响评价的规划的具体范围，由国务院生态环境主管部门会同国务院有关部门规定，报国务院批准。

第十条 专项规划的环境影响报告书应当包括下列内容：

（一）实施该规划对环境可能造成影响的分析、预测和评估；

（二）预防或者减轻不良环境影响的对策和措施；

（三）环境影响评价的结论。

第十一条 专项规划的编制机关对可能造成不良环境影响并直接涉及公众环境权益的规划，应当在该规划草案报送审批前，举行论证会、听证会，或者采取其他形式，征求有关单位、专家和公众对环境影响报告书草案的意见。但是，国家规定需要保密的情形除外。

编制机关应当认真考虑有关单位、专家和公众对环境影响报告书草案的意见，并应当在报送审查的环境影响报告书中附具对意见采纳或者不采纳的说明。

第十二条 专项规划的编制机关在报批规划草案时，应当将环境影响报告书一并附送审批机关审查；未附送环境影响报告书的，审批机关不予审批。

第十三条 设区的市级以上人民政府在审批专项规划草案，作出决策前，应当先由人民政府指定的生态环境主管部门或者其他部门召集有关部门代表和专家组成审查小组，对环境影响报告书进行审查。审查小组应当提出书面审查意见。

参加前款规定的审查小组的专家，应当从按照国务院生态环境主管部门的规定设立的专家库内的相关专业的专家名单中，以随机抽取的方式确定。

由省级以上人民政府有关部门负责审批的专项规划，其环境影响报告书的审查办法，由国务院生态环境主管部门会同国务院有关部门制定。

第十四条 审查小组提出修改意见的，专项规划的编制机关应当根据环境影响报告书结论和审查意见对规划草案进行修改完善，并对环境影响报告书结论和审查意见的采纳情况作出说明；不采纳的，应当说明理由。

设区的市级以上人民政府或者省级以上人民政府有关部门在审批专项规划草案时，应当将环境影响报告书结论以及审查意见作为决策的重要依据。

在审批中未采纳环境影响报告书结论以及审查意见的，应当作出说明，并存档备查。

第十五条 对环境有重大影响的规划实施后，编制机关应当及时组织环境影响的跟踪评价，并将评价结果报告审批机关；发现有明显不良环境影响的，应当及时提出改进措施。

第三章　建设项目的环境影响评价

第十六条 国家根据建设项目对环境的影响程度，对建设项目的环境影响评价实行分类管理。

建设单位应当按照下列规定组织编制环境影响报告书、环境影响报告表或者填报环境影响登记表（以下统称环境影响评价文件）：

（一）可能造成重大环境影响的，应当编制环境影响报告书，对产生的环境影响进行全面评价；

（二）可能造成轻度环境影响的，应当编制环境影响报告表，对产生的环境影响进行分析或者专项评价；

（三）对环境影响很小、不需要进行环境影响评价的，应当填报环境影响登记表。

建设项目的环境影响评价分类管理名录，由国务院生态环境主管部门制定并公布。

第十七条 建设项目的环境影响报告书应当包括下列内容：

（一）建设项目概况；

（二）建设项目周围环境现状；

（三）建设项目对环境可能造成影响的分析、预测和评估；

（四）建设项目环境保护措施及其技术、经济论证；

（五）建设项目对环境影响的经济损益分析；

（六）对建设项目实施环境监测的建议；

（七）环境影响评价的结论。

环境影响报告表和环境影响登记表的内容和格式，由国务院生态环境主管部门制定。

第十八条 建设项目的环境影响评价，应当避免与规划的环境影响评价相重复。

作为一项整体建设项目的规划，按照建设项目进行环境影响评价，不进行规划的环境影响评价。

已经进行了环境影响评价的规划包含具体建设项目的，规划的环境影响评价结论应当作为建设项目环境影响评价的重要依据，建设项目环境影响评价的内容应当根据规划的环境影响评价审查意见予以简化。

第十九条 建设单位可以委托技术单位对其建设项目开展环境影响评价，编制建设项目环境影响报告书、环境影响报告表；建设单位具备环境影响评价技术能力的，可以自行对其建设项目开展环境影响评价，编制建设项目环境影响报告书、环境影响报告表。

编制建设项目环境影响报告书、环境影响报告表应当遵守国家有关环境影响评价标准、技术规范等规定。

国务院生态环境主管部门应当制定建设项目环境影响报告书、环境影响报告表编制的能力建设指南和监管办法。

接受委托为建设单位编制建设项目环境影响报告书、环境影响报告表的技术单位，不得与负责审批建设项目环境影响报告书、环境影响报告表的生态环境主管部门或者其他有关审批部门存在任何利益关系。

第二十条 建设单位应当对建设项目环境影响报告书、环境影响报告表的内容和结论负责，接受委托编制建设项目环境影响报告书、环境影响报告表的技术单位对其编制的建设项目环境影响报告书、环境影响报告表承担相应责任。

设区的市级以上人民政府生态环境主管部门应当加强对建设项目环境影响报告书、环境影响报告表编制单位的监督管理和质量考核。

负责审批建设项目环境影响报告书、环境影响报告表的生态环境主管部门应当将编制单位、编制主持人和主要编制人员的相关违法信息记入社会诚信档案，并纳入全国信用信息共享平台和国家企业信用信息公示系统向社会公布。

任何单位和个人不得为建设单位指定编制建设项目环境影响报告书、环境影响报告表的技术单位。

第二十一条 除国家规定需要保密的情形外，对环境可能造成重大影响、应当编制环境影响报告书的建设项目，建设单位应当在报批建设项目环境影响报告书前，举行论证会、听证会，或者采取其他形式，征求有关单位、专家和公众的意见。

建设单位报批的环境影响报告书应当附具对有关单位、专家和公众的意见采纳或者不采纳的说明。

第二十二条 建设项目的环境影响报告书、报告表，由建设单位按照国务院的规定报有审批权的生态环境主管部门审批。

海洋工程建设项目的海洋环境影响报告书的审批，依照《中华人民共和国海洋环境保护法》的规定办理。

审批部门应当自收到环境影响报告书之日起六十日内，收到环境影响报告表之日起三十日内，分别作出审批决定并书面通知建设单位。

国家对环境影响登记表实行备案管理。

审核、审批建设项目环境影响报告书、报告表以及备案环境影响登记表，不得收取任何费用。

第二十三条 国务院生态环境主管部门负责审批下列建设项目的环境影响评价文件：

（一）核设施、绝密工程等特殊性质的建设项目；

（二）跨省、自治区、直辖市行政区域的建设项目；

（三）由国务院审批的或者由国务院授权有关部门审批的建设项目。

前款规定以外的建设项目的环境影响评价文件的审批权限，由省、自治区、直辖市人民政府规定。

建设项目可能造成跨行政区域的不良环境影响，有关生态环境主管部门对该项目的环境影响评价结论有争议的，其环境影响评价文件由共同的上一级生态环境主管部门审批。

第二十四条 建设项目的环境影响评价文件经批准后，建设项目的性质、规模、地点、采用的生产工艺或者防治污染、防止生态破坏的措施发生重大变动的，建设单位应当重新报批建设项目的环境影响评价文件。

建设项目的环境影响评价文件自批准之日起超过五年，方决定该项目开工建设的，其环境影响评价文件应当报原审批部门重新审核；原审批部门应当自收到建设项目环境影响评价文件之日起十日内，将审核意见书面通知建设单位。

第二十五条 建设项目的环境影响评价文件未依法经审批部门审查或者审查后未予批准的，建设单位不得开工建设。

第二十六条 建设项目建设过程中，建设单位应当同时实施环境影响报告书、环境影响报告表以及环境影响评价文件审批部门审批意见中提出的环境保护对策措施。

第二十七条 在项目建设、运行过程中产生不符合经审批的环境影响评价文件的情形的，建设单位应当组织环境影响的后评价，采取改进措施，并报原环境影响评价文件审批部门和建设项目审批部门备案；原环境影响评价文件审批部门也可以责成建设单位进行环境影响的后评价，采取改进措施。

第二十八条 生态环境主管部门应当对建设项目投入生产或者使用后所产生的环境影响进行跟踪检查，对造成严重环境污染或者生态破坏的，应当查清原因、查明责任。对属于建设项目环境影响报告书、环境影响报告表存在基础资料明显不实，内容存在重大缺陷、遗漏或者虚假，环境影响评价结论不正确或者不合理等严重质量问题的，依照本法第三十二条的规定追究建设单位及其相关责任人员和接受委托编制建设项目环境影响报告书、环境影响报告表的技术单位及其相关人员的法律责任；属于审批部门工作人员失职、渎职，对依法不应批准的建设项目环境影响报告书、环境影响报告表予以批准的，依照本法第三十四条的规定追究其法律责任。

第四章 法律责任

第二十九条 规划编制机关违反本法规定，未组织环境影响评价，或者组织环境影响评价时弄虚作假或者有失职行为，造成环境影响评价严重失实的，对直接负责的主管人员和其他直接责任人员，由上级机关或者监察机关依法给予行政处分。

第三十条 规划审批机关对依法应当编写有关环境影响的篇章或者说明而未编写的规划草案，依法应当附送环境影响报告书而未附送的专项规划草案，违法予以批准的，对直接负责的主管人员和其他直接责任人员，由上级机关或者监察机关依法给予行政处分。

第三十一条 建设单位未依法报批建设项目环境影响报告书、报告表，或者未依照本法第二十四条的规定重新报批或者报请重新审核环境影响报告书、报告表，擅自开工建设的，由县级以上生态环境主管部门责令停止建设，根据违法情节和危害后果，处建设项目总投资额百分之一以上百分之五以下的罚款，并可以责令恢复原状；对建设单位直接负责的主管人员和其他直接责任人员，依法给予行政处分。

建设项目环境影响报告书、报告表未经批准或者未经原审批部门重新审核同意，建设单位擅自开工建设的，依照前款的规定处罚、处分。

建设单位未依法备案建设项目环境影响登记表的，由县级以上生态环境主管部门责令备案，处五万元以下的罚款。

海洋工程建设项目的建设单位有本条所列违法行为的，依照《中华人民共和国海洋环境保护法》的规定处罚。

第三十二条 建设项目环境影响报告书、环境影响报告表存在基础资料明显不实，内容存在重大缺陷、遗漏或者虚假，环境影响评价结论不正确或者不合理等严重质量问题的，由设区的市级以上人民政府生态环境主管部门对建设单位处五十万元以上二百万元以下的罚款，并对建设单位的法定代表人、主要负责人、直接负责的主管人员和其他直接责任人员，处五万元以上二十万元以下的罚款。

接受委托编制建设项目环境影响报告书、环境影响报告表的技术单位违反国家有关环境影响评价标准和技术规范等规定，致使其编制的建设项目环境影响报告书、环境影响报告表存在基础资料明显不实，内容存在重大缺陷、遗漏或者虚假，环境影响评价结论不正确或者不合理等严重质量问题的，由设区的市级以上人民政府生态环境主管部门对技术单位处所收费用三倍以上五倍以下的罚款；情节严重的，禁止从事环境影响报告书、环境影响报告表编制工作；有违法所得的，没收违法所得。

编制单位有本条第一款、第二款规定的违法行为的,编制主持人和主要编制人员五年内禁止从事环境影响报告书、环境影响报告表编制工作;构成犯罪的,依法追究刑事责任,并终身禁止从事环境影响报告书、环境影响报告表编制工作。

第三十三条 负责审核、审批、备案建设项目环境影响评价文件的部门在审批、备案中收取费用的,由其上级机关或者监察机关责令退还;情节严重的,对直接负责的主管人员和其他直接责任人员依法给予行政处分。

第三十四条 生态环境主管部门或者其他部门的工作人员徇私舞弊,滥用职权,玩忽职守,违法批准建设项目环境影响评价文件的,依法给予行政处分;构成犯罪的,依法追究刑事责任。

第五章 附 则

第三十五条 省、自治区、直辖市人民政府可以根据本地的实际情况,要求对本辖区的县级人民政府编制的规划进行环境影响评价。具体办法由省、自治区、直辖市参照本法第二章的规定制定。

第三十六条 军事设施建设项目的环境影响评价办法,由中央军事委员会依照本法的原则制定。

第三十七条 本法自 2003 年 9 月 1 日起施行。

最高人民法院关于审理生态环境损害赔偿案件的若干规定(试行)

(2019 年 5 月 20 日最高人民法院审判委员会第 1769 次会议通过 根据 2020 年 12 月 23 日最高人民法院审判委员会第 1823 次会议通过的《最高人民法院关于修改〈最高人民法院关于在民事审判工作中适用《中华人民共和国工会法》若干问题的解释〉等二十七件民事类司法解释的决定》修正)

为正确审理生态环境损害赔偿案件,严格保护生态环境,依法追究损害生态环境责任者的赔偿责任,依据《中华人民共和国民法典》《中华人民共和国环境保护法》《中华人民共和国民事诉讼法》等法律的规定,结合审判工作实际,制定本规定。

第一条 具有下列情形之一,省级、市地级人民政府及其指定的相关部门、机构,或者受国务院委托行使全民所有自然资源资产所有权的部门,因与造成生态环境损害的自然人、法人或者其他组织经磋商未达成一致或者无法进行磋商的,可以作为原告提起生态环境损害赔偿诉讼:

(一)发生较大、重大、特别重大突发环境事件的;

(二)在国家和省级主体功能区规划中划定的重点生态功能区、禁止开发区发生环境污染、生态破坏事件的;

(三)发生其他严重影响生态环境后果的。

前款规定的市地级人民政府包括设区的市,自治州、盟、地区,不设区的地级市,直辖市的区、县人民政府。

第二条 下列情形不适用本规定:

(一)因污染环境、破坏生态造成人身损害、个人和集体财产损失要求赔偿的;

(二)因海洋生态环境损害要求赔偿的。

第三条 第一审生态环境损害赔偿诉讼案件由生态环境损害行为实施地、损害结果发生地或者被告住所地的中级以上人民法院管辖。

经最高人民法院批准,高级人民法院可以在辖区内确定部分中级人民法院集中管辖第一审生态环境损害赔偿诉讼案件。

中级人民法院认为确有必要的,可以在报请高级人民法院批准后,裁定将本院管辖的第一审生态环境损害赔偿诉讼案件交由具备审理条件的基层人民法院审理。

生态环境损害赔偿诉讼案件由人民法院环境资源审判庭或者指定的专门法庭审理。

第四条 人民法院审理第一审生态环境损害赔偿诉讼案件,应当由法官和人民陪审员组成合议庭进行。

第五条 原告提起生态环境损害赔偿诉讼,符合民事诉讼法和本规定并提交下列材料的,人民法院应当登记立案:

(一)证明具备提起生态环境损害赔偿诉讼原告资格的材料;

(二)符合本规定第一条规定情形之一的证明材料;

(三)与被告进行磋商但未达成一致或者因客观原因无法与被告进行磋商的说明;

(四)符合法律规定的起诉状,并按照被告人数提出副本。

第六条 原告主张被告承担生态环境损害赔偿责任的,应当就以下事实承担举证责任:

(一)被告实施了污染环境、破坏生态的行为或者具有其他应当依法承担责任的情形;

(二)生态环境受到损害,以及所需修复费用、损害赔偿等具体数额;

(三)被告污染环境、破坏生态的行为与生态环境损害之间具有关联性。

第七条 被告反驳原告主张的,应当提供证据加以证明。被告主张具有法律规定的不承担责任或者减轻责任情形的,应当承担举证责任。

第八条 已为发生法律效力的刑事裁判所确认的事实,当事人在生态环境损害赔偿诉讼案件中无须举证证明,但有相反证据足以推翻的除外。

对刑事裁判未予确认的事实,当事人提供的证据达到民事诉讼证明标准的,人民法院应当予以认定。

第九条 负有相关环境资源保护监督管理职责的部门或者其委托的机构在行政执法过程中形成的事件调查报告、检验报告、检测报告、评估报告、监测数据等,经当事人质证并符合证据标准的,可以作为认定案件事实的根据。

第十条 当事人在诉前委托具备环境司法鉴定资质的鉴定机构出具的鉴定意见,以及委托国务院环境资源保护监督管理相关主管部门推荐的机构出具的检验报告、检测报告、评估报告、监测数据等,经当事人质证并符合证据标准的,可以作为认定案件事实的根据。

第十一条 被告违反国家规定造成生态环境损害的,人民法院应当根据原告的诉讼请求以及具体案情,合理判决被告承担修复生态环境、赔偿损失、停止侵害、排除妨碍、消除危险、赔礼道歉等民事责任。

第十二条 受损生态环境能够修复的,人民法院应当依法判决被告承担修复责任,并同时确定被告不履行修复义务时应承担的生态环境修复费用。

生态环境修复费用包括制定、实施修复方案的费用,修复期间的监测、监管费用,以及修复完成后的验收费用、修复效果后评估费用等。

原告请求被告赔偿生态环境受到损害至修复完成期间服务功能损失的,人民法院根据具体案情予以判决。

第十三条 受损生态环境无法修复或者无法完全修复,原告请求被告赔偿生态环境功能永久性损害造成的损失的,人民法院根据具体案情予以判决。

第十四条 原告请求被告承担下列费用的,人民法院根据具体案情予以判决:

(一)实施应急方案、清除污染以及为防止损害的发生和扩大所支出的合理费用;

(二)为生态环境损害赔偿磋商和诉讼支出的调查、检验、鉴定、评估等费用;

(三)合理的律师费以及其他为诉讼支出的合理费用。

第十五条 人民法院判决被告承担的生态环境服务功能损失赔偿资金、生态环境功能永久性损害造成的损失赔偿资金,以及被告不履行生态环境修复义务时所应承担的修复费用,应当依照法律、法规、规章予以缴纳、管理和使用。

第十六条 在生态环境损害赔偿诉讼案件审理过程中,同一损害生态环境行为又被提起民事公益诉讼,符合起诉条件的,应当由受理生态环境损害赔偿诉讼案件的人民法院受理并由同一审判组织审理。

第十七条 人民法院受理因同一损害生态环境行为提起的生态环境损害赔偿诉讼案件和民事公益诉讼案件,应先中止民事公益诉讼案件的审理,待生态环境损害赔偿诉讼案件审理完毕后,就民事公益诉讼案件未被涵盖的诉讼请求依法作出裁判。

第十八条 生态环境损害赔偿诉讼案件的裁判生效后,有权提起民事公益诉讼的国家规定的机关或者法律规定的组织就同一损害生态环境行为有证据证明存在前案审理时未发现的损害,并提起民事公益诉讼的,人民法院应予受理。

民事公益诉讼案件的裁判生效后,有权提起生态环境损害赔偿诉讼的主体就同一损害生态环境行为有证据证明存在前案审理时未发现的损害,并提起生态环境损害赔偿诉讼的,人民法院应予受理。

第十九条 实际支出应急处置费用的机关提起诉讼主张该费用的,人民法院应予受理,但人民法院已经受理就同一损害生态环境行为提起的生态环境损害赔偿诉讼案件且该案原告已经主张应急处置费用的除外。

生态环境损害赔偿诉讼案件原告未主张应急处置费用,因同一损害生态环境行为实际支出应急处置费用的机关提起诉讼主张该费用的,由受理生态环境损害赔偿诉讼案件的人民法院受理并由同一审判组织审理。

第二十条 经磋商达成生态环境损害赔偿协议的,当事人可以向人民法院申请司法确认。

人民法院受理申请后,应当公告协议内容,公告期间不少于三十日。公告期满后,人民法院经审查认为协议的内容不违反法律法规强制性规定且不损害国家利益、社会公共利益的,裁定确认协议有效。裁定书应当写明案件的基本事实和协议内容,并向社会公开。

第二十一条 一方当事人在期限内未履行或者未全部履行发生法律效力的生态环境损害赔偿诉讼案件裁判或者经司法确认的生态环境损害赔偿协议的,对方当事人可以向人民法院申请强制执行。需要修复生态环境的,依法由省级、市地级人民政府及其指定的相关部门、机构组织实施。

第二十二条 人民法院审理生态环境损害赔偿案件,本规定没有规定的,参照适用《最高人民法院关于审理环境民事公益诉讼案件适用法律若干问题的解释》《最高人民法院关于审理环境侵权责任纠纷案件适用法律若干问题的解释》等相关司法解释的规定。

第二十三条 本规定自2019年6月5日起施行。

(十一)土　地

中华人民共和国土地管理法

(1986年6月25日第六届全国人民代表大会常务委员会第十六次会议通过　根据1988年12月29日第七届全国人民代表大会常务委员会第五次会议《关于修改〈中华人民共和国土地管理法〉的决定》第一次修正　1998年8月29日第九届全国人民代表大会常务委员会第四次会议修订　根据2004年8月28日第十届全国人民代表大会常务委员会第十一次会议《关于修改〈中华人民共和国土地管理法〉的决定》第二次修正　根据2019年8月26日第十三届全国人民代表大会常务委员会第十二次会议《关于修改〈中华人民共和国土地管理法〉、〈中华人民共和国城市房地产管理法〉的决定》第三次修正)

目　录

第一章　总　　则
第二章　土地的所有权和使用权
第三章　土地利用总体规划
第四章　耕地保护
第五章　建设用地
第六章　监督检查
第七章　法律责任
第八章　附　　则

第一章　总　　则

第一条　【立法目的】为了加强土地管理,维护土地的社会主义公有制,保护、开发土地资源,合理利用土地,切实保护耕地,促进社会经济的可持续发展,根据宪法,制定本法。

第二条　【基本土地制度】中华人民共和国实行土地的社会主义公有制,即全民所有制和劳动群众集体所有制。

全民所有,即国家所有土地的所有权由国务院代表国家行使。

任何单位和个人不得侵占、买卖或者以其他形式非法转让土地。土地使用权可以依法转让。

国家为了公共利益的需要，可以依法对土地实行征收或者征用并给予补偿。

国家依法实行国有土地有偿使用制度。但是，国家在法律规定的范围内划拨国有土地使用权的除外。

第三条 【土地基本国策】十分珍惜、合理利用土地和切实保护耕地是我国的基本国策。各级人民政府应当采取措施，全面规划，严格管理，保护、开发土地资源，制止非法占用土地的行为。

第四条 【土地用途管制制度】国家实行土地用途管制制度。

国家编制土地利用总体规划，规定土地用途，将土地分为农用地、建设用地和未利用地。严格限制农用地转为建设用地，控制建设用地总量，对耕地实行特殊保护。

前款所称农用地是指直接用于农业生产的土地，包括耕地、林地、草地、农田水利用地、养殖水面等；建设用地是指建造建筑物、构筑物的土地，包括城乡住宅和公共设施用地、工矿用地、交通水利设施用地、旅游用地、军事设施用地等；未利用地是指农用地和建设用地以外的土地。

使用土地的单位和个人必须严格按照土地利用总体规划确定的用途使用土地。

第五条 【土地管理体制】国务院自然资源主管部门统一负责全国土地的管理和监督工作。

县级以上地方人民政府自然资源主管部门的设置及其职责，由省、自治区、直辖市人民政府根据国务院有关规定确定。

第六条 【国家土地督察制度】国务院授权的机构对省、自治区、直辖市人民政府以及国务院确定的城市人民政府土地利用和土地管理情况进行督察。

第七条 【单位和个人的土地管理权利和义务】任何单位和个人都有遵守土地管理法律、法规的义务，并有权对违反土地管理法律、法规的行为提出检举和控告。

第八条 【奖励】在保护和开发土地资源、合理利用土地以及进行有关的科学研究等方面成绩显著的单位和个人，由人民政府给予奖励。

第二章 土地的所有权和使用权

第九条 【土地所有制】城市市区的土地属于国家所有。

农村和城市郊区的土地，除由法律规定属于国家所有的以外，属于农民集体所有；宅基地和自留地、自留山，属于农民集体所有。

第十条 【土地使用权】国有土地和农民集体所有的土地，可以依法确定给单位或者个人使用。使用土地的单位和个人，有保护、管理和合理利用土地的义务。

第十一条 【集体所有土地的经营和管理】农民集体所有的土地依法属于村农民集体所有的，由村集体经济组织或者村民委员会经营、管理；已经分别属于村内两个以上农村集体经济组织的农民集体所有的，由村内各该农村集体经济组织或者村民小组经营、管理；已经属于乡（镇）农民集体所有的，由乡（镇）农村集体经济组织经营、管理。

第十二条 【土地所有权和使用权登记】土地的所有权和使用权的登记，依照有关不动产登记的法律、行政法规执行。

依法登记的土地的所有权和使用权受法律保护，任何单位和个人不得侵犯。

第十三条 【土地承包经营】农民集体所有和国家所有依法由农民集体使用的耕地、林地、草地，以及其他依法用于农业的土地，采取农村集体经济组织内部的家庭承包方式承包，不宜采取家庭承包方式的荒山、荒沟、荒丘、荒滩等，可以采取招标、拍卖、公开协商等方式承包，从事种植业、林业、畜牧业、渔业生产。家庭承包的耕地的承包期为三十年，草地的承包期为三十年至五十年，林地的承包期为三十年至七十年；耕地承包期届满后再延长三十年，草地、林地承包期届满后依法相应延长。

国家所有依法用于农业的土地可以由单位或者个人承包经营，从事种植业、林业、畜牧业、渔业生产。

发包方和承包方应当依法订立承包合同，约定双方的权利和义务。承包经营土地的单位和个人，有保护和按照承包合同约定的用途合理利用土地的义务。

第十四条 【土地所有权和使用权争议解决】土地所有权和使用权争议，由当事人协商解决；协商不成的,由人民政府处理。

单位之间的争议,由县级以上人民政府处理;个人之间、个人与单位之间的争议,由乡级人民政府或者县级以上人民政府处理。

当事人对有关人民政府的处理决定不服的,可以自接到处理决定通知之日起三十日内,向人民法院起诉。

在土地所有权和使用权争议解决前,任何一方不得改变土地利用现状。

第三章 土地利用总体规划

第十五条 【土地利用总体规划的编制依据和规划期限】各级人民政府应当依据国民经济和社会发展规划、国土整治和资源环境保护的要求、土地供给能力以及各项建设对土地的需求,组织编制土地利用总体规划。

土地利用总体规划的规划期限由国务院规定。

第十六条 【土地利用总体规划的编制要求】下级土地利用总体规划应当依据上一级土地利用总体规划编制。

地方各级人民政府编制的土地利用总体规划中的建设用地总量不得超过上一级土地利用总体规划确定的控制指标,耕地保有量不得低于上一级土地利用总体规划确定的控制指标。

省、自治区、直辖市人民政府编制的土地利用总体规划,应当确保本行政区域内耕地总量不减少。

第十七条 【土地利用总体规划的编制原则】土地利用总体规划按照下列原则编制:

(一)落实国土空间开发保护要求,严格土地用途管制;

(二)严格保护永久基本农田,严格控制非农业建设占用农用地;

(三)提高土地节约集约利用水平;

(四)统筹安排城乡生产、生活、生态用地,满足乡村产业和基础设施用地合理需求,促进城乡融合发展;

(五)保护和改善生态环境,保障土地的可持续利用;

(六)占用耕地与开发复垦耕地数量平衡、质量相当。

第十八条 【国土空间规划】国家建立国土空间规划体系。编制国土空间规划应当坚持生态优先,绿色、可持续发展,科学有序统筹安排生态、农业、城镇等功能空间,优化国土空间结构和布局,提升国土空间开发、保护的质量和效率。

经依法批准的国土空间规划是各类开发、保护、建设活动的基本依据。已经编制国土空间规划的,不再编制土地利用总体规划和城乡规划。

第十九条 【县、乡级土地利用总体规划的编制要求】县级土地利用总体规划应当划分土地利用区,明确土地用途。

乡(镇)土地利用总体规划应当划分土地利用区,根据土地使用条件,确定每一块土地的用途,并予以公告。

第二十条 【土地利用总体规划的审批】土地利用总体规划实行分级审批。

省、自治区、直辖市的土地利用总体规划,报国务院批准。

省、自治区人民政府所在地的市、人口在一百万以上的城市以及国务院指定的城市的土地利用总体规划,经省、自治区人民政府审查同意后,报国务院批准。

本条第二款、第三款规定以外的土地利用总体规划,逐级上报省、自治区、直辖市人民政府批准;其中,乡(镇)土地利用总体规划可以由省级人民政府授权的设区的市、自治州人民政府批准。

土地利用总体规划一经批准,必须严格执行。

第二十一条 【建设用地的要求】城市建设用地规模应当符合国家规定的标准,充分利用现有建设用地,不占或者尽量少占农用地。

城市总体规划、村庄和集镇规划,应当与土地利用总体规划相衔接,城市总体规划、村庄和集镇规划中建设用地规模不得超过土地利用总体规划确定的城市和村庄、集镇建设用地规模。

在城市规划区内、村庄和集镇规划区内,城市和村庄、集镇建设用地应当符合城市规划、村庄和集镇规划。

第二十二条 【相关规划与土地利用总体规划的衔接】江河、湖泊综合治理和开发利用规划,应当与土地利用总体规划相衔接。在江河、湖泊、水库的管理和保护范围以及蓄洪滞洪区内,土地利用应当符合江河、湖泊综合治理和开发利用规划,符合河道、湖泊行洪、蓄洪和输水的要求。

第二十三条 【土地利用年度计划】各级人民

政府应当加强土地利用计划管理,实行建设用地总量控制。

土地利用年度计划,根据国民经济和社会发展计划、国家产业政策、土地利用总体规划以及建设用地和土地利用的实际状况编制。土地利用年度计划应当对本法第六十三条规定的集体经营性建设用地作出合理安排。土地利用年度计划的编制审批程序与土地利用总体规划的编制审批程序相同,一经审批下达,必须严格执行。

第二十四条 【土地利用年度计划执行情况报告】省、自治区、直辖市人民政府应当将土地利用年度计划的执行情况列为国民经济和社会发展计划执行情况的内容,向同级人民代表大会报告。

第二十五条 【土地利用总体规划的修改】经批准的土地利用总体规划的修改,须经原批准机关批准;未经批准,不得改变土地利用总体规划确定的土地用途。

经国务院批准的大型能源、交通、水利等基础设施建设用地,需要改变土地利用总体规划的,根据国务院的批准文件修改土地利用总体规划。

经省、自治区、直辖市人民政府批准的能源、交通、水利等基础设施建设用地,需要改变土地利用总体规划的,属于省级人民政府土地利用总体规划批准权限内的,根据省级人民政府的批准文件修改土地利用总体规划。

第二十六条 【土地调查】国家建立土地调查制度。

县级以上人民政府自然资源主管部门会同同级有关部门进行土地调查。土地所有者或者使用者应当配合调查,并提供有关资料。

第二十七条 【土地分等定级】县级以上人民政府自然资源主管部门会同同级有关部门根据土地调查成果、规划土地用途和国家制定的统一标准,评定土地等级。

第二十八条 【土地统计】国家建立土地统计制度。

县级以上人民政府统计机构和自然资源主管部门依法进行土地统计调查,定期发布土地统计资料。土地所有者或者使用者应当提供有关资料,不得拒报、迟报,不得提供不真实、不完整的资料。

统计机构和自然资源主管部门共同发布的土地面积统计资料是各级人民政府编制土地利用总体规划的依据。

第二十九条 【土地利用动态监测】国家建立全国土地管理信息系统,对土地利用状况进行动态监测。

第四章 耕地保护

第三十条 【占用耕地补偿制度】国家保护耕地,严格控制耕地转为非耕地。

国家实行占用耕地补偿制度。非农业建设经批准占用耕地的,按照“占多少,垦多少”的原则,由占用耕地的单位负责开垦与所占用耕地的数量和质量相当的耕地;没有条件开垦或者开垦的耕地不符合要求的,应当按照省、自治区、直辖市的规定缴纳耕地开垦费,专款用于开垦新的耕地。

省、自治区、直辖市人民政府应当制定开垦耕地计划,监督占用耕地的单位按照计划开垦耕地或者按照计划组织开垦耕地,并进行验收。

第三十一条 【耕地耕作层土壤的保护】县级以上地方人民政府可以要求占用耕地的单位将所占用耕地耕作层的土壤用于新开垦耕地、劣质地或者其他耕地的土壤改良。

第三十二条 【省级政府耕地保护责任】省、自治区、直辖市人民政府应当严格执行土地利用总体规划和土地利用年度计划,采取措施,确保本行政区域内耕地总量不减少、质量不降低。耕地总量减少的,由国务院责令在规定期限内组织开垦与所减少耕地的数量与质量相当的耕地;耕地质量降低的,由国务院责令在规定期限内组织整治。新开垦和整治的耕地由国务院自然资源主管部门会同农业农村主管部门验收。

个别省、直辖市确因土地后备资源匮乏,新增建设用地后,新开垦耕地的数量不足以补偿所占用耕地的数量的,必须报经国务院批准减免本行政区域内开垦耕地的数量,易地开垦数量和质量相当的耕地。

第三十三条 【永久基本农田保护制度】国家实行永久基本农田保护制度。下列耕地应当根据土地利用总体规划划为永久基本农田,实行严格保护:

(一)经国务院农业农村主管部门或者县级以上地方人民政府批准确定的粮、棉、油、糖等重要农产品生产基地内的耕地;

(二)有良好的水利与水土保持设施的耕地,

正在实施改造计划以及可以改造的中、低产田和已建成的高标准农田；

（三）蔬菜生产基地；

（四）农业科研、教学试验田；

（五）国务院规定应当划为永久基本农田的其他耕地。

各省、自治区、直辖市划定的永久基本农田一般应当占本行政区域内耕地的百分之八十以上，具体比例由国务院根据各省、自治区、直辖市耕地实际情况规定。

第三十四条　【永久基本农田划定】永久基本农田划定以乡（镇）为单位进行，由县级人民政府自然资源主管部门会同同级农业农村主管部门组织实施。永久基本农田应当落实到地块，纳入国家永久基本农田数据库严格管理。

乡（镇）人民政府应当将永久基本农田的位置、范围向社会公告，并设立保护标志。

第三十五条　【永久基本农田的保护措施】永久基本农田经依法划定后，任何单位和个人不得擅自占用或者改变其用途。国家能源、交通、水利、军事设施等重点建设项目选址确实难以避让永久基本农田，涉及农用地转用或者土地征收的，必须经国务院批准。

禁止通过擅自调整县级土地利用总体规划、乡（镇）土地利用总体规划等方式规避永久基本农田农用地转用或者土地征收的审批。

第三十六条　【耕地质量保护】各级人民政府应当采取措施，引导因地制宜轮作休耕，改良土壤，提高地力，维护排灌工程设施，防止土地荒漠化、盐渍化、水土流失和土壤污染。

第三十七条　【非农业建设用地原则及禁止破坏耕地】非农业建设必须节约使用土地，可以利用荒地的，不得占用耕地；可以利用劣地的，不得占用好地。

禁止占用耕地建窑、建坟或者擅自在耕地上建房、挖砂、采石、采矿、取土等。

禁止占用永久基本农田发展林果业和挖塘养鱼。

第三十八条　【非农业建设闲置耕地的处理】禁止任何单位和个人闲置、荒芜耕地。已经办理审批手续的非农业建设占用耕地，一年内不用而又可以耕种并收获的，应当由原耕种该幅耕地的集体或者个人恢复耕种，也可以由用地单位组织耕种；一年以上未动工建设的，应当按照省、自治区、直辖市的规定缴纳闲置费；连续二年未使用的，经原批准机关批准，由县级以上人民政府无偿收回用地单位的土地使用权；该幅土地原为农民集体所有的，应当交由原农村集体经济组织恢复耕种。

在城市规划区范围内，以出让方式取得土地使用权进行房地产开发的闲置土地，依照《中华人民共和国城市房地产管理法》的有关规定办理。

第三十九条　【未利用地的开发】国家鼓励单位和个人按照土地利用总体规划，在保护和改善生态环境、防止水土流失和土地荒漠化的前提下，开发未利用的土地；适宜开发为农用地的，应当优先开发成农用地。

国家依法保护开发者的合法权益。

第四十条　【未利用地开垦的要求】开垦未利用的土地，必须经过科学论证和评估，在土地利用总体规划划定的可开垦的区域内，经依法批准后进行。禁止毁坏森林、草原开垦耕地，禁止围湖造田和侵占江河滩地。

根据土地利用总体规划，对破坏生态环境开垦、围垦的土地，有计划有步骤地退耕还林、还牧、还湖。

第四十一条　【国有荒山、荒地、荒滩的开发】开发未确定使用权的国有荒山、荒地、荒滩从事种植业、林业、畜牧业、渔业生产的，经县级以上人民政府依法批准，可以确定给开发单位或者个人长期使用。

第四十二条　【土地整理】国家鼓励土地整理。县、乡（镇）人民政府应当组织农村集体经济组织，按照土地利用总体规划，对田、水、路、林、村综合整治，提高耕地质量，增加有效耕地面积，改善农业生产条件和生态环境。

地方各级人民政府应当采取措施，改造中、低产田，整治闲散地和废弃地。

第四十三条　【土地复垦】因挖损、塌陷、压占等造成土地破坏，用地单位和个人应当按照国家有关规定负责复垦；没有条件复垦或者复垦不符合要求的，应当缴纳土地复垦费，专项用于土地复垦。复垦的土地应当优先用于农业。

第五章　建设用地

第四十四条　【农用地转用】建设占用土地，

涉及农用地转为建设用地的,应当办理农用地转用审批手续。

永久基本农田转为建设用地的,由国务院批准。

在土地利用总体规划确定的城市和村庄、集镇建设用地规模范围内,为实施该规划而将永久基本农田以外的农用地转为建设用地的,按土地利用年度计划分批次按照国务院规定由原批准土地利用总体规划的机关或者其授权的机关批准。在已批准的农用地转用范围内,具体建设项目用地可以由市、县人民政府批准。

在土地利用总体规划确定的城市和村庄、集镇建设用地规模范围外,将永久基本农田以外的农用地转为建设用地的,由国务院或者国务院授权的省、自治区、直辖市人民政府批准。

第四十五条　【征地范围】为了公共利益的需要,有下列情形之一,确需征收农民集体所有的土地的,可以依法实施征收:

(一)军事和外交需要用地的;

(二)由政府组织实施的能源、交通、水利、通信、邮政等基础设施建设需要用地的;

(三)由政府组织实施的科技、教育、文化、卫生、体育、生态环境和资源保护、防灾减灾、文物保护、社区综合服务、社会福利、市政公用、优抚安置、英烈保护等公共事业需要用地的;

(四)由政府组织实施的扶贫搬迁、保障性安居工程建设需要用地的;

(五)在土地利用总体规划确定的城镇建设用地范围内,经省级以上人民政府批准由县级以上地方人民政府组织实施的成片开发建设需要用地的;

(六)法律规定为公共利益需要可以征收农民集体所有的土地的其他情形。

前款规定的建设活动,应当符合国民经济和社会发展规划、土地利用总体规划、城乡规划和专项规划;第(四)项、第(五)项规定的建设活动,还应当纳入国民经济和社会发展年度计划;第(五)项规定的成片开发并应当符合国务院自然资源主管部门规定的标准。

第四十六条　【征地审批权限】征收下列土地的,由国务院批准:

(一)永久基本农田;

(二)永久基本农田以外的耕地超过三十五公顷的;

(三)其他土地超过七十公顷的。

征收前款规定以外的土地的,由省、自治区、直辖市人民政府批准。

征收农用地的,应当依照本法第四十四条的规定先行办理农用地转用审批。其中,经国务院批准农用地转用的,同时办理征地审批手续,不再另行办理征地审批;经省、自治区、直辖市人民政府在征地批准权限内批准农用地转用的,同时办理征地审批手续,不再另行办理征地审批,超过征地批准权限的,应当依照本条第一款的规定另行办理征地审批。

第四十七条　【土地征收程序】国家征收土地的,依照法定程序批准后,由县级以上地方人民政府予以公告并组织实施。

县级以上地方人民政府拟申请征收土地的,应当开展拟征收土地现状调查和社会稳定风险评估,并将征收范围、土地现状、征收目的、补偿标准、安置方式和社会保障等在拟征收土地所在的乡(镇)和村、村民小组范围内公告至少三十日,听取被征地的农村集体经济组织及其成员、村民委员会和其他利害关系人的意见。

多数被征地的农村集体经济组织成员认为征地补偿安置方案不符合法律、法规规定的,县级以上地方人民政府应当组织召开听证会,并根据法律、法规的规定和听证会情况修改方案。

拟征收土地的所有权人、使用权人应当在公告规定期限内,持不动产权属证明材料办理补偿登记。县级以上地方人民政府应当组织有关部门测算并落实有关费用,保证足额到位,与拟征收土地的所有权人、使用权人就补偿、安置等签订协议;个别确实难以达成协议的,应当在申请征收土地时如实说明。

相关前期工作完成后,县级以上地方人民政府方可申请征收土地。

第四十八条　【土地征收补偿安置】征收土地应当给予公平、合理的补偿,保障被征地农民原有生活水平不降低、长远生计有保障。

征收土地应当依法及时足额支付土地补偿费、安置补助费以及农村村民住宅、其他地上附着物和青苗等的补偿费用,并安排被征地农民的社会保障费用。

征收农用地的土地补偿费、安置补助费标准由省、自治区、直辖市通过制定公布区片综合地价确定。制定区片综合地价应当综合考虑土地原用途、土地资源条件、土地产值、土地区位、土地供求关系、人口以及经济社会发展水平等因素,并至少每三年调整或者重新公布一次。

征收农用地以外的其他土地、地上附着物和青苗等的补偿标准,由省、自治区、直辖市制定。对其中的农村村民住宅,应当按照先补偿后搬迁、居住条件有改善的原则,尊重农村村民意愿,采取重新安排宅基地建房、提供安置房或者货币补偿等方式给予公平、合理的补偿,并对因征收造成的搬迁、临时安置等费用予以补偿,保障农村村民居住的权利和合法的住房财产权益。

县级以上地方人民政府应当将被征地农民纳入相应的养老等社会保障体系。被征地农民的社会保障费用主要用于符合条件的被征地农民的养老保险等社会保险缴费补贴。被征地农民社会保障费用的筹集、管理和使用办法,由省、自治区、直辖市制定。

第四十九条 【征地补偿费用的使用】被征地的农村集体经济组织应当将征收土地的补偿费用的收支状况向本集体经济组织的成员公布,接受监督。

禁止侵占、挪用被征收土地单位的征地补偿费用和其他有关费用。

第五十条 【支持被征地农民就业】地方各级人民政府应当支持被征地的农村集体经济组织和农民从事开发经营,兴办企业。

第五十一条 【大中型水利水电工程建设征地补偿和移民安置】大中型水利、水电工程建设征收土地的补偿费标准和移民安置办法,由国务院另行规定。

第五十二条 【建设项目用地审查】建设项目可行性研究论证时,自然资源主管部门可以根据土地利用总体规划、土地利用年度计划和建设用地标准,对建设用地有关事项进行审查,并提出意见。

第五十三条 【建设项目使用国有土地的审批】经批准的建设项目需要使用国有建设用地的,建设单位应当持法律、行政法规规定的有关文件,向有批准权的县级以上人民政府自然资源主管部门提出建设用地申请,经自然资源主管部门审查,报本级人民政府批准。

第五十四条 【国有土地的取得方式】建设单位使用国有土地,应当以出让等有偿使用方式取得;但是,下列建设用地,经县级以上人民政府依法批准,可以以划拨方式取得:

(一)国家机关用地和军事用地;

(二)城市基础设施用地和公益事业用地;

(三)国家重点扶持的能源、交通、水利等基础设施用地;

(四)法律、行政法规规定的其他用地。

第五十五条 【国有土地有偿使用费】以出让等有偿使用方式取得国有土地使用权的建设单位,按照国务院规定的标准和办法,缴纳土地使用权出让金等土地有偿使用费和其他费用后,方可使用土地。

自本法施行之日起,新增建设用地的土地有偿使用费,百分之三十上缴中央财政,百分之七十留给有关地方人民政府。具体使用管理办法由国务院财政部门会同有关部门制定,并报国务院批准。

第五十六条 【国有土地的使用要求】建设单位使用国有土地的,应当按照土地使用权出让等有偿使用合同的约定或者土地使用权划拨批准文件的规定使用土地;确需改变该幅土地建设用途的,应当经有关人民政府自然资源主管部门同意,报原批准用地的人民政府批准。其中,在城市规划区内改变土地用途的,在报批前,应当先经有关城市规划行政主管部门同意。

第五十七条 【建设项目临时用地】建设项目施工和地质勘查需要临时使用国有土地或者农民集体所有的土地的,由县级以上人民政府自然资源主管部门批准。其中,在城市规划区内的临时用地,在报批前,应当先经有关城市规划行政主管部门同意。土地使用者应当根据土地权属,与有关自然资源主管部门或者农村集体经济组织、村民委员会签订临时使用土地合同,并按照合同的约定支付临时使用土地补偿费。

临时使用土地的使用者应当按照临时使用土地合同约定的用途使用土地,并不得修建永久性建筑物。

临时使用土地期限一般不超过二年。

第五十八条 【收回国有土地使用权】有下列情形之一的,由有关人民政府自然资源主管部门报经原批准用地的人民政府或者有批准权的人民政府批准,可以收回国有土地使用权:

(一)为实施城市规划进行旧城区改建以及其他公共利益需要,确需使用土地的;

（二）土地出让等有偿使用合同约定的使用期限届满，土地使用者未申请续期或者申请续期未获批准的；

（三）因单位撤销、迁移等原因，停止使用原划拨的国有土地的；

（四）公路、铁路、机场、矿场等经核准报废的。

依照前款第（一）项的规定收回国有土地使用权的，对土地使用权人应当给予适当补偿。

第五十九条 【乡、村建设使用土地的要求】 乡镇企业、乡（镇）村公共设施、公益事业、农村村民住宅等乡（镇）村建设，应当按照村庄和集镇规划，合理布局，综合开发，配套建设；建设用地，应当符合乡（镇）土地利用总体规划和土地利用年度计划，并依照本法第四十四条、第六十条、第六十一条、第六十二条的规定办理审批手续。

第六十条 【村集体兴办企业使用土地】 农村集体经济组织使用乡（镇）土地利用总体规划确定的建设用地兴办企业或者与其他单位、个人以土地使用权入股、联营等形式共同举办企业的，应当持有关批准文件，向县级以上地方人民政府自然资源主管部门提出申请，按照省、自治区、直辖市规定的批准权限，由县级以上地方人民政府批准；其中，涉及占用农用地的，依照本法第四十四条的规定办理审批手续。

按照前款规定兴办企业的建设用地，必须严格控制。省、自治区、直辖市可以按照乡镇企业的不同行业和经营规模，分别规定用地标准。

第六十一条 【乡村公共设施、公益事业建设用地审批】 乡（镇）村公共设施、公益事业建设，需要使用土地的，经乡（镇）人民政府审核，向县级以上地方人民政府自然资源主管部门提出申请，按照省、自治区、直辖市规定的批准权限，由县级以上地方人民政府批准；其中，涉及占用农用地的，依照本法第四十四条的规定办理审批手续。

第六十二条 【农村宅基地管理】 农村村民一户只能拥有一处宅基地，其宅基地的面积不得超过省、自治区、直辖市规定的标准。

人均土地少、不能保障一户拥有一处宅基地的地区，县级人民政府在充分尊重农村村民意愿的基础上，可以采取措施，按照省、自治区、直辖市规定的标准保障农村村民实现户有所居。

农村村民建住宅，应当符合乡（镇）土地利用总体规划、村庄规划，不得占用永久基本农田，并尽量使用原有的宅基地和村内空闲地。编制乡（镇）土地利用总体规划、村庄规划应当统筹并合理安排宅基地用地，改善农村村民居住环境和条件。

农村村民住宅用地，由乡（镇）人民政府审核批准；其中，涉及占用农用地的，依照本法第四十四条的规定办理审批手续。

农村村民出卖、出租、赠与住宅后，再申请宅基地的，不予批准。

国家允许进城落户的农村村民依法自愿有偿退出宅基地，鼓励农村集体经济组织及其成员盘活利用闲置宅基地和闲置住宅。

国务院农业农村主管部门负责全国农村宅基地改革和管理有关工作。

第六十三条 【集体经营性建设用地入市】 土地利用总体规划、城乡规划确定为工业、商业等经营性用途，并经依法登记的集体经营性建设用地，土地所有权人可以通过出让、出租等方式交由单位或者个人使用，并应当签订书面合同，载明土地界址、面积、动工期限、使用期限、土地用途、规划条件和双方其他权利义务。

前款规定的集体经营性建设用地出让、出租等，应当经本集体经济组织成员的村民会议三分之二以上成员或者三分之二以上村民代表的同意。

通过出让等方式取得的集体经营性建设用地使用权可以转让、互换、出资、赠与或者抵押，但法律、行政法规另有规定或者土地所有权人、土地使用权人签订的书面合同另有约定的除外。

集体经营性建设用地的出租，集体建设用地使用权的出让及其最高年限、转让、互换、出资、赠与、抵押等，参照同类用途的国有建设用地执行。具体办法由国务院制定。

第六十四条 【集体建设用地的使用要求】 集体建设用地的使用者应当严格按照土地利用总体规划、城乡规划确定的用途使用土地。

第六十五条 【不符合土地利用总体规划的建筑物的处理】 在土地利用总体规划制定前已建的不符合土地利用总体规划确定的用途的建筑物、构筑物，不得重建、扩建。

第六十六条 【集体建设用地使用权的收回】 有下列情形之一的，农村集体经济组织报经原批准用地的人民政府批准，可以收回土地使用权：

（一）为乡（镇）村公共设施和公益事业建设，需要使用土地的；

（二）不按照批准的用途使用土地的；

（三）因撤销、迁移等原因而停止使用土地的。

依照前款第（一）项规定收回农民集体所有的土地的，对土地使用权人应当给予适当补偿。

收回集体经营性建设用地使用权，依照双方签订的书面合同办理，法律、行政法规另有规定的除外。

第六章　监督检查

第六十七条　【监督检查职责】县级以上人民政府自然资源主管部门对违反土地管理法律、法规的行为进行监督检查。

县级以上人民政府农业农村主管部门对违反农村宅基地管理法律、法规的行为进行监督检查的，适用本法关于自然资源主管部门监督检查的规定。

土地管理监督检查人员应当熟悉土地管理法律、法规，忠于职守、秉公执法。

第六十八条　【监督检查措施】县级以上人民政府自然资源主管部门履行监督检查职责时，有权采取下列措施：

（一）要求被检查的单位或者个人提供有关土地权利的文件和资料，进行查阅或者予以复制；

（二）要求被检查的单位或者个人就有关土地权利的问题作出说明；

（三）进入被检查单位或者个人非法占用的土地现场进行勘测；

（四）责令非法占用土地的单位或者个人停止违反土地管理法律、法规的行为。

第六十九条　【出示监督检查证件】土地管理监督检查人员履行职责，需要进入现场进行勘测、要求有关单位或者个人提供文件、资料和作出说明的，应当出示土地管理监督检查证件。

第七十条　【有关单位和个人对土地监督检查的配合义务】有关单位和个人对县级以上人民政府自然资源主管部门就土地违法行为进行的监督检查应当支持与配合，并提供工作方便，不得拒绝与阻碍土地管理监督检查人员依法执行职务。

第七十一条　【国家工作人员违法行为的处理】县级以上人民政府自然资源主管部门在监督检查工作中发现国家工作人员的违法行为，依法应当给予处分的，应当依法予以处理；自己无权处理的，应当依法移送监察机关或者有关机关处理。

第七十二条　【土地违法行为责任追究】县级以上人民政府自然资源主管部门在监督检查工作中发现土地违法行为构成犯罪的，应当将案件移送有关机关，依法追究刑事责任；尚不构成犯罪的，应当依法给予行政处罚。

第七十三条　【不履行法定职责的处理】依照本法规定应当给予行政处罚，而有关自然资源主管部门不给予行政处罚的，上级人民政府自然资源主管部门有权责令有关自然资源主管部门作出行政处罚决定或者直接给予行政处罚，并给予有关自然资源主管部门的负责人处分。

第七章　法律责任

第七十四条　【非法转让土地的法律责任】买卖或者以其他形式非法转让土地的，由县级以上人民政府自然资源主管部门没收违法所得；对违反土地利用总体规划擅自将农用地改为建设用地的，限期拆除在非法转让的土地上新建的建筑物和其他设施，恢复土地原状，对符合土地利用总体规划的，没收在非法转让的土地上新建的建筑物和其他设施；可以并处罚款；对直接负责的主管人员和其他直接责任人员，依法给予处分；构成犯罪的，依法追究刑事责任。

第七十五条　【破坏耕地的法律责任】违反本法规定，占用耕地建窑、建坟或者擅自在耕地上建房、挖砂、采石、采矿、取土等，破坏种植条件的，或者因开发土地造成土地荒漠化、盐渍化的，由县级以上人民政府自然资源主管部门、农业农村主管部门等按照职责责令限期改正或者治理，可以并处罚款；构成犯罪的，依法追究刑事责任。

第七十六条　【不履行复垦义务的法律责任】违反本法规定，拒不履行土地复垦义务的，由县级以上人民政府自然资源主管部门责令限期改正；逾期不改正的，责令缴纳复垦费，专项用于土地复垦，可以处以罚款。

第七十七条　【非法占用土地的法律责任】未经批准或者采取欺骗手段骗取批准，非法占用土地的，由县级以上人民政府自然资源主管部门责令退还非法占用的土地，对违反土地利用总体规划擅自将农用地改为建设用地的，限期拆除在非法占用的土地上新建的建筑物和其他设施，恢复土地原状，对符合土地利用总体规划的，没收在非法占用的土地上新建的建筑物和其他设施，可以并处罚款；对非法占用土地单位的直接负责的主管人员和其他直接责任人员，依法给予处分；构成犯罪的，依法追究刑事责任。

超过批准的数量占用土地，多占的土地以非法占用土地论处。

第七十八条　【非法占用土地建住宅的法律责任】农村村民未经批准或者采取欺骗手段骗取批准，非法占用土地建住宅的，由县级以上人民政府农业农村主管部门责令退还非法占用的土地，限期拆除在非法占用的土地上新建的房屋。

超过省、自治区、直辖市规定的标准，多占的土地以非法占用土地论处。

第七十九条　【非法批准征收、使用土地的法律责任】无权批准征收、使用土地的单位或者个人非法批准占用土地的，超越批准权限非法批准占用土地的，不按照土地利用总体规划确定的用途批准用地的，或者违反法律规定的程序批准占用、征收土地的，其批准文件无效，对非法批准征收、使用土地的直接负责的主管人员和其他直接责任人员，依法给予处分；构成犯罪的，依法追究刑事责任。非法批准、使用的土地应当收回，有关当事人拒不归还的，以非法占用土地论处。

非法批准征收、使用土地，对当事人造成损失的，依法应当承担赔偿责任。

第八十条　【非法侵占、挪用征地补偿费的法律责任】侵占、挪用被征收土地单位的征地补偿费用和其他有关费用，构成犯罪的，依法追究刑事责任；尚不构成犯罪的，依法给予处分。

第八十一条　【拒不交还土地、不按照批准用途使用土地的法律责任】依法收回国有土地使用权当事人拒不交出土地的，临时使用土地期满拒不归还的，或者不按照批准的用途使用国有土地的，由县级以上人民政府自然资源主管部门责令交还土地，处以罚款。

第八十二条　【擅自将集体土地用于非农业建设和集体经营性建设用地违法入市的法律责任】擅自将农民集体所有的土地通过出让、转让使用权或者出租等方式用于非农业建设，或者违反本法规定，将集体经营性建设用地通过出让、出租等方式交由单位或者个人使用的，由县级以上人民政府自然资源主管部门责令限期改正，没收违法所得，并处罚款。

第八十三条　【责令限期拆除的执行】依照本法规定，责令限期拆除在非法占用的土地上新建的建筑物和其他设施的，建设单位或者个人必须立即停止施工，自行拆除；对继续施工的，作出处罚决定的机关有权制止。建设单位或者个人对责令限期拆除的行政处罚决定不服的，可以在接到责令限期拆除决定之日起十五日内，向人民法院起诉；期满不起诉又不自行拆除的，由作出处罚决定的机关依法申请人民法院强制执行，费用由违法者承担。

第八十四条　【自然资源主管部门、农业农村主管部门工作人员违法的法律责任】自然资源主管部门、农业农村主管部门的工作人员玩忽职守、滥用职权、徇私舞弊，构成犯罪的，依法追究刑事责任；尚不构成犯罪的，依法给予处分。

第八章　附　　则

第八十五条　【外商投资企业使用土地的法律适用】外商投资企业使用土地的，适用本法；法律另有规定的，从其规定。

第八十六条　【过渡期间有关规划的适用】在根据本法第十八条的规定编制国土空间规划前，经依法批准的土地利用总体规划和城乡规划继续执行。

第八十七条　【施行时间】本法自1999年1月1日起施行。

中华人民共和国城镇国有土地使用权出让和转让暂行条例

（1990年5月19日中华人民共和国国务院令第55号发布　根据2020年11月29日《国务院关于修改和废止部分行政法规的决定》修订）

第一章　总　　则

第一条　为了改革城镇国有土地使用制度，合理开发、利用、经营土地，加强土地管理，促进城市建设和经济发展，制定本条例。

第二条　国家按照所有权与使用权分离的原

则，实行城镇国有土地使用权出让、转让制度，但地下资源、埋藏物和市政公用设施除外。

前款所称城镇国有土地是指市、县城、建制镇、工矿区范围内属于全民所有的土地（以下简称土地）。

第三条 中华人民共和国境内外的公司、企业、其他组织和个人，除法律另有规定者外，均可依照本条例的规定取得土地使用权，进行土地开发、利用、经营。

第四条 依照本条例的规定取得土地使用权的土地使用者，其使用权在使用年限内可以转让、出租、抵押或者用于其他经济活动，合法权益受国家法律保护。

第五条 土地使用者开发、利用、经营土地的活动，应当遵守国家法律、法规的规定，并不得损害社会公共利益。

第六条 县级以上人民政府土地管理部门依法对土地使用权的出让、转让、出租、抵押、终止进行监督检查。

第七条 土地使用权出让、转让、出租、抵押、终止及有关的地上建筑物、其他附着物的登记，由政府土地管理部门、房产管理部门依照法律和国务院的有关规定办理。

登记文件可以公开查阅。

第二章 土地使用权出让

第八条 土地使用权出让是指国家以土地所有者的身份将土地使用权在一定年限内让与土地使用者，并由土地使用者向国家支付土地使用权出让金的行为。

土地使用权出让应当签订出让合同。

第九条 土地使用权的出让，由市、县人民政府负责，有计划、有步骤地进行。

第十条 土地使用权出让的地块、用途、年限和其他条件，由市、县人民政府土地管理部门会同城市规划和建设管理部门、房产管理部门共同拟定方案，按照国务院规定的批准权限报经批准后，由土地管理部门实施。

第十一条 土地使用权出让合同应当按照平等、自愿、有偿的原则，由市、县人民政府土地管理部门（以下简称出让方）与土地使用者签订。

第十二条 土地使用权出让最高年限按下列用途确定：

（一）居住用地70年；

（二）工业用地50年；

（三）教育、科技、文化、卫生、体育用地50年；

（四）商业、旅游、娱乐用地40年；

（五）综合或者其他用地50年。

第十三条 土地使用权出让可以采取下列方式：

（一）协议；

（二）招标；

（三）拍卖。

依照前款规定方式出让土地使用权的具体程序和步骤，由省、自治区、直辖市人民政府规定。

第十四条 土地使用者应当在签订土地使用权出让合同后60日内，支付全部土地使用权出让金。逾期未全部支付的，出让方有权解除合同，并可请求违约赔偿。

第十五条 出让方应当按照合同规定，提供出让的土地使用权。未按合同规定提供土地使用权的，土地使用者有权解除合同，并可请求违约赔偿。

第十六条 土地使用者在支付全部土地使用权出让金后，应当依照规定办理登记，领取土地使用证，取得土地使用权。

第十七条 土地使用者应当按照土地使用权出让合同的规定和城市规划的要求，开发、利用、经营土地。

未按合同规定的期限和条件开发、利用土地的，市、县人民政府土地管理部门应当予以纠正，并根据情节可以给予警告、罚款直至无偿收回土地使用权的处罚。

第十八条 土地使用者需要改变土地使用权出让合同规定的土地用途的，应当征得出让方同意并经土地管理部门和城市规划部门批准，依照本章的有关规定重新签订土地使用权出让合同，调整土地使用权出让金，并办理登记。

第三章 土地使用权转让

第十九条 土地使用权转让是指土地使用者将土地使用权再转移的行为，包括出售、交换和赠与。

未按土地使用权出让合同规定的期限和条件投资开发、利用土地的，土地使用权不得转让。

第二十条 土地使用权转让应当签订转让合同。

第二十一条 土地使用权转让时,土地使用权出让合同和登记文件中所载明的权利、义务随之转移。

第二十二条 土地使用者通过转让方式取得的土地使用权,其使用年限为土地使用权出让合同规定的使用年限减去原土地使用者已使用年限后的剩余年限。

第二十三条 土地使用权转让时,其地上建筑物、其他附着物所有权随之转让。

第二十四条 地上建筑物、其他附着物的所有人或者共有人,享有该建筑物、附着物使用范围内的土地使用权。

土地使用者转让地上建筑物、其他附着物所有权时,其使用范围内的土地使用权随之转让,但地上建筑物、其他附着物作为动产转让的除外。

第二十五条 土地使用权和地上建筑物、其他附着物所有权转让,应当依照规定办理过户登记。

土地使用权和地上建筑物、其他附着物所有权分割转让的,应当经市、县人民政府土地管理部门和房产管理部门批准,并依照规定办理过户登记。

第二十六条 土地使用权转让价格明显低于市场价格的,市、县人民政府有优先购买权。

土地使用权转让的市场价格不合理上涨时,市、县人民政府可以采取必要的措施。

第二十七条 土地使用权转让后,需要改变土地使用权出让合同规定的土地用途的,依照本条例第十八条的规定办理。

第四章 土地使用权出租

第二十八条 土地使用权出租是指土地使用者作为出租人将土地使用权随同地上建筑物、其他附着物租赁给承租人使用,由承租人向出租人支付租金的行为。

未按土地使用权出让合同规定的期限和条件投资开发、利用土地的,土地使用权不得出租。

第二十九条 土地使用权出租,出租人与承租人应当签订租赁合同。

租赁合同不得违背国家法律、法规和土地使用权出让合同的规定。

第三十条 土地使用权出租后,出租人必须继续履行土地使用权出让合同。

第三十一条 土地使用权和地上建筑物、其他附着物出租,出租人应当依照规定办理登记。

第五章 土地使用权抵押

第三十二条 土地使用权可以抵押。

第三十三条 土地使用权抵押时,其地上建筑物、其他附着物随之抵押。

地上建筑物、其他附着物抵押时,其使用范围内的土地使用权随之抵押。

第三十四条 土地使用权抵押,抵押人与抵押权人应当签订抵押合同。

抵押合同不得违背国家法律、法规和土地使用权出让合同的规定。

第三十五条 土地使用权和地上建筑物、其他附着物抵押,应当依照规定办理抵押登记。

第三十六条 抵押人到期未能履行债务或者在抵押合同期间宣告解散、破产的,抵押权人有权依照国家法律、法规和抵押合同的规定处分抵押财产。

因处分抵押财产而取得土地使用权和地上建筑物、其他附着物所有权的,应当依照规定办理过户登记。

第三十七条 处分抵押财产所得,抵押权人有优先受偿权。

第三十八条 抵押权因债务清偿或者其他原因而消灭的,应当依照规定办理注销抵押登记。

第六章 土地使用权终止

第三十九条 土地使用权因土地使用权出让合同规定的使用年限届满、提前收回及土地灭失等原因而终止。

第四十条 土地使用权期满,土地使用权及其地上建筑物、其他附着物所有权由国家无偿取得。土地使用者应当交还土地使用证,并依照规定办理注销登记。

第四十一条 土地使用权期满,土地使用者可以申请续期。需要续期的,应当依照本条例第二章的规定重新签订合同,支付土地使用权出让金,并办理登记。

第四十二条 国家对土地使用者依法取得的土地使用权不提前收回。在特殊情况下,根据社会公共利益的需要,国家可以依照法律程序提前收回,并根据土地使用者已使用的年限和开发、利用土地的实际情况给予相应的补偿。

第七章 划拨土地使用权

第四十三条 划拨土地使用权是指土地使用者通过各种方式依法无偿取得的土地使用权。

前款土地使用者应当依照《中华人民共和国城镇土地使用税暂行条例》的规定缴纳土地使用税。

第四十四条 划拨土地使用权,除本条例第四十五条规定的情况外,不得转让、出租、抵押。

第四十五条 符合下列条件的,经市、县人民政府土地管理部门和房产管理部门批准,其划拨土地使用权和地上建筑物、其他附着物所有权可以转让、出租、抵押:

(一)土地使用者为公司、企业、其他经济组织和个人;

(二)领有国有土地使用证;

(三)具有地上建筑物、其他附着物合法的产权证明;

(四)依照本条例第二章的规定签订土地使用权出让合同,向当地市、县人民政府补交土地使用权出让金或者以转让、出租、抵押所获收益抵交土地使用权出让金。

转让、出租、抵押前款划拨土地使用权的,分别依照本条例第三章、第四章和第五章的规定办理。

第四十六条 对未经批准擅自转让、出租、抵押划拨土地使用权的单位和个人,市、县人民政府土地管理部门应当没收其非法收入,并根据情节处以罚款。

第四十七条 无偿取得划拨土地使用权的土地使用者,因迁移、解散、撤销、破产或者其他原因而停止使用土地的,市、县人民政府应当无偿收回其划拨土地使用权,并可依照本条例的规定予以出让。

对划拨土地使用权,市、县人民政府根据城市建设发展需要和城市规划的要求,可以无偿收回,并可依照本条例的规定予以出让。

无偿收回划拨土地使用权时,对其地上建筑物、其他附着物,市、县人民政府应当根据实际情况给予适当补偿。

第八章 附 则

第四十八条 依照本条例的规定取得土地使用权的个人,其土地使用权可以继承。

第四十九条 土地使用者应当依照国家税收法规的规定纳税。

第五十条 依照本条例收取的土地使用权出让金列入财政预算,作为专项基金管理,主要用于城市建设和土地开发。具体使用管理办法,由财政部另行制定。

第五十一条 各省、自治区、直辖市人民政府应当根据本条例的规定和当地的实际情况选择部分条件比较成熟的城镇先行试点。

第五十二条 本条例由国家土地管理局负责解释;实施办法由省、自治区、直辖市人民政府制定。

第五十三条 本条例自发布之日起施行。

招标拍卖挂牌出让国有建设用地使用权规定

(2007年9月28日国土资源部令第39号公布自2007年11月1日起施行)

第一条 为规范国有建设用地使用权出让行为,优化土地资源配置,建立公开、公平、公正的土地使用制度,根据《中华人民共和国物权法》、《中华人民共和国土地管理法》、《中华人民共和国城市房地产管理法》和《中华人民共和国土地管理法实施条例》,制定本规定。

第二条 在中华人民共和国境内以招标、拍卖或者挂牌出让方式在土地的地表、地上或者地下设立国有建设用地使用权的,适用本规定。

本规定所称招标出让国有建设用地使用权,是指市、县人民政府国土资源行政主管部门(以下简称出让人)发布招标公告,邀请特定或者不特定的自然人、法人和其他组织参加国有建设用地使用权投标,根据投标结果确定国有建设用地使用权人的行为。

本规定所称拍卖出让国有建设用地使用权,是指出让人发布拍卖公告,由竞买人在指定时间、地点进行公开竞价,根据出价结果确定国有建设用地使用权人的行为。

本规定所称挂牌出让国有建设用地使用权,是指出让人发布挂牌公告,按公告规定的期限将拟出让宗地的交易条件在指定的土地交易场所挂牌公布,接受竞买人的报价申请并更新挂牌价格,根据挂牌期限截止时的出价结果或者现场竞价结果确定国有建设用地使用权人的行为。

第三条 招标、拍卖或者挂牌出让国有建设用地使用权,应当遵循公开、公平、公正和诚信的原则。

第四条 工业、商业、旅游、娱乐和商品住宅等经营性用地以及同一宗地有两个以上意向用地者的,应当以招标、拍卖或者挂牌方式出让。

前款规定的工业用地包括仓储用地,但不包括采矿用地。

第五条 国有建设用地使用权招标、拍卖或者挂牌出让活动,应当有计划地进行。

市、县人民政府国土资源行政主管部门根据经济社会发展计划、产业政策、土地利用总体规划、土地利用年度计划、城市规划和土地市场状况,编制国有建设用地使用权出让年度计划,报经同级人民政府批准后,及时向社会公开发布。

第六条 市、县人民政府国土资源行政主管部门应当按照出让年度计划,会同城市规划等有关部门共同拟订拟招标拍卖挂牌出让地块的出让方案,报经市、县人民政府批准后,由市、县人民政府国土资源行政主管部门组织实施。

前款规定的出让方案应当包括出让地块的空间范围、用途、年限、出让方式、时间和其他条件等。

第七条 出让人应当根据招标拍卖挂牌出让地块的情况,编制招标拍卖挂牌出让文件。

招标拍卖挂牌出让文件应当包括出让公告、投标或者竞买须知、土地使用条件、标书或者竞买申请书、报价单、中标通知书或者成交确认书、国有建设用地使用权出让合同文本。

第八条 出让人应当至少在投标、拍卖或者挂牌开始日前20日,在土地有形市场或者指定的场所、媒介发布招标、拍卖或者挂牌公告,公布招标拍卖挂牌出让宗地的基本情况和招标拍卖挂牌的时间、地点。

第九条 招标拍卖挂牌公告应当包括下列内容:

(一)出让人的名称和地址;

(二)出让宗地的面积、界址、空间范围、现状、使用年期、用途、规划指标要求;

(三)投标人、竞买人的资格要求以及申请取得投标、竞买资格的办法;

(四)索取招标拍卖挂牌出让文件的时间、地点和方式;

(五)招标拍卖挂牌时间、地点、投标挂牌期限、投标和竞价方式等;

(六)确定中标人、竞得人的标准和方法;

(七)投标、竞买保证金;

(八)其他需要公告的事项。

第十条 市、县人民政府国土资源行政主管部门应当根据土地估价结果和政府产业政策综合确定标底或者底价。

标底或者底价不得低于国家规定的最低价标准。

确定招标标底,拍卖和挂牌的起叫价、起始价、底价,投标、竞买保证金,应当实行集体决策。

招标标底和拍卖挂牌的底价,在招标开标前和拍卖挂牌出让活动结束之前应当保密。

第十一条 中华人民共和国境内外的自然人、法人和其他组织,除法律、法规另有规定外,均可申请参加国有建设用地使用权招标拍卖挂牌出让活动。

出让人在招标拍卖挂牌出让公告中不得设定影响公平、公正竞争的限制条件。挂牌出让的,出让公告中规定的申请截止时间,应当为挂牌出让结束日前2天。对符合招标拍卖挂牌公告规定条件的申请人,出让人应当通知其参加招标拍卖挂牌活动。

第十二条 市、县人民政府国土资源行政主管部门应当为投标人、竞买人查询拟出让土地的有关情况提供便利。

第十三条 投标、开标依照下列程序进行:

(一)投标人在投标截止时间前将标书投入标箱。招标公告允许邮寄标书的,投标人可以邮寄,但出让人在投标截止时间前收到的方为有效。

标书投入标箱后,不可撤回。投标人应当对标书和有关书面承诺承担责任。

(二)出让人按照招标公告规定的时间、地点开标,邀请所有投标人参加。由投标人或者其推选的代表检查标箱的密封情况,当众开启标箱,点算标书。投标人少于三人的,出让人应当终止招标活动。投标人不少于三人的,应当逐一宣布投标人名称、投标价格和投标文件的主要内容。

(三)评标小组进行评标。评标小组由出让人代表、有关专家组成,成员人数为五人以上的单数。

评标小组可以要求投标人对投标文件作出必要的澄清或者说明,但是澄清或者说明不得超出投标文件的范围或者改变投标文件的实质性内容。

评标小组应当按照招标文件确定的评标标准和方法,对投标文件进行评审。

(四)招标人根据评标结果,确定中标人。

按照价高者得的原则确定中标人的,可以不成立评标小组,由招标主持人根据开标结果,确定中标人。

第十四条 对能够最大限度地满足招标文件中规定的各项综合评价标准,或者能够满足招标文件的实质性要求且价格最高的投标人,应当确定为中标人。

第十五条 拍卖会依照下列程序进行:

(一)主持人点算竞买人;

(二)主持人介绍拍卖宗地的面积、界址、空间范围、现状、用途、使用年期、规划指标要求、开工和竣工时间以及其他有关事项;

(三)主持人宣布起叫价和增价规则及增价幅度。没有底价的,应当明确提示;

(四)主持人报出起叫价;

(五)竞买人举牌应价或者报价;

(六)主持人确认该应价或者报价后继续竞价;

(七)主持人连续三次宣布同一应价或者报价而没有再应价或者报价的,主持人落槌表示拍卖成交;

(八)主持人宣布最高应价或者报价者为竞得人。

第十六条 竞买人的最高应价或者报价未达到底价时,主持人应当终止拍卖。

拍卖主持人在拍卖中可以根据竞买人竞价情况调整拍卖增价幅度。

第十七条 挂牌依照以下程序进行:

(一)在挂牌公告规定的挂牌起始日,出让人将挂牌宗地的面积、界址、空间范围、现状、用途、使用年期、规划指标要求、开工时间和竣工时间、起始价、增价规则及增价幅度等,在挂牌公告规定的土地交易场所挂牌公布;

(二)符合条件的竞买人填写报价单报价;

(三)挂牌主持人确认该报价后,更新显示挂牌价格;

(四)挂牌主持人在挂牌公告规定的挂牌截止时间确定竞得人。

第十八条 挂牌时间不得少于10日。挂牌期间可根据竞买人竞价情况调整增价幅度。

第十九条 挂牌截止应当由挂牌主持人主持确定。挂牌期限届满,挂牌主持人现场宣布最高报价及其报价者,并询问竞买人是否愿意继续竞价。有竞买人表示愿意继续竞价的,挂牌出让转入现场竞价,通过现场竞价确定竞得人。挂牌主持人连续三次报出最高挂牌价格,没有竞买人表示愿意继续竞价的,按照下列规定确定是否成交:

(一)在挂牌期限内只有一个竞买人报价,且报价不低于底价,并符合其他条件的,挂牌成交;

(二)在挂牌期限内有两个或者两个以上的竞买人报价的,出价最高者为竞得人;报价相同的,先提交报价单者为竞得人,但报价低于底价者除外;

(三)在挂牌期限内无应价者或者竞买人的报价均低于底价或者均不符合其他条件的,挂牌不成交。

第二十条 以招标、拍卖或者挂牌方式确定中标人、竞得人后,中标人、竞得人支付的投标、竞买保证金,转作受让地块的定金。出让人应当向中标人发出中标通知书或者与竞得人签订成交确认书。

中标通知书或者成交确认书应当包括出让人和中标人或者竞得人的名称,出让标的,成交时间、地点、价款以及签订国有建设用地使用权出让合同的时间、地点等内容。

中标通知书或者成交确认书对出让人和中标人或者竞得人具有法律效力。出让人改变竞得结果,或者中标人、竞得人放弃中标宗地、竞得宗地的,应当依法承担责任。

第二十一条 中标人、竞得人应当按照中标通知书或者成交确认书约定的时间,与出让人签订国有建设用地使用权出让合同。中标人、竞得人支付的投标、竞买保证金抵作土地出让价款;其他投标人、竞买人支付的投标、竞买保证金,出让人必须在招标拍卖挂牌活动结束后5个工作日内予以退还,不计利息。

第二十二条 招标拍卖挂牌活动结束后,出让人应在10个工作日内将招标拍卖挂牌出让结果在土地有形市场或者指定的场所、媒介公布。

出让人公布出让结果，不得向受让人收取费用。

第二十三条 受让人依照国有建设用地使用权出让合同的约定付清全部土地出让价款后，方可申请办理土地登记，领取国有建设用地使用权证书。未按出让合同约定缴清全部土地出让价款的，不得发放国有建设用地使用权证书，也不得按出让价款缴纳比例分割发放国有建设用地使用权证书。

第二十四条 应当以招标拍卖挂牌方式出让国有建设用地使用权而擅自采用协议方式出让的，对直接负责的主管人员和其他直接责任人员依法给予处分；构成犯罪的，依法追究刑事责任。

第二十五条 中标人、竞得人有下列行为之一的，中标、竞得结果无效；造成损失的，应当依法承担赔偿责任：

（一）提供虚假文件隐瞒事实的；

（二）采取行贿、恶意串通等非法手段中标或者竞得的。

第二十六条 国土资源行政主管部门的工作人员在招标拍卖挂牌出让活动中玩忽职守、滥用职权、徇私舞弊的，依法给予处分；构成犯罪的，依法追究刑事责任。

第二十七条 以招标拍卖挂牌方式租赁国有建设用地使用权的，参照本规定执行。

第二十八条 本规定自2007年11月1日起施行。

最高人民法院关于审理涉及农村集体土地行政案件若干问题的规定

（2011年5月9日最高人民法院审判委员会第1522次会议通过　2011年8月7日最高人民法院公告公布　自2011年9月5日起施行　法释〔2011〕20号）

为正确审理涉及农村集体土地的行政案件，根据《中华人民共和国物权法》、《中华人民共和国土地管理法》和《中华人民共和国行政诉讼法》等有关法律规定，结合行政审判实际，制定本规定。

第一条 农村集体土地的权利人或者利害关系人（以下简称土地权利人）认为行政机关作出的涉及农村集体土地的行政行为侵犯其合法权益，提起诉讼的，属于人民法院行政诉讼的受案范围。

第二条 土地登记机构根据人民法院生效裁判文书、协助执行通知书或者仲裁机构的法律文书办理的土地权属登记行为，土地权利人不服提起诉讼的，人民法院不予受理，但土地权利人认为登记内容与有关文书内容不一致的除外。

第三条 村民委员会或者农村集体经济组织对涉及农村集体土地的行政行为不起诉的，过半数的村民可以以集体经济组织名义提起诉讼。

农村集体经济组织成员全部转为城镇居民后，对涉及农村集体土地的行政行为不服的，过半数的原集体经济组织成员可以提起诉讼。

第四条 土地使用权人或者实际使用人对行政机关作出涉及其使用或实际使用的集体土地的行政行为不服的，可以以自己的名义提起诉讼。

第五条 土地权利人认为土地储备机构作出的行为侵犯其依法享有的农村集体土地所有权或使用权，向人民法院提起诉讼的，应当以土地储备机构所隶属的土地管理部门为被告。

第六条 土地权利人认为乡级以上人民政府作出的土地确权决定侵犯其依法享有的农村集体土地所有权或者使用权，经复议后向人民法院提起诉讼的，人民法院应当依法受理。

法律、法规规定应当先申请行政复议的土地行政案件，复议机关作出不受理复议申请的决定或者以不符合受理条件为由驳回复议申请，复议申请人不服的，应当以复议机关为被告向人民法院提起诉讼。

第七条 土地权利人认为行政机关作出的行政处罚、行政强制措施等行政行为侵犯其依法享有的农村集体土地所有权或者使用权，直接向人民法院提起诉讼的，人民法院应当依法受理。

第八条 土地权属登记（包括土地权属证书）在生效裁判和仲裁裁决中作为定案证据，利害关系人对该登记行为提起诉讼的，人民法院应当依法受理。

第九条 涉及农村集体土地的行政决定以公告方式送达的，起诉期限自公告确定的期限届满之日起计算。

第十条 土地权利人对土地管理部门组织实施过程中确定的土地补偿有异议，直接向人民法院提起诉讼的,人民法院不予受理,但应当告知土地权利人先申请行政机关裁决。

第十一条 土地权利人以土地管理部门超过两年对非法占地行为进行处罚违法,向人民法院起诉的,人民法院应当按照行政处罚法第二十九条第二款的规定处理。

第十二条 征收农村集体土地时涉及被征收土地上的房屋及其他不动产的,土地权利人可以请求依照物权法第四十二条第二款的规定给予补偿。

征收农村集体土地时未就被征收土地上的房屋及其他不动产进行安置补偿,补偿安置时房屋所在地已纳入城市规划区,土地权利人请求参照执行国有土地上房屋征收补偿标准的,人民法院一般应予支持,但应当扣除已经取得的土地补偿费。

第十三条 在审理土地行政案件中,人民法院经当事人同意进行协调的期间,不计算在审理期限内。当事人不同意继续协商的,人民法院应当及时审理,并恢复计算审理期限。

第十四条 县级以上人民政府土地管理部门根据土地管理法实施条例第四十五条的规定,申请人民法院执行其作出的责令交出土地决定的,应当符合下列条件:

(一)征收土地方案已经有权机关依法批准;

(二)市、县人民政府和土地管理部门已经依照土地管理法和土地管理法实施条例规定的程序实施征地行为;

(三)被征收土地所有权人、使用人已经依法得到安置补偿或者无正当理由拒绝接受安置补偿,且拒不交出土地,已经影响到征收工作的正常进行;

(四)符合最高人民法院《关于执行〈中华人民共和国行政诉讼法〉若干问题的解释》第八十六条规定的条件。

人民法院对符合条件的申请,应当予以受理,并通知申请人;对不符合条件的申请,应当裁定不予受理。

第十五条 最高人民法院以前所作的司法解释与本规定不一致的,以本规定为准。

(十二)房地产

中华人民共和国城乡规划法

(2007年10月28日第十届全国人民代表大会常务委员会第三十次会议通过 根据2015年4月24日第十二届全国人民代表大会常务委员会第十四次会议《关于修改〈中华人民共和国港口法〉等七部法律的决定》第一次修正 根据2019年4月23日第十三届全国人民代表大会常务委员会第十次会议《关于修改〈中华人民共和国建筑法〉等八部法律的决定》第二次修正)

目 录

第一章 总 则
第二章 城乡规划的制定
第三章 城乡规划的实施
第四章 城乡规划的修改
第五章 监督检查
第六章 法律责任
第七章 附 则

第一章 总 则

第一条 【立法宗旨】为了加强城乡规划管理,协调城乡空间布局,改善人居环境,促进城乡经济社会全面协调可持续发展,制定本法。

第二条 【城乡规划的制定和实施】制定和实施城乡规划,在规划区内进行建设活动,必须遵守本法。

本法所称城乡规划,包括城镇体系规划、城市规划、镇规划、乡规划和村庄规划。城市规划、镇规划分为总体规划和详细规划。详细规划分为控制性详细规划和修建性详细规划。

本法所称规划区,是指城市、镇和村庄的建成区以及因城乡建设和发展需要,必须实行规划控制的区域。规划区的具体范围由有关人民政府在组织编制的城市总体规划、镇总体规划、乡规划和村庄规划中,根据城乡经济社会发展水平和统筹城乡发展的需要划定。

第三条 【城乡建设活动与制定城乡规划关系】城市和镇应当依照本法制定城市规划和镇规划。城市、镇规划区内的建设活动应当符合规划要求。

县级以上地方人民政府根据本地农村经济社会发展水平,按照因地制宜、切实可行的原则,确定应当制定乡规划、村庄规划的区域。在确定区域内的乡、村庄,应当依照本法制定规划,规划区内的乡、村庄建设应当符合规划要求。

县级以上地方人民政府鼓励、指导前款规定以外的区域的乡、村庄制定和实施乡规划、村庄规划。

第四条 【城乡规划制定、实施原则】制定和实施城乡规划,应当遵循城乡统筹、合理布局、节约土地、集约发展和先规划后建设的原则,改善生态环境,促进资源、能源节约和综合利用,保护耕地等自然资源和历史文化遗产,保持地方特色、民族特色和传统风貌,防止污染和其他公害,并符合区域人口发展、国防建设、防灾减灾和公共卫生、公共安全的需要。

在规划区内进行建设活动,应当遵守土地管理、自然资源和环境保护等法律、法规的规定。

县级以上地方人民政府应当根据当地经济社会发展的实际,在城市总体规划、镇总体规划中合理确定城市、镇的发展规模、步骤和建设标准。

第五条 【城乡规划与国民经济和社会发展规划、土地利用总体规划衔接】城市总体规划、镇总体规划以及乡规划和村庄规划的编制,应当依据国民经济和社会发展规划,并与土地利用总体规划相衔接。

第六条 【城乡规划经费保障】各级人民政府应当将城乡规划的编制和管理经费纳入本级财政预算。

第七条 【城乡规划修改】经依法批准的城乡规划,是城乡建设和规划管理的依据,未经法定程序不得修改。

第八条 【城乡规划公开公布】城乡规划组织编制机关应当及时公布经依法批准的城乡规划。但是,法律、行政法规规定不得公开的内容除外。

第九条 【单位和个人的权利义务】任何单位和个人都应当遵守经依法批准并公布的城乡规划,服从规划管理,并有权就涉及其利害关系的建设活动是否符合规划的要求向城乡规划主管部门查询。

任何单位和个人都有权向城乡规划主管部门或者其他有关部门举报或者控告违反城乡规划的行为。城乡规划主管部门或者其他有关部门对举报或者控告,应当及时受理并组织核查、处理。

第十条 【采用先进科学技术】国家鼓励采用先进的科学技术,增强城乡规划的科学性,提高城乡规划实施及监督管理的效能。

第十一条 【城乡规划管理体制】国务院城乡规划主管部门负责全国的城乡规划管理工作。

县级以上地方人民政府城乡规划主管部门负责本行政区域内的城乡规划管理工作。

第二章 城乡规划的制定

第十二条 【全国城镇体系规划制定】国务院城乡规划主管部门会同国务院有关部门组织编制全国城镇体系规划,用于指导省域城镇体系规划、城市总体规划的编制。

全国城镇体系规划由国务院城乡规划主管部门报国务院审批。

第十三条 【省域城镇体系规划制定】省、自治区人民政府组织编制省域城镇体系规划,报国务院审批。

省域城镇体系规划的内容应当包括:城镇空间布局和规模控制,重大基础设施的布局,为保护生态环境、资源等需要严格控制的区域。

第十四条 【城市总体规划编制】城市人民政府组织编制城市总体规划。

直辖市的城市总体规划由直辖市人民政府报国务院审批。省、自治区人民政府所在地的城市以及国务院确定的城市的总体规划,由省、自治区人民政府审查同意后,报国务院审批。其他城市的总体规划,由城市人民政府报省、自治区人民政府审批。

第十五条 【镇总体规划编制】县人民政府组织编制县人民政府所在地镇的总体规划,报上一级人民政府审批。其他镇的总体规划由镇人民政府组织编制,报上一级人民政府审批。

第十六条 【各级人大常委会参与规划制定】省、自治区人民政府组织编制的省域城镇体系规划,城市、县人民政府组织编制的总体规划,在报上一级人民政府审批前,应当先经本级人民代表大会常务委员会审议,常务委员会组成人员的审议意见交由本级人民政府研究处理。

镇人民政府组织编制的镇总体规划,在报上一级人民政府审批前,应当先经镇人民代表大会审议,代表的审议意见交由本级人民政府研究处理。

规划的组织编制机关报送审批省域城镇体系规划、城市总体规划或者镇总体规划,应当将本级人民代表大会常务委员会组成人员或者镇人民代表大会代表的审议意见和根据审议意见修改规划的情况一并报送。

第十七条 【城市、镇总体规划内容和期限】城市总体规划、镇总体规划的内容应当包括:城市、镇的发展布局,功能分区,用地布局,综合交通体系,禁止、限制和适宜建设的地域范围,各类专项规划等。

规划区范围、规划区内建设用地规模、基础设施和公共服务设施用地、水源地和水系、基本农田和绿化用地、环境保护、自然与历史文化遗产保护以及防灾减灾等内容,应当作为城市总体规划、镇总体规划的强制性内容。

城市总体规划、镇总体规划的规划期限一般为二十年。城市总体规划还应当对城市更长远的发展作出预测性安排。

第十八条 【乡规划和村庄规划的内容】乡规划、村庄规划应当从农村实际出发,尊重村民意愿,体现地方和农村特色。

乡规划、村庄规划的内容应当包括:规划区范围,住宅、道路、供水、排水、供电、垃圾收集、畜禽养殖场所等农村生产、生活服务设施、公益事业等各项建设的用地布局、建设要求,以及对耕地等自然资源和历史文化遗产保护、防灾减灾等的具体安排。乡规划还应当包括本行政区域内的村庄发展布局。

第十九条 【城市控制性详细规划】城市人民政府城乡规划主管部门根据城市总体规划的要求,组织编制城市的控制性详细规划,经本级人民政府批准后,报本级人民代表大会常务委员会和上一级人民政府备案。

第二十条 【镇控制性详细规划】镇人民政府根据镇总体规划的要求,组织编制镇的控制性详细规划,报上一级人民政府审批。县人民政府所在地镇的控制性详细规划,由县人民政府城乡规划主管部门根据镇总体规划的要求组织编制,经县人民政府批准后,报本级人民代表大会常务委员会和上一级人民政府备案。

第二十一条 【修建性详细规划】城市、县人民政府城乡规划主管部门和镇人民政府可以组织编制重要地块的修建性详细规划。修建性详细规划应当符合控制性详细规划。

第二十二条 【乡、村庄规划编制】乡、镇人民政府组织编制乡规划、村庄规划,报上一级人民政府审批。村庄规划在报送审批前,应当经村民会议或者村民代表会议讨论同意。

第二十三条 【首都总体规划和详细规划】首都的总体规划、详细规划应当统筹考虑中央国家机关用地布局和空间安排的需要。

第二十四条 【城乡规划编制单位】城乡规划组织编制机关应当委托具有相应资质等级的单位承担城乡规划的具体编制工作。

从事城乡规划编制工作应当具备下列条件,并经国务院城乡规划主管部门或者省、自治区、直辖市人民政府城乡规划主管部门依法审查合格,取得相应等级的资质证书后,方可在资质等级许可的范围内从事城乡规划编制工作:

(一)有法人资格;

(二)有规定数量的经相关行业协会注册的规划师;

(三)有规定数量的相关专业技术人员;

(四)有相应的技术装备;

(五)有健全的技术、质量、财务管理制度。

编制城乡规划必须遵守国家有关标准。

第二十五条 【城乡规划基础资料】编制城乡规划,应当具备国家规定的勘察、测绘、气象、地震、水文、环境等基础资料。

县级以上地方人民政府有关主管部门应当根据编制城乡规划的需要,及时提供有关基础资料。

第二十六条 【公众参与城乡规划编制】城乡规划报送审批前,组织编制机关应当依法将城乡规划草案予以公告,并采取论证会、听证会或者其他方式征求专家和公众的意见。公告的时间不得少于三十日。

组织编制机关应当充分考虑专家和公众的意见,并在报送审批的材料中附具意见采纳情况及理由。

第二十七条 【专家和有关部门参与城镇规划审批】省域城镇体系规划、城市总体规划、镇总体规划批准前,审批机关应当组织专家和有关部门进行审查。

第三章 城乡规划的实施

第二十八条 【政府实施城乡规划】地方各级

人民政府应当根据当地经济社会发展水平，量力而行，尊重群众意愿，有计划、分步骤地组织实施城乡规划。

第二十九条 【城市、镇和乡、村庄建设和发展实施城乡规划】城市的建设和发展，应当优先安排基础设施以及公共服务设施的建设，妥善处理新区开发与旧区改建的关系，统筹兼顾进城务工人员生活和周边农村经济社会发展、村民生产与生活的需要。

镇的建设和发展，应当结合农村经济社会发展和产业结构调整，优先安排供水、排水、供电、供气、道路、通信、广播电视等基础设施和学校、卫生院、文化站、幼儿园、福利院等公共服务设施的建设，为周边农村提供服务。

乡、村庄的建设和发展，应当因地制宜、节约用地，发挥村民自治组织的作用，引导村民合理进行建设，改善农村生产、生活条件。

第三十条 【城市新区开发和建设实施城乡规划】城市新区的开发和建设，应当合理确定建设规模和时序，充分利用现有市政基础设施和公共服务设施，严格保护自然资源和生态环境，体现地方特色。

在城市总体规划、镇总体规划确定的建设用地范围以外，不得设立各类开发区和城市新区。

第三十一条 【旧城区改造实施城乡规划】旧城区的改建，应当保护历史文化遗产和传统风貌，合理确定拆迁和建设规模，有计划地对危房集中、基础设施落后等地段进行改建。

历史文化名城、名镇、名村的保护以及受保护建筑物的维护和使用，应当遵守有关法律、行政法规和国务院的规定。

第三十二条 【城乡建设和发展实施城乡规划】城乡建设和发展，应当依法保护和合理利用风景名胜资源，统筹安排风景名胜区及周边乡、镇、村庄的建设。

风景名胜区的规划、建设和管理，应当遵守有关法律、行政法规和国务院的规定。

第三十三条 【城市地下空间的开发和利用遵循的原则】城市地下空间的开发和利用，应当与经济和技术发展水平相适应，遵循统筹安排、综合开发、合理利用的原则，充分考虑防灾减灾、人民防空和通信等需要，并符合城市规划，履行规划审批手续。

第三十四条 【城市、县、镇人民政府制定近期建设规划】城市、县、镇人民政府应当根据城市总体规划、镇总体规划、土地利用总体规划和年度计划以及国民经济和社会发展规划，制定近期建设规划，报总体规划审批机关备案。

近期建设规划应当以重要基础设施、公共服务设施和中低收入居民住房建设以及生态环境保护为重点内容，明确近期建设的时序、发展方向和空间布局。近期建设规划的规划期限为五年。

第三十五条 【禁止擅自改变城乡规划确定的重要用地用途】城乡规划确定的铁路、公路、港口、机场、道路、绿地、输配电设施及输电线路走廊、通信设施、广播电视设施、管道设施、河道、水库、水源地、自然保护区、防汛通道、消防通道、核电站、垃圾填埋场及焚烧厂、污水处理厂和公共服务设施的用地以及其他需要依法保护的用地，禁止擅自改变用途。

第三十六条 【申请核发选址意见书】按照国家规定需要有关部门批准或者核准的建设项目，以划拨方式提供国有土地使用权的，建设单位在报送有关部门批准或者核准前，应当向城乡规划主管部门申请核发选址意见书。

前款规定以外的建设项目不需要申请选址意见书。

第三十七条 【划拨建设用地程序】在城市、镇规划区内以划拨方式提供国有土地使用权的建设项目，经有关部门批准、核准、备案后，建设单位应当向城市、县人民政府城乡规划主管部门提出建设用地规划许可申请，由城市、县人民政府城乡规划主管部门依据控制性详细规划核定建设用地的位置、面积、允许建设的范围，核发建设用地规划许可证。

建设单位在取得建设用地规划许可证后，方可向县级以上地方人民政府土地主管部门申请用地，经县级以上人民政府审批后，由土地主管部门划拨土地。

第三十八条 【国有土地使用权出让合同】在城市、镇规划区内以出让方式提供国有土地使用权的，在国有土地使用权出让前，城市、县人民政府城乡规划主管部门应当依据控制性详细规划，提出出让地块的位置、使用性质、开发强度等规划条件，作为国有土地使用权出让合同的组成部分。未确定规划条件的地块，不得出让国有土地使用权。

以出让方式取得国有土地使用权的建设项目，建设单位在取得建设项目的批准、核准、备案文件和签订国有土地使用权出让合同后，向城市、县人民政府城乡规划主管部门领取建设用地规划许可证。

城市、县人民政府城乡规划主管部门不得在建设用地规划许可证中,擅自改变作为国有土地使用权出让合同组成部分的规划条件。

第三十九条 【规划条件未纳入出让合同的法律后果】规划条件未纳入国有土地使用权出让合同的,该国有土地使用权出让合同无效;对未取得建设用地规划许可证的建设单位批准用地的,由县级以上人民政府撤销有关批准文件;占用土地的,应当及时退回;给当事人造成损失的,应当依法给予赔偿。

第四十条 【建设单位和个人领取建设工程规划许可证】在城市、镇规划区内进行建筑物、构筑物、道路、管线和其他工程建设的,建设单位或者个人应当向城市、县人民政府城乡规划主管部门或者省、自治区、直辖市人民政府确定的镇人民政府申请办理建设工程规划许可证。

申请办理建设工程规划许可证,应当提交使用土地的有关证明文件、建设工程设计方案等材料。需要建设单位编制修建性详细规划的建设项目,还应当提交修建性详细规划。对符合控制性详细规划和规划条件的,由城市、县人民政府城乡规划主管部门或者省、自治区、直辖市人民政府确定的镇人民政府核发建设工程规划许可证。

城市、县人民政府城乡规划主管部门或者省、自治区、直辖市人民政府确定的镇人民政府应当依法将经审定的修建性详细规划、建设工程设计方案的总平面图予以公布。

第四十一条 【乡村建设规划许可证】在乡、村庄规划区内进行乡镇企业、乡村公共设施和公益事业建设的,建设单位或者个人应当向乡、镇人民政府提出申请,由乡、镇人民政府报城市、县人民政府城乡规划主管部门核发乡村建设规划许可证。

在乡、村庄规划区内使用原有宅基地进行农村村民住宅建设的规划管理办法,由省、自治区、直辖市制定。

在乡、村庄规划区内进行乡镇企业、乡村公共设施和公益事业建设以及农村村民住宅建设,不得占用农用地;确需占用农用地的,应当依照《中华人民共和国土地管理法》有关规定办理农用地转用审批手续后,由城市、县人民政府城乡规划主管部门核发乡村建设规划许可证。

建设单位或者个人在取得乡村建设规划许可证后,方可办理用地审批手续。

第四十二条 【不得超出范围作出规划许可】城乡规划主管部门不得在城乡规划确定的建设用地范围以外作出规划许可。

第四十三条 【建设单位按照规划条件建设】建设单位应当按照规划条件进行建设;确需变更的,必须向城市、县人民政府城乡规划主管部门提出申请。变更内容不符合控制性详细规划的,城乡规划主管部门不得批准。城市、县人民政府城乡规划主管部门应当及时将依法变更后的规划条件通报同级土地主管部门并公示。

建设单位应当及时将依法变更后的规划条件报有关人民政府土地主管部门备案。

第四十四条 【临时建设】在城市、镇规划区内进行临时建设的,应当经城市、县人民政府城乡规划主管部门批准。临时建设影响近期建设规划或者控制性详细规划的实施以及交通、市容、安全等的,不得批准。

临时建设应当在批准的使用期限内自行拆除。

临时建设和临时用地规划管理的具体办法,由省、自治区、直辖市人民政府制定。

第四十五条 【城乡规划主管部门核实符合规划条件情况】县级以上地方人民政府城乡规划主管部门按照国务院规定对建设工程是否符合规划条件予以核实。未经核实或者经核实不符合规划条件的,建设单位不得组织竣工验收。

建设单位应当在竣工验收后六个月内向城乡规划主管部门报送有关竣工验收资料。

第四章 城乡规划的修改

第四十六条 【规划实施情况评估】省域城镇体系规划、城市总体规划、镇总体规划的组织编制机关,应当组织有关部门和专家定期对规划实施情况进行评估,并采取论证会、听证会或者其他方式征求公众意见。组织编制机关应当向本级人民代表大会常务委员会、镇人民代表大会和原审批机关提出评估报告并附具征求意见的情况。

第四十七条 【规划修改条件和程序】有下列情形之一的,组织编制机关方可按照规定的权限和程序修改省域城镇体系规划、城市总体规划、镇总体规划:

(一)上级人民政府制定的城乡规划发生变

更，提出修改规划要求的；

（二）行政区划调整确需修改规划的；

（三）因国务院批准重大建设工程确需修改规划的；

（四）经评估确需修改规划的；

（五）城乡规划的审批机关认为应当修改规划的其他情形。

修改省域城镇体系规划、城市总体规划、镇总体规划前，组织编制机关应当对原规划的实施情况进行总结，并向原审批机关报告；修改涉及城市总体规划、镇总体规划强制性内容的，应当先向原审批机关提出专题报告，经同意后，方可编制修改方案。

修改后的省域城镇体系规划、城市总体规划、镇总体规划，应当依照本法第十三条、第十四条、第十五条和第十六条规定的审批程序报批。

第四十八条 【修改程序性规划以及乡规划、村庄规划】修改控制性详细规划的，组织编制机关应当对修改的必要性进行论证，征求规划地段内利害关系人的意见，并向原审批机关提出专题报告，经原审批机关同意后，方可编制修改方案。修改后的控制性详细规划，应当依照本法第十九条、第二十条规定的审批程序报批。控制性详细规划修改涉及城市总体规划、镇总体规划的强制性内容的，应当先修改总体规划。

修改乡规划、村庄规划的，应当依照本法第二十二条规定的审批程序报批。

第四十九条 【修改近期建设规划报送备案】城市、县、镇人民政府修改近期建设规划的，应当将修改后的近期建设规划报总体规划审批机关备案。

第五十条 【修改规划或总平面图造成损失补偿】在选址意见书、建设用地规划许可证、建设工程规划许可证或者乡村建设规划许可证发放后，因依法修改城乡规划给被许可人合法权益造成损失的，应当依法给予补偿。

经依法审定的修建性详细规划、建设工程设计方案的总平面图不得随意修改；确需修改的，城乡规划主管部门应当采取听证会等形式，听取利害关系人的意见；因修改给利害关系人合法权益造成损失的，应当依法给予补偿。

第五章 监督检查

第五十一条 【政府及城乡规划主管部门加强监督检查】县级以上人民政府及其城乡规划主管部门应当加强对城乡规划编制、审批、实施、修改的监督检查。

第五十二条 【政府向人大报告城乡规划实施情况】地方各级人民政府应当向本级人民代表大会常务委员会或者乡、镇人民代表大会报告城乡规划的实施情况，并接受监督。

第五十三条 【城乡规划主管部门检查职权和行为规范】县级以上人民政府城乡规划主管部门对城乡规划的实施情况进行监督检查，有权采取以下措施：

（一）要求有关单位和人员提供与监督事项有关的文件、资料，并进行复制；

（二）要求有关单位和人员就监督事项涉及的问题作出解释和说明，并根据需要进入现场进行勘测；

（三）责令有关单位和人员停止违反有关城乡规划的法律、法规的行为。

城乡规划主管部门的工作人员履行前款规定的监督检查职责，应当出示执法证件。被监督检查的单位和人员应当予以配合，不得妨碍和阻挠依法进行的监督检查活动。

第五十四条 【公开监督检查情况和处理结果】监督检查情况和处理结果应当依法公开，供公众查阅和监督。

第五十五条 【城乡规划主管部门提出处分建议】城乡规划主管部门在查处违反本法规定的行为时，发现国家机关工作人员依法应当给予行政处分的，应当向其任免机关或者监察机关提出处分建议。

第五十六条 【上级城乡规划主管部门的建议处罚权】依照本法规定应当给予行政处罚，而有关城乡规划主管部门不给予行政处罚的，上级人民政府城乡规划主管部门有权责令其作出行政处罚决定或者建议有关人民政府责令其给予行政处罚。

第五十七条 【上级城乡规划主管部门责令撤销许可、赔偿损失权】城乡规划主管部门违反本法规定作出行政许可的，上级人民政府城乡规划主管部门有权责令其撤销或者直接撤销该行政许可。因撤销行政许可给当事人合法权益造成损失的，应当依法给予赔偿。

第六章 法律责任

第五十八条 【编制、审批、修改城乡规划玩忽

职守的法律责任】对依法应当编制城乡规划而未组织编制,或者未按法定程序编制、审批、修改城乡规划的,由上级人民政府责令改正,通报批评;对有关人民政府负责人和其他直接责任人员依法给予处分。

第五十九条 【委托不合格单位编制城乡规划的法律责任】城乡规划组织编制机关委托不具有相应资质等级的单位编制城乡规划的,由上级人民政府责令改正,通报批评;对有关人民政府负责人和其他直接责任人员依法给予处分。

第六十条 【城乡规划主管部门违法行为的法律责任】镇人民政府或者县级以上人民政府城乡规划主管部门有下列行为之一的,由本级人民政府、上级人民政府城乡规划主管部门或者监察机关依据职权责令改正,通报批评;对直接负责的主管人员和其他直接责任人员依法给予处分:

(一)未依法组织编制城市的控制性详细规划、县人民政府所在地镇的控制性详细规划的;

(二)超越职权或者对不符合法定条件的申请人核发选址意见书、建设用地规划许可证、建设工程规划许可证、乡村建设规划许可证的;

(三)对符合法定条件的申请人未在法定期限内核发选址意见书、建设用地规划许可证、建设工程规划许可证、乡村建设规划许可证的;

(四)未依法对经审定的修建性详细规划、建设工程设计方案的总平面图予以公布的;

(五)同意修改修建性详细规划、建设工程设计方案的总平面图前未采取听证会等形式听取利害关系人的意见的;

(六)发现未依法取得规划许可或者违反规划许可的规定在规划区内进行建设的行为,而不予查处或者接到举报后不依法处理的。

第六十一条 【县级以上人民政府有关部门的法律责任】县级以上人民政府有关部门有下列行为之一的,由本级人民政府或者上级人民政府有关部门责令改正,通报批评;对直接负责的主管人员和其他直接责任人员依法给予处分:

(一)对未依法取得选址意见书的建设项目核发建设项目批准文件的;

(二)未依法在国有土地使用权出让合同中确定规划条件或者改变国有土地使用权出让合同中依法确定的规划条件的;

(三)对未依法取得建设用地规划许可证的建设单位划拨国有土地使用权的。

第六十二条 【城乡规划编制单位违法的法律责任】城乡规划编制单位有下列行为之一的,由所在地城市、县人民政府城乡规划主管部门责令限期改正,处合同约定的规划编制费一倍以上二倍以下的罚款;情节严重的,责令停业整顿,由原发证机关降低资质等级或者吊销资质证书;造成损失的,依法承担赔偿责任:

(一)超越资质等级许可的范围承揽城乡规划编制工作的;

(二)违反国家有关标准编制城乡规划的。

未依法取得资质证书承揽城乡规划编制工作的,由县级以上地方人民政府城乡规划主管部门责令停止违法行为,依照前款规定处以罚款;造成损失的,依法承担赔偿责任。

以欺骗手段取得资质证书承揽城乡规划编制工作的,由原发证机关吊销资质证书,依照本条第一款规定处以罚款;造成损失的,依法承担赔偿责任。

第六十三条 【城乡规划编制单位不符合资质的处理】城乡规划编制单位取得资质证书后,不再符合相应的资质条件的,由原发证机关责令限期改正;逾期不改正的,降低资质等级或者吊销资质证书。

第六十四条 【违规建设的法律责任】未取得建设工程规划许可证或者未按照建设工程规划许可证的规定进行建设的,由县级以上地方人民政府城乡规划主管部门责令停止建设;尚可采取改正措施消除对规划实施的影响的,限期改正,处建设工程造价百分之五以上百分之十以下的罚款;无法采取改正措施消除影响的,限期拆除,不能拆除的,没收实物或者违法收入,可以并处建设工程造价百分之十以下的罚款。

第六十五条 【违规进行乡村建设的法律责任】在乡、村庄规划区内未依法取得乡村建设规划许可证或者未按照乡村建设规划许可证的规定进行建设的,由乡、镇人民政府责令停止建设、限期改正;逾期不改正的,可以拆除。

第六十六条 【违规进行临时建设的法律责任】建设单位或者个人有下列行为之一的,由所在地城市、县人民政府城乡规划主管部门责令限期拆除,可以并处临时建设工程造价一倍以下的罚款:

(一)未经批准进行临时建设的;

(二)未按照批准内容进行临时建设的;

(三)临时建筑物、构筑物超过批准期限不拆除的。

第六十七条 【建设单位竣工未报送验收材料的法律责任】建设单位未在建设工程竣工验收后六个月内向城乡规划主管部门报送有关竣工验收资料的，由所在地城市、县人民政府城乡规划主管部门责令限期补报；逾期不补报的，处一万元以上五万元以下的罚款。

第六十八条 【查封施工现场、强制拆除措施】城乡规划主管部门作出责令停止建设或者限期拆除的决定后，当事人不停止建设或者逾期不拆除的，建设工程所在地县级以上地方人民政府可以责成有关部门采取查封施工现场、强制拆除等措施。

第六十九条 【刑事责任】违反本法规定，构成犯罪的，依法追究刑事责任。

第七章 附 则

第七十条 【实施日期】本法自2008年1月1日起施行。《中华人民共和国城市规划法》同时废止。

中华人民共和国城市房地产管理法

（1994年7月5日第八届全国人民代表大会常务委员会第八次会议通过 根据2007年8月30日第十届全国人民代表大会常务委员会第二十九次会议《关于修改〈中华人民共和国城市房地产管理法〉的决定》第一次修正 根据2009年8月27日第十一届全国人民代表大会常务委员会第十次会议《关于修改部分法律的决定》第二次修正 根据2019年8月26日第十三届全国人民代表大会常务委员会第十二次会议《关于修改〈中华人民共和国土地管理法〉、〈中华人民共和国城市房地产管理法〉的决定》第三次修正）

目 录

第一章 总 则
第二章 房地产开发用地
　第一节 土地使用权出让
　第二节 土地使用权划拨
第三章 房地产开发
第四章 房地产交易
　第一节 一般规定
　第二节 房地产转让
　第三节 房地产抵押
　第四节 房屋租赁
　第五节 中介服务机构
第五章 房地产权属登记管理
第六章 法律责任
第七章 附 则

第一章 总 则

第一条 【立法宗旨】为了加强对城市房地产的管理，维护房地产市场秩序，保障房地产权利人的合法权益，促进房地产业的健康发展，制定本法。

第二条 【适用范围】在中华人民共和国城市规划区国有土地（以下简称国有土地）范围内取得房地产开发用地的土地使用权，从事房地产开发、房地产交易，实施房地产管理，应当遵守本法。

本法所称房屋，是指土地上的房屋等建筑物及构筑物。

本法所称房地产开发，是指在依据本法取得国有土地使用权的土地上进行基础设施、房屋建设的行为。

本法所称房地产交易，包括房地产转让、房地产抵押和房屋租赁。

第三条 【国有土地有偿、有限期使用制度】国家依法实行国有土地有偿、有限期使用制度。但是，国家在本法规定的范围内划拨国有土地使用权的除外。

第四条 【国家扶持居民住宅建设】国家根据社会、经济发展水平，扶持发展居民住宅建设，逐步改善居民的居住条件。

第五条 【房地产权利人的义务和权益】房地产权利人应当遵守法律和行政法规，依法纳税。房地产权利人的合法权益受法律保护，任何单位和个人不得侵犯。

第六条 【房屋征收】为了公共利益的需要，国家可以征收国有土地上单位和个人的房屋，并依法给予拆迁补偿，维护被征收人的合法权益；征收个人住宅的，还应当保障被征收人的居住条件。具体办法由国务院规定。

第七条 【房地产管理机构设置】国务院建设

行政主管部门、土地管理部门依照国务院规定的职权划分,各司其职,密切配合,管理全国房地产工作。

县级以上地方人民政府房产管理、土地管理部门的机构设置及其职权由省、自治区、直辖市人民政府确定。

第二章 房地产开发用地

第一节 土地使用权出让

第八条 【土地使用权出让的定义】土地使用权出让,是指国家将国有土地使用权(以下简称土地使用权)在一定年限内出让给土地使用者,由土地使用者向国家支付土地使用权出让金的行为。

第九条 【集体所有土地征收与出让】城市规划区内的集体所有的土地,经依法征收转为国有土地后,该幅国有土地的使用权方可有偿出让,但法律另有规定的除外。

第十条 【土地使用权出让宏观管理】土地使用权出让,必须符合土地利用总体规划、城市规划和年度建设用地计划。

第十一条 【年度出让土地使用权总量控制】县级以上地方人民政府出让土地使用权用于房地产开发的,须根据省级以上人民政府下达的控制指标拟订年度出让土地使用权总面积方案,按照国务院规定,报国务院或者省级人民政府批准。

第十二条 【土地使用权出让主体】土地使用权出让,由市、县人民政府有计划、有步骤地进行。出让的每幅地块、用途、年限和其他条件,由市、县人民政府土地管理部门会同城市规划、建设、房产管理部门共同拟定方案,按照国务院规定,报经有批准权的人民政府批准后,由市、县人民政府土地管理部门实施。

直辖市的县人民政府及其有关部门行使前款规定的权限,由直辖市人民政府规定。

第十三条 【土地使用权出让方式】土地使用权出让,可以采取拍卖、招标或者双方协议的方式。

商业、旅游、娱乐和豪华住宅用地,有条件的,必须采取拍卖、招标方式;没有条件,不能采取拍卖、招标方式的,可以采取双方协议的方式。

采取双方协议方式出让土地使用权的出让金不得低于按国家规定所确定的最低价。

第十四条 【土地使用权出让最高年限】土地使用权出让最高年限由国务院规定。

第十五条 【土地使用权出让合同】土地使用权出让,应当签订书面出让合同。

土地使用权出让合同由市、县人民政府土地管理部门与土地使用者签订。

第十六条 【支付出让金】土地使用者必须按照出让合同约定,支付土地使用权出让金;未按照出让合同约定支付土地使用权出让金的,土地管理部门有权解除合同,并可以请求违约赔偿。

第十七条 【提供出让土地】土地使用者按照出让合同约定支付土地使用权出让金的,市、县人民政府土地管理部门必须按照出让合同约定,提供出让的土地;未按照出让合同约定提供出让的土地的,土地使用者有权解除合同,由土地管理部门返还土地使用权出让金,土地使用者并可以请求违约赔偿。

第十八条 【土地用途的变更】土地使用者需要改变土地使用权出让合同约定的土地用途的,必须取得出让方和市、县人民政府城市规划行政主管部门的同意,签订土地使用权出让合同变更协议或者重新签订土地使用权出让合同,相应调整土地使用权出让金。

第十九条 【土地使用权出让金的管理】土地使用权出让金应当全部上缴财政,列入预算,用于城市基础设施建设和土地开发。土地使用权出让金上缴和使用的具体办法由国务院规定。

第二十条 【出让土地使用权的提前收回】国家对土地使用者依法取得的土地使用权,在出让合同约定的使用年限届满前不收回;在特殊情况下,根据社会公共利益的需要,可以依照法律程序提前收回,并根据土地使用者使用土地的实际年限和开发土地的实际情况给予相应的补偿。

第二十一条 【土地使用权终止】土地使用权因土地灭失而终止。

第二十二条 【土地使用权出让年限届满】土地使用权出让合同约定的使用年限届满,土地使用者需要继续使用土地的,应当至迟于届满前一年申请续期,除根据社会公共利益需要收回该幅土地的,应当予以批准。经批准准予续期的,应当重新签订土地使用权出让合同,依照规定支付土地使用权出让金。

土地使用权出让合同约定的使用年限届满,土地使用者未申请续期或者虽申请续期但依照前款规定未获批准的,土地使用权由国家无偿收回。

第二节 土地使用权划拨

第二十三条 【土地使用权划拨的定义】土地使用权划拨,是指县级以上人民政府依法批准,在土地使用者缴纳补偿、安置等费用后将该幅土地交付其使用,或者将土地使用权无偿交付给土地使用者使用的行为。

依照本法规定以划拨方式取得土地使用权的,除法律、行政法规另有规定外,没有使用期限的限制。

第二十四条 【土地使用权划拨范围】下列建设用地的土地使用权,确属必需的,可以由县级以上人民政府依法批准划拨:

(一)国家机关用地和军事用地;

(二)城市基础设施用地和公益事业用地;

(三)国家重点扶持的能源、交通、水利等项目用地;

(四)法律、行政法规规定的其他用地。

第三章 房地产开发

第二十五条 【房地产开发基本原则】房地产开发必须严格执行城市规划,按照经济效益、社会效益、环境效益相统一的原则,实行全面规划、合理布局、综合开发、配套建设。

第二十六条 【开发土地期限】以出让方式取得土地使用权进行房地产开发的,必须按照土地使用权出让合同约定的土地用途、动工开发期限开发土地。超过出让合同约定的动工开发日期满一年未动工开发的,可以征收相当于土地使用权出让金百分之二十以下的土地闲置费;满二年未动工开发的,可以无偿收回土地使用权;但是,因不可抗力或者政府、政府有关部门的行为或者动工开发必需的前期工作造成动工开发迟延的除外。

第二十七条 【房地产开发项目设计、施工和竣工】房地产开发项目的设计、施工,必须符合国家的有关标准和规范。

房地产开发项目竣工,经验收合格后,方可交付使用。

第二十八条 【土地使用权作价】依法取得的土地使用权,可以依照本法和有关法律、行政法规的规定,作价入股,合资、合作开发经营房地产。

第二十九条 【开发居民住宅的鼓励和扶持】国家采取税收等方面的优惠措施鼓励和扶持房地产开发企业开发建设居民住宅。

第三十条 【房地产开发企业的设立】房地产开发企业是以营利为目的,从事房地产开发和经营的企业。设立房地产开发企业,应当具备下列条件:

(一)有自己的名称和组织机构;

(二)有固定的经营场所;

(三)有符合国务院规定的注册资本;

(四)有足够的专业技术人员;

(五)法律、行政法规规定的其他条件。

设立房地产开发企业,应当向工商行政管理部门申请设立登记。工商行政管理部门对符合本法规定条件的,应当予以登记,发给营业执照;对不符合本法规定条件的,不予登记。

设立有限责任公司、股份有限公司,从事房地产开发经营的,还应当执行公司法的有关规定。

房地产开发企业在领取营业执照后的一个月内,应当到登记机关所在地的县级以上地方人民政府规定的部门备案。

第三十一条 【房地产开发企业注册资本与投资总额的比例】房地产开发企业的注册资本与投资总额的比例应当符合国家有关规定。

房地产开发企业分期开发房地产的,分期投资额应当与项目规模相适应,并按照土地使用权出让合同的约定,按期投入资金,用于项目建设。

第四章 房地产交易

第一节 一般规定

第三十二条 【房地产权利主体一致原则】房地产转让、抵押时,房屋的所有权和该房屋占用范围内的土地使用权同时转让、抵押。

第三十三条 【房地产价格管理】基准地价、标定地价和各类房屋的重置价格应当定期确定并公布。具体办法由国务院规定。

第三十四条 【房地产价格评估】国家实行房地产价格评估制度。

房地产价格评估,应当遵循公正、公平、公开的原则,按照国家规定的技术标准和评估程序,以基准地价、标定地价和各类房屋的重置价格为基础，参照当地的市场价格进行评估。

第三十五条 【房地产成交价格申报】国家实行房地产成交价格申报制度。

房地产权利人转让房地产，应当向县级以上地方人民政府规定的部门如实申报成交价，不得瞒报或者作不实的申报。

第三十六条 【房地产权属登记】房地产转让、抵押，当事人应当依照本法第五章的规定办理权属登记。

第二节　房地产转让

第三十七条 【房地产转让的定义】房地产转让，是指房地产权利人通过买卖、赠与或者其他合法方式将其房地产转移给他人的行为。

第三十八条 【房地产不得转让的情形】下列房地产，不得转让：

（一）以出让方式取得土地使用权的，不符合本法第三十九条规定的条件的；

（二）司法机关和行政机关依法裁定、决定查封或者以其他形式限制房地产权利的；

（三）依法收回土地使用权的；

（四）共有房地产，未经其他共有人书面同意的；

（五）权属有争议的；

（六）未依法登记领取权属证书的；

（七）法律、行政法规规定禁止转让的其他情形。

第三十九条 【以出让方式取得土地使用权的房地产转让】以出让方式取得土地使用权的，转让房地产时，应当符合下列条件：

（一）按照出让合同约定已经支付全部土地使用权出让金，并取得土地使用权证书；

（二）按照出让合同约定进行投资开发，属于房屋建设工程的，完成开发投资总额的百分之二十五以上，属于成片开发土地的，形成工业用地或者其他建设用地条件。

转让房地产时房屋已经建成的，还应当持有房屋所有权证书。

第四十条 【以划拨方式取得土地使用权的房地产转让】以划拨方式取得土地使用权的，转让房地产时，应当按照国务院规定，报有批准权的人民政府审批。有批准权的人民政府准予转让的，应当由受让方办理土地使用权出让手续，并依照国家有关规定缴纳土地使用权出让金。

以划拨方式取得土地使用权的，转让房地产报批时，有批准权的人民政府按照国务院规定决定可以不办理土地使用权出让手续的，转让方应当按照国务院规定将转让房地产所获收益中的土地收益上缴国家或者作其他处理。

第四十一条 【房地产转让合同】房地产转让，应当签订书面转让合同，合同中应当载明土地使用权取得的方式。

第四十二条 【房地产转让合同与土地使用权出让合同的关系】房地产转让时，土地使用权出让合同载明的权利、义务随之转移。

第四十三条 【房地产转让后土地使用权的使用年限】以出让方式取得土地使用权的，转让房地产后，其土地使用权的使用年限为原土地使用权出让合同约定的使用年限减去原土地使用者已经使用年限后的剩余年限。

第四十四条 【房地产转让后土地用途变更】以出让方式取得土地使用权的，转让房地产后，受让人改变原土地使用权出让合同约定的土地用途的，必须取得原出让方和市、县人民政府城市规划行政主管部门的同意，签订土地使用权出让合同变更协议或者重新签订土地使用权出让合同，相应调整土地使用权出让金。

第四十五条 【商品房预售的条件】商品房预售，应当符合下列条件：

（一）已交付全部土地使用权出让金，取得土地使用权证书；

（二）持有建设工程规划许可证；

（三）按提供预售的商品房计算，投入开发建设的资金达到工程建设总投资的百分之二十五以上，并已经确定施工进度和竣工交付日期；

（四）向县级以上人民政府房产管理部门办理预售登记，取得商品房预售许可证明。

商品房预售人应当按照国家有关规定将预售合同报县级以上人民政府房产管理部门和土地管理部门登记备案。

商品房预售所得款项，必须用于有关的工程建设。

第四十六条 【商品房预售后的再行转让】商品房预售的，商品房预购人将购买的未竣工的预售商品房再行转让的问题，由国务院规定。

第三节 房地产抵押

第四十七条 【房地产抵押的定义】房地产抵押,是指抵押人以其合法的房地产以不转移占有的方式向抵押权人提供债务履行担保的行为。债务人不履行债务时,抵押权人有权依法以抵押的房地产拍卖所得的价款优先受偿。

第四十八条 【房地产抵押物的范围】依法取得的房屋所有权连同该房屋占用范围内的土地使用权,可以设定抵押权。

以出让方式取得的土地使用权,可以设定抵押权。

第四十九条 【抵押办理凭证】房地产抵押,应当凭土地使用权证书、房屋所有权证书办理。

第五十条 【房地产抵押合同】房地产抵押,抵押人和抵押权人应当签订书面抵押合同。

第五十一条 【以划拨土地使用权设定的房地产抵押权的实现】设定房地产抵押权的土地使用权是以划拨方式取得的,依法拍卖该房地产后,应当从拍卖所得的价款中缴纳相当于应缴纳的土地使用权出让金的款额后,抵押权人方可优先受偿。

第五十二条 【房地产抵押后土地上的新增房屋问题】房地产抵押合同签订后,土地上新增的房屋不属于抵押财产。需要拍卖该抵押的房地产时,可以依法将土地上新增的房屋与抵押财产一同拍卖,但对拍卖新增房屋所得,抵押权人无权优先受偿。

第四节 房屋租赁

第五十三条 【房屋租赁的定义】房屋租赁,是指房屋所有权人作为出租人将其房屋出租给承租人使用,由承租人向出租人支付租金的行为。

第五十四条 【房屋租赁合同的签订】房屋租赁,出租人和承租人应当签订书面租赁合同,约定租赁期限、租赁用途、租赁价格、修缮责任等条款,以及双方的其他权利和义务,并向房产管理部门登记备案。

第五十五条 【住宅用房和非住宅用房的租赁】住宅用房的租赁,应当执行国家和房屋所在城市人民政府规定的租赁政策。租用房屋从事生产、经营活动的,由租赁双方协商议定租金和其他租赁条款。

第五十六条 【以划拨方式取得的国有土地上的房屋出租的特别规定】以营利为目的,房屋所有权人将以划拨方式取得使用权的国有土地上建成的房屋出租的,应当将租金中所含土地收益上缴国家。具体办法由国务院规定。

第五节 中介服务机构

第五十七条 【房地产中介服务机构】房地产中介服务机构包括房地产咨询机构、房地产价格评估机构、房地产经纪机构等。

第五十八条 【房地产中介服务机构的设立】房地产中介服务机构应当具备下列条件:

(一)有自己的名称和组织机构;

(二)有固定的服务场所;

(三)有必要的财产和经费;

(四)有足够数量的专业人员;

(五)法律、行政法规规定的其他条件。

设立房地产中介服务机构,应当向工商行政管理部门申请设立登记,领取营业执照后,方可开业。

第五十九条 【房地产估价人员资格认证】国家实行房地产价格评估人员资格认证制度。

第五章 房地产权属登记管理

第六十条 【房地产登记发证制度】国家实行土地使用权和房屋所有权登记发证制度。

第六十一条 【房地产权属登记】以出让或者划拨方式取得土地使用权,应当向县级以上地方人民政府土地管理部门申请登记,经县级以上地方人民政府土地管理部门核实,由同级人民政府颁发土地使用权证书。

在依法取得的房地产开发用地上建成房屋的,应当凭土地使用权证书向县级以上地方人民政府房产管理部门申请登记,由县级以上地方人民政府房产管理部门核实并颁发房屋所有权证书。

房地产转让或者变更时,应当向县级以上地方人民政府房产管理部门申请房产变更登记,并凭变更后的房屋所有权证书向同级人民政府土地管理部门申请土地使用权变更登记,经同级人民政府土地管理部门核实,由同级人民政府更换或者更改土地使用权证书。

法律另有规定的,依照有关法律的规定办理。

第六十二条 【房地产抵押登记】房地产抵押时,应当向县级以上地方人民政府规定的部门办理抵押登记。

因处分抵押房地产而取得土地使用权和房屋所有权的，应当依照本章规定办理过户登记。

第六十三条 【房地产权属证书】经省、自治区、直辖市人民政府确定，县级以上地方人民政府由一个部门统一负责房产管理和土地管理工作的，可以制作、颁发统一的房地产权证书，依照本法第六十一条的规定，将房屋的所有权和该房屋占用范围内的土地使用权的确认和变更，分别载入房地产权证书。

第六章 法律责任

第六十四条 【擅自出让或擅自批准出让土地使用权用于房地产开发的法律责任】违反本法第十一条、第十二条的规定，擅自批准出让或者擅自出让土地使用权用于房地产开发的，由上级机关或者所在单位给予有关责任人员行政处分。

第六十五条 【擅自从事房地产开发的法律责任】违反本法第三十条的规定，未取得营业执照擅自从事房地产开发业务的，由县级以上人民政府工商行政管理部门责令停止房地产开发业务活动，没收违法所得，可以并处罚款。

第六十六条 【非法转让土地使用权的法律责任】违反本法第三十九条第一款的规定转让土地使用权的，由县级以上人民政府土地管理部门没收违法所得，可以并处罚款。

第六十七条 【非法转让划拨土地使用权的房地产的法律责任】违反本法第四十条第一款的规定转让房地产的，由县级以上人民政府土地管理部门责令缴纳土地使用权出让金，没收违法所得，可以并处罚款。

第六十八条 【非法预售商品房的法律责任】违反本法第四十五条第一款的规定预售商品房的，由县级以上人民政府房产管理部门责令停止预售活动，没收违法所得，可以并处罚款。

第六十九条 【擅自从事房地产中介服务业务的法律责任】违反本法第五十八条的规定，未取得营业执照擅自从事房地产中介服务业务的，由县级以上人民政府工商行政管理部门责令停止房地产中介服务业务活动，没收违法所得，可以并处罚款。

第七十条 【向房地产开发企业非法收费的法律责任】没有法律、法规的依据，向房地产开发企业收费的，上级机关应当责令退回所收取的钱款；情节严重的，由上级机关或者所在单位给予直接责任人员行政处分。

第七十一条 【管理部门工作人员玩忽职守、滥用职权、索贿、受贿的法律责任】房产管理部门、土地管理部门工作人员玩忽职守、滥用职权，构成犯罪的，依法追究刑事责任；不构成犯罪的，给予行政处分。

房产管理部门、土地管理部门工作人员利用职务上的便利，索取他人财物，或者非法收受他人财物为他人谋取利益，构成犯罪的，依法追究刑事责任；不构成犯罪的，给予行政处分。

第七章 附则

第七十二条 【参照本法适用的情形】在城市规划区外的国有土地范围内取得房地产开发用地的土地使用权，从事房地产开发、交易活动以及实施房地产管理，参照本法执行。

第七十三条 【施行时间】本法自1995年1月1日起施行。

城市房地产开发经营管理条例

（1998年7月20日中华人民共和国国务院令第248号发布　根据2011年1月8日《国务院关于废止和修改部分行政法规的决定》第一次修订　根据2018年3月19日《国务院关于修改和废止部分行政法规的决定》第二次修订　根据2019年3月24日《国务院关于修改部分行政法规的决定》第三次修订　根据2020年3月27日《国务院关于修改和废止部分行政法规的决定》第四次修订　根据2020年11月29日《国务院关于修改和废止部分行政法规的决定》第五次修订）

第一章 总则

第一条 为了规范房地产开发经营行为，加强对城市房地产开发经营活动的监督管理，促进和保障房地产业的健康发展，根据《中华人民共和国城市房地产管理法》的有关规定，制定本条例。

第二条 本条例所称房地产开发经营，是指房地产开发企业在城市规划区内国有土地上进行基础设施建设、房屋建设，并转让房地产开发项目或者销售、出租商品房的行为。

第三条 房地产开发经营应当按照经济效益、社会效益、环境效益相统一的原则，实行全面规划、合理布局、综合开发、配套建设。

第四条 国务院建设行政主管部门负责全国房地产开发经营活动的监督管理工作。

县级以上地方人民政府房地产开发主管部门负责本行政区域内房地产开发经营活动的监督管理工作。

县级以上人民政府负责土地管理工作的部门依照有关法律、行政法规的规定，负责与房地产开发经营有关的土地管理工作。

第二章 房地产开发企业

第五条 设立房地产开发企业，除应当符合有关法律、行政法规规定的企业设立条件外，还应当具备下列条件：

（一）有100万元以上的注册资本；

（二）有4名以上持有资格证书的房地产专业、建筑工程专业的专职技术人员，2名以上持有资格证书的专职会计人员。

省、自治区、直辖市人民政府可以根据本地方的实际情况，对设立房地产开发企业的注册资本和专业技术人员的条件作出高于前款的规定。

第六条 外商投资设立房地产开发企业的，除应当符合本条例第五条的规定外，还应当符合外商投资法律、行政法规的规定。

第七条 设立房地产开发企业，应当向县级以上人民政府工商行政管理部门申请登记。工商行政管理部门对符合本条例第五条规定条件的，应当自收到申请之日起30日内予以登记；对不符合条件不予登记的，应当说明理由。

工商行政管理部门在对设立房地产开发企业申请登记进行审查时，应当听取同级房地产开发主管部门的意见。

第八条 房地产开发企业应当自领取营业执照之日起30日内，提交下列纸质或者电子材料，向登记机关所在地的房地产开发主管部门备案：

（一）营业执照复印件；

（二）企业章程；

（三）专业技术人员的资格证书和聘用合同。

第九条 房地产开发主管部门应当根据房地产开发企业的资产、专业技术人员和开发经营业绩等，对备案的房地产开发企业核定资质等级。房地产开发企业应当按照核定的资质等级，承担相应的房地产开发项目。具体办法由国务院建设行政主管部门制定。

第三章 房地产开发建设

第十条 确定房地产开发项目，应当符合土地利用总体规划、年度建设用地计划和城市规划、房地产开发年度计划的要求；按照国家有关规定需要经计划主管部门批准的，还应当报计划主管部门批准，并纳入年度固定资产投资计划。

第十一条 确定房地产开发项目，应当坚持旧区改建和新区建设相结合的原则，注重开发基础设施薄弱、交通拥挤、环境污染严重以及危旧房屋集中的区域，保护和改善城市生态环境，保护历史文化遗产。

第十二条 房地产开发用地应当以出让方式取得；但是，法律和国务院规定可以采用划拨方式的除外。

土地使用权出让或者划拨前，县级以上地方人民政府城市规划行政主管部门和房地产开发主管部门应当对下列事项提出书面意见，作为土地使用权出让或者划拨的依据之一：

（一）房地产开发项目的性质、规模和开发期限；

（二）城市规划设计条件；

（三）基础设施和公共设施的建设要求；

（四）基础设施建成后的产权界定；

（五）项目拆迁补偿、安置要求。

第十三条 房地产开发项目应当建立资本金制度，资本金占项目总投资的比例不得低于20%。

第十四条 房地产开发项目的开发建设应当统筹安排配套基础设施，并根据先地下、后地上的原则实施。

第十五条 房地产开发企业应当按照土地使用权出让合同约定的土地用途、动工开发期限进行项目开发建设。出让合同约定的动工开发期限满1年未动工开发的，可以征收相当于土地使用权出让金20%以下的土地闲置费;满2年未动工开发的,可以无偿收回土地使用权。但是,因不可抗力或者政府、政府有关部门的行为或者动工开发必需的前期工作造成动工迟延的除外。

第十六条 房地产开发企业开发建设的房地产项目,应当符合有关法律、法规的规定和建筑工程质量、安全标准、建筑工程勘察、设计、施工的技术规范以及合同的约定。

房地产开发企业应当对其开发建设的房地产开发项目的质量承担责任。

勘察、设计、施工、监理等单位应当依照有关法律、法规的规定或者合同的约定,承担相应的责任。

第十七条 房地产开发项目竣工,依照《建设工程质量管理条例》的规定验收合格后,方可交付使用。

第十八条 房地产开发企业应当将房地产开发项目建设过程中的主要事项记录在房地产开发项目手册中,并定期送房地产开发主管部门备案。

第四章 房地产经营

第十九条 转让房地产开发项目,应当符合《中华人民共和国城市房地产管理法》第三十九条、第四十条规定的条件。

第二十条 转让房地产开发项目,转让人和受让人应当自土地使用权变更登记手续办理完毕之日起30日内,持房地产开发项目转让合同到房地产开发主管部门备案。

第二十一条 房地产开发企业转让房地产开发项目时,尚未完成拆迁补偿安置的,原拆迁补偿安置合同中有关的权利、义务随之转移给受让人。项目转让人应当书面通知被拆迁人。

第二十二条 房地产开发企业预售商品房,应当符合下列条件:

(一) 已交付全部土地使用权出让金,取得土地使用权证书;

(二) 持有建设工程规划许可证和施工许可证;

(三) 按提供的预售商品房计算,投入开发建设的资金达到工程建设总投资的25%以上,并已确定施工进度和竣工交付日期;

(四) 已办理预售登记,取得商品房预售许可证明。

第二十三条 房地产开发企业申请办理商品房预售登记,应当提交下列文件:

(一) 本条例第二十二条第(一)项至第(三)项规定的证明材料;

(二) 营业执照和资质等级证书;

(三) 工程施工合同;

(四) 预售商品房分层平面图;

(五) 商品房预售方案。

第二十四条 房地产开发主管部门应当自收到商品房预售申请之日起10日内,作出同意预售或者不同意预售的答复。同意预售的,应当核发商品房预售许可证明;不同意预售的,应当说明理由。

第二十五条 房地产开发企业不得进行虚假广告宣传,商品房预售广告中应当载明商品房预售许可证明的文号。

第二十六条 房地产开发企业预售商品房时,应当向预购人出示商品房预售许可证明。

房地产开发企业应当自商品房预售合同签订之日起30日内,到商品房所在地的县级以上人民政府房地产开发主管部门和负责土地管理工作的部门备案。

第二十七条 商品房销售,当事人双方应当签订书面合同。合同应当载明商品房的建筑面积和使用面积、价格、交付日期、质量要求、物业管理方式以及双方的违约责任。

第二十八条 房地产开发企业委托中介机构代理销售商品房的,应当向中介机构出具委托书。中介机构销售商品房时,应当向商品房购买人出示商品房的有关证明文件和商品房销售委托书。

第二十九条 房地产开发项目转让和商品房销售价格,由当事人协商议定;但是,享受国家优惠政策的居民住宅价格,应当实行政府指导价或者政府定价。

第三十条 房地产开发企业应当在商品房交付使用时,向购买人提供住宅质量保证书和住宅使用说明书。

住宅质量保证书应当列明工程质量监督单位核验的质量等级、保修范围、保修期和保修单位等内容。房地产开发企业应当按照住宅质量保证书的约定,承担商品房保修责任。

保修期内,因房地产开发企业对商品房进行维修,致使房屋原使用功能受到影响,给购买人造成损失的,应当依法承担赔偿责任。

第三十一条 商品房交付使用后，购买人认为主体结构质量不合格的，可以向工程质量监督单位申请重新核验。经核验，确属主体结构质量不合格的，购买人有权退房；给购买人造成损失的，房地产开发企业应当依法承担赔偿责任。

第三十二条 预售商品房的购买人应当自商品房交付使用之日起90日内，办理土地使用权变更和房屋所有权登记手续；现售商品房的购买人应当自销售合同签订之日起90日内，办理土地使用权变更和房屋所有权登记手续。房地产开发企业应当协助商品房购买人办理土地使用权变更和房屋所有权登记手续，并提供必要的证明文件。

第五章 法律责任

第三十三条 违反本条例规定，未取得营业执照，擅自从事房地产开发经营的，由县级以上人民政府工商行政管理部门责令停止房地产开发经营活动，没收违法所得，可以并处违法所得5倍以下的罚款。

第三十四条 违反本条例规定，未取得资质等级证书或者超越资质等级从事房地产开发经营的，由县级以上人民政府房地产开发主管部门责令限期改正，处5万元以上10万元以下的罚款；逾期不改正的，由工商行政管理部门吊销营业执照。

第三十五条 违反本条例规定，擅自转让房地产开发项目的，由县级以上人民政府负责土地管理工作的部门责令停止违法行为，没收违法所得，可以并处违法所得5倍以下的罚款。

第三十六条 违反本条例规定，擅自预售商品房的，由县级以上人民政府房地产开发主管部门责令停止违法行为，没收违法所得，可以并处已收取的预付款1%以下的罚款。

第三十七条 国家机关工作人员在房地产开发经营监督管理工作中玩忽职守、徇私舞弊、滥用职权，构成犯罪的，依法追究刑事责任；尚不构成犯罪的，依法给予行政处分。

第六章 附 则

第三十八条 在城市规划区外国有土地上从事房地产开发经营，实施房地产开发经营监督管理，参照本条例执行。

第三十九条 城市规划区内集体所有的土地，经依法征收转为国有土地后，方可用于房地产开发经营。

第四十条 本条例自发布之日起施行。

城市商品房预售管理办法

（1994年11月15日建设部令第40号发布 根据2001年8月15日《建设部关于修改〈城市商品房预售管理办法〉的决定》第一次修正 根据2004年7月20日《建设部关于修改〈城市商品房预售管理办法〉的决定》第二次修正）

第一条 为加强商品房预售管理，维护商品房交易双方的合法权益，根据《中华人民共和国城市房地产管理法》、《城市房地产开发经营管理条例》，制定本办法。

第二条 本办法所称商品房预售是指房地产开发企业（以下简称开发企业）将正在建设中的房屋预先出售给承购人，由承购人支付定金或房价款的行为。

第三条 本办法适用于城市商品房预售的管理。

第四条 国务院建设行政主管部门归口管理全国城市商品房预售管理；

省、自治区建设行政主管部门归口管理本行政区域内城市商品房预售管理；

市、县人民政府建设行政主管部门或房地产行政主管部门（以下简称房地产管理部门）负责本行政区域内城市商品房预售管理。

第五条 商品房预售应当符合下列条件：

（一）已交付全部土地使用权出让金，取得土地使用权证书；

（二）持有建设工程规划许可证和施工许可证；

（三）按提供预售的商品房计算，投入开发建设的资金达到工程建设总投资的25%以上，并已经确定施工进度和竣工交付日期。

第六条 商品房预售实行许可制度。开发企业进行商品房预售，应当向房地产管理部门申请预售许可，取得《商品房预售许可证》。

未取得《商品房预售许可证》的，不得进行商品房预售。

第七条 开发企业申请预售许可,应当提交下列证件(复印件)及资料:

(一)商品房预售许可申请表;

(二)开发企业的《营业执照》和资质证书;

(三)土地使用权证、建设工程规划许可证、施工许可证;

(四)投入开发建设的资金占工程建设总投资的比例符合规定条件的证明;

(五)工程施工合同及关于施工进度的说明;

(六)商品房预售方案。预售方案应当说明预售商品房的位置、面积、竣工交付日期等内容,并应当附预售商品房分层平面图。

第八条 商品房预售许可依下列程序办理:

(一)受理。开发企业按本办法第七条的规定提交有关材料,材料齐全的,房地产管理部门应当当场出具受理通知书;材料不齐的,应当当场或者5日内一次性书面告知需要补充的材料。

(二)审核。房地产管理部门对开发企业提供的有关材料是否符合法定条件进行审核。

开发企业对所提交材料实质内容的真实性负责。

(三)许可。经审查,开发企业的申请符合法定条件的,房地产管理部门应当在受理之日起10日内,依法作出准予预售的行政许可书面决定,发送开发企业,并自作出决定之日起10日内向开发企业颁发、送达《商品房预售许可证》。

经审查,开发企业的申请不符合法定条件的,房地产管理部门应当在受理之日起10日内,依法作出不予许可的书面决定。书面决定应当说明理由,告知开发企业享有依法申请行政复议或者提起行政诉讼的权利,并送达开发企业。

商品房预售许可决定书、不予商品房预售许可决定书应当加盖房地产管理部门的行政许可专用印章,《商品房预售许可证》应当加盖房地产管理部门的印章。

(四)公示。房地产管理部门作出的准予商品房预售许可的决定,应当予以公开,公众有权查阅。

第九条 开发企业进行商品房预售,应当向承购人出示《商品房预售许可证》。售楼广告和说明书应当载明《商品房预售许可证》的批准文号。

第十条 商品房预售,开发企业应当与承购人签订商品房预售合同。开发企业应当自签约之日起30日内,向房地产管理部门和市、县人民政府土地管理部门办理商品房预售合同登记备案手续。

房地产管理部门应当积极应用网络信息技术,逐步推行商品房预售合同网上登记备案。

商品房预售合同登记备案手续可以委托代理人办理。委托代理人办理的,应当有书面委托书。

第十一条 开发企业预售商品房所得款项应当用于有关的工程建设。

商品房预售款监管的具体办法,由房地产管理部门制定。

第十二条 预售的商品房交付使用之日起90日内,承购人应当依法到房地产管理部门和市、县人民政府土地管理部门办理权属登记手续。开发企业应当予以协助,并提供必要的证明文件。

由于开发企业的原因,承购人未能在房屋交付使用之日起90日内取得房屋权属证书的,除开发企业和承购人有特殊约定外,开发企业应当承担违约责任。

第十三条 开发企业未取得《商品房预售许可证》预售商品房的,依照《城市房地产开发经营管理条例》第三十九条的规定处罚。

第十四条 开发企业不按规定使用商品房预售款项的,由房地产管理部门责令限期纠正,并可处以违法所得3倍以下但不超过3万元的罚款。

第十五条 开发企业隐瞒有关情况、提供虚假材料,或者采用欺骗、贿赂等不正当手段取得商品房预售许可的,由房地产管理部门责令停止预售,撤销商品房预售许可,并处3万元罚款。

第十六条 省、自治区建设行政主管部门、直辖市建设行政主管部门或房地产行政管理部门可以根据本办法制定实施细则。

第十七条 本办法由国务院建设行政主管部门负责解释。

第十八条 本办法自1995年1月1日起施行。

商品房销售管理办法

(2001年4月4日建设部令第88号公布 自2001年6月1日起施行)

第一章 总 则

第一条 【立法宗旨】为了规范商品房销售行

为,保障商品房交易双方当事人的合法权益,根据《中华人民共和国城市房地产管理法》、《城市房地产开发经营管理条例》,制定本办法。

第二条 【适用范围】商品房销售及商品房销售管理应当遵守本办法。

第三条 【商品房销售定义】商品房销售包括商品房现售和商品房预售。

本办法所称商品房现售,是指房地产开发企业将竣工验收合格的商品房出售给买受人,并由买受人支付房价款的行为。

本办法所称商品房预售,是指房地产开发企业将正在建设中的商品房预先出售给买受人,并由买受人支付定金或者房价款的行为。

第四条 【开发企业销售方式】房地产开发企业可以自行销售商品房,也可以委托房地产中介服务机构销售商品房。

第五条 【商品房销售的主管部门】国务院建设行政主管部门负责全国商品房的销售管理工作。

省、自治区人民政府建设行政主管部门负责本行政区域内商品房的销售管理工作。

直辖市、市、县人民政府建设行政主管部门、房地产行政主管部门(以下统称房地产开发主管部门)按照职责分工,负责本行政区域内商品房的销售管理工作。

第二章 销售条件

第六条 【预售许可制】商品房预售实行预售许可制度。

商品房预售条件及商品房预售许可证明的办理程序,按照《城市房地产开发经营管理条例》和《城市商品房预售管理办法》的有关规定执行。

第七条 【商品房现售条件】商品房现售,应当符合以下条件:

(一)现售商品房的房地产开发企业应当具有企业法人营业执照和房地产开发企业资质证书;

(二)取得土地使用权证书或者使用土地的批准文件;

(三)持有建设工程规划许可证和施工许可证;

(四)已通过竣工验收;

(五)拆迁安置已经落实;

(六)供水、供电、供热、燃气、通讯等配套基础设施具备交付使用条件,其他配套基础设施和公共设施具备交付使用条件或者已确定施工进度和交付日期;

(七)物业管理方案已经落实。

第八条 【房地产开发企业备案的资料】房地产开发企业应当在商品房现售前将房地产开发项目手册及符合商品房现售条件的有关证明文件报送房地产开发主管部门备案。

第九条 【销售设有抵押权的商品房】房地产开发企业销售设有抵押权的商品房,其抵押权的处理按照《中华人民共和国担保法》、《城市房地产抵押管理办法》的有关规定执行。

第十条 【商品房不得另售的情形】房地产开发企业不得在未解除商品房买卖合同前,将作为合同标的物的商品房再行销售给他人。

第十一条 【销售时不得采取的方式】房地产开发企业不得采取返本销售或者变相返本销售的方式销售商品房。

房地产开发企业不得采取售后包租或者变相售后包租的方式销售未竣工商品房。

第十二条 【按套销售】商品住宅按套销售,不得分割拆零销售。

第十三条 【签订物业管理协议】商品房销售时,房地产开发企业选聘了物业管理企业的,买受人应当在订立商品房买卖合同时与房地产开发企业选聘的物业管理企业订立有关物业管理的协议。

第三章 广告与合同

第十四条 【发布广告的要求】房地产开发企业、房地产中介服务机构发布商品房销售宣传广告,应当执行《中华人民共和国广告法》、《房地产广告发布暂行规定》等有关规定,广告内容必须真实、合法、科学、准确。

第十五条 【发布的广告所明示的事项,当事人应在合同中约定】房地产开发企业、房地产中介服务机构发布的商品房销售广告和宣传资料所明示的事项,当事人应当在商品房买卖合同中约定。

第十六条 【书面商品房买卖合同】商品房销售时,房地产开发企业和买受人应当订立书面商品房买卖合同。

商品房买卖合同应当明确以下主要内容:

(一)当事人名称或者姓名和住所;

（二）商品房基本状况；

（三）商品房的销售方式；

（四）商品房价款的确定方式及总价款、付款方式、付款时间；

（五）交付使用条件及日期；

（六）装饰、设备标准承诺；

（七）供水、供电、供热、燃气、通讯、道路、绿化等配套基础设施和公共设施的交付承诺和有关权益、责任；

（八）公共配套建筑的产权归属；

（九）面积差异的处理方式；

（十）办理产权登记有关事宜；

（十一）解决争议的方法；

（十二）违约责任；

（十三）双方约定的其他事项。

第十七条　【销售价格】商品房销售价格由当事人协商议定，国家另有规定的除外。

第十八条　【销售计价单位】商品房销售可以按套（单元）计价，也可以按套内建筑面积或者建筑面积计价。

商品房建筑面积由套内建筑面积和分摊的共有建筑面积组成，套内建筑面积部分为独立产权，分摊的共有建筑面积部分为共有产权，买受人按照法律、法规的规定对其享有权利，承担责任。

按套（单元）计价或者按套内建筑面积计价的，商品房买卖合同中应当注明建筑面积和分摊的共有建筑面积。

第十九条　【按套销售的预售房】按套（单元）计价的现售房屋，当事人对现售房屋实地勘察后可以在合同中直接约定总价款。

按套（单元）计价的预售房屋，房地产开发企业应当在合同中附所售房屋的平面图。平面图应当标明详细尺寸，并约定误差范围。房屋交付时，套型与设计图纸一致，相关尺寸也在约定的误差范围内，维持总价款不变；套型与设计图纸不一致或者相关尺寸超出约定的误差范围，合同中未约定处理方式的，买受人可以退房或者与房地产开发企业重新约定总价款。买受人退房的，由房地产开发企业承担违约责任。

第二十条　【按面积计价的误差处理方式】按套内建筑面积或者建筑面积计价的，当事人应当在合同中载明合同约定面积与产权登记面积发生误差的处理方式。

合同未作约定的，按以下原则处理：

（一）面积误差比绝对值在3%以内（含3%）的，据实结算房价款；

（二）面积误差比绝对值超出3%时，买受人有权退房。买受人退房的，房地产开发企业应当在买受人提出退房之日起30日内将买受人已付房价款退还给买受人，同时支付已付房价款利息。买受人不退房的，产权登记面积大于合同约定面积时，面积误差比在3%以内（含3%）部分的房价款由买受人补足；超出3%部分的房价款由房地产开发企业承担，产权归买受人。产权登记面积小于合同约定面积时，面积误差比绝对值在3%以内（含3%）部分的房价款由房地产开发企业返还买受人；绝对值超出3%部分的房价款由房地产开发企业双倍返还买受人。

$$\text{面积误差比}=\frac{\text{产权登记面积}-\text{合同约定面积}}{\text{合同约定面积}}\times 100\%$$

因本办法第二十四条规定的规划设计变更造成面积差异，当事人不解除合同的，应当签署补充协议。

第二十一条　【按面积计价的合同约定事项】按建筑面积计价的，当事人应当在合同中约定套内建筑面积和分摊的共有建筑面积，并约定建筑面积不变而套内建筑面积发生误差以及建筑面积与套内建筑面积均发生误差时的处理方式。

第二十二条　【收受预定款】不符合商品房销售条件的，房地产开发企业不得销售商品房，不得向买受人收取任何预订款性质费用。

符合商品房销售条件的，房地产开发企业在订立商品房买卖合同之前向买受人收取预订款性质费用的，订立商品房买卖合同时，所收费用应当抵作房价款；当事人未能订立商品房买卖合同的，房地产开发企业应当向买受人返还所收费用；当事人之间另有约定的，从其约定。

第二十三条　【房地产开发企业须明示的文件】房地产开发企业应当在订立商品房买卖合同之前向买受人明示《商品房销售管理办法》和《商品房买卖合同示范文本》；预售商品房的，还必须明示《城市商品房预售管理办法》。

第二十四条　【房地产开发企业的义务】房地产开发企业应当按照批准的规划、设计建设商品房。商品房销售后，房地产开发企业不得擅自变更规划、设计。

经规划部门批准的规划变更、设计单位同意的设计变更导致商品房的结构型式、户型、空间尺寸、朝向变化，以及出现合同当事人约定的其他影响商品房质量或者使用功能情形的，房地产开发企业应当在变更确立之日起10日内，书面通知买受人。

买受人有权在通知到达之日起15日内做出是否退房的书面答复。买受人在通知到达之日起15日内未作书面答复的，视同接受规划、设计变更以及由此引起的房价款的变更。房地产开发企业未在规定时限内通知买受人的，买受人有权退房；买受人退房的，由房地产开发企业承担违约责任。

第四章 销售代理

第二十五条 【委托中介销售】房地产开发企业委托中介服务机构销售商品房的，受托机构应当是依法设立并取得工商营业执照的房地产中介服务机构。

房地产开发企业应当与受托房地产中介服务机构订立书面委托合同，委托合同应当载明委托期限、委托权限以及委托人和被委托人的权利、义务。

第二十六条 【受托中介出示证书的义务】受托房地产中介服务机构销售商品房时，应当向买受人出示商品房的有关证明文件和商品房销售委托书。

第二十七条 【受托中介如实说明情况的义务】受托房地产中介服务机构销售商品房时，应当如实向买受人介绍所代理销售商品房的有关情况。

受托房地产中介服务机构不得代理销售不符合销售条件的商品房。

第二十八条 【受托中介收费的限制】受托房地产中介服务机构在代理销售商品房时不得收取佣金以外的其他费用。

第二十九条 【销售人员的培训】商品房销售人员应当经过专业培训，方可从事商品房销售业务。

第五章 交 付

第三十条 【房地产开发企业交付房产日期】房地产开发企业应当按照合同约定，将符合交付使用条件的商品房按期交付给买受人。未能按期交付的，房地产开发企业应当承担违约责任。

因不可抗力或者当事人在合同中约定的其他原因，需延期交付的，房地产开发企业应当及时告知买受人。

第三十一条 【设置样板房的销售房的义务】房地产开发企业销售商品房时设置样板房的，应当说明实际交付的商品房质量、设备及装修与样板房是否一致，未作说明的，实际交付的商品房应当与样板房一致。

第三十二条 【销售开发企业应提供的资料】销售商品住宅时，房地产开发企业应当根据《商品住宅实行质量保证书和住宅使用说明书制度的规定》（以下简称《规定》），向买受人提供《住宅质量保证书》、《住宅使用说明书》。

第三十三条 【质量保修责任】房地产开发企业应当对所售商品房承担质量保修责任。当事人应当在合同中就保修范围、保修期限、保修责任等内容做出约定。保修期从交付之日起计算。

商品住宅的保修期限不得低于建设工程承包单位向建设单位出具的质量保修书约定保修期的存续期；存续期少于《规定》中确定的最低保修期限的，保修期不得低于《规定》中确定的最低保修期限。

非住宅商品房的保修期限不得低于建设工程承包单位向建设单位出具的质量保修书约定保修期的存续期。

在保修期限内发生的属于保修范围的质量问题，房地产开发企业应当履行保修义务，并对造成的损失承担赔偿责任。因不可抗力或者使用不当造成的损坏，房地产开发企业不承担责任。

第三十四条 【房屋权属登记】房地产开发企业应当在商品房交付使用前按项目委托具有房产测绘资格的单位实施测绘，测绘成果报房地产行政主管部门审核后用于房屋权属登记。

房地产开发企业应当在商品房交付使用之日起60日内，将需要由其提供的办理房屋权属登记的资料报送房屋所在地房地产行政主管部门。

房地产开发企业应当协助商品房买受人办理土地使用权变更和房屋所有权登记手续。

第三十五条 【质量检测】商品房交付使用后，买受人认为主体结构质量不合格的，可以依照有关规定委托工程质量检测机构重新核验。经核验，确属主体结构质量不合格的，买受人有权退房；给买受人造成损失的，房地产开发企业应当依法承担赔偿责任。

第六章 法律责任

第三十六条 【未取得营业执照，擅自销售商品房的责任】未取得营业执照，擅自销售商品房的，由县级以上人民政府工商行政管理部门依照《城市房地产开发经营管理条例》的规定处罚。

第三十七条 【未取得房地产开发企业资质证书，擅自销售商品房的责任】未取得房地产开发企业资质证书，擅自销售商品房的，责令停止销售活动，处5万元以上10万元以下的罚款。

第三十八条 【违反规定，擅自预售商品房的责任】违反法律、法规规定，擅自预售商品房的，责令停止违法行为，没收违法所得；收取预付款的，可以并处已收取的预付款1%以下的罚款。

第三十九条 【未解除原买卖合同，将商品房再行销售给他人的责任】在未解除商品房买卖合同前，将作为合同标的物的商品房再行销售给他人的，处以警告，责令限期改正，并处2万元以上3万元以下罚款；构成犯罪的，依法追究刑事责任。

第四十条 【开发企业将验收不合格的商品房擅自交付使用的责任】房地产开发企业将未组织竣工验收、验收不合格或者对不合格按合格验收的商品房擅自交付使用的，按照《建设工程质量管理条例》的规定处罚。

第四十一条 【未报送房地产行政部门资料的责任】房地产开发企业未按规定将测绘成果或者需要由其提供的办理房屋权属登记的资料报送房地产行政主管部门的，处以警告，责令限期改正，并可处以2万元以上3万元以下罚款。

第四十二条 【较重处罚的情形】房地产开发企业在销售商品房中有下列行为之一的，处以警告，责令限期改正，并可处以1万元以上3万元以下罚款。

（一）未按照规定的现售条件现售商品房的；

（二）未按照规定在商品房现售前将房地产开发项目手册及符合商品房现售条件的有关证明文件报送房地产开发主管部门备案的；

（三）返本销售或者变相返本销售商品房的；

（四）采取售后包租或者变相售后包租方式销售未竣工商品房的；

（五）分割拆零销售商品住宅的；

（六）不符合商品房销售条件，向买受人收取预订款性质费用的；

（七）未按照规定向买受人明示《商品房销售管理办法》、《商品房买卖合同示范文本》、《城市商品房预售管理办法》的；

（八）委托没有资格的机构代理销售商品房的。

第四十三条 【中介销售不符条件的商品房的责任】房地产中介服务机构代理销售不符合销售条件的商品房的，处以警告，责令停止销售，并可处以2万元以上3万元以下罚款。

第四十四条 【国家机关工作人员的责任】国家机关工作人员在商品房销售管理工作中玩忽职守、滥用职权、徇私舞弊，依法给予行政处分；构成犯罪的，依法追究刑事责任。

第七章 附 则

第四十五条 【返本销售、售后包租、分割拆零销售、产权登记面积】本办法所称返本销售，是指房地产开发企业以定期向买受人返还购房款的方式销售商品房的行为。

本办法所称售后包租，是指房地产开发企业以在一定期限内承租或者代为出租买受人所购该企业商品房的方式销售商品房的行为。

本办法所称分割拆零销售，是指房地产开发企业以将成套的商品住宅分割为数部分分别出售给买受人的方式销售商品住宅的行为。

本办法所称产权登记面积，是指房地产行政主管部门确认登记的房屋面积。

第四十六条 【地方建设行政部门实施细则】省、自治区、直辖市人民政府建设行政主管部门可以根据本办法制定实施细则。

第四十七条 【解释部门】本办法由国务院建设行政主管部门负责解释。

第四十八条 【施行日期】本办法自2001年6月1日起施行。

不动产登记暂行条例

(2014年11月24日中华人民共和国国务院令第656号公布　根据2019年3月24日《国务院关于修改部分行政法规的决定》修订)

第一章　总　　则

第一条　为整合不动产登记职责，规范登记行为，方便群众申请登记，保护权利人合法权益，根据《中华人民共和国物权法》等法律，制定本条例。

第二条　本条例所称不动产登记，是指不动产登记机构依法将不动产权利归属和其他法定事项记载于不动产登记簿的行为。

本条例所称不动产，是指土地、海域以及房屋、林木等定着物。

第三条　不动产首次登记、变更登记、转移登记、注销登记、更正登记、异议登记、预告登记、查封登记等，适用本条例。

第四条　国家实行不动产统一登记制度。

不动产登记遵循严格管理、稳定连续、方便群众的原则。

不动产权利人已经依法享有的不动产权利，不因登记机构和登记程序的改变而受到影响。

第五条　下列不动产权利，依照本条例的规定办理登记：

(一)集体土地所有权；

(二)房屋等建筑物、构筑物所有权；

(三)森林、林木所有权；

(四)耕地、林地、草地等土地承包经营权；

(五)建设用地使用权；

(六)宅基地使用权；

(七)海域使用权；

(八)地役权；

(九)抵押权；

(十)法律规定需要登记的其他不动产权利。

第六条　国务院国土资源主管部门负责指导、监督全国不动产登记工作。

县级以上地方人民政府应当确定一个部门为本行政区域的不动产登记机构，负责不动产登记工作，并接受上级人民政府不动产登记主管部门的指导、监督。

第七条　不动产登记由不动产所在地的县级人民政府不动产登记机构办理；直辖市、设区的市人民政府可以确定本级不动产登记机构统一办理所属各区的不动产登记。

跨县级行政区域的不动产登记，由所跨县级行政区域的不动产登记机构分别办理。不能分别办理的，由所跨县级行政区域的不动产登记机构协商办理；协商不成的，由共同的上一级人民政府不动产登记主管部门指定办理。

国务院确定的重点国有林区的森林、林木和林地，国务院批准项目用海、用岛，中央国家机关使用的国有土地等不动产登记，由国务院国土资源主管部门会同有关部门规定。

第二章　不动产登记簿

第八条　不动产以不动产单元为基本单位进行登记。不动产单元具有唯一编码。

不动产登记机构应当按照国务院国土资源主管部门的规定设立统一的不动产登记簿。

不动产登记簿应当记载以下事项：

(一)不动产的坐落、界址、空间界限、面积、用途等自然状况；

(二)不动产权利的主体、类型、内容、来源、期限、权利变化等权属状况；

(三)涉及不动产权利限制、提示的事项；

(四)其他相关事项。

第九条　不动产登记簿应当采用电子介质，暂不具备条件的，可以采用纸质介质。不动产登记机构应当明确不动产登记簿唯一、合法的介质形式。

不动产登记簿采用电子介质的，应当定期进行异地备份，并具有唯一、确定的纸质转化形式。

第十条　不动产登记机构应当依法将各类登记事项准确、完整、清晰地记载于不动产登记簿。任何人不得损毁不动产登记簿，除依法予以更正外不得修改登记事项。

第十一条　不动产登记工作人员应当具备与不动产登记工作相适应的专业知识和业务能力。

不动产登记机构应当加强对不动产登记工作人员的管理和专业技术培训。

第十二条　不动产登记机构应当指定专人负

责不动产登记簿的保管,并建立健全相应的安全责任制度。

采用纸质介质不动产登记簿的,应当配备必要的防盗、防火、防渍、防有害生物等安全保护设施。

采用电子介质不动产登记簿的,应当配备专门的存储设施,并采取信息网络安全防护措施。

第十三条 不动产登记簿由不动产登记机构永久保存。不动产登记簿损毁、灭失的,不动产登记机构应当依据原有登记资料予以重建。

行政区域变更或者不动产登记机构职能调整的,应当及时将不动产登记簿移交相应的不动产登记机构。

第三章 登记程序

第十四条 因买卖、设定抵押权等申请不动产登记的,应当由当事人双方共同申请。

属于下列情形之一的,可以由当事人单方申请:

(一)尚未登记的不动产首次申请登记的;

(二)继承、接受遗赠取得不动产权利的;

(三)人民法院、仲裁委员会生效的法律文书或者人民政府生效的决定等设立、变更、转让、消灭不动产权利的;

(四)权利人姓名、名称或者自然状况发生变化,申请变更登记的;

(五)不动产灭失或者权利人放弃不动产权利,申请注销登记的;

(六)申请更正登记或者异议登记的;

(七)法律、行政法规规定可以由当事人单方申请的其他情形。

第十五条 当事人或者其代理人应当向不动产登记机构申请不动产登记。

不动产登记机构将申请登记事项记载于不动产登记簿前,申请人可以撤回登记申请。

第十六条 申请人应当提交下列材料,并对申请材料的真实性负责:

(一)登记申请书;

(二)申请人、代理人身份证明材料、授权委托书;

(三)相关的不动产权属来源证明材料、登记原因证明文件、不动产权属证书;

(四)不动产界址、空间界限、面积等材料;

(五)与他人利害关系的说明材料;

(六)法律、行政法规以及本条例实施细则规定的其他材料。

不动产登记机构应当在办公场所和门户网站公开申请登记所需材料目录和示范文本等信息。

第十七条 不动产登记机构收到不动产登记申请材料,应当分别按照下列情况办理:

(一)属于登记职责范围,申请材料齐全、符合法定形式,或者申请人按照要求提交全部补正申请材料的,应当受理并书面告知申请人;

(二)申请材料存在可以当场更正的错误的,应当告知申请人当场更正,申请人当场更正后,应当受理并书面告知申请人;

(三)申请材料不齐全或者不符合法定形式的,应当当场书面告知申请人不予受理并一次性告知需要补正的全部内容;

(四)申请登记的不动产不属于本机构登记范围的,应当当场书面告知申请人不予受理并告知申请人向有登记权的机构申请。

不动产登记机构未当场书面告知申请人不予受理的,视为受理。

第十八条 不动产登记机构受理不动产登记申请的,应当按照下列要求进行查验:

(一)不动产界址、空间界限、面积等材料与申请登记的不 动产状况是否一致;

(二)有关证明材料、文件与申请登记的内容是否一致;

(三)登记申请是否违反法律、行政法规规定。

第十九条 属于下列情形之一的,不动产登记机构可以对申请登记的不动产进行实地查看:

(一)房屋等建筑物、构筑物所有权首次登记;

(二)在建建筑物抵押权登记;

(三)因不动产灭失导致的注销登记;

(四)不动产登记机构认为需要实地查看的其他情形。

对可能存在权属争议,或者可能涉及他人利害关系的登记申请,不动产登记机构可以向申请人、利害关系人或者有关单位进行调查。

不动产登记机构进行实地查看或者调查时,申请人、被调查人应当予以配合。

第二十条 不动产登记机构应当自受理登记申请之日起30个工作日内办结不动产登记手续,法律另有规定的除外。

第二十一条 登记事项自记载于不动产登记

簿时完成登记。

不动产登记机构完成登记,应当依法向申请人核发不动产权属证书或者登记证明。

第二十二条 登记申请有下列情形之一的,不动产登记机构应当不予登记,并书面告知申请人:

(一)违反法律、行政法规规定的;

(二)存在尚未解决的权属争议的;

(三)申请登记的不动产权利超过规定期限的;

(四)法律、行政法规规定不予登记的其他情形。

第四章 登记信息共享与保护

第二十三条 国务院国土资源主管部门应当会同有关部门建立统一的不动产登记信息管理基础平台。

各级不动产登记机构登记的信息应当纳入统一的不动产登记信息管理基础平台,确保国家、省、市、县四级登记信息的实时共享。

第二十四条 不动产登记有关信息与住房城乡建设、农业、林业、海洋等部门审批信息、交易信息等应当实时互通共享。

不动产登记机构能够通过实时互通共享取得的信息,不得要求不动产登记申请人重复提交。

第二十五条 国土资源、公安、民政、财政、税务、工商、金融、审计、统计等部门应当加强不动产登记有关信息互通共享。

第二十六条 不动产登记机构、不动产登记信息共享单位及其工作人员应当对不动产登记信息保密;涉及国家秘密的不动产登记信息,应当依法采取必要的安全保密措施。

第二十七条 权利人、利害关系人可以依法查询、复制不动产登记资料,不动产登记机构应当提供。

有关国家机关可以依照法律、行政法规的规定查询、复制与调查处理事项有关的不动产登记资料。

第二十八条 查询不动产登记资料的单位、个人应当向不动产登记机构说明查询目的,不得将查询获得的不动产登记资料用于其他目的;未经权利人同意,不得泄露查询获得的不动产登记资料。

第五章 法律责任

第二十九条 不动产登记机构登记错误给他人造成损害,或者当事人提供虚假材料申请登记给他人造成损害的,依照《中华人民共和国物权法》的规定承担赔偿责任。

第三十条 不动产登记机构工作人员进行虚假登记,损毁、伪造不动产登记簿,擅自修改登记事项,或者有其他滥用职权、玩忽职守行为的,依法给予处分;给他人造成损害的,依法承担赔偿责任;构成犯罪的,依法追究刑事责任。

第三十一条 伪造、变造不动产权属证书、不动产登记证明,或者买卖、使用伪造、变造的不动产权属证书、不动产登记证明的,由不动产登记机构或者公安机关依法予以收缴;有违法所得的,没收违法所得;给他人造成损害的,依法承担赔偿责任;构成违反治安管理行为的,依法给予治安管理处罚;构成犯罪的,依法追究刑事责任。

第三十二条 不动产登记机构、不动产登记信息共享单位及其工作人员,查询不动产登记资料的单位或者个人违反国家规定,泄露不动产登记资料、登记信息,或者利用不动产登记资料、登记信息进行不正当活动,给他人造成损害的,依法承担赔偿责任;对有关责任人员依法给予处分;有关责任人员构成犯罪的,依法追究刑事责任。

第六章 附 则

第三十三条 本条例施行前依法颁发的各类不动产权属证书和制作的不动产登记簿继续有效。

不动产统一登记过渡期内,农村土地承包经营权的登记按照国家有关规定执行。

第三十四条 本条例实施细则由国务院国土资源主管部门会同有关部门制定。

第三十五条 本条例自 2015 年 3 月 1 日起施行。本条例施行前公布的行政法规有关不动产登记的规定与本条例规定不一致的,以本条例规定为准。

不动产登记暂行条例实施细则

（2016年1月1日 国土资源部令第63号公布 根据2019年7月16日自然资源部第2次部务会《自然资源部关于废止和修改的第一批部门规章的决定》修正 2019年7月24日中华人民共和国自然资源部令第5号公布）

目　　录

第一章　总　　则
第二章　不动产登记簿
第三章　登记程序
第四章　不动产权利登记
　第一节　一般规定
　第二节　集体土地所有权登记
　第三节　国有建设用地使用权及房屋所有权登记
　第四节　宅基地使用权及房屋所有权登记
　第五节　集体建设用地使用权及建筑物、构筑物所有权登记
　第六节　土地承包经营权登记
　第七节　海域使用权登记
　第八节　地役权登记
　第九节　抵押权登记
第五章　其他登记
　第一节　更正登记
　第二节　异议登记
　第三节　预告登记
　第四节　查封登记
第六章　不动产登记资料的查询、保护和利用
第七章　法律责任
第八章　附　　则

第一章　总　　则

第一条　为规范不动产登记行为，细化不动产统一登记制度，方便人民群众办理不动产登记，保护权利人合法权益，根据《不动产登记暂行条例》（以下简称《条例》），制定本实施细则。

第二条　不动产登记应当依照当事人的申请进行，但法律、行政法规以及本实施细则另有规定的除外。

房屋等建筑物、构筑物和森林、林木等定着物应当与其所依附的土地、海域一并登记，保持权利主体一致。

第三条　不动产登记机构依照《条例》第七条第二款的规定，协商办理或者接受指定办理跨县级行政区域不动产登记的，应当在登记完毕后将不动产登记簿记载的不动产权利人以及不动产坐落、界址、面积、用途、权利类型等登记结果告知不动产所跨区域的其他不动产登记机构。

第四条　国务院确定的重点国有林区的森林、林木和林地，由自然资源部受理并会同有关部门办理，依法向权利人核发不动产权属证书。

国务院批准的项目用海、用岛的登记，由自然资源部受理，依法向权利人核发不动产权属证书。

第二章　不动产登记簿

第五条　《条例》第八条规定的不动产单元，是指权属界线封闭且具有独立使用价值的空间。

没有房屋等建筑物、构筑物以及森林、林木定着物的，以土地、海域权属界线封闭的空间为不动产单元。

有房屋等建筑物、构筑物以及森林、林木定着物的，以该房屋等建筑物、构筑物以及森林、林木定着物与土地、海域权属界线封闭的空间为不动产单元。

前款所称房屋，包括独立成幢、权属界线封闭的空间，以及区分套、层、间等可以独立使用、权属界线封闭的空间。

第六条　不动产登记簿以宗地或者宗海为单位编成，一宗地或者一宗海范围内的全部不动产单元编入一个不动产登记簿。

第七条　不动产登记机构应当配备专门的不动产登记电子存储设施，采取信息网络安全防护措施，保证电子数据安全。

任何单位和个人不得擅自复制或者篡改不动产登记簿信息。

第八条　承担不动产登记审核、登簿的不动产登记工作人员应当熟悉相关法律法规，具备与其岗位相适应的不动产登记等方面的专业知识。

自然资源部会同有关部门组织开展对承担不

动产登记审核、登簿的不动产登记工作人员的考核培训。

第三章 登记程序

第九条 申请不动产登记的，申请人应当填写登记申请书，并提交身份证明以及相关申请材料。

申请材料应当提供原件。因特殊情况不能提供原件的，可以提供复印件，复印件应当与原件保持一致。

第十条 处分共有不动产申请登记的，应当经占份额三分之二以上的按份共有人或者全体共同共有人共同申请，但共有人另有约定的除外。

按份共有人转让其享有的不动产份额，应当与受让人共同申请转移登记。

建筑区划内依法属于全体业主共有的不动产申请登记，依照本实施细则第三十六条的规定办理。

第十一条 无民事行为能力人、限制民事行为能力人申请不动产登记的，应当由其监护人代为申请。

监护人代为申请登记的，应当提供监护人与被监护人的身份证或者户口簿、有关监护关系等材料；因处分不动产而申请登记的，还应当提供为被监护人利益的书面保证。

父母之外的监护人处分未成年人不动产的，有关监护关系材料可以是人民法院指定监护的法律文书、经过公证的对被监护人享有监护权的材料或者其他材料。

第十二条 当事人可以委托他人代为申请不动产登记。

代理申请不动产登记的，代理人应当向不动产登记机构提供被代理人签字或者盖章的授权委托书。

自然人处分不动产，委托代理人申请登记的，应当与代理人共同到不动产登记机构现场签订授权委托书，但授权委托书经公证的除外。

境外申请人委托他人办理处分不动产登记的，其授权委托书应当按照国家有关规定办理认证或者公证。

第十三条 申请登记的事项记载于不动产登记簿前，全体申请人提出撤回登记申请的，登记机构应当将登记申请书以及相关材料退还申请人。

第十四条 因继承、受遗赠取得不动产，当事人申请登记的，应当提交死亡证明材料、遗嘱或者全部法定继承人关于不动产分配的协议以及与被继承人的亲属关系材料等，也可以提交经公证的材料或者生效的法律文书。

第十五条 不动产登记机构受理不动产登记申请后，还应当对下列内容进行查验：

（一）申请人、委托代理人身份证明材料以及授权委托书与申请主体是否一致；

（二）权属来源材料或者登记原因文件与申请登记的内容是否一致；

（三）不动产界址、空间界限、面积等权籍调查成果是否完备，权属是否清楚、界址是否清晰、面积是否准确；

（四）法律、行政法规规定的完税或者缴费凭证是否齐全。

第十六条 不动产登记机构进行实地查看，重点查看下列情况：

（一）房屋等建筑物、构筑物所有权首次登记，查看房屋坐落及其建造完成等情况；

（二）在建建筑物抵押权登记，查看抵押的在建建筑物坐落及其建造等情况；

（三）因不动产灭失导致的注销登记，查看不动产灭失等情况。

第十七条 有下列情形之一的，不动产登记机构应当在登记事项记载于登记簿前进行公告，但涉及国家秘密的除外：

（一）政府组织的集体土地所有权登记；

（二）宅基地使用权及房屋所有权，集体建设用地使用权及建筑物、构筑物所有权，土地承包经营权等不动产权利的首次登记；

（三）依职权更正登记；

（四）依职权注销登记；

（五）法律、行政法规规定的其他情形。

公告应当在不动产登记机构门户网站以及不动产所在地等指定场所进行，公告期不少于15个工作日。公告所需时间不计算在登记办理期限内。公告期满无异议或者异议不成立的，应当及时记载于不动产登记簿。

第十八条 不动产登记公告的主要内容包括：

（一）拟予登记的不动产权利人的姓名或者名称；

（二）拟予登记的不动产坐落、面积、用途、权利类型等；

（三）提出异议的期限、方式和受理机构；

（四）需要公告的其他事项。

第十九条 当事人可以持人民法院、仲裁委员会的生效法律文书或者人民政府的生效决定单方申请不动产登记。

有下列情形之一的，不动产登记机构直接办理不动产登记：

（一）人民法院持生效法律文书和协助执行通知书要求不动产登记机构办理登记的；

（二）人民检察院、公安机关依据法律规定持协助查封通知书要求办理查封登记的；

（三）人民政府依法做出征收或者收回不动产权利决定生效后，要求不动产登记机构办理注销登记的；

（四）法律、行政法规规定的其他情形。

不动产登记机构认为登记事项存在异议的，应当依法向有关机关提出审查建议。

第二十条 不动产登记机构应当根据不动产登记簿，填写并核发不动产权属证书或者不动产登记证明。

除办理抵押权登记、地役权登记和预告登记、异议登记，向申请人核发不动产登记证明外，不动产登记机构应当依法向权利人核发不动产权属证书。

不动产权属证书和不动产登记证明，应当加盖不动产登记机构登记专用章。

不动产权属证书和不动产登记证明样式，由自然资源部统一规定。

第二十一条 申请共有不动产登记的，不动产登记机构向全体共有人合并发放一本不动产权属证书；共有人申请分别持证的，可以为共有人分别发放不动产权属证书。

共有不动产权属证书应当注明共有情况，并列明全体共有人。

第二十二条 不动产权属证书或者不动产登记证明污损、破损的，当事人可以向不动产登记机构申请换发。符合换发条件的，不动产登记机构应当予以换发，并收回原不动产权属证书或者不动产登记证明。

不动产权属证书或者不动产登记证明遗失、灭失，不动产权利人申请补发的，由不动产登记机构在其门户网站上刊发不动产权利人的遗失、灭失声明15个工作日后，予以补发。

不动产登记机构补发不动产权属证书或者不动产登记证明的，应当将补发不动产权属证书或者不动产登记证明的事项记载于不动产登记簿，并在不动产权属证书或者不动产登记证明上注明“补发”字样。

第二十三条 因不动产权利灭失等情形，不动产登记机构需要收回不动产权属证书或者不动产登记证明的，应当在不动产登记簿上将收回不动产权属证书或者不动产登记证明的事项予以注明；确实无法收回的，应当在不动产登记机构门户网站或者当地公开发行的报刊上公告作废。

第四章 不动产权利登记

第一节 一般规定

第二十四条 不动产首次登记，是指不动产权利第一次登记。

未办理不动产首次登记的，不得办理不动产其他类型登记，但法律、行政法规另有规定的除外。

第二十五条 市、县人民政府可以根据情况对本行政区域内未登记的不动产，组织开展集体土地所有权、宅基地使用权、集体建设用地使用权、土地承包经营权的首次登记。

依照前款规定办理首次登记所需的权属来源、调查等登记材料，由人民政府有关部门组织获取。

第二十六条 下列情形之一的，不动产权利人可以向不动产登记机构申请变更登记：

（一）权利人的姓名、名称、身份证明类型或者身份证明号码发生变更的；

（二）不动产的坐落、界址、用途、面积等状况变更的；

（三）不动产权利期限、来源等状况发生变化的；

（四）同一权利人分割或者合并不动产的；

（五）抵押担保的范围、主债权数额、债务履行期限、抵押权顺位发生变化的；

（六）最高额抵押担保的债权范围、最高债权额、债权确定期间等发生变化的；

（七）地役权的利用目的、方法等发生变化的；

（八）共有性质发生变更的；

（九）法律、行政法规规定的其他不涉及不动产权利转移的变更情形。

第二十七条 因下列情形导致不动产权利转移的，当事人可以向不动产登记机构申请转移登记：

（一）买卖、互换、赠与不动产的；

（二）以不动产作价出资（入股）的；

（三）法人或者其他组织因合并、分立等原因致使不动产权利发生转移的；

（四）不动产分割、合并导致权利发生转移的；

（五）继承、受遗赠导致权利发生转移的；

（六）共有人增加或者减少以及共有不动产份额变化的；

（七）因人民法院、仲裁委员会的生效法律文书导致不动产权利发生转移的；

（八）因主债权转移引起不动产抵押权转移的；

（九）因需役地不动产权利转移引起地役权转移的；

（十）法律、行政法规规定的其他不动产权利转移情形。

第二十八条 有下列情形之一的，当事人可以申请办理注销登记：

（一）不动产灭失的；

（二）权利人放弃不动产权利的；

（三）不动产被依法没收、征收或者收回的；

（四）人民法院、仲裁委员会的生效法律文书导致不动产权利消灭的；

（五）法律、行政法规规定的其他情形。

不动产上已经设立抵押权、地役权或者已经办理预告登记，所有权人、使用权人因放弃权利申请注销登记的，申请人应当提供抵押权人、地役权人、预告登记权利人同意的书面材料。

第二节 集体土地所有权登记

第二十九条 集体土地所有权登记，依照下列规定提出申请：

（一）土地属于村农民集体所有的，由村集体经济组织代为申请，没有集体经济组织的，由村民委员会代为申请；

（二）土地分别属于村内两个以上农民集体所有的，由村内各集体经济组织代为申请，没有集体经济组织的，由村民小组代为申请；

（三）土地属于乡（镇）农民集体所有的，由乡（镇）集体经济组织代为申请。

第三十条 申请集体土地所有权首次登记的，应当提交下列材料：

（一）土地权属来源材料；

（二）权籍调查表、宗地图以及宗地界址点坐标；

（三）其他必要材料。

第三十一条 农民集体因互换、土地调整等原因导致集体土地所有权转移，申请集体土地所有权转移登记的，应当提交下列材料：

（一）不动产权属证书；

（二）互换、调整协议等集体土地所有权转移的材料；

（三）本集体经济组织三分之二以上成员或者三分之二以上村民代表同意的材料；

（四）其他必要材料。

第三十二条 申请集体土地所有权变更、注销登记的，应当提交下列材料：

（一）不动产权属证书；

（二）集体土地所有权变更、消灭的材料；

（三）其他必要材料。

第三节 国有建设用地使用权及房屋所有权登记

第三十三条 依法取得国有建设用地使用权，可以单独申请国有建设用地使用权登记。

依法利用国有建设用地建造房屋的，可以申请国有建设用地使用权及房屋所有权登记。

第三十四条 申请国有建设用地使用权首次登记，应当提交下列材料：

（一）土地权属来源材料；

（二）权籍调查表、宗地图以及宗地界址点坐标；

（三）土地出让价款、土地租金、相关税费等缴纳凭证；

（四）其他必要材料。

前款规定的土地权属来源材料，根据权利取得方式的不同，包括国有建设用地划拨决定书、国有建设用地使用权出让合同、国有建设用地使用权租赁合同以及国有建设用地使用权作价出资（入股）、授权经营批准文件。

申请在地上或者地下单独设立国有建设用地使用权登记的，按照本条规定办理。

第三十五条 申请国有建设用地使用权及房

屋所有权首次登记的,应当提交下列材料:

(一)不动产权属证书或者土地权属来源材料;

(二)建设工程符合规划的材料;

(三)房屋已经竣工的材料;

(四)房地产调查或者测绘报告;

(五)相关税费缴纳凭证;

(六)其他必要材料。

第三十六条 办理房屋所有权首次登记时,申请人应当将建筑区划内依法属于业主共有的道路、绿地、其他公共场所、公用设施和物业服务用房及其占用范围内的建设用地使用权一并申请登记为业主共有。业主转让房屋所有权的,其对共有部分享有的权利依法一并转让。

第三十七条 申请国有建设用地使用权及房屋所有权变更登记的,应当根据不同情况,提交下列材料:

(一)不动产权属证书;

(二)发生变更的材料;

(三)有批准权的人民政府或者主管部门的批准文件;

(四)国有建设用地使用权出让合同或者补充协议;

(五)国有建设用地使用权出让价款、税费等缴纳凭证;

(六)其他必要材料。

第三十八条 申请国有建设用地使用权及房屋所有权转移登记的,应当根据不同情况,提交下列材料:

(一)不动产权属证书;

(二)买卖、互换、赠与合同;

(三)继承或者受遗赠的材料;

(四)分割、合并协议;

(五)人民法院或者仲裁委员会生效的法律文书;

(六)有批准权的人民政府或者主管部门的批准文件;

(七)相关税费缴纳凭证;

(八)其他必要材料。

不动产买卖合同依法应当备案的,申请人申请登记时须提交经备案的买卖合同。

第三十九条 具有独立利用价值的特定空间以及码头、油库等其他建筑物、构筑物所有权的登记,按照本实施细则中房屋所有权登记有关规定办理。

第四节 宅基地使用权及房屋所有权登记

第四十条 依法取得宅基地使用权,可以单独申请宅基地使用权登记。

依法利用宅基地建造住房及其附属设施的,可以申请宅基地使用权及房屋所有权登记。

第四十一条 申请宅基地使用权及房屋所有权首次登记的,应当根据不同情况,提交下列材料:

(一)申请人身份证和户口簿;

(二)不动产权属证书或者有批准权的人民政府批准用地的文件等权属来源材料;

(三)房屋符合规划或者建设的相关材料;

(四)权籍调查表、宗地图、房屋平面图以及宗地界址点坐标等有关不动产界址、面积等材料;

(五)其他必要材料。

第四十二条 因依法继承、分家析产、集体经济组织内部互换房屋等导致宅基地使用权及房屋所有权发生转移申请登记的,申请人应当根据不同情况,提交下列材料:

(一)不动产权属证书或者其他权属来源材料;

(二)依法继承的材料;

(三)分家析产的协议或者材料;

(四)集体经济组织内部互换房屋的协议;

(五)其他必要材料。

第四十三条 申请宅基地等集体土地上的建筑物区分所有权登记的,参照国有建设用地使用权及建筑物区分所有权的规定办理登记。

第五节 集体建设用地使用权及建筑物、构筑物所有权登记

第四十四条 依法取得集体建设用地使用权,可以单独申请集体建设用地使用权登记。

依法利用集体建设用地兴办企业,建设公共设施,从事公益事业等的,可以申请集体建设用地使用权及地上建筑物、构筑物所有权登记。

第四十五条 申请集体建设用地使用权及建筑物、构筑物所有权首次登记的,申请人应当根据不同情况,提交下列材料:

(一)有批准权的人民政府批准用地的文件等土地权属来源材料;

（二）建设工程符合规划的材料；

（三）权籍调查表、宗地图、房屋平面图以及宗地界址点坐标等有关不动产界址、面积等材料；

（四）建设工程已竣工的材料；

（五）其他必要材料。

集体建设用地使用权首次登记完成后，申请人申请建筑物、构筑物所有权首次登记的，应当提交享有集体建设用地使用权的不动产权属证书。

第四十六条 申请集体建设用地使用权及建筑物、构筑物所有权变更登记、转移登记、注销登记的，申请人应当根据不同情况，提交下列材料：

（一）不动产权属证书；

（二）集体建设用地使用权及建筑物、构筑物所有权变更、转移、消灭的材料；

（三）其他必要材料。

因企业兼并、破产等原因致使集体建设用地使用权及建筑物、构筑物所有权发生转移的，申请人应当持相关协议及有关部门的批准文件等相关材料，申请不动产转移登记。

第六节 土地承包经营权登记

第四十七条 承包农民集体所有的耕地、林地、草地、水域、滩涂以及荒山、荒沟、荒丘、荒滩等农用地，或者国家所有依法由农民集体使用的农用地从事种植业、林业、畜牧业、渔业等农业生产的，可以申请土地承包经营权登记；地上有森林、林木的，应当在申请土地承包经营权登记时一并申请登记。

第四十八条 依法以承包方式在土地上从事种植业或者养殖业生产活动的，可以申请土地承包经营权的首次登记。

以家庭承包方式取得的土地承包经营权的首次登记，由发包方持土地承包经营合同等材料申请。

以招标、拍卖、公开协商等方式承包农村土地的，由承包方持土地承包经营合同申请土地承包经营权首次登记。

第四十九条 已经登记的土地承包经营权有下列情形之一的，承包方应当持原不动产权属证书以及其他证实发生变更事实的材料，申请土地承包经营权变更登记：

（一）权利人的姓名或者名称等事项发生变化的；

（二）承包土地的坐落、名称、面积发生变化的；

（三）承包期限依法变更的；

（四）承包期限届满，土地承包经营权人按照国家有关规定继续承包的；

（五）退耕还林、退耕还湖、退耕还草导致土地用途改变的；

（六）森林、林木的种类等发生变化的；

（七）法律、行政法规规定的其他情形。

第五十条 已经登记的土地承包经营权发生下列情形之一的，当事人双方应当持互换协议、转让合同等材料，申请土地承包经营权的转移登记：

（一）互换；

（二）转让；

（三）因家庭关系、婚姻关系变化等原因导致土地承包经营权分割或者合并的；

（四）依法导致土地承包经营权转移的其他情形。

以家庭承包方式取得的土地承包经营权，采取转让方式流转的，还应当提供发包方同意的材料。

第五十一条 已经登记的土地承包经营权发生下列情形之一的，承包方应当持不动产权属证书、证实灭失的材料等，申请注销登记：

（一）承包经营的土地灭失的；

（二）承包经营的土地被依法转为建设用地的；

（三）承包经营权人丧失承包经营资格或者放弃承包经营权的；

（四）法律、行政法规规定的其他情形。

第五十二条 以承包经营以外的合法方式使用国有农用地的国有农场、草场，以及使用国家所有的水域、滩涂等农用地进行农业生产，申请国有农用地的使用权登记的，参照本实施细则有关规定办理。

国有农场、草场申请国有未利用地登记的，依照前款规定办理。

第五十三条 国有林地使用权登记，应当提交有批准权的人民政府或者主管部门的批准文件，地上森林、林木一并登记。

第七节 海域使用权登记

第五十四条 依法取得海域使用权，可以单独申请海域使用权登记。

依法使用海域，在海域上建造建筑物、构筑物的，应当申请海域使用权及建筑物、构筑物所有权登记。

申请无居民海岛登记的，参照海域使用权登记有关规定办理。

第五十五条 申请海域使用权首次登记的，应当提交下列材料：

（一）项目用海批准文件或者海域使用权出让合同；

（二）宗海图以及界址点坐标；

（三）海域使用金缴纳或者减免凭证；

（四）其他必要材料。

第五十六条 有下列情形之一的，申请人应当持不动产权属证书、海域使用权变更的文件等材料，申请海域使用权变更登记：

（一）海域使用权人姓名或者名称改变的；

（二）海域坐落、名称发生变化的；

（三）改变海域使用位置、面积或者期限的；

（四）海域使用权续期的；

（五）共有性质变更的；

（六）法律、行政法规规定的其他情形。

第五十七条 有下列情形之一的，申请人可以申请海域使用权转移登记：

（一）因企业合并、分立或者与他人合资、合作经营、作价入股导致海域使用权转移的；

（二）依法转让、赠与、继承、受遗赠海域使用权的；

（三）因人民法院、仲裁委员会生效法律文书导致海域使用权转移的；

（四）法律、行政法规规定的其他情形。

第五十八条 申请海域使用权转移登记的，申请人应当提交下列材料：

（一）不动产权属证书；

（二）海域使用权转让合同、继承材料、生效法律文书等材料；

（三）转让批准取得的海域使用权，应当提交原批准用海的海洋行政主管部门批准转让的文件；

（四）依法需要补交海域使用金的，应当提交海域使用金缴纳的凭证；

（五）其他必要材料。

第五十九条 申请海域使用权注销登记的，申请人应当提交下列材料：

（一）原不动产权属证书；

（二）海域使用权消灭的材料；

（三）其他必要材料。

因围填海造地等导致海域灭失的，申请人应当在围填海造地等工程竣工后，依照本实施细则规定申请国有土地使用权登记，并办理海域使用权注销登记。

第八节 地役权登记

第六十条 按照约定设定地役权，当事人可以持需役地和供役地的不动产权属证书、地役权合同以及其他必要文件，申请地役权首次登记。

第六十一条 经依法登记的地役权发生下列情形之一的，当事人应当持地役权合同、不动产登记证明和证实变更的材料等必要材料，申请地役权变更登记：

（一）地役权当事人的姓名或者名称等发生变化；

（二）共有性质变更的；

（三）需役地或者供役地自然状况发生变化；

（四）地役权内容变更的；

（五）法律、行政法规规定的其他情形。

供役地分割转让办理登记，转让部分涉及地役权的，应当由受让人与地役权人一并申请地役权变更登记。

第六十二条 已经登记的地役权因土地承包经营权、建设用地使用权转让发生转移的，当事人应当持不动产登记证明、地役权转移合同等必要材料，申请地役权转移登记。

申请需役地转移登记的，或者需役地分割转让，转让部分涉及已登记的地役权的，当事人应当一并申请地役权转移登记，但当事人另有约定的除外。当事人拒绝一并申请地役权转移登记的，应当出具书面材料。不动产登记机构办理转移登记时，应当同时办理地役权注销登记。

第六十三条 已经登记的地役权，有下列情形之一的，当事人可以持不动产登记证明、证实地役权发生消灭的材料等必要材料，申请地役权注销登记：

（一）地役权期限届满；

（二）供役地、需役地归于同一人；

（三）供役地或者需役地灭失；

（四）人民法院、仲裁委员会的生效法律文书导致地役权消灭；

（五）依法解除地役权合同；

（六）其他导致地役权消灭的事由。

第六十四条　地役权登记，不动产登记机构应当将登记事项分别记载于需役地和供役地登记簿。

供役地、需役地分属不同不动产登记机构管辖的，当事人应当向供役地所在地的不动产登记机构申请地役权登记。供役地所在地不动产登记机构完成登记后，应当将相关事项通知需役地所在地不动产登记机构，并由其记载于需役地登记簿。

地役权设立后，办理首次登记前发生变更、转移的，当事人应当提交相关材料，就已经变更或者转移的地役权，直接申请首次登记。

第九节　抵押权登记

第六十五条　对下列财产进行抵押的，可以申请办理不动产抵押登记：

（一）建设用地使用权；

（二）建筑物和其他土地附着物；

（三）海域使用权；

（四）以招标、拍卖、公开协商等方式取得的荒地等土地承包经营权；

（五）正在建造的建筑物；

（六）法律、行政法规未禁止抵押的其他不动产。

以建设用地使用权、海域使用权抵押的，该土地、海域上的建筑物、构筑物一并抵押；以建筑物、构筑物抵押的，该建筑物、构筑物占用范围内的建设用地使用权、海域使用权一并抵押。

第六十六条　自然人、法人或者其他组织为保障其债权的实现，依法以不动产设定抵押的，可以由当事人持不动产权属证书、抵押合同与主债权合同等必要材料，共同申请办理抵押登记。

抵押合同可以是单独订立的书面合同，也可以是主债权合同中的抵押条款。

第六十七条　同一不动产上设立多个抵押权的，不动产登记机构应当按照受理时间的先后顺序依次办理登记，并记载于不动产登记簿。当事人对抵押权顺位另有约定的，从其规定办理登记。

第六十八条　有下列情形之一的，当事人应当持不动产权属证书、不动产登记证明、抵押权变更等必要材料，申请抵押权变更登记：

（一）抵押人、抵押权人的姓名或者名称变更的；

（二）被担保的主债权数额变更的；

（三）债务履行期限变更的；

（四）抵押权顺位变更的；

（五）法律、行政法规规定的其他情形。

因被担保债权主债权的种类及数额、担保范围、债务履行期限、抵押权顺位发生变更申请抵押权变更登记时，如果该抵押权的变更将对其他抵押权人产生不利影响的，还应当提交其他抵押权人书面同意的材料与身份证或者户口簿等材料。

第六十九条　因主债权转让导致抵押权转让的，当事人可以持不动产权属证书、不动产登记证明、被担保主债权的转让协议、债权人已经通知债务人的材料等相关材料，申请抵押权的转移登记。

第七十条　有下列情形之一的，当事人可以持不动产登记证明、抵押权消灭的材料等必要材料，申请抵押权注销登记：

（一）主债权消灭；

（二）抵押权已经实现；

（三）抵押权人放弃抵押权；

（四）法律、行政法规规定抵押权消灭的其他情形。

第七十一条　设立最高额抵押权的，当事人应当持不动产权属证书、最高额抵押合同与一定期间内将要连续发生的债权的合同或者其他登记原因材料等必要材料，申请最高额抵押权首次登记。

当事人申请最高额抵押权首次登记时，同意将最高额抵押权设立前已经存在的债权转入最高额抵押担保的债权范围的，还应当提交已存在债权的合同以及当事人同意将该债权纳入最高额抵押权担保范围的书面材料。

第七十二条　有下列情形之一的，当事人应当持不动产登记证明、最高额抵押权发生变更的材料等必要材料，申请最高额抵押权变更登记：

（一）抵押人、抵押权人的姓名或者名称变更的；

（二）债权范围变更的；

（三）最高债权额变更的；

（四）债权确定的期间变更的；

（五）抵押权顺位变更的；

（六）法律、行政法规规定的其他情形。

因最高债权额、债权范围、债务履行期限、债权确定的期间发生变更申请最高额抵押权变更登记时，如果该变更将对其他抵押权人产生不利影响的，当事人还应当提交其他抵押权人的书面同意文件与身份证或者户口簿等。

第七十三条　当发生导致最高额抵押权担保的债权被确定的事由，从而使最高额抵押权转变为一般抵押权时，当事人应当持不动产登记证明、最高额抵押权担保的债权已确定的材料等必要材料，申请办理确定最高额抵押权的登记。

第七十四条 最高额抵押权发生转移的，应当持不动产登记证明、部分债权转移的材料、当事人约定最高额抵押权随同部分债权的转让而转移的材料等必要材料，申请办理最高额抵押权转移登记。

债权人转让部分债权，当事人约定最高额抵押权随同部分债权的转让而转移的，应当分别申请下列登记：

（一）当事人约定原抵押权人与受让人共同享有最高额抵押权的，应当申请最高额抵押权的转移登记；

（二）当事人约定受让人享有一般抵押权、原抵押权人就扣减已转移的债权数额后继续享有最高额抵押权的，应当申请一般抵押权的首次登记以及最高额抵押权的变更登记；

（三）当事人约定原抵押权人不再享有最高额抵押权的，应当一并申请最高额抵押权确定登记以及一般抵押权转移登记。

最高额抵押权担保的债权确定前，债权人转让部分债权的，除当事人另有约定外，不动产登记机构不得办理最高额抵押权转移登记。

第七十五条 以建设用地使用权以及全部或者部分在建建筑物设定抵押的，应当一并申请建设用地使用权以及在建建筑物抵押权的首次登记。

当事人申请在建建筑物抵押权首次登记时，抵押财产不包括已经办理预告登记的预购商品房和已经办理预售备案的商品房。

前款规定的在建建筑物，是指正在建造、尚未办理所有权首次登记的房屋等建筑物。

第七十六条 申请在建建筑物抵押权首次登记的，当事人应当提交下列材料：

（一）抵押合同与主债权合同；

（二）享有建设用地使用权的不动产权属证书；

（三）建设工程规划许可证；

（四）其他必要材料。

第七十七条 在建建筑物抵押权变更、转移或者消灭的，当事人应当提交下列材料，申请变更登记、转移登记、注销登记：

（一）不动产登记证明；

（二）在建建筑物抵押权发生变更、转移或者消灭的材料；

（三）其他必要材料。

在建建筑物竣工，办理建筑物所有权首次登记时，当事人应当申请将在建建筑物抵押权登记转为建筑物抵押权登记。

第七十八条 申请预购商品房抵押登记，应当提交下列材料：

（一）抵押合同与主债权合同；

（二）预购商品房预告登记材料；

（三）其他必要材料。

预购商品房办理房屋所有权登记后，当事人应当申请将预购商品房抵押预告登记转为商品房抵押权首次登记。

第五章 其他登记

第一节 更正登记

第七十九条 权利人、利害关系人认为不动产登记簿记载的事项有错误，可以申请更正登记。

权利人申请更正登记的，应当提交下列材料：

（一）不动产权属证书；

（二）证实登记确有错误的材料；

（三）其他必要材料。

利害关系人申请更正登记的，应当提交利害关系材料、证实不动产登记簿记载错误的材料以及其他必要材料。

第八十条 不动产权利人或者利害关系人申请更正登记，不动产登记机构认为不动产登记簿记载确有错误的，应当予以更正；但在错误登记之后已经办理了涉及不动产权利处分的登记、预告登记和查封登记的除外。

不动产权属证书或者不动产登记证明填制错误以及不动产登记机构在办理更正登记中，需要更正不动产权属证书或者不动产登记证明内容的，应当书面通知权利人换发，并把换发不动产权属证书或者不动产登记证明的事项记载于登记簿。

不动产登记簿记载无误的，不动产登记机构不予更正，并书面通知申请人。

第八十一条 不动产登记机构发现不动产登记簿记载的事项错误，应当通知当事人在30个工作日内办理更正登记。当事人逾期不办理的，不动产登记机构应当在公告15个工作日后，依法予以更正；但在错误登记之后已经办理了涉及不动产权利处分的登记、预告登记和查封登记的除外。

第二节　异议登记

第八十二条　利害关系人认为不动产登记簿记载的事项错误，权利人不同意更正的，利害关系人可以申请异议登记。

利害关系人申请异议登记的，应当提交下列材料：

（一）证实对登记的不动产权利有利害关系的材料；

（二）证实不动产登记簿记载的事项错误的材料；

（三）其他必要材料。

第八十三条　不动产登记机构受理异议登记申请的，应当将异议事项记载于不动产登记簿，并向申请人出具异议登记证明。

异议登记申请人应当在异议登记之日起15日内，提交人民法院受理通知书、仲裁委员会受理通知书等提起诉讼、申请仲裁的材料；逾期不提交的，异议登记失效。

异议登记失效后，申请人就同一事项以同一理由再次申请异议登记的，不动产登记机构不予受理。

第八十四条　异议登记期间，不动产登记簿上记载的权利人以及第三人因处分权利申请登记的，不动产登记机构应当书面告知申请人该权利已经存在异议登记的有关事项。申请人申请继续办理的，应当予以办理，但申请人应当提供知悉异议登记存在并自担风险的书面承诺。

第三节　预告登记

第八十五条　有下列情形之一的，当事人可以按照约定申请不动产预告登记：

（一）商品房等不动产预售的；

（二）不动产买卖、抵押的；

（三）以预购商品房设定抵押权的；

（四）法律、行政法规规定的其他情形。

预告登记生效期间，未经预告登记的权利人书面同意，处分该不动产权利申请登记的，不动产登记机构应当不予办理。

预告登记后，债权未消灭且自能够进行相应的不动产登记之日起3个月内，当事人申请不动产登记的，不动产登记机构应当按照预告登记事项办理相应的登记。

第八十六条　申请预购商品房的预告登记，应当提交下列材料：

（一）已备案的商品房预售合同；

（二）当事人关于预告登记的约定；

（三）其他必要材料。

预售人和预购人订立商品房买卖合同后，预售人未按照约定与预购人申请预告登记，预购人可以单方申请预告登记。

预购人单方申请预购商品房预告登记，预售人与预购人在商品房预售合同中对预告登记附有条件和期限的，预购人应当提交相应材料。

申请预告登记的商品房已经办理在建建筑物抵押权首次登记的，当事人应当一并申请在建建筑物抵押权注销登记，并提交不动产权属转移材料、不动产登记证明。不动产登记机构应当先办理在建建筑物抵押权注销登记，再办理预告登记。

第八十七条　申请不动产转移预告登记的，当事人应当提交下列材料：

（一）不动产转让合同；

（二）转让方的不动产权属证书；

（三）当事人关于预告登记的约定；

（四）其他必要材料。

第八十八条　抵押不动产，申请预告登记的，当事人应当提交下列材料：

（一）抵押合同与主债权合同；

（二）不动产权属证书；

（三）当事人关于预告登记的约定；

（四）其他必要材料。

第八十九条　预告登记未到期，有下列情形之一的，当事人可以持不动产登记证明、债权消灭或者权利人放弃预告登记的材料，以及法律、行政法规规定的其他必要材料申请注销预告登记：

（一）预告登记的权利人放弃预告登记的；

（二）债权消灭的；

（三）法律、行政法规规定的其他情形。

第四节　查封登记

第九十条　人民法院要求不动产登记机构办理查封登记的，应当提交下列材料：

（一）人民法院工作人员的工作证；

（二）协助执行通知书；

（三）其他必要材料。

第九十一条　两个以上人民法院查封同一不动产的，不动产登记机构应当为先送达协助执行通知书的人民法院办理查封登记，对后送达协助执行通知书的人民法院办理轮候查封登记。

轮候查封登记的顺序按照人民法院协助执行通知书送达不动产登记机构的时间先后进行排列。

第九十二条 查封期间，人民法院解除查封的，不动产登记机构应当及时根据人民法院协助执行通知书注销查封登记。

不动产查封期限届满，人民法院未续封的，查封登记失效。

第九十三条 人民检察院等其他国家有权机关依法要求不动产登记机构办理查封登记的，参照本节规定办理。

第六章 不动产登记资料的查询、保护和利用

第九十四条 不动产登记资料包括：

（一）不动产登记簿等不动产登记结果；

（二）不动产登记原始资料，包括不动产登记申请书、申请人身份材料、不动产权属来源、登记原因、不动产权籍调查成果等材料以及不动产登记机构审核材料。

不动产登记资料由不动产登记机构管理。不动产登记机构应当建立不动产登记资料管理制度以及信息安全保密制度，建设符合不动产登记资料安全保护标准的不动产登记资料存放场所。

不动产登记资料中属于归档范围的，按照相关法律、行政法规的规定进行归档管理，具体办法由自然资源部会同国家档案主管部门另行制定。

第九十五条 不动产登记机构应当加强不动产登记信息化建设，按照统一的不动产登记信息管理基础平台建设要求和技术标准，做好数据整合、系统建设和信息服务等工作，加强不动产登记信息产品开发和技术创新，提高不动产登记的社会综合效益。

各级不动产登记机构应当采取措施保障不动产登记信息安全。任何单位和个人不得泄露不动产登记信息。

第九十六条 不动产登记机构、不动产交易机构建立不动产登记信息与交易信息互联共享机制，确保不动产登记与交易有序衔接。

不动产交易机构应当将不动产交易信息及时提供给不动产登记机构。不动产登记机构完成登记后，应当将登记信息及时提供给不动产交易机构。

第九十七条 国家实行不动产登记资料依法查询制度。

权利人、利害关系人按照《条例》第二十七条规定依法查询、复制不动产登记资料的，应当到具体办理不动产登记的不动产登记机构申请。

权利人可以查询、复制其不动产登记资料。

因不动产交易、继承、诉讼等涉及的利害关系人可以查询、复制不动产自然状况、权利人及其不动产查封、抵押、预告登记、异议登记等状况。

人民法院、人民检察院、国家安全机关、监察机关等可以依法查询、复制与调查和处理事项有关的不动产登记资料。

其他有关国家机关执行公务依法查询、复制不动产登记资料的，依照本条规定办理。

涉及国家秘密的不动产登记资料的查询，按照保守国家秘密法的有关规定执行。

第九十八条 权利人、利害关系人申请查询、复制不动产登记资料应当提交下列材料：

（一）查询申请书；

（二）查询目的的说明；

（三）申请人的身份材料；

（四）利害关系人查询的，提交证实存在利害关系的材料。

权利人、利害关系人委托他人代为查询的，还应当提交代理人的身份证明材料、授权委托书。权利人查询其不动产登记资料无需提供查询目的的说明。

有关国家机关查询的，应当提供本单位出具的协助查询材料、工作人员的工作证。

第九十九条 有下列情形之一的，不动产登记机构不予查询，并书面告知理由：

（一）申请查询的不动产不属于不动产登记机构管辖范围的；

（二）查询人提交的申请材料不符合规定的；

（三）申请查询的主体或者查询事项不符合规定的；

（四）申请查询的目的不合法的；

（五）法律、行政法规规定的其他情形。

第一百条 对符合本实施细则规定的查询申请，不动产登记机构应当当场提供查询；因情况特殊，不能当场提供查询的，应当在5个工作日内提供查询。

第一百零一条 查询人查询不动产登记资料，

应当在不动产登记机构设定的场所进行。

不动产登记原始资料不得带离设定的场所。

查询人在查询时应当保持不动产登记资料的完好，严禁遗失、拆散、调换、抽取、污损登记资料，也不得损坏查询设备。

第一百零二条 查询人可以查阅、抄录不动产登记资料。查询人要求复制不动产登记资料的，不动产登记机构应当提供复制。

查询人要求出具查询结果证明的，不动产登记机构应当出具查询结果证明。查询结果证明应注明查询目的及日期，并加盖不动产登记机构查询专用章。

第七章 法律责任

第一百零三条 不动产登记机构工作人员违反本实施细则规定，有下列行为之一，依法给予处分；构成犯罪的，依法追究刑事责任：

（一）对符合登记条件的登记申请不予登记，对不符合登记条件的登记申请予以登记；

（二）擅自复制、篡改、毁损、伪造不动产登记簿；

（三）泄露不动产登记资料、登记信息；

（四）无正当理由拒绝申请人查询、复制登记资料；

（五）强制要求权利人更换新的权属证书。

第一百零四条 当事人违反本实施细则规定，有下列行为之一，构成违反治安管理行为的，依法给予治安管理处罚；给他人造成损失的，依法承担赔偿责任；构成犯罪的，依法追究刑事责任：

（一）采用提供虚假材料等欺骗手段申请登记；

（二）采用欺骗手段申请查询、复制登记资料；

（三）违反国家规定，泄露不动产登记资料、登记信息；

（四）查询人遗失、拆散、调换、抽取、污损登记资料的；

（五）擅自将不动产登记资料带离查询场所、损坏查询设备的。

第八章 附则

第一百零五条 本实施细则施行前，依法核发的各类不动产权属证书继续有效。不动产权利未发生变更、转移的，不动产登记机构不得强制要求不动产权利人更换不动产权属证书。

不动产登记过渡期内，农业部会同自然资源部等部门负责指导农村土地承包经营权的统一登记工作，按照农业部有关规定办理耕地的土地承包经营权登记。不动产登记过渡期后，由自然资源部负责指导农村土地承包经营权登记工作。

第一百零六条 不动产信托依法需要登记的，由自然资源部会同有关部门另行规定。

第一百零七条 军队不动产登记，其申请材料经军队不动产主管部门审核后，按照本实施细则规定办理。

第一百零八条 自然资源部委托北京市规划和自然资源委员会直接办理在京中央国家机关的不动产登记。

在京中央国家机关申请不动产登记时，应当提交《不动产登记暂行条例》及本实施细则规定的材料和有关机关事务管理局出具的不动产登记审核意见。不动产权属资料不齐全的，还应当提交由有关机关事务管理局确认盖章的不动产权属来源说明函。不动产权籍调查由有关机关事务管理局会同北京市规划和自然资源委员会组织进行的，还应当提交申请登记不动产单元的不动产权籍调查资料。

北京市规划和自然资源委员会办理在京中央国家机关不动产登记时，应当使用自然资源部制发的“自然资源部不动产登记专用章”。

第一百零九条 本实施细则自公布之日起施行。

最高人民法院关于审理房屋登记案件若干问题的规定

（2010年8月2日最高人民法院审判委员会第1491次会议通过 2010年11月5日最高人民法院公告公布 自2010年11月18日起施行 法释〔2010〕15号）

为正确审理房屋登记案件，根据《中华人民共和国物权法》、《中华人民共和国城市房地产管理法》、《中华人民共和国行政诉讼法》等有关法律规定，结合行政审判实际，制定本规定。

第一条 公民、法人或者其他组织对房屋登记机构的房屋登记行为以及与查询、复制登记资料等事项相关的行政行为或者相应的不作为不服，提起行政诉讼的，人民法院应当依法受理。

第二条 房屋登记机构根据人民法院、仲裁委员会的法律文书或者有权机关的协助执行通知书以及人民政府的征收决定办理的房屋登记行为，公民、法人或者其他组织不服提起行政诉讼的，人民法院不予受理，但公民、法人或者其他组织认为登记与有关文书内容不一致的除外。

房屋登记机构作出未改变登记内容的换发、补发权属证书、登记证明或者更新登记簿的行为，公民、法人或者其他组织不服提起行政诉讼的，人民法院不予受理。

房屋登记机构在行政诉讼法施行前作出的房屋登记行为，公民、法人或者其他组织不服提起行政诉讼的，人民法院不予受理。

第三条 公民、法人或者其他组织对房屋登记行为不服提起行政诉讼的，不受下列情形的影响：

（一）房屋灭失；

（二）房屋登记行为已被登记机构改变；

（三）生效法律文书将房屋权属证书、房屋登记簿或者房屋登记证明作为定案证据采用。

第四条 房屋登记机构为债务人办理房屋转移登记，债权人不服提起诉讼，符合下列情形之一的，人民法院应当依法受理：

（一）以房屋为标的物的债权已办理预告登记的；

（二）债权人为抵押权人且房屋转让未经其同意的；

（三）人民法院依债权人申请对房屋采取强制执行措施并已通知房屋登记机构的；

（四）房屋登记机构工作人员与债务人恶意串通的。

第五条 同一房屋多次转移登记，原房屋权利人、原利害关系人对首次转移登记行为提起行政诉讼的，人民法院应当依法受理。

原房屋权利人、原利害关系人对首次转移登记行为及后续转移登记行为一并提起行政诉讼的，人民法院应当依法受理；人民法院判决驳回原告就在先转移登记行为提出的诉讼请求，或者因保护善意第三人确认在先房屋登记行为违法的，应当裁定驳回原告对后续转移登记行为的起诉。

原房屋权利人、原利害关系人未就首次转移登记行为提起行政诉讼，对后续转移登记行为提起行政诉讼的，人民法院不予受理。

第六条 人民法院受理房屋登记行政案件后，应当通知没有起诉的下列利害关系人作为第三人参加行政诉讼：

（一）房屋登记簿上载明的权利人；

（二）被诉异议登记、更正登记、预告登记的权利人；

（三）人民法院能够确认的其他利害关系人。

第七条 房屋登记行政案件由房屋所在地人民法院管辖，但有下列情形之一的也可由被告所在地人民法院管辖：

（一）请求房屋登记机构履行房屋转移登记、查询、复制登记资料等职责的；

（二）对房屋登记机构收缴房产证行为提起行政诉讼的；

（三）对行政复议改变房屋登记行为提起行政诉讼的。

第八条 当事人以作为房屋登记行为基础的买卖、共有、赠与、抵押、婚姻、继承等民事法律关系无效或者应当撤销为由，对房屋登记行为提起行政诉讼的，人民法院应当告知当事人先行解决民事争议，民事争议处理期间不计算在行政诉讼起诉期限内；已经受理的，裁定中止诉讼。

第九条 被告对被诉房屋登记行为的合法性负举证责任。被告保管证据原件的，应当在法庭上出示。被告不保管原件的，应当提交与原件核对一致的复印件、复制件并作出说明。当事人对被告提交的上述证据提出异议的，应当提供相应的证据。

第十条 被诉房屋登记行为合法的，人民法院应当判决驳回原告的诉讼请求。

第十一条 被诉房屋登记行为涉及多个权利主体或者房屋可分，其中部分主体或者房屋的登记违法应予撤销的，可以判决部分撤销。

被诉房屋登记行为违法，但该行为已被登记机构改变的，判决确认被诉行为违法。

被诉房屋登记行为违法，但判决撤销将给公共利益造成重大损失或者房屋已为第三人善意取得的，判决确认被诉行为违法，不撤销登记行为。

第十二条 申请人提供虚假材料办理房屋登记，给原告造成损害，房屋登记机构未尽合理审慎职责的，应当根据其过错程度及其在损害发生中所起作用承担相应的赔偿责任。

第十三条 房屋登记机构工作人员与第三人

恶意串通违法登记,侵犯原告合法权益的,房屋登记机构与第三人承担连带赔偿责任。

第十四条 最高人民法院以前所作的相关的司法解释,凡与本规定不一致的,以本规定为准。

农村集体土地上的房屋登记行政案件参照本规定。

国有土地上房屋征收与补偿条例

(2011年1月19日国务院第141次常务会议通过 2011年1月21日中华人民共和国国务院令第590号公布 自公布之日起施行)

第一章 总 则

第一条 【立法目的】为了规范国有土地上房屋征收与补偿活动,维护公共利益,保障被征收房屋所有权人的合法权益,制定本条例。

第二条 【适用范围】为了公共利益的需要,征收国有土地上单位、个人的房屋,应当对被征收房屋所有权人(以下称被征收人)给予公平补偿。

第三条 【基本原则】房屋征收与补偿应当遵循决策民主、程序正当、结果公开的原则。

第四条 【行政管辖】市、县级人民政府负责本行政区域的房屋征收与补偿工作。

市、县级人民政府确定的房屋征收部门(以下称房屋征收部门)组织实施本行政区域的房屋征收与补偿工作。

市、县级人民政府有关部门应当依照本条例的规定和本级人民政府规定的职责分工,互相配合,保障房屋征收与补偿工作的顺利进行。

第五条 【房屋征收实施单位】房屋征收部门可以委托房屋征收实施单位,承担房屋征收与补偿的具体工作。房屋征收实施单位不得以营利为目的。

房屋征收部门对房屋征收实施单位在委托范围内实施的房屋征收与补偿行为负责监督,并对其行为后果承担法律责任。

第六条 【主管部门】上级人民政府应当加强对下级人民政府房屋征收与补偿工作的监督。

国务院住房城乡建设主管部门和省、自治区、直辖市人民政府住房城乡建设主管部门应当会同同级财政、国土资源、发展改革等有关部门,加强对房屋征收与补偿实施工作的指导。

第七条 【举报与监察】任何组织和个人对违反本条例规定的行为,都有权向有关人民政府、房屋征收部门和其他有关部门举报。接到举报的有关人民政府、房屋征收部门和其他有关部门对举报应当及时核实、处理。

监察机关应当加强对参与房屋征收与补偿工作的政府和有关部门或者单位及其工作人员的监察。

第二章 征收决定

第八条 【征收情形】为了保障国家安全、促进国民经济和社会发展等公共利益的需要,有下列情形之一,确需征收房屋的,由市、县级人民政府作出房屋征收决定:

(一)国防和外交的需要;

(二)由政府组织实施的能源、交通、水利等基础设施建设的需要;

(三)由政府组织实施的科技、教育、文化、卫生、体育、环境和资源保护、防灾减灾、文物保护、社会福利、市政公用等公共事业的需要;

(四)由政府组织实施的保障性安居工程建设的需要;

(五)由政府依照城乡规划法有关规定组织实施的对危房集中、基础设施落后等地段进行旧城区改建的需要;

(六)法律、行政法规规定的其他公共利益的需要。

第九条 【征收相关建设的要求】依照本条例第八条规定,确需征收房屋的各项建设活动,应当符合国民经济和社会发展规划、土地利用总体规划、城乡规划和专项规划。保障性安居工程建设、旧城区改建,应当纳入市、县级国民经济和社会发展年度计划。

制定国民经济和社会发展规划、土地利用总体规划、城乡规划和专项规划,应当广泛征求社会公众意见,经过科学论证。

第十条 【征收补偿方案】房屋征收部门拟定征收补偿方案,报市、县级人民政府。

市、县级人民政府应当组织有关部门对征收补偿方案进行论证并予以公布,征求公众意见。征求意见期限不得少于30日。

第十一条 【旧城区改建】市、县级人民政府应当将征求意见情况和根据公众意见修改的情况及时公布。

因旧城区改建需要征收房屋,多数被征收人认为征收补偿方案不符合本条例规定的,市、县级人民政府应当组织由被征收人和公众代表参加的听证会,并根据听证会情况修改方案。

第十二条 【社会稳定风险评估】市、县级人民政府作出房屋征收决定前,应当按照有关规定进行社会稳定风险评估;房屋征收决定涉及被征收人数量较多的,应当经政府常务会议讨论决定。

作出房屋征收决定前,征收补偿费用应当足额到位、专户存储、专款专用。

第十三条 【征收公告】市、县级人民政府作出房屋征收决定后应当及时公告。公告应当载明征收补偿方案和行政复议、行政诉讼权利等事项。

市、县级人民政府及房屋征收部门应当做好房屋征收与补偿的宣传、解释工作。

房屋被依法征收的,国有土地使用权同时收回。

第十四条 【征收复议与诉讼】被征收人对市、县级人民政府作出的房屋征收决定不服的,可以依法申请行政复议,也可以依法提起行政诉讼。

第十五条 【征收调查登记】房屋征收部门应当对房屋征收范围内房屋的权属、区位、用途、建筑面积等情况组织调查登记,被征收人应当予以配合。调查结果应当在房屋征收范围内向被征收人公布。

第十六条 【房屋征收范围确定】房屋征收范围确定后,不得在房屋征收范围内实施新建、扩建、改建房屋和改变房屋用途等不当增加补偿费用的行为;违反规定实施的,不予补偿。

房屋征收部门应当将前款所列事项书面通知有关部门暂停办理相关手续。暂停办理相关手续的书面通知应当载明暂停期限。暂停期限最长不得超过1年。

第三章 补 偿

第十七条 【征收补偿范围】作出房屋征收决定的市、县级人民政府对被征收人给予的补偿包括:

(一)被征收房屋价值的补偿;

(二)因征收房屋造成的搬迁、临时安置的补偿;

(三)因征收房屋造成的停产停业损失的补偿。

市、县级人民政府应当制定补助和奖励办法,对被征收人给予补助和奖励。

第十八条 【涉及住房保障情形的征收】征收个人住宅,被征收人符合住房保障条件的,作出房屋征收决定的市、县级人民政府应当优先给予住房保障。具体办法由省、自治区、直辖市制定。

第十九条 【被征收房屋价值的补偿】对被征收房屋价值的补偿,不得低于房屋征收决定公告之日被征收房屋类似房地产的市场价格。被征收房屋的价值,由具有相应资质的房地产价格评估机构按照房屋征收评估办法评估确定。

对评估确定的被征收房屋价值有异议的,可以向房地产价格评估机构申请复核评估。对复核结果有异议的,可以向房地产价格评估专家委员会申请鉴定。

房屋征收评估办法由国务院住房城乡建设主管部门制定,制定过程中,应当向社会公开征求意见。

第二十条 【房地产价格评估机构】房地产价格评估机构由被征收人协商选定;协商不成的,通过多数决定、随机选定等方式确定,具体办法由省、自治区、直辖市制定。

房地产价格评估机构应当独立、客观、公正地开展房屋征收评估工作,任何单位和个人不得干预。

第二十一条 【产权调换】被征收人可以选择货币补偿,也可以选择房屋产权调换。

被征收人选择房屋产权调换的,市、县级人民政府应当提供用于产权调换的房屋,并与被征收人计算、结清被征收房屋价值与用于产权调换房屋价值的差价。

因旧城区改建征收个人住宅,被征收人选择在改建地段进行房屋产权调换的,作出房屋征收决定的市、县级人民政府应当提供改建地段或者就近地段的房屋。

第二十二条 【搬迁与临时安置】因征收房屋造成搬迁的,房屋征收部门应当向被征收人支付搬迁费;选择房屋产权调换的,产权调换房屋交付前,房屋征收部门应当向被征收人支付临时安置费或者提供周转用房。

第二十三条 【停产停业损失的补偿】对因征收房屋造成停产停业损失的补偿，根据房屋被征收前的效益、停产停业期限等因素确定。具体办法由省、自治区、直辖市制定。

第二十四条 【临时建筑】市、县级人民政府及其有关部门应当依法加强对建设活动的监督管理，对违反城乡规划进行建设的，依法予以处理。

市、县级人民政府作出房屋征收决定前，应当组织有关部门依法对征收范围内未经登记的建筑进行调查、认定和处理。对认定为合法建筑和未超过批准期限的临时建筑的，应当给予补偿；对认定为违法建筑和超过批准期限的临时建筑的，不予补偿。

第二十五条 【补偿协议】房屋征收部门与被征收人依照本条例的规定，就补偿方式、补偿金额和支付期限、用于产权调换房屋的地点和面积、搬迁费、临时安置费或者周转用房、停产停业损失、搬迁期限、过渡方式和过渡期限等事项，订立补偿协议。

补偿协议订立后，一方当事人不履行补偿协议约定的义务的，另一方当事人可以依法提起诉讼。

第二十六条 【补偿决定】房屋征收部门与被征收人在征收补偿方案确定的签约期限内达不成补偿协议，或者被征收房屋所有权人不明确的，由房屋征收部门报请作出房屋征收决定的市、县级人民政府依照本条例的规定，按照征收补偿方案作出补偿决定，并在房屋征收范围内予以公告。

补偿决定应当公平，包括本条例第二十五条第一款规定的有关补偿协议的事项。

被征收人对补偿决定不服的，可以依法申请行政复议，也可以依法提起行政诉讼。

第二十七条 【先补偿后搬迁】实施房屋征收应当先补偿、后搬迁。

作出房屋征收决定的市、县级人民政府对被征收人给予补偿后，被征收人应当在补偿协议约定或者补偿决定确定的搬迁期限内完成搬迁。

任何单位和个人不得采取暴力、威胁或者违反规定中断供水、供热、供气、供电和道路通行等非法方式迫使被征收人搬迁。禁止建设单位参与搬迁活动。

第二十八条 【依法申请法院强制执行】被征收人在法定期限内不申请行政复议或者不提起行政诉讼，在补偿决定规定的期限内又不搬迁的，由作出房屋征收决定的市、县级人民政府依法申请人民法院强制执行。

强制执行申请书应当附具补偿金额和专户存储账号、产权调换房屋和周转用房的地点和面积等材料。

第二十九条 【征收补偿档案与审计监督】房屋征收部门应当依法建立房屋征收补偿档案，并将分户补偿情况在房屋征收范围内向被征收人公布。

审计机关应当加强对征收补偿费用管理和使用情况的监督，并公布审计结果。

第四章 法律责任

第三十条 【玩忽职守等法律责任】市、县级人民政府及房屋征收部门的工作人员在房屋征收与补偿工作中不履行本条例规定的职责，或者滥用职权、玩忽职守、徇私舞弊的，由上级人民政府或者本级人民政府责令改正，通报批评；造成损失的，依法承担赔偿责任；对直接负责的主管人员和其他直接责任人员，依法给予处分；构成犯罪的，依法追究刑事责任。

第三十一条 【暴力等非法搬迁法律责任】采取暴力、威胁或者违反规定中断供水、供热、供气、供电和道路通行等非法方式迫使被征收人搬迁，造成损失的，依法承担赔偿责任；对直接负责的主管人员和其他直接责任人员，构成犯罪的，依法追究刑事责任；尚不构成犯罪的，依法给予处分；构成违反治安管理行为的，依法给予治安管理处罚。

第三十二条 【非法阻碍征收与补偿工作法律责任】采取暴力、威胁等方法阻碍依法进行的房屋征收与补偿工作，构成犯罪的，依法追究刑事责任；构成违反治安管理行为的，依法给予治安管理处罚。

第三十三条 【贪污、挪用等法律责任】贪污、挪用、私分、截留、拖欠征收补偿费用的，责令改正，追回有关款项，限期退还违法所得，对有关责任单位通报批评、给予警告；造成损失的，依法承担赔偿责任；对直接负责的主管人员和其他直接责任人员，构成犯罪的，依法追究刑事责任；尚不构成犯罪的，依法给予处分。

第三十四条 【违法评估法律责任】房地产价格评估机构或者房地产估价师出具虚假或者有重大差错的评估报告的，由发证机关责令限期改正，给予警告，对房地产价格评估机构并处5万元以上

20 万元以下罚款,对房地产估价师并处 1 万元以上 3 万元以下罚款,并记入信用档案;情节严重的,吊销资质证书、注册证书;造成损失的,依法承担赔偿责任;构成犯罪的,依法追究刑事责任。

第五章 附 则

第三十五条 【施行日期】本条例自公布之日起施行。2001 年 6 月 13 日国务院公布的《城市房屋拆迁管理条例》同时废止。本条例施行前已依法取得房屋拆迁许可证的项目,继续沿用原有的规定办理,但政府不得责成有关部门强制拆迁。

最高人民法院关于办理申请人民法院强制执行国有土地上房屋征收补偿决定案件若干问题的规定

(2012 年 2 月 27 日最高人民法院审判委员会第 1543 次会议通过 2012 年 3 月 26 日最高人民法院公告公布 自 2012 年 4 月 10 日起施行 法释〔2012〕4 号)

为依法正确办理市、县级人民政府申请人民法院强制执行国有土地上房屋征收补偿决定(以下简称征收补偿决定)案件,维护公共利益,保障被征收房屋所有权人的合法权益,根据《中华人民共和国行政诉讼法》、《中华人民共和国行政强制法》、《国有土地上房屋征收与补偿条例》(以下简称《条例》)等有关法律、行政法规规定,结合审判实际,制定本规定。

第一条 申请人民法院强制执行征收补偿决定案件,由房屋所在地基层人民法院管辖,高级人民法院可以根据本地实际情况决定管辖法院。

第二条 申请机关向人民法院申请强制执行,除提供《条例》第二十八条规定的强制执行申请书及附具材料外,还应当提供下列材料:

(一)征收补偿决定及相关证据和所依据的规范性文件;

(二)征收补偿决定送达凭证、催告情况及房屋被征收人、直接利害关系人的意见;

(三)社会稳定风险评估材料;

(四)申请强制执行的房屋状况;

(五)被执行人的姓名或者名称、住址及与强制执行相关的财产状况等具体情况;

(六)法律、行政法规规定应当提交的其他材料。

强制执行申请书应当由申请机关负责人签名,加盖申请机关印章,并注明日期。

强制执行的申请应当自被执行人的法定起诉期限届满之日起三个月内提出;逾期申请的,除有正当理由外,人民法院不予受理。

第三条 人民法院认为强制执行的申请符合形式要件且材料齐全的,应当在接到申请后五日内立案受理,并通知申请机关;不符合形式要件或者材料不全的应当限期补正,并在最终补正的材料提供后五日内立案受理;不符合形式要件或者逾期无正当理由不补正材料的,裁定不予受理。

申请机关对不予受理的裁定有异议的,可以自收到裁定之日起十五日内向上一级人民法院申请复议,上一级人民法院应当自收到复议申请之日起十五日内作出裁定。

第四条 人民法院应当自立案之日起三十日内作出是否准予执行的裁定;有特殊情况需要延长审查期限的,由高级人民法院批准。

第五条 人民法院在审查期间,可以根据需要调取相关证据、询问当事人、组织听证或者进行现场调查。

第六条 征收补偿决定存在下列情形之一的,人民法院应当裁定不准予执行:

(一)明显缺乏事实根据;

(二)明显缺乏法律、法规依据;

(三)明显不符合公平补偿原则,严重损害被执行人合法权益,或者使被执行人基本生活、生产经营条件没有保障;

(四)明显违反行政目的,严重损害公共利益;

(五)严重违反法定程序或者正当程序;

(六)超越职权;

(七)法律、法规、规章等规定的其他不宜强制执行的情形。

人民法院裁定不准予执行的,应当说明理由,并在五日内将裁定送达申请机关。

第七条 申请机关对不准予执行的裁定有异议的,可以自收到裁定之日起十五日内向上一级人民法院申请复议，上一级人民法院应当自收到复议申请之日起三十日内作出裁定。

第八条 人民法院裁定准予执行的，应当在五日内将裁定送达申请机关和被执行人，并可以根据实际情况建议申请机关依法采取必要措施，保障征收与补偿活动顺利实施。

第九条 人民法院裁定准予执行的，一般由作出征收补偿决定的市、县级人民政府组织实施，也可以由人民法院执行。

第十条 《条例》施行前已依法取得房屋拆迁许可证的项目，人民法院裁定准予执行房屋拆迁裁决的，参照本规定第九条精神办理。

第十一条 最高人民法院以前所作的司法解释与本规定不一致的，按本规定执行。

物业管理条例

（2003年6月8日中华人民共和国国务院令第379号公布　根据2007年8月26日《国务院关于修改〈物业管理条例〉的决定》第一次修订　根据2016年2月6日《国务院关于修改部分行政法规的决定》第二次修订　根据2018年3月19日《国务院关于修改和废止部分行政法规的决定》第三次修订）

第一章　总　　则

第一条 **【立法宗旨】**为了规范物业管理活动，维护业主和物业服务企业的合法权益，改善人民群众的生活和工作环境，制定本条例。

第二条 **【物业管理定义】**本条例所称物业管理，是指业主通过选聘物业服务企业，由业主和物业服务企业按照物业服务合同约定，对房屋及配套的设施设备和相关场地进行维修、养护、管理，维护物业管理区域内的环境卫生和相关秩序的活动。

第三条 **【选择物业服务企业的方式】**国家提倡业主通过公开、公平、公正的市场竞争机制选择物业服务企业。

第四条 **【物业管理发展的途径】**国家鼓励采用新技术、新方法，依靠科技进步提高物业管理和服务水平。

第五条 **【物业管理的监管机关】**国务院建设行政主管部门负责全国物业管理活动的监督管理工作。

县级以上地方人民政府房地产行政主管部门负责本行政区域内物业管理活动的监督管理工作。

第二章　业主及业主大会

第六条 **【业主定义及权利】**房屋的所有权人为业主。

业主在物业管理活动中，享有下列权利：

（一）按照物业服务合同的约定，接受物业服务企业提供的服务；

（二）提议召开业主大会会议，并就物业管理的有关事项提出建议；

（三）提出制定和修改管理规约、业主大会议事规则的建议；

（四）参加业主大会会议，行使投票权；

（五）选举业主委员会成员，并享有被选举权；

（六）监督业主委员会的工作；

（七）监督物业服务企业履行物业服务合同；

（八）对物业共用部位、共用设施设备和相关场地使用情况享有知情权和监督权；

（九）监督物业共用部位、共用设施设备专项维修资金（以下简称专项维修资金）的管理和使用；

（十）法律、法规规定的其他权利。

第七条 **【业主的义务】**业主在物业管理活动中，履行下列义务：

（一）遵守管理规约、业主大会议事规则；

（二）遵守物业管理区域内物业共用部位和共用设施设备的使用、公共秩序和环境卫生的维护等方面的规章制度；

（三）执行业主大会的决定和业主大会授权业主委员会作出的决定；

（四）按照国家有关规定交纳专项维修资金；

（五）按时交纳物业服务费用；

（六）法律、法规规定的其他义务。

第八条 **【业主大会代表业主合法权益】**物业管理区域内全体业主组成业主大会。

业主大会应当代表和维护物业管理区域内全体业主在物业管理活动中的合法权益。

第九条 **【物业管理区域的划分】**一个物业管理区域成立一个业主大会。

物业管理区域的划分应当考虑物业的共用设施设备、建筑物规模、社区建设等因素。具体办法由省、自治区、直辖市制定。

第十条 【业主大会成立方式】同一个物业管理区域内的业主，应当在物业所在地的区、县人民政府房地产行政主管部门或者街道办事处、乡镇人民政府的指导下成立业主大会，并选举产生业主委员会。但是，只有一个业主的，或者业主人数较少且经全体业主一致同意，决定不成立业主大会的，由业主共同履行业主大会、业主委员会职责。

第十一条 【业主共同决定事项】下列事项由业主共同决定：

（一）制定和修改业主大会议事规则；

（二）制定和修改管理规约；

（三）选举业主委员会或者更换业主委员会成员；

（四）选聘和解聘物业服务企业；

（五）筹集和使用专项维修资金；

（六）改建、重建建筑物及其附属设施；

（七）有关共有和共同管理权利的其他重大事项。

第十二条 【业主大会会议的召开方式及决定】业主大会会议可以采用集体讨论的形式，也可以采用书面征求意见的形式；但是，应当有物业管理区域内专有部分占建筑物总面积过半数的业主且占总人数过半数的业主参加。

业主可以委托代理人参加业主大会会议。

业主大会决定本条例第十一条第（五）项和第（六）项规定的事项，应当经专有部分占建筑物总面积2/3以上的业主且占总人数2/3以上的业主同意；决定本条例第十一条规定的其他事项，应当经专有部分占建筑物总面积过半数的业主且占总人数过半数的业主同意。

业主大会或者业主委员会的决定，对业主具有约束力。

业主大会或者业主委员会作出的决定侵害业主合法权益的，受侵害的业主可以请求人民法院予以撤销。

第十三条 【业主大会的会议类型及其启动方式】业主大会会议分为定期会议和临时会议。

业主大会定期会议应当按照业主大会议事规则的规定召开。经20%以上的业主提议，业主委员会应当组织召开业主大会临时会议。

第十四条 【业主大会会议的通知及记录】召开业主大会会议，应当于会议召开15日以前通知全体业主。

住宅小区的业主大会会议，应当同时告知相关的居民委员会。

业主委员会应当做好业主大会会议记录。

第十五条 【业主委员会的性质和职责】业主委员会执行业主大会的决定事项，履行下列职责：

（一）召集业主大会会议，报告物业管理的实施情况；

（二）代表业主与业主大会选聘的物业服务企业签订物业服务合同；

（三）及时了解业主、物业使用人的意见和建议，监督和协助物业服务企业履行物业服务合同；

（四）监督管理规约的实施；

（五）业主大会赋予的其他职责。

第十六条 【业主委员会的登记备案制度及其成员资格】业主委员会应当自选举产生之日起30日内，向物业所在地的区、县人民政府房地产行政主管部门和街道办事处、乡镇人民政府备案。

业主委员会委员应当由热心公益事业、责任心强、具有一定组织能力的业主担任。

业主委员会主任、副主任在业主委员会成员中推选产生。

第十七条 【管理规约】管理规约应当对有关物业的使用、维护、管理，业主的共同利益，业主应当履行的义务，违反管理规约应当承担的责任等事项依法作出约定。

管理规约应当尊重社会公德，不得违反法律、法规或者损害社会公共利益。

管理规约对全体业主具有约束力。

第十八条 【业主大会议事规则】业主大会议事规则应当就业主大会的议事方式、表决程序、业主委员会的组成和成员任期等事项作出约定。

第十九条 【业主大会、业主委员会的职责限制】业主大会、业主委员会应当依法履行职责，不得作出与物业管理无关的决定，不得从事与物业管理无关的活动。

业主大会、业主委员会作出的决定违反法律、法规的，物业所在地的区、县人民政府房地产行政主管部门或者街道办事处、乡镇人民政府，应当责令限期改正或者撤销其决定，并通告全体业主。

第二十条 【业主大会、业主委员会与相关单位的关系】业主大会、业主委员会应当配合公安机关，与居民委员会相互协作，共同做好维护物业管理区域内的社会治安等相关工作。

在物业管理区域内,业主大会、业主委员会应当积极配合相关居民委员会依法履行自治管理职责,支持居民委员会开展工作,并接受其指导和监督。

住宅小区的业主大会、业主委员会作出的决定,应当告知相关的居民委员会,并认真听取居民委员会的建议。

第三章 前期物业管理

第二十一条 【前期物业服务合同】在业主、业主大会选聘物业服务企业之前,建设单位选聘物业服务企业的,应当签订书面的前期物业服务合同。

第二十二条 【临时管理规约】建设单位应当在销售物业之前,制定临时管理规约,对有关物业的使用、维护、管理,业主的共同利益,业主应当履行的义务,违反临时管理规约应当承担的责任等事项依法作出约定。

建设单位制定的临时管理规约,不得侵害物业买受人的合法权益。

第二十三条 【关于对临时管理规约的说明义务以及承诺遵守的义务】建设单位应当在物业销售前将临时管理规约向物业买受人明示,并予以说明。

物业买受人在与建设单位签订物业买卖合同时,应当对遵守临时管理规约予以书面承诺。

第二十四条 【前期物业管理招投标】国家提倡建设单位按照房地产开发与物业管理相分离的原则,通过招投标的方式选聘物业服务企业。

住宅物业的建设单位,应当通过招投标的方式选聘物业服务企业;投标人少于3个或者住宅规模较小的,经物业所在地的区、县人民政府房地产行政主管部门批准,可以采用协议方式选聘物业服务企业。

第二十五条 【买卖合同内容包含前期物业服务合同内容】建设单位与物业买受人签订的买卖合同应当包含前期物业服务合同约定的内容。

第二十六条 【前期物业服务合同期限】前期物业服务合同可以约定期限;但是,期限未满、业主委员会与物业服务企业签订的物业服务合同生效的,前期物业服务合同终止。

第二十七条 【建设单位不得擅自处分业主共有或者共用的物业】业主依法享有的物业共用部位、共用设施设备的所有权或者使用权,建设单位不得擅自处分。

第二十八条 【共用物业的承接验收】物业服务企业承接物业时,应当对物业共用部位、共用设施设备进行查验。

第二十九条 【物业承接验收时应移交的资料】在办理物业承接验收手续时,建设单位应当向物业服务企业移交下列资料:

(一)竣工总平面图,单体建筑、结构、设备竣工图,配套设施、地下管网工程竣工图等竣工验收资料;

(二)设施设备的安装、使用和维护保养等技术资料;

(三)物业质量保修文件和物业使用说明文件;

(四)物业管理所必需的其他资料。

物业服务企业应当在前期物业服务合同终止时将上述资料移交给业主委员会。

第三十条 【物业管理用房】建设单位应当按照规定在物业管理区域内配置必要的物业管理用房。

第三十一条 【建设单位的物业保修责任】建设单位应当按照国家规定的保修期限和保修范围,承担物业的保修责任。

第四章 物业管理服务

第三十二条 【物业服务企业】从事物业管理活动的企业应当具有独立的法人资格。

国务院建设行政主管部门应当会同有关部门建立守信联合激励和失信联合惩戒机制,加强行业诚信管理。

第三十三条 【物业管理区域统一管理】一个物业管理区域由一个物业服务企业实施物业管理。

第三十四条 【物业服务合同】业主委员会应当与业主大会选聘的物业服务企业订立书面的物业服务合同。

物业服务合同应当对物业管理事项、服务质量、服务费用、双方的权利义务、专项维修资金的管理与使用、物业管理用房、合同期限、违约责任等内容进行约定。

第三十五条 【物业服务企业的义务和责任】物业服务企业应当按照物业服务合同的约定,提供相应的服务。

物业服务企业未能履行物业服务合同的约定，导致业主人身、财产安全受到损害的，应当依法承担相应的法律责任。

第三十六条 【物业验收和资料移交】物业服务企业承接物业时，应当与业主委员会办理物业验收手续。

业主委员会应当向物业服务企业移交本条例第二十九条第一款规定的资料。

第三十七条 【物业管理用房所有权属和用途】物业管理用房的所有权依法属于业主。未经业主大会同意，物业服务企业不得改变物业管理用房的用途。

第三十八条 【合同终止时物业服务企业的义务】物业服务合同终止时，物业服务企业应当将物业管理用房和本条例第二十九条第一款规定的资料交还给业主委员会。

物业服务合同终止时，业主大会选聘了新的物业服务企业的，物业服务企业之间应当做好交接工作。

第三十九条 【专项服务业务的转委托】物业服务企业可以将物业管理区域内的专项服务业务委托给专业性服务企业，但不得将该区域内的全部物业管理一并委托给他人。

第四十条 【物业服务收费】物业服务收费应当遵循合理、公开以及费用与服务水平相适应的原则，区别不同物业的性质和特点，由业主和物业服务企业按照国务院价格主管部门会同国务院建设行政主管部门制定的物业服务收费办法，在物业服务合同中约定。

第四十一条 【物业服务费交纳】业主应当根据物业服务合同的约定交纳物业服务费用。业主与物业使用人约定由物业使用人交纳物业服务费用的，从其约定，业主负连带交纳责任。

已竣工但尚未出售或者尚未交给物业买受人的物业，物业服务费用由建设单位交纳。

第四十二条 【物业服务收费监督】县级以上人民政府价格主管部门会同同级房地产行政主管部门，应当加强对物业服务收费的监督。

第四十三条 【业主特约服务】物业服务企业可以根据业主的委托提供物业服务合同约定以外的服务项目，服务报酬由双方约定。

第四十四条 【公用事业单位收费】物业管理区域内，供水、供电、供气、供热、通信、有线电视等单位应当向最终用户收取有关费用。

物业服务企业接受委托代收前款费用的，不得向业主收取手续费等额外费用。

第四十五条 【对违法行为的制止、报告】对物业管理区域内违反有关治安、环保、物业装饰装修和使用等方面法律、法规规定的行为，物业服务企业应当制止，并及时向有关行政管理部门报告。

有关行政管理部门在接到物业服务企业的报告后，应当依法对违法行为予以制止或者依法处理。

第四十六条 【物业服务企业的安全防范义务及保安人员的职责】物业服务企业应当协助做好物业管理区域内的安全防范工作。发生安全事故时，物业服务企业在采取应急措施的同时，应当及时向有关行政管理部门报告，协助做好救助工作。

物业服务企业雇请保安人员的，应当遵守国家有关规定。保安人员在维护物业管理区域内的公共秩序时，应当履行职责，不得侵害公民的合法权益。

第四十七条 【物业使用人的权利义务】物业使用人在物业管理活动中的权利义务由业主和物业使用人约定，但不得违反法律、法规和管理规约的有关规定。

物业使用人违反本条例和管理规约的规定，有关业主应当承担连带责任。

第四十八条 【关于物业管理的投诉】县级以上地方人民政府房地产行政主管部门应当及时处理业主、业主委员会、物业使用人和物业服务企业在物业管理活动中的投诉。

第五章 物业的使用与维护

第四十九条 【改变公共建筑及共用设施用途的程序】物业管理区域内按照规划建设的公共建筑和共用设施，不得改变用途。

业主依法确需改变公共建筑和共用设施用途的，应当在依法办理有关手续后告知物业服务企业；物业服务企业确需改变公共建筑和共用设施用途的，应当提请业主大会讨论决定同意后，由业主依法办理有关手续。

第五十条 【公共道路、场地的占用、挖掘】业主、物业服务企业不得擅自占用、挖掘物业管理区域内的道路、场地，损害业主的共同利益。

因维修物业或者公共利益，业主确需临时占用、挖掘道路、场地的，应当征得业主委员会和物业服务企业的同意；物业服务企业确需临时占用、挖掘道路、场地的，应当征得业主委员会的同意。

业主、物业服务企业应当将临时占用、挖掘的道路、场地，在约定期限内恢复原状。

第五十一条 【公用事业设施维护责任】供水、供电、供气、供热、通信、有线电视等单位，应当依法承担物业管理区域内相关管线和设施设备维修、养护的责任。

前款规定的单位因维修、养护等需要，临时占用、挖掘道路、场地的，应当及时恢复原状。

第五十二条 【关于房屋装饰、装修的告知义务】业主需要装饰装修房屋的，应当事先告知物业服务企业。

物业服务企业应当将房屋装饰装修中的禁止行为和注意事项告知业主。

第五十三条 【专项维修资金】住宅物业、住宅小区内的非住宅物业或者与单幢住宅楼结构相连的非住宅物业的业主，应当按照国家有关规定交纳专项维修资金。

专项维修资金属于业主所有，专项用于物业保修期满后物业共用部位、共用设施设备的维修和更新、改造，不得挪作他用。

专项维修资金收取、使用、管理的办法由国务院建设行政主管部门会同国务院财政部门制定。

第五十四条 【对共用部位、共用设备设施经营的收益】利用物业共用部位、共用设施设备进行经营的，应当在征得相关业主、业主大会、物业服务企业的同意后，按照规定办理有关手续。业主所得收益应当主要用于补充专项维修资金，也可以按照业主大会的决定使用。

第五十五条 【责任人的维修养护义务】物业存在安全隐患，危及公共利益及他人合法权益时，责任人应当及时维修养护，有关业主应当给予配合。

责任人不履行维修养护义务的，经业主大会同意，可以由物业服务企业维修养护，费用由责任人承担。

第六章 法律责任

第五十六条 【建设单位违法选聘物业服务企业的责任】违反本条例的规定，住宅物业的建设单位未通过招投标的方式选聘物业服务企业或者未经批准，擅自采用协议方式选聘物业服务企业的，由县级以上地方人民政府房地产行政主管部门责令限期改正，给予警告，可以并处10万元以下的罚款。

第五十七条 【建设单位擅自处分共用部位的责任】违反本条例的规定，建设单位擅自处分属于业主的物业共用部位、共用设施设备的所有权或者使用权的，由县级以上地方人民政府房地产行政主管部门处5万元以上20万元以下的罚款；给业主造成损失的，依法承担赔偿责任。

第五十八条 【拒不移交资料的行政责任】违反本条例的规定，不移交有关资料的，由县级以上地方人民政府房地产行政主管部门责令限期改正；逾期仍不移交有关资料的，对建设单位、物业服务企业予以通报，处1万元以上10万元以下的罚款。

第五十九条 【违反委托管理限制的责任】违反本条例的规定，物业服务企业将一个物业管理区域内的全部物业管理一并委托给他人的，由县级以上地方人民政府房地产行政主管部门责令限期改正，处委托合同价款30%以上50%以下的罚款。委托所得收益，用于物业管理区域内物业共用部位、共用设施设备的维修、养护，剩余部分按照业主大会的决定使用；给业主造成损失的，依法承担赔偿责任。

第六十条 【挪用专项维修资金的责任】违反本条例的规定，挪用专项维修资金的，由县级以上地方人民政府房地产行政主管部门追回挪用的专项维修资金，给予警告，没收违法所得，可以并处挪用数额2倍以下的罚款；构成犯罪的，依法追究直接负责的主管人员和其他直接责任人员的刑事责任。

第六十一条 【建设单位不配置物业管理用房的责任】违反本条例的规定，建设单位在物业管理区域内不按照规定配置必要的物业管理用房的，由县级以上地方人民政府房地产行政主管部门责令限期改正，给予警告，没收违法所得，并处10万元以上50万元以下的罚款。

第六十二条 【擅自改变物业管理用房的用途的责任】违反本条例的规定，未经业主大会同意，物业服务企业擅自改变物业管理用房的用途的，由县级以上地方人民政府房地产行政主管部门责令限期改正,给予警告,并处1万元以上10万元以下的罚款;有收益的,所得收益用于物业管理区域内物业共用部位、共用设施设备的维修、养护,剩余部分按照业主大会的决定使用。

第六十三条 【擅自行为的责任】违反本条例的规定,有下列行为之一的,由县级以上地方人民政府房地产行政主管部门责令限期改正,给予警告,并按照本条第二款的规定处以罚款;所得收益,用于物业管理区域内物业共用部位、共用设施设备的维修、养护,剩余部分按照业主大会的决定使用:

(一)擅自改变物业管理区域内按照规划建设的公共建筑和共用设施用途的;

(二)擅自占用、挖掘物业管理区域内道路、场地,损害业主共同利益的;

(三)擅自利用物业共用部位、共用设施设备进行经营的。

个人有前款规定行为之一的,处1000元以上1万元以下的罚款;单位有前款规定行为之一的,处5万元以上20万元以下的罚款。

第六十四条 【逾期不交纳物业服务费的责任】违反物业服务合同约定,业主逾期不交纳物业服务费用的,业主委员会应当督促其限期交纳;逾期仍不交纳的,物业服务企业可以向人民法院起诉。

第六十五条 【业主以业主大会或者业主委员会的名义从事违法活动的责任】业主以业主大会或者业主委员会的名义,从事违反法律、法规的活动,构成犯罪的,依法追究刑事责任;尚不构成犯罪的,依法给予治安管理处罚。

第六十六条 【公务人员违法行为的责任】违反本条例的规定,国务院建设行政主管部门、县级以上地方人民政府房地产行政主管部门或者其他有关行政管理部门的工作人员利用职务上的便利,收受他人财物或者其他好处,不依法履行监督管理职责,或者发现违法行为不予查处,构成犯罪的,依法追究刑事责任;尚不构成犯罪的,依法给予行政处分。

第七章 附 则

第六十七条 【施行时间】本条例自2003年9月1日起施行。

最高人民法院关于审理物业服务纠纷案件适用法律若干问题的解释

(2009年4月20日最高人民法院审判委员会第1466次会议通过 根据2020年12月23日最高人民法院审判委员会第1823次会议通过的《最高人民法院关于修改〈最高人民法院关于在民事审判工作中适用《中华人民共和国工会法》若干问题的解释〉等二十七件民事类司法解释的决定》修正)

为正确审理物业服务纠纷案件,依法保护当事人的合法权益,根据《中华人民共和国民法典》等法律规定,结合民事审判实践,制定本解释。

第一条 【业主违约责任】业主违反物业服务合同或者法律、法规、管理规约,实施妨碍物业服务与管理的行为,物业服务人请求业主承担停止侵害、排除妨碍、恢复原状等相应民事责任的,人民法院应予支持。

第二条 【违规收费的处理】物业服务人违反物业服务合同约定或者法律、法规、部门规章规定,擅自扩大收费范围、提高收费标准或者重复收费,业主以违规收费为由提出抗辩的,人民法院应予支持。

业主请求物业服务人退还其已经收取的违规费用的,人民法院应予支持。

第三条 【物业费的退还与补交】物业服务合同的权利义务终止后,业主请求物业服务人退还已经预收,但尚未提供物业服务期间的物业费的,人民法院应予支持。

第四条 【物业使用人参照适用】因物业的承租人、借用人或者其他物业使用人实施违反物业服务合同,以及法律、法规或者管理规约的行为引起的物业服务纠纷,人民法院可以参照关于业主的规定处理。

第五条 【施行日期】本解释自2009年10月1日起施行。

本解释施行前已经终审,本解释施行后当事人申请再审或者按照审判监督程序决定再审的案件,不适用本解释。

(一)财　政

中华人民共和国预算法

(1994年3月22日第八届全国人民代表大会第二次会议通过　根据2014年8月31日第十二届全国人民代表大会常务委员会第十次会议《关于修改〈中华人民共和国预算法〉的决定》第一次修正　根据2018年12月29日第十三届全国人民代表大会常务委员会第七次会议《关于修改〈中华人民共和国产品质量法〉等五部法律的决定》第二次修正)

目　录

第一章　总　则
第二章　预算管理职权
第三章　预算收支范围
第四章　预算编制
第五章　预算审查和批准
第六章　预算执行
第七章　预算调整
第八章　决　算
第九章　监　督
第十章　法律责任
第十一章　附　则

第一章　总　则

第一条　为了规范政府收支行为,强化预算约束,加强对预算的管理和监督,建立健全全面规范、公开透明的预算制度,保障经济社会的健康发展,根据宪法,制定本法。

第二条　预算、决算的编制、审查、批准、监督,以及预算的执行和调整,依照本法规定执行。

第三条　国家实行一级政府一级预算,设立中央,省、自治区、直辖市,设区的市、自治州,县、自治县、不设区的市、市辖区,乡、民族乡、镇五级预算。

全国预算由中央预算和地方预算组成。地方预算由各省、自治区、直辖市总预算组成。

地方各级总预算由本级预算和汇总的下一级总预算组成;下一级只有本级预算的,下一级总预算即指下一级的本级预算。没有下一级预算的,总预算即指本级预算。

第四条　预算由预算收入和预算支出组成。

政府的全部收入和支出都应当纳入预算。

第五条　预算包括一般公共预算、政府性基金预算、国有资本经营预算、社会保险基金预算。

一般公共预算、政府性基金预算、国有资本经营预算、社会保险基金预算应当保持完整、独立。政府性基金预算、国有资本经营预算、社会保险基金预算应当与一般公共预算相衔接。

第六条　一般公共预算是对以税收为主体的财政收入,安排用于保障和改善民生、推动经济社会发展、维护国家安全、维持国家机构正常运转等方面的收支预算。

中央一般公共预算包括中央各部门(含直属单位,下同)的预算和中央对地方的税收返还、转移支付预算。

中央一般公共预算收入包括中央本级收入和地方向中央的上解收入。中央一般公共预算支出包括中央本级支出、中央对地方的税收返还和转移支付。

第七条　地方各级一般公共预算包括本级各部门(含直属单位,下同)的预算和税收返还、转移支付预算。

地方各级一般公共预算收入包括地方本级收入、上级政府对本级政府的税收返还和转移支付、下级政府的上解收入。地方各级一般公共预算支出包括地方本级支出、对上级政府的上解支出、对下级政府的税收返还和转移支付。

第八条　各部门预算由本部门及其所属各单位预算组成。

第九条　政府性基金预算是对依照法律、行政法规的规定在一定期限内向特定对象征收、收取或者以其他方式筹集的资金,专项用于特定公共事业发展的收支预算。

政府性基金预算应当根据基金项目收入情况和实际支出需要,按基金项目编制,做到以收定支。

第十条　国有资本经营预算是对国有资本收益作出支出安排的收支预算。

国有资本经营预算应当按照收支平衡的原则编制,不列赤字,并安排资金调入一般公共预算。

经济法

第十一条 社会保险基金预算是对社会保险缴款、一般公共预算安排和其他方式筹集的资金，专项用于社会保险的收支预算。

社会保险基金预算应当按照统筹层次和社会保险项目分别编制，做到收支平衡。

第十二条 各级预算应当遵循统筹兼顾、勤俭节约、量力而行、讲求绩效和收支平衡的原则。

各级政府应当建立跨年度预算平衡机制。

第十三条 经人民代表大会批准的预算，非经法定程序，不得调整。各级政府、各部门、各单位的支出必须以经批准的预算为依据，未列入预算的不得支出。

第十四条 经本级人民代表大会或者本级人民代表大会常务委员会批准的预算、预算调整、决算、预算执行情况的报告及报表，应当在批准后二十日内由本级政府财政部门向社会公开，并对本级政府财政转移支付安排、执行的情况以及举借债务的情况等重要事项作出说明。

经本级政府财政部门批复的部门预算、决算及报表，应当在批复后二十日内由各部门向社会公开，并对部门预算、决算中机关运行经费的安排、使用情况等重要事项作出说明。

各级政府、各部门、各单位应当将政府采购的情况及时向社会公开。

本条前三款规定的公开事项，涉及国家秘密的除外。

第十五条 国家实行中央和地方分税制。

第十六条 国家实行财政转移支付制度。财政转移支付应当规范、公平、公开，以推进地区间基本公共服务均等化为主要目标。

财政转移支付包括中央对地方的转移支付和地方上级政府对下级政府的转移支付，以为均衡地区间基本财力、由下级政府统筹安排使用的一般性转移支付为主体。

按照法律、行政法规和国务院的规定可以设立专项转移支付，用于办理特定事项。建立健全专项转移支付定期评估和退出机制。市场竞争机制能够有效调节的事项不得设立专项转移支付。

上级政府在安排专项转移支付时，不得要求下级政府承担配套资金。但是，按照国务院的规定应当由上下级政府共同承担的事项除外。

第十七条 各级预算的编制、执行应当建立健全相互制约、相互协调的机制。

第十八条 预算年度自公历一月一日起，至十二月三十一日止。

第十九条 预算收入和预算支出以人民币元为计算单位。

第二章 预算管理职权

第二十条 全国人民代表大会审查中央和地方预算草案及中央和地方预算执行情况的报告；批准中央预算和中央预算执行情况的报告；改变或者撤销全国人民代表大会常务委员会关于预算、决算的不适当的决议。

全国人民代表大会常务委员会监督中央和地方预算的执行；审查和批准中央预算的调整方案；审查和批准中央决算；撤销国务院制定的同宪法、法律相抵触的关于预算、决算的行政法规、决定和命令；撤销省、自治区、直辖市人民代表大会及其常务委员会制定的同宪法、法律和行政法规相抵触的关于预算、决算的地方性法规和决议。

第二十一条 县级以上地方各级人民代表大会审查本级总预算草案及本级总预算执行情况的报告；批准本级预算和本级预算执行情况的报告；改变或者撤销本级人民代表大会常务委员会关于预算、决算的不适当的决议；撤销本级政府关于预算、决算的不适当的决定和命令。

县级以上地方各级人民代表大会常务委员会监督本级总预算的执行；审查和批准本级预算的调整方案；审查和批准本级决算；撤销本级政府和下一级人民代表大会及其常务委员会关于预算、决算的不适当的决定、命令和决议。

乡、民族乡、镇的人民代表大会审查和批准本级预算和本级预算执行情况的报告；监督本级预算的执行；审查和批准本级预算的调整方案；审查和批准本级决算；撤销本级政府关于预算、决算的不适当的决定和命令。

第二十二条 全国人民代表大会财政经济委员会对中央预算草案初步方案及上一年预算执行情况、中央预算调整初步方案和中央决算草案进行初步审查，提出初步审查意见。

省、自治区、直辖市人民代表大会有关专门委员会对本级预算草案初步方案及上一年预算执行情况、本级预算调整初步方案和本级决算草案进行初步审查，提出初步审查意见。

设区的市、自治州人民代表大会有关专门委员会对本级预算草案初步方案及上一年预算执行情况、本级预算调整初步方案和本级决算草案进行初步审查,提出初步审查意见,未设立专门委员会的,由本级人民代表大会常务委员会有关工作机构研究提出意见。

县、自治县、不设区的市、市辖区人民代表大会常务委员会对本级预算草案初步方案及上一年预算执行情况进行初步审查,提出初步审查意见。县、自治县、不设区的市、市辖区人民代表大会常务委员会有关工作机构对本级预算调整初步方案和本级决算草案研究提出意见。

设区的市、自治州以上各级人民代表大会有关专门委员会进行初步审查、常务委员会有关工作机构研究提出意见时,应当邀请本级人民代表大会代表参加。

对依照本条第一款至第四款规定提出的意见,本级政府财政部门应当将处理情况及时反馈。

依照本条第一款至第四款规定提出的意见以及本级政府财政部门反馈的处理情况报告,应当印发本级人民代表大会代表。

全国人民代表大会常务委员会和省、自治区、直辖市、设区的市、自治州人民代表大会常务委员会有关工作机构,依照本级人民代表大会常务委员会的决定,协助本级人民代表大会财政经济委员会或者有关专门委员会承担审查预算草案、预算调整方案、决算草案和监督预算执行等方面的具体工作。

第二十三条 国务院编制中央预算、决算草案;向全国人民代表大会作关于中央和地方预算草案的报告;将省、自治区、直辖市政府报送备案的预算汇总后报全国人民代表大会常务委员会备案;组织中央和地方预算的执行;决定中央预算预备费的动用;编制中央预算调整方案;监督中央各部门和地方政府的预算执行;改变或者撤销中央各部门和地方政府关于预算、决算的不适当的决定、命令;向全国人民代表大会、全国人民代表大会常务委员会报告中央和地方预算的执行情况。

第二十四条 县级以上地方各级政府编制本级预算、决算草案;向本级人民代表大会作关于本级总预算草案的报告;将下一级政府报送备案的预算汇总后报本级人民代表大会常务委员会备案;组织本级总预算的执行;决定本级预算预备费的动用;编制本级预算的调整方案;监督本级各部门和下级政府的预算执行;改变或者撤销本级各部门和下级政府关于预算、决算的不适当的决定、命令;向本级人民代表大会、本级人民代表大会常务委员会报告本级总预算的执行情况。

乡、民族乡、镇政府编制本级预算、决算草案;向本级人民代表大会作关于本级预算草案的报告;组织本级预算的执行;决定本级预算预备费的动用;编制本级预算的调整方案;向本级人民代表大会报告本级预算的执行情况。

经省、自治区、直辖市政府批准,乡、民族乡、镇本级预算草案、预算调整方案、决算草案,可以由上一级政府代编,并依照本法第二十一条的规定报乡、民族乡、镇的人民代表大会审查和批准。

第二十五条 国务院财政部门具体编制中央预算、决算草案;具体组织中央和地方预算的执行;提出中央预算预备费动用方案;具体编制中央预算的调整方案;定期向国务院报告中央和地方预算的执行情况。

地方各级政府财政部门具体编制本级预算、决算草案;具体组织本级总预算的执行;提出本级预算预备费动用方案;具体编制本级预算的调整方案;定期向本级政府和上一级政府财政部门报告本级总预算的执行情况。

第二十六条 各部门编制本部门预算、决算草案;组织和监督本部门预算的执行;定期向本级政府财政部门报告预算的执行情况。

各单位编制本单位预算、决算草案;按照国家规定上缴预算收入,安排预算支出,并接受国家有关部门的监督。

第三章 预算收支范围

第二十七条 一般公共预算收入包括各项税收收入、行政事业性收费收入、国有资源(资产)有偿使用收入、转移性收入和其他收入。

一般公共预算支出按照其功能分类,包括一般公共服务支出,外交、公共安全、国防支出,农业、环境保护支出,教育、科技、文化、卫生、体育支出,社会保障及就业支出和其他支出。

一般公共预算支出按照其经济性质分类,包括工资福利支出、商品和服务支出、资本性支出和其他支出。

第二十八条 政府性基金预算、国有资本经营预算和社会保险基金预算的收支范围,按照法律、行政法规和国务院的规定执行。

第二十九条 中央预算与地方预算有关收入和支出项目的划分、地方向中央上解收入、中央对地方税收返还或者转移支付的具体办法，由国务院规定，报全国人民代表大会常务委员会备案。

第三十条 上级政府不得在预算之外调用下级政府预算的资金。下级政府不得挤占或者截留属于上级政府预算的资金。

第四章 预算编制

第三十一条 国务院应当及时下达关于编制下一年预算草案的通知。编制预算草案的具体事项由国务院财政部门部署。

各级政府、各部门、各单位应当按照国务院规定的时间编制预算草案。

第三十二条 各级预算应当根据年度经济社会发展目标、国家宏观调控总体要求和跨年度预算平衡的需要，参考上一年预算执行情况、有关支出绩效评价结果和本年度收支预测，按照规定程序征求各方面意见后，进行编制。

各级政府依据法定权限作出决定或者制定行政措施，凡涉及增加或者减少财政收入或者支出的，应当在预算批准前提出并在预算草案中作出相应安排。

各部门、各单位应当按照国务院财政部门制定的政府收支分类科目、预算支出标准和要求，以及绩效目标管理等预算编制规定，根据其依法履行职能和事业发展的需要以及存量资产情况，编制本部门、本单位预算草案。

前款所称政府收支分类科目，收入分为类、款、项、目；支出按其功能分类分为类、款、项，按其经济性质分类分为类、款。

第三十三条 省、自治区、直辖市政府应当按照国务院规定的时间，将本级总预算草案报国务院审核汇总。

第三十四条 中央一般公共预算中必需的部分资金，可以通过举借国内和国外债务等方式筹措，举借债务应当控制适当的规模，保持合理的结构。

对中央一般公共预算中举借的债务实行余额管理，余额的规模不得超过全国人民代表大会批准的限额。

国务院财政部门具体负责对中央政府债务的统一管理。

第三十五条 地方各级预算按照量入为出、收支平衡的原则编制，除本法另有规定外，不列赤字。

经国务院批准的省、自治区、直辖市的预算中必需的建设投资的部分资金，可以在国务院确定的限额内，通过发行地方政府债券举借债务的方式筹措。举借债务的规模，由国务院报全国人民代表大会或者全国人民代表大会常务委员会批准。省、自治区、直辖市依照国务院下达的限额举借的债务，列入本级预算调整方案，报本级人民代表大会常务委员会批准。举借的债务应当有偿还计划和稳定的偿还资金来源，只能用于公益性资本支出，不得用于经常性支出。

除前款规定外，地方政府及其所属部门不得以任何方式举借债务。

除法律另有规定外，地方政府及其所属部门不得为任何单位和个人的债务以任何方式提供担保。

国务院建立地方政府债务风险评估和预警机制、应急处置机制以及责任追究制度。国务院财政部门对地方政府债务实施监督。

第三十六条 各级预算收入的编制，应当与经济社会发展水平相适应，与财政政策相衔接。

各级政府、各部门、各单位应当依照本法规定，将所有政府收入全部列入预算，不得隐瞒、少列。

第三十七条 各级预算支出应当依照本法规定，按其功能和经济性质分类编制。

各级预算支出的编制，应当贯彻勤俭节约的原则，严格控制各部门、各单位的机关运行经费和楼堂馆所等基本建设支出。

各级一般公共预算支出的编制，应当统筹兼顾，在保证基本公共服务合理需要的前提下，优先安排国家确定的重点支出。

第三十八条 一般性转移支付应当按照国务院规定的基本标准和计算方法编制。专项转移支付应当分地区、分项目编制。

县级以上各级政府应当将对下级政府的转移支付预计数提前下达下级政府。

地方各级政府应当将上级政府提前下达的转移支付预计数编入本级预算。

第三十九条 中央预算和有关地方预算中应当安排必要的资金，用于扶助革命老区、民族地区、边疆地区、贫困地区发展经济社会建设事业。

第四十条 各级一般公共预算应当按照本级

一般公共预算支出额的百分之一至百分之三设置预备费，用于当年预算执行中的自然灾害等突发事件处理增加的支出及其他难以预见的开支。

第四十一条 各级一般公共预算按照国务院的规定可以设置预算周转金，用于本级政府调剂预算年度内季节性收支差额。

各级一般公共预算按照国务院的规定可以设置预算稳定调节基金，用于弥补以后年度预算资金的不足。

第四十二条 各级政府上一年预算的结转资金，应当在下一年用于结转项目的支出；连续两年未用完的结转资金，应当作为结余资金管理。

各部门、各单位上一年预算的结转、结余资金按照国务院财政部门的规定办理。

第五章 预算审查和批准

第四十三条 中央预算由全国人民代表大会审查和批准。

地方各级预算由本级人民代表大会审查和批准。

第四十四条 国务院财政部门应当在每年全国人民代表大会会议举行的四十五日前，将中央预算草案的初步方案提交全国人民代表大会财政经济委员会进行初步审查。

省、自治区、直辖市政府财政部门应当在本级人民代表大会会议举行的三十日前，将本级预算草案的初步方案提交本级人民代表大会有关专门委员会进行初步审查。

设区的市、自治州政府财政部门应当在本级人民代表大会会议举行的三十日前，将本级预算草案的初步方案提交本级人民代表大会有关专门委员会进行初步审查，或者送交本级人民代表大会常务委员会有关工作机构征求意见。

县、自治县、不设区的市、市辖区政府应当在本级人民代表大会会议举行的三十日前，将本级预算草案的初步方案提交本级人民代表大会常务委员会进行初步审查。

第四十五条 县、自治县、不设区的市、市辖区、乡、民族乡、镇的人民代表大会举行会议审查预算草案前，应当采用多种形式，组织本级人民代表大会代表，听取选民和社会各界的意见。

第四十六条 报送各级人民代表大会审查和批准的预算草案应当细化。本级一般公共预算支出，按其功能分类应当编列到项；按其经济性质分类，基本支出应当编列到款。本级政府性基金预算、国有资本经营预算、社会保险基金预算支出，按其功能分类应当编列到项。

第四十七条 国务院在全国人民代表大会举行会议时，向大会作关于中央和地方预算草案以及中央和地方预算执行情况的报告。

地方各级政府在本级人民代表大会举行会议时，向大会作关于总预算草案和总预算执行情况的报告。

第四十八条 全国人民代表大会和地方各级人民代表大会对预算草案及其报告、预算执行情况的报告重点审查下列内容：

（一）上一年预算执行情况是否符合本级人民代表大会预算决议的要求；

（二）预算安排是否符合本法的规定；

（三）预算安排是否贯彻国民经济和社会发展的方针政策，收支政策是否切实可行；

（四）重点支出和重大投资项目的预算安排是否适当；

（五）预算的编制是否完整，是否符合本法第四十六条的规定；

（六）对下级政府的转移性支出预算是否规范、适当；

（七）预算安排举借的债务是否合法、合理，是否有偿还计划和稳定的偿还资金来源；

（八）与预算有关重要事项的说明是否清晰。

第四十九条 全国人民代表大会财政经济委员会向全国人民代表大会主席团提出关于中央和地方预算草案及中央和地方预算执行情况的审查结果报告。

省、自治区、直辖市、设区的市、自治州人民代表大会有关专门委员会，县、自治县、不设区的市、市辖区人民代表大会常务委员会，向本级人民代表大会主席团提出关于总预算草案及上一年总预算执行情况的审查结果报告。

审查结果报告应当包括下列内容：

（一）对上一年预算执行和落实本级人民代表大会预算决议的情况作出评价；

（二）对本年度预算草案是否符合本法的规定，是否可行作出评价；

（三）对本级人民代表大会批准预算草案和预算报告提出建议；

（四）对执行年度预算、改进预算管理、提高预算绩效、加强预算监督等提出意见和建议。

第五十条 乡、民族乡、镇政府应当及时将经本级人民代表大会批准的本级预算报上一级政府备案。县级以上地方各级政府应当及时将经本级人民代表大会批准的本级预算及下一级政府报送备案的预算汇总，报上一级政府备案。

县级以上地方各级政府将下一级政府依照前款规定报送备案的预算汇总后，报本级人民代表大会常务委员会备案。国务院将省、自治区、直辖市政府依照前款规定报送备案的预算汇总后，报全国人民代表大会常务委员会备案。

第五十一条 国务院和县级以上地方各级政府对下一级政府依照本法第五十条规定报送备案的预算，认为有同法律、行政法规相抵触或者有其他不适当之处，需要撤销批准预算的决议的，应当提请本级人民代表大会常务委员会审议决定。

第五十二条 各级预算经本级人民代表大会批准后，本级政府财政部门应当在二十日内向本级各部门批复预算。各部门应当在接到本级政府财政部门批复的本部门预算后十五日内向所属各单位批复预算。

中央对地方的一般性转移支付应当在全国人民代表大会批准预算后三十日内正式下达。中央对地方的专项转移支付应当在全国人民代表大会批准预算后九十日内正式下达。

省、自治区、直辖市政府接到中央一般性转移支付和专项转移支付后，应当在三十日内正式下达到本行政区域县级以上各级政府。

县级以上地方各级预算安排对下级政府的一般性转移支付和专项转移支付，应当分别在本级人民代表大会批准预算后的三十日和六十日内正式下达。

对自然灾害等突发事件处理的转移支付，应当及时下达预算；对据实结算等特殊项目的转移支付，可以分期下达预算，或者先预付后结算。

县级以上各级政府财政部门应当将批复本级各部门的预算和批复下级政府的转移支付预算，抄送本级人民代表大会财政经济委员会、有关专门委员会和常务委员会有关工作机构。

第六章 预算执行

第五十三条 各级预算由本级政府组织执行，具体工作由本级政府财政部门负责。

各部门、各单位是本部门、本单位的预算执行主体，负责本部门、本单位的预算执行，并对执行结果负责。

第五十四条 预算年度开始后，各级预算草案在本级人民代表大会批准前，可以安排下列支出：

（一）上一年度结转的支出；

（二）参照上一年同期的预算支出数额安排必须支付的本年度部门基本支出、项目支出，以及对下级政府的转移性支出；

（三）法律规定必须履行支付义务的支出，以及用于自然灾害等突发事件处理的支出。

根据前款规定安排支出的情况，应当在预算草案的报告中作出说明。

预算经本级人民代表大会批准后，按照批准的预算执行。

第五十五条 预算收入征收部门和单位，必须依照法律、行政法规的规定，及时、足额征收应征的预算收入。不得违反法律、行政法规规定，多征、提前征收或者减征、免征、缓征应征的预算收入，不得截留、占用或者挪用预算收入。

各级政府不得向预算收入征收部门和单位下达收入指标。

第五十六条 政府的全部收入应当上缴国家金库（以下简称国库），任何部门、单位和个人不得截留、占用、挪用或者拖欠。

对于法律有明确规定或者经国务院批准的特定专用资金，可以依照国务院的规定设立财政专户。

第五十七条 各级政府财政部门必须依照法律、行政法规和国务院财政部门的规定，及时、足额地拨付预算支出资金，加强对预算支出的管理和监督。

各级政府、各部门、各单位的支出必须按照预算执行，不得虚假列支。

各级政府、各部门、各单位应当对预算支出情况开展绩效评价。

第五十八条 各级预算的收入和支出实行收付实现制。

特定事项按照国务院的规定实行权责发生制的有关情况，应当向本级人民代表大会常务委员会报告。

第五十九条 县级以上各级预算必须设立国库；具备条件的乡、民族乡、镇也应当设立国库。

中央国库业务由中国人民银行经理，地方国库业务依照国务院的有关规定办理。

各级国库应当按照国家有关规定，及时准确地办理预算收入的收纳、划分、留解、退付和预算支出的拨付。

各级国库库款的支配权属于本级政府财政部门。除法律、行政法规另有规定外，未经本级政府财政部门同意，任何部门、单位和个人都无权冻结、动用国库库款或者以其他方式支配已入国库的库款。

各级政府应当加强对本级国库的管理和监督，按照国务院的规定完善国库现金管理，合理调节国库资金余额。

第六十条 已经缴入国库的资金，依照法律、行政法规的规定或者国务院的决定需要退付的，各级政府财政部门或者其授权的机构应当及时办理退付。按照规定应当由财政支出安排的事项，不得用退库处理。

第六十一条 国家实行国库集中收缴和集中支付制度，对政府全部收入和支出实行国库集中收付管理。

第六十二条 各级政府应当加强对预算执行的领导，支持政府财政、税务、海关等预算收入的征收部门依法组织预算收入，支持政府财政部门严格管理预算支出。

财政、税务、海关等部门在预算执行中，应当加强对预算执行的分析；发现问题时应当及时建议本级政府采取措施予以解决。

第六十三条 各部门、各单位应当加强对预算收入和支出的管理，不得截留或者动用应当上缴的预算收入，不得擅自改变预算支出的用途。

第六十四条 各级预算预备费的动用方案，由本级政府财政部门提出，报本级政府决定。

第六十五条 各级预算周转金由本级政府财政部门管理，不得挪作他用。

第六十六条 各级一般公共预算年度执行中有超收收入的，只能用于冲减赤字或者补充预算稳定调节基金。

各级一般公共预算的结余资金，应当补充预算稳定调节基金。

省、自治区、直辖市一般公共预算年度执行中出现短收，通过调入预算稳定调节基金、减少支出等方式仍不能实现收支平衡的，省、自治区、直辖市政府报本级人民代表大会或者其常务委员会批准，可以增列赤字，报国务院财政部门备案，并应当在下一年度预算中予以弥补。

第七章 预算调整

第六十七条 经全国人民代表大会批准的中央预算和经地方各级人民代表大会批准的地方各级预算，在执行中出现下列情况之一的，应当进行预算调整：

（一）需要增加或者减少预算总支出的；

（二）需要调入预算稳定调节基金的；

（三）需要调减预算安排的重点支出数额的；

（四）需要增加举借债务数额的。

第六十八条 在预算执行中，各级政府一般不制定新的增加财政收入或者支出的政策和措施，也不制定减少财政收入的政策和措施；必须作出并需要进行预算调整的，应当在预算调整方案中作出安排。

第六十九条 在预算执行中，各级政府对于必须进行的预算调整，应当编制预算调整方案。预算调整方案应当说明预算调整的理由、项目和数额。

在预算执行中，由于发生自然灾害等突发事件，必须及时增加预算支出的，应当先动支预备费；预备费不足支出的，各级政府可以先安排支出，属于预算调整的，列入预算调整方案。

国务院财政部门应当在全国人民代表大会常务委员会举行会议审查和批准预算调整方案的三十日前，将预算调整初步方案送交全国人民代表大会财政经济委员会进行初步审查。

省、自治区、直辖市政府财政部门应当在本级人民代表大会常务委员会举行会议审查和批准预算调整方案的三十日前，将预算调整初步方案送交本级人民代表大会有关专门委员会进行初步审查。

设区的市、自治州政府财政部门应当在本级人民代表大会常务委员会举行会议审查和批准预算调整方案的三十日前，将预算调整初步方案送交本级人民代表大会有关专门委员会进行初步审查，或者送交本级人民代表大会常务委员会有关工作机构征求意见。

县、自治县、不设区的市、市辖区政府财政部门应当在本级人民代表大会常务委员会举行会议审查和批准预算调整方案的三十日前，将预算调整初步方案送交本级人民代表大会常务委员会有关工作机构征求意见。

中央预算的调整方案应当提请全国人民代表

经济法

大会常务委员会审查和批准。县级以上地方各级预算的调整方案应当提请本级人民代表大会常务委员会审查和批准;乡、民族乡、镇预算的调整方案应当提请本级人民代表大会审查和批准。未经批准,不得调整预算。

第七十条 经批准的预算调整方案,各级政府应当严格执行。未经本法第六十九条规定的程序,各级政府不得作出预算调整的决定。

对违反前款规定作出的决定,本级人民代表大会、本级人民代表大会常务委员会或者上级政府应当责令其改变或者撤销。

第七十一条 在预算执行中,地方各级政府因上级政府增加不需要本级政府提供配套资金的专项转移支付而引起的预算支出变化,不属于预算调整。

接受增加专项转移支付的县级以上地方各级政府应当向本级人民代表大会常务委员会报告有关情况;接受增加专项转移支付的乡、民族乡、镇政府应当向本级人民代表大会报告有关情况。

第七十二条 各部门、各单位的预算支出应当按照预算科目执行。严格控制不同预算科目、预算级次或者项目间的预算资金的调剂,确需调剂使用的,按照国务院财政部门的规定办理。

第七十三条 地方各级预算的调整方案经批准后,由本级政府报上一级政府备案。

第八章 决 算

第七十四条 决算草案由各级政府、各部门、各单位,在每一预算年度终了后按照国务院规定的时间编制。

编制决算草案的具体事项,由国务院财政部门部署。

第七十五条 编制决算草案,必须符合法律、行政法规,做到收支真实、数额准确、内容完整、报送及时。

决算草案应当与预算相对应,按预算数、调整预算数、决算数分别列出。一般公共预算支出应当按其功能分类编列到项,按其经济性质分类编列到款。

第七十六条 各部门对所属各单位的决算草案,应当审核并汇总编制本部门的决算草案,在规定的期限内报本级政府财政部门审核。

各级政府财政部门对本级各部门决算草案审核后发现有不符合法律、行政法规规定的,有权予以纠正。

第七十七条 国务院财政部门编制中央决算草案,经国务院审计部门审计后,报国务院审定,由国务院提请全国人民代表大会常务委员会审查和批准。

县级以上地方各级政府财政部门编制本级决算草案,经本级政府审计部门审计后,报本级政府审定,由本级政府提请本级人民代表大会常务委员会审查和批准。

乡、民族乡、镇政府编制本级决算草案,提请本级人民代表大会审查和批准。

第七十八条 国务院财政部门应当在全国人民代表大会常务委员会举行会议审查和批准中央决算草案的三十日前,将上一年度中央决算草案提交全国人民代表大会财政经济委员会进行初步审查。

省、自治区、直辖市政府财政部门应当在本级人民代表大会常务委员会举行会议审查和批准本级决算草案的三十日前,将上一年度本级决算草案提交本级人民代表大会有关专门委员会进行初步审查。

设区的市、自治州政府财政部门应当在本级人民代表大会常务委员会举行会议审查和批准本级决算草案的三十日前,将上一年度本级决算草案提交本级人民代表大会有关专门委员会进行初步审查,或者送交本级人民代表大会常务委员会有关工作机构征求意见。

县、自治县、不设区的市、市辖区政府财政部门应当在本级人民代表大会常务委员会举行会议审查和批准本级决算草案的三十日前,将上一年度本级决算草案送交本级人民代表大会常务委员会有关工作机构征求意见。

全国人民代表大会财政经济委员会和省、自治区、直辖市、设区的市、自治州人民代表大会有关专门委员会,向本级人民代表大会常务委员会提出关于本级决算草案的审查结果报告。

第七十九条 县级以上各级人民代表大会常务委员会和乡、民族乡、镇人民代表大会对本级决算草案,重点审查下列内容:

(一)预算收入情况;

(二)支出政策实施情况和重点支出、重大投资项目资金的使用及绩效情况;

(三)结转资金的使用情况;

(四)资金结余情况;

(五)本级预算调整及执行情况;

(六)财政转移支付安排执行情况;

(七)经批准举借债务的规模、结构、使用、偿还等情况;

(八)本级预算周转金规模和使用情况;

(九)本级预备费使用情况;

(十)超收收入安排情况,预算稳定调节基金的规模和使用情况;

(十一)本级人民代表大会批准的预算决议落实情况;

(十二)其他与决算有关的重要情况。

县级以上各级人民代表大会常务委员会应当结合本级政府提出的上一年度预算执行和其他财政收支的审计工作报告,对本级决算草案进行审查。

第八十条 各级决算经批准后,财政部门应当在二十日内向本级各部门批复决算。各部门应当在接到本级政府财政部门批复的本部门决算后十五日内向所属单位批复决算。

第八十一条 地方各级政府应当将经批准的决算及下一级政府上报备案的决算汇总,报上一级政府备案。

县级以上各级政府应当将下一级政府报送备案的决算汇总后,报本级人民代表大会常务委员会备案。

第八十二条 国务院和县级以上地方各级政府对下一级政府依照本法第八十一条规定报送备案的决算,认为有同法律、行政法规相抵触或者有其他不适当之处,需要撤销批准该项决算的决议的,应当提请本级人民代表大会常务委员会审议决定;经审议决定撤销的,该下级人民代表大会常务委员会应当责成本级政府依照本法规定重新编制决算草案,提请本级人民代表大会常务委员会审查和批准。

第九章 监 督

第八十三条 全国人民代表大会及其常务委员会对中央和地方预算、决算进行监督。

县级以上地方各级人民代表大会及其常务委员会对本级和下级预算、决算进行监督。

乡、民族乡、镇人民代表大会对本级预算、决算进行监督。

第八十四条 各级人民代表大会和县级以上各级人民代表大会常务委员会有权就预算、决算中的重大事项或者特定问题组织调查,有关的政府、部门、单位和个人应当如实反映情况和提供必要的材料。

第八十五条 各级人民代表大会和县级以上各级人民代表大会常务委员会举行会议时,人民代表大会代表或者常务委员会组成人员,依照法律规定程序就预算、决算中的有关问题提出询问或者质询,受询问或者受质询的有关的政府或者财政部门必须及时给予答复。

第八十六条 国务院和县级以上地方各级政府应当在每年六月至九月期间向本级人民代表大会常务委员会报告预算执行情况。

第八十七条 各级政府监督下级政府的预算执行;下级政府应当定期向上一级政府报告预算执行情况。

第八十八条 各级政府财政部门负责监督本级各部门及其所属各单位预算管理有关工作,并向本级政府和上一级政府财政部门报告预算执行情况。

第八十九条 县级以上政府审计部门依法对预算执行、决算实行审计监督。

对预算执行和其他财政收支的审计工作报告应当向社会公开。

第九十条 政府各部门负责监督检查所属各单位的预算执行,及时向本级政府财政部门反映本部门预算执行情况,依法纠正违反预算的行为。

第九十一条 公民、法人或者其他组织发现有违反本法的行为,可以依法向有关国家机关进行检举、控告。

接受检举、控告的国家机关应当依法进行处理,并为检举人、控告人保密。任何单位或者个人不得压制和打击报复检举人、控告人。

第十章 法律责任

第九十二条 各级政府及有关部门有下列行为之一的,责令改正,对负有直接责任的主管人员和其他直接责任人员追究行政责任:

(一)未依照本法规定,编制、报送预算草案、预算调整方案、决算草案和部门预算、决算以及批复预算、决算的;

(二)违反本法规定,进行预算调整的;

(三)未依照本法规定对有关预算事项进行公开和说明的;

(四)违反规定设立政府性基金项目和其他财政收入项目的;

（五）违反法律、法规规定使用预算预备费、预算周转金、预算稳定调节基金、超收收入的；

（六）违反本法规定开设财政专户的。

第九十三条 各级政府及有关部门、单位有下列行为之一的，责令改正，对负有直接责任的主管人员和其他直接责任人员依法给予降级、撤职、开除的处分：

（一）未将所有政府收入和支出列入预算或者虚列收入和支出的；

（二）违反法律、行政法规的规定，多征、提前征收或者减征、免征、缓征应征预算收入的；

（三）截留、占用、挪用或者拖欠应当上缴国库的预算收入的；

（四）违反本法规定，改变预算支出用途的；

（五）擅自改变上级政府专项转移支付资金用途的；

（六）违反本法规定拨付预算支出资金，办理预算收入收纳、划分、留解、退付，或者违反本法规定冻结、动用国库库款或者以其他方式支配已入国库库款的。

第九十四条 各级政府、各部门、各单位违反本法规定举借债务或者为他人债务提供担保，或者挪用重点支出资金，或者在预算之外及超预算标准建设楼堂馆所的，责令改正，对负有直接责任的主管人员和其他直接责任人员给予撤职、开除的处分。

第九十五条 各级政府有关部门、单位及其工作人员有下列行为之一的，责令改正，追回骗取、使用的资金，有违法所得的没收违法所得，对单位给予警告或者通报批评；对负有直接责任的主管人员和其他直接责任人员依法给予处分：

（一）违反法律、法规的规定，改变预算收入上缴方式的；

（二）以虚报、冒领等手段骗取预算资金的；

（三）违反规定扩大开支范围、提高开支标准的；

（四）其他违反财政管理规定的行为。

第九十六条 本法第九十二条、第九十三条、第九十四条、第九十五条所列违法行为，其他法律对其处理、处罚另有规定的，依照其规定。

违反本法规定，构成犯罪的，依法追究刑事责任。

第十一章 附 则

第九十七条 各级政府财政部门应当按年度编制以权责发生制为基础的政府综合财务报告，报告政府整体财务状况、运行情况和财政中长期可持续性，报本级人民代表大会常务委员会备案。

第九十八条 国务院根据本法制定实施条例。

第九十九条 民族自治地方的预算管理，依照民族区域自治法的有关规定执行；民族区域自治法没有规定的，依照本法和国务院的有关规定执行。

第一百条 省、自治区、直辖市人民代表大会或者其常务委员会根据本法，可以制定有关预算审查监督的决定或者地方性法规。

第一百零一条 本法自1995年1月1日起施行。1991年10月21日国务院发布的《国家预算管理条例》同时废止。

中华人民共和国
预算法实施条例

（1995年11月22日中华人民共和国国务院令第186号发布 2020年8月3日中华人民共和国国务院令第729号修订）

第一章 总 则

第一条 根据《中华人民共和国预算法》（以下简称预算法），制定本条例。

第二条 县级以上地方政府的派出机关根据本级政府授权进行预算管理活动，不作为一级预算，其收支纳入本级预算。

第三条 社会保险基金预算应当在精算平衡的基础上实现可持续运行，一般公共预算可以根据需要和财力适当安排资金补充社会保险基金预算。

第四条 预算法第六条第二款所称各部门，是指与本级政府财政部门直接发生预算缴拨款关系的国家机关、军队、政党组织、事业单位、社会团体和其他单位。

第五条 各部门预算应当反映一般公共预算、政府性基金预算、国有资本经营预算安排给本部门及其所属各单位的所有预算资金。

各部门预算收入包括本级财政安排给本部门及其所属各单位的预算拨款收入和其他收入。各部门预算支出为与部门预算收入相对应的支出，包括基本支出和项目支出。

本条第二款所称基本支出，是指各部门、各单位为保障其机构正常运转、完成日常工作任务所发生的支出，包括人员经费和公用经费；所称项目支出，是指各部门、各单位为完成其特定的工作任务和事业发展目标所发生的支出。

各部门及其所属各单位的本级预算拨款收入和其相对应的支出，应当在部门预算中单独反映。

部门预算编制、执行的具体办法，由本级政府财政部门依法作出规定。

第六条 一般性转移支付向社会公开应当细化到地区。专项转移支付向社会公开应当细化到地区和项目。

政府债务、机关运行经费、政府采购、财政专户资金等情况，按照有关规定向社会公开。

部门预算、决算应当公开基本支出和项目支出。部门预算、决算支出按其功能分类应当公开到项；按其经济性质分类，基本支出应当公开到款。

各部门所属单位的预算、决算及报表，应当在部门批复后20日内由单位向社会公开。单位预算、决算应当公开基本支出和项目支出。单位预算、决算支出按其功能分类应当公开到项；按其经济性质分类，基本支出应当公开到款。

第七条 预算法第十五条所称中央和地方分税制，是指在划分中央与地方事权的基础上，确定中央与地方财政支出范围，并按税种划分中央与地方预算收入的财政管理体制。

分税制财政管理体制的具体内容和实施办法，按照国务院的有关规定执行。

第八条 县级以上地方各级政府应当根据中央和地方分税制的原则和上级政府的有关规定，确定本级政府对下级政府的财政管理体制。

第九条 预算法第十六条第二款所称一般性转移支付，包括：

（一）均衡性转移支付；

（二）对革命老区、民族地区、边疆地区、贫困地区的财力补助；

（三）其他一般性转移支付。

第十条 预算法第十六条第三款所称专项转移支付，是指上级政府为了实现特定的经济和社会发展目标给予下级政府，并由下级政府按照上级政府规定的用途安排使用的预算资金。

县级以上各级政府财政部门应当会同有关部门建立健全专项转移支付定期评估和退出机制。对评估后的专项转移支付，按照下列情形分别予以处理：

（一）符合法律、行政法规和国务院规定，有必要继续执行的，可以继续执行；

（二）设立的有关要求变更，或者实际绩效与目标差距较大、管理不够完善的，应当予以调整；

（三）设立依据失效或者废止的，应当予以取消。

第十一条 预算收入和预算支出以人民币元为计算单位。预算收支以人民币以外的货币收纳和支付的，应当折合成人民币计算。

第二章 预算收支范围

第十二条 预算法第二十七条第一款所称行政事业性收费收入，是指国家机关、事业单位等依照法律法规规定，按照国务院规定的程序批准，在实施社会公共管理以及在向公民、法人和其他组织提供特定公共服务过程中，按照规定标准向特定对象收取费用形成的收入。

预算法第二十七条第一款所称国有资源（资产）有偿使用收入，是指矿藏、水流、海域、无居民海岛以及法律规定属于国家所有的森林、草原等国有资源有偿使用收入，按照规定纳入一般公共预算管理的国有资产收入等。

预算法第二十七条第一款所称转移性收入，是指上级税收返还和转移支付、下级上解收入、调入资金以及按照财政部规定列入转移性收入的无隶属关系政府的无偿援助。

第十三条 转移性支出包括上解上级支出、对下级的税收返还和转移支付、调出资金以及按照财政部规定列入转移性支出的给予无隶属关系政府的无偿援助。

第十四条 政府性基金预算收入包括政府性基金各项目收入和转移性收入。

政府性基金预算支出包括与政府性基金预算收入相对应的各项目支出和转移性支出。

第十五条 国有资本经营预算收入包括依照法律、行政法规和国务院规定应当纳入国有资本经营预算的国有独资企业和国有独资公司按照规定上缴国家的利润收入、从国有资本控股和参股公司获得的股息红利收入、国有产权转让收入、清算收入和其他收入。

国有资本经营预算支出包括资本性支出、费用性支出、向一般公共预算调出资金等转移性支出和其他支出。

第十六条 社会保险基金预算收入包括各项社会保险费收入、利息收入、投资收益、一般公共预算补助收入、集体补助收入、转移收入、上级补助收入、下级上解收入和其他收入。

社会保险基金预算支出包括各项社会保险待遇支出、转移支出、补助下级支出、上解上级支出和其他支出。

第十七条 地方各级预算上下级之间有关收入和支出项目的划分以及上解、返还或者转移支付的具体办法,由上级地方政府规定,报本级人民代表大会常务委员会备案。

第十八条 地方各级社会保险基金预算上下级之间有关收入和支出项目的划分以及上解、补助的具体办法,按照统筹层次由上级地方政府规定,报本级人民代表大会常务委员会备案。

第三章 预算编制

第十九条 预算法第三十一条所称预算草案,是指各级政府、各部门、各单位编制的未经法定程序审查和批准的预算。

第二十条 预算法第三十二条第一款所称绩效评价,是指根据设定的绩效目标,依据规范的程序,对预算资金的投入、使用过程、产出与效果进行系统和客观的评价。

绩效评价结果应当按照规定作为改进管理和编制以后年度预算的依据。

第二十一条 预算法第三十二条第三款所称预算支出标准,是指对预算事项合理分类并分别规定的支出预算编制标准,包括基本支出标准和项目支出标准。

地方各级政府财政部门应当根据财政部制定的预算支出标准,结合本地区经济社会发展水平、财力状况等,制定本地区或者本级的预算支出标准。

第二十二条 财政部于每年6月15日前部署编制下一年度预算草案的具体事项,规定报表格式、编报方法、报送期限等。

第二十三条 中央各部门应当按照国务院的要求和财政部的部署,结合本部门的具体情况,组织编制本部门及其所属各单位的预算草案。

中央各部门负责本部门所属各单位预算草案的审核,并汇总编制本部门的预算草案,按照规定报财政部审核。

第二十四条 财政部审核中央各部门的预算草案,具体编制中央预算草案;汇总地方预算草案或者地方预算,汇编中央和地方预算草案。

第二十五条 省、自治区、直辖市政府按照国务院的要求和财政部的部署,结合本地区的具体情况,提出本行政区域编制预算草案的要求。

县级以上地方各级政府财政部门应当于每年6月30日前部署本行政区域编制下一年度预算草案的具体事项,规定有关报表格式、编报方法、报送期限等。

第二十六条 县级以上地方各级政府各部门应当根据本级政府的要求和本级政府财政部门的部署,结合本部门的具体情况,组织编制本部门及其所属各单位的预算草案,按照规定报本级政府财政部门审核。

第二十七条 县级以上地方各级政府财政部门审核本级各部门的预算草案,具体编制本级预算草案,汇编本级总预算草案,经本级政府审定后,按照规定期限报上一级政府财政部门。

省、自治区、直辖市政府财政部门汇总的本级总预算草案或者本级总预算,应当于下一年度1月10日前报财政部。

第二十八条 县级以上各级政府财政部门审核本级各部门的预算草案时,发现不符合编制预算要求的,应当予以纠正;汇编本级总预算草案时,发现下级预算草案不符合上级政府或者本级政府编制预算要求的,应当及时向本级政府报告,由本级政府予以纠正。

第二十九条 各级政府财政部门编制收入预算草案时,应当征求税务、海关等预算收入征收部门和单位的意见。

预算收入征收部门和单位应当按照财政部门的要求提供下一年度预算收入征收预测情况。

第三十条 财政部门会同社会保险行政部门部署编制下一年度社会保险基金预算草案的具体事项。

社会保险经办机构具体编制下一年度社会保险基金预算草案,报本级社会保险行政部门审核汇总。社会保险基金收入预算草案由社会保险经办机构会同社会保险费征收机构具体编制。财政部门负责审核并汇总编制社会保险基金预算草案。

第三十一条 各级政府财政部门应当依照预算法和本条例规定，制定本级预算草案编制规程。

第三十二条 各部门、各单位在编制预算草案时，应当根据资产配置标准，结合存量资产情况编制相关支出预算。

第三十三条 中央一般公共预算收入编制内容包括本级一般公共预算收入、从国有资本经营预算调入资金、地方上解收入、从预算稳定调节基金调入资金、其他调入资金。

中央一般公共预算支出编制内容包括本级一般公共预算支出、对地方的税收返还和转移支付、补充预算稳定调节基金。

中央政府债务余额的限额应当在本级预算中单独列示。

第三十四条 地方各级一般公共预算收入编制内容包括本级一般公共预算收入、从国有资本经营预算调入资金、上级税收返还和转移支付、下级上解收入、从预算稳定调节基金调入资金、其他调入资金。

地方各级一般公共预算支出编制内容包括本级一般公共预算支出、上解上级支出、对下级的税收返还和转移支付、补充预算稳定调节基金。

第三十五条 中央政府性基金预算收入编制内容包括本级政府性基金各项目收入、上一年度结余、地方上解收入。

中央政府性基金预算支出编制内容包括本级政府性基金各项目支出、对地方的转移支付、调出资金。

第三十六条 地方政府性基金预算收入编制内容包括本级政府性基金各项目收入、上一年度结余、下级上解收入、上级转移支付。

地方政府性基金预算支出编制内容包括本级政府性基金各项目支出、上解上级支出、对下级的转移支付、调出资金。

第三十七条 中央国有资本经营预算收入编制内容包括本级收入、上一年度结余、地方上解收入。

中央国有资本经营预算支出编制内容包括本级支出、向一般公共预算调出资金、对地方特定事项的转移支付。

第三十八条 地方国有资本经营预算收入编制内容包括本级收入、上一年度结余、上级对特定事项的转移支付、下级上解收入。

地方国有资本经营预算支出编制内容包括本级支出、向一般公共预算调出资金、对下级特定事项的转移支付、上解上级支出。

第三十九条 中央和地方社会保险基金预算收入、支出编制内容包括本条例第十六条规定的各项收入和支出。

第四十条 各部门、各单位预算收入编制内容包括本级预算拨款收入、预算拨款结转和其他收入。

各部门、各单位预算支出编制内容包括基本支出和项目支出。

各部门、各单位的预算支出，按其功能分类应当编列到项，按其经济性质分类应当编列到款。

第四十一条 各级政府应当加强项目支出管理。各级政府财政部门应当建立和完善项目支出预算评审制度。各部门、各单位应当按照本级政府财政部门的规定开展预算评审。

项目支出实行项目库管理，并建立健全项目入库评审机制和项目滚动管理机制。

第四十二条 预算法第三十四条第二款所称余额管理，是指国务院在全国人民代表大会批准的中央一般公共预算债务的余额限额内，决定发债规模、品种、期限和时点的管理方式；所称余额，是指中央一般公共预算中举借债务未偿还的本金。

第四十三条 地方政府债务余额实行限额管理。各省、自治区、直辖市的政府债务限额，由财政部在全国人民代表大会或者其常务委员会批准的总限额内，根据各地区债务风险、财力状况等因素，并考虑国家宏观调控政策等需要，提出方案报国务院批准。

各省、自治区、直辖市的政府债务余额不得突破国务院批准的限额。

第四十四条 预算法第三十五条第二款所称举借债务的规模，是指各地方政府债务余额限额的总和，包括一般债务限额和专项债务限额。一般债务是指列入一般公共预算用于公益性事业发展的一般债券、地方政府负有偿还责任的外国政府和国际经济组织贷款转贷债务；专项债务是指列入政府性基金预算用于有收益的公益性事业发展的专项债券。

第四十五条 省、自治区、直辖市政府财政部门依照国务院下达的本地区地方政府债务限额，提

经济法

出本级和转贷给下级政府的债务限额安排方案，报本级人民政府批准后，将增加举借的债务列入本级预算调整方案，报本级人民代表大会常务委员会批准。

接受转贷并向下级政府转贷的政府应当将转贷债务纳入本级预算管理。使用转贷并负有直接偿还责任的政府，应当将转贷债务列入本级预算调整方案，报本级人民代表大会常务委员会批准。

地方各级政府财政部门负责统一管理本地区政府债务。

第四十六条 国务院可以将举借的外国政府和国际经济组织贷款转贷给省、自治区、直辖市政府。

国务院向省、自治区、直辖市政府转贷的外国政府和国际经济组织贷款，省、自治区、直辖市政府负有直接偿还责任的，应当纳入本级预算管理。省、自治区、直辖市政府未能按时履行还款义务的，国务院可以相应抵扣对该地区的税收返还等资金。

省、自治区、直辖市政府可以将国务院转贷的外国政府和国际经济组织贷款再转贷给下级政府。

第四十七条 财政部和省、自治区、直辖市政府财政部门应当建立健全地方政府债务风险评估指标体系，组织评估地方政府债务风险状况，对债务高风险地区提出预警，并监督化解债务风险。

第四十八条 县级以上各级政府应当按照本年度转移支付预计执行数的一定比例将下一年度转移支付预计数提前下达至下一级政府，具体下达事宜由本级政府财政部门办理。

除据实结算等特殊项目的转移支付外，提前下达的一般性转移支付预计数的比例一般不低于90%；提前下达的专项转移支付预计数的比例一般不低于70%。其中，按照项目法管理分配的专项转移支付，应当一并明确下一年度组织实施的项目。

第四十九条 经本级政府批准，各级政府财政部门可以设置预算周转金，额度不得超过本级一般公共预算支出总额的1%。年度终了时，各级政府财政部门可以将预算周转金收回并用于补充预算稳定调节基金。

第五十条 预算法第四十二条第一款所称结转资金，是指预算安排项目的支出年度终了时尚未执行完毕，或者因故未执行但下一年度需要按原用途继续使用的资金；连续两年未用完的结转资金，是指预算安排项目的支出在下一年度终了时仍未用完的资金。

预算法第四十二条第一款所称结余资金，是指年度预算执行终了时，预算收入实际完成数扣除预算支出实际完成数和结转资金后剩余的资金。

第四章 预算执行

第五十一条 预算执行中，政府财政部门的主要职责：

（一）研究和落实财政税收政策措施，支持经济社会健康发展；

（二）制定组织预算收入、管理预算支出以及相关财务、会计、内部控制、监督等制度和办法；

（三）督促各预算收入征收部门和单位依法履行职责，征缴预算收入；

（四）根据年度支出预算和用款计划，合理调度、拨付预算资金，监督各部门、各单位预算资金使用管理情况；

（五）统一管理政府债务的举借、支出与偿还，监督债务资金使用情况；

（六）指导和监督各部门、各单位建立健全财务制度和会计核算体系，规范账户管理，健全内部控制机制，按照规定使用预算资金；

（七）汇总、编报分期的预算执行数据，分析预算执行情况，按照本级人民代表大会常务委员会、本级政府和上一级政府财政部门的要求定期报告预算执行情况，并提出相关政策建议；

（八）组织和指导预算资金绩效监控、绩效评价；

（九）协调预算收入征收部门和单位、国库以及其他有关部门的业务工作。

第五十二条 预算法第五十六条第二款所称财政专户，是指财政部门为履行财政管理职能，根据法律规定或者经国务院批准开设的用于管理核算特定专用资金的银行结算账户；所称特定专用资金，包括法律规定可以设立财政专户的资金，外国政府和国际经济组织的贷款、赠款，按照规定存储的人民币以外的货币，财政部会同有关部门报国务院批准的其他特定专用资金。

开设、变更财政专户应当经财政部核准，撤销财政专户应当报财政部备案，中国人民银行应当加强对银行业金融机构开户的核准、管理和监督工作。

财政专户资金由本级政府财政部门管理。除法律另有规定外，未经本级政府财政部门同意，任何部门、单位和个人都无权冻结、动用财政专户资金。

财政专户资金应当由本级政府财政部门纳入统一的会计核算，并在预算执行情况、决算和政府综合财务报告中单独反映。

第五十三条 预算执行中，各部门、各单位的主要职责：

（一）制定本部门、本单位预算执行制度，建立健全内部控制机制；

（二）依法组织收入，严格支出管理，实施绩效监控，开展绩效评价，提高资金使用效益；

（三）对单位的各项经济业务进行会计核算；

（四）汇总本部门、本单位的预算执行情况，定期向本级政府财政部门报送预算执行情况报告和绩效评价报告。

第五十四条 财政部门会同社会保险行政部门、社会保险费征收机构制定社会保险基金预算的收入、支出以及财务管理的具体办法。

社会保险基金预算由社会保险费征收机构和社会保险经办机构具体执行，并按照规定向本级政府财政部门和社会保险行政部门报告执行情况。

第五十五条 各级政府财政部门和税务、海关等预算收入征收部门和单位必须依法组织预算收入，按照财政管理体制、征收管理制度和国库集中收缴制度的规定征收预算收入，除依法缴入财政专户的社会保险基金等预算收入外，应当及时将预算收入缴入国库。

第五十六条 除依法缴入财政专户的社会保险基金等预算收入外，一切有预算收入上缴义务的部门和单位，必须将应当上缴的预算收入，按照规定的预算级次、政府收支分类科目、缴库方式和期限缴入国库，任何部门、单位和个人不得截留、占用、挪用或者拖欠。

第五十七条 各级政府财政部门应当加强对预算资金拨付的管理，并遵循下列原则：

（一）按照预算拨付，即按照批准的年度预算和用款计划拨付资金。除预算法第五十四条规定的在预算草案批准前可以安排支出的情形外，不得办理无预算、无用款计划、超预算或者超计划的资金拨付，不得擅自改变支出用途；

（二）按照规定的预算级次和程序拨付，即根据用款单位的申请，按照用款单位的预算级次、审定的用款计划和财政部门规定的预算资金拨付程序拨付资金；

（三）按照进度拨付，即根据用款单位的实际用款进度拨付资金。

第五十八条 财政部应当根据全国人民代表大会批准的中央政府债务余额限额，合理安排发行国债的品种、结构、期限和时点。

省、自治区、直辖市政府财政部门应当根据国务院批准的本地区政府债务限额，合理安排发行本地区政府债券的结构、期限和时点。

第五十九条 转移支付预算下达和资金拨付应当由财政部门办理，其他部门和单位不得对下级政府部门和单位下达转移支付预算或者拨付转移支付资金。

第六十条 各级政府、各部门、各单位应当加强对预算支出的管理，严格执行预算，遵守财政制度，强化预算约束，不得擅自扩大支出范围、提高开支标准；严格按照预算规定的支出用途使用资金，合理安排支出进度。

第六十一条 财政部负责制定与预算执行有关的财务规则、会计准则和会计制度。各部门、各单位应当按照本级政府财政部门的要求建立健全财务制度，加强会计核算。

第六十二条 国库是办理预算收入的收纳、划分、留解、退付和库款支拨的专门机构。国库分为中央国库和地方国库。

中央国库业务由中国人民银行经理。未设中国人民银行分支机构的地区，由中国人民银行商财政部后，委托有关银行业金融机构办理。

地方国库业务由中国人民银行分支机构经理。未设中国人民银行分支机构的地区，由上级中国人民银行分支机构商有关地方政府财政部门后，委托有关银行业金融机构办理。

具备条件的乡、民族乡、镇，应当设立国库。具体条件和标准由省、自治区、直辖市政府财政部门确定。

第六十三条 中央国库业务应当接受财政部的指导和监督，对中央财政负责。

地方国库业务应当接受本级政府财政部门的指导和监督，对地方财政负责。

省、自治区、直辖市制定的地方国库业务规程应当报财政部和中国人民银行备案。

第六十四条 各级国库应当及时向本级政府财政部门编报预算收入入库、解库、库款拨付以及库款余额情况的日报、旬报、月报和年报。

第六十五条 各级国库应当依照有关法律、行政法规、国务院以及财政部、中国人民银行的有关规定,加强对国库业务的管理,及时准确地办理预算收入的收纳、划分、留解、退付和预算支出的拨付。

各级国库和有关银行业金融机构必须遵守国家有关预算收入缴库的规定,不得延解、占压应当缴入国库的预算收入和国库库款。

第六十六条 各级国库必须凭本级政府财政部门签发的拨款凭证或者支付清算指令于当日办理资金拨付,并及时将款项转入收款单位的账户或者清算资金。

各级国库和有关银行业金融机构不得占压财政部门拨付的预算资金。

第六十七条 各级政府财政部门、预算收入征收部门和单位、国库应当建立健全相互之间的预算收入对账制度,在预算执行中按月、按年核对预算收入的收纳以及库款拨付情况,保证预算收入的征收入库、库款拨付和库存金额准确无误。

第六十八条 中央预算收入、中央和地方预算共享收入退库的办法,由财政部制定。地方预算收入退库的办法,由省、自治区、直辖市政府财政部门制定。

各级预算收入退库的审批权属于本级政府财政部门。中央预算收入、中央和地方预算共享收入的退库,由财政部或者财政部授权的机构批准。地方预算收入的退库,由地方政府财政部门或者其授权的机构批准。具体退库程序按照财政部的有关规定办理。

办理预算收入退库,应当直接退给申请单位或者申请个人,按照国家规定用途使用。任何部门、单位和个人不得截留、挪用退库款项。

第六十九条 各级政府应当加强对本级国库的管理和监督,各级政府财政部门负责协调本级预算收入征收部门和单位与国库的业务工作。

第七十条 国务院各部门制定的规章、文件,凡涉及减免应缴预算收入、设立和改变收入项目和标准、罚没财物处理、经费开支标准和范围、国有资产处置和收益分配以及会计核算等事项的,应当符合国家统一的规定;凡涉及增加或者减少财政收入或者支出的,应当征求财政部意见。

第七十一条 地方政府依据法定权限制定的规章和规定的行政措施,不得涉及减免中央预算收入、中央和地方预算共享收入,不得影响中央预算收入、中央和地方预算共享收入的征收;违反规定的,有关预算收入征收部门和单位有权拒绝执行,并应当向上级预算收入征收部门和单位以及财政部报告。

第七十二条 各级政府应当加强对预算执行工作的领导,定期听取财政部门有关预算执行情况的汇报,研究解决预算执行中出现的问题。

第七十三条 各级政府财政部门有权监督本级各部门及其所属各单位的预算管理有关工作,对各部门的预算执行情况和绩效进行评价、考核。

各级政府财政部门有权对与本级各预算收入相关的征收部门和单位征收本级预算收入的情况进行监督,对违反法律、行政法规规定多征、提前征收、减征、免征、缓征或者退还预算收入的,责令改正。

第七十四条 各级政府财政部门应当每月向本级政府报告预算执行情况,具体报告内容、方式和期限由本级政府规定。

第七十五条 地方各级政府财政部门应当定期向上一级政府财政部门报送本行政区域预算执行情况,包括预算执行旬报、月报、季报,政府债务余额统计报告,国库库款报告以及相关文字说明材料。具体报送内容、方式和期限由上一级政府财政部门规定。

第七十六条 各级税务、海关等预算收入征收部门和单位应当按照财政部门规定的期限和要求,向财政部门和上级主管部门报送有关预算收入征收情况,并附文字说明材料。

各级税务、海关等预算收入征收部门和单位应当与相关财政部门建立收入征管信息共享机制。

第七十七条 各部门应当按照本级政府财政部门规定的期限和要求,向本级政府财政部门报送本部门及其所属各单位的预算收支情况等报表和文字说明材料。

第七十八条 预算法第六十六条第一款所称超收收入,是指年度本级一般公共预算收入的实际完成数超过经本级人民代表大会或者其常务委员会批准的预算收入数的部分。

预算法第六十六条第三款所称短收,是指年度本级一般公共预算收入的实际完成数小于经本级人民代表大会或者其常务委员会批准的预算收入数的情形。

前两款所称实际完成数和预算收入数,不包括转移性收入和政府债务收入。

省、自治区、直辖市政府依照预算法第六十六条第三款规定增列的赤字,可以通过在国务院下达的本地区政府债务限额内发行地方政府一般债券予以平衡。

设区的市、自治州以下各级一般公共预算年度执行中出现短收的,应当通过调入预算稳定调节基金或者其他预算资金、减少支出等方式实现收支平衡;采取上述措施仍不能实现收支平衡的,可以通过申请上级政府临时救助平衡当年预算,并在下一年度预算中安排资金归还。

各级一般公共预算年度执行中厉行节约、节约开支,造成本级预算支出实际执行数小于预算总支出的,不属于预算调整的情形。

各级政府性基金预算年度执行中有超收收入的,应当在下一年度安排使用并优先用于偿还相应的专项债务;出现短收的,应当通过减少支出实现收支平衡。国务院另有规定的除外。

各级国有资本经营预算年度执行中有超收收入的,应当在下一年度安排使用;出现短收的,应当通过减少支出实现收支平衡。国务院另有规定的除外。

第七十九条 年度预算确定后,部门、单位改变隶属关系引起预算级次或者预算关系变化的,应当在改变财务关系的同时,相应办理预算、资产划转。

第五章 决 算

第八十条 预算法第七十四条所称决算草案,是指各级政府、各部门、各单位编制的未经法定程序审查和批准的预算收支和结余的年度执行结果。

第八十一条 财政部应当在每年第四季度部署编制决算草案的原则、要求、方法和报送期限,制发中央各部门决算、地方决算以及其他有关决算的报表格式。

省、自治区、直辖市政府按照国务院的要求和财政部的部署,结合本地区的具体情况,提出本行政区域编制决算草案的要求。

县级以上地方政府财政部门根据财政部的部署和省、自治区、直辖市政府的要求,部署编制本级政府各部门和下级政府决算草案的原则、要求、方法和报送期限,制发本级政府各部门决算、下级政府决算以及其他有关决算的报表格式。

第八十二条 地方政府财政部门根据上级政府财政部门的部署,制定本行政区域决算草案和本级各部门决算草案的具体编制办法。

各部门根据本级政府财政部门的部署,制定所属各单位决算草案的具体编制办法。

第八十三条 各级政府财政部门、各部门、各单位在每一预算年度终了时,应当清理核实全年预算收入、支出数据和往来款项,做好决算数据对账工作。

决算各项数据应当以经核实的各级政府、各部门、各单位会计数据为准,不得以估计数据替代,不得弄虚作假。

各部门、各单位决算应当列示结转、结余资金。

第八十四条 各单位应当按照主管部门的布置,认真编制本单位决算草案,在规定期限内上报。

各部门在审核汇总所属各单位决算草案基础上,连同本部门自身的决算收入和支出数据,汇编成本部门决算草案并附详细说明,经部门负责人签章后,在规定期限内报本级政府财政部门审核。

第八十五条 各级预算收入征收部门和单位应当按照财政部门的要求,及时编制收入年报以及有关资料并报送财政部门。

第八十六条 各级政府财政部门应当根据本级预算、预算会计核算数据等相关资料编制本级决算草案。

第八十七条 年度预算执行终了,对于上下级财政之间按照规定需要清算的事项,应当在决算时办理结算。

县级以上各级政府财政部门编制的决算草案应当及时报送本级政府审计部门审计。

第八十八条 县级以上地方各级政府应当自本级决算经批准之日起30日内,将本级决算以及下一级政府上报备案的决算汇总,报上一级政府备案;将下一级政府报送备案的决算汇总,报本级人民代表大会常务委员会备案。

乡、民族乡、镇政府应当自本级决算经批准之日起30日内,将本级决算报上一级政府备案。

第六章 监 督

第八十九条 县级以上各级政府应当接受本级和上级人民代表大会及其常务委员会对预算执

行情况和决算的监督，乡、民族乡、镇政府应当接受本级人民代表大会和上级人民代表大会及其常务委员会对预算执行情况和决算的监督；按照本级人民代表大会或者其常务委员会的要求，报告预算执行情况；认真研究处理本级人民代表大会代表或者其常务委员会组成人员有关改进预算管理的建议、批评和意见，并及时答复。

第九十条 各级政府应当加强对下级政府预算执行情况的监督，对下级政府在预算执行中违反预算法、本条例和国家方针政策的行为，依法予以制止和纠正；对本级预算执行中出现的问题，及时采取处理措施。

下级政府应当接受上级政府对预算执行情况的监督；根据上级政府的要求，及时提供资料，如实反映情况，不得隐瞒、虚报；严格执行上级政府作出的有关决定，并将执行结果及时上报。

第九十一条 各部门及其所属各单位应当接受本级政府财政部门对预算管理有关工作的监督。

财政部派出机构根据职责和财政部的授权，依法开展工作。

第九十二条 各级政府审计部门应当依法对本级预算执行情况和决算草案，本级各部门、各单位和下级政府的预算执行情况和决算，进行审计监督。

第七章 法律责任

第九十三条 预算法第九十三条第六项所称违反本法规定冻结、动用国库库款或者以其他方式支配已入国库库款，是指：

（一）未经有关政府财政部门同意，冻结、动用国库库款；

（二）预算收入征收部门和单位违反规定将所收税款和其他预算收入存入国库之外的其他账户；

（三）未经有关政府财政部门或者财政部门授权的机构同意，办理资金拨付和退付；

（四）将国库库款挪作他用；

（五）延解、占压国库库款；

（六）占压政府财政部门拨付的预算资金。

第九十四条 各级政府、有关部门和单位有下列行为之一的，责令改正；对负有直接责任的主管人员和其他直接责任人员，依法给予处分：

（一）突破一般债务限额或者专项债务限额举借债务；

（二）违反本条例规定下达转移支付预算或者拨付转移支付资金；

（三）擅自开设、变更账户。

第八章 附 则

第九十五条 预算法第九十七条所称政府综合财务报告，是指以权责发生制为基础编制的反映各级政府整体财务状况、运行情况和财政中长期可持续性的报告。政府综合财务报告包括政府资产负债表、收入费用表等财务报表和报表附注，以及以此为基础进行的综合分析等。

第九十六条 政府投资年度计划应当和本级预算相衔接。政府投资决策、项目实施和监督管理按照政府投资有关行政法规执行。

第九十七条 本条例自2020年10月1日起施行。

中华人民共和国政府采购法

（2002年6月29日第九届全国人民代表大会常务委员会第二十八次会议通过　根据2014年8月31日第十二届全国人民代表大会常务委员会第十次会议《关于修改〈中华人民共和国保险法〉等五部法律的决定》修正）

目　录

第一章　总　则
第二章　政府采购当事人
第三章　政府采购方式
第四章　政府采购程序
第五章　政府采购合同
第六章　质疑与投诉
第七章　监督检查
第八章　法律责任
第九章　附　则

第一章 总 则

第一条 为了规范政府采购行为，提高政府采购资金的使用效益，维护国家利益和社会公共利益，保护政府采购当事人的合法权益，促进廉政建设，制定本法。

第二条 在中华人民共和国境内进行的政府采购适用本法。

本法所称政府采购，是指各级国家机关、事业单位和团体组织，使用财政性资金采购依法制定的集中采购目录以内的或者采购限额标准以上的货物、工程和服务的行为。

政府集中采购目录和采购限额标准依照本法规定的权限制定。

本法所称采购，是指以合同方式有偿取得货物、工程和服务的行为，包括购买、租赁、委托、雇用等。

本法所称货物，是指各种形态和种类的物品，包括原材料、燃料、设备、产品等。

本法所称工程，是指建设工程，包括建筑物和构筑物的新建、改建、扩建、装修、拆除、修缮等。

本法所称服务，是指除货物和工程以外的其他政府采购对象。

第三条 政府采购应当遵循公开透明原则、公平竞争原则、公正原则和诚实信用原则。

第四条 政府采购工程进行招标投标的，适用招标投标法。

第五条 任何单位和个人不得采用任何方式，阻挠和限制供应商自由进入本地区和本行业的政府采购市场。

第六条 政府采购应当严格按照批准的预算执行。

第七条 政府采购实行集中采购和分散采购相结合。集中采购的范围由省级以上人民政府公布的集中采购目录确定。

属于中央预算的政府采购项目，其集中采购目录由国务院确定并公布；属于地方预算的政府采购项目，其集中采购目录由省、自治区、直辖市人民政府或者其授权的机构确定并公布。

纳入集中采购目录的政府采购项目，应当实行集中采购。

第八条 政府采购限额标准，属于中央预算的政府采购项目，由国务院确定并公布；属于地方预算的政府采购项目，由省、自治区、直辖市人民政府或者其授权的机构确定并公布。

第九条 政府采购应当有助于实现国家的经济和社会发展政策目标，包括保护环境，扶持不发达地区和少数民族地区，促进中小企业发展等。

第十条 政府采购应当采购本国货物、工程和服务。但有下列情形之一的除外：

（一）需要采购的货物、工程或者服务在中国境内无法获取或者无法以合理的商业条件获取的；

（二）为在中国境外使用而进行采购的；

（三）其他法律、行政法规另有规定的。

前款所称本国货物、工程和服务的界定，依照国务院有关规定执行。

第十一条 政府采购的信息应当在政府采购监督管理部门指定的媒体上及时向社会公开发布，但涉及商业秘密的除外。

第十二条 在政府采购活动中，采购人员及相关人员与供应商有利害关系的，必须回避。供应商认为采购人员及相关人员与其他供应商有利害关系的，可以申请其回避。

前款所称相关人员，包括招标采购中评标委员会的组成人员，竞争性谈判采购中谈判小组的组成人员，询价采购中询价小组的组成人员等。

第十三条 各级人民政府财政部门是负责政府采购监督管理的部门，依法履行对政府采购活动的监督管理职责。

各级人民政府其他有关部门依法履行与政府采购活动有关的监督管理职责。

第二章 政府采购当事人

第十四条 政府采购当事人是指在政府采购活动中享有权利和承担义务的各类主体，包括采购人、供应商和采购代理机构等。

第十五条 采购人是指依法进行政府采购的国家机关、事业单位、团体组织。

第十六条 集中采购机构为采购代理机构。设区的市、自治州以上人民政府根据本级政府采购项目组织集中采购的需要设立集中采购机构。

集中采购机构是非营利事业法人，根据采购人的委托办理采购事宜。

第十七条 集中采购机构进行政府采购活动，应当符合采购价格低于市场平均价格、采购效率更高、采购质量优良和服务良好的要求。

第十八条 采购人采购纳入集中采购目录的政府采购项目，必须委托集中采购机构代理采购；采购未纳入集中采购目录的政府采购项目，可以自行采购，也可以委托集中采购机构在委托的范围内代理采购。

纳入集中采购目录属于通用的政府采购项目的，应当委托集中采购机构代理采购；属于本部门、本系统有特殊要求的项目，应当实行部门集中采购；属于本单位有特殊要求的项目，经省级以上人民政府批准，可以自行采购。

第十九条 采购人可以委托集中采购机构以外的采购代理机构，在委托的范围内办理政府采购事宜。

采购人有权自行选择采购代理机构，任何单位和个人不得以任何方式为采购人指定采购代理机构。

第二十条 采购人依法委托采购代理机构办理采购事宜的，应当由采购人与采购代理机构签订委托代理协议，依法确定委托代理的事项，约定双方的权利义务。

第二十一条 供应商是指向采购人提供货物、工程或者服务的法人、其他组织或者自然人。

第二十二条 供应商参加政府采购活动应当具备下列条件：

（一）具有独立承担民事责任的能力；

（二）具有良好的商业信誉和健全的财务会计制度；

（三）具有履行合同所必需的设备和专业技术能力；

（四）有依法缴纳税收和社会保障资金的良好记录；

（五）参加政府采购活动前三年内，在经营活动中没有重大违法记录；

（六）法律、行政法规规定的其他条件。

采购人可以根据采购项目的特殊要求，规定供应商的特定条件，但不得以不合理的条件对供应商实行差别待遇或者歧视待遇。

第二十三条 采购人可以要求参加政府采购的供应商提供有关资质证明文件和业绩情况，并根据本法规定的供应商条件和采购项目对供应商的特定要求，对供应商的资格进行审查。

第二十四条 两个以上的自然人、法人或者其他组织可以组成一个联合体，以一个供应商的身份共同参加政府采购。

以联合体形式进行政府采购的，参加联合体的供应商均应当具备本法第二十二条规定的条件，并应当向采购人提交联合协议，载明联合体各方承担的工作和义务。联合体各方应当共同与采购人签订采购合同，就采购合同约定的事项对采购人承担连带责任。

第二十五条 政府采购当事人不得相互串通损害国家利益、社会公共利益和其他当事人的合法权益；不得以任何手段排斥其他供应商参与竞争。

供应商不得以向采购人、采购代理机构、评标委员会的组成人员、竞争性谈判小组的组成人员、询价小组的组成人员行贿或者采取其他不正当手段谋取中标或者成交。

采购代理机构不得以向采购人行贿或者采取其他不正当手段谋取非法利益。

第三章 政府采购方式

第二十六条 政府采购采用以下方式：

（一）公开招标；

（二）邀请招标；

（三）竞争性谈判；

（四）单一来源采购；

（五）询价；

（六）国务院政府采购监督管理部门认定的其他采购方式。

公开招标应作为政府采购的主要采购方式。

第二十七条 采购人采购货物或者服务应当采用公开招标方式的，其具体数额标准，属于中央预算的政府采购项目，由国务院规定；属于地方预算的政府采购项目，由省、自治区、直辖市人民政府规定；因特殊情况需要采用公开招标以外的采购方式的，应当在采购活动开始前获得设区的市、自治州以上人民政府采购监督管理部门的批准。

第二十八条 采购人不得将应当以公开招标方式采购的货物或者服务化整为零或者以其他任何方式规避公开招标采购。

第二十九条 符合下列情形之一的货物或者服务，可以依照本法采用邀请招标方式采购：

（一）具有特殊性，只能从有限范围的供应商处采购的；

（二）采用公开招标方式的费用占政府采购项目总价值的比例过大的。

第三十条 符合下列情形之一的货物或者服务，可以依照本法采用竞争性谈判方式采购：

（一）招标后没有供应商投标或者没有合格标的或者重新招标未能成立的；

（二）技术复杂或者性质特殊，不能确定详细规格或者具体要求的；

（三）采用招标所需时间不能满足用户紧急需要的；

（四）不能事先计算出价格总额的。

第三十一条 符合下列情形之一的货物或者服务，可以依照本法采用单一来源方式采购：

（一）只能从惟一供应商处采购的；

（二）发生了不可预见的紧急情况不能从其他供应商处采购的；

（三）必须保证原有采购项目一致性或者服务配套的要求，需要继续从原供应商处添购，且添购资金总额不超过原合同采购金额百分之十的。

第三十二条 采购的货物规格、标准统一、现货货源充足且价格变化幅度小的政府采购项目，可以依照本法采用询价方式采购。

第四章 政府采购程序

第三十三条 负有编制部门预算职责的部门在编制下一财政年度部门预算时，应当将该财政年度政府采购的项目及资金预算列出，报本级财政部门汇总。部门预算的审批，按预算管理权限和程序进行。

第三十四条 货物或者服务项目采取邀请招标方式采购的，采购人应当从符合相应资格条件的供应商中，通过随机方式选择三家以上的供应商，并向其发出投标邀请书。

第三十五条 货物和服务项目实行招标方式采购的，自招标文件开始发出之日起至投标人提交投标文件截止之日止，不得少于二十日。

第三十六条 在招标采购中，出现下列情形之一的，应予废标：

（一）符合专业条件的供应商或者对招标文件作实质响应的供应商不足三家的；

（二）出现影响采购公正的违法、违规行为的；

（三）投标人的报价均超过了采购预算，采购人不能支付的；

（四）因重大变故，采购任务取消的。

废标后，采购人应当将废标理由通知所有投标人。

第三十七条 废标后，除采购任务取消情形外，应当重新组织招标；需要采取其他方式采购的，应当在采购活动开始前获得设区的市、自治州以上人民政府采购监督管理部门或者政府有关部门批准。

第三十八条 采用竞争性谈判方式采购的，应当遵循下列程序：

（一）成立谈判小组。谈判小组由采购人的代表和有关专家共三人以上的单数组成，其中专家的人数不得少于成员总数的三分之二。

（二）制定谈判文件。谈判文件应当明确谈判程序、谈判内容、合同草案的条款以及评定成交的标准等事项。

（三）确定邀请参加谈判的供应商名单。谈判小组从符合相应资格条件的供应商名单中确定不少于三家的供应商参加谈判，并向其提供谈判文件。

（四）谈判。谈判小组所有成员集中与单一供应商分别进行谈判。在谈判中，谈判的任何一方不得透露与谈判有关的其他供应商的技术资料、价格和其他信息。谈判文件有实质性变动的，谈判小组应当以书面形式通知所有参加谈判的供应商。

（五）确定成交供应商。谈判结束后，谈判小组应当要求所有参加谈判的供应商在规定时间内进行最后报价，采购人从谈判小组提出的成交候选人中根据符合采购需求、质量和服务相等且报价最低的原则确定成交供应商，并将结果通知所有参加谈判的未成交的供应商。

第三十九条 采取单一来源方式采购的，采购人与供应商应当遵循本法规定的原则，在保证采购项目质量和双方商定合理价格的基础上进行采购。

第四十条 采取询价方式采购的，应当遵循下列程序：

（一）成立询价小组。询价小组由采购人的代表和有关专家共三人以上的单数组成，其中专家的人数不得少于成员总数的三分之二。询价小组应当对采购项目的价格构成和评定成交的标准等事项作出规定。

（二）确定被询价的供应商名单。询价小组根据采购需求，从符合相应资格条件的供应商名单中确定不少于三家的供应商，并向其发出询价通知书让其报价。

（三）询价。询价小组要求被询价的供应商一次报出不得更改的价格。

（四）确定成交供应商。采购人根据符合采购需求、质量和服务相等且报价最低的原则确定成交供应商，并将结果通知所有被询价的未成交的供应商。

第四十一条 采购人或者其委托的采购代理机构应当组织对供应商履约的验收。大型或者复杂的政府采购项目,应当邀请国家认可的质量检测机构参加验收工作。验收方成员应当在验收书上签字,并承担相应的法律责任。

第四十二条 采购人、采购代理机构对政府采购项目每项采购活动的采购文件应当妥善保存,不得伪造、变造、隐匿或者销毁。采购文件的保存期限为从采购结束之日起至少保存十五年。

采购文件包括采购活动记录、采购预算、招标文件、投标文件、评标标准、评估报告、定标文件、合同文本、验收证明、质疑答复、投诉处理决定及其他有关文件、资料。

采购活动记录至少应当包括下列内容:

(一) 采购项目类别、名称;

(二) 采购项目预算、资金构成和合同价格;

(三) 采购方式,采用公开招标以外的采购方式的,应当载明原因;

(四) 邀请和选择供应商的条件及原因;

(五) 评标标准及确定中标人的原因;

(六) 废标的原因;

(七) 采用招标以外采购方式的相应记载。

第五章 政府采购合同

第四十三条 政府采购合同适用合同法。采购人和供应商之间的权利和义务,应当按照平等、自愿的原则以合同方式约定。

采购人可以委托采购代理机构代表其与供应商签订政府采购合同。由采购代理机构以采购人名义签订合同的,应当提交采购人的授权委托书,作为合同附件。

第四十四条 政府采购合同应当采用书面形式。

第四十五条 国务院政府采购监督管理部门应当会同国务院有关部门,规定政府采购合同必须具备的条款。

第四十六条 采购人与中标、成交供应商应当在中标、成交通知书发出之日起三十日内,按照采购文件确定的事项签订政府采购合同。

中标、成交通知书对采购人和中标、成交供应商均具有法律效力。中标、成交通知书发出后,采购人改变中标、成交结果的,或者中标、成交供应商放弃中标、成交项目的,应当依法承担法律责任。

第四十七条 政府采购项目的采购合同自签订之日起七个工作日内,采购人应当将合同副本报同级政府采购监督管理部门和有关部门备案。

第四十八条 经采购人同意,中标、成交供应商可以依法采取分包方式履行合同。

政府采购合同分包履行的,中标、成交供应商就采购项目和分包项目向采购人负责,分包供应商就分包项目承担责任。

第四十九条 政府采购合同履行中,采购人需追加与合同标的相同的货物、工程或者服务的,在不改变合同其他条款的前提下,可以与供应商协商签订补充合同,但所有补充合同的采购金额不得超过原合同采购金额的百分之十。

第五十条 政府采购合同的双方当事人不得擅自变更、中止或者终止合同。

政府采购合同继续履行将损害国家利益和社会公共利益的,双方当事人应当变更、中止或者终止合同。有过错的一方应当承担赔偿责任,双方都有过错的,各自承担相应的责任。

第六章 质疑与投诉

第五十一条 供应商对政府采购活动事项有疑问的,可以向采购人提出询问,采购人应当及时作出答复,但答复的内容不得涉及商业秘密。

第五十二条 供应商认为采购文件、采购过程和中标、成交结果使自己的权益受到损害的,可以在知道或者应知其权益受到损害之日起七个工作日内,以书面形式向采购人提出质疑。

第五十三条 采购人应当在收到供应商的书面质疑后七个工作日内作出答复,并以书面形式通知质疑供应商和其他有关供应商,但答复的内容不得涉及商业秘密。

第五十四条 采购人委托采购代理机构采购的,供应商可以向采购代理机构提出询问或者质疑,采购代理机构应当依照本法第五十一条、第五十三条的规定就采购人委托授权范围内的事项作出答复。

第五十五条 质疑供应商对采购人、采购代理机构的答复不满意或者采购人、采购代理机构未在规定的时间内作出答复的,可以在答复期满后十五个工作日内向同级政府采购监督管理部门投诉。

第五十六条 政府采购监督管理部门应当在收到投诉后三十个工作日内,对投诉事项作出处理决定,并以书面形式通知投诉人和与投诉事项有关的当事人。

第五十七条 政府采购监督管理部门在处理投诉事项期间,可以视具体情况书面通知采购人暂停采购活动,但暂停时间最长不得超过三十日。

第五十八条 投诉人对政府采购监督管理部门的投诉处理决定不服或者政府采购监督管理部门逾期未作处理的,可以依法申请行政复议或者向人民法院提起行政诉讼。

第七章 监督检查

第五十九条 政府采购监督管理部门应当加强对政府采购活动及集中采购机构的监督检查。

监督检查的主要内容是:

(一)有关政府采购的法律、行政法规和规章的执行情况;

(二)采购范围、采购方式和采购程序的执行情况;

(三)政府采购人员的职业素质和专业技能。

第六十条 政府采购监督管理部门不得设置集中采购机构,不得参与政府采购项目的采购活动。

采购代理机构与行政机关不得存在隶属关系或者其他利益关系。

第六十一条 集中采购机构应当建立健全内部监督管理制度。采购活动的决策和执行程序应当明确,并相互监督、相互制约。经办采购的人员与负责采购合同审核、验收人员的职责权限应当明确,并相互分离。

第六十二条 集中采购机构的采购人员应当具有相关职业素质和专业技能,符合政府采购监督管理部门规定的专业岗位任职要求。

集中采购机构对其工作人员应当加强教育和培训;对采购人员的专业水平、工作实绩和职业道德状况定期进行考核。采购人员经考核不合格的,不得继续任职。

第六十三条 政府采购项目的采购标准应当公开。

采用本法规定的采购方式的,采购人在采购活动完成后,应当将采购结果予以公布。

第六十四条 采购人必须按照本法规定的采购方式和采购程序进行采购。

任何单位和个人不得违反本法规定,要求采购人或者采购工作人员向其指定的供应商进行采购。

第六十五条 政府采购监督管理部门应当对政府采购项目的采购活动进行检查,政府采购当事人应当如实反映情况,提供有关材料。

第六十六条 政府采购监督管理部门应当对集中采购机构的采购价格、节约资金效果、服务质量、信誉状况、有无违法行为等事项进行考核,并定期如实公布考核结果。

第六十七条 依照法律、行政法规的规定对政府采购负有行政监督职责的政府有关部门,应当按照其职责分工,加强对政府采购活动的监督。

第六十八条 审计机关应当对政府采购进行审计监督。政府采购监督管理部门、政府采购各当事人有关政府采购活动,应当接受审计机关的审计监督。

第六十九条 监察机关应当加强对参与政府采购活动的国家机关、国家公务员和国家行政机关任命的其他人员实施监察。

第七十条 任何单位和个人对政府采购活动中的违法行为,有权控告和检举,有关部门、机关应当依照各自职责及时处理。

第八章 法律责任

第七十一条 采购人、采购代理机构有下列情形之一的,责令限期改正,给予警告,可以并处罚款,对直接负责的主管人员和其他直接责任人员,由其行政主管部门或者有关机关给予处分,并予通报:

(一)应当采用公开招标方式而擅自采用其他方式采购的;

(二)擅自提高采购标准的;

(三)以不合理的条件对供应商实行差别待遇或者歧视待遇的;

(四)在招标采购过程中与投标人进行协商谈判的;

(五)中标、成交通知书发出后不与中标、成交供应商签订采购合同的;

(六)拒绝有关部门依法实施监督检查的。

第七十二条 采购人、采购代理机构及其工作人员有下列情形之一,构成犯罪的,依法追究刑事责任;尚不构成犯罪的,处以罚款,有违法所得的,并处没收违法所得,属于国家机关工作人员的,依法给予行政处分:

（一）与供应商或者采购代理机构恶意串通的；

（二）在采购过程中接受贿赂或者获取其他不正当利益的；

（三）在有关部门依法实施的监督检查中提供虚假情况的；

（四）开标前泄露标底的。

第七十三条 有前两条违法行为之一影响中标、成交结果或者可能影响中标、成交结果的，按下列情况分别处理：

（一）未确定中标、成交供应商的，终止采购活动；

（二）中标、成交供应商已经确定但采购合同尚未履行的，撤销合同，从合格的中标、成交候选人中另行确定中标、成交供应商；

（三）采购合同已经履行的，给采购人、供应商造成损失的，由责任人承担赔偿责任。

第七十四条 采购人对应当实行集中采购的政府采购项目，不委托集中采购机构实行集中采购的，由政府采购监督管理部门责令改正；拒不改正的，停止按预算向其支付资金，由其上级行政主管部门或者有关机关依法给予其直接负责的主管人员和其他直接责任人员处分。

第七十五条 采购人未依法公布政府采购项目的采购标准和采购结果的，责令改正，对直接负责的主管人员依法给予处分。

第七十六条 采购人、采购代理机构违反本法规定隐匿、销毁应当保存的采购文件或者伪造、变造采购文件的，由政府采购监督管理部门处以二万元以上十万元以下的罚款，对其直接负责的主管人员和其他直接责任人员依法给予处分；构成犯罪的，依法追究刑事责任。

第七十七条 供应商有下列情形之一的，处以采购金额千分之五以上千分之十以下的罚款，列入不良行为记录名单，在一至三年内禁止参加政府采购活动，有违法所得的，并处没收违法所得，情节严重的，由工商行政管理机关吊销营业执照；构成犯罪的，依法追究刑事责任：

（一）提供虚假材料谋取中标、成交的；

（二）采取不正当手段诋毁、排挤其他供应商的；

（三）与采购人、其他供应商或者采购代理机构恶意串通的；

（四）向采购人、采购代理机构行贿或者提供其他不正当利益的；

（五）在招标采购过程中与采购人进行协商谈判的；

（六）拒绝有关部门监督检查或者提供虚假情况的。

供应商有前款第（一）至（五）项情形之一的，中标、成交无效。

第七十八条 采购代理机构在代理政府采购业务中有违法行为的，按照有关法律规定处以罚款，可以在一至三年内禁止其代理政府采购业务，构成犯罪的，依法追究刑事责任。

第七十九条 政府采购当事人有本法第七十一条、第七十二条、第七十七条违法行为之一，给他人造成损失的，并应依照有关民事法律规定承担民事责任。

第八十条 政府采购监督管理部门的工作人员在实施监督检查中违反本法规定滥用职权，玩忽职守，徇私舞弊的，依法给予行政处分；构成犯罪的，依法追究刑事责任。

第八十一条 政府采购监督管理部门对供应商的投诉逾期未作处理的，给予直接负责的主管人员和其他直接责任人员行政处分。

第八十二条 政府采购监督管理部门对集中采购机构业绩的考核，有虚假陈述，隐瞒真实情况的，或者不作定期考核和公布考核结果的，应当及时纠正，由其上级机关或者监察机关对其负责人进行通报，并对直接负责的人员依法给予行政处分。

集中采购机构在政府采购监督管理部门考核中，虚报业绩，隐瞒真实情况的，处以二万元以上二十万元以下的罚款，并予以通报；情节严重的，取消其代理采购的资格。

第八十三条 任何单位或者个人阻挠和限制供应商进入本地区或者本行业政府采购市场的，责令限期改正；拒不改正的，由该单位、个人的上级行政主管部门或者有关机关给予单位责任人或者个人处分。

第九章 附 则

第八十四条 使用国际组织和外国政府贷款进行的政府采购，贷款方、资金提供方与中方达成的协议对采购的具体条件另有规定的，可以适用其规定，但不得损害国家利益和社会公共利益。

第八十五条 对因严重自然灾害和其他不可抗力事件所实施的紧急采购和涉及国家安全和秘密的采购，不适用本法。

第八十六条 军事采购法规由中央军事委员会另行制定。

第八十七条 本法实施的具体步骤和办法由国务院规定。

第八十八条 本法自2003年1月1日起施行。

(二)会计、税务

中华人民共和国会计法

(1985年1月21日第六届全国人民代表大会常务委员会第九次会议通过 根据1993年12月29日第八届全国人民代表大会常务委员会第五次会议《关于修改〈中华人民共和国会计法〉的决定》第一次修正 1999年10月31日第九届全国人民代表大会常务委员会第十二次会议修订 根据2017年11月4日第十二届全国人民代表大会常务委员会第三十次会议《关于修改〈中华人民共和国会计法〉等十一部法律的决定》第二次修正)

目 录

第一章 总 则
第二章 会计核算
第三章 公司、企业会计核算的特别规定
第四章 会计监督
第五章 会计机构和会计人员
第六章 法律责任
第七章 附 则

第一章 总 则

第一条 【立法目的】为了规范会计行为，保证会计资料真实、完整，加强经济管理和财务管理，提高经济效益，维护社会主义市场经济秩序，制定本法。

第二条 【依法办理会计事务】国家机关、社会团体、公司、企业、事业单位和其他组织(以下统称单位)必须依照本法办理会计事务。

第三条 【设置帐簿】各单位必须依法设置会计帐簿，并保证其真实、完整。

第四条 【负责人责任】单位负责人对本单位的会计工作和会计资料的真实性、完整性负责。

第五条 【会计机构、人员的职责及权益保障】会计机构、会计人员依照本法规定进行会计核算，实行会计监督。

任何单位或者个人不得以任何方式授意、指使、强令会计机构、会计人员伪造、变造会计凭证、会计帐簿和其他会计资料，提供虚假财务会计报告。

任何单位或者个人不得对依法履行职责、抵制违反本法规定行为的会计人员实行打击报复。

第六条 【奖励先进】对认真执行本法，忠于职守，坚持原则，做出显著成绩的会计人员，给予精神的或者物质的奖励。

第七条 【主管部门】国务院财政部门主管全国的会计工作。

县级以上地方各级人民政府财政部门管理本行政区域内的会计工作。

第八条 【会计制度】国家实行统一的会计制度。国家统一的会计制度由国务院财政部门根据本法制定并公布。

国务院有关部门可以依照本法和国家统一的会计制度制定对会计核算和会计监督有特殊要求的行业实施国家统一的会计制度的具体办法或者补充规定，报国务院财政部门审核批准。

中国人民解放军总后勤部可以依照本法和国家统一的会计制度制定军队实施国家统一的会计制度的具体办法，报国务院财政部门备案。

第二章 会 计 核 算

第九条 【资料真实】各单位必须根据实际发生的经济业务事项进行会计核算，填制会计凭证，登记会计帐簿，编制财务会计报告。

任何单位不得以虚假的经济业务事项或者资料进行会计核算。

第十条 【办理会计手续事项】下列经济业务事项，应当办理会计手续，进行会计核算：

(一) 款项和有价证券的收付；

(二) 财物的收发、增减和使用；

（三）债权债务的发生和结算；

（四）资本、基金的增减；

（五）收入、支出、费用、成本的计算；

（六）财务成果的计算和处理；

（七）需要办理会计手续、进行会计核算的其他事项。

第十一条 【会计年度】会计年度自公历1月1日起至12月31日止。

第十二条 【记账本位币】会计核算以人民币为记帐本位币。

业务收支以人民币以外的货币为主的单位，可以选定其中一种货币作为记帐本位币，但是编报的财务会计报告应当折算为人民币。

第十三条 【会计资料符合规定】会计凭证、会计帐簿、财务会计报告和其他会计资料，必须符合国家统一的会计制度的规定。

使用电子计算机进行会计核算的，其软件及其生成的会计凭证、会计帐簿、财务会计报告和其他会计资料，也必须符合国家统一的会计制度的规定。

任何单位和个人不得伪造、变造会计凭证、会计帐簿及其他会计资料，不得提供虚假的财务会计报告。

第十四条 【会计凭证】会计凭证包括原始凭证和记帐凭证。

办理本法第十条所列的经济业务事项，必须填制或者取得原始凭证并及时送交会计机构。

会计机构、会计人员必须按照国家统一的会计制度的规定对原始凭证进行审核，对不真实、不合法的原始凭证有权不予接受，并向单位负责人报告；对记载不准确、不完整的原始凭证予以退回，并要求按照国家统一的会计制度的规定更正、补充。

原始凭证记载的各项内容均不得涂改；原始凭证有错误的，应当由出具单位重开或者更正，更正处应当加盖出具单位印章。原始凭证金额有错误的，应当由出具单位重开，不得在原始凭证上更正。

记帐凭证应当根据经过审核的原始凭证及有关资料编制。

第十五条 【会计帐簿登记】会计帐簿登记，必须以经过审核的会计凭证为依据，并符合有关法律、行政法规和国家统一的会计制度的规定。会计帐簿包括总帐、明细帐、日记帐和其他辅助性帐簿。

会计帐簿应当按照连续编号的页码顺序登记。会计帐簿记录发生错误或者隔页、缺号、跳行的，应当按照国家统一的会计制度规定的方法更正，并由会计人员和会计机构负责人（会计主管人员）在更正处盖章。

使用电子计算机进行会计核算的，其会计帐簿的登记、更正，应当符合国家统一的会计制度的规定。

第十六条 【统一登记、核算】各单位发生的各项经济业务事项应当在依法设置的会计帐簿上统一登记、核算，不得违反本法和国家统一的会计制度的规定私设会计帐簿登记、核算。

第十七条 【核对】各单位应当定期将会计帐簿记录与实物、款项及有关资料相互核对，保证会计帐簿记录与实物及款项的实有数额相符、会计帐簿记录与会计凭证的有关内容相符、会计帐簿之间相对应的记录相符、会计帐簿记录与会计报表的有关内容相符。

第十八条 【会计处理方法一致】各单位采用的会计处理方法，前后各期应当一致，不得随意变更；确有必要变更的，应当按照国家统一的会计制度的规定变更，并将变更的原因、情况及影响在财务会计报告中说明。

第十九条 【或有事项应说明】单位提供的担保、未决诉讼等或有事项，应当按照国家统一的会计制度的规定，在财务会计报告中予以说明。

第二十条 【财务会计报告】财务会计报告应当根据经过审核的会计帐簿记录和有关资料编制，并符合本法和国家统一的会计制度关于财务会计报告的编制要求、提供对象和提供期限的规定；其他法律、行政法规另有规定的，从其规定。

财务会计报告由会计报表、会计报表附注和财务情况说明书组成。向不同的会计资料使用者提供的财务会计报告，其编制依据应当一致。有关法律、行政法规规定会计报表、会计报表附注和财务情况说明书须经注册会计师审计的，注册会计师及其所在的会计师事务所出具的审计报告应当随同财务会计报告一并提供。

第二十一条 【签名、盖章】财务会计报告应当由单位负责人和主管会计工作的负责人、会计机构负责人（会计主管人员）签名并盖章；设置总会计师的单位，还须由总会计师签名并盖章。

单位负责人应当保证财务会计报告真实、完整。

第二十二条 【会计记录文字】会计记录的文

字应当使用中文。在民族自治地方,会计记录可以同时使用当地通用的一种民族文字。在中华人民共和国境内的外商投资企业、外国企业和其他外国组织的会计记录可以同时使用一种外国文字。

第二十三条 【会计档案】各单位对会计凭证、会计帐簿、财务会计报告和其他会计资料应当建立档案,妥善保管。会计档案的保管期限和销毁办法,由国务院财政部门会同有关部门制定。

第三章 公司、企业会计核算的特别规定

第二十四条 【公司、企业会计核算应遵守特别规定】公司、企业进行会计核算,除应当遵守本法第二章的规定外,还应当遵守本章规定。

第二十五条 【公司、企业应依法如实会计核算】公司、企业必须根据实际发生的经济业务事项,按照国家统一的会计制度的规定确认、计量和记录资产、负债、所有者权益、收入、费用、成本和利润。

第二十六条 【禁止行为】公司、企业进行会计核算不得有下列行为:

(一) 随意改变资产、负债、所有者权益的确认标准或者计量方法,虚列、多列、不列或者少列资产、负债、所有者权益;

(二) 虚列或者隐瞒收入,推迟或者提前确认收入;

(三) 随意改变费用、成本的确认标准或者计量方法,虚列、多列、不列或者少列费用、成本;

(四) 随意调整利润的计算、分配方法,编造虚假利润或者隐瞒利润;

(五) 违反国家统一的会计制度规定的其他行为。

第四章 会计监督

第二十七条 【内部会计监督制度】各单位应当建立、健全本单位内部会计监督制度。单位内部会计监督制度应当符合下列要求:

(一) 记帐人员与经济业务事项和会计事项的审批人员、经办人员、财物保管人员的职责权限应当明确,并相互分离、相互制约;

(二) 重大对外投资、资产处置、资金调度和其他重要经济业务事项的决策和执行的相互监督、相互制约程序应当明确;

(三) 财产清查的范围、期限和组织程序应当明确;

(四) 对会计资料定期进行内部审计的办法和程序应当明确。

第二十八条 【依法履行职责】单位负责人应当保证会计机构、会计人员依法履行职责,不得授意、指使、强令会计机构、会计人员违法办理会计事项。

会计机构、会计人员对违反本法和国家统一的会计制度规定的会计事项,有权拒绝办理或者按照职权予以纠正。

第二十九条 【对不符事项的处理】会计机构、会计人员发现会计帐簿记录与实物、款项及有关资料不相符的,按照国家统一的会计制度的规定有权自行处理的,应当及时处理;无权处理的,应当立即向单位负责人报告,请求查明原因,作出处理。

第三十条 【检举违法行为】任何单位和个人对违反本法和国家统一的会计制度规定的行为,有权检举。收到检举的部门有权处理的,应当依法按照职责分工及时处理;无权处理的,应当及时移送有权处理的部门处理。收到检举的部门、负责处理的部门应当为检举人保密,不得将检举人姓名和检举材料转给被检举单位和被检举人个人。

第三十一条 【审计报告】有关法律、行政法规规定,须经注册会计师进行审计的单位,应当向受委托的会计师事务所如实提供会计凭证、会计帐簿、财务会计报告和其他会计资料以及有关情况。

任何单位或者个人不得以任何方式要求或者示意注册会计师及其所在的会计师事务所出具不实或者不当的审计报告。

财政部门有权对会计师事务所出具审计报告的程序和内容进行监督。

第三十二条 【财政监督】财政部门对各单位的下列情况实施监督:

(一) 是否依法设置会计帐簿;

(二) 会计凭证、会计帐簿、财务会计报告和其他会计资料是否真实、完整;

(三) 会计核算是否符合本法和国家统一的会计制度的规定;

(四) 从事会计工作的人员是否具备专业能力、遵守职业道德。

在对前款第(二)项所列事项实施监督,发现重大违法嫌疑时,国务院财政部门及其派出机构可

以向与被监督单位有经济业务往来的单位和被监督单位开立帐户的金融机构查询有关情况，有关单位和金融机构应当给予支持。

第三十三条 【其他部门监督】财政、审计、税务、人民银行、证券监管、保险监管等部门应当依照有关法律、行政法规规定的职责，对有关单位的会计资料实施监督检查。

前款所列监督检查部门对有关单位的会计资料依法实施监督检查后，应当出具检查结论。有关监督检查部门已经作出的检查结论能够满足其他监督检查部门履行本部门职责需要的，其他监督检查部门应当加以利用，避免重复查帐。

第三十四条 【保密义务】依法对有关单位的会计资料实施监督检查的部门及其工作人员对在监督检查中知悉的国家秘密和商业秘密负有保密义务。

第三十五条 【接受检查】各单位必须依照有关法律、行政法规的规定，接受有关监督检查部门依法实施的监督检查，如实提供会计凭证、会计帐簿、财务会计报告和其他会计资料以及有关情况，不得拒绝、隐匿、谎报。

第五章 会计机构和会计人员

第三十六条 【机构、人员设置】各单位应当根据会计业务的需要，设置会计机构，或者在有关机构中设置会计人员并指定会计主管人员；不具备设置条件的，应当委托经批准设立从事会计代理记帐业务的中介机构代理记帐。

国有的和国有资产占控股地位或者主导地位的大、中型企业必须设置总会计师。总会计师的任职资格、任免程序、职责权限由国务院规定。

第三十七条 【稽核制度】会计机构内部应当建立稽核制度。

出纳人员不得兼任稽核、会计档案保管和收入、支出、费用、债权债务帐目的登记工作。

第三十八条 【执业要求】会计人员应当具备从事会计工作所需要的专业能力。

担任单位会计机构负责人（会计主管人员）的，应当具备会计师以上专业技术职务资格或者从事会计工作三年以上经历。

本法所称会计人员的范围由国务院财政部门规定。

第三十九条 【业务素质】会计人员应当遵守职业道德，提高业务素质。对会计人员的教育和培训工作应当加强。

第四十条 【执业禁止】因有提供虚假财务会计报告，做假帐，隐匿或者故意销毁会计凭证、会计帐簿、财务会计报告，贪污，挪用公款，职务侵占等与会计职务有关的违法行为被依法追究刑事责任的人员，不得再从事会计工作。

第四十一条 【交接】会计人员调动工作或者离职，必须与接管人员办清交接手续。

一般会计人员办理交接手续，由会计机构负责人（会计主管人员）监交；会计机构负责人（会计主管人员）办理交接手续，由单位负责人监交，必要时主管单位可以派人会同监交。

第六章 法律责任

第四十二条 【对不依法设置会计帐簿等十种违法行为的处罚】违反本法规定，有下列行为之一的，由县级以上人民政府财政部门责令限期改正，可以对单位并处三千元以上五万元以下的罚款；对其直接负责的主管人员和其他直接责任人员，可以处二千元以上二万元以下的罚款；属于国家工作人员的，还应当由其所在单位或者有关单位依法给予行政处分：

（一）不依法设置会计帐簿的；

（二）私设会计帐簿的；

（三）未按照规定填制、取得原始凭证或者填制、取得的原始凭证不符合规定的；

（四）以未经审核的会计凭证为依据登记会计帐簿或者登记会计帐簿不符合规定的；

（五）随意变更会计处理方法的；

（六）向不同的会计资料使用者提供的财务会计报告编制依据不一致的；

（七）未按照规定使用会计记录文字或者记帐本位币的；

（八）未按照规定保管会计资料，致使会计资料毁损、灭失的；

（九）未按照规定建立并实施单位内部会计监督制度或者拒绝依法实施的监督或者不如实提供有关会计资料及有关情况的；

（十）任用会计人员不符合本法规定的。

有前款所列行为之一，构成犯罪的，依法追究刑事责任。

会计人员有第一款所列行为之一，情节严重的，五年内不得从事会计工作。

有关法律对第一款所列行为的处罚另有规定的，依照有关法律的规定办理。

第四十三条 【伪造、变造会计凭证等的处罚】伪造、变造会计凭证、会计帐簿，编制虚假财务会计报告，构成犯罪的，依法追究刑事责任。

有前款行为，尚不构成犯罪的，由县级以上人民政府财政部门予以通报，可以对单位并处五千元以上十万元以下的罚款；对其直接负责的主管人员和其他直接责任人员，可以处三千元以上五万元以下的罚款；属于国家工作人员的，还应当由其所在单位或者有关单位依法给予撤职直至开除的行政处分；其中的会计人员，五年内不得从事会计工作。

第四十四条 【隐匿、销毁会计凭证等的处罚】隐匿或者故意销毁依法应当保存的会计凭证、会计帐簿、财务会计报告，构成犯罪的，依法追究刑事责任。

有前款行为，尚不构成犯罪的，由县级以上人民政府财政部门予以通报，可以对单位并处五千元以上十万元以下的罚款；对其直接负责的主管人员和其他直接责任人员，可以处三千元以上五万元以下的罚款；属于国家工作人员的，还应当由其所在单位或者有关单位依法给予撤职直至开除的行政处分；其中的会计人员，五年内不得从事会计工作。

第四十五条 【授意、指使、强令他人伪造、变造会计凭证等的处罚】授意、指使、强令会计机构、会计人员及其他人员伪造、变造会计凭证、会计帐簿，编制虚假财务会计报告或者隐匿、故意销毁依法应当保存的会计凭证、会计帐簿、财务会计报告，构成犯罪的，依法追究刑事责任；尚不构成犯罪的，可以处五千元以上五万元以下的罚款；属于国家工作人员的，还应当由其所在单位或者有关单位依法给予降级、撤职、开除的行政处分。

第四十六条 【打击报复会计人员的处罚】单位负责人对依法履行职责、抵制违反本法规定行为的会计人员以降级、撤职、调离工作岗位、解聘或者开除等方式实行打击报复，构成犯罪的，依法追究刑事责任；尚不构成犯罪的，由其所在单位或者有关单位依法给予行政处分。对受打击报复的会计人员，应当恢复其名誉和原有职务、级别。

第四十七条 【对行政部门工作人员滥用职权等的处分】财政部门及有关行政部门的工作人员在实施监督管理中滥用职权、玩忽职守、徇私舞弊或者泄露国家秘密、商业秘密，构成犯罪的，依法追究刑事责任；尚不构成犯罪的，依法给予行政处分。

第四十八条 【对违反本法第三十条规定行为的处分】违反本法第三十条规定，将检举人姓名和检举材料转给被检举单位和被检举人个人的，由所在单位或者有关单位依法给予行政处分。

第四十九条 【法条竞合的处理】违反本法规定，同时违反其他法律规定的，由有关部门在各自职权范围内依法进行处罚。

第七章 附 则

第五十条 【用语含义】本法下列用语的含义：

单位负责人，是指单位法定代表人或者法律、行政法规规定代表单位行使职权的主要负责人。

国家统一的会计制度，是指国务院财政部门根据本法制定的关于会计核算、会计监督、会计机构和会计人员以及会计工作管理的制度。

第五十一条 【制定个体户会计管理办法的授权规定】个体工商户会计管理的具体办法，由国务院财政部门根据本法的原则另行规定。

第五十二条 【施行日期】本法自2000年7月1日起施行。

企业财务会计报告条例

（2000年6月21日中华人民共和国国务院令第287号发布 自2001年1月1日起施行）

第一章 总 则

第一条 为了规范企业财务会计报告，保证财务会计报告的真实、完整，根据《中华人民共和国会计法》，制定本条例。

第二条 企业（包括公司，下同）编制和对外提供财务会计报告，应当遵守本条例。

本条例所称财务会计报告，是指企业对外提供的反映企业某一特定日期财务状况和某一会计期间经营成果、现金流量的文件。

第三条 企业不得编制和对外提供虚假的或者隐瞒重要事实的财务会计报告。

企业负责人对本企业财务会计报告的真实性、完整性负责。

第四条 任何组织或者个人不得授意、指使、强令企业编制和对外提供虚假的或者隐瞒重要事实的财务会计报告。

第五条 注册会计师、会计师事务所审计企业财务会计报告,应当依照有关法律、行政法规以及注册会计师执业规则的规定进行,并对所出具的审计报告负责。

第二章 财务会计报告的构成

第六条 财务会计报告分为年度、半年度、季度和月度财务会计报告。

第七条 年度、半年度财务会计报告应当包括:

(一)会计报表;

(二)会计报表附注;

(三)财务情况说明书。

会计报表应当包括资产负债表、利润表、现金流量表及相关附表。

第八条 季度、月度财务会计报告通常仅指会计报表,会计报表至少应当包括资产负债表和利润表。国家统一的会计制度规定季度、月度财务会计报告需要编制会计报表附注的,从其规定。

第九条 资产负债表是反映企业在某一特定日期财务状况的报表。资产负债表应当按照资产、负债和所有者权益(或者股东权益,下同)分类分项列示。其中,资产、负债和所有者权益的定义及列示应当遵循下列规定:

(一)资产,是指过去的交易、事项形成并由企业拥有或者控制的资源,该资源预期会给企业带来经济利益。在资产负债表上,资产应当按照其流动性分类分项列示,包括流动资产、长期投资、固定资产、无形资产及其他资产。银行、保险公司和非银行金融机构的各项资产有特殊性的,按照其性质分类分项列示。

(二)负债,是指过去的交易、事项形成的现时义务,履行该义务预期会导致经济利益流出企业。在资产负债表上,负债应当按照其流动性分类分项列示,包括流动负债、长期负债等。银行、保险公司和非银行金融机构的各项负债有特殊性的,按照其性质分类分项列示。

(三)所有者权益,是指所有者在企业资产中享有的经济利益,其金额为资产减去负债后的余额。在资产负债表上,所有者权益应当按照实收资本(或者股本)、资本公积、盈余公积、未分配利润等项目分项列示。

第十条 利润表是反映企业在一定会计期间经营成果的报表。利润表应当按照各项收入、费用以及构成利润的各个项目分类分项列示。其中,收入、费用和利润的定义及列示应当遵循下列规定:

(一)收入,是指企业在销售商品、提供劳务及让渡资产使用权等日常活动中所形成的经济利益的总流入。收入不包括为第三方或者客户代收的款项。在利润表上,收入应当按照其重要性分项列示。

(二)费用,是指企业为销售商品、提供劳务等日常活动所发生的经济利益的流出。在利润表上,费用应当按照其性质分项列示。

(三)利润,是指企业在一定会计期间的经营成果。在利润表上,利润应当按照营业利润、利润总额和净利润等利润的构成分类分项列示。

第十一条 现金流量表是反映企业一定会计期间现金和现金等价物(以下简称现金)流入和流出的报表。现金流量表应当按照经营活动、投资活动和筹资活动的现金流量分类分项列示。其中,经营活动、投资活动和筹资活动的定义及列示应当遵循下列规定:

(一)经营活动,是指企业投资活动和筹资活动以外的所有交易和事项。在现金流量表上,经营活动的现金流量应当按照其经营活动的现金流入和流出的性质分项列示;银行、保险公司和非银行金融机构的经营活动按照其经营活动特点分项列示。

(二)投资活动,是指企业长期资产的购建和不包括在现金等价物范围内的投资及其处置活动。在现金流量表上,投资活动的现金流量应当按照其投资活动的现金流入和流出的性质分项列示。

(三)筹资活动,是指导致企业资本及债务规模和构成发生变化的活动。在现金流量表上,筹资活动的现金流量应当按照其筹资活动的现金流入和流出的性质分项列示。

第十二条 相关附表是反映企业财务状况、经营成果和现金流量的补充报表,主要包括利润分配表以及国家统一的会计制度规定的其他附表。

利润分配表是反映企业一定会计期间对实现净利润以及以前年度未分配利润的分配或者亏损弥补的报表。利润分配表应当按照利润分配各个项目分类分项列示。

第十三条 年度、半年度会计报表至少应当反映两个年度或者相关两个期间的比较数据。

第十四条 会计报表附注是为便于会计报表使用者理解会计报表的内容而对会计报表的编制基础、编制依据、编制原则和方法及主要项目等所作的解释。会计报表附注至少应当包括下列内容：

（一）不符合基本会计假设的说明；

（二）重要会计政策和会计估计及其变更情况、变更原因及其对财务状况和经营成果的影响；

（三）或有事项和资产负债表日后事项的说明；

（四）关联方关系及其交易的说明；

（五）重要资产转让及其出售情况；

（六）企业合并、分立；

（七）重大投资、融资活动；

（八）会计报表中重要项目的明细资料；

（九）有助于理解和分析会计报表需要说明的其他事项。

第十五条 财务情况说明书至少应当对下列情况作出说明：

（一）企业生产经营的基本情况；

（二）利润实现和分配情况；

（三）资金增减和周转情况；

（四）对企业财务状况、经营成果和现金流量有重大影响的其他事项。

第三章 财务会计报告的编制

第十六条 企业应当于年度终了编报年度财务会计报告。国家统一的会计制度规定企业应当编报半年度、季度和月度财务会计报告的，从其规定。

第十七条 企业编制财务会计报告，应当根据真实的交易、事项以及完整、准确的账簿记录等资料，并按照国家统一的会计制度规定的编制基础、编制依据、编制原则和方法。

企业不得违反本条例和国家统一的会计制度规定，随意改变财务会计报告的编制基础、编制依据、编制原则和方法。

任何组织或者个人不得授意、指使、强令企业违反本条例和国家统一的会计制度规定，改变财务会计报告的编制基础、编制依据、编制原则和方法。

第十八条 企业应当依照本条例和国家统一的会计制度规定，对会计报表中各项会计要素进行合理的确认和计量，不得随意改变会计要素的确认和计量标准。

第十九条 企业应当依照有关法律、行政法规和本条例规定的结账日进行结账，不得提前或者延迟。年度结账日为公历年度每年的12月31日；半年度、季度、月度结账日分别为公历年度每半年、每季、每月的最后一天。

第二十条 企业在编制年度财务会计报告前，应当按照下列规定，全面清查资产、核实债务：

（一）结算款项，包括应收款项、应付款项、应交税金等是否存在，与债务、债权单位的相应债务、债权金额是否一致；

（二）原材料、在产品、自制半成品、库存商品等各项存货的实存数量与账面数量是否一致，是否有报废损失和积压物资等；

（三）各项投资是否存在，投资收益是否按照国家统一的会计制度规定进行确认和计量；

（四）房屋建筑物、机器设备、运输工具等各项固定资产的实存数量与账面数量是否一致；

（五）在建工程的实际发生额与账面记录是否一致；

（六）需要清查、核实的其他内容。

企业通过前款规定的清查、核实，查明财产物资的实存数量与账面数量是否一致、各项结算款项的拖欠情况及其原因、材料物资的实际储备情况、各项投资是否达到预期目的、固定资产的使用情况及其完好程度等。企业清查、核实后，应当将清查、核实的结果及其处理办法向企业的董事会或者相应机构报告，并根据国家统一的会计制度的规定进行相应的会计处理。

企业应当在年度中间根据具体情况，对各项财产物资和结算款项进行重点抽查、轮流清查或者定期清查。

第二十一条 企业在编制财务会计报告前，除应当全面清查资产、核实债务外，还应当完成下列工作：

（一）核对各会计账簿记录与会计凭证的内容、金额等是否一致，记账方向是否相符；

（二）依照本条例规定的结账日进行结账，结出有关会计账簿的余额和发生额，并核对各会计账簿之间的余额；

（三）检查相关的会计核算是否按照国家统一的会计制度的规定进行；

(四) 对于国家统一的会计制度没有规定统一核算方法的交易、事项,检查其是否按照会计核算的一般原则进行确认和计量以及相关账务处理是否合理;

(五) 检查是否存在因会计差错、会计政策变更等原因需要调整前期或者本期相关项目。

在前款规定工作中发现问题的,应当按照国家统一的会计制度的规定进行处理。

第二十二条 企业编制年度和半年度财务会计报告时,对经查实后的资产、负债有变动的,应当按照资产、负债的确认和计量标准进行确认和计量,并按照国家统一的会计制度的规定进行相应的会计处理。

第二十三条 企业应当按照国家统一的会计制度规定的会计报表格式和内容,根据登记完整、核对无误的会计账簿记录和其他有关资料编制会计报表,做到内容完整、数字真实、计算准确,不得漏报或者任意取舍。

第二十四条 会计报表之间、会计报表各项目之间,凡有对应关系的数字,应当相互一致;会计报表中本期与上期的有关数字应当相互衔接。

第二十五条 会计报表附注和财务情况说明书应当按照本条例和国家统一的会计制度的规定,对会计报表中需要说明的事项作出真实、完整、清楚的说明。

第二十六条 企业发生合并、分立情形的,应当按照国家统一的会计制度的规定编制相应的财务会计报告。

第二十七条 企业终止营业的,应当在终止营业时按照编制年度财务会计报告的要求全面清查资产、核实债务、进行结账,并编制财务会计报告;在清算期间,应当按照国家统一的会计制度的规定编制清算期间的财务会计报告。

第二十八条 按照国家统一的会计制度的规定,需要编制合并会计报表的企业集团,母公司除编制其个别会计报表外,还应当编制企业集团的合并会计报表。

企业集团合并会计报表,是指反映企业集团整体财务状况、经营成果和现金流量的会计报表。

第四章 财务会计报告的对外提供

第二十九条 对外提供的财务会计报告反映的会计信息应当真实、完整。

第三十条 企业应当依照法律、行政法规和国家统一的会计制度有关财务会计报告提供期限的规定,及时对外提供财务会计报告。

第三十一条 企业对外提供的财务会计报告应当依次编定页数,加具封面,装订成册,加盖公章。封面上应当注明:企业名称、企业统一代码、组织形式、地址、报表所属年度或者月份、报出日期,并由企业负责人和主管会计工作的负责人、会计机构负责人(会计主管人员)签名并盖章;设置总会计师的企业,还应当由总会计师签名并盖章。

第三十二条 企业应当依照企业章程的规定,向投资者提供财务会计报告。

国务院派出监事会的国有重点大型企业、国有重点金融机构和省、自治区、直辖市人民政府派出监事会的国有企业,应当依法定期向监事会提供财务会计报告。

第三十三条 有关部门或者机构依照法律、行政法规或者国务院的规定,要求企业提供部分或者全部财务会计报告及其有关数据的,应当向企业出示依据,并不得要求企业改变财务会计报告有关数据的会计口径。

第三十四条 非依照法律、行政法规或者国务院的规定,任何组织或者个人不得要求企业提供部分或者全部财务会计报告及其有关数据。

违反本条例规定,要求企业提供部分或者全部财务会计报告及其有关数据的,企业有权拒绝。

第三十五条 国有企业、国有控股的或者占主导地位的企业,应当至少每年一次向本企业的职工代表大会公布财务会计报告,并重点说明下列事项:

(一) 反映与职工利益密切相关的信息,包括:管理费用的构成情况,企业管理人员工资、福利和职工工资、福利费用的发放、使用和结余情况,公益金的提取及使用情况,利润分配的情况以及其他与职工利益相关的信息;

(二) 内部审计发现的问题及纠正情况;

(三) 注册会计师审计的情况;

(四) 国家审计机关发现的问题及纠正情况;

(五) 重大的投资、融资和资产处置决策及其原因的说明;

(六) 需要说明的其他重要事项。

第三十六条 企业依照本条例规定向有关各方提供的财务会计报告,其编制基础、编制依据、编制原则和方法应当一致,不得提供编制基础、编制依据、编制原则和方法不同的财务会计报告。

第三十七条 财务会计报告须经注册会计师审计的,企业应当将注册会计师及其会计师事务所出具的审计报告随同财务会计报告一并对外提供。

第三十八条 接受企业财务会计报告的组织或者个人,在企业财务会计报告未正式对外披露前,应当对其内容保密。

第五章 法律责任

第三十九条 违反本条例规定,有下列行为之一的,由县级以上人民政府财政部门责令限期改正,对企业可以处3 000元以上5万元以下的罚款;对直接负责的主管人员和其他直接责任人员,可以处2 000元以上2万元以下的罚款;属于国家工作人员的,并依法给予行政处分或者纪律处分:

(一)随意改变会计要素的确认和计量标准的;

(二)随意改变财务会计报告的编制基础、编制依据、编制原则和方法的;

(三)提前或者延迟结账日结账的;

(四)在编制年度财务会计报告前,未按照本条例规定全面清查资产、核实债务的;

(五)拒绝财政部门和其他有关部门对财务会计报告依法进行的监督检查,或者不如实提供有关情况的。

会计人员有前款所列行为之一,情节严重的,由县级以上人民政府财政部门吊销会计从业资格证书。

第四十条 企业编制、对外提供虚假的或者隐瞒重要事实的财务会计报告,构成犯罪的,依法追究刑事责任。

有前款行为,尚不构成犯罪的,由县级以上人民政府财政部门予以通报,对企业可以处5 000元以上10万元以下的罚款;对直接负责的主管人员和其他直接责任人员,可以处3 000元以上5万元以下的罚款;属于国家工作人员的,并依法给予撤职直至开除的行政处分或者纪律处分;对其中的会计人员,情节严重的,并由县级以上人民政府财政部门吊销会计从业资格证书。

第四十一条 授意、指使、强令会计机构、会计人员及其他人员编制、对外提供虚假的或者隐瞒重要事实的财务会计报告,或者隐匿、故意销毁依法应当保存的财务会计报告,构成犯罪的,依法追究刑事责任;尚不构成犯罪的,可以处5 000元以上5万元以下的罚款;属于国家工作人员的,并依法给予降级、撤职、开除的行政处分或者纪律处分。

第四十二条 违反本条例的规定,要求企业向其提供部分或者全部财务会计报告及其有关数据的,由县级以上人民政府责令改正。

第四十三条 违反本条例规定,同时违反其他法律、行政法规规定的,由有关部门在各自的职权范围内依法给予处罚。

第六章 附 则

第四十四条 国务院财政部门可以根据本条例的规定,制定财务会计报告的具体编报办法。

第四十五条 不对外筹集资金、经营规模较小的企业编制和对外提供财务会计报告的办法,由国务院财政部门根据本条例的原则另行规定。

第四十六条 本条例自2001年1月1日起施行。

中华人民共和国企业所得税法

(2007年3月16日第十届全国人民代表大会第五次会议通过 根据2017年2月24日第十二届全国人民代表大会常务委员会第二十六次会议《关于修改〈中华人民共和国企业所得税法〉的决定》第一次修正 根据2018年12月29日第十三届全国人民代表大会常务委员会第七次会议《关于修改〈中华人民共和国电力法〉等四部法律的决定》第二次修正)

目 录

第一章 总 则
第二章 应纳税所得额
第三章 应纳税额
第四章 税收优惠
第五章 源泉扣缴
第六章 特别纳税调整
第七章 征收管理
第八章 附 则

第一章 总 则

第一条 【适用范围】在中华人民共和国境内，企业和其他取得收入的组织（以下统称企业）为企业所得税的纳税人，依照本法的规定缴纳企业所得税。

个人独资企业、合伙企业不适用本法。

第二条 【企业分类及其含义】企业分为居民企业和非居民企业。

本法所称居民企业，是指依法在中国境内成立，或者依照外国（地区）法律成立但实际管理机构在中国境内的企业。

本法所称非居民企业，是指依照外国（地区）法律成立且实际管理机构不在中国境内，但在中国境内设立机构、场所的，或者在中国境内未设立机构、场所，但有来源于中国境内所得的企业。

第三条 【缴纳企业所得税的所得范围】居民企业应当就其来源于中国境内、境外的所得缴纳企业所得税。

非居民企业在中国境内设立机构、场所的，应当就其所设机构、场所取得的来源于中国境内的所得，以及发生在中国境外但与其所设机构、场所有实际联系的所得，缴纳企业所得税。

非居民企业在中国境内未设立机构、场所的，或者虽设立机构、场所但取得的所得与其所设机构、场所没有实际联系的，应当就其来源于中国境内的所得缴纳企业所得税。

第四条 【企业所得税税率】企业所得税的税率为25%。

非居民企业取得本法第三条第三款规定的所得，适用税率为20%。

第二章 应纳税所得额

第五条 【应税所得的计算】企业每一纳税年度的收入总额，减除不征税收入、免税收入、各项扣除以及允许弥补的以前年度亏损后的余额，为应纳税所得额。

第六条 【企业收入总额】企业以货币形式和非货币形式从各种来源取得的收入，为收入总额。包括：

（一）销售货物收入；

（二）提供劳务收入；

（三）转让财产收入；

（四）股息、红利等权益性投资收益；

（五）利息收入；

（六）租金收入；

（七）特许权使用费收入；

（八）接受捐赠收入；

（九）其他收入。

第七条 【不征税收入项目】收入总额中的下列收入为不征税收入：

（一）财政拨款；

（二）依法收取并纳入财政管理的行政事业性收费、政府性基金；

（三）国务院规定的其他不征税收入。

第八条 【与收入有关的、合理支出的扣除】企业实际发生的与取得收入有关的、合理的支出，包括成本、费用、税金、损失和其他支出，准予在计算应纳税所得额时扣除。

第九条 【公益性捐赠支出的扣除】企业发生的公益性捐赠支出，在年度利润总额12%以内的部分，准予在计算应纳税所得额时扣除；超过年度利润总额12%的部分，准予结转以后三年内在计算应纳税所得额时扣除。

第十条 【不得扣除的支出事项】在计算应纳税所得额时，下列支出不得扣除：

（一）向投资者支付的股息、红利等权益性投资收益款项；

（二）企业所得税税款；

（三）税收滞纳金；

（四）罚金、罚款和被没收财物的损失；

（五）本法第九条规定以外的捐赠支出；

（六）赞助支出；

（七）未经核定的准备金支出；

（八）与取得收入无关的其他支出。

第十一条 【固定资产折旧的扣除】在计算应纳税所得额时，企业按照规定计算的固定资产折旧，准予扣除。

下列固定资产不得计算折旧扣除：

（一）房屋、建筑物以外未投入使用的固定资产；

（二）以经营租赁方式租入的固定资产；

（三）以融资租赁方式租出的固定资产；

（四）已足额提取折旧仍继续使用的固定资产；

（五）与经营活动无关的固定资产；

（六）单独估价作为固定资产入账的土地；

（七）其他不得计算折旧扣除的固定资产。

第十二条 【无形资产摊销费用的扣除】在计算应纳税所得额时，企业按照规定计算的无形资产摊销费用，准予扣除。

下列无形资产不得计算摊销费用扣除：

（一）自行开发的支出已在计算应纳税所得额时扣除的无形资产；

（二）自创商誉；

（三）与经营活动无关的无形资产；

（四）其他不得计算摊销费用扣除的无形资产。

第十三条 【可扣除的长期待摊费用范围】在计算应纳税所得额时，企业发生的下列支出作为长期待摊费用，按照规定摊销的，准予扣除：

（一）已足额提取折旧的固定资产的改建支出；

（二）租入固定资产的改建支出；

（三）固定资产的大修理支出；

（四）其他应当作为长期待摊费用的支出。

第十四条 【投资资产成本不得扣除】企业对外投资期间，投资资产的成本在计算应纳税所得额时不得扣除。

第十五条 【存货成本的扣除】企业使用或者销售存货，按照规定计算的存货成本，准予在计算应纳税所得额时扣除。

第十六条 【转让资产净值的扣除】企业转让资产，该项资产的净值，准予在计算应纳税所得额时扣除。

第十七条 【境外亏损不得抵减境内盈利】企业在汇总计算缴纳企业所得税时，其境外营业机构的亏损不得抵减境内营业机构的盈利。

第十八条 【年度亏损结转】企业纳税年度发生的亏损，准予向以后年度结转，用以后年度的所得弥补，但结转年限最长不得超过五年。

第十九条 【非居民企业应税所得的计算】非居民企业取得本法第三条第三款规定的所得，按照下列方法计算其应纳税所得额：

（一）股息、红利等权益性投资收益和利息、租金、特许权使用费所得，以收入全额为应纳税所得额；

（二）转让财产所得，以收入全额减除财产净值后的余额为应纳税所得额；

（三）其他所得，参照前两项规定的方法计算应纳税所得额。

第二十条 【具体办法的授权规定】本章规定的收入、扣除的具体范围、标准和资产的税务处理的具体办法，由国务院财政、税务主管部门规定。

第二十一条 【税收法律优先】在计算应纳税所得额时，企业财务、会计处理办法与税收法律、行政法规的规定不一致的，应当依照税收法律、行政法规的规定计算。

第三章 应纳税额

第二十二条 【应纳税额计算方法】企业的应纳税所得额乘以适用税率，减除依照本法关于税收优惠的规定减免和抵免的税额后的余额，为应纳税额。

第二十三条 【境外缴纳所得税额的抵免】企业取得的下列所得已在境外缴纳的所得税税额，可以从其当期应纳税额中抵免，抵免限额为该项所得依照本法规定计算的应纳税额；超过抵免限额的部分，可以在以后五个年度内，用每年度抵免限额抵免当年应抵税额后的余额进行抵补：

（一）居民企业来源于中国境外的应税所得；

（二）非居民企业在中国境内设立机构、场所，取得发生在中国境外但与该机构、场所有实际联系的应税所得。

第二十四条 【境外法定所得抵免】居民企业从其直接或者间接控制的外国企业分得的来源于中国境外的股息、红利等权益性投资收益，外国企业在境外实际缴纳的所得税税额中属于该项所得负担的部分，可以作为该居民企业的可抵免境外所得税税额，在本法第二十三条规定的抵免限额内抵免。

第四章 税收优惠

第二十五条 【税收优惠的一般规定】国家对重点扶持和鼓励发展的产业和项目，给予企业所得税优惠。

第二十六条 【免税收入】企业的下列收入为免税收入：

（一）国债利息收入；

（二）符合条件的居民企业之间的股息、红利等权益性投资收益；

（三）在中国境内设立机构、场所的非居民企业从居民企业取得与该机构、场所有实际联系的股息、红利等权益性投资收益；

（四）符合条件的非营利组织的收入。

第二十七条 【免征、减征所得】企业的下列所得,可以免征、减征企业所得税:

(一)从事农、林、牧、渔业项目的所得;

(二)从事国家重点扶持的公共基础设施项目投资经营的所得;

(三)从事符合条件的环境保护、节能节水项目的所得;

(四)符合条件的技术转让所得;

(五)本法第三条第三款规定的所得。

第二十八条 【小型微利企业、高新技术企业减征所得税】符合条件的小型微利企业,减按20%的税率征收企业所得税。

国家需要重点扶持的高新技术企业,减按15%的税率征收企业所得税。

第二十九条 【民族自治地方企业所得税的减免】民族自治地方的自治机关对本民族自治地方的企业应缴纳的企业所得税中属于地方分享的部分,可以决定减征或者免征。自治州、自治县决定减征或者免征的,须报省、自治区、直辖市人民政府批准。

第三十条 【加计扣除范围】企业的下列支出,可以在计算应纳税所得额时加计扣除:

(一)开发新技术、新产品、新工艺发生的研究开发费用;

(二)安置残疾人员及国家鼓励安置的其他就业人员所支付的工资。

第三十一条 【创业投资企业应税所得的抵扣】创业投资企业从事国家需要重点扶持和鼓励的创业投资,可以按投资额的一定比例抵扣应纳税所得额。

第三十二条 【企业加速折旧】企业的固定资产由于技术进步等原因,确需加速折旧的,可以缩短折旧年限或者采取加速折旧的方法。

第三十三条 【应税所得的减计收入】企业综合利用资源,生产符合国家产业政策规定的产品所取得的收入,可以在计算应纳税所得额时减计收入。

第三十四条 【企业税额抵免】企业购置用于环境保护、节能节水、安全生产等专用设备的投资额,可以按一定比例实行税额抵免。

第三十五条 【制定税收优惠办法的授权规定】本法规定的税收优惠的具体办法,由国务院规定。

第三十六条 【专项优惠政策】根据国民经济和社会发展的需要,或者由于突发事件等原因对企业经营活动产生重大影响的,国务院可以制定企业所得税专项优惠政策,报全国人民代表大会常务委员会备案。

第五章 源泉扣缴

第三十七条 【源泉扣缴的条件与执行】对非居民企业取得本法第三条第三款规定的所得应缴纳的所得税,实行源泉扣缴,以支付人为扣缴义务人。税款由扣缴义务人在每次支付或者到期应支付时,从支付或者到期应支付的款项中扣缴。

第三十八条 【非居民企业境内取得工程作业、劳务所得源泉扣缴时的扣缴义务人】对非居民企业在中国境内取得工程作业和劳务所得应缴纳的所得税,税务机关可以指定工程价款或者劳务费的支付人为扣缴义务人。

第三十九条 【扣缴义务人无法履行扣缴义务时纳税人所得税的缴纳】依照本法第三十七条、第三十八条规定应当扣缴的所得税,扣缴义务人未依法扣缴或者无法履行扣缴义务的,由纳税人在所得发生地缴纳。纳税人未依法缴纳的,税务机关可以从该纳税人在中国境内其他收入项目的支付人应付的款项中,追缴该纳税人的应纳税款。

第四十条 【扣缴义务人缴纳代扣方式】扣缴义务人每次代扣的税款,应当自代扣之日起七日内缴入国库,并向所在地的税务机关报送扣缴企业所得税报告表。

第六章 特别纳税调整

第四十一条 【企业与关联方之间应税收入或所得的计算】企业与其关联方之间的业务往来,不符合独立交易原则而减少企业或者其关联方应纳税收入或者所得额的,税务机关有权按照合理方法调整。

企业与其关联方共同开发、受让无形资产,或者共同提供、接受劳务发生的成本,在计算应纳税所得额时应当按照独立交易原则进行分摊。

第四十二条 【预约定价安排】企业可以向税务机关提出与其关联方之间业务往来的定价原则和计算方法,税务机关与企业协商、确认后,达成预约定价安排。

第四十三条 【纳税申报的附随义务及协助调查责任】企业向税务机关报送年度企业所得税纳税

申报表时,应当就其与关联方之间的业务往来,附送年度关联业务往来报告表。

税务机关在进行关联业务调查时,企业及其关联方,以及与关联业务调查有关的其他企业,应当按照规定提供相关资料。

第四十四条 【不提供、违规提供与关联方业务往来资料的处理】企业不提供与其关联方之间业务往来资料,或者提供虚假、不完整资料,未能真实反映其关联业务往来情况的,税务机关有权依法核定其应纳税所得额。

第四十五条 【设立在低税率国家(地区)企业的利润处理】由居民企业,或者由居民企业和中国居民控制的设立在实际税负明显低于本法第四条第一款规定税率水平的国家(地区)的企业,并非由于合理的经营需要而对利润不作分配或者减少分配的,上述利润中应归属于该居民企业的部分,应当计入该居民企业的当期收入。

第四十六条 【超标利息不得扣除】企业从其关联方接受的债权性投资与权益性投资的比例超过规定标准而发生的利息支出,不得在计算应纳税所得额时扣除。

第四十七条 【不合理安排减少所得税的调整】企业实施其他不具有合理商业目的的安排而减少其应纳税收入或者所得额的,税务机关有权按照合理方法调整。

第四十八条 【特别纳税调整补征税款应加收利息】税务机关依照本章规定作出纳税调整,需要补征税款的,应当补征税款,并按照国务院规定加收利息。

第七章 征收管理

第四十九条 【企业所得税的征收管理】企业所得税的征收管理除本法规定外,依照《中华人民共和国税收征收管理法》的规定执行。

第五十条 【居民企业纳税地点】除税收法律、行政法规另有规定外,居民企业以企业登记注册地为纳税地点;但登记注册地在境外的,以实际管理机构所在地为纳税地点。

居民企业在中国境内设立不具有法人资格的营业机构的,应当汇总计算并缴纳企业所得税。

第五十一条 【非居民企业纳税地点】非居民企业取得本法第三条第二款规定的所得,以机构、场所所在地为纳税地点。非居民企业在中国境内设立两个或者两个以上机构、场所,符合国务院税务主管部门规定条件的,可以选择由其主要机构、场所汇总缴纳企业所得税。

非居民企业取得本法第三条第三款规定的所得,以扣缴义务人所在地为纳税地点。

第五十二条 【禁止合并缴纳所得税】除国务院另有规定外,企业之间不得合并缴纳企业所得税。

第五十三条 【企业所得税纳税年度】企业所得税按纳税年度计算。纳税年度自公历1月1日起至12月31日止。

企业在一个纳税年度中间开业,或者终止经营活动,使该纳税年度的实际经营期不足十二个月的,应当以其实际经营期为一个纳税年度。

企业依法清算时,应当以清算期间作为一个纳税年度。

第五十四条 【企业所得税缴纳方式】企业所得税分月或者分季预缴。

企业应当自月份或者季度终了之日起十五日内,向税务机关报送预缴企业所得税纳税申报表,预缴税款。

企业应当自年度终了之日起五个月内,向税务机关报送年度企业所得税纳税申报表,并汇算清缴,结清应缴应退税款。

企业在报送企业所得税纳税申报表时,应当按照规定附送财务会计报告和其他有关资料。

第五十五条 【企业终止经营活动及清算时所得税的缴纳】企业在年度中间终止经营活动的,应当自实际经营终止之日起六十日内,向税务机关办理当期企业所得税汇算清缴。

企业应当在办理注销登记前,就其清算所得向税务机关申报并依法缴纳企业所得税。

第五十六条 【货币计量单位】依照本法缴纳的企业所得税,以人民币计算。所得以人民币以外的货币计算的,应当折合成人民币计算并缴纳税款。

第八章 附 则

第五十七条 【已享受法定优惠企业的过渡性措施】本法公布前已经批准设立的企业,依照当时的税收法律、行政法规规定,享受低税率优惠的,按照国务院规定,可以在本法施行后五年内,逐步过渡到本法规定的税率；享受定期减免税优惠的，按照国务院规定，可以在本法施行后继续享受到期满为止，但因未获利而尚未享受优惠的，优惠期限从本法施行年度起计算。

法律设置的发展对外经济合作和技术交流的特定地区内，以及国务院已规定执行上述地区特殊政策的地区内新设立的国家需要重点扶持的高新技术企业，可以享受过渡性税收优惠，具体办法由国务院规定。

国家已确定的其他鼓励类企业，可以按照国务院规定享受减免税优惠。

第五十八条 【本法与国际税收协定关系】中华人民共和国政府同外国政府订立的有关税收的协定与本法有不同规定的，依照协定的规定办理。

第五十九条 【制定实施条例的授权规定】国务院根据本法制定实施条例。

第六十条 【施行日期】本法自2008年1月1日起施行。1991年4月9日第七届全国人民代表大会第四次会议通过的《中华人民共和国外商投资企业和外国企业所得税法》和1993年12月13日国务院发布的《中华人民共和国企业所得税暂行条例》同时废止。

中华人民共和国企业所得税法实施条例

(2007年12月6日中华人民共和国国务院令第512号公布 根据2019年4月23日《国务院关于修改部分行政法规的决定》修订)

第一章 总 则

第一条 根据《中华人民共和国企业所得税法》(以下简称企业所得税法)的规定，制定本条例。

第二条 企业所得税法第一条所称个人独资企业、合伙企业，是指依照中国法律、行政法规成立的个人独资企业、合伙企业。

第三条 企业所得税法第二条所称依法在中国境内成立的企业，包括依照中国法律、行政法规在中国境内成立的企业、事业单位、社会团体以及其他取得收入的组织。

企业所得税法第二条所称依照外国(地区)法律成立的企业，包括依照外国(地区)法律成立的企业和其他取得收入的组织。

第四条 企业所得税法第二条所称实际管理机构，是指对企业的生产经营、人员、账务、财产等实施实质性全面管理和控制的机构。

第五条 企业所得税法第二条第三款所称机构、场所，是指在中国境内从事生产经营活动的机构、场所，包括：

(一)管理机构、营业机构、办事机构；

(二)工厂、农场、开采自然资源的场所；

(三)提供劳务的场所；

(四)从事建筑、安装、装配、修理、勘探等工程作业的场所；

(五)其他从事生产经营活动的机构、场所。

非居民企业委托营业代理人在中国境内从事生产经营活动的，包括委托单位或者个人经常代其签订合同，或者储存、交付货物等，该营业代理人视为非居民企业在中国境内设立的机构、场所。

第六条 企业所得税法第三条所称所得，包括销售货物所得、提供劳务所得、转让财产所得、股息红利等权益性投资所得、利息所得、租金所得、特许权使用费所得、接受捐赠所得和其他所得。

第七条 企业所得税法第三条所称来源于中国境内、境外的所得，按照以下原则确定：

(一)销售货物所得，按照交易活动发生地确定；

(二)提供劳务所得，按照劳务发生地确定；

(三)转让财产所得，不动产转让所得按照不动产所在地确定，动产转让所得按照转让动产的企业或者机构、场所所在地确定，权益性投资资产转让所得按照被投资企业所在地确定；

(四)股息、红利等权益性投资所得，按照分配所得的企业所在地确定；

(五)利息所得、租金所得、特许权使用费所得，按照负担、支付所得的企业或者机构、场所所在地确定，或者按照负担、支付所得的个人的住所地确定；

(六)其他所得，由国务院财政、税务主管部门确定。

第八条 企业所得税法第三条所称实际联系，是指非居民企业在中国境内设立的机构、场所拥有据以取得所得的股权、债权，以及拥有、管理、控制据以取得所得的财产等。

第二章 应纳税所得额

第一节 一般规定

第九条 企业应纳税所得额的计算，以权责发生制为原则，属于当期的收入和费用，不论款项是否收付，均作为当期的收入和费用；不属于当期的收入和费用，即使款项已经在当期收付，均不作为当期的收入和费用。本条例和国务院财政、税务主管部门另有规定的除外。

第十条 企业所得税法第五条所称亏损，是指企业依照企业所得税法和本条例的规定将每一纳税年度的收入总额减除不征税收入、免税收入和各项扣除后小于零的数额。

第十一条 企业所得税法第五十五条所称清算所得，是指企业的全部资产可变现价值或者交易价格减除资产净值、清算费用以及相关税费等后的余额。

投资方企业从被清算企业分得的剩余资产，其中相当于从被清算企业累计未分配利润和累计盈余公积中应当分得的部分，应当确认为股息所得；剩余资产减除上述股息所得后的余额，超过或者低于投资成本的部分，应当确认为投资资产转让所得或者损失。

第二节 收入

第十二条 企业所得税法第六条所称企业取得收入的货币形式，包括现金、存款、应收账款、应收票据、准备持有至到期的债券投资以及债务的豁免等。

企业所得税法第六条所称企业取得收入的非货币形式，包括固定资产、生物资产、无形资产、股权投资、存货、不准备持有至到期的债券投资、劳务以及有关权益等。

第十三条 企业所得税法第六条所称企业以非货币形式取得的收入，应当按照公允价值确定收入额。

前款所称公允价值，是指按照市场价格确定的价值。

第十四条 企业所得税法第六条第（一）项所称销售货物收入，是指企业销售商品、产品、原材料、包装物、低值易耗品以及其他存货取得的收入。

第十五条 企业所得税法第六条第（二）项所称提供劳务收入，是指企业从事建筑安装、修理修配、交通运输、仓储租赁、金融保险、邮电通信、咨询经纪、文化体育、科学研究、技术服务、教育培训、餐饮住宿、中介代理、卫生保健、社区服务、旅游、娱乐、加工以及其他劳务服务活动取得的收入。

第十六条 企业所得税法第六条第（三）项所称转让财产收入，是指企业转让固定资产、生物资产、无形资产、股权、债权等财产取得的收入。

第十七条 企业所得税法第六条第（四）项所称股息、红利等权益性投资收益，是指企业因权益性投资从被投资方取得的收入。

股息、红利等权益性投资收益，除国务院财政、税务主管部门另有规定外，按照被投资方作出利润分配决定的日期确认收入的实现。

第十八条 企业所得税法第六条第（五）项所称利息收入，是指企业将资金提供他人使用但不构成权益性投资，或者因他人占用本企业资金取得的收入，包括存款利息、贷款利息、债券利息、欠款利息等收入。

利息收入，按照合同约定的债务人应付利息的日期确认收入的实现。

第十九条 企业所得税法第六条第（六）项所称租金收入，是指企业提供固定资产、包装物或者其他有形资产的使用权取得的收入。

租金收入，按照合同约定的承租人应付租金的日期确认收入的实现。

第二十条 企业所得税法第六条第（七）项所称特许权使用费收入，是指企业提供专利权、非专利技术、商标权、著作权以及其他特许权的使用权取得的收入。

特许权使用费收入，按照合同约定的特许权使用人应付特许权使用费的日期确认收入的实现。

第二十一条 企业所得税法第六条第（八）项所称接受捐赠收入，是指企业接受的来自其他企业、组织或者个人无偿给予的货币性资产、非货币性资产。

接受捐赠收入，按照实际收到捐赠资产的日期确认收入的实现。

第二十二条 企业所得税法第六条第（九）项所称其他收入，是指企业取得的除企业所得税法第六条第（一）项至第（八）项规定的收入外的其他收入，包括企业资产溢余收入、逾期未退包装物押金收入、确实无法偿付的应付款项、已作坏账损失处理后又收回的应收款项、债务重组收入、补贴收入、违约金收入、汇兑收益等。

第二十三条 企业的下列生产经营业务可以分期确认收入的实现：

（一）以分期收款方式销售货物的，按照合同约定的收款日期确认收入的实现；

（二）企业受托加工制造大型机械设备、船舶、飞机，以及从事建筑、安装、装配工程业务或者提供其他劳务等，持续时间超过12个月的，按照纳税年度内完工进度或者完成的工作量确认收入的实现。

第二十四条 采取产品分成方式取得收入的，按照企业分得产品的日期确认收入的实现，其收入额按照产品的公允价值确定。

第二十五条 企业发生非货币性资产交换，以及将货物、财产、劳务用于捐赠、偿债、赞助、集资、广告、样品、职工福利或者利润分配等用途的，应当视同销售货物、转让财产或者提供劳务，但国务院财政、税务主管部门另有规定的除外。

第二十六条 企业所得税法第七条第（一）项所称财政拨款，是指各级人民政府对纳入预算管理的事业单位、社会团体等组织拨付的财政资金，但国务院和国务院财政、税务主管部门另有规定的除外。

企业所得税法第七条第（二）项所称行政事业性收费，是指依照法律法规等有关规定，按照国务院规定程序批准，在实施社会公共管理，以及在向公民、法人或者其他组织提供特定公共服务过程中，向特定对象收取并纳入财政管理的费用。

企业所得税法第七条第（二）项所称政府性基金，是指企业依照法律、行政法规等有关规定，代政府收取的具有专项用途的财政资金。

企业所得税法第七条第（三）项所称国务院规定的其他不征税收入，是指企业取得的，由国务院财政、税务主管部门规定专项用途并经国务院批准的财政性资金。

第三节 扣 除

第二十七条 企业所得税法第八条所称有关的支出，是指与取得收入直接相关的支出。

企业所得税法第八条所称合理的支出，是指符合生产经营活动常规，应当计入当期损益或者有关资产成本的必要和正常的支出。

第二十八条 企业发生的支出应当区分收益性支出和资本性支出。收益性支出在发生当期直接扣除；资本性支出应当分期扣除或者计入有关资产成本，不得在发生当期直接扣除。

企业的不征税收入用于支出所形成的费用或者财产，不得扣除或者计算对应的折旧、摊销扣除。

除企业所得税法和本条例另有规定外，企业实际发生的成本、费用、税金、损失和其他支出，不得重复扣除。

第二十九条 企业所得税法第八条所称成本，是指企业在生产经营活动中发生的销售成本、销货成本、业务支出以及其他耗费。

第三十条 企业所得税法第八条所称费用，是指企业在生产经营活动中发生的销售费用、管理费用和财务费用，已经计入成本的有关费用除外。

第三十一条 企业所得税法第八条所称税金，是指企业发生的除企业所得税和允许抵扣的增值税以外的各项税金及其附加。

第三十二条 企业所得税法第八条所称损失，是指企业在生产经营活动中发生的固定资产和存货的盘亏、毁损、报废损失，转让财产损失，呆账损失，坏账损失，自然灾害等不可抗力因素造成的损失以及其他损失。

企业发生的损失，减除责任人赔偿和保险赔款后的余额，依照国务院财政、税务主管部门的规定扣除。

企业已经作为损失处理的资产，在以后纳税年度又全部收回或者部分收回时，应当计入当期收入。

第三十三条 企业所得税法第八条所称其他支出，是指除成本、费用、税金、损失外，企业在生产经营活动中发生的与生产经营活动有关的、合理的支出。

第三十四条 企业发生的合理的工资薪金支出，准予扣除。

前款所称工资薪金，是指企业每一纳税年度支付给在本企业任职或者受雇的员工的所有现金形式或者非现金形式的劳动报酬，包括基本工资、奖金、津贴、补贴、年终加薪、加班工资，以及与员工任职或者受雇有关的其他支出。

第三十五条 企业依照国务院有关主管部门或者省级人民政府规定的范围和标准为职工缴纳的基本养老保险费、基本医疗保险费、失业保险费、工伤保险费、生育保险费等基本社会保险费和住房公积金,准予扣除。

企业为投资者或者职工支付的补充养老保险费、补充医疗保险费,在国务院财政、税务主管部门规定的范围和标准内,准予扣除。

第三十六条 除企业依照国家有关规定为特殊工种职工支付的人身安全保险费和国务院财政、税务主管部门规定可以扣除的其他商业保险费外,企业为投资者或者职工支付的商业保险费,不得扣除。

第三十七条 企业在生产经营活动中发生的合理的不需要资本化的借款费用,准予扣除。

企业为购置、建造固定资产、无形资产和经过12个月以上的建造才能达到预定可销售状态的存货发生借款的,在有关资产购置、建造期间发生的合理的借款费用,应当作为资本性支出计入有关资产的成本,并依照本条例的规定扣除。

第三十八条 企业在生产经营活动中发生的下列利息支出,准予扣除:

(一)非金融企业向金融企业借款的利息支出、金融企业的各项存款利息支出和同业拆借利息支出、企业经批准发行债券的利息支出;

(二)非金融企业向非金融企业借款的利息支出,不超过按照金融企业同期同类贷款利率计算的数额的部分。

第三十九条 企业在货币交易中,以及纳税年度终了时将人民币以外的货币性资产、负债按照期末即期人民币汇率中间价折算为人民币时产生的汇兑损失,除已经计入有关资产成本以及与向所有者进行利润分配相关的部分外,准予扣除。

第四十条 企业发生的职工福利费支出,不超过工资薪金总额14%的部分,准予扣除。

第四十一条 企业拨缴的工会经费,不超过工资薪金总额2%的部分,准予扣除。

第四十二条 除国务院财政、税务主管部门另有规定外,企业发生的职工教育经费支出,不超过工资薪金总额2.5%的部分,准予扣除;超过部分,准予在以后纳税年度结转扣除。

第四十三条 企业发生的与生产经营活动有关的业务招待费支出,按照发生额的60%扣除,但最高不得超过当年销售(营业)收入的5‰。

第四十四条 企业发生的符合条件的广告费和业务宣传费支出,除国务院财政、税务主管部门另有规定外,不超过当年销售(营业)收入15%的部分,准予扣除;超过部分,准予在以后纳税年度结转扣除。

第四十五条 企业依照法律、行政法规有关规定提取的用于环境保护、生态恢复等方面的专项资金,准予扣除。上述专项资金提取后改变用途的,不得扣除。

第四十六条 企业参加财产保险,按照规定缴纳的保险费,准予扣除。

第四十七条 企业根据生产经营活动的需要租入固定资产支付的租赁费,按照以下方法扣除:

(一)以经营租赁方式租入固定资产发生的租赁费支出,按照租赁期限均匀扣除;

(二)以融资租赁方式租入固定资产发生的租赁费支出,按照规定构成融资租入固定资产价值的部分应当提取折旧费用,分期扣除。

第四十八条 企业发生的合理的劳动保护支出,准予扣除。

第四十九条 企业之间支付的管理费、企业内营业机构之间支付的租金和特许权使用费,以及非银行企业内营业机构之间支付的利息,不得扣除。

第五十条 非居民企业在中国境内设立的机构、场所,就其中国境外总机构发生的与该机构、场所生产经营有关的费用,能够提供总机构出具的费用汇集范围、定额、分配依据和方法等证明文件,并合理分摊的,准予扣除。

第五十一条 企业所得税法第九条所称公益性捐赠,是指企业通过公益性社会组织或者县级以上人民政府及其部门,用于符合法律规定的慈善活动、公益事业的捐赠。

第五十二条 本条例第五十一条所称公益性社会组织,是指同时符合下列条件的慈善组织以及其他社会组织:

(一)依法登记,具有法人资格;

(二)以发展公益事业为宗旨,且不以营利为目的;

(三)全部资产及其增值为该法人所有;

(四)收益和营运结余主要用于符合该法人设立目的的事业;

(五)终止后的剩余财产不归属任何个人或者营利组织;

(六)不经营与其设立目的的无关的业务;

（七）有健全的财务会计制度；

（八）捐赠者不以任何形式参与该法人财产的分配；

（九）国务院财政、税务主管部门会同国务院民政部门等登记管理部门规定的其他条件。

第五十三条 企业当年发生以及以前年度结转的公益性捐赠支出，不超过年度利润总额12%的部分，准予扣除。

年度利润总额，是指企业依照国家统一会计制度的规定计算的年度会计利润。

第五十四条 企业所得税法第十条第（六）项所称赞助支出，是指企业发生的与生产经营活动无关的各种非广告性质支出。

第五十五条 企业所得税法第十条第（七）项所称未经核定的准备金支出，是指不符合国务院财政、税务主管部门规定的各项资产减值准备、风险准备等准备金支出。

第四节 资产的税务处理

第五十六条 企业的各项资产，包括固定资产、生物资产、无形资产、长期待摊费用、投资资产、存货等，以历史成本为计税基础。

前款所称历史成本，是指企业取得该项资产时实际发生的支出。

企业持有各项资产期间资产增值或者减值，除国务院财政、税务主管部门规定可以确认损益外，不得调整该资产的计税基础。

第五十七条 企业所得税法第十一条所称固定资产，是指企业为生产产品、提供劳务、出租或者经营管理而持有的、使用时间超过12个月的非货币性资产，包括房屋、建筑物、机器、机械、运输工具以及其他与生产经营活动有关的设备、器具、工具等。

第五十八条 固定资产按照以下方法确定计税基础：

（一）外购的固定资产，以购买价款和支付的相关税费以及直接归属于使该资产达到预定用途发生的其他支出为计税基础；

（二）自行建造的固定资产，以竣工结算前发生的支出为计税基础；

（三）融资租入的固定资产，以租赁合同约定的付款总额和承租人在签订租赁合同过程中发生的相关费用为计税基础，租赁合同未约定付款总额的，以该资产的公允价值和承租人在签订租赁合同过程中发生的相关费用为计税基础；

（四）盘盈的固定资产，以同类固定资产的重置完全价值为计税基础；

（五）通过捐赠、投资、非货币性资产交换、债务重组等方式取得的固定资产，以该资产的公允价值和支付的相关税费为计税基础；

（六）改建的固定资产，除企业所得税法第十三条第（一）项和第（二）项规定的支出外，以改建过程中发生的改建支出增加计税基础。

第五十九条 固定资产按照直线法计算的折旧，准予扣除。

企业应当自固定资产投入使用月份的次月起计算折旧；停止使用的固定资产，应当自停止使用月份的次月起停止计算折旧。

企业应当根据固定资产的性质和使用情况，合理确定固定资产的预计净残值。固定资产的预计净残值一经确定，不得变更。

第六十条 除国务院财政、税务主管部门另有规定外，固定资产计算折旧的最低年限如下：

（一）房屋、建筑物，为20年；

（二）飞机、火车、轮船、机器、机械和其他生产设备，为10年；

（三）与生产经营活动有关的器具、工具、家具等，为5年；

（四）飞机、火车、轮船以外的运输工具，为4年；

（五）电子设备，为3年。

第六十一条 从事开采石油、天然气等矿产资源的企业，在开始商业性生产前发生的费用和有关固定资产的折耗、折旧方法，由国务院财政、税务主管部门另行规定。

第六十二条 生产性生物资产按照以下方法确定计税基础：

（一）外购的生产性生物资产，以购买价款和支付的相关税费为计税基础；

（二）通过捐赠、投资、非货币性资产交换、债务重组等方式取得的生产性生物资产，以该资产的公允价值和支付的相关税费为计税基础。

前款所称生产性生物资产，是指企业为生产农产品、提供劳务或者出租等而持有的生物资产，包括经济林、薪炭林、产畜和役畜等。

第六十三条 生产性生物资产按照直线法计

算的折旧,准予扣除。

企业应当自生产性生物资产投入使用月份的次月起计算折旧;停止使用的生产性生物资产,应当自停止使用月份的次月起停止计算折旧。

企业应当根据生产性生物资产的性质和使用情况,合理确定生产性生物资产的预计净残值。生产性生物资产的预计净残值一经确定,不得变更。

第六十四条 生产性生物资产计算折旧的最低年限如下:

(一)林木类生产性生物资产,为10年;

(二)畜类生产性生物资产,为3年。

第六十五条 企业所得税法第十二条所称无形资产,是指企业为生产产品、提供劳务、出租或者经营管理而持有的、没有实物形态的非货币性长期资产,包括专利权、商标权、著作权、土地使用权、非专利技术、商誉等。

第六十六条 无形资产按照以下方法确定计税基础:

(一)外购的无形资产,以购买价款和支付的相关税费以及直接归属于使该资产达到预定用途发生的其他支出为计税基础;

(二)自行开发的无形资产,以开发过程中该资产符合资本化条件后至达到预定用途前发生的支出为计税基础;

(三)通过捐赠、投资、非货币性资产交换、债务重组等方式取得的无形资产,以该资产的公允价值和支付的相关税费为计税基础。

第六十七条 无形资产按照直线法计算的摊销费用,准予扣除。

无形资产的摊销年限不得低于10年。

作为投资或者受让的无形资产,有关法律规定或者合同约定了使用年限的,可以按照规定或者约定的使用年限分期摊销。

外购商誉的支出,在企业整体转让或者清算时,准予扣除。

第六十八条 企业所得税法第十三条第(一)项和第(二)项所称固定资产的改建支出,是指改变房屋或者建筑物结构、延长使用年限等发生的支出。

企业所得税法第十三条第(一)项规定的支出,按照固定资产预计尚可使用年限分期摊销;第(二)项规定的支出,按照合同约定的剩余租赁期限分期摊销。

改建的固定资产延长使用年限的,除企业所得税法第十三条第(一)项和第(二)项规定外,应当适当延长折旧年限。

第六十九条 企业所得税法第十三条第(三)项所称固定资产的大修理支出,是指同时符合下列条件的支出:

(一)修理支出达到取得固定资产时的计税基础50%以上;

(二)修理后固定资产的使用年限延长2年以上。

企业所得税法第十三条第(三)项规定的支出,按照固定资产尚可使用年限分期摊销。

第七十条 企业所得税法第十三条第(四)项所称其他应当作为长期待摊费用的支出,自支出发生月份的次月起,分期摊销,摊销年限不得低于3年。

第七十一条 企业所得税法第十四条所称投资资产,是指企业对外进行权益性投资和债权性投资形成的资产。

企业在转让或者处置投资资产时,投资资产的成本,准予扣除。

投资资产按照以下方法确定成本:

(一)通过支付现金方式取得的投资资产,以购买价款为成本;

(二)通过支付现金以外的方式取得的投资资产,以该资产的公允价值和支付的相关税费为成本。

第七十二条 企业所得税法第十五条所称存货,是指企业持有以备出售的产品或者商品、处在生产过程中的在产品、在生产或者提供劳务过程中耗用的材料和物料等。

存货按照以下方法确定成本:

(一)通过支付现金方式取得的存货,以购买价款和支付的相关税费为成本;

(二)通过支付现金以外的方式取得的存货,以该存货的公允价值和支付的相关税费为成本;

(三)生产性生物资产收获的农产品,以产出或者采收过程中发生的材料费、人工费和分摊的间接费用等必要支出为成本。

第七十三条 企业使用或者销售的存货的成本计算方法,可以在先进先出法、加权平均法、个别计价法中选用一种。计价方法一经选用,不得随意变更。

第七十四条 企业所得税法第十六条所称资产的净值和第十九条所称财产净值，是指有关资产、财产的计税基础减除已经按照规定扣除的折旧、折耗、摊销、准备金等后的余额。

第七十五条 除国务院财政、税务主管部门另有规定外，企业在重组过程中，应当在交易发生时确认有关资产的转让所得或者损失，相关资产应当按照交易价格重新确定计税基础。

第三章 应纳税额

第七十六条 企业所得税法第二十二条规定的应纳税额的计算公式为：

应纳税额＝应纳税所得额×适用税率－减免税额－抵免税额

公式中的减免税额和抵免税额，是指依照企业所得税法和国务院的税收优惠规定减征、免征和抵免的应纳税额。

第七十七条 企业所得税法第二十三条所称已在境外缴纳的所得税税额，是指企业来源于中国境外的所得依照中国境外税收法律以及相关规定应当缴纳并已经实际缴纳的企业所得税性质的税款。

第七十八条 企业所得税法第二十三条所称抵免限额，是指企业来源于中国境外的所得，依照企业所得税法和本条例的规定计算的应纳税额。除国务院财政、税务主管部门另有规定外，该抵免限额应当分国（地区）不分项计算，计算公式如下：

抵免限额＝中国境内、境外所得依照企业所得税法和本条例的规定计算的应纳税总额×来源于某国（地区）的应纳税所得额÷中国境内、境外应纳税所得总额

第七十九条 企业所得税法第二十三条所称5个年度，是指从企业取得的来源于中国境外的所得，已经在中国境外缴纳的企业所得税性质的税额超过抵免限额的当年的次年起连续5个纳税年度。

第八十条 企业所得税法第二十四条所称直接控制，是指居民企业直接持有外国企业20%以上股份。

企业所得税法第二十四条所称间接控制，是指居民企业以间接持股方式持有外国企业20%以上股份，具体认定办法由国务院财政、税务主管部门另行制定。

第八十一条 企业依照企业所得税法第二十三条、第二十四条的规定抵免企业所得税税额时，应当提供中国境外税务机关出具的税款所属年度的有关纳税凭证。

第四章 税收优惠

第八十二条 企业所得税法第二十六条第（一）项所称国债利息收入，是指企业持有国务院财政部门发行的国债取得的利息收入。

第八十三条 企业所得税法第二十六条第（二）项所称符合条件的居民企业之间的股息、红利等权益性投资收益，是指居民企业直接投资于其他居民企业取得的投资收益。企业所得税法第二十六条第（二）项和第（三）项所称股息、红利等权益性投资收益，不包括连续持有居民企业公开发行并上市流通的股票不足12个月取得的投资收益。

第八十四条 企业所得税法第二十六条第（四）项所称符合条件的非营利组织，是指同时符合下列条件的组织：

（一）依法履行非营利组织登记手续；

（二）从事公益性或者非营利性活动；

（三）取得的收入除用于与该组织有关的、合理的支出外，全部用于登记核定或者章程规定的公益性或者非营利性事业；

（四）财产及其孳息不用于分配；

（五）按照登记核定或者章程规定，该组织注销后的剩余财产用于公益性或者非营利性目的，或者由登记管理机关转赠给与该组织性质、宗旨相同的组织，并向社会公告；

（六）投入人对投入该组织的财产不保留或者享有任何财产权利；

（七）工作人员工资福利开支控制在规定的比例内，不变相分配该组织的财产。

前款规定的非营利组织的认定管理办法由国务院财政、税务主管部门会同国务院有关部门制定。

第八十五条 企业所得税法第二十六条第（四）项所称符合条件的非营利组织的收入，不包括非营利组织从事营利性活动取得的收入，但国务院财政、税务主管部门另有规定的除外。

第八十六条 企业所得税法第二十七条第(一)项规定的企业从事农、林、牧、渔业项目的所得,可以免征、减征企业所得税,是指:

(一)企业从事下列项目的所得,免征企业所得税:

1. 蔬菜、谷物、薯类、油料、豆类、棉花、麻类、糖料、水果、坚果的种植;

2. 农作物新品种的选育;

3. 中药材的种植;

4. 林木的培育和种植;

5. 牲畜、家禽的饲养;

6. 林产品的采集;

7. 灌溉、农产品初加工、兽医、农技推广、农机作业和维修等农、林、牧、渔服务业项目;

8. 远洋捕捞。

(二)企业从事下列项目的所得,减半征收企业所得税:

1. 花卉、茶以及其他饮料作物和香料作物的种植;

2. 海水养殖、内陆养殖。

企业从事国家限制和禁止发展的项目,不得享受本条规定的企业所得税优惠。

第八十七条 企业所得税法第二十七条第(二)项所称国家重点扶持的公共基础设施项目,是指《公共基础设施项目企业所得税优惠目录》规定的港口码头、机场、铁路、公路、城市公共交通、电力、水利等项目。

企业从事前款规定的国家重点扶持的公共基础设施项目的投资经营的所得,自项目取得第一笔生产经营收入所属纳税年度起,第一年至第三年免征企业所得税,第四年至第六年减半征收企业所得税。

企业承包经营、承包建设和内部自建自用本条规定的项目,不得享受本条规定的企业所得税优惠。

第八十八条 企业所得税法第二十七条第(三)项所称符合条件的环境保护、节能节水项目,包括公共污水处理、公共垃圾处理、沼气综合开发利用、节能减排技术改造、海水淡化等。项目的具体条件和范围由国务院财政、税务主管部门商国务院有关部门制订,报国务院批准后公布施行。

企业从事前款规定的符合条件的环境保护、节能节水项目的所得,自项目取得第一笔生产经营收入所属纳税年度起,第一年至第三年免征企业所得税,第四年至第六年减半征收企业所得税。

第八十九条 依照本条例第八十七条和第八十八条规定享受减免税优惠的项目,在减免税期限内转让的,受让方自受让之日起,可以在剩余期限内享受规定的减免税优惠;减免税期限届满后转让的,受让方不得就该项目重复享受减免税优惠。

第九十条 企业所得税法第二十七条第(四)项所称符合条件的技术转让所得免征、减征企业所得税,是指一个纳税年度内,居民企业技术转让所得不超过500万元的部分,免征企业所得税;超过500万元的部分,减半征收企业所得税。

第九十一条 非居民企业取得企业所得税法第二十七条第(五)项规定的所得,减按10%的税率征收企业所得税。

下列所得可以免征企业所得税:

(一)外国政府向中国政府提供贷款取得的利息所得;

(二)国际金融组织向中国政府和居民企业提供优惠贷款取得的利息所得;

(三)经国务院批准的其他所得。

第九十二条 企业所得税法第二十八条第一款所称符合条件的小型微利企业,是指从事国家非限制和禁止行业,并符合下列条件的企业:

(一)工业企业,年度应纳税所得额不超过30万元,从业人数不超过100人,资产总额不超过3000万元;

(二)其他企业,年度应纳税所得额不超过30万元,从业人数不超过80人,资产总额不超过1000万元。

第九十三条 企业所得税法第二十八条第二款所称国家需要重点扶持的高新技术企业,是指拥有核心自主知识产权,并同时符合下列条件的企业:

(一)产品(服务)属于《国家重点支持的高新技术领域》规定的范围;

(二)研究开发费用占销售收入的比例不低于规定比例;

(三)高新技术产品(服务)收入占企业总收入的比例不低于规定比例;

(四)科技人员占企业职工总数的比例不低于规定比例;

(五)高新技术企业认定管理办法规定的其他

条件。

《国家重点支持的高新技术领域》和高新技术企业认定管理办法由国务院科技、财政、税务主管部门商国务院有关部门制订，报国务院批准后公布施行。

第九十四条 企业所得税法第二十九条所称民族自治地方，是指依照《中华人民共和国民族区域自治法》的规定，实行民族区域自治的自治区、自治州、自治县。

对民族自治地方内国家限制和禁止行业的企业，不得减征或者免征企业所得税。

第九十五条 企业所得税法第三十条第(一)项所称研究开发费用的加计扣除，是指企业为开发新技术、新产品、新工艺发生的研究开发费用，未形成无形资产计入当期损益的，在按照规定据实扣除的基础上，按照研究开发费用的50%加计扣除；形成无形资产的，按照无形资产成本的150%摊销。

第九十六条 企业所得税法第三十条第(二)项所称企业安置残疾人员所支付的工资的加计扣除，是指企业安置残疾人员的，在按照支付给残疾职工工资据实扣除的基础上，按照支付给残疾职工工资的100%加计扣除。残疾人员的范围适用《中华人民共和国残疾人保障法》的有关规定。

企业所得税法第三十条第(二)项所称企业安置国家鼓励安置的其他就业人员所支付的工资的加计扣除办法，由国务院另行规定。

第九十七条 企业所得税法第三十一条所称抵扣应纳税所得额，是指创业投资企业采取股权投资方式投资于未上市的中小高新技术企业2年以上的，可以按照其投资额的70%在股权持有满2年的当年抵扣该创业投资企业的应纳税所得额；当年不足抵扣的，可以在以后纳税年度结转抵扣。

第九十八条 企业所得税法第三十二条所称可以采取缩短折旧年限或者采取加速折旧的方法的固定资产，包括：

(一)由于技术进步，产品更新换代较快的固定资产；

(二)常年处于强震动、高腐蚀状态的固定资产。

采取缩短折旧年限方法的，最低折旧年限不得低于本条例第六十条规定折旧年限的60%；采取加速折旧方法的，可以采取双倍余额递减法或者年数总和法。

第九十九条 企业所得税法第三十三条所称减计收入，是指企业以《资源综合利用企业所得税优惠目录》规定的资源作为主要原材料，生产国家非限制和禁止并符合国家和行业相关标准的产品取得的收入，减按90%计入收入总额。

前款所称原材料占生产产品材料的比例不得低于《资源综合利用企业所得税优惠目录》规定的标准。

第一百条 企业所得税法第三十四条所称税额抵免，是指企业购置并实际使用《环境保护专用设备企业所得税优惠目录》、《节能节水专用设备企业所得税优惠目录》和《安全生产专用设备企业所得税优惠目录》规定的环境保护、节能节水、安全生产等专用设备的，该专用设备的投资额的10%可以从企业当年的应纳税额中抵免；当年不足抵免的，可以在以后5个纳税年度结转抵免。

享受前款规定的企业所得税优惠的企业，应当实际购置并自身实际投入使用前款规定的专用设备；企业购置上述专用设备在5年内转让、出租的，应当停止享受企业所得税优惠，并补缴已经抵免的企业所得税税款。

第一百零一条 本章第八十七条、第九十九条、第一百条规定的企业所得税优惠目录，由国务院财政、税务主管部门商国务院有关部门制订，报国务院批准后公布施行。

第一百零二条 企业同时从事适用不同企业所得税待遇的项目的，其优惠项目应当单独计算所得，并合理分摊企业的期间费用；没有单独计算的，不得享受企业所得税优惠。

第五章 源泉扣缴

第一百零三条 依照企业所得税法对非居民企业应当缴纳的企业所得税实行源泉扣缴的，应当依照企业所得税法第十九条的规定计算应纳税所得额。

企业所得税法第十九条所称收入全额，是指非居民企业向支付人收取的全部价款和价外费用。

第一百零四条 企业所得税法第三十七条所称支付人，是指依照有关法律规定或者合同约定对非居民企业直接负有支付相关款项义务的单位或者个人。

第一百零五条 企业所得税法第三十七条所

称支付,包括现金支付、汇拨支付、转账支付和权益兑价支付等货币支付和非货币支付。

企业所得税法第三十七条所称到期应支付的款项,是指支付人按照权责发生制原则应当计入相关成本、费用的应付款项。

第一百零六条 企业所得税法第三十八条规定的可以指定扣缴义务人的情形,包括:

(一)预计工程作业或者提供劳务期限不足一个纳税年度,且有证据表明不履行纳税义务的;

(二)没有办理税务登记或者临时税务登记,且未委托中国境内的代理人履行纳税义务的;

(三)未按照规定期限办理企业所得税纳税申报或者预缴申报的。

前款规定的扣缴义务人,由县级以上税务机关指定,并同时告知扣缴义务人所扣税款的计算依据、计算方法、扣缴期限和扣缴方式。

第一百零七条 企业所得税法第三十九条所称所得发生地,是指依照本条例第七条规定的原则确定的所得发生地。在中国境内存在多处所得发生地的,由纳税人选择其中之一申报缴纳企业所得税。

第一百零八条 企业所得税法第三十九条所称该纳税人在中国境内其他收入,是指该纳税人在中国境内取得的其他各种来源的收入。

税务机关在追缴该纳税人应纳税款时,应当将追缴理由、追缴数额、缴纳期限和缴纳方式等告知该纳税人。

第六章 特别纳税调整

第一百零九条 企业所得税法第四十一条所称关联方,是指与企业有下列关联关系之一的企业、其他组织或者个人:

(一)在资金、经营、购销等方面存在直接或者间接的控制关系;

(二)直接或者间接地同为第三者控制;

(三)在利益上具有相关联的其他关系。

第一百一十条 企业所得税法第四十一条所称独立交易原则,是指没有关联关系的交易各方,按照公平成交价格和营业常规进行业务往来遵循的原则。

第一百一十一条 企业所得税法第四十一条所称合理方法,包括:

(一)可比非受控价格法,是指按照没有关联关系的交易各方进行相同或者类似业务往来的价格进行定价的方法;

(二)再销售价格法,是指按照从关联方购进商品再销售给没有关联关系的交易方的价格,减除相同或者类似业务的销售毛利进行定价的方法;

(三)成本加成法,是指按照成本加合理的费用和利润进行定价的方法;

(四)交易净利润法,是指按照没有关联关系的交易各方进行相同或者类似业务往来取得的净利润水平确定利润的方法;

(五)利润分割法,是指将企业与其关联方的合并利润或者亏损在各方之间采用合理标准进行分配的方法;

(六)其他符合独立交易原则的方法。

第一百一十二条 企业可以依照企业所得税法第四十一条第二款的规定,按照独立交易原则与其关联方分摊共同发生的成本,达成成本分摊协议。

企业与其关联方分摊成本时,应当按照成本与预期收益相配比的原则进行分摊,并在税务机关规定的期限内,按照税务机关的要求报送有关资料。

企业与其关联方分摊成本时违反本条第一款、第二款规定的,其自行分摊的成本不得在计算应纳税所得额时扣除。

第一百一十三条 企业所得税法第四十二条所称预约定价安排,是指企业就其未来年度关联交易的定价原则和计算方法,向税务机关提出申请,与税务机关按照独立交易原则协商、确认后达成的协议。

第一百一十四条 企业所得税法第四十三条所称相关资料,包括:

(一)与关联业务往来有关的价格、费用的制定标准、计算方法和说明等同期资料;

(二)关联业务往来所涉及的财产、财产使用权、劳务等的再销售(转让)价格或者最终销售(转让)价格的相关资料;

(三)与关联业务调查有关的其他企业应当提供的与被调查企业可比的产品价格、定价方式以及利润水平等资料;

(四)其他与关联业务往来有关的资料。

企业所得税法第四十三条所称与关联业务调查有关的其他企业,是指与被调查企业在生产经营内容和方式上相类似的企业。

企业应当在税务机关规定的期限内提供与关联业务往来有关的价格、费用的制定标准、计算方法和说明等资料。关联方以及与关联业务调查有关的其他企业应当在税务机关与其约定的期限内提供相关资料。

第一百一十五条 税务机关依照企业所得税法第四十四条的规定核定企业的应纳税所得额时，可以采用下列方法：

（一）参照同类或者类似企业的利润率水平核定；

（二）按照企业成本加合理的费用和利润的方法核定；

（三）按照关联企业集团整体利润的合理比例核定；

（四）按照其他合理方法核定。

企业对税务机关按照前款规定的方法核定的应纳税所得额有异议的，应当提供相关证据，经税务机关认定后，调整核定的应纳税所得额。

第一百一十六条 企业所得税法第四十五条所称中国居民，是指根据《中华人民共和国个人所得税法》的规定，就其从中国境内、境外取得的所得在中国缴纳个人所得税的个人。

第一百一十七条 企业所得税法第四十五条所称控制，包括：

（一）居民企业或者中国居民直接或者间接单一持有外国企业10%以上有表决权股份，且由其共同持有该外国企业50%以上股份；

（二）居民企业，或者居民企业和中国居民持股比例没有达到第（一）项规定的标准，但在股份、资金、经营、购销等方面对该外国企业构成实质控制。

第一百一十八条 企业所得税法第四十五条所称实际税负明显低于企业所得税法第四条第一款规定税率水平，是指低于企业所得税法第四条第一款规定税率的50%。

第一百一十九条 企业所得税法第四十六条所称债权性投资，是指企业直接或者间接从关联方获得的，需要偿还本金和支付利息或者需要以其他具有支付利息性质的方式予以补偿的融资。

企业间接从关联方获得的债权性投资，包括：

（一）关联方通过无关联第三方提供的债权性投资；

（二）无关联第三方提供的、由关联方担保且负有连带责任的债权性投资；

（三）其他间接从关联方获得的具有负债实质的债权性投资。

企业所得税法第四十六条所称权益性投资，是指企业接受的不需要偿还本金和支付利息，投资人对企业净资产拥有所有权的投资。

企业所得税法第四十六条所称标准，由国务院财政、税务主管部门另行规定。

第一百二十条 企业所得税法第四十七条所称不具有合理商业目的，是指以减少、免除或者推迟缴纳税款为主要目的。

第一百二十一条 税务机关根据税收法律、行政法规的规定，对企业作出特别纳税调整的，应当对补征的税款，自税款所属纳税年度的次年6月1日起至补缴税款之日止的期间，按日加收利息。

前款规定加收的利息，不得在计算应纳税所得额时扣除。

第一百二十二条 企业所得税法第四十八条所称利息，应当按照税款所属纳税年度中国人民银行公布的与补税期间同期的人民币贷款基准利率加5个百分点计算。

企业依照企业所得税法第四十三条和本条例的规定提供有关资料的，可以只按前款规定的人民币贷款基准利率计算利息。

第一百二十三条 企业与其关联方之间的业务往来，不符合独立交易原则，或者企业实施其他不具有合理商业目的的安排的，税务机关有权在该业务发生的纳税年度起10年内，进行纳税调整。

第七章 征收管理

第一百二十四条 企业所得税法第五十条所称企业登记注册地，是指企业依照国家有关规定登记注册的住所地。

第一百二十五条 企业汇总计算并缴纳企业所得税时，应当统一核算应纳税所得额，具体办法由国务院财政、税务主管部门另行制定。

第一百二十六条 企业所得税法第五十一条所称主要机构、场所，应当同时符合下列条件：

（一）对其他各机构、场所的生产经营活动负有监督管理责任；

（二）设有完整的账簿、凭证，能够准确反映各机构、场所的收入、成本、费用和盈亏情况。

第一百二十七条 企业所得税分月或者分季预缴,由税务机关具体核定。

企业根据企业所得税法第五十四条规定分月或者分季预缴企业所得税时,应当按照月度或者季度的实际利润额预缴;按照月度或者季度的实际利润额预缴有困难的,可以按照上一纳税年度应纳税所得额的月度或者季度平均额预缴,或者按照经税务机关认可的其他方法预缴。预缴方法一经确定,该纳税年度内不得随意变更。

第一百二十八条 企业在纳税年度内无论盈利或者亏损,都应当依照企业所得税法第五十四条规定的期限,向税务机关报送预缴企业所得税纳税申报表、年度企业所得税纳税申报表、财务会计报告和税务机关规定应当报送的其他有关资料。

第一百二十九条 企业所得以人民币以外的货币计算的,预缴企业所得税时,应当按照月度或者季度最后一日的人民币汇率中间价,折合成人民币计算应纳税所得额。年度终了汇算清缴时,对已经按照月度或者季度预缴税款的,不再重新折合计算,只就该纳税年度内未缴纳企业所得税的部分,按照纳税年度最后一日的人民币汇率中间价,折合成人民币计算应纳税所得额。

经税务机关检查确认,企业少计或者多计前款规定的所得的,应当按照检查确认补税或者退税时的上一个月最后一日的人民币汇率中间价,将少计或者多计的所得折合成人民币计算应纳税所得额,再计算应补缴或者应退的税款。

第八章 附 则

第一百三十条 企业所得税法第五十七条第一款所称本法公布前已经批准设立的企业,是指企业所得税法公布前已经完成登记注册的企业。

第一百三十一条 在香港特别行政区、澳门特别行政区和台湾地区成立的企业,参照适用企业所得税法第二条第二款、第三款的有关规定。

第一百三十二条 本条例自2008年1月1日起施行。1991年6月30日国务院发布的《中华人民共和国外商投资企业和外国企业所得税法实施细则》和1994年2月4日财政部发布的《中华人民共和国企业所得税暂行条例实施细则》同时废止。

中华人民共和国个人所得税法

(1980年9月10日第五届全国人民代表大会第三次会议通过 根据1993年10月31日第八届全国人民代表大会常务委员会第四次会议《关于修改〈中华人民共和国个人所得税法〉的决定》第一次修正 根据1999年8月30日第九届全国人民代表大会常务委员会第十一次会议《关于修改〈中华人民共和国个人所得税法〉的决定》第二次修正 根据2005年10月27日第十届全国人民代表大会常务委员会第十八次会议《关于修改〈中华人民共和国个人所得税法〉的决定》第三次修正 根据2007年6月29日第十届全国人民代表大会常务委员会第二十八次会议《关于修改〈中华人民共和国个人所得税法〉的决定》第四次修正 根据2007年12月29日第十届全国人民代表大会常务委员会第三十一次会议《关于修改〈中华人民共和国个人所得税法〉的决定》第五次修正 根据2011年6月30日第十一届全国人民代表大会常务委员会第二十一次会议《关于修改〈中华人民共和国个人所得税法〉的决定》第六次修正 根据2018年8月31日第十三届全国人民代表大会常务委员会第五次会议《关于修改〈中华人民共和国个人所得税法〉的决定》第七次修正)

第一条 **【纳税义务人和征税范围】**在中国境内有住所,或者无住所而一个纳税年度内在中国境内居住累计满一百八十三天的个人,为居民个人。居民个人从中国境内和境外取得的所得,依照本法规定缴纳个人所得税。

在中国境内无住所又不居住,或者无住所而一个纳税年度内在中国境内居住累计不满一百八十三天的个人,为非居民个人。非居民个人从中国境内取得的所得,依照本法规定缴纳个人所得税。

纳税年度,自公历一月一日起至十二月三十一日止。

第二条 **【应税所得项目】**下列各项个人所得,应当缴纳个人所得税:

(一)工资、薪金所得;

(二)劳务报酬所得;

(三)稿酬所得;

（四）特许权使用费所得；

（五）经营所得；

（六）利息、股息、红利所得；

（七）财产租赁所得；

（八）财产转让所得；

（九）偶然所得。

居民个人取得前款第一项至第四项所得（以下称综合所得），按纳税年度合并计算个人所得税；非居民个人取得前款第一项至第四项所得，按月或者按次分项计算个人所得税。纳税人取得前款第五项至第九项所得，依照本法规定分别计算个人所得税。

第三条 【税率】个人所得税的税率：

（一）综合所得，适用百分之三至百分之四十五的超额累进税率（税率表附后）；

（二）经营所得，适用百分之五至百分之三十五的超额累进税率（税率表附后）；

（三）利息、股息、红利所得，财产租赁所得，财产转让所得和偶然所得，适用比例税率，税率为百分之二十。

第四条 【免税】下列各项个人所得，免征个人所得税：

（一）省级人民政府、国务院部委和中国人民解放军军以上单位，以及外国组织、国际组织颁发的科学、教育、技术、文化、卫生、体育、环境保护等方面的奖金；

（二）国债和国家发行的金融债券利息；

（三）按照国家统一规定发给的补贴、津贴；

（四）福利费、抚恤金、救济金；

（五）保险赔款；

（六）军人的转业费、复员费、退役金；

（七）按照国家统一规定发给干部、职工的安家费、退职费、基本养老金或者退休费、离休费、离休生活补助费；

（八）依照有关法律规定应予免税的各国驻华使馆、领事馆的外交代表、领事官员和其他人员的所得；

（九）中国政府参加的国际公约、签订的协议中规定免税的所得；

（十）国务院规定的其他免税所得。

前款第十项免税规定，由国务院报全国人民代表大会常务委员会备案。

第五条 【减税】有下列情形之一的，可以减征个人所得税，具体幅度和期限，由省、自治区、直辖市人民政府规定，并报同级人民代表大会常务委员会备案：

（一）残疾、孤老人员和烈属的所得；

（二）因自然灾害遭受重大损失的。

国务院可以规定其他减税情形，报全国人民代表大会常务委员会备案。

第六条 【应纳税所得额的计算】应纳税所得额的计算：

（一）居民个人的综合所得，以每一纳税年度的收入额减除费用六万元以及专项扣除、专项附加扣除和依法确定的其他扣除后的余额，为应纳税所得额。

（二）非居民个人的工资、薪金所得，以每月收入额减除费用五千元后的余额为应纳税所得额；劳务报酬所得、稿酬所得、特许权使用费所得，以每次收入额为应纳税所得额。

（三）经营所得，以每一纳税年度的收入总额减除成本、费用以及损失后的余额，为应纳税所得额。

（四）财产租赁所得，每次收入不超过四千元的，减除费用八百元；四千元以上的，减除百分之二十的费用，其余额为应纳税所得额。

（五）财产转让所得，以转让财产的收入额减除财产原值和合理费用后的余额，为应纳税所得额。

（六）利息、股息、红利所得和偶然所得，以每次收入额为应纳税所得额。

劳务报酬所得、稿酬所得、特许权使用费所得以收入减除百分之二十的费用后的余额为收入额。稿酬所得的收入额减按百分之七十计算。

个人将其所得对教育、扶贫、济困等公益慈善事业进行捐赠，捐赠额未超过纳税人申报的应纳税所得额百分之三十的部分，可以从其应纳税所得额中扣除；国务院规定对公益慈善事业捐赠实行全额税前扣除的，从其规定。

本条第一款第一项规定的专项扣除，包括居民个人按照国家规定的范围和标准缴纳的基本养老保险、基本医疗保险、失业保险等社会保险费和住房公积金等；专项附加扣除，包括子女教育、继续教育、大病医疗、住房贷款利息或者住房租金、赡养老人等支出，具体范围、标准和实施步骤由国务院确定，并报全国人民代表大会常务委员会备案。

第七条 【境外所得】居民个人从中国境外取得的所得，可以从其应纳税额中抵免已在境外缴纳的个人所得税税额，但抵免额不得超过该纳税人境外所得依照本法规定计算的应纳税额。

第八条 【纳税调整】有下列情形之一的，税务机关有权按照合理方法进行纳税调整：

（一）个人与其关联方之间的业务往来不符合独立交易原则而减少本人或者其关联方应纳税额，且无正当理由；

（二）居民个人控制的，或者居民个人和居民企业共同控制的设立在实际税负明显偏低的国家（地区）的企业，无合理经营需要，对应当归属于居民个人的利润不作分配或者减少分配；

（三）个人实施其他不具有合理商业目的的安排而获取不当税收利益。

税务机关依照前款规定作出纳税调整，需要补征税款的，应当补征税款，并依法加收利息。

第九条 【纳税人与扣缴义务人】个人所得税以所得人为纳税人，以支付所得的单位或者个人为扣缴义务人。

纳税人有中国公民身份号码的，以中国公民身份号码为纳税人识别号；纳税人没有中国公民身份号码的，由税务机关赋予其纳税人识别号。扣缴义务人扣缴税款时，纳税人应当向扣缴义务人提供纳税人识别号。

第十条 【纳税申报】有下列情形之一的，纳税人应当依法办理纳税申报：

（一）取得综合所得需要办理汇算清缴；

（二）取得应税所得没有扣缴义务人；

（三）取得应税所得，扣缴义务人未扣缴税款；

（四）取得境外所得；

（五）因移居境外注销中国户籍；

（六）非居民个人在中国境内从两处以上取得工资、薪金所得；

（七）国务院规定的其他情形。

扣缴义务人应当按照国家规定办理全员全额扣缴申报，并向纳税人提供其个人所得和已扣缴税款等信息。

第十一条 【综合所得和工资、薪金所得】居民个人取得综合所得，按年计算个人所得税；有扣缴义务人的，由扣缴义务人按月或者按次预扣预缴税款；需要办理汇算清缴的，应当在取得所得的次年三月一日至六月三十日内办理汇算清缴。预扣预缴办法由国务院税务主管部门制定。

居民个人向扣缴义务人提供专项附加扣除信息的，扣缴义务人按月预扣预缴税款时应当按照规定予以扣除，不得拒绝。

非居民个人取得工资、薪金所得，劳务报酬所得，稿酬所得和特许权使用费所得，有扣缴义务人的，由扣缴义务人按月或者按次代扣代缴税款，不办理汇算清缴。

第十二条 【经营所得和利息、股息红利所得】纳税人取得经营所得，按年计算个人所得税，由纳税人在月度或者季度终了后十五日内向税务机关报送纳税申报表，并预缴税款；在取得所得的次年三月三十一日前办理汇算清缴。

纳税人取得利息、股息、红利所得，财产租赁所得，财产转让所得和偶然所得，按月或者按次计算个人所得税，有扣缴义务人的，由扣缴义务人按月或者按次代扣代缴税款。

第十三条 【取得应税所得的不同情形】纳税人取得应税所得没有扣缴义务人的，应当在取得所得的次月十五日内向税务机关报送纳税申报表，并缴纳税款。

纳税人取得应税所得，扣缴义务人未扣缴税款的，纳税人应当在取得所得的次年六月三十日前，缴纳税款；税务机关通知限期缴纳的，纳税人应当按照期限缴纳税款。

居民个人从中国境外取得所得的，应当在取得所得的次年三月一日至六月三十日内申报纳税。

非居民个人在中国境内从两处以上取得工资、薪金所得的，应当在取得所得的次月十五日内申报纳税。

纳税人因移居境外注销中国户籍的，应当在注销中国户籍前办理税款清算。

第十四条 【预扣、代扣税款的处理】扣缴义务人每月或者每次预扣、代扣的税款，应当在次月十五日内缴入国库，并向税务机关报送扣缴个人所得税申报表。

纳税人办理汇算清缴退税或者扣缴义务人为纳税人办理汇算清缴退税的，税务机关审核后，按照国库管理的有关规定办理退税。

第十五条 【有关部门的职责】公安、人民银行、金融监督管理等相关部门应当协助税务机关确认纳税人的身份、金融账户信息。教育、卫生、医疗保障、民政、人力资源社会保障、住房城乡建设、公安、人民银行、金融监督管理等相关部门应当向税务机关提供纳税人子女教育、继续教育、大病医疗、住房贷款利息、住房租金、赡养老人等专项附加扣除信息。

个人转让不动产的,税务机关应当根据不动产登记等相关信息核验应缴的个人所得税,登记机构办理转移登记时,应当查验与该不动产转让相关的个人所得税的完税凭证。个人转让股权办理变更登记的,市场主体登记机关应当查验与该股权交易相关的个人所得税的完税凭证。

有关部门依法将纳税人、扣缴义务人遵守本法的情况纳入信用信息系统,并实施联合激励或者惩戒。

第十六条 【计算单位】各项所得的计算,以人民币为单位。所得为人民币以外的货币的,按照人民币汇率中间价折合成人民币缴纳税款。

第十七条 【扣缴手续费】对扣缴义务人按照所扣缴的税款,付给百分之二的手续费。

第十八条 【所得开征、减征、停止个人所得税】对储蓄存款利息所得开征、减征、停征个人所得税及其具体办法,由国务院规定,并报全国人民代表大会常务委员会备案。

第十九条 【法律责任】纳税人、扣缴义务人和税务机关及其工作人员违反本法规定的,依照《中华人民共和国税收征收管理法》和有关法律法规的规定追究法律责任。

第二十条 【征收管理】个人所得税的征收管理,依照本法和《中华人民共和国税收征收管理法》的规定执行。

第二十一条 【对国务院制定实施条例的授权】国务院根据本法制定实施条例。

第二十二条 【生效日期】本法自公布之日起施行。

个人所得税税率表一

(综合所得适用)

级数	全年应纳税所得额	税率(%)
1	不超过36000元的	3
2	超过36000元至144000元的部分	10
3	超过144000元至300000元的部分	20
4	超过300000元至420000元的部分	25
5	超过420000元至660000元的部分	30
6	超过660000元至960000元的部分	35
7	超过960000元的部分	45

(注1:本表所称全年应纳税所得额是指依照本法第六条的规定,居民个人取得综合所得以每一纳税年度收入额减除费用六万元以及专项扣除、专项附加扣除和依法确定的其他扣除后的余额。

注2:非居民个人取得工资、薪金所得,劳务报酬所得,稿酬所得和特许权使用费所得,依照本表按月换算后计算应纳税额。)

个人所得税税率表二

(经营所得适用)

级数	全年应纳税所得额	税率(%)
1	不超过30000元的	5
2	超过30000元至90000元的部分	10
3	超过90000元至300000元的部分	20
4	超过300000元至500000元的部分	30
5	超过500000元的部分	35

(注:本表所称全年应纳税所得额是指依照本法第六条的规定,以每一纳税年度的收入总额减除成本、费用以及损失后的余额。)

中华人民共和国环境保护税法

(2016年12月25日第十二届全国人民代表大会常务委员会第二十五次会议通过　根据2018年10月26日第十三届全国人民代表大会常务委员会第六次会议《关于修改〈中华人民共和国野生动物保护法〉等十五部法律的决定》修正)

目　　录

第一章　总　　则
第二章　计税依据和应纳税额
第三章　税收减免
第四章　征收管理
第五章　附　　则

第一章　总　　则

第一条　为了保护和改善环境,减少污染物排放,推进生态文明建设,制定本法。

第二条 在中华人民共和国领域和中华人民共和国管辖的其他海域，直接向环境排放应税污染物的企业事业单位和其他生产经营者为环境保护税的纳税人，应当依照本法规定缴纳环境保护税。

第三条 本法所称应税污染物，是指本法所附《环境保护税税目税额表》、《应税污染物和当量值表》规定的大气污染物、水污染物、固体废物和噪声。

第四条 有下列情形之一的，不属于直接向环境排放污染物，不缴纳相应污染物的环境保护税：

（一）企业事业单位和其他生产经营者向依法设立的污水集中处理、生活垃圾集中处理场所排放应税污染物的；

（二）企业事业单位和其他生产经营者在符合国家和地方环境保护标准的设施、场所贮存或者处置固体废物的。

第五条 依法设立的城乡污水集中处理、生活垃圾集中处理场所超过国家和地方规定的排放标准向环境排放应税污染物的，应当缴纳环境保护税。

企业事业单位和其他生产经营者贮存或者处置固体废物不符合国家和地方环境保护标准的，应当缴纳环境保护税。

第六条 环境保护税的税目、税额，依照本法所附《环境保护税税目税额表》执行。

应税大气污染物和水污染物的具体适用税额的确定和调整，由省、自治区、直辖市人民政府统筹考虑本地区环境承载能力、污染物排放现状和经济社会生态发展目标要求，在本法所附《环境保护税税目税额表》规定的税额幅度内提出，报同级人民代表大会常务委员会决定，并报全国人民代表大会常务委员会和国务院备案。

第二章 计税依据和应纳税额

第七条 应税污染物的计税依据，按照下列方法确定：

（一）应税大气污染物按照污染物排放量折合的污染当量数确定；

（二）应税水污染物按照污染物排放量折合的污染当量数确定；

（三）应税固体废物按照固体废物的排放量确定；

（四）应税噪声按照超过国家规定标准的分贝数确定。

第八条 应税大气污染物、水污染物的污染当量数，以该污染物的排放量除以该污染物的污染当量值计算。每种应税大气污染物、水污染物的具体污染当量值，依照本法所附《应税污染物和当量值表》执行。

第九条 每一排放口或者没有排放口的应税大气污染物，按照污染当量数从大到小排序，对前三项污染物征收环境保护税。

每一排放口的应税水污染物，按照本法所附《应税污染物和当量值表》，区分第一类水污染物和其他类水污染物，按照污染当量数从大到小排序，对第一类水污染物按照前五项征收环境保护税，对其他类水污染物按照前三项征收环境保护税。

省、自治区、直辖市人民政府根据本地区污染物减排的特殊需要，可以增加同一排放口征收环境保护税的应税污染物项目数，报同级人民代表大会常务委员会决定，并报全国人民代表大会常务委员会和国务院备案。

第十条 应税大气污染物、水污染物、固体废物的排放量和噪声的分贝数，按照下列方法和顺序计算：

（一）纳税人安装使用符合国家规定和监测规范的污染物自动监测设备的，按照污染物自动监测数据计算；

（二）纳税人未安装使用污染物自动监测设备的，按照监测机构出具的符合国家有关规定和监测规范的监测数据计算；

（三）因排放污染物种类多等原因不具备监测条件的，按照国务院生态环境主管部门规定的排污系数、物料衡算方法计算；

（四）不能按照本条第一项至第三项规定的方法计算的，按照省、自治区、直辖市人民政府生态环境主管部门规定的抽样测算的方法核定计算。

第十一条 环境保护税应纳税额按照下列方法计算：

（一）应税大气污染物的应纳税额为污染当量数乘以具体适用税额；

（二）应税水污染物的应纳税额为污染当量数乘以具体适用税额；

（三）应税固体废物的应纳税额为固体废物排

放量乘以具体适用税额；

（四）应税噪声的应纳税额为超过国家规定标准的分贝数对应的具体适用税额。

第三章 税收减免

第十二条 下列情形，暂予免征环境保护税：

（一）农业生产（不包括规模化养殖）排放应税污染物的；

（二）机动车、铁路机车、非道路移动机械、船舶和航空器等流动污染源排放应税污染物的；

（三）依法设立的城乡污水集中处理、生活垃圾集中处理场所排放相应应税污染物，不超过国家和地方规定的排放标准的；

（四）纳税人综合利用的固体废物，符合国家和地方环境保护标准的；

（五）国务院批准免税的其他情形。

前款第五项免税规定，由国务院报全国人民代表大会常务委员会备案。

第十三条 纳税人排放应税大气污染物或者水污染物的浓度值低于国家和地方规定的污染物排放标准百分之三十的，减按百分之七十五征收环境保护税。纳税人排放应税大气污染物或者水污染物的浓度值低于国家和地方规定的污染物排放标准百分之五十的，减按百分之五十征收环境保护税。

第四章 征收管理

第十四条 环境保护税由税务机关依照《中华人民共和国税收征收管理法》和本法的有关规定征收管理。

生态环境主管部门依照本法和有关环境保护法律法规的规定负责对污染物的监测管理。

县级以上地方人民政府应当建立税务机关、生态环境主管部门和其他相关单位分工协作工作机制，加强环境保护税征收管理，保障税款及时足额入库。

第十五条 生态环境主管部门和税务机关应当建立涉税信息共享平台和工作配合机制。

生态环境主管部门应当将排污单位的排污许可、污染物排放数据、环境违法和受行政处罚情况等环境保护相关信息，定期交送税务机关。

税务机关应当将纳税人的纳税申报、税款入库、减免税额、欠缴税款以及风险疑点等环境保护税涉税信息，定期交送生态环境主管部门。

第十六条 纳税义务发生时间为纳税人排放应税污染物的当日。

第十七条 纳税人应当向应税污染物排放地的税务机关申报缴纳环境保护税。

第十八条 环境保护税按月计算，按季申报缴纳。不能按固定期限计算缴纳的，可以按次申报缴纳。

纳税人申报缴纳时，应当向税务机关报送所排放应税污染物的种类、数量，大气污染物、水污染物的浓度值，以及税务机关根据实际需要要求纳税人报送的其他纳税资料。

第十九条 纳税人按季申报缴纳的，应当自季度终了之日起十五日内，向税务机关办理纳税申报并缴纳税款。纳税人按次申报缴纳的，应当自纳税义务发生之日起十五日内，向税务机关办理纳税申报并缴纳税款。

纳税人应当依法如实办理纳税申报，对申报的真实性和完整性承担责任。

第二十条 税务机关应当将纳税人的纳税申报数据资料与生态环境主管部门交送的相关数据资料进行比对。

税务机关发现纳税人的纳税申报数据资料异常或者纳税人未按照规定期限办理纳税申报的，可以提请生态环境主管部门进行复核，生态环境主管部门应当自收到税务机关的数据资料之日起十五日内向税务机关出具复核意见。税务机关应当按照生态环境主管部门复核的数据资料调整纳税人的应纳税额。

第二十一条 依照本法第十条第四项的规定核定计算污染物排放量的，由税务机关会同生态环境主管部门核定污染物排放种类、数量和应纳税额。

第二十二条 纳税人从事海洋工程向中华人民共和国管辖海域排放应税大气污染物、水污染物或者固体废物，申报缴纳环境保护税的具体办法，由国务院税务主管部门会同国务院生态环境主管部门规定。

第二十三条 纳税人和税务机关、生态环境主管部门及其工作人员违反本法规定的，依照《中华人民共和国税收征收管理法》、《中华人民共和国环境保护法》和有关法律法规的规定追究法律责任。

第二十四条 各级人民政府应当鼓励纳税人加大环境保护建设投入,对纳税人用于污染物自动监测设备的投资予以资金和政策支持。

第五章 附 则

第二十五条 本法下列用语的含义:

(一)污染当量,是指根据污染物或者污染排放活动对环境的有害程度以及处理的技术经济性,衡量不同污染物对环境污染的综合性指标或者计量单位。同一介质相同污染当量的不同污染物,其污染程度基本相当。

(二)排污系数,是指在正常技术经济和管理条件下,生产单位产品所应排放的污染物量的统计平均值。

(三)物料衡算,是指根据物质质量守恒原理对生产过程中使用的原料、生产的产品和产生的废物等进行测算的一种方法。

第二十六条 直接向环境排放应税污染物的企业事业单位和其他生产经营者,除依照本法规定缴纳环境保护税外,应当对所造成的损害依法承担责任。

第二十七条 自本法施行之日起,依照本法规定征收环境保护税,不再征收排污费。

第二十八条 本法自2018年1月1日起施行。

附表:略

中华人民共和国
城市维护建设税法

(2020年8月11日第十三届全国人民代表大会常务委员会第二十一次会议通过 2020年8月11日中华人民共和国主席令第51号公布 自2021年9月1日起施行)

第一条 在中华人民共和国境内缴纳增值税、消费税的单位和个人,为城市维护建设税的纳税人,应当依照本法规定缴纳城市维护建设税。

第二条 城市维护建设税以纳税人依法实际缴纳的增值税、消费税税额为计税依据。

城市维护建设税的计税依据应当按照规定扣除期末留抵退税退还的增值税税额。

城市维护建设税计税依据的具体确定办法,由国务院依据本法和有关税收法律、行政法规规定,报全国人民代表大会常务委员会备案。

第三条 对进口货物或者境外单位和个人向境内销售劳务、服务、无形资产缴纳的增值税、消费税税额,不征收城市维护建设税。

第四条 城市维护建设税税率如下:

(一)纳税人所在地在市区的,税率为百分之七;

(二)纳税人所在地在县城、镇的,税率为百分之五;

(三)纳税人所在地不在市区、县城或者镇的,税率为百分之一。

前款所称纳税人所在地,是指纳税人住所地或者与纳税人生产经营活动相关的其他地点,具体地点由省、自治区、直辖市确定。

第五条 城市维护建设税的应纳税额按照计税依据乘以具体适用税率计算。

第六条 根据国民经济和社会发展的需要,国务院对重大公共基础设施建设、特殊产业和群体以及重大突发事件应对等情形可以规定减征或者免征城市维护建设税,报全国人民代表大会常务委员会备案。

第七条 城市维护建设税的纳税义务发生时间与增值税、消费税的纳税义务发生时间一致,分别与增值税、消费税同时缴纳。

第八条 城市维护建设税的扣缴义务人为负有增值税、消费税扣缴义务的单位和个人,在扣缴增值税、消费税的同时扣缴城市维护建设税。

第九条 城市维护建设税由税务机关依照本法和《中华人民共和国税收征收管理法》的规定征收管理。

第十条 纳税人、税务机关及其工作人员违反本法规定的,依照《中华人民共和国税收征收管理法》和有关法律法规的规定追究法律责任。

第十一条 本法自2021年9月1日起施行。1985年2月8日国务院发布的《中华人民共和国城市维护建设税暂行条例》同时废止。

中华人民共和国契税法

（2020年8月11日第十三届全国人民代表大会常务委员会第二十一次会议通过　2020年8月11日中华人民共和国主席令第52号公布　自2021年9月1日起施行）

第一条　在中华人民共和国境内转移土地、房屋权属，承受的单位和个人为契税的纳税人，应当依照本法规定缴纳契税。

第二条　本法所称转移土地、房屋权属，是指下列行为：

（一）土地使用权出让；

（二）土地使用权转让，包括出售、赠与、互换；

（三）房屋买卖、赠与、互换。

前款第二项土地使用权转让，不包括土地承包经营权和土地经营权的转移。

以作价投资（入股）、偿还债务、划转、奖励等方式转移土地、房屋权属的，应当依照本法规定征收契税。

第三条　契税税率为百分之三至百分之五。

契税的具体适用税率，由省、自治区、直辖市人民政府在前款规定的税率幅度内提出，报同级人民代表大会常务委员会决定，并报全国人民代表大会常务委员会和国务院备案。

省、自治区、直辖市可以依照前款规定的程序对不同主体、不同地区、不同类型的住房的权属转移确定差别税率。

第四条　契税的计税依据：

（一）土地使用权出让、出售，房屋买卖，为土地、房屋权属转移合同确定的成交价格，包括应交付的货币以及实物、其他经济利益对应的价款；

（二）土地使用权互换、房屋互换，为所互换的土地使用权、房屋价格的差额；

（三）土地使用权赠与、房屋赠与以及其他没有价格的转移土地、房屋权属行为，为税务机关参照土地使用权出售、房屋买卖的市场价格依法核定的价格。

纳税人申报的成交价格、互换价格差额明显偏低且无正当理由的，由税务机关依照《中华人民共和国税收征收管理法》的规定核定。

第五条　契税的应纳税额按照计税依据乘以具体适用税率计算。

第六条　有下列情形之一的，免征契税：

（一）国家机关、事业单位、社会团体、军事单位承受土地、房屋权属用于办公、教学、医疗、科研、军事设施；

（二）非营利性的学校、医疗机构、社会福利机构承受土地、房屋权属用于办公、教学、医疗、科研、养老、救助；

（三）承受荒山、荒地、荒滩土地使用权用于农、林、牧、渔业生产；

（四）婚姻关系存续期间夫妻之间变更土地、房屋权属；

（五）法定继承人通过继承承受土地、房屋权属；

（六）依照法律规定应当予以免税的外国驻华使馆、领事馆和国际组织驻华代表机构承受土地、房屋权属。

根据国民经济和社会发展的需要，国务院对居民住房需求保障、企业改制重组、灾后重建等情形可以规定免征或者减征契税，报全国人民代表大会常务委员会备案。

第七条　省、自治区、直辖市可以决定对下列情形免征或者减征契税：

（一）因土地、房屋被县级以上人民政府征收、征用，重新承受土地、房屋权属；

（二）因不可抗力灭失住房，重新承受住房权属。

前款规定的免征或者减征契税的具体办法，由省、自治区、直辖市人民政府提出，报同级人民代表大会常务委员会决定，并报全国人民代表大会常务委员会和国务院备案。

第八条　纳税人改变有关土地、房屋的用途，或者有其他不再属于本法第六条规定的免征、减征契税情形的，应当缴纳已经免征、减征的税款。

第九条　契税的纳税义务发生时间，为纳税人签订土地、房屋权属转移合同的当日，或者纳税人取得其他具有土地、房屋权属转移合同性质凭证的当日。

第十条　纳税人应当在依法办理土地、房屋权属登记手续前申报缴纳契税。

第十一条　纳税人办理纳税事宜后，税务机关应当开具契税完税凭证。纳税人办理土地、房屋权属登记,不动产登记机构应当查验契税完税、减免税凭证或者有关信息。未按照规定缴纳契税的,不动产登记机构不予办理土地、房屋权属登记。

第十二条 在依法办理土地、房屋权属登记前,权属转移合同、权属转移合同性质凭证不生效、无效、被撤销或者被解除的,纳税人可以向税务机关申请退还已缴纳的税款,税务机关应当依法办理。

第十三条 税务机关应当与相关部门建立契税涉税信息共享和工作配合机制。自然资源、住房城乡建设、民政、公安等相关部门应当及时向税务机关提供与转移土地、房屋权属有关的信息,协助税务机关加强契税征收管理。

税务机关及其工作人员对税收征收管理过程中知悉的纳税人的个人信息,应当依法予以保密,不得泄露或者非法向他人提供。

第十四条 契税由土地、房屋所在地的税务机关依照本法和《中华人民共和国税收征收管理法》的规定征收管理。

第十五条 纳税人、税务机关及其工作人员违反本法规定的,依照《中华人民共和国税收征收管理法》和有关法律法规的规定追究法律责任。

第十六条 本法自2021年9月1日起施行。1997年7月7日国务院发布的《中华人民共和国契税暂行条例》同时废止。

中华人民共和国增值税暂行条例

(1993年12月13日中华人民共和国国务院令第134号公布　2008年11月5日国务院第34次常务会议修订通过　根据2016年2月6日《国务院关于修改部分行政法规的决定》第一次修订　根据2017年11月19日《国务院关于废止〈中华人民共和国营业税暂行条例〉和修改〈中华人民共和国增值税暂行条例〉的决定》第二次修订)

第一条 在中华人民共和国境内销售货物或者加工、修理修配劳务(以下简称劳务),销售服务、无形资产、不动产以及进口货物的单位和个人,为增值税的纳税人,应当依照本条例缴纳增值税。

第二条 增值税税率:

(一)纳税人销售货物、劳务、有形动产租赁服务或者进口货物,除本条第二项、第四项、第五项另有规定外,税率为17%。

(二)纳税人销售交通运输、邮政、基础电信、建筑、不动产租赁服务,销售不动产,转让土地使用权,销售或者进口下列货物,税率为11%:

1. 粮食等农产品、食用植物油、食用盐;

2. 自来水、暖气、冷气、热水、煤气、石油液化气、天然气、二甲醚、沼气、居民用煤炭制品;

3. 图书、报纸、杂志、音像制品、电子出版物;

4. 饲料、化肥、农药、农机、农膜;

5. 国务院规定的其他货物。

(三)纳税人销售服务、无形资产,除本条第一项、第二项、第五项另有规定外,税率为6%。

(四)纳税人出口货物,税率为零;但是,国务院另有规定的除外。

(五)境内单位和个人跨境销售国务院规定范围内的服务、无形资产,税率为零。

税率的调整,由国务院决定。

第三条 纳税人兼营不同税率的项目,应当分别核算不同税率项目的销售额;未分别核算销售额的,从高适用税率。

第四条 除本条例第十一条规定外,纳税人销售货物、劳务、服务、无形资产、不动产(以下统称应税销售行为),应纳税额为当期销项税额抵扣当期进项税额后的余额。应纳税额计算公式:

应纳税额=当期销项税额-当期进项税额

当期销项税额小于当期进项税额不足抵扣时,其不足部分可以结转下期继续抵扣。

第五条 纳税人发生应税销售行为,按照销售额和本条例第二条规定的税率计算收取的增值税额,为销项税额。销项税额计算公式:

销项税额=销售额×税率

第六条 销售额为纳税人发生应税销售行为收取的全部价款和价外费用,但是不包括收取的销项税额。

销售额以人民币计算。纳税人以人民币以外的货币结算销售额的,应当折合成人民币计算。

第七条 纳税人发生应税销售行为的价格明显偏低并无正当理由的,由主管税务机关核定其销售额。

第八条 纳税人购进货物、劳务、服务、无形资产、不动产支付或者负担的增值税额,为进项税额。

下列进项税额准予从销项税额中抵扣:

(一)从销售方取得的增值税专用发票上注明的增值税额。

(二)从海关取得的海关进口增值税专用缴款书上注明的增值税额。

(三)购进农产品,除取得增值税专用发票或者海关进口增值税专用缴款书外,按照农产品收购发票或者销售发票上注明的农产品买价和11%的扣除率计算的进项税额,国务院另有规定的除外。进项税额计算公式:

进项税额=买价×扣除率

(四)自境外单位或者个人购进劳务、服务、无形资产或者境内的不动产,从税务机关或者扣缴义务人取得的代扣代缴税款的完税凭证上注明的增值税额。

准予抵扣的项目和扣除率的调整,由国务院决定。

第九条 纳税人购进货物、劳务、服务、无形资产、不动产,取得的增值税扣税凭证不符合法律、行政法规或者国务院税务主管部门有关规定的,其进项税额不得从销项税额中抵扣。

第十条 下列项目的进项税额不得从销项税额中抵扣:

(一)用于简易计税方法计税项目、免征增值税项目、集体福利或者个人消费的购进货物、劳务、服务、无形资产和不动产;

(二)非正常损失的购进货物,以及相关的劳务和交通运输服务;

(三)非正常损失的在产品、产成品所耗用的购进货物(不包括固定资产)、劳务和交通运输服务;

(四)国务院规定的其他项目。

第十一条 小规模纳税人发生应税销售行为,实行按照销售额和征收率计算应纳税额的简易办法,并不得抵扣进项税额。应纳税额计算公式:

应纳税额=销售额×征收率

小规模纳税人的标准由国务院财政、税务主管部门规定。

第十二条 小规模纳税人增值税征收率为3%,国务院另有规定的除外。

第十三条 小规模纳税人以外的纳税人应当向主管税务机关办理登记。具体登记办法由国务院税务主管部门制定。

小规模纳税人会计核算健全,能够提供准确税务资料的,可以向主管税务机关办理登记,不作为小规模纳税人,依照本条例有关规定计算应纳税额。

第十四条 纳税人进口货物,按照组成计税价格和本条例第二条规定的税率计算应纳税额。组成计税价格和应纳税额计算公式:

组成计税价格=关税完税价格+关税+消费税

应纳税额=组成计税价格×税率

第十五条 下列项目免征增值税:

(一)农业生产者销售的自产农产品;

(二)避孕药品和用具;

(三)古旧图书;

(四)直接用于科学研究、科学试验和教学的进口仪器、设备;

(五)外国政府、国际组织无偿援助的进口物资和设备;

(六)由残疾人的组织直接进口供残疾人专用的物品;

(七)销售的自己使用过的物品。

除前款规定外,增值税的免税、减税项目由国务院规定。任何地区、部门均不得规定免税、减税项目。

第十六条 纳税人兼营免税、减税项目的,应当分别核算免税、减税项目的销售额;未分别核算销售额的,不得免税、减税。

第十七条 纳税人销售额未达到国务院财政、税务主管部门规定的增值税起征点的,免征增值税;达到起征点的,依照本条例规定全额计算缴纳增值税。

第十八条 中华人民共和国境外的单位或者个人在境内销售劳务,在境内未设有经营机构的,以其境内代理人为扣缴义务人;在境内没有代理人的,以购买方为扣缴义务人。

第十九条 增值税纳税义务发生时间:

(一)发生应税销售行为,为收讫销售款项或者取得索取销售款项凭据的当天;先开具发票的,为开具发票的当天。

(二)进口货物,为报关进口的当天。

增值税扣缴义务发生时间为纳税人增值税纳税义务发生的当天。

第二十条 增值税由税务机关征收,进口货物的增值税由海关代征。

个人携带或者邮寄进境自用物品的增值税,连同关税一并计征。具体办法由国务院关税税则委员会会同有关部门制定。

第二十一条 纳税人发生应税销售行为,应当向索取增值税专用发票的购买方开具增值税专用发票,并在增值税专用发票上分别注明销售额和销项税额。

属于下列情形之一的,不得开具增值税专用发票:

(一)应税销售行为的购买方为消费者个人的;

(二)发生应税销售行为适用免税规定的。

第二十二条 增值税纳税地点:

(一)固定业户应当向其机构所在地的主管税务机关申报纳税。总机构和分支机构不在同一县(市)的,应当分别向各自所在地的主管税务机关申报纳税;经国务院财政、税务主管部门或者其授权的财政、税务机关批准,可以由总机构汇总向总机构所在地的主管税务机关申报纳税。

(二)固定业户到外县(市)销售货物或者劳务,应当向其机构所在地的主管税务机关报告外出经营事项,并向其机构所在地的主管税务机关申报纳税;未报告的,应当向销售地或者劳务发生地的主管税务机关申报纳税;未向销售地或者劳务发生地的主管税务机关申报纳税的,由其机构所在地的主管税务机关补征税款。

(三)非固定业户销售货物或者劳务,应当向销售地或者劳务发生地的主管税务机关申报纳税;未向销售地或者劳务发生地的主管税务机关申报纳税的,由其机构所在地或者居住地的主管税务机关补征税款。

(四)进口货物,应当向报关地海关申报纳税。

扣缴义务人应当向其机构所在地或者居住地的主管税务机关申报缴纳其扣缴的税款。

第二十三条 增值税的纳税期限分别为1日、3日、5日、10日、15日、1个月或者1个季度。纳税人的具体纳税期限,由主管税务机关根据纳税人应纳税额的大小分别核定;不能按照固定期限纳税的,可以按次纳税。

纳税人以1个月或者1个季度为1个纳税期的,自期满之日起15日内申报纳税;以1日、3日、5日、10日或者15日为1个纳税期的,自期满之日起5日内预缴税款,于次月1日起15日内申报纳税并结清上月应纳税款。

扣缴义务人解缴税款的期限,依照前两款规定执行。

第二十四条 纳税人进口货物,应当自海关填发海关进口增值税专用缴款书之日起15日内缴纳税款。

第二十五条 纳税人出口货物适用退(免)税规定的,应当向海关办理出口手续,凭出口报关单等有关凭证,在规定的出口退(免)税申报期内按月向主管税务机关申报办理该项出口货物的退(免)税;境内单位和个人跨境销售服务和无形资产适用退(免)税规定的,应当按期向主管税务机关申报办理退(免)税。具体办法由国务院财政、税务主管部门制定。

出口货物办理退税后发生退货或者退关的,纳税人应当依法补缴已退的税款。

第二十六条 增值税的征收管理,依照《中华人民共和国税收征收管理法》及本条例有关规定执行。

第二十七条 纳税人缴纳增值税的有关事项,国务院或者国务院财政、税务主管部门经国务院同意另有规定的,依照其规定。

第二十八条 本条例自2009年1月1日起施行。

中华人民共和国消费税暂行条例

(1993年12月13日中华人民共和国国务院令第135号公布　2008年11月5日国务院第34次常务会议修订通过　2008年11月10日中华人民共和国国务院令第539号公布　自2009年1月1日起施行)

第一条 在中华人民共和国境内生产、委托加工和进口本条例规定的消费品的单位和个人,以及国务院确定的销售本条例规定的消费品的其他单位和个人,为消费税的纳税人,应当依照本条例缴纳消费税。

第二条 消费税的税目、税率,依照本条例所附的《消费税税目税率表》执行。

消费税税目、税率的调整,由国务院决定。

第三条 纳税人兼营不同税率的应当缴纳消费税的消费品(以下简称应税消费品),应当分别核算不同税率应税消费品的销售额、销售数量;未分别核算销售额、销售数量,或者将不同税率的应税消费品组成成套消费品销售的,从高适用税率。

第四条 纳税人生产的应税消费品,于纳税人销售时纳税。纳税人自产自用的应税消费品,用于连续生产应税消费品的,不纳税;用于其他方面的,于移送使用时纳税。

委托加工的应税消费品,除受托方为个人外,由受托方在向委托方交货时代收代缴税款。委托加工的应税消费品,委托方用于连续生产应税消费品的,所纳税款准予按规定抵扣。

进口的应税消费品,于报关进口时纳税。

第五条 消费税实行从价定率、从量定额,或者从价定率和从量定额复合计税(以下简称复合计税)的办法计算应纳税额。应纳税额计算公式:

实行从价定率办法计算的应纳税额 = 销售额 × 比例税率

实行从量定额办法计算的应纳税额 = 销售数量 × 定额税率

实行复合计税办法计算的应纳税额 = 销售额 × 比例税率 + 销售数量 × 定额税率

纳税人销售的应税消费品,以人民币计算销售额。纳税人以人民币以外的货币结算销售额的,应当折合成人民币计算。

第六条 销售额为纳税人销售应税消费品向购买方收取的全部价款和价外费用。

第七条 纳税人自产自用的应税消费品,按照纳税人生产的同类消费品的销售价格计算纳税;没有同类消费品销售价格的,按照组成计税价格计算纳税。

实行从价定率办法计算纳税的组成计税价格计算公式:

组成计税价格 = (成本 + 利润) ÷ (1 - 比例税率)

实行复合计税办法计算纳税的组成计税价格计算公式:

组成计税价格 = (成本 + 利润 + 自产自用数量 × 定额税率) ÷ (1 - 比例税率)

第八条 委托加工的应税消费品,按照受托方的同类消费品的销售价格计算纳税;没有同类消费品销售价格的,按照组成计税价格计算纳税。

实行从价定率办法计算纳税的组成计税价格计算公式:

组成计税价格 = (材料成本 + 加工费) ÷ (1 - 比例税率)

实行复合计税办法计算纳税的组成计税价格计算公式:

组成计税价格 = (材料成本 + 加工费 + 委托加工数量 × 定额税率) ÷ (1 - 比例税率)

第九条 进口的应税消费品,按照组成计税价格计算纳税。

实行从价定率办法计算纳税的组成计税价格计算公式:

组成计税价格 = (关税完税价格 + 关税) ÷ (1 - 消费税比例税率)

实行复合计税办法计算纳税的组成计税价格计算公式:

组成计税价格 = (关税完税价格 + 关税 + 进口数量 × 消费税定额税率) ÷ (1 - 消费税比例税率)

第十条 纳税人应税消费品的计税价格明显偏低并无正当理由的,由主管税务机关核定其计税价格。

第十一条 对纳税人出口应税消费品,免征消费税;国务院另有规定的除外。出口应税消费品的免税办法,由国务院财政、税务主管部门规定。

第十二条 消费税由税务机关征收,进口的应税消费品的消费税由海关代征。

个人携带或者邮寄进境的应税消费品的消费税,连同关税一并计征。具体办法由国务院关税税则委员会会同有关部门制定。

第十三条 纳税人销售的应税消费品,以及自产自用的应税消费品,除国务院财政、税务主管部门另有规定外,应当向纳税人机构所在地或者居住地的主管税务机关申报纳税。

委托加工的应税消费品,除受托方为个人外,由受托方向机构所在地或者居住地的主管税务机关解缴消费税税款。

进口的应税消费品,应当向报关地海关申报纳税。

第十四条 消费税的纳税期限分别为 1 日、3 日、5 日、10 日、15 日、1 个月或者 1 个季度。纳税人的具体纳税期限,由主管税务机关根据纳税人应纳税额的大小分别核定;不能按照固定期限纳税的,可以按次纳税。

纳税人以 1 个月或者 1 个季度为 1 个纳税期的,自期满之日起15 日内申报纳税;以1 日、3 日、5 日、10 日或者15 日为1 个纳税期的,自期满之日起5 日内预缴税款,于次月1 日起15 日内申报纳税并结清上月应纳税款。

第十五条 纳税人进口应税消费品,应当自海关填发海关进口消费税专用缴款书之日起15日内缴纳税款。

第十六条 消费税的征收管理，依照《中华人民共和国税收征收管理法》及本条例有关规定执行。

第十七条 本条例自2009年1月1日起施行。

附：

消费税税目税率表

税目	税率
一、烟	
1. 卷烟	
(1)甲类卷烟	45%加0.003元/支
(2)乙类卷烟	30%加0.003元/支
2. 雪茄烟	25%
3. 烟丝	30%
二、酒及酒精	
1. 白酒	20%加0.5元/500克(或者500毫升)
2. 黄酒	240元/吨
3. 啤酒	
(1)甲类啤酒	250元/吨
(2)乙类啤酒	220元/吨
4. 其他酒	10%
5. 酒精	5%
三、化妆品	30%
四、贵重首饰及珠宝玉石	
1. 金银首饰、铂金首饰和钻石及钻石饰品	5%
2. 其他贵重首饰和珠宝玉石	10%
五、鞭炮、焰火	15%
六、成品油	
1. 汽油	
(1)含铅汽油	0.28元/升
(2)无铅汽油	0.20元/升
2. 柴油	0.10元/升
3. 航空煤油	0.10元/升
4. 石脑油	0.20元/升
5. 溶剂油	0.20元/升
6. 润滑油	0.20元/升
7. 燃料油	0.10元/升

续表

税　目	税　率
七、汽车轮胎	3%
八、摩托车 1. 气缸容量(排气量,下同)在250毫升(含250毫升)以下的 2. 气缸容量在250毫升以上的	 3% 10%
九、小汽车 1. 乘用车 (1)气缸容量(排气量,下同)在1.0升(含1.0升)以下的 (2)气缸容量在1.0升以上至1.5升(含1.5升)的 (3)气缸容量在1.5升以上至2.0升(含2.0升)的 (4)气缸容量在2.0升以上至2.5升(含2.5升)的 (5)气缸容量在2.5升以上至3.0升(含3.0升)的 (6)气缸容量在3.0升以上至4.0升(含4.0升)的 (7)气缸容量在4.0升以上的 2. 中轻型商用客车	 1% 3% 5% 9% 12% 25% 40% 5%
十、高尔夫球及球具	10%
十一、高档手表	20%
十二、游艇	10%
十三、木制一次性筷子	5%
十四、实木地板	5%

中华人民共和国房产税暂行条例

(1986年9月15日国务院发布　根据2011年1月8日《国务院关于废止和修改部分行政法规的决定》修订)

第一条　房产税在城市、县城、建制镇和工矿区征收。

第二条　房产税由产权所有人缴纳。产权属于全民所有的,由经营管理的单位缴纳。产权出典的,由承典人缴纳。产权所有人、承典人不在房产所在地的,或者产权未确定及租典纠纷未解决的,由房产代管人或者使用人缴纳。

前款列举的产权所有人、经营管理单位、承典人、房产代管人或者使用人,统称为纳税义务人(以下简称纳税人)。

第三条　房产税依照房产原值一次减除10%至30%后的余值计算缴纳。具体减除幅度,由省、自治区、直辖市人民政府规定。

没有房产原值作为依据的,由房产所在地税务机关参考同类房产核定。

房产出租的,以房产租金收入为房产税的计税依据。

第四条　房产税的税率,依照房产余值计算缴纳的,税率为1.2%;依照房产租金收入计算缴纳的,税率为12%。

第五条　下列房产免纳房产税:

一、国家机关、人民团体、军队自用的房产;

二、由国家财政部门拨付事业经费的单位自用的房产；

三、宗教寺庙、公园、名胜古迹自用的房产；

四、个人所有非营业用的房产；

五、经财政部批准免税的其他房产。

第六条 除本条例第五条规定者外，纳税人纳税确有困难的，可由省、自治区、直辖市人民政府确定，定期减征或者免征房产税。

第七条 房产税按年征收、分期缴纳。纳税期限由省、自治区、直辖市人民政府规定。

第八条 房产税的征收管理，依照《中华人民共和国税收征收管理法》的规定办理。

第九条 房产税由房产所在地的税务机关征收。

第十条 本条例由财政部负责解释；施行细则由省、自治区、直辖市人民政府制定，抄送财政部备案。

第十一条 本条例自1986年10月1日起施行。

中华人民共和国车船税法

（2011年2月25日第十一届全国人民代表大会常务委员会第十九次会议通过　根据2019年4月23日第十三届全国人民代表大会常务委员会第十次会议《关于修改〈中华人民共和国建筑法〉等八部法律的决定》修正）

第一条 在中华人民共和国境内属于本法所附《车船税税目税额表》规定的车辆、船舶（以下简称车船）的所有人或者管理人，为车船税的纳税人，应当依照本法缴纳车船税。

第二条 车船的适用税额依照本法所附《车船税税目税额表》执行。

车辆的具体适用税额由省、自治区、直辖市人民政府依照本法所附《车船税税目税额表》规定的税额幅度和国务院的规定确定。

船舶的具体适用税额由国务院在本法所附《车船税税目税额表》规定的税额幅度内确定。

第三条 下列车船免征车船税：

（一）捕捞、养殖渔船；

（二）军队、武装警察部队专用的车船；

（三）警用车船；

（四）悬挂应急救援专用号牌的国家综合性消防救援车辆和国家综合性消防救援专用船舶；

（五）依照法律规定应当予以免税的外国驻华使领馆、国际组织驻华代表机构及其有关人员的车船。

第四条 对节约能源、使用新能源的车船可以减征或者免征车船税；对受严重自然灾害影响纳税困难以及有其他特殊原因确需减税、免税的，可以减征或者免征车船税。具体办法由国务院规定，并报全国人民代表大会常务委员会备案。

第五条 省、自治区、直辖市人民政府根据当地实际情况，可以对公共交通车船，农村居民拥有并主要在农村地区使用的摩托车、三轮汽车和低速载货汽车定期减征或者免征车船税。

第六条 从事机动车第三者责任强制保险业务的保险机构为机动车车船税的扣缴义务人，应当在收取保险费时依法代收车船税，并出具代收税款凭证。

第七条 车船税的纳税地点为车船的登记地或者车船税扣缴义务人所在地。依法不需要办理登记的车船，车船税的纳税地点为车船的所有人或者管理人所在地。

第八条 车船税纳税义务发生时间为取得车船所有权或者管理权的当月。

第九条 车船税按年申报缴纳。具体申报纳税期限由省、自治区、直辖市人民政府规定。

第十条 公安、交通运输、农业、渔业等车船登记管理部门、船舶检验机构和车船税扣缴义务人的行业主管部门应当在提供车船有关信息等方面，协助税务机关加强车船税的征收管理。

车辆所有人或者管理人在申请办理车辆相关登记、定期检验手续时，应当向公安机关交通管理部门提交依法纳税或者免税证明。公安机关交通管理部门核查后办理相关手续。

第十一条 车船税的征收管理，依照本法和《中华人民共和国税收征收管理法》的规定执行。

第十二条 国务院根据本法制定实施条例。

第十三条 本法自2012年1月1日起施行。2006年12月29日国务院公布的《中华人民共和国车船税暂行条例》同时废止。

附：

车船税税目税额表

税目		计税单位	年基准税额	备注
乘用车〔按发动机汽缸容量(排气量)分档〕	1.0升(含)以下的	每辆	60元至360元	核定载客人数9人(含)以下
	1.0升以上至1.6升(含)的		300元至540元	
	1.6升以上至2.0升(含)的		360元至660元	
	2.0升以上至2.5升(含)的		660元至1200元	
	2.5升以上至3.0升(含)的		1200元至2400元	
	3.0升以上至4.0升(含)的		2400元至3600元	
	4.0升以上的		3600元至5400元	
商用车	客车	每辆	480元至1440元	核定载客人数9人以上,包括电车
	货车	整备质量每吨	16元至120元	包括半挂牵引车、三轮汽车和低速载货汽车等
挂车		整备质量每吨	按照货车税额的50%计算	
其他车辆	专用作业车	整备质量每吨	16元至120元	不包括拖拉机
	轮式专用机械车		16元至120元	
摩托车		每辆	36元至180元	
船舶	机动船舶	净吨位每吨	3元至6元	拖船、非机动驳船分别按照机动船舶税额的50%计算
	游艇	艇身长度每米	600元至2000元	

中华人民共和国土地增值税暂行条例

(1993年12月13日中华人民共和国国务院令第138号发布　根据2011年1月8日《国务院关于废止和修改部分行政法规的决定》修订)

第一条　为了规范土地、房地产市场交易秩序,合理调节土地增值收益,维护国家权益,制定本条例。

第二条　转让国有土地使用权、地上的建筑物及其附着物(以下简称转让房地产)并取得收入的单位和个人,为土地增值税的纳税义务人(以下简称纳税人),应当依照本条例缴纳土地增值税。

第三条　土地增值税按照纳税人转让房地产所取得的增值额和本条例第七条规定的税率计算征收。

第四条　纳税人转让房地产所取得的收入减除本条例第六条规定扣除项目金额后的余额,为增值额。

第五条　纳税人转让房地产所取得的收入,包括货币收入、实物收入和其他收入。

第六条　计算增值额的扣除项目:

(一) 取得土地使用权所支付的金额;

(二) 开发土地的成本、费用;

(三) 新建房及配套设施的成本、费用,或者旧房及建筑物的评估价格;

(四) 与转让房地产有关的税金;

(五) 财政部规定的其他扣除项目。

第七条　土地增值税实行四级超率累进税率:

增值额未超过扣除项目金额百分之五十的部分,税率为百分之三十。

增值额超过扣除项目金额百分之五十、未超过扣除项目金额百分之一百的部分,税率为百分之四十。

增值额超过扣除项目金额100%、未超过扣除项目金额200%的部分,税率为50%。

增值额超过扣除项目金额200%的部分,税率为60%。

第八条　有下列情形之一的,免征土地增值税:

(一) 纳税人建造普通标准住宅出售,增值额未超过扣除项目金额20%的;

（二）因国家建设需要依法征收、收回的房地产。

第九条 纳税人有下列情形之一的，按照房地产评估价格计算征收：

（一）隐瞒、虚报房地产成交价格的；

（二）提供扣除项目金额不实的；

（三）转让房地产的成交价格低于房地产评估价格，又无正当理由的。

第十条 纳税人应当自转让房地产合同签订之日起7日内向房地产所在地主管税务机关办理纳税申报，并在税务机关核定的期限内缴纳土地增值税。

第十一条 土地增值税由税务机关征收。土地管理部门、房产管理部门应当向税务机关提供有关资料，并协助税务机关依法征收土地增值税。

第十二条 纳税人未按照本条例缴纳土地增值税的，土地管理部门、房产管理部门不得办理有关的权属变更手续。

第十三条 土地增值税的征收管理，依据《中华人民共和国税收征收管理法》及本条例有关规定执行。

第十四条 本条例由财政部负责解释，实施细则由财政部制定。

第十五条 本条例自1994年1月1日起施行。各地区的土地增值费征收办法，与本条例相抵触的，同时停止执行。

中华人民共和国城镇土地使用税暂行条例

（1988年9月27日中华人民共和国国务院令第17号发布　根据2006年12月31日《国务院关于修改〈中华人民共和国城镇土地使用税暂行条例〉的决定》第一次修订　根据2011年1月8日《国务院关于废止和修改部分行政法规的决定》第二次修订　根据2013年12月7日《国务院关于修改部分行政法规的决定》第三次修订　根据2019年3月2日《国务院关于修改部分行政法规的决定》第四次修订）

第一条 为了合理利用城镇土地，调节土地级差收入，提高土地使用效益，加强土地管理，制定本条例。

第二条 在城市、县城、建制镇、工矿区范围内使用土地的单位和个人，为城镇土地使用税（以下简称土地使用税）的纳税人，应当依照本条例的规定缴纳土地使用税。

前款所称单位，包括国有企业、集体企业、私营企业、股份制企业、外商投资企业、外国企业以及其他企业和事业单位、社会团体、国家机关、军队以及其他单位；所称个人，包括个体工商户以及其他个人。

第三条 土地使用税以纳税人实际占用的土地面积为计税依据，依照规定税额计算征收。

前款土地占用面积的组织测量工作，由省、自治区、直辖市人民政府根据实际情况确定。

第四条 土地使用税每平方米年税额如下：

（一）大城市1.5元至30元；

（二）中等城市1.2元至24元；

（三）小城市0.9元至18元；

（四）县城、建制镇、工矿区0.6元至12元。

第五条 省、自治区、直辖市人民政府，应当在本条例第四条规定的税额幅度内，根据市政建设状况、经济繁荣程度等条件，确定所辖地区的适用税额幅度。

市、县人民政府应当根据实际情况，将本地区土地划分为若干等级，在省、自治区、直辖市人民政府确定的税额幅度内，制定相应的适用税额标准，报省、自治区、直辖市人民政府批准执行。

经省、自治区、直辖市人民政府批准，经济落后地区土地使用税的适用税额标准可以适当降低，但降低额不得超过本条例第四条规定最低税额的30%。经济发达地区土地使用税的适用税额标准可以适当提高，但须报经财政部批准。

第六条 下列土地免缴土地使用税：

（一）国家机关、人民团体、军队自用的土地；

（二）由国家财政部门拨付事业经费的单位自用的土地；

（三）宗教寺庙、公园、名胜古迹自用的土地；

（四）市政街道、广场、绿化地带等公共用地；

（五）直接用于农、林、牧、渔业的生产用地；

（六）经批准开山填海整治的土地和改造的废弃土地，从使用的月份起免缴土地使用税5年至10年；

（七）由财政部另行规定免税的能源、交通、水利设施用地和其他用地。

第七条 除本条例第六条规定外，纳税人缴纳土地使用税确有困难需要定期减免的，由县以上税务机关批准。

第八条 土地使用税按年计算、分期缴纳。缴纳期限由省、自治区、直辖市人民政府确定。

第九条 新征收的土地,依照下列规定缴纳土地使用税:

(一)征收的耕地,自批准征收之日起满1年时开始缴纳土地使用税;

(二)征收的非耕地,自批准征收次月起缴纳土地使用税。

第十条 土地使用税由土地所在地的税务机关征收。土地管理机关应当向土地所在地的税务机关提供土地使用权属资料。

第十一条 土地使用税的征收管理,依照《中华人民共和国税收征收管理法》及本条例的规定执行。

第十二条 土地使用税收入纳入财政预算管理。

第十三条 本条例的实施办法由省、自治区、直辖市人民政府制定。

第十四条 本条例自1988年11月1日起施行,各地制定的土地使用费办法同时停止执行。

(三)建 筑

中华人民共和国建筑法

(1997年11月1日第八届全国人民代表大会常务委员会第二十八次会议通过 根据2011年4月22日第十一届全国人民代表大会常务委员会第二十次会议《关于修改〈中华人民共和国建筑法〉的决定》第一次修正 根据2019年4月23日第十三届全国人民代表大会常务委员会第十次会议《关于修改〈中华人民共和国建筑法〉等八部法律的决定》第二次修正)

目 录

第一章 总 则
第二章 建筑许可
　第一节 建筑工程施工许可
　第二节 从业资格
第三章 建筑工程发包与承包
　第一节 一般规定
　第二节 发 包
　第三节 承 包
第四章 建筑工程监理
第五章 建筑安全生产管理
第六章 建筑工程质量管理
第七章 法律责任
第八章 附 则

第一章 总 则

第一条 【立法目的】为了加强对建筑活动的监督管理,维护建筑市场秩序,保证建筑工程的质量和安全,促进建筑业健康发展,制定本法。

第二条 【适用范围】在中华人民共和国境内从事建筑活动,实施对建筑活动的监督管理,应当遵守本法。

本法所称建筑活动,是指各类房屋建筑及其附属设施的建造和与其配套的线路、管道、设备的安装活动。

第三条 【建设活动要求】建筑活动应当确保建筑工程质量和安全,符合国家的建筑工程安全标准。

第四条 【国家扶持】国家扶持建筑业的发展,支持建筑科学技术研究,提高房屋建筑设计水平,鼓励节约能源和保护环境,提倡采用先进技术、先进设备、先进工艺、新型建筑材料和现代管理方式。

第五条 【从业要求】从事建筑活动应当遵守法律、法规,不得损害社会公共利益和他人的合法权益。

任何单位和个人都不得妨碍和阻挠依法进行的建筑活动。

第六条 【管理部门】国务院建设行政主管部门对全国的建筑活动实施统一监督管理。

第二章 建筑许可

第一节 建筑工程施工许可

第七条 【许可证的领取】建筑工程开工前,建设单位应当按照国家有关规定向工程所在地县级以上人民政府建设行政主管部门申请领取施工许可证;但是,国务院建设行政主管部门确定的限额以下的小型工程除外。

按照国务院规定的权限和程序批准开工报告的建筑工程,不再领取施工许可证。

第八条 【申领条件】申请领取施工许可证,应当具备下列条件:

(一)已经办理该建筑工程用地批准手续;

(二)依法应当办理建设工程规划许可证的,已经取得建设工程规划许可证;

(三)需要拆迁的,其拆迁进度符合施工要求;

(四)已经确定建筑施工企业;

(五)有满足施工需要的资金安排、施工图纸及技术资料;

(六)有保证工程质量和安全的具体措施。

建设行政主管部门应当自收到申请之日起七日内,对符合条件的申请颁发施工许可证。

第九条 【开工期限】建设单位应当自领取施工许可证之日起三个月内开工。因故不能按期开工的,应当向发证机关申请延期;延期以两次为限,每次不超过三个月。既不开工又不申请延期或者超过延期时限的,施工许可证自行废止。

第十条 【施工中止与恢复】在建的建筑工程因故中止施工的,建设单位应当自中止施工之日起一个月内,向发证机关报告,并按照规定做好建筑工程的维护管理工作。

建筑工程恢复施工时,应当向发证机关报告;中止施工满一年的工程恢复施工前,建设单位应当报发证机关核验施工许可证。

第十一条 【不能按期施工处理】按照国务院有关规定批准开工报告的建筑工程,因故不能按期开工或者中止施工的,应当及时向批准机关报告情况。因故不能按期开工超过六个月的,应当重新办理开工报告的批准手续。

第二节 从业资格

第十二条 【从业条件】从事建筑活动的建筑施工企业、勘察单位、设计单位和工程监理单位,应当具备下列条件:

(一) 有符合国家规定的注册资本;

(二) 有与其从事的建筑活动相适应的具有法定执业资格的专业技术人员;

(三) 有从事相关建筑活动所应有的技术装备;

(四) 法律、行政法规规定的其他条件。

第十三条 【资质等级】从事建筑活动的建筑施工企业、勘察单位、设计单位和工程监理单位,按照其拥有的注册资本、专业技术人员、技术装备和已完成的建筑工程业绩等资质条件,划分为不同的资质等级,经资质审查合格,取得相应等级的资质证书后,方可在其资质等级许可的范围内从事建筑活动。

第十四条 【执业资格的取得】从事建筑活动的专业技术人员,应当依法取得相应的执业资格证书,并在执业资格证书许可的范围内从事建筑活动。

第三章 建筑工程发包与承包

第一节 一般规定

第十五条 【承包合同】建筑工程的发包单位与承包单位应当依法订立书面合同,明确双方的权利和义务。

发包单位和承包单位应当全面履行合同约定的义务。不按照合同约定履行义务的,依法承担违约责任。

第十六条 【活动原则】建筑工程发包与承包的招标投标活动,应当遵循公开、公正、平等竞争的原则,择优选择承包单位。

建筑工程的招标投标,本法没有规定的,适用有关招标投标法律的规定。

第十七条 【禁止行贿、索贿】发包单位及其工作人员在建筑工程发包中不得收受贿赂、回扣或者索取其他好处。

承包单位及其工作人员不得利用向发包单位及其工作人员行贿、提供回扣或者给予其他好处等不正当手段承揽工程。

第十八条 【造价约定】建筑工程造价应当按照国家有关规定,由发包单位与承包单位在合同中约定。公开招标发包的,其造价的约定,须遵守招标投标法律的规定。

发包单位应当按照合同的约定,及时拨付工程款项。

第二节 发 包

第十九条 【发包方式】建筑工程依法实行招标发包,对不适于招标发包的可以直接发包。

第二十条 【公开招标、开标方式】建筑工程实行公开招标的,发包单位应当依照法定程序和方式,发布招标公告,提供载有招标工程的主要技术要求、主要的合同条款、评标的标准和方法以及开标、评标、定标的程序等内容的招标文件。

开标应当在招标文件规定的时间、地点公开进行。开标后应当按照招标文件规定的评标标准和程序对标书进行评价、比较,在具备相应资质条件的投标者中,择优选定中标者。

第二十一条 【招标组织和监督】建筑工程招标的开标、评标、定标由建设单位依法组织实施,并接受有关行政主管部门的监督。

第二十二条 【发包约束】建筑工程实行招标发包的,发包单位应当将建筑工程发包给依法中标的承包单位。建筑工程实行直接发包的,发包单位应当将建筑工程发包给具有相应资质条件的承包单位。

第二十三条 【禁止限定发包】政府及其所属部门不得滥用行政权力,限定发包单位将招标发包的建筑工程发包给指定的承包单位。

第二十四条 【总承包原则】提倡对建筑工程实行总承包,禁止将建筑工程肢解发包。

建筑工程的发包单位可以将建筑工程的勘察、设计、施工、设备采购一并发包给一个工程总承包单位,也可以将建筑工程勘察、设计、施工、设备采购的一项或者多项发包给一个工程总承包单位;但是,不得将应当由一个承包单位完成的建筑工程肢解成若干部分发包给几个承包单位。

第二十五条 【建筑材料采购】按照合同约定,建筑材料、建筑构配件和设备由工程承包单位采购的,发包单位不得指定承包单位购入用于工程的建筑材料、建筑构配件和设备或者指定生产厂、供应商。

第三节 承　　包

第二十六条 【资质等级许可】承包建筑工程的单位应当持有依法取得的资质证书,并在其资质等级许可的业务范围内承揽工程。

禁止建筑施工企业超越本企业资质等级许可的业务范围或者以任何形式用其他建筑施工企业的名义承揽工程。禁止建筑施工企业以任何形式允许其他单位或者个人使用本企业的资质证书、营业执照,以本企业的名义承揽工程。

第二十七条 【共同承包】大型建筑工程或者结构复杂的建筑工程,可以由两个以上的承包单位联合共同承包。共同承包的各方对承包合同的履行承担连带责任。

两个以上不同资质等级的单位实行联合共同承包的,应当按照资质等级低的单位的业务许可范围承揽工程。

第二十八条 【禁止转包、分包】禁止承包单位将其承包的全部建筑工程转包给他人,禁止承包单位将其承包的全部建筑工程肢解以后以分包的名义分别转包给他人。

第二十九条 【分包认可和责任制】建筑工程总承包单位可以将承包工程中的部分工程发包给具有相应资质条件的分包单位;但是,除总承包合同中约定的分包外,必须经建设单位认可。施工总承包的,建筑工程主体结构的施工必须由总承包单位自行完成。

建筑工程总承包单位按照总承包合同的约定对建设单位负责;分包单位按照分包合同的约定对总承包单位负责。总承包单位和分包单位就分包工程对建设单位承担连带责任。

禁止总承包单位将工程分包给不具备相应资质条件的单位。禁止分包单位将其承包的工程再分包。

第四章 建筑工程监理

第三十条 【监理制度推行】国家推行建筑工程监理制度。

国务院可以规定实行强制监理的建筑工程的范围。

第三十一条 【监理委托】实行监理的建筑工程,由建设单位委托具有相应资质条件的工程监理单位监理。建设单位与其委托的工程监理单位应当订立书面委托监理合同。

第三十二条 【监理监督】建筑工程监理应当依照法律、行政法规及有关的技术标准、设计文件和建筑工程承包合同,对承包单位在施工质量、建设工期和建设资金使用等方面,代表建设单位实施监督。

工程监理人员认为工程施工不符合工程设计要求、施工技术标准和合同约定的,有权要求建筑施工企业改正。

工程监理人员发现工程设计不符合建筑工程质量标准或者合同约定的质量要求的，应当报告建设单位要求设计单位改正。

第三十三条 【监理事项通知】实施建筑工程监理前，建设单位应当将委托的工程监理单位、监理的内容及监理权限，书面通知被监理的建筑施工企业。

第三十四条 【监理范围与职责】工程监理单位应当在其资质等级许可的监理范围内，承担工程监理业务。

工程监理单位应当根据建设单位的委托，客观、公正地执行监理任务。

工程监理单位与被监理工程的承包单位以及建筑材料、建筑构配件和设备供应单位不得有隶属关系或者其他利害关系。

工程监理单位不得转让工程监理业务。

第三十五条 【违约责任】工程监理单位不按照委托监理合同的约定履行监理义务，对应当监督检查的项目不检查或者不按照规定检查，给建设单位造成损失的，应当承担相应的赔偿责任。

工程监理单位与承包单位串通，为承包单位谋取非法利益，给建设单位造成损失的，应当与承包单位承担连带赔偿责任。

第五章 建筑安全生产管理

第三十六条 【管理方针、目标】建筑工程安全生产管理必须坚持安全第一、预防为主的方针，建立健全安全生产的责任制度和群防群治制度。

第三十七条 【工程设计要求】建筑工程设计应当符合按照国家规定制定的建筑安全规程和技术规范，保证工程的安全性能。

第三十八条 【安全措施编制】建筑施工企业在编制施工组织设计时，应当根据建筑工程的特点制定相应的安全技术措施；对专业性较强的工程项目，应当编制专项安全施工组织设计，并采取安全技术措施。

第三十九条 【现场安全防范】建筑施工企业应当在施工现场采取维护安全、防范危险、预防火灾等措施；有条件的，应当对施工现场实行封闭管理。

施工现场对毗邻的建筑物、构筑物和特殊作业环境可能造成损害的，建筑施工企业应当采取安全防护措施。

第四十条 【地下管线保护】建设单位应当向建筑施工企业提供与施工现场相关的地下管线资料，建筑施工企业应当采取措施加以保护。

第四十一条 【污染控制】建筑施工企业应当遵守有关环境保护和安全生产的法律、法规的规定，采取控制和处理施工现场的各种粉尘、废气、废水、固体废物以及噪声、振动对环境的污染和危害的措施。

第四十二条 【须审批事项】有下列情形之一的，建设单位应当按照国家有关规定办理申请批准手续：

（一）需要临时占用规划批准范围以外场地的；

（二）可能损坏道路、管线、电力、邮电通讯等公共设施的；

（三）需要临时停水、停电、中断道路交通的；

（四）需要进行爆破作业的；

（五）法律、法规规定需要办理报批手续的其他情形。

第四十三条 【安全生产管理部门】建设行政主管部门负责建筑安全生产的管理，并依法接受劳动行政主管部门对建筑安全生产的指导和监督。

第四十四条 【施工企业安全责任】建筑施工企业必须依法加强对建筑安全生产的管理，执行安全生产责任制度，采取有效措施，防止伤亡和其他安全生产事故的发生。

建筑施工企业的法定代表人对本企业的安全生产负责。

第四十五条 【现场安全责任单位】施工现场安全由建筑施工企业负责。实行施工总承包的，由总承包单位负责。分包单位向总承包单位负责，服从总承包单位对施工现场的安全生产管理。

第四十六条 【安全生产教育培训】建筑施工企业应当建立健全劳动安全生产教育培训制度，加强对职工安全生产的教育培训；未经安全生产教育培训的人员，不得上岗作业。

第四十七条 【施工安全保障】建筑施工企业和作业人员在施工过程中，应当遵守有关安全生产的法律、法规和建筑行业安全规章、规程，不得违章指挥或者违章作业。作业人员有权对影响人身健康的作业程序和作业条件提出改进意见，有权获得安全生产所需的防护用品。作业人员对危及生命安全和人身健康的行为有权提出批评、检举和控告。

第四十八条 【企业承保】建筑施工企业应当依法为职工参加工伤保险缴纳工伤保险费。鼓励企业为从事危险作业的职工办理意外伤害保险，支付保险费。

第四十九条 【变动设计方案】涉及建筑主体和承重结构变动的装修工程，建设单位应当在施工前委托原设计单位或者具有相应资质条件的设计单位提出设计方案；没有设计方案的，不得施工。

第五十条 【房屋拆除安全】房屋拆除应当由具备保证安全条件的建筑施工单位承担，由建筑施工单位负责人对安全负责。

第五十一条 【事故应急处理】施工中发生事故时，建筑施工企业应当采取紧急措施减少人员伤亡和事故损失，并按照国家有关规定及时向有关部门报告。

第六章 建筑工程质量管理

第五十二条 【工程质量管理】建筑工程勘察、设计、施工的质量必须符合国家有关建筑工程安全标准的要求，具体管理办法由国务院规定。

有关建筑工程安全的国家标准不能适应确保建筑安全的要求时，应当及时修订。

第五十三条 【质量体系认证】国家对从事建筑活动的单位推行质量体系认证制度。从事建筑活动的单位根据自愿原则可以向国务院产品质量监督管理部门或者国务院产品质量监督管理部门授权的部门认可的认证机构申请质量体系认证。经认证合格的，由认证机构颁发质量体系认证证书。

第五十四条 【工程质量保证】建设单位不得以任何理由，要求建筑设计单位或者建筑施工企业在工程设计或者施工作业中，违反法律、行政法规和建筑工程质量、安全标准，降低工程质量。

建筑设计单位和建筑施工企业对建设单位违反前款规定提出的降低工程质量的要求，应当予以拒绝。

第五十五条 【工程质量责任制】建筑工程实行总承包的，工程质量由工程总承包单位负责，总承包单位将建筑工程分包给其他单位的，应当对分包工程的质量与分包单位承担连带责任。分包单位应当接受总承包单位的质量管理。

第五十六条 【工程勘察、设计职责】建筑工程的勘察、设计单位必须对其勘察、设计的质量负责。勘察、设计文件应当符合有关法律、行政法规的规定和建筑工程质量、安全标准、建筑工程勘察、设计技术规范以及合同的约定。设计文件选用的建筑材料、建筑构配件和设备，应当注明其规格、型号、性能等技术指标，其质量要求必须符合国家规定的标准。

第五十七条 【建筑材料供给】建筑设计单位对设计文件选用的建筑材料、建筑构配件和设备，不得指定生产厂、供应商。

第五十八条 【施工质量责任制】建筑施工企业对工程的施工质量负责。

建筑施工企业必须按照工程设计图纸和施工技术标准施工，不得偷工减料。工程设计的修改由原设计单位负责，建筑施工企业不得擅自修改工程设计。

第五十九条 【建设材料设备检验】建筑施工企业必须按照工程设计要求、施工技术标准和合同的约定，对建筑材料、建筑构配件和设备进行检验，不合格的不得使用。

第六十条 【地基和主体结构质量保证】建筑物在合理使用寿命内，必须确保地基基础工程和主体结构的质量。

建筑工程竣工时，屋顶、墙面不得留有渗漏、开裂等质量缺陷；对已发现的质量缺陷，建筑施工企业应当修复。

第六十一条 【工程验收】交付竣工验收的建筑工程，必须符合规定的建筑工程质量标准，有完整的工程技术经济资料和经签署的工程保修书，并具备国家规定的其他竣工条件。

建筑工程竣工经验收合格后，方可交付使用；未经验收或者验收不合格的，不得交付使用。

第六十二条 【工程质量保修】建筑工程实行质量保修制度。

建筑工程的保修范围应当包括地基基础工程、主体结构工程、屋面防水工程和其他土建工程，以及电气管线、上下水管线的安装工程，供热、供冷系统工程等项目；保修的期限应当按照保证建筑物合理寿命年限内正常使用，维护使用者合法权益的原则确定。具体的保修范围和最低保修期限由国务院规定。

第六十三条 【质量投诉】任何单位和个人对建筑工程的质量事故、质量缺陷都有权向建设行政主管部门或者其他有关部门进行检举、控告、投诉。

第七章 法律责任

第六十四条 【擅自施工处罚】违反本法规定,未取得施工许可证或者开工报告未经批准擅自施工的,责令改正,对不符合开工条件的责令停止施工,可以处以罚款。

第六十五条 【非法发包、承揽处罚】发包单位将工程发包给不具有相应资质条件的承包单位的,或者违反本法规定将建筑工程肢解发包的,责令改正,处以罚款。

超越本单位资质等级承揽工程的,责令停止违法行为,处以罚款,可以责令停业整顿,降低资质等级;情节严重的,吊销资质证书;有违法所得的,予以没收。

未取得资质证书承揽工程的,予以取缔,并处罚款;有违法所得的,予以没收。

以欺骗手段取得资质证书的,吊销资质证书,处以罚款;构成犯罪的,依法追究刑事责任。

第六十六条 【非法转让承揽工程处罚】建筑施工企业转让、出借资质证书或者以其他方式允许他人以本企业的名义承揽工程的,责令改正,没收违法所得,并处罚款,可以责令停业整顿,降低资质等级;情节严重的,吊销资质证书。对因该项承揽工程不符合规定的质量标准造成的损失,建筑施工企业与使用本企业名义的单位或者个人承担连带赔偿责任。

第六十七条 【转包处罚】承包单位将承包的工程转包的,或者违反本法规定进行分包的,责令改正,没收违法所得,并处罚款,可以责令停业整顿,降低资质等级;情节严重的,吊销资质证书。

承包单位有前款规定的违法行为的,对因转包工程或者违法分包的工程不符合规定的质量标准造成的损失,与接受转包或者分包的单位承担连带赔偿责任。

第六十八条 【行贿、索贿刑事责任】在工程发包与承包中索贿、受贿、行贿,构成犯罪的,依法追究刑事责任;不构成犯罪的,分别处以罚款,没收贿赂的财物,对直接负责的主管人员和其他直接责任人员给予处分。

对在工程承包中行贿的承包单位,除依照前款规定处罚外,可以责令停业整顿,降低资质等级或者吊销资质证书。

第六十九条 【非法监理处罚】工程监理单位与建设单位或者建筑施工企业串通,弄虚作假、降低工程质量的,责令改正,处以罚款,降低资质等级或者吊销资质证书;有违法所得的,予以没收;造成损失的,承担连带赔偿责任;构成犯罪的,依法追究刑事责任。

工程监理单位转让监理业务的,责令改正,没收违法所得,可以责令停业整顿,降低资质等级;情节严重的,吊销资质证书。

第七十条 【擅自变动施工处罚】违反本法规定,涉及建筑主体或者承重结构变动的装修工程擅自施工的,责令改正,处以罚款;造成损失的,承担赔偿责任;构成犯罪的,依法追究刑事责任。

第七十一条 【安全事故处罚】建筑施工企业违反本法规定,对建筑安全事故隐患不采取措施予以消除的,责令改正,可以处以罚款;情节严重的,责令停业整顿,降低资质等级或者吊销资质证书;构成犯罪的,依法追究刑事责任。

建筑施工企业的管理人员违章指挥、强令职工冒险作业,因而发生重大伤亡事故或者造成其他严重后果的,依法追究刑事责任。

第七十二条 【质量降低处罚】建设单位违反本法规定,要求建筑设计单位或者建筑施工企业违反建筑工程质量、安全标准,降低工程质量的,责令改正,可以处以罚款;构成犯罪的,依法追究刑事责任。

第七十三条 【非法设计处罚】建筑设计单位不按照建筑工程质量、安全标准进行设计的,责令改正,处以罚款;造成工程质量事故的,责令停业整顿,降低资质等级或者吊销资质证书,没收违法所得,并处罚款;造成损失的,承担赔偿责任;构成犯罪的,依法追究刑事责任。

第七十四条 【非法施工处罚】建筑施工企业在施工中偷工减料的,使用不合格的建筑材料、建筑构配件和设备的,或者有其他不按照工程设计图纸或者施工技术标准施工的行为的,责令改正,处以罚款;情节严重的,责令停业整顿,降低资质等级或者吊销资质证书;造成建筑工程质量不符合规定的质量标准的,负责返工、修理,并赔偿因此造成的损失;构成犯罪的,依法追究刑事责任。

第七十五条 【不保修处罚及赔偿】建筑施工企业违反本法规定,不履行保修义务或者拖延履行保修义务的,责令改正,可以处以罚款,并对在保修期内因屋顶、墙面渗漏、开裂等质量缺陷造成的损失,承担赔偿责任。

第七十六条 【行政处罚机关】本法规定的责令停业整顿、降低资质等级和吊销资质证书的行政处罚,由颁发资质证书的机关决定;其他行政处罚,由建设行政主管部门或者有关部门依照法律和国务院规定的职权范围决定。

依照本法规定被吊销资质证书的,由工商行政管理部门吊销其营业执照。

第七十七条 【非法颁证处罚】违反本法规定,对不具备相应资质等级条件的单位颁发该等级资质证书的,由其上级机关责令收回所发的资质证书,对直接负责的主管人员和其他直接责任人员给予行政处分;构成犯罪的,依法追究刑事责任。

第七十八条 【限包处罚】政府及其所属部门的工作人员违反本法规定,限定发包单位将招标发包的工程发包给指定的承包单位的,由上级机关责令改正;构成犯罪的,依法追究刑事责任。

第七十九条 【非法颁证、验收处罚】负责颁发建筑工程施工许可证的部门及其工作人员对不符合施工条件的建筑工程颁发施工许可证的,负责工程质量监督检查或者竣工验收的部门及其工作人员对不合格的建筑工程出具质量合格文件或者按合格工程验收的,由上级机关责令改正,对责任人员给予行政处分;构成犯罪的,依法追究刑事责任;造成损失的,由该部门承担相应的赔偿责任。

第八十条 【损害赔偿】在建筑物的合理使用寿命内,因建筑工程质量不合格受到损害的,有权向责任者要求赔偿。

第八章 附 则

第八十一条 【适用范围补充】本法关于施工许可、建筑施工企业资质审查和建筑工程发包、承包、禁止转包,以及建筑工程监理、建筑工程安全和质量管理的规定,适用于其他专业建筑工程的建筑活动,具体办法由国务院规定。

第八十二条 【监管收费】建设行政主管部门和其他有关部门在对建筑活动实施监督管理中,除按照国务院有关规定收取费用外,不得收取其他费用。

第八十三条 【适用范围特别规定】省、自治区、直辖市人民政府确定的小型房屋建筑工程的建筑活动,参照本法执行。

依法核定作为文物保护的纪念建筑物和古建筑等的修缮,依照文物保护的有关法律规定执行。

抢险救灾及其他临时性房屋建筑和农民自建低层住宅的建筑活动,不适用本法。

第八十四条 【军用工程特别规定】军用房屋建筑工程建筑活动的具体管理办法,由国务院、中央军事委员会依据本法制定。

第八十五条 【施行日期】本法自1998年3月1日起施行。

建设工程质量管理条例

(2000年1月30日国务院令第279号发布 根据2017年10月7日《国务院关于修改部分行政法规的决定》第一次修订 根据2019年4月23日《国务院关于修改部分行政法规的决定》第二次修订)

第一章 总 则

第一条 为了加强对建设工程质量的管理,保证建设工程质量,保护人民生命和财产安全,根据《中华人民共和国建筑法》,制定本条例。

第二条 凡在中华人民共和国境内从事建设工程的新建、扩建、改建等有关活动及实施对建设工程质量监督管理的,必须遵守本条例。

本条例所称建设工程,是指土木工程、建筑工程、线路管道和设备安装工程及装修工程。

第三条 建设单位、勘察单位、设计单位、施工单位、工程监理单位依法对建设工程质量负责。

第四条 县级以上人民政府建设行政主管部门和其他有关部门应当加强对建设工程质量的监督管理。

第五条 从事建设工程活动,必须严格执行基本建设程序,坚持先勘察、后设计、再施工的原则。

县级以上人民政府及其有关部门不得超越权

限审批建设项目或者擅自简化基本建设程序。

第六条 国家鼓励采用先进的科学技术和管理方法,提高建设工程质量。

第二章 建设单位的质量责任和义务

第七条 建设单位应当将工程发包给具有相应资质等级的单位。

建设单位不得将建设工程肢解发包。

第八条 建设单位应当依法对工程建设项目的勘察、设计、施工、监理以及与工程建设有关的重要设备、材料等的采购进行招标。

第九条 建设单位必须向有关的勘察、设计、施工、工程监理等单位提供与建设工程有关的原始资料。

原始资料必须真实、准确、齐全。

第十条 建设工程发包单位不得迫使承包方以低于成本的价格竞标,不得任意压缩合理工期。

建设单位不得明示或者暗示设计单位或者施工单位违反工程建设强制性标准,降低建设工程质量。

第十一条 施工图设计文件审查的具体办法,由国务院建设行政主管部门、国务院其他有关部门制定。

施工图设计文件未经审查批准的,不得使用。

第十二条 实行监理的建设工程,建设单位应当委托具有相应资质等级的工程监理单位进行监理,也可以委托具有工程监理相应资质等级并与被监理工程的施工承包单位没有隶属关系或者其他利害关系的该工程的设计单位进行监理。

下列建设工程必须实行监理:

(一) 国家重点建设工程;

(二) 大中型公用事业工程;

(三) 成片开发建设的住宅小区工程;

(四) 利用外国政府或者国际组织贷款、援助资金的工程;

(五) 国家规定必须实行监理的其他工程。

第十三条 建设单位在开工前,应当按照国家有关规定办理工程质量监督手续,工程质量监督手续可以与施工许可证或者开工报告合并办理。

第十四条 按照合同约定,由建设单位采购建筑材料、建筑构配件和设备的,建设单位应当保证建筑材料、建筑构配件和设备符合设计文件和合同要求。

建设单位不得明示或者暗示施工单位使用不合格的建筑材料、建筑构配件和设备。

第十五条 涉及建筑主体和承重结构变动的装修工程,建设单位应当在施工前委托原设计单位或者具有相应资质等级的设计单位提出设计方案;没有设计方案的,不得施工。

房屋建筑使用者在装修过程中,不得擅自变动房屋建筑主体和承重结构。

第十六条 建设单位收到建设工程竣工报告后,应当组织设计、施工、工程监理等有关单位进行竣工验收。

建设工程竣工验收应当具备下列条件:

(一) 完成建设工程设计和合同约定的各项内容;

(二) 有完整的技术档案和施工管理资料;

(三) 有工程使用的主要建筑材料、建筑构配件和设备的进场试验报告;

(四) 有勘察、设计、施工、工程监理等单位分别签署的质量合格文件;

(五) 有施工单位签署的工程保修书。

建设工程经验收合格的,方可交付使用。

第十七条 建设单位应当严格按照国家有关档案管理的规定,及时收集、整理建设项目各环节的文件资料,建立、健全建设项目档案,并在建设工程竣工验收后,及时向建设行政主管部门或者其他有关部门移交建设项目档案。

第三章 勘察、设计单位的质量责任和义务

第十八条 从事建设工程勘察、设计的单位应当依法取得相应等级的资质证书,并在其资质等级许可的范围内承揽工程。

禁止勘察、设计单位超越其资质等级许可的范围或者以其他勘察、设计单位的名义承揽工程。禁止勘察、设计单位允许其他单位或者个人以本单位的名义承揽工程。

勘察、设计单位不得转包或者违法分包所承揽的工程。

第十九条 勘察、设计单位必须按照工程建设强制性标准进行勘察、设计,并对其勘察、设计的质

量负责。

注册建筑师、注册结构工程师等注册执业人员应当在设计文件上签字,对设计文件负责。

第二十条 勘察单位提供的地质、测量、水文等勘察成果必须真实、准确。

第二十一条 设计单位应当根据勘察成果文件进行建设工程设计。

设计文件应当符合国家规定的设计深度要求,注明工程合理使用年限。

第二十二条 设计单位在设计文件中选用的建筑材料、建筑构配件和设备,应当注明规格、型号、性能等技术指标,其质量要求必须符合国家规定的标准。

除有特殊要求的建筑材料、专用设备、工艺生产线等外,设计单位不得指定生产厂、供应商。

第二十三条 设计单位应当就审查合格的施工图设计文件向施工单位作出详细说明。

第二十四条 设计单位应当参与建设工程质量事故分析,并对因设计造成的质量事故,提出相应的技术处理方案。

第四章 施工单位的质量责任和义务

第二十五条 施工单位应当依法取得相应等级的资质证书,并在其资质等级许可的范围内承揽工程。

禁止施工单位超越本单位资质等级许可的业务范围或者以其他施工单位的名义承揽工程。禁止施工单位允许其他单位或者个人以本单位的名义承揽工程。

施工单位不得转包或者违法分包工程。

第二十六条 施工单位对建设工程的施工质量负责。

施工单位应当建立质量责任制,确定工程项目的项目经理、技术负责人和施工管理负责人。

建设工程实行总承包的,总承包单位应当对全部建设工程质量负责;建设工程勘察、设计、施工、设备采购的一项或者多项实行总承包的,总承包单位应当对其承包的建设工程或者采购的设备的质量负责。

第二十七条 总承包单位依法将建设工程分包给其他单位的,分包单位应当按照分包合同的约定对其分包工程的质量向总承包单位负责,总承包单位与分包单位对分包工程的质量承担连带责任。

第二十八条 施工单位必须按照工程设计图纸和施工技术标准施工,不得擅自修改工程设计,不得偷工减料。

施工单位在施工过程中发现设计文件和图纸有差错的,应当及时提出意见和建议。

第二十九条 施工单位必须按照工程设计要求、施工技术标准和合同约定,对建筑材料、建筑构配件、设备和商品混凝土进行检验,检验应当有书面记录和专人签字;未经检验或者检验不合格的,不得使用。

第三十条 施工单位必须建立、健全施工质量的检验制度,严格工序管理,作好隐蔽工程的质量检查和记录。隐蔽工程在隐蔽前,施工单位应当通知建设单位和建设工程质量监督机构。

第三十一条 施工人员对涉及结构安全的试块、试件以及有关材料,应当在建设单位或者工程监理单位监督下现场取样,并送具有相应资质等级的质量检测单位进行检测。

第三十二条 施工单位对施工中出现质量问题的建设工程或者竣工验收不合格的建设工程,应当负责返修。

第三十三条 施工单位应当建立、健全教育培训制度,加强对职工的教育培训;未经教育培训或者考核不合格的人员,不得上岗作业。

第五章 工程监理单位的质量责任和义务

第三十四条 工程监理单位应当依法取得相应等级的资质证书,并在其资质等级许可的范围内承担工程监理业务。

禁止工程监理单位超越本单位资质等级许可的范围或者以其他工程监理单位的名义承担工程监理业务。禁止工程监理单位允许其他单位或者个人以本单位的名义承担工程监理业务。

工程监理单位不得转让工程监理业务。

第三十五条 工程监理单位与被监理工程的施工承包单位以及建筑材料、建筑构配件和设备供应单位有隶属关系或者其他利害关系的,不得承担该项建设工程的监理业务。

第三十六条 工程监理单位应当依照法律、法规以及有关技术标准、设计文件和建设工程承包合同,代表建设单位对施工质量实施监理,并对施工质量承担监理责任。

第三十七条 工程监理单位应当选派具备相应资格的总监理工程师和监理工程师进驻施工现场。

未经监理工程师签字,建筑材料、建筑构配件和设备不得在工程上使用或者安装,施工单位不得进行下一道工序的施工。未经总监理工程师签字,建设单位不拨付工程款,不进行竣工验收。

第三十八条 监理工程师应当按照工程监理规范的要求,采取旁站、巡视和平行检验等形式,对建设工程实施监理。

第六章 建设工程质量保修

第三十九条 建设工程实行质量保修制度。

建设工程承包单位在向建设单位提交工程竣工验收报告时,应当向建设单位出具质量保修书。质量保修书中应当明确建设工程的保修范围、保修期限和保修责任等。

第四十条 在正常使用条件下,建设工程的最低保修期限为:

(一) 基础设施工程、房屋建筑的地基基础工程和主体结构工程,为设计文件规定的该工程的合理使用年限;

(二) 屋面防水工程、有防水要求的卫生间、房间和外墙面的防渗漏,为5年;

(三) 供热与供冷系统,为2个采暖期、供冷期;

(四) 电气管线、给排水管道、设备安装和装修工程,为2年。

其他项目的保修期限由发包方与承包方约定。

建设工程的保修期,自竣工验收合格之日起计算。

第四十一条 建设工程在保修范围和保修期限内发生质量问题的,施工单位应当履行保修义务,并对造成的损失承担赔偿责任。

第四十二条 建设工程在超过合理使用年限后需要继续使用的,产权所有人应当委托具有相应资质等级的勘察、设计单位鉴定,并根据鉴定结果采取加固、维修等措施,重新界定使用期。

第七章 监督管理

第四十三条 国家实行建设工程质量监督管理制度。

国务院建设行政主管部门对全国的建设工程质量实施统一监督管理。国务院铁路、交通、水利等有关部门按照国务院规定的职责分工,负责对全国的有关专业建设工程质量的监督管理。

县级以上地方人民政府建设行政主管部门对本行政区域内的建设工程质量实施监督管理。县级以上地方人民政府交通、水利等有关部门在各自的职责范围内,负责对本行政区域内的专业建设工程质量的监督管理。

第四十四条 国务院建设行政主管部门和国务院铁路、交通、水利等有关部门应当加强对有关建设工程质量的法律、法规和强制性标准执行情况的监督检查。

第四十五条 国务院发展计划部门按照国务院规定的职责,组织稽察特派员,对国家出资的重大建设项目实施监督检查。

国务院经济贸易主管部门按照国务院规定的职责,对国家重大技术改造项目实施监督检查。

第四十六条 建设工程质量监督管理,可以由建设行政主管部门或者其他有关部门委托的建设工程质量监督机构具体实施。

从事房屋建筑工程和市政基础设施工程质量监督的机构,必须按照国家有关规定经国务院建设行政主管部门或者省、自治区、直辖市人民政府建设行政主管部门考核;从事专业建设工程质量监督的机构,必须按照国家有关规定经国务院有关部门或者省、自治区、直辖市人民政府有关部门考核。经考核合格后,方可实施质量监督。

第四十七条 县级以上地方人民政府建设行政主管部门和其他有关部门应当加强对有关建设工程质量的法律、法规和强制性标准执行情况的监督检查。

第四十八条 县级以上人民政府建设行政主管部门和其他有关部门履行监督检查职责时,有权采取下列措施:

(一) 要求被检查的单位提供有关工程质量的文件和资料;

(二) 进入被检查单位的施工现场进行检查;

（三）发现有影响工程质量的问题时，责令改正。

第四十九条 建设单位应当自建设工程竣工验收合格之日起15日内，将建设工程竣工验收报告和规划、公安消防、环保等部门出具的认可文件或者准许使用文件报建设行政主管部门或者其他有关部门备案。

建设行政主管部门或者其他有关部门发现建设单位在竣工验收过程中有违反国家有关建设工程质量管理规定行为的，责令停止使用，重新组织竣工验收。

第五十条 有关单位和个人对县级以上人民政府建设行政主管部门和其他有关部门进行的监督检查应当支持与配合，不得拒绝或者阻碍建设工程质量监督检查人员依法执行职务。

第五十一条 供水、供电、供气、公安消防等部门或者单位不得明示或者暗示建设单位、施工单位购买其指定的生产供应单位的建筑材料、建筑构配件和设备。

第五十二条 建设工程发生质量事故，有关单位应当在24小时内向当地建设行政主管部门和其他有关部门报告。对重大质量事故，事故发生地的建设行政主管部门和其他有关部门应当按照事故类别和等级向当地人民政府和上级建设行政主管部门和其他有关部门报告。

特别重大质量事故的调查程序按照国务院有关规定办理。

第五十三条 任何单位和个人对建设工程的质量事故、质量缺陷都有权检举、控告、投诉。

第八章 罚 则

第五十四条 违反本条例规定，建设单位将建设工程发包给不具有相应资质等级的勘察、设计、施工单位或者委托给不具有相应资质等级的工程监理单位的，责令改正，处50万元以上100万元以下的罚款。

第五十五条 违反本条例规定，建设单位将建设工程肢解发包的，责令改正，处工程合同价款0.5%以上1%以下的罚款；对全部或者部分使用国有资金的项目，并可以暂停项目执行或者暂停资金拨付。

第五十六条 违反本条例规定，建设单位有下列行为之一的，责令改正，处20万元以上50万元以下的罚款：

（一）迫使承包方以低于成本的价格竞标的；

（二）任意压缩合理工期的；

（三）明示或者暗示设计单位或者施工单位违反工程建设强制性标准，降低工程质量的；

（四）施工图设计文件未经审查或者审查不合格，擅自施工的；

（五）建设项目必须实行工程监理而未实行工程监理的；

（六）未按照国家规定办理工程质量监督手续的；

（七）明示或者暗示施工单位使用不合格的建筑材料、建筑构配件和设备的；

（八）未按照国家规定将竣工验收报告、有关认可文件或者准许使用文件报送备案的。

第五十七条 违反本条例规定，建设单位未取得施工许可证或者开工报告未经批准，擅自施工的，责令停止施工，限期改正，处工程合同价款1%以上2%以下的罚款。

第五十八条 违反本条例规定，建设单位有下列行为之一的，责令改正，处工程合同价款2%以上4%以下的罚款；造成损失的，依法承担赔偿责任：

（一）未组织竣工验收，擅自交付使用的；

（二）验收不合格，擅自交付使用的；

（三）对不合格的建设工程按照合格工程验收的。

第五十九条 违反本条例规定，建设工程竣工验收后，建设单位未向建设行政主管部门或者其他有关部门移交建设项目档案的，责令改正，处1万元以上10万元以下的罚款。

第六十条 违反本条例规定，勘察、设计、施工、工程监理单位超越本单位资质等级承揽工程的，责令停止违法行为，对勘察、设计单位或者工程监理单位处合同约定的勘察费、设计费或者监理酬金1倍以上2倍以下的罚款；对施工单位处工程合同价款2%以上4%以下的罚款，可以责令停业整顿，降低资质等级；情节严重的，吊销资质证书；有违法所得的，予以没收。

未取得资质证书承揽工程的，予以取缔，依照前款规定处以罚款；有违法所得的，予以没收。

以欺骗手段取得资质证书承揽工程的，吊销资质证书，依照本条第一款规定处以罚款；有违法所得的，予以没收。

第六十一条 违反本条例规定，勘察、设计、施工、工程监理单位允许其他单位或者个人以本单位名义承揽工程的，责令改正，没收违法所得，对勘察、设计单位和工程监理单位处合同约定的勘察费、设计费和监理酬金1倍以上2倍以下的罚款；对施工单位处工程合同价款2%以上4%以下的罚款；可以责令停业整顿，降低资质等级；情节严重的，吊销资质证书。

第六十二条 违反本条例规定，承包单位将承包的工程转包或者违法分包的，责令改正，没收违法所得，对勘察、设计单位处合同约定的勘察费、设计费25%以上50%以下的罚款；对施工单位处工程合同价款0.5%以上1%以下的罚款；可以责令停业整顿，降低资质等级；情节严重的，吊销资质证书。

工程监理单位转让工程监理业务的，责令改正，没收违法所得，处合同约定的监理酬金25%以上50%以下的罚款；可以责令停业整顿，降低资质等级；情节严重的，吊销资质证书。

第六十三条 违反本条例规定，有下列行为之一的，责令改正，处10万元以上30万元以下的罚款：

（一）勘察单位未按照工程建设强制性标准进行勘察的；

（二）设计单位未根据勘察成果文件进行工程设计的；

（三）设计单位指定建筑材料、建筑构配件的生产厂、供应商的；

（四）设计单位未按照工程建设强制性标准进行设计的。

有前款所列行为，造成工程质量事故的，责令停业整顿，降低资质等级；情节严重的，吊销资质证书；造成损失的，依法承担赔偿责任。

第六十四条 违反本条例规定，施工单位在施工中偷工减料的，使用不合格的建筑材料、建筑构配件和设备的，或者有不按照工程设计图纸或者施工技术标准施工的其他行为的，责令改正，处工程合同价款2%以上4%以下的罚款；造成建设工程质量不符合规定的质量标准的，负责返工、修理，并赔偿因此造成的损失；情节严重的，责令停业整顿，降低资质等级或者吊销资质证书。

第六十五条 违反本条例规定，施工单位未对建筑材料、建筑构配件、设备和商品混凝土进行检验，或者未对涉及结构安全的试块、试件以及有关材料取样检测的，责令改正，处10万元以上20万元以下的罚款；情节严重的，责令停业整顿，降低资质等级或者吊销资质证书；造成损失的，依法承担赔偿责任。

第六十六条 违反本条例规定，施工单位不履行保修义务或者拖延履行保修义务的，责令改正，处10万元以上20万元以下的罚款，并对在保修期内因质量缺陷造成的损失承担赔偿责任。

第六十七条 工程监理单位有下列行为之一的，责令改正，处50万元以上100万元以下的罚款，降低资质等级或者吊销资质证书；有违法所得的，予以没收；造成损失的，承担连带赔偿责任：

（一）与建设单位或者施工单位串通，弄虚作假、降低工程质量的；

（二）将不合格的建设工程、建筑材料、建筑构配件和设备按照合格签字的。

第六十八条 违反本条例规定，工程监理单位与被监理工程的施工承包单位以及建筑材料、建筑构配件和设备供应单位有隶属关系或者其他利害关系承担该项建设工程的监理业务的，责令改正，处5万元以上10万元以下的罚款，降低资质等级或者吊销资质证书；有违法所得的，予以没收。

第六十九条 违反本条例规定，涉及建筑主体或者承重结构变动的装修工程，没有设计方案擅自施工的，责令改正，处50万元以上100万元以下的罚款；房屋建筑使用者在装修过程中擅自变动房屋建筑主体和承重结构的，责令改正，处5万元以上10万元以下的罚款。

有前款所列行为，造成损失的，依法承担赔偿责任。

第七十条 发生重大工程质量事故隐瞒不报、谎报或者拖延报告期限的，对直接负责的主管人员和其他责任人员依法给予行政处分。

第七十一条 违反本条例规定，供水、供电、供气、公安消防等部门或者单位明示或者暗示建设单位或者施工单位购买其指定的生产供应单位的建筑材料、建筑构配件和设备的，责令改正。

第七十二条 违反本条例规定，注册建筑师、注册结构工程师、监理工程师等注册执业人员因过错造成质量事故的，责令停止执业1年；造成重大质量事故的,吊销执业资格证书,5年以内不予注册;情节特别恶劣的,终身不予注册。

第七十三条 依照本条例规定,给予单位罚款处罚的,对单位直接负责的主管人员和其他直接责任人员处单位罚款数额5%以上10%以下的罚款。

第七十四条 建设单位、设计单位、施工单位、工程监理单位违反国家规定,降低工程质量标准,造成重大安全事故,构成犯罪的,对直接责任人员依法追究刑事责任。

第七十五条 本条例规定的责令停业整顿,降低资质等级和吊销资质证书的行政处罚,由颁发资质证书的机关决定;其他行政处罚,由建设行政主管部门或者其他有关部门依照法定职权决定。

依照本条例规定被吊销资质证书的,由工商行政管理部门吊销其营业执照。

第七十六条 国家机关工作人员在建设工程质量监督管理工作中玩忽职守、滥用职权、徇私舞弊,构成犯罪的,依法追究刑事责任;尚不构成犯罪的,依法给予行政处分。

第七十七条 建设、勘察、设计、施工、工程监理单位的工作人员因调动工作、退休等原因离开该单位后,被发现在该单位工作期间违反国家有关建设工程质量管理规定,造成重大工程质量事故的,仍应当依法追究法律责任。

第九章 附　　则

第七十八条 本条例所称肢解发包,是指建设单位将应当由一个承包单位完成的建设工程分解成若干部分发包给不同的承包单位的行为。

本条例所称违法分包,是指下列行为:

(一)总承包单位将建设工程分包给不具备相应资质条件的单位的;

(二)建设工程总承包合同中未有约定,又未经建设单位认可,承包单位将其承包的部分建设工程交由其他单位完成的;

(三)施工总承包单位将建设工程主体结构的施工分包给其他单位的;

(四)分包单位将其承包的建设工程再分包的。

本条例所称转包,是指承包单位承包建设工程后,不履行合同约定的责任和义务,将其承包的全部建设工程转给他人或者将其承包的全部建设工程肢解以后以分包的名义分别转给其他单位承包的行为。

第七十九条 本条例规定的罚款和没收的违法所得,必须全部上缴国库。

第八十条 抢险救灾及其他临时性房屋建筑和农民自建低层住宅的建设活动,不适用本条例。

第八十一条 军事建设工程的管理,按照中央军事委员会的有关规定执行。

第八十二条 本条例自发布之日起施行。

附:

刑法有关条款

第一百三十七条 建设单位、设计单位、施工单位、工程监理单位违反国家规定,降低工程质量标准,造成重大安全事故的,对直接责任人员处5年以下有期徒刑或者拘役,并处罚金;后果特别严重的,处5年以上10年以下有期徒刑,并处罚金。

建设工程勘察设计管理条例

(2000年9月25日中华人民共和国国务院令第293号公布　根据2015年6月12日《国务院关于修改〈建设工程勘察设计管理条例〉的决定》第一次修订　根据2017年10月7日《国务院关于修改部分行政法规的决定》第二次修订)

第一章　总　　则

第一条 为了加强对建设工程勘察、设计活动的管理,保证建设工程勘察、设计质量,保护人民生命和财产安全,制定本条例。

第二条 从事建设工程勘察、设计活动,必须遵守本条例。

本条例所称建设工程勘察,是指根据建设工程的要求,查明、分析、评价建设场地的地质地理环境特征和岩土工程条件,编制建设工程勘察文件的活动。

本条例所称建设工程设计,是指根据建设工程的要求,对建设工程所需的技术、经济、资源、环境等条件进行综合分析、论证,编制建设工程设计文件的活动。

第三条 建设工程勘察、设计应当与社会、经济发展水平相适应，做到经济效益、社会效益和环境效益相统一。

第四条 从事建设工程勘察、设计活动，应当坚持先勘察、后设计、再施工的原则。

第五条 县级以上人民政府建设行政主管部门和交通、水利等有关部门应当依照本条例的规定，加强对建设工程勘察、设计活动的监督管理。

建设工程勘察、设计单位必须依法进行建设工程勘察、设计，严格执行工程建设强制性标准，并对建设工程勘察、设计的质量负责。

第六条 国家鼓励在建设工程勘察、设计活动中采用先进技术、先进工艺、先进设备、新型材料和现代管理方法。

第二章 资质资格管理

第七条 国家对从事建设工程勘察、设计活动的单位，实行资质管理制度。具体办法由国务院建设行政主管部门商国务院有关部门制定。

第八条 建设工程勘察、设计单位应当在其资质等级许可的范围内承揽建设工程勘察、设计业务。

禁止建设工程勘察、设计单位超越其资质等级许可的范围或者以其他建设工程勘察、设计单位的名义承揽建设工程勘察、设计业务。禁止建设工程勘察、设计单位允许其他单位或者个人以本单位的名义承揽建设工程勘察、设计业务。

第九条 国家对从事建设工程勘察、设计活动的专业技术人员，实行执业资格注册管理制度。

未经注册的建设工程勘察、设计人员，不得以注册执业人员的名义从事建设工程勘察、设计活动。

第十条 建设工程勘察、设计注册执业人员和其他专业技术人员只能受聘于一个建设工程勘察、设计单位；未受聘于建设工程勘察、设计单位的，不得从事建设工程的勘察、设计活动。

第十一条 建设工程勘察、设计单位资质证书和执业人员注册证书，由国务院建设行政主管部门统一制作。

第三章 建设工程勘察设计发包与承包

第十二条 建设工程勘察、设计发包依法实行招标发包或者直接发包。

第十三条 建设工程勘察、设计应当依照《中华人民共和国招标投标法》的规定，实行招标发包。

第十四条 建设工程勘察、设计方案评标，应当以投标人的业绩、信誉和勘察、设计人员的能力以及勘察、设计方案的优劣为依据，进行综合评定。

第十五条 建设工程勘察、设计的招标人应当在评标委员会推荐的候选方案中确定中标方案。但是，建设工程勘察、设计的招标人认为评标委员会推荐的候选方案不能最大限度满足招标文件规定的要求的，应当依法重新招标。

第十六条 下列建设工程的勘察、设计，经有关主管部门批准，可以直接发包：

（一）采用特定的专利或者专有技术的；

（二）建筑艺术造型有特殊要求的；

（三）国务院规定的其他建设工程的勘察、设计。

第十七条 发包方不得将建设工程勘察、设计业务发包给不具有相应勘察、设计资质等级的建设工程勘察、设计单位。

第十八条 发包方可以将整个建设工程的勘察、设计发包给一个勘察、设计单位；也可以将建设工程的勘察、设计分别发包给几个勘察、设计单位。

第十九条 除建设工程主体部分的勘察、设计外，经发包方书面同意，承包方可以将建设工程其他部分的勘察、设计再分包给其他具有相应资质等级的建设工程勘察、设计单位。

第二十条 建设工程勘察、设计单位不得将所承揽的建设工程勘察、设计转包。

第二十一条 承包方必须在建设工程勘察、设计资质证书规定的资质等级和业务范围内承揽建设工程的勘察、设计业务。

第二十二条 建设工程勘察、设计的发包方与承包方，应当执行国家规定的建设工程勘察、设计程序。

第二十三条 建设工程勘察、设计的发包方与承包方应当签订建设工程勘察、设计合同。

第二十四条 建设工程勘察、设计发包方与承包方应当执行国家有关建设工程勘察费、设计费的管理规定。

第四章 建设工程勘察设计文件的编制与实施

第二十五条 编制建设工程勘察、设计文件，应当以下列规定为依据：

（一）项目批准文件；

（二）城乡规划；

（三）工程建设强制性标准；

（四）国家规定的建设工程勘察、设计深度要求。

铁路、交通、水利等专业建设工程，还应当以专业规划的要求为依据。

第二十六条 编制建设工程勘察文件，应当真实、准确，满足建设工程规划、选址、设计、岩土治理和施工的需要。

编制方案设计文件，应当满足编制初步设计文件和控制概算的需要。

编制初步设计文件，应当满足编制施工招标文件、主要设备材料订货和编制施工图设计文件的需要。

编制施工图设计文件，应当满足设备材料采购、非标准设备制作和施工的需要，并注明建设工程合理使用年限。

第二十七条 设计文件中选用的材料、构配件、设备，应当注明其规格、型号、性能等技术指标，其质量要求必须符合国家规定的标准。

除有特殊要求的建筑材料、专用设备和工艺生产线等外，设计单位不得指定生产厂、供应商。

第二十八条 建设单位、施工单位、监理单位不得修改建设工程勘察、设计文件；确需修改建设工程勘察、设计文件的，应当由原建设工程勘察、设计单位修改。经原建设工程勘察、设计单位书面同意，建设单位也可以委托其他具有相应资质的建设工程勘察、设计单位修改。修改单位对修改的勘察、设计文件承担相应责任。

施工单位、监理单位发现建设工程勘察、设计文件不符合工程建设强制性标准、合同约定的质量要求的，应当报告建设单位，建设单位有权要求建设工程勘察、设计单位对建设工程勘察、设计文件进行补充、修改。

建设工程勘察、设计文件内容需要作重大修改的，建设单位应当报经原审批机关批准后，方可修改。

第二十九条 建设工程勘察、设计文件中规定采用的新技术、新材料，可能影响建设工程质量和安全，又没有国家技术标准的，应当由国家认可的检测机构进行试验、论证，出具检测报告，并经国务院有关部门或者省、自治区、直辖市人民政府有关部门组织的建设工程技术专家委员会审定后，方可使用。

第三十条 建设工程勘察、设计单位应当在建设工程施工前，向施工单位和监理单位说明建设工程勘察、设计意图，解释建设工程勘察、设计文件。

建设工程勘察、设计单位应当及时解决施工中出现的勘察、设计问题。

第五章 监督管理

第三十一条 国务院建设行政主管部门对全国的建设工程勘察、设计活动实施统一监督管理。国务院铁路、交通、水利等有关部门按照国务院规定的职责分工，负责对全国的有关专业建设工程勘察、设计活动的监督管理。

县级以上地方人民政府建设行政主管部门对本行政区域内的建设工程勘察、设计活动实施监督管理。县级以上地方人民政府交通、水利等有关部门在各自的职责范围内，负责对本行政区域内的有关专业建设工程勘察、设计活动的监督管理。

第三十二条 建设工程勘察、设计单位在建设工程勘察、设计资质证书规定的业务范围内跨部门、跨地区承揽勘察、设计业务的，有关地方人民政府及其所属部门不得设置障碍，不得违反国家规定收取任何费用。

第三十三条 施工图设计文件审查机构应当对房屋建筑工程、市政基础设施工程施工图设计文件中涉及公共利益、公众安全、工程建设强制性标准的内容进行审查。县级以上人民政府交通运输等有关部门应当按照职责对施工图设计文件中涉及公共利益、公众安全、工程建设强制性标准的内容进行审查。

施工图设计文件未经审查批准的，不得使用。

第三十四条 任何单位和个人对建设工程勘察、设计活动中的违法行为都有权检举、控告、投诉。

第六章 罚 则

第三十五条 违反本条例第八条规定的，责令停止违法行为，处合同约定的勘察费、设计费1倍以上2倍以下的罚款，有违法所得的，予以没收；可以责令停业整顿，降低资质等级；情节严重的，吊销资质证书。

未取得资质证书承揽工程的，予以取缔，依照前款规定处以罚款；有违法所得的，予以没收。

以欺骗手段取得资质证书承揽工程的，吊销资质证书，依照本条第一款规定处以罚款；有违法所得的，予以没收。

第三十六条 违反本条例规定，未经注册，擅自以注册建设工程勘察、设计人员的名义从事建设工程勘察、设计活动的，责令停止违法行为，没收违法所得，处违法所得2倍以上5倍以下罚款；给他人造成损失的，依法承担赔偿责任。

第三十七条 违反本条例规定，建设工程勘察、设计注册执业人员和其他专业技术人员未受聘于一个建设工程勘察、设计单位或者同时受聘于两个以上建设工程勘察、设计单位，从事建设工程勘察、设计活动的，责令停止违法行为，没收违法所得，处违法所得2倍以上5倍以下的罚款；情节严重的，可以责令停止执行业务或者吊销资格证书；给他人造成损失的，依法承担赔偿责任。

第三十八条 违反本条例规定，发包方将建设工程勘察、设计业务发包给不具有相应资质等级的建设工程勘察、设计单位的，责令改正，处50万元以上100万元以下的罚款。

第三十九条 违反本条例规定，建设工程勘察、设计单位将所承揽的建设工程勘察、设计转包的，责令改正，没收违法所得，处合同约定的勘察费、设计费25%以上50%以下的罚款，可以责令停业整顿，降低资质等级；情节严重的，吊销资质证书。

第四十条 违反本条例规定，勘察、设计单位未依据项目批准文件，城乡规划及专业规划，国家规定的建设工程勘察、设计深度要求编制建设工程勘察、设计文件的，责令限期改正；逾期不改正的，处10万元以上30万元以下的罚款；造成工程质量事故或者环境污染和生态破坏的，责令停业整顿，降低资质等级；情节严重的，吊销资质证书；造成损失的，依法承担赔偿责任。

第四十一条 违反本条例规定，有下列行为之一的，依照《建设工程质量管理条例》第六十三条的规定给予处罚：

（一）勘察单位未按照工程建设强制性标准进行勘察的；

（二）设计单位未根据勘察成果文件进行工程设计的；

（三）设计单位指定建筑材料、建筑构配件的生产厂、供应商的；

（四）设计单位未按照工程建设强制性标准进行设计的。

第四十二条 本条例规定的责令停业整顿、降低资质等级和吊销资质证书、资格证书的行政处罚，由颁发资质证书、资格证书的机关决定；其他行政处罚，由建设行政主管部门或者其他有关部门依据法定职权范围决定。

依照本条例规定被吊销资质证书的，由工商行政管理部门吊销其营业执照。

第四十三条 国家机关工作人员在建设工程勘察、设计活动的监督管理工作中玩忽职守、滥用职权、徇私舞弊，构成犯罪的，依法追究刑事责任；尚不构成犯罪的，依法给予行政处分。

第七章　附　则

第四十四条 抢险救灾及其他临时性建筑和农民自建两层以下住宅的勘察、设计活动，不适用本条例。

第四十五条 军事建设工程勘察、设计的管理，按照中央军事委员会的有关规定执行。

第四十六条 本条例自公布之日起施行。

建设工程安全生产管理条例

（2003年11月12日国务院第28次常务会议通过　2003年11月24日中华人民共和国国务院令第393号公布　自2004年2月1日起施行）

第一章　总　则

第一条 为了加强建设工程安全生产监督管理，保障人民群众生命和财产安全，根据《中华人民共和国建筑法》、《中华人民共和国安全生产法》，制定本条例。

第二条 在中华人民共和国境内从事建设工程的新建、扩建、改建和拆除等有关活动及实施对建设工程安全生产的监督管理，必须遵守本条例。

本条例所称建设工程，是指土木工程、建筑工程、线路管道和设备安装工程及装修工程。

第三条 建设工程安全生产管理，坚持安全第一、预防为主的方针。

第四条 建设单位、勘察单位、设计单位、施工单位、工程监理单位及其他与建设工程安全生产有关的单位，必须遵守安全生产法律、法规的规定，保证建设工程安全生产，依法承担建设工程安全生产责任。

第五条 国家鼓励建设工程安全生产的科学技术研究和先进技术的推广应用，推进建设工程安全生产的科学管理。

第二章 建设单位的安全责任

第六条 建设单位应当向施工单位提供施工现场及毗邻区域内供水、排水、供电、供气、供热、通信、广播电视等地下管线资料，气象和水文观测资料，相邻建筑物和构筑物、地下工程的有关资料，并保证资料的真实、准确、完整。

建设单位因建设工程需要，向有关部门或者单位查询前款规定的资料时，有关部门或者单位应当及时提供。

第七条 建设单位不得对勘察、设计、施工、工程监理等单位提出不符合建设工程安全生产法律、法规和强制性标准规定的要求，不得压缩合同约定的工期。

第八条 建设单位在编制工程概算时，应当确定建设工程安全作业环境及安全施工措施所需费用。

第九条 建设单位不得明示或者暗示施工单位购买、租赁、使用不符合安全施工要求的安全防护用具、机械设备、施工机具及配件、消防设施和器材。

第十条 建设单位在申请领取施工许可证时，应当提供建设工程有关安全施工措施的资料。

依法批准开工报告的建设工程，建设单位应当自开工报告批准之日起 15 日内，将保证安全施工的措施报送建设工程所在地的县级以上地方人民政府建设行政主管部门或者其他有关部门备案。

第十一条 建设单位应当将拆除工程发包给具有相应资质等级的施工单位。

建设单位应当在拆除工程施工 15 日前，将下列资料报送建设工程所在地的县级以上地方人民政府建设行政主管部门或者其他有关部门备案：

（一）施工单位资质等级证明；

（二）拟拆除建筑物、构筑物及可能危及毗邻建筑的说明；

（三）拆除施工组织方案；

（四）堆放、清除废弃物的措施。

实施爆破作业的，应当遵守国家有关民用爆炸物品管理的规定。

第三章 勘察、设计、工程监理及其他有关单位的安全责任

第十二条 勘察单位应当按照法律、法规和工程建设强制性标准进行勘察，提供的勘察文件应当真实、准确，满足建设工程安全生产的需要。

勘察单位在勘察作业时，应当严格执行操作规程，采取措施保证各类管线、设施和周边建筑物、构筑物的安全。

第十三条 设计单位应当按照法律、法规和工程建设强制性标准进行设计，防止因设计不合理导致生产安全事故的发生。

设计单位应当考虑施工安全操作和防护的需要，对涉及施工安全的重点部位和环节在设计文件中注明，并对防范生产安全事故提出指导意见。

采用新结构、新材料、新工艺的建设工程和特殊结构的建设工程，设计单位应当在设计中提出保障施工作业人员安全和预防生产安全事故的措施建议。

设计单位和注册建筑师等注册执业人员应当对其设计负责。

第十四条 工程监理单位应当审查施工组织设计中的安全技术措施或者专项施工方案是否符合工程建设强制性标准。

工程监理单位在实施监理过程中，发现存在安全事故隐患的，应当要求施工单位整改；情况严重的，应当要求施工单位暂时停止施工，并及时报告建设单位。施工单位拒不整改或者不停止施工的，工程监理单位应当及时向有关主管部门报告。

工程监理单位和监理工程师应当按照法律、法规和工程建设强制性标准实施监理，并对建设工程安全生产承担监理责任。

第十五条 为建设工程提供机械设备和配件的单位，应当按照安全施工的要求配备齐全有效的保险、限位等安全设施和装置。

第十六条 出租的机械设备和施工机具及配件，应当具有生产（制造）许可证、产品合格证。

出租单位应当对出租的机械设备和施工机具及配件的安全性能进行检测，在签订租赁协议时，应当出具检测合格证明。

禁止出租检测不合格的机械设备和施工机具及配件。

第十七条 在施工现场安装、拆卸施工起重机械和整体提升脚手架、模板等自升式架设设施，必须由具有相应资质的单位承担。

安装、拆卸施工起重机械和整体提升脚手架、模板等自升式架设设施，应当编制拆装方案、制定安全施工措施，并由专业技术人员现场监督。

施工起重机械和整体提升脚手架、模板等自升式架设设施安装完毕后，安装单位应当自检，出具自检合格证明，并向施工单位进行安全使用说明，办理验收手续并签字。

第十八条 施工起重机械和整体提升脚手架、模板等自升式架设设施的使用达到国家规定的检验检测期限的，必须经具有专业资质的检验检测机构检测。经检测不合格的，不得继续使用。

第十九条 检验检测机构对检测合格的施工起重机械和整体提升脚手架、模板等自升式架设设施，应当出具安全合格证明文件，并对检测结果负责。

第四章 施工单位的安全责任

第二十条 施工单位从事建设工程的新建、扩建、改建和拆除等活动，应当具备国家规定的注册资本、专业技术人员、技术装备和安全生产等条件，依法取得相应等级的资质证书，并在其资质等级许可的范围内承揽工程。

第二十一条 施工单位主要负责人依法对本单位的安全生产工作全面负责。施工单位应当建立健全安全生产责任制度和安全生产教育培训制度，制定安全生产规章制度和操作规程，保证本单位安全生产条件所需资金的投入，对所承担的建设工程进行定期和专项安全检查，并做好安全检查记录。

施工单位的项目负责人应当由取得相应执业资格的人员担任，对建设工程项目的安全施工负责，落实安全生产责任制度、安全生产规章制度和操作规程，确保安全生产费用的有效使用，并根据工程的特点组织制定安全施工措施，消除安全事故隐患，及时、如实报告生产安全事故。

第二十二条 施工单位对列入建设工程概算的安全作业环境及安全施工措施所需费用，应当用于施工安全防护用具及设施的采购和更新、安全施工措施的落实、安全生产条件的改善，不得挪作他用。

第二十三条 施工单位应当设立安全生产管理机构，配备专职安全生产管理人员。

专职安全生产管理人员负责对安全生产进行现场监督检查。发现安全事故隐患，应当及时向项目负责人和安全生产管理机构报告；对于违章指挥、违章操作的，应当立即制止。

专职安全生产管理人员的配备办法由国务院建设行政主管部门会同国务院其他有关部门制定。

第二十四条 建设工程实行施工总承包的，由总承包单位对施工现场的安全生产负总责。

总承包单位应当自行完成建设工程主体结构的施工。

总承包单位依法将建设工程分包给其他单位的，分包合同中应当明确各自的安全生产方面的权利、义务。总承包单位和分包单位对分包工程的安全生产承担连带责任。

分包单位应当服从总承包单位的安全生产管理，分包单位不服从管理导致生产安全事故的，由分包单位承担主要责任。

第二十五条 垂直运输机械作业人员、安装拆卸工、爆破作业人员、起重信号工、登高架设作业人员等特种作业人员，必须按照国家有关规定经过专门的安全作业培训，并取得特种作业操作资格证书后，方可上岗作业。

第二十六条 施工单位应当在施工组织设计中编制安全技术措施和施工现场临时用电方案，对下列达到一定规模的危险性较大的分部分项工程编制专项施工方案，并附具安全验算结果，经施工单位技术负责人、总监理工程师签字后实施，由专职安全生产管理人员进行现场监督：

（一）基坑支护与降水工程；

（二）土方开挖工程；

（三）模板工程；

（四）起重吊装工程；

（五）脚手架工程；

（六）拆除、爆破工程；

（七）国务院建设行政主管部门或者其他有关

部门规定的其他危险性较大的工程。

对前款所列工程中涉及深基坑、地下暗挖工程、高大模板工程的专项施工方案，施工单位还应当组织专家进行论证、审查。

本条第一款规定的达到一定规模的危险性较大工程的标准，由国务院建设行政主管部门会同国务院其他有关部门制定。

第二十七条 建设工程施工前，施工单位负责项目管理的技术人员应当对有关安全施工的技术要求向施工作业班组、作业人员作出详细说明，并由双方签字确认。

第二十八条 施工单位应当在施工现场入口处、施工起重机械、临时用电设施、脚手架、出入通道口、楼梯口、电梯井口、孔洞口、桥梁口、隧道口、基坑边沿、爆破物及有害危险气体和液体存放处等危险部位，设置明显的安全警示标志。安全警示标志必须符合国家标准。

施工单位应当根据不同施工阶段和周围环境及季节、气候的变化，在施工现场采取相应的安全施工措施。施工现场暂时停止施工的，施工单位应当做好现场防护，所需费用由责任方承担，或者按照合同约定执行。

第二十九条 施工单位应当将施工现场的办公、生活区与作业区分开设置，并保持安全距离；办公、生活区的选址应当符合安全性要求。职工的膳食、饮水、休息场所等应当符合卫生标准。施工单位不得在尚未竣工的建筑物内设置员工集体宿舍。

施工现场临时搭建的建筑物应当符合安全使用要求。施工现场使用的装配式活动房屋应当具有产品合格证。

第三十条 施工单位对因建设工程施工可能造成损害的毗邻建筑物、构筑物和地下管线等，应当采取专项防护措施。

施工单位应当遵守有关环境保护法律、法规的规定，在施工现场采取措施，防止或者减少粉尘、废气、废水、固体废物、噪声、振动和施工照明对人和环境的危害和污染。

在城市市区内的建设工程，施工单位应当对施工现场实行封闭围挡。

第三十一条 施工单位应当在施工现场建立消防安全责任制度，确定消防安全责任人，制定用火、用电、使用易燃易爆材料等各项消防安全管理制度和操作规程，设置消防通道、消防水源，配备消防设施和灭火器材，并在施工现场入口处设置明显标志。

第三十二条 施工单位应当向作业人员提供安全防护用具和安全防护服装，并书面告知危险岗位的操作规程和违章操作的危害。

作业人员有权对施工现场的作业条件、作业程序和作业方式中存在的安全问题提出批评、检举和控告，有权拒绝违章指挥和强令冒险作业。

在施工中发生危及人身安全的紧急情况时，作业人员有权立即停止作业或者在采取必要的应急措施后撤离危险区域。

第三十三条 作业人员应当遵守安全施工的强制性标准、规章制度和操作规程，正确使用安全防护用具、机械设备等。

第三十四条 施工单位采购、租赁的安全防护用具、机械设备、施工机具及配件，应当具有生产（制造）许可证、产品合格证，并在进入施工现场前进行查验。

施工现场的安全防护用具、机械设备、施工机具及配件必须由专人管理，定期进行检查、维修和保养，建立相应的资料档案，并按照国家有关规定及时报废。

第三十五条 施工单位在使用施工起重机械和整体提升脚手架、模板等自升式架设设施前，应当组织有关单位进行验收，也可以委托具有相应资质的检验检测机构进行验收；使用承租的机械设备和施工机具及配件的，由施工总承包单位、分包单位、出租单位和安装单位共同进行验收。验收合格的方可使用。

《特种设备安全监察条例》规定的施工起重机械，在验收前应当经有相应资质的检验检测机构监督检验合格。

施工单位应当自施工起重机械和整体提升脚手架、模板等自升式架设设施验收合格之日起30日内，向建设行政主管部门或者其他有关部门登记。登记标志应当置于或者附着于该设备的显著位置。

第三十六条 施工单位的主要负责人、项目负责人、专职安全生产管理人员应当经建设行政主管部门或者其他有关部门考核合格后方可任职。

施工单位应当对管理人员和作业人员每年至少进行一次安全生产教育培训，其教育培训情况记入个人工作档案。安全生产教育培训考核不合格的人员，不得上岗。

第三十七条 作业人员进入新的岗位或者新的施工现场前，应当接受安全生产教育培训。未经教育培训或者教育培训考核不合格的人员，不得上岗作业。

施工单位在采用新技术、新工艺、新设备、新材料时，应当对作业人员进行相应的安全生产教育培训。

第三十八条 施工单位应当为施工现场从事危险作业的人员办理意外伤害保险。

意外伤害保险费由施工单位支付。实行施工总承包的，由总承包单位支付意外伤害保险费。意外伤害保险期限自建设工程开工之日起至竣工验收合格止。

第五章 监督管理

第三十九条 国务院负责安全生产监督管理的部门依照《中华人民共和国安全生产法》的规定，对全国建设工程安全生产工作实施综合监督管理。

县级以上地方人民政府负责安全生产监督管理的部门依照《中华人民共和国安全生产法》的规定，对本行政区域内建设工程安全生产工作实施综合监督管理。

第四十条 国务院建设行政主管部门对全国的建设工程安全生产实施监督管理。国务院铁路、交通、水利等有关部门按照国务院规定的职责分工，负责有关专业建设工程安全生产的监督管理。

县级以上地方人民政府建设行政主管部门对本行政区域内的建设工程安全生产实施监督管理。县级以上地方人民政府交通、水利等有关部门在各自的职责范围内，负责本行政区域内的专业建设工程安全生产的监督管理。

第四十一条 建设行政主管部门和其他有关部门应当将本条例第十条、第十一条规定的有关资料的主要内容抄送同级负责安全生产监督管理的部门。

第四十二条 建设行政主管部门在审核发放施工许可证时，应当对建设工程是否有安全施工措施进行审查，对没有安全施工措施的，不得颁发施工许可证。

建设行政主管部门或者其他有关部门对建设工程是否有安全施工措施进行审查时，不得收取费用。

第四十三条 县级以上人民政府负有建设工程安全生产监督管理职责的部门在各自的职责范围内履行安全监督检查职责时，有权采取下列措施：

（一）要求被检查单位提供有关建设工程安全生产的文件和资料；

（二）进入被检查单位施工现场进行检查；

（三）纠正施工中违反安全生产要求的行为；

（四）对检查中发现的安全事故隐患，责令立即排除；重大安全事故隐患排除前或者排除过程中无法保证安全的，责令从危险区域内撤出作业人员或者暂时停止施工。

第四十四条 建设行政主管部门或者其他有关部门可以将施工现场的监督检查委托给建设工程安全监督机构具体实施。

第四十五条 国家对严重危及施工安全的工艺、设备、材料实行淘汰制度。具体目录由国务院建设行政主管部门会同国务院其他有关部门制定并公布。

第四十六条 县级以上人民政府建设行政主管部门和其他有关部门应当及时受理对建设工程生产安全事故及安全事故隐患的检举、控告和投诉。

第六章 生产安全事故的应急救援和调查处理

第四十七条 县级以上地方人民政府建设行政主管部门应当根据本级人民政府的要求，制定本行政区域内建设工程特大生产安全事故应急救援预案。

第四十八条 施工单位应当制定本单位生产安全事故应急救援预案，建立应急救援组织或者配备应急救援人员，配备必要的应急救援器材、设备，并定期组织演练。

第四十九条 施工单位应当根据建设工程施工的特点、范围，对施工现场易发生重大事故的部位、环节进行监控，制定施工现场生产安全事故应急救援预案。实行施工总承包的，由总承包单位统一组织编制建设工程生产安全事故应急救援预案，工程总承包单位和分包单位按照应急救援预案，各自建立应急救援组织或者配备应急救援人员，配备救援器材、设备，并定期组织演练。

第五十条 施工单位发生生产安全事故，应当按照国家有关伤亡事故报告和调查处理的规定，及时、如实地向负责安全生产监督管理的部门、建设行政主管部门或者其他有关部门报告；特种设备发生事故的，还应当同时向特种设备安全监督管理部门报告。接到报告的部门应当按照国家有关规定，如实上报。

实行施工总承包的建设工程，由总承包单位负责上报事故。

第五十一条 发生生产安全事故后，施工单位应当采取措施防止事故扩大，保护事故现场。需要移动现场物品时，应当做出标记和书面记录，妥善保管有关证物。

第五十二条 建设工程生产安全事故的调查、对事故责任单位和责任人的处罚与处理，按照有关法律、法规的规定执行。

第七章 法律责任

第五十三条 违反本条例的规定，县级以上人民政府建设行政主管部门或者其他有关行政管理部门的工作人员，有下列行为之一的，给予降级或者撤职的行政处分；构成犯罪的，依照刑法有关规定追究刑事责任：

（一）对不具备安全生产条件的施工单位颁发资质证书的；

（二）对没有安全施工措施的建设工程颁发施工许可证的；

（三）发现违法行为不予查处的；

（四）不依法履行监督管理职责的其他行为。

第五十四条 违反本条例的规定，建设单位未提供建设工程安全生产作业环境及安全施工措施所需费用的，责令限期改正；逾期未改正的，责令该建设工程停止施工。

建设单位未将保证安全施工的措施或者拆除工程的有关资料报送有关部门备案的，责令限期改正，给予警告。

第五十五条 违反本条例的规定，建设单位有下列行为之一的，责令限期改正，处20万元以上50万元以下的罚款；造成重大安全事故，构成犯罪的，对直接责任人员，依照刑法有关规定追究刑事责任；造成损失的，依法承担赔偿责任：

（一）对勘察、设计、施工、工程监理等单位提出不符合安全生产法律、法规和强制性标准规定的要求的；

（二）要求施工单位压缩合同约定的工期的；

（三）将拆除工程发包给不具有相应资质等级的施工单位的。

第五十六条 违反本条例的规定，勘察单位、设计单位有下列行为之一的，责令限期改正，处10万元以上30万元以下的罚款；情节严重的，责令停业整顿，降低资质等级，直至吊销资质证书；造成重大安全事故，构成犯罪的，对直接责任人员，依照刑法有关规定追究刑事责任；造成损失的，依法承担赔偿责任：

（一）未按照法律、法规和工程建设强制性标准进行勘察、设计的；

（二）采用新结构、新材料、新工艺的建设工程和特殊结构的建设工程，设计单位未在设计中提出保障施工作业人员安全和预防生产安全事故的措施建议的。

第五十七条 违反本条例的规定，工程监理单位有下列行为之一的，责令限期改正；逾期未改正的，责令停业整顿，并处10万元以上30万元以下的罚款；情节严重的，降低资质等级，直至吊销资质证书；造成重大安全事故，构成犯罪的，对直接责任人员，依照刑法有关规定追究刑事责任；造成损失的，依法承担赔偿责任：

（一）未对施工组织设计中的安全技术措施或者专项施工方案进行审查的；

（二）发现安全事故隐患未及时要求施工单位整改或者暂时停止施工的；

（三）施工单位拒不整改或者不停止施工，未及时向有关主管部门报告的；

（四）未依照法律、法规和工程建设强制性标准实施监理的。

第五十八条 注册执业人员未执行法律、法规和工程建设强制性标准的，责令停止执业3个月以上1年以下；情节严重的，吊销执业资格证书，5年内不予注册；造成重大安全事故的，终身不予注册；构成犯罪的，依照刑法有关规定追究刑事责任。

第五十九条 违反本条例的规定，为建设工程提供机械设备和配件的单位，未按照安全施工的要求配备齐全有效的保险、限位等安全设施和装置的,责令限期改正,处合同价款1倍以上3倍以下的罚款;造成损失的,依法承担赔偿责任。

第六十条 违反本条例的规定,出租单位出租未经安全性能检测或者经检测不合格的机械设备和施工机具及配件的,责令停业整顿,并处5万元以上10万元以下的罚款;造成损失的,依法承担赔偿责任。

第六十一条 违反本条例的规定,施工起重机械和整体提升脚手架、模板等自升式架设设施安装、拆卸单位有下列行为之一的,责令限期改正,处5万元以上10万元以下的罚款;情节严重的,责令停业整顿,降低资质等级,直至吊销资质证书;造成损失的,依法承担赔偿责任:

(一)未编制拆装方案、制定安全施工措施的;

(二)未由专业技术人员现场监督的;

(三)未出具自检合格证明或者出具虚假证明的;

(四)未向施工单位进行安全使用说明,办理移交手续的。

施工起重机械和整体提升脚手架、模板等自升式架设设施安装、拆卸单位有前款规定的第(一)项、第(三)项行为,经有关部门或者单位职工提出后,对事故隐患仍不采取措施,因而发生重大伤亡事故或者造成其他严重后果,构成犯罪的,对直接责任人员,依照刑法有关规定追究刑事责任。

第六十二条 违反本条例的规定,施工单位有下列行为之一的,责令限期改正;逾期未改正的,责令停业整顿,依照《中华人民共和国安全生产法》的有关规定处以罚款;造成重大安全事故,构成犯罪的,对直接责任人员,依照刑法有关规定追究刑事责任:

(一)未设立安全生产管理机构、配备专职安全生产管理人员或者分部分项工程施工时无专职安全生产管理人员现场监督的;

(二)施工单位的主要负责人、项目负责人、专职安全生产管理人员、作业人员或者特种作业人员,未经安全教育培训或者经考核不合格即从事相关工作的;

(三)未在施工现场的危险部位设置明显的安全警示标志,或者未按照国家有关规定在施工现场设置消防通道、消防水源、配备消防设施和灭火器材的;

(四)未向作业人员提供安全防护用具和安全防护服装的;

(五)未按照规定在施工起重机械和整体提升脚手架、模板等自升式架设设施验收合格后登记的;

(六)使用国家明令淘汰、禁止使用的危及施工安全的工艺、设备、材料的。

第六十三条 违反本条例的规定,施工单位挪用列入建设工程概算的安全生产作业环境及安全施工措施所需费用的,责令限期改正,处挪用费用20%以上50%以下的罚款;造成损失的,依法承担赔偿责任。

第六十四条 违反本条例的规定,施工单位有下列行为之一的,责令限期改正;逾期未改正的,责令停业整顿,并处5万元以上10万元以下的罚款;造成重大安全事故,构成犯罪的,对直接责任人员,依照刑法有关规定追究刑事责任:

(一)施工前未对有关安全施工的技术要求作出详细说明的;

(二)未根据不同施工阶段和周围环境及季节、气候的变化,在施工现场采取相应的安全施工措施,或者在城市市区内的建设工程的施工现场未实行封闭围挡的;

(三)在尚未竣工的建筑物内设置员工集体宿舍的;

(四)施工现场临时搭建的建筑物不符合安全使用要求的;

(五)未对因建设工程施工可能造成损害的毗邻建筑物、构筑物和地下管线等采取专项防护措施的。

施工单位有前款规定第(四)项、第(五)项行为,造成损失的,依法承担赔偿责任。

第六十五条 违反本条例的规定,施工单位有下列行为之一的,责令限期改正;逾期未改正的,责令停业整顿,并处10万元以上30万元以下的罚款;情节严重的,降低资质等级,直至吊销资质证书;造成重大安全事故,构成犯罪的,对直接责任人员,依照刑法有关规定追究刑事责任;造成损失的,依法承担赔偿责任:

(一)安全防护用具、机械设备、施工机具及配件在进入施工现场前未经查验或者查验不合格即投入使用的;

(二)使用未经验收或者验收不合格的施工起重机械和整体提升脚手架、模板等自升式架设设施的;

(三)委托不具有相应资质的单位承担施工现场安装、拆卸施工起重机械和整体提升脚手架、模板等自升式架设设施的；

（四）在施工组织设计中未编制安全技术措施、施工现场临时用电方案或者专项施工方案的。

第六十六条 违反本条例的规定，施工单位的主要负责人、项目负责人未履行安全生产管理职责的，责令限期改正；逾期未改正的，责令施工单位停业整顿；造成重大安全事故、重大伤亡事故或者其他严重后果，构成犯罪的，依照刑法有关规定追究刑事责任。

作业人员不服管理、违反规章制度和操作规程冒险作业造成重大伤亡事故或者其他严重后果，构成犯罪的，依照刑法有关规定追究刑事责任。

施工单位的主要负责人、项目负责人有前款违法行为，尚不够刑事处罚的，处2万元以上20万元以下的罚款或者按照管理权限给予撤职处分；自刑罚执行完毕或者受处分之日起，5年内不得担任任何施工单位的主要负责人、项目负责人。

第六十七条 施工单位取得资质证书后，降低安全生产条件的，责令限期改正；经整改仍未达到与其资质等级相适应的安全生产条件的，责令停业整顿，降低其资质等级直至吊销资质证书。

第六十八条 本条例规定的行政处罚，由建设行政主管部门或者其他有关部门依照法定职权决定。

违反消防安全管理规定的行为，由公安消防机构依法处罚。

有关法律、行政法规对建设工程安全生产违法行为的行政处罚决定机关另有规定的，从其规定。

第八章 附 则

第六十九条 抢险救灾和农民自建低层住宅的安全生产管理，不适用本条例。

第七十条 军事建设工程的安全生产管理，按照中央军事委员会的有关规定执行。

第七十一条 本条例自2004年2月1日起施行。

（四）公路运输

中华人民共和国公路法

（1997年7月3日第八届全国人民代表大会常务委员会第二十六次会议通过　根据1999年10月31日第九届全国人民代表大会常务委员会第十二次会议《关于修改〈中华人民共和国公路法〉的决定》第一次修正　根据2004年8月28日第十届全国人民代表大会常务委员会第十一次会议《关于修改〈中华人民共和国公路法〉的决定》第二次修正　根据2009年8月27日第十一届全国人民代表大会常务委员会第十次会议《关于修改部分法律的决定》第三次修正　根据2016年11月7日第十二届全国人民代表大会常务委员会第二十四次会议《关于修改〈中华人民共和国对外贸易法〉等十二部法律的决定》第四次修正　根据2017年11月4日第十二届全国人民代表大会常务委员会第三十次会议《关于修改〈中华人民共和国会计法〉等十一部法律的决定》第五次修正）

目 录

第一章　总　　则
第二章　公路规划
第三章　公路建设
第四章　公路养护
第五章　路政管理
第六章　收费公路
第七章　监督检查
第八章　法律责任
第九章　附　　则

第一章 总 则

第一条 为了加强公路的建设和管理，促进公路事业的发展，适应社会主义现代化建设和人民生活的需要，制定本法。

第二条 在中华人民共和国境内从事公路的规划、建设、养护、经营、使用和管理，适用本法。

本法所称公路,包括公路桥梁、公路隧道和公路渡口。

第三条 公路的发展应当遵循全面规划、合理布局、确保质量、保障畅通、保护环境、建设改造与养护并重的原则。

第四条 各级人民政府应当采取有力措施,扶持、促进公路建设。公路建设应当纳入国民经济和社会发展计划。

国家鼓励、引导国内外经济组织依法投资建设、经营公路。

第五条 国家帮助和扶持少数民族地区、边远地区和贫困地区发展公路建设。

第六条 公路按其在公路路网中的地位分为国道、省道、县道和乡道,并按技术等级分为高速公路、一级公路、二级公路、三级公路和四级公路。具体划分标准由国务院交通主管部门规定。

新建公路应当符合技术等级的要求。原有不符合最低技术等级要求的等外公路,应当采取措施,逐步改造为符合技术等级要求的公路。

第七条 公路受国家保护,任何单位和个人不得破坏、损坏或者非法占用公路、公路用地及公路附属设施。

任何单位和个人都有爱护公路、公路用地及公路附属设施的义务,有权检举和控告破坏、损坏公路、公路用地、公路附属设施和影响公路安全的行为。

第八条 国务院交通主管部门主管全国公路工作。

县级以上地方人民政府交通主管部门主管本行政区域内的公路工作;但是,县级以上地方人民政府交通主管部门对国道、省道的管理、监督职责,由省、自治区、直辖市人民政府确定。

乡、民族乡、镇人民政府负责本行政区域内的乡道的建设和养护工作。

县级以上地方人民政府交通主管部门可以决定由公路管理机构依照本法规定行使公路行政管理职责。

第九条 禁止任何单位和个人在公路上非法设卡、收费、罚款和拦截车辆。

第十条 国家鼓励公路工作方面的科学技术研究,对在公路科学技术研究和应用方面作出显著成绩的单位和个人给予奖励。

第十一条 本法对专用公路有规定的,适用于专用公路。

专用公路是指由企业或者其他单位建设、养护、管理,专为或者主要为本企业或者本单位提供运输服务的道路。

第二章 公路规划

第十二条 公路规划应当根据国民经济和社会发展以及国防建设的需要编制,与城市建设发展规划和其他方式的交通运输发展规划相协调。

第十三条 公路建设用地规划应当符合土地利用总体规划,当年建设用地应当纳入年度建设用地计划。

第十四条 国道规划由国务院交通主管部门会同国务院有关部门并商国道沿线省、自治区、直辖市人民政府编制,报国务院批准。

省道规划由省、自治区、直辖市人民政府交通主管部门会同同级有关部门并商省道沿线下一级人民政府编制,报省、自治区、直辖市人民政府批准,并报国务院交通主管部门备案。

县道规划由县级人民政府交通主管部门会同同级有关部门编制,经本级人民政府审定后,报上一级人民政府批准。

乡道规划由县级人民政府交通主管部门协助乡、民族乡、镇人民政府编制,报县级人民政府批准。

依照第三款、第四款规定批准的县道、乡道规划,应当报批准机关的上一级人民政府交通主管部门备案。

省道规划应当与国道规划相协调。县道规划应当与省道规划相协调。乡道规划应当与县道规划相协调。

第十五条 专用公路规划由专用公路的主管单位编制,经其上级主管部门审定后,报县级以上人民政府交通主管部门审核。

专用公路规划应当与公路规划相协调。县级以上人民政府交通主管部门发现专用公路规划与国道、省道、县道、乡道规划有不协调的地方,应当提出修改意见,专用公路主管部门和单位应当作出相应的修改。

第十六条 国道规划的局部调整由原编制机关决定。国道规划需要作重大修改的,由原编制机关提出修改方案,报国务院批准。

经批准的省道、县道、乡道公路规划需要修改的，由原编制机关提出修改方案，报原批准机关批准。

第十七条 国道的命名和编号，由国务院交通主管部门确定；省道、县道、乡道的命名和编号，由省、自治区、直辖市人民政府交通主管部门按照国务院交通主管部门的有关规定确定。

第十八条 规划和新建村镇、开发区，应当与公路保持规定的距离并避免在公路两侧对应进行，防止造成公路街道化，影响公路的运行安全与畅通。

第十九条 国家鼓励专用公路用于社会公共运输。专用公路主要用于社会公共运输时，由专用公路的主管单位申请，或者由有关方面申请，专用公路的主管单位同意，并经省、自治区、直辖市人民政府交通主管部门批准，可以改划为省道、县道或者乡道。

第三章 公路建设

第二十条 县级以上人民政府交通主管部门应当依据职责维护公路建设秩序，加强对公路建设的监督管理。

第二十一条 筹集公路建设资金，除各级人民政府的财政拨款，包括依法征税筹集的公路建设专项资金转为的财政拨款外，可以依法向国内外金融机构或者外国政府贷款。

国家鼓励国内外经济组织对公路建设进行投资。开发、经营公路的公司可以依照法律、行政法规的规定发行股票、公司债券筹集资金。

依照本法规定出让公路收费权的收入必须用于公路建设。

向企业和个人集资建设公路，必须根据需要与可能，坚持自愿原则，不得强行摊派，并符合国务院的有关规定。

公路建设资金还可以采取符合法律或者国务院规定的其他方式筹集。

第二十二条 公路建设应当按照国家规定的基本建设程序和有关规定进行。

第二十三条 公路建设项目应当按照国家有关规定实行法人负责制度、招标投标制度和工程监理制度。

第二十四条 公路建设单位应当根据公路建设工程的特点和技术要求，选择具有相应资格的勘查设计单位、施工单位和工程监理单位，并依照有关法律、法规、规章的规定和公路工程技术标准的要求，分别签订合同，明确双方的权利义务。

承担公路建设项目的可行性研究单位、勘查设计单位、施工单位和工程监理单位，必须持有国家规定的资质证书。

第二十五条 公路建设项目的施工，须按国务院交通主管部门的规定报请县级以上地方人民政府交通主管部门批准。

第二十六条 公路建设必须符合公路工程技术标准。

承担公路建设项目的设计单位、施工单位和工程监理单位，应当按照国家有关规定建立健全质量保证体系，落实岗位责任制，并依照有关法律、法规、规章以及公路工程技术标准的要求和合同约定进行设计、施工和监理，保证公路工程质量。

第二十七条 公路建设使用土地依照有关法律、行政法规的规定办理。

公路建设应当贯彻切实保护耕地、节约用地的原则。

第二十八条 公路建设需要使用国有荒山、荒地或者需要在国有荒山、荒地、河滩、滩涂上挖砂、采石、取土的，依照有关法律、行政法规的规定办理后，任何单位和个人不得阻挠或者非法收取费用。

第二十九条 地方各级人民政府对公路建设依法使用土地和搬迁居民，应当给予支持和协助。

第三十条 公路建设项目的设计和施工，应当符合依法保护环境、保护文物古迹和防止水土流失的要求。

公路规划中贯彻国防要求的公路建设项目，应当严格按照规划进行建设，以保证国防交通的需要。

第三十一条 因建设公路影响铁路、水利、电力、邮电设施和其他设施正常使用时，公路建设单位应当事先征得有关部门的同意；因公路建设对有关设施造成损坏的，公路建设单位应当按照不低于该设施原有的技术标准予以修复，或者给予相应的经济补偿。

第三十二条 改建公路时，施工单位应当在施工路段两端设置明显的施工标志、安全标志。需要车辆绕行的，应当在绕行路口设置标志；不能绕行的，必须修建临时道路，保证车辆和行人通行。

第三十三条 公路建设项目和公路修复项目竣工后，应当按照国家有关规定进行验收；未经验收或者验收不合格的，不得交付使用。

建成的公路，应当按照国务院交通主管部门的规定设置明显的标志、标线。

第三十四条 县级以上地方人民政府应当确定公路两侧边沟（截水沟、坡脚护坡道，下同）外缘起不少于1米的公路用地。

第四章 公路养护

第三十五条 公路管理机构应当按照国务院交通主管部门规定的技术规范和操作规程对公路进行养护，保证公路经常处于良好的技术状态。

第三十六条 国家采用依法征税的办法筹集公路养护资金，具体实施办法和步骤由国务院规定。

依法征税筹集的公路养护资金，必须专项用于公路的养护和改建。

第三十七条 县、乡级人民政府对公路养护需要的挖砂、采石、取土以及取水，应当给予支持和协助。

第三十八条 县、乡级人民政府应当在农村义务工的范围内，按照国家有关规定组织公路两侧的农村居民履行为公路建设和养护提供劳务的义务。

第三十九条 为保障公路养护人员的人身安全，公路养护人员进行养护作业时，应当穿着统一的安全标志服；利用车辆进行养护作业时，应当在公路作业车辆上设置明显的作业标志。

公路养护车辆进行作业时，在不影响过往车辆通行的前提下，其行驶路线和方向不受公路标志、标线限制；过往车辆对公路养护车辆和人员应当注意避让。

公路养护工程施工影响车辆、行人通行时，施工单位应当依照本法第三十二条的规定办理。

第四十条 因严重自然灾害致使国道、省道交通中断，公路管理机构应当及时修复；公路管理机构难以及时修复时，县级以上地方人民政府应当及时组织当地机关、团体、企业事业单位、城乡居民进行抢修，并可以请求当地驻军支援，尽快恢复交通。

第四十一条 公路用地范围内的山坡、荒地，由公路管理机构负责水土保持。

第四十二条 公路绿化工作，由公路管理机构按照公路工程技术标准组织实施。

公路用地上的树木，不得任意砍伐；需要更新砍伐的，应当经县级以上地方人民政府交通主管部门同意后，依照《中华人民共和国森林法》的规定办理审批手续，并完成更新补种任务。

第五章 路政管理

第四十三条 各级地方人民政府应当采取措施，加强对公路的保护。

县级以上地方人民政府交通主管部门应当认真履行职责，依法做好公路保护工作，并努力采用科学的管理方法和先进的技术手段，提高公路管理水平，逐步完善公路服务设施，保障公路的完好、安全和畅通。

第四十四条 任何单位和个人不得擅自占用、挖掘公路。

因修建铁路、机场、电站、通信设施、水利工程和进行其他建设工程需要占用、挖掘公路或者使公路改线的，建设单位应当事先征得有关交通主管部门的同意；影响交通安全的，还须征得有关公安机关的同意。占用、挖掘公路或者使公路改线的，建设单位应当按照不低于该段公路原有的技术标准予以修复、改建或者给予相应的经济补偿。

第四十五条 跨越、穿越公路修建桥梁、渡槽或者架设、埋设管线等设施的，以及在公路用地范围内架设、埋设管线、电缆等设施的，应当事先经有关交通主管部门同意，影响交通安全的，还须征得有关公安机关的同意；所修建、架设或者埋设的设施应当符合公路工程技术标准的要求。对公路造成损坏的，应当按照损坏程度给予补偿。

第四十六条 任何单位和个人不得在公路上及公路用地范围内摆摊设点、堆放物品、倾倒垃圾、设置障碍、挖沟引水、利用公路边沟排放污物或者进行其他损坏、污染公路和影响公路畅通的活动。

第四十七条 在大中型公路桥梁和渡口周围200米、公路隧道上方和洞口外100米范围内，以及在公路两侧一定距离内，不得挖砂、采石、取土、倾倒废弃物，不得进行爆破作业及其他危及公路、公路桥梁、公路隧道、公路渡口安全的活动。

在前款范围内因抢险、防汛需要修筑堤坝、压缩或者拓宽河床的,应当事先报经省、自治区、直辖市人民政府交通主管部门会同水行政主管部门批准,并采取有效的保护有关的公路、公路桥梁、公路隧道、公路渡口安全的措施。

第四十八条 铁轮车、履带车和其他可能损害公路路面的机具,不得在公路上行驶。

农业机械因当地田间作业需要在公路上短距离行驶或者军用车辆执行任务需要在公路上行驶的,可以不受前款限制,但是应当采取安全保护措施。对公路造成损坏的,应当按照损坏程度给予补偿。

第四十九条 在公路上行驶的车辆的轴载质量应当符合公路工程技术标准要求。

第五十条 超过公路、公路桥梁、公路隧道或者汽车渡船的限载、限高、限宽、限长标准的车辆,不得在有限定标准的公路、公路桥梁上或者公路隧道内行驶,不得使用汽车渡船。超过公路或者公路桥梁限载标准确需行驶的,必须经县级以上地方人民政府交通主管部门批准,并按要求采取有效的防护措施;运载不可解体的超限物品的,应当按照指定的时间、路线、时速行驶,并悬挂明显标志。

运输单位不能按照前款规定采取防护措施的,由交通主管部门帮助其采取防护措施,所需费用由运输单位承担。

第五十一条 机动车制造厂和其他单位不得将公路作为检验机动车制动性能的试车场地。

第五十二条 任何单位和个人不得损坏、擅自移动、涂改公路附属设施。

前款公路附属设施,是指为保护、养护公路和保障公路安全畅通所设置的公路防护、排水、养护、管理、服务、交通安全、渡运、监控、通信、收费等设施、设备以及专用建筑物、构筑物等。

第五十三条 造成公路损坏的,责任者应当及时报告公路管理机构,并接受公路管理机构的现场调查。

第五十四条 任何单位和个人未经县级以上地方人民政府交通主管部门批准,不得在公路用地范围内设置公路标志以外的其他标志。

第五十五条 在公路上增设平面交叉道口,必须按照国家有关规定经过批准,并按照国家规定的技术标准建设。

第五十六条 除公路防护、养护需要的以外,禁止在公路两侧的建筑控制区内修建建筑物和地面构筑物;需要在建筑控制区内埋设管线、电缆等设施的,应当事先经县级以上地方人民政府交通主管部门批准。

前款规定的建筑控制区的范围,由县级以上地方人民政府按照保障公路运行安全和节约用地的原则,依照国务院的规定划定。

建筑控制区范围经县级以上地方人民政府依照前款规定划定后,由县级以上地方人民政府交通主管部门设置标桩、界桩。任何单位和个人不得损坏、擅自挪动该标桩、界桩。

第五十七条 除本法第四十七条第二款的规定外,本章规定由交通主管部门行使的路政管理职责,可以依照本法第八条第四款的规定,由公路管理机构行使。

第六章 收费公路

第五十八条 国家允许依法设立收费公路,同时对收费公路的数量进行控制。

除本法第五十九条规定可以收取车辆通行费的公路外,禁止任何公路收取车辆通行费。

第五十九条 符合国务院交通主管部门规定的技术等级和规模的下列公路,可以依法收取车辆通行费:

(一)由县级以上地方人民政府交通主管部门利用贷款或者向企业、个人集资建成的公路;

(二)由国内外经济组织依法受让前项收费公路收费权的公路;

(三)由国内外经济组织依法投资建成的公路。

第六十条 县级以上地方人民政府交通主管部门利用贷款或者集资建成的收费公路的收费期限,按照收费偿还贷款、集资款的原则,由省、自治区、直辖市人民政府依照国务院交通主管部门的规定确定。

有偿转让公路收费权的公路,收费权转让后,由受让方收费经营。收费权的转让期限由出让、受让双方约定,最长不得超过国务院规定的年限。

国内外经济组织投资建设公路,必须按照国家有关规定办理审批手续;公路建成后,由投资者收费经营。收费经营期限按照收回投资并有合理回报的原则,由有关交通主管部门与投资者约定并按照国家有关规定办理审批手续,但最长不得超过国务院规定的年限。

第六十一条 本法第五十九条第一款第一项规定的公路中的国道收费权的转让，应当在转让协议签订之日起三十个工作日内报国务院交通主管部门备案；国道以外的其他公路收费权的转让，应当在转让协议签订之日起三十个工作日内报省、自治区、直辖市人民政府备案。

前款规定的公路收费权出让的最低成交价，以国有资产评估机构评估的价值为依据确定。

第六十二条 受让公路收费权和投资建设公路的国内外经济组织应当依法成立开发、经营公路的企业（以下简称公路经营企业）。

第六十三条 收费公路车辆通行费的收费标准，由公路收费单位提出方案，报省、自治区、直辖市人民政府交通主管部门会同同级物价行政主管部门审查批准。

第六十四条 收费公路设置车辆通行费的收费站，应当报经省、自治区、直辖市人民政府审查批准。跨省、自治区、直辖市的收费公路设置车辆通行费的收费站，由有关省、自治区、直辖市人民政府协商确定；协商不成的，由国务院交通主管部门决定。同一收费公路由不同的交通主管部门组织建设或者由不同的公路经营企业经营的，应当按照“统一收费、按比例分成”的原则，统筹规划，合理设置收费站。

两个收费站之间的距离，不得小于国务院交通主管部门规定的标准。

第六十五条 有偿转让公路收费权的公路，转让收费权合同约定的期限届满，收费权由出让方收回。

由国内外经济组织依照本法规定投资建成并经营的收费公路，约定的经营期限届满，该公路由国家无偿收回，由有关交通主管部门管理。

第六十六条 依照本法第五十九条规定受让收费权或者由国内外经济组织投资建成经营的公路的养护工作，由各该公路经营企业负责。各该公路经营企业在经营期间应当按照国务院交通主管部门规定的技术规范和操作规程做好对公路的养护工作。在受让收费权的期限届满，或者经营期限届满时，公路应当处于良好的技术状态。

前款规定的公路的绿化和公路用地范围内的水土保持工作，由各该公路经营企业负责。

第一款规定的公路的路政管理，适用本法第五章的规定。该公路路政管理的职责由县级以上地方人民政府交通主管部门或者公路管理机构的派出机构、人员行使。

第六十七条 在收费公路上从事本法第四十四条第二款、第四十五条、第四十八条、第五十条所列活动的，除依照各该条的规定办理外，给公路经营企业造成损失的，应当给予相应的补偿。

第六十八条 收费公路的具体管理办法，由国务院依照本法制定。

第七章 监督检查

第六十九条 交通主管部门、公路管理机构依法对有关公路的法律、法规执行情况进行监督检查。

第七十条 交通主管部门、公路管理机构负有管理和保护公路的责任，有权检查、制止各种侵占、损坏公路、公路用地、公路附属设施及其他违反本法规定的行为。

第七十一条 公路监督检查人员依法在公路、建筑控制区、车辆停放场所、车辆所属单位等进行监督检查时，任何单位和个人不得阻挠。

公路经营者、使用者和其他有关单位、个人，应当接受公路监督检查人员依法实施的监督检查，并为其提供方便。

公路监督检查人员执行公务，应当佩戴标志，持证上岗。

第七十二条 交通主管部门、公路管理机构应当加强对所属公路监督检查人员的管理和教育，要求公路监督检查人员熟悉国家有关法律和规定，公正廉洁，热情服务，秉公执法，对公路监督检查人员的执法行为应当加强监督检查，对其违法行为应当及时纠正，依法处理。

第七十三条 用于公路监督检查的专用车辆，应当设置统一的标志和示警灯。

第八章 法律责任

第七十四条 违反法律或者国务院有关规定，擅自在公路上设卡、收费的，由交通主管部门责令停止违法行为，没收违法所得，可以处违法所得3倍以下的罚款，没有违法所得的，可以处2万元以下的罚款；对负有直接责任的主管人员和其他直接责任人员，依法给予行政处分。

第七十五条 违反本法第二十五条规定，未经有关交通主管部门批准擅自施工的，交通主管部门可以责令停止施工，并可以处5万元以下的罚款。

第七十六条 有下列违法行为之一的，由交通主管部门责令停止违法行为，可以处3万元以下的罚款：

（一）违反本法第四十四条第一款规定，擅自占用、挖掘公路的；

（二）违反本法第四十五条规定，未经同意或者未按照公路工程技术标准的要求修建桥梁、渡槽或者架设、埋设管线、电缆等设施的；

（三）违反本法第四十七条规定，从事危及公路安全的作业的；

（四）违反本法第四十八条规定，铁轮车、履带车和其他可能损害路面的机具擅自在公路上行驶的；

（五）违反本法第五十条规定，车辆超限使用汽车渡船或者在公路上擅自超限行驶的；

（六）违反本法第五十二条、第五十六条规定，损坏、移动、涂改公路附属设施或者损坏、挪动建筑控制区的标桩、界桩，可能危及公路安全的。

第七十七条 违反本法第四十六条的规定，造成公路路面损坏、污染或者影响公路畅通的，或者违反本法第五十一条规定，将公路作为试车场地的，由交通主管部门责令停止违法行为，可以处5000元以下的罚款。

第七十八条 违反本法第五十三条规定，造成公路损坏，未报告的，由交通主管部门处1000元以下的罚款。

第七十九条 违反本法第五十四条规定，在公路用地范围内设置公路标志以外的其他标志的，由交通主管部门责令限期拆除，可以处2万元以下的罚款；逾期不拆除的，由交通主管部门拆除，有关费用由设置者负担。

第八十条 违反本法第五十五条规定，未经批准在公路上增设平面交叉道口的，由交通主管部门责令恢复原状，处5万元以下的罚款。

第八十一条 违反本法第五十六条规定，在公路建筑控制区内修建建筑物、地面构筑物或者擅自埋设管线、电缆等设施的，由交通主管部门责令限期拆除，并可以处5万元以下的罚款。逾期不拆除的，由交通主管部门拆除，有关费用由建筑者、构筑者承担。

第八十二条 除本法第七十四条、第七十五条的规定外，本章规定由交通主管部门行使的行政处罚权和行政措施，可以依照本法第八条第四款的规定由公路管理机构行使。

第八十三条 阻碍公路建设或者公路抢修，致使公路建设或者抢修不能正常进行，尚未造成严重损失的，依照《中华人民共和国治安管理处罚法》的规定处罚。

损毁公路或者擅自移动公路标志，可能影响交通安全，尚不够刑事处罚的，适用《中华人民共和国道路交通安全法》第九十九条的处罚规定。

拒绝、阻碍公路监督检查人员依法执行职务未使用暴力、威胁方法的，依照《中华人民共和国治安管理处罚法》的规定处罚。

第八十四条 违反本法有关规定，构成犯罪的，依法追究刑事责任。

第八十五条 违反本法有关规定，对公路造成损害的，应当依法承担民事责任。

对公路造成较大损害的车辆，必须立即停车，保护现场，报告公路管理机构，接受公路管理机构的调查、处理后方得驶离。

第八十六条 交通主管部门、公路管理机构的工作人员玩忽职守、徇私舞弊、滥用职权，构成犯罪的，依法追究刑事责任；尚不构成犯罪的，依法给予行政处分。

第九章 附 则

第八十七条 本法自1998年1月1日起施行。

公路安全保护条例

（2011年2月16日国务院第144次常务会议通过 2011年3月7日中华人民共和国国务院令第593号公布 自2011年7月1日起施行）

第一章 总 则

第一条 为了加强公路保护，保障公路完好、安全和畅通，根据《中华人民共和国公路法》，制定本条例。

第二条 各级人民政府应当加强对公路保护

工作的领导,依法履行公路保护职责。

第三条 国务院交通运输主管部门主管全国公路保护工作。

县级以上地方人民政府交通运输主管部门主管本行政区域的公路保护工作;但是,县级以上地方人民政府交通运输主管部门对国道、省道的保护职责,由省、自治区、直辖市人民政府确定。

公路管理机构依照本条例的规定具体负责公路保护的监督管理工作。

第四条 县级以上各级人民政府发展改革、工业和信息化、公安、工商、质检等部门按照职责分工,依法开展公路保护的相关工作。

第五条 县级以上各级人民政府应当将政府及其有关部门从事公路管理、养护所需经费以及公路管理机构行使公路行政管理职能所需经费纳入本级人民政府财政预算。但是,专用公路的公路保护经费除外。

第六条 县级以上各级人民政府交通运输主管部门应当综合考虑国家有关车辆技术标准、公路使用状况等因素,逐步提高公路建设、管理和养护水平,努力满足国民经济和社会发展以及人民群众生产、生活需要。

第七条 县级以上各级人民政府交通运输主管部门应当依照《中华人民共和国突发事件应对法》的规定,制定地震、泥石流、雨雪冰冻灾害等损毁公路的突发事件(以下简称公路突发事件)应急预案,报本级人民政府批准后实施。

公路管理机构、公路经营企业应当根据交通运输主管部门制定的公路突发事件应急预案,组建应急队伍,并定期组织应急演练。

第八条 国家建立健全公路突发事件应急物资储备保障制度,完善应急物资储备、调配体系,确保发生公路突发事件时能够满足应急处置工作的需要。

第九条 任何单位和个人不得破坏、损坏、非法占用或者非法利用公路、公路用地和公路附属设施。

第二章 公路线路

第十条 公路管理机构应当建立健全公路管理档案,对公路、公路用地和公路附属设施调查核实、登记造册。

第十一条 县级以上地方人民政府应当根据保障公路运行安全和节约用地的原则以及公路发展的需要,组织交通运输、国土资源等部门划定公路建筑控制区的范围。

公路建筑控制区的范围,从公路用地外缘起向外的距离标准为:

(一)国道不少于20米;

(二)省道不少于15米;

(三)县道不少于10米;

(四)乡道不少于5米。

属于高速公路的,公路建筑控制区的范围从公路用地外缘起向外的距离标准不少于30米。

公路弯道内侧、互通立交以及平面交叉道口的建筑控制区范围根据安全视距等要求确定。

第十二条 新建、改建公路的建筑控制区的范围,应当自公路初步设计批准之日起30日内,由公路沿线县级以上地方人民政府依照本条例划定并公告。

公路建筑控制区与铁路线路安全保护区、航道保护范围、河道管理范围或者水工程管理和保护范围重叠的,经公路管理机构和铁路管理机构、航道管理机构、水行政主管部门或者流域管理机构协商后划定。

第十三条 在公路建筑控制区内,除公路保护需要外,禁止修建建筑物和地面构筑物;公路建筑控制区划定前已经合法修建的不得扩建,因公路建设或者保障公路运行安全等原因需要拆除的应当依法给予补偿。

在公路建筑控制区外修建的建筑物、地面构筑物以及其他设施不得遮挡公路标志,不得妨碍安全视距。

第十四条 新建村镇、开发区、学校和货物集散地、大型商业网点、农贸市场等公共场所,与公路建筑控制区边界外缘的距离应当符合下列标准,并尽可能在公路一侧建设:

(一)国道、省道不少于50米;

(二)县道、乡道不少于20米。

第十五条 新建、改建公路与既有城市道路、铁路、通信等线路交叉或者新建、改建城市道路、铁路、通信等线路与既有公路交叉的,建设费用由新建、改建单位承担;城市道路、铁路、通信等线路的管理部门、单位或者公路管理机构要求提高既有建设标准而增加的费用,由提出要求的部门或者单位承担。

需要改变既有公路与城市道路、铁路、通信等线路交叉方式的，按照公平合理的原则分担建设费用。

第十六条 禁止将公路作为检验车辆制动性能的试车场地。

禁止在公路、公路用地范围内摆摊设点、堆放物品、倾倒垃圾、设置障碍、挖沟引水、打场晒粮、种植作物、放养牲畜、采石、取土、采空作业、焚烧物品、利用公路边沟排放污物或者进行其他损坏、污染公路和影响公路畅通的行为。

第十七条 禁止在下列范围内从事采矿、采石、取土、爆破作业等危及公路、公路桥梁、公路隧道、公路渡口安全的活动：

（一）国道、省道、县道的公路用地外缘起向外100米，乡道的公路用地外缘起向外50米；

（二）公路渡口和中型以上公路桥梁周围200米；

（三）公路隧道上方和洞口外100米。

在前款规定的范围内，因抢险、防汛需要修筑堤坝、压缩或者拓宽河床的，应当经省、自治区、直辖市人民政府交通运输主管部门会同水行政主管部门或者流域管理机构批准，并采取安全防护措施方可进行。

第十八条 除按照国家有关规定设立的为车辆补充燃料的场所、设施外，禁止在下列范围内设立生产、储存、销售易燃、易爆、剧毒、放射性等危险物品的场所、设施：

（一）公路用地外缘起向外100米；

（二）公路渡口和中型以上公路桥梁周围200米；

（三）公路隧道上方和洞口外100米。

第十九条 禁止擅自在中型以上公路桥梁跨越的河道上下游各1000米范围内抽取地下水、架设浮桥以及修建其他危及公路桥梁安全的设施。

在前款规定的范围内，确需进行抽取地下水、架设浮桥等活动的，应当经水行政主管部门、流域管理机构等有关单位会同公路管理机构批准，并采取安全防护措施方可进行。

第二十条 禁止在公路桥梁跨越的河道上下游的下列范围内采砂：

（一）特大型公路桥梁跨越的河道上游500米，下游3000米；

（二）大型公路桥梁跨越的河道上游500米，下游2000米；

（三）中小型公路桥梁跨越的河道上游500米，下游1000米。

第二十一条 在公路桥梁跨越的河道上下游各500米范围内依法进行疏浚作业的，应当符合公路桥梁安全要求，经公路管理机构确认安全方可作业。

第二十二条 禁止利用公路桥梁进行牵拉、吊装等危及公路桥梁安全的施工作业。

禁止利用公路桥梁（含桥下空间）、公路隧道、涵洞堆放物品，搭建设施以及铺设高压电线和输送易燃、易爆或者其他有毒有害气体、液体的管道。

第二十三条 公路桥梁跨越航道的，建设单位应当按照国家有关规定设置桥梁航标、桥柱标、桥梁水尺标，并按照国家标准、行业标准设置桥区水上航标和桥墩防撞装置。桥区水上航标由航标管理机构负责维护。

通过公路桥梁的船舶应当符合公路桥梁通航净空要求，严格遵守航行规则，不得在公路桥梁下停泊或者系缆。

第二十四条 重要的公路桥梁和公路隧道按照《中华人民共和国人民武装警察法》和国务院、中央军委的有关规定由中国人民武装警察部队守护。

第二十五条 禁止损坏、擅自移动、涂改、遮挡公路附属设施或者利用公路附属设施架设管道、悬挂物品。

第二十六条 禁止破坏公路、公路用地范围内的绿化物。需要更新采伐护路林的，应当向公路管理机构提出申请，经批准方可更新采伐，并及时补种；不能及时补种的，应当交纳补种所需费用，由公路管理机构代为补种。

第二十七条 进行下列涉路施工活动，建设单位应当向公路管理机构提出申请：

（一）因修建铁路、机场、供电、水利、通信等建设工程需要占用、挖掘公路、公路用地或者使公路改线；

（二）跨越、穿越公路修建桥梁、渡槽或者架设、埋设管道、电缆等设施；

（三）在公路用地范围内架设、埋设管道、电缆等设施；

（四）利用公路桥梁、公路隧道、涵洞铺设电缆等设施；

（五）利用跨越公路的设施悬挂非公路标志；

（六）在公路上增设或者改造平面交叉道口；

（七）在公路建筑控制区内埋设管道、电缆等设施。

第二十八条 申请进行涉路施工活动的建设单位应当向公路管理机构提交下列材料：

（一）符合有关技术标准、规范要求的设计和施工方案；

（二）保障公路、公路附属设施质量和安全的技术评价报告；

（三）处置施工险情和意外事故的应急方案。

公路管理机构应当自受理申请之日起20日内作出许可或者不予许可的决定；影响交通安全的，应当征得公安机关交通管理部门的同意；涉及经营性公路的，应当征求公路经营企业的意见；不予许可的，公路管理机构应当书面通知申请人并说明理由。

第二十九条 建设单位应当按照许可的设计和施工方案进行施工作业，并落实保障公路、公路附属设施质量和安全的防护措施。

涉路施工完毕，公路管理机构应当对公路、公路附属设施是否达到规定的技术标准以及施工是否符合保障公路、公路附属设施质量和安全的要求进行验收；影响交通安全的，还应当经公安机关交通管理部门验收。

涉路工程设施的所有人、管理人应当加强维护和管理，确保工程设施不影响公路的完好、安全和畅通。

第三章 公路通行

第三十条 车辆的外廓尺寸、轴荷和总质量应当符合国家有关车辆外廓尺寸、轴荷、质量限值等机动车安全技术标准，不符合标准的不得生产、销售。

第三十一条 公安机关交通管理部门办理车辆登记，应当当场查验，对不符合机动车国家安全技术标准的车辆不予登记。

第三十二条 运输不可解体物品需要改装车辆的，应当由具有相应资质的车辆生产企业按照规定的车型和技术参数进行改装。

第三十三条 超过公路、公路桥梁、公路隧道限载、限高、限宽、限长标准的车辆，不得在公路、公路桥梁或者公路隧道行驶；超过汽车渡船限载、限高、限宽、限长标准的车辆，不得使用汽车渡船。

公路、公路桥梁、公路隧道限载、限高、限宽、限长标准调整的，公路管理机构、公路经营企业应当及时变更限载、限高、限宽、限长标志；需要绕行的，还应当标明绕行路线。

第三十四条 县级人民政府交通运输主管部门或者乡级人民政府可以根据保护乡道、村道的需要，在乡道、村道的出入口设置必要的限高、限宽设施，但是不得影响消防和卫生急救等应急通行需要，不得向通行车辆收费。

第三十五条 车辆载运不可解体物品，车货总体的外廓尺寸或者总质量超过公路、公路桥梁、公路隧道的限载、限高、限宽、限长标准，确需在公路、公路桥梁、公路隧道行驶的，从事运输的单位和个人应当向公路管理机构申请公路超限运输许可。

第三十六条 申请公路超限运输许可按照下列规定办理：

（一）跨省、自治区、直辖市进行超限运输的，向公路沿线各省、自治区、直辖市公路管理机构提出申请，由起运地省、自治区、直辖市公路管理机构统一受理，并协调公路沿线各省、自治区、直辖市公路管理机构对超限运输申请进行审批，必要时可以由国务院交通运输主管部门统一协调处理；

（二）在省、自治区范围内跨设区的市进行超限运输，或者在直辖市范围内跨区、县进行超限运输的，向省、自治区、直辖市公路管理机构提出申请，由省、自治区、直辖市公路管理机构受理并审批；

（三）在设区的市范围内跨区、县进行超限运输的，向设区的市公路管理机构提出申请，由设区的市公路管理机构受理并审批；

（四）在区、县范围内进行超限运输的，向区、县公路管理机构提出申请，由区、县公路管理机构受理并审批。

公路超限运输影响交通安全的，公路管理机构在审批超限运输申请时，应当征求公安机关交通管理部门意见。

第三十七条 公路管理机构审批超限运输申请，应当根据实际情况勘测通行路线，需要采取加固、改造措施的，可以与申请人签订有关协议，制定相应的加固、改造方案。

公路管理机构应当根据其制定的加固、改造方案，对通行的公路桥梁、涵洞等设施进行加固、改造；必要时应当对超限运输车辆进行监管。

第三十八条 公路管理机构批准超限运输申请的，应当为超限运输车辆配发国务院交通运输主管部门规定式样的超限运输车辆通行证。

经批准进行超限运输的车辆，应当随车携带超限运输车辆通行证，按照指定的时间、路线和速度行驶，并悬挂明显标志。

禁止租借、转让超限运输车辆通行证。禁止使用伪造、变造的超限运输车辆通行证。

第三十九条 经省、自治区、直辖市人民政府批准，有关交通运输主管部门可以设立固定超限检测站点，配备必要的设备和人员。

固定超限检测站点应当规范执法，并公布监督电话。公路管理机构应当加强对固定超限检测站点的管理。

第四十条 公路管理机构在监督检查中发现车辆超过公路、公路桥梁、公路隧道或者汽车渡船的限载、限高、限宽、限长标准的，应当就近引导至固定超限检测站点进行处理。

车辆应当按照超限检测指示标志或者公路管理机构监督检查人员的指挥接受超限检测，不得故意堵塞固定超限检测站点通行车道、强行通过固定超限检测站点或者以其他方式扰乱超限检测秩序，不得采取短途驳载等方式逃避超限检测。

禁止通过引路绕行等方式为不符合国家有关载运标准的车辆逃避超限检测提供便利。

第四十一条 煤炭、水泥等货物集散地以及货运站等场所的经营人、管理人应当采取有效措施，防止不符合国家有关载运标准的车辆出场(站)。

道路运输管理机构应当加强对煤炭、水泥等货物集散地以及货运站等场所的监督检查，制止不符合国家有关载运标准的车辆出场(站)。

任何单位和个人不得指使、强令车辆驾驶人超限运输货物，不得阻碍道路运输管理机构依法进行监督检查。

第四十二条 载运易燃、易爆、剧毒、放射性等危险物品的车辆，应当符合国家有关安全管理规定，并避免通过特大型公路桥梁或者特长公路隧道；确需通过特大型公路桥梁或者特长公路隧道的，负责审批易燃、易爆、剧毒、放射性等危险物品运输许可的机关应当提前将行驶时间、路线通知特大型公路桥梁或者特长公路隧道的管理单位，并对在特大型公路桥梁或者特长公路隧道行驶的车辆进行现场监管。

第四十三条 车辆应当规范装载，装载物不得触地拖行。车辆装载物易掉落、遗洒或者飘散的，应当采取厢式密闭等有效防护措施方可在公路上行驶。

公路上行驶车辆的装载物掉落、遗洒或者飘散的，车辆驾驶人、押运人员应当及时采取措施处理；无法处理的，应当在掉落、遗洒或者飘散物来车方向适当距离外设置警示标志，并迅速报告公路管理机构或者公安机关交通管理部门。其他人员发现公路上有影响交通安全的障碍物的，也应当及时报告公路管理机构或者公安机关交通管理部门。公安机关交通管理部门应当责令改正车辆装载物掉落、遗洒、飘散等违法行为；公路管理机构、公路经营企业应当及时清除掉落、遗洒、飘散在公路上的障碍物。

车辆装载物掉落、遗洒、飘散后，车辆驾驶人、押运人员未及时采取措施处理，造成他人人身、财产损害的，道路运输企业、车辆驾驶人应当依法承担赔偿责任。

第四章 公路养护

第四十四条 公路管理机构、公路经营企业应当加强公路养护，保证公路经常处于良好技术状态。

前款所称良好技术状态，是指公路自身的物理状态符合有关技术标准的要求，包括路面平整，路肩、边坡平顺，有关设施完好。

第四十五条 公路养护应当按照国务院交通运输主管部门规定的技术规范和操作规程实施作业。

第四十六条 从事公路养护作业的单位应当具备下列资质条件：

(一)有一定数量的符合要求的技术人员；

(二)有与公路养护作业相适应的技术设备；

(三)有与公路养护作业相适应的作业经历；

(四)国务院交通运输主管部门规定的其他条件。

公路养护作业单位资质管理办法由国务院交通运输主管部门另行制定。

第四十七条 公路管理机构、公路经营企业应当按照国务院交通运输主管部门的规定对公路进行巡查，并制作巡查记录；发现公路坍塌、坑槽、隆起等损毁的，应当及时设置警示标志，并采取措施修复。

公安机关交通管理部门发现公路坍塌、坑槽、隆起起等损毁,危及交通安全的,应当及时采取措施,疏导交通,并通知公路管理机构或者公路经营企业。

其他人员发现公路坍塌、坑槽、隆起等损毁的,应当及时向公路管理机构、公安机关交通管理部门报告。

第四十八条 公路管理机构、公路经营企业应当定期对公路、公路桥梁、公路隧道进行检测和评定,保证其技术状态符合有关技术标准;对经检测发现不符合车辆通行安全要求的,应当进行维修,及时向社会公告,并通知公安机关交通管理部门。

第四十九条 公路管理机构、公路经营企业应当定期检查公路隧道的排水、通风、照明、监控、报警、消防、救助等设施,保持设施处于完好状态。

第五十条 公路管理机构应当统筹安排公路养护作业计划,避免集中进行公路养护作业造成交通堵塞。

在省、自治区、直辖市交界区域进行公路养护作业,可能造成交通堵塞的,有关公路管理机构、公安机关交通管理部门应当事先书面通报相邻的省、自治区、直辖市公路管理机构、公安机关交通管理部门,共同制定疏导预案,确定分流路线。

第五十一条 公路养护作业需要封闭公路的,或者占用半幅公路进行作业,作业路段长度在2公里以上,并且作业期限超过30日的,除紧急情况外,公路养护作业单位应当在作业开始之日前5日向社会公告,明确绕行路线,并在绕行处设置标志;不能绕行的,应当修建临时道路。

第五十二条 公路养护作业人员作业时,应当穿着统一的安全标志服。公路养护车辆、机械设备作业时,应当设置明显的作业标志,开启危险报警闪光灯。

第五十三条 发生公路突发事件影响通行的,公路管理机构、公路经营企业应当及时修复公路、恢复通行。设区的市级以上人民政府交通运输主管部门应当根据修复公路、恢复通行的需要,及时调集抢修力量,统筹安排有关作业计划,下达路网调度指令,配合有关部门组织绕行、分流。

设区的市级以上公路管理机构应当按照国务院交通运输主管部门的规定收集、汇总公路损毁、公路交通流量等信息,开展公路突发事件的监测、预报和预警工作,并利用多种方式及时向社会发布有关公路运行信息。

第五十四条 中国人民武装警察交通部队按照国家有关规定承担公路、公路桥梁、公路隧道等设施的抢修任务。

第五十五条 公路永久性停止使用的,应当按照国务院交通运输主管部门规定的程序核准后作报废处理,并向社会公告。

公路报废后的土地使用管理依照有关土地管理的法律、行政法规执行。

第五章 法律责任

第五十六条 违反本条例的规定,有下列情形之一的,由公路管理机构责令限期拆除,可以处5万元以下的罚款。逾期不拆除的,由公路管理机构拆除,有关费用由违法行为人承担:

(一)在公路建筑控制区内修建、扩建建筑物、地面构筑物或者未经许可埋设管道、电缆等设施的;

(二)在公路建筑控制区外修建的建筑物、地面构筑物以及其他设施遮挡公路标志或者妨碍安全视距的。

第五十七条 违反本条例第十八条、第十九条、第二十三条规定的,由安全生产监督管理部门、水行政主管部门、流域管理机构、海事管理机构等有关单位依法处理。

第五十八条 违反本条例第二十条规定的,由水行政主管部门或者流域管理机构责令改正,可以处3万元以下的罚款。

第五十九条 违反本条例第二十二条规定的,由公路管理机构责令改正,处2万元以上10万元以下的罚款。

第六十条 违反本条例的规定,有下列行为之一的,由公路管理机构责令改正,可以处3万元以下的罚款:

(一)损坏、擅自移动、涂改、遮挡公路附属设施或者利用公路附属设施架设管道、悬挂物品,可能危及公路安全的;

(二)涉路工程设施影响公路完好、安全和畅通的。

第六十一条 违反本条例的规定,未经批准更新采伐护路林的,由公路管理机构责令补种,没收违法所得,并处采伐林木价值3倍以上5倍以下的罚款。

第六十二条 违反本条例的规定,未经许可进行本条例第二十七条第一项至第五项规定的涉路施工活动的,由公路管理机构责令改正,可以处3

万元以下的罚款；未经许可进行本条例第二十七条第六项规定的涉路施工活动的，由公路管理机构责令改正，处5万元以下的罚款。

第六十三条 违反本条例的规定，非法生产、销售外廓尺寸、轴荷、总质量不符合国家有关车辆外廓尺寸、轴荷、质量限值等机动车安全技术标准的车辆的，依照《中华人民共和国道路交通安全法》的有关规定处罚。

具有国家规定资质的车辆生产企业未按照规定车型和技术参数改装车辆的，由原发证机关责令改正，处4万元以上20万元以下的罚款；拒不改正的，吊销其资质证书。

第六十四条 违反本条例的规定，在公路上行驶的车辆，车货总体的外廓尺寸、轴荷或者总质量超过公路、公路桥梁、公路隧道、汽车渡船限定标准的，由公路管理机构责令改正，可以处3万元以下的罚款。

第六十五条 违反本条例的规定，经批准进行超限运输的车辆，未按照指定时间、路线和速度行驶的，由公路管理机构或者公安机关交通管理部门责令改正；拒不改正的，公路管理机构或者公安机关交通管理部门可以扣留车辆。

未随车携带超限运输车辆通行证的，由公路管理机构扣留车辆，责令车辆驾驶人提供超限运输车辆通行证或者相应的证明。

租借、转让超限运输车辆通行证的，由公路管理机构没收超限运输车辆通行证，处1000元以上5000元以下的罚款。使用伪造、变造的超限运输车辆通行证的，由公路管理机构没收伪造、变造的超限运输车辆通行证，处3万元以下的罚款。

第六十六条 对1年内违法超限运输超过3次的货运车辆，由道路运输管理机构吊销其车辆营运证；对1年内违法超限运输超过3次的货运车辆驾驶人，由道路运输管理机构责令其停止从事营业性运输；道路运输企业1年内违法超限运输的货运车辆超过本单位货运车辆总数10%的，由道路运输管理机构责令道路运输企业停业整顿；情节严重的，吊销其道路运输经营许可证，并向社会公告。

第六十七条 违反本条例的规定，有下列行为之一的，由公路管理机构强制拖离或者扣留车辆，处3万元以下的罚款：

（一）采取故意堵塞固定超限检测站点通行车道、强行通过固定超限检测站点等方式扰乱超限检测秩序的；

（二）采取短途驳载等方式逃避超限检测的。

第六十八条 违反本条例的规定，指使、强令车辆驾驶人超限运输货物的，由道路运输管理机构责令改正，处3万元以下的罚款。

第六十九条 车辆装载物触地拖行、掉落、遗洒或者飘散，造成公路路面损坏、污染的，由公路管理机构责令改正，处5000元以下的罚款。

第七十条 违反本条例的规定，公路养护作业单位未按照国务院交通运输主管部门规定的技术规范和操作规程进行公路养护作业的，由公路管理机构责令改正，处1万元以上5万元以下的罚款；拒不改正的，吊销其资质证书。

第七十一条 造成公路、公路附属设施损坏的单位和个人应当立即报告公路管理机构，接受公路管理机构的现场调查处理；危及交通安全的，还应当设置警示标志或者采取其他安全防护措施，并迅速报告公安机关交通管理部门。

发生交通事故造成公路、公路附属设施损坏的，公安机关交通管理部门在处理交通事故时应当及时通知有关公路管理机构到场调查处理。

第七十二条 造成公路、公路附属设施损坏，拒不接受公路管理机构现场调查处理的，公路管理机构可以扣留车辆、工具。

公路管理机构扣留车辆、工具的，应当当场出具凭证，并告知当事人在规定期限内到公路管理机构接受处理。逾期不接受处理，并且经公告3个月仍不来接受处理的，对扣留的车辆、工具，由公路管理机构依法处理。

公路管理机构对被扣留的车辆、工具应当妥善保管，不得使用。

第七十三条 违反本条例的规定，公路管理机构工作人员有下列行为之一的，依法给予处分：

（一）违法实施行政许可的；

（二）违反规定拦截、检查正常行驶的车辆的；

（三）未及时采取措施处理公路坍塌、坑槽、隆起等损毁的；

（四）违法扣留车辆、工具或者使用依法扣留的车辆、工具的；

（五）有其他玩忽职守、徇私舞弊、滥用职权行为的。

公路管理机构有前款所列行为之一的，对负有直接责任的主管人员和其他直接责任人员依法给予处分。

第七十四条 违反本条例的规定,构成违反治安管理行为的,由公安机关依法给予治安管理处罚;构成犯罪的,依法追究刑事责任。

第六章 附 则

第七十五条 村道的管理和养护工作,由乡级人民政府参照本条例的规定执行。

专用公路的保护不适用本条例。

第七十六条 军事运输使用公路按照国务院、中央军事委员会的有关规定执行。

第七十七条 本条例自2011年7月1日起施行。1987年10月13日国务院发布的《中华人民共和国公路管理条例》同时废止。

中华人民共和国道路运输条例

(2004年4月30日中华人民共和国国务院令第406号公布 根据2012年11月9日《国务院关于修改和废止部分行政法规的决定》第一次修订 根据2016年2月6日《国务院关于修改部分行政法规的决定》第二次修订 根据2019年3月2日《国务院关于修改部分行政法规的决定》第三次修订)

第一章 总 则

第一条 为了维护道路运输市场秩序,保障道路运输安全,保护道路运输有关各方当事人的合法权益,促进道路运输业的健康发展,制定本条例。

第二条 从事道路运输经营以及道路运输相关业务的,应当遵守本条例。

前款所称道路运输经营包括道路旅客运输经营(以下简称客运经营)和道路货物运输经营(以下简称货运经营);道路运输相关业务包括站(场)经营、机动车维修经营、机动车驾驶员培训。

第三条 从事道路运输经营以及道路运输相关业务,应当依法经营,诚实信用,公平竞争。

第四条 道路运输管理,应当公平、公正、公开和便民。

第五条 国家鼓励发展乡村道路运输,并采取必要的措施提高乡镇和行政村的通班车率,满足广大农民的生活和生产需要。

第六条 国家鼓励道路运输企业实行规模化、集约化经营。任何单位和个人不得封锁或者垄断道路运输市场。

第七条 国务院交通主管部门主管全国道路运输管理工作。

县级以上地方人民政府交通主管部门负责组织领导本行政区域的道路运输管理工作。

县级以上道路运输管理机构负责具体实施道路运输管理工作。

第二章 道路运输经营

第一节 客 运

第八条 申请从事客运经营的,应当具备下列条件:

(一)有与其经营业务相适应并经检测合格的车辆;

(二)有符合本条例第九条规定条件的驾驶人员;

(三)有健全的安全生产管理制度。

申请从事班线客运经营的,还应当有明确的线路和站点方案。

第九条 从事客运经营的驾驶人员,应当符合下列条件:

(一)取得相应的机动车驾驶证;

(二)年龄不超过60周岁;

(三)3年内无重大以上交通责任事故记录;

(四)经设区的市级道路运输管理机构对有关客运法律法规、机动车维修和旅客急救基本知识考试合格。

第十条 申请从事客运经营的,应当依法向工商行政管理机关办理有关登记手续后,按照下列规定提出申请并提交符合本条例第八条规定条件的相关材料:

(一)从事县级行政区域内客运经营的,向县级道路运输管理机构提出申请;

(二)从事省、自治区、直辖市行政区域内跨2个县级以上行政区域客运经营的,向其共同的上一级道路运输管理机构提出申请;

(三)从事跨省、自治区、直辖市行政区域客运经营的，向所在地的省、自治区、直辖市道路运输管理机构提出申请。

依照前款规定收到申请的道路运输管理机构，应当自受理申请之日起20日内审查完毕，作出许可或者不予许可的决定。予以许可的，向申请人颁发道路运输经营许可证，并向申请人投入运输的车辆配发车辆营运证；不予许可的，应当书面通知申请人并说明理由。

对从事跨省、自治区、直辖市行政区域客运经营的申请，有关省、自治区、直辖市道路运输管理机构依照本条第二款规定颁发道路运输经营许可证前，应当与运输线路目的地的省、自治区、直辖市道路运输管理机构协商；协商不成的，应当报国务院交通主管部门决定。

第十一条 取得道路运输经营许可证的客运经营者，需要增加客运班线的，应当依照本条例第十条的规定办理有关手续。

第十二条 县级以上道路运输管理机构在审查客运申请时，应当考虑客运市场的供求状况、普遍服务和方便群众等因素。

同一线路有3个以上申请人时，可以通过招标的形式作出许可决定。

第十三条 县级以上道路运输管理机构应当定期公布客运市场供求状况。

第十四条 客运班线的经营期限为4年到8年。经营期限届满需要延续客运班线经营许可的，应当重新提出申请。

第十五条 客运经营者需要终止客运经营的，应当在终止前30日内告知原许可机关。

第十六条 客运经营者应当为旅客提供良好的乘车环境，保持车辆清洁、卫生，并采取必要的措施防止在运输过程中发生侵害旅客人身、财产安全的违法行为。

第十七条 旅客应当持有效客票乘车，遵守乘车秩序，讲究文明卫生，不得携带国家规定的危险物品及其他禁止携带的物品乘车。

第十八条 班线客运经营者取得道路运输经营许可证后，应当向公众连续提供运输服务，不得擅自暂停、终止或者转让班线运输。

第十九条 从事包车客运的，应当按照约定的起始地、目的地和线路运输。

从事旅游客运的，应当在旅游区域按照旅游线路运输。

第二十条 客运经营者不得强迫旅客乘车，不得甩客、敲诈旅客；不得擅自更换运输车辆。

第二节 货　　运

第二十一条 申请从事货运经营的，应当具备下列条件：

（一）有与其经营业务相适应并经检测合格的车辆；

（二）有符合本条例第二十二条规定条件的驾驶人员；

（三）有健全的安全生产管理制度。

第二十二条 从事货运经营的驾驶人员，应当符合下列条件：

（一）取得相应的机动车驾驶证；

（二）年龄不超过60周岁；

（三）经设区的市级道路运输管理机构对有关货运法律法规、机动车维修和货物装载保管基本知识考试合格（使用总质量4500千克及以下普通货运车辆的驾驶人员除外）。

第二十三条 申请从事危险货物运输经营的，还应当具备下列条件：

（一）有5辆以上经检测合格的危险货物运输专用车辆、设备；

（二）有经所在地设区的市级人民政府交通主管部门考试合格，取得上岗资格证的驾驶人员、装卸管理人员、押运人员；

（三）危险货物运输专用车辆配有必要的通讯工具；

（四）有健全的安全生产管理制度。

第二十四条 申请从事货运经营的，应当依法向工商行政管理机关办理有关登记手续后，按照下列规定提出申请并分别提交符合本条例第二十一条、第二十三条规定条件的相关材料：

（一）从事危险货物运输经营以外的货运经营的，向县级道路运输管理机构提出申请；

（二）从事危险货物运输经营的，向设区的市级道路运输管理机构提出申请。

依照前款规定收到申请的道路运输管理机构，应当自受理申请之日起20日内审查完毕，作出许可或者不予许可的决定。予以许可的，向申请人颁发道路运输经营许可证，并向申请人投入运输的车辆配发车辆营运证；不予许可的，应当书面通知申请人并说明理由。

使用总质量4500千克及以下普通货运车辆从事普通货运经营的,无需按照本条规定申请取得道路运输经营许可证及车辆营运证。

第二十五条 货运经营者不得运输法律、行政法规禁止运输的货物。

法律、行政法规规定必须办理有关手续后方可运输的货物,货运经营者应当查验有关手续。

第二十六条 国家鼓励货运经营者实行封闭式运输,保证环境卫生和货物运输安全。

货运经营者应当采取必要措施,防止货物脱落、扬撒等。

运输危险货物应当采取必要措施,防止危险货物燃烧、爆炸、辐射、泄漏等。

第二十七条 运输危险货物应当配备必要的押运人员,保证危险货物处于押运人员的监管之下,并悬挂明显的危险货物运输标志。

托运危险货物的,应当向货运经营者说明危险货物的品名、性质、应急处置方法等情况,并严格按照国家有关规定包装,设置明显标志。

第三节 客运和货运的共同规定

第二十八条 客运经营者、货运经营者应当加强对从业人员的安全教育、职业道德教育,确保道路运输安全。

道路运输从业人员应当遵守道路运输操作规程,不得违章作业。驾驶人员连续驾驶时间不得超过4个小时。

第二十九条 生产(改装)客运车辆、货运车辆的企业应当按照国家规定标定车辆的核定人数或者载重量,严禁多标或者少标车辆的核定人数或者载重量。

客运经营者、货运经营者应当使用符合国家规定标准的车辆从事道路运输经营。

第三十条 客运经营者、货运经营者应当加强对车辆的维护和检测,确保车辆符合国家规定的技术标准;不得使用报废的、擅自改装的和其他不符合国家规定的车辆从事道路运输经营。

第三十一条 客运经营者、货运经营者应当制定有关交通事故、自然灾害以及其他突发事件的道路运输应急预案。应急预案应当包括报告程序、应急指挥、应急车辆和设备的储备以及处置措施等内容。

第三十二条 发生交通事故、自然灾害以及其他突发事件,客运经营者和货运经营者应当服从县级以上人民政府或者有关部门的统一调度、指挥。

第三十三条 道路运输车辆应当随车携带车辆营运证,不得转让、出租。

第三十四条 道路运输车辆运输旅客的,不得超过核定的人数,不得违反规定载货;运输货物的,不得运输旅客,运输的货物应当符合核定的载重量,严禁超载;载物的长、宽、高不得违反装载要求。

违反前款规定的,由公安机关交通管理部门依照《中华人民共和国道路交通安全法》的有关规定进行处罚。

第三十五条 客运经营者、危险货物运输经营者应当分别为旅客或者危险货物投保承运人责任险。

第三章 道路运输相关业务

第三十六条 申请从事道路运输站(场)经营的,应当具备下列条件:

(一)有经验收合格的运输站(场);

(二)有相应的专业人员和管理人员;

(三)有相应的设备、设施;

(四)有健全的业务操作规程和安全管理制度。

第三十七条 从事机动车维修经营的,应当具备下列条件:

(一)有相应的机动车维修场地;

(二)有必要的设备、设施和技术人员;

(三)有健全的机动车维修管理制度;

(四)有必要的环境保护措施。

国务院交通主管部门根据前款规定的条件,制定机动车维修经营业务标准。

第三十八条 申请从事机动车驾驶员培训的,应当具备下列条件:

(一)取得企业法人资格;

(二)有健全的培训机构和管理制度;

(三)有与培训业务相适应的教学人员、管理人员;

(四)有必要的教学车辆和其他教学设施、设备、场地。

第三十九条 申请从事道路运输站(场)经营和机动车驾驶员培训业务的,应当在依法向工商行政管理机关办理有关登记手续后,向所在地县级道路运输管理机构提出申请,并分别附送符合本条例第三十六条、第三十八条规定条件的相关材料。县级道路运输管理机构应当自受理申请之日起15日内审查完毕,作出许可或者不予许可的决定,并书面通知申请人。

从事机动车维修经营业务的,应当在依法向工商行政管理机关办理有关登记手续后,向所在地县级道路运输管理机构进行备案,并附送符合本条例第三十七条规定条件的相关材料。

第四十条 道路运输站(场)经营者应当对出站的车辆进行安全检查,禁止无证经营的车辆进站从事经营活动,防止超载车辆或者未经安全检查的车辆出站。

道路运输站(场)经营者应当公平对待使用站(场)的客运经营者和货运经营者,无正当理由不得拒绝道路运输车辆进站从事经营活动。

道路运输站(场)经营者应当向旅客和货主提供安全、便捷、优质的服务;保持站(场)卫生、清洁;不得随意改变站(场)用途和服务功能。

第四十一条 道路旅客运输站(场)经营者应当为客运经营者合理安排班次,公布其运输线路、起止经停站点、运输班次、始发时间、票价,调度车辆进站、发车,疏导旅客,维持上下车秩序。

道路旅客运输站(场)经营者应当设置旅客购票、候车、行李寄存和托运等服务设施,按照车辆核定载客限额售票,并采取措施防止携带危险品的人员进站乘车。

第四十二条 道路货物运输站(场)经营者应当按照国务院交通主管部门规定的业务操作规程装卸、储存、保管货物。

第四十三条 机动车维修经营者应当按照国家有关技术规范对机动车进行维修,保证维修质量,不得使用假冒伪劣配件维修机动车。

机动车维修经营者应当公布机动车维修工时定额和收费标准,合理收取费用,维修服务完成后应当提供维修费用明细单。

第四十四条 机动车维修经营者对机动车进行二级维护、总成修理或者整车修理的,应当进行维修质量检验。检验合格的,维修质量检验人员应当签发机动车维修合格证。

机动车维修实行质量保证期制度。质量保证期内因维修质量原因造成机动车无法正常使用的,机动车维修经营者应当无偿返修。

机动车维修质量保证期制度的具体办法,由国务院交通主管部门制定。

第四十五条 机动车维修经营者不得承修已报废的机动车,不得擅自改装机动车。

第四十六条 机动车驾驶员培训机构应当按照国务院交通主管部门规定的教学大纲进行培训,确保培训质量。培训结业的,应当向参加培训的人员颁发培训结业证书。

第四章 国际道路运输

第四十七条 国务院交通主管部门应当及时向社会公布中国政府与有关国家政府签署的双边或者多边道路运输协定确定的国际道路运输线路。

第四十八条 申请从事国际道路运输经营的,应当具备下列条件:

(一)依照本条例第十条、第二十四条规定取得道路运输经营许可证的企业法人;

(二)在国内从事道路运输经营满3年,且未发生重大以上道路交通责任事故。

第四十九条 申请从事国际道路运输的,应当向省、自治区、直辖市道路运输管理机构提出申请并提交符合本条例第四十八条规定条件的相关材料。省、自治区、直辖市道路运输管理机构应当自受理申请之日起20日内审查完毕,作出批准或者不予批准的决定。予以批准的,应当向国务院交通主管部门备案;不予批准的,应当向当事人说明理由。

国际道路运输经营者应当持批准文件依法向有关部门办理相关手续。

第五十条 中国国际道路运输经营者应当在其投入运输车辆的显著位置,标明中国国籍识别标志。

外国国际道路运输经营者的车辆在中国境内运输,应当标明本国国籍识别标志,并按照规定的运输线路行驶;不得擅自改变运输线路,不得从事起止地都在中国境内的道路运输经营。

第五十一条 在口岸设立的国际道路运输管理机构应当加强对出入口岸的国际道路运输的监督管理。

第五十二条 外国国际道路运输经营者依法在中国境内设立的常驻代表机构不得从事经营活动。

第五章 执法监督

第五十三条 县级以上人民政府交通主管部门应当加强对道路运输管理机构实施道路运输管理工作的指导监督。

第五十四条 道路运输管理机构应当加强执法队伍建设，提高其工作人员的法制、业务素质。

道路运输管理机构的工作人员应当接受法制和道路运输管理业务培训、考核，考核不合格的，不得上岗执行职务。

第五十五条 上级道路运输管理机构应当对下级道路运输管理机构的执法活动进行监督。

道路运输管理机构应当建立健全内部监督制度，对其工作人员执法情况进行监督检查。

第五十六条 道路运输管理机构及其工作人员执行职务时，应当自觉接受社会和公民的监督。

第五十七条 道路运输管理机构应当建立道路运输举报制度，公开举报电话号码、通信地址或者电子邮件信箱。

任何单位和个人都有权对道路运输管理机构的工作人员滥用职权、徇私舞弊的行为进行举报。交通主管部门、道路运输管理机构及其他有关部门收到举报后，应当依法及时查处。

第五十八条 道路运输管理机构的工作人员应当严格按照职责权限和程序进行监督检查，不得乱设卡、乱收费、乱罚款。

道路运输管理机构的工作人员应当重点在道路运输及相关业务经营场所、客货集散地进行监督检查。

道路运输管理机构的工作人员在公路路口进行监督检查时，不得随意拦截正常行驶的道路运输车辆。

第五十九条 道路运输管理机构的工作人员实施监督检查时，应当有2名以上人员参加，并向当事人出示执法证件。

第六十条 道路运输管理机构的工作人员实施监督检查时，可以向有关单位和个人了解情况，查阅、复制有关资料。但是，应当保守被调查单位和个人的商业秘密。

被监督检查的单位和个人应当接受依法实施的监督检查，如实提供有关资料或者情况。

第六十一条 道路运输管理机构的工作人员在实施道路运输监督检查过程中，发现车辆超载行为的，应当立即予以制止，并采取相应措施安排旅客改乘或者强制卸货。

第六十二条 道路运输管理机构的工作人员在实施道路运输监督检查过程中，对没有车辆营运证又无法当场提供其他有效证明的车辆予以暂扣的，应当妥善保管，不得使用，不得收取或者变相收取保管费用。

第六章 法律责任

第六十三条 违反本条例的规定，未取得道路运输经营许可，擅自从事道路运输经营的，由县级以上道路运输管理机构责令停止经营；有违法所得的，没收违法所得，处违法所得2倍以上10倍以下的罚款；没有违法所得或者违法所得不足2万元的，处3万元以上10万元以下的罚款；构成犯罪的，依法追究刑事责任。

第六十四条 不符合本条例第九条、第二十二条规定条件的人员驾驶道路运输经营车辆的，由县级以上道路运输管理机构责令改正，处200元以上2000元以下的罚款；构成犯罪的，依法追究刑事责任。

第六十五条 违反本条例的规定，未经许可擅自从事道路运输站（场）经营、机动车驾驶员培训的，由县级以上道路运输管理机构责令停止经营；有违法所得的，没收违法所得，处违法所得2倍以上10倍以下的罚款；没有违法所得或者违法所得不足1万元的，处2万元以上5万元以下的罚款；构成犯罪的，依法追究刑事责任。

从事机动车维修经营业务不符合国务院交通主管部门制定的机动车维修经营业务标准的，由县级以上道路运输管理机构责令改正；情节严重的，由县级以上道路运输管理机构责令停业整顿。

从事机动车维修经营业务，未按规定进行备案的，由县级以上道路运输管理机构责令改正；拒不改正的，处5000元以上2万元以下的罚款。

第六十六条 违反本条例的规定，客运经营者、货运经营者、道路运输相关业务经营者非法转让、出租道路运输许可证件的，由县级以上道路运输管理机构责令停止违法行为，收缴有关证件，处2000元以上1万元以下的罚款；有违法所得的，没收违法所得。

第六十七条 违反本条例的规定，客运经营者、危险货物运输经营者未按规定投保承运人责任险的，由县级以上道路运输管理机构责令限期投保；拒不投保的，由原许可机关吊销道路运输经营许可证。

第六十八条 违反本条例的规定，客运经营者、货运经营者不按照规定携带车辆营运证的，由县级以上道路运输管理机构责令改正，处警告或者20元以上200元以下的罚款。

第六十九条 违反本条例的规定，客运经营者、货运经营者有下列情形之一的，由县级以上道路运输管理机构责令改正，处1000元以上3000元以下的罚款；情节严重的，由原许可机关吊销道路运输经营许可证：

（一）不按批准的客运站点停靠或者不按规定的线路、公布的班次行驶的；

（二）强行招揽旅客、货物的；

（三）在旅客运输途中擅自变更运输车辆或者将旅客移交他人运输的；

（四）未报告原许可机关，擅自终止客运经营的；

（五）没有采取必要措施防止货物脱落、扬撒等的。

第七十条 违反本条例的规定，客运经营者、货运经营者不按规定维护和检测运输车辆的，由县级以上道路运输管理机构责令改正，处1000元以上5000元以下的罚款。

违反本条例的规定，客运经营者、货运经营者擅自改装已取得车辆营运证的车辆的，由县级以上道路运输管理机构责令改正，处5000元以上2万元以下的罚款。

第七十一条 违反本条例的规定，道路运输站（场）经营者允许无证经营的车辆进站从事经营活动以及超载车辆、未经安全检查的车辆出站或者无正当理由拒绝道路运输车辆进站从事经营活动的，由县级以上道路运输管理机构责令改正，处1万元以上3万元以下的罚款。

违反本条例的规定，道路运输站（场）经营者擅自改变道路运输站（场）的用途和服务功能，或者不公布运输线路、起止经停站点、运输班次、始发时间、票价的，由县级以上道路运输管理机构责令改正；拒不改正的，处3000元的罚款；有违法所得的，没收违法所得。

第七十二条 违反本条例的规定，机动车维修经营者使用假冒伪劣配件维修机动车，承修已报废的机动车或者擅自改装机动车的，由县级以上道路运输管理机构责令改正；有违法所得的，没收违法所得，处违法所得2倍以上10倍以下的罚款；没有违法所得或者违法所得不足1万元的，处2万元以上5万元以下的罚款，没收假冒伪劣配件及报废车辆；情节严重的，由县级以上道路运输管理机构责令停业整顿；构成犯罪的，依法追究刑事责任。

第七十三条 违反本条例的规定，机动车维修经营者签发虚假的机动车维修合格证，由县级以上道路运输管理机构责令改正；有违法所得的，没收违法所得，处违法所得2倍以上10倍以下的罚款；没有违法所得或者违法所得不足3000元的，处5000元以上2万元以下的罚款；情节严重的，由县级以上道路运输管理机构责令停业整顿；构成犯罪的，依法追究刑事责任。

第七十四条 违反本条例的规定，机动车驾驶员培训机构不严格按照规定进行培训或者在培训结业证书发放时弄虚作假的，由县级以上道路运输管理机构责令改正；拒不改正的，由原许可机关吊销其经营许可。

第七十五条 违反本条例的规定，外国国际道路运输经营者未按照规定的线路运输，擅自从事中国境内道路运输或者未标明国籍识别标志的，由省、自治区、直辖市道路运输管理机构责令停止运输；有违法所得的，没收违法所得，处违法所得2倍以上10倍以下的罚款；没有违法所得或者违法所得不足1万元的，处3万元以上6万元以下的罚款。

第七十六条 县级以上道路运输管理机构应当将道路运输及其相关业务经营者和从业人员的违法行为记入信用记录，并依照有关法律、行政法规的规定予以公示。

第七十七条 违反本条例的规定，道路运输管理机构的工作人员有下列情形之一的，依法给予行政处分；构成犯罪的，依法追究刑事责任：

（一）不依照本条例规定的条件、程序和期限实施行政许可的；

（二）参与或者变相参与道路运输经营以及道路运输相关业务的；

（三）发现违法行为不及时查处的；

（四）违反规定拦截、检查正常行驶的道路运输车辆的；

（五）违法扣留运输车辆、车辆营运证的；

（六）索取、收受他人财物，或者谋取其他利益的；

（七）其他违法行为。

第七章 附 则

第七十八条 内地与香港特别行政区、澳门特别行政区之间的道路运输,参照本条例的有关规定执行。

第七十九条 外商可以依照有关法律、行政法规和国家有关规定,在中华人民共和国境内采用中外合资、中外合作、独资形式投资有关的道路运输经营以及道路运输相关业务。

第八十条 从事非经营性危险货物运输的,应当遵守本条例有关规定。

第八十一条 道路运输管理机构依照本条例发放经营许可证件和车辆营运证,可以收取工本费。工本费的具体收费标准由省、自治区、直辖市人民政府财政部门、价格主管部门会同同级交通主管部门核定。

第八十二条 出租车客运和城市公共汽车客运的管理办法由国务院另行规定。

第八十三条 本条例自2004年7月1日起施行。

(五)邮电、信息

中华人民共和国邮政法

(1986年12月2日第六届全国人民代表大会常务委员会第十八次会议通过 2009年4月24日第十一届全国人民代表大会常务委员会第八次会议修订 根据2012年10月26日第十一届全国人民代表大会常务委员会第二十九次会议《关于修改〈中华人民共和国邮政法〉的决定》 第一次修正 根据2015年4月24日第十二届全国人民代表大会常务委员会第十四次会议《关于修改〈中华人民共和国义务教育法〉等五部法律的决定》第二次修正)

目　录

第一章　总　　则
第二章　邮政设施
第三章　邮政服务
第四章　邮政资费
第五章　损失赔偿
第六章　快递业务
第七章　监督检查
第八章　法律责任
第九章　附　　则

第一章　总　　则

第一条 为了保障邮政普遍服务,加强对邮政市场的监督管理,维护邮政通信与信息安全,保护通信自由和通信秘密,保护用户合法权益,促进邮政业健康发展,适应经济社会发展和人民生活需要,制定本法。

第二条 国家保障中华人民共和国境内的邮政普遍服务。

邮政企业按照国家规定承担提供邮政普遍服务的义务。

国务院和地方各级人民政府及其有关部门应当采取措施,支持邮政企业提供邮政普遍服务。

本法所称邮政普遍服务,是指按照国家规定的业务范围、服务标准,以合理的资费标准,为中华人民共和国境内所有用户持续提供的邮政服务。

第三条 公民的通信自由和通信秘密受法律保护。除因国家安全或者追查刑事犯罪的需要,由公安机关、国家安全机关或者检察机关依照法律规定的程序对通信进行检查外,任何组织或者个人不得以任何理由侵犯公民的通信自由和通信秘密。

除法律另有规定外,任何组织或者个人不得检查、扣留邮件、汇款。

第四条 国务院邮政管理部门负责对全国的邮政普遍服务和邮政市场实施监督管理。

省、自治区、直辖市邮政管理机构负责对本行政区域的邮政普遍服务和邮政市场实施监督管理。

按照国务院规定设立的省级以下邮政管理机构负责对本辖区的邮政普遍服务和邮政市场实施监督管理。

国务院邮政管理部门和省、自治区、直辖市邮政管理机构以及省级以下邮政管理机构(以下统称邮政管理部门)对邮政市场实施监督管理,应当遵循公开、公平、公正以及鼓励竞争、促进发展的原则。

第五条 国务院规定范围内的信件寄递业务,由邮政企业专营。

第六条 邮政企业应当加强服务质量管理,完善安全保障措施,为用户提供迅速、准确、安全、方便的服务。

第七条 邮政管理部门、公安机关、国家安全机关和海关应当相互配合，建立健全安全保障机制，加强对邮政通信与信息安全的监督管理，确保邮政通信与信息安全。

第二章 邮政设施

第八条 邮政设施的布局和建设应当满足保障邮政普遍服务的需要。

地方各级人民政府应当将邮政设施的布局和建设纳入城乡规划，对提供邮政普遍服务的邮政设施的建设给予支持，重点扶持农村边远地区邮政设施的建设。

建设城市新区、独立工矿区、开发区、住宅区或者对旧城区进行改建，应当同时建设配套的提供邮政普遍服务的邮政设施。

提供邮政普遍服务的邮政设施等组成的邮政网络是国家重要的通信基础设施。

第九条 邮政设施应当按照国家规定的标准设置。

较大的车站、机场、港口、高等院校和宾馆应当设置提供邮政普遍服务的邮政营业场所。

邮政企业设置、撤销邮政营业场所，应当事先书面告知邮政管理部门；撤销提供邮政普遍服务的邮政营业场所，应当经邮政管理部门批准并予以公告。

第十条 机关、企业事业单位应当设置接收邮件的场所。农村地区应当逐步设置村邮站或者其他接收邮件的场所。

建设城镇居民楼应当设置接收邮件的信报箱，并按照国家规定的标准验收。建设单位未按照国家规定的标准设置信报箱的，由邮政管理部门责令限期改正；逾期未改正的，由邮政管理部门指定其他单位设置信报箱，所需费用由该居民楼的建设单位承担。

第十一条 邮件处理场所的设计和建设，应当符合国家安全机关和海关依法履行职责的要求。

第十二条 征收邮政营业场所或者邮件处理场所的，城乡规划主管部门应当根据保障邮政普遍服务的要求，对邮政营业场所或者邮件处理场所的重新设置作出妥善安排；未作出妥善安排前，不得征收。

邮政营业场所或者邮件处理场所重新设置前，邮政企业应当采取措施，保证邮政普遍服务的正常进行。

第十三条 邮政企业应当对其设置的邮政设施进行经常性维护，保证邮政设施的正常使用。

任何单位和个人不得损毁邮政设施或者影响邮政设施的正常使用。

第三章 邮政服务

第十四条 邮政企业经营下列业务：

（一）邮件寄递；

（二）邮政汇兑、邮政储蓄；

（三）邮票发行以及集邮票品制作、销售；

（四）国内报刊、图书等出版物发行；

（五）国家规定的其他业务。

第十五条 邮政企业应当对信件、单件重量不超过五千克的印刷品、单件重量不超过十千克的包裹的寄递以及邮政汇兑提供邮政普遍服务。

邮政企业按照国家规定办理机要通信、国家规定报刊的发行，以及义务兵平常信函、盲人读物和革命烈士遗物的免费寄递等特殊服务业务。

未经邮政管理部门批准，邮政企业不得停止办理或者限制办理前两款规定的业务；因不可抗力或者其他特殊原因暂时停止办理或者限制办理的，邮政企业应当及时公告，采取相应的补救措施，并向邮政管理部门报告。

邮政普遍服务标准，由国务院邮政管理部门会同国务院有关部门制定；邮政普遍服务监督管理的具体办法，由国务院邮政管理部门制定。

第十六条 国家对邮政企业提供邮政普遍服务、特殊服务给予补贴，并加强对补贴资金使用的监督。

第十七条 国家设立邮政普遍服务基金。邮政普遍服务基金征收、使用和监督管理的具体办法由国务院财政部门会同国务院有关部门制定，报国务院批准后公布施行。

第十八条 邮政企业的邮政普遍服务业务与竞争性业务应当分业经营。

第十九条 邮政企业在城市每周的营业时间应当不少于六天，投递邮件每天至少一次；在乡、镇人民政府所在地每周的营业时间应当不少于五天，投递邮件每周至少五次。

邮政企业在交通不便的边远地区和乡、镇其他地区每周的营业时间以及投递邮件的频次，国务院邮政管理部门可以另行规定。

第二十条 邮政企业寄递邮件，应当符合国务院邮政管理部门规定的寄递时限和服务规范。

第二十一条 邮政企业应当在其营业场所公示或者以其他方式公布其服务种类、营业时间、资费标准、邮件和汇款的查询及损失赔偿办法以及用户对其服务质量的投诉办法。

第二十二条 邮政企业采用其提供的格式条款确定与用户的权利义务的，该格式条款适用《中华人民共和国合同法》关于合同格式条款的规定。

第二十三条 用户交寄邮件，应当清楚、准确地填写收件人姓名、地址和邮政编码。邮政企业应当在邮政营业场所免费为用户提供邮政编码查询服务。

邮政编码由邮政企业根据国务院邮政管理部门制定的编制规则编制。邮政管理部门依法对邮政编码的编制和使用实施监督。

第二十四条 邮政企业收寄邮件和用户交寄邮件，应当遵守法律、行政法规以及国务院和国务院有关部门关于禁止寄递或者限制寄递物品的规定。

第二十五条 邮政企业应当依法建立并执行邮件收寄验视制度。

对用户交寄的信件，必要时邮政企业可以要求用户开拆，进行验视，但不得检查信件内容。用户拒绝开拆的，邮政企业不予收寄。

对信件以外的邮件，邮政企业收寄时应当当场验视内件。用户拒绝验视的，邮政企业不予收寄。

第二十六条 邮政企业发现邮件内夹带禁止寄递或者限制寄递的物品的，应当按照国家有关规定处理。

进出境邮件中夹带国家禁止进出境或者限制进出境的物品的，由海关依法处理。

第二十七条 对提供邮政普遍服务的邮政企业交运的邮件，铁路、公路、水路、航空等运输企业应当优先安排运输，车站、港口、机场应当安排装卸场所和出入通道。

第二十八条 带有邮政专用标志的车船进出港口、通过渡口时，应当优先放行。

带有邮政专用标志的车辆运递邮件，确需通过公安机关交通管理部门划定的禁行路段或者确需在禁止停车的地点停车的，经公安机关交通管理部门同意，在确保安全的前提下，可以通行或者停车。

邮政企业不得利用带有邮政专用标志的车船从事邮件运递以外的经营性活动，不得以出租等方式允许其他单位或者个人使用带有邮政专用标志的车船。

第二十九条 邮件通过海上运输时，不参与分摊共同海损。

第三十条 海关依照《中华人民共和国海关法》的规定，对进出境的国际邮袋、邮件集装箱和国际邮递物品实施监管。

第三十一条 进出境邮件的检疫，由进出境检验检疫机构依法实施。

第三十二条 邮政企业采取按址投递、用户领取或者与用户协商的其他方式投递邮件。

机关、企业事业单位、住宅小区管理单位等应当为邮政企业投递邮件提供便利。单位用户地址变更的，应当及时通知邮政企业。

第三十三条 邮政企业对无法投递的邮件，应当退回寄件人。

无法投递又无法退回的信件，自邮政企业确认无法退回之日起超过六个月无人认领的，由邮政企业在邮政管理部门的监督下销毁。无法投递又无法退回的其他邮件，按照国务院邮政管理部门的规定处理；其中无法投递又无法退回的进境国际邮递物品，由海关依照《中华人民共和国海关法》的规定处理。

第三十四条 邮政汇款的收款人应当自收到汇款通知之日起六十日内，凭有效身份证件到邮政企业兑领汇款。

收款人逾期未兑领的汇款，由邮政企业退回汇款人。自兑领汇款期限届满之日起一年内无法退回汇款人，或者汇款人自收到退汇通知之日起一年内未领取的汇款，由邮政企业上缴国库。

第三十五条 任何单位和个人不得私自开拆、隐匿、毁弃他人邮件。

除法律另有规定外，邮政企业及其从业人员不得向任何单位或者个人泄露用户使用邮政服务的信息。

第三十六条 因国家安全或者追查刑事犯罪的需要，公安机关、国家安全机关或者检察机关可以依法检查、扣留有关邮件，并可以要求邮政企业提供相关用户使用邮政服务的信息。邮政企业和有关单位应当配合，并对有关情况予以保密。

第三十七条 任何单位和个人不得利用邮件寄递含有下列内容的物品：

（一）煽动颠覆国家政权、推翻社会主义制度

或者分裂国家、破坏国家统一,危害国家安全的;

(二)泄露国家秘密的;

(三)散布谣言扰乱社会秩序,破坏社会稳定的;

(四)煽动民族仇恨、民族歧视,破坏民族团结的;

(五)宣扬邪教或者迷信的;

(六)散布淫秽、赌博、恐怖信息或者教唆犯罪的;

(七)法律、行政法规禁止的其他内容。

第三十八条 任何单位和个人不得有下列行为:

(一)扰乱邮政营业场所正常秩序;

(二)阻碍邮政企业从业人员投递邮件;

(三)非法拦截、强登、扒乘带有邮政专用标志的车辆;

(四)冒用邮政企业名义或者邮政专用标志;

(五)伪造邮政专用品或者倒卖伪造的邮政专用品。

第四章 邮政资费

第三十九条 实行政府指导价或者政府定价的邮政业务范围,以中央政府定价目录为依据,具体资费标准由国务院价格主管部门会同国务院财政部门、国务院邮政管理部门制定。

邮政企业的其他业务资费实行市场调节价,资费标准由邮政企业自主确定。

第四十条 国务院有关部门制定邮政业务资费标准,应当听取邮政企业、用户和其他有关方面的意见。

邮政企业应当根据国务院价格主管部门、国务院财政部门和国务院邮政管理部门的要求,提供准确、完备的业务成本数据和其他有关资料。

第四十一条 邮件资费的交付,以邮资凭证、证明邮资已付的戳记以及有关业务单据等表示。

邮资凭证包括邮票、邮资符志、邮资信封、邮资明信片、邮资邮简、邮资信卡等。

任何单位和个人不得伪造邮资凭证或者倒卖伪造的邮资凭证,不得擅自仿印邮票和邮资图案。

第四十二条 普通邮票发行数量由邮政企业按照市场需要确定,报国务院邮政管理部门备案;纪念邮票和特种邮票发行计划由邮政企业根据市场需要提出,报国务院邮政管理部门审定。国务院邮政管理部门负责纪念邮票的选题和图案审查。

邮政管理部门依法对邮票的印制、销售实施监督。

第四十三条 邮资凭证售出后,邮资凭证持有人不得要求邮政企业兑换现金。

停止使用邮资凭证,应当经国务院邮政管理部门批准,并在停止使用九十日前予以公告,停止销售。邮资凭证持有人可以自公告之日起一年内,向邮政企业换取等值的邮资凭证。

第四十四条 下列邮资凭证不得使用:

(一)经国务院邮政管理部门批准停止使用的;

(二)盖销或者划销的;

(三)污损、残缺或者褪色、变色,难以辨认的。

从邮资信封、邮资明信片、邮资邮简、邮资信卡上剪下的邮资图案,不得作为邮资凭证使用。

第五章 损失赔偿

第四十五条 邮政普遍服务业务范围内的邮件和汇款的损失赔偿,适用本章规定。

邮政普遍服务业务范围以外的邮件的损失赔偿,适用有关民事法律的规定。

邮件的损失,是指邮件丢失、损毁或者内件短少。

第四十六条 邮政企业对平常邮件的损失不承担赔偿责任。但是,邮政企业因故意或者重大过失造成平常邮件损失的除外。

第四十七条 邮政企业对给据邮件的损失依照下列规定赔偿:

(一)保价的给据邮件丢失或者全部损毁的,按照保价额赔偿;部分损毁或者内件短少的,按照保价额与邮件全部价值的比例对邮件的实际损失予以赔偿。

(二)未保价的给据邮件丢失、损毁或者内件短少的,按照实际损失赔偿,但最高赔偿额不超过所收取资费的三倍;挂号信件丢失、损毁的,按照所收取资费的三倍予以赔偿。

邮政企业应当在营业场所的告示中和提供给用户的给据邮件单据上,以足以引起用户注意的方式载明前款规定。

邮政企业因故意或者重大过失造成给据邮件

损失，或者未履行前款规定义务的，无权援用本条第一款的规定限制赔偿责任。

第四十八条 因下列原因之一造成的给据邮件损失，邮政企业不承担赔偿责任：

（一）不可抗力，但因不可抗力造成的保价的给据邮件的损失除外；

（二）所寄物品本身的自然性质或者合理损耗；

（三）寄件人、收件人的过错。

第四十九条 用户交寄给据邮件后，对国内邮件可以自交寄之日起一年内持收据向邮政企业查询，对国际邮件可以自交寄之日起一百八十日内持收据向邮政企业查询。

查询国际邮件或者查询国务院邮政管理部门规定的边远地区的邮件的，邮政企业应当自用户查询之日起六十日内将查询结果告知用户；查询其他邮件的，邮政企业应当自用户查询之日起三十日内将查询结果告知用户。查复期满未查到邮件的，邮政企业应当依照本法第四十七条的规定予以赔偿。

用户在本条第一款规定的查询期限内未向邮政企业查询又未提出赔偿要求的，邮政企业不再承担赔偿责任。

第五十条 邮政汇款的汇款人自汇款之日起一年内，可以持收据向邮政企业查询。邮政企业应当自用户查询之日起二十日内将查询结果告知汇款人。查复期满未查到汇款的，邮政企业应当向汇款人退还汇款和汇款费用。

第六章 快递业务

第五十一条 经营快递业务，应当依照本法规定取得快递业务经营许可；未经许可，任何单位和个人不得经营快递业务。

外商不得投资经营信件的国内快递业务。

国内快递业务，是指从收寄到投递的全过程均发生在中华人民共和国境内的快递业务。

第五十二条 申请快递业务经营许可，应当具备下列条件：

（一）符合企业法人条件；

（二）在省、自治区、直辖市范围内经营的，注册资本不低于人民币五十万元，跨省、自治区、直辖市经营的，注册资本不低于人民币一百万元，经营国际快递业务的，注册资本不低于人民币二百万元；

（三）有与申请经营的地域范围相适应的服务能力；

（四）有严格的服务质量管理制度和完备的业务操作规范；

（五）有健全的安全保障制度和措施；

（六）法律、行政法规规定的其他条件。

第五十三条 申请快递业务经营许可，在省、自治区、直辖市范围内经营的，应当向所在地的省、自治区、直辖市邮政管理机构提出申请，跨省、自治区、直辖市经营或者经营国际快递业务的，应当向国务院邮政管理部门提出申请；申请时应当提交申请书和有关申请材料。

受理申请的邮政管理部门应当自受理申请之日起四十五日内进行审查，作出批准或者不予批准的决定。予以批准的，颁发快递业务经营许可证；不予批准的，书面通知申请人并说明理由。

邮政管理部门审查快递业务经营许可的申请，应当考虑国家安全等因素，并征求有关部门的意见。

申请人凭快递业务经营许可证向工商行政管理部门依法办理登记后，方可经营快递业务。

第五十四条 邮政企业以外的经营快递业务的企业（以下称快递企业）设立分支机构或者合并、分立的，应当向邮政管理部门备案。

第五十五条 快递企业不得经营由邮政企业专营的信件寄递业务，不得寄递国家机关公文。

第五十六条 快递企业经营邮政企业专营业务范围以外的信件快递业务，应当在信件封套的显著位置标注信件字样。

快递企业不得将信件打包后作为包裹寄递。

第五十七条 经营国际快递业务应当接受邮政管理部门和有关部门依法实施的监管。邮政管理部门和有关部门可以要求经营国际快递业务的企业提供报关数据。

第五十八条 快递企业停止经营快递业务的，应当书面告知邮政管理部门，交回快递业务经营许可证，并对尚未投递的快件按照国务院邮政管理部门的规定妥善处理。

第五十九条 本法第六条、第二十一条、第二十二条、第二十四条、第二十五条、第二十六条第一款、第三十五条第二款、第三十六条关于邮政企业及其从业人员的规定，适用于快递企业及其从业人员；第十一条关于邮件处理场所的规定，适用于快件处理场所；第三条第二款、第二十六条第二款、第三十五条第一款、第三十六条、第三十七条关于邮件的规定,适用于快件;第四十五条第二款关于邮件的损失赔偿的规定,适用于快件的损失赔偿。

第六十条 经营快递业务的企业依法成立的行业协会,依照法律、行政法规及其章程规定,制定快递行业规范,加强行业自律,为企业提供信息、培训等方面的服务,促进快递行业的健康发展。

经营快递业务的企业应当对其从业人员加强法制教育、职业道德教育和业务技能培训。

第七章 监督检查

第六十一条 邮政管理部门依法履行监督管理职责,可以采取下列监督检查措施:

(一)进入邮政企业、快递企业或者涉嫌发生违反本法活动的其他场所实施现场检查;

(二)向有关单位和个人了解情况;

(三)查阅、复制有关文件、资料、凭证;

(四)经邮政管理部门负责人批准,查封与违反本法活动有关的场所,扣押用于违反本法活动的运输工具以及相关物品,对信件以外的涉嫌夹带禁止寄递或者限制寄递物品的邮件、快件开拆检查。

第六十二条 邮政管理部门根据履行监督管理职责的需要,可以要求邮政企业和快递企业报告有关经营情况。

第六十三条 邮政管理部门进行监督检查时,监督检查人员不得少于二人,并应当出示执法证件。对邮政管理部门依法进行的监督检查,有关单位和个人应当配合,不得拒绝、阻碍。

第六十四条 邮政管理部门工作人员对监督检查中知悉的商业秘密,负有保密义务。

第六十五条 邮政企业和快递企业应当及时、妥善处理用户对服务质量提出的异议。用户对处理结果不满意的,可以向邮政管理部门申诉,邮政管理部门应当及时依法处理,并自接到申诉之日起三十日内作出答复。

第六十六条 任何单位和个人对违反本法规定的行为,有权向邮政管理部门举报。邮政管理部门接到举报后,应当及时依法处理。

第八章 法律责任

第六十七条 邮政企业提供邮政普遍服务不符合邮政普遍服务标准的,由邮政管理部门责令改正,可以处一万元以下的罚款;情节严重的,处一万元以上五万元以下的罚款;对直接负责的主管人员和其他直接责任人员给予处分。

第六十八条 邮政企业未经邮政管理部门批准,停止办理或者限制办理邮政普遍服务业务和特殊服务业务,或者撤销提供邮政普遍服务的邮政营业场所的,由邮政管理部门责令改正,可以处二万元以下的罚款;情节严重的,处二万元以上十万元以下的罚款;对直接负责的主管人员和其他直接责任人员给予处分。

第六十九条 邮政企业利用带有邮政专用标志的车船从事邮件运递以外的经营性活动,或者以出租等方式允许其他单位或者个人使用带有邮政专用标志的车船的,由邮政管理部门责令改正,没收违法所得,可以并处二万元以下的罚款;情节严重的,并处二万元以上十万元以下的罚款;对直接负责的主管人员和其他直接责任人员给予处分。

邮政企业从业人员利用带有邮政专用标志的车船从事邮件运递以外的活动的,由邮政企业责令改正,给予处分。

第七十条 邮政企业从业人员故意延误投递邮件的,由邮政企业给予处分。

第七十一条 冒领、私自开拆、隐匿、毁弃或者非法检查他人邮件、快件,尚不构成犯罪的,依法给予治安管理处罚。

第七十二条 未取得快递业务经营许可经营快递业务,或者邮政企业以外的单位或者个人经营由邮政企业专营的信件寄递业务或者寄递国家机关公文的,由邮政管理部门或者工商行政管理部门责令改正,没收违法所得,并处五万元以上十万元以下的罚款;情节严重的,并处十万元以上二十万元以下的罚款;对快递企业,还可以责令停业整顿直至吊销其快递业务经营许可证。

违反本法第五十一条第二款的规定,经营信件的国内快递业务的,依照前款规定处罚。

第七十三条 快递企业有下列行为之一的,由邮政管理部门责令改正,可以处一万元以下的罚款;情节严重的,处一万元以上五万元以下的罚款,并可以责令停业整顿:

(一)设立分支机构、合并、分立,未向邮政管理部门备案的;

（二）未在信件封套的显著位置标注信件字样的；

（三）将信件打包后作为包裹寄递的；

（四）停止经营快递业务，未书面告知邮政管理部门并交回快递业务经营许可证，或者未按照国务院邮政管理部门的规定妥善处理尚未投递的快件的。

第七十四条 邮政企业、快递企业未按照规定向用户明示其业务资费标准，或者有其他价格违法行为的，由政府价格主管部门依照《中华人民共和国价格法》的规定处罚。

第七十五条 邮政企业、快递企业不建立或者不执行收件验视制度，或者违反法律、行政法规以及国务院和国务院有关部门关于禁止寄递或者限制寄递物品的规定收寄邮件、快件的，对邮政企业直接负责的主管人员和其他直接责任人员给予处分；对快递企业，邮政管理部门可以责令停业整顿直至吊销其快递业务经营许可证。

用户在邮件、快件中夹带禁止寄递或者限制寄递的物品，尚不构成犯罪的，依法给予治安管理处罚。

有前两款规定的违法行为，造成人身伤害或者财产损失的，依法承担赔偿责任。

邮政企业、快递企业经营国际寄递业务，以及用户交寄国际邮递物品，违反《中华人民共和国海关法》及其他有关法律、行政法规的规定的，依照有关法律、行政法规的规定处罚。

第七十六条 邮政企业、快递企业违法提供用户使用邮政服务或者快递服务的信息，尚不构成犯罪的，由邮政管理部门责令改正，没收违法所得，并处一万元以上五万元以下的罚款；对邮政企业直接负责的主管人员和其他直接责任人员给予处分；对快递企业，邮政管理部门还可以责令停业整顿直至吊销其快递业务经营许可证。

邮政企业、快递企业从业人员有前款规定的违法行为，尚不构成犯罪的，由邮政管理部门责令改正，没收违法所得，并处五千元以上一万元以下的罚款。

第七十七条 邮政企业、快递企业拒绝、阻碍依法实施的监督检查，尚不构成犯罪的，依法给予治安管理处罚；对快递企业，邮政管理部门还可以责令停业整顿直至吊销其快递业务经营许可证。

第七十八条 邮政企业及其从业人员、快递企业及其从业人员在经营活动中有危害国家安全行为的，依法追究法律责任；对快递企业，并由邮政管理部门吊销其快递业务经营许可证。

第七十九条 冒用邮政企业名义或者邮政专用标志，或者伪造邮政专用品或者倒卖伪造的邮政专用品的，由邮政管理部门责令改正，没收伪造的邮政专用品以及违法所得，并处一万元以上五万元以下的罚款。

第八十条 有下列行为之一，尚不构成犯罪的，依法给予治安管理处罚：

（一）盗窃、损毁邮政设施或者影响邮政设施正常使用的；

（二）伪造邮资凭证或者倒卖伪造的邮资凭证的；

（三）扰乱邮政营业场所、快递企业营业场所正常秩序的；

（四）非法拦截、强登、扒乘运送邮件、快件的车辆的。

第八十一条 违反本法规定被吊销快递业务经营许可证的，自快递业务经营许可证被吊销之日起三年内，不得申请经营快递业务。

快递企业被吊销快递业务经营许可证的，应当依法向工商行政管理部门办理变更登记或者注销登记。

第八十二条 违反本法规定，构成犯罪的，依法追究刑事责任。

第八十三条 邮政管理部门工作人员在监督管理工作中滥用职权、玩忽职守、徇私舞弊，构成犯罪的，依法追究刑事责任；尚不构成犯罪的，依法给予处分。

第九章 附 则

第八十四条 本法下列用语的含义：

邮政企业，是指中国邮政集团公司及其提供邮政服务的全资企业、控股企业。

寄递，是指将信件、包裹、印刷品等物品按照封装上的名址递送给特定个人或者单位的活动，包括收寄、分拣、运输、投递等环节。

快递，是指在承诺的时限内快速完成的寄递活动。

邮件，是指邮政企业寄递的信件、包裹、汇款通知、报刊和其他印刷品等。

快件，是指快递企业递送的信件、包裹、印刷品等。

信件,是指信函、明信片。信函是指以套封形式按照名址递送给特定个人或者单位的缄封的信息载体,不包括书籍、报纸、期刊等。

包裹,是指按照封装上的名址递送给特定个人或者单位的独立封装的物品,其重量不超过五十千克,任何一边的尺寸不超过一百五十厘米,长、宽、高合计不超过三百厘米。

平常邮件,是指邮政企业在收寄时不出具收据,投递时不要求收件人签收的邮件。

给据邮件,是指邮政企业在收寄时向寄件人出具收据,投递时由收件人签收的邮件。

邮政设施,是指用于提供邮政服务的邮政营业场所、邮件处理场所、邮筒(箱)、邮政报刊亭、信报箱等。

邮件处理场所,是指邮政企业专门用于邮件分拣、封发、储存、交换、转运、投递等活动的场所。

国际邮递物品,是指中华人民共和国境内的用户与其他国家或者地区的用户相互寄递的包裹和印刷品等。

邮政专用品,是指邮政日戳、邮资机、邮政业务单据、邮政夹钳、邮袋和其他邮件专用容器。

第八十五条 本法公布前按照国家有关规定,经国务院对外贸易主管部门批准或者备案,并向工商行政管理部门依法办理登记后经营国际快递业务的国际货物运输代理企业,凭批准或者备案文件以及营业执照,到国务院邮政管理部门领取快递业务经营许可证。国务院邮政管理部门应当将企业领取快递业务经营许可证的情况向其原办理登记的工商行政管理部门通报。

除前款规定的企业外,本法公布前依法向工商行政管理部门办理登记后经营快递业务的企业,不具备本法规定的经营快递业务的条件的,应当在国务院邮政管理部门规定的期限内达到本法规定的条件,逾期达不到本法规定的条件的,不得继续经营快递业务。

第八十六条 省、自治区、直辖市应当根据本地区的实际情况,制定支持邮政企业提供邮政普遍服务的具体办法。

第八十七条 本法自2009年10月1日起施行。

快递暂行条例

(2018年3月2日中华人民共和国国务院令第697号公布 根据2019年3月2日《国务院关于修改部分行政法规的决定》修订)

第一章 总 则

第一条 为促进快递业健康发展,保障快递安全,保护快递用户合法权益,加强对快递业的监督管理,根据《中华人民共和国邮政法》和其他有关法律,制定本条例。

第二条 在中华人民共和国境内从事快递业务经营、接受快递服务以及对快递业实施监督管理,适用本条例。

第三条 地方各级人民政府应当创造良好的快递业营商环境,支持经营快递业务的企业创新商业模式和服务方式,引导经营快递业务的企业加强服务质量管理、健全规章制度、完善安全保障措施,为用户提供迅速、准确、安全、方便的快递服务。

地方各级人民政府应当确保政府相关行为符合公平竞争要求和相关法律法规,维护快递业竞争秩序,不得出台违反公平竞争、可能造成地区封锁和行业垄断的政策措施。

第四条 任何单位或者个人不得利用信件、包裹、印刷品以及其他寄递物品(以下统称快件)从事危害国家安全、社会公共利益或者他人合法权益的活动。

除有关部门依照法律对快件进行检查外,任何单位或者个人不得非法检查他人快件。任何单位或者个人不得私自开拆、隐匿、毁弃、倒卖他人快件。

第五条 国务院邮政管理部门负责对全国快递业实施监督管理。国务院公安、国家安全、海关、工商行政管理等有关部门在各自职责范围内负责相关的快递监督管理工作。

省、自治区、直辖市邮政管理机构和按照国务院规定设立的省级以下邮政管理机构负责对本辖区的快递业实施监督管理。县级以上地方人民政府有关部门在各自职责范围内负责相关的快递监督管理工作。

第六条 国务院邮政管理部门和省、自治区、直辖市邮政管理机构以及省级以下邮政管理机构（以下统称邮政管理部门）应当与公安、国家安全、海关、工商行政管理等有关部门相互配合，建立健全快递安全监管机制，加强对快递业安全运行的监测预警，收集、共享与快递业安全运行有关的信息，依法处理影响快递业安全运行的事件。

第七条 依法成立的快递行业组织应当保护企业合法权益，加强行业自律，促进企业守法、诚信、安全经营，督促企业落实安全生产主体责任，引导企业不断提高快递服务质量和水平。

第八条 国家加强快递业诚信体系建设，建立健全快递业信用记录、信息公开、信用评价制度，依法实施联合惩戒措施，提高快递业信用水平。

第九条 国家鼓励经营快递业务的企业和寄件人使用可降解、可重复利用的环保包装材料，鼓励经营快递业务的企业采取措施回收快件包装材料，实现包装材料的减量化利用和再利用。

第二章 发展保障

第十条 国务院邮政管理部门应当制定快递业发展规划，促进快递业健康发展。

县级以上地方人民政府应当将快递业发展纳入本级国民经济和社会发展规划，在城乡规划和土地利用总体规划中统筹考虑快件大型集散、分拣等基础设施用地的需要。

县级以上地方人民政府建立健全促进快递业健康发展的政策措施，完善相关配套规定，依法保障经营快递业务的企业及其从业人员的合法权益。

第十一条 国家支持和鼓励经营快递业务的企业在农村、偏远地区发展快递服务网络，完善快递末端网点布局。

第十二条 国家鼓励和引导经营快递业务的企业采用先进技术，促进自动化分拣设备、机械化装卸设备、智能末端服务设施、快递电子运单以及快件信息化管理系统等的推广应用。

第十三条 县级以上地方人民政府公安、交通运输等部门和邮政管理部门应当加强协调配合，建立健全快递运输保障机制，依法保障快递服务车辆通行和临时停靠的权利，不得禁止快递服务车辆依法通行。

邮政管理部门会同县级以上地方人民政府公安等部门，依法规范快递服务车辆的管理和使用，对快递专用电动三轮车的行驶时速、装载质量等作出规定，并对快递服务车辆加强统一编号和标识管理。经营快递业务的企业应当对其从业人员加强道路交通安全培训。

快递从业人员应当遵守道路交通安全法律法规的规定，按照操作规范安全、文明驾驶车辆。快递从业人员因执行工作任务造成他人损害的，由快递从业人员所属的经营快递业务的企业依照民事侵权责任相关法律的规定承担侵权责任。

第十四条 企业事业单位、住宅小区管理单位应当根据实际情况，采取与经营快递业务的企业签订合同、设置快件收寄投递专门场所等方式，为开展快递服务提供必要的便利。鼓励多个经营快递业务的企业共享末端服务设施，为用户提供便捷的快递末端服务。

第十五条 国家鼓励快递业与制造业、农业、商贸业等行业建立协同发展机制，推动快递业与电子商务融合发展，加强信息沟通，共享设施和网络资源。

国家引导和推动快递业与铁路、公路、水路、民航等行业的标准对接，支持在大型车站、码头、机场等交通枢纽配套建设快件运输通道和接驳场所。

第十六条 国家鼓励经营快递业务的企业依法开展进出境快递业务，支持在重点口岸建设进出境快件处理中心、在境外依法开办快递服务机构并设置快件处理场所。

海关、邮政管理等部门应当建立协作机制，完善进出境快件管理，推动实现快件便捷通关。

第三章 经营主体

第十七条 经营快递业务，应当依法取得快递业务经营许可。邮政管理部门应当根据《中华人民共和国邮政法》第五十二条、第五十三条规定的条件和程序核定经营许可的业务范围和地域范围，向社会公布取得快递业务经营许可的企业名单，并及时更新。

第十八条 经营快递业务的企业及其分支机构可以根据业务需要开办快递末端网点，并应当自开办之日起20日内向所在地邮政管理部门备案。快递末端网点无需办理营业执照。

第十九条 两个以上经营快递业务的企业可以使用统一的商标、字号或者快递运单经营快递业务。

前款规定的经营快递业务的企业应当签订书面协议明确各自的权利义务，遵守共同的服务约定，在服务质量、安全保障、业务流程等方面实行统一管理，为用户提供统一的快件跟踪查询和投诉处理服务。

用户的合法权益因快件延误、丢失、损毁或者内件短少而受到损害的，用户可以要求该商标、字号或者快递运单所属企业赔偿，也可以要求实际提供快递服务的企业赔偿。

第二十条 经营快递业务的企业应当依法保护其从业人员的合法权益。

经营快递业务的企业应当对其从业人员加强职业操守、服务规范、作业规范、安全生产、车辆安全驾驶等方面的教育和培训。

第四章 快递服务

第二十一条 经营快递业务的企业在寄件人填写快递运单前，应当提醒其阅读快递服务合同条款、遵守禁止寄递和限制寄递物品的有关规定，告知相关保价规则和保险服务项目。

寄件人交寄贵重物品的，应当事先声明；经营快递业务的企业可以要求寄件人对贵重物品予以保价。

第二十二条 寄件人交寄快件，应当如实提供以下事项：

（一）寄件人姓名、地址、联系电话；

（二）收件人姓名（名称）、地址、联系电话；

（三）寄递物品的名称、性质、数量。

除信件和已签订安全协议用户交寄的快件外，经营快递业务的企业收寄快件，应当对寄件人身份进行查验，并登记身份信息，但不得在快递运单上记录除姓名（名称）、地址、联系电话以外的用户身份信息。寄件人拒绝提供身份信息或者提供身份信息不实的，经营快递业务的企业不得收寄。

第二十三条 国家鼓励经营快递业务的企业在节假日期间根据业务量变化实际情况，为用户提供正常的快递服务。

第二十四条 经营快递业务的企业应当规范操作，防止造成快件损毁。

法律法规对食品、药品等特定物品的运输有特殊规定的，寄件人、经营快递业务的企业应当遵守相关规定。

第二十五条 经营快递业务的企业应当将快件投递到约定的收件地址、收件人或者收件人指定的代收人，并告知收件人或者代收人当面验收。收件人或者代收人有权当面验收。

第二十六条 快件无法投递的，经营快递业务的企业应当退回寄件人或者根据寄件人的要求进行处理；属于进出境快件的，经营快递业务的企业应当依法办理海关和检验检疫手续。

快件无法投递又无法退回的，依照下列规定处理：

（一）属于信件，自确认无法退回之日起超过6个月无人认领的，由经营快递业务的企业在所在地邮政管理部门的监督下销毁；

（二）属于信件以外其他快件的，经营快递业务的企业应当登记，并按照国务院邮政管理部门的规定处理；

（三）属于进境快件的，交由海关依法处理。

第二十七条 快件延误、丢失、损毁或者内件短少的，对保价的快件，应当按照经营快递业务的企业与寄件人约定的保价规则确定赔偿责任；对未保价的快件，依照民事法律的有关规定确定赔偿责任。

国家鼓励保险公司开发快件损失赔偿责任险种，鼓励经营快递业务的企业投保。

第二十八条 经营快递业务的企业应当实行快件寄递全程信息化管理，公布联系方式，保证与用户的联络畅通，向用户提供业务咨询、快件查询等服务。用户对快递服务质量不满意的，可以向经营快递业务的企业投诉，经营快递业务的企业应当自接到投诉之日起7日内予以处理并告知用户。

第二十九条 经营快递业务的企业停止经营的，应当提前10日向社会公告，书面告知邮政管理部门，交回快递业务经营许可证，并依法妥善处理尚未投递的快件。

经营快递业务的企业或者其分支机构因不可抗力或者其他特殊原因暂停快递服务的，应当及时向邮政管理部门报告，向社会公告暂停服务的原因和期限，并依法妥善处理尚未投递的快件。

第五章 快递安全

第三十条 寄件人交寄快件和经营快递业务的企业收寄快件应当遵守《中华人民共和国邮政法》第二十四条关于禁止寄递或者限制寄递物品的规定。

禁止寄递物品的目录及管理办法，由国务院邮政管理部门会同国务院有关部门制定并公布。

第三十一条 经营快递业务的企业收寄快件，应当依照《中华人民共和国邮政法》的规定验视内件，并作出验视标识。寄件人拒绝验视的，经营快递业务的企业不得收寄。

经营快递业务的企业受寄件人委托，长期、批量提供快递服务的，应当与寄件人签订安全协议，明确双方的安全保障义务。

第三十二条 经营快递业务的企业可以自行或者委托第三方企业对快件进行安全检查，并对经过安全检查的快件作出安全检查标识。经营快递业务的企业委托第三方企业对快件进行安全检查的，不免除委托方对快件安全承担的责任。

经营快递业务的企业或者接受委托的第三方企业应当使用符合强制性国家标准的安全检查设备，并加强对安全检查人员的背景审查和技术培训；经营快递业务的企业或者接受委托的第三方企业对安全检查人员进行背景审查，公安机关等相关部门应当予以配合。

第三十三条 经营快递业务的企业发现寄件人交寄禁止寄递物品的，应当拒绝收寄；发现已经收寄的快件中有疑似禁止寄递物品的，应当立即停止分拣、运输、投递。对快件中依法应当没收、销毁或者可能涉及违法犯罪的物品，经营快递业务的企业应当立即向有关部门报告并配合调查处理；对其他禁止寄递物品以及限制寄递物品，经营快递业务的企业应当按照法律、行政法规或者国务院和国务院有关主管部门的规定处理。

第三十四条 经营快递业务的企业应当建立快递运单及电子数据管理制度，妥善保管用户信息等电子数据，定期销毁快递运单，采取有效技术手段保证用户信息安全。具体办法由国务院邮政管理部门会同国务院有关部门制定。

经营快递业务的企业及其从业人员不得出售、泄露或者非法提供快递服务过程中知悉的用户信息。发生或者可能发生用户信息泄露的，经营快递业务的企业应当立即采取补救措施，并向所在地邮政管理部门报告。

第三十五条 经营快递业务的企业应当依法建立健全安全生产责任制，确保快递服务安全。

经营快递业务的企业应当依法制定突发事件应急预案，定期开展突发事件应急演练；发生突发事件的，应当按照应急预案及时、妥善处理，并立即向所在地邮政管理部门报告。

第六章 监督检查

第三十六条 邮政管理部门应当加强对快递业的监督检查。监督检查应当以下列事项为重点：

（一）从事快递活动的企业是否依法取得快递业务经营许可；

（二）经营快递业务的企业的安全管理制度是否健全并有效实施；

（三）经营快递业务的企业是否妥善处理用户的投诉、保护用户合法权益。

第三十七条 邮政管理部门应当建立和完善以随机抽查为重点的日常监督检查制度，公布抽查事项目录，明确抽查的依据、频次、方式、内容和程序，随机抽取被检查企业，随机选派检查人员。抽查情况和查处结果应当及时向社会公布。

邮政管理部门应当充分利用计算机网络等先进技术手段，加强对快递业务活动的日常监督检查，提高快递业管理水平。

第三十八条 邮政管理部门依法履行职责，有权采取《中华人民共和国邮政法》第六十一条规定的监督检查措施。邮政管理部门实施现场检查，有权查阅经营快递业务的企业管理快递业务的电子数据。

国家安全机关、公安机关为维护国家安全和侦查犯罪活动的需要依法开展执法活动，经营快递业务的企业应当提供技术支持和协助。

《中华人民共和国邮政法》第十一条规定的处理场所，包括快件处理场地、设施、设备。

第三十九条 邮政管理部门应当向社会公布本部门的联系方式，方便公众举报违法行为。

邮政管理部门接到举报的，应当及时依法调查处理，并为举报人保密。对实名举报的，邮政管理部门应当将处理结果告知举报人。

第七章 法律责任

第四十条 未取得快递业务经营许可从事快递活动的，由邮政管理部门依照《中华人民共和国邮政法》的规定予以处罚。

经营快递业务的企业或者其分支机构有下列行为之一的，由邮政管理部门责令改正，可以处1万元以下的罚款；情节严重的，处1万元以上5万元以下的罚款，并可以责令停业整顿：

（一）开办快递末端网点未向所在地邮政管理部门备案；

（二）停止经营快递业务，未提前10日向社会公告，未书面告知邮政管理部门并交回快递业务经营许可证，或者未依法妥善处理尚未投递的快件；

（三）因不可抗力或者其他特殊原因暂停快递服务，未及时向邮政管理部门报告并向社会公告暂停服务的原因和期限，或者未依法妥善处理尚未投递的快件。

第四十一条 两个以上经营快递业务的企业使用统一的商标、字号或者快递运单经营快递业务，未遵守共同的服务约定，在服务质量、安全保障、业务流程等方面未实行统一管理，或者未向用户提供统一的快件跟踪查询和投诉处理服务的，由邮政管理部门责令改正，处1万元以上5万元以下的罚款；情节严重的，处5万元以上10万元以下的罚款，并可以责令停业整顿。

第四十二条 冒领、私自开拆、隐匿、毁弃、倒卖或者非法检查他人快件，尚不构成犯罪的，依法给予治安管理处罚。

经营快递业务的企业有前款规定行为，或者非法扣留快件的，由邮政管理部门责令改正，没收违法所得，并处5万元以上10万元以下的罚款；情节严重的，并处10万元以上20万元以下的罚款，并可以责令停业整顿直至吊销其快递业务经营许可证。

第四十三条 经营快递业务的企业有下列情形之一的，由邮政管理部门依照《中华人民共和国邮政法》、《中华人民共和国反恐怖主义法》的规定予以处罚：

（一）不建立或者不执行收寄验视制度；

（二）违反法律、行政法规以及国务院和国务院有关部门关于禁止寄递或者限制寄递物品的规定；

（三）收寄快件未查验寄件人身份并登记身份信息，或者发现寄件人提供身份信息不实仍予收寄；

（四）未按照规定对快件进行安全检查。

寄件人在快件中夹带禁止寄递的物品，尚不构成犯罪的，依法给予治安管理处罚。

第四十四条 经营快递业务的企业有下列行为之一的，由邮政管理部门责令改正，没收违法所得，并处1万元以上5万元以下的罚款；情节严重的，并处5万元以上10万元以下的罚款，并可以责令停业整顿直至吊销其快递业务经营许可证：

（一）未按照规定建立快递运单及电子数据管理制度；

（二）未定期销毁快递运单；

（三）出售、泄露或者非法提供快递服务过程中知悉的用户信息；

（四）发生或者可能发生用户信息泄露的情况，未立即采取补救措施，或者未向所在地邮政管理部门报告。

第四十五条 经营快递业务的企业及其从业人员在经营活动中有危害国家安全行为的，依法追究法律责任；对经营快递业务的企业，由邮政管理部门吊销其快递业务经营许可证。

第四十六条 邮政管理部门和其他有关部门的工作人员在监督管理工作中滥用职权、玩忽职守、徇私舞弊的，依法给予处分。

第四十七条 违反本条例规定，构成犯罪的，依法追究刑事责任；造成人身、财产或者其他损害的，依法承担赔偿责任。

第八章 附则

第四十八条 本条例自2018年5月1日起施行。

中华人民共和国网络安全法

（2016年11月7日第十二届全国人民代表大会常务委员会第二十四次会议通过　2016年11月7日中华人民共和国主席令第53号公布　自2017年6月1日起施行）

目　　录

第一章　总　　则

第二章　网络安全支持与促进

第三章　网络运行安全

　第一节　一般规定

　第二节　关键信息基础设施的运行安全

第四章　网络信息安全

第五章　监测预警与应急处置

第六章　法律责任

第七章　附　　则

第一章　总　　则

第一条　【立法目的】为了保障网络安全，维护网络空间主权和国家安全、社会公共利益，保护公民、法人和其他组织的合法权益，促进经济社会信息化健康发展，制定本法。

第二条　【调整范围】在中华人民共和国境内建设、运营、维护和使用网络，以及网络安全的监督管理，适用本法。

第三条　【网络安全工作的基本原则】国家坚持网络安全与信息化发展并重，遵循积极利用、科学发展、依法管理、确保安全的方针，推进网络基础设施建设和互联互通，鼓励网络技术创新和应用，支持培养网络安全人才，建立健全网络安全保障体系，提高网络安全保护能力。

第四条　【国家网络安全战略】国家制定并不断完善网络安全战略，明确保障网络安全的基本要求和主要目标，提出重点领域的网络安全政策、工作任务和措施。

第五条　【国家维护网络安全的主要任务】国家采取措施，监测、防御、处置来源于中华人民共和国境内外的网络安全风险和威胁，保护关键信息基础设施免受攻击、侵入、干扰和破坏，依法惩治网络违法犯罪活动，维护网络空间安全和秩序。

第六条　【网络安全的社会参与】国家倡导诚实守信、健康文明的网络行为，推动传播社会主义核心价值观，采取措施提高全社会的网络安全意识和水平，形成全社会共同参与促进网络安全的良好环境。

第七条　【网络安全国际合作】国家积极开展网络空间治理、网络技术研发和标准制定、打击网络违法犯罪等方面的国际交流与合作，推动构建和平、安全、开放、合作的网络空间，建立多边、民主、透明的网络治理体系。

第八条　【网络安全监督管理体制】国家网信部门负责统筹协调网络安全工作和相关监督管理工作。国务院电信主管部门、公安部门和其他有关机关依照本法和有关法律、行政法规的规定，在各自职责范围内负责网络安全保护和监督管理工作。

县级以上地方人民政府有关部门的网络安全保护和监督管理职责，按照国家有关规定确定。

第九条　【网络运营者的基本义务】网络运营者开展经营和服务活动，必须遵守法律、行政法规，尊重社会公德，遵守商业道德，诚实信用，履行网络安全保护义务，接受政府和社会的监督，承担社会责任。

第十条　【维护网络安全的总体要求】建设、运营网络或者通过网络提供服务，应当依照法律、行政法规的规定和国家标准的强制性要求，采取技术措施和其他必要措施，保障网络安全、稳定运行，有效应对网络安全事件，防范网络违法犯罪活动，维护网络数据的完整性、保密性和可用性。

第十一条　【网络安全行业自律】网络相关行业组织按照章程，加强行业自律，制定网络安全行为规范，指导会员加强网络安全保护，提高网络安全保护水平，促进行业健康发展。

第十二条　【网络活动参与者的权利和义务】国家保护公民、法人和其他组织依法使用网络的权利，促进网络接入普及，提升网络服务水平，为社会提供安全、便利的网络服务，保障网络信息依法有序自由流动。

任何个人和组织使用网络应当遵守宪法法律，遵守公共秩序，尊重社会公德，不得危害网络安全，不得利用网络从事危害国家安全、荣誉和利益，煽动颠覆国家政权、推翻社会主义制度，煽动分裂国家、破坏国家统一，宣扬恐怖主义、极端主义，宣扬民族仇恨、民族歧视,传播暴力、淫秽色情信息,编造、传播虚假信息扰乱经济秩序和社会秩序,以及侵害他人名誉、隐私、知识产权和其他合法权益等活动。

第十三条 【未成年人网络保护】国家支持研究开发有利于未成年人健康成长的网络产品和服务,依法惩治利用网络从事危害未成年人身心健康的活动,为未成年人提供安全、健康的网络环境。

第十四条 【危害网络安全行为的举报及处理】任何个人和组织有权对危害网络安全的行为向网信、电信、公安等部门举报。收到举报的部门应当及时依法作出处理;不属于本部门职责的,应当及时移送有权处理的部门。

有关部门应当对举报人的相关信息予以保密,保护举报人的合法权益。

第二章 网络安全支持与促进

第十五条 【网络安全标准】国家建立和完善网络安全标准体系。国务院标准化行政主管部门和国务院其他有关部门根据各自的职责,组织制定并适时修订有关网络安全管理以及网络产品、服务和运行安全的国家标准、行业标准。

国家支持企业、研究机构、高等学校、网络相关行业组织参与网络安全国家标准、行业标准的制定。

第十六条 【促进网络安全技术和产业发展】国务院和省、自治区、直辖市人民政府应当统筹规划,加大投入,扶持重点网络安全技术产业和项目,支持网络安全技术的研究开发和应用,推广安全可信的网络产品和服务,保护网络技术知识产权,支持企业、研究机构和高等学校等参与国家网络安全技术创新项目。

第十七条 【网络安全社会化服务体系建设】国家推进网络安全社会化服务体系建设,鼓励有关企业、机构开展网络安全认证、检测和风险评估等安全服务。

第十八条 【促进数据资源开发利用】国家鼓励开发网络数据安全保护和利用技术,促进公共数据资源开放,推动技术创新和经济社会发展。

国家支持创新网络安全管理方式,运用网络新技术,提升网络安全保护水平。

第十九条 【网络安全宣传教育】各级人民政府及其有关部门应当组织开展经常性的网络安全宣传教育,并指导、督促有关单位做好网络安全宣传教育工作。

大众传播媒介应当有针对性地面向社会进行网络安全宣传教育。

第二十条 【网络安全人才培养】国家支持企业和高等学校、职业学校等教育培训机构开展网络安全相关教育与培训,采取多种方式培养网络安全人才,促进网络安全人才交流。

第三章 网络运行安全

第一节 一般规定

第二十一条 【网络安全等级保护制度】国家实行网络安全等级保护制度。网络运营者应当按照网络安全等级保护制度的要求,履行下列安全保护义务,保障网络免受干扰、破坏或者未经授权的访问,防止网络数据泄露或者被窃取、篡改:

(一)制定内部安全管理制度和操作规程,确定网络安全负责人,落实网络安全保护责任;

(二)采取防范计算机病毒和网络攻击、网络侵入等危害网络安全行为的技术措施;

(三)采取监测、记录网络运行状态、网络安全事件的技术措施,并按照规定留存相关的网络日志不少于六个月;

(四)采取数据分类、重要数据备份和加密等措施;

(五)法律、行政法规规定的其他义务。

第二十二条 【网络产品和服务提供者的安全义务】网络产品、服务应当符合相关国家标准的强制性要求。网络产品、服务的提供者不得设置恶意程序;发现其网络产品、服务存在安全缺陷、漏洞等风险时,应当立即采取补救措施,按照规定及时告知用户并向有关主管部门报告。

网络产品、服务的提供者应当为其产品、服务持续提供安全维护;在规定或者当事人约定的期限内,不得终止提供安全维护。

网络产品、服务具有收集用户信息功能的,其提供者应当向用户明示并取得同意;涉及用户个人信息的,还应当遵守本法和有关法律、行政法规关于个人信息保护的规定。

第二十三条 【网络关键设备和安全专用产品的认证检测】网络关键设备和网络安全专用产品应

当按照相关国家标准的强制性要求，由具备资格的机构安全认证合格或者安全检测符合要求后，方可销售或者提供。国家网信部门会同国务院有关部门制定、公布网络关键设备和网络安全专用产品目录，并推动安全认证和安全检测结果互认，避免重复认证、检测。

第二十四条 【网络用户身份管理制度】网络运营者为用户办理网络接入、域名注册服务，办理固定电话、移动电话等入网手续，或者为用户提供信息发布、即时通讯等服务，在与用户签订协议或者确认提供服务时，应当要求用户提供真实身份信息。用户不提供真实身份信息的，网络运营者不得为其提供相关服务。

国家实施网络可信身份战略，支持研究开发安全、方便的电子身份认证技术，推动不同电子身份认证之间的互认。

第二十五条 【网络运营者的应急处置措施】网络运营者应当制定网络安全事件应急预案，及时处置系统漏洞、计算机病毒、网络攻击、网络侵入等安全风险；在发生危害网络安全的事件时，立即启动应急预案，采取相应的补救措施，并按照规定向有关主管部门报告。

第二十六条 【网络安全服务活动的规范】开展网络安全认证、检测、风险评估等活动，向社会发布系统漏洞、计算机病毒、网络攻击、网络侵入等网络安全信息，应当遵守国家有关规定。

第二十七条 【禁止危害网络安全的行为】任何个人和组织不得从事非法侵入他人网络、干扰他人网络正常功能、窃取网络数据等危害网络安全的活动；不得提供专门用于从事侵入网络、干扰网络正常功能及防护措施、窃取网络数据等危害网络安全活动的程序、工具；明知他人从事危害网络安全的活动的，不得为其提供技术支持、广告推广、支付结算等帮助。

第二十八条 【网络运营者的技术支持和协助义务】网络运营者应当为公安机关、国家安全机关依法维护国家安全和侦查犯罪的活动提供技术支持和协助。

第二十九条 【网络安全风险的合作应对】国家支持网络运营者之间在网络安全信息收集、分析、通报和应急处置等方面进行合作，提高网络运营者的安全保障能力。

有关行业组织建立健全本行业的网络安全保护规范和协作机制，加强对网络安全风险的分析评估，定期向会员进行风险警示，支持、协助会员应对网络安全风险。

第三十条 【执法信息用途限制】网信部门和有关部门在履行网络安全保护职责中获取的信息，只能用于维护网络安全的需要，不得用于其他用途。

第二节 关键信息基础设施的运行安全

第三十一条 【关键信息基础设施保护制度】国家对公共通信和信息服务、能源、交通、水利、金融、公共服务、电子政务等重要行业和领域，以及其他一旦遭到破坏、丧失功能或者数据泄露，可能严重危害国家安全、国计民生、公共利益的关键信息基础设施，在网络安全等级保护制度的基础上，实行重点保护。关键信息基础设施的具体范围和安全保护办法由国务院制定。

国家鼓励关键信息基础设施以外的网络运营者自愿参与关键信息基础设施保护体系。

第三十二条 【关键信息基础设施安全保护工作部门的职责】按照国务院规定的职责分工，负责关键信息基础设施安全保护工作的部门分别编制并组织实施本行业、本领域的关键信息基础设施安全规划，指导和监督关键信息基础设施运行安全保护工作。

第三十三条 【关键信息基础设施建设的安全要求】建设关键信息基础设施应当确保其具有支持业务稳定、持续运行的性能，并保证安全技术措施同步规划、同步建设、同步使用。

第三十四条 【关键信息基础设施运营者的安全保护义务】除本法第二十一条的规定外，关键信息基础设施的运营者还应当履行下列安全保护义务：

（一）设置专门安全管理机构和安全管理负责人，并对该负责人和关键岗位的人员进行安全背景审查；

（二）定期对从业人员进行网络安全教育、技术培训和技能考核；

（三）对重要系统和数据库进行容灾备份；

（四）制定网络安全事件应急预案，并定期进行演练；

（五）法律、行政法规规定的其他义务。

第三十五条 【关键信息基础设施采购的国家安全审查】关键信息基础设施的运营者采购网络产品和服务，可能影响国家安全的，应当通过国家网信部门会同国务院有关部门组织的国家安全审查。

第三十六条 【关键信息基础设施采购的安全保密义务】关键信息基础设施的运营者采购网络产品和服务，应当按照规定与提供者签订安全保密协议，明确安全和保密义务与责任。

第三十七条 【关键信息基础设施数据的境内存储和对外提供】关键信息基础设施的运营者在中华人民共和国境内运营中收集和产生的个人信息和重要数据应当在境内存储。因业务需要，确需向境外提供的，应当按照国家网信部门会同国务院有关部门制定的办法进行安全评估；法律、行政法规另有规定的，依照其规定。

第三十八条 【关键信息基础设施的定期安全检测评估】关键信息基础设施的运营者应当自行或者委托网络安全服务机构对其网络的安全性和可能存在的风险每年至少进行一次检测评估，并将检测评估情况和改进措施报送相关负责关键信息基础设施安全保护工作的部门。

第三十九条 【关键信息基础设施保护的统筹协作机制】国家网信部门应当统筹协调有关部门对关键信息基础设施的安全保护采取下列措施：

（一）对关键信息基础设施的安全风险进行抽查检测，提出改进措施，必要时可以委托网络安全服务机构对网络存在的安全风险进行检测评估；

（二）定期组织关键信息基础设施的运营者进行网络安全应急演练，提高应对网络安全事件的水平和协同配合能力；

（三）促进有关部门、关键信息基础设施的运营者以及有关研究机构、网络安全服务机构等之间的网络安全信息共享；

（四）对网络安全事件的应急处置与网络功能的恢复等，提供技术支持和协助。

第四章 网络信息安全

第四十条 【建立用户信息保护制度】网络运营者应当对其收集的用户信息严格保密，并建立健全用户信息保护制度。

第四十一条 【个人信息收集使用规则】网络运营者收集、使用个人信息，应当遵循合法、正当、必要的原则，公开收集、使用规则，明示收集、使用信息的目的、方式和范围，并经被收集者同意。

网络运营者不得收集与其提供的服务无关的个人信息，不得违反法律、行政法规的规定和双方的约定收集、使用个人信息，并应当依照法律、行政法规的规定和与用户的约定，处理其保存的个人信息。

第四十二条 【网络运营者的个人信息保护义务】网络运营者不得泄露、篡改、毁损其收集的个人信息；未经被收集者同意，不得向他人提供个人信息。但是，经过处理无法识别特定个人且不能复原的除外。

网络运营者应当采取技术措施和其他必要措施，确保其收集的个人信息安全，防止信息泄露、毁损、丢失。在发生或者可能发生个人信息泄露、毁损、丢失的情况时，应当立即采取补救措施，按照规定及时告知用户并向有关主管部门报告。

第四十三条 【个人信息的删除权和更正权】个人发现网络运营者违反法律、行政法规的规定或者双方的约定收集、使用其个人信息的，有权要求网络运营者删除其个人信息；发现网络运营者收集、存储的其个人信息有错误的，有权要求网络运营者予以更正。网络运营者应当采取措施予以删除或者更正。

第四十四条 【禁止非法获取、买卖、提供个人信息】任何个人和组织不得窃取或者以其他非法方式获取个人信息，不得非法出售或者非法向他人提供个人信息。

第四十五条 【监督管理部门的保密义务】依法负有网络安全监督管理职责的部门及其工作人员，必须对在履行职责中知悉的个人信息、隐私和商业秘密严格保密，不得泄露、出售或者非法向他人提供。

第四十六条 【禁止利用网络从事与违法犯罪相关的活动】任何个人和组织应当对其使用网络的行为负责，不得设立用于实施诈骗，传授犯罪方法，制作或者销售违禁物品、管制物品等违法犯罪活动的网站、通讯群组，不得利用网络发布涉及实施诈骗，制作或者销售违禁物品、管制物品以及其他违法犯罪活动的信息。

第四十七条 【网络运营者处置违法信息的义务】网络运营者应当加强对其用户发布的信息的管

理,发现法律、行政法规禁止发布或者传输的信息的,应当立即停止传输该信息,采取消除等处置措施,防止信息扩散,保存有关记录,并向有关主管部门报告。

第四十八条 【电子信息和应用软件的信息安全要求及其提供者处置违法信息的义务】任何个人和组织发送的电子信息、提供的应用软件,不得设置恶意程序,不得含有法律、行政法规禁止发布或者传输的信息。

电子信息发送服务提供者和应用软件下载服务提供者,应当履行安全管理义务,知道其用户有前款规定行为的,应当停止提供服务,采取消除等处置措施,保存有关记录,并向有关主管部门报告。

第四十九条 【投诉举报及配合监督检查的义务】网络运营者应当建立网络信息安全投诉、举报制度,公布投诉、举报方式等信息,及时受理并处理有关网络信息安全的投诉和举报。

网络运营者对网信部门和有关部门依法实施的监督检查,应当予以配合。

第五十条 【监督管理部门对违法信息的处置】国家网信部门和有关部门依法履行网络信息安全监督管理职责,发现法律、行政法规禁止发布或者传输的信息的,应当要求网络运营者停止传输,采取消除等处置措施,保存有关记录;对来源于中华人民共和国境外的上述信息,应当通知有关机构采取技术措施和其他必要措施阻断传播。

第五章 监测预警与应急处置

第五十一条 【国家网络安全监测预警和信息通报制度】国家建立网络安全监测预警和信息通报制度。国家网信部门应当统筹协调有关部门加强网络安全信息收集、分析和通报工作,按照规定统一发布网络安全监测预警信息。

第五十二条 【关键信息基础设施的安全监测预警和信息通报】负责关键信息基础设施安全保护工作的部门,应当建立健全本行业、本领域的网络安全监测预警和信息通报制度,并按照规定报送网络安全监测预警信息。

第五十三条 【网络安全事件应急预案】国家网信部门协调有关部门建立健全网络安全风险评估和应急工作机制,制定网络安全事件应急预案,并定期组织演练。

负责关键信息基础设施安全保护工作的部门应当制定本行业、本领域的网络安全事件应急预案,并定期组织演练。

网络安全事件应急预案应当按照事件发生后的危害程度、影响范围等因素对网络安全事件进行分级,并规定相应的应急处置措施。

第五十四条 【网络安全风险预警】网络安全事件发生的风险增大时,省级以上人民政府有关部门应当按照规定的权限和程序,并根据网络安全风险的特点和可能造成的危害,采取下列措施:

(一)要求有关部门、机构和人员及时收集、报告有关信息,加强对网络安全风险的监测;

(二)组织有关部门、机构和专业人员,对网络安全风险信息进行分析评估,预测事件发生的可能性、影响范围和危害程度;

(三)向社会发布网络安全风险预警,发布避免、减轻危害的措施。

第五十五条 【网络安全事件的应急处置】发生网络安全事件,应当立即启动网络安全事件应急预案,对网络安全事件进行调查和评估,要求网络运营者采取技术措施和其他必要措施,消除安全隐患,防止危害扩大,并及时向社会发布与公众有关的警示信息。

第五十六条 【约谈制度】省级以上人民政府有关部门在履行网络安全监督管理职责中,发现网络存在较大安全风险或者发生安全事件的,可以按照规定的权限和程序对该网络的运营者的法定代表人或者主要负责人进行约谈。网络运营者应当按照要求采取措施,进行整改,消除隐患。

第五十七条 【突发事件和生产安全事故的处置】因网络安全事件,发生突发事件或者生产安全事故的,应当依照《中华人民共和国突发事件应对法》、《中华人民共和国安全生产法》等有关法律、行政法规的规定处置。

第五十八条 【网络通信临时限制措施】因维护国家安全和社会公共秩序,处置重大突发社会安全事件的需要,经国务院决定或者批准,可以在特定区域对网络通信采取限制等临时措施。

第六章 法律责任

第五十九条 【未履行网络运行安全义务的法律责任】网络运营者不履行本法第二十一条、第二十五条规定的网络安全保护义务的，由有关主管部门责令改正，给予警告；拒不改正或者导致危害网络安全等后果的，处一万元以上十万元以下罚款，对直接负责的主管人员处五千元以上五万元以下罚款。

关键信息基础设施的运营者不履行本法第三十三条、第三十四条、第三十六条、第三十八条规定的网络安全保护义务的，由有关主管部门责令改正，给予警告；拒不改正或者导致危害网络安全等后果的，处十万元以上一百万元以下罚款，对直接负责的主管人员处一万元以上十万元以下罚款。

第六十条 【未履行网络产品和服务安全义务的法律责任】违反本法第二十二条第一款、第二款和第四十八条第一款规定，有下列行为之一的，由有关主管部门责令改正，给予警告；拒不改正或者导致危害网络安全等后果的，处五万元以上五十万元以下罚款，对直接负责的主管人员处一万元以上十万元以下罚款：

(一)设置恶意程序的；

(二)对其产品、服务存在的安全缺陷、漏洞等风险未立即采取补救措施，或者未按照规定及时告知用户并向有关主管部门报告的；

(三)擅自终止为其产品、服务提供安全维护的。

第六十一条 【违反用户身份管理规定的法律责任】网络运营者违反本法第二十四条第一款规定，未要求用户提供真实身份信息，或者对不提供真实身份信息的用户提供相关服务的，由有关主管部门责令改正；拒不改正或者情节严重的，处五万元以上五十万元以下罚款，并可以由有关主管部门责令暂停相关业务、停业整顿、关闭网站、吊销相关业务许可证或者吊销营业执照，对直接负责的主管人员和其他直接责任人员处一万元以上十万元以下罚款。

第六十二条 【违法开展网络安全服务活动的法律责任】违反本法第二十六条规定，开展网络安全认证、检测、风险评估等活动，或者向社会发布系统漏洞、计算机病毒、网络攻击、网络侵入等网络安全信息的，由有关主管部门责令改正，给予警告；拒不改正或者情节严重的，处一万元以上十万元以下罚款，并可以由有关主管部门责令暂停相关业务、停业整顿、关闭网站、吊销相关业务许可证或者吊销营业执照，对直接负责的主管人员和其他直接责任人员处五千元以上五万元以下罚款。

第六十三条 【实施危害网络安全行为的法律责任】违反本法第二十七条规定，从事危害网络安全的活动，或者提供专门用于从事危害网络安全活动的程序、工具，或者为他人从事危害网络安全的活动提供技术支持、广告推广、支付结算等帮助，尚不构成犯罪的，由公安机关没收违法所得，处五日以下拘留，可以并处五万元以上五十万元以下罚款；情节较重的，处五日以上十五日以下拘留，可以并处十万元以上一百万元以下罚款。

单位有前款行为的，由公安机关没收违法所得，处十万元以上一百万元以下罚款，并对直接负责的主管人员和其他直接责任人员依照前款规定处罚。

违反本法第二十七条规定，受到治安管理处罚的人员，五年内不得从事网络安全管理和网络运营关键岗位的工作；受到刑事处罚的人员，终身不得从事网络安全管理和网络运营关键岗位的工作。

第六十四条 【侵犯个人信息权利的法律责任】网络运营者、网络产品或者服务的提供者违反本法第二十二条第三款、第四十一条至第四十三条规定，侵害个人信息依法得到保护的权利的，由有关主管部门责令改正，可以根据情节单处或者并处警告、没收违法所得、处违法所得一倍以上十倍以下罚款，没有违法所得的，处一百万元以下罚款，对直接负责的主管人员和其他直接责任人员处一万元以上十万元以下罚款；情节严重的，并可以责令暂停相关业务、停业整顿、关闭网站、吊销相关业务许可证或者吊销营业执照。

违反本法第四十四条规定，窃取或者以其他非法方式获取、非法出售或者非法向他人提供个人信息，尚不构成犯罪的，由公安机关没收违法所得，并处违法所得一倍以上十倍以下罚款，没有违法所得的，处一百万元以下罚款。

第六十五条 【违反关键信息基础设施采购国家安全审查规定应承担的法律责任】关键信息基础设施的运营者违反本法第三十五条规定，使用未经安全审查或者安全审查未通过的网络产品或者服务的，由有关主管部门责令停止使用，处采购金额一倍以上十倍以下罚款；对直接负责的主管人员和其他直接责任人员处一万元以上十万元以下罚款。

第六十六条 【违反关键信息基础设施数据境内存储和对外提供规定的法律责任】关键信息基础设施的运营者违反本法第三十七条规定，在境外存储网络数据,或者向境外提供网络数据的,由有关主管部门责令改正,给予警告,没收违法所得,处五万元以上五十万元以下罚款,并可以责令暂停相关业务、停业整顿、关闭网站、吊销相关业务许可证或者吊销营业执照;对直接负责的主管人员和其他直接责任人员处一万元以上十万元以下罚款。

第六十七条 【利用网络从事与违法犯罪相关的活动的法律责任】违反本法第四十六条规定,设立用于实施违法犯罪活动的网站、通讯群组,或者利用网络发布涉及实施违法犯罪活动的信息,尚不构成犯罪的,由公安机关处五日以下拘留,可以并处一万元以上十万元以下罚款;情节较重的,处五日以上十五日以下拘留,可以并处五万元以上五十万元以下罚款。关闭用于实施违法犯罪活动的网站、通讯群组。

单位有前款行为的,由公安机关处十万元以上五十万元以下罚款,并对直接负责的主管人员和其他直接责任人员依照前款规定处罚。

第六十八条 【未履行信息安全管理义务的法律责任】网络运营者违反本法第四十七条规定,对法律、行政法规禁止发布或者传输的信息未停止传输、采取消除等处置措施、保存有关记录的,由有关主管部门责令改正,给予警告,没收违法所得;拒不改正或者情节严重的,处十万元以上五十万元以下罚款,并可以责令暂停相关业务、停业整顿、关闭网站、吊销相关业务许可证或者吊销营业执照,对直接负责的主管人员和其他直接责任人员处一万元以上十万元以下罚款。

电子信息发送服务提供者、应用软件下载服务提供者,不履行本法第四十八条第二款规定的安全管理义务的,依照前款规定处罚。

第六十九条 【网络运营者阻碍执法的法律责任】网络运营者违反本法规定,有下列行为之一的,由有关主管部门责令改正;拒不改正或者情节严重的,处五万元以上五十万元以下罚款,对直接负责的主管人员和其他直接责任人员,处一万元以上十万元以下罚款:

(一)不按照有关部门的要求对法律、行政法规禁止发布或者传输的信息,采取停止传输、消除等处置措施的;

(二)拒绝、阻碍有关部门依法实施的监督检查的;

(三)拒不向公安机关、国家安全机关提供技术支持和协助的。

第七十条 【发布传输违法信息的法律责任】发布或者传输本法第十二条第二款和其他法律、行政法规禁止发布或者传输的信息的,依照有关法律、行政法规的规定处罚。

第七十一条 【对违法行为人的信用惩戒】有本法规定的违法行为的,依照有关法律、行政法规的规定记入信用档案,并予以公示。

第七十二条 【政务网络运营者不履行安全保护义务的法律责任】国家机关政务网络的运营者不履行本法规定的网络安全保护义务的,由其上级机关或者有关机关责令改正;对直接负责的主管人员和其他直接责任人员依法给予处分。

第七十三条 【执法部门渎职的法律责任】网信部门和有关部门违反本法第三十条规定,将在履行网络安全保护职责中获取的信息用于其他用途的,对直接负责的主管人员和其他直接责任人员依法给予处分。

网信部门和有关部门的工作人员玩忽职守、滥用职权、徇私舞弊,尚不构成犯罪的,依法给予处分。

第七十四条 【民事、刑事责任及治安管理处罚的衔接性规定】违反本法规定,给他人造成损害的,依法承担民事责任。

违反本法规定,构成违反治安管理行为的,依法给予治安管理处罚;构成犯罪的,依法追究刑事责任。

第七十五条 【对攻击关键信息基础设施的境外机构、组织、个人的制裁】境外的机构、组织、个人从事攻击、侵入、干扰、破坏等危害中华人民共和国的关键信息基础设施的活动,造成严重后果的,依法追究法律责任;国务院公安部门和有关部门并可以决定对该机构、组织、个人采取冻结财产或者其他必要的制裁措施。

第七章 附 则

第七十六条 【有关用语的含义】本法下列用语的含义:

(一)网络,是指由计算机或者其他信息终端及相关设备组成的按照一定的规则和程序对信息进行收集、存储、传输、交换、处理的系统。

(二)网络安全,是指通过采取必要措施,防范对网络的攻击、侵入、干扰、破坏和非法使用以及意外事故,使网络处于稳定可靠运行的状态,以及保障网络数据的完整性、保密性、可用性的能力。

(三)网络运营者,是指网络的所有者、管理者和网络服务提供者。

(四)网络数据,是指通过网络收集、存储、传输、处理和产生的各种电子数据。

(五)个人信息,是指以电子或者其他方式记录的能够单独或者与其他信息结合识别自然人个人身份的各种信息,包括但不限于自然人的姓名、出生日期、身份证件号码、个人生物识别信息、住址、电话号码等。

第七十七条 【涉密网络安全保护】存储、处理涉及国家秘密信息的网络的运行安全保护,除应当遵守本法外,还应当遵守保密法律、行政法规的规定。

第七十八条 【军事网络安全保护】军事网络的安全保护,由中央军事委员会另行规定。

第七十九条 【施行日期】本法自2017年6月1日起施行。

中华人民共和国电子商务法

(2018年8月31日第十三届全国人民代表大会常务委员会第五次会议通过 2018年8月31日中华人民共和国主席令第7号公布 自2019年1月1日起施行)

目 录

第一章 总 则
第二章 电子商务经营者
　第一节 一般规定
　第二节 电子商务平台经营者
第三章 电子商务合同的订立与履行
第四章 电子商务争议解决
第五章 电子商务促进
第六章 法律责任
第七章 附 则

第一章 总 则

第一条 【立法目的】为了保障电子商务各方主体的合法权益,规范电子商务行为,维护市场秩序,促进电子商务持续健康发展,制定本法。

第二条 【调整对象与适用范围】中华人民共和国境内的电子商务活动,适用本法。

本法所称电子商务,是指通过互联网等信息网络销售商品或者提供服务的经营活动。

法律、行政法规对销售商品或者提供服务有规定的,适用其规定。金融类产品和服务,利用信息网络提供新闻信息、音视频节目、出版以及文化产品等内容方面的服务,不适用本法。

第三条 【鼓励创新与营造良好市场环境】国家鼓励发展电子商务新业态,创新商业模式,促进电子商务技术研发和推广应用,推进电子商务诚信体系建设,营造有利于电子商务创新发展的市场环境,充分发挥电子商务在推动高质量发展、满足人民日益增长的美好生活需要、构建开放型经济方面的重要作用。

第四条 【线上线下一致与融合发展】国家平等对待线上线下商务活动,促进线上线下融合发展,各级人民政府和有关部门不得采取歧视性的政策措施,不得滥用行政权力排除、限制市场竞争。

第五条 【电子商务经营者义务和责任】电子商务经营者从事经营活动,应当遵循自愿、平等、公平、诚信的原则,遵守法律和商业道德,公平参与市场竞争,履行消费者权益保护、环境保护、知识产权保护、网络安全与个人信息保护等方面的义务,承担产品和服务质量责任,接受政府和社会的监督。

第六条 【监管体制】国务院有关部门按照职责分工负责电子商务发展促进、监督管理等工作。县级以上地方各级人民政府可以根据本行政区域的实际情况,确定本行政区域内电子商务的部门职责划分。

第七条 【协同管理与市场共治】国家建立符合电子商务特点的协同管理体系,推动形成有关部门、电子商务行业组织、电子商务经营者、消费者等共同参与的电子商务市场治理体系。

第八条 【行业自律】电子商务行业组织按照本组织章程开展行业自律,建立健全行业规范,推动行业诚信建设,监督、引导本行业经营者公平参与市场竞争。

第二章 电子商务经营者

第一节 一般规定

第九条 【电子商务经营主体】本法所称电子商务经营者,是指通过互联网等信息网络从事销售商品或者提供服务的经营活动的自然人、法人和非法人组织,包括电子商务平台经营者、平台内经营者以及通过自建网站、其他网络服务销售商品或者提供服务的电子商务经营者。

本法所称电子商务平台经营者,是指在电子商务中为交易双方或者多方提供网络经营场所、交易撮合、信息发布等服务,供交易双方或者多方独立开展交易活动的法人或者非法人组织。

本法所称平台内经营者,是指通过电子商务平台销售商品或者提供服务的电子商务经营者。

第十条 【市场主体登记】电子商务经营者应当依法办理市场主体登记。但是,个人销售自产农副产品、家庭手工业产品,个人利用自己的技能从事依法无须取得许可的便民劳务活动和零星小额交易活动,以及依照法律、行政法规不需要进行登记的除外。

第十一条 【纳税义务与纳税登记】电子商务经营者应当依法履行纳税义务,并依法享受税收优惠。

依照前条规定不需要办理市场主体登记的电子商务经营者在首次纳税义务发生后,应当依照税收征收管理法律、行政法规的规定申请办理税务登记,并如实申报纳税。

第十二条 【依法取得行政许可】电子商务经营者从事经营活动,依法需要取得相关行政许可的,应当依法取得行政许可。

第十三条 【标的合法】电子商务经营者销售的商品或者提供的服务应当符合保障人身、财产安全的要求和环境保护要求,不得销售或者提供法律、行政法规禁止交易的商品或者服务。

第十四条 【电子发票】电子商务经营者销售商品或者提供服务应当依法出具纸质发票或者电子发票等购货凭证或者服务单据。电子发票与纸质发票具有同等法律效力。

第十五条 【亮照经营义务】电子商务经营者应当在其首页显著位置,持续公示营业执照信息、与其经营业务有关的行政许可信息、属于依照本法第十条规定的不需要办理市场主体登记情形等信息,或者上述信息的链接标识。

前款规定的信息发生变更的,电子商务经营者应当及时更新公示信息。

第十六条 【业务终止】电子商务经营者自行终止从事电子商务的,应当提前三十日在首页显著位置持续公示有关信息。

第十七条 【信息披露义务】电子商务经营者应当全面、真实、准确、及时地披露商品或者服务信息,保障消费者的知情权和选择权。电子商务经营者不得以虚构交易、编造用户评价等方式进行虚假或者引人误解的商业宣传,欺骗、误导消费者。

第十八条 【搜索与广告规制】电子商务经营者根据消费者的兴趣爱好、消费习惯等特征向其提供商品或者服务的搜索结果的,应当同时向该消费者提供不针对其个人特征的选项,尊重和平等保护消费者合法权益。

电子商务经营者向消费者发送广告的,应当遵守《中华人民共和国广告法》的有关规定。

第十九条 【搭售商品或者服务规制】电子商务经营者搭售商品或者服务,应当以显著方式提请消费者注意,不得将搭售商品或者服务作为默认同意的选项。

第二十条 【交付义务与标的在途风险和责任承担】电子商务经营者应当按照承诺或者与消费者约定的方式、时限向消费者交付商品或者服务,并承担商品运输中的风险和责任。但是,消费者另行选择快递物流服务提供者的除外。

第二十一条 【押金收取和退还】电子商务经营者按照约定向消费者收取押金的,应当明示押金退还的方式、程序,不得对押金退还设置不合理条件。消费者申请退还押金,符合押金退还条件的,电子商务经营者应当及时退还。

第二十二条 【不得滥用市场支配地位】电子商务经营者因其技术优势、用户数量、对相关行业的控制能力以及其他经营者对该电子商务经营者在交易上的依赖程度等因素而具有市场支配地位的,不得滥用市场支配地位,排除、限制竞争。

第二十三条 【个人信息保护】电子商务经营者收集、使用其用户的个人信息,应当遵守法律、行政法规有关个人信息保护的规定。

第二十四条 【用户的查询权、更正权、删除权

等】电子商务经营者应当明示用户信息查询、更正、删除以及用户注销的方式、程序，不得对用户信息查询、更正、删除以及用户注销设置不合理条件。

电子商务经营者收到用户信息查询或者更正、删除的申请的，应当在核实身份后及时提供查询或者更正、删除用户信息。用户注销的，电子商务经营者应当立即删除该用户的信息；依照法律、行政法规的规定或者双方约定保存的，依照其规定。

第二十五条 【数据信息提供与安全保护】有关主管部门依照法律、行政法规的规定要求电子商务经营者提供有关电子商务数据信息的，电子商务经营者应当提供。有关主管部门应当采取必要措施保护电子商务经营者提供的数据信息的安全，并对其中的个人信息、隐私和商业秘密严格保密，不得泄露、出售或者非法向他人提供。

第二十六条 【跨境电子商务的法律适用】电子商务经营者从事跨境电子商务，应当遵守进出口监督管理的法律、行政法规和国家有关规定。

第二节 电子商务平台经营者

第二十七条 【身份核验】电子商务平台经营者应当要求申请进入平台销售商品或者提供服务的经营者提交其身份、地址、联系方式、行政许可等真实信息，进行核验、登记，建立登记档案，并定期核验更新。

电子商务平台经营者为进入平台销售商品或者提供服务的非经营用户提供服务，应当遵守本节有关规定。

第二十八条 【报送身份信息和纳税信息】电子商务平台经营者应当按照规定向市场监督管理部门报送平台内经营者的身份信息，提示未办理市场主体登记的经营者依法办理登记，并配合市场监督管理部门，针对电子商务的特点，为应当办理市场主体登记的经营者办理登记提供便利。

电子商务平台经营者应当依照税收征收管理法律、行政法规的规定，向税务部门报送平台内经营者的身份信息和与纳税有关的信息，并应当提示依照本法第十条规定不需要办理市场主体登记的电子商务经营者依照本法第十一条第二款的规定办理税务登记。

第二十九条 【审查、处置和报告义务】电子商务平台经营者发现平台内的商品或者服务信息存在违反本法第十二条、第十三条规定情形的，应当依法采取必要的处置措施，并向有关主管部门报告。

第三十条 【网络安全与交易安全保障】电子商务平台经营者应当采取技术措施和其他必要措施保证其网络安全、稳定运行，防范网络违法犯罪活动，有效应对网络安全事件，保障电子商务交易安全。

电子商务平台经营者应当制定网络安全事件应急预案，发生网络安全事件时，应当立即启动应急预案，采取相应的补救措施，并向有关主管部门报告。

第三十一条 【商品和服务信息、交易信息记录和保存】电子商务平台经营者应当记录、保存平台上发布的商品和服务信息、交易信息，并确保信息的完整性、保密性、可用性。商品和服务信息、交易信息保存时间自交易完成之日起不少于三年；法律、行政法规另有规定的，依照其规定。

第三十二条 【服务协议和交易规则制定】电子商务平台经营者应当遵循公开、公平、公正的原则，制定平台服务协议和交易规则，明确进入和退出平台、商品和服务质量保障、消费者权益保护、个人信息保护等方面的权利和义务。

第三十三条 【服务协议和交易规则公示】电子商务平台经营者应当在其首页显著位置持续公示平台服务协议和交易规则信息或者上述信息的链接标识，并保证经营者和消费者能够便利、完整地阅览和下载。

第三十四条 【服务协议和交易规则修改】电子商务平台经营者修改平台服务协议和交易规则，应当在其首页显著位置公开征求意见，采取合理措施确保有关各方能够及时充分表达意见。修改内容应当至少在实施前七日予以公示。

平台内经营者不接受修改内容，要求退出平台的，电子商务平台经营者不得阻止，并按照修改前的服务协议和交易规则承担相关责任。

第三十五条 【禁止滥用优势地位】电子商务平台经营者不得利用服务协议、交易规则以及技术等手段，对平台内经营者在平台内的交易、交易价格以及与其他经营者的交易等进行不合理限制或者附加不合理条件，或者向平台内经营者收取不合理费用。

第三十六条 【违法违规行为处置信息公示】电子商务平台经营者依据平台服务协议和交易规

则对平台内经营者违反法律、法规的行为实施警示、暂停或者终止服务等措施的,应当及时公示。

第三十七条 【自营业务区分】电子商务平台经营者在其平台上开展自营业务的,应当以显著方式区分标记自营业务和平台内经营者开展的业务,不得误导消费者。

电子商务平台经营者对其标记为自营的业务依法承担商品销售者或者服务提供者的民事责任。

第三十八条 【平台经营者的连带责任与相应责任】电子商务平台经营者知道或者应当知道平台内经营者销售的商品或者提供的服务不符合保障人身、财产安全的要求,或者有其他侵害消费者合法权益行为,未采取必要措施的,依法与该平台内经营者承担连带责任。

对关系消费者生命健康的商品或者服务,电子商务平台经营者对平台内经营者的资质资格未尽到审核义务,或者对消费者未尽到安全保障义务,造成消费者损害的,依法承担相应的责任。

第三十九条 【信用评价】电子商务平台经营者应当建立健全信用评价制度,公示信用评价规则,为消费者提供对平台内销售的商品或者提供的服务进行评价的途径。

电子商务平台经营者不得删除消费者对其平台内销售的商品或者提供的服务的评价。

第四十条 【广告标注义务】电子商务平台经营者应当根据商品或者服务的价格、销量、信用等以多种方式向消费者显示商品或者服务的搜索结果;对于竞价排名的商品或者服务,应当显著标明"广告"。

第四十一条 【知识产权保护规则】电子商务平台经营者应当建立知识产权保护规则,与知识产权权利人加强合作,依法保护知识产权。

第四十二条 【通知删除】知识产权权利人认为其知识产权受到侵害的,有权通知电子商务平台经营者采取删除、屏蔽、断开链接、终止交易和服务等必要措施。通知应当包括构成侵权的初步证据。

电子商务平台经营者接到通知后,应当及时采取必要措施,并将该通知转送平台内经营者;未及时采取必要措施的,对损害的扩大部分与平台内经营者承担连带责任。

因通知错误造成平台内经营者损害的,依法承担民事责任。恶意发出错误通知,造成平台内经营者损失的,加倍承担赔偿责任。

第四十三条 【平台经营者声明及其后果】平台内经营者接到转送的通知后,可以向电子商务平台经营者提交不存在侵权行为的声明。声明应当包括不存在侵权行为的初步证据。

电子商务平台经营者接到声明后,应当将该声明转送发出通知的知识产权权利人,并告知其可以向有关主管部门投诉或者向人民法院起诉。电子商务平台经营者在转送声明到达知识产权权利人后十五日内,未收到权利人已经投诉或者起诉通知的,应当及时终止所采取的措施。

第四十四条 【信息公示】电子商务平台经营者应当及时公示收到的本法第四十二条、第四十三条规定的通知、声明及处理结果。

第四十五条 【平台经营者知识产权侵权责任】电子商务平台经营者知道或者应当知道平台内经营者侵犯知识产权的,应当采取删除、屏蔽、断开链接、终止交易和服务等必要措施;未采取必要措施的,与侵权人承担连带责任。

第四十六条 【合规经营与禁止平台经营者从事的交易服务】除本法第九条第二款规定的服务外,电子商务平台经营者可以按照平台服务协议和交易规则,为经营者之间的电子商务提供仓储、物流、支付结算、交收等服务。电子商务平台经营者为经营者之间的电子商务提供服务,应当遵守法律、行政法规和国家有关规定,不得采取集中竞价、做市商等集中交易方式进行交易,不得进行标准化合约交易。

第三章 电子商务合同的订立与履行

第四十七条 【电子商务合同的法律适用】电子商务当事人订立和履行合同,适用本章和《中华人民共和国民法总则》《中华人民共和国合同法》《中华人民共和国电子签名法》等法律的规定。

第四十八条 【自动信息系统的法律效力与行为能力推定】电子商务当事人使用自动信息系统订立或者履行合同的行为对使用该系统的当事人具有法律效力。

在电子商务中推定当事人具有相应的民事行为能力。但是,有相反证据足以推翻的除外。

第四十九条 【电子商务合同成立】电子商务经营者发布的商品或者服务信息符合要约条件的,

用户选择该商品或者服务并提交订单成功，合同成立。当事人另有约定的，从其约定。

电子商务经营者不得以格式条款等方式约定消费者支付价款后合同不成立；格式条款等含有该内容的，其内容无效。

第五十条　【电子商务合同订立规范】电子商务经营者应当清晰、全面、明确地告知用户订立合同的步骤、注意事项、下载方法等事项，并保证用户能够便利、完整地阅览和下载。

电子商务经营者应当保证用户在提交订单前可以更正输入错误。

第五十一条　【合同标的交付时间与方式】合同标的为交付商品并采用快递物流方式交付的，收货人签收时间为交付时间。合同标的为提供服务的，生成的电子凭证或者实物凭证中载明的时间为交付时间；前述凭证没有载明时间或者载明时间与实际提供服务时间不一致的，实际提供服务的时间为交付时间。

合同标的为采用在线传输方式交付的，合同标的进入对方当事人指定的特定系统并且能够检索识别的时间为交付时间。

合同当事人对交付方式、交付时间另有约定的，从其约定。

第五十二条　【使用快递物流方式交付商品】电子商务当事人可以约定采用快递物流方式交付商品。

快递物流服务提供者为电子商务提供快递物流服务，应当遵守法律、行政法规，并应当符合承诺的服务规范和时限。快递物流服务提供者在交付商品时，应当提示收货人当面查验；交由他人代收的，应当经收货人同意。

快递物流服务提供者应当按照规定使用环保包装材料，实现包装材料的减量化和再利用。

快递物流服务提供者在提供快递物流服务的同时，可以接受电子商务经营者的委托提供代收货款服务。

第五十三条　【电子支付服务提供者的义务】电子商务当事人可以约定采用电子支付方式支付价款。

电子支付服务提供者为电子商务提供电子支付服务，应当遵守国家规定，告知用户电子支付服务的功能、使用方法、注意事项、相关风险和收费标准等事项，不得附加不合理交易条件。电子支付服务提供者应当确保电子支付指令的完整性、一致性、可跟踪稽核和不可篡改。

电子支付服务提供者应当向用户免费提供对账服务以及最近三年的交易记录。

第五十四条　【电子支付安全管理要求】电子支付服务提供者提供电子支付服务不符合国家有关支付安全管理要求，造成用户损失的，应当承担赔偿责任。

第五十五条　【错误支付的法律责任】用户在发出支付指令前，应当核对支付指令所包含的金额、收款人等完整信息。

支付指令发生错误的，电子支付服务提供者应当及时查找原因，并采取相关措施予以纠正。造成用户损失的，电子支付服务提供者应当承担赔偿责任，但能够证明支付错误非自身原因造成的除外。

第五十六条　【向用户提供支付确认信息的义务】电子支付服务提供者完成电子支付后，应当及时准确地向用户提供符合约定方式的确认支付的信息。

第五十七条　【用户注意义务及未授权支付法律责任】用户应当妥善保管交易密码、电子签名数据等安全工具。用户发现安全工具遗失、被盗用或者未经授权的支付的，应当及时通知电子支付服务提供者。

未经授权的支付造成的损失，由电子支付服务提供者承担；电子支付服务提供者能够证明未经授权的支付是因用户的过错造成的，不承担责任。

电子支付服务提供者发现支付指令未经授权，或者收到用户支付指令未经授权的通知时，应当立即采取措施防止损失扩大。电子支付服务提供者未及时采取措施导致损失扩大的，对损失扩大部分承担责任。

第四章　电子商务争议解决

第五十八条　【商品、服务质量担保机制、消费者权益保证金和先行赔偿责任】国家鼓励电子商务平台经营者建立有利于电子商务发展和消费者权益保护的商品、服务质量担保机制。

电子商务平台经营者与平台内经营者协议设立消费者权益保证金的，双方应当就消费者权益保证金的提取数额、管理、使用和退还办法等作出明确约定。

消费者要求电子商务平台经营者承担先行赔偿责任以及电子商务平台经营者赔偿后向平台内经营者的追偿，适用《中华人民共和国消费者权益保护法》的有关规定。

第五十九条 【电子商务经营者的投诉举报机制】电子商务经营者应当建立便捷、有效的投诉、举报机制，公开投诉、举报方式等信息，及时受理并处理投诉、举报。

第六十条 【电子商务争议五种解决方式】电子商务争议可以通过协商和解，请求消费者组织、行业协会或者其他依法成立的调解组织调解，向有关部门投诉，提请仲裁，或者提起诉讼等方式解决。

第六十一条 【协助维权义务】消费者在电子商务平台购买商品或者接受服务，与平台内经营者发生争议时，电子商务平台经营者应当积极协助消费者维护合法权益。

第六十二条 【提供原始合同和交易记录】在电子商务争议处理中，电子商务经营者应当提供原始合同和交易记录。因电子商务经营者丢失、伪造、篡改、销毁、隐匿或者拒绝提供前述资料，致使人民法院、仲裁机构或者有关机关无法查明事实的，电子商务经营者应当承担相应的法律责任。

第六十三条 【争议在线解决机制】电子商务平台经营者可以建立争议在线解决机制，制定并公示争议解决规则，根据自愿原则，公平、公正地解决当事人的争议。

第五章 电子商务促进

第六十四条 【电子商务发展规划和产业政策】国务院和省、自治区、直辖市人民政府应当将电子商务发展纳入国民经济和社会发展规划，制定科学合理的产业政策，促进电子商务创新发展。

第六十五条 【电子商务绿色发展】国务院和县级以上地方人民政府及其有关部门应当采取措施，支持、推动绿色包装、仓储、运输，促进电子商务绿色发展。

第六十六条 【基础设施建设、统计制度和标准体系建设】国家推动电子商务基础设施和物流网络建设，完善电子商务统计制度，加强电子商务标准体系建设。

第六十七条 【电子商务与各产业融合发展】国家推动电子商务在国民经济各个领域的应用，支持电子商务与各产业融合发展。

第六十八条 【农村电子商务与精准扶贫】国家促进农业生产、加工、流通等环节的互联网技术应用，鼓励各类社会资源加强合作，促进农村电子商务发展，发挥电子商务在精准扶贫中的作用。

第六十九条 【电子商务交易安全与公共数据共享】国家维护电子商务交易安全，保护电子商务用户信息，鼓励电子商务数据开发应用，保障电子商务数据依法有序自由流动。

国家采取措施推动建立公共数据共享机制，促进电子商务经营者依法利用公共数据。

第七十条 【电子商务信用评价】国家支持依法设立的信用评价机构开展电子商务信用评价，向社会提供电子商务信用评价服务。

第七十一条 【跨境电子商务便利化、综合服务与小微企业支持】国家促进跨境电子商务发展，建立健全适应跨境电子商务特点的海关、税收、进出境检验检疫、支付结算等管理制度，提高跨境电子商务各环节便利化水平，支持跨境电子商务平台经营者等为跨境电子商务提供仓储物流、报关、报检等服务。

国家支持小型微型企业从事跨境电子商务。

第七十二条 【单一窗口与电子单证】国家进出口管理部门应当推进跨境电子商务海关申报、纳税、检验检疫等环节的综合服务和监管体系建设，优化监管流程，推动实现信息共享、监管互认、执法互助，提高跨境电子商务服务和监管效率。跨境电子商务经营者可以凭电子单证向国家进出口管理部门办理有关手续。

第七十三条 【国际交流与合作】国家推动建立与不同国家、地区之间跨境电子商务的交流合作，参与电子商务国际规则的制定，促进电子签名、电子身份等国际互认。

国家推动建立与不同国家、地区之间的跨境电子商务争议解决机制。

第六章 法律责任

第七十四条 【电子商务经营者的民事责任】电子商务经营者销售商品或者提供服务，不履行合同义务或者履行合同义务不符合约定，或者造成他人损害的，依法承担民事责任。

**第七十五条 【电子商务经营者违法违规的法

律责任衔接】电子商务经营者违反本法第十二条、第十三条规定，未取得相关行政许可从事经营活动，或者销售、提供法律、行政法规禁止交易的商品、服务，或者不履行本法第二十五条规定的信息提供义务，电子商务平台经营者违反本法第四十六条规定，采取集中交易方式进行交易，或者进行标准化合约交易的，依照有关法律、行政法规的规定处罚。

第七十六条　【电子商务经营者违反信息公示以及用户信息管理义务的行政处罚】电子商务经营者违反本法规定，有下列行为之一的，由市场监督管理部门责令限期改正，可以处一万元以下的罚款，对其中的电子商务平台经营者，依照本法第八十一条第一款的规定处罚：

（一）未在首页显著位置公示营业执照信息、行政许可信息、属于不需要办理市场主体登记情形等信息，或者上述信息的链接标识的；

（二）未在首页显著位置持续公示终止电子商务的有关信息的；

（三）未明示用户信息查询、更正、删除以及用户注销的方式、程序，或者对用户信息查询、更正、删除以及用户注销设置不合理条件的。

电子商务平台经营者对违反前款规定的平台内经营者未采取必要措施的，由市场监督管理部门责令限期改正，可以处二万元以上十万元以下的罚款。

第七十七条　【违法提供搜索结果或者搭售商品、服务的行政处罚】电子商务经营者违反本法第十八条第一款规定提供搜索结果，或者违反本法第十九条规定搭售商品、服务的，由市场监督管理部门责令限期改正，没收违法所得，可以并处五万元以上二十万元以下的罚款；情节严重的，并处二十万元以上五十万元以下的罚款。

第七十八条　【违反押金管理规定的行政处罚】电子商务经营者违反本法第二十一条规定，未向消费者明示押金退还的方式、程序，对押金退还设置不合理条件，或者不及时退还押金的，由有关主管部门责令限期改正，可以处五万元以上二十万元以下的罚款；情节严重的，处二十万元以上五十万元以下的罚款。

第七十九条　【违反个人信息保护义务、网络安全保障义务的法律责任衔接】电子商务经营者违反法律、行政法规有关个人信息保护的规定，或者不履行本法第三十条和有关法律、行政法规规定的网络安全保障义务的，依照《中华人民共和国网络安全法》等法律、行政法规的规定处罚。

第八十条　【违反核验登记、信息报送、违法信息处置、商品和服务信息、交易信息保存义务的行政处罚】电子商务平台经营者有下列行为之一的，由有关主管部门责令限期改正；逾期不改正的，处二万元以上十万元以下的罚款；情节严重的，责令停业整顿，并处十万元以上五十万元以下的罚款：

（一）不履行本法第二十七条规定的核验、登记义务的；

（二）不按照本法第二十八条规定向市场监督管理部门、税务部门报送有关信息的；

（三）不按照本法第二十九条规定对违法情形采取必要的处置措施，或者未向有关主管部门报告的；

（四）不履行本法第三十一条规定的商品和服务信息、交易信息保存义务的。

法律、行政法规对前款规定的违法行为的处罚另有规定的，依照其规定。

第八十一条　【违反服务协议、交易规则管理、自营业务标注、信用评价管理、广告标注义务的行政处罚】电子商务平台经营者违反本法规定，有下列行为之一的，由市场监督管理部门责令限期改正，可以处二万元以上十万元以下的罚款；情节严重的，处十万元以上五十万元以下的罚款：

（一）未在首页显著位置持续公示平台服务协议、交易规则信息或者上述信息的链接标识的；

（二）修改交易规则未在首页显著位置公开征求意见，未按照规定的时间提前公示修改内容，或者阻止平台内经营者退出的；

（三）未以显著方式区分标记自营业务和平台内经营者开展的业务的；

（四）未为消费者提供对平台内销售的商品或者提供的服务进行评价的途径，或者擅自删除消费者的评价的。

电子商务平台经营者违反本法第四十条规定，对竞价排名的商品或者服务未显著标明“广告”的，依照《中华人民共和国广告法》的规定处罚。

第八十二条　【对平台内经营者进行不合理限制、附加不合理条件、收取不合理费用的行政处罚】电子商务平台经营者违反本法第三十五条规定，对平台内经营者在平台内的交易、交易价格或者与其他经营者的交易等进行不合理限制或者附加不合理条件,或者向平台内经营者收取不合理费用的,由市场监督管理部门责令限期改正,可以处五万元以上五十万元以下的罚款;情节严重的,处五十万元以上二百万元以下的罚款。

第八十三条 【违反采取合理措施、主体审核义务、安全保障义务的行政处罚】电子商务平台经营者违反本法第三十八条规定,对平台内经营者侵害消费者合法权益行为未采取必要措施,或者对平台内经营者未尽到资质资格审核义务,或者对消费者未尽到安全保障义务的,由市场监督管理部门责令限期改正,可以处五万元以上五十万元以下的罚款;情节严重的,责令停业整顿,并处五十万元以上二百万元以下的罚款。

第八十四条 【平台知识产权侵权的行政处罚】电子商务平台经营者违反本法第四十二条、第四十五条规定,对平台内经营者实施侵犯知识产权行为未依法采取必要措施的,由有关知识产权行政部门责令限期改正;逾期不改正的,处五万元以上五十万元以下的罚款;情节严重的,处五十万元以上二百万元以下的罚款。

第八十五条 【产品质量、反垄断、反不正当竞争、知识产权保护、消费者权益保护等法律的法律责任的衔接性规定】电子商务经营者违反本法规定,销售的商品或者提供的服务不符合保障人身、财产安全的要求,实施虚假或者引人误解的商业宣传等不正当竞争行为,滥用市场支配地位,或者实施侵犯知识产权、侵害消费者权益等行为的,依照有关法律的规定处罚。

第八十六条 【违法行为的信用档案记录与公示】电子商务经营者有本法规定的违法行为的,依照有关法律、行政法规的规定记入信用档案,并予以公示。

第八十七条 【电子商务监管部门工作人员的违法行为的法律责任】依法负有电子商务监督管理职责的部门的工作人员,玩忽职守、滥用职权、徇私舞弊,或者泄露、出售或者非法向他人提供在履行职责中所知悉的个人信息、隐私和商业秘密的,依法追究法律责任。

第八十八条 【违法行为的治安管理处罚和刑事责任】违反本法规定,构成违反治安管理行为的,依法给予治安管理处罚;构成犯罪的,依法追究刑事责任。

第七章 附 则

第八十九条 【施行日期】本法自2019年1月1日起施行。

(六)市场监管

中华人民共和国反垄断法

(2007年8月30日第十届全国人民代表大会常务委员会第二十九次会议通过 2007年8月30日中华人民共和国主席令第68号公布 自2008年8月1日起施行)

目 录

第一章 总 则
第二章 垄断协议
第三章 滥用市场支配地位
第四章 经营者集中
第五章 滥用行政权力排除、限制竞争
第六章 对涉嫌垄断行为的调查
第七章 法律责任
第八章 附 则

第一章 总 则

第一条 【立法目的】为了预防和制止垄断行为,保护市场公平竞争,提高经济运行效率,维护消费者利益和社会公共利益,促进社会主义市场经济健康发展,制定本法。

第二条 【适用范围】中华人民共和国境内经济活动中的垄断行为,适用本法;中华人民共和国境外的垄断行为,对境内市场竞争产生排除、限制影响的,适用本法。

第三条 【垄断行为】本法规定的垄断行为包括:

(一)经营者达成垄断协议;

(二)经营者滥用市场支配地位;

(三)具有或者可能具有排除、限制竞争效果的经营者集中。

第四条 【基本原则】国家制定和实施与社会主义市场经济相适应的竞争规则,完善宏观调控,健全统一、开放、竞争、有序的市场体系。

第五条 【允许经营者集中】经营者可以通过公平竞争、自愿联合,依法实施集中,扩大经营规模,提高市场竞争能力。

第六条 【不得滥用市场支配地位】具有市场支配地位的经营者,不得滥用市场支配地位,排除、限制竞争。

第七条 【特殊行业的保护及监管】国有经济占控制地位的关系国民经济命脉和国家安全的行业以及依法实行专营专卖的行业,国家对其经营者的合法经营活动予以保护,并对经营者的经营行为及其商品和服务的价格依法实施监管和调控,维护消费者利益,促进技术进步。

前款规定行业的经营者应当依法经营,诚实守信,严格自律,接受社会公众的监督,不得利用其控制地位或者专营专卖地位损害消费者利益。

第八条 【禁止行政垄断】行政机关和法律、法规授权的具有管理公共事务职能的组织不得滥用行政权力,排除、限制竞争。

第九条 【反垄断组织协调机构】国务院设立反垄断委员会,负责组织、协调、指导反垄断工作,履行下列职责:

(一)研究拟订有关竞争政策;

(二)组织调查、评估市场总体竞争状况,发布评估报告;

(三)制定、发布反垄断指南;

(四)协调反垄断行政执法工作;

(五)国务院规定的其他职责。

国务院反垄断委员会的组成和工作规则由国务院规定。

第十条 【反垄断执法机构】国务院规定的承担反垄断执法职责的机构(以下统称国务院反垄断执法机构)依照本法规定,负责反垄断执法工作。

国务院反垄断执法机构根据工作需要,可以授权省、自治区、直辖市人民政府相应的机构,依照本法规定负责有关反垄断执法工作。

第十一条 【行业协会反垄断义务】行业协会应当加强行业自律,引导本行业的经营者依法竞争,维护市场竞争秩序。

第十二条 【经营者及相关市场的含义】本法所称经营者,是指从事商品生产、经营或者提供服务的自然人、法人和其他组织。

本法所称相关市场,是指经营者在一定时期内就特定商品或者服务(以下统称商品)进行竞争的商品范围和地域范围。

第二章 垄断协议

第十三条 【横向垄断协议】禁止具有竞争关系的经营者达成下列垄断协议:

(一)固定或者变更商品价格;

(二)限制商品的生产数量或者销售数量;

(三)分割销售市场或者原材料采购市场;

(四)限制购买新技术、新设备或者限制开发新技术、新产品;

(五)联合抵制交易;

(六)国务院反垄断执法机构认定的其他垄断协议。

本法所称垄断协议,是指排除、限制竞争的协议、决定或者其他协同行为。

第十四条 【纵向垄断协议】禁止经营者与交易相对人达成下列垄断协议:

(一)固定向第三人转售商品的价格;

(二)限定向第三人转售商品的最低价格;

(三)国务院反垄断执法机构认定的其他垄断协议。

第十五条 【垄断协议豁免的情形】经营者能够证明所达成的协议属于下列情形之一的,不适用本法第十三条、第十四条的规定:

(一)为改进技术、研究开发新产品的;

(二)为提高产品质量、降低成本、增进效率,统一产品规格、标准或者实行专业化分工的;

(三)为提高中小经营者经营效率,增强中小经营者竞争力的;

(四)为实现节约能源、保护环境、救灾救助等社会公共利益的;

(五)因经济不景气,为缓解销售量严重下降或者生产明显过剩的;

(六)为保障对外贸易和对外经济合作中的正当利益的;

(七)法律和国务院规定的其他情形。

属于前款第一项至第五项情形,不适用本法第十三条、第十四条规定的,经营者还应当证明所达成的协议不会严重限制相关市场的竞争，并且能够使消费者分享由此产生的利益。

第十六条 【行业协会不得实施垄断行为】行业协会不得组织本行业的经营者从事本章禁止的垄断行为。

第三章　滥用市场支配地位

第十七条 【禁止滥用市场支配地位】禁止具有市场支配地位的经营者从事下列滥用市场支配地位的行为：

（一）以不公平的高价销售商品或者以不公平的低价购买商品；

（二）没有正当理由，以低于成本的价格销售商品；

（三）没有正当理由，拒绝与交易相对人进行交易；

（四）没有正当理由，限定交易相对人只能与其进行交易或者只能与其指定的经营者进行交易；

（五）没有正当理由搭售商品，或者在交易时附加其他不合理的交易条件；

（六）没有正当理由，对条件相同的交易相对人在交易价格等交易条件上实行差别待遇；

（七）国务院反垄断执法机构认定的其他滥用市场支配地位的行为。

本法所称市场支配地位，是指经营者在相关市场内具有能够控制商品价格、数量或者其他交易条件，或者能够阻碍、影响其他经营者进入相关市场能力的市场地位。

第十八条 【市场支配地位的认定因素】认定经营者具有市场支配地位，应当依据下列因素：

（一）该经营者在相关市场的市场份额，以及相关市场的竞争状况；

（二）该经营者控制销售市场或者原材料采购市场的能力；

（三）该经营者的财力和技术条件；

（四）其他经营者对该经营者在交易上的依赖程度；

（五）其他经营者进入相关市场的难易程度；

（六）与认定该经营者市场支配地位有关的其他因素。

第十九条 【市场支配地位的推定因素】有下列情形之一的，可以推定经营者具有市场支配地位：

（一）一个经营者在相关市场的市场份额达到二分之一的；

（二）两个经营者在相关市场的市场份额合计达到三分之二的；

（三）三个经营者在相关市场的市场份额合计达到四分之三的。

有前款第二项、第三项规定的情形，其中有的经营者市场份额不足十分之一的，不应当推定该经营者具有市场支配地位。

被推定具有市场支配地位的经营者，有证据证明不具有市场支配地位的，不应当认定其具有市场支配地位。

第四章　经营者集中

第二十条 【经营者集中的情形】经营者集中是指下列情形：

（一）经营者合并；

（二）经营者通过取得股权或者资产的方式取得对其他经营者的控制权；

（三）经营者通过合同等方式取得对其他经营者的控制权或者能够对其他经营者施加决定性影响。

第二十一条 【经营者集中事先申报】经营者集中达到国务院规定的申报标准的，经营者应当事先向国务院反垄断执法机构申报，未申报的不得实施集中。

第二十二条 【经营者集中申报豁免】经营者集中有下列情形之一的，可以不向国务院反垄断执法机构申报：

（一）参与集中的一个经营者拥有其他每个经营者百分之五十以上有表决权的股份或者资产的；

（二）参与集中的每个经营者百分之五十以上有表决权的股份或者资产被同一个未参与集中的经营者拥有的。

第二十三条 【申报集中的文件资料】经营者向国务院反垄断执法机构申报集中，应当提交下列文件、资料：

（一）申报书；

（二）集中对相关市场竞争状况影响的说明；

（三）集中协议；

（四）参与集中的经营者经会计师事务所审计的上一会计年度财务会计报告；

（五）国务院反垄断执法机构规定的其他文

件、资料。

申报书应当载明参与集中的经营者的名称、住所、经营范围、预定实施集中的日期和国务院反垄断执法机构规定的其他事项。

第二十四条 【文件不完备的处理】经营者提交的文件、资料不完备的，应当在国务院反垄断执法机构规定的期限内补交文件、资料。经营者逾期未补交文件、资料的，视为未申报。

第二十五条 【经营者集中初步审查】国务院反垄断执法机构应当自收到经营者提交的符合本法第二十三条规定的文件、资料之日起三十日内，对申报的经营者集中进行初步审查，作出是否实施进一步审查的决定，并书面通知经营者。国务院反垄断执法机构作出决定前，经营者不得实施集中。

国务院反垄断执法机构作出不实施进一步审查的决定或者逾期未作出决定的，经营者可以实施集中。

第二十六条 【经营者集中进一步审查】国务院反垄断执法机构决定实施进一步审查的，应当自决定之日起九十日内审查完毕，作出是否禁止经营者集中的决定，并书面通知经营者。作出禁止经营者集中的决定，应当说明理由。审查期间，经营者不得实施集中。

有下列情形之一的，国务院反垄断执法机构经书面通知经营者，可以延长前款规定的审查期限，但最长不得超过六十日：

（一）经营者同意延长审查期限的；

（二）经营者提交的文件、资料不准确，需要进一步核实的；

（三）经营者申报后有关情况发生重大变化的。

国务院反垄断执法机构逾期未作出决定的，经营者可以实施集中。

第二十七条 【经营者集中审查的因素】审查经营者集中，应当考虑下列因素：

（一）参与集中的经营者在相关市场的市场份额及其对市场的控制力；

（二）相关市场的市场集中度；

（三）经营者集中对市场进入、技术进步的影响；

（四）经营者集中对消费者和其他有关经营者的影响；

（五）经营者集中对国民经济发展的影响；

（六）国务院反垄断执法机构认为应当考虑的影响市场竞争的其他因素。

第二十八条 【集中的禁止与豁免】经营者集中具有或者可能具有排除、限制竞争效果的，国务院反垄断执法机构应当作出禁止经营者集中的决定。但是，经营者能够证明该集中对竞争产生的有利影响明显大于不利影响，或者符合社会公共利益的，国务院反垄断执法机构可以作出对经营者集中不予禁止的决定。

第二十九条 【集中豁免可附加条件】对不予禁止的经营者集中，国务院反垄断执法机构可以决定附加减少集中对竞争产生不利影响的限制性条件。

第三十条 【审查决定的公布】国务院反垄断执法机构应当将禁止经营者集中的决定或者对经营者集中附加限制性条件的决定，及时向社会公布。

第三十一条 【外资并购的国家安全审查】对外资并购境内企业或者以其他方式参与经营者集中，涉及国家安全的，除依照本法规定进行经营者集中审查外，还应当按照国家有关规定进行国家安全审查。

第五章 滥用行政权力排除、限制竞争

第三十二条 【禁止行政权力限定商品】行政机关和法律、法规授权的具有管理公共事务职能的组织不得滥用行政权力，限定或者变相限定单位或者个人经营、购买、使用其指定的经营者提供的商品。

第三十三条 【禁止行政权力妨碍商品地区间流通】行政机关和法律、法规授权的具有管理公共事务职能的组织不得滥用行政权力，实施下列行为，妨碍商品在地区之间的自由流通：

（一）对外地商品设定歧视性收费项目、实行歧视性收费标准，或者规定歧视性价格；

（二）对外地商品规定与本地同类商品不同的技术要求、检验标准，或者对外地商品采取重复检验、重复认证等歧视性技术措施，限制外地商品进入本地市场；

（三）采取专门针对外地商品的行政许可，限制外地商品进入本地市场；

（四）设置关卡或者采取其他手段，阻碍外地商品进入或者本地商品运出；

（五）妨碍商品在地区之间自由流通的其他行为。

第三十四条　【禁止行政权力排斥或限制外地经营者参加本地招投标】行政机关和法律、法规授权的具有管理公共事务职能的组织不得滥用行政权力，以设定歧视性资质要求、评审标准或者不依法发布信息等方式，排斥或者限制外地经营者参加本地的招标投标活动。

第三十五条　【禁止行政权力排斥或限制外地经营者在本地投资或设立分支机构】行政机关和法律、法规授权的具有管理公共事务职能的组织不得滥用行政权力，采取与本地经营者不平等待遇等方式，排斥或者限制外地经营者在本地投资或者设立分支机构。

第三十六条　【禁止行政权力强制经营者从事垄断行为】行政机关和法律、法规授权的具有管理公共事务职能的组织不得滥用行政权力，强制经营者从事本法规定的垄断行为。

第三十七条　【禁止行政权力制定排除、限制竞争的规定】行政机关不得滥用行政权力，制定含有排除、限制竞争内容的规定。

第六章　对涉嫌垄断行为的调查

第三十八条　【反垄断行为的调查与举报】反垄断执法机构依法对涉嫌垄断行为进行调查。

对涉嫌垄断行为，任何单位和个人有权向反垄断执法机构举报。反垄断执法机构应当为举报人保密。

举报采用书面形式并提供相关事实和证据的，反垄断执法机构应当进行必要的调查。

第三十九条　【反垄断执法机构的调查措施】反垄断执法机构调查涉嫌垄断行为，可以采取下列措施：

（一）进入被调查的经营者的营业场所或者其他有关场所进行检查；

（二）询问被调查的经营者、利害关系人或者其他有关单位或者个人，要求其说明有关情况；

（三）查阅、复制被调查的经营者、利害关系人或者其他有关单位或者个人的有关单证、协议、会计账簿、业务函电、电子数据等文件、资料；

（四）查封、扣押相关证据；

（五）查询经营者的银行账户。

采取前款规定的措施，应当向反垄断执法机构主要负责人书面报告，并经批准。

第四十条　【反垄断执法程序】反垄断执法机构调查涉嫌垄断行为，执法人员不得少于二人，并应当出示执法证件。

执法人员进行询问和调查，应当制作笔录，并由被询问人或者被调查人签字。

第四十一条　【执法机构及其工作人员保密义务】反垄断执法机构及其工作人员对执法过程中知悉的商业秘密负有保密义务。

第四十二条　【被调查者的配合义务】被调查的经营者、利害关系人或者其他有关单位或者个人应当配合反垄断执法机构依法履行职责，不得拒绝、阻碍反垄断执法机构的调查。

第四十三条　【被调查者及利害关系人陈述意见的权利】被调查的经营者、利害关系人有权陈述意见。反垄断执法机构应当对被调查的经营者、利害关系人提出的事实、理由和证据进行核实。

第四十四条　【认定垄断行为的决定及其公布】反垄断执法机构对涉嫌垄断行为调查核实后，认为构成垄断行为的，应当依法作出处理决定，并可以向社会公布。

第四十五条　【中止调查、终止调查、恢复调查】对反垄断执法机构调查的涉嫌垄断行为，被调查的经营者承诺在反垄断执法机构认可的期限内采取具体措施消除该行为后果的，反垄断执法机构可以决定中止调查。中止调查的决定应当载明被调查的经营者承诺的具体内容。

反垄断执法机构决定中止调查的，应当对经营者履行承诺的情况进行监督。经营者履行承诺的，反垄断执法机构可以决定终止调查。

有下列情形之一的，反垄断执法机构应当恢复调查：

（一）经营者未履行承诺的；

（二）作出中止调查决定所依据的事实发生重大变化的；

（三）中止调查的决定是基于经营者提供的不完整或者不真实的信息作出的。

第七章　法律责任

第四十六条　【达成、实施垄断协议的行政责任】经营者违反本法规定，达成并实施垄断协议的，由反垄断执法机构责令停止违法行为，没收违法所得，并处上一年度销售额百分之一以上百分之十以下的罚款；尚未实施所达成的垄断协议的，可以处五十万元以下的罚款。

经营者主动向反垄断执法机构报告达成垄断协议的有关情况并提供重要证据的，反垄断执法机构可以酌情减轻或者免除对该经营者的处罚。

行业协会违反本法规定，组织本行业的经营者达成垄断协议的，反垄断执法机构可以处五十万元以下的罚款；情节严重的，社会团体登记管理机关可以依法撤销登记。

第四十七条 【滥用市场支配地位的行政责任】经营者违反本法规定，滥用市场支配地位的，由反垄断执法机构责令停止违法行为，没收违法所得，并处上一年度销售额百分之一以上百分之十以下的罚款。

第四十八条 【经营者违法集中的行政责任】经营者违反本法规定实施集中的，由国务院反垄断执法机构责令停止实施集中、限期处分股份或者资产、限期转让营业以及采取其他必要措施恢复到集中前的状态，可以处五十万元以下的罚款。

第四十九条 【确定罚款数额的因素】对本法第四十六条、第四十七条、第四十八条规定的罚款，反垄断执法机构确定具体罚款数额时，应当考虑违法行为的性质、程度和持续的时间等因素。

第五十条 【垄断行为的民事责任】经营者实施垄断行为，给他人造成损失的，依法承担民事责任。

第五十一条 【实施行政垄断的责任】行政机关和法律、法规授权的具有管理公共事务职能的组织滥用行政权力，实施排除、限制竞争行为的，由上级机关责令改正；对直接负责的主管人员和其他直接责任人员依法给予处分。反垄断执法机构可以向有关上级机关提出依法处理的建议。

法律、行政法规对行政机关和法律、法规授权的具有管理公共事务职能的组织滥用行政权力实施排除、限制竞争行为的处理另有规定的，依照其规定。

第五十二条 【阻碍反垄断执法的责任】对反垄断执法机构依法实施的审查和调查，拒绝提供有关材料、信息，或者提供虚假材料、信息，或者隐匿、销毁、转移证据，或者有其他拒绝、阻碍调查行为的，由反垄断执法机构责令改正，对个人可以处二万元以下的罚款，对单位可以处二十万元以下的罚款；情节严重的，对个人处二万元以上十万元以下的罚款，对单位处二十万元以上一百万元以下的罚款；构成犯罪的，依法追究刑事责任。

第五十三条 【反垄断当事人的法律救济】对反垄断执法机构依据本法第二十八条、第二十九条作出的决定不服的，可以先依法申请行政复议；对行政复议决定不服的，可以依法提起行政诉讼。

对反垄断执法机构作出的前款规定以外的决定不服的，可以依法申请行政复议或者提起行政诉讼。

第五十四条 【反垄断执法机构工作人员渎职的责任】反垄断执法机构工作人员滥用职权、玩忽职守、徇私舞弊或者泄露执法过程中知悉的商业秘密，构成犯罪的，依法追究刑事责任；尚不构成犯罪的，依法给予处分。

第八章 附 则

第五十五条 【本法与知识产权法的关系】经营者依照有关知识产权的法律、行政法规规定行使知识产权的行为，不适用本法；但是，经营者滥用知识产权，排除、限制竞争的行为，适用本法。

第五十六条 【农产品经营活动中的联合或协同行为】农业生产者及农村经济组织在农产品生产、加工、销售、运输、储存等经营活动中实施的联合或者协同行为，不适用本法。

第五十七条 【施行日期】本法自2008年8月1日起施行。

最高人民法院关于审理因垄断行为引发的民事纠纷案件应用法律若干问题的规定

（2012年1月30日最高人民法院审判委员会第1539次会议通过 根据2020年12月23日最高人民法院审判委员会第1823次会议通过的《最高人民法院关于修改〈最高人民法院关于审理侵犯专利权纠纷案件应用法律若干问题的解释（二）〉等十八件知识产权类司法解释的决定》修正）

为正确审理因垄断行为引发的民事纠纷案件，制止垄断行为，保护和促进市场公平竞争，维护消费者利益和社会公共利益，根据《中华人民共和国民法典》《中华人民共和国反垄断法》和《中华人民共和国民事诉讼法》等法律的相关规定,制定本规定。

第一条 本规定所称因垄断行为引发的民事纠纷案件(以下简称垄断民事纠纷案件),是指因垄断行为受到损失以及因合同内容、行业协会的章程等违反反垄断法而发生争议的自然人、法人或者非法人组织,向人民法院提起的民事诉讼案件。

第二条 原告直接向人民法院提起民事诉讼,或者在反垄断执法机构认定构成垄断行为的处理决定发生法律效力后向人民法院提起民事诉讼,并符合法律规定的其他受理条件的,人民法院应当受理。

第三条 第一审垄断民事纠纷案件,由知识产权法院,省、自治区、直辖市人民政府所在地的市、计划单列市中级人民法院以及最高人民法院指定的中级人民法院管辖。

第四条 垄断民事纠纷案件的地域管辖,根据案件具体情况,依照民事诉讼法及相关司法解释有关侵权纠纷、合同纠纷等的管辖规定确定。

第五条 民事纠纷案件立案时的案由并非垄断纠纷,被告以原告实施了垄断行为为由提出抗辩或者反诉且有证据支持,或者案件需要依据反垄断法作出裁判,但受诉人民法院没有垄断民事纠纷案件管辖权的,应当将案件移送有管辖权的人民法院。

第六条 两个或者两个以上原告因同一垄断行为向有管辖权的同一法院分别提起诉讼的,人民法院可以合并审理。

两个或者两个以上原告因同一垄断行为向有管辖权的不同法院分别提起诉讼的,后立案的法院在得知有关法院先立案的情况后,应当在七日内裁定将案件移送先立案的法院;受移送的法院可以合并审理。被告应当在答辩阶段主动向受诉人民法院提供其因同一行为在其他法院涉诉的相关信息。

第七条 被诉垄断行为属于反垄断法第十三条第一款第一项至第五项规定的垄断协议的,被告应对该协议不具有排除、限制竞争的效果承担举证责任。

第八条 被诉垄断行为属于反垄断法第十七条第一款规定的滥用市场支配地位的,原告应当对被告在相关市场内具有支配地位和其滥用市场支配地位承担举证责任。

被告以其行为具有正当性为由进行抗辩的,应当承担举证责任。

第九条 被诉垄断行为属于公用企业或者其他依法具有独占地位的经营者滥用市场支配地位的,人民法院可以根据市场结构和竞争状况的具体情况,认定被告在相关市场内具有支配地位,但有相反证据足以推翻的除外。

第十条 原告可以以被告对外发布的信息作为证明其具有市场支配地位的证据。被告对外发布的信息能够证明其在相关市场内具有支配地位的,人民法院可以据此作出认定,但有相反证据足以推翻的除外。

第十一条 证据涉及国家秘密、商业秘密、个人隐私或者其他依法应当保密的内容的,人民法院可以依职权或者当事人的申请采取不公开开庭、限制或者禁止复制、仅对代理律师展示、责令签署保密承诺书等保护措施。

第十二条 当事人可以向人民法院申请一至二名具有相应专门知识的人员出庭,就案件的专门性问题进行说明。

第十三条 当事人可以向人民法院申请委托专业机构或者专业人员就案件的专门性问题作出市场调查或者经济分析报告。经人民法院同意,双方当事人可以协商确定专业机构或者专业人员;协商不成的,由人民法院指定。

人民法院可以参照民事诉讼法及相关司法解释有关鉴定意见的规定,对前款规定的市场调查或者经济分析报告进行审查判断。

第十四条 被告实施垄断行为,给原告造成损失的,根据原告的诉讼请求和查明的事实,人民法院可以依法判令被告承担停止侵害、赔偿损失等民事责任。

根据原告的请求,人民法院可以将原告因调查、制止垄断行为所支付的合理开支计入损失赔偿范围。

第十五条 被诉合同内容、行业协会的章程等违反反垄断法或者其他法律、行政法规的强制性规定的,人民法院应当依法认定其无效。但是,该强制性规定不导致该民事法律行为无效的除外。

第十六条 因垄断行为产生的损害赔偿请求权诉讼时效期间,从原告知道或者应当知道权益受到损害以及义务人之日起计算。

原告向反垄断执法机构举报被诉垄断行为的,诉讼时效从其举报之日起中断。反垄断执法机构决定不立案、撤销案件或者决定终止调查的,诉讼时效期间从原告知道或者应当知道不立案、撤销案件或者终止调查之日起重新计算。反垄断执法机构调查后认定构成垄断行为的，诉讼时效期间从原告知道或者应当知道反垄断执法机构认定构成垄断行为的处理决定发生法律效力之日起重新计算。

原告知道或者应当知道权益受到损害以及义务人之日起超过三年，如果起诉时被诉垄断行为仍然持续，被告提出诉讼时效抗辩的，损害赔偿应当自原告向人民法院起诉之日起向前推算三年计算。自权利受到损害之日起超过二十年的，人民法院不予保护，有特殊情况的，人民法院可以根据权利人的申请决定延长。

国务院关于经营者集中申报标准的规定

（2008年8月3日中华人民共和国国务院令第529号公布　根据2018年9月18日《国务院关于修改部分行政法规的决定》修订）

第一条　为了明确经营者集中的申报标准，根据《中华人民共和国反垄断法》，制定本规定。

第二条　经营者集中是指下列情形：

（一）经营者合并；

（二）经营者通过取得股权或者资产的方式取得对其他经营者的控制权；

（三）经营者通过合同等方式取得对其他经营者的控制权或者能够对其他经营者施加决定性影响。

第三条　经营者集中达到下列标准之一的，经营者应当事先向国务院反垄断执法机构申报，未申报的不得实施集中：

（一）参与集中的所有经营者上一会计年度在全球范围内的营业额合计超过100亿元人民币，并且其中至少两个经营者上一会计年度在中国境内的营业额均超过4亿元人民币；

（二）参与集中的所有经营者上一会计年度在中国境内的营业额合计超过20亿元人民币，并且其中至少两个经营者上一会计年度在中国境内的营业额均超过4亿元人民币。

营业额的计算，应当考虑银行、保险、证券、期货等特殊行业、领域的实际情况，具体办法由国务院反垄断执法机构会同国务院有关部门制定。

第四条　经营者集中未达到本规定第三条规定的申报标准，但按照规定程序收集的事实和证据表明该经营者集中具有或者可能具有排除、限制竞争效果的，国务院反垄断执法机构应当依法进行调查。

第五条　本规定自公布之日起施行。

中华人民共和国反不正当竞争法

（1993年9月2日第八届全国人民代表大会常务委员会第三次会议通过　2017年11月4日第十二届全国人民代表大会常务委员会第三十次会议修订　根据2019年4月23日第十三届全国人民代表大会常务委员会第十次会议《关于修改〈中华人民共和国建筑法〉等八部法律的决定》修正）

目　录

第一章　总　　则
第二章　不正当竞争行为
第三章　对涉嫌不正当竞争行为的调查
第四章　法律责任
第五章　附　　则

第一章　总　　则

第一条　**【立法目的】**为了促进社会主义市场经济健康发展，鼓励和保护公平竞争，制止不正当竞争行为，保护经营者和消费者的合法权益，制定本法。

第二条　**【经营原则】**经营者在生产经营活动中，应当遵循自愿、平等、公平、诚信的原则，遵守法律和商业道德。

本法所称的不正当竞争行为，是指经营者在生产经营活动中，违反本法规定，扰乱市场竞争秩序，损害其他经营者或者消费者的合法权益的行为。

本法所称的经营者，是指从事商品生产、经营或者提供服务（以下所称商品包括服务）的自然人、法人和非法人组织。

第三条　**【政府管理】**各级人民政府应当采取措施，制止不正当竞争行为，为公平竞争创造良好的环境和条件。

国务院建立反不正当竞争工作协调机制，研究决定反不正当竞争重大政策,协调处理维护市场竞争秩序的重大问题。

第四条 【查处部门】县级以上人民政府履行工商行政管理职责的部门对不正当竞争行为进行查处;法律、行政法规规定由其他部门查处的,依照其规定。

第五条 【社会监督】国家鼓励、支持和保护一切组织和个人对不正当竞争行为进行社会监督。

国家机关及其工作人员不得支持、包庇不正当竞争行为。

行业组织应当加强行业自律,引导、规范会员依法竞争,维护市场竞争秩序。

第二章 不正当竞争行为

第六条 【混淆行为】经营者不得实施下列混淆行为,引人误认为是他人商品或者与他人存在特定联系:

(一)擅自使用与他人有一定影响的商品名称、包装、装潢等相同或者近似的标识;

(二)擅自使用他人有一定影响的企业名称(包括简称、字号等)、社会组织名称(包括简称等)、姓名(包括笔名、艺名、译名等);

(三)擅自使用他人有一定影响的域名主体部分、网站名称、网页等;

(四)其他足以引人误认为是他人商品或者与他人存在特定联系的混淆行为。

第七条 【商业贿赂与正当回扣】经营者不得采用财物或者其他手段贿赂下列单位或者个人,以谋取交易机会或者竞争优势:

(一)交易相对方的工作人员;

(二)受交易相对方委托办理相关事务的单位或者个人;

(三)利用职权或者影响力影响交易的单位或者个人。

经营者在交易活动中,可以以明示方式向交易相对方支付折扣,或者向中间人支付佣金。经营者向交易相对方支付折扣、向中间人支付佣金的,应当如实入账。接受折扣、佣金的经营者也应当如实入账。

经营者的工作人员进行贿赂的,应当认定为经营者的行为;但是,经营者有证据证明该工作人员的行为与为经营者谋取交易机会或者竞争优势无关的除外。

第八条 【禁止虚假或误解宣传】经营者不得对其商品的性能、功能、质量、销售状况、用户评价、曾获荣誉等作虚假或者引人误解的商业宣传,欺骗、误导消费者。

经营者不得通过组织虚假交易等方式,帮助其他经营者进行虚假或者引人误解的商业宣传。

第九条 【不得侵犯商业秘密】经营者不得实施下列侵犯商业秘密的行为:

(一)以盗窃、贿赂、欺诈、胁迫、电子侵入或者其他不正当手段获取权利人的商业秘密;

(二)披露、使用或者允许他人使用以前项手段获取的权利人的商业秘密;

(三)违反保密义务或者违反权利人有关保守商业秘密的要求,披露、使用或者允许他人使用其所掌握的商业秘密;

(四)教唆、引诱、帮助他人违反保密义务或者违反权利人有关保守商业秘密的要求,获取、披露、使用或者允许他人使用权利人的商业秘密。

经营者以外的其他自然人、法人和非法人组织实施前款所列违法行为的,视为侵犯商业秘密。

第三人明知或者应知商业秘密权利人的员工、前员工或者其他单位、个人实施本条第一款所列违法行为,仍获取、披露、使用或者允许他人使用该商业秘密的,视为侵犯商业秘密。

本法所称的商业秘密,是指不为公众所知悉、具有商业价值并经权利人采取相应保密措施的技术信息、经营信息等商业信息。

第十条 【有奖销售禁止情形】经营者进行有奖销售不得存在下列情形:

(一)所设奖的种类、兑奖条件、奖金金额或者奖品等有奖销售信息不明确,影响兑奖;

(二)采用谎称有奖或者故意让内定人员中奖的欺骗方式进行有奖销售;

(三)抽奖式的有奖销售,最高奖的金额超过五万元。

第十一条 【不得损害商誉】经营者不得编造、传播虚假信息或者误导性信息,损害竞争对手的商业信誉、商品声誉。

第十二条 【互联网不正当竞争行为】经营者利用网络从事生产经营活动,应当遵守本法的各项规定。

经营者不得利用技术手段,通过影响用户选择或者其他方式,实施下列妨碍、破坏其他经营者合法提供的网络产品或者服务正常运行的行为：

（一）未经其他经营者同意，在其合法提供的网络产品或者服务中，插入链接、强制进行目标跳转；

（二）误导、欺骗、强迫用户修改、关闭、卸载其他经营者合法提供的网络产品或者服务；

（三）恶意对其他经营者合法提供的网络产品或者服务实施不兼容；

（四）其他妨碍、破坏其他经营者合法提供的网络产品或者服务正常运行的行为。

第三章　对涉嫌不正当竞争行为的调查

第十三条　【监督检查措施】监督检查部门调查涉嫌不正当竞争行为，可以采取下列措施：

（一）进入涉嫌不正当竞争行为的经营场所进行检查；

（二）询问被调查的经营者、利害关系人及其他有关单位、个人，要求其说明有关情况或者提供与被调查行为有关的其他资料；

（三）查询、复制与涉嫌不正当竞争行为有关的协议、账簿、单据、文件、记录、业务函电和其他资料；

（四）查封、扣押与涉嫌不正当竞争行为有关的财物；

（五）查询涉嫌不正当竞争行为的经营者的银行账户。

采取前款规定的措施，应当向监督检查部门主要负责人书面报告，并经批准。采取前款第四项、第五项规定的措施，应当向设区的市级以上人民政府监督检查部门主要负责人书面报告，并经批准。

监督检查部门调查涉嫌不正当竞争行为，应当遵守《中华人民共和国行政强制法》和其他有关法律、行政法规的规定，并应当将查处结果及时向社会公开。

第十四条　【被调查者义务】监督检查部门调查涉嫌不正当竞争行为，被调查的经营者、利害关系人及其他有关单位、个人应当如实提供有关资料或者情况。

第十五条　【检查人员部门及保密义务】监督检查部门及其工作人员对调查过程中知悉的商业秘密负有保密义务。

第十六条　【举报制度】对涉嫌不正当竞争行为，任何单位和个人有权向监督检查部门举报，监督检查部门接到举报后应当依法及时处理。

监督检查部门应当向社会公开受理举报的电话、信箱或者电子邮件地址，并为举报人保密。对实名举报并提供相关事实和证据的，监督检查部门应当将处理结果告知举报人。

第四章　法律责任

第十七条　【民事赔偿及范围】经营者违反本法规定，给他人造成损害的，应当依法承担民事责任。

经营者的合法权益受到不正当竞争行为损害的，可以向人民法院提起诉讼。

因不正当竞争行为受到损害的经营者的赔偿数额，按照其因被侵权所受到的实际损失确定；实际损失难以计算的，按照侵权人因侵权所获得的利益确定。经营者恶意实施侵犯商业秘密行为，情节严重的，可以在按照上述方法确定数额的一倍以上五倍以下确定赔偿数额。赔偿数额还应当包括经营者为制止侵权行为所支付的合理开支。

经营者违反本法第六条、第九条规定，权利人因被侵权所受到的实际损失、侵权人因侵权所获得的利益难以确定的，由人民法院根据侵权行为的情节判决给予权利人五百万元以下的赔偿。

第十八条　【混淆行为的责任】经营者违反本法第六条规定实施混淆行为的，由监督检查部门责令停止违法行为，没收违法商品。违法经营额五万元以上的，可以并处违法经营额五倍以下的罚款；没有违法经营额或者违法经营额不足五万元的，可以并处二十五万元以下的罚款。情节严重的，吊销营业执照。

经营者登记的企业名称违反本法第六条规定的，应当及时办理名称变更登记；名称变更前，由原企业登记机关以统一社会信用代码代替其名称。

第十九条　【商业贿赂的责任】经营者违反本法第七条规定贿赂他人的，由监督检查部门没收违法所得，处十万元以上三百万元以下的罚款。情节严重的，吊销营业执照。

第二十条　【虚假或误解宣传的责任】经营者违反本法第八条规定对其商品作虚假或者引人误解的商业宣传，或者通过组织虚假交易等方式帮助其他经营者进行虚假或者引人误解的商业宣传的，由监督检查部门责令停止违法行为，处二十万元以上一百万元以下的罚款；情节严重的，处一百万元以上二百万元以下的罚款，可以吊销营业执照。

经营者违反本法第八条规定，属于发布虚假广告的，依照《中华人民共和国广告法》的规定处罚。

第二十一条 【侵犯商业秘密的责任】经营者以及其他自然人、法人和非法人组织违反本法第九条规定侵犯商业秘密的，由监督检查部门责令停止违法行为，没收违法所得，处十万元以上一百万元以下的罚款；情节严重的，处五十万元以上五百万元以下的罚款。

第二十二条 【违法有奖销售的责任】经营者违反本法第十条规定进行有奖销售的，由监督检查部门责令停止违法行为，处五万元以上五十万元以下的罚款。

第二十三条 【损害商誉的责任】经营者违反本法第十一条规定损害竞争对手商业信誉、商品声誉的，由监督检查部门责令停止违法行为、消除影响，处十万元以上五十万元以下的罚款；情节严重的，处五十万元以上三百万元以下的罚款。

第二十四条 【互联网不正当竞争行为的责任】经营者违反本法第十二条规定妨碍、破坏其他经营者合法提供的网络产品或者服务正常运行的，由监督检查部门责令停止违法行为，处十万元以上五十万元以下的罚款；情节严重的，处五十万元以上三百万元以下的罚款。

第二十五条 【从轻、减轻或免除处罚】经营者违反本法规定从事不正当竞争，有主动消除或者减轻违法行为危害后果等法定情形的，依法从轻或者减轻行政处罚；违法行为轻微并及时纠正，没有造成危害后果的，不予行政处罚。

第二十六条 【信用记录及公示】经营者违反本法规定从事不正当竞争，受到行政处罚的，由监督检查部门记入信用记录，并依照有关法律、行政法规的规定予以公示。

第二十七条 【民事责任优先】经营者违反本法规定，应当承担民事责任、行政责任和刑事责任，其财产不足以支付的，优先用于承担民事责任。

第二十八条 【妨害监督检查的责任】妨害监督检查部门依照本法履行职责，拒绝、阻碍调查的，由监督检查部门责令改正，对个人可以处五千元以下的罚款，对单位可以处五万元以下的罚款，并可以由公安机关依法给予治安管理处罚。

第二十九条 【被处罚者的法律救济】当事人对监督检查部门作出的决定不服的，可以依法申请行政复议或者提起行政诉讼。

第三十条 【检查人员违法的责任】监督检查部门的工作人员滥用职权、玩忽职守、徇私舞弊或者泄露调查过程中知悉的商业秘密的，依法给予处分。

第三十一条 【刑事责任】违反本法规定，构成犯罪的，依法追究刑事责任。

第三十二条 【举证责任】在侵犯商业秘密的民事审判程序中，商业秘密权利人提供初步证据，证明其已经对所主张的商业秘密采取保密措施，且合理表明商业秘密被侵犯，涉嫌侵权人应当证明权利人所主张的商业秘密不属于本法规定的商业秘密。

商业秘密权利人提供初步证据合理表明商业秘密被侵犯，且提供以下证据之一的，涉嫌侵权人应当证明其不存在侵犯商业秘密的行为：

（一）有证据表明涉嫌侵权人有渠道或者机会获取商业秘密，且其使用的信息与该商业秘密实质上相同；

（二）有证据表明商业秘密已经被涉嫌侵权人披露、使用或者有被披露、使用的风险；

（三）有其他证据表明商业秘密被涉嫌侵权人侵犯。

第五章 附 则

第三十三条 【实施日期】本法自 2018 年 1 月 1 日起施行。

最高人民法院关于审理不正当竞争民事案件应用法律若干问题的解释

（2006 年 12 月 30 日最高人民法院审判委员会第 1412 次会议通过 根据 2020 年 12 月 23 日最高人民法院审判委员会第 1823 次会议通过的《最高人民法院关于修改〈最高人民法院关于审理侵犯专利权纠纷案件应用法律若干问题的解释（二）〉等十八件知识产权类司法解释的决定》修正）

为了正确审理不正当竞争民事案件，依法保护经营者的合法权益，维护市场竞争秩序，依照《中华人民共和国民法典》《中华人民共和国反不正当竞争法》《中华人民共和国民事诉讼法》等法律的有关规定,结合审判实践经验和实际情况,制定本解释。

第一条 在中国境内具有一定的市场知名度,为相关公众所知悉的商品,应当认定为反不正当竞争法第五条第(二)项规定的"知名商品"。人民法院认定知名商品,应当考虑该商品的销售时间、销售区域、销售额和销售对象,进行任何宣传的持续时间、程度和地域范围,作为知名商品受保护的情况等因素,进行综合判断。原告应当对其商品的市场知名度负举证责任。

在不同地域范围内使用相同或者近似的知名商品特有的名称、包装、装潢,在后使用者能够证明其善意使用的,不构成反不正当竞争法第五条第(二)项规定的不正当竞争行为。因后来的经营活动进入相同地域范围而使其商品来源足以产生混淆,在先使用者请求责令在后使用者附加足以区别商品来源的其他标识的,人民法院应当予以支持。

第二条 具有区别商品来源的显著特征的商品的名称、包装、装潢,应当认定为反不正当竞争法第五条第(二)项规定的"特有的名称、包装、装潢"。有下列情形之一的,人民法院不认定为知名商品特有的名称、包装、装潢:

(一)商品的通用名称、图形、型号;

(二)仅仅直接表示商品的质量、主要原料、功能、用途、重量、数量及其他特点的商品名称;

(三)仅由商品自身的性质产生的形状,为获得技术效果而需有的商品形状以及使商品具有实质性价值的形状;

(四)其他缺乏显著特征的商品名称、包装、装潢。

前款第(一)、(二)、(四)项规定的情形经过使用取得显著特征的,可以认定为特有的名称、包装、装潢。

知名商品特有的名称、包装、装潢中含有本商品的通用名称、图形、型号,或者直接表示商品的质量、主要原料、功能、用途、重量、数量以及其他特点,或者含有地名,他人因客观叙述商品而正当使用的,不构成不正当竞争行为。

第三条 由经营者营业场所的装饰、营业用具的式样、营业人员的服饰等构成的具有独特风格的整体营业形象,可以认定为反不正当竞争法第五条第(二)项规定的"装潢"。

第四条 足以使相关公众对商品的来源产生误认,包括误认为与知名商品的经营者具有许可使用、关联企业关系等特定联系的,应当认定为反不正当竞争法第五条第(二)项规定的"造成和他人的知名商品相混淆,使购买者误认为是该知名商品"。

在相同商品上使用相同或者视觉上基本无差别的商品名称、包装、装潢,应当视为足以造成和他人知名商品相混淆。

认定与知名商品特有名称、包装、装潢相同或者近似,可以参照商标相同或者近似的判断原则和方法。

第五条 商品的名称、包装、装潢属于商标法第十条第一款规定的不得作为商标使用的标志,当事人请求依照反不正当竞争法第五条第(二)项规定予以保护的,人民法院不予支持。

第六条 企业登记主管机关依法登记注册的企业名称,以及在中国境内进行商业使用的外国(地区)企业名称,应当认定为反不正当竞争法第五条第(三)项规定的"企业名称"。具有一定的市场知名度、为相关公众所知悉的企业名称中的字号,可以认定为反不正当竞争法第五条第(三)项规定的"企业名称"。

在商品经营中使用的自然人的姓名,应当认定为反不正当竞争法第五条第(三)项规定的"姓名"。具有一定的市场知名度、为相关公众所知悉的自然人的笔名、艺名等,可以认定为反不正当竞争法第五条第(三)项规定的"姓名"。

第七条 在中国境内进行商业使用,包括将知名商品特有的名称、包装、装潢或者企业名称、姓名用于商品、商品包装以及商品交易文书上,或者用于广告宣传、展览以及其他商业活动中,应当认定为反不正当竞争法第五条第(二)项、第(三)项规定的"使用"。

第八条 经营者具有下列行为之一,足以造成相关公众误解的,可以认定为反不正当竞争法第九条第一款规定的引人误解的虚假宣传行为:

(一)对商品作片面的宣传或者对比的;

(二)将科学上未定论的观点、现象等当作定论的事实用于商品宣传的;

(三)以歧义性语言或者其他引人误解的方式进行商品宣传的。

以明显的夸张方式宣传商品,不足以造成相关公众误解的,不属于引人误解的虚假宣传行为。

人民法院应当根据日常生活经验、相关公众一般注意力、发生误解的事实和被宣传对象的实际情况等因素,对引人误解的虚假宣传行为进行认定。

第九条 有关信息不为其所属领域的相关人员普遍知悉和容易获得,应当认定为反不正当竞争法第十条第三款规定的"不为公众所知悉"。

具有下列情形之一的,可以认定有关信息不构成不为公众所知悉:

(一)该信息为其所属技术或者经济领域的人的一般常识或者行业惯例;

(二)该信息仅涉及产品的尺寸、结构、材料、部件的简单组合等内容,进入市场后相关公众通过观察产品即可直接获得;

(三)该信息已经在公开出版物或者其他媒体上公开披露;

(四)该信息已通过公开的报告会、展览等方式公开;

(五)该信息从其他公开渠道可以获得;

(六)该信息无需付出一定的代价而容易获得。

第十条 有关信息具有现实的或者潜在的商业价值,能为权利人带来竞争优势的,应当认定为反不正当竞争法第十条第三款规定的"能为权利人带来经济利益、具有实用性"。

第十一条 权利人为防止信息泄漏所采取的与其商业价值等具体情况相适应的合理保护措施,应当认定为反不正当竞争法第十条第三款规定的"保密措施"。

人民法院应当根据所涉信息载体的特性、权利人保密的意愿、保密措施的可识别程度、他人通过正当方式获得的难易程度等因素,认定权利人是否采取了保密措施。

具有下列情形之一,在正常情况下足以防止涉密信息泄漏的,应当认定权利人采取了保密措施:

(一)限定涉密信息的知悉范围,只对必须知悉的相关人员告知其内容;

(二)对于涉密信息载体采取加锁等防范措施;

(三)在涉密信息的载体上标有保密标志;

(四)对于涉密信息采用密码或者代码等;

(五)签订保密协议;

(六)对于涉密的机器、厂房、车间等场所限制来访者或者提出保密要求;

(七)确保信息秘密的其他合理措施。

第十二条 通过自行开发研制或者反向工程等方式获得的商业秘密,不认定为反不正当竞争法第十条第(一)、(二)项规定的侵犯商业秘密行为。

前款所称"反向工程",是指通过技术手段对从公开渠道取得的产品进行拆卸、测绘、分析等而获得该产品的有关技术信息。当事人以不正当手段知悉了他人的商业秘密之后,又以反向工程为由主张获取行为合法的,不予支持。

第十三条 商业秘密中的客户名单,一般是指客户的名称、地址、联系方式以及交易的习惯、意向、内容等构成的区别于相关公知信息的特殊客户信息,包括汇集众多客户的客户名册,以及保持长期稳定交易关系的特定客户。

客户基于对职工个人的信赖而与职工所在单位进行市场交易,该职工离职后,能够证明客户自愿选择与自己或者其新单位进行市场交易的,应当认定没有采用不正当手段,但职工与原单位另有约定的除外。

第十四条 当事人指称他人侵犯其商业秘密的,应当对其拥有的商业秘密符合法定条件、对方当事人的信息与其商业秘密相同或者实质相同以及对方当事人采取不正当手段的事实负举证责任。其中,商业秘密符合法定条件的证据,包括商业秘密的载体、具体内容、商业价值和对该项商业秘密所采取的具体保密措施等。

第十五条 对于侵犯商业秘密行为,商业秘密独占使用许可合同的被许可人提起诉讼的,人民法院应当依法受理。

排他使用许可合同的被许可人和权利人共同提起诉讼,或者在权利人不起诉的情况下,自行提起诉讼,人民法院应当依法受理。

普通使用许可合同的被许可人和权利人共同提起诉讼,或者经权利人书面授权,单独提起诉讼的,人民法院应当依法受理。

第十六条 人民法院对于侵犯商业秘密行为判决停止侵害的民事责任时,停止侵害的时间一般持续到该项商业秘密已为公众知悉时为止。

依据前款规定判决停止侵害的时间如果明显不合理的,可以在依法保护权利人该项商业秘密竞争优势的情况下,判决侵权人在一定期限或者范围内停止使用该项商业秘密。

第十七条 确定反不正当竞争法第十条规定的侵犯商业秘密行为的损害赔偿额,可以参照确定侵犯专利权的损害赔偿额的方法进行;确定反不正当竞争法第五条、第九条、第十四条规定的不正当竞争行为的损害赔偿额,可以参照确定侵犯注册商标专用权的损害赔偿额的方法进行。

因侵权行为导致商业秘密已为公众所知悉的,应当根据该项商业秘密的商业价值确定损害赔偿额。商业秘密的商业价值,根据其研究开发成本、实施该项商业秘密的收益、可得利益、可保持竞争优势的时间等因素确定。

第十八条 反不正当竞争法第五条、第九条、第十条、第十四条规定的不正当竞争民事第一审案件,一般由中级人民法院管辖。

各高级人民法院根据本辖区的实际情况,经最高人民法院批准,可以确定若干基层人民法院受理不正当竞争民事第一审案件,已经批准可以审理知识产权民事案件的基层人民法院,可以继续受理。

第十九条 本解释自二〇〇七年二月一日起施行。

最高人民法院关于审理侵犯商业秘密民事案件适用法律若干问题的规定

(2020年8月24日最高人民法院审判委员会第1810次会议通过 2020年9月10日最高人民法院公告公布 自2020年9月12日起施行 法释〔2020〕7号)

为正确审理侵犯商业秘密民事案件,根据《中华人民共和国反不正当竞争法》《中华人民共和国民事诉讼法》等有关法律规定,结合审判实际,制定本规定。

第一条 与技术有关的结构、原料、组分、配方、材料、样品、样式、植物新品种繁殖材料、工艺、方法或其步骤、算法、数据、计算机程序及其有关文档等信息,人民法院可以认定构成反不正当竞争法第九条第四款所称的技术信息。

与经营活动有关的创意、管理、销售、财务、计划、样本、招投标材料、客户信息、数据等信息,人民法院可以认定构成反不正当竞争法第九条第四款所称的经营信息。

前款所称的客户信息,包括客户的名称、地址、联系方式以及交易习惯、意向、内容等信息。

第二条 当事人仅以与特定客户保持长期稳定交易关系为由,主张该特定客户属于商业秘密的,人民法院不予支持。

客户基于对员工个人的信赖而与该员工所在单位进行交易,该员工离职后,能够证明客户自愿选择与该员工或者该员工所在的新单位进行交易的,人民法院应当认定该员工没有采用不正当手段获取权利人的商业秘密。

第三条 权利人请求保护的信息在被诉侵权行为发生时不为所属领域的相关人员普遍知悉和容易获得的,人民法院应当认定为反不正当竞争法第九条第四款所称的不为公众所知悉。

第四条 具有下列情形之一的,人民法院可以认定有关信息为公众所知悉:

(一)该信息在所属领域属于一般常识或者行业惯例的;

(二)该信息仅涉及产品的尺寸、结构、材料、部件的简单组合等内容,所属领域的相关人员通过观察上市产品即可直接获得的;

(三)该信息已经在公开出版物或者其他媒体上公开披露的;

(四)该信息已通过公开的报告会、展览等方式公开的;

(五)所属领域的相关人员从其他公开渠道可以获得该信息的。

将为公众所知悉的信息进行整理、改进、加工后形成的新信息,符合本规定第三条规定的,应当认定该新信息不为公众所知悉。

第五条 权利人为防止商业秘密泄露,在被诉侵权行为发生以前所采取的合理保密措施,人民法院应当认定为反不正当竞争法第九条第四款所称的相应保密措施。

人民法院应当根据商业秘密及其载体的性质、商业秘密的商业价值、保密措施的可识别程度、保密措施与商业秘密的对应程度以及权利人的保密意愿等因素,认定权利人是否采取了相应保密措施。

第六条 具有下列情形之一,在正常情况下足以防止商业秘密泄露的,人民法院应当认定权利人采取了相应保密措施：

（一）签订保密协议或者在合同中约定保密义务的；

（二）通过章程、培训、规章制度、书面告知等方式，对能够接触、获取商业秘密的员工、前员工、供应商、客户、来访者等提出保密要求的；

（三）对涉密的厂房、车间等生产经营场所限制来访者或者进行区分管理的；

（四）以标记、分类、隔离、加密、封存、限制能够接触或者获取的人员范围等方式，对商业秘密及其载体进行区分和管理的；

（五）对能够接触、获取商业秘密的计算机设备、电子设备、网络设备、存储设备、软件等，采取禁止或者限制使用、访问、存储、复制等措施的；

（六）要求离职员工登记、返还、清除、销毁其接触或者获取的商业秘密及其载体，继续承担保密义务的；

（七）采取其他合理保密措施的。

第七条 权利人请求保护的信息因不为公众所知悉而具有现实的或者潜在的商业价值的，人民法院经审查可以认定为反不正当竞争法第九条第四款所称的具有商业价值。

生产经营活动中形成的阶段性成果符合前款规定的，人民法院经审查可以认定该成果具有商业价值。

第八条 被诉侵权人以违反法律规定或者公认的商业道德的方式获取权利人的商业秘密的，人民法院应当认定属于反不正当竞争法第九条第一款所称的以其他不正当手段获取权利人的商业秘密。

第九条 被诉侵权人在生产经营活动中直接使用商业秘密，或者对商业秘密进行修改、改进后使用，或者根据商业秘密调整、优化、改进有关生产经营活动的，人民法院应当认定属于反不正当竞争法第九条所称的使用商业秘密。

第十条 当事人根据法律规定或者合同约定所承担的保密义务，人民法院应当认定属于反不正当竞争法第九条第一款所称的保密义务。

当事人未在合同中约定保密义务，但根据诚信原则以及合同的性质、目的、缔约过程、交易习惯等，被诉侵权人知道或者应当知道其获取的信息属于权利人的商业秘密的，人民法院应当认定被诉侵权人对其获取的商业秘密承担保密义务。

第十一条 法人、非法人组织的经营、管理人员以及具有劳动关系的其他人员，人民法院可以认定为反不正当竞争法第九条第三款所称的员工、前员工。

第十二条 人民法院认定员工、前员工是否有渠道或者机会获取权利人的商业秘密，可以考虑与其有关的下列因素：

（一）职务、职责、权限；

（二）承担的本职工作或者单位分配的任务；

（三）参与和商业秘密有关的生产经营活动的具体情形；

（四）是否保管、使用、存储、复制、控制或者以其他方式接触、获取商业秘密及其载体；

（五）需要考虑的其他因素。

第十三条 被诉侵权信息与商业秘密不存在实质性区别的，人民法院可以认定被诉侵权信息与商业秘密构成反不正当竞争法第三十二条第二款所称的实质上相同。

人民法院认定是否构成前款所称的实质上相同，可以考虑下列因素：

（一）被诉侵权信息与商业秘密的异同程度；

（二）所属领域的相关人员在被诉侵权行为发生时是否容易想到被诉侵权信息与商业秘密的区别；

（三）被诉侵权信息与商业秘密的用途、使用方式、目的、效果等是否具有实质性差异；

（四）公有领域中与商业秘密相关信息的情况；

（五）需要考虑的其他因素。

第十四条 通过自行开发研制或者反向工程获得被诉侵权信息的，人民法院应当认定不属于反不正当竞争法第九条规定的侵犯商业秘密行为。

前款所称的反向工程，是指通过技术手段对从公开渠道取得的产品进行拆卸、测绘、分析等而获得该产品的有关技术信息。

被诉侵权人以不正当手段获取权利人的商业秘密后，又以反向工程为由主张未侵犯商业秘密的，人民法院不予支持。

第十五条 被申请人试图或者已经以不正当手段获取、披露、使用或者允许他人使用权利人所主张的商业秘密，不采取行为保全措施会使判决难以执行或者造成当事人其他损害，或者将会使权利人的合法权益受到难以弥补的损害的，人民法院可以依法裁定采取行为保全措施。

前款规定的情形属于民事诉讼法第一百条、第一百零一条所称情况紧急的，人民法院应当在四十八小时内作出裁定。

第十六条 经营者以外的其他自然人、法人和非法人组织侵犯商业秘密，权利人依据反不正当竞争法第十七条的规定主张侵权人应当承担的民事责任的，人民法院应予支持。

第十七条 人民法院对于侵犯商业秘密行为判决停止侵害的民事责任时，停止侵害的时间一般应当持续到该商业秘密已为公众所知悉时为止。

依照前款规定判决停止侵害的时间明显不合理的，人民法院可以在依法保护权利人的商业秘密竞争优势的情况下，判决侵权人在一定期限或者范围内停止使用该商业秘密。

第十八条 权利人请求判决侵权人返还或者销毁商业秘密载体，清除其控制的商业秘密信息的，人民法院一般应予支持。

第十九条 因侵权行为导致商业秘密为公众所知悉的，人民法院依法确定赔偿数额时，可以考虑商业秘密的商业价值。

人民法院认定前款所称的商业价值，应当考虑研究开发成本、实施该项商业秘密的收益、可得利益、可保持竞争优势的时间等因素。

第二十条 权利人请求参照商业秘密许可使用费确定因被侵权所受到的实际损失的，人民法院可以根据许可的性质、内容、实际履行情况以及侵权行为的性质、情节、后果等因素确定。

人民法院依照反不正当竞争法第十七条第四款确定赔偿数额的，可以考虑商业秘密的性质、商业价值、研究开发成本、创新程度、能带来的竞争优势以及侵权人的主观过错、侵权行为的性质、情节、后果等因素。

第二十一条 对于涉及当事人或者案外人的商业秘密的证据、材料，当事人或者案外人书面申请人民法院采取保密措施的，人民法院应当在保全、证据交换、质证、委托鉴定、询问、庭审等诉讼活动中采取必要的保密措施。

违反前款所称的保密措施的要求，擅自披露商业秘密或者在诉讼活动之外使用或者允许他人使用在诉讼中接触、获取的商业秘密的，应当依法承担民事责任。构成民事诉讼法第一百一十一条规定情形的，人民法院可以依法采取强制措施。构成犯罪的，依法追究刑事责任。

第二十二条 人民法院审理侵犯商业秘密民事案件时，对在侵犯商业秘密犯罪刑事诉讼程序中形成的证据，应当按照法定程序，全面、客观地审查。

由公安机关、检察机关或者人民法院保存的与被诉侵权行为具有关联性的证据，侵犯商业秘密民事案件的当事人及其诉讼代理人因客观原因不能自行收集，申请调查收集的，人民法院应当准许，但可能影响正在进行的刑事诉讼程序的除外。

第二十三条 当事人主张依据生效刑事裁判认定的实际损失或者违法所得确定涉及同一侵犯商业秘密行为的民事案件赔偿数额的，人民法院应予支持。

第二十四条 权利人已经提供侵权人因侵权所获得的利益的初步证据，但与侵犯商业秘密行为相关的账簿、资料由侵权人掌握的，人民法院可以根据权利人的申请，责令侵权人提供该账簿、资料。侵权人无正当理由拒不提供或者不如实提供的，人民法院可以根据权利人的主张和提供的证据认定侵权人因侵权所获得的利益。

第二十五条 当事人以涉及同一被诉侵犯商业秘密行为的刑事案件尚未审结为由，请求中止审理侵犯商业秘密民事案件，人民法院在听取当事人意见后认为必须以该刑事案件的审理结果为依据的，应予支持。

第二十六条 对于侵犯商业秘密行为，商业秘密独占使用许可合同的被许可人提起诉讼的，人民法院应当依法受理。

排他使用许可合同的被许可人和权利人共同提起诉讼，或者在权利人不起诉的情况下自行提起诉讼的，人民法院应当依法受理。

普通使用许可合同的被许可人和权利人共同提起诉讼，或者经权利人书面授权单独提起诉讼的，人民法院应当依法受理。

第二十七条 权利人应当在一审法庭辩论结束前明确所主张的商业秘密具体内容。仅能明确部分的，人民法院对该明确的部分进行审理。

权利人在第二审程序中另行主张其在一审中未明确的商业秘密具体内容的，第二审人民法院可以根据当事人自愿的原则就与该商业秘密具体内容有关的诉讼请求进行调解；调解不成的，告知当事人另行起诉。双方当事人均同意由第二审人民法院一并审理的，第二审人民法院可以一并裁判。

第二十八条 人民法院审理侵犯商业秘密民事案件，适用被诉侵权行为发生时的法律。被诉侵权行为在法律修改之前已经发生且持续到法律修改之后的，适用修改后的法律。

第二十九条 本规定自2020年9月12日起施行。最高人民法院以前发布的相关司法解释与本规定不一致的，以本规定为准。

本规定施行后，人民法院正在审理的一审、二审案件适用本规定；施行前已经作出生效裁判的案件，不适用本规定再审。

中华人民共和国公司登记管理条例

（1994年6月24日中华人民共和国国务院令第156号公布 根据2005年12月18日《国务院关于修改〈中华人民共和国公司登记管理条例〉的决定》第一次修订 根据2014年2月19日《国务院关于废止和修改部分行政法规的决定》第二次修订 根据2016年2月6日《国务院关于修改部分行政法规的决定》第三次修订）

第一章 总 则

第一条 为了确认公司的企业法人资格，规范公司登记行为，依据《中华人民共和国公司法》（以下简称《公司法》），制定本条例。

第二条 有限责任公司和股份有限公司（以下统称公司）设立、变更、终止，应当依照本条例办理公司登记。

申请办理公司登记，申请人应当对申请文件、材料的真实性负责。

第三条 公司经公司登记机关依法登记，领取《企业法人营业执照》，方取得企业法人资格。

自本条例施行之日起设立公司，未经公司登记机关登记的，不得以公司名义从事经营活动。

第四条 工商行政管理机关是公司登记机关。

下级公司登记机关在上级公司登记机关的领导下开展公司登记工作。

公司登记机关依法履行职责，不受非法干预。

第五条 国家工商行政管理总局主管全国的公司登记工作。

第二章 登记管辖

第六条 国家工商行政管理总局负责下列公司的登记：

（一）国务院国有资产监督管理机构履行出资人职责的公司以及该公司投资设立并持有50%以上股份的公司；

（二）外商投资的公司；

（三）依照法律、行政法规或者国务院决定的规定，应当由国家工商行政管理总局登记的公司；

（四）国家工商行政管理总局规定应当由其登记的其他公司。

第七条 省、自治区、直辖市工商行政管理局负责本辖区内下列公司的登记：

（一）省、自治区、直辖市人民政府国有资产监督管理机构履行出资人职责的公司以及该公司投资设立并持有50%以上股份的公司；

（二）省、自治区、直辖市工商行政管理局规定由其登记的自然人投资设立的公司；

（三）依照法律、行政法规或者国务院决定的规定，应当由省、自治区、直辖市工商行政管理局登记的公司；

（四）国家工商行政管理总局授权登记的其他公司。

第八条 设区的市（地区）工商行政管理局、县工商行政管理局，以及直辖市的工商行政管理分局、设区的市工商行政管理局的区分局，负责本辖区内下列公司的登记：

（一）本条例第六条和第七条所列公司以外的其他公司；

（二）国家工商行政管理总局和省、自治区、直辖市工商行政管理局授权登记的公司。

前款规定的具体登记管辖由省、自治区、直辖市工商行政管理局规定。但是，其中的股份有限公司由设区的市（地区）工商行政管理局负责登记。

第三章 登记事项

第九条 公司的登记事项包括：

(一)名称;
(二)住所;
(三)法定代表人姓名;
(四)注册资本;
(五)公司类型;
(六)经营范围;
(七)营业期限;
(八)有限责任公司股东或者股份有限公司发起人的姓名或者名称。

第十条 公司的登记事项应当符合法律、行政法规的规定。不符合法律、行政法规规定的,公司登记机关不予登记。

第十一条 公司名称应当符合国家有关规定。公司只能使用一个名称。经公司登记机关核准登记的公司名称受法律保护。

第十二条 公司的住所是公司主要办事机构所在地。经公司登记机关登记的公司的住所只能有一个。公司的住所应当在其公司登记机关辖区内。

第十三条 公司的注册资本应当以人民币表示,法律、行政法规另有规定的除外。

第十四条 股东的出资方式应当符合《公司法》第二十七条的规定,但股东不得以劳务、信用、自然人姓名、商誉、特许经营权或者设定担保的财产等作价出资。

第十五条 公司的经营范围由公司章程规定,并依法登记。

公司的经营范围用语应当参照国民经济行业分类标准。

第十六条 公司类型包括有限责任公司和股份有限公司。

一人有限责任公司应当在公司登记中注明自然人独资或者法人独资,并在公司营业执照中载明。

第四章 设立登记

第十七条 设立公司应当申请名称预先核准。

法律、行政法规或者国务院决定规定设立公司必须报经批准,或者公司经营范围中属于法律、行政法规或者国务院决定规定在登记前须经批准的项目的,应当在报送批准前办理公司名称预先核准,并以公司登记机关核准的公司名称报送批准。

第十八条 设立有限责任公司,应当由全体股东指定的代表或者共同委托的代理人向公司登记机关申请名称预先核准;设立股份有限公司,应当由全体发起人指定的代表或者共同委托的代理人向公司登记机关申请名称预先核准。

申请名称预先核准,应当提交下列文件:

(一)有限责任公司的全体股东或者股份有限公司的全体发起人签署的公司名称预先核准申请书;

(二)全体股东或者发起人指定代表或者共同委托代理人的证明;

(三)国家工商行政管理总局规定要求提交的其他文件。

第十九条 预先核准的公司名称保留期为6个月。预先核准的公司名称在保留期内,不得用于从事经营活动,不得转让。

第二十条 设立有限责任公司,应当由全体股东指定的代表或者共同委托的代理人向公司登记机关申请设立登记。设立国有独资公司,应当由国务院或者地方人民政府授权的本级人民政府国有资产监督管理机构作为申请人,申请设立登记。法律、行政法规或者国务院决定规定设立有限责任公司必须报经批准的,应当自批准之日起90日内向公司登记机关申请设立登记;逾期申请设立登记的,申请人应当报批准机关确认原批准文件的效力或者另行报批。

申请设立有限责任公司,应当向公司登记机关提交下列文件:

(一)公司法定代表人签署的设立登记申请书;

(二)全体股东指定代表或者共同委托代理人的证明;

(三)公司章程;

(四)股东的主体资格证明或者自然人身份证明;

(五)载明公司董事、监事、经理的姓名、住所的文件以及有关委派、选举或者聘用的证明;

(六)公司法定代表人任职文件和身份证明;

(七)企业名称预先核准通知书;

(八)公司住所证明;

(九)国家工商行政管理总局规定要求提交的其他文件。

法律、行政法规或者国务院决定规定设立有限责任公司必须报经批准的,还应当提交有关批准文件。

第二十一条 设立股份有限公司,应当由董事会向公司登记机关申请设立登记。以募集方式设立股份有限公司的,应当于创立大会结束后30日内向公司登记机关申请设立登记。

申请设立股份有限公司,应当向公司登记机关提交下列文件:

(一)公司法定代表人签署的设立登记申请书;

(二)董事会指定代表或者共同委托代理人的证明;

(三)公司章程;

(四)发起人的主体资格证明或者自然人身份证明;

(五)载明公司董事、监事、经理姓名、住所的文件以及有关委派、选举或者聘用的证明;

(六)公司法定代表人任职文件和身份证明;

(七)企业名称预先核准通知书;

(八)公司住所证明;

(九)国家工商行政管理总局规定要求提交的其他文件。

以募集方式设立股份有限公司的,还应当提交创立大会的会议记录以及依法设立的验资机构出具的验资证明;以募集方式设立股份有限公司公开发行股票的,还应当提交国务院证券监督管理机构的核准文件。

法律、行政法规或者国务院决定规定设立股份有限公司必须报经批准的,还应当提交有关批准文件。

第二十二条 公司申请登记的经营范围中属于法律、行政法规或者国务院决定规定在登记前须经批准的项目的,应当在申请登记前报经国家有关部门批准,并向公司登记机关提交有关批准文件。

第二十三条 公司章程有违反法律、行政法规的内容的,公司登记机关有权要求公司作相应修改。

第二十四条 公司住所证明是指能够证明公司对其住所享有使用权的文件。

第二十五条 依法设立的公司,由公司登记机关发给《企业法人营业执照》。公司营业执照签发日期为公司成立日期。公司凭公司登记机关核发的《企业法人营业执照》刻制印章,开立银行账户,申请纳税登记。

第五章 变更登记

第二十六条 公司变更登记事项,应当向原公司登记机关申请变更登记。

未经变更登记,公司不得擅自改变登记事项。

第二十七条 公司申请变更登记,应当向公司登记机关提交下列文件:

(一)公司法定代表人签署的变更登记申请书;

(二)依照《公司法》作出的变更决议或者决定;

(三)国家工商行政管理总局规定要求提交的其他文件。

公司变更登记事项涉及修改公司章程的,应当提交由公司法定代表人签署的修改后的公司章程或者公司章程修正案。

变更登记事项依照法律、行政法规或者国务院决定规定在登记前须经批准的,还应当向公司登记机关提交有关批准文件。

第二十八条 公司变更名称的,应当自变更决议或者决定作出之日起30日内申请变更登记。

第二十九条 公司变更住所的,应当在迁入新住所前申请变更登记,并提交新住所使用证明。

公司变更住所跨公司登记机关辖区的,应当在迁入新住所前向迁入地公司登记机关申请变更登记;迁入地公司登记机关受理的,由原公司登记机关将公司登记档案移送迁入地公司登记机关。

第三十条 公司变更法定代表人的,应当自变更决议或者决定作出之日起30日内申请变更登记。

第三十一条 公司增加注册资本的,应当自变更决议或者决定作出之日起30日内申请变更登记。

公司减少注册资本的,应当自公告之日起45日后申请变更登记,并应当提交公司在报纸上登载公司减少注册资本公告的有关证明和公司债务清偿或者债务担保情况的说明。

第三十二条 公司变更经营范围的,应当自变更决议或者决定作出之日起30日内申请变更登记;变更经营范围涉及法律、行政法规或者国务院决定规定在登记前须经批准的项目的,应当自国家有关部门批准之日起30日内申请变更登记。

公司的经营范围中属于法律、行政法规或者国务院决定规定须经批准的项目被吊销、撤销许可证或者其他批准文件，或者许可证、其他批准文件有效期届满的，应当自吊销、撤销许可证、其他批准文件或者许可证、其他批准文件有效期届满之日起30日内申请变更登记或者依照本条例第六章的规定办理注销登记。

第三十三条 公司变更类型的，应当按照拟变更的公司类型的设立条件，在规定的期限内向公司登记机关申请变更登记，并提交有关文件。

第三十四条 有限责任公司变更股东的，应当自变更之日起30日内申请变更登记，并应当提交新股东的主体资格证明或者自然人身份证明。

有限责任公司的自然人股东死亡后，其合法继承人继承股东资格的，公司应当依照前款规定申请变更登记。

有限责任公司的股东或者股份有限公司的发起人改变姓名或者名称的，应当自改变姓名或者名称之日起30日内申请变更登记。

第三十五条 公司登记事项变更涉及分公司登记事项变更的，应当自公司变更登记之日起30日内申请分公司变更登记。

第三十六条 公司章程修改未涉及登记事项的，公司应当将修改后的公司章程或者公司章程修正案送原公司登记机关备案。

第三十七条 公司董事、监事、经理发生变动的，应当向原公司登记机关备案。

第三十八条 因合并、分立而存续的公司，其登记事项发生变化的，应当申请变更登记；因合并、分立而解散的公司，应当申请注销登记；因合并、分立而新设立的公司，应当申请设立登记。

公司合并、分立的，应当自公告之日起45日后申请登记，提交合并协议和合并、分立决议或者决定以及公司在报纸上登载公司合并、分立公告的有关证明和债务清偿或者债务担保情况的说明。法律、行政法规或者国务院决定规定公司合并、分立必须报经批准的，还应当提交有关批准文件。

第三十九条 变更登记事项涉及《企业法人营业执照》载明事项的，公司登记机关应当换发营业执照。

第四十条 公司依照《公司法》第二十二条规定向公司登记机关申请撤销变更登记的，应当提交下列文件：

（一）公司法定代表人签署的申请书；

（二）人民法院的裁判文书。

第六章 注销登记

第四十一条 公司解散，依法应当清算的，清算组应当自成立之日起10日内将清算组成员、清算组负责人名单向公司登记机关备案。

第四十二条 有下列情形之一的，公司清算组应当自公司清算结束之日起30日内向原公司登记机关申请注销登记：

（一）公司被依法宣告破产；

（二）公司章程规定的营业期限届满或者公司章程规定的其他解散事由出现，但公司通过修改公司章程而存续的除外；

（三）股东会、股东大会决议解散或者一人有限责任公司的股东、外商投资的公司董事会决议解散；

（四）依法被吊销营业执照、责令关闭或者被撤销；

（五）人民法院依法予以解散；

（六）法律、行政法规规定的其他解散情形。

第四十三条 公司申请注销登记，应当提交下列文件：

（一）公司清算组负责人签署的注销登记申请书；

（二）人民法院的破产裁定、解散裁判文书，公司依照《公司法》作出的决议或者决定，行政机关责令关闭或者公司被撤销的文件；

（三）股东会、股东大会、一人有限责任公司的股东、外商投资的公司董事会或者人民法院、公司批准机关备案、确认的清算报告；

（四）《企业法人营业执照》；

（五）法律、行政法规规定应当提交的其他文件。

国有独资公司申请注销登记，还应当提交国有资产监督管理机构的决定，其中，国务院确定的重要的国有独资公司，还应当提交本级人民政府的批准文件。

有分公司的公司申请注销登记，还应当提交分公司的注销登记证明。

第四十四条 经公司登记机关注销登记，公司终止。

第七章 分公司的登记

第四十五条 分公司是指公司在其住所以外设立的从事经营活动的机构。分公司不具有企业法人资格。

第四十六条 分公司的登记事项包括:名称、营业场所、负责人、经营范围。

分公司的名称应当符合国家有关规定。

分公司的经营范围不得超出公司的经营范围。

第四十七条 公司设立分公司的,应当自决定作出之日起30日内向分公司所在地的公司登记机关申请登记;法律、行政法规或者国务院决定规定必须报经有关部门批准的,应当自批准之日起30日内向公司登记机关申请登记。

设立分公司,应当向公司登记机关提交下列文件:

(一)公司法定代表人签署的设立分公司的登记申请书;

(二)公司章程以及加盖公司印章的《企业法人营业执照》复印件;

(三)营业场所使用证明;

(四)分公司负责人任职文件和身份证明;

(五)国家工商行政管理总局规定要求提交的其他文件。

法律、行政法规或者国务院决定规定设立分公司必须报经批准,或者分公司经营范围中属于法律、行政法规或者国务院决定规定在登记前须经批准的项目的,还应当提交有关批准文件。

分公司的公司登记机关准予登记的,发给《营业执照》。公司应当自分公司登记之日起30日内,持分公司的《营业执照》到公司登记机关办理备案。

第四十八条 分公司变更登记事项的,应当向公司登记机关申请变更登记。

申请变更登记,应当提交公司法定代表人签署的变更登记申请书。变更名称、经营范围的,应当提交加盖公司印章的《企业法人营业执照》复印件,分公司经营范围中属于法律、行政法规或者国务院决定规定在登记前须经批准的项目的,还应当提交有关批准文件。变更营业场所的,应当提交新的营业场所使用证明。变更负责人的,应当提交公司的任免文件以及其身份证明。

公司登记机关准予变更登记的,换发《营业执照》。

第四十九条 分公司被公司撤销、依法责令关闭、吊销营业执照的,公司应当自决定作出之日起30日内向该分公司的公司登记机关申请注销登记。申请注销登记应当提交公司法定代表人签署的注销登记申请书和分公司的《营业执照》。公司登记机关准予注销登记后,应当收缴分公司的《营业执照》。

第八章 登记程序

第五十条 申请公司、分公司登记,申请人可以到公司登记机关提交申请,也可以通过信函、电报、电传、传真、电子数据交换和电子邮件等方式提出申请。

通过电报、电传、传真、电子数据交换和电子邮件等方式提出申请的,应当提供申请人的联系方式以及通讯地址。

第五十一条 公司登记机关应当根据下列情况分别作出是否受理的决定:

(一)申请文件、材料齐全,符合法定形式的,或者申请人按照公司登记机关的要求提交全部补正申请文件、材料的,应当决定予以受理。

(二)申请文件、材料齐全,符合法定形式,但公司登记机关认为申请文件、材料需要核实的,应当决定予以受理,同时书面告知申请人需要核实的事项、理由以及时间。

(三)申请文件、材料存在可以当场更正的错误的,应当允许申请人当场予以更正,由申请人在更正处签名或者盖章,注明更正日期;经确认申请文件、材料齐全,符合法定形式的,应当决定予以受理。

(四)申请文件、材料不齐全或者不符合法定形式的,应当当场或者在5日内一次告知申请人需要补正的全部内容;当场告知时,应当将申请文件、材料退回申请人;属于5日内告知的,应当收取申请文件、材料并出具收到申请文件、材料的凭据,逾期不告知的,自收到申请文件、材料之日起即为受理。

(五)不属于公司登记范畴或者不属于本机关登记管辖范围的事项,应当即时决定不予受理,并告知申请人向有关行政机关申请。

公司登记机关对通过信函、电报、电传、传真、电子数据交换和电子邮件等方式提出申请的,应当自收到申请文件、材料之日起5日内作出是否受理的决定。

第五十二条 除依照本条例第五十三条第一款第(一)项作出准予登记决定的外,公司登记机关决定予以受理的,应当出具《受理通知书》;决定不予受理的,应当出具《不予受理通知书》,说明不予受理的理由,并告知申请人享有依法申请行政复议或者提起行政诉讼的权利。

第五十三条 公司登记机关对决定予以受理的登记申请,应当分别情况在规定的期限内作出是否准予登记的决定:

(一)对申请人到公司登记机关提出的申请予以受理的,应当当场作出准予登记的决定。

(二)对申请人通过信函方式提交的申请予以受理的,应当自受理之日起15日内作出准予登记的决定。

(三)通过电报、电传、传真、电子数据交换和电子邮件等方式提交申请的,申请人应当自收到《受理通知书》之日起15日内,提交与电报、电传、传真、电子数据交换和电子邮件等内容一致并符合法定形式的申请文件、材料原件;申请人到公司登记机关提交申请文件、材料原件的,应当当场作出准予登记的决定;申请人通过信函方式提交申请文件、材料原件的,应当自受理之日起15日内作出准予登记的决定。

(四)公司登记机关自发出《受理通知书》之日起60日内,未收到申请文件、材料原件,或者申请文件、材料原件与公司登记机关所受理的申请文件、材料不一致的,应当作出不予登记的决定。

公司登记机关需要对申请文件、材料核实的,应当自受理之日起15日内作出是否准予登记的决定。

第五十四条 公司登记机关作出准予公司名称预先核准决定的,应当出具《企业名称预先核准通知书》;作出准予公司设立登记决定的,应当出具《准予设立登记通知书》,告知申请人自决定之日起10日内,领取营业执照;作出准予公司变更登记决定的,应当出具《准予变更登记通知书》,告知申请人自决定之日起10日内,换发营业执照;作出准予公司注销登记决定的,应当出具《准予注销登记通知书》,收缴营业执照。

公司登记机关作出不予名称预先核准、不予登记决定的,应当出具《企业名称驳回通知书》、《登记驳回通知书》,说明不予核准、登记的理由,并告知申请人享有依法申请行政复议或者提起行政诉讼的权利。

第五十五条 公司登记机关应当将公司登记、备案信息通过企业信用信息公示系统向社会公示。

第五十六条 吊销《企业法人营业执照》和《营业执照》的公告由公司登记机关发布。

第九章 年度报告公示、证照和档案管理

第五十七条 公司应当于每年1月1日至6月30日,通过企业信用信息公示系统向公司登记机关报送上一年度年度报告,并向社会公示。

年度报告公示的内容以及监督检查办法由国务院制定。

第五十八条 《企业法人营业执照》、《营业执照》分为正本和副本,正本和副本具有同等法律效力。

国家推行电子营业执照。电子营业执照与纸质营业执照具有同等法律效力。

《企业法人营业执照》正本或者《营业执照》正本应当置于公司住所或者分公司营业场所的醒目位置。

公司可以根据业务需要向公司登记机关申请核发营业执照若干副本。

第五十九条 任何单位和个人不得伪造、涂改、出租、出借、转让营业执照。

营业执照遗失或者毁坏的,公司应当在公司登记机关指定的报刊上声明作废,申请补领。

公司登记机关依法作出变更登记、注销登记、撤销变更登记决定,公司拒不缴回或者无法缴回营业执照的,由公司登记机关公告营业执照作废。

第六十条 公司登记机关对需要认定的营业执照,可以临时扣留,扣留期限不得超过10天。

第六十一条 借阅、抄录、携带、复制公司登记档案资料的,应当按照规定的权限和程序办理。

任何单位和个人不得修改、涂抹、标注、损毁公司登记档案资料。

第六十二条 营业执照正本、副本样式,电子营业执照标准以及公司登记的有关重要文书格式或者表式,由国家工商行政管理总局统一制定。

第十章 法律责任

第六十三条 虚报注册资本,取得公司登记

的,由公司登记机关责令改正,处以虚报注册资本金额5%以上15%以下的罚款;情节严重的,撤销公司登记或者吊销营业执照。

第六十四条 提交虚假材料或者采取其他欺诈手段隐瞒重要事实,取得公司登记的,由公司登记机关责令改正,处以5万元以上50万元以下的罚款;情节严重的,撤销公司登记或者吊销营业执照。

第六十五条 公司的发起人、股东虚假出资,未交付或者未按期交付作为出资的货币或者非货币财产的,由公司登记机关责令改正,处以虚假出资金额5%以上15%以下的罚款。

第六十六条 公司的发起人、股东在公司成立后,抽逃出资的,由公司登记机关责令改正,处以所抽逃出资金额5%以上15%以下的罚款。

第六十七条 公司成立后无正当理由超过6个月未开业的,或者开业后自行停业连续6个月以上的,可以由公司登记机关吊销营业执照。

第六十八条 公司登记事项发生变更时,未依照本条例规定办理有关变更登记的,由公司登记机关责令限期登记;逾期不登记的,处以1万元以上10万元以下的罚款。其中,变更经营范围涉及法律、行政法规或者国务院决定规定须经批准的项目而未取得批准,擅自从事相关经营活动,情节严重的,吊销营业执照。

公司未依照本条例规定办理有关备案的,由公司登记机关责令限期办理;逾期未办理的,处以3万元以下的罚款。

第六十九条 公司在合并、分立、减少注册资本或者进行清算时,不按照规定通知或者公告债权人的,由公司登记机关责令改正,处以1万元以上10万元以下的罚款。

公司在进行清算时,隐匿财产,对资产负债表或者财产清单作虚假记载或者在未清偿债务前分配公司财产的,由公司登记机关责令改正,对公司处以隐匿财产或者未清偿债务前分配公司财产金额5%以上10%以下的罚款;对直接负责的主管人员和其他直接责任人员处以1万元以上10万元以下的罚款。

公司在清算期间开展与清算无关的经营活动的,由公司登记机关予以警告,没收违法所得。

第七十条 清算组不按照规定向公司登记机关报送清算报告,或者报送清算报告隐瞒重要事实或者有重大遗漏的,由公司登记机关责令改正。

清算组成员利用职权徇私舞弊、谋取非法收入或者侵占公司财产的,由公司登记机关责令退还公司财产,没收违法所得,并可以处以违法所得1倍以上5倍以下的罚款。

第七十一条 伪造、涂改、出租、出借、转让营业执照的,由公司登记机关处以1万元以上10万元以下的罚款;情节严重的,吊销营业执照。

第七十二条 未将营业执照置于住所或者营业场所醒目位置的,由公司登记机关责令改正;拒不改正的,处以1000元以上5000元以下的罚款。

第七十三条 承担资产评估、验资或者验证的机构提供虚假材料的,由公司登记机关没收违法所得,处以违法所得1倍以上5倍以下的罚款,并可以由有关主管部门依法责令该机构停业、吊销直接责任人员的资格证书,吊销营业执照。

承担资产评估、验资或者验证的机构因过失提供有重大遗漏的报告的,由公司登记机关责令改正,情节较重的,处以所得收入1倍以上5倍以下的罚款,并可以由有关主管部门依法责令该机构停业、吊销直接责任人员的资格证书,吊销营业执照。

第七十四条 未依法登记为有限责任公司或者股份有限公司,而冒用有限责任公司或者股份有限公司名义的,或者未依法登记为有限责任公司或者股份有限公司的分公司,而冒用有限责任公司或者股份有限公司的分公司名义的,由公司登记机关责令改正或者予以取缔,可以并处10万元以下的罚款。

第七十五条 公司登记机关对不符合规定条件的公司登记申请予以登记,或者对符合规定条件的登记申请不予登记的,对直接负责的主管人员和其他直接责任人员,依法给予行政处分。

第七十六条 公司登记机关的上级部门强令公司登记机关对不符合规定条件的登记申请予以登记,或者对符合规定条件的登记申请不予登记的,或者对违法登记进行包庇的,对直接负责的主管人员和其他直接责任人员依法给予行政处分。

第七十七条 外国公司违反《公司法》规定,擅自在中国境内设立分支机构的,由公司登记机关责令改正或者关闭,可以并处5万元以上20万元以下的罚款。

第七十八条 利用公司名义从事危害国家安全、社会公共利益的严重违法行为的,吊销营业执照。

第七十九条 分公司有本章规定的违法行为的,适用本章规定。

第八十条 违反本条例规定,构成犯罪的,依法追究刑事责任。

第十一章 附 则

第八十一条 外商投资的公司的登记适用本条例。有关外商投资企业的法律对其登记另有规定的,适用其规定。

第八十二条 法律、行政法规或者国务院决定规定设立公司必须报经批准,或者公司经营范围中属于法律、行政法规或者国务院决定规定在登记前须经批准的项目的,由国家工商行政管理总局依照法律、行政法规或者国务院决定规定编制企业登记前置行政许可目录并公布。

第八十三条 本条例自1994年7月1日起施行。

个体工商户条例

(2011年4月16日中华人民共和国国务院令第596号公布 根据2014年2月19日《国务院关于废止和修改部分行政法规的决定》第一次修订 根据2016年2月6日《国务院关于修改部分行政法规的决定》第二次修订)

第一条 为了保护个体工商户的合法权益,鼓励、支持和引导个体工商户健康发展,加强对个体工商户的监督、管理,发挥其在经济社会发展和扩大就业中的重要作用,制定本条例。

第二条 有经营能力的公民,依照本条例规定经工商行政管理部门登记,从事工商业经营的,为个体工商户。

个体工商户可以个人经营,也可以家庭经营。

个体工商户的合法权益受法律保护,任何单位和个人不得侵害。

第三条 县、自治县、不设区的市、市辖区工商行政管理部门为个体工商户的登记机关(以下简称登记机关)。登记机关按照国务院工商行政管理部门的规定,可以委托其下属工商行政管理所办理个体工商户登记。

第四条 国家对个体工商户实行市场平等准入、公平待遇的原则。

申请办理个体工商户登记,申请登记的经营范围不属于法律、行政法规禁止进入的行业的,登记机关应当依法予以登记。

第五条 工商行政管理部门和县级以上人民政府其他有关部门应当依法对个体工商户实行监督和管理。

个体工商户从事经营活动,应当遵守法律、法规,遵守社会公德、商业道德,诚实守信,接受政府及其有关部门依法实施的监督。

第六条 地方各级人民政府和县级以上人民政府有关部门应当采取措施,在经营场所、创业和职业技能培训、职业技能鉴定、技术创新、参加社会保险等方面,为个体工商户提供支持、便利和信息咨询等服务。

第七条 依法成立的个体劳动者协会在工商行政管理部门指导下,为个体工商户提供服务,维护个体工商户合法权益,引导个体工商户诚信自律。

个体工商户自愿加入个体劳动者协会。

第八条 申请登记为个体工商户,应当向经营场所所在地登记机关申请注册登记。申请人应当提交登记申请书、身份证明和经营场所证明。

个体工商户登记事项包括经营者姓名和住所、组成形式、经营范围、经营场所。个体工商户使用名称的,名称作为登记事项。

第九条 登记机关对申请材料依法审查后,按照下列规定办理:

(一)申请材料齐全、符合法定形式的,当场予以登记;申请材料不齐全或者不符合法定形式要求的,当场告知申请人需要补正的全部内容;

(二)需要对申请材料的实质性内容进行核实的,依法进行核查,并自受理申请之日起15日内作出是否予以登记的决定;

(三)不符合个体工商户登记条件的,不予登记并书面告知申请人,说明理由,告知申请人有权依法申请行政复议、提起行政诉讼。

予以注册登记的,登记机关应当自登记之日起10日内发给营业执照。

国家推行电子营业执照。电子营业执照与纸质营业执照具有同等法律效力。

第十条 个体工商户登记事项变更的,应当向登记机关申请办理变更登记。

个体工商户变更经营者的，应当在办理注销登记后，由新的经营者重新申请办理注册登记。家庭经营的个体工商户在家庭成员间变更经营者的，依照前款规定办理变更手续。

第十一条 申请注册登记或者变更登记的登记事项属于依法须取得行政许可的，应当向登记机关提交许可证明。

第十二条 个体工商户不再从事经营活动的，应当到登记机关办理注销登记。

第十三条 个体工商户应当于每年1月1日至6月30日，向登记机关报送年度报告。

个体工商户应当对其年度报告的真实性、合法性负责。

个体工商户年度报告办法由国务院工商行政管理部门制定。

第十四条 登记机关将未按照规定履行年度报告义务的个体工商户载入经营异常名录，并在企业信用信息公示系统上向社会公示。

第十五条 登记机关接收个体工商户年度报告和抽查不得收取任何费用。

第十六条 登记机关和有关行政机关应当在其政府网站和办公场所，以便于公众知晓的方式公布个体工商户申请登记和行政许可的条件、程序、期限、需要提交的全部材料目录和收费标准等事项。

登记机关和有关行政机关应当为申请人申请行政许可和办理登记提供指导和查询服务。

第十七条 个体工商户在领取营业执照后，应当依法办理税务登记。

个体工商户税务登记内容发生变化的，应当依法办理变更或者注销税务登记。

第十八条 任何部门和单位不得向个体工商户集资、摊派，不得强行要求个体工商户提供赞助或者接受有偿服务。

第十九条 地方各级人民政府应当将个体工商户所需生产经营场地纳入城乡建设规划，统筹安排。

个体工商户经批准使用的经营场地，任何单位和个人不得侵占。

第二十条 个体工商户可以凭营业执照及税务登记证明，依法在银行或者其他金融机构开立账户，申请贷款。

金融机构应当改进和完善金融服务，为个体工商户申请贷款提供便利。

第二十一条 个体工商户可以根据经营需要招用从业人员。

个体工商户应当依法与招用的从业人员订立劳动合同，履行法律、行政法规规定和合同约定的义务，不得侵害从业人员的合法权益。

第二十二条 个体工商户提交虚假材料骗取注册登记，或者伪造、涂改、出租、出借、转让营业执照的，由登记机关责令改正，处4000元以下的罚款；情节严重的，撤销注册登记或者吊销营业执照。

第二十三条 个体工商户登记事项变更，未办理变更登记的，由登记机关责令改正，处1500元以下的罚款；情节严重的，吊销营业执照。

个体工商户未办理税务登记的，由税务机关责令限期改正；逾期未改正的，经税务机关提请，由登记机关吊销营业执照。

第二十四条 在个体工商户营业执照有效期内，有关行政机关依法吊销、撤销个体工商户的行政许可，或者行政许可有效期届满的，应当自吊销、撤销行政许可或者行政许可有效期届满之日起5个工作日内通知登记机关，由登记机关撤销注册登记或者吊销营业执照，或者责令当事人依法办理变更登记。

第二十五条 工商行政管理部门以及其他有关部门应当加强个体工商户管理工作的信息交流，逐步建立个体工商户管理信息系统。

第二十六条 工商行政管理部门以及其他有关部门的工作人员，滥用职权、徇私舞弊、收受贿赂或者侵害个体工商户合法权益的，依法给予处分；构成犯罪的，依法追究刑事责任。

第二十七条 香港特别行政区、澳门特别行政区永久性居民中的中国公民，台湾地区居民可以按照国家有关规定，申请登记为个体工商户。

第二十八条 个体工商户申请转变为企业组织形式，符合法定条件的，登记机关和有关行政机关应当为其提供便利。

第二十九条 无固定经营场所摊贩的管理办法，由省、自治区、直辖市人民政府根据当地实际情况规定。

第三十条 本条例自2011年11月1日起施行。1987年8月5日国务院发布的《城乡个体工商户管理暂行条例》同时废止。

中华人民共和国广告法

（1994年10月27日第八届全国人民代表大会常务委员会第十次会议通过　2015年4月24日第十二届全国人民代表大会常务委员会第十四次会议修订　根据2018年10月26日第十三届全国人民代表大会常务委员会第六次会议《关于修改〈中华人民共和国野生动物保护法〉等十五部法律的决定》修正）

目　录

第一章　总　　则
第二章　广告内容准则
第三章　广告行为规范
第四章　监督管理
第五章　法律责任
第六章　附　　则

第一章　总　　则

第一条　【立法目的】为了规范广告活动，保护消费者的合法权益，促进广告业的健康发展，维护社会经济秩序，制定本法。

第二条　【调整范围及定义】在中华人民共和国境内，商品经营者或者服务提供者通过一定媒介和形式直接或者间接地介绍自己所推销的商品或者服务的商业广告活动，适用本法。

本法所称广告主，是指为推销商品或者服务，自行或者委托他人设计、制作、发布广告的自然人、法人或者其他组织。

本法所称广告经营者，是指接受委托提供广告设计、制作、代理服务的自然人、法人或者其他组织。

本法所称广告发布者，是指为广告主或者广告主委托的广告经营者发布广告的自然人、法人或者其他组织。

本法所称广告代言人，是指广告主以外的，在广告中以自己的名义或者形象对商品、服务作推荐、证明的自然人、法人或者其他组织。

第三条　【内容和形式要求】广告应当真实、合法，以健康的表现形式表达广告内容，符合社会主义精神文明建设和弘扬中华民族优秀传统文化的要求。

第四条　【真实性原则】广告不得含有虚假或者引人误解的内容，不得欺骗、误导消费者。

广告主应当对广告内容的真实性负责。

第五条　【基本行为规范】广告主、广告经营者、广告发布者从事广告活动，应当遵守法律、法规，诚实信用，公平竞争。

第六条　【监督管理体制】国务院市场监督管理部门主管全国的广告监督管理工作，国务院有关部门在各自的职责范围内负责广告管理相关工作。

县级以上地方市场监督管理部门主管本行政区域的广告监督管理工作，县级以上地方人民政府有关部门在各自的职责范围内负责广告管理相关工作。

第七条　【行业组织】广告行业组织依照法律、法规和章程的规定，制定行业规范，加强行业自律，促进行业发展，引导会员依法从事广告活动，推动广告行业诚信建设。

第二章　广告内容准则

第八条　【广告表述】广告中对商品的性能、功能、产地、用途、质量、成分、价格、生产者、有效期限、允诺等或者对服务的内容、提供者、形式、质量、价格、允诺等有表示的，应当准确、清楚、明白。

广告中表明推销的商品或者服务附带赠送的，应当明示所附带赠送商品或者服务的品种、规格、数量、期限和方式。

法律、行政法规规定广告中应当明示的内容，应当显著、清晰表示。

第九条　【一般禁止情形】广告不得有下列情形：

（一）使用或者变相使用中华人民共和国的国旗、国歌、国徽，军旗、军歌、军徽；

（二）使用或者变相使用国家机关、国家机关工作人员的名义或者形象；

（三）使用“国家级”、“最高级”、“最佳”等用语；

（四）损害国家的尊严或者利益，泄露国家秘密；

（五）妨碍社会安定，损害社会公共利益；

（六）危害人身、财产安全，泄露个人隐私；

（七）妨碍社会公共秩序或者违背社会良好风尚；

（八）含有淫秽、色情、赌博、迷信、恐怖、暴力的内容；

（九）含有民族、种族、宗教、性别歧视的内容；

（十）妨碍环境、自然资源或者文化遗产保护；

（十一）法律、行政法规规定禁止的其他情形。

第十条 【保护未成年人和残疾人】广告不得损害未成年人和残疾人的身心健康。

第十一条 【涉及行政许可和引证内容的广告】广告内容涉及的事项需要取得行政许可的，应当与许可的内容相符合。

广告使用数据、统计资料、调查结果、文摘、引用语等引证内容的，应当真实、准确，并表明出处。引证内容有适用范围和有效期限的，应当明确表示。

第十二条 【涉及专利的广告】广告中涉及专利产品或者专利方法的，应当标明专利号和专利种类。

未取得专利权的，不得在广告中谎称取得专利权。

禁止使用未授予专利权的专利申请和已经终止、撤销、无效的专利作广告。

第十三条 【广告不得含有贬低内容】广告不得贬低其他生产经营者的商品或者服务。

第十四条 【广告可识别性以及发布要求】广告应当具有可识别性，能够使消费者辨明其为广告。

大众传播媒介不得以新闻报道形式变相发布广告。通过大众传播媒介发布的广告应当显著标明“广告”，与其他非广告信息相区别，不得使消费者产生误解。

广播电台、电视台发布广告，应当遵守国务院有关部门关于时长、方式的规定，并应当对广告时长作出明显提示。

第十五条 【处方药、易制毒化学品、戒毒等广告】麻醉药品、精神药品、医疗用毒性药品、放射性药品等特殊药品，药品类易制毒化学品，以及戒毒治疗的药品、医疗器械和治疗方法，不得作广告。

前款规定以外的处方药，只能在国务院卫生行政部门和国务院药品监督管理部门共同指定的医学、药学专业刊物上作广告。

第十六条 【医疗、药品、医疗器械广告】医疗、药品、医疗器械广告不得含有下列内容：

（一）表示功效、安全性的断言或者保证；

（二）说明治愈率或者有效率；

（三）与其他药品、医疗器械的功效和安全性或者其他医疗机构比较；

（四）利用广告代言人作推荐、证明；

（五）法律、行政法规规定禁止的其他内容。

药品广告的内容不得与国务院药品监督管理部门批准的说明书不一致，并应当显著标明禁忌、不良反应。处方药广告应当显著标明“本广告仅供医学药学专业人士阅读”，非处方药广告应当显著标明“请按药品说明书或者在药师指导下购买和使用”。

推荐给个人自用的医疗器械的广告，应当显著标明“请仔细阅读产品说明书或者在医务人员的指导下购买和使用”。医疗器械产品注册证明文件中有禁忌内容、注意事项的，广告中应当显著标明“禁忌内容或者注意事项详见说明书”。

第十七条 【禁止使用医药用语】除医疗、药品、医疗器械广告外，禁止其他任何广告涉及疾病治疗功能，并不得使用医疗用语或者易使推销的商品与药品、医疗器械相混淆的用语。

第十八条 【保健食品广告】保健食品广告不得含有下列内容：

（一）表示功效、安全性的断言或者保证；

（二）涉及疾病预防、治疗功能；

（三）声称或者暗示广告商品为保障健康所必需；

（四）与药品、其他保健食品进行比较；

（五）利用广告代言人作推荐、证明；

（六）法律、行政法规规定禁止的其他内容。

保健食品广告应当显著标明“本品不能代替药物”。

第十九条 【禁止变相发布广告】广播电台、电视台、报刊音像出版单位、互联网信息服务提供者不得以介绍健康、养生知识等形式变相发布医疗、药品、医疗器械、保健食品广告。

第二十条 【母乳代用品广告】禁止在大众传播媒介或者公共场所发布声称全部或者部分替代母乳的婴儿乳制品、饮料和其他食品广告。

第二十一条 【农药、兽药、饲料和饲料添加剂广告】农药、兽药、饲料和饲料添加剂广告不得含有下列内容：

（一）表示功效、安全性的断言或者保证；

（二）利用科研单位、学术机构、技术推广机构、行业协会或者专业人士、用户的名义或者形象作推荐、证明；

（三）说明有效率；

（四）违反安全使用规程的文字、语言或者画面；

（五）法律、行政法规规定禁止的其他内容。

第二十二条 【烟草广告】禁止在大众传播媒介或者公共场所、公共交通工具、户外发布烟草广告。禁止向未成年人发送任何形式的烟草广告。

禁止利用其他商品或者服务的广告、公益广告，宣传烟草制品名称、商标、包装、装潢以及类似内容。

烟草制品生产者或者销售者发布的迁址、更名、招聘等启事中，不得含有烟草制品名称、商标、包装、装潢以及类似内容。

第二十三条 【酒类广告】酒类广告不得含有下列内容：

（一）诱导、怂恿饮酒或者宣传无节制饮酒；

（二）出现饮酒的动作；

（三）表现驾驶车、船、飞机等活动；

（四）明示或者暗示饮酒有消除紧张和焦虑、增加体力等功效。

第二十四条 【教育、培训广告】教育、培训广告不得含有下列内容：

（一）对升学、通过考试、获得学位学历或者合格证书，或者对教育、培训的效果作出明示或者暗示的保证性承诺；

（二）明示或者暗示有相关考试机构或者其工作人员、考试命题人员参与教育、培训；

（三）利用科研单位、学术机构、教育机构、行业协会、专业人士、受益者的名义或者形象作推荐、证明。

第二十五条 【有投资回报预期的商品或者服务广告】招商等有投资回报预期的商品或者服务广告，应当对可能存在的风险以及风险责任承担有合理提示或者警示，并不得含有下列内容：

（一）对未来效果、收益或者与其相关的情况作出保证性承诺，明示或者暗示保本、无风险或者保收益等，国家另有规定的除外；

（二）利用学术机构、行业协会、专业人士、受益者的名义或者形象作推荐、证明。

第二十六条 【房地产广告】房地产广告，房源信息应当真实，面积应当表明为建筑面积或者套内建筑面积，并不得含有下列内容：

（一）升值或者投资回报的承诺；

（二）以项目到达某一具体参照物的所需时间表示项目位置；

（三）违反国家有关价格管理的规定；

（四）对规划或者建设中的交通、商业、文化教育设施以及其他市政条件作误导宣传。

第二十七条 【种养殖广告】农作物种子、林木种子、草种子、种畜禽、水产苗种和种养殖广告关于品种名称、生产性能、生长量或者产量、品质、抗性、特殊使用价值、经济价值、适宜种植或者养殖的范围和条件等方面的表述应当真实、清楚、明白，并不得含有下列内容：

（一）作科学上无法验证的断言；

（二）表示功效的断言或者保证；

（三）对经济效益进行分析、预测或者作保证性承诺；

（四）利用科研单位、学术机构、技术推广机构、行业协会或者专业人士、用户的名义或者形象作推荐、证明。

第二十八条 【虚假广告】广告以虚假或者引人误解的内容欺骗、误导消费者的，构成虚假广告。

广告有下列情形之一的，为虚假广告：

（一）商品或者服务不存在的；

（二）商品的性能、功能、产地、用途、质量、规格、成分、价格、生产者、有效期限、销售状况、曾获荣誉等信息，或者服务的内容、提供者、形式、质量、价格、销售状况、曾获荣誉等信息，以及与商品或者服务有关的允诺等信息与实际情况不符，对购买行为有实质性影响的；

（三）使用虚构、伪造或者无法验证的科研成果、统计资料、调查结果、文摘、引用语等信息作证明材料的；

（四）虚构使用商品或者接受服务的效果的；

（五）以虚假或者引人误解的内容欺骗、误导消费者的其他情形。

第三章 广告行为规范

第二十九条 【从事广告发布业务的条件】广播电台、电视台、报刊出版单位从事广告发布业务的,应当设有专门从事广告业务的机构,配备必要的人员,具有与发布广告相适应的场所、设备,并向县级以上地方市场监督管理部门办理广告发布登记。

第三十条 【广告合同】广告主、广告经营者、广告发布者之间在广告活动中应当依法订立书面合同。

第三十一条 【禁止不正当竞争】广告主、广告经营者、广告发布者不得在广告活动中进行任何形式的不正当竞争。

第三十二条 【受委托方的合法经营资格】广告主委托设计、制作、发布广告,应当委托具有合法经营资格的广告经营者、广告发布者。

第三十三条 【广告涉及他人人身权利时的义务】广告主或者广告经营者在广告中使用他人名义或者形象的,应当事先取得其书面同意;使用无民事行为能力人、限制民事行为能力人的名义或者形象的,应当事先取得其监护人的书面同意。

第三十四条 【广告业务管理制度和查验、核对义务】广告经营者、广告发布者应当按照国家有关规定,建立、健全广告业务的承接登记、审核、档案管理制度。

广告经营者、广告发布者依据法律、行政法规查验有关证明文件,核对广告内容。对内容不符或者证明文件不全的广告,广告经营者不得提供设计、制作、代理服务,广告发布者不得发布。

第三十五条 【广告收费标准和办法】广告经营者、广告发布者应当公布其收费标准和收费办法。

第三十六条 【媒介传播效果资料真实】广告发布者向广告主、广告经营者提供的覆盖率、收视率、点击率、发行量等资料应当真实。

第三十七条 【不得提供广告服务的情形】法律、行政法规规定禁止生产、销售的产品或者提供的服务,以及禁止发布广告的商品或者服务,任何单位或者个人不得设计、制作、代理、发布广告。

第三十八条 【广告代言人的义务】广告代言人在广告中对商品、服务作推荐、证明,应当依据事实,符合本法和有关法律、行政法规规定,并不得为其未使用过的商品或者未接受过的服务作推荐、证明。

不得利用不满十周岁的未成年人作为广告代言人。

对在虚假广告中作推荐、证明受到行政处罚未满三年的自然人、法人或者其他组织,不得利用其作为广告代言人。

第三十九条 【广告不得侵扰中小学生、幼儿】不得在中小学校、幼儿园内开展广告活动,不得利用中小学生和幼儿的教材、教辅材料、练习册、文具、教具、校服、校车等发布或者变相发布广告,但公益广告除外。

第四十条 【针对未成年人的广告】在针对未成年人的大众传播媒介上不得发布医疗、药品、保健食品、医疗器械、化妆品、酒类、美容广告,以及不利于未成年人身心健康的网络游戏广告。

针对不满十四周岁的未成年人的商品或者服务的广告不得含有下列内容:

(一)劝诱其要求家长购买广告商品或者服务;

(二)可能引发其模仿不安全行为。

第四十一条 【户外广告的监管】县级以上地方人民政府应当组织有关部门加强对利用户外场所、空间、设施等发布户外广告的监督管理,制定户外广告设置规划和安全要求。

户外广告的管理办法,由地方性法规、地方政府规章规定。

第四十二条 【禁止设置户外广告的情形】有下列情形之一的,不得设置户外广告:

(一)利用交通安全设施、交通标志的;

(二)影响市政公共设施、交通安全设施、交通标志、消防设施、消防安全标志使用的;

(三)妨碍生产或者人民生活,损害市容市貌的;

(四)在国家机关、文物保护单位、风景名胜区等的建筑控制地带,或者县级以上地方人民政府禁止设置户外广告的区域设置的。

第四十三条 【垃圾广告】任何单位或者个人未经当事人同意或者请求,不得向其住宅、交通工具等发送广告,也不得以电子信息方式向其发送广告。

以电子信息方式发送广告的,应当明示发送者的真实身份和联系方式,并向接收者提供拒绝继续接收的方式。

第四十四条 【互联网广告】利用互联网从事广告活动,适用本法的各项规定。

利用互联网发布、发送广告,不得影响用户正常使用网络。在互联网页面以弹出等形式发布的广告,应当显著标明关闭标志,确保一键关闭。

第四十五条 【"第三方平台"义务】公共场所的管理者或者电信业务经营者、互联网信息服务提供者对其明知或者应知的利用其场所或者信息传输、发布平台发送、发布违法广告的,应当予以制止。

第四章 监督管理

第四十六条 【特殊商品和服务广告发布前审查】发布医疗、药品、医疗器械、农药、兽药和保健食品广告,以及法律、行政法规规定应当进行审查的其他广告,应当在发布前由有关部门(以下称广告审查机关)对广告内容进行审查;未经审查,不得发布。

第四十七条 【广告发布前审查程序】广告主申请广告审查,应当依照法律、行政法规向广告审查机关提交有关证明文件。

广告审查机关应当依照法律、行政法规规定作出审查决定,并应当将审查批准文件抄送同级市场监督管理部门。广告审查机关应当及时向社会公布批准的广告。

第四十八条 【广告审查批准文件不得伪造、变造或者转让】任何单位或者个人不得伪造、变造或者转让广告审查批准文件。

第四十九条 【市场监督管理部门的职权和义务】市场监督管理部门履行广告监督管理职责,可以行使下列职权:

(一)对涉嫌从事违法广告活动的场所实施现场检查;

(二)询问涉嫌违法当事人或者其法定代表人、主要负责人和其他有关人员,对有关单位或者个人进行调查;

(三)要求涉嫌违法当事人限期提供有关证明文件;

(四)查阅、复制与涉嫌违法广告有关的合同、票据、账簿、广告作品和其他有关资料;

(五)查封、扣押与涉嫌违法广告直接相关的广告物品、经营工具、设备等财物;

(六)责令暂停发布可能造成严重后果的涉嫌违法广告;

(七)法律、行政法规规定的其他职权。

市场监督管理部门应当建立健全广告监测制度,完善监测措施,及时发现和依法查处违法广告行为。

第五十条 【授权制定利用大众传播媒介发布广告的行为规范】国务院市场监督管理部门会同国务院有关部门,制定大众传播媒介广告发布行为规范。

第五十一条 【配合监管义务】市场监督管理部门依照本法规定行使职权,当事人应当协助、配合,不得拒绝、阻挠。

第五十二条 【保密义务】市场监督管理部门和有关部门及其工作人员对其在广告监督管理活动中知悉的商业秘密负有保密义务。

第五十三条 【投诉和举报】任何单位或者个人有权向市场监督管理部门和有关部门投诉、举报违反本法的行为。市场监督管理部门和有关部门应当向社会公开受理投诉、举报的电话、信箱或者电子邮件地址,接到投诉、举报的部门应当自收到投诉之日起七个工作日内,予以处理并告知投诉、举报人。

市场监督管理部门和有关部门不依法履行职责的,任何单位或者个人有权向其上级机关或者监察机关举报。接到举报的机关应当依法作出处理,并将处理结果及时告知举报人。

有关部门应当为投诉、举报人保密。

第五十四条 【社会监督】消费者协会和其他消费者组织对违反本法规定,发布虚假广告侵害消费者合法权益,以及其他损害社会公共利益的行为,依法进行社会监督。

第五章 法律责任

第五十五条 【虚假广告行政、刑事责任】违反本法规定,发布虚假广告的,由市场监督管理部门责令停止发布广告,责令广告主在相应范围内消除影响,处广告费用三倍以上五倍以下的罚款,广告费用无法计算或者明显偏低的,处二十万元以上一百万元以下的罚款;两年内有三次以上违法行为或者有其他严重情节的,处广告费用五倍以上十倍以下的罚款,广告费用无法计算或者明显偏低的,处一百万元以上二百万元以下的罚款,可以吊销营业执照,并由广告审查机关撤销广告审查批准文件、一年内不受理其广告审查申请。

医疗机构有前款规定违法行为,情节严重的,除由市场监督管理部门依照本法处罚外,卫生行政部门可以吊销诊疗科目或者吊销医疗机构执业许可证。

广告经营者、广告发布者明知或者应知广告虚假仍设计、制作、代理、发布的,由市场监督管理部门没收广告费用,并处广告费用三倍以上五倍以下的罚款,广告费用无法计算或者明显偏低的,处二十万元以上一百万元以下的罚款;两年内有三次以上违法行为或者有其他严重情节的,处广告费用五倍以上十倍以下的罚款,广告费用无法计算或者明显偏低的,处一百万元以上二百万元以下的罚款,并可以由有关部门暂停广告发布业务、吊销营业执照、吊销广告发布登记证件。

广告主、广告经营者、广告发布者有本条第一款、第三款规定行为,构成犯罪的,依法追究刑事责任。

第五十六条 【虚假广告民事责任】违反本法规定,发布虚假广告,欺骗、误导消费者,使购买商品或者接受服务的消费者的合法权益受到损害的,由广告主依法承担民事责任。广告经营者、广告发布者不能提供广告主的真实名称、地址和有效联系方式的,消费者可以要求广告经营者、广告发布者先行赔偿。

关系消费者生命健康的商品或者服务的虚假广告,造成消费者损害的,其广告经营者、广告发布者、广告代言人应当与广告主承担连带责任。

前款规定以外的商品或者服务的虚假广告,造成消费者损害的,其广告经营者、广告发布者、广告代言人,明知或者应知广告虚假仍设计、制作、代理、发布或者作推荐、证明的,应当与广告主承担连带责任。

第五十七条 【发布违反基本准则或者本法禁止发布的广告的责任】有下列行为之一的,由市场监督管理部门责令停止发布广告,对广告主处二十万元以上一百万元以下的罚款,情节严重的,并可以吊销营业执照,由广告审查机关撤销广告审查批准文件、一年内不受理其广告审查申请;对广告经营者、广告发布者,由市场监督管理部门没收广告费用,处二十万元以上一百万元以下的罚款,情节严重的,并可以吊销营业执照、吊销广告发布登记证件:

(一)发布有本法第九条、第十条规定的禁止情形的广告的;

(二)违反本法第十五条规定发布处方药广告、药品类易制毒化学品广告、戒毒治疗的医疗器械和治疗方法广告的;

(三)违反本法第二十条规定,发布声称全部或者部分替代母乳的婴儿乳制品、饮料和其他食品广告的;

(四)违反本法第二十二条规定发布烟草广告的;

(五)违反本法第三十七条规定,利用广告推销禁止生产、销售的产品或者提供的服务,或者禁止发布广告的商品或者服务的;

(六)违反本法第四十条第一款规定,在针对未成年人的大众传播媒介上发布医疗、药品、保健食品、医疗器械、化妆品、酒类、美容广告,以及不利于未成年人身心健康的网络游戏广告的。

第五十八条 【发布违反特殊准则、违法使用广告代言人或者未经依法审查的广告的责任】有下列行为之一的,由市场监督管理部门责令停止发布广告,责令广告主在相应范围内消除影响,处广告费用一倍以上三倍以下的罚款,广告费用无法计算或者明显偏低的,处十万元以上二十万元以下的罚款;情节严重的,处广告费用三倍以上五倍以下的罚款,广告费用无法计算或者明显偏低的,处二十万元以上一百万元以下的罚款,可以吊销营业执照,并由广告审查机关撤销广告审查批准文件、一年内不受理其广告审查申请:

(一)违反本法第十六条规定发布医疗、药品、医疗器械广告的;

(二)违反本法第十七条规定,在广告中涉及疾病治疗功能,以及使用医疗用语或者易使推销的商品与药品、医疗器械相混淆的用语的;

(三)违反本法第十八条规定发布保健食品广告的;

(四)违反本法第二十一条规定发布农药、兽药、饲料和饲料添加剂广告的;

(五)违反本法第二十三条规定发布酒类广告的;

(六)违反本法第二十四条规定发布教育、培训广告的;

(七)违反本法第二十五条规定发布招商等有投资回报预期的商品或者服务广告的;

(八)违反本法第二十六条规定发布房地产广告的;

(九)违反本法第二十七条规定发布农作物种子、林木种子、草种子、种畜禽、水产苗种和种养殖广告的；

（十）违反本法第三十八条第二款规定，利用不满十周岁的未成年人作为广告代言人的；

（十一）违反本法第三十八条第三款规定，利用自然人、法人或者其他组织作为广告代言人的；

（十二）违反本法第三十九条规定，在中小学校、幼儿园内或者利用与中小学生、幼儿有关的物品发布广告的；

（十三）违反本法第四十条第二款规定，发布针对不满十四周岁的未成年人的商品或者服务的广告的；

（十四）违反本法第四十六条规定，未经审查发布广告的。

医疗机构有前款规定违法行为，情节严重的，除由市场监督管理部门依照本法处罚外，卫生行政部门可以吊销诊疗科目或者吊销医疗机构执业许可证。

广告经营者、广告发布者明知或者应知有本条第一款规定违法行为仍设计、制作、代理、发布的，由市场监督管理部门没收广告费用，并处广告费用一倍以上三倍以下的罚款，广告费用无法计算或者明显偏低的，处十万元以上二十万元以下的罚款；情节严重的，处广告费用三倍以上五倍以下的罚款，广告费用无法计算或者明显偏低的，处二十万元以上一百万元以下的罚款，并可以由有关部门暂停广告发布业务、吊销营业执照、吊销广告发布登记证件。

第五十九条　【发布违反一般准则或者贬低他人商品或服务的广告的责任】有下列行为之一的，由市场监督管理部门责令停止发布广告，对广告主处十万元以下的罚款：

（一）广告内容违反本法第八条规定的；

（二）广告引证内容违反本法第十一条规定的；

（三）涉及专利的广告违反本法第十二条规定的；

（四）违反本法第十三条规定，广告贬低其他生产经营者的商品或者服务的。

广告经营者、广告发布者明知或者应知有前款规定违法行为仍设计、制作、代理、发布的，由市场监督管理部门处十万元以下的罚款。

广告违反本法第十四条规定，不具有可识别性的，或者违反本法第十九条规定，变相发布医疗、药品、医疗器械、保健食品广告的，由市场监督管理部门责令改正，对广告发布者处十万元以下的罚款。

第六十条　【擅自从事广告发布业务的责任】违反本法第二十九条规定，广播电台、电视台、报刊出版单位未办理广告发布登记，擅自从事广告发布业务的，由市场监督管理部门责令改正，没收违法所得，违法所得一万元以上的，并处违法所得一倍以上三倍以下的罚款；违法所得不足一万元的，并处五千元以上三万元以下的罚款。

第六十一条　【广告经营者、广告发布者未依法进行广告业务管理的责任】违反本法第三十四条规定，广告经营者、广告发布者未按照国家有关规定建立、健全广告业务管理制度的，或者未对广告内容进行核对的，由市场监督管理部门责令改正，可以处五万元以下的罚款。

违反本法第三十五条规定，广告经营者、广告发布者未公布其收费标准和收费办法的，由价格主管部门责令改正，可以处五万元以下的罚款。

第六十二条　【广告代言人的责任】广告代言人有下列情形之一的，由市场监督管理部门没收违法所得，并处违法所得一倍以上二倍以下的罚款：

（一）违反本法第十六条第一款第四项规定，在医疗、药品、医疗器械广告中作推荐、证明的；

（二）违反本法第十八条第一款第五项规定，在保健食品广告中作推荐、证明的；

（三）违反本法第三十八条第一款规定，为其未使用过的商品或者未接受过的服务作推荐、证明的；

（四）明知或者应知广告虚假仍在广告中对商品、服务作推荐、证明的。

第六十三条　【未经同意或者请求向他人发送广告、违法利用互联网发布广告的责任】违反本法第四十三条规定发送广告的，由有关部门责令停止违法行为，对广告主处五千元以上三万元以下的罚款。

违反本法第四十四条第二款规定，利用互联网发布广告，未显著标明关闭标志，确保一键关闭的，由市场监督管理部门责令改正，对广告主处五千元以上三万元以下的罚款。

第六十四条　【公共场所的管理者和电信业务经营者、互联网信息服务提供者未依法制止违法广告活动的责任】违反本法第四十五条规定，公共场所的管理者和电信业务经营者、互联网信息服务提供者,明知或者应知广告活动违法不予制止的,由市场监督管理部门没收违法所得,违法所得五万元以上的,并处违法所得一倍以上三倍以下的罚款,违法所得不足五万元的,并处一万元以上五万元以下的罚款;情节严重的,由有关部门依法停止相关业务。

第六十五条 【隐瞒真实情况或者提供虚假材料申请广告审查的责任】违反本法规定,隐瞒真实情况或者提供虚假材料申请广告审查的,广告审查机关不予受理或者不予批准,予以警告,一年内不受理该申请人的广告审查申请;以欺骗、贿赂等不正当手段取得广告审查批准的,广告审查机关予以撤销,处十万元以上二十万元以下的罚款,三年内不受理该申请人的广告审查申请。

第六十六条 【伪造、变造或者转让广告审查批准文件的责任】违反本法规定,伪造、变造或者转让广告审查批准文件的,由市场监督管理部门没收违法所得,并处一万元以上十万元以下的罚款。

第六十七条 【信用档案制度】有本法规定的违法行为的,由市场监督管理部门记入信用档案,并依照有关法律、行政法规规定予以公示。

第六十八条 【广播电台、电视台、报刊音像出版单位及其主管部门的责任】广播电台、电视台、报刊音像出版单位发布违法广告,或者以新闻报道形式变相发布广告,或者以介绍健康、养生知识等形式变相发布医疗、药品、医疗器械、保健食品广告,市场监督管理部门依照本法给予处罚的,应当通报新闻出版、广播电视主管部门以及其他有关部门。新闻出版、广播电视主管部门以及其他有关部门应当依法对负有责任的主管人员和直接责任人员给予处分;情节严重的,并可以暂停媒体的广告发布业务。

新闻出版、广播电视主管部门以及其他有关部门未依照前款规定对广播电台、电视台、报刊音像出版单位进行处理的,对负有责任的主管人员和直接责任人员,依法给予处分。

第六十九条 【民事责任】广告主、广告经营者、广告发布者违反本法规定,有下列侵权行为之一的,依法承担民事责任:

(一)在广告中损害未成年人或者残疾人的身心健康的;

(二)假冒他人专利的;

(三)贬低其他生产经营者的商品、服务的;

(四)在广告中未经同意使用他人名义或者形象的;

(五)其他侵犯他人合法民事权益的。

第七十条 【对公司、企业广告违法行为负有个人责任的法定代表人的责任】因发布虚假广告,或者有其他本法规定的违法行为,被吊销营业执照的公司、企业的法定代表人,对违法行为负有个人责任的,自该公司、企业被吊销营业执照之日起三年内不得担任公司、企业的董事、监事、高级管理人员。

第七十一条 【拒绝、阻挠工商部门监督检查等违反治安管理行为的责任】违反本法规定,拒绝、阻挠市场监督管理部门监督检查,或者有其他构成违反治安管理行为的,依法给予治安管理处罚;构成犯罪的,依法追究刑事责任。

第七十二条 【广告审查机关的责任】广告审查机关对违法的广告内容作出审查批准决定的,对负有责任的主管人员和直接责任人员,由任免机关或者监察机关依法给予处分;构成犯罪的,依法追究刑事责任。

第七十三条 【广告管理部门及其工作人员的责任】市场监督管理部门对在履行广告监测职责中发现的违法广告行为或者对经投诉、举报的违法广告行为,不依法予以查处的,对负有责任的主管人员和直接责任人员,依法给予处分。

市场监督管理部门和负责广告管理相关工作的有关部门的工作人员玩忽职守、滥用职权、徇私舞弊的,依法给予处分。

有前两款行为,构成犯罪的,依法追究刑事责任。

第六章 附 则

第七十四条 【公益广告】国家鼓励、支持开展公益广告宣传活动,传播社会主义核心价值观,倡导文明风尚。

大众传播媒介有义务发布公益广告。广播电台、电视台、报刊出版单位应当按照规定的版面、时段、时长发布公益广告。公益广告的管理办法,由国务院市场监督管理部门会同有关部门制定。

第七十五条 【实施日期】本法自2015年9月1日起施行。

中华人民共和国产品质量法

（1993年2月22日第七届全国人民代表大会常务委员会第三十次会议通过　根据2000年7月8日第九届全国人民代表大会常务委员会第十六次会议《关于修改〈中华人民共和国产品质量法〉的决定》第一次修正　根据2009年8月27日第十一届全国人民代表大会常务委员会第十次会议《关于修改部分法律的决定》第二次修正　根据2018年12月29日第十三届全国人民代表大会常务委员会第七次会议《关于修改〈中华人民共和国产品质量法〉等五部法律的决定》第三次修正）

目　录

第一章　总　则
第二章　产品质量的监督
第三章　生产者、销售者的产品质量责任和义务
　第一节　生产者的产品质量责任和义务
　第二节　销售者的产品质量责任和义务
第四章　损害赔偿
第五章　罚　则
第六章　附　则

第一章　总　则

第一条　【立法目的】为了加强对产品质量的监督管理，提高产品质量水平，明确产品质量责任，保护消费者的合法权益，维护社会经济秩序，制定本法。

第二条　【适用范围】在中华人民共和国境内从事产品生产、销售活动，必须遵守本法。

本法所称产品是指经过加工、制作，用于销售的产品。

建设工程不适用本法规定；但是，建设工程使用的建筑材料、建筑构配件和设备，属于前款规定的产品范围的，适用本法规定。

第三条　【建立健全内部产品质量管理制度】生产者、销售者应当建立健全内部产品质量管理制度，严格实施岗位质量规范、质量责任以及相应的考核办法。

第四条　【依法承担产品质量责任】生产者、销售者依照本法规定承担产品质量责任。

第五条　【禁止行为】禁止伪造或者冒用认证标志等质量标志；禁止伪造产品的产地，伪造或者冒用他人的厂名、厂址；禁止在生产、销售的产品中掺杂、掺假，以假充真，以次充好。

第六条　【鼓励推行先进科学技术】国家鼓励推行科学的质量管理方法，采用先进的科学技术，鼓励企业产品质量达到并且超过行业标准、国家标准和国际标准。

对产品质量管理先进和产品质量达到国际先进水平、成绩显著的单位和个人，给予奖励。

第七条　【各级人民政府保障本法的施行】各级人民政府应当把提高产品质量纳入国民经济和社会发展规划，加强对产品质量工作的统筹规划和组织领导，引导、督促生产者、销售者加强产品质量管理，提高产品质量，组织各有关部门依法采取措施，制止产品生产、销售中违反本法规定的行为，保障本法的施行。

第八条　【监管部门的监管权限】国务院市场监督管理部门主管全国产品质量监督工作。国务院有关部门在各自的职责范围内负责产品质量监督工作。

县级以上地方市场监督管理部门主管本行政区域内的产品质量监督工作。县级以上地方人民政府有关部门在各自的职责范围内负责产品质量监督工作。

法律对产品质量的监督部门另有规定的，依照有关法律的规定执行。

第九条　【各级政府的禁止行为】各级人民政府工作人员和其他国家机关工作人员不得滥用职权、玩忽职守或者徇私舞弊，包庇、放纵本地区、本系统发生的产品生产、销售中违反本法规定的行为，或者阻挠、干预依法对产品生产、销售中违反本法规定的行为进行查处。

各级地方人民政府和其他国家机关有包庇、放纵产品生产、销售中违反本法规定的行为的，依法追究其主要负责人的法律责任。

第十条　【公众检举权】任何单位和个人有权对违反本法规定的行为，向市场监督管理部门或者其他有关部门检举。

市场监督管理部门和有关部门应当为检举人保密，并按照省、自治区、直辖市人民政府的规定给

予奖励。

第十一条 【禁止产品垄断经营】任何单位和个人不得排斥非本地区或者非本系统企业生产的质量合格产品进入本地区、本系统。

第二章 产品质量的监督

第十二条 【产品质量要求】产品质量应当检验合格,不得以不合格产品冒充合格产品。

第十三条 【工业产品质量标准要求】可能危及人体健康和人身、财产安全的工业产品,必须符合保障人体健康和人身、财产安全的国家标准、行业标准;未制定国家标准、行业标准的,必须符合保障人体健康和人身、财产安全的要求。

禁止生产、销售不符合保障人体健康和人身、财产安全的标准和要求的工业产品。具体管理办法由国务院规定。

第十四条 【企业质量体系认证制度】国家根据国际通用的质量管理标准,推行企业质量体系认证制度。企业根据自愿原则可以向国务院市场监督管理部门认可的或者国务院市场监督管理部门授权的部门认可的认证机构申请企业质量体系认证。经认证合格的,由认证机构颁发企业质量体系认证证书。

国家参照国际先进的产品标准和技术要求,推行产品质量认证制度。企业根据自愿原则可以向国务院市场监督管理部门认可的或者国务院市场监督管理部门授权的部门认可的认证机构申请产品质量认证。经认证合格的,由认证机构颁发产品质量认证证书,准许企业在产品或者其包装上使用产品质量认证标志。

第十五条 【以抽查为主要方式的组织领导监督检查制度】国家对产品质量实行以抽查为主要方式的监督检查制度,对可能危及人体健康和人身、财产安全的产品,影响国计民生的重要工业产品以及消费者、有关组织反映有质量问题的产品进行抽查。抽查的样品应当在市场上或者企业成品仓库内的待销产品中随机抽取。监督抽查工作由国务院市场监督管理部门规划和组织。县级以上地方市场监督管理部门在本行政区域内也可以组织监督抽查。法律对产品质量的监督检查另有规定的,依照有关法律的规定执行。

国家监督抽查的产品,地方不得另行重复抽查;上级监督抽查的产品,下级不得另行重复抽查。

根据监督抽查的需要,可以对产品进行检验。检验抽取样品的数量不得超过检验的合理需要,并不得向被检查人收取检验费用。监督抽查所需检验费用按照国务院规定列支。

生产者、销售者对抽查检验的结果有异议的,可以自收到检验结果之日起十五日内向实施监督抽查的市场监督管理部门或者其上级市场监督管理部门申请复检,由受理复检的市场监督管理部门作出复检结论。

第十六条 【质量监督检查】对依法进行的产品质量监督检查,生产者、销售者不得拒绝。

第十七条 【违反监督抽查规定的行政责任】依照本法规定进行监督抽查的产品质量不合格的,由实施监督抽查的市场监督管理部门责令其生产者、销售者限期改正。逾期不改正的,由省级以上人民政府市场监督管理部门予以公告;公告后经复查仍不合格的,责令停业,限期整顿;整顿期满后经复查产品质量仍不合格的,吊销营业执照。

监督抽查的产品有严重质量问题的,依照本法第五章的有关规定处罚。

第十八条 【县级以上市场监督管理部门查违职权】县级以上市场监督管理部门根据已经取得的违法嫌疑证据或者举报,对涉嫌违反本法规定的行为进行查处时,可以行使下列职权:

(一)对当事人涉嫌从事违反本法的生产、销售活动的场所实施现场检查;

(二)向当事人的法定代表人、主要负责人和其他有关人员调查、了解与涉嫌从事违反本法的生产、销售活动有关的情况;

(三)查阅、复制当事人有关的合同、发票、账簿以及其他有关资料;

(四)对有根据认为不符合保障人体健康和人身、财产安全的国家标准、行业标准的产品或者有其他严重质量问题的产品,以及直接用于生产、销售该项产品的原辅材料、包装物、生产工具,予以查封或者扣押。

第十九条 【产品质量检验机构设立条件】产品质量检验机构必须具备相应的检测条件和能力,经省级以上人民政府市场监督管理部门或者其授权的部门考核合格后,方可承担产品质量检验工作。法律、行政法规对产品质量检验机构另有规定的,依照有关法律、行政法规的规定执行。

第二十条 【产品质量检验、认证中介机构依法设立】从事产品质量检验、认证的社会中介机构必须依法设立，不得与行政机关和其他国家机关存在隶属关系或者其他利益关系。

第二十一条 【产品质量检验、认证机构必须依法出具检验结果、认证证明】产品质量检验机构、认证机构必须依法按照有关标准，客观、公正地出具检验结果或者认证证明。

产品质量认证机构应当依照国家规定对准许使用认证标志的产品进行认证后的跟踪检查；对不符合认证标准而使用认证标志的，要求其改正；情节严重的，取消其使用认证标志的资格。

第二十二条 【消费者的查询、申诉权】消费者有权就产品质量问题，向产品的生产者、销售者查询；向市场监督管理部门及有关部门申诉，接受申诉的部门应当负责处理。

第二十三条 【消费者权益组织的职能】保护消费者权益的社会组织可以就消费者反映的产品质量问题建议有关部门负责处理，支持消费者对因产品质量造成的损害向人民法院起诉。

第二十四条 【抽查产品质量状况定期公告】国务院和省、自治区、直辖市人民政府的市场监督管理部门应当定期发布其监督抽查的产品的质量状况公告。

第二十五条 【监管机构的禁止行为】市场监督管理部门或者其他国家机关以及产品质量检验机构不得向社会推荐生产者的产品；不得以对产品进行监制、监销等方式参与产品经营活动。

第三章 生产者、销售者的产品质量责任和义务

第一节 生产者的产品质量责任和义务

第二十六条 【生产者的产品质量要求】生产者应当对其生产的产品质量负责。

产品质量应当符合下列要求：

（一）不存在危及人身、财产安全的不合理的危险，有保障人体健康和人身、财产安全的国家标准、行业标准的，应当符合该标准；

（二）具备产品应当具备的使用性能，但是，对产品存在使用性能的瑕疵作出说明的除外；

（三）符合在产品或者其包装上注明采用的产品标准，符合以产品说明、实物样品等方式表明的质量状况。

第二十七条 【产品及其包装上的标识要求】产品或者其包装上的标识必须真实，并符合下列要求：

（一）有产品质量检验合格证明；

（二）有中文标明的产品名称、生产厂厂名和厂址；

（三）根据产品的特点和使用要求，需要标明产品规格、等级、所含主要成份的名称和含量的，用中文相应予以标明；需要事先让消费者知晓的，应当在外包装上标明，或者预先向消费者提供有关资料；

（四）限期使用的产品，应当在显著位置清晰地标明生产日期和安全使用期或者失效日期；

（五）使用不当，容易造成产品本身损坏或者可能危及人身、财产安全的产品，应当有警示标志或者中文警示说明。

裸装的食品和其他根据产品的特点难以附加标识的裸装产品，可以不附加产品标识。

第二十八条 【危险物品包装质量要求】易碎、易燃、易爆、有毒、有腐蚀性、有放射性等危险物品以及储运中不能倒置和其他有特殊要求的产品，其包装质量必须符合相应要求，依照国家有关规定作出警示标志或者中文警示说明，标明储运注意事项。

第二十九条 【禁止生产国家明令淘汰的产品】生产者不得生产国家明令淘汰的产品。

第三十条 【禁止伪造产地、伪造或者冒用他人的厂名、厂址】生产者不得伪造产地，不得伪造或者冒用他人的厂名、厂址。

第三十一条 【禁止伪造或者冒用认证标志等质量标志】生产者不得伪造或者冒用认证标志等质量标志。

第三十二条 【生产者的禁止行为】生产者生产产品，不得掺杂、掺假，不得以假充真、以次充好，不得以不合格产品冒充合格产品。

第二节 销售者的产品质量责任和义务

第三十三条 【进货检查验收制度】销售者应当建立并执行进货检查验收制度，验明产品合格证明和其他标识。

第三十四条 【保持销售产品质量的义务】销售者应当采取措施,保持销售产品的质量。

第三十五条 【禁止销售的产品范围】销售者不得销售国家明令淘汰并停止销售的产品和失效、变质的产品。

第三十六条 【销售产品的标识要求】销售者销售的产品的标识应当符合本法第二十七条的规定。

第三十七条 【禁止伪造产地、伪造或者冒用他人的厂名、厂址】销售者不得伪造产地,不得伪造或者冒用他人的厂名、厂址。

第三十八条 【禁止伪造或者冒用认证标志等质量标志】销售者不得伪造或者冒用认证标志等质量标志。

第三十九条 【销售者的禁止行为】销售者销售产品,不得掺杂、掺假,不得以假充真、以次充好,不得以不合格产品冒充合格产品。

第四章 损害赔偿

第四十条 【销售者的损害赔偿责任】售出的产品有下列情形之一的,销售者应当负责修理、更换、退货;给购买产品的消费者造成损失的,销售者应当赔偿损失:

(一) 不具备产品应当具备的使用性能而事先未作说明的;

(二) 不符合在产品或者其包装上注明采用的产品标准的;

(三) 不符合以产品说明、实物样品等方式表明的质量状况的。

销售者依照前款规定负责修理、更换、退货、赔偿损失后,属于生产者的责任或者属于向销售者提供产品的其他销售者(以下简称供货者)的责任的,销售者有权向生产者、供货者追偿。

销售者未按照第一款规定给予修理、更换、退货或者赔偿损失的,由市场监督管理部门责令改正。

生产者之间,销售者之间,生产者与销售者之间订立的买卖合同、承揽合同有不同约定的,合同当事人按照合同约定执行。

第四十一条 【人身、他人财产的损害赔偿责任】因产品存在缺陷造成人身、缺陷产品以外的其他财产(以下简称他人财产)损害的,生产者应当承担赔偿责任。

生产者能够证明有下列情形之一的,不承担赔偿责任:

(一) 未将产品投入流通的;

(二) 产品投入流通时,引起损害的缺陷尚不存在的;

(三) 将产品投入流通时的科学技术水平尚不能发现缺陷的存在的。

第四十二条 【销售者的过错赔偿责任】由于销售者的过错使产品存在缺陷,造成人身、他人财产损害的,销售者应当承担赔偿责任。

销售者不能指明缺陷产品的生产者也不能指明缺陷产品的供货者的,销售者应当承担赔偿责任。

第四十三条 【受害者的选择赔偿权】因产品存在缺陷造成人身、他人财产损害的,受害人可以向产品的生产者要求赔偿,也可以向产品的销售者要求赔偿。属于产品的生产者的责任,产品的销售者赔偿的,产品的销售者有权向产品的生产者追偿。属于产品的销售者的责任,产品的生产者赔偿的,产品的生产者有权向产品的销售者追偿。

第四十四条 【人身伤害的赔偿范围】因产品存在缺陷造成受害人人身伤害的,侵害人应当赔偿医疗费、治疗期间的护理费、因误工减少的收入等费用;造成残疾的,还应当支付残疾者生活自助具费、生活补助费、残疾赔偿金以及由其扶养的人所必需的生活费等费用;造成受害人死亡的,并应当支付丧葬费、死亡赔偿金以及由死者生前扶养的人所必需的生活费等费用。

因产品存在缺陷造成受害人财产损失的,侵害人应当恢复原状或者折价赔偿。受害人因此遭受其他重大损失的,侵害人应当赔偿损失。

第四十五条 【诉讼时效期间】因产品存在缺陷造成损害要求赔偿的诉讼时效期间为二年,自当事人知道或者应当知道其权益受到损害时起计算。

因产品存在缺陷造成损害要求赔偿的请求权,在造成损害的缺陷产品交付最初消费者满十年丧失;但是,尚未超过明示的安全使用期的除外。

第四十六条 【缺陷的含义】本法所称缺陷,是指产品存在危及人身、他人财产安全的不合理的危险;产品有保障人体健康和人身、财产安全的国家标准、行业标准的,是指不符合该标准。

第四十七条 【纠纷解决方式】因产品质量发生民事纠纷时,当事人可以通过协商或者调解解决。当事人不愿通过协商、调解解决或者协商、调解不成的,可以根据当事人各方的协议向仲裁机构申请仲裁;当事人各方没有达成仲裁协议或者仲裁协议无效的,可以直接向人民法院起诉。

第四十八条 【仲裁机构或者人民法院对产品质量检验的规定】仲裁机构或者人民法院可以委托本法第十九条规定的产品质量检验机构,对有关产品质量进行检验。

第五章 罚 则

第四十九条 【生产、销售不符合安全标准的产品的行政处罚、刑事责任】生产、销售不符合保障人体健康和人身、财产安全的国家标准、行业标准的产品的,责令停止生产、销售,没收违法生产、销售的产品,并处违法生产、销售产品(包括已售出和未售出的产品,下同)货值金额等值以上三倍以下的罚款;有违法所得的,并处没收违法所得;情节严重的,吊销营业执照;构成犯罪的,依法追究刑事责任。

第五十条 【假冒产品的行政处罚、刑事责任】在产品中掺杂、掺假,以假充真,以次充好,或者以不合格产品冒充合格产品的,责令停止生产、销售,没收违法生产、销售的产品,并处违法生产、销售产品货值金额百分之五十以上三倍以下的罚款;有违法所得的,并处没收违法所得;情节严重的,吊销营业执照;构成犯罪的,依法追究刑事责任。

第五十一条 【生产、销售淘汰产品的行政处罚规定】生产国家明令淘汰的产品的,销售国家明令淘汰并停止销售的产品的,责令停止生产、销售,没收违法生产、销售的产品,并处违法生产、销售产品货值金额等值以下的罚款;有违法所得的,并处没收违法所得;情节严重的,吊销营业执照。

第五十二条 【销售失效、变质的产品的行政处罚、刑事责任】销售失效、变质的产品的,责令停止销售,没收违法销售的产品,并处违法销售产品货值金额二倍以下的罚款;有违法所得的,并处没收违法所得;情节严重的,吊销营业执照;构成犯罪的,依法追究刑事责任。

第五十三条 【伪造、冒用产品产地、厂名、厂址、标志的行政处罚规定】伪造产品产地的,伪造或者冒用他人厂名、厂址的,伪造或者冒用认证标志等质量标志的,责令改正,没收违法生产、销售的产品,并处违法生产、销售产品货值金额等值以下的罚款;有违法所得的,并处没收违法所得;情节严重的,吊销营业执照。

第五十四条 【不符合产品包装、标识要求的行政处罚规定】产品标识不符合本法第二十七条规定的,责令改正;有包装的产品标识不符合本法第二十七条第(四)项、第(五)项规定,情节严重的,责令停止生产、销售,并处违法生产、销售产品货值金额百分之三十以下的罚款;有违法所得的,并处没收违法所得。

第五十五条 【销售者的从轻或者减轻处罚情节】销售者销售本法第四十九条至第五十三条规定禁止销售的产品,有充分证据证明其不知道该产品为禁止销售的产品并如实说明其进货来源的,可以从轻或者减轻处罚。

第五十六条 【违反依法接受产品质量监督检查义务的行政处罚规定】拒绝接受依法进行的产品质量监督检查的,给予警告,责令改正;拒不改正的,责令停业整顿;情节特别严重的,吊销营业执照。

第五十七条 【产品质量中介机构的行政处罚、刑事责任规定】产品质量检验机构、认证机构伪造检验结果或者出具虚假证明的,责令改正,对单位处五万元以上十万元以下的罚款,对直接负责的主管人员和其他直接责任人员处一万元以上五万元以下的罚款;有违法所得的,并处没收违法所得;情节严重的,取消其检验资格、认证资格;构成犯罪的,依法追究刑事责任。

产品质量检验机构、认证机构出具的检验结果或者证明不实,造成损失的,应当承担相应的赔偿责任;造成重大损失的,撤销其检验资格、认证资格。

产品质量认证机构违反本法第二十一条第二款的规定,对不符合认证标准而使用认证标志的产品,未依法要求其改正或者取消其使用认证标志资格的,对因产品不符合认证标准给消费者造成的损失,与产品的生产者、销售者承担连带责任;情节严重的,撤销其认证资格。

第五十八条 【社会团体、社会中介机构的连带赔偿责任】社会团体、社会中介机构对产品质量作出承诺、保证,而该产品又不符合其承诺、保证的质量要求,给消费者造成损失的,与产品的生产者、销售者承担连带责任。

第五十九条 【虚假广告的责任承担】在广告中对产品质量作虚假宣传,欺骗和误导消费者的,依照《中华人民共和国广告法》的规定追究法律责任。

第六十条 【生产伪劣产品的材料、包装、工具的没收】对生产者专门用于生产本法第四十九条、第五十一条所列的产品或者以假充真的产品的原辅材料、包装物、生产工具,应当予以没收。

第六十一条 【运输、保管、仓储部门的责任承担】知道或者应当知道属于本法规定禁止生产、销售的产品而为其提供运输、保管、仓储等便利条件的,或者为以假充真的产品提供制假生产技术的,没收全部运输、保管、仓储或者提供制假生产技术的收入,并处违法收入百分之五十以上三倍以下的罚款;构成犯罪的,依法追究刑事责任。

第六十二条 【服务业经营者的责任承担】服务业的经营者将本法第四十九条至第五十二条规定禁止销售的产品用于经营性服务的,责令停止使用;对知道或者应当知道所使用的产品属于本法规定禁止销售的产品的,按照违法使用的产品(包括已使用和尚未使用的产品)的货值金额,依照本法对销售者的处罚规定处罚。

第六十三条 【隐匿、转移、变卖、损毁被依法查封、扣押的物品的行政责任】隐匿、转移、变卖、损毁被市场监督管理部门查封、扣押的物品的,处被隐匿、转移、变卖、损毁物品货值金额等值以上三倍以下的罚款;有违法所得的,并处没收违法所得。

第六十四条 【民事赔偿责任优先原则】违反本法规定,应当承担民事赔偿责任和缴纳罚款、罚金,其财产不足以同时支付时,先承担民事赔偿责任。

第六十五条 【国家工作人员的责任承担】各级人民政府工作人员和其他国家机关工作人员有下列情形之一的,依法给予行政处分;构成犯罪的,依法追究刑事责任:

(一)包庇、放纵产品生产、销售中违反本法规定行为的;

(二)向从事违反本法规定的生产、销售活动的当事人通风报信,帮助其逃避查处的;

(三)阻挠、干预市场监督管理部门依法对产品生产、销售中违反本法规定的行为进行查处,造成严重后果的。

第六十六条 【质检部门的检验责任承担】市场监督管理部门在产品质量监督抽查中超过规定的数量索取样品或者向被检查人收取检验费用的,由上级市场监督管理部门或者监察机关责令退还;情节严重的,对直接负责的主管人员和其他直接责任人员依法给予行政处分。

第六十七条 【国家机关推荐产品的责任承担】市场监督管理部门或者其他国家机关违反本法第二十五条的规定,向社会推荐生产者的产品或者以监制、监销等方式参与产品经营活动的,由其上级机关或者监察机关责令改正,消除影响,有违法收入的予以没收;情节严重的,对直接负责的主管人员和其他直接责任人员依法给予行政处分。

产品质量检验机构有前款所列违法行为的,由市场监督管理部门责令改正,消除影响,有违法收入的予以没收,可以并处违法收入一倍以下的罚款;情节严重的,撤销其质量检验资格。

第六十八条 【监管部门工作人员违法行为的责任承担】市场监督管理部门的工作人员滥用职权、玩忽职守、徇私舞弊,构成犯罪的,依法追究刑事责任;尚不构成犯罪的,依法给予行政处分。

第六十九条 【妨碍监管公务的行政责任】以暴力、威胁方法阻碍市场监督管理部门的工作人员依法执行职务的,依法追究刑事责任;拒绝、阻碍未使用暴力、威胁方法的,由公安机关依照治安管理处罚法的规定处罚。

第七十条 【监管部门的行政处罚权限】本法第四十九条至第五十七条、第六十条至第六十三条规定的行政处罚由市场监督管理部门决定。法律、行政法规对行使行政处罚权的机关另有规定的,依照有关法律、行政法规的规定执行。

第七十一条 【没收产品的处理】对依照本法规定没收的产品,依照国家有关规定进行销毁或者采取其他方式处理。

第七十二条 【货值金额的计算】本法第四十九条至第五十四条、第六十二条、第六十三条所规定的货值金额以违法生产、销售产品的标价计算;没有标价的,按照同类产品的市场价格计算。

第六章 附 则

第七十三条 【军工产品质量监督管理办法另行制定】军工产品质量监督管理办法,由国务院、中央军事委员会另行制定。

因核设施、核产品造成损害的赔偿责任,法律、行政法规另有规定的,依照其规定。

第七十四条 【施行日期】本法自1993年9月1日起施行。

中华人民共和国食品安全法

（2009年2月28日第十一届全国人民代表大会常务委员会第七次会议通过　2015年4月24日第十二届全国人民代表大会常务委员会第十四次会议修订　根据2018年12月29日第十三届全国人民代表大会常务委员会第七次会议《关于修改〈中华人民共和国产品质量法〉等五部法律的决定》修正）

目　录

第一章　总　则
第二章　食品安全风险监测和评估
第三章　食品安全标准
第四章　食品生产经营
　第一节　一般规定
　第二节　生产经营过程控制
　第三节　标签、说明书和广告
　第四节　特殊食品
第五章　食品检验
第六章　食品进出口
第七章　食品安全事故处置
第八章　监督管理
第九章　法律责任
第十章　附　则

第一章　总　则

第一条　【立法目的】　为了保证食品安全，保障公众身体健康和生命安全，制定本法。

第二条　【适用范围】在中华人民共和国境内从事下列活动，应当遵守本法：

（一）食品生产和加工（以下称食品生产），食品销售和餐饮服务（以下称食品经营）；

（二）食品添加剂的生产经营；

（三）用于食品的包装材料、容器、洗涤剂、消毒剂和用于食品生产经营的工具、设备（以下称食品相关产品）的生产经营；

（四）食品生产经营者使用食品添加剂、食品相关产品；

（五）食品的贮存和运输；

（六）对食品、食品添加剂、食品相关产品的安全管理。

供食用的源于农业的初级产品（以下称食用农产品）的质量安全管理，遵守《中华人民共和国农产品质量安全法》的规定。但是，食用农产品的市场销售、有关质量安全标准的制定、有关安全信息的公布和本法对农业投入品作出规定的，应当遵守本法的规定。

第三条　【食品安全工作原则】食品安全工作实行预防为主、风险管理、全程控制、社会共治，建立科学、严格的监督管理制度。

第四条　【食品生产经营者的责任】食品生产经营者对其生产经营食品的安全负责。

食品生产经营者应当依照法律、法规和食品安全标准从事生产经营活动，保证食品安全，诚信自律，对社会和公众负责，接受社会监督，承担社会责任。

第五条　【食品安全管理体制】国务院设立食品安全委员会，其职责由国务院规定。

国务院食品安全监督管理部门依照本法和国务院规定的职责，对食品生产经营活动实施监督管理。

国务院卫生行政部门依照本法和国务院规定的职责，组织开展食品安全风险监测和风险评估，会同国务院食品安全监督管理部门制定并公布食品安全国家标准。

国务院其他有关部门依照本法和国务院规定的职责，承担有关食品安全工作。

第六条　【地方政府食品安全监督管理职责】县级以上地方人民政府对本行政区域的食品安全监督管理工作负责，统一领导、组织、协调本行政区域的食品安全监督管理工作以及食品安全突发事件应对工作，建立健全食品安全全程监督管理工作机制和信息共享机制。

县级以上地方人民政府依照本法和国务院的规定，确定本级食品安全监督管理、卫生行政部门和其他有关部门的职责。有关部门在各自职责范围内负责本行政区域的食品安全监督管理工作。

县级人民政府食品安全监督管理部门可以在乡镇或者特定区域设立派出机构。

第七条　【地方政府食品安全责任制】县级以上地方人民政府实行食品安全监督管理责任制。

上级人民政府负责对下一级人民政府的食品安全监督管理工作进行评议、考核。县级以上地方人民政府负责对本级食品安全监督管理部门和其他有关部门的食品安全监督管理工作进行评议、考核。

第八条 【政府对食品安全工作的财政保障和监管职责】县级以上人民政府应当将食品安全工作纳入本级国民经济和社会发展规划，将食品安全工作经费列入本级政府财政预算，加强食品安全监督管理能力建设，为食品安全工作提供保障。

县级以上人民政府食品安全监督管理部门和其他有关部门应当加强沟通、密切配合，按照各自职责分工，依法行使职权，承担责任。

第九条 【食品行业协会和消费者协会的责任】食品行业协会应当加强行业自律，按照章程建立健全行业规范和奖惩机制，提供食品安全信息、技术等服务，引导和督促食品生产经营者依法生产经营，推动行业诚信建设，宣传、普及食品安全知识。

消费者协会和其他消费者组织对违反本法规定，损害消费者合法权益的行为，依法进行社会监督。

第十条 【食品安全宣传教育和舆论监督】各级人民政府应当加强食品安全的宣传教育，普及食品安全知识，鼓励社会组织、基层群众性自治组织、食品生产经营者开展食品安全法律、法规以及食品安全标准和知识的普及工作，倡导健康的饮食方式，增强消费者食品安全意识和自我保护能力。

新闻媒体应当开展食品安全法律、法规以及食品安全标准和知识的公益宣传，并对食品安全违法行为进行舆论监督。有关食品安全的宣传报道应当真实、公正。

第十一条 【食品安全研究和农药管理】国家鼓励和支持开展与食品安全有关的基础研究、应用研究，鼓励和支持食品生产经营者为提高食品安全水平采用先进技术和先进管理规范。

国家对农药的使用实行严格的管理制度，加快淘汰剧毒、高毒、高残留农药，推动替代产品的研发和应用，鼓励使用高效低毒低残留农药。

第十二条 【社会监督】任何组织或者个人有权举报食品安全违法行为，依法向有关部门了解食品安全信息，对食品安全监督管理工作提出意见和建议。

第十三条 【表彰、奖励有突出贡献的单位和个人】对在食品安全工作中做出突出贡献的单位和个人，按照国家有关规定给予表彰、奖励。

第二章 食品安全风险监测和评估

第十四条 【食品安全风险监测制度】国家建立食品安全风险监测制度，对食源性疾病、食品污染以及食品中的有害因素进行监测。

国务院卫生行政部门会同国务院食品安全监督管理等部门，制定、实施国家食品安全风险监测计划。

国务院食品安全监督管理部门和其他有关部门获知有关食品安全风险信息后，应当立即核实并向国务院卫生行政部门通报。对有关部门通报的食品安全风险信息以及医疗机构报告的食源性疾病等有关疾病信息，国务院卫生行政部门应当会同国务院有关部门分析研究，认为必要的，及时调整国家食品安全风险监测计划。

省、自治区、直辖市人民政府卫生行政部门会同同级食品安全监督管理等部门，根据国家食品安全风险监测计划，结合本行政区域的具体情况，制定、调整本行政区域的食品安全风险监测方案，报国务院卫生行政部门备案并实施。

第十五条 【食品安全风险监测工作】承担食品安全风险监测工作的技术机构应当根据食品安全风险监测计划和监测方案开展监测工作，保证监测数据真实、准确，并按照食品安全风险监测计划和监测方案的要求报送监测数据和分析结果。

食品安全风险监测工作人员有权进入相关食用农产品种植养殖、食品生产经营场所采集样品、收集相关数据。采集样品应当按照市场价格支付费用。

第十六条 【及时通报食品安全风险监测结果】食品安全风险监测结果表明可能存在食品安全隐患的，县级以上人民政府卫生行政部门应当及时将相关信息通报同级食品安全监督管理等部门，并报告本级人民政府和上级人民政府卫生行政部门。食品安全监督管理等部门应当组织开展进一步调查。

第十七条 【食品安全风险评估制度】国家建立食品安全风险评估制度，运用科学方法，根据食品安全风险监测信息、科学数据以及有关信息，对食品、食品添加剂、食品相关产品中生物性、化学性和物理性危害因素进行风险评估。

国务院卫生行政部门负责组织食品安全风险评估工作，成立由医学、农业、食品、营养、生物、环境等方面的专家组成的食品安全风险评估专家委员会进行食品安全风险评估。食品安全风险评估结果由国务院卫生行政部门公布。

对农药、肥料、兽药、饲料和饲料添加剂等的安全性评估，应当有食品安全风险评估专家委员会的专家参加。

食品安全风险评估不得向生产经营者收取费用，采集样品应当按照市场价格支付费用。

第十八条 【食品安全风险评估法定情形】有下列情形之一的，应当进行食品安全风险评估：

（一）通过食品安全风险监测或者接到举报发现食品、食品添加剂、食品相关产品可能存在安全隐患的；

（二）为制定或者修订食品安全国家标准提供科学依据需要进行风险评估的；

（三）为确定监督管理的重点领域、重点品种需要进行风险评估的；

（四）发现新的可能危害食品安全因素的；

（五）需要判断某一因素是否构成食品安全隐患的；

（六）国务院卫生行政部门认为需要进行风险评估的其他情形。

第十九条 【监管部门在食品安全风险评估中的配合协作义务】国务院食品安全监督管理、农业行政等部门在监督管理工作中发现需要进行食品安全风险评估的，应当向国务院卫生行政部门提出食品安全风险评估的建议，并提供风险来源、相关检验数据和结论等信息、资料。属于本法第十八条规定情形的，国务院卫生行政部门应当及时进行食品安全风险评估，并向国务院有关部门通报评估结果。

第二十条 【卫生行政、农业行政部门相互通报有关信息】省级以上人民政府卫生行政、农业行政部门应当及时相互通报食品、食用农产品安全风险监测信息。

国务院卫生行政、农业行政部门应当及时相互通报食品、食用农产品安全风险评估结果等信息。

第二十一条 【食品安全风险评估结果】食品安全风险评估结果是制定、修订食品安全标准和实施食品安全监督管理的科学依据。

经食品安全风险评估，得出食品、食品添加剂、食品相关产品不安全结论的，国务院食品安全监督管理等部门应当依据各自职责立即向社会公告，告知消费者停止食用或者使用，并采取相应措施，确保该食品、食品添加剂、食品相关产品停止生产经营；需要制定、修订相关食品安全国家标准的，国务院卫生行政部门应当会同国务院食品安全监督管理部门立即制定、修订。

第二十二条 【综合分析食品安全状况并公布警示】国务院食品安全监督管理部门应当会同国务院有关部门，根据食品安全风险评估结果、食品安全监督管理信息，对食品安全状况进行综合分析。对经综合分析表明可能具有较高程度安全风险的食品，国务院食品安全监督管理部门应当及时提出食品安全风险警示，并向社会公布。

第二十三条 【食品安全风险交流】县级以上人民政府食品安全监督管理部门和其他有关部门、食品安全风险评估专家委员会及其技术机构，应当按照科学、客观、及时、公开的原则，组织食品生产经营者、食品检验机构、认证机构、食品行业协会、消费者协会以及新闻媒体等，就食品安全风险评估信息和食品安全监督管理信息进行交流沟通。

第三章 食品安全标准

第二十四条 【食品安全标准制定原则】制定食品安全标准，应当以保障公众身体健康为宗旨，做到科学合理、安全可靠。

第二十五条 【食品安全标准强制性】食品安全标准是强制执行的标准。除食品安全标准外，不得制定其他食品强制性标准。

第二十六条 【食品安全标准的内容】食品安全标准应当包括下列内容：

（一）食品、食品添加剂、食品相关产品中的致病性微生物，农药残留、兽药残留、生物毒素、重金属等污染物质以及其他危害人体健康物质的限量规定；

（二）食品添加剂的品种、使用范围、用量；

（三）专供婴幼儿和其他特定人群的主辅食品的营养成分要求；

（四）对与卫生、营养等食品安全要求有关的标签、标志、说明书的要求；

（五）食品生产经营过程的卫生要求；

（六）与食品安全有关的质量要求；

（七）与食品安全有关的食品检验方法与规程；

（八）其他需要制定为食品安全标准的内容。

第二十七条 【食品安全国家标准制定、公布主体】食品安全国家标准由国务院卫生行政部门会同国务院食品安全监督管理部门制定、公布，国务院标准化行政部门提供国家标准编号。

食品中农药残留、兽药残留的限量规定及其检验方法与规程由国务院卫生行政部门、国务院农业行政部门会同国务院食品安全监督管理部门制定。

屠宰畜、禽的检验规程由国务院农业行政部门会同国务院卫生行政部门制定。

第二十八条 【制定食品安全国家标准要求和程序】制定食品安全国家标准，应当依据食品安全风险评估结果并充分考虑食用农产品安全风险评估结果，参照相关的国际标准和国际食品安全风险评估结果，并将食品安全国家标准草案向社会公布，广泛听取食品生产经营者、消费者、有关部门等方面的意见。

食品安全国家标准应当经国务院卫生行政部门组织的食品安全国家标准审评委员会审查通过。食品安全国家标准审评委员会由医学、农业、食品、营养、生物、环境等方面的专家以及国务院有关部门、食品行业协会、消费者协会的代表组成，对食品安全国家标准草案的科学性和实用性等进行审查。

第二十九条 【食品安全地方标准】对地方特色食品，没有食品安全国家标准的，省、自治区、直辖市人民政府卫生行政部门可以制定并公布食品安全地方标准，报国务院卫生行政部门备案。食品安全国家标准制定后，该地方标准即行废止。

第三十条 【食品安全企业标准】国家鼓励食品生产企业制定严于食品安全国家标准或者地方标准的企业标准，在本企业适用，并报省、自治区、直辖市人民政府卫生行政部门备案。

第三十一条 【食品安全标准公布和有关问题解答】省级以上人民政府卫生行政部门应当在其网站上公布制定和备案的食品安全国家标准、地方标准和企业标准，供公众免费查阅、下载。

对食品安全标准执行过程中的问题，县级以上人民政府卫生行政部门应当会同有关部门及时给予指导、解答。

第三十二条 【食品安全标准跟踪评价和执行】省级以上人民政府卫生行政部门应当会同同级食品安全监督管理、农业行政等部门，分别对食品安全国家标准和地方标准的执行情况进行跟踪评价，并根据评价结果及时修订食品安全标准。

省级以上人民政府食品安全监督管理、农业行政等部门应当对食品安全标准执行中存在的问题进行收集、汇总，并及时向同级卫生行政部门通报。

食品生产经营者、食品行业协会发现食品安全标准在执行中存在问题的，应当立即向卫生行政部门报告。

第四章 食品生产经营

第一节 一般规定

第三十三条 【食品生产经营要求】食品生产经营应当符合食品安全标准，并符合下列要求：

（一）具有与生产经营的食品品种、数量相适应的食品原料处理和食品加工、包装、贮存等场所，保持该场所环境整洁，并与有毒、有害场所以及其他污染源保持规定的距离；

（二）具有与生产经营的食品品种、数量相适应的生产经营设备或者设施，有相应的消毒、更衣、盥洗、采光、照明、通风、防腐、防尘、防蝇、防鼠、防虫、洗涤以及处理废水、存放垃圾和废弃物的设备或者设施；

（三）有专职或者兼职的食品安全专业技术人员、食品安全管理人员和保证食品安全的规章制度；

（四）具有合理的设备布局和工艺流程，防止待加工食品与直接入口食品、原料与成品交叉污染，避免食品接触有毒物、不洁物；

（五）餐具、饮具和盛放直接入口食品的容器，使用前应当洗净、消毒，炊具、用具用后应当洗净，保持清洁；

（六）贮存、运输和装卸食品的容器、工具和设备应当安全、无害，保持清洁，防止食品污染，并符合保证食品安全所需的温度、湿度等特殊要求，不得将食品与有毒、有害物品一同贮存、运输；

（七）直接入口的食品应当使用无毒、清洁的包装材料、餐具、饮具和容器；

（八）食品生产经营人员应当保持个人卫生，生产经营食品时，应当将手洗净，穿戴清洁的工作

衣、帽等;销售无包装的直接入口食品时,应当使用无毒、清洁的容器、售货工具和设备;

(九)用水应当符合国家规定的生活饮用水卫生标准;

(十)使用的洗涤剂、消毒剂应当对人体安全、无害;

(十一)法律、法规规定的其他要求。

非食品生产经营者从事食品贮存、运输和装卸的,应当符合前款第六项的规定。

第三十四条 【禁止生产经营的食品、食品添加剂、食品相关产品】禁止生产经营下列食品、食品添加剂、食品相关产品:

(一)用非食品原料生产的食品或者添加食品添加剂以外的化学物质和其他可能危害人体健康物质的食品,或者用回收食品作为原料生产的食品;

(二)致病性微生物,农药残留、兽药残留、生物毒素、重金属等污染物质以及其他危害人体健康的物质含量超过食品安全标准限量的食品、食品添加剂、食品相关产品;

(三)用超过保质期的食品原料、食品添加剂生产的食品、食品添加剂;

(四)超范围、超限量使用食品添加剂的食品;

(五)营养成分不符合食品安全标准的专供婴幼儿和其他特定人群的主辅食品;

(六)腐败变质、油脂酸败、霉变生虫、污秽不洁、混有异物、掺假掺杂或者感官性状异常的食品、食品添加剂;

(七)病死、毒死或者死因不明的禽、畜、兽、水产动物肉类及其制品;

(八)未按规定进行检疫或者检疫不合格的肉类,或者未经检验或者检验不合格的肉类制品;

(九)被包装材料、容器、运输工具等污染的食品、食品添加剂;

(十)标注虚假生产日期、保质期或者超过保质期的食品、食品添加剂;

(十一)无标签的预包装食品、食品添加剂;

(十二)国家为防病等特殊需要明令禁止生产经营的食品;

(十三)其他不符合法律、法规或者食品安全标准的食品、食品添加剂、食品相关产品。

第三十五条 【食品生产经营许可】国家对食品生产经营实行许可制度。从事食品生产、食品销售、餐饮服务,应当依法取得许可。但是,销售食用农产品,不需要取得许可。

县级以上地方人民政府食品安全监督管理部门应当依照《中华人民共和国行政许可法》的规定,审核申请人提交的本法第三十三条第一款第一项至第四项规定要求的相关资料,必要时对申请人的生产经营场所进行现场核查;对符合规定条件的,准予许可;对不符合规定条件的,不予许可并书面说明理由。

第三十六条 【对食品生产加工小作坊和食品摊贩等的管理】食品生产加工小作坊和食品摊贩等从事食品生产经营活动,应当符合本法规定的与其生产经营规模、条件相适应的食品安全要求,保证所生产经营的食品卫生、无毒、无害,食品安全监督管理部门应当对其加强监督管理。

县级以上地方人民政府应当对食品生产加工小作坊、食品摊贩等进行综合治理,加强服务和统一规划,改善其生产经营环境,鼓励和支持其改进生产经营条件,进入集中交易市场、店铺等固定场所经营,或者在指定的临时经营区域、时段经营。

食品生产加工小作坊和食品摊贩等的具体管理办法由省、自治区、直辖市制定。

第三十七条 【利用新的食品原料从事食品生产等的安全性评估】利用新的食品原料生产食品,或者生产食品添加剂新品种、食品相关产品新品种,应当向国务院卫生行政部门提交相关产品的安全性评估材料。国务院卫生行政部门应当自收到申请之日起六十日内组织审查;对符合食品安全要求的,准予许可并公布;对不符合食品安全要求的,不予许可并书面说明理由。

第三十八条 【食品中不得添加药品】生产经营的食品中不得添加药品,但是可以添加按照传统既是食品又是中药材的物质。按照传统既是食品又是中药材的物质目录由国务院卫生行政部门会同国务院食品安全监督管理部门制定、公布。

第三十九条 【食品添加剂生产许可】国家对食品添加剂生产实行许可制度。从事食品添加剂生产,应当具有与所生产食品添加剂品种相适应的场所、生产设备或者设施、专业技术人员和管理制度,并依照本法第三十五条第二款规定的程序,取得食品添加剂生产许可。

生产食品添加剂应当符合法律、法规和食品安全国家标准。

第四十条 【食品添加剂允许使用的条件和使用要求】食品添加剂应当在技术上确有必要且经过风险评估证明安全可靠,方可列入允许使用的范围;有关食品安全国家标准应当根据技术必要性和食品安全风险评估结果及时修订。

食品生产经营者应当按照食品安全国家标准使用食品添加剂。

第四十一条 【食品相关产品的生产要求】生产食品相关产品应当符合法律、法规和食品安全国家标准。对直接接触食品的包装材料等具有较高风险的食品相关产品,按照国家有关工业产品生产许可证管理的规定实施生产许可。食品安全监督管理部门应当加强对食品相关产品生产活动的监督管理。

第四十二条 【食品安全全程追溯制度】国家建立食品安全全程追溯制度。

食品生产经营者应当依照本法的规定,建立食品安全追溯体系,保证食品可追溯。国家鼓励食品生产经营者采用信息化手段采集、留存生产经营信息,建立食品安全追溯体系。

国务院食品安全监督管理部门会同国务院农业行政等有关部门建立食品安全全程追溯协作机制。

第四十三条 【鼓励食品企业规模化生产、连锁经营、配送,参加食品安全责任保险】地方各级人民政府应当采取措施鼓励食品规模化生产和连锁经营、配送。

国家鼓励食品生产经营企业参加食品安全责任保险。

第二节 生产经营过程控制

第四十四条 【食品生产经营企业食品安全管理】食品生产经营企业应当建立健全食品安全管理制度,对职工进行食品安全知识培训,加强食品检验工作,依法从事生产经营活动。

食品生产经营企业的主要负责人应当落实企业食品安全管理制度,对本企业的食品安全工作全面负责。

食品生产经营企业应当配备食品安全管理人员,加强对其培训和考核。经考核不具备食品安全管理能力的,不得上岗。食品安全监督管理部门应当对企业食品安全管理人员随机进行监督抽查考核并公布考核情况。监督抽查考核不得收取费用。

第四十五条 【食品从业人员健康管理】食品生产经营者应当建立并执行从业人员健康管理制度。患有国务院卫生行政部门规定的有碍食品安全疾病的人员,不得从事接触直接入口食品的工作。

从事接触直接入口食品工作的食品生产经营人员应当每年进行健康检查,取得健康证明后方可上岗工作。

第四十六条 【食品生产企业制定并实施食品安全管理控制要求】食品生产企业应当就下列事项制定并实施控制要求,保证所生产的食品符合食品安全标准:

(一)原料采购、原料验收、投料等原料控制;

(二)生产工序、设备、贮存、包装等生产关键环节控制;

(三)原料检验、半成品检验、成品出厂检验等检验控制;

(四)运输和交付控制。

第四十七条 【食品生产经营者建立食品安全自查制度】食品生产经营者应当建立食品安全自查制度,定期对食品安全状况进行检查评价。生产经营条件发生变化,不再符合食品安全要求的,食品生产经营者应当立即采取整改措施;有发生食品安全事故潜在风险的,应当立即停止食品生产经营活动,并向所在地县级人民政府食品安全监督管理部门报告。

第四十八条 【鼓励食品企业提高食品安全管理水平】国家鼓励食品生产经营企业符合良好生产规范要求,实施危害分析与关键控制点体系,提高食品安全管理水平。

对通过良好生产规范、危害分析与关键控制点体系认证的食品生产经营企业,认证机构应当依法实施跟踪调查;对不再符合认证要求的企业,应当依法撤销认证,及时向县级以上人民政府食品安全监督管理部门通报,并向社会公布。认证机构实施跟踪调查不得收取费用。

第四十九条 【农业投入品使用管理】食用农产品生产者应当按照食品安全标准和国家有关规定使用农药、肥料、兽药、饲料和饲料添加剂等农业投入品,严格执行农业投入品使用安全间隔期或者休药期的规定,不得使用国家明令禁止的农业投入品。禁止将剧毒、高毒农药用于蔬菜、瓜果、茶叶和中草药材等国家规定的农作物。

食用农产品的生产企业和农民专业合作经济组织应当建立农业投入品使用记录制度。

县级以上人民政府农业行政部门应当加强对农业投入品使用的监督管理和指导，建立健全农业投入品安全使用制度。

第五十条 【食品生产者进货查验记录制度】食品生产者采购食品原料、食品添加剂、食品相关产品，应当查验供货者的许可证和产品合格证明；对无法提供合格证明的食品原料，应当按照食品安全标准进行检验；不得采购或者使用不符合食品安全标准的食品原料、食品添加剂、食品相关产品。

食品生产企业应当建立食品原料、食品添加剂、食品相关产品进货查验记录制度，如实记录食品原料、食品添加剂、食品相关产品的名称、规格、数量、生产日期或者生产批号、保质期、进货日期以及供货者名称、地址、联系方式等内容，并保存相关凭证。记录和凭证保存期限不得少于产品保质期满后六个月；没有明确保质期的，保存期限不得少于二年。

第五十一条 【食品出厂检验记录制度】食品生产企业应当建立食品出厂检验记录制度，查验出厂食品的检验合格证和安全状况，如实记录食品的名称、规格、数量、生产日期或者生产批号、保质期、检验合格证号、销售日期以及购货者名称、地址、联系方式等内容，并保存相关凭证。记录和凭证保存期限应当符合本法第五十条第二款的规定。

第五十二条 【食品安全检验】食品、食品添加剂、食品相关产品的生产者，应当按照食品安全标准对所生产的食品、食品添加剂、食品相关产品进行检验，检验合格后方可出厂或者销售。

第五十三条 【食品经营者进货查验记录制度】食品经营者采购食品，应当查验供货者的许可证和食品出厂检验合格证或者其他合格证明（以下称合格证明文件）。

食品经营企业应当建立食品进货查验记录制度，如实记录食品的名称、规格、数量、生产日期或者生产批号、保质期、进货日期以及供货者名称、地址、联系方式等内容，并保存相关凭证。记录和凭证保存期限应当符合本法第五十条第二款的规定。

实行统一配送经营方式的食品经营企业，可以由企业总部统一查验供货者的许可证和食品合格证明文件，进行食品进货查验记录。

从事食品批发业务的经营企业应当建立食品销售记录制度，如实记录批发食品的名称、规格、数量、生产日期或者生产批号、保质期、销售日期以及购货者名称、地址、联系方式等内容，并保存相关凭证。记录和凭证保存期限应当符合本法第五十条第二款的规定。

第五十四条 【食品经营者贮存食品的要求】食品经营者应当按照保证食品安全的要求贮存食品，定期检查库存食品，及时清理变质或者超过保质期的食品。

食品经营者贮存散装食品，应当在贮存位置标明食品的名称、生产日期或者生产批号、保质期、生产者名称及联系方式等内容。

第五十五条 【餐饮服务提供者制定并实施原料采购控制要求以及加工检查措施】餐饮服务提供者应当制定并实施原料控制要求，不得采购不符合食品安全标准的食品原料。倡导餐饮服务提供者公开加工过程，公示食品原料及其来源等信息。

餐饮服务提供者在加工过程中应当检查待加工的食品及原料，发现有本法第三十四条第六项规定情形的，不得加工或者使用。

第五十六条 【餐饮服务提供者确保餐饮设施、用具安全卫生】餐饮服务提供者应当定期维护食品加工、贮存、陈列等设施、设备；定期清洗、校验保温设施及冷藏、冷冻设施。

餐饮服务提供者应当按照要求对餐具、饮具进行清洗消毒，不得使用未经清洗消毒的餐具、饮具；餐饮服务提供者委托清洗消毒餐具、饮具的，应当委托符合本法规定条件的餐具、饮具集中消毒服务单位。

第五十七条 【集中用餐单位食品安全管理】学校、托幼机构、养老机构、建筑工地等集中用餐单位的食堂应当严格遵守法律、法规和食品安全标准；从供餐单位订餐的，应当从取得食品生产经营许可的企业订购，并按照要求对订购的食品进行查验。供餐单位应当严格遵守法律、法规和食品安全标准，当餐加工，确保食品安全。

学校、托幼机构、养老机构、建筑工地等集中用餐单位的主管部门应当加强对集中用餐单位的食品安全教育和日常管理，降低食品安全风险，及时消除食品安全隐患。

第五十八条 【餐饮具集中消毒服务单位食品安全责任】餐具、饮具集中消毒服务单位应当具备相应的作业场所、清洗消毒设备或者设施，用水和使用的洗涤剂、消毒剂应当符合相关食品安全国家标准和其他国家标准、卫生规范。

餐具、饮具集中消毒服务单位应当对消毒餐具、饮具进行逐批检验,检验合格后方可出厂,并应当随附消毒合格证明。消毒后的餐具、饮具应当在独立包装上标注单位名称、地址、联系方式、消毒日期以及使用期限等内容。

第五十九条 【食品添加剂生产者出厂检验记录制度】食品添加剂生产者应当建立食品添加剂出厂检验记录制度,查验出厂产品的检验合格证和安全状况,如实记录食品添加剂的名称、规格、数量、生产日期或者生产批号、保质期、检验合格证号、销售日期以及购货者名称、地址、联系方式等相关内容,并保存相关凭证。记录和凭证保存期限应当符合本法第五十条第二款的规定。

第六十条 【食品添加剂经营者进货查验记录制度】食品添加剂经营者采购食品添加剂,应当依法查验供货者的许可证和产品合格证明文件,如实记录食品添加剂的名称、规格、数量、生产日期或者生产批号、保质期、进货日期以及供货者名称、地址、联系方式等内容,并保存相关凭证。记录和凭证保存期限应当符合本法第五十条第二款的规定。

第六十一条 【集中交易市场的开办者、柜台出租者和展销会举办者食品安全责任】集中交易市场的开办者、柜台出租者和展销会举办者,应当依法审查入场食品经营者的许可证,明确其食品安全管理责任,定期对其经营环境和条件进行检查,发现其有违反本法规定行为的,应当及时制止并立即报告所在地县级人民政府食品安全监督管理部门。

第六十二条 【网络食品交易第三方平台提供者的义务】网络食品交易第三方平台提供者应当对入网食品经营者进行实名登记,明确其食品安全管理责任;依法应当取得许可证的,还应当审查其许可证。

网络食品交易第三方平台提供者发现入网食品经营者有违反本法规定行为的,应当及时制止并立即报告所在地县级人民政府食品安全监督管理部门;发现严重违法行为的,应当立即停止提供网络交易平台服务。

第六十三条 【食品召回制度】国家建立食品召回制度。食品生产者发现其生产的食品不符合食品安全标准或者有证据证明可能危害人体健康的,应当立即停止生产,召回已经上市销售的食品,通知相关生产经营者和消费者,并记录召回和通知情况。

食品经营者发现其经营的食品有前款规定情形的,应当立即停止经营,通知相关生产经营者和消费者,并记录停止经营和通知情况。食品生产者认为应当召回的,应当立即召回。由于食品经营者的原因造成其经营的食品有前款规定情形的,食品经营者应当召回。

食品生产经营者应当对召回的食品采取无害化处理、销毁等措施,防止其再次流入市场。但是,对因标签、标志或者说明书不符合食品安全标准而被召回的食品,食品生产者在采取补救措施且能保证食品安全的情况下可以继续销售;销售时应当向消费者明示补救措施。

食品生产经营者应当将食品召回和处理情况向所在地县级人民政府食品安全监督管理部门报告;需要对召回的食品进行无害化处理、销毁的,应当提前报告时间、地点。食品安全监督管理部门认为必要的,可以实施现场监督。

食品生产经营者未依照本条规定召回或者停止经营的,县级以上人民政府食品安全监督管理部门可以责令其召回或者停止经营。

第六十四条 【食用农产品批发市场对进场销售的食用农产品抽样检验】食用农产品批发市场应当配备检验设备和检验人员或者委托符合本法规定的食品检验机构,对进入该批发市场销售的食用农产品进行抽样检验;发现不符合食品安全标准的,应当要求销售者立即停止销售,并向食品安全监督管理部门报告。

第六十五条 【食用农产品进货查验记录制度】食用农产品销售者应当建立食用农产品进货查验记录制度,如实记录食用农产品的名称、数量、进货日期以及供货者名称、地址、联系方式等内容,并保存相关凭证。记录和凭证保存期限不得少于六个月。

第六十六条 【食用农产品使用食品添加剂和食品相关产品应当符合食品安全国家标准】进入市场销售的食用农产品在包装、保鲜、贮存、运输中使用保鲜剂、防腐剂等食品添加剂和包装材料等食品相关产品,应当符合食品安全国家标准。

第三节 标签、说明书和广告

第六十七条 【预包装食品标签】预包装食品

的包装上应当有标签。标签应当标明下列事项：

（一）名称、规格、净含量、生产日期；

（二）成分或者配料表；

（三）生产者的名称、地址、联系方式；

（四）保质期；

（五）产品标准代号；

（六）贮存条件；

（七）所使用的食品添加剂在国家标准中的通用名称；

（八）生产许可证编号；

（九）法律、法规或者食品安全标准规定应当标明的其他事项。

专供婴幼儿和其他特定人群的主辅食品，其标签还应当标明主要营养成分及其含量。

食品安全国家标准对标签标注事项另有规定的，从其规定。

第六十八条 【食品经营者销售散装食品的标注要求】食品经营者销售散装食品，应当在散装食品的容器、外包装上标明食品的名称、生产日期或者生产批号、保质期以及生产经营者名称、地址、联系方式等内容。

第六十九条 【转基因食品显著标示】生产经营转基因食品应当按照规定显著标示。

第七十条 【食品添加剂的标签、说明书和包装】食品添加剂应当有标签、说明书和包装。标签、说明书应当载明本法第六十七条第一款第一项至第六项、第八项、第九项规定的事项，以及食品添加剂的使用范围、用量、使用方法，并在标签上载明“食品添加剂”字样。

第七十一条 【标签、说明书的基本要求】食品和食品添加剂的标签、说明书，不得含有虚假内容，不得涉及疾病预防、治疗功能。生产经营者对其提供的标签、说明书的内容负责。

食品和食品添加剂的标签、说明书应当清楚、明显，生产日期、保质期等事项应当显著标注，容易辨识。

食品和食品添加剂与其标签、说明书的内容不符的，不得上市销售。

第七十二条 【按照食品标签的警示要求销售食品】食品经营者应当按照食品标签标示的警示标志、警示说明或者注意事项的要求销售食品。

第七十三条 【食品广告】食品广告的内容应当真实合法，不得含有虚假内容，不得涉及疾病预防、治疗功能。食品生产经营者对食品广告内容的真实性、合法性负责。

县级以上人民政府食品安全监督管理部门和其他有关部门以及食品检验机构、食品行业协会不得以广告或者其他形式向消费者推荐食品。消费者组织不得以收取费用或者其他牟取利益的方式向消费者推荐食品。

第四节 特殊食品

第七十四条 【特殊食品严格监督管理】国家对保健食品、特殊医学用途配方食品和婴幼儿配方食品等特殊食品实行严格监督管理。

第七十五条 【保健食品原料和功能声称】保健食品声称保健功能，应当具有科学依据，不得对人体产生急性、亚急性或者慢性危害。

保健食品原料目录和允许保健食品声称的保健功能目录，由国务院食品安全监督管理部门会同国务院卫生行政部门、国家中医药管理部门制定、调整并公布。

保健食品原料目录应当包括原料名称、用量及其对应的功效；列入保健食品原料目录的原料只能用于保健食品生产，不得用于其他食品生产。

第七十六条 【保健食品的注册和备案管理】使用保健食品原料目录以外原料的保健食品和首次进口的保健食品应当经国务院食品安全监督管理部门注册。但是，首次进口的保健食品中属于补充维生素、矿物质等营养物质的，应当报国务院食品安全监督管理部门备案。其他保健食品应当报省、自治区、直辖市人民政府食品安全监督管理部门备案。

进口的保健食品应当是出口国（地区）主管部门准许上市销售的产品。

第七十七条 【保健食品注册和备案的具体要求】依法应当注册的保健食品，注册时应当提交保健食品的研发报告、产品配方、生产工艺、安全性和保健功能评价、标签、说明书等材料及样品，并提供相关证明文件。国务院食品安全监督管理部门经组织技术审评，对符合安全和功能声称要求的，准予注册；对不符合要求的，不予注册并书面说明理由。对使用保健食品原料目录以外原料的保健食品作出准予注册决定的，应当及时将该原料纳入保健食品原料目录。

依法应当备案的保健食品，备案时应当提交产品配方、生产工艺、标签、说明书以及表明产品安全性和保健功能的材料。

第七十八条 【保健食品的标签、说明书】保健食品的标签、说明书不得涉及疾病预防、治疗功能,内容应当真实,与注册或者备案的内容相一致,载明适宜人群、不适宜人群、功效成分或者标志性成分及其含量等,并声明“本品不能代替药物”。保健食品的功能和成分应当与标签、说明书相一致。

第七十九条 【保健食品广告】保健食品广告除应当符合本法第七十三条第一款的规定外,还应当声明“本品不能代替药物”;其内容应当经生产企业所在地省、自治区、直辖市人民政府食品安全监督管理部门审查批准,取得保健食品广告批准文件。省、自治区、直辖市人民政府食品安全监督管理部门应当公布并及时更新已经批准的保健食品广告目录以及批准的广告内容。

第八十条 【特殊医学用途配方食品】特殊医学用途配方食品应当经国务院食品安全监督管理部门注册。注册时,应当提交产品配方、生产工艺、标签、说明书以及表明产品安全性、营养充足性和特殊医学用途临床效果的材料。

特殊医学用途配方食品广告适用《中华人民共和国广告法》和其他法律、行政法规关于药品广告管理的规定。

第八十一条 【婴幼儿配方食品的管理】婴幼儿配方食品生产企业应当实施从原料进厂到成品出厂的全过程质量控制,对出厂的婴幼儿配方食品实施逐批检验,保证食品安全。

生产婴幼儿配方食品使用的生鲜乳、辅料等食品原料、食品添加剂等,应当符合法律、行政法规的规定和食品安全国家标准,保证婴幼儿生长发育所需的营养成分。

婴幼儿配方食品生产企业应当将食品原料、食品添加剂、产品配方及标签等事项向省、自治区、直辖市人民政府食品安全监督管理部门备案。

婴幼儿配方乳粉的产品配方应当经国务院食品安全监督管理部门注册。注册时,应当提交配方研发报告和其他表明配方科学性、安全性的材料。

不得以分装方式生产婴幼儿配方乳粉,同一企业不得用同一配方生产不同品牌的婴幼儿配方乳粉。

第八十二条 【注册、备案材料确保真实】保健食品、特殊医学用途配方食品、婴幼儿配方乳粉的注册人或者备案人应当对其提交材料的真实性负责。

省级以上人民政府食品安全监督管理部门应当及时公布注册或者备案的保健食品、特殊医学用途配方食品、婴幼儿配方乳粉目录,并对注册或者备案中获知的企业商业秘密予以保密。

保健食品、特殊医学用途配方食品、婴幼儿配方乳粉生产企业应当按照注册或者备案的产品配方、生产工艺等技术要求组织生产。

第八十三条 【特殊食品生产质量管理体系】生产保健食品,特殊医学用途配方食品、婴幼儿配方食品和其他专供特定人群的主辅食品的企业,应当按照良好生产规范的要求建立与所生产食品相适应的生产质量管理体系,定期对该体系的运行情况进行自查,保证其有效运行,并向所在地县级人民政府食品安全监督管理部门提交自查报告。

第五章 食品检验

第八十四条 【食品检验机构】食品检验机构按照国家有关认证认可的规定取得资质认定后,方可从事食品检验活动。但是,法律另有规定的除外。

食品检验机构的资质认定条件和检验规范,由国务院食品安全监督管理部门规定。

符合本法规定的食品检验机构出具的检验报告具有同等效力。

县级以上人民政府应当整合食品检验资源,实现资源共享。

第八十五条 【食品检验机构检验人】食品检验由食品检验机构指定的检验人独立进行。

检验人应当依照有关法律、法规的规定,并按照食品安全标准和检验规范对食品进行检验,尊重科学,恪守职业道德,保证出具的检验数据和结论客观、公正,不得出具虚假检验报告。

第八十六条 【食品检验机构与检验人共同负责制】食品检验实行食品检验机构与检验人负责制。食品检验报告应当加盖食品检验机构公章,并有检验人的签名或者盖章。食品检验机构和检验人对出具的食品检验报告负责。

第八十七条 【监督抽检】县级以上人民政府食品安全监督管理部门应当对食品进行定期或者不定期的抽样检验,并依据有关规定公布检验结果,不得免检。进行抽样检验,应当购买抽取的样品,委托符合本法规定的食品检验机构进行检验,并支付相关费用;不得向食品生产经营者收取检验费和其他费用。

第八十八条 【复检】对依照本法规定实施的检验结论有异议的,食品生产经营者可以自收到检验结论之日起七个工作日内向实施抽样检验的食品安全监督管理部门或者其上一级食品安全监督管理部门提出复检申请,由受理复检申请的食品安全监督管理部门在公布的复检机构名录中随机确定复检机构进行复检。复检机构出具的复检结论为最终检验结论。复检机构与初检机构不得为同一机构。复检机构名录由国务院认证认可监督管理、食品安全监督管理、卫生行政、农业行政等部门共同公布。

采用国家规定的快速检测方法对食用农产品进行抽查检测,被抽查人对检测结果有异议的,可以自收到检测结果时起四小时内申请复检。复检不得采用快速检测方法。

第八十九条 【自行检验和委托检验】食品生产企业可以自行对所生产的食品进行检验,也可以委托符合本法规定的食品检验机构进行检验。

食品行业协会和消费者协会等组织、消费者需要委托食品检验机构对食品进行检验的,应当委托符合本法规定的食品检验机构进行。

第九十条 【对食品添加剂的检验】食品添加剂的检验,适用本法有关食品检验的规定。

第六章 食品进出口

第九十一条 【食品进出口监督管理部门】国家出入境检验检疫部门对进出口食品安全实施监督管理。

第九十二条 【进口食品、食品添加剂和相关产品的要求】进口的食品、食品添加剂、食品相关产品应当符合我国食品安全国家标准。

进口的食品、食品添加剂应当经出入境检验检疫机构依照进出口商品检验相关法律、行政法规的规定检验合格。

进口的食品、食品添加剂应当按照国家出入境检验检疫部门的要求随附合格证明材料。

第九十三条 【进口尚无食品安全国家标准的食品及“三新”产品的要求】进口尚无食品安全国家标准的食品,由境外出口商、境外生产企业或者其委托的进口商向国务院卫生行政部门提交所执行的相关国家(地区)标准或者国际标准。国务院卫生行政部门对相关标准进行审查,认为符合食品安全要求的,决定暂予适用,并及时制定相应的食品安全国家标准。进口利用新的食品原料生产的食品或者进口食品添加剂新品种、食品相关产品新品种,依照本法第三十七条的规定办理。

出入境检验检疫机构按照国务院卫生行政部门的要求,对前款规定的食品、食品添加剂、食品相关产品进行检验。检验结果应当公开。

第九十四条 【境外出口商、生产企业、进口商食品安全义务】境外出口商、境外生产企业应当保证向我国出口的食品、食品添加剂、食品相关产品符合本法以及我国其他有关法律、行政法规的规定和食品安全国家标准的要求,并对标签、说明书的内容负责。

进口商应当建立境外出口商、境外生产企业审核制度,重点审核前款规定的内容;审核不合格的,不得进口。

发现进口食品不符合我国食品安全国家标准或者有证据证明可能危害人体健康的,进口商应当立即停止进口,并依照本法第六十三条的规定召回。

第九十五条 【进口食品等出现严重食品安全问题的应对】境外发生的食品安全事件可能对我国境内造成影响,或者在进口食品、食品添加剂、食品相关产品中发现严重食品安全问题的,国家出入境检验检疫部门应当及时采取风险预警或者控制措施,并向国务院食品安全监督管理、卫生行政、农业行政部门通报。接到通报的部门应当及时采取相应措施。

县级以上人民政府食品安全监督管理部门对国内市场上销售的进口食品、食品添加剂实施监督管理。发现存在严重食品安全问题的,国务院食品安全监督管理部门应当及时向国家出入境检验检疫部门通报。国家出入境检验检疫部门应当及时采取相应措施。

第九十六条 【对进出口食品商、代理商、境外食品生产企业的管理】向我国境内出口食品的境外出口商或者代理商、进口食品的进口商应当向国家出入境检验检疫部门备案。向我国境内出口食品的境外食品生产企业应当经国家出入境检验检疫部门注册。已经注册的境外食品生产企业提供虚假材料,或者因其自身的原因致使进口食品发生重大食品安全事故的,国家出入境检验检疫部门应当撤销注册并公告。

国家出入境检验检疫部门应当定期公布已经备案的境外出口商、代理商、进口商和已经注册的境外食品生产企业名单。

第九十七条 【进口的预包装食品、食品添加剂标签、说明书】进口的预包装食品、食品添加剂应当有中文标签;依法应当有说明书的,还应当有中文说明书。标签、说明书应当符合本法以及我国其他有关法律、行政法规的规定和食品安全国家标准的要求,并载明食品的原产地以及境内代理商的名称、地址、联系方式。预包装食品没有中文标签、中文说明书或者标签、说明书不符合本条规定的,不得进口。

第九十八条 【食品、食品添加剂进口和销售记录制度】进口商应当建立食品、食品添加剂进口和销售记录制度,如实记录食品、食品添加剂的名称、规格、数量、生产日期、生产或者进口批号、保质期、境外出口商和购货者名称、地址及联系方式、交货日期等内容,并保存相关凭证。记录和凭证保存期限应当符合本法第五十条第二款的规定。

第九十九条 【对出口食品和出口食品企业的要求】出口食品生产企业应当保证其出口食品符合进口国(地区)的标准或者合同要求。

出口食品生产企业和出口食品原料种植、养殖场应当向国家出入境检验检疫部门备案。

第一百条 【国家出入境检验检疫部门收集信息及实施信用管理】国家出入境检验检疫部门应当收集、汇总下列进出口食品安全信息,并及时通报相关部门、机构和企业:

(一)出入境检验检疫机构对进出口食品实施检验检疫发现的食品安全信息;

(二)食品行业协会和消费者协会等组织、消费者反映的进口食品安全信息;

(三)国际组织、境外政府机构发布的风险预警信息及其他食品安全信息,以及境外食品行业协会等组织、消费者反映的食品安全信息;

(四)其他食品安全信息。

国家出入境检验检疫部门应当对进出口食品的进口商、出口商和出口食品生产企业实施信用管理,建立信用记录,并依法向社会公布。对有不良记录的进口商、出口商和出口食品生产企业,应当加强对其进出口食品的检验检疫。

第一百零一条 【国家出入境检验检疫部门的职责】国家出入境检验检疫部门可以对向我国境内出口食品的国家(地区)的食品安全管理体系和食品安全状况进行评估和审查,并根据评估和审查结果,确定相应检验检疫要求。

第七章 食品安全事故处置

第一百零二条 【食品安全事故应急预案】国务院组织制定国家食品安全事故应急预案。

县级以上地方人民政府应当根据有关法律、法规的规定和上级人民政府的食品安全事故应急预案以及本行政区域的实际情况,制定本行政区域的食品安全事故应急预案,并报上一级人民政府备案。

食品安全事故应急预案应当对食品安全事故分级、事故处置组织指挥体系与职责、预防预警机制、处置程序、应急保障措施等作出规定。

食品生产经营企业应当制定食品安全事故处置方案,定期检查本企业各项食品安全防范措施的落实情况,及时消除事故隐患。

第一百零三条 【食品安全事故应急处置、报告、通报】发生食品安全事故的单位应当立即采取措施,防止事故扩大。事故单位和接收病人进行治疗的单位应当及时向事故发生地县级人民政府食品安全监督管理、卫生行政部门报告。

县级以上人民政府农业行政等部门在日常监督管理中发现食品安全事故或者接到事故举报,应当立即向同级食品安全监督管理部门通报。

发生食品安全事故,接到报告的县级人民政府食品安全监督管理部门应当按照应急预案的规定向本级人民政府和上级人民政府食品安全监督管理部门报告。县级人民政府和上级人民政府食品安全监督管理部门应当按照应急预案的规定上报。

任何单位和个人不得对食品安全事故隐瞒、谎报、缓报,不得隐匿、伪造、毁灭有关证据。

第一百零四条 【食源性疾病的报告和通报】医疗机构发现其接收的病人属于食源性疾病病人或者疑似病人的,应当按照规定及时将相关信息向所在地县级人民政府卫生行政部门报告。县级人民政府卫生行政部门认为与食品安全有关的,应当及时通报同级食品安全监督管理部门。

县级以上人民政府卫生行政部门在调查处理

传染病或者其他突发公共卫生事件中发现与食品安全相关的信息，应当及时通报同级食品安全监督管理部门。

第一百零五条 【食品安全事故发生后应采取的措施】县级以上人民政府食品安全监督管理部门接到食品安全事故的报告后，应当立即会同同级卫生行政、农业行政等部门进行调查处理，并采取下列措施，防止或者减轻社会危害：

（一）开展应急救援工作，组织救治因食品安全事故导致人身伤害的人员；

（二）封存可能导致食品安全事故的食品及其原料，并立即进行检验；对确认属于被污染的食品及其原料，责令食品生产经营者依照本法第六十三条的规定召回或者停止经营；

（三）封存被污染的食品相关产品，并责令进行清洗消毒；

（四）做好信息发布工作，依法对食品安全事故及其处理情况进行发布，并对可能产生的危害加以解释、说明。

发生食品安全事故需要启动应急预案的，县级以上人民政府应当立即成立事故处置指挥机构，启动应急预案，依照前款和应急预案的规定进行处置。

发生食品安全事故，县级以上疾病预防控制机构应当对事故现场进行卫生处理，并对与事故有关的因素开展流行病学调查，有关部门应当予以协助。县级以上疾病预防控制机构应当向同级食品安全监督管理、卫生行政部门提交流行病学调查报告。

第一百零六条 【食品安全事故责任调查】发生食品安全事故，设区的市级以上人民政府食品安全监督管理部门应当立即会同有关部门进行事故责任调查，督促有关部门履行职责，向本级人民政府和上一级人民政府食品安全监督管理部门提出事故责任调查处理报告。

涉及两个以上省、自治区、直辖市的重大食品安全事故由国务院食品安全监督管理部门依照前款规定组织事故责任调查。

第一百零七条 【食品安全事故调查要求】调查食品安全事故，应当坚持实事求是、尊重科学的原则，及时、准确查清事故性质和原因，认定事故责任，提出整改措施。

调查食品安全事故，除了查明事故单位的责任，还应当查明有关监督管理部门、食品检验机构、认证机构及其工作人员的责任。

第一百零八条 【食品安全事故调查部门的职权】食品安全事故调查部门有权向有关单位和个人了解与事故有关的情况，并要求提供相关资料和样品。有关单位和个人应当予以配合，按照要求提供相关资料和样品，不得拒绝。

任何单位和个人不得阻挠、干涉食品安全事故的调查处理。

第八章 监督管理

第一百零九条 【食品安全风险分级管理和年度监督管理计划】县级以上人民政府食品安全监督管理部门根据食品安全风险监测、风险评估结果和食品安全状况等，确定监督管理的重点、方式和频次，实施风险分级管理。

县级以上地方人民政府组织本级食品安全监督管理、农业行政等部门制定本行政区域的食品安全年度监督管理计划，向社会公布并组织实施。

食品安全年度监督管理计划应当将下列事项作为监督管理的重点：

（一）专供婴幼儿和其他特定人群的主辅食品；

（二）保健食品生产过程中的添加行为和按照注册或者备案的技术要求组织生产的情况，保健食品标签、说明书以及宣传材料中有关功能宣传的情况；

（三）发生食品安全事故风险较高的食品生产经营者；

（四）食品安全风险监测结果表明可能存在食品安全隐患的事项。

第一百一十条 【食品安全监督检查措施】县级以上人民政府食品安全监督管理部门履行食品安全监督管理职责，有权采取下列措施，对生产经营者遵守本法的情况进行监督检查：

（一）进入生产经营场所实施现场检查；

（二）对生产经营的食品、食品添加剂、食品相关产品进行抽样检验；

（三）查阅、复制有关合同、票据、账簿以及其他有关资料；

（四）查封、扣押有证据证明不符合食品安全标准或者有证据证明存在安全隐患以及用于违法生产经营的食品、食品添加剂、食品相关产品；

（五）查封违法从事生产经营活动的场所。

第一百一十一条 【有害物质的临时限量值和

临时检验方法】对食品安全风险评估结果证明食品存在安全隐患,需要制定、修订食品安全标准的,在制定、修订食品安全标准前,国务院卫生行政部门应当及时会同国务院有关部门规定食品中有害物质的临时限量值和临时检验方法,作为生产经营和监督管理的依据。

第一百一十二条 【快速检测】县级以上人民政府食品安全监督管理部门在食品安全监督管理工作中可以采用国家规定的快速检测方法对食品进行抽查检测。

对抽查检测结果表明可能不符合食品安全标准的食品,应当依照本法第八十七条的规定进行检验。抽查检测结果确定有关食品不符合食品安全标准的,可以作为行政处罚的依据。

第一百一十三条 【食品安全信用档案】县级以上人民政府食品安全监督管理部门应当建立食品生产经营者食品安全信用档案,记录许可颁发、日常监督检查结果、违法行为查处等情况,依法向社会公布并实时更新;对有不良信用记录的食品生产经营者增加监督检查频次,对违法行为情节严重的食品生产经营者,可以通报投资主管部门、证券监督管理机构和有关的金融机构。

第一百一十四条 【对食品生产经营者进行责任约谈】食品生产经营过程中存在食品安全隐患,未及时采取措施消除的,县级以上人民政府食品安全监督管理部门可以对食品生产经营者的法定代表人或者主要负责人进行责任约谈。食品生产经营者应当立即采取措施,进行整改,消除隐患。责任约谈情况和整改情况应当纳入食品生产经营者食品安全信用档案。

第一百一十五条 【有奖举报和保护举报人合法权益】县级以上人民政府食品安全监督管理等部门应当公布本部门的电子邮件地址或者电话,接受咨询、投诉、举报。接到咨询、投诉、举报,对属于本部门职责的,应当受理并在法定期限内及时答复、核实、处理;对不属于本部门职责的,应当移交有权处理的部门并书面通知咨询、投诉、举报人。有权处理的部门应当在法定期限内及时处理,不得推诿。对查证属实的举报,给予举报人奖励。

有关部门应当对举报人的信息予以保密,保护举报人的合法权益。举报人举报所在企业的,该企业不得以解除、变更劳动合同或者其他方式对举报人进行打击报复。

第一百一十六条 【加强食品安全执法人员管理】县级以上人民政府食品安全监督管理等部门应当加强对执法人员食品安全法律、法规、标准和专业知识与执法能力等的培训,并组织考核。不具备相应知识和能力的,不得从事食品安全执法工作。

食品生产经营者、食品行业协会、消费者协会等发现食品安全执法人员在执法过程中有违反法律、法规规定的行为以及不规范执法行为的,可以向本级或者上级人民政府食品安全监督管理等部门或者监察机关投诉、举报。接到投诉、举报的部门或者机关应当进行核实,并将经核实的情况向食品安全执法人员所在部门通报;涉嫌违法违纪的,按照本法和有关规定处理。

第一百一十七条 【对所属食品安全监管部门或下级地方人民政府进行责任约谈】县级以上人民政府食品安全监督管理等部门未及时发现食品安全系统性风险,未及时消除监督管理区域内的食品安全隐患的,本级人民政府可以对其主要负责人进行责任约谈。

地方人民政府未履行食品安全职责,未及时消除区域性重大食品安全隐患的,上级人民政府可以对其主要负责人进行责任约谈。

被约谈的食品安全监督管理等部门、地方人民政府应当立即采取措施,对食品安全监督管理工作进行整改。

责任约谈情况和整改情况应当纳入地方人民政府和有关部门食品安全监督管理工作评议、考核记录。

第一百一十八条 【食品安全信息统一公布制度】国家建立统一的食品安全信息平台,实行食品安全信息统一公布制度。国家食品安全总体情况、食品安全风险警示信息、重大食品安全事故及其调查处理信息和国务院确定需要统一公布的其他信息由国务院食品安全监督管理部门统一公布。食品安全风险警示信息和重大食品安全事故及其调查处理信息的影响限于特定区域的,也可以由有关省、自治区、直辖市人民政府食品安全监督管理部门公布。未经授权不得发布上述信息。

县级以上人民政府食品安全监督管理、农业行政部门依据各自职责公布食品安全日常监督管理信息。

公布食品安全信息,应当做到准确、及时,并进行必要的解释说明,避免误导消费者和社会舆论。

第一百一十九条 【食品安全信息的报告、通报制度】县级以上地方人民政府食品安全监督管理、卫生行政、农业行政部门获知本法规定需要统一公布的信息,应当向上级主管部门报告,由上级主管部门立即报告国务院食品安全监督管理部门;必要时,可以直接向国务院食品安全监督管理部门报告。

县级以上人民政府食品安全监督管理、卫生行政、农业行政部门应当相互通报获知的食品安全信息。

第一百二十条 【不得编造、散布虚假食品安全信息】任何单位和个人不得编造、散布虚假食品安全信息。

县级以上人民政府食品安全监督管理部门发现可能误导消费者和社会舆论的食品安全信息,应当立即组织有关部门、专业机构、相关食品生产经营者等进行核实、分析,并及时公布结果。

第一百二十一条 【涉嫌食品安全犯罪案件的处理】县级以上人民政府食品安全监督管理等部门发现涉嫌食品安全犯罪的,应当按照有关规定及时将案件移送公安机关。对移送的案件,公安机关应当及时审查;认为有犯罪事实需要追究刑事责任的,应当立案侦查。

公安机关在食品安全犯罪案件侦查过程中认为没有犯罪事实,或者犯罪事实显著轻微,不需要追究刑事责任,但依法应当追究行政责任的,应当及时将案件移送食品安全监督管理等部门和监察机关,有关部门应当依法处理。

公安机关商请食品安全监督管理、生态环境等部门提供检验结论、认定意见以及对涉案物品进行无害化处理等协助的,有关部门应当及时提供,予以协助。

第九章 法律责任

第一百二十二条 【未经许可从事食品生产经营活动等的法律责任】违反本法规定,未取得食品生产经营许可从事食品生产经营活动,或者未取得食品添加剂生产许可从事食品添加剂生产活动的,由县级以上人民政府食品安全监督管理部门没收违法所得和违法生产经营的食品、食品添加剂以及用于违法生产经营的工具、设备、原料等物品;违法生产经营的食品、食品添加剂货值金额不足一万元的,并处五万元以上十万元以下罚款;货值金额一万元以上的,并处货值金额十倍以上二十倍以下罚款。

明知从事前款规定的违法行为,仍为其提供生产经营场所或者其他条件的,由县级以上人民政府食品安全监督管理部门责令停止违法行为,没收违法所得,并处五万元以上十万元以下罚款;使消费者的合法权益受到损害的,应当与食品、食品添加剂生产经营者承担连带责任。

第一百二十三条 【八类最严重违法食品生产经营行为的法律责任】违反本法规定,有下列情形之一,尚不构成犯罪的,由县级以上人民政府食品安全监督管理部门没收违法所得和违法生产经营的食品,并可以没收用于违法生产经营的工具、设备、原料等物品;违法生产经营的食品货值金额不足一万元的,并处十万元以上十五万元以下罚款;货值金额一万元以上的,并处货值金额十五倍以上三十倍以下罚款;情节严重的,吊销许可证,并可以由公安机关对其直接负责的主管人员和其他直接责任人员处五日以上十五日以下拘留:

(一)用非食品原料生产食品、在食品中添加食品添加剂以外的化学物质和其他可能危害人体健康的物质,或者用回收食品作为原料生产食品,或者经营上述食品;

(二)生产经营营养成分不符合食品安全标准的专供婴幼儿和其他特定人群的主辅食品;

(三)经营病死、毒死或者死因不明的禽、畜、兽、水产动物肉类,或者生产经营其制品;

(四)经营未按规定进行检疫或者检疫不合格的肉类,或者生产经营未经检验或者检验不合格的肉类制品;

(五)生产经营国家为防病等特殊需要明令禁止生产经营的食品;

(六)生产经营添加药品的食品。

明知从事前款规定的违法行为,仍为其提供生产经营场所或者其他条件的,由县级以上人民政府食品安全监督管理部门责令停止违法行为,没收违法所得,并处十万元以上二十万元以下罚款;使消费者的合法权益受到损害的,应当与食品生产经营者承担连带责任。

违法使用剧毒、高毒农药的,除依照有关法律、法规规定给予处罚外,可以由公安机关依照第一款规定给予拘留。

第一百二十四条 【十一类违法生产经营行为的法律责任】违反本法规定,有下列情形之一,尚不构成犯罪的,由县级以上人民政府食品安全监督管理部门没收违法所得和违法生产经营的食品、食品添加剂,并可以没收用于违法生产经营的工具、设备、原料等物品;违法生产经营的食品、食品添加剂货值金额不足一万元的,并处五万元以上十万元以下罚款;货值金额一万元以上的,并处货值金额十倍以上二十倍以下罚款;情节严重的,吊销许可证:

(一)生产经营致病性微生物,农药残留、兽药残留、生物毒素、重金属等污染物质以及其他危害人体健康的物质含量超过食品安全标准限量的食品、食品添加剂;

(二)用超过保质期的食品原料、食品添加剂生产食品、食品添加剂,或者经营上述食品、食品添加剂;

(三)生产经营超范围、超限量使用食品添加剂的食品;

(四)生产经营腐败变质、油脂酸败、霉变生虫、污秽不洁、混有异物、掺假掺杂或者感官性状异常的食品、食品添加剂;

(五)生产经营标注虚假生产日期、保质期或者超过保质期的食品、食品添加剂;

(六)生产经营未按规定注册的保健食品、特殊医学用途配方食品、婴幼儿配方乳粉,或者未按注册的产品配方、生产工艺等技术要求组织生产;

(七)以分装方式生产婴幼儿配方乳粉,或者同一企业以同一配方生产不同品牌的婴幼儿配方乳粉;

(八)利用新的食品原料生产食品,或者生产食品添加剂新品种,未通过安全性评估;

(九)食品生产经营者在食品安全监督管理部门责令其召回或者停止经营后,仍拒不召回或者停止经营。

除前款和本法第一百二十三条、第一百二十五条规定的情形外,生产经营不符合法律、法规或者食品安全标准的食品、食品添加剂的,依照前款规定给予处罚。

生产食品相关产品新品种,未通过安全性评估,或者生产不符合食品安全标准的食品相关产品的,由县级以上人民政府食品安全监督管理部门依照第一款规定给予处罚。

第一百二十五条 【四类违法生产经营行为的法律责任】违反本法规定,有下列情形之一的,由县级以上人民政府食品安全监督管理部门没收违法所得和违法生产经营的食品、食品添加剂,并可以没收用于违法生产经营的工具、设备、原料等物品;违法生产经营的食品、食品添加剂货值金额不足一万元的,并处五千元以上五万元以下罚款;货值金额一万元以上的,并处货值金额五倍以上十倍以下罚款;情节严重的,责令停产停业,直至吊销许可证:

(一)生产经营被包装材料、容器、运输工具等污染的食品、食品添加剂;

(二)生产经营无标签的预包装食品、食品添加剂或者标签、说明书不符合本法规定的食品、食品添加剂;

(三)生产经营转基因食品未按规定进行标示;

(四)食品生产经营者采购或者使用不符合食品安全标准的食品原料、食品添加剂、食品相关产品。

生产经营的食品、食品添加剂的标签、说明书存在瑕疵但不影响食品安全且不会对消费者造成误导的,由县级以上人民政府食品安全监督管理部门责令改正;拒不改正的,处二千元以下罚款。

第一百二十六条 【十六类生产经营过程违法行为所应承担的法律责任】违反本法规定,有下列情形之一的,由县级以上人民政府食品安全监督管理部门责令改正,给予警告;拒不改正的,处五千元以上五万元以下罚款;情节严重的,责令停产停业,直至吊销许可证:

(一)食品、食品添加剂生产者未按规定对采购的食品原料和生产的食品、食品添加剂进行检验;

(二)食品生产经营企业未按规定建立食品安全管理制度,或者未按规定配备或者培训、考核食品安全管理人员;

(三)食品、食品添加剂生产经营者进货时未查验许可证和相关证明文件,或者未按规定建立并遵守进货查验记录、出厂检验记录和销售记录制度;

(四)食品生产经营企业未制定食品安全事故处置方案;

(五)餐具、饮具和盛放直接入口食品的容器,使用前未经洗净、消毒或者清洗消毒不合格,或者餐饮服务设施、设备未按规定定期维护、清洗、校验;

(六)食品生产经营者安排未取得健康证明或者患有国务院卫生行政部门规定的有碍食品安全疾病的人员从事接触直接入口食品的工作;

(七)食品经营者未按规定要求销售食品;

（八）保健食品生产企业未按规定向食品安全监督管理部门备案，或者未按备案的产品配方、生产工艺等技术要求组织生产；

（九）婴幼儿配方食品生产企业未将食品原料、食品添加剂、产品配方、标签等向食品安全监督管理部门备案；

（十）特殊食品生产企业未按规定建立生产质量管理体系并有效运行，或者未定期提交自查报告；

（十一）食品生产经营者未定期对食品安全状况进行检查评价，或者生产经营条件发生变化，未按规定处理；

（十二）学校、托幼机构、养老机构、建筑工地等集中用餐单位未按规定履行食品安全管理责任；

（十三）食品生产企业、餐饮服务提供者未按规定制定、实施生产经营过程控制要求。

餐具、饮具集中消毒服务单位违反本法规定用水，使用洗涤剂、消毒剂，或者出厂的餐具、饮具未按规定检验合格并随附消毒合格证明，或者未按规定在独立包装上标注相关内容的，由县级以上人民政府卫生行政部门依照前款规定给予处罚。

食品相关产品生产者未按规定对生产的食品相关产品进行检验的，由县级以上人民政府食品安全监督管理部门依照第一款规定给予处罚。

食用农产品销售者违反本法第六十五条规定的，由县级以上人民政府食品安全监督管理部门依照第一款规定给予处罚。

第一百二十七条 【对食品生产加工小作坊、食品摊贩等的违法行为的处罚】对食品生产加工小作坊、食品摊贩等的违法行为的处罚，依照省、自治区、直辖市制定的具体管理办法执行。

第一百二十八条 【事故单位违法行为所应承担的法律责任】违反本法规定，事故单位在发生食品安全事故后未进行处置、报告的，由有关主管部门按照各自职责分工责令改正，给予警告；隐匿、伪造、毁灭有关证据的，责令停产停业，没收违法所得，并处十万元以上五十万元以下罚款；造成严重后果的，吊销许可证。

第一百二十九条 【进出口违法行为所应承担的法律责任】违反本法规定，有下列情形之一的，由出入境检验检疫机构依照本法第一百二十四条的规定给予处罚：

（一）提供虚假材料，进口不符合我国食品安全国家标准的食品、食品添加剂、食品相关产品；

（二）进口尚无食品安全国家标准的食品，未提交所执行的标准并经国务院卫生行政部门审查，或者进口利用新的食品原料生产的食品或者进口食品添加剂新品种、食品相关产品新品种，未通过安全性评估；

（三）未遵守本法的规定出口食品；

（四）进口商在有关主管部门责令其依照本法规定召回进口的食品后，仍拒不召回。

违反本法规定，进口商未建立并遵守食品、食品添加剂进口和销售记录制度、境外出口商或者生产企业审核制度的，由出入境检验检疫机构依照本法第一百二十六条的规定给予处罚。

第一百三十条 【集中交易市场违法行为所应承担的法律责任】违反本法规定，集中交易市场的开办者、柜台出租者、展销会的举办者允许未依法取得许可的食品经营者进入市场销售食品，或者未履行检查、报告等义务的，由县级以上人民政府食品安全监督管理部门责令改正，没收违法所得，并处五万元以上二十万元以下罚款；造成严重后果的，责令停业，直至由原发证部门吊销许可证；使消费者的合法权益受到损害的，应当与食品经营者承担连带责任。

食用农产品批发市场违反本法第六十四条规定的，依照前款规定承担责任。

第一百三十一条 【网络食品交易违法行为所应承担的法律责任】违反本法规定，网络食品交易第三方平台提供者未对入网食品经营者进行实名登记、审查许可证，或者未履行报告、停止提供网络交易平台服务等义务的，由县级以上人民政府食品安全监督管理部门责令改正，没收违法所得，并处五万元以上二十万元以下罚款；造成严重后果的，责令停业，直至由原发证部门吊销许可证；使消费者的合法权益受到损害的，应当与食品经营者承担连带责任。

消费者通过网络食品交易第三方平台购买食品，其合法权益受到损害的，可以向入网食品经营者或者食品生产者要求赔偿。网络食品交易第三方平台提供者不能提供入网食品经营者的真实名称、地址和有效联系方式的，由网络食品交易第三方平台提供者赔偿。网络食品交易第三方平台提供者赔偿后，有权向入网食品经营者或者食品生产者追偿。网络食品交易第三方平台提供者作出更有利于消费者承诺的，应当履行其承诺。

第一百三十二条 【进行食品贮存、运输和装卸违法行为所应承担的法律责任】违反本法规定，未按要求进行食品贮存、运输和装卸的，由县级以上人民政府食品安全监督管理等部门按照各自职责分工责令改正，给予警告；拒不改正的，责令停产停业，并处一万元以上五万元以下罚款；情节严重的，吊销许可证。

第一百三十三条 【拒绝、阻挠、干涉依法开展食品安全工作、打击报复举报人的法律责任】违反本法规定，拒绝、阻挠、干涉有关部门、机构及其工作人员依法开展食品安全监督检查、事故调查处理、风险监测和风险评估的，由有关主管部门按照各自职责分工责令停产停业，并处二千元以上五万元以下罚款；情节严重的，吊销许可证；构成违反治安管理行为的，由公安机关依法给予治安管理处罚。

违反本法规定，对举报人以解除、变更劳动合同或者其他方式打击报复的，应当依照有关法律的规定承担责任。

第一百三十四条 【食品生产经营者屡次违法可以增加处罚】食品生产经营者在一年内累计三次因违反本法规定受到责令停产停业、吊销许可证以外处罚的，由食品安全监督管理部门责令停产停业，直至吊销许可证。

第一百三十五条 【严重违法犯罪者一定期限内禁止从事食品生产经营相关活动】被吊销许可证的食品生产经营者及其法定代表人、直接负责的主管人员和其他直接责任人员自处罚决定作出之日起五年内不得申请食品生产经营许可，或者从事食品生产经营管理工作、担任食品生产经营企业食品安全管理人员。

因食品安全犯罪被判处有期徒刑以上刑罚的，终身不得从事食品生产经营管理工作，也不得担任食品生产经营企业食品安全管理人员。

食品生产经营者聘用人员违反前两款规定的，由县级以上人民政府食品安全监督管理部门吊销许可证。

第一百三十六条 【食品经营者履行了本法规定的义务可以免予处罚】食品经营者履行了本法规定的进货查验等义务，有充分证据证明其不知道所采购的食品不符合食品安全标准，并能如实说明其进货来源的，可以免予处罚，但应当依法没收其不符合食品安全标准的食品；造成人身、财产或者其他损害的，依法承担赔偿责任。

第一百三十七条 【提供虚假监测、评估信息的法律责任】违反本法规定，承担食品安全风险监测、风险评估工作的技术机构、技术人员提供虚假监测、评估信息的，依法对技术机构直接负责的主管人员和技术人员给予撤职、开除处分；有执业资格的，由授予其资格的主管部门吊销执业证书。

第一百三十八条 【出具虚假检验报告以及食品检验机构聘用不得从事食品检验工作的人员等的法律责任】违反本法规定，食品检验机构、食品检验人员出具虚假检验报告的，由授予其资质的主管部门或者机构撤销该食品检验机构的检验资质，没收所收取的检验费用，并处检验费用五倍以上十倍以下罚款，检验费用不足一万元的，并处五万元以上十万元以下罚款；依法对食品检验机构直接负责的主管人员和食品检验人员给予撤职或者开除处分；导致发生重大食品安全事故的，对直接负责的主管人员和食品检验人员给予开除处分。

违反本法规定，受到开除处分的食品检验机构人员，自处分决定作出之日起十年内不得从事食品检验工作；因食品安全违法行为受到刑事处罚或者因出具虚假检验报告导致发生重大食品安全事故受到开除处分的食品检验机构人员，终身不得从事食品检验工作。食品检验机构聘用不得从事食品检验工作的人员的，由授予其资质的主管部门或者机构撤销该食品检验机构的检验资质。

食品检验机构出具虚假检验报告，使消费者的合法权益受到损害的，应当与食品生产经营者承担连带责任。

第一百三十九条 【虚假认证的法律责任】违反本法规定，认证机构出具虚假认证结论，由认证认可监督管理部门没收所收取的认证费用，并处认证费用五倍以上十倍以下罚款，认证费用不足一万元的，并处五万元以上十万元以下罚款；情节严重的，责令停业，直至撤销认证机构批准文件，并向社会公布；对直接负责的主管人员和负有直接责任的认证人员，撤销其执业资格。

认证机构出具虚假认证结论，使消费者的合法权益受到损害的，应当与食品生产经营者承担连带责任。

第一百四十条 【违法发布食品广告和违法推荐食品的法律责任】违反本法规定，在广告中对食品作虚假宣传，欺骗消费者，或者发布未取得批准文件、广告内容与批准文件不一致的保健食品广告的，依照《中华人民共和国广告法》的规定给予处罚。

广告经营者、发布者设计、制作、发布虚假食品广告,使消费者的合法权益受到损害的,应当与食品生产经营者承担连带责任。

社会团体或者其他组织、个人在虚假广告或者其他虚假宣传中向消费者推荐食品,使消费者的合法权益受到损害的,应当与食品生产经营者承担连带责任。

违反本法规定,食品安全监督管理等部门、食品检验机构、食品行业协会以广告或者其他形式向消费者推荐食品,消费者组织以收取费用或者其他牟取利益的方式向消费者推荐食品的,由有关主管部门没收违法所得,依法对直接负责的主管人员和其他直接责任人员给予记大过、降级或者撤职处分;情节严重的,给予开除处分。

对食品作虚假宣传且情节严重的,由省级以上人民政府食品安全监督管理部门决定暂停销售该食品,并向社会公布;仍然销售该食品的,由县级以上人民政府食品安全监督管理部门没收违法所得和违法销售的食品,并处二万元以上五万元以下罚款。

第一百四十一条 【编造、散布虚假食品安全信息的法律责任】违反本法规定,编造、散布虚假食品安全信息,构成违反治安管理行为的,由公安机关依法给予治安管理处罚。

媒体编造、散布虚假食品安全信息的,由有关主管部门依法给予处罚,并对直接负责的主管人员和其他直接责任人员给予处分;使公民、法人或者其他组织的合法权益受到损害的,依法承担消除影响、恢复名誉、赔偿损失、赔礼道歉等民事责任。

第一百四十二条 【地方人民政府有关食品安全事故应对不当的法律责任】违反本法规定,县级以上地方人民政府有下列行为之一的,对直接负责的主管人员和其他直接责任人员给予记大过处分;情节较重的,给予降级或者撤职处分;情节严重的,给予开除处分;造成严重后果的,其主要负责人还应当引咎辞职:

(一)对发生在本行政区域内的食品安全事故,未及时组织协调有关部门开展有效处置,造成不良影响或者损失;

(二)对本行政区域内涉及多环节的区域性食品安全问题,未及时组织整治,造成不良影响或者损失;

(三)隐瞒、谎报、缓报食品安全事故;

(四)本行政区域内发生特别重大食品安全事故,或者连续发生重大食品安全事故。

第一百四十三条 【政府未落实有关法定职责的法律责任】违反本法规定,县级以上地方人民政府有下列行为之一的,对直接负责的主管人员和其他直接责任人员给予警告、记过或者记大过处分;造成严重后果的,给予降级或者撤职处分:

(一)未确定有关部门的食品安全监督管理职责,未建立健全食品安全全程监督管理工作机制和信息共享机制,未落实食品安全监督管理责任制;

(二)未制定本行政区域的食品安全事故应急预案,或者发生食品安全事故后未按规定立即成立事故处置指挥机构、启动应急预案。

第一百四十四条 【食品安全监管部门的法律责任一】违反本法规定,县级以上人民政府食品安全监督管理、卫生行政、农业行政等部门有下列行为之一的,对直接负责的主管人员和其他直接责任人员给予记大过处分;情节较重的,给予降级或者撤职处分;情节严重的,给予开除处分;造成严重后果的,其主要负责人还应当引咎辞职:

(一)隐瞒、谎报、缓报食品安全事故;

(二)未按规定查处食品安全事故,或者接到食品安全事故报告未及时处理,造成事故扩大或者蔓延;

(三)经食品安全风险评估得出食品、食品添加剂、食品相关产品不安全结论后,未及时采取相应措施,造成食品安全事故或者不良社会影响;

(四)对不符合条件的申请人准予许可,或者超越法定职权准予许可;

(五)不履行食品安全监督管理职责,导致发生食品安全事故。

第一百四十五条 【食品安全监管部门的法律责任二】违反本法规定,县级以上人民政府食品安全监督管理、卫生行政、农业行政等部门有下列行为之一,造成不良后果的,对直接负责的主管人员和其他直接责任人员给予警告、记过或者记大过处分;情节较重的,给予降级或者撤职处分;情节严重的,给予开除处分:

(一)在获知有关食品安全信息后,未按规定向上级主管部门和本级人民政府报告,或者未按规定相互通报;

(二)未按规定公布食品安全信息;

(三)不履行法定职责,对查处食品安全违法行为不配合，或者滥用职权、玩忽职守、徇私舞弊。

第一百四十六条 【违法实施检查、强制等行政行为的法律责任】食品安全监督管理等部门在履行食品安全监督管理职责过程中，违法实施检查、强制等执法措施，给生产经营者造成损失的，应当依法予以赔偿，对直接负责的主管人员和其他直接责任人员依法给予处分。

第一百四十七条 【赔偿责任及民事赔偿责任优先原则】违反本法规定，造成人身、财产或者其他损害的，依法承担赔偿责任。生产经营者财产不足以同时承担民事赔偿责任和缴纳罚款、罚金时，先承担民事赔偿责任。

第一百四十八条 【首负责任制和惩罚性赔偿】消费者因不符合食品安全标准的食品受到损害的，可以向经营者要求赔偿损失，也可以向生产者要求赔偿损失。接到消费者赔偿要求的生产经营者，应当实行首负责任制，先行赔付，不得推诿；属于生产者责任的，经营者赔偿后有权向生产者追偿；属于经营者责任的，生产者赔偿后有权向经营者追偿。

生产不符合食品安全标准的食品或者经营明知是不符合食品安全标准的食品，消费者除要求赔偿损失外，还可以向生产者或者经营者要求支付价款十倍或者损失三倍的赔偿金；增加赔偿的金额不足一千元的，为一千元。但是，食品的标签、说明书存在不影响食品安全且不会对消费者造成误导的瑕疵的除外。

第一百四十九条 【违反本法所应承担的刑事责任】违反本法规定，构成犯罪的，依法追究刑事责任。

第十章 附 则

第一百五十条 【本法中部分用语含义】本法下列用语的含义：

食品，指各种供人食用或者饮用的成品和原料以及按照传统既是食品又是中药材的物品，但是不包括以治疗为目的的物品。

食品安全，指食品无毒、无害，符合应当有的营养要求，对人体健康不造成任何急性、亚急性或者慢性危害。

预包装食品，指预先定量包装或者制作在包装材料、容器中的食品。

食品添加剂，指为改善食品品质和色、香、味以及为防腐、保鲜和加工工艺的需要而加入食品中的人工合成或者天然物质，包括营养强化剂。

用于食品的包装材料和容器，指包装、盛放食品或者食品添加剂用的纸、竹、木、金属、搪瓷、陶瓷、塑料、橡胶、天然纤维、化学纤维、玻璃等制品和直接接触食品或者食品添加剂的涂料。

用于食品生产经营的工具、设备，指在食品或者食品添加剂生产、销售、使用过程中直接接触食品或者食品添加剂的机械、管道、传送带、容器、用具、餐具等。

用于食品的洗涤剂、消毒剂，指直接用于洗涤或者消毒食品、餐具、饮具以及直接接触食品的工具、设备或者食品包装材料和容器的物质。

食品保质期，指食品在标明的贮存条件下保持品质的期限。

食源性疾病，指食品中致病因素进入人体引起的感染性、中毒性等疾病，包括食物中毒。

食品安全事故，指食源性疾病、食品污染等源于食品，对人体健康有危害或者可能有危害的事故。

第一百五十一条 【转基因食品和食盐的食品安全管理】转基因食品和食盐的食品安全管理，本法未作规定的，适用其他法律、行政法规的规定。

第一百五十二条 【对铁路、民航、国境口岸、军队等有关食品安全管理】铁路、民航运营中食品安全的管理办法由国务院食品安全监督管理部门会同国务院有关部门依照本法制定。

保健食品的具体管理办法由国务院食品安全监督管理部门依照本法制定。

食品相关产品生产活动的具体管理办法由国务院食品安全监督管理部门依照本法制定。

国境口岸食品的监督管理由出入境检验检疫机构依照本法以及有关法律、行政法规的规定实施。

军队专用食品和自供食品的食品安全管理办法由中央军事委员会依照本法制定。

第一百五十三条 【国务院可以调整食品安全监管体制】国务院根据实际需要，可以对食品安全监督管理体制作出调整。

第一百五十四条 【法律施行日期】本法自2015年10月1日起施行。

中华人民共和国食品安全法实施条例

（2009 年 7 月 20 日中华人民共和国国务院令第 557 号公布　根据 2016 年 2 月 6 日《国务院关于修改部分行政法规的决定》修订　2019 年 3 月 26 日国务院第 42 次常务会议修订通过　2019 年 10 月 11 日中华人民共和国国务院令第 721 号公布　自 2019 年 12 月 1 日起施行）

第一章　总　　则

第一条　根据《中华人民共和国食品安全法》（以下简称食品安全法），制定本条例。

第二条　食品生产经营者应当依照法律、法规和食品安全标准从事生产经营活动，建立健全食品安全管理制度，采取有效措施预防和控制食品安全风险，保证食品安全。

第三条　国务院食品安全委员会负责分析食品安全形势，研究部署、统筹指导食品安全工作，提出食品安全监督管理的重大政策措施，督促落实食品安全监督管理责任。县级以上地方人民政府食品安全委员会按照本级人民政府规定的职责开展工作。

第四条　县级以上人民政府建立统一权威的食品安全监督管理体制，加强食品安全监督管理能力建设。

县级以上人民政府食品安全监督管理部门和其他有关部门应当依法履行职责，加强协调配合，做好食品安全监督管理工作。

乡镇人民政府和街道办事处应当支持、协助县级人民政府食品安全监督管理部门及其派出机构依法开展食品安全监督管理工作。

第五条　国家将食品安全知识纳入国民素质教育内容，普及食品安全科学常识和法律知识，提高全社会的食品安全意识。

第二章　食品安全风险监测和评估

第六条　县级以上人民政府卫生行政部门会同同级食品安全监督管理等部门建立食品安全风险监测会商机制，汇总、分析风险监测数据，研判食品安全风险，形成食品安全风险监测分析报告，报本级人民政府；县级以上地方人民政府卫生行政部门还应当将食品安全风险监测分析报告同时报上一级人民政府卫生行政部门。食品安全风险监测会商的具体办法由国务院卫生行政部门会同国务院食品安全监督管理等部门制定。

第七条　食品安全风险监测结果表明存在食品安全隐患，食品安全监督管理等部门经进一步调查确认有必要通知相关食品生产经营者的，应当及时通知。

接到通知的食品生产经营者应当立即进行自查，发现食品不符合食品安全标准或者有证据证明可能危害人体健康的，应当依照食品安全法第六十三条的规定停止生产、经营，实施食品召回，并报告相关情况。

第八条　国务院卫生行政、食品安全监督管理等部门发现需要对农药、肥料、兽药、饲料和饲料添加剂等进行安全性评估的，应当向国务院农业行政部门提出安全性评估建议。国务院农业行政部门应当及时组织评估，并向国务院有关部门通报评估结果。

第九条　国务院食品安全监督管理部门和其他有关部门建立食品安全风险信息交流机制，明确食品安全风险信息交流的内容、程序和要求。

第三章　食品安全标准

第十条　国务院卫生行政部门会同国务院食品安全监督管理、农业行政等部门制定食品安全国家标准规划及其年度实施计划。国务院卫生行政部门应当在其网站上公布食品安全国家标准规划及其年度实施计划的草案，公开征求意见。

第十一条　省、自治区、直辖市人民政府卫生行政部门依照食品安全法第二十九条的规定制定食品安全地方标准，应当公开征求意见。省、自治区、直辖市人民政府卫生行政部门应当自食品安全地方标准公布之日起 30 个工作日内，将地方标准报国务院卫生行政部门备案。国务院卫生行政部门发现备案的食品安全地方标准违反法律、法规或者食品安全国家标准的，应当及时予以纠正。

食品安全地方标准依法废止的，省、自治区、直辖市人民政府卫生行政部门应当及时在其网站上公布废止情况。

第十二条 保健食品、特殊医学用途配方食品、婴幼儿配方食品等特殊食品不属于地方特色食品，不得对其制定食品安全地方标准。

第十三条 食品安全标准公布后，食品生产经营者可以在食品安全标准规定的实施日期之前实施并公开提前实施情况。

第十四条 食品生产企业不得制定低于食品安全国家标准或者地方标准要求的企业标准。食品生产企业制定食品安全指标严于食品安全国家标准或者地方标准的企业标准的，应当报省、自治区、直辖市人民政府卫生行政部门备案。

食品生产企业制定企业标准的，应当公开，供公众免费查阅。

第四章 食品生产经营

第十五条 食品生产经营许可的有效期为5年。

食品生产经营者的生产经营条件发生变化，不再符合食品生产经营要求的，食品生产经营者应当立即采取整改措施；需要重新办理许可手续的，应当依法办理。

第十六条 国务院卫生行政部门应当及时公布新的食品原料、食品添加剂新品种和食品相关产品新品种目录以及所适用的食品安全国家标准。

对按照传统既是食品又是中药材的物质目录，国务院卫生行政部门会同国务院食品安全监督管理部门应当及时更新。

第十七条 国务院食品安全监督管理部门会同国务院农业行政等有关部门明确食品安全全程追溯基本要求，指导食品生产经营者通过信息化手段建立、完善食品安全追溯体系。

食品安全监督管理等部门应当将婴幼儿配方食品等针对特定人群的食品以及其他食品安全风险较高或者销售量大的食品的追溯体系建设作为监督检查的重点。

第十八条 食品生产经营者应当建立食品安全追溯体系，依照食品安全法的规定如实记录并保存进货查验、出厂检验、食品销售等信息，保证食品可追溯。

第十九条 食品生产经营企业的主要负责人对本企业的食品安全工作全面负责，建立并落实本企业的食品安全责任制，加强供货者管理、进货查验和出厂检验、生产经营过程控制、食品安全自查等工作。食品生产经营企业的食品安全管理人员应当协助企业主要负责人做好食品安全管理工作。

第二十条 食品生产经营企业应当加强对食品安全管理人员的培训和考核。食品安全管理人员应当掌握与其岗位相适应的食品安全法律、法规、标准和专业知识，具备食品安全管理能力。食品安全监督管理部门应当对企业食品安全管理人员进行随机监督抽查考核。考核指南由国务院食品安全监督管理部门制定、公布。

第二十一条 食品、食品添加剂生产经营者委托生产食品、食品添加剂的，应当委托取得食品生产许可、食品添加剂生产许可的生产者生产，并对其生产行为进行监督，对委托生产的食品、食品添加剂的安全负责。受托方应当依照法律、法规、食品安全标准以及合同约定进行生产，对生产行为负责，并接受委托方的监督。

第二十二条 食品生产经营者不得在食品生产、加工场所贮存依照本条例第六十三条规定制定的名录中的物质。

第二十三条 对食品进行辐照加工，应当遵守食品安全国家标准，并按照食品安全国家标准的要求对辐照加工食品进行检验和标注。

第二十四条 贮存、运输对温度、湿度等有特殊要求的食品，应当具备保温、冷藏或者冷冻等设备设施，并保持有效运行。

第二十五条 食品生产经营者委托贮存、运输食品的，应当对受托方的食品安全保障能力进行审核，并监督受托方按照保证食品安全的要求贮存、运输食品。受托方应当保证食品贮存、运输条件符合食品安全的要求，加强食品贮存、运输过程管理。

接受食品生产经营者委托贮存、运输食品的，应当如实记录委托方和收货方的名称、地址、联系方式等内容。记录保存期限不得少于贮存、运输结束后2年。

非食品生产经营者从事对温度、湿度等有特殊要求的食品贮存业务的，应当自取得营业执照之日起30个工作日内向所在地县级人民政府食品安全监督管理部门备案。

第二十六条 餐饮服务提供者委托餐具饮具集中消毒服务单位提供清洗消毒服务的，应当查验、留存餐具饮具集中消毒服务单位的营业执照复印件和消毒合格证明。保存期限不得少于消毒餐具饮具使用期限到期后6个月。

第二十七条 餐具饮具集中消毒服务单位应当建立餐具饮具出厂检验记录制度，如实记录出厂餐具饮具的数量、消毒日期和批号、使用期限、出厂日期以及委托方名称、地址、联系方式等内容。出厂检验记录保存期限不得少于消毒餐具饮具使用期限到期后6个月。消毒后的餐具饮具应当在独立包装上标注单位名称、地址、联系方式、消毒日期和批号以及使用期限等内容。

第二十八条 学校、托幼机构、养老机构、建筑工地等集中用餐单位的食堂应当执行原料控制、餐具饮具清洗消毒、食品留样等制度，并依照食品安全法第四十七条的规定定期开展食堂食品安全自查。

承包经营集中用餐单位食堂的，应当依法取得食品经营许可，并对食堂的食品安全负责。集中用餐单位应当督促承包方落实食品安全管理制度，承担管理责任。

第二十九条 食品生产经营者应当对变质、超过保质期或者回收的食品进行显著标示或者单独存放在有明确标志的场所，及时采取无害化处理、销毁等措施并如实记录。

食品安全法所称回收食品，是指已经售出，因违反法律、法规、食品安全标准或者超过保质期等原因，被召回或者退回的食品，不包括依照食品安全法第六十三条第三款的规定可以继续销售的食品。

第三十条 县级以上地方人民政府根据需要建设必要的食品无害化处理和销毁设施。食品生产经营者可以按照规定使用政府建设的设施对食品进行无害化处理或者予以销毁。

第三十一条 食品集中交易市场的开办者、食品展销会的举办者应当在市场开业或者展销会举办前向所在地县级人民政府食品安全监督管理部门报告。

第三十二条 网络食品交易第三方平台提供者应当妥善保存入网食品经营者的登记信息和交易信息。县级以上人民政府食品安全监督管理部门开展食品安全监督检查、食品安全案件调查处理、食品安全事故处置确需了解有关信息的，经其负责人批准，可以要求网络食品交易第三方平台提供者提供，网络食品交易第三方平台提供者应当按照要求提供。县级以上人民政府食品安全监督管理部门及其工作人员对网络食品交易第三方平台提供者提供的信息依法负有保密义务。

第三十三条 生产经营转基因食品应当显著标示，标示办法由国务院食品安全监督管理部门会同国务院农业行政部门制定。

第三十四条 禁止利用包括会议、讲座、健康咨询在内的任何方式对食品进行虚假宣传。食品安全监督管理部门发现虚假宣传行为的，应当依法及时处理。

第三十五条 保健食品生产工艺有原料提取、纯化等前处理工序的，生产企业应当具备相应的原料前处理能力。

第三十六条 特殊医学用途配方食品生产企业应当按照食品安全国家标准规定的检验项目对出厂产品实施逐批检验。

特殊医学用途配方食品中的特定全营养配方食品应当通过医疗机构或者药品零售企业向消费者销售。医疗机构、药品零售企业销售特定全营养配方食品的，不需要取得食品经营许可，但是应当遵守食品安全法和本条例关于食品销售的规定。

第三十七条 特殊医学用途配方食品中的特定全营养配方食品广告按照处方药广告管理，其他类别的特殊医学用途配方食品广告按照非处方药广告管理。

第三十八条 对保健食品之外的其他食品，不得声称具有保健功能。

对添加食品安全国家标准规定的选择性添加物质的婴幼儿配方食品，不得以选择性添加物质命名。

第三十九条 特殊食品的标签、说明书内容应当与注册或者备案的标签、说明书一致。销售特殊食品，应当核对食品标签、说明书内容是否与注册或者备案的标签、说明书一致，不一致的不得销售。省级以上人民政府食品安全监督管理部门应当在其网站上公布注册或者备案的特殊食品的标签、说明书。

特殊食品不得与普通食品或者药品混放销售。

第五章 食品检验

第四十条 对食品进行抽样检验，应当按照食品安全标准、注册或者备案的特殊食品的产品技术要求以及国家有关规定确定的检验项目和检验方法进行。

第四十一条 对可能掺杂掺假的食品，按照现有食品安全标准规定的检验项目和检验方法以及依照食品安全法第一百一十一条和本条例第六十三条规定制定的检验项目和检验方法无法检验的，国务院食品安全监督管理部门可以制定补充检验项目和检验方法，用于对食品的抽样检验、食品安全案件调查处理和食品安全事故处置。

第四十二条 依照食品安全法第八十八条的规定申请复检的，申请人应当向复检机构先行支付复检费用。复检结论表明食品不合格的，复检费用由复检申请人承担；复检结论表明食品合格的，复检费用由实施抽样检验的食品安全监督管理部门承担。

复检机构无正当理由不得拒绝承担复检任务。

第四十三条 任何单位和个人不得发布未依法取得资质认定的食品检验机构出具的食品检验信息，不得利用上述检验信息对食品、食品生产经营者进行等级评定，欺骗、误导消费者。

第六章 食品进出口

第四十四条 进口商进口食品、食品添加剂，应当按照规定向出入境检验检疫机构报检，如实申报产品相关信息，并随附法律、行政法规规定的合格证明材料。

第四十五条 进口食品运达口岸后，应当存放在出入境检验检疫机构指定或者认可的场所；需要移动的，应当按照出入境检验检疫机构的要求采取必要的安全防护措施。大宗散装进口食品应当在卸货口岸进行检验。

第四十六条 国家出入境检验检疫部门根据风险管理需要，可以对部分食品实行指定口岸进口。

第四十七条 国务院卫生行政部门依照食品安全法第九十三条的规定对境外出口商、境外生产企业或者其委托的进口商提交的相关国家（地区）标准或者国际标准进行审查，认为符合食品安全要求的，决定暂予适用并予以公布；暂予适用的标准公布前，不得进口尚无食品安全国家标准的食品。

食品安全国家标准中通用标准已经涵盖的食品不属于食品安全法第九十三条规定的尚无食品安全国家标准的食品。

第四十八条 进口商应当建立境外出口商、境外生产企业审核制度，重点审核境外出口商、境外生产企业制定和执行食品安全风险控制措施的情况以及向我国出口的食品是否符合食品安全法、本条例和其他有关法律、行政法规的规定以及食品安全国家标准的要求。

第四十九条 进口商依照食品安全法第九十四条第三款的规定召回进口食品的，应当将食品召回和处理情况向所在地县级人民政府食品安全监督管理部门和所在地出入境检验检疫机构报告。

第五十条 国家出入境检验检疫部门发现已经注册的境外食品生产企业不再符合注册要求的，应当责令其在规定期限内整改，整改期间暂停进口其生产的食品；经整改仍不符合注册要求的，国家出入境检验检疫部门应当撤销境外食品生产企业注册并公告。

第五十一条 对通过我国良好生产规范、危害分析与关键控制点体系认证的境外生产企业，认证机构应当依法实施跟踪调查。对不再符合认证要求的企业，认证机构应当依法撤销认证并向社会公布。

第五十二条 境外发生的食品安全事件可能对我国境内造成影响，或者在进口食品、食品添加剂、食品相关产品中发现严重食品安全问题的，国家出入境检验检疫部门应当及时进行风险预警，并可以对相关的食品、食品添加剂、食品相关产品采取下列控制措施：

（一）退货或者销毁处理；

（二）有条件地限制进口；

（三）暂停或者禁止进口。

第五十三条 出口食品、食品添加剂的生产企业应当保证其出口食品、食品添加剂符合进口国家（地区）的标准或者合同要求；我国缔结或者参加的国际条约、协定有要求的，还应当符合国际条约、协定的要求。

第七章 食品安全事故处置

第五十四条 食品安全事故按照国家食品安全事故应急预案实行分级管理。县级以上人民政府食品安全监督管理部门会同同级有关部门负责食品安全事故调查处理。

县级以上人民政府应当根据实际情况及时修

改、完善食品安全事故应急预案。

第五十五条 县级以上人民政府应当完善食品安全事故应急管理机制,改善应急装备,做好应急物资储备和应急队伍建设,加强应急培训、演练。

第五十六条 发生食品安全事故的单位应当对导致或者可能导致食品安全事故的食品及原料、工具、设备、设施等,立即采取封存等控制措施。

第五十七条 县级以上人民政府食品安全监督管理部门接到食品安全事故报告后,应当立即会同同级卫生行政、农业行政等部门依照食品安全法第一百零五条的规定进行调查处理。食品安全监督管理部门应当对事故单位封存的食品及原料、工具、设备、设施等予以保护,需要封存而事故单位尚未封存的应当直接封存或者责令事故单位立即封存,并通知疾病预防控制机构对与事故有关的因素开展流行病学调查。

疾病预防控制机构应当在调查结束后向同级食品安全监督管理、卫生行政部门同时提交流行病学调查报告。

任何单位和个人不得拒绝、阻挠疾病预防控制机构开展流行病学调查。有关部门应当对疾病预防控制机构开展流行病学调查予以协助。

第五十八条 国务院食品安全监督管理部门会同国务院卫生行政、农业行政等部门定期对全国食品安全事故情况进行分析,完善食品安全监督管理措施,预防和减少事故的发生。

第八章 监督管理

第五十九条 设区的市级以上人民政府食品安全监督管理部门根据监督管理工作需要,可以对由下级人民政府食品安全监督管理部门负责日常监督管理的食品生产经营者实施随机监督检查,也可以组织下级人民政府食品安全监督管理部门对食品生产经营者实施异地监督检查。

设区的市级以上人民政府食品安全监督管理部门认为必要的,可以直接调查处理下级人民政府食品安全监督管理部门管辖的食品安全违法案件,也可以指定其他下级人民政府食品安全监督管理部门调查处理。

第六十条 国家建立食品安全检查员制度,依托现有资源加强职业化检查员队伍建设,强化考核培训,提高检查员专业化水平。

第六十一条 县级以上人民政府食品安全监督管理部门依照食品安全法第一百一十条的规定实施查封、扣押措施,查封、扣押的期限不得超过30日;情况复杂的,经实施查封、扣押措施的食品安全监督管理部门负责人批准,可以延长,延长期限不得超过45日。

第六十二条 网络食品交易第三方平台多次出现入网食品经营者违法经营或者入网食品经营者的违法经营行为造成严重后果的,县级以上人民政府食品安全监督管理部门可以对网络食品交易第三方平台提供者的法定代表人或者主要负责人进行责任约谈。

第六十三条 国务院食品安全监督管理部门会同国务院卫生行政等部门根据食源性疾病信息、食品安全风险监测信息和监督管理信息等,对发现的添加或者可能添加到食品中的非食品用化学物质和其他可能危害人体健康的物质,制定名录及检测方法并予以公布。

第六十四条 县级以上地方人民政府卫生行政部门应当对餐具饮具集中消毒服务单位进行监督检查,发现不符合法律、法规、国家相关标准以及相关卫生规范等要求的,应当及时调查处理。监督检查的结果应当向社会公布。

第六十五条 国家实行食品安全违法行为举报奖励制度,对查证属实的举报,给予举报人奖励。举报人举报所在企业食品安全重大违法犯罪行为的,应当加大奖励力度。有关部门应当对举报人的信息予以保密,保护举报人的合法权益。食品安全违法行为举报奖励办法由国务院食品安全监督管理部门会同国务院财政等有关部门制定。

食品安全违法行为举报奖励资金纳入各级人民政府预算。

第六十六条 国务院食品安全监督管理部门应当会同国务院有关部门建立守信联合激励和失信联合惩戒机制,结合食品生产经营者信用档案,建立严重违法生产经营者黑名单制度,将食品安全信用状况与准入、融资、信贷、征信等相衔接,及时向社会公布。

第九章 法律责任

第六十七条 有下列情形之一的,属于食品安全法第一百二十三条至第一百二十六条、第一百三十二条以及本条例第七十二条、第七十三条规定的情节严重情形：

（一）违法行为涉及的产品货值金额2万元以上或者违法行为持续时间3个月以上；

（二）造成食源性疾病并出现死亡病例，或者造成30人以上食源性疾病但未出现死亡病例；

（三）故意提供虚假信息或者隐瞒真实情况；

（四）拒绝、逃避监督检查；

（五）因违反食品安全法律、法规受到行政处罚后1年内又实施同一性质的食品安全违法行为，或者因违反食品安全法律、法规受到刑事处罚后又实施食品安全违法行为；

（六）其他情节严重的情形。

对情节严重的违法行为处以罚款时，应当依法从重从严。

第六十八条 有下列情形之一的，依照食品安全法第一百二十五条第一款、本条例第七十五条的规定给予处罚：

（一）在食品生产、加工场所贮存依照本条例第六十三条规定制定的名录中的物质；

（二）生产经营的保健食品之外的食品的标签、说明书声称具有保健功能；

（三）以食品安全国家标准规定的选择性添加物质命名婴幼儿配方食品；

（四）生产经营的特殊食品的标签、说明书内容与注册或者备案的标签、说明书不一致。

第六十九条 有下列情形之一的，依照食品安全法第一百二十六条第一款、本条例第七十五条的规定给予处罚：

（一）接受食品生产经营者委托贮存、运输食品，未按照规定记录保存信息；

（二）餐饮服务提供者未查验、留存餐具饮具集中消毒服务单位的营业执照复印件和消毒合格证明；

（三）食品生产经营者未按照规定对变质、超过保质期或者回收的食品进行标示或者存放，或者未及时对上述食品采取无害化处理、销毁等措施并如实记录；

（四）医疗机构和药品零售企业之外的单位或者个人向消费者销售特殊医学用途配方食品中的特定全营养配方食品；

（五）将特殊食品与普通食品或者药品混放销售。

第七十条 除食品安全法第一百二十五条第一款、第一百二十六条规定的情形外，食品生产经营者的生产经营行为不符合食品安全法第三十三条第一款第五项、第七项至第十项的规定，或者不符合有关食品生产经营过程要求的食品安全国家标准的，依照食品安全法第一百二十六条第一款、本条例第七十五条的规定给予处罚。

第七十一条 餐具饮具集中消毒服务单位未按照规定建立并遵守出厂检验记录制度的，由县级以上人民政府卫生行政部门依照食品安全法第一百二十六条第一款、本条例第七十五条的规定给予处罚。

第七十二条 从事对温度、湿度等有特殊要求的食品贮存业务的非食品生产经营者，食品集中交易市场的开办者、食品展销会的举办者，未按照规定备案或者报告的，由县级以上人民政府食品安全监督管理部门责令改正，给予警告；拒不改正的，处1万元以上5万元以下罚款；情节严重的，责令停产停业，并处5万元以上20万元以下罚款。

第七十三条 利用会议、讲座、健康咨询等方式对食品进行虚假宣传的，由县级以上人民政府食品安全监督管理部门责令消除影响，有违法所得的，没收违法所得；情节严重的，依照食品安全法第一百四十条第五款的规定进行处罚；属于单位违法的，还应当依照本条例第七十五条的规定对单位的法定代表人、主要负责人、直接负责的主管人员和其他直接责任人员给予处罚。

第七十四条 食品生产经营者生产经营的食品符合食品安全标准但不符合食品所标注的企业标准规定的食品安全指标的，由县级以上人民政府食品安全监督管理部门给予警告，并责令食品经营者停止经营该食品，责令食品生产企业改正；拒不停止经营或者改正的，没收不符合企业标准规定的食品安全指标的食品，货值金额不足1万元的，并处1万元以上5万元以下罚款，货值金额1万元以上的，并处货值金额5倍以上10倍以下罚款。

第七十五条 食品生产经营企业等单位有食品安全法规定的违法情形，除依照食品安全法的规定给予处罚外，有下列情形之一的，对单位的法定代表人、主要负责人、直接负责的主管人员和其他直接责任人员处以其上一年度从本单位取得收入的1倍以上10倍以下罚款：

（一）故意实施违法行为；

（二）违法行为性质恶劣；

（三）违法行为造成严重后果。

属于食品安全法第一百二十五条第二款规定情形的，不适用前款规定。

第七十六条 食品生产经营者依照食品安全法第六十三条第一款、第二款的规定停止生产、经营，实施食品召回，或者采取其他有效措施减轻或者消除食品安全风险，未造成危害后果的，可以从轻或者减轻处罚。

第七十七条 县级以上地方人民政府食品安全监督管理等部门对有食品安全法第一百二十三条规定的违法情形且情节严重，可能需要行政拘留的，应当及时将案件及有关材料移送同级公安机关。公安机关认为需要补充材料的，食品安全监督管理等部门应当及时提供。公安机关经审查认为不符合行政拘留条件的，应当及时将案件及有关材料退回移送的食品安全监督管理等部门。

第七十八条 公安机关对发现的食品安全违法行为，经审查没有犯罪事实或者立案侦查后认为不需要追究刑事责任，但依法应当予以行政拘留的，应当及时作出行政拘留的处罚决定；不需要予以行政拘留但依法应当追究其他行政责任的，应当及时将案件及有关材料移送同级食品安全监督管理等部门。

第七十九条 复检机构无正当理由拒绝承担复检任务的，由县级以上人民政府食品安全监督管理部门给予警告，无正当理由1年内2次拒绝承担复检任务的，由国务院有关部门撤销其复检机构资质并向社会公布。

第八十条 发布未依法取得资质认定的食品检验机构出具的食品检验信息，或者利用上述检验信息对食品、食品生产经营者进行等级评定，欺骗、误导消费者的，由县级以上人民政府食品安全监督管理部门责令改正，有违法所得的，没收违法所得，并处10万元以上50万元以下罚款；拒不改正的，处50万元以上100万元以下罚款；构成违反治安管理行为的，由公安机关依法给予治安管理处罚。

第八十一条 食品安全监督管理部门依照食品安全法、本条例对违法单位或者个人处以30万元以上罚款的，由设区的市级以上人民政府食品安全监督管理部门决定。罚款具体处罚权限由国务院食品安全监督管理部门规定。

第八十二条 阻碍食品安全监督管理等部门工作人员依法执行职务，构成违反治安管理行为的，由公安机关依法给予治安管理处罚。

第八十三条 县级以上人民政府食品安全监督管理等部门发现单位或者个人违反食品安全法第一百二十条第一款规定，编造、散布虚假食品安全信息，涉嫌构成违反治安管理行为的，应当将相关情况通报同级公安机关。

第八十四条 县级以上人民政府食品安全监督管理部门及其工作人员违法向他人提供网络食品交易第三方平台提供者提供的信息的，依照食品安全法第一百四十五条的规定给予处分。

第八十五条 违反本条例规定，构成犯罪的，依法追究刑事责任。

第十章 附 则

第八十六条 本条例自2019年12月1日起施行。

市场监督管理行政处罚程序暂行规定

（2018年12月21日国家市场监督管理总局令第2号公布 自2019年4月1日起施行）

第一章 总 则

第一条 为了规范市场监督管理行政处罚程序，保障市场监督管理部门依法实施行政处罚，保护自然人、法人和其他组织的合法权益，根据《中华人民共和国行政处罚法》《中华人民共和国行政强制法》等法律、行政法规，制定本规定。

第二条 市场监督管理部门实施行政处罚，适用本规定。

第三条 市场监督管理部门实施行政处罚，应当遵循公正、公开的原则，坚持处罚与教育相结合，做到事实清楚、证据确凿、适用依据正确、程序合法、处罚适当。

第四条 市场监督管理部门实施行政处罚实行回避制度。参与案件办理的有关人员与当事人有直接利害关系的，应当回避。

市场监督管理部门主要负责人的回避，由市场监督管理部门负责人集体讨论决定；市场监督管理部门其他负责人的回避，由市场监督管理部门主要负责人决定；其他有关人员的回避，由市场监督管理部门负责人决定。

第五条 上级市场监督管理部门对下级市场监督管理部门实施行政处罚，应当加强监督。

各级市场监督管理部门对本部门内设机构及其派出机构、受委托组织实施行政处罚，应当加强监督。

第二章 管 辖

第六条 行政处罚由违法行为发生地的县级以上市场监督管理部门管辖。法律、行政法规另有规定的除外。

第七条 县级、设区的市级市场监督管理部门依职权管辖本辖区内发生的行政处罚案件，法律、法规、规章规定由省级以上市场监督管理部门管辖的除外。

第八条 县级市场监督管理部门派出机构在县级市场监督管理部门确定的权限范围内以县级市场监督管理部门的名义实施行政处罚，法律、法规、规章授权以派出机构名义实施行政处罚的除外。

县级以上市场监督管理部门可以在法定权限内委托符合《中华人民共和国行政处罚法》规定条件的组织实施行政处罚。受委托组织在委托范围内，以委托行政机关名义实施行政处罚；不得再委托其他任何组织或者个人实施行政处罚。

第九条 电子商务平台经营者和通过自建网站、其他网络服务销售商品或者提供服务的电子商务经营者的违法行为由其住所地县级以上市场监督管理部门管辖。

平台内经营者的违法行为由其实际经营地县级以上市场监督管理部门管辖。电子商务平台经营者住所地县级以上市场监督管理部门先行发现违法线索或者收到投诉、举报的，也可以进行管辖。

第十条 对利用广播、电影、电视、报纸、期刊、互联网等大众传播媒介发布违法广告的行为实施行政处罚，由广告发布者所在地市场监督管理部门管辖。广告发布者所在地市场监督管理部门管辖异地广告主、广告经营者有困难的，可以将广告主、广告经营者的违法情况移送广告主、广告经营者所在地市场监督管理部门处理。

对于互联网广告违法行为，广告主所在地、广告经营者所在地市场监督管理部门先行发现违法线索或者收到投诉、举报的，也可以进行管辖。

对广告主自行发布违法互联网广告的行为实施行政处罚，由广告主所在地市场监督管理部门管辖。

第十一条 对当事人的同一违法行为，两个以上市场监督管理部门都有管辖权的，由先立案的市场监督管理部门管辖。

第十二条 两个以上市场监督管理部门因管辖权发生争议的，应当自发生争议之日起七个工作日内协商解决；协商不成的，报请共同的上一级市场监督管理部门指定管辖。

第十三条 市场监督管理部门发现所查处的案件不属于本部门管辖的，应当将案件移送有管辖权的市场监督管理部门。受移送的市场监督管理部门对管辖权有异议的，应当报请共同的上一级市场监督管理部门指定管辖，不得再自行移送。

第十四条 上级市场监督管理部门认为必要时，可以直接查处下级市场监督管理部门管辖的案件，也可以将本部门管辖的案件交由下级市场监督管理部门管辖。法律、法规、规章明确规定案件应当由上级市场监督管理部门管辖的，上级市场监督管理部门不得将案件交由下级市场监督管理部门管辖。

下级市场监督管理部门认为依法由其管辖的案件存在特殊原因，难以办理的，可以报请上一级市场监督管理部门管辖或者指定管辖。

第十五条 报请上一级市场监督管理部门管辖或者指定管辖的，上一级市场监督管理部门应当在收到报送材料之日起七个工作日内确定案件的管辖部门。

第十六条 市场监督管理部门发现所查处的案件属于其他行政管理部门管辖的，应当依法移送其他有关部门。

市场监督管理部门发现违法行为涉嫌犯罪的，应当依照有关规定将案件移送司法机关。

第三章 行政处罚的一般程序

第十七条 市场监督管理部门对依据监督检查职权或者通过投诉、举报、其他部门移送、上级交办等途径发现的违法行为线索，应当自发现线索或者收到材料之日起十五个工作日内予以核查，由市场监督管理部门负责人决定是否立案；特殊情况下，经市场监督管理部门负责人批准，可以延长十五个工作日。法律、法规、规章另有规定的除外。

检测、检验、检疫、鉴定等所需时间，不计入前款规定期限。

立案应当填写立案审批表，由办案机构负责人指定两名以上办案人员负责调查处理。

第十八条 办案人员应当全面、客观、公正、及时进行案件调查，收集、调取证据，并依照法律、法规、规章的规定进行检查。

首次向当事人收集、调取证据的，应当告知其享有陈述权、申辩权以及申请回避的权利。

市场监督管理部门及参与案件办理的有关人员对调查过程中知悉的国家秘密、商业秘密和个人隐私应当依法保密。

第十九条 办案人员调查或者进行检查时不得少于两人，并应当向当事人或者有关人员出示执法证件。

第二十条 办案人员应当依法收集证据。证据包括：

(一)书证；

(二)物证；

(三)视听资料；

(四)电子数据；

(五)证人证言；

(六)当事人的陈述；

(七)鉴定意见；

(八)勘验笔录、现场笔录。

立案前核查或者监督检查过程中依法取得的证据材料，可以作为案件的证据使用。

对于移送的案件，移送机关依职权调查收集的证据材料，可以作为案件的证据使用。

上述证据，应当符合法律、法规、规章关于证据的规定，并经查证属实，才能作为认定案件事实的依据。

第二十一条 收集、调取的书证、物证应当是原件、原物。调取原件、原物有困难的，可以提取复制件、影印件或者抄录件，也可以拍摄或者制作足以反映原件、原物外形或者内容的照片、录像。复制件、影印件、抄录件和照片、录像由证据提供人核对无误后注明与原件、原物一致，并注明出证日期、证据出处，同时签名或者盖章。

第二十二条 收集、调取的视听资料应当是有关资料的原始载体。调取视听资料原始载体有困难的，可以提取复制件，并注明制作方法、制作时间、制作人等。声音资料应当附有该声音内容的文字记录。

第二十三条 收集、调取的电子数据应当是有关数据的原始载体。收集电子数据原始载体有困难的，可以采用拷贝复制、委托分析、书式固定、拍照录像等方式取证，并注明制作方法、制作时间、制作人等。

市场监督管理部门可以利用互联网信息系统或者设备收集、固定违法行为证据。用来收集、固定违法行为证据的互联网信息系统或者设备应当符合相关规定，保证所收集、固定电子数据的真实性、完整性。

市场监督管理部门可以指派或者聘请具有专门知识的人员，辅助办案人员对案件关联的电子数据进行调查取证。

第二十四条 从中华人民共和国领域外取得的证据，应当说明来源，经所在国公证机关证明，并经中华人民共和国驻该国使领馆认证，或者履行中华人民共和国与证据所在国订立的有关条约中规定的证明手续。

在中华人民共和国香港特别行政区、澳门特别行政区和台湾地区取得的证据，应当具有按照有关规定办理的证明手续。

外文书证或者外国语视听资料等证据应当附有由具有翻译资质的机构翻译的或者其他翻译准确的中文译本，由翻译机构盖章或者翻译人员签名。

第二十五条 对有违法嫌疑的物品或者场所进行检查时，应当通知当事人到场。办案人员应当制作现场笔录，载明时间、地点、事件等内容，由办案人员、当事人签名或者盖章。

第二十六条 办案人员可以询问当事人及其他有关单位和个人。询问应当个别进行。询问应当制作笔录，询问笔录应当交被询问人核对；对阅读有困难的，应当向其宣读。笔录如有差错、遗漏，应当允许其更正或者补充。涂改部分应当由被询问人签名、盖章或者以其他方式确认。经核对无误后，由被询问人在笔录上逐页签名、盖章或者以其他方式确认。办案人员应当在笔录上签名。

第二十七条 办案人员可以要求当事人及其他有关单位和个人在一定期限内提供证明材料或

者与涉嫌违法行为有关的其他材料，并由材料提供人在有关材料上签名或者盖章。

市场监督管理部门在查处侵权假冒等案件过程中，可以要求权利人对涉案产品是否为权利人生产或者其许可生产的产品进行辨认，也可以要求其对有关事项进行鉴别。

第二十八条 市场监督管理部门抽样取证时，应当通知当事人到场。办案人员应当制作抽样记录，对样品加贴封条，开具清单，由办案人员、当事人在封条和相关记录上签名或者盖章。

通过网络、电话购买等方式抽样取证的，应当采取拍照、截屏、录音、录像等方式对交易过程、商品拆包查验及封样等过程进行记录。

法律、法规、规章或者国家有关规定对实施抽样机构的资质或者抽样方式有明确要求的，市场监督管理部门应当委托相关机构或者按照规定方式抽取样品。

第二十九条 为查明案情，需要对案件中专门事项进行检测、检验、检疫、鉴定的，市场监督管理部门应当委托具有法定资质的机构进行；没有法定资质机构的，可以委托其他具备条件的机构进行。检测、检验、检疫、鉴定结果应当告知当事人。

第三十条 在证据可能灭失或者以后难以取得的情况下，市场监督管理部门可以对与涉嫌违法行为有关的证据采取先行登记保存措施。采取或者解除先行登记保存措施，应当经市场监督管理部门负责人批准。

情况紧急，需要当场采取先行登记保存措施的，执法人员应当在二十四小时内向市场监督管理部门负责人报告，并补办批准手续。市场监督管理部门负责人认为不应当采取先行登记保存措施的，应当立即解除。

第三十一条 先行登记保存有关证据，应当当场清点，开具清单，由当事人和办案人员签名或者盖章，交当事人一份，并当场交付先行登记保存证据通知书。

先行登记保存期间，当事人或者有关人员不得损毁、销毁或者转移证据。

第三十二条 对于先行登记保存的证据，应当在七日内采取以下措施：

（一）根据情况及时采取记录、复制、拍照、录像等证据保全措施；

（二）需要检测、检验、检疫、鉴定的，送交检测、检验、检疫、鉴定；

（三）依据有关法律、法规规定可以采取查封、扣押等行政强制措施的，决定采取行政强制措施；

（四）违法事实成立，应当予以没收的，作出行政处罚决定，没收违法物品；

（五）违法事实不成立，或者违法事实成立但依法不应当予以查封、扣押或者没收的，决定解除先行登记保存措施。

逾期未采取相关措施的，先行登记保存措施自动解除。

第三十三条 市场监督管理部门可以依据法律、法规的规定采取查封、扣押等行政强制措施。采取或者解除行政强制措施，应当经市场监督管理部门负责人批准。

情况紧急，需要当场采取行政强制措施的，执法人员应当在二十四小时内向市场监督管理部门负责人报告，并补办批准手续。市场监督管理部门负责人认为不应当采取行政强制措施的，应当立即解除。

第三十四条 市场监督管理部门实施行政强制措施应当依照《中华人民共和国行政强制法》第十八条规定的程序进行，并当场交付实施行政强制措施决定书和清单。

第三十五条 查封、扣押的期限不得超过三十日；情况复杂的，经市场监督管理部门负责人批准，可以延长，但是延长期限不得超过三十日。法律、行政法规另有规定的除外。

延长查封、扣押的决定应当及时书面告知当事人，并说明理由。

对物品需要进行检测、检验、检疫、鉴定的，查封、扣押的期间不包括检测、检验、检疫、鉴定的期间。检测、检验、检疫、鉴定的期间应当明确，并书面告知当事人。

第三十六条 扣押当事人托运的物品，应当制作协助扣押通知书，通知有关单位协助办理，并书面通知当事人。

第三十七条 对当事人家存或者寄存的涉嫌违法物品，需要扣押的，责令当事人取出；当事人拒绝取出的，应当会同当地有关部门或者单位将其取出，并办理扣押手续。

第三十八条 查封、扣押的场所、设施或者财物应当妥善保管，不得使用或者损毁；市场监督管理部门可以委托第三人保管，第三人不得损毁或者擅自转移、处置。

查封的场所、设施或者财物，应当加贴市场监督管理部门封条，任何人不得随意动用。

对鲜活物品或者其他不易保管的财物，法律、法规规定可以拍卖或者变卖的，或者当事人同意拍卖或者变卖的，经市场监督管理部门负责人批准，在采取相关措施留存证据后可以依法拍卖或者变卖。拍卖或者变卖所得款项由市场监督管理部门暂予保存。

第三十九条 有下列情形之一的，市场监督管理部门应当及时作出解除查封、扣押决定：

（一）当事人没有违法行为；

（二）查封、扣押的场所、设施或者财物与违法行为无关；

（三）对违法行为已经作出处理决定，不再需要查封、扣押；

（四）查封、扣押期限已经届满；

（五）其他不再需要采取查封、扣押措施的情形。

解除查封、扣押应当立即退还财物，并由办案人员和当事人在财物清单上签名或者盖章。已将鲜活物品或者其他不易保管的财物拍卖或者变卖的，退还拍卖或者变卖所得款项。变卖价格明显低于变卖时市场价格，给当事人造成损失的，应当给予补偿。

当事人下落不明或者无法确定涉案物品所有人的，应当按照本规定第七十四条第五项规定的公告送达方式告知领取。公告期满仍无人领取的，经市场监督管理部门负责人批准，将涉案物品上缴或者依法拍卖后将所得款项上缴国库。

第四十条 办案人员在调查取证过程中，无法通知当事人，当事人不到场或者拒绝接受调查，当事人拒绝签名、盖章或者以其他方式确认的，办案人员应当在笔录或者其他材料上注明情况，并采取录音、录像等方式记录，必要时可以邀请有关人员作为见证人。

第四十一条 进行现场检查、询问当事人及其他有关单位和个人、抽样取证、采取先行登记保存措施、实施查封或者扣押等行政强制措施时，按照有关规定采取拍照、录音、录像等方式记录现场情况。

第四十二条 市场监督管理部门在办理行政处罚案件时，确需其他市场监督管理部门协助调查取证的，应当出具协助调查函。收到协助调查函的市场监督管理部门应当予以协助，在接到协助调查函之日起十五个工作日内完成相关工作。需要延期完成或者无法协助的，应当在期限届满前告知提出协查请求的市场监督管理部门。

第四十三条 有下列情形之一的，经市场监督管理部门负责人批准，中止案件调查：

（一）行政处罚决定须以相关案件的裁判结果或者其他行政决定为依据，而相关案件尚未审结或者其他行政决定尚未作出的；

（二）涉及法律适用等问题，需要送请有权机关作出解释或者确认的；

（三）因不可抗力致使案件暂时无法调查的；

（四）因当事人下落不明致使案件暂时无法调查的；

（五）其他应当中止调查的情形。

中止调查的原因消除后，应当立即恢复案件调查。

第四十四条 因涉嫌违法的自然人死亡或者法人、其他组织终止，并且无权利义务承受人等原因，致使案件调查无法继续进行的，经市场监督管理部门负责人批准，案件终止调查。

第四十五条 案件调查终结，办案机构应当撰写调查终结报告，连同案件材料交由审核机构审核。

案件调查终结报告包括以下内容：

（一）当事人的基本情况；

（二）案件来源、调查经过及采取行政强制措施的情况；

（三）调查认定的事实及主要证据；

（四）违法行为性质；

（五）处理意见及依据；

（六）自由裁量的理由等其他需要说明的事项。

第四十六条 案件审核由市场监督管理部门法制机构或者其他机构负责实施，办案人员不得作为审核人员。县级市场监督管理部门派出机构以自己的名义实施行政处罚的案件，由派出机构法制员负责审核。

市场监督管理部门中初次从事案件审核的人员，应当通过国家统一法律职业资格考试取得法律职业资格。

第四十七条 案件审核的主要内容包括：

（一）是否具有管辖权；

（二）当事人的基本情况是否清楚；

（三）案件事实是否清楚、证据是否充分；

（四）定性是否准确；

（五）适用依据是否正确；

（六）程序是否合法；

（七）处理是否适当。

第四十八条 审核机构经对案件进行审核，区别不同情况提出书面意见和建议：

（一）对事实清楚、证据充分、定性准确、适用依据正确、程序合法、处理适当的案件，同意案件处理意见；

（二）对定性不准、适用依据错误、程序不合法、处理不当的案件，建议纠正；

（三）对事实不清、证据不足的案件，建议补充调查；

（四）认为有必要提出的其他意见和建议。

第四十九条 审核机构应当自接到审核材料之日起十个工作日内完成审核。特殊情况下，经市场监督管理部门负责人批准可以延长。

第五十条 审核机构完成审核并退回案件材料后，对于拟给予行政处罚的案件，办案机构应当将案件材料、行政处罚建议及审核意见报市场监督管理部门负责人批准，并依法履行告知等程序；对于建议给予其他行政处理的案件，办案机构应当将案件材料、审核意见报市场监督管理部门负责人审查决定。

第五十一条 行政处罚建议被批准后，市场监督管理部门应当书面告知当事人拟作出行政处罚决定的事实、理由及依据，并告知当事人依法享有陈述权、申辩权。拟作出的行政处罚属于听证范围的，还应当告知当事人有要求举行听证的权利。法律、法规规定在行政处罚决定作出前需责令当事人退还多收价款的，一并告知拟责令退还的数额。

当事人自告知书送达之日起三个工作日内，未行使陈述、申辩权，未要求举行听证的，视为放弃此权利。

第五十二条 市场监督管理部门在告知当事人拟作出的行政处罚决定后，应当充分听取当事人的意见，对当事人提出的事实、理由和证据进行复核。当事人提出的事实、理由或者证据成立的，市场监督管理部门应当予以采纳，不得因当事人陈述、申辩或者申请听证而加重行政处罚。

第五十三条 法律、法规要求责令当事人退还多收价款的，市场监督管理部门应当在听取当事人意见后作出行政处罚决定前，向当事人发出责令退款通知书，责令当事人限期退还。难以查找多付价款的消费者或者其他经营者的，责令公告查找。

第五十四条 市场监督管理部门负责人经对案件调查终结报告、审核意见、当事人陈述和申辩意见或者听证报告等进行审查，根据不同情况，分别作出以下决定：

（一）确有依法应当给予行政处罚的违法行为的，根据情节轻重及具体情况，作出行政处罚决定；

（二）确有违法行为，但有依法不予行政处罚情形的，不予行政处罚；

（三）违法事实不能成立的，不得给予行政处罚；

（四）不属于市场监督管理部门管辖的，移送其他行政管理部门处理；

（五）违法行为涉嫌犯罪的，移送司法机关。

对下列情节复杂或者重大违法行为给予较重行政处罚的案件，应当由市场监督管理部门负责人集体讨论决定：

（一）拟罚款、没收违法所得和非法财物价值数额较大的案件；

（二）拟责令停产停业、吊销许可证或者执照的案件；

（三）涉及重大安全问题或者有重大社会影响的案件；

（四）调查处理意见与审核意见存在重大分歧的案件；

（五）市场监督管理部门负责人认为应当提交集体讨论的其他案件。

第五十五条 市场监督管理部门作出行政处罚决定，应当制作行政处罚决定书，并加盖本部门印章。行政处罚决定书的内容包括：

（一）当事人的姓名或者名称、地址等基本情况；

（二）违反法律、法规或者规章的事实和证据；

（三）当事人陈述、申辩的采纳情况及理由；

（四）行政处罚的内容和依据；

（五）行政处罚的履行方式、期限；

（六）不服行政处罚决定，申请行政复议或者提起行政诉讼的途径和期限；

(七)作出行政处罚决定的市场监督管理部门的名称和作出决定的日期。

第五十六条 市场监督管理部门作出的行政处罚决定的相关信息应当按照有关规定向社会公示。

第五十七条 适用一般程序办理的案件应当自立案之日起九十日内作出处理决定。因案情复杂或者其他原因,不能在规定期限内作出处理决定的,经市场监督管理部门负责人批准,可以延长三十日。案情特别复杂或者有其他特殊情况,经延期仍不能作出处理决定的,应当由市场监督管理部门负责人集体讨论决定是否继续延期,决定继续延期的,应当同时确定延长的合理期限。

案件处理过程中,中止、听证、公告和检测、检验、检疫、鉴定等时间不计入前款所指的案件办理期限。

第四章 行政处罚的简易程序

第五十八条 违法事实确凿并有法定依据,对自然人处以五十元以下、对法人或者其他组织处以一千元以下罚款或者警告的行政处罚的,可以当场作出行政处罚决定。

第五十九条 适用简易程序当场查处违法行为,办案人员应当向当事人出示执法证件,当场调查违法事实,收集必要的证据,填写预定格式、编有号码的行政处罚决定书。

行政处罚决定书应当由办案人员签名或者盖章,并当场送达当事人。

第六十条 当场制作的行政处罚决定书应当载明当事人的基本情况、违法行为、行政处罚依据、处罚种类、罚款数额、缴款途径和期限、救济途径、部门名称、时间、地点,并加盖市场监督管理部门印章。

第六十一条 办案人员在行政处罚决定作出前,应当告知当事人作出行政处罚决定的事实、理由和依据,并告知当事人有权进行陈述和申辩。当事人进行陈述和申辩的,办案人员应当记入笔录。

第六十二条 适用简易程序查处案件的有关材料,办案人员应当在作出行政处罚决定之日起七个工作日内交至所在的市场监督管理部门归档保存。

第五章 执行与结案

第六十三条 行政处罚决定依法作出后,当事人应当在行政处罚决定的期限内予以履行。

当事人对行政处罚决定不服申请行政复议或者提起行政诉讼的,行政处罚不停止执行,法律另有规定的除外。

第六十四条 市场监督管理部门对当事人作出罚款、没收违法所得行政处罚的,当事人应当自收到行政处罚决定书之日起十五日内,通过指定银行缴纳罚没款。有下列情形之一的,可以由办案人员当场收缴罚款:

(一)当场处以二十元以下罚款的;

(二)当场对自然人处以五十元以下、对法人或者其他组织处以一千元以下罚款,不当场收缴事后难以执行的;

(三)在边远、水上、交通不便地区,当事人向指定银行缴纳罚款确有困难,经当事人提出的。

办案人员当场收缴罚款的,必须向当事人出具省、自治区、直辖市财政部门统一制发的罚款收据。

第六十五条 办案人员当场收缴的罚款,应当自收缴罚款之日起二日内交至所在市场监督管理部门。在水上当场收缴的罚款,应当自抵岸之日起二日内交至所在市场监督管理部门。市场监督管理部门应当在二日内将罚款缴付指定银行。

第六十六条 当事人确有经济困难,需要延期或者分期缴纳罚款的,应当提出书面申请。经市场监督管理部门负责人批准,同意当事人延期或者分期缴纳罚款的,市场监督管理部门应当书面告知当事人延期或者分期的期限。

第六十七条 当事人逾期不缴纳罚款的,市场监督管理部门可以每日按罚款数额的百分之三加处罚款,加处罚款的数额不得超出应缴罚款的数额。

第六十八条 当事人在法定期限内不申请行政复议或者提起行政诉讼,又不履行行政处罚决定,且在收到催告书十日后仍不履行行政处罚决定的,市场监督管理部门可以在期限届满之日起三个月内依法申请人民法院强制执行。

第六十九条 市场监督管理部门应当建立健全罚没物资的管理、处理制度。具体办法由省级市场监督管理部门依照国家有关规定制定。

第七十条 适用一般程序的案件有以下情形之一的，办案机构应当在十五个工作日内填写结案审批表，经市场监督管理部门负责人批准后，予以结案：

（一）行政处罚决定执行完毕的；

（二）人民法院裁定终结执行的；

（三）案件终止调查的；

（四）作出本规定第五十四条第一款第二项至五项决定的；

（五）其他应予结案的情形。

第七十一条 结案后，办案人员应当将案件材料按照档案管理的有关规定立卷归档。案卷归档应当一案一卷、材料齐全、规范有序。

案卷可以分正卷、副卷。正卷按照下列顺序归档：

（一）立案审批表；

（二）行政处罚决定书及送达回证；

（三）对当事人制发的其他法律文书及送达回证；

（四）证据材料；

（五）听证笔录；

（六）财物处理单据；

（七）其他有关材料。

副卷按照下列顺序归档：

（一）案源材料；

（二）调查终结报告；

（三）审核意见；

（四）听证报告；

（五）结案审批表；

（六）其他有关材料。

案卷的保管和查阅，按照档案管理的有关规定执行。

第六章 期间、送达

第七十二条 期间以时、日、月计算，期间开始的时或者日不计算在内。期间不包括在途时间。期间届满的最后一日为法定节假日的，以法定节假日后的第一日为期间届满的日期。

第七十三条 市场监督管理部门送达行政处罚决定书，应当在宣告后当场交付当事人。当事人不在场的，应当在七日内按照本规定第七十四条、第七十五条的规定，将行政处罚决定书送达当事人。

第七十四条 市场监督管理部门送达执法文书，应当按照下列方式进行：

（一）直接送达的，由受送达人在送达回证上注明签收日期，并签名或者盖章，受送达人在送达回证上注明的签收日期为送达日期。受送达人是自然人的，本人不在时交其同住成年家属签收；受送达人是法人或者其他组织的，应当由法人的法定代表人、其他组织的主要负责人或者该法人、其他组织负责收件的人签收；受送达人有代理人的，可以送交其代理人签收；受送达人已向市场监督管理部门指定代收人的，送交代收人签收。受送达人的同住成年家属，法人或者其他组织负责收件的人，代理人或者代收人在送达回证上签收的日期为送达日期。

（二）受送达人或者其同住成年家属拒绝签收的，市场监督管理部门可以邀请有关基层组织或者所在单位的代表到场，说明情况，在送达回证上载明拒收事由和日期，由送达人、见证人签名或者以其他方式确认，将执法文书留在受送达人的住所；也可以将执法文书留在受送达人的住所，并采取拍照、录像等方式记录送达过程，即视为送达。

（三）直接送达有困难的，可以邮寄送达或者委托当地市场监督管理部门代为送达。邮寄送达的，以回执上注明的收件日期为送达日期；委托送达的，受送达人的签收日期为送达日期。

（四）除行政处罚决定书外，经受送达人同意，可以采用手机短信、传真、电子邮件、即时通讯账号等能够确认其收悉的电子方式送达执法文书，市场监督管理部门应当通过拍照、截屏、录音、录像等方式予以记录，手机短信、传真、电子邮件、即时通讯信息等到达受送达人特定系统的日期为送达日期。

（五）受送达人下落不明或者采取上述方式无法送达的，可以在市场监督管理部门公告栏和受送达人住所地张贴公告，也可以在报纸或者市场监督管理部门门户网站等刊登公告。自公告发布之日起经过六十日，即视为送达。公告送达，应当在案件材料中载明原因和经过。在市场监督管理部门公告栏和受送达人住所地张贴公告的，应当采取拍照、录像等方式记录张贴过程。

第七十五条 市场监督管理部门可以要求受送达人签署送达地址确认书，送达至受送达人确认的地址，即视为送达。受送达人送达地址发生变更的，应当及时书面告知市场监督管理部门；未及时告知的，市场监督管理部门按原地址送达，视为依法送达。

因受送达人提供的送达地址不准确、送达地址变更未书面告知市场监督管理部门，导致执法文书未能被受送达人实际接收的，直接送达的，执法文书留在该地址之日为送达之日；邮寄送达的，执法文书被退回之日为送达之日。

第七章　附　　则

第七十六条　本规定中的"以上""以下""内"均包括本数。

第七十七条　国务院药品监督管理部门和省级药品监督管理部门实施行政处罚，适用本规定。

法律、法规、规章授权的履行市场监督管理职能的组织实施行政处罚，适用本规定。

对违反《中华人民共和国反垄断法》规定的行为实施行政处罚的程序，按照国务院市场监督管理部门专项规定执行。专项规定未作规定的，参照本规定执行。

第七十八条　行政处罚文书格式范本，由国务院市场监督管理部门统一制定。各省级市场监督管理部门可以参照文书格式范本，制定本行政区域适用的行政处罚文书格式并自行印制。

第七十九条　本规定自2019年4月1日起施行。1996年9月18日原国家技术监督局令第45号公布的《技术监督行政处罚委托实施办法》、2001年4月9日原国家质量技术监督局令第16号公布的《质量技术监督罚没物品管理和处置办法》、2007年9月4日原国家工商行政管理总局令第28号公布的《工商行政管理机关行政处罚程序规定》、2011年3月2日原国家质量监督检验检疫总局令第137号公布的《质量技术监督行政处罚程序规定》、2011年3月2日原国家质量监督检验检疫总局令第138号公布的《质量技术监督行政处罚案件审理规定》、2014年4月28日原国家食品药品监督管理总局令第3号公布的《食品药品行政处罚程序规定》同时废止。

市场监督管理行政处罚听证暂行办法

（2018年12月21日国家市场监督管理总局令第3号公布　自2019年4月1日起施行）

第一章　总　　则

第一条　为了规范市场监督管理行政处罚听证程序，保障市场监督管理部门依法实施行政处罚，保护自然人、法人和其他组织的合法权益，根据《中华人民共和国行政处罚法》的有关规定，制定本办法。

第二条　市场监督管理部门组织行政处罚听证，适用本办法。

第三条　市场监督管理部门组织行政处罚听证，应当遵循公开、公正、效率的原则，保障和便利当事人依法行使陈述权和申辩权。

第四条　市场监督管理部门行政处罚案件听证实行回避制度。听证主持人、听证员、记录员、翻译人员与当事人有直接利害关系的，应当回避。

听证员、记录员、翻译人员的回避，由听证主持人决定；听证主持人的回避，由市场监督管理部门负责人决定。

第二章　申请和受理

第五条　市场监督管理部门作出下列行政处罚决定之前，应当告知当事人有要求举行听证的权利：

（一）责令停产停业；

（二）吊销许可证或者执照；

（三）对自然人处以一万元以上、对法人或者其他组织处以十万元以上罚款；

（四）对自然人、法人或者其他组织作出没收违法所得和非法财物价值达到第三项所列数额的行政处罚。

各省、自治区、直辖市人大常委会或者人民政府对前款第三项、第四项所列罚没数额有具体规定的，可以从其规定。

第六条　向当事人告知听证权利时，应当书面告知当事人拟作出行政处罚的事实、理由和依据。

第七条 当事人要求听证的,可以在告知书送达回证上签署意见,也可以自收到告知书之日起三个工作日内提出。当事人以口头形式提出的,办案人员应当将情况记入笔录,并由当事人在笔录上签名或者盖章。

当事人自告知书送达之日起三个工作日内,未要求举行听证的,视为放弃此权利。

当事人在规定期限内要求举行听证的,市场监督管理部门应当依照本办法的规定组织听证。

第三章 听证组织机构、听证人员和听证参加人

第八条 听证由市场监督管理部门法制机构或者其他机构负责组织。

第九条 听证人员包括听证主持人、听证员和记录员。

第十条 听证参加人包括当事人及其代理人、第三人、办案人员、证人、翻译人员、鉴定人以及其他有关人员。

第十一条 听证主持人由市场监督管理部门负责人指定。必要时,可以设一至二名听证员,协助听证主持人进行听证。

记录员由听证主持人指定,具体承担听证准备和听证记录工作。

办案人员不得担任听证主持人、听证员和记录员。

第十二条 听证主持人在听证程序中行使下列职责:

(一)决定举行听证的时间、地点;

(二)审查听证参加人资格;

(三)主持听证;

(四)维持听证秩序;

(五)决定听证的中止或者终止,宣布听证结束;

(六)本办法赋予的其他职责。

听证主持人应当公开、公正地履行主持听证的职责,不得妨碍当事人、第三人行使陈述权、申辩权。

第十三条 要求举行听证的自然人、法人或者其他组织是听证的当事人。

第十四条 与听证案件有利害关系的其他自然人、法人或者其他组织,可以作为第三人申请参加听证,或者由听证主持人通知其参加听证。

第十五条 当事人、第三人可以委托一至二人代为参加听证。

委托他人代为参加听证的,应当向市场监督管理部门提交由委托人签名或者盖章的授权委托书以及委托代理人的身份证明文件。

授权委托书应当载明委托事项及权限。委托代理人代为撤回听证申请或者明确放弃听证权利的,必须有委托人的明确授权。

第十六条 办案人员应当参加听证。

第十七条 与听证案件有关的证人、鉴定人等经听证主持人同意,可以到场参加听证。

第四章 听证准备

第十八条 市场监督管理部门应当自收到当事人要求举行听证的申请之日起三个工作日内,确定听证主持人。

第十九条 办案人员应当自确定听证主持人之日起三个工作日内,将案件材料移交听证主持人,由听证主持人审阅案件材料,准备听证提纲。

第二十条 听证主持人应当自接到办案人员移交的案件材料之日起五个工作日内确定听证的时间、地点,并应当于举行听证七日前将听证通知书送达当事人。

听证通知书中应当载明听证时间、听证地点及听证主持人、听证员、记录员、翻译人员的姓名,并告知当事人有申请回避的权利。

第三人参加听证的,听证主持人应当在举行听证前将听证的时间、地点通知第三人。

第二十一条 听证主持人应当于举行听证七日前将听证的时间、地点通知办案人员,并退回案件材料。

第二十二条 除涉及国家秘密、商业秘密或者个人隐私外,听证应当公开举行。

公开举行听证的,市场监督管理部门应当于举行听证三日前公告当事人的姓名或者名称、案由以及举行听证的时间、地点。

第五章 举行听证

第二十三条 听证开始前,记录员应当查明听

证参加人是否到场,并向到场人员宣布以下听证纪律:

(一)服从听证主持人的指挥,未经听证主持人允许不得发言、提问;

(二)未经听证主持人允许不得录音、录像和摄影;

(三)听证参加人未经听证主持人允许不得退场;

(四)不得大声喧哗,不得鼓掌、哄闹或者进行其他妨碍听证秩序的活动。

第二十四条 听证主持人核对听证参加人,说明案由,宣布听证主持人、听证员、记录员、翻译人员名单,告知听证参加人在听证中的权利义务,询问当事人是否提出回避申请。

第二十五条 听证按下列程序进行:

(一)办案人员提出当事人违法的事实、证据、行政处罚建议及依据;

(二)当事人及其委托代理人进行陈述和申辩;

(三)第三人及其委托代理人进行陈述;

(四)质证和辩论;

(五)听证主持人按照第三人、办案人员、当事人的先后顺序征询各方最后意见。

当事人可以当场提出证明自己主张的证据,听证主持人应当接收。

第二十六条 有下列情形之一的,可以中止听证:

(一)当事人因不可抗力无法参加听证的;

(二)当事人死亡或者终止,需要确定相关权利义务承受人的;

(三)当事人临时提出回避申请,无法当场作出决定的;

(四)需要通知新的证人到场或者需要重新鉴定的;

(五)其他需要中止听证的情形。

中止听证的情形消失后,听证主持人应当恢复听证。

第二十七条 有下列情形之一的,可以终止听证:

(一)当事人撤回听证申请或者明确放弃听证权利的;

(二)当事人无正当理由拒不到场参加听证的;

(三)当事人未经听证主持人允许中途退场的;

(四)当事人死亡或者终止,并且无权利义务承受人的;

(五)其他需要终止听证的情形。

第二十八条 记录员应当如实记录,制作听证笔录。听证笔录应当载明听证时间、地点、案由,听证人员、听证参加人姓名,各方意见以及其他需要载明的事项。

听证会结束后,听证笔录应当经听证参加人核对无误后,由听证参加人当场签名或者盖章。当事人、第三人拒绝签名或者盖章的,应当在听证笔录中记明情况。

第二十九条 听证结束后,听证主持人应当在五个工作日内撰写听证报告,由听证主持人、听证员签名,连同听证笔录送办案机构,由其连同其他案件材料一并上报市场监督管理部门负责人。

第三十条 听证报告应当包括以下内容:

(一)听证案由;

(二)听证人员、听证参加人;

(三)听证的时间、地点;

(四)听证的基本情况;

(五)处理意见和建议;

(六)需要报告的其他事项。

第六章 附 则

第三十一条 本办法中的"以上""内"均包括本数。

第三十二条 国务院药品监督管理部门和省级药品监督管理部门组织行政处罚听证,适用本办法。

法律、法规、规章授权的履行市场监督管理职能的组织组织行政处罚听证,适用本办法。

第三十三条 本办法中有关执法文书的送达适用《市场监督管理行政处罚程序暂行规定》第七十四条和第七十五条的规定。

第三十四条 市场监督管理部门应当保障听证经费,提供组织听证所必需的场地、设备以及其他便利条件。

市场监督管理部门举行听证,不得向当事人收取费用。

第三十五条 本办法自2019年4月1日施行。2005年12月30日原国家食品药品监督管理局令第23号公布的《国家食品药品监督管理局听证规则(试行)》、2007年9月4日原国家工商行政管理总局令第29号公布的《工商行政管理机关行政处罚案件听证规则》同时废止。

市场监督管理行政许可程序暂行规定

(2019年8月21日国家市场监督管理总局令第16号公布 自2019年10月1日起施行)

第一章 总 则

第一条 为了规范市场监督管理行政许可程序,根据《中华人民共和国行政许可法》等法律、行政法规,制定本规定。

第二条 市场监督管理部门实施行政许可,适用本规定。

第三条 市场监督管理部门应当遵循公开、公平、公正、非歧视和便民原则,依照法定的权限、范围、条件和程序实施行政许可。

第四条 市场监督管理部门应当按照规定公示行政许可的事项、依据、条件、数量、实施主体、程序、期限(包括检验、检测、检疫、鉴定、专家评审期限)、收费依据(包括收费项目及标准)以及申请书示范文本、申请材料目录等内容。

第五条 符合法定要求的电子申请材料、电子证照、电子印章、电子签名、电子档案与纸质申请材料、纸质证照、实物印章、手写签名或者盖章、纸质档案具有同等法律效力。

第二章 实施机关

第六条 市场监督管理部门应当在法律、法规、规章规定的职权范围内实施行政许可。

第七条 上级市场监督管理部门可以将其法定职权范围内的行政许可,依照法律、法规、规章的规定,委托下级市场监督管理部门实施。

委托机关对受委托机关实施行政许可的后果承担法律责任。

受委托机关应当在委托权限范围内以委托机关的名义实施行政许可,不得再委托其他组织或者个人实施。

第八条 委托实施行政许可的,委托机关可以将行政许可的受理、审查、决定、变更、延续、撤回、撤销、注销等权限全部或者部分委托给受委托机关。

委托实施行政许可,委托机关和受委托机关应当签订委托书。委托书应当包含以下内容:

(一)委托机关名称;

(二)受委托机关名称;

(三)委托实施行政许可的事项以及委托权限;

(四)委托机关与受委托机关的权利和义务;

(五)委托期限。

需要延续委托期限的,委托机关应当在委托期限届满十五日前与受委托机关重新签订委托书。不再延续委托期限的,期限届满前已经受理或者启动撤回、撤销程序的行政许可,按照原委托权限实施。

第九条 委托机关应当向社会公告受委托机关和委托实施行政许可的事项、委托依据、委托权限、委托期限等内容。受委托机关应当按照本规定第四条规定公示委托实施的行政许可有关内容。

委托机关变更、中止或者终止行政许可委托的,应当在变更、中止或者终止行政许可委托十日前向社会公告。

第十条 市场监督管理部门实施行政许可,依法需要对设备、设施、产品、物品等进行检验、检测、检疫或者鉴定、专家评审的,可以委托专业技术组织实施。法律、法规、规章对专业技术组织的条件有要求的,应当委托符合法定条件的专业技术组织。

专业技术组织接受委托实施检验、检测、检疫或者鉴定、专家评审的费用由市场监督管理部门承担。法律、法规另有规定的,依照其规定。

专业技术组织及其有关人员对所实施的检验、检测、检疫或者鉴定、评审结论承担法律责任。

第三章 准入程序

第一节 申请与受理

第十一条 自然人、法人或者其他组织申请行政许可需要采用申请书格式文本的,市场监督管理部门应当向申请人提供格式文本。申请书格式文本不得包含与申请行政许可事项没有直接关系的内容。

第十二条 申请人可以委托代理人提出行政许可申请。但是,依法应当由申请人本人到市场监督管理部门行政许可受理窗口提出行政许可申请的除外。

委托他人代为提出行政许可申请的,应当向市场监督管理部门提交由委托人签字或者盖章的授权委托书以及委托人、委托代理人的身份证明文件。

第十三条 申请人可以到市场监督管理部门行政许可受理窗口提出申请,也可以通过信函、传真、电子邮件或者电子政务平台提出申请,并对其提交的申请材料真实性负责。

第十四条 申请人到市场监督管理部门行政许可受理窗口提出申请的,以申请人提交申请材料的时间为收到申请材料的时间。

申请人通过信函提出申请的,以市场监督管理部门收讫信函的时间为收到申请材料的时间。

申请人通过传真、电子邮件或者电子政务平台提出申请的,以申请材料到达市场监督管理部门指定的传真号码、电子邮件地址或者电子政务平台的时间为收到申请材料的时间。

第十五条 市场监督管理部门对申请人提出的行政许可申请,应当根据下列情况分别作出处理:

(一)申请事项依法不需要取得行政许可的,应当即时作出不予受理的决定,并说明理由。

(二)申请事项依法不属于本行政机关职权范围的,应当即时作出不予受理的决定,并告知申请人向有关行政机关申请。

(三)申请材料存在可以当场更正的错误的,应当允许申请人当场更正,由申请人在更正处签字或者盖章,并注明更正日期。更正后申请材料齐全、符合法定形式的,应当予以受理。

(四)申请材料不齐全或者不符合法定形式的,应当即时或者自收到申请材料之日起五日内一次告知申请人需要补正的全部内容和合理的补正期限。按照规定需要在告知时一并退回申请材料的,应当予以退回。申请人无正当理由逾期不予补正的,视为放弃行政许可申请,市场监督管理部门无需作出不予受理的决定。市场监督管理部门逾期未告知申请人补正的,自收到申请材料之日起即为受理。

(五)申请事项属于本行政机关职权范围,申请材料齐全、符合法定形式,或者申请人按照本行政机关的要求提交全部补正申请材料的,应当受理行政许可申请。

第十六条 市场监督管理部门受理或者不予受理行政许可申请,或者告知申请人补正申请材料的,应当出具加盖本行政机关行政许可专用印章并注明日期的纸质或者电子凭证。

第十七条 能够即时作出行政许可决定的,可以不出具受理凭证。

第二节 审查与决定

第十八条 市场监督管理部门应当对申请人提交的申请材料进行审查。

申请人提交的申请材料齐全、符合法定形式,能够即时作出行政许可决定的,市场监督管理部门应当即时作出行政许可决定。

按照法律、法规、规章规定,需要核对申请材料原件的,市场监督管理部门应当核对原件并注明核对情况。申请人不能提供申请材料原件或者核对发现申请材料与原件不符,属于行政许可申请不符合法定条件、标准的,市场监督管理部门应当直接作出不予行政许可的决定。

根据法定条件和程序,需要对申请材料的实质内容进行核实的,市场监督管理部门应当指派两名以上工作人员进行核查。

法律、法规、规章对经营者集中、药品经营等行政许可审查程序另有规定的,依照其规定。

第十九条 市场监督管理部门对行政许可申请进行审查时,发现行政许可事项直接关系他人重大利益的,应当告知该利害关系人,并告知申请人、利害关系人依法享有陈述、申辩和要求举行听证的权利。

申请人、利害关系人陈述、申辩的,市场监督管理部门应当记录。申请人、利害关系人申请听证的,市场监督管理部门应当按照本规定第五章规定组织听证。

第二十条 实施检验、检测、检疫或者鉴定、专家评审的组织及其有关人员应当按照法律、法规、规章以及有关技术要求的规定开展工作。

法律、法规、规章以及有关技术要求对检验、检测、检疫或者鉴定、专家评审的时限有规定的,应当遵守其规定;没有规定的,实施行政许可的市场监督管理部门应当确定合理时限。

第二十一条 经审查需要整改的,申请人应当按照规定的时限和要求予以整改。除法律、法规、规章另有规定外,逾期未予整改或者整改不合格的,市场监督管理部门应当认定行政许可申请不符合法定条件、标准。

第二十二条 行政许可申请符合法定条件、标准的,市场监督管理部门应当作出准予行政许可的决定。

行政许可申请不符合法定条件、标准的,市场监督管理部门应当作出不予行政许可的决定,说明理由并告知申请人享有申请行政复议或者提起行政诉讼的权利。

市场监督管理部门作出准予或者不予行政许可决定的,应当出具加盖本行政机关印章并注明日期的纸质或者电子凭证。

第二十三条 法律、法规、规章和国务院文件规定市场监督管理部门作出不实施进一步审查决定,以及逾期未作出进一步审查决定或者不予行政许可决定,视为准予行政许可的,依照其规定。

第二十四条 行政许可的实施和结果,除涉及国家秘密、商业秘密或者个人隐私的外,应当公开。

第三节 变更与延续

第二十五条 被许可人要求变更行政许可事项的,应当向作出行政许可决定的市场监督管理部门提出变更申请。变更申请符合法定条件、标准的,市场监督管理部门应当予以变更。

法律、法规、规章对变更跨辖区住所登记的市场监督管理部门、变更或者解除经营者集中限制性条件的程序另有规定的,依照其规定。

第二十六条 行政许可所依据的法律、法规、规章修改或者废止,或者准予行政许可所依据的客观情况发生重大变化的,为了公共利益的需要,市场监督管理部门可以依法变更已经生效的行政许可。由此给自然人、法人或者其他组织造成财产损失的,作出变更行政许可决定的市场监督管理部门应当依法给予补偿。

依据前款规定实施的行政许可变更,参照行政许可撤回程序执行。

第二十七条 被许可人需要延续行政许可有效期的,应当在行政许可有效期届满三十日前向作出行政许可决定的市场监督管理部门提出延续申请。法律、法规、规章对被许可人的延续方式或者提出延续申请的期限等另有规定的,依照其规定。

市场监督管理部门应当根据被许可人的申请,在该行政许可有效期届满前作出是否准予延续的决定;逾期未作决定的,视为准予延续。

延续后的行政许可有效期自原行政许可有效期届满次日起算。

第二十八条 因纸质行政许可证件遗失或者损毁,被许可人申请补办的,作出行政许可决定的市场监督管理部门应当予以补办。法律、法规、规章对补办工业产品生产许可证等行政许可证件的市场监督管理部门另有规定的,依照其规定。

补办的行政许可证件实质内容与原行政许可证件一致。

第二十九条 行政许可证件记载的事项存在文字错误,被许可人向作出行政许可决定的市场监督管理部门申请更正的,市场监督管理部门应当予以更正。

作出行政许可决定的市场监督管理部门发现行政许可证件记载的事项存在文字错误的,应当予以更正。

除更正事项外,更正后的行政许可证件实质内容与原行政许可证件一致。

市场监督管理部门应当收回原行政许可证件或者公告原行政许可证件作废,并将更正后的行政许可证件依法送达被许可人。

第四节 终止与期限

第三十条 行政许可申请受理后行政许可决定作出前,有下列情形之一的,市场监督管理部门应当终止实施行政许可:

(一)申请人申请终止实施行政许可的;

(二)赋予自然人、法人或者其他组织特定资格的行政许可,该自然人死亡或者丧失行为能力,法人或者其他组织依法终止的;

(三)因法律、法规、规章修改或者废止,或者根据有关改革决定,申请事项不再需要取得行政许可的;

(四)按照法律、行政法规规定需要缴纳费用,但申请人未在规定期限内予以缴纳的;

(五)因不可抗力需要终止实施行政许可的;

(六)法律、法规、规章规定的应当终止实施行政许可的其他情形。

第三十一条 市场监督管理部门终止实施行政许可的,应当出具加盖本行政机关行政许可专用印章并注明日期的纸质或者电子凭证。

第三十二条 市场监督管理部门终止实施行政许可,申请人已经缴纳费用的,应当将费用退还申请人,但收费项目涉及的行政许可环节已经完成的除外。

第三十三条 除即时作出行政许可决定外,市场监督管理部门应当在《中华人民共和国行政许可法》规定期限内作出行政许可决定。但是,法律、法规另有规定的,依照其规定。

第三十四条 市场监督管理部门作出行政许可决定,依法需要听证、检验、检测、检疫、鉴定、专家评审的,所需时间不计算在本节规定的期限内。市场监督管理部门应当将所需时间书面告知申请人。

第三十五条 市场监督管理部门作出准予行政许可决定,需要颁发行政许可证件或者加贴标签、加盖检验、检测、检疫印章的,应当自作出决定之日起十日内向申请人颁发、送达行政许可证件或者加贴标签、加盖检验、检测、检疫印章。

第四章 退出程序

第一节 撤回

第三十六条 有下列情形之一的,市场监督管理部门为了公共利益的需要,可以依法撤回已经生效的行政许可:

(一)行政许可依据的法律、法规、规章修改或者废止的;

(二)准予行政许可所依据的客观情况发生重大变化的。

第三十七条 行政许可所依据的法律、行政法规修改或者废止的,国家市场监督管理总局认为需要撤回行政许可的,应当向社会公告撤回行政许可的事实、理由和依据。

行政许可所依据的地方性法规、地方政府规章修改或者废止的,地方性法规、地方政府规章制定机关所在地市场监督管理部门认为需要撤回行政许可的,参照前款执行。

作出行政许可决定的市场监督管理部门应当按照公告要求撤回行政许可,向被许可人出具加盖本行政机关印章并注明日期的纸质或者电子凭证,或者向社会统一公告撤回行政许可的决定。

第三十八条 准予行政许可所依据的客观情况发生重大变化的,作出行政许可决定的市场监督管理部门可以根据被许可人、利害关系人的申请或者依据职权,对可能需要撤回的行政许可进行审查。

作出行政许可撤回决定前,市场监督管理部门应当将拟撤回行政许可的事实、理由和依据书面告知被许可人,并告知被许可人依法享有陈述、申辩和要求举行听证的权利。市场监督管理部门发现行政许可事项直接关系他人重大利益的,还应当同时告知该利害关系人。

被许可人、利害关系人陈述、申辩的,市场监督管理部门应当记录。被许可人、利害关系人自被告知之日起五日内未行使陈述权、申辩权的,视为放弃此权利。被许可人、利害关系人申请听证的,市场监督管理部门应当按照本规定第五章规定组织听证。

市场监督管理部门作出撤回行政许可决定的,应当出具加盖本行政机关印章并注明日期的纸质或者电子凭证。

第三十九条 撤回行政许可给自然人、法人或者其他组织造成财产损失的,作出撤回行政许可决定的市场监督管理部门应当依法给予补偿。

第二节 撤销

第四十条 有下列情形之一的,作出行政许可决定的市场监督管理部门或者其上级市场监督管理部门,根据利害关系人的申请或者依据职权,可以撤销行政许可:

(一)滥用职权、玩忽职守作出准予行政许可决定的;

(二)超越法定职权作出准予行政许可决定的;

(三)违反法定程序作出准予行政许可决定的;

(四)对不具备申请资格或者不符合法定条件的申请人准予行政许可的;

(五)依法可以撤销行政许可的其他情形。

第四十一条 被许可人以欺骗、贿赂等不正当手段取得行政许可的,作出行政许可决定的市场监督管理部门或者其上级市场监督管理部门应当予以撤销。

第四十二条 市场监督管理部门发现其作出的行政许可决定可能存在本规定第四十条、第四十一条规定情形的，参照《市场监督管理行政处罚程序暂行规定》有关规定进行调查核实。

发现其他市场监督管理部门作出的行政许可决定可能存在本规定第四十条、第四十一条规定情形的，应当将有关材料和证据移送作出行政许可决定的市场监督管理部门。

上级市场监督管理部门发现下级市场监督管理部门作出的行政许可决定可能存在本规定第四十条、第四十一条规定情形的，可以自行调查核实，也可以责令作出行政许可决定的市场监督管理部门调查核实。

第四十三条 作出撤销行政许可决定前，市场监督管理部门应当将拟撤销行政许可的事实、理由和依据书面告知被许可人，并告知被许可人依法享有陈述、申辩和要求举行听证的权利。市场监督管理部门发现行政许可事项直接关系他人重大利益的，还应当同时告知该利害关系人。

第四十四条 被许可人、利害关系人陈述、申辩的，市场监督管理部门应当记录。被许可人、利害关系人自被告知之日起五日内未行使陈述权、申辩权的，视为放弃此权利。

被许可人、利害关系人申请听证的，市场监督管理部门应当按照本规定第五章规定组织听证。

第四十五条 市场监督管理部门应当自本行政机关发现行政许可决定存在本规定第四十条、第四十一条规定情形之日起六十日内作出是否撤销的决定。不能在规定期限内作出决定的，经本行政机关负责人批准，可以延长二十日。

需要听证、检验、检测、检疫、鉴定、专家评审的，所需时间不计算在前款规定的期限内。

第四十六条 市场监督管理部门作出撤销行政许可决定的，应当出具加盖本行政机关印章并注明日期的纸质或者电子凭证。

第四十七条 撤销行政许可，可能对公共利益造成重大损害的，不予撤销。

依照本规定第四十条规定撤销行政许可，被许可人的合法权益受到损害的，作出被撤销的行政许可决定的市场监督管理部门应当依法给予赔偿。依照本规定第四十一条规定撤销行政许可的，被许可人基于行政许可取得的利益不受保护。

第三节 注 销

第四十八条 有下列情形之一的，作出行政许可决定的市场监督管理部门依据申请办理行政许可注销手续：

（一）被许可人不再从事行政许可活动，并且不存在因涉嫌违法正在被市场监督管理部门或者司法机关调查的情形，申请办理注销手续的；

（二）被许可人或者清算人申请办理涉及主体资格的行政许可注销手续的；

（三）赋予自然人特定资格的行政许可，该自然人死亡或者丧失行为能力，其近亲属申请办理注销手续的；

（四）因不可抗力导致行政许可事项无法实施，被许可人申请办理注销手续的；

（五）法律、法规规定的依据申请办理行政许可注销手续的其他情形。

第四十九条 有下列情形之一的，作出行政许可决定的市场监督管理部门依据职权办理行政许可注销手续：

（一）行政许可有效期届满未延续的，但涉及主体资格的行政许可除外；

（二）赋予自然人特定资格的行政许可，市场监督管理部门发现该自然人死亡或者丧失行为能力，并且其近亲属未在其死亡或者丧失行为能力之日起六十日内申请办理注销手续的；

（三）法人或者其他组织依法终止的；

（四）行政许可依法被撤销、撤回，或者行政许可证件依法被吊销的，但涉及主体资格的行政许可除外；

（五）法律、法规规定的依据职权办理行政许可注销手续的其他情形。

第五十条 法律、法规、规章对办理食品生产、食品经营等行政许可注销手续另有规定的，依照其规定。

第五十一条 市场监督管理部门发现本行政区域内存在有本规定第四十九条规定的情形但尚未被注销的行政许可的，应当逐级上报或者通报作出行政许可决定的市场监督管理部门。收到报告或者通报的市场监督管理部门依法办理注销手续。

第五十二条 注销行政许可的，作出行政许可决定的市场监督管理部门应当收回行政许可证件或者公告行政许可证件作废。

第五章 听证程序

第五十三条 法律、法规、规章规定实施行政许可应当听证的事项,或者市场监督管理部门认为需要听证的其他涉及公共利益的重大行政许可事项,市场监督管理部门应当向社会公告,并举行听证。

行政许可直接涉及行政许可申请人与他人之间重大利益关系,行政许可申请人、利害关系人申请听证的,应当自被告知听证权利之日起五日内提出听证申请。市场监督管理部门应当自收到听证申请之日起二十日内组织听证。行政许可申请人、利害关系人未在被告知听证权利之日起五日内提出听证申请的,视为放弃此权利。

行政许可因存在本规定第三十六条第二项、第四十条、第四十一条规定情形可能被撤回、撤销,被许可人、利害关系人申请听证的,参照本条第二款规定执行。

第五十四条 市场监督管理部门应当自依据职权决定组织听证之日起三日内或者自收到听证申请之日起三日内确定听证主持人。必要时,可以设一至二名听证员,协助听证主持人进行听证。记录员由听证主持人指定,具体承担听证准备和听证记录工作。

与听证的行政许可相关的工作人员不得担任听证主持人、听证员和记录员。

第五十五条 行政许可申请人或者被许可人、申请听证的利害关系人是听证当事人。

与行政许可有利害关系的其他组织或者个人,可以作为第三人申请参加听证,或者由听证主持人通知其参加听证。

与行政许可有关的证人、鉴定人等经听证主持人同意,可以参加听证。

听证当事人、第三人以及与行政许可有关的证人、鉴定人等,不承担市场监督管理部门组织听证的费用。

第五十六条 听证当事人、第三人可以委托一至二人代为参加听证。

委托他人代为参加听证的,应当向市场监督管理部门提交由委托人签字或者盖章的授权委托书以及委托人、委托代理人的身份证明文件。

授权委托书应当载明委托事项及权限。委托代理人代为撤回听证申请或者明确放弃听证权利的,应当具有委托人的明确授权。

第五十七条 听证准备及听证参照《市场监督管理行政处罚听证暂行办法》有关规定执行。

第五十八条 记录员应当如实记录听证情况。听证当事人、第三人以及与行政许可有关的证人、鉴定人等应当在听证会结束后核对听证笔录,经核对无误后当场签字或者盖章。听证当事人、第三人拒绝签字或者盖章的,应当予以记录。

第五十九条 市场监督管理部门应当根据听证笔录,作出有关行政许可决定。

第六章 送达程序

第六十条 市场监督管理部门按照本规定作出的行政许可相关凭证或者行政许可证件,应当依法送达行政许可申请人或者被许可人。

第六十一条 行政许可申请人、被许可人应当提供有效的联系电话和通讯地址,配合市场监督管理部门送达行政许可相关凭证或者行政许可证件。

第六十二条 市场监督管理部门参照《市场监督管理行政处罚程序暂行规定》有关规定进行送达。

第七章 监督管理

第六十三条 国家市场监督管理总局以及地方性法规、地方政府规章制定机关所在地市场监督管理部门可以根据工作需要对本行政机关以及下级市场监督管理部门行政许可的实施情况及其必要性进行评价。

自然人、法人或者其他组织可以向市场监督管理部门就行政许可的实施提出意见和建议。

第六十四条 市场监督管理部门可以自行评价,也可以委托第三方机构进行评价。评价可以采取问卷调查、听证会、论证会、座谈会等方式进行。

第六十五条 行政许可评价的内容应当包括:

(一)实施行政许可的总体状况;

(二)实施行政许可的社会效益和社会成本;

(三)实施行政许可是否达到预期的管理目标;

（四）行政许可在实施过程中遇到的问题和原因；

（五）行政许可继续实施的必要性和合理性；

（六）其他需要评价的内容。

第六十六条 国家市场监督管理总局完成评价后，应当对法律、行政法规设定的行政许可提出取消、保留、合并或者调整行政许可实施层级等意见建议，并形成评价报告，报送行政许可设定机关。

地方性法规、地方政府规章制定机关所在地市场监督管理部门完成评价后，对法律、行政法规设定的行政许可，应当将评价报告报送国家市场监督管理总局；对地方性法规、地方政府规章设定的行政许可，应当将评价报告报送行政许可设定机关。

第六十七条 市场监督管理部门发现本行政机关实施的行政许可存在违法或者不当的，应当及时予以纠正。

上级市场监督管理部门应当加强对下级市场监督管理部门实施行政许可的监督检查，及时发现和纠正行政许可实施中的违法或者不当行为。

第六十八条 委托实施行政许可的，委托机关应当通过定期或者不定期检查等方式，加强对受委托机关实施行政许可的监督检查，及时发现和纠正行政许可实施中的违法或者不当行为。

第六十九条 行政许可依法需要实施检验、检测、检疫或者鉴定、专家评审的，市场监督管理部门应当加强对有关组织和人员的监督检查，及时发现和纠正检验、检测、检疫或者鉴定、专家评审活动中的违法或者不当行为。

第八章 法律责任

第七十条 行政许可申请人隐瞒有关情况或者提供虚假材料申请行政许可的，市场监督管理部门不予受理或者不予行政许可，并给予警告；行政许可申请属于直接关系公共安全、人身健康、生命财产安全事项的，行政许可申请人在一年内不得再次申请该行政许可。

第七十一条 被许可人以欺骗、贿赂等不正当手段取得行政许可的，市场监督管理部门应当依法给予行政处罚；取得的行政许可属于直接关系公共安全、人身健康、生命财产安全事项的，被许可人在三年内不得再次申请该行政许可；涉嫌构成犯罪，依法需要追究刑事责任的，按照有关规定移送公安机关。

第七十二条 受委托机关超越委托权限或者再委托其他组织和个人实施行政许可的，由委托机关责令改正，予以通报。

第七十三条 市场监督管理部门及其工作人员有下列情形之一的，由其上级市场监督管理部门责令改正；情节严重的，对直接负责的主管人员和其他直接责任人员依法给予行政处分：

（一）对符合法定条件的行政许可申请不予受理的；

（二）未按照规定公示依法应当公示的内容的；

（三）未向行政许可申请人、利害关系人履行法定告知义务的；

（四）申请人提交的申请材料不齐全或者不符合法定形式，未一次告知申请人需要补正的全部内容的；

（五）未依法说明不予受理行政许可申请或者不予行政许可的理由的；

（六）依法应当举行听证而未举行的。

第九章 附 则

第七十四条 本规定下列用语的含义：

行政许可撤回，指因存在法定事由，为了公共利益的需要，市场监督管理部门依法确认已经生效的行政许可失效的行为。

行政许可撤销，指因市场监督管理部门与被许可人一方或者双方在作出行政许可决定前存在法定过错，由市场监督管理部门对已经生效的行政许可依法确认无效的行为。

行政许可注销，指因存在导致行政许可效力终结的法定事由，市场监督管理部门依据法定程序收回行政许可证件或者确认行政许可证件作废的行为。

第七十五条 市场监督管理部门在履行职责过程中产生的行政许可准予、变更、延续、撤回、撤销、注销等信息，按照有关规定予以公示。

第七十六条 除法律、行政法规另有规定外，市场监督管理部门实施行政许可，不得收取费用。

第七十七条 本规定规定的期限以工作日计

算，不含法定节假日。按照日计算期限的，开始的当日不计入，自下一日开始计算。

本规定所称"以上"，包含本数。

第七十八条 药品监督管理部门和知识产权行政部门实施行政许可，适用本规定。

第七十九条 本规定自2019年10月1日起施行。2012年10月26日原国家质量监督检验检疫总局令第149号公布的《质量监督检验检疫行政许可实施办法》同时废止。

(一)社会保障

中华人民共和国工会法

(1992年4月3日第七届全国人民代表大会第五次会议通过　根据2001年10月27日第九届全国人民代表大会常务委员会第二十四次会议《关于修改〈中华人民共和国工会法〉的决定》第一次修正　根据2009年8月27日第十一届全国人民代表大会常务委员会第十次会议《关于修改部分法律的决定》第二次修正)

目　录

第一章　总　　则
第二章　工会组织
第三章　工会的权利和义务
第四章　基层工会组织
第五章　工会的经费和财产
第六章　法律责任
第七章　附　　则

第一章　总　　则

第一条　【立法目的】为保障工会在国家政治、经济和社会生活中的地位,确定工会的权利与义务,发挥工会在社会主义现代化建设事业中的作用,根据宪法,制定本法。

第二条　【工会性质及总工会职责】工会是职工自愿结合的工人阶级的群众组织。

中华全国总工会及其各工会组织代表职工的利益,依法维护职工的合法权益。

第三条　【依法参加和组织工会的权利】在中国境内的企业、事业单位、机关中以工资收入为主要生活来源的体力劳动者和脑力劳动者,不分民族、种族、性别、职业、宗教信仰、教育程度,都有依法参加和组织工会的权利。任何组织和个人不得阻挠和限制。

第四条　【工会活动准则】工会必须遵守和维护宪法,以宪法为根本的活动准则,以经济建设为中心,坚持社会主义道路、坚持人民民主专政、坚持中国共产党的领导、坚持马克思列宁主义毛泽东思想邓小平理论,坚持改革开放,依照工会章程独立自主地开展工作。

工会会员全国代表大会制定或者修改《中国工会章程》,章程不得与宪法和法律相抵触。

国家保护工会的合法权益不受侵犯。

第五条　【工会职能】工会组织和教育职工依照宪法和法律的规定行使民主权利,发挥国家主人翁的作用,通过各种途径和形式,参与管理国家事务、管理经济和文化事业、管理社会事务;协助人民政府开展工作,维护工人阶级领导的、以工农联盟为基础的人民民主专政的社会主义国家政权。

第六条　【工会职责】维护职工合法权益是工会的基本职责。工会在维护全国人民总体利益的同时,代表和维护职工的合法权益。

工会通过平等协商和集体合同制度,协调劳动关系,维护企业职工劳动权益。

工会依照法律规定通过职工代表大会或者其他形式,组织职工参与本单位的民主决策、民主管理和民主监督。

工会必须密切联系职工,听取和反映职工的意见和要求,关心职工的生活,帮助职工解决困难,全心全意为职工服务。

第七条　【工会对企业生产的服务与职工教育】工会动员和组织职工积极参加经济建设,努力完成生产任务和工作任务。教育职工不断提高思想道德、技术业务和科学文化素质,建设有理想、有道德、有文化、有纪律的职工队伍。

第八条　【总工会对外交往方针和原则】中华全国总工会根据独立、平等、互相尊重、互不干涉内部事务的原则,加强同各国工会组织的友好合作关系。

第二章　工会组织

第九条　【工会建立原则】工会各级组织按照民主集中制原则建立。

各级工会委员会由会员大会或者会员代表大会民主选举产生。企业主要负责人的近亲属不得作为本企业基层工会委员会成员的人选。

各级工会委员会向同级会员大会或者会员代

表大会负责并报告工作，接受其监督。

工会会员大会或者会员代表大会有权撤换或者罢免其所选举的代表或者工会委员会组成人员。

上级工会组织领导下级工会组织。

第十条　【各级工会组织的建立】企业、事业单位、机关有会员25人以上的，应当建立基层工会委员会；不足25人的，可以单独建立基层工会委员会，也可以由两个以上单位的会员联合建立基层工会委员会，也可以选举组织员1人，组织会员开展活动。女职工人数较多的，可以建立工会女职工委员会，在同级工会领导下开展工作；女职工人数较少的，可以在工会委员会中设女职工委员。

企业职工较多的乡镇、城市街道，可以建立基层工会的联合会。

县级以上地方建立地方各级总工会。

同一行业或者性质相近的几个行业，可以根据需要建立全国的或者地方的产业工会。

全国建立统一的中华全国总工会。

第十一条　【工会组织的建立报批及帮助指导】基层工会、地方各级总工会、全国或者地方产业工会组织的建立，必须报上一级工会批准。

上级工会可以派员帮助和指导企业职工组建工会，任何单位和个人不得阻挠。

第十二条　【工会组织的撤销及合并】任何组织和个人不得随意撤销、合并工会组织。

基层工会所在的企业终止或者所在的事业单位、机关被撤销，该工会组织相应撤销，并报告上一级工会。

依前款规定被撤销的工会，其会员的会籍可以继续保留，具体管理办法由中华全国总工会制定。

第十三条　【工会主席及专职工作人员的确立】职工200人以上的企业、事业单位的工会，可以设专职工会主席。工会专职工作人员的人数由工会与企业、事业单位协商确定。

第十四条　【法人资格】中华全国总工会、地方总工会、产业工会具有社会团体法人资格。

基层工会组织具备民法通则规定的法人条件的，依法取得社会团体法人资格。

第十五条　【基层工会委员会任期】基层工会委员会每届任期3年或者5年。各级地方总工会委员会和产业工会委员会每届任期5年。

第十六条　【基层工会委员会会议的召开】基层工会委员会定期召开会员大会或者会员代表大会，讨论决定工会工作的重大问题。经基层工会委员会或者1/3以上的工会会员提议，可以临时召开会员大会或者会员代表大会。

第十七条　【工会主席、副主席工作调动限制】工会主席、副主席任期未满时，不得随意调动其工作。因工作需要调动时，应当征得本级工会委员会和上一级工会的同意。

罢免工会主席、副主席必须召开会员大会或者会员代表大会讨论，非经会员大会全体会员或者会员代表大会全体代表过半数通过，不得罢免。

第十八条　【基层工会主席、副主席及委员劳动合同期限的规定】基层工会专职主席、副主席或者委员自任职之日起，其劳动合同期限自动延长，延长期限相当于其任职期间；非专职主席、副主席或者委员自任职之日起，其尚未履行的劳动合同期限短于任期的，劳动合同期限自动延长至任期期满。但是，任职期间个人严重过失或者达到法定退休年龄的除外。

第三章　工会的权利和义务

第十九条　【工会监督权】企业、事业单位违反职工代表大会制度和其他民主管理制度，工会有权要求纠正，保障职工依法行使民主管理的权利。

法律、法规规定应当提交职工大会或者职工代表大会审议、通过、决定的事项，企业、事业单位应当依法办理。

第二十条　【劳动合同指导、集体合同代签与争议处理】工会帮助、指导职工与企业以及实行企业化管理的事业单位签订劳动合同。

工会代表职工与企业以及实行企业化管理的事业单位进行平等协商，签订集体合同。集体合同草案应当提交职工代表大会或者全体职工讨论通过。

工会签订集体合同，上级工会应当给予支持和帮助。

企业违反集体合同，侵犯职工劳动权益的，工会可以依法要求企业承担责任；因履行集体合同发生争议，经协商解决不成的，工会可以向劳动争议仲裁机构提请仲裁，仲裁机构不予受理或者对仲裁裁决不服的，可以向人民法院提起诉讼。

第二十一条　【对辞退、处分职工的提出意见权】企业、事业单位处分职工，工会认为不适当的，有权提出意见。

企业单方面解除职工劳动合同时,应当事先将理由通知工会,工会认为企业违反法律、法规和有关合同,要求重新研究处理时,企业应当研究工会的意见,并将处理结果书面通知工会。

职工认为企业侵犯其劳动权益而申请劳动争议仲裁或者向人民法院提起诉讼的,工会应当给予支持和帮助。

第二十二条 【对职工劳动权益的维护】企业、事业单位违反劳动法律、法规规定,有下列侵犯职工劳动权益情形,工会应当代表职工与企业、事业单位交涉,要求企业、事业单位采取措施予以改正;企业、事业单位应当予以研究处理,并向工会作出答复;企业、事业单位拒不改正的,工会可以请求当地人民政府依法作出处理:

(一)克扣职工工资的;

(二)不提供劳动安全卫生条件的;

(三)随意延长劳动时间的;

(四)侵犯女职工和未成年工特殊权益的;

(五)其他严重侵犯职工劳动权益的。

第二十三条 【对劳保和安全卫生提出意见权】工会依照国家规定对新建、扩建企业和技术改造工程中的劳动条件和安全卫生设施与主体工程同时设计、同时施工、同时投产使用进行监督。对工会提出的意见,企业或者主管部门应当认真处理,并将处理结果书面通知工会。

第二十四条 【职工生产安全维护】工会发现企业违章指挥、强令工人冒险作业,或者生产过程中发现明显重大事故隐患和职业危害,有权提出解决的建议,企业应当及时研究答复;发现危及职工生命安全的情况时,工会有权向企业建议组织职工撤离危险现场,企业必须及时作出处理决定。

第二十五条 【工会的调查权】工会有权对企业、事业单位侵犯职工合法权益的问题进行调查,有关单位应当予以协助。

第二十六条 【工会对工伤的调查处理权】职工因工伤亡事故和其他严重危害职工健康问题的调查处理,必须有工会参加。工会应当向有关部门提出处理意见,并有权要求追究直接负责的主管人员和有关责任人员的责任。对工会提出的意见,应当及时研究,给予答复。

第二十七条 【对停工、怠工的协调】企业、事业单位发生停工、怠工事件,工会应当代表职工同企业、事业单位或者有关方面协商,反映职工的意见和要求并提出解决意见。对于职工的合理要求,企业、事业单位应当予以解决。工会协助企业、事业单位做好工作,尽快恢复生产、工作秩序。

第二十八条 【工会对劳动争议的调解】工会参加企业的劳动争议调解工作。

地方劳动争议仲裁组织应当有同级工会代表参加。

第二十九条 【县以上总工会的法律服务职能】县级以上各级总工会可以为所属工会和职工提供法律服务。

第三十条 【职工集体福利协助】工会协助企业、事业单位、机关办好职工集体福利事业,做好工资、劳动安全卫生和社会保险工作。

第三十一条 【丰富职工文化生活】工会会同企业、事业单位教育职工以国家主人翁态度对待劳动,爱护国家和企业的财产,组织职工开展群众性的合理化建议、技术革新活动,进行业余文化技术学习和职工培训,组织职工开展文娱、体育活动。

第三十二条 【评优等管理职能】根据政府委托,工会与有关部门共同做好劳动模范和先进生产(工作)者的评选、表彰、培养和管理工作。

第三十三条 【对发展计划的建议权】国家机关在组织起草或者修改直接涉及职工切身利益的法律、法规、规章时,应当听取工会意见。

县级以上各级人民政府制定国民经济和社会发展计划,对涉及职工利益的重大问题,应当听取同级工会的意见。

县级以上各级人民政府及其有关部门研究制定劳动就业、工资、劳动安全卫生、社会保险等涉及职工切身利益的政策、措施时,应当吸收同级工会参加研究,听取工会意见。

第三十四条 【政府协商】县级以上地方各级人民政府可以召开会议或者采取适当方式,向同级工会通报政府的重要的工作部署和与工会工作有关的行政措施,研究解决工会反映的职工群众的意见和要求。

各级人民政府劳动行政部门应当会同同级工会和企业方面代表,建立劳动关系三方协商机制,共同研究解决劳动关系方面的重大问题。

第四章 基层工会组织

第三十五条 【企业权力机构及其工作机构】

国有企业职工代表大会是企业实行民主管理的基本形式，是职工行使民主管理权力的机构，依照法律规定行使职权。

国有企业的工会委员会是职工代表大会的工作机构，负责职工代表大会的日常工作，检查、督促职工代表大会决议的执行。

第三十六条　【集体企业工会职责】集体企业的工会委员会，应当支持和组织职工参加民主管理和民主监督，维护职工选举和罢免管理人员、决定经营管理的重大问题的权力。

第三十七条　【工会参与民主管理】本法第三十五条、第三十六条规定以外的其他企业、事业单位的工会委员会，依照法律规定组织职工采取与企业、事业单位相适应的形式，参与企业、事业单位民主管理。

第三十八条　【工会代表对企业决策的参与】企业、事业单位研究经营管理和发展的重大问题应当听取工会的意见；召开讨论有关工资、福利、劳动安全卫生、社会保险等涉及职工切身利益的会议，必须有工会代表参加。

企业、事业单位应当支持工会依法开展工作，工会应当支持企业、事业单位依法行使经营管理权。

第三十九条　【职工代表的产生】公司的董事会、监事会中职工代表的产生，依照公司法有关规定执行。

第四十条　【工会活动的时间安排】基层工会委员会召开会议或者组织职工活动，应当在生产或者工作时间以外进行，需要占用生产或者工作时间的，应当事先征得企业、事业单位的同意。

基层工会的非专职委员占用生产或者工作时间参加会议或者从事工会工作，每月不超过3个工作日，其工资照发，其他待遇不受影响。

第四十一条　【工会工作人员待遇】企业、事业单位、机关工会委员会的专职工作人员的工资、奖励、补贴，由所在单位支付。社会保险和其他福利待遇等，享受本单位职工同等待遇。

第五章　工会的经费和财产

第四十二条　【工会经费来源及使用】工会经费的来源：

（一）工会会员缴纳的会费；

（二）建立工会组织的企业、事业单位、机关按每月全部职工工资总额的2%向工会拨缴的经费；

（三）工会所属的企业、事业单位上缴的收入；

（四）人民政府的补助；

（五）其他收入。

前款第二项规定的企业、事业单位拨缴的经费在税前列支。

工会经费主要用于为职工服务和工会活动。经费使用的具体办法由中华全国总工会制定。

第四十三条　【工会经费执行】企业、事业单位无正当理由拖延或者拒不拨缴工会经费，基层工会或者上级工会可以向当地人民法院申请支付令；拒不执行支付令的，工会可以依法申请人民法院强制执行。

第四十四条　【工会经费管理】工会应当根据经费独立原则，建立预算、决算和经费审查监督制度。

各级工会建立经费审查委员会。

各级工会经费收支情况应当由同级工会经费审查委员会审查，并且定期向会员大会或者会员代表大会报告，接受监督。工会会员大会或者会员代表大会有权对经费使用情况提出意见。

工会经费的使用应当依法接受国家的监督。

第四十五条　【物质条件保障】各级人民政府和企业、事业单位、机关应当为工会办公和开展活动，提供必要的设施和活动场所等物质条件。

第四十六条　【工会财产禁止侵占】工会的财产、经费和国家拨给工会使用的不动产，任何组织和个人不得侵占、挪用和任意调拨。

第四十七条　【工会隶属关系不随意变动原则】工会所属的为职工服务的企业、事业单位，其隶属关系不得随意改变。

第四十八条　【工会离退休人员待遇】县级以上各级工会的离休、退休人员的待遇，与国家机关工作人员同等对待。

第六章　法律责任

第四十九条　【工会对侵权的维护】工会对违反本法规定侵犯其合法权益的，有权提请人民政府或者有关部门予以处理，或者向人民法院提起诉讼。

第五十条　【阻挠工会活动的法律责任】违反

本法第三条、第十一条规定，阻挠职工依法参加和组织工会或者阻挠上级工会帮助、指导职工筹建工会的，由劳动行政部门责令其改正；拒不改正的，由劳动行政部门提请县级以上人民政府处理；以暴力、威胁等手段阻挠造成严重后果，构成犯罪的，依法追究刑事责任。

第五十一条 【工会工作人员工作、人身尊严的维护】违反本法规定，对依法履行职责的工会工作人员无正当理由调动工作岗位，进行打击报复的，由劳动行政部门责令改正、恢复原工作；造成损失的，给予赔偿。

对依法履行职责的工会工作人员进行侮辱、诽谤或者进行人身伤害，构成犯罪的，依法追究刑事责任；尚未构成犯罪的，由公安机关依照治安管理处罚法的规定处罚。

第五十二条 【对工会工作人员的赔偿】违反本法规定，有下列情形之一的，由劳动行政部门责令恢复其工作，并补发被解除劳动合同期间应得的报酬，或者责令给予本人年收入2倍的赔偿：

（一）职工因参加工会活动而被解除劳动合同的；

（二）工会工作人员因履行本法规定的职责而被解除劳动合同的。

第五十三条 【对工会的违法情形】违反本法规定，有下列情形之一的，由县级以上人民政府责令改正，依法处理：

（一）妨碍工会组织职工通过职工代表大会和其他形式依法行使民主权利的；

（二）非法撤销、合并工会组织的；

（三）妨碍工会参加职工因工伤亡事故以及其他侵犯职工合法权益问题的调查处理的；

（四）无正当理由拒绝进行平等协商的。

第五十四条 【工会的起诉权】违反本法第四十六条规定，侵占工会经费和财产拒不返还的，工会可以向人民法院提起诉讼，要求返还，并赔偿损失。

第五十五条 【工作人员的违法处理】工会工作人员违反本法规定，损害职工或者工会权益的，由同级工会或者上级工会责令改正，或者予以处分；情节严重的，依照《中国工会章程》予以罢免；造成损失的，应当承担赔偿责任；构成犯罪的，依法追究刑事责任。

第七章 附 则

第五十六条 【实施办法的制定】中华全国总工会会同有关国家机关制定机关工会实施本法的具体办法。

第五十七条 【生效日期】本法自公布之日起施行。1950年6月29日中央人民政府颁布的《中华人民共和国工会法》同时废止。

住房公积金管理条例

（1999年4月3日中华人民共和国国务院令第262号发布 根据2002年3月24日《国务院关于修改〈住房公积金管理条例〉的决定》第一次修订 根据2019年3月24日《国务院关于修改部分行政法规的决定》第二次修订）

第一章 总 则

第一条 为了加强对住房公积金的管理，维护住房公积金所有者的合法权益，促进城镇住房建设，提高城镇居民的居住水平，制定本条例。

第二条 本条例适用于中华人民共和国境内住房公积金的缴存、提取、使用、管理和监督。

本条例所称住房公积金，是指国家机关、国有企业、城镇集体企业、外商投资企业、城镇私营企业及其他城镇企业、事业单位、民办非企业单位、社会团体（以下统称单位）及其在职职工缴存的长期住房储金。

第三条 职工个人缴存的住房公积金和职工所在单位为职工缴存的住房公积金，属于职工个人所有。

第四条 住房公积金的管理实行住房公积金管理委员会决策、住房公积金管理中心运作、银行专户存储、财政监督的原则。

第五条 住房公积金应当用于职工购买、建造、翻建、大修自住住房，任何单位和个人不得挪作他用。

第六条 住房公积金的存、贷利率由中国人民银行提出，经征求国务院建设行政主管部门的意见后，报国务院批准。

第七条 国务院建设行政主管部门会同国务院财政部门、中国人民银行拟定住房公积金政策，并监督执行。

省、自治区人民政府建设行政主管部门会同同级财政部门以及中国人民银行分支机构，负责本行政区域内住房公积金管理法规、政策执行情况的监督。

第二章 机构及其职责

第八条 直辖市和省、自治区人民政府所在地的市以及其他设区的市（地、州、盟），应当设立住房公积金管理委员会，作为住房公积金管理的决策机构。住房公积金管理委员会的成员中，人民政府负责人和建设、财政、人民银行等有关部门负责人以及有关专家占1/3，工会代表和职工代表占1/3，单位代表占1/3。

住房公积金管理委员会主任应当由具有社会公信力的人士担任。

第九条 住房公积金管理委员会在住房公积金管理方面履行下列职责：

（一）依据有关法律、法规和政策，制定和调整住房公积金的具体管理措施，并监督实施；

（二）根据本条例第十八条的规定，拟订住房公积金的具体缴存比例；

（三）确定住房公积金的最高贷款额度；

（四）审批住房公积金归集、使用计划；

（五）审议住房公积金增值收益分配方案；

（六）审批住房公积金归集、使用计划执行情况的报告。

第十条 直辖市和省、自治区人民政府所在地的市以及其他设区的市（地、州、盟）应当按照精简、效能的原则，设立一个住房公积金管理中心，负责住房公积金的管理运作。县（市）不设立住房公积金管理中心。

前款规定的住房公积金管理中心可以在有条件的县（市）设立分支机构。住房公积金管理中心与其分支机构应当实行统一的规章制度，进行统一核算。

住房公积金管理中心是直属城市人民政府的不以营利为目的的独立的事业单位。

第十一条 住房公积金管理中心履行下列职责：

（一）编制、执行住房公积金的归集、使用计划；

（二）负责记载职工住房公积金的缴存、提取、使用等情况；

（三）负责住房公积金的核算；

（四）审批住房公积金的提取、使用；

（五）负责住房公积金的保值和归还；

（六）编制住房公积金归集、使用计划执行情况的报告；

（七）承办住房公积金管理委员会决定的其他事项。

第十二条 住房公积金管理委员会应当按照中国人民银行的有关规定，指定受委托办理住房公积金金融业务的商业银行（以下简称受委托银行）；住房公积金管理中心应当委托受委托银行办理住房公积金贷款、结算等金融业务和住房公积金账户的设立、缴存、归还等手续。

住房公积金管理中心应当与受委托银行签订委托合同。

第三章 缴　　存

第十三条 住房公积金管理中心应当在受委托银行设立住房公积金专户。

单位应当向住房公积金管理中心办理住房公积金缴存登记，并为本单位职工办理住房公积金账户设立手续。每个职工只能有一个住房公积金账户。

住房公积金管理中心应当建立职工住房公积金明细账，记载职工个人住房公积金的缴存、提取等情况。

第十四条 新设立的单位应当自设立之日起30日内向住房公积金管理中心办理住房公积金缴存登记，并自登记之日起20日内，为本单位职工办理住房公积金账户设立手续。

单位合并、分立、撤销、解散或者破产的，应当自发生上述情况之日起30日内由原单位或者清算组织向住房公积金管理中心办理变更登记或者注销登记，并自办妥变更登记或者注销登记之日起20日内，为本单位职工办理住房公积金账户转移或者封存手续。

第十五条 单位录用职工的，应当自录用之日起30日内向住房公积金管理中心办理缴存登记，并办理职工住房公积金账户的设立或者转移手续。

单位与职工终止劳动关系的，单位应当自劳动关系终止之日起30日内向住房公积金管理中心办理变更登记，并办理职工住房公积金账户转移或者封存手续。

第十六条 职工住房公积金的月缴存额为职工本人上一年度月平均工资乘以职工住房公积金缴存比例。

单位为职工缴存的住房公积金的月缴存额为职工本人上一年度月平均工资乘以单位住房公积金缴存比例。

第十七条 新参加工作的职工从参加工作的第二个月开始缴存住房公积金，月缴存额为职工本人当月工资乘以职工住房公积金缴存比例。

单位新调入的职工从调入单位发放工资之日起缴存住房公积金，月缴存额为职工本人当月工资乘以职工住房公积金缴存比例。

第十八条 职工和单位住房公积金的缴存比例均不得低于职工上一年度月平均工资的5%；有条件的城市，可以适当提高缴存比例。具体缴存比例由住房公积金管理委员会拟订，经本级人民政府审核后，报省、自治区、直辖市人民政府批准。

第十九条 职工个人缴存的住房公积金，由所在单位每月从其工资中代扣代缴。

单位应当于每月发放职工工资之日起5日内将单位缴存的和为职工代缴的住房公积金汇缴到住房公积金专户内，由受委托银行计入职工住房公积金账户。

第二十条 单位应当按时、足额缴存住房公积金，不得逾期缴存或者少缴。

对缴存住房公积金确有困难的单位，经本单位职工代表大会或者工会讨论通过，并经住房公积金管理中心审核，报住房公积金管理委员会批准后，可以降低缴存比例或者缓缴；待单位经济效益好转后，再提高缴存比例或者补缴缓缴。

第二十一条 住房公积金自存入职工住房公积金账户之日起按照国家规定的利率计息。

第二十二条 住房公积金管理中心应当为缴存住房公积金的职工发放缴存住房公积金的有效凭证。

第二十三条 单位为职工缴存的住房公积金，按照下列规定列支：

（一）机关在预算中列支；

（二）事业单位由财政部门核定收支后，在预算或者费用中列支；

（三）企业在成本中列支。

第四章 提取和使用

第二十四条 职工有下列情形之一的，可以提取职工住房公积金账户内的存储余额：

（一）购买、建造、翻建、大修自住住房的；

（二）离休、退休的；

（三）完全丧失劳动能力，并与单位终止劳动关系的；

（四）出境定居的；

（五）偿还购房贷款本息的；

（六）房租超出家庭工资收入的规定比例的。

依照前款第（二）、（三）、（四）项规定，提取职工住房公积金的，应当同时注销职工住房公积金账户。

职工死亡或者被宣告死亡的，职工的继承人、受遗赠人可以提取职工住房公积金账户内的存储余额；无继承人也无受遗赠人的，职工住房公积金账户内的存储余额纳入住房公积金的增值收益。

第二十五条 职工提取住房公积金账户内的存储余额的，所在单位应当予以核实，并出具提取证明。

职工应当持提取证明向住房公积金管理中心申请提取住房公积金。住房公积金管理中心应当自受理申请之日起3日内作出准予提取或者不准提取的决定，并通知申请人；准予提取的，由受委托银行办理支付手续。

第二十六条 缴存住房公积金的职工，在购买、建造、翻建、大修自住住房时，可以向住房公积金管理中心申请住房公积金贷款。

住房公积金管理中心应当自受理申请之日起15日内作出准予贷款或者不准贷款的决定，并通知申请人；准予贷款的，由受委托银行办理贷款手续。

住房公积金贷款的风险，由住房公积金管理中心承担。

第二十七条 申请人申请住房公积金贷款的，应当提供担保。

第二十八条 住房公积金管理中心在保证住房公积金提取和贷款的前提下，经住房公积金管理委员会批准，可以将住房公积金用于购买国债。

住房公积金管理中心不得向他人提供担保。

第二十九条 住房公积金的增值收益应当存入住房公积金管理中心在受委托银行开立的住房

公积金增值收益专户，用于建立住房公积金贷款风险准备金、住房公积金管理中心的管理费用和建设城市廉租住房的补充资金。

第三十条 住房公积金管理中心的管理费用，由住房公积金管理中心按照规定的标准编制全年预算支出总额，报本级人民政府财政部门批准后，从住房公积金增值收益中上交本级财政，由本级财政拨付。

住房公积金管理中心的管理费用标准，由省、自治区、直辖市人民政府建设行政主管部门会同同级财政部门按照略高于国家规定的事业单位费用标准制定。

第五章 监督

第三十一条 地方有关人民政府财政部门应当加强对本行政区域内住房公积金归集、提取和使用情况的监督，并向本级人民政府的住房公积金管理委员会通报。

住房公积金管理中心在编制住房公积金归集、使用计划时，应当征求财政部门的意见。

住房公积金管理委员会在审批住房公积金归集、使用计划和计划执行情况的报告时，必须有财政部门参加。

第三十二条 住房公积金管理中心编制的住房公积金年度预算、决算，应当经财政部门审核后，提交住房公积金管理委员会审议。

住房公积金管理中心应当每年定期向财政部门和住房公积金管理委员会报送财务报告，并将财务报告向社会公布。

第三十三条 住房公积金管理中心应当依法接受审计部门的审计监督。

第三十四条 住房公积金管理中心和职工有权督促单位按时履行下列义务：

（一）住房公积金的缴存登记或者变更、注销登记；

（二）住房公积金账户的设立、转移或者封存；

（三）足额缴存住房公积金。

第三十五条 住房公积金管理中心应当督促受委托银行及时办理委托合同约定的业务。

受委托银行应当按照委托合同的约定，定期向住房公积金管理中心提供有关的业务资料。

第三十六条 职工、单位有权查询本人、本单位住房公积金的缴存、提取情况，住房公积金管理中心、受委托银行不得拒绝。

职工、单位对住房公积金账户内的存储余额有异议的，可以申请受委托银行复核；对复核结果有异议的，可以申请住房公积金管理中心重新复核。受委托银行、住房公积金管理中心应当自收到申请之日起5日内给予书面答复。

职工有权揭发、检举、控告挪用住房公积金的行为。

第六章 罚则

第三十七条 违反本条例的规定，单位不办理住房公积金缴存登记或者不为本单位职工办理住房公积金账户设立手续的，由住房公积金管理中心责令限期办理；逾期不办理的，处1万元以上5万元以下的罚款。

第三十八条 违反本条例的规定，单位逾期不缴或者少缴住房公积金的，由住房公积金管理中心责令限期缴存；逾期仍不缴存的，可以申请人民法院强制执行。

第三十九条 住房公积金管理委员会违反本条例规定审批住房公积金使用计划的，由国务院建设行政主管部门会同国务院财政部门或者由省、自治区人民政府建设行政主管部门会同同级财政部门，依据管理职权责令限期改正。

第四十条 住房公积金管理中心违反本条例规定，有下列行为之一的，由国务院建设行政主管部门或者省、自治区人民政府建设行政主管部门依据管理职权，责令限期改正；对负有责任的主管人员和其他直接责任人员，依法给予行政处分：

（一）未按照规定设立住房公积金专户的；

（二）未按照规定审批职工提取、使用住房公积金的；

（三）未按照规定使用住房公积金增值收益的；

（四）委托住房公积金管理委员会指定的银行以外的机构办理住房公积金金融业务的；

（五）未建立职工住房公积金明细账的；

（六）未为缴存住房公积金的职工发放缴存住房公积金的有效凭证的；

（七）未按照规定用住房公积金购买国债的。

第四十一条 违反本条例规定，挪用住房公积金的，由国务院建设行政主管部门或者省、自治区人民政府建设行政主管部门依据管理职权，追回挪用的住房公积金，没收违法所得；对挪用或者批准挪用住房公积金的人民政府负责人和政府有关部门负责人以及住房公积金管理中心负有责任的主管人员和其他直接责任人员，依照刑法关于挪用公款罪或者其他罪的规定，依法追究刑事责任；尚不够刑事处罚的，给予降级或者撤职的行政处分。

第四十二条 住房公积金管理中心违反财政法规的，由财政部门依法给予行政处罚。

第四十三条 违反本条例规定，住房公积金管理中心向他人提供担保的，对直接负责的主管人员和其他直接责任人员依法给予行政处分。

第四十四条 国家机关工作人员在住房公积金监督管理工作中滥用职权、玩忽职守、徇私舞弊，构成犯罪的，依法追究刑事责任；尚不构成犯罪的，依法给予行政处分。

第七章 附 则

第四十五条 住房公积金财务管理和会计核算的办法，由国务院财政部门商国务院建设行政主管部门制定。

第四十六条 本条例施行前尚未办理住房公积金缴存登记和职工住房公积金账户设立手续的单位，应当自本条例施行之日起60日内到住房公积金管理中心办理缴存登记，并到受委托银行办理职工住房公积金账户设立手续。

第四十七条 本条例自发布之日起施行。

中华人民共和国社会保险法

（2010年10月28日第十一届全国人民代表大会常务委员会第十七次会议通过 根据2018年12月29日第十三届全国人民代表大会常务委员会第七次会议《关于修改〈中华人民共和国社会保险法〉的决定》修正）

目 录

第一章 总 则
第二章 基本养老保险
第三章 基本医疗保险
第四章 工伤保险
第五章 失业保险
第六章 生育保险
第七章 社会保险费征缴
第八章 社会保险基金
第九章 社会保险经办
第十章 社会保险监督
第十一章 法律责任
第十二章 附 则

第一章 总 则

第一条 【立法宗旨】为了规范社会保险关系，维护公民参加社会保险和享受社会保险待遇的合法权益，使公民共享发展成果，促进社会和谐稳定，根据宪法，制定本法。

第二条 【建立社会保险制度】国家建立基本养老保险、基本医疗保险、工伤保险、失业保险、生育保险等社会保险制度，保障公民在年老、疾病、工伤、失业、生育等情况下依法从国家和社会获得物质帮助的权利。

第三条 【社会保险制度的方针和社会保险水平】社会保险制度坚持广覆盖、保基本、多层次、可持续的方针，社会保险水平应当与经济社会发展水平相适应。

第四条 【用人单位和个人的权利义务】中华人民共和国境内的用人单位和个人依法缴纳社会保险费，有权查询缴费记录、个人权益记录，要求社会保险经办机构提供社会保险咨询等相关服务。

个人依法享受社会保险待遇，有权监督本单位为其缴费情况。

第五条 【社会保险财政保障】县级以上人民政府将社会保险事业纳入国民经济和社会发展规划。

国家多渠道筹集社会保险资金。县级以上人民政府对社会保险事业给予必要的经费支持。

国家通过税收优惠政策支持社会保险事业。

第六条 【社会保险基金监督】国家对社会保险基金实行严格监管。

国务院和省、自治区、直辖市人民政府建立健全社会保险基金监督管理制度，保障社会保险基金安全、有效运行。

县级以上人民政府采取措施，鼓励和支持社会各方面参与社会保险基金的监督。

第七条 【社会保险行政管理职责分工】国务院社会保险行政部门负责全国的社会保险管理工作，国务院其他有关部门在各自的职责范围内负责有关的社会保险工作。

县级以上地方人民政府社会保险行政部门负责本行政区域的社会保险管理工作，县级以上地方人民政府其他有关部门在各自的职责范围内负责有关的社会保险工作。

第八条 【社会保险经办机构职责】社会保险经办机构提供社会保险服务，负责社会保险登记、个人权益记录、社会保险待遇支付等工作。

第九条 【工会的职责】工会依法维护职工的合法权益，有权参与社会保险重大事项的研究，参加社会保险监督委员会，对与职工社会保险权益有关的事项进行监督。

第二章 基本养老保险

第十条 【覆盖范围】职工应当参加基本养老保险，由用人单位和职工共同缴纳基本养老保险费。

无雇工的个体工商户、未在用人单位参加基本养老保险的非全日制从业人员以及其他灵活就业人员可以参加基本养老保险，由个人缴纳基本养老保险费。

公务员和参照公务员法管理的工作人员养老保险的办法由国务院规定。

第十一条 【制度模式和基金筹资方式】基本养老保险实行社会统筹与个人账户相结合。

基本养老保险基金由用人单位和个人缴费以及政府补贴等组成。

第十二条 【缴费基数和缴费比例】用人单位应当按照国家规定的本单位职工工资总额的比例缴纳基本养老保险费，记入基本养老保险统筹基金。

职工应当按照国家规定的本人工资的比例缴纳基本养老保险费，记入个人账户。

无雇工的个体工商户、未在用人单位参加基本养老保险的非全日制从业人员以及其他灵活就业人员参加基本养老保险的，应当按照国家规定缴纳基本养老保险费，分别记入基本养老保险统筹基金和个人账户。

第十三条 【政府财政补贴】国有企业、事业单位职工参加基本养老保险前，视同缴费年限期间应当缴纳的基本养老保险费由政府承担。

基本养老保险基金出现支付不足时，政府给予补贴。

第十四条 【个人账户养老金】个人账户不得提前支取，记账利率不得低于银行定期存款利率，免征利息税。个人死亡的，个人账户余额可以继承。

第十五条 【基本养老金构成】基本养老金由统筹养老金和个人账户养老金组成。

基本养老金根据个人累计缴费年限、缴费工资、当地职工平均工资、个人账户金额、城镇人口平均预期寿命等因素确定。

第十六条 【享受基本养老保险待遇的条件】参加基本养老保险的个人，达到法定退休年龄时累计缴费满十五年的，按月领取基本养老金。

参加基本养老保险的个人，达到法定退休年龄时累计缴费不足十五年的，可以缴费至满十五年，按月领取基本养老金；也可以转入新型农村社会养老保险或者城镇居民社会养老保险，按照国务院规定享受相应的养老保险待遇。

第十七条 【参保个人因病或非因工致残、死亡待遇】参加基本养老保险的个人，因病或者非因工死亡的，其遗属可以领取丧葬补助金和抚恤金；在未达到法定退休年龄时因病或者非因工致残完全丧失劳动能力的，可以领取病残津贴。所需资金从基本养老保险基金中支付。

第十八条 【基本养老金调整机制】国家建立基本养老金正常调整机制。根据职工平均工资增长、物价上涨情况，适时提高基本养老保险待遇水平。

第十九条 【基本养老保险关系转移接续制度】个人跨统筹地区就业的，其基本养老保险关系随本人转移，缴费年限累计计算。个人达到法定退休年龄时，基本养老金分段计算、统一支付。具体办法由国务院规定。

第二十条 【新型农村社会养老保险及其筹资方式】国家建立和完善新型农村社会养老保险制度。

新型农村社会养老保险实行个人缴费、集体补助和政府补贴相结合。

第二十一条 【新型农村社会养老保险待遇】新型农村社会养老保险待遇由基础养老金和个人

账户养老金组成。

参加新型农村社会养老保险的农村居民,符合国家规定条件的,按月领取新型农村社会养老保险待遇。

第二十二条 【城镇居民社会养老保险】国家建立和完善城镇居民社会养老保险制度。

省、自治区、直辖市人民政府根据实际情况,可以将城镇居民社会养老保险和新型农村社会养老保险合并实施。

第三章 基本医疗保险

第二十三条 【职工基本医疗保险覆盖范围和缴费】职工应当参加职工基本医疗保险,由用人单位和职工按照国家规定共同缴纳基本医疗保险费。

无雇工的个体工商户、未在用人单位参加职工基本医疗保险的非全日制从业人员以及其他灵活就业人员可以参加职工基本医疗保险,由个人按照国家规定缴纳基本医疗保险费。

第二十四条 【新型农村合作医疗制度】国家建立和完善新型农村合作医疗制度。

新型农村合作医疗的管理办法,由国务院规定。

第二十五条 【城镇居民基本医疗保险制度】国家建立和完善城镇居民基本医疗保险制度。

城镇居民基本医疗保险实行个人缴费和政府补贴相结合。

享受最低生活保障的人、丧失劳动能力的残疾人、低收入家庭六十周岁以上的老年人和未成年人等所需个人缴费部分,由政府给予补贴。

第二十六条 【医疗保险待遇标准】职工基本医疗保险、新型农村合作医疗和城镇居民基本医疗保险的待遇标准按照国家规定执行。

第二十七条 【退休时享受基本医疗保险待遇】参加职工基本医疗保险的个人,达到法定退休年龄时累计缴费达到国家规定年限的,退休后不再缴纳基本医疗保险费,按照国家规定享受基本医疗保险待遇;未达到国家规定年限的,可以缴费至国家规定年限。

第二十八条 【基本医疗保险基金支付制度】符合基本医疗保险药品目录、诊疗项目、医疗服务设施标准以及急诊、抢救的医疗费用,按照国家规定从基本医疗保险基金中支付。

第二十九条 【基本医疗保险费用结算制度】参保人员医疗费用中应当由基本医疗保险基金支付的部分,由社会保险经办机构与医疗机构、药品经营单位直接结算。

社会保险行政部门和卫生行政部门应当建立异地就医医疗费用结算制度,方便参保人员享受基本医疗保险待遇。

第三十条 【不纳入基本医疗保险基金支付范围的医疗费用】下列医疗费用不纳入基本医疗保险基金支付范围:

(一)应当从工伤保险基金中支付的;

(二)应当由第三人负担的;

(三)应当由公共卫生负担的;

(四)在境外就医的。

医疗费用依法应当由第三人负担,第三人不支付或者无法确定第三人的,由基本医疗保险基金先行支付。基本医疗保险基金先行支付后,有权向第三人追偿。

第三十一条 【服务协议】社会保险经办机构根据管理服务的需要,可以与医疗机构、药品经营单位签订服务协议,规范医疗服务行为。

医疗机构应当为参保人员提供合理、必要的医疗服务。

第三十二条 【基本医疗保险关系转移接续制度】个人跨统筹地区就业的,其基本医疗保险关系随本人转移,缴费年限累计计算。

第四章 工伤保险

第三十三条 【参保范围和缴费】职工应当参加工伤保险,由用人单位缴纳工伤保险费,职工不缴纳工伤保险费。

第三十四条 【工伤保险费率】国家根据不同行业的工伤风险程度确定行业的差别费率,并根据使用工伤保险基金、工伤发生率等情况在每个行业内确定费率档次。行业差别费率和行业内费率档次由国务院社会保险行政部门制定,报国务院批准后公布施行。

社会保险经办机构根据用人单位使用工伤保险基金、工伤发生率和所属行业费率档次等情况,确定用人单位缴费费率。

第三十五条 【工伤保险费缴费基数和费率】

用人单位应当按照本单位职工工资总额，根据社会保险经办机构确定的费率缴纳工伤保险费。

第三十六条 【享受工伤保险待遇的条件】职工因工作原因受到事故伤害或者患职业病，且经工伤认定的，享受工伤保险待遇；其中，经劳动能力鉴定丧失劳动能力的，享受伤残待遇。

工伤认定和劳动能力鉴定应当简捷、方便。

第三十七条 【不认定工伤的情形】职工因下列情形之一导致本人在工作中伤亡的，不认定为工伤：

（一）故意犯罪；

（二）醉酒或者吸毒；

（三）自残或者自杀；

（四）法律、行政法规规定的其他情形。

第三十八条 【工伤保险基金负担的工伤保险待遇】因工伤发生的下列费用，按照国家规定从工伤保险基金中支付：

（一）治疗工伤的医疗费用和康复费用；

（二）住院伙食补助费；

（三）到统筹地区以外就医的交通食宿费；

（四）安装配置伤残辅助器具所需费用；

（五）生活不能自理的，经劳动能力鉴定委员会确认的生活护理费；

（六）一次性伤残补助金和一至四级伤残职工按月领取的伤残津贴；

（七）终止或者解除劳动合同时，应当享受的一次性医疗补助金；

（八）因工死亡的，其遗属领取的丧葬补助金、供养亲属抚恤金和因工死亡补助金；

（九）劳动能力鉴定费。

第三十九条 【用人单位负担的工伤保险待遇】因工伤发生的下列费用，按照国家规定由用人单位支付：

（一）治疗工伤期间的工资福利；

（二）五级、六级伤残职工按月领取的伤残津贴；

（三）终止或者解除劳动合同时，应当享受的一次性伤残就业补助金。

第四十条 【伤残津贴和基本养老保险待遇的衔接】工伤职工符合领取基本养老金条件的，停发伤残津贴，享受基本养老保险待遇。基本养老保险待遇低于伤残津贴的，从工伤保险基金中补足差额。

第四十一条 【未参保单位职工发生工伤时的待遇】职工所在用人单位未依法缴纳工伤保险费，发生工伤事故的，由用人单位支付工伤保险待遇。用人单位不支付的，从工伤保险基金中先行支付。

从工伤保险基金中先行支付的工伤保险待遇应当由用人单位偿还。用人单位不偿还的，社会保险经办机构可以依照本法第六十三条的规定追偿。

第四十二条 【民事侵权责任和工伤保险责任竞合】由于第三人的原因造成工伤，第三人不支付工伤医疗费用或者无法确定第三人的，由工伤保险基金先行支付。工伤保险基金先行支付后，有权向第三人追偿。

第四十三条 【停止享受工伤保险待遇的情形】工伤职工有下列情形之一的，停止享受工伤保险待遇：

（一）丧失享受待遇条件的；

（二）拒不接受劳动能力鉴定的；

（三）拒绝治疗的。

第五章 失业保险

第四十四条 【参保范围和失业保险费负担】职工应当参加失业保险，由用人单位和职工按照国家规定共同缴纳失业保险费。

第四十五条 【领取失业保险金的条件】失业人员符合下列条件的，从失业保险基金中领取失业保险金：

（一）失业前用人单位和本人已经缴纳失业保险费满一年的；

（二）非因本人意愿中断就业的；

（三）已经进行失业登记，并有求职要求的。

第四十六条 【领取失业保险金的期限】失业人员失业前用人单位和本人累计缴费满一年不足五年的，领取失业保险金的期限最长为十二个月；累计缴费满五年不足十年的，领取失业保险金的期限最长为十八个月；累计缴费十年以上的，领取失业保险金的期限最长为二十四个月。重新就业后，再次失业的，缴费时间重新计算，领取失业保险金的期限与前次失业应当领取而尚未领取的失业保险金的期限合并计算，最长不超过二十四个月。

第四十七条 【失业保险金标准】失业保险金的标准，由省、自治区、直辖市人民政府确定，不得低于城市居民最低生活保障标准。

第四十八条 【享受基本医疗保险待遇】失业人员在领取失业保险金期间,参加职工基本医疗保险,享受基本医疗保险待遇。

失业人员应当缴纳的基本医疗保险费从失业保险基金中支付,个人不缴纳基本医疗保险费。

第四十九条 【在领取失业保险金期间死亡时的待遇】失业人员在领取失业保险金期间死亡的,参照当地对在职职工死亡的规定,向其遗属发给一次性丧葬补助金和抚恤金。所需资金从失业保险基金中支付。

个人死亡同时符合领取基本养老保险丧葬补助金、工伤保险丧葬补助金和失业保险丧葬补助金条件的,其遗属只能选择领取其中的一项。

第五十条 【领取失业保险金的程序】用人单位应当及时为失业人员出具终止或者解除劳动关系的证明,并将失业人员的名单自终止或者解除劳动关系之日起十五日内告知社会保险经办机构。

失业人员应当持本单位为其出具的终止或者解除劳动关系的证明,及时到指定的公共就业服务机构办理失业登记。

失业人员凭失业登记证明和个人身份证明,到社会保险经办机构办理领取失业保险金的手续。失业保险金领取期限自办理失业登记之日起计算。

第五十一条 【停止领取失业保险待遇的情形】失业人员在领取失业保险金期间有下列情形之一的,停止领取失业保险金,并同时停止享受其他失业保险待遇:

(一)重新就业的;

(二)应征服兵役的;

(三)移居境外的;

(四)享受基本养老保险待遇的;

(五)无正当理由,拒不接受当地人民政府指定部门或者机构介绍的适当工作或者提供的培训的。

第五十二条 【失业保险关系的转移接续】职工跨统筹地区就业的,其失业保险关系随本人转移,缴费年限累计计算。

第六章 生育保险

第五十三条 【参保范围和缴费】职工应当参加生育保险,由用人单位按照国家规定缴纳生育保险费,职工不缴纳生育保险费。

第五十四条 【生育保险待遇】用人单位已经缴纳生育保险费的,其职工享受生育保险待遇;职工未就业配偶按照国家规定享受生育医疗费用待遇。所需资金从生育保险基金中支付。

生育保险待遇包括生育医疗费用和生育津贴。

第五十五条 【生育医疗费的项目】生育医疗费用包括下列各项:

(一)生育的医疗费用;

(二)计划生育的医疗费用;

(三)法律、法规规定的其他项目费用。

第五十六条 【享受生育津贴的情形】职工有下列情形之一的,可以按照国家规定享受生育津贴:

(一)女职工生育享受产假;

(二)享受计划生育手术休假;

(三)法律、法规规定的其他情形。

生育津贴按照职工所在用人单位上年度职工月平均工资计发。

第七章 社会保险费征缴

第五十七条 【用人单位社会保险登记】用人单位应当自成立之日起三十日内凭营业执照、登记证书或者单位印章,向当地社会保险经办机构申请办理社会保险登记。社会保险经办机构应当自收到申请之日起十五日内予以审核,发给社会保险登记证件。

用人单位的社会保险登记事项发生变更或者用人单位依法终止的,应当自变更或者终止之日起三十日内,到社会保险经办机构办理变更或者注销社会保险登记。

市场监督管理部门、民政部门和机构编制管理机关应当及时向社会保险经办机构通报用人单位的成立、终止情况,公安机关应当及时向社会保险经办机构通报个人的出生、死亡以及户口登记、迁移、注销等情况。

第五十八条 【个人社会保险登记】用人单位应当自用工之日起三十日内为其职工向社会保险经办机构申请办理社会保险登记。未办理社会保险登记的,由社会保险经办机构核定其应当缴纳的社会保险费。

自愿参加社会保险的无雇工的个体工商户、未在用人单位参加社会保险的非全日制从业人员以及其他灵活就业人员,应当向社会保险经办机构申请办理社会保险登记。

国家建立全国统一的个人社会保障号码。个人社会保障号码为公民身份号码。

第五十九条 【社会保险费征收】县级以上人民政府加强社会保险费的征收工作。

社会保险费实行统一征收,实施步骤和具体办法由国务院规定。

第六十条 【社会保险费的缴纳】用人单位应当自行申报、按时足额缴纳社会保险费,非因不可抗力等法定事由不得缓缴、减免。职工应当缴纳的社会保险费由用人单位代扣代缴,用人单位应当按月将缴纳社会保险费的明细情况告知本人。

无雇工的个体工商户、未在用人单位参加社会保险的非全日制从业人员以及其他灵活就业人员,可以直接向社会保险费征收机构缴纳社会保险费。

第六十一条 【社会保险费征收机构的义务】社会保险费征收机构应当依法按时足额征收社会保险费,并将缴费情况定期告知用人单位和个人。

第六十二条 【用人单位未按规定申报应缴数额】用人单位未按规定申报应当缴纳的社会保险费数额的,按照该单位上月缴费额的百分之一百一十确定应当缴纳数额;缴费单位补办申报手续后,由社会保险费征收机构按照规定结算。

第六十三条 【用人单位未按时足额缴费】用人单位未按时足额缴纳社会保险费的,由社会保险费征收机构责令其限期缴纳或者补足。

用人单位逾期仍未缴纳或者补足社会保险费的,社会保险费征收机构可以向银行和其他金融机构查询其存款账户;并可以申请县级以上有关行政部门作出划拨社会保险费的决定,书面通知其开户银行或者其他金融机构划拨社会保险费。用人单位账户余额少于应当缴纳的社会保险费的,社会保险费征收机构可以要求该用人单位提供担保,签订延期缴费协议。

用人单位未足额缴纳社会保险费且未提供担保的,社会保险费征收机构可以申请人民法院扣押、查封、拍卖其价值相当于应当缴纳社会保险费的财产,以拍卖所得抵缴社会保险费。

第八章 社会保险基金

第六十四条 【社会保险基金类别、管理原则和统筹层次】社会保险基金包括基本养老保险基金、基本医疗保险基金、工伤保险基金、失业保险基金和生育保险基金。除基本医疗保险基金与生育保险基金合并建账及核算外,其他各项社会保险基金按照社会保险险种分别建账,分账核算。社会保险基金执行国家统一的会计制度。

社会保险基金专款专用,任何组织和个人不得侵占或者挪用。

基本养老保险基金逐步实行全国统筹,其他社会保险基金逐步实行省级统筹,具体时间、步骤由国务院规定。

第六十五条 【社会保险基金的收支平衡和政府补贴责任】社会保险基金通过预算实现收支平衡。

县级以上人民政府在社会保险基金出现支付不足时,给予补贴。

第六十六条 【社会保险基金按照统筹层次设立预算】社会保险基金按照统筹层次设立预算。除基本医疗保险基金与生育保险基金预算合并编制外,其他社会保险基金预算按照社会保险项目分别编制。

第六十七条 【社会保险基金预算制定程序】社会保险基金预算、决算草案的编制、审核和批准,依照法律和国务院规定执行。

第六十八条 【社会保险基金财政专户】社会保险基金存入财政专户,具体管理办法由国务院规定。

第六十九条 【社会保险基金的保值增值】社会保险基金在保证安全的前提下,按照国务院规定投资运营实现保值增值。

社会保险基金不得违规投资运营,不得用于平衡其他政府预算,不得用于兴建、改建办公场所和支付人员经费、运行费用、管理费用,或者违反法律、行政法规规定挪作其他用途。

第七十条 【社会保险基金信息公开】社会保险经办机构应当定期向社会公布参加社会保险情况以及社会保险基金的收入、支出、结余和收益情况。

第七十一条 【全国社会保障基金】国家设立全国社会保障基金,由中央财政预算拨款以及国务院批准的其他方式筹集的资金构成,用于社会保障支出的补充、调剂。全国社会保障基金由全国社会保障基金管理运营机构负责管理运营,在保证安全的前提下实现保值增值。

全国社会保障基金应当定期向社会公布收支、管理和投资运营的情况。国务院财政部门、社会保险行政部门、审计机关对全国社会保障基金的收支、管理和投资运营情况实施监督。

第九章　社会保险经办

第七十二条　【社会保险经办机构的设置及经费保障】统筹地区设立社会保险经办机构。社会保险经办机构根据工作需要，经所在地的社会保险行政部门和机构编制管理机关批准，可以在本统筹地区设立分支机构和服务网点。

社会保险经办机构的人员经费和经办社会保险发生的基本运行费用、管理费用，由同级财政按照国家规定予以保障。

第七十三条　【管理制度和支付社会保险待遇职责】社会保险经办机构应当建立健全业务、财务、安全和风险管理制度。

社会保险经办机构应当按时足额支付社会保险待遇。

第七十四条　【获取社会保险数据、建档、权益记录等服务】社会保险经办机构通过业务经办、统计、调查获取社会保险工作所需的数据，有关单位和个人应当及时、如实提供。

社会保险经办机构应当及时为用人单位建立档案，完整、准确地记录参加社会保险的人员、缴费等社会保险数据，妥善保管登记、申报的原始凭证和支付结算的会计凭证。

社会保险经办机构应当及时、完整、准确地记录参加社会保险的个人缴费和用人单位为其缴费，以及享受社会保险待遇等个人权益记录，定期将个人权益记录单免费寄送本人。

用人单位和个人可以免费向社会保险经办机构查询、核对其缴费和享受社会保险待遇记录，要求社会保险经办机构提供社会保险咨询等相关服务。

第七十五条　【社会保险信息系统的建设】全国社会保险信息系统按照国家统一规划，由县级以上人民政府按照分级负责的原则共同建设。

第十章　社会保险监督

第七十六条　【人大监督】各级人民代表大会常务委员会听取和审议本级人民政府对社会保险基金的收支、管理、投资运营以及监督检查情况的专项工作报告，组织对本法实施情况的执法检查等，依法行使监督职权。

第七十七条　【行政部门监督】县级以上人民政府社会保险行政部门应当加强对用人单位和个人遵守社会保险法律、法规情况的监督检查。

社会保险行政部门实施监督检查时，被检查的用人单位和个人应当如实提供与社会保险有关的资料，不得拒绝检查或者谎报、瞒报。

第七十八条　【财政监督、审计监督】财政部门、审计机关按照各自职责，对社会保险基金的收支、管理和投资运营情况实施监督。

第七十九条　【社会保险行政部门对基金的监督】社会保险行政部门对社会保险基金的收支、管理和投资运营情况进行监督检查，发现存在问题的，应当提出整改建议，依法作出处理决定或者向有关行政部门提出处理建议。社会保险基金检查结果应当定期向社会公布。

社会保险行政部门对社会保险基金实施监督检查，有权采取下列措施：

（一）查阅、记录、复制与社会保险基金收支、管理和投资运营相关的资料，对可能被转移、隐匿或者灭失的资料予以封存；

（二）询问与调查事项有关的单位和个人，要求其对与调查事项有关的问题作出说明、提供有关证明材料；

（三）对隐匿、转移、侵占、挪用社会保险基金的行为予以制止并责令改正。

第八十条　【社会保险监督委员会】统筹地区人民政府成立由用人单位代表、参保人员代表，以及工会代表、专家等组成的社会保险监督委员会，掌握、分析社会保险基金的收支、管理和投资运营情况，对社会保险工作提出咨询意见和建议，实施社会监督。

社会保险经办机构应当定期向社会保险监督委员会汇报社会保险基金的收支、管理和投资运营情况。社会保险监督委员会可以聘请会计师事务所对社会保险基金的收支、管理和投资运营情况进行年度审计和专项审计。审计结果应当向社会公开。

社会保险监督委员会发现社会保险基金收支、管理和投资运营中存在问题的，有权提出改正建议;对社会保险经办机构及其工作人员的违法行为,有权向有关部门提出依法处理建议。

第八十一条 【为用人单位和个人信息保密】社会保险行政部门和其他有关行政部门、社会保险经办机构、社会保险费征收机构及其工作人员,应当依法为用人单位和个人的信息保密,不得以任何形式泄露。

第八十二条 【违法行为的举报、投诉】任何组织或者个人有权对违反社会保险法律、法规的行为进行举报、投诉。

社会保险行政部门、卫生行政部门、社会保险经办机构、社会保险费征收机构和财政部门、审计机关对属于本部门、本机构职责范围的举报、投诉,应当依法处理;对不属于本部门、本机构职责范围的,应当书面通知并移交有权处理的部门、机构处理。有权处理的部门、机构应当及时处理,不得推诿。

第八十三条 【社会保险权利救济途径】用人单位或者个人认为社会保险费征收机构的行为侵害自己合法权益的,可以依法申请行政复议或者提起行政诉讼。

用人单位或者个人对社会保险经办机构不依法办理社会保险登记、核定社会保险费、支付社会保险待遇、办理社会保险转移接续手续或者侵害其他社会保险权益的行为,可以依法申请行政复议或者提起行政诉讼。

个人与所在用人单位发生社会保险争议的,可以依法申请调解、仲裁,提起诉讼。用人单位侵害个人社会保险权益的,个人也可以要求社会保险行政部门或者社会保险费征收机构依法处理。

第十一章 法律责任

第八十四条 【不办理社会保险登记的法律责任】用人单位不办理社会保险登记的,由社会保险行政部门责令限期改正;逾期不改正的,对用人单位处应缴社会保险费数额一倍以上三倍以下的罚款,对其直接负责的主管人员和其他直接责任人员处五百元以上三千元以下的罚款。

第八十五条 【拒不出具终止或者解除劳动关系证明的处理】用人单位拒不出具终止或者解除劳动关系证明的,依照《中华人民共和国劳动合同法》的规定处理。

第八十六条 【未按时足额缴费的责任】用人单位未按时足额缴纳社会保险费的,由社会保险费征收机构责令限期缴纳或者补足,并自欠缴之日起,按日加收万分之五的滞纳金;逾期仍不缴纳的,由有关行政部门处欠缴数额一倍以上三倍以下的罚款。

第八十七条 【骗取社保基金支出的责任】社会保险经办机构以及医疗机构、药品经营单位等社会保险服务机构以欺诈、伪造证明材料或者其他手段骗取社会保险基金支出的,由社会保险行政部门责令退回骗取的社会保险金,处骗取金额二倍以上五倍以下的罚款;属于社会保险服务机构的,解除服务协议;直接负责的主管人员和其他直接责任人员有执业资格的,依法吊销其执业资格。

第八十八条 【骗取社会保险待遇的责任】以欺诈、伪造证明材料或者其他手段骗取社会保险待遇的,由社会保险行政部门责令退回骗取的社会保险金,处骗取金额二倍以上五倍以下的罚款。

第八十九条 【经办机构及其工作人员违法行为责任】社会保险经办机构及其工作人员有下列行为之一的,由社会保险行政部门责令改正;给社会保险基金、用人单位或者个人造成损失的,依法承担赔偿责任;对直接负责的主管人员和其他直接责任人员依法给予处分:

(一)未履行社会保险法定职责的;

(二)未将社会保险基金存入财政专户的;

(三)克扣或者拒不按时支付社会保险待遇的;

(四)丢失或者篡改缴费记录、享受社会保险待遇记录等社会保险数据、个人权益记录的;

(五)有违反社会保险法律、法规的其他行为的。

第九十条 【擅自更改缴费基数、费率的责任】社会保险费征收机构擅自更改社会保险费缴费基数、费率,导致少收或者多收社会保险费的,由有关行政部门责令其追缴应当缴纳的社会保险费或者退还不应当缴纳的社会保险费;对直接负责的主管人员和其他直接责任人员依法给予处分。

第九十一条 【隐匿、转移、侵占、挪用社保基金等的责任】违反本法规定,隐匿、转移、侵占、挪用社会保险基金或者违规投资运营的,由社会保险行政部门、财政部门、审计机关责令追回;有违法所得的,没收违法所得;对直接负责的主管人员和其他直接责任人员依法给予处分。

第九十二条 【泄露用人单位和个人信息的行政责任】社会保险行政部门和其他有关行政部门、社会保险经办机构、社会保险费征收机构及其工作人员泄露用人单位和个人信息的,对直接负责的主管人员和其他直接责任人员依法给予处分;给用人单位或者个人造成损失的,应当承担赔偿责任。

第九十三条 【国家工作人员的相关责任】国家工作人员在社会保险管理、监督工作中滥用职权、玩忽职守、徇私舞弊的,依法给予处分。

第九十四条 【相关刑事责任】违反本法规定,构成犯罪的,依法追究刑事责任。

第十二章 附 则

第九十五条 【进城务工农村居民参加社会保险】进城务工的农村居民依照本法规定参加社会保险。

第九十六条 【被征地农民的社会保险】征收农村集体所有的土地,应当足额安排被征地农民的社会保险费,按照国务院规定将被征地农民纳入相应的社会保险制度。

第九十七条 【外国人参加我国社会保险】外国人在中国境内就业的,参照本法规定参加社会保险。

第九十八条 【施行日期】本法自2011年7月1日起施行。

社会保险费征缴暂行条例

(1999年1月22日中华人民共和国国务院令第259号发布 根据2019年3月24日《国务院关于修改部分行政法规的决定》修订)

第一章 总 则

第一条 【立法目的】为了加强和规范社会保险费征缴工作,保障社会保险金的发放,制定本条例。

第二条 【适用范围】基本养老保险费、基本医疗保险费、失业保险费(以下统称社会保险费)的征收、缴纳,适用本条例。

本条例所称缴费单位、缴费个人,是指依照有关法律、行政法规和国务院的规定,应当缴纳社会保险费的单位和个人。

第三条 【征缴范围】基本养老保险费的征缴范围:国有企业、城镇集体企业、外商投资企业、城镇私营企业和其他城镇企业及其职工,实行企业化管理的事业单位及其职工。

基本医疗保险费的征缴范围:国有企业、城镇集体企业、外商投资企业、城镇私营企业和其他城镇企业及其职工,国家机关及其工作人员,事业单位及其职工,民办非企业单位及其职工,社会团体及其专职人员。

失业保险费的征缴范围:国有企业、城镇集体企业、外商投资企业、城镇私营企业和其他城镇企业及其职工,事业单位及其职工。

省、自治区、直辖市人民政府根据当地实际情况,可以规定将城镇个体工商户纳入基本养老保险、基本医疗保险的范围,并可以规定将社会团体及其专职人员、民办非企业单位及其职工以及有雇工的城镇个体工商户及其雇工纳入失业保险的范围。

社会保险费的费基、费率依照有关法律、行政法规和国务院的规定执行。

第四条 【足额缴纳与专款专用】缴费单位、缴费个人应当按时足额缴纳社会保险费。

征缴的社会保险费纳入社会保险基金,专款专用,任何单位和个人不得挪用。

第五条 【征缴主管部门】国务院劳动保障行政部门负责全国的社会保险费征缴管理和监督检查工作。县级以上地方各级人民政府劳动保障行政部门负责本行政区域内的社会保险费征缴管理和监督检查工作。

第六条 【征收机构】社会保险费实行三项社会保险费集中、统一征收。社会保险费的征收机构由省、自治区、直辖市人民政府规定,可以由税务机关征收,也可以由劳动保障行政部门按照国务院规定设立的社会保险经办机构(以下简称社会保险经办机构)征收。

第二章 征缴管理

第七条 【社会保险登记】缴费单位必须向当地社会保险经办机构办理社会保险登记,参加社会保险。

登记事项包括：单位名称、住所、经营地点、单位类型、法定代表人或者负责人、开户银行账号以及国务院劳动保障行政部门规定的其他事项。

第八条 【社会保险登记】企业在办理登记注册时，同步办理社会保险登记。

前款规定以外的缴费单位应当自成立之日起30日内，向当地社会保险经办机构申请办理社会保险登记。

第九条 【社保变更与注销】缴费单位的社会保险登记事项发生变更或者缴费单位依法终止的，应当自变更或者终止之日起30日内，到社会保险经办机构办理变更或者注销社会保险登记手续。

第十条 【社会保险费应缴数额】缴费单位必须按月向社会保险经办机构申报应缴纳的社会保险费数额，经社会保险经办机构核定后，在规定的期限内缴纳社会保险费。

缴费单位不按规定申报应缴纳的社会保险费数额的，由社会保险经办机构暂按该单位上月缴费数额的110%确定应缴数额；没有上月缴费数额的，由社会保险经办机构暂按该单位的经营状况、职工人数等有关情况确定应缴数额。缴费单位补办申报手续并按核定数额缴纳社会保险费后，由社会保险经办机构按照规定结算。

第十一条 【协助义务】省、自治区、直辖市人民政府规定由税务机关征收社会保险费的，社会保险经办机构应当及时向税务机关提供缴费单位社会保险登记、变更登记、注销登记以及缴费申报的情况。

第十二条 【缴费形式】缴费单位和缴费个人应当以货币形式全额缴纳社会保险费。

缴费个人应当缴纳的社会保险费，由所在单位从其本人工资中代扣代缴。

社会保险费不得减免。

第十三条 【欠缴处理】缴费单位未按规定缴纳和代扣代缴社会保险费的，由劳动保障行政部门或者税务机关责令限期缴纳；逾期仍不缴纳的，除补缴欠缴数额外，从欠缴之日起，按日加收2‰的滞纳金。滞纳金并入社会保险基金。

第十四条 【社会保障基金财政专户】征收的社会保险费存入财政部门在国有商业银行开设的社会保障基金财政专户。

社会保险基金按照不同险种的统筹范围，分别建立基本养老保险基金、基本医疗保险基金、失业保险基金。各项社会保险基金分别单独核算。

社会保险基金不计征税、费。

第十五条 【缴费情况汇总】省、自治区、直辖市人民政府规定由税务机关征收社会保险费的，税务机关应当及时向社会保险经办机构提供缴费单位和缴费个人的缴费情况；社会保险经办机构应当将有关情况汇总，报劳动保障行政部门。

第十六条 【缴费记录】社会保险经办机构应当建立缴费记录，其中基本养老保险、基本医疗保险并应当按照规定记录个人账户。社会保险经办机构负责保存缴费记录，并保证其完整、安全。社会保险经办机构应当至少每年向缴费个人发送一次基本养老保险、基本医疗保险个人账户通知单。

缴费单位、缴费个人有权按照规定查询缴费记录。

第三章 监督检查

第十七条 【缴费监督】缴费单位应当每年向本单位职工公布本单位全年社会保险费缴纳情况，接受职工监督。

社会保险经办机构应当定期向社会公告社会保险费征收情况，接受社会监督。

第十八条 【缴费检查】按照省、自治区、直辖市人民政府关于社会保险费征缴机构的规定，劳动保障行政部门或者税务机关依法对单位缴费情况进行检查时，被检查的单位应当提供与缴纳社会保险费有关的用人情况、工资表、财务报表等资料，如实反映情况，不得拒绝检查，不得谎报、瞒报。劳动保障行政部门或者税务机关可以记录、录音、录像、照相和复制有关资料；但是，应当为缴费单位保密。

劳动保障行政部门、税务机关的工作人员在行使前款所列职权时，应当出示执行公务证件。

第十九条 【有关单位协助义务】劳动保障行政部门或者税务机关调查社会保险费征缴违法案件时，有关部门、单位应当给予支持、协助。

第二十条 【社保经办机构受托检查、调查】社会保险经办机构受劳动保障行政部门的委托，可以进行与社会保险费征缴有关的检查、调查工作。

第二十一条 【举报】任何组织和个人对有关社会保险费征缴的违法行为,有权举报。劳动保障行政部门或者税务机关对举报应当及时调查,按照规定处理,并为举报人保密。

第二十二条 【收支管理】社会保险基金实行收支两条线管理,由财政部门依法进行监督。

审计部门依法对社会保险基金的收支情况进行监督。

第四章 罚 则

第二十三条 【社会保险登记等违规处理】缴费单位未按照规定办理社会保险登记、变更登记或者注销登记,或者未按照规定申报应缴纳的社会保险费数额的,由劳动保障行政部门责令限期改正;情节严重的,对直接负责的主管人员和其他直接责任人员可以处1 000元以上5 000元以下的罚款;情节特别严重的,对直接负责的主管人员和其他直接责任人员可以处5 000元以上1万元以下的罚款。

第二十四条 【违反财会制度欠缴处理】缴费单位违反有关财务、会计、统计的法律、行政法规和国家有关规定,伪造、变造、故意毁灭有关账册、材料,或者不设账册,致使社会保险费缴费基数无法确定的,除依照有关法律、行政法规的规定给予行政处罚、纪律处分、刑事处罚外,依照本条例第十条的规定征缴;迟延缴纳的,由劳动保障行政部门或者税务机关依照本条例第十三条的规定决定加收滞纳金,并对直接负责的主管人员和其他直接责任人员处5 000元以上2万元以下的罚款。

第二十五条 【行政争议与诉讼】缴费单位和缴费个人对劳动保障行政部门或者税务机关的处罚决定不服的,可以依法申请复议;对复议决定不服的,可以依法提起诉讼。

第二十六条 【强制征缴】缴费单位逾期拒不缴纳社会保险费、滞纳金的,由劳动保障行政部门或者税务机关申请人民法院依法强制征缴。

第二十七条 【失职责任】劳动保障行政部门、社会保险经办机构或者税务机关的工作人员滥用职权、徇私舞弊、玩忽职守,致使社会保险费流失的,由劳动保障行政部门或者税务机关追回流失的社会保险费;构成犯罪的,依法追究刑事责任;尚不构成犯罪的,依法给予行政处分。

第二十八条 【挪用责任】任何单位、个人挪用社会保险基金的,追回被挪用的社会保险基金;有违法所得的,没收违法所得,并入社会保险基金;构成犯罪的,依法追究刑事责任;尚不构成犯罪的,对直接负责的主管人员和其他直接责任人员依法给予行政处分。

第五章 附 则

第二十九条 【工伤、生育保险费的征缴】省、自治区、直辖市人民政府根据本地实际情况,可以决定本条例适用于本行政区域内工伤保险费和生育保险费的征收、缴纳。

第三十条 【征缴经费】税务机关、社会保险经办机构征收社会保险费,不得从社会保险基金中提取任何费用,所需经费列入预算,由财政拨付。

第三十一条 【施行日期】本条例自发布之日起施行。

工伤保险条例

(2003年4月27日中华人民共和国国务院令第375号公布 根据2010年12月20日《国务院关于修改〈工伤保险条例〉的决定》修订)

第一章 总 则

第一条 【立法目的】为了保障因工作遭受事故伤害或者患职业病的职工获得医疗救治和经济补偿,促进工伤预防和职业康复,分散用人单位的工伤风险,制定本条例。

第二条 【适用范围】中华人民共和国境内的企业、事业单位、社会团体、民办非企业单位、基金会、律师事务所、会计师事务所等组织和有雇工的个体工商户(以下称用人单位)应当依照本条例规定参加工伤保险,为本单位全部职工或者雇工(以下称职工)缴纳工伤保险费。

中华人民共和国境内的企业、事业单位、社会团体、民办非企业单位、基金会、律师事务所、会计师事务所等组织的职工和个体工商户的雇工,均有依照本条例的规定享受工伤保险待遇的权利。

第三条 【保费征缴】工伤保险费的征缴按照《社会保险费征缴暂行条例》关于基本养老保险费、基本医疗保险费、失业保险费的征缴规定执行。

第四条 【用人单位责任】用人单位应当将参加工伤保险的有关情况在本单位内公示。

用人单位和职工应当遵守有关安全生产和职业病防治的法律法规,执行安全卫生规程和标准,预防工伤事故发生,避免和减少职业病危害。

职工发生工伤时,用人单位应当采取措施使工伤职工得到及时救治。

第五条 【主管部门与经办机构】国务院社会保险行政部门负责全国的工伤保险工作。

县级以上地方各级人民政府社会保险行政部门负责本行政区域内的工伤保险工作。

社会保险行政部门按照国务院有关规定设立的社会保险经办机构(以下称经办机构)具体承办工伤保险事务。

第六条 【工伤保险政策、标准的制定】社会保险行政部门等部门制定工伤保险的政策、标准,应当征求工会组织、用人单位代表的意见。

第二章 工伤保险基金

第七条 【工伤保险基金构成】工伤保险基金由用人单位缴纳的工伤保险费、工伤保险基金的利息和依法纳入工伤保险基金的其他资金构成。

第八条 【工伤保险费】工伤保险费根据以支定收、收支平衡的原则,确定费率。

国家根据不同行业的工伤风险程度确定行业的差别费率,并根据工伤保险费使用、工伤发生率等情况在每个行业内确定若干费率档次。行业差别费率及行业内费率档次由国务院社会保险行政部门制定,报国务院批准后公布施行。

统筹地区经办机构根据用人单位工伤保险费使用、工伤发生率等情况,适用所属行业内相应的费率档次确定单位缴费费率。

第九条 【行业差别费率及档次调整】国务院社会保险行政部门应当定期了解全国各统筹地区工伤保险基金收支情况,及时提出调整行业差别费率及行业内费率档次的方案,报国务院批准后公布施行。

第十条 【缴费主体、缴费基数与费率】用人单位应当按时缴纳工伤保险费。职工个人不缴纳工伤保险费。

用人单位缴纳工伤保险费的数额为本单位职工工资总额乘以单位缴费费率之积。

对难以按照工资总额缴纳工伤保险费的行业,其缴纳工伤保险费的具体方式,由国务院社会保险行政部门规定。

第十一条 【统筹层次、特殊行业异地统筹】工伤保险基金逐步实行省级统筹。

跨地区、生产流动性较大的行业,可以采取相对集中的方式异地参加统筹地区的工伤保险。具体办法由国务院社会保险行政部门会同有关行业的主管部门制定。

第十二条 【工伤保险基金和用途】工伤保险基金存入社会保障基金财政专户,用于本条例规定的工伤保险待遇,劳动能力鉴定,工伤预防的宣传、培训等费用,以及法律、法规规定的用于工伤保险的其他费用的支付。

工伤预防费用的提取比例、使用和管理的具体办法,由国务院社会保险行政部门会同国务院财政、卫生行政、安全生产监督管理等部门规定。

任何单位或者个人不得将工伤保险基金用于投资运营、兴建或者改建办公场所、发放奖金,或者挪作其他用途。

第十三条 【工伤保险储备金】工伤保险基金应当留有一定比例的储备金,用于统筹地区重大事故的工伤保险待遇支付;储备金不足支付的,由统筹地区的人民政府垫付。储备金占基金总额的具体比例和储备金的使用办法,由省、自治区、直辖市人民政府规定。

第三章 工伤认定

第十四条 【应当认定工伤的情形】职工有下列情形之一的,应当认定为工伤:

(一)在工作时间和工作场所内,因工作原因受到事故伤害的;

(二)工作时间前后在工作场所内,从事与工作有关的预备性或者收尾性工作受到事故伤害的;

(三)在工作时间和工作场所内,因履行工作职责受到暴力等意外伤害的;

(四)患职业病的;

(五)因工外出期间,由于工作原因受到伤害或者发生事故下落不明的；

（六）在上下班途中，受到非本人主要责任的交通事故或者城市轨道交通、客运轮渡、火车事故伤害的；

（七）法律、行政法规规定应当认定为工伤的其他情形。

第十五条 【视同工伤的情形及其保险待遇】职工有下列情形之一的，视同工伤：

（一）在工作时间和工作岗位，突发疾病死亡或者在48小时之内经抢救无效死亡的；

（二）在抢险救灾等维护国家利益、公共利益活动中受到伤害的；

（三）职工原在军队服役，因战、因公负伤致残，已取得革命伤残军人证，到用人单位后旧伤复发的。

职工有前款第（一）项、第（二）项情形的，按照本条例的有关规定享受工伤保险待遇；职工有前款第（三）项情形的，按照本条例的有关规定享受除一次性伤残补助金以外的工伤保险待遇。

第十六条 【不属于工伤的情形】职工符合本条例第十四条、第十五条的规定，但是有下列情形之一的，不得认定为工伤或者视同工伤：

（一）故意犯罪的；

（二）醉酒或者吸毒的；

（三）自残或者自杀的。

第十七条 【申请工伤认定的主体、时限及受理部门】职工发生事故伤害或者按照职业病防治法规定被诊断、鉴定为职业病，所在单位应当自事故伤害发生之日或者被诊断、鉴定为职业病之日起30日内，向统筹地区社会保险行政部门提出工伤认定申请。遇有特殊情况，经报社会保险行政部门同意，申请时限可以适当延长。

用人单位未按前款规定提出工伤认定申请的，工伤职工或者其近亲属、工会组织在事故伤害发生之日或者被诊断、鉴定为职业病之日起1年内，可以直接向用人单位所在地统筹地区社会保险行政部门提出工伤认定申请。

按照本条第一款规定应当由省级社会保险行政部门进行工伤认定的事项，根据属地原则由用人单位所在地的设区的市级社会保险行政部门办理。

用人单位未在本条第一款规定的时限内提交工伤认定申请，在此期间发生符合本条例规定的工伤待遇等有关费用由该用人单位负担。

第十八条 【申请材料】提出工伤认定申请应当提交下列材料：

（一）工伤认定申请表；

（二）与用人单位存在劳动关系（包括事实劳动关系）的证明材料；

（三）医疗诊断证明或者职业病诊断证明书（或者职业病诊断鉴定书）。

工伤认定申请表应当包括事故发生的时间、地点、原因以及职工伤害程度等基本情况。

工伤认定申请人提供材料不完整的，社会保险行政部门应当一次性书面告知工伤认定申请人需要补正的全部材料。申请人按照书面告知要求补正材料后，社会保险行政部门应当受理。

第十九条 【事故调查及举证责任】社会保险行政部门受理工伤认定申请后，根据审核需要可以对事故伤害进行调查核实，用人单位、职工、工会组织、医疗机构以及有关部门应当予以协助。职业病诊断和诊断争议的鉴定，依照职业病防治法的有关规定执行。对依法取得职业病诊断证明书或者职业病诊断鉴定书的，社会保险行政部门不再进行调查核实。

职工或者其近亲属认为是工伤，用人单位不认为是工伤的，由用人单位承担举证责任。

第二十条 【工伤认定的时限、回避】社会保险行政部门应当自受理工伤认定申请之日起60日内作出工伤认定的决定，并书面通知申请工伤认定的职工或者其近亲属和该职工所在单位。

社会保险行政部门对受理的事实清楚、权利义务明确的工伤认定申请，应当在15日内作出工伤认定的决定。

作出工伤认定决定需要以司法机关或者有关行政主管部门的结论为依据的，在司法机关或者有关行政主管部门尚未作出结论期间，作出工伤认定决定的时限中止。

社会保险行政部门工作人员与工伤认定申请人有利害关系的，应当回避。

第四章 劳动能力鉴定

第二十一条 【鉴定的条件】职工发生工伤，经治疗伤情相对稳定后存在残疾、影响劳动能力的，应当进行劳动能力鉴定。

第二十二条 【劳动能力鉴定等级】劳动能力鉴定是指劳动功能障碍程度和生活自理障碍程度的等级鉴定。

劳动功能障碍分为十个伤残等级,最重的为一级,最轻的为十级。

生活自理障碍分为三个等级:生活完全不能自理、生活大部分不能自理和生活部分不能自理。

劳动能力鉴定标准由国务院社会保险行政部门会同国务院卫生行政部门等部门制定。

第二十三条 【申请鉴定的主体、受理机构、申请材料】劳动能力鉴定由用人单位、工伤职工或者其近亲属向设区的市级劳动能力鉴定委员会提出申请,并提供工伤认定决定和职工工伤医疗的有关资料。

第二十四条 【鉴定委员会人员构成、专家库】省、自治区、直辖市劳动能力鉴定委员会和设区的市级劳动能力鉴定委员会分别由省、自治区、直辖市和设区的市级社会保险行政部门、卫生行政部门、工会组织、经办机构代表以及用人单位代表组成。

劳动能力鉴定委员会建立医疗卫生专家库。列入专家库的医疗卫生专业技术人员应当具备下列条件:

(一)具有医疗卫生高级专业技术职务任职资格;

(二)掌握劳动能力鉴定的相关知识;

(三)具有良好的职业品德。

第二十五条 【鉴定步骤、时限】设区的市级劳动能力鉴定委员会收到劳动能力鉴定申请后,应当从其建立的医疗卫生专家库中随机抽取 3 名或者 5 名相关专家组成专家组,由专家组提出鉴定意见。设区的市级劳动能力鉴定委员会根据专家组的鉴定意见作出工伤职工劳动能力鉴定结论;必要时,可以委托具备资格的医疗机构协助进行有关的诊断。

设区的市级劳动能力鉴定委员会应当自收到劳动能力鉴定申请之日起 60 日内作出劳动能力鉴定结论,必要时,作出劳动能力鉴定结论的期限可以延长 30 日。劳动能力鉴定结论应当及时送达申请鉴定的单位和个人。

第二十六条 【再次鉴定】申请鉴定的单位或者个人对设区的市级劳动能力鉴定委员会作出的鉴定结论不服的,可以在收到该鉴定结论之日起 15 日内向省、自治区、直辖市劳动能力鉴定委员会提出再次鉴定申请。省、自治区、直辖市劳动能力鉴定委员会作出的劳动能力鉴定结论为最终结论。

第二十七条 【鉴定工作原则、回避制度】劳动能力鉴定工作应当客观、公正。劳动能力鉴定委员会组成人员或者参加鉴定的专家与当事人有利害关系的,应当回避。

第二十八条 【复查鉴定】自劳动能力鉴定结论作出之日起 1 年后,工伤职工或者其近亲属、所在单位或者经办机构认为伤残情况发生变化的,可以申请劳动能力复查鉴定。

第二十九条 【再次鉴定和复查鉴定的时限】劳动能力鉴定委员会依照本条例第二十六条和第二十八条的规定进行再次鉴定和复查鉴定的期限,依照本条例第二十五条第二款的规定执行。

第五章 工伤保险待遇

第三十条 【工伤职工的治疗】职工因工作遭受事故伤害或者患职业病进行治疗,享受工伤医疗待遇。

职工治疗工伤应当在签订服务协议的医疗机构就医,情况紧急时可以先到就近的医疗机构急救。

治疗工伤所需费用符合工伤保险诊疗项目目录、工伤保险药品目录、工伤保险住院服务标准的,从工伤保险基金支付。工伤保险诊疗项目目录、工伤保险药品目录、工伤保险住院服务标准,由国务院社会保险行政部门会同国务院卫生行政部门、食品药品监督管理部门等部门规定。

职工住院治疗工伤的伙食补助费,以及经医疗机构出具证明,报经办机构同意,工伤职工到统筹地区以外就医所需的交通、食宿费用从工伤保险基金支付,基金支付的具体标准由统筹地区人民政府规定。

工伤职工治疗非工伤引发的疾病,不享受工伤医疗待遇,按照基本医疗保险办法处理。

工伤职工到签订服务协议的医疗机构进行工伤康复的费用,符合规定的,从工伤保险基金支付。

第三十一条 【复议和诉讼期间不停止支付医疗费用】社会保险行政部门作出认定为工伤的决定后发生行政复议、行政诉讼的,行政复议和行政诉讼期间不停止支付工伤职工治疗工伤的医疗费用。

第三十二条 【配置辅助器具】工伤职工因日常生活或者就业需要，经劳动能力鉴定委员会确认，可以安装假肢、矫形器、假眼、假牙和配置轮椅等辅助器具，所需费用按照国家规定的标准从工伤保险基金支付。

第三十三条 【工伤治疗期间待遇】职工因工作遭受事故伤害或者患职业病需要暂停工作接受工伤医疗的，在停工留薪期内，原工资福利待遇不变，由所在单位按月支付。

停工留薪期一般不超过12个月。伤情严重或者情况特殊，经设区的市级劳动能力鉴定委员会确认，可以适当延长，但延长不得超过12个月。工伤职工评定伤残等级后，停发原待遇，按照本章的有关规定享受伤残待遇。工伤职工在停工留薪期满后仍需治疗的，继续享受工伤医疗待遇。

生活不能自理的工伤职工在停工留薪期需要护理的，由所在单位负责。

第三十四条 【生活护理费】工伤职工已经评定伤残等级并经劳动能力鉴定委员会确认需要生活护理的，从工伤保险基金按月支付生活护理费。

生活护理费按照生活完全不能自理、生活大部分不能自理或者生活部分不能自理3个不同等级支付，其标准分别为统筹地区上年度职工月平均工资的50%、40%或者30%。

第三十五条 【一至四级工伤待遇】职工因工致残被鉴定为一级至四级伤残的，保留劳动关系，退出工作岗位，享受以下待遇：

（一）从工伤保险基金按伤残等级支付一次性伤残补助金，标准为：一级伤残为27个月的本人工资，二级伤残为25个月的本人工资，三级伤残为23个月的本人工资，四级伤残为21个月的本人工资；

（二）从工伤保险基金按月支付伤残津贴，标准为：一级伤残为本人工资的90%，二级伤残为本人工资的85%，三级伤残为本人工资的80%，四级伤残为本人工资的75%。伤残津贴实际金额低于当地最低工资标准的，由工伤保险基金补足差额；

（三）工伤职工达到退休年龄并办理退休手续后，停发伤残津贴，按照国家有关规定享受基本养老保险待遇。基本养老保险待遇低于伤残津贴的，由工伤保险基金补足差额。

职工因工致残被鉴定为一级至四级伤残的，由用人单位和职工个人以伤残津贴为基数，缴纳基本医疗保险费。

第三十六条 【五至六级工伤待遇】职工因工致残被鉴定为五级、六级伤残的，享受以下待遇：

（一）从工伤保险基金按伤残等级支付一次性伤残补助金，标准为：五级伤残为18个月的本人工资，六级伤残为16个月的本人工资；

（二）保留与用人单位的劳动关系，由用人单位安排适当工作。难以安排工作的，由用人单位按月发给伤残津贴，标准为：五级伤残为本人工资的70%，六级伤残为本人工资的60%，并由用人单位按照规定为其缴纳应缴纳的各项社会保险费。伤残津贴实际金额低于当地最低工资标准的，由用人单位补足差额。

经工伤职工本人提出，该职工可以与用人单位解除或者终止劳动关系，由工伤保险基金支付一次性工伤医疗补助金，由用人单位支付一次性伤残就业补助金。一次性工伤医疗补助金和一次性伤残就业补助金的具体标准由省、自治区、直辖市人民政府规定。

第三十七条 【七至十级工伤待遇】职工因工致残被鉴定为七级至十级伤残的，享受以下待遇：

（一）从工伤保险基金按伤残等级支付一次性伤残补助金，标准为：七级伤残为13个月的本人工资，八级伤残为11个月的本人工资，九级伤残为9个月的本人工资，十级伤残为7个月的本人工资；

（二）劳动、聘用合同期满终止，或者职工本人提出解除劳动、聘用合同的，由工伤保险基金支付一次性工伤医疗补助金，由用人单位支付一次性伤残就业补助金。一次性工伤医疗补助金和一次性伤残就业补助金的具体标准由省、自治区、直辖市人民政府规定。

第三十八条 【旧伤复发待遇】工伤职工工伤复发，确认需要治疗的，享受本条例第三十条、第三十二条和第三十三条规定的工伤待遇。

第三十九条 【工亡待遇】职工因工死亡，其近亲属按照下列规定从工伤保险基金领取丧葬补助金、供养亲属抚恤金和一次性工亡补助金：

（一）丧葬补助金为6个月的统筹地区上年度职工月平均工资；

（二）供养亲属抚恤金按照职工本人工资的一定比例发给由因工死亡职工生前提供主要生活来源、无劳动能力的亲属。标准为：配偶每月40%，其他亲属每人每月30%，孤寡老人或者孤儿每人每月在上述标准的基础上增加10%。核定的各供养亲属的抚恤金之和不应高于因工死亡职工生前的工资。供养亲属的具体范围由国务院社会保险行政部门规定;

(三)一次性工亡补助金标准为上一年度全国城镇居民人均可支配收入的20倍。

伤残职工在停工留薪期内因工伤导致死亡的,其近亲属享受本条第一款规定的待遇。

一级至四级伤残职工在停工留薪期满后死亡的,其近亲属可以享受本条第一款第(一)项、第(二)项规定的待遇。

第四十条 【工伤待遇调整】伤残津贴、供养亲属抚恤金、生活护理费由统筹地区社会保险行政部门根据职工平均工资和生活费用变化等情况适时调整。调整办法由省、自治区、直辖市人民政府规定。

第四十一条 【职工抢险救灾、因工外出下落不明时的处理】职工因工外出期间发生事故或者在抢险救灾中下落不明的,从事故发生当月起3个月内照发工资,从第4个月起停发工资,由工伤保险基金向其供养亲属按月支付供养亲属抚恤金。生活有困难的,可以预支一次性工亡补助金的50%。职工被人民法院宣告死亡的,按照本条例第三十九条职工因工死亡的规定处理。

第四十二条 【停止支付工伤保险待遇的情形】工伤职工有下列情形之一的,停止享受工伤保险待遇:

(一)丧失享受待遇条件的;

(二)拒不接受劳动能力鉴定的;

(三)拒绝治疗的。

第四十三条 【用人单位分立合并等情况下的责任】用人单位分立、合并、转让的,承继单位应当承担原用人单位的工伤保险责任;原用人单位已经参加工伤保险的,承继单位应当到当地经办机构办理工伤保险变更登记。

用人单位实行承包经营的,工伤保险责任由职工劳动关系所在单位承担。

职工被借调期间受到工伤事故伤害的,由原用人单位承担工伤保险责任,但原用人单位与借调单位可以约定补偿办法。

企业破产的,在破产清算时依法拨付应当由单位支付的工伤保险待遇费用。

第四十四条 【派遣出境期间的工伤保险关系】职工被派遣出境工作,依据前往国家或者地区的法律应当参加当地工伤保险的,参加当地工伤保险,其国内工伤保险关系中止;不能参加当地工伤保险的,其国内工伤保险关系不中止。

第四十五条 【再次发生工伤的待遇】职工再次发生工伤,根据规定应当享受伤残津贴的,按照新认定的伤残等级享受伤残津贴待遇。

第六章 监督管理

第四十六条 【经办机构职责范围】经办机构具体承办工伤保险事务,履行下列职责:

(一)根据省、自治区、直辖市人民政府规定,征收工伤保险费;

(二)核查用人单位的工资总额和职工人数,办理工伤保险登记,并负责保存用人单位缴费和职工享受工伤保险待遇情况的记录;

(三)进行工伤保险的调查、统计;

(四)按照规定管理工伤保险基金的支出;

(五)按照规定核定工伤保险待遇;

(六)为工伤职工或者其近亲属免费提供咨询服务。

第四十七条 【服务协议】经办机构与医疗机构、辅助器具配置机构在平等协商的基础上签订服务协议,并公布签订服务协议的医疗机构、辅助器具配置机构的名单。具体办法由国务院社会保险行政部门分别会同国务院卫生行政部门、民政部门等部门制定。

第四十八条 【工伤保险费用的核查、结算】经办机构按照协议和国家有关目录、标准对工伤职工医疗费用、康复费用、辅助器具费用的使用情况进行核查,并按时足额结算费用。

第四十九条 【公布基金收支情况、费率调整建议】经办机构应当定期公布工伤保险基金的收支情况,及时向社会保险行政部门提出调整费率的建议。

第五十条 【听取社会意见】社会保险行政部门、经办机构应当定期听取工伤职工、医疗机构、辅助器具配置机构以及社会各界对改进工伤保险工作的意见。

第五十一条 【对工伤保险基金的监督】社会保险行政部门依法对工伤保险费的征缴和工伤保险基金的支付情况进行监督检查。

财政部门和审计机关依法对工伤保险基金的

收支、管理情况进行监督。

第五十二条 【群众监督】任何组织和个人对有关工伤保险的违法行为,有权举报。社会保险行政部门对举报应当及时调查,按照规定处理,并为举报人保密。

第五十三条 【工会监督】工会组织依法维护工伤职工的合法权益,对用人单位的工伤保险工作实行监督。

第五十四条 【工伤待遇争议处理】职工与用人单位发生工伤待遇方面的争议,按照处理劳动争议的有关规定处理。

第五十五条 【其他工伤保险争议处理】有下列情形之一的,有关单位或者个人可以依法申请行政复议,也可以依法向人民法院提起行政诉讼:

(一)申请工伤认定的职工或者其近亲属、该职工所在单位对工伤认定申请不予受理的决定不服的;

(二)申请工伤认定的职工或者其近亲属、该职工所在单位对工伤认定结论不服的;

(三)用人单位对经办机构确定的单位缴费费率不服的;

(四)签订服务协议的医疗机构、辅助器具配置机构认为经办机构未履行有关协议或者规定的;

(五)工伤职工或者其近亲属对经办机构核定的工伤保险待遇有异议的。

第七章 法律责任

第五十六条 【挪用工伤保险基金的责任】单位或者个人违反本条例第十二条规定挪用工伤保险基金,构成犯罪的,依法追究刑事责任;尚不构成犯罪的,依法给予处分或者纪律处分。被挪用的基金由社会保险行政部门追回,并入工伤保险基金;没收的违法所得依法上缴国库。

第五十七条 【社会保险行政部门工作人员违法违纪责任】社会保险行政部门工作人员有下列情形之一的,依法给予处分;情节严重,构成犯罪的,依法追究刑事责任:

(一)无正当理由不受理工伤认定申请,或者弄虚作假将不符合工伤条件的人员认定为工伤职工的;

(二)未妥善保管申请工伤认定的证据材料,致使有关证据灭失的;

(三)收受当事人财物的。

第五十八条 【经办机构违规的责任】经办机构有下列行为之一的,由社会保险行政部门责令改正,对直接负责的主管人员和其他责任人员依法给予纪律处分;情节严重,构成犯罪的,依法追究刑事责任;造成当事人经济损失的,由经办机构依法承担赔偿责任:

(一)未按规定保存用人单位缴费和职工享受工伤保险待遇情况记录的;

(二)不按规定核定工伤保险待遇的;

(三)收受当事人财物的。

第五十九条 【医疗机构、辅助器具配置机构、经办机构间的关系】医疗机构、辅助器具配置机构不按服务协议提供服务的,经办机构可以解除服务协议。

经办机构不按时足额结算费用的,由社会保险行政部门责令改正;医疗机构、辅助器具配置机构可以解除服务协议。

第六十条 【对骗取工伤保险待遇的处罚】用人单位、工伤职工或者其近亲属骗取工伤保险待遇,医疗机构、辅助器具配置机构骗取工伤保险基金支出的,由社会保险行政部门责令退还,处骗取金额2倍以上5倍以下的罚款;情节严重,构成犯罪的,依法追究刑事责任。

第六十一条 【鉴定组织与个人违规的责任】从事劳动能力鉴定的组织或者个人有下列情形之一的,由社会保险行政部门责令改正,处2000元以上1万元以下的罚款;情节严重,构成犯罪的,依法追究刑事责任:

(一)提供虚假鉴定意见的;

(二)提供虚假诊断证明的;

(三)收受当事人财物的。

第六十二条 【未按规定参保的情形】用人单位依照本条例规定应当参加工伤保险而未参加的,由社会保险行政部门责令限期参加,补缴应当缴纳的工伤保险费,并自欠缴之日起,按日加收万分之五的滞纳金;逾期仍不缴纳的,处欠缴数额1倍以上3倍以下的罚款。

依照本条例规定应当参加工伤保险而未参加工伤保险的用人单位职工发生工伤的,由该用人单位按照本条例规定的工伤保险待遇项目和标准支付费用。

用人单位参加工伤保险并补缴应当缴纳的工

伤保险费、滞纳金后，由工伤保险基金和用人单位依照本条例的规定支付新发生的费用。

第六十三条 【用人单位不协助调查的责任】用人单位违反本条例第十九条的规定，拒不协助社会保险行政部门对事故进行调查核实的，由社会保险行政部门责令改正，处2000元以上2万元以下的罚款。

第八章 附 则

第六十四条 【相关名词解释】本条例所称工资总额，是指用人单位直接支付给本单位全部职工的劳动报酬总额。

本条例所称本人工资，是指工伤职工因工作遭受事故伤害或者患职业病前12个月平均月缴费工资。本人工资高于统筹地区职工平均工资300%的，按照统筹地区职工平均工资的300%计算；本人工资低于统筹地区职工平均工资60%的，按照统筹地区职工平均工资的60%计算。

第六十五条 【公务员等的工伤保险】公务员和参照公务员法管理的事业单位、社会团体的工作人员因工作遭受事故伤害或者患职业病的，由所在单位支付费用。具体办法由国务院社会保险行政部门会同国务院财政部门规定。

第六十六条 【非法经营单位工伤一次性赔偿及争议处理】无营业执照或者未经依法登记、备案的单位以及被依法吊销营业执照或者撤销登记、备案的单位的职工受到事故伤害或者患职业病的，由该单位向伤残职工或者死亡职工的近亲属给予一次性赔偿，赔偿标准不得低于本条例规定的工伤保险待遇；用人单位不得使用童工，用人单位使用童工造成童工伤残、死亡的，由该单位向童工或者童工的近亲属给予一次性赔偿，赔偿标准不得低于本条例规定的工伤保险待遇。具体办法由国务院社会保险行政部门规定。

前款规定的伤残职工或者死亡职工的近亲属就赔偿数额与单位发生争议的，以及前款规定的童工或者童工的近亲属就赔偿数额与单位发生争议的，按照处理劳动争议的有关规定处理。

第六十七条 【实施日期及过渡事项】本条例自2004年1月1日起施行。本条例施行前已受到事故伤害或者患职业病的职工尚未完成工伤认定的，按照本条例的规定执行。

工伤认定办法

（2010年12月31日人力资源和社会保障部令第8号公布　自2011年1月1日起施行）

第一条 为规范工伤认定程序，依法进行工伤认定，维护当事人的合法权益，根据《工伤保险条例》的有关规定，制定本办法。

第二条 社会保险行政部门进行工伤认定按照本办法执行。

第三条 工伤认定应当客观公正、简捷方便，认定程序应当向社会公开。

第四条 职工发生事故伤害或者按照职业病防治法规定被诊断、鉴定为职业病，所在单位应当自事故伤害发生之日或者被诊断、鉴定为职业病之日起30日内，向统筹地区社会保险行政部门提出工伤认定申请。遇有特殊情况，经报社会保险行政部门同意，申请时限可以适当延长。

按照前款规定应当向省级社会保险行政部门提出工伤认定申请的，根据属地原则应当向用人单位所在地设区的市级社会保险行政部门提出。

第五条 用人单位未在规定的时限内提出工伤认定申请的，受伤害职工或者其近亲属、工会组织在事故伤害发生之日或者被诊断、鉴定为职业病之日起1年内，可以直接按照本办法第四条规定提出工伤认定申请。

第六条 提出工伤认定申请应当填写《工伤认定申请表》，并提交下列材料：

（一）劳动、聘用合同文本复印件或者与用人单位存在劳动关系（包括事实劳动关系）、人事关系的其他证明材料；

（二）医疗机构出具的受伤后诊断证明书或者职业病诊断证明书（或者职业病诊断鉴定书）。

第七条 工伤认定申请人提交的申请材料符合要求，属于社会保险行政部门管辖范围且在受理时限内的，社会保险行政部门应当受理。

第八条 社会保险行政部门收到工伤认定申请后，应当在15日内对申请人提交的材料进行审核，材料完整的，作出受理或者不予受理的决定；材料不完整的，应当以书面形式一次性告知申请人需要补正的全部材料。社会保险行政部门收到申请人提交的全部补正材料后，应当在15日内作出受理或者不予受理的决定。

社会保险行政部门决定受理的，应当出具《工伤认定申请受理决定书》；决定不予受理的，应当出具《工伤认定申请不予受理决定书》。

第九条 社会保险行政部门受理工伤认定申请后，可以根据需要对申请人提供的证据进行调查核实。

第十条 社会保险行政部门进行调查核实，应当由两名以上工作人员共同进行，并出示执行公务的证件。

第十一条 社会保险行政部门工作人员在工伤认定中，可以进行以下调查核实工作：

（一）根据工作需要，进入有关单位和事故现场；

（二）依法查阅与工伤认定有关的资料，询问有关人员并作出调查笔录；

（三）记录、录音、录像和复制与工伤认定有关的资料。

调查核实工作的证据收集参照行政诉讼证据收集的有关规定执行。

第十二条 社会保险行政部门工作人员进行调查核实时，有关单位和个人应当予以协助。用人单位、工会组织、医疗机构以及有关部门应当负责安排相关人员配合工作，据实提供情况和证明材料。

第十三条 社会保险行政部门在进行工伤认定时，对申请人提供的符合国家有关规定的职业病诊断证明书或者职业病诊断鉴定书，不再进行调查核实。职业病诊断证明书或者职业病诊断鉴定书不符合国家规定的要求和格式的，社会保险行政部门可以要求出具证据部门重新提供。

第十四条 社会保险行政部门受理工伤认定申请后，可以根据工作需要，委托其他统筹地区的社会保险行政部门或者相关部门进行调查核实。

第十五条 社会保险行政部门工作人员进行调查核实时，应当履行下列义务：

（一）保守有关单位商业秘密以及个人隐私；

（二）为提供情况的有关人员保密。

第十六条 社会保险行政部门工作人员与工伤认定申请人有利害关系的，应当回避。

第十七条 职工或者其近亲属认为是工伤，用人单位不认为是工伤的，由该用人单位承担举证责任。用人单位拒不举证的，社会保险行政部门可以根据受伤害职工提供的证据或者调查取得的证据，依法作出工伤认定决定。

第十八条 社会保险行政部门应当自受理工伤认定申请之日起60日内作出工伤认定决定，出具《认定工伤决定书》或者《不予认定工伤决定书》。

第十九条 《认定工伤决定书》应当载明下列事项：

（一）用人单位全称；

（二）职工的姓名、性别、年龄、职业、身份证号码；

（三）受伤害部位、事故时间和诊断时间或职业病名称、受伤害经过和核实情况、医疗救治的基本情况和诊断结论；

（四）认定工伤或者视同工伤的依据；

（五）不服认定决定申请行政复议或者提起行政诉讼的部门和时限；

（六）作出认定工伤或者视同工伤决定的时间。

《不予认定工伤决定书》应当载明下列事项：

（一）用人单位全称；

（二）职工的姓名、性别、年龄、职业、身份证号码；

（三）不予认定工伤或者不视同工伤的依据；

（四）不服认定决定申请行政复议或者提起行政诉讼的部门和时限；

（五）作出不予认定工伤或者不视同工伤决定的时间。

《认定工伤决定书》和《不予认定工伤决定书》应当加盖社会保险行政部门工伤认定专用印章。

第二十条 社会保险行政部门受理工伤认定申请后，作出工伤认定决定需要以司法机关或者有关行政主管部门的结论为依据的，在司法机关或者有关行政主管部门尚未作出结论期间，作出工伤认定决定的时限中止，并书面通知申请人。

第二十一条 社会保险行政部门对于事实清楚、权利义务明确的工伤认定申请，应当自受理工伤认定申请之日起15日内作出工伤认定决定。

第二十二条 社会保险行政部门应当自工伤认定决定作出之日起20日内，将《认定工伤决定书》或者《不予认定工伤决定书》送达受伤害职工（或者其近亲属）和用人单位，并抄送社会保险经办机构。

《认定工伤决定书》和《不予认定工伤决定书》的送达参照民事法律有关送达的规定执行。

第二十三条 职工或者其近亲属、用人单位对不予受理决定不服或者对工伤认定决定不服的，可以依法申请行政复议或者提起行政诉讼。

第二十四条 工伤认定结束后,社会保险行政部门应当将工伤认定的有关资料保存50年。

第二十五条 用人单位拒不协助社会保险行政部门对事故伤害进行调查核实的,由社会保险行政部门责令改正,处2000元以上2万元以下的罚款。

第二十六条 本办法中的《工伤认定申请表》、《工伤认定申请受理决定书》、《工伤认定申请不予受理决定书》、《认定工伤决定书》、《不予认定工伤决定书》的样式由国务院社会保险行政部门统一制定。

第二十七条 本办法自2011年1月1日起施行。劳动和社会保障部2003年9月23日颁布的《工伤认定办法》同时废止。

附件:工伤认定申请表(略)

工伤认定申请受理决定书(略)

工伤认定申请不予受理决定书(略)

认定工伤决定书(略)

不予认定工伤决定书(略)

部分行业企业工伤保险费缴纳办法

(2010年12月31日人力资源和社会保障部令第10号公布 自2011年1月1日起施行)

第一条 根据《工伤保险条例》第十条第三款的授权,制定本办法。

第二条 本办法所称的部分行业企业是指建筑、服务、矿山等行业中难以直接按照工资总额计算缴纳工伤保险费的建筑施工企业、小型服务企业、小型矿山企业等。

前款所称小型服务企业、小型矿山企业的划分标准可以参照《中小企业标准暂行规定》(国经贸中小企〔2003〕143号)执行。

第三条 建筑施工企业可以实行以建筑施工项目为单位,按照项目工程总造价的一定比例,计算缴纳工伤保险费。

第四条 商贸、餐饮、住宿、美容美发、洗浴以及文体娱乐等小型服务业企业以及有雇工的个体工商户,可以按照营业面积的大小核定应参保人数,按照所在统筹地区上一年度职工月平均工资的一定比例和相应的费率,计算缴纳工伤保险费;也可以按照营业额的一定比例计算缴纳工伤保险费。

第五条 小型矿山企业可以按照总产量、吨矿工资含量和相应的费率计算缴纳工伤保险费。

第六条 本办法中所列部分行业企业工伤保险费缴纳的具体计算办法,由省级社会保险行政部门根据本地区实际情况确定。

第七条 本办法自2011年1月1日起施行。

因工死亡职工供养亲属范围规定

(2003年9月23日劳动和社会保障部令第18号公布 自2004年1月1日起施行)

第一条 为明确因工死亡职工供养亲属范围,根据《工伤保险条例》第三十七条第一款第二项的授权,制定本规定。

第二条 本规定所称因工死亡职工供养亲属,是指该职工的配偶、子女、父母、祖父母、外祖父母、孙子女、外孙子女、兄弟姐妹。

本规定所称子女,包括婚生子女、非婚生子女、养子女和有抚养关系的继子女,其中,婚生子女、非婚生子女包括遗腹子女;

本规定所称父母,包括生父母、养父母和有抚养关系的继父母;

本规定所称兄弟姐妹,包括同父母的兄弟姐妹、同父异母或者同母异父的兄弟姐妹、养兄弟姐妹、有抚养关系的继兄弟姐妹。

第三条 上条规定的人员,依靠因工死亡职工生前提供主要生活来源,并有下列情形之一的,可按规定申请供养亲属抚恤金:

(一)完全丧失劳动能力的;

(二)工亡职工配偶男年满60周岁、女年满55周岁的;

(三)工亡职工父母男年满60周岁、女年满55周岁的;

(四)工亡职工子女未满18周岁的;

(五)工亡职工父母均已死亡,其祖父、外祖父年满60周岁,祖母、外祖母年满55周岁的;

(六)工亡职工子女已经死亡或完全丧失劳动能力,其孙子女、外孙子女未满18周岁的;

(七)工亡职工父母均已死亡或完全丧失劳动能力,其兄弟姐妹未满18周岁的。

第四条 领取抚恤金人员有下列情形之一的，停止享受抚恤金待遇：

（一）年满18周岁且未完全丧失劳动能力的；

（二）就业或参军的；

（三）工亡职工配偶再婚的；

（四）被他人或组织收养的；

（五）死亡的。

第五条 领取抚恤金的人员，在被判刑收监执行期间，停止享受抚恤金待遇。刑满释放仍符合领取抚恤金资格的，按规定的标准享受抚恤金。

第六条 因工死亡职工供养亲属享受抚恤金待遇的资格，由统筹地区社会保险经办机构核定。

因工死亡职工供养亲属的劳动能力鉴定，由因工死亡职工生前单位所在地设区的市级劳动能力鉴定委员会负责。

第七条 本办法自2004年1月1日起施行。

最高人民法院关于审理工伤保险行政案件若干问题的规定

（2014年4月21日最高人民法院审判委员会第1613次会议通过 2014年6月18日最高人民法院公告公布 自2014年9月1日起施行 法释〔2014〕9号）

为正确审理工伤保险行政案件，根据《中华人民共和国社会保险法》《中华人民共和国劳动法》《中华人民共和国行政诉讼法》《工伤保险条例》及其他有关法律、行政法规规定，结合行政审判实际，制定本规定。

第一条 **【工伤认定行政案件审理依据】**人民法院审理工伤认定行政案件，在认定是否存在《工伤保险条例》第十四条第（六）项“本人主要责任”、第十六条第（二）项“醉酒或者吸毒”和第十六条第（三）项“自残或者自杀”等情形时，应当以有权机构出具的事故责任认定书、结论性意见和人民法院生效裁判等法律文书为依据，但有相反证据足以推翻事故责任认定书和结论性意见的除外。

前述法律文书不存在或者内容不明确，社会保险行政部门就前款事实作出认定的，人民法院应当结合其提供的相关证据依法进行审查。

《工伤保险条例》第十六条第（一）项“故意犯罪”的认定，应当以刑事侦查机关、检察机关和审判机关的生效法律文书或者结论性意见为依据。

第二条 **【中止审理】**人民法院受理工伤认定行政案件后，发现原告或者第三人在提起行政诉讼前已经就是否存在劳动关系申请劳动仲裁或者提起民事诉讼的，应当中止行政案件的审理。

第三条 **【工伤保险责任单位】**社会保险行政部门认定下列单位为承担工伤保险责任单位的，人民法院应予支持：

（一）职工与两个或两个以上单位建立劳动关系，工伤事故发生时，职工为之工作的单位为承担工伤保险责任的单位；

（二）劳务派遣单位派遣的职工在用工单位工作期间因工伤亡的，派遣单位为承担工伤保险责任的单位；

（三）单位指派到其他单位工作的职工因工伤亡的，指派单位为承担工伤保险责任的单位；

（四）用工单位违反法律、法规规定将承包业务转包给不具备用工主体资格的组织或者自然人，该组织或者自然人聘用的职工从事承包业务时因工伤亡的，用工单位为承担工伤保险责任的单位；

（五）个人挂靠其他单位对外经营，其聘用的人员因工伤亡的，被挂靠单位为承担工伤保险责任的单位。

前款第（四）、（五）项明确的承担工伤保险责任的单位承担赔偿责任或者社会保险经办机构从工伤保险基金支付工伤保险待遇后，有权向相关组织、单位和个人追偿。

第四条 **【可认定工伤的情形】**社会保险行政部门认定下列情形为工伤的，人民法院应予支持：

（一）职工在工作时间和工作场所内受到伤害，用人单位或者社会保险行政部门没有证据证明是非工作原因导致的；

（二）职工参加用人单位组织或者受用人单位指派参加其他单位组织的活动受到伤害的；

（三）在工作时间内，职工来往于多个与其工作职责相关的工作场所之间的合理区域因工受到伤害的；

（四）其他与履行工作职责相关，在工作时间及合理区域内受到伤害的。

第五条 **【“因工外出期间”的认定】**社会保险行政部门认定下列情形为“因工外出期间”的，人民法院应予支持：

（一）职工受用人单位指派或者因工作需要在工作场所以外从事与工作职责有关的活动期间；

（二）职工受用人单位指派外出学习或者开会期间；

（三）职工因工作需要的其他外出活动期间。

职工因工外出期间从事与工作或者受用人单位指派外出学习、开会无关的个人活动受到伤害，社会保险行政部门不认定为工伤的，人民法院应予支持。

第六条　【“上下班途中”的认定】对社会保险行政部门认定下列情形为“上下班途中”的，人民法院应予支持：

（一）在合理时间内往返于工作地与住所地、经常居住地、单位宿舍的合理路线的上下班途中；

（二）在合理时间内往返于工作地与配偶、父母、子女居住地的合理路线的上下班途中；

（三）从事属于日常工作生活所需要的活动，且在合理时间和合理路线的上下班途中；

（四）在合理时间内其他合理路线的上下班途中。

第七条　【不属于职工或其近亲属自身原因耽误工伤认定申请期限的情形】由于不属于职工或者其近亲属自身原因超过工伤认定申请期限的，被耽误的时间不计算在工伤认定申请期限内。

有下列情形之一耽误申请时间的，应当认定为不属于职工或者其近亲属自身原因：

（一）不可抗力；

（二）人身自由受到限制；

（三）属于用人单位原因；

（四）社会保险行政部门登记制度不完善；

（五）当事人对是否存在劳动关系申请仲裁、提起民事诉讼。

第八条　【因第三人原因受伤或导致工伤】职工因第三人的原因受到伤害，社会保险行政部门以职工或者其近亲属已经对第三人提起民事诉讼或者获得民事赔偿为由，作出不予受理工伤认定申请或者不予认定工伤决定的，人民法院不予支持。

职工因第三人的原因受到伤害，社会保险行政部门已经作出工伤认定，职工或者其近亲属未对第三人提起民事诉讼或者尚未获得民事赔偿，起诉要求社会保险经办机构支付工伤保险待遇的，人民法院应予支持。

职工因第三人的原因导致工伤，社会保险经办机构以职工或者其近亲属已经对第三人提起民事诉讼为由，拒绝支付工伤保险待遇的，人民法院不予支持，但第三人已经支付的医疗费用除外。

第九条　【工伤认定错误的更正】因工伤认定申请人或者用人单位隐瞒有关情况或者提供虚假材料，导致工伤认定错误的，社会保险行政部门可以在诉讼中依法予以更正。

工伤认定依法更正后，原告不申请撤诉，社会保险行政部门在作出原工伤认定时有过错的，人民法院应当判决确认违法；社会保险行政部门无过错的，人民法院可以驳回原告诉讼请求。

第十条　【规定不一致的以本规定为准】最高人民法院以前颁布的司法解释与本规定不一致的，以本规定为准。

失业保险条例

（1998年12月26日国务院第11次常务会议通过　1999年1月22日中华人民共和国国务院令第258号发布　自发布之日起施行）

第一章　总　　则

第一条　【立法目的】为了保障失业人员失业期间的基本生活，促进其再就业，制定本条例。

第二条　【适用范围】城镇企业事业单位、城镇企业事业单位职工依照本条例的规定，缴纳失业保险费。

城镇企业事业单位失业人员依照本条例的规定，享受失业保险待遇。

本条所称城镇企业，是指国有企业、城镇集体企业、外商投资企业、城镇私营企业以及其他城镇企业。

第三条　【主管部门】国务院劳动保障行政部门主管全国的失业保险工作。县级以上地方各级人民政府劳动保障行政部门主管本行政区域内的失业保险工作。劳动保障行政部门按照国务院规定设立的经办失业保险业务的社会保险经办机构依照本条例的规定，具体承办失业保险工作。

第四条　【失业保险费征缴】失业保险费按照国家有关规定征缴。

第二章 失业保险基金

第五条 【失业保险基金构成】失业保险基金由下列各项构成：

(一) 城镇企业事业单位、城镇企业事业单位职工缴纳的失业保险费；

(二) 失业保险基金的利息；

(三) 财政补贴；

(四) 依法纳入失业保险基金的其他资金。

第六条 【缴费主体】城镇企业事业单位按照本单位工资总额的2%缴纳失业保险费。城镇企业事业单位职工按照本人工资的1%缴纳失业保险费。城镇企业事业单位招用的农民合同制工人本人不缴纳失业保险费。

第七条 【统筹层次】失业保险基金在直辖市和设区的市实行全市统筹；其他地区的统筹层次由省、自治区人民政府规定。

第八条 【失业保险调剂金】省、自治区可以建立失业保险调剂金。

失业保险调剂金以统筹地区依法应当征收的失业保险费为基数，按照省、自治区人民政府规定的比例筹集。

统筹地区的失业保险基金不敷使用时，由失业保险调剂金调剂、地方财政补贴。

失业保险调剂金的筹集、调剂使用以及地方财政补贴的具体办法，由省、自治区人民政府规定。

第九条 【费率调整】省、自治区、直辖市人民政府根据本行政区域失业人员数量和失业保险基金数额，报经国务院批准，可以适当调整本行政区域失业保险费的费率。

第十条 【支出项目】失业保险基金用于下列支出：

(一) 失业保险金；

(二) 领取失业保险金期间的医疗补助金；

(三) 领取失业保险金期间死亡的失业人员的丧葬补助金和其供养的配偶、直系亲属的抚恤金；

(四) 领取失业保险金期间接受职业培训、职业介绍的补贴，补贴的办法和标准由省、自治区、直辖市人民政府规定；

(五) 国务院规定或者批准的与失业保险有关的其他费用。

第十一条 【收支管理】失业保险基金必须存入财政部门在国有商业银行开设的社会保障基金财政专户，实行收支两条线管理，由财政部门依法进行监督。

存入银行和按照国家规定购买国债的失业保险基金，分别按照城乡居民同期存款利率和国债利息计息。失业保险基金的利息并入失业保险基金。

失业保险基金专款专用，不得挪作他用，不得用于平衡财政收支。

第十二条 【预算、决算】失业保险基金收支的预算、决算，由统筹地区社会保险经办机构编制，经同级劳动保障行政部门复核、同级财政部门审核，报同级人民政府审批。

第十三条 【财会制度】失业保险基金的财务制度和会计制度按照国家有关规定执行。

第三章 失业保险待遇

第十四条 【失业保险金领取条件】具备下列条件的失业人员，可以领取失业保险金：

(一) 按照规定参加失业保险，所在单位和本人已按照规定履行缴费义务满1年的；

(二) 非因本人意愿中断就业的；

(三) 已办理失业登记，并有求职要求的。

失业人员在领取失业保险金期间，按照规定同时享受其他失业保险待遇。

第十五条 【停止领取失业保险金】失业人员在领取失业保险金期间有下列情形之一的，停止领取失业保险金，并同时停止享受其他失业保险待遇：

(一) 重新就业的；

(二) 应征服兵役的；

(三) 移居境外的；

(四) 享受基本养老保险待遇的；

(五) 被判刑收监执行或者被劳动教养的；

(六) 无正当理由，拒不接受当地人民政府指定的部门或者机构介绍的工作的；

(七) 有法律、行政法规规定的其他情形的。

第十六条 【失业证明】城镇企业事业单位应当及时为失业人员出具终止或者解除劳动关系的证明，告知其按照规定享受失业保险待遇的权利，并将失业人员的名单自终止或者解除劳动关系之日起7日内报社会保险经办机构备案。

城镇企业事业单位职工失业后，应当持本单位为其出具的终止或者解除劳动关系的证明，及时到指定的社会保险经办机构办理失业登记。失业保险金自办理失业登记之日起计算。

失业保险金由社会保险经办机构按月发放。社会保险经办机构为失业人员开具领取失业保险金的单证,失业人员凭单证到指定银行领取失业保险金。

第十七条 【领取期限】失业人员失业前所在单位和本人按照规定累计缴费时间满1年不足5年的,领取失业保险金的期限最长为12个月;累计缴费时间满5年不足10年的,领取失业保险金的期限最长为18个月;累计缴费时间10年以上的,领取失业保险金的期限最长为24个月。重新就业后,再次失业的,缴费时间重新计算,领取失业保险金的期限可以与前次失业应领取而尚未领取的失业保险金的期限合并计算,但是最长不得超过24个月。

第十八条 【失业保险金标准】失业保险金的标准,按照低于当地最低工资标准、高于城市居民最低生活保障标准的水平,由省、自治区、直辖市人民政府确定。

第十九条 【医疗补助金】失业人员在领取失业保险金期间患病就医的,可以按照规定向社会保险经办机构申请领取医疗补助金。医疗补助金的标准由省、自治区、直辖市人民政府规定。

第二十条 【丧葬补助金与抚恤金】失业人员在领取失业保险金期间死亡的,参照当地对在职职工的规定,对其家属一次性发给丧葬补助金和抚恤金。

第二十一条 【一次性生活补助】单位招用的农民合同制工人连续工作满1年,本单位并已缴纳失业保险费,劳动合同期满未续订或者提前解除劳动合同的,由社会保险经办机构根据其工作时间长短,对其支付一次性生活补助。补助的办法和标准由省、自治区、直辖市人民政府规定。

第二十二条 【失业保险关系转迁】城镇企业事业单位成建制跨统筹地区转移,失业人员跨统筹地区流动的,失业保险关系随之转迁。

第二十三条 【城市居民最低生活保障待遇】失业人员符合城市居民最低生活保障条件的,按照规定享受城市居民最低生活保障待遇。

第四章 管理和监督

第二十四条 【劳动保障部门职责】劳动保障行政部门管理失业保险工作,履行下列职责:

(一)贯彻实施失业保险法律、法规;

(二)指导社会保险经办机构的工作;

(三)对失业保险费的征收和失业保险待遇的支付进行监督检查。

第二十五条 【社保经办机构职责】社会保险经办机构具体承办失业保险工作,履行下列职责:

(一)负责失业人员的登记、调查、统计;

(二)按照规定负责失业保险基金的管理;

(三)按照规定核定失业保险待遇,开具失业人员在指定银行领取失业保险金和其他补助金的单证;

(四)拨付失业人员职业培训、职业介绍补贴费用;

(五)为失业人员提供免费咨询服务;

(六)国家规定由其履行的其他职责。

第二十六条 【收支监督】财政部门和审计部门依法对失业保险基金的收支、管理情况进行监督。

第二十七条 【经费拨付】社会保险经办机构所需经费列入预算,由财政拨付。

第五章 罚则

第二十八条 【骗取失业待遇的处理】不符合享受失业保险待遇条件,骗取失业保险金和其他失业保险待遇的,由社会保险经办机构责令退还;情节严重的,由劳动保障行政部门处骗取金额1倍以上3倍以下的罚款。

第二十九条 【开具单证违规责任】社会保险经办机构工作人员违反规定向失业人员开具领取失业保险金或者享受其他失业保险待遇单证,致使失业保险基金损失的,由劳动保障行政部门责令追回;情节严重的,依法给予行政处分。

第三十条 【失职责任】劳动保障行政部门和社会保险经办机构的工作人员滥用职权、徇私舞弊、玩忽职守,造成失业保险基金损失的,由劳动保障行政部门追回损失的失业保险基金;构成犯罪的,依法追究刑事责任;尚不构成犯罪的,依法给予行政处分。

第三十一条 【挪用责任】任何单位、个人挪用失业保险基金的,追回挪用的失业保险基金;有违法所得的,没收违法所得,并入失业保险基金;构成犯罪的,依法追究刑事责任;尚不构成犯罪的,对直接负责的主管人员和其他直接责任人员依法给予行政处分。

第六章 附 则

第三十二条 【社会团体等组织的适用】省、自治区、直辖市人民政府根据当地实际情况，可以决定本条例适用于本行政区域内的社会团体及其专职人员、民办非企业单位及其职工、有雇工的城镇个体工商户及其雇工。

第三十三条 【施行日期】本条例自发布之日起施行。1993年4月12日国务院发布的《国有企业职工待业保险规定》同时废止。

城市居民最低生活保障条例

（1999年9月23日国务院第21次常务会议通过 1999年9月28日中华人民共和国国务院令第271号发布 自1999年10月1日起施行）

第一条 为了规范城市居民最低生活保障制度，保障城市居民基本生活，制定本条例。

第二条 持有非农业户口的城市居民，凡共同生活的家庭成员人均收入低于当地城市居民最低生活保障标准的，均有从当地人民政府获得基本生活物质帮助的权利。

前款所称收入，是指共同生活的家庭成员的全部货币收入和实物收入，包括法定赡养人、扶养人或者抚养人应当给付的赡养费、扶养费或者抚养费，不包括优抚对象按照国家规定享受的抚恤金、补助金。

第三条 城市居民最低生活保障制度遵循保障城市居民基本生活的原则，坚持国家保障与社会帮扶相结合、鼓励劳动自救的方针。

第四条 城市居民最低生活保障制度实行地方各级人民政府负责制。县级以上地方各级人民政府民政部门具体负责本行政区域内城市居民最低生活保障的管理工作；财政部门按照规定落实城市居民最低生活保障资金；统计、物价、审计、劳动保障和人事等部门分工负责，在各自的职责范围内负责城市居民最低生活保障的有关工作。

县级人民政府民政部门以及街道办事处和镇人民政府（以下统称管理审批机关）负责城市居民最低生活保障的具体管理审批工作。

居民委员会根据管理审批机关的委托，可以承担城市居民最低生活保障的日常管理、服务工作。

国务院民政部门负责全国城市居民最低生活保障的管理工作。

第五条 城市居民最低生活保障所需资金，由地方人民政府列入财政预算，纳入社会救济专项资金支出项目，专项管理，专款专用。

国家鼓励社会组织和个人为城市居民最低生活保障提供捐赠、资助；所提供的捐赠资助，全部纳入当地城市居民最低生活保障资金。

第六条 城市居民最低生活保障标准，按照当地维持城市居民基本生活所必需的衣、食、住费用，并适当考虑水电燃煤（燃气）费用以及未成年人的义务教育费用确定。

直辖市、设区的市的城市居民最低生活保障标准，由市人民政府民政部门会同财政、统计、物价等部门制定，报本级人民政府批准并公布执行；县（县级市）的城市居民最低生活保障标准，由县（县级市）人民政府民政部门会同财政、统计、物价等部门制定，报本级人民政府批准并报上一级人民政府备案后公布执行。

城市居民最低生活保障标准需要提高时，依照前两款的规定重新核定。

第七条 申请享受城市居民最低生活保障待遇，由户主向户籍所在地的街道办事处或者镇人民政府提出书面申请，并出具有关证明材料，填写《城市居民最低生活保障待遇审批表》。城市居民最低生活保障待遇，由其所在地的街道办事处或者镇人民政府初审，并将有关材料和初审意见报送县级人民政府民政部门审批。

管理审批机关为审批城市居民最低生活保障待遇的需要，可以通过入户调查、邻里访问以及信函索证等方式对申请人的家庭经济状况和实际生活水平进行调查核实。申请人及有关单位、组织或者个人应当接受调查，如实提供有关情况。

第八条 县级人民政府民政部门经审查，对符合享受城市居民最低生活保障待遇条件的家庭，应当区分下列不同情况批准其享受城市居民最低生活保障待遇：

（一）对无生活来源、无劳动能力又无法定赡养人、扶养人或者抚养人的城市居民，批准其按照当地城市居民最低生活保障标准全额享受；

（二）对尚有一定收入的城市居民，批准其按照家庭人均收入低于当地城市居民最低生活保障标准的差额享受。

县级人民政府民政部门经审查，对不符合享受城市居民最低生活保障待遇条件的，应当书面通知申请人，并说明理由。

管理审批机关应当自接到申请人提出申请之日起的30日内办结审批手续。

城市居民最低生活保障待遇由管理审批机关以货币形式按月发放；必要时，也可以给付实物。

第九条 对经批准享受城市居民最低生活保障待遇的城市居民，由管理审批机关采取适当形式以户为单位予以公布，接受群众监督。任何人对不符合法定条件而享受城市居民最低生活保障待遇的，都有权向管理审批机关提出意见；管理审批机关经核查，对情况属实的，应当予以纠正。

第十条 享受城市居民最低生活保障待遇的城市居民家庭人均收入情况发生变化的，应当及时通过居民委员会告知管理审批机关，办理停发、减发或者增发城市居民最低生活保障待遇的手续。

管理审批机关应当对享受城市居民最低生活保障待遇的城市居民的家庭收入情况定期进行核查。

在就业年龄内有劳动能力但尚未就业的城市居民，在享受城市居民最低生活保障待遇期间，应当参加其所在的居民委员会组织的公益性社区服务劳动。

第十一条 地方各级人民政府及其有关部门，应当对享受城市居民最低生活保障待遇的城市居民在就业、从事个体经营等方面给予必要的扶持和照顾。

第十二条 财政部门、审计部门依法监督城市居民最低生活保障资金的使用情况。

第十三条 从事城市居民最低生活保障管理审批工作的人员有下列行为之一的，给予批评教育，依法给予行政处分；构成犯罪的，依法追究刑事责任：

（一）对符合享受城市居民最低生活保障待遇条件的家庭拒不签署同意享受城市居民最低生活保障待遇意见的，或者对不符合享受城市居民最低生活保障待遇条件的家庭故意签署同意享受城市居民最低生活保障待遇意见的；

（二）玩忽职守、徇私舞弊，或者贪污、挪用、扣压、拖欠城市居民最低生活保障款物的。

第十四条 享受城市居民最低生活保障待遇的城市居民有下列行为之一的，由县级人民政府民政部门给予批评教育或者警告，追回其冒领的城市居民最低生活保障款物；情节恶劣的，处冒领金额1倍以上3倍以下的罚款：

（一）采取虚报、隐瞒、伪造等手段，骗取享受城市居民最低生活保障待遇的；

（二）在享受城市居民最低生活保障待遇期间家庭收入情况好转，不按规定告知管理审批机关，继续享受城市居民最低生活保障待遇的。

第十五条 城市居民对县级人民政府民政部门作出的不批准享受城市居民最低生活保障待遇或者减发、停发城市居民最低生活保障款物的决定或者给予的行政处罚不服的，可以依法申请行政复议；对复议决定仍不服的，可以依法提起行政诉讼。

第十六条 省、自治区、直辖市人民政府可以根据本条例，结合本行政区域城市居民最低生活保障工作的实际情况，规定实施的办法和步骤。

第十七条 本条例自1999年10月1日起施行。

社会救助暂行办法

（2014年2月21日中华人民共和国国务院令第649号公布　根据2019年3月2日《国务院关于修改部分行政法规的决定》修订）

第一章　总　　则

第一条 为了加强社会救助，保障公民的基本生活，促进社会公平，维护社会和谐稳定，根据宪法，制定本办法。

第二条 社会救助制度坚持托底线、救急难、可持续，与其他社会保障制度相衔接，社会救助水平与经济社会发展水平相适应。

社会救助工作应当遵循公开、公平、公正、及时的原则。

第三条 国务院民政部门统筹全国社会救助体系建设。国务院民政、应急管理、卫生健康、教育、住房城乡建设、人力资源社会保障、医疗保障等部门，按照各自职责负责相应的社会救助管理工作。

县级以上地方人民政府民政、应急管理、卫生健康、教育、住房城乡建设、人力资源社会保障、医疗保障等部门，按照各自职责负责本行政区域内相应的社会救助管理工作。

前两款所列行政部门统称社会救助管理部门。

第四条 乡镇人民政府、街道办事处负责有关社会救助的申请受理、调查审核，具体工作由社会救助经办机构或者经办人员承担。

村民委员会、居民委员会协助做好有关社会救助工作。

第五条 县级以上人民政府应当将社会救助纳入国民经济和社会发展规划，建立健全政府领导、民政部门牵头、有关部门配合、社会力量参与的社会救助工作协调机制，完善社会救助资金、物资保障机制，将政府安排的社会救助资金和社会救助工作经费纳入财政预算。

社会救助资金实行专项管理，分账核算，专款专用，任何单位或者个人不得挤占挪用。社会救助资金的支付，按照财政国库管理的有关规定执行。

第六条 县级以上人民政府应当按照国家统一规划建立社会救助管理信息系统，实现社会救助信息互联互通、资源共享。

第七条 国家鼓励、支持社会力量参与社会救助。

第八条 对在社会救助工作中作出显著成绩的单位、个人，按照国家有关规定给予表彰、奖励。

第二章 最低生活保障

第九条 国家对共同生活的家庭成员人均收入低于当地最低生活保障标准，且符合当地最低生活保障家庭财产状况规定的家庭，给予最低生活保障。

第十条 最低生活保障标准，由省、自治区、直辖市或者设区的市级人民政府按照当地居民生活必需的费用确定、公布，并根据当地经济社会发展水平和物价变动情况适时调整。

最低生活保障家庭收入状况、财产状况的认定办法，由省、自治区、直辖市或者设区的市级人民政府按照国家有关规定制定。

第十一条 申请最低生活保障，按照下列程序办理：

（一）由共同生活的家庭成员向户籍所在地的乡镇人民政府、街道办事处提出书面申请；家庭成员申请有困难的，可以委托村民委员会、居民委员会代为提出申请。

（二）乡镇人民政府、街道办事处应当通过入户调查、邻里访问、信函索证、群众评议、信息核查等方式，对申请人的家庭收入状况、财产状况进行调查核实，提出初审意见，在申请人所在村、社区公示后报县级人民政府民政部门审批。

（三）县级人民政府民政部门经审查，对符合条件的申请予以批准，并在申请人所在村、社区公布；对不符合条件的申请不予批准，并书面向申请人说明理由。

第十二条 对批准获得最低生活保障的家庭，县级人民政府民政部门按照共同生活的家庭成员人均收入低于当地最低生活保障标准的差额，按月发给最低生活保障金。

对获得最低生活保障后生活仍有困难的老年人、未成年人、重度残疾人和重病患者，县级以上地方人民政府应当采取必要措施给予生活保障。

第十三条 最低生活保障家庭的人口状况、收入状况、财产状况发生变化的，应当及时告知乡镇人民政府、街道办事处。

县级人民政府民政部门以及乡镇人民政府、街道办事处应当对获得最低生活保障家庭的人口状况、收入状况、财产状况定期核查。

最低生活保障家庭的人口状况、收入状况、财产状况发生变化的，县级人民政府民政部门应当及时决定增发、减发或者停发最低生活保障金；决定停发最低生活保障金的，应当书面说明理由。

第三章 特困人员供养

第十四条 国家对无劳动能力、无生活来源且无法定赡养、抚养、扶养义务人，或者其法定赡养、抚养、扶养义务人无赡养、抚养、扶养能力的老年人、残疾人以及未满16周岁的未成年人，给予特困人员供养。

第十五条 特困人员供养的内容包括：

（一）提供基本生活条件；

（二）对生活不能自理的给予照料；

（三）提供疾病治疗；

（四）办理丧葬事宜。

特困人员供养标准，由省、自治区、直辖市或者设区的市级人民政府确定、公布。

特困人员供养应当与城乡居民基本养老保险、基本医疗保障、最低生活保障、孤儿基本生活保障等制度相衔接。

第十六条 申请特困人员供养,由本人向户籍所在地的乡镇人民政府、街道办事处提出书面申请;本人申请有困难的,可以委托村民委员会、居民委员会代为提出申请。

特困人员供养的审批程序适用本办法第十一条规定。

第十七条 乡镇人民政府、街道办事处应当及时了解掌握居民的生活情况,发现符合特困供养条件的人员,应当主动为其依法办理供养。

第十八条 特困供养人员不再符合供养条件的,村民委员会、居民委员会或者供养服务机构应当告知乡镇人民政府、街道办事处,由乡镇人民政府、街道办事处审核并报县级人民政府民政部门核准后,终止供养并予以公示。

第十九条 特困供养人员可以在当地的供养服务机构集中供养,也可以在家分散供养。特困供养人员可以自行选择供养形式。

第四章 受灾人员救助

第二十条 国家建立健全自然灾害救助制度,对基本生活受到自然灾害严重影响的人员,提供生活救助。

自然灾害救助实行属地管理,分级负责。

第二十一条 设区的市级以上人民政府和自然灾害多发、易发地区的县级人民政府应当根据自然灾害特点、居民人口数量和分布等情况,设立自然灾害救助物资储备库,保障自然灾害发生后救助物资的紧急供应。

第二十二条 自然灾害发生后,县级以上人民政府或者人民政府的自然灾害救助应急综合协调机构应当根据情况紧急疏散、转移、安置受灾人员,及时为受灾人员提供必要的食品、饮用水、衣被、取暖、临时住所、医疗防疫等应急救助。

第二十三条 灾情稳定后,受灾地区县级以上人民政府应当评估、核定并发布自然灾害损失情况。

第二十四条 受灾地区人民政府应当在确保安全的前提下,对住房损毁严重的受灾人员进行过渡性安置。

第二十五条 自然灾害危险消除后,受灾地区人民政府应急管理等部门应当及时核实本行政区域内居民住房恢复重建补助对象,并给予资金、物资等救助。

第二十六条 自然灾害发生后,受灾地区人民政府应当为因当年冬寒或者次年春荒遇到生活困难的受灾人员提供基本生活救助。

第五章 医疗救助

第二十七条 国家建立健全医疗救助制度,保障医疗救助对象获得基本医疗卫生服务。

第二十八条 下列人员可以申请相关医疗救助:

(一)最低生活保障家庭成员;

(二)特困供养人员;

(三)县级以上人民政府规定的其他特殊困难人员。

第二十九条 医疗救助采取下列方式:

(一)对救助对象参加城镇居民基本医疗保险或者新型农村合作医疗的个人缴费部分,给予补贴;

(二)对救助对象经基本医疗保险、大病保险和其他补充医疗保险支付后,个人及其家庭难以承担的符合规定的基本医疗自负费用,给予补助。

医疗救助标准,由县级以上人民政府按照经济社会发展水平和医疗救助资金情况确定、公布。

第三十条 申请医疗救助的,应当向乡镇人民政府、街道办事处提出,经审核、公示后,由县级人民政府医疗保障部门审批。最低生活保障家庭成员和特困供养人员的医疗救助,由县级人民政府医疗保障部门直接办理。

第三十一条 县级以上人民政府应当建立健全医疗救助与基本医疗保险、大病保险相衔接的医疗费用结算机制,为医疗救助对象提供便捷服务。

第三十二条 国家建立疾病应急救助制度,对需要急救但身份不明或者无力支付急救费用的急重危伤病患者给予救助。符合规定的急救费用由疾病应急救助基金支付。

疾病应急救助制度应当与其他医疗保障制度相衔接。

第六章 教育救助

第三十三条 国家对在义务教育阶段就学的最低生活保障家庭成员、特困供养人员,给予教育救助。

对在高中教育(含中等职业教育)、普通高等教育阶段就学的最低生活保障家庭成员、特困供养人员，以及不能入学接受义务教育的残疾儿童，根据实际情况给予适当教育救助。

第三十四条 教育救助根据不同教育阶段需求，采取减免相关费用、发放助学金、给予生活补助、安排勤工助学等方式实施，保障教育救助对象基本学习、生活需求。

第三十五条 教育救助标准，由省、自治区、直辖市人民政府根据经济社会发展水平和教育救助对象的基本学习、生活需求确定、公布。

第三十六条 申请教育救助，应当按照国家有关规定向就读学校提出，按规定程序审核、确认后，由学校按照国家有关规定实施。

第七章 住房救助

第三十七条 国家对符合规定标准的住房困难的最低生活保障家庭、分散供养的特困人员，给予住房救助。

第三十八条 住房救助通过配租公共租赁住房、发放住房租赁补贴、农村危房改造等方式实施。

第三十九条 住房困难标准和救助标准，由县级以上地方人民政府根据本行政区域经济社会发展水平、住房价格水平等因素确定、公布。

第四十条 城镇家庭申请住房救助的，应当经由乡镇人民政府、街道办事处或者直接向县级人民政府住房保障部门提出，经县级人民政府民政部门审核家庭收入、财产状况和县级人民政府住房保障部门审核家庭住房状况并公示后，对符合申请条件的申请人，由县级人民政府住房保障部门优先给予保障。

农村家庭申请住房救助的，按照县级以上人民政府有关规定执行。

第四十一条 各级人民政府按照国家规定通过财政投入、用地供应等措施为实施住房救助提供保障。

第八章 就业救助

第四十二条 国家对最低生活保障家庭中有劳动能力并处于失业状态的成员，通过贷款贴息、社会保险补贴、岗位补贴、培训补贴、费用减免、公益性岗位安置等办法，给予就业救助。

第四十三条 最低生活保障家庭有劳动能力的成员均处于失业状态的，县级以上地方人民政府应当采取有针对性的措施，确保该家庭至少有一人就业。

第四十四条 申请就业救助的，应当向住所地街道、社区公共就业服务机构提出，公共就业服务机构核实后予以登记，并免费提供就业岗位信息、职业介绍、职业指导等就业服务。

第四十五条 最低生活保障家庭中有劳动能力但未就业的成员，应当接受人力资源社会保障等有关部门介绍的工作；无正当理由，连续3次拒绝接受介绍的与其健康状况、劳动能力等相适应的工作的，县级人民政府民政部门应当决定减发或者停发其本人的最低生活保障金。

第四十六条 吸纳就业救助对象的用人单位，按照国家有关规定享受社会保险补贴、税收优惠、小额担保贷款等就业扶持政策。

第九章 临时救助

第四十七条 国家对因火灾、交通事故等意外事件，家庭成员突发重大疾病等原因，导致基本生活暂时出现严重困难的家庭，或者因生活必需支出突然增加超出家庭承受能力，导致基本生活暂时出现严重困难的最低生活保障家庭，以及遭遇其他特殊困难的家庭，给予临时救助。

第四十八条 申请临时救助的，应当向乡镇人民政府、街道办事处提出，经审核、公示后，由县级人民政府民政部门审批；救助金额较小的，县级人民政府民政部门可以委托乡镇人民政府、街道办事处审批。情况紧急的，可以按照规定简化审批手续。

第四十九条 临时救助的具体事项、标准，由县级以上地方人民政府确定、公布。

第五十条 国家对生活无着的流浪、乞讨人员提供临时食宿、急病救治、协助返回等救助。

第五十一条 公安机关和其他有关行政机关的工作人员在执行公务时发现流浪、乞讨人员的，应当告知其向救助管理机构求助。对其中的残疾人、未成年人、老年人和行动不便的其他人员，应当引导、护送到救助管理机构；对突发急病人员，应当立即通知急救机构进行救治。

第十章 社会力量参与

第五十二条 国家鼓励单位和个人等社会力量通过捐赠、设立帮扶项目、创办服务机构、提供志愿服务等方式,参与社会救助。

第五十三条 社会力量参与社会救助,按照国家有关规定享受财政补贴、税收优惠、费用减免等政策。

第五十四条 县级以上地方人民政府可以将社会救助中的具体服务事项通过委托、承包、采购等方式,向社会力量购买服务。

第五十五条 县级以上地方人民政府应当发挥社会工作服务机构和社会工作者作用,为社会救助对象提供社会融入、能力提升、心理疏导等专业服务。

第五十六条 社会救助管理部门及相关机构应当建立社会力量参与社会救助的机制和渠道,提供社会救助项目、需求信息,为社会力量参与社会救助创造条件、提供便利。

第十一章 监督管理

第五十七条 县级以上人民政府及其社会救助管理部门应当加强对社会救助工作的监督检查,完善相关监督管理制度。

第五十八条 申请或者已获得社会救助的家庭,应当按照规定如实申报家庭收入状况、财产状况。

县级以上人民政府民政部门根据申请或者已获得社会救助家庭的请求、委托,可以通过户籍管理、税务、社会保险、不动产登记、工商登记、住房公积金管理、车船管理等单位和银行、保险、证券等金融机构,代为查询、核对其家庭收入状况、财产状况;有关单位和金融机构应当予以配合。

县级以上人民政府民政部门应当建立申请和已获得社会救助家庭经济状况信息核对平台,为审核认定社会救助对象提供依据。

第五十九条 县级以上人民政府社会救助管理部门和乡镇人民政府、街道办事处在履行社会救助职责过程中,可以查阅、记录、复制与社会救助事项有关的资料,询问与社会救助事项有关的单位、个人,要求其对相关情况作出说明,提供相关证明材料。有关单位、个人应当如实提供。

第六十条 申请社会救助,应当按照本办法的规定提出;申请人难以确定社会救助管理部门的,可以先向社会救助经办机构或者县级人民政府民政部门求助。社会救助经办机构或者县级人民政府民政部门接到求助后,应当及时办理或者转交其他社会救助管理部门办理。

乡镇人民政府、街道办事处应当建立统一受理社会救助申请的窗口,及时受理、转办申请事项。

第六十一条 履行社会救助职责的工作人员对在社会救助工作中知悉的公民个人信息,除按照规定应当公示的信息外,应当予以保密。

第六十二条 县级以上人民政府及其社会救助管理部门应当通过报刊、广播、电视、互联网等媒体,宣传社会救助法律、法规和政策。

县级人民政府及其社会救助管理部门应当通过公共查阅室、资料索取点、信息公告栏等便于公众知晓的途径,及时公开社会救助资金、物资的管理和使用等情况,接受社会监督。

第六十三条 履行社会救助职责的工作人员行使职权,应当接受社会监督。

任何单位、个人有权对履行社会救助职责的工作人员在社会救助工作中的违法行为进行举报、投诉。受理举报、投诉的机关应当及时核实、处理。

第六十四条 县级以上人民政府财政部门、审计机关依法对社会救助资金、物资的筹集、分配、管理和使用实施监督。

第六十五条 申请或者已获得社会救助的家庭或者人员,对社会救助管理部门作出的具体行政行为不服的,可以依法申请行政复议或者提起行政诉讼。

第十二章 法律责任

第六十六条 违反本办法规定,有下列情形之一的,由上级行政机关或者监察机关责令改正;对直接负责的主管人员和其他直接责任人员依法给予处分:

(一)对符合申请条件的救助申请不予受理的;

(二)对符合救助条件的救助申请不予批准的;

(三)对不符合救助条件的救助申请予以批准的;

(四)泄露在工作中知悉的公民个人信息,造成后果的;

(五)丢失、篡改接受社会救助款物、服务记录等数据的;

(六)不按照规定发放社会救助资金、物资或者提供相关服务的;

(七)在履行社会救助职责过程中有其他滥用职权、玩忽职守、徇私舞弊行为的。

第六十七条 违反本办法规定，截留、挤占、挪用、私分社会救助资金、物资的，由有关部门责令追回；有违法所得的，没收违法所得；对直接负责的主管人员和其他直接责任人员依法给予处分。

第六十八条 采取虚报、隐瞒、伪造等手段，骗取社会救助资金、物资或者服务的，由有关部门决定停止社会救助，责令退回非法获取的救助资金、物资，可以处非法获取的救助款额或者物资价值1倍以上3倍以下的罚款；构成违反治安管理行为的，依法给予治安管理处罚。

第六十九条 违反本办法规定，构成犯罪的，依法追究刑事责任。

第十三章 附 则

第七十条 本办法自2014年5月1日起施行。

中华人民共和国慈善法

（2016年3月16日第十二届全国人民代表大会第四次会议通过 2016年3月16日中华人民共和国主席令第43号公布 自2016年9月1日起施行）

目 录

第一章 总 则
第二章 慈善组织
第三章 慈善募捐
第四章 慈善捐赠
第五章 慈善信托
第六章 慈善财产
第七章 慈善服务
第八章 信息公开
第九章 促进措施
第十章 监督管理
第十一章 法律责任
第十二章 附 则

第一章 总 则

第一条 【立法宗旨】为了发展慈善事业，弘扬慈善文化，规范慈善活动，保护慈善组织、捐赠人、志愿者、受益人等慈善活动参与者的合法权益，促进社会进步，共享发展成果，制定本法。

第二条 【适用范围】自然人、法人和其他组织开展慈善活动以及与慈善有关的活动，适用本法。其他法律有特别规定的，依照其规定。

第三条 【慈善活动定义】本法所称慈善活动，是指自然人、法人和其他组织以捐赠财产或者提供服务等方式，自愿开展的下列公益活动：

（一）扶贫、济困；

（二）扶老、救孤、恤病、助残、优抚；

（三）救助自然灾害、事故灾难和公共卫生事件等突发事件造成的损害；

（四）促进教育、科学、文化、卫生、体育等事业的发展；

（五）防治污染和其他公害，保护和改善生态环境；

（六）符合本法规定的其他公益活动。

第四条 【开展慈善活动的原则】开展慈善活动，应当遵循合法、自愿、诚信、非营利的原则，不得违背社会公德，不得危害国家安全、损害社会公共利益和他人合法权益。

第五条 【弘扬传统美德】国家鼓励和支持自然人、法人和其他组织践行社会主义核心价值观，弘扬中华民族传统美德，依法开展慈善活动。

第六条 【管理体制】国务院民政部门主管全国慈善工作，县级以上地方各级人民政府民政部门主管本行政区域内的慈善工作；县级以上人民政府有关部门依照本法和其他有关法律法规，在各自的职责范围内做好相关工作。

第七条 【中华慈善日】每年9月5日为“中华慈善日”。

第二章 慈善组织

第八条 【慈善组织定义及其组织形式】本法所称慈善组织，是指依法成立、符合本法规定，以面向社会开展慈善活动为宗旨的非营利性组织。

慈善组织可以采取基金会、社会团体、社会服务机构等组织形式。

第九条 【慈善组织条件】慈善组织应当符合下列条件：

（一）以开展慈善活动为宗旨；

（二）不以营利为目的；

(三)有自己的名称和住所；

(四)有组织章程；

(五)有必要的财产；

(六)有符合条件的组织机构和负责人；

(七)法律、行政法规规定的其他条件。

第十条 【慈善组织登记和认定程序】设立慈善组织，应当向县级以上人民政府民政部门申请登记，民政部门应当自受理申请之日起三十日内作出决定。符合本法规定条件的，准予登记并向社会公告；不符合本法规定条件的，不予登记并书面说明理由。

本法公布前已经设立的基金会、社会团体、社会服务机构等非营利性组织，可以向其登记的民政部门申请认定为慈善组织，民政部门应当自受理申请之日起二十日内作出决定。符合慈善组织条件的，予以认定并向社会公告；不符合慈善组织条件的，不予认定并书面说明理由。

有特殊情况需要延长登记或者认定期限的，报经国务院民政部门批准，可以适当延长，但延长的期限不得超过六十日。

第十一条 【慈善组织章程】慈善组织的章程，应当符合法律法规的规定，并载明下列事项：

(一)名称和住所；

(二)组织形式；

(三)宗旨和活动范围；

(四)财产来源及构成；

(五)决策、执行机构的组成及职责；

(六)内部监督机制；

(七)财产管理使用制度；

(八)项目管理制度；

(九)终止情形及终止后的清算办法；

(十)其他重要事项。

第十二条 【慈善组织内部治理和会计制度】慈善组织应当根据法律法规以及章程的规定，建立健全内部治理结构，明确决策、执行、监督等方面的职责权限，开展慈善活动。

慈善组织应当执行国家统一的会计制度，依法进行会计核算，建立健全会计监督制度，并接受政府有关部门的监督管理。

第十三条 【年度报告】慈善组织应当每年向其登记的民政部门报送年度工作报告和财务会计报告。报告应当包括年度开展募捐和接受捐赠情况、慈善财产的管理使用情况、慈善项目实施情况以及慈善组织工作人员的工资福利情况。

第十四条 【关联交易】慈善组织的发起人、主要捐赠人以及管理人员，不得利用其关联关系损害慈善组织、受益人的利益和社会公共利益。

慈善组织的发起人、主要捐赠人以及管理人员与慈善组织发生交易行为的，不得参与慈善组织有关该交易行为的决策，有关交易情况应当向社会公开。

第十五条 【慈善组织禁止事项】慈善组织不得从事、资助危害国家安全和社会公共利益的活动，不得接受附加违反法律法规和违背社会公德条件的捐赠，不得对受益人附加违反法律法规和违背社会公德的条件。

第十六条 【不得担任慈善组织负责人情形】有下列情形之一的，不得担任慈善组织的负责人：

(一)无民事行为能力或者限制民事行为能力的；

(二)因故意犯罪被判处刑罚，自刑罚执行完毕之日起未逾五年的；

(三)在被吊销登记证书或者被取缔的组织担任负责人，自该组织被吊销登记证书或者被取缔之日起未逾五年的；

(四)法律、行政法规规定的其他情形。

第十七条 【慈善组织终止情形】慈善组织有下列情形之一的，应当终止：

(一)出现章程规定的终止情形的；

(二)因分立、合并需要终止的；

(三)连续二年未从事慈善活动的；

(四)依法被撤销登记或者吊销登记证书的；

(五)法律、行政法规规定应当终止的其他情形。

第十八条 【慈善组织的清算程序】慈善组织终止，应当进行清算。

慈善组织的决策机构应当在本法第十七条规定的终止情形出现之日起三十日内成立清算组进行清算，并向社会公告。不成立清算组或者清算组不履行职责的，民政部门可以申请人民法院指定有关人员组成清算组进行清算。

慈善组织清算后的剩余财产，应当按照慈善组织章程的规定转给宗旨相同或者相近的慈善组织；章程未规定的，由民政部门主持转给宗旨相同或者相近的慈善组织，并向社会公告。

慈善组织清算结束后，应当向其登记的民政部门办理注销登记，并由民政部门向社会公告。

第十九条 【慈善行业组织】慈善组织依法成立行业组织。

慈善行业组织应当反映行业诉求，推动行业交流，提高慈善行业公信力，促进慈善事业发展。

第二十条 【授权规定】慈善组织的组织形式、登记管理的具体办法由国务院制定。

第三章 慈善募捐

第二十一条 【慈善募捐的定义】本法所称慈善募捐，是指慈善组织基于慈善宗旨募集财产的活动。

慈善募捐，包括面向社会公众的公开募捐和面向特定对象的定向募捐。

第二十二条 【公开募捐资格】慈善组织开展公开募捐，应当取得公开募捐资格。依法登记满二年的慈善组织，可以向其登记的民政部门申请公开募捐资格。民政部门应当自受理申请之日起二十日内作出决定。慈善组织符合内部治理结构健全、运作规范的条件的，发给公开募捐资格证书；不符合条件的，不发给公开募捐资格证书并书面说明理由。

法律、行政法规规定自登记之日起可以公开募捐的基金会和社会团体，由民政部门直接发给公开募捐资格证书。

第二十三条 【公开募捐方式和地域管理】开展公开募捐，可以采取下列方式：

（一）在公共场所设置募捐箱；

（二）举办面向社会公众的义演、义赛、义卖、义展、义拍、慈善晚会等；

（三）通过广播、电视、报刊、互联网等媒体发布募捐信息；

（四）其他公开募捐方式。

慈善组织采取前款第一项、第二项规定的方式开展公开募捐的，应当在其登记的民政部门管辖区域内进行，确有必要在其登记的民政部门管辖区域外进行的，应当报其开展募捐活动所在地的县级以上人民政府民政部门备案。捐赠人的捐赠行为不受地域限制。

慈善组织通过互联网开展公开募捐的，应当在国务院民政部门统一或者指定的慈善信息平台发布募捐信息，并可以同时在其网站发布募捐信息。

第二十四条 【公开募捐方案】开展公开募捐，应当制定募捐方案。募捐方案包括募捐目的、起止时间和地域、活动负责人姓名和办公地址、接受捐赠方式、银行账户、受益人、募得款物用途、募捐成本、剩余财产的处理等。

募捐方案应当在开展募捐活动前报慈善组织登记的民政部门备案。

第二十五条 【公开募捐信息】开展公开募捐，应当在募捐活动现场或者募捐活动载体的显著位置，公布募捐组织名称、公开募捐资格证书、募捐方案、联系方式、募捐信息查询方法等。

第二十六条 【合作募捐】不具有公开募捐资格的组织或者个人基于慈善目的，可以与具有公开募捐资格的慈善组织合作，由该慈善组织开展公开募捐并管理募得款物。

第二十七条 【公开募捐平台的验证义务】广播、电视、报刊以及网络服务提供者、电信运营商，应当对利用其平台开展公开募捐的慈善组织的登记证书、公开募捐资格证书进行验证。

第二十八条 【定向募捐】慈善组织自登记之日起可以开展定向募捐。

慈善组织开展定向募捐，应当在发起人、理事会成员和会员等特定对象的范围内进行，并向募捐对象说明募捐目的、募得款物用途等事项。

第二十九条 【定向募捐的禁止性规定】开展定向募捐，不得采取或者变相采取本法第二十三条规定的方式。

第三十条 【建立慈善协调机制】发生重大自然灾害、事故灾难和公共卫生事件等突发事件，需要迅速开展救助时，有关人民政府应当建立协调机制，提供需求信息，及时有序引导开展募捐和救助活动。

第三十一条 【募捐对象的权益】开展募捐活动，应当尊重和维护募捐对象的合法权益，保障募捐对象的知情权，不得通过虚构事实等方式欺骗、诱导募捐对象实施捐赠。

第三十二条 【开展募捐活动禁止性规定】开展募捐活动，不得摊派或者变相摊派，不得妨碍公共秩序、企业生产经营和居民生活。

第三十三条 【禁止虚假慈善】禁止任何组织或者个人假借慈善名义或者假冒慈善组织开展募捐活动，骗取财产。

第四章 慈善捐赠

第三十四条 【慈善捐赠的定义】本法所称慈善捐赠，是指自然人、法人和其他组织基于慈善目的，自愿、无偿赠与财产的活动。

第三十五条 【捐赠方式】捐赠人可以通过慈善组织捐赠，也可以直接向受益人捐赠。

第三十六条 【捐赠财产】捐赠人捐赠的财产应当是其有权处分的合法财产。捐赠财产包括货币、实物、房屋、有价证券、股权、知识产权等有形和无形财产。

捐赠人捐赠的实物应当具有使用价值，符合安全、卫生、环保等标准。

捐赠人捐赠本企业产品的，应当依法承担产品质量责任和义务。

第三十七条 【经营性活动捐赠】自然人、法人和其他组织开展演出、比赛、销售、拍卖等经营性活动，承诺将全部或者部分所得用于慈善目的的，应当在举办活动前与慈善组织或者其他接受捐赠的人签订捐赠协议，活动结束后按照捐赠协议履行捐赠义务，并将捐赠情况向社会公开。

第三十八条 【捐赠票据】慈善组织接受捐赠，应当向捐赠人开具由财政部门统一监(印)制的捐赠票据。捐赠票据应当载明捐赠人、捐赠财产的种类及数量、慈善组织名称和经办人姓名、票据日期等。捐赠人匿名或者放弃接受捐赠票据的，慈善组织应当做好相关记录。

第三十九条 【捐赠协议】慈善组织接受捐赠，捐赠人要求签订书面捐赠协议的，慈善组织应当与捐赠人签订书面捐赠协议。

书面捐赠协议包括捐赠人和慈善组织名称，捐赠财产的种类、数量、质量、用途、交付时间等内容。

第四十条 【捐赠人义务】捐赠人与慈善组织约定捐赠财产的用途和受益人时，不得指定捐赠人的利害关系人作为受益人。

任何组织和个人不得利用慈善捐赠违反法律规定宣传烟草制品，不得利用慈善捐赠以任何方式宣传法律禁止宣传的产品和事项。

第四十一条 【捐赠人履行捐赠承诺】捐赠人应当按照捐赠协议履行捐赠义务。捐赠人违反捐赠协议逾期未交付捐赠财产，有下列情形之一的，慈善组织或者其他接受捐赠的人可以要求交付；捐赠人拒不交付的，慈善组织和其他接受捐赠的人可以依法向人民法院申请支付令或者提起诉讼：

(一)捐赠人通过广播、电视、报刊、互联网等媒体公开承诺捐赠的；

(二)捐赠财产用于本法第三条第一项至第三项规定的慈善活动，并签订书面捐赠协议的。

捐赠人公开承诺捐赠或者签订书面捐赠协议后经济状况显著恶化，严重影响其生产经营或者家庭生活的，经向公开承诺捐赠地或者书面捐赠协议签订地的民政部门报告并向社会公开说明情况后，可以不再履行捐赠义务。

第四十二条 【捐赠人监督权利】捐赠人有权查询、复制其捐赠财产管理使用的有关资料，慈善组织应当及时主动向捐赠人反馈有关情况。

慈善组织违反捐赠协议约定的用途，滥用捐赠财产的，捐赠人有权要求其改正；拒不改正的，捐赠人可以向民政部门投诉、举报或者向人民法院提起诉讼。

第四十三条 【国有企业捐赠】国有企业实施慈善捐赠应当遵守有关国有资产管理的规定，履行批准和备案程序。

第五章 慈善信托

第四十四条 【慈善信托的定义】本法所称慈善信托属于公益信托，是指委托人基于慈善目的，依法将其财产委托给受托人，由受托人按照委托人意愿以受托人名义进行管理和处分，开展慈善活动的行为。

第四十五条 【慈善信托设立】设立慈善信托、确定受托人和监察人，应当采取书面形式。受托人应当在慈善信托文件签订之日起七日内，将相关文件向受托人所在地县级以上人民政府民政部门备案。

未按照前款规定将相关文件报民政部门备案的，不享受税收优惠。

第四十六条 【受托人资格】慈善信托的受托人，可以由委托人确定其信赖的慈善组织或者信托公司担任。

第四十七条 【变更受托人】慈善信托的受托人违反信托义务或者难以履行职责的，委托人可以变更受托人。变更后的受托人应当自变更之日起七日内，将变更情况报原备案的民政部门重新备案。

第四十八条 【受托人义务】慈善信托的受托人管理和处分信托财产，应当按照信托目的，恪尽职守，履行诚信、谨慎管理的义务。

慈善信托的受托人应当根据信托文件和委托人的要求，及时向委托人报告信托事务处理情况、信托财产管理使用情况。慈善信托的受托人应当每年至少一次将信托事务处理情况及财务状况向其备案的民政部门报告，并向社会公开。

第四十九条 【信托监察人】慈善信托的委托人根据需要，可以确定信托监察人。

信托监察人对受托人的行为进行监督，依法维护委托人和受益人的权益。信托监察人发现受托人违反信托义务或者难以履行职责的，应当向委托人报告，并有权以自己的名义向人民法院提起诉讼。

第五十条 【法律适用】慈善信托的设立、信托财产的管理、信托当事人、信托的终止和清算等事项，本章未规定的，适用本法其他有关规定；本法未规定的，适用《中华人民共和国信托法》的有关规定。

第六章 慈善财产

第五十一条 【财产的范围】慈善组织的财产包括：

（一）发起人捐赠、资助的创始财产；

（二）募集的财产；

（三）其他合法财产。

第五十二条 【财产的用途】慈善组织的财产应当根据章程和捐赠协议的规定全部用于慈善目的，不得在发起人、捐赠人以及慈善组织成员中分配。

任何组织和个人不得私分、挪用、截留或者侵占慈善财产。

第五十三条 【财产的管理】慈善组织对募集的财产，应当登记造册，严格管理，专款专用。

捐赠人捐赠的实物不易储存、运输或者难以直接用于慈善目的的，慈善组织可以依法拍卖或者变卖，所得收入扣除必要费用后，应当全部用于慈善目的。

第五十四条 【慈善组织财产投资】慈善组织为实现财产保值、增值进行投资的，应当遵循合法、安全、有效的原则，投资取得的收益应当全部用于慈善目的。慈善组织的重大投资方案应当经决策机构组成人员三分之二以上同意。政府资助的财产和捐赠协议约定不得投资的财产，不得用于投资。慈善组织的负责人和工作人员不得在慈善组织投资的企业兼职或者领取报酬。

前款规定事项的具体办法，由国务院民政部门制定。

第五十五条 【捐赠财产使用原则】慈善组织开展慈善活动，应当依照法律法规和章程的规定，按照募捐方案或者捐赠协议使用捐赠财产。慈善组织确需变更募捐方案规定的捐赠财产用途的，应当报民政部门备案；确需变更捐赠协议约定的捐赠财产用途的，应当征得捐赠人同意。

第五十六条 【慈善项目管理】慈善组织应当合理设计慈善项目，优化实施流程，降低运行成本，提高慈善财产使用效益。

慈善组织应当建立项目管理制度，对项目实施情况进行跟踪监督。

第五十七条 【剩余捐赠财产的处理】慈善项目终止后捐赠财产有剩余的，按照募捐方案或者捐赠协议处理；募捐方案未规定或者捐赠协议未约定的，慈善组织应当将剩余财产用于目的相同或者相近的其他慈善项目，并向社会公开。

第五十八条 【慈善组织确定受益人】慈善组织确定慈善受益人，应当坚持公开、公平、公正的原则，不得指定慈善组织管理人员的利害关系人作为受益人。

第五十九条 【慈善资助协议】慈善组织根据需要可以与受益人签订协议，明确双方权利义务，约定慈善财产的用途、数额和使用方式等内容。

受益人应当珍惜慈善资助，按照协议使用慈善财产。受益人未按照协议使用慈善财产或者有其他严重违反协议情形的，慈善组织有权要求其改正；受益人拒不改正的，慈善组织有权解除协议并要求受益人返还财产。

第六十条 【慈善活动支出及管理费用】慈善组织应当积极开展慈善活动，充分、高效运用慈善财产，并遵循管理费用最必要原则，厉行节约，减少不必要的开支。慈善组织中具有公开募捐资格的基金会开展慈善活动的年度支出，不得低于上一年总收入的百分之七十或者前三年收入平均数额的百分之七十；年度管理费用不得超过当年总支出的百分之十，特殊情况下，年度管理费用难以符合前述规定的，应当报告其登记的民政部门并向社会公开说明情况。

具有公开募捐资格的基金会以外的慈善组织开展慈善活动的年度支出和管理费用的标准，由国务院民政部门会同国务院财政、税务等部门依照前款规定的原则制定。

捐赠协议对单项捐赠财产的慈善活动支出和管理费用有约定的，按照其约定。

第七章　慈善服务

第六十一条　【慈善服务的定义】本法所称慈善服务，是指慈善组织和其他组织以及个人基于慈善目的，向社会或者他人提供的志愿无偿服务以及其他非营利服务。

慈善组织开展慈善服务，可以自己提供或者招募志愿者提供，也可以委托有服务专长的其他组织提供。

第六十二条　【受益人、志愿者的人格尊严和隐私保护】开展慈善服务，应当尊重受益人、志愿者的人格尊严，不得侵害受益人、志愿者的隐私。

第六十三条　【慈善服务标准】开展医疗康复、教育培训等慈善服务，需要专门技能的，应当执行国家或者行业组织制定的标准和规程。

慈善组织招募志愿者参与慈善服务，需要专门技能的，应当对志愿者开展相关培训。

第六十四条　【向志愿者的告知义务】慈善组织招募志愿者参与慈善服务，应当公示与慈善服务有关的全部信息，告知服务过程中可能发生的风险。

慈善组织根据需要可以与志愿者签订协议，明确双方权利义务，约定服务的内容、方式和时间等。

第六十五条　【志愿者服务记录】慈善组织应当对志愿者实名登记，记录志愿者的服务时间、内容、评价等信息。根据志愿者的要求，慈善组织应当无偿、如实出具志愿服务记录证明。

第六十六条　【合理安排志愿服务】慈善组织安排志愿者参与慈善服务，应当与志愿者的年龄、文化程度、技能和身体状况相适应。

第六十七条　【志愿者的管理和培训】志愿者接受慈善组织安排参与慈善服务的，应当服从管理，接受必要的培训。

第六十八条　【志愿者权益保障】慈善组织应当为志愿者参与慈善服务提供必要条件，保障志愿者的合法权益。

慈善组织安排志愿者参与可能发生人身危险的慈善服务前，应当为志愿者购买相应的人身意外伤害保险。

第八章　信息公开

第六十九条　【慈善信息统计和发布】县级以上人民政府建立健全慈善信息统计和发布制度。

县级以上人民政府民政部门应当在统一的信息平台，及时向社会公开慈善信息，并免费提供慈善信息发布服务。

慈善组织和慈善信托的受托人应当在前款规定的平台发布慈善信息，并对信息的真实性负责。

第七十条　【政府部门的慈善信息公开】县级以上人民政府民政部门和其他有关部门应当及时向社会公开下列慈善信息：

（一）慈善组织登记事项；

（二）慈善信托备案事项；

（三）具有公开募捐资格的慈善组织名单；

（四）具有出具公益性捐赠税前扣除票据资格的慈善组织名单；

（五）对慈善活动的税收优惠、资助补贴等促进措施；

（六）向慈善组织购买服务的信息；

（七）对慈善组织、慈善信托开展检查、评估的结果；

（八）对慈善组织和其他组织以及个人的表彰、处罚结果；

（九）法律法规规定应当公开的其他信息。

第七十一条　【慈善组织、慈善信托受托人的信息公开】慈善组织、慈善信托的受托人应当依法履行信息公开义务。信息公开应当真实、完整、及时。

第七十二条　【慈善组织信息公开内容】慈善组织应当向社会公开组织章程和决策、执行、监督机构成员信息以及国务院民政部门要求公开的其他信息。上述信息有重大变更的，慈善组织应当及时向社会公开。

慈善组织应当每年向社会公开其年度工作报告和财务会计报告。具有公开募捐资格的慈善组织的财务会计报告须经审计。

第七十三条 【公开募捐和项目实施情况信息公开】具有公开募捐资格的慈善组织应当定期向社会公开其募捐情况和慈善项目实施情况。

公开募捐周期超过六个月的，至少每三个月公开一次募捐情况，公开募捐活动结束后三个月内应当全面公开募捐情况。

慈善项目实施周期超过六个月的，至少每三个月公开一次项目实施情况，项目结束后三个月内应当全面公开项目实施情况和募得款物使用情况。

第七十四条 【定向募捐告知义务】慈善组织开展定向募捐的，应当及时向捐赠人告知募捐情况、募得款物的管理使用情况。

第七十五条 【向受益人履行告知义务】慈善组织、慈善信托的受托人应当向受益人告知其资助标准、工作流程和工作规范等信息。

第七十六条 【不得公开的事项】涉及国家秘密、商业秘密、个人隐私的信息以及捐赠人、慈善信托的委托人不同意公开的姓名、名称、住所、通讯方式等信息，不得公开。

第九章 促进措施

第七十七条 【政府及其部门促进慈善事业的基本职责】县级以上人民政府应当根据经济社会发展情况，制定促进慈善事业发展的政策和措施。

县级以上人民政府有关部门应当在各自职责范围内，向慈善组织、慈善信托受托人等提供慈善需求信息，为慈善活动提供指导和帮助。

第七十八条 【慈善信息共享机制】县级以上人民政府民政部门应当建立与其他部门之间的慈善信息共享机制。

第七十九条 【慈善组织税收优惠】慈善组织及其取得的收入依法享受税收优惠。

第八十条 【捐赠人税收优惠】自然人、法人和其他组织捐赠财产用于慈善活动的，依法享受税收优惠。企业慈善捐赠支出超过法律规定的准予在计算企业所得税应纳税所得额时当年扣除的部分，允许结转以后三年内在计算应纳税所得额时扣除。

境外捐赠用于慈善活动的物资，依法减征或者免征进口关税和进口环节增值税。

第八十一条 【受益人税收优惠】受益人接受慈善捐赠，依法享受税收优惠。

第八十二条 【及时办理税收优惠手续】慈善组织、捐赠人、受益人依法享受税收优惠的，有关部门应当及时办理相关手续。

第八十三条 【免征行政事业性费用】捐赠人向慈善组织捐赠实物、有价证券、股权和知识产权的，依法免征权利转让的相关行政事业性费用。

第八十四条 【对扶贫济困的特殊优惠政策】国家对开展扶贫济困的慈善活动，实行特殊的优惠政策。

第八十五条 【慈善服务设施用地】慈善组织开展本法第三条第一项、第二项规定的慈善活动需要慈善服务设施用地的，可以依法申请使用国有划拨土地或者农村集体建设用地。慈善服务设施用地非经法定程序不得改变用途。

第八十六条 【金融政策支持】国家为慈善事业提供金融政策支持，鼓励金融机构为慈善组织、慈善信托提供融资和结算等金融服务。

第八十七条 【政府购买慈善组织服务规定】各级人民政府及其有关部门可以依法通过购买服务等方式，支持符合条件的慈善组织向社会提供服务，并依照有关政府采购的法律法规向社会公开相关情况。

第八十八条 【弘扬慈善文化】国家采取措施弘扬慈善文化，培育公民慈善意识。

学校等教育机构应当将慈善文化纳入教育教学内容。国家鼓励高等学校培养慈善专业人才，支持高等学校和科研机构开展慈善理论研究。

广播、电视、报刊、互联网等媒体应当积极开展慈善公益宣传活动，普及慈善知识，传播慈善文化。

第八十九条 【企事业单位和其他组织的支持】国家鼓励企业事业单位和其他组织为开展慈善活动提供场所和其他便利条件。

第九十条 【慈善项目冠名】经受益人同意，捐赠人对其捐赠的慈善项目可以冠名纪念，法律法规规定需要批准的，从其规定。

第九十一条 【慈善表彰】国家建立慈善表彰制度，对在慈善事业发展中做出突出贡献的自然人、法人和其他组织，由县级以上人民政府或者有关部门予以表彰。

第十章 监督管理

第九十二条 【监督管理职责】县级以上人民

政府民政部门应当依法履行职责,对慈善活动进行监督检查,对慈善行业组织进行指导。

第九十三条 【监督管理措施】县级以上人民政府民政部门对涉嫌违反本法规定的慈善组织,有权采取下列措施:

(一)对慈善组织的住所和慈善活动发生地进行现场检查;

(二)要求慈善组织作出说明,查阅、复制有关资料;

(三)向与慈善活动有关的单位和个人调查与监督管理有关的情况;

(四)经本级人民政府批准,可以查询慈善组织的金融账户;

(五)法律、行政法规规定的其他措施。

第九十四条 【检查、调查要求】县级以上人民政府民政部门对慈善组织、有关单位和个人进行检查或者调查时,检查人员或者调查人员不得少于二人,并应当出示合法证件和检查、调查通知书。

第九十五条 【慈善信用记录和评估制度】县级以上人民政府民政部门应当建立慈善组织及其负责人信用记录制度,并向社会公布。

民政部门应当建立慈善组织评估制度,鼓励和支持第三方机构对慈善组织进行评估,并向社会公布评估结果。

第九十六条 【慈善行业自律】慈善行业组织应当建立健全行业规范,加强行业自律。

第九十七条 【社会监督】任何单位和个人发现慈善组织、慈善信托有违法行为的,可以向民政部门、其他有关部门或者慈善行业组织投诉、举报。民政部门、其他有关部门或者慈善行业组织接到投诉、举报后,应当及时调查处理。

国家鼓励公众、媒体对慈善活动进行监督,对假借慈善名义或者假冒慈善组织骗取财产以及慈善组织、慈善信托的违法违规行为予以曝光,发挥舆论和社会监督作用。

第十一章 法律责任

第九十八条 【慈善组织承担吊销登记证书等法律责任】慈善组织有下列情形之一的,由民政部门责令限期改正;逾期不改正的,吊销登记证书并予以公告:

(一)未按照慈善宗旨开展活动的;

(二)私分、挪用、截留或者侵占慈善财产的;

(三)接受附加违反法律法规或者违背社会公德条件的捐赠,或者对受益人附加违反法律法规或者违背社会公德的条件的。

第九十九条 【慈善组织承担限期停止活动并进行整改等法律责任】慈善组织有下列情形之一的,由民政部门予以警告、责令限期改正;逾期不改正的,责令限期停止活动并进行整改:

(一)违反本法第十四条规定造成慈善财产损失的;

(二)将不得用于投资的财产用于投资的;

(三)擅自改变捐赠财产用途的;

(四)开展慈善活动的年度支出或者管理费用的标准违反本法第六十条规定的;

(五)未依法履行信息公开义务的;

(六)未依法报送年度工作报告、财务会计报告或者报备募捐方案的;

(七)泄露捐赠人、志愿者、受益人个人隐私以及捐赠人、慈善信托的委托人不同意公开的姓名、名称、住所、通讯方式等信息的。

慈善组织违反本法规定泄露国家秘密、商业秘密的,依照有关法律的规定予以处罚。

慈善组织有前两款规定的情形,经依法处理后一年内再出现前款规定的情形,或者有其他情节严重情形的,由民政部门吊销登记证书并予以公告。

第一百条 【有违法所得的慈善组织法律责任】慈善组织有本法第九十八条、第九十九条规定的情形,有违法所得的,由民政部门予以没收;对直接负责的主管人员和其他直接责任人员处二万元以上二十万元以下罚款。

第一百零一条 【募捐活动违法责任】开展募捐活动有下列情形之一的,由民政部门予以警告、责令停止募捐活动;对违法募集的财产,责令退还捐赠人;难以退还的,由民政部门予以收缴,转给其他慈善组织用于慈善目的;对有关组织或者个人处二万元以上二十万元以下罚款:

(一)不具有公开募捐资格的组织或者个人开展公开募捐的;

(二)通过虚构事实等方式欺骗、诱导募捐对象实施捐赠的;

(三)向单位或者个人摊派或者变相摊派的;

(四)妨碍公共秩序、企业生产经营或者居民生活的。

广播、电视、报刊以及网络服务提供者、电信运营商未履行本法第二十七条规定的验证义务的，由其主管部门予以警告，责令限期改正；逾期不改正的，予以通报批评。

第一百零二条 【不依法出具捐赠票据或志愿服务证明等法律责任】慈善组织不依法向捐赠人开具捐赠票据、不依法向志愿者出具志愿服务记录证明或者不及时主动向捐赠人反馈有关情况的，由民政部门予以警告，责令限期改正；逾期不改正的，责令限期停止活动。

第一百零三条 【骗取税收优惠的法律责任】慈善组织弄虚作假骗取税收优惠的，由税务机关依法查处；情节严重的，由民政部门吊销登记证书并予以公告。

第一百零四条 【危害国家安全和社会公共利益的法律责任】慈善组织从事、资助危害国家安全或者社会公共利益活动的，由有关机关依法查处，由民政部门吊销登记证书并予以公告。

第一百零五条 【受托人法律责任】慈善信托的受托人有下列情形之一的，由民政部门予以警告，责令限期改正；有违法所得的，由民政部门予以没收；对直接负责的主管人员和其他直接责任人员处二万元以上二十万元以下罚款：

（一）将信托财产及其收益用于非慈善目的的；

（二）未按照规定将信托事务处理情况及财务状况向民政部门报告或者向社会公开的。

第一百零六条 【慈善服务中的法律责任】慈善服务过程中，因慈善组织或者志愿者过错造成受益人、第三人损害的，慈善组织依法承担赔偿责任；损害是由志愿者故意或者重大过失造成的，慈善组织可以向其追偿。

志愿者在参与慈善服务过程中，因慈善组织过错受到损害的，慈善组织依法承担赔偿责任；损害是由不可抗力造成的，慈善组织应当给予适当补偿。

第一百零七条 【假冒慈善骗取财产法律责任】自然人、法人或者其他组织假借慈善名义或者假冒慈善组织骗取财产的，由公安机关依法查处。

第一百零八条 【政府部门及其工作人员法律责任】县级以上人民政府民政部门和其他有关部门及其工作人员有下列情形之一的，由上级机关或者监察机关责令改正；依法应当给予处分的，由任免机关或者监察机关对直接负责的主管人员和其他直接责任人员给予处分：

（一）未依法履行信息公开义务的；

（二）摊派或者变相摊派捐赠任务，强行指定志愿者、慈善组织提供服务的；

（三）未依法履行监督管理职责的；

（四）违法实施行政强制措施和行政处罚的；

（五）私分、挪用、截留或者侵占慈善财产的；

（六）其他滥用职权、玩忽职守、徇私舞弊的行为。

第一百零九条 【治安管理处罚和刑事责任追究】违反本法规定，构成违反治安管理行为的，由公安机关依法给予治安管理处罚；构成犯罪的，依法追究刑事责任。

第十二章 附 则

第一百一十条 【群众性互助互济活动】城乡社区组织、单位可以在本社区、单位内部开展群众性互助互济活动。

第一百一十一条 【非慈善组织开展慈善活动】慈善组织以外的其他组织可以开展力所能及的慈善活动。

第一百一十二条 【施行日期】本法自2016年9月1日起施行。

（二）特殊保障

中华人民共和国残疾人保障法

（1990年12月28日第七届全国人民代表大会常务委员会第十七次会议通过 2008年4月24日第十一届全国人民代表大会常务委员会第二次会议修订 根据2018年10月26日第十三届全国人民代表大会常务委员会第六次会议《关于修改〈中华人民共和国野生动物保护法〉等十五部法律的决定》修正）

目 录

第一章 总 则
第二章 康 复

第三章　教　　育
第四章　劳动就业
第五章　文化生活
第六章　社会保障
第七章　无障碍环境
第八章　法律责任
第九章　附　　则

第一章　总　　则

第一条　为了维护残疾人的合法权益，发展残疾人事业，保障残疾人平等地充分参与社会生活，共享社会物质文化成果，根据宪法，制定本法。

第二条　残疾人是指在心理、生理、人体结构上，某种组织、功能丧失或者不正常，全部或者部分丧失以正常方式从事某种活动能力的人。

残疾人包括视力残疾、听力残疾、言语残疾、肢体残疾、智力残疾、精神残疾、多重残疾和其他残疾的人。

残疾标准由国务院规定。

第三条　残疾人在政治、经济、文化、社会和家庭生活等方面享有同其他公民平等的权利。

残疾人的公民权利和人格尊严受法律保护。

禁止基于残疾的歧视。禁止侮辱、侵害残疾人。禁止通过大众传播媒介或者其他方式贬低损害残疾人人格。

第四条　国家采取辅助方法和扶持措施，对残疾人给予特别扶助，减轻或者消除残疾影响和外界障碍，保障残疾人权利的实现。

第五条　县级以上人民政府应当将残疾人事业纳入国民经济和社会发展规划，加强领导，综合协调，并将残疾人事业经费列入财政预算，建立稳定的经费保障机制。

国务院制定中国残疾人事业发展纲要，县级以上地方人民政府根据中国残疾人事业发展纲要，制定本行政区域的残疾人事业发展规划和年度计划，使残疾人事业与经济、社会协调发展。

县级以上人民政府负责残疾人工作的机构，负责组织、协调、指导、督促有关部门做好残疾人事业的工作。

各级人民政府和有关部门，应当密切联系残疾人，听取残疾人的意见，按照各自的职责，做好残疾人工作。

第六条　国家采取措施，保障残疾人依照法律规定，通过各种途径和形式，管理国家事务，管理经济和文化事业，管理社会事务。

制定法律、法规、规章和公共政策，对涉及残疾人权益和残疾人事业的重大问题，应当听取残疾人和残疾人组织的意见。

残疾人和残疾人组织有权向各级国家机关提出残疾人权益保障、残疾人事业发展等方面的意见和建议。

第七条　全社会应当发扬人道主义精神，理解、尊重、关心、帮助残疾人，支持残疾人事业。

国家鼓励社会组织和个人为残疾人提供捐助和服务。

国家机关、社会团体、企业事业单位和城乡基层群众性自治组织，应当做好所属范围内的残疾人工作。

从事残疾人工作的国家工作人员和其他人员，应当依法履行职责，努力为残疾人服务。

第八条　中国残疾人联合会及其地方组织，代表残疾人的共同利益，维护残疾人的合法权益，团结教育残疾人，为残疾人服务。

中国残疾人联合会及其地方组织依照法律、法规、章程或者接受政府委托，开展残疾人工作，动员社会力量，发展残疾人事业。

第九条　残疾人的扶养人必须对残疾人履行扶养义务。

残疾人的监护人必须履行监护职责，尊重被监护人的意愿，维护被监护人的合法权益。

残疾人的亲属、监护人应当鼓励和帮助残疾人增强自立能力。

禁止对残疾人实施家庭暴力，禁止虐待、遗弃残疾人。

第十条　国家鼓励残疾人自尊、自信、自强、自立，为社会主义建设贡献力量。

残疾人应当遵守法律、法规，履行应尽的义务，遵守公共秩序，尊重社会公德。

第十一条　国家有计划地开展残疾预防工作，加强对残疾预防工作的领导，宣传、普及母婴保健和预防残疾的知识，建立健全出生缺陷预防和早期发现、早期治疗机制，针对遗传、疾病、药物、事故、灾害、环境污染和其他致残因素，组织和动员社会力量，采取措施，预防残疾的发生，减轻残疾程度。

国家建立健全残疾人统计调查制度，开展残疾人状况的统计调查和分析。

第十二条 国家和社会对残疾军人、因公致残人员以及其他为维护国家和人民利益致残的人员实行特别保障,给予抚恤和优待。

第十三条 对在社会主义建设中做出显著成绩的残疾人,对维护残疾人合法权益、发展残疾人事业、为残疾人服务做出显著成绩的单位和个人,各级人民政府和有关部门给予表彰和奖励。

第十四条 每年5月的第三个星期日为全国助残日。

第二章 康 复

第十五条 国家保障残疾人享有康复服务的权利。

各级人民政府和有关部门应当采取措施,为残疾人康复创造条件,建立和完善残疾人康复服务体系,并分阶段实施重点康复项目,帮助残疾人恢复或者补偿功能,增强其参与社会生活的能力。

第十六条 康复工作应当从实际出发,将现代康复技术与我国传统康复技术相结合;以社区康复为基础,康复机构为骨干,残疾人家庭为依托;以实用、易行、受益广的康复内容为重点,优先开展残疾儿童抢救性治疗和康复;发展符合康复要求的科学技术,鼓励自主创新,加强康复新技术的研究、开发和应用,为残疾人提供有效的康复服务。

第十七条 各级人民政府鼓励和扶持社会力量兴办残疾人康复机构。

地方各级人民政府和有关部门,应当组织和指导城乡社区服务组织、医疗预防保健机构、残疾人组织、残疾人家庭和其他社会力量,开展社区康复工作。

残疾人教育机构、福利性单位和其他为残疾人服务的机构,应当创造条件,开展康复训练活动。

残疾人在专业人员的指导和有关工作人员、志愿工作者及亲属的帮助下,应当努力进行功能、自理能力和劳动技能的训练。

第十八条 地方各级人民政府和有关部门应当根据需要有计划地在医疗机构设立康复医学科室,举办残疾人康复机构,开展康复医疗与训练、人员培训、技术指导、科学研究等工作。

第十九条 医学院校和其他有关院校应当有计划地开设康复课程,设置相关专业,培养各类康复专业人才。

政府和社会采取多种形式对从事康复工作的人员进行技术培训;向残疾人、残疾人亲属、有关工作人员和志愿工作者普及康复知识,传授康复方法。

第二十条 政府有关部门应当组织和扶持残疾人康复器械、辅助器具的研制、生产、供应、维修服务。

第三章 教 育

第二十一条 国家保障残疾人享有平等接受教育的权利。

各级人民政府应当将残疾人教育作为国家教育事业的组成部分,统一规划,加强领导,为残疾人接受教育创造条件。

政府、社会、学校应当采取有效措施,解决残疾儿童、少年就学存在的实际困难,帮助其完成义务教育。

各级人民政府对接受义务教育的残疾学生、贫困残疾人家庭的学生提供免费教科书,并给予寄宿生活费等费用补助;对接受义务教育以外其他教育的残疾学生、贫困残疾人家庭的学生按照国家有关规定给予资助。

第二十二条 残疾人教育,实行普及与提高相结合、以普及为重点的方针,保障义务教育,着重发展职业教育,积极开展学前教育,逐步发展高级中等以上教育。

第二十三条 残疾人教育应当根据残疾人的身心特性和需要,按照下列要求实施:

(一)在进行思想教育、文化教育的同时,加强身心补偿和职业教育;

(二)依据残疾类别和接受能力,采取普通教育方式或者特殊教育方式;

(三)特殊教育的课程设置、教材、教学方法、入学和在校年龄,可以有适度弹性。

第二十四条 县级以上人民政府应当根据残疾人的数量、分布状况和残疾类别等因素,合理设置残疾人教育机构,并鼓励社会力量办学、捐资助学。

第二十五条 普通教育机构对具有接受普通教育能力的残疾人实施教育,并为其学习提供便利和帮助。

普通小学、初级中等学校,必须招收能适应其学习生活的残疾儿童、少年入学;普通高级中等学校、中等职业学校和高等学校，必须招收符合国家规定的录取要求的残疾考生入学，不得因其残疾而拒绝招收；拒绝招收的，当事人或者其亲属、监护人可以要求有关部门处理，有关部门应当责令该学校招收。

普通幼儿教育机构应当接收能适应其生活的残疾幼儿。

第二十六条 残疾幼儿教育机构、普通幼儿教育机构附设的残疾儿童班、特殊教育机构的学前班、残疾儿童福利机构、残疾儿童家庭，对残疾儿童实施学前教育。

初级中等以下特殊教育机构和普通教育机构附设的特殊教育班，对不具有接受普通教育能力的残疾儿童、少年实施义务教育。

高级中等以上特殊教育机构、普通教育机构附设的特殊教育班和残疾人职业教育机构，对符合条件的残疾人实施高级中等以上文化教育、职业教育。

提供特殊教育的机构应当具备适合残疾人学习、康复、生活特点的场所和设施。

第二十七条 政府有关部门、残疾人所在单位和有关社会组织应当对残疾人开展扫除文盲、职业培训、创业培训和其他成人教育，鼓励残疾人自学成才。

第二十八条 国家有计划地举办各级各类特殊教育师范院校、专业，在普通师范院校附设特殊教育班，培养、培训特殊教育师资。普通师范院校开设特殊教育课程或者讲授有关内容，使普通教师掌握必要的特殊教育知识。

特殊教育教师和手语翻译，享受特殊教育津贴。

第二十九条 政府有关部门应当组织和扶持盲文、手语的研究和应用，特殊教育教材的编写和出版，特殊教育教学用具及其他辅助用品的研制、生产和供应。

第四章 劳动就业

第三十条 国家保障残疾人劳动的权利。

各级人民政府应当对残疾人劳动就业统筹规划，为残疾人创造劳动就业条件。

第三十一条 残疾人劳动就业，实行集中与分散相结合的方针，采取优惠政策和扶持保护措施，通过多渠道、多层次、多种形式，使残疾人劳动就业逐步普及、稳定、合理。

第三十二条 政府和社会举办残疾人福利企业、盲人按摩机构和其他福利性单位，集中安排残疾人就业。

第三十三条 国家实行按比例安排残疾人就业制度。

国家机关、社会团体、企业事业单位、民办非企业单位应当按照规定的比例安排残疾人就业，并为其选择适当的工种和岗位。达不到规定比例的，按照国家有关规定履行保障残疾人就业义务。国家鼓励用人单位超过规定比例安排残疾人就业。

残疾人就业的具体办法由国务院规定。

第三十四条 国家鼓励和扶持残疾人自主择业、自主创业。

第三十五条 地方各级人民政府和农村基层组织，应当组织和扶持农村残疾人从事种植业、养殖业、手工业和其他形式的生产劳动。

第三十六条 国家对安排残疾人就业达到、超过规定比例或者集中安排残疾人就业的用人单位和从事个体经营的残疾人，依法给予税收优惠，并在生产、经营、技术、资金、物资、场地等方面给予扶持。国家对从事个体经营的残疾人，免除行政事业性收费。

县级以上地方人民政府及其有关部门应当确定适合残疾人生产、经营的产品、项目，优先安排残疾人福利性单位生产或者经营，并根据残疾人福利性单位的生产特点确定某些产品由其专产。

政府采购，在同等条件下应当优先购买残疾人福利性单位的产品或者服务。

地方各级人民政府应当开发适合残疾人就业的公益性岗位。

对申请从事个体经营的残疾人，有关部门应当优先核发营业执照。

对从事各类生产劳动的农村残疾人，有关部门应当在生产服务、技术指导、农用物资供应、农副产品购销和信贷等方面，给予帮助。

第三十七条 政府有关部门设立的公共就业服务机构，应当为残疾人免费提供就业服务。

残疾人联合会举办的残疾人就业服务机构，应当组织开展免费的职业指导、职业介绍和职业培训，为残疾人就业和用人单位招用残疾人提供服务和帮助。

第三十八条 国家保护残疾人福利性单位的财产所有权和经营自主权,其合法权益不受侵犯。

在职工的招用、转正、晋级、职称评定、劳动报酬、生活福利、休息休假、社会保险等方面,不得歧视残疾人。

残疾职工所在单位应当根据残疾职工的特点,提供适当的劳动条件和劳动保护,并根据实际需要对劳动场所、劳动设备和生活设施进行改造。

国家采取措施,保障盲人保健和医疗按摩人员从业的合法权益。

第三十九条 残疾职工所在单位应当对残疾职工进行岗位技术培训,提高其劳动技能和技术水平。

第四十条 任何单位和个人不得以暴力、威胁或者非法限制人身自由的手段强迫残疾人劳动。

第五章 文化生活

第四十一条 国家保障残疾人享有平等参与文化生活的权利。

各级人民政府和有关部门鼓励、帮助残疾人参加各种文化、体育、娱乐活动,积极创造条件,丰富残疾人精神文化生活。

第四十二条 残疾人文化、体育、娱乐活动应当面向基层,融于社会公共文化生活,适应各类残疾人的不同特点和需要,使残疾人广泛参与。

第四十三条 政府和社会采取下列措施,丰富残疾人的精神文化生活:

(一)通过广播、电影、电视、报刊、图书、网络等形式,及时宣传报道残疾人的工作、生活等情况,为残疾人服务;

(二)组织和扶持盲文读物、盲人有声读物及其他残疾人读物的编写和出版,根据盲人的实际需要,在公共图书馆设立盲文读物、盲人有声读物图书室;

(三)开办电视手语节目,开办残疾人专题广播栏目,推进电视栏目、影视作品加配字幕、解说;

(四)组织和扶持残疾人开展群众性文化、体育、娱乐活动,举办特殊艺术演出和残疾人体育运动会,参加国际性比赛和交流;

(五)文化、体育、娱乐和其他公共活动场所,为残疾人提供方便和照顾。有计划地兴办残疾人活动场所。

第四十四条 政府和社会鼓励、帮助残疾人从事文学、艺术、教育、科学、技术和其他有益于人民的创造性劳动。

第四十五条 政府和社会促进残疾人与其他公民之间的相互理解和交流,宣传残疾人事业和扶助残疾人的事迹,弘扬残疾人自强不息的精神,倡导团结、友爱、互助的社会风尚。

第六章 社会保障

第四十六条 国家保障残疾人享有各项社会保障的权利。

政府和社会采取措施,完善对残疾人的社会保障,保障和改善残疾人的生活。

第四十七条 残疾人及其所在单位应当按照国家有关规定参加社会保险。

残疾人所在城乡基层群众性自治组织、残疾人家庭,应当鼓励、帮助残疾人参加社会保险。

对生活确有困难的残疾人,按照国家有关规定给予社会保险补贴。

第四十八条 各级人民政府对生活确有困难的残疾人,通过多种渠道给予生活、教育、住房和其他社会救助。

县级以上地方人民政府对享受最低生活保障待遇后生活仍有特别困难的残疾人家庭,应当采取其他措施保障其基本生活。

各级人民政府对贫困残疾人的基本医疗、康复服务、必要的辅助器具的配置和更换,应当按照规定给予救助。

对生活不能自理的残疾人,地方各级人民政府应当根据情况给予护理补贴。

第四十九条 地方各级人民政府对无劳动能力、无扶养人或者扶养人不具有扶养能力、无生活来源的残疾人,按照规定予以供养。

国家鼓励和扶持社会力量举办残疾人供养、托养机构。

残疾人供养、托养机构及其工作人员不得侮辱、虐待、遗弃残疾人。

第五十条 县级以上人民政府对残疾人搭乘公共交通工具,应当根据实际情况给予便利和优惠。残疾人可以免费携带随身必备的辅助器具。

盲人持有效证件免费乘坐市内公共汽车、电车、地铁、渡船等公共交通工具。盲人读物邮件免费寄递。

国家鼓励和支持提供电信、广播电视服务的单位对盲人、听力残疾人、言语残疾人给予优惠。

各级人民政府应当逐步增加对残疾人的其他照顾和扶助。

第五十一条 政府有关部门和残疾人组织应当建立和完善社会各界为残疾人捐助和服务的渠道，鼓励和支持发展残疾人慈善事业，开展志愿者助残等公益活动。

第七章 无障碍环境

第五十二条 国家和社会应当采取措施，逐步完善无障碍设施，推进信息交流无障碍，为残疾人平等参与社会生活创造无障碍环境。

各级人民政府应当对无障碍环境建设进行统筹规划，综合协调，加强监督管理。

第五十三条 无障碍设施的建设和改造，应当符合残疾人的实际需要。

新建、改建和扩建建筑物、道路、交通设施等，应当符合国家有关无障碍设施工程建设标准。

各级人民政府和有关部门应当按照国家无障碍设施工程建设规定，逐步推进已建成设施的改造，优先推进与残疾人日常工作、生活密切相关的公共服务设施的改造。

对无障碍设施应当及时维修和保护。

第五十四条 国家采取措施，为残疾人信息交流无障碍创造条件。

各级人民政府和有关部门应当采取措施，为残疾人获取公共信息提供便利。

国家和社会研制、开发适合残疾人使用的信息交流技术和产品。

国家举办的各类升学考试、职业资格考试和任职考试，有盲人参加的，应当为盲人提供盲文试卷、电子试卷或者由专门的工作人员予以协助。

第五十五条 公共服务机构和公共场所应当创造条件，为残疾人提供语音和文字提示、手语、盲文等信息交流服务，并提供优先服务和辅助性服务。

公共交通工具应当逐步达到无障碍设施的要求。有条件的公共停车场应当为残疾人设置专用停车位。

第五十六条 组织选举的部门应当为残疾人参加选举提供便利；有条件的，应当为盲人提供盲文选票。

第五十七条 国家鼓励和扶持无障碍辅助设备、无障碍交通工具的研制和开发。

第五十八条 盲人携带导盲犬出入公共场所，应当遵守国家有关规定。

第八章 法律责任

第五十九条 残疾人的合法权益受到侵害的，可以向残疾人组织投诉，残疾人组织应当维护残疾人的合法权益，有权要求有关部门或者单位查处。有关部门或者单位应当依法查处，并予以答复。

残疾人组织对残疾人通过诉讼维护其合法权益需要帮助的，应当给予支持。

残疾人组织对侵害特定残疾人群体利益的行为，有权要求有关部门依法查处。

第六十条 残疾人的合法权益受到侵害的，有权要求有关部门依法处理，或者依法向仲裁机构申请仲裁，或者依法向人民法院提起诉讼。

对有经济困难或者其他原因确需法律援助或者司法救助的残疾人，当地法律援助机构或者人民法院应当给予帮助，依法为其提供法律援助或者司法救助。

第六十一条 违反本法规定，对侵害残疾人权益行为的申诉、控告、检举，推诿、拖延、压制不予查处，或者对提出申诉、控告、检举的人进行打击报复的，由其所在单位、主管部门或者上级机关责令改正，并依法对直接负责的主管人员和其他直接责任人员给予处分。

国家工作人员未依法履行职责，对侵害残疾人权益的行为未及时制止或者未给予受害残疾人必要帮助，造成严重后果的，由其所在单位或者上级机关依法对直接负责的主管人员和其他直接责任人员给予处分。

第六十二条 违反本法规定，通过大众传播媒介或者其他方式贬低损害残疾人人格的，由文化、广播电视、电影、新闻出版或者其他有关主管部门依据各自的职权责令改正，并依法给予行政处罚。

第六十三条 违反本法规定，有关教育机构拒不接收残疾学生入学，或者在国家规定的录取要求以外附加条件限制残疾学生就学的，由有关主管部门责令改正，并依法对直接负责的主管人员和其他直接责任人员给予处分。

第六十四条 违反本法规定，在职工的招用等方面歧视残疾人的，由有关主管部门责令改正；残疾人劳动者可以依法向人民法院提起诉讼。

第六十五条 违反本法规定，供养、托养机构及其工作人员侮辱、虐待、遗弃残疾人的，对直接负责的主管人员和其他直接责任人员依法给予处分；构成违反治安管理行为的，依法给予行政处罚。

第六十六条 违反本法规定，新建、改建和扩建建筑物、道路、交通设施，不符合国家有关无障碍设施工程建设标准，或者对无障碍设施未进行及时维修和保护造成后果的，由有关主管部门依法处理。

第六十七条 违反本法规定，侵害残疾人的合法权益，其他法律、法规规定行政处罚的，从其规定；造成财产损失或者其他损害的，依法承担民事责任；构成犯罪的，依法追究刑事责任。

第九章 附　　则

第六十八条 本法自 2008 年 7 月 1 日起施行。

中华人民共和国未成年人保护法

（1991 年 9 月 4 日第七届全国人民代表大会常务委员会第二十一次会议通过　2006 年 12 月 29 日第十届全国人民代表大会常务委员会第二十五次会议第一次修订　根据 2012 年 10 月 26 日第十一届全国人民代表大会常务委员会第二十九次会议《关于修改〈中华人民共和国未成年人保护法〉的决定》修正　2020 年 10 月 17 日第十三届全国人民代表大会常务委员会第二十二次会议第二次修订）

目　　录

第一章　总　　则
第二章　家庭保护
第三章　学校保护
第四章　社会保护
第五章　网络保护
第六章　政府保护
第七章　司法保护
第八章　法律责任
第九章　附　　则

第一章　总　　则

第一条 【立法目的和依据】为了保护未成年人身心健康，保障未成年人合法权益，促进未成年人德智体美劳全面发展，培养有理想、有道德、有文化、有纪律的社会主义建设者和接班人，培养担当民族复兴大任的时代新人，根据宪法，制定本法。

第二条 【未成年人的定义】本法所称未成年人是指未满十八周岁的公民。

第三条 【未成年人平等享有权利】国家保障未成年人的生存权、发展权、受保护权、参与权等权利。

未成年人依法平等地享有各项权利，不因本人及其父母或者其他监护人的民族、种族、性别、户籍、职业、宗教信仰、教育程度、家庭状况、身心健康状况等受到歧视。

第四条 【未成年人保护的基本原则和要求】保护未成年人，应当坚持最有利于未成年人的原则。处理涉及未成年人事项，应当符合下列要求：

（一）给予未成年人特殊、优先保护；

（二）尊重未成年人人格尊严；

（三）保护未成年人隐私权和个人信息；

（四）适应未成年人身心健康发展的规律和特点；

（五）听取未成年人的意见；

（六）保护与教育相结合。

第五条 【对未成年人进行教育】国家、社会、学校和家庭应当对未成年人进行理想教育、道德教育、科学教育、文化教育、法治教育、国家安全教育、健康教育、劳动教育，加强爱国主义、集体主义和中国特色社会主义的教育，培养爱祖国、爱人民、爱劳动、爱科学、爱社会主义的公德，抵制资本主义、封建主义和其他腐朽思想的侵蚀，引导未成年人树立和践行社会主义核心价值观。

第六条 【保护未成年人的共同责任】保护未成年人，是国家机关、武装力量、政党、人民团体、企业事业单位、社会组织、城乡基层群众性自治组织、未成年人的监护人以及其他成年人的共同责任。

国家、社会、学校和家庭应当教育和帮助未成年人维护自身合法权益，增强自我保护的意识和能力。

第七条 【监护人和国家在监护方面的责任】未成年人的父母或者其他监护人依法对未成年人承担监护职责。

国家采取措施指导、支持、帮助和监督未成年人的父母或者其他监护人履行监护职责。

第八条 【发展规划及预算】县级以上人民政府应当将未成年人保护工作纳入国民经济和社会发展规划，相关经费纳入本级政府预算。

第九条 【未成年人保护工作协调机制】县级以上人民政府应当建立未成年人保护工作协调机制，统筹、协调、督促和指导有关部门在各自职责范围内做好未成年人保护工作。协调机制具体工作由县级以上人民政府民政部门承担，省级人民政府也可以根据本地实际情况确定由其他有关部门承担。

第十条 【群团组织及社会组织的职责】共产主义青年团、妇女联合会、工会、残疾人联合会、关心下一代工作委员会、青年联合会、学生联合会、少年先锋队以及其他人民团体、有关社会组织，应当协助各级人民政府及其有关部门、人民检察院、人民法院做好未成年人保护工作，维护未成年人合法权益。

第十一条 【检举、控告和强制报告制度】任何组织或者个人发现不利于未成年人身心健康或者侵犯未成年人合法权益的情形，都有权劝阻、制止或者向公安、民政、教育等有关部门提出检举、控告。

国家机关、居民委员会、村民委员会、密切接触未成年人的单位及其工作人员，在工作中发现未成年人身心健康受到侵害、疑似受到侵害或者面临其他危险情形的，应当立即向公安、民政、教育等有关部门报告。

有关部门接到涉及未成年人的检举、控告或者报告，应当依法及时受理、处置，并以适当方式将处理结果告知相关单位和人员。

第十二条 【科学研究】国家鼓励和支持未成年人保护方面的科学研究，建设相关学科、设置相关专业，加强人才培养。

第十三条 【统计调查制度】国家建立健全未成年人统计调查制度，开展未成年人健康、受教育等状况的统计、调查和分析，发布未成年人保护的有关信息。

第十四条 【表彰和奖励】国家对保护未成年人有显著成绩的组织和个人给予表彰和奖励。

第二章 家庭保护

第十五条 【监护人及成年家庭成员的家庭教育职责】未成年人的父母或者其他监护人应当学习家庭教育知识，接受家庭教育指导，创造良好、和睦、文明的家庭环境。

共同生活的其他成年家庭成员应当协助未成年人的父母或者其他监护人抚养、教育和保护未成年人。

第十六条 【监护职责】未成年人的父母或者其他监护人应当履行下列监护职责：

（一）为未成年人提供生活、健康、安全等方面的保障；

（二）关注未成年人的生理、心理状况和情感需求；

（三）教育和引导未成年人遵纪守法、勤俭节约，养成良好的思想品德和行为习惯；

（四）对未成年人进行安全教育，提高未成年人的自我保护意识和能力；

（五）尊重未成年人受教育的权利，保障适龄未成年人依法接受并完成义务教育；

（六）保障未成年人休息、娱乐和体育锻炼的时间，引导未成年人进行有益身心健康的活动；

（七）妥善管理和保护未成年人的财产；

（八）依法代理未成年人实施民事法律行为；

（九）预防和制止未成年人的不良行为和违法犯罪行为，并进行合理管教；

（十）其他应当履行的监护职责。

第十七条 【监护禁止行为】未成年人的父母或者其他监护人不得实施下列行为：

（一）虐待、遗弃、非法送养未成年人或者对未成年人实施家庭暴力；

（二）放任、教唆或者利用未成年人实施违法犯罪行为；

（三）放任、唆使未成年人参与邪教、迷信活动或者接受恐怖主义、分裂主义、极端主义等侵害；

（四）放任、唆使未成年人吸烟（含电子烟，下同)、饮酒、赌博、流浪乞讨或者欺凌他人；

(五)放任或者迫使应当接受义务教育的未成年人失学、辍学；

(六)放任未成年人沉迷网络，接触危害或者可能影响其身心健康的图书、报刊、电影、广播电视节目、音像制品、电子出版物和网络信息等；

(七)放任未成年人进入营业性娱乐场所、酒吧、互联网上网服务营业场所等不适宜未成年人活动的场所；

(八)允许或者迫使未成年人从事国家规定以外的劳动；

(九)允许、迫使未成年人结婚或者为未成年人订立婚约；

(十)违法处分、侵吞未成年人的财产或者利用未成年人牟取不正当利益；

(十一)其他侵犯未成年人身心健康、财产权益或者不依法履行未成年人保护义务的行为。

第十八条 【监护人的安全保障义务】未成年人的父母或者其他监护人应当为未成年人提供安全的家庭生活环境，及时排除引发触电、烫伤、跌落等伤害的安全隐患；采取配备儿童安全座椅、教育未成年人遵守交通规则等措施，防止未成年人受到交通事故的伤害；提高户外安全保护意识，避免未成年人发生溺水、动物伤害等事故。

第十九条 【尊重未成年人的知情权】未成年人的父母或者其他监护人应当根据未成年人的年龄和智力发展状况，在作出与未成年人权益有关的决定前，听取未成年人的意见，充分考虑其真实意愿。

第二十条 【监护人的报告义务】未成年人的父母或者其他监护人发现未成年人身心健康受到侵害、疑似受到侵害或者其他合法权益受到侵犯的，应当及时了解情况并采取保护措施；情况严重的，应当立即向公安、民政、教育等部门报告。

第二十一条 【临时照护及禁止未成年人单独生活】未成年人的父母或者其他监护人不得使未满八周岁或者由于身体、心理原因需要特别照顾的未成年人处于无人看护状态，或者将其交由无民事行为能力、限制民事行为能力、患有严重传染性疾病或者其他不适宜的人员临时照护。

未成年人的父母或者其他监护人不得使未满十六周岁的未成年人脱离监护单独生活。

第二十二条 【设立长期照护的条件】未成年人的父母或者其他监护人因外出务工等原因在一定期限内不能完全履行监护职责的，应当委托具有照护能力的完全民事行为能力人代为照护；无正当理由的，不得委托他人代为照护。

未成年人的父母或者其他监护人在确定被委托人时，应当综合考虑其道德品质、家庭状况、身心健康状况、与未成年人生活情感上的联系等情况，并听取有表达意愿能力未成年人的意见。

具有下列情形之一的，不得作为被委托人：

(一)曾实施性侵害、虐待、遗弃、拐卖、暴力伤害等违法犯罪行为；

(二)有吸毒、酗酒、赌博等恶习；

(三)曾拒不履行或者长期怠于履行监护、照护职责；

(四)其他不适宜担任被委托人的情形。

第二十三条 【设立长期照护的监护人的义务】未成年人的父母或者其他监护人应当及时将委托照护情况书面告知未成年人所在学校、幼儿园和实际居住地的居民委员会、村民委员会，加强和未成年人所在学校、幼儿园的沟通；与未成年人、被委托人至少每周联系和交流一次，了解未成年人的生活、学习、心理等情况，并给予未成年人亲情关爱。

未成年人的父母或者其他监护人接到被委托人、居民委员会、村民委员会、学校、幼儿园等关于未成年人心理、行为异常的通知后，应当及时采取干预措施。

第二十四条 【父母离婚对未成年子女的义务】未成年人的父母离婚时，应当妥善处理未成年子女的抚养、教育、探望、财产等事宜，听取有表达意愿能力未成年人的意见。不得以抢夺、藏匿未成年子女等方式争夺抚养权。

未成年人的父母离婚后，不直接抚养未成年子女的一方应当依照协议、人民法院判决或者调解确定的时间和方式，在不影响未成年人学习、生活的情况下探望未成年子女，直接抚养的一方应当配合，但被人民法院依法中止探望权的除外。

第三章 学校保护

第二十五条 【全面贯彻国家教育方针政策】学校应当全面贯彻国家教育方针，坚持立德树人，实施素质教育，提高教育质量，注重培养未成年学生认知能力、合作能力、创新能力和实践能力，促进未成年学生全面发展。

学校应当建立未成年学生保护工作制度，健全学生行为规范，培养未成年学生遵纪守法的良好行为习惯。

第二十六条 【幼儿园的保育教育职责】幼儿园应当做好保育、教育工作，遵循幼儿身心发展规律，实施启蒙教育，促进幼儿在体质、智力、品德等方面和谐发展。

第二十七条 【尊重未成年人人格尊严，不得实施体罚】学校、幼儿园的教职员工应当尊重未成年人人格尊严，不得对未成年人实施体罚、变相体罚或者其他侮辱人格尊严的行为。

第二十八条 【保障未成年学生受教育权利】学校应当保障未成年学生受教育的权利，不得违反国家规定开除、变相开除未成年学生。

学校应当对尚未完成义务教育的辍学未成年学生进行登记并劝返复学；劝返无效的，应当及时向教育行政部门书面报告。

第二十九条 【关爱帮扶 不得歧视】学校应当关心、爱护未成年学生，不得因家庭、身体、心理、学习能力等情况歧视学生。对家庭困难、身心有障碍的学生，应当提供关爱；对行为异常、学习有困难的学生，应当耐心帮助。

学校应当配合政府有关部门建立留守未成年学生、困境未成年学生的信息档案，开展关爱帮扶工作。

第三十条 【社会生活指导、心理健康辅导、青春期教育、生命教育】学校应当根据未成年学生身心发展特点，进行社会生活指导、心理健康辅导、青春期教育和生命教育。

第三十一条 【加强劳动教育】学校应当组织未成年学生参加与其年龄相适应的日常生活劳动、生产劳动和服务性劳动，帮助未成年学生掌握必要的劳动知识和技能，养成良好的劳动习惯。

第三十二条 【反对浪费 文明饮食】学校、幼儿园应当开展勤俭节约、反对浪费、珍惜粮食、文明饮食等宣传教育活动，帮助未成年人树立浪费可耻、节约为荣的意识，养成文明健康、绿色环保的生活习惯。

第三十三条 【保障未成年学生休息权】学校应当与未成年学生的父母或者其他监护人互相配合，合理安排未成年学生的学习时间，保障其休息、娱乐和体育锻炼的时间。

学校不得占用国家法定节假日、休息日及寒暑假期，组织义务教育阶段的未成年学生集体补课，加重其学习负担。

幼儿园、校外培训机构不得对学龄前未成年人进行小学课程教育。

第三十四条 【学校、幼儿园的卫生保健职责】学校、幼儿园应当提供必要的卫生保健条件，协助卫生健康部门做好在校、在园未成年人的卫生保健工作。

第三十五条 【保障未成人校园安全】学校、幼儿园应当建立安全管理制度，对未成年人进行安全教育，完善安保设施、配备安保人员，保障未成年人在校、在园期间的人身和财产安全。

学校、幼儿园不得在危及未成年人人身安全、身心健康的校舍和其他设施、场所中进行教育教学活动。

学校、幼儿园安排未成年人参加文化娱乐、社会实践等集体活动，应当保护未成年人的身心健康，防止发生人身伤害事故。

第三十六条 【校车安全管理制度】使用校车的学校、幼儿园应当建立健全校车安全管理制度，配备安全管理人员，定期对校车进行安全检查，对校车驾驶人进行安全教育，并向未成年人讲解校车安全乘坐知识，培养未成年人校车安全事故应急处理技能。

第三十七条 【突发事件处置】学校、幼儿园应当根据需要，制定应对自然灾害、事故灾难、公共卫生事件等突发事件和意外伤害的预案，配备相应设施并定期进行必要的演练。

未成年人在校内、园内或者本校、本园组织的校外、园外活动中发生人身伤害事故的，学校、幼儿园应当立即救护，妥善处理，及时通知未成年人的父母或者其他监护人，并向有关部门报告。

第三十八条 【禁止商业行为】学校、幼儿园不得安排未成年人参加商业性活动，不得向未成年人及其父母或者其他监护人推销或者要求其购买指定的商品和服务。

学校、幼儿园不得与校外培训机构合作为未成年人提供有偿课程辅导。

第三十九条 【防治学生欺凌】学校应当建立学生欺凌防控工作制度，对教职员工、学生等开展防治学生欺凌的教育和培训。

学校对学生欺凌行为应当立即制止，通知实施欺凌和被欺凌未成年学生的父母或者其他监护人参与欺凌行为的认定和处理;对相关未成年学生及时给予心理辅导、教育和引导;对相关未成年学生的父母或者其他监护人给予必要的家庭教育指导。

对实施欺凌的未成年学生,学校应当根据欺凌行为的性质和程度,依法加强管教。对严重的欺凌行为,学校不得隐瞒,应当及时向公安机关、教育行政部门报告,并配合相关部门依法处理。

第四十条 【防治性侵害、性骚扰】学校、幼儿园应当建立预防性侵害、性骚扰未成年人工作制度。对性侵害、性骚扰未成年人等违法犯罪行为,学校、幼儿园不得隐瞒,应当及时向公安机关、教育行政部门报告,并配合相关部门依法处理。

学校、幼儿园应当对未成年人开展适合其年龄的性教育,提高未成年人防范性侵害、性骚扰的自我保护意识和能力。对遭受性侵害、性骚扰的未成年人,学校、幼儿园应当及时采取相关的保护措施。

第四十一条 【参照适用规定】婴幼儿照护服务机构、早期教育服务机构、校外培训机构、校外托管机构等应当参照本章有关规定,根据不同年龄阶段未成年人的成长特点和规律,做好未成年人保护工作。

第四章 社会保护

第四十二条 【社会保护的基本内容】全社会应当树立关心、爱护未成年人的良好风尚。

国家鼓励、支持和引导人民团体、企业事业单位、社会组织以及其他组织和个人,开展有利于未成年人健康成长的社会活动和服务。

第四十三条 【居民委员会、村民委员会工作职责】居民委员会、村民委员会应当设置专人专岗负责未成年人保护工作,协助政府有关部门宣传未成年人保护方面的法律法规,指导、帮助和监督未成年人的父母或者其他监护人依法履行监护职责,建立留守未成年人、困境未成年人的信息档案并给予关爱帮扶。

居民委员会、村民委员会应当协助政府有关部门监督未成年人委托照护情况,发现被委托人缺乏照护能力、怠于履行照护职责等情况,应当及时向政府有关部门报告,并告知未成年人的父母或者其他监护人,帮助、督促被委托人履行照护职责。

第四十四条 【公用场馆的优惠政策】爱国主义教育基地、图书馆、青少年宫、儿童活动中心、儿童之家应当对未成年人免费开放;博物馆、纪念馆、科技馆、展览馆、美术馆、文化馆、社区公益性互联网上网服务场所以及影剧院、体育场馆、动物园、植物园、公园等场所,应当按照有关规定对未成年人免费或者优惠开放。

国家鼓励爱国主义教育基地、博物馆、科技馆、美术馆等公共场馆开设未成年人专场,为未成年人提供有针对性的服务。

国家鼓励国家机关、企业事业单位、部队等开发自身教育资源,设立未成年人开放日,为未成年人主题教育、社会实践、职业体验等提供支持。

国家鼓励科研机构和科技类社会组织对未成年人开展科学普及活动。

第四十五条 【未成年人免费或者优惠乘坐交通工具】城市公共交通以及公路、铁路、水路、航空客运等应当按照有关规定对未成年人实施免费或者优惠票价。

第四十六条 【母婴设施的配备】国家鼓励大型公共场所、公共交通工具、旅游景区景点等设置母婴室、婴儿护理台以及方便幼儿使用的坐便器、洗手台等卫生设施,为未成年人提供便利。

第四十七条 【不得限制针对未成年人的照顾或者优惠】任何组织或者个人不得违反有关规定,限制未成年人应当享有的照顾或者优惠。

第四十八条 【鼓励有利于未成年人健康成长的创作】国家鼓励创作、出版、制作和传播有利于未成年人健康成长的图书、报刊、电影、广播电视节目、舞台艺术作品、音像制品、电子出版物和网络信息等。

第四十九条 【新闻媒体的责任】新闻媒体应当加强未成年人保护方面的宣传,对侵犯未成年人合法权益的行为进行舆论监督。新闻媒体采访报道涉及未成年人事件应当客观、审慎和适度,不得侵犯未成年人的名誉、隐私和其他合法权益。

第五十条 【禁止危害未成年人身心健康的内容】禁止制作、复制、出版、发布、传播含有宣扬淫秽、色情、暴力、邪教、迷信、赌博、引诱自杀、恐怖主义、分裂主义、极端主义等危害未成年人身心健康内容的图书、报刊、电影、广播电视节目、舞台艺术作品、音像制品、电子出版物和网络信息等。

第五十一条 【提示可能影响未成年人身心健康的内容】任何组织或者个人出版、发布、传播的图书、报刊、电影、广播电视节目、舞台艺术作品、音像制品、电子出版物或者网络信息,包含可能影响未成年人身心健康内容的,应当以显著方式作出提示。

第五十二条 【禁止儿童色情制品】禁止制作、复制、发布、传播或者持有有关未成年人的淫秽色情物品和网络信息。

第五十三条 【与未成年人有关的广告管理】任何组织或者个人不得刊登、播放、张贴或者散发含有危害未成年人身心健康内容的广告;不得在学校、幼儿园播放、张贴或者散发商业广告;不得利用校服、教材等发布或者变相发布商业广告。

第五十四条 【禁止严重侵犯未成年人权益的行为】禁止拐卖、绑架、虐待、非法收养未成年人,禁止对未成年人实施性侵害、性骚扰。

禁止胁迫、引诱、教唆未成年人参加黑社会性质组织或者从事违法犯罪活动。

禁止胁迫、诱骗、利用未成年人乞讨。

第五十五条 【对生产、销售用于未成年人产品的要求】生产、销售用于未成年人的食品、药品、玩具、用具和游戏游艺设备、游乐设施等,应当符合国家或者行业标准,不得危害未成年人的人身安全和身心健康。上述产品的生产者应当在显著位置标明注意事项,未标明注意事项的不得销售。

第五十六条 【公共场所的安全保障义务】未成年人集中活动的公共场所应当符合国家或者行业安全标准,并采取相应安全保护措施。对可能存在安全风险的设施,应当定期进行维护,在显著位置设置安全警示标志并标明适龄范围和注意事项;必要时应当安排专门人员看管。

大型的商场、超市、医院、图书馆、博物馆、科技馆、游乐场、车站、码头、机场、旅游景区景点等场所运营单位应当设置搜寻走失未成年人的安全警报系统。场所运营单位接到求助后,应当立即启动安全警报系统,组织人员进行搜寻并向公安机关报告。

公共场所发生突发事件时,应当优先救护未成年人。

第五十七条 【住宿经营者安全保护义务】旅馆、宾馆、酒店等住宿经营者接待未成年人入住,或者接待未成年人和成年人共同入住时,应当询问父母或者其他监护人的联系方式、入住人员的身份关系等有关情况;发现有违法犯罪嫌疑的,应当立即向公安机关报告,并及时联系未成年人的父母或者其他监护人。

第五十八条 【不适宜未成年人活动场所设置与服务的限制】学校、幼儿园周边不得设置营业性娱乐场所、酒吧、互联网上网服务营业场所等不适宜未成年人活动的场所。营业性歌舞娱乐场所、酒吧、互联网上网服务营业场所等不适宜未成年人活动场所的经营者,不得允许未成年人进入;游艺娱乐场所设置的电子游戏设备,除国家法定节假日外,不得向未成年人提供。经营者应当在显著位置设置未成年人禁入、限入标志;对难以判明是否是未成年人的,应当要求其出示身份证件。

第五十九条 【对未成年人禁售烟、酒和彩票】学校、幼儿园周边不得设置烟、酒、彩票销售网点。禁止向未成年人销售烟、酒、彩票或者兑付彩票奖金。烟、酒和彩票经营者应当在显著位置设置不向未成年人销售烟、酒或者彩票的标志;对难以判明是否是未成年人的,应当要求其出示身份证件。

任何人不得在学校、幼儿园和其他未成年人集中活动的公共场所吸烟、饮酒。

第六十条 【禁止向未成年人提供、销售危险物品】禁止向未成年人提供、销售管制刀具或者其他可能致人严重伤害的器具等物品。经营者难以判明购买者是否是未成年人的,应当要求其出示身份证件。

第六十一条 【劳动保护】任何组织或者个人不得招用未满十六周岁未成年人,国家另有规定的除外。

营业性娱乐场所、酒吧、互联网上网服务营业场所等不适宜未成年人活动的场所不得招用已满十六周岁的未成年人。

招用已满十六周岁未成年人的单位和个人应当执行国家在工种、劳动时间、劳动强度和保护措施等方面的规定,不得安排其从事过重、有毒、有害等危害未成年人身心健康的劳动或者危险作业。

任何组织或者个人不得组织未成年人进行危害其身心健康的表演等活动。经未成年人的父母或者其他监护人同意,未成年人参与演出、节目制作等活动,活动组织方应当根据国家有关规定,保障未成年人合法权益。

第六十二条 【从业查询】密切接触未成年人的单位招聘工作人员时,应当向公安机关、人民检察院查询应聘者是否具有性侵害、虐待、拐卖、暴力伤害等违法犯罪记录；发现其具有前述行为记录的，不得录用。

密切接触未成年人的单位应当每年定期对工作人员是否具有上述违法犯罪记录进行查询。通过查询或者其他方式发现其工作人员具有上述行为的，应当及时解聘。

第六十三条 【通信自由和通信秘密】任何组织或者个人不得隐匿、毁弃、非法删除未成年人的信件、日记、电子邮件或者其他网络通讯内容。

除下列情形外，任何组织或者个人不得开拆、查阅未成年人的信件、日记、电子邮件或者其他网络通讯内容：

（一）无民事行为能力未成年人的父母或者其他监护人代未成年人开拆、查阅；

（二）因国家安全或者追查刑事犯罪依法进行检查；

（三）紧急情况下为了保护未成年人本人的人身安全。

第五章 网络保护

第六十四条 【网络素养】国家、社会、学校和家庭应当加强未成年人网络素养宣传教育，培养和提高未成年人的网络素养，增强未成年人科学、文明、安全、合理使用网络的意识和能力，保障未成年人在网络空间的合法权益。

第六十五条 【健康网络内容创作与传播】国家鼓励和支持有利于未成年人健康成长的网络内容的创作与传播，鼓励和支持专门以未成年人为服务对象、适合未成年人身心健康特点的网络技术、产品、服务的研发、生产和使用。

第六十六条 【监督检查和执法】网信部门及其他有关部门应当加强对未成年人网络保护工作的监督检查，依法惩处利用网络从事危害未成年人身心健康的活动，为未成年人提供安全、健康的网络环境。

第六十七条 【可能影响健康的网络信息】网信部门会同公安、文化和旅游、新闻出版、电影、广播电视等部门根据保护不同年龄阶段未成年人的需要，确定可能影响未成年人身心健康网络信息的种类、范围和判断标准。

第六十八条 【沉迷网络的预防和干预】新闻出版、教育、卫生健康、文化和旅游、网信等部门应当定期开展预防未成年人沉迷网络的宣传教育，监督网络产品和服务提供者履行预防未成年人沉迷网络的义务，指导家庭、学校、社会组织互相配合，采取科学、合理的方式对未成年人沉迷网络进行预防和干预。

任何组织或者个人不得以侵害未成年人身心健康的方式对未成年人沉迷网络进行干预。

第六十九条 【网络保护软件】学校、社区、图书馆、文化馆、青少年宫等场所为未成年人提供的互联网上网服务设施，应当安装未成年人网络保护软件或者采取其他安全保护技术措施。

智能终端产品的制造者、销售者应当在产品上安装未成年人网络保护软件，或者以显著方式告知用户未成年人网络保护软件的安装渠道和方法。

第七十条 【学校对未成年学生沉迷网络的预防和处理】学校应当合理使用网络开展教学活动。未经学校允许，未成年学生不得将手机等智能终端产品带入课堂，带入学校的应当统一管理。

学校发现未成年学生沉迷网络的，应当及时告知其父母或者其他监护人，共同对未成年学生进行教育和引导，帮助其恢复正常的学习生活。

第七十一条 【监护人的网络保护义务】未成年人的父母或者其他监护人应当提高网络素养，规范自身使用网络的行为，加强对未成年人使用网络行为的引导和监督。

未成年人的父母或者其他监护人应当通过在智能终端产品上安装未成年人网络保护软件、选择适合未成年人的服务模式和管理功能等方式，避免未成年人接触危害或者可能影响其身心健康的网络信息，合理安排未成年人使用网络的时间，有效预防未成年人沉迷网络。

第七十二条 【个人信息处理规定以及更正权、删除权】信息处理者通过网络处理未成年人个人信息的，应当遵循合法、正当和必要的原则。处理不满十四周岁未成年人个人信息的，应当征得未成年人的父母或者其他监护人同意，但法律、行政法规另有规定的除外。

未成年人、父母或者其他监护人要求信息处理者更正、删除未成年人个人信息的，信息处理者应当及时采取措施予以更正、删除，但法律、行政法规另有规定的除外。

第七十三条 【私密信息的提示和保护义务】

网络服务提供者发现未成年人通过网络发布私密信息的，应当及时提示，并采取必要的保护措施。

第七十四条 【预防网络沉迷的一般性规定】 网络产品和服务提供者不得向未成年人提供诱导其沉迷的产品和服务。

网络游戏、网络直播、网络音视频、网络社交等网络服务提供者应当针对未成年人使用其服务设置相应的时间管理、权限管理、消费管理等功能。

以未成年人为服务对象的在线教育网络产品和服务，不得插入网络游戏链接，不得推送广告等与教学无关的信息。

第七十五条 【网络游戏服务提供者的义务】 网络游戏经依法审批后方可运营。

国家建立统一的未成年人网络游戏电子身份认证系统。网络游戏服务提供者应当要求未成年人以真实身份信息注册并登录网络游戏。

网络游戏服务提供者应当按照国家有关规定和标准，对游戏产品进行分类，作出适龄提示，并采取技术措施，不得让未成年人接触不适宜的游戏或者游戏功能。

网络游戏服务提供者不得在每日二十二时至次日八时向未成年人提供网络游戏服务。

第七十六条 【网络直播服务提供者的义务】 网络直播服务提供者不得为未满十六周岁的未成年人提供网络直播发布者账号注册服务；为年满十六周岁的未成年人提供网络直播发布者账号注册服务时，应当对其身份信息进行认证，并征得其父母或者其他监护人同意。

第七十七条 【禁止实施网络欺凌】 任何组织或者个人不得通过网络以文字、图片、音视频等形式，对未成年人实施侮辱、诽谤、威胁或者恶意损害形象等网络欺凌行为。

遭受网络欺凌的未成年人及其父母或者其他监护人有权通知网络服务提供者采取删除、屏蔽、断开链接等措施。网络服务提供者接到通知后，应当及时采取必要的措施制止网络欺凌行为，防止信息扩散。

第七十八条 【接受投诉、举报】 网络产品和服务提供者应当建立便捷、合理、有效的投诉和举报渠道，公开投诉、举报方式等信息，及时受理并处理涉及未成年人的投诉、举报。

第七十九条 【投诉、举报权】 任何组织或者个人发现网络产品、服务含有危害未成年人身心健康的信息，有权向网络产品和服务提供者或者网信、公安等部门投诉、举报。

第八十条 【对用户行为的安全管理义务】 网络服务提供者发现用户发布、传播可能影响未成年人身心健康的信息且未作显著提示的，应当作出提示或者通知用户予以提示；未作出提示的，不得传输相关信息。

网络服务提供者发现用户发布、传播含有危害未成年人身心健康内容的信息的，应当立即停止传输相关信息，采取删除、屏蔽、断开链接等处置措施，保存有关记录，并向网信、公安等部门报告。

网络服务提供者发现用户利用其网络服务对未成年人实施违法犯罪行为的，应当立即停止向该用户提供网络服务，保存有关记录，并向公安机关报告。

第六章 政府保护

第八十一条 【政府、基层自治组织未成年人保护工作的落实主体】 县级以上人民政府承担未成年人保护协调机制具体工作的职能部门应当明确相关内设机构或者专门人员，负责承担未成年人保护工作。

乡镇人民政府和街道办事处应当设立未成年人保护工作站或者指定专门人员，及时办理未成年人相关事务；支持、指导居民委员会、村民委员会设立专人专岗，做好未成年人保护工作。

第八十二条 【家庭教育指导服务】 各级人民政府应当将家庭教育指导服务纳入城乡公共服务体系，开展家庭教育知识宣传，鼓励和支持有关人民团体、企业事业单位、社会组织开展家庭教育指导服务。

第八十三条 【政府保障未成年人受教育的权利】 各级人民政府应当保障未成年人受教育的权利，并采取措施保障留守未成年人、困境未成年人、残疾未成年人接受义务教育。

对尚未完成义务教育的辍学未成年学生，教育行政部门应当责令父母或者其他监护人将其送入学校接受义务教育。

第八十四条 【发展托育、学前教育事业】 各级人民政府应当发展托育、学前教育事业，办好婴幼儿照护服务机构、幼儿园，支持社会力量依法兴办母婴室、婴幼儿照护服务机构、幼儿园。

县级以上地方人民政府及其有关部门应当培养和培训婴幼儿照护服务机构、幼儿园的保教人员，提高其职业道德素质和业务能力。

第八十五条　【职业教育及职业技能培训】各级人民政府应当发展职业教育，保障未成年人接受职业教育或者职业技能培训，鼓励和支持人民团体、企业事业单位、社会组织为未成年人提供职业技能培训服务。

第八十六条　【残疾未成年人接受教育的权利】各级人民政府应当保障具有接受普通教育能力、能适应校园生活的残疾未成年人就近在普通学校、幼儿园接受教育；保障不具有接受普通教育能力的残疾未成年人在特殊教育学校、幼儿园接受学前教育、义务教育和职业教育。

各级人民政府应当保障特殊教育学校、幼儿园的办学、办园条件，鼓励和支持社会力量举办特殊教育学校、幼儿园。

第八十七条　【政府保障校园安全】地方人民政府及其有关部门应当保障校园安全，监督、指导学校、幼儿园等单位落实校园安全责任，建立突发事件的报告、处置和协调机制。

第八十八条　【政府保障校园周边安全】公安机关和其他有关部门应当依法维护校园周边的治安和交通秩序，设置监控设备和交通安全设施，预防和制止侵害未成年人的违法犯罪行为。

第八十九条　【未成年人活动场所建设和维护、学校文化体育设施的免费或者优惠开放】地方人民政府应当建立和改善适合未成年人的活动场所和设施，支持公益性未成年人活动场所和设施的建设和运行，鼓励社会力量兴办适合未成年人的活动场所和设施，并加强管理。

地方人民政府应当采取措施，鼓励和支持学校在国家法定节假日、休息日及寒暑假期将文化体育设施对未成年人免费或者优惠开放。

地方人民政府应当采取措施，防止任何组织或者个人侵占、破坏学校、幼儿园、婴幼儿照护服务机构等未成年人活动场所的场地、房屋和设施。

第九十条　【卫生保健、传染病防治和心理健康】各级人民政府及其有关部门应当对未成年人进行卫生保健和营养指导，提供卫生保健服务。

卫生健康部门应当依法对未成年人的疫苗预防接种进行规范，防治未成年人常见病、多发病，加强传染病防治和监督管理，做好伤害预防和干预，指导和监督学校、幼儿园、婴幼儿照护服务机构开展卫生保健工作。

教育行政部门应当加强未成年人的心理健康教育，建立未成年人心理问题的早期发现和及时干预机制。卫生健康部门应当做好未成年人心理治疗、心理危机干预以及精神障碍早期识别和诊断治疗等工作。

第九十一条　【对困境未成年人实施分类保障】各级人民政府及其有关部门对困境未成年人实施分类保障，采取措施满足其生活、教育、安全、医疗康复、住房等方面的基本需要。

第九十二条　【民政部门临时监护】具有下列情形之一的，民政部门应当依法对未成年人进行临时监护：

（一）未成年人流浪乞讨或者身份不明，暂时查找不到父母或者其他监护人；

（二）监护人下落不明且无其他人可以担任监护人；

（三）监护人因自身客观原因或者因发生自然灾害、事故灾难、公共卫生事件等突发事件不能履行监护职责，导致未成年人监护缺失；

（四）监护人拒绝或者怠于履行监护职责，导致未成年人处于无人照料的状态；

（五）监护人教唆、利用未成年人实施违法犯罪行为，未成年人需要被带离安置；

（六）未成年人遭受监护人严重伤害或者面临人身安全威胁，需要被紧急安置；

（七）法律规定的其他情形。

第九十三条　【临时监护的具体方式】对临时监护的未成年人，民政部门可以采取委托亲属抚养、家庭寄养等方式进行安置，也可以交由未成年人救助保护机构或者儿童福利机构进行收留、抚养。

临时监护期间，经民政部门评估，监护人重新具备履行监护职责条件的，民政部门可以将未成年人送回监护人抚养。

第九十四条　【长期监护的法定情形】具有下列情形之一的，民政部门应当依法对未成年人进行长期监护：

（一）查找不到未成年人的父母或者其他监护人；

（二）监护人死亡或者被宣告死亡且无其他人可以担任监护人；

（三）监护人丧失监护能力且无其他人可以担任监护人；

（四）人民法院判决撤销监护人资格并指定由民政部门担任监护人；

（五）法律规定的其他情形。

第九十五条 【民政部门长期监护未成年人的收养】民政部门进行收养评估后，可以依法将其长期监护的未成年人交由符合条件的申请人收养。收养关系成立后，民政部门与未成年人的监护关系终止。

第九十六条 【民政部门承担国家监护职责的政府支持和机构建设】民政部门承担临时监护或者长期监护职责的，财政、教育、卫生健康、公安等部门应当根据各自职责予以配合。

县级以上人民政府及其民政部门应当根据需要设立未成年人救助保护机构、儿童福利机构，负责收留、抚养由民政部门监护的未成年人。

第九十七条 【建设全国统一的未成年人保护热线，支持社会力量共建未成年人保护平台】县级以上人民政府应当开通全国统一的未成年人保护热线，及时受理、转介侵犯未成年人合法权益的投诉、举报；鼓励和支持人民团体、企业事业单位、社会组织参与建设未成年人保护服务平台、服务热线、服务站点，提供未成年人保护方面的咨询、帮助。

第九十八条 【违法犯罪人员信息查询系统】国家建立性侵害、虐待、拐卖、暴力伤害等违法犯罪人员信息查询系统，向密切接触未成年人的单位提供免费查询服务。

第九十九条 【培育、引导和规范社会力量参与未成年人保护工作】地方人民政府应当培育、引导和规范有关社会组织、社会工作者参与未成年人保护工作，开展家庭教育指导服务，为未成年人的心理辅导、康复救助、监护及收养评估等提供专业服务。

第七章 司法保护

第一百条 【司法机关职责】公安机关、人民检察院、人民法院和司法行政部门应当依法履行职责，保障未成年人合法权益。

第一百零一条 【专门机构、专门人员及评价考核标准】公安机关、人民检察院、人民法院和司法行政部门应当确定专门机构或者指定专门人员，负责办理涉及未成年人案件。办理涉及未成年人案件的人员应当经过专门培训，熟悉未成年人身心特点。专门机构或者专门人员中，应当有女性工作人员。

公安机关、人民检察院、人民法院和司法行政部门应当对上述机构和人员实行与未成年人保护工作相适应的评价考核标准。

第一百零二条 【未成年人案件中语言、表达方式】公安机关、人民检察院、人民法院和司法行政部门办理涉及未成年人案件，应当考虑未成年人身心特点和健康成长的需要，使用未成年人能够理解的语言和表达方式，听取未成年人的意见。

第一百零三条 【个人信息保护】公安机关、人民检察院、人民法院、司法行政部门以及其他组织和个人不得披露有关案件中未成年人的姓名、影像、住所、就读学校以及其他可能识别出其身份的信息，但查找失踪、被拐卖未成年人等情形除外。

第一百零四条 【法律援助、司法救助】对需要法律援助或者司法救助的未成年人，法律援助机构或者公安机关、人民检察院、人民法院和司法行政部门应当给予帮助，依法为其提供法律援助或者司法救助。

法律援助机构应当指派熟悉未成年人身心特点的律师为未成年人提供法律援助服务。

法律援助机构和律师协会应当对办理未成年人法律援助案件的律师进行指导和培训。

第一百零五条 【检察监督】人民检察院通过行使检察权，对涉及未成年人的诉讼活动等依法进行监督。

第一百零六条 【公益诉讼】未成年人合法权益受到侵犯，相关组织和个人未代为提起诉讼的，人民检察院可以督促、支持其提起诉讼；涉及公共利益的，人民检察院有权提起公益诉讼。

第一百零七条 【继承权、受遗赠权和受抚养权保护】人民法院审理继承案件，应当依法保护未成年人的继承权和受遗赠权。

人民法院审理离婚案件，涉及未成年子女抚养问题的，应当尊重已满八周岁未成年子女的真实意愿，根据双方具体情况，按照最有利于未成年子女的原则依法处理。

第一百零八条 【人身安全保护令、撤销监护人资格】未成年人的父母或者其他监护人不依法履行监护职责或者严重侵犯被监护的未成年人合法权益的，人民法院可以根据有关人员或者单位的申请，依法作出人身安全保护令或者撤销监护人资格。

被撤销监护人资格的父母或者其他监护人应当依法继续负担抚养费用。

第一百零九条 【社会调查】人民法院审理离婚、抚养、收养、监护、探望等案件涉及未成年人的，可以自行或者委托社会组织对未成年人的相关情况进行社会调查。

第一百一十条 【法定代理人、合适成年人到场】公安机关、人民检察院、人民法院讯问未成年犯罪嫌疑人、被告人，询问未成年被害人、证人，应当依法通知其法定代理人或者其成年亲属、所在学校的代表等合适成年人到场，并采取适当方式，在适当场所进行，保障未成年人的名誉权、隐私权和其他合法权益。

人民法院开庭审理涉及未成年人案件，未成年被害人、证人一般不出庭作证；必须出庭的，应当采取保护其隐私的技术手段和心理干预等保护措施。

第一百一十一条 【特定未成年被害人司法保护】公安机关、人民检察院、人民法院应当与其他有关政府部门、人民团体、社会组织互相配合，对遭受性侵害或者暴力伤害的未成年被害人及其家庭实施必要的心理干预、经济救助、法律援助、转学安置等保护措施。

第一百一十二条 【同步录音录像等保护措施】公安机关、人民检察院、人民法院办理未成年人遭受性侵害或者暴力伤害案件，在询问未成年被害人、证人时，应当采取同步录音录像等措施，尽量一次完成；未成年被害人、证人是女性的，应当由女性工作人员进行。

第一百一十三条 【违法犯罪未成年人的保护方针和原则】对违法犯罪的未成年人，实行教育、感化、挽救的方针，坚持教育为主、惩罚为辅的原则。

对违法犯罪的未成年人依法处罚后，在升学、就业等方面不得歧视。

第一百一十四条 【司法机关对未尽保护职责单位的监督】公安机关、人民检察院、人民法院和司法行政部门发现有关单位未尽到未成年人教育、管理、救助、看护等保护职责的，应当向该单位提出建议。被建议单位应当在一个月内作出书面回复。

第一百一十五条 【司法机关开展未成年人法治宣传教育】公安机关、人民检察院、人民法院和司法行政部门应当结合实际，根据涉及未成年人案件的特点，开展未成年人法治宣传教育工作。

第一百一十六条 【社会组织、社会工作者参与未成年人司法保护】国家鼓励和支持社会组织、社会工作者参与涉及未成年人案件中未成年人的心理干预、法律援助、社会调查、社会观护、教育矫治、社区矫正等工作。

第八章 法律责任

第一百一十七条 【违反强制报告义务的法律责任】违反本法第十一条第二款规定，未履行报告义务造成严重后果的，由上级主管部门或者所在单位对直接负责的主管人员和其他直接责任人员依法给予处分。

第一百一十八条 【监护人不履行监护职责或者侵犯未成年人合法权益的法律责任】未成年人的父母或者其他监护人不依法履行监护职责或者侵犯未成年人合法权益的，由其居住地的居民委员会、村民委员会予以劝诫、制止；情节严重的，居民委员会、村民委员会应当及时向公安机关报告。

公安机关接到报告或者公安机关、人民检察院、人民法院在办理案件过程中发现未成年人的父母或者其他监护人存在上述情形的，应当予以训诫，并可以责令其接受家庭教育指导。

第一百一十九条 【学校等机构及其教职员工的法律责任】学校、幼儿园、婴幼儿照护服务等机构及其教职员工违反本法第二十七条、第二十八条、第三十九条规定的，由公安、教育、卫生健康、市场监督管理等部门按照职责分工责令改正；拒不改正或者情节严重的，对直接负责的主管人员和其他直接责任人员依法给予处分。

第一百二十条 【未给予免费或者优惠待遇的法律责任】违反本法第四十四条、第四十五条、第四十七条规定，未给予未成年人免费或者优惠待遇的，由市场监督管理、文化和旅游、交通运输等部门按照职责分工责令限期改正，给予警告；拒不改正的，处一万元以上十万元以下罚款。

第一百二十一条 【制作、复制、出版、发布、传播危害未成年人出版物的法律责任】违反本法第五十条、第五十一条规定的，由新闻出版、广播电视、电影、网信等部门按照职责分工责令限期改正，给予警告，没收违法所得，可以并处十万元以下罚款；拒不改正或者情节严重的，责令暂停相关业务、停产停业或者吊销营业执照、吊销相关许可证，违法所得一百万元以上的，并处违法所得一倍以上十倍以下的罚款，没有违法所得或者违法所得不足一百万元的，并处十万元以上一百万元以下罚款。

第一百二十二条 【场所运营单位和住宿经营者的法律责任】场所运营单位违反本法第五十六条第二款规定、住宿经营者违反本法第五十七条规定的，由市场监督管理、应急管理、公安等部门按照职责分工责令限期改正，给予警告；拒不改正或者造成严重后果的，责令停业整顿或者吊销营业执照、吊销相关许可证，并处一万元以上十万元以下罚款。

第一百二十三条 【营业性娱乐场所等经营者的法律责任】相关经营者违反本法第五十八条、第五十九条第一款、第六十条规定的，由文化和旅游、市场监督管理、烟草专卖、公安等部门按照职责分工责令限期改正，给予警告，没收违法所得，可以并处五万元以下罚款；拒不改正或者情节严重的，责令停业整顿或者吊销营业执照、吊销相关许可证，可以并处五万元以上五十万元以下罚款。

第一百二十四条 【公共场所吸烟、饮酒的法律责任】违反本法第五十九条第二款规定，在学校、幼儿园和其他未成年人集中活动的公共场所吸烟、饮酒的，由卫生健康、教育、市场监督管理等部门按照职责分工责令改正，给予警告，可以并处五百元以下罚款；场所管理者未及时制止的，由卫生健康、教育、市场监督管理等部门按照职责分工给予警告，并处一万元以下罚款。

第一百二十五条 【未按规定招用、使用未成年人的法律责任】违反本法第六十一条规定的，由文化和旅游、人力资源和社会保障、市场监督管理等部门按照职责分工责令限期改正，给予警告，没收违法所得，可以并处十万元以下罚款；拒不改正或者情节严重的，责令停产停业或者吊销营业执照、吊销相关许可证，并处十万元以上一百万元以下罚款。

第一百二十六条 【密切接触未成年人单位的法律责任】密切接触未成年人的单位违反本法第六十二条规定，未履行查询义务，或者招用、继续聘用具有相关违法犯罪记录人员的，由教育、人力资源和社会保障、市场监督管理等部门按照职责分工责令限期改正，给予警告，并处五万元以下罚款；拒不改正或者造成严重后果的，责令停业整顿或者吊销营业执照、吊销相关许可证，并处五万元以上五十万元以下罚款，对直接负责的主管人员和其他直接责任人员依法给予处分。

第一百二十七条 【网络产品和服务提供者等的法律责任】信息处理者违反本法第七十二条规定，或者网络产品和服务提供者违反本法第七十三条、第七十四条、第七十五条、第七十六条、第七十七条、第八十条规定的，由公安、网信、电信、新闻出版、广播电视、文化和旅游等有关部门按照职责分工责令改正，给予警告，没收违法所得，违法所得一百万元以上的，并处违法所得一倍以上十倍以下罚款，没有违法所得或者违法所得不足一百万元的，并处十万元以上一百万元以下罚款，对直接负责的主管人员和其他责任人员处一万元以上十万元以下罚款；拒不改正或者情节严重的，并可以责令暂停相关业务、停业整顿、关闭网站、吊销营业执照或者吊销相关许可证。

第一百二十八条 【国家机关工作人员渎职的法律责任】国家机关工作人员玩忽职守、滥用职权、徇私舞弊，损害未成年人合法权益的，依法给予处分。

第一百二十九条 【民事责任、治安管理处罚和刑事责任】违反本法规定，侵犯未成年人合法权益，造成人身、财产或者其他损害的，依法承担民事责任。

违反本法规定，构成违反治安管理行为的，依法给予治安管理处罚；构成犯罪的，依法追究刑事责任。

第九章 附 则

第一百三十条 【相关概念的含义】本法中下列用语的含义：

（一）密切接触未成年人的单位，是指学校、幼儿园等教育机构；校外培训机构；未成年人救助保护机构、儿童福利机构等未成年人安置、救助机构；婴幼儿照护服务机构、早期教育服务机构；校外托管、临时看护机构；家政服务机构；为未成年人提供医疗服务的医疗机构；其他对未成年人负有教育、培训、监护、救助、看护、医疗等职责的企业事业单位、社会组织等。

（二）学校，是指普通中小学、特殊教育学校、中等职业学校、专门学校。

（三）学生欺凌，是指发生在学生之间，一方蓄意或者恶意通过肢体、语言及网络等手段实施欺压、侮辱，造成另一方人身伤害、财产损失或者精神损害的行为。

第一百三十一条 【外国人、无国籍未成年人的保护】对中国境内未满十八周岁的外国人、无国籍人，依照本法有关规定予以保护。

第一百三十二条 【施行日期】本法自2021年6月1日起施行。

禁止使用童工规定

（2002年9月18日国务院第63次常务会议通过 2002年10月1日中华人民共和国国务院令第364号公布 自2002年12月1日起施行）

第一条 为保护未成年人的身心健康，促进义务教育制度的实施，维护未成年人的合法权益，根据宪法和劳动法、未成年人保护法，制定本规定。

第二条 国家机关、社会团体、企业事业单位、民办非企业单位或者个体工商户（以下统称用人单位）均不得招用不满16周岁的未成年人（招用不满16周岁的未成年人，以下统称使用童工）。

禁止任何单位或者个人为不满16周岁的未成年人介绍就业。

禁止不满16周岁的未成年人开业从事个体经营活动。

第三条 不满16周岁的未成年人的父母或者其他监护人应当保护其身心健康，保障其接受义务教育的权利，不得允许其被用人单位非法招用。

不满16周岁的未成年人的父母或者其他监护人允许其被用人单位非法招用的，所在地的乡（镇）人民政府、城市街道办事处以及村民委员会、居民委员会应当给予批评教育。

第四条 用人单位招用人员时，必须核查被招用人员的身份证；对不满16周岁的未成年人，一律不得录用。用人单位录用人员的录用登记、核查材料应当妥善保管。

第五条 县级以上各级人民政府劳动保障行政部门负责本规定执行情况的监督检查。

县级以上各级人民政府公安、工商行政管理、教育、卫生等行政部门在各自职责范围内对本规定的执行情况进行监督检查，并对劳动保障行政部门的监督检查给予配合。

工会、共青团、妇联等群众组织应当依法维护未成年人的合法权益。

任何单位或者个人发现使用童工的，均有权向县级以上人民政府劳动保障行政部门举报。

第六条 用人单位使用童工的，由劳动保障行政部门按照每使用一名童工每月处5 000元罚款的标准给予处罚；在使用有毒物品的作业场所使用童工的，按照《使用有毒物品作业场所劳动保护条例》规定的罚款幅度，或者按照每使用一名童工每月处5 000元罚款的标准，从重处罚。劳动保障行政部门并应当责令用人单位限期将童工送回原居住地交其父母或者其他监护人，所需交通和食宿费用全部由用人单位承担。

用人单位经劳动保障行政部门依照前款规定责令限期改正，逾期仍不将童工送交其父母或者其他监护人的，从责令限期改正之日起，由劳动保障行政部门按照每使用一名童工每月处1万元罚款的标准处罚，并由工商行政管理部门吊销其营业执照或者由民政部门撤销民办非企业单位登记；用人单位是国家机关、事业单位的，由有关单位依法对直接负责的主管人员和其他直接责任人员给予降级或者撤职的行政处分或者纪律处分。

第七条 单位或者个人为不满16周岁的未成年人介绍就业的，由劳动保障行政部门按照每介绍一人处5 000元罚款的标准给予处罚；职业中介机构为不满16周岁的未成年人介绍就业的，并由劳动保障行政部门吊销其职业介绍许可证。

第八条 用人单位未按照本规定第四条的规定保存录用登记材料，或者伪造录用登记材料的，由劳动保障行政部门处1万元的罚款。

第九条 无营业执照、被依法吊销营业执照的单位以及未依法登记、备案的单位使用童工或者介绍童工就业的，依照本规定第六条、第七条、第八条规定的标准加一倍罚款，该非法单位由有关的行政主管部门予以取缔。

第十条 童工患病或者受伤的，用人单位应当负责送到医疗机构治疗，并负担治疗期间的全部医疗和生活费用。

童工伤残或者死亡的，用人单位由工商行政管理部门吊销营业执照或者由民政部门撤销民办非企业单位登记;用人单位是国家机关、事业单位的,由有关单位依法对直接负责的主管人员和其他直接责任人员给予降级或者撤职的行政处分或者纪律处分;用人单位还应当一次性地对伤残的童工、死亡童工的直系亲属给予赔偿,赔偿金额按照国家工伤保险的有关规定计算。

第十一条 拐骗童工,强迫童工劳动,使用童工从事高空、井下、放射性、高毒、易燃易爆以及国家规定的第四级体力劳动强度的劳动,使用不满14周岁的童工,或者造成童工死亡或者严重伤残的,依照刑法关于拐卖儿童罪、强迫劳动罪或者其他罪的规定,依法追究刑事责任。

第十二条 国家行政机关工作人员有下列行为之一的,依法给予记大过或者降级的行政处分;情节严重的,依法给予撤职或者开除的行政处分;构成犯罪的,依照刑法关于滥用职权罪、玩忽职守罪或者其他罪的规定,依法追究刑事责任:

(一) 劳动保障等有关部门工作人员在禁止使用童工的监督检查工作中发现使用童工的情况,不予制止、纠正、查处的;

(二) 公安机关的人民警察违反规定发放身份证或者在身份证上登录虚假出生年月的;

(三) 工商行政管理部门工作人员发现申请人是不满16周岁的未成年人,仍然为其从事个体经营发放营业执照的。

第十三条 文艺、体育单位经未成年人的父母或者其他监护人同意,可以招用不满16周岁的专业文艺工作者、运动员。用人单位应当保障被招用的不满16周岁的未成年人的身心健康,保障其接受义务教育的权利。文艺、体育单位招用不满16周岁的专业文艺工作者、运动员的办法,由国务院劳动保障行政部门会同国务院文化、体育行政部门制定。

学校、其他教育机构以及职业培训机构按照国家有关规定组织不满16周岁的未成年人进行不影响其人身安全和身心健康的教育实践劳动、职业技能培训劳动,不属于使用童工。

第十四条 本规定自2002年12月1日起施行。1991年4月15日国务院发布的《禁止使用童工规定》同时废止。

中华人民共和国妇女权益保障法

(1992年4月3日第七届全国人民代表大会第五次会议通过　根据2005年8月28日第十届全国人民代表大会常务委员会第十七次会议《关于修改〈中华人民共和国妇女权益保障法〉的决定》第一次修正　根据2018年10月26日第十三届全国人民代表大会常务委员会第六次会议《关于修改〈中华人民共和国野生动物保护法〉等十五部法律的决定》第二次修正)

目　录

第一章　总　　则
第二章　政治权利
第三章　文化教育权益
第四章　劳动和社会保障权益
第五章　财产权益
第六章　人身权利
第七章　婚姻家庭权益
第八章　法律责任
第九章　附　　则

第一章　总　　则

第一条 为了保障妇女的合法权益,促进男女平等,充分发挥妇女在社会主义现代化建设中的作用,根据宪法和我国的实际情况,制定本法。

第二条 妇女在政治的、经济的、文化的、社会的和家庭的生活等各方面享有同男子平等的权利。

实行男女平等是国家的基本国策。国家采取必要措施,逐步完善保障妇女权益的各项制度,消除对妇女一切形式的歧视。

国家保护妇女依法享有的特殊权益。

禁止歧视、虐待、遗弃、残害妇女。

第三条 国务院制定中国妇女发展纲要,并将其纳入国民经济和社会发展规划。

县级以上地方各级人民政府根据中国妇女发展纲要,制定本行政区域的妇女发展规划,并将其纳入国民经济和社会发展计划。

第四条 保障妇女的合法权益是全社会的共同责任。国家机关、社会团体、企业事业单位、城乡基层群众性自治组织,应当依照本法和有关法律的规定,保障妇女的权益。

国家采取有效措施,为妇女依法行使权利提供必要的条件。

第五条 国家鼓励妇女自尊、自信、自立、自强,运用法律维护自身合法权益。

妇女应当遵守国家法律,尊重社会公德,履行法律所规定的义务。

第六条 各级人民政府应当重视和加强妇女权益的保障工作。

县级以上人民政府负责妇女儿童工作的机构,负责组织、协调、指导、督促有关部门做好妇女权益的保障工作。

县级以上人民政府有关部门在各自的职责范围内做好妇女权益的保障工作。

第七条 中华全国妇女联合会和地方各级妇女联合会依照法律和中华全国妇女联合会章程,代表和维护各族各界妇女的利益,做好维护妇女权益的工作。

工会、共产主义青年团,应当在各自的工作范围内,做好维护妇女权益的工作。

第八条 对保障妇女合法权益成绩显著的组织和个人,各级人民政府和有关部门给予表彰和奖励。

第二章　政治权利

第九条 国家保障妇女享有与男子平等的政治权利。

第十条 妇女有权通过各种途径和形式,管理国家事务,管理经济和文化事业,管理社会事务。

制定法律、法规、规章和公共政策,对涉及妇女权益的重大问题,应当听取妇女联合会的意见。

妇女和妇女组织有权向各级国家机关提出妇女权益保障方面的意见和建议。

第十一条 妇女享有与男子平等的选举权和被选举权。

全国人民代表大会和地方各级人民代表大会的代表中,应当有适当数量的妇女代表。国家采取措施,逐步提高全国人民代表大会和地方各级人民代表大会的妇女代表的比例。

居民委员会、村民委员会成员中,妇女应当有适当的名额。

第十二条 国家积极培养和选拔女干部。

国家机关、社会团体、企业事业单位培养、选拔和任用干部,必须坚持男女平等的原则,并有适当数量的妇女担任领导成员。

国家重视培养和选拔少数民族女干部。

第十三条 中华全国妇女联合会和地方各级妇女联合会代表妇女积极参与国家和社会事务的民主决策、民主管理和民主监督。

各级妇女联合会及其团体会员,可以向国家机关、社会团体、企业事业单位推荐女干部。

第十四条 对于有关保障妇女权益的批评或者合理建议,有关部门应当听取和采纳;对于有关侵害妇女权益的申诉、控告和检举,有关部门必须查清事实,负责处理,任何组织或者个人不得压制或者打击报复。

第三章　文化教育权益

第十五条 国家保障妇女享有与男子平等的文化教育权利。

第十六条 学校和有关部门应当执行国家有关规定,保障妇女在入学、升学、毕业分配、授予学位、派出留学等方面享有与男子平等的权利。

学校在录取学生时,除特殊专业外,不得以性别为由拒绝录取女性或者提高对女性的录取标准。

第十七条 学校应当根据女性青少年的特点,在教育、管理、设施等方面采取措施,保障女性青少年身心健康发展。

第十八条 父母或者其他监护人必须履行保障适龄女性儿童少年接受义务教育的义务。

除因疾病或者其他特殊情况经当地人民政府批准的以外,对不送适龄女性儿童少年入学的父母或者其他监护人,由当地人民政府予以批评教育,并采取有效措施,责令送适龄女性儿童少年入学。

政府、社会、学校应当采取有效措施,解决适龄女性儿童少年就学存在的实际困难,并创造条件,保证贫困、残疾和流动人口中的适龄女性儿童少年完成义务教育。

第十九条 各级人民政府应当依照规定把扫除妇女中的文盲、半文盲工作,纳入扫盲和扫盲后继续教育规划,采取符合妇女特点的组织形式和工作方法,组织、监督有关部门具体实施。

第二十条 各级人民政府和有关部门应当采取措施,根据城镇和农村妇女的需要,组织妇女接受职业教育和实用技术培训。

第二十一条 国家机关、社会团体和企业事业单位应当执行国家有关规定,保障妇女从事科学、技术、文学、艺术和其他文化活动，享有与男子平等的权利。

第四章 劳动和社会保障权益

第二十二条 国家保障妇女享有与男子平等的劳动权利和社会保障权利。

第二十三条 各单位在录用职工时，除不适合妇女的工种或者岗位外，不得以性别为由拒绝录用妇女或者提高对妇女的录用标准。

各单位在录用女职工时，应当依法与其签订劳动（聘用）合同或者服务协议，劳动（聘用）合同或者服务协议中不得规定限制女职工结婚、生育的内容。

禁止录用未满十六周岁的女性未成年人，国家另有规定的除外。

第二十四条 实行男女同工同酬。妇女在享受福利待遇方面享有与男子平等的权利。

第二十五条 在晋职、晋级、评定专业技术职务等方面，应当坚持男女平等的原则，不得歧视妇女。

第二十六条 任何单位均应根据妇女的特点，依法保护妇女在工作和劳动时的安全和健康，不得安排不适合妇女从事的工作和劳动。

妇女在经期、孕期、产期、哺乳期受特殊保护。

第二十七条 任何单位不得因结婚、怀孕、产假、哺乳等情形，降低女职工的工资，辞退女职工，单方解除劳动（聘用）合同或者服务协议。但是，女职工要求终止劳动（聘用）合同或者服务协议的除外。

各单位在执行国家退休制度时，不得以性别为由歧视妇女。

第二十八条 国家发展社会保险、社会救助、社会福利和医疗卫生事业，保障妇女享有社会保险、社会救助、社会福利和卫生保健等权益。

国家提倡和鼓励为帮助妇女开展的社会公益活动。

第二十九条 国家推行生育保险制度，建立健全与生育相关的其他保障制度。

地方各级人民政府和有关部门应当按照有关规定为贫困妇女提供必要的生育救助。

第五章 财产权益

第三十条 国家保障妇女享有与男子平等的财产权利。

第三十一条 在婚姻、家庭共有财产关系中，不得侵害妇女依法享有的权益。

第三十二条 妇女在农村土地承包经营、集体经济组织收益分配、土地征收或者征用补偿费使用以及宅基地使用等方面，享有与男子平等的权利。

第三十三条 任何组织和个人不得以妇女未婚、结婚、离婚、丧偶等为由，侵害妇女在农村集体经济组织中的各项权益。

因结婚男方到女方住所落户的，男方和子女享有与所在地农村集体经济组织成员平等的权益。

第三十四条 妇女享有的与男子平等的财产继承权受法律保护。在同一顺序法定继承人中，不得歧视妇女。

丧偶妇女有权处分继承的财产，任何人不得干涉。

第三十五条 丧偶妇女对公、婆尽了主要赡养义务的，作为公、婆的第一顺序法定继承人，其继承权不受子女代位继承的影响。

第六章 人身权利

第三十六条 国家保障妇女享有与男子平等的人身权利。

第三十七条 妇女的人身自由不受侵犯。禁止非法拘禁和以其他非法手段剥夺或者限制妇女的人身自由；禁止非法搜查妇女的身体。

第三十八条 妇女的生命健康权不受侵犯。禁止溺、弃、残害女婴；禁止歧视、虐待生育女婴的妇女和不育的妇女；禁止用迷信、暴力等手段残害妇女；禁止虐待、遗弃病、残妇女和老年妇女。

第三十九条 禁止拐卖、绑架妇女；禁止收买被拐卖、绑架的妇女；禁止阻碍解救被拐卖、绑架的妇女。

各级人民政府和公安、民政、劳动和社会保障、卫生等部门按照其职责及时采取措施解救被拐卖、绑架的妇女，做好善后工作，妇女联合会协助和配合做好有关工作。任何人不得歧视被拐卖、绑架的妇女。

第四十条 禁止对妇女实施性骚扰。受害妇女有权向单位和有关机关投诉。

第四十一条 禁止卖淫、嫖娼。

禁止组织、强迫、引诱、容留、介绍妇女卖淫或者对妇女进行猥亵活动。

禁止组织、强迫、引诱妇女进行淫秽表演活动。

第四十二条 妇女的名誉权、荣誉权、隐私权、肖像权等人格权受法律保护。

禁止用侮辱、诽谤等方式损害妇女的人格尊严。禁止通过大众传播媒介或者其他方式贬低损害妇女人格。未经本人同意,不得以营利为目的,通过广告、商标、展览橱窗、报纸、期刊、图书、音像制品、电子出版物、网络等形式使用妇女肖像。

第七章 婚姻家庭权益

第四十三条 国家保障妇女享有与男子平等的婚姻家庭权利。

第四十四条 国家保护妇女的婚姻自主权。禁止干涉妇女的结婚、离婚自由。

第四十五条 女方在怀孕期间、分娩后一年内或者终止妊娠后六个月内,男方不得提出离婚。女方提出离婚的,或者人民法院认为确有必要受理男方离婚请求的,不在此限。

第四十六条 禁止对妇女实施家庭暴力。

国家采取措施,预防和制止家庭暴力。

公安、民政、司法行政等部门以及城乡基层群众性自治组织、社会团体,应当在各自的职责范围内预防和制止家庭暴力,依法为受害妇女提供救助。

第四十七条 妇女对依照法律规定的夫妻共同财产享有与其配偶平等的占有、使用、收益和处分的权利,不受双方收入状况的影响。

夫妻书面约定婚姻关系存续期间所得的财产归各自所有,女方因抚育子女、照料老人、协助男方工作等承担较多义务的,有权在离婚时要求男方予以补偿。

第四十八条 夫妻共有的房屋,离婚时,分割住房由双方协议解决;协议不成的,由人民法院根据双方的具体情况,按照照顾子女和女方权益的原则判决。夫妻双方另有约定的除外。

夫妻共同租用的房屋,离婚时,女方的住房应当按照照顾子女和女方权益的原则解决。

第四十九条 父母双方对未成年子女享有平等的监护权。

父亲死亡、丧失行为能力或者有其他情形不能担任未成年子女的监护人的,母亲的监护权任何人不得干涉。

第五十条 离婚时,女方因实施绝育手术或者其他原因丧失生育能力的,处理子女抚养问题,应在有利子女权益的条件下,照顾女方的合理要求。

第五十一条 妇女有按照国家有关规定生育子女的权利,也有不生育的自由。

育龄夫妻双方按照国家有关规定计划生育,有关部门应当提供安全、有效的避孕药具和技术,保障实施节育手术的妇女的健康和安全。

国家实行婚前保健、孕产期保健制度,发展母婴保健事业。各级人民政府应当采取措施,保障妇女享有计划生育技术服务,提高妇女的生殖健康水平。

第八章 法律责任

第五十二条 妇女的合法权益受到侵害的,有权要求有关部门依法处理,或者依法向仲裁机构申请仲裁,或者向人民法院起诉。

对有经济困难需要法律援助或者司法救助的妇女,当地法律援助机构或者人民法院应当给予帮助,依法为其提供法律援助或者司法救助。

第五十三条 妇女的合法权益受到侵害的,可以向妇女组织投诉,妇女组织应当维护被侵害妇女的合法权益,有权要求并协助有关部门或者单位查处。有关部门或者单位应当依法查处,并予以答复。

第五十四条 妇女组织对于受害妇女进行诉讼需要帮助的,应当给予支持。

妇女联合会或者相关妇女组织对侵害特定妇女群体利益的行为,可以通过大众传播媒介揭露、批评,并有权要求有关部门依法查处。

第五十五条 违反本法规定,以妇女未婚、结婚、离婚、丧偶等为由,侵害妇女在农村集体经济组织中的各项权益的,或者因结婚男方到女方住所落户,侵害男方和子女享有与所在地农村集体经济组织成员平等权益的,由乡镇人民政府依法调解;受害人也可以依法向农村土地承包仲裁机构申请仲裁,或者向人民法院起诉,人民法院应当依法受理。

第五十六条 违反本法规定,侵害妇女的合法权益,其他法律、法规规定行政处罚的,从其规定;造成财产损失或者其他损害的,依法承担民事责任;构成犯罪的,依法追究刑事责任。

第五十七条 违反本法规定,对侵害妇女权益的申诉、控告、检举,推诿、拖延、压制不予查处,或者对提出申诉、控告、检举的人进行打击报复的，由其所在单位、主管部门或者上级机关责令改正，并依法对直接负责的主管人员和其他直接责任人员给予行政处分。

国家机关及其工作人员未依法履行职责，对侵害妇女权益的行为未及时制止或者未给予受害妇女必要帮助，造成严重后果的，由其所在单位或者上级机关依法对直接负责的主管人员和其他直接责任人员给予行政处分。

违反本法规定，侵害妇女文化教育权益、劳动和社会保障权益、人身和财产权益以及婚姻家庭权益的，由其所在单位、主管部门或者上级机关责令改正，直接负责的主管人员和其他直接责任人员属于国家工作人员的，由其所在单位或者上级机关依法给予行政处分。

第五十八条 违反本法规定，对妇女实施性骚扰或者家庭暴力，构成违反治安管理行为的，受害人可以提请公安机关对违法行为人依法给予行政处罚，也可以依法向人民法院提起民事诉讼。

第五十九条 违反本法规定，通过大众传播媒介或者其他方式贬低损害妇女人格的，由文化、广播电视、电影、新闻出版或者其他有关部门依据各自的职权责令改正，并依法给予行政处罚。

第九章 附 则

第六十条 省、自治区、直辖市人民代表大会常务委员会可以根据本法制定实施办法。

民族自治地方的人民代表大会，可以依据本法规定的原则，结合当地民族妇女的具体情况，制定变通的或者补充的规定。自治区的规定，报全国人民代表大会常务委员会批准后生效；自治州、自治县的规定，报省、自治区、直辖市人民代表大会常务委员会批准后生效，并报全国人民代表大会常务委员会备案。

第六十一条 本法自1992年10月1日起施行。

中华人民共和国老年人权益保障法

（1996年8月29日第八届全国人民代表大会常务委员会第二十一次会议通过　根据2009年8月27日第十一届全国人民代表大会常务委员会第十次会议《关于修改部分法律的决定》第一次修正　2012年12月28日第十一届全国人民代表大会常务委员会第三十次会议修订　根据2015年4月24日第十二届全国人民代表大会常务委员会第十四次会议《关于修改〈中华人民共和国电力法〉等六部法律的决定》第二次修正　根据2018年12月29日第十三届全国人民代表大会常务委员会第七次会议《关于修改〈中华人民共和国劳动法〉等七部法律的决定》第三次修正）

目　录

第一章　总　　则
第二章　家庭赡养与扶养
第三章　社会保障
第四章　社会服务
第五章　社会优待
第六章　宜居环境
第七章　参与社会发展
第八章　法律责任
第九章　附　　则

第一章 总 则

第一条 【立法宗旨】为了保障老年人合法权益，发展老龄事业，弘扬中华民族敬老、养老、助老的美德，根据宪法，制定本法。

第二条 【老年人的界定】本法所称老年人是指六十周岁以上的公民。

第三条 【国家依法保障老年人的合法权益】国家保障老年人依法享有的权益。

老年人有从国家和社会获得物质帮助的权利，有享受社会服务和社会优待的权利，有参与社会发展和共享发展成果的权利。

禁止歧视、侮辱、虐待或者遗弃老年人。

第四条 【积极应对人口老龄化】积极应对人口老龄化是国家的一项长期战略任务。

国家和社会应当采取措施，健全保障老年人权益的各项制度，逐步改善保障老年人生活、健康、安全以及参与社会发展的条件，实现老有所养、老有所医、老有所为、老有所学、老有所乐。

第五条 【社会保障、社会养老服务体系】国家建立多层次的社会保障体系，逐步提高对老年人的保障水平。

国家建立和完善以居家为基础、社区为依托、机构为支撑的社会养老服务体系。

倡导全社会优待老年人。

第六条 【老龄事业发展规划、老龄工作机构】各级人民政府应当将老龄事业纳入国民经济和社会发展规划，将老龄事业经费列入财政预算，建立稳定的经费保障机制，并鼓励社会各方面投入，使老龄事业与经济、社会协调发展。

国务院制定国家老龄事业发展规划。县级以上地方人民政府根据国家老龄事业发展规划，制定本行政区域的老龄事业发展规划和年度计划。

县级以上人民政府负责老龄工作的机构，负责组织、协调、指导、督促有关部门做好老年人权益保障工作。

第七条 【全社会的共同责任】保障老年人合法权益是全社会的共同责任。

国家机关、社会团体、企业事业单位和其他组织应当按照各自职责，做好老年人权益保障工作。

基层群众性自治组织和依法设立的老年人组织应当反映老年人的要求，维护老年人合法权益，为老年人服务。

提倡、鼓励义务为老年人服务。

第八条 【老龄化宣传教育】国家进行人口老龄化国情教育，增强全社会积极应对人口老龄化意识。

全社会应当广泛开展敬老、养老、助老宣传教育活动，树立尊重、关心、帮助老年人的社会风尚。

青少年组织、学校和幼儿园应当对青少年和儿童进行敬老、养老、助老的道德教育和维护老年人合法权益的法制教育。

广播、电影、电视、报刊、网络等应当反映老年人的生活，开展维护老年人合法权益的宣传，为老年人服务。

第九条 【老龄科学研究、统计调查】国家支持老龄科学研究，建立老年人状况统计调查和发布制度。

第十条 【表彰和奖励】各级人民政府和有关部门对维护老年人合法权益和敬老、养老、助老成绩显著的组织、家庭或者个人，对参与社会发展做出突出贡献的老年人，按照国家有关规定给予表彰或者奖励。

第十一条 【遵纪守法】老年人应当遵纪守法，履行法律规定的义务。

第十二条 【老年节】每年农历九月初九为老年节。

第二章 家庭赡养与扶养

第十三条 【居家养老】老年人养老以居家为基础，家庭成员应当尊重、关心和照料老年人。

第十四条 【赡养义务】赡养人应当履行对老年人经济上供养、生活上照料和精神上慰藉的义务，照顾老年人的特殊需要。

赡养人是指老年人的子女以及其他依法负有赡养义务的人。

赡养人的配偶应当协助赡养人履行赡养义务。

第十五条 【治疗和护理、生活照料】赡养人应当使患病的老年人及时得到治疗和护理；对经济困难的老年人，应当提供医疗费用。

对生活不能自理的老年人，赡养人应当承担照料责任；不能亲自照料的，可以按照老年人的意愿委托他人或者养老机构等照料。

第十六条 【老年人的住房】赡养人应当妥善安排老年人的住房，不得强迫老年人居住或者迁居条件低劣的房屋。

老年人自有的或者承租的住房，子女或者其他亲属不得侵占，不得擅自改变产权关系或者租赁关系。

老年人自有的住房，赡养人有维修的义务。

第十七条 【老年人的田地、林木和牲畜】赡养人有义务耕种或者委托他人耕种老年人承包的田地，照管或者委托他人照管老年人的林木和牲畜等，收益归老年人所有。

第十八条 【老年人的精神需求】家庭成员应当关心老年人的精神需求，不得忽视、冷落老年人。

与老年人分开居住的家庭成员，应当经常看望或者问候老年人。

用人单位应当按照国家有关规定保障赡养人

探亲休假的权利。

第十九条 【不得拒绝履行赡养义务、要求老年人承担力不能及的劳动】赡养人不得以放弃继承权或者其他理由,拒绝履行赡养义务。

赡养人不履行赡养义务,老年人有要求赡养人付给赡养费等权利。

赡养人不得要求老年人承担力不能及的劳动。

第二十条 【赡养协议】经老年人同意,赡养人之间可以就履行赡养义务签订协议。赡养协议的内容不得违反法律的规定和老年人的意愿。

基层群众性自治组织、老年人组织或者赡养人所在单位监督协议的履行。

第二十一条 【老年人的婚姻自由】老年人的婚姻自由受法律保护。子女或者其他亲属不得干涉老年人离婚、再婚及婚后的生活。

赡养人的赡养义务不因老年人的婚姻关系变化而消除。

第二十二条 【老年人的财产权利】老年人对个人的财产,依法享有占有、使用、收益和处分的权利,子女或者其他亲属不得干涉,不得以窃取、骗取、强行索取等方式侵犯老年人的财产权益。

老年人有依法继承父母、配偶、子女或者其他亲属遗产的权利,有接受赠与的权利。子女或者其他亲属不得侵占、抢夺、转移、隐匿或者损毁应当由老年人继承或者接受赠与的财产。

老年人以遗嘱处分财产,应当依法为老年配偶保留必要的份额。

第二十三条 【扶养义务】老年人与配偶有相互扶养的义务。

由兄、姐扶养的弟、妹成年后,有负担能力的,对年老无赡养人的兄、姐有扶养的义务。

第二十四条 【督促履行赡养、扶养义务】赡养人、扶养人不履行赡养、扶养义务的,基层群众性自治组织、老年人组织或者赡养人、扶养人所在单位应当督促其履行。

第二十五条 【禁止实施家庭暴力】禁止对老年人实施家庭暴力。

第二十六条 【监护】具备完全民事行为能力的老年人,可以在近亲属或者其他与自己关系密切、愿意承担监护责任的个人、组织中协商确定自己的监护人。监护人在老年人丧失或者部分丧失民事行为能力时,依法承担监护责任。

老年人未事先确定监护人的,其丧失或者部分丧失民事行为能力时,依照有关法律的规定确定监护人。

第二十七条 【家庭养老支持政策】国家建立健全家庭养老支持政策,鼓励家庭成员与老年人共同生活或者就近居住,为老年人随配偶或者赡养人迁徙提供条件,为家庭成员照料老年人提供帮助。

第三章 社会保障

第二十八条 【基本养老保险】国家通过基本养老保险制度,保障老年人的基本生活。

第二十九条 【基本医疗保险】国家通过基本医疗保险制度,保障老年人的基本医疗需要。享受最低生活保障的老年人和符合条件的低收入家庭中的老年人参加新型农村合作医疗和城镇居民基本医疗保险所需个人缴费部分,由政府给予补贴。

有关部门制定医疗保险办法,应当对老年人给予照顾。

第三十条 【长期护理保障】国家逐步开展长期护理保障工作,保障老年人的护理需求。

对生活长期不能自理、经济困难的老年人,地方各级人民政府应当根据其失能程度等情况给予护理补贴。

第三十一条 【社会救助】国家对经济困难的老年人给予基本生活、医疗、居住或者其他救助。

老年人无劳动能力、无生活来源、无赡养人和扶养人,或者其赡养人和扶养人确无赡养能力或者扶养能力的,由地方各级人民政府依照有关规定给予供养或者救助。

对流浪乞讨、遭受遗弃等生活无着的老年人,由地方各级人民政府依照有关规定给予救助。

第三十二条 【住房照顾】地方各级人民政府在实施廉租住房、公共租赁住房等住房保障制度或者进行危旧房屋改造时,应当优先照顾符合条件的老年人。

第三十三条 【老年人福利制度】国家建立和完善老年人福利制度,根据经济社会发展水平和老年人的实际需要,增加老年人的社会福利。

国家鼓励地方建立八十周岁以上低收入老年人高龄津贴制度。

国家建立和完善计划生育家庭老年人扶助制度。

农村可以将未承包的集体所有的部分土地、山林、水面、滩涂等作为养老基地,收益供老年人养老。

第三十四条 【足额支付养老待遇、提高保障水平】老年人依法享有的养老金、医疗待遇和其他待遇应当得到保障,有关机构必须按时足额支付,不得克扣、拖欠或者挪用。

国家根据经济发展以及职工平均工资增长、物价上涨等情况,适时提高养老保障水平。

第三十五条 【鼓励慈善】国家鼓励慈善组织以及其他组织和个人为老年人提供物质帮助。

第三十六条 【遗赠扶养协议】老年人可以与集体经济组织、基层群众性自治组织、养老机构等组织或者个人签订遗赠扶养协议或者其他扶助协议。

负有扶养义务的组织或者个人按照遗赠扶养协议,承担该老年人生养死葬的义务,享有受遗赠的权利。

第四章 社会服务

第三十七条 【社区养老服务】地方各级人民政府和有关部门应当采取措施,发展城乡社区养老服务,鼓励、扶持专业服务机构及其他组织和个人,为居家的老年人提供生活照料、紧急救援、医疗护理、精神慰藉、心理咨询等多种形式的服务。

对经济困难的老年人,地方各级人民政府应当逐步给予养老服务补贴。

第三十八条 【养老服务设施建设】地方各级人民政府和有关部门、基层群众性自治组织,应当将养老服务设施纳入城乡社区配套设施建设规划,建立适应老年人需要的生活服务、文化体育活动、日间照料、疾病护理与康复等服务设施和网点,就近为老年人提供服务。

发扬邻里互助的传统,提倡邻里间关心、帮助有困难的老年人。

鼓励慈善组织、志愿者为老年人服务。倡导老年人互助服务。

第三十九条 【资金投入、扶持措施】各级人民政府应当根据经济发展水平和老年人服务需求,逐步增加对养老服务的投入。

各级人民政府和有关部门在财政、税费、土地、融资等方面采取措施,鼓励、扶持企业事业单位、社会组织或者个人兴办、运营养老、老年人日间照料、老年文化体育活动等设施。

第四十条 【养老服务设施用地】地方各级人民政府和有关部门应当按照老年人口比例及分布情况,将养老服务设施建设纳入城乡规划和土地利用总体规划,统筹安排养老服务设施建设用地及所需物资。

公益性养老服务设施用地,可以依法使用国有划拨土地或者农民集体所有的土地。

养老服务设施用地,非经法定程序不得改变用途。

第四十一条 【政府投资兴办的养老机构】政府投资兴办的养老机构,应当优先保障经济困难的孤寡、失能、高龄等老年人的服务需求。

第四十二条 【养老服务标准、评估制度】国务院有关部门制定养老服务设施建设、养老服务质量和养老服务职业等标准,建立健全养老机构分类管理和养老服务评估制度。

各级人民政府应当规范养老服务收费项目和标准,加强监督和管理。

第四十三条 【养老机构行政许可】设立公益性养老机构,应当依法办理相应的登记。

设立经营性养老机构,应当在市场监督管理部门办理登记。

养老机构登记后即可开展服务活动,并向县级以上人民政府民政部门备案。

第四十四条 【养老机构综合监管】地方各级人民政府加强对本行政区域养老机构管理工作的领导,建立养老机构综合监管制度。

县级以上人民政府民政部门负责养老机构的指导、监督和管理,其他有关部门依照职责分工对养老机构实施监督。

第四十五条 【监督检查措施】县级以上人民政府民政部门依法履行监督检查职责,可以采取下列措施:

(一)向养老机构和个人了解情况;

(二)进入涉嫌违法的养老机构进行现场检查;

(三)查阅或者复制有关合同、票据、账簿及其他有关资料;

(四)发现养老机构存在可能危及人身健康和生命财产安全风险的,责令限期改正,逾期不改正的,责令停业整顿。

县级以上人民政府民政部门调查养老机构涉嫌违法的行为,应当遵守《中华人民共和国行政强制法》和其他有关法律、行政法规的规定。

第四十六条 【养老机构的变更和终止】养老机构变更或者终止的,应当妥善安置收住的老年人,并依照规定到有关部门办理手续。有关部门应当为养老机构妥善安置老年人提供帮助。

第四十七条 【养老服务人才培养】国家建立健全养老服务人才培养、使用、评价和激励制度，依法规范用工，促进从业人员劳动报酬合理增长，发展专职、兼职和志愿者相结合的养老服务队伍。

国家鼓励高等学校、中等职业学校和职业培训机构设置相关专业或者培训项目，培养养老服务专业人才。

第四十八条 【养老服务协议】养老机构应当与接受服务的老年人或者其代理人签订服务协议，明确双方的权利、义务。

养老机构及其工作人员不得以任何方式侵害老年人的权益。

第四十九条 【养老机构责任保险】国家鼓励养老机构投保责任保险，鼓励保险公司承保责任保险。

第五十条 【老年医疗卫生服务】各级人民政府和有关部门应当将老年医疗卫生服务纳入城乡医疗卫生服务规划，将老年人健康管理和常见病预防等纳入国家基本公共卫生服务项目。鼓励为老年人提供保健、护理、临终关怀等服务。

国家鼓励医疗机构开设针对老年病的专科或者门诊。

医疗卫生机构应当开展老年人的健康服务和疾病防治工作。

第五十一条 【老年医学、健康教育】国家采取措施，加强老年医学的研究和人才培养，提高老年病的预防、治疗、科研水平，促进老年病的早期发现、诊断和治疗。

国家和社会采取措施，开展各种形式的健康教育，普及老年保健知识，增强老年人自我保健意识。

第五十二条 【发展老龄产业】国家采取措施，发展老龄产业，将老龄产业列入国家扶持行业目录。扶持和引导企业开发、生产、经营适应老年人需要的用品和提供相关的服务。

第五章 社会优待

第五十三条 【提高优待水平】县级以上人民政府及其有关部门根据经济社会发展情况和老年人的特殊需要，制定优待老年人的办法，逐步提高优待水平。

对常住在本行政区域内的外埠老年人给予同等优待。

第五十四条 【为领取养老金、结算医疗费等提供帮助】各级人民政府和有关部门应当为老年人及时、便利地领取养老金、结算医疗费和享受其他物质帮助提供条件。

第五十五条 【优先办理房屋权属关系变更等】各级人民政府和有关部门办理房屋权属关系变更、户口迁移等涉及老年人权益的重大事项时，应当就办理事项是否为老年人的真实意思表示进行询问，并依法优先办理。

第五十六条 【法律援助】老年人因其合法权益受侵害提起诉讼交纳诉讼费确有困难的，可以缓交、减交或者免交；需要获得律师帮助，但无力支付律师费用的，可以获得法律援助。

鼓励律师事务所、公证处、基层法律服务所和其他法律服务机构为经济困难的老年人提供免费或者优惠服务。

第五十七条 【就医优先】医疗机构应当为老年人就医提供方便，对老年人就医予以优先。有条件的地方，可以为老年人设立家庭病床，开展巡回医疗、护理、康复、免费体检等服务。

提倡为老年人义诊。

第五十八条 【生活优先、优惠】提倡与老年人日常生活密切相关的服务行业为老年人提供优先、优惠服务。

城市公共交通、公路、铁路、水路和航空客运，应当为老年人提供优待和照顾。

第五十九条 【公共文化设施的免费和优惠】博物馆、美术馆、科技馆、纪念馆、公共图书馆、文化馆、影剧院、体育场馆、公园、旅游景点等场所，应当对老年人免费或者优惠开放。

第六十条 【不承担酬劳义务】农村老年人不承担兴办公益事业的筹劳义务。

第六章 宜居环境

第六十一条 【宜居环境建设】国家采取措施，推进宜居环境建设，为老年人提供安全、便利和舒适的环境。

第六十二条 【宜居规划】各级人民政府在制定城乡规划时，应当根据人口老龄化发展趋势、老年人口分布和老年人的特点，统筹考虑适合老年人的公共基础设施、生活服务设施、医疗卫生设施和文化体育设施建设。

第六十三条 【完善工程建设标准体系】国家制定和完善涉及老年人的工程建设标准体系，在规划、设计、施工、监理、验收、运行、维护、管理等环节加强相关标准的实施与监督。

第六十四条 【无障碍设施建设】国家制定无障碍设施工程建设标准。新建、改建和扩建道路、公共交通设施、建筑物、居住区等，应当符合国家无障碍设施工程建设标准。

各级人民政府和有关部门应当按照国家无障碍设施工程建设标准，优先推进与老年人日常生活密切相关的公共服务设施的改造。

无障碍设施的所有人和管理人应当保障无障碍设施正常使用。

第六十五条 【老年宜居社区建设】国家推动老年宜居社区建设，引导、支持老年宜居住宅的开发，推动和扶持老年人家庭无障碍设施的改造，为老年人创造无障碍居住环境。

第七章 参与社会发展

第六十六条 【保障老年人参与社会生活】国家和社会应当重视、珍惜老年人的知识、技能、经验和优良品德，发挥老年人的专长和作用，保障老年人参与经济、政治、文化和社会生活。

第六十七条 【老年人组织】老年人可以通过老年人组织，开展有益身心健康的活动。

第六十八条 【听取老年人和老年人组织的意见】制定法律、法规、规章和公共政策，涉及老年人权益重大问题的，应当听取老年人和老年人组织的意见。

老年人和老年人组织有权向国家机关提出老年人权益保障、老龄事业发展等方面的意见和建议。

第六十九条 【参与社会发展的具体活动】国家为老年人参与社会发展创造条件。根据社会需要和可能，鼓励老年人在自愿和量力的情况下，从事下列活动：

（一）对青少年和儿童进行社会主义、爱国主义、集体主义和艰苦奋斗等优良传统教育；

（二）传授文化和科技知识；

（三）提供咨询服务；

（四）依法参与科技开发和应用；

（五）依法从事经营和生产活动；

（六）参加志愿服务、兴办社会公益事业；

（七）参与维护社会治安、协助调解民间纠纷；

（八）参加其他社会活动。

第七十条 【保护合法收入、不得安排从事危险作业】老年人参加劳动的合法收入受法律保护。

任何单位和个人不得安排老年人从事危害其身心健康的劳动或者危险作业。

第七十一条 【继续教育】老年人有继续受教育的权利。

国家发展老年教育，把老年教育纳入终身教育体系，鼓励社会办好各类老年学校。

各级人民政府对老年教育应当加强领导，统一规划，加大投入。

第七十二条 【老年文化生活】国家和社会采取措施，开展适合老年人的群众性文化、体育、娱乐活动，丰富老年人的精神文化生活。

第八章 法律责任

第七十三条 【救济途径】老年人合法权益受到侵害的，被侵害人或者其代理人有权要求有关部门处理，或者依法向人民法院提起诉讼。

人民法院和有关部门，对侵犯老年人合法权益的申诉、控告和检举，应当依法及时受理，不得推诿、拖延。

第七十四条 【监管部门的职责】不履行保护老年人合法权益职责的部门或者组织，其上级主管部门应当给予批评教育，责令改正。

国家工作人员违法失职，致使老年人合法权益受到损害的，由其所在单位或者上级机关责令改正，或者依法给予处分；构成犯罪的，依法追究刑事责任。

第七十五条 【纠纷调解】老年人与家庭成员因赡养、扶养或者住房、财产等发生纠纷，可以申请人民调解委员会或者其他有关组织进行调解，也可以直接向人民法院提起诉讼。

人民调解委员会或者其他有关组织调解前款纠纷时，应当通过说服、疏导等方式化解矛盾和纠纷；对有过错的家庭成员，应当给予批评教育。

人民法院对老年人追索赡养费或者扶养费的申请，可以依法裁定先予执行。

第七十六条 【干涉老年人婚姻自由的责任】干涉老年人婚姻自由，对老年人负有赡养义务、扶养义务而拒绝赡养、扶养，虐待老年人或者对老年人实施家庭暴力的，由有关单位给予批评教育；构成违反治安管理行为的，依法给予治安管理处罚；

构成犯罪的，依法追究刑事责任。

第七十七条 【侵害老年人财物的责任】家庭成员盗窃、诈骗、抢夺、侵占、勒索、故意损毁老年人财物，构成违反治安管理行为的，依法给予治安管理处罚；构成犯罪的，依法追究刑事责任。

第七十八条 【侮辱、诽谤老年人的责任】侮辱、诽谤老年人，构成违反治安管理行为的，依法给予治安管理处罚；构成犯罪的，依法追究刑事责任。

第七十九条 【养老机构及其工作人员的责任】养老机构及其工作人员侵害老年人人身和财产权益，或者未按照约定提供服务的，依法承担民事责任；有关主管部门依法给予行政处罚；构成犯罪的，依法追究刑事责任。

第八十条 【养老机构监管部门的责任】对养老机构负有管理和监督职责的部门及其工作人员滥用职权、玩忽职守、徇私舞弊的，对直接负责的主管人员和其他直接责任人员依法给予处分；构成犯罪的，依法追究刑事责任。

第八十一条 【未履行社会优待义务的责任】不按规定履行优待老年人义务的，由有关主管部门责令改正。

第八十二条 【工程、设施建设不符合标准等的责任】涉及老年人的工程不符合国家规定的标准或者无障碍设施所有人、管理人未尽到维护和管理职责的，由有关主管部门责令改正；造成损害的，依法承担民事责任；对有关单位、个人依法给予行政处罚；构成犯罪的，依法追究刑事责任。

第九章 附 则

第八十三条 【民族自治地方制定变通或者补充规定】民族自治地方的人民代表大会，可以根据本法的原则，结合当地民族风俗习惯的具体情况，依照法定程序制定变通的或者补充的规定。

第八十四条 【过渡期养老机构的整改】本法施行前设立的养老机构不符合本法规定条件的，应当限期整改。具体办法由国务院民政部门制定。

第八十五条 【施行日期】本法自 2013 年 7 月 1 日起施行。

中华人民共和国反家庭暴力法

(2015 年 12 月 27 日第十二届全国人民代表大会常务委员会第十八次会议通过　2015 年 12 月 27 日中华人民共和国主席令第 37 号公布　自 2016 年 3 月 1 日起施行)

目 录

第一章 总 则
第二章 家庭暴力的预防
第三章 家庭暴力的处置
第四章 人身安全保护令
第五章 法律责任
第六章 附 则

第一章 总 则

第一条 【立法目的】为了预防和制止家庭暴力，保护家庭成员的合法权益，维护平等、和睦、文明的家庭关系，促进家庭和谐、社会稳定，制定本法。

第二条 【家庭暴力的界定】本法所称家庭暴力，是指家庭成员之间以殴打、捆绑、残害、限制人身自由以及经常性谩骂、恐吓等方式实施的身体、精神等侵害行为。

第三条 【国家、社会、家庭的反家庭暴力责任】家庭成员之间应当互相帮助，互相关爱，和睦相处，履行家庭义务。

反家庭暴力是国家、社会和每个家庭的共同责任。

国家禁止任何形式的家庭暴力。

第四条 【相关部门和单位的反家庭暴力责任】县级以上人民政府负责妇女儿童工作的机构，负责组织、协调、指导、督促有关部门做好反家庭暴力工作。

县级以上人民政府有关部门、司法机关、人民团体、社会组织、居民委员会、村民委员会、企业事业单位，应当依照本法和有关法律规定，做好反家庭暴力工作。

各级人民政府应当对反家庭暴力工作给予必要的经费保障。

第五条 【反家庭暴力工作原则】反家庭暴力工作遵循预防为主，教育、矫治与惩处相结合原则。

反家庭暴力工作应当尊重受害人真实意愿，保护当事人隐私。

未成年人、老年人、残疾人、孕期和哺乳期的妇女、重病患者遭受家庭暴力的，应当给予特殊保护。

第二章 家庭暴力的预防

第六条 【反家庭暴力宣传教育】国家开展家庭美德宣传教育，普及反家庭暴力知识，增强公民反家庭暴力意识。

工会、共产主义青年团、妇女联合会、残疾人联合会应当在各自工作范围内，组织开展家庭美德和反家庭暴力宣传教育。

广播、电视、报刊、网络等应当开展家庭美德和反家庭暴力宣传。

学校、幼儿园应当开展家庭美德和反家庭暴力教育。

第七条 【预防和制止家庭暴力业务培训】县级以上人民政府有关部门、司法机关、妇女联合会应当将预防和制止家庭暴力纳入业务培训和统计工作。

医疗机构应当做好家庭暴力受害人的诊疗记录。

第八条 【基层组织反家庭暴力职责】乡镇人民政府、街道办事处应当组织开展家庭暴力预防工作，居民委员会、村民委员会、社会工作服务机构应当予以配合协助。

第九条 【政府支持】各级人民政府应当支持社会工作服务机构等社会组织开展心理健康咨询、家庭关系指导、家庭暴力预防知识教育等服务。

第十条 【调解义务】人民调解组织应当依法调解家庭纠纷，预防和减少家庭暴力的发生。

第十一条 【用人单位职责】用人单位发现本单位人员有家庭暴力情况的，应当给予批评教育，并做好家庭矛盾的调解、化解工作。

第十二条 【监护人职责】未成年人的监护人应当以文明的方式进行家庭教育，依法履行监护和教育职责，不得实施家庭暴力。

第三章 家庭暴力的处置

第十三条 【救济途径】家庭暴力受害人及其法定代理人、近亲属可以向加害人或者受害人所在单位、居民委员会、村民委员会、妇女联合会等单位投诉、反映或者求助。有关单位接到家庭暴力投诉、反映或者求助后，应当给予帮助、处理。

家庭暴力受害人及其法定代理人、近亲属也可以向公安机关报案或者依法向人民法院起诉。

单位、个人发现正在发生的家庭暴力行为，有权及时劝阻。

第十四条 【强制报告制度】学校、幼儿园、医疗机构、居民委员会、村民委员会、社会工作服务机构、救助管理机构、福利机构及其工作人员在工作中发现无民事行为能力人、限制民事行为能力人遭受或者疑似遭受家庭暴力的，应当及时向公安机关报案。公安机关应当对报案人的信息予以保密。

第十五条 【紧急安置】公安机关接到家庭暴力报案后应当及时出警，制止家庭暴力，按照有关规定调查取证，协助受害人就医、鉴定伤情。

无民事行为能力人、限制民事行为能力人因家庭暴力身体受到严重伤害、面临人身安全威胁或者处于无人照料等危险状态的，公安机关应当通知并协助民政部门将其安置到临时庇护场所、救助管理机构或者福利机构。

第十六条 【告诫书的适用及内容】家庭暴力情节较轻，依法不给予治安管理处罚的，由公安机关对加害人给予批评教育或者出具告诫书。

告诫书应当包括加害人的身份信息、家庭暴力的事实陈述、禁止加害人实施家庭暴力等内容。

第十七条 【告诫书送交、通知和监督】公安机关应当将告诫书送交加害人、受害人，并通知居民委员会、村民委员会。

居民委员会、村民委员会、公安派出所应当对收到告诫书的加害人、受害人进行查访，监督加害人不再实施家庭暴力。

第十八条 【临时庇护场所】县级或者设区的市级人民政府可以单独或者依托救助管理机构设立临时庇护场所，为家庭暴力受害人提供临时生活帮助。

第十九条 【法律援助】法律援助机构应当依法为家庭暴力受害人提供法律援助。

人民法院应当依法对家庭暴力受害人缓收、减收或者免收诉讼费用。

第二十条 【家庭暴力案件证据制度】人民法院审理涉及家庭暴力的案件，可以根据公安机关出警记录、告诫书、伤情鉴定意见等证据，认定家庭暴力事实。

第二十一条 【监护人资格的撤销】监护人实施家庭暴力严重侵害被监护人合法权益的,人民法院可以根据被监护人的近亲属、居民委员会、村民委员会、县级人民政府民政部门等有关人员或者单位的申请,依法撤销其监护人资格,另行指定监护人。

被撤销监护人资格的加害人,应当继续负担相应的赡养、扶养、抚养费用。

第二十二条 【当事人的法治教育及心理辅导】工会、共产主义青年团、妇女联合会、残疾人联合会、居民委员会、村民委员会等应当对实施家庭暴力的加害人进行法治教育,必要时可以对加害人、受害人进行心理辅导。

第四章 人身安全保护令

第二十三条 【人身安全保护令申请主体】当事人因遭受家庭暴力或者面临家庭暴力的现实危险,向人民法院申请人身安全保护令的,人民法院应当受理。

当事人是无民事行为能力人、限制民事行为能力人,或者因受到强制、威吓等原因无法申请人身安全保护令的,其近亲属、公安机关、妇女联合会、居民委员会、村民委员会、救助管理机构可以代为申请。

第二十四条 【申请人身安全保护令的方式】申请人身安全保护令应当以书面方式提出;书面申请确有困难的,可以口头申请,由人民法院记入笔录。

第二十五条 【人身安全保护令案件的管辖】人身安全保护令案件由申请人或者被申请人居住地、家庭暴力发生地的基层人民法院管辖。

第二十六条 【人身安全保护令的发出方式】人身安全保护令由人民法院以裁定形式作出。

第二十七条 【法院作出人身安全保护令的条件】作出人身安全保护令,应当具备下列条件:

(一)有明确的被申请人;

(二)有具体的请求;

(三)有遭受家庭暴力或者面临家庭暴力现实危险的情形。

第二十八条 【人身安全保护令的案件审理时限】人民法院受理申请后,应当在七十二小时内作出人身安全保护令或者驳回申请;情况紧急的,应当在二十四小时内作出。

第二十九条 【人身安全保护令的内容】人身安全保护令可以包括下列措施:

(一)禁止被申请人实施家庭暴力;

(二)禁止被申请人骚扰、跟踪、接触申请人及其相关近亲属;

(三)责令被申请人迁出申请人住所;

(四)保护申请人人身安全的其他措施。

第三十条 【人身安全保护令时效以及变更】人身安全保护令的有效期不超过六个月,自作出之日起生效。人身安全保护令失效前,人民法院可以根据申请人的申请撤销、变更或者延长。

第三十一条 【人身安全保护令救济程序】申请人对驳回申请不服或者被申请人对人身安全保护令不服的,可以自裁定生效之日起五日内向作出裁定的人民法院申请复议一次。人民法院依法作出人身安全保护令的,复议期间不停止人身安全保护令的执行。

第三十二条 【人身安全保护令送达及执行】人民法院作出人身安全保护令后,应当送达申请人、被申请人、公安机关以及居民委员会、村民委员会等有关组织。人身安全保护令由人民法院执行,公安机关以及居民委员会、村民委员会等应当协助执行。

第五章 法律责任

第三十三条 【家庭暴力的行政及刑事责任】加害人实施家庭暴力,构成违反治安管理行为的,依法给予治安管理处罚;构成犯罪的,依法追究刑事责任。

第三十四条 【违反人身安全保护令的责任】被申请人违反人身安全保护令,构成犯罪的,依法追究刑事责任;尚不构成犯罪的,人民法院应当给予训诫,可以根据情节轻重处以一千元以下罚款、十五日以下拘留。

第三十五条 【强制报告义务主体法律责任】学校、幼儿园、医疗机构、居民委员会、村民委员会、社会工作服务机构、救助管理机构、福利机构及其工作人员未依照本法第十四条规定向公安机关报案,造成严重后果的,由上级主管部门或者本单位对直接负责的主管人员和其他直接责任人员依法给予处分。

第三十六条 【相关国家工作人员法律责任】负有反家庭暴力职责的国家工作人员玩忽职守、滥用职权、徇私舞弊的,依法给予处分;构成犯罪的,依法追究刑事责任。

第六章　附　　则

第三十七条　【准家庭关系暴力行为的处理】家庭成员以外共同生活的人之间实施的暴力行为，参照本法规定执行。

第三十八条　【实施日期】本法自2016年3月1日起施行。

（三）劳动用工

中华人民共和国劳动法

（1994年7月5日第八届全国人民代表大会常务委员会第八次会议通过　根据2009年8月27日第十一届全国人民代表大会常务委员会第十次会议《关于修改部分法律的决定》第一次修正　根据2018年12月29日第十三届全国人民代表大会常务委员会第七次会议《关于修改〈中华人民共和国劳动法〉等七部法律的决定》第二次修正）

目　　录

第一章　总　　则
第二章　促进就业
第三章　劳动合同和集体合同
第四章　工作时间和休息休假
第五章　工　　资
第六章　劳动安全卫生
第七章　女职工和未成年工特殊保护
第八章　职业培训
第九章　社会保险和福利
第十章　劳动争议
第十一章　监督检查
第十二章　法律责任
第十三章　附　　则

第一章　总　　则

第一条　【立法宗旨】为了保护劳动者的合法权益，调整劳动关系，建立和维护适应社会主义市场经济的劳动制度，促进经济发展和社会进步，根据宪法，制定本法。

第二条　【适用范围】在中华人民共和国境内的企业、个体经济组织（以下统称用人单位）和与之形成劳动关系的劳动者，适用本法。

国家机关、事业组织、社会团体和与之建立劳动合同关系的劳动者，依照本法执行。

第三条　【劳动者的权利和义务】劳动者享有平等就业和选择职业的权利、取得劳动报酬的权利、休息休假的权利、获得劳动安全卫生保护的权利、接受职业技能培训的权利、享受社会保险和福利的权利、提请劳动争议处理的权利以及法律规定的其他劳动权利。

劳动者应当完成劳动任务，提高职业技能，执行劳动安全卫生规程，遵守劳动纪律和职业道德。

第四条　【用人单位规章制度】用人单位应当依法建立和完善规章制度，保障劳动者享有劳动权利和履行劳动义务。

第五条　【国家发展劳动事业】国家采取各种措施，促进劳动就业，发展职业教育，制定劳动标准，调节社会收入，完善社会保险，协调劳动关系，逐步提高劳动者的生活水平。

第六条　【国家的倡导、鼓励和奖励政策】国家提倡劳动者参加社会义务劳动，开展劳动竞赛和合理化建议活动，鼓励和保护劳动者进行科学研究、技术革新和发明创造，表彰和奖励劳动模范和先进工作者。

第七条　【工会的组织和权利】劳动者有权依法参加和组织工会。

工会代表和维护劳动者的合法权益，依法独立自主地开展活动。

第八条　【劳动者参与民主管理和平等协商】劳动者依照法律规定，通过职工大会、职工代表大会或者其他形式，参与民主管理或者就保护劳动者合法权益与用人单位进行平等协商。

第九条　【劳动行政部门设置】国务院劳动行政部门主管全国劳动工作。

县级以上地方人民政府劳动行政部门主管本行政区域内的劳动工作。

第二章　促进就业

第十条　【国家促进就业政策】国家通过促进

经济和社会发展,创造就业条件,扩大就业机会。

国家鼓励企业、事业组织、社会团体在法律、行政法规规定的范围内兴办产业或者拓展经营,增加就业。

国家支持劳动者自愿组织起来就业和从事个体经营实现就业。

第十一条 【地方政府促进就业措施】地方各级人民政府应当采取措施,发展多种类型的职业介绍机构,提供就业服务。

第十二条 【就业平等原则】劳动者就业,不因民族、种族、性别、宗教信仰不同而受歧视。

第十三条 【妇女享有与男子平等的就业权利】妇女享有与男子平等的就业权利。在录用职工时,除国家规定的不适合妇女的工种或者岗位外,不得以性别为由拒绝录用妇女或者提高对妇女的录用标准。

第十四条 【特殊就业群体的就业保护】残疾人、少数民族人员、退出现役的军人的就业,法律、法规有特别规定的,从其规定。

第十五条 【使用童工的禁止】禁止用人单位招用未满十六周岁的未成年人。

文艺、体育和特种工艺单位招用未满十六周岁的未成年人,必须遵守国家有关规定,并保障其接受义务教育的权利。

第三章 劳动合同和集体合同

第十六条 【劳动合同的概念】劳动合同是劳动者与用人单位确立劳动关系、明确双方权利和义务的协议。

建立劳动关系应当订立劳动合同。

第十七条 【订立和变更劳动合同的原则】订立和变更劳动合同,应当遵循平等自愿、协商一致的原则,不得违反法律、行政法规的规定。

劳动合同依法订立即具有法律约束力,当事人必须履行劳动合同规定的义务。

第十八条 【无效劳动合同】下列劳动合同无效:

(一)违反法律、行政法规的劳动合同;

(二)采取欺诈、威胁等手段订立的劳动合同。

无效的劳动合同,从订立的时候起,就没有法律约束力。确认劳动合同部分无效的,如果不影响其余部分的效力,其余部分仍然有效。

劳动合同的无效,由劳动争议仲裁委员会或者人民法院确认。

第十九条 【劳动合同的形式和内容】劳动合同应当以书面形式订立,并具备以下条款:

(一)劳动合同期限;

(二)工作内容;

(三)劳动保护和劳动条件;

(四)劳动报酬;

(五)劳动纪律;

(六)劳动合同终止的条件;

(七)违反劳动合同的责任。

劳动合同除前款规定的必备条款外,当事人可以协商约定其他内容。

第二十条 【劳动合同的期限】劳动合同的期限分为有固定期限、无固定期限和以完成一定的工作为期限。

劳动者在同一用人单位连续工作满十年以上,当事人双方同意续延劳动合同的,如果劳动者提出订立无固定期限的劳动合同,应当订立无固定期限的劳动合同。

第二十一条 【试用期条款】劳动合同可以约定试用期。试用期最长不得超过六个月。

第二十二条 【保守商业秘密之约定】劳动合同当事人可以在劳动合同中约定保守用人单位商业秘密的有关事项。

第二十三条 【劳动合同的终止】劳动合同期满或者当事人约定的劳动合同终止条件出现,劳动合同即行终止。

第二十四条 【劳动合同的合意解除】经劳动合同当事人协商一致,劳动合同可以解除。

第二十五条 【过失性辞退】劳动者有下列情形之一的,用人单位可以解除劳动合同:

(一)在试用期间被证明不符合录用条件的;

(二)严重违反劳动纪律或者用人单位规章制度的;

(三)严重失职,营私舞弊,对用人单位利益造成重大损害的;

(四)被依法追究刑事责任的。

第二十六条 【非过失性辞退】有下列情形之一的,用人单位可以解除劳动合同,但是应当提前三十日以书面形式通知劳动者本人:

(一)劳动者患病或者非因工负伤,医疗期满后,不能从事原工作也不能从事由用人单位另行安排的工作的；

（二）劳动者不能胜任工作，经过培训或者调整工作岗位，仍不能胜任工作的；

（三）劳动合同订立时所依据的客观情况发生重大变化，致使原劳动合同无法履行，经当事人协商不能就变更劳动合同达成协议的。

第二十七条 【用人单位经济性裁员】用人单位濒临破产进行法定整顿期间或者生产经营状况发生严重困难，确需裁减人员的，应当提前三十日向工会或者全体职工说明情况，听取工会或者职工的意见，经向劳动行政部门报告后，可以裁减人员。

用人单位依据本条规定裁减人员，在六个月内录用人员的，应当优先录用被裁减的人员。

第二十八条 【用人单位解除劳动合同的经济补偿】用人单位依据本法第二十四条、第二十六条、第二十七条的规定解除劳动合同的，应当依照国家有关规定给予经济补偿。

第二十九条 【用人单位不得解除劳动合同的情形】劳动者有下列情形之一的，用人单位不得依据本法第二十六条、第二十七条的规定解除劳动合同：

（一）患职业病或者因工负伤并被确认丧失或者部分丧失劳动能力的；

（二）患病或者负伤，在规定的医疗期内的；

（三）女职工在孕期、产期、哺乳期内的；

（四）法律、行政法规规定的其他情形。

第三十条 【工会对用人单位解除劳动合同的监督权】用人单位解除劳动合同，工会认为不适当的，有权提出意见。如果用人单位违反法律、法规或者劳动合同，工会有权要求重新处理；劳动者申请仲裁或者提起诉讼的，工会应当依法给予支持和帮助。

第三十一条 【劳动者单方解除劳动合同】劳动者解除劳动合同，应当提前三十日以书面形式通知用人单位。

第三十二条 【劳动者无条件解除劳动合同的情形】有下列情形之一的，劳动者可以随时通知用人单位解除劳动合同：

（一）在试用期内的；

（二）用人单位以暴力、威胁或者非法限制人身自由的手段强迫劳动的；

（三）用人单位未按照劳动合同约定支付劳动报酬或者提供劳动条件的。

第三十三条 【集体合同的内容和签订程序】企业职工一方与企业可以就劳动报酬、工作时间、休息休假、劳动安全卫生、保险福利等事项，签订集体合同。集体合同草案应当提交职工代表大会或者全体职工讨论通过。

集体合同由工会代表职工与企业签订；没有建立工会的企业，由职工推举的代表与企业签订。

第三十四条 【集体合同的审查】集体合同签订后应当报送劳动行政部门；劳动行政部门自收到集体合同文本之日起十五日内未提出异议的，集体合同即行生效。

第三十五条 【集体合同的效力】依法签订的集体合同对企业和企业全体职工具有约束力。职工个人与企业订立的劳动合同中劳动条件和劳动报酬等标准不得低于集体合同的规定。

第四章 工作时间和休息休假

第三十六条 【标准工作时间】国家实行劳动者每日工作时间不超过八小时、平均每周工作时间不超过四十四小时的工时制度。

第三十七条 【计件工作时间】对实行计件工作的劳动者，用人单位应当根据本法第三十六条规定的工时制度合理确定其劳动定额和计件报酬标准。

第三十八条 【劳动者的周休日】用人单位应当保证劳动者每周至少休息一日。

第三十九条 【其他工时制度】企业因生产特点不能实行本法第三十六条、第三十八条规定的，经劳动行政部门批准，可以实行其他工作和休息办法。

第四十条 【法定休假节日】用人单位在下列节日期间应当依法安排劳动者休假：

（一）元旦；

（二）春节；

（三）国际劳动节；

（四）国庆节；

（五）法律、法规规定的其他休假节日。

第四十一条 【延长工作时间】用人单位由于生产经营需要，经与工会和劳动者协商后可以延长工作时间，一般每日不得超过一小时；因特殊原因需要延长工作时间的，在保障劳动者身体健康的条件下延长工作时间每日不得超过三小时，但是每月不得超过三十六小时。

第四十二条 【特殊情况下的延长工作时间】有下列情形之一的，延长工作时间不受本法第四十一条规定的限制：

（一）发生自然灾害、事故或者因其他原因，威胁劳动者生命健康和财产安全，需要紧急处理的；

（二）生产设备、交通运输线路、公共设施发生故障，影响生产和公众利益，必须及时抢修的；

（三）法律、行政法规规定的其他情形。

第四十三条 【用人单位延长工作时间的禁止】用人单位不得违反本法规定延长劳动者的工作时间。

第四十四条 【延长工作时间的工资支付】有下列情形之一的，用人单位应当按照下列标准支付高于劳动者正常工作时间工资的工资报酬：

（一）安排劳动者延长工作时间的，支付不低于工资的百分之一百五十的工资报酬；

（二）休息日安排劳动者工作又不能安排补休的，支付不低于工资的百分之二百的工资报酬；

（三）法定休假日安排劳动者工作的，支付不低于工资的百分之三百的工资报酬。

第四十五条 【年休假制度】国家实行带薪年休假制度。

劳动者连续工作一年以上的，享受带薪年休假。具体办法由国务院规定。

第五章 工 资

第四十六条 【工资分配基本原则】工资分配应当遵循按劳分配原则，实行同工同酬。

工资水平在经济发展的基础上逐步提高。国家对工资总量实行宏观调控。

第四十七条 【用人单位自主确定工资分配】用人单位根据本单位的生产经营特点和经济效益，依法自主确定本单位的工资分配方式和工资水平。

第四十八条 【最低工资保障】国家实行最低工资保障制度。最低工资的具体标准由省、自治区、直辖市人民政府规定，报国务院备案。

用人单位支付劳动者的工资不得低于当地最低工资标准。

第四十九条 【确定和调整最低工资标准的因素】确定和调整最低工资标准应当综合参考下列因素：

（一）劳动者本人及平均赡养人口的最低生活费用；

（二）社会平均工资水平；

（三）劳动生产率；

（四）就业状况；

（五）地区之间经济发展水平的差异。

第五十条 【工资支付形式和不得克扣、拖欠工资】工资应当以货币形式按月支付给劳动者本人。不得克扣或者无故拖欠劳动者的工资。

第五十一条 【法定休假日等的工资支付】劳动者在法定休假日和婚丧假期间以及依法参加社会活动期间，用人单位应当依法支付工资。

第六章 劳动安全卫生

第五十二条 【劳动安全卫生制度的建立】用人单位必须建立、健全劳动安全卫生制度，严格执行国家劳动安全卫生规程和标准，对劳动者进行劳动安全卫生教育，防止劳动过程中的事故，减少职业危害。

第五十三条 【劳动安全卫生设施】劳动安全卫生设施必须符合国家规定的标准。

新建、改建、扩建工程的劳动安全卫生设施必须与主体工程同时设计、同时施工、同时投入生产和使用。

第五十四条 【用人单位的劳动保护义务】用人单位必须为劳动者提供符合国家规定的劳动安全卫生条件和必要的劳动防护用品，对从事有职业危害作业的劳动者应当定期进行健康检查。

第五十五条 【特种作业的上岗要求】从事特种作业的劳动者必须经过专门培训并取得特种作业资格。

第五十六条 【劳动者在安全生产中的权利和义务】劳动者在劳动过程中必须严格遵守安全操作规程。

劳动者对用人单位管理人员违章指挥、强令冒险作业，有权拒绝执行；对危害生命安全和身体健康的行为，有权提出批评、检举和控告。

第五十七条 【伤亡事故和职业病的统计、报告、处理】国家建立伤亡事故和职业病统计报告和处理制度。县级以上各级人民政府劳动行政部门、有关部门和用人单位应当依法对劳动者在劳动过程中发生的伤亡事故和劳动者的职业病状况，进行统计、报告和处理。

第七章 女职工和未成年工特殊保护

第五十八条 【女职工和未成年工的特殊劳动保护】国家对女职工和未成年工实行特殊劳动保护。

未成年工是指年满十六周岁未满十八周岁的劳动者。

第五十九条 【女职工禁忌劳动的范围】禁止安排女职工从事矿山井下、国家规定的第四级体力劳动强度的劳动和其他禁忌从事的劳动。

第六十条 【女职工经期的保护】不得安排女职工在经期从事高处、低温、冷水作业和国家规定的第三级体力劳动强度的劳动。

第六十一条 【女职工孕期的保护】不得安排女职工在怀孕期间从事国家规定的第三级体力劳动强度的劳动和孕期禁忌从事的劳动。对怀孕七个月以上的女职工,不得安排其延长工作时间和夜班劳动。

第六十二条 【女职工产期的保护】女职工生育享受不少于九十天的产假。

第六十三条 【女职工哺乳期的保护】不得安排女职工在哺乳未满一周岁的婴儿期间从事国家规定的第三级体力劳动强度的劳动和哺乳期禁忌从事的其他劳动,不得安排其延长工作时间和夜班劳动。

第六十四条 【未成年工禁忌劳动的范围】不得安排未成年工从事矿山井下、有毒有害、国家规定的第四级体力劳动强度的劳动和其他禁忌从事的劳动。

第六十五条 【未成年工定期健康检查】用人单位应当对未成年工定期进行健康检查。

第八章 职业培训

第六十六条 【国家发展职业培训事业】国家通过各种途径,采取各种措施,发展职业培训事业,开发劳动者的职业技能,提高劳动者素质,增强劳动者的就业能力和工作能力。

第六十七条 【各级政府的职责】各级人民政府应当把发展职业培训纳入社会经济发展的规划,鼓励和支持有条件的企业、事业组织、社会团体和个人进行各种形式的职业培训。

第六十八条 【用人单位建立职业培训制度】用人单位应当建立职业培训制度,按照国家规定提取和使用职业培训经费,根据本单位实际,有计划地对劳动者进行职业培训。

从事技术工种的劳动者,上岗前必须经过培训。

第六十九条 【职业技能资格】国家确定职业分类,对规定的职业制定职业技能标准,实行职业资格证书制度,由经备案的考核鉴定机构负责对劳动者实施职业技能考核鉴定。

第九章 社会保险和福利

第七十条 【社会保险制度】国家发展社会保险事业,建立社会保险制度,设立社会保险基金,使劳动者在年老、患病、工伤、失业、生育等情况下获得帮助和补偿。

第七十一条 【社会保险水平】社会保险水平应当与社会经济发展水平和社会承受能力相适应。

第七十二条 【社会保险基金】社会保险基金按照保险类型确定资金来源,逐步实行社会统筹。用人单位和劳动者必须依法参加社会保险,缴纳社会保险费。

第七十三条 【享受社会保险待遇的条件和标准】劳动者在下列情形下,依法享受社会保险待遇:

(一)退休;

(二)患病、负伤;

(三)因工伤残或者患职业病;

(四)失业;

(五)生育。

劳动者死亡后,其遗属依法享受遗属津贴。

劳动者享受社会保险待遇的条件和标准由法律、法规规定。

劳动者享受的社会保险金必须按时足额支付。

第七十四条 【社会保险基金管理】社会保险基金经办机构依照法律规定收支、管理和运营社会保险基金,并负有使社会保险基金保值增值的责任。

社会保险基金监督机构依照法律规定,对社会保险基金的收支、管理和运营实施监督。

社会保险基金经办机构和社会保险基金监督机构的设立和职能由法律规定。

任何组织和个人不得挪用社会保险基金。

第七十五条 【补充保险和个人储蓄保险】国家鼓励用人单位根据本单位实际情况为劳动者建

立补充保险。

国家提倡劳动者个人进行储蓄性保险。

第七十六条 【职工福利】国家发展社会福利事业,兴建公共福利设施,为劳动者休息、休养和疗养提供条件。

用人单位应当创造条件,改善集体福利,提高劳动者的福利待遇。

第十章 劳动争议

第七十七条 【劳动争议的解决途径】用人单位与劳动者发生劳动争议,当事人可以依法申请调解、仲裁、提起诉讼,也可以协商解决。

调解原则适用于仲裁和诉讼程序。

第七十八条 【劳动争议的处理原则】解决劳动争议,应当根据合法、公正、及时处理的原则,依法维护劳动争议当事人的合法权益。

第七十九条 【劳动争议的调解、仲裁和诉讼的相互关系】劳动争议发生后,当事人可以向本单位劳动争议调解委员会申请调解;调解不成,当事人一方要求仲裁的,可以向劳动争议仲裁委员会申请仲裁。当事人一方也可以直接向劳动争议仲裁委员会申请仲裁。对仲裁裁决不服的,可以向人民法院提起诉讼。

第八十条 【劳动争议的调解】在用人单位内,可以设立劳动争议调解委员会。劳动争议调解委员会由职工代表、用人单位代表和工会代表组成。劳动争议调解委员会主任由工会代表担任。

劳动争议经调解达成协议的,当事人应当履行。

第八十一条 【劳动争议仲裁委员会的组成】劳动争议仲裁委员会由劳动行政部门代表、同级工会代表、用人单位方面的代表组成。劳动争议仲裁委员会主任由劳动行政部门代表担任。

第八十二条 【劳动争议仲裁的程序】提出仲裁要求的一方应当自劳动争议发生之日起六十日内向劳动争议仲裁委员会提出书面申请。仲裁裁决一般应在收到仲裁申请的六十日内作出。对仲裁裁决无异议的,当事人必须履行。

第八十三条 【仲裁裁决的效力】劳动争议当事人对仲裁裁决不服的,可以自收到仲裁裁决书之日起十五日内向人民法院提起诉讼。一方当事人在法定期限内不起诉又不履行仲裁裁决的,另一方当事人可以申请人民法院强制执行。

第八十四条 【集体合同争议的处理】因签订集体合同发生争议,当事人协商解决不成的,当地人民政府劳动行政部门可以组织有关各方协调处理。

因履行集体合同发生争议,当事人协商解决不成的,可以向劳动争议仲裁委员会申请仲裁;对仲裁裁决不服的,可以自收到仲裁裁决书之日起十五日内向人民法院提起诉讼。

第十一章 监督检查

第八十五条 【劳动行政部门的监督检查】县级以上各级人民政府劳动行政部门依法对用人单位遵守劳动法律、法规的情况进行监督检查,对违反劳动法律、法规的行为有权制止,并责令改正。

第八十六条 【劳动监察机构的监察程序】县级以上各级人民政府劳动行政部门监督检查人员执行公务,有权进入用人单位了解执行劳动法律、法规的情况,查阅必要的资料,并对劳动场所进行检查。

县级以上各级人民政府劳动行政部门监督检查人员执行公务,必须出示证件,秉公执法并遵守有关规定。

第八十七条 【政府有关部门的监察】县级以上各级人民政府有关部门在各自职责范围内,对用人单位遵守劳动法律、法规的情况进行监督。

第八十八条 【工会监督、社会监督】各级工会依法维护劳动者的合法权益,对用人单位遵守劳动法律、法规的情况进行监督。

任何组织和个人对于违反劳动法律、法规的行为有权检举和控告。

第十二章 法律责任

第八十九条 【劳动规章制度违法的法律责任】用人单位制定的劳动规章制度违反法律、法规规定的,由劳动行政部门给予警告,责令改正;对劳动者造成损害的,应当承担赔偿责任。

第九十条 【违法延长工时的法律责任】用人单位违反本法规定,延长劳动者工作时间的,由劳动行政部门给予警告,责令改正,并可以处以罚款。

第九十一条 【用人单位侵权的民事责任】用人单位有下列侵害劳动者合法权益情形之一的,由

劳动行政部门责令支付劳动者的工资报酬、经济补偿,并可以责令支付赔偿金:

(一)克扣或者无故拖欠劳动者工资的;

(二)拒不支付劳动者延长工作时间工资报酬的;

(三)低于当地最低工资标准支付劳动者工资的;

(四)解除劳动合同后,未依照本法规定给予劳动者经济补偿的。

第九十二条 【用人单位违反劳动安全卫生规定的法律责任】用人单位的劳动安全设施和劳动卫生条件不符合国家规定或者未向劳动者提供必要的劳动防护用品和劳动保护设施的,由劳动行政部门或者有关部门责令改正,可以处以罚款;情节严重的,提请县级以上人民政府决定责令停产整顿;对事故隐患不采取措施,致使发生重大事故,造成劳动者生命和财产损失的,对责任人员依照刑法有关规定追究刑事责任。

第九十三条 【强令劳动者违章作业的法律责任】用人单位强令劳动者违章冒险作业,发生重大伤亡事故,造成严重后果的,对责任人员依法追究刑事责任。

第九十四条 【用人单位非法招用未成年工的法律责任】用人单位非法招用未满十六周岁的未成年人的,由劳动行政部门责令改正,处以罚款;情节严重的,由市场监督管理部门吊销营业执照。

第九十五条 【违反女职工和未成年工保护规定的法律责任】用人单位违反本法对女职工和未成年工的保护规定,侵害其合法权益的,由劳动行政部门责令改正,处以罚款;对女职工或者未成年工造成损害的,应当承担赔偿责任。

第九十六条 【侵犯劳动者人身自由的法律责任】用人单位有下列行为之一,由公安机关对责任人员处以十五日以下拘留、罚款或者警告;构成犯罪的,对责任人员依法追究刑事责任:

(一)以暴力、威胁或者非法限制人身自由的手段强迫劳动的;

(二)侮辱、体罚、殴打、非法搜查和拘禁劳动者的。

第九十七条 【订立无效合同的民事责任】由于用人单位的原因订立的无效合同,对劳动者造成损害的,应当承担赔偿责任。

第九十八条 【违法解除或故意拖延不订立劳动合同的法律责任】用人单位违反本法规定的条件解除劳动合同或者故意拖延不订立劳动合同的,由劳动行政部门责令改正;对劳动者造成损害的,应当承担赔偿责任。

第九十九条 【招用尚未解除劳动合同者的法律责任】用人单位招用尚未解除劳动合同的劳动者,对原用人单位造成经济损失的,该用人单位应当依法承担连带赔偿责任。

第一百条 【用人单位不缴纳社会保险费的法律责任】用人单位无故不缴纳社会保险费的,由劳动行政部门责令其限期缴纳;逾期不缴的,可以加收滞纳金。

第一百零一条 【阻挠监督检查、打击报复举报人员的法律责任】用人单位无理阻挠劳动行政部门、有关部门及其工作人员行使监督检查权,打击报复举报人员的,由劳动行政部门或者有关部门处以罚款;构成犯罪的,对责任人员依法追究刑事责任。

第一百零二条 【劳动者违法解除劳动合同或违反保密约定的民事责任】劳动者违反本法规定的条件解除劳动合同或者违反劳动合同中约定的保密事项,对用人单位造成经济损失的,应当依法承担赔偿责任。

第一百零三条 【劳动行政部门和有关部门工作人员渎职的法律责任】劳动行政部门或者有关部门的工作人员滥用职权、玩忽职守、徇私舞弊,构成犯罪的,依法追究刑事责任;不构成犯罪的,给予行政处分。

第一百零四条 【挪用社会保险基金的法律责任】国家工作人员和社会保险基金经办机构的工作人员挪用社会保险基金,构成犯罪的,依法追究刑事责任。

第一百零五条 【其他法律、行政法规的处罚效力】违反本法规定侵害劳动者合法权益,其他法律、行政法规已规定处罚的,依照该法律、行政法规的规定处罚。

第十三章　附　　则

第一百零六条 【省级人民政府实施步骤的制定和备案】省、自治区、直辖市人民政府根据本法和本地区的实际情况,规定劳动合同制度的实施步骤,报国务院备案。

第一百零七条 【施行时间】本法自 1995 年 1 月 1 日起施行。

中华人民共和国劳动合同法

（2007年6月29日第十届全国人民代表大会常务委员会第二十八次会议通过 根据2012年12月28日第十一届全国人民代表大会常务委员会第三十次会议《关于修改〈中华人民共和国劳动合同法〉的决定》修正）

目 录

第一章 总 则
第二章 劳动合同的订立
第三章 劳动合同的履行和变更
第四章 劳动合同的解除和终止
第五章 特别规定
　第一节 集体合同
　第二节 劳务派遣
　第三节 非全日制用工
第六章 监督检查
第七章 法律责任
第八章 附 则

第一章 总 则

第一条 【立法宗旨】为了完善劳动合同制度，明确劳动合同双方当事人的权利和义务，保护劳动者的合法权益，构建和发展和谐稳定的劳动关系，制定本法。

第二条 【适用范围】中华人民共和国境内的企业、个体经济组织、民办非企业单位等组织（以下称用人单位）与劳动者建立劳动关系，订立、履行、变更、解除或者终止劳动合同，适用本法。

国家机关、事业单位、社会团体和与其建立劳动关系的劳动者，订立、履行、变更、解除或者终止劳动合同，依照本法执行。

第三条 【基本原则】订立劳动合同，应当遵循合法、公平、平等自愿、协商一致、诚实信用的原则。

依法订立的劳动合同具有约束力，用人单位与劳动者应当履行劳动合同约定的义务。

第四条 【规章制度】用人单位应当依法建立和完善劳动规章制度，保障劳动者享有劳动权利、履行劳动义务。

用人单位在制定、修改或者决定有关劳动报酬、工作时间、休息休假、劳动安全卫生、保险福利、职工培训、劳动纪律以及劳动定额管理等直接涉及劳动者切身利益的规章制度或者重大事项时，应当经职工代表大会或者全体职工讨论，提出方案和意见，与工会或者职工代表平等协商确定。

在规章制度和重大事项决定实施过程中，工会或者职工认为不适当的，有权向用人单位提出，通过协商予以修改完善。

用人单位应当将直接涉及劳动者切身利益的规章制度和重大事项决定公示，或者告知劳动者。

第五条 【协调劳动关系三方机制】县级以上人民政府劳动行政部门会同工会和企业方面代表，建立健全协调劳动关系三方机制，共同研究解决有关劳动关系的重大问题。

第六条 【集体协商机制】工会应当帮助、指导劳动者与用人单位依法订立和履行劳动合同，并与用人单位建立集体协商机制，维护劳动者的合法权益。

第二章 劳动合同的订立

第七条 【劳动关系的建立】用人单位自用工之日起即与劳动者建立劳动关系。用人单位应当建立职工名册备查。

第八条 【用人单位的告知义务和劳动者的说明义务】用人单位招用劳动者时，应当如实告知劳动者工作内容、工作条件、工作地点、职业危害、安全生产状况、劳动报酬，以及劳动者要求了解的其他情况；用人单位有权了解劳动者与劳动合同直接相关的基本情况，劳动者应当如实说明。

第九条 【用人单位不得扣押劳动者证件和要求提供担保】用人单位招用劳动者，不得扣押劳动者的居民身份证和其他证件，不得要求劳动者提供担保或者以其他名义向劳动者收取财物。

第十条 【订立书面劳动合同】建立劳动关系，应当订立书面劳动合同。

已建立劳动关系，未同时订立书面劳动合同的，应当自用工之日起一个月内订立书面劳动合同。

用人单位与劳动者在用工前订立劳动合同的，

劳动关系自用工之日起建立。

第十一条 【未订立书面劳动合同时劳动报酬不明确的解决】用人单位未在用工的同时订立书面劳动合同,与劳动者约定的劳动报酬不明确的,新招用的劳动者的劳动报酬按照集体合同规定的标准执行;没有集体合同或者集体合同未规定的,实行同工同酬。

第十二条 【劳动合同的种类】劳动合同分为固定期限劳动合同、无固定期限劳动合同和以完成一定工作任务为期限的劳动合同。

第十三条 【固定期限劳动合同】固定期限劳动合同,是指用人单位与劳动者约定合同终止时间的劳动合同。

用人单位与劳动者协商一致,可以订立固定期限劳动合同。

第十四条 【无固定期限劳动合同】无固定期限劳动合同,是指用人单位与劳动者约定无确定终止时间的劳动合同。

用人单位与劳动者协商一致,可以订立无固定期限劳动合同。有下列情形之一,劳动者提出或者同意续订、订立劳动合同的,除劳动者提出订立固定期限劳动合同外,应当订立无固定期限劳动合同:

(一)劳动者在该用人单位连续工作满十年的;

(二)用人单位初次实行劳动合同制度或者国有企业改制重新订立劳动合同时,劳动者在该用人单位连续工作满十年且距法定退休年龄不足十年的;

(三)连续订立二次固定期限劳动合同,且劳动者没有本法第三十九条和第四十条第一项、第二项规定的情形,续订劳动合同的。

用人单位自用工之日起满一年不与劳动者订立书面劳动合同的,视为用人单位与劳动者已订立无固定期限劳动合同。

第十五条 【以完成一定工作任务为期限的劳动合同】以完成一定工作任务为期限的劳动合同,是指用人单位与劳动者约定以某项工作的完成为合同期限的劳动合同。

用人单位与劳动者协商一致,可以订立以完成一定工作任务为期限的劳动合同。

第十六条 【劳动合同的生效】劳动合同由用人单位与劳动者协商一致,并经用人单位与劳动者在劳动合同文本上签字或者盖章生效。

劳动合同文本由用人单位和劳动者各执一份。

第十七条 【劳动合同的内容】劳动合同应当具备以下条款:

(一)用人单位的名称、住所和法定代表人或者主要负责人;

(二)劳动者的姓名、住址和居民身份证或者其他有效身份证件号码;

(三)劳动合同期限;

(四)工作内容和工作地点;

(五)工作时间和休息休假;

(六)劳动报酬;

(七)社会保险;

(八)劳动保护、劳动条件和职业危害防护;

(九)法律、法规规定应当纳入劳动合同的其他事项。

劳动合同除前款规定的必备条款外,用人单位与劳动者可以约定试用期、培训、保守秘密、补充保险和福利待遇等其他事项。

第十八条 【劳动合同对劳动报酬和劳动条件约定不明确的解决】劳动合同对劳动报酬和劳动条件等标准约定不明确,引发争议的,用人单位与劳动者可以重新协商;协商不成的,适用集体合同规定;没有集体合同或者集体合同未规定劳动报酬的,实行同工同酬;没有集体合同或者集体合同未规定劳动条件等标准的,适用国家有关规定。

第十九条 【试用期】劳动合同期限三个月以上不满一年的,试用期不得超过一个月;劳动合同期限一年以上不满三年的,试用期不得超过二个月;三年以上固定期限和无固定期限的劳动合同,试用期不得超过六个月。

同一用人单位与同一劳动者只能约定一次试用期。

以完成一定工作任务为期限的劳动合同或者劳动合同期限不满三个月的,不得约定试用期。

试用期包含在劳动合同期限内。劳动合同仅约定试用期的,试用期不成立,该期限为劳动合同期限。

第二十条 【试用期工资】劳动者在试用期的工资不得低于本单位相同岗位最低档工资或者劳动合同约定工资的百分之八十,并不得低于用人单位所在地的最低工资标准。

第二十一条 【试用期内解除劳动合同】在试

用期中,除劳动者有本法第三十九条和第四十条第一项、第二项规定的情形外,用人单位不得解除劳动合同。用人单位在试用期解除劳动合同的,应当向劳动者说明理由。

第二十二条 【服务期】用人单位为劳动者提供专项培训费用,对其进行专业技术培训的,可以与该劳动者订立协议,约定服务期。

劳动者违反服务期约定的,应当按照约定向用人单位支付违约金。违约金的数额不得超过用人单位提供的培训费用。用人单位要求劳动者支付的违约金不得超过服务期尚未履行部分所应分摊的培训费用。

用人单位与劳动者约定服务期的,不影响按照正常的工资调整机制提高劳动者在服务期期间的劳动报酬。

第二十三条 【保密义务和竞业限制】用人单位与劳动者可以在劳动合同中约定保守用人单位的商业秘密和与知识产权相关的保密事项。

对负有保密义务的劳动者,用人单位可以在劳动合同或者保密协议中与劳动者约定竞业限制条款,并约定在解除或者终止劳动合同后,在竞业限制期限内按月给予劳动者经济补偿。劳动者违反竞业限制约定的,应当按照约定向用人单位支付违约金。

第二十四条 【竞业限制的范围和期限】竞业限制的人员限于用人单位的高级管理人员、高级技术人员和其他负有保密义务的人员。竞业限制的范围、地域、期限由用人单位与劳动者约定,竞业限制的约定不得违反法律、法规的规定。

在解除或者终止劳动合同后,前款规定的人员到与本单位生产或者经营同类产品、从事同类业务的有竞争关系的其他用人单位,或者自己开业生产或者经营同类产品、从事同类业务的竞业限制期限,不得超过二年。

第二十五条 【违约金】除本法第二十二条和第二十三条规定的情形外,用人单位不得与劳动者约定由劳动者承担违约金。

第二十六条 【劳动合同的无效】下列劳动合同无效或者部分无效:

(一)以欺诈、胁迫的手段或者乘人之危,使对方在违背真实意思的情况下订立或者变更劳动合同的;

(二)用人单位免除自己的法定责任、排除劳动者权利的;

(三)违反法律、行政法规强制性规定的。

对劳动合同的无效或者部分无效有争议的,由劳动争议仲裁机构或者人民法院确认。

第二十七条 【劳动合同部分无效】劳动合同部分无效,不影响其他部分效力的,其他部分仍然有效。

第二十八条 【劳动合同无效后劳动报酬的支付】劳动合同被确认无效,劳动者已付出劳动的,用人单位应当向劳动者支付劳动报酬。劳动报酬的数额,参照本单位相同或者相近岗位劳动者的劳动报酬确定。

第三章 劳动合同的履行和变更

第二十九条 【劳动合同的履行】用人单位与劳动者应当按照劳动合同的约定,全面履行各自的义务。

第三十条 【劳动报酬】用人单位应当按照劳动合同约定和国家规定,向劳动者及时足额支付劳动报酬。

用人单位拖欠或者未足额支付劳动报酬的,劳动者可以依法向当地人民法院申请支付令,人民法院应当依法发出支付令。

第三十一条 【加班】用人单位应当严格执行劳动定额标准,不得强迫或者变相强迫劳动者加班。用人单位安排加班的,应当按照国家有关规定向劳动者支付加班费。

第三十二条 【劳动者拒绝违章指挥、强令冒险作业】劳动者拒绝用人单位管理人员违章指挥、强令冒险作业的,不视为违反劳动合同。

劳动者对危害生命安全和身体健康的劳动条件,有权对用人单位提出批评、检举和控告。

第三十三条 【用人单位名称、法定代表人等的变更】用人单位变更名称、法定代表人、主要负责人或者投资人等事项,不影响劳动合同的履行。

第三十四条 【用人单位合并或者分立】用人单位发生合并或者分立等情况,原劳动合同继续有效,劳动合同由承继其权利和义务的用人单位继续履行。

第三十五条 【劳动合同的变更】用人单位与劳动者协商一致,可以变更劳动合同约定的内容。变更劳动合同,应当采用书面形式。

变更后的劳动合同文本由用人单位和劳动者各执一份。

第四章 劳动合同的解除和终止

第三十六条 【协商解除劳动合同】用人单位与劳动者协商一致,可以解除劳动合同。

第三十七条 【劳动者提前通知解除劳动合同】劳动者提前三十日以书面形式通知用人单位,可以解除劳动合同。劳动者在试用期内提前三日通知用人单位,可以解除劳动合同。

第三十八条 【劳动者解除劳动合同】用人单位有下列情形之一的,劳动者可以解除劳动合同:

(一)未按照劳动合同约定提供劳动保护或者劳动条件的;

(二)未及时足额支付劳动报酬的;

(三)未依法为劳动者缴纳社会保险费的;

(四)用人单位的规章制度违反法律、法规的规定,损害劳动者权益的;

(五)因本法第二十六条第一款规定的情形致使劳动合同无效的;

(六)法律、行政法规规定劳动者可以解除劳动合同的其他情形。

用人单位以暴力、威胁或者非法限制人身自由的手段强迫劳动者劳动的,或者用人单位违章指挥、强令冒险作业危及劳动者人身安全的,劳动者可以立即解除劳动合同,不需事先告知用人单位。

第三十九条 【用人单位单方解除劳动合同】劳动者有下列情形之一的,用人单位可以解除劳动合同:

(一)在试用期间被证明不符合录用条件的;

(二)严重违反用人单位的规章制度的;

(三)严重失职,营私舞弊,给用人单位造成重大损害的;

(四)劳动者同时与其他用人单位建立劳动关系,对完成本单位的工作任务造成严重影响,或者经用人单位提出,拒不改正的;

(五)因本法第二十六条第一款第一项规定的情形致使劳动合同无效的;

(六)被依法追究刑事责任的。

第四十条 【无过失性辞退】有下列情形之一的,用人单位提前三十日以书面形式通知劳动者本人或者额外支付劳动者一个月工资后,可以解除劳动合同:

(一)劳动者患病或者非因工负伤,在规定的医疗期满后不能从事原工作,也不能从事由用人单位另行安排的工作的;

(二)劳动者不能胜任工作,经过培训或者调整工作岗位,仍不能胜任工作的;

(三)劳动合同订立时所依据的客观情况发生重大变化,致使劳动合同无法履行,经用人单位与劳动者协商,未能就变更劳动合同内容达成协议的。

第四十一条 【经济性裁员】有下列情形之一,需要裁减人员二十人以上或者裁减不足二十人但占企业职工总数百分之十以上的,用人单位提前三十日向工会或者全体职工说明情况,听取工会或者职工的意见后,裁减人员方案经向劳动行政部门报告,可以裁减人员:

(一)依照企业破产法规定进行重整的;

(二)生产经营发生严重困难的;

(三)企业转产、重大技术革新或者经营方式调整,经变更劳动合同后,仍需裁减人员的;

(四)其他因劳动合同订立时所依据的客观经济情况发生重大变化,致使劳动合同无法履行的。

裁减人员时,应当优先留用下列人员:

(一)与本单位订立较长期限的固定期限劳动合同的;

(二)与本单位订立无固定期限劳动合同的;

(三)家庭无其他就业人员,有需要扶养的老人或者未成年人的。

用人单位依照本条第一款规定裁减人员,在六个月内重新招用人员的,应当通知被裁减的人员,并在同等条件下优先招用被裁减的人员。

第四十二条 【用人单位不得解除劳动合同的情形】劳动者有下列情形之一的,用人单位不得依照本法第四十条、第四十一条的规定解除劳动合同:

(一)从事接触职业病危害作业的劳动者未进行离岗前职业健康检查,或者疑似职业病病人在诊断或者医学观察期间的;

(二)在本单位患职业病或者因工负伤并被确认丧失或者部分丧失劳动能力的;

(三)患病或者非因工负伤,在规定的医疗期内的;

(四)女职工在孕期、产期、哺乳期的;

(五)在本单位连续工作满十五年,且距法定退休年龄不足五年的；

（六）法律、行政法规规定的其他情形。

第四十三条 【工会在劳动合同解除中的监督作用】用人单位单方解除劳动合同，应当事先将理由通知工会。用人单位违反法律、行政法规规定或者劳动合同约定的，工会有权要求用人单位纠正。用人单位应当研究工会的意见，并将处理结果书面通知工会。

第四十四条 【劳动合同的终止】有下列情形之一的，劳动合同终止：

（一）劳动合同期满的；

（二）劳动者开始依法享受基本养老保险待遇的；

（三）劳动者死亡，或者被人民法院宣告死亡或者宣告失踪的；

（四）用人单位被依法宣告破产的；

（五）用人单位被吊销营业执照、责令关闭、撤销或者用人单位决定提前解散的；

（六）法律、行政法规规定的其他情形。

第四十五条 【劳动合同的逾期终止】劳动合同期满，有本法第四十二条规定情形之一的，劳动合同应当续延至相应的情形消失时终止。但是，本法第四十二条第二项规定丧失或者部分丧失劳动能力劳动者的劳动合同的终止，按照国家有关工伤保险的规定执行。

第四十六条 【经济补偿】有下列情形之一的，用人单位应当向劳动者支付经济补偿：

（一）劳动者依照本法第三十八条规定解除劳动合同的；

（二）用人单位依照本法第三十六条规定向劳动者提出解除劳动合同并与劳动者协商一致解除劳动合同的；

（三）用人单位依照本法第四十条规定解除劳动合同的；

（四）用人单位依照本法第四十一条第一款规定解除劳动合同的；

（五）除用人单位维持或者提高劳动合同约定条件续订劳动合同，劳动者不同意续订的情形外，依照本法第四十四条第一项规定终止固定期限劳动合同的；

（六）依照本法第四十四条第四项、第五项规定终止劳动合同的；

（七）法律、行政法规规定的其他情形。

第四十七条 【经济补偿的计算】经济补偿按劳动者在本单位工作的年限，每满一年支付一个月工资的标准向劳动者支付。六个月以上不满一年的，按一年计算；不满六个月的，向劳动者支付半个月工资的经济补偿。

劳动者月工资高于用人单位所在直辖市、设区的市级人民政府公布的本地区上年度职工月平均工资三倍的，向其支付经济补偿的标准按职工月平均工资三倍的数额支付，向其支付经济补偿的年限最高不超过十二年。

本条所称月工资是指劳动者在劳动合同解除或者终止前十二个月的平均工资。

第四十八条 【违法解除或者终止劳动合同的法律后果】用人单位违反本法规定解除或者终止劳动合同，劳动者要求继续履行劳动合同的，用人单位应当继续履行；劳动者不要求继续履行劳动合同或者劳动合同已经不能继续履行的，用人单位应当依照本法第八十七条规定支付赔偿金。

第四十九条 【社会保险关系跨地区转移接续】国家采取措施，建立健全劳动者社会保险关系跨地区转移接续制度。

第五十条 【劳动合同解除或者终止后双方的义务】用人单位应当在解除或者终止劳动合同时出具解除或者终止劳动合同的证明，并在十五日内为劳动者办理档案和社会保险关系转移手续。

劳动者应当按照双方约定，办理工作交接。用人单位依照本法有关规定应当向劳动者支付经济补偿的，在办结工作交接时支付。

用人单位对已经解除或者终止的劳动合同的文本，至少保存二年备查。

第五章 特别规定

第一节 集体合同

第五十一条 【集体合同的订立和内容】企业职工一方与用人单位通过平等协商，可以就劳动报酬、工作时间、休息休假、劳动安全卫生、保险福利等事项订立集体合同。集体合同草案应当提交职工代表大会或者全体职工讨论通过。

集体合同由工会代表企业职工一方与用人单位订立；尚未建立工会的用人单位，由上级工会指导劳动者推举的代表与用人单位订立。

第五十二条　【专项集体合同】企业职工一方与用人单位可以订立劳动安全卫生、女职工权益保护、工资调整机制等专项集体合同。

第五十三条　【行业性集体合同、区域性集体合同】在县级以下区域内，建筑业、采矿业、餐饮服务业等行业可以由工会与企业方面代表订立行业性集体合同，或者订立区域性集体合同。

第五十四条　【集体合同的报送和生效】集体合同订立后，应当报送劳动行政部门；劳动行政部门自收到集体合同文本之日起十五日内未提出异议的，集体合同即行生效。

依法订立的集体合同对用人单位和劳动者具有约束力。行业性、区域性集体合同对当地本行业、本区域的用人单位和劳动者具有约束力。

第五十五条　【集体合同中劳动报酬、劳动条件等标准】集体合同中劳动报酬和劳动条件等标准不得低于当地人民政府规定的最低标准；用人单位与劳动者订立的劳动合同中劳动报酬和劳动条件等标准不得低于集体合同规定的标准。

第五十六条　【集体合同纠纷和法律救济】用人单位违反集体合同，侵犯职工劳动权益的，工会可以依法要求用人单位承担责任；因履行集体合同发生争议，经协商解决不成的，工会可以依法申请仲裁、提起诉讼。

第二节　劳务派遣

第五十七条　【劳务派遣单位的设立】经营劳务派遣业务应当具备下列条件：

（一）注册资本不得少于人民币二百万元；

（二）有与开展业务相适应的固定的经营场所和设施；

（三）有符合法律、行政法规规定的劳务派遣管理制度；

（四）法律、行政法规规定的其他条件。

经营劳务派遣业务，应当向劳动行政部门依法申请行政许可；经许可的，依法办理相应的公司登记。未经许可，任何单位和个人不得经营劳务派遣业务。

第五十八条　【劳务派遣单位、用工单位及劳动者的权利义务】劳务派遣单位是本法所称用人单位，应当履行用人单位对劳动者的义务。劳务派遣单位与被派遣劳动者订立的劳动合同，除应当载明本法第十七条规定的事项外，还应当载明被派遣劳动者的用工单位以及派遣期限、工作岗位等情况。

劳务派遣单位应当与被派遣劳动者订立二年以上的固定期限劳动合同，按月支付劳动报酬；被派遣劳动者在无工作期间，劳务派遣单位应当按照所在地人民政府规定的最低工资标准，向其按月支付报酬。

第五十九条　【劳务派遣协议】劳务派遣单位派遣劳动者应当与接受以劳务派遣形式用工的单位（以下称用工单位）订立劳务派遣协议。劳务派遣协议应当约定派遣岗位和人员数量、派遣期限、劳动报酬和社会保险费的数额与支付方式以及违反协议的责任。

用工单位应当根据工作岗位的实际需要与劳务派遣单位确定派遣期限，不得将连续用工期限分割订立数个短期劳务派遣协议。

第六十条　【劳务派遣单位的告知义务】劳务派遣单位应当将劳务派遣协议的内容告知被派遣劳动者。

劳务派遣单位不得克扣用工单位按照劳务派遣协议支付给被派遣劳动者的劳动报酬。

劳务派遣单位和用工单位不得向被派遣劳动者收取费用。

第六十一条　【跨地区派遣劳动者的劳动报酬、劳动条件】劳务派遣单位跨地区派遣劳动者的，被派遣劳动者享有的劳动报酬和劳动条件，按照用工单位所在地的标准执行。

第六十二条　【用工单位的义务】用工单位应当履行下列义务：

（一）执行国家劳动标准，提供相应的劳动条件和劳动保护；

（二）告知被派遣劳动者的工作要求和劳动报酬；

（三）支付加班费、绩效奖金，提供与工作岗位相关的福利待遇；

（四）对在岗被派遣劳动者进行工作岗位所必需的培训；

（五）连续用工的，实行正常的工资调整机制。

用工单位不得将被派遣劳动者再派遣到其他用人单位。

第六十三条　【被派遣劳动者同工同酬】被派遣劳动者享有与用工单位的劳动者同工同酬的权利。用工单位应当按照同工同酬原则，对被派遣劳动者与本单位同类岗位的劳动者实行相同的劳动报酬分配办法。用工单位无同类岗位劳动者的，参照用工单位所在地相同或者相近岗位劳动者的劳动报酬确定。

劳务派遣单位与被派遣劳动者订立的劳动合同和与用工单位订立的劳务派遣协议，载明或者约定的向被派遣劳动者支付的劳动报酬应当符合前款规定。

第六十四条 【被派遣劳动者参加或者组织工会】被派遣劳动者有权在劳务派遣单位或者用工单位依法参加或者组织工会，维护自身的合法权益。

第六十五条 【劳务派遣中解除劳动合同】被派遣劳动者可以依照本法第三十六条、第三十八条的规定与劳务派遣单位解除劳动合同。

被派遣劳动者有本法第三十九条和第四十条第一项、第二项规定情形的，用工单位可以将劳动者退回劳务派遣单位，劳务派遣单位依照本法有关规定，可以与劳动者解除劳动合同。

第六十六条 【劳务派遣的适用岗位】劳动合同用工是我国的企业基本用工形式。劳务派遣用工是补充形式，只能在临时性、辅助性或者替代性的工作岗位上实施。

前款规定的临时性工作岗位是指存续时间不超过六个月的岗位；辅助性工作岗位是指为主营业务岗位提供服务的非主营业务岗位；替代性工作岗位是指用工单位的劳动者因脱产学习、休假等原因无法工作的一定期间内，可以由其他劳动者替代工作的岗位。

用工单位应当严格控制劳务派遣用工数量，不得超过其用工总量的一定比例，具体比例由国务院劳动行政部门规定。

第六十七条 【用人单位不得自设劳务派遣单位】用人单位不得设立劳务派遣单位向本单位或者所属单位派遣劳动者。

第三节 非全日制用工

第六十八条 【非全日制用工的概念】非全日制用工，是指以小时计酬为主，劳动者在同一用人单位一般平均每日工作时间不超过四小时，每周工作时间累计不超过二十四小时的用工形式。

第六十九条 【非全日制用工的劳动合同】非全日制用工双方当事人可以订立口头协议。

从事非全日制用工的劳动者可以与一个或者一个以上用人单位订立劳动合同；但是，后订立的劳动合同不得影响先订立的劳动合同的履行。

第七十条 【非全日制用工不得约定试用期】非全日制用工双方当事人不得约定试用期。

第七十一条 【非全日制用工的终止用工】非全日制用工双方当事人任何一方都可以随时通知对方终止用工。终止用工，用人单位不向劳动者支付经济补偿。

第七十二条 【非全日制用工的劳动报酬】非全日制用工小时计酬标准不得低于用人单位所在地人民政府规定的最低小时工资标准。

非全日制用工劳动报酬结算支付周期最长不得超过十五日。

第六章 监督检查

第七十三条 【劳动合同制度的监督管理体制】国务院劳动行政部门负责全国劳动合同制度实施的监督管理。

县级以上地方人民政府劳动行政部门负责本行政区域内劳动合同制度实施的监督管理。

县级以上各级人民政府劳动行政部门在劳动合同制度实施的监督管理工作中，应当听取工会、企业方面代表以及有关行业主管部门的意见。

第七十四条 【劳动行政部门监督检查事项】县级以上地方人民政府劳动行政部门依法对下列实施劳动合同制度的情况进行监督检查：

（一）用人单位制定直接涉及劳动者切身利益的规章制度及其执行的情况；

（二）用人单位与劳动者订立和解除劳动合同的情况；

（三）劳务派遣单位和用工单位遵守劳务派遣有关规定的情况；

（四）用人单位遵守国家关于劳动者工作时间和休息休假规定的情况；

（五）用人单位支付劳动合同约定的劳动报酬和执行最低工资标准的情况；

（六）用人单位参加各项社会保险和缴纳社会保险费的情况；

（七）法律、法规规定的其他劳动监察事项。

第七十五条 【监督检查措施和依法行政、文明执法】县级以上地方人民政府劳动行政部门实施监督检查时，有权查阅与劳动合同、集体合同有关的材料，有权对劳动场所进行实地检查，用人单位和劳动者都应当如实提供有关情况和材料。

劳动行政部门的工作人员进行监督检查，应当出示证件，依法行使职权，文明执法。

第七十六条 【其他有关主管部门的监督管理】县级以上人民政府建设、卫生、安全生产监督管理等有关主管部门在各自职责范围内，对用人单位执行劳动合同制度的情况进行监督管理。

第七十七条 【劳动者权利救济途径】劳动者合法权益受到侵害的，有权要求有关部门依法处理，或者依法申请仲裁、提起诉讼。

第七十八条 【工会监督检查的权利】工会依法维护劳动者的合法权益，对用人单位履行劳动合同、集体合同的情况进行监督。用人单位违反劳动法律、法规和劳动合同、集体合同的，工会有权提出意见或者要求纠正；劳动者申请仲裁、提起诉讼的，工会依法给予支持和帮助。

第七十九条 【对违法行为的举报】任何组织或者个人对违反本法的行为都有权举报，县级以上人民政府劳动行政部门应当及时核实、处理，并对举报有功人员给予奖励。

第七章 法律责任

第八十条 【规章制度违法的法律责任】用人单位直接涉及劳动者切身利益的规章制度违反法律、法规规定的，由劳动行政部门责令改正，给予警告；给劳动者造成损害的，应当承担赔偿责任。

第八十一条 【缺乏必备条款、不提供劳动合同文本的法律责任】用人单位提供的劳动合同文本未载明本法规定的劳动合同必备条款或者用人单位未将劳动合同文本交付劳动者的，由劳动行政部门责令改正；给劳动者造成损害的，应当承担赔偿责任。

第八十二条 【不订立书面劳动合同的法律责任】用人单位自用工之日起超过一个月不满一年未与劳动者订立书面劳动合同的，应当向劳动者每月支付二倍的工资。

用人单位违反本法规定不与劳动者订立无固定期限劳动合同的，自应当订立无固定期限劳动合同之日起向劳动者每月支付二倍的工资。

第八十三条 【违法约定试用期的法律责任】用人单位违反本法规定与劳动者约定试用期的，由劳动行政部门责令改正；违法约定的试用期已经履行的，由用人单位以劳动者试用期满月工资为标准，按已经履行的超过法定试用期的期间向劳动者支付赔偿金。

第八十四条 【扣押劳动者身份证等证件的法律责任】用人单位违反本法规定，扣押劳动者居民身份证等证件的，由劳动行政部门责令限期退还劳动者本人，并依照有关法律规定给予处罚。

用人单位违反本法规定，以担保或者其他名义向劳动者收取财物的，由劳动行政部门责令限期退还劳动者本人，并以每人五百元以上二千元以下的标准处以罚款；给劳动者造成损害的，应当承担赔偿责任。

劳动者依法解除或者终止劳动合同，用人单位扣押劳动者档案或者其他物品的，依照前款规定处罚。

第八十五条 【未依法支付劳动报酬、经济补偿等的法律责任】用人单位有下列情形之一的，由劳动行政部门责令限期支付劳动报酬、加班费或者经济补偿；劳动报酬低于当地最低工资标准的，应当支付其差额部分；逾期不支付的，责令用人单位按应付金额百分之五十以上百分之一百以下的标准向劳动者加付赔偿金：

（一）未按照劳动合同的约定或者国家规定及时足额支付劳动者劳动报酬的；

（二）低于当地最低工资标准支付劳动者工资的；

（三）安排加班不支付加班费的；

（四）解除或者终止劳动合同，未依照本法规定向劳动者支付经济补偿的。

第八十六条 【订立无效劳动合同的法律责任】劳动合同依照本法第二十六条规定被确认无效，给对方造成损害的，有过错的一方应当承担赔偿责任。

第八十七条 【违法解除或者终止劳动合同的法律责任】用人单位违反本法规定解除或者终止劳动合同的，应当依照本法第四十七条规定的经济补偿标准的二倍向劳动者支付赔偿金。

第八十八条 【侵害劳动者人身权益的法律责任】用人单位有下列情形之一的，依法给予行政处罚；构成犯罪的，依法追究刑事责任；给劳动者造成损害的，应当承担赔偿责任：

（一）以暴力、威胁或者非法限制人身自由的手段强迫劳动的；

（二）违章指挥或者强令冒险作业危及劳动者人身安全的；

（三）侮辱、体罚、殴打、非法搜查或者拘禁劳动者的；

（四）劳动条件恶劣、环境污染严重，给劳动者身心健康造成严重损害的。

第八十九条　【不出具解除、终止书面证明的法律责任】用人单位违反本法规定未向劳动者出具解除或者终止劳动合同的书面证明，由劳动行政部门责令改正；给劳动者造成损害的，应当承担赔偿责任。

第九十条　【劳动者的赔偿责任】劳动者违反本法规定解除劳动合同，或者违反劳动合同中约定的保密义务或者竞业限制，给用人单位造成损失的，应当承担赔偿责任。

第九十一条　【用人单位的连带赔偿责任】用人单位招用与其他用人单位尚未解除或者终止劳动合同的劳动者，给其他用人单位造成损失的，应当承担连带赔偿责任。

第九十二条　【劳务派遣单位的法律责任】违反本法规定，未经许可，擅自经营劳务派遣业务的，由劳动行政部门责令停止违法行为，没收违法所得，并处违法所得一倍以上五倍以下的罚款；没有违法所得的，可以处五万元以下的罚款。

劳务派遣单位、用工单位违反本法有关劳务派遣规定的，由劳动行政部门责令限期改正；逾期不改正的，以每人五千元以上一万元以下的标准处以罚款，对劳务派遣单位，吊销其劳务派遣业务经营许可证。用工单位给被派遣劳动者造成损害的，劳务派遣单位与用工单位承担连带赔偿责任。

第九十三条　【无营业执照经营单位的法律责任】对不具备合法经营资格的用人单位的违法犯罪行为，依法追究法律责任；劳动者已经付出劳动的，该单位或者其出资人应当依照本法有关规定向劳动者支付劳动报酬、经济补偿、赔偿金；给劳动者造成损害的，应当承担赔偿责任。

第九十四条　【个人承包经营者的连带赔偿责任】个人承包经营违反本法规定招用劳动者，给劳动者造成损害的，发包的组织与个人承包经营者承担连带赔偿责任。

第九十五条　【不履行法定职责、违法行使职权的法律责任】劳动行政部门和其他有关主管部门及其工作人员玩忽职守、不履行法定职责，或者违法行使职权，给劳动者或者用人单位造成损害的，应当承担赔偿责任；对直接负责的主管人员和其他直接责任人员，依法给予行政处分；构成犯罪的，依法追究刑事责任。

第八章　附　　则

第九十六条　【事业单位聘用制劳动合同的法律适用】事业单位与实行聘用制的工作人员订立、履行、变更、解除或者终止劳动合同，法律、行政法规或者国务院另有规定的，依照其规定；未作规定的，依照本法有关规定执行。

第九十七条　【过渡性条款】本法施行前已依法订立且在本法施行之日存续的劳动合同，继续履行；本法第十四条第二款第三项规定连续订立固定期限劳动合同的次数，自本法施行后续订固定期限劳动合同时开始计算。

本法施行前已建立劳动关系，尚未订立书面劳动合同的，应当自本法施行之日起一个月内订立。

本法施行之日存续的劳动合同在本法施行后解除或者终止，依照本法第四十六条规定应当支付经济补偿的，经济补偿年限自本法施行之日起计算；本法施行前按照当时有关规定，用人单位应当向劳动者支付经济补偿的，按照当时有关规定执行。

第九十八条　【施行时间】本法自2008年1月1日起施行。

中华人民共和国劳动合同法实施条例

（2008年9月3日国务院第25次常务会议通过　2008年9月18日中华人民共和国国务院令第535号公布　自公布之日起施行）

第一章　总　　则

第一条　为了贯彻实施《中华人民共和国劳动合同法》（以下简称劳动合同法），制定本条例。

第二条　各级人民政府和县级以上人民政府劳动行政等有关部门以及工会等组织，应当采取措施，推动劳动合同法的贯彻实施，促进劳动关系的和谐。

第三条 依法成立的会计师事务所、律师事务所等合伙组织和基金会，属于劳动合同法规定的用人单位。

第二章 劳动合同的订立

第四条 劳动合同法规定的用人单位设立的分支机构，依法取得营业执照或者登记证书的，可以作为用人单位与劳动者订立劳动合同；未依法取得营业执照或者登记证书的，受用人单位委托可以与劳动者订立劳动合同。

第五条 自用工之日起一个月内，经用人单位书面通知后，劳动者不与用人单位订立书面劳动合同的，用人单位应当书面通知劳动者终止劳动关系，无需向劳动者支付经济补偿，但是应当依法向劳动者支付其实际工作时间的劳动报酬。

第六条 用人单位自用工之日起超过一个月不满一年未与劳动者订立书面劳动合同的，应当依照劳动合同法第八十二条的规定向劳动者每月支付两倍的工资，并与劳动者补订书面劳动合同；劳动者不与用人单位订立书面劳动合同的，用人单位应当书面通知劳动者终止劳动关系，并依照劳动合同法第四十七条的规定支付经济补偿。

前款规定的用人单位向劳动者每月支付两倍工资的起算时间为用工之日起满一个月的次日，截止时间为补订书面劳动合同的前一日。

第七条 用人单位自用工之日起满一年未与劳动者订立书面劳动合同的，自用工之日起满一个月的次日至满一年的前一日应当依照劳动合同法第八十二条的规定向劳动者每月支付两倍的工资，并视为自用工之日起满一年的当日已经与劳动者订立无固定期限劳动合同，应当立即与劳动者补订书面劳动合同。

第八条 劳动合同法第七条规定的职工名册，应当包括劳动者姓名、性别、公民身份号码、户籍地址及现住址、联系方式、用工形式、用工起始时间、劳动合同期限等内容。

第九条 劳动合同法第十四条第二款规定的连续工作满10年的起始时间，应当自用人单位用工之日起计算，包括劳动合同法施行前的工作年限。

第十条 劳动者非因本人原因从原用人单位被安排到新用人单位工作的，劳动者在原用人单位的工作年限合并计算为新用人单位的工作年限。原用人单位已经向劳动者支付经济补偿的，新用人单位在依法解除、终止劳动合同计算支付经济补偿的工作年限时，不再计算劳动者在原用人单位的工作年限。

第十一条 除劳动者与用人单位协商一致的情形外，劳动者依照劳动合同法第十四条第二款的规定，提出订立无固定期限劳动合同的，用人单位应当与其订立无固定期限劳动合同。对劳动合同的内容，双方应当按照合法、公平、平等自愿、协商一致、诚实信用的原则协商确定；对协商不一致的内容，依照劳动合同法第十八条的规定执行。

第十二条 地方各级人民政府及县级以上地方人民政府有关部门为安置就业困难人员提供的给予岗位补贴和社会保险补贴的公益性岗位，其劳动合同不适用劳动合同法有关无固定期限劳动合同的规定以及支付经济补偿的规定。

第十三条 用人单位与劳动者不得在劳动合同法第四十四条规定的劳动合同终止情形之外约定其他的劳动合同终止条件。

第十四条 劳动合同履行地与用人单位注册地不一致的，有关劳动者的最低工资标准、劳动保护、劳动条件、职业危害防护和本地区上年度职工月平均工资标准等事项，按照劳动合同履行地的有关规定执行；用人单位注册地的有关标准高于劳动合同履行地的有关标准，且用人单位与劳动者约定按照用人单位注册地的有关规定执行的，从其约定。

第十五条 劳动者在试用期的工资不得低于本单位相同岗位最低档工资的80%或者不得低于劳动合同约定工资的80%，并不得低于用人单位所在地的最低工资标准。

第十六条 劳动合同法第二十二条第二款规定的培训费用，包括用人单位为了对劳动者进行专业技术培训而支付的有凭证的培训费用、培训期间的差旅费用以及因培训产生的用于该劳动者的其他直接费用。

第十七条 劳动合同期满，但是用人单位与劳动者依照劳动合同法第二十二条的规定约定的服务期尚未到期的，劳动合同应当续延至服务期满；双方另有约定的，从其约定。

第三章 劳动合同的解除和终止

第十八条 有下列情形之一的，依照劳动合同法规定的条件、程序，劳动者可以与用人单位解除固定期限劳动合同、无固定期限劳动合同或者以完成一定工作任务为期限的劳动合同：

（一）劳动者与用人单位协商一致的；

（二）劳动者提前30日以书面形式通知用人单位的；

（三）劳动者在试用期内提前3日通知用人单位的；

（四）用人单位未按照劳动合同约定提供劳动保护或者劳动条件的；

（五）用人单位未及时足额支付劳动报酬的；

（六）用人单位未依法为劳动者缴纳社会保险费的；

（七）用人单位的规章制度违反法律、法规的规定，损害劳动者权益的；

（八）用人单位以欺诈、胁迫的手段或者乘人之危，使劳动者在违背真实意思的情况下订立或者变更劳动合同的；

（九）用人单位在劳动合同中免除自己的法定责任、排除劳动者权利的；

（十）用人单位违反法律、行政法规强制性规定的；

（十一）用人单位以暴力、威胁或者非法限制人身自由的手段强迫劳动者劳动的；

（十二）用人单位违章指挥、强令冒险作业危及劳动者人身安全的；

（十三）法律、行政法规规定劳动者可以解除劳动合同的其他情形。

第十九条 有下列情形之一的，依照劳动合同法规定的条件、程序，用人单位可以与劳动者解除固定期限劳动合同、无固定期限劳动合同或者以完成一定工作任务为期限的劳动合同：

（一）用人单位与劳动者协商一致的；

（二）劳动者在试用期间被证明不符合录用条件的；

（三）劳动者严重违反用人单位的规章制度的；

（四）劳动者严重失职，营私舞弊，给用人单位造成重大损害的；

（五）劳动者同时与其他用人单位建立劳动关系，对完成本单位的工作任务造成严重影响，或者经用人单位提出，拒不改正的；

（六）劳动者以欺诈、胁迫的手段或者乘人之危，使用人单位在违背真实意思的情况下订立或者变更劳动合同的；

（七）劳动者被依法追究刑事责任的；

（八）劳动者患病或者非因工负伤，在规定的医疗期满后不能从事原工作，也不能从事由用人单位另行安排的工作的；

（九）劳动者不能胜任工作，经过培训或者调整工作岗位，仍不能胜任工作的；

（十）劳动合同订立时所依据的客观情况发生重大变化，致使劳动合同无法履行，经用人单位与劳动者协商，未能就变更劳动合同内容达成协议的；

（十一）用人单位依照企业破产法规定进行重整的；

（十二）用人单位生产经营发生严重困难的；

（十三）企业转产、重大技术革新或者经营方式调整，经变更劳动合同后，仍需裁减人员的；

（十四）其他因劳动合同订立时所依据的客观经济情况发生重大变化，致使劳动合同无法履行的。

第二十条 用人单位依照劳动合同法第四十条的规定，选择额外支付劳动者一个月工资解除劳动合同的，其额外支付的工资应当按照该劳动者上一个月的工资标准确定。

第二十一条 劳动者达到法定退休年龄的，劳动合同终止。

第二十二条 以完成一定工作任务为期限的劳动合同因任务完成而终止的，用人单位应当依照劳动合同法第四十七条的规定向劳动者支付经济补偿。

第二十三条 用人单位依法终止工伤职工的劳动合同的，除依照劳动合同法第四十七条的规定支付经济补偿外，还应当依照国家有关工伤保险的规定支付一次性工伤医疗补助金和伤残就业补助金。

第二十四条 用人单位出具的解除、终止劳动合同的证明，应当写明劳动合同期限、解除或者终止劳动合同的日期、工作岗位、在本单位的工作年限。

第二十五条 用人单位违反劳动合同法的规定解除或者终止劳动合同，依照劳动合同法第八十七条的规定支付了赔偿金的，不再支付经济补偿。

赔偿金的计算年限自用工之日起计算。

第二十六条 用人单位与劳动者约定了服务期，劳动者依照劳动合同法第三十八条的规定解除劳动合同的，不属于违反服务期的约定，用人单位不得要求劳动者支付违约金。

有下列情形之一，用人单位与劳动者解除约定服务期的劳动合同的，劳动者应当按照劳动合同的约定向用人单位支付违约金：

（一）劳动者严重违反用人单位的规章制度的；

（二）劳动者严重失职，营私舞弊，给用人单位造成重大损害的；

（三）劳动者同时与其他用人单位建立劳动关系，对完成本单位的工作任务造成严重影响，或者经用人单位提出，拒不改正的；

（四）劳动者以欺诈、胁迫的手段或者乘人之危，使用人单位在违背真实意思的情况下订立或者变更劳动合同的；

（五）劳动者被依法追究刑事责任的。

第二十七条 劳动合同法第四十七条规定的经济补偿的月工资按照劳动者应得工资计算，包括计时工资或者计件工资以及奖金、津贴和补贴等货币性收入。劳动者在劳动合同解除或者终止前12个月的平均工资低于当地最低工资标准的，按照当地最低工资标准计算。劳动者工作不满12个月的，按照实际工作的月数计算平均工资。

第四章　劳务派遣特别规定

第二十八条 用人单位或者其所属单位出资或者合伙设立的劳务派遣单位，向本单位或者所属单位派遣劳动者的，属于劳动合同法第六十七条规定的不得设立的劳务派遣单位。

第二十九条 用工单位应当履行劳动合同法第六十二条规定的义务，维护被派遣劳动者的合法权益。

第三十条 劳务派遣单位不得以非全日制用工形式招用被派遣劳动者。

第三十一条 劳务派遣单位或者被派遣劳动者依法解除、终止劳动合同的经济补偿，依照劳动合同法第四十六条、第四十七条的规定执行。

第三十二条 劳务派遣单位违法解除或者终止被派遣劳动者的劳动合同的，依照劳动合同法第四十八条的规定执行。

第五章　法律责任

第三十三条 用人单位违反劳动合同法有关建立职工名册规定的，由劳动行政部门责令限期改正；逾期不改正的，由劳动行政部门处2000元以上2万元以下的罚款。

第三十四条 用人单位依照劳动合同法的规定应当向劳动者每月支付两倍的工资或者应当向劳动者支付赔偿金而未支付的，劳动行政部门应当责令用人单位支付。

第三十五条 用工单位违反劳动合同法和本条例有关劳务派遣规定的，由劳动行政部门和其他有关主管部门责令改正；情节严重的，以每位被派遣劳动者1000元以上5000元以下的标准处以罚款；给被派遣劳动者造成损害的，劳务派遣单位和用工单位承担连带赔偿责任。

第六章　附　　则

第三十六条 对违反劳动合同法和本条例的行为的投诉、举报，县级以上地方人民政府劳动行政部门依照《劳动保障监察条例》的规定处理。

第三十七条 劳动者与用人单位因订立、履行、变更、解除或者终止劳动合同发生争议的，依照《中华人民共和国劳动争议调解仲裁法》的规定处理。

第三十八条 本条例自公布之日起施行。

职工带薪年休假条例

（2007年12月7日国务院第198次常务会议通过　2007年12月14日中华人民共和国国务院令第514号公布　自2008年1月1日起施行）

第一条 为了维护职工休息休假权利，调动职工工作积极性，根据劳动法和公务员法，制定本条例。

第二条 机关、团体、企业、事业单位、民办非企业单位、有雇工的个体工商户等单位的职工连续工作1年以上的，享受带薪年休假（以下简称年休假）。单位应当保证职工享受年休假。职工在年休假期间享受与正常工作期间相同的工资收入。

第三条 职工累计工作已满1年不满10年的,年休假5天;已满10年不满20年的,年休假10天;已满20年的,年休假15天。

国家法定休假日、休息日不计入年休假的假期。

第四条 职工有下列情形之一的,不享受当年的年休假:

(一)职工依法享受寒暑假,其休假天数多于年休假天数的;

(二)职工请事假累计20天以上且单位按照规定不扣工资的;

(三)累计工作满1年不满10年的职工,请病假累计2个月以上的;

(四)累计工作满10年不满20年的职工,请病假累计3个月以上的;

(五)累计工作满20年以上的职工,请病假累计4个月以上的。

第五条 单位根据生产、工作的具体情况,并考虑职工本人意愿,统筹安排职工年休假。

年休假在1个年度内可以集中安排,也可以分段安排,一般不跨年度安排。单位因生产、工作特点确有必要跨年度安排职工年休假的,可以跨1个年度安排。

单位确因工作需要不能安排职工休年休假的,经职工本人同意,可以不安排职工休年休假。对职工应休未休的年休假天数,单位应当按照该职工日工资收入的300%支付年休假工资报酬。

第六条 县级以上地方人民政府人事部门、劳动保障部门应当依据职权对单位执行本条例的情况主动进行监督检查。

工会组织依法维护职工的年休假权利。

第七条 单位不安排职工休年休假又不依照本条例规定给予年休假工资报酬的,由县级以上地方人民政府人事部门或者劳动保障部门依据职权责令限期改正;对逾期不改正的,除责令该单位支付年休假工资报酬外,单位还应当按照年休假工资报酬的数额向职工加付赔偿金;对拒不支付年休假工资报酬、赔偿金的,属于公务员和参照公务员法管理的人员所在单位的,对直接负责的主管人员以及其他直接责任人员依法给予处分;属于其他单位的,由劳动保障部门、人事部门或者职工申请人民法院强制执行。

第八条 职工与单位因年休假发生的争议,依照国家有关法律、行政法规的规定处理。

第九条 国务院人事部门、国务院劳动保障部门依据职权,分别制定本条例的实施办法。

第十条 本条例自2008年1月1日起施行。

保障农民工工资支付条例

(2019年12月4日国务院第73次常务会议通过 2019年12月30日中华人民共和国国务院令第724号公布 自2020年5月1日起施行)

第一章 总 则

第一条 为了规范农民工工资支付行为,保障农民工按时足额获得工资,根据《中华人民共和国劳动法》及有关法律规定,制定本条例。

第二条 保障农民工工资支付,适用本条例。

本条例所称农民工,是指为用人单位提供劳动的农村居民。

本条例所称工资,是指农民工为用人单位提供劳动后应当获得的劳动报酬。

第三条 农民工有按时足额获得工资的权利。任何单位和个人不得拖欠农民工工资。

农民工应当遵守劳动纪律和职业道德,执行劳动安全卫生规程,完成劳动任务。

第四条 县级以上地方人民政府对本行政区域内保障农民工工资支付工作负责,建立保障农民工工资支付工作协调机制,加强监管能力建设,健全保障农民工工资支付工作目标责任制,并纳入对本级人民政府有关部门和下级人民政府进行考核和监督的内容。

乡镇人民政府、街道办事处应当加强对拖欠农民工工资矛盾的排查和调处工作,防范和化解矛盾,及时调解纠纷。

第五条 保障农民工工资支付,应当坚持市场主体负责、政府依法监管、社会协同监督,按照源头治理、预防为主、防治结合、标本兼治的要求,依法根治拖欠农民工工资问题。

第六条 用人单位实行农民工劳动用工实名制管理,与招用的农民工书面约定或者通过依法制定的规章制度规定工资支付标准、支付时间、支付方式等内容。

第七条 人力资源社会保障行政部门负责保障农民工工资支付工作的组织协调、管理指导和农民工工资支付情况的监督检查,查处有关拖欠农民工工资案件。

住房城乡建设、交通运输、水利等相关行业工程建设主管部门按照职责履行行业监管责任,督办因违法发包、转包、违法分包、挂靠、拖欠工程款等导致的拖欠农民工工资案件。

发展改革等部门按照职责负责政府投资项目的审批管理,依法审查政府投资项目的资金来源和筹措方式,按规定及时安排政府投资,加强社会信用体系建设,组织对拖欠农民工工资失信联合惩戒对象依法依规予以限制和惩戒。

财政部门负责政府投资资金的预算管理,根据经批准的预算按规定及时足额拨付政府投资资金。

公安机关负责及时受理、侦办涉嫌拒不支付劳动报酬刑事案件,依法处置因农民工工资拖欠引发的社会治安案件。

司法行政、自然资源、人民银行、审计、国有资产管理、税务、市场监管、金融监管等部门,按照职责做好与保障农民工工资支付相关的工作。

第八条 工会、共产主义青年团、妇女联合会、残疾人联合会等组织按照职责依法维护农民工获得工资的权利。

第九条 新闻媒体应当开展保障农民工工资支付法律法规政策的公益宣传和先进典型的报道,依法加强对拖欠农民工工资违法行为的舆论监督,引导用人单位增强依法用工、按时足额支付工资的法律意识,引导农民工依法维权。

第十条 被拖欠工资的农民工有权依法投诉,或者申请劳动争议调解仲裁和提起诉讼。

任何单位和个人对拖欠农民工工资的行为,有权向人力资源社会保障行政部门或者其他有关部门举报。

人力资源社会保障行政部门和其他有关部门应当公开举报投诉电话、网站等渠道,依法接受对拖欠农民工工资行为的举报、投诉。对于举报、投诉的处理实行首问负责制,属于本部门受理的,应当依法及时处理;不属于本部门受理的,应当及时转送相关部门,相关部门应当依法及时处理,并将处理结果告知举报、投诉人。

第二章 工资支付形式与周期

第十一条 农民工工资应当以货币形式,通过银行转账或者现金支付给农民工本人,不得以实物或者有价证券等其他形式替代。

第十二条 用人单位应当按照与农民工书面约定或者依法制定的规章制度规定的工资支付周期和具体支付日期足额支付工资。

第十三条 实行月、周、日、小时工资制的,按照月、周、日、小时为周期支付工资;实行计件工资制的,工资支付周期由双方依法约定。

第十四条 用人单位与农民工书面约定或者依法制定的规章制度规定的具体支付日期,可以在农民工提供劳动的当期或者次期。具体支付日期遇法定节假日或者休息日的,应当在法定节假日或者休息日前支付。

用人单位因不可抗力未能在支付日期支付工资的,应当在不可抗力消除后及时支付。

第十五条 用人单位应当按照工资支付周期编制书面工资支付台账,并至少保存3年。

书面工资支付台账应当包括用人单位名称,支付周期,支付日期,支付对象姓名、身份证号码、联系方式,工作时间,应发工资项目及数额,代扣、代缴、扣除项目和数额,实发工资数额,银行代发工资凭证或者农民工签字等内容。

用人单位向农民工支付工资时,应当提供农民工本人的工资清单。

第三章 工资清偿

第十六条 用人单位拖欠农民工工资的,应当依法予以清偿。

第十七条 不具备合法经营资格的单位招用农民工,农民工已经付出劳动而未获得工资的,依照有关法律规定执行。

第十八条 用工单位使用个人、不具备合法经营资格的单位或者未依法取得劳务派遣许可证的单位派遣的农民工,拖欠农民工工资的,由用工单位清偿,并可以依法进行追偿。

第十九条 用人单位将工作任务发包给个人或者不具备合法经营资格的单位,导致拖欠所招用农民工工资的,依照有关法律规定执行。

用人单位允许个人、不具备合法经营资格或者未取得相应资质的单位以用人单位的名义对外经营，导致拖欠所招用农民工工资的，由用人单位清偿，并可以依法进行追偿。

第二十条 合伙企业、个人独资企业、个体经济组织等用人单位拖欠农民工工资的，应当依法予以清偿；不清偿的，由出资人依法清偿。

第二十一条 用人单位合并或者分立时，应当在实施合并或者分立前依法清偿拖欠的农民工工资；经与农民工书面协商一致的，可以由合并或者分立后承继其权利和义务的用人单位清偿。

第二十二条 用人单位被依法吊销营业执照或者登记证书、被责令关闭、被撤销或者依法解散的，应当在申请注销登记前依法清偿拖欠的农民工工资。

未依据前款规定清偿农民工工资的用人单位主要出资人，应当在注册新用人单位前清偿拖欠的农民工工资。

第四章 工程建设领域特别规定

第二十三条 建设单位应当有满足施工所需要的资金安排。没有满足施工所需要的资金安排的，工程建设项目不得开工建设；依法需要办理施工许可证的，相关行业工程建设主管部门不予颁发施工许可证。

政府投资项目所需资金，应当按照国家有关规定落实到位，不得由施工单位垫资建设。

第二十四条 建设单位应当向施工单位提供工程款支付担保。

建设单位与施工总承包单位依法订立书面工程施工合同，应当约定工程款计量周期、工程款进度结算办法以及人工费用拨付周期，并按照保障农民工工资按时足额支付的要求约定人工费用。人工费用拨付周期不得超过1个月。

建设单位与施工总承包单位应当将工程施工合同保存备查。

第二十五条 施工总承包单位与分包单位依法订立书面分包合同，应当约定工程款计量周期、工程款进度结算办法。

第二十六条 施工总承包单位应当按照有关规定开设农民工工资专用账户，专项用于支付该工程建设项目农民工工资。

开设、使用农民工工资专用账户有关资料应当由施工总承包单位妥善保存备查。

第二十七条 金融机构应当优化农民工工资专用账户开设服务流程，做好农民工工资专用账户的日常管理工作；发现资金未按约定拨付等情况的，及时通知施工总承包单位，由施工总承包单位报告人力资源社会保障行政部门和相关行业工程建设主管部门，并纳入欠薪预警系统。

工程完工且未拖欠农民工工资的，施工总承包单位公示30日后，可以申请注销农民工工资专用账户，账户内余额归施工总承包单位所有。

第二十八条 施工总承包单位或者分包单位应当依法与所招用的农民工订立劳动合同并进行用工实名登记，具备条件的行业应当通过相应的管理服务信息平台进行用工实名登记、管理。未与施工总承包单位或者分包单位订立劳动合同并进行用工实名登记的人员，不得进入项目现场施工。

施工总承包单位应当在工程项目部配备劳资专管员，对分包单位劳动用工实施监督管理，掌握施工现场用工、考勤、工资支付等情况，审核分包单位编制的农民工工资支付表，分包单位应当予以配合。

施工总承包单位、分包单位应当建立用工管理台账，并保存至工程完工且工资全部结清后至少3年。

第二十九条 建设单位应当按照合同约定及时拨付工程款，并将人工费用及时足额拨付至农民工工资专用账户，加强对施工总承包单位按时足额支付农民工工资的监督。

因建设单位未按照合同约定及时拨付工程款导致农民工工资拖欠的，建设单位应当以未结清的工程款为限先行垫付被拖欠的农民工工资。

建设单位应当以项目为单位建立保障农民工工资支付协调机制和工资拖欠预防机制，督促施工总承包单位加强劳动用工管理，妥善处理与农民工工资支付相关的矛盾纠纷。发生农民工集体讨薪事件的，建设单位应当会同施工总承包单位及时处理，并向项目所在地人力资源社会保障行政部门和相关行业工程建设主管部门报告有关情况。

第三十条 分包单位对所招用农民工的实名制管理和工资支付负直接责任。

施工总承包单位对分包单位劳动用工和工资发放等情况进行监督。

分包单位拖欠农民工工资的，由施工总承包单位先行清偿，再依法进行追偿。

工程建设项目转包，拖欠农民工工资的，由施工总承包单位先行清偿，再依法进行追偿。

第三十一条 工程建设领域推行分包单位农民工工资委托施工总承包单位代发制度。

分包单位应当按月考核农民工工作量并编制工资支付表，经农民工本人签字确认后，与当月工程进度等情况一并交施工总承包单位。

施工总承包单位根据分包单位编制的工资支付表，通过农民工工资专用账户直接将工资支付到农民工本人的银行账户，并向分包单位提供代发工资凭证。

用于支付农民工工资的银行账户所绑定的农民工本人社会保障卡或者银行卡，用人单位或者其他人员不得以任何理由扣押或者变相扣押。

第三十二条 施工总承包单位应当按照有关规定存储工资保证金，专项用于支付为所承包工程提供劳动的农民工被拖欠的工资。

工资保证金实行差异化存储办法，对一定时期内未发生工资拖欠的单位实行减免措施，对发生工资拖欠的单位适当提高存储比例。工资保证金可以用金融机构保函替代。

工资保证金的存储比例、存储形式、减免措施等具体办法，由国务院人力资源社会保障行政部门会同有关部门制定。

第三十三条 除法律另有规定外，农民工工资专用账户资金和工资保证金不得因支付为本项目提供劳动的农民工工资之外的原因被查封、冻结或者划拨。

第三十四条 施工总承包单位应当在施工现场醒目位置设立维权信息告示牌，明示下列事项：

（一）建设单位、施工总承包单位及所在项目部、分包单位、相关行业工程建设主管部门、劳资专管员等基本信息；

（二）当地最低工资标准、工资支付日期等基本信息；

（三）相关行业工程建设主管部门和劳动保障监察投诉举报电话、劳动争议调解仲裁申请渠道、法律援助申请渠道、公共法律服务热线等信息。

第三十五条 建设单位与施工总承包单位或者承包单位与分包单位因工程数量、质量、造价等产生争议的，建设单位不得因争议不按照本条例第二十四条的规定拨付工程款中的人工费用，施工总承包单位也不得因争议不按照规定代发工资。

第三十六条 建设单位或者施工总承包单位将建设工程发包或者分包给个人或者不具备合法经营资格的单位，导致拖欠农民工工资的，由建设单位或者施工总承包单位清偿。

施工单位允许其他单位和个人以施工单位的名义对外承揽建设工程，导致拖欠农民工工资的，由施工单位清偿。

第三十七条 工程建设项目违反国土空间规划、工程建设等法律法规，导致拖欠农民工工资的，由建设单位清偿。

第五章 监督检查

第三十八条 县级以上地方人民政府应当建立农民工工资支付监控预警平台，实现人力资源社会保障、发展改革、司法行政、财政、住房城乡建设、交通运输、水利等部门的工程项目审批、资金落实、施工许可、劳动用工、工资支付等信息及时共享。

人力资源社会保障行政部门根据水电燃气供应、物业管理、信贷、税收等反映企业生产经营相关指标的变化情况，及时监控和预警工资支付隐患并做好防范工作，市场监管、金融监管、税务等部门应当予以配合。

第三十九条 人力资源社会保障行政部门、相关行业工程建设主管部门和其他有关部门应当按照职责，加强对用人单位与农民工签订劳动合同、工资支付以及工程建设项目实行农民工实名制管理、农民工工资专用账户管理、施工总承包单位代发工资、工资保证金存储、维权信息公示等情况的监督检查，预防和减少拖欠农民工工资行为的发生。

第四十条 人力资源社会保障行政部门在查处拖欠农民工工资案件时，需要依法查询相关单位金融账户和相关当事人拥有房产、车辆等情况的，应当经设区的市级以上地方人民政府人力资源社会保障行政部门负责人批准，有关金融机构和登记部门应当予以配合。

第四十一条 人力资源社会保障行政部门在查处拖欠农民工工资案件时，发生用人单位拒不配合调查、清偿责任主体及相关当事人无法联系等情形的，可以请求公安机关和其他有关部门协助处理。

人力资源社会保障行政部门发现拖欠农民工工资的违法行为涉嫌构成拒不支付劳动报酬罪的，应当按照有关规定及时移送公安机关审查并作出决定。

第四十二条 人力资源社会保障行政部门作出责令支付被拖欠的农民工工资的决定,相关单位不支付的,可以依法申请人民法院强制执行。

第四十三条 相关行业工程建设主管部门应当依法规范本领域建设市场秩序,对违法发包、转包、违法分包、挂靠等行为进行查处,并对导致拖欠农民工工资的违法行为及时予以制止、纠正。

第四十四条 财政部门、审计机关和相关行业工程建设主管部门按照职责,依法对政府投资项目建设单位按照工程施工合同约定向农民工工资专用账户拨付资金情况进行监督。

第四十五条 司法行政部门和法律援助机构应当将农民工列为法律援助的重点对象,并依法为请求支付工资的农民工提供便捷的法律援助。

公共法律服务相关机构应当积极参与相关诉讼、咨询、调解等活动,帮助解决拖欠农民工工资问题。

第四十六条 人力资源社会保障行政部门、相关行业工程建设主管部门和其他有关部门应当按照"谁执法谁普法"普法责任制的要求,通过以案释法等多种形式,加大对保障农民工工资支付相关法律法规的普及宣传。

第四十七条 人力资源社会保障行政部门应当建立用人单位及相关责任人劳动保障守法诚信档案,对用人单位开展守法诚信等级评价。

用人单位有严重拖欠农民工工资违法行为的,由人力资源社会保障行政部门向社会公布,必要时可以通过召开新闻发布会等形式向媒体公开曝光。

第四十八条 用人单位拖欠农民工工资,情节严重或者造成严重不良社会影响的,有关部门应当将该用人单位及其法定代表人或者主要负责人、直接负责的主管人员和其他直接责任人员列入拖欠农民工工资失信联合惩戒对象名单,在政府资金支持、政府采购、招投标、融资贷款、市场准入、税收优惠、评优评先、交通出行等方面依法依规予以限制。

拖欠农民工工资需要列入失信联合惩戒名单的具体情形,由国务院人力资源社会保障行政部门规定。

第四十九条 建设单位未依法提供工程款支付担保或者政府投资项目拖欠工程款,导致拖欠农民工工资的,县级以上地方人民政府应当限制其新建项目,并记入信用记录,纳入国家信用信息系统进行公示。

第五十条 农民工与用人单位就拖欠工资存在争议,用人单位应当提供依法由其保存的劳动合同、职工名册、工资支付台账和清单等材料;不提供的,依法承担不利后果。

第五十一条 工会依法维护农民工工资权益,对用人单位工资支付情况进行监督;发现拖欠农民工工资的,可以要求用人单位改正,拒不改正的,可以请求人力资源社会保障行政部门和其他有关部门依法处理。

第五十二条 单位或者个人编造虚假事实或者采取非法手段讨要农民工工资,或者以拖欠农民工工资为名讨要工程款的,依法予以处理。

第六章 法律责任

第五十三条 违反本条例规定拖欠农民工工资的,依照有关法律规定执行。

第五十四条 有下列情形之一的,由人力资源社会保障行政部门责令限期改正;逾期不改正的,对单位处2万元以上5万元以下的罚款,对法定代表人或者主要负责人、直接负责的主管人员和其他直接责任人员处1万元以上3万元以下的罚款:

(一)以实物、有价证券等形式代替货币支付农民工工资;

(二)未编制工资支付台账并依法保存,或者未向农民工提供工资清单;

(三)扣押或者变相扣押用于支付农民工工资的银行账户所绑定的农民工本人社会保障卡或者银行卡。

第五十五条 有下列情形之一的,由人力资源社会保障行政部门、相关行业工程建设主管部门按照职责责令限期改正;逾期不改正的,责令项目停工,并处5万元以上10万元以下的罚款;情节严重的,给予施工单位限制承接新工程、降低资质等级、吊销资质证书等处罚:

(一)施工总承包单位未按规定开设或者使用农民工工资专用账户;

(二)施工总承包单位未按规定存储工资保证金或者未提供金融机构保函;

(三)施工总承包单位、分包单位未实行劳动用工实名制管理。

第五十六条 有下列情形之一的,由人力资源社会保障行政部门、相关行业工程建设主管部门按照职责责令限期改正;逾期不改正的,处5万元以上10万元以下的罚款:

(一)分包单位未按月考核农民工工作量、编制工资支付表并经农民工本人签字确认;

(二)施工总承包单位未对分包单位劳动用工实施监督管理;

(三)分包单位未配合施工总承包单位对其劳动用工进行监督管理;

(四)施工总承包单位未实行施工现场维权信息公示制度。

第五十七条 有下列情形之一的,由人力资源社会保障行政部门、相关行业工程建设主管部门按照职责责令限期改正;逾期不改正的,责令项目停工,并处5万元以上10万元以下的罚款:

(一)建设单位未依法提供工程款支付担保;

(二)建设单位未按约定及时足额向农民工工资专用账户拨付工程款中的人工费用;

(三)建设单位或者施工总承包单位拒不提供或者无法提供工程施工合同、农民工工资专用账户有关资料。

第五十八条 不依法配合人力资源社会保障行政部门查询相关单位金融账户的,由金融监管部门责令改正;拒不改正的,处2万元以上5万元以下的罚款。

第五十九条 政府投资项目政府投资资金不到位拖欠农民工工资的,由人力资源社会保障行政部门报本级人民政府批准,责令限期足额拨付所拖欠的资金;逾期不拨付的,由上一级人民政府人力资源社会保障行政部门约谈直接责任部门和相关监管部门负责人,必要时进行通报,约谈地方人民政府负责人。情节严重的,对地方人民政府及其有关部门负责人、直接负责的主管人员和其他直接责任人员依法依规给予处分。

第六十条 政府投资项目建设单位未经批准立项建设、擅自扩大建设规模、擅自增加投资概算、未及时拨付工程款等导致拖欠农民工工资的,除依法承担责任外,由人力资源社会保障行政部门、其他有关部门按照职责约谈建设单位负责人,并作为其业绩考核、薪酬分配、评优评先、职务晋升等的重要依据。

第六十一条 对于建设资金不到位、违法违规开工建设的社会投资工程建设项目拖欠农民工工资的,由人力资源社会保障行政部门、其他有关部门按照职责依法对建设单位进行处罚;对建设单位负责人依法依规给予处分。相关部门工作人员未依法履行职责的,由有关机关依法依规给予处分。

第六十二条 县级以上地方人民政府人力资源社会保障、发展改革、财政、公安等部门和相关行业工程建设主管部门工作人员,在履行农民工工资支付监督管理职责过程中滥用职权、玩忽职守、徇私舞弊的,依法依规给予处分;构成犯罪的,依法追究刑事责任。

第七章 附 则

第六十三条 用人单位一时难以支付拖欠的农民工工资或者拖欠农民工工资逃匿的,县级以上地方人民政府可以动用应急周转金,先行垫付用人单位拖欠的农民工部分工资或者基本生活费。对已经垫付的应急周转金,应当依法向拖欠农民工工资的用人单位进行追偿。

第六十四条 本条例自2020年5月1日起施行。

最高人民法院关于审理劳动争议案件适用法律问题的解释(一)

(2020年12月25日最高人民法院审判委员会第1825次会议通过 2020年12月29日最高人民法院公告公布 自2021年1月1日起施行 法释〔2020〕26号)

为正确审理劳动争议案件,根据《中华人民共和国民法典》《中华人民共和国劳动法》《中华人民共和国劳动合同法》《中华人民共和国劳动争议调解仲裁法》《中华人民共和国民事诉讼法》等相关法律规定,结合审判实践,制定本解释。

第一条 劳动者与用人单位之间发生的下列纠纷,属于劳动争议,当事人不服劳动争议仲裁机构作出的裁决,依法提起诉讼的,人民法院应予受理:

(一)劳动者与用人单位在履行劳动合同过程中发生的纠纷;

(二)劳动者与用人单位之间没有订立书面劳动合同,但已形成劳动关系后发生的纠纷;

(三)劳动者与用人单位因劳动关系是否已经解除或者终止,以及应否支付解除或者终止劳动关系经济补偿金发生的纠纷;

（四）劳动者与用人单位解除或者终止劳动关系后，请求用人单位返还其收取的劳动合同定金、保证金、抵押金、抵押物发生的纠纷，或者办理劳动者的人事档案、社会保险关系等移转手续发生的纠纷；

（五）劳动者以用人单位未为其办理社会保险手续，且社会保险经办机构不能补办导致其无法享受社会保险待遇为由，要求用人单位赔偿损失发生的纠纷；

（六）劳动者退休后，与尚未参加社会保险统筹的原用人单位因追索养老金、医疗费、工伤保险待遇和其他社会保险待遇而发生的纠纷；

（七）劳动者因为工伤、职业病，请求用人单位依法给予工伤保险待遇发生的纠纷；

（八）劳动者依据劳动合同法第八十五条规定，要求用人单位支付加付赔偿金发生的纠纷；

（九）因企业自主进行改制发生的纠纷。

第二条 下列纠纷不属于劳动争议：

（一）劳动者请求社会保险经办机构发放社会保险金的纠纷；

（二）劳动者与用人单位因住房制度改革产生的公有住房转让纠纷；

（三）劳动者对劳动能力鉴定委员会的伤残等级鉴定结论或者对职业病诊断鉴定委员会的职业病诊断鉴定结论的异议纠纷；

（四）家庭或者个人与家政服务人员之间的纠纷；

（五）个体工匠与帮工、学徒之间的纠纷；

（六）农村承包经营户与受雇人之间的纠纷。

第三条 劳动争议案件由用人单位所在地或者劳动合同履行地的基层人民法院管辖。

劳动合同履行地不明确的，由用人单位所在地的基层人民法院管辖。

法律另有规定的，依照其规定。

第四条 劳动者与用人单位均不服劳动争议仲裁机构的同一裁决，向同一人民法院起诉的，人民法院应当并案审理，双方当事人互为原告和被告，对双方的诉讼请求，人民法院应当一并作出裁决。在诉讼过程中，一方当事人撤诉的，人民法院应当根据另一方当事人的诉讼请求继续审理。双方当事人就同一仲裁裁决分别向有管辖权的人民法院起诉的，后受理的人民法院应当将案件移送给先受理的人民法院。

第五条 劳动争议仲裁机构以无管辖权为由对劳动争议案件不予受理，当事人提起诉讼的，人民法院按照以下情形分别处理：

（一）经审查认为该劳动争议仲裁机构对案件确无管辖权的，应当告知当事人向有管辖权的劳动争议仲裁机构申请仲裁；

（二）经审查认为该劳动争议仲裁机构有管辖权的，应当告知当事人申请仲裁，并将审查意见书面通知该劳动争议仲裁机构；劳动争议仲裁机构仍不受理，当事人就该劳动争议事项提起诉讼的，人民法院应予受理。

第六条 劳动争议仲裁机构以当事人申请仲裁的事项不属于劳动争议为由，作出不予受理的书面裁决、决定或者通知，当事人不服依法提起诉讼的，人民法院应当分别情况予以处理：

（一）属于劳动争议案件的，应当受理；

（二）虽不属于劳动争议案件，但属于人民法院主管的其他案件，应当依法受理。

第七条 劳动争议仲裁机构以申请仲裁的主体不适格为由，作出不予受理的书面裁决、决定或者通知，当事人不服依法提起诉讼，经审查确属主体不适格的，人民法院不予受理；已经受理的，裁定驳回起诉。

第八条 劳动争议仲裁机构为纠正原仲裁裁决错误重新作出裁决，当事人不服依法提起诉讼的，人民法院应当受理。

第九条 劳动争议仲裁机构仲裁的事项不属于人民法院受理的案件范围，当事人不服依法提起诉讼的，人民法院不予受理；已经受理的，裁定驳回起诉。

第十条 当事人不服劳动争议仲裁机构作出的预先支付劳动者劳动报酬、工伤医疗费、经济补偿或者赔偿金的裁决，依法提起诉讼的，人民法院不予受理。

用人单位不履行上述裁决中的给付义务，劳动者依法申请强制执行的，人民法院应予受理。

第十一条 劳动争议仲裁机构作出的调解书已经发生法律效力，一方当事人反悔提起诉讼的，人民法院不予受理；已经受理的，裁定驳回起诉。

第十二条 劳动争议仲裁机构逾期未作出受理决定或仲裁裁决，当事人直接提起诉讼的，人民法院应予受理，但申请仲裁的案件存在下列事由的除外：

(一)移送管辖的;

(二)正在送达或者送达延误的;

(三)等待另案诉讼结果、评残结论的;

(四)正在等待劳动争议仲裁机构开庭的;

(五)启动鉴定程序或者委托其他部门调查取证的;

(六)其他正当事由。

当事人以劳动争议仲裁机构逾期未作出仲裁裁决为由提起诉讼的,应当提交该仲裁机构出具的受理通知书或者其他已接受仲裁申请的凭证、证明。

第十三条 劳动者依据劳动合同法第三十条第二款和调解仲裁法第十六条规定向人民法院申请支付令,符合民事诉讼法第十七章督促程序规定的,人民法院应予受理。

依据劳动合同法第三十条第二款规定申请支付令被人民法院裁定终结督促程序后,劳动者就劳动争议事项直接提起诉讼的,人民法院应当告知其先向劳动争议仲裁机构申请仲裁。

依据调解仲裁法第十六条规定申请支付令被人民法院裁定终结督促程序后,劳动者依据调解协议直接提起诉讼的,人民法院应予受理。

第十四条 人民法院受理劳动争议案件后,当事人增加诉讼请求的,如该诉讼请求与讼争的劳动争议具有不可分性,应当合并审理;如属独立的劳动争议,应当告知当事人向劳动争议仲裁机构申请仲裁。

第十五条 劳动者以用人单位的工资欠条为证据直接提起诉讼,诉讼请求不涉及劳动关系其他争议的,视为拖欠劳动报酬争议,人民法院按照普通民事纠纷受理。

第十六条 劳动争议仲裁机构作出仲裁裁决后,当事人对裁决中的部分事项不服,依法提起诉讼的,劳动争议仲裁裁决不发生法律效力。

第十七条 劳动争议仲裁机构对多个劳动者的劳动争议作出仲裁裁决后,部分劳动者对仲裁裁决不服,依法提起诉讼的,仲裁裁决对提起诉讼的劳动者不发生法律效力;对未提起诉讼的部分劳动者,发生法律效力,如其申请执行的,人民法院应当受理。

第十八条 仲裁裁决的类型以仲裁裁决书确定为准。仲裁裁决书未载明该裁决为终局裁决或者非终局裁决,用人单位不服该仲裁裁决向基层人民法院提起诉讼的,应当按照以下情形分别处理:

(一)经审查认为该仲裁裁决为非终局裁决的,基层人民法院应予受理;

(二)经审查认为该仲裁裁决为终局裁决的,基层人民法院不予受理,但应告知用人单位可以自收到不予受理裁定书之日起三十日内向劳动争议仲裁机构所在地的中级人民法院申请撤销该仲裁裁决;已经受理的,裁定驳回起诉。

第十九条 仲裁裁决书未载明该裁决为终局裁决或者非终局裁决,劳动者依据调解仲裁法第四十七条第一项规定,追索劳动报酬、工伤医疗费、经济补偿或者赔偿金,如果仲裁裁决涉及数项,每项确定的数额均不超过当地月最低工资标准十二个月金额的,应当按照终局裁决处理。

第二十条 劳动争议仲裁机构作出的同一仲裁裁决同时包含终局裁决事项和非终局裁决事项,当事人不服该仲裁裁决向人民法院提起诉讼的,应当按照非终局裁决处理。

第二十一条 劳动者依据调解仲裁法第四十八条规定向基层人民法院提起诉讼,用人单位依据调解仲裁法第四十九条规定向劳动争议仲裁机构所在地的中级人民法院申请撤销仲裁裁决的,中级人民法院应当不予受理;已经受理的,应当裁定驳回申请。

被人民法院驳回起诉或者劳动者撤诉的,用人单位可以自收到裁定书之日起三十日内,向劳动争议仲裁机构所在地的中级人民法院申请撤销仲裁裁决。

第二十二条 用人单位依据调解仲裁法第四十九条规定向中级人民法院申请撤销仲裁裁决,中级人民法院作出的驳回申请或者撤销仲裁裁决的裁定为终审裁定。

第二十三条 中级人民法院审理用人单位申请撤销终局裁决的案件,应当组成合议庭开庭审理。经过阅卷、调查和询问当事人,对没有新的事实、证据或者理由,合议庭认为不需要开庭审理的,可以不开庭审理。

中级人民法院可以组织双方当事人调解。达成调解协议的,可以制作调解书。一方当事人逾期不履行调解协议的,另一方可以申请人民法院强制执行。

第二十四条 当事人申请人民法院执行劳动

争议仲裁机构作出的发生法律效力的裁决书、调解书，被申请人提出证据证明劳动争议仲裁裁决书、调解书有下列情形之一，并经审查核实的，人民法院可以根据民事诉讼法第二百三十七条规定，裁定不予执行：

（一）裁决的事项不属于劳动争议仲裁范围，或者劳动争议仲裁机构无权仲裁的；

（二）适用法律、法规确有错误的；

（三）违反法定程序的；

（四）裁决所根据的证据是伪造的；

（五）对方当事人隐瞒了足以影响公正裁决的证据的；

（六）仲裁员在仲裁该案时有索贿受贿、徇私舞弊、枉法裁决行为的；

（七）人民法院认定执行该劳动争议仲裁裁决违背社会公共利益的。

人民法院在不予执行的裁定书中，应当告知当事人在收到裁定书之次日起三十日内，可以就该劳动争议事项向人民法院提起诉讼。

第二十五条 劳动争议仲裁机构作出终局裁决，劳动者向人民法院申请执行，用人单位向劳动争议仲裁机构所在地的中级人民法院申请撤销的，人民法院应当裁定中止执行。

用人单位撤回撤销终局裁决申请或者其申请被驳回的，人民法院应当裁定恢复执行。仲裁裁决被撤销的，人民法院应当裁定终结执行。

用人单位向人民法院申请撤销仲裁裁决被驳回后，又在执行程序中以相同理由提出不予执行抗辩的，人民法院不予支持。

第二十六条 用人单位与其它单位合并的，合并前发生的劳动争议，由合并后的单位为当事人；用人单位分立为若干单位的，其分立前发生的劳动争议，由分立后的实际用人单位为当事人。

用人单位分立为若干单位后，具体承受劳动权利义务的单位不明确的，分立后的单位均为当事人。

第二十七条 用人单位招用尚未解除劳动合同的劳动者，原用人单位与劳动者发生的劳动争议，可以列新的用人单位为第三人。

原用人单位以新的用人单位侵权为由提起诉讼的，可以列劳动者为第三人。

原用人单位以新的用人单位和劳动者共同侵权为由提起诉讼的，新的用人单位和劳动者列为共同被告。

第二十八条 劳动者在用人单位与其他平等主体之间的承包经营期间，与发包方和承包方双方或者一方发生劳动争议，依法提起诉讼的，应当将承包方和发包方作为当事人。

第二十九条 劳动者与未办理营业执照、营业执照被吊销或者营业期限届满仍继续经营的用人单位发生争议的，应当将用人单位或者其出资人列为当事人。

第三十条 未办理营业执照、营业执照被吊销或者营业期限届满仍继续经营的用人单位，以挂靠等方式借用他人营业执照经营的，应当将用人单位和营业执照出借方列为当事人。

第三十一条 当事人不服劳动争议仲裁机构作出的仲裁裁决，依法提起诉讼，人民法院审查认为仲裁裁决遗漏了必须共同参加仲裁的当事人的，应当依法追加遗漏的人为诉讼当事人。

被追加的当事人应当承担责任的，人民法院应当一并处理。

第三十二条 用人单位与其招用的已经依法享受养老保险待遇或者领取退休金的人员发生用工争议而提起诉讼的，人民法院应当按劳务关系处理。

企业停薪留职人员、未达到法定退休年龄的内退人员、下岗待岗人员以及企业经营性停产放长假人员，因与新的用人单位发生用工争议而提起诉讼的，人民法院应当按劳动关系处理。

第三十三条 外国人、无国籍人未依法取得就业证件即与中华人民共和国境内的用人单位签订劳动合同，当事人请求确认与用人单位存在劳动关系的，人民法院不予支持。

持有《外国专家证》并取得《外国人来华工作许可证》的外国人，与中华人民共和国境内的用人单位建立用工关系的，可以认定为劳动关系。

第三十四条 劳动合同期满后，劳动者仍在原用人单位工作，原用人单位未表示异议的，视为双方同意以原条件继续履行劳动合同。一方提出终止劳动关系的，人民法院应予支持。

根据劳动合同法第十四条规定，用人单位应当与劳动者签订无固定期限劳动合同而未签订的，人民法院可以视为双方之间存在无固定期限劳动合同关系，并以原劳动合同确定双方的权利义务关系。

第三十五条 劳动者与用人单位就解除或者终止劳动合同办理相关手续、支付工资报酬、加班费、经济补偿或者赔偿金等达成的协议,不违反法律、行政法规的强制性规定,且不存在欺诈、胁迫或者乘人之危情形的,应当认定有效。

前款协议存在重大误解或者显失公平情形,当事人请求撤销的,人民法院应予支持。

第三十六条 当事人在劳动合同或者保密协议中约定了竞业限制,但未约定解除或者终止劳动合同后给予劳动者经济补偿,劳动者履行了竞业限制义务,要求用人单位按照劳动者在劳动合同解除或者终止前十二个月平均工资的30%按月支付经济补偿的,人民法院应予支持。

前款规定的月平均工资的30%低于劳动合同履行地最低工资标准的,按照劳动合同履行地最低工资标准支付。

第三十七条 当事人在劳动合同或者保密协议中约定了竞业限制和经济补偿,当事人解除劳动合同时,除另有约定外,用人单位要求劳动者履行竞业限制义务,或者劳动者履行了竞业限制义务后要求用人单位支付经济补偿的,人民法院应予支持。

第三十八条 当事人在劳动合同或者保密协议中约定了竞业限制和经济补偿,劳动合同解除或者终止后,因用人单位的原因导致三个月未支付经济补偿,劳动者请求解除竞业限制约定的,人民法院应予支持。

第三十九条 在竞业限制期限内,用人单位请求解除竞业限制协议的,人民法院应予支持。

在解除竞业限制协议时,劳动者请求用人单位额外支付劳动者三个月的竞业限制经济补偿的,人民法院应予支持。

第四十条 劳动者违反竞业限制约定,向用人单位支付违约金后,用人单位要求劳动者按照约定继续履行竞业限制义务的,人民法院应予支持。

第四十一条 劳动合同被确认为无效,劳动者已付出劳动的,用人单位应当按照劳动合同法第二十八条、第四十六条、第四十七条的规定向劳动者支付劳动报酬和经济补偿。

由于用人单位原因订立无效劳动合同,给劳动者造成损害的,用人单位应当赔偿劳动者因合同无效所造成的经济损失。

第四十二条 劳动者主张加班费的,应当就加班事实的存在承担举证责任。但劳动者有证据证明用人单位掌握加班事实存在的证据,用人单位不提供的,由用人单位承担不利后果。

第四十三条 用人单位与劳动者协商一致变更劳动合同,虽未采用书面形式,但已经实际履行了口头变更的劳动合同超过一个月,变更后的劳动合同内容不违反法律、行政法规且不违背公序良俗,当事人以未采用书面形式为由主张劳动合同变更无效的,人民法院不予支持。

第四十四条 因用人单位作出的开除、除名、辞退、解除劳动合同、减少劳动报酬、计算劳动者工作年限等决定而发生的劳动争议,用人单位负举证责任。

第四十五条 用人单位有下列情形之一,迫使劳动者提出解除劳动合同的,用人单位应当支付劳动者的劳动报酬和经济补偿,并可支付赔偿金:

(一)以暴力、威胁或者非法限制人身自由的手段强迫劳动的;

(二)未按照劳动合同约定支付劳动报酬或者提供劳动条件的;

(三)克扣或者无故拖欠劳动者工资的;

(四)拒不支付劳动者延长工作时间工资报酬的;

(五)低于当地最低工资标准支付劳动者工资的。

第四十六条 劳动者非因本人原因从原用人单位被安排到新用人单位工作,原用人单位未支付经济补偿,劳动者依据劳动合同法第三十八条规定与新用人单位解除劳动合同,或者新用人单位向劳动者提出解除、终止劳动合同,在计算支付经济补偿或赔偿金的工作年限时,劳动者请求把在原用人单位的工作年限合并计算为新用人单位工作年限的,人民法院应予支持。

用人单位符合下列情形之一的,应当认定属于"劳动者非因本人原因从原用人单位被安排到新用人单位工作":

(一)劳动者仍在原工作场所、工作岗位工作,劳动合同主体由原用人单位变更为新用人单位;

(二)用人单位以组织委派或任命形式对劳动者进行工作调动;

(三)因用人单位合并、分立等原因导致劳动者工作调动;

(四)用人单位及其关联企业与劳动者轮流订立劳动合同;

(五)其他合理情形。

第四十七条 建立了工会组织的用人单位解除劳动合同符合劳动合同法第三十九条、第四十条规定,但未按照劳动合同法第四十三条规定事先通知工会,劳动者以用人单位违法解除劳动合同为由请求用人单位支付赔偿金的,人民法院应予支持,但起诉前用人单位已经补正有关程序的除外。

第四十八条 劳动合同法施行后,因用人单位经营期限届满不再继续经营导致劳动合同不能继续履行,劳动者请求用人单位支付经济补偿的,人民法院应予支持。

第四十九条 在诉讼过程中,劳动者向人民法院申请采取财产保全措施,人民法院经审查认为申请人经济确有困难,或者有证据证明用人单位存在欠薪逃匿可能的,应当减轻或者免除劳动者提供担保的义务,及时采取保全措施。

人民法院作出的财产保全裁定中,应当告知当事人在劳动争议仲裁机构的裁决书或者在人民法院的裁判文书生效后三个月内申请强制执行。逾期不申请的,人民法院应当裁定解除保全措施。

第五十条 用人单位根据劳动合同法第四条规定,通过民主程序制定的规章制度,不违反国家法律、行政法规及政策规定,并已向劳动者公示的,可以作为确定双方权利义务的依据。

用人单位制定的内部规章制度与集体合同或者劳动合同约定的内容不一致,劳动者请求优先适用合同约定的,人民法院应予支持。

第五十一条 当事人在调解仲裁法第十条规定的调解组织主持下达成的具有劳动权利义务内容的调解协议,具有劳动合同的约束力,可以作为人民法院裁判的根据。

当事人在调解仲裁法第十条规定的调解组织主持下仅就劳动报酬争议达成调解协议,用人单位不履行调解协议确定的给付义务,劳动者直接提起诉讼的,人民法院可以按照普通民事纠纷受理。

第五十二条 当事人在人民调解委员会主持下仅就给付义务达成的调解协议,双方认为有必要的,可以共同向人民调解委员会所在地的基层人民法院申请司法确认。

第五十三条 用人单位对劳动者作出的开除、除名、辞退等处理,或者因其他原因解除劳动合同确有错误的,人民法院可以依法判决予以撤销。

对于追索劳动报酬、养老金、医疗费以及工伤保险待遇、经济补偿金、培训费及其他相关费用等案件,给付数额不当的,人民法院可以予以变更。

第五十四条 本解释自2021年1月1日起施行。

(四)安全保护

中华人民共和国安全生产法

(2002年6月29日第九届全国人民代表大会常务委员会第二十八次会议通过　根据2009年8月27日第十一届全国人民代表大会常务委员会第十次会议《关于修改部分法律的决定》第一次修正　根据2014年8月31日第十二届全国人民代表大会常务委员会第十次会议《关于修改〈中华人民共和国安全生产法〉的决定》第二次修正)

目　录

第一章　总　则
第二章　生产经营单位的安全生产保障
第三章　从业人员的安全生产权利义务
第四章　安全生产的监督管理
第五章　生产安全事故的应急救援与调查处理
第六章　法律责任
第七章　附　则

第一章　总　则

第一条 【立法目的】为了加强安全生产工作,防止和减少生产安全事故,保障人民群众生命和财产安全,促进经济社会持续健康发展,制定本法。

第二条 【适用范围和调整事项】在中华人民共和国领域内从事生产经营活动的单位(以下统称生产经营单位)的安全生产,适用本法;有关法律、行政法规对消防安全和道路交通安全、铁路交通安全、水上交通安全、民用航空安全以及核与辐射安全、特种设备安全另有规定的,适用其规定。

第三条 【安全生产工作方针和工作机制】安全生产工作应当以人为本,坚持安全发展,坚持安全第一、预防为主、综合治理的方针,强化和落实生产经营单位的主体责任，建立生产经营单位负责、职工参与、政府监管、行业自律和社会监督的机制。

第四条 【生产经营单位基本义务】生产经营单位必须遵守本法和其他有关安全生产的法律、法规，加强安全生产管理，建立、健全安全生产责任制和安全生产规章制度，改善安全生产条件，推进安全生产标准化建设，提高安全生产水平，确保安全生产。

第五条 【生产经营单位主要负责人的主体责任】生产经营单位的主要负责人对本单位的安全生产工作全面负责。

第六条 【从业人员安全生产的权利和义务】生产经营单位的从业人员有依法获得安全生产保障的权利，并应当依法履行安全生产方面的义务。

第七条 【工会职责】工会依法对安全生产工作进行监督。

生产经营单位的工会依法组织职工参加本单位安全生产工作的民主管理和民主监督，维护职工在安全生产方面的合法权益。生产经营单位制定或者修改有关安全生产的规章制度，应当听取工会的意见。

第八条 【各级人民政府在安全生产方面的职责】国务院和县级以上地方各级人民政府应当根据国民经济和社会发展规划制定安全生产规划，并组织实施。安全生产规划应当与城乡规划相衔接。

国务院和县级以上地方各级人民政府应当加强对安全生产工作的领导，支持、督促各有关部门依法履行安全生产监督管理职责，建立健全安全生产工作协调机制，及时协调、解决安全生产监督管理中存在的重大问题。

乡、镇人民政府以及街道办事处、开发区管理机构等地方人民政府的派出机关应当按照职责，加强对本行政区域内生产经营单位安全生产状况的监督检查，协助上级人民政府有关部门依法履行安全生产监督管理职责。

第九条 【安全生产监督管理体制】国务院安全生产监督管理部门依照本法，对全国安全生产工作实施综合监督管理；县级以上地方各级人民政府安全生产监督管理部门依照本法，对本行政区域内安全生产工作实施综合监督管理。

国务院有关部门依照本法和其他有关法律、行政法规的规定，在各自的职责范围内对有关行业、领域的安全生产工作实施监督管理；县级以上地方各级人民政府有关部门依照本法和其他有关法律、法规的规定，在各自的职责范围内对有关行业、领域的安全生产工作实施监督管理。

安全生产监督管理部门和对有关行业、领域的安全生产工作实施监督管理的部门，统称负有安全生产监督管理职责的部门。

第十条 【安全生产国家标准、行业标准的制定和执行】国务院有关部门应当按照保障安全生产的要求，依法及时制定有关的国家标准或者行业标准，并根据科技进步和经济发展适时修订。

生产经营单位必须执行依法制定的保障安全生产的国家标准或者行业标准。

第十一条 【加强安全生产的宣传教育】各级人民政府及其有关部门应当采取多种形式，加强对有关安全生产的法律、法规和安全生产知识的宣传，增强全社会的安全生产意识。

第十二条 【协会组织在安全生产方面的职责】有关协会组织依照法律、行政法规和章程，为生产经营单位提供安全生产方面的信息、培训等服务，发挥自律作用，促进生产经营单位加强安全生产管理。

第十三条 【为安全生产提供技术、管理服务的机构】依法设立的为安全生产提供技术、管理服务的机构，依照法律、行政法规和执业准则，接受生产经营单位的委托为其安全生产工作提供技术、管理服务。

生产经营单位委托前款规定的机构提供安全生产技术、管理服务的，保证安全生产的责任仍由本单位负责。

第十四条 【生产安全事故责任追究制度】国家实行生产安全事故责任追究制度，依照本法和有关法律、法规的规定，追究生产安全事故责任人员的法律责任。

第十五条 【支持发展】国家鼓励和支持安全生产科学技术研究和安全生产先进技术的推广应用，提高安全生产水平。

第十六条 【奖励】国家对在改善安全生产条件、防止生产安全事故、参加抢险救护等方面取得显著成绩的单位和个人，给予奖励。

第二章 生产经营单位的安全生产保障

第十七条 【安全生产条件】生产经营单位应当具备本法和有关法律、行政法规和国家标准或者行业标准规定的安全生产条件;不具备安全生产条件的,不得从事生产经营活动。

第十八条 【生产经营单位主要负责人安全生产职责】生产经营单位的主要负责人对本单位安全生产工作负有下列职责:

(一)建立、健全本单位安全生产责任制;

(二)组织制定本单位安全生产规章制度和操作规程;

(三)组织制定并实施本单位安全生产教育和培训计划;

(四)保证本单位安全生产投入的有效实施;

(五)督促、检查本单位的安全生产工作,及时消除生产安全事故隐患;

(六)组织制定并实施本单位的生产安全事故应急救援预案;

(七)及时、如实报告生产安全事故。

第十九条 【安全生产责任制】生产经营单位的安全生产责任制应当明确各岗位的责任人员、责任范围和考核标准等内容。

生产经营单位应当建立相应的机制,加强对安全生产责任制落实情况的监督考核,保证安全生产责任制的落实。

第二十条 【资金投入及安全生产费用】生产经营单位应当具备的安全生产条件所必需的资金投入,由生产经营单位的决策机构、主要负责人或者个人经营的投资人予以保证,并对由于安全生产所必需的资金投入不足导致的后果承担责任。

有关生产经营单位应当按照规定提取和使用安全生产费用,专门用于改善安全生产条件。安全生产费用在成本中据实列支。安全生产费用提取、使用和监督管理的具体办法由国务院财政部门会同国务院安全生产监督管理部门征求国务院有关部门意见后制定。

第二十一条 【安全生产管理机构及人员】矿山、金属冶炼、建筑施工、道路运输单位和危险物品的生产、经营、储存单位,应当设置安全生产管理机构或者配备专职安全生产管理人员。

前款规定以外的其他生产经营单位,从业人员超过一百人的,应当设置安全生产管理机构或者配备专职安全生产管理人员;从业人员在一百人以下的,应当配备专职或者兼职的安全生产管理人员。

第二十二条 【安全生产管理机构及人员的职责】生产经营单位的安全生产管理机构以及安全生产管理人员履行下列职责:

(一)组织或者参与拟订本单位安全生产规章制度、操作规程和生产安全事故应急救援预案;

(二)组织或者参与本单位安全生产教育和培训,如实记录安全生产教育和培训情况;

(三)督促落实本单位重大危险源的安全管理措施;

(四)组织或者参与本单位应急救援演练;

(五)检查本单位的安全生产状况,及时排查生产安全事故隐患,提出改进安全生产管理的建议;

(六)制止和纠正违章指挥、强令冒险作业、违反操作规程的行为;

(七)督促落实本单位安全生产整改措施。

第二十三条 【安全生产管理机构以及安全生产管理人员履职要求和履职保障】生产经营单位的安全生产管理机构以及安全生产管理人员应当恪尽职守,依法履行职责。

生产经营单位作出涉及安全生产的经营决策,应当听取安全生产管理机构以及安全生产管理人员的意见。

生产经营单位不得因安全生产管理人员依法履行职责而降低其工资、福利等待遇或者解除与其订立的劳动合同。

危险物品的生产、储存单位以及矿山、金属冶炼单位的安全生产管理人员的任免,应当告知主管的负有安全生产监督管理职责的部门。

第二十四条 【主要负责人和安全生产管理人员的知识、管理能力要求】生产经营单位的主要负责人和安全生产管理人员必须具备与本单位所从事的生产经营活动相应的安全生产知识和管理能力。

危险物品的生产、经营、储存单位以及矿山、金属冶炼、建筑施工、道路运输单位的主要负责人和安全生产管理人员,应当由主管的负有安全生产监督管理职责的部门对其安全生产知识和管理能力考核合格。考核不得收费。

危险物品的生产、储存单位以及矿山、金属冶炼单位应当有注册安全工程师从事安全生产管理工作。鼓励其他生产经营单位聘用注册安全工程师从事安全生产管理工作。注册安全工程师按专业分类管理,具体办法由国务院人力资源和社会保障部门、国务院安全生产监督管理部门会同国务院有关部门制定。

第二十五条 【从业人员的教育和培训】生产

经营单位应当对从业人员进行安全生产教育和培训,保证从业人员具备必要的安全生产知识,熟悉有关的安全生产规章制度和安全操作规程,掌握本岗位的安全操作技能,了解事故应急处理措施,知悉自身在安全生产方面的权利和义务。未经安全生产教育和培训合格的从业人员,不得上岗作业。

生产经营单位使用被派遣劳动者的,应当将被派遣劳动者纳入本单位从业人员统一管理,对被派遣劳动者进行岗位安全操作规程和安全操作技能的教育和培训。劳务派遣单位应当对被派遣劳动者进行必要的安全生产教育和培训。

生产经营单位接收中等职业学校、高等学校学生实习的,应当对实习学生进行相应的安全生产教育和培训,提供必要的劳动防护用品。学校应当协助生产经营单位对实习学生进行安全生产教育和培训。

生产经营单位应当建立安全生产教育和培训档案,如实记录安全生产教育和培训的时间、内容、参加人员以及考核结果等情况。

第二十六条 【技术更新的教育和培训】生产经营单位采用新工艺、新技术、新材料或者使用新设备,必须了解、掌握其安全技术特性,采取有效的安全防护措施,并对从业人员进行专门的安全生产教育和培训。

第二十七条 【特种作业人员的资格要求】生产经营单位的特种作业人员必须按照国家有关规定经专门的安全作业培训,取得相应资格,方可上岗作业。

特种作业人员的范围由国务院安全生产监督管理部门会同国务院有关部门确定。

第二十八条 【建设项目的安全设施"三同时"原则】生产经营单位新建、改建、扩建工程项目(以下统称建设项目)的安全设施,必须与主体工程同时设计、同时施工、同时投入生产和使用。安全设施投资应当纳入建设项目概算。

第二十九条 【特殊建设项目的安全评价】矿山、金属冶炼建设项目和用于生产、储存、装卸危险物品的建设项目,应当按照国家有关规定进行安全评价。

第三十条 【设计和审查人员的责任】建设项目安全设施的设计人、设计单位应当对安全设施设计负责。

矿山、金属冶炼建设项目和用于生产、储存、装卸危险物品的建设项目的安全设施设计应当按照国家有关规定报经有关部门审查,审查部门及其负责审查的人员对审查结果负责。

第三十一条 【建设项目安全设施的施工和竣工验收及其监督检查】矿山、金属冶炼建设项目和用于生产、储存、装卸危险物品的建设项目的施工单位必须按照批准的安全设施设计施工,并对安全设施的工程质量负责。

矿山、金属冶炼建设项目和用于生产、储存危险物品的建设项目竣工投入生产或者使用前,应当由建设单位负责组织对安全设施进行验收;验收合格后,方可投入生产和使用。安全生产监督管理部门应当加强对建设单位验收活动和验收结果的监督核查。

第三十二条 【安全警示标志】生产经营单位应当在有较大危险因素的生产经营场所和有关设施、设备上,设置明显的安全警示标志。

第三十三条 【生产经营单位安全设备管理】安全设备的设计、制造、安装、使用、检测、维修、改造和报废,应当符合国家标准或者行业标准。

生产经营单位必须对安全设备进行经常性维护、保养,并定期检测,保证正常运转。维护、保养、检测应当作好记录,并由有关人员签字。

第三十四条 【危险物品的容器、运输工具以及部分特种设备的特殊管理】生产经营单位使用的危险物品的容器、运输工具,以及涉及人身安全、危险性较大的海洋石油开采特种设备和矿山井下特种设备,必须按照国家有关规定,由专业生产单位生产,并经具有专业资质的检测、检验机构检测、检验合格,取得安全使用证或者安全标志,方可投入使用。检测、检验机构对检测、检验结果负责。

第三十五条 【淘汰制度】国家对严重危及生产安全的工艺、设备实行淘汰制度,具体目录由国务院安全生产监督管理部门会同国务院有关部门制定并公布。法律、行政法规对目录的制定另有规定的,适用其规定。

省、自治区、直辖市人民政府可以根据本地区实际情况制定并公布具体目录,对前款规定以外的危及生产安全的工艺、设备予以淘汰。

生产经营单位不得使用应当淘汰的危及生产安全的工艺、设备。

第三十六条 【危险物品的监管】生产、经营、运输、储存、使用危险物品或者处置废弃危险物品的,由有关主管部门依照有关法律、法规的规定和国家标准或者行业标准审批并实施监督管理。

生产经营单位生产、经营、运输、储存、使用危险物品或者处置废弃危险物品,必须执行有关法律、法规和国家标准或者行业标准,建立专门的安全管理制度,采取可靠的安全措施,接受有关主管部门依法实施的监督管理。

第三十七条 【重大危险源管理】生产经营单位对重大危险源应当登记建档,进行定期检测、评估、监控,并制定应急预案,告知从业人员和相关人员在紧急情况下应当采取的应急措施。

生产经营单位应当按照国家有关规定将本单位重大危险源及有关安全措施、应急措施报有关地方人民政府安全生产监督管理部门和有关部门备案。

第三十八条 【生产经营单位事故隐患治理】生产经营单位应当建立健全生产安全事故隐患排查治理制度,采取技术、管理措施,及时发现并消除事故隐患。事故隐患排查治理情况应当如实记录,并向从业人员通报。

县级以上地方各级人民政府负有安全生产监督管理职责的部门应当建立健全重大事故隐患治理督办制度,督促生产经营单位消除重大事故隐患。

第三十九条 【生产经营场所和员工宿舍的安全要求】生产、经营、储存、使用危险物品的车间、商店、仓库不得与员工宿舍在同一座建筑物内,并应当与员工宿舍保持安全距离。

生产经营场所和员工宿舍应当设有符合紧急疏散要求、标志明显、保持畅通的出口。禁止锁闭、封堵生产经营场所或者员工宿舍的出口。

第四十条 【危险作业现场的安全管理】生产经营单位进行爆破、吊装以及国务院安全生产监督管理部门会同国务院有关部门规定的其他危险作业,应当安排专门人员进行现场安全管理,确保操作规程的遵守和安全措施的落实。

第四十一条 【从业人员的安全管理】生产经营单位应当教育和督促从业人员严格执行本单位的安全生产规章制度和安全操作规程;并向从业人员如实告知作业场所和工作岗位存在的危险因素、防范措施以及事故应急措施。

第四十二条 【劳动防护用品】生产经营单位必须为从业人员提供符合国家标准或者行业标准的劳动防护用品,并监督、教育从业人员按照使用规则佩戴、使用。

第四十三条 【安全检查和报告义务】生产经营单位的安全生产管理人员应当根据本单位的生产经营特点,对安全生产状况进行经常性检查;对检查中发现的安全问题,应当立即处理;不能处理的,应当及时报告本单位有关负责人,有关负责人应当及时处理。检查及处理情况应当如实记录在案。

生产经营单位的安全生产管理人员在检查中发现重大事故隐患,依照前款规定向本单位有关负责人报告,有关负责人不及时处理的,安全生产管理人员可以向主管的负有安全生产监督管理职责的部门报告,接到报告的部门应当依法及时处理。

第四十四条 【经费保障】生产经营单位应当安排用于配备劳动防护用品、进行安全生产培训的经费。

第四十五条 【生产经营单位间的安全生产管理协议】两个以上生产经营单位在同一作业区域内进行生产经营活动,可能危及对方生产安全的,应当签订安全生产管理协议,明确各自的安全生产管理职责和应当采取的安全措施,并指定专职安全生产管理人员进行安全检查与协调。

第四十六条 【生产经营项目、场所、设备发包或出租的安全生产责任】生产经营单位不得将生产经营项目、场所、设备发包或者出租给不具备安全生产条件或者相应资质的单位或者个人。

生产经营项目、场所发包或者出租给其他单位的,生产经营单位应当与承包单位、承租单位签订专门的安全生产管理协议,或者在承包合同、租赁合同中约定各自的安全生产管理职责;生产经营单位对承包单位、承租单位的安全生产工作统一协调、管理,定期进行安全检查,发现安全问题的,应当及时督促整改。

第四十七条 【生产安全事故的处理】生产经营单位发生生产安全事故时,单位的主要负责人应当立即组织抢救,并不得在事故调查处理期间擅离职守。

第四十八条 【工伤保险】生产经营单位必须依法参加工伤保险,为从业人员缴纳保险费。

国家鼓励生产经营单位投保安全生产责任保险。

第三章 从业人员的安全生产权利义务

第四十九条 【劳动合同的安全条款】生产经营单位与从业人员订立的劳动合同,应当载明有关保障从业人员劳动安全、防止职业危害的事项，以及依法为从业人员办理工伤保险的事项。

生产经营单位不得以任何形式与从业人员订立协议，免除或者减轻其对从业人员因生产安全事故伤亡依法应承担的责任。

第五十条 【知情权和建议权】生产经营单位的从业人员有权了解其作业场所和工作岗位存在的危险因素、防范措施及事故应急措施，有权对本单位的安全生产工作提出建议。

第五十一条 【批评、检举、控告权】从业人员有权对本单位安全生产工作中存在的问题提出批评、检举、控告；有权拒绝违章指挥和强令冒险作业。

生产经营单位不得因从业人员对本单位安全生产工作提出批评、检举、控告或者拒绝违章指挥、强令冒险作业而降低其工资、福利等待遇或者解除与其订立的劳动合同。

第五十二条 【紧急情况处置权】从业人员发现直接危及人身安全的紧急情况时，有权停止作业或者在采取可能的应急措施后撤离作业场所。

生产经营单位不得因从业人员在前款紧急情况下停止作业或者采取紧急撤离措施而降低其工资、福利等待遇或者解除与其订立的劳动合同。

第五十三条 【获得赔偿权】因生产安全事故受到损害的从业人员，除依法享有工伤保险外，依照有关民事法律尚有获得赔偿的权利的，有权向本单位提出赔偿要求。

第五十四条 【服从安全管理的义务】从业人员在作业过程中，应当严格遵守本单位的安全生产规章制度和操作规程，服从管理，正确佩戴和使用劳动防护用品。

第五十五条 【接受教育和培训的义务】从业人员应当接受安全生产教育和培训，掌握本职工作所需的安全生产知识，提高安全生产技能，增强事故预防和应急处理能力。

第五十六条 【事故隐患或者不安全因素的报告义务】从业人员发现事故隐患或者其他不安全因素，应当立即向现场安全生产管理人员或者本单位负责人报告；接到报告的人员应当及时予以处理。

第五十七条 【工会对安全生产工作的职责】工会有权对建设项目的安全设施与主体工程同时设计、同时施工、同时投入生产和使用进行监督，提出意见。

工会对生产经营单位违反安全生产法律、法规，侵犯从业人员合法权益的行为，有权要求纠正；发现生产经营单位违章指挥、强令冒险作业或者发现事故隐患时，有权提出解决的建议，生产经营单位应当及时研究答复；发现危及从业人员生命安全的情况时，有权向生产经营单位建议组织从业人员撤离危险场所，生产经营单位必须立即作出处理。

工会有权依法参加事故调查，向有关部门提出处理意见，并要求追究有关人员的责任。

第五十八条 【劳务派遣的用工形式】生产经营单位使用被派遣劳动者的，被派遣劳动者享有本法规定的从业人员的权利，并应当履行本法规定的从业人员的义务。

第四章 安全生产的监督管理

第五十九条 【政府及安全生产监督管理部门的职责】县级以上地方各级人民政府应当根据本行政区域内的安全生产状况，组织有关部门按照职责分工，对本行政区域内容易发生重大生产安全事故的生产经营单位进行严格检查。

安全生产监督管理部门应当按照分类分级监督管理的要求，制定安全生产年度监督检查计划，并按照年度监督检查计划进行监督检查，发现事故隐患，应当及时处理。

第六十条 【安全生产事项的审批】负有安全生产监督管理职责的部门依照有关法律、法规的规定，对涉及安全生产的事项需要审查批准（包括批准、核准、许可、注册、认证、颁发证照等，下同）或者验收的，必须严格依照有关法律、法规和国家标准或者行业标准规定的安全生产条件和程序进行审查；不符合有关法律、法规和国家标准或者行业标准规定的安全生产条件的，不得批准或者验收通过。对未依法取得批准或者验收合格的单位擅自从事有关活动的，负责行政审批的部门发现或者接到举报后应当立即予以取缔，并依法予以处理。对已经依法取得批准的单位，负责行政审批的部门发现其不再具备安全生产条件的，应当撤销原批准。

第六十一条 【政府监管的限制】负有安全生产监督管理职责的部门对涉及安全生产的事项进行审查、验收，不得收取费用；不得要求接受审查、验收的单位购买其指定品牌或者指定生产、销售单位的安全设备、器材或者其他产品。

第六十二条 【监督检查的职权范围】安全生产监督管理部门和其他负有安全生产监督管理职责的部门依法开展安全生产行政执法工作，对生产经营单位执行有关安全生产的法律、法规和国家标准或者行业标准的情况进行监督检查，行使以下职权：

（一）进入生产经营单位进行检查，调阅有关资料，向有关单位和人员了解情况；

（二）对检查中发现的安全生产违法行为，当场予以纠正或者要求限期改正；对依法应当给予行政处罚的行为，依照本法和其他有关法律、行政法规的规定作出行政处罚决定；

（三）对检查中发现的事故隐患，应当责令立即排除；重大事故隐患排除前或者排除过程中无法保证安全的，应当责令从危险区域内撤出作业人员，责令暂时停产停业或者停止使用相关设施、设备；重大事故隐患排除后，经审查同意，方可恢复生产经营和使用；

（四）对有根据认为不符合保障安全生产的国家标准或者行业标准的设施、设备、器材以及违法生产、储存、使用、经营、运输的危险物品予以查封或者扣押，对违法生产、储存、使用、经营危险物品的作业场所予以查封，并依法作出处理决定。

监督检查不得影响被检查单位的正常生产经营活动。

第六十三条 【监督检查的配合】生产经营单位对负有安全生产监督管理职责的部门的监督检查人员（以下统称安全生产监督检查人员）依法履行监督检查职责，应当予以配合，不得拒绝、阻挠。

第六十四条 【监督检查的要求】安全生产监督检查人员应当忠于职守，坚持原则，秉公执法。

安全生产监督检查人员执行监督检查任务时，必须出示有效的监督执法证件；对涉及被检查单位的技术秘密和业务秘密，应当为其保密。

第六十五条 【监督检查的记录】安全生产监督检查人员应当将检查的时间、地点、内容、发现的问题及其处理情况，作出书面记录，并由检查人员和被检查单位的负责人签字；被检查单位的负责人拒绝签字的，检查人员应当将情况记录在案，并向负有安全生产监督管理职责的部门报告。

第六十六条 【联合检查与分别检查】负有安全生产监督管理职责的部门在监督检查中，应当互相配合，实行联合检查；确需分别进行检查的，应当互通情况，发现存在的安全问题应当由其他有关部门进行处理的，应当及时移送其他有关部门并形成记录备查，接受移送的部门应当及时进行处理。

第六十七条 【强制措施】负有安全生产监督管理职责的部门依法对存在重大事故隐患的生产经营单位作出停产停业、停止施工、停止使用相关设施或者设备的决定，生产经营单位应当依法执行，及时消除事故隐患。生产经营单位拒不执行，有发生生产安全事故的现实危险的，在保证安全的前提下，经本部门主要负责人批准，负有安全生产监督管理职责的部门可以采取通知有关单位停止供电、停止供应民用爆炸物品等措施，强制生产经营单位履行决定。通知应当采用书面形式，有关单位应当予以配合。

负有安全生产监督管理职责的部门依照前款规定采取停止供电措施，除有危及生产安全的紧急情形外，应当提前二十四小时通知生产经营单位。生产经营单位依法履行行政决定、采取相应措施消除事故隐患的，负有安全生产监督管理职责的部门应当及时解除前款规定的措施。

第六十八条 【安全生产行政监察】监察机关依照行政监察法的规定，对负有安全生产监督管理职责的部门及其工作人员履行安全生产监督管理职责实施监察。

第六十九条 【检评机构的条件和责任】承担安全评价、认证、检测、检验的机构应当具备国家规定的资质条件，并对其作出的安全评价、认证、检测、检验的结果负责。

第七十条 【举报制度】负有安全生产监督管理职责的部门应当建立举报制度，公开举报电话、信箱或者电子邮件地址，受理有关安全生产的举报；受理的举报事项经调查核实后，应当形成书面材料；需要落实整改措施的，报经有关负责人签字并督促落实。

第七十一条 【举报权】任何单位或者个人对事故隐患或者安全生产违法行为，均有权向负有安全生产监督管理职责的部门报告或者举报。

第七十二条 【举报义务】居民委员会、村民委员会发现其所在区域内的生产经营单位存在事故隐患或者安全生产违法行为时，应当向当地人民政府或者有关部门报告。

第七十三条 【举报奖励】县级以上各级人民政府及其有关部门对报告重大事故隐患或者举报

安全生产违法行为的有功人员，给予奖励。具体奖励办法由国务院安全生产监督管理部门会同国务院财政部门制定。

第七十四条 【舆论监督】新闻、出版、广播、电影、电视等单位有进行安全生产公益宣传教育的义务，有对违反安全生产法律、法规的行为进行舆论监督的权利。

第七十五条 【安全生产违法行为信息库】负有安全生产监督管理职责的部门应当建立安全生产违法行为信息库，如实记录生产经营单位的安全生产违法行为信息；对违法行为情节严重的生产经营单位，应当向社会公告，并通报行业主管部门、投资主管部门、国土资源主管部门、证券监督管理机构以及有关金融机构。

第五章 生产安全事故的应急救援与调查处理

第七十六条 【生产安全事故应急能力建设】国家加强生产安全事故应急能力建设，在重点行业、领域建立应急救援基地和应急救援队伍，鼓励生产经营单位和其他社会力量建立应急救援队伍，配备相应的应急救援装备和物资，提高应急救援的专业化水平。

国务院安全生产监督管理部门建立全国统一的生产安全事故应急救援信息系统，国务院有关部门建立健全相关行业、领域的生产安全事故应急救援信息系统。

第七十七条 【政府职责】县级以上地方各级人民政府应当组织有关部门制定本行政区域内生产安全事故应急救援预案，建立应急救援体系。

第七十八条 【生产安全事故应急预案及演练】生产经营单位应当制定本单位生产安全事故应急救援预案，与所在地县级以上地方人民政府组织制定的生产安全事故应急救援预案相衔接，并定期组织演练。

第七十九条 【组织和设备的要求】危险物品的生产、经营、储存单位以及矿山、金属冶炼、城市轨道交通运营、建筑施工单位应当建立应急救援组织；生产经营规模较小的，可以不建立应急救援组织，但应当指定兼职的应急救援人员。

危险物品的生产、经营、储存、运输单位以及矿山、金属冶炼、城市轨道交通运营、建筑施工单位应当配备必要的应急救援器材、设备和物资，并进行经常性维护、保养，保证正常运转。

第八十条 【生产经营单位的事故报告】生产经营单位发生生产安全事故后，事故现场有关人员应当立即报告本单位负责人。

单位负责人接到事故报告后，应当迅速采取有效措施，组织抢救，防止事故扩大，减少人员伤亡和财产损失，并按照国家有关规定立即如实报告当地负有安全生产监督管理职责的部门，不得隐瞒不报、谎报或者迟报，不得故意破坏事故现场、毁灭有关证据。

第八十一条 【安全监管部门的事故报告】负有安全生产监督管理职责的部门接到事故报告后，应当立即按照国家有关规定上报事故情况。负有安全生产监督管理职责的部门和有关地方人民政府对事故情况不得隐瞒不报、谎报或者迟报。

第八十二条 【事故抢救】有关地方人民政府和负有安全生产监督管理职责的部门的负责人接到生产安全事故报告后，应当按照生产安全事故应急救援预案的要求立即赶到事故现场，组织事故抢救。

参与事故抢救的部门和单位应当服从统一指挥，加强协同联动，采取有效的应急救援措施，并根据事故救援的需要采取警戒、疏散等措施，防止事故扩大和次生灾害的发生，减少人员伤亡和财产损失。

事故抢救过程中应当采取必要措施，避免或者减少对环境造成的危害。

任何单位和个人都应当支持、配合事故抢救，并提供一切便利条件。

第八十三条 【事故调查与处理】事故调查处理应当按照科学严谨、依法依规、实事求是、注重实效的原则，及时、准确地查清事故原因，查明事故性质和责任，总结事故教训，提出整改措施，并对事故责任者提出处理意见。事故调查报告应当依法及时向社会公布。事故调查和处理的具体办法由国务院制定。

事故发生单位应当及时全面落实整改措施，负有安全生产监督管理职责的部门应当加强监督检查。

第八十四条 【有关行政部门的法律责任】生产经营单位发生生产安全事故，经调查确定为责任事故的，除了应当查明事故单位的责任并依法予以追究外，还应当查明对安全生产的有关事项负有审查批准和监督职责的行政部门的责任，对有失职、渎职行为的，依照本法第八十七条的规定追究法律责任。

第八十五条 【事故调查处理不得干涉】任何单位和个人不得阻挠和干涉对事故的依法调查处理。

第八十六条 【事故定期统计分析和定期公布制度】县级以上地方各级人民政府安全生产监督管理部门应当定期统计分析本行政区域内发生生产安全事故的情况，并定期向社会公布。

第六章 法律责任

第八十七条 【审批监管工作人员的法律责任】负有安全生产监督管理职责的部门的工作人员，有下列行为之一的，给予降级或者撤职的处分；构成犯罪的，依照刑法有关规定追究刑事责任：

（一）对不符合法定安全生产条件的涉及安全生产的事项予以批准或者验收通过的；

（二）发现未依法取得批准、验收的单位擅自从事有关活动或者接到举报后不予取缔或者不依法予以处理的；

（三）对已经依法取得批准的单位不履行监督管理职责，发现其不再具备安全生产条件而不撤销原批准或者发现安全生产违法行为不予查处的；

（四）在监督检查中发现重大事故隐患，不依法及时处理的。

负有安全生产监督管理职责的部门的工作人员有前款规定以外的滥用职权、玩忽职守、徇私舞弊行为的，依法给予处分；构成犯罪的，依照刑法有关规定追究刑事责任。

第八十八条 【监管部门的法律责任】负有安全生产监督管理职责的部门，要求被审查、验收的单位购买其指定的安全设备、器材或者其他产品的，在对安全生产事项的审查、验收中收取费用的，由其上级机关或者监察机关责令改正，责令退还收取的费用；情节严重的，对直接负责的主管人员和其他直接责任人员依法给予处分。

第八十九条 【检评机构违法】承担安全评价、认证、检测、检验工作的机构，出具虚假证明的，没收违法所得；违法所得在十万元以上的，并处违法所得二倍以上五倍以下的罚款；没有违法所得或者违法所得不足十万元的，单处或者并处十万元以上二十万元以下的罚款；对其直接负责的主管人员和其他直接责任人员处二万元以上五万元以下的罚款；给他人造成损害的，与生产经营单位承担连带赔偿责任；构成犯罪的，依照刑法有关规定追究刑事责任。

对有前款违法行为的机构，吊销其相应资质。

第九十条 【资金投入违法】生产经营单位的决策机构、主要负责人或者个人经营的投资人不依照本法规定保证安全生产所必需的资金投入，致使生产经营单位不具备安全生产条件的，责令限期改正，提供必需的资金；逾期未改正的，责令生产经营单位停产停业整顿。

有前款违法行为，导致发生生产安全事故的，对生产经营单位的主要负责人给予撤职处分，对个人经营的投资人处二万元以上二十万元以下的罚款；构成犯罪的，依照刑法有关规定追究刑事责任。

第九十一条 【单位负责人违法】生产经营单位的主要负责人未履行本法规定的安全生产管理职责的，责令限期改正；逾期未改正的，处二万元以上五万元以下的罚款，责令生产经营单位停产停业整顿。

生产经营单位的主要负责人有前款违法行为，导致发生生产安全事故的，给予撤职处分；构成犯罪的，依照刑法有关规定追究刑事责任。

生产经营单位的主要负责人依照前款规定受刑事处罚或者撤职处分的，自刑罚执行完毕或者受处分之日起，五年内不得担任任何生产经营单位的主要负责人；对重大、特别重大生产安全事故负有责任的，终身不得担任本行业生产经营单位的主要负责人。

第九十二条 【对主要负责人的罚款】生产经营单位的主要负责人未履行本法规定的安全生产管理职责，导致发生生产安全事故的，由安全生产监督管理部门依照下列规定处以罚款：

（一）发生一般事故的，处上一年年收入百分之三十的罚款；

（二）发生较大事故的，处上一年年收入百分之四十的罚款；

（三）发生重大事故的，处上一年年收入百分之六十的罚款；

（四）发生特别重大事故的，处上一年年收入百分之八十的罚款。

第九十三条 【对安全生产管理人员的处罚】生产经营单位的安全生产管理人员未履行本法规定的安全生产管理职责的，责令限期改正；导致发生生产安全事故的，暂停或者撤销其与安全生产有关的资格；构成犯罪的，依照刑法有关规定追究刑事责任。

第九十四条 【对生产经营单位的处罚】生产经营单位有下列行为之一的，责令限期改正，可以处五万元以下的罚款；逾期未改正的，责令停产停业整顿，并处五万元以上十万元以下的罚款，对其直接负责的主管人员和其他直接责任人员处一万元以上二万元以下的罚款：

（一）未按照规定设置安全生产管理机构或者配备安全生产管理人员的；

（二）危险物品的生产、经营、储存单位以及矿山、金属冶炼、建筑施工、道路运输单位的主要负责人和安全生产管理人员未按照规定经考核合格的；

（三）未按照规定对从业人员、被派遣劳动者、实习学生进行安全生产教育和培训，或者未按照规定如实告知有关的安全生产事项的；

（四）未如实记录安全生产教育和培训情况的；

（五）未将事故隐患排查治理情况如实记录或者未向从业人员通报的；

（六）未按照规定制定生产安全事故应急救援预案或者未定期组织演练的；

（七）特种作业人员未按照规定经专门的安全作业培训并取得相应资格，上岗作业的。

第九十五条 【生产经营单位建设项目违法（一）】生产经营单位有下列行为之一的，责令停止建设或者停产停业整顿，限期改正；逾期未改正的，处五十万元以上一百万元以下的罚款，对其直接负责的主管人员和其他直接责任人员处二万元以上五万元以下的罚款；构成犯罪的，依照刑法有关规定追究刑事责任：

（一）未按照规定对矿山、金属冶炼建设项目或者用于生产、储存、装卸危险物品的建设项目进行安全评价的；

（二）矿山、金属冶炼建设项目或者用于生产、储存、装卸危险物品的建设项目没有安全设施设计或者安全设施设计未按照规定报经有关部门审查同意的；

（三）矿山、金属冶炼建设项目或者用于生产、储存、装卸危险物品的建设项目的施工单位未按照批准的安全设施设计施工的；

（四）矿山、金属冶炼建设项目或者用于生产、储存危险物品的建设项目竣工投入生产或者使用前，安全设施未经验收合格的。

第九十六条 【生产经营单位建设项目违法（二）】生产经营单位有下列行为之一的，责令限期改正，可以处五万元以下的罚款；逾期未改正的，处五万元以上二十万元以下的罚款，对其直接负责的主管人员和其他直接责任人员处一万元以上二万元以下的罚款；情节严重的，责令停产停业整顿；构成犯罪的，依照刑法有关规定追究刑事责任：

（一）未在有较大危险因素的生产经营场所和有关设施、设备上设置明显的安全警示标志的；

（二）安全设备的安装、使用、检测、改造和报废不符合国家标准或者行业标准的；

（三）未对安全设备进行经常性维护、保养和定期检测的；

（四）未为从业人员提供符合国家标准或者行业标准的劳动防护用品的；

（五）危险物品的容器、运输工具，以及涉及人身安全、危险性较大的海洋石油开采特种设备和矿山井下特种设备未经具有专业资质的机构检测、检验合格，取得安全使用证或者安全标志，投入使用的；

（六）使用应当淘汰的危及生产安全的工艺、设备的。

第九十七条 【违法经营危险物品】未经依法批准，擅自生产、经营、运输、储存、使用危险物品或者处置废弃危险物品的，依照有关危险物品安全管理的法律、行政法规的规定予以处罚；构成犯罪的，依照刑法有关规定追究刑事责任。

第九十八条 【生产经营单位危险物品违法】生产经营单位有下列行为之一的，责令限期改正，可以处十万元以下的罚款；逾期未改正的，责令停产停业整顿，并处十万元以上二十万元以下的罚款，对其直接负责的主管人员和其他直接责任人员处二万元以上五万元以下的罚款；构成犯罪的，依照刑法有关规定追究刑事责任：

（一）生产、经营、运输、储存、使用危险物品或者处置废弃危险物品，未建立专门安全管理制度、未采取可靠的安全措施的；

（二）对重大危险源未登记建档，或者未进行

评估、监控,或者未制定应急预案的;

(三)进行爆破、吊装以及国务院安全生产监督管理部门会同国务院有关部门规定的其他危险作业,未安排专门人员进行现场安全管理的;

(四)未建立事故隐患排查治理制度的。

第九十九条 【消除事故隐患的责任】生产经营单位未采取措施消除事故隐患的,责令立即消除或者限期消除;生产经营单位拒不执行的,责令停产停业整顿,并处十万元以上五十万元以下的罚款,对其直接负责的主管人员和其他直接责任人员处二万元以上五万元以下的罚款。

第一百条 【生产经营单位违法发包、出租的法律责任】生产经营单位将生产经营项目、场所、设备发包或者出租给不具备安全生产条件或者相应资质的单位或者个人的,责令限期改正,没收违法所得;违法所得十万元以上的,并处违法所得二倍以上五倍以下的罚款;没有违法所得或者违法所得不足十万元的,单处或者并处十万元以上二十万元以下的罚款;对其直接负责的主管人员和其他直接责任人员处一万元以上二万元以下的罚款;导致发生生产安全事故给他人造成损害的,与承包方、承租方承担连带赔偿责任。

生产经营单位未与承包单位、承租单位签订专门的安全生产管理协议或者未在承包合同、租赁合同中明确各自的安全生产管理职责,或者未对承包单位、承租单位的安全生产统一协调、管理的,责令限期改正,可以处五万元以下的罚款,对其直接负责的主管人员和其他直接责任人员可以处一万元以下的罚款;逾期未改正的,责令停产停业整顿。

第一百零一条 【同一作业区域内违法行为的法律责任】两个以上生产经营单位在同一作业区域内进行可能危及对方安全生产的生产经营活动,未签订安全生产管理协议或者未指定专职安全生产管理人员进行安全检查与协调的,责令限期改正,可以处五万元以下的罚款,对其直接负责的主管人员和其他直接责任人员可以处一万元以下的罚款;逾期未改正的,责令停产停业。

第一百零二条 【生产经营场所和员工宿舍不符合有关安全要求的法律责任】生产经营单位有下列行为之一的,责令限期改正,可以处五万元以下的罚款,对其直接负责的主管人员和其他直接责任人员可以处一万元以下的罚款;逾期未改正的,责令停产停业整顿;构成犯罪的,依照刑法有关规定追究刑事责任:

(一)生产、经营、储存、使用危险物品的车间、商店、仓库与员工宿舍在同一座建筑内,或者与员工宿舍的距离不符合安全要求的;

(二)生产经营场所和员工宿舍未设有符合紧急疏散需要、标志明显、保持畅通的出口,或者锁闭、封堵生产经营场所或者员工宿舍出口的。

第一百零三条 【免责协议违法】生产经营单位与从业人员订立协议,免除或者减轻其对从业人员因生产安全事故伤亡依法应承担的责任的,该协议无效;对生产经营单位的主要负责人、个人经营的投资人处二万元以上十万元以下的罚款。

第一百零四条 【从业人员违章操作的法律责任】生产经营单位的从业人员不服从管理,违反安全生产规章制度或者操作规程的,由生产经营单位给予批评教育,依照有关规章制度给予处分;构成犯罪的,依照刑法有关规定追究刑事责任。

第一百零五条 【拒绝、阻碍监督检查的责任】违反本法规定,生产经营单位拒绝、阻碍负有安全生产监督管理职责的部门依法实施监督检查的,责令改正;拒不改正的,处二万元以上二十万元以下的罚款;对其直接负责的主管人员和其他直接责任人员处一万元以上二万元以下的罚款;构成犯罪的,依照刑法有关规定追究刑事责任。

第一百零六条 【单位负责人事故处理违法】生产经营单位的主要负责人在本单位发生生产安全事故时,不立即组织抢救或者在事故调查处理期间擅离职守或者逃匿的,给予降级、撤职的处分,并由安全生产监督管理部门处上一年年收入百分之六十至百分之一百的罚款;对逃匿的处十五日以下拘留;构成犯罪的,依照刑法有关规定追究刑事责任。

生产经营单位的主要负责人对生产安全事故隐瞒不报、谎报或者迟报的,依照前款规定处罚。

第一百零七条 【政府部门事故处理违法】有关地方人民政府、负有安全生产监督管理职责的部门,对生产安全事故隐瞒不报、谎报或者迟报的,对直接负责的主管人员和其他直接责任人员依法给予处分;构成犯罪的,依照刑法有关规定追究刑事责任。

第一百零八条 【不具备安全生产条件的生产经营单位的法律责任】生产经营单位不具备本法和其他有关法律、行政法规和国家标准或者行业标准规定的安全生产条件,经停产停业整顿仍不具备安全生产条件的，予以关闭；有关部门应当依法吊销其有关证照。

第一百零九条 【对事故责任单位的处罚】发生生产安全事故，对负有责任的生产经营单位除要求其依法承担相应的赔偿等责任外，由安全生产监督管理部门依照下列规定处以罚款：

（一）发生一般事故的，处二十万元以上五十万元以下的罚款；

（二）发生较大事故的，处五十万元以上一百万元以下的罚款；

（三）发生重大事故的，处一百万元以上五百万元以下的罚款；

（四）发生特别重大事故的，处五百万元以上一千万元以下的罚款；情节特别严重的，处一千万元以上二千万元以下的罚款。

第一百一十条 【行政处罚】本法规定的行政处罚，由安全生产监督管理部门和其他负有安全生产监督管理职责的部门按照职责分工决定。予以关闭的行政处罚由负有安全生产监督管理职责的部门报请县级以上人民政府按照国务院规定的权限决定；给予拘留的行政处罚由公安机关依照治安管理处罚法的规定决定。

第一百一十一条 【赔偿责任】生产经营单位发生生产安全事故造成人员伤亡、他人财产损失的，应当依法承担赔偿责任；拒不承担或者其负责人逃匿的，由人民法院依法强制执行。

生产安全事故的责任人未依法承担赔偿责任，经人民法院依法采取执行措施后，仍不能对受害人给予足额赔偿的，应当继续履行赔偿义务；受害人发现责任人有其他财产的，可以随时请求人民法院执行。

第七章 附 则

第一百一十二条 【用语解释】本法下列用语的含义：

危险物品，是指易燃易爆物品、危险化学品、放射性物品等能够危及人身安全和财产安全的物品。

重大危险源，是指长期地或者临时地生产、搬运、使用或者储存危险物品，且危险物品的数量等于或者超过临界量的单元（包括场所和设施）。

第一百一十三条 【重大事故及隐患的划分及判定标准】本法规定的生产安全一般事故、较大事故、重大事故、特别重大事故的划分标准由国务院规定。

国务院安全生产监督管理部门和其他负有安全生产监督管理职责的部门应当根据各自的职责分工，制定相关行业、领域重大事故隐患的判定标准。

第一百一十四条 【生效日期】本法自2002年11月1日起施行。

安全生产许可证条例

（2004年1月13日中华人民共和国国务院令第397号公布　根据2013年7月18日《国务院关于废止和修改部分行政法规的决定》第一次修订　根据2014年7月29日《国务院关于修改部分行政法规的决定》第二次修订）

第一条 为了严格规范安全生产条件，进一步加强安全生产监督管理，防止和减少生产安全事故，根据《中华人民共和国安全生产法》的有关规定，制定本条例。

第二条 国家对矿山企业、建筑施工企业和危险化学品、烟花爆竹、民用爆炸物品生产企业（以下统称企业）实行安全生产许可制度。

企业未取得安全生产许可证的，不得从事生产活动。

第三条 国务院安全生产监督管理部门负责中央管理的非煤矿矿山企业和危险化学品、烟花爆竹生产企业安全生产许可证的颁发和管理。

省、自治区、直辖市人民政府安全生产监督管理部门负责前款规定以外的非煤矿矿山企业和危险化学品、烟花爆竹生产企业安全生产许可证的颁发和管理，并接受国务院安全生产监督管理部门的指导和监督。

国家煤矿安全监察机构负责中央管理的煤矿企业安全生产许可证的颁发和管理。

在省、自治区、直辖市设立的煤矿安全监察机构负责前款规定以外的其他煤矿企业安全生产许可证的颁发和管理，并接受国家煤矿安全监察机构的指导和监督。

第四条 省、自治区、直辖市人民政府建设主管部门负责建筑施工企业安全生产许可证的颁发和管理,并接受国务院建设主管部门的指导和监督。

第五条 省、自治区、直辖市人民政府民用爆炸物品行业主管部门负责民用爆炸物品生产企业安全生产许可证的颁发和管理,并接受国务院民用爆炸物品行业主管部门的指导和监督。

第六条 企业取得安全生产许可证,应当具备下列安全生产条件:

(一)建立、健全安全生产责任制,制定完备的安全生产规章制度和操作规程;

(二)安全投入符合安全生产要求;

(三)设置安全生产管理机构,配备专职安全生产管理人员;

(四)主要负责人和安全生产管理人员经考核合格;

(五)特种作业人员经有关业务主管部门考核合格,取得特种作业操作资格证书;

(六)从业人员经安全生产教育和培训合格;

(七)依法参加工伤保险,为从业人员缴纳保险费;

(八)厂房、作业场所和安全设施、设备、工艺符合有关安全生产法律、法规、标准和规程的要求;

(九)有职业危害防治措施,并为从业人员配备符合国家标准或者行业标准的劳动防护用品;

(十)依法进行安全评价;

(十一)有重大危险源检测、评估、监控措施和应急预案;

(十二)有生产安全事故应急救援预案、应急救援组织或者应急救援人员,配备必要的应急救援器材、设备;

(十三)法律、法规规定的其他条件。

第七条 企业进行生产前,应当依照本条例的规定向安全生产许可证颁发管理机关申请领取安全生产许可证,并提供本条例第六条规定的相关文件、资料。安全生产许可证颁发管理机关应当自收到申请之日起45日内审查完毕,经审查符合本条例规定的安全生产条件的,颁发安全生产许可证;不符合本条例规定的安全生产条件的,不予颁发安全生产许可证,书面通知企业并说明理由。

煤矿企业应当以矿(井)为单位,依照本条例的规定取得安全生产许可证。

第八条 安全生产许可证由国务院安全生产监督管理部门规定统一的式样。

第九条 安全生产许可证的有效期为3年。安全生产许可证有效期满需要延期的,企业应当于期满前3个月向原安全生产许可证颁发管理机关办理延期手续。

企业在安全生产许可证有效期内,严格遵守有关安全生产的法律法规,未发生死亡事故的,安全生产许可证有效期届满时,经原安全生产许可证颁发管理机关同意,不再审查,安全生产许可证有效期延期3年。

第十条 安全生产许可证颁发管理机关应当建立、健全安全生产许可证档案管理制度,并定期向社会公布企业取得安全生产许可证的情况。

第十一条 煤矿企业安全生产许可证颁发管理机关、建筑施工企业安全生产许可证颁发管理机关、民用爆炸物品生产企业安全生产许可证颁发管理机关,应当每年向同级安全生产监督管理部门通报其安全生产许可证颁发和管理情况。

第十二条 国务院安全生产监督管理部门和省、自治区、直辖市人民政府安全生产监督管理部门对建筑施工企业、民用爆炸物品生产企业、煤矿企业取得安全生产许可证的情况进行监督。

第十三条 企业不得转让、冒用安全生产许可证或者使用伪造的安全生产许可证。

第十四条 企业取得安全生产许可证后,不得降低安全生产条件,并应当加强日常安全生产管理,接受安全生产许可证颁发管理机关的监督检查。

安全生产许可证颁发管理机关应当加强对取得安全生产许可证的企业的监督检查,发现其不再具备本条例规定的安全生产条件的,应当暂扣或者吊销安全生产许可证。

第十五条 安全生产许可证颁发管理机关工作人员在安全生产许可证颁发、管理和监督检查工作中,不得索取或者接受企业的财物,不得谋取其他利益。

第十六条 监察机关依照《中华人民共和国行政监察法》的规定,对安全生产许可证颁发管理机关及其工作人员履行本条例规定的职责实施监察。

第十七条 任何单位或者个人对违反本条例规定的行为,有权向安全生产许可证颁发管理机关或者监察机关等有关部门举报。

第十八条 安全生产许可证颁发管理机关工

作人员有下列行为之一的，给予降级或者撤职的行政处分；构成犯罪的，依法追究刑事责任：

（一）向不符合本条例规定的安全生产条件的企业颁发安全生产许可证的；

（二）发现企业未依法取得安全生产许可证擅自从事生产活动，不依法处理的；

（三）发现取得安全生产许可证的企业不再具备本条例规定的安全生产条件，不依法处理的；

（四）接到对违反本条例规定行为的举报后，不及时处理的；

（五）在安全生产许可证颁发、管理和监督检查工作中，索取或者接受企业的财物，或者谋取其他利益的。

第十九条 违反本条例规定，未取得安全生产许可证擅自进行生产的，责令停止生产，没收违法所得，并处10万元以上50万元以下的罚款；造成重大事故或者其他严重后果，构成犯罪的，依法追究刑事责任。

第二十条 违反本条例规定，安全生产许可证有效期满未办理延期手续，继续进行生产的，责令停止生产，限期补办延期手续，没收违法所得，并处5万元以上10万元以下的罚款；逾期仍不办理延期手续，继续进行生产的，依照本条例第十九条的规定处罚。

第二十一条 违反本条例规定，转让安全生产许可证的，没收违法所得，处10万元以上50万元以下的罚款，并吊销其安全生产许可证；构成犯罪的，依法追究刑事责任；接受转让的，依照本条例第十九条的规定处罚。

冒用安全生产许可证或者使用伪造的安全生产许可证的，依照本条例第十九条的规定处罚。

第二十二条 本条例施行前已经进行生产的企业，应当自本条例施行之日起1年内，依照本条例的规定向安全生产许可证颁发管理机关申请办理安全生产许可证；逾期不办理安全生产许可证，或者经审查不符合本条例规定的安全生产条件，未取得安全生产许可证，继续进行生产的，依照本条例第十九条的规定处罚。

第二十三条 本条例规定的行政处罚，由安全生产许可证颁发管理机关决定。

第二十四条 本条例自公布之日起施行。

生产安全事故报告和调查处理条例

（2007年3月28日国务院第172次常务会议通过 2007年4月9日中华人民共和国国务院令第493号公布 自2007年6月1日起施行）

第一章 总 则

第一条 为了规范生产安全事故的报告和调查处理，落实生产安全事故责任追究制度，防止和减少生产安全事故，根据《中华人民共和国安全生产法》和有关法律，制定本条例。

第二条 生产经营活动中发生的造成人身伤亡或者直接经济损失的生产安全事故的报告和调查处理，适用本条例；环境污染事故、核设施事故、国防科研生产事故的报告和调查处理不适用本条例。

第三条 根据生产安全事故（以下简称事故）造成的人员伤亡或者直接经济损失，事故一般分为以下等级：

（一）特别重大事故，是指造成30人以上死亡，或者100人以上重伤（包括急性工业中毒，下同），或者1亿元以上直接经济损失的事故；

（二）重大事故，是指造成10人以上30人以下死亡，或者50人以上100人以下重伤，或者5000万元以上1亿元以下直接经济损失的事故；

（三）较大事故，是指造成3人以上10人以下死亡，或者10人以上50人以下重伤，或者1000万元以上5000万元以下直接经济损失的事故；

（四）一般事故，是指造成3人以下死亡，或者10人以下重伤，或者1000万元以下直接经济损失的事故。

国务院安全生产监督管理部门可以会同国务院有关部门，制定事故等级划分的补充性规定。

本条第一款所称的“以上”包括本数，所称的“以下”不包括本数。

第四条 事故报告应当及时、准确、完整，任何单位和个人对事故不得迟报、漏报、谎报或者瞒报。

事故调查处理应当坚持实事求是、尊重科学的原则，及时、准确地查清事故经过、事故原因和事故损失，查明事故性质，认定事故责任，总结事故教训，提出整改措施，并对事故责任者依法追究责任。

第五条 县级以上人民政府应当依照本条例的规定，严格履行职责，及时、准确地完成事故调查处理工作。

事故发生地有关地方人民政府应当支持、配合上级人民政府或者有关部门的事故调查处理工作，并提供必要的便利条件。

参加事故调查处理的部门和单位应当互相配合，提高事故调查处理工作的效率。

第六条 工会依法参加事故调查处理，有权向有关部门提出处理意见。

第七条 任何单位和个人不得阻挠和干涉对事故的报告和依法调查处理。

第八条 对事故报告和调查处理中的违法行为，任何单位和个人有权向安全生产监督管理部门、监察机关或者其他有关部门举报，接到举报的部门应当依法及时处理。

第二章 事故报告

第九条 事故发生后，事故现场有关人员应当立即向本单位负责人报告；单位负责人接到报告后，应当于1小时内向事故发生地县级以上人民政府安全生产监督管理部门和负有安全生产监督管理职责的有关部门报告。

情况紧急时，事故现场有关人员可以直接向事故发生地县级以上人民政府安全生产监督管理部门和负有安全生产监督管理职责的有关部门报告。

第十条 安全生产监督管理部门和负有安全生产监督管理职责的有关部门接到事故报告后，应当依照下列规定上报事故情况，并通知公安机关、劳动保障行政部门、工会和人民检察院：

(一)特别重大事故、重大事故逐级上报至国务院安全生产监督管理部门和负有安全生产监督管理职责的有关部门；

(二)较大事故逐级上报至省、自治区、直辖市人民政府安全生产监督管理部门和负有安全生产监督管理职责的有关部门；

(三)一般事故上报至设区的市级人民政府安全生产监督管理部门和负有安全生产监督管理职责的有关部门。

安全生产监督管理部门和负有安全生产监督管理职责的有关部门依照前款规定上报事故情况，应当同时报告本级人民政府。国务院安全生产监督管理部门和负有安全生产监督管理职责的有关部门以及省级人民政府接到发生特别重大事故、重大事故的报告后，应当立即报告国务院。

必要时，安全生产监督管理部门和负有安全生产监督管理职责的有关部门可以越级上报事故情况。

第十一条 安全生产监督管理部门和负有安全生产监督管理职责的有关部门逐级上报事故情况，每级上报的时间不得超过2小时。

第十二条 报告事故应当包括下列内容：

(一)事故发生单位概况；

(二)事故发生的时间、地点以及事故现场情况；

(三)事故的简要经过；

(四)事故已经造成或者可能造成的伤亡人数(包括下落不明的人数)和初步估计的直接经济损失；

(五)已经采取的措施；

(六)其他应当报告的情况。

第十三条 事故报告后出现新情况的，应当及时补报。

自事故发生之日起30日内，事故造成的伤亡人数发生变化的，应当及时补报。道路交通事故、火灾事故自发生之日起7日内，事故造成的伤亡人数发生变化的，应当及时补报。

第十四条 事故发生单位负责人接到事故报告后，应当立即启动事故相应应急预案，或者采取有效措施，组织抢救，防止事故扩大，减少人员伤亡和财产损失。

第十五条 事故发生地有关地方人民政府、安全生产监督管理部门和负有安全生产监督管理职责的有关部门接到事故报告后，其负责人应当立即赶赴事故现场，组织事故救援。

第十六条 事故发生后，有关单位和人员应当妥善保护事故现场以及相关证据，任何单位和个人不得破坏事故现场、毁灭相关证据。

因抢救人员、防止事故扩大以及疏通交通等原因，需要移动事故现场物件的，应当做出标志，绘制现场简图并做出书面记录，妥善保存现场重要痕迹、物证。

第十七条 事故发生地公安机关根据事故的情况，对涉嫌犯罪的，应当依法立案侦查，采取强制措施和侦查措施。犯罪嫌疑人逃匿的,公安机关应当迅速追捕归案。

第十八条 安全生产监督管理部门和负有安全生产监督管理职责的有关部门应当建立值班制度,并向社会公布值班电话,受理事故报告和举报。

第三章 事故调查

第十九条 特别重大事故由国务院或者国务院授权有关部门组织事故调查组进行调查。

重大事故、较大事故、一般事故分别由事故发生地省级人民政府、设区的市级人民政府、县级人民政府负责调查。省级人民政府、设区的市级人民政府、县级人民政府可以直接组织事故调查组进行调查,也可以授权或者委托有关部门组织事故调查组进行调查。

未造成人员伤亡的一般事故,县级人民政府也可以委托事故发生单位组织事故调查组进行调查。

第二十条 上级人民政府认为必要时,可以调查由下级人民政府负责调查的事故。

自事故发生之日起30日内(道路交通事故、火灾事故自发生之日起7日内),因事故伤亡人数变化导致事故等级发生变化,依照本条例规定应当由上级人民政府负责调查的,上级人民政府可以另行组织事故调查组进行调查。

第二十一条 特别重大事故以下等级事故,事故发生地与事故发生单位不在同一个县级以上行政区域的,由事故发生地人民政府负责调查,事故发生单位所在地人民政府应当派人参加。

第二十二条 事故调查组的组成应当遵循精简、效能的原则。

根据事故的具体情况,事故调查组由有关人民政府、安全生产监督管理部门、负有安全生产监督管理职责的有关部门、监察机关、公安机关以及工会派人组成,并应当邀请人民检察院派人参加。

事故调查组可以聘请有关专家参与调查。

第二十三条 事故调查组成员应当具有事故调查所需要的知识和专长,并与所调查的事故没有直接利害关系。

第二十四条 事故调查组组长由负责事故调查的人民政府指定。事故调查组组长主持事故调查组的工作。

第二十五条 事故调查组履行下列职责:

(一)查明事故发生的经过、原因、人员伤亡情况及直接经济损失;

(二)认定事故的性质和事故责任;

(三)提出对事故责任者的处理建议;

(四)总结事故教训,提出防范和整改措施;

(五)提交事故调查报告。

第二十六条 事故调查组有权向有关单位和个人了解与事故有关的情况,并要求其提供相关文件、资料,有关单位和个人不得拒绝。

事故发生单位的负责人和有关人员在事故调查期间不得擅离职守,并应当随时接受事故调查组的询问,如实提供有关情况。

事故调查中发现涉嫌犯罪的,事故调查组应当及时将有关材料或者其复印件移交司法机关处理。

第二十七条 事故调查中需要进行技术鉴定的,事故调查组应当委托具有国家规定资质的单位进行技术鉴定。必要时,事故调查组可以直接组织专家进行技术鉴定。技术鉴定所需时间不计入事故调查期限。

第二十八条 事故调查组成员在事故调查工作中应当诚信公正、恪尽职守,遵守事故调查组的纪律,保守事故调查的秘密。

未经事故调查组组长允许,事故调查组成员不得擅自发布有关事故的信息。

第二十九条 事故调查组应当自事故发生之日起60日内提交事故调查报告;特殊情况下,经负责事故调查的人民政府批准,提交事故调查报告的期限可以适当延长,但延长的期限最长不超过60日。

第三十条 事故调查报告应当包括下列内容:

(一)事故发生单位概况;

(二)事故发生经过和事故救援情况;

(三)事故造成的人员伤亡和直接经济损失;

(四)事故发生的原因和事故性质;

(五)事故责任的认定以及对事故责任者的处理建议;

(六)事故防范和整改措施。

事故调查报告应当附具有关证据材料。事故调查组成员应当在事故调查报告上签名。

第三十一条 事故调查报告报送负责事故调查的人民政府后,事故调查工作即告结束。事故调查的有关资料应当归档保存。

第四章　事故处理

第三十二条　重大事故、较大事故、一般事故，负责事故调查的人民政府应当自收到事故调查报告之日起15日内做出批复；特别重大事故，30日内做出批复，特殊情况下，批复时间可以适当延长，但延长的时间最长不超过30日。

有关机关应当按照人民政府的批复，依照法律、行政法规规定的权限和程序，对事故发生单位和有关人员进行行政处罚，对负有事故责任的国家工作人员进行处分。

事故发生单位应当按照负责事故调查的人民政府的批复，对本单位负有事故责任的人员进行处理。

负有事故责任的人员涉嫌犯罪的，依法追究刑事责任。

第三十三条　事故发生单位应当认真吸取事故教训，落实防范和整改措施，防止事故再次发生。防范和整改措施的落实情况应当接受工会和职工的监督。

安全生产监督管理部门和负有安全生产监督管理职责的有关部门应当对事故发生单位落实防范和整改措施的情况进行监督检查。

第三十四条　事故处理的情况由负责事故调查的人民政府或者其授权的有关部门、机构向社会公布，依法应当保密的除外。

第五章　法律责任

第三十五条　事故发生单位主要负责人有下列行为之一的，处上一年年收入40%至80%的罚款；属于国家工作人员的，并依法给予处分；构成犯罪的，依法追究刑事责任：

(一)不立即组织事故抢救的；

(二)迟报或者漏报事故的；

(三)在事故调查处理期间擅离职守的。

第三十六条　事故发生单位及其有关人员有下列行为之一的，对事故发生单位处100万元以上500万元以下的罚款；对主要负责人、直接负责的主管人员和其他直接责任人员处上一年年收入60%至100%的罚款；属于国家工作人员的，并依法给予处分；构成违反治安管理行为的，由公安机关依法给予治安管理处罚；构成犯罪的，依法追究刑事责任：

(一)谎报或者瞒报事故的；

(二)伪造或者故意破坏事故现场的；

(三)转移、隐匿资金、财产，或者销毁有关证据、资料的；

(四)拒绝接受调查或者拒绝提供有关情况和资料的；

(五)在事故调查中作伪证或者指使他人作伪证的；

(六)事故发生后逃匿的。

第三十七条　事故发生单位对事故发生负有责任的，依照下列规定处以罚款：

(一)发生一般事故的，处10万元以上20万元以下的罚款；

(二)发生较大事故的，处20万元以上50万元以下的罚款；

(三)发生重大事故的，处50万元以上200万元以下的罚款；

(四)发生特别重大事故的，处200万元以上500万元以下的罚款。

第三十八条　事故发生单位主要负责人未依法履行安全生产管理职责，导致事故发生的，依照下列规定处以罚款；属于国家工作人员的，并依法给予处分；构成犯罪的，依法追究刑事责任：

(一)发生一般事故的，处上一年年收入30%的罚款；

(二)发生较大事故的，处上一年年收入40%的罚款；

(三)发生重大事故的，处上一年年收入60%的罚款；

(四)发生特别重大事故的，处上一年年收入80%的罚款。

第三十九条　有关地方人民政府、安全生产监督管理部门和负有安全生产监督管理职责的有关部门有下列行为之一的，对直接负责的主管人员和其他直接责任人员依法给予处分；构成犯罪的，依法追究刑事责任：

(一)不立即组织事故抢救的；

(二)迟报、漏报、谎报或者瞒报事故的；

(三)阻碍、干涉事故调查工作的；

(四)在事故调查中作伪证或者指使他人作伪证的。

第四十条　事故发生单位对事故发生负有责

任的,由有关部门依法暂扣或者吊销其有关证照;对事故发生单位负有事故责任的有关人员,依法暂停或者撤销其与安全生产有关的执业资格、岗位证书;事故发生单位主要负责人受到刑事处罚或者撤职处分的,自刑罚执行完毕或者受处分之日起,5年内不得担任任何生产经营单位的主要负责人。

为发生事故的单位提供虚假证明的中介机构,由有关部门依法暂扣或者吊销其有关证照及其相关人员的执业资格;构成犯罪的,依法追究刑事责任。

第四十一条 参与事故调查的人员在事故调查中有下列行为之一的,依法给予处分;构成犯罪的,依法追究刑事责任:

(一)对事故调查工作不负责任,致使事故调查工作有重大疏漏的;

(二)包庇、袒护负有事故责任的人员或者借机打击报复的。

第四十二条 违反本条例规定,有关地方人民政府或者有关部门故意拖延或者拒绝落实经批复的对事故责任人的处理意见的,由监察机关对有关责任人员依法给予处分。

第四十三条 本条例规定的罚款的行政处罚,由安全生产监督管理部门决定。

法律、行政法规对行政处罚的种类、幅度和决定机关另有规定的,依照其规定。

第六章 附 则

第四十四条 没有造成人员伤亡,但是社会影响恶劣的事故,国务院或者有关地方人民政府认为需要调查处理的,依照本条例的有关规定执行。

国家机关、事业单位、人民团体发生的事故的报告和调查处理,参照本条例的规定执行。

第四十五条 特别重大事故以下等级事故的报告和调查处理,有关法律、行政法规或者国务院另有规定的,依照其规定。

第四十六条 本条例自2007年6月1日起施行。国务院1989年3月29日公布的《特别重大事故调查程序暂行规定》和1991年2月22日公布的《企业职工伤亡事故报告和处理规定》同时废止。

生产安全事故应急条例

(2018年12月5日国务院第33次常务会议通过 2019年2月17日中华人民共和国国务院令第708号公布 自2019年4月1日起施行)

第一章 总 则

第一条 为了规范生产安全事故应急工作,保障人民群众生命和财产安全,根据《中华人民共和国安全生产法》和《中华人民共和国突发事件应对法》,制定本条例。

第二条 本条例适用于生产安全事故应急工作;法律、行政法规另有规定的,适用其规定。

第三条 国务院统一领导全国的生产安全事故应急工作,县级以上地方人民政府统一领导本行政区域内的生产安全事故应急工作。生产安全事故应急工作涉及两个以上行政区域的,由有关行政区域共同的上一级人民政府负责,或者由各有关行政区域的上一级人民政府共同负责。

县级以上人民政府应急管理部门和其他对有关行业、领域的安全生产工作实施监督管理的部门(以下统称负有安全生产监督管理职责的部门)在各自职责范围内,做好有关行业、领域的生产安全事故应急工作。

县级以上人民政府应急管理部门指导、协调本级人民政府其他负有安全生产监督管理职责的部门和下级人民政府的生产安全事故应急工作。

乡、镇人民政府以及街道办事处等地方人民政府派出机关应当协助上级人民政府有关部门依法履行生产安全事故应急工作职责。

第四条 生产经营单位应当加强生产安全事故应急工作,建立、健全生产安全事故应急工作责任制,其主要负责人对本单位的生产安全事故应急工作全面负责。

第二章 应急准备

第五条 县级以上人民政府及其负有安全生产监督管理职责的部门和乡、镇人民政府以及街道办事处等地方人民政府派出机关,应当针对可能发生的生产安全事故的特点和危害,进行风险辨识和评估,制定相应的生产安全事故应急救援预案,并依法向社会公布。

生产经营单位应当针对本单位可能发生的生产安全事故的特点和危害,进行风险辨识和评估,制定相应的生产安全事故应急救援预案,并向本单位从业人员公布。

第六条 生产安全事故应急救援预案应当符合有关法律、法规、规章和标准的规定,具有科学性、针对性和可操作性,明确规定应急组织体系、职责分工以及应急救援程序和措施。

有下列情形之一的,生产安全事故应急救援预案制定单位应当及时修订相关预案:

(一)制定预案所依据的法律、法规、规章、标准发生重大变化;

(二)应急指挥机构及其职责发生调整;

(三)安全生产面临的风险发生重大变化;

(四)重要应急资源发生重大变化;

(五)在预案演练或者应急救援中发现需要修订预案的重大问题;

(六)其他应当修订的情形。

第七条 县级以上人民政府负有安全生产监督管理职责的部门应当将其制定的生产安全事故应急救援预案报送本级人民政府备案;易燃易爆物品、危险化学品等危险物品的生产、经营、储存、运输单位,矿山、金属冶炼、城市轨道交通运营、建筑施工单位,以及宾馆、商场、娱乐场所、旅游景区等人员密集场所经营单位,应当将其制定的生产安全事故应急救援预案按照国家有关规定报送县级以上人民政府负有安全生产监督管理职责的部门备案,并依法向社会公布。

第八条 县级以上地方人民政府以及县级以上人民政府负有安全生产监督管理职责的部门,乡、镇人民政府以及街道办事处等地方人民政府派出机关,应当至少每2年组织1次生产安全事故应急救援预案演练。

易燃易爆物品、危险化学品等危险物品的生产、经营、储存、运输单位,矿山、金属冶炼、城市轨道交通运营、建筑施工单位,以及宾馆、商场、娱乐场所、旅游景区等人员密集场所经营单位,应当至少每半年组织1次生产安全事故应急救援预案演练,并将演练情况报送所在地县级以上地方人民政府负有安全生产监督管理职责的部门。

县级以上地方人民政府负有安全生产监督管理职责的部门应当对本行政区域内前款规定的重点生产经营单位的生产安全事故应急救援预案演练进行抽查;发现演练不符合要求的,应当责令限期改正。

第九条 县级以上人民政府应当加强对生产安全事故应急救援队伍建设的统一规划、组织和指导。

县级以上人民政府负有安全生产监督管理职责的部门根据生产安全事故应急工作的实际需要,在重点行业、领域单独建立或者依托有条件的生产经营单位、社会组织共同建立应急救援队伍。

国家鼓励和支持生产经营单位和其他社会力量建立提供社会化应急救援服务的应急救援队伍。

第十条 易燃易爆物品、危险化学品等危险物品的生产、经营、储存、运输单位,矿山、金属冶炼、城市轨道交通运营、建筑施工单位,以及宾馆、商场、娱乐场所、旅游景区等人员密集场所经营单位,应当建立应急救援队伍;其中,小型企业或者微型企业等规模较小的生产经营单位,可以不建立应急救援队伍,但应当指定兼职的应急救援人员,并且可以与邻近的应急救援队伍签订应急救援协议。

工业园区、开发区等产业聚集区域内的生产经营单位,可以联合建立应急救援队伍。

第十一条 应急救援队伍的应急救援人员应当具备必要的专业知识、技能、身体素质和心理素质。

应急救援队伍建立单位或者兼职应急救援人员所在单位应当按照国家有关规定对应急救援人员进行培训;应急救援人员经培训合格后,方可参加应急救援工作。

应急救援队伍应当配备必要的应急救援装备和物资,并定期组织训练。

第十二条 生产经营单位应当及时将本单位应急救援队伍建立情况按照国家有关规定报送县级以上人民政府负有安全生产监督管理职责的部门,并依法向社会公布。

县级以上人民政府负有安全生产监督管理职责的部门应当定期将本行业、本领域的应急救援队伍建立情况报送本级人民政府,并依法向社会公布。

第十三条 县级以上地方人民政府应当根据本行政区域内可能发生的生产安全事故的特点和危害,储备必要的应急救援装备和物资,并及时更新和补充。

易燃易爆物品、危险化学品等危险物品的生

产、经营、储存、运输单位，矿山、金属冶炼、城市轨道交通运营、建筑施工单位，以及宾馆、商场、娱乐场所、旅游景区等人员密集场所经营单位，应当根据本单位可能发生的生产安全事故的特点和危害，配备必要的灭火、排水、通风以及危险物品稀释、掩埋、收集等应急救援器材、设备和物资，并进行经常性维护、保养，保证正常运转。

第十四条 下列单位应当建立应急值班制度，配备应急值班人员：

（一）县级以上人民政府及其负有安全生产监督管理职责的部门；

（二）危险物品的生产、经营、储存、运输单位以及矿山、金属冶炼、城市轨道交通运营、建筑施工单位；

（三）应急救援队伍。

规模较大、危险性较高的易燃易爆物品、危险化学品等危险物品的生产、经营、储存、运输单位应当成立应急处置技术组，实行24小时应急值班。

第十五条 生产经营单位应当对从业人员进行应急教育和培训，保证从业人员具备必要的应急知识，掌握风险防范技能和事故应急措施。

第十六条 国务院负有安全生产监督管理职责的部门应当按照国家有关规定建立生产安全事故应急救援信息系统，并采取有效措施，实现数据互联互通、信息共享。

生产经营单位可以通过生产安全事故应急救援信息系统办理生产安全事故应急救援预案备案手续，报送应急救援预案演练情况和应急救援队伍建设情况；但依法需要保密的除外。

第三章 应急救援

第十七条 发生生产安全事故后，生产经营单位应当立即启动生产安全事故应急救援预案，采取下列一项或者多项应急救援措施，并按照国家有关规定报告事故情况：

（一）迅速控制危险源，组织抢救遇险人员；

（二）根据事故危害程度，组织现场人员撤离或者采取可能的应急措施后撤离；

（三）及时通知可能受到事故影响的单位和人员；

（四）采取必要措施，防止事故危害扩大和次生、衍生灾害发生；

（五）根据需要请求邻近的应急救援队伍参加救援，并向参加救援的应急救援队伍提供相关技术资料、信息和处置方法；

（六）维护事故现场秩序，保护事故现场和相关证据；

（七）法律、法规规定的其他应急救援措施。

第十八条 有关地方人民政府及其部门接到生产安全事故报告后，应当按照国家有关规定上报事故情况，启动相应的生产安全事故应急救援预案，并按照应急救援预案的规定采取下列一项或者多项应急救援措施：

（一）组织抢救遇险人员，救治受伤人员，研判事故发展趋势以及可能造成的危害；

（二）通知可能受到事故影响的单位和人员，隔离事故现场，划定警戒区域，疏散受到威胁的人员，实施交通管制；

（三）采取必要措施，防止事故危害扩大和次生、衍生灾害发生，避免或者减少事故对环境造成的危害；

（四）依法发布调用和征用应急资源的决定；

（五）依法向应急救援队伍下达救援命令；

（六）维护事故现场秩序，组织安抚遇险人员和遇险遇难人员亲属；

（七）依法发布有关事故情况和应急救援工作的信息；

（八）法律、法规规定的其他应急救援措施。

有关地方人民政府不能有效控制生产安全事故的，应当及时向上级人民政府报告。上级人民政府应当及时采取措施，统一指挥应急救援。

第十九条 应急救援队伍接到有关人民政府及其部门的救援命令或者签有应急救援协议的生产经营单位的救援请求后，应当立即参加生产安全事故应急救援。

应急救援队伍根据救援命令参加生产安全事故应急救援所耗费用，由事故责任单位承担；事故责任单位无力承担的，由有关人民政府协调解决。

第二十条 发生生产安全事故后，有关人民政府认为有必要的，可以设立由本级人民政府及其有关部门负责人、应急救援专家、应急救援队伍负责人、事故发生单位负责人等人员组成的应急救援现场指挥部，并指定现场指挥部总指挥。

第二十一条 现场指挥部实行总指挥负责制，按照本级人民政府的授权组织制定并实施生产安全事故现场应急救援方案,协调、指挥有关单位和个人参加现场应急救援。

参加生产安全事故现场应急救援的单位和个人应当服从现场指挥部的统一指挥。

第二十二条 在生产安全事故应急救援过程中,发现可能直接危及应急救援人员生命安全的紧急情况时,现场指挥部或者统一指挥应急救援的人民政府应当立即采取相应措施消除隐患,降低或者化解风险,必要时可以暂时撤离应急救援人员。

第二十三条 生产安全事故发生地人民政府应当为应急救援人员提供必需的后勤保障,并组织通信、交通运输、医疗卫生、气象、水文、地质、电力、供水等单位协助应急救援。

第二十四条 现场指挥部或者统一指挥生产安全事故应急救援的人民政府及其有关部门应当完整、准确地记录应急救援的重要事项,妥善保存相关原始资料和证据。

第二十五条 生产安全事故的威胁和危害得到控制或者消除后,有关人民政府应当决定停止执行依照本条例和有关法律、法规采取的全部或者部分应急救援措施。

第二十六条 有关人民政府及其部门根据生产安全事故应急救援需要依法调用和征用的财产,在使用完毕或者应急救援结束后,应当及时归还。财产被调用、征用或者调用、征用后毁损、灭失的,有关人民政府及其部门应当按照国家有关规定给予补偿。

第二十七条 按照国家有关规定成立的生产安全事故调查组应当对应急救援工作进行评估,并在事故调查报告中作出评估结论。

第二十八条 县级以上地方人民政府应当按照国家有关规定,对在生产安全事故应急救援中伤亡的人员及时给予救治和抚恤;符合烈士评定条件的,按照国家有关规定评定为烈士。

第四章 法律责任

第二十九条 地方各级人民政府和街道办事处等地方人民政府派出机关以及县级以上人民政府有关部门违反本条例规定的,由其上级行政机关责令改正;情节严重的,对直接负责的主管人员和其他直接责任人员依法给予处分。

第三十条 生产经营单位未制定生产安全事故应急救援预案、未定期组织应急救援预案演练、未对从业人员进行应急教育和培训,生产经营单位的主要负责人在本单位发生生产安全事故时不立即组织抢救的,由县级以上人民政府负有安全生产监督管理职责的部门依照《中华人民共和国安全生产法》有关规定追究法律责任。

第三十一条 生产经营单位未对应急救援器材、设备和物资进行经常性维护、保养,导致发生严重生产安全事故或者生产安全事故危害扩大,或者在本单位发生生产安全事故后未立即采取相应的应急救援措施,造成严重后果的,由县级以上人民政府负有安全生产监督管理职责的部门依照《中华人民共和国突发事件应对法》有关规定追究法律责任。

第三十二条 生产经营单位未将生产安全事故应急救援预案报送备案、未建立应急值班制度或者配备应急值班人员的,由县级以上人民政府负有安全生产监督管理职责的部门责令限期改正;逾期未改正的,处3万元以上5万元以下的罚款,对直接负责的主管人员和其他直接责任人员处1万元以上2万元以下的罚款。

第三十三条 违反本条例规定,构成违反治安管理行为的,由公安机关依法给予处罚;构成犯罪的,依法追究刑事责任。

第五章 附 则

第三十四条 储存、使用易燃易爆物品、危险化学品等危险物品的科研机构、学校、医院等单位的安全事故应急工作,参照本条例有关规定执行。

第三十五条 本条例自2019年4月1日起施行。

中华人民共和国刑法①

(1979年7月1日第五届全国人民代表大会第二次会议通过 1997年3月14日第八届全国人民代表大会第五次会议修订 1997年3月14日中华人民共和国主席令第83号公布 自1997年10月1日起施行)

目　　录

第一编　总　　则
第一章　刑法的任务、基本原则和适用范围
第二章　犯　　罪
　第一节　犯罪和刑事责任
　第二节　犯罪的预备、未遂和中止
　第三节　共同犯罪
　第四节　单位犯罪
第三章　刑　　罚
　第一节　刑罚的种类
　第二节　管　　制
　第三节　拘　　役
　第四节　有期徒刑、无期徒刑
　第五节　死　　刑
　第六节　罚　　金
　第七节　剥夺政治权利
　第八节　没收财产
第四章　刑罚的具体运用
　第一节　量　　刑
　第二节　累　　犯
　第三节　自首和立功
　第四节　数罪并罚
　第五节　缓　　刑
　第六节　减　　刑
　第七节　假　　释
　第八节　时　　效
第五章　其他规定
第二编　分　　则
第一章　危害国家安全罪
第二章　危害公共安全罪
第三章　破坏社会主义市场经济秩序罪
　第一节　生产、销售伪劣商品罪
　第二节　走私罪
　第三节　妨害对公司、企业的管理秩序罪
　第四节　破坏金融管理秩序罪
　第五节　金融诈骗罪
　第六节　危害税收征管罪
　第七节　侵犯知识产权罪
　第八节　扰乱市场秩序罪
第四章　侵犯公民人身权利、民主权利罪
第五章　侵犯财产罪
第六章　妨害社会管理秩序罪
　第一节　扰乱公共秩序罪

① 根据1998年12月29日第九届全国人民代表大会常务委员会第六次会议通过的《全国人民代表大会常务委员会关于惩治骗购外汇、逃汇和非法买卖外汇犯罪的决定》、1999年12月25日第九届全国人民代表大会常务委员会第十三次会议通过的《中华人民共和国刑法修正案》、2001年8月31日第九届全国人民代表大会常务委员会第二十三次会议通过的《中华人民共和国刑法修正案(二)》、2001年12月29日第九届全国人民代表大会常务委员会第二十五次会议通过的《中华人民共和国刑法修正案(三)》、2002年12月28日第九届全国人民代表大会常务委员会第三十一次会议通过的《中华人民共和国刑法修正案(四)》、2005年2月28日第十届全国人民代表大会常务委员会第十四次会议通过的《中华人民共和国刑法修正案(五)》、2006年6月29日第十届全国人民代表大会常务委员会第二十二次会议通过的《中华人民共和国刑法修正案(六)》、2009年2月28日第十一届全国人民代表大会常务委员会第七次会议通过的《中华人民共和国刑法修正案(七)》、2009年8月27日第十一届全国人民代表大会常务委员会第十次会议通过的《关于修改部分法律的决定》、2011年2月25日第十一届全国人民代表大会常务委员会第十九次会议通过的《中华人民共和国刑法修正案(八)》、2015年8月29日第十二届全国人民代表大会常务委员会第十六次会议通过的《中华人民共和国刑法修正案(九)》、2017年11月4日第十二届全国人民代表大会常务委员会第三十次会议通过的《中华人民共和国刑法修正案(十)》、2020年12月26日第十三届全国人民代表大会常务委员会第二十四次会议通过的《中华人民共和国刑法修正案(十一)》修正。

另,总则部分、刑法修正案(十一)条文主旨为编者所加,分则其他条文主旨是根据司法解释确定罪名所加。

第二节 妨害司法罪
第三节 妨害国(边)境管理罪
第四节 妨害文物管理罪
第五节 危害公共卫生罪
第六节 破坏环境资源保护罪
第七节 走私、贩卖、运输、制造毒品罪
第八节 组织、强迫、引诱、容留、介绍卖淫罪
第九节 制作、贩卖、传播淫秽物品罪
第七章 危害国防利益罪
第八章 贪污贿赂罪
第九章 渎职罪
第十章 军人违反职责罪
附 则

第一编 总 则

第一章 刑法的任务、基本原则和适用范围

第一条 【立法宗旨】为了惩罚犯罪,保护人民,根据宪法,结合我国同犯罪作斗争的具体经验及实际情况,制定本法。

第二条 【本法任务】中华人民共和国刑法的任务,是用刑罚同一切犯罪行为作斗争,以保卫国家安全,保卫人民民主专政的政权和社会主义制度,保护国有财产和劳动群众集体所有的财产,保护公民私人所有的财产,保护公民的人身权利、民主权利和其他权利,维护社会秩序、经济秩序,保障社会主义建设事业的顺利进行。

第三条 【罪刑法定】法律明文规定为犯罪行为的,依照法律定罪处刑;法律没有明文规定为犯罪行为的,不得定罪处刑。

第四条 【适用刑法人人平等】对任何人犯罪,在适用法律上一律平等。不允许任何人有超越法律的特权。

第五条 【罪责刑相适应】刑罚的轻重,应当与犯罪分子所犯罪行和承担的刑事责任相适应。

第六条 【属地管辖权】凡在中华人民共和国领域内犯罪的,除法律有特别规定的以外,都适用本法。

凡在中华人民共和国船舶或者航空器内犯罪的,也适用本法。

犯罪的行为或者结果有一项发生在中华人民共和国领域内的,就认为是在中华人民共和国领域内犯罪。

第七条 【属人管辖权】中华人民共和国公民在中华人民共和国领域外犯本法规定之罪的,适用本法,但是按本法规定的最高刑为三年以下有期徒刑的,可以不予追究。

中华人民共和国国家工作人员和军人在中华人民共和国领域外犯本法规定之罪的,适用本法。

第八条 【保护管辖权】外国人在中华人民共和国领域外对中华人民共和国国家或者公民犯罪,而按本法规定的最低刑为三年以上有期徒刑的,可以适用本法,但是按照犯罪地的法律不受处罚的除外。

第九条 【普遍管辖权】对于中华人民共和国缔结或者参加的国际条约所规定的罪行,中华人民共和国在所承担条约义务的范围内行使刑事管辖权的,适用本法。

第十条 【对外国刑事判决的消极承认】凡在中华人民共和国领域外犯罪,依照本法应当负刑事责任的,虽然经过外国审判,仍然可以依照本法追究,但是在外国已经受过刑罚处罚的,可以免除或者减轻处罚。

第十一条 【外交代表刑事管辖豁免】享有外交特权和豁免权的外国人的刑事责任,通过外交途径解决。

第十二条 【刑法溯及力】中华人民共和国成立以后本法施行以前的行为,如果当时的法律不认为是犯罪的,适用当时的法律;如果当时的法律认为是犯罪的,依照本法总则第四章第八节的规定应当追诉的,按照当时的法律追究刑事责任,但是如果本法不认为是犯罪或者处刑较轻的,适用本法。

本法施行以前,依照当时的法律已经作出的生效判决,继续有效。

第二章 犯 罪

第一节 犯罪和刑事责任

第十三条 【犯罪概念】一切危害国家主权、领土完整和安全,分裂国家、颠覆人民民主专政的政权和推翻社会主义制度,破坏社会秩序和经济秩序,侵犯国有财产或者劳动群众集体所有的财产,

侵犯公民私人所有的财产，侵犯公民的人身权利、民主权利和其他权利，以及其他危害社会的行为，依照法律应当受刑罚处罚的，都是犯罪，但是情节显著轻微危害不大的，不认为是犯罪。

第十四条　【故意犯罪】明知自己的行为会发生危害社会的结果，并且希望或者放任这种结果发生，因而构成犯罪的，是故意犯罪。

故意犯罪，应当负刑事责任。

第十五条　【过失犯罪】应当预见自己的行为可能发生危害社会的结果，因为疏忽大意而没有预见，或者已经预见而轻信能够避免，以致发生这种结果的，是过失犯罪。

过失犯罪，法律有规定的才负刑事责任。

第十六条　【不可抗力和意外事件】行为在客观上虽然造成了损害结果，但是不是出于故意或者过失，而是由于不能抗拒或者不能预见的原因所引起的，不是犯罪。

第十七条　【刑事责任年龄】已满十六周岁的人犯罪，应当负刑事责任。

已满十四周岁不满十六周岁的人，犯故意杀人、故意伤害致人重伤或者死亡、强奸、抢劫、贩卖毒品、放火、爆炸、投放危险物质罪的，应当负刑事责任。

已满十二周岁不满十四周岁的人，犯故意杀人、故意伤害罪，致人死亡或者以特别残忍手段致人重伤造成严重残疾，情节恶劣，经最高人民检察院核准追诉的，应当负刑事责任。

对依照前三款规定追究刑事责任的不满十八周岁的人，应当从轻或者减轻处罚。

因不满十六周岁不予刑事处罚的，责令其父母或者其他监护人加以管教；在必要的时候，依法进行专门矫治教育。

第十七条之一　【已满七十五周岁的人的刑事责任】已满七十五周岁的人故意犯罪的，可以从轻或者减轻处罚；过失犯罪的，应当从轻或者减轻处罚。

第十八条　【特殊人员的刑事责任能力】精神病人在不能辨认或者不能控制自己行为的时候造成危害结果，经法定程序鉴定确认的，不负刑事责任，但是应当责令他的家属或者监护人严加看管和医疗；在必要的时候，由政府强制医疗。

间歇性的精神病人在精神正常的时候犯罪，应当负刑事责任。

尚未完全丧失辨认或者控制自己行为能力的精神病人犯罪的，应当负刑事责任，但是可以从轻或者减轻处罚。

醉酒的人犯罪，应当负刑事责任。

第十九条　【又聋又哑的人或盲人犯罪的刑事责任】又聋又哑的人或者盲人犯罪，可以从轻、减轻或者免除处罚。

第二十条　【正当防卫】为了使国家、公共利益、本人或者他人的人身、财产和其他权利免受正在进行的不法侵害，而采取的制止不法侵害的行为，对不法侵害人造成损害的，属于正当防卫，不负刑事责任。

正当防卫明显超过必要限度造成重大损害的，应当负刑事责任，但是应当减轻或者免除处罚。

对正在进行行凶、杀人、抢劫、强奸、绑架以及其他严重危及人身安全的暴力犯罪，采取防卫行为，造成不法侵害人伤亡的，不属于防卫过当，不负刑事责任。

第二十一条　【紧急避险】为了使国家、公共利益、本人或者他人的人身、财产和其他权利免受正在发生的危险，不得已采取的紧急避险行为，造成损害的，不负刑事责任。

紧急避险超过必要限度造成不应有的损害的，应当负刑事责任，但是应当减轻或者免除处罚。

第一款中关于避免本人危险的规定，不适用于职务上、业务上负有特定责任的人。

第二节　犯罪的预备、未遂和中止

第二十二条　【犯罪预备】为了犯罪，准备工具、制造条件的，是犯罪预备。

对于预备犯，可以比照既遂犯从轻、减轻处罚或者免除处罚。

第二十三条　【犯罪未遂】已经着手实行犯罪，由于犯罪分子意志以外的原因而未得逞的，是犯罪未遂。

对于未遂犯，可以比照既遂犯从轻或者减轻处罚。

第二十四条　【犯罪中止】在犯罪过程中，自动放弃犯罪或者自动有效地防止犯罪结果发生的，是犯罪中止。

对于中止犯，没有造成损害的，应当免除处罚；造成损害的，应当减轻处罚。

第三节 共同犯罪

第二十五条 【共同犯罪概念】共同犯罪是指二人以上共同故意犯罪。

二人以上共同过失犯罪,不以共同犯罪论处;应当负刑事责任的,按照他们所犯的罪分别处罚。

第二十六条 【主犯】组织、领导犯罪集团进行犯罪活动的或者在共同犯罪中起主要作用的,是主犯。

三人以上为共同实施犯罪而组成的较为固定的犯罪组织,是犯罪集团。

对组织、领导犯罪集团的首要分子,按照集团所犯的全部罪行处罚。

对于第三款规定以外的主犯,应当按照其所参与的或者组织、指挥的全部犯罪处罚。

第二十七条 【从犯】在共同犯罪中起次要或者辅助作用的,是从犯。

对于从犯,应当从轻、减轻处罚或者免除处罚。

第二十八条 【胁从犯】对于被胁迫参加犯罪的,应当按照他的犯罪情节减轻处罚或者免除处罚。

第二十九条 【教唆犯】教唆他人犯罪的,应当按照他在共同犯罪中所起的作用处罚。教唆不满十八周岁的人犯罪的,应当从重处罚。

如果被教唆的人没有犯被教唆的罪,对于教唆犯,可以从轻或者减轻处罚。

第四节 单位犯罪

第三十条 【单位负刑事责任的范围】公司、企业、事业单位、机关、团体实施的危害社会的行为,法律规定为单位犯罪的,应当负刑事责任。

第三十一条 【单位犯罪的处罚原则】单位犯罪的,对单位判处罚金,并对其直接负责的主管人员和其他直接责任人员判处刑罚。本法分则和其他法律另有规定的,依照规定。

第三章 刑 罚

第一节 刑罚的种类

第三十二条 【主刑和附加刑】刑罚分为主刑和附加刑。

第三十三条 【主刑种类】主刑的种类如下:

(一) 管制;

(二) 拘役;

(三) 有期徒刑;

(四) 无期徒刑;

(五) 死刑。

第三十四条 【附加刑种类】附加刑的种类如下:

(一) 罚金;

(二) 剥夺政治权利;

(三) 没收财产。

附加刑也可以独立适用。

第三十五条 【驱逐出境】对于犯罪的外国人,可以独立适用或者附加适用驱逐出境。

第三十六条 【赔偿经济损失与民事优先原则】由于犯罪行为而使被害人遭受经济损失的,对犯罪分子除依法给予刑事处罚外,并应根据情况判处赔偿经济损失。

承担民事赔偿责任的犯罪分子,同时被判处罚金,其财产不足以全部支付的,或者被判处没收财产的,应当先承担对被害人的民事赔偿责任。

第三十七条 【非刑罚性处置措施】对于犯罪情节轻微不需要判处刑罚的,可以免予刑事处罚,但是可以根据案件的不同情况,予以训诫或者责令具结悔过、赔礼道歉、赔偿损失,或者由主管部门予以行政处罚或者行政处分。

第三十七条之一 【利用职业便利实施犯罪的禁业限制】因利用职业便利实施犯罪,或者实施违背职业要求的特定义务的犯罪被判处刑罚的,人民法院可以根据犯罪情况和预防再犯罪的需要,禁止其自刑罚执行完毕之日或者假释之日起从事相关职业,期限为三年至五年。

被禁止从事相关职业的人违反人民法院依照前款规定作出的决定的,由公安机关依法给予处罚;情节严重的,依照本法第三百一十三条的规定定罪处罚。

其他法律、行政法规对其从事相关职业另有禁止或者限制性规定的,从其规定。

第二节 管 制

第三十八条 【管制的期限与执行机关】管制的期限,为三个月以上二年以下。

判处管制,可以根据犯罪情况,同时禁止犯罪分子在执行期间从事特定活动,进入特定区域、场所,接触特定的人。

对判处管制的犯罪分子,依法实行社区矫正。

违反第二款规定的禁止令的,由公安机关依照《中华人民共和国治安管理处罚法》的规定处罚。

第三十九条 【被管制罪犯的义务与权利】被判处管制的犯罪分子,在执行期间,应当遵守下列规定:

(一)遵守法律、行政法规,服从监督;

(二)未经执行机关批准,不得行使言论、出版、集会、结社、游行、示威自由的权利;

(三)按照执行机关规定报告自己的活动情况;

(四)遵守执行机关关于会客的规定;

(五)离开所居住的市、县或者迁居,应当报经执行机关批准。

对于被判处管制的犯罪分子,在劳动中应当同工同酬。

第四十条 【管制期满解除】被判处管制的犯罪分子,管制期满,执行机关应即向本人和其所在单位或者居住地的群众宣布解除管制。

第四十一条 【管制刑期的计算和折抵】管制的刑期,从判决执行之日起计算;判决执行以前先行羁押的,羁押一日折抵刑期二日。

第三节 拘 役

第四十二条 【拘役的期限】拘役的期限,为一个月以上六个月以下。

第四十三条 【拘役的执行】被判处拘役的犯罪分子,由公安机关就近执行。

在执行期间,被判处拘役的犯罪分子每月可以回家一天至两天;参加劳动的,可以酌量发给报酬。

第四十四条 【拘役刑期的计算和折抵】拘役的刑期,从判决执行之日起计算;判决执行以前先行羁押的,羁押一日折抵刑期一日。

第四节 有期徒刑、无期徒刑

第四十五条 【有期徒刑的期限】有期徒刑的期限,除本法第五十条、第六十九条规定外,为六个月以上十五年以下。

第四十六条 【有期徒刑与无期徒刑的执行】被判处有期徒刑、无期徒刑的犯罪分子,在监狱或者其他执行场所执行;凡有劳动能力的,都应当参加劳动,接受教育和改造。

第四十七条 【有期徒刑刑期的计算与折抵】有期徒刑的刑期,从判决执行之日起计算;判决执行以前先行羁押的,羁押一日折抵刑期一日。

第五节 死 刑

第四十八条 【死刑、死缓的适用对象及核准程序】死刑只适用于罪行极其严重的犯罪分子。对于应当判处死刑的犯罪分子,如果不是必须立即执行的,可以判处死刑同时宣告缓期二年执行。

死刑除依法由最高人民法院判决的以外,都应当报请最高人民法院核准。死刑缓期执行的,可以由高级人民法院判决或者核准。

第四十九条 【死刑适用对象的限制】犯罪的时候不满十八周岁的人和审判的时候怀孕的妇女,不适用死刑。

审判的时候已满七十五周岁的人,不适用死刑,但以特别残忍手段致人死亡的除外。

第五十条 【死缓变更】判处死刑缓期执行的,在死刑缓期执行期间,如果没有故意犯罪,二年期满以后,减为无期徒刑;如果确有重大立功表现,二年期满以后,减为二十五年有期徒刑;如果故意犯罪,情节恶劣的,报请最高人民法院核准后执行死刑;对于故意犯罪未执行死刑的,死刑缓期执行的期间重新计算,并报最高人民法院备案。

对被判处死刑缓期执行的累犯以及因故意杀人、强奸、抢劫、绑架、放火、爆炸、投放危险物质或者有组织的暴力性犯罪被判处死刑缓期执行的犯罪分子,人民法院根据犯罪情节等情况可以同时决定对其限制减刑。

第五十一条 【死缓期间及减为有期徒刑的刑期计算】死刑缓期执行的期间,从判决确定之日起计算。死刑缓期执行减为有期徒刑的刑期,从死刑缓期执行期满之日起计算。

第六节 罚 金

第五十二条 【罚金数额的裁量】判处罚金,应当根据犯罪情节决定罚金数额。

第五十三条 【罚金的缴纳】罚金在判决指定的期限内一次或者分期缴纳。期满不缴纳的,强制缴纳。对于不能全部缴纳罚金的,人民法院在任何时候发现被执行人有可以执行的财产,应当随时追缴。

由于遭遇不能抗拒的灾祸等原因缴纳确实有

困难的,经人民法院裁定,可以延期缴纳、酌情减少或者免除。

第七节 剥夺政治权利

第五十四条 【剥夺政治权利的含义】剥夺政治权利是剥夺下列权利:

(一)选举权和被选举权;

(二)言论、出版、集会、结社、游行、示威自由的权利;

(三)担任国家机关职务的权利;

(四)担任国有公司、企业、事业单位和人民团体领导职务的权利。

第五十五条 【剥夺政治权利的期限】剥夺政治权利的期限,除本法第五十七条规定外,为一年以上五年以下。

判处管制附加剥夺政治权利的,剥夺政治权利的期限与管制的期限相等,同时执行。

第五十六条 【剥夺政治权利的附加、独立适用】对于危害国家安全的犯罪分子应当附加剥夺政治权利;对于故意杀人、强奸、放火、爆炸、投毒、抢劫等严重破坏社会秩序的犯罪分子,可以附加剥夺政治权利。

独立适用剥夺政治权利的,依照本法分则的规定。

第五十七条 【对死刑、无期徒刑犯罪剥夺政治权利的适用】对于被判处死刑、无期徒刑的犯罪分子,应当剥夺政治权利终身。

在死刑缓期执行减为有期徒刑或者无期徒刑减为有期徒刑的时候,应当把附加剥夺政治权利的期限改为三年以上十年以下。

第五十八条 【剥夺政治权利的刑期计算、效力与执行】附加剥夺政治权利的刑期,从徒刑、拘役执行完毕之日或者从假释之日起计算;剥夺政治权利的效力当然施用于主刑执行期间。

被剥夺政治权利的犯罪分子,在执行期间,应当遵守法律、行政法规和国务院公安部门有关监督管理的规定,服从监督;不得行使本法第五十四条规定的各项权利。

第八节 没收财产

第五十九条 【没收财产的范围】没收财产是没收犯罪分子个人所有财产的一部或者全部。没收全部财产的,应当对犯罪分子个人及其扶养的家属保留必需的生活费用。

在判处没收财产的时候,不得没收属于犯罪分子家属所有或者应有的财产。

第六十条 【以没收的财产偿还债务】没收财产以前犯罪分子所负的正当债务,需要以没收的财产偿还的,经债权人请求,应当偿还。

第四章 刑罚的具体运用

第一节 量 刑

第六十一条 【量刑的一般原则】对于犯罪分子决定刑罚的时候,应当根据犯罪的事实、犯罪的性质、情节和对于社会的危害程度,依照本法的有关规定判处。

第六十二条 【从重处罚与从轻处罚】犯罪分子具有本法规定的从重处罚、从轻处罚情节的,应当在法定刑的限度以内判处刑罚。

第六十三条 【减轻处罚】犯罪分子具有本法规定的减轻处罚情节的,应当在法定刑以下判处刑罚;本法规定有数个量刑幅度的,应当在法定量刑幅度的下一个量刑幅度内判处刑罚。

犯罪分子虽然不具有本法规定的减轻处罚情节,但是根据案件的特殊情况,经最高人民法院核准,也可以在法定刑以下判处刑罚。

第六十四条 【犯罪物品的处理】犯罪分子违法所得的一切财物,应当予以追缴或者责令退赔;对被害人的合法财产,应当及时返还;违禁品和供犯罪所用的本人财物,应当予以没收。没收的财物和罚金,一律上缴国库,不得挪用和自行处理。

第二节 累 犯

第六十五条 【一般累犯】被判处有期徒刑以上刑罚的犯罪分子,刑罚执行完毕或者赦免以后,在五年以内再犯应当判处有期徒刑以上刑罚之罪的,是累犯,应当从重处罚,但是过失犯罪和不满十八周岁的人犯罪的除外。

前款规定的期限,对于被假释的犯罪分子,从假释期满之日起计算。

第六十六条 【特别累犯】危害国家安全犯罪、恐怖活动犯罪、黑社会性质的组织犯罪的犯罪分子,在刑罚执行完毕或者赦免以后,在任何时候再犯上述任一类罪的,都以累犯论处。

第三节 自首和立功

第六十七条 【自首和坦白】犯罪以后自动投案,如实供述自己的罪行的,是自首。对于自首的犯罪分子,可以从轻或者减轻处罚。其中,犯罪较轻的,可以免除处罚。

被采取强制措施的犯罪嫌疑人、被告人和正在服刑的罪犯,如实供述司法机关还未掌握的本人其他罪行的,以自首论。

犯罪嫌疑人虽不具有前两款规定的自首情节,但是如实供述自己罪行的,可以从轻处罚;因其如实供述自己罪行,避免特别严重后果发生的,可以减轻处罚。

第六十八条 【立功】犯罪分子有揭发他人犯罪行为,查证属实的,或者提供重要线索,从而得以侦破其他案件等立功表现的,可以从轻或者减轻处罚;有重大立功表现的,可以减轻或者免除处罚。

第四节 数罪并罚

第六十九条 【数罪并罚的一般原则】判决宣告以前一人犯数罪的,除判处死刑和无期徒刑的以外,应当在总和刑期以下、数刑中最高刑期以上,酌情决定执行的刑期,但是管制最高不能超过三年,拘役最高不能超过一年,有期徒刑总和刑期不满三十五年的,最高不能超过二十年,总和刑期在三十五年以上的,最高不能超过二十五年。

数罪中有判处有期徒刑和拘役的,执行有期徒刑。数罪中有判处有期徒刑和管制,或者拘役和管制的,有期徒刑、拘役执行完毕后,管制仍须执行。

数罪中有判处附加刑的,附加刑仍须执行,其中附加刑种类相同的,合并执行,种类不同的,分别执行。

第七十条 【判决宣告后发现漏罪的并罚】判决宣告以后,刑罚执行完毕以前,发现被判刑的犯罪分子在判决宣告以前还有其他罪没有判决的,应当对新发现的罪作出判决,把前后两个判决所判处的刑罚,依照本法第六十九条的规定,决定执行的刑罚。已经执行的刑期,应当计算在新判决决定的刑期以内。

第七十一条 【判决宣告后又犯新罪的并罚】判决宣告以后,刑罚执行完毕以前,被判刑的犯罪分子又犯罪的,应当对新犯的罪作出判决,把前罪没有执行的刑罚和后罪所判处的刑罚,依照本法第六十九条的规定,决定执行的刑罚。

第五节 缓刑

第七十二条 【缓刑的适用条件】对于被判处拘役、三年以下有期徒刑的犯罪分子,同时符合下列条件的,可以宣告缓刑,对其中不满十八周岁的人、怀孕的妇女和已满七十五周岁的人,应当宣告缓刑:

(一)犯罪情节较轻;

(二)有悔罪表现;

(三)没有再犯罪的危险;

(四)宣告缓刑对所居住社区没有重大不良影响。

宣告缓刑,可以根据犯罪情况,同时禁止犯罪分子在缓刑考验期限内从事特定活动,进入特定区域、场所,接触特定的人。

被宣告缓刑的犯罪分子,如果被判处附加刑,附加刑仍须执行。

第七十三条 【缓刑的考验期限】拘役的缓刑考验期限为原判刑期以上一年以下,但是不能少于二个月。

有期徒刑的缓刑考验期限为原判刑期以上五年以下,但是不能少于一年。

缓刑考验期限,从判决确定之日起计算。

第七十四条 【累犯不适用缓刑】对于累犯和犯罪集团的首要分子,不适用缓刑。

第七十五条 【缓刑犯应遵守的规定】被宣告缓刑的犯罪分子,应当遵守下列规定:

(一)遵守法律、行政法规,服从监督;

(二)按照考察机关的规定报告自己的活动情况;

(三)遵守考察机关关于会客的规定;

(四)离开所居住的市、县或者迁居,应当报经考察机关批准。

第七十六条 【缓刑的考验及其积极后果】对宣告缓刑的犯罪分子,在缓刑考验期限内,依法实行社区矫正,如果没有本法第七十七条规定的情形,缓刑考验期满,原判的刑罚就不再执行,并公开予以宣告。

第七十七条 【缓刑的撤销及其处理】被宣告缓刑的犯罪分子,在缓刑考验期限内犯新罪或者发现判决宣告以前还有其他罪没有判决的,应当撤销缓刑,对新犯的罪或者新发现的罪作出判决,把前罪和后罪所判处的刑罚,依照本法第六十九条的规定,决定执行的刑罚。

被宣告缓刑的犯罪分子,在缓刑考验期限内,违反法律、行政法规或者国务院有关部门关于缓刑的监督管理规定,或者违反人民法院判决中的禁止令,情节严重的,应当撤销缓刑,执行原判刑罚。

第六节 减 刑

第七十八条 【减刑条件与限度】被判处管制、拘役、有期徒刑、无期徒刑的犯罪分子,在执行期间,如果认真遵守监规,接受教育改造,确有悔改表现的,或者有立功表现的,可以减刑;有下列重大立功表现之一的,应当减刑:

(一) 阻止他人重大犯罪活动的;

(二) 检举监狱内外重大犯罪活动,经查证属实的;

(三) 有发明创造或者重大技术革新的;

(四) 在日常生产、生活中舍己救人的;

(五) 在抗御自然灾害或者排除重大事故中,有突出表现的;

(六) 对国家和社会有其他重大贡献的。

减刑以后实际执行的刑期不能少于下列期限:

(一)判处管制、拘役、有期徒刑的,不能少于原判刑期的二分之一;

(二)判处无期徒刑的,不能少于十三年;

(三)人民法院依照本法第五十条第二款规定限制减刑的死刑缓期执行的犯罪分子,缓期执行期满后依法减为无期徒刑的,不能少于二十五年,缓期执行期满后依法减为二十五年有期徒刑的,不能少于二十年。

第七十九条 【减刑程序】对于犯罪分子的减刑,由执行机关向中级以上人民法院提出减刑建议书。人民法院应当组成合议庭进行审理,对确有悔改或者立功事实的,裁定予以减刑。非经法定程序不得减刑。

第八十条 【无期徒刑减刑的刑期计算】无期徒刑减为有期徒刑的刑期,从裁定减刑之日起计算。

第七节 假 释

第八十一条 【假释的适用条件】被判处有期徒刑的犯罪分子,执行原判刑期二分之一以上,被判处无期徒刑的犯罪分子,实际执行十三年以上,如果认真遵守监规,接受教育改造,确有悔改表现,没有再犯罪的危险的,可以假释。如果有特殊情况,经最高人民法院核准,可以不受上述执行刑期的限制。

对累犯以及因故意杀人、强奸、抢劫、绑架、放火、爆炸、投放危险物质或者有组织的暴力性犯罪被判处十年以上有期徒刑、无期徒刑的犯罪分子,不得假释。

对犯罪分子决定假释时,应当考虑其假释后对所居住社区的影响。

第八十二条 【假释的程序】对于犯罪分子的假释,依照本法第七十九条规定的程序进行。非经法定程序不得假释。

第八十三条 【假释的考验期限】有期徒刑的假释考验期限,为没有执行完毕的刑期;无期徒刑的假释考验期限为十年。

假释考验期限,从假释之日起计算。

第八十四条 【假释犯应遵守的规定】被宣告假释的犯罪分子,应当遵守下列规定:

(一) 遵守法律、行政法规,服从监督;

(二) 按照监督机关的规定报告自己的活动情况;

(三) 遵守监督机关关于会客的规定;

(四) 离开所居住的市、县或者迁居,应当报经监督机关批准。

第八十五条 【假释考验及其积极后果】对假释的犯罪分子,在假释考验期限内,依法实行社区矫正,如果没有本法第八十六条规定的情形,假释考验期满,就认为原判刑罚已经执行完毕,并公开予以宣告。

第八十六条 【假释的撤销及其处理】被假释的犯罪分子,在假释考验期限内犯新罪,应当撤销假释,依照本法第七十一条的规定实行数罪并罚。

在假释考验期限内,发现被假释的犯罪分子在判决宣告以前还有其他罪没有判决的,应当撤销假释,依照本法第七十条的规定实行数罪并罚。

被假释的犯罪分子,在假释考验期限内,有违反法律、行政法规或者国务院有关部门关于假释的监督管理规定的行为,尚未构成新的犯罪的,应当依照法定程序撤销假释,收监执行未执行完毕的刑罚。

第八节 时　　效

第八十七条 【追诉时效期限】犯罪经过下列期限不再追诉:

(一) 法定最高刑为不满五年有期徒刑的,经过五年;

(二) 法定最高刑为五年以上不满十年有期徒刑的,经过十年;

(三) 法定最高刑为十年以上有期徒刑的,经过十五年;

(四) 法定最高刑为无期徒刑、死刑的,经过二十年。如果二十年以后认为必须追诉的,须报请最高人民检察院核准。

第八十八条 【不受追诉时效限制】在人民检察院、公安机关、国家安全机关立案侦查或者在人民法院受理案件以后,逃避侦查或者审判的,不受追诉期限的限制。

被害人在追诉期限内提出控告,人民法院、人民检察院、公安机关应当立案而不予立案的,不受追诉期限的限制。

第八十九条 【追诉期限的计算与中断】追诉期限从犯罪之日起计算;犯罪行为有连续或者继续状态的,从犯罪行为终了之日起计算。

在追诉期限以内又犯罪的,前罪追诉的期限从犯后罪之日起计算。

第五章　其他规定

第九十条 【民族自治地方刑法适用的变通】民族自治地方不能全部适用本法规定的,可以由自治区或者省的人民代表大会根据当地民族的政治、经济、文化的特点和本法规定的基本原则,制定变通或者补充的规定,报请全国人民代表大会常务委员会批准施行。

第九十一条 【公共财产的范围】本法所称公共财产,是指下列财产:

(一) 国有财产;

(二) 劳动群众集体所有的财产;

(三) 用于扶贫和其他公益事业的社会捐助或者专项基金的财产。

在国家机关、国有公司、企业、集体企业和人民团体管理、使用或者运输中的私人财产,以公共财产论。

第九十二条 【公民私人所有财产的范围】本法所称公民私人所有的财产,是指下列财产:

(一) 公民的合法收入、储蓄、房屋和其他生活资料;

(二) 依法归个人、家庭所有的生产资料;

(三) 个体户和私营企业的合法财产;

(四) 依法归个人所有的股份、股票、债券和其他财产。

第九十三条 【国家工作人员的范围】本法所称国家工作人员,是指国家机关中从事公务的人员。

国有公司、企业、事业单位、人民团体中从事公务的人员和国家机关、国有公司、企业、事业单位委派到非国有公司、企业、事业单位、社会团体从事公务的人员,以及其他依照法律从事公务的人员,以国家工作人员论。

第九十四条 【司法工作人员的范围】本法所称司法工作人员,是指有侦查、检察、审判、监管职责的工作人员。

第九十五条 【重伤】本法所称重伤,是指有下列情形之一的伤害:

(一) 使人肢体残废或者毁人容貌的;

(二) 使人丧失听觉、视觉或者其他器官机能的;

(三) 其他对于人身健康有重大伤害的。

第九十六条 【违反国家规定之含义】本法所称违反国家规定,是指违反全国人民代表大会及其常务委员会制定的法律和决定,国务院制定的行政法规、规定的行政措施、发布的决定和命令。

第九十七条 【首要分子的范围】本法所称首要分子,是指在犯罪集团或者聚众犯罪中起组织、策划、指挥作用的犯罪分子。

第九十八条 【告诉才处理的含义】本法所称告诉才处理,是指被害人告诉才处理。如果被害人因受强制、威吓无法告诉的,人民检察院和被害人的近亲属也可以告诉。

第九十九条 【以上、以下、以内之界定】本法所称以上、以下、以内,包括本数。

第一百条 【前科报告制度】依法受过刑事处罚的人,在入伍、就业的时候,应当如实向有关单位报告自己曾受过刑事处罚,不得隐瞒。

犯罪的时候不满十八周岁被判处五年有期徒刑以下刑罚的人,免除前款规定的报告义务。

第一百零一条 【总则的效力】本法总则适用于其他有刑罚规定的法律，但是其他法律有特别规定的除外。

第二编 分 则

第一章 危害国家安全罪

第一百零二条 【背叛国家罪】勾结外国，危害中华人民共和国的主权、领土完整和安全的，处无期徒刑或者十年以上有期徒刑。

与境外机构、组织、个人相勾结，犯前款罪的，依照前款的规定处罚。

第一百零三条 【分裂国家罪】组织、策划、实施分裂国家、破坏国家统一的，对首要分子或者罪行重大的，处无期徒刑或者十年以上有期徒刑；对积极参加的，处三年以上十年以下有期徒刑；对其他参加的，处三年以下有期徒刑、拘役、管制或者剥夺政治权利。

【煽动分裂国家罪】煽动分裂国家、破坏国家统一的，处五年以下有期徒刑、拘役、管制或者剥夺政治权利；首要分子或者罪行重大的，处五年以上有期徒刑。

第一百零四条 【武装叛乱、暴乱罪】组织、策划、实施武装叛乱或者武装暴乱的，对首要分子或者罪行重大的，处无期徒刑或者十年以上有期徒刑；对积极参加的，处三年以上十年以下有期徒刑；对其他参加的，处三年以下有期徒刑、拘役、管制或者剥夺政治权利。

策动、胁迫、勾引、收买国家机关工作人员、武装部队人员、人民警察、民兵进行武装叛乱或者武装暴乱的，依照前款的规定从重处罚。

第一百零五条 【颠覆国家政权罪】组织、策划、实施颠覆国家政权、推翻社会主义制度的，对首要分子或者罪行重大的，处无期徒刑或者十年以上有期徒刑；对积极参加的，处三年以上十年以下有期徒刑；对其他参加的，处三年以下有期徒刑、拘役、管制或者剥夺政治权利。

【煽动颠覆国家政权罪】以造谣、诽谤或者其他方式煽动颠覆国家政权、推翻社会主义制度的，处五年以下有期徒刑、拘役、管制或者剥夺政治权利；首要分子或者罪行重大的，处五年以上有期徒刑。

第一百零六条 【与境外勾结的处罚规定】与境外机构、组织、个人相勾结，实施本章第一百零三条、第一百零四条、第一百零五条规定之罪的，依照各该条的规定从重处罚。

第一百零七条 【资助危害国家安全犯罪活动罪】境内外机构、组织或者个人资助实施本章第一百零二条、第一百零三条、第一百零四条、第一百零五条规定之罪的，对直接责任人员，处五年以下有期徒刑、拘役、管制或者剥夺政治权利；情节严重的，处五年以上有期徒刑。

第一百零八条 【投敌叛变罪】投敌叛变的，处三年以上十年以下有期徒刑；情节严重或者带领武装部队人员、人民警察、民兵投敌叛变的，处十年以上有期徒刑或者无期徒刑。

第一百零九条 【叛逃罪】国家机关工作人员在履行公务期间，擅离岗位，叛逃境外或者在境外叛逃的，处五年以下有期徒刑、拘役、管制或者剥夺政治权利；情节严重的，处五年以上十年以下有期徒刑。

掌握国家秘密的国家工作人员叛逃境外或者在境外叛逃的，依照前款的规定从重处罚。

第一百一十条 【间谍罪】有下列间谍行为之一，危害国家安全的，处十年以上有期徒刑或者无期徒刑；情节较轻的，处三年以上十年以下有期徒刑：

（一）参加间谍组织或者接受间谍组织及其代理人的任务的；

（二）为敌人指示轰击目标的。

第一百一十一条 【为境外窃取、刺探、收买、非法提供国家秘密、情报罪】为境外的机构、组织、人员窃取、刺探、收买、非法提供国家秘密或者情报的，处五年以上十年以下有期徒刑；情节特别严重的，处十年以上有期徒刑或者无期徒刑；情节较轻的，处五年以下有期徒刑、拘役、管制或者剥夺政治权利。

第一百一十二条 【资敌罪】战时供给敌人武器装备、军用物资资敌的，处十年以上有期徒刑或者无期徒刑；情节较轻的，处三年以上十年以下有期徒刑。

第一百一十三条 【危害国家安全罪适用死刑、没收财产的规定】本章上述危害国家安全罪行中，除第一百零三条第二款、第一百零五条、第一百零七条、第一百零九条外，对国家和人民危害特别严重、情节特别恶劣的，可以判处死刑。

犯本章之罪的，可以并处没收财产。

第二章　危害公共安全罪

第一百一十四条　【放火罪】【决水罪】【爆炸罪】【投放危险物质罪】【以危险方法危害公共安全罪】放火、决水、爆炸以及投放毒害性、放射性、传染病病原体等物质或者以其他危险方法危害公共安全，尚未造成严重后果的，处三年以上十年以下有期徒刑。

第一百一十五条　【放火罪】【决水罪】【爆炸罪】【投放危险物质罪】【以危险方法危害公共安全罪】放火、决水、爆炸以及投放毒害性、放射性、传染病病原体等物质或者以其他危险方法致人重伤、死亡或者使公私财产遭受重大损失的，处十年以上有期徒刑、无期徒刑或者死刑。

【失火罪】【过失决水罪】【过失爆炸罪】【过失投放危险物质罪】【过失以危险方法危害公共安全罪】过失犯前款罪的，处三年以上七年以下有期徒刑；情节较轻的，处三年以下有期徒刑或者拘役。

第一百一十六条　【破坏交通工具罪】破坏火车、汽车、电车、船只、航空器，足以使火车、汽车、电车、船只、航空器发生倾覆、毁坏危险，尚未造成严重后果的，处三年以上十年以下有期徒刑。

第一百一十七条　【破坏交通设施罪】破坏轨道、桥梁、隧道、公路、机场、航道、灯塔、标志或者进行其他破坏活动，足以使火车、汽车、电车、船只、航空器发生倾覆、毁坏危险，尚未造成严重后果的，处三年以上十年以下有期徒刑。

第一百一十八条　【破坏电力设备罪】【破坏易燃易爆设备罪】破坏电力、燃气或者其他易燃易爆设备，危害公共安全，尚未造成严重后果的，处三年以上十年以下有期徒刑。

第一百一十九条　【破坏交通工具罪】【破坏交通设施罪】【破坏电力设备罪】【破坏易燃易爆设备罪】破坏交通工具、交通设施、电力设备、燃气设备、易燃易爆设备，造成严重后果的，处十年以上有期徒刑、无期徒刑或者死刑。

【过失损坏交通工具罪】【过失损坏交通设施罪】【过失损坏电力设备罪】【过失损坏易燃易爆设备罪】过失犯前款罪的，处三年以上七年以下有期徒刑；情节较轻的，处三年以下有期徒刑或者拘役。

第一百二十条　【组织、领导、参加恐怖组织罪】组织、领导恐怖活动组织的，处十年以上有期徒刑或者无期徒刑，并处没收财产；积极参加的，处三年以上十年以下有期徒刑，并处罚金；其他参加的，处三年以下有期徒刑、拘役、管制或者剥夺政治权利，可以并处罚金。

犯前款罪并实施杀人、爆炸、绑架等犯罪的，依照数罪并罚的规定处罚。

第一百二十条之一　【帮助恐怖活动罪】资助恐怖活动组织、实施恐怖活动的个人的，或者资助恐怖活动培训的，处五年以下有期徒刑、拘役、管制或者剥夺政治权利，并处罚金；情节严重的，处五年以上有期徒刑，并处罚金或者没收财产。

为恐怖活动组织、实施恐怖活动或者恐怖活动培训招募、运送人员的，依照前款的规定处罚。

单位犯前两款罪的，对单位判处罚金，并对其直接负责的主管人员和其他直接责任人员，依照第一款的规定处罚。

第一百二十条之二　【准备实施恐怖活动罪】有下列情形之一的，处五年以下有期徒刑、拘役、管制或者剥夺政治权利，并处罚金；情节严重的，处五年以上有期徒刑，并处罚金或者没收财产：

（一）为实施恐怖活动准备凶器、危险物品或者其他工具的；

（二）组织恐怖活动培训或者积极参加恐怖活动培训的；

（三）为实施恐怖活动与境外恐怖活动组织或者人员联络的；

（四）为实施恐怖活动进行策划或者其他准备的。

有前款行为，同时构成其他犯罪的，依照处罚较重的规定定罪处罚。

第一百二十条之三　【宣扬恐怖主义、极端主义、煽动实施恐怖活动罪】以制作、散发宣扬恐怖主义、极端主义的图书、音频视频资料或者其他物品，或者通过讲授、发布信息等方式宣扬恐怖主义、极端主义的，或者煽动实施恐怖活动的，处五年以下有期徒刑、拘役、管制或者剥夺政治权利，并处罚金；情节严重的，处五年以上有期徒刑，并处罚金或者没收财产。

第一百二十条之四　【利用极端主义破坏法律实施罪】利用极端主义煽动、胁迫群众破坏国家法律确立的婚姻、司法、教育、社会管理等制度实施的，处三年以下有期徒刑、拘役或者管制，并处罚金；情节严重的，处三年以上七年以下有期徒刑，并处罚金；情节特别严重的，处七年以上有期徒刑，并处罚金或者没收财产。

第一百二十条之五 【强制穿戴宣扬恐怖主义、极端主义服饰、标志罪】以暴力、胁迫等方式强制他人在公共场所穿着、佩戴宣扬恐怖主义、极端主义服饰、标志的，处三年以下有期徒刑、拘役或者管制，并处罚金。

第一百二十条之六 【非法持有宣扬恐怖主义、极端主义物品罪】明知是宣扬恐怖主义、极端主义的图书、音频视频资料或者其他物品而非法持有，情节严重的，处三年以下有期徒刑、拘役或者管制，并处或者单处罚金。

第一百二十一条 【劫持航空器罪】以暴力、胁迫或者其他方法劫持航空器的，处十年以上有期徒刑或者无期徒刑；致人重伤、死亡或者使航空器遭受严重破坏的，处死刑。

第一百二十二条 【劫持船只、汽车罪】以暴力、胁迫或者其他方法劫持船只、汽车的，处五年以上十年以下有期徒刑；造成严重后果的，处十年以上有期徒刑或者无期徒刑。

第一百二十三条 【暴力危及飞行安全罪】对飞行中的航空器上的人员使用暴力，危及飞行安全，尚未造成严重后果的，处五年以下有期徒刑或者拘役；造成严重后果的，处五年以上有期徒刑。

第一百二十四条 【破坏广播电视设施、公用电信设施罪】破坏广播电视设施、公用电信设施，危害公共安全的，处三年以上七年以下有期徒刑；造成严重后果的，处七年以上有期徒刑。

【过失损坏广播电视设施、公用电信设施罪】过失犯前款罪的，处三年以上七年以下有期徒刑；情节较轻的，处三年以下有期徒刑或者拘役。

第一百二十五条 【非法制造、买卖、运输、邮寄、储存枪支、弹药、爆炸物罪】非法制造、买卖、运输、邮寄、储存枪支、弹药、爆炸物的，处三年以上十年以下有期徒刑；情节严重的，处十年以上有期徒刑、无期徒刑或者死刑。

【非法制造、买卖、运输、储存危险物质罪】非法制造、买卖、运输、储存毒害性、放射性、传染病病原体等物质，危害公共安全的，依照前款的规定处罚。

单位犯前两款罪的，对单位判处罚金，并对其直接负责的主管人员和其他直接责任人员，依照第一款的规定处罚。

第一百二十六条 【违规制造、销售枪支罪】依法被指定、确定的枪支制造企业、销售企业，违反枪支管理规定，有下列行为之一的，对单位判处罚金，并对其直接负责的主管人员和其他直接责任人员，处五年以下有期徒刑；情节严重的，处五年以上十年以下有期徒刑；情节特别严重的，处十年以上有期徒刑或者无期徒刑：

（一）以非法销售为目的，超过限额或者不按照规定的品种制造、配售枪支的；

（二）以非法销售为目的，制造无号、重号、假号的枪支的；

（三）非法销售枪支或者在境内销售为出口制造的枪支的。

第一百二十七条 【盗窃、抢夺枪支、弹药、爆炸物、危险物质罪】盗窃、抢夺枪支、弹药、爆炸物的，或者盗窃、抢夺毒害性、放射性、传染病病原体等物质，危害公共安全的，处三年以上十年以下有期徒刑；情节严重的，处十年以上有期徒刑、无期徒刑或者死刑。

【抢劫枪支、弹药、爆炸物、危险物质罪】抢劫枪支、弹药、爆炸物的，或者抢劫毒害性、放射性、传染病病原体等物质，危害公共安全的，或者盗窃、抢夺国家机关、军警人员、民兵的枪支、弹药、爆炸物的，处十年以上有期徒刑、无期徒刑或者死刑。

第一百二十八条 【非法持有、私藏枪支、弹药罪】违反枪支管理规定，非法持有、私藏枪支、弹药的，处三年以下有期徒刑、拘役或者管制；情节严重的，处三年以上七年以下有期徒刑。

【非法出租、出借枪支罪】依法配备公务用枪的人员，非法出租、出借枪支的，依照前款的规定处罚。

【非法出租、出借枪支罪】依法配置枪支的人员，非法出租、出借枪支，造成严重后果的，依照第一款的规定处罚。

单位犯第二款、第三款罪的，对单位判处罚金，并对其直接负责的主管人员和其他直接责任人员，依照第一款的规定处罚。

第一百二十九条 【丢失枪支不报罪】依法配备公务用枪的人员，丢失枪支不及时报告，造成严重后果的，处三年以下有期徒刑或者拘役。

第一百三十条 【非法携带枪支、弹药、管制刀

具、危险物品危及公共安全罪】非法携带枪支、弹药、管制刀具或者爆炸性、易燃性、放射性、毒害性、腐蚀性物品,进入公共场所或者公共交通工具,危及公共安全,情节严重的,处三年以下有期徒刑、拘役或者管制。

第一百三十一条 【重大飞行事故罪】航空人员违反规章制度,致使发生重大飞行事故,造成严重后果的,处三年以下有期徒刑或者拘役;造成飞机坠毁或者人员死亡的,处三年以上七年以下有期徒刑。

第一百三十二条 【铁路运营安全事故罪】铁路职工违反规章制度,致使发生铁路运营安全事故,造成严重后果的,处三年以下有期徒刑或者拘役;造成特别严重后果的,处三年以上七年以下有期徒刑。

第一百三十三条 【交通肇事罪】违反交通运输管理法规,因而发生重大事故,致人重伤、死亡或者使公私财产遭受重大损失的,处三年以下有期徒刑或者拘役;交通运输肇事后逃逸或者有其他特别恶劣情节的,处三年以上七年以下有期徒刑;因逃逸致人死亡的,处七年以上有期徒刑。

第一百三十三条之一 【危险驾驶罪】在道路上驾驶机动车,有下列情形之一的,处拘役,并处罚金:

(一)追逐竞驶,情节恶劣的;

(二)醉酒驾驶机动车的;

(三)从事校车业务或者旅客运输,严重超过额定乘员载客,或者严重超过规定时速行驶的;

(四)违反危险化学品安全管理规定运输危险化学品,危及公共安全的。

机动车所有人、管理人对前款第三项、第四项行为负有直接责任的,依照前款的规定处罚。

有前两款行为,同时构成其他犯罪的,依照处罚较重的规定定罪处罚。

第一百三十三条之二 【妨害公共交通工具安全行驶罪】①对行驶中的公共交通工具的驾驶人员使用暴力或者抢控驾驶操纵装置,干扰公共交通工具正常行驶,危及公共安全的,处一年以下有期徒刑、拘役或者管制,并处或者单处罚金。

前款规定的驾驶人员在行驶的公共交通工具上擅离职守,与他人互殴或者殴打他人,危及公共安全的,依照前款的规定处罚。

有前两款行为,同时构成其他犯罪的,依照处罚较重的规定定罪处罚。

第一百三十四条 【重大责任事故罪】在生产、作业中违反有关安全管理的规定,因而发生重大伤亡事故或者造成其他严重后果的,处三年以下有期徒刑或者拘役;情节特别恶劣的,处三年以上七年以下有期徒刑。

【强令违章冒险作业罪】强令他人违章冒险作业,或者明知存在重大事故隐患而不排除,仍冒险组织作业,因而发生重大伤亡事故或者造成其他严重后果的,处五年以下有期徒刑或者拘役;情节特别恶劣的,处五年以上有期徒刑。

第一百三十四条之一 【重大安全事故罪】在生产、作业中违反有关安全管理的规定,有下列情形之一,具有发生重大伤亡事故或者其他严重后果的现实危险的,处一年以下有期徒刑、拘役或者管制:

(一)关闭、破坏直接关系生产安全的监控、报警、防护、救生设备、设施,或者篡改、隐瞒、销毁其相关数据、信息的;

(二)因存在重大事故隐患被依法责令停产停业、停止施工、停止使用有关设备、设施、场所或者立即采取排除危险的整改措施,而拒不执行的;

(三)涉及安全生产的事项未经依法批准或者许可,擅自从事矿山开采、金属冶炼、建筑施工,以及危险物品生产、经营、储存等高度危险的生产作业活动的。

第一百三十五条 【重大劳动安全事故罪】安全生产设施或者安全生产条件不符合国家规定,因而发生重大伤亡事故或者造成其他严重后果的,对直接负责的主管人员和其他直接责任人员,处三年以下有期徒刑或者拘役;情节特别恶劣的,处三年以上七年以下有期徒刑。

第一百三十五条之一 【大型群众性活动重大安全事故罪】举办大型群众性活动违反安全管理规定,因而发生重大伤亡事故或者造成其他严重后果的,对直接负责的主管人员和其他直接责任人员,

① 刑法修正案(十一)新增条款的罪名为编者根据条文内容所加,待后续最高人民法院、最高人民检察院确定最终罪名后会做相应修订。——编者注

处三年以下有期徒刑或者拘役;情节特别恶劣的,处三年以上七年以下有期徒刑。

第一百三十六条 【危险物品肇事罪】违反爆炸性、易燃性、放射性、毒害性、腐蚀性物品的管理规定,在生产、储存、运输、使用中发生重大事故,造成严重后果的,处三年以下有期徒刑或者拘役;后果特别严重的,处三年以上七年以下有期徒刑。

第一百三十七条 【工程重大安全事故罪】建设单位、设计单位、施工单位、工程监理单位违反国家规定,降低工程质量标准,造成重大安全事故的,对直接责任人员,处五年以下有期徒刑或者拘役,并处罚金;后果特别严重的,处五年以上十年以下有期徒刑,并处罚金。

第一百三十八条 【教育设施重大安全事故罪】明知校舍或者教育教学设施有危险,而不采取措施或者不及时报告,致使发生重大伤亡事故的,对直接责任人员,处三年以下有期徒刑或者拘役;后果特别严重的,处三年以上七年以下有期徒刑。

第一百三十九条 【消防责任事故罪】违反消防管理法规,经消防监督机构通知采取改正措施而拒绝执行,造成严重后果的,对直接责任人员,处三年以下有期徒刑或者拘役;后果特别严重的,处三年以上七年以下有期徒刑。

第一百三十九条之一 【不报、谎报安全事故罪】在安全事故发生后,负有报告职责的人员不报或者谎报事故情况,贻误事故抢救,情节严重的,处三年以下有期徒刑或者拘役;情节特别严重的,处三年以上七年以下有期徒刑。

第三章 破坏社会主义市场经济秩序罪

第一节 生产、销售伪劣商品罪

第一百四十条 【生产、销售伪劣产品罪】生产者、销售者在产品中掺杂、掺假,以假充真,以次充好或者以不合格产品冒充合格产品,销售金额五万元以上不满二十万元的,处二年以下有期徒刑或者拘役,并处或者单处销售金额百分之五十以上二倍以下罚金;销售金额二十万元以上不满五十万元的,处二年以上七年以下有期徒刑,并处销售金额百分之五十以上二倍以下罚金;销售金额五十万元以上不满二百万元的,处七年以上有期徒刑,并处销售金额百分之五十以上二倍以下罚金;销售金额二百万元以上的,处十五年有期徒刑或者无期徒刑,并处销售金额百分之五十以上二倍以下罚金或者没收财产。

第一百四十一条 【生产、销售假药罪】生产、销售假药的,处三年以下有期徒刑或者拘役,并处罚金;对人体健康造成严重危害或者有其他严重情节的,处三年以上十年以下有期徒刑,并处罚金;致人死亡或者有其他特别严重情节的,处十年以上有期徒刑、无期徒刑或者死刑,并处罚金或者没收财产。

药品使用单位的人员明知是假药而提供给他人使用的,依照前款的规定处罚。

第一百四十二条 【生产、销售劣药罪】生产、销售劣药,对人体健康造成严重危害的,处三年以上十年以下有期徒刑,并处罚金;后果特别严重的,处十年以上有期徒刑或者无期徒刑,并处罚金或者没收财产。

药品使用单位的人员明知是劣药而提供给他人使用的,依照前款的规定处罚。

第一百四十二条之一 【制售不符合规定的药品罪】违反药品管理法规,有下列情形之一,足以严重危害人体健康的,处三年以下有期徒刑或者拘役,并处或者单处罚金;对人体健康造成严重危害或者有其他严重情节的,处三年以上七年以下有期徒刑,并处罚金:

(一)生产、销售国务院药品监督管理部门禁止使用的药品的;

(二)未取得药品相关批准证明文件生产、进口药品或者明知是上述药品而销售的;

(三)药品申请注册中提供虚假的证明、数据、资料、样品或者采取其他欺骗手段的;

(四)编造生产、检验记录的。

有前款行为,同时又构成本法第一百四十一条、第一百四十二条规定之罪或者其他犯罪的,依照处罚较重的规定定罪处罚。

第一百四十三条 【生产、销售不符合安全标准的食品罪】生产、销售不符合食品安全标准的食品,足以造成严重食物中毒事故或者其他严重食源性疾病的,处三年以下有期徒刑或者拘役,并处罚金;对人体健康造成严重危害或者有其他严重情节的,处三年以上七年以下有期徒刑,并处罚金;后果特别严重的,处七年以上有期徒刑或者无期徒刑,并处罚金或者没收财产。

第一百四十四条 【生产、销售有毒、有害食品罪】在生产、销售的食品中掺入有毒、有害的非食品原料的，或者销售明知掺有有毒、有害的非食品原料的食品的，处五年以下有期徒刑，并处罚金；对人体健康造成严重危害或者有其他严重情节的，处五年以上十年以下有期徒刑，并处罚金；致人死亡或者有其他特别严重情节的，依照本法第一百四十一条的规定处罚。

第一百四十五条 【生产、销售不符合标准的医用器材罪】生产不符合保障人体健康的国家标准、行业标准的医疗器械、医用卫生材料，或者销售明知是不符合保障人体健康的国家标准、行业标准的医疗器械、医用卫生材料，足以严重危害人体健康的，处三年以下有期徒刑或者拘役，并处销售金额百分之五十以上二倍以下罚金；对人体健康造成严重危害的，处三年以上十年以下有期徒刑，并处销售金额百分之五十以上二倍以下罚金；后果特别严重的，处十年以上有期徒刑或者无期徒刑，并处销售金额百分之五十以上二倍以下罚金或者没收财产。

第一百四十六条 【生产、销售不符合安全标准的产品罪】生产不符合保障人身、财产安全的国家标准、行业标准的电器、压力容器、易燃易爆产品或者其他不符合保障人身、财产安全的国家标准、行业标准的产品，或者销售明知是以上不符合保障人身、财产安全的国家标准、行业标准的产品，造成严重后果的，处五年以下有期徒刑，并处销售金额百分之五十以上二倍以下罚金；后果特别严重的，处五年以上有期徒刑，并处销售金额百分之五十以上二倍以下罚金。

第一百四十七条 【生产、销售伪劣农药、兽药、化肥、种子罪】生产假农药、假兽药、假化肥，销售明知是假的或者失去使用效能的农药、兽药、化肥、种子，或者生产者、销售者以不合格的农药、兽药、化肥、种子冒充合格的农药、兽药、化肥、种子，使生产遭受较大损失的，处三年以下有期徒刑或者拘役，并处或者单处销售金额百分之五十以上二倍以下罚金；使生产遭受重大损失的，处三年以上七年以下有期徒刑，并处销售金额百分之五十以上二倍以下罚金；使生产遭受特别重大损失的，处七年以上有期徒刑或者无期徒刑，并处销售金额百分之五十以上二倍以下罚金或者没收财产。

第一百四十八条 【生产、销售不符合卫生标准的化妆品罪】生产不符合卫生标准的化妆品，或者销售明知是不符合卫生标准的化妆品，造成严重后果的，处三年以下有期徒刑或者拘役，并处或者单处销售金额百分之五十以上二倍以下罚金。

第一百四十九条 【对生产销售伪劣商品行为的法条适用】生产、销售本节第一百四十一条至第一百四十八条所列产品，不构成各该条规定的犯罪，但是销售金额在五万元以上的，依照本节第一百四十条的规定定罪处罚。

生产、销售本节第一百四十一条至第一百四十八条所列产品，构成各该条规定的犯罪，同时又构成本节第一百四十条规定之罪的，依照处罚较重的规定定罪处罚。

第一百五十条 【单位犯本节规定之罪的处理】单位犯本节第一百四十条至第一百四十八条规定之罪的，对单位判处罚金，并对其直接负责的主管人员和其他直接责任人员，依照各该条的规定处罚。

第二节 走私罪

第一百五十一条 【走私武器、弹药罪】【走私核材料罪】【走私假币罪】走私武器、弹药、核材料或者伪造的货币的，处七年以上有期徒刑，并处罚金或者没收财产；情节特别严重的，处无期徒刑，并处没收财产；情节较轻的，处三年以上七年以下有期徒刑，并处罚金。

【走私文物罪】【走私贵重金属罪】【走私珍贵动物、珍贵动物制品罪】走私国家禁止出口的文物、黄金、白银和其他贵重金属或者国家禁止进出口的珍贵动物及其制品的，处五年以上十年以下有期徒刑，并处罚金；情节特别严重的，处十年以上有期徒刑或者无期徒刑，并处没收财产；情节较轻的，处五年以下有期徒刑，并处罚金。

【走私国家禁止进出口的货物、物品罪】走私珍稀植物及其制品等国家禁止进出口的其他货物、物品的，处五年以下有期徒刑或者拘役，并处或者单处罚金；情节严重的，处五年以上有期徒刑，并处罚金。

单位犯本条规定之罪的，对单位判处罚金，并对其直接负责的主管人员和其他直接责任人员，依照本条各款的规定处罚。

第一百五十二条 【走私淫秽物品罪】以牟利

或者传播为目的,走私淫秽的影片、录像带、录音带、图片、书刊或者其他淫秽物品的,处三年以上十年以下有期徒刑,并处罚金;情节严重的,处十年以上有期徒刑或者无期徒刑,并处罚金或者没收财产;情节较轻的,处三年以下有期徒刑、拘役或者管制,并处罚金。

【走私废物罪】逃避海关监管将境外固体废物、液态废物和气态废物运输进境,情节严重的,处五年以下有期徒刑,并处或者单处罚金;情节特别严重的,处五年以上有期徒刑,并处罚金。

单位犯前两款罪的,对单位判处罚金,并对其直接负责的主管人员和其他直接责任人员,依照前两款的规定处罚。

第一百五十三条 【走私普通货物、物品罪】走私本法第一百五十一条、第一百五十二条、第三百四十七条规定以外的货物、物品的,根据情节轻重,分别依照下列规定处罚:

(一)走私货物、物品偷逃应缴税额较大或者一年内曾因走私被给予二次行政处罚后又走私的,处三年以下有期徒刑或者拘役,并处偷逃应缴税额一倍以上五倍以下罚金。

(二)走私货物、物品偷逃应缴税额巨大或者有其他严重情节的,处三年以上十年以下有期徒刑,并处偷逃应缴税额一倍以上五倍以下罚金。

(三)走私货物、物品偷逃应缴税额特别巨大或者有其他特别严重情节的,处十年以上有期徒刑或者无期徒刑,并处偷逃应缴税额一倍以上五倍以下罚金或者没收财产。

单位犯前款罪的,对单位判处罚金,并对其直接负责的主管人员和其他直接责任人员,处三年以下有期徒刑或者拘役;情节严重的,处三年以上十年以下有期徒刑;情节特别严重的,处十年以上有期徒刑。

对多次走私未经处理的,按照累计走私货物、物品的偷逃应缴税额处罚。

第一百五十四条 【走私普通货物、物品罪的特殊形式】下列走私行为,根据本节规定构成犯罪的,依照本法第一百五十三条的规定定罪处罚:

(一)未经海关许可并且未补缴应缴税额,擅自将批准进口的来料加工、来件装配、补偿贸易的原材料、零件、制成品、设备等保税货物,在境内销售牟利的;

(二)未经海关许可并且未补缴应缴税额,擅自将特定减税、免税进口的货物、物品,在境内销售牟利的。

第一百五十五条 【以走私罪论处的间接走私行为】下列行为,以走私罪论处,依照本节的有关规定处罚:

(一)直接向走私人非法收购国家禁止进口物品的,或者直接向走私人非法收购走私进口的其他货物、物品,数额较大的;

(二)在内海、领海、界河、界湖运输、收购、贩卖国家禁止进出口物品的,或者运输、收购、贩卖国家限制进出口货物、物品,数额较大,没有合法证明的。

第一百五十六条 【走私共犯】与走私罪犯通谋,为其提供贷款、资金、帐号、发票、证明,或者为其提供运输、保管、邮寄或者其他方便的,以走私罪的共犯论处。

第一百五十七条 【武装掩护走私、抗拒缉私的刑事处罚规定】武装掩护走私的,依照本法第一百五十一条第一款的规定从重处罚。

以暴力、威胁方法抗拒缉私的,以走私罪和本法第二百七十七条规定的阻碍国家机关工作人员依法执行职务罪,依照数罪并罚的规定处罚。

第三节 妨害对公司、企业的管理秩序罪

第一百五十八条 【虚报注册资本罪】申请公司登记使用虚假证明文件或者采取其他欺诈手段虚报注册资本,欺骗公司登记主管部门,取得公司登记,虚报注册资本数额巨大、后果严重或者有其他严重情节的,处三年以下有期徒刑或者拘役,并处或者单处虚报注册资本金额百分之一以上百分之五以下罚金。

单位犯前款罪的,对单位判处罚金,并对其直接负责的主管人员和其他直接责任人员,处三年以下有期徒刑或者拘役。

第一百五十九条 【虚假出资、抽逃出资罪】公司发起人、股东违反公司法的规定未交付货币、实物或者未转移财产权,虚假出资,或者在公司成立后又抽逃其出资,数额巨大、后果严重或者有其他严重情节的,处五年以下有期徒刑或者拘役,并处或者单处虚假出资金额或者抽逃出资金额百分之二以上百分之十以下罚金。

单位犯前款罪的,对单位判处罚金,并对其直

接负责的主管人员和其他直接责任人员，处五年以下有期徒刑或者拘役。

第一百六十条 【欺诈发行股票、债券罪】在招股说明书、认股书、公司、企业债券募集办法等发行文件中隐瞒重要事实或者编造重大虚假内容，发行股票或者公司、企业债券、存托凭证或者国务院依法认定的其他证券，数额巨大、后果严重或者有其他严重情节的，处五年以下有期徒刑或者拘役，并处或者单处罚金；数额特别巨大、后果特别严重或者有其他特别严重情节的，处五年以上有期徒刑，并处罚金。

控股股东、实际控制人组织、指使实施前款行为的，处五年以下有期徒刑或者拘役，并处或者单处非法募集资金金额百分之二十以上一倍以下罚金；数额特别巨大、后果特别严重或者有其他特别严重情节的，处五年以上有期徒刑，并处非法募集资金金额百分之二十以上一倍以下罚金。

单位犯前两款罪的，对单位判处非法募集资金金额百分之二十以上一倍以下罚金，并对其直接负责的主管人员和其他直接责任人员，依照第一款的规定处罚。

第一百六十一条 【违规披露、不披露重要信息罪】依法负有信息披露义务的公司、企业向股东和社会公众提供虚假的或者隐瞒重要事实的财务会计报告，或者对依法应当披露的其他重要信息不按照规定披露，严重损害股东或者其他人利益，或者有其他严重情节的，对其直接负责的主管人员和其他直接责任人员，处五年以下有期徒刑或者拘役，并处或者单处罚金；情节特别严重的，处五年以上十年以下有期徒刑，并处罚金。

前款规定的公司、企业的控股股东、实际控制人实施或者组织、指使实施前款行为的，或者隐瞒相关事项导致前款规定的情形发生的，依照前款的规定处罚。

犯前款罪的控股股东、实际控制人是单位的，对单位判处罚金，并对其直接负责的主管人员和其他直接责任人员，依照第一款的规定处罚。

第一百六十二条 【妨害清算罪】公司、企业进行清算时，隐匿财产，对资产负债表或者财产清单作虚伪记载或者在未清偿债务前分配公司、企业财产，严重损害债权人或者其他人利益的，对其直接负责的主管人员和其他直接责任人员，处五年以下有期徒刑或者拘役，并处或者单处二万元以上二十万元以下罚金。

第一百六十二条之一 【隐匿、故意销毁会计凭证、会计账簿、财务会计报告罪】隐匿或者故意销毁依法应当保存的会计凭证、会计帐簿、财务会计报告，情节严重的，处五年以下有期徒刑或者拘役，并处或者单处二万元以上二十万元以下罚金。

单位犯前款罪的，对单位判处罚金，并对其直接负责的主管人员和其他直接责任人员，依照前款的规定处罚。

第一百六十二条之二 【虚假破产罪】公司、企业通过隐匿财产、承担虚构的债务或者以其他方法转移、处分财产，实施虚假破产，严重损害债权人或者其他人利益的，对其直接负责的主管人员和其他直接责任人员，处五年以下有期徒刑或者拘役，并处或者单处二万元以上二十万元以下罚金。

第一百六十三条 【非国家工作人员受贿罪】公司、企业或者其他单位的工作人员，利用职务上的便利，索取他人财物或者非法收受他人财物，为他人谋取利益，数额较大的，处三年以下有期徒刑或者拘役，并处罚金；数额巨大或者有其他严重情节的，处三年以上十年以下有期徒刑，并处罚金；数额特别巨大或者有其他特别严重情节的，处十年以上有期徒刑或者无期徒刑，并处罚金。

公司、企业或者其他单位的工作人员在经济往来中，利用职务上的便利，违反国家规定，收受各种名义的回扣、手续费，归个人所有的，依照前款的规定处罚。

国有公司、企业或者其他国有单位中从事公务的人员和国有公司、企业或者其他国有单位委派到非国有公司、企业以及其他单位从事公务的人员有前两款行为的，依照本法第三百八十五条、第三百八十六条的规定定罪处罚。

第一百六十四条 【对非国家工作人员行贿罪】为谋取不正当利益，给予公司、企业或者其他单位的工作人员以财物，数额较大的，处三年以下有期徒刑或者拘役，并处罚金；数额巨大的，处三年以上十年以下有期徒刑，并处罚金。

【对外国公职人员、国际公共组织官员行贿罪】为谋取不正当商业利益，给予外国公职人员或者国际公共组织官员以财物的，依照前款的规定处罚。

单位犯前两款罪的，对单位判处罚金，并对其直接负责的主管人员和其他直接责任人员，依照第一款的规定处罚。

行贿人在被追诉前主动交待行贿行为的，可以减轻处罚或者免除处罚。

第一百六十五条 **【非法经营同类营业罪】**国有公司、企业的董事、经理利用职务便利，自己经营或者为他人经营与其所任职公司、企业同类的营业，获取非法利益，数额巨大的，处三年以下有期徒刑或者拘役，并处或者单处罚金；数额特别巨大的，处三年以上七年以下有期徒刑，并处罚金。

第一百六十六条 **【为亲友非法牟利罪】**国有公司、企业、事业单位的工作人员，利用职务便利，有下列情形之一，使国家利益遭受重大损失的，处三年以下有期徒刑或者拘役，并处或者单处罚金；致使国家利益遭受特别重大损失的，处三年以上七年以下有期徒刑，并处罚金：

（一）将本单位的盈利业务交由自己的亲友进行经营的；

（二）以明显高于市场的价格向自己的亲友经营管理的单位采购商品或者以明显低于市场的价格向自己的亲友经营管理的单位销售商品的；

（三）向自己的亲友经营管理的单位采购不合格商品的。

第一百六十七条 **【签订、履行合同失职被骗罪】**国有公司、企业、事业单位直接负责的主管人员，在签订、履行合同过程中，因严重不负责任被诈骗，致使国家利益遭受重大损失的，处三年以下有期徒刑或者拘役；致使国家利益遭受特别重大损失的，处三年以上七年以下有期徒刑。

第一百六十八条 **【国有公司、企业、事业单位人员失职罪】【国有公司、企业、事业单位人员滥用职权罪】**国有公司、企业的工作人员，由于严重不负责任或者滥用职权，造成国有公司、企业破产或者严重损失，致使国家利益遭受重大损失的，处三年以下有期徒刑或者拘役；致使国家利益遭受特别重大损失的，处三年以上七年以下有期徒刑。

国有事业单位的工作人员有前款行为，致使国家利益遭受重大损失的，依照前款的规定处罚。

国有公司、企业、事业单位的工作人员，徇私舞弊，犯前两款罪的，依照第一款的规定从重处罚。

第一百六十九条 **【徇私舞弊低价折股、出售国有资产罪】**国有公司、企业或者其上级主管部门直接负责的主管人员，徇私舞弊，将国有资产低价折股或者低价出售，致使国家利益遭受重大损失的，处三年以下有期徒刑或者拘役；致使国家利益遭受特别重大损失的，处三年以上七年以下有期徒刑。

第一百六十九条之一 **【背信损害上市公司利益罪】**上市公司的董事、监事、高级管理人员违背对公司的忠实义务，利用职务便利，操纵上市公司从事下列行为之一，致使上市公司利益遭受重大损失的，处三年以下有期徒刑或者拘役，并处或者单处罚金；致使上市公司利益遭受特别重大损失的，处三年以上七年以下有期徒刑，并处罚金：

（一）无偿向其他单位或者个人提供资金、商品、服务或者其他资产的；

（二）以明显不公平的条件，提供或者接受资金、商品、服务或者其他资产的；

（三）向明显不具有清偿能力的单位或者个人提供资金、商品、服务或者其他资产的；

（四）为明显不具有清偿能力的单位或者个人提供担保，或者无正当理由为其他单位或者个人提供担保的；

（五）无正当理由放弃债权、承担债务的；

（六）采用其他方式损害上市公司利益的。

上市公司的控股股东或者实际控制人，指使上市公司董事、监事、高级管理人员实施前款行为的，依照前款的规定处罚。

犯前款罪的上市公司的控股股东或者实际控制人是单位的，对单位判处罚金，并对其直接负责的主管人员和其他直接责任人员，依照第一款的规定处罚。

第四节 破坏金融管理秩序罪

第一百七十条 **【伪造货币罪】**伪造货币的，处三年以上十年以下有期徒刑，并处罚金；有下列情形之一的，处十年以上有期徒刑或者无期徒刑，并处罚金或者没收财产：

（一）伪造货币集团的首要分子；

（二）伪造货币数额特别巨大的；

（三）有其他特别严重情节的。

第一百七十一条 **【出售、购买、运输假币罪】**出售、购买伪造的货币或者明知是伪造的货币而运输，数额较大的，处三年以下有期徒刑或者拘役，并处二万元以上二十万元以下罚金；数额巨大的，处三年以上十年以下有期徒刑，并处五万元以上五十万元以下罚金；数额特别巨大的，处十年以上有期徒刑或者无期徒刑，并处五万元以上五十万元以下罚金或者没收财产。

【金融工作人员购买假币、以假币换取货币罪】银行或者其他金融机构的工作人员购买伪造的货币或者利用职务上的便利，以伪造的货币换取货币的，处三年以上十年以下有期徒刑，并处二万元以上二十万元以下罚金；数额巨大或者有其他严重情节的，处十年以上有期徒刑或者无期徒刑，并处二万元以上二十万元以下罚金或者没收财产；情节较轻的，处三年以下有期徒刑或者拘役，并处或者单处一万元以上十万元以下罚金。

伪造货币并出售或者运输伪造的货币的，依照本法第一百七十条的规定定罪从重处罚。

第一百七十二条　【持有、使用假币罪】明知是伪造的货币而持有、使用，数额较大的，处三年以下有期徒刑或者拘役，并处或者单处一万元以上十万元以下罚金；数额巨大的，处三年以上十年以下有期徒刑，并处二万元以上二十万元以下罚金；数额特别巨大的，处十年以上有期徒刑，并处五万元以上五十万元以下罚金或者没收财产。

第一百七十三条　【变造货币罪】变造货币，数额较大的，处三年以下有期徒刑或者拘役，并处或者单处一万元以上十万元以下罚金；数额巨大的，处三年以上十年以下有期徒刑，并处二万元以上二十万元以下罚金。

第一百七十四条　【擅自设立金融机构罪】未经国家有关主管部门批准，擅自设立商业银行、证券交易所、期货交易所、证券公司、期货经纪公司、保险公司或者其他金融机构的，处三年以下有期徒刑或者拘役，并处或者单处二万元以上二十万元以下罚金；情节严重的，处三年以上十年以下有期徒刑，并处五万元以上五十万元以下罚金。

【伪造、变造、转让金融机构经营许可证、批准文件罪】伪造、变造、转让商业银行、证券交易所、期货交易所、证券公司、期货经纪公司、保险公司或者其他金融机构的经营许可证或者批准文件的，依照前款的规定处罚。

单位犯前两款罪的，对单位判处罚金，并对其直接负责的主管人员和其他直接责任人员，依照第一款的规定处罚。

第一百七十五条　【高利转贷罪】以转贷牟利为目的，套取金融机构信贷资金高利转贷他人，违法所得数额较大的，处三年以下有期徒刑或者拘役，并处违法所得一倍以上五倍以下罚金；数额巨大的，处三年以上七年以下有期徒刑，并处违法所得一倍以上五倍以下罚金。

单位犯前款罪的，对单位判处罚金，并对其直接负责的主管人员和其他直接责任人员，处三年以下有期徒刑或者拘役。

第一百七十五条之一　【骗取贷款、票据承兑、金融票证罪】以欺骗手段取得银行或者其他金融机构贷款、票据承兑、信用证、保函等，给银行或者其他金融机构造成重大损失的，处三年以下有期徒刑或者拘役，并处或者单处罚金；给银行或者其他金融机构造成特别重大损失或者有其他特别严重情节的，处三年以上七年以下有期徒刑，并处罚金。

单位犯前款罪的，对单位判处罚金，并对其直接负责的主管人员和其他直接责任人员，依照前款的规定处罚。

第一百七十六条　【非法吸收公众存款罪】非法吸收公众存款或者变相吸收公众存款，扰乱金融秩序的，处三年以下有期徒刑或者拘役，并处或者单处罚金；数额巨大或者有其他严重情节的，处三年以上十年以下有期徒刑，并处罚金；数额特别巨大或者有其他特别严重情节的，处十年以上有期徒刑，并处罚金。

单位犯前款罪的，对单位判处罚金，并对其直接负责的主管人员和其他直接责任人员，依照前款的规定处罚。

有前两款行为，在提起公诉前积极退赃退赔，减少损害结果发生的，可以从轻或者减轻处罚。

第一百七十七条　【伪造、变造金融票证罪】有下列情形之一，伪造、变造金融票证的，处五年以下有期徒刑或者拘役，并处或者单处二万元以上二十万元以下罚金；情节严重的，处五年以上十年以下有期徒刑，并处五万元以上五十万元以下罚金；情节特别严重的，处十年以上有期徒刑或者无期徒刑，并处五万元以上五十万元以下罚金或者没收财产：

（一）伪造、变造汇票、本票、支票的；

（二）伪造、变造委托收款凭证、汇款凭证、银行存单等其他银行结算凭证的；

（三）伪造、变造信用证或者附随的单据、文件的；

（四）伪造信用卡的。

单位犯前款罪的，对单位判处罚金，并对其直接负责的主管人员和其他直接责任人员，依照前款的规定处罚。

第一百七十七条之一 【妨害信用卡管理罪】有下列情形之一，妨害信用卡管理的，处三年以下有期徒刑或者拘役，并处或者单处一万元以上十万元以下罚金；数量巨大或者有其他严重情节的，处三年以上十年以下有期徒刑，并处二万元以上二十万元以下罚金：

（一）明知是伪造的信用卡而持有、运输的，或者明知是伪造的空白信用卡而持有、运输，数量较大的；

（二）非法持有他人信用卡，数量较大的；

（三）使用虚假的身份证明骗领信用卡的；

（四）出售、购买、为他人提供伪造的信用卡或者以虚假的身份证明骗领的信用卡的。

【窃取、收买、非法提供信用卡信息罪】窃取、收买或者非法提供他人信用卡信息资料的，依照前款规定处罚。

银行或者其他金融机构的工作人员利用职务上的便利，犯第二款罪的，从重处罚。

第一百七十八条 【伪造、变造国家有价证券罪】伪造、变造国库券或者国家发行的其他有价证券，数额较大的，处三年以下有期徒刑或者拘役，并处或者单处二万元以上二十万元以下罚金；数额巨大的，处三年以上十年以下有期徒刑，并处五万元以上五十万元以下罚金；数额特别巨大的，处十年以上有期徒刑或者无期徒刑，并处五万元以上五十万元以下罚金或者没收财产。

【伪造、变造股票、公司、企业债券罪】伪造、变造股票或者公司、企业债券，数额较大的，处三年以下有期徒刑或者拘役，并处或者单处一万元以上十万元以下罚金；数额巨大的，处三年以上十年以下有期徒刑，并处二万元以上二十万元以下罚金。

单位犯前两款罪的，对单位判处罚金，并对其直接负责的主管人员和其他直接责任人员，依照前两款的规定处罚。

第一百七十九条 【擅自发行股票、公司、企业债券罪】未经国家有关主管部门批准，擅自发行股票或者公司、企业债券，数额巨大、后果严重或者有其他严重情节的，处五年以下有期徒刑或者拘役，并处或者单处非法募集资金金额百分之一以上百分之五以下罚金。

单位犯前款罪的，对单位判处罚金，并对其直接负责的主管人员和其他直接责任人员，处五年以下有期徒刑或者拘役。

第一百八十条 【内幕交易、泄露内幕信息罪】证券、期货交易内幕信息的知情人员或者非法获取证券、期货交易内幕信息的人员，在涉及证券的发行，证券、期货交易或者其他对证券、期货交易价格有重大影响的信息尚未公开前，买入或者卖出该证券，或者从事与该内幕信息有关的期货交易，或者泄露该信息，或者明示、暗示他人从事上述交易活动，情节严重的，处五年以下有期徒刑或者拘役，并处或者单处违法所得一倍以上五倍以下罚金；情节特别严重的，处五年以上十年以下有期徒刑，并处违法所得一倍以上五倍以下罚金。

单位犯前款罪的，对单位判处罚金，并对其直接负责的主管人员和其他直接责任人员，处五年以下有期徒刑或者拘役。

内幕信息、知情人员的范围，依照法律、行政法规的规定确定。

【利用未公开信息交易罪】证券交易所、期货交易所、证券公司、期货经纪公司、基金管理公司、商业银行、保险公司等金融机构的从业人员以及有关监管部门或者行业协会的工作人员，利用因职务便利获取的内幕信息以外的其他未公开的信息，违反规定，从事与该信息相关的证券、期货交易活动，或者明示、暗示他人从事相关交易活动，情节严重的，依照第一款的规定处罚。

第一百八十一条 【编造并传播证券、期货交易虚假信息罪】编造并且传播影响证券、期货交易的虚假信息，扰乱证券、期货交易市场，造成严重后果的，处五年以下有期徒刑或者拘役，并处或者单处一万元以上十万元以下罚金。

【诱骗投资者买卖证券、期货合约罪】证券交易所、期货交易所、证券公司、期货经纪公司的从业人员，证券业协会、期货业协会或者证券期货监督管理部门的工作人员，故意提供虚假信息或者伪造、变造、销毁交易记录，诱骗投资者买卖证券、期货合约，造成严重后果的，处五年以下有期徒刑或者拘役，并处或者单处一万元以上十万元以下罚金；情节特别恶劣的，处五年以上十年以下有期徒刑，并处二万元以上二十万元以下罚金。

单位犯前两款罪的，对单位判处罚金，并对其直接负责的主管人员和其他直接责任人员，处五年以下有期徒刑或者拘役。

第一百八十二条 【操纵证券、期货市场罪】有下列情形之一,操纵证券、期货市场,影响证券、期货交易价格或者证券、期货交易量,情节严重的,处五年以下有期徒刑或者拘役,并处或者单处罚金;情节特别严重的,处五年以上十年以下有期徒刑,并处罚金:

(一)单独或者合谋,集中资金优势、持股或者持仓优势或者利用信息优势联合或者连续买卖的;

(二)与他人串通,以事先约定的时间、价格和方式相互进行证券、期货交易的;

(三)在自己实际控制的帐户之间进行证券交易,或者以自己为交易对象,自买自卖期货合约的;

(四)不以成交为目的,频繁或者大量申报买入、卖出证券、期货合约并撤销申报的;

(五)利用虚假或者不确定的重大信息,诱导投资者进行证券、期货交易的;

(六)对证券、证券发行人、期货交易标的公开作出评价、预测或者投资建议,同时进行反向证券交易或者相关期货交易的;

(七)以其他方法操纵证券、期货市场的。

单位犯前款罪的,对单位判处罚金,并对其直接负责的主管人员和其他直接责任人员,依照前款的规定处罚。

第一百八十三条 【职务侵占罪】保险公司的工作人员利用职务上的便利,故意编造未曾发生的保险事故进行虚假理赔,骗取保险金归自己所有的,依照本法第二百七十一条的规定定罪处罚。

【贪污罪】国有保险公司工作人员和国有保险公司委派到非国有保险公司从事公务的人员有前款行为的,依照本法第三百八十二条、第三百八十三条的规定定罪处罚。

第一百八十四条 【金融机构工作人员受贿犯罪如何定罪处罚的规定】银行或者其他金融机构的工作人员在金融业务活动中索取他人财物或者非法收受他人财物,为他人谋取利益的,或者违反国家规定,收受各种名义的回扣、手续费,归个人所有的,依照本法第一百六十三条的规定定罪处罚。

国有金融机构工作人员和国有金融机构委派到非国有金融机构从事公务的人员有前款行为的,依照本法第三百八十五条、第三百八十六条的规定定罪处罚。

第一百八十五条 【挪用资金罪】商业银行、证券交易所、期货交易所、证券公司、期货经纪公司、保险公司或者其他金融机构的工作人员利用职务上的便利,挪用本单位或者客户资金的,依照本法第二百七十二条的规定定罪处罚。

【挪用公款罪】国有商业银行、证券交易所、期货交易所、证券公司、期货经纪公司、保险公司或者其他国有金融机构的工作人员和国有商业银行、证券交易所、期货交易所、证券公司、期货经纪公司、保险公司或者其他国有金融机构委派到前款规定中的非国有机构从事公务的人员有前款行为的,依照本法第三百八十四条的规定定罪处罚。

第一百八十五条之一 【背信运用受托财产罪】商业银行、证券交易所、期货交易所、证券公司、期货经纪公司、保险公司或者其他金融机构,违背受托义务,擅自运用客户资金或者其他委托、信托的财产,情节严重的,对单位判处罚金,并对其直接负责的主管人员和其他直接责任人员,处三年以下有期徒刑或者拘役,并处三万元以上三十万元以下罚金;情节特别严重的,处三年以上十年以下有期徒刑,并处五万元以上五十万元以下罚金。

【违法运用资金罪】社会保障基金管理机构、住房公积金管理机构等公众资金管理机构,以及保险公司、保险资产管理公司、证券投资基金管理公司,违反国家规定运用资金的,对其直接负责的主管人员和其他直接责任人员,依照前款的规定处罚。

第一百八十六条 【违法发放贷款罪】银行或者其他金融机构的工作人员违反国家规定发放贷款,数额巨大或者造成重大损失的,处五年以下有期徒刑或者拘役,并处一万元以上十万元以下罚金;数额特别巨大或者造成特别重大损失的,处五年以上有期徒刑,并处二万元以上二十万元以下罚金。

银行或者其他金融机构的工作人员违反国家规定,向关系人发放贷款的,依照前款的规定从重处罚。

单位犯前两款罪的,对单位判处罚金,并对其直接负责的主管人员和其他直接责任人员,依照前两款的规定处罚。

关系人的范围,依照《中华人民共和国商业银行法》和有关金融法规确定。

第一百八十七条 【吸收客户资金不入账罪】银行或者其他金融机构的工作人员吸收客户资金不入帐,数额巨大或者造成重大损失的,处五年以下有期徒刑或者拘役,并处二万元以上二十万元以下罚金;数额特别巨大或者造成特别重大损失的,处五年以上有期徒刑,并处五万元以上五十万元以下罚金。

单位犯前款罪的,对单位判处罚金,并对其直接负责的主管人员和其他直接责任人员,依照前款的规定处罚。

第一百八十八条 【违规出具金融票证罪】银行或者其他金融机构的工作人员违反规定,为他人出具信用证或者其他保函、票据、存单、资信证明,情节严重的,处五年以下有期徒刑或者拘役;情节特别严重的,处五年以上有期徒刑。

单位犯前款罪的,对单位判处罚金,并对其直接负责的主管人员和其他直接责任人员,依照前款的规定处罚。

第一百八十九条 【对违法票据承兑、付款、保证罪】银行或者其他金融机构的工作人员在票据业务中,对违反票据法规定的票据予以承兑、付款或者保证,造成重大损失的,处五年以下有期徒刑或者拘役;造成特别重大损失的,处五年以上有期徒刑。

单位犯前款罪的,对单位判处罚金,并对其直接负责的主管人员和其他直接责任人员,依照前款的规定处罚。

第一百九十条 【逃汇罪】公司、企业或者其他单位,违反国家规定,擅自将外汇存放境外,或者将境内的外汇非法转移到境外,数额较大的,对单位判处逃汇数额百分之五以上百分之三十以下罚金,并对其直接负责的主管人员和其他直接责任人员处五年以下有期徒刑或者拘役;数额巨大或者有其他严重情节的,对单位判处逃汇数额百分之五以上百分之三十以下罚金,并对其直接负责的主管人员和其他直接责任人员处五年以上有期徒刑。

第一百九十一条 【洗钱罪】为掩饰、隐瞒毒品犯罪、黑社会性质的组织犯罪、恐怖活动犯罪、走私犯罪、贪污贿赂犯罪、破坏金融管理秩序犯罪、金融诈骗犯罪的所得及其产生的收益的来源和性质,有下列行为之一的,没收实施以上犯罪的所得及其产生的收益,处五年以下有期徒刑或者拘役,并处或者单处罚金;情节严重的,处五年以上十年以下有期徒刑,并处罚金:

(一)提供资金帐户的;

(二)将财产转换为现金、金融票据、有价证券的;

(三)通过转帐或者其他支付结算方式转移资金的;

(四)跨境转移资产的;

(五)以其他方法掩饰、隐瞒犯罪所得及其收益的来源和性质的。

单位犯前款罪的,对单位判处罚金,并对其直接负责的主管人员和其他直接责任人员,依照前款的规定处罚。

第五节 金融诈骗罪

第一百九十二条 【集资诈骗罪】以非法占有为目的,使用诈骗方法非法集资,数额较大的,处三年以上七年以下有期徒刑,并处罚金;数额巨大或者有其他严重情节的,处七年以上有期徒刑或者无期徒刑,并处罚金或者没收财产。

单位犯前款罪的,对单位判处罚金,并对其直接负责的主管人员和其他直接责任人员,依照前款的规定处罚。

第一百九十三条 【贷款诈骗罪】有下列情形之一,以非法占有为目的,诈骗银行或者其他金融机构的贷款,数额较大的,处五年以下有期徒刑或者拘役,并处二万元以上二十万元以下罚金;数额巨大或者有其他严重情节的,处五年以上十年以下有期徒刑,并处五万元以上五十万元以下罚金;数额特别巨大或者有其他特别严重情节的,处十年以上有期徒刑或者无期徒刑,并处五万元以上五十万元以下罚金或者没收财产:

(一) 编造引进资金、项目等虚假理由的;

(二) 使用虚假的经济合同的;

(三) 使用虚假的证明文件的;

(四) 使用虚假的产权证明作担保或者超出抵押物价值重复担保的;

(五) 以其他方法诈骗贷款的。

第一百九十四条 【票据诈骗罪】有下列情形之一,进行金融票据诈骗活动,数额较大的,处五年以下有期徒刑或者拘役,并处二万元以上二十万元以下罚金;数额巨大或者有其他严重情节的,处五年以上十年以下有期徒刑,并处五万元以上五十万元以下罚金;数额特别巨大或者有其他特别严重情节的,处十年以上有期徒刑或者无期徒刑,并处五万元以上五十万元以下罚金或者没收财产:

(一) 明知是伪造、变造的汇票、本票、支票而使用的;

（二）明知是作废的汇票、本票、支票而使用的；

（三）冒用他人的汇票、本票、支票的；

（四）签发空头支票或者与其预留印鉴不符的支票，骗取财物的；

（五）汇票、本票的出票人签发无资金保证的汇票、本票或者在出票时作虚假记载，骗取财物的。

【金融凭证诈骗罪】使用伪造、变造的委托收款凭证、汇款凭证、银行存单等其他银行结算凭证的，依照前款的规定处罚。

第一百九十五条　【信用证诈骗罪】有下列情形之一，进行信用证诈骗活动的，处五年以下有期徒刑或者拘役，并处二万元以上二十万元以下罚金；数额巨大或者有其他严重情节的，处五年以上十年以下有期徒刑，并处五万元以上五十万元以下罚金；数额特别巨大或者有其他特别严重情节的，处十年以上有期徒刑或者无期徒刑，并处五万元以上五十万元以下罚金或者没收财产：

（一）使用伪造、变造的信用证或者附随的单据、文件的；

（二）使用作废的信用证的；

（三）骗取信用证的；

（四）以其他方法进行信用证诈骗活动的。

第一百九十六条　【信用卡诈骗罪】有下列情形之一，进行信用卡诈骗活动，数额较大的，处五年以下有期徒刑或者拘役，并处二万元以上二十万元以下罚金；数额巨大或者有其他严重情节的，处五年以上十年以下有期徒刑，并处五万元以上五十万元以下罚金；数额特别巨大或者有其他特别严重情节的，处十年以上有期徒刑或者无期徒刑，并处五万元以上五十万元以下罚金或者没收财产：

（一）使用伪造的信用卡，或者使用以虚假的身份证明骗领的信用卡的；

（二）使用作废的信用卡的；

（三）冒用他人信用卡的；

（四）恶意透支的。

前款所称恶意透支，是指持卡人以非法占有为目的，超过规定限额或者规定期限透支，并且经发卡银行催收后仍不归还的行为。

盗窃信用卡并使用的，依照本法第二百六十四条的规定定罪处罚。

第一百九十七条　【有价证券诈骗罪】使用伪造、变造的国库券或者国家发行的其他有价证券，进行诈骗活动，数额较大的，处五年以下有期徒刑或者拘役，并处二万元以上二十万元以下罚金；数额巨大或者有其他严重情节的，处五年以上十年以下有期徒刑，并处五万元以上五十万元以下罚金；数额特别巨大或者有其他特别严重情节的，处十年以上有期徒刑或者无期徒刑，并处五万元以上五十万元以下罚金或者没收财产。

第一百九十八条　【保险诈骗罪】有下列情形之一，进行保险诈骗活动，数额较大的，处五年以下有期徒刑或者拘役，并处一万元以上十万元以下罚金；数额巨大或者有其他严重情节的，处五年以上十年以下有期徒刑，并处二万元以上二十万元以下罚金；数额特别巨大或者有其他特别严重情节的，处十年以上有期徒刑，并处二万元以上二十万元以下罚金或者没收财产：

（一）投保人故意虚构保险标的，骗取保险金的；

（二）投保人、被保险人或者受益人对发生的保险事故编造虚假的原因或者夸大损失的程度，骗取保险金的；

（三）投保人、被保险人或者受益人编造未曾发生的保险事故，骗取保险金的；

（四）投保人、被保险人故意造成财产损失的保险事故，骗取保险金的；

（五）投保人、受益人故意造成被保险人死亡、伤残或者疾病，骗取保险金的。

有前款第四项、第五项所列行为，同时构成其他犯罪的，依照数罪并罚的规定处罚。

单位犯第一款罪的，对单位判处罚金，并对其直接负责的主管人员和其他直接责任人员，处五年以下有期徒刑或者拘役；数额巨大或者有其他严重情节的，处五年以上十年以下有期徒刑；数额特别巨大或者有其他特别严重情节的，处十年以上有期徒刑。

保险事故的鉴定人、证明人、财产评估人故意提供虚假的证明文件，为他人诈骗提供条件的，以保险诈骗的共犯论处。

第一百九十九条　（根据《中华人民共和国刑法修正案（九）》删去本条内容）

第二百条　【单位犯金融诈骗罪的处罚规定】单位犯本节第一百九十四条、第一百九十五条规定之罪的，对单位判处罚金，并对其直接负责的主管人员和其他直接责任人员，处五年以下有期徒刑或者拘役,可以并处罚金;数额巨大或者有其他严重情节的,处五年以上十年以下有期徒刑,并处罚金;数额特别巨大或者有其他特别严重情节的,处十年以上有期徒刑或者无期徒刑,并处罚金。

第六节 危害税收征管罪

第二百零一条 【逃税罪】纳税人采取欺骗、隐瞒手段进行虚假纳税申报或者不申报,逃避缴纳税款数额较大并且占应纳税额百分之十以上的,处三年以下有期徒刑或者拘役,并处罚金;数额巨大并且占应纳税额百分之三十以上的,处三年以上七年以下有期徒刑,并处罚金。

扣缴义务人采取前款所列手段,不缴或者少缴已扣、已收税款,数额较大的,依照前款的规定处罚。

对多次实施前两款行为,未经处理的,按照累计数额计算。

有第一款行为,经税务机关依法下达追缴通知后,补缴应纳税款,缴纳滞纳金,已受行政处罚的,不予追究刑事责任;但是,五年内因逃避缴纳税款受过刑事处罚或者被税务机关给予二次以上行政处罚的除外。

第二百零二条 【抗税罪】以暴力、威胁方法拒不缴纳税款的,处三年以下有期徒刑或者拘役,并处拒缴税款一倍以上五倍以下罚金;情节严重的,处三年以上七年以下有期徒刑,并处拒缴税款一倍以上五倍以下罚金。

第二百零三条 【逃避追缴欠税罪】纳税人欠缴应纳税款,采取转移或者隐匿财产的手段,致使税务机关无法追缴欠缴的税款,数额在一万元以上不满十万元的,处三年以下有期徒刑或者拘役,并处或者单处欠缴税款一倍以上五倍以下罚金;数额在十万元以上的,处三年以上七年以下有期徒刑,并处欠缴税款一倍以上五倍以下罚金。

第二百零四条 【骗取出口退税罪】以假报出口或者其他欺骗手段,骗取国家出口退税款,数额较大的,处五年以下有期徒刑或者拘役,并处骗取税款一倍以上五倍以下罚金;数额巨大或者有其他严重情节的,处五年以上十年以下有期徒刑,并处骗取税款一倍以上五倍以下罚金;数额特别巨大或者有其他特别严重情节的,处十年以上有期徒刑或者无期徒刑,并处骗取税款一倍以上五倍以下罚金或者没收财产。

纳税人缴纳税款后,采取前款规定的欺骗方法,骗取所缴纳的税款的,依照本法第二百零一条的规定定罪处罚;骗取税款超过所缴纳的税款部分,依照前款的规定处罚。

第二百零五条 【虚开增值税专用发票、用于骗取出口退税、抵扣税款发票罪】虚开增值税专用发票或者虚开用于骗取出口退税、抵扣税款的其他发票的,处三年以下有期徒刑或者拘役,并处二万元以上二十万元以下罚金;虚开的税款数额较大或者有其他严重情节的,处三年以上十年以下有期徒刑,并处五万元以上五十万元以下罚金;虚开的税款数额巨大或者有其他特别严重情节的,处十年以上有期徒刑或者无期徒刑,并处五万元以上五十万元以下罚金或者没收财产。

单位犯本条规定之罪的,对单位判处罚金,并对其直接负责的主管人员和其他直接责任人员,处三年以下有期徒刑或者拘役;虚开的税款数额较大或者有其他严重情节的,处三年以上十年以下有期徒刑;虚开的税款数额巨大或者有其他特别严重情节的,处十年以上有期徒刑或者无期徒刑。

虚开增值税专用发票或者虚开用于骗取出口退税、抵扣税款的其他发票,是指有为他人虚开、为自己虚开、让他人为自己虚开、介绍他人虚开行为之一的。

第二百零五条之一 【虚开发票罪】虚开本法第二百零五条规定以外的其他发票,情节严重的,处二年以下有期徒刑、拘役或者管制,并处罚金;情节特别严重的,处二年以上七年以下有期徒刑,并处罚金。

单位犯前款罪的,对单位判处罚金,并对其直接负责的主管人员和其他直接责任人员,依照前款的规定处罚。

第二百零六条 【伪造、出售伪造的增值税专用发票罪】伪造或者出售伪造的增值税专用发票的,处三年以下有期徒刑、拘役或者管制,并处二万元以上二十万元以下罚金;数量较大或者有其他严重情节的,处三年以上十年以下有期徒刑,并处五万元以上五十万元以下罚金;数量巨大或者有其他特别严重情节的,处十年以上有期徒刑或者无期徒刑,并处五万元以上五十万元以下罚金或者没收财产。

单位犯本条规定之罪的,对单位判处罚金,并对其直接负责的主管人员和其他直接责任人员,处三年以下有期徒刑、拘役或者管制;数量较大或者有其他严重情节的,处三年以上十年以下有期徒刑;数量巨大或者有其他特别严重情节的,处十年以上有期徒刑或者无期徒刑。

第二百零七条　【非法出售增值税专用发票罪】非法出售增值税专用发票的,处三年以下有期徒刑、拘役或者管制,并处二万元以上二十万元以下罚金;数量较大的,处三年以上十年以下有期徒刑,并处五万元以上五十万元以下罚金;数量巨大的,处十年以上有期徒刑或者无期徒刑,并处五万元以上五十万元以下罚金或者没收财产。

第二百零八条　【非法购买增值税专用发票、购买伪造的增值税专用发票罪】非法购买增值税专用发票或者购买伪造的增值税专用发票的,处五年以下有期徒刑或者拘役,并处或者单处二万元以上二十万元以下罚金。

非法购买增值税专用发票或者购买伪造的增值税专用发票又虚开或者出售的,分别依照本法第二百零五条、第二百零六条、第二百零七条的规定定罪处罚。

第二百零九条　【非法制造、出售非法制造的用于骗取出口退税、抵扣税款发票罪】伪造、擅自制造或者出售伪造、擅自制造的可以用于骗取出口退税、抵扣税款的其他发票的,处三年以下有期徒刑、拘役或者管制,并处二万元以上二十万元以下罚金;数量巨大的,处三年以上七年以下有期徒刑,并处五万元以上五十万元以下罚金;数量特别巨大的,处七年以上有期徒刑,并处五万元以上五十万元以下罚金或者没收财产。

【非法制造、出售非法制造的发票罪】伪造、擅自制造或者出售伪造、擅自制造的前款规定以外的其他发票的,处二年以下有期徒刑、拘役或者管制,并处或者单处一万元以上五万元以下罚金;情节严重的,处二年以上七年以下有期徒刑,并处五万元以上五十万元以下罚金。

【非法出售用于骗取出口退税、抵扣税款发票罪】非法出售可以用于骗取出口退税、抵扣税款的其他发票的,依照第一款的规定处罚。

【非法出售发票罪】非法出售第三款规定以外的其他发票的,依照第二款的规定处罚。

第二百一十条　【盗窃罪】盗窃增值税专用发票或者可以用于骗取出口退税、抵扣税款的其他发票的,依照本法第二百六十四条的规定定罪处罚。

【诈骗罪】使用欺骗手段骗取增值税专用发票或者可以用于骗取出口退税、抵扣税款的其他发票的,依照本法第二百六十六条的规定定罪处罚。

第二百一十条之一　【持有伪造的发票罪】明知是伪造的发票而持有,数量较大的,处二年以下有期徒刑、拘役或者管制,并处罚金;数量巨大的,处二年以上七年以下有期徒刑,并处罚金。

单位犯前款罪的,对单位判处罚金,并对其直接负责的主管人员和其他直接责任人员,依照前款的规定处罚。

第二百一十一条　【单位犯危害税收征管罪的处罚规定】单位犯本节第二百零一条、第二百零三条、第二百零四条、第二百零七条、第二百零八条、第二百零九条规定之罪的,对单位判处罚金,并对其直接负责的主管人员和其他直接责任人员,依照各该条的规定处罚。

第二百一十二条　【税收征缴优先原则】犯本节第二百零一条至第二百零五条规定之罪,被判处罚金、没收财产的,在执行前,应当先由税务机关追缴税款和所骗取的出口退税款。

第七节　侵犯知识产权罪

第二百一十三条　【假冒注册商标罪】未经注册商标所有人许可,在同一种商品、服务上使用与其注册商标相同的商标,情节严重的,处三年以下有期徒刑,并处或者单处罚金;情节特别严重的,处三年以上十年以下有期徒刑,并处罚金。

第二百一十四条　【销售假冒注册商标的商品罪】销售明知是假冒注册商标的商品,违法所得数额较大或者有其他严重情节的,处三年以下有期徒刑,并处或者单处罚金;违法所得数额巨大或者有其他特别严重情节的,处三年以上十年以下有期徒刑,并处罚金。

第二百一十五条　【非法制造、销售非法制造的注册商标标识罪】伪造、擅自制造他人注册商标标识或者销售伪造、擅自制造的注册商标标识,情节严重的,处三年以下有期徒刑,并处或者单处罚金;情节特别严重的,处三年以上十年以下有期徒刑,并处罚金。

第二百一十六条　【假冒专利罪】假冒他人专利,情节严重的,处三年以下有期徒刑或者拘役,并处或者单处罚金。

第二百一十七条　【侵犯著作权罪】以营利为

目的,有下列侵犯著作权或者与著作权有关的权利的情形之一,违法所得数额较大或者有其他严重情节的,处三年以下有期徒刑,并处或者单处罚金;违法所得数额巨大或者有其他特别严重情节的,处三年以上十年以下有期徒刑,并处罚金:

(一)未经著作权人许可,复制发行、通过信息网络向公众传播其文字作品、音乐、美术、视听作品、计算机软件及法律、行政法规规定的其他作品的;

(二)出版他人享有专有出版权的图书的;

(三)未经录音录像制作者许可,复制发行、通过信息网络向公众传播其制作的录音录像的;

(四)未经表演者许可,复制发行录有其表演的录音录像制品,或者通过信息网络向公众传播其表演的;

(五)制作、出售假冒他人署名的美术作品的;

(六)未经著作权人或者与著作权有关的权利人许可,故意避开或者破坏权利人为其作品、录音录像制品等采取的保护著作权或者与著作权有关的权利的技术措施的。

第二百一十八条 【销售侵权复制品罪】以营利为目的,销售明知是本法第二百一十七条规定的侵权复制品,违法所得数额巨大或者有其他严重情节的,处五年以下有期徒刑,并处或者单处罚金。

第二百一十九条 【侵犯商业秘密罪】有下列侵犯商业秘密行为之一,情节严重的,处三年以下有期徒刑,并处或者单处罚金;情节特别严重的,处三年以上十年以下有期徒刑,并处罚金:

(一)以盗窃、贿赂、欺诈、胁迫、电子侵入或者其他不正当手段获取权利人的商业秘密的;

(二)披露、使用或者允许他人使用以前项手段获取的权利人的商业秘密的;

(三)违反保密义务或者违反权利人有关保守商业秘密的要求,披露、使用或者允许他人使用其所掌握的商业秘密的。

明知前款所列行为,获取、披露、使用或者允许他人使用该商业秘密的,以侵犯商业秘密论。

本条所称权利人,是指商业秘密的所有人和经商业秘密所有人许可的商业秘密使用人。

第二百一十九条之一 【为境外窃取、刺探、收买、非法提供商业秘密罪】为境外的机构、组织、人员窃取、刺探、收买、非法提供商业秘密的,处五年以下有期徒刑,并处或者单处罚金;情节严重的,处五年以上有期徒刑,并处罚金。

第二百二十条 【单位犯侵犯知识产权罪的处罚规定】单位犯本节第二百一十三条至第二百一十九条之一规定之罪的,对单位判处罚金,并对其直接负责的主管人员和其他直接责任人员,依照本节各该条的规定处罚。

第八节 扰乱市场秩序罪

第二百二十一条 【损害商业信誉、商品声誉罪】捏造并散布虚伪事实,损害他人的商业信誉、商品声誉,给他人造成重大损失或者有其他严重情节的,处二年以下有期徒刑或者拘役,并处或者单处罚金。

第二百二十二条 【虚假广告罪】广告主、广告经营者、广告发布者违反国家规定,利用广告对商品或者服务作虚假宣传,情节严重的,处二年以下有期徒刑或者拘役,并处或者单处罚金。

第二百二十三条 【串通投标罪】投标人相互串通投标报价,损害招标人或者其他投标人利益,情节严重的,处三年以下有期徒刑或者拘役,并处或者单处罚金。

投标人与招标人串通投标,损害国家、集体、公民的合法利益的,依照前款的规定处罚。

第二百二十四条 【合同诈骗罪】有下列情形之一,以非法占有为目的,在签订、履行合同过程中,骗取对方当事人财物,数额较大的,处三年以下有期徒刑或者拘役,并处或者单处罚金;数额巨大或者有其他严重情节的,处三年以上十年以下有期徒刑,并处罚金;数额特别巨大或者有其他特别严重情节的,处十年以上有期徒刑或者无期徒刑,并处罚金或者没收财产:

(一) 以虚构的单位或者冒用他人名义签订合同的;

(二) 以伪造、变造、作废的票据或者其他虚假的产权证明作担保的;

(三) 没有实际履行能力,以先履行小额合同或者部分履行合同的方法,诱骗对方当事人继续签订和履行合同的;

(四) 收受对方当事人给付的货物、货款、预付款或者担保财产后逃匿的;

(五) 以其他方法骗取对方当事人财物的。

第二百二十四条之一 【组织、领导传销活动罪】组织、领导以推销商品、提供服务等经营活动为名，要求参加者以缴纳费用或者购买商品、服务等方式获得加入资格，并按照一定顺序组成层级，直接或者间接以发展人员的数量作为计酬或者返利依据，引诱、胁迫参加者继续发展他人参加，骗取财物，扰乱经济社会秩序的传销活动的，处五年以下有期徒刑或者拘役，并处罚金；情节严重的，处五年以上有期徒刑，并处罚金。

第二百二十五条 **【非法经营罪】**违反国家规定，有下列非法经营行为之一，扰乱市场秩序，情节严重的，处五年以下有期徒刑或者拘役，并处或者单处违法所得一倍以上五倍以下罚金；情节特别严重的，处五年以上有期徒刑，并处违法所得一倍以上五倍以下罚金或者没收财产：

（一）未经许可经营法律、行政法规规定的专营、专卖物品或者其他限制买卖的物品的；

（二）买卖进出口许可证、进出口原产地证明以及其他法律、行政法规规定的经营许可证或者批准文件的；

（三）未经国家有关主管部门批准非法经营证券、期货、保险业务的，或者非法从事资金支付结算业务的；

（四）其他严重扰乱市场秩序的非法经营行为。

第二百二十六条 **【强迫交易罪】**以暴力、威胁手段，实施下列行为之一，情节严重的，处三年以下有期徒刑或者拘役，并处或者单处罚金；情节特别严重的，处三年以上七年以下有期徒刑，并处罚金：

（一）强买强卖商品的；

（二）强迫他人提供或者接受服务的；

（三）强迫他人参与或者退出投标、拍卖的；

（四）强迫他人转让或者收购公司、企业的股份、债券或者其他资产的；

（五）强迫他人参与或者退出特定的经营活动的。

第二百二十七条 **【伪造、倒卖伪造的有价票证罪】**伪造或者倒卖伪造的车票、船票、邮票或者其他有价票证，数额较大的，处二年以下有期徒刑、拘役或者管制，并处或者单处票证价额一倍以上五倍以下罚金；数额巨大的，处二年以上七年以下有期徒刑，并处票证价额一倍以上五倍以下罚金。

【倒卖车票、船票罪】倒卖车票、船票，情节严重的，处三年以下有期徒刑、拘役或者管制，并处或者单处票证价额一倍以上五倍以下罚金。

第二百二十八条 **【非法转让、倒卖土地使用权罪】**以牟利为目的，违反土地管理法规，非法转让、倒卖土地使用权，情节严重的，处三年以下有期徒刑或者拘役，并处或者单处非法转让、倒卖土地使用权价额百分之五以上百分之二十以下罚金；情节特别严重的，处三年以上七年以下有期徒刑，并处非法转让、倒卖土地使用权价额百分之五以上百分之二十以下罚金。

第二百二十九条 **【提供虚假证明文件罪】**承担资产评估、验资、验证、会计、审计、法律服务、保荐、安全评价、环境影响评价、环境监测等职责的中介组织的人员故意提供虚假证明文件，情节严重的，处五年以下有期徒刑或者拘役，并处罚金；有下列情形之一的，处五年以上十年以下有期徒刑，并处罚金：

（一）提供与证券发行相关的虚假的资产评估、会计、审计、法律服务、保荐等证明文件，情节特别严重的；

（二）提供与重大资产交易相关的虚假的资产评估、会计、审计等证明文件，情节特别严重的；

（三）在涉及公共安全的重大工程、项目中提供虚假的安全评价、环境影响评价等证明文件，致使公共财产、国家和人民利益遭受特别重大损失的。

有前款行为，同时索取他人财物或者非法收受他人财物构成犯罪的，依照处罚较重的规定定罪处罚。

【出具证明文件重大失实罪】第一款规定的人员，严重不负责任，出具的证明文件有重大失实，造成严重后果的，处三年以下有期徒刑或者拘役，并处或者单处罚金。

第二百三十条 **【逃避商检罪】**违反进出口商品检验法的规定，逃避商品检验，将必须经商检机构检验的进口商品未报经检验而擅自销售、使用，或者将必须经商检机构检验的出口商品未报经检验合格而擅自出口，情节严重的，处三年以下有期徒刑或者拘役，并处或者单处罚金。

第二百三十一条 **【单位犯扰乱市场秩序罪的处罚规定】**单位犯本节第二百二十一条至第二百三十条规定之罪的，对单位判处罚金，并对其直接负责的主管人员和其他直接责任人员，依照本节各该条的规定处罚。

第四章　侵犯公民人身权利、民主权利罪

第二百三十二条　【故意杀人罪】故意杀人的，处死刑、无期徒刑或者十年以上有期徒刑；情节较轻的，处三年以上十年以下有期徒刑。

第二百三十三条　【过失致人死亡罪】过失致人死亡的，处三年以上七年以下有期徒刑；情节较轻的，处三年以下有期徒刑。本法另有规定的，依照规定。

第二百三十四条　【故意伤害罪】故意伤害他人身体的，处三年以下有期徒刑、拘役或者管制。

犯前款罪，致人重伤的，处三年以上十年以下有期徒刑；致人死亡或者以特别残忍手段致人重伤造成严重残疾的，处十年以上有期徒刑、无期徒刑或者死刑。本法另有规定的，依照规定。

第二百三十四条之一　【组织出卖人体器官罪】组织他人出卖人体器官的，处五年以下有期徒刑，并处罚金；情节严重的，处五年以上有期徒刑，并处罚金或者没收财产。

未经本人同意摘取其器官，或者摘取不满十八周岁的人的器官，或者强迫、欺骗他人捐献器官的，依照本法第二百三十四条、第二百三十二条的规定定罪处罚。

违背本人生前意愿摘取其尸体器官，或者本人生前未表示同意，违反国家规定，违背其近亲属意愿摘取其尸体器官的，依照本法第三百零二条的规定定罪处罚。

第二百三十五条　【过失致人重伤罪】过失伤害他人致人重伤的，处三年以下有期徒刑或者拘役。本法另有规定的，依照规定。

第二百三十六条　【强奸罪】以暴力、胁迫或者其他手段强奸妇女的，处三年以上十年以下有期徒刑。

奸淫不满十四周岁的幼女的，以强奸论，从重处罚。

强奸妇女、奸淫幼女，有下列情形之一的，处十年以上有期徒刑、无期徒刑或者死刑：

（一）强奸妇女、奸淫幼女情节恶劣的；

（二）强奸妇女、奸淫幼女多人的；

（三）在公共场所当众强奸妇女、奸淫幼女的；

（四）二人以上轮奸的；

（五）奸淫不满十周岁的幼女或者造成幼女伤害的；

（六）致使被害人重伤、死亡或者造成其他严重后果的。

第二百三十六条之一　【特殊职责人员性侵罪】对已满十四周岁不满十六周岁的未成年女性负有监护、收养、看护、教育、医疗等特殊职责的人员，与该未成年女性发生性关系的，处三年以下有期徒刑；情节恶劣的，处三年以上十年以下有期徒刑。

有前款行为，同时又构成本法第二百三十六条规定之罪的，依照处罚较重的规定定罪处罚。

第二百三十七条　【强制猥亵、侮辱罪】以暴力、胁迫或者其他方法强制猥亵他人或者侮辱妇女的，处五年以下有期徒刑或者拘役。

聚众或者在公共场所当众犯前款罪的，或者有其他恶劣情节的，处五年以上有期徒刑。

【猥亵儿童罪】猥亵儿童的，处五年以下有期徒刑；有下列情形之一的，处五年以上有期徒刑：

（一）猥亵儿童多人或者多次的；

（二）聚众猥亵儿童的，或者在公共场所当众猥亵儿童，情节恶劣的；

（三）造成儿童伤害或者其他严重后果的；

（四）猥亵手段恶劣或者有其他恶劣情节的。

第二百三十八条　【非法拘禁罪】非法拘禁他人或者以其他方法非法剥夺他人人身自由的，处三年以下有期徒刑、拘役、管制或者剥夺政治权利。具有殴打、侮辱情节的，从重处罚。

犯前款罪，致人重伤的，处三年以上十年以下有期徒刑；致人死亡的，处十年以上有期徒刑。使用暴力致人伤残、死亡的，依照本法第二百三十四条、第二百三十二条的规定定罪处罚。

为索取债务非法扣押、拘禁他人的，依照前两款的规定处罚。

国家机关工作人员利用职权犯前三款罪的，依照前三款的规定从重处罚。

第二百三十九条　【绑架罪】以勒索财物为目的绑架他人的，或者绑架他人作为人质的，处十年以上有期徒刑或者无期徒刑，并处罚金或者没收财产；情节较轻的，处五年以上十年以下有期徒刑，并处罚金。

犯前款罪，杀害被绑架人的，或者故意伤害被绑架人，致人重伤、死亡的，处无期徒刑或者死刑，并处没收财产。

以勒索财物为目的偷盗婴幼儿的,依照前两款的规定处罚。

第二百四十条 【拐卖妇女、儿童罪】拐卖妇女、儿童的,处五年以上十年以下有期徒刑,并处罚金;有下列情形之一的,处十年以上有期徒刑或者无期徒刑,并处罚金或者没收财产;情节特别严重的,处死刑,并处没收财产:

(一) 拐卖妇女、儿童集团的首要分子;

(二) 拐卖妇女、儿童三人以上的;

(三) 奸淫被拐卖的妇女的;

(四) 诱骗、强迫被拐卖的妇女卖淫或者将被拐卖的妇女卖给他人迫使其卖淫的;

(五)以出卖为目的,使用暴力、胁迫或者麻醉方法绑架妇女、儿童的;

(六) 以出卖为目的,偷盗婴幼儿的;

(七) 造成被拐卖的妇女、儿童或者其亲属重伤、死亡或者其他严重后果的;

(八) 将妇女、儿童卖往境外的。

拐卖妇女、儿童是指以出卖为目的,有拐骗、绑架、收买、贩卖、接送、中转妇女、儿童的行为之一的。

第二百四十一条 【收买被拐卖的妇女、儿童罪】收买被拐卖的妇女、儿童的,处三年以下有期徒刑、拘役或者管制。

收买被拐卖的妇女,强行与其发生性关系的,依照本法第二百三十六条的规定定罪处罚。

收买被拐卖的妇女、儿童,非法剥夺、限制其人身自由或者有伤害、侮辱等犯罪行为的,依照本法的有关规定定罪处罚。

收买被拐卖的妇女、儿童,并有第二款、第三款规定的犯罪行为的,依照数罪并罚的规定处罚。

收买被拐卖的妇女、儿童又出卖的,依照本法第二百四十条的规定定罪处罚。

收买被拐卖的妇女、儿童,对被买儿童没有虐待行为,不阻碍对其进行解救的,可以从轻处罚;按照被买妇女的意愿,不阻碍其返回原居住地的,可以从轻或者减轻处罚。

第二百四十二条 【妨害公务罪】以暴力、威胁方法阻碍国家机关工作人员解救被收买的妇女、儿童的,依照本法第二百七十七条的规定定罪处罚。

【聚众阻碍解救被收买的妇女、儿童罪】聚众阻碍国家机关工作人员解救被收买的妇女、儿童的首要分子,处五年以下有期徒刑或者拘役;其他参与者使用暴力、威胁方法的,依照前款的规定处罚。

第二百四十三条 【诬告陷害罪】捏造事实诬告陷害他人,意图使他人受刑事追究,情节严重的,处三年以下有期徒刑、拘役或者管制;造成严重后果的,处三年以上十年以下有期徒刑。

国家机关工作人员犯前款罪的,从重处罚。

不是有意诬陷,而是错告,或者检举失实的,不适用前两款的规定。

第二百四十四条 【强迫劳动罪】以暴力、威胁或者限制人身自由的方法强迫他人劳动的,处三年以下有期徒刑或者拘役,并处罚金;情节严重的,处三年以上十年以下有期徒刑,并处罚金。

明知他人实施前款行为,为其招募、运送人员或者有其他协助强迫他人劳动行为的,依照前款的规定处罚。

单位犯前两款罪的,对单位判处罚金,并对其直接负责的主管人员和其他直接责任人员,依照第一款的规定处罚。

第二百四十四条之一 【雇用童工从事危重劳动罪】违反劳动管理法规,雇用未满十六周岁的未成年人从事超强度体力劳动的,或者从事高空、井下作业的,或者在爆炸性、易燃性、放射性、毒害性等危险环境下从事劳动,情节严重的,对直接责任人员,处三年以下有期徒刑或者拘役,并处罚金;情节特别严重的,处三年以上七年以下有期徒刑,并处罚金。

有前款行为,造成事故,又构成其他犯罪的,依照数罪并罚的规定处罚。

第二百四十五条 【非法搜查罪】【非法侵入住宅罪】非法搜查他人身体、住宅,或者非法侵入他人住宅的,处三年以下有期徒刑或者拘役。

司法工作人员滥用职权,犯前款罪的,从重处罚。

第二百四十六条 【侮辱罪】【诽谤罪】以暴力或者其他方法公然侮辱他人或者捏造事实诽谤他人,情节严重的,处三年以下有期徒刑、拘役、管制或者剥夺政治权利。

前款罪,告诉的才处理,但是严重危害社会秩序和国家利益的除外。

通过信息网络实施第一款规定的行为,被害人向人民法院告诉,但提供证据确有困难的,人民法院可以要求公安机关提供协助。

第二百四十七条 【刑讯逼供罪】【暴力取证罪】司法工作人员对犯罪嫌疑人、被告人实行刑讯逼供或者使用暴力逼取证人证言的，处三年以下有期徒刑或者拘役。致人伤残、死亡的，依照本法第二百三十四条、第二百三十二条的规定定罪从重处罚。

第二百四十八条 【虐待被监管人罪】监狱、拘留所、看守所等监管机构的监管人员对被监管人进行殴打或者体罚虐待，情节严重的，处三年以下有期徒刑或者拘役；情节特别严重的，处三年以上十年以下有期徒刑。致人伤残、死亡的，依照本法第二百三十四条、第二百三十二条的规定定罪从重处罚。

监管人员指使被监管人殴打或者体罚虐待其他被监管人的，依照前款的规定处罚。

第二百四十九条 【煽动民族仇恨、民族歧视罪】煽动民族仇恨、民族歧视，情节严重的，处三年以下有期徒刑、拘役、管制或者剥夺政治权利；情节特别严重的，处三年以上十年以下有期徒刑。

第二百五十条 【出版歧视、侮辱少数民族作品罪】在出版物中刊载歧视、侮辱少数民族的内容，情节恶劣，造成严重后果的，对直接责任人员，处三年以下有期徒刑、拘役或者管制。

第二百五十一条 【非法剥夺公民宗教信仰自由罪】【侵犯少数民族风俗习惯罪】国家机关工作人员非法剥夺公民的宗教信仰自由和侵犯少数民族风俗习惯，情节严重的，处二年以下有期徒刑或者拘役。

第二百五十二条 【侵犯通信自由罪】隐匿、毁弃或者非法开拆他人信件，侵犯公民通信自由权利，情节严重的，处一年以下有期徒刑或者拘役。

第二百五十三条 【私自开拆、隐匿、毁弃邮件、电报罪】邮政工作人员私自开拆或者隐匿、毁弃邮件、电报的，处二年以下有期徒刑或者拘役。

犯前款罪而窃取财物的，依照本法第二百六十四条的规定定罪从重处罚。

第二百五十三条之一 【侵犯公民个人信息罪】违反国家有关规定，向他人出售或者提供公民个人信息，情节严重的，处三年以下有期徒刑或者拘役，并处或者单处罚金；情节特别严重的，处三年以上七年以下有期徒刑，并处罚金。

违反国家有关规定，将在履行职责或者提供服务过程中获得的公民个人信息，出售或者提供给他人的，依照前款的规定从重处罚。

窃取或者以其他方法非法获取公民个人信息的，依照第一款的规定处罚。

单位犯前三款罪的，对单位判处罚金，并对其直接负责的主管人员和其他直接责任人员，依照各该款的规定处罚。

第二百五十四条 【报复陷害罪】国家机关工作人员滥用职权、假公济私，对控告人、申诉人、批评人、举报人实行报复陷害的，处二年以下有期徒刑或者拘役；情节严重的，处二年以上七年以下有期徒刑。

第二百五十五条 【打击报复会计、统计人员罪】公司、企业、事业单位、机关、团体的领导人，对依法履行职责、抵制违反会计法、统计法行为的会计、统计人员实行打击报复，情节恶劣的，处三年以下有期徒刑或者拘役。

第二百五十六条 【破坏选举罪】在选举各级人民代表大会代表和国家机关领导人员时，以暴力、威胁、欺骗、贿赂、伪造选举文件、虚报选举票数等手段破坏选举或者妨害选民和代表自由行使选举权和被选举权，情节严重的，处三年以下有期徒刑、拘役或者剥夺政治权利。

第二百五十七条 【暴力干涉婚姻自由罪】以暴力干涉他人婚姻自由的，处二年以下有期徒刑或者拘役。

犯前款罪，致使被害人死亡的，处二年以上七年以下有期徒刑。

第一款罪，告诉的才处理。

第二百五十八条 【重婚罪】有配偶而重婚的，或者明知他人有配偶而与之结婚的，处二年以下有期徒刑或者拘役。

第二百五十九条 【破坏军婚罪】明知是现役军人的配偶而与之同居或者结婚的，处三年以下有期徒刑或者拘役。

利用职权、从属关系，以胁迫手段奸淫现役军人的妻子的，依照本法第二百三十六条的规定定罪处罚。

第二百六十条 【虐待罪】虐待家庭成员，情节恶劣的，处二年以下有期徒刑、拘役或者管制。

犯前款罪，致使被害人重伤、死亡的，处二年以上七年以下有期徒刑。

第一款罪，告诉的才处理，但被害人没有能力告诉，或者因受到强制、威吓无法告诉的除外。

第二百六十条之一 【虐待被监护、看护人罪】对未成年人、老年人、患病的人、残疾人等负有监护、看护职责的人虐待被监护、看护的人,情节恶劣的,处三年以下有期徒刑或者拘役。

单位犯前款罪的,对单位判处罚金,并对其直接负责的主管人员和其他直接责任人员,依照前款的规定处罚。

有第一款行为,同时构成其他犯罪的,依照处罚较重的规定定罪处罚。

第二百六十一条 【遗弃罪】对于年老、年幼、患病或者其他没有独立生活能力的人,负有扶养义务而拒绝扶养,情节恶劣的,处五年以下有期徒刑、拘役或者管制。

第二百六十二条 【拐骗儿童罪】拐骗不满十四周岁的未成年人,脱离家庭或者监护人的,处五年以下有期徒刑或者拘役。

第二百六十二条之一 【组织残疾人、儿童乞讨罪】以暴力、胁迫手段组织残疾人或者不满十四周岁的未成年人乞讨的,处三年以下有期徒刑或者拘役,并处罚金;情节严重的,处三年以上七年以下有期徒刑,并处罚金。

第二百六十二条之二 【组织未成年人进行违反治安管理活动罪】组织未成年人进行盗窃、诈骗、抢夺、敲诈勒索等违反治安管理活动的,处三年以下有期徒刑或者拘役,并处罚金;情节严重的,处三年以上七年以下有期徒刑,并处罚金。

第五章 侵犯财产罪

第二百六十三条 【抢劫罪】以暴力、胁迫或者其他方法抢劫公私财物的,处三年以上十年以下有期徒刑,并处罚金;有下列情形之一的,处十年以上有期徒刑、无期徒刑或者死刑,并处罚金或者没收财产:

(一) 入户抢劫的;

(二)在公共交通工具上抢劫的;

(三) 抢劫银行或者其他金融机构的;

(四) 多次抢劫或者抢劫数额巨大的;

(五) 抢劫致人重伤、死亡的;

(六) 冒充军警人员抢劫的;

(七) 持枪抢劫的;

(八) 抢劫军用物资或者抢险、救灾、救济物资的。

第二百六十四条 【盗窃罪】盗窃公私财物,数额较大的,或者多次盗窃、入户盗窃、携带凶器盗窃、扒窃的,处三年以下有期徒刑、拘役或者管制,并处或者单处罚金;数额巨大或者有其他严重情节的,处三年以上十年以下有期徒刑,并处罚金;数额特别巨大或者有其他特别严重情节的,处十年以上有期徒刑或者无期徒刑,并处罚金或者没收财产。

第二百六十五条 【盗窃罪】以牟利为目的,盗接他人通信线路、复制他人电信码号或者明知是盗接、复制的电信设备、设施而使用的,依照本法第二百六十四条的规定定罪处罚。

第二百六十六条 【诈骗罪】诈骗公私财物,数额较大的,处三年以下有期徒刑、拘役或者管制,并处或者单处罚金;数额巨大或者有其他严重情节的,处三年以上十年以下有期徒刑,并处罚金;数额特别巨大或者有其他特别严重情节的,处十年以上有期徒刑或者无期徒刑,并处罚金或者没收财产。本法另有规定的,依照规定。

第二百六十七条 【抢夺罪】抢夺公私财物,数额较大的,或者多次抢夺的,处三年以下有期徒刑、拘役或者管制,并处或者单处罚金;数额巨大或者有其他严重情节的,处三年以上十年以下有期徒刑,并处罚金;数额特别巨大或者有其他特别严重情节的,处十年以上有期徒刑或者无期徒刑,并处罚金或者没收财产。

携带凶器抢夺的,依照本法第二百六十三条的规定定罪处罚。

第二百六十八条 【聚众哄抢罪】聚众哄抢公私财物,数额较大或者有其他严重情节的,对首要分子和积极参加的,处三年以下有期徒刑、拘役或者管制,并处罚金;数额巨大或者有其他特别严重情节的,处三年以上十年以下有期徒刑,并处罚金。

第二百六十九条 【转化的抢劫罪】犯盗窃、诈骗、抢夺罪,为窝藏赃物、抗拒抓捕或者毁灭罪证而当场使用暴力或者以暴力相威胁的,依照本法第二百六十三条的规定定罪处罚。

第二百七十条 【侵占罪】将代为保管的他人财物非法占为己有,数额较大,拒不退还的,处二年以下有期徒刑、拘役或者罚金;数额巨大或者有其他严重情节的,处二年以上五年以下有期徒刑,并处罚金。

将他人的遗忘物或者埋藏物非法占为己有,数额较大,拒不交出的,依照前款的规定处罚。

本条罪,告诉的才处理。

第二百七十一条 【职务侵占罪】公司、企业或者其他单位的工作人员,利用职务上的便利,将本单位财物非法占为己有,数额较大的,处三年以下有期徒刑或者拘役,并处罚金;数额巨大的,处三年以上十年以下有期徒刑,并处罚金;数额特别巨大的,处十年以上有期徒刑或者无期徒刑,并处罚金。

国有公司、企业或者其他国有单位中从事公务的人员和国有公司、企业或者其他国有单位委派到非国有公司、企业以及其他单位从事公务的人员有前款行为的,依照本法第三百八十二条、第三百八十三条的规定定罪处罚。

第二百七十二条 【挪用资金罪】公司、企业或者其他单位的工作人员,利用职务上的便利,挪用本单位资金归个人使用或者借贷给他人,数额较大、超过三个月未还的,或者虽未超过三个月,但数额较大、进行营利活动的,或者进行非法活动的,处三年以下有期徒刑或者拘役;挪用本单位资金数额巨大的,处三年以上七年以下有期徒刑;数额特别巨大的,处七年以上有期徒刑。

国有公司、企业或者其他国有单位中从事公务的人员和国有公司、企业或者其他国有单位委派到非国有公司、企业以及其他单位从事公务的人员有前款行为的,依照本法第三百八十四条的规定定罪处罚。

有第一款行为,在提起公诉前将挪用的资金退还的,可以从轻或者减轻处罚。其中,犯罪较轻的,可以减轻或者免除处罚。

第二百七十三条 【挪用特定款物罪】挪用用于救灾、抢险、防汛、优抚、扶贫、移民、救济款物,情节严重,致使国家和人民群众利益遭受重大损害的,对直接责任人员,处三年以下有期徒刑或者拘役;情节特别严重的,处三年以上七年以下有期徒刑。

第二百七十四条 【敲诈勒索罪】敲诈勒索公私财物,数额较大或者多次敲诈勒索的,处三年以下有期徒刑、拘役或者管制,并处或者单处罚金;数额巨大或者有其他严重情节的,处三年以上十年以下有期徒刑,并处罚金;数额特别巨大或者有其他特别严重情节的,处十年以上有期徒刑,并处罚金。

第二百七十五条 【故意毁坏财物罪】故意毁坏公私财物,数额较大或者有其他严重情节的,处三年以下有期徒刑、拘役或者罚金;数额巨大或者有其他特别严重情节的,处三年以上七年以下有期徒刑。

第二百七十六条 【破坏生产经营罪】由于泄愤报复或者其他个人目的,毁坏机器设备、残害耕畜或者以其他方法破坏生产经营的,处三年以下有期徒刑、拘役或者管制;情节严重的,处三年以上七年以下有期徒刑。

第二百七十六条之一 【拒不支付劳动报酬罪】以转移财产、逃匿等方法逃避支付劳动者的劳动报酬或者有能力支付而不支付劳动者的劳动报酬,数额较大,经政府有关部门责令支付仍不支付的,处三年以下有期徒刑或者拘役,并处或者单处罚金;造成严重后果的,处三年以上七年以下有期徒刑,并处罚金。

单位犯前款罪的,对单位判处罚金,并对其直接负责的主管人员和其他直接责任人员,依照前款的规定处罚。

有前两款行为,尚未造成严重后果,在提起公诉前支付劳动者的劳动报酬,并依法承担相应赔偿责任的,可以减轻或者免除处罚。

第六章 妨害社会管理秩序罪

第一节 扰乱公共秩序罪

第二百七十七条 【妨害公务罪】以暴力、威胁方法阻碍国家机关工作人员依法执行职务的,处三年以下有期徒刑、拘役、管制或者罚金。

以暴力、威胁方法阻碍全国人民代表大会和地方各级人民代表大会代表依法执行代表职务的,依照前款的规定处罚。

在自然灾害和突发事件中,以暴力、威胁方法阻碍红十字会工作人员依法履行职责的,依照第一款的规定处罚。

故意阻碍国家安全机关、公安机关依法执行国家安全工作任务,未使用暴力、威胁方法,造成严重后果的,依照第一款的规定处罚。

暴力袭击正在依法执行职务的人民警察的,处三年以下有期徒刑、拘役或者管制;使用枪支、管制刀具,或者以驾驶机动车撞击等手段,严重危及其人身安全的,处三年以上七年以下有期徒刑。

**第二百七十八条 【煽动暴力抗拒法律实施

罪】煽动群众暴力抗拒国家法律、行政法规实施的，处三年以下有期徒刑、拘役、管制或者剥夺政治权利；造成严重后果的，处三年以上七年以下有期徒刑。

第二百七十九条 【招摇撞骗罪】冒充国家机关工作人员招摇撞骗的，处三年以下有期徒刑、拘役、管制或者剥夺政治权利；情节严重的，处三年以上十年以下有期徒刑。

冒充人民警察招摇撞骗的，依照前款的规定从重处罚。

第二百八十条 【伪造、变造、买卖国家机关公文、证件、印章罪】【盗窃、抢夺、毁灭国家机关公文、证件、印章罪】伪造、变造、买卖或者盗窃、抢夺、毁灭国家机关的公文、证件、印章的，处三年以下有期徒刑、拘役、管制或者剥夺政治权利，并处罚金；情节严重的，处三年以上十年以下有期徒刑，并处罚金。

【伪造公司、企业、事业单位、人民团体印章罪】伪造公司、企业、事业单位、人民团体的印章的，处三年以下有期徒刑、拘役、管制或者剥夺政治权利，并处罚金。

【伪造、变造、买卖身份证件罪】伪造、变造、买卖居民身份证、护照、社会保障卡、驾驶证等依法可以用于证明身份的证件的，处三年以下有期徒刑、拘役、管制或者剥夺政治权利，并处罚金；情节严重的，处三年以上七年以下有期徒刑，并处罚金。

第二百八十条之一 【使用虚假身份证件、盗用身份证件罪】在依照国家规定应当提供身份证明的活动中，使用伪造、变造的或者盗用他人的居民身份证、护照、社会保障卡、驾驶证等依法可以用于证明身份的证件，情节严重的，处拘役或者管制，并处或者单处罚金。

有前款行为，同时构成其他犯罪的，依照处罚较重的规定定罪处罚。

第二百八十条之二 【盗用、冒用他人身份罪】盗用、冒用他人身份，顶替他人取得的高等学历教育入学资格、公务员录用资格、就业安置待遇的，处三年以下有期徒刑、拘役或者管制，并处罚金。

组织、指使他人实施前款行为的，依照前款的规定从重处罚。

国家工作人员有前两款行为，又构成其他犯罪的，依照数罪并罚的规定处罚。

第二百八十一条 【非法生产、买卖警用装备罪】非法生产、买卖人民警察制式服装、车辆号牌等专用标志、警械，情节严重的，处三年以下有期徒刑、拘役或者管制，并处或者单处罚金。

单位犯前款罪的，对单位判处罚金，并对其直接负责的主管人员和其他直接责任人员，依照前款的规定处罚。

第二百八十二条 【非法获取国家秘密罪】以窃取、刺探、收买方法，非法获取国家秘密的，处三年以下有期徒刑、拘役、管制或者剥夺政治权利；情节严重的，处三年以上七年以下有期徒刑。

【非法持有国家绝密、机密文件、资料、物品罪】非法持有属于国家绝密、机密的文件、资料或者其他物品，拒不说明来源与用途的，处三年以下有期徒刑、拘役或者管制。

第二百八十三条 【非法生产、销售专用间谍器材、窃听、窃照专用器材罪】非法生产、销售专用间谍器材或者窃听、窃照专用器材的，处三年以下有期徒刑、拘役或者管制，并处或者单处罚金；情节严重的，处三年以上七年以下有期徒刑，并处罚金。

单位犯前款罪的，对单位判处罚金，并对其直接负责的主管人员和其他直接责任人员，依照前款的规定处罚。

第二百八十四条 【非法使用窃听、窃照专用器材罪】非法使用窃听、窃照专用器材，造成严重后果的，处二年以下有期徒刑、拘役或者管制。

第二百八十四条之一 【组织考试作弊罪】在法律规定的国家考试中，组织作弊的，处三年以下有期徒刑或者拘役，并处或者单处罚金；情节严重的，处三年以上七年以下有期徒刑，并处罚金。

为他人实施前款犯罪提供作弊器材或者其他帮助的，依照前款的规定处罚。

【非法出售、提供试题、答案罪】为实施考试作弊行为，向他人非法出售或者提供第一款规定的考试的试题、答案的，依照第一款的规定处罚。

【代替考试罪】代替他人或者让他人代替自己参加第一款规定的考试的，处拘役或者管制，并处或者单处罚金。

第二百八十五条 【非法侵入计算机信息系统罪】违反国家规定，侵入国家事务、国防建设、尖端科学技术领域的计算机信息系统的，处三年以下有期徒刑或者拘役。

【非法获取计算机信息系统数据、非法控制计算机信息系统罪】违反国家规定，侵入前款规定以外的计算机信息系统或者采用其他技术手段,获取该计算机信息系统中存储、处理或者传输的数据,或者对该计算机信息系统实施非法控制,情节严重的,处三年以下有期徒刑或者拘役,并处或者单处罚金;情节特别严重的,处三年以上七年以下有期徒刑,并处罚金。

【提供侵入、非法控制计算机信息系统程序、工具罪】提供专门用于侵入、非法控制计算机信息系统的程序、工具,或者明知他人实施侵入、非法控制计算机信息系统的违法犯罪行为而为其提供程序、工具,情节严重的,依照前款的规定处罚。

单位犯前三款罪的,对单位判处罚金,并对其直接负责的主管人员和其他直接责任人员,依照各该款的规定处罚。

第二百八十六条 【破坏计算机信息系统罪】违反国家规定,对计算机信息系统功能进行删除、修改、增加、干扰,造成计算机信息系统不能正常运行,后果严重的,处五年以下有期徒刑或者拘役;后果特别严重的,处五年以上有期徒刑。

违反国家规定,对计算机信息系统中存储、处理或者传输的数据和应用程序进行删除、修改、增加的操作,后果严重的,依照前款的规定处罚。

故意制作、传播计算机病毒等破坏性程序,影响计算机系统正常运行,后果严重的,依照第一款的规定处罚。

单位犯前三款罪的,对单位判处罚金,并对其直接负责的主管人员和其他直接责任人员,依照第一款的规定处罚。

第二百八十六条之一 【拒不履行信息网络安全管理义务罪】网络服务提供者不履行法律、行政法规规定的信息网络安全管理义务,经监管部门责令采取改正措施而拒不改正,有下列情形之一的,处三年以下有期徒刑、拘役或者管制,并处或者单处罚金:

(一)致使违法信息大量传播的;

(二)致使用户信息泄露,造成严重后果的;

(三)致使刑事案件证据灭失,情节严重的;

(四)有其他严重情节的。

单位犯前款罪的,对单位判处罚金,并对其直接负责的主管人员和其他直接责任人员,依照前款的规定处罚。

有前两款行为,同时构成其他犯罪的,依照处罚较重的规定定罪处罚。

第二百八十七条 【利用计算机实施犯罪的定罪处罚】利用计算机实施金融诈骗、盗窃、贪污、挪用公款、窃取国家秘密或者其他犯罪的,依照本法有关规定定罪处罚。

第二百八十七条之一 【非法利用信息网络罪】利用信息网络实施下列行为之一,情节严重的,处三年以下有期徒刑或者拘役,并处或者单处罚金:

(一)设立用于实施诈骗、传授犯罪方法、制作或者销售违禁物品、管制物品等违法犯罪活动的网站、通讯群组的;

(二)发布有关制作或者销售毒品、枪支、淫秽物品等违禁物品、管制物品或者其他违法犯罪信息的;

(三)为实施诈骗等违法犯罪活动发布信息的。

单位犯前款罪的,对单位判处罚金,并对其直接负责的主管人员和其他直接责任人员,依照第一款的规定处罚。

有前两款行为,同时构成其他犯罪的,依照处罚较重的规定定罪处罚。

第二百八十七条之二 【帮助信息网络犯罪活动罪】明知他人利用信息网络实施犯罪,为其犯罪提供互联网接入、服务器托管、网络存储、通讯传输等技术支持,或者提供广告推广、支付结算等帮助,情节严重的,处三年以下有期徒刑或者拘役,并处或者单处罚金。

单位犯前款罪的,对单位判处罚金,并对其直接负责的主管人员和其他直接责任人员,依照第一款的规定处罚。

有前两款行为,同时构成其他犯罪的,依照处罚较重的规定定罪处罚。

第二百八十八条 【扰乱无线电通讯管理秩序罪】违反国家规定,擅自设置、使用无线电台(站),或者擅自使用无线电频率,干扰无线电通讯秩序,情节严重的,处三年以下有期徒刑、拘役或者管制,并处或者单处罚金;情节特别严重的,处三年以上七年以下有期徒刑,并处罚金。

单位犯前款罪的,对单位判处罚金,并对其直接负责的主管人员和其他直接责任人员,依照前款的规定处罚。

第二百八十九条 【故意伤害罪 故意杀人罪 抢劫罪】聚众"打砸抢",致人伤残、死亡的,依照本法第二百三十四条、第二百三十二条的规定定罪处罚。毁坏或者抢走公私财物的，除判令退赔外，对首要分子，依照本法第二百六十三条的规定定罪处罚。

第二百九十条　【聚众扰乱社会秩序罪】聚众扰乱社会秩序，情节严重，致使工作、生产、营业和教学、科研、医疗无法进行，造成严重损失的，对首要分子，处三年以上七年以下有期徒刑；对其他积极参加的，处三年以下有期徒刑、拘役、管制或者剥夺政治权利。

【聚众冲击国家机关罪】聚众冲击国家机关，致使国家机关工作无法进行，造成严重损失的，对首要分子，处五年以上十年以下有期徒刑；对其他积极参加的，处五年以下有期徒刑、拘役、管制或者剥夺政治权利。

【扰乱国家机关工作秩序罪】多次扰乱国家机关工作秩序，经行政处罚后仍不改正，造成严重后果的，处三年以下有期徒刑、拘役或者管制。

【组织、资助非法聚集罪】多次组织、资助他人非法聚集，扰乱社会秩序，情节严重的，依照前款的规定处罚。

第二百九十一条　【聚众扰乱公共场所秩序、交通秩序罪】聚众扰乱车站、码头、民用航空站、商场、公园、影剧院、展览会、运动场或者其他公共场所秩序，聚众堵塞交通或者破坏交通秩序，抗拒、阻碍国家治安管理工作人员依法执行职务，情节严重的，对首要分子，处五年以下有期徒刑、拘役或者管制。

第二百九十一条之一　【投放虚假危险物质罪】【编造、故意传播虚假恐怖信息罪】投放虚假的爆炸性、毒害性、放射性、传染病病原体等物质，或者编造爆炸威胁、生化威胁、放射威胁等恐怖信息，或者明知是编造的恐怖信息而故意传播，严重扰乱社会秩序的，处五年以下有期徒刑、拘役或者管制；造成严重后果的，处五年以上有期徒刑。

【编造、故意传播虚假信息罪】编造虚假的险情、疫情、灾情、警情，在信息网络或者其他媒体上传播，或者明知是上述虚假信息，故意在信息网络或者其他媒体上传播，严重扰乱社会秩序的，处三年以下有期徒刑、拘役或者管制；造成严重后果的，处三年以上七年以下有期徒刑。

第二百九十一条之二　【高空抛物罪】从建筑物或者其他高空抛掷物品，情节严重的，处一年以下有期徒刑、拘役或者管制，并处或者单处罚金。

有前款行为，同时构成其他犯罪的，依照处罚较重的规定定罪处罚。

第二百九十二条　【聚众斗殴罪】聚众斗殴的，对首要分子和其他积极参加的，处三年以下有期徒刑、拘役或者管制；有下列情形之一的，对首要分子和其他积极参加的，处三年以上十年以下有期徒刑：

（一）多次聚众斗殴的；

（二）聚众斗殴人数多，规模大，社会影响恶劣的；

（三）在公共场所或者交通要道聚众斗殴，造成社会秩序严重混乱的；

（四）持械聚众斗殴的。

聚众斗殴，致人重伤、死亡的，依照本法第二百三十四条、第二百三十二条的规定定罪处罚。

第二百九十三条　【寻衅滋事罪】有下列寻衅滋事行为之一，破坏社会秩序的，处五年以下有期徒刑、拘役或者管制：

（一）随意殴打他人，情节恶劣的；

（二）追逐、拦截、辱骂、恐吓他人，情节恶劣的；

（三）强拿硬要或者任意损毁、占用公私财物，情节严重的；

（四）在公共场所起哄闹事，造成公共场所秩序严重混乱的。

纠集他人多次实施前款行为，严重破坏社会秩序的，处五年以上十年以下有期徒刑，可以并处罚金。

第二百九十三条之一　【催收非法债务罪】有下列情形之一，催收高利放贷等产生的非法债务，情节严重的，处三年以下有期徒刑、拘役或者管制，并处或者单处罚金：

（一）使用暴力、胁迫方法的；

（二）限制他人人身自由或者侵入他人住宅的；

（三）恐吓、跟踪、骚扰他人的。

第二百九十四条　【组织、领导、参加黑社会性质组织罪】组织、领导黑社会性质的组织的，处七年以上有期徒刑，并处没收财产；积极参加的，处三年以上七年以下有期徒刑，可以并处罚金或者没收财产；其他参加的，处三年以下有期徒刑、拘役、管制或者剥夺政治权利，可以并处罚金。

【入境发展黑社会组织罪】境外的黑社会组织

的人员到中华人民共和国境内发展组织成员的，处三年以上十年以下有期徒刑。

【包庇、纵容黑社会性质组织罪】国家机关工作人员包庇黑社会性质的组织，或者纵容黑社会性质的组织进行违法犯罪活动的，处五年以下有期徒刑；情节严重的，处五年以上有期徒刑。

犯前三款罪又有其他犯罪行为的，依照数罪并罚的规定处罚。

黑社会性质的组织应当同时具备以下特征：

(一)形成较稳定的犯罪组织，人数较多，有明确的组织者、领导者，骨干成员基本固定；

(二)有组织地通过违法犯罪活动或者其他手段获取经济利益，具有一定的经济实力，以支持该组织的活动；

(三)以暴力、威胁或者其他手段，有组织地多次进行违法犯罪活动，为非作恶，欺压、残害群众；

(四)通过实施违法犯罪活动，或者利用国家工作人员的包庇或者纵容，称霸一方，在一定区域或者行业内，形成非法控制或者重大影响，严重破坏经济、社会生活秩序。

第二百九十五条 【传授犯罪方法罪】传授犯罪方法的，处五年以下有期徒刑、拘役或者管制；情节严重的，处五年以上十年以下有期徒刑；情节特别严重的，处十年以上有期徒刑或者无期徒刑。

第二百九十六条 【非法集会、游行、示威罪】举行集会、游行、示威，未依照法律规定申请或者申请未获许可，或者未按照主管机关许可的起止时间、地点、路线进行，又拒不服从解散命令，严重破坏社会秩序的，对集会、游行、示威的负责人和直接责任人员，处五年以下有期徒刑、拘役、管制或者剥夺政治权利。

第二百九十七条 【非法携带武器、管制刀具、爆炸物参加集会、游行、示威罪】违反法律规定，携带武器、管制刀具或者爆炸物参加集会、游行、示威的，处三年以下有期徒刑、拘役、管制或者剥夺政治权利。

第二百九十八条 【破坏集会、游行、示威罪】扰乱、冲击或者以其他方法破坏依法举行的集会、游行、示威，造成公共秩序混乱的，处五年以下有期徒刑、拘役、管制或者剥夺政治权利。

第二百九十九条 【侮辱国旗、国徽罪】在公共场合，故意以焚烧、毁损、涂划、玷污、践踏等方式侮辱中华人民共和国国旗、国徽的，处三年以下有期徒刑、拘役、管制或者剥夺政治权利。

在公共场合，故意篡改中华人民共和国国歌歌词、曲谱，以歪曲、贬损方式奏唱国歌，或者以其他方式侮辱国歌，情节严重的，依照前款的规定处罚。

第二百九十九条之一 【侮辱、诽谤英雄烈士罪】侮辱、诽谤或者以其他方式侵害英雄烈士的名誉、荣誉，损害社会公共利益，情节严重的，处三年以下有期徒刑、拘役、管制或者剥夺政治权利。

第三百条 【组织、利用会道门、邪教组织、利用迷信破坏法律实施罪】组织、利用会道门、邪教组织或者利用迷信破坏国家法律、行政法规实施的，处三年以上七年以下有期徒刑，并处罚金；情节特别严重的，处七年以上有期徒刑或者无期徒刑，并处罚金或者没收财产；情节较轻的，处三年以下有期徒刑、拘役、管制或者剥夺政治权利，并处或者单处罚金。

【组织、利用会道门、邪教组织、利用迷信致人重伤、死亡罪】组织、利用会道门、邪教组织或者利用迷信蒙骗他人，致人重伤、死亡的，依照前款的规定处罚。

犯第一款罪又有奸淫妇女、诈骗财物等犯罪行为的，依照数罪并罚的规定处罚。

第三百零一条 【聚众淫乱罪】聚众进行淫乱活动的，对首要分子或者多次参加的，处五年以下有期徒刑、拘役或者管制。

【引诱未成年人聚众淫乱罪】引诱未成年人参加聚众淫乱活动的，依照前款的规定从重处罚。

第三百零二条 【盗窃、侮辱、故意毁坏尸体、尸骨、骨灰罪】盗窃、侮辱、故意毁坏尸体、尸骨、骨灰的，处三年以下有期徒刑、拘役或者管制。

第三百零三条 【赌博罪】以营利为目的，聚众赌博或者以赌博为业的，处三年以下有期徒刑、拘役或者管制，并处罚金。

【开设赌场罪】开设赌场的，处五年以下有期徒刑、拘役或者管制，并处罚金；情节严重的，处五年以上十年以下有期徒刑，并处罚金。

组织中华人民共和国公民参与国(境)外赌博，数额巨大或者有其他严重情节的，依照前款的规定处罚。

第三百零四条 【故意延误投递邮件罪】邮政工作人员严重不负责任，故意延误投递邮件，致使公共财产、国家和人民利益遭受重大损失的，处二年以下有期徒刑或者拘役。

第二节 妨害司法罪

第三百零五条 【伪证罪】在刑事诉讼中，证人、鉴定人、记录人、翻译人对与案件有重要关系的情节，故意作虚假证明、鉴定、记录、翻译，意图陷害他人或者隐匿罪证的，处三年以下有期徒刑或者拘役；情节严重的，处三年以上七年以下有期徒刑。

第三百零六条 【辩护人、诉讼代理人毁灭证据、伪造证据、妨害作证罪】在刑事诉讼中，辩护人、诉讼代理人毁灭、伪造证据，帮助当事人毁灭、伪造证据，威胁、引诱证人违背事实改变证言或者作伪证的，处三年以下有期徒刑或者拘役；情节严重的，处三年以上七年以下有期徒刑。

辩护人、诉讼代理人提供、出示、引用的证人证言或者其他证据失实，不是有意伪造的，不属于伪造证据。

第三百零七条 【妨害作证罪】以暴力、威胁、贿买等方法阻止证人作证或者指使他人作伪证的，处三年以下有期徒刑或者拘役；情节严重的，处三年以上七年以下有期徒刑。

【帮助毁灭、伪造证据罪】帮助当事人毁灭、伪造证据，情节严重的，处三年以下有期徒刑或者拘役。

司法工作人员犯前两款罪的，从重处罚。

第三百零七条之一 【虚假诉讼罪】以捏造的事实提起民事诉讼，妨害司法秩序或者严重侵害他人合法权益的，处三年以下有期徒刑、拘役或者管制，并处或者单处罚金；情节严重的，处三年以上七年以下有期徒刑，并处罚金。

单位犯前款罪的，对单位判处罚金，并对其直接负责的主管人员和其他直接责任人员，依照前款的规定处罚。

有第一款行为，非法占有他人财产或者逃避合法债务，又构成其他犯罪的，依照处罚较重的规定定罪从重处罚。

司法工作人员利用职权，与他人共同实施前三款行为的，从重处罚；同时构成其他犯罪的，依照处罚较重的规定定罪从重处罚。

第三百零八条 【打击报复证人罪】对证人进行打击报复的，处三年以下有期徒刑或者拘役；情节严重的，处三年以上七年以下有期徒刑。

第三百零八条之一 【泄露不应公开的案件信息罪】司法工作人员、辩护人、诉讼代理人或者其他诉讼参与人，泄露依法不公开审理的案件中不应当公开的信息，造成信息公开传播或者其他严重后果的，处三年以下有期徒刑、拘役或者管制，并处或者单处罚金。

有前款行为，泄露国家秘密的，依照本法第三百九十八条的规定定罪处罚。

【披露、报道不应公开的案件信息罪】公开披露、报道第一款规定的案件信息，情节严重的，依照第一款的规定处罚。

单位犯前款罪的，对单位判处罚金，并对其直接负责的主管人员和其他直接责任人员，依照第一款的规定处罚。

第三百零九条 【扰乱法庭秩序罪】有下列扰乱法庭秩序情形之一的，处三年以下有期徒刑、拘役、管制或者罚金：

（一）聚众哄闹、冲击法庭的；

（二）殴打司法工作人员或者诉讼参与人的；

（三）侮辱、诽谤、威胁司法工作人员或者诉讼参与人，不听法庭制止，严重扰乱法庭秩序的；

（四）有毁坏法庭设施，抢夺、损毁诉讼文书、证据等扰乱法庭秩序行为，情节严重的。

第三百一十条 【窝藏、包庇罪】明知是犯罪的人而为其提供隐藏处所、财物，帮助其逃匿或者作假证明包庇的，处三年以下有期徒刑、拘役或者管制；情节严重的，处三年以上十年以下有期徒刑。

犯前款罪，事前通谋的，以共同犯罪论处。

第三百一十一条 【拒绝提供间谍犯罪、恐怖主义犯罪、极端主义犯罪证据罪】明知他人有间谍犯罪或者恐怖主义、极端主义犯罪行为，在司法机关向其调查有关情况、收集有关证据时，拒绝提供，情节严重的，处三年以下有期徒刑、拘役或者管制。

第三百一十二条 【掩饰、隐瞒犯罪所得、犯罪所得收益罪】明知是犯罪所得及其产生的收益而予以窝藏、转移、收购、代为销售或者以其他方法掩饰、隐瞒的，处三年以下有期徒刑、拘役或者管制，并处或者单处罚金；情节严重的，处三年以上七年以下有期徒刑，并处罚金。

单位犯前款罪的，对单位判处罚金，并对其直接负责的主管人员和其他直接责任人员，依照前款的规定处罚。

第三百一十三条 【拒不执行判决、裁定罪】对人民法院的判决、裁定有能力执行而拒不执行，情节严重的，处三年以下有期徒刑、拘役或者罚金；

情节特别严重的，处三年以上七年以下有期徒刑，并处罚金。

单位犯前款罪的，对单位判处罚金，并对其直接负责的主管人员和其他直接责任人员，依照前款的规定处罚。

第三百一十四条 【非法处置查封、扣押、冻结的财产罪】隐藏、转移、变卖、故意毁损已被司法机关查封、扣押、冻结的财产，情节严重的，处三年以下有期徒刑、拘役或者罚金。

第三百一十五条 【破坏监管秩序罪】依法被关押的罪犯，有下列破坏监管秩序行为之一，情节严重的，处三年以下有期徒刑：

（一）殴打监管人员的；

（二）组织其他被监管人破坏监管秩序的；

（三）聚众闹事，扰乱正常监管秩序的；

（四）殴打、体罚或者指使他人殴打、体罚其他被监管人的。

第三百一十六条 【脱逃罪】依法被关押的罪犯、被告人、犯罪嫌疑人脱逃的，处五年以下有期徒刑或者拘役。

【劫夺被押解人员罪】劫夺押解途中的罪犯、被告人、犯罪嫌疑人的，处三年以上七年以下有期徒刑；情节严重的，处七年以上有期徒刑。

第三百一十七条 【组织越狱罪】组织越狱的首要分子和积极参加的，处五年以上有期徒刑；其他参加的，处五年以下有期徒刑或者拘役。

【暴动越狱罪】【聚众持械劫狱罪】暴动越狱或者聚众持械劫狱的首要分子和积极参加的，处十年以上有期徒刑或者无期徒刑；情节特别严重的，处死刑；其他参加的，处三年以上十年以下有期徒刑。

第三节 妨害国（边）境管理罪

第三百一十八条 【组织他人偷越国（边）境罪】组织他人偷越国（边）境的，处二年以上七年以下有期徒刑，并处罚金；有下列情形之一的，处七年以上有期徒刑或者无期徒刑，并处罚金或者没收财产：

（一）组织他人偷越国（边）境集团的首要分子；

（二）多次组织他人偷越国（边）境或者组织他人偷越国（边）境人数众多的；

（三）造成被组织人重伤、死亡的；

（四）剥夺或者限制被组织人人身自由的；

（五）以暴力、威胁方法抗拒检查的；

（六）违法所得数额巨大的；

（七）有其他特别严重情节的。

犯前款罪，对被组织人有杀害、伤害、强奸、拐卖等犯罪行为，或者对检查人员有杀害、伤害等犯罪行为的，依照数罪并罚的规定处罚。

第三百一十九条 【骗取出境证件罪】以劳务输出、经贸往来或者其他名义，弄虚作假，骗取护照、签证等出境证件，为组织他人偷越国（边）境使用的，处三年以下有期徒刑，并处罚金；情节严重的，处三年以上十年以下有期徒刑，并处罚金。

单位犯前款罪的，对单位判处罚金，并对其直接负责的主管人员和其他直接责任人员，依照前款的规定处罚。

第三百二十条 【提供伪造、变造的出入境证件罪】【出售出入境证件罪】为他人提供伪造、变造的护照、签证等出入境证件，或者出售护照、签证等出入境证件的，处五年以下有期徒刑，并处罚金；情节严重的，处五年以上有期徒刑，并处罚金。

第三百二十一条 【运送他人偷越国（边）境罪】运送他人偷越国（边）境的，处五年以下有期徒刑、拘役或者管制，并处罚金；有下列情形之一的，处五年以上十年以下有期徒刑，并处罚金：

（一）多次实施运送行为或者运送人数众多的；

（二）所使用的船只、车辆等交通工具不具备必要的安全条件，足以造成严重后果的；

（三）违法所得数额巨大的；

（四）有其他特别严重情节的。

在运送他人偷越国（边）境中造成被运送人重伤、死亡，或者以暴力、威胁方法抗拒检查的，处七年以上有期徒刑，并处罚金。

犯前两款罪，对被运送人有杀害、伤害、强奸、拐卖等犯罪行为，或者对检查人员有杀害、伤害等犯罪行为的，依照数罪并罚的规定处罚。

第三百二十二条 【偷越国（边）境罪】违反国（边）境管理法规，偷越国（边）境，情节严重的，处一年以下有期徒刑、拘役或者管制，并处罚金；为参加恐怖活动组织、接受恐怖活动培训或者实施恐怖活动，偷越国（边）境的，处一年以上三年以下有期徒刑，并处罚金。

第三百二十三条 【破坏界碑、界桩罪】【破坏

永久性测量标志罪】故意破坏国家边境的界碑、界桩或者永久性测量标志的，处三年以下有期徒刑或者拘役。

第四节　妨害文物管理罪

第三百二十四条　【故意损毁文物罪】故意损毁国家保护的珍贵文物或者被确定为全国重点文物保护单位、省级文物保护单位的文物的，处三年以下有期徒刑或者拘役，并处或者单处罚金；情节严重的，处三年以上十年以下有期徒刑，并处罚金。

【故意损毁名胜古迹罪】故意损毁国家保护的名胜古迹，情节严重的，处五年以下有期徒刑或者拘役，并处或者单处罚金。

【过失损毁文物罪】过失损毁国家保护的珍贵文物或者被确定为全国重点文物保护单位、省级文物保护单位的文物，造成严重后果的，处三年以下有期徒刑或者拘役。

第三百二十五条　【非法向外国人出售、赠送珍贵文物罪】违反文物保护法规，将收藏的国家禁止出口的珍贵文物私自出售或者私自赠送给外国人的，处五年以下有期徒刑或者拘役，可以并处罚金。

单位犯前款罪的，对单位判处罚金，并对其直接负责的主管人员和其他直接责任人员，依照前款的规定处罚。

第三百二十六条　【倒卖文物罪】以牟利为目的，倒卖国家禁止经营的文物，情节严重的，处五年以下有期徒刑或者拘役，并处罚金；情节特别严重的，处五年以上十年以下有期徒刑，并处罚金。

单位犯前款罪的，对单位判处罚金，并对其直接负责的主管人员和其他直接责任人员，依照前款的规定处罚。

第三百二十七条　【非法出售、私赠文物藏品罪】违反文物保护法规，国有博物馆、图书馆等单位将国家保护的文物藏品出售或者私自送给非国有单位或者个人的，对单位判处罚金，并对其直接负责的主管人员和其他直接责任人员，处三年以下有期徒刑或者拘役。

第三百二十八条　【盗掘古文化遗址、古墓葬罪】盗掘具有历史、艺术、科学价值的古文化遗址、古墓葬的，处三年以上十年以下有期徒刑，并处罚金；情节较轻的，处三年以下有期徒刑、拘役或者管制，并处罚金；有下列情形之一的，处十年以上有期徒刑或者无期徒刑，并处罚金或者没收财产：

（一）盗掘确定为全国重点文物保护单位和省级文物保护单位的古文化遗址、古墓葬的；

（二）盗掘古文化遗址、古墓葬集团的首要分子；

（三）多次盗掘古文化遗址、古墓葬的；

（四）盗掘古文化遗址、古墓葬，并盗窃珍贵文物或者造成珍贵文物严重破坏的。

【盗掘古人类化石、古脊椎动物化石罪】盗掘国家保护的具有科学价值的古人类化石和古脊椎动物化石的，依照前款的规定处罚。

第三百二十九条　【抢夺、窃取国有档案罪】抢夺、窃取国家所有的档案的，处五年以下有期徒刑或者拘役。

【擅自出卖、转让国有档案罪】违反档案法的规定，擅自出卖、转让国家所有的档案，情节严重的，处三年以下有期徒刑或者拘役。

有前两款行为，同时又构成本法规定的其他犯罪的，依照处罚较重的规定定罪处罚。

第五节　危害公共卫生罪

第三百三十条　【妨害传染病防治罪】违反传染病防治法的规定，有下列情形之一，引起甲类传染病以及依法确定采取甲类传染病预防、控制措施的传染病传播或者有传播严重危险的，处三年以下有期徒刑或者拘役；后果特别严重的，处三年以上七年以下有期徒刑：

（一）供水单位供应的饮用水不符合国家规定的卫生标准的；

（二）拒绝按照疾病预防控制机构提出的卫生要求，对传染病病原体污染的污水、污物、场所和物品进行消毒处理的；

（三）准许或者纵容传染病病人、病原携带者和疑似传染病病人从事国务院卫生行政部门规定禁止从事的易使该传染病扩散的工作的；

（四）出售、运输疫区中被传染病病原体污染或者可能被传染病病原体污染的物品，未进行消毒处理的；

（五）拒绝执行县级以上人民政府、疾病预防控制机构依照传染病防治法提出的预防、控制措施的。

单位犯前款罪的，对单位判处罚金，并对其直接负责的主管人员和其他直接责任人员，依照前款的规定处罚。

甲类传染病的范围，依照《中华人民共和国传染病防治法》和国务院有关规定确定。

第三百三十一条 【传染病菌种、毒种扩散罪】从事实验、保藏、携带、运输传染病菌种、毒种的人员，违反国务院卫生行政部门的有关规定，造成传染病菌种、毒种扩散，后果严重的，处三年以下有期徒刑或者拘役；后果特别严重的，处三年以上七年以下有期徒刑。

第三百三十二条 【妨害国境卫生检疫罪】违反国境卫生检疫规定，引起检疫传染病传播或者有传播严重危险的，处三年以下有期徒刑或者拘役，并处或者单处罚金。

单位犯前款罪的，对单位判处罚金，并对其直接负责的主管人员和其他直接责任人员，依照前款的规定处罚。

第三百三十三条 【非法组织卖血罪】【强迫卖血罪】非法组织他人出卖血液的，处五年以下有期徒刑，并处罚金；以暴力、威胁方法强迫他人出卖血液的，处五年以上十年以下有期徒刑，并处罚金。

有前款行为，对他人造成伤害的，依照本法第二百三十四条的规定定罪处罚。

第三百三十四条 【非法采集、供应血液、制作、供应血液制品罪】非法采集、供应血液或者制作、供应血液制品，不符合国家规定的标准，足以危害人体健康的，处五年以下有期徒刑或者拘役，并处罚金；对人体健康造成严重危害的，处五年以上十年以下有期徒刑，并处罚金；造成特别严重后果的，处十年以上有期徒刑或者无期徒刑，并处罚金或者没收财产。

【采集、供应血液、制作、供应血液制品事故罪】经国家主管部门批准采集、供应血液或者制作、供应血液制品的部门，不依照规定进行检测或者违背其他操作规定，造成危害他人身体健康后果的，对单位判处罚金，并对其直接负责的主管人员和其他直接责任人员，处五年以下有期徒刑或者拘役。

第三百三十四条之一 【严重危害国家人类遗传资源安全罪】违反国家有关规定，非法采集我国人类遗传资源或者非法运送、邮寄、携带我国人类遗传资源材料出境，危害公众健康或者社会公共利益，情节严重的，处三年以下有期徒刑、拘役或者管制，并处或者单处罚金；情节特别严重的，处三年以上七年以下有期徒刑，并处罚金。

第三百三十五条 【医疗事故罪】医务人员由于严重不负责任，造成就诊人死亡或者严重损害就诊人身体健康的，处三年以下有期徒刑或者拘役。

第三百三十六条 【非法行医罪】【非法进行节育手术罪】未取得医生执业资格的人非法行医，情节严重的，处三年以下有期徒刑、拘役或者管制，并处或者单处罚金；严重损害就诊人身体健康的，处三年以上十年以下有期徒刑，并处罚金；造成就诊人死亡的，处十年以上有期徒刑，并处罚金。

未取得医生执业资格的人擅自为他人进行节育复通手术、假节育手术、终止妊娠手术或者摘取宫内节育器，情节严重的，处三年以下有期徒刑、拘役或者管制，并处或者单处罚金；严重损害就诊人身体健康的，处三年以上十年以下有期徒刑，并处罚金；造成就诊人死亡的，处十年以上有期徒刑，并处罚金。

第三百三十六条之一 【非法从事人体基因编辑、克隆胚胎罪】将基因编辑、克隆的人类胚胎植入人体或者动物体内，或者将基因编辑、克隆的动物胚胎植入人体内，情节严重的，处三年以下有期徒刑或者拘役，并处罚金；情节特别严重的，处三年以上七年以下有期徒刑，并处罚金。

第三百三十七条 【妨害动植物防疫、检疫罪】违反有关动植物防疫、检疫的国家规定，引起重大动植物疫情的，或者有引起重大动植物疫情危险，情节严重的，处三年以下有期徒刑或者拘役，并处或者单处罚金。

单位犯前款罪的，对单位判处罚金，并对其直接负责的主管人员和其他直接责任人员，依照前款的规定处罚。

第六节 破坏环境资源保护罪

第三百三十八条 【污染环境罪】违反国家规定，排放、倾倒或者处置有放射性的废物、含传染病病原体的废物、有毒物质或者其他有害物质，严重污染环境的，处三年以下有期徒刑或者拘役，并处或者单处罚金；情节严重的，处三年以上七年以下有期徒刑，并处罚金；有下列情形之一的，处七年以上有期徒刑，并处罚金：

（一）在饮用水水源保护区、自然保护地核心保护区等依法确定的重点保护区域排放、倾倒、处置有放射性的废物、含传染病病原体的废物、有毒物质，情节特别严重的；

（二）向国家确定的重要江河、湖泊水域排放、倾倒、处置有放射性的废物、含传染病病原体的废物、有毒物质，情节特别严重的；

（三）致使大量永久基本农田基本功能丧失或者遭受永久性破坏的；

（四）致使多人重伤、严重疾病，或者致人严重残疾、死亡的。

有前款行为，同时构成其他犯罪的，依照处罚较重的规定定罪处罚。

第三百三十九条　【非法处置进口的固体废物罪】违反国家规定，将境外的固体废物进境倾倒、堆放、处置的，处五年以下有期徒刑或者拘役，并处罚金；造成重大环境污染事故，致使公私财产遭受重大损失或者严重危害人体健康的，处五年以上十年以下有期徒刑，并处罚金；后果特别严重的，处十年以上有期徒刑，并处罚金。

【擅自进口固体废物罪】未经国务院有关主管部门许可，擅自进口固体废物用作原料，造成重大环境污染事故，致使公私财产遭受重大损失或者严重危害人体健康的，处五年以下有期徒刑或者拘役，并处罚金；后果特别严重的，处五年以上十年以下有期徒刑，并处罚金。

以原料利用为名，进口不能用作原料的固体废物、液态废物和气态废物的，依照本法第一百五十二条第二款、第三款的规定定罪处罚。

第三百四十条　【非法捕捞水产品罪】违反保护水产资源法规，在禁渔区、禁渔期或者使用禁用的工具、方法捕捞水产品，情节严重的，处三年以下有期徒刑、拘役、管制或者罚金。

第三百四十一条　【非法猎捕、杀害珍贵、濒危野生动物罪】【非法收购、运输、出售珍贵、濒危野生动物、珍贵、濒危野生动物制品罪】非法猎捕、杀害国家重点保护的珍贵、濒危野生动物的，或者非法收购、运输、出售国家重点保护的珍贵、濒危野生动物及其制品的，处五年以下有期徒刑或者拘役，并处罚金；情节严重的，处五年以上十年以下有期徒刑，并处罚金；情节特别严重的，处十年以上有期徒刑，并处罚金或者没收财产。

【非法狩猎罪】违反狩猎法规，在禁猎区、禁猎期或者使用禁用的工具、方法进行狩猎，破坏野生动物资源，情节严重的，处三年以下有期徒刑、拘役、管制或者罚金。

违反野生动物保护管理法规，以食用为目的非法猎捕、收购、运输、出售第一款规定以外的在野外环境自然生长繁殖的陆生野生动物，情节严重的，依照前款的规定处罚。

第三百四十二条　【非法占用农用地罪】违反土地管理法规，非法占用耕地、林地等农用地，改变被占用土地用途，数量较大，造成耕地、林地等农用地大量毁坏的，处五年以下有期徒刑或者拘役，并处或者单处罚金。

第三百四十二条之一　【严重破坏自然保护区生态环境资源罪】违反自然保护地管理法规，在国家公园、国家级自然保护区进行开垦、开发活动或者修建建筑物，造成严重后果或者有其他恶劣情节的，处五年以下有期徒刑或者拘役，并处或者单处罚金。

有前款行为，同时构成其他犯罪的，依照处罚较重的规定定罪处罚。

第三百四十三条　【非法采矿罪】违反矿产资源法的规定，未取得采矿许可证擅自采矿，擅自进入国家规划矿区、对国民经济具有重要价值的矿区和他人矿区范围采矿，或者擅自开采国家规定实行保护性开采的特定矿种，情节严重的，处三年以下有期徒刑、拘役或者管制，并处或者单处罚金；情节特别严重的，处三年以上七年以下有期徒刑，并处罚金。

【破坏性采矿罪】违反矿产资源法的规定，采取破坏性的开采方法开采矿产资源，造成矿产资源严重破坏的，处五年以下有期徒刑或者拘役，并处罚金。

第三百四十四条　【非法采伐、毁坏国家重点保护植物罪】【非法收购、运输、加工、出售国家重点保护植物、国家重点保护植物制品罪】违反国家规定，非法采伐、毁坏珍贵树木或者国家重点保护的其他植物的，或者非法收购、运输、加工、出售珍贵树木或者国家重点保护的其他植物及其制品的，处三年以下有期徒刑、拘役或者管制，并处罚金；情节严重的，处三年以上七年以下有期徒刑，并处罚金。

第三百四十四条之一　【非法处置外来入侵物种罪】违反国家规定，非法引进、释放或者丢弃外来入侵物种，情节严重的，处三年以下有期徒刑或者拘役，并处或者单处罚金。

第三百四十五条　【盗伐林木罪】盗伐森林或者其他林木，数量较大的，处三年以下有期徒刑、拘役或者管制，并处或者单处罚金；数量巨大的，处三年以上七年以下有期徒刑，并处罚金；数量特别巨大的，处七年以上有期徒刑，并处罚金。

【滥伐林木罪】违反森林法的规定，滥伐森林或者其他林木，数量较大的，处三年以下有期徒刑、拘役或者管制，并处或者单处罚金；数量巨大的，处三年以上七年以下有期徒刑，并处罚金。

【非法收购、运输盗伐、滥伐的林木罪】非法收购、运输明知是盗伐、滥伐的林木，情节严重的，处三年以下有期徒刑、拘役或者管制，并处或者单处罚金；情节特别严重的，处三年以上七年以下有期徒刑，并处罚金。

盗伐、滥伐国家级自然保护区内的森林或者其他林木的，从重处罚。

第三百四十六条　【单位犯破坏环境资源保护罪的处罚规定】单位犯本节第三百三十八条至第三百四十五条规定之罪的，对单位判处罚金，并对其直接负责的主管人员和其他直接责任人员，依照本节各该条的规定处罚。

第七节　走私、贩卖、运输、制造毒品罪

第三百四十七条　【走私、贩卖、运输、制造毒品罪】走私、贩卖、运输、制造毒品，无论数量多少，都应当追究刑事责任，予以刑事处罚。

走私、贩卖、运输、制造毒品，有下列情形之一的，处十五年有期徒刑、无期徒刑或者死刑，并处没收财产：

（一）走私、贩卖、运输、制造鸦片一千克以上、海洛因或者甲基苯丙胺五十克以上或者其他毒品数量大的；

（二）走私、贩卖、运输、制造毒品集团的首要分子；

（三）武装掩护走私、贩卖、运输、制造毒品的；

（四）以暴力抗拒检查、拘留、逮捕，情节严重的；

（五）参与有组织的国际贩毒活动的。

走私、贩卖、运输、制造鸦片二百克以上不满一千克、海洛因或者甲基苯丙胺十克以上不满五十克或者其他毒品数量较大的，处七年以上有期徒刑，并处罚金。

走私、贩卖、运输、制造鸦片不满二百克、海洛因或者甲基苯丙胺不满十克或者其他少量毒品的，处三年以下有期徒刑、拘役或者管制，并处罚金；情节严重的，处三年以上七年以下有期徒刑，并处罚金。

单位犯第二款、第三款、第四款罪的，对单位判处罚金，并对其直接负责的主管人员和其他直接责任人员，依照各该款的规定处罚。

利用、教唆未成年人走私、贩卖、运输、制造毒品，或者向未成年人出售毒品的，从重处罚。

对多次走私、贩卖、运输、制造毒品，未经处理的，毒品数量累计计算。

第三百四十八条　【非法持有毒品罪】非法持有鸦片一千克以上、海洛因或者甲基苯丙胺五十克以上或者其他毒品数量大的，处七年以上有期徒刑或者无期徒刑，并处罚金；非法持有鸦片二百克以上不满一千克、海洛因或者甲基苯丙胺十克以上不满五十克或者其他毒品数量较大的，处三年以下有期徒刑、拘役或者管制，并处罚金；情节严重的，处三年以上七年以下有期徒刑，并处罚金。

第三百四十九条　【包庇毒品犯罪分子罪】【窝藏、转移、隐瞒毒品、毒赃罪】包庇走私、贩卖、运输、制造毒品的犯罪分子的，为犯罪分子窝藏、转移、隐瞒毒品或者犯罪所得的财物的，处三年以下有期徒刑、拘役或者管制；情节严重的，处三年以上十年以下有期徒刑。

缉毒人员或者其他国家机关工作人员掩护、包庇走私、贩卖、运输、制造毒品的犯罪分子的，依照前款的规定从重处罚。

犯前两款罪，事先通谋的，以走私、贩卖、运输、制造毒品罪的共犯论处。

第三百五十条　【非法生产、买卖、运输制毒物品、走私制毒物品罪】违反国家规定，非法生产、买卖、运输醋酸酐、乙醚、三氯甲烷或者其他用于制造毒品的原料、配剂，或者携带上述物品进出境，情节较重的，处三年以下有期徒刑、拘役或者管制，并处罚金；情节严重的，处三年以上七年以下有期徒刑，并处罚金；情节特别严重的，处七年以上有期徒刑，并处罚金或者没收财产。

明知他人制造毒品而为其生产、买卖、运输前款规定的物品的，以制造毒品罪的共犯论处。

单位犯前两款罪的，对单位判处罚金，并对其直接负责的主管人员和其他直接责任人员，依照前两款的规定处罚。

第三百五十一条　【非法种植毒品原植物罪】非法种植罂粟、大麻等毒品原植物的，一律强制铲

除。有下列情形之一的，处五年以下有期徒刑、拘役或者管制，并处罚金：

（一）种植罂粟五百株以上不满三千株或者其他毒品原植物数量较大的；

（二）经公安机关处理后又种植的；

（三）抗拒铲除的。

非法种植罂粟三千株以上或者其他毒品原植物数量大的，处五年以上有期徒刑，并处罚金或者没收财产。

非法种植罂粟或者其他毒品原植物，在收获前自动铲除的，可以免除处罚。

第三百五十二条 【非法买卖、运输、携带、持有毒品原植物种子、幼苗罪】非法买卖、运输、携带、持有未经灭活的罂粟等毒品原植物种子或者幼苗，数量较大的，处三年以下有期徒刑、拘役或者管制，并处或者单处罚金。

第三百五十三条 【引诱、教唆、欺骗他人吸毒罪】引诱、教唆、欺骗他人吸食、注射毒品的，处三年以下有期徒刑、拘役或者管制，并处罚金；情节严重的，处三年以上七年以下有期徒刑，并处罚金。

【强迫他人吸毒罪】强迫他人吸食、注射毒品的，处三年以上十年以下有期徒刑，并处罚金。

引诱、教唆、欺骗或者强迫未成年人吸食、注射毒品的，从重处罚。

第三百五十四条 【容留他人吸毒罪】容留他人吸食、注射毒品的，处三年以下有期徒刑、拘役或者管制，并处罚金。

第三百五十五条 【非法提供麻醉药品、精神药品罪】依法从事生产、运输、管理、使用国家管制的麻醉药品、精神药品的人员，违反国家规定，向吸食、注射毒品的人提供国家规定管制的能够使人形成瘾癖的麻醉药品、精神药品的，处三年以下有期徒刑或者拘役，并处罚金；情节严重的，处三年以上七年以下有期徒刑，并处罚金。向走私、贩卖毒品的犯罪分子或者以牟利为目的，向吸食、注射毒品的人提供国家规定管制的能够使人形成瘾癖的麻醉药品、精神药品的，依照本法第三百四十七条的规定定罪处罚。

单位犯前款罪的，对单位判处罚金，并对其直接负责的主管人员和其他直接责任人员，依照前款的规定处罚。

第三百五十五条之一 【非法提供兴奋剂罪】引诱、教唆、欺骗运动员使用兴奋剂参加国内、国际重大体育竞赛，或者明知运动员参加上述竞赛而向其提供兴奋剂，情节严重的，处三年以下有期徒刑或者拘役，并处罚金。

组织、强迫运动员使用兴奋剂参加国内、国际重大体育竞赛的，依照前款的规定从重处罚。

第三百五十六条 【毒品犯罪的再犯】因走私、贩卖、运输、制造、非法持有毒品罪被判过刑，又犯本节规定之罪的，从重处罚。

第三百五十七条 【毒品犯罪及毒品数量的计算】本法所称的毒品，是指鸦片、海洛因、甲基苯丙胺（冰毒）、吗啡、大麻、可卡因以及国家规定管制的其他能够使人形成瘾癖的麻醉药品和精神药品。

毒品的数量以查证属实的走私、贩卖、运输、制造、非法持有毒品的数量计算，不以纯度折算。

第八节 组织、强迫、引诱、容留、介绍卖淫罪

第三百五十八条 【组织卖淫罪】【强迫卖淫罪】组织、强迫他人卖淫的，处五年以上十年以下有期徒刑，并处罚金；情节严重的，处十年以上有期徒刑或者无期徒刑，并处罚金或者没收财产。

组织、强迫未成年人卖淫的，依照前款的规定从重处罚。

犯前两款罪，并有杀害、伤害、强奸、绑架等犯罪行为的，依照数罪并罚的规定处罚。

【协助组织卖淫罪】为组织卖淫的人招募、运送人员或者有其他协助组织他人卖淫行为的，处五年以下有期徒刑，并处罚金；情节严重的，处五年以上十年以下有期徒刑，并处罚金。

第三百五十九条 【引诱、容留、介绍卖淫罪】引诱、容留、介绍他人卖淫的，处五年以下有期徒刑、拘役或者管制，并处罚金；情节严重的，处五年以上有期徒刑，并处罚金。

【引诱幼女卖淫罪】引诱不满十四周岁的幼女卖淫的，处五年以上有期徒刑，并处罚金。

第三百六十条 【传播性病罪】明知自己患有梅毒、淋病等严重性病卖淫、嫖娼的，处五年以下有期徒刑、拘役或者管制，并处罚金。

第三百六十一条 【利用本单位条件犯罪的定罪及处罚规定】旅馆业、饮食服务业、文化娱乐业、出租汽车业等单位的人员，利用本单位的条件，组织、强迫、引诱、容留、介绍他人卖淫的，依照本法第三百五十八条、第三百五十九条的规定定罪处罚。

前款所列单位的主要负责人,犯前款罪的,从重处罚。

第三百六十二条 【为违法犯罪分子通风报信的定罪及处罚】旅馆业、饮食服务业、文化娱乐业、出租汽车业等单位的人员,在公安机关查处卖淫、嫖娼活动时,为违法犯罪分子通风报信,情节严重的,依照本法第三百一十条的规定定罪处罚。

第九节 制作、贩卖、传播淫秽物品罪

第三百六十三条 【制作、复制、出版、贩卖、传播淫秽物品牟利罪】以牟利为目的,制作、复制、出版、贩卖、传播淫秽物品的,处三年以下有期徒刑、拘役或者管制,并处罚金;情节严重的,处三年以上十年以下有期徒刑,并处罚金;情节特别严重的,处十年以上有期徒刑或者无期徒刑,并处罚金或者没收财产。

【为他人提供书号出版淫秽书刊罪】为他人提供书号,出版淫秽书刊的,处三年以下有期徒刑、拘役或者管制,并处或者单处罚金;明知他人用于出版淫秽书刊而提供书号的,依照前款的规定处罚。

第三百六十四条 【传播淫秽物品罪】传播淫秽的书刊、影片、音像、图片或者其他淫秽物品,情节严重的,处二年以下有期徒刑、拘役或者管制。

【组织播放淫秽音像制品罪】组织播放淫秽的电影、录像等音像制品的,处三年以下有期徒刑、拘役或者管制,并处罚金;情节严重的,处三年以上十年以下有期徒刑,并处罚金。

制作、复制淫秽的电影、录像等音像制品组织播放的,依照第二款的规定从重处罚。

向不满十八周岁的未成年人传播淫秽物品的,从重处罚。

第三百六十五条 【组织淫秽表演罪】组织进行淫秽表演的,处三年以下有期徒刑、拘役或者管制,并处罚金;情节严重的,处三年以上十年以下有期徒刑,并处罚金。

第三百六十六条 【单位实施有关淫秽物品犯罪的处罚】单位犯本节第三百六十三条、第三百六十四条、第三百六十五条规定之罪的,对单位判处罚金,并对其直接负责的主管人员和其他直接责任人员,依照各该条的规定处罚。

第三百六十七条 【淫秽物品的界定】本法所称淫秽物品,是指具体描绘性行为或者露骨宣扬色情的诲淫性的书刊、影片、录像带、录音带、图片及其他淫秽物品。

有关人体生理、医学知识的科学著作不是淫秽物品。

包含有色情内容的有艺术价值的文学、艺术作品不视为淫秽物品。

第七章 危害国防利益罪

第三百六十八条 【阻碍军人执行职务罪】以暴力、威胁方法阻碍军人依法执行职务的,处三年以下有期徒刑、拘役、管制或者罚金。

【阻碍军事行动罪】故意阻碍武装部队军事行动,造成严重后果的,处五年以下有期徒刑或者拘役。

第三百六十九条 【破坏武器装备、军事设施、军事通信罪】破坏武器装备、军事设施、军事通信的,处三年以下有期徒刑、拘役或者管制;破坏重要武器装备、军事设施、军事通信的,处三年以上十年以下有期徒刑;情节特别严重的,处十年以上有期徒刑、无期徒刑或者死刑。

【过失损坏武器装备、军事设施、军事通信罪】过失犯前款罪,造成严重后果的,处三年以下有期徒刑或者拘役;造成特别严重后果的,处三年以上七年以下有期徒刑。

战时犯前两款罪的,从重处罚。

第三百七十条 【故意提供不合格武器装备、军事设施罪】明知是不合格的武器装备、军事设施而提供给武装部队的,处五年以下有期徒刑或者拘役;情节严重的,处五年以上十年以下有期徒刑;情节特别严重的,处十年以上有期徒刑、无期徒刑或者死刑。

【过失提供不合格武器装备、军事设施罪】过失犯前款罪,造成严重后果的,处三年以下有期徒刑或者拘役;造成特别严重后果的,处三年以上七年以下有期徒刑。

单位犯第一款罪的,对单位判处罚金,并对其直接负责的主管人员和其他直接责任人员,依照第一款的规定处罚。

第三百七十一条 【聚众冲击军事禁区罪】聚众冲击军事禁区,严重扰乱军事禁区秩序的,对首要分子,处五年以上十年以下有期徒刑;对其他积极参加的,处五年以下有期徒刑、拘役、管制或者剥夺政治权利。

【聚众扰乱军事管理区秩序罪】聚众扰乱军事管理区秩序，情节严重，致使军事管理区工作无法进行，造成严重损失的，对首要分子，处三年以上七年以下有期徒刑；对其他积极参加的，处三年以下有期徒刑、拘役、管制或者剥夺政治权利。

第三百七十二条　【冒充军人招摇撞骗罪】冒充军人招摇撞骗的，处三年以下有期徒刑、拘役、管制或者剥夺政治权利；情节严重的，处三年以上十年以下有期徒刑。

第三百七十三条　【煽动军人逃离部队罪】【雇用逃离部队军人罪】煽动军人逃离部队或者明知是逃离部队的军人而雇用，情节严重的，处三年以下有期徒刑、拘役或者管制。

第三百七十四条　【接送不合格兵员罪】在征兵工作中徇私舞弊，接送不合格兵员，情节严重的，处三年以下有期徒刑或者拘役；造成特别严重后果的，处三年以上七年以下有期徒刑。

第三百七十五条　【伪造、变造、买卖武装部队公文、证件、印章罪】【盗窃、抢夺武装部队公文、证件、印章罪】伪造、变造、买卖或者盗窃、抢夺武装部队公文、证件、印章的，处三年以下有期徒刑、拘役、管制或者剥夺政治权利；情节严重的，处三年以上十年以下有期徒刑。

【非法生产、买卖武装部队制式服装罪】非法生产、买卖武装部队制式服装，情节严重的，处三年以下有期徒刑、拘役或者管制，并处或者单处罚金。

【伪造、盗窃、买卖、非法提供、非法使用武装部队专用标志罪】伪造、盗窃、买卖或者非法提供、使用武装部队车辆号牌等专用标志，情节严重的，处三年以下有期徒刑、拘役或者管制，并处或者单处罚金；情节特别严重的，处三年以上七年以下有期徒刑，并处罚金。

单位犯第二款、第三款罪的，对单位判处罚金，并对其直接负责的主管人员和其他直接责任人员，依照各该款的规定处罚。

第三百七十六条　【战时拒绝、逃避征召、军事训练罪】预备役人员战时拒绝、逃避征召或者军事训练，情节严重的，处三年以下有期徒刑或者拘役。

【战时拒绝、逃避服役罪】公民战时拒绝、逃避服役，情节严重的，处二年以下有期徒刑或者拘役。

第三百七十七条　【战时故意提供虚假敌情罪】战时故意向武装部队提供虚假敌情，造成严重后果的，处三年以上十年以下有期徒刑；造成特别严重后果的，处十年以上有期徒刑或者无期徒刑。

第三百七十八条　【战时造谣扰乱军心罪】战时造谣惑众，扰乱军心的，处三年以下有期徒刑、拘役或者管制；情节严重的，处三年以上十年以下有期徒刑。

第三百七十九条　【战时窝藏逃离部队军人罪】战时明知是逃离部队的军人而为其提供隐蔽处所、财物，情节严重的，处三年以下有期徒刑或者拘役。

第三百八十条　【战时拒绝、故意延误军事订货罪】战时拒绝或者故意延误军事订货，情节严重的，对单位判处罚金，并对其直接负责的主管人员和其他直接责任人员，处五年以下有期徒刑或者拘役；造成严重后果的，处五年以上有期徒刑。

第三百八十一条　【战时拒绝军事征收、征用罪】战时拒绝军事征收、征用，情节严重的，处三年以下有期徒刑或者拘役。

第八章　贪污贿赂罪

第三百八十二条　【贪污罪】国家工作人员利用职务上的便利，侵吞、窃取、骗取或者以其他手段非法占有公共财物的，是贪污罪。

受国家机关、国有公司、企业、事业单位、人民团体委托管理、经营国有财产的人员，利用职务上的便利，侵吞、窃取、骗取或者以其他手段非法占有国有财物的，以贪污论。

与前两款所列人员勾结，伙同贪污的，以共犯论处。

第三百八十三条　【对贪污罪的处罚】对犯贪污罪的，根据情节轻重，分别依照下列规定处罚：

（一）贪污数额较大或者有其他较重情节的，处三年以下有期徒刑或者拘役，并处罚金。

（二）贪污数额巨大或者有其他严重情节的，处三年以上十年以下有期徒刑，并处罚金或者没收财产。

（三）贪污数额特别巨大或者有其他特别严重情节的，处十年以上有期徒刑或者无期徒刑，并处罚金或者没收财产；数额特别巨大，并使国家和人民利益遭受特别重大损失的，处无期徒刑或者死刑，并处没收财产。

对多次贪污未经处理的，按照累计贪污数额处罚。

犯第一款罪，在提起公诉前如实供述自己罪行、真诚悔罪、积极退赃，避免、减少损害结果的发生，有第一项规定情形的，可以从轻、减轻或者免除处罚；有第二项、第三项规定情形的，可以从轻处罚。

犯第一款罪，有第三项规定情形被判处死刑缓期执行的，人民法院根据犯罪情节等情况可以同时决定在其死刑缓期执行二年期满依法减为无期徒刑后，终身监禁，不得减刑、假释。

第三百八十四条　【挪用公款罪】国家工作人员利用职务上的便利，挪用公款归个人使用，进行非法活动的，或者挪用公款数额较大、进行营利活动的，或者挪用公款数额较大、超过三个月未还的，是挪用公款罪，处五年以下有期徒刑或者拘役；情节严重的，处五年以上有期徒刑。挪用公款数额巨大不退还的，处十年以上有期徒刑或者无期徒刑。

挪用用于救灾、抢险、防汛、优抚、扶贫、移民、救济款物归个人使用的，从重处罚。

第三百八十五条　【受贿罪】国家工作人员利用职务上的便利，索取他人财物的，或者非法收受他人财物，为他人谋取利益的，是受贿罪。

国家工作人员在经济往来中，违反国家规定，收受各种名义的回扣、手续费，归个人所有的，以受贿论处。

第三百八十六条　【对受贿罪的处罚】对犯受贿罪的，根据受贿所得数额及情节，依照本法第三百八十三条的规定处罚。索贿的从重处罚。

第三百八十七条　【单位受贿罪】国家机关、国有公司、企业、事业单位、人民团体，索取、非法收受他人财物，为他人谋取利益，情节严重的，对单位判处罚金，并对其直接负责的主管人员和其他直接责任人员，处五年以下有期徒刑或者拘役。

前款所列单位，在经济往来中，在帐外暗中收受各种名义的回扣、手续费的，以受贿论，依照前款的规定处罚。

第三百八十八条　【受贿罪】国家工作人员利用本人职权或者地位形成的便利条件，通过其他国家工作人员职务上的行为，为请托人谋取不正当利益，索取请托人财物或者收受请托人财物的，以受贿论处。

第三百八十八条之一　【利用影响力受贿罪】国家工作人员的近亲属或者其他与该国家工作人员关系密切的人，通过该国家工作人员职务上的行为，或者利用该国家工作人员职权或者地位形成的便利条件，通过其他国家工作人员职务上的行为，为请托人谋取不正当利益，索取请托人财物或者收受请托人财物，数额较大或者有其他较重情节的，处三年以下有期徒刑或者拘役，并处罚金；数额巨大或者有其他严重情节的，处三年以上七年以下有期徒刑，并处罚金；数额特别巨大或者有其他特别严重情节的，处七年以上有期徒刑，并处罚金或者没收财产。

离职的国家工作人员或者其近亲属以及其他与其关系密切的人，利用该离职的国家工作人员原职权或者地位形成的便利条件实施前款行为的，依照前款的规定定罪处罚。

第三百八十九条　【行贿罪】为谋取不正当利益，给予国家工作人员以财物的，是行贿罪。

在经济往来中，违反国家规定，给予国家工作人员以财物，数额较大的，或者违反国家规定，给予国家工作人员以各种名义的回扣、手续费的，以行贿论处。

因被勒索给予国家工作人员以财物，没有获得不正当利益的，不是行贿。

第三百九十条　【对行贿罪的处罚】对犯行贿罪的，处五年以下有期徒刑或者拘役，并处罚金；因行贿谋取不正当利益，情节严重的，或者使国家利益遭受重大损失的，处五年以上十年以下有期徒刑，并处罚金；情节特别严重的，或者使国家利益遭受特别重大损失的，处十年以上有期徒刑或者无期徒刑，并处罚金或者没收财产。

行贿人在被追诉前主动交待行贿行为的，可以从轻或者减轻处罚。其中，犯罪较轻的，对侦破重大案件起关键作用的，或者有重大立功表现的，可以减轻或者免除处罚。

第三百九十条之一　【对有影响力的人行贿罪】为谋取不正当利益，向国家工作人员的近亲属或者其他与该国家工作人员关系密切的人，或者向离职的国家工作人员或者其近亲属以及其他与其关系密切的人行贿的，处三年以下有期徒刑或者拘役，并处罚金；情节严重的，或者使国家利益遭受重大损失的，处三年以上七年以下有期徒刑，并处罚金；情节特别严重的，或者使国家利益遭受特别重大损失的，处七年以上十年以下有期徒刑，并处罚金。

单位犯前款罪的，对单位判处罚金，并对其直接负责的主管人员和其他直接责任人员，处三年以下有期徒刑或者拘役，并处罚金。

第三百九十一条　【对单位行贿罪】为谋取不

正当利益,给予国家机关、国有公司、企业、事业单位、人民团体以财物的,或者在经济往来中,违反国家规定,给予各种名义的回扣、手续费的,处三年以下有期徒刑或者拘役,并处罚金。

单位犯前款罪的,对单位判处罚金,并对其直接负责的主管人员和其他直接责任人员,依照前款的规定处罚。

第三百九十二条　【介绍贿赂罪】向国家工作人员介绍贿赂,情节严重的,处三年以下有期徒刑或者拘役,并处罚金。

介绍贿赂人在被追诉前主动交待介绍贿赂行为的,可以减轻处罚或者免除处罚。

第三百九十三条　【单位行贿罪】单位为谋取不正当利益而行贿,或者违反国家规定,给予国家工作人员以回扣、手续费,情节严重的,对单位判处罚金,并对其直接负责的主管人员和其他直接责任人员,处五年以下有期徒刑或者拘役,并处罚金。因行贿取得的违法所得归个人所有的,依照本法第三百八十九条、第三百九十条的规定定罪处罚。

第三百九十四条　【贪污罪】国家工作人员在国内公务活动或者对外交往中接受礼物,依照国家规定应当交公而不交公,数额较大的,依照本法第三百八十二条、第三百八十三条的规定定罪处罚。

第三百九十五条　【巨额财产来源不明罪】国家工作人员的财产、支出明显超过合法收入,差额巨大的,可以责令该国家工作人员说明来源,不能说明来源的,差额部分以非法所得论,处五年以下有期徒刑或者拘役;差额特别巨大的,处五年以上十年以下有期徒刑。财产的差额部分予以追缴。

【隐瞒境外存款罪】国家工作人员在境外的存款,应当依照国家规定申报。数额较大、隐瞒不报的,处二年以下有期徒刑或者拘役;情节较轻的,由其所在单位或者上级主管机关酌情给予行政处分。

第三百九十六条　【私分国有资产罪】国家机关、国有公司、企业、事业单位、人民团体,违反国家规定,以单位名义将国有资产集体私分给个人,数额较大的,对其直接负责的主管人员和其他直接责任人员,处三年以下有期徒刑或者拘役,并处或者单处罚金;数额巨大的,处三年以上七年以下有期徒刑,并处罚金。

【私分罚没财物罪】司法机关、行政执法机关违反国家规定,将应当上缴国家的罚没财物,以单位名义集体私分给个人的,依照前款的规定处罚。

第九章　渎职罪

第三百九十七条　【滥用职权罪】【玩忽职守罪】国家机关工作人员滥用职权或者玩忽职守,致使公共财产、国家和人民利益遭受重大损失的,处三年以下有期徒刑或者拘役;情节特别严重的,处三年以上七年以下有期徒刑。本法另有规定的,依照规定。

国家机关工作人员徇私舞弊,犯前款罪的,处五年以下有期徒刑或者拘役;情节特别严重的,处五年以上十年以下有期徒刑。本法另有规定的,依照规定。

第三百九十八条　【故意泄露国家秘密罪】【过失泄露国家秘密罪】国家机关工作人员违反保守国家秘密法的规定,故意或者过失泄露国家秘密,情节严重的,处三年以下有期徒刑或者拘役;情节特别严重的,处三年以上七年以下有期徒刑。

非国家机关工作人员犯前款罪的,依照前款的规定酌情处罚。

第三百九十九条　【徇私枉法罪】司法工作人员徇私枉法、徇情枉法,对明知是无罪的人而使他受追诉、对明知是有罪的人而故意包庇不使他受追诉,或者在刑事审判活动中故意违背事实和法律作枉法裁判的,处五年以下有期徒刑或者拘役;情节严重的,处五年以上十年以下有期徒刑;情节特别严重的,处十年以上有期徒刑。

【民事、行政枉法裁判罪】在民事、行政审判活动中故意违背事实和法律作枉法裁判,情节严重的,处五年以下有期徒刑或者拘役;情节特别严重的,处五年以上十年以下有期徒刑。

【执行判决、裁定失职罪】【执行判决、裁定滥用职权罪】在执行判决、裁定活动中,严重不负责任或者滥用职权,不依法采取诉讼保全措施、不履行法定执行职责,或者违法采取诉讼保全措施、强制执行措施,致使当事人或者其他人的利益遭受重大损失的,处五年以下有期徒刑或者拘役;致使当事人或者其他人的利益遭受特别重大损失的,处五年以上十年以下有期徒刑。

司法工作人员收受贿赂,有前三款行为的,同时又构成本法第三百八十五条规定之罪的,依照处罚较重的规定定罪处罚。

第三百九十九条之一　【枉法仲裁罪】依法承

担仲裁职责的人员,在仲裁活动中故意违背事实和法律作枉法裁决,情节严重的,处三年以下有期徒刑或者拘役;情节特别严重的,处三年以上七年以下有期徒刑。

第四百条 **【私放在押人员罪】**司法工作人员私放在押的犯罪嫌疑人、被告人或者罪犯的,处五年以下有期徒刑或者拘役;情节严重的,处五年以上十年以下有期徒刑;情节特别严重的,处十年以上有期徒刑。

【失职致使在押人员脱逃罪】司法工作人员由于严重不负责任,致使在押的犯罪嫌疑人、被告人或者罪犯脱逃,造成严重后果的,处三年以下有期徒刑或者拘役;造成特别严重后果的,处三年以上十年以下有期徒刑。

第四百零一条 **【徇私舞弊减刑、假释、暂予监外执行罪】**司法工作人员徇私舞弊,对不符合减刑、假释、暂予监外执行条件的罪犯,予以减刑、假释或者暂予监外执行的,处三年以下有期徒刑或者拘役;情节严重的,处三年以上七年以下有期徒刑。

第四百零二条 **【徇私舞弊不移交刑事案件罪】**行政执法人员徇私舞弊,对依法应当移交司法机关追究刑事责任的不移交,情节严重的,处三年以下有期徒刑或者拘役;造成严重后果的,处三年以上七年以下有期徒刑。

第四百零三条 **【滥用管理公司、证券职权罪】**国家有关主管部门的国家机关工作人员,徇私舞弊,滥用职权,对不符合法律规定条件的公司设立、登记申请或者股票、债券发行、上市申请,予以批准或者登记,致使公共财产、国家和人民利益遭受重大损失的,处五年以下有期徒刑或者拘役。

上级部门强令登记机关及其工作人员实施前款行为的,对其直接负责的主管人员,依照前款的规定处罚。

第四百零四条 **【徇私舞弊不征、少征税款罪】**税务机关的工作人员徇私舞弊,不征或者少征应征税款,致使国家税收遭受重大损失的,处五年以下有期徒刑或者拘役;造成特别重大损失的,处五年以上有期徒刑。

第四百零五条 **【徇私舞弊发售发票、抵扣税款、出口退税罪】**税务机关的工作人员违反法律、行政法规的规定,在办理发售发票、抵扣税款、出口退税工作中,徇私舞弊,致使国家利益遭受重大损失的,处五年以下有期徒刑或者拘役;致使国家利益遭受特别重大损失的,处五年以上有期徒刑。

【违法提供出口退税凭证罪】其他国家机关工作人员违反国家规定,在提供出口货物报关单、出口收汇核销单等出口退税凭证的工作中,徇私舞弊,致使国家利益遭受重大损失的,依照前款的规定处罚。

第四百零六条 **【国家机关工作人员签订、履行合同失职被骗罪】**国家机关工作人员在签订、履行合同过程中,因严重不负责任被诈骗,致使国家利益遭受重大损失的,处三年以下有期徒刑或者拘役;致使国家利益遭受特别重大损失的,处三年以上七年以下有期徒刑。

第四百零七条 **【违法发放林木采伐许可证罪】**林业主管部门的工作人员违反森林法的规定,超过批准的年采伐限额发放林木采伐许可证或者违反规定滥发林木采伐许可证,情节严重,致使森林遭受严重破坏的,处三年以下有期徒刑或者拘役。

第四百零八条 **【环境监管失职罪】**负有环境保护监督管理职责的国家机关工作人员严重不负责任,导致发生重大环境污染事故,致使公私财产遭受重大损失或者造成人身伤亡的严重后果的,处三年以下有期徒刑或者拘役。

第四百零八条之一 **【食品监管渎职罪】**负有食品药品安全监督管理职责的国家机关工作人员,滥用职权或者玩忽职守,有下列情形之一,造成严重后果或者有其他严重情节的,处五年以下有期徒刑或者拘役;造成特别严重后果或者有其他特别严重情节的,处五年以上十年以下有期徒刑:

(一)瞒报、谎报食品安全事故、药品安全事件的;

(二)对发现的严重食品药品安全违法行为未按规定查处的;

(三)在药品和特殊食品审批审评过程中,对不符合条件的申请准予许可的;

(四)依法应当移交司法机关追究刑事责任不移交的;

(五)有其他滥用职权或者玩忽职守行为的。

徇私舞弊犯前款罪的,从重处罚。

第四百零九条 **【传染病防治失职罪】**从事传染病防治的政府卫生行政部门的工作人员严重不负责任,导致传染病传播或者流行,情节严重的,处三年以下有期徒刑或者拘役。

第四百一十条 【非法批准征收、征用、占用土地罪】【非法低价出让国有土地使用权罪】国家机关工作人员徇私舞弊，违反土地管理法规，滥用职权，非法批准征收、征用、占用土地，或者非法低价出让国有土地使用权，情节严重的，处三年以下有期徒刑或者拘役；致使国家或者集体利益遭受特别重大损失的，处三年以上七年以下有期徒刑。

第四百一十一条 【放纵走私罪】海关工作人员徇私舞弊，放纵走私，情节严重的，处五年以下有期徒刑或者拘役；情节特别严重的，处五年以上有期徒刑。

第四百一十二条 【商检徇私舞弊罪】国家商检部门、商检机构的工作人员徇私舞弊，伪造检验结果的，处五年以下有期徒刑或者拘役；造成严重后果的，处五年以上十年以下有期徒刑。

【商检失职罪】前款所列人员严重不负责任，对应当检验的物品不检验，或者延误检验出证、错误出证，致使国家利益遭受重大损失的，处三年以下有期徒刑或者拘役。

第四百一十三条 【动植物检疫徇私舞弊罪】动植物检疫机关的检疫人员徇私舞弊，伪造检疫结果的，处五年以下有期徒刑或者拘役；造成严重后果的，处五年以上十年以下有期徒刑。

【动植物检疫失职罪】前款所列人员严重不负责任，对应当检疫的检疫物不检疫，或者延误检疫出证、错误出证，致使国家利益遭受重大损失的，处三年以下有期徒刑或者拘役。

第四百一十四条 【放纵制售伪劣商品犯罪行为罪】对生产、销售伪劣商品犯罪行为负有追究责任的国家机关工作人员，徇私舞弊，不履行法律规定的追究职责，情节严重的，处五年以下有期徒刑或者拘役。

第四百一十五条 【办理偷越国（边）境人员出入境证件罪】【放行偷越国（边）境人员罪】负责办理护照、签证以及其他出入境证件的国家机关工作人员，对明知是企图偷越国（边）境的人员，予以办理出入境证件的，或者边防、海关等国家机关工作人员，对明知是偷越国（边）境的人员，予以放行的，处三年以下有期徒刑或者拘役；情节严重的，处三年以上七年以下有期徒刑。

第四百一十六条 【不解救被拐卖、绑架妇女、儿童罪】对被拐卖、绑架的妇女、儿童负有解救职责的国家机关工作人员，接到被拐卖、绑架的妇女、儿童及其家属的解救要求或者接到其他人的举报，而对被拐卖、绑架的妇女、儿童不进行解救，造成严重后果的，处五年以下有期徒刑或者拘役。

【阻碍解救被拐卖、绑架妇女、儿童罪】负有解救职责的国家机关工作人员利用职务阻碍解救的，处二年以上七年以下有期徒刑；情节较轻的，处二年以下有期徒刑或者拘役。

第四百一十七条 【帮助犯罪分子逃避处罚罪】有查禁犯罪活动职责的国家机关工作人员，向犯罪分子通风报信、提供便利，帮助犯罪分子逃避处罚的，处三年以下有期徒刑或者拘役；情节严重的，处三年以上十年以下有期徒刑。

第四百一十八条 【招收公务员、学生徇私舞弊罪】国家机关工作人员在招收公务员、学生工作中徇私舞弊，情节严重的，处三年以下有期徒刑或者拘役。

第四百一十九条 【失职造成珍贵文物损毁、流失罪】国家机关工作人员严重不负责任，造成珍贵文物损毁或者流失，后果严重的，处三年以下有期徒刑或者拘役。

第十章 军人违反职责罪

第四百二十条 【军人违反职责罪的概念】军人违反职责，危害国家军事利益，依照法律应当受刑罚处罚的行为，是军人违反职责罪。

第四百二十一条 【战时违抗命令罪】战时违抗命令，对作战造成危害的，处三年以上十年以下有期徒刑；致使战斗、战役遭受重大损失的，处十年以上有期徒刑、无期徒刑或者死刑。

第四百二十二条 【隐瞒、谎报军情罪】【拒传、假传军令罪】故意隐瞒、谎报军情或者拒传、假传军令，对作战造成危害的，处三年以上十年以下有期徒刑；致使战斗、战役遭受重大损失的，处十年以上有期徒刑、无期徒刑或者死刑。

第四百二十三条 【投降罪】在战场上贪生怕死，自动放下武器投降敌人的，处三年以上十年以下有期徒刑；情节严重的，处十年以上有期徒刑或者无期徒刑。

投降后为敌人效劳的，处十年以上有期徒刑、无期徒刑或者死刑。

第四百二十四条 【战时临阵脱逃罪】战时临阵脱逃的，处三年以下有期徒刑；情节严重的，处三年以上十年以下有期徒刑；致使战斗、战役遭受重大损失的，处十年以上有期徒刑、无期徒刑或者死刑。

第四百二十五条　【擅离、玩忽军事职守罪】 指挥人员和值班、值勤人员擅离职守或者玩忽职守，造成严重后果的，处三年以下有期徒刑或者拘役；造成特别严重后果的，处三年以上七年以下有期徒刑。

战时犯前款罪的，处五年以上有期徒刑。

第四百二十六条　【阻碍执行军事职务罪】 以暴力、威胁方法，阻碍指挥人员或者值班、值勤人员执行职务的，处五年以下有期徒刑或者拘役；情节严重的，处五年以上十年以下有期徒刑；情节特别严重的，处十年以上有期徒刑或者无期徒刑。战时从重处罚。

第四百二十七条　【指使部属违反职责罪】 滥用职权，指使部属进行违反职责的活动，造成严重后果的，处五年以下有期徒刑或者拘役；情节特别严重的，处五年以上十年以下有期徒刑。

第四百二十八条　【违令作战消极罪】 指挥人员违抗命令，临阵畏缩，作战消极，造成严重后果的，处五年以下有期徒刑；致使战斗、战役遭受重大损失或者有其他特别严重情节的，处五年以上有期徒刑。

第四百二十九条　【拒不救援友邻部队罪】 在战场上明知友邻部队处境危急请求救援，能救援而不救援，致使友邻部队遭受重大损失的，对指挥人员，处五年以下有期徒刑。

第四百三十条　【军人叛逃罪】 在履行公务期间，擅离岗位，叛逃境外或者在境外叛逃，危害国家军事利益的，处五年以下有期徒刑或者拘役；情节严重的，处五年以上有期徒刑。

驾驶航空器、舰船叛逃的，或者有其他特别严重情节的，处十年以上有期徒刑、无期徒刑或者死刑。

第四百三十一条　【非法获取军事秘密罪】 以窃取、刺探、收买方法，非法获取军事秘密的，处五年以下有期徒刑；情节严重的，处五年以上十年以下有期徒刑；情节特别严重的，处十年以上有期徒刑。

【为境外窃取、刺探、收买、非法提供军事秘密罪】 为境外的机构、组织、人员窃取、刺探、收买、非法提供军事秘密的，处五年以上十年以下有期徒刑；情节严重的，处十年以上有期徒刑、无期徒刑或者死刑。

第四百三十二条　【故意泄露军事秘密罪】【过失泄露军事秘密罪】 违反保守国家秘密法规，故意或者过失泄露军事秘密，情节严重的，处五年以下有期徒刑或者拘役；情节特别严重的，处五年以上十年以下有期徒刑。

战时犯前款罪的，处五年以上十年以下有期徒刑；情节特别严重的，处十年以上有期徒刑或者无期徒刑。

第四百三十三条　【战时造谣惑众罪】 战时造谣惑众，动摇军心的，处三年以下有期徒刑；情节严重的，处三年以上十年以下有期徒刑；情节特别严重的，处十年以上有期徒刑或者无期徒刑。

第四百三十四条　【战时自伤罪】 战时自伤身体，逃避军事义务的，处三年以下有期徒刑；情节严重的，处三年以上七年以下有期徒刑。

第四百三十五条　【逃离部队罪】 违反兵役法规，逃离部队，情节严重的，处三年以下有期徒刑或者拘役。

战时犯前款罪的，处三年以上七年以下有期徒刑。

第四百三十六条　【武器装备肇事罪】 违反武器装备使用规定，情节严重，因而发生责任事故，致人重伤、死亡或者造成其他严重后果的，处三年以下有期徒刑或者拘役；后果特别严重的，处三年以上七年以下有期徒刑。

第四百三十七条　【擅自改变武器装备编配用途罪】 违反武器装备管理规定，擅自改变武器装备的编配用途，造成严重后果的，处三年以下有期徒刑或者拘役；造成特别严重后果的，处三年以上七年以下有期徒刑。

第四百三十八条　【盗窃、抢夺武器装备、军用物资罪】 盗窃、抢夺武器装备或者军用物资的，处五年以下有期徒刑或者拘役；情节严重的，处五年以上十年以下有期徒刑；情节特别严重的，处十年以上有期徒刑、无期徒刑或者死刑。

盗窃、抢夺枪支、弹药、爆炸物的，依照本法第一百二十七条的规定处罚。

第四百三十九条　【非法出卖、转让武器装备罪】 非法出卖、转让军队武器装备的，处三年以上十年以下有期徒刑；出卖、转让大量武器装备或者有其他特别严重情节的，处十年以上有期徒刑、无期徒刑或者死刑。

第四百四十条 【遗弃武器装备罪】违抗命令,遗弃武器装备的,处五年以下有期徒刑或者拘役;遗弃重要或者大量武器装备的,或者有其他严重情节的,处五年以上有期徒刑。

第四百四十一条 【遗失武器装备罪】遗失武器装备,不及时报告或者有其他严重情节的,处三年以下有期徒刑或者拘役。

第四百四十二条 【擅自出卖、转让军队房地产罪】违反规定,擅自出卖、转让军队房地产,情节严重的,对直接责任人员,处三年以下有期徒刑或者拘役;情节特别严重的,处三年以上十年以下有期徒刑。

第四百四十三条 【虐待部属罪】滥用职权,虐待部属,情节恶劣,致人重伤或者造成其他严重后果的,处五年以下有期徒刑或者拘役;致人死亡的,处五年以上有期徒刑。

第四百四十四条 【遗弃伤病军人罪】在战场上故意遗弃伤病军人,情节恶劣的,对直接责任人员,处五年以下有期徒刑。

第四百四十五条 【战时拒不救治伤病军人罪】战时在救护治疗职位上,有条件救治而拒不救治危重伤病军人的,处五年以下有期徒刑或者拘役;造成伤病军人重残、死亡或者有其他严重情节的,处五年以上十年以下有期徒刑。

第四百四十六条 【战时残害居民、掠夺居民财物罪】战时在军事行动地区,残害无辜居民或者掠夺无辜居民财物的,处五年以下有期徒刑;情节严重的,处五年以上十年以下有期徒刑;情节特别严重的,处十年以上有期徒刑、无期徒刑或者死刑。

第四百四十七条 【私放俘虏罪】私放俘虏的,处五年以下有期徒刑;私放重要俘虏、私放俘虏多人或者有其他严重情节的,处五年以上有期徒刑。

第四百四十八条 【虐待俘虏罪】虐待俘虏,情节恶劣的,处三年以下有期徒刑。

第四百四十九条 【战时缓刑】在战时,对被判处三年以下有期徒刑没有现实危险宣告缓刑的犯罪军人,允许其戴罪立功,确有立功表现时,可以撤销原判刑罚,不以犯罪论处。

第四百五十条 【本章适用范围】本章适用于中国人民解放军的现役军官、文职干部、士兵及具有军籍的学员和中国人民武装警察部队的现役警官、文职干部、士兵及具有军籍的学员以及文职人员、执行军事任务的预备役人员和其他人员。

第四百五十一条 【战时的概念】本章所称战时,是指国家宣布进入战争状态、部队受领作战任务或者遭敌突然袭击时。

部队执行戒严任务或者处置突发性暴力事件时,以战时论。

附 则

第四百五十二条 【施行日期】本法自1997年10月1日起施行。

列于本法附件一的全国人民代表大会常务委员会制定的条例、补充规定和决定,已纳入本法或者已不适用,自本法施行之日起,予以废止。

列于本法附件二的全国人民代表大会常务委员会制定的补充规定和决定予以保留。其中,有关行政处罚和行政措施的规定继续有效;有关刑事责任的规定已纳入本法,自本法施行之日起,适用本法规定。

附件一:

全国人民代表大会常务委员会制定的下列条例、补充规定和决定,已纳入本法或者已不适用,自本法施行之日起,予以废止:

1. 中华人民共和国惩治军人违反职责罪暂行条例
2. 关于严惩严重破坏经济的罪犯的决定
3. 关于严惩严重危害社会治安的犯罪分子的决定
4. 关于惩治走私罪的补充规定
5. 关于惩治贪污罪贿赂罪的补充规定
6. 关于惩治泄露国家秘密犯罪的补充规定
7. 关于惩治捕杀国家重点保护的珍贵、濒危野生动物犯罪的补充规定
8. 关于惩治侮辱中华人民共和国国旗国徽罪的决定
9. 关于惩治盗掘古文化遗址古墓葬犯罪的补充规定
10. 关于惩治劫持航空器犯罪分子的决定
11. 关于惩治假冒注册商标犯罪的补充规定
12. 关于惩治生产、销售伪劣商品犯罪的决定
13. 关于惩治侵犯著作权的犯罪的决定

14. 关于惩治违反公司法的犯罪的决定

15. 关于处理逃跑或者重新犯罪的劳改犯和劳教人员的决定

附件二：

全国人民代表大会常务委员会制定的下列补充规定和决定予以保留，其中，有关行政处罚和行政措施的规定继续有效；有关刑事责任的规定已纳入本法，自本法施行之日起，适用本法规定：

1. 关于禁毒的决定①

2. 关于惩治走私、制作、贩卖、传播淫秽物品的犯罪分子的决定

3. 关于严禁卖淫嫖娼的决定②

4. 关于严惩拐卖、绑架妇女、儿童的犯罪分子的决定

5. 关于惩治偷税、抗税犯罪的补充规定③

6. 关于严惩组织、运送他人偷越国（边）境犯罪的补充规定④

7. 关于惩治破坏金融秩序犯罪的决定

8. 关于惩治虚开、伪造和非法出售增值税专用发票犯罪的决定

全国人民代表大会常务委员会关于《中华人民共和国刑法》第九十三条第二款的解释

（2000年4月29日第九届全国人民代表大会常务委员会第十五次会议通过　根据2009年8月27日第十一届全国人民代表大会常务委员会第十次会议《关于修改部分法律的决定》修正）

全国人民代表大会常务委员会讨论了村民委员会等村基层组织人员在从事哪些工作时属于刑法第九十三条第二款规定的“其他依照法律从事公务的人员”，解释如下：

村民委员会等村基层组织人员协助人民政府从事下列行政管理工作，属于刑法第九十三条第二款规定的“其他依照法律从事公务的人员”：

（一）救灾、抢险、防汛、优抚、扶贫、移民、救济款物的管理；

（二）社会捐助公益事业款物的管理；

（三）国有土地的经营和管理；

（四）土地征收、征用补偿费用的管理；

（五）代征、代缴税款；

（六）有关计划生育、户籍、征兵工作；

（七）协助人民政府从事的其他行政管理工作。

村民委员会等村基层组织人员从事前款规定的公务，利用职务上的便利，非法占有公共财物、挪用公款、索取他人财物或者非法收受他人财物，构成犯罪的，适用刑法第三百八十二条和第三百八十三条贪污罪、第三百八十四条挪用公款罪、第三百八十五条和第三百八十六条受贿罪的规定。

现予公告。

全国人民代表大会常务委员会关于《中华人民共和国刑法》第二百二十八条、第三百四十二条、第四百一十条的解释

（2001年8月31日第九届全国人民代表大会常务委员会第二十三次会议通过　根据2009年8月27日全国人民代表大会常务委员会第十次会议《关于修改部分法律的决定》修正）

全国人民代表大会常务委员会讨论了刑法第二百二十八条、第三百四十二条、第四百一十条规

---

① 根据《中华人民共和国禁毒法》第七十一条的规定，本决定自2008年6月1日起废止。

② 根据《全国人民代表大会常务委员会关于废止有关收容教育法律规定和制度的决定》，该决定第四条第二款、第四款，以及据此实行的收容教育制度自2019年12月29日起废止。

③ 根据《全国人民代表大会常务委员会关于废止部分法律的决定》，该补充规定自2009年6月27日起废止。

④ 根据《全国人民代表大会常务委员会关于废止部分法律的决定》，该补充规定自2009年6月27日起废止。

定的“违反土地管理法规”和第四百一十条规定的“非法批准征收、征用、占用土地”的含义问题，解释如下：

刑法第二百二十八条、第三百四十二条、第四百一十条规定的“违反土地管理法规”，是指违反土地管理法、森林法、草原法等法律以及有关行政法规中关于土地管理的规定。

刑法第四百一十条规定的“非法批准征收、征用、占用土地”，是指非法批准征收、征用、占用耕地、林地等农用地以及其他土地。

现予公告。

全国人民代表大会常务委员会关于《中华人民共和国刑法》第二百九十四条第一款的解释

（2002年4月28日第九届全国人民代表大会常务委员会第二十七次会议通过）

全国人民代表大会常务委员会讨论了刑法第二百九十四条第一款规定的“黑社会性质的组织”的含义问题，解释如下：

刑法第二百九十四条第一款规定的“黑社会性质的组织”应当同时具备以下特征：

（一）形成较稳定的犯罪组织，人数较多，有明确的组织者、领导者，骨干成员基本固定；

（二）有组织地通过违法犯罪活动或者其他手段获取经济利益，具有一定的经济实力，以支持该组织的活动；

（三）以暴力、威胁或者其他手段，有组织地多次进行违法犯罪活动，为非作恶，欺压、残害群众；

（四）通过实施违法犯罪活动，或者利用国家工作人员的包庇或者纵容，称霸一方，在一定区域或者行业内，形成非法控制或者重大影响，严重破坏经济、社会生活秩序。

现予公告。

全国人民代表大会常务委员会关于《中华人民共和国刑法》第三百八十四条第一款的解释

（2002年4月28日第九届全国人民代表大会常务委员会第二十七次会议通过）

全国人民代表大会常务委员会讨论了刑法第三百八十四条第一款规定的国家工作人员利用职务上的便利，挪用公款“归个人使用”的含义问题，解释如下：

有下列情形之一的，属于挪用公款“归个人使用”：

（一）将公款供本人、亲友或者其他自然人使用的；

（二）以个人名义将公款供其他单位使用的；

（三）个人决定以单位名义将公款供其他单位使用，谋取个人利益的。

现予公告。

全国人民代表大会常务委员会关于《中华人民共和国刑法》第三百一十三条的解释

（2002年8月29日第九届全国人民代表大会常务委员会第二十九次会议通过）

全国人民代表大会常务委员会讨论了刑法第三百一十三条规定的“对人民法院的判决、裁定有能力执行而拒不执行，情节严重”的含义问题，解释如下：

刑法第三百一十三条规定的“人民法院的判决、裁定”，是指人民法院依法作出的具有执行内容并已发生法律效力的判决、裁定。人民法院为依法执行支付令、生效的调解书、仲裁裁决、公证债权文书等所作的裁定属于该条规定的裁定。

下列情形属于刑法第三百一十三条规定的“有能力执行而拒不执行，情节严重”的情形：

（一）被执行人隐藏、转移、故意毁损财产或者无偿转让财产、以明显不合理的低价转让财产，致使判决、裁定无法执行的；

（二）担保人或者被执行人隐藏、转移、故意毁损或者转让已向人民法院提供担保的财产，致使判决、裁定无法执行的；

（三）协助执行义务人接到人民法院协助执行通知书后，拒不协助执行，致使判决、裁定无法执行的；

（四）被执行人、担保人、协助执行义务人与国家机关工作人员通谋，利用国家机关工作人员的职权妨害执行，致使判决、裁定无法执行的；

（五）其他有能力执行而拒不执行，情节严重的情形。

国家机关工作人员有上述第四项行为的，以拒不执行判决、裁定罪的共犯追究刑事责任。国家机关工作人员收受贿赂或者滥用职权，有上述第四项行为的，同时又构成刑法第三百八十五条、第三百九十七条规定之罪的，依照处罚较重的规定定罪处罚。

现予公告。

全国人民代表大会常务委员会关于《中华人民共和国刑法》第九章渎职罪主体适用问题的解释

（2002年12月28日第九届全国人民代表大会常务委员会第三十一次会议通过）

全国人大常委会根据司法实践中遇到的情况，讨论了刑法第九章渎职罪主体的适用问题，解释如下：

在依照法律、法规规定行使国家行政管理职权的组织中从事公务的人员，或者在受国家机关委托代表国家机关行使职权的组织中从事公务的人员，或者虽未列入国家机关人员编制但在国家机关中从事公务的人员，在代表国家机关行使职权时，有渎职行为，构成犯罪的，依照刑法关于渎职罪的规定追究刑事责任。

现予公告。

全国人民代表大会常务委员会关于《中华人民共和国刑法》有关信用卡规定的解释

（2004年12月29日第十届全国人民代表大会常务委员会第十三次会议通过）

全国人民代表大会常务委员会根据司法实践中遇到的情况，讨论了刑法规定的“信用卡”的含义问题，解释如下：

刑法规定的“信用卡”，是指由商业银行或者其他金融机构发行的具有消费支付、信用贷款、转账结算、存取现金等全部功能或者部分功能的电子支付卡。

现予公告。

全国人民代表大会常务委员会关于惩治骗购外汇、逃汇和非法买卖外汇犯罪的决定

（1998年12月29日第九届全国人民代表大会常务委员会第六次会议通过　1998年12月29日中华人民共和国主席令第14号公布　自公布之日起施行）

为了惩治骗购外汇、逃汇和非法买卖外汇的犯罪行为，维护国家外汇管理秩序，对刑法作如下补充修改：

一、有下列情形之一，骗购外汇，数额较大的，处五年以下有期徒刑或者拘役，并处骗购外汇数额百分之五以上百分之三十以下罚金；数额巨大或者有其他严重情节的，处五年以上十年以下有期徒刑，并处骗购外汇数额百分之五以上百分之三十以下罚金；数额特别巨大或者有其他特别严重情节的，处十年以上有期徒刑或者无期徒刑，并处骗购外汇数额百分之五以上百分之三十以下罚金或者没收财产：

（一）使用伪造、变造的海关签发的报关单、进口证明、外汇管理部门核准件等凭证和单据的；

（二）重复使用海关签发的报关单、进口证明、

外汇管理部门核准件等凭证和单据的；

（三）以其他方式骗购外汇的。

伪造、变造海关签发的报关单、进口证明、外汇管理部门核准件等凭证和单据，并用于骗购外汇的，依照前款的规定从重处罚。

明知用于骗购外汇而提供人民币资金的，以共犯论处。

单位犯前三款罪的，对单位依照第一款的规定判处罚金，并对其直接负责的主管人员和其他直接责任人员，处五年以下有期徒刑或者拘役；数额巨大或者有其他严重情节的，处五年以上十年以下有期徒刑；数额特别巨大或者有其他特别严重情节的，处十年以上有期徒刑或者无期徒刑。

二、买卖伪造、变造的海关签发的报关单、进口证明、外汇管理部门核准件等凭证和单据或者国家机关的其他公文、证件、印章的，依照刑法第二百八十条的规定定罪处罚。

三、将刑法第一百九十条修改为：公司、企业或者其他单位，违反国家规定，擅自将外汇存放境外，或者将境内的外汇非法转移到境外，数额较大的，对单位判处逃汇数额百分之五以上百分之三十以下罚金，并对其直接负责的主管人员和其他直接责任人员处五年以下有期徒刑或者拘役；数额巨大或者有其他严重情节的，对单位判处逃汇数额百分之五以上百分之三十以下罚金，并对其直接负责的主管人员和其他直接责任人员处五年以上有期徒刑。

四、在国家规定的交易场所以外非法买卖外汇，扰乱市场秩序，情节严重的，依照刑法第二百二十五条的规定定罪处罚。

单位犯前款罪的，依照刑法第二百三十一条的规定处罚。

五、海关、外汇管理部门以及金融机构、从事对外贸易经营活动的公司、企业或者其他单位的工作人员与骗购外汇或者逃汇的行为人通谋，为其提供购买外汇的有关凭证或者其他便利的，或者明知是伪造、变造的凭证和单据而售汇、付汇的，以共犯论，依照本决定从重处罚。

六、海关、外汇管理部门的工作人员严重不负责任，造成大量外汇被骗购或者逃汇，致使国家利益遭受重大损失的，依照刑法第三百九十七条的规定定罪处罚。

七、金融机构、从事对外贸易经营活动的公司、企业的工作人员严重不负责任，造成大量外汇被骗购或者逃汇，致使国家利益遭受重大损失的，依照刑法第一百六十七条的规定定罪处罚。

八、犯本决定规定之罪，依法被追缴、没收的财物和罚金，一律上缴国库。

九、本决定自公布之日起施行。

全国人民代表大会常务委员会关于《中华人民共和国刑法》第三十条的解释

（2014年4月24日第十二届全国人民代表大会常务委员会第八次会议通过）

全国人民代表大会常务委员会根据司法实践中遇到的情况，讨论了刑法第三十条的含义及公司、企业、事业单位、机关、团体等单位实施刑法规定的危害社会的行为，法律未规定追究单位的刑事责任的，如何适用刑法有关规定的问题，解释如下：

公司、企业、事业单位、机关、团体等单位实施刑法规定的危害社会的行为，刑法分则和其他法律未规定追究单位的刑事责任的，对组织、策划、实施该危害社会行为的人依法追究刑事责任。

现予公告。

全国人民代表大会常务委员会关于《中华人民共和国刑法》第一百五十八条、第一百五十九条的解释

（2014年4月24日第十二届全国人民代表大会常务委员会第八次会议通过）

全国人民代表大会常务委员会讨论了公司法修改后刑法第一百五十八条、第一百五十九条对实行注册资本实缴登记制、认缴登记制的公司的适用范围问题，解释如下：

刑法第一百五十八条、第一百五十九条的规定，只适用于依法实行注册资本实缴登记制的公司。

现予公告。

全国人民代表大会常务委员会关于《中华人民共和国刑法》第二百六十六条的解释

（2014年4月24日第十二届全国人民代表大会常务委员会第八次会议通过）

全国人民代表大会常务委员会根据司法实践中遇到的情况，讨论了刑法第二百六十六条的含义及骗取养老、医疗、工伤、失业、生育等社会保险金或者其他社会保障待遇的行为如何适用刑法有关规定的问题，解释如下：

以欺诈、伪造证明材料或者其他手段骗取养老、医疗、工伤、失业、生育等社会保险金或者其他社会保障待遇的，属于刑法第二百六十六条规定的诈骗公私财物的行为。

现予公告。

全国人民代表大会常务委员会关于《中华人民共和国刑法》第三百四十一条、第三百一十二条的解释

（2014年4月24日第十二届全国人民代表大会常务委员会第八次会议通过）

全国人民代表大会常务委员会根据司法实践中遇到的情况，讨论了刑法第三百四十一条第一款规定的非法收购国家重点保护的珍贵、濒危野生动物及其制品的含义和收购刑法第三百四十一条第二款规定的非法狩猎的野生动物如何适用刑法有关规定的问题，解释如下：

知道或者应当知道是国家重点保护的珍贵、濒危野生动物及其制品，为食用或者其他目的而非法购买的，属于刑法第三百四十一条第一款规定的非法收购国家重点保护的珍贵、濒危野生动物及其制品的行为。

知道或者应当知道是刑法第三百四十一条第二款规定的非法狩猎的野生动物而购买的，属于刑法第三百一十二条第一款规定的明知是犯罪所得而收购的行为。

现予公告。

中华人民共和国预防未成年人犯罪法

（1999年6月28日第九届全国人民代表大会常务委员会第十次会议通过　根据2012年10月26日第十一届全国人民代表大会常务委员会第二十九次会议《关于修改〈中华人民共和国预防未成年人犯罪法〉的决定》修正　2020年12月26日第十三届全国人民代表大会常务委员会第二十四次会议修订）

目　录

第一章　总　　则
第二章　预防犯罪的教育
第三章　对不良行为的干预
第四章　对严重不良行为的矫治
第五章　对重新犯罪的预防
第六章　法律责任
第七章　附　　则

第一章　总　　则

第一条　为了保障未成年人身心健康，培养未成年人良好品行，有效预防未成年人违法犯罪，制定本法。

第二条　预防未成年人犯罪，立足于教育和保护未成年人相结合，坚持预防为主、提前干预，对未成年人的不良行为和严重不良行为及时进行分级预防、干预和矫治。

第三条　开展预防未成年人犯罪工作，应当尊重未成年人人格尊严，保护未成年人的名誉权、隐私权和个人信息等合法权益。

第四条　预防未成年人犯罪，在各级人民政府组织下，实行综合治理。

国家机关、人民团体、社会组织、企业事业单位、居民委员会、村民委员会、学校、家庭等各负其责、相互配合，共同做好预防未成年人犯罪工作，及时消除滋生未成年人违法犯罪行为的各种消极因

素，为未成年人身心健康发展创造良好的社会环境。

第五条 各级人民政府在预防未成年人犯罪方面的工作职责是：

（一）制定预防未成年人犯罪工作规划；

（二）组织公安、教育、民政、文化和旅游、市场监督管理、网信、卫生健康、新闻出版、电影、广播电视、司法行政等有关部门开展预防未成年人犯罪工作；

（三）为预防未成年人犯罪工作提供政策支持和经费保障；

（四）对本法的实施情况和工作规划的执行情况进行检查；

（五）组织开展预防未成年人犯罪宣传教育；

（六）其他预防未成年人犯罪工作职责。

第六条 国家加强专门学校建设，对有严重不良行为的未成年人进行专门教育。专门教育是国民教育体系的组成部分，是对有严重不良行为的未成年人进行教育和矫治的重要保护处分措施。

省级人民政府应当将专门教育发展和专门学校建设纳入经济社会发展规划。县级以上地方人民政府成立专门教育指导委员会，根据需要合理设置专门学校。

专门教育指导委员会由教育、民政、财政、人力资源社会保障、公安、司法行政、人民检察院、人民法院、共产主义青年团、妇女联合会、关心下一代工作委员会、专门学校等单位，以及律师、社会工作者等人员组成，研究确定专门学校教学、管理等相关工作。

专门学校建设和专门教育具体办法，由国务院规定。

第七条 公安机关、人民检察院、人民法院、司法行政部门应当由专门机构或者经过专业培训、熟悉未成年人身心特点的专门人员负责预防未成年人犯罪工作。

第八条 共产主义青年团、妇女联合会、工会、残疾人联合会、关心下一代工作委员会、青年联合会、学生联合会、少年先锋队以及有关社会组织，应当协助各级人民政府及其有关部门、人民检察院和人民法院做好预防未成年人犯罪工作，为预防未成年人犯罪培育社会力量，提供支持服务。

第九条 国家鼓励、支持和指导社会工作服务机构等社会组织参与预防未成年人犯罪相关工作，并加强监督。

第十条 任何组织或者个人不得教唆、胁迫、引诱未成年人实施不良行为或者严重不良行为，以及为未成年人实施上述行为提供条件。

第十一条 未成年人应当遵守法律法规及社会公共道德规范，树立自尊、自律、自强意识，增强辨别是非和自我保护的能力，自觉抵制各种不良行为以及违法犯罪行为的引诱和侵害。

第十二条 预防未成年人犯罪，应当结合未成年人不同年龄的生理、心理特点，加强青春期教育、心理关爱、心理矫治和预防犯罪对策的研究。

第十三条 国家鼓励和支持预防未成年人犯罪相关学科建设、专业设置、人才培养及科学研究，开展国际交流与合作。

第十四条 国家对预防未成年人犯罪工作有显著成绩的组织和个人，给予表彰和奖励。

第二章 预防犯罪的教育

第十五条 国家、社会、学校和家庭应当对未成年人加强社会主义核心价值观教育，开展预防犯罪教育，增强未成年人的法治观念，使未成年人树立遵纪守法和防范违法犯罪的意识，提高自我管控能力。

第十六条 未成年人的父母或者其他监护人对未成年人的预防犯罪教育负有直接责任，应当依法履行监护职责，树立优良家风，培养未成年人良好品行；发现未成年人心理或者行为异常的，应当及时了解情况并进行教育、引导和劝诫，不得拒绝或者怠于履行监护职责。

第十七条 教育行政部门、学校应当将预防犯罪教育纳入学校教学计划，指导教职员工结合未成年人的特点，采取多种方式对未成年学生进行有针对性的预防犯罪教育。

第十八条 学校应当聘任从事法治教育的专职或者兼职教师，并可以从司法和执法机关、法学教育和法律服务机构等单位聘请法治副校长、校外法治辅导员。

第十九条 学校应当配备专职或者兼职的心理健康教育教师，开展心理健康教育。学校可以根据实际情况与专业心理健康机构合作，建立心理健康筛查和早期干预机制，预防和解决学生心理、行为异常问题。

学校应当与未成年学生的父母或者其他监护人加强沟通，共同做好未成年学生心理健康教育；

发现未成年学生可能患有精神障碍的，应当立即告知其父母或者其他监护人送相关专业机构诊治。

第二十条 教育行政部门应当会同有关部门建立学生欺凌防控制度。学校应当加强日常安全管理，完善学生欺凌发现和处置的工作流程，严格排查并及时消除可能导致学生欺凌行为的各种隐患。

第二十一条 教育行政部门鼓励和支持学校聘请社会工作者长期或者定期进驻学校，协助开展道德教育、法治教育、生命教育和心理健康教育，参与预防和处理学生欺凌等行为。

第二十二条 教育行政部门、学校应当通过举办讲座、座谈、培训等活动，介绍科学合理的教育方法，指导教职员工、未成年学生的父母或者其他监护人有效预防未成年人犯罪。

学校应当将预防犯罪教育计划告知未成年学生的父母或者其他监护人。未成年学生的父母或者其他监护人应当配合学校对未成年学生进行有针对性的预防犯罪教育。

第二十三条 教育行政部门应当将预防犯罪教育的工作效果纳入学校年度考核内容。

第二十四条 各级人民政府及其有关部门、人民检察院、人民法院、共产主义青年团、少年先锋队、妇女联合会、残疾人联合会、关心下一代工作委员会等应当结合实际，组织、举办多种形式的预防未成年人犯罪宣传教育活动。有条件的地方可以建立青少年法治教育基地，对未成年人开展法治教育。

第二十五条 居民委员会、村民委员会应当积极开展有针对性的预防未成年人犯罪宣传活动，协助公安机关维护学校周围治安，及时掌握本辖区内未成年人的监护、就学和就业情况，组织、引导社区社会组织参与预防未成年人犯罪工作。

第二十六条 青少年宫、儿童活动中心等校外活动场所应当把预防犯罪教育作为一项重要的工作内容，开展多种形式的宣传教育活动。

第二十七条 职业培训机构、用人单位在对已满十六周岁准备就业的未成年人进行职业培训时，应当将预防犯罪教育纳入培训内容。

第三章 对不良行为的干预

第二十八条 本法所称不良行为，是指未成年人实施的不利于其健康成长的下列行为：

（一）吸烟、饮酒；

（二）多次旷课、逃学；

（三）无故夜不归宿、离家出走；

（四）沉迷网络；

（五）与社会上具有不良习性的人交往，组织或者参加实施不良行为的团伙；

（六）进入法律法规规定未成年人不宜进入的场所；

（七）参与赌博、变相赌博，或者参加封建迷信、邪教等活动；

（八）阅览、观看或者收听宣扬淫秽、色情、暴力、恐怖、极端等内容的读物、音像制品或者网络信息等；

（九）其他不利于未成年人身心健康成长的不良行为。

第二十九条 未成年人的父母或者其他监护人发现未成年人有不良行为的，应当及时制止并加强管教。

第三十条 公安机关、居民委员会、村民委员会发现本辖区内未成年人有不良行为的，应当及时制止，并督促其父母或者其他监护人依法履行监护职责。

第三十一条 学校对有不良行为的未成年学生，应当加强管理教育，不得歧视；对拒不改正或者情节严重的，学校可以根据情况予以处分或者采取以下管理教育措施：

（一）予以训导；

（二）要求遵守特定的行为规范；

（三）要求参加特定的专题教育；

（四）要求参加校内服务活动；

（五）要求接受社会工作者或者其他专业人员的心理辅导和行为干预；

（六）其他适当的管理教育措施。

第三十二条 学校和家庭应当加强沟通，建立家校合作机制。学校决定对未成年学生采取管理教育措施的，应当及时告知其父母或者其他监护人；未成年学生的父母或者其他监护人应当支持、配合学校进行管理教育。

第三十三条 未成年学生偷窃少量财物，或者有殴打、辱骂、恐吓、强行索要财物等学生欺凌行为，情节轻微的，可以由学校依照本法第三十一条规定采取相应的管理教育措施。

第三十四条 未成年学生旷课、逃学的，学校应当及时联系其父母或者其他监护人，了解有关情况；无正当理由的，学校和未成年学生的父母或者其他监护人应当督促其返校学习。

第三十五条 未成年人无故夜不归宿、离家出走的，父母或者其他监护人、所在的寄宿制学校应当及时查找，必要时向公安机关报告。

收留夜不归宿、离家出走未成年人的，应当及时联系其父母或者其他监护人、所在学校；无法取得联系的，应当及时向公安机关报告。

第三十六条 对夜不归宿、离家出走或者流落街头的未成年人，公安机关、公共场所管理机构等发现或者接到报告后，应当及时采取有效保护措施，并通知其父母或者其他监护人、所在的寄宿制学校，必要时应当护送其返回住所、学校；无法与其父母或者其他监护人、学校取得联系的，应当护送未成年人到救助保护机构接受救助。

第三十七条 未成年人的父母或者其他监护人、学校发现未成年人组织或者参加实施不良行为的团伙，应当及时制止；发现该团伙有违法犯罪嫌疑的，应当立即向公安机关报告。

第四章　对严重不良行为的矫治

第三十八条 本法所称严重不良行为，是指未成年人实施的有刑法规定、因不满法定刑事责任年龄不予刑事处罚的行为，以及严重危害社会的下列行为：

（一）结伙斗殴，追逐、拦截他人，强拿硬要或者任意损毁、占用公私财物等寻衅滋事行为；

（二）非法携带枪支、弹药或者弩、匕首等国家规定的管制器具；

（三）殴打、辱骂、恐吓，或者故意伤害他人身体；

（四）盗窃、哄抢、抢夺或者故意损毁公私财物；

（五）传播淫秽的读物、音像制品或者信息等；

（六）卖淫、嫖娼，或者进行淫秽表演；

（七）吸食、注射毒品，或者向他人提供毒品；

（八）参与赌博赌资较大；

（九）其他严重危害社会的行为。

第三十九条 未成年人的父母或者其他监护人、学校、居民委员会、村民委员会发现有人教唆、胁迫、引诱未成年人实施严重不良行为的，应当立即向公安机关报告。公安机关接到报告或者发现有上述情形的，应当及时依法查处；对人身安全受到威胁的未成年人，应当立即采取有效保护措施。

第四十条 公安机关接到举报或者发现未成年人有严重不良行为的，应当及时制止，依法调查处理，并可以责令其父母或者其他监护人消除或者减轻违法后果，采取措施严加管教。

第四十一条 对有严重不良行为的未成年人，公安机关可以根据具体情况，采取以下矫治教育措施：

（一）予以训诫；

（二）责令赔礼道歉、赔偿损失；

（三）责令具结悔过；

（四）责令定期报告活动情况；

（五）责令遵守特定的行为规范，不得实施特定行为、接触特定人员或者进入特定场所；

（六）责令接受心理辅导、行为矫治；

（七）责令参加社会服务活动；

（八）责令接受社会观护，由社会组织、有关机构在适当场所对未成年人进行教育、监督和管束；

（九）其他适当的矫治教育措施。

第四十二条 公安机关在对未成年人进行矫治教育时，可以根据需要邀请学校、居民委员会、村民委员会以及社会工作服务机构等社会组织参与。

未成年人的父母或者其他监护人应当积极配合矫治教育措施的实施，不得妨碍阻挠或者放任不管。

第四十三条 对有严重不良行为的未成年人，未成年人的父母或者其他监护人、所在学校无力管教或者管教无效的，可以向教育行政部门提出申请，经专门教育指导委员会评估同意后，由教育行政部门决定送入专门学校接受专门教育。

第四十四条 未成年人有下列情形之一的，经专门教育指导委员会评估同意，教育行政部门会同公安机关可以决定将其送入专门学校接受专门教育：

（一）实施严重危害社会的行为，情节恶劣或者造成严重后果；

（二）多次实施严重危害社会的行为；

（三）拒不接受或者配合本法第四十一条规定的矫治教育措施；

（四）法律、行政法规规定的其他情形。

第四十五条 未成年人实施刑法规定的行为、

因不满法定刑事责任年龄不予刑事处罚的，经专门教育指导委员会评估同意，教育行政部门会同公安机关可以决定对其进行专门矫治教育。

省级人民政府应当结合本地的实际情况，至少确定一所专门学校按照分校区、分班级等方式设置专门场所，对前款规定的未成年人进行专门矫治教育。

前款规定的专门场所实行闭环管理，公安机关、司法行政部门负责未成年人的矫治工作，教育行政部门承担未成年人的教育工作。

第四十六条 专门学校应当在每个学期适时提请专门教育指导委员会对接受专门教育的未成年学生的情况进行评估。对经评估适合转回普通学校就读的，专门教育指导委员会应当向原决定机关提出书面建议，由原决定机关决定是否将未成年学生转回普通学校就读。

原决定机关决定将未成年学生转回普通学校的，其原所在学校不得拒绝接收；因特殊情况，不适宜转回原所在学校的，由教育行政部门安排转学。

第四十七条 专门学校应当对接受专门教育的未成年人分级分类进行教育和矫治，有针对性地开展道德教育、法治教育、心理健康教育，并根据实际情况进行职业教育；对没有完成义务教育的未成年人，应当保证其继续接受义务教育。

专门学校的未成年学生的学籍保留在原学校，符合毕业条件的，原学校应当颁发毕业证书。

第四十八条 专门学校应当与接受专门教育的未成年人的父母或者其他监护人加强联系，定期向其反馈未成年人的矫治和教育情况，为父母或者其他监护人、亲属等看望未成年人提供便利。

第四十九条 未成年人及其父母或者其他监护人对本章规定的行政决定不服的，可以依法提起行政复议或者行政诉讼。

第五章 对重新犯罪的预防

第五十条 公安机关、人民检察院、人民法院办理未成年人刑事案件，应当根据未成年人的生理、心理特点和犯罪的情况，有针对性地进行法治教育。

对涉及刑事案件的未成年人进行教育，其法定代理人以外的成年亲属或者教师、辅导员等参与有利于感化、挽救未成年人的，公安机关、人民检察院、人民法院应当邀请其参加有关活动。

第五十一条 公安机关、人民检察院、人民法院办理未成年人刑事案件，可以自行或者委托有关社会组织、机构对未成年犯罪嫌疑人或者被告人的成长经历、犯罪原因、监护、教育等情况进行社会调查；根据实际需要并经未成年犯罪嫌疑人、被告人及其法定代理人同意，可以对未成年犯罪嫌疑人、被告人进行心理测评。

社会调查和心理测评的报告可以作为办理案件和教育未成年人的参考。

第五十二条 公安机关、人民检察院、人民法院对于无固定住所、无法提供保证人的未成年人适用取保候审的，应当指定合适成年人作为保证人，必要时可以安排取保候审的未成年人接受社会观护。

第五十三条 对被拘留、逮捕以及在未成年犯管教所执行刑罚的未成年人，应当与成年人分别关押、管理和教育。对未成年人的社区矫正，应当与成年人分别进行。

对有上述情形且没有完成义务教育的未成年人，公安机关、人民检察院、人民法院、司法行政部门应当与教育行政部门相互配合，保证其继续接受义务教育。

第五十四条 未成年犯管教所、社区矫正机构应当对未成年犯、未成年社区矫正对象加强法治教育，并根据实际情况对其进行职业教育。

第五十五条 社区矫正机构应当告知未成年社区矫正对象安置帮教的有关规定，并配合安置帮教工作部门落实或者解决未成年社区矫正对象的就学、就业等问题。

第五十六条 对刑满释放的未成年人，未成年犯管教所应当提前通知其父母或者其他监护人按时接回，并协助落实安置帮教措施。没有父母或者其他监护人、无法查明其父母或者其他监护人的，未成年犯管教所应当提前通知未成年人原户籍所在地或者居住地的司法行政部门安排人员按时接回，由民政部门或者居民委员会、村民委员会依法对其进行监护。

第五十七条 未成年人的父母或者其他监护人和学校、居民委员会、村民委员会对接受社区矫正、刑满释放的未成年人，应当采取有效的帮教措施，协助司法机关以及有关部门做好安置帮教工作。

居民委员会、村民委员会可以聘请思想品德优秀,作风正派,热心未成年人工作的离退休人员、志愿者或其他人员协助做好前款规定的安置帮教工作。

第五十八条 刑满释放和接受社区矫正的未成年人,在复学、升学、就业等方面依法享有与其他未成年人同等的权利,任何单位和个人不得歧视。

第五十九条 未成年人的犯罪记录依法被封存的,公安机关、人民检察院、人民法院和司法行政部门不得向任何单位或者个人提供,但司法机关因办案需要或者有关单位根据国家有关规定进行查询的除外。依法进行查询的单位和个人应当对相关记录信息予以保密。

未成年人接受专门矫治教育、专门教育的记录,以及被行政处罚、采取刑事强制措施和不起诉的记录,适用前款规定。

第六十条 人民检察院通过依法行使检察权,对未成年人重新犯罪预防工作等进行监督。

第六章 法律责任

第六十一条 公安机关、人民检察院、人民法院在办理案件过程中发现实施严重不良行为的未成年人的父母或者其他监护人不依法履行监护职责的,应当予以训诫,并可以责令其接受家庭教育指导。

第六十二条 学校及其教职员工违反本法规定,不履行预防未成年人犯罪工作职责,或者虐待、歧视相关未成年人的,由教育行政等部门责令改正,通报批评;情节严重的,对直接负责的主管人员和其他直接责任人员依法给予处分。构成违反治安管理行为的,由公安机关依法予以治安管理处罚。

教职员工教唆、胁迫、引诱未成年人实施不良行为或者严重不良行为,以及品行不良、影响恶劣的,教育行政部门、学校应当依法予以解聘或者辞退。

第六十三条 违反本法规定,在复学、升学、就业等方面歧视相关未成年人的,由所在单位或者教育、人力资源社会保障等部门责令改正;拒不改正的,对直接负责的主管人员或者其他直接责任人员依法给予处分。

第六十四条 有关社会组织、机构及其工作人员虐待、歧视接受社会观护的未成年人,或者出具虚假社会调查、心理测评报告的,由民政、司法行政等部门对直接负责的主管人员或者其他直接责任人员依法给予处分,构成违反治安管理行为的,由公安机关予以治安管理处罚。

第六十五条 教唆、胁迫、引诱未成年人实施不良行为或者严重不良行为,构成违反治安管理行为的,由公安机关依法予以治安管理处罚。

第六十六条 国家机关及其工作人员在预防未成年人犯罪工作中滥用职权、玩忽职守、徇私舞弊的,对直接负责的主管人员和其他直接责任人员,依法给予处分。

第六十七条 违反本法规定,构成犯罪的,依法追究刑事责任。

第七章 附 则

第六十八条 本法自 2021 年 6 月 1 日起施行。

最高人民法院关于处理自首和立功具体应用法律若干问题的解释

(1998 年 4 月 6 日最高人民法院审判委员会第 922 次会议通过 1998 年 4 月 17 日最高人民法院公告公布 自 1998 年 5 月 9 日起施行 法释〔1998〕8 号)

为正确认定自首和立功,对具有自首或者立功表现的犯罪分子依法适用刑罚,现就具体应用法律的若干问题解释如下:

第一条 根据刑法第六十七条第一款的规定,犯罪以后自动投案,如实供述自己的罪行的,是自首。

(一)自动投案,是指犯罪事实或者犯罪嫌疑人未被司法机关发觉,或者虽被发觉,但犯罪嫌疑人尚未受到讯问、未被采取强制措施时,主动、直接向公安机关、人民检察院或者人民法院投案。

犯罪嫌疑人向其所在单位、城乡基层组织或者其他有关负责人员投案的;犯罪嫌疑人因病、伤或者为了减轻犯罪后果，委托他人先代为投案，或者先以信电投案的；罪行尚未被司法机关发觉，仅因形迹可疑，被有关组织或者司法机关盘问、教育后，主动交代自己的罪行的；犯罪后逃跑，在被通缉、追捕过程中，主动投案的；经查实确已准备去投案，或者正在投案途中，被公安机关捕获的，应当视为自动投案。

并非出于犯罪嫌疑人主动，而是经亲友规劝、陪同投案的；公安机关通知犯罪嫌疑人的亲友，或者亲友主动报案后，将犯罪嫌疑人送去投案的，也应当视为自动投案。

犯罪嫌疑人自动投案后又逃跑的，不能认定为自首。

（二）如实供述自己的罪行，是指犯罪嫌疑人自动投案后，如实交代自己的主要犯罪事实。

犯有数罪的犯罪嫌疑人仅如实供述所犯数罪中部分犯罪的，只对如实供述部分犯罪的行为，认定为自首。

共同犯罪案件中的犯罪嫌疑人，除如实供述自己的罪行，还应当供述所知的同案犯，主犯则应当供述所知其他同案犯的共同犯罪事实，才能认定为自首。

犯罪嫌疑人自动投案并如实供述自己的罪行后又翻供的，不能认定为自首；但在一审判决前又能如实供述的，应当认定为自首。

第二条 根据刑法第六十七条第二款的规定，被采取强制措施的犯罪嫌疑人、被告人和已宣判的罪犯，如实供述司法机关尚未掌握的罪行，与司法机关已掌握的或者判决确定的罪行属不同种罪行的，以自首论。

第三条 根据刑法第六十七条第一款的规定，对于自首的犯罪分子，可以从轻或者减轻处罚；对于犯罪较轻的，可以免除处罚。具体确定从轻、减轻还是免除处罚，应当根据犯罪轻重，并考虑自首的具体情节。

第四条 被采取强制措施的犯罪嫌疑人、被告人和已宣判的罪犯，如实供述司法机关尚未掌握的罪行，与司法机关已掌握的或者判决确定的罪行属同种罪行的，可以酌情从轻处罚；如实供述的同种罪行较重的，一般应当从轻处罚。

第五条 根据刑法第六十八条第一款的规定，犯罪分子到案后有检举、揭发他人犯罪行为，包括共同犯罪案件中的犯罪分子揭发同案犯共同犯罪以外的其他犯罪，经查证属实；提供侦破其他案件的重要线索，经查证属实；阻止他人犯罪活动；协助司法机关抓捕其他犯罪嫌疑人（包括同案犯）；具有其他有利于国家和社会的突出表现的，应当认定为有立功表现。

第六条 共同犯罪案件的犯罪分子到案后，揭发同案犯共同犯罪事实的，可以酌情予以从轻处罚。

第七条 根据刑法第六十八条第一款的规定，犯罪分子有检举、揭发他人重大犯罪行为，经查证属实；提供侦破其他重大案件的重要线索，经查证属实；阻止他人重大犯罪活动；协助司法机关抓捕其他重大犯罪嫌疑人（包括同案犯）；对国家和社会有其他重大贡献等表现的，应当认定为有重大立功表现。

前款所称“重大犯罪”、“重大案件”、“重大犯罪嫌疑人”的标准，一般是指犯罪嫌疑人、被告人可能被判处无期徒刑以上刑罚或者案件在本省、自治区、直辖市或者全国范围内有较大影响等情形。

最高人民法院关于处理自首和立功若干具体问题的意见

（2010年12月22日 法发〔2010〕60号）

为规范司法实践中对自首和立功制度的运用，更好地贯彻落实宽严相济刑事政策，根据刑法、刑事诉讼法和《最高人民法院关于处理自首和立功具体应用法律若干问题的解释》（以下简称《解释》）等规定，对自首和立功若干具体问题提出如下处理意见：

一、关于“自动投案”的具体认定

《解释》第一条第（一）项规定七种应当视为自动投案的情形，体现了犯罪嫌疑人投案的主动性和自愿性。根据《解释》第一条第（一）项的规定，犯罪嫌疑人具有以下情形之一的，也应当视为自动投案：1. 犯罪后主动报案，虽未表明自己是作案人，但没有逃离现场，在司法机关询问时交代自己罪行的；2. 明知他人报案而在现场等待，抓捕时无拒捕行为，供认犯罪事实的；3. 在司法机关未确定犯罪嫌疑人，尚在一般性排查询问时主动交代自己罪行的；4. 因特定违法行为被采取劳动教养、行政拘留、司法拘留、强制隔离戒毒等行政、司法强制措施期间，主动向执行机关交代尚未被掌握的犯罪行为的；5. 其他符合立法本意，应当视为自动投案的情形。

罪行未被有关部门、司法机关发觉，仅因形迹可疑被盘问、教育后，主动交代了犯罪事实的，应当视为自动投案，但有关部门、司法机关在其身上、随身携带的物品、驾乘的交通工具等处发现与犯罪有关的物品的，不能认定为自动投案。

交通肇事后保护现场、抢救伤者，并向公安机关报告的，应认定为自动投案，构成自首的，因上述行为同时系犯罪嫌疑人的法定义务，对其是否从宽、从宽幅度要适当从严掌握。交通肇事逃逸后自动投案，如实供述自己罪行的，应认定为自首，但应依法以较重法定刑为基准，视情决定对其是否从宽处罚以及从宽处罚的幅度。

犯罪嫌疑人被亲友采用捆绑等手段送到司法机关，或者在亲友带领侦查人员前来抓捕时无拒捕行为，并如实供认犯罪事实的，虽然不能认定为自动投案，但可以参照法律对自首的有关规定酌情从轻处罚。

二、关于“如实供述自己的罪行”的具体认定

《解释》第一条第（二）项规定如实供述自己的罪行，除供述自己的主要犯罪事实外，还应包括姓名、年龄、职业、住址、前科等情况。犯罪嫌疑人供述的身份等情况与真实情况虽有差别，但不影响定罪量刑的，应认定为如实供述自己的罪行。犯罪嫌疑人自动投案后隐瞒自己的真实身份等情况，影响对其定罪量刑的，不能认定为如实供述自己的罪行。

犯罪嫌疑人多次实施同种罪行的，应当综合考虑已交代的犯罪事实与未交代的犯罪事实的危害程度，决定是否认定为如实供述主要犯罪事实。虽然投案后没有交代全部犯罪事实，但如实交代的犯罪情节重于未交代的犯罪情节，或者如实交代的犯罪数额多于未交代的犯罪数额，一般应认定为如实供述自己的主要犯罪事实。无法区分已交代的与未交代的犯罪情节的严重程度，或者已交代的犯罪数额与未交代的犯罪数额相当，一般不认定为如实供述自己的主要犯罪事实。

犯罪嫌疑人自动投案时虽然没有交代自己的主要犯罪事实，但在司法机关掌握其主要犯罪事实之前主动交代的，应认定为如实供述自己的罪行。

三、关于“司法机关还未掌握的本人其他罪行”和“不同种罪行”的具体认定

犯罪嫌疑人、被告人在被采取强制措施期间，向司法机关主动如实供述本人的其他罪行，该罪行能否认定为司法机关已掌握，应根据不同情形区别对待。如果该罪行已被通缉，一般应以该司法机关是否在通缉令发布范围内作出判断，不在通缉令发布范围内的，应认定为还未掌握，在通缉令发布范围内的，应视为已掌握；如果该罪行已录入全国公安信息网络在逃人员信息数据库，应视为已掌握。如果该罪行未被通缉、也未录入全国公安信息网络在逃人员信息数据库，应以该司法机关是否已实际掌握该罪行为标准。

犯罪嫌疑人、被告人在被采取强制措施期间如实供述本人其他罪行，该罪行与司法机关已掌握的罪行属同种罪行还是不同种罪行，一般应以罪名区分。虽然如实供述的其他罪行的罪名与司法机关已掌握犯罪的罪名不同，但如实供述的其他犯罪与司法机关已掌握的犯罪属选择性罪名或者在法律、事实上密切关联，如因受贿被采取强制措施后，又交代因受贿为他人谋取利益行为，构成滥用职权罪的，应认定为同种罪行。

四、关于立功线索来源的具体认定

犯罪分子通过贿买、暴力、胁迫等非法手段，或者被羁押后与律师、亲友会见过程中违反监管规定，获取他人犯罪线索并“检举揭发”的，不能认定为有立功表现。

犯罪分子将本人以往查办犯罪职务活动中掌握的，或者从负有查办犯罪、监管职责的国家工作人员处获取的他人犯罪线索予以检举揭发的，不能认定为有立功表现。

犯罪分子亲友为使犯罪分子“立功”，向司法机关提供他人犯罪线索、协助抓捕犯罪嫌疑人的，不能认定为犯罪分子有立功表现。

五、关于“协助抓捕其他犯罪嫌疑人”的具体认定

犯罪分子具有下列行为之一，使司法机关抓获其他犯罪嫌疑人的，属于《解释》第五条规定的“协助司法机关抓捕其他犯罪嫌疑人”：1. 按照司法机关的安排，以打电话、发信息等方式将其他犯罪嫌疑人（包括同案犯）约至指定地点的；2. 按照司法机关的安排，当场指认、辨认其他犯罪嫌疑人（包括同案犯）的；3. 带领侦查人员抓获其他犯罪嫌疑人

(包括同案犯)的;4. 提供司法机关尚未掌握的其他案件犯罪嫌疑人的联络方式、藏匿地址的,等等。

犯罪分子提供同案犯姓名、住址、体貌特征等基本情况,或者提供犯罪前、犯罪中掌握、使用的同案犯联络方式、藏匿地址,司法机关据此抓捕同案犯的,不能认定为协助司法机关抓捕同案犯。

六、关于立功线索的查证程序和具体认定

被告人在一、二审审理期间检举揭发他人犯罪行为或者提供侦破其他案件的重要线索,人民法院经审查认为该线索内容具体、指向明确的,应及时移交有关人民检察院或者公安机关依法处理。

侦查机关出具材料,表明在三个月内还不能查证并抓获被检举揭发的人,或者不能查实的,人民法院审理案件可不再等待查证结果。

被告人检举揭发他人犯罪行为或者提供侦破其他案件的重要线索经查证不属实,又重复提供同一线索,且没有提出新的证据材料的,可以不再查证。

根据被告人检举揭发破获的他人犯罪案件,如果已有审判结果,应当依据判决确认的事实认定是否查证属实;如果被检举揭发的他人犯罪案件尚未进入审判程序,可以依据侦查机关提供的书面查证情况认定是否查证属实。检举揭发的线索经查确有犯罪发生,或者确定了犯罪嫌疑人,可能构成重大立功,只是未能将犯罪嫌疑人抓获归案的,对可能判处死刑的被告人一般要留有余地,对其他被告人原则上应酌情从轻处罚。

被告人检举揭发或者协助抓获的人的行为构成犯罪,但因法定事由不追究刑事责任、不起诉、终止审理的,不影响对被告人立功表现的认定;被告人检举揭发或者协助抓获的人的行为应判处无期徒刑以上刑罚,但因具有法定、酌定从宽情节,宣告刑为有期徒刑或者更轻刑罚的,不影响对被告人重大立功表现的认定。

七、关于自首、立功证据材料的审查

人民法院审查的自首证据材料,应当包括被告人投案经过、有罪供述以及能够证明其投案情况的其他材料。投案经过的内容一般应包括被告人投案时间、地点、方式等。证据材料应加盖接受被告人投案的单位的印章,并有接受人员签名。

人民法院审查的立功证据材料,一般应包括被告人检举揭发材料及证明其来源的材料、司法机关的调查核实材料、被检举揭发人的供述等。被检举揭发案件已立案、侦破,被检举揭发人被采取强制措施、公诉或者审判的,还应审查相关的法律文书。证据材料应加盖接收被告人检举揭发材料的单位的印章,并有接收人员签名。

人民法院经审查认为证明被告人自首、立功的材料不规范、不全面的,应当由检察机关、侦查机关予以完善或者提供补充材料。

上述证据材料在被告人被指控的犯罪一、二审审理时已形成的,应当经庭审质证。

八、关于对自首、立功的被告人的处罚

对具有自首、立功情节的被告人是否从宽处罚、从宽处罚的幅度,应当考虑其犯罪事实、犯罪性质、犯罪情节、危害后果、社会影响、被告人的主观恶性和人身危险性等。自首的还应考虑投案的主动性、供述的及时性和稳定性等。立功的还应考虑检举揭发罪行的轻重、被检举揭发的人可能或者已经被判处的刑罚、提供的线索对侦破案件或者协助抓捕其他犯罪嫌疑人所起作用的大小等。

具有自首或者立功情节的,一般应依法从轻、减轻处罚;犯罪情节较轻的,可以免除处罚。类似情况下,对具有自首情节的被告人的从宽幅度要适当宽于具有立功情节的被告人。

虽然具有自首或者立功情节,但犯罪情节特别恶劣、犯罪后果特别严重、被告人主观恶性深、人身危险性大,或者在犯罪前即为规避法律、逃避处罚而准备自首、立功的,可以不从宽处罚。

对于被告人具有自首、立功情节,同时又有累犯、毒品再犯等法定从重处罚情节的,既要考虑自首、立功的具体情节,又要考虑被告人的主观恶性、人身危险性等因素,综合分析判断,确定从宽或者从严处罚。累犯的前罪为非暴力犯罪的,一般可以从宽处罚,前罪为暴力犯罪或者前、后罪为同类犯罪的,可以不从宽处罚。

在共同犯罪案件中,对具有自首、立功情节的被告人的处罚,应注意共同犯罪人以及首要分子、主犯、从犯之间的量刑平衡。犯罪集团的首要分子、共同犯罪的主犯检举揭发或者协助司法机关抓捕同案地位、作用较次的犯罪分子的,从宽处罚与否应当从严掌握,如果从轻处罚可能导致全案量刑失衡的,一般不从轻处罚;如果检举揭发或者协助司法机关抓捕的是其他案件中罪行同样严重的犯罪分子,一般应依法从宽处罚。对于犯罪集团的一般成员、共同犯罪的从犯立功的,特别是协助抓捕首要分子、主犯的,应当充分体现政策,依法从宽处罚。

最高人民法院关于办理减刑、假释案件具体应用法律的规定

(2016年9月19日最高人民法院审判委员会第1693次会议通过　2016年11月14日最高人民法院公告公布　自2017年1月1日起施行　法释〔2016〕23号)

为确保依法公正办理减刑、假释案件，依据《中华人民共和国刑法》《中华人民共和国刑事诉讼法》《中华人民共和国监狱法》和其他法律规定，结合司法实践，制定本规定。

第一条　减刑、假释是激励罪犯改造的刑罚制度，减刑、假释的适用应当贯彻宽严相济刑事政策，最大限度地发挥刑罚的功能，实现刑罚的目的。

第二条　对于罪犯符合刑法第七十八条第一款规定"可以减刑"条件的案件，在办理时应当综合考察罪犯犯罪的性质和具体情节、社会危害程度、原判刑罚及生效裁判中财产性判项的履行情况、交付执行后的一贯表现等因素。

第三条　"确有悔改表现"是指同时具备以下条件：

（一）认罪悔罪；

（二）遵守法律法规及监规，接受教育改造；

（三）积极参加思想、文化、职业技术教育；

（四）积极参加劳动，努力完成劳动任务。

对职务犯罪、破坏金融管理秩序和金融诈骗犯罪、组织（领导、参加、包庇、纵容）黑社会性质组织犯罪等罪犯，不积极退赃、协助追缴赃款赃物、赔偿损失，或者服刑期间利用个人影响力和社会关系等不正当手段意图获得减刑、假释的，不认定其"确有悔改表现"。

罪犯在刑罚执行期间的申诉权利应当依法保护，对其正当申诉不能不加分析地认为是不认罪悔罪。

第四条　具有下列情形之一的，可以认定为有"立功表现"：

（一）阻止他人实施犯罪活动的；

（二）检举、揭发监狱内外犯罪活动，或者提供重要的破案线索，经查证属实的；

（三）协助司法机关抓捕其他犯罪嫌疑人的；

（四）在生产、科研中进行技术革新，成绩突出的；

（五）在抗御自然灾害或者排除重大事故中，表现积极的；

（六）对国家和社会有其他较大贡献的。

第（四）项、第（六）项中的技术革新或者其他较大贡献应当由罪犯在刑罚执行期间独立或者为主完成，并经省级主管部门确认。

第五条　具有下列情形之一的，应当认定为有"重大立功表现"：

（一）阻止他人实施重大犯罪活动的；

（二）检举监狱内外重大犯罪活动，经查证属实的；

（三）协助司法机关抓捕其他重大犯罪嫌疑人的；

（四）有发明创造或者重大技术革新的；

（五）在日常生产、生活中舍己救人的；

（六）在抗御自然灾害或者排除重大事故中，有突出表现的；

（七）对国家和社会有其他重大贡献的。

第（四）项中的发明创造或者重大技术革新应当是罪犯在刑罚执行期间独立或者为主完成并经国家主管部门确认的发明专利，且不包括实用新型专利和外观设计专利；第（七）项中的其他重大贡献应当由罪犯在刑罚执行期间独立或者为主完成，并经国家主管部门确认。

第六条　被判处有期徒刑的罪犯减刑起始时间为：不满五年有期徒刑的，应当执行一年以上方可减刑；五年以上不满十年有期徒刑的，应当执行一年六个月以上方可减刑；十年以上有期徒刑的，应当执行二年以上方可减刑。有期徒刑减刑的起始时间自判决执行之日起计算。

确有悔改表现或者有立功表现的，一次减刑不超过九个月有期徒刑；确有悔改表现并有立功表现的，一次减刑不超过一年有期徒刑；有重大立功表现的，一次减刑不超过一年六个月有期徒刑；确有悔改表现并有重大立功表现的，一次减刑不超过二年有期徒刑。

被判处不满十年有期徒刑的罪犯，两次减刑间隔时间不得少于一年；被判处十年以上有期徒刑的罪犯，两次减刑间隔时间不得少于一年六个月。减刑间隔时间不得低于上次减刑减去的刑期。

罪犯有重大立功表现的，可以不受上述减刑起

始时间和间隔时间的限制。

第七条 对符合减刑条件的职务犯罪罪犯，破坏金融管理秩序和金融诈骗犯罪罪犯，组织、领导、参加、包庇、纵容黑社会性质组织犯罪罪犯，危害国家安全犯罪罪犯，恐怖活动犯罪罪犯，毒品犯罪集团的首要分子及毒品再犯，累犯，确有履行能力而不履行或者不全部履行生效裁判中财产性判项的罪犯，被判处十年以下有期徒刑的，执行二年以上方可减刑，减刑幅度应当比照本规定第六条从严掌握，一次减刑不超过一年有期徒刑，两次减刑之间应当间隔一年以上。

对被判处十年以上有期徒刑的前款罪犯，以及因故意杀人、强奸、抢劫、绑架、放火、爆炸、投放危险物质或者有组织的暴力性犯罪被判处十年以上有期徒刑的罪犯，数罪并罚且其中两罪以上被判处十年以上有期徒刑的罪犯，执行二年以上方可减刑，减刑幅度应当比照本规定第六条从严掌握，一次减刑不超过一年有期徒刑，两次减刑之间应当间隔一年六个月以上。

罪犯有重大立功表现的，可以不受上述减刑起始时间和间隔时间的限制。

第八条 被判处无期徒刑的罪犯在刑罚执行期间，符合减刑条件的，执行二年以上，可以减刑。减刑幅度为：确有悔改表现或者有立功表现的，可以减为二十二年有期徒刑；确有悔改表现并有立功表现的，可以减为二十一年以上二十二年以下有期徒刑；有重大立功表现的，可以减为二十年以上二十一年以下有期徒刑；确有悔改表现并有重大立功表现的，可以减为十九年以上二十年以下有期徒刑。无期徒刑罪犯减为有期徒刑后再减刑时，减刑幅度依照本规定第六条的规定执行。两次减刑间隔时间不得少于二年。

罪犯有重大立功表现的，可以不受上述减刑起始时间和间隔时间的限制。

第九条 对被判处无期徒刑的职务犯罪罪犯，破坏金融管理秩序和金融诈骗犯罪罪犯，组织、领导、参加、包庇、纵容黑社会性质组织犯罪罪犯，危害国家安全犯罪罪犯，恐怖活动犯罪罪犯，毒品犯罪集团的首要分子及毒品再犯，累犯以及因故意杀人、强奸、抢劫、绑架、放火、爆炸、投放危险物质或者有组织的暴力性犯罪的罪犯，确有履行能力而不履行或者不全部履行生效裁判中财产性判项的罪犯，数罪并罚被判处无期徒刑的罪犯，符合减刑条件的，执行三年以上方可减刑，减刑幅度应当比照本规定第八条从严掌握，减刑后的刑期最低不得少于二十年有期徒刑；减为有期徒刑后再减刑时，减刑幅度比照本规定第六条从严掌握，一次不超过一年有期徒刑，两次减刑之间应当间隔二年以上。

罪犯有重大立功表现的，可以不受上述减刑起始时间和间隔时间的限制。

第十条 被判处死刑缓期执行的罪犯减为无期徒刑后，符合减刑条件的，执行三年以上方可减刑。减刑幅度为：确有悔改表现或者有立功表现的，可以减为二十五年有期徒刑；确有悔改表现并有立功表现的，可以减为二十四年以上二十五年以下有期徒刑；有重大立功表现的，可以减为二十三年以上二十四年以下有期徒刑；确有悔改表现并有重大立功表现的，可以减为二十二年以上二十三年以下有期徒刑。

被判处死刑缓期执行的罪犯减为有期徒刑后再减刑时，比照本规定第八条的规定办理。

第十一条 对被判处死刑缓期执行的职务犯罪罪犯，破坏金融管理秩序和金融诈骗犯罪罪犯，组织、领导、参加、包庇、纵容黑社会性质组织犯罪罪犯，危害国家安全犯罪罪犯，恐怖活动犯罪罪犯，毒品犯罪集团的首要分子及毒品再犯，累犯以及因故意杀人、强奸、抢劫、绑架、放火、爆炸、投放危险物质或者有组织的暴力性犯罪的罪犯，确有履行能力而不履行或者不全部履行生效裁判中财产性判项的罪犯，数罪并罚被判处死刑缓期执行的罪犯，减为无期徒刑后，符合减刑条件的，执行三年以上方可减刑，一般减为二十五年有期徒刑，有立功表现或者重大立功表现的，可以比照本规定第十条减为二十三年以上二十五年以下有期徒刑；减为有期徒刑后再减刑时，减刑幅度比照本规定第六条从严掌握，一次不超过一年有期徒刑，两次减刑之间应当间隔二年以上。

第十二条 被判处死刑缓期执行的罪犯经过一次或者几次减刑后，其实际执行的刑期不得少于十五年，死刑缓期执行期间不包括在内。

死刑缓期执行罪犯在缓期执行期间不服从监管、抗拒改造，尚未构成犯罪的，在减为无期徒刑后再减刑时应当适当从严。

第十三条 被限制减刑的死刑缓期执行罪犯，减为无期徒刑后，符合减刑条件的，执行五年以上方可减刑。减刑间隔时间和减刑幅度依照本规定

第九条的规定执行。

第十四条 被限制减刑的死刑缓期执行罪犯，减为有期徒刑后再减刑时，一次减刑不超过六个月有期徒刑，两次减刑间隔时间不得少于二年。有重大立功表现的，间隔时间可以适当缩短，但一次减刑不超过一年有期徒刑。

第十五条 对被判处终身监禁的罪犯，在死刑缓期执行期满依法减为无期徒刑的裁定中，应当明确终身监禁，不得再减刑或者假释。

第十六条 被判处管制、拘役的罪犯，以及判决生效后剩余刑期不满二年有期徒刑的罪犯，符合减刑条件的，可以酌情减刑，减刑起始时间可以适当缩短，但实际执行的刑期不得少于原判刑期的二分之一。

第十七条 被判处有期徒刑罪犯减刑时，对附加剥夺政治权利的期限可以酌减。酌减后剥夺政治权利的期限，不得少于一年。

被判处死刑缓期执行、无期徒刑的罪犯减为有期徒刑时，应当将附加剥夺政治权利的期限减为七年以上十年以下，经过一次或者几次减刑后，最终剥夺政治权利的期限不得少于三年。

第十八条 被判处拘役或者三年以下有期徒刑，并宣告缓刑的罪犯，一般不适用减刑。

前款规定的罪犯在缓刑考验期内有重大立功表现的，可以参照刑法第七十八条的规定予以减刑，同时应当依法缩减其缓刑考验期。缩减后，拘役的缓刑考验期限不得少于二个月，有期徒刑的缓刑考验期限不得少于一年。

第十九条 对在报请减刑前的服刑期间不满十八周岁，且所犯罪行不属于刑法第八十一条第二款规定情形的罪犯，认罪悔罪，遵守法律法规及监规，积极参加学习、劳动，应当视为确有悔改表现。

对上述罪犯减刑时，减刑幅度可以适当放宽，或者减刑起始时间、间隔时间可以适当缩短，但放宽的幅度和缩短的时间不得超过本规定中相应幅度、时间的三分之一。

第二十条 老年罪犯、患严重疾病罪犯或者身体残疾罪犯减刑时，应当主要考察其认罪悔罪的实际表现。

对基本丧失劳动能力，生活难以自理的上述罪犯减刑时，减刑幅度可以适当放宽，或者减刑起始时间、间隔时间可以适当缩短，但放宽的幅度和缩短的时间不得超过本规定中相应幅度、时间的三分之一。

第二十一条 被判处有期徒刑、无期徒刑的罪犯在刑罚执行期间又故意犯罪，新罪被判处有期徒刑的，自新罪判决确定之日起三年内不予减刑；新罪被判处无期徒刑的，自新罪判决确定之日起四年内不予减刑。

罪犯在死刑缓期执行期间又故意犯罪，未被执行死刑的，死刑缓期执行的期间重新计算，减为无期徒刑后，五年内不予减刑。

被判处死刑缓期执行罪犯减刑后，在刑罚执行期间又故意犯罪的，依照第一款规定处理。

第二十二条 办理假释案件，认定“没有再犯罪的危险”，除符合刑法第八十一条规定的情形外，还应当根据犯罪的具体情节、原判刑罚情况，在刑罚执行中的一贯表现，罪犯的年龄、身体状况、性格特征，假释后生活来源以及监管条件等因素综合考虑。

第二十三条 被判处有期徒刑的罪犯假释时，执行原判刑期二分之一的时间，应当从判决执行之日起计算，判决执行以前先行羁押的，羁押一日折抵刑期一日。

被判处无期徒刑的罪犯假释时，刑法中关于实际执行刑期不得少于十三年的时间，应当从判决生效之日起计算。判决生效以前先行羁押的时间不予折抵。

被判处死刑缓期执行的罪犯减为无期徒刑或者有期徒刑后，实际执行十五年以上，方可假释，该实际执行时间应当从死刑缓期执行期满之日起计算。死刑缓期执行期间不包括在内，判决确定以前先行羁押的时间不予折抵。

第二十四条 刑法第八十一条第一款规定的“特殊情况”，是指有国家政治、国防、外交等方面特殊需要的情况。

第二十五条 对累犯以及因故意杀人、强奸、抢劫、绑架、放火、爆炸、投放危险物质或者有组织的暴力性犯罪被判处十年以上有期徒刑、无期徒刑的罪犯，不得假释。

因前款情形和犯罪被判处死刑缓期执行的罪犯，被减为无期徒刑、有期徒刑后，也不得假释。

第二十六条 对下列罪犯适用假释时可以依法从宽掌握：

（一）过失犯罪的罪犯、中止犯罪的罪犯、被胁迫参加犯罪的罪犯；

（二）因防卫过当或者紧急避险过当而被判处有期徒刑以上刑罚的罪犯；

（三）犯罪时未满十八周岁的罪犯；

（四）基本丧失劳动能力、生活难以自理，假释后生活确有着落的老年罪犯、患严重疾病罪犯或者身体残疾罪犯；

（五）服刑期间改造表现特别突出的罪犯；

（六）具有其他可以从宽假释情形的罪犯。

罪犯既符合法定减刑条件，又符合法定假释条件的，可以优先适用假释。

第二十七条 对于生效裁判中有财产性判项，罪犯确有履行能力而不履行或者不全部履行的，不予假释。

第二十八条 罪犯减刑后又假释的，间隔时间不得少于一年；对一次减去一年以上有期徒刑后，决定假释的，间隔时间不得少于一年六个月。

罪犯减刑后余刑不足二年，决定假释的，可以适当缩短间隔时间。

第二十九条 罪犯在假释考验期内违反法律、行政法规或者国务院有关部门关于假释的监督管理规定的，作出假释裁定的人民法院，应当在收到报请机关或者检察机关撤销假释建议书后及时审查，作出是否撤销假释的裁定，并送达报请机关，同时抄送人民检察院、公安机关和原刑罚执行机关。

罪犯在逃的，撤销假释裁定书可以作为对罪犯进行追捕的依据。

第三十条 依照刑法第八十六条规定被撤销假释的罪犯，一般不得再假释。但依照该条第二款被撤销假释的罪犯，如果罪犯对漏罪曾作如实供述但原判未予认定，或者漏罪系其自首，符合假释条件的，可以再假释。

被撤销假释的罪犯，收监后符合减刑条件的，可以减刑，但减刑起始时间自收监之日起计算。

第三十一条 年满八十周岁、身患疾病或者生活难以自理、没有再犯罪危险的罪犯，既符合减刑条件，又符合假释条件的，优先适用假释；不符合假释条件的，参照本规定第二十条有关的规定从宽处理。

第三十二条 人民法院按照审判监督程序重新审理的案件，裁定维持原判决、裁定的，原减刑、假释裁定继续有效。

再审裁判改变原判决、裁定的，原减刑、假释裁定自动失效，执行机关应当及时报请有管辖权的人民法院重新作出是否减刑、假释的裁定。重新作出减刑裁定时，不受本规定有关减刑起始时间、间隔时间和减刑幅度的限制。重新裁定时应综合考虑各方面因素，减刑幅度不得超过原裁定减去的刑期总和。

再审改判为死刑缓期执行或者无期徒刑的，在新判决减为有期徒刑之时，原判决已经实际执行的刑期一并扣减。

再审裁判宣告无罪的，原减刑、假释裁定自动失效。

第三十三条 罪犯被裁定减刑后，刑罚执行期间因故意犯罪而数罪并罚时，经减刑裁定减去的刑期不计入已经执行的刑期。原判死刑缓期执行减为无期徒刑、有期徒刑，或者无期徒刑减为有期徒刑的裁定继续有效。

第三十四条 罪犯被裁定减刑后，刑罚执行期间因发现漏罪而数罪并罚的，原减刑裁定自动失效。如漏罪系罪犯主动交代的，对其原减去的刑期，由执行机关报请有管辖权的人民法院重新作出减刑裁定，予以确认；如漏罪系有关机关发现或者他人检举揭发的，由执行机关报请有管辖权的人民法院，在原减刑裁定减去的刑期总和之内，酌情重新裁定。

第三十五条 被判处死刑缓期执行的罪犯，在死刑缓期执行期内被发现漏罪，依据刑法第七十条规定数罪并罚，决定执行死刑缓期执行的，死刑缓期执行期间自新判决确定之日起计算，已经执行的死刑缓期执行期间计入新判决的死刑缓期执行期间内，但漏罪被判处死刑缓期执行的除外。

第三十六条 被判处死刑缓期执行的罪犯，在死刑缓期执行期满后被发现漏罪，依据刑法第七十条规定数罪并罚，决定执行死刑缓期执行的，交付执行时对罪犯实际执行无期徒刑，死缓考验期不再执行，但漏罪被判处死刑缓期执行的除外。

在无期徒刑减为有期徒刑时，前罪死刑缓期执行减为无期徒刑之日起至新判决生效之日止已经实际执行的刑期，应当计算在减刑裁定决定执行的刑期以内。

原减刑裁定减去的刑期依照本规定第三十四条处理。

第三十七条 被判处无期徒刑的罪犯在减为有期徒刑后因发现漏罪，依据刑法第七十条规定数罪并罚，决定执行无期徒刑的，前罪无期徒刑生效之日起至新判决生效之日止已经实际执行的刑期，应当在新判决的无期徒刑减为有期徒刑时，在减刑裁定决定执行的刑期内扣减。

无期徒刑罪犯减为有期徒刑后因发现漏罪判处三年有期徒刑以下刑罚，数罪并罚决定执行无期徒刑的，在新判决生效后执行一年以上，符合减刑条件的，可以减为有期徒刑，减刑幅度依照本规定第八条、第九条的规定执行。

原减刑裁定减去的刑期依照本规定第三十四条处理。

第三十八条 人民法院作出的刑事判决、裁定发生法律效力后，在依照刑事诉讼法第二百五十三条、第二百五十四条的规定将罪犯交付执行刑罚时，如果生效裁判中有财产性判项，人民法院应当将反映财产性判项执行、履行情况的有关材料一并随案移送刑罚执行机关。罪犯在服刑期间本人履行或者其亲属代为履行生效裁判中财产性判项的，应当及时向刑罚执行机关报告。刑罚执行机关报请减刑时应随案移送以上材料。

人民法院办理减刑、假释案件时，可以向原一审人民法院核实罪犯履行财产性判项的情况。原一审人民法院应当出具相关证明。

刑罚执行期间，负责办理减刑、假释案件的人民法院可以协助原一审人民法院执行生效裁判中的财产性判项。

第三十九条 本规定所称“老年罪犯”，是指报请减刑、假释时年满六十五周岁的罪犯。

本规定所称“患严重疾病罪犯”，是指因患有重病，久治不愈，而不能正常生活、学习、劳动的罪犯。

本规定所称“身体残疾罪犯”，是指因身体有肢体或者器官残缺、功能不全或者丧失功能，而基本丧失生活、学习、劳动能力的罪犯，但是罪犯犯罪后自伤致残的除外。

对刑罚执行机关提供的证明罪犯患有严重疾病或者有身体残疾的证明文件，人民法院应当审查，必要时可以委托有关单位重新诊断、鉴定。

第四十条 本规定所称“判决执行之日”，是指罪犯实际送交刑罚执行机关之日。

本规定所称“减刑间隔时间”，是指前一次减刑裁定送达之日起至本次减刑报请之日止的期间。

第四十一条 本规定所称“财产性判项”是指判决罪犯承担的附带民事赔偿义务判项，以及追缴、责令退赔、罚金、没收财产等判项。

第四十二条 本规定自2017年1月1日起施行。以前发布的司法解释与本规定不一致的，以本规定为准。

最高人民法院关于办理减刑、假释案件具体应用法律的补充规定

（2019年3月25日由最高人民法院审判委员会第1763次会议通过　2019年4月24日中华人民共和国最高人民法院公告公布　自2019年6月1日起施行　法释〔2019〕6号）

为准确把握宽严相济刑事政策，严格执行《最高人民法院关于办理减刑、假释案件具体应用法律的规定》，现对《中华人民共和国刑法修正案（九）》施行后，依照刑法分则第八章贪污贿赂罪判处刑罚的原具有国家工作人员身份的罪犯的减刑、假释补充规定如下：

第一条 对拒不认罪悔罪的，或者确有履行能力而不履行或者不全部履行生效裁判中财产性判项的，不予假释，一般不予减刑。

第二条 被判处十年以上有期徒刑，符合减刑条件的，执行三年以上方可减刑；被判处不满十年有期徒刑，符合减刑条件的，执行二年以上方可减刑。

确有悔改表现或者有立功表现的，一次减刑不超过六个月有期徒刑；确有悔改表现并有立功表现的，一次减刑不超过九个月有期徒刑；有重大立功表现的，一次减刑不超过一年有期徒刑。

被判处十年以上有期徒刑的，两次减刑之间应当间隔二年以上；被判处不满十年有期徒刑的，两次减刑之间应当间隔一年六个月以上。

第三条 被判处无期徒刑，符合减刑条件的，执行四年以上方可减刑。

确有悔改表现或者有立功表现的，可以减为二十三年有期徒刑；确有悔改表现并有立功表现的，可以减为二十二年以上二十三年以下有期徒刑；有重大立功表现的，可以减为二十一年以上二十二年以下有期徒刑。

无期徒刑减为有期徒刑后再减刑时，减刑幅度

比照本规定第二条的规定执行。两次减刑之间应当间隔二年以上。

第四条 被判处死刑缓期执行的,减为无期徒刑后,符合减刑条件的,执行四年以上方可减刑。

确有悔改表现或者有立功表现的,可以减为二十五年有期徒刑;确有悔改表现并有立功表现的,可以减为二十四年六个月以上二十五年以下有期徒刑;有重大立功表现的,可以减为二十四年以上二十四年六个月以下有期徒刑。

减为有期徒刑后再减刑时,减刑幅度比照本规定第二条的规定执行。两次减刑之间应当间隔二年以上。

第五条 罪犯有重大立功表现的,减刑时可以不受上述起始时间和间隔时间的限制。

第六条 对本规定所指贪污贿赂罪犯适用假释时,应当从严掌握。

第七条 本规定自2019年6月1日起施行。此前发布的司法解释与本规定不一致的,以本规定为准。

最高人民法院关于审理抢劫案件具体应用法律若干问题的解释

(2000年11月17日最高人民法院审判委员会第1141次会议通过 2000年11月22日最高人民法院公告公布 自2000年11月28日起施行 法释〔2000〕35号)

为依法惩处抢劫犯罪活动,根据刑法的有关规定,现就审理抢劫案件具体应用法律的若干问题解释如下:

第一条 刑法第二百六十三条第(一)项规定的“入户抢劫”,是指为实施抢劫行为而进入他人生活的与外界相对隔离的住所,包括封闭的院落、牧民的帐篷、渔民作为家庭生活场所的渔船、为生活租用的房屋等进行抢劫的行为。

对于入户盗窃,因被发现而当场使用暴力或者以暴力相威胁的行为,应当认定为入户抢劫。

第二条 刑法第二百六十三条第(二)项规定的“在公共交通工具上抢劫”,既包括在从事旅客运输的各种公共汽车,大、中型出租车,火车,船只,飞机等正在运营中的机动公共交通工具上对旅客、司售、乘务人员实施的抢劫,也包括对运行途中的机动公共交通工具加以拦截后,对公共交通工具上的人员实施的抢劫。

第三条 刑法第二百六十三条第(三)项规定的“抢劫银行或者其他金融机构”,是指抢劫银行或者其他金融机构的经营资金、有价证券和客户的资金等。

抢劫正在使用中的银行或者其他金融机构的运钞车的,视为“抢劫银行或者其他金融机构”。

第四条 刑法第二百六十三条第(四)项规定的“抢劫数额巨大”的认定标准,参照各地确定的盗窃罪数额巨大的认定标准执行。

第五条 刑法第二百六十三条第(七)项规定的“持枪抢劫”,是指行为人使用枪支或者向被害人显示持有、佩带的枪支进行抢劫的行为。“枪支”的概念和范围,适用《中华人民共和国枪支管理法》的规定。

第六条 刑法第二百六十七条第二款规定的“携带凶器抢夺”,是指行为人随身携带枪支、爆炸物、管制刀具等国家禁止个人携带的器械进行抢夺或者为了实施犯罪而携带其他器械进行抢夺的行为。

最高人民法院、最高人民检察院关于办理抢夺刑事案件适用法律若干问题的解释

(2013年9月30日最高人民法院审判委员会第1592次会议、2013年10月22日最高人民检察院第十二届检察委员会第12次会议通过 2013年11月11日最高人民法院、最高人民检察院公告公布 自2013年11月18日起施行 法释〔2013〕25号)

为依法惩治抢夺犯罪,保护公私财产,根据《中华人民共和国刑法》的有关规定,现就办理此类刑事案件适用法律的若干问题解释如下:

第一条 抢夺公私财物价值一千元至三千元以上、三万元至八万元以上、二十万元至四十万元以上的,应当分别认定为刑法第二百六十七条规定的“数额较大”“数额巨大”“数额特别巨大”。

各省、自治区、直辖市高级人民法院、人民检察院可以根据本地区经济发展状况，并考虑社会治安状况，在前款规定的数额幅度内，确定本地区执行的具体数额标准，报最高人民法院、最高人民检察院批准。

第二条 抢夺公私财物，具有下列情形之一的，“数额较大”的标准按照前条规定标准的百分之五十确定：

（一）曾因抢劫、抢夺或者聚众哄抢受过刑事处罚的；

（二）一年内曾因抢夺或者哄抢受过行政处罚的；

（三）一年内抢夺三次以上的；

（四）驾驶机动车、非机动车抢夺的；

（五）组织、控制未成年人抢夺的；

（六）抢夺老年人、未成年人、孕妇、携带婴幼儿的人、残疾人、丧失劳动能力人的财物的；

（七）在医院抢夺病人或者其亲友财物的；

（八）抢夺救灾、抢险、防汛、优抚、扶贫、移民、救济款物的；

（九）自然灾害、事故灾害、社会安全事件等突发事件期间，在事件发生地抢夺的；

（十）导致他人轻伤或者精神失常等严重后果的。

第三条 抢夺公私财物，具有下列情形之一的，应当认定为刑法第二百六十七条规定的“其他严重情节”：

（一）导致他人重伤的；

（二）导致他人自杀的；

（三）具有本解释第二条第三项至第十项规定的情形之一，数额达到本解释第一条规定的“数额巨大”百分之五十的。

第四条 抢夺公私财物，具有下列情形之一的，应当认定为刑法第二百六十七条规定的“其他特别严重情节”：

（一）导致他人死亡的；

（二）具有本解释第二条第三项至第十项规定的情形之一，数额达到本解释第一条规定的“数额特别巨大”百分之五十的。

第五条 抢夺公私财物数额较大，但未造成他人轻伤以上伤害，行为人系初犯，认罪、悔罪，退赃、退赔，且具有下列情形之一的，可以认定为犯罪情节轻微，不起诉或者免予刑事处罚；必要时，由有关部门依法予以行政处罚：

（一）具有法定从宽处罚情节的；

（二）没有参与分赃或者获赃较少，且不是主犯的；

（三）被害人谅解的；

（四）其他情节轻微、危害不大的。

第六条 驾驶机动车、非机动车夺取他人财物，具有下列情形之一的，应当以抢劫罪定罪处罚：

（一）夺取他人财物时因被害人不放手而强行夺取的；

（二）驾驶车辆逼挤、撞击或者强行逼倒他人夺取财物的；

（三）明知会致人伤亡仍然强行夺取并放任造成财物持有人轻伤以上后果的。

第七条 本解释公布施行后，《最高人民法院关于审理抢夺刑事案件具体应用法律若干问题的解释》（法释〔2002〕18 号）同时废止；之前发布的司法解释和规范性文件与本解释不一致的，以本解释为准。

最高人民法院、最高人民检察院关于办理盗窃刑事案件适用法律若干问题的解释

（2013 年 3 月 8 日最高人民法院审判委员会第 1571 次会议、2013 年 3 月 18 日最高人民检察院第十二届检察委员会第 1 次会议通过　2013 年 4 月 2 日最高人民法院、最高人民检察院公告公布　自 2013 年 4 月 4 日起施行　法释〔2013〕8 号）

为依法惩治盗窃犯罪活动，保护公私财产，根据《中华人民共和国刑法》、《中华人民共和国刑事诉讼法》的有关规定，现就办理盗窃刑事案件适用法律的若干问题解释如下：

第一条 盗窃公私财物价值一千元至三千元以上、三万元至十万元以上、三十万元至五十万元以上的，应当分别认定为刑法第二百六十四条规定的“数额较大”、“数额巨大”、“数额特别巨大”。

各省、自治区、直辖市高级人民法院、人民检察院可以根据本地区经济发展状况，并考虑社会治安状况，在前款规定的数额幅度内，确定本地区执行的具体数额标准，报最高人民法院、最高人民检察

院批准。

在跨地区运行的公共交通工具上盗窃，盗窃地点无法查证的，盗窃数额是否达到“数额较大”、“数额巨大”、“数额特别巨大”，应当根据受理案件所在地省、自治区、直辖市高级人民法院、人民检察院确定的有关数额标准认定。

盗窃毒品等违禁品，应当按照盗窃罪处理的，根据情节轻重量刑。

第二条 盗窃公私财物，具有下列情形之一的，“数额较大”的标准可以按照前条规定标准的百分之五十确定：

（一）曾因盗窃受过刑事处罚的；

（二）一年内曾因盗窃受过行政处罚的；

（三）组织、控制未成年人盗窃的；

（四）自然灾害、事故灾害、社会安全事件等突发事件期间，在事件发生地盗窃的；

（五）盗窃残疾人、孤寡老人、丧失劳动能力人的财物的；

（六）在医院盗窃病人或者其亲友财物的；

（七）盗窃救灾、抢险、防汛、优抚、扶贫、移民、救济款物的；

（八）因盗窃造成严重后果的。

第三条 二年内盗窃三次以上的，应当认定为“多次盗窃”。

非法进入供他人家庭生活，与外界相对隔离的住所盗窃的，应当认定为“入户盗窃”。

携带枪支、爆炸物、管制刀具等国家禁止个人携带的器械盗窃，或者为了实施违法犯罪携带其他足以危害他人人身安全的器械盗窃的，应当认定为“携带凶器盗窃”。

在公共场所或者公共交通工具上盗窃他人随身携带的财物的，应当认定为“扒窃”。

第四条 盗窃的数额，按照下列方法认定：

（一）被盗财物有有效价格证明的，根据有效价格证明认定；无有效价格证明，或者根据价格证明认定盗窃数额明显不合理的，应当按照有关规定委托估价机构估价；

（二）盗窃外币的，按照盗窃时中国外汇交易中心或者中国人民银行授权机构公布的人民币对该货币的中间价折合成人民币计算；中国外汇交易中心或者中国人民银行授权机构未公布汇率中间价的外币，按照盗窃时境内银行人民币对该货币的中间价折算成人民币，或者该货币在境内银行、国际外汇市场对美元汇率，与人民币对美元汇率中间价进行套算；

（三）盗窃电力、燃气、自来水等财物，盗窃数量能够查实的，按照查实的数量计算盗窃数额；盗窃数量无法查实的，以盗窃前六个月月均正常用量减去盗窃后计量仪表显示的月均用量推算盗窃数额；盗窃前正常使用不足六个月的，按照正常使用期间的月均用量减去盗窃后计量仪表显示的月均用量推算盗窃数额；

（四）明知是盗接他人通信线路、复制他人电信码号的电信设备、设施而使用的，按照合法用户为其支付的费用认定盗窃数额；无法直接确认的，以合法用户的电信设备、设施被盗接、复制后的月缴费额减去被盗接、复制前六个月的月均电话费推算盗窃数额；合法用户使用电信设备、设施不足六个月的，按照实际使用的月均电话费推算盗窃数额；

（五）盗接他人通信线路、复制他人电信码号出售的，按照销赃数额认定盗窃数额。

盗窃行为给失主造成的损失大于盗窃数额的，损失数额可以作为量刑情节考虑。

第五条 盗窃有价支付凭证、有价证券、有价票证的，按照下列方法认定盗窃数额：

（一）盗窃不记名、不挂失的有价支付凭证、有价证券、有价票证的，应当按票面数额和盗窃时应得的孳息、奖金或者奖品等可得收益一并计算盗窃数额；

（二）盗窃记名的有价支付凭证、有价证券、有价票证，已经兑现的，按照兑现部分的财物价值计算盗窃数额；没有兑现，但失主无法通过挂失、补领、补办手续等方式避免损失的，按照给失主造成的实际损失计算盗窃数额。

第六条 盗窃公私财物，具有本解释第二条第三项至第八项规定情形之一，或者入户盗窃、携带凶器盗窃，数额达到本解释第一条规定的“数额巨大”、“数额特别巨大”百分之五十的，可以分别认定为刑法第二百六十四条规定的“其他严重情节”或者“其他特别严重情节”。

第七条 盗窃公私财物数额较大，行为人认罪、悔罪，退赃、退赔，且具有下列情形之一，情节轻微的，可以不起诉或者免予刑事处罚；必要时，由有关部门予以行政处罚：

（一）具有法定从宽处罚情节的；

（二）没有参与分赃或者获赃较少且不是主犯的；

（三）被害人谅解的；

（四）其他情节轻微、危害不大的。

第八条 偷拿家庭成员或者近亲属的财物，获得谅解的，一般可不认为是犯罪；追究刑事责任的，应当酌情从宽。

第九条 盗窃国有馆藏一般文物、三级文物、二级以上文物的，应当分别认定为刑法第二百六十四条规定的“数额较大”、“数额巨大”、“数额特别巨大”。

盗窃多件不同等级国有馆藏文物的，三件同级文物可以视为一件高一级文物。

盗窃民间收藏的文物的，根据本解释第四条第一款第一项的规定认定盗窃数额。

第十条 偷开他人机动车的，按照下列规定处理：

（一）偷开机动车，导致车辆丢失的，以盗窃罪定罪处罚；

（二）为盗窃其他财物，偷开机动车作为犯罪工具使用后非法占有车辆，或者将车辆遗弃导致丢失的，被盗车辆的价值计入盗窃数额；

（三）为实施其他犯罪，偷开机动车作为犯罪工具使用后非法占有车辆，或者将车辆遗弃导致丢失的，以盗窃罪和其他犯罪数罪并罚；将车辆送回未造成丢失的，按照其所实施的其他犯罪从重处罚。

第十一条 盗窃公私财物并造成财物损毁的，按照下列规定处理：

（一）采用破坏性手段盗窃公私财物，造成其他财物损毁的，以盗窃罪从重处罚；同时构成盗窃罪和其他犯罪的，择一重罪从重处罚；

（二）实施盗窃犯罪后，为掩盖罪行或者报复等，故意毁坏其他财物构成犯罪的，以盗窃罪和构成的其他犯罪数罪并罚；

（三）盗窃行为未构成犯罪，但损毁财物构成其他犯罪的，以其他犯罪定罪处罚。

第十二条 盗窃未遂，具有下列情形之一的，应当依法追究刑事责任：

（一）以数额巨大的财物为盗窃目标的；

（二）以珍贵文物为盗窃目标的；

（三）其他情节严重的情形。

盗窃既有既遂，又有未遂，分别达到不同量刑幅度的，依照处罚较重的规定处罚；达到同一量刑幅度的，以盗窃罪既遂处罚。

第十三条 单位组织、指使盗窃，符合刑法第二百六十四条及本解释有关规定的，以盗窃罪追究组织者、指使者、直接实施者的刑事责任。

第十四条 因犯盗窃罪，依法判处罚金刑的，应当在一千元以上盗窃数额的二倍以下判处罚金；没有盗窃数额或者盗窃数额无法计算的，应当在一千元以上十万元以下判处罚金。

第十五条 本解释发布实施后，《最高人民法院关于审理盗窃案件具体应用法律若干问题的解释》（法释〔1998〕4号）同时废止；之前发布的司法解释和规范性文件与本解释不一致的，以本解释为准。

最高人民法院、最高人民检察院关于办理诈骗刑事案件具体应用法律若干问题的解释

（2011年2月21日最高人民法院审判委员会第1512次会议、2010年11月24日最高人民检察院第十一届检察委员会第49次会议通过 2011年3月1日最高人民法院、最高人民检察院公告公布 自2011年4月8日起施行 法释〔2011〕7号）

为依法惩治诈骗犯罪活动，保护公私财产所有权，根据刑法、刑事诉讼法有关规定，结合司法实践的需要，现就办理诈骗刑事案件具体应用法律的若干问题解释如下：

第一条 诈骗公私财物价值三千元至一万元以上、三万元至十万元以上、五十万元以上的，应当分别认定为刑法第二百六十六条规定的“数额较大”、“数额巨大”、“数额特别巨大”。

各省、自治区、直辖市高级人民法院、人民检察院可以结合本地区经济社会发展状况，在前款规定的数额幅度内，共同研究确定本地区执行的具体数额标准，报最高人民法院、最高人民检察院备案。

第二条 诈骗公私财物达到本解释第一条规定的数额标准，具有下列情形之一的，可以依照刑法第二百六十六条的规定酌情从严惩处：

（一）通过发送短信、拨打电话或者利用互联网、广播电视、报刊杂志等发布虚假信息，对不特定多数人实施诈骗的；

（二）诈骗救灾、抢险、防汛、优抚、扶贫、移民、救济、医疗款物的；

（三）以赈灾募捐名义实施诈骗的；

（四）诈骗残疾人、老年人或者丧失劳动能力人的财物的；

（五）造成被害人自杀、精神失常或者其他严重后果的。

诈骗数额接近本解释第一条规定的“数额巨大”、“数额特别巨大”的标准，并具有前款规定的情形之一或者属于诈骗集团首要分子的，应当分别认定为刑法第二百六十六条规定的“其他严重情节”、“其他特别严重情节”。

第三条 诈骗公私财物虽已达到本解释第一条规定的“数额较大”的标准，但具有下列情形之一，且行为人认罪、悔罪的，可以根据刑法第三十七条、刑事诉讼法第一百四十二条的规定不起诉或者免予刑事处罚：

（一）具有法定从宽处罚情节的；

（二）一审宣判前全部退赃、退赔的；

（三）没有参与分赃或者获赃较少且不是主犯的；

（四）被害人谅解的；

（五）其他情节轻微、危害不大的。

第四条 诈骗近亲属的财物，近亲属谅解的，一般可不按犯罪处理。

诈骗近亲属的财物，确有追究刑事责任必要的，具体处理也应酌情从宽。

第五条 诈骗未遂，以数额巨大的财物为诈骗目标的，或者具有其他严重情节的，应当定罪处罚。

利用发送短信、拨打电话、互联网等电信技术手段对不特定多数人实施诈骗，诈骗数额难以查证，但具有下列情形之一的，应当认定为刑法第二百六十六条规定的“其他严重情节”，以诈骗罪（未遂）定罪处罚：

（一）发送诈骗信息五千条以上的；

（二）拨打诈骗电话五百人次以上的；

（三）诈骗手段恶劣、危害严重的。

实施前款规定行为，数量达到前款第（一）、（二）项规定标准十倍以上的，或者诈骗手段特别恶劣、危害特别严重的，应当认定为刑法第二百六十六条规定的“其他特别严重情节”，以诈骗罪（未遂）定罪处罚。

第六条 诈骗既有既遂，又有未遂，分别达到不同量刑幅度的，依照处罚较重的规定处罚；达到同一量刑幅度的，以诈骗罪既遂处罚。

第七条 明知他人实施诈骗犯罪，为其提供信用卡、手机卡、通讯工具、通讯传输通道、网络技术支持、费用结算等帮助的，以共同犯罪论处。

第八条 冒充国家机关工作人员进行诈骗，同时构成诈骗罪和招摇撞骗罪的，依照处罚较重的规定定罪处罚。

第九条 案发后查封、扣押、冻结在案的诈骗财物及其孳息，权属明确的，应当发还被害人；权属不明确的，可按被骗款物占查封、扣押、冻结在案的财物及其孳息总额的比例发还被害人，但已获退赔的应予扣除。

第十条 行为人已将诈骗财物用于清偿债务或者转让给他人，具有下列情形之一的，应当依法追缴：

（一）对方明知是诈骗财物而收取的；

（二）对方无偿取得诈骗财物的；

（三）对方以明显低于市场的价格取得诈骗财物的；

（四）对方取得诈骗财物系源于非法债务或者违法犯罪活动的。

他人善意取得诈骗财物的，不予追缴。

第十一条 以前发布的司法解释与本解释不一致的，以本解释为准。

最高人民法院、最高人民检察院关于办理走私刑事案件适用法律若干问题的解释

（2014年2月24日最高人民法院审判委员会第1608次会议、2014年6月13日最高人民检察院第十二届检察委员会第23次会议通过 2014年8月12日最高人民法院、最高人民检察院公告公布 自2014年9月10日起施行 法释〔2014〕10号）

为依法惩治走私犯罪活动，根据刑法有关规定，现就办理走私刑事案件适用法律的若干问题解释如下：

第一条 走私武器、弹药，具有下列情形之一的，可以认定为刑法第一百五十一条第一款规定的“情节较轻”：

（一）走私以压缩气体等非火药为动力发射枪弹的枪支二支以上不满五支的；

（二）走私气枪铅弹五百发以上不满二千五百发，或者其他子弹十发以上不满五十发的；

（三）未达到上述数量标准，但属于犯罪集团的首要分子，使用特种车辆从事走私活动，或者走私的武器、弹药被用于实施犯罪等情形的；

（四）走私各种口径在六十毫米以下常规炮弹、手榴弹或者枪榴弹等分别或者合计不满五枚的。

具有下列情形之一的，依照刑法第一百五十一条第一款的规定处七年以上有期徒刑，并处罚金或者没收财产：

（一）走私以火药为动力发射枪弹的枪支一支，或者以压缩气体等非火药为动力发射枪弹的枪支五支以上不满十支的；

（二）走私第一款第二项规定的弹药，数量在该项规定的最高数量以上不满最高数量五倍的；

（三）走私各种口径在六十毫米以下常规炮弹、手榴弹或者枪榴弹等分别或者合计达到五枚以上不满十枚，或者各种口径超过六十毫米以上常规炮弹合计不满五枚的；

（四）达到第一款第一、二、四项规定的数量标准，且属于犯罪集团的首要分子，使用特种车辆从事走私活动，或者走私的武器、弹药被用于实施犯罪等情形的。

具有下列情形之一的，应当认定为刑法第一百五十一条第一款规定的“情节特别严重”：

（一）走私第二款第一项规定的枪支，数量超过该项规定的数量标准的；

（二）走私第一款第二项规定的弹药，数量在该项规定的最高数量标准五倍以上的；

（三）走私第二款第三项规定的弹药，数量超过该项规定的数量标准，或者走私具有巨大杀伤力的非常规炮弹一枚以上的；

（四）达到第二款第一项至第三项规定的数量标准，且属于犯罪集团的首要分子，使用特种车辆从事走私活动，或者走私的武器、弹药被用于实施犯罪等情形的。

走私其他武器、弹药，构成犯罪的，参照本条各款规定的标准处罚。

第二条 刑法第一百五十一条第一款规定的“武器、弹药”的种类，参照《中华人民共和国进口税则》及《中华人民共和国禁止进出境物品表》的有关规定确定。

第三条 走私枪支散件，构成犯罪的，依照刑法第一百五十一条第一款的规定，以走私武器罪定罪处罚。成套枪支散件以相应数量的枪支计，非成套枪支散件以每三十件为一套枪支散件计。

第四条 走私各种弹药的弹头、弹壳，构成犯罪的，依照刑法第一百五十一条第一款的规定，以走私弹药罪定罪处罚。具体的定罪量刑标准，按照本解释第一条规定的数量标准的五倍执行。

走私报废或者无法组装并使用的各种弹药的弹头、弹壳，构成犯罪的，依照刑法第一百五十三条的规定，以走私普通货物、物品罪定罪处罚；属于废物的，依照刑法第一百五十二条第二款的规定，以走私废物罪定罪处罚。

弹头、弹壳是否属于前款规定的“报废或者无法组装并使用”或者“废物”，由国家有关技术部门进行鉴定。

第五条 走私国家禁止或者限制进出口的仿真枪、管制刀具，构成犯罪的，依照刑法第一百五十一条第三款的规定，以走私国家禁止进出口的货物、物品罪定罪处罚。具体的定罪量刑标准，适用本解释第十一条第一款第六、七项和第二款的规定。

走私的仿真枪经鉴定为枪支，构成犯罪的，依照刑法第一百五十一条第一款的规定，以走私武器罪定罪处罚。不以牟利或者从事违法犯罪活动为目的，且无其他严重情节的，可以依法从轻处罚；情节轻微不需要判处刑罚的，可以免予刑事处罚。

第六条 走私伪造的货币，数额在二千元以上不满二万元，或者数量在二百张（枚）以上不满二千张（枚）的，可以认定为刑法第一百五十一条第一款规定的“情节较轻”。

具有下列情形之一的，依照刑法第一百五十一条第一款的规定处七年以上有期徒刑，并处罚金或者没收财产：

（一）走私数额在二万元以上不满二十万元，或者数量在二千张（枚）以上不满二万张（枚）的；

（二）走私数额或者数量达到第一款规定的标准，且具有走私的伪造货币流入市场等情节的。

具有下列情形之一的，应当认定为刑法第一百五十一条第一款规定的“情节特别严重”：

（一）走私数额在二十万元以上，或者数量在

二万张(枚)以上的;

(二)走私数额或者数量达到第二款第一项规定的标准,且属于犯罪集团的首要分子,使用特种车辆从事走私活动,或者走私的伪造货币流入市场等情形的。

第七条 刑法第一百五十一条第一款规定的"货币",包括正在流通的人民币和境外货币。伪造的境外货币数额,折合成人民币计算。

第八条 走私国家禁止出口的三级文物二件以下的,可以认定为刑法第一百五十一条第二款规定的"情节较轻"。

具有下列情形之一的,依照刑法第一百五十一条第二款的规定处五年以上十年以下有期徒刑,并处罚金:

(一)走私国家禁止出口的二级文物不满三件,或者三级文物三件以上不满九件的;

(二)走私国家禁止出口的三级文物不满三件,且具有造成文物严重毁损或者无法追回等情节的。

具有下列情形之一的,应当认定为刑法第一百五十一条第二款规定的"情节特别严重":

(一)走私国家禁止出口的一级文物一件以上,或者二级文物三件以上,或者三级文物九件以上的;

(二)走私国家禁止出口的文物达到第二款第一项规定的数量标准,且属于犯罪集团的首要分子,使用特种车辆从事走私活动,或者造成文物严重毁损、无法追回等情形的。

第九条 走私国家一、二级保护动物未达到本解释附表中(一)规定的数量标准,或者走私珍贵动物制品数额不满二十万元的,可以认定为刑法第一百五十一条第二款规定的"情节较轻"。

具有下列情形之一的,依照刑法第一百五十一条第二款的规定处五年以上十年以下有期徒刑,并处罚金:

(一)走私国家一、二级保护动物达到本解释附表中(一)规定的数量标准的;

(二)走私珍贵动物制品数额在二十万元以上不满一百万元的;

(三)走私国家一、二级保护动物未达到本解释附表中(一)规定的数量标准,但具有造成该珍贵动物死亡或者无法追回等情节的。

具有下列情形之一的,应当认定为刑法第一百五十一条第二款规定的"情节特别严重":

(一)走私国家一、二级保护动物达到本解释附表中(二)规定的数量标准的;

(二)走私珍贵动物制品数额在一百万元以上的;

(三)走私国家一、二级保护动物达到本解释附表中(一)规定的数量标准,且属于犯罪集团的首要分子,使用特种车辆从事走私活动,或者造成该珍贵动物死亡、无法追回等情形的。

不以牟利为目的,为留作纪念而走私珍贵动物制品进境,数额不满十万元的,可以免予刑事处罚;情节显著轻微的,不作为犯罪处理。

第十条 刑法第一百五十一条第二款规定的"珍贵动物",包括列入《国家重点保护野生动物名录》中的国家一、二级保护野生动物,《濒危野生动植物种国际贸易公约》附录Ⅰ、附录Ⅱ中的野生动物,以及驯养繁殖的上述动物。

走私本解释附表中未规定的珍贵动物的,参照附表中规定的同属或者同科动物的数量标准执行。

走私本解释附表中未规定珍贵动物的制品的,按照《最高人民法院、最高人民检察院、国家林业局、公安部、海关总署关于破坏野生动物资源刑事案件中涉及的CITES附录Ⅰ和附录Ⅱ所列陆生野生动物制品价值核定问题的通知》(林濒发〔2012〕239号)的有关规定核定价值。

第十一条 走私国家禁止进出口的货物、物品,具有下列情形之一的,依照刑法第一百五十一条第三款的规定处五年以下有期徒刑或者拘役,并处或者单处罚金:

(一)走私国家一级保护野生植物五株以上不满二十五株,国家二级保护野生植物十株以上不满五十株,或者珍稀植物、珍稀植物制品数额在二十万元以上不满一百万元的;

(二)走私重点保护古生物化石或者未命名的古生物化石不满十件,或者一般保护古生物化石十件以上不满五十件的;

(三)走私禁止进出口的有毒物质一吨以上不满五吨,或者数额在二万元以上不满十万元的;

(四)走私来自境外疫区的动植物及其产品五吨以上不满二十五吨,或者数额在五万元以上不满二十五万元的;

(五)走私木炭、硅砂等妨害环境、资源保护的货物、物品十吨以上不满五十吨,或者数额在十万元以上不满五十万元的；

（六）走私旧机动车、切割车、旧机电产品或者其他禁止进出口的货物、物品二十吨以上不满一百吨，或者数额在二十万元以上不满一百万元的；

（七）数量或者数额未达到本款第一项至第六项规定的标准，但属于犯罪集团的首要分子，使用特种车辆从事走私活动，造成环境严重污染，或者引起甲类传染病传播、重大动植物疫情等情形的。

具有下列情形之一的，应当认定为刑法第一百五十一条第三款规定的“情节严重”：

（一）走私数量或者数额超过前款第一项至第六项规定的标准的；

（二）达到前款第一项至第六项规定的标准，且属于犯罪集团的首要分子，使用特种车辆从事走私活动，造成环境严重污染，或者引起甲类传染病传播、重大动植物疫情等情形的。

第十二条 刑法第一百五十一条第三款规定的“珍稀植物”，包括列入《国家重点保护野生植物名录》《国家重点保护野生药材物种名录》《国家珍贵树种名录》中的国家一、二级保护野生植物、国家重点保护的野生药材、珍贵树木，《濒危野生动植物种国际贸易公约》附录Ⅰ、附录Ⅱ中的野生植物，以及人工培育的上述植物。

本解释规定的“古生物化石”，按照《古生物化石保护条例》的规定予以认定。走私具有科学价值的古脊椎动物化石、古人类化石，构成犯罪的，依照刑法第一百五十一条第二款的规定，以走私文物罪定罪处罚。

第十三条 以牟利或者传播为目的，走私淫秽物品，达到下列数量之一的，可以认定为刑法第一百五十二条第一款规定的“情节较轻”：

（一）走私淫秽录像带、影碟五十盘（张）以上不满一百盘（张）的；

（二）走私淫秽录音带、音碟一百盘（张）以上不满二百盘（张）的；

（三）走私淫秽扑克、书刊、画册一百副（册）以上不满二百副（册）的；

（四）走私淫秽照片、画片五百张以上不满一千张的；

（五）走私其他淫秽物品相当于上述数量的。

走私淫秽物品在前款规定的最高数量以上不满最高数量五倍的，依照刑法第一百五十二条第一款的规定处三年以上十年以下有期徒刑，并处罚金。

走私淫秽物品在第一款规定的最高数量五倍以上，或者在第一款规定的最高数量以上不满五倍，但属于犯罪集团的首要分子，使用特种车辆从事走私活动等情形的，应当认定为刑法第一百五十二条第一款规定的“情节严重”。

第十四条 走私国家禁止进口的废物或者国家限制进口的可用作原料的废物，具有下列情形之一的，应当认定为刑法第一百五十二条第二款规定的“情节严重”：

（一）走私国家禁止进口的危险性固体废物、液态废物分别或者合计达到一吨以上不满五吨的；

（二）走私国家禁止进口的非危险性固体废物、液态废物分别或者合计达到五吨以上不满二十五吨的；

（三）走私国家限制进口的可用作原料的固体废物、液态废物分别或者合计达到二十吨以上不满一百吨的；

（四）未达到上述数量标准，但属于犯罪集团的首要分子，使用特种车辆从事走私活动，或者造成环境严重污染等情形的。

具有下列情形之一的，应当认定为刑法第一百五十二条第二款规定的“情节特别严重”：

（一）走私数量超过前款规定的标准的；

（二）达到前款规定的标准，且属于犯罪集团的首要分子，使用特种车辆从事走私活动，或者造成环境严重污染等情形的；

（三）未达到前款规定的标准，但造成环境严重污染且后果特别严重的。

走私置于容器中的气态废物，构成犯罪的，参照前两款规定的标准处罚。

第十五条 国家限制进口的可用作原料的废物的具体种类，参照国家有关部门的规定确定。

第十六条 走私普通货物、物品，偷逃应缴税额在十万元以上不满五十万元的，应当认定为刑法第一百五十三条第一款规定的“偷逃应缴税额较大”；偷逃应缴税额在五十万元以上不满二百五十万元的，应当认定为“偷逃应缴税额巨大”；偷逃应缴税额在二百五十万元以上的，应当认定为“偷逃应缴税额特别巨大”。

走私普通货物、物品，具有下列情形之一，偷逃应缴税额在三十万元以上不满五十万元的，应当认定为刑法第一百五十三条第一款规定的“其他严重情节”;偷逃应缴税额在一百五十万元以上不满二百五十万元的,应当认定为“其他特别严重情节”:

(一)犯罪集团的首要分子;

(二)使用特种车辆从事走私活动的;

(三)为实施走私犯罪,向国家机关工作人员行贿的;

(四)教唆、利用未成年人、孕妇等特殊人群走私的;

(五)聚众阻挠缉私的。

第十七条　刑法第一百五十三条第一款规定的“一年内曾因走私被给予二次行政处罚后又走私”中的“一年内”,以因走私第一次受到行政处罚的生效之日与“又走私”行为实施之日的时间间隔计算确定;“被给予二次行政处罚”的走私行为,包括走私普通货物、物品以及其他货物、物品;“又走私”行为仅指走私普通货物、物品。

第十八条　刑法第一百五十三条规定的“应缴税额”,包括进出口货物、物品应当缴纳的进出口关税和进口环节海关代征税的税额。应缴税额以走私行为实施时的税则、税率、汇率和完税价格计算;多次走私的,以每次走私行为实施时的税则、税率、汇率和完税价格逐票计算;走私行为实施时间不能确定的,以案发时的税则、税率、汇率和完税价格计算。

刑法第一百五十三条第三款规定的“多次走私未经处理”,包括未经行政处理和刑事处理。

第十九条　刑法第一百五十四条规定的“保税货物”,是指经海关批准,未办理纳税手续进境,在境内储存、加工、装配后应予复运出境的货物,包括通过加工贸易、补偿贸易等方式进口的货物,以及在保税仓库、保税工厂、保税区或者免税商店内等储存、加工、寄售的货物。

第二十条　直接向走私人非法收购走私进口的货物、物品,在内海、领海、界河、界湖运输、收购、贩卖国家禁止进出口的物品,或者没有合法证明,在内海、领海、界河、界湖运输、收购、贩卖国家限制进出口的货物、物品,构成犯罪的,应当按照走私货物、物品的种类,分别依照刑法第一百五十一条、第一百五十二条、第一百五十三条、第三百四十七条、第三百五十条的规定定罪处罚。

刑法第一百五十五条第二项规定的“内海”,包括内河的入海口水域。

第二十一条　未经许可进出口国家限制进出口的货物、物品,构成犯罪的,应当依照刑法第一百五十一条、第一百五十二条的规定,以走私国家禁止进出口的货物、物品罪等罪名定罪处罚;偷逃应缴税额,同时又构成走私普通货物、物品罪的,依照处罚较重的规定定罪处罚。

取得许可,但超过许可数量进出口国家限制进出口的货物、物品,构成犯罪的,依照刑法第一百五十三条的规定,以走私普通货物、物品罪定罪处罚。

租用、借用或者使用购买的他人许可证,进出口国家限制进出口的货物、物品的,适用本条第一款的规定定罪处罚。

第二十二条　在走私的货物、物品中藏匿刑法第一百五十一条、第一百五十二条、第三百四十七条、第三百五十条规定的货物、物品,构成犯罪的,以实际走私的货物、物品定罪处罚;构成数罪的,实行数罪并罚。

第二十三条　实施走私犯罪,具有下列情形之一的,应当认定为犯罪既遂:

(一)在海关监管现场被查获的;

(二)以虚假申报方式走私,申报行为实施完毕的;

(三)以保税货物或者特定减税、免税进口的货物、物品为对象走私,在境内销售的,或者申请核销行为实施完毕的。

第二十四条　单位犯刑法第一百五十一条、第一百五十二条规定之罪,依照本解释规定的标准定罪处罚。

单位犯走私普通货物、物品罪,偷逃应缴税额在二十万元以上不满一百万元的,应当依照刑法第一百五十三条第二款的规定,对单位判处罚金,并对其直接负责的主管人员和其他直接责任人员,处三年以下有期徒刑或者拘役;偷逃应缴税额在一百万元以上不满五百万元的,应当认定为“情节严重”;偷逃应缴税额在五百万元以上的,应当认定为“情节特别严重”。

第二十五条　本解释发布实施后,《最高人民法院关于审理走私刑事案件具体应用法律若干问题的解释》(法释〔2000〕30号)、《最高人民法院关于审理走私刑事案件具体应用法律若干问题的解释(二)》(法释〔2006〕9号)同时废止。之前发布的司法解释与本解释不一致的,以本解释为准。

最高人民法院、最高人民检察院关于办理贪污贿赂刑事案件适用法律若干问题的解释

(2016年3月28日由最高人民法院审判委员会第1680次会议、2016年3月25日由最高人民检察院第十二届检察委员会第50次会议通过 2016年4月18日最高人民法院、最高人民检察院公告公布 自2016年4月18日起施行 法释〔2016〕9号)

为依法惩治贪污贿赂犯罪活动,根据刑法有关规定,现就办理贪污贿赂刑事案件适用法律的若干问题解释如下:

第一条 贪污或者受贿数额在三万元以上不满二十万元的,应当认定为刑法第三百八十三条第一款规定的"数额较大",依法判处三年以下有期徒刑或者拘役,并处罚金。

贪污数额在一万元以上不满三万元,具有下列情形之一的,应当认定为刑法第三百八十三条第一款规定的"其他较重情节",依法判处三年以下有期徒刑或者拘役,并处罚金:

(一)贪污救灾、抢险、防汛、优抚、扶贫、移民、救济、防疫、社会捐助等特定款物的;

(二)曾因贪污、受贿、挪用公款受过党纪、行政处分的;

(三)曾因故意犯罪受过刑事追究的;

(四)赃款赃物用于非法活动的;

(五)拒不交待赃款赃物去向或者拒不配合追缴工作,致使无法追缴的;

(六)造成恶劣影响或者其他严重后果的。

受贿数额在一万元以上不满三万元,具有前款第二项至第六项规定的情形之一,或者具有下列情形之一的,应当认定为刑法第三百八十三条第一款规定的"其他较重情节",依法判处三年以下有期徒刑或者拘役,并处罚金:

(一)多次索贿的;

(二)为他人谋取不正当利益,致使公共财产、国家和人民利益遭受损失的;

(三)为他人谋取职务提拔、调整的。

第二条 贪污或者受贿数额在二十万元以上不满三百万元的,应当认定为刑法第三百八十三条第一款规定的"数额巨大",依法判处三年以上十年以下有期徒刑,并处罚金或者没收财产。

贪污数额在十万元以上不满二十万元,具有本解释第一条第二款规定的情形之一的,应当认定为刑法第三百八十三条第一款规定的"其他严重情节",依法判处三年以上十年以下有期徒刑,并处罚金或者没收财产。

受贿数额在十万元以上不满二十万元,具有本解释第一条第三款规定的情形之一的,应当认定为刑法第三百八十三条第一款规定的"其他严重情节",依法判处三年以上十年以下有期徒刑,并处罚金或者没收财产。

第三条 贪污或者受贿数额在三百万元以上的,应当认定为刑法第三百八十三条第一款规定的"数额特别巨大",依法判处十年以上有期徒刑、无期徒刑或者死刑,并处罚金或者没收财产。

贪污数额在一百五十万元以上不满三百万元,具有本解释第一条第二款规定的情形之一的,应当认定为刑法第三百八十三条第一款规定的"其他特别严重情节",依法判处十年以上有期徒刑、无期徒刑或者死刑,并处罚金或者没收财产。

受贿数额在一百五十万元以上不满三百万元,具有本解释第一条第三款规定的情形之一的,应当认定为刑法第三百八十三条第一款规定的"其他特别严重情节",依法判处十年以上有期徒刑、无期徒刑或者死刑,并处罚金或者没收财产。

第四条 贪污、受贿数额特别巨大,犯罪情节特别严重、社会影响特别恶劣、给国家和人民利益造成特别重大损失的,可以判处死刑。

符合前款规定的情形,但具有自首,立功,如实供述自己罪行、真诚悔罪、积极退赃,或者避免、减少损害结果的发生等情节,不是必须立即执行的,可以判处死刑缓期二年执行。

符合第一款规定情形的,根据犯罪情节等情况可以判处死刑缓期二年执行,同时裁判决定在其死刑缓期执行二年期满依法减为无期徒刑后,终身监禁,不得减刑、假释。

第五条 挪用公款归个人使用,进行非法活动,数额在三万元以上的,应当依照刑法第三百八十四条的规定以挪用公款罪追究刑事责任;数额在三百万元以上的,应当认定为刑法第三百八十四条第一款规定的"数额巨大"。具有下列情形之一

的,应当认定为刑法第三百八十四条第一款规定的"情节严重":

(一)挪用公款数额在一百万元以上的;

(二)挪用救灾、抢险、防汛、优抚、扶贫、移民、救济特定款物,数额在五十万元以上不满一百万元的;

(三)挪用公款不退还,数额在五十万元以上不满一百万元的;

(四)其他严重的情节。

第六条 挪用公款归个人使用,进行营利活动或者超过三个月未还,数额在五万元以上的,应当认定为刑法第三百八十四条第一款规定的"数额较大";数额在五百万元以上的,应当认定为刑法第三百八十四条第一款规定的"数额巨大"。具有下列情形之一的,应当认定为刑法第三百八十四条第一款规定的"情节严重":

(一)挪用公款数额在二百万元以上的;

(二)挪用救灾、抢险、防汛、优抚、扶贫、移民、救济特定款物,数额在一百万元以上不满二百万元的;

(三)挪用公款不退还,数额在一百万元以上不满二百万元的;

(四)其他严重的情节。

第七条 为谋取不正当利益,向国家工作人员行贿,数额在三万元以上的,应当依照刑法第三百九十条的规定以行贿罪追究刑事责任。

行贿数额在一万元以上不满三万元,具有下列情形之一的,应当依照刑法第三百九十条的规定以行贿罪追究刑事责任:

(一)向三人以上行贿的;

(二)将违法所得用于行贿的;

(三)通过行贿谋取职务提拔、调整的;

(四)向负有食品、药品、安全生产、环境保护等监督管理职责的国家工作人员行贿,实施非法活动的;

(五)向司法工作人员行贿,影响司法公正的;

(六)造成经济损失数额在五十万元以上不满一百万元的。

第八条 犯行贿罪,具有下列情形之一的,应当认定为刑法第三百九十条第一款规定的"情节严重":

(一)行贿数额在一百万元以上不满五百万元的;

(二)行贿数额在五十万元以上不满一百万元,并具有本解释第七条第二款第一项至第五项规定的情形之一的;

(三)其他严重的情节。

为谋取不正当利益,向国家工作人员行贿,造成经济损失数额在一百万元以上不满五百万元的,应当认定为刑法第三百九十条第一款规定的"使国家利益遭受重大损失"。

第九条 犯行贿罪,具有下列情形之一的,应当认定为刑法第三百九十条第一款规定的"情节特别严重":

(一)行贿数额在五百万元以上的;

(二)行贿数额在二百五十万元以上不满五百万元,并具有本解释第七条第二款第一项至第五项规定的情形之一的;

(三)其他特别严重的情节。

为谋取不正当利益,向国家工作人员行贿,造成经济损失数额在五百万元以上的,应当认定为刑法第三百九十条第一款规定的"使国家利益遭受特别重大损失"。

第十条 刑法第三百八十八条之一规定的利用影响力受贿罪的定罪量刑适用标准,参照本解释关于受贿罪的规定执行。

刑法第三百九十条之一规定的对有影响力的人行贿罪的定罪量刑适用标准,参照本解释关于行贿罪的规定执行。

单位对有影响力的人行贿数额在二十万元以上的,应当依照刑法第三百九十条之一的规定以对有影响力的人行贿罪追究刑事责任。

第十一条 刑法第一百六十三条规定的非国家工作人员受贿罪、第二百七十一条规定的职务侵占罪中的"数额较大""数额巨大"的数额起点,按照本解释关于受贿罪、贪污罪相对应的数额标准规定的二倍、五倍执行。

刑法第二百七十二条规定的挪用资金罪中的"数额较大""数额巨大"以及"进行非法活动"情形的数额起点,按照本解释关于挪用公款罪"数额较大""情节严重"以及"进行非法活动"的数额标准规定的二倍执行。

刑法第一百六十四条第一款规定的对非国家工作人员行贿罪中的"数额较大""数额巨大"的数额起点,按照本解释第七条、第八条第一款关于行贿罪的数额标准规定的二倍执行。

第十二条 贿赂犯罪中的“财物”，包括货币、物品和财产性利益。财产性利益包括可以折算为货币的物质利益如房屋装修、债务免除等，以及需要支付货币的其他利益如会员服务、旅游等。后者的犯罪数额，以实际支付或者应当支付的数额计算。

第十三条 具有下列情形之一的，应当认定为“为他人谋取利益”，构成犯罪的，应当依照刑法关于受贿犯罪的规定定罪处罚：

（一）实际或者承诺为他人谋取利益的；

（二）明知他人有具体请托事项的；

（三）履职时未被请托，但事后基于该履职事由收受他人财物的。

国家工作人员索取、收受具有上下级关系的下属或者具有行政管理关系的被管理人员的财物价值三万元以上，可能影响职权行使的，视为承诺为他人谋取利益。

第十四条 根据行贿犯罪的事实、情节，可能被判处三年有期徒刑以下刑罚的，可以认定为刑法第三百九十条第二款规定的“犯罪较轻”。

根据犯罪的事实、情节，已经或者可能被判处十年有期徒刑以上刑罚的，或者案件在本省、自治区、直辖市或者全国范围内有较大影响的，可以认定为刑法第三百九十条第二款规定的“重大案件”。

具有下列情形之一的，可以认定为刑法第三百九十条第二款规定的“对侦破重大案件起关键作用”：

（一）主动交待办案机关未掌握的重大案件线索的；

（二）主动交待的犯罪线索不属于重大案件的线索，但该线索对于重大案件侦破有重要作用的；

（三）主动交待行贿事实，对于重大案件的证据收集有重要作用的；

（四）主动交待行贿事实，对于重大案件的追逃、追赃有重要作用的。

第十五条 对多次受贿未经处理的，累计计算受贿数额。

国家工作人员利用职务上的便利为请托人谋取利益前后多次收受请托人财物，受请托之前收受的财物数额在一万元以上的，应当一并计入受贿数额。

第十六条 国家工作人员出于贪污、受贿的故意，非法占有公共财物、收受他人财物之后，将赃款赃物用于单位公务支出或者社会捐赠的，不影响贪污罪、受贿罪的认定，但量刑时可以酌情考虑。

特定关系人索取、收受他人财物，国家工作人员知道后未退还或者上交的，应当认定国家工作人员具有受贿故意。

第十七条 国家工作人员利用职务上的便利，收受他人财物，为他人谋取利益，同时构成受贿罪和刑法分则第三章第三节、第九章规定的渎职犯罪的，除刑法另有规定外，以受贿罪和渎职犯罪数罪并罚。

第十八条 贪污贿赂犯罪分子违法所得的一切财物，应当依照刑法第六十四条的规定予以追缴或者责令退赔，对被害人的合法财产应当及时返还。对尚未追缴到案或者尚未足额退赔的违法所得，应当继续追缴或者责令退赔。

第十九条 对贪污罪、受贿罪判处三年以下有期徒刑或者拘役的，应当并处十万元以上五十万元以下的罚金；判处三年以上十年以下有期徒刑的，应当并处二十万元以上犯罪数额二倍以下的罚金或者没收财产；判处十年以上有期徒刑或者无期徒刑的，应当并处五十万元以上犯罪数额二倍以下的罚金或者没收财产。

对刑法规定并处罚金的其他贪污贿赂犯罪，应当在十万元以上犯罪数额二倍以下判处罚金。

第二十条 本解释自2016年4月18日起施行。最高人民法院、最高人民检察院此前发布的司法解释与本解释不一致的，以本解释为准。

最高人民法院、最高人民检察院关于办理渎职刑事案件适用法律若干问题的解释（一）

（2012年7月9日最高人民法院审判委员会第1552次会议　2012年9月12日最高人民检察院第十一届检察委员会第79次会议通过　2012年12月7日公布　自2013年1月9日起施行　法释〔2012〕18号）

为依法惩治渎职犯罪，根据刑法有关规定，现就办理渎职刑事案件适用法律的若干问题解释如下：

第一条 国家机关工作人员滥用职权或者玩忽职守，具有下列情形之一的，应当认定为刑法第三百九十七条规定的“致使公共财产、国家和人民利益遭受重大损失”：

（一）造成死亡1人以上，或者重伤3人以上，或者轻伤9人以上，或者重伤2人、轻伤3人以上，或者重伤1人、轻伤6人以上的；

（二）造成经济损失30万元以上的；

（三）造成恶劣社会影响的；

（四）其他致使公共财产、国家和人民利益遭受重大损失的情形。

具有下列情形之一的，应当认定为刑法第三百九十七条规定的“情节特别严重”：

（一）造成伤亡达到前款第（一）项规定人数3倍以上的；

（二）造成经济损失150万元以上的；

（三）造成前款规定的损失后果，不报、迟报、谎报或者授意、指使、强令他人不报、迟报、谎报事故情况，致使损失后果持续、扩大或者抢救工作延误的；

（四）造成特别恶劣社会影响的；

（五）其他特别严重的情节。

第二条 国家机关工作人员实施滥用职权或者玩忽职守犯罪行为，触犯刑法分则第九章第三百九十八条至第四百一十九条规定的，依照该规定定罪处罚。

国家机关工作人员滥用职权或者玩忽职守，因不具备徇私舞弊等情形，不符合刑法分则第九章第三百九十八条至第四百一十九条的规定，但依法构成第三百九十七条规定的犯罪的，以滥用职权罪或者玩忽职守罪定罪处罚。

第三条 国家机关工作人员实施渎职犯罪并收受贿赂，同时构成受贿罪的，除刑法另有规定外，以渎职犯罪和受贿罪数罪并罚。

第四条 国家机关工作人员实施渎职行为，放纵他人犯罪或者帮助他人逃避刑事处罚，构成犯罪的，依照渎职罪的规定定罪处罚。

国家机关工作人员与他人共谋，利用其职务行为帮助他人实施其他犯罪行为，同时构成渎职犯罪和共谋实施的其他犯罪共犯的，依照处罚较重的规定定罪处罚。

国家机关工作人员与他人共谋，既利用其职务行为帮助他人实施其他犯罪，又以非职务行为与他人共同实施该其他犯罪行为，同时构成渎职犯罪和其他犯罪的共犯的，依照数罪并罚的规定定罪处罚。

第五条 国家机关负责人员违法决定，或者指使、授意、强令其他国家机关工作人员违法履行职务或者不履行职务，构成刑法分则第九章规定的渎职犯罪的，应当依法追究刑事责任。

以“集体研究”形式实施的渎职犯罪，应当依照刑法分则第九章的规定追究国家机关负有责任的人员的刑事责任。对于具体执行人员，应当在综合认定其行为性质、是否提出反对意见、危害结果大小等情节的基础上决定是否追究刑事责任和应当判处的刑罚。

第六条 以危害结果为条件的渎职犯罪的追诉期限，从危害结果发生之日起计算；有数个危害结果的，从最后一个危害结果发生之日起计算。

第七条 依法或者受委托行使国家行政管理职权的公司、企业、事业单位的工作人员，在行使行政管理职权时滥用职权或者玩忽职守，构成犯罪的，应当依照《全国人民代表大会常务委员会关于〈中华人民共和国刑法〉第九章渎职罪主体适用问题的解释》的规定，适用渎职罪的规定追究刑事责任。

第八条 本解释规定的“经济损失”，是指渎职犯罪或者与渎职犯罪相关联的犯罪立案时已经实际造成的财产损失，包括为挽回渎职犯罪所造成损失而支付的各种开支、费用等。立案后至提起公诉前持续发生的经济损失，应一并计入渎职犯罪造成的经济损失。

债务人经法定程序被宣告破产，债务人潜逃、去向不明，或者因行为人的责任超过诉讼时效等，致使债权已经无法实现的，无法实现的债权部分应当认定为渎职犯罪的经济损失。

渎职犯罪或者与渎职犯罪相关联的犯罪立案后，犯罪分子及其亲友自行挽回的经济损失，司法机关或者犯罪分子所在单位及其上级主管部门挽回的经济损失，或者因客观原因减少的经济损失，不予扣减，但可以作为酌定从轻处罚的情节。

第九条 负有监督管理职责的国家机关工作人员滥用职权或者玩忽职守，致使不符合安全标准的食品、有毒有害食品、假药、劣药等流入社会，对人民群众生命、健康造成严重危害后果的，依照渎职罪的规定从严惩处。

第十条 最高人民法院、最高人民检察院此前发布的司法解释与本解释不一致的，以本解释为准。

最高人民法院、最高人民检察院关于办理利用信息网络实施诽谤等刑事案件适用法律若干问题的解释

（2013年9月5日最高人民法院审判委员会第1589次会议、2013年9月2日最高人民检察院第十二届检察委员会第9次会议通过 2013年9月6日最高人民法院、最高人民检察院公告公布 自2013年9月10日起施行 法释〔2013〕21号）

为保护公民、法人和其他组织的合法权益，维护社会秩序，根据《中华人民共和国刑法》《全国人民代表大会常务委员会关于维护互联网安全的决定》等规定，对办理利用信息网络实施诽谤、寻衅滋事、敲诈勒索、非法经营等刑事案件适用法律的若干问题解释如下：

第一条 具有下列情形之一的，应当认定为刑法第二百四十六条第一款规定的“捏造事实诽谤他人”：

（一）捏造损害他人名誉的事实，在信息网络上散布，或者组织、指使人员在信息网络上散布的；

（二）将信息网络上涉及他人的原始信息内容篡改为损害他人名誉的事实，在信息网络上散布，或者组织、指使人员在信息网络上散布的；

明知是捏造的损害他人名誉的事实，在信息网络上散布，情节恶劣的，以“捏造事实诽谤他人”论。

第二条 利用信息网络诽谤他人，具有下列情形之一的，应当认定为刑法第二百四十六条第一款规定的“情节严重”：

（一）同一诽谤信息实际被点击、浏览次数达到五千次以上，或者被转发次数达到五百次以上的；

（二）造成被害人或者其近亲属精神失常、自残、自杀等严重后果的；

（三）二年内曾因诽谤受过行政处罚，又诽谤他人的；

（四）其他情节严重的情形。

第三条 利用信息网络诽谤他人，具有下列情形之一的，应当认定为刑法第二百四十六条第二款规定的“严重危害社会秩序和国家利益”：

（一）引发群体性事件的；

（二）引发公共秩序混乱的；

（三）引发民族、宗教冲突的；

（四）诽谤多人，造成恶劣社会影响的；

（五）损害国家形象，严重危害国家利益的；

（六）造成恶劣国际影响的；

（七）其他严重危害社会秩序和国家利益的情形。

第四条 一年内多次实施利用信息网络诽谤他人行为未经处理，诽谤信息实际被点击、浏览、转发次数累计计算构成犯罪的，应当依法定罪处罚。

第五条 利用信息网络辱骂、恐吓他人，情节恶劣，破坏社会秩序的，依照刑法第二百九十三条第一款第（二）项的规定，以寻衅滋事罪定罪处罚。

编造虚假信息，或者明知是编造的虚假信息，在信息网络上散布，或者组织、指使人员在信息网络上散布，起哄闹事，造成公共秩序严重混乱的，依照刑法第二百九十三条第一款第（四）项的规定，以寻衅滋事罪定罪处罚。

第六条 以在信息网络上发布、删除等方式处理网络信息为由，威胁、要挟他人，索取公私财物，数额较大，或者多次实施上述行为的，依照刑法第二百七十四条的规定，以敲诈勒索罪定罪处罚。

第七条 违反国家规定，以营利为目的，通过信息网络有偿提供删除信息服务，或者明知是虚假信息，通过信息网络有偿提供发布信息等服务，扰乱市场秩序，具有下列情形之一的，属于非法经营行为“情节严重”，依照刑法第二百二十五条第（四）项的规定，以非法经营罪定罪处罚：

（一）个人非法经营数额在五万元以上，或者违法所得数额在二万元以上的；

（二）单位非法经营数额在十五万元以上，或者违法所得数额在五万元以上的。

实施前款规定的行为，数额达到前款规定的数额五倍以上的，应当认定为刑法第二百二十五条规定的“情节特别严重”。

第八条 明知他人利用信息网络实施诽谤、寻衅滋事、敲诈勒索、非法经营等犯罪，为其提供资金、场所、技术支持等帮助的，以共同犯罪论处。

第九条 利用信息网络实施诽谤、寻衅滋事、敲诈勒索、非法经营犯罪，同时又构成刑法第二百二十一条规定的损害商业信誉、商品声誉罪，第二百七十八条规定的煽动暴力抗拒法律实施罪，第二百九十一条之一规定的编造、故意传播虚假恐怖信息罪等犯罪的，依照处罚较重的规定定罪处罚。

第十条 本解释所称信息网络，包括以计算机、电视机、固定电话机、移动电话机等电子设备为终端的计算机互联网、广播电视网、固定通信网、移动通信网等信息网络，以及向公众开放的局域网络。

最高人民法院、最高人民检察院关于办理侵犯公民个人信息刑事案件适用法律若干问题的解释

（2017年3月20日最高人民法院审判委员会第1712次会议、2017年4月26日最高人民检察院第十二届检察委员会第63次会议通过 2017年5月8日最高人民法院、最高人民检察院公告公布 自2017年6月1日起施行 法释〔2017〕10号）

为依法惩治侵犯公民个人信息犯罪活动，保护公民个人信息安全和合法权益，根据《中华人民共和国刑法》《中华人民共和国刑事诉讼法》的有关规定，现就办理此类刑事案件适用法律的若干问题解释如下：

第一条 刑法第二百五十三条之一规定的"公民个人信息"，是指以电子或者其他方式记录的能够单独或者与其他信息结合识别特定自然人身份或者反映特定自然人活动情况的各种信息，包括姓名、身份证件号码、通信通讯联系方式、住址、账号密码、财产状况、行踪轨迹等。

第二条 违反法律、行政法规、部门规章有关公民个人信息保护的规定的，应当认定为刑法第二百五十三条之一规定的"违反国家有关规定"。

第三条 向特定人提供公民个人信息，以及通过信息网络或者其他途径发布公民个人信息的，应当认定为刑法第二百五十三条之一规定的"提供公民个人信息"。

未经被收集者同意，将合法收集的公民个人信息向他人提供的，属于刑法第二百五十三条之一规定的"提供公民个人信息"，但是经过处理无法识别特定个人且不能复原的除外。

第四条 违反国家有关规定，通过购买、收受、交换等方式获取公民个人信息，或者在履行职责、提供服务过程中收集公民个人信息的，属于刑法第二百五十三条之一第三款规定的"以其他方法非法获取公民个人信息"。

第五条 非法获取、出售或者提供公民个人信息，具有下列情形之一的，应当认定为刑法第二百五十三条之一规定的"情节严重"：

（一）出售或者提供行踪轨迹信息，被他人用于犯罪的；

（二）知道或者应当知道他人利用公民个人信息实施犯罪，向其出售或者提供的；

（三）非法获取、出售或者提供行踪轨迹信息、通信内容、征信信息、财产信息五十条以上的；

（四）非法获取、出售或者提供住宿信息、通信记录、健康生理信息、交易信息等其他可能影响人身、财产安全的公民个人信息五百条以上的；

（五）非法获取、出售或者提供第三项、第四项规定以外的公民个人信息五千条以上的；

（六）数量未达到第三项至第五项规定标准，但是按相应比例合计达到有关数量标准的；

（七）违法所得五千元以上的；

（八）将在履行职责或者提供服务过程中获得的公民个人信息出售或者提供给他人，数量或者数额达到第三项至第七项规定标准一半以上的；

（九）曾因侵犯公民个人信息受过刑事处罚或者二年内受过行政处罚，又非法获取、出售或者提供公民个人信息的；

（十）其他情节严重的情形。

实施前款规定的行为，具有下列情形之一的，应当认定为刑法第二百五十三条之一第一款规定的"情节特别严重"：

（一）造成被害人死亡、重伤、精神失常或者被绑架等严重后果的；

（二）造成重大经济损失或者恶劣社会影响的；

（三）数量或者数额达到前款第三项至第八项规定标准十倍以上的；

（四）其他情节特别严重的情形。

第六条 为合法经营活动而非法购买、收受本解释第五条第一款第三项、第四项规定以外的公民个人信息，具有下列情形之一的，应当认定为刑法第二百五十三条之一规定的“情节严重”：

（一）利用非法购买、收受的公民个人信息获利五万元以上的；

（二）曾因侵犯公民个人信息受过刑事处罚或者二年内受过行政处罚，又非法购买、收受公民个人信息的；

（三）其他情节严重的情形。

实施前款规定的行为，将购买、收受的公民个人信息非法出售或者提供的，定罪量刑标准适用本解释第五条的规定。

第七条 单位犯刑法第二百五十三条之一规定之罪的，依照本解释规定的相应自然人犯罪的定罪量刑标准，对直接负责的主管人员和其他直接责任人员定罪处罚，并对单位判处罚金。

第八条 设立用于实施非法获取、出售或者提供公民个人信息违法犯罪活动的网站、通讯群组，情节严重的，应当依照刑法第二百八十七条之一的规定，以非法利用信息网络罪定罪处罚；同时构成侵犯公民个人信息罪的，依照侵犯公民个人信息罪定罪处罚。

第九条 网络服务提供者拒不履行法律、行政法规规定的信息网络安全管理义务，经监管部门责令采取改正措施而拒不改正，致使用户的公民个人信息泄露，造成严重后果的，应当依照刑法第二百八十六条之一的规定，以拒不履行信息网络安全管理义务罪定罪处罚。

第十条 实施侵犯公民个人信息犯罪，不属于“情节特别严重”，行为人系初犯，全部退赃，并确有悔罪表现的，可以认定为情节轻微，不起诉或者免予刑事处罚；确有必要判处刑罚的，应当从宽处罚。

第十一条 非法获取公民个人信息后又出售或者提供的，公民个人信息的条数不重复计算。

向不同单位或者个人分别出售、提供同一公民个人信息的，公民个人信息的条数累计计算。

对批量公民个人信息的条数，根据查获的数量直接认定，但是有证据证明信息不真实或者重复的除外。

第十二条 对于侵犯公民个人信息犯罪，应当综合考虑犯罪的危害程度、犯罪的违法所得数额以及被告人的前科情况、认罪悔罪态度等，依法判处罚金。罚金数额一般在违法所得的一倍以上五倍以下。

第十三条 本解释自2017年6月1日起施行。

最高人民法院关于审理交通肇事刑事案件具体应用法律若干问题的解释

（2000年11月10日最高人民法院审判委员会第1136次会议通过 2000年11月15日最高人民法院公告公布 自2000年11月21日起施行 法释〔2000〕33号）

为依法惩处交通肇事犯罪活动，根据刑法有关规定，现将审理交通肇事刑事案件具体应用法律的若干问题解释如下：

第一条 从事交通运输人员或者非交通运输人员，违反交通运输管理法规发生重大交通事故，在分清事故责任的基础上，对于构成犯罪的，依照刑法第一百三十三条的规定定罪处罚。

第二条 交通肇事具有下列情形之一的，处3年以下有期徒刑或者拘役：

（一）死亡1人或者重伤3人以上，负事故全部或者主要责任的；

（二）死亡3人以上，负事故同等责任的；

（三）造成公共财产或者他人财产直接损失，负事故全部或者主要责任，无能力赔偿数额在30万元以上的。

交通肇事致1人以上重伤，负事故全部或者主要责任，并具有下列情形之一的，以交通肇事罪定罪处罚：

（一）酒后、吸食毒品后驾驶机动车辆的；

（二）无驾驶资格驾驶机动车辆的；

（三）明知是安全装置不全或者安全机件失灵的机动车辆而驾驶的；

（四）明知是无牌证或者已报废的机动车辆而驾驶的；

（五）严重超载驾驶的；

（六）为逃避法律追究逃离事故现场的。

第三条 “交通运输肇事后逃逸”，是指行为人具有本解释第二条第一款规定和第二款第(一)至(五)项规定的情形之一，在发生交通事故后，为逃避法律追究而逃跑的行为。

第四条 交通肇事具有下列情形之一的，属于“有其他特别恶劣情节”，处3年以上7年以下有期徒刑：

(一) 死亡2人以上或者重伤5人以上，负事故全部或者主要责任的；

(二) 死亡6人以上，负事故同等责任的；

(三) 造成公共财产或者他人财产直接损失，负事故全部或者主要责任，无能力赔偿数额在60万元以上的。

第五条 “因逃逸致人死亡”，是指行为人在交通肇事后为逃避法律追究而逃跑，致使被害人因得不到救助而死亡的情形。

交通肇事后，单位主管人员、机动车辆所有人、承包人或者乘车人指使肇事人逃逸，致使被害人因得不到救助而死亡的，以交通肇事罪的共犯论处。

第六条 行为人在交通肇事后为逃避法律追究，将被害人带离事故现场后隐藏或者遗弃，致使被害人无法得到救助而死亡或者严重残疾的，应当分别依照刑法第二百三十二条、第二百三十四条第二款的规定，以故意杀人罪或者故意伤害罪定罪处罚。

第七条 单位主管人员、机动车辆所有人或者机动车辆承包人指使、强令他人违章驾驶造成重大交通事故，具有本解释第二条规定情形之一的，以交通肇事罪定罪处罚。

第八条 在实行公共交通管理的范围内发生重大交通事故的，依照刑法第一百三十三条和本解释的有关规定办理。

在公共交通管理的范围外，驾驶机动车辆或者使用其他交通工具致人伤亡或者致使公共财产或者他人财产遭受重大损失，构成犯罪的，分别依照刑法第一百三十四条、第一百三十五条、第二百三十三条等规定定罪处罚。

第九条 各省、自治区、直辖市高级人民法院可以根据本地实际情况，在30万元至60万元、60万元至100万元的幅度内，确定本地区执行本解释第二条第一款第(三)项、第四条第(三)项的起点数额标准，并报最高人民法院备案。

最高人民法院、最高人民检察院、公安部关于办理醉酒驾驶机动车刑事案件适用法律若干问题的意见

(2013年12月18日 法发〔2013〕15号)

为保障法律的正确、统一实施，依法惩处醉酒驾驶机动车犯罪，维护公共安全和人民群众生命财产安全，根据刑法、刑事诉讼法的有关规定，结合侦查、起诉、审判实践，制定本意见。

一、在道路上驾驶机动车，血液酒精含量达到80毫克/100毫升以上的，属于醉酒驾驶机动车，依照刑法第一百三十三条之一第一款的规定，以危险驾驶罪定罪处罚。

前款规定的“道路”“机动车”，适用道路交通安全法的有关规定。

二、醉酒驾驶机动车，具有下列情形之一的，依照刑法第一百三十三条之一第一款的规定，从重处罚：

(一)造成交通事故且负事故全部或者主要责任，或者造成交通事故后逃逸，尚未构成其他犯罪的；

(二)血液酒精含量达到200毫克/100毫升以上的；

(三)在高速公路、城市快速路上驾驶的；

(四)驾驶载有乘客的营运机动车的；

(五)有严重超员、超载或者超速驾驶，无驾驶资格驾驶机动车，使用伪造或者变造的机动车牌证等严重违反道路交通安全法的行为的；

(六)逃避公安机关依法检查，或者拒绝、阻碍公安机关依法检查尚未构成其他犯罪的；

(七)曾因酒后驾驶机动车受过行政处罚或者刑事追究的；

(八)其他可以从重处罚的情形。

三、醉酒驾驶机动车，以暴力、威胁方法阻碍公安机关依法检查，又构成妨害公务罪等其他犯罪的，依照数罪并罚的规定处罚。

四、对醉酒驾驶机动车的被告人判处罚金，应当根据被告人的醉酒程度、是否造成实际损害、认罪悔

罪态度等情况，确定与主刑相适应的罚金数额。

五、公安机关在查处醉酒驾驶机动车的犯罪嫌疑人时，对查获经过、呼气酒精含量检验和抽取血样过程应当制作记录；有条件的，应当拍照、录音或者录像；有证人的，应当收集证人证言。

六、血液酒精含量检验鉴定意见是认定犯罪嫌疑人是否醉酒的依据。犯罪嫌疑人经呼气酒精含量检验达到本意见第一条规定的醉酒标准，在抽取血样之前脱逃的，可以以呼气酒精含量检验结果作为认定其醉酒的依据。

犯罪嫌疑人在公安机关依法检查时，为逃避法律追究，在呼气酒精含量检验或者抽取血样前又饮酒，经检验其血液酒精含量达到本意见第一条规定的醉酒标准的，应当认定为醉酒。

七、办理醉酒驾驶机动车刑事案件，应当严格执行刑事诉讼法的有关规定，切实保障犯罪嫌疑人、被告人的诉讼权利，在法定诉讼期限内及时侦查、起诉、审判。

对醉酒驾驶机动车的犯罪嫌疑人、被告人，根据案件情况，可以拘留或者取保候审。对符合取保候审条件，但犯罪嫌疑人、被告人不能提出保证人，也不交纳保证金的，可以监视居住。对违反取保候审、监视居住规定的犯罪嫌疑人、被告人，情节严重的，可以予以逮捕。

最高人民法院、最高人民检察院关于办理环境污染刑事案件适用法律若干问题的解释

(2016年11月7日最高人民法院审判委员会第1698次会议、2016年12月8日最高人民检察院第十二届检察委员会第58次会议通过　2016年12月23日最高人民法院、最高人民检察院公告公布　自2017年1月1日起施行　法释〔2016〕29号)

为依法惩治有关环境污染犯罪，根据《中华人民共和国刑法》《中华人民共和国刑事诉讼法》的有关规定，现就办理此类刑事案件适用法律的若干问题解释如下：

第一条　实施刑法第三百三十八条规定的行为，具有下列情形之一的，应当认定为"严重污染环境"：

（一）在饮用水水源一级保护区、自然保护区核心区排放、倾倒、处置有放射性的废物、含传染病病原体的废物、有毒物质的；

（二）非法排放、倾倒、处置危险废物三吨以上的；

（三）排放、倾倒、处置含铅、汞、镉、铬、砷、铊、锑的污染物，超过国家或者地方污染物排放标准三倍以上的；

（四）排放、倾倒、处置含镍、铜、锌、银、钒、锰、钴的污染物，超过国家或者地方污染物排放标准十倍以上的；

（五）通过暗管、渗井、渗坑、裂隙、溶洞、灌注等逃避监管的方式排放、倾倒、处置有放射性的废物、含传染病病原体的废物、有毒物质的；

（六）二年内曾因违反国家规定，排放、倾倒、处置有放射性的废物、含传染病病原体的废物、有毒物质受过两次以上行政处罚，又实施前列行为的；

（七）重点排污单位篡改、伪造自动监测数据或者干扰自动监测设施，排放化学需氧量、氨氮、二氧化硫、氮氧化物等污染物的；

（八）违法减少防治污染设施运行支出一百万元以上的；

（九）违法所得或者致使公私财产损失三十万元以上的；

（十）造成生态环境严重损害的；

（十一）致使乡镇以上集中式饮用水水源取水中断十二小时以上的；

（十二）致使基本农田、防护林地、特种用途林地五亩以上，其他农用地十亩以上，其他土地二十亩以上基本功能丧失或者遭受永久性破坏的；

（十三）致使森林或者其他林木死亡五十立方米以上，或者幼树死亡二千五百株以上的；

（十四）致使疏散、转移群众五千人以上的；

（十五）致使三十人以上中毒的；

（十六）致使三人以上轻伤、轻度残疾或者器官组织损伤导致一般功能障碍的；

（十七）致使一人以上重伤、中度残疾或者器官组织损伤导致严重功能障碍的；

（十八）其他严重污染环境的情形。

第二条　实施刑法第三百三十九条、第四百零八条规定的行为，致使公私财产损失三十万元以

上,或者具有本解释第一条第十项至第十七项规定情形之一的,应当认定为“致使公私财产遭受重大损失或者严重危害人体健康”或者“致使公私财产遭受重大损失或者造成人身伤亡的严重后果”。

第三条 实施刑法第三百三十八条、第三百三十九条规定的行为,具有下列情形之一的,应当认定为“后果特别严重”:

(一)致使县级以上城区集中式饮用水水源取水中断十二小时以上的;

(二)非法排放、倾倒、处置危险废物一百吨以上的;

(三)致使基本农田、防护林地、特种用途林地十五亩以上,其他农用地三十亩以上,其他土地六十亩以上基本功能丧失或者遭受永久性破坏的;

(四)致使森林或者其他林木死亡一百五十立方米以上,或者幼树死亡七千五百株以上的;

(五)致使公私财产损失一百万元以上的;

(六)造成生态环境特别严重损害的;

(七)致使疏散、转移群众一万五千人以上的;

(八)致使一百人以上中毒的;

(九)致使十人以上轻伤、轻度残疾或者器官组织损伤导致一般功能障碍的;

(十)致使三人以上重伤、中度残疾或者器官组织损伤导致严重功能障碍的;

(十一)致使一人以上重伤、中度残疾或者器官组织损伤导致严重功能障碍,并致使五人以上轻伤、轻度残疾或者器官组织损伤导致一般功能障碍的;

(十二)致使一人以上死亡或者重度残疾的;

(十三)其他后果特别严重的情形。

第四条 实施刑法第三百三十八条、第三百三十九条规定的犯罪行为,具有下列情形之一的,应当从重处罚:

(一)阻挠环境监督检查或者突发环境事件调查,尚不构成妨害公务等犯罪的;

(二)在医院、学校、居民区等人口集中地区及其附近,违反国家规定排放、倾倒、处置有放射性的废物、含传染病病原体的废物、有毒物质或者其他有害物质的;

(三)在重污染天气预警期间、突发环境事件处置期间或者被责令限期整改期间,违反国家规定排放、倾倒、处置有放射性的废物、含传染病病原体的废物、有毒物质或者其他有害物质的;

(四)具有危险废物经营许可证的企业违反国家规定排放、倾倒、处置有放射性的废物、含传染病病原体的废物、有毒物质或者其他有害物质的。

第五条 实施刑法第三百三十八条、第三百三十九条规定的行为,刚达到应当追究刑事责任的标准,但行为人及时采取措施,防止损失扩大、消除污染,全部赔偿损失,积极修复生态环境,且系初犯,确有悔罪表现的,可以认定为情节轻微,不起诉或者免予刑事处罚;确有必要判处刑罚的,应当从宽处罚。

第六条 无危险废物经营许可证从事收集、贮存、利用、处置危险废物经营活动,严重污染环境的,按照污染环境罪定罪处罚;同时构成非法经营罪的,依照处罚较重的规定定罪处罚。

实施前款规定的行为,不具有超标排放污染物、非法倾倒污染物或者其他违法造成环境污染的情形的,可以认定为非法经营情节显著轻微危害不大,不认为是犯罪;构成生产、销售伪劣产品等其他犯罪的,以其他犯罪论处。

第七条 明知他人无危险废物经营许可证,向其提供或者委托其收集、贮存、利用、处置危险废物,严重污染环境的,以共同犯罪论处。

第八条 违反国家规定,排放、倾倒、处置含有毒害性、放射性、传染病病原体等物质的污染物,同时构成污染环境罪、非法处置进口的固体废物罪、投放危险物质罪等犯罪的,依照处罚较重的规定定罪处罚。

第九条 环境影响评价机构或其人员,故意提供虚假环境影响评价文件,情节严重的,或者严重不负责任,出具的环境影响评价文件存在重大失实,造成严重后果的,应当依照刑法第二百二十九条、第二百三十一条的规定,以提供虚假证明文件罪或者出具证明文件重大失实罪定罪处罚。

第十条 违反国家规定,针对环境质量监测系统实施下列行为,或者强令、指使、授意他人实施下列行为的,应当依照刑法第二百八十六条的规定,以破坏计算机信息系统罪论处:

(一)修改参数或者监测数据的;

(二)干扰采样,致使监测数据严重失真的;

(三)其他破坏环境质量监测系统的行为。

重点排污单位篡改、伪造自动监测数据或者干扰自动监测设施,排放化学需氧量、氨氮、二氧化硫、氮氧化物等污染物,同时构成污染环境罪和破坏计算机信息系统罪的,依照处罚较重的规定定罪处罚。

从事环境监测设施维护、运营的人员实施或者参与实施篡改、伪造自动监测数据、干扰自动监测设施、破坏环境质量监测系统等行为的,应当从重处罚。

第十一条 单位实施本解释规定的犯罪的,依照本解释规定的定罪量刑标准,对直接负责的主管人员和其他直接责任人员定罪处罚,并对单位判处罚金。

第十二条 环境保护主管部门及其所属监测机构在行政执法过程中收集的监测数据,在刑事诉讼中可以作为证据使用。

公安机关单独或者会同环境保护主管部门,提取污染物样品进行检测获取的数据,在刑事诉讼中可以作为证据使用。

第十三条 对国家危险废物名录所列的废物,可以依据涉案物质的来源、产生过程、被告人供述、证人证言以及经批准或者备案的环境影响评价文件等证据,结合环境保护主管部门、公安机关等出具的书面意见作出认定。

对于危险废物的数量,可以综合被告人供述,涉案企业的生产工艺、物耗、能耗情况,以及经批准或者备案的环境影响评价文件等证据作出认定。

第十四条 对案件所涉的环境污染专门性问题难以确定的,依据司法鉴定机构出具的鉴定意见,或者国务院环境保护主管部门、公安部门指定的机构出具的报告,结合其他证据作出认定。

第十五条 下列物质应当认定为刑法第三百三十八条规定的“有毒物质”:

(一)危险废物,是指列入国家危险废物名录,或者根据国家规定的危险废物鉴别标准和鉴别方法认定的,具有危险特性的废物;

(二)《关于持久性有机污染物的斯德哥尔摩公约》附件所列物质;

(三)含重金属的污染物;

(四)其他具有毒性,可能污染环境的物质。

第十六条 无危险废物经营许可证,以营利为目的,从危险废物中提取物质作为原材料或者燃料,并具有超标排放污染物、非法倾倒污染物或者其他违法造成环境污染的情形的行为,应当认定为“非法处置危险废物”。

第十七条 本解释所称“二年内”,以第一次违法行为受到行政处罚的生效之日与又实施相应行为之日的时间间隔计算确定。

本解释所称“重点排污单位”,是指设区的市级以上人民政府环境保护主管部门依法确定的应当安装、使用污染物排放自动监测设备的重点监控企业及其他单位。

本解释所称“违法所得”,是指实施刑法第三百三十八条、第三百三十九条规定的行为所得和可得的全部违法收入。

本解释所称“公私财产损失”,包括实施刑法第三百三十八条、第三百三十九条规定的行为直接造成财产损毁、减少的实际价值,为防止污染扩大、消除污染而采取必要合理措施所产生的费用,以及处置突发环境事件的应急监测费用。

本解释所称“生态环境损害”,包括生态环境修复费用,生态环境修复期间服务功能的损失和生态环境功能永久性损害造成的损失,以及其他必要合理费用。

本解释所称“无危险废物经营许可证”,是指未取得危险废物经营许可证,或者超出危险废物经营许可证的经营范围。

第十八条 本解释自 2017 年 1 月 1 日起施行。本解释施行后,《最高人民法院、最高人民检察院关于办理环境污染刑事案件适用法律若干问题的解释》(法释〔2013〕15 号)同时废止;之前发布的司法解释与本解释不一致的,以本解释为准。

(一)刑事诉讼

中华人民共和国刑事诉讼法

(1979年7月1日第五届全国人民代表大会第二次会议通过　根据1996年3月17日第八届全国人民代表大会第四次会议《关于修改〈中华人民共和国刑事诉讼法〉的决定》第一次修正　根据2012年3月14日第十一届全国人民代表大会第五次会议《关于修改〈中华人民共和国刑事诉讼法〉的决定》第二次修正　根据2018年10月26日第十三届全国人民代表大会常务委员会第六次会议《关于修改〈中华人民共和国刑事诉讼法〉的决定》第三次修正)

目　　录

第一编　总　　则
第一章　任务和基本原则
第二章　管　　辖
第三章　回　　避
第四章　辩护与代理
第五章　证　　据
第六章　强制措施
第七章　附带民事诉讼
第八章　期间、送达
第九章　其他规定
第二编　立案、侦查和提起公诉
第一章　立　　案
第二章　侦　　查
第一节　一般规定
第二节　讯问犯罪嫌疑人
第三节　询问证人
第四节　勘验、检查
第五节　搜　　查
第六节　查封、扣押物证、书证
第七节　鉴　　定
第八节　技术侦查措施
第九节　通　　缉
第十节　侦查终结
第十一节　人民检察院对直接受理的案件的侦查
第三章　提起公诉
第三编　审　　判
第一章　审判组织
第二章　第一审程序
第一节　公诉案件
第二节　自诉案件
第三节　简易程序
第四节　速裁程序
第三章　第二审程序
第四章　死刑复核程序
第五章　审判监督程序
第四编　执　　行
第五编　特别程序
第一章　未成年人刑事案件诉讼程序
第二章　当事人和解的公诉案件诉讼程序
第三章　缺席审判程序
第四章　犯罪嫌疑人、被告人逃匿、死亡案件违法所得的没收程序
第五章　依法不负刑事责任的精神病人的强制医疗程序
附　　则

第一编　总　　则

第一章　任务和基本原则

第一条　为了保证刑法的正确实施,惩罚犯罪,保护人民,保障国家安全和社会公共安全,维护社会主义社会秩序,根据宪法,制定本法。

第二条　中华人民共和国刑事诉讼法的任务,是保证准确、及时地查明犯罪事实,正确应用法律,惩罚犯罪分子,保障无罪的人不受刑事追究,教育公民自觉遵守法律,积极同犯罪行为作斗争,维护社会主义法制,尊重和保障人权,保护公民的人身权利、财产权利、民主权利和其他权利,保障社会主义建设事业的顺利进行。

第三条　对刑事案件的侦查、拘留、执行逮捕、预审,由公安机关负责。检察、批准逮捕、检察机关直接受理的案件的侦查、提起公诉,由人民检察院负

责。审判由人民法院负责。除法律特别规定的以外，其他任何机关、团体和个人都无权行使这些权力。

人民法院、人民检察院和公安机关进行刑事诉讼，必须严格遵守本法和其他法律的有关规定。

第四条 国家安全机关依照法律规定，办理危害国家安全的刑事案件，行使与公安机关相同的职权。

第五条 人民法院依照法律规定独立行使审判权，人民检察院依照法律规定独立行使检察权，不受行政机关、社会团体和个人的干涉。

第六条 人民法院、人民检察院和公安机关进行刑事诉讼，必须依靠群众，必须以事实为根据，以法律为准绳。对于一切公民，在适用法律上一律平等，在法律面前，不允许有任何特权。

第七条 人民法院、人民检察院和公安机关进行刑事诉讼，应当分工负责，互相配合，互相制约，以保证准确有效地执行法律。

第八条 人民检察院依法对刑事诉讼实行法律监督。

第九条 各民族公民都有用本民族语言文字进行诉讼的权利。人民法院、人民检察院和公安机关对于不通晓当地通用的语言文字的诉讼参与人，应当为他们翻译。

在少数民族聚居或者多民族杂居的地区，应当用当地通用的语言进行审讯，用当地通用的文字发布判决书、布告和其他文件。

第十条 人民法院审判案件，实行两审终审制。

第十一条 人民法院审判案件，除本法另有规定的以外，一律公开进行。被告人有权获得辩护，人民法院有义务保证被告人获得辩护。

第十二条 未经人民法院依法判决，对任何人都不得确定有罪。

第十三条 人民法院审判案件，依照本法实行人民陪审员陪审的制度。

第十四条 人民法院、人民检察院和公安机关应当保障犯罪嫌疑人、被告人和其他诉讼参与人依法享有的辩护权和其他诉讼权利。

诉讼参与人对于审判人员、检察人员和侦查人员侵犯公民诉讼权利和人身侮辱的行为，有权提出控告。

第十五条 犯罪嫌疑人、被告人自愿如实供述自己的罪行，承认指控的犯罪事实，愿意接受处罚的，可以依法从宽处理。

第十六条 有下列情形之一的，不追究刑事责任，已经追究的，应当撤销案件，或者不起诉，或者终止审理，或者宣告无罪：

（一）情节显著轻微、危害不大，不认为是犯罪的；

（二）犯罪已过追诉时效期限的；

（三）经特赦令免除刑罚的；

（四）依照刑法告诉才处理的犯罪，没有告诉或者撤回告诉的；

（五）犯罪嫌疑人、被告人死亡的；

（六）其他法律规定免予追究刑事责任的。

第十七条 对于外国人犯罪应当追究刑事责任的，适用本法的规定。

对于享有外交特权和豁免权的外国人犯罪应当追究刑事责任的，通过外交途径解决。

第十八条 根据中华人民共和国缔结或者参加的国际条约，或者按照互惠原则，我国司法机关和外国司法机关可以相互请求刑事司法协助。

第二章 管 辖

第十九条 刑事案件的侦查由公安机关进行，法律另有规定的除外。

人民检察院在对诉讼活动实行法律监督中发现的司法工作人员利用职权实施的非法拘禁、刑讯逼供、非法搜查等侵犯公民权利、损害司法公正的犯罪，可以由人民检察院立案侦查。对于公安机关管辖的国家机关工作人员利用职权实施的重大犯罪案件，需要由人民检察院直接受理的时候，经省级以上人民检察院决定，可以由人民检察院立案侦查。

自诉案件，由人民法院直接受理。

第二十条 基层人民法院管辖第一审普通刑事案件，但是依照本法由上级人民法院管辖的除外。

第二十一条 中级人民法院管辖下列第一审刑事案件：

（一）危害国家安全、恐怖活动案件；

（二）可能判处无期徒刑、死刑的案件。

第二十二条 高级人民法院管辖的第一审刑事案件，是全省（自治区、直辖市）性的重大刑事案件。

第二十三条 最高人民法院管辖的第一审刑事案件，是全国性的重大刑事案件。

第二十四条 上级人民法院在必要的时候，可以审判下级人民法院管辖的第一审刑事案件;下级人民法院认为案情重大、复杂需要由上级人民法院审判的第一审刑事案件,可以请求移送上一级人民法院审判。

第二十五条 刑事案件由犯罪地的人民法院管辖。如果由被告人居住地的人民法院审判更为适宜的,可以由被告人居住地的人民法院管辖。

第二十六条 几个同级人民法院都有权管辖的案件,由最初受理的人民法院审判。在必要的时候,可以移送主要犯罪地的人民法院审判。

第二十七条 上级人民法院可以指定下级人民法院审判管辖不明的案件,也可以指定下级人民法院将案件移送其他人民法院审判。

第二十八条 专门人民法院案件的管辖另行规定。

第三章　回　　避

第二十九条 审判人员、检察人员、侦查人员有下列情形之一的,应当自行回避,当事人及其法定代理人也有权要求他们回避:

(一) 是本案的当事人或者是当事人的近亲属的;

(二) 本人或者他的近亲属和本案有利害关系的;

(三) 担任过本案的证人、鉴定人、辩护人、诉讼代理人的;

(四) 与本案当事人有其他关系,可能影响公正处理案件的。

第三十条 审判人员、检察人员、侦查人员不得接受当事人及其委托的人的请客送礼,不得违反规定会见当事人及其委托的人。

审判人员、检察人员、侦查人员违反前款规定的,应当依法追究法律责任。当事人及其法定代理人有权要求他们回避。

第三十一条 审判人员、检察人员、侦查人员的回避,应当分别由院长、检察长、公安机关负责人决定;院长的回避,由本院审判委员会决定;检察长和公安机关负责人的回避,由同级人民检察院检察委员会决定。

对侦查人员的回避作出决定前,侦查人员不能停止对案件的侦查。

对驳回申请回避的决定,当事人及其法定代理人可以申请复议一次。

第三十二条 本章关于回避的规定适用于书记员、翻译人员和鉴定人。

辩护人、诉讼代理人可以依照本章的规定要求回避、申请复议。

第四章　辩护与代理

第三十三条 犯罪嫌疑人、被告人除自己行使辩护权以外,还可以委托一至二人作为辩护人。下列的人可以被委托为辩护人:

(一) 律师;

(二) 人民团体或者犯罪嫌疑人、被告人所在单位推荐的人;

(三) 犯罪嫌疑人、被告人的监护人、亲友。

正在被执行刑罚或者依法被剥夺、限制人身自由的人,不得担任辩护人。

被开除公职和被吊销律师、公证员执业证书的人,不得担任辩护人,但系犯罪嫌疑人、被告人的监护人、近亲属的除外。

第三十四条 犯罪嫌疑人自被侦查机关第一次讯问或者采取强制措施之日起,有权委托辩护人;在侦查期间,只能委托律师作为辩护人。被告人有权随时委托辩护人。

侦查机关在第一次讯问犯罪嫌疑人或者对犯罪嫌疑人采取强制措施的时候,应当告知犯罪嫌疑人有权委托辩护人。人民检察院自收到移送审查起诉的案件材料之日起三日以内,应当告知犯罪嫌疑人有权委托辩护人。人民法院自受理案件之日起三日以内,应当告知被告人有权委托辩护人。犯罪嫌疑人、被告人在押期间要求委托辩护人的,人民法院、人民检察院和公安机关应当及时转达其要求。

犯罪嫌疑人、被告人在押的,也可以由其监护人、近亲属代为委托辩护人。

辩护人接受犯罪嫌疑人、被告人委托后,应当及时告知办理案件的机关。

第三十五条 犯罪嫌疑人、被告人因经济困难或者其他原因没有委托辩护人的,本人及其近亲属可以向法律援助机构提出申请。对符合法律援助条件的,法律援助机构应当指派律师为其提供辩护。

犯罪嫌疑人、被告人是盲、聋、哑人,或者是尚未完全丧失辨认或者控制自己行为能力的精神病人，没有委托辩护人的，人民法院、人民检察院和公安机关应当通知法律援助机构指派律师为其提供辩护。

犯罪嫌疑人、被告人可能被判处无期徒刑、死刑，没有委托辩护人的，人民法院、人民检察院和公安机关应当通知法律援助机构指派律师为其提供辩护。

第三十六条 法律援助机构可以在人民法院、看守所等场所派驻值班律师。犯罪嫌疑人、被告人没有委托辩护人，法律援助机构没有指派律师为其提供辩护的，由值班律师为犯罪嫌疑人、被告人提供法律咨询、程序选择建议、申请变更强制措施、对案件处理提出意见等法律帮助。

人民法院、人民检察院、看守所应当告知犯罪嫌疑人、被告人有权约见值班律师，并为犯罪嫌疑人、被告人约见值班律师提供便利。

第三十七条 辩护人的责任是根据事实和法律，提出犯罪嫌疑人、被告人无罪、罪轻或者减轻、免除其刑事责任的材料和意见，维护犯罪嫌疑人、被告人的诉讼权利和其他合法权益。

第三十八条 辩护律师在侦查期间可以为犯罪嫌疑人提供法律帮助；代理申诉、控告；申请变更强制措施；向侦查机关了解犯罪嫌疑人涉嫌的罪名和案件有关情况，提出意见。

第三十九条 辩护律师可以同在押的犯罪嫌疑人、被告人会见和通信。其他辩护人经人民法院、人民检察院许可，也可以同在押的犯罪嫌疑人、被告人会见和通信。

辩护律师持律师执业证书、律师事务所证明和委托书或者法律援助公函要求会见在押的犯罪嫌疑人、被告人的，看守所应当及时安排会见，至迟不得超过四十八小时。

危害国家安全犯罪、恐怖活动犯罪案件，在侦查期间辩护律师会见在押的犯罪嫌疑人，应当经侦查机关许可。上述案件，侦查机关应当事先通知看守所。

辩护律师会见在押的犯罪嫌疑人、被告人，可以了解案件有关情况，提供法律咨询等；自案件移送审查起诉之日起，可以向犯罪嫌疑人、被告人核实有关证据。辩护律师会见犯罪嫌疑人、被告人时不被监听。

辩护律师同被监视居住的犯罪嫌疑人、被告人会见、通信，适用第一款、第三款、第四款的规定。

第四十条 辩护律师自人民检察院对案件审查起诉之日起，可以查阅、摘抄、复制本案的案卷材料。其他辩护人经人民法院、人民检察院许可，也可以查阅、摘抄、复制上述材料。

第四十一条 辩护人认为在侦查、审查起诉期间公安机关、人民检察院收集的证明犯罪嫌疑人、被告人无罪或者罪轻的证据材料未提交的，有权申请人民检察院、人民法院调取。

第四十二条 辩护人收集的有关犯罪嫌疑人不在犯罪现场、未达到刑事责任年龄、属于依法不负刑事责任的精神病人的证据，应当及时告知公安机关、人民检察院。

第四十三条 辩护律师经证人或者其他有关单位和个人同意，可以向他们收集与本案有关的材料，也可以申请人民检察院、人民法院收集、调取证据，或者申请人民法院通知证人出庭作证。

辩护律师经人民检察院或者人民法院许可，并且经被害人或者其近亲属、被害人提供的证人同意，可以向他们收集与本案有关的材料。

第四十四条 辩护人或者其他任何人，不得帮助犯罪嫌疑人、被告人隐匿、毁灭、伪造证据或者串供，不得威胁、引诱证人作伪证以及进行其他干扰司法机关诉讼活动的行为。

违反前款规定的，应当依法追究法律责任，辩护人涉嫌犯罪的，应当由办理辩护人所承办案件的侦查机关以外的侦查机关办理。辩护人是律师的，应当及时通知其所在的律师事务所或者所属的律师协会。

第四十五条 在审判过程中，被告人可以拒绝辩护人继续为他辩护，也可以另行委托辩护人辩护。

第四十六条 公诉案件的被害人及其法定代理人或者近亲属，附带民事诉讼的当事人及其法定代理人，自案件移送审查起诉之日起，有权委托诉讼代理人。自诉案件的自诉人及其法定代理人，附带民事诉讼的当事人及其法定代理人，有权随时委托诉讼代理人。

人民检察院自收到移送审查起诉的案件材料之日起三日以内，应当告知被害人及其法定代理人或者其近亲属、附带民事诉讼的当事人及其法定代理人有权委托诉讼代理人。人民法院自受理自诉案件之日起三日以内，应当告知自诉人及其法定代理人、附带民事诉讼的当事人及其法定代理人有权委托诉讼代理人。

第四十七条 委托诉讼代理人,参照本法第三十三条的规定执行。

第四十八条 辩护律师对在执业活动中知悉的委托人的有关情况和信息,有权予以保密。但是,辩护律师在执业活动中知悉委托人或者其他人,准备或者正在实施危害国家安全、公共安全以及严重危害他人人身安全的犯罪的,应当及时告知司法机关。

第四十九条 辩护人、诉讼代理人认为公安机关、人民检察院、人民法院及其工作人员阻碍其依法行使诉讼权利的,有权向同级或者上一级人民检察院申诉或者控告。人民检察院对申诉或者控告应当及时进行审查,情况属实的,通知有关机关予以纠正。

第五章 证 据

第五十条 可以用于证明案件事实的材料,都是证据。

证据包括:

(一)物证;

(二)书证;

(三)证人证言;

(四)被害人陈述;

(五)犯罪嫌疑人、被告人供述和辩解;

(六)鉴定意见;

(七)勘验、检查、辨认、侦查实验等笔录;

(八)视听资料、电子数据。

证据必须经过查证属实,才能作为定案的根据。

第五十一条 公诉案件中被告人有罪的举证责任由人民检察院承担,自诉案件中被告人有罪的举证责任由自诉人承担。

第五十二条 审判人员、检察人员、侦查人员必须依照法定程序,收集能够证实犯罪嫌疑人、被告人有罪或者无罪、犯罪情节轻重的各种证据。严禁刑讯逼供和以威胁、引诱、欺骗以及其他非法方法收集证据,不得强迫任何人证实自己有罪。必须保证一切与案件有关或者了解案情的公民,有客观地充分地提供证据的条件,除特殊情况外,可以吸收他们协助调查。

第五十三条 公安机关提请批准逮捕书、人民检察院起诉书、人民法院判决书,必须忠实于事实真象。故意隐瞒事实真象的,应当追究责任。

第五十四条 人民法院、人民检察院和公安机关有权向有关单位和个人收集、调取证据。有关单位和个人应当如实提供证据。

行政机关在行政执法和查办案件过程中收集的物证、书证、视听资料、电子数据等证据材料,在刑事诉讼中可以作为证据使用。

对涉及国家秘密、商业秘密、个人隐私的证据,应当保密。

凡是伪造证据、隐匿证据或者毁灭证据的,无论属于何方,必须受法律追究。

第五十五条 对一切案件的判处都要重证据,重调查研究,不轻信口供。只有被告人供述,没有其他证据的,不能认定被告人有罪和处以刑罚;没有被告人供述,证据确实、充分的,可以认定被告人有罪和处以刑罚。

证据确实、充分,应当符合以下条件:

(一)定罪量刑的事实都有证据证明;

(二)据以定案的证据均经法定程序查证属实;

(三)综合全案证据,对所认定事实已排除合理怀疑。

第五十六条 采用刑讯逼供等非法方法收集的犯罪嫌疑人、被告人供述和采用暴力、威胁等非法方法收集的证人证言、被害人陈述,应当予以排除。收集物证、书证不符合法定程序,可能严重影响司法公正的,应当予以补正或者作出合理解释;不能补正或者作出合理解释的,对该证据应当予以排除。

在侦查、审查起诉、审判时发现有应当排除的证据的,应当依法予以排除,不得作为起诉意见、起诉决定和判决的依据。

第五十七条 人民检察院接到报案、控告、举报或者发现侦查人员以非法方法收集证据的,应当进行调查核实。对于确有以非法方法收集证据情形的,应当提出纠正意见;构成犯罪的,依法追究刑事责任。

第五十八条 法庭审理过程中,审判人员认为可能存在本法第五十六条规定的以非法方法收集证据情形的,应当对证据收集的合法性进行法庭调查。

当事人及其辩护人、诉讼代理人有权申请人民法院对以非法方法收集的证据依法予以排除。申请排除以非法方法收集的证据的,应当提供相关线索或者材料。

第五十九条 在对证据收集的合法性进行法庭调查的过程中,人民检察院应当对证据收集的合法性加以证明。

现有证据材料不能证明证据收集的合法性的,人民检察院可以提请人民法院通知有关侦查人员或者其他人员出庭说明情况;人民法院可以通知有关侦查人员或者其他人员出庭说明情况。有关侦查人员或者其他人员也可以要求出庭说明情况。经人民法院通知,有关人员应当出庭。

第六十条 对于经过法庭审理,确认或者不能排除存在本法第五十六条规定的以非法方法收集证据情形的,对有关证据应当予以排除。

第六十一条 证人证言必须在法庭上经过公诉人、被害人和被告人、辩护人双方质证并且查实以后,才能作为定案的根据。法庭查明证人有意作伪证或者隐匿罪证的时候,应当依法处理。

第六十二条 凡是知道案件情况的人,都有作证的义务。

生理上、精神上有缺陷或者年幼,不能辨别是非、不能正确表达的人,不能作证人。

第六十三条 人民法院、人民检察院和公安机关应当保障证人及其近亲属的安全。

对证人及其近亲属进行威胁、侮辱、殴打或者打击报复,构成犯罪的,依法追究刑事责任;尚不够刑事处罚的,依法给予治安管理处罚。

第六十四条 对于危害国家安全犯罪、恐怖活动犯罪、黑社会性质的组织犯罪、毒品犯罪等案件,证人、鉴定人、被害人因在诉讼中作证,本人或者其近亲属的人身安全面临危险的,人民法院、人民检察院和公安机关应当采取以下一项或者多项保护措施:

(一)不公开真实姓名、住址和工作单位等个人信息;

(二)采取不暴露外貌、真实声音等出庭作证措施;

(三)禁止特定的人员接触证人、鉴定人、被害人及其近亲属;

(四)对人身和住宅采取专门性保护措施;

(五)其他必要的保护措施。

证人、鉴定人、被害人认为因在诉讼中作证,本人或者其近亲属的人身安全面临危险的,可以向人民法院、人民检察院、公安机关请求予以保护。

人民法院、人民检察院、公安机关依法采取保护措施,有关单位和个人应当配合。

第六十五条 证人因履行作证义务而支出的交通、住宿、就餐等费用,应当给予补助。证人作证的补助列入司法机关业务经费,由同级政府财政予以保障。

有工作单位的证人作证,所在单位不得克扣或者变相克扣其工资、奖金及其他福利待遇。

第六章 强制措施

第六十六条 人民法院、人民检察院和公安机关根据案件情况,对犯罪嫌疑人、被告人可以拘传、取保候审或者监视居住。

第六十七条 人民法院、人民检察院和公安机关对有下列情形之一的犯罪嫌疑人、被告人,可以取保候审:

(一)可能判处管制、拘役或者独立适用附加刑的;

(二)可能判处有期徒刑以上刑罚,采取取保候审不致发生社会危险性的;

(三)患有严重疾病、生活不能自理,怀孕或者正在哺乳自己婴儿的妇女,采取取保候审不致发生社会危险性的;

(四)羁押期限届满,案件尚未办结,需要采取取保候审的。

取保候审由公安机关执行。

第六十八条 人民法院、人民检察院和公安机关决定对犯罪嫌疑人、被告人取保候审,应当责令犯罪嫌疑人、被告人提出保证人或者交纳保证金。

第六十九条 保证人必须符合下列条件:

(一) 与本案无牵连;

(二) 有能力履行保证义务;

(三) 享有政治权利,人身自由未受到限制;

(四) 有固定的住处和收入。

第七十条 保证人应当履行以下义务:

(一)监督被保证人遵守本法第七十一条的规定;

(二)发现被保证人可能发生或者已经发生违反本法第七十一条规定的行为的,应当及时向执行机关报告。

被保证人有违反本法第七十一条规定的行为,保证人未履行保证义务的,对保证人处以罚款,构成犯罪的，依法追究刑事责任。

第七十一条 被取保候审的犯罪嫌疑人、被告人应当遵守以下规定：

（一）未经执行机关批准不得离开所居住的市、县；

（二）住址、工作单位和联系方式发生变动的，在二十四小时以内向执行机关报告；

（三）在传讯的时候及时到案；

（四）不得以任何形式干扰证人作证；

（五）不得毁灭、伪造证据或者串供。

人民法院、人民检察院和公安机关可以根据案件情况，责令被取保候审的犯罪嫌疑人、被告人遵守以下一项或者多项规定：

（一）不得进入特定的场所；

（二）不得与特定的人员会见或者通信；

（三）不得从事特定的活动；

（四）将护照等出入境证件、驾驶证件交执行机关保存。

被取保候审的犯罪嫌疑人、被告人违反前两款规定，已交纳保证金的，没收部分或者全部保证金，并且区别情形，责令犯罪嫌疑人、被告人具结悔过，重新交纳保证金、提出保证人，或者监视居住、予以逮捕。

对违反取保候审规定，需要予以逮捕的，可以对犯罪嫌疑人、被告人先行拘留。

第七十二条 取保候审的决定机关应当综合考虑保证诉讼活动正常进行的需要，被取保候审人的社会危险性，案件的性质、情节，可能判处刑罚的轻重，被取保候审人的经济状况等情况，确定保证金的数额。

提供保证金的人应当将保证金存入执行机关指定银行的专门账户。

第七十三条 犯罪嫌疑人、被告人在取保候审期间未违反本法第七十一条规定的，取保候审结束的时候，凭解除取保候审的通知或者有关法律文书到银行领取退还的保证金。

第七十四条 人民法院、人民检察院和公安机关对符合逮捕条件，有下列情形之一的犯罪嫌疑人、被告人，可以监视居住：

（一）患有严重疾病、生活不能自理的；

（二）怀孕或者正在哺乳自己婴儿的妇女；

（三）系生活不能自理的人的唯一扶养人；

（四）因为案件的特殊情况或者办理案件的需要，采取监视居住措施更为适宜的；

（五）羁押期限届满，案件尚未办结，需要采取监视居住措施的。

对符合取保候审条件，但犯罪嫌疑人、被告人不能提出保证人，也不交纳保证金的，可以监视居住。

监视居住由公安机关执行。

第七十五条 监视居住应当在犯罪嫌疑人、被告人的住处执行；无固定住处的，可以在指定的居所执行。对于涉嫌危害国家安全犯罪、恐怖活动犯罪，在住处执行可能有碍侦查的，经上一级公安机关批准，也可以在指定的居所执行。但是，不得在羁押场所、专门的办案场所执行。

指定居所监视居住的，除无法通知的以外，应当在执行监视居住后二十四小时以内，通知被监视居住人的家属。

被监视居住的犯罪嫌疑人、被告人委托辩护人，适用本法第三十四条的规定。

人民检察院对指定居所监视居住的决定和执行是否合法实行监督。

第七十六条 指定居所监视居住的期限应当折抵刑期。被判处管制的，监视居住一日折抵刑期一日；被判处拘役、有期徒刑的，监视居住二日折抵刑期一日。

第七十七条 被监视居住的犯罪嫌疑人、被告人应当遵守以下规定：

（一）未经执行机关批准不得离开执行监视居住的处所；

（二）未经执行机关批准不得会见他人或者通信；

（三）在传讯的时候及时到案；

（四）不得以任何形式干扰证人作证；

（五）不得毁灭、伪造证据或者串供；

（六）将护照等出入境证件、身份证件、驾驶证件交执行机关保存。

被监视居住的犯罪嫌疑人、被告人违反前款规定，情节严重的，可以予以逮捕；需要予以逮捕的，可以对犯罪嫌疑人、被告人先行拘留。

第七十八条 执行机关对被监视居住的犯罪嫌疑人、被告人，可以采取电子监控、不定期检查等监视方法对其遵守监视居住规定的情况进行监督；在侦查期间，可以对被监视居住的犯罪嫌疑人的通信进行监控。

第七十九条 人民法院、人民检察院和公安机关对犯罪嫌疑人、被告人取保候审最长不得超过十二个月,监视居住最长不得超过六个月。

在取保候审、监视居住期间,不得中断对案件的侦查、起诉和审理。对于发现不应当追究刑事责任或者取保候审、监视居住期限届满的,应当及时解除取保候审、监视居住。解除取保候审、监视居住,应当及时通知被取保候审、监视居住人和有关单位。

第八十条 逮捕犯罪嫌疑人、被告人,必须经过人民检察院批准或者人民法院决定,由公安机关执行。

第八十一条 对有证据证明有犯罪事实,可能判处徒刑以上刑罚的犯罪嫌疑人、被告人,采取取保候审尚不足以防止发生下列社会危险性的,应当予以逮捕:

(一)可能实施新的犯罪的;

(二)有危害国家安全、公共安全或者社会秩序的现实危险的;

(三)可能毁灭、伪造证据,干扰证人作证或者串供的;

(四)可能对被害人、举报人、控告人实施打击报复的;

(五)企图自杀或者逃跑的。

批准或者决定逮捕,应当将犯罪嫌疑人、被告人涉嫌犯罪的性质、情节,认罪认罚等情况,作为是否可能发生社会危险性的考虑因素。

对有证据证明有犯罪事实,可能判处十年有期徒刑以上刑罚的,或者有证据证明有犯罪事实,可能判处徒刑以上刑罚,曾经故意犯罪或者身份不明的,应当予以逮捕。

被取保候审、监视居住的犯罪嫌疑人、被告人违反取保候审、监视居住规定,情节严重的,可以予以逮捕。

第八十二条 公安机关对于现行犯或者重大嫌疑分子,如果有下列情形之一的,可以先行拘留:

(一) 正在预备犯罪、实行犯罪或者在犯罪后即时被发觉的;

(二) 被害人或者在场亲眼看见的人指认他犯罪的;

(三) 在身边或者住处发现有犯罪证据的;

(四) 犯罪后企图自杀、逃跑或者在逃的;

(五) 有毁灭、伪造证据或者串供可能的;

(六) 不讲真实姓名、住址,身份不明的;

(七) 有流窜作案、多次作案、结伙作案重大嫌疑的。

第八十三条 公安机关在异地执行拘留、逮捕的时候,应当通知被拘留、逮捕人所在地的公安机关,被拘留、逮捕人所在地的公安机关应当予以配合。

第八十四条 对于有下列情形的人,任何公民都可以立即扭送公安机关、人民检察院或者人民法院处理:

(一) 正在实行犯罪或者在犯罪后即时被发觉的;

(二) 通缉在案的;

(三) 越狱逃跑的;

(四) 正在被追捕的。

第八十五条 公安机关拘留人的时候,必须出示拘留证。

拘留后,应当立即将被拘留人送看守所羁押,至迟不得超过二十四小时。除无法通知或者涉嫌危害国家安全犯罪、恐怖活动犯罪通知可能有碍侦查的情形以外,应当在拘留后二十四小时以内,通知被拘留人的家属。有碍侦查的情形消失以后,应当立即通知被拘留人的家属。

第八十六条 公安机关对被拘留的人,应当在拘留后的二十四小时以内进行讯问。在发现不应当拘留的时候,必须立即释放,发给释放证明。

第八十七条 公安机关要求逮捕犯罪嫌疑人的时候,应当写出提请批准逮捕书,连同案卷材料、证据,一并移送同级人民检察院审查批准。必要的时候,人民检察院可以派人参加公安机关对于重大案件的讨论。

第八十八条 人民检察院审查批准逮捕,可以讯问犯罪嫌疑人;有下列情形之一的,应当讯问犯罪嫌疑人:

(一)对是否符合逮捕条件有疑问的;

(二)犯罪嫌疑人要求向检察人员当面陈述的;

(三)侦查活动可能有重大违法行为的。

人民检察院审查批准逮捕,可以询问证人等诉讼参与人,听取辩护律师的意见;辩护律师提出要求的,应当听取辩护律师的意见。

第八十九条 人民检察院审查批准逮捕犯罪嫌疑人由检察长决定。重大案件应当提交检察委员会讨论决定。

第九十条 人民检察院对于公安机关提请批准逮捕的案件进行审查后，应当根据情况分别作出批准逮捕或者不批准逮捕的决定。对于批准逮捕的决定，公安机关应当立即执行，并且将执行情况及时通知人民检察院。对于不批准逮捕的，人民检察院应当说明理由，需要补充侦查的，应当同时通知公安机关。

第九十一条 公安机关对被拘留的人，认为需要逮捕的，应当在拘留后的三日以内，提请人民检察院审查批准。在特殊情况下，提请审查批准的时间可以延长一日至四日。

对于流窜作案、多次作案、结伙作案的重大嫌疑分子，提请审查批准的时间可以延长至三十日。

人民检察院应当自接到公安机关提请批准逮捕书后的七日以内，作出批准逮捕或者不批准逮捕的决定。人民检察院不批准逮捕的，公安机关应当在接到通知后立即释放，并且将执行情况及时通知人民检察院。对于需要继续侦查，并且符合取保候审、监视居住条件的，依法取保候审或者监视居住。

第九十二条 公安机关对人民检察院不批准逮捕的决定，认为有错误的时候，可以要求复议，但是必须将被拘留的人立即释放。如果意见不被接受，可以向上一级人民检察院提请复核。上级人民检察院应当立即复核，作出是否变更的决定，通知下级人民检察院和公安机关执行。

第九十三条 公安机关逮捕人的时候，必须出示逮捕证。

逮捕后，应当立即将被逮捕人送看守所羁押。除无法通知的以外，应当在逮捕后二十四小时以内，通知被逮捕人的家属。

第九十四条 人民法院、人民检察院对于各自决定逮捕的人，公安机关对于经人民检察院批准逮捕的人，都必须在逮捕后的二十四小时以内进行讯问。在发现不应当逮捕的时候，必须立即释放，发给释放证明。

第九十五条 犯罪嫌疑人、被告人被逮捕后，人民检察院仍应当对羁押的必要性进行审查。对不需要继续羁押的，应当建议予以释放或者变更强制措施。有关机关应当在十日以内将处理情况通知人民检察院。

第九十六条 人民法院、人民检察院和公安机关如果发现对犯罪嫌疑人、被告人采取强制措施不当的，应当及时撤销或者变更。公安机关释放被逮捕的人或者变更逮捕措施的，应当通知原批准的人民检察院。

第九十七条 犯罪嫌疑人、被告人及其法定代理人、近亲属或者辩护人有权申请变更强制措施。人民法院、人民检察院和公安机关收到申请后，应当在三日以内作出决定；不同意变更强制措施的，应当告知申请人，并说明不同意的理由。

第九十八条 犯罪嫌疑人、被告人被羁押的案件，不能在本法规定的侦查羁押、审查起诉、一审、二审期限内办结的，对犯罪嫌疑人、被告人应当予以释放；需要继续查证、审理的，对犯罪嫌疑人、被告人可以取保候审或者监视居住。

第九十九条 人民法院、人民检察院或者公安机关对被采取强制措施法定期限届满的犯罪嫌疑人、被告人，应当予以释放、解除取保候审、监视居住或者依法变更强制措施。犯罪嫌疑人、被告人及其法定代理人、近亲属或者辩护人对于人民法院、人民检察院或者公安机关采取强制措施法定期限届满的，有权要求解除强制措施。

第一百条 人民检察院在审查批准逮捕工作中，如果发现公安机关的侦查活动有违法情况，应当通知公安机关予以纠正，公安机关应当将纠正情况通知人民检察院。

第七章 附带民事诉讼

第一百零一条 被害人由于被告人的犯罪行为而遭受物质损失的，在刑事诉讼过程中，有权提起附带民事诉讼。被害人死亡或者丧失行为能力的，被害人的法定代理人、近亲属有权提起附带民事诉讼。

如果是国家财产、集体财产遭受损失的，人民检察院在提起公诉的时候，可以提起附带民事诉讼。

第一百零二条 人民法院在必要的时候，可以采取保全措施，查封、扣押或者冻结被告人的财产。附带民事诉讼原告人或者人民检察院可以申请人民法院采取保全措施。人民法院采取保全措施，适用民事诉讼法的有关规定。

第一百零三条 人民法院审理附带民事诉讼案件，可以进行调解，或者根据物质损失情况作出判决、裁定。

第一百零四条 附带民事诉讼应当同刑事案件一并审判，只有为了防止刑事案件审判的过分迟延，才可以在刑事案件审判后，由同一审判组织继续审理附带民事诉讼。

第八章 期间、送达

第一百零五条 期间以时、日、月计算。

期间开始的时和日不算在期间以内。

法定期间不包括路途上的时间。上诉状或者其他文件在期满前已经交邮的，不算过期。

期间的最后一日为节假日的，以节假日后的第一日为期满日期，但犯罪嫌疑人、被告人或者罪犯在押期间，应当至期满之日为止，不得因节假日而延长。

第一百零六条 当事人由于不能抗拒的原因或者有其他正当理由而耽误期限的，在障碍消除后五日以内，可以申请继续进行应当在期满以前完成的诉讼活动。

前款申请是否准许，由人民法院裁定。

第一百零七条 送达传票、通知书和其他诉讼文件应当交给收件人本人；如果本人不在，可以交给他的成年家属或者所在单位的负责人员代收。

收件人本人或者代收人拒绝接收或者拒绝签名、盖章的时候，送达人可以邀请他的邻居或者其他见证人到场，说明情况，把文件留在他的住处，在送达证上记明拒绝的事由、送达的日期，由送达人签名，即认为已经送达。

第九章 其他规定

第一百零八条 本法下列用语的含意是：

（一）“侦查”是指公安机关、人民检察院对于刑事案件，依照法律进行的收集证据、查明案情的工作和有关的强制性措施；

（二）“当事人”是指被害人、自诉人、犯罪嫌疑人、被告人、附带民事诉讼的原告人和被告人；

（三）“法定代理人”是指被代理人的父母、养父母、监护人和负有保护责任的机关、团体的代表；

（四）“诉讼参与人”是指当事人、法定代理人、诉讼代理人、辩护人、证人、鉴定人和翻译人员；

（五）“诉讼代理人”是指公诉案件的被害人及其法定代理人或者近亲属、自诉案件的自诉人及其法定代理人委托代为参加诉讼的人和附带民事诉讼的当事人及其法定代理人委托代为参加诉讼的人；

（六）“近亲属”是指夫、妻、父、母、子、女、同胞兄弟姊妹。

第二编 立案、侦查和提起公诉

第一章 立 案

第一百零九条 公安机关或者人民检察院发现犯罪事实或者犯罪嫌疑人，应当按照管辖范围，立案侦查。

第一百一十条 任何单位和个人发现有犯罪事实或者犯罪嫌疑人，有权利也有义务向公安机关、人民检察院或者人民法院报案或者举报。

被害人对侵犯其人身、财产权利的犯罪事实或者犯罪嫌疑人，有权向公安机关、人民检察院或者人民法院报案或者控告。

公安机关、人民检察院或者人民法院对于报案、控告、举报，都应当接受。对于不属于自己管辖的，应当移送主管机关处理，并且通知报案人、控告人、举报人；对于不属于自己管辖而又必须采取紧急措施的，应当先采取紧急措施，然后移送主管机关。

犯罪人向公安机关、人民检察院或者人民法院自首的，适用第三款规定。

第一百一十一条 报案、控告、举报可以用书面或者口头提出。接受口头报案、控告、举报的工作人员，应当写成笔录，经宣读无误后，由报案人、控告人、举报人签名或者盖章。

接受控告、举报的工作人员，应当向控告人、举报人说明诬告应负的法律责任。但是，只要不是捏造事实，伪造证据，即使控告、举报的事实有出入，甚至是错告的，也要和诬告严格加以区别。

公安机关、人民检察院或者人民法院应当保障报案人、控告人、举报人及其近亲属的安全。报案人、控告人、举报人如果不愿公开自己的姓名和报案、控告、举报的行为，应当为他保守秘密。

第一百一十二条 人民法院、人民检察院或者公安机关对于报案、控告、举报和自首的材料，应当按照管辖范围，迅速进行审查，认为有犯罪事实需要追究刑事责任的时候，应当立案；认为没有犯罪事实，或者犯罪事实显著轻微，不需要追究刑事责任的时候，不予立案，并且将不立案的原因通知控告人。控告人如果不服，可以申请复议。

第一百一十三条 人民检察院认为公安机关对应当立案侦查的案件而不立案侦查的，或者被害人认为公安机关对应当立案侦查的案件而不立案侦查，向人民检察院提出的，人民检察院应当要求公安机关说明不立案的理由。人民检察院认为公安机关不立案理由不能成立的，应当通知公安机关立案，公安机关接到通知后应当立案。

第一百一十四条 对于自诉案件，被害人有权向人民法院直接起诉。被害人死亡或者丧失行为能力的，被害人的法定代理人、近亲属有权向人民法院起诉。人民法院应当依法受理。

第二章 侦 查

第一节 一般规定

第一百一十五条 公安机关对已经立案的刑事案件，应当进行侦查，收集、调取犯罪嫌疑人有罪或者无罪、罪轻或者罪重的证据材料。对现行犯或者重大嫌疑分子可以依法先行拘留，对符合逮捕条件的犯罪嫌疑人，应当依法逮捕。

第一百一十六条 公安机关经过侦查，对有证据证明有犯罪事实的案件，应当进行预审，对收集、调取的证据材料予以核实。

第一百一十七条 当事人和辩护人、诉讼代理人、利害关系人对于司法机关及其工作人员有下列行为之一的，有权向该机关申诉或者控告：

（一）采取强制措施法定期限届满，不予以释放、解除或者变更的；

（二）应当退还取保候审保证金不退还的；

（三）对与案件无关的财物采取查封、扣押、冻结措施的；

（四）应当解除查封、扣押、冻结不解除的；

（五）贪污、挪用、私分、调换、违反规定使用查封、扣押、冻结的财物的。

受理申诉或者控告的机关应当及时处理。对处理不服的，可以向同级人民检察院申诉；人民检察院直接受理的案件，可以向上一级人民检察院申诉。人民检察院对申诉应当及时进行审查，情况属实的，通知有关机关予以纠正。

第二节 讯问犯罪嫌疑人

第一百一十八条 讯问犯罪嫌疑人必须由人民检察院或者公安机关的侦查人员负责进行。讯问的时候，侦查人员不得少于二人。

犯罪嫌疑人被送交看守所羁押以后，侦查人员对其进行讯问，应当在看守所内进行。

第一百一十九条 对不需要逮捕、拘留的犯罪嫌疑人，可以传唤到犯罪嫌疑人所在市、县内的指定地点或者到他的住处进行讯问，但是应当出示人民检察院或者公安机关的证明文件。对在现场发现的犯罪嫌疑人，经出示工作证件，可以口头传唤，但应当在讯问笔录中注明。

传唤、拘传持续的时间不得超过十二小时；案情特别重大、复杂，需要采取拘留、逮捕措施的，传唤、拘传持续的时间不得超过二十四小时。

不得以连续传唤、拘传的形式变相拘禁犯罪嫌疑人。传唤、拘传犯罪嫌疑人，应当保证犯罪嫌疑人的饮食和必要的休息时间。

第一百二十条 侦查人员在讯问犯罪嫌疑人的时候，应当首先讯问犯罪嫌疑人是否有犯罪行为，让他陈述有罪的情节或者无罪的辩解，然后向他提出问题。犯罪嫌疑人对侦查人员的提问，应当如实回答。但是对与本案无关的问题，有拒绝回答的权利。

侦查人员在讯问犯罪嫌疑人的时候，应当告知犯罪嫌疑人享有的诉讼权利，如实供述自己罪行可以从宽处理和认罪认罚的法律规定。

第一百二十一条 讯问聋、哑的犯罪嫌疑人，应当有通晓聋、哑手势的人参加，并且将这种情况记明笔录。

第一百二十二条 讯问笔录应当交犯罪嫌疑人核对，对于没有阅读能力的，应当向他宣读。如果记载有遗漏或者差错，犯罪嫌疑人可以提出补充或者改正。犯罪嫌疑人承认笔录没有错误后，应当签名或者盖章。侦查人员也应当在笔录上签名。犯罪嫌疑人请求自行书写供述的，应当准许。必要的时候，侦查人员也可以要犯罪嫌疑人亲笔书写供词。

第一百二十三条 侦查人员在讯问犯罪嫌疑人的时候，可以对讯问过程进行录音或者录像；对于可能判处无期徒刑、死刑的案件或者其他重大犯罪案件，应当对讯问过程进行录音或者录像。

录音或者录像应当全程进行，保持完整性。

第三节 询问证人

第一百二十四条 侦查人员询问证人，可以在现场进行，也可以到证人所在单位、住处或者证人提出的地点进行，在必要的时候，可以通知证人到人民检察院或者公安机关提供证言。在现场询问证人，应当出示工作证件，到证人所在单位、住处或者证人提出的地点询问证人，应当出示人民检察院或者公安机关的证明文件。

询问证人应当个别进行。

第一百二十五条 询问证人，应当告知他应当如实地提供证据、证言和有意作伪证或者隐匿罪证要负的法律责任。

第一百二十六条 本法第一百二十二条的规定，也适用于询问证人。

第一百二十七条 询问被害人，适用本节各条规定。

第四节 勘验、检查

第一百二十八条 侦查人员对于与犯罪有关的场所、物品、人身、尸体应当进行勘验或者检查。在必要的时候，可以指派或者聘请具有专门知识的人，在侦查人员的主持下进行勘验、检查。

第一百二十九条 任何单位和个人，都有义务保护犯罪现场，并且立即通知公安机关派员勘验。

第一百三十条 侦查人员执行勘验、检查，必须持有人民检察院或者公安机关的证明文件。

第一百三十一条 对于死因不明的尸体，公安机关有权决定解剖，并且通知死者家属到场。

第一百三十二条 为了确定被害人、犯罪嫌疑人的某些特征、伤害情况或者生理状态，可以对人身进行检查，可以提取指纹信息，采集血液、尿液等生物样本。

犯罪嫌疑人如果拒绝检查，侦查人员认为必要的时候，可以强制检查。

检查妇女的身体，应当由女工作人员或者医师进行。

第一百三十三条 勘验、检查的情况应当写成笔录，由参加勘验、检查的人和见证人签名或者盖章。

第一百三十四条 人民检察院审查案件的时候，对公安机关的勘验、检查，认为需要复验、复查时，可以要求公安机关复验、复查，并且可以派检察人员参加。

第一百三十五条 为了查明案情，在必要的时候，经公安机关负责人批准，可以进行侦查实验。

侦查实验的情况应当写成笔录，由参加实验的人签名或者盖章。

侦查实验，禁止一切足以造成危险、侮辱人格或者有伤风化的行为。

第五节 搜 查

第一百三十六条 为了收集犯罪证据、查获犯罪人，侦查人员可以对犯罪嫌疑人以及可能隐藏罪犯或者犯罪证据的人的身体、物品、住处和其他有关的地方进行搜查。

第一百三十七条 任何单位和个人，有义务按照人民检察院和公安机关的要求，交出可以证明犯罪嫌疑人有罪或者无罪的物证、书证、视听资料等证据。

第一百三十八条 进行搜查，必须向被搜查人出示搜查证。

在执行逮捕、拘留的时候，遇有紧急情况，不另用搜查证也可以进行搜查。

第一百三十九条 在搜查的时候，应当有被搜查人或者他的家属，邻居或者其他见证人在场。

搜查妇女的身体，应当由女工作人员进行。

第一百四十条 搜查的情况应当写成笔录，由侦查人员和被搜查人或者他的家属，邻居或者其他见证人签名或者盖章。如果被搜查人或者他的家属在逃或者拒绝签名、盖章，应当在笔录上注明。

第六节 查封、扣押物证、书证

第一百四十一条 在侦查活动中发现的可用以证明犯罪嫌疑人有罪或者无罪的各种财物、文件，应当查封、扣押；与案件无关的财物、文件，不得查封、扣押。

对查封、扣押的财物、文件，要妥善保管或者封存，不得使用、调换或者损毁。

第一百四十二条 对查封、扣押的财物、文件，应当会同在场见证人和被查封、扣押财物、文件持有人查点清楚，当场开列清单一式二份，由侦查人员、见证人和持有人签名或者盖章，一份交给持有人，另一份附卷备查。

第一百四十三条 侦查人员认为需要扣押犯罪嫌疑人的邮件、电报的时候，经公安机关或者人民检察院批准，即可通知邮电机关将有关的邮件、电报检交扣押。

不需要继续扣押的时候，应即通知邮电机关。

第一百四十四条 人民检察院、公安机关根据侦查犯罪的需要，可以依照规定查询、冻结犯罪嫌疑人的存款、汇款、债券、股票、基金份额等财产。有关单位和个人应当配合。

犯罪嫌疑人的存款、汇款、债券、股票、基金份额等财产已被冻结的,不得重复冻结。

第一百四十五条 对查封、扣押的财物、文件、邮件、电报或者冻结的存款、汇款、债券、股票、基金份额等财产,经查明确实与案件无关的,应当在三日以内解除查封、扣押、冻结,予以退还。

第七节 鉴 定

第一百四十六条 为了查明案情,需要解决案件中某些专门性问题的时候,应当指派、聘请有专门知识的人进行鉴定。

第一百四十七条 鉴定人进行鉴定后,应当写出鉴定意见,并且签名。

鉴定人故意作虚假鉴定的,应当承担法律责任。

第一百四十八条 侦查机关应当将用作证据的鉴定意见告知犯罪嫌疑人、被害人。如果犯罪嫌疑人、被害人提出申请,可以补充鉴定或者重新鉴定。

第一百四十九条 对犯罪嫌疑人作精神病鉴定的期间不计入办案期限。

第八节 技术侦查措施

第一百五十条 公安机关在立案后,对于危害国家安全犯罪、恐怖活动犯罪、黑社会性质的组织犯罪、重大毒品犯罪或者其他严重危害社会的犯罪案件,根据侦查犯罪的需要,经过严格的批准手续,可以采取技术侦查措施。

人民检察院在立案后,对于利用职权实施的严重侵犯公民人身权利的重大犯罪案件,根据侦查犯罪的需要,经过严格的批准手续,可以采取技术侦查措施,按照规定交有关机关执行。

追捕被通缉或者批准、决定逮捕的在逃的犯罪嫌疑人、被告人,经过批准,可以采取追捕所必需的技术侦查措施。

第一百五十一条 批准决定应当根据侦查犯罪的需要,确定采取技术侦查措施的种类和适用对象。批准决定自签发之日起三个月以内有效。对于不需要继续采取技术侦查措施的,应当及时解除;对于复杂、疑难案件,期限届满仍有必要继续采取技术侦查措施的,经过批准,有效期可以延长,每次不得超过三个月。

第一百五十二条 采取技术侦查措施,必须严格按照批准的措施种类、适用对象和期限执行。

侦查人员对采取技术侦查措施过程中知悉的国家秘密、商业秘密和个人隐私,应当保密;对采取技术侦查措施获取的与案件无关的材料,必须及时销毁。

采取技术侦查措施获取的材料,只能用于对犯罪的侦查、起诉和审判,不得用于其他用途。

公安机关依法采取技术侦查措施,有关单位和个人应当配合,并对有关情况予以保密。

第一百五十三条 为了查明案情,在必要的时候,经公安机关负责人决定,可以由有关人员隐匿其身份实施侦查。但是,不得诱使他人犯罪,不得采用可能危害公共安全或者发生重大人身危险的方法。

对涉及给付毒品等违禁品或者财物的犯罪活动,公安机关根据侦查犯罪的需要,可以依照规定实施控制下交付。

第一百五十四条 依照本节规定采取侦查措施收集的材料在刑事诉讼中可以作为证据使用。如果使用该证据可能危及有关人员的人身安全,或者可能产生其他严重后果的,应当采取不暴露有关人员身份、技术方法等保护措施,必要的时候,可以由审判人员在庭外对证据进行核实。

第九节 通 缉

第一百五十五条 应当逮捕的犯罪嫌疑人如果在逃,公安机关可以发布通缉令,采取有效措施,追捕归案。

各级公安机关在自己管辖的地区以内,可以直接发布通缉令;超出自己管辖的地区,应当报请有权决定的上级机关发布。

第十节 侦查终结

第一百五十六条 对犯罪嫌疑人逮捕后的侦查羁押期限不得超过二个月。案情复杂、期限届满不能终结的案件,可以经上一级人民检察院批准延长一个月。

第一百五十七条 因为特殊原因,在较长时间内不宜交付审判的特别重大复杂的案件,由最高人民检察院报请全国人民代表大会常务委员会批准延期审理。

第一百五十八条 下列案件在本法第一百五

十六条规定的期限届满不能侦查终结的，经省、自治区、直辖市人民检察院批准或者决定，可以延长二个月：

（一）交通十分不便的边远地区的重大复杂案件；

（二）重大的犯罪集团案件；

（三）流窜作案的重大复杂案件；

（四）犯罪涉及面广，取证困难的重大复杂案件。

第一百五十九条 对犯罪嫌疑人可能判处十年有期徒刑以上刑罚，依照本法第一百五十八条规定延长期限届满，仍不能侦查终结的，经省、自治区、直辖市人民检察院批准或者决定，可以再延长二个月。

第一百六十条 在侦查期间，发现犯罪嫌疑人另有重要罪行的，自发现之日起依照本法第一百五十六条的规定重新计算侦查羁押期限。

犯罪嫌疑人不讲真实姓名、住址，身份不明的，应当对其身份进行调查，侦查羁押期限自查清其身份之日起计算，但是不得停止对其犯罪行为的侦查取证。对于犯罪事实清楚，证据确实、充分，确实无法查明其身份的，也可以按其自报的姓名起诉、审判。

第一百六十一条 在案件侦查终结前，辩护律师提出要求的，侦查机关应当听取辩护律师的意见，并记录在案。辩护律师提出书面意见的，应当附卷。

第一百六十二条 公安机关侦查终结的案件，应当做到犯罪事实清楚，证据确实、充分，并且写出起诉意见书，连同案卷材料、证据一并移送同级人民检察院审查决定；同时将案件移送情况告知犯罪嫌疑人及其辩护律师。

犯罪嫌疑人自愿认罪的，应当记录在案，随案移送，并在起诉意见书中写明有关情况。

第一百六十三条 在侦查过程中，发现不应对犯罪嫌疑人追究刑事责任的，应当撤销案件；犯罪嫌疑人已被逮捕的，应当立即释放，发给释放证明，并且通知原批准逮捕的人民检察院。

第十一节 人民检察院对直接受理的案件的侦查

第一百六十四条 人民检察院对直接受理的案件的侦查适用本章规定。

第一百六十五条 人民检察院直接受理的案件中符合本法第八十一条、第八十二条第四项、第五项规定情形，需要逮捕、拘留犯罪嫌疑人的，由人民检察院作出决定，由公安机关执行。

第一百六十六条 人民检察院对直接受理的案件中被拘留的人，应当在拘留后的二十四小时以内进行讯问。在发现不应当拘留的时候，必须立即释放，发给释放证明。

第一百六十七条 人民检察院对直接受理的案件中被拘留的人，认为需要逮捕的，应当在十四日以内作出决定。在特殊情况下，决定逮捕的时间可以延长一日至三日。对不需要逮捕的，应当立即释放；对需要继续侦查，并且符合取保候审、监视居住条件的，依法取保候审或者监视居住。

第一百六十八条 人民检察院侦查终结的案件，应当作出提起公诉、不起诉或者撤销案件的决定。

第三章 提起公诉

第一百六十九条 凡需要提起公诉的案件，一律由人民检察院审查决定。

第一百七十条 人民检察院对于监察机关移送起诉的案件，依照本法和监察法的有关规定进行审查。人民检察院经审查，认为需要补充核实的，应当退回监察机关补充调查，必要时可以自行补充侦查。

对于监察机关移送起诉的已采取留置措施的案件，人民检察院应当对犯罪嫌疑人先行拘留，留置措施自动解除。人民检察院应当在拘留后的十日以内作出是否逮捕、取保候审或者监视居住的决定。在特殊情况下，决定的时间可以延长一日至四日。人民检察院决定采取强制措施的期间不计入审查起诉期限。

第一百七十一条 人民检察院审查案件的时候，必须查明：

（一）犯罪事实、情节是否清楚，证据是否确实、充分，犯罪性质和罪名的认定是否正确；

（二）有无遗漏罪行和其他应当追究刑事责任的人；

（三）是否属于不应追究刑事责任的；

（四）有无附带民事诉讼；

（五）侦查活动是否合法。

第一百七十二条 人民检察院对于监察机关、公安机关移送起诉的案件,应当在一个月以内作出决定,重大、复杂的案件,可以延长十五日;犯罪嫌疑人认罪认罚,符合速裁程序适用条件的,应当在十日以内作出决定,对可能判处的有期徒刑超过一年的,可以延长至十五日。

人民检察院审查起诉的案件,改变管辖的,从改变后的人民检察院收到案件之日起计算审查起诉期限。

第一百七十三条 人民检察院审查案件,应当讯问犯罪嫌疑人,听取辩护人或者值班律师、被害人及其诉讼代理人的意见,并记录在案。辩护人或者值班律师、被害人及其诉讼代理人提出书面意见的,应当附卷。

犯罪嫌疑人认罪认罚的,人民检察院应当告知其享有的诉讼权利和认罪认罚的法律规定,听取犯罪嫌疑人、辩护人或者值班律师、被害人及其诉讼代理人对下列事项的意见,并记录在案:

(一)涉嫌的犯罪事实、罪名及适用的法律规定;

(二)从轻、减轻或者免除处罚等从宽处罚的建议;

(三)认罪认罚后案件审理适用的程序;

(四)其他需要听取意见的事项。

人民检察院依照前两款规定听取值班律师意见的,应当提前为值班律师了解案件有关情况提供必要的便利。

第一百七十四条 犯罪嫌疑人自愿认罪,同意量刑建议和程序适用的,应当在辩护人或者值班律师在场的情况下签署认罪认罚具结书。

犯罪嫌疑人认罪认罚,有下列情形之一的,不需要签署认罪认罚具结书:

(一)犯罪嫌疑人是盲、聋、哑人,或者是尚未完全丧失辨认或者控制自己行为能力的精神病人的;

(二)未成年犯罪嫌疑人的法定代理人、辩护人对未成年人认罪认罚有异议的;

(三)其他不需要签署认罪认罚具结书的情形。

第一百七十五条 人民检察院审查案件,可以要求公安机关提供法庭审判所必需的证据材料;认为可能存在本法第五十六条规定的以非法方法收集证据情形的,可以要求其对证据收集的合法性作出说明。

人民检察院审查案件,对于需要补充侦查的,可以退回公安机关补充侦查,也可以自行侦查。

对于补充侦查的案件,应当在一个月以内补充侦查完毕。补充侦查以二次为限。补充侦查完毕移送人民检察院后,人民检察院重新计算审查起诉期限。

对于二次补充侦查的案件,人民检察院仍然认为证据不足,不符合起诉条件的,应当作出不起诉的决定。

第一百七十六条 人民检察院认为犯罪嫌疑人的犯罪事实已经查清,证据确实、充分,依法应当追究刑事责任的,应当作出起诉决定,按照审判管辖的规定,向人民法院提起公诉,并将案卷材料、证据移送人民法院。

犯罪嫌疑人认罪认罚的,人民检察院应当就主刑、附加刑、是否适用缓刑等提出量刑建议,并随案移送认罪认罚具结书等材料。

第一百七十七条 犯罪嫌疑人没有犯罪事实,或者有本法第十六条规定的情形之一的,人民检察院应当作出不起诉决定。

对于犯罪情节轻微,依照刑法规定不需要判处刑罚或者免除刑罚的,人民检察院可以作出不起诉决定。

人民检察院决定不起诉的案件,应当同时对侦查中查封、扣押、冻结的财物解除查封、扣押、冻结。对被不起诉人需要给予行政处罚、处分或者需要没收其违法所得的,人民检察院应当提出检察意见,移送有关主管机关处理。有关主管机关应当将处理结果及时通知人民检察院。

第一百七十八条 不起诉的决定,应当公开宣布,并且将不起诉决定书送达被不起诉人和他的所在单位。如果被不起诉人在押,应当立即释放。

第一百七十九条 对于公安机关移送起诉的案件,人民检察院决定不起诉的,应当将不起诉决定书送达公安机关。公安机关认为不起诉的决定有错误的时候,可以要求复议,如果意见不被接受,可以向上一级人民检察院提请复核。

第一百八十条 对于有被害人的案件,决定不起诉的,人民检察院应当将不起诉决定书送达被害人。被害人如果不服,可以自收到决定书后七日以内向上一级人民检察院申诉,请求提起公诉。人民检察院应当将复查决定告知被害人。对人民检察院维持不起诉决定的,被害人可以向人民法院起诉。被害人也可以不经申诉,直接向人民法院起诉。人民法院受理案件后，人民检察院应当将有关案件材料移送人民法院。

第一百八十一条 对于人民检察院依照本法第一百七十七条第二款规定作出的不起诉决定，被不起诉人如果不服，可以自收到决定书后七日以内向人民检察院申诉。人民检察院应当作出复查决定，通知被不起诉的人，同时抄送公安机关。

第一百八十二条 犯罪嫌疑人自愿如实供述涉嫌犯罪的事实，有重大立功或者案件涉及国家重大利益的，经最高人民检察院核准，公安机关可以撤销案件，人民检察院可以作出不起诉决定，也可以对涉嫌数罪中的一项或者多项不起诉。

根据前款规定不起诉或者撤销案件的，人民检察院、公安机关应当及时对查封、扣押、冻结的财物及其孳息作出处理。

第三编 审 判

第一章 审判组织

第一百八十三条 基层人民法院、中级人民法院审判第一审案件，应当由审判员三人或者由审判员和人民陪审员共三人或者七人组成合议庭进行，但是基层人民法院适用简易程序、速裁程序的案件可以由审判员一人独任审判。

高级人民法院审判第一审案件，应当由审判员三人至七人或者由审判员和人民陪审员共三人或者七人组成合议庭进行。

最高人民法院审判第一审案件，应当由审判员三人至七人组成合议庭进行。

人民法院审判上诉和抗诉案件，由审判员三人或者五人组成合议庭进行。

合议庭的成员人数应当是单数。

第一百八十四条 合议庭进行评议的时候，如果意见分歧，应当按多数人的意见作出决定，但是少数人的意见应当写入笔录。评议笔录由合议庭的组成人员签名。

第一百八十五条 合议庭开庭审理并且评议后，应当作出判决。对于疑难、复杂、重大的案件，合议庭认为难以作出决定的，由合议庭提请院长决定提交审判委员会讨论决定。审判委员会的决定，合议庭应当执行。

第二章 第一审程序

第一节 公诉案件

第一百八十六条 人民法院对提起公诉的案件进行审查后，对于起诉书中有明确的指控犯罪事实的，应当决定开庭审判。

第一百八十七条 人民法院决定开庭审判后，应当确定合议庭的组成人员，将人民检察院的起诉书副本至迟在开庭十日以前送达被告人及其辩护人。

在开庭以前，审判人员可以召集公诉人、当事人和辩护人、诉讼代理人，对回避、出庭证人名单、非法证据排除等与审判相关的问题，了解情况，听取意见。

人民法院确定开庭日期后，应当将开庭的时间、地点通知人民检察院，传唤当事人，通知辩护人、诉讼代理人、证人、鉴定人和翻译人员，传票和通知书至迟在开庭三日以前送达。公开审判的案件，应当在开庭三日以前先期公布案由、被告人姓名、开庭时间和地点。

上述活动情形应当写入笔录，由审判人员和书记员签名。

第一百八十八条 人民法院审判第一审案件应当公开进行。但是有关国家秘密或者个人隐私的案件，不公开审理；涉及商业秘密的案件，当事人申请不公开审理的，可以不公开审理。

不公开审理的案件，应当当庭宣布不公开审理的理由。

第一百八十九条 人民法院审判公诉案件，人民检察院应当派员出席法庭支持公诉。

第一百九十条 开庭的时候，审判长查明当事人是否到庭，宣布案由；宣布合议庭的组成人员、书记员、公诉人、辩护人、诉讼代理人、鉴定人和翻译人员的名单；告知当事人有权对合议庭组成人员、书记员、公诉人、鉴定人和翻译人员申请回避；告知被告人享有辩护权利。

被告人认罪认罚的，审判长应当告知被告人享有的诉讼权利和认罪认罚的法律规定，审查认罪认罚的自愿性和认罪认罚具结书内容的真实性、合法性。

第一百九十一条 公诉人在法庭上宣读起诉

书后,被告人、被害人可以就起诉书指控的犯罪进行陈述,公诉人可以讯问被告人。

被害人、附带民事诉讼的原告人和辩护人、诉讼代理人,经审判长许可,可以向被告人发问。

审判人员可以讯问被告人。

第一百九十二条 公诉人、当事人或者辩护人、诉讼代理人对证人证言有异议,且该证人证言对案件定罪量刑有重大影响,人民法院认为证人有必要出庭作证的,证人应当出庭作证。

人民警察就其执行职务时目击的犯罪情况作为证人出庭作证,适用前款规定。

公诉人、当事人或者辩护人、诉讼代理人对鉴定意见有异议,人民法院认为鉴定人有必要出庭的,鉴定人应当出庭作证。经人民法院通知,鉴定人拒不出庭作证的,鉴定意见不得作为定案的根据。

第一百九十三条 经人民法院通知,证人没有正当理由不出庭作证的,人民法院可以强制其到庭,但是被告人的配偶、父母、子女除外。

证人没有正当理由拒绝出庭或者出庭后拒绝作证的,予以训诫,情节严重的,经院长批准,处以十日以下的拘留。被处罚人对拘留决定不服的,可以向上一级人民法院申请复议。复议期间不停止执行。

第一百九十四条 证人作证,审判人员应当告知他要如实地提供证言和有意作伪证或者隐匿罪证要负的法律责任。公诉人、当事人和辩护人、诉讼代理人经审判长许可,可以对证人、鉴定人发问。审判长认为发问的内容与案件无关的时候,应当制止。

审判人员可以询问证人、鉴定人。

第一百九十五条 公诉人、辩护人应当向法庭出示物证,让当事人辨认,对未到庭的证人的证言笔录、鉴定人的鉴定意见、勘验笔录和其他作为证据的文书,应当当庭宣读。审判人员应当听取公诉人、当事人和辩护人、诉讼代理人的意见。

第一百九十六条 法庭审理过程中,合议庭对证据有疑问的,可以宣布休庭,对证据进行调查核实。

人民法院调查核实证据,可以进行勘验、检查、查封、扣押、鉴定和查询、冻结。

第一百九十七条 法庭审理过程中,当事人和辩护人、诉讼代理人有权申请通知新的证人到庭,调取新的物证,申请重新鉴定或者勘验。

公诉人、当事人和辩护人、诉讼代理人可以申请法庭通知有专门知识的人出庭,就鉴定人作出的鉴定意见提出意见。

法庭对于上述申请,应当作出是否同意的决定。

第二款规定的有专门知识的人出庭,适用鉴定人的有关规定。

第一百九十八条 法庭审理过程中,对与定罪、量刑有关的事实、证据都应当进行调查、辩论。

经审判长许可,公诉人、当事人和辩护人、诉讼代理人可以对证据和案件情况发表意见并且可以互相辩论。

审判长在宣布辩论终结后,被告人有最后陈述的权利。

第一百九十九条 在法庭审判过程中,如果诉讼参与人或者旁听人员违反法庭秩序,审判长应当警告制止。对不听制止的,可以强行带出法庭;情节严重的,处以一千元以下的罚款或者十五日以下的拘留。罚款、拘留必须经院长批准。被处罚人对罚款、拘留的决定不服的,可以向上一级人民法院申请复议。复议期间不停止执行。

对聚众哄闹、冲击法庭或者侮辱、诽谤、威胁、殴打司法工作人员或者诉讼参与人,严重扰乱法庭秩序,构成犯罪的,依法追究刑事责任。

第二百条 在被告人最后陈述后,审判长宣布休庭,合议庭进行评议,根据已经查明的事实、证据和有关的法律规定,分别作出以下判决:

(一) 案件事实清楚,证据确实、充分,依据法律认定被告人有罪的,应当作出有罪判决;

(二) 依据法律认定被告人无罪的,应当作出无罪判决;

(三) 证据不足,不能认定被告人有罪的,应当作出证据不足、指控的犯罪不能成立的无罪判决。

第二百零一条 对于认罪认罚案件,人民法院依法作出判决时,一般应当采纳人民检察院指控的罪名和量刑建议,但有下列情形的除外:

(一)被告人的行为不构成犯罪或者不应当追究其刑事责任的;

(二)被告人违背意愿认罪认罚的;

(三)被告人否认指控的犯罪事实的;

(四)起诉指控的罪名与审理认定的罪名不一致的;

(五)其他可能影响公正审判的情形。

人民法院经审理认为量刑建议明显不当,或者被告人、辩护人对量刑建议提出异议的,人民检察院可以调整量刑建议。人民检察院不调整量刑建议或者调整量刑建议后仍然明显不当的,人民法院应当依法作出判决。

第二百零二条 宣告判决,一律公开进行。

当庭宣告判决的,应当在五日以内将判决书送达当事人和提起公诉的人民检察院;定期宣告判决的,应当在宣告后立即将判决书送达当事人和提起公诉的人民检察院。判决书应当同时送达辩护人、诉讼代理人。

第二百零三条 判决书应当由审判人员和书记员署名,并且写明上诉的期限和上诉的法院。

第二百零四条 在法庭审判过程中,遇有下列情形之一,影响审判进行的,可以延期审理:

(一) 需要通知新的证人到庭,调取新的物证,重新鉴定或者勘验的;

(二) 检察人员发现提起公诉的案件需要补充侦查,提出建议的;

(三) 由于申请回避而不能进行审判的。

第二百零五条 依照本法第二百零四条第二项的规定延期审理的案件,人民检察院应当在一个月以内补充侦查完毕。

第二百零六条 在审判过程中,有下列情形之一,致使案件在较长时间内无法继续审理的,可以中止审理:

(一)被告人患有严重疾病,无法出庭的;

(二)被告人脱逃的;

(三)自诉人患有严重疾病,无法出庭,未委托诉讼代理人出庭的;

(四)由于不能抗拒的原因。

中止审理的原因消失后,应当恢复审理。中止审理的期间不计入审理期限。

第二百零七条 法庭审判的全部活动,应当由书记员写成笔录,经审判长审阅后,由审判长和书记员签名。

法庭笔录中的证人证言部分,应当当庭宣读或者交给证人阅读。证人在承认没有错误后,应当签名或者盖章。

法庭笔录应当交给当事人阅读或者向他宣读。当事人认为记载有遗漏或者差错的,可以请求补充或者改正。当事人承认没有错误后,应当签名或者盖章。

第二百零八条 人民法院审理公诉案件,应当在受理后二个月以内宣判,至迟不得超过三个月。对于可能判处死刑的案件或者附带民事诉讼的案件,以及有本法第一百五十八条规定情形之一的,经上一级人民法院批准,可以延长三个月;因特殊情况还需要延长的,报请最高人民法院批准。

人民法院改变管辖的案件,从改变后的人民法院收到案件之日起计算审理期限。

人民检察院补充侦查的案件,补充侦查完毕移送人民法院后,人民法院重新计算审理期限。

第二百零九条 人民检察院发现人民法院审理案件违反法律规定的诉讼程序,有权向人民法院提出纠正意见。

第二节 自诉案件

第二百一十条 自诉案件包括下列案件:

(一) 告诉才处理的案件;

(二) 被害人有证据证明的轻微刑事案件;

(三) 被害人有证据证明对被告人侵犯自己人身、财产权利的行为应当依法追究刑事责任,而公安机关或者人民检察院不予追究被告人刑事责任的案件。

第二百一十一条 人民法院对于自诉案件进行审查后,按照下列情形分别处理:

(一) 犯罪事实清楚,有足够证据的案件,应当开庭审判;

(二) 缺乏罪证的自诉案件,如果自诉人提不出补充证据,应当说服自诉人撤回自诉,或者裁定驳回。

自诉人经两次依法传唤,无正当理由拒不到庭的,或者未经法庭许可中途退庭的,按撤诉处理。

法庭审理过程中,审判人员对证据有疑问,需要调查核实的,适用本法第一百九十六条的规定。

第二百一十二条 人民法院对自诉案件,可以进行调解;自诉人在宣告判决前,可以同被告人自行和解或者撤回自诉。本法第二百一十条第三项规定的案件不适用调解。

人民法院审理自诉案件的期限,被告人被羁押的,适用本法第二百零八条第一款、第二款的规定;未被羁押的,应当在受理后六个月以内宣判。

第二百一十三条 自诉案件的被告人在诉讼过程中,可以对自诉人提起反诉。反诉适用自诉的规定。

第三节　简易程序

第二百一十四条　基层人民法院管辖的案件，符合下列条件的，可以适用简易程序审判：

（一）案件事实清楚、证据充分的；

（二）被告人承认自己所犯罪行，对指控的犯罪事实没有异议的；

（三）被告人对适用简易程序没有异议的。

人民检察院在提起公诉的时候，可以建议人民法院适用简易程序。

第二百一十五条　有下列情形之一的，不适用简易程序：

（一）被告人是盲、聋、哑人，或者是尚未完全丧失辨认或者控制自己行为能力的精神病人的；

（二）有重大社会影响的；

（三）共同犯罪案件中部分被告人不认罪或者对适用简易程序有异议的；

（四）其他不宜适用简易程序审理的。

第二百一十六条　适用简易程序审理案件，对可能判处三年有期徒刑以下刑罚的，可以组成合议庭进行审判，也可以由审判员一人独任审判；对可能判处的有期徒刑超过三年的，应当组成合议庭进行审判。

适用简易程序审理公诉案件，人民检察院应当派员出席法庭。

第二百一十七条　适用简易程序审理案件，审判人员应当询问被告人对指控的犯罪事实的意见，告知被告人适用简易程序审理的法律规定，确认被告人是否同意适用简易程序审理。

第二百一十八条　适用简易程序审理案件，经审判人员许可，被告人及其辩护人可以同公诉人、自诉人及其诉讼代理人互相辩论。

第二百一十九条　适用简易程序审理案件，不受本章第一节关于送达期限、讯问被告人、询问证人、鉴定人、出示证据、法庭辩论程序规定的限制。但在判决宣告前应当听取被告人的最后陈述意见。

第二百二十条　适用简易程序审理案件，人民法院应当在受理后二十日以内审结；对可能判处的有期徒刑超过三年的，可以延长至一个半月。

第二百二十一条　人民法院在审理过程中，发现不宜适用简易程序的，应当按照本章第一节或者第二节的规定重新审理。

第四节　速裁程序

第二百二十二条　基层人民法院管辖的可能判处三年有期徒刑以下刑罚的案件，案件事实清楚，证据确实、充分，被告人认罪认罚并同意适用速裁程序的，可以适用速裁程序，由审判员一人独任审判。

人民检察院在提起公诉的时候，可以建议人民法院适用速裁程序。

第二百二十三条　有下列情形之一的，不适用速裁程序：

（一）被告人是盲、聋、哑人，或者是尚未完全丧失辨认或者控制自己行为能力的精神病人的；

（二）被告人是未成年人的；

（三）案件有重大社会影响的；

（四）共同犯罪案件中部分被告人对指控的犯罪事实、罪名、量刑建议或者适用速裁程序有异议的；

（五）被告人与被害人或者其法定代理人没有就附带民事诉讼赔偿等事项达成调解或者和解协议的；

（六）其他不宜适用速裁程序审理的。

第二百二十四条　适用速裁程序审理案件，不受本章第一节规定的送达期限的限制，一般不进行法庭调查、法庭辩论，但在判决宣告前应当听取辩护人的意见和被告人的最后陈述意见。

适用速裁程序审理案件，应当当庭宣判。

第二百二十五条　适用速裁程序审理案件，人民法院应当在受理后十日以内审结；对可能判处的有期徒刑超过一年的，可以延长至十五日。

第二百二十六条　人民法院在审理过程中，发现有被告人的行为不构成犯罪或者不应当追究其刑事责任、被告人违背意愿认罪认罚、被告人否认指控的犯罪事实或者其他不宜适用速裁程序审理的情形的，应当按照本章第一节或者第三节的规定重新审理。

第三章　第二审程序

第二百二十七条　被告人、自诉人和他们的法定代理人，不服地方各级人民法院第一审的判决、裁定，有权用书状或者口头向上一级人民法院上诉。被告人的辩护人和近亲属，经被告人同意，可以提出上诉。

附带民事诉讼的当事人和他们的法定代理人，可以对地方各级人民法院第一审的判决、裁定中的附带民事诉讼部分，提出上诉。

对被告人的上诉权，不得以任何借口加以剥夺。

第二百二十八条 地方各级人民检察院认为本级人民法院第一审的判决、裁定确有错误的时候，应当向上一级人民法院提出抗诉。

第二百二十九条 被害人及其法定代理人不服地方各级人民法院第一审的判决的，自收到判决书后五日以内，有权请求人民检察院提出抗诉。人民检察院自收到被害人及其法定代理人的请求后五日以内，应当作出是否抗诉的决定并且答复请求人。

第二百三十条 不服判决的上诉和抗诉的期限为十日，不服裁定的上诉和抗诉的期限为五日，从接到判决书、裁定书的第二日起算。

第二百三十一条 被告人、自诉人、附带民事诉讼的原告人和被告人通过原审人民法院提出上诉的，原审人民法院应当在三日以内将上诉状连同案卷、证据移送上一级人民法院，同时将上诉状副本送交同级人民检察院和对方当事人。

被告人、自诉人、附带民事诉讼的原告人和被告人直接向第二审人民法院提出上诉的，第二审人民法院应当在三日以内将上诉状交原审人民法院送交同级人民检察院和对方当事人。

第二百三十二条 地方各级人民检察院对同级人民法院第一审判决、裁定的抗诉，应当通过原审人民法院提出抗诉书，并且将抗诉书抄送上一级人民检察院。原审人民法院应当将抗诉书连同案卷、证据移送上一级人民法院，并且将抗诉书副本送交当事人。

上级人民检察院如果认为抗诉不当，可以向同级人民法院撤回抗诉，并且通知下级人民检察院。

第二百三十三条 第二审人民法院应当就第一审判决认定的事实和适用法律进行全面审查，不受上诉或者抗诉范围的限制。

共同犯罪的案件只有部分被告人上诉的，应当对全案进行审查，一并处理。

第二百三十四条 第二审人民法院对于下列案件，应当组成合议庭，开庭审理：

（一）被告人、自诉人及其法定代理人对第一审认定的事实、证据提出异议，可能影响定罪量刑的上诉案件；

（二）被告人被判处死刑的上诉案件；

（三）人民检察院抗诉的案件；

（四）其他应当开庭审理的案件。

第二审人民法院决定不开庭审理的，应当讯问被告人，听取其他当事人、辩护人、诉讼代理人的意见。

第二审人民法院开庭审理上诉、抗诉案件，可以到案件发生地或者原审人民法院所在地进行。

第二百三十五条 人民检察院提出抗诉的案件或者第二审人民法院开庭审理的公诉案件，同级人民检察院都应当派员出席法庭。第二审人民法院应当在决定开庭审理后及时通知人民检察院查阅案卷。人民检察院应当在一个月以内查阅完毕。人民检察院查阅案卷的时间不计入审理期限。

第二百三十六条 第二审人民法院对不服第一审判决的上诉、抗诉案件，经过审理后，应当按照下列情形分别处理：

（一）原判决认定事实和适用法律正确、量刑适当的，应当裁定驳回上诉或者抗诉，维持原判；

（二）原判决认定事实没有错误，但适用法律有错误，或者量刑不当的，应当改判；

（三）原判决事实不清楚或者证据不足的，可以在查清事实后改判；也可以裁定撤销原判，发回原审人民法院重新审判。

原审人民法院对于依照前款第三项规定发回重新审判的案件作出判决后，被告人提出上诉或者人民检察院提出抗诉的，第二审人民法院应当依法作出判决或者裁定，不得再发回原审人民法院重新审判。

第二百三十七条 第二审人民法院审理被告人或者他的法定代理人、辩护人、近亲属上诉的案件，不得加重被告人的刑罚。第二审人民法院发回原审人民法院重新审判的案件，除有新的犯罪事实，人民检察院补充起诉的以外，原审人民法院也不得加重被告人的刑罚。

人民检察院提出抗诉或者自诉人提出上诉的，不受前款规定的限制。

第二百三十八条 第二审人民法院发现第一审人民法院的审理有下列违反法律规定的诉讼程序的情形之一的，应当裁定撤销原判，发回原审人民法院重新审判：

（一）违反本法有关公开审判的规定的；

（二）违反回避制度的；

（三）剥夺或者限制了当事人的法定诉讼权利，可能影响公正审判的；

（四）审判组织的组成不合法的；

（五）其他违反法律规定的诉讼程序，可能影响公正审判的。

第二百三十九条 原审人民法院对于发回重新审判的案件，应当另行组成合议庭，依照第一审程序进行审判。对于重新审判后的判决，依照本法第二百二十七条、第二百二十八条、第二百二十九条的规定可以上诉、抗诉。

第二百四十条 第二审人民法院对不服第一审裁定的上诉或者抗诉，经过审查后，应当参照本法第二百三十六条、第二百三十八条和第二百三十九条的规定，分别情形用裁定驳回上诉、抗诉，或者撤销、变更原裁定。

第二百四十一条 第二审人民法院发回原审人民法院重新审判的案件，原审人民法院从收到发回的案件之日起，重新计算审理期限。

第二百四十二条 第二审人民法院审判上诉或者抗诉案件的程序，除本章已有规定的以外，参照第一审程序的规定进行。

第二百四十三条 第二审人民法院受理上诉、抗诉案件，应当在二个月以内审结。对于可能判处死刑的案件或者附带民事诉讼的案件，以及有本法第一百五十八条规定情形之一的，经省、自治区、直辖市高级人民法院批准或者决定，可以延长二个月；因特殊情况还需要延长的，报请最高人民法院批准。

最高人民法院受理上诉、抗诉案件的审理期限，由最高人民法院决定。

第二百四十四条 第二审的判决、裁定和最高人民法院的判决、裁定，都是终审的判决、裁定。

第二百四十五条 公安机关、人民检察院和人民法院对查封、扣押、冻结的犯罪嫌疑人、被告人的财物及其孳息，应当妥善保管，以供核查，并制作清单，随案移送。任何单位和个人不得挪用或者自行处理。对被害人的合法财产，应当及时返还。对违禁品或者不宜长期保存的物品，应当依照国家有关规定处理。

对作为证据使用的实物应当随案移送，对不宜移送的，应当将其清单、照片或者其他证明文件随案移送。

人民法院作出的判决，应当对查封、扣押、冻结的财物及其孳息作出处理。

人民法院作出的判决生效以后，有关机关应当根据判决对查封、扣押、冻结的财物及其孳息进行处理。对查封、扣押、冻结的赃款赃物及其孳息，除依法返还被害人的以外，一律上缴国库。

司法工作人员贪污、挪用或者私自处理查封、扣押、冻结的财物及其孳息的，依法追究刑事责任；不构成犯罪的，给予处分。

第四章 死刑复核程序

第二百四十六条 死刑由最高人民法院核准。

第二百四十七条 中级人民法院判处死刑的第一审案件，被告人不上诉的，应当由高级人民法院复核后，报请最高人民法院核准。高级人民法院不同意判处死刑的，可以提审或者发回重新审判。

高级人民法院判处死刑的第一审案件被告人不上诉的，和判处死刑的第二审案件，都应当报请最高人民法院核准。

第二百四十八条 中级人民法院判处死刑缓期二年执行的案件，由高级人民法院核准。

第二百四十九条 最高人民法院复核死刑案件，高级人民法院复核死刑缓期执行的案件，应当由审判员三人组成合议庭进行。

第二百五十条 最高人民法院复核死刑案件，应当作出核准或者不核准死刑的裁定。对于不核准死刑的，最高人民法院可以发回重新审判或者予以改判。

第二百五十一条 最高人民法院复核死刑案件，应当讯问被告人，辩护律师提出要求的，应当听取辩护律师的意见。

在复核死刑案件过程中，最高人民检察院可以向最高人民法院提出意见。最高人民法院应当将死刑复核结果通报最高人民检察院。

第五章 审判监督程序

第二百五十二条 当事人及其法定代理人、近亲属，对已经发生法律效力的判决、裁定，可以向人民法院或者人民检察院提出申诉，但是不能停止判决、裁定的执行。

第二百五十三条 当事人及其法定代理人、近

亲属的申诉符合下列情形之一的,人民法院应当重新审判:

(一)有新的证据证明原判决、裁定认定的事实确有错误,可能影响定罪量刑的;

(二)据以定罪量刑的证据不确实、不充分、依法应当予以排除,或者证明案件事实的主要证据之间存在矛盾的;

(三)原判决、裁定适用法律确有错误的;

(四)违反法律规定的诉讼程序,可能影响公正审判的;

(五)审判人员在审理该案件的时候,有贪污受贿,徇私舞弊,枉法裁判行为的。

第二百五十四条 各级人民法院院长对本院已经发生法律效力的判决和裁定,如果发现在认定事实上或者在适用法律上确有错误,必须提交审判委员会处理。

最高人民法院对各级人民法院已经发生法律效力的判决和裁定,上级人民法院对下级人民法院已经发生法律效力的判决和裁定,如果发现确有错误,有权提审或者指令下级人民法院再审。

最高人民检察院对各级人民法院已经发生法律效力的判决和裁定,上级人民检察院对下级人民法院已经发生法律效力的判决和裁定,如果发现确有错误,有权按照审判监督程序向同级人民法院提出抗诉。

人民检察院抗诉的案件,接受抗诉的人民法院应当组成合议庭重新审理,对于原判决事实不清楚或者证据不足的,可以指令下级人民法院再审。

第二百五十五条 上级人民法院指令下级人民法院再审的,应当指令原审人民法院以外的下级人民法院审理;由原审人民法院审理更为适宜的,也可以指令原审人民法院审理。

第二百五十六条 人民法院按照审判监督程序重新审判的案件,由原审人民法院审理的,应当另行组成合议庭进行。如果原来是第一审案件,应当依照第一审程序进行审判,所作的判决、裁定,可以上诉、抗诉;如果原来是第二审案件,或者是上级人民法院提审的案件,应当依照第二审程序进行审判,所作的判决、裁定,是终审的判决、裁定。

人民法院开庭审理的再审案件,同级人民检察院应当派员出席法庭。

第二百五十七条 人民法院决定再审的案件,需要对被告人采取强制措施的,由人民法院依法决定;人民检察院提出抗诉的再审案件,需要对被告人采取强制措施的,由人民检察院依法决定。

人民法院按照审判监督程序审判的案件,可以决定中止原判决、裁定的执行。

第二百五十八条 人民法院按照审判监督程序重新审判的案件,应当在作出提审、再审决定之日起三个月以内审结,需要延长期限的,不得超过六个月。

接受抗诉的人民法院按照审判监督程序审判抗诉的案件,审理期限适用前款规定;对需要指令下级人民法院再审的,应当自接受抗诉之日起一个月以内作出决定,下级人民法院审理案件的期限适用前款规定。

第四编 执　行

第二百五十九条 判决和裁定在发生法律效力后执行。

下列判决和裁定是发生法律效力的判决和裁定:

(一) 已过法定期限没有上诉、抗诉的判决和裁定;

(二) 终审的判决和裁定;

(三) 最高人民法院核准的死刑的判决和高级人民法院核准的死刑缓期二年执行的判决。

第二百六十条 第一审人民法院判决被告人无罪、免除刑事处罚的,如果被告人在押,在宣判后应当立即释放。

第二百六十一条 最高人民法院判处和核准的死刑立即执行的判决,应当由最高人民法院院长签发执行死刑的命令。

被判处死刑缓期二年执行的罪犯,在死刑缓期执行期间,如果没有故意犯罪,死刑缓期执行期满,应当予以减刑的,由执行机关提出书面意见,报请高级人民法院裁定;如果故意犯罪,情节恶劣,查证属实,应当执行死刑的,由高级人民法院报请最高人民法院核准;对于故意犯罪未执行死刑的,死刑缓期执行的期间重新计算,并报最高人民法院备案。

第二百六十二条 下级人民法院接到最高人民法院执行死刑的命令后,应当在七日以内交付执行。但是发现有下列情形之一的,应当停止执行,并且立即报告最高人民法院,由最高人民法院作出裁定:

(一) 在执行前发现判决可能有错误的;

(二) 在执行前罪犯揭发重大犯罪事实或者有

其他重大立功表现,可能需要改判的;

(三)罪犯正在怀孕。

前款第一项、第二项停止执行的原因消失后,必须报请最高人民法院院长再签发执行死刑的命令才能执行;由于前款第三项原因停止执行的,应当报请最高人民法院依法改判。

第二百六十三条 人民法院在交付执行死刑前,应当通知同级人民检察院派员临场监督。

死刑采用枪决或者注射等方法执行。

死刑可以在刑场或者指定的羁押场所内执行。

指挥执行的审判人员,对罪犯应当验明正身,讯问有无遗言、信札,然后交付执行人员执行死刑。在执行前,如果发现可能有错误,应当暂停执行,报请最高人民法院裁定。

执行死刑应当公布,不应示众。

执行死刑后,在场书记员应当写成笔录。交付执行的人民法院应当将执行死刑情况报告最高人民法院。

执行死刑后,交付执行的人民法院应当通知罪犯家属。

第二百六十四条 罪犯被交付执行刑罚的时候,应当由交付执行的人民法院在判决生效后十日以内将有关的法律文书送达公安机关、监狱或者其他执行机关。

对被判处死刑缓期二年执行、无期徒刑、有期徒刑的罪犯,由公安机关依法将该罪犯送交监狱执行刑罚。对被判处有期徒刑的罪犯,在被交付执行刑罚前,剩余刑期在三个月以下的,由看守所代为执行。对被判处拘役的罪犯,由公安机关执行。

对未成年犯应当在未成年犯管教所执行刑罚。

执行机关应当将罪犯及时收押,并且通知罪犯家属。

判处有期徒刑、拘役的罪犯,执行期满,应当由执行机关发给释放证明书。

第二百六十五条 对被判处有期徒刑或者拘役的罪犯,有下列情形之一的,可以暂予监外执行:

(一)有严重疾病需要保外就医的;

(二)怀孕或者正在哺乳自己婴儿的妇女;

(三)生活不能自理,适用暂予监外执行不致危害社会的。

对被判处无期徒刑的罪犯,有前款第二项规定情形的,可以暂予监外执行。

对适用保外就医可能有社会危险性的罪犯,或者自伤自残的罪犯,不得保外就医。

对罪犯确有严重疾病,必须保外就医的,由省级人民政府指定的医院诊断并开具证明文件。

在交付执行前,暂予监外执行由交付执行的人民法院决定;在交付执行后,暂予监外执行由监狱或者看守所提出书面意见,报省级以上监狱管理机关或者设区的市一级以上公安机关批准。

第二百六十六条 监狱、看守所提出暂予监外执行的书面意见的,应当将书面意见的副本抄送人民检察院。人民检察院可以向决定或者批准机关提出书面意见。

第二百六十七条 决定或者批准暂予监外执行的机关应当将暂予监外执行决定抄送人民检察院。人民检察院认为暂予监外执行不当的,应当自接到通知之日起一个月以内将书面意见送交决定或者批准暂予监外执行的机关,决定或者批准暂予监外执行的机关接到人民检察院的书面意见后,应当立即对该决定进行重新核查。

第二百六十八条 对暂予监外执行的罪犯,有下列情形之一的,应当及时收监:

(一)发现不符合暂予监外执行条件的;

(二)严重违反有关暂予监外执行监督管理规定的;

(三)暂予监外执行的情形消失后,罪犯刑期未满的。

对于人民法院决定暂予监外执行的罪犯应当予以收监的,由人民法院作出决定,将有关的法律文书送达公安机关、监狱或者其他执行机关。

不符合暂予监外执行条件的罪犯通过贿赂等非法手段被暂予监外执行的,在监外执行的期间不计入执行刑期。罪犯在暂予监外执行期间脱逃的,脱逃的期间不计入执行刑期。

罪犯在暂予监外执行期间死亡的,执行机关应当及时通知监狱或者看守所。

第二百六十九条 对被判处管制、宣告缓刑、假释或者暂予监外执行的罪犯,依法实行社区矫正,由社区矫正机构负责执行。

第二百七十条 对被判处剥夺政治权利的罪犯,由公安机关执行。执行期满,应当由执行机关书面通知本人及其所在单位、居住地基层组织。

第二百七十一条 被判处罚金的罪犯,期满不缴纳的,人民法院应当强制缴纳;如果由于遭遇不能抗拒的灾祸等原因缴纳确实有困难的,经人民法院裁定,可以延期缴纳、酌情减少或者免除。

第二百七十二条 没收财产的判决,无论附加适用或者独立适用,都由人民法院执行;在必要的时候,可以会同公安机关执行。

第二百七十三条 罪犯在服刑期间又犯罪的,或者发现了判决的时候所没有发现的罪行,由执行机关移送人民检察院处理。

被判处管制、拘役、有期徒刑或者无期徒刑的罪犯,在执行期间确有悔改或者立功表现,应当依法予以减刑、假释的时候,由执行机关提出建议书,报请人民法院审核裁定,并将建议书副本抄送人民检察院。人民检察院可以向人民法院提出书面意见。

第二百七十四条 人民检察院认为人民法院减刑、假释的裁定不当,应当在收到裁定书副本后二十日以内,向人民法院提出书面纠正意见。人民法院应当在收到纠正意见后一个月以内重新组成合议庭进行审理,作出最终裁定。

第二百七十五条 监狱和其他执行机关在刑罚执行中,如果认为判决有错误或者罪犯提出申诉,应当转请人民检察院或者原判人民法院处理。

第二百七十六条 人民检察院对执行机关执行刑罚的活动是否合法实行监督。如果发现有违法的情况,应当通知执行机关纠正。

第五编 特别程序

第一章 未成年人刑事案件诉讼程序

第二百七十七条 对犯罪的未成年人实行教育、感化、挽救的方针,坚持教育为主、惩罚为辅的原则。

人民法院、人民检察院和公安机关办理未成年人刑事案件,应当保障未成年人行使其诉讼权利,保障未成年人得到法律帮助,并由熟悉未成年人身心特点的审判人员、检察人员、侦查人员承办。

第二百七十八条 未成年犯罪嫌疑人、被告人没有委托辩护人的,人民法院、人民检察院、公安机关应当通知法律援助机构指派律师为其提供辩护。

第二百七十九条 公安机关、人民检察院、人民法院办理未成年人刑事案件,根据情况可以对未成年犯罪嫌疑人、被告人的成长经历、犯罪原因、监护教育等情况进行调查。

第二百八十条 对未成年犯罪嫌疑人、被告人应当严格限制适用逮捕措施。人民检察院审查批准逮捕和人民法院决定逮捕,应当讯问未成年犯罪嫌疑人、被告人,听取辩护律师的意见。

对被拘留、逮捕和执行刑罚的未成年人与成年人应当分别关押、分别管理、分别教育。

第二百八十一条 对于未成年人刑事案件,在讯问和审判的时候,应当通知未成年犯罪嫌疑人、被告人的法定代理人到场。无法通知、法定代理人不能到场或者法定代理人是共犯的,也可以通知未成年犯罪嫌疑人、被告人的其他成年亲属,所在学校、单位、居住地基层组织或者未成年人保护组织的代表到场,并将有关情况记录在案。到场的法定代理人可以代为行使未成年犯罪嫌疑人、被告人的诉讼权利。

到场的法定代理人或者其他人员认为办案人员在讯问、审判中侵犯未成年人合法权益的,可以提出意见。讯问笔录、法庭笔录应当交给到场的法定代理人或者其他人员阅读或者向他宣读。

讯问女性未成年犯罪嫌疑人,应当有女工作人员在场。

审判未成年人刑事案件,未成年被告人最后陈述后,其法定代理人可以进行补充陈述。

询问未成年被害人、证人,适用第一款、第二款、第三款的规定。

第二百八十二条 对于未成年人涉嫌刑法分则第四章、第五章、第六章规定的犯罪,可能判处一年有期徒刑以下刑罚,符合起诉条件,但有悔罪表现的,人民检察院可以作出附条件不起诉的决定。人民检察院在作出附条件不起诉的决定以前,应当听取公安机关、被害人的意见。

对附条件不起诉的决定,公安机关要求复议、提请复核或者被害人申诉的,适用本法第一百七十九条、第一百八十条的规定。

未成年犯罪嫌疑人及其法定代理人对人民检察院决定附条件不起诉有异议的,人民检察院应当作出起诉的决定。

第二百八十三条 在附条件不起诉的考验期内,由人民检察院对被附条件不起诉的未成年犯罪嫌疑人进行监督考察。未成年犯罪嫌疑人的监护人,应当对未成年犯罪嫌疑人加强管教,配合人民检察院做好监督考察工作。

附条件不起诉的考验期为六个月以上一年以下，从人民检察院作出附条件不起诉的决定之日起计算。

被附条件不起诉的未成年犯罪嫌疑人，应当遵守下列规定：

（一）遵守法律法规，服从监督；

（二）按照考察机关的规定报告自己的活动情况；

（三）离开所居住的市、县或者迁居，应当报经考察机关批准；

（四）按照考察机关的要求接受矫治和教育。

第二百八十四条 被附条件不起诉的未成年犯罪嫌疑人，在考验期内有下列情形之一的，人民检察院应当撤销附条件不起诉的决定，提起公诉：

（一）实施新的犯罪或者发现决定附条件不起诉以前还有其他犯罪需要追诉的；

（二）违反治安管理规定或者考察机关有关附条件不起诉的监督管理规定，情节严重的。

被附条件不起诉的未成年犯罪嫌疑人，在考验期内没有上述情形，考验期满的，人民检察院应当作出不起诉的决定。

第二百八十五条 审判的时候被告人不满十八周岁的案件，不公开审理。但是，经未成年被告人及其法定代理人同意，未成年被告人所在学校和未成年人保护组织可以派代表到场。

第二百八十六条 犯罪的时候不满十八周岁，被判处五年有期徒刑以下刑罚的，应当对相关犯罪记录予以封存。

犯罪记录被封存的，不得向任何单位和个人提供，但司法机关为办案需要或者有关单位根据国家规定进行查询的除外。依法进行查询的单位，应当对被封存的犯罪记录的情况予以保密。

第二百八十七条 办理未成年人刑事案件，除本章已有规定的以外，按照本法的其他规定进行。

第二章 当事人和解的公诉案件诉讼程序

第二百八十八条 下列公诉案件，犯罪嫌疑人、被告人真诚悔罪，通过向被害人赔偿损失、赔礼道歉等方式获得被害人谅解，被害人自愿和解的，双方当事人可以和解：

（一）因民间纠纷引起，涉嫌刑法分则第四章、第五章规定的犯罪案件，可能判处三年有期徒刑以下刑罚的；

（二）除渎职犯罪以外的可能判处七年有期徒刑以下刑罚的过失犯罪案件。

犯罪嫌疑人、被告人在五年以内曾经故意犯罪的，不适用本章规定的程序。

第二百八十九条 双方当事人和解的，公安机关、人民检察院、人民法院应当听取当事人和其他有关人员的意见，对和解的自愿性、合法性进行审查，并主持制作和解协议书。

第二百九十条 对于达成和解协议的案件，公安机关可以向人民检察院提出从宽处理的建议。人民检察院可以向人民法院提出从宽处罚的建议；对于犯罪情节轻微，不需要判处刑罚的，可以作出不起诉的决定。人民法院可以依法对被告人从宽处罚。

第三章 缺席审判程序

第二百九十一条 对于贪污贿赂犯罪案件，以及需要及时进行审判，经最高人民检察院核准的严重危害国家安全犯罪、恐怖活动犯罪案件，犯罪嫌疑人、被告人在境外，监察机关、公安机关移送起诉，人民检察院认为犯罪事实已经查清，证据确实、充分，依法应当追究刑事责任的，可以向人民法院提起公诉。人民法院进行审查后，对于起诉书中有明确的指控犯罪事实，符合缺席审判程序适用条件的，应当决定开庭审判。

前款案件，由犯罪地、被告人离境前居住地或者最高人民法院指定的中级人民法院组成合议庭进行审理。

第二百九十二条 人民法院应当通过有关国际条约规定的或者外交途径提出的司法协助方式，或者被告人所在地法律允许的其他方式，将传票和人民检察院的起诉书副本送达被告人。传票和起诉书副本送达后，被告人未按要求到案的，人民法院应当开庭审理，依法作出判决，并对违法所得及其他涉案财产作出处理。

第二百九十三条 人民法院缺席审判案件，被告人有权委托辩护人，被告人的近亲属可以代为委托辩护人。被告人及其近亲属没有委托辩护人的，人民法院应当通知法律援助机构指派律师为其提供辩护。

第二百九十四条 人民法院应当将判决书送达被告人及其近亲属、辩护人。被告人或者其近亲属不服判决的，有权向上一级人民法院上诉。辩护人经被告人或者其近亲属同意，可以提出上诉。

人民检察院认为人民法院的判决确有错误的，应当向上一级人民法院提出抗诉。

第二百九十五条 在审理过程中，被告人自动投案或者被抓获的，人民法院应当重新审理。

罪犯在判决、裁定发生法律效力后到案的，人民法院应当将罪犯交付执行刑罚。交付执行刑罚前，人民法院应当告知罪犯有权对判决、裁定提出异议。罪犯对判决、裁定提出异议的，人民法院应当重新审理。

依照生效判决、裁定对罪犯的财产进行的处理确有错误的，应当予以返还、赔偿。

第二百九十六条 因被告人患有严重疾病无法出庭，中止审理超过六个月，被告人仍无法出庭，被告人及其法定代理人、近亲属申请或者同意恢复审理的，人民法院可以在被告人不出庭的情况下缺席审理，依法作出判决。

第二百九十七条 被告人死亡的，人民法院应当裁定终止审理，但有证据证明被告人无罪，人民法院经缺席审理确认无罪的，应当依法作出判决。

人民法院按照审判监督程序重新审判的案件，被告人死亡的，人民法院可以缺席审理，依法作出判决。

第四章 犯罪嫌疑人、被告人逃匿、死亡案件违法所得的没收程序

第二百九十八条 对于贪污贿赂犯罪、恐怖活动犯罪等重大犯罪案件，犯罪嫌疑人、被告人逃匿，在通缉一年后不能到案，或者犯罪嫌疑人、被告人死亡，依照刑法规定应当追缴其违法所得及其他涉案财产的，人民检察院可以向人民法院提出没收违法所得的申请。

公安机关认为有前款规定情形的，应当写出没收违法所得意见书，移送人民检察院。

没收违法所得的申请应当提供与犯罪事实、违法所得相关的证据材料，并列明财产的种类、数量、所在地及查封、扣押、冻结的情况。

人民法院在必要的时候，可以查封、扣押、冻结申请没收的财产。

第二百九十九条 没收违法所得的申请，由犯罪地或者犯罪嫌疑人、被告人居住地的中级人民法院组成合议庭进行审理。

人民法院受理没收违法所得的申请后，应当发出公告。公告期间为六个月。犯罪嫌疑人、被告人的近亲属和其他利害关系人有权申请参加诉讼，也可以委托诉讼代理人参加诉讼。

人民法院在公告期满后对没收违法所得的申请进行审理。利害关系人参加诉讼的，人民法院应当开庭审理。

第三百条 人民法院经审理，对经查证属于违法所得及其他涉案财产，除依法返还被害人的以外，应当裁定予以没收；对不属于应当追缴的财产的，应当裁定驳回申请，解除查封、扣押、冻结措施。

对于人民法院依照前款规定作出的裁定，犯罪嫌疑人、被告人的近亲属和其他利害关系人或者人民检察院可以提出上诉、抗诉。

第三百零一条 在审理过程中，在逃的犯罪嫌疑人、被告人自动投案或者被抓获的，人民法院应当终止审理。

没收犯罪嫌疑人、被告人财产确有错误的，应当予以返还、赔偿。

第五章 依法不负刑事责任的精神病人的强制医疗程序

第三百零二条 实施暴力行为，危害公共安全或者严重危害公民人身安全，经法定程序鉴定依法不负刑事责任的精神病人，有继续危害社会可能的，可以予以强制医疗。

第三百零三条 根据本章规定对精神病人强制医疗的，由人民法院决定。

公安机关发现精神病人符合强制医疗条件的，应当写出强制医疗意见书，移送人民检察院。对于公安机关移送的或者在审查起诉过程中发现的精神病人符合强制医疗条件的，人民检察院应当向人民法院提出强制医疗的申请。人民法院在审理案件过程中发现被告人符合强制医疗条件的，可以作出强制医疗的决定。

对实施暴力行为的精神病人，在人民法院决定强制医疗前，公安机关可以采取临时的保护性约束措施。

第三百零四条 人民法院受理强制医疗的申请后，应当组成合议庭进行审理。

人民法院审理强制医疗案件，应当通知被申请人或者被告人的法定代理人到场。被申请人或者被告人没有委托诉讼代理人的，人民法院应当通知法律援助机构指派律师为其提供法律帮助。

第三百零五条 人民法院经审理,对于被申请人或者被告人符合强制医疗条件的,应当在一个月以内作出强制医疗的决定。

被决定强制医疗的人、被害人及其法定代理人、近亲属对强制医疗决定不服的,可以向上一级人民法院申请复议。

第三百零六条 强制医疗机构应当定期对被强制医疗的人进行诊断评估。对于已不具有人身危险性,不需要继续强制医疗的,应当及时提出解除意见,报决定强制医疗的人民法院批准。

被强制医疗的人及其近亲属有权申请解除强制医疗。

第三百零七条 人民检察院对强制医疗的决定和执行实行监督。

附　　则

第三百零八条 军队保卫部门对军队内部发生的刑事案件行使侦查权。

中国海警局履行海上维权执法职责,对海上发生的刑事案件行使侦查权。

对罪犯在监狱内犯罪的案件由监狱进行侦查。

军队保卫部门、中国海警局、监狱办理刑事案件,适用本法的有关规定。

全国人民代表大会常务委员会关于《中华人民共和国刑事诉讼法》第七十九条第三款的解释①

(2014年4月24日第十二届全国人民代表大会常务委员会第八次会议通过)

全国人民代表大会常务委员会根据司法实践中遇到的情况,讨论了刑事诉讼法第七十九条第三款关于违反取保候审、监视居住规定情节严重可以逮捕的规定,是否适用于可能判处徒刑以下刑罚的犯罪嫌疑人、被告人的问题,解释如下:

根据刑事诉讼法第七十九条第三款的规定,对于被取保候审、监视居住的可能判处徒刑以下刑罚的犯罪嫌疑人、被告人,违反取保候审、监视居住规定,严重影响诉讼活动正常进行的,可以予以逮捕。

现予公告。

全国人民代表大会常务委员会关于《中华人民共和国刑事诉讼法》第二百五十四条第五款、第二百五十七条第二款的解释②

(2014年4月24日第十二届全国人民代表大会常务委员会第八次会议通过)

全国人民代表大会常务委员会根据司法实践中遇到的情况,讨论了刑事诉讼法第二百五十四条第五款、第二百五十七条第二款的含义及人民法院决定暂予监外执行的案件,由哪个机关负责组织病情诊断、妊娠检查和生活不能自理的鉴别和由哪个机关对予以收监执行的罪犯送交执行刑罚的问题,解释如下:

罪犯在被交付执行前,因有严重疾病、怀孕或者正在哺乳自己婴儿的妇女、生活不能自理的原因,依法提出暂予监外执行的申请的,有关病情诊断、妊娠检查和生活不能自理的鉴别,由人民法院负责组织进行。

根据刑事诉讼法第二百五十七条第二款的规定,对人民法院决定暂予监外执行的罪犯,有刑事诉讼法第二百五十七条第一款规定的情形,依法应当予以收监的,在人民法院作出决定后,由公安机关依照刑事诉讼法第二百五十三条第二款的规定送交执行刑罚。

现予公告。

---

① 根据2018年10月26日第十三届全国人民代表大会常务委员会第六次会议《关于修改〈中华人民共和国刑事诉讼法〉的决定》,《刑事诉讼法》原第七十九条第三款已调整为第八十一条第四款。

② 根据2018年10月26日第十三届全国人民代表大会常务委员会第六次会议《关于修改〈中华人民共和国刑事诉讼法〉的决定》,《刑事诉讼法》原第二百五十四条第五款已调整为第二百六十五条第五款,原第二百五十七条第二款已调整为第二百六十八条第二款。

全国人民代表大会常务委员会关于《中华人民共和国刑事诉讼法》第二百七十一条第二款的解释①

（2014年4月24日第十二届全国人民代表大会常务委员会第八次会议通过）

全国人民代表大会常务委员会根据司法实践中遇到的情况，讨论了刑事诉讼法第二百七十一条第二款的含义及被害人对附条件不起诉的案件能否依照第一百七十六条的规定向人民法院起诉的问题，解释如下：

人民检察院办理未成年人刑事案件，在作出附条件不起诉的决定以及考验期满作出不起诉的决定以前，应当听取被害人的意见。被害人对人民检察院对未成年犯罪嫌疑人作出的附条件不起诉的决定和不起诉的决定，可以向上一级人民检察院申诉，不适用刑事诉讼法第一百七十六条关于被害人可以向人民法院起诉的规定。

现予公告。

最高人民法院关于适用《中华人民共和国刑事诉讼法》的解释

（2020年12月7日最高人民法院审判委员会第1820次会议通过　2021年1月26日最高人民法院公告公布　自2021年3月1日起施行　法释〔2021〕1号）

目　录

第一章　管　辖
第二章　回　避
第三章　辩护与代理
第四章　证　据
　第一节　一般规定
　第二节　物证、书证的审查与认定
　第三节　证人证言、被害人陈述的审查与认定
　第四节　被告人供述和辩解的审查与认定
　第五节　鉴定意见的审查与认定
　第六节　勘验、检查、辨认、侦查实验等笔录的审查与认定
　第七节　视听资料、电子数据的审查与认定
　第八节　技术调查、侦查证据的审查与认定
　第九节　非法证据排除
　第十节　证据的综合审查与运用
第五章　强制措施
第六章　附带民事诉讼
第七章　期间、送达、审理期限
第八章　审判组织
第九章　公诉案件第一审普通程序
　第一节　审查受理与庭前准备
　第二节　庭前会议与庭审衔接
　第三节　宣布开庭与法庭调查
　第四节　法庭辩论与最后陈述
　第五节　评议案件与宣告判决
　第六节　法庭纪律与其他规定
第十章　自诉案件第一审程序
第十一章　单位犯罪案件的审理
第十二章　认罪认罚案件的审理
第十三章　简易程序
第十四章　速裁程序
第十五章　第二审程序
第十六章　在法定刑以下判处刑罚和特殊假释的核准
第十七章　死刑复核程序
第十八章　涉案财物处理
第十九章　审判监督程序
第二十章　涉外刑事案件的审理和刑事司法协助
　第一节　涉外刑事案件的审理
　第二节　刑事司法协助
第二十一章　执行程序
　第一节　死刑的执行

① 根据2018年10月26日第十三届全国人民代表大会常务委员会第六次会议《关于修改〈中华人民共和国刑事诉讼法〉的决定》，《刑事诉讼法》原第二百七十一条第二款已调整为第二百八十二条第二款。

第二节　死刑缓期执行、无期徒刑、有期徒刑、拘役的交付执行
第三节　管制、缓刑、剥夺政治权利的交付执行
第四节　刑事裁判涉财产部分和附带民事裁判的执行
第五节　减刑、假释案件的审理
第六节　缓刑、假释的撤销
第二十二章　未成年人刑事案件诉讼程序
第一节　一般规定
第二节　开庭准备
第三节　审　判
第四节　执　行
第二十三章　当事人和解的公诉案件诉讼程序
第二十四章　缺席审判程序
第二十五章　犯罪嫌疑人、被告人逃匿、死亡案件违法所得的没收程序
第二十六章　依法不负刑事责任的精神病人的强制医疗程序
第二十七章　附　则

2018 年 10 月 26 日，第十三届全国人民代表大会常务委员会第六次会议通过了《关于修改〈中华人民共和国刑事诉讼法〉的决定》。为正确理解和适用修改后的刑事诉讼法，结合人民法院审判工作实际，制定本解释。

第一章　管　辖

第一条　人民法院直接受理的自诉案件包括：

（一）告诉才处理的案件：

1. 侮辱、诽谤案（刑法第二百四十六条规定的，但严重危害社会秩序和国家利益的除外）；

2. 暴力干涉婚姻自由案（刑法第二百五十七条第一款规定的）；

3. 虐待案（刑法第二百六十条第一款规定的，但被害人没有能力告诉或者因受到强制、威吓无法告诉的除外）；

4. 侵占案（刑法第二百七十条规定的）。

（二）人民检察院没有提起公诉，被害人有证据证明的轻微刑事案件：

1. 故意伤害案（刑法第二百三十四条第一款规定的）；

2. 非法侵入住宅案（刑法第二百四十五条规定的）；

3. 侵犯通信自由案（刑法第二百五十二条规定的）；

4. 重婚案（刑法第二百五十八条规定的）；

5. 遗弃案（刑法第二百六十一条规定的）；

6. 生产、销售伪劣商品案（刑法分则第三章第一节规定的，但严重危害社会秩序和国家利益的除外）；

7. 侵犯知识产权案（刑法分则第三章第七节规定的，但严重危害社会秩序和国家利益的除外）；

8. 刑法分则第四章、第五章规定的，可能判处三年有期徒刑以下刑罚的案件。

本项规定的案件，被害人直接向人民法院起诉的，人民法院应当依法受理。对其中证据不足，可以由公安机关受理的，或者认为对被告人可能判处三年有期徒刑以上刑罚的，应当告知被害人向公安机关报案，或者移送公安机关立案侦查。

（三）被害人有证据证明对被告人侵犯自己人身、财产权利的行为应当依法追究刑事责任，且有证据证明曾经提出控告，而公安机关或者人民检察院不予追究被告人刑事责任的案件。

第二条　犯罪地包括犯罪行为地和犯罪结果地。

针对或者主要利用计算机网络实施的犯罪，犯罪地包括用于实施犯罪行为的网络服务使用的服务器所在地，网络服务提供者所在地，被侵害的信息网络系统及其管理者所在地，犯罪过程中被告人、被害人使用的信息网络系统所在地，以及被害人被侵害时所在地和被害人财产遭受损失地等。

第三条　被告人的户籍地为其居住地。经常居住地与户籍地不一致的，经常居住地为其居住地。经常居住地为被告人被追诉前已连续居住一年以上的地方，但住院就医的除外。

被告单位登记的住所地为其居住地。主要营业地或者主要办事机构所在地与登记的住所地不一致的，主要营业地或者主要办事机构所在地为其居住地。

第四条　在中华人民共和国内水、领海发生的刑事案件，由犯罪地或者被告人登陆地的人民法院管辖。由被告人居住地的人民法院审判更为适宜的，可以由被告人居住地的人民法院管辖。

第五条　在列车上的犯罪，被告人在列车运行

途中被抓获的,由前方停靠站所在地负责审判铁路运输刑事案件的人民法院管辖。必要时,也可以由始发站或者终点站所在地负责审判铁路运输刑事案件的人民法院管辖。

被告人不是在列车运行途中被抓获的,由负责该列车乘务的铁路公安机关对应的审判铁路运输刑事案件的人民法院管辖;被告人在列车运行途经车站被抓获的,也可以由该车站所在地负责审判铁路运输刑事案件的人民法院管辖。

第六条 在国际列车上的犯罪,根据我国与相关国家签订的协定确定管辖;没有协定的,由该列车始发或者前方停靠的中国车站所在地负责审判铁路运输刑事案件的人民法院管辖。

第七条 在中华人民共和国领域外的中国船舶内的犯罪,由该船舶最初停泊的中国口岸所在地或者被告人登陆地、入境地的人民法院管辖。

第八条 在中华人民共和国领域外的中国航空器内的犯罪,由该航空器在中国最初降落地的人民法院管辖。

第九条 中国公民在中国驻外使领馆内的犯罪,由其主管单位所在地或者原户籍地的人民法院管辖。

第十条 中国公民在中华人民共和国领域外的犯罪,由其登陆地、入境地、离境前居住地或者现居住地的人民法院管辖;被害人是中国公民的,也可以由被害人离境前居住地或者现居住地的人民法院管辖。

第十一条 外国人在中华人民共和国领域外对中华人民共和国国家或者公民犯罪,根据《中华人民共和国刑法》应当受处罚的,由该外国人登陆地、入境地或者入境后居住地的人民法院管辖,也可以由被害人离境前居住地或者现居住地的人民法院管辖。

第十二条 对中华人民共和国缔结或者参加的国际条约所规定的罪行,中华人民共和国在所承担条约义务的范围内行使刑事管辖权的,由被告人被抓获地、登陆地或者入境地的人民法院管辖。

第十三条 正在服刑的罪犯在判决宣告前还有其他罪没有判决的,由原审地人民法院管辖;由罪犯服刑地或者犯罪地的人民法院审判更为适宜的,可以由罪犯服刑地或者犯罪地的人民法院管辖。

罪犯在服刑期间又犯罪的,由服刑地的人民法院管辖。

罪犯在脱逃期间又犯罪的,由服刑地的人民法院管辖。但是,在犯罪地抓获罪犯并发现其在脱逃期间犯罪的,由犯罪地的人民法院管辖。

第十四条 人民检察院认为可能判处无期徒刑、死刑,向中级人民法院提起公诉的案件,中级人民法院受理后,认为不需要判处无期徒刑、死刑的,应当依法审判,不再交基层人民法院审判。

第十五条 一人犯数罪、共同犯罪或者其他需要并案审理的案件,其中一人或者一罪属于上级人民法院管辖的,全案由上级人民法院管辖。

第十六条 上级人民法院决定审判下级人民法院管辖的第一审刑事案件的,应当向下级人民法院下达改变管辖决定书,并书面通知同级人民检察院。

第十七条 基层人民法院对可能判处无期徒刑、死刑的第一审刑事案件,应当移送中级人民法院审判。

基层人民法院对下列第一审刑事案件,可以请求移送中级人民法院审判:

(一)重大、复杂案件;

(二)新类型的疑难案件;

(三)在法律适用上具有普遍指导意义的案件。

需要将案件移送中级人民法院审判的,应当在报请院长决定后,至迟于案件审理期限届满十五日以前书面请求移送。中级人民法院应当在接到申请后十日以内作出决定。不同意移送的,应当下达不同意移送决定书,由请求移送的人民法院依法审判;同意移送的,应当下达同意移送决定书,并书面通知同级人民检察院。

第十八条 有管辖权的人民法院因案件涉及本院院长需要回避或者其他原因,不宜行使管辖权的,可以请求移送上一级人民法院管辖。上一级人民法院可以管辖,也可以指定与提出请求的人民法院同级的其他人民法院管辖。

第十九条 两个以上同级人民法院都有管辖权的案件,由最初受理的人民法院审判。必要时,可以移送主要犯罪地的人民法院审判。

管辖权发生争议的,应当在审理期限内协商解决;协商不成的,由争议的人民法院分别层报共同的上级人民法院指定管辖。

第二十条 管辖不明的案件,上级人民法院可以指定下级人民法院审判。

有关案件，由犯罪地、被告人居住地以外的人民法院审判更为适宜的，上级人民法院可以指定下级人民法院管辖。

第二十一条 上级人民法院指定管辖，应当将指定管辖决定书送达被指定管辖的人民法院和其他有关的人民法院。

第二十二条 原受理案件的人民法院在收到上级人民法院改变管辖决定书、同意移送决定书或者指定其他人民法院管辖的决定书后，对公诉案件，应当书面通知同级人民检察院，并将案卷材料退回，同时书面通知当事人；对自诉案件，应当将案卷材料移送被指定管辖的人民法院，并书面通知当事人。

第二十三条 第二审人民法院发回重新审判的案件，人民检察院撤回起诉后，又向原第一审人民法院的下级人民法院重新提起公诉的，下级人民法院应当将有关情况层报原第二审人民法院。原第二审人民法院根据具体情况，可以决定将案件移送原第一审人民法院或者其他人民法院审判。

第二十四条 人民法院发现被告人还有其他犯罪被起诉的，可以并案审理；涉及同种犯罪的，一般应当并案审理。

人民法院发现被告人还有其他犯罪被审查起诉、立案侦查、立案调查的，可以参照前款规定协商人民检察院、公安机关、监察机关并案处理，但可能造成审判过分迟延的除外。

根据前两款规定并案处理的案件，由最初受理地的人民法院审判。必要时，可以由主要犯罪地的人民法院审判。

第二十五条 第二审人民法院在审理过程中，发现被告人还有其他犯罪没有判决的，参照前条规定处理。第二审人民法院决定并案审理的，应当发回第一审人民法院，由第一审人民法院作出处理。

第二十六条 军队和地方互涉刑事案件，按照有关规定确定管辖。

第二章 回　避

第二十七条 审判人员具有下列情形之一的，应当自行回避，当事人及其法定代理人有权申请其回避：

（一）是本案的当事人或者是当事人的近亲属的；

（二）本人或者其近亲属与本案有利害关系的；

（三）担任过本案的证人、鉴定人、辩护人、诉讼代理人、翻译人员的；

（四）与本案的辩护人、诉讼代理人有近亲属关系的；

（五）与本案当事人有其他利害关系，可能影响公正审判的。

第二十八条 审判人员具有下列情形之一的，当事人及其法定代理人有权申请其回避：

（一）违反规定会见本案当事人、辩护人、诉讼代理人的；

（二）为本案当事人推荐、介绍辩护人、诉讼代理人，或者为律师、其他人员介绍办理本案的；

（三）索取、接受本案当事人及其委托的人的财物或者其他利益的；

（四）接受本案当事人及其委托的人的宴请，或者参加由其支付费用的活动的；

（五）向本案当事人及其委托的人借用款物的；

（六）有其他不正当行为，可能影响公正审判的。

第二十九条 参与过本案调查、侦查、审查起诉工作的监察、侦查、检察人员，调至人民法院工作的，不得担任本案的审判人员。

在一个审判程序中参与过本案审判工作的合议庭组成人员或者独任审判员，不得再参与本案其他程序的审判。但是，发回重新审判的案件，在第一审人民法院作出裁判后又进入第二审程序、在法定刑以下判处刑罚的复核程序或者死刑复核程序的，原第二审程序、在法定刑以下判处刑罚的复核程序或者死刑复核程序中的合议庭组成人员不受本款规定的限制。

第三十条 依照法律和有关规定应当实行任职回避的，不得担任案件的审判人员。

第三十一条 人民法院应当依法告知当事人及其法定代理人有权申请回避，并告知其合议庭组成人员、独任审判员、法官助理、书记员等人员的名单。

第三十二条 审判人员自行申请回避，或者当事人及其法定代理人申请审判人员回避的，可以口头或者书面提出，并说明理由，由院长决定。

院长自行申请回避，或者当事人及其法定代理人申请院长回避的，由审判委员会讨论决定。审判委员会讨论时，由副院长主持，院长不得参加。

第三十三条 当事人及其法定代理人依照刑事诉讼法第三十条和本解释第二十八条的规定申请回避的，应当提供证明材料。

第三十四条 应当回避的审判人员没有自行回避，当事人及其法定代理人也没有申请其回避的，院长或者审判委员会应当决定其回避。

第三十五条 对当事人及其法定代理人提出的回避申请，人民法院可以口头或者书面作出决定，并将决定告知申请人。

当事人及其法定代理人申请回避被驳回的，可以在接到决定时申请复议一次。不属于刑事诉讼法第二十九条、第三十条规定情形的回避申请，由法庭当庭驳回，并不得申请复议。

第三十六条 当事人及其法定代理人申请出庭的检察人员回避的，人民法院应当区分情况作出处理：

（一）属于刑事诉讼法第二十九条、第三十条规定情形的回避申请，应当决定休庭，并通知人民检察院尽快作出决定；

（二）不属于刑事诉讼法第二十九条、第三十条规定情形的回避申请，应当当庭驳回，并不得申请复议。

第三十七条 本章所称的审判人员，包括人民法院院长、副院长、审判委员会委员、庭长、副庭长、审判员和人民陪审员。

第三十八条 法官助理、书记员、翻译人员和鉴定人适用审判人员回避的有关规定，其回避问题由院长决定。

第三十九条 辩护人、诉讼代理人可以依照本章的有关规定要求回避、申请复议。

第三章 辩护与代理

第四十条 人民法院审判案件，应当充分保障被告人依法享有的辩护权利。

被告人除自己行使辩护权以外，还可以委托辩护人辩护。下列人员不得担任辩护人：

（一）正在被执行刑罚或者处于缓刑、假释考验期间的人；

（二）依法被剥夺、限制人身自由的人；

（三）被开除公职或者被吊销律师、公证员执业证书的人；

（四）人民法院、人民检察院、监察机关、公安机关、国家安全机关、监狱的现职人员；

（五）人民陪审员；

（六）与本案审理结果有利害关系的人；

（七）外国人或者无国籍人；

（八）无行为能力或者限制行为能力的人。

前款第三项至第七项规定的人员，如果是被告人的监护人、近亲属，由被告人委托担任辩护人的，可以准许。

第四十一条 审判人员和人民法院其他工作人员从人民法院离任后二年内，不得以律师身份担任辩护人。

审判人员和人民法院其他工作人员从人民法院离任后，不得担任原任职法院所审理案件的辩护人，但系被告人的监护人、近亲属的除外。

审判人员和人民法院其他工作人员的配偶、子女或者父母不得担任其任职法院所审理案件的辩护人，但系被告人的监护人、近亲属的除外。

第四十二条 对接受委托担任辩护人的，人民法院应当核实其身份证明和授权委托书。

第四十三条 一名被告人可以委托一至二人作为辩护人。

一名辩护人不得为两名以上的同案被告人，或者未同案处理但犯罪事实存在关联的被告人辩护。

第四十四条 被告人没有委托辩护人的，人民法院自受理案件之日起三日以内，应当告知其有权委托辩护人；被告人因经济困难或者其他原因没有委托辩护人的，应当告知其可以申请法律援助；被告人属于应当提供法律援助情形的，应当告知其将依法通知法律援助机构指派律师为其提供辩护。

被告人没有委托辩护人，法律援助机构也没有指派律师为其提供辩护的，人民法院应当告知被告人有权约见值班律师，并为被告人约见值班律师提供便利。

告知可以采取口头或者书面方式。

第四十五条 审判期间，在押的被告人要求委托辩护人的，人民法院应当在三日以内向其监护人、近亲属或者其指定的人员转达要求。被告人应当提供有关人员的联系方式。有关人员无法通知的，应当告知被告人。

第四十六条 人民法院收到在押被告人提出的法律援助或者法律帮助申请，应当依照有关规定及时转交法律援助机构或者通知值班律师。

第四十七条 对下列没有委托辩护人的被告人,人民法院应当通知法律援助机构指派律师为其提供辩护:

(一)盲、聋、哑人;

(二)尚未完全丧失辨认或者控制自己行为能力的精神病人;

(三)可能被判处无期徒刑、死刑的人。

高级人民法院复核死刑案件,被告人没有委托辩护人的,应当通知法律援助机构指派律师为其提供辩护。

死刑缓期执行期间故意犯罪的案件,适用前两款规定。

第四十八条 具有下列情形之一,被告人没有委托辩护人的,人民法院可以通知法律援助机构指派律师为其提供辩护:

(一)共同犯罪案件中,其他被告人已经委托辩护人的;

(二)案件有重大社会影响的;

(三)人民检察院抗诉的;

(四)被告人的行为可能不构成犯罪的;

(五)有必要指派律师提供辩护的其他情形。

第四十九条 人民法院通知法律援助机构指派律师提供辩护的,应当将法律援助通知书、起诉书副本或者判决书送达法律援助机构;决定开庭审理的,除适用简易程序或者速裁程序审理的以外,应当在开庭十五日以前将上述材料送达法律援助机构。

法律援助通知书应当写明案由、被告人姓名、提供法律援助的理由、审判人员的姓名和联系方式;已确定开庭审理的,应当写明开庭的时间、地点。

第五十条 被告人拒绝法律援助机构指派的律师为其辩护,坚持自己行使辩护权的,人民法院应当准许。

属于应当提供法律援助的情形,被告人拒绝指派的律师为其辩护的,人民法院应当查明原因。理由正当的,应当准许,但被告人应当在五日以内另行委托辩护人;被告人未另行委托辩护人的,人民法院应当在三日以内通知法律援助机构另行指派律师为其提供辩护。

第五十一条 对法律援助机构指派律师为被告人提供辩护,被告人的监护人、近亲属又代为委托辩护人的,应当听取被告人的意见,由其确定辩护人人选。

第五十二条 审判期间,辩护人接受被告人委托的,应当在接受委托之日起三日以内,将委托手续提交人民法院。

接受法律援助机构指派为被告人提供辩护的,适用前款规定。

第五十三条 辩护律师可以查阅、摘抄、复制案卷材料。其他辩护人经人民法院许可,也可以查阅、摘抄、复制案卷材料。合议庭、审判委员会的讨论记录以及其他依法不公开的材料不得查阅、摘抄、复制。

辩护人查阅、摘抄、复制案卷材料的,人民法院应当提供便利,并保证必要的时间。

值班律师查阅案卷材料的,适用前两款规定。

复制案卷材料可以采用复印、拍照、扫描、电子数据拷贝等方式。

第五十四条 对作为证据材料向人民法院移送的讯问录音录像,辩护律师申请查阅的,人民法院应当准许。

第五十五条 查阅、摘抄、复制案卷材料,涉及国家秘密、商业秘密、个人隐私的,应当保密;对不公开审理案件的信息、材料,或者在办案过程中获悉的案件重要信息、证据材料,不得违反规定泄露、披露,不得用于办案以外的用途。人民法院可以要求相关人员出具承诺书。

违反前款规定的,人民法院可以通报司法行政机关或者有关部门,建议给予相应处罚;构成犯罪的,依法追究刑事责任。

第五十六条 辩护律师可以同在押的或者被监视居住的被告人会见和通信。其他辩护人经人民法院许可,也可以同在押的或者被监视居住的被告人会见和通信。

第五十七条 辩护人认为在调查、侦查、审查起诉期间监察机关、公安机关、人民检察院收集的证明被告人无罪或者罪轻的证据材料未随案移送,申请人民法院调取的,应当以书面形式提出,并提供相关线索或者材料。人民法院接受申请后,应当向人民检察院调取。人民检察院移送相关证据材料后,人民法院应当及时通知辩护人。

第五十八条 辩护律师申请向被害人及其近亲属、被害人提供的证人收集与本案有关的材料,人民法院认为确有必要的,应当签发准许调查书。

第五十九条 辩护律师向证人或者有关单位、个人收集、调取与本案有关的证据材料,因证人或者有关单位、个人不同意,申请人民法院收集、调取,或者申请通知证人出庭作证,人民法院认为确有必要的,应当同意。

第六十条 辩护律师直接申请人民法院向证人或者有关单位、个人收集、调取证据材料,人民法院认为确有必要,且不宜或者不能由辩护律师收集、调取的,应当同意。

人民法院向有关单位收集、调取的书面证据材料,必须由提供人签名,并加盖单位印章;向个人收集、调取的书面证据材料,必须由提供人签名。

人民法院对有关单位、个人提供的证据材料,应当出具收据,写明证据材料的名称、收到的时间、件数、页数以及是否为原件等,由书记员、法官助理或者审判人员签名。

收集、调取证据材料后,应当及时通知辩护律师查阅、摘抄、复制,并告知人民检察院。

第六十一条 本解释第五十八条至第六十条规定的申请,应当以书面形式提出,并说明理由,写明需要收集、调取证据材料的内容或者需要调查问题的提纲。

对辩护律师的申请,人民法院应当在五日以内作出是否准许、同意的决定,并通知申请人;决定不准许、不同意的,应当说明理由。

第六十二条 人民法院自受理自诉案件之日起三日以内,应当告知自诉人及其法定代理人、附带民事诉讼当事人及其法定代理人,有权委托诉讼代理人,并告知其如果经济困难,可以申请法律援助。

第六十三条 当事人委托诉讼代理人的,参照适用刑事诉讼法第三十三条和本解释的有关规定。

第六十四条 诉讼代理人有权根据事实和法律,维护被害人、自诉人或者附带民事诉讼当事人的诉讼权利和其他合法权益。

第六十五条 律师担任诉讼代理人的,可以查阅、摘抄、复制案卷材料。其他诉讼代理人经人民法院许可,也可以查阅、摘抄、复制案卷材料。

律师担任诉讼代理人,需要收集、调取与本案有关的证据材料的,参照适用本解释第五十九条至第六十一条的规定。

第六十六条 诉讼代理人接受当事人委托或者法律援助机构指派后,应当在三日以内将委托手续或者法律援助手续提交人民法院。

第六十七条 辩护律师向人民法院告知其委托人或者其他人准备实施、正在实施危害国家安全、公共安全以及严重危害他人人身安全犯罪的,人民法院应当记录在案,立即转告主管机关依法处理,并为反映有关情况的辩护律师保密。

第六十八条 律师担任辩护人、诉讼代理人,经人民法院准许,可以带一名助理参加庭审。律师助理参加庭审的,可以从事辅助工作,但不得发表辩护、代理意见。

第四章 证 据

第一节 一般规定

第六十九条 认定案件事实,必须以证据为根据。

第七十条 审判人员应当依照法定程序收集、审查、核实、认定证据。

第七十一条 证据未经当庭出示、辨认、质证等法庭调查程序查证属实,不得作为定案的根据。

第七十二条 应当运用证据证明的案件事实包括:

(一)被告人、被害人的身份;

(二)被指控的犯罪是否存在;

(三)被指控的犯罪是否为被告人所实施;

(四)被告人有无刑事责任能力,有无罪过,实施犯罪的动机、目的;

(五)实施犯罪的时间、地点、手段、后果以及案件起因等;

(六)是否系共同犯罪或者犯罪事实存在关联,以及被告人在犯罪中的地位、作用;

(七)被告人有无从重、从轻、减轻、免除处罚情节;

(八)有关涉案财物处理的事实;

(九)有关附带民事诉讼的事实;

(十)有关管辖、回避、延期审理等的程序事实;

(十一)与定罪量刑有关的其他事实。

认定被告人有罪和对被告人从重处罚,适用证据确实、充分的证明标准。

第七十三条 对提起公诉的案件,人民法院应当审查证明被告人有罪、无罪、罪重、罪轻的证据材料是否全部随案移送；未随案移送的，应当通知人民检察院在指定时间内移送。人民检察院未移送的，人民法院应当根据在案证据对案件事实作出认定。

第七十四条 依法应当对讯问过程录音录像的案件，相关录音录像未随案移送的，必要时，人民法院可以通知人民检察院在指定时间内移送。人民检察院未移送，导致不能排除属于刑事诉讼法第五十六条规定的以非法方法收集证据情形的，对有关证据应当依法排除；导致有关证据的真实性无法确认的，不得作为定案的根据。

第七十五条 行政机关在行政执法和查办案件过程中收集的物证、书证、视听资料、电子数据等证据材料，经法庭查证属实，且收集程序符合有关法律、行政法规规定的，可以作为定案的根据。

根据法律、行政法规规定行使国家行政管理职权的组织，在行政执法和查办案件过程中收集的证据材料，视为行政机关收集的证据材料。

第七十六条 监察机关依法收集的证据材料，在刑事诉讼中可以作为证据使用。

对前款规定证据的审查判断，适用刑事审判关于证据的要求和标准。

第七十七条 对来自境外的证据材料，人民检察院应当随案移送有关材料来源、提供人、提取人、提取时间等情况的说明。经人民法院审查，相关证据材料能够证明案件事实且符合刑事诉讼法规定的，可以作为证据使用，但提供人或者我国与有关国家签订的双边条约对材料的使用范围有明确限制的除外；材料来源不明或者真实性无法确认的，不得作为定案的根据。

当事人及其辩护人、诉讼代理人提供来自境外的证据材料的，该证据材料应当经所在国公证机关证明，所在国中央外交主管机关或者其授权机关认证，并经中华人民共和国驻该国使领馆认证，或者履行中华人民共和国与该所在国订立的有关条约中规定的证明手续，但我国与该国之间有互免认证协定的除外。

第七十八条 控辩双方提供的证据材料涉及外国语言、文字的，应当附中文译本。

第七十九条 人民法院依照刑事诉讼法第一百九十六条的规定调查核实证据，必要时，可以通知检察人员、辩护人、自诉人及其法定代理人到场。上述人员未到场的，应当记录在案。

人民法院调查核实证据时，发现对定罪量刑有重大影响的新的证据材料的，应当告知检察人员、辩护人、自诉人及其法定代理人。必要时，也可以直接提取，并及时通知检察人员、辩护人、自诉人及其法定代理人查阅、摘抄、复制。

第八十条 下列人员不得担任见证人：

（一）生理上、精神上有缺陷或者年幼，不具有相应辨别能力或者不能正确表达的人；

（二）与案件有利害关系，可能影响案件公正处理的人；

（三）行使勘验、检查、搜查、扣押、组织辨认等监察调查、刑事诉讼职权的监察、公安、司法机关的工作人员或者其聘用的人员。

对见证人是否属于前款规定的人员，人民法院可以通过相关笔录载明的见证人的姓名、身份证件种类及号码、联系方式以及常住人口信息登记表等材料进行审查。

由于客观原因无法由符合条件的人员担任见证人的，应当在笔录材料中注明情况，并对相关活动进行全程录音录像。

第八十一条 公开审理案件时，公诉人、诉讼参与人提出涉及国家秘密、商业秘密或者个人隐私的证据的，法庭应当制止；确与本案有关的，可以根据具体情况，决定将案件转为不公开审理，或者对相关证据的法庭调查不公开进行。

第二节　物证、书证的审查与认定

第八十二条 对物证、书证应当着重审查以下内容：

（一）物证、书证是否为原物、原件，是否经过辨认、鉴定；物证的照片、录像、复制品或者书证的副本、复制件是否与原物、原件相符，是否由二人以上制作，有无制作人关于制作过程以及原物、原件存放于何处的文字说明和签名；

（二）物证、书证的收集程序、方式是否符合法律、有关规定；经勘验、检查、搜查提取、扣押的物证、书证，是否附有相关笔录、清单，笔录、清单是否经调查人员或者侦查人员、物品持有人、见证人签名，没有签名的，是否注明原因；物品的名称、特征、数量、质量等是否注明清楚；

（三）物证、书证在收集、保管、鉴定过程中是否受损或者改变；

（四）物证、书证与案件事实有无关联；对现场遗留与犯罪有关的具备鉴定条件的血迹、体液、毛发、指纹等生物样本、痕迹、物品,是否已作DNA鉴定、指纹鉴定等,并与被告人或者被害人的相应生物特征、物品等比对;

(五)与案件事实有关联的物证、书证是否全面收集。

第八十三条 据以定案的物证应当是原物。原物不便搬运、不易保存、依法应当返还或者依法应当由有关部门保管、处理的,可以拍摄、制作足以反映原物外形和特征的照片、录像、复制品。必要时,审判人员可以前往保管场所查看原物。

物证的照片、录像、复制品,不能反映原物的外形和特征的,不得作为定案的根据。

物证的照片、录像、复制品,经与原物核对无误、经鉴定或者以其他方式确认真实的,可以作为定案的根据。

第八十四条 据以定案的书证应当是原件。取得原件确有困难的,可以使用副本、复制件。

对书证的更改或者更改迹象不能作出合理解释,或者书证的副本、复制件不能反映原件及其内容的,不得作为定案的根据。

书证的副本、复制件,经与原件核对无误、经鉴定或者以其他方式确认真实的,可以作为定案的根据。

第八十五条 对与案件事实可能有关联的血迹、体液、毛发、人体组织、指纹、足迹、字迹等生物样本、痕迹和物品,应当提取而没有提取,应当鉴定而没有鉴定,应当移送鉴定意见而没有移送,导致案件事实存疑的,人民法院应当通知人民检察院依法补充收集、调取、移送证据。

第八十六条 在勘验、检查、搜查过程中提取、扣押的物证、书证,未附笔录或者清单,不能证明物证、书证来源的,不得作为定案的根据。

物证、书证的收集程序、方式有下列瑕疵,经补正或者作出合理解释的,可以采用:

(一)勘验、检查、搜查、提取笔录或者扣押清单上没有调查人员或者侦查人员、物品持有人、见证人签名,或者对物品的名称、特征、数量、质量等注明不详的;

(二)物证的照片、录像、复制品,书证的副本、复制件未注明与原件核对无异,无复制时间,或者无被收集、调取人签名的;

(三)物证的照片、录像、复制品,书证的副本、复制件没有制作人关于制作过程和原物、原件存放地点的说明,或者说明中无签名的;

(四)有其他瑕疵的。

物证、书证的来源、收集程序有疑问,不能作出合理解释的,不得作为定案的根据。

第三节 证人证言、被害人陈述的审查与认定

第八十七条 对证人证言应当着重审查以下内容:

(一)证言的内容是否为证人直接感知;

(二)证人作证时的年龄,认知、记忆和表达能力,生理和精神状态是否影响作证;

(三)证人与案件当事人、案件处理结果有无利害关系;

(四)询问证人是否个别进行;

(五)询问笔录的制作、修改是否符合法律、有关规定,是否注明询问的起止时间和地点,首次询问时是否告知证人有关权利义务和法律责任,证人对询问笔录是否核对确认;

(六)询问未成年证人时,是否通知其法定代理人或者刑事诉讼法第二百八十一条第一款规定的合适成年人到场,有关人员是否到场;

(七)有无以暴力、威胁等非法方法收集证人证言的情形;

(八)证言之间以及与其他证据之间能否相互印证,有无矛盾;存在矛盾的,能否得到合理解释。

第八十八条 处于明显醉酒、中毒或者麻醉等状态,不能正常感知或者正确表达的证人所提供的证言,不得作为证据使用。

证人的猜测性、评论性、推断性的证言,不得作为证据使用,但根据一般生活经验判断符合事实的除外。

第八十九条 证人证言具有下列情形之一的,不得作为定案的根据:

(一)询问证人没有个别进行的;

(二)书面证言没有经证人核对确认的;

(三)询问聋、哑人,应当提供通晓聋、哑手势的人员而未提供的;

(四)询问不通晓当地通用语言、文字的证人,应当提供翻译人员而未提供的。

第九十条 证人证言的收集程序、方式有下列瑕疵,经补正或者作出合理解释的,可以采用;不能

补正或者作出合理解释的，不得作为定案的根据：

（一）询问笔录没有填写询问人、记录人、法定代理人姓名以及询问的起止时间、地点的；

（二）询问地点不符合规定的；

（三）询问笔录没有记录告知证人有关权利义务和法律责任的；

（四）询问笔录反映出在同一时段，同一询问人员询问不同证人的；

（五）询问未成年人，其法定代理人或者合适成年人不在场的。

第九十一条 证人当庭作出的证言，经控辩双方质证、法庭查证属实的，应当作为定案的根据。

证人当庭作出的证言与其庭前证言矛盾，证人能够作出合理解释，并有其他证据印证的，应当采信其庭审证言；不能作出合理解释，而其庭前证言有其他证据印证的，可以采信其庭前证言。

经人民法院通知，证人没有正当理由拒绝出庭或者出庭后拒绝作证，法庭对其证言的真实性无法确认的，该证人证言不得作为定案的根据。

第九十二条 对被害人陈述的审查与认定，参照适用本节的有关规定。

第四节 被告人供述和辩解的审查与认定

第九十三条 对被告人供述和辩解应当着重审查以下内容：

（一）讯问的时间、地点，讯问人的身份、人数以及讯问方式等是否符合法律、有关规定；

（二）讯问笔录的制作、修改是否符合法律、有关规定，是否注明讯问的具体起止时间和地点，首次讯问时是否告知被告人有关权利和法律规定，被告人是否核对确认；

（三）讯问未成年被告人时，是否通知其法定代理人或者合适成年人到场，有关人员是否到场；

（四）讯问女性未成年被告人时，是否有女性工作人员在场；

（五）有无以刑讯逼供等非法方法收集被告人供述的情形；

（六）被告人的供述是否前后一致，有无反复以及出现反复的原因；

（七）被告人的供述和辩解是否全部随案移送；

（八）被告人的辩解内容是否符合案情和常理，有无矛盾；

（九）被告人的供述和辩解与同案被告人的供述和辩解以及其他证据能否相互印证，有无矛盾；存在矛盾的，能否得到合理解释。

必要时，可以结合现场执法音视频记录、讯问录音录像、被告人进出看守所的健康检查记录、笔录等，对被告人的供述和辩解进行审查。

第九十四条 被告人供述具有下列情形之一的，不得作为定案的根据：

（一）讯问笔录没有经被告人核对确认的；

（二）讯问聋、哑人，应当提供通晓聋、哑手势的人员而未提供的；

（三）讯问不通晓当地通用语言、文字的被告人，应当提供翻译人员而未提供的；

（四）讯问未成年人，其法定代理人或者合适成年人不在场的。

第九十五条 讯问笔录有下列瑕疵，经补正或者作出合理解释的，可以采用；不能补正或者作出合理解释的，不得作为定案的根据：

（一）讯问笔录填写的讯问时间、讯问地点、讯问人、记录人、法定代理人等有误或者存在矛盾的；

（二）讯问人没有签名的；

（三）首次讯问笔录没有记录告知被讯问人有关权利和法律规定的。

第九十六条 审查被告人供述和辩解，应当结合控辩双方提供的所有证据以及被告人的全部供述和辩解进行。

被告人庭审中翻供，但不能合理说明翻供原因或者其辩解与全案证据矛盾，而其庭前供述与其他证据相互印证的，可以采信其庭前供述。

被告人庭前供述和辩解存在反复，但庭审中供认，且与其他证据相互印证的，可以采信其庭审供述；被告人庭前供述和辩解存在反复，庭审中不供认，且无其他证据与庭前供述印证的，不得采信其庭前供述。

第五节 鉴定意见的审查与认定

第九十七条 对鉴定意见应当着重审查以下内容：

（一）鉴定机构和鉴定人是否具有法定资质；

（二）鉴定人是否存在应当回避的情形；

（三）检材的来源、取得、保管、送检是否符合法律、有关规定，与相关提取笔录、扣押清单等记载

的内容是否相符,检材是否可靠;

(四)鉴定意见的形式要件是否完备,是否注明提起鉴定的事由、鉴定委托人、鉴定机构、鉴定要求、鉴定过程、鉴定方法、鉴定日期等相关内容,是否由鉴定机构盖章并由鉴定人签名;

(五)鉴定程序是否符合法律、有关规定;

(六)鉴定的过程和方法是否符合相关专业的规范要求;

(七)鉴定意见是否明确;

(八)鉴定意见与案件事实有无关联;

(九)鉴定意见与勘验、检查笔录及相关照片等其他证据是否矛盾;存在矛盾的,能否得到合理解释;

(十)鉴定意见是否依法及时告知相关人员,当事人对鉴定意见有无异议。

第九十八条 鉴定意见具有下列情形之一的,不得作为定案的根据:

(一)鉴定机构不具备法定资质,或者鉴定事项超出该鉴定机构业务范围、技术条件的;

(二)鉴定人不具备法定资质,不具有相关专业技术或者职称,或者违反回避规定的;

(三)送检材料、样本来源不明,或者因污染不具备鉴定条件的;

(四)鉴定对象与送检材料、样本不一致的;

(五)鉴定程序违反规定的;

(六)鉴定过程和方法不符合相关专业的规范要求的;

(七)鉴定文书缺少签名、盖章的;

(八)鉴定意见与案件事实没有关联的;

(九)违反有关规定的其他情形。

第九十九条 经人民法院通知,鉴定人拒不出庭作证的,鉴定意见不得作为定案的根据。

鉴定人由于不能抗拒的原因或者有其他正当理由无法出庭的,人民法院可以根据情况决定延期审理或者重新鉴定。

鉴定人无正当理由拒不出庭作证的,人民法院应当通报司法行政机关或者有关部门。

第一百条 因无鉴定机构,或者根据法律、司法解释的规定,指派、聘请有专门知识的人就案件的专门性问题出具的报告,可以作为证据使用。

对前款规定的报告的审查与认定,参照适用本节的有关规定。

经人民法院通知,出具报告的人拒不出庭作证的,有关报告不得作为定案的根据。

第一百零一条 有关部门对事故进行调查形成的报告,在刑事诉讼中可以作为证据使用;报告中涉及专门性问题的意见,经法庭查证属实,且调查程序符合法律、有关规定的,可以作为定案的根据。

第六节 勘验、检查、辨认、侦查实验等笔录的审查与认定

第一百零二条 对勘验、检查笔录应当着重审查以下内容:

(一)勘验、检查是否依法进行,笔录制作是否符合法律、有关规定,勘验、检查人员和见证人是否签名或者盖章;

(二)勘验、检查笔录是否记录了提起勘验、检查的事由,勘验、检查的时间、地点,在场人员、现场方位、周围环境等,现场的物品、人身、尸体等的位置、特征等情况,以及勘验、检查的过程;文字记录与实物或者绘图、照片、录像是否相符;现场、物品、痕迹等是否伪造、有无破坏;人身特征、伤害情况、生理状态有无伪装或者变化等;

(三)补充进行勘验、检查的,是否说明了再次勘验、检查的原由,前后勘验、检查的情况是否矛盾。

第一百零三条 勘验、检查笔录存在明显不符合法律、有关规定的情形,不能作出合理解释的,不得作为定案的根据。

第一百零四条 对辨认笔录应当着重审查辨认的过程、方法,以及辨认笔录的制作是否符合有关规定。

第一百零五条 辨认笔录具有下列情形之一的,不得作为定案的根据:

(一)辨认不是在调查人员、侦查人员主持下进行的;

(二)辨认前使辨认人见到辨认对象的;

(三)辨认活动没有个别进行的;

(四)辨认对象没有混杂在具有类似特征的其他对象中,或者供辨认的对象数量不符合规定的;

(五)辨认中给辨认人明显暗示或者明显有指认嫌疑的;

(六)违反有关规定,不能确定辨认笔录真实性的其他情形。

第一百零六条 对侦查实验笔录应当着重审

查实验的过程、方法,以及笔录的制作是否符合有关规定。

第一百零七条 侦查实验的条件与事件发生时的条件有明显差异,或者存在影响实验结论科学性的其他情形的,侦查实验笔录不得作为定案的根据。

第七节 视听资料、电子数据的审查与认定

第一百零八条 对视听资料应当着重审查以下内容:

(一)是否附有提取过程的说明,来源是否合法;

(二)是否为原件,有无复制及复制份数;是复制件的,是否附有无法调取原件的原因、复制件制作过程和原件存放地点的说明,制作人、原视听资料持有人是否签名;

(三)制作过程中是否存在威胁、引诱当事人等违反法律、有关规定的情形;

(四)是否写明制作人、持有人的身份,制作的时间、地点、条件和方法;

(五)内容和制作过程是否真实,有无剪辑、增加、删改等情形;

(六)内容与案件事实有无关联。

对视听资料有疑问的,应当进行鉴定。

第一百零九条 视听资料具有下列情形之一的,不得作为定案的根据:

(一)系篡改、伪造或者无法确定真伪的;

(二)制作、取得的时间、地点、方式等有疑问,不能作出合理解释的。

第一百一十条 对电子数据是否真实,应当着重审查以下内容:

(一)是否移送原始存储介质;在原始存储介质无法封存、不便移动时,有无说明原因,并注明收集、提取过程及原始存储介质的存放地点或者电子数据的来源等情况;

(二)是否具有数字签名、数字证书等特殊标识;

(三)收集、提取的过程是否可以重现;

(四)如有增加、删除、修改等情形的,是否附有说明;

(五)完整性是否可以保证。

第一百一十一条 对电子数据是否完整,应当根据保护电子数据完整性的相应方法进行审查、验证:

(一)审查原始存储介质的扣押、封存状态;

(二)审查电子数据的收集、提取过程,查看录像;

(三)比对电子数据完整性校验值;

(四)与备份的电子数据进行比较;

(五)审查冻结后的访问操作日志;

(六)其他方法。

第一百一十二条 对收集、提取电子数据是否合法,应当着重审查以下内容:

(一)收集、提取电子数据是否由二名以上调查人员、侦查人员进行,取证方法是否符合相关技术标准;

(二)收集、提取电子数据,是否附有笔录、清单,并经调查人员、侦查人员、电子数据持有人、提供人、见证人签名或者盖章;没有签名或者盖章的,是否注明原因;对电子数据的类别、文件格式等是否注明清楚;

(三)是否依照有关规定由符合条件的人员担任见证人,是否对相关活动进行录像;

(四)采用技术调查、侦查措施收集、提取电子数据的,是否依法经过严格的批准手续;

(五)进行电子数据检查的,检查程序是否符合有关规定。

第一百一十三条 电子数据的收集、提取程序有下列瑕疵,经补正或者作出合理解释的,可以采用;不能补正或者作出合理解释的,不得作为定案的根据:

(一)未以封存状态移送的;

(二)笔录或者清单上没有调查人员或者侦查人员、电子数据持有人、提供人、见证人签名或者盖章的;

(三)对电子数据的名称、类别、格式等注明不清的;

(四)有其他瑕疵的。

第一百一十四条 电子数据具有下列情形之一的,不得作为定案的根据:

(一)系篡改、伪造或者无法确定真伪的;

(二)有增加、删除、修改等情形,影响电子数据真实性的;

(三)其他无法保证电子数据真实性的情形。

第一百一十五条 对视听资料、电子数据,还

应当审查是否移送文字抄清材料以及对绰号、暗语、俗语、方言等不易理解内容的说明。未移送的，必要时，可以要求人民检察院移送。

第八节　技术调查、侦查证据的审查与认定

第一百一十六条　依法采取技术调查、侦查措施收集的材料在刑事诉讼中可以作为证据使用。

采取技术调查、侦查措施收集的材料，作为证据使用的，应当随案移送。

第一百一十七条　使用采取技术调查、侦查措施收集的证据材料可能危及有关人员的人身安全，或者可能产生其他严重后果的，可以采取下列保护措施：

（一）使用化名等代替调查、侦查人员及有关人员的个人信息；

（二）不具体写明技术调查、侦查措施使用的技术设备和技术方法；

（三）其他必要的保护措施。

第一百一十八条　移送技术调查、侦查证据材料的，应当附采取技术调查、侦查措施的法律文书、技术调查、侦查证据材料清单和有关说明材料。

移送采用技术调查、侦查措施收集的视听资料、电子数据的，应当制作新的存储介质，并附制作说明，写明原始证据材料、原始存储介质的存放地点等信息，由制作人签名，并加盖单位印章。

第一百一十九条　对采取技术调查、侦查措施收集的证据材料，除根据相关证据材料所属的证据种类，依照本章第二节至第七节的相应规定进行审查外，还应当着重审查以下内容：

（一）技术调查、侦查措施所针对的案件是否符合法律规定；

（二）技术调查措施是否经过严格的批准手续，按照规定交有关机关执行；技术侦查措施是否在刑事立案后，经过严格的批准手续；

（三）采取技术调查、侦查措施的种类、适用对象和期限是否按照批准决定载明的内容执行；

（四）采取技术调查、侦查措施收集的证据材料与其他证据是否矛盾；存在矛盾的，能否得到合理解释。

第一百二十条　采取技术调查、侦查措施收集的证据材料，应当经过当庭出示、辨认、质证等法庭调查程序查证。

当庭调查技术调查、侦查证据材料可能危及有关人员的人身安全，或者可能产生其他严重后果的，法庭应当采取不暴露有关人员身份和技术调查、侦查措施使用的技术设备、技术方法等保护措施。必要时，审判人员可以在庭外对证据进行核实。

第一百二十一条　采用技术调查、侦查证据作为定案根据的，人民法院在裁判文书中可以表述相关证据的名称、证据种类和证明对象，但不得表述有关人员身份和技术调查、侦查措施使用的技术设备、技术方法等。

第一百二十二条　人民法院认为应当移送的技术调查、侦查证据材料未随案移送的，应当通知人民检察院在指定时间内移送。人民检察院未移送的，人民法院应当根据在案证据对案件事实作出认定。

第九节　非法证据排除

第一百二十三条　采用下列非法方法收集的被告人供述，应当予以排除：

（一）采用殴打、违法使用戒具等暴力方法或者变相肉刑的恶劣手段，使被告人遭受难以忍受的痛苦而违背意愿作出的供述；

（二）采用以暴力或者严重损害本人及其近亲属合法权益等相威胁的方法，使被告人遭受难以忍受的痛苦而违背意愿作出的供述；

（三）采用非法拘禁等非法限制人身自由的方法收集的被告人供述。

第一百二十四条　采用刑讯逼供方法使被告人作出供述，之后被告人受该刑讯逼供行为影响而作出的与该供述相同的重复性供述，应当一并排除，但下列情形除外：

（一）调查、侦查期间，监察机关、侦查机关根据控告、举报或者自己发现等，确认或者不能排除以非法方法收集证据而更换调查、侦查人员，其他调查、侦查人员再次讯问时告知有关权利和认罪的法律后果，被告人自愿供述的；

（二）审查逮捕、审查起诉和审判期间，检察人员、审判人员讯问时告知诉讼权利和认罪的法律后果，被告人自愿供述的。

第一百二十五条　采用暴力、威胁以及非法限制人身自由等非法方法收集的证人证言、被害人陈述，应当予以排除。

第一百二十六条 收集物证、书证不符合法定程序,可能严重影响司法公正的,应当予以补正或者作出合理解释;不能补正或者作出合理解释的,对该证据应当予以排除。

认定"可能严重影响司法公正",应当综合考虑收集证据违反法定程序以及所造成后果的严重程度等情况。

第一百二十七条 当事人及其辩护人、诉讼代理人申请人民法院排除以非法方法收集的证据的,应当提供涉嫌非法取证的人员、时间、地点、方式、内容等相关线索或者材料。

第一百二十八条 人民法院向被告人及其辩护人送达起诉书副本时,应当告知其申请排除非法证据的,应当在开庭审理前提出,但庭审期间才发现相关线索或者材料的除外。

第一百二十九条 开庭审理前,当事人及其辩护人、诉讼代理人申请人民法院排除非法证据的,人民法院应当在开庭前及时将申请书或者申请笔录及相关线索、材料的复制件送交人民检察院。

第一百三十条 开庭审理前,人民法院可以召开庭前会议,就非法证据排除等问题了解情况,听取意见。

在庭前会议中,人民检察院可以通过出示有关证据材料等方式,对证据收集的合法性加以说明。必要时,可以通知调查人员、侦查人员或者其他人员参加庭前会议,说明情况。

第一百三十一条 在庭前会议中,人民检察院可以撤回有关证据。撤回的证据,没有新的理由,不得在庭审中出示。

当事人及其辩护人、诉讼代理人可以撤回排除非法证据的申请。撤回申请后,没有新的线索或者材料,不得再次对有关证据提出排除申请。

第一百三十二条 当事人及其辩护人、诉讼代理人在开庭审理前未申请排除非法证据,在庭审过程中提出申请的,应当说明理由。人民法院经审查,对证据收集的合法性有疑问的,应当进行调查;没有疑问的,驳回申请。

驳回排除非法证据的申请后,当事人及其辩护人、诉讼代理人没有新的线索或者材料,以相同理由再次提出申请的,人民法院不再审查。

第一百三十三条 控辩双方在庭前会议中对证据收集是否合法未达成一致意见,人民法院对证据收集的合法性有疑问的,应当在庭审中进行调查;对证据收集的合法性没有疑问,且无新的线索或者材料表明可能存在非法取证的,可以决定不再进行调查并说明理由。

第一百三十四条 庭审期间,法庭决定对证据收集的合法性进行调查的,应当先行当庭调查。但为防止庭审过分迟延,也可以在法庭调查结束前调查。

第一百三十五条 法庭决定对证据收集的合法性进行调查的,由公诉人通过宣读调查、侦查讯问笔录、出示提讯登记、体检记录、对讯问合法性的核查材料等证据材料,有针对性地播放讯问录音录像,提请法庭通知有关调查人员、侦查人员或者其他人员出庭说明情况等方式,证明证据收集的合法性。

讯问录音录像涉及国家秘密、商业秘密、个人隐私或者其他不宜公开内容的,法庭可以决定对讯问录音录像不公开播放、质证。

公诉人提交的取证过程合法的说明材料,应当经有关调查人员、侦查人员签名,并加盖单位印章。未经签名或者盖章的,不得作为证据使用。上述说明材料不能单独作为证明取证过程合法的根据。

第一百三十六条 控辩双方申请法庭通知调查人员、侦查人员或者其他人员出庭说明情况,法庭认为有必要的,应当通知有关人员出庭。

根据案件情况,法庭可以依职权通知调查人员、侦查人员或者其他人员出庭说明情况。

调查人员、侦查人员或者其他人员出庭的,应当向法庭说明证据收集过程,并就相关情况接受控辩双方和法庭的询问。

第一百三十七条 法庭对证据收集的合法性进行调查后,确认或者不能排除存在刑事诉讼法第五十六条规定的以非法方法收集证据情形的,对有关证据应当排除。

第一百三十八条 具有下列情形之一的,第二审人民法院应当对证据收集的合法性进行审查,并根据刑事诉讼法和本解释的有关规定作出处理:

(一)第一审人民法院对当事人及其辩护人、诉讼代理人排除非法证据的申请没有审查,且以该证据作为定案根据的;

(二)人民检察院或者被告人、自诉人及其法定代理人不服第一审人民法院作出的有关证据收集合法性的调查结论,提出抗诉、上诉的;

(三)当事人及其辩护人、诉讼代理人在第一审结束后才发现相关线索或者材料，申请人民法院排除非法证据的。

第十节 证据的综合审查与运用

第一百三十九条 对证据的真实性，应当综合全案证据进行审查。

对证据的证明力，应当根据具体情况，从证据与案件事实的关联程度、证据之间的联系等方面进行审查判断。

第一百四十条 没有直接证据，但间接证据同时符合下列条件的，可以认定被告人有罪：

（一）证据已经查证属实；

（二）证据之间相互印证，不存在无法排除的矛盾和无法解释的疑问；

（三）全案证据形成完整的证据链；

（四）根据证据认定案件事实足以排除合理怀疑，结论具有唯一性；

（五）运用证据进行的推理符合逻辑和经验。

第一百四十一条 根据被告人的供述、指认提取到了隐蔽性很强的物证、书证，且被告人的供述与其他证明犯罪事实发生的证据相互印证，并排除串供、逼供、诱供等可能性的，可以认定被告人有罪。

第一百四十二条 对监察机关、侦查机关出具的被告人到案经过、抓获经过等材料，应当审查是否有出具该说明材料的办案人员、办案机关的签名、盖章。

对到案经过、抓获经过或者确定被告人有重大嫌疑的根据有疑问的，应当通知人民检察院补充说明。

第一百四十三条 下列证据应当慎重使用，有其他证据印证的，可以采信：

（一）生理上、精神上有缺陷，对案件事实的认知和表达存在一定困难，但尚未丧失正确认知、表达能力的被害人、证人和被告人所作的陈述、证言和供述；

（二）与被告人有亲属关系或者其他密切关系的证人所作的有利于被告人的证言，或者与被告人有利害冲突的证人所作的不利于被告人的证言。

第一百四十四条 证明被告人自首、坦白、立功的证据材料，没有加盖接受被告人投案、坦白、检举揭发等的单位的印章，或者接受人员没有签名的，不得作为定案的根据。

对被告人及其辩护人提出有自首、坦白、立功的事实和理由，有关机关未予认定，或者有关机关提出被告人有自首、坦白、立功表现，但证据材料不全的，人民法院应当要求有关机关提供证明材料，或者要求有关人员作证，并结合其他证据作出认定。

第一百四十五条 证明被告人具有累犯、毒品再犯情节等的证据材料，应当包括前罪的裁判文书、释放证明等材料；材料不全的，应当通知人民检察院提供。

第一百四十六条 审查被告人实施被指控的犯罪时或者审判时是否达到相应法定责任年龄，应当根据户籍证明、出生证明文件、学籍卡、人口普查登记、无利害关系人的证言等证据综合判断。

证明被告人已满十二周岁、十四周岁、十六周岁、十八周岁或者不满七十五周岁的证据不足的，应当作出有利于被告人的认定。

第五章 强制措施

第一百四十七条 人民法院根据案件情况，可以决定对被告人拘传、取保候审、监视居住或者逮捕。

对被告人采取、撤销或者变更强制措施的，由院长决定；决定继续取保候审、监视居住的，可以由合议庭或者独任审判员决定。

第一百四十八条 对经依法传唤拒不到庭的被告人，或者根据案件情况有必要拘传的被告人，可以拘传。

拘传被告人，应当由院长签发拘传票，由司法警察执行，执行人员不得少于二人。

拘传被告人，应当出示拘传票。对抗拒拘传的被告人，可以使用戒具。

第一百四十九条 拘传被告人，持续的时间不得超过十二小时；案情特别重大、复杂，需要采取逮捕措施的，持续的时间不得超过二十四小时。不得以连续拘传的形式变相拘禁被告人。应当保证被拘传人的饮食和必要的休息时间。

第一百五十条 被告人具有刑事诉讼法第六十七条第一款规定情形之一的，人民法院可以决定取保候审。

对被告人决定取保候审的，应当责令其提出保证人或者交纳保证金，不得同时使用保证人保证与保证金保证。

第一百五十一条 对下列被告人决定取保候审的，可以责令其提出一至二名保证人：

（一）无力交纳保证金的；

（二）未成年或者已满七十五周岁的；

（三）不宜收取保证金的其他被告人。

第一百五十二条 人民法院应当审查保证人是否符合法定条件。符合条件的，应当告知其必须履行的保证义务，以及不履行义务的法律后果，并由其出具保证书。

第一百五十三条 对决定取保候审的被告人使用保证金保证的，应当依照刑事诉讼法第七十二条第一款的规定确定保证金的具体数额，并责令被告人或者为其提供保证金的单位、个人将保证金一次性存入公安机关指定银行的专门账户。

第一百五十四条 人民法院向被告人宣布取保候审决定后，应当将取保候审决定书等相关材料送交当地公安机关。

对被告人使用保证金保证的，应当在核实保证金已经存入公安机关指定银行的专门账户后，将银行出具的收款凭证一并送交公安机关。

第一百五十五条 被告人被取保候审期间，保证人不愿继续履行保证义务或者丧失履行保证义务能力的，人民法院应当在收到保证人的申请或者公安机关的书面通知后三日以内，责令被告人重新提出保证人或者交纳保证金，或者变更强制措施，并通知公安机关。

第一百五十六条 人民法院发现保证人未履行保证义务的，应当书面通知公安机关依法处理。

第一百五十七条 根据案件事实和法律规定，认为已经构成犯罪的被告人在取保候审期间逃匿的，如果系保证人协助被告人逃匿，或者保证人明知被告人藏匿地点但拒绝向司法机关提供，对保证人应当依法追究责任。

第一百五十八条 人民法院发现使用保证金保证的被取保候审人违反刑事诉讼法第七十一条第一款、第二款规定的，应当书面通知公安机关依法处理。

人民法院收到公安机关已经没收保证金的书面通知或者变更强制措施的建议后，应当区别情形，在五日以内责令被告人具结悔过，重新交纳保证金或者提出保证人，或者变更强制措施，并通知公安机关。

人民法院决定对被依法没收保证金的被告人继续取保候审的，取保候审的期限连续计算。

第一百五十九条 对被取保候审的被告人的判决、裁定生效后，如果保证金属于其个人财产，且需要用以退赔被害人、履行附带民事赔偿义务或者执行财产刑的，人民法院可以书面通知公安机关移交全部保证金，由人民法院作出处理，剩余部分退还被告人。

第一百六十条 对具有刑事诉讼法第七十四条第一款、第二款规定情形的被告人，人民法院可以决定监视居住。

人民法院决定对被告人监视居住的，应当核实其住处；没有固定住处的，应当为其指定居所。

第一百六十一条 人民法院向被告人宣布监视居住决定后，应当将监视居住决定书等相关材料送交被告人住处或者指定居所所在地的公安机关执行。

对被告人指定居所监视居住后，人民法院应当在二十四小时以内，将监视居住的原因和处所通知其家属；确实无法通知的，应当记录在案。

第一百六十二条 人民检察院、公安机关已经对犯罪嫌疑人取保候审、监视居住，案件起诉至人民法院后，需要继续取保候审、监视居住或者变更强制措施的，人民法院应当在七日以内作出决定，并通知人民检察院、公安机关。

决定继续取保候审、监视居住的，应当重新办理手续，期限重新计算；继续使用保证金保证的，不再收取保证金。

第一百六十三条 对具有刑事诉讼法第八十一条第一款、第三款规定情形的被告人，人民法院应当决定逮捕。

第一百六十四条 被取保候审的被告人具有下列情形之一的，人民法院应当决定逮捕：

（一）故意实施新的犯罪的；

（二）企图自杀或者逃跑的；

（三）毁灭、伪造证据，干扰证人作证或者串供的；

（四）打击报复、恐吓滋扰被害人、证人、鉴定人、举报人、控告人等的；

（五）经传唤，无正当理由不到案，影响审判活动正常进行的；

（六）擅自改变联系方式或者居住地，导致无法传唤，影响审判活动正常进行的；

（七）未经批准，擅自离开所居住的市、县，影响审判活动正常进行，或者两次未经批准，擅自离开所居住的市、县的；

（八）违反规定进入特定场所、与特定人员会见或者通信、从事特定活动，影响审判活动正常进行，或者两次违反有关规定的；

（九）依法应当决定逮捕的其他情形。

第一百六十五条 被监视居住的被告人具有下列情形之一的，人民法院应当决定逮捕：

（一）具有前条第一项至第五项规定情形之一的；

（二）未经批准，擅自离开执行监视居住的处所，影响审判活动正常进行，或者两次未经批准，擅自离开执行监视居住的处所的；

（三）未经批准，擅自会见他人或者通信，影响审判活动正常进行，或者两次未经批准，擅自会见他人或者通信的；

（四）对因患有严重疾病、生活不能自理，或者因怀孕、正在哺乳自己婴儿而未予逮捕的被告人，疾病痊愈或者哺乳期已满的；

（五）依法应当决定逮捕的其他情形。

第一百六十六条 对可能判处徒刑以下刑罚的被告人，违反取保候审、监视居住规定，严重影响诉讼活动正常进行的，可以决定逮捕。

第一百六十七条 人民法院作出逮捕决定后，应当将逮捕决定书等相关材料送交公安机关执行，并将逮捕决定书抄送人民检察院。逮捕被告人后，人民法院应当将逮捕的原因和羁押的处所，在二十四小时以内通知其家属；确实无法通知的，应当记录在案。

第一百六十八条 人民法院对决定逮捕的被告人，应当在逮捕后二十四小时以内讯问。发现不应当逮捕的，应当立即释放。必要时，可以依法变更强制措施。

第一百六十九条 被逮捕的被告人具有下列情形之一的，人民法院可以变更强制措施：

（一）患有严重疾病、生活不能自理的；

（二）怀孕或者正在哺乳自己婴儿的；

（三）系生活不能自理的人的唯一扶养人。

第一百七十条 被逮捕的被告人具有下列情形之一的，人民法院应当立即释放；必要时，可以依法变更强制措施：

（一）第一审人民法院判决被告人无罪、不负刑事责任或者免予刑事处罚的；

（二）第一审人民法院判处管制、宣告缓刑、单独适用附加刑，判决尚未发生法律效力的；

（三）被告人被羁押的时间已到第一审人民法院对其判处的刑期期限的；

（四）案件不能在法律规定的期限内审结的。

第一百七十一条 人民法院决定释放被告人的，应当立即将释放通知书送交公安机关执行。

第一百七十二条 被采取强制措施的被告人，被判处管制、缓刑的，在社区矫正开始后，强制措施自动解除；被单处附加刑的，在判决、裁定发生法律效力后，强制措施自动解除；被判处监禁刑的，在刑罚开始执行后，强制措施自动解除。

第一百七十三条 对人民法院决定逮捕的被告人，人民检察院建议释放或者变更强制措施的，人民法院应当在收到建议后十日以内将处理情况通知人民检察院。

第一百七十四条 被告人及其法定代理人、近亲属或者辩护人申请变更、解除强制措施的，应当说明理由。人民法院收到申请后，应当在三日以内作出决定。同意变更、解除强制措施的，应当依照本解释规定处理；不同意的，应当告知申请人，并说明理由。

第六章　附带民事诉讼

第一百七十五条 被害人因人身权利受到犯罪侵犯或者财物被犯罪分子毁坏而遭受物质损失的，有权在刑事诉讼过程中提起附带民事诉讼；被害人死亡或者丧失行为能力的，其法定代理人、近亲属有权提起附带民事诉讼。

因受到犯罪侵犯，提起附带民事诉讼或者单独提起民事诉讼要求赔偿精神损失的，人民法院一般不予受理。

第一百七十六条 被告人非法占有、处置被害人财产的，应当依法予以追缴或者责令退赔。被害人提起附带民事诉讼的，人民法院不予受理。追缴、退赔的情况，可以作为量刑情节考虑。

第一百七十七条 国家机关工作人员在行使职权时，侵犯他人人身、财产权利构成犯罪，被害人或者其法定代理人、近亲属提起附带民事诉讼的，人民法院不予受理，但应当告知其可以依法申请国家赔偿。

第一百七十八条 人民法院受理刑事案件后，对符合刑事诉讼法第一百零一条和本解释第一百七十五条第一款规定的，可以告知被害人或者其法定代理人、近亲属有权提起附带民事诉讼。

有权提起附带民事诉讼的人放弃诉讼权利的，应当准许，并记录在案。

第一百七十九条 国家财产、集体财产遭受损失，受损失的单位未提起附带民事诉讼，人民检察院在提起公诉时提起附带民事诉讼的，人民法院应当受理。

人民检察院提起附带民事诉讼的，应当列为附带民事诉讼原告人。

被告人非法占有、处置国家财产、集体财产的，依照本解释第一百七十六条的规定处理。

第一百八十条 附带民事诉讼中依法负有赔偿责任的人包括：

（一）刑事被告人以及未被追究刑事责任的其他共同侵害人；

（二）刑事被告人的监护人；

（三）死刑罪犯的遗产继承人；

（四）共同犯罪案件中，案件审结前死亡的被告人的遗产继承人；

（五）对被害人的物质损失依法应当承担赔偿责任的其他单位和个人。

附带民事诉讼被告人的亲友自愿代为赔偿的，可以准许。

第一百八十一条 被害人或者其法定代理人、近亲属仅对部分共同侵害人提起附带民事诉讼的，人民法院应当告知其可以对其他共同侵害人，包括没有被追究刑事责任的共同侵害人，一并提起附带民事诉讼，但共同犯罪案件中同案犯在逃的除外。

被害人或者其法定代理人、近亲属放弃对其他共同侵害人的诉讼权利的，人民法院应当告知其相应法律后果，并在裁判文书中说明其放弃诉讼请求的情况。

第一百八十二条 附带民事诉讼的起诉条件是：

（一）起诉人符合法定条件；

（二）有明确的被告人；

（三）有请求赔偿的具体要求和事实、理由；

（四）属于人民法院受理附带民事诉讼的范围。

第一百八十三条 共同犯罪案件，同案犯在逃的，不应列为附带民事诉讼被告人。逃跑的同案犯到案后，被害人或者其法定代理人、近亲属可以对其提起附带民事诉讼，但已经从其他共同犯罪人处获得足额赔偿的除外。

第一百八十四条 附带民事诉讼应当在刑事案件立案后及时提起。

提起附带民事诉讼应当提交附带民事起诉状。

第一百八十五条 侦查、审查起诉期间，有权提起附带民事诉讼的人提出赔偿要求，经公安机关、人民检察院调解，当事人双方已经达成协议并全部履行，被害人或者其法定代理人、近亲属又提起附带民事诉讼的，人民法院不予受理，但有证据证明调解违反自愿、合法原则的除外。

第一百八十六条 被害人或者其法定代理人、近亲属提起附带民事诉讼的，人民法院应当在七日以内决定是否受理。符合刑事诉讼法第一百零一条以及本解释有关规定的，应当受理；不符合的，裁定不予受理。

第一百八十七条 人民法院受理附带民事诉讼后，应当在五日以内将附带民事起诉状副本送达附带民事诉讼被告人及其法定代理人，或者将口头起诉的内容及时通知附带民事诉讼被告人及其法定代理人，并制作笔录。

人民法院送达附带民事起诉状副本时，应当根据刑事案件的审理期限，确定被告人及其法定代理人的答辩准备时间。

第一百八十八条 附带民事诉讼当事人对自己提出的主张，有责任提供证据。

第一百八十九条 人民法院对可能因被告人的行为或者其他原因，使附带民事判决难以执行的案件，根据附带民事诉讼原告人的申请，可以裁定采取保全措施，查封、扣押或者冻结被告人的财产；附带民事诉讼原告人未提出申请的，必要时，人民法院也可以采取保全措施。

有权提起附带民事诉讼的人因情况紧急，不立即申请保全将会使其合法权益受到难以弥补的损害的，可以在提起附带民事诉讼前，向被保全财产所在地、被申请人居住地或者对案件有管辖权的人民法院申请采取保全措施。申请人在人民法院受理刑事案件后十五日以内未提起附带民事诉讼的，人民法院应当解除保全措施。

人民法院采取保全措施，适用民事诉讼法第一百条至第一百零五条的有关规定，但民事诉讼法第一百零一条第三款的规定除外。

第一百九十条 人民法院审理附带民事诉讼案件,可以根据自愿、合法的原则进行调解。经调解达成协议的,应当制作调解书。调解书经双方当事人签收后即具有法律效力。

调解达成协议并即时履行完毕的,可以不制作调解书,但应当制作笔录,经双方当事人、审判人员、书记员签名后即发生法律效力。

第一百九十一条 调解未达成协议或者调解书签收前当事人反悔的,附带民事诉讼应当同刑事诉讼一并判决。

第一百九十二条 对附带民事诉讼作出判决,应当根据犯罪行为造成的物质损失,结合案件具体情况,确定被告人应当赔偿的数额。

犯罪行为造成被害人人身损害的,应当赔偿医疗费、护理费、交通费等为治疗和康复支付的合理费用,以及因误工减少的收入。造成被害人残疾的,还应当赔偿残疾生活辅助器具费等费用;造成被害人死亡的,还应当赔偿丧葬费等费用。

驾驶机动车致人伤亡或者造成公私财产重大损失,构成犯罪的,依照《中华人民共和国道路交通安全法》第七十六条的规定确定赔偿责任。

附带民事诉讼当事人就民事赔偿问题达成调解、和解协议的,赔偿范围、数额不受第二款、第三款规定的限制。

第一百九十三条 人民检察院提起附带民事诉讼的,人民法院经审理,认为附带民事诉讼被告人依法应当承担赔偿责任的,应当判令附带民事诉讼被告人直接向遭受损失的单位作出赔偿;遭受损失的单位已经终止,有权利义务继受人的,应当判令其向继受人作出赔偿;没有权利义务继受人的,应当判令其向人民检察院交付赔偿款,由人民检察院上缴国库。

第一百九十四条 审理刑事附带民事诉讼案件,人民法院应当结合被告人赔偿被害人物质损失的情况认定其悔罪表现,并在量刑时予以考虑。

第一百九十五条 附带民事诉讼原告人经传唤,无正当理由拒不到庭,或者未经法庭许可中途退庭的,应当按撤诉处理。

刑事被告人以外的附带民事诉讼被告人经传唤,无正当理由拒不到庭,或者未经法庭许可中途退庭的,附带民事部分可以缺席判决。

刑事被告人以外的附带民事诉讼被告人下落不明,或者用公告送达以外的其他方式无法送达,可能导致刑事案件审判过分迟延的,可以不将其列为附带民事诉讼被告人,告知附带民事诉讼原告人另行提起民事诉讼。

第一百九十六条 附带民事诉讼应当同刑事案件一并审判,只有为了防止刑事案件审判的过分迟延,才可以在刑事案件审判后,由同一审判组织继续审理附带民事诉讼;同一审判组织的成员确实不能继续参与审判的,可以更换。

第一百九十七条 人民法院认定公诉案件被告人的行为不构成犯罪,对已经提起的附带民事诉讼,经调解不能达成协议的,可以一并作出刑事附带民事判决,也可以告知附带民事原告人另行提起民事诉讼。

人民法院准许人民检察院撤回起诉的公诉案件,对已经提起的附带民事诉讼,可以进行调解;不宜调解或者经调解不能达成协议的,应当裁定驳回起诉,并告知附带民事诉讼原告人可以另行提起民事诉讼。

第一百九十八条 第一审期间未提起附带民事诉讼,在第二审期间提起的,第二审人民法院可以依法进行调解;调解不成的,告知当事人可以在刑事判决、裁定生效后另行提起民事诉讼。

第一百九十九条 人民法院审理附带民事诉讼案件,不收取诉讼费。

第二百条 被害人或者其法定代理人、近亲属在刑事诉讼过程中未提起附带民事诉讼,另行提起民事诉讼的,人民法院可以进行调解,或者根据本解释第一百九十二条第二款、第三款的规定作出判决。

第二百零一条 人民法院审理附带民事诉讼案件,除刑法、刑事诉讼法以及刑事司法解释已有规定的以外,适用民事法律的有关规定。

第七章 期间、送达、审理期限

第二百零二条 以月计算的期间,自本月某日至下月同日为一个月;期限起算日为本月最后一日的,至下月最后一日为一个月;下月同日不存在的,自本月某日至下月最后一日为一个月;半个月一律按十五日计算。

以年计算的刑期,自本年本月某日至次年同月同日的前一日为一年;次年同月同日不存在的,自本年本月某日至次年同月最后一日的前一日为一年。以月计算的刑期,自本月某日至下月同日的前一日为一个月;刑期起算日为本月最后一日的,至下月最后一日的前一日为一个月;下月同日不存在的,自本月某日至下月最后一日的前一日为一个月;半个月一律按十五日计算。

第二百零三条 当事人由于不能抗拒的原因或者有其他正当理由而耽误期限,依法申请继续进行应当在期满前完成的诉讼活动的,人民法院查证属实后,应当裁定准许。

第二百零四条 送达诉讼文书,应当由收件人签收。收件人不在的,可以由其成年家属或者所在单位负责收件的人员代收。收件人或者代收人在送达回证上签收的日期为送达日期。

收件人或者代收人拒绝签收的,送达人可以邀请见证人到场,说明情况,在送达回证上注明拒收的事由和日期,由送达人、见证人签名或者盖章,将诉讼文书留在收件人、代收人的住处或者单位;也可以把诉讼文书留在受送达人的住处,并采用拍照、录像等方式记录送达过程,即视为送达。

第二百零五条 直接送达诉讼文书有困难的,可以委托收件人所在地的人民法院代为送达或者邮寄送达。

第二百零六条 委托送达的,应当将委托函、委托送达的诉讼文书及送达回证寄送受托法院。受托法院收到后,应当登记,在十日以内送达收件人,并将送达回证寄送委托法院;无法送达的,应当告知委托法院,并将诉讼文书及送达回证退回。

第二百零七条 邮寄送达的,应当将诉讼文书、送达回证邮寄给收件人。签收日期为送达日期。

第二百零八条 诉讼文书的收件人是军人的,可以通过其所在部队团级以上单位的政治部门转交。

收件人正在服刑的,可以通过执行机关转交。

收件人正在接受专门矫治教育等的,可以通过相关机构转交。

由有关部门、单位代为转交诉讼文书的,应当请有关部门、单位收到后立即交收件人签收,并将送达回证及时寄送人民法院。

第二百零九条 指定管辖案件的审理期限,自被指定管辖的人民法院收到指定管辖决定书和案卷、证据材料之日起计算。

第二百一十条 对可能判处死刑的案件或者附带民事诉讼的案件,以及有刑事诉讼法第一百五十八条规定情形之一的案件,上一级人民法院可以批准延长审理期限一次,期限为三个月。因特殊情况还需要延长的,应当报请最高人民法院批准。

申请批准延长审理期限的,应当在期限届满十五日以前层报。有权决定的人民法院不同意的,应当在审理期限届满五日以前作出决定。

因特殊情况报请最高人民法院批准延长审理期限,最高人民法院经审查,予以批准的,可以延长审理期限一至三个月。期限届满案件仍然不能审结的,可以再次提出申请。

第二百一十一条 审判期间,对被告人作精神病鉴定的时间不计入审理期限。

第八章　审判组织

第二百一十二条 合议庭由审判员担任审判长。院长或者庭长参加审理案件时,由其本人担任审判长。

审判员依法独任审判时,行使与审判长相同的职权。

第二百一十三条 基层人民法院、中级人民法院、高级人民法院审判下列第一审刑事案件,由审判员和人民陪审员组成合议庭进行:

(一)涉及群体利益、公共利益的;

(二)人民群众广泛关注或者其他社会影响较大的;

(三)案情复杂或者有其他情形,需要由人民陪审员参加审判的。

基层人民法院、中级人民法院、高级人民法院审判下列第一审刑事案件,由审判员和人民陪审员组成七人合议庭进行:

(一)可能判处十年以上有期徒刑、无期徒刑、死刑,且社会影响重大的;

(二)涉及征地拆迁、生态环境保护、食品药品安全,且社会影响重大的;

(三)其他社会影响重大的。

第二百一十四条 开庭审理和评议案件,应当由同一合议庭进行。合议庭成员在评议案件时,应当独立发表意见并说明理由。意见分歧的,应当按多数意见作出决定,但少数意见应当记入笔录。评议笔录由合议庭的组成人员在审阅确认无误后签名。评议情况应当保密。

第二百一十五条 人民陪审员参加三人合议庭审判案件，应当对事实认定、法律适用独立发表意见，行使表决权。

人民陪审员参加七人合议庭审判案件，应当对事实认定独立发表意见，并与审判员共同表决；对法律适用可以发表意见，但不参加表决。

第二百一十六条 合议庭审理、评议后，应当及时作出判决、裁定。

对下列案件，合议庭应当提请院长决定提交审判委员会讨论决定：

（一）高级人民法院、中级人民法院拟判处死刑立即执行的案件，以及中级人民法院拟判处死刑缓期执行的案件；

（二）本院已经发生法律效力的判决、裁定确有错误需要再审的案件；

（三）人民检察院依照审判监督程序提出抗诉的案件。

对合议庭成员意见有重大分歧的案件、新类型案件、社会影响重大的案件以及其他疑难、复杂、重大的案件，合议庭认为难以作出决定的，可以提请院长决定提交审判委员会讨论决定。

人民陪审员可以要求合议庭将案件提请院长决定是否提交审判委员会讨论决定。

对提请院长决定提交审判委员会讨论决定的案件，院长认为不必要的，可以建议合议庭复议一次。

独任审判的案件，审判员认为有必要的，也可以提请院长决定提交审判委员会讨论决定。

第二百一十七条 审判委员会的决定，合议庭、独任审判员应当执行；有不同意见的，可以建议院长提交审判委员会复议。

第九章 公诉案件第一审普通程序

第一节 审查受理与庭前准备

第二百一十八条 对提起公诉的案件，人民法院应当在收到起诉书（一式八份，每增加一名被告人，增加起诉书五份）和案卷、证据后，审查以下内容：

（一）是否属于本院管辖；

（二）起诉书是否写明被告人的身份，是否受过或者正在接受刑事处罚、行政处罚、处分，被采取留置措施的情况，被采取强制措施的时间、种类、羁押地点，犯罪的时间、地点、手段、后果以及其他可能影响定罪量刑的情节；有多起犯罪事实的，是否在起诉书中将事实分别列明；

（三）是否移送证明指控犯罪事实及影响量刑的证据材料，包括采取技术调查、侦查措施的法律文书和所收集的证据材料；

（四）是否查封、扣押、冻结被告人的违法所得或者其他涉案财物，查封、扣押、冻结是否逾期；是否随案移送涉案财物、附涉案财物清单；是否列明涉案财物权属情况；是否就涉案财物处理提供相关证据材料；

（五）是否列明被害人的姓名、住址、联系方式；是否附有证人、鉴定人名单；是否申请法庭通知证人、鉴定人、有专门知识的人出庭，并列明有关人员的姓名、性别、年龄、职业、住址、联系方式；是否附有需要保护的证人、鉴定人、被害人名单；

（六）当事人已委托辩护人、诉讼代理人或者已接受法律援助的，是否列明辩护人、诉讼代理人的姓名、住址、联系方式；

（七）是否提起附带民事诉讼；提起附带民事诉讼的，是否列明附带民事诉讼当事人的姓名、住址、联系方式等，是否附有相关证据材料；

（八）监察调查、侦查、审查起诉程序的各种法律手续和诉讼文书是否齐全；

（九）被告人认罪认罚的，是否提出量刑建议、移送认罪认罚具结书等材料；

（十）有无刑事诉讼法第十六条第二项至第六项规定的不追究刑事责任的情形。

第二百一十九条 人民法院对提起公诉的案件审查后，应当按照下列情形分别处理：

（一）不属于本院管辖的，应当退回人民检察院；

（二）属于刑事诉讼法第十六条第二项至第六项规定情形的，应当退回人民检察院；属于告诉才处理的案件，应当同时告知被害人有权提起自诉；

（三）被告人不在案的，应当退回人民检察院；但是，对人民检察院按照缺席审判程序提起公诉的，应当依照本解释第二十四章的规定作出处理；

（四）不符合前条第二项至第九项规定之一，需要补充材料的，应当通知人民检察院在三日以内补送；

（五）依照刑事诉讼法第二百条第三项规定宣告被告人无罪后，人民检察院根据新的事实、证据重新起诉的，应当依法受理；

（六）依照本解释第二百九十六条规定裁定准许撤诉的案件，没有新的影响定罪量刑的事实、证据，重新起诉的，应当退回人民检察院；

（七）被告人真实身份不明，但符合刑事诉讼法第一百六十条第二款规定的，应当依法受理。

对公诉案件是否受理，应当在七日以内审查完毕。

第二百二十条 对一案起诉的共同犯罪或者关联犯罪案件，被告人人数众多、案情复杂，人民法院经审查认为，分案审理更有利于保障庭审质量和效率的，可以分案审理。分案审理不得影响当事人质证权等诉讼权利的行使。

对分案起诉的共同犯罪或者关联犯罪案件，人民法院经审查认为，合并审理更有利于查明案件事实、保障诉讼权利、准确定罪量刑的，可以并案审理。

第二百二十一条 开庭审理前，人民法院应当进行下列工作：

（一）确定审判长及合议庭组成人员；

（二）开庭十日以前将起诉书副本送达被告人、辩护人；

（三）通知当事人、法定代理人、辩护人、诉讼代理人在开庭五日以前提供证人、鉴定人名单，以及拟当庭出示的证据；申请证人、鉴定人、有专门知识的人出庭的，应当列明有关人员的姓名、性别、年龄、职业、住址、联系方式；

（四）开庭三日以前将开庭的时间、地点通知人民检察院；

（五）开庭三日以前将传唤当事人的传票和通知辩护人、诉讼代理人、法定代理人、证人、鉴定人等出庭的通知书送达；通知有关人员出庭，也可以采取电话、短信、传真、电子邮件、即时通讯等能够确认对方收悉的方式；对被害人人数众多的涉众型犯罪案件，可以通过互联网公布相关文书，通知有关人员出庭；

（六）公开审理的案件，在开庭三日以前公布案由、被告人姓名、开庭时间和地点。

上述工作情况应当记录在案。

第二百二十二条 审判案件应当公开进行。

案件涉及国家秘密或者个人隐私的，不公开审理；涉及商业秘密，当事人提出申请的，法庭可以决定不公开审理。

不公开审理的案件，任何人不得旁听，但具有刑事诉讼法第二百八十五条规定情形的除外。

第二百二十三条 精神病人、醉酒的人、未经人民法院批准的未成年人以及其他不宜旁听的人不得旁听案件审理。

第二百二十四条 被害人人数众多，且案件不属于附带民事诉讼范围的，被害人可以推选若干代表人参加庭审。

第二百二十五条 被害人、诉讼代理人经传唤或者通知未到庭，不影响开庭审理的，人民法院可以开庭审理。

辩护人经通知未到庭，被告人同意的，人民法院可以开庭审理，但被告人属于应当提供法律援助情形的除外。

第二节 庭前会议与庭审衔接

第二百二十六条 案件具有下列情形之一的，人民法院可以决定召开庭前会议：

（一）证据材料较多、案情重大复杂的；

（二）控辩双方对事实、证据存在较大争议的；

（三）社会影响重大的；

（四）需要召开庭前会议的其他情形。

第二百二十七条 控辩双方可以申请人民法院召开庭前会议，提出申请应当说明理由。人民法院经审查认为有必要的，应当召开庭前会议；决定不召开的，应当告知申请人。

第二百二十八条 庭前会议可以就下列事项向控辩双方了解情况，听取意见：

（一）是否对案件管辖有异议；

（二）是否申请有关人员回避；

（三）是否申请不公开审理；

（四）是否申请排除非法证据；

（五）是否提供新的证据材料；

（六）是否申请重新鉴定或者勘验；

（七）是否申请收集、调取证明被告人无罪或者罪轻的证据材料；

（八）是否申请证人、鉴定人、有专门知识的人、调查人员、侦查人员或者其他人员出庭，是否对出庭人员名单有异议；

（九）是否对涉案财物的权属情况和人民检察院的处理建议有异议；

（十）与审判相关的其他问题。

庭前会议中，人民法院可以开展附带民事调解。

对第一款规定中可能导致庭审中断的程序性事项，人民法院可以在庭前会议后依法作出处理，并在庭审中说明处理决定和理由。控辩双方没有新的理由，在庭审中再次提出有关申请或者异议的，法庭可以在说明庭前会议情况和处理决定理由后，依法予以驳回。

庭前会议情况应当制作笔录，由参会人员核对后签名。

第二百二十九条 庭前会议中，审判人员可以询问控辩双方对证据材料有无异议，对有异议的证据，应当在庭审时重点调查；无异议的，庭审时举证、质证可以简化。

第二百三十条 庭前会议由审判长主持，合议庭其他审判员也可以主持庭前会议。

召开庭前会议应当通知公诉人、辩护人到场。

庭前会议准备就非法证据排除了解情况、听取意见，或者准备询问控辩双方对证据材料的意见的，应当通知被告人到场。有多名被告人的案件，可以根据情况确定参加庭前会议的被告人。

第二百三十一条 庭前会议一般不公开进行。

根据案件情况，庭前会议可以采用视频等方式进行。

第二百三十二条 人民法院在庭前会议中听取控辩双方对案件事实、证据材料的意见后，对明显事实不清、证据不足的案件，可以建议人民检察院补充材料或者撤回起诉。建议撤回起诉的案件，人民检察院不同意的，开庭审理后，没有新的事实和理由，一般不准许撤回起诉。

第二百三十三条 对召开庭前会议的案件，可以在开庭时告知庭前会议情况。对庭前会议中达成一致意见的事项，法庭在向控辩双方核实后，可以当庭予以确认；未达成一致意见的事项，法庭可以归纳控辩双方争议焦点，听取控辩双方意见，依法作出处理。

控辩双方在庭前会议中就有关事项达成一致意见，在庭审中反悔的，除有正当理由外，法庭一般不再进行处理。

第三节 宣布开庭与法庭调查

第二百三十四条 开庭审理前，书记员应当依次进行下列工作：

（一）受审判长委托，查明公诉人、当事人、辩护人、诉讼代理人、证人及其他诉讼参与人是否到庭；

（二）核实旁听人员中是否有证人、鉴定人、有专门知识的人；

（三）请公诉人、辩护人、诉讼代理人及其他诉讼参与人入庭；

（四）宣读法庭规则；

（五）请审判长、审判员、人民陪审员入庭；

（六）审判人员就座后，向审判长报告开庭前的准备工作已经就绪。

第二百三十五条 审判长宣布开庭，传被告人到庭后，应当查明被告人的下列情况：

（一）姓名、出生日期、民族、出生地、文化程度、职业、住址，或者被告单位的名称、住所地、法定代表人、实际控制人以及诉讼代表人的姓名、职务；

（二）是否受过刑事处罚、行政处罚、处分及其种类、时间；

（三）是否被采取留置措施及留置的时间，是否被采取强制措施及强制措施的种类、时间；

（四）收到起诉书副本的日期；有附带民事诉讼的，附带民事诉讼被告人收到附带民事起诉状的日期。

被告人较多的，可以在开庭前查明上述情况，但开庭时审判长应当作出说明。

第二百三十六条 审判长宣布案件的来源、起诉的案由、附带民事诉讼当事人的姓名及是否公开审理；不公开审理的，应当宣布理由。

第二百三十七条 审判长宣布合议庭组成人员、法官助理、书记员、公诉人的名单，以及辩护人、诉讼代理人、鉴定人、翻译人员等诉讼参与人的名单。

第二百三十八条 审判长应当告知当事人及其法定代理人、辩护人、诉讼代理人在法庭审理过程中依法享有下列诉讼权利：

（一）可以申请合议庭组成人员、法官助理、书记员、公诉人、鉴定人和翻译人员回避；

（二）可以提出证据，申请通知新的证人到庭、调取新的证据，申请重新鉴定或者勘验；

（三）被告人可以自行辩护；

（四）被告人可以在法庭辩论终结后作最后陈述。

第二百三十九条 审判长应当询问当事人及其法定代理人、辩护人、诉讼代理人是否申请回避、申请何人回避和申请回避的理由。

当事人及其法定代理人、辩护人、诉讼代理人申请回避的，依照刑事诉讼法及本解释的有关规定处理。

同意或者驳回回避申请的决定及复议决定，由审判长宣布，并说明理由。必要时，也可以由院长到庭宣布。

第二百四十条 审判长宣布法庭调查开始后，应当先由公诉人宣读起诉书；公诉人宣读起诉书后，审判长应当询问被告人对起诉书指控的犯罪事实和罪名有无异议。

有附带民事诉讼的，公诉人宣读起诉书后，由附带民事诉讼原告人或者其法定代理人、诉讼代理人宣读附带民事起诉状。

第二百四十一条 在审判长主持下，被告人、被害人可以就起诉书指控的犯罪事实分别陈述。

第二百四十二条 在审判长主持下，公诉人可以就起诉书指控的犯罪事实讯问被告人。

经审判长准许，被害人及其法定代理人、诉讼代理人可以就公诉人讯问的犯罪事实补充发问；附带民事诉讼原告人及其法定代理人、诉讼代理人可以就附带民事部分的事实向被告人发问；被告人的法定代理人、辩护人，附带民事诉讼被告人及其法定代理人、诉讼代理人可以在控诉方、附带民事诉讼原告方就某一问题讯问、发问完毕后向被告人发问。

根据案件情况，就证据问题对被告人的讯问、发问可以在举证、质证环节进行。

第二百四十三条 讯问同案审理的被告人，应当分别进行。

第二百四十四条 经审判长准许，控辩双方可以向被害人、附带民事诉讼原告人发问。

第二百四十五条 必要时，审判人员可以讯问被告人，也可以向被害人、附带民事诉讼当事人发问。

第二百四十六条 公诉人可以提请法庭通知证人、鉴定人、有专门知识的人、调查人员、侦查人员或者其他人员出庭，或者出示证据。被害人及其法定代理人、诉讼代理人，附带民事诉讼原告人及其诉讼代理人也可以提出申请。

在控诉方举证后，被告人及其法定代理人、辩护人可以提请法庭通知证人、鉴定人、有专门知识的人、调查人员、侦查人员或者其他人员出庭，或者出示证据。

第二百四十七条 控辩双方申请证人出庭作证，出示证据，应当说明证据的名称、来源和拟证明的事实。法庭认为有必要的，应当准许；对方提出异议，认为有关证据与案件无关或者明显重复、不必要，法庭经审查异议成立的，可以不予准许。

第二百四十八条 已经移送人民法院的案卷和证据材料，控辩双方需要出示的，可以向法庭提出申请，法庭可以准许。案卷和证据材料应当在质证后当庭归还。

需要播放录音录像或者需要将证据材料交由法庭、公诉人或者诉讼参与人查看的，法庭可以指令值庭法警或者相关人员予以协助。

第二百四十九条 公诉人、当事人或者辩护人、诉讼代理人对证人证言有异议，且该证人证言对定罪量刑有重大影响，或者对鉴定意见有异议，人民法院认为证人、鉴定人有必要出庭作证的，应当通知证人、鉴定人出庭。

控辩双方对侦破经过、证据来源、证据真实性或者合法性等有异议，申请调查人员、侦查人员或者有关人员出庭，人民法院认为有必要的，应当通知调查人员、侦查人员或者有关人员出庭。

第二百五十条 公诉人、当事人及其辩护人、诉讼代理人申请法庭通知有专门知识的人出庭，就鉴定意见提出意见的，应当说明理由。法庭认为有必要的，应当通知有专门知识的人出庭。

申请有专门知识的人出庭，不得超过二人。有多种类鉴定意见的，可以相应增加人数。

第二百五十一条 为查明案件事实、调查核实证据，人民法院可以依职权通知证人、鉴定人、有专门知识的人、调查人员、侦查人员或者其他人员出庭。

第二百五十二条 人民法院通知有关人员出庭的，可以要求控辩双方予以协助。

第二百五十三条 证人具有下列情形之一，无法出庭作证的，人民法院可以准许其不出庭：

（一）庭审期间身患严重疾病或者行动极为不便的；

（二）居所远离开庭地点且交通极为不便的；

（三）身处国外短期无法回国的；

（四）有其他客观原因，确实无法出庭的。

具有前款规定情形的,可以通过视频等方式作证。

第二百五十四条 证人出庭作证所支出的交通、住宿、就餐等费用,人民法院应当给予补助。

第二百五十五条 强制证人出庭的,应当由院长签发强制证人出庭令,由法警执行。必要时,可以商请公安机关协助。

第二百五十六条 证人、鉴定人、被害人因出庭作证,本人或者其近亲属的人身安全面临危险的,人民法院应当采取不公开其真实姓名、住址和工作单位等个人信息,或者不暴露其外貌、真实声音等保护措施。辩护律师经法庭许可,查阅对证人、鉴定人、被害人使用化名情况的,应当签署保密承诺书。

审判期间,证人、鉴定人、被害人提出保护请求的,人民法院应当立即审查;认为确有保护必要的,应当及时决定采取相应保护措施。必要时,可以商请公安机关协助。

第二百五十七条 决定对出庭作证的证人、鉴定人、被害人采取不公开个人信息的保护措施的,审判人员应当在开庭前核实其身份,对证人、鉴定人如实作证的保证书不得公开,在判决书、裁定书等法律文书中可以使用化名等代替其个人信息。

第二百五十八条 证人出庭的,法庭应当核实其身份、与当事人以及本案的关系,并告知其有关权利义务和法律责任。证人应当保证向法庭如实提供证言,并在保证书上签名。

第二百五十九条 证人出庭后,一般先向法庭陈述证言;其后,经审判长许可,由申请通知证人出庭的一方发问,发问完毕后,对方也可以发问。

法庭依职权通知证人出庭的,发问顺序由审判长根据案件情况确定。

第二百六十条 鉴定人、有专门知识的人、调查人员、侦查人员或者其他人员出庭的,参照适用前两条规定。

第二百六十一条 向证人发问应当遵循以下规则:

(一)发问的内容应当与本案事实有关;

(二)不得以诱导方式发问;

(三)不得威胁证人;

(四)不得损害证人的人格尊严。

对被告人、被害人、附带民事诉讼当事人、鉴定人、有专门知识的人、调查人员、侦查人员或者其他人员的讯问、发问,适用前款规定。

第二百六十二条 控辩双方的讯问、发问方式不当或者内容与本案无关的,对方可以提出异议,申请审判长制止,审判长应当判明情况予以支持或者驳回;对方未提出异议的,审判长也可以根据情况予以制止。

第二百六十三条 审判人员认为必要时,可以询问证人、鉴定人、有专门知识的人、调查人员、侦查人员或者其他人员。

第二百六十四条 向证人、调查人员、侦查人员发问应当分别进行。

第二百六十五条 证人、鉴定人、有专门知识的人、调查人员、侦查人员或者其他人员不得旁听对本案的审理。有关人员作证或者发表意见后,审判长应当告知其退庭。

第二百六十六条 审理涉及未成年人的刑事案件,询问未成年被害人、证人,通知未成年被害人、证人出庭作证,适用本解释第二十二章的有关规定。

第二百六十七条 举证方当庭出示证据后,由对方发表质证意见。

第二百六十八条 对可能影响定罪量刑的关键证据和控辩双方存在争议的证据,一般应当单独举证、质证,充分听取质证意见。

对控辩双方无异议的非关键证据,举证方可以仅就证据的名称及拟证明的事实作出说明。

召开庭前会议的案件,举证、质证可以按照庭前会议确定的方式进行。

根据案件和庭审情况,法庭可以对控辩双方的举证、质证方式进行必要的指引。

第二百六十九条 审理过程中,法庭认为有必要的,可以传唤同案被告人、分案审理的共同犯罪或者关联犯罪案件的被告人等到庭对质。

第二百七十条 当庭出示的证据,尚未移送人民法院的,应当在质证后当庭移交。

第二百七十一条 法庭对证据有疑问的,可以告知公诉人、当事人及其法定代理人、辩护人、诉讼代理人补充证据或者作出说明;必要时,可以宣布休庭,对证据进行调查核实。

对公诉人、当事人及其法定代理人、辩护人、诉讼代理人补充的和审判人员庭外调查核实取得的证据,应当经过当庭质证才能作为定案的根据。但是,对不影响定罪量刑的非关键证据、有利于被告人的量刑证据以及认定被告人有犯罪前科的裁判文书等证据，经庭外征求意见，控辩双方没有异议的除外。

有关情况，应当记录在案。

第二百七十二条 公诉人申请出示开庭前未移送或者提交人民法院的证据，辩护方提出异议的，审判长应当要求公诉人说明理由；理由成立并确有出示必要的，应当准许。

辩护方提出需要对新的证据作辩护准备的，法庭可以宣布休庭，并确定准备辩护的时间。

辩护方申请出示开庭前未提交的证据，参照适用前两款规定。

第二百七十三条 法庭审理过程中，控辩双方申请通知新的证人到庭，调取新的证据，申请重新鉴定或者勘验的，应当提供证人的基本信息、证据的存放地点，说明拟证明的事项，申请重新鉴定或者勘验的理由。法庭认为有必要的，应当同意，并宣布休庭；根据案件情况，可以决定延期审理。

人民法院决定重新鉴定的，应当及时委托鉴定，并将鉴定意见告知人民检察院、当事人及其辩护人、诉讼代理人。

第二百七十四条 审判期间，公诉人发现案件需要补充侦查，建议延期审理的，合议庭可以同意，但建议延期审理不得超过两次。

人民检察院将补充收集的证据移送人民法院的，人民法院应当通知辩护人、诉讼代理人查阅、摘抄、复制。

补充侦查期限届满后，人民检察院未将补充的证据材料移送人民法院的，人民法院可以根据在案证据作出判决、裁定。

第二百七十五条 人民法院向人民检察院调取需要调查核实的证据材料，或者根据被告人、辩护人的申请，向人民检察院调取在调查、侦查、审查起诉期间收集的有关被告人无罪或者罪轻的证据材料，应当通知人民检察院在收到调取证据材料决定书后三日以内移交。

第二百七十六条 法庭审理过程中，对与量刑有关的事实、证据，应当进行调查。

人民法院除应当审查被告人是否具有法定量刑情节外，还应当根据案件情况审查以下影响量刑的情节：

（一）案件起因；

（二）被害人有无过错及过错程度，是否对矛盾激化负有责任及责任大小；

（三）被告人的近亲属是否协助抓获被告人；

（四）被告人平时表现，有无悔罪态度；

（五）退赃、退赔及赔偿情况；

（六）被告人是否取得被害人或者其近亲属谅解；

（七）影响量刑的其他情节。

第二百七十七条 审判期间，合议庭发现被告人可能有自首、坦白、立功等法定量刑情节，而人民检察院移送的案卷中没有相关证据材料的，应当通知人民检察院在指定时间内移送。

审判期间，被告人提出新的立功线索的，人民法院可以建议人民检察院补充侦查。

第二百七十八条 对被告人认罪的案件，在确认被告人了解起诉书指控的犯罪事实和罪名，自愿认罪且知悉认罪的法律后果后，法庭调查可以主要围绕量刑和其他有争议的问题进行。

对被告人不认罪或者辩护人作无罪辩护的案件，法庭调查应当在查明定罪事实的基础上，查明有关量刑事实。

第二百七十九条 法庭审理过程中，应当对查封、扣押、冻结财物及其孳息的权属、来源等情况，是否属于违法所得或者依法应当追缴的其他涉案财物进行调查，由公诉人说明情况、出示证据、提出处理建议，并听取被告人、辩护人等诉讼参与人的意见。

案外人对查封、扣押、冻结的财物及其孳息提出权属异议的，人民法院应当听取案外人的意见；必要时，可以通知案外人出庭。

经审查，不能确认查封、扣押、冻结的财物及其孳息属于违法所得或者依法应当追缴的其他涉案财物的，不得没收。

第四节 法庭辩论与最后陈述

第二百八十条 合议庭认为案件事实已经调查清楚的，应当由审判长宣布法庭调查结束，开始就定罪、量刑、涉案财物处理的事实、证据、适用法律等问题进行法庭辩论。

第二百八十一条 法庭辩论应当在审判长的主持下，按照下列顺序进行：

（一）公诉人发言；

（二）被害人及其诉讼代理人发言；

（三）被告人自行辩护；

（四）辩护人辩护；

（五）控辩双方进行辩论。

第二百八十二条 人民检察院可以提出量刑建议并说明理由；建议判处管制、宣告缓刑的，一般应当附有调查评估报告，或者附有委托调查函。

当事人及其辩护人、诉讼代理人可以对量刑提出意见并说明理由。

第二百八十三条 对被告人认罪的案件，法庭辩论时，应当指引控辩双方主要围绕量刑和其他有争议的问题进行。

对被告人不认罪或者辩护人作无罪辩护的案件，法庭辩论时，可以指引控辩双方先辩论定罪问题，后辩论量刑和其他问题。

第二百八十四条 附带民事部分的辩论应当在刑事部分的辩论结束后进行，先由附带民事诉讼原告人及其诉讼代理人发言，后由附带民事诉讼被告人及其诉讼代理人答辩。

第二百八十五条 法庭辩论过程中，审判长应当充分听取控辩双方的意见，对控辩双方与案件无关、重复或者指责对方的发言应当提醒、制止。

第二百八十六条 法庭辩论过程中，合议庭发现与定罪、量刑有关的新的事实，有必要调查的，审判长可以宣布恢复法庭调查，在对新的事实调查后，继续法庭辩论。

第二百八十七条 审判长宣布法庭辩论终结后，合议庭应当保证被告人充分行使最后陈述的权利。

被告人在最后陈述中多次重复自己的意见的，法庭可以制止；陈述内容蔑视法庭、公诉人，损害他人及社会公共利益，或者与本案无关的，应当制止。

在公开审理的案件中，被告人最后陈述的内容涉及国家秘密、个人隐私或者商业秘密的，应当制止。

第二百八十八条 被告人在最后陈述中提出新的事实、证据，合议庭认为可能影响正确裁判的，应当恢复法庭调查；被告人提出新的辩解理由，合议庭认为可能影响正确裁判的，应当恢复法庭辩论。

第二百八十九条 公诉人当庭发表与起诉书不同的意见，属于变更、追加、补充或者撤回起诉的，人民法院应当要求人民检察院在指定时间内以书面方式提出；必要时，可以宣布休庭。人民检察院在指定时间内未提出的，人民法院应当根据法庭审理情况，就起诉书指控的犯罪事实依法作出判决、裁定。

人民检察院变更、追加、补充起诉的，人民法院应当给予被告人及其辩护人必要的准备时间。

第二百九十条 辩护人应当及时将书面辩护意见提交人民法院。

第五节 评议案件与宣告判决

第二百九十一条 被告人最后陈述后，审判长应当宣布休庭，由合议庭进行评议。

第二百九十二条 开庭审理的全部活动，应当由书记员制作笔录；笔录经审判长审阅后，分别由审判长和书记员签名。

第二百九十三条 法庭笔录应当在庭审后交由当事人、法定代理人、辩护人、诉讼代理人阅读或者向其宣读。

法庭笔录中的出庭证人、鉴定人、有专门知识的人、调查人员、侦查人员或者其他人员的证言、意见部分，应当在庭审后分别交由有关人员阅读或者向其宣读。

前两款所列人员认为记录有遗漏或者差错的，可以请求补充或者改正；确认无误后，应当签名；拒绝签名的，应当记录在案；要求改变庭审中陈述的，不予准许。

第二百九十四条 合议庭评议案件，应当根据已经查明的事实、证据和有关法律规定，在充分考虑控辩双方意见的基础上，确定被告人是否有罪、构成何罪，有无从重、从轻、减轻或者免除处罚情节，应否处以刑罚、判处何种刑罚，附带民事诉讼如何解决，查封、扣押、冻结的财物及其孳息如何处理等，并依法作出判决、裁定。

第二百九十五条 对第一审公诉案件，人民法院审理后，应当按照下列情形分别作出判决、裁定：

（一）起诉指控的事实清楚，证据确实、充分，依据法律认定指控被告人的罪名成立的，应当作出有罪判决；

（二）起诉指控的事实清楚，证据确实、充分，但指控的罪名不当的，应当依据法律和审理认定的事实作出有罪判决；

（三）案件事实清楚，证据确实、充分，依据法律认定被告人无罪的，应当判决宣告被告人无罪；

（四）证据不足，不能认定被告人有罪的，应当以证据不足、指控的犯罪不能成立，判决宣告被告人无罪；

（五）案件部分事实清楚，证据确实、充分的，应当作出有罪或者无罪的判决；对事实不清、证据不足部分，不予认定；

（六）被告人因未达到刑事责任年龄，不予刑事处罚的，应当判决宣告被告人不负刑事责任；

（七）被告人是精神病人，在不能辨认或者不能控制自己行为时造成危害结果，不予刑事处罚的，应当判决宣告被告人不负刑事责任；被告人符合强制医疗条件的，应当依照本解释第二十六章的规定进行审理并作出判决；

（八）犯罪已过追诉时效期限且不是必须追诉，或者经特赦令免除刑罚的，应当裁定终止审理；

（九）属于告诉才处理的案件，应当裁定终止审理，并告知被害人有权提起自诉；

（十）被告人死亡的，应当裁定终止审理；但有证据证明被告人无罪，经缺席审理确认无罪的，应当判决宣告被告人无罪。

对涉案财物，人民法院应当根据审理查明的情况，依照本解释第十八章的规定作出处理。

具有第一款第二项规定情形的，人民法院应当在判决前听取控辩双方的意见，保障被告人、辩护人充分行使辩护权。必要时，可以再次开庭，组织控辩双方围绕被告人的行为构成何罪及如何量刑进行辩论。

第二百九十六条 在开庭后、宣告判决前，人民检察院要求撤回起诉的，人民法院应当审查撤回起诉的理由，作出是否准许的裁定。

第二百九十七条 审判期间，人民法院发现新的事实，可能影响定罪量刑的，或者需要补查补证的，应当通知人民检察院，由其决定是否补充、变更、追加起诉或者补充侦查。

人民检察院不同意或者在指定时间内未回复书面意见的，人民法院应当就起诉指控的事实，依照本解释第二百九十五条的规定作出判决、裁定。

第二百九十八条 对依照本解释第二百一十九条第一款第五项规定受理的案件，人民法院应当在判决中写明被告人曾被人民检察院提起公诉，因证据不足，指控的犯罪不能成立，被人民法院依法判决宣告无罪的情况；前案依照刑事诉讼法第二百条第三项规定作出的判决不予撤销。

第二百九十九条 合议庭成员、法官助理、书记员应当在评议笔录上签名，在判决书、裁定书等法律文书上署名。

第三百条 裁判文书应当写明裁判依据，阐释裁判理由，反映控辩双方的意见并说明采纳或者不予采纳的理由。

适用普通程序审理的被告人认罪的案件，裁判文书可以适当简化。

第三百零一条 庭审结束后、评议前，部分合议庭成员不能继续履行审判职责的，人民法院应当依法更换合议庭组成人员，重新开庭审理。

评议后、宣判前，部分合议庭成员因调动、退休等正常原因不能参加宣判，在不改变原评议结论的情况下，可以由审判本案的其他审判员宣判，裁判文书上仍署审判本案的合议庭成员的姓名。

第三百零二条 当庭宣告判决的，应当在五日以内送达判决书。定期宣告判决的，应当在宣判前，先期公告宣判的时间和地点，传唤当事人并通知公诉人、法定代理人、辩护人和诉讼代理人；判决宣告后，应当立即送达判决书。

第三百零三条 判决书应当送达人民检察院、当事人、法定代理人、辩护人、诉讼代理人，并可以送达被告人的近亲属。被害人死亡，其近亲属申请领取判决书的，人民法院应当及时提供。

判决生效后，还应当送达被告人的所在单位或者户籍地的公安派出所，或者被告单位的注册登记机关。被告人系外国人，且在境内有居住地的，应当送达居住地的公安派出所。

第三百零四条 宣告判决，一律公开进行。宣告判决结果时，法庭内全体人员应当起立。

公诉人、辩护人、诉讼代理人、被害人、自诉人或者附带民事诉讼原告人未到庭的，不影响宣判的进行。

第六节　法庭纪律与其他规定

第三百零五条 在押被告人出庭受审时，不着监管机构的识别服。

庭审期间不得对被告人使用戒具，但法庭认为其人身危险性大，可能危害法庭安全的除外。

第三百零六条 庭审期间，全体人员应当服从法庭指挥，遵守法庭纪律，尊重司法礼仪，不得实施下列行为：

（一）鼓掌、喧哗、随意走动；

（二）吸烟、进食；

（三）拨打、接听电话，或者使用即时通讯工具；

（四）对庭审活动进行录音、录像、拍照或者使用即时通讯工具等传播庭审活动；

（五）其他危害法庭安全或者扰乱法庭秩序的行为。

旁听人员不得进入审判活动区，不得随意站立、走动，不得发言和提问。

记者经许可实施第一款第四项规定的行为，应当在指定的时间及区域进行，不得干扰庭审活动。

第三百零七条 有关人员危害法庭安全或者扰乱法庭秩序的，审判长应当按照下列情形分别处理：

（一）情节较轻的，应当警告制止；根据具体情况，也可以进行训诫；

（二）训诫无效的，责令退出法庭；拒不退出的，指令法警强行带出法庭；

（三）情节严重的，报经院长批准后，可以对行为人处一千元以下的罚款或者十五日以下的拘留。

未经许可对庭审活动进行录音、录像、拍照或者使用即时通讯工具等传播庭审活动的，可以暂扣相关设备及存储介质，删除相关内容。

有关人员对罚款、拘留的决定不服的，可以直接向上一级人民法院申请复议，也可以通过决定罚款、拘留的人民法院向上一级人民法院申请复议。通过决定罚款、拘留的人民法院申请复议的，该人民法院应当自收到复议申请之日起三日以内，将复议申请、罚款或者拘留决定书和有关事实、证据材料一并报上一级人民法院复议。复议期间，不停止决定的执行。

第三百零八条 担任辩护人、诉讼代理人的律师严重扰乱法庭秩序，被强行带出法庭或者被处以罚款、拘留的，人民法院应当通报司法行政机关，并可以建议依法给予相应处罚。

第三百零九条 实施下列行为之一，危害法庭安全或者扰乱法庭秩序，构成犯罪的，依法追究刑事责任：

（一）非法携带枪支、弹药、管制刀具或者爆炸性、易燃性、毒害性、放射性以及传染病病原体等危险物质进入法庭；

（二）哄闹、冲击法庭；

（三）侮辱、诽谤、威胁、殴打司法工作人员或者诉讼参与人；

（四）毁坏法庭设施，抢夺、损毁诉讼文书、证据；

（五）其他危害法庭安全或者扰乱法庭秩序的行为。

第三百一十条 辩护人严重扰乱法庭秩序，被责令退出法庭、强行带出法庭或者被处以罚款、拘留，被告人自行辩护的，庭审继续进行；被告人要求另行委托辩护人，或者被告人属于应当提供法律援助情形的，应当宣布休庭。

辩护人、诉讼代理人被责令退出法庭、强行带出法庭或者被处以罚款后，具结保证书，保证服从法庭指挥、不再扰乱法庭秩序的，经法庭许可，可以继续担任辩护人、诉讼代理人。

辩护人、诉讼代理人具有下列情形之一的，不得继续担任同一案件的辩护人、诉讼代理人：

（一）擅自退庭的；

（二）无正当理由不出庭或者不按时出庭，严重影响审判顺利进行的；

（三）被拘留或者具结保证书后再次被责令退出法庭、强行带出法庭的。

第三百一十一条 被告人在一个审判程序中更换辩护人一般不得超过两次。

被告人当庭拒绝辩护人辩护，要求另行委托辩护人或者指派律师的，合议庭应当准许。被告人拒绝辩护人辩护后，没有辩护人的，应当宣布休庭；仍有辩护人的，庭审可以继续进行。

有多名被告人的案件，部分被告人拒绝辩护人辩护后，没有辩护人的，根据案件情况，可以对该部分被告人另案处理，对其他被告人的庭审继续进行。

重新开庭后，被告人再次当庭拒绝辩护人辩护的，可以准许，但被告人不得再次另行委托辩护人或者要求另行指派律师，由其自行辩护。

被告人属于应当提供法律援助的情形，重新开庭后再次当庭拒绝辩护人辩护的，不予准许。

第三百一十二条 法庭审理过程中，辩护人拒绝为被告人辩护，有正当理由的，应当准许；是否继续庭审，参照适用前条规定。

第三百一十三条 依照前两条规定另行委托辩护人或者通知法律援助机构指派律师的，自案件宣布休庭之日起至第十五日止，由辩护人准备辩护，但被告人及其辩护人自愿缩短时间的除外。

庭审结束后、判决宣告前另行委托辩护人的，可以不重新开庭；辩护人提交书面辩护意见的，应当接受。

第三百一十四条 有多名被告人的案件,部分被告人具有刑事诉讼法第二百零六条第一款规定情形的,人民法院可以对全案中止审理;根据案件情况,也可以对该部分被告人中止审理,对其他被告人继续审理。

对中止审理的部分被告人,可以根据案件情况另案处理。

第三百一十五条 人民检察院认为人民法院审理案件违反法定程序,在庭审后提出书面纠正意见,人民法院认为正确的,应当采纳。

第十章 自诉案件第一审程序

第三百一十六条 人民法院受理自诉案件必须符合下列条件:

(一)符合刑事诉讼法第二百一十条、本解释第一条的规定;

(二)属于本院管辖;

(三)被害人告诉;

(四)有明确的被告人、具体的诉讼请求和证明被告人犯罪事实的证据。

第三百一十七条 本解释第一条规定的案件,如果被害人死亡、丧失行为能力或者因受强制、威吓等无法告诉,或者是限制行为能力人以及因年老、患病、盲、聋、哑等不能亲自告诉,其法定代理人、近亲属告诉或者代为告诉的,人民法院应当依法受理。

被害人的法定代理人、近亲属告诉或者代为告诉的,应当提供与被害人关系的证明和被害人不能亲自告诉的原因的证明。

第三百一十八条 提起自诉应当提交刑事自诉状;同时提起附带民事诉讼的,应当提交刑事附带民事自诉状。

第三百一十九条 自诉状一般应当包括以下内容:

(一)自诉人(代为告诉人)、被告人的姓名、性别、年龄、民族、出生地、文化程度、职业、工作单位、住址、联系方式;

(二)被告人实施犯罪的时间、地点、手段、情节和危害后果等;

(三)具体的诉讼请求;

(四)致送的人民法院和具状时间;

(五)证据的名称、来源等;

(六)证人的姓名、住址、联系方式等。

对两名以上被告人提出告诉的,应当按照被告人的人数提供自诉状副本。

第三百二十条 对自诉案件,人民法院应当在十五日以内审查完毕。经审查,符合受理条件的,应当决定立案,并书面通知自诉人或者代为告诉人。

具有下列情形之一的,应当说服自诉人撤回起诉;自诉人不撤回起诉的,裁定不予受理:

(一)不属于本解释第一条规定的案件的;

(二)缺乏罪证的;

(三)犯罪已过追诉时效期限的;

(四)被告人死亡的;

(五)被告人下落不明的;

(六)除因证据不足而撤诉的以外,自诉人撤诉后,就同一事实又告诉的;

(七)经人民法院调解结案后,自诉人反悔,就同一事实再行告诉的;

(八)属于本解释第一条第二项规定的案件,公安机关正在立案侦查或者人民检察院正在审查起诉的;

(九)不服人民检察院对未成年犯罪嫌疑人作出的附条件不起诉决定或者附条件不起诉考验期满后作出的不起诉决定,向人民法院起诉的。

第三百二十一条 对已经立案,经审查缺乏罪证的自诉案件,自诉人提不出补充证据的,人民法院应当说服其撤回起诉或者裁定驳回起诉;自诉人撤回起诉或者被驳回起诉后,又提出了新的足以证明被告人有罪的证据,再次提起自诉的,人民法院应当受理。

第三百二十二条 自诉人对不予受理或者驳回起诉的裁定不服的,可以提起上诉。

第二审人民法院查明第一审人民法院作出的不予受理裁定有错误的,应当在撤销原裁定的同时,指令第一审人民法院立案受理;查明第一审人民法院驳回起诉裁定有错误的,应当在撤销原裁定的同时,指令第一审人民法院进行审理。

第三百二十三条 自诉人明知有其他共同侵害人,但只对部分侵害人提起自诉的,人民法院应当受理,并告知其放弃告诉的法律后果;自诉人放弃告诉,判决宣告后又对其他共同侵害人就同一事实提起自诉的,人民法院不予受理。

共同被害人中只有部分人告诉的,人民法院应当通知其他被害人参加诉讼,并告知其不参加诉讼的法律后果。被通知人接到通知后表示不参加诉讼或者不出庭的,视为放弃告诉。第一审宣判后,被通知人就同一事实又提起自诉的,人民法院不予受理。但是,当事人另行提起民事诉讼的,不受本解释限制。

第三百二十四条 被告人实施两个以上犯罪行为,分别属于公诉案件和自诉案件,人民法院可以一并审理。对自诉部分的审理,适用本章的规定。

第三百二十五条 自诉案件当事人因客观原因不能取得的证据,申请人民法院调取的,应当说明理由,并提供相关线索或者材料。人民法院认为有必要的,应当及时调取。

对通过信息网络实施的侮辱、诽谤行为,被害人向人民法院告诉,但提供证据确有困难的,人民法院可以要求公安机关提供协助。

第三百二十六条 对犯罪事实清楚,有足够证据的自诉案件,应当开庭审理。

第三百二十七条 自诉案件符合简易程序适用条件的,可以适用简易程序审理。

不适用简易程序审理的自诉案件,参照适用公诉案件第一审普通程序的有关规定。

第三百二十八条 人民法院审理自诉案件,可以在查明事实、分清是非的基础上,根据自愿、合法的原则进行调解。调解达成协议的,应当制作刑事调解书,由审判人员、法官助理、书记员署名,并加盖人民法院印章。调解书经双方当事人签收后,即具有法律效力。调解没有达成协议,或者调解书签收前当事人反悔的,应当及时作出判决。

刑事诉讼法第二百一十条第三项规定的案件不适用调解。

第三百二十九条 判决宣告前,自诉案件的当事人可以自行和解,自诉人可以撤回自诉。

人民法院经审查,认为和解、撤回自诉确属自愿的,应当裁定准许;认为系被强迫、威吓等,并非自愿的,不予准许。

第三百三十条 裁定准许撤诉的自诉案件,被告人被采取强制措施的,人民法院应当立即解除。

第三百三十一条 自诉人经两次传唤,无正当理由拒不到庭,或者未经法庭准许中途退庭的,人民法院应当裁定按撤诉处理。

部分自诉人撤诉或者被裁定按撤诉处理的,不影响案件的继续审理。

第三百三十二条 被告人在自诉案件审判期间下落不明的,人民法院可以裁定中止审理;符合条件的,可以对被告人依法决定逮捕。

第三百三十三条 对自诉案件,应当参照刑事诉讼法第二百条和本解释第二百九十五条的有关规定作出判决。对依法宣告无罪的案件,有附带民事诉讼的,其附带民事部分可以依法进行调解或者一并作出判决,也可以告知附带民事诉讼原告人另行提起民事诉讼。

第三百三十四条 告诉才处理和被害人有证据证明的轻微刑事案件的被告人或者其法定代理人在诉讼过程中,可以对自诉人提起反诉。反诉必须符合下列条件:

(一)反诉的对象必须是本案自诉人;

(二)反诉的内容必须是与本案有关的行为;

(三)反诉的案件必须符合本解释第一条第一项、第二项的规定。

反诉案件适用自诉案件的规定,应当与自诉案件一并审理。自诉人撤诉的,不影响反诉案件的继续审理。

第十一章 单位犯罪案件的审理

第三百三十五条 人民法院受理单位犯罪案件,除依照本解释第二百一十八条的有关规定进行审查外,还应当审查起诉书是否列明被告单位的名称、住所地、联系方式,法定代表人、实际控制人、主要负责人以及代表被告单位出庭的诉讼代表人的姓名、职务、联系方式。需要人民检察院补充材料的,应当通知人民检察院在三日以内补送。

第三百三十六条 被告单位的诉讼代表人,应当是法定代表人、实际控制人或者主要负责人;法定代表人、实际控制人或者主要负责人被指控为单位犯罪直接责任人员或者因客观原因无法出庭的,应当由被告单位委托其他负责人或者职工作为诉讼代表人。但是,有关人员被指控为单位犯罪直接责任人员或者知道案件情况、负有作证义务的除外。

依据前款规定难以确定诉讼代表人的,可以由被告单位委托律师等单位以外的人员作为诉讼代表人。

诉讼代表人不得同时担任被告单位或者被指

控为单位犯罪直接责任人员的有关人员的辩护人。

第三百三十七条 开庭审理单位犯罪案件,应当通知被告单位的诉讼代表人出庭;诉讼代表人不符合前条规定的,应当要求人民检察院另行确定。

被告单位的诉讼代表人不出庭的,应当按照下列情形分别处理:

(一)诉讼代表人系被告单位的法定代表人、实际控制人或者主要负责人,无正当理由拒不出庭的,可以拘传其到庭;因客观原因无法出庭,或者下落不明的,应当要求人民检察院另行确定诉讼代表人;

(二)诉讼代表人系其他人员的,应当要求人民检察院另行确定诉讼代表人。

第三百三十八条 被告单位的诉讼代表人享有刑事诉讼法规定的有关被告人的诉讼权利。开庭时,诉讼代表人席位置于审判台前左侧,与辩护人席并列。

第三百三十九条 被告单位委托辩护人的,参照适用本解释的有关规定。

第三百四十条 对应当认定为单位犯罪的案件,人民检察院只作为自然人犯罪起诉的,人民法院应当建议人民检察院对犯罪单位追加起诉。人民检察院仍以自然人犯罪起诉的,人民法院应当依法审理,按照单位犯罪直接负责的主管人员或者其他直接责任人员追究刑事责任,并援引刑法分则关于追究单位犯罪中直接负责的主管人员和其他直接责任人员刑事责任的条款。

第三百四十一条 被告单位的违法所得及其他涉案财物,尚未被依法追缴或者查封、扣押、冻结的,人民法院应当决定追缴或者查封、扣押、冻结。

第三百四十二条 为保证判决的执行,人民法院可以先行查封、扣押、冻结被告单位的财产,或者由被告单位提出担保。

第三百四十三条 采取查封、扣押、冻结等措施,应当严格依照法定程序进行,最大限度降低对被告单位正常生产经营活动的影响。

第三百四十四条 审判期间,被告单位被吊销营业执照、宣告破产但尚未完成清算、注销登记的,应当继续审理;被告单位被撤销、注销的,对单位犯罪直接负责的主管人员和其他直接责任人员应当继续审理。

第三百四十五条 审判期间,被告单位合并、分立的,应当将原单位列为被告单位,并注明合并、分立情况。对被告单位所判处的罚金以其在新单位的财产及收益为限。

第三百四十六条 审理单位犯罪案件,本章没有规定的,参照适用本解释的有关规定。

第十二章 认罪认罚案件的审理

第三百四十七条 刑事诉讼法第十五条规定的“认罪”,是指犯罪嫌疑人、被告人自愿如实供述自己的罪行,对指控的犯罪事实没有异议。

刑事诉讼法第十五条规定的“认罚”,是指犯罪嫌疑人、被告人真诚悔罪,愿意接受处罚。

被告人认罪认罚的,可以依照刑事诉讼法第十五条的规定,在程序上从简、实体上从宽处理。

第三百四十八条 对认罪认罚案件,应当根据案件情况,依法适用速裁程序、简易程序或者普通程序审理。

第三百四十九条 对人民检察院提起公诉的认罪认罚案件,人民法院应当重点审查以下内容:

(一)人民检察院讯问犯罪嫌疑人时,是否告知其诉讼权利和认罪认罚的法律规定;

(二)是否随案移送听取犯罪嫌疑人、辩护人或者值班律师、被害人及其诉讼代理人意见的笔录;

(三)被告人与被害人达成调解、和解协议或者取得被害人谅解的,是否随案移送调解、和解协议、被害人谅解书等相关材料;

(四)需要签署认罪认罚具结书的,是否随案移送具结书。

未随案移送前款规定的材料的,应当要求人民检察院补充。

第三百五十条 人民法院应当将被告人认罪认罚作为其是否具有社会危险性的重要考虑因素。被告人罪行较轻,采用非羁押性强制措施足以防止发生社会危险性的,应当依法适用非羁押性强制措施。

第三百五十一条 对认罪认罚案件,法庭审理时应当告知被告人享有的诉讼权利和认罪认罚的法律规定,审查认罪认罚的自愿性和认罪认罚具结书内容的真实性、合法性。

第三百五十二条 对认罪认罚案件,人民检察院起诉指控的事实清楚,但指控的罪名与审理认定的罪名不一致的,人民法院应当听取人民检察院、被告人及其辩护人对审理认定罪名的意见,依法作出判决。

第三百五十三条 对认罪认罚案件,人民法院经审理认为量刑建议明显不当,或者被告人、辩护人对量刑建议提出异议的,人民检察院可以调整量刑建议。人民检察院不调整或者调整后仍然明显不当的,人民法院应当依法作出判决。

适用速裁程序审理认罪认罚案件,需要调整量刑建议的,应当在庭前或者当庭作出调整;调整量刑建议后,仍然符合速裁程序适用条件的,继续适用速裁程序审理。

第三百五十四条 对量刑建议是否明显不当,应当根据审理认定的犯罪事实、认罪认罚的具体情况,结合相关犯罪的法定刑、类似案件的刑罚适用等作出审查判断。

第三百五十五条 对认罪认罚案件,人民法院一般应当对被告人从轻处罚;符合非监禁刑适用条件的,应当适用非监禁刑;具有法定减轻处罚情节的,可以减轻处罚。

对认罪认罚案件,应当根据被告人认罪认罚的阶段早晚以及认罪认罚的主动性、稳定性、彻底性等,在从宽幅度上体现差异。

共同犯罪案件,部分被告人认罪认罚的,可以依法对该部分被告人从宽处罚,但应当注意全案的量刑平衡。

第三百五十六条 被告人在人民检察院提起公诉前未认罪认罚,在审判阶段认罪认罚的,人民法院可以不再通知人民检察院提出或者调整量刑建议。

对前款规定的案件,人民法院应当就定罪量刑听取控辩双方意见,根据刑事诉讼法第十五条和本解释第三百五十五条的规定作出判决。

第三百五十七条 对被告人在第一审程序中未认罪认罚,在第二审程序中认罪认罚的案件,应当根据其认罪认罚的具体情况决定是否从宽,并依法作出裁判。确定从宽幅度时应当与第一审程序认罪认罚有所区别。

第三百五十八条 案件审理过程中,被告人不再认罪认罚的,人民法院应当根据审理查明的事实,依法作出裁判。需要转换程序的,依照本解释的相关规定处理。

第十三章 简易程序

第三百五十九条 基层人民法院受理公诉案件后,经审查认为案件事实清楚、证据充分的,在将起诉书副本送达被告人时,应当询问被告人对指控的犯罪事实的意见,告知其适用简易程序的法律规定。被告人对指控的犯罪事实没有异议并同意适用简易程序的,可以决定适用简易程序,并在开庭前通知人民检察院和辩护人。

对人民检察院建议或者被告人及其辩护人申请适用简易程序审理的案件,依照前款规定处理;不符合简易程序适用条件的,应当通知人民检察院或者被告人及其辩护人。

第三百六十条 具有下列情形之一的,不适用简易程序:

(一)被告人是盲、聋、哑人的;

(二)被告人是尚未完全丧失辨认或者控制自己行为能力的精神病人的;

(三)案件有重大社会影响的;

(四)共同犯罪案件中部分被告人不认罪或者对适用简易程序有异议的;

(五)辩护人作无罪辩护的;

(六)被告人认罪但经审查认为可能不构成犯罪的;

(七)不宜适用简易程序审理的其他情形。

第三百六十一条 适用简易程序审理的案件,符合刑事诉讼法第三十五条第一款规定的,人民法院应当告知被告人及其近亲属可以申请法律援助。

第三百六十二条 适用简易程序审理案件,人民法院应当在开庭前将开庭的时间、地点通知人民检察院、自诉人、被告人、辩护人,也可以通知其他诉讼参与人。

通知可以采用简便方式,但应当记录在案。

第三百六十三条 适用简易程序审理案件,被告人有辩护人的,应当通知其出庭。

第三百六十四条 适用简易程序审理案件,审判长或者独任审判员应当当庭询问被告人对指控的犯罪事实的意见,告知被告人适用简易程序审理的法律规定,确认被告人是否同意适用简易程序。

第三百六十五条 适用简易程序审理案件,可以对庭审作如下简化:

(一)公诉人可以摘要宣读起诉书;

(二)公诉人、辩护人、审判人员对被告人的讯问、发问可以简化或者省略;

(三)对控辩双方无异议的证据,可以仅就证据的名称及所证明的事项作出说明;对控辩双方有异议或者法庭认为有必要调查核实的证据，应当出示，并进行质证；

（四）控辩双方对与定罪量刑有关的事实、证据没有异议的，法庭审理可以直接围绕罪名确定和量刑问题进行。

适用简易程序审理案件，判决宣告前应当听取被告人的最后陈述。

第三百六十六条 适用简易程序独任审判过程中，发现对被告人可能判处的有期徒刑超过三年的，应当转由合议庭审理。

第三百六十七条 适用简易程序审理案件，裁判文书可以简化。

适用简易程序审理案件，一般应当当庭宣判。

第三百六十八条 适用简易程序审理案件，在法庭审理过程中，具有下列情形之一的，应当转为普通程序审理：

（一）被告人的行为可能不构成犯罪的；

（二）被告人可能不负刑事责任的；

（三）被告人当庭对起诉指控的犯罪事实予以否认的；

（四）案件事实不清、证据不足的；

（五）不应当或者不宜适用简易程序的其他情形。

决定转为普通程序审理的案件，审理期限应当从作出决定之日起计算。

第十四章 速裁程序

第三百六十九条 对人民检察院在提起公诉时建议适用速裁程序的案件，基层人民法院经审查认为案件事实清楚，证据确实、充分，可能判处三年有期徒刑以下刑罚的，在将起诉书副本送达被告人时，应当告知被告人适用速裁程序的法律规定，询问其是否同意适用速裁程序。被告人同意适用速裁程序的，可以决定适用速裁程序，并在开庭前通知人民检察院和辩护人。

对人民检察院未建议适用速裁程序的案件，人民法院经审查认为符合速裁程序适用条件的，可以决定适用速裁程序，并在开庭前通知人民检察院和辩护人。

被告人及其辩护人可以向人民法院提出适用速裁程序的申请。

第三百七十条 具有下列情形之一的，不适用速裁程序：

（一）被告人是盲、聋、哑人的；

（二）被告人是尚未完全丧失辨认或者控制自己行为能力的精神病人的；

（三）被告人是未成年人的；

（四）案件有重大社会影响的；

（五）共同犯罪案件中部分被告人对指控的犯罪事实、罪名、量刑建议或者适用速裁程序有异议的；

（六）被告人与被害人或者其法定代理人没有就附带民事诉讼赔偿等事项达成调解、和解协议的；

（七）辩护人作无罪辩护的；

（八）其他不宜适用速裁程序的情形。

第三百七十一条 适用速裁程序审理案件，人民法院应当在开庭前将开庭的时间、地点通知人民检察院、被告人、辩护人，也可以通知其他诉讼参与人。

通知可以采用简便方式，但应当记录在案。

第三百七十二条 适用速裁程序审理案件，可以集中开庭，逐案审理。公诉人简要宣读起诉书后，审判人员应当当庭询问被告人对指控事实、证据、量刑建议以及适用速裁程序的意见，核实具结书签署的自愿性、真实性、合法性，并核实附带民事诉讼赔偿等情况。

第三百七十三条 适用速裁程序审理案件，一般不进行法庭调查、法庭辩论，但在判决宣告前应当听取辩护人的意见和被告人的最后陈述。

第三百七十四条 适用速裁程序审理案件，裁判文书可以简化。

适用速裁程序审理案件，应当当庭宣判。

第三百七十五条 适用速裁程序审理案件，在法庭审理过程中，具有下列情形之一的，应当转为普通程序或者简易程序审理：

（一）被告人的行为可能不构成犯罪或者不应当追究刑事责任的；

（二）被告人违背意愿认罪认罚的；

（三）被告人否认指控的犯罪事实的；

（四）案件疑难、复杂或者对适用法律有重大争议的；

（五）其他不宜适用速裁程序的情形。

第三百七十六条 决定转为普通程序或者简易程序审理的案件，审理期限应当从作出决定之日起计算。

第三百七十七条 适用速裁程序审理的案件,第二审人民法院依照刑事诉讼法第二百三十六条第一款第三项的规定发回原审人民法院重新审判的,原审人民法院应当适用第一审普通程序重新审判。

第十五章 第二审程序

第三百七十八条 地方各级人民法院在宣告第一审判决、裁定时,应当告知被告人、自诉人及其法定代理人不服判决和准许撤回起诉、终止审理等裁定的,有权在法定期限内以书面或者口头形式,通过本院或者直接向上一级人民法院提出上诉;被告人的辩护人、近亲属经被告人同意,也可以提出上诉;附带民事诉讼当事人及其法定代理人,可以对判决、裁定中的附带民事部分提出上诉。

被告人、自诉人、附带民事诉讼当事人及其法定代理人是否提出上诉,以其在上诉期满前最后一次的意思表示为准。

第三百七十九条 人民法院受理的上诉案件,一般应当有上诉状正本及副本。

上诉状内容一般包括:第一审判决书、裁定书的文号和上诉人收到的时间,第一审人民法院的名称,上诉的请求和理由,提出上诉的时间。被告人的辩护人、近亲属经被告人同意提出上诉的,还应当写明其与被告人的关系,并应当以被告人作为上诉人。

第三百八十条 上诉、抗诉必须在法定期限内提出。不服判决的上诉、抗诉的期限为十日;不服裁定的上诉、抗诉的期限为五日。上诉、抗诉的期限,从接到判决书、裁定书的第二日起计算。

对附带民事判决、裁定的上诉、抗诉期限,应当按照刑事部分的上诉、抗诉期限确定。附带民事部分另行审判的,上诉期限也应当按照刑事诉讼法规定的期限确定。

第三百八十一条 上诉人通过第一审人民法院提出上诉的,第一审人民法院应当审查。上诉符合法律规定的,应当在上诉期满后三日以内将上诉状连同案卷、证据移送上一级人民法院,并将上诉状副本送交同级人民检察院和对方当事人。

第三百八十二条 上诉人直接向第二审人民法院提出上诉的,第二审人民法院应当在收到上诉状后三日以内将上诉状交第一审人民法院。第一审人民法院应当审查上诉是否符合法律规定。符合法律规定的,应当在接到上诉状后三日以内将上诉状连同案卷、证据移送上一级人民法院,并将上诉状副本送交同级人民检察院和对方当事人。

第三百八十三条 上诉人在上诉期限内要求撤回上诉的,人民法院应当准许。

上诉人在上诉期满后要求撤回上诉的,第二审人民法院经审查,认为原判认定事实和适用法律正确,量刑适当的,应当裁定准许;认为原判确有错误的,应当不予准许,继续按照上诉案件审理。

被判处死刑立即执行的被告人提出上诉,在第二审开庭后宣告裁判前申请撤回上诉的,应当不予准许,继续按照上诉案件审理。

第三百八十四条 地方各级人民检察院对同级人民法院第一审判决、裁定的抗诉,应当通过第一审人民法院提交抗诉书。第一审人民法院应当在抗诉期满后三日以内将抗诉书连同案卷、证据移送上一级人民法院,并将抗诉书副本送交当事人。

第三百八十五条 人民检察院在抗诉期限内要求撤回抗诉的,人民法院应当准许。

人民检察院在抗诉期满后要求撤回抗诉的,第二审人民法院可以裁定准许,但是认为原判存在将无罪判为有罪、轻罪重判等情形的,应当不予准许,继续审理。

上级人民检察院认为下级人民检察院抗诉不当,向第二审人民法院要求撤回抗诉的,适用前两款规定。

第三百八十六条 在上诉、抗诉期满前撤回上诉、抗诉的,第一审判决、裁定在上诉、抗诉期满之日起生效。在上诉、抗诉期满后要求撤回上诉、抗诉,第二审人民法院裁定准许的,第一审判决、裁定应当自第二审裁定书送达上诉人或者抗诉机关之日起生效。

第三百八十七条 第二审人民法院对第一审人民法院移送的上诉、抗诉案卷、证据,应当审查是否包括下列内容:

(一)移送上诉、抗诉案件函;

(二)上诉状或者抗诉书;

(三)第一审判决书、裁定书八份(每增加一名被告人增加一份)及其电子文本;

(四)全部案卷、证据,包括案件审理报告和其他应当移送的材料。

前款所列材料齐全的,第二审人民法院应当收案;材料不全的,应当通知第一审人民法院及时补送。

第三百八十八条 第二审人民法院审理上诉、抗诉案件,应当就第一审判决、裁定认定的事实和适用法律进行全面审查,不受上诉、抗诉范围的限制。

第三百八十九条 共同犯罪案件,只有部分被告人提出上诉,或者自诉人只对部分被告人的判决提出上诉,或者人民检察院只对部分被告人的判决提出抗诉的,第二审人民法院应当对全案进行审查,一并处理。

第三百九十条 共同犯罪案件,上诉的被告人死亡,其他被告人未上诉的,第二审人民法院应当对死亡的被告人终止审理;但有证据证明被告人无罪,经缺席审理确认无罪的,应当判决宣告被告人无罪。

具有前款规定的情形,第二审人民法院仍应对全案进行审查,对其他同案被告人作出判决、裁定。

第三百九十一条 对上诉、抗诉案件,应当着重审查下列内容:

(一)第一审判决认定的事实是否清楚,证据是否确实、充分;

(二)第一审判决适用法律是否正确,量刑是否适当;

(三)在调查、侦查、审查起诉、第一审程序中,有无违反法定程序的情形;

(四)上诉、抗诉是否提出新的事实、证据;

(五)被告人的供述和辩解情况;

(六)辩护人的辩护意见及采纳情况;

(七)附带民事部分的判决、裁定是否合法、适当;

(八)对涉案财物的处理是否正确;

(九)第一审人民法院合议庭、审判委员会讨论的意见。

第三百九十二条 第二审期间,被告人除自行辩护外,还可以继续委托第一审辩护人或者另行委托辩护人辩护。

共同犯罪案件,只有部分被告人提出上诉,或者自诉人只对部分被告人的判决提出上诉,或者人民检察院只对部分被告人的判决提出抗诉的,其他同案被告人也可以委托辩护人辩护。

第三百九十三条 下列案件,根据刑事诉讼法第二百三十四条的规定,应当开庭审理:

(一)被告人、自诉人及其法定代理人对第一审认定的事实、证据提出异议,可能影响定罪量刑的上诉案件;

(二)被告人被判处死刑的上诉案件;

(三)人民检察院抗诉的案件;

(四)应当开庭审理的其他案件。

被判处死刑的被告人没有上诉,同案的其他被告人上诉的案件,第二审人民法院应当开庭审理。

第三百九十四条 对上诉、抗诉案件,第二审人民法院经审查,认为原判事实不清、证据不足,或者具有刑事诉讼法第二百三十八条规定的违反法定诉讼程序情形,需要发回重新审判的,可以不开庭审理。

第三百九十五条 第二审期间,人民检察院或者被告人及其辩护人提交新证据的,人民法院应当及时通知对方查阅、摘抄或者复制。

第三百九十六条 开庭审理第二审公诉案件,应当在决定开庭审理后及时通知人民检察院查阅案卷。自通知后的第二日起,人民检察院查阅案卷的时间不计入审理期限。

第三百九十七条 开庭审理上诉、抗诉的公诉案件,应当通知同级人民检察院派员出庭。

抗诉案件,人民检察院接到开庭通知后不派员出庭,且未说明原因的,人民法院可以裁定按人民检察院撤回抗诉处理。

第三百九十八条 开庭审理上诉、抗诉案件,除参照适用第一审程序的有关规定外,应当按照下列规定进行:

(一)法庭调查阶段,审判人员宣读第一审判决书、裁定书后,上诉案件由上诉人或者辩护人先宣读上诉状或者陈述上诉理由,抗诉案件由检察员先宣读抗诉书;既有上诉又有抗诉的案件,先由检察员宣读抗诉书,再由上诉人或者辩护人宣读上诉状或者陈述上诉理由;

(二)法庭辩论阶段,上诉案件,先由上诉人、辩护人发言,后由检察员、诉讼代理人发言;抗诉案件,先由检察员、诉讼代理人发言,后由被告人、辩护人发言;既有上诉又有抗诉的案件,先由检察员、诉讼代理人发言,后由上诉人、辩护人发言。

第三百九十九条 开庭审理上诉、抗诉案件,可以重点围绕对第一审判决、裁定有争议的问题或者有疑问的部分进行。根据案件情况,可以按照下列方式审理：

（一）宣读第一审判决书，可以只宣读案由、主要事实、证据名称和判决主文等；

（二）法庭调查应当重点围绕对第一审判决提出异议的事实、证据以及新的证据等进行；对没有异议的事实、证据和情节，可以直接确认；

（三）对同案审理案件中未上诉的被告人，未被申请出庭或者人民法院认为没有必要到庭的，可以不再传唤到庭；

（四）被告人犯有数罪的案件，对其中事实清楚且无异议的犯罪，可以不在庭审时审理。

同案审理的案件，未提出上诉、人民检察院也未对其判决提出抗诉的被告人要求出庭的，应当准许。出庭的被告人可以参加法庭调查和辩论。

第四百条 第二审案件依法不开庭审理的，应当讯问被告人，听取其他当事人、辩护人、诉讼代理人的意见。合议庭全体成员应当阅卷，必要时应当提交书面阅卷意见。

第四百零一条 审理被告人或者其法定代理人、辩护人、近亲属提出上诉的案件，不得对被告人的刑罚作出实质不利的改判，并应当执行下列规定：

（一）同案审理的案件，只有部分被告人上诉的，既不得加重上诉人的刑罚，也不得加重其他同案被告人的刑罚；

（二）原判认定的罪名不当的，可以改变罪名，但不得加重刑罚或者对刑罚执行产生不利影响；

（三）原判认定的罪数不当的，可以改变罪数，并调整刑罚，但不得加重决定执行的刑罚或者对刑罚执行产生不利影响；

（四）原判对被告人宣告缓刑的，不得撤销缓刑或者延长缓刑考验期；

（五）原判没有宣告职业禁止、禁止令的，不得增加宣告；原判宣告职业禁止、禁止令的，不得增加内容、延长期限；

（六）原判对被告人判处死刑缓期执行没有限制减刑、决定终身监禁的，不得限制减刑、决定终身监禁；

（七）原判判处的刑罚不当、应当适用附加刑而没有适用的，不得直接加重刑罚、适用附加刑。原判判处的刑罚畸轻，必须依法改判的，应当在第二审判决、裁定生效后，依照审判监督程序重新审判。

人民检察院抗诉或者自诉人上诉的案件，不受前款规定的限制。

第四百零二条 人民检察院只对部分被告人的判决提出抗诉，或者自诉人只对部分被告人的判决提出上诉的，第二审人民法院不得对其他同案被告人加重刑罚。

第四百零三条 被告人或者其法定代理人、辩护人、近亲属提出上诉，人民检察院未提出抗诉的案件，第二审人民法院发回重新审判后，除有新的犯罪事实且人民检察院补充起诉的以外，原审人民法院不得加重被告人的刑罚。

对前款规定的案件，原审人民法院对上诉发回重新审判的案件依法作出判决后，人民检察院抗诉的，第二审人民法院不得改判为重于原审人民法院第一次判处的刑罚。

第四百零四条 第二审人民法院认为第一审判决事实不清、证据不足的，可以在查清事实后改判，也可以裁定撤销原判，发回原审人民法院重新审判。

有多名被告人的案件，部分被告人的犯罪事实不清、证据不足或者有新的犯罪事实需要追诉，且有关犯罪与其他同案被告人没有关联的，第二审人民法院根据案件情况，可以对该部分被告人分案处理，将该部分被告人发回原审人民法院重新审判。原审人民法院重新作出判决后，被告人上诉或者人民检察院抗诉，其他被告人的案件尚未作出第二审判决、裁定的，第二审人民法院可以并案审理。

第四百零五条 原判事实不清、证据不足，第二审人民法院发回重新审判的案件，原审人民法院重新作出判决后，被告人上诉或者人民检察院抗诉的，第二审人民法院应当依法作出判决、裁定，不得再发回重新审判。

第四百零六条 第二审人民法院发现原审人民法院在重新审判过程中，有刑事诉讼法第二百三十八条规定的情形之一，或者违反第二百三十九条规定的，应当裁定撤销原判，发回重新审判。

第四百零七条 第二审人民法院审理对刑事部分提出上诉、抗诉，附带民事部分已经发生法律效力的案件，发现第一审判决、裁定中的附带民事部分确有错误的，应当依照审判监督程序对附带民事部分予以纠正。

第四百零八条 刑事附带民事诉讼案件，只有附带民事诉讼当事人及其法定代理人上诉的，第一审刑事部分的判决在上诉期满后即发生法律效力。

应当送监执行的第一审刑事被告人是第二审附带民事诉讼被告人的，在第二审附带民事诉讼案件审结前，可以暂缓送监执行。

第四百零九条 第二审人民法院审理对附带民事部分提出上诉，刑事部分已经发生法律效力的案件，应当对全案进行审查，并按照下列情形分别处理：

（一）第一审判决的刑事部分并无不当的，只需就附带民事部分作出处理；

（二）第一审判决的刑事部分确有错误的，依照审判监督程序对刑事部分进行再审，并将附带民事部分与刑事部分一并审理。

第四百一十条 第二审期间，第一审附带民事诉讼原告人增加独立的诉讼请求或者第一审附带民事诉讼被告人提出反诉的，第二审人民法院可以根据自愿、合法的原则进行调解；调解不成的，告知当事人另行起诉。

第四百一十一条 对第二审自诉案件，必要时可以调解，当事人也可以自行和解。调解结案的，应当制作调解书，第一审判决、裁定视为自动撤销。当事人自行和解的，依照本解释第三百二十九条的规定处理；裁定准许撤回自诉的，应当撤销第一审判决、裁定。

第四百一十二条 第二审期间，自诉案件的当事人提出反诉的，应当告知其另行起诉。

第四百一十三条 第二审人民法院可以委托第一审人民法院代为宣判，并向当事人送达第二审判决书、裁定书。第一审人民法院应当在代为宣判后五日以内将宣判笔录送交第二审人民法院，并在送达完毕后及时将送达回证送交第二审人民法院。

委托宣判的，第二审人民法院应当直接向同级人民检察院送达第二审判决书、裁定书。

第二审判决、裁定是终审的判决、裁定的，自宣告之日起发生法律效力。

第十六章　在法定刑以下判处刑罚和特殊假释的核准

第四百一十四条 报请最高人民法院核准在法定刑以下判处刑罚的案件，应当按照下列情形分别处理：

（一）被告人未上诉、人民检察院未抗诉的，在上诉、抗诉期满后三日以内报请上一级人民法院复核。上级人民法院同意原判的，应当书面层报最高人民法院核准；不同意的，应当裁定发回重新审判，或者按照第二审程序提审；

（二）被告人上诉或者人民检察院抗诉的，上一级人民法院维持原判，或者改判后仍在法定刑以下判处刑罚的，应当依照前项规定层报最高人民法院核准。

第四百一十五条 对符合刑法第六十三条第二款规定的案件，第一审人民法院未在法定刑以下判处刑罚的，第二审人民法院可以在法定刑以下判处刑罚，并层报最高人民法院核准。

第四百一十六条 报请最高人民法院核准在法定刑以下判处刑罚的案件，应当报送判决书、报请核准的报告各五份，以及全部案卷、证据。

第四百一十七条 对在法定刑以下判处刑罚的案件，最高人民法院予以核准的，应当作出核准裁定书；不予核准的，应当作出不核准裁定书，并撤销原判决、裁定，发回原审人民法院重新审判或者指定其他下级人民法院重新审判。

第四百一十八条 依照本解释第四百一十四条、第四百一十七条规定发回第二审人民法院重新审判的案件，第二审人民法院可以直接改判；必须通过开庭查清事实、核实证据或者纠正原审程序违法的，应当开庭审理。

第四百一十九条 最高人民法院和上级人民法院复核在法定刑以下判处刑罚案件的审理期限，参照适用刑事诉讼法第二百四十三条的规定。

第四百二十条 报请最高人民法院核准因罪犯具有特殊情况，不受执行刑期限制的假释案件，应当按照下列情形分别处理：

（一）中级人民法院依法作出假释裁定后，应当报请高级人民法院复核。高级人民法院同意的，应当书面报请最高人民法院核准；不同意的，应当裁定撤销中级人民法院的假释裁定；

（二）高级人民法院依法作出假释裁定的，应当报请最高人民法院核准。

第四百二十一条 报请最高人民法院核准因罪犯具有特殊情况，不受执行刑期限制的假释案件，应当报送报请核准的报告、罪犯具有特殊情况的报告、假释裁定书各五份，以及全部案卷。

第四百二十二条 对因罪犯具有特殊情况，不受执行刑期限制的假释案件，最高人民法院予以核准的，应当作出核准裁定书；不予核准的，应当作出不核准裁定书，并撤销原裁定。

第十七章　死刑复核程序

第四百二十三条　报请最高人民法院核准死刑的案件，应当按照下列情形分别处理：

（一）中级人民法院判处死刑的第一审案件，被告人未上诉、人民检察院未抗诉的，在上诉、抗诉期满后十日以内报请高级人民法院复核。高级人民法院同意判处死刑的，应当在作出裁定后十日以内报请最高人民法院核准；认为原判认定的某一具体事实或者引用的法律条款等存在瑕疵，但判处被告人死刑并无不当的，可以在纠正后作出核准的判决、裁定；不同意判处死刑的，应当依照第二审程序提审或者发回重新审判；

（二）中级人民法院判处死刑的第一审案件，被告人上诉或者人民检察院抗诉，高级人民法院裁定维持的，应当在作出裁定后十日以内报请最高人民法院核准；

（三）高级人民法院判处死刑的第一审案件，被告人未上诉、人民检察院未抗诉的，应当在上诉、抗诉期满后十日以内报请最高人民法院核准。

高级人民法院复核死刑案件，应当讯问被告人。

第四百二十四条　中级人民法院判处死刑缓期执行的第一审案件，被告人未上诉、人民检察院未抗诉的，应当报请高级人民法院核准。

高级人民法院复核死刑缓期执行案件，应当讯问被告人。

第四百二十五条　报请复核的死刑、死刑缓期执行案件，应当一案一报。报送的材料包括报请复核的报告，第一、二审裁判文书，案件综合报告各五份以及全部案卷、证据。案件综合报告，第一、二审裁判文书和审理报告应当附送电子文本。

同案审理的案件应当报送全案案卷、证据。

曾经发回重新审判的案件，原第一、二审案卷应当一并报送。

第四百二十六条　报请复核死刑、死刑缓期执行的报告，应当写明案由、简要案情、审理过程和判决结果。

案件综合报告应当包括以下内容：

（一）被告人、被害人的基本情况。被告人有前科或者曾受过行政处罚、处分的，应当写明；

（二）案件的由来和审理经过。案件曾经发回重新审判的，应当写明发回重新审判的原因、时间、案号等；

（三）案件侦破情况。通过技术调查、侦查措施抓获被告人、侦破案件，以及与自首、立功认定有关的情况，应当写明；

（四）第一审审理情况。包括控辩双方意见，第一审认定的犯罪事实，合议庭和审判委员会意见；

（五）第二审审理或者高级人民法院复核情况。包括上诉理由、人民检察院的意见，第二审审理或者高级人民法院复核认定的事实，证据采信情况及理由，控辩双方意见及采纳情况；

（六）需要说明的问题。包括共同犯罪案件中另案处理的同案犯的处理情况，案件有无重大社会影响，以及当事人的反应等情况；

（七）处理意见。写明合议庭和审判委员会的意见。

第四百二十七条　复核死刑、死刑缓期执行案件，应当全面审查以下内容：

（一）被告人的年龄，被告人有无刑事责任能力、是否系怀孕的妇女；

（二）原判认定的事实是否清楚，证据是否确实、充分；

（三）犯罪情节、后果及危害程度；

（四）原判适用法律是否正确，是否必须判处死刑，是否必须立即执行；

（五）有无法定、酌定从重、从轻或者减轻处罚情节；

（六）诉讼程序是否合法；

（七）应当审查的其他情况。

复核死刑、死刑缓期执行案件，应当重视审查被告人及其辩护人的辩解、辩护意见。

第四百二十八条　高级人民法院复核死刑缓期执行案件，应当按照下列情形分别处理：

（一）原判认定事实和适用法律正确、量刑适当、诉讼程序合法的，应当裁定核准；

（二）原判认定的某一具体事实或者引用的法律条款等存在瑕疵，但判处被告人死刑缓期执行并无不当的，可以在纠正后作出核准的判决、裁定；

（三）原判认定事实正确，但适用法律有错误，或者量刑过重的，应当改判；

（四）原判事实不清、证据不足的，可以裁定不予核准，并撤销原判，发回重新审判，或者依法改判；

（五）复核期间出现新的影响定罪量刑的事实、证据的，可以裁定不予核准，并撤销原判，发回重新审判，或者依照本解释第二百七十一条的规定审理后依法改判；

（六）原审违反法定诉讼程序，可能影响公正审判的，应当裁定不予核准，并撤销原判，发回重新审判。

复核死刑缓期执行案件，不得加重被告人的刑罚。

第四百二十九条 最高人民法院复核死刑案件，应当按照下列情形分别处理：

（一）原判认定事实和适用法律正确、量刑适当、诉讼程序合法的，应当裁定核准；

（二）原判认定的某一具体事实或者引用的法律条款等存在瑕疵，但判处被告人死刑并无不当的，可以在纠正后作出核准的判决、裁定；

（三）原判事实不清、证据不足的，应当裁定不予核准，并撤销原判，发回重新审判；

（四）复核期间出现新的影响定罪量刑的事实、证据的，应当裁定不予核准，并撤销原判，发回重新审判；

（五）原判认定事实正确、证据充分，但依法不应当判处死刑的，应当裁定不予核准，并撤销原判，发回重新审判；根据案件情况，必要时，也可以依法改判；

（六）原审违反法定诉讼程序，可能影响公正审判的，应当裁定不予核准，并撤销原判，发回重新审判。

第四百三十条 最高人民法院裁定不予核准死刑的，根据案件情况，可以发回第二审人民法院或者第一审人民法院重新审判。

对最高人民法院发回第二审人民法院重新审判的案件，第二审人民法院一般不得发回第一审人民法院重新审判。

第一审人民法院重新审判的，应当开庭审理。第二审人民法院重新审判的，可以直接改判；必须通过开庭查清事实、核实证据或者纠正原审程序违法的，应当开庭审理。

第四百三十一条 高级人民法院依照复核程序审理后报请最高人民法院核准死刑，最高人民法院裁定不予核准，发回高级人民法院重新审判的，高级人民法院可以依照第二审程序提审或者发回重新审判。

第四百三十二条 最高人民法院裁定不予核准死刑，发回重新审判的案件，原审人民法院应当另行组成合议庭审理，但本解释第四百二十九条第四项、第五项规定的案件除外。

第四百三十三条 依照本解释第四百三十条、第四百三十一条发回重新审判的案件，第一审人民法院判处死刑、死刑缓期执行的，上一级人民法院依照第二审程序或者复核程序审理后，应当依法作出判决或者裁定，不得再发回重新审判。但是，第一审人民法院有刑事诉讼法第二百三十八条规定的情形或者违反刑事诉讼法第二百三十九条规定的除外。

第四百三十四条 死刑复核期间，辩护律师要求当面反映意见的，最高人民法院有关合议庭应当在办公场所听取其意见，并制作笔录；辩护律师提出书面意见的，应当附卷。

第四百三十五条 死刑复核期间，最高人民检察院提出意见的，最高人民法院应当审查，并将采纳情况及理由反馈最高人民检察院。

第四百三十六条 最高人民法院应当根据有关规定向最高人民检察院通报死刑案件复核结果。

第十八章　涉案财物处理

第四百三十七条 人民法院对查封、扣押、冻结的涉案财物及其孳息，应当妥善保管，并制作清单，附卷备查；对人民检察院随案移送的实物，应当根据清单核查后妥善保管。任何单位和个人不得挪用或者自行处理。

查封不动产、车辆、船舶、航空器等财物，应当扣押其权利证书，经拍照或者录像后原地封存，或者交持有人、被告人的近亲属保管，登记并写明财物的名称、型号、权属、地址等详细信息，并通知有关财物的登记、管理部门办理查封登记手续。

扣押物品，应当登记并写明物品名称、型号、规格、数量、重量、质量、成色、纯度、颜色、新旧程度、缺损特征和来源等。扣押货币、有价证券，应当登记并写明货币、有价证券的名称、数额、面额等，货币应当存入银行专门账户，并登记银行存款凭证的名称、内容。扣押文物、金银、珠宝、名贵字画等贵重物品以及违禁品，应当拍照，需要鉴定的，应当及时鉴定。对扣押的物品应当根据有关规定及时估价。

冻结存款、汇款、债券、股票、基金份额等财产，应当登记并写明编号、种类、面值、张数、金额等。

第四百三十八条 对被害人的合法财产，权属明确的，应当依法及时返还，但须经拍照、鉴定、估价，并在案卷中注明返还的理由，将原物照片、清单和被害人的领取手续附卷备查；权属不明的，应当在人民法院判决、裁定生效后，按比例返还被害人，但已获退赔的部分应予扣除。

第四百三十九条 审判期间，对不宜长期保存、易贬值或者市场价格波动大的财产，或者有效期即将届满的票据等，经权利人申请或者同意，并经院长批准，可以依法先行处置，所得款项由人民法院保管。

涉案财物先行处置应当依法、公开、公平。

第四百四十条 对作为证据使用的实物，应当随案移送。第一审判决、裁定宣告后，被告人上诉或者人民检察院抗诉的，第一审人民法院应当将上述证据移送第二审人民法院。

第四百四十一条 对实物未随案移送的，应当根据情况，分别审查以下内容：

（一）大宗的、不便搬运的物品，是否随案移送查封、扣押清单，并附原物照片和封存手续，注明存放地点等；

（二）易腐烂、霉变和不易保管的物品，查封、扣押机关变卖处理后，是否随案移送原物照片、清单、变价处理的凭证（复印件）等；

（三）枪支弹药、剧毒物品、易燃易爆物品以及其他违禁品、危险物品，查封、扣押机关根据有关规定处理后，是否随案移送原物照片和清单等。

上述未随案移送的实物，应当依法鉴定、估价的，还应当审查是否附有鉴定、估价意见。

对查封、扣押的货币、有价证券等，未移送实物的，应当审查是否附有原物照片、清单或者其他证明文件。

第四百四十二条 法庭审理过程中，应当依照本解释第二百七十九条的规定，依法对查封、扣押、冻结的财物及其孳息进行审查。

第四百四十三条 被告人将依法应当追缴的涉案财物用于投资或者置业的，对因此形成的财产及其收益，应当追缴。

被告人将依法应当追缴的涉案财物与其他合法财产共同用于投资或者置业的，对因此形成的财产中与涉案财物对应的份额及其收益，应当追缴。

第四百四十四条 对查封、扣押、冻结的财物及其孳息，应当在判决书中写明名称、金额、数量、存放地点及其处理方式等。涉案财物较多，不宜在判决主文中详细列明的，可以附清单。

判决追缴违法所得或者责令退赔的，应当写明追缴、退赔的金额或者财物的名称、数量等情况；已经发还的，应当在判决书中写明。

第四百四十五条 查封、扣押、冻结的财物及其孳息，经审查，确属违法所得或者依法应当追缴的其他涉案财物的，应当判决返还被害人，或者没收上缴国库，但法律另有规定的除外。

对判决时尚未追缴到案或者尚未足额退赔的违法所得，应当判决继续追缴或者责令退赔。

判决返还被害人的涉案财物，应当通知被害人认领；无人认领的，应当公告通知；公告满一年无人认领的，应当上缴国库；上缴国库后有人认领，经查证属实的，应当申请退库予以返还；原物已经拍卖、变卖的，应当返还价款。

对侵犯国有财产的案件，被害单位已经终止且没有权利义务继受人，或者损失已经被核销的，查封、扣押、冻结的财物及其孳息应当上缴国库。

第四百四十六条 第二审期间，发现第一审判决未对随案移送的涉案财物及其孳息作出处理的，可以裁定撤销原判，发回原审人民法院重新审判，由原审人民法院依法对涉案财物及其孳息一并作出处理。

判决生效后，发现原判未对随案移送的涉案财物及其孳息作出处理的，由原审人民法院依法对涉案财物及其孳息另行作出处理。

第四百四十七条 随案移送的或者人民法院查封、扣押的财物及其孳息，由第一审人民法院在判决生效后负责处理。

实物未随案移送、由扣押机关保管的，人民法院应当在判决生效后十日以内，将判决书、裁定书送达扣押机关，并告知其在一个月以内将执行回单送回，确因客观原因无法按时完成的，应当说明原因。

第四百四十八条 对冻结的存款、汇款、债券、股票、基金份额等财产判决没收的，第一审人民法院应当在判决生效后，将判决书、裁定书送达相关金融机构和财政部门，通知相关金融机构依法上缴国库并在接到执行通知书后十五日以内，将上缴国库的凭证、执行回单送回。

第四百四十九条 查封、扣押、冻结的财物与本案无关但已列入清单的，应当由查封、扣押、冻结机关依法处理。

查封、扣押、冻结的财物属于被告人合法所有的，应当在赔偿被害人损失、执行财产刑后及时返还被告人。

第四百五十条 查封、扣押、冻结财物及其处理，本解释没有规定的，参照适用其他司法解释的有关规定。

第十九章 审判监督程序

第四百五十一条 当事人及其法定代理人、近亲属对已经发生法律效力的判决、裁定提出申诉的，人民法院应当审查处理。

案外人认为已经发生法律效力的判决、裁定侵害其合法权益，提出申诉的，人民法院应当审查处理。

申诉可以委托律师代为进行。

第四百五十二条 向人民法院申诉，应当提交以下材料：

（一）申诉状。应当写明当事人的基本情况、联系方式以及申诉的事实与理由；

（二）原一、二审判决书、裁定书等法律文书。经过人民法院复查或者再审的，应当附有驳回申诉通知书、再审决定书、再审判决书、裁定书；

（三）其他相关材料。以有新的证据证明原判决、裁定认定的事实确有错误为由申诉的，应当同时附有相关证据材料；申请人民法院调查取证的，应当附有相关线索或者材料。

申诉符合前款规定的，人民法院应当出具收到申诉材料的回执。申诉不符合前款规定的，人民法院应当告知申诉人补充材料；申诉人拒绝补充必要材料且无正当理由的，不予审查。

第四百五十三条 申诉由终审人民法院审查处理。但是，第二审人民法院裁定准许撤回上诉的案件，申诉人对第一审判决提出申诉的，可以由第一审人民法院审查处理。

上一级人民法院对未经终审人民法院审查处理的申诉，可以告知申诉人向终审人民法院提出申诉，或者直接交终审人民法院审查处理，并告知申诉人；案件疑难、复杂、重大的，也可以直接审查处理。

对未经终审人民法院及其上一级人民法院审查处理，直接向上级人民法院申诉的，上级人民法院应当告知申诉人向下级人民法院提出。

第四百五十四条 最高人民法院或者上级人民法院可以指定终审人民法院以外的人民法院对申诉进行审查。被指定的人民法院审查后，应当制作审查报告，提出处理意见，层报最高人民法院或者上级人民法院审查处理。

第四百五十五条 对死刑案件的申诉，可以由原核准的人民法院直接审查处理，也可以交由原审人民法院审查。原审人民法院应当制作审查报告，提出处理意见，层报原核准的人民法院审查处理。

第四百五十六条 对立案审查的申诉案件，人民法院可以听取当事人和原办案单位的意见，也可以对原判据以定罪量刑的证据和新的证据进行核实。必要时，可以进行听证。

第四百五十七条 对立案审查的申诉案件，应当在三个月以内作出决定，至迟不得超过六个月。因案件疑难、复杂、重大或者其他特殊原因需要延长审查期限的，参照本解释第二百一十条的规定处理。

经审查，具有下列情形之一的，应当根据刑事诉讼法第二百五十三条的规定，决定重新审判：

（一）有新的证据证明原判决、裁定认定的事实确有错误，可能影响定罪量刑的；

（二）据以定罪量刑的证据不确实、不充分、依法应当排除的；

（三）证明案件事实的主要证据之间存在矛盾的；

（四）主要事实依据被依法变更或者撤销的；

（五）认定罪名错误的；

（六）量刑明显不当的；

（七）对违法所得或者其他涉案财物的处理确有明显错误的；

（八）违反法律关于溯及力规定的；

（九）违反法定诉讼程序，可能影响公正裁判的；

（十）审判人员在审理该案件时有贪污受贿、徇私舞弊、枉法裁判行为的。

申诉不具有上述情形的，应当说服申诉人撤回申诉;对仍然坚持申诉的,应当书面通知驳回。

第四百五十八条 具有下列情形之一,可能改变原判决、裁定据以定罪量刑的事实的证据,应当认定为刑事诉讼法第二百五十三条第一项规定的“新的证据”:

(一)原判决、裁定生效后新发现的证据;

(二)原判决、裁定生效前已经发现,但未予收集的证据;

(三)原判决、裁定生效前已经收集,但未经质证的证据;

(四)原判决、裁定所依据的鉴定意见,勘验、检查等笔录被改变或者否定的;

(五)原判决、裁定所依据的被告人供述、证人证言等证据发生变化,影响定罪量刑,且有合理理由的。

第四百五十九条 申诉人对驳回申诉不服的,可以向上一级人民法院申诉。上一级人民法院经审查认为申诉不符合刑事诉讼法第二百五十三条和本解释第四百五十七条第二款规定的,应当说服申诉人撤回申诉;对仍然坚持申诉的,应当驳回或者通知不予重新审判。

第四百六十条 各级人民法院院长发现本院已经发生法律效力的判决、裁定确有错误的,应当提交审判委员会讨论决定是否再审。

第四百六十一条 上级人民法院发现下级人民法院已经发生法律效力的判决、裁定确有错误的,可以指令下级人民法院再审;原判决、裁定认定事实正确但适用法律错误,或者案件疑难、复杂、重大,或者有不宜由原审人民法院审理情形的,也可以提审。

上级人民法院指令下级人民法院再审的,一般应当指令原审人民法院以外的下级人民法院审理;由原审人民法院审理更有利于查明案件事实、纠正裁判错误的,可以指令原审人民法院审理。

第四百六十二条 对人民检察院依照审判监督程序提出抗诉的案件,人民法院应当在收到抗诉书后一个月以内立案。但是,有下列情形之一的,应当区别情况予以处理:

(一)不属于本院管辖的,应当将案件退回人民检察院;

(二)按照抗诉书提供的住址无法向被抗诉的原审被告人送达抗诉书的,应当通知人民检察院在三日以内重新提供原审被告人的住址;逾期未提供的,将案件退回人民检察院;

(三)以有新的证据为由提出抗诉,但未附相关证据材料或者有关证据不是指向原起诉事实的,应当通知人民检察院在三日以内补送相关材料;逾期未补送的,将案件退回人民检察院。

决定退回的抗诉案件,人民检察院经补充相关材料后再次抗诉,经审查符合受理条件的,人民法院应当受理。

第四百六十三条 对人民检察院依照审判监督程序提出抗诉的案件,接受抗诉的人民法院应当组成合议庭审理。对原判事实不清、证据不足,包括有新的证据证明原判可能有错误,需要指令下级人民法院再审的,应当在立案之日起一个月以内作出决定,并将指令再审决定书送达抗诉的人民检察院。

第四百六十四条 对决定依照审判监督程序重新审判的案件,人民法院应当制作再审决定书。再审期间不停止原判决、裁定的执行,但被告人可能经再审改判无罪,或者可能经再审减轻原判刑罚而致刑期届满的,可以决定中止原判决、裁定的执行,必要时,可以对被告人采取取保候审、监视居住措施。

第四百六十五条 依照审判监督程序重新审判的案件,人民法院应当重点针对申诉、抗诉和决定再审的理由进行审理。必要时,应当对原判决、裁定认定的事实、证据和适用法律进行全面审查。

第四百六十六条 原审人民法院审理依照审判监督程序重新审判的案件,应当另行组成合议庭。

原来是第一审案件,应当依照第一审程序进行审判,所作的判决、裁定可以上诉、抗诉;原来是第二审案件,或者是上级人民法院提审的案件,应当依照第二审程序进行审判,所作的判决、裁定是终审的判决、裁定。

符合刑事诉讼法第二百九十六条、第二百九十七条规定的,可以缺席审判。

第四百六十七条 对依照审判监督程序重新审判的案件,人民法院在依照第一审程序进行审判的过程中,发现原审被告人还有其他犯罪的,一般应当并案审理,但分案审理更为适宜的,可以分案审理。

第四百六十八条 开庭审理再审案件,再审决定书或者抗诉书只针对部分原审被告人,其他同案原审被告人不出庭不影响审理的，可以不出庭参加诉讼。

第四百六十九条 除人民检察院抗诉的以外，再审一般不得加重原审被告人的刑罚。再审决定书或者抗诉书只针对部分原审被告人的，不得加重其他同案原审被告人的刑罚。

第四百七十条 人民法院审理人民检察院抗诉的再审案件，人民检察院在开庭审理前撤回抗诉的，应当裁定准许；人民检察院接到出庭通知后不派员出庭，且未说明原因的，可以裁定按撤回抗诉处理，并通知诉讼参与人。

人民法院审理申诉人申诉的再审案件，申诉人在再审期间撤回申诉的，可以裁定准许；但认为原判确有错误的，应当不予准许，继续按照再审案件审理。申诉人经依法通知无正当理由拒不到庭，或者未经法庭许可中途退庭的，可以裁定按撤回申诉处理，但申诉人不是原审当事人的除外。

第四百七十一条 开庭审理的再审案件，系人民法院决定再审的，由合议庭组成人员宣读再审决定书；系人民检察院抗诉的，由检察员宣读抗诉书；系申诉人申诉的，由申诉人或者其辩护人、诉讼代理人陈述申诉理由。

第四百七十二条 再审案件经过重新审理后，应当按照下列情形分别处理：

（一）原判决、裁定认定事实和适用法律正确、量刑适当的，应当裁定驳回申诉或者抗诉，维持原判决、裁定；

（二）原判决、裁定定罪准确、量刑适当，但在认定事实、适用法律等方面有瑕疵的，应当裁定纠正并维持原判决、裁定；

（三）原判决、裁定认定事实没有错误，但适用法律错误或者量刑不当的，应当撤销原判决、裁定，依法改判；

（四）依照第二审程序审理的案件，原判决、裁定事实不清、证据不足的，可以在查清事实后改判，也可以裁定撤销原判，发回原审人民法院重新审判。

原判决、裁定事实不清或者证据不足，经审理事实已经查清的，应当根据查清的事实依法裁判；事实仍无法查清，证据不足，不能认定被告人有罪的，应当撤销原判决、裁定，判决宣告被告人无罪。

第四百七十三条 原判决、裁定认定被告人姓名等身份信息有误，但认定事实和适用法律正确、量刑适当的，作出生效判决、裁定的人民法院可以通过裁定对有关信息予以更正。

第四百七十四条 对再审改判宣告无罪并依法享有申请国家赔偿权利的当事人，人民法院宣判时，应当告知其在判决发生法律效力后可以依法申请国家赔偿。

第二十章 涉外刑事案件的审理和刑事司法协助

第一节 涉外刑事案件的审理

第四百七十五条 本解释所称的涉外刑事案件是指：

（一）在中华人民共和国领域内，外国人犯罪或者我国公民对外国、外国人犯罪的案件；

（二）符合刑法第七条、第十条规定情形的我国公民在中华人民共和国领域外犯罪的案件；

（三）符合刑法第八条、第十条规定情形的外国人犯罪的案件；

（四）符合刑法第九条规定情形的中华人民共和国在所承担国际条约义务范围内行使管辖权的案件。

第四百七十六条 第一审涉外刑事案件，除刑事诉讼法第二十一条至第二十三条规定的以外，由基层人民法院管辖。必要时，中级人民法院可以指定辖区内若干基层人民法院集中管辖第一审涉外刑事案件，也可以依照刑事诉讼法第二十四条的规定，审理基层人民法院管辖的第一审涉外刑事案件。

第四百七十七条 外国人的国籍，根据其入境时持用的有效证件确认；国籍不明的，根据公安机关或者有关国家驻华使领馆出具的证明确认。

国籍无法查明的，以无国籍人对待，适用本章有关规定，在裁判文书中写明“国籍不明”。

第四百七十八条 在刑事诉讼中，外国籍当事人享有我国法律规定的诉讼权利并承担相应义务。

第四百七十九条 涉外刑事案件审判期间，人民法院应当将下列事项及时通报同级人民政府外事主管部门，并依照有关规定通知有关国家驻华使领馆：

（一）人民法院决定对外国籍被告人采取强制措施的情况，包括外国籍当事人的姓名（包括译

名)、性别、入境时间、护照或者证件号码、采取的强制措施及法律依据、羁押地点等;

(二)开庭的时间、地点、是否公开审理等事项;

(三)宣判的时间、地点。

涉外刑事案件宣判后,应当将处理结果及时通报同级人民政府外事主管部门。

对外国籍被告人执行死刑的,死刑裁决下达后执行前,应当通知其国籍国驻华使领馆。

外国籍被告人在案件审理中死亡的,应当及时通报同级人民政府外事主管部门,并通知有关国家驻华使领馆。

第四百八十条 需要向有关国家驻华使领馆通知有关事项的,应当层报高级人民法院,由高级人民法院按照下列规定通知:

(一)外国籍当事人国籍国与我国签订有双边领事条约的,根据条约规定办理;未与我国签订双边领事条约,但参加《维也纳领事关系公约》的,根据公约规定办理;未与我国签订领事条约,也未参加《维也纳领事关系公约》,但与我国有外交关系的,可以根据外事主管部门的意见,按照互惠原则,根据有关规定和国际惯例办理;

(二)在外国驻华领馆领区内发生的涉外刑事案件,通知有关外国驻该地区的领馆;在外国领馆领区外发生的涉外刑事案件,通知有关外国驻华使馆;与我国有外交关系,但未设使领馆的国家,可以通知其代管国家驻华使领馆;无代管国家、代管国家不明的,可以不通知;

(三)双边领事条约规定通知时限的,应当在规定的期限内通知;没有规定的,应当根据或者参照《维也纳领事关系公约》和国际惯例尽快通知,至迟不得超过七日;

(四)双边领事条约没有规定必须通知,外国籍当事人要求不通知其国籍国驻华使领馆的,可以不通知,但应当由其本人出具书面声明。

高级人民法院向外国驻华使领馆通知有关事项,必要时,可以请人民政府外事主管部门协助。

第四百八十一条 人民法院受理涉外刑事案件后,应当告知在押的外国籍被告人享有与其国籍国驻华使领馆联系,与其监护人、近亲属会见、通信,以及请求人民法院提供翻译的权利。

第四百八十二条 涉外刑事案件审判期间,外国籍被告人在押,其国籍国驻华使领馆官员要求探视的,可以向受理案件的人民法院所在地的高级人民法院提出。人民法院应当根据我国与被告人国籍国签订的双边领事条约规定的时限予以安排;没有条约规定的,应当尽快安排。必要时,可以请人民政府外事主管部门协助。

涉外刑事案件审判期间,外国籍被告人在押,其监护人、近亲属申请会见的,可以向受理案件的人民法院所在地的高级人民法院提出,并依照本解释第四百八十六条的规定提供与被告人关系的证明。人民法院经审查认为不妨碍案件审判的,可以批准。

被告人拒绝接受探视、会见的,应当由其本人出具书面声明。拒绝出具书面声明的,应当记录在案;必要时,应当录音录像。

探视、会见被告人应当遵守我国法律规定。

第四百八十三条 人民法院审理涉外刑事案件,应当公开进行,但依法不应公开审理的除外。

公开审理的涉外刑事案件,外国籍当事人国籍国驻华使领馆官员要求旁听的,可以向受理案件的人民法院所在地的高级人民法院提出申请,人民法院应当安排。

第四百八十四条 人民法院审判涉外刑事案件,使用中华人民共和国通用的语言、文字,应当为外国籍当事人提供翻译。翻译人员应当在翻译文件上签名。

人民法院的诉讼文书为中文本。外国籍当事人不通晓中文的,应当附有外文译本,译本不加盖人民法院印章,以中文本为准。

外国籍当事人通晓中国语言、文字,拒绝他人翻译,或者不需要诉讼文书外文译本的,应当由其本人出具书面声明。拒绝出具书面声明的,应当记录在案;必要时,应当录音录像。

第四百八十五条 外国籍被告人委托律师辩护,或者外国籍附带民事诉讼原告人、自诉人委托律师代理诉讼的,应当委托具有中华人民共和国律师资格并依法取得执业证书的律师。

外国籍被告人在押的,其监护人、近亲属或者其国籍国驻华使领馆可以代为委托辩护人。其监护人、近亲属代为委托的,应当提供与被告人关系的有效证明。

外国籍当事人委托其监护人、近亲属担任辩护人、诉讼代理人的,被委托人应当提供与当事人关系的有效证明。经审查,符合刑事诉讼法、有关司法解释规定的,人民法院应当准许。

外国籍被告人没有委托辩护人的,人民法院可以通知法律援助机构为其指派律师提供辩护。被告人拒绝辩护人辩护的,应当由其出具书面声明,或者将其口头声明记录在案;必要时,应当录音录像。被告人属于应当提供法律援助情形的,依照本解释第五十条规定处理。

第四百八十六条 外国籍当事人从中华人民共和国领域外寄交或者托交给中国律师或者中国公民的委托书,以及外国籍当事人的监护人、近亲属提供的与当事人关系的证明,必须经所在国公证机关证明,所在国中央外交主管机关或者其授权机关认证,并经中华人民共和国驻该国使领馆认证,或者履行中华人民共和国与该所在国订立的有关条约中规定的证明手续,但我国与该国之间有互免认证协定的除外。

第四百八十七条 对涉外刑事案件的被告人,可以决定限制出境;对开庭审理案件时必须到庭的证人,可以要求暂缓出境。限制外国人出境的,应当通报同级人民政府外事主管部门和当事人国籍国驻华使领馆。

人民法院决定限制外国人和中国公民出境的,应当书面通知被限制出境的人在案件审理终结前不得离境,并可以采取扣留护照或者其他出入境证件的办法限制其出境;扣留证件的,应当履行必要手续,并发给本人扣留证件的证明。

需要对外国人和中国公民在口岸采取边控措施的,受理案件的人民法院应当按照规定制作边控对象通知书,并附有关法律文书,层报高级人民法院办理交控手续。紧急情况下,需要采取临时边控措施的,受理案件的人民法院可以先向有关口岸所在地出入境边防检查机关交控,但应当在七日以内按照规定层报高级人民法院办理手续。

第四百八十八条 涉外刑事案件,符合刑事诉讼法第二百零八条第一款、第二百四十三条规定的,经有关人民法院批准或者决定,可以延长审理期限。

第四百八十九条 涉外刑事案件宣判后,外国籍当事人国籍国驻华使领馆要求提供裁判文书的,可以向受理案件的人民法院所在地的高级人民法院提出,人民法院可以提供。

第四百九十条 涉外刑事案件审理过程中的其他事项,依照法律、司法解释和其他有关规定办理。

第二节 刑事司法协助

第四百九十一条 请求和提供司法协助,应当依照《中华人民共和国国际刑事司法协助法》、我国与有关国家、地区签订的刑事司法协助条约、移管被判刑人条约和有关法律规定进行。

对请求书的签署机关、请求书及所附材料的语言文字、有关办理期限和具体程序等事项,在不违反中华人民共和国法律的基本原则的情况下,可以按照刑事司法协助条约规定或者双方协商办理。

第四百九十二条 外国法院请求的事项有损中华人民共和国的主权、安全、社会公共利益以及违反中华人民共和国法律的基本原则的,人民法院不予协助;属于有关法律规定的可以拒绝提供刑事司法协助情形的,可以不予协助。

第四百九十三条 人民法院请求外国提供司法协助的,应当层报最高人民法院,经最高人民法院审核同意后交由有关对外联系机关及时向外国提出请求。

外国法院请求我国提供司法协助,有关对外联系机关认为属于人民法院职权范围的,经最高人民法院审核同意后转有关人民法院办理。

第四百九十四条 人民法院请求外国提供司法协助的请求书,应当依照刑事司法协助条约的规定提出;没有条约或者条约没有规定的,应当载明法律规定的相关信息并附相关材料。请求书及其所附材料应当以中文制作,并附有被请求国官方文字的译本。

外国请求我国法院提供司法协助的请求书,应当依照刑事司法协助条约的规定提出;没有条约或者条约没有规定的,应当载明我国法律规定的相关信息并附相关材料。请求书及所附材料应当附有中文译本。

第四百九十五条 人民法院向在中华人民共和国领域外居住的当事人送达刑事诉讼文书,可以采用下列方式:

(一)根据受送达人所在国与中华人民共和国缔结或者共同参加的国际条约规定的方式送达;

(二)通过外交途径送达;

(三)对中国籍当事人,所在国法律允许或者经所在国同意的,可以委托我国驻受送达人所在国的使领馆代为送达;

(四)当事人是自诉案件的自诉人或者附带民

事诉讼原告人的,可以向有权代其接受送达的诉讼代理人送达;

(五)当事人是外国单位的,可以向其在中华人民共和国领域内设立的代表机构或者有权接受送达的分支机构、业务代办人送达;

(六)受送达人所在国法律允许的,可以邮寄送达;自邮寄之日起满三个月,送达回证未退回,但根据各种情况足以认定已经送达的,视为送达;

(七)受送达人所在国法律允许的,可以采用传真、电子邮件等能够确认受送达人收悉的方式送达。

第四百九十六条 人民法院通过外交途径向在中华人民共和国领域外居住的受送达人送达刑事诉讼文书的,所送达的文书应当经高级人民法院审查后报最高人民法院审核。最高人民法院认为可以发出的,由最高人民法院交外交部主管部门转递。

外国法院通过外交途径请求人民法院送达刑事诉讼文书的,由该国驻华使馆将法律文书交我国外交部主管部门转最高人民法院。最高人民法院审核后认为属于人民法院职权范围,且可以代为送达的,应当转有关人民法院办理。

第二十一章 执行程序

第一节 死刑的执行

第四百九十七条 被判处死刑缓期执行的罪犯,在死刑缓期执行期间犯罪的,应当由罪犯服刑地的中级人民法院依法审判,所作的判决可以上诉、抗诉。

认定故意犯罪,情节恶劣,应当执行死刑的,在判决、裁定发生法律效力后,应当层报最高人民法院核准执行死刑。

对故意犯罪未执行死刑的,不再报高级人民法院核准,死刑缓期执行的期间重新计算,并层报最高人民法院备案。备案不影响判决、裁定的生效和执行。

最高人民法院经备案审查,认为原判不予执行死刑错误,确需改判的,应当依照审判监督程序予以纠正。

第四百九十八条 死刑缓期执行的期间,从判决或者裁定核准死刑缓期执行的法律文书宣告或者送达之日起计算。

死刑缓期执行期满,依法应当减刑的,人民法院应当及时减刑。死刑缓期执行期满减为无期徒刑、有期徒刑的,刑期自死刑缓期执行期满之日起计算。

第四百九十九条 最高人民法院的执行死刑命令,由高级人民法院交付第一审人民法院执行。第一审人民法院接到执行死刑命令后,应当在七日以内执行。

在死刑缓期执行期间故意犯罪,最高人民法院核准执行死刑的,由罪犯服刑地的中级人民法院执行。

第五百条 下级人民法院在接到执行死刑命令后、执行前,发现有下列情形之一的,应当暂停执行,并立即将请求停止执行死刑的报告和相关材料层报最高人民法院:

(一)罪犯可能有其他犯罪的;

(二)共同犯罪的其他犯罪嫌疑人到案,可能影响罪犯量刑的;

(三)共同犯罪的其他罪犯被暂停或者停止执行死刑,可能影响罪犯量刑的;

(四)罪犯揭发重大犯罪事实或者有其他重大立功表现,可能需要改判的;

(五)罪犯怀孕的;

(六)判决、裁定可能有影响定罪量刑的其他错误的。

最高人民法院经审查,认为可能影响罪犯定罪量刑的,应当裁定停止执行死刑;认为不影响的,应当决定继续执行死刑。

第五百零一条 最高人民法院在执行死刑命令签发后、执行前,发现有前条第一款规定情形的,应当立即裁定停止执行死刑,并将有关材料移交下级人民法院。

第五百零二条 下级人民法院接到最高人民法院停止执行死刑的裁定后,应当会同有关部门调查核实停止执行死刑的事由,并及时将调查结果和意见层报最高人民法院审核。

第五百零三条 对下级人民法院报送的停止执行死刑的调查结果和意见,由最高人民法院原作出核准死刑判决、裁定的合议庭负责审查;必要时,另行组成合议庭进行审查。

第五百零四条 最高人民法院对停止执行死刑的案件,应当按照下列情形分别处理:

（一）确认罪犯怀孕的，应当改判；

（二）确认罪犯有其他犯罪，依法应当追诉的，应当裁定不予核准死刑，撤销原判，发回重新审判；

（三）确认原判决、裁定有错误或者罪犯有重大立功表现，需要改判的，应当裁定不予核准死刑，撤销原判，发回重新审判；

（四）确认原判决、裁定没有错误，罪犯没有重大立功表现，或者重大立功表现不影响原判决、裁定执行的，应当裁定继续执行死刑，并由院长重新签发执行死刑的命令。

第五百零五条 第一审人民法院在执行死刑前，应当告知罪犯有权会见其近亲属。罪犯申请会见并提供具体联系方式的，人民法院应当通知其近亲属。确实无法与罪犯近亲属取得联系，或者其近亲属拒绝会见的，应当告知罪犯。罪犯申请通过录音录像等方式留下遗言的，人民法院可以准许。

罪犯近亲属申请会见的，人民法院应当准许并及时安排，但罪犯拒绝会见的除外。罪犯拒绝会见的，应当记录在案并及时告知其近亲属；必要时，应当录音录像。

罪犯申请会见近亲属以外的亲友，经人民法院审查，确有正当理由的，在确保安全的情况下可以准许。

罪犯申请会见未成年子女的，应当经未成年子女的监护人同意；会见可能影响未成年人身心健康的，人民法院可以通过视频方式安排会见，会见时监护人应当在场。

会见一般在罪犯羁押场所进行。

会见情况应当记录在案，附卷存档。

第五百零六条 第一审人民法院在执行死刑三日以前，应当通知同级人民检察院派员临场监督。

第五百零七条 死刑采用枪决或者注射等方法执行。

采用注射方法执行死刑的，应当在指定的刑场或者羁押场所内执行。

采用枪决、注射以外的其他方法执行死刑的，应当事先层报最高人民法院批准。

第五百零八条 执行死刑前，指挥执行的审判人员应当对罪犯验明正身，讯问有无遗言、信札，并制作笔录，再交执行人员执行死刑。

执行死刑应当公布，禁止游街示众或者其他有辱罪犯人格的行为。

第五百零九条 执行死刑后，应当由法医验明罪犯确实死亡，在场书记员制作笔录。负责执行的人民法院应当在执行死刑后十五日以内将执行情况，包括罪犯被执行死刑前后的照片，上报最高人民法院。

第五百一十条 执行死刑后，负责执行的人民法院应当办理以下事项：

（一）对罪犯的遗书、遗言笔录，应当及时审查；涉及财产继承、债务清偿、家事嘱托等内容的，将遗书、遗言笔录交给家属，同时复制附卷备查；涉及案件线索等问题的，抄送有关机关；

（二）通知罪犯家属在限期内领取罪犯骨灰；没有火化条件或者因民族、宗教等原因不宜火化的，通知领取尸体；过期不领取的，由人民法院通知有关单位处理，并要求有关单位出具处理情况的说明；对罪犯骨灰或者尸体的处理情况，应当记录在案；

（三）对外国籍罪犯执行死刑后，通知外国驻华使领馆的程序和时限，根据有关规定办理。

第二节 死刑缓期执行、无期徒刑、有期徒刑、拘役的交付执行

第五百一十一条 被判处死刑缓期执行、无期徒刑、有期徒刑、拘役的罪犯，第一审人民法院应当在判决、裁定生效后十日以内，将判决书、裁定书、起诉书副本、自诉状复印件、执行通知书、结案登记表送达公安机关、监狱或者其他执行机关。

第五百一十二条 同案审理的案件中，部分被告人被判处死刑，对未被判处死刑的同案被告人需要羁押执行刑罚的，应当根据前条规定及时交付执行。但是，该同案被告人参与实施有关死刑之罪的，应当在复核讯问被判处死刑的被告人后交付执行。

第五百一十三条 执行通知书回执经看守所盖章后，应当附卷备查。

第五百一十四条 罪犯在被交付执行前，因有严重疾病、怀孕或者正在哺乳自己婴儿的妇女、生活不能自理的原因，依法提出暂予监外执行的申请的，有关病情诊断、妊娠检查和生活不能自理的鉴别，由人民法院负责组织进行。

第五百一十五条 被判处无期徒刑、有期徒刑或者拘役的罪犯，符合刑事诉讼法第二百六十五条

第一款、第二款的规定，人民法院决定暂予监外执行的，应当制作暂予监外执行决定书，写明罪犯基本情况、判决确定的罪名和刑罚、决定暂予监外执行的原因、依据等。

人民法院在作出暂予监外执行决定前，应当征求人民检察院的意见。

人民检察院认为人民法院的暂予监外执行决定不当，在法定期限内提出书面意见的，人民法院应当立即对该决定重新核查，并在一个月以内作出决定。

对暂予监外执行的罪犯，适用本解释第五百一十九条的有关规定，依法实行社区矫正。

人民法院决定暂予监外执行的，由看守所或者执行取保候审、监视居住的公安机关自收到决定之日起十日以内将罪犯移送社区矫正机构。

第五百一十六条 人民法院收到社区矫正机构的收监执行建议书后，经审查，确认暂予监外执行的罪犯具有下列情形之一的，应当作出收监执行的决定：

（一）不符合暂予监外执行条件的；

（二）未经批准离开所居住的市、县，经警告拒不改正，或者拒不报告行踪，脱离监管的；

（三）因违反监督管理规定受到治安管理处罚，仍不改正的；

（四）受到执行机关两次警告，仍不改正的；

（五）保外就医期间不按规定提交病情复查情况，经警告拒不改正的；

（六）暂予监外执行的情形消失后，刑期未满的；

（七）保证人丧失保证条件或者因不履行义务被取消保证人资格，不能在规定期限内提出新的保证人的；

（八）违反法律、行政法规和监督管理规定，情节严重的其他情形。

第五百一十七条 人民法院应当在收到社区矫正机构的收监执行建议书后三十日以内作出决定。收监执行决定书一经作出，立即生效。

人民法院应当将收监执行决定书送达社区矫正机构和公安机关，并抄送人民检察院，由公安机关将罪犯交付执行。

第五百一十八条 被收监执行的罪犯有不计入执行刑期情形的，人民法院应当在作出收监决定时，确定不计入执行刑期的具体时间。

第三节 管制、缓刑、剥夺政治权利的交付执行

第五百一十九条 对被判处管制、宣告缓刑的罪犯，人民法院应当依法确定社区矫正执行地。社区矫正执行地为罪犯的居住地；罪犯在多个地方居住的，可以确定其经常居住地为执行地；罪犯的居住地、经常居住地无法确定或者不适宜执行社区矫正的，应当根据有利于罪犯接受矫正、更好地融入社会的原则，确定执行地。

宣判时，应当告知罪犯自判决、裁定生效之日起十日以内到执行地社区矫正机构报到，以及不按期报到的后果。

人民法院应当自判决、裁定生效之日起五日以内通知执行地社区矫正机构，并在十日以内将判决书、裁定书、执行通知书等法律文书送达执行地社区矫正机构，同时抄送人民检察院和执行地公安机关。人民法院与社区矫正执行地不在同一地方的，由执行地社区矫正机构将法律文书转送所在地的人民检察院和公安机关。

第五百二十条 对单处剥夺政治权利的罪犯，人民法院应当在判决、裁定生效后十日以内，将判决书、裁定书、执行通知书等法律文书送达罪犯居住地的县级公安机关，并抄送罪犯居住地的县级人民检察院。

第四节 刑事裁判涉财产部分和附带民事裁判的执行

第五百二十一条 刑事裁判涉财产部分的执行，是指发生法律效力的刑事裁判中下列判项的执行：

（一）罚金、没收财产；

（二）追缴、责令退赔违法所得；

（三）处置随案移送的赃款赃物；

（四）没收随案移送的供犯罪所用本人财物；

（五）其他应当由人民法院执行的相关涉财产的判项。

第五百二十二条 刑事裁判涉财产部分和附带民事裁判应当由人民法院执行的，由第一审人民法院负责裁判执行的机构执行。

第五百二十三条 罚金在判决规定的期限内一次或者分期缴纳。期满无故不缴纳或者未足额缴纳的，人民法院应当强制缴纳。经强制缴纳仍不

能全部缴纳的,在任何时候,包括主刑执行完毕后,发现被执行人有可供执行的财产的,应当追缴。

行政机关对被告人就同一事实已经处以罚款的,人民法院判处罚金时应当折抵,扣除行政处罚已执行的部分。

第五百二十四条 因遭遇不能抗拒的灾祸等原因缴纳罚金确有困难,被执行人申请延期缴纳、酌情减少或者免除罚金的,应当提交相关证明材料。人民法院应当在收到申请后一个月以内作出裁定。符合法定条件的,应当准许;不符合条件的,驳回申请。

第五百二十五条 判处没收财产的,判决生效后,应当立即执行。

第五百二十六条 执行财产刑,应当参照被扶养人住所地政府公布的上年度当地居民最低生活费标准,保留被执行人及其所扶养人的生活必需费用。

第五百二十七条 被判处财产刑,同时又承担附带民事赔偿责任的被执行人,应当先履行民事赔偿责任。

第五百二十八条 执行刑事裁判涉财产部分、附带民事裁判过程中,当事人、利害关系人认为执行行为违反法律规定,或者案外人对被执行标的书面提出异议的,人民法院应当参照民事诉讼法的有关规定处理。

第五百二十九条 执行刑事裁判涉财产部分、附带民事裁判过程中,具有下列情形之一的,人民法院应当裁定终结执行:

(一)据以执行的判决、裁定被撤销的;

(二)被执行人死亡或者被执行死刑,且无财产可供执行的;

(三)被判处罚金的单位终止,且无财产可供执行的;

(四)依照刑法第五十三条规定免除罚金的;

(五)应当终结执行的其他情形。

裁定终结执行后,发现被执行人的财产有被隐匿、转移等情形的,应当追缴。

第五百三十条 被执行财产在外地的,第一审人民法院可以委托财产所在地的同级人民法院执行。

第五百三十一条 刑事裁判涉财产部分、附带民事裁判全部或者部分被撤销的,已经执行的财产应当全部或者部分返还被执行人;无法返还的,应当依法赔偿。

第五百三十二条 刑事裁判涉财产部分、附带民事裁判的执行,刑事诉讼法及有关刑事司法解释没有规定的,参照适用民事执行的有关规定。

第五节 减刑、假释案件的审理

第五百三十三条 被判处死刑缓期执行的罪犯,在死刑缓期执行期间,没有故意犯罪的,死刑缓期执行期满后,应当裁定减刑;死刑缓期执行期满后,尚未裁定减刑前又犯罪的,应当在依法减刑后,对其所犯新罪另行审判。

第五百三十四条 对减刑、假释案件,应当按照下列情形分别处理:

(一)对被判处死刑缓期执行的罪犯的减刑,由罪犯服刑地的高级人民法院在收到同级监狱管理机关审核同意的减刑建议书后一个月以内作出裁定;

(二)对被判处无期徒刑的罪犯的减刑、假释,由罪犯服刑地的高级人民法院在收到同级监狱管理机关审核同意的减刑、假释建议书后一个月以内作出裁定,案情复杂或者情况特殊的,可以延长一个月;

(三)对被判处有期徒刑和被减为有期徒刑的罪犯的减刑、假释,由罪犯服刑地的中级人民法院在收到执行机关提出的减刑、假释建议书后一个月以内作出裁定,案情复杂或者情况特殊的,可以延长一个月;

(四)对被判处管制、拘役的罪犯的减刑,由罪犯服刑地的中级人民法院在收到同级执行机关审核同意的减刑建议书后一个月以内作出裁定。

对社区矫正对象的减刑,由社区矫正执行地的中级以上人民法院在收到社区矫正机构减刑建议书后三十日以内作出裁定。

第五百三十五条 受理减刑、假释案件,应当审查执行机关移送的材料是否包括下列内容:

(一)减刑、假释建议书;

(二)原审法院的裁判文书、执行通知书、历次减刑裁定书的复制件;

(三)证明罪犯确有悔改、立功或者重大立功表现具体事实的书面材料;

(四)罪犯评审鉴定表、奖惩审批表等;

(五)罪犯假释后对所居住社区影响的调查评估报告;

（六）刑事裁判涉财产部分、附带民事裁判的执行、履行情况；

（七）根据案件情况需要移送的其他材料。

人民检察院对报请减刑、假释案件提出意见的，执行机关应当一并移送受理减刑、假释案件的人民法院。

经审查，材料不全的，应当通知提请减刑、假释的执行机关在三日以内补送；逾期未补送的，不予立案。

第五百三十六条 审理减刑、假释案件，对罪犯积极履行刑事裁判涉财产部分、附带民事裁判确定的义务的，可以认定有悔改表现，在减刑、假释时从宽掌握；对确有履行能力而不履行或者不全部履行的，在减刑、假释时从严掌握。

第五百三十七条 审理减刑、假释案件，应当在立案后五日以内对下列事项予以公示：

（一）罪犯的姓名、年龄等个人基本情况；

（二）原判认定的罪名和刑期；

（三）罪犯历次减刑情况；

（四）执行机关的减刑、假释建议和依据。

公示应当写明公示期限和提出意见的方式。

第五百三十八条 审理减刑、假释案件，应当组成合议庭，可以采用书面审理的方式，但下列案件应当开庭审理：

（一）因罪犯有重大立功表现提请减刑的；

（二）提请减刑的起始时间、间隔时间或者减刑幅度不符合一般规定的；

（三）被提请减刑、假释罪犯系职务犯罪罪犯，组织、领导、参加、包庇、纵容黑社会性质组织罪犯，破坏金融管理秩序罪犯或者金融诈骗罪犯的；

（四）社会影响重大或者社会关注度高的；

（五）公示期间收到不同意见的；

（六）人民检察院提出异议的；

（七）有必要开庭审理的其他案件。

第五百三十九条 人民法院作出减刑、假释裁定后，应当在七日以内送达提请减刑、假释的执行机关、同级人民检察院以及罪犯本人。人民检察院认为减刑、假释裁定不当，在法定期限内提出书面纠正意见的，人民法院应当在收到意见后另行组成合议庭审理，并在一个月以内作出裁定。

对假释的罪犯，适用本解释第五百一十九条的有关规定，依法实行社区矫正。

第五百四十条 减刑、假释裁定作出前，执行机关书面提请撤回减刑、假释建议的，人民法院可以决定是否准许。

第五百四十一条 人民法院发现本院已经生效的减刑、假释裁定确有错误的，应当另行组成合议庭审理；发现下级人民法院已经生效的减刑、假释裁定确有错误的，可以指令下级人民法院另行组成合议庭审理，也可以自行组成合议庭审理。

第六节 缓刑、假释的撤销

第五百四十二条 罪犯在缓刑、假释考验期限内犯新罪或者被发现在判决宣告前还有其他罪没有判决，应当撤销缓刑、假释的，由审判新罪的人民法院撤销原判决、裁定宣告的缓刑、假释，并书面通知原审人民法院和执行机关。

第五百四十三条 人民法院收到社区矫正机构的撤销缓刑建议书后，经审查，确认罪犯在缓刑考验期限内具有下列情形之一的，应当作出撤销缓刑的裁定：

（一）违反禁止令，情节严重的；

（二）无正当理由不按规定时间报到或者接受社区矫正期间脱离监管，超过一个月的；

（三）因违反监督管理规定受到治安管理处罚，仍不改正的；

（四）受到执行机关二次警告，仍不改正的；

（五）违反法律、行政法规和监督管理规定，情节严重的其他情形。

人民法院收到社区矫正机构的撤销假释建议书后，经审查，确认罪犯在假释考验期限内具有前款第二项、第四项规定情形之一，或者有其他违反监督管理规定的行为，尚未构成新的犯罪的，应当作出撤销假释的裁定。

第五百四十四条 被提请撤销缓刑、假释的罪犯可能逃跑或者可能发生社会危险，社区矫正机构在提出撤销缓刑、假释建议的同时，提请人民法院决定对其予以逮捕的，人民法院应当在四十八小时以内作出是否逮捕的决定。决定逮捕的，由公安机关执行。逮捕后的羁押期限不得超过三十日。

第五百四十五条 人民法院应当在收到社区矫正机构的撤销缓刑、假释建议书后三十日以内作出裁定。撤销缓刑、假释的裁定一经作出，立即生效。

人民法院应当将撤销缓刑、假释裁定书送达社区矫正机构和公安机关，并抄送人民检察院，由公安机关将罪犯送交执行。执行以前被逮捕的,羁押一日折抵刑期一日。

第二十二章 未成年人刑事案件诉讼程序

第一节 一般规定

第五百四十六条 人民法院审理未成年人刑事案件,应当贯彻教育、感化、挽救的方针,坚持教育为主、惩罚为辅的原则,加强对未成年人的特殊保护。

第五百四十七条 人民法院应当加强同政府有关部门、人民团体、社会组织等的配合,推动未成年人刑事案件人民陪审、情况调查、安置帮教等工作的开展,充分保障未成年人的合法权益,积极参与社会治安综合治理。

第五百四十八条 人民法院应当加强同政府有关部门、人民团体、社会组织等的配合,对遭受性侵害或者暴力伤害的未成年被害人及其家庭实施必要的心理干预、经济救助、法律援助、转学安置等保护措施。

第五百四十九条 人民法院应当确定专门机构或者指定专门人员,负责审理未成年人刑事案件。审理未成年人刑事案件的人员应当经过专门培训,熟悉未成年人身心特点、善于做未成年人思想教育工作。

参加审理未成年人刑事案件的人民陪审员,可以从熟悉未成年人身心特点、关心未成年人保护工作的人民陪审员名单中随机抽取确定。

第五百五十条 被告人实施被指控的犯罪时不满十八周岁、人民法院立案时不满二十周岁的案件,由未成年人案件审判组织审理。

下列案件可以由未成年人案件审判组织审理:

(一)人民法院立案时不满二十二周岁的在校学生犯罪案件;

(二)强奸、猥亵、虐待、遗弃未成年人等侵害未成年人人身权利的犯罪案件;

(三)由未成年人案件审判组织审理更为适宜的其他案件。

共同犯罪案件有未成年被告人的或者其他涉及未成年人的刑事案件,是否由未成年人案件审判组织审理,由院长根据实际情况决定。

第五百五十一条 对分案起诉至同一人民法院的未成年人与成年人共同犯罪案件,可以由同一个审判组织审理;不宜由同一个审判组织审理的,可以分别审理。

未成年人与成年人共同犯罪案件,由不同人民法院或者不同审判组织分别审理的,有关人民法院或者审判组织应当互相了解共同犯罪被告人的审判情况,注意全案的量刑平衡。

第五百五十二条 对未成年人刑事案件,必要时,上级人民法院可以根据刑事诉讼法第二十七条的规定,指定下级人民法院将案件移送其他人民法院审判。

第五百五十三条 对未成年被告人应当严格限制适用逮捕措施。

人民法院决定逮捕,应当讯问未成年被告人,听取辩护律师的意见。

对被逮捕且没有完成义务教育的未成年被告人,人民法院应当与教育行政部门互相配合,保证其接受义务教育。

第五百五十四条 人民法院对无固定住所、无法提供保证人的未成年被告人适用取保候审的,应当指定合适成年人作为保证人,必要时可以安排取保候审的被告人接受社会观护。

第五百五十五条 人民法院审理未成年人刑事案件,在讯问和开庭时,应当通知未成年被告人的法定代理人到场。法定代理人无法通知、不能到场或者是共犯的,也可以通知合适成年人到场,并将有关情况记录在案。

到场的法定代理人或者其他人员,除依法行使刑事诉讼法第二百八十一条第二款规定的权利外,经法庭同意,可以参与对未成年被告人的法庭教育等工作。

适用简易程序审理未成年人刑事案件,适用前两款规定。

第五百五十六条 询问未成年被害人、证人,适用前条规定。

审理未成年人遭受性侵害或者暴力伤害案件,在询问未成年被害人、证人时,应当采取同步录音录像等措施,尽量一次完成;未成年被害人、证人是女性的,应当由女性工作人员进行。

第五百五十七条 开庭审理时被告人不满十八周岁的案件,一律不公开审理。经未成年被告人及其法定代理人同意,未成年被告人所在学校和未成年人保护组织可以派代表到场。到场代表的人数和范围，由法庭决定。经法庭同意，到场代表可以参与对未成年被告人的法庭教育工作。

对依法公开审理，但可能需要封存犯罪记录的案件，不得组织人员旁听；有旁听人员的，应当告知其不得传播案件信息。

第五百五十八条 开庭审理涉及未成年人的刑事案件，未成年被害人、证人一般不出庭作证；必须出庭的，应当采取保护其隐私的技术手段和心理干预等保护措施。

第五百五十九条 审理涉及未成年人的刑事案件，不得向外界披露未成年人的姓名、住所、照片以及可能推断出未成年人身份的其他资料。

查阅、摘抄、复制的案卷材料，涉及未成年人的，不得公开和传播。

第五百六十条 人民法院发现有关单位未尽到未成年人教育、管理、救助、看护等保护职责的，应当向该单位提出司法建议。

第五百六十一条 人民法院应当结合实际，根据涉及未成年人刑事案件的特点，开展未成年人法治宣传教育工作。

第五百六十二条 审理未成年人刑事案件，本章没有规定的，适用本解释的有关规定。

第二节 开庭准备

第五百六十三条 人民法院向未成年被告人送达起诉书副本时，应当向其讲明被指控的罪行和有关法律规定，并告知其审判程序和诉讼权利、义务。

第五百六十四条 审判时不满十八周岁的未成年被告人没有委托辩护人的，人民法院应当通知法律援助机构指派熟悉未成年人身心特点的律师为其提供辩护。

第五百六十五条 未成年被害人及其法定代理人因经济困难或者其他原因没有委托诉讼代理人的，人民法院应当帮助其申请法律援助。

第五百六十六条 对未成年人刑事案件，人民法院决定适用简易程序审理的，应当征求未成年被告人及其法定代理人、辩护人的意见。上述人员提出异议的，不适用简易程序。

第五百六十七条 被告人实施被指控的犯罪时不满十八周岁，开庭时已满十八周岁、不满二十周岁的，人民法院开庭时，一般应当通知其近亲属到庭。经法庭同意，近亲属可以发表意见。近亲属无法通知、不能到场或者是共犯的，应当记录在案。

第五百六十八条 对人民检察院移送的关于未成年被告人性格特点、家庭情况、社会交往、成长经历、犯罪原因、犯罪前后的表现、监护教育等情况的调查报告，以及辩护人提交的反映未成年被告人上述情况的书面材料，法庭应当接受。

必要时，人民法院可以委托社区矫正机构、共青团、社会组织等对未成年被告人的上述情况进行调查，或者自行调查。

第五百六十九条 人民法院根据情况，可以对未成年被告人、被害人、证人进行心理疏导；根据实际需要并经未成年被告人及其法定代理人同意，可以对未成年被告人进行心理测评。

心理疏导、心理测评可以委托专门机构、专业人员进行。

心理测评报告可以作为办理案件和教育未成年人的参考。

第五百七十条 开庭前和休庭时，法庭根据情况，可以安排未成年被告人与其法定代理人或者合适成年人会见。

第三节 审 判

第五百七十一条 人民法院应当在辩护台靠近旁听区一侧为未成年被告人的法定代理人或者合适成年人设置席位。

审理可能判处五年有期徒刑以下刑罚或者过失犯罪的未成年人刑事案件，可以采取适合未成年人特点的方式设置法庭席位。

第五百七十二条 未成年被告人或者其法定代理人当庭拒绝辩护人辩护的，适用本解释第三百一十一条第二款、第三款的规定。

重新开庭后，未成年被告人或者其法定代理人再次当庭拒绝辩护人辩护的，不予准许。重新开庭时被告人已满十八周岁的，可以准许，但不得再另行委托辩护人或者要求另行指派律师，由其自行辩护。

第五百七十三条 法庭审理过程中，审判人员应当根据未成年被告人的智力发育程度和心理状态，使用适合未成年人的语言表达方式。

发现有对未成年被告人威胁、训斥、诱供或者讽刺等情形的，审判长应当制止。

第五百七十四条 控辩双方提出对未成年被

告人判处管制、宣告缓刑等量刑建议的，应当向法庭提供有关未成年被告人能够获得监护、帮教以及对所居住社区无重大不良影响的书面材料。

第五百七十五条 对未成年被告人情况的调查报告，以及辩护人提交的有关未成年被告人情况的书面材料，法庭应当审查并听取控辩双方意见。上述报告和材料可以作为办理案件和教育未成年人的参考。

人民法院可以通知作出调查报告的人员出庭说明情况，接受控辩双方和法庭的询问。

第五百七十六条 法庭辩论结束后，法庭可以根据未成年人的生理、心理特点和案件情况，对未成年被告人进行法治教育；判决未成年被告人有罪的，宣判后，应当对未成年被告人进行法治教育。

对未成年被告人进行教育，其法定代理人以外的成年亲属或者教师、辅导员等参与有利于感化、挽救未成年人的，人民法院应当邀请其参加有关活动。

适用简易程序审理的案件，对未成年被告人进行法庭教育，适用前两款规定。

第五百七十七条 未成年被告人最后陈述后，法庭应当询问其法定代理人是否补充陈述。

第五百七十八条 对未成年人刑事案件，宣告判决应当公开进行。

对依法应当封存犯罪记录的案件，宣判时，不得组织人员旁听；有旁听人员的，应当告知其不得传播案件信息。

第五百七十九条 定期宣告判决的未成年人刑事案件，未成年被告人的法定代理人无法通知、不能到场或者是共犯的，法庭可以通知合适成年人到庭，并在宣判后向未成年被告人的成年亲属送达判决书。

第四节 执 行

第五百八十条 将未成年罪犯送监执行刑罚或者送交社区矫正时，人民法院应当将有关未成年罪犯的调查报告及其在案件审理中的表现材料，连同有关法律文书，一并送达执行机关。

第五百八十一条 犯罪时不满十八周岁，被判处五年有期徒刑以下刑罚以及免予刑事处罚的未成年人的犯罪记录，应当封存。

司法机关或者有关单位向人民法院申请查询封存的犯罪记录的，应当提供查询的理由和依据。对查询申请，人民法院应当及时作出是否同意的决定。

第五百八十二条 人民法院可以与未成年犯管教所等服刑场所建立联系，了解未成年罪犯的改造情况，协助做好帮教、改造工作，并可以对正在服刑的未成年罪犯进行回访考察。

第五百八十三条 人民法院认为必要时，可以督促被收监服刑的未成年罪犯的父母或者其他监护人及时探视。

第五百八十四条 对被判处管制、宣告缓刑、裁定假释、决定暂予监外执行的未成年罪犯，人民法院可以协助社区矫正机构制定帮教措施。

第五百八十五条 人民法院可以适时走访被判处管制、宣告缓刑、免予刑事处罚、裁定假释、决定暂予监外执行等的未成年罪犯及其家庭，了解未成年罪犯的管理和教育情况，引导未成年罪犯的家庭承担管教责任，为未成年罪犯改过自新创造良好环境。

第五百八十六条 被判处管制、宣告缓刑、免予刑事处罚、裁定假释、决定暂予监外执行等的未成年罪犯，具备就学、就业条件的，人民法院可以就其安置问题向有关部门提出建议，并附送必要的材料。

第二十三章 当事人和解的公诉案件诉讼程序

第五百八十七条 对符合刑事诉讼法第二百八十八条规定的公诉案件，事实清楚、证据充分的，人民法院应当告知当事人可以自行和解；当事人提出申请的，人民法院可以主持双方当事人协商以达成和解。

根据案件情况，人民法院可以邀请人民调解员、辩护人、诉讼代理人、当事人亲友等参与促成双方当事人和解。

第五百八十八条 符合刑事诉讼法第二百八十八条规定的公诉案件，被害人死亡的，其近亲属可以与被告人和解。近亲属有多人的，达成和解协议，应当经处于最先继承顺序的所有近亲属同意。

被害人系无行为能力或者限制行为能力人的，其法定代理人、近亲属可以代为和解。

第五百八十九条 被告人的近亲属经被告人同意，可以代为和解。

被告人系限制行为能力人的，其法定代理人可以代为和解。

被告人的法定代理人、近亲属依照前两款规定代为和解的，和解协议约定的赔礼道歉等事项，应当由被告人本人履行。

第五百九十条 对公安机关、人民检察院主持制作的和解协议书，当事人提出异议的，人民法院应当审查。经审查，和解自愿、合法的，予以确认，无需重新制作和解协议书；和解违反自愿、合法原则的，应当认定无效。和解协议被认定无效后，双方当事人重新达成和解的，人民法院应当主持制作新的和解协议书。

第五百九十一条 审判期间，双方当事人和解的，人民法院应当听取当事人及其法定代理人等有关人员的意见。双方当事人在庭外达成和解的，人民法院应当通知人民检察院，并听取其意见。经审查，和解自愿、合法的，应当主持制作和解协议书。

第五百九十二条 和解协议书应当包括以下内容：

（一）被告人承认自己所犯罪行，对犯罪事实没有异议，并真诚悔罪；

（二）被告人通过向被害人赔礼道歉、赔偿损失等方式获得被害人谅解；涉及赔偿损失的，应当写明赔偿的数额、方式等；提起附带民事诉讼的，由附带民事诉讼原告人撤回起诉；

（三）被害人自愿和解，请求或者同意对被告人依法从宽处罚。

和解协议书应当由双方当事人和审判人员签名，但不加盖人民法院印章。

和解协议书一式三份，双方当事人各持一份，另一份交人民法院附卷备查。

对和解协议中的赔偿损失内容，双方当事人要求保密的，人民法院应当准许，并采取相应的保密措施。

第五百九十三条 和解协议约定的赔偿损失内容，被告人应当在协议签署后即时履行。

和解协议已经全部履行，当事人反悔的，人民法院不予支持，但有证据证明和解违反自愿、合法原则的除外。

第五百九十四条 双方当事人在侦查、审查起诉期间已经达成和解协议并全部履行，被害人或者其法定代理人、近亲属又提起附带民事诉讼的，人民法院不予受理，但有证据证明和解违反自愿、合法原则的除外。

第五百九十五条 被害人或者其法定代理人、近亲属提起附带民事诉讼后，双方愿意和解，但被告人不能即时履行全部赔偿义务的，人民法院应当制作附带民事调解书。

第五百九十六条 对达成和解协议的案件，人民法院应当对被告人从轻处罚；符合非监禁刑适用条件的，应当适用非监禁刑；判处法定最低刑仍然过重的，可以减轻处罚；综合全案认为犯罪情节轻微不需要判处刑罚的，可以免予刑事处罚。

共同犯罪案件，部分被告人与被害人达成和解协议的，可以依法对该部分被告人从宽处罚，但应当注意全案的量刑平衡。

第五百九十七条 达成和解协议的，裁判文书应当叙明，并援引刑事诉讼法的相关条文。

第二十四章 缺席审判程序

第五百九十八条 对人民检察院依照刑事诉讼法第二百九十一条第一款的规定提起公诉的案件，人民法院应当重点审查以下内容：

（一）是否属于可以适用缺席审判程序的案件范围；

（二）是否属于本院管辖；

（三）是否写明被告人的基本情况，包括明确的境外居住地、联系方式等；

（四）是否写明被告人涉嫌有关犯罪的主要事实，并附证据材料；

（五）是否写明被告人有无近亲属以及近亲属的姓名、身份、住址、联系方式等情况；

（六）是否列明违法所得及其他涉案财产的种类、数量、价值、所在地等，并附证据材料；

（七）是否附有查封、扣押、冻结违法所得及其他涉案财产的清单和相关法律手续。

前款规定的材料需要翻译件的，人民法院应当要求人民检察院一并移送。

第五百九十九条 对人民检察院依照刑事诉讼法第二百九十一条第一款的规定提起公诉的案件，人民法院审查后，应当按照下列情形分别处理：

（一）符合缺席审判程序适用条件，属于本院管辖，且材料齐全的，应当受理；

（二）不属于可以适用缺席审判程序的案件范围、不属于本院管辖或者不符合缺席审判程序的其他适用条件的，应当退回人民检察院；

（三）材料不全的，应当通知人民检察院在三十日以内补送；三十日以内不能补送的，应当退回人民检察院。

第六百条 对人民检察院依照刑事诉讼法第二百九十一条第一款的规定提起公诉的案件，人民法院立案后，应当将传票和起诉书副本送达被告人，传票应当载明被告人到案期限以及不按要求到案的法律后果等事项；应当将起诉书副本送达被告人近亲属，告知其有权代为委托辩护人，并通知其敦促被告人归案。

第六百零一条 人民法院审理人民检察院依照刑事诉讼法第二百九十一条第一款的规定提起公诉的案件，被告人有权委托或者由近亲属代为委托一至二名辩护人。委托律师担任辩护人的，应当委托具有中华人民共和国律师资格并依法取得执业证书的律师；在境外委托的，应当依照本解释第四百八十六条的规定对授权委托进行公证、认证。

被告人及其近亲属没有委托辩护人的，人民法院应当通知法律援助机构指派律师为被告人提供辩护。

被告人及其近亲属拒绝法律援助机构指派的律师辩护的，依照本解释第五十条第二款的规定处理。

第六百零二条 人民法院审理人民检察院依照刑事诉讼法第二百九十一条第一款的规定提起公诉的案件，被告人的近亲属申请参加诉讼的，应当在收到起诉书副本后、第一审开庭前提出，并提供与被告人关系的证明材料。有多名近亲属的，应当推选一至二人参加诉讼。

对被告人的近亲属提出申请的，人民法院应当及时审查决定。

第六百零三条 人民法院审理人民检察院依照刑事诉讼法第二百九十一条第一款的规定提起公诉的案件，参照适用公诉案件第一审普通程序的有关规定。被告人的近亲属参加诉讼的，可以发表意见，出示证据，申请法庭通知证人、鉴定人等出庭，进行辩论。

第六百零四条 对人民检察院依照刑事诉讼法第二百九十一条第一款的规定提起公诉的案件，人民法院审理后应当参照本解释第二百九十五条的规定作出判决、裁定。

作出有罪判决的，应当达到证据确实、充分的证明标准。

经审理认定的罪名不属于刑事诉讼法第二百九十一条第一款规定的罪名的，应当终止审理。

适用缺席审判程序审理案件，可以对违法所得及其他涉案财产一并作出处理。

第六百零五条 因被告人患有严重疾病导致缺乏受审能力，无法出庭受审，中止审理超过六个月，被告人仍无法出庭，被告人及其法定代理人、近亲属申请或者同意恢复审理的，人民法院可以根据刑事诉讼法第二百九十六条的规定缺席审判。

符合前款规定的情形，被告人无法表达意愿的，其法定代理人、近亲属可以代为申请或者同意恢复审理。

第六百零六条 人民法院受理案件后被告人死亡的，应当裁定终止审理；但有证据证明被告人无罪，经缺席审理确认无罪的，应当判决宣告被告人无罪。

前款所称“有证据证明被告人无罪，经缺席审理确认无罪”，包括案件事实清楚，证据确实、充分，依据法律认定被告人无罪的情形，以及证据不足，不能认定被告人有罪的情形。

第六百零七条 人民法院按照审判监督程序重新审判的案件，被告人死亡的，可以缺席审理。有证据证明被告人无罪，经缺席审理确认被告人无罪的，应当判决宣告被告人无罪；虽然构成犯罪，但原判量刑畸重的，应当依法作出判决。

第六百零八条 人民法院缺席审理案件，本章没有规定的，参照适用本解释的有关规定。

第二十五章　犯罪嫌疑人、被告人逃匿、死亡案件违法所得的没收程序

第六百零九条 刑事诉讼法第二百九十八条规定的“贪污贿赂犯罪、恐怖活动犯罪等”犯罪案件，是指下列案件：

（一）贪污贿赂、失职渎职等职务犯罪案件；

（二）刑法分则第二章规定的相关恐怖活动犯罪案件，以及恐怖活动组织、恐怖活动人员实施的杀人、爆炸、绑架等犯罪案件；

（三）危害国家安全、走私、洗钱、金融诈骗、黑社会性质组织、毒品犯罪案件；

（四）电信诈骗、网络诈骗犯罪案件。

第六百一十条 在省、自治区、直辖市或者全国范围内具有较大影响的犯罪案件，或者犯罪嫌疑人、被告人逃匿境外的犯罪案件，应当认定为刑事诉讼法第二百九十八条第一款规定的“重大犯罪案件”。

第六百一十一条 犯罪嫌疑人、被告人死亡，依照刑法规定应当追缴其违法所得及其他涉案财产，人民检察院提出没收违法所得申请的，人民法院应当依法受理。

第六百一十二条 对人民检察院提出的没收违法所得申请，人民法院应当审查以下内容：

(一)是否属于可以适用违法所得没收程序的案件范围；

(二)是否属于本院管辖；

(三)是否写明犯罪嫌疑人、被告人基本情况，以及涉嫌有关犯罪的情况，并附证据材料；

(四)是否写明犯罪嫌疑人、被告人逃匿、被通缉、脱逃、下落不明、死亡等情况，并附证据材料；

(五)是否列明违法所得及其他涉案财产的种类、数量、价值、所在地等，并附证据材料；

(六)是否附有查封、扣押、冻结违法所得及其他涉案财产的清单和法律手续；

(七)是否写明犯罪嫌疑人、被告人有无利害关系人，利害关系人的姓名、身份、住址、联系方式及其要求等情况；

(八)是否写明申请没收的理由和法律依据；

(九)其他依法需要审查的内容和材料。

前款规定的材料需要翻译件的，人民法院应当要求人民检察院一并移送。

第六百一十三条 对没收违法所得的申请，人民法院应当在三十日以内审查完毕，并按照下列情形分别处理：

(一)属于没收违法所得申请受案范围和本院管辖，且材料齐全、有证据证明有犯罪事实的，应当受理；

(二)不属于没收违法所得申请受案范围或者本院管辖的，应当退回人民检察院；

(三)没收违法所得申请不符合“有证据证明有犯罪事实”标准要求的，应当通知人民检察院撤回申请；

(四)材料不全的，应当通知人民检察院在七日以内补送；七日以内不能补送的，应当退回人民检察院。

人民检察院尚未查封、扣押、冻结申请没收的财产或者查封、扣押、冻结期限即将届满，涉案财产有被隐匿、转移或者毁损、灭失危险的，人民法院可以查封、扣押、冻结申请没收的财产。

第六百一十四条 人民法院受理没收违法所得的申请后，应当在十五日以内发布公告。公告应当载明以下内容：

(一)案由、案件来源；

(二)犯罪嫌疑人、被告人的基本情况；

(三)犯罪嫌疑人、被告人涉嫌犯罪的事实；

(四)犯罪嫌疑人、被告人逃匿、被通缉、脱逃、下落不明、死亡等情况；

(五)申请没收的财产的种类、数量、价值、所在地等以及已查封、扣押、冻结财产的清单和法律手续；

(六)申请没收的财产属于违法所得及其他涉案财产的相关事实；

(七)申请没收的理由和法律依据；

(八)利害关系人申请参加诉讼的期限、方式以及未按照该期限、方式申请参加诉讼可能承担的不利法律后果；

(九)其他应当公告的情况。

公告期为六个月，公告期间不适用中止、中断、延长的规定。

第六百一十五条 公告应当在全国公开发行的报纸、信息网络媒体、最高人民法院的官方网站发布，并在人民法院公告栏发布。必要时，公告可以在犯罪地、犯罪嫌疑人、被告人居住地或者被申请没收财产所在地发布。最后发布的公告的日期为公告日期。发布公告的，应当采取拍照、录像等方式记录发布过程。

人民法院已经掌握境内利害关系人联系方式的，应当直接送达含有公告内容的通知；直接送达有困难的，可以委托代为送达、邮寄送达。经受送达人同意的，可以采用传真、电子邮件等能够确认其收悉的方式告知公告内容，并记录在案。

人民法院已经掌握境外犯罪嫌疑人、被告人、利害关系人联系方式，经受送达人同意的，可以采用传真、电子邮件等能够确认其收悉的方式告知公告内容，并记录在案；受送达人未表示同意，或者人民法院未掌握境外犯罪嫌疑人、被告人、利害关系人联系方式，其所在国、地区的主管机关明确提出应当向受送达人送达含有公告内容的通知的，人民法院可以决定是否送达。决定送达的,应当依照本解释第四百九十三条的规定请求所在国、地区提供司法协助。

第六百一十六条 刑事诉讼法第二百九十九条第二款、第三百条第二款规定的“其他利害关系人”,是指除犯罪嫌疑人、被告人的近亲属以外的,对申请没收的财产主张权利的自然人和单位。

第六百一十七条 犯罪嫌疑人、被告人的近亲属和其他利害关系人申请参加诉讼的,应当在公告期间内提出。犯罪嫌疑人、被告人的近亲属应当提供其与犯罪嫌疑人、被告人关系的证明材料,其他利害关系人应当提供证明其对违法所得及其他涉案财产主张权利的证据材料。

利害关系人可以委托诉讼代理人参加诉讼。委托律师担任诉讼代理人的,应当委托具有中华人民共和国律师资格并依法取得执业证书的律师;在境外委托的,应当依照本解释第四百八十六条的规定对授权委托进行公证、认证。

利害关系人在公告期满后申请参加诉讼,能够合理说明理由的,人民法院应当准许。

第六百一十八条 犯罪嫌疑人、被告人逃匿境外,委托诉讼代理人申请参加诉讼,且违法所得或者其他涉案财产所在国、地区主管机关明确提出意见予以支持的,人民法院可以准许。

人民法院准许参加诉讼的,犯罪嫌疑人、被告人的诉讼代理人依照本解释关于利害关系人的诉讼代理人的规定行使诉讼权利。

第六百一十九条 公告期满后,人民法院应当组成合议庭对申请没收违法所得的案件进行审理。

利害关系人申请参加或者委托诉讼代理人参加诉讼的,应当开庭审理。没有利害关系人申请参加诉讼的,或者利害关系人及其诉讼代理人无正当理由拒不到庭的,可以不开庭审理。

人民法院确定开庭日期后,应当将开庭的时间、地点通知人民检察院、利害关系人及其诉讼代理人、证人、鉴定人、翻译人员。通知书应当依照本解释第六百一十五条第二款、第三款规定的方式,至迟在开庭审理三日以前送达;受送达人在境外的,至迟在开庭审理三十日以前送达。

第六百二十条 开庭审理申请没收违法所得的案件,按照下列程序进行:

(一)审判长宣布法庭调查开始后,先由检察员宣读申请书,后由利害关系人、诉讼代理人发表意见;

(二)法庭应当依次就犯罪嫌疑人、被告人是否实施了贪污贿赂犯罪、恐怖活动犯罪等重大犯罪并已经通缉一年不能到案,或者是否已经死亡,以及申请没收的财产是否依法应当追缴进行调查;调查时,先由检察员出示证据,后由利害关系人、诉讼代理人出示证据,并进行质证;

(三)法庭辩论阶段,先由检察员发言,后由利害关系人、诉讼代理人发言,并进行辩论。

利害关系人接到通知后无正当理由拒不到庭,或者未经法庭许可中途退庭的,可以转为不开庭审理,但还有其他利害关系人参加诉讼的除外。

第六百二十一条 对申请没收违法所得的案件,人民法院审理后,应当按照下列情形分别处理:

(一)申请没收的财产属于违法所得及其他涉案财产的,除依法返还被害人的以外,应当裁定没收;

(二)不符合刑事诉讼法第二百九十八条第一款规定的条件的,应当裁定驳回申请,解除查封、扣押、冻结措施。

申请没收的财产具有高度可能属于违法所得及其他涉案财产的,应当认定为前款规定的“申请没收的财产属于违法所得及其他涉案财产”。巨额财产来源不明犯罪案件中,没有利害关系人对违法所得及其他涉案财产主张权利,或者利害关系人对违法所得及其他涉案财产虽然主张权利但提供的证据没有达到相应证明标准的,应当视为“申请没收的财产属于违法所得及其他涉案财产”。

第六百二十二条 对没收违法所得或者驳回申请的裁定,犯罪嫌疑人、被告人的近亲属和其他利害关系人或者人民检察院可以在五日以内提出上诉、抗诉。

第六百二十三条 对不服第一审没收违法所得或者驳回申请裁定的上诉、抗诉案件,第二审人民法院经审理,应当按照下列情形分别处理:

(一)第一审裁定认定事实清楚和适用法律正确的,应当驳回上诉或者抗诉,维持原裁定;

(二)第一审裁定认定事实清楚,但适用法律有错误的,应当改变原裁定;

(三)第一审裁定认定事实不清的,可以在查清事实后改变原裁定,也可以撤销原裁定,发回原审人民法院重新审判;

(四)第一审裁定违反法定诉讼程序,可能影响公正审判的，应当撤销原裁定，发回原审人民法院重新审判。

第一审人民法院对发回重新审判的案件作出裁定后，第二审人民法院对不服第一审人民法院裁定的上诉、抗诉，应当依法作出裁定，不得再发回原审人民法院重新审判；但是，第一审人民法院在重新审判过程中违反法定诉讼程序，可能影响公正审判的除外。

第六百二十四条 利害关系人非因故意或者重大过失在第一审期间未参加诉讼，在第二审期间申请参加诉讼的，人民法院应当准许，并撤销原裁定，发回原审人民法院重新审判。

第六百二十五条 在审理申请没收违法所得的案件过程中，在逃的犯罪嫌疑人、被告人到案的，人民法院应当裁定终止审理。人民检察院向原受理申请的人民法院提起公诉的，可以由同一审判组织审理。

第六百二十六条 在审理案件过程中，被告人脱逃或者死亡，符合刑事诉讼法第二百九十八条第一款规定的，人民检察院可以向人民法院提出没收违法所得的申请；符合刑事诉讼法第二百九十一条第一款规定的，人民检察院可以按照缺席审判程序向人民法院提起公诉。

人民检察院向原受理案件的人民法院提出没收违法所得申请的，可以由同一审判组织审理。

第六百二十七条 审理申请没收违法所得案件的期限，参照公诉案件第一审普通程序和第二审程序的审理期限执行。

公告期间和请求刑事司法协助的时间不计入审理期限。

第六百二十八条 没收违法所得裁定生效后，犯罪嫌疑人、被告人到案并对没收裁定提出异议，人民检察院向原作出裁定的人民法院提起公诉的，可以由同一审判组织审理。

人民法院经审理，应当按照下列情形分别处理：

（一）原裁定正确的，予以维持，不再对涉案财产作出判决；

（二）原裁定确有错误的，应当撤销原裁定，并在判决中对有关涉案财产一并作出处理。

人民法院生效的没收裁定确有错误的，除第一款规定的情形外，应当依照审判监督程序予以纠正。

第六百二十九条 人民法院审理申请没收违法所得的案件，本章没有规定的，参照适用本解释的有关规定。

第二十六章 依法不负刑事责任的精神病人的强制医疗程序

第六百三十条 实施暴力行为，危害公共安全或者严重危害公民人身安全，社会危害性已经达到犯罪程度，但经法定程序鉴定依法不负刑事责任的精神病人，有继续危害社会可能的，可以予以强制医疗。

第六百三十一条 人民检察院申请对依法不负刑事责任的精神病人强制医疗的案件，由被申请人实施暴力行为所在地的基层人民法院管辖；由被申请人居住地的人民法院审判更为适宜的，可以由被申请人居住地的基层人民法院管辖。

第六百三十二条 对人民检察院提出的强制医疗申请，人民法院应当审查以下内容：

（一）是否属于本院管辖；

（二）是否写明被申请人的身份，实施暴力行为的时间、地点、手段、所造成的损害等情况，并附证据材料；

（三）是否附有法医精神病鉴定意见和其他证明被申请人属于依法不负刑事责任的精神病人的证据材料；

（四）是否列明被申请人的法定代理人的姓名、住址、联系方式；

（五）需要审查的其他事项。

第六百三十三条 对人民检察院提出的强制医疗申请，人民法院应当在七日以内审查完毕，并按照下列情形分别处理：

（一）属于强制医疗程序受案范围和本院管辖，且材料齐全的，应当受理；

（二）不属于本院管辖的，应当退回人民检察院；

（三）材料不全的，应当通知人民检察院在三日以内补送；三日以内不能补送的，应当退回人民检察院。

第六百三十四条 审理强制医疗案件，应当通知被申请人或者被告人的法定代理人到场；被申请人或者被告人的法定代理人经通知未到场的，可以通知被申请人或者被告人的其他近亲属到场。

被申请人或者被告人没有委托诉讼代理人的，应当自受理强制医疗申请或者发现被告人符合强制医疗条件之日起三日以内，通知法律援助机构指派律师担任其诉讼代理人，为其提供法律帮助。

第六百三十五条 审理强制医疗案件，应当组成合议庭，开庭审理。但是，被申请人、被告人的法定代理人请求不开庭审理，并经人民法院审查同意的除外。

审理强制医疗案件，应当会见被申请人，听取被害人及其法定代理人的意见。

第六百三十六条 开庭审理申请强制医疗的案件，按照下列程序进行：

（一）审判长宣布法庭调查开始后，先由检察员宣读申请书，后由被申请人的法定代理人、诉讼代理人发表意见；

（二）法庭依次就被申请人是否实施了危害公共安全或者严重危害公民人身安全的暴力行为、是否属于依法不负刑事责任的精神病人、是否有继续危害社会的可能进行调查；调查时，先由检察员出示证据，后由被申请人的法定代理人、诉讼代理人出示证据，并进行质证；必要时，可以通知鉴定人出庭对鉴定意见作出说明；

（三）法庭辩论阶段，先由检察员发言，后由被申请人的法定代理人、诉讼代理人发言，并进行辩论。

被申请人要求出庭，人民法院经审查其身体和精神状态，认为可以出庭的，应当准许。出庭的被申请人，在法庭调查、辩论阶段，可以发表意见。

检察员宣读申请书后，被申请人的法定代理人、诉讼代理人无异议的，法庭调查可以简化。

第六百三十七条 对申请强制医疗的案件，人民法院审理后，应当按照下列情形分别处理：

（一）符合刑事诉讼法第三百零二条规定的强制医疗条件的，应当作出对被申请人强制医疗的决定；

（二）被申请人属于依法不负刑事责任的精神病人，但不符合强制医疗条件的，应当作出驳回强制医疗申请的决定；被申请人已经造成危害结果的，应当同时责令其家属或者监护人严加看管和医疗；

（三）被申请人具有完全或者部分刑事责任能力，依法应当追究刑事责任的，应当作出驳回强制医疗申请的决定，并退回人民检察院依法处理。

第六百三十八条 第一审人民法院在审理刑事案件过程中，发现被告人可能符合强制医疗条件的，应当依照法定程序对被告人进行法医精神病鉴定。经鉴定，被告人属于依法不负刑事责任的精神病人的，应当适用强制医疗程序，对案件进行审理。

开庭审理前款规定的案件，应当先由合议庭组成人员宣读对被告人的法医精神病鉴定意见，说明被告人可能符合强制医疗的条件，后依次由公诉人和被告人的法定代理人、诉讼代理人发表意见。经审判长许可，公诉人和被告人的法定代理人、诉讼代理人可以进行辩论。

第六百三十九条 对前条规定的案件，人民法院审理后，应当按照下列情形分别处理：

（一）被告人符合强制医疗条件的，应当判决宣告被告人不负刑事责任，同时作出对被告人强制医疗的决定；

（二）被告人属于依法不负刑事责任的精神病人，但不符合强制医疗条件的，应当判决宣告被告人无罪或者不负刑事责任；被告人已经造成危害结果的，应当同时责令其家属或者监护人严加看管和医疗；

（三）被告人具有完全或者部分刑事责任能力，依法应当追究刑事责任的，应当依照普通程序继续审理。

第六百四十条 第二审人民法院在审理刑事案件过程中，发现被告人可能符合强制医疗条件的，可以依照强制医疗程序对案件作出处理，也可以裁定发回原审人民法院重新审判。

第六百四十一条 人民法院决定强制医疗的，应当在作出决定后五日以内，向公安机关送达强制医疗决定书和强制医疗执行通知书，由公安机关将被决定强制医疗的人送交强制医疗。

第六百四十二条 被决定强制医疗的人、被害人及其法定代理人、近亲属对强制医疗决定不服的，可以自收到决定书第二日起五日以内向上一级人民法院申请复议。复议期间不停止执行强制医疗的决定。

第六百四十三条 对不服强制医疗决定的复议申请，上一级人民法院应当组成合议庭审理，并在一个月以内，按照下列情形分别作出复议决定：

（一）被决定强制医疗的人符合强制医疗条件的，应当驳回复议申请，维持原决定；

（二）被决定强制医疗的人不符合强制医疗条件的，应当撤销原决定；

（三）原审违反法定诉讼程序，可能影响公正审判的，应当撤销原决定，发回原审人民法院重新审判。

第六百四十四条 对本解释第六百三十九条第一项规定的判决、决定，人民检察院提出抗诉，同时被决定强制医疗的人、被害人及其法定代理人、近亲属申请复议的，上一级人民法院应当依照第二审程序一并处理。

第六百四十五条 被强制医疗的人及其近亲属申请解除强制医疗的，应当向决定强制医疗的人民法院提出。

被强制医疗的人及其近亲属提出的解除强制医疗申请被人民法院驳回，六个月后再次提出申请的，人民法院应当受理。

第六百四十六条 强制医疗机构提出解除强制医疗意见，或者被强制医疗的人及其近亲属申请解除强制医疗的，人民法院应当审查是否附有对被强制医疗的人的诊断评估报告。

强制医疗机构提出解除强制医疗意见，未附诊断评估报告的，人民法院应当要求其提供。

被强制医疗的人及其近亲属向人民法院申请解除强制医疗，强制医疗机构未提供诊断评估报告的，申请人可以申请人民法院调取。必要时，人民法院可以委托鉴定机构对被强制医疗的人进行鉴定。

第六百四十七条 强制医疗机构提出解除强制医疗意见，或者被强制医疗的人及其近亲属申请解除强制医疗的，人民法院应当组成合议庭进行审查，并在一个月以内，按照下列情形分别处理：

（一）被强制医疗的人已不具有人身危险性，不需要继续强制医疗的，应当作出解除强制医疗的决定，并可责令被强制医疗的人的家属严加看管和医疗；

（二）被强制医疗的人仍具有人身危险性，需要继续强制医疗的，应当作出继续强制医疗的决定。

对前款规定的案件，必要时，人民法院可以开庭审理，通知人民检察院派员出庭。

人民法院应当在作出决定后五日以内，将决定书送达强制医疗机构、申请解除强制医疗的人、被决定强制医疗的人和人民检察院。决定解除强制医疗的，应当通知强制医疗机构在收到决定书的当日解除强制医疗。

第六百四十八条 人民检察院认为强制医疗决定或者解除强制医疗决定不当，在收到决定书后二十日以内提出书面纠正意见的，人民法院应当另行组成合议庭审理，并在一个月以内作出决定。

第六百四十九条 审理强制医疗案件，本章没有规定的，参照适用本解释的有关规定。

第二十七章 附 则

第六百五十条 人民法院讯问被告人，宣告判决，审理减刑、假释案件等，可以根据情况采取视频方式。

第六百五十一条 向人民法院提出自诉、上诉、申诉、申请等的，应当以书面形式提出。书写有困难的，除另有规定的以外，可以口头提出，由人民法院工作人员制作笔录或者记录在案，并向口述人宣读或者交其阅读。

第六百五十二条 诉讼期间制作、形成的工作记录、告知笔录等材料，应当由制作人员和其他有关人员签名、盖章。宣告或者送达裁判文书、通知书等诉讼文书的，应当由接受宣告或者送达的人在诉讼文书、送达回证上签名、盖章。

诉讼参与人未签名、盖章的，应当捺指印；刑事被告人除签名、盖章外，还应当捺指印。

当事人拒绝签名、盖章、捺指印的，办案人员应当在诉讼文书或者笔录材料中注明情况，有见证人见证或者有录音录像证明的，不影响相关诉讼文书或者笔录材料的效力。

第六百五十三条 本解释的有关规定适用于军事法院等专门人民法院。

第六百五十四条 本解释有关公安机关的规定，依照刑事诉讼法的有关规定，适用于国家安全机关、军队保卫部门、中国海警局和监狱。

第六百五十五条 本解释自2021年3月1日起施行。最高人民法院2012年12月20日发布的《关于适用〈中华人民共和国刑事诉讼法〉的解释》（法释〔2012〕21号）同时废止。最高人民法院以前发布的司法解释和规范性文件，与本解释不一致的，以本解释为准。

最高人民法院、最高人民检察院、公安部、国家安全部、司法部、全国人大常委会法制工作委员会关于实施刑事诉讼法若干问题的规定①

（2012 年 12 月 26 日）

一、管　辖

1. 公安机关侦查刑事案件涉及人民检察院管辖的贪污贿赂案件时，应当将贪污贿赂案件移送人民检察院；人民检察院侦查贪污贿赂案件涉及公安机关管辖的刑事案件，应当将属于公安机关管辖的刑事案件移送公安机关。在上述情况中，如果涉嫌主罪属于公安机关管辖，由公安机关为主侦查，人民检察院予以配合；如果涉嫌主罪属于人民检察院管辖，由人民检察院为主侦查，公安机关予以配合。

2. 刑事诉讼法第二十四条中规定："刑事案件由犯罪地的人民法院管辖。"刑事诉讼法规定的"犯罪地"，包括犯罪的行为发生地和结果发生地。

3. 具有下列情形之一的，人民法院、人民检察院、公安机关可以在其职责范围内并案处理：

（一）一人犯数罪的；

（二）共同犯罪的；

（三）共同犯罪的犯罪嫌疑人、被告人还实施其他犯罪的；

（四）多个犯罪嫌疑人、被告人实施的犯罪存在关联，并案处理有利于查明案件事实的。

二、辩护与代理

4. 人民法院、人民检察院、公安机关、国家安全机关、监狱的现职人员，人民陪审员，外国人或者无国籍人，以及与本案有利害关系的人，不得担任辩护人。但是，上述人员系犯罪嫌疑人、被告人的监护人或者近亲属，犯罪嫌疑人、被告人委托其担任辩护人的，可以准许。无行为能力或者限制行为能力的人，不得担任辩护人。

一名辩护人不得为两名以上的同案犯罪嫌疑人、被告人辩护，不得为两名以上的未同案处理但实施的犯罪存在关联的犯罪嫌疑人、被告人辩护。

5. 刑事诉讼法第三十四条、第二百六十七条、第二百八十六条对法律援助作了规定。对于人民法院、人民检察院、公安机关根据上述规定，通知法律援助机构指派律师提供辩护或者法律帮助的，法律援助机构应当在接到通知后三日以内指派律师，并将律师的姓名、单位、联系方式书面通知人民法院、人民检察院、公安机关。

6. 刑事诉讼法第三十六条规定："辩护律师在侦查期间可以为犯罪嫌疑人提供法律帮助；代理申诉、控告；申请变更强制措施；向侦查机关了解犯罪嫌疑人涉嫌的罪名和案件有关情况，提出意见。"根据上述规定，辩护律师在侦查期间可以向侦查机关了解犯罪嫌疑人涉嫌的罪名及当时已查明的该罪的主要事实，犯罪嫌疑人被采取、变更、解除强制措施的情况，侦查机关延长侦查羁押期限等情况。

7. 刑事诉讼法第三十七条第二款规定："辩护律师持律师执业证书、律师事务所证明和委托书或者法律援助公函要求会见在押的犯罪嫌疑人、被告人的，看守所应当及时安排会见，至迟不得超过四十八小时。"根据上述规定，辩护律师要求会见在押的犯罪嫌疑人、被告人的，看守所应当及时安排会见，保证辩护律师在四十八小时以内见到在押的犯罪嫌疑人、被告人。

8. 刑事诉讼法第四十一条第一款规定："辩护律师经证人或者其他有关单位和个人同意，可以向他们收集与本案有关的材料，也可以申请人民检察院、人民法院收集、调取证据，或者申请人民法院通知证人出庭作证。"对于辩护律师申请人民检察院、人民法院收集、调取证据，人民检察院、人民法院认为需要调查取证的，应当由人民检察院、人民法院收集、调取证据，不得向律师签发准许调查决定书，

---

① 2018 年 10 月 26 日第十三届全国人民代表大会常务委员会第六次会议通过《关于修改〈中华人民共和国刑事诉讼法〉的决定》后，《刑事诉讼法》条文序号已有变动，本解释目前尚未调整，在适用本解释条文时需注意。

让律师收集、调取证据。

9. 刑事诉讼法第四十二条第二款中规定:“违反前款规定的,应当依法追究法律责任,辩护人涉嫌犯罪的,应当由办理辩护人所承办案件的侦查机关以外的侦查机关办理。”根据上述规定,公安机关、人民检察院发现辩护人涉嫌犯罪,或者接受报案、控告、举报、有关机关的移送,依照侦查管辖分工进行审查后认为符合立案条件的,应当按照规定报请办理辩护人所承办案件的侦查机关的上一级侦查机关指定其他侦查机关立案侦查,或者由上一级侦查机关立案侦查。不得指定办理辩护人所承办案件的侦查机关的下级侦查机关立案侦查。

10. 刑事诉讼法第四十七条规定:“辩护人、诉讼代理人认为公安机关、人民检察院、人民法院及其工作人员阻碍其依法行使诉讼权利的,有权向同级或者上一级人民检察院申诉或者控告。人民检察院对申诉或者控告应当及时进行审查,情况属实的,通知有关机关予以纠正。”人民检察院受理辩护人、诉讼代理人的申诉或者控告后,应当在十日以内将处理情况书面答复提出申诉或者控告的辩护人、诉讼代理人。

三、证　　据

11. 刑事诉讼法第五十六条第一款规定:“法庭审理过程中,审判人员认为可能存在本法第五十四条规定的以非法方法收集证据情形的,应当对证据收集的合法性进行法庭调查。”法庭经对当事人及其辩护人、诉讼代理人提供的相关线索或者材料进行审查后,认为可能存在刑事诉讼法第五十四条规定的以非法方法收集证据情形的,应当对证据收集的合法性进行法庭调查。法庭调查的顺序由法庭根据案件审理情况确定。

12. 刑事诉讼法第六十二条规定,对证人、鉴定人、被害人可以采取“不公开真实姓名、住址和工作单位等个人信息”的保护措施。人民法院、人民检察院和公安机关依法决定不公开证人、鉴定人、被害人的真实姓名、住址和工作单位等个人信息的,可以在判决书、裁定书、起诉书、询问笔录等法律文书、证据材料中使用化名等代替证人、鉴定人、被害人的个人信息。但是,应当书面说明使用化名的情况并标明密级,单独成卷。辩护律师经法庭许可,查阅对证人、鉴定人、被害人使用化名情况的,应当签署保密承诺书。

四、强制措施

13. 被取保候审、监视居住的犯罪嫌疑人、被告人无正当理由不得离开所居住的市、县或者执行监视居住的处所,有正当理由需要离开所居住的市、县或者执行监视居住的处所,应当经执行机关批准。如果取保候审、监视居住是由人民检察院、人民法院决定的,执行机关在批准犯罪嫌疑人、被告人离开所居住的市、县或者执行监视居住的处所前,应当征得决定机关同意。

14. 对取保候审保证人是否履行了保证义务,由公安机关认定,对保证人的罚款决定,也由公安机关作出。

15. 指定居所监视居住的,不得要求被监视居住人支付费用。

16. 刑事诉讼法规定,拘留由公安机关执行。对于人民检察院直接受理的案件,人民检察院作出的拘留决定,应当送达公安机关执行,公安机关应当立即执行,人民检察院可以协助公安机关执行。

17. 对于人民检察院批准逮捕的决定,公安机关应当立即执行,并将执行回执及时送达批准逮捕的人民检察院。如果未能执行,也应当将回执送达人民检察院,并写明未能执行的原因。对于人民检察院决定不批准逮捕的,公安机关在收到不批准逮捕决定书后,应当立即释放在押的犯罪嫌疑人或者变更强制措施,并将执行回执在收到不批准逮捕决定书后的三日内送达作出不批准逮捕决定的人民检察院。

五、立　　案

18. 刑事诉讼法第一百一十一条规定:“人民检察院认为公安机关对应当立案侦查的案件而不立案侦查的,或者被害人认为公安机关对应当立案侦查的案件而不立案侦查,向人民检察院提出的,人民检察院应当要求公安机关说明不立案的理由。人民检察院认为公安机关不立案理由不能成立的,应当通知公安机关立案,公安机关接到通知后应当立案。”根据上述规定,公安机关收到人民检察院要求说明不立案理由通知书后,应当在七日内将说明情况书面答复人民检察院。人民检察院认为公安机关不立案理由不能成立,发出通知立案书时,应当将有关证明应当立案的材料同时移送公安机关。

公安机关收到通知立案书后，应当在十五日内决定立案，并将立案决定书送达人民检察院。

六、侦　　查

19. 刑事诉讼法第一百二十一条第一款规定："侦查人员在讯问犯罪嫌疑人的时候，可以对讯问过程进行录音或者录像；对于可能判处无期徒刑、死刑的案件或者其他重大犯罪案件，应当对讯问过程进行录音或者录像。"侦查人员对讯问过程进行录音或者录像的，应当在讯问笔录中注明。人民检察院、人民法院可以根据需要调取讯问犯罪嫌疑人的录音或者录像，有关机关应当及时提供。

20. 刑事诉讼法第一百四十九条中规定："批准决定应当根据侦查犯罪的需要，确定采取技术侦查措施的种类和适用对象。"采取技术侦查措施收集的材料作为证据使用的，批准采取技术侦查措施的法律文书应当附卷，辩护律师可以依法查阅、摘抄、复制，在审判过程中可以向法庭出示。

21. 公安机关对案件提请延长羁押期限的，应当在羁押期限届满七日前提出，并书面呈报延长羁押期限案件的主要案情和延长羁押期限的具体理由，人民检察院应当在羁押期限届满前作出决定。

22. 刑事诉讼法第一百五十八条第一款规定："在侦查期间，发现犯罪嫌疑人另有重要罪行的，自发现之日起依照本法第一百五十四条的规定重新计算侦查羁押期限。"公安机关依照上述规定重新计算侦查羁押期限的，不需要经人民检察院批准，但应当报人民检察院备案，人民检察院可以进行监督。

七、提起公诉

23. 上级公安机关指定下级公安机关立案侦查的案件，需要逮捕犯罪嫌疑人的，由侦查该案件的公安机关提请同级人民检察院审查批准；需要提起公诉的，由侦查该案件的公安机关移送同级人民检察院审查起诉。

人民检察院对于审查起诉的案件，按照刑事诉讼法的管辖规定，认为应当由上级人民检察院或者同级其他人民检察院起诉的，应当将案件移送有管辖权的人民检察院。人民检察院认为需要依照刑事诉讼法的规定指定审判管辖的，应当协商同级人民法院办理指定管辖有关事宜。

24. 人民检察院向人民法院提起公诉时，应当将案卷材料和全部证据移送人民法院，包括犯罪嫌疑人、被告人翻供的材料，证人改变证言的材料，以及对犯罪嫌疑人、被告人有利的其他证据材料。

八、审　　判

25. 刑事诉讼法第一百八十一条规定："人民法院对提起公诉的案件进行审查后，对于起诉书中有明确的指控犯罪事实的，应当决定开庭审判。"对于人民检察院提起公诉的案件，人民法院都应当受理。人民法院对提起公诉的案件进行审查后，对于起诉书中有明确的指控犯罪事实并且附有案卷材料、证据的，应当决定开庭审判，不得以上述材料不充足为由而不开庭审判。如果人民检察院移送的材料中缺少上述材料的，人民法院可以通知人民检察院补充材料，人民检察院应当自收到通知之日起三日内补送。

人民法院对提起公诉的案件进行审查的期限计入人民法院的审理期限。

26. 人民法院开庭审理公诉案件时，出庭的检察人员和辩护人需要出示、宣读、播放已移交人民法院的证据的，可以申请法庭出示、宣读、播放。

27. 刑事诉讼法第三十九条规定："辩护人认为在侦查、审查起诉期间公安机关、人民检察院收集的证明犯罪嫌疑人、被告人无罪或者罪轻的证据材料未提交的，有权申请人民检察院、人民法院调取。"第一百九十一条第一款规定："法庭审理过程中，合议庭对证据有疑问的，可以宣布休庭，对证据进行调查核实。"第一百九十二条第一款规定："法庭审理过程中，当事人和辩护人、诉讼代理人有权申请通知新的证人到庭，调取新的物证，申请重新鉴定或者勘验。"根据上述规定，自案件移送审查起诉之日起，人民检察院可以根据辩护人的申请，向公安机关调取未提交的证明犯罪嫌疑人、被告人无罪或者罪轻的证据材料。在法庭审理过程中，人民法院可以根据辩护人的申请，向人民检察院调取未提交的证明被告人无罪或者罪轻的证据材料，也可以向人民检察院调取需要调查核实的证据材料。公安机关、人民检察院应当自收到要求调取证据材料决定书后三日内移交。

28. 人民法院依法通知证人、鉴定人出庭作证的，应当同时将证人、鉴定人出庭通知书送交控辩双方,控辩双方应当予以配合。

29. 刑事诉讼法第一百八十七条第三款规定:“公诉人、当事人或者辩护人、诉讼代理人对鉴定意见有异议,人民法院认为鉴定人有必要出庭的,鉴定人应当出庭作证。经人民法院通知,鉴定人拒不出庭作证的,鉴定意见不得作为定案的根据。”根据上述规定,依法应当出庭的鉴定人经人民法院通知未出庭作证的,鉴定意见不得作为定案的根据。鉴定人由于不能抗拒的原因或者有其他正当理由无法出庭的,人民法院可以根据案件审理情况决定延期审理。

30. 人民法院审理公诉案件,发现有新的事实,可能影响定罪的,人民检察院可以要求补充起诉或者变更起诉,人民法院可以建议人民检察院补充起诉或者变更起诉。人民法院建议人民检察院补充起诉或者变更起诉的,人民检察院应当在七日以内回复意见。

31. 法庭审理过程中,被告人揭发他人犯罪行为或者提供重要线索,人民检察院认为需要进行查证的,可以建议补充侦查。

32. 刑事诉讼法第二百零三条规定:“人民检察院发现人民法院审理案件违反法律规定的诉讼程序,有权向人民法院提出纠正意见。”人民检察院对违反法定程序的庭审活动提出纠正意见,应当由人民检察院在庭审后提出。

九、执　行

33. 刑事诉讼法第二百五十四条第五款中规定:“在交付执行前,暂予监外执行由交付执行的人民法院决定”。对于被告人可能被判处拘役、有期徒刑、无期徒刑,符合暂予监外执行条件的,被告人及其辩护人有权向人民法院提出暂予监外执行的申请,看守所可以将有关情况通报人民法院。人民法院应当进行审查,并在交付执行前作出是否暂予监外执行的决定。

34. 刑事诉讼法第二百五十七条第三款规定:“不符合暂予监外执行条件的罪犯通过贿赂等非法手段被暂予监外执行的,在监外执行的期间不计入执行刑期。罪犯在暂予监外执行期间脱逃的,脱逃的期间不计入执行刑期。”对于人民法院决定暂予监外执行的罪犯具有上述情形的,人民法院在决定予以收监的同时,应当确定不计入刑期的期间。对于监狱管理机关或者公安机关决定暂予监外执行的罪犯具有上述情形的,罪犯被收监后,所在监狱或者看守所应当及时向所在地的中级人民法院提出不计入执行刑期的建议书,由人民法院审核裁定。

35. 被决定收监执行的社区矫正人员在逃的,社区矫正机构应当立即通知公安机关,由公安机关负责追捕。

十、涉案财产的处理

36. 对于依照刑法规定应当追缴的违法所得及其他涉案财产,除依法返还被害人的财物以及依法销毁的违禁品外,必须一律上缴国库。查封、扣押的涉案财产,依法不移送的,待人民法院作出生效判决、裁定后,由人民法院通知查封、扣押机关上缴国库,查封、扣押机关应当向人民法院送交执行回单;冻结在金融机构的违法所得及其他涉案财产,待人民法院作出生效判决、裁定后,由人民法院通知有关金融机构上缴国库,有关金融机构应当向人民法院送交执行回单。

对于被扣押、冻结的债券、股票、基金份额等财产,在扣押、冻结期间权利人申请出售,经扣押、冻结机关审查,不损害国家利益、被害人利益,不影响诉讼正常进行的,以及扣押、冻结的汇票、本票、支票的有效期即将届满的,可以在判决生效前依法出售或者变现,所得价款由扣押、冻结机关保管,并及时告知当事人或者其近亲属。

37. 刑事诉讼法第一百四十二条第一款中规定:“人民检察院、公安机关根据侦查犯罪的需要,可以依照规定查询、冻结犯罪嫌疑人的存款、汇款、债券、股票、基金份额等财产。”根据上述规定,人民检察院、公安机关不能扣划存款、汇款、债券、股票、基金份额等财产。对于犯罪嫌疑人、被告人死亡,依照刑法规定应当追缴其违法所得及其他涉案财产的,适用刑事诉讼法第五编第三章规定的程序,由人民检察院向人民法院提出没收违法所得的申请。

38. 犯罪嫌疑人、被告人死亡,现有证据证明存在违法所得及其他涉案财产应当予以没收的,公安机关、人民检察院可以进行调查。公安机关、人民检察院进行调查,可以依法进行查封、扣押、查询、冻结。

人民法院在审理案件过程中,被告人死亡的,应当裁定终止审理;被告人脱逃的,应当裁定中止审理。人民检察院可以依法另行向人民法院提出没收违法所得的申请。

39. 对于人民法院依法作出的没收违法所得的裁定,犯罪嫌疑人、被告人的近亲属和其他利害关系人或者人民检察院可以在五日内提出上诉、抗诉。

十一、其　　他

40. 刑事诉讼法第一百四十七条规定:“对犯罪嫌疑人作精神病鉴定的期间不计入办案期限。”根据上述规定,犯罪嫌疑人、被告人在押的案件,除对犯罪嫌疑人、被告人的精神病鉴定期间不计入办案期限外,其他鉴定期间都应当计入办案期限。对于因鉴定时间较长,办案期限届满仍不能终结的案件,自期限届满之日起,应当对被羁押的犯罪嫌疑人、被告人变更强制措施,改为取保候审或者监视居住。

国家安全机关依照法律规定,办理危害国家安全的刑事案件,适用本规定中有关公安机关的规定。

本规定自2013年1月1日起施行。1998年1月19日发布的《最高人民法院、最高人民检察院、公安部、国家安全部、司法部、全国人大常委会法制工作委员会关于刑事诉讼法实施中若干问题的规定》同时废止。

最高人民法院关于减刑、假释案件审理程序的规定

(2014年4月10日最高人民法院审判委员会第1611次会议通过　2014年4月23日最高人民法院公告公布　自2014年6月1日起施行　法释〔2014〕5号)

为进一步规范减刑、假释案件的审理程序,确保减刑、假释案件审理的合法、公正,根据《中华人民共和国刑法》《中华人民共和国刑事诉讼法》有关规定,结合减刑、假释案件审理工作实际,制定本规定。

第一条　对减刑、假释案件,应当按照下列情形分别处理:

(一)对被判处死刑缓期执行的罪犯的减刑,由罪犯服刑地的高级人民法院在收到同级监狱管理机关审核同意的减刑建议书后一个月内作出裁定;

(二)对被判处无期徒刑的罪犯的减刑、假释,由罪犯服刑地的高级人民法院在收到同级监狱管理机关审核同意的减刑、假释建议书后一个月内作出裁定,案情复杂或者情况特殊的,可以延长一个月;

(三)对被判处有期徒刑和被减为有期徒刑的罪犯的减刑、假释,由罪犯服刑地的中级人民法院在收到执行机关提出的减刑、假释建议书后一个月内作出裁定,案情复杂或者情况特殊的,可以延长一个月;

(四)对被判处拘役、管制的罪犯的减刑,由罪犯服刑地中级人民法院在收到同级执行机关审核同意的减刑、假释建议书后一个月内作出裁定。

对暂予监外执行罪犯的减刑,应当根据情况,分别适用前款的有关规定。

第二条　人民法院受理减刑、假释案件,应当审查执行机关移送的下列材料:

(一)减刑或者假释建议书;

(二)终审法院裁判文书、执行通知书、历次减刑裁定书的复印件;

(三)罪犯确有悔改或者立功、重大立功表现的具体事实的书面证明材料;

(四)罪犯评审鉴定表、奖惩审批表等;

(五)其他根据案件审理需要应予移送的材料。

报请假释的,应当附有社区矫正机构或者基层组织关于罪犯假释后对所居住社区影响的调查评估报告。

人民检察院对报请减刑、假释案件提出检察意见的,执行机关应当一并移送受理减刑、假释案件的人民法院。

经审查,材料齐备的,应当立案;材料不齐的,应当通知执行机关在三日内补送,逾期未补送的,不予立案。

第三条　人民法院审理减刑、假释案件,应当在立案后五日内将执行机关报请减刑、假释的建议书等材料依法向社会公示。

公示内容应当包括罪犯的个人情况、原判认定的罪名和刑期、罪犯历次减刑情况、执行机关的建议及依据。

公示应当写明公示期限和提出意见的方式。

公示期限为五日。

第四条 人民法院审理减刑、假释案件，应当依法由审判员或者由审判员和人民陪审员组成合议庭进行。

第五条 人民法院审理减刑、假释案件，除应当审查罪犯在执行期间的一贯表现外，还应当综合考虑犯罪的具体情节、原判刑罚情况、财产刑执行情况、附带民事裁判履行情况、罪犯退赃退赔等情况。

人民法院审理假释案件，除应当审查第一款所列情形外，还应当综合考虑罪犯的年龄、身体状况、性格特征、假释后生活来源以及监管条件等影响再犯罪的因素。

执行机关以罪犯有立功表现或重大立功表现为由提出减刑的，应当审查立功或重大立功表现是否属实。涉及发明创造、技术革新或者其他贡献的，应当审查该成果是否系罪犯在执行期间独立完成，并经有关主管机关确认。

第六条 人民法院审理减刑、假释案件，可以采取开庭审理或者书面审理的方式。但下列减刑、假释案件，应当开庭审理：

（一）因罪犯有重大立功表现报请减刑的；

（二）报请减刑的起始时间、间隔时间或者减刑幅度不符合司法解释一般规定的；

（三）公示期间收到不同意见的；

（四）人民检察院有异议的；

（五）被报请减刑、假释罪犯系职务犯罪罪犯，组织（领导、参加、包庇、纵容）黑社会性质组织犯罪罪犯，破坏金融管理秩序和金融诈骗犯罪罪犯及其他在社会上有重大影响或社会关注度高的；

（六）人民法院认为其他应当开庭审理的。

第七条 人民法院开庭审理减刑、假释案件，应当通知人民检察院、执行机关及被报请减刑、假释罪犯参加庭审。

人民法院根据需要，可以通知证明罪犯确有悔改表现或者立功、重大立功表现的证人，公示期间提出不同意见的人，以及鉴定人、翻译人员等其他人员参加庭审。

第八条 开庭审理应当在罪犯刑罚执行场所或者人民法院确定的场所进行。有条件的人民法院可以采取视频开庭的方式进行。

在社区执行刑罚的罪犯因重大立功被报请减刑的，可以在罪犯服刑地或者居住地开庭审理。

第九条 人民法院对于决定开庭审理的减刑、假释案件，应当在开庭三日前将开庭的时间、地点通知人民检察院、执行机关、被报请减刑、假释罪犯和有必要参加庭审的其他人员，并于开庭三日前进行公告。

第十条 减刑、假释案件的开庭审理由审判长主持，应当按照以下程序进行：

（一）审判长宣布开庭，核实被报请减刑、假释罪犯的基本情况；

（二）审判长宣布合议庭组成人员、检察人员、执行机关代表及其他庭审参加人；

（三）执行机关代表宣读减刑、假释建议书，并说明主要理由；

（四）检察人员发表检察意见；

（五）法庭对被报请减刑、假释罪犯确有悔改表现或立功表现、重大立功表现的事实以及其他影响减刑、假释的情况进行调查核实；

（六）被报请减刑、假释罪犯作最后陈述；

（七）审判长对庭审情况进行总结并宣布休庭评议。

第十一条 庭审过程中，合议庭人员对报请理由有疑问的，可以向被报请减刑、假释罪犯、证人、执行机关代表、检察人员提问。

庭审过程中，检察人员对报请理由有疑问的，在经审判长许可后，可以出示证据，申请证人到庭，向被报请减刑、假释罪犯及证人提问并发表意见。被报请减刑、假释罪犯对报请理由有疑问的，在经审判长许可后，可以出示证据，申请证人到庭，向证人提问并发表意见。

第十二条 庭审过程中，合议庭对证据有疑问需要进行调查核实，或者检察人员、执行机关代表提出申请的，可以宣布休庭。

第十三条 人民法院开庭审理减刑、假释案件，能够当庭宣判的应当当庭宣判；不能当庭宣判的，可以择期宣判。

第十四条 人民法院书面审理减刑、假释案件，可以就被报请减刑、假释罪犯是否符合减刑、假释条件进行调查核实或听取有关方面意见。

第十五条 人民法院书面审理减刑案件，可以提讯被报请减刑罪犯；书面审理假释案件，应当提讯被报请假释罪犯。

第十六条 人民法院审理减刑、假释案件，应当按照下列情形分别处理：

（一）被报请减刑、假释罪犯符合法律规定的减刑、假释条件的，作出予以减刑、假释的裁定；

（二）被报请减刑的罪犯符合法律规定的减刑条件，但执行机关报请的减刑幅度不适当的，对减刑幅度作出相应调整后作出予以减刑的裁定；

（三）被报请减刑、假释罪犯不符合法律规定的减刑、假释条件的，作出不予减刑、假释的裁定。

在人民法院作出减刑、假释裁定前，执行机关书面申请撤回减刑、假释建议的，是否准许，由人民法院决定。

第十七条 减刑、假释裁定书应当写明罪犯原判和历次减刑情况，确有悔改表现或者立功、重大立功表现的事实和理由，以及减刑、假释的法律依据。

裁定减刑的，应当注明刑期的起止时间；裁定假释的，应当注明假释考验期的起止时间。

裁定调整减刑幅度或者不予减刑、假释的，应当在裁定书中说明理由。

第十八条 人民法院作出减刑、假释裁定后，应当在七日内送达报请减刑、假释的执行机关、同级人民检察院以及罪犯本人。作出假释裁定的，还应当送达社区矫正机构或者基层组织。

第十九条 减刑、假释裁定书应当通过互联网依法向社会公布。

第二十条 人民检察院认为人民法院减刑、假释裁定不当，在法定期限内提出书面纠正意见的，人民法院应当在收到纠正意见后另行组成合议庭审理，并在一个月内作出裁定。

第二十一条 人民法院发现本院已经生效的减刑、假释裁定确有错误的，应当依法重新组成合议庭进行审理并作出裁定；上级人民法院发现下级人民法院已经生效的减刑、假释裁定确有错误的，应当指令下级人民法院另行组成合议庭审理，也可以自行依法组成合议庭进行审理并作出裁定。

第二十二条 最高人民法院以前发布的司法解释和规范性文件，与本规定不一致的，以本规定为准。

最高人民法院、最高人民检察院、公安部、国家安全部、司法部关于办理刑事案件严格排除非法证据若干问题的规定

（2017年6月20日 法发〔2017〕15号）

为准确惩罚犯罪，切实保障人权，规范司法行为，促进司法公正，根据《中华人民共和国刑事诉讼法》及有关司法解释等规定，结合司法实际，制定如下规定。

一、一般规定

第一条 严禁刑讯逼供和以威胁、引诱、欺骗以及其他非法方法收集证据，不得强迫任何人证实自己有罪。对一切案件的判处都要重证据，重调查研究，不轻信口供。

第二条 采取殴打、违法使用戒具等暴力方法或者变相肉刑的恶劣手段，使犯罪嫌疑人、被告人遭受难以忍受的痛苦而违背意愿作出的供述，应当予以排除。

第三条 采用以暴力或者严重损害本人及其近亲属合法权益等进行威胁的方法，使犯罪嫌疑人、被告人遭受难以忍受的痛苦而违背意愿作出的供述，应当予以排除。

第四条 采用非法拘禁等非法限制人身自由的方法收集的犯罪嫌疑人、被告人供述，应当予以排除。

第五条 采用刑讯逼供方法使犯罪嫌疑人、被告人作出供述，之后犯罪嫌疑人、被告人受该刑讯逼供行为影响而作出的与该供述相同的重复性供述，应当一并排除，但下列情形除外：

（一）侦查期间，根据控告、举报或者自己发现等，侦查机关确认或者不能排除以非法方法收集证据而更换侦查人员，其他侦查人员再次讯问时告知诉讼权利和认罪的法律后果，犯罪嫌疑人自愿供述的；

（二）审查逮捕、审查起诉和审判期间，检察人员、审判人员讯问时告知诉讼权利和认罪的法律后果，犯罪嫌疑人、被告人自愿供述的。

第六条 采用暴力、威胁以及非法限制人身自由等非法方法收集的证人证言、被害人陈述，应当予以排除。

第七条 收集物证、书证不符合法定程序，可能严重影响司法公正的，应当予以补正或者作出合理解释；不能补正或者作出合理解释的，对有关证据应当予以排除。

二、侦 查

第八条 侦查机关应当依照法定程序开展侦查，收集、调取能够证实犯罪嫌疑人有罪或者无罪、罪轻或者罪重的证据材料。

第九条 拘留、逮捕犯罪嫌疑人后，应当按照法律规定送看守所羁押。犯罪嫌疑人被送交看守所羁押后，讯问应当在看守所讯问室进行。因客观原因侦查机关在看守所讯问室以外的场所进行讯问的，应当作出合理解释。

第十条 侦查人员在讯问犯罪嫌疑人的时候，可以对讯问过程进行录音录像；对于可能判处无期徒刑、死刑的案件或者其他重大犯罪案件，应当对讯问过程进行录音录像。

侦查人员应当告知犯罪嫌疑人对讯问过程录音录像，并在讯问笔录中写明。

第十一条 对讯问过程录音录像，应当不间断进行，保持完整性，不得选择性地录制，不得剪接、删改。

第十二条 侦查人员讯问犯罪嫌疑人，应当依法制作讯问笔录。讯问笔录应当交犯罪嫌疑人核对，对于没有阅读能力的，应当向他宣读。对讯问笔录中有遗漏或者差错等情形，犯罪嫌疑人可以提出补充或者改正。

第十三条 看守所应当对提讯进行登记，写明提讯单位、人员、事由、起止时间以及犯罪嫌疑人姓名等情况。

看守所收押犯罪嫌疑人，应当进行身体检查。检查时，人民检察院驻看守所检察人员可以在场。检查发现犯罪嫌疑人有伤或者身体异常的，看守所应当拍照或者录像，分别由送押人员、犯罪嫌疑人说明原因，并在体检记录中写明，由送押人员、收押人员和犯罪嫌疑人签字确认。

第十四条 犯罪嫌疑人及其辩护人在侦查期间可以向人民检察院申请排除非法证据。对犯罪嫌疑人及其辩护人提供相关线索或者材料的，人民检察院应当调查核实。调查结论应当书面告知犯罪嫌疑人及其辩护人。对确有以非法方法收集证据情形的，人民检察院应当向侦查机关提出纠正意见。

侦查机关对审查认定的非法证据，应当予以排除，不得作为提请批准逮捕、移送审查起诉的根据。

对重大案件，人民检察院驻看守所检察人员应当在侦查终结前询问犯罪嫌疑人，核查是否存在刑讯逼供、非法取证情形，并同步录音录像。经核查，确有刑讯逼供、非法取证情形的，侦查机关应当及时排除非法证据，不得作为提请批准逮捕、移送审查起诉的根据。

第十五条 对侦查终结的案件，侦查机关应当全面审查证明证据收集合法性的证据材料，依法排除非法证据。排除非法证据后，证据不足的，不得移送审查起诉。

侦查机关发现办案人员非法取证的，应当依法作出处理，并可另行指派侦查人员重新调查取证。

三、审查逮捕、审查起诉

第十六条 审查逮捕、审查起诉期间讯问犯罪嫌疑人，应当告知其有权申请排除非法证据，并告知诉讼权利和认罪的法律后果。

第十七条 审查逮捕、审查起诉期间，犯罪嫌疑人及其辩护人申请排除非法证据，并提供相关线索或者材料的，人民检察院应当调查核实。调查结论应当书面告知犯罪嫌疑人及其辩护人。

人民检察院在审查起诉期间发现侦查人员以刑讯逼供等非法方法收集证据的，应当依法排除相关证据并提出纠正意见，必要时人民检察院可以自行调查取证。

人民检察院对审查认定的非法证据，应当予以排除，不得作为批准或者决定逮捕、提起公诉的根据。被排除的非法证据应当随案移送，并写明为依法排除的非法证据。

第十八条 人民检察院依法排除非法证据后，证据不足，不符合逮捕、起诉条件的，不得批准或者决定逮捕、提起公诉。

对于人民检察院排除有关证据导致对涉嫌的重要犯罪事实未予认定，从而作出不批准逮捕、不起诉决定，或者对涉嫌的部分重要犯罪事实决定不起诉的，公安机关、国家安全机关可要求复议、提请复核。

四、辩　　护

第十九条 犯罪嫌疑人、被告人申请提供法律援助的，应当按照有关规定指派法律援助律师。

法律援助值班律师可以为犯罪嫌疑人、被告人提供法律帮助，对刑讯逼供、非法取证情形代理申诉、控告。

第二十条 犯罪嫌疑人、被告人及其辩护人申请排除非法证据，应当提供涉嫌非法取证的人员、时间、地点、方式、内容等相关线索或者材料。

第二十一条 辩护律师自人民检察院对案件审查起诉之日起，可以查阅、摘抄、复制讯问笔录、提讯登记、采取强制措施或者侦查措施的法律文书等证据材料。其他辩护人经人民法院、人民检察院许可，也可以查阅、摘抄、复制上述证据材料。

第二十二条 犯罪嫌疑人、被告人及其辩护人向人民法院、人民检察院申请调取公安机关、国家安全机关、人民检察院收集但未提交的讯问录音录像、体检记录等证据材料，人民法院、人民检察院经审查认为犯罪嫌疑人、被告人及其辩护人申请调取的证据材料与证明证据收集的合法性有联系的，应当予以调取；认为与证明证据收集的合法性没有联系的，应当决定不予调取并向犯罪嫌疑人、被告人及其辩护人说明理由。

五、审　　判

第二十三条 人民法院向被告人及其辩护人送达起诉书副本时，应当告知其有权申请排除非法证据。

被告人及其辩护人申请排除非法证据，应当在开庭审理前提出，但在庭审期间发现相关线索或者材料等情形除外。人民法院应当在开庭审理前将申请书和相关线索或者材料的复制件送交人民检察院。

第二十四条 被告人及其辩护人在开庭审理前申请排除非法证据，未提供相关线索或者材料，不符合法律规定的申请条件的，人民法院对申请不予受理。

第二十五条 被告人及其辩护人在开庭审理前申请排除非法证据，按照法律规定提供相关线索或者材料的，人民法院应当召开庭前会议。人民检察院应当通过出示有关证据材料等方式，有针对性地对证据收集的合法性作出说明。人民法院可以核实情况，听取意见。

人民检察院可以决定撤回有关证据，撤回的证据，没有新的理由，不得在庭审中出示。

被告人及其辩护人可以撤回排除非法证据的申请。撤回申请后，没有新的线索或者材料，不得再次对有关证据提出排除申请。

第二十六条 公诉人、被告人及其辩护人在庭前会议中对证据收集是否合法未达成一致意见，人民法院对证据收集的合法性有疑问的，应当在庭审中进行调查；人民法院对证据收集的合法性没有疑问，且没有新的线索或者材料表明可能存在非法取证的，可以决定不再进行调查。

第二十七条 被告人及其辩护人申请人民法院通知侦查人员或者其他人员出庭，人民法院认为现有证据材料不能证明证据收集的合法性，确有必要通知上述人员出庭作证或者说明情况的，可以通知上述人员出庭。

第二十八条 公诉人宣读起诉书后，法庭应当宣布开庭审理前对证据收集合法性的审查及处理情况。

第二十九条 被告人及其辩护人在开庭审理前未申请排除非法证据，在法庭审理过程中提出申请的，应当说明理由。

对前述情形，法庭经审查，对证据收集的合法性有疑问的，应当进行调查；没有疑问的，应当驳回申请。

法庭驳回排除非法证据申请后，被告人及其辩护人没有新的线索或者材料，以相同理由再次提出申请的，法庭不再审查。

第三十条 庭审期间，法庭决定对证据收集的合法性进行调查的，应当先行当庭调查。但为防止庭审过分迟延，也可以在法庭调查结束前进行调查。

第三十一条 公诉人对证据收集的合法性加以证明，可以出示讯问笔录、提讯登记、体检记录、采取强制措施或者侦查措施的法律文书、侦查终结前对讯问合法性的核查材料等证据材料，有针对性地播放讯问录音录像，提请法庭通知侦查人员或者其他人员出庭说明情况。

被告人及其辩护人可以出示相关线索或者材料，并申请法庭播放特定时段的讯问录音录像。

侦查人员或者其他人员出庭，应当向法庭说明证据收集过程，并就相关情况接受发问。对发问方式不当或者内容与证据收集的合法性无关的，法庭应当制止。

公诉人、被告人及其辩护人可以对证据收集的合法性进行质证、辩论。

第三十二条 法庭对控辩双方提供的证据有疑问的，可以宣布休庭，对证据进行调查核实。必要时，可以通知公诉人、辩护人到场。

第三十三条 法庭对证据收集的合法性进行调查后，应当当庭作出是否排除有关证据的决定。必要时，可以宣布休庭，由合议庭评议或者提交审判委员会讨论，再次开庭时宣布决定。

在法庭作出是否排除有关证据的决定前，不得对有关证据宣读、质证。

第三十四条 经法庭审理，确认存在本规定所规定的以非法方法收集证据情形的，对有关证据应当予以排除。法庭根据相关线索或者材料对证据收集的合法性有疑问，而人民检察院未提供证据或者提供的证据不能证明证据收集的合法性，不能排除存在本规定所规定的以非法方法收集证据情形的，对有关证据应当予以排除。

对依法予以排除的证据，不得宣读、质证，不得作为判决的根据。

第三十五条 人民法院排除非法证据后，案件事实清楚，证据确实、充分，依据法律认定被告人有罪的，应当作出有罪判决；证据不足，不能认定被告人有罪的，应当作出证据不足、指控的犯罪不能成立的无罪判决；案件部分事实清楚，证据确实、充分的，依法认定该部分事实。

第三十六条 人民法院对证据收集合法性的审查、调查结论，应当在裁判文书中写明，并说明理由。

第三十七条 人民法院对证人证言、被害人陈述等证据收集合法性的审查、调查，参照上述规定。

第三十八条 人民检察院、被告人及其法定代理人提出抗诉、上诉，对第一审人民法院有关证据收集合法性的审查、调查结论提出异议的，第二审人民法院应当审查。

被告人及其辩护人在第一审程序中未申请排除非法证据，在第二审程序中提出申请的，应当说明理由。第二审人民法院应当审查。

人民检察院在第一审程序中未出示证据证明证据收集的合法性，第一审人民法院依法排除有关证据的，人民检察院在第二审程序中不得出示之前未出示的证据，但在第一审程序后发现的除外。

第三十九条 第二审人民法院对证据收集合法性的调查，参照上述第一审程序的规定。

第四十条 第一审人民法院对被告人及其辩护人排除非法证据的申请未予审查，并以有关证据作为定案根据，可能影响公正审判的，第二审人民法院可以裁定撤销原判，发回原审人民法院重新审判。

第一审人民法院对依法应当排除的非法证据未予排除的，第二审人民法院可以依法排除非法证据。排除非法证据后，原判决认定事实和适用法律正确、量刑适当的，应当裁定驳回上诉或者抗诉，维持原判；原判决认定事实没有错误，但适用法律有错误，或者量刑不当的，应当改判；原判决事实不清楚或者证据不足的，可以裁定撤销原判，发回原审人民法院重新审判。

第四十一条 审判监督程序、死刑复核程序中对证据收集合法性的审查、调查，参照上述规定。

第四十二条 本规定自2017年6月27日起施行。

最高人民法院、最高人民检察院、公安部关于办理刑事案件收集提取和审查判断电子数据若干问题的规定

（2016年9月9日　法发〔2016〕22号）

为规范电子数据的收集提取和审查判断，提高刑事案件办理质量，根据《中华人民共和国刑事诉讼法》等有关法律规定，结合司法实际，制定本规定。

一、一般规定

第一条 电子数据是案件发生过程中形成的，以数字化形式存储、处理、传输的，能够证明案件事实的数据。

电子数据包括但不限于下列信息、电子文件：

（一）网页、博客、微博客、朋友圈、贴吧、网盘等网络平台发布的信息；

（二）手机短信、电子邮件、即时通信、通讯群组等网络应用服务的通信信息；

（三）用户注册信息、身份认证信息、电子交易记录、通信记录、登录日志等信息；

（四）文档、图片、音视频、数字证书、计算机程序等电子文件。

以数字化形式记载的证人证言、被害人陈述以及犯罪嫌疑人、被告人供述和辩解等证据，不属于电子数据。确有必要的，对相关证据的收集、提取、移送、审查，可以参照适用本规定。

第二条 侦查机关应当遵守法定程序，遵循有关技术标准，全面、客观、及时地收集、提取电子数据；人民检察院、人民法院应当围绕真实性、合法性、关联性审查判断电子数据。

第三条 人民法院、人民检察院和公安机关有权依法向有关单位和个人收集、调取电子数据。有关单位和个人应当如实提供。

第四条 电子数据涉及国家秘密、商业秘密、个人隐私的，应当保密。

第五条 对作为证据使用的电子数据，应当采取以下一种或者几种方法保护电子数据的完整性：

（一）扣押、封存电子数据原始存储介质；

（二）计算电子数据完整性校验值；

（三）制作、封存电子数据备份；

（四）冻结电子数据；

（五）对收集、提取电子数据的相关活动进行录像；

（六）其他保护电子数据完整性的方法。

第六条 初查过程中收集、提取的电子数据，以及通过网络在线提取的电子数据，可以作为证据使用。

二、电子数据的收集与提取

第七条 收集、提取电子数据，应当由二名以上侦查人员进行。取证方法应当符合相关技术标准。

第八条 收集、提取电子数据，能够扣押电子数据原始存储介质的，应当扣押、封存原始存储介质，并制作笔录，记录原始存储介质的封存状态。

封存电子数据原始存储介质，应当保证在不解除封存状态的情况下，无法增加、删除、修改电子数据。封存前后应当拍摄被封存原始存储介质的照片，清晰反映封口或者张贴封条处的状况。

封存手机等具有无线通信功能的存储介质，应当采取信号屏蔽、信号阻断或者切断电源等措施。

第九条 具有下列情形之一，无法扣押原始存储介质的，可以提取电子数据，但应当在笔录中注明不能扣押原始存储介质的原因、原始存储介质的存放地点或者电子数据的来源等情况，并计算电子数据的完整性校验值：

（一）原始存储介质不便封存的；

（二）提取计算机内存数据、网络传输数据等不是存储在存储介质上的电子数据的；

（三）原始存储介质位于境外的；

（四）其他无法扣押原始存储介质的情形。

对于原始存储介质位于境外或者远程计算机信息系统上的电子数据，可以通过网络在线提取。

为进一步查明有关情况，必要时，可以对远程计算机信息系统进行网络远程勘验。进行网络远程勘验，需要采取技术侦查措施的，应当依法经过严格的批准手续。

第十条 由于客观原因无法或者不宜依据第八条、第九条的规定收集、提取电子数据的，可以采取打印、拍照或者录像等方式固定相关证据，并在笔录中说明原因。

第十一条 具有下列情形之一的，经县级以上公安机关负责人或者检察长批准，可以对电子数据进行冻结：

（一）数据量大，无法或者不便提取的；

（二）提取时间长，可能造成电子数据被篡改或者灭失的；

（三）通过网络应用可以更为直观地展示电子数据的；

（四）其他需要冻结的情形。

第十二条 冻结电子数据，应当制作协助冻结通知书，注明冻结电子数据的网络应用账号等信息，送交电子数据持有人、网络服务提供者或者有关部门协助办理。解除冻结的，应当在三日内制作协助解除冻结通知书，送交电子数据持有人、网络服务提供者或者有关部门协助办理。

冻结电子数据，应当采取以下一种或者几种方法：

（一）计算电子数据的完整性校验值；

（二）锁定网络应用账号；

（三）其他防止增加、删除、修改电子数据的措施。

第十三条 调取电子数据，应当制作调取证据通知书，注明需要调取电子数据的相关信息，通知电子数据持有人、网络服务提供者或者有关部门执行。

第十四条 收集、提取电子数据,应当制作笔录,记录案由、对象、内容、收集、提取电子数据的时间、地点、方法、过程,并附电子数据清单,注明类别、文件格式、完整性校验值等,由侦查人员、电子数据持有人(提供人)签名或者盖章;电子数据持有人(提供人)无法签名或者拒绝签名的,应当在笔录中注明,由见证人签名或者盖章。有条件的,应当对相关活动进行录像。

第十五条 收集、提取电子数据,应当根据刑事诉讼法的规定,由符合条件的人员担任见证人。由于客观原因无法由符合条件的人员担任见证人的,应当在笔录中注明情况,并对相关活动进行录像。

针对同一现场多个计算机信息系统收集、提取电子数据的,可以由一名见证人见证。

第十六条 对扣押的原始存储介质或者提取的电子数据,可以通过恢复、破解、统计、关联、比对等方式进行检查。必要时,可以进行侦查实验。

电子数据检查,应当对电子数据存储介质拆封过程进行录像,并将电子数据存储介质通过写保护设备接入到检查设备进行检查;有条件的,应当制作电子数据备份,对备份进行检查;无法使用写保护设备且无法制作备份的,应当注明原因,并对相关活动进行录像。

电子数据检查应当制作笔录,注明检查方法、过程和结果,由有关人员签名或者盖章。进行侦查实验的,应当制作侦查实验笔录,注明侦查实验的条件、经过和结果,由参加实验的人员签名或者盖章。

第十七条 对电子数据涉及的专门性问题难以确定的,由司法鉴定机构出具鉴定意见,或者由公安部指定的机构出具报告。对于人民检察院直接受理的案件,也可以由最高人民检察院指定的机构出具报告。

具体办法由公安部、最高人民检察院分别制定。

三、电子数据的移送与展示

第十八条 收集、提取的原始存储介质或者电子数据,应当以封存状态随案移送,并制作电子数据的备份一并移送。

对网页、文档、图片等可以直接展示的电子数据,可以不随案移送打印件;人民法院、人民检察院因设备等条件限制无法直接展示电子数据的,侦查机关应当随案移送打印件,或者附展示工具和展示方法说明。

对冻结的电子数据,应当移送被冻结电子数据的清单,注明类别、文件格式、冻结主体、证据要点、相关网络应用账号,并附查看工具和方法的说明。

第十九条 对侵入、非法控制计算机信息系统的程序、工具以及计算机病毒等无法直接展示的电子数据,应当附电子数据属性、功能等情况的说明。

对数据统计量、数据同一性等问题,侦查机关应当出具说明。

第二十条 公安机关报请人民检察院审查批准逮捕犯罪嫌疑人,或者对侦查终结的案件移送人民检察院审查起诉的,应当将电子数据等证据一并移送人民检察院。人民检察院在审查批准逮捕和审查起诉过程中发现应当移送的电子数据没有移送或者移送的电子数据不符合相关要求的,应当通知公安机关补充移送或者进行补正。

对于提起公诉的案件,人民法院发现应当移送的电子数据没有移送或者移送的电子数据不符合相关要求的,应当通知人民检察院。

公安机关、人民检察院应当自收到通知后三日内移送电子数据或者补充有关材料。

第二十一条 控辩双方向法庭提交的电子数据需要展示的,可以根据电子数据的具体类型,借助多媒体设备出示、播放或者演示。必要时,可以聘请具有专门知识的人进行操作,并就相关技术问题作出说明。

四、电子数据的审查与判断

第二十二条 对电子数据是否真实,应当着重审查以下内容:

(一)是否移送原始存储介质;在原始存储介质无法封存、不便移动时,有无说明原因,并注明收集、提取过程及原始存储介质的存放地点或者电子数据的来源等情况;

(二)电子数据是否具有数字签名、数字证书等特殊标识;

(三)电子数据的收集、提取过程是否可以重现;

(四)电子数据如有增加、删除、修改等情形的,是否附有说明;

(五)电子数据的完整性是否可以保证。

第二十三条 对电子数据是否完整，应当根据保护电子数据完整性的相应方法进行验证：

（一）审查原始存储介质的扣押、封存状态；

（二）审查电子数据的收集、提取过程，查看录像；

（三）比对电子数据完整性校验值；

（四）与备份的电子数据进行比较；

（五）审查冻结后的访问操作日志；

（六）其他方法。

第二十四条 对收集、提取电子数据是否合法，应当着重审查以下内容：

（一）收集、提取电子数据是否由二名以上侦查人员进行，取证方法是否符合相关技术标准；

（二）收集、提取电子数据，是否附有笔录、清单，并经侦查人员、电子数据持有人（提供人）、见证人签名或者盖章；没有持有人（提供人）签名或者盖章的，是否注明原因；对电子数据的类别、文件格式等是否注明清楚；

（三）是否依照有关规定由符合条件的人员担任见证人，是否对相关活动进行录像；

（四）电子数据检查是否将电子数据存储介质通过写保护设备接入到检查设备；有条件的，是否制作电子数据备份，并对备份进行检查；无法制作备份且无法使用写保护设备的，是否附有录像。

第二十五条 认定犯罪嫌疑人、被告人的网络身份与现实身份的同一性，可以通过核查相关 IP 地址、网络活动记录、上网终端归属、相关证人证言以及犯罪嫌疑人、被告人供述和辩解等进行综合判断。

认定犯罪嫌疑人、被告人与存储介质的关联性，可以通过核查相关证人证言以及犯罪嫌疑人、被告人供述和辩解等进行综合判断。

第二十六条 公诉人、当事人或者辩护人、诉讼代理人对电子数据鉴定意见有异议，可以申请人民法院通知鉴定人出庭作证。人民法院认为鉴定人有必要出庭的，鉴定人应当出庭作证。

经人民法院通知，鉴定人拒不出庭作证的，鉴定意见不得作为定案的根据。对没有正当理由拒不出庭作证的鉴定人，人民法院应当通报司法行政机关或者有关部门。

公诉人、当事人或者辩护人、诉讼代理人可以申请法庭通知有专门知识的人出庭，就鉴定意见提出意见。

对电子数据涉及的专门性问题的报告，参照适用前三款规定。

第二十七条 电子数据的收集、提取程序有下列瑕疵，经补正或者作出合理解释的，可以采用；不能补正或者作出合理解释的，不得作为定案的根据：

（一）未以封存状态移送的；

（二）笔录或者清单上没有侦查人员、电子数据持有人（提供人）、见证人签名或者盖章的；

（三）对电子数据的名称、类别、格式等注明不清的；

（四）有其他瑕疵的。

第二十八条 电子数据具有下列情形之一的，不得作为定案的根据：

（一）电子数据系篡改、伪造或者无法确定真伪的；

（二）电子数据有增加、删除、修改等情形，影响电子数据真实性的；

（三）其他无法保证电子数据真实性的情形。

五、附　　则

第二十九条 本规定中下列用语的含义：

（一）存储介质，是指具备数据信息存储功能的电子设备、硬盘、光盘、优盘、记忆棒、存储卡、存储芯片等载体。

（二）完整性校验值，是指为防止电子数据被篡改或者破坏，使用散列算法等特定算法对电子数据进行计算，得出的用于校验数据完整性的数据值。

（三）网络远程勘验，是指通过网络对远程计算机信息系统实施勘验，发现、提取与犯罪有关的电子数据，记录计算机信息系统状态，判断案件性质，分析犯罪过程，确定侦查方向和范围，为侦查破案、刑事诉讼提供线索和证据的侦查活动。

（四）数字签名，是指利用特定算法对电子数据进行计算，得出的用于验证电子数据来源和完整性的数据值。

（五）数字证书，是指包含数字签名并对电子数据来源、完整性进行认证的电子文件。

（六）访问操作日志，是指为审查电子数据是否被增加、删除或者修改，由计算机信息系统自动生成的对电子数据访问、操作情况的详细记录。

第三十条 本规定自 2016 年 10 月 1 日起施行。之前发布的规范性文件与本规定不一致的，以本规定为准。

(二)民事诉讼

中华人民共和国民事诉讼法

(1991年4月9日第七届全国人民代表大会第四次会议通过　根据2007年10月28日第十届全国人民代表大会常务委员会第三十次会议《关于修改〈中华人民共和国民事诉讼法〉的决定》第一次修正　根据2012年8月31日第十一届全国人民代表大会常务委员会第二十八次会议《关于修改〈中华人民共和国民事诉讼法〉的决定》第二次修正　根据2017年6月27日第十二届全国人民代表大会常务委员会第二十八次会议《关于修改〈中华人民共和国民事诉讼法〉和〈中华人民共和国行政诉讼法〉的决定》第三次修正)

目　录

第一编　总　则
第一章　任务、适用范围和基本原则
第二章　管　辖
第一节　级别管辖
第二节　地域管辖
第三节　移送管辖和指定管辖
第三章　审判组织
第四章　回　避
第五章　诉讼参加人
第一节　当事人
第二节　诉讼代理人
第六章　证　据
第七章　期间、送达
第一节　期　间
第二节　送　达
第八章　调　解
第九章　保全和先予执行
第十章　对妨害民事诉讼的强制措施
第十一章　诉讼费用
第二编　审判程序
第十二章　第一审普通程序
第一节　起诉和受理
第二节　审理前的准备
第三节　开庭审理
第四节　诉讼中止和终结
第五节　判决和裁定
第十三章　简易程序
第十四章　第二审程序
第十五章　特别程序
第一节　一般规定
第二节　选民资格案件
第三节　宣告失踪、宣告死亡案件
第四节　认定公民无民事行为能力、限制民事行为能力案件
第五节　认定财产无主案件
第六节　确认调解协议案件
第七节　实现担保物权案件
第十六章　审判监督程序
第十七章　督促程序
第十八章　公示催告程序
第三编　执行程序
第十九章　一般规定
第二十章　执行的申请和移送
第二十一章　执行措施
第二十二章　执行中止和终结
第四编　涉外民事诉讼程序的特别规定
第二十三章　一般原则
第二十四章　管　辖
第二十五章　送达、期间
第二十六章　仲　裁
第二十七章　司法协助

第一编　总　则

第一章　任务、适用范围和基本原则

第一条　【立法依据】中华人民共和国民事诉讼法以宪法为根据,结合我国民事审判工作的经验和实际情况制定。

第二条　【立法目的】中华人民共和国民事诉讼法的任务,是保护当事人行使诉讼权利,保证人民法院查明事实,分清是非,正确适用法律,及时审理民事案件,确认民事权利义务关系,制裁民事违法行为,保护当事人的合法权益,教育公民自觉遵守法律,维护社会秩序、经济秩序,保障社会主义建设事

业顺利进行。

第三条 【**适用范围**】人民法院受理公民之间、法人之间、其他组织之间以及他们相互之间因财产关系和人身关系提起的民事诉讼，适用本法的规定。

第四条 【**空间效力**】凡在中华人民共和国领域内进行民事诉讼，必须遵守本法。

第五条 【**同等原则和对等原则**】外国人、无国籍人、外国企业和组织在人民法院起诉、应诉，同中华人民共和国公民、法人和其他组织有同等的诉讼权利义务。

外国法院对中华人民共和国公民、法人和其他组织的民事诉讼权利加以限制的，中华人民共和国人民法院对该国公民、企业和组织的民事诉讼权利，实行对等原则。

第六条 【**独立审判原则**】民事案件的审判权由人民法院行使。

人民法院依照法律规定对民事案件独立进行审判，不受行政机关、社会团体和个人的干涉。

第七条 【**以事实为根据，以法律为准绳原则**】人民法院审理民事案件，必须以事实为根据，以法律为准绳。

第八条 【**诉讼权利平等原则**】民事诉讼当事人有平等的诉讼权利。人民法院审理民事案件，应当保障和便利当事人行使诉讼权利，对当事人在适用法律上一律平等。

第九条 【**法院调解原则**】人民法院审理民事案件，应当根据自愿和合法的原则进行调解；调解不成的，应当及时判决。

第十条 【**合议、回避、公开审判、两审终审制度**】人民法院审理民事案件，依照法律规定实行合议、回避、公开审判和两审终审制度。

第十一条 【**使用本民族语言文字原则**】各民族公民都有用本民族语言、文字进行民事诉讼的权利。

在少数民族聚居或者多民族共同居住的地区，人民法院应当用当地民族通用的语言、文字进行审理和发布法律文书。

人民法院应当对不通晓当地民族通用的语言、文字的诉讼参与人提供翻译。

第十二条 【**辩论原则**】人民法院审理民事案件时，当事人有权进行辩论。

第十三条 【**诚实信用原则和处分原则**】民事诉讼应当遵循诚实信用原则。

当事人有权在法律规定的范围内处分自己的民事权利和诉讼权利。

第十四条 【**检察监督原则**】人民检察院有权对民事诉讼实行法律监督。

第十五条 【**支持起诉原则**】机关、社会团体、企业事业单位对损害国家、集体或者个人民事权益的行为，可以支持受损害的单位或者个人向人民法院起诉。

第十六条 【**民族自治地方的变通或者补充规定**】民族自治地方的人民代表大会根据宪法和本法的原则，结合当地民族的具体情况，可以制定变通或者补充的规定。自治区的规定，报全国人民代表大会常务委员会批准。自治州、自治县的规定，报省或者自治区的人民代表大会常务委员会批准，并报全国人民代表大会常务委员会备案。

第二章 管 辖

第一节 级别管辖

第十七条 【**基层法院管辖**】基层人民法院管辖第一审民事案件，但本法另有规定的除外。

第十八条 【**中级法院管辖**】中级人民法院管辖下列第一审民事案件：

（一）重大涉外案件；

（二）在本辖区有重大影响的案件；

（三）最高人民法院确定由中级人民法院管辖的案件。

第十九条 【**高级法院管辖**】高级人民法院管辖在本辖区有重大影响的第一审民事案件。

第二十条 【**最高法院管辖**】最高人民法院管辖下列第一审民事案件：

（一）在全国有重大影响的案件；

（二）认为应当由本院审理的案件。

第二节 地域管辖

第二十一条 【**被告住所地、经常居住地法院管辖**】对公民提起的民事诉讼，由被告住所地人民法院管辖；被告住所地与经常居住地不一致的，由经常居住地人民法院管辖。

对法人或者其他组织提起的民事诉讼，由被告住所地人民法院管辖。

同一诉讼的几个被告住所地、经常居住地在两个以上人民法院辖区的，各该人民法院都有管辖权。

第二十二条 【**原告住所地、经常居住地法院**

管辖】下列民事诉讼,由原告住所地人民法院管辖;原告住所地与经常居住地不一致的,由原告经常居住地人民法院管辖:

(一)对不在中华人民共和国领域内居住的人提起的有关身份关系的诉讼;

(二)对下落不明或者宣告失踪的人提起的有关身份关系的诉讼;

(三)对被采取强制性教育措施的人提起的诉讼;

(四)对被监禁的人提起的诉讼。

第二十三条 【合同纠纷的地域管辖】因合同纠纷提起的诉讼,由被告住所地或者合同履行地人民法院管辖。

第二十四条 【保险合同纠纷的地域管辖】因保险合同纠纷提起的诉讼,由被告住所地或者保险标的物所在地人民法院管辖。

第二十五条 【票据纠纷的地域管辖】因票据纠纷提起的诉讼,由票据支付地或者被告住所地人民法院管辖。

第二十六条 【公司纠纷的地域管辖】因公司设立、确认股东资格、分配利润、解散等纠纷提起的诉讼,由公司住所地人民法院管辖。

第二十七条 【运输合同纠纷的地域管辖】因铁路、公路、水上、航空运输和联合运输合同纠纷提起的诉讼,由运输始发地、目的地或者被告住所地人民法院管辖。

第二十八条 【侵权纠纷的地域管辖】因侵权行为提起的诉讼,由侵权行为地或者被告住所地人民法院管辖。

第二十九条 【交通事故损害赔偿纠纷的地域管辖】因铁路、公路、水上和航空事故请求损害赔偿提起的诉讼,由事故发生地或者车辆、船舶最先到达地、航空器最先降落地或者被告住所地人民法院管辖。

第三十条 【海事损害事故赔偿纠纷的地域管辖】因船舶碰撞或者其他海事损害事故请求损害赔偿提起的诉讼,由碰撞发生地、碰撞船舶最先到达地、加害船舶被扣留地或者被告住所地人民法院管辖。

第三十一条 【海难救助费用纠纷的地域管辖】因海难救助费用提起的诉讼,由救助地或者被救助船舶最先到达地人民法院管辖。

第三十二条 【共同海损纠纷的地域管辖】因共同海损提起的诉讼,由船舶最先到达地、共同海损理算地或者航程终止地的人民法院管辖。

第三十三条 【专属管辖】下列案件,由本条规定的人民法院专属管辖:

(一)因不动产纠纷提起的诉讼,由不动产所在地人民法院管辖;

(二)因港口作业中发生纠纷提起的诉讼,由港口所在地人民法院管辖;

(三)因继承遗产纠纷提起的诉讼,由被继承人死亡时住所地或者主要遗产所在地人民法院管辖。

第三十四条 【协议管辖】合同或者其他财产权益纠纷的当事人可以书面协议选择被告住所地、合同履行地、合同签订地、原告住所地、标的物所在地等与争议有实际联系的地点的人民法院管辖,但不得违反本法对级别管辖和专属管辖的规定。

第三十五条 【选择管辖】两个以上人民法院都有管辖权的诉讼,原告可以向其中一个人民法院起诉;原告向两个以上有管辖权的人民法院起诉的,由最先立案的人民法院管辖。

第三节 移送管辖和指定管辖

第三十六条 【移送管辖】人民法院发现受理的案件不属于本院管辖的,应当移送有管辖权的人民法院,受移送的人民法院应当受理。受移送的人民法院认为受移送的案件依照规定不属于本院管辖的,应当报请上级人民法院指定管辖,不得再自行移送。

第三十七条 【指定管辖】有管辖权的人民法院由于特殊原因,不能行使管辖权的,由上级人民法院指定管辖。

人民法院之间因管辖权发生争议,由争议双方协商解决;协商解决不了的,报请它们的共同上级人民法院指定管辖。

第三十八条 【管辖权的转移】上级人民法院有权审理下级人民法院管辖的第一审民事案件;确有必要将本院管辖的第一审民事案件交下级人民法院审理的,应当报请其上级人民法院批准。

下级人民法院对它所管辖的第一审民事案件,认为需要由上级人民法院审理的,可以报请上级人民法院审理。

第三章 审判组织

第三十九条 【一审审判组织】人民法院审理

第一审民事案件，由审判员、陪审员共同组成合议庭或者由审判员组成合议庭。合议庭的成员人数，必须是单数。

适用简易程序审理的民事案件，由审判员一人独任审理。

陪审员在执行陪审职务时，与审判员有同等的权利义务。

第四十条 【二审和再审审判组织】人民法院审理第二审民事案件，由审判员组成合议庭。合议庭的成员人数，必须是单数。

发回重审的案件，原审人民法院应当按照第一审程序另行组成合议庭。

审理再审案件，原来是第一审的，按照第一审程序另行组成合议庭；原来是第二审的或者是上级人民法院提审的，按照第二审程序另行组成合议庭。

第四十一条 【合议庭审判长的产生】合议庭的审判长由院长或者庭长指定审判员一人担任；院长或者庭长参加审判的，由院长或者庭长担任。

第四十二条 【合议庭的评议规则】合议庭评议案件，实行少数服从多数的原则。评议应当制作笔录，由合议庭成员签名。评议中的不同意见，必须如实记入笔录。

第四十三条 【审判人员工作纪律】审判人员应当依法秉公办案。

审判人员不得接受当事人及其诉讼代理人请客送礼。

审判人员有贪污受贿，徇私舞弊，枉法裁判行为的，应当追究法律责任；构成犯罪的，依法追究刑事责任。

第四章 回 避

第四十四条 【回避的对象、条件和方式】审判人员有下列情形之一的，应当自行回避，当事人有权用口头或者书面方式申请他们回避：

（一）是本案当事人或者当事人、诉讼代理人近亲属的；

（二）与本案有利害关系的；

（三）与本案当事人、诉讼代理人有其他关系，可能影响对案件公正审理的。

审判人员接受当事人、诉讼代理人请客送礼，或者违反规定会见当事人、诉讼代理人的，当事人有权要求他们回避。

审判人员有前款规定的行为的，应当依法追究法律责任。

前三款规定，适用于书记员、翻译人员、鉴定人、勘验人。

第四十五条 【回避申请】当事人提出回避申请，应当说明理由，在案件开始审理时提出；回避事由在案件开始审理后知道的，也可以在法庭辩论终结前提出。

被申请回避的人员在人民法院作出是否回避的决定前，应当暂停参与本案的工作，但案件需要采取紧急措施的除外。

第四十六条 【回避决定的程序】院长担任审判长时的回避，由审判委员会决定；审判人员的回避，由院长决定；其他人员的回避，由审判长决定。

第四十七条 【回避决定的时限及效力】人民法院对当事人提出的回避申请，应当在申请提出的三日内，以口头或者书面形式作出决定。申请人对决定不服的，可以在接到决定时申请复议一次。复议期间，被申请回避的人员，不停止参与本案的工作。人民法院对复议申请，应当在三日内作出复议决定，并通知复议申请人。

第五章 诉讼参加人

第一节 当 事 人

第四十八条 【当事人范围】公民、法人和其他组织可以作为民事诉讼的当事人。

法人由其法定代表人进行诉讼。其他组织由其主要负责人进行诉讼。

第四十九条 【诉讼权利义务】当事人有权委托代理人，提出回避申请，收集、提供证据，进行辩论，请求调解，提起上诉，申请执行。

当事人可以查阅本案有关材料，并可以复制本案有关材料和法律文书。查阅、复制本案有关材料的范围和办法由最高人民法院规定。

当事人必须依法行使诉讼权利，遵守诉讼秩序，履行发生法律效力的判决书、裁定书和调解书。

第五十条 【自行和解】双方当事人可以自行和解。

第五十一条 【诉讼请求的放弃、变更、承认、反驳及反诉】原告可以放弃或者变更诉讼请求。被告可以承认或者反驳诉讼请求，有权提起反诉。

第五十二条 【共同诉讼】当事人一方或者双方为二人以上，其诉讼标的是共同的，或者诉讼标的是同一种类、人民法院认为可以合并审理并经当事人同意的，为共同诉讼。

共同诉讼的一方当事人对诉讼标的有共同权利义务的，其中一人的诉讼行为经其他共同诉讼人承认，对其他共同诉讼人发生效力；对诉讼标的没有共同权利义务的，其中一人的诉讼行为对其他共同诉讼人不发生效力。

第五十三条 【当事人人数确定的代表人诉讼】当事人一方人数众多的共同诉讼，可以由当事人推选代表人进行诉讼。代表人的诉讼行为对其所代表的当事人发生效力，但代表人变更、放弃诉讼请求或者承认对方当事人的诉讼请求，进行和解，必须经被代表的当事人同意。

第五十四条 【当事人人数不确定的代表人诉讼】诉讼标的是同一种类、当事人一方人数众多在起诉时人数尚未确定的，人民法院可以发出公告，说明案件情况和诉讼请求，通知权利人在一定期间向人民法院登记。

向人民法院登记的权利人可以推选代表人进行诉讼；推选不出代表人的，人民法院可以与参加登记的权利人商定代表人。

代表人的诉讼行为对其所代表的当事人发生效力，但代表人变更、放弃诉讼请求或者承认对方当事人的诉讼请求，进行和解，必须经被代表的当事人同意。

人民法院作出的判决、裁定，对参加登记的全体权利人发生效力。未参加登记的权利人在诉讼时效期间提起诉讼的，适用该判决、裁定。

第五十五条 【公益诉讼】对污染环境、侵害众多消费者合法权益等损害社会公共利益的行为，法律规定的机关和有关组织可以向人民法院提起诉讼。

人民检察院在履行职责中发现破坏生态环境和资源保护、食品药品安全领域侵害众多消费者合法权益等损害社会公共利益的行为，在没有前款规定的机关和组织或者前款规定的机关和组织不提起诉讼的情况下，可以向人民法院提起诉讼。前款规定的机关或者组织提起诉讼的，人民检察院可以支持起诉。

第五十六条 【第三人】对当事人双方的诉讼标的，第三人认为有独立请求权的，有权提起诉讼。

对当事人双方的诉讼标的，第三人虽然没有独立请求权，但案件处理结果同他有法律上的利害关系的，可以申请参加诉讼，或者由人民法院通知他参加诉讼。人民法院判决承担民事责任的第三人，有当事人的诉讼权利义务。

前两款规定的第三人，因不能归责于本人的事由未参加诉讼，但有证据证明发生法律效力的判决、裁定、调解书的部分或者全部内容错误，损害其民事权益的，可以自知道或者应当知道其民事权益受到损害之日起六个月内，向作出该判决、裁定、调解书的人民法院提起诉讼。人民法院经审理，诉讼请求成立的，应当改变或者撤销原判决、裁定、调解书；诉讼请求不成立的，驳回诉讼请求。

第二节 诉讼代理人

第五十七条 【法定诉讼代理人】无诉讼行为能力人由他的监护人作为法定代理人代为诉讼。法定代理人之间互相推诿代理责任的，由人民法院指定其中一人代为诉讼。

第五十八条 【委托诉讼代理人】当事人、法定代理人可以委托一至二人作为诉讼代理人。

下列人员可以被委托为诉讼代理人：

（一）律师、基层法律服务工作者；

（二）当事人的近亲属或者工作人员；

（三）当事人所在社区、单位以及有关社会团体推荐的公民。

第五十九条 【委托诉讼代理权的取得和权限】委托他人代为诉讼，必须向人民法院提交由委托人签名或者盖章的授权委托书。

授权委托书必须记明委托事项和权限。诉讼代理人代为承认、放弃、变更诉讼请求，进行和解，提起反诉或者上诉，必须有委托人的特别授权。

侨居在国外的中华人民共和国公民从国外寄交或者托交的授权委托书，必须经中华人民共和国驻该国的使领馆证明；没有使领馆的，由与中华人民共和国有外交关系的第三国驻该国的使领馆证明，再转由中华人民共和国驻该第三国使领馆证明，或者由当地的爱国华侨团体证明。

第六十条 【诉讼代理权的变更和解除】诉讼代理人的权限如果变更或者解除，当事人应当书面告知人民法院，并由人民法院通知对方当事人。

第六十一条 【诉讼代理人调查收集证据和查阅有关资料的权利】代理诉讼的律师和其他诉讼代理人有权调查收集证据，可以查阅本案有关材料。查阅本案有关材料的范围和办法由最高人民法院规定。

第六十二条 【离婚诉讼代理的特别规定】离婚案件有诉讼代理人的,本人除不能表达意思的以外,仍应出庭;确因特殊情况无法出庭的,必须向人民法院提交书面意见。

第六章 证 据

第六十三条 【证据的种类】证据包括:

(一)当事人的陈述;

(二)书证;

(三)物证;

(四)视听资料;

(五)电子数据;

(六)证人证言;

(七)鉴定意见;

(八)勘验笔录。

证据必须查证属实,才能作为认定事实的根据。

第六十四条 【举证责任与查证】当事人对自己提出的主张,有责任提供证据。

当事人及其诉讼代理人因客观原因不能自行收集的证据,或者人民法院认为审理案件需要的证据,人民法院应当调查收集。

人民法院应当按照法定程序,全面地、客观地审查核实证据。

第六十五条 【举证期限及逾期后果】当事人对自己提出的主张应当及时提供证据。

人民法院根据当事人的主张和案件审理情况,确定当事人应当提供的证据及其期限。当事人在该期限内提供证据确有困难的,可以向人民法院申请延长期限,人民法院根据当事人的申请适当延长。当事人逾期提供证据的,人民法院应当责令其说明理由;拒不说明理由或者理由不成立的,人民法院根据不同情形可以不予采纳该证据,或者采纳该证据但予以训诫、罚款。

第六十六条 【人民法院签收证据】人民法院收到当事人提交的证据材料,应当出具收据,写明证据名称、页数、份数、原件或者复印件以及收到时间等,并由经办人员签名或者盖章。

第六十七条 【人民法院调查取证】人民法院有权向有关单位和个人调查取证,有关单位和个人不得拒绝。

人民法院对有关单位和个人提出的证明文书,应当辨别真伪,审查确定其效力。

第六十八条 【证据的公开与质证】证据应当在法庭上出示,并由当事人互相质证。对涉及国家秘密、商业秘密和个人隐私的证据应当保密,需要在法庭出示的,不得在公开开庭时出示。

第六十九条 【公证证据】经过法定程序公证证明的法律事实和文书,人民法院应当作为认定事实的根据,但有相反证据足以推翻公证证明的除外。

第七十条 【书证和物证】书证应当提交原件。物证应当提交原物。提交原件或者原物确有困难的,可以提交复制品、照片、副本、节录本。

提交外文书证,必须附有中文译本。

第七十一条 【视听资料】人民法院对视听资料,应当辨别真伪,并结合本案的其他证据,审查确定能否作为认定事实的根据。

第七十二条 【证人的义务】凡是知道案件情况的单位和个人,都有义务出庭作证。有关单位的负责人应当支持证人作证。

不能正确表达意思的人,不能作证。

第七十三条 【证人不出庭作证的情形】经人民法院通知,证人应当出庭作证。有下列情形之一的,经人民法院许可,可以通过书面证言、视听传输技术或者视听资料等方式作证:

(一)因健康原因不能出庭的;

(二)因路途遥远,交通不便不能出庭的;

(三)因自然灾害等不可抗力不能出庭的;

(四)其他有正当理由不能出庭的。

第七十四条 【证人出庭作证费用的承担】证人因履行出庭作证义务而支出的交通、住宿、就餐等必要费用以及误工损失,由败诉一方当事人负担。当事人申请证人作证的,由该当事人先行垫付;当事人没有申请,人民法院通知证人作证的,由人民法院先行垫付。

第七十五条 【当事人陈述】人民法院对当事人的陈述,应当结合本案的其他证据,审查确定能否作为认定事实的根据。

当事人拒绝陈述的,不影响人民法院根据证据认定案件事实。

第七十六条 【申请鉴定】当事人可以就查明事实的专门性问题向人民法院申请鉴定。当事人申请鉴定的,由双方当事人协商确定具备资格的鉴定人;协商不成的,由人民法院指定。

当事人未申请鉴定,人民法院对专门性问题认为需要鉴定的，应当委托具备资格的鉴定人进行鉴定。

第七十七条 【鉴定人的职责】鉴定人有权了解进行鉴定所需要的案件材料，必要时可以询问当事人、证人。

鉴定人应当提出书面鉴定意见，在鉴定书上签名或者盖章。

第七十八条 【鉴定人出庭作证的义务】当事人对鉴定意见有异议或者人民法院认为鉴定人有必要出庭的，鉴定人应当出庭作证。经人民法院通知，鉴定人拒不出庭作证的，鉴定意见不得作为认定事实的根据；支付鉴定费用的当事人可以要求返还鉴定费用。

第七十九条 【对鉴定意见的查证】当事人可以申请人民法院通知有专门知识的人出庭，就鉴定人作出的鉴定意见或者专业问题提出意见。

第八十条 【勘验笔录】勘验物证或者现场，勘验人必须出示人民法院的证件，并邀请当地基层组织或者当事人所在单位派人参加。当事人或者当事人的成年家属应当到场，拒不到场的，不影响勘验的进行。

有关单位和个人根据人民法院的通知，有义务保护现场，协助勘验工作。

勘验人应当将勘验情况和结果制作笔录，由勘验人、当事人和被邀参加人签名或者盖章。

第八十一条 【证据保全】在证据可能灭失或者以后难以取得的情况下，当事人可以在诉讼过程中向人民法院申请保全证据，人民法院也可以主动采取保全措施。

因情况紧急，在证据可能灭失或者以后难以取得的情况下，利害关系人可以在提起诉讼或者申请仲裁前向证据所在地、被申请人住所地或者对案件有管辖权的人民法院申请保全证据。

证据保全的其他程序，参照适用本法第九章保全的有关规定。

第七章 期间、送达

第一节 期 间

第八十二条 【期间的种类和计算】期间包括法定期间和人民法院指定的期间。

期间以时、日、月、年计算。期间开始的时和日，不计算在期间内。

期间届满的最后一日是节假日的，以节假日后的第一日为期间届满的日期。

期间不包括在途时间，诉讼文书在期满前交邮的，不算过期。

第八十三条 【期间的耽误和顺延】当事人因不可抗拒的事由或者其他正当理由耽误期限的，在障碍消除后的十日内，可以申请顺延期限，是否准许，由人民法院决定。

第二节 送 达

第八十四条 【送达回证】送达诉讼文书必须有送达回证，由受送达人在送达回证上记明收到日期，签名或者盖章。

受送达人在送达回证上的签收日期为送达日期。

第八十五条 【直接送达】送达诉讼文书，应当直接送交受送达人。受送达人是公民的，本人不在交他的同住成年家属签收；受送达人是法人或者其他组织的，应当由法人的法定代表人、其他组织的主要负责人或者该法人、组织负责收件的人签收；受送达人有诉讼代理人的，可以送交其代理人签收；受送达人已向人民法院指定代收人的，送交代收人签收。

受送达人的同住成年家属，法人或者其他组织的负责收件的人，诉讼代理人或者代收人在送达回证上签收的日期为送达日期。

第八十六条 【留置送达】受送达人或者他的同住成年家属拒绝接收诉讼文书的，送达人可以邀请有关基层组织或者所在单位的代表到场，说明情况，在送达回证上记明拒收事由和日期，由送达人、见证人签名或者盖章，把诉讼文书留在受送达人的住所；也可以把诉讼文书留在受送达人的住所，并采用拍照、录像等方式记录送达过程，即视为送达。

第八十七条 【传真、电子邮件等方式送达】经受送达人同意，人民法院可以采用传真、电子邮件等能够确认其收悉的方式送达诉讼文书，但判决书、裁定书、调解书除外。

采用前款方式送达的，以传真、电子邮件等到达受送达人特定系统的日期为送达日期。

第八十八条 【委托送达与邮寄送达】直接送达诉讼文书有困难的，可以委托其他人民法院代为送达，或者邮寄送达。邮寄送达的，以回执上注明的收件日期为送达日期。

第八十九条 【军人的转交送达】受送达人是军人的，通过其所在部队团以上单位的政治机关转交。

第九十条 【被监禁人或被采取强制性教育措施人的转交送达】受送达人被监禁的，通过其所在监所转交。

受送达人被采取强制性教育措施的，通过其所在强制性教育机构转交。

第九十一条 【转交送达的送达日期】代为转交的机关、单位收到诉讼文书后，必须立即交受送达人签收，以在送达回证上的签收日期，为送达日期。

第九十二条 【公告送达】受送达人下落不明，或者用本节规定的其他方式无法送达的，公告送达。自发出公告之日起，经过六十日，即视为送达。

公告送达，应当在案卷中记明原因和经过。

第八章 调 解

第九十三条 【法院调解原则】人民法院审理民事案件，根据当事人自愿的原则，在事实清楚的基础上，分清是非，进行调解。

第九十四条 【法院调解的程序】人民法院进行调解，可以由审判员一人主持，也可以由合议庭主持，并尽可能就地进行。

人民法院进行调解，可以用简便方式通知当事人、证人到庭。

第九十五条 【对法院调解的协助】人民法院进行调解，可以邀请有关单位和个人协助。被邀请的单位和个人，应当协助人民法院进行调解。

第九十六条 【调解协议的达成】调解达成协议，必须双方自愿，不得强迫。调解协议的内容不得违反法律规定。

第九十七条 【调解书的制作、送达和效力】调解达成协议，人民法院应当制作调解书。调解书应当写明诉讼请求、案件的事实和调解结果。

调解书由审判人员、书记员署名，加盖人民法院印章，送达双方当事人。

调解书经双方当事人签收后，即具有法律效力。

第九十八条 【不需要制作调解书的案件】下列案件调解达成协议，人民法院可以不制作调解书：

（一）调解和好的离婚案件；

（二）调解维持收养关系的案件；

（三）能够即时履行的案件；

（四）其他不需要制作调解书的案件。

对不需要制作调解书的协议，应当记入笔录，由双方当事人、审判人员、书记员签名或者盖章后，即具有法律效力。

第九十九条 【调解不成或调解后反悔的处理】调解未达成协议或者调解书送达前一方反悔的，人民法院应当及时判决。

第九章 保全和先予执行

第一百条 【诉讼保全】人民法院对于可能因当事人一方的行为或者其他原因，使判决难以执行或者造成当事人其他损害的案件，根据对方当事人的申请，可以裁定对其财产进行保全、责令其作出一定行为或者禁止其作出一定行为；当事人没有提出申请的，人民法院在必要时也可以裁定采取保全措施。

人民法院采取保全措施，可以责令申请人提供担保，申请人不提供担保的，裁定驳回申请。

人民法院接受申请后，对情况紧急的，必须在四十八小时内作出裁定；裁定采取保全措施的，应当立即开始执行。

第一百零一条 【诉前保全】利害关系人因情况紧急，不立即申请保全将会使其合法权益受到难以弥补的损害的，可以在提起诉讼或者申请仲裁前向被保全财产所在地、被申请人住所地或者对案件有管辖权的人民法院申请采取保全措施。申请人应当提供担保，不提供担保的，裁定驳回申请。

人民法院接受申请后，必须在四十八小时内作出裁定；裁定采取保全措施的，应当立即开始执行。

申请人在人民法院采取保全措施后三十日内不依法提起诉讼或者申请仲裁的，人民法院应当解除保全。

第一百零二条 【保全的范围】保全限于请求的范围，或者与本案有关的财物。

第一百零三条 【财产保全的措施】财产保全采取查封、扣押、冻结或者法律规定的其他方法。人民法院保全财产后，应当立即通知被保全财产的人。

财产已被查封、冻结的，不得重复查封、冻结。

第一百零四条 【保全的解除】财产纠纷案

件,被申请人提供担保的,人民法院应当裁定解除保全。

第一百零五条 【保全申请错误的处理】申请有错误的,申请人应当赔偿被申请人因保全所遭受的损失。

第一百零六条 【先予执行的适用范围】人民法院对下列案件,根据当事人的申请,可以裁定先予执行:

(一)追索赡养费、扶养费、抚育费、抚恤金、医疗费用的;

(二)追索劳动报酬的;

(三)因情况紧急需要先予执行的。

第一百零七条 【先予执行的条件】人民法院裁定先予执行的,应当符合下列条件:

(一)当事人之间权利义务关系明确,不先予执行将严重影响申请人的生活或者生产经营的;

(二)被申请人有履行能力。

人民法院可以责令申请人提供担保,申请人不提供担保的,驳回申请。申请人败诉的,应当赔偿被申请人因先予执行遭受的财产损失。

第一百零八条 【对保全或先予执行不服的救济程序】当事人对保全或者先予执行的裁定不服的,可以申请复议一次。复议期间不停止裁定的执行。

第十章　对妨害民事诉讼的强制措施

第一百零九条 【拘传的适用】人民法院对必须到庭的被告,经两次传票传唤,无正当理由拒不到庭的,可以拘传。

第一百一十条 【对违反法庭规则、扰乱法庭秩序行为的强制措施】诉讼参与人和其他人应当遵守法庭规则。

人民法院对违反法庭规则的人,可以予以训诫,责令退出法庭或者予以罚款、拘留。

人民法院对哄闹、冲击法庭,侮辱、诽谤、威胁、殴打审判人员,严重扰乱法庭秩序的人,依法追究刑事责任;情节较轻的,予以罚款、拘留。

第一百一十一条 【对妨害诉讼证据的收集、调查和阻拦、干扰诉讼进行的强制措施】诉讼参与人或者其他人有下列行为之一的,人民法院可以根据情节轻重予以罚款、拘留;构成犯罪的,依法追究刑事责任:

(一)伪造、毁灭重要证据,妨碍人民法院审理案件的;

(二)以暴力、威胁、贿买方法阻止证人作证或者指使、贿买、胁迫他人作伪证的;

(三)隐藏、转移、变卖、毁损已被查封、扣押的财产,或者已被清点并责令其保管的财产,转移已被冻结的财产的;

(四)对司法工作人员、诉讼参加人、证人、翻译人员、鉴定人、勘验人、协助执行的人,进行侮辱、诽谤、诬陷、殴打或者打击报复的;

(五)以暴力、威胁或者其他方法阻碍司法工作人员执行职务的;

(六)拒不履行人民法院已经发生法律效力的判决、裁定的。

人民法院对有前款规定的行为之一的单位,可以对其主要负责人或者直接责任人员予以罚款、拘留;构成犯罪的,依法追究刑事责任。

第一百一十二条 【对恶意串通,通过诉讼、调解等方式侵害他人合法权益的强制措施】当事人之间恶意串通,企图通过诉讼、调解等方式侵害他人合法权益的,人民法院应当驳回其请求,并根据情节轻重予以罚款、拘留;构成犯罪的,依法追究刑事责任。

第一百一十三条 【对恶意串通,通过诉讼、仲裁、调解等方式逃避履行法律文书确定的义务的强制措施】被执行人与他人恶意串通,通过诉讼、仲裁、调解等方式逃避履行法律文书确定的义务的,人民法院应当根据情节轻重予以罚款、拘留;构成犯罪的,依法追究刑事责任。

第一百一十四条 【对拒不履行协助义务的单位的强制措施】有义务协助调查、执行的单位有下列行为之一的,人民法院除责令其履行协助义务外,并可以予以罚款:

(一)有关单位拒绝或者妨碍人民法院调查取证的;

(二)有关单位接到人民法院协助执行通知书后,拒不协助查询、扣押、冻结、划拨、变价财产的;

(三)有关单位接到人民法院协助执行通知书后,拒不协助扣留被执行人的收入、办理有关财产权证照转移手续、转交有关票证、证照或者其他财产的;

(四)其他拒绝协助执行的。

人民法院对有前款规定的行为之一的单位,可以对其主要负责人或者直接责任人员予以罚款;对仍不履行协助义务的,可以予以拘留;并可以向监察机关或者有关机关提出予以纪律处分的司法建议。

第一百一十五条 【罚款金额和拘留期限】对个人的罚款金额,为人民币十万元以下。对单位的罚款金额,为人民币五万元以上一百万元以下。

拘留的期限,为十五日以下。

被拘留的人,由人民法院交公安机关看管。在拘留期间,被拘留人承认并改正错误的,人民法院可以决定提前解除拘留。

第一百一十六条 【拘传、罚款、拘留的批准】拘传、罚款、拘留必须经院长批准。

拘传应当发拘传票。

罚款、拘留应当用决定书。对决定不服的,可以向上一级人民法院申请复议一次。复议期间不停止执行。

第一百一十七条 【强制措施由法院决定】采取对妨害民事诉讼的强制措施必须由人民法院决定。任何单位和个人采取非法拘禁他人或者非法私自扣押他人财产追索债务的,应当依法追究刑事责任,或者予以拘留、罚款。

第十一章 诉讼费用

第一百一十八条 【诉讼费用】当事人进行民事诉讼,应当按照规定交纳案件受理费。财产案件除交纳案件受理费外,并按照规定交纳其他诉讼费用。

当事人交纳诉讼费用确有困难的,可以按照规定向人民法院申请缓交、减交或者免交。

收取诉讼费用的办法另行制定。

第二编 审判程序

第十二章 第一审普通程序

第一节 起诉和受理

第一百一十九条 【起诉的实质要件】起诉必须符合下列条件:

(一)原告是与本案有直接利害关系的公民、法人和其他组织;

(二)有明确的被告;

(三)有具体的诉讼请求和事实、理由;

(四)属于人民法院受理民事诉讼的范围和受诉人民法院管辖。

第一百二十条 【起诉的形式要件】起诉应当向人民法院递交起诉状,并按照被告人数提出副本。

书写起诉状确有困难的,可以口头起诉,由人民法院记入笔录,并告知对方当事人。

第一百二十一条 【起诉状的内容】起诉状应当记明下列事项:

(一)原告的姓名、性别、年龄、民族、职业、工作单位、住所、联系方式,法人或者其他组织的名称、住所和法定代表人或者主要负责人的姓名、职务、联系方式;

(二)被告的姓名、性别、工作单位、住所等信息,法人或者其他组织的名称、住所等信息;

(三)诉讼请求和所根据的事实与理由;

(四)证据和证据来源,证人姓名和住所。

第一百二十二条 【先行调解】当事人起诉到人民法院的民事纠纷,适宜调解的,先行调解,但当事人拒绝调解的除外。

第一百二十三条 【起诉权和受理程序】人民法院应当保障当事人依照法律规定享有的起诉权利。对符合本法第一百一十九条的起诉,必须受理。符合起诉条件的,应当在七日内立案,并通知当事人;不符合起诉条件的,应当在七日内作出裁定书,不予受理;原告对裁定不服的,可以提起上诉。

第一百二十四条 【对特殊情形的处理】人民法院对下列起诉,分别情形,予以处理:

(一)依照行政诉讼法的规定,属于行政诉讼受案范围的,告知原告提起行政诉讼;

(二)依照法律规定,双方当事人达成书面仲裁协议申请仲裁、不得向人民法院起诉的,告知原告向仲裁机构申请仲裁;

(三)依照法律规定,应当由其他机关处理的争议,告知原告向有关机关申请解决;

(四)对不属于本院管辖的案件,告知原告向有管辖权的人民法院起诉;

(五)对判决、裁定、调解书已经发生法律效力的案件,当事人又起诉的,告知原告申请再审,但人民法院准许撤诉的裁定除外；

（六）依照法律规定，在一定期限内不得起诉的案件，在不得起诉的期限内起诉的，不予受理；

（七）判决不准离婚和调解和好的离婚案件，判决、调解维持收养关系的案件，没有新情况、新理由，原告在六个月内又起诉的，不予受理。

第二节 审理前的准备

第一百二十五条 【送达起诉状和答辩状】人民法院应当在立案之日起五日内将起诉状副本发送被告，被告应当在收到之日起十五日内提出答辩状。答辩状应当记明被告的姓名、性别、年龄、民族、职业、工作单位、住所、联系方式；法人或者其他组织的名称、住所和法定代表人或者主要负责人的姓名、职务、联系方式。人民法院应当在收到答辩状之日起五日内将答辩状副本发送原告。

被告不提出答辩状的，不影响人民法院审理。

第一百二十六条 【诉讼权利义务的告知】人民法院对决定受理的案件，应当在受理案件通知书和应诉通知书中向当事人告知有关的诉讼权利义务，或者口头告知。

第一百二十七条 【对管辖权异议的审查和处理】人民法院受理案件后，当事人对管辖权有异议的，应当在提交答辩状期间提出。人民法院对当事人提出的异议，应当审查。异议成立的，裁定将案件移送有管辖权的人民法院；异议不成立的，裁定驳回。

当事人未提出管辖异议，并应诉答辩的，视为受诉人民法院有管辖权，但违反级别管辖和专属管辖规定的除外。

第一百二十八条 【合议庭组成人员的告知】合议庭组成人员确定后，应当在三日内告知当事人。

第一百二十九条 【审核取证】审判人员必须认真审核诉讼材料，调查收集必要的证据。

第一百三十条 【调查取证的程序】人民法院派出人员进行调查时，应当向被调查人出示证件。

调查笔录经被调查人校阅后，由被调查人、调查人签名或者盖章。

第一百三十一条 【委托调查】人民法院在必要时可以委托外地人民法院调查。

委托调查，必须提出明确的项目和要求。受委托人民法院可以主动补充调查。

受委托人民法院收到委托书后，应当在三十日内完成调查。因故不能完成的，应当在上述期限内函告委托人民法院。

第一百三十二条 【当事人的追加】必须共同进行诉讼的当事人没有参加诉讼的，人民法院应当通知其参加诉讼。

第一百三十三条 【案件受理后的处理】人民法院对受理的案件，分别情形，予以处理：

（一）当事人没有争议，符合督促程序规定条件的，可以转入督促程序；

（二）开庭前可以调解的，采取调解方式及时解决纠纷；

（三）根据案件情况，确定适用简易程序或者普通程序；

（四）需要开庭审理的，通过要求当事人交换证据等方式，明确争议焦点。

第三节 开庭审理

第一百三十四条 【公开审理及例外】人民法院审理民事案件，除涉及国家秘密、个人隐私或者法律另有规定的以外，应当公开进行。

离婚案件，涉及商业秘密的案件，当事人申请不公开审理的，可以不公开审理。

第一百三十五条 【巡回审理】人民法院审理民事案件，根据需要进行巡回审理，就地办案。

第一百三十六条 【开庭通知与公告】人民法院审理民事案件，应当在开庭三日前通知当事人和其他诉讼参与人。公开审理的，应当公告当事人姓名、案由和开庭的时间、地点。

第一百三十七条 【宣布开庭】开庭审理前，书记员应当查明当事人和其他诉讼参与人是否到庭，宣布法庭纪律。

开庭审理时，由审判长核对当事人，宣布案由，宣布审判人员、书记员名单，告知当事人有关的诉讼权利义务，询问当事人是否提出回避申请。

第一百三十八条 【法庭调查顺序】法庭调查按照下列顺序进行：

（一）当事人陈述；

（二）告知证人的权利义务，证人作证，宣读未到庭的证人证言；

（三）出示书证、物证、视听资料和电子数据；

（四）宣读鉴定意见；

（五）宣读勘验笔录。

第一百三十九条 【当事人庭审诉讼权利】当事人在法庭上可以提出新的证据。

当事人经法庭许可,可以向证人、鉴定人、勘验人发问。

当事人要求重新进行调查、鉴定或者勘验的,是否准许,由人民法院决定。

第一百四十条 【合并审理】原告增加诉讼请求,被告提出反诉,第三人提出与本案有关的诉讼请求,可以合并审理。

第一百四十一条 【法庭辩论】法庭辩论按照下列顺序进行:

(一)原告及其诉讼代理人发言;

(二)被告及其诉讼代理人答辩;

(三)第三人及其诉讼代理人发言或者答辩;

(四)互相辩论。

法庭辩论终结,由审判长按照原告、被告、第三人的先后顺序征询各方最后意见。

第一百四十二条 【法庭调解】法庭辩论终结,应当依法作出判决。判决前能够调解的,还可以进行调解,调解不成的,应当及时判决。

第一百四十三条 【原告不到庭和中途退庭的处理】原告经传票传唤,无正当理由拒不到庭的,或者未经法庭许可中途退庭的,可以按撤诉处理;被告反诉的,可以缺席判决。

第一百四十四条 【被告不到庭和中途退庭的处理】被告经传票传唤,无正当理由拒不到庭的,或者未经法庭许可中途退庭的,可以缺席判决。

第一百四十五条 【原告申请撤诉的处理】宣判前,原告申请撤诉的,是否准许,由人民法院裁定。

人民法院裁定不准许撤诉的,原告经传票传唤,无正当理由拒不到庭的,可以缺席判决。

第一百四十六条 【延期审理】有下列情形之一的,可以延期开庭审理:

(一) 必须到庭的当事人和其他诉讼参与人有正当理由没有到庭的;

(二)当事人临时提出回避申请的;

(三)需要通知新的证人到庭,调取新的证据,重新鉴定、勘验,或者需要补充调查的;

(四)其他应当延期的情形。

第一百四十七条 【法庭笔录】书记员应当将法庭审理的全部活动记入笔录,由审判人员和书记员签名。

法庭笔录应当当庭宣读,也可以告知当事人和其他诉讼参与人当庭或者在五日内阅读。当事人和其他诉讼参与人认为对自己的陈述记录有遗漏或者差错的,有权申请补正。如果不予补正,应当将申请记录在案。

法庭笔录由当事人和其他诉讼参与人签名或者盖章。拒绝签名盖章的,记明情况附卷。

第一百四十八条 【宣告判决】人民法院对公开审理或者不公开审理的案件,一律公开宣告判决。

当庭宣判的,应当在十日内发送判决书;定期宣判的,宣判后立即发给判决书。

宣告判决时,必须告知当事人上诉权利、上诉期限和上诉的法院。

宣告离婚判决,必须告知当事人在判决发生法律效力前不得另行结婚。

第一百四十九条 【一审审限】人民法院适用普通程序审理的案件,应当在立案之日起六个月内审结。有特殊情况需要延长的,由本院院长批准,可以延长六个月;还需要延长的,报请上级人民法院批准。

第四节 诉讼中止和终结

第一百五十条 【诉讼中止】有下列情形之一的,中止诉讼:

(一)一方当事人死亡,需要等待继承人表明是否参加诉讼的;

(二)一方当事人丧失诉讼行为能力,尚未确定法定代理人的;

(三)作为一方当事人的法人或者其他组织终止,尚未确定权利义务承受人的;

(四)一方当事人因不可抗拒的事由,不能参加诉讼的;

(五)本案必须以另一案的审理结果为依据,而另一案尚未审结的;

(六)其他应当中止诉讼的情形。

中止诉讼的原因消除后,恢复诉讼。

第一百五十一条 【诉讼终结】有下列情形之一的,终结诉讼:

(一)原告死亡,没有继承人,或者继承人放弃诉讼权利的;

(二)被告死亡,没有遗产,也没有应当承担义务的人的;

(三)离婚案件一方当事人死亡的;

（四）追索赡养费、扶养费、抚育费以及解除收养关系案件的一方当事人死亡的。

第五节 判决和裁定

第一百五十二条 【判决书的内容】判决书应当写明判决结果和作出该判决的理由。判决书内容包括：

（一）案由、诉讼请求、争议的事实和理由；

（二）判决认定的事实和理由、适用的法律和理由；

（三）判决结果和诉讼费用的负担；

（四）上诉期间和上诉的法院。

判决书由审判人员、书记员署名，加盖人民法院印章。

第一百五十三条 【先行判决】人民法院审理案件，其中一部分事实已经清楚，可以就该部分先行判决。

第一百五十四条 【裁定】裁定适用于下列范围：

（一）不予受理；

（二）对管辖权有异议的；

（三）驳回起诉；

（四）保全和先予执行；

（五）准许或者不准许撤诉；

（六）中止或者终结诉讼；

（七）补正判决书中的笔误；

（八）中止或者终结执行；

（九）撤销或者不予执行仲裁裁决；

（十）不予执行公证机关赋予强制执行效力的债权文书；

（十一）其他需要裁定解决的事项。

对前款第一项至第三项裁定，可以上诉。

裁定书应当写明裁定结果和作出该裁定的理由。裁定书由审判人员、书记员署名，加盖人民法院印章。口头裁定的，记入笔录。

第一百五十五条 【一审裁判的生效】最高人民法院的判决、裁定，以及依法不准上诉或者超过上诉期没有上诉的判决、裁定，是发生法律效力的判决、裁定。

第一百五十六条 【判决、裁定的公开】公众可以查阅发生法律效力的判决书、裁定书，但涉及国家秘密、商业秘密和个人隐私的内容除外。

第十三章 简易程序

第一百五十七条 【简易程序的适用范围】基层人民法院和它派出的法庭审理事实清楚、权利义务关系明确、争议不大的简单的民事案件，适用本章规定。

基层人民法院和它派出的法庭审理前款规定以外的民事案件，当事人双方也可以约定适用简易程序。

第一百五十八条 【简易程序的起诉方式和受理程序】对简单的民事案件，原告可以口头起诉。

当事人双方可以同时到基层人民法院或者它派出的法庭，请求解决纠纷。基层人民法院或者它派出的法庭可以当即审理，也可以另定日期审理。

第一百五十九条 【简易程序的传唤方式】基层人民法院和它派出的法庭审理简单的民事案件，可以用简便方式传唤当事人和证人、送达诉讼文书、审理案件，但应当保障当事人陈述意见的权利。

第一百六十条 【简易程序的独任审理】简单的民事案件由审判员一人独任审理，并不受本法第一百三十六条、第一百三十八条、第一百四十一条规定的限制。

第一百六十一条 【简易程序的审限】人民法院适用简易程序审理案件，应当在立案之日起三个月内审结。

第一百六十二条 【简易程序一审终审的适用条件】基层人民法院和它派出的法庭审理符合本法第一百五十七条第一款规定的简单的民事案件，标的额为各省、自治区、直辖市上年度就业人员年平均工资百分之三十以下的，实行一审终审。

第一百六十三条 【简易程序转为普通程序】人民法院在审理过程中，发现案件不宜适用简易程序的，裁定转为普通程序。

第十四章 第二审程序

第一百六十四条 【上诉权】当事人不服地方人民法院第一审判决的，有权在判决书送达之日起十五日内向上一级人民法院提起上诉。

当事人不服地方人民法院第一审裁定的，有权在裁定书送达之日起十日内向上一级人民法院提起上诉。

第一百六十五条 【上诉状的内容】上诉应当递交上诉状。上诉状的内容,应当包括当事人的姓名,法人的名称及其法定代表人的姓名或者其他组织的名称及其主要负责人的姓名;原审人民法院名称、案件的编号和案由;上诉的请求和理由。

第一百六十六条 【上诉的提起】上诉状应当通过原审人民法院提出,并按照对方当事人或者代表人的人数提出副本。

当事人直接向第二审人民法院上诉的,第二审人民法院应当在五日内将上诉状移交原审人民法院。

第一百六十七条 【上诉的受理】原审人民法院收到上诉状,应当在五日内将上诉状副本送达对方当事人,对方当事人在收到之日起十五日内提出答辩状。人民法院应当在收到答辩状之日起五日内将副本送达上诉人。对方当事人不提出答辩状的,不影响人民法院审理。

原审人民法院收到上诉状、答辩状,应当在五日内连同全部案卷和证据,报送第二审人民法院。

第一百六十八条 【二审的审理范围】第二审人民法院应当对上诉请求的有关事实和适用法律进行审查。

第一百六十九条 【二审的审理方式和地点】第二审人民法院对上诉案件,应当组成合议庭,开庭审理。经过阅卷、调查和询问当事人,对没有提出新的事实、证据或者理由,合议庭认为不需要开庭审理的,可以不开庭审理。

第二审人民法院审理上诉案件,可以在本院进行,也可以到案件发生地或者原审人民法院所在地进行。

第一百七十条 【二审裁判】第二审人民法院对上诉案件,经过审理,按照下列情形,分别处理:

(一)原判决、裁定认定事实清楚,适用法律正确的,以判决、裁定方式驳回上诉,维持原判决、裁定;

(二)原判决、裁定认定事实错误或者适用法律错误的,以判决、裁定方式依法改判、撤销或者变更;

(三)原判决认定基本事实不清的,裁定撤销原判决,发回原审人民法院重审,或者查清事实后改判;

(四)原判决遗漏当事人或者违法缺席判决等严重违反法定程序的,裁定撤销原判决,发回原审人民法院重审。

原审人民法院对发回重审的案件作出判决后,当事人提起上诉的,第二审人民法院不得再次发回重审。

第一百七十一条 【对一审适用裁定的上诉案件的处理】第二审人民法院对不服第一审人民法院裁定的上诉案件的处理,一律使用裁定。

第一百七十二条 【上诉案件的调解】第二审人民法院审理上诉案件,可以进行调解。调解达成协议,应当制作调解书,由审判人员、书记员署名,加盖人民法院印章。调解书送达后,原审人民法院的判决即视为撤销。

第一百七十三条 【上诉的撤回】第二审人民法院判决宣告前,上诉人申请撤回上诉的,是否准许,由第二审人民法院裁定。

第一百七十四条 【二审适用的程序】第二审人民法院审理上诉案件,除依照本章规定外,适用第一审普通程序。

第一百七十五条 【二审裁判的效力】第二审人民法院的判决、裁定,是终审的判决、裁定。

第一百七十六条 【二审审限】人民法院审理对判决的上诉案件,应当在第二审立案之日起三个月内审结。有特殊情况需要延长的,由本院院长批准。

人民法院审理对裁定的上诉案件,应当在第二审立案之日起三十日内作出终审裁定。

第十五章 特别程序

第一节 一般规定

第一百七十七条 【特别程序的适用范围】人民法院审理选民资格案件、宣告失踪或者宣告死亡案件、认定公民无民事行为能力或者限制民事行为能力案件、认定财产无主案件、确认调解协议案件和实现担保物权案件,适用本章规定。本章没有规定的,适用本法和其他法律的有关规定。

第一百七十八条 【一审终审与独任审理】依照本章程序审理的案件,实行一审终审。选民资格案件或者重大、疑难的案件,由审判员组成合议庭审理;其他案件由审判员一人独任审理。

第一百七十九条 【特别程序的转换】人民法

院在依照本章程序审理案件的过程中,发现本案属于民事权益争议的,应当裁定终结特别程序,并告知利害关系人可以另行起诉。

第一百八十条 【特别程序的审限】人民法院适用特别程序审理的案件,应当在立案之日起三十日内或者公告期满后三十日内审结。有特殊情况需要延长的,由本院院长批准。但审理选民资格的案件除外。

第二节 选民资格案件

第一百八十一条 【起诉与管辖】公民不服选举委员会对选民资格的申诉所作的处理决定,可以在选举日的五日以前向选区所在地基层人民法院起诉。

第一百八十二条 【审理、审限及判决】人民法院受理选民资格案件后,必须在选举日前审结。

审理时,起诉人、选举委员会的代表和有关公民必须参加。

人民法院的判决书,应当在选举日前送达选举委员会和起诉人,并通知有关公民。

第三节 宣告失踪、宣告死亡案件

第一百八十三条 【宣告失踪案件的提起】公民下落不明满二年,利害关系人申请宣告其失踪的,向下落不明人住所地基层人民法院提出。

申请书应当写明失踪的事实、时间和请求,并附有公安机关或者其他有关机关关于该公民下落不明的书面证明。

第一百八十四条 【宣告死亡案件的提起】公民下落不明满四年,或者因意外事故下落不明满二年,或者因意外事故下落不明,经有关机关证明该公民不可能生存,利害关系人申请宣告其死亡的,向下落不明人住所地基层人民法院提出。

申请书应当写明下落不明的事实、时间和请求,并附有公安机关或者其他有关机关关于该公民下落不明的书面证明。

第一百八十五条 【公告与判决】人民法院受理宣告失踪、宣告死亡案件后,应当发出寻找下落不明人的公告。宣告失踪的公告期间为三个月,宣告死亡的公告期间为一年。因意外事故下落不明,经有关机关证明该公民不可能生存的,宣告死亡的公告期间为三个月。

公告期间届满,人民法院应当根据被宣告失踪、宣告死亡的事实是否得到确认,作出宣告失踪、宣告死亡的判决或者驳回申请的判决。

第一百八十六条 【判决的撤销】被宣告失踪、宣告死亡的公民重新出现,经本人或者利害关系人申请,人民法院应当作出新判决,撤销原判决。

第四节 认定公民无民事行为能力、限制民事行为能力案件

第一百八十七条 【认定公民无民事行为能力、限制民事行为能力案件的提起】申请认定公民无民事行为能力或者限制民事行为能力,由其近亲属或者其他利害关系人向该公民住所地基层人民法院提出。

申请书应当写明该公民无民事行为能力或者限制民事行为能力的事实和根据。

第一百八十八条 【民事行为能力鉴定】人民法院受理申请后,必要时应当对被请求认定为无民事行为能力或者限制民事行为能力的公民进行鉴定。申请人已提供鉴定意见的,应当对鉴定意见进行审查。

第一百八十九条 【审理及判决】人民法院审理认定公民无民事行为能力或者限制民事行为能力的案件,应当由该公民的近亲属为代理人,但申请人除外。近亲属互相推诿的,由人民法院指定其中一人为代理人。该公民健康情况许可的,还应当询问本人的意见。

人民法院经审理认定申请有事实根据的,判决该公民为无民事行为能力或者限制民事行为能力人;认定申请没有事实根据的,应当判决予以驳回。

第一百九十条 【判决的撤销】人民法院根据被认定为无民事行为能力人、限制民事行为能力人或者他的监护人的申请,证实该公民无民事行为能力或者限制民事行为能力的原因已经消除的,应当作出新判决,撤销原判决。

第五节 认定财产无主案件

第一百九十一条 【财产无主案件的提起】申请认定财产无主,由公民、法人或者其他组织向财产所在地基层人民法院提出。

申请书应当写明财产的种类、数量以及要求认定财产无主的根据。

第一百九十二条 【公告及判决】人民法院受

理申请后,经审查核实,应当发出财产认领公告。公告满一年无人认领的,判决认定财产无主,收归国家或者集体所有。

第一百九十三条 【判决的撤销】判决认定财产无主后,原财产所有人或者继承人出现,在民法通则规定的诉讼时效期间可以对财产提出请求,人民法院审查属实后,应当作出新判决,撤销原判决。

第六节 确认调解协议案件

第一百九十四条 【确认调解协议案件的提起】申请司法确认调解协议,由双方当事人依照人民调解法等法律,自调解协议生效之日起三十日内,共同向调解组织所在地基层人民法院提出。

第一百九十五条 【审查及裁定】人民法院受理申请后,经审查,符合法律规定的,裁定调解协议有效,一方当事人拒绝履行或者未全部履行的,对方当事人可以向人民法院申请执行;不符合法律规定的,裁定驳回申请,当事人可以通过调解方式变更原调解协议或者达成新的调解协议,也可以向人民法院提起诉讼。

第七节 实现担保物权案件

第一百九十六条 【实现担保物权案件的提起】申请实现担保物权,由担保物权人以及其他有权请求实现担保物权的人依照物权法等法律,向担保财产所在地或者担保物权登记地基层人民法院提出。

第一百九十七条 【审查及裁定】人民法院受理申请后,经审查,符合法律规定的,裁定拍卖、变卖担保财产,当事人依据该裁定可以向人民法院申请执行;不符合法律规定的,裁定驳回申请,当事人可以向人民法院提起诉讼。

第十六章 审判监督程序

第一百九十八条 【人民法院决定再审】各级人民法院院长对本院已经发生法律效力的判决、裁定、调解书,发现确有错误,认为需要再审的,应当提交审判委员会讨论决定。

最高人民法院对地方各级人民法院已经发生法律效力的判决、裁定、调解书,上级人民法院对下级人民法院已经发生法律效力的判决、裁定、调解书,发现确有错误的,有权提审或者指令下级人民法院再审。

第一百九十九条 【当事人申请再审】当事人对已经发生法律效力的判决、裁定,认为有错误的,可以向上一级人民法院申请再审;当事人一方人数众多或者当事人双方为公民的案件,也可以向原审人民法院申请再审。当事人申请再审的,不停止判决、裁定的执行。

第二百条 【再审事由】当事人的申请符合下列情形之一的,人民法院应当再审:

(一)有新的证据,足以推翻原判决、裁定的;

(二)原判决、裁定认定的基本事实缺乏证据证明的;

(三)原判决、裁定认定事实的主要证据是伪造的;

(四)原判决、裁定认定事实的主要证据未经质证的;

(五)对审理案件需要的主要证据,当事人因客观原因不能自行收集,书面申请人民法院调查收集,人民法院未调查收集的;

(六)原判决、裁定适用法律确有错误的;

(七)审判组织的组成不合法或者依法应当回避的审判人员没有回避的;

(八)无诉讼行为能力人未经法定代理人代为诉讼或者应当参加诉讼的当事人,因不能归责于本人或者其诉讼代理人的事由,未参加诉讼的;

(九)违反法律规定,剥夺当事人辩论权利的;

(十)未经传票传唤,缺席判决的;

(十一)原判决、裁定遗漏或者超出诉讼请求的;

(十二)据以作出原判决、裁定的法律文书被撤销或者变更的;

(十三)审判人员审理该案件时有贪污受贿,徇私舞弊,枉法裁判行为的。

第二百零一条 【调解书的再审】当事人对已经发生法律效力的调解书,提出证据证明调解违反自愿原则或者调解协议的内容违反法律的,可以申请再审。经人民法院审查属实的,应当再审。

第二百零二条 【不得申请再审的案件】当事人对已经发生法律效力的解除婚姻关系的判决、调解书,不得申请再审。

第二百零三条 【再审申请以及审查】当事人申请再审的,应当提交再审申请书等材料。人民法院应当自收到再审申请书之日起五日内将再审申请书副本发送对方当事人。对方当事人应当自收到再审申请书副本之日起十五日内提交书面意见；不提交书面意见的，不影响人民法院审查。人民法院可以要求申请人和对方当事人补充有关材料，询问有关事项。

第二百零四条 【再审申请的审查期限以及再审案件管辖法院】人民法院应当自收到再审申请书之日起三个月内审查，符合本法规定的，裁定再审；不符合本法规定的，裁定驳回申请。有特殊情况需要延长的，由本院院长批准。

因当事人申请裁定再审的案件由中级人民法院以上的人民法院审理，但当事人依照本法第一百九十九条的规定选择向基层人民法院申请再审的除外。最高人民法院、高级人民法院裁定再审的案件，由本院再审或者交其他人民法院再审，也可以交原审人民法院再审。

第二百零五条 【当事人申请再审的期限】当事人申请再审，应当在判决、裁定发生法律效力后六个月内提出；有本法第二百条第一项、第三项、第十二项、第十三项规定情形的，自知道或者应当知道之日起六个月内提出。

第二百零六条 【中止原判决的执行及例外】按照审判监督程序决定再审的案件，裁定中止原判决、裁定、调解书的执行，但追索赡养费、扶养费、抚育费、抚恤金、医疗费用、劳动报酬等案件，可以不中止执行。

第二百零七条 【再审案件的审理程序】人民法院按照审判监督程序再审的案件，发生法律效力的判决、裁定是由第一审法院作出的，按照第一审程序审理，所作的判决、裁定，当事人可以上诉；发生法律效力的判决、裁定是由第二审法院作出的，按照第二审程序审理，所作的判决、裁定，是发生法律效力的判决、裁定；上级人民法院按照审判监督程序提审的，按照第二审程序审理，所作的判决、裁定是发生法律效力的判决、裁定。

人民法院审理再审案件，应当另行组成合议庭。

第二百零八条 【人民检察院提起抗诉】最高人民检察院对各级人民法院已经发生法律效力的判决、裁定，上级人民检察院对下级人民法院已经发生法律效力的判决、裁定，发现有本法第二百条规定情形之一的，或者发现调解书损害国家利益、社会公共利益的，应当提出抗诉。

地方各级人民检察院对同级人民法院已经发生法律效力的判决、裁定，发现有本法第二百条规定情形之一的，或者发现调解书损害国家利益、社会公共利益的，可以向同级人民法院提出检察建议，并报上级人民检察院备案；也可以提请上级人民检察院向同级人民法院提出抗诉。

各级人民检察院对审判监督程序以外的其他审判程序中审判人员的违法行为，有权向同级人民法院提出检察建议。

第二百零九条 【当事人申请再审检察建议及抗诉的条件】有下列情形之一的，当事人可以向人民检察院申请检察建议或者抗诉：

（一）人民法院驳回再审申请的；

（二）人民法院逾期未对再审申请作出裁定的；

（三）再审判决、裁定有明显错误的。

人民检察院对当事人的申请应当在三个月内进行审查，作出提出或者不予提出检察建议或者抗诉的决定。当事人不得再次向人民检察院申请检察建议或者抗诉。

第二百一十条 【抗诉案件的调查】人民检察院因履行法律监督职责提出检察建议或者抗诉的需要，可以向当事人或者案外人调查核实有关情况。

第二百一十一条 【抗诉案件裁定再审的期限及审理法院】人民检察院提出抗诉的案件，接受抗诉的人民法院应当自收到抗诉书之日起三十日内作出再审的裁定；有本法第二百条第一项至第五项规定情形之一的，可以交下一级人民法院再审，但经该下一级人民法院再审的除外。

第二百一十二条 【抗诉书】人民检察院决定对人民法院的判决、裁定、调解书提出抗诉的，应当制作抗诉书。

第二百一十三条 【人民检察院派员出庭】人民检察院提出抗诉的案件，人民法院再审时，应当通知人民检察院派员出席法庭。

第十七章 督促程序

第二百一十四条 【支付令的申请】债权人请求债务人给付金钱、有价证券，符合下列条件的，可以向有管辖权的基层人民法院申请支付令：

（一）债权人与债务人没有其他债务纠纷的；

（二）支付令能够送达债务人的。

申请书应当写明请求给付金钱或者有价证券的数量和所根据的事实、证据。

第二百一十五条 【支付令申请的受理】债权人提出申请后，人民法院应当在五日内通知债权人是否受理。

第二百一十六条 【审理】人民法院受理申请后，经审查债权人提供的事实、证据，对债权债务关系明确、合法的，应当在受理之日起十五日内向债务人发出支付令；申请不成立的，裁定予以驳回。

债务人应当自收到支付令之日起十五日内清偿债务，或者向人民法院提出书面异议。

债务人在前款规定的期间不提出异议又不履行支付令的，债权人可以向人民法院申请执行。

第二百一十七条 【支付令的异议及失效的处理】人民法院收到债务人提出的书面异议后，经审查，异议成立的，应当裁定终结督促程序，支付令自行失效。

支付令失效的，转入诉讼程序，但申请支付令的一方当事人不同意提起诉讼的除外。

第十八章 公示催告程序

第二百一十八条 【公示催告程序的提起】按照规定可以背书转让的票据持有人，因票据被盗、遗失或者灭失，可以向票据支付地的基层人民法院申请公示催告。依照法律规定可以申请公示催告的其他事项，适用本章规定。

申请人应当向人民法院递交申请书，写明票面金额、发票人、持票人、背书人等票据主要内容和申请的理由、事实。

第二百一十九条 【受理、止付通知与公告】人民法院决定受理申请，应当同时通知支付人停止支付，并在三日内发出公告，催促利害关系人申报权利。公示催告的期间，由人民法院根据情况决定，但不得少于六十日。

第二百二十条 【止付通知和公告的效力】支付人收到人民法院停止支付的通知，应当停止支付，至公示催告程序终结。

公示催告期间，转让票据权利的行为无效。

第二百二十一条 【利害关系人申报权利】利害关系人应当在公示催告期间向人民法院申报。

人民法院收到利害关系人的申报后，应当裁定终结公示催告程序，并通知申请人和支付人。

申请人或者申报人可以向人民法院起诉。

第二百二十二条 【除权判决】没有人申报的，人民法院应当根据申请人的申请，作出判决，宣告票据无效。判决应当公告，并通知支付人。自判决公告之日起，申请人有权向支付人请求支付。

第二百二十三条 【除权判决的撤销】利害关系人因正当理由不能在判决前向人民法院申报的，自知道或者应当知道判决公告之日起一年内，可以向作出判决的人民法院起诉。

第三编 执行程序

第十九章 一般规定

第二百二十四条 【执行依据及管辖】发生法律效力的民事判决、裁定，以及刑事判决、裁定中的财产部分，由第一审人民法院或者与第一审人民法院同级的被执行的财产所在地人民法院执行。

法律规定由人民法院执行的其他法律文书，由被执行人住所地或者被执行的财产所在地人民法院执行。

第二百二十五条 【对违法的执行行为的异议】当事人、利害关系人认为执行行为违反法律规定的，可以向负责执行的人民法院提出书面异议。当事人、利害关系人提出书面异议的，人民法院应当自收到书面异议之日起十五日内审查，理由成立的，裁定撤销或者改正；理由不成立的，裁定驳回。当事人、利害关系人对裁定不服的，可以自裁定送达之日起十日内向上一级人民法院申请复议。

第二百二十六条 【变更执行法院】人民法院自收到申请执行书之日起超过六个月未执行的，申请执行人可以向上一级人民法院申请执行。上一级人民法院经审查，可以责令原人民法院在一定期限内执行，也可以决定由本院执行或者指令其他人民法院执行。

第二百二十七条 【案外人异议】执行过程中，案外人对执行标的提出书面异议的，人民法院应当自收到书面异议之日起十五日内审查，理由成立的，裁定中止对该标的的执行；理由不成立的，裁定驳回。案外人、当事人对裁定不服，认为原判决、裁定错误的，依照审判监督程序办理；与原判决、裁定无关的，可以自裁定送达之日起十五日内向人民法院提起诉讼。

第二百二十八条 【执行员与执行机构】执行工作由执行员进行。

采取强制执行措施时，执行员应当出示证件。执行完毕后，应当将执行情况制作笔录，由在场的有关人员签名或者盖章。

人民法院根据需要可以设立执行机构。

第二百二十九条 【委托执行】被执行人或者被执行的财产在外地的，可以委托当地人民法院代为执行。受委托人民法院收到委托函件后，必须在十五日内开始执行，不得拒绝。执行完毕后，应当将执行结果及时函复委托人民法院；在三十日内如果还未执行完毕，也应当将执行情况函告委托人民法院。

受委托人民法院自收到委托函件之日起十五日内不执行的，委托人民法院可以请求受委托人民法院的上级人民法院指令受委托人民法院执行。

第二百三十条 【执行和解】在执行中，双方当事人自行和解达成协议的，执行员应当将协议内容记入笔录，由双方当事人签名或者盖章。

申请执行人因受欺诈、胁迫与被执行人达成和解协议，或者当事人不履行和解协议的，人民法院可以根据当事人的申请，恢复对原生效法律文书的执行。

第二百三十一条 【执行担保】在执行中，被执行人向人民法院提供担保，并经申请执行人同意的，人民法院可以决定暂缓执行及暂缓执行的期限。被执行人逾期仍不履行的，人民法院有权执行被执行人的担保财产或者担保人的财产。

第二百三十二条 【被执行主体的变更】作为被执行人的公民死亡的，以其遗产偿还债务。作为被执行人的法人或者其他组织终止的，由其权利义务承受人履行义务。

第二百三十三条 【执行回转】执行完毕后，据以执行的判决、裁定和其他法律文书确有错误，被人民法院撤销的，对已被执行的财产，人民法院应当作出裁定，责令取得财产的人返还；拒不返还的，强制执行。

第二百三十四条 【法院调解书的执行】人民法院制作的调解书的执行，适用本编的规定。

第二百三十五条 【对执行的法律监督】人民检察院有权对民事执行活动实行法律监督。

第二十章 执行的申请和移送

第二百三十六条 【申请执行与移送执行】发生法律效力的民事判决、裁定，当事人必须履行。一方拒绝履行的，对方当事人可以向人民法院申请执行，也可以由审判员移送执行员执行。

调解书和其他应当由人民法院执行的法律文书，当事人必须履行。一方拒绝履行的，对方当事人可以向人民法院申请执行。

第二百三十七条 【仲裁裁决的申请执行】对依法设立的仲裁机构的裁决，一方当事人不履行的，对方当事人可以向有管辖权的人民法院申请执行。受申请的人民法院应当执行。

被申请人提出证据证明仲裁裁决有下列情形之一的，经人民法院组成合议庭审查核实，裁定不予执行：

（一）当事人在合同中没有订有仲裁条款或者事后没有达成书面仲裁协议的；

（二）裁决的事项不属于仲裁协议的范围或者仲裁机构无权仲裁的；

（三）仲裁庭的组成或者仲裁的程序违反法定程序的；

（四）裁决所根据的证据是伪造的；

（五）对方当事人向仲裁机构隐瞒了足以影响公正裁决的证据的；

（六）仲裁员在仲裁该案时有贪污受贿，徇私舞弊，枉法裁决行为的。

人民法院认定执行该裁决违背社会公共利益的，裁定不予执行。

裁定书应当送达双方当事人和仲裁机构。

仲裁裁决被人民法院裁定不予执行的，当事人可以根据双方达成的书面仲裁协议重新申请仲裁，也可以向人民法院起诉。

第二百三十八条 【公证债权文书的申请执行】对公证机关依法赋予强制执行效力的债权文书，一方当事人不履行的，对方当事人可以向有管辖权的人民法院申请执行，受申请的人民法院应当执行。

公证债权文书确有错误的，人民法院裁定不予执行，并将裁定书送达双方当事人和公证机关。

第二百三十九条 【申请执行期间】申请执行的期间为二年。申请执行时效的中止、中断，适用法律有关诉讼时效中止、中断的规定。

前款规定的期间,从法律文书规定履行期间的最后一日起计算;法律文书规定分期履行的,从规定的每次履行期间的最后一日起计算;法律文书未规定履行期间的,从法律文书生效之日起计算。

第二百四十条 【执行通知】执行员接到申请执行书或者移交执行书,应当向被执行人发出执行通知,并可以立即采取强制执行措施。

第二十一章 执行措施

第二百四十一条 【被执行人报告财产情况】被执行人未按执行通知履行法律文书确定的义务,应当报告当前以及收到执行通知之日前一年的财产情况。被执行人拒绝报告或者虚假报告的,人民法院可以根据情节轻重对被执行人或者其法定代理人、有关单位的主要负责人或者直接责任人员予以罚款、拘留。

第二百四十二条 【被执行人存款等财产的执行】被执行人未按执行通知履行法律文书确定的义务,人民法院有权向有关单位查询被执行人的存款、债券、股票、基金份额等财产情况。人民法院有权根据不同情形扣押、冻结、划拨、变价被执行人的财产。人民法院查询、扣押、冻结、划拨、变价的财产不得超出被执行人应当履行义务的范围。

人民法院决定扣押、冻结、划拨、变价财产,应当作出裁定,并发出协助执行通知书,有关单位必须办理。

第二百四十三条 【被执行人收入的执行】被执行人未按执行通知履行法律文书确定的义务,人民法院有权扣留、提取被执行人应当履行义务部分的收入。但应当保留被执行人及其所扶养家属的生活必需费用。

人民法院扣留、提取收入时,应当作出裁定,并发出协助执行通知书,被执行人所在单位、银行、信用合作社和其他有储蓄业务的单位必须办理。

第二百四十四条 【被执行人其他财产的执行】被执行人未按执行通知履行法律文书确定的义务,人民法院有权查封、扣押、冻结、拍卖、变卖被执行人应当履行义务部分的财产。但应当保留被执行人及其所扶养家属的生活必需品。

采取前款措施,人民法院应当作出裁定。

第二百四十五条 【查封、扣押】人民法院查封、扣押财产时,被执行人是公民的,应当通知被执行人或者他的成年家属到场;被执行人是法人或者其他组织的,应当通知其法定代表人或者主要负责人到场。拒不到场的,不影响执行。被执行人是公民的,其工作单位或者财产所在地的基层组织应当派人参加。

对被查封、扣押的财产,执行员必须造具清单,由在场人签名或者盖章后,交被执行人一份。被执行人是公民的,也可以交他的成年家属一份。

第二百四十六条 【被查封财产的保管】被查封的财产,执行员可以指定被执行人负责保管。因被执行人的过错造成的损失,由被执行人承担。

第二百四十七条 【拍卖、变卖】财产被查封、扣押后,执行员应当责令被执行人在指定期间履行法律文书确定的义务。被执行人逾期不履行的,人民法院应当拍卖被查封、扣押的财产;不适于拍卖或者当事人双方同意不进行拍卖的,人民法院可以委托有关单位变卖或者自行变卖。国家禁止自由买卖的物品,交有关单位按照国家规定的价格收购。

第二百四十八条 【搜查】被执行人不履行法律文书确定的义务,并隐匿财产的,人民法院有权发出搜查令,对被执行人及其住所或者财产隐匿地进行搜查。

采取前款措施,由院长签发搜查令。

第二百四十九条 【指定交付】法律文书指定交付的财物或者票证,由执行员传唤双方当事人当面交付,或者由执行员转交,并由被交付人签收。

有关单位持有该项财物或者票证的,应当根据人民法院的协助执行通知书转交,并由被交付人签收。

有关公民持有该项财物或者票证的,人民法院通知其交出。拒不交出的,强制执行。

第二百五十条 【强制迁出】强制迁出房屋或者强制退出土地,由院长签发公告,责令被执行人在指定期间履行。被执行人逾期不履行的,由执行员强制执行。

强制执行时,被执行人是公民的,应当通知被执行人或者他的成年家属到场;被执行人是法人或者其他组织的,应当通知其法定代表人或者主要负责人到场。拒不到场的,不影响执行。被执行人是公民的,其工作单位或者房屋、土地所在地的基层组织应当派人参加。执行员应当将强制执行情况记人笔录,由在场人签名或者盖章。

强制迁出房屋被搬出的财物,由人民法院派人运至指定处所,交给被执行人。被执行人是公民的,也可以交给他的成年家属。因拒绝接收而造成的损失,由被执行人承担。

第二百五十一条 【财产权证照转移】在执行中,需要办理有关财产权证照转移手续的,人民法院可以向有关单位发出协助执行通知书,有关单位必须办理。

第二百五十二条 【行为的执行】对判决、裁定和其他法律文书指定的行为,被执行人未按执行通知履行的,人民法院可以强制执行或者委托有关单位或者其他人完成,费用由被执行人承担。

第二百五十三条 【迟延履行的责任】被执行人未按判决、裁定和其他法律文书指定的期间履行给付金钱义务的,应当加倍支付迟延履行期间的债务利息。被执行人未按判决、裁定和其他法律文书指定的期间履行其他义务的,应当支付迟延履行金。

第二百五十四条 【继续执行】人民法院采取本法第二百四十二条、第二百四十三条、第二百四十四条规定的执行措施后,被执行人仍不能偿还债务的,应当继续履行义务。债权人发现被执行人有其他财产的,可以随时请求人民法院执行。

第二百五十五条 【对被执行人的限制措施】被执行人不履行法律文书确定的义务的,人民法院可以对其采取或者通知有关单位协助采取限制出境,在征信系统记录、通过媒体公布不履行义务信息以及法律规定的其他措施。

第二十二章 执行中止和终结

第二百五十六条 【中止执行】有下列情形之一的,人民法院应当裁定中止执行:

(一)申请人表示可以延期执行的;

(二)案外人对执行标的提出确有理由的异议的;

(三)作为一方当事人的公民死亡,需要等待继承人继承权利或者承担义务的;

(四)作为一方当事人的法人或者其他组织终止,尚未确定权利义务承受人的;

(五)人民法院认为应当中止执行的其他情形。

中止的情形消失后,恢复执行。

第二百五十七条 【终结执行】有下列情形之一的,人民法院裁定终结执行:

(一)申请人撤销申请的;

(二)据以执行的法律文书被撤销的;

(三)作为被执行人的公民死亡,无遗产可供执行,又无义务承担人的;

(四)追索赡养费、扶养费、抚育费案件的权利人死亡的;

(五)作为被执行人的公民因生活困难无力偿还借款,无收入来源,又丧失劳动能力的;

(六)人民法院认为应当终结执行的其他情形。

第二百五十八条 【执行中止、终结裁定的生效】中止和终结执行的裁定,送达当事人后立即生效。

第四编 涉外民事诉讼程序的特别规定

第二十三章 一般原则

第二百五十九条 【适用本法原则】在中华人民共和国领域内进行涉外民事诉讼,适用本编规定。本编没有规定的,适用本法其他有关规定。

第二百六十条 【信守国际条约原则】中华人民共和国缔结或者参加的国际条约同本法有不同规定的,适用该国际条约的规定,但中华人民共和国声明保留的条款除外。

第二百六十一条 【司法豁免原则】对享有外交特权与豁免的外国人、外国组织或者国际组织提起的民事诉讼,应当依照中华人民共和国有关法律和中华人民共和国缔结或者参加的国际条约的规定办理。

第二百六十二条 【使用我国通用语言、文字原则】人民法院审理涉外民事案件,应当使用中华人民共和国通用的语言、文字。当事人要求提供翻译的,可以提供,费用由当事人承担。

第二百六十三条 【委托中国律师代理诉讼原则】外国人、无国籍人、外国企业和组织在人民法院起诉、应诉,需要委托律师代理诉讼的,必须委托中华人民共和国的律师。

第二百六十四条 【委托授权书的公证与认证】在中华人民共和国领域内没有住所的外国人、无国籍人、外国企业和组织委托中华人民共和国律师或者其他人代理诉讼,从中华人民共和国领域外寄交或者托交的授权委托书,应当经所在国公证机关证明,并经中华人民共和国驻该国使领馆认证,或者履行中华人民共和国与该所在国订立的有关条约中规定的证明手续后,才具有效力。

第二十四章 管 辖

第二百六十五条 【特殊地域管辖】因合同纠纷或者其他财产权益纠纷,对在中华人民共和国领域内没有住所的被告提起的诉讼,如果合同在中华人民共和国领域内签订或者履行,或者诉讼标的物在中华人民共和国领域内,或者被告在中华人民共和国领域内有可供扣押的财产,或者被告在中华人民共和国领域内设有代表机构,可以由合同签订地、合同履行地、诉讼标的物所在地、可供扣押财产所在地、侵权行为地或者代表机构住所地人民法院管辖。

第二百六十六条 【专属管辖】因在中华人民共和国履行中外合资经营企业合同、中外合作经营企业合同、中外合作勘探开发自然资源合同发生纠纷提起的诉讼,由中华人民共和国人民法院管辖。

第二十五章 送达、期间

第二百六十七条 【送达方式】人民法院对在中华人民共和国领域内没有住所的当事人送达诉讼文书,可以采用下列方式:

(一)依照受送达人所在国与中华人民共和国缔结或者共同参加的国际条约中规定的方式送达;

(二)通过外交途径送达;

(三)对具有中华人民共和国国籍的受送达人,可以委托中华人民共和国驻受送达人所在国的使领馆代为送达;

(四)向受送达人委托的有权代其接受送达的诉讼代理人送达;

(五)向受送达人在中华人民共和国领域内设立的代表机构或者有权接受送达的分支机构、业务代办人送达;

(六)受送达人所在国的法律允许邮寄送达的,可以邮寄送达,自邮寄之日起满三个月,送达回证没有退回,但根据各种情况足以认定已经送达的,期间届满之日视为送达;

(七)采用传真、电子邮件等能够确认受送达人收悉的方式送达;

(八)不能用上述方式送达的,公告送达,自公告之日起满三个月,即视为送达。

第二百六十八条 【答辩期间】被告在中华人民共和国领域内没有住所的,人民法院应当将起诉状副本送达被告,并通知被告在收到起诉状副本后三十日内提出答辩状。被告申请延期的,是否准许,由人民法院决定。

第二百六十九条 【上诉期间】在中华人民共和国领域内没有住所的当事人,不服第一审人民法院判决、裁定的,有权在判决书、裁定书送达之日起三十日内提起上诉。被上诉人在收到上诉状副本后,应当在三十日内提出答辩状。当事人不能在法定期间提起上诉或者提出答辩状,申请延期的,是否准许,由人民法院决定。

第二百七十条 【审理期间】人民法院审理涉外民事案件的期间,不受本法第一百四十九条、第一百七十六条规定的限制。

第二十六章 仲 裁

第二百七十一条 【或裁或审原则】涉外经济贸易、运输和海事中发生的纠纷,当事人在合同中订有仲裁条款或者事后达成书面仲裁协议,提交中华人民共和国涉外仲裁机构或者其他仲裁机构仲裁的,当事人不得向人民法院起诉。

当事人在合同中没有订有仲裁条款或者事后没有达成书面仲裁协议的,可以向人民法院起诉。

第二百七十二条 【仲裁程序中的保全】当事人申请采取保全的,中华人民共和国的涉外仲裁机构应当将当事人的申请,提交被申请人住所地或者财产所在地的中级人民法院裁定。

第二百七十三条 【仲裁裁决的执行】经中华人民共和国涉外仲裁机构裁决的,当事人不得向人民法院起诉。一方当事人不履行仲裁裁决的,对方当事人可以向被申请人住所地或者财产所在地的中级人民法院申请执行。

第二百七十四条 【仲裁裁决不予执行的情形】对中华人民共和国涉外仲裁机构作出的裁决,

被申请人提出证据证明仲裁裁决有下列情形之一的，经人民法院组成合议庭审查核实，裁定不予执行：

（一）当事人在合同中没有订有仲裁条款或者事后没有达成书面仲裁协议的；

（二）被申请人没有得到指定仲裁员或者进行仲裁程序的通知，或者由于其他不属于被申请人负责的原因未能陈述意见的；

（三）仲裁庭的组成或者仲裁的程序与仲裁规则不符的；

（四）裁决的事项不属于仲裁协议的范围或者仲裁机构无权仲裁的。

人民法院认定执行该裁决违背社会公共利益的，裁定不予执行。

第二百七十五条 【仲裁裁决不予执行的法律后果】仲裁裁决被人民法院裁定不予执行的，当事人可以根据双方达成的书面仲裁协议重新申请仲裁，也可以向人民法院起诉。

第二十七章 司法协助

第二百七十六条 【司法协助的原则】根据中华人民共和国缔结或者参加的国际条约，或者按照互惠原则，人民法院和外国法院可以相互请求，代为送达文书、调查取证以及进行其他诉讼行为。

外国法院请求协助的事项有损于中华人民共和国的主权、安全或者社会公共利益的，人民法院不予执行。

第二百七十七条 【司法协助的途径】请求和提供司法协助，应当依照中华人民共和国缔结或者参加的国际条约所规定的途径进行；没有条约关系的，通过外交途径进行。

外国驻中华人民共和国的使领馆可以向该国公民送达文书和调查取证，但不得违反中华人民共和国的法律，并不得采取强制措施。

除前款规定的情况外，未经中华人民共和国主管机关准许，任何外国机关或者个人不得在中华人民共和国领域内送达文书、调查取证。

第二百七十八条 【司法协助请求使用的文字】外国法院请求人民法院提供司法协助的请求书及其所附文件，应当附有中文译本或者国际条约规定的其他文字文本。

人民法院请求外国法院提供司法协助的请求书及其所附文件，应当附有该国文字译本或者国际条约规定的其他文字文本。

第二百七十九条 【司法协助程序】人民法院提供司法协助，依照中华人民共和国法律规定的程序进行。外国法院请求采用特殊方式的，也可以按照其请求的特殊方式进行，但请求采用的特殊方式不得违反中华人民共和国法律。

第二百八十条 【申请外国承认和执行】人民法院作出的发生法律效力的判决、裁定，如果被执行人或者其财产不在中华人民共和国领域内，当事人请求执行的，可以由当事人直接向有管辖权的外国法院申请承认和执行，也可以由人民法院依照中华人民共和国缔结或者参加的国际条约的规定，或者按照互惠原则，请求外国法院承认和执行。

中华人民共和国涉外仲裁机构作出的发生法律效力的仲裁裁决，当事人请求执行的，如果被执行人或者其财产不在中华人民共和国领域内，应当由当事人直接向有管辖权的外国法院申请承认和执行。

第二百八十一条 【外国申请承认和执行】外国法院作出的发生法律效力的判决、裁定，需要中华人民共和国人民法院承认和执行的，可以由当事人直接向中华人民共和国有管辖权的中级人民法院申请承认和执行，也可以由外国法院依照该国与中华人民共和国缔结或者参加的国际条约的规定，或者按照互惠原则，请求人民法院承认和执行。

第二百八十二条 【外国法院裁判的承认与执行】人民法院对申请或者请求承认和执行的外国法院作出的发生法律效力的判决、裁定，依照中华人民共和国缔结或者参加的国际条约，或者按照互惠原则进行审查后，认为不违反中华人民共和国法律的基本原则或者国家主权、安全、社会公共利益的，裁定承认其效力，需要执行的，发出执行令，依照本法的有关规定执行。违反中华人民共和国法律的基本原则或者国家主权、安全、社会公共利益的，不予承认和执行。

第二百八十三条 【外国仲裁裁决的承认和执行】国外仲裁机构的裁决，需要中华人民共和国人民法院承认和执行的，应当由当事人直接向被执行人住所地或者其财产所在地的中级人民法院申请，人民法院应当依照中华人民共和国缔结或者参加的国际条约，或者按照互惠原则办理。

第二百八十四条 【施行时间】本法自公布之

日起施行,《中华人民共和国民事诉讼法(试行)》同时废止。

诉讼费用交纳办法

(2006年12月8日国务院第159次常务会议通过 2006年12月19日中华人民共和国国务院令第481号公布 自2007年4月1日起施行)

第一章 总 则

第一条 根据《中华人民共和国民事诉讼法》(以下简称民事诉讼法)和《中华人民共和国行政诉讼法》(以下简称行政诉讼法)的有关规定,制定本办法。

第二条 当事人进行民事诉讼、行政诉讼,应当依照本办法交纳诉讼费用。

本办法规定可以不交纳或者免予交纳诉讼费用的除外。

第三条 在诉讼过程中不得违反本办法规定的范围和标准向当事人收取费用。

第四条 国家对交纳诉讼费用确有困难的当事人提供司法救助,保障其依法行使诉讼权利,维护其合法权益。

第五条 外国人、无国籍人、外国企业或者组织在人民法院进行诉讼,适用本办法。

外国法院对中华人民共和国公民、法人或者其他组织,与其本国公民、法人或者其他组织在诉讼费用交纳上实行差别对待的,按照对等原则处理。

第二章 诉讼费用交纳范围

第六条 当事人应当向人民法院交纳的诉讼费用包括:

(一)案件受理费;

(二)申请费;

(三)证人、鉴定人、翻译人员、理算人员在人民法院指定日期出庭发生的交通费、住宿费、生活费和误工补贴。

第七条 案件受理费包括:

(一)第一审案件受理费;

(二)第二审案件受理费;

(三)再审案件中,依照本办法规定需要交纳的案件受理费。

第八条 下列案件不交纳案件受理费:

(一)依照民事诉讼法规定的特别程序审理的案件;

(二)裁定不予受理、驳回起诉、驳回上诉的案件;

(三)对不予受理、驳回起诉和管辖权异议裁定不服,提起上诉的案件;

(四)行政赔偿案件。

第九条 根据民事诉讼法和行政诉讼法规定的审判监督程序审理的案件,当事人不交纳案件受理费。但是,下列情形除外:

(一)当事人有新的证据,足以推翻原判决、裁定,向人民法院申请再审,人民法院经审查决定再审的案件;

(二)当事人对人民法院第一审判决或者裁定未提出上诉,第一审判决、裁定或者调解书发生法律效力后又申请再审,人民法院经审查决定再审的案件。

第十条 当事人依法向人民法院申请下列事项,应当交纳申请费:

(一)申请执行人民法院发生法律效力的判决、裁定、调解书,仲裁机构依法作出的裁决和调解书,公证机构依法赋予强制执行效力的债权文书;

(二)申请保全措施;

(三)申请支付令;

(四)申请公示催告;

(五)申请撤销仲裁裁决或者认定仲裁协议效力;

(六)申请破产;

(七)申请海事强制令、共同海损理算、设立海事赔偿责任限制基金、海事债权登记、船舶优先权催告;

(八)申请承认和执行外国法院判决、裁定和国外仲裁机构裁决。

第十一条 证人、鉴定人、翻译人员、理算人员在人民法院指定日期出庭发生的交通费、住宿费、生活费和误工补贴,由人民法院按照国家规定标准代为收取。

当事人复制案件卷宗材料和法律文书应当按实际成本向人民法院交纳工本费。

第十二条 诉讼过程中因鉴定、公告、勘验、翻译、评估、拍卖、变卖、仓储、保管、运输、船舶监管等发生的依法应当由当事人负担的费用,人民法院根据谁主张、谁负担的原则,决定由当事人直接支付给有关机构或者单位,人民法院不得代收代付。

人民法院依照民事诉讼法第十一条第三款规定提供当地民族通用语言、文字翻译的,不收取费用。

第三章　诉讼费用交纳标准

第十三条　案件受理费分别按照下列标准交纳:

(一)财产案件根据诉讼请求的金额或者价额,按照下列比例分段累计交纳:

1. 不超过1万元的,每件交纳50元;

2. 超过1万元至10万元的部分,按照2.5%交纳;

3. 超过10万元至20万元的部分,按照2%交纳;

4. 超过20万元至50万元的部分,按照1.5%交纳;

5. 超过50万元至100万元的部分,按照1%交纳;

6. 超过100万元至200万元的部分,按照0.9%交纳;

7. 超过200万元至500万元的部分,按照0.8%交纳;

8. 超过500万元至1000万元的部分,按照0.7%交纳;

9. 超过1000万元至2000万元的部分,按照0.6%交纳;

10. 超过2000万元的部分,按照0.5%交纳。

(二)非财产案件按照下列标准交纳:

1. 离婚案件每件交纳50元至300元。涉及财产分割,财产总额不超过20万元的,不另行交纳;超过20万元的部分,按照0.5%交纳。

2. 侵害姓名权、名称权、肖像权、名誉权、荣誉权以及其他人格权的案件,每件交纳100元至500元。涉及损害赔偿,赔偿金额不超过5万元的,不另行交纳;超过5万元至10万元的部分,按照1%交纳;超过10万元的部分,按照0.5%交纳。

3. 其他非财产案件每件交纳50元至100元。

(三)知识产权民事案件,没有争议金额或者价额的,每件交纳500元至1000元;有争议金额或者价额的,按照财产案件的标准交纳。

(四)劳动争议案件每件交纳10元。

(五)行政案件按照下列标准交纳:

1. 商标、专利、海事行政案件每件交纳100元;

2. 其他行政案件每件交纳50元。

(六)当事人提出案件管辖权异议,异议不成立的,每件交纳50元至100元。

省、自治区、直辖市人民政府可以结合本地实际情况在本条第(二)项、第(三)项、第(六)项规定的幅度内制定具体交纳标准。

第十四条　申请费分别按照下列标准交纳:

(一)依法向人民法院申请执行人民法院发生法律效力的判决、裁定、调解书,仲裁机构依法作出的裁决和调解书,公证机关依法赋予强制执行效力的债权文书,申请承认和执行外国法院判决、裁定以及国外仲裁机构裁决的,按照下列标准交纳:

1. 没有执行金额或者价额的,每件交纳50元至500元。

2. 执行金额或者价额不超过1万元的,每件交纳50元;超过1万元至50万元的部分,按照1.5%交纳;超过50万元至500万元的部分,按照1%交纳;超过500万元至1000万元的部分,按照0.5%交纳;超过1000万元的部分,按照0.1%交纳。

3. 符合民事诉讼法第五十五条第四款规定,未参加登记的权利人向人民法院提起诉讼的,按照本项规定的标准交纳申请费,不再交纳案件受理费。

(二)申请保全措施的,根据实际保全的财产数额按照下列标准交纳:

财产数额不超过1000元或者不涉及财产数额的,每件交纳30元;超过1000元至10万元的部分,按照1%交纳;超过10万元的部分,按照0.5%交纳。但是,当事人申请保全措施交纳的费用最多不超过5000元。

(三)依法申请支付令的,比照财产案件受理费标准的1/3交纳。

(四)依法申请公示催告的,每件交纳100元。

(五)申请撤销仲裁裁决或者认定仲裁协议效力的,每件交纳400元。

(六)破产案件依据破产财产总额计算,按照财产案件受理费标准减半交纳,但是,最高不超过

30万元。

（七）海事案件的申请费按照下列标准交纳：

1. 申请设立海事赔偿责任限制基金的，每件交纳1000元至1万元；

2. 申请海事强制令的，每件交纳1000元至5000元；

3. 申请船舶优先权催告的，每件交纳1000元至5000元；

4. 申请海事债权登记的，每件交纳1000元；

5. 申请共同海损理算的，每件交纳1000元。

第十五条 以调解方式结案或者当事人申请撤诉的，减半交纳案件受理费。

第十六条 适用简易程序审理的案件减半交纳案件受理费。

第十七条 对财产案件提起上诉的，按照不服一审判决部分的上诉请求数额交纳案件受理费。

第十八条 被告提起反诉、有独立请求权的第三人提出与本案有关的诉讼请求，人民法院决定合并审理的，分别减半交纳案件受理费。

第十九条 依照本办法第九条规定需要交纳案件受理费的再审案件，按照不服原判决部分的再审请求数额交纳案件受理费。

第四章 诉讼费用的交纳和退还

第二十条 案件受理费由原告、有独立请求权的第三人、上诉人预交。被告提起反诉，依照本办法规定需要交纳案件受理费的，由被告预交。追索劳动报酬的案件可以不预交案件受理费。

申请费由申请人预交。但是，本办法第十条第（一）项、第（六）项规定的申请费不由申请人预交，执行申请费执行后交纳，破产申请费清算后交纳。

本办法第十一条规定的费用，待实际发生后交纳。

第二十一条 当事人在诉讼中变更诉讼请求数额，案件受理费依照下列规定处理：

（一）当事人增加诉讼请求数额的，按照增加后的诉讼请求数额计算补交；

（二）当事人在法庭调查终结前提出减少诉讼请求数额的，按照减少后的诉讼请求数额计算退还。

第二十二条 原告自接到人民法院交纳诉讼费用通知次日起7日内交纳案件受理费；反诉案件由提起反诉的当事人自提起反诉次日起7日内交纳案件受理费。

上诉案件的案件受理费由上诉人向人民法院提交上诉状时预交。双方当事人都提起上诉的，分别预交。上诉人在上诉期内未预交诉讼费用的，人民法院应当通知其在7日内预交。

申请费由申请人在提出申请时或者在人民法院指定的期限内预交。

当事人逾期不交纳诉讼费用又未提出司法救助申请，或者申请司法救助未获批准，在人民法院指定期限内仍未交纳诉讼费用的，由人民法院依照有关规定处理。

第二十三条 依照本办法第九条规定需要交纳案件受理费的再审案件，由申请再审的当事人预交。双方当事人都申请再审的，分别预交。

第二十四条 依照民事诉讼法第三十六条、第三十七条、第三十八条、第三十九条规定移送、移交的案件，原受理人民法院应当将当事人预交的诉讼费用随案移交接收案件的人民法院。

第二十五条 人民法院审理民事案件过程中发现涉嫌刑事犯罪并将案件移送有关部门处理的，当事人交纳的案件受理费予以退还；移送后民事案件需要继续审理的，当事人已交纳的案件受理费不予退还。

第二十六条 中止诉讼、中止执行的案件，已交纳的案件受理费、申请费不予退还。中止诉讼、中止执行的原因消除，恢复诉讼、执行的，不再交纳案件受理费、申请费。

第二十七条 第二审人民法院决定将案件发回重审的，应当退还上诉人已交纳的第二审案件受理费。

第一审人民法院裁定不予受理或者驳回起诉的，应当退还当事人已交纳的案件受理费；当事人对第一审人民法院不予受理、驳回起诉的裁定提起上诉，第二审人民法院维持第一审人民法院作出的裁定的，第一审人民法院应当退还当事人已交纳的案件受理费。

第二十八条 依照民事诉讼法第一百三十七条规定终结诉讼的案件，依照本办法规定已交纳的案件受理费不予退还。

第五章 诉讼费用的负担

第二十九条 诉讼费用由败诉方负担，胜诉方自愿承担的除外。

部分胜诉、部分败诉的，人民法院根据案件的具体情况决定当事人各自负担的诉讼费用数额。

共同诉讼当事人败诉的，人民法院根据其对诉讼标的的利害关系，决定当事人各自负担的诉讼费用数额。

第三十条 第二审人民法院改变第一审人民法院作出的判决、裁定的，应当相应变更第一审人民法院对诉讼费用负担的决定。

第三十一条 经人民法院调解达成协议的案件，诉讼费用的负担由双方当事人协商解决；协商不成的，由人民法院决定。

第三十二条 依照本办法第九条第(一)项、第(二)项的规定应当交纳案件受理费的再审案件，诉讼费用由申请再审的当事人负担；双方当事人都申请再审的，诉讼费用依照本办法第二十九条的规定负担。原审诉讼费用的负担由人民法院根据诉讼费用负担原则重新确定。

第三十三条 离婚案件诉讼费用的负担由双方当事人协商解决；协商不成的，由人民法院决定。

第三十四条 民事案件的原告或者上诉人申请撤诉，人民法院裁定准许的，案件受理费由原告或者上诉人负担。

行政案件的被告改变或者撤销具体行政行为，原告申请撤诉，人民法院裁定准许的，案件受理费由被告负担。

第三十五条 当事人在法庭调查终结后提出减少诉讼请求数额的，减少请求数额部分的案件受理费由变更诉讼请求的当事人负担。

第三十六条 债务人对督促程序未提出异议的，申请费由债务人负担。债务人对督促程序提出异议致使督促程序终结的，申请费由申请人负担；申请人另行起诉的，可以将申请费列入诉讼请求。

第三十七条 公示催告的申请费由申请人负担。

第三十八条 本办法第十条第(一)项、第(八)项规定的申请费由被执行人负担。

执行中当事人达成和解协议的，申请费的负担由双方当事人协商解决；协商不成的，由人民法院决定。

本办法第十条第(二)项规定的申请费由申请人负担，申请人提起诉讼的，可以将该申请费列入诉讼请求。

本办法第十条第(五)项规定的申请费，由人民法院依照本办法第二十九条规定决定申请费的负担。

第三十九条 海事案件中的有关诉讼费用依照下列规定负担：

(一)诉前申请海事请求保全、海事强制令的，申请费由申请人负担；申请人就有关海事请求提起诉讼的，可将上述费用列入诉讼请求；

(二)诉前申请海事证据保全的，申请费由申请人负担；

(三)诉讼中拍卖、变卖被扣押船舶、船载货物、船用燃油、船用物料发生的合理费用，由申请人预付，从拍卖、变卖价款中先行扣除，退还申请人；

(四)申请设立海事赔偿责任限制基金、申请债权登记与受偿、申请船舶优先权催告案件的申请费，由申请人负担；

(五)设立海事赔偿责任限制基金、船舶优先权催告程序中的公告费用由申请人负担。

第四十条 当事人因自身原因未能在举证期限内举证，在二审或者再审期间提出新的证据致使诉讼费用增加的，增加的诉讼费用由该当事人负担。

第四十一条 依照特别程序审理案件的公告费，由起诉人或者申请人负担。

第四十二条 依法向人民法院申请破产的，诉讼费用依照有关法律规定从破产财产中拨付。

第四十三条 当事人不得单独对人民法院关于诉讼费用的决定提起上诉。

当事人单独对人民法院关于诉讼费用的决定有异议的，可以向作出决定的人民法院院长申请复核。复核决定应当自收到当事人申请之日起15日内作出。

当事人对人民法院决定诉讼费用的计算有异议的，可以向作出决定的人民法院请求复核。计算确有错误的，作出决定的人民法院应当予以更正。

第六章　司法救助

第四十四条 当事人交纳诉讼费用确有困难的，可以依照本办法向人民法院申请缓交、减交或者免交诉讼费用的司法救助。

诉讼费用的免交只适用于自然人。

第四十五条 当事人申请司法救助，符合下列

情形之一的,人民法院应当准予免交诉讼费用:

(一)残疾人无固定生活来源的;

(二)追索赡养费、扶养费、抚育费、抚恤金的;

(三)最低生活保障对象、农村特困定期救济对象、农村五保供养对象或者领取失业保险金人员,无其他收入的;

(四)因见义勇为或者为保护社会公共利益致使自身合法权益受到损害,本人或者其近亲属请求赔偿或者补偿的;

(五)确实需要免交的其他情形。

第四十六条 当事人申请司法救助,符合下列情形之一的,人民法院应当准予减交诉讼费用:

(一)因自然灾害等不可抗力造成生活困难,正在接受社会救济,或者家庭生产经营难以为继的;

(二)属于国家规定的优抚、安置对象的;

(三)社会福利机构和救助管理站;

(四)确实需要减交的其他情形。

人民法院准予减交诉讼费用的,减交比例不得低于30%。

第四十七条 当事人申请司法救助,符合下列情形之一的,人民法院应当准予缓交诉讼费用:

(一)追索社会保险金、经济补偿金的;

(二)海上事故、交通事故、医疗事故、工伤事故、产品质量事故或者其他人身伤害事故的受害人请求赔偿的;

(三)正在接受有关部门法律援助的;

(四)确实需要缓交的其他情形。

第四十八条 当事人申请司法救助,应当在起诉或者上诉时提交书面申请、足以证明其确有经济困难的证明材料以及其他相关证明材料。

因生活困难或者追索基本生活费用申请免交、减交诉讼费用的,还应当提供本人及其家庭经济状况符合当地民政、劳动保障等部门规定的公民经济困难标准的证明。

人民法院对当事人的司法救助申请不予批准的,应当向当事人书面说明理由。

第四十九条 当事人申请缓交诉讼费用经审查符合本办法第四十七条规定的,人民法院应当在决定立案之前作出准予缓交的决定。

第五十条 人民法院对一方当事人提供司法救助,对方当事人败诉的,诉讼费用由对方当事人负担;对方当事人胜诉的,可以视申请司法救助的当事人的经济状况决定其减交、免交诉讼费用。

第五十一条 人民法院准予当事人减交、免交诉讼费用的,应当在法律文书中载明。

第七章 诉讼费用的管理和监督

第五十二条 诉讼费用的交纳和收取制度应当公示。人民法院收取诉讼费用按照其财务隶属关系使用国务院财政部门或者省级人民政府财政部门印制的财政票据。案件受理费、申请费全额上缴财政,纳入预算,实行收支两条线管理。

人民法院收取诉讼费用应当向当事人开具缴费凭证,当事人持缴费凭证到指定代理银行交费。依法应当向当事人退费的,人民法院应当按照国家有关规定办理。诉讼费用缴库和退费的具体办法由国务院财政部门商最高人民法院另行制定。

在边远、水上、交通不便地区,基层巡回法庭当场审理案件,当事人提出向指定代理银行交纳诉讼费用确有困难的,基层巡回法庭可以当场收取诉讼费用,并向当事人出具省级人民政府财政部门印制的财政票据;不出具省级人民政府财政部门印制的财政票据的,当事人有权拒绝交纳。

第五十三条 案件审结后,人民法院应当将诉讼费用的详细清单和当事人应当负担的数额书面通知当事人,同时在判决书、裁定书或者调解书中写明当事人各方应当负担的数额。

需要向当事人退还诉讼费用的,人民法院应当自法律文书生效之日起15日内退还有关当事人。

第五十四条 价格主管部门、财政部门按照收费管理的职责分工,对诉讼费用进行管理和监督;对违反本办法规定的乱收费行为,依照法律、法规和国务院相关规定予以查处。

第八章 附 则

第五十五条 诉讼费用以人民币为计算单位。以外币为计算单位的,依照人民法院决定受理案件之日国家公布的汇率换算成人民币计算交纳;上诉案件和申请再审案件的诉讼费用,按照第一审人民法院决定受理案件之日国家公布的汇率换算。

第五十六条 本办法自2007年4月1日起施行。

最高人民法院关于适用《中华人民共和国民事诉讼法》的解释

（2014年12月18日最高人民法院审判委员会第1636次会议通过　根据2020年12月23日最高人民法院审判委员会第1823次会议通过的《最高人民法院关于修改〈最高人民法院关于人民法院民事调解工作若干问题的规定〉等十九件民事诉讼类司法解释的决定》修正）

目　录

一、管　　辖
二、回　　避
三、诉讼参加人
四、证　　据
五、期间和送达
六、调　　解
七、保全和先予执行
八、对妨害民事诉讼的强制措施
九、诉讼费用
十、第一审普通程序
十一、简易程序
十二、简易程序中的小额诉讼
十三、公益诉讼
十四、第三人撤销之诉
十五、执行异议之诉
十六、第二审程序
十七、特别程序
十八、审判监督程序
十九、督促程序
二十、公示催告程序
二十一、执行程序
二十二、涉外民事诉讼程序的特别规定
二十三、附　　则

2012年8月31日，第十一届全国人民代表大会常务委员会第二十八次会议审议通过了《关于修改〈中华人民共和国民事诉讼法〉的决定》。根据修改后的民事诉讼法，结合人民法院民事审判和执行工作实际，制定本解释。

一、管　　辖

第一条　民事诉讼法第十八条第一项规定的重大涉外案件，包括争议标的额大的案件、案情复杂的案件，或者一方当事人人数众多等具有重大影响的案件。

第二条　专利纠纷案件由知识产权法院、最高人民法院确定的中级人民法院和基层人民法院管辖。

海事、海商案件由海事法院管辖。

第三条　公民的住所地是指公民的户籍所在地，法人或者其他组织的住所地是指法人或者其他组织的主要办事机构所在地。

法人或者其他组织的主要办事机构所在地不能确定的，法人或者其他组织的注册地或者登记地为住所地。

第四条　公民的经常居住地是指公民离开住所地至起诉时已连续居住一年以上的地方，但公民住院就医的地方除外。

第五条　对没有办事机构的个人合伙、合伙型联营体提起的诉讼，由被告注册登记地人民法院管辖。没有注册登记，几个被告又不在同一辖区的，被告住所地的人民法院都有管辖权。

第六条　被告被注销户籍的，依照民事诉讼法第二十二条规定确定管辖；原告、被告均被注销户籍的，由被告居住地人民法院管辖。

第七条　当事人的户籍迁出后尚未落户，有经常居住地的，由该地人民法院管辖；没有经常居住地的，由其原户籍所在地人民法院管辖。

第八条　双方当事人都被监禁或者被采取强制性教育措施的，由被告原住所地人民法院管辖。被告被监禁或者被采取强制性教育措施一年以上的，由被告被监禁地或者被采取强制性教育措施地人民法院管辖。

第九条　追索赡养费、抚育费、扶养费案件的几个被告住所地不在同一辖区的，可以由原告住所地人民法院管辖。

第十条　不服指定监护或者变更监护关系的案件，可以由被监护人住所地人民法院管辖。

第十一条　双方当事人均为军人或者军队单位的民事案件由军事法院管辖。

第十二条　夫妻一方离开住所地超过一年，另一方起诉离婚的案件,可以由原告住所地人民法院管辖。

夫妻双方离开住所地超过一年,一方起诉离婚的案件,由被告经常居住地人民法院管辖;没有经常居住地的,由原告起诉时被告居住地人民法院管辖。

第十三条 在国内结婚并定居国外的华侨,如定居国法院以离婚诉讼须由婚姻缔结地法院管辖为由不予受理,当事人向人民法院提出离婚诉讼的,由婚姻缔结地或者一方在国内的最后居住地人民法院管辖。

第十四条 在国外结婚并定居国外的华侨,如定居国法院以离婚诉讼须由国籍所属国法院管辖为由不予受理,当事人向人民法院提出离婚诉讼的,由一方原住所地或者在国内的最后居住地人民法院管辖。

第十五条 中国公民一方居住在国外,一方居住在国内,不论哪一方向人民法院提起离婚诉讼,国内一方住所地人民法院都有权管辖。国外一方在居住国法院起诉,国内一方向人民法院起诉的,受诉人民法院有权管辖。

第十六条 中国公民双方在国外但未定居,一方向人民法院起诉离婚的,应由原告或者被告原住所地人民法院管辖。

第十七条 已经离婚的中国公民,双方均定居国外,仅就国内财产分割提起诉讼的,由主要财产所在地人民法院管辖。

第十八条 合同约定履行地点的,以约定的履行地点为合同履行地。

合同对履行地点没有约定或者约定不明确,争议标的为给付货币的,接收货币一方所在地为合同履行地;交付不动产的,不动产所在地为合同履行地;其他标的,履行义务一方所在地为合同履行地。即时结清的合同,交易行为地为合同履行地。

合同没有实际履行,当事人双方住所地都不在合同约定的履行地的,由被告住所地人民法院管辖。

第十九条 财产租赁合同、融资租赁合同以租赁物使用地为合同履行地。合同对履行地有约定的,从其约定。

第二十条 以信息网络方式订立的买卖合同,通过信息网络交付标的的,以买受人住所地为合同履行地;通过其他方式交付标的的,收货地为合同履行地。合同对履行地有约定的,从其约定。

第二十一条 因财产保险合同纠纷提起的诉讼,如果保险标的物是运输工具或者运输中的货物,可以由运输工具登记注册地、运输目的地、保险事故发生地人民法院管辖。

因人身保险合同纠纷提起的诉讼,可以由被保险人住所地人民法院管辖。

第二十二条 因股东名册记载、请求变更公司登记、股东知情权、公司决议、公司合并、公司分立、公司减资、公司增资等纠纷提起的诉讼,依照民事诉讼法第二十六条规定确定管辖。

第二十三条 债权人申请支付令,适用民事诉讼法第二十一条规定,由债务人住所地基层人民法院管辖。

第二十四条 民事诉讼法第二十八条规定的侵权行为地,包括侵权行为实施地、侵权结果发生地。

第二十五条 信息网络侵权行为实施地包括实施被诉侵权行为的计算机等信息设备所在地,侵权结果发生地包括被侵权人住所地。

第二十六条 因产品、服务质量不合格造成他人财产、人身损害提起的诉讼,产品制造地、产品销售地、服务提供地、侵权行为地和被告住所地人民法院都有管辖权。

第二十七条 当事人申请诉前保全后没有在法定期间起诉或者申请仲裁,给被申请人、利害关系人造成损失引起的诉讼,由采取保全措施的人民法院管辖。

当事人申请诉前保全后在法定期间内起诉或者申请仲裁,被申请人、利害关系人因保全受到损失提起的诉讼,由受理起诉的人民法院或者采取保全措施的人民法院管辖。

第二十八条 民事诉讼法第三十三条第一项规定的不动产纠纷是指因不动产的权利确认、分割、相邻关系等引起的物权纠纷。

农村土地承包经营合同纠纷、房屋租赁合同纠纷、建设工程施工合同纠纷、政策性房屋买卖合同纠纷,按照不动产纠纷确定管辖。

不动产已登记的,以不动产登记簿记载的所在地为不动产所在地;不动产未登记的,以不动产实际所在地为不动产所在地。

第二十九条 民事诉讼法第三十四条规定的书面协议,包括书面合同中的协议管辖条款或者诉讼前以书面形式达成的选择管辖的协议。

第三十条 根据管辖协议，起诉时能够确定管辖法院的，从其约定；不能确定的，依照民事诉讼法的相关规定确定管辖。

管辖协议约定两个以上与争议有实际联系的地点的人民法院管辖，原告可以向其中一个人民法院起诉。

第三十一条 经营者使用格式条款与消费者订立管辖协议，未采取合理方式提请消费者注意，消费者主张管辖协议无效的，人民法院应予支持。

第三十二条 管辖协议约定由一方当事人住所地人民法院管辖，协议签订后当事人住所地变更的，由签订管辖协议时的住所地人民法院管辖，但当事人另有约定的除外。

第三十三条 合同转让的，合同的管辖协议对合同受让人有效，但转让时受让人不知道有管辖协议，或者转让协议另有约定且原合同相对人同意的除外。

第三十四条 当事人因同居或者在解除婚姻、收养关系后发生财产争议，约定管辖的，可以适用民事诉讼法第三十四条规定确定管辖。

第三十五条 当事人在答辩期间届满后未应诉答辩，人民法院在一审开庭前，发现案件不属于本院管辖的，应当裁定移送有管辖权的人民法院。

第三十六条 两个以上人民法院都有管辖权的诉讼，先立案的人民法院不得将案件移送给另一个有管辖权的人民法院。人民法院在立案前发现其他有管辖权的人民法院已先立案的，不得重复立案；立案后发现其他有管辖权的人民法院已先立案的，裁定将案件移送给先立案的人民法院。

第三十七条 案件受理后，受诉人民法院的管辖权不受当事人住所地、经常居住地变更的影响。

第三十八条 有管辖权的人民法院受理案件后，不得以行政区域变更为由，将案件移送给变更后有管辖权的人民法院。判决后的上诉案件和依审判监督程序提审的案件，由原审人民法院的上级人民法院进行审判；上级人民法院指令再审、发回重审的案件，由原审人民法院再审或者重审。

第三十九条 人民法院对管辖异议审查后确定有管辖权的，不因当事人提起反诉、增加或者变更诉讼请求等改变管辖，但违反级别管辖、专属管辖规定的除外。

人民法院发回重审或者按第一审程序再审的案件，当事人提出管辖异议的，人民法院不予审查。

第四十条 依照民事诉讼法第三十七条第二款规定，发生管辖权争议的两个人民法院因协商不成报请它们的共同上级人民法院指定管辖时，双方为同属一个地、市辖区的基层人民法院的，由该地、市的中级人民法院及时指定管辖；同属一个省、自治区、直辖市的两个人民法院的，由该省、自治区、直辖市的高级人民法院及时指定管辖；双方为跨省、自治区、直辖市的人民法院，高级人民法院协商不成的，由最高人民法院及时指定管辖。

依照前款规定报请上级人民法院指定管辖时，应当逐级进行。

第四十一条 人民法院依照民事诉讼法第三十七条第二款规定指定管辖的，应当作出裁定。

对报请上级人民法院指定管辖的案件，下级人民法院应当中止审理。指定管辖裁定作出前，下级人民法院对案件作出判决、裁定的，上级人民法院应当在裁定指定管辖的同时，一并撤销下级人民法院的判决、裁定。

第四十二条 下列第一审民事案件，人民法院依照民事诉讼法第三十八条第一款规定，可以在开庭前交下级人民法院审理：

（一）破产程序中有关债务人的诉讼案件；

（二）当事人人数众多且不方便诉讼的案件；

（三）最高人民法院确定的其他类型案件。

人民法院交下级人民法院审理前，应当报请其上级人民法院批准。上级人民法院批准后，人民法院应当裁定将案件交下级人民法院审理。

二、回　避

第四十三条 审判人员有下列情形之一的，应当自行回避，当事人有权申请其回避：

（一）是本案当事人或者当事人近亲属的；

（二）本人或者其近亲属与本案有利害关系的；

（三）担任过本案的证人、鉴定人、辩护人、诉讼代理人、翻译人员的；

（四）是本案诉讼代理人近亲属的；

（五）本人或者其近亲属持有本案非上市公司当事人的股份或者股权的；

（六）与本案当事人或者诉讼代理人有其他利害关系，可能影响公正审理的。

第四十四条 审判人员有下列情形之一的，当事人有权申请其回避：

（一）接受本案当事人及其受托人宴请，或者参加由其支付费用的活动的；

（二）索取、接受本案当事人及其受托人财物或者其他利益的；

（三）违反规定会见本案当事人、诉讼代理人的；

（四）为本案当事人推荐、介绍诉讼代理人，或者为律师、其他人员介绍代理本案的；

（五）向本案当事人及其受托人借用款物的；

（六）有其他不正当行为，可能影响公正审理的。

第四十五条 在一个审判程序中参与过本案审判工作的审判人员，不得再参与该案其他程序的审判。

发回重审的案件，在一审法院作出裁判后又进入第二审程序的，原第二审程序中合议庭组成人员不受前款规定的限制。

第四十六条 审判人员有应当回避的情形，没有自行回避，当事人也没有申请其回避的，由院长或者审判委员会决定其回避。

第四十七条 人民法院应当依法告知当事人对合议庭组成人员、独任审判员和书记员等人员有申请回避的权利。

第四十八条 民事诉讼法第四十四条所称的审判人员，包括参与本案审理的人民法院院长、副院长、审判委员会委员、庭长、副庭长、审判员、助理审判员和人民陪审员。

第四十九条 书记员和执行员适用审判人员回避的有关规定。

三、诉讼参加人

第五十条 法人的法定代表人以依法登记的为准，但法律另有规定的除外。依法不需要办理登记的法人，以其正职负责人为法定代表人；没有正职负责人的，以其主持工作的副职负责人为法定代表人。

法定代表人已经变更，但未完成登记，变更后的法定代表人要求代表法人参加诉讼的，人民法院可以准许。

其他组织，以其主要负责人为代表人。

第五十一条 在诉讼中，法人的法定代表人变更的，由新的法定代表人继续进行诉讼，并应向人民法院提交新的法定代表人身份证明书。原法定代表人进行的诉讼行为有效。

前款规定，适用于其他组织参加的诉讼。

第五十二条 民事诉讼法第四十八条规定的其他组织是指合法成立、有一定的组织机构和财产，但又不具备法人资格的组织，包括：

（一）依法登记领取营业执照的个人独资企业；

（二）依法登记领取营业执照的合伙企业；

（三）依法登记领取我国营业执照的中外合作经营企业、外资企业；

（四）依法成立的社会团体的分支机构、代表机构；

（五）依法设立并领取营业执照的法人的分支机构；

（六）依法设立并领取营业执照的商业银行、政策性银行和非银行金融机构的分支机构；

（七）经依法登记领取营业执照的乡镇企业、街道企业；

（八）其他符合本条规定条件的组织。

第五十三条 法人非依法设立的分支机构，或者虽依法设立，但没有领取营业执照的分支机构，以设立该分支机构的法人为当事人。

第五十四条 以挂靠形式从事民事活动，当事人请求由挂靠人和被挂靠人依法承担民事责任的，该挂靠人和被挂靠人为共同诉讼人。

第五十五条 在诉讼中，一方当事人死亡，需要等待继承人表明是否参加诉讼的，裁定中止诉讼。人民法院应当及时通知继承人作为当事人承担诉讼，被继承人已经进行的诉讼行为对承担诉讼的继承人有效。

第五十六条 法人或者其他组织的工作人员执行工作任务造成他人损害的，该法人或者其他组织为当事人。

第五十七条 提供劳务一方因劳务造成他人损害，受害人提起诉讼的，以接受劳务一方为被告。

第五十八条 在劳务派遣期间，被派遣的工作人员因执行工作任务造成他人损害的，以接受劳务派遣的用工单位为当事人。当事人主张劳务派遣单位承担责任的，该劳务派遣单位为共同被告。

第五十九条 在诉讼中，个体工商户以营业执照上登记的经营者为当事人。有字号的,以营业执照上登记的字号为当事人,但应同时注明该字号经营者的基本信息。

营业执照上登记的经营者与实际经营者不一致的,以登记的经营者和实际经营者为共同诉讼人。

第六十条 在诉讼中,未依法登记领取营业执照的个人合伙的全体合伙人为共同诉讼人。个人合伙有依法核准登记的字号的,应在法律文书中注明登记的字号。全体合伙人可以推选代表人;被推选的代表人,应由全体合伙人出具推选书。

第六十一条 当事人之间的纠纷经人民调解委员会调解达成协议后,一方当事人不履行调解协议,另一方当事人向人民法院提起诉讼的,应以对方当事人为被告。

第六十二条 下列情形,以行为人为当事人:

(一)法人或者其他组织应登记而未登记,行为人即以该法人或者其他组织名义进行民事活动的;

(二)行为人没有代理权、超越代理权或者代理权终止后以被代理人名义进行民事活动的,但相对人有理由相信行为人有代理权的除外;

(三)法人或者其他组织依法终止后,行为人仍以其名义进行民事活动的。

第六十三条 企业法人合并的,因合并前的民事活动发生的纠纷,以合并后的企业为当事人;企业法人分立的,因分立前的民事活动发生的纠纷,以分立后的企业为共同诉讼人。

第六十四条 企业法人解散的,依法清算并注销前,以该企业法人为当事人;未依法清算即被注销的,以该企业法人的股东、发起人或者出资人为当事人。

第六十五条 借用业务介绍信、合同专用章、盖章的空白合同书或者银行账户的,出借单位和借用人为共同诉讼人。

第六十六条 因保证合同纠纷提起的诉讼,债权人向保证人和被保证人一并主张权利的,人民法院应当将保证人和被保证人列为共同被告。保证合同约定为一般保证,债权人仅起诉保证人的,人民法院应当通知被保证人作为共同被告参加诉讼;债权人仅起诉被保证人的,可以只列被保证人为被告。

第六十七条 无民事行为能力人、限制民事行为能力人造成他人损害的,无民事行为能力人、限制民事行为能力人和其监护人为共同被告。

第六十八条 居民委员会、村民委员会或者村民小组与他人发生民事纠纷的,居民委员会、村民委员会或者有独立财产的村民小组为当事人。

第六十九条 对侵害死者遗体、遗骨以及姓名、肖像、名誉、荣誉、隐私等行为提起诉讼的,死者的近亲属为当事人。

第七十条 在继承遗产的诉讼中,部分继承人起诉的,人民法院应通知其他继承人作为共同原告参加诉讼;被通知的继承人不愿意参加诉讼又未明确表示放弃实体权利的,人民法院仍应将其列为共同原告。

第七十一条 原告起诉被代理人和代理人,要求承担连带责任的,被代理人和代理人为共同被告。

原告起诉代理人和相对人,要求承担连带责任的,代理人和相对人为共同被告。

第七十二条 共有财产权受到他人侵害,部分共有权人起诉的,其他共有权人为共同诉讼人。

第七十三条 必须共同进行诉讼的当事人没有参加诉讼的,人民法院应当依照民事诉讼法第一百三十二条的规定,通知其参加;当事人也可以向人民法院申请追加。人民法院对当事人提出的申请,应当进行审查,申请理由不成立的,裁定驳回;申请理由成立的,书面通知被追加的当事人参加诉讼。

第七十四条 人民法院追加共同诉讼的当事人时,应当通知其他当事人。应当追加的原告,已明确表示放弃实体权利的,可不予追加;既不愿意参加诉讼,又不放弃实体权利的,仍应追加为共同原告,其不参加诉讼,不影响人民法院对案件的审理和依法作出判决。

第七十五条 民事诉讼法第五十三条、第五十四条和第一百九十九条规定的人数众多,一般指十人以上。

第七十六条 依照民事诉讼法第五十三条规定,当事人一方人数众多在起诉时确定的,可以由全体当事人推选共同的代表人,也可以由部分当事人推选自己的代表人;推选不出代表人的当事人,在必要的共同诉讼中可以自己参加诉讼,在普通的共同诉讼中可以另行起诉。

第七十七条 根据民事诉讼法第五十四条规

定，当事人一方人数众多在起诉时不确定的，由当事人推选代表人。当事人推选不出的，可以由人民法院提出人选与当事人协商；协商不成的，也可以由人民法院在起诉的当事人中指定代表人。

第七十八条 民事诉讼法第五十三条和第五十四条规定的代表人为二至五人，每位代表人可以委托一至二人作为诉讼代理人。

第七十九条 依照民事诉讼法第五十四条规定受理的案件，人民法院可以发出公告，通知权利人向人民法院登记。公告期间根据案件的具体情况确定，但不得少于三十日。

第八十条 根据民事诉讼法第五十四条规定向人民法院登记的权利人，应当证明其与对方当事人的法律关系和所受到的损害。证明不了的，不予登记，权利人可以另行起诉。人民法院的裁判在登记的范围内执行。未参加登记的权利人提起诉讼，人民法院认定其请求成立的，裁定适用人民法院已作出的判决、裁定。

第八十一条 根据民事诉讼法第五十六条的规定，有独立请求权的第三人有权向人民法院提出诉讼请求和事实、理由，成为当事人；无独立请求权的第三人，可以申请或者由人民法院通知参加诉讼。

第一审程序中未参加诉讼的第三人，申请参加第二审程序的，人民法院可以准许。

第八十二条 在一审诉讼中，无独立请求权的第三人无权提出管辖异议，无权放弃、变更诉讼请求或者申请撤诉，被判决承担民事责任的，有权提起上诉。

第八十三条 在诉讼中，无民事行为能力人、限制民事行为能力人的监护人是他的法定代理人。事先没有确定监护人的，可以由有监护资格的人协商确定；协商不成的，由人民法院在他们之中指定诉讼中的法定代理人。当事人没有民法典第二十七条、第二十八条规定的监护人的，可以指定民法典第三十二条规定的有关组织担任诉讼中的法定代理人。

第八十四条 无民事行为能力人、限制民事行为能力人以及其他依法不能作为诉讼代理人的，当事人不得委托其作为诉讼代理人。

第八十五条 根据民事诉讼法第五十八条第二款第二项规定，与当事人有夫妻、直系血亲、三代以内旁系血亲、近姻亲关系以及其他有抚养、赡养关系的亲属，可以当事人近亲属的名义作为诉讼代理人。

第八十六条 根据民事诉讼法第五十八条第二款第二项规定，与当事人有合法劳动人事关系的职工，可以当事人工作人员的名义作为诉讼代理人。

第八十七条 根据民事诉讼法第五十八条第二款第三项规定，有关社会团体推荐公民担任诉讼代理人的，应当符合下列条件：

（一）社会团体属于依法登记设立或者依法免予登记设立的非营利性法人组织；

（二）被代理人属于该社会团体的成员，或者当事人一方住所地位于该社会团体的活动地域；

（三）代理事务属于该社会团体章程载明的业务范围；

（四）被推荐的公民是该社会团体的负责人或者与该社会团体有合法劳动人事关系的工作人员。

专利代理人经中华全国专利代理人协会推荐，可以在专利纠纷案件中担任诉讼代理人。

第八十八条 诉讼代理人除根据民事诉讼法第五十九条规定提交授权委托书外，还应当按照下列规定向人民法院提交相关材料：

（一）律师应当提交律师执业证、律师事务所证明材料；

（二）基层法律服务工作者应当提交法律服务工作者执业证、基层法律服务所出具的介绍信以及当事人一方位于本辖区内的证明材料；

（三）当事人的近亲属应当提交身份证件和与委托人有近亲属关系的证明材料；

（四）当事人的工作人员应当提交身份证件和与当事人有合法劳动人事关系的证明材料；

（五）当事人所在社区、单位推荐的公民应当提交身份证件、推荐材料和当事人属于该社区、单位的证明材料；

（六）有关社会团体推荐的公民应当提交身份证件和符合本解释第八十七条规定条件的证明材料。

第八十九条 当事人向人民法院提交的授权委托书，应当在开庭审理前送交人民法院。授权委托书仅写“全权代理”而无具体授权的，诉讼代理人无权代为承认、放弃、变更诉讼请求，进行和解，提出反诉或者提起上诉。

适用简易程序审理的案件，双方当事人同时到庭并径行开庭审理的,可以当场口头委托诉讼代理人,由人民法院记入笔录。

四、证　　据

第九十条　当事人对自己提出的诉讼请求所依据的事实或者反驳对方诉讼请求所依据的事实,应当提供证据加以证明,但法律另有规定的除外。

在作出判决前,当事人未能提供证据或者证据不足以证明其事实主张的,由负有举证证明责任的当事人承担不利的后果。

第九十一条　人民法院应当依照下列原则确定举证证明责任的承担,但法律另有规定的除外:

(一)主张法律关系存在的当事人,应当对产生该法律关系的基本事实承担举证证明责任;

(二)主张法律关系变更、消灭或者权利受到妨害的当事人,应当对该法律关系变更、消灭或者权利受到妨害的基本事实承担举证证明责任。

第九十二条　一方当事人在法庭审理中,或者在起诉状、答辩状、代理词等书面材料中,对于己不利的事实明确表示承认的,另一方当事人无需举证证明。

对于涉及身份关系、国家利益、社会公共利益等应当由人民法院依职权调查的事实,不适用前款自认的规定。

自认的事实与查明的事实不符的,人民法院不予确认。

第九十三条　下列事实,当事人无须举证证明:

(一)自然规律以及定理、定律;

(二)众所周知的事实;

(三)根据法律规定推定的事实;

(四)根据已知的事实和日常生活经验法则推定出的另一事实;

(五)已为人民法院发生法律效力的裁判所确认的事实;

(六)已为仲裁机构生效裁决所确认的事实;

(七)已为有效公证文书所证明的事实。

前款第二项至第四项规定的事实,当事人有相反证据足以反驳的除外;第五项至第七项规定的事实,当事人有相反证据足以推翻的除外。

第九十四条　民事诉讼法第六十四条第二款规定的当事人及其诉讼代理人因客观原因不能自行收集的证据包括:

(一)证据由国家有关部门保存,当事人及其诉讼代理人无权查阅调取的;

(二)涉及国家秘密、商业秘密或者个人隐私的;

(三)当事人及其诉讼代理人因客观原因不能自行收集的其他证据。

当事人及其诉讼代理人因客观原因不能自行收集的证据,可以在举证期限届满前书面申请人民法院调查收集。

第九十五条　当事人申请调查收集的证据,与待证事实无关联、对证明待证事实无意义或者其他无调查收集必要的,人民法院不予准许。

第九十六条　民事诉讼法第六十四条第二款规定的人民法院认为审理案件需要的证据包括:

(一)涉及可能损害国家利益、社会公共利益的;

(二)涉及身份关系的;

(三)涉及民事诉讼法第五十五条规定诉讼的;

(四)当事人有恶意串通损害他人合法权益可能的;

(五)涉及依职权追加当事人、中止诉讼、终结诉讼、回避等程序性事项的。

除前款规定外,人民法院调查收集证据,应当依照当事人的申请进行。

第九十七条　人民法院调查收集证据,应当由两人以上共同进行。调查材料要由调查人、被调查人、记录人签名、捺印或者盖章。

第九十八条　当事人根据民事诉讼法第八十一条第一款规定申请证据保全的,可以在举证期限届满前书面提出。

证据保全可能对他人造成损失的,人民法院应当责令申请人提供相应的担保。

第九十九条　人民法院应当在审理前的准备阶段确定当事人的举证期限。举证期限可以由当事人协商,并经人民法院准许。

人民法院确定举证期限,第一审普通程序案件不得少于十五日,当事人提供新的证据的第二审案件不得少于十日。

举证期限届满后,当事人对已经提供的证据,申请提供反驳证据或者对证据来源、形式等方面的瑕疵进行补正的,人民法院可以酌情再次确定举证期限,该期限不受前款规定的限制。

第一百条 当事人申请延长举证期限的,应当在举证期限届满前向人民法院提出书面申请。

申请理由成立的,人民法院应当准许,适当延长举证期限,并通知其他当事人。延长的举证期限适用于其他当事人。

申请理由不成立的,人民法院不予准许,并通知申请人。

第一百零一条 当事人逾期提供证据的,人民法院应当责令其说明理由,必要时可以要求其提供相应的证据。

当事人因客观原因逾期提供证据,或者对方当事人对逾期提供证据未提出异议的,视为未逾期。

第一百零二条 当事人因故意或者重大过失逾期提供的证据,人民法院不予采纳。但该证据与案件基本事实有关的,人民法院应当采纳,并依照民事诉讼法第六十五条、第一百一十五条第一款的规定予以训诫、罚款。

当事人非因故意或者重大过失逾期提供的证据,人民法院应当采纳,并对当事人予以训诫。

当事人一方要求另一方赔偿因逾期提供证据致使其增加的交通、住宿、就餐、误工、证人出庭作证等必要费用的,人民法院可予支持。

第一百零三条 证据应当在法庭上出示,由当事人互相质证。未经当事人质证的证据,不得作为认定案件事实的根据。

当事人在审理前的准备阶段认可的证据,经审判人员在庭审中说明后,视为质证过的证据。

涉及国家秘密、商业秘密、个人隐私或者法律规定应当保密的证据,不得公开质证。

第一百零四条 人民法院应当组织当事人围绕证据的真实性、合法性以及与待证事实的关联性进行质证,并针对证据有无证明力和证明力大小进行说明和辩论。

能够反映案件真实情况、与待证事实相关联、来源和形式符合法律规定的证据,应当作为认定案件事实的根据。

第一百零五条 人民法院应当按照法定程序,全面、客观地审核证据,依照法律规定,运用逻辑推理和日常生活经验法则,对证据有无证明力和证明力大小进行判断,并公开判断的理由和结果。

第一百零六条 对以严重侵害他人合法权益、违反法律禁止性规定或者严重违背公序良俗的方法形成或者获取的证据,不得作为认定案件事实的根据。

第一百零七条 在诉讼中,当事人为达成调解协议或者和解协议作出妥协而认可的事实,不得在后续的诉讼中作为对其不利的根据,但法律另有规定或者当事人均同意的除外。

第一百零八条 对负有举证证明责任的当事人提供的证据,人民法院经审查并结合相关事实,确信待证事实的存在具有高度可能性的,应当认定该事实存在。

对一方当事人为反驳负有举证证明责任的当事人所主张事实而提供的证据,人民法院经审查并结合相关事实,认为待证事实真伪不明的,应当认定该事实不存在。

法律对于待证事实所应达到的证明标准另有规定的,从其规定。

第一百零九条 当事人对欺诈、胁迫、恶意串通事实的证明,以及对口头遗嘱或者赠与事实的证明,人民法院确信该待证事实存在的可能性能够排除合理怀疑的,应当认定该事实存在。

第一百一十条 人民法院认为有必要的,可以要求当事人本人到庭,就案件有关事实接受询问。在询问当事人之前,可以要求其签署保证书。

保证书应当载明据实陈述、如有虚假陈述愿意接受处罚等内容。当事人应当在保证书上签名或者捺印。

负有举证证明责任的当事人拒绝到庭、拒绝接受询问或者拒绝签署保证书,待证事实又欠缺其他证据证明的,人民法院对其主张的事实不予认定。

第一百一十一条 民事诉讼法第七十条规定的提交书证原件确有困难,包括下列情形:

(一)书证原件遗失、灭失或者毁损的;

(二)原件在对方当事人控制之下,经合法通知提交而拒不提交的;

(三)原件在他人控制之下,而其有权不提交的;

(四)原件因篇幅或者体积过大而不便提交的;

(五)承担举证证明责任的当事人通过申请人民法院调查收集或者其他方式无法获得书证原件的。

前款规定情形,人民法院应当结合其他证据和案件具体情况,审查判断书证复制品等能否作为认定案件事实的根据。

第一百一十二条 书证在对方当事人控制之下的,承担举证证明责任的当事人可以在举证期限届满前书面申请人民法院责令对方当事人提交。

申请理由成立的,人民法院应当责令对方当事人提交,因提交书证所产生的费用,由申请人负担。对方当事人无正当理由拒不提交的,人民法院可以认定申请人所主张的书证内容为真实。

第一百一十三条 持有书证的当事人以妨碍对方当事人使用为目的,毁灭有关书证或者实施其他致使书证不能使用行为的,人民法院可以依照民事诉讼法第一百一十一条规定,对其处以罚款、拘留。

第一百一十四条 国家机关或者其他依法具有社会管理职能的组织,在其职权范围内制作的文书所记载的事项推定为真实,但有相反证据足以推翻的除外。必要时,人民法院可以要求制作文书的机关或者组织对文书的真实性予以说明。

第一百一十五条 单位向人民法院提出的证明材料,应当由单位负责人及制作证明材料的人员签名或者盖章,并加盖单位印章。人民法院就单位出具的证明材料,可以向单位及制作证明材料的人员进行调查核实。必要时,可以要求制作证明材料的人员出庭作证。

单位及制作证明材料的人员拒绝人民法院调查核实,或者制作证明材料的人员无正当理由拒绝出庭作证的,该证明材料不得作为认定案件事实的根据。

第一百一十六条 视听资料包括录音资料和影像资料。

电子数据是指通过电子邮件、电子数据交换、网上聊天记录、博客、微博客、手机短信、电子签名、域名等形成或者存储在电子介质中的信息。

存储在电子介质中的录音资料和影像资料,适用电子数据的规定。

第一百一十七条 当事人申请证人出庭作证的,应当在举证期限届满前提出。

符合本解释第九十六条第一款规定情形的,人民法院可以依职权通知证人出庭作证。

未经人民法院通知,证人不得出庭作证,但双方当事人同意并经人民法院准许的除外。

第一百一十八条 民事诉讼法第七十四条规定的证人因履行出庭作证义务而支出的交通、住宿、就餐等必要费用,按照机关事业单位工作人员差旅费用和补贴标准计算;误工损失按照国家上年度职工日平均工资标准计算。

人民法院准许证人出庭作证申请的,应当通知申请人预缴证人出庭作证费用。

第一百一十九条 人民法院在证人出庭作证前应当告知其如实作证的义务以及作伪证的法律后果,并责令其签署保证书,但无民事行为能力人和限制民事行为能力人除外。

证人签署保证书适用本解释关于当事人签署保证书的规定。

第一百二十条 证人拒绝签署保证书的,不得作证,并自行承担相关费用。

第一百二十一条 当事人申请鉴定,可以在举证期限届满前提出。申请鉴定的事项与待证事实无关联,或者对证明待证事实无意义的,人民法院不予准许。

人民法院准许当事人鉴定申请的,应当组织双方当事人协商确定具备相应资格的鉴定人。当事人协商不成的,由人民法院指定。

符合依职权调查收集证据条件的,人民法院应当依职权委托鉴定,在询问当事人的意见后,指定具备相应资格的鉴定人。

第一百二十二条 当事人可以依照民事诉讼法第七十九条的规定,在举证期限届满前申请一至二名具有专门知识的人出庭,代表当事人对鉴定意见进行质证,或者对案件事实所涉及的专业问题提出意见。

具有专门知识的人在法庭上就专业问题提出的意见,视为当事人的陈述。

人民法院准许当事人申请的,相关费用由提出申请的当事人负担。

第一百二十三条 人民法院可以对出庭的具有专门知识的人进行询问。经法庭准许,当事人可以对出庭的具有专门知识的人进行询问,当事人各自申请的具有专门知识的人可以就案件中的有关问题进行对质。

具有专门知识的人不得参与专业问题之外的法庭审理活动。

第一百二十四条 人民法院认为有必要的,可以根据当事人的申请或者依职权对物证或者现场进行勘验。勘验时应当保护他人的隐私和尊严。

人民法院可以要求鉴定人参与勘验。必要时,可以要求鉴定人在勘验中进行鉴定。

五、期间和送达

第一百二十五条 依照民事诉讼法第八十二条第二款规定，民事诉讼中以时起算的期间从次时起算；以日、月、年计算的期间从次日起算。

第一百二十六条 民事诉讼法第一百二十三条规定的立案期限，因起诉状内容欠缺通知原告补正的，从补正后交人民法院的次日起算。由上级人民法院转交下级人民法院立案的案件，从受诉人民法院收到起诉状的次日起算。

第一百二十七条 民事诉讼法第五十六条第三款、第二百零五条以及本解释第三百七十四条、第三百八十四条、第四百零一条、第四百二十二条、第四百二十三条规定的六个月，民事诉讼法第二百二十三条规定的一年，为不变期间，不适用诉讼时效中止、中断、延长的规定。

第一百二十八条 再审案件按照第一审程序或者第二审程序审理的，适用民事诉讼法第一百四十九条、第一百七十六条规定的审限。审限自再审立案的次日起算。

第一百二十九条 对申请再审案件，人民法院应当自受理之日起三个月内审查完毕，但公告期间、当事人和解期间等不计入审查期限。有特殊情况需要延长的，由本院院长批准。

第一百三十条 向法人或者其他组织送达诉讼文书，应当由法人的法定代表人、该组织的主要负责人或者办公室、收发室、值班室等负责收件的人签收或者盖章，拒绝签收或者盖章的，适用留置送达。

民事诉讼法第八十六条规定的有关基层组织和所在单位的代表，可以是受送达人住所地的居民委员会、村民委员会的工作人员以及受送达人所在单位的工作人员。

第一百三十一条 人民法院直接送达诉讼文书的，可以通知当事人到人民法院领取。当事人到达人民法院，拒绝签署送达回证的，视为送达。审判人员、书记员应当在送达回证上注明送达情况并签名。

人民法院可以在当事人住所地以外向当事人直接送达诉讼文书。当事人拒绝签署送达回证的，采用拍照、录像等方式记录送达过程即视为送达。审判人员、书记员应当在送达回证上注明送达情况并签名。

第一百三十二条 受送达人有诉讼代理人的，人民法院既可以向受送达人送达，也可以向其诉讼代理人送达。受送达人指定诉讼代理人为代收人的，向诉讼代理人送达时，适用留置送达。

第一百三十三条 调解书应当直接送达当事人本人，不适用留置送达。当事人本人因故不能签收的，可由其指定的代收人签收。

第一百三十四条 依照民事诉讼法第八十八条规定，委托其他人民法院代为送达的，委托法院应当出具委托函，并附需要送达的诉讼文书和送达回证，以受送达人在送达回证上签收的日期为送达日期。

委托送达的，受委托人民法院应当自收到委托函及相关诉讼文书之日起十日内代为送达。

第一百三十五条 电子送达可以采用传真、电子邮件、移动通信等即时收悉的特定系统作为送达媒介。

民事诉讼法第八十七条第二款规定的到达受送达人特定系统的日期，为人民法院对应系统显示发送成功的日期，但受送达人证明到达其特定系统的日期与人民法院对应系统显示发送成功的日期不一致的，以受送达人证明到达其特定系统的日期为准。

第一百三十六条 受送达人同意采用电子方式送达的，应当在送达地址确认书中予以确认。

第一百三十七条 当事人在提起上诉、申请再审、申请执行时未书面变更送达地址的，其在第一审程序中确认的送达地址可以作为第二审程序、审判监督程序、执行程序的送达地址。

第一百三十八条 公告送达可以在法院的公告栏和受送达人住所地张贴公告，也可以在报纸、信息网络等媒体上刊登公告，发出公告日期以最后张贴或者刊登的日期为准。对公告送达方式有特殊要求的，应当按要求的方式进行。公告期满，即视为送达。

人民法院在受送达人住所地张贴公告的，应当采取拍照、录像等方式记录张贴过程。

第一百三十九条 公告送达应当说明公告送达的原因；公告送达起诉状或者上诉状副本的，应当说明起诉或者上诉要点，受送达人答辩期限及逾期不答辩的法律后果；公告送达传票，应当说明出庭的时间和地点及逾期不出庭的法律后果；公告送达判决书、裁定书的,应当说明裁判主要内容,当事人有权上诉的,还应当说明上诉权利、上诉期限和上诉的人民法院。

第一百四十条 适用简易程序的案件,不适用公告送达。

第一百四十一条 人民法院在定期宣判时,当事人拒不签收判决书、裁定书的,应视为送达,并在宣判笔录中记明。

六、调 解

第一百四十二条 人民法院受理案件后,经审查,认为法律关系明确、事实清楚,在征得当事人双方同意后,可以径行调解。

第一百四十三条 适用特别程序、督促程序、公示催告程序的案件,婚姻等身份关系确认案件以及其他根据案件性质不能进行调解的案件,不得调解。

第一百四十四条 人民法院审理民事案件,发现当事人之间恶意串通,企图通过和解、调解方式侵害他人合法权益的,应当依照民事诉讼法第一百一十二条的规定处理。

第一百四十五条 人民法院审理民事案件,应当根据自愿、合法的原则进行调解。当事人一方或者双方坚持不愿调解的,应当及时裁判。

人民法院审理离婚案件,应当进行调解,但不应久调不决。

第一百四十六条 人民法院审理民事案件,调解过程不公开,但当事人同意公开的除外。

调解协议内容不公开,但为保护国家利益、社会公共利益、他人合法权益,人民法院认为确有必要公开的除外。

主持调解以及参与调解的人员,对调解过程以及调解过程中获悉的国家秘密、商业秘密、个人隐私和其他不宜公开的信息,应当保守秘密,但为保护国家利益、社会公共利益、他人合法权益的除外。

第一百四十七条 人民法院调解案件时,当事人不能出庭的,经其特别授权,可由其委托代理人参加调解,达成的调解协议,可由委托代理人签名。

离婚案件当事人确因特殊情况无法出庭参加调解的,除本人不能表达意志的以外,应当出具书面意见。

第一百四十八条 当事人自行和解或者调解达成协议后,请求人民法院按照和解协议或者调解协议的内容制作判决书的,人民法院不予准许。

无民事行为能力人的离婚案件,由其法定代理人进行诉讼。法定代理人与对方达成协议要求发给判决书的,可根据协议内容制作判决书。

第一百四十九条 调解书需经当事人签收后才发生法律效力的,应当以最后收到调解书的当事人签收的日期为调解书生效日期。

第一百五十条 人民法院调解民事案件,需由无独立请求权的第三人承担责任的,应当经其同意。该第三人在调解书送达前反悔的,人民法院应当及时裁判。

第一百五十一条 根据民事诉讼法第九十八条第一款第四项规定,当事人各方同意在调解协议上签名或者盖章后即发生法律效力的,经人民法院审查确认后,应当记入笔录或者将调解协议附卷,并由当事人、审判人员、书记员签名或者盖章后即具有法律效力。

前款规定情形,当事人请求制作调解书的,人民法院审查确认后可以制作调解书送交当事人。当事人拒收调解书的,不影响调解协议的效力。

七、保全和先予执行

第一百五十二条 人民法院依照民事诉讼法第一百条、第一百零一条规定,在采取诉前保全、诉讼保全措施时,责令利害关系人或者当事人提供担保的,应当书面通知。

利害关系人申请诉前保全的,应当提供担保。申请诉前财产保全的,应当提供相当于请求保全数额的担保;情况特殊的,人民法院可以酌情处理。申请诉前行为保全的,担保的数额由人民法院根据案件的具体情况决定。

在诉讼中,人民法院依申请或者依职权采取保全措施的,应当根据案件的具体情况,决定当事人是否应当提供担保以及担保的数额。

第一百五十三条 人民法院对季节性商品、鲜活、易腐烂变质以及其他不宜长期保存的物品采取保全措施时,可以责令当事人及时处理,由人民法院保存价款;必要时,人民法院可予以变卖,保存价款。

第一百五十四条 人民法院在财产保全中采取查封、扣押、冻结财产措施时,应当妥善保管被查封、扣押、冻结的财产。不宜由人民法院保管的,人民法院可以指定被保全人负责保管;不宜由被保全人保管的,可以委托他人或者申请保全人保管。

查封、扣押、冻结担保物权人占有的担保财产,一般由担保物权人保管;由人民法院保管的,质权、留置权不因采取保全措施而消灭。

第一百五十五条 由人民法院指定被保全人保管的财产,如果继续使用对该财产的价值无重大影响,可以允许被保全人继续使用;由人民法院保管或者委托他人、申请保全人保管的财产,人民法院和其他保管人不得使用。

第一百五十六条 人民法院采取财产保全的方法和措施,依照执行程序相关规定办理。

第一百五十七条 人民法院对抵押物、质押物、留置物可以采取财产保全措施,但不影响抵押权人、质权人、留置权人的优先受偿权。

第一百五十八条 人民法院对债务人到期应得的收益,可以采取财产保全措施,限制其支取,通知有关单位协助执行。

第一百五十九条 债务人的财产不能满足保全请求,但对他人有到期债权的,人民法院可以依债权人的申请裁定该他人不得对本案债务人清偿。该他人要求偿付的,由人民法院提存财物或者价款。

第一百六十条 当事人向采取诉前保全措施以外的其他有管辖权的人民法院起诉的,采取诉前保全措施的人民法院应当将保全手续移送受理案件的人民法院。诉前保全的裁定视为受移送人民法院作出的裁定。

第一百六十一条 对当事人不服一审判决提起上诉的案件,在第二审人民法院接到报送的案件之前,当事人有转移、隐匿、出卖或者毁损财产等行为,必须采取保全措施的,由第一审人民法院依当事人申请或者依职权采取。第一审人民法院的保全裁定,应当及时报送第二审人民法院。

第一百六十二条 第二审人民法院裁定对第一审人民法院采取的保全措施予以续保或者采取新的保全措施的,可以自行实施,也可以委托第一审人民法院实施。

再审人民法院裁定对原保全措施予以续保或者采取新的保全措施的,可以自行实施,也可以委托原审人民法院或者执行法院实施。

第一百六十三条 法律文书生效后,进入执行程序前,债权人因对方当事人转移财产等紧急情况,不申请保全将可能导致生效法律文书不能执行或者难以执行的,可以向执行法院申请采取保全措施。债权人在法律文书指定的履行期间届满后五日内不申请执行的,人民法院应当解除保全。

第一百六十四条 对申请保全人或者他人提供的担保财产,人民法院应当依法办理查封、扣押、冻结等手续。

第一百六十五条 人民法院裁定采取保全措施后,除作出保全裁定的人民法院自行解除或者其上级人民法院决定解除外,在保全期限内,任何单位不得解除保全措施。

第一百六十六条 裁定采取保全措施后,有下列情形之一的,人民法院应当作出解除保全裁定:

(一)保全错误的;

(二)申请人撤回保全申请的;

(三)申请人的起诉或者诉讼请求被生效裁判驳回的;

(四)人民法院认为应当解除保全的其他情形。

解除以登记方式实施的保全措施的,应当向登记机关发出协助执行通知书。

第一百六十七条 财产保全的被保全人提供其他等值担保财产且有利于执行的,人民法院可以裁定变更保全标的物为被保全人提供的担保财产。

第一百六十八条 保全裁定未经人民法院依法撤销或者解除,进入执行程序后,自动转为执行中的查封、扣押、冻结措施,期限连续计算,执行法院无需重新制作裁定书,但查封、扣押、冻结期限届满的除外。

第一百六十九条 民事诉讼法规定的先予执行,人民法院应当在受理案件后终审判决作出前采取。先予执行应当限于当事人诉讼请求的范围,并以当事人的生活、生产经营的急需为限。

第一百七十条 民事诉讼法第一百零六条第三项规定的情况紧急,包括:

(一)需要立即停止侵害、排除妨碍的;

(二)需要立即制止某项行为的;

(三)追索恢复生产、经营急需的保险理赔费的;

(四)需要立即返还社会保险金、社会救助资金的;

(五)不立即返还款项,将严重影响权利人生活和生产经营的。

第一百七十一条 当事人对保全或者先予执行裁定不服的,可以自收到裁定书之日起五日内向作出裁定的人民法院申请复议。人民法院应当在收到复议申请后十日内审查。裁定正确的,驳回当事人的申请;裁定不当的,变更或者撤销原裁定。

第一百七十二条 利害关系人对保全或者先予执行的裁定不服申请复议的,由作出裁定的人民法院依照民事诉讼法第一百零八条规定处理。

第一百七十三条 人民法院先予执行后,根据发生法律效力的判决,申请人应当返还因先予执行所取得的利益的,适用民事诉讼法第二百三十三条的规定。

八、对妨害民事诉讼的强制措施

第一百七十四条 民事诉讼法第一百零九条规定的必须到庭的被告,是指负有赡养、抚育、扶养义务和不到庭就无法查清案情的被告。

人民法院对必须到庭才能查清案件基本事实的原告,经两次传票传唤,无正当理由拒不到庭的,可以拘传。

第一百七十五条 拘传必须用拘传票,并直接送达被拘传人;在拘传前,应当向被拘传人说明拒不到庭的后果,经批评教育仍拒不到庭的,可以拘传其到庭。

第一百七十六条 诉讼参与人或者其他人有下列行为之一的,人民法院可以适用民事诉讼法第一百一十条规定处理:

(一)未经准许进行录音、录像、摄影的;

(二)未经准许以移动通信等方式现场传播审判活动的;

(三)其他扰乱法庭秩序,妨害审判活动进行的。

有前款规定情形的,人民法院可以暂扣诉讼参与人或者其他人进行录音、录像、摄影、传播审判活动的器材,并责令其删除有关内容;拒不删除的,人民法院可以采取必要手段强制删除。

第一百七十七条 训诫、责令退出法庭由合议庭或者独任审判员决定。训诫的内容、被责令退出法庭者的违法事实应当记入庭审笔录。

第一百七十八条 人民法院依照民事诉讼法第一百一十条至第一百一十四条的规定采取拘留措施的,应经院长批准,作出拘留决定书,由司法警察将被拘留人送交当地公安机关看管。

第一百七十九条 被拘留人不在本辖区的,作出拘留决定的人民法院应当派员到被拘留人所在地的人民法院,请该院协助执行,受委托的人民法院应当及时派员协助执行。被拘留人申请复议或者在拘留期间承认并改正错误,需要提前解除拘留的,受委托人民法院应当向委托人民法院转达或者提出建议,由委托人民法院审查决定。

第一百八十条 人民法院对被拘留人采取拘留措施后,应当在二十四小时内通知其家属;确实无法按时通知或者通知不到的,应当记录在案。

第一百八十一条 因哄闹、冲击法庭,用暴力、威胁等方法抗拒执行公务等紧急情况,必须立即采取拘留措施的,可在拘留后,立即报告院长补办批准手续。院长认为拘留不当的,应当解除拘留。

第一百八十二条 被拘留人在拘留期间认错悔改的,可以责令其具结悔过,提前解除拘留。提前解除拘留,应报经院长批准,并作出提前解除拘留决定书,交负责看管的公安机关执行。

第一百八十三条 民事诉讼法第一百一十条至第一百一十三条规定的罚款、拘留可以单独适用,也可以合并适用。

第一百八十四条 对同一妨害民事诉讼行为的罚款、拘留不得连续适用。发生新的妨害民事诉讼行为的,人民法院可以重新予以罚款、拘留。

第一百八十五条 被罚款、拘留的人不服罚款、拘留决定申请复议的,应当自收到决定书之日起三日内提出。上级人民法院应当在收到复议申请后五日内作出决定,并将复议结果通知下级人民法院和当事人。

第一百八十六条 上级人民法院复议时认为强制措施不当的,应当制作决定书,撤销或者变更下级人民法院作出的拘留、罚款决定。情况紧急的,可以在口头通知后三日内发出决定书。

第一百八十七条 民事诉讼法第一百一十一条第一款第五项规定的以暴力、威胁或者其他方法阻碍司法工作人员执行职务的行为,包括:

(一)在人民法院哄闹、滞留,不听从司法工作人员劝阻的;

(二)故意毁损、抢夺人民法院法律文书、查封标志的;

(三)哄闹、冲击执行公务现场,围困、扣押执行或者协助执行公务人员的；

（四）毁损、抢夺、扣留案件材料、执行公务车辆、其他执行公务器械、执行公务人员服装和执行公务证件的；

（五）以暴力、威胁或者其他方法阻碍司法工作人员查询、查封、扣押、冻结、划拨、拍卖、变卖财产的；

（六）以暴力、威胁或者其他方法阻碍司法工作人员执行职务的其他行为。

第一百八十八条 民事诉讼法第一百一十一条第一款第六项规定的拒不履行人民法院已经发生法律效力的判决、裁定的行为，包括：

（一）在法律文书发生法律效力后隐藏、转移、变卖、毁损财产或者无偿转让财产、以明显不合理的价格交易财产、放弃到期债权、无偿为他人提供担保等，致使人民法院无法执行的；

（二）隐藏、转移、毁损或者未经人民法院允许处分已向人民法院提供担保的财产的；

（三）违反人民法院限制高消费令进行消费的；

（四）有履行能力而拒不按照人民法院执行通知履行生效法律文书确定的义务的；

（五）有义务协助执行的个人接到人民法院协助执行通知书后，拒不协助执行的。

第一百八十九条 诉讼参与人或者其他人有下列行为之一的，人民法院可以适用民事诉讼法第一百一十一条的规定处理：

（一）冒充他人提起诉讼或者参加诉讼的；

（二）证人签署保证书后作虚假证言，妨碍人民法院审理案件的；

（三）伪造、隐藏、毁灭或者拒绝交出有关被执行人履行能力的重要证据，妨碍人民法院查明被执行人财产状况的；

（四）擅自解冻已被人民法院冻结的财产的；

（五）接到人民法院协助执行通知书后，给当事人通风报信，协助其转移、隐匿财产的。

第一百九十条 民事诉讼法第一百一十二条规定的他人合法权益，包括案外人的合法权益、国家利益、社会公共利益。

第三人根据民事诉讼法第五十六条第三款规定提起撤销之诉，经审查，原案当事人之间恶意串通进行虚假诉讼的，适用民事诉讼法第一百一十二条规定处理。

第一百九十一条 单位有民事诉讼法第一百一十二条或者第一百一十三条规定行为的，人民法院应当对该单位进行罚款，并可以对其主要负责人或者直接责任人员予以罚款、拘留；构成犯罪的，依法追究刑事责任。

第一百九十二条 有关单位接到人民法院协助执行通知书后，有下列行为之一的，人民法院可以适用民事诉讼法第一百一十四条规定处理：

（一）允许被执行人高消费的；

（二）允许被执行人出境的；

（三）拒不停止办理有关财产权证照转移手续、权属变更登记、规划审批等手续的；

（四）以需要内部请示、内部审批，有内部规定等为由拖延办理的。

第一百九十三条 人民法院对个人或者单位采取罚款措施时，应当根据其实施妨害民事诉讼行为的性质、情节、后果，当地的经济发展水平，以及诉讼标的额等因素，在民事诉讼法第一百一十五条第一款规定的限额内确定相应的罚款金额。

九、诉讼费用

第一百九十四条 依照民事诉讼法第五十四条审理的案件不预交案件受理费，结案后按照诉讼标的额由败诉方交纳。

第一百九十五条 支付令失效后转入诉讼程序的，债权人应当按照《诉讼费用交纳办法》补交案件受理费。

支付令被撤销后，债权人另行起诉的，按照《诉讼费用交纳办法》交纳诉讼费用。

第一百九十六条 人民法院改变原判决、裁定、调解结果的，应当在裁判文书中对原审诉讼费用的负担一并作出处理。

第一百九十七条 诉讼标的物是证券的，按照证券交易规则并根据当事人起诉之日前最后一个交易日的收盘价、当日的市场价或者其载明的金额计算诉讼标的金额。

第一百九十八条 诉讼标的物是房屋、土地、林木、车辆、船舶、文物等特定物或者知识产权，起诉时价值难以确定的，人民法院应当向原告释明主张过高或者过低的诉讼风险，以原告主张的价值确定诉讼标的金额。

第一百九十九条 适用简易程序审理的案件

转为普通程序的，原告自接到人民法院交纳诉讼费用通知之日起七日内补交案件受理费。

原告无正当理由未按期足额补交的，按撤诉处理，已经收取的诉讼费用退还一半。

第二百条 破产程序中有关债务人的民事诉讼案件，按照财产案件标准交纳诉讼费，但劳动争议案件除外。

第二百零一条 既有财产性诉讼请求，又有非财产性诉讼请求的，按照财产性诉讼请求的标准交纳诉讼费。

有多个财产性诉讼请求的，合并计算交纳诉讼费；诉讼请求中有多个非财产性诉讼请求的，按一件交纳诉讼费。

第二百零二条 原告、被告、第三人分别上诉的，按照上诉请求分别预交二审案件受理费。

同一方多人共同上诉的，只预交一份二审案件受理费；分别上诉的，按照上诉请求分别预交二审案件受理费。

第二百零三条 承担连带责任的当事人败诉的，应当共同负担诉讼费用。

第二百零四条 实现担保物权案件，人民法院裁定拍卖、变卖担保财产的，申请费由债务人、担保人负担；人民法院裁定驳回申请的，申请费由申请人负担。

申请人另行起诉的，其已经交纳的申请费可以从案件受理费中扣除。

第二百零五条 拍卖、变卖担保财产的裁定作出后，人民法院强制执行的，按照执行金额收取执行申请费。

第二百零六条 人民法院决定减半收取案件受理费的，只能减半一次。

第二百零七条 判决生效后，胜诉方预交但不应负担的诉讼费用，人民法院应当退还，由败诉方向人民法院交纳，但胜诉方自愿承担或者同意败诉方直接向其支付的除外。

当事人拒不交纳诉讼费用的，人民法院可以强制执行。

十、第一审普通程序

第二百零八条 人民法院接到当事人提交的民事起诉状时，对符合民事诉讼法第一百一十九条的规定，且不属于第一百二十四条规定情形的，应当登记立案；对当场不能判定是否符合起诉条件的，应当接收起诉材料，并出具注明收到日期的书面凭证。

需要补充必要相关材料的，人民法院应当及时告知当事人。在补齐相关材料后，应当在七日内决定是否立案。

立案后发现不符合起诉条件或者属于民事诉讼法第一百二十四条规定情形的，裁定驳回起诉。

第二百零九条 原告提供被告的姓名或者名称、住所等信息具体明确，足以使被告与他人相区别的，可以认定为有明确的被告。

起诉状列写被告信息不足以认定明确的被告的，人民法院可以告知原告补正。原告补正后仍不能确定明确的被告的，人民法院裁定不予受理。

第二百一十条 原告在起诉状中有谩骂和人身攻击之辞的，人民法院应当告知其修改后提起诉讼。

第二百一十一条 对本院没有管辖权的案件，告知原告向有管辖权的人民法院起诉；原告坚持起诉的，裁定不予受理；立案后发现本院没有管辖权的，应当将案件移送有管辖权的人民法院。

第二百一十二条 裁定不予受理、驳回起诉的案件，原告再次起诉，符合起诉条件且不属于民事诉讼法第一百二十四条规定情形的，人民法院应予受理。

第二百一十三条 原告应当预交而未预交案件受理费，人民法院应当通知其预交，通知后仍不预交或者申请减、缓、免未获批准而仍不预交的，裁定按撤诉处理。

第二百一十四条 原告撤诉或者人民法院按撤诉处理后，原告以同一诉讼请求再次起诉的，人民法院应予受理。

原告撤诉或者按撤诉处理的离婚案件，没有新情况、新理由，六个月内又起诉的，比照民事诉讼法第一百二十四条第七项的规定不予受理。

第二百一十五条 依照民事诉讼法第一百二十四条第二项的规定，当事人在书面合同中订有仲裁条款，或者在发生纠纷后达成书面仲裁协议，一方向人民法院起诉的，人民法院应当告知原告向仲裁机构申请仲裁，其坚持起诉的，裁定不予受理，但仲裁条款或者仲裁协议不成立、无效、失效、内容不明确无法执行的除外。

第二百一十六条 在人民法院首次开庭前，被告以有书面仲裁协议为由对受理民事案件提出异议的，人民法院应当进行审查。

经审查符合下列情形之一的，人民法院应当裁定驳回起诉：

（一）仲裁机构或者人民法院已经确认仲裁协议有效的；

（二）当事人没有在仲裁庭首次开庭前对仲裁协议的效力提出异议的；

（三）仲裁协议符合仲裁法第十六条规定且不具有仲裁法第十七条规定情形的。

第二百一十七条 夫妻一方下落不明，另一方诉至人民法院，只要求离婚，不申请宣告下落不明人失踪或者死亡的案件，人民法院应当受理，对下落不明人公告送达诉讼文书。

第二百一十八条 赡养费、扶养费、抚育费案件，裁判发生法律效力后，因新情况、新理由，一方当事人再行起诉要求增加或者减少费用的，人民法院应作为新案受理。

第二百一十九条 当事人超过诉讼时效期间起诉的，人民法院应予受理。受理后对方当事人提出诉讼时效抗辩，人民法院经审理认为抗辩事由成立的，判决驳回原告的诉讼请求。

第二百二十条 民事诉讼法第六十八条、第一百三十四条、第一百五十六条规定的商业秘密，是指生产工艺、配方、贸易联系、购销渠道等当事人不愿公开的技术秘密、商业情报及信息。

第二百二十一条 基于同一事实发生的纠纷，当事人分别向同一人民法院起诉的，人民法院可以合并审理。

第二百二十二条 原告在起诉状中直接列写第三人的，视为其申请人民法院追加该第三人参加诉讼。是否通知第三人参加诉讼，由人民法院审查决定。

第二百二十三条 当事人在提交答辩状期间提出管辖异议，又针对起诉状的内容进行答辩的，人民法院应当依照民事诉讼法第一百二十七条第一款的规定，对管辖异议进行审查。

当事人未提出管辖异议，就案件实体内容进行答辩、陈述或者反诉的，可以认定为民事诉讼法第一百二十七条第二款规定的应诉答辩。

第二百二十四条 依照民事诉讼法第一百三十三条第四项规定，人民法院可以在答辩期届满后，通过组织证据交换、召集庭前会议等方式，作好审理前的准备。

第二百二十五条 根据案件具体情况，庭前会议可以包括下列内容：

（一）明确原告的诉讼请求和被告的答辩意见；

（二）审查处理当事人增加、变更诉讼请求的申请和提出的反诉，以及第三人提出的与本案有关的诉讼请求；

（三）根据当事人的申请决定调查收集证据，委托鉴定，要求当事人提供证据，进行勘验，进行证据保全；

（四）组织交换证据；

（五）归纳争议焦点；

（六）进行调解。

第二百二十六条 人民法院应当根据当事人的诉讼请求、答辩意见以及证据交换的情况，归纳争议焦点，并就归纳的争议焦点征求当事人的意见。

第二百二十七条 人民法院适用普通程序审理案件，应当在开庭三日前用传票传唤当事人。对诉讼代理人、证人、鉴定人、勘验人、翻译人员应当用通知书通知其到庭。当事人或者其他诉讼参与人在外地的，应当留有必要的在途时间。

第二百二十八条 法庭审理应当围绕当事人争议的事实、证据和法律适用等焦点问题进行。

第二百二十九条 当事人在庭审中对其在审理前的准备阶段认可的事实和证据提出不同意见的，人民法院应当责令其说明理由。必要时，可以责令其提供相应证据。人民法院应当结合当事人的诉讼能力、证据和案件的具体情况进行审查。理由成立的，可以列入争议焦点进行审理。

第二百三十条 人民法院根据案件具体情况并征得当事人同意，可以将法庭调查和法庭辩论合并进行。

第二百三十一条 当事人在法庭上提出新的证据的，人民法院应当依照民事诉讼法第六十五条第二款规定和本解释相关规定处理。

第二百三十二条 在案件受理后，法庭辩论结束前，原告增加诉讼请求，被告提出反诉，第三人提出与本案有关的诉讼请求，可以合并审理的，人民法院应当合并审理。

第二百三十三条 反诉的当事人应当限于本诉的当事人的范围。

反诉与本诉的诉讼请求基于相同法律关系、诉讼请求之间具有因果关系,或者反诉与本诉的诉讼请求基于相同事实的,人民法院应当合并审理。

反诉应由其他人民法院专属管辖,或者与本诉的诉讼标的及诉讼请求所依据的事实、理由无关联的,裁定不予受理,告知另行起诉。

第二百三十四条 无民事行为能力人的离婚诉讼,当事人的法定代理人应当到庭;法定代理人不能到庭的,人民法院应当在查清事实的基础上,依法作出判决。

第二百三十五条 无民事行为能力的当事人的法定代理人,经传票传唤无正当理由拒不到庭,属于原告方的,比照民事诉讼法第一百四十三条的规定,按撤诉处理;属于被告方的,比照民事诉讼法第一百四十四条的规定,缺席判决。必要时,人民法院可以拘传其到庭。

第二百三十六条 有独立请求权的第三人经人民法院传票传唤,无正当理由拒不到庭的,或者未经法庭许可中途退庭的,比照民事诉讼法第一百四十三条的规定,按撤诉处理。

第二百三十七条 有独立请求权的第三人参加诉讼后,原告申请撤诉,人民法院在准许原告撤诉后,有独立请求权的第三人作为另案原告,原案原告、被告作为另案被告,诉讼继续进行。

第二百三十八条 当事人申请撤诉或者依法可以按撤诉处理的案件,如果当事人有违反法律的行为需要依法处理的,人民法院可以不准许撤诉或者不按撤诉处理。

法庭辩论终结后原告申请撤诉,被告不同意的,人民法院可以不予准许。

第二百三十九条 人民法院准许本诉原告撤诉的,应当对反诉继续审理;被告申请撤回反诉的,人民法院应予准许。

第二百四十条 无独立请求权的第三人经人民法院传票传唤,无正当理由拒不到庭,或者未经法庭许可中途退庭的,不影响案件的审理。

第二百四十一条 被告经传票传唤无正当理由拒不到庭,或者未经法庭许可中途退庭的,人民法院应当按期开庭或者继续开庭审理,对到庭的当事人诉讼请求、双方的诉辩理由以及已经提交的证据及其他诉讼材料进行审理后,可以依法缺席判决。

第二百四十二条 一审宣判后,原审人民法院发现判决有错误,当事人在上诉期内提出上诉的,原审人民法院可以提出原判决有错误的意见,报送第二审人民法院,由第二审人民法院按照第二审程序进行审理;当事人不上诉的,按照审判监督程序处理。

第二百四十三条 民事诉讼法第一百四十九条规定的审限,是指从立案之日起至裁判宣告、调解书送达之日止的期间,但公告期间、鉴定期间、双方当事人和解期间、审理当事人提出的管辖异议以及处理人民法院之间的管辖争议期间不应计算在内。

第二百四十四条 可以上诉的判决书、裁定书不能同时送达双方当事人的,上诉期从各自收到判决书、裁定书之日计算。

第二百四十五条 民事诉讼法第一百五十四条第一款第七项规定的笔误是指法律文书误写、误算,诉讼费用漏写、误算和其他笔误。

第二百四十六条 裁定中止诉讼的原因消除,恢复诉讼程序时,不必撤销原裁定,从人民法院通知或者准许当事人双方继续进行诉讼时起,中止诉讼的裁定即失去效力。

第二百四十七条 当事人就已经提起诉讼的事项在诉讼过程中或者裁判生效后再次起诉,同时符合下列条件的,构成重复起诉:

(一)后诉与前诉的当事人相同;

(二)后诉与前诉的诉讼标的相同;

(三)后诉与前诉的诉讼请求相同,或者后诉的诉讼请求实质上否定前诉裁判结果。

当事人重复起诉的,裁定不予受理;已经受理的,裁定驳回起诉,但法律、司法解释另有规定的除外。

第二百四十八条 裁判发生法律效力后,发生新的事实,当事人再次提起诉讼的,人民法院应当依法受理。

第二百四十九条 在诉讼中,争议的民事权利义务转移的,不影响当事人的诉讼主体资格和诉讼地位。人民法院作出的发生法律效力的判决、裁定对受让人具有拘束力。

受让人申请以无独立请求权的第三人身份参加诉讼的,人民法院可予准许。受让人申请替代当事人承担诉讼的,人民法院可以根据案件的具体情况决定是否准许;不予准许的,可以追加其为无独立请求权的第三人。

第二百五十条 依照本解释第二百四十九条规定，人民法院准许受让人替代当事人承担诉讼的，裁定变更当事人。

变更当事人后，诉讼程序以受让人为当事人继续进行，原当事人应当退出诉讼。原当事人已经完成的诉讼行为对受让人具有拘束力。

第二百五十一条 二审裁定撤销一审判决发回重审的案件，当事人申请变更、增加诉讼请求或者提出反诉，第三人提出与本案有关的诉讼请求的，依照民事诉讼法第一百四十条规定处理。

第二百五十二条 再审裁定撤销原判决、裁定发回重审的案件，当事人申请变更、增加诉讼请求或者提出反诉，符合下列情形之一的，人民法院应当准许：

（一）原审未合法传唤缺席判决，影响当事人行使诉讼权利的；

（二）追加新的诉讼当事人的；

（三）诉讼标的物灭失或者发生变化致使原诉讼请求无法实现的；

（四）当事人申请变更、增加的诉讼请求或者提出的反诉，无法通过另诉解决的。

第二百五十三条 当庭宣判的案件，除当事人当庭要求邮寄发送裁判文书的外，人民法院应当告知当事人或者诉讼代理人领取裁判文书的时间和地点以及逾期不领取的法律后果。上述情况，应当记入笔录。

第二百五十四条 公民、法人或者其他组织申请查阅发生法律效力的判决书、裁定书的，应当向作出该生效裁判的人民法院提出。申请应当以书面形式提出，并提供具体的案号或者当事人姓名、名称。

第二百五十五条 对于查阅判决书、裁定书的申请，人民法院根据下列情形分别处理：

（一）判决书、裁定书已经通过信息网络向社会公开的，应当引导申请人自行查阅；

（二）判决书、裁定书未通过信息网络向社会公开，且申请符合要求的，应当及时提供便捷的查阅服务；

（三）判决书、裁定书尚未发生法律效力，或者已失去法律效力的，不提供查阅并告知申请人；

（四）发生法律效力的判决书、裁定书不是本院作出的，应当告知申请人向作出生效裁判的人民法院申请查阅；

（五）申请查阅的内容涉及国家秘密、商业秘密、个人隐私的，不予准许并告知申请人。

十一、简易程序

第二百五十六条 民事诉讼法第一百五十七条规定的简单民事案件中的事实清楚，是指当事人对争议的事实陈述基本一致，并能提供相应的证据，无须人民法院调查收集证据即可查明事实；权利义务关系明确是指能明确区分谁是责任的承担者，谁是权利的享有者；争议不大是指当事人对案件的是非、责任承担以及诉讼标的争执无原则分歧。

第二百五十七条 下列案件，不适用简易程序：

（一）起诉时被告下落不明的；

（二）发回重审的；

（三）当事人一方人数众多的；

（四）适用审判监督程序的；

（五）涉及国家利益、社会公共利益的；

（六）第三人起诉请求改变或者撤销生效判决、裁定、调解书的；

（七）其他不宜适用简易程序的案件。

第二百五十八条 适用简易程序审理的案件，审理期限到期后，双方当事人同意继续适用简易程序的，由本院院长批准，可以延长审理期限。延长后的审理期限累计不得超过六个月。

人民法院发现案情复杂，需要转为普通程序审理的，应当在审理期限届满前作出裁定并将合议庭组成人员及相关事项书面通知双方当事人。

案件转为普通程序审理的，审理期限自人民法院立案之日计算。

第二百五十九条 当事人双方可就开庭方式向人民法院提出申请，由人民法院决定是否准许。经当事人双方同意，可以采用视听传输技术等方式开庭。

第二百六十条 已经按照普通程序审理的案件，在开庭后不得转为简易程序审理。

第二百六十一条 适用简易程序审理案件，人民法院可以采取捎口信、电话、短信、传真、电子邮件等简便方式传唤双方当事人、通知证人和送达裁判文书以外的诉讼文书。

以简便方式送达的开庭通知，未经当事人确认或者没有其他证据证明当事人已经收到的,人民法院不得缺席判决。

适用简易程序审理案件,由审判员独任审判,书记员担任记录。

第二百六十二条 人民法庭制作的判决书、裁定书、调解书,必须加盖基层人民法院印章,不得用人民法庭的印章代替基层人民法院的印章。

第二百六十三条 适用简易程序审理案件,卷宗中应当具备以下材料:

(一)起诉状或者口头起诉笔录;

(二)答辩状或者口头答辩笔录;

(三)当事人身份证明材料;

(四)委托他人代理诉讼的授权委托书或者口头委托笔录;

(五)证据;

(六)询问当事人笔录;

(七)审理(包括调解)笔录;

(八)判决书、裁定书、调解书或者调解协议;

(九)送达和宣判笔录;

(十)执行情况;

(十一)诉讼费收据;

(十二)适用民事诉讼法第一百六十二条规定审理的,有关程序适用的书面告知。

第二百六十四条 当事人双方根据民事诉讼法第一百五十七条第二款规定约定适用简易程序的,应当在开庭前提出。口头提出的,记入笔录,由双方当事人签名或者捺印确认。

本解释第二百五十七条规定的案件,当事人约定适用简易程序的,人民法院不予准许。

第二百六十五条 原告口头起诉的,人民法院应当将当事人的姓名、性别、工作单位、住所、联系方式等基本信息,诉讼请求,事实及理由等准确记入笔录,由原告核对无误后签名或者捺印。对当事人提交的证据材料,应当出具收据。

第二百六十六条 适用简易程序案件的举证期限由人民法院确定,也可以由当事人协商一致并经人民法院准许,但不得超过十五日。被告要求书面答辩的,人民法院可在征得其同意的基础上,合理确定答辩期间。

人民法院应当将举证期限和开庭日期告知双方当事人,并向当事人说明逾期举证以及拒不到庭的法律后果,由双方当事人在笔录和开庭传票的送达回证上签名或者捺印。

当事人双方均表示不需要举证期限、答辩期间的,人民法院可以立即开庭审理或者确定开庭日期。

第二百六十七条 适用简易程序审理案件,可以简便方式进行审理前的准备。

第二百六十八条 对没有委托律师、基层法律服务工作者代理诉讼的当事人,人民法院在庭审过程中可以对回避、自认、举证证明责任等相关内容向其作必要的解释或者说明,并在庭审过程中适当提示当事人正确行使诉讼权利、履行诉讼义务。

第二百六十九条 当事人就案件适用简易程序提出异议,人民法院经审查,异议成立的,裁定转为普通程序;异议不成立的,口头告知当事人,并记入笔录。

转为普通程序的,人民法院应当将合议庭组成人员及相关事项以书面形式通知双方当事人。

转为普通程序前,双方当事人已确认的事实,可以不再进行举证、质证。

第二百七十条 适用简易程序审理的案件,有下列情形之一的,人民法院在制作判决书、裁定书、调解书时,对认定事实或者裁判理由部分可以适当简化:

(一)当事人达成调解协议并需要制作民事调解书的;

(二)一方当事人明确表示承认对方全部或者部分诉讼请求的;

(三)涉及商业秘密、个人隐私的案件,当事人一方要求简化裁判文书中的相关内容,人民法院认为理由正当的;

(四)当事人双方同意简化的。

十二、简易程序中的小额诉讼

第二百七十一条 人民法院审理小额诉讼案件,适用民事诉讼法第一百六十二条的规定,实行一审终审。

第二百七十二条 民事诉讼法第一百六十二条规定的各省、自治区、直辖市上年度就业人员年平均工资,是指已经公布的各省、自治区、直辖市上一年度就业人员年平均工资。在上一年度就业人员年平均工资公布前,以已经公布的最近年度就业人员年平均工资为准。

第二百七十三条 海事法院可以审理海事、海商小额诉讼案件。案件标的额应当以实际受理案件的海事法院或者其派出法庭所在的省、自治区、直辖市上年度就业人员年平均工资百分之三十为限。

第二百七十四条 下列金钱给付的案件,适用小额诉讼程序审理:

(一)买卖合同、借款合同、租赁合同纠纷;

(二)身份关系清楚,仅在给付的数额、时间、方式上存在争议的赡养费、抚育费、扶养费纠纷;

(三)责任明确,仅在给付的数额、时间、方式上存在争议的交通事故损害赔偿和其他人身损害赔偿纠纷;

(四)供用水、电、气、热力合同纠纷;

(五)银行卡纠纷;

(六)劳动关系清楚,仅在劳动报酬、工伤医疗费、经济补偿金或者赔偿金给付数额、时间、方式上存在争议的劳动合同纠纷;

(七)劳务关系清楚,仅在劳务报酬给付数额、时间、方式上存在争议的劳务合同纠纷;

(八)物业、电信等服务合同纠纷;

(九)其他金钱给付纠纷。

第二百七十五条 下列案件,不适用小额诉讼程序审理:

(一)人身关系、财产确权纠纷;

(二)涉外民事纠纷;

(三)知识产权纠纷;

(四)需要评估、鉴定或者对诉前评估、鉴定结果有异议的纠纷;

(五)其他不宜适用一审终审的纠纷。

第二百七十六条 人民法院受理小额诉讼案件,应当向当事人告知该类案件的审判组织、一审终审、审理期限、诉讼费用交纳标准等相关事项。

第二百七十七条 小额诉讼案件的举证期限由人民法院确定,也可以由当事人协商一致并经人民法院准许,但一般不超过七日。

被告要求书面答辩的,人民法院可以在征得其同意的基础上合理确定答辩期间,但最长不得超过十五日。

当事人到庭后表示不需要举证期限和答辩期间的,人民法院可立即开庭审理。

第二百七十八条 当事人对小额诉讼案件提出管辖异议的,人民法院应当作出裁定。裁定一经作出即生效。

第二百七十九条 人民法院受理小额诉讼案件后,发现起诉不符合民事诉讼法第一百一十九条规定的起诉条件的,裁定驳回起诉。裁定一经作出即生效。

第二百八十条 因当事人申请增加或者变更诉讼请求、提出反诉、追加当事人等,致使案件不符合小额诉讼案件条件的,应当适用简易程序的其他规定审理。

前款规定案件,应当适用普通程序审理的,裁定转为普通程序。

适用简易程序的其他规定或者普通程序审理前,双方当事人已确认的事实,可以不再进行举证、质证。

第二百八十一条 当事人对按照小额诉讼案件审理有异议的,应当在开庭前提出。人民法院经审查,异议成立的,适用简易程序的其他规定审理;异议不成立的,告知当事人,并记入笔录。

第二百八十二条 小额诉讼案件的裁判文书可以简化,主要记载当事人基本信息、诉讼请求、裁判主文等内容。

第二百八十三条 人民法院审理小额诉讼案件,本解释没有规定的,适用简易程序的其他规定。

十三、公益诉讼

第二百八十四条 环境保护法、消费者权益保护法等法律规定的机关和有关组织对污染环境、侵害众多消费者合法权益等损害社会公共利益的行为,根据民事诉讼法第五十五条规定提起公益诉讼,符合下列条件的,人民法院应当受理:

(一)有明确的被告;

(二)有具体的诉讼请求;

(三)有社会公共利益受到损害的初步证据;

(四)属于人民法院受理民事诉讼的范围和受诉人民法院管辖。

第二百八十五条 公益诉讼案件由侵权行为地或者被告住所地中级人民法院管辖,但法律、司法解释另有规定的除外。

因污染海洋环境提起的公益诉讼,由污染发生地、损害结果地或者采取预防污染措施地海事法院管辖。

对同一侵权行为分别向两个以上人民法院提起公益诉讼的,由最先立案的人民法院管辖,必要时由它们的共同上级人民法院指定管辖。

第二百八十六条 人民法院受理公益诉讼案件后,应当在十日内书面告知相关行政主管部门。

第二百八十七条 人民法院受理公益诉讼案件后,依法可以提起诉讼的其他机关和有关组织,可以在开庭前向人民法院申请参加诉讼。人民法院准许参加诉讼的,列为共同原告。

第二百八十八条 人民法院受理公益诉讼案件,不影响同一侵权行为的受害人根据民事诉讼法第一百一十九条规定提起诉讼。

第二百八十九条 对公益诉讼案件,当事人可以和解,人民法院可以调解。

当事人达成和解或者调解协议后,人民法院应当将和解或者调解协议进行公告。公告期间不得少于三十日。

公告期满后,人民法院经审查,和解或者调解协议不违反社会公共利益的,应当出具调解书;和解或者调解协议违反社会公共利益的,不予出具调解书,继续对案件进行审理并依法作出裁判。

第二百九十条 公益诉讼案件的原告在法庭辩论终结后申请撤诉的,人民法院不予准许。

第二百九十一条 公益诉讼案件的裁判发生法律效力后,其他依法具有原告资格的机关和有关组织就同一侵权行为另行提起公益诉讼的,人民法院裁定不予受理,但法律、司法解释另有规定的除外。

十四、第三人撤销之诉

第二百九十二条 第三人对已经发生法律效力的判决、裁定、调解书提起撤销之诉的,应当自知道或者应当知道其民事权益受到损害之日起六个月内,向作出生效判决、裁定、调解书的人民法院提出,并应当提供存在下列情形的证据材料:

(一)因不能归责于本人的事由未参加诉讼;

(二)发生法律效力的判决、裁定、调解书的全部或者部分内容错误;

(三)发生法律效力的判决、裁定、调解书内容错误损害其民事权益。

第二百九十三条 人民法院应当在收到起诉状和证据材料之日起五日内送交对方当事人,对方当事人可以自收到起诉状之日起十日内提出书面意见。

人民法院应当对第三人提交的起诉状、证据材料以及对方当事人的书面意见进行审查。必要时,可以询问双方当事人。

经审查,符合起诉条件的,人民法院应当在收到起诉状之日起三十日内立案。不符合起诉条件的,应当在收到起诉状之日起三十日内裁定不予受理。

第二百九十四条 人民法院对第三人撤销之诉案件,应当组成合议庭开庭审理。

第二百九十五条 民事诉讼法第五十六条第三款规定的因不能归责于本人的事由未参加诉讼,是指没有被列为生效判决、裁定、调解书当事人,且无过错或者无明显过错的情形。包括:

(一)不知道诉讼而未参加的;

(二)申请参加未获准许的;

(三)知道诉讼,但因客观原因无法参加的;

(四)因其他不能归责于本人的事由未参加诉讼的。

第二百九十六条 民事诉讼法第五十六条第三款规定的判决、裁定、调解书的部分或者全部内容,是指判决、裁定的主文,调解书中处理当事人民事权利义务的结果。

第二百九十七条 对下列情形提起第三人撤销之诉的,人民法院不予受理:

(一)适用特别程序、督促程序、公示催告程序、破产程序等非讼程序处理的案件;

(二)婚姻无效、撤销或者解除婚姻关系等判决、裁定、调解书中涉及身份关系的内容;

(三)民事诉讼法第五十四条规定的未参加登记的权利人对代表人诉讼案件的生效裁判;

(四)民事诉讼法第五十五条规定的损害社会公共利益行为的受害人对公益诉讼案件的生效裁判。

第二百九十八条 第三人提起撤销之诉,人民法院应当将该第三人列为原告,生效判决、裁定、调解书的当事人列为被告,但生效判决、裁定、调解书中没有承担责任的无独立请求权的第三人列为第三人。

第二百九十九条 受理第三人撤销之诉案件后,原告提供相应担保,请求中止执行的,人民法院可以准许。

第三百条 对第三人撤销或者部分撤销发生法律效力的判决、裁定、调解书内容的请求,人民法

院经审理,按下列情形分别处理:

(一)请求成立且确认其民事权利的主张全部或部分成立的,改变原判决、裁定、调解书内容的错误部分;

(二)请求成立,但确认其全部或部分民事权利的主张不成立,或者未提出确认其民事权利请求的,撤销原判决、裁定、调解书内容的错误部分;

(三)请求不成立的,驳回诉讼请求。

对前款规定裁判不服的,当事人可以上诉。

原判决、裁定、调解书的内容未改变或者未撤销的部分继续有效。

第三百零一条 第三人撤销之诉案件审理期间,人民法院对生效判决、裁定、调解书裁定再审的,受理第三人撤销之诉的人民法院应当裁定将第三人的诉讼请求并入再审程序。但有证据证明原审当事人之间恶意串通损害第三人合法权益的,人民法院应当先行审理第三人撤销之诉案件,裁定中止再审诉讼。

第三百零二条 第三人诉讼请求并入再审程序审理的,按照下列情形分别处理:

(一)按照第一审程序审理的,人民法院应当对第三人的诉讼请求一并审理,所作的判决可以上诉;

(二)按照第二审程序审理的,人民法院可以调解,调解达不成协议的,应当裁定撤销原判决、裁定、调解书,发回一审法院重审,重审时应当列明第三人。

第三百零三条 第三人提起撤销之诉后,未中止生效判决、裁定、调解书执行的,执行法院对第三人依照民事诉讼法第二百二十七条规定提出的执行异议,应予审查。第三人不服驳回执行异议裁定,申请对原判决、裁定、调解书再审的,人民法院不予受理。

案外人对人民法院驳回其执行异议裁定不服,认为原判决、裁定、调解书内容错误损害其合法权益的,应当根据民事诉讼法第二百二十七条规定申请再审,提起第三人撤销之诉的,人民法院不予受理。

十五、执行异议之诉

第三百零四条 根据民事诉讼法第二百二十七条规定,案外人、当事人对执行异议裁定不服,自裁定送达之日起十五日内向人民法院提起执行异议之诉的,由执行法院管辖。

第三百零五条 案外人提起执行异议之诉,除符合民事诉讼法第一百一十九条规定外,还应当具备下列条件:

(一)案外人的执行异议申请已经被人民法院裁定驳回;

(二)有明确的排除对执行标的执行的诉讼请求,且诉讼请求与原判决、裁定无关;

(三)自执行异议裁定送达之日起十五日内提起。

人民法院应当在收到起诉状之日起十五日内决定是否立案。

第三百零六条 申请执行人提起执行异议之诉,除符合民事诉讼法第一百一十九条规定外,还应当具备下列条件:

(一)依案外人执行异议申请,人民法院裁定中止执行;

(二)有明确的对执行标的继续执行的诉讼请求,且诉讼请求与原判决、裁定无关;

(三)自执行异议裁定送达之日起十五日内提起。

人民法院应当在收到起诉状之日起十五日内决定是否立案。

第三百零七条 案外人提起执行异议之诉的,以申请执行人为被告。被执行人反对案外人异议的,被执行人为共同被告;被执行人不反对案外人异议的,可以列被执行人为第三人。

第三百零八条 申请执行人提起执行异议之诉的,以案外人为被告。被执行人反对申请执行人主张的,以案外人和被执行人为共同被告;被执行人不反对申请执行人主张的,可以列被执行人为第三人。

第三百零九条 申请执行人对中止执行裁定未提起执行异议之诉,被执行人提起执行异议之诉的,人民法院告知其另行起诉。

第三百一十条 人民法院审理执行异议之诉案件,适用普通程序。

第三百一十一条 案外人或者申请执行人提起执行异议之诉的,案外人应当就其对执行标的享有足以排除强制执行的民事权益承担举证证明责任。

第三百一十二条 对案外人提起的执行异议

之诉,人民法院经审理,按照下列情形分别处理:

(一)案外人就执行标的享有足以排除强制执行的民事权益的,判决不得执行该执行标的;

(二)案外人就执行标的不享有足以排除强制执行的民事权益的,判决驳回诉讼请求。

案外人同时提出确认其权利的诉讼请求的,人民法院可以在判决中一并作出裁判。

第三百一十三条 对申请执行人提起的执行异议之诉,人民法院经审理,按照下列情形分别处理:

(一)案外人就执行标的不享有足以排除强制执行的民事权益的,判决准许执行该执行标的;

(二)案外人就执行标的享有足以排除强制执行的民事权益的,判决驳回诉讼请求。

第三百一十四条 对案外人执行异议之诉,人民法院判决不得对执行标的执行的,执行异议裁定失效。

对申请执行人执行异议之诉,人民法院判决准许对该执行标的执行的,执行异议裁定失效,执行法院可以根据申请执行人的申请或者依职权恢复执行。

第三百一十五条 案外人执行异议之诉审理期间,人民法院不得对执行标的进行处分。申请执行人请求人民法院继续执行并提供相应担保的,人民法院可以准许。

被执行人与案外人恶意串通,通过执行异议、执行异议之诉妨害执行的,人民法院应当依照民事诉讼法第一百一十三条规定处理。申请执行人因此受到损害的,可以提起诉讼要求被执行人、案外人赔偿。

第三百一十六条 人民法院对执行标的裁定中止执行后,申请执行人在法律规定的期间内未提起执行异议之诉的,人民法院应当自起诉期限届满之日起七日内解除对该执行标的采取的执行措施。

十六、第二审程序

第三百一十七条 双方当事人和第三人都提起上诉的,均列为上诉人。人民法院可以依职权确定第二审程序中当事人的诉讼地位。

第三百一十八条 民事诉讼法第一百六十六条、第一百六十七条规定的对方当事人包括被上诉人和原审其他当事人。

第三百一十九条 必要共同诉讼人的一人或者部分人提起上诉的,按下列情形分别处理:

(一)上诉仅对与对方当事人之间权利义务分担有意见,不涉及其他共同诉讼人利益的,对方当事人为被上诉人,未上诉的同一方当事人依原审诉讼地位列明;

(二)上诉仅对共同诉讼人之间权利义务分担有意见,不涉及对方当事人利益的,未上诉的同一方当事人为被上诉人,对方当事人依原审诉讼地位列明;

(三)上诉对双方当事人之间以及共同诉讼人之间权利义务承担有意见的,未提起上诉的其他当事人均为被上诉人。

第三百二十条 一审宣判时或者判决书、裁定书送达时,当事人口头表示上诉的,人民法院应告知其必须在法定上诉期间内递交上诉状。未在法定上诉期间内递交上诉状的,视为未提起上诉。虽递交上诉状,但未在指定的期限内交纳上诉费的,按自动撤回上诉处理。

第三百二十一条 无民事行为能力人、限制民事行为能力人的法定代理人,可以代理当事人提起上诉。

第三百二十二条 上诉案件的当事人死亡或者终止的,人民法院依法通知其权利义务承继者参加诉讼。

需要终结诉讼的,适用民事诉讼法第一百五十一条规定。

第三百二十三条 第二审人民法院应当围绕当事人的上诉请求进行审理。

当事人没有提出请求的,不予审理,但一审判决违反法律禁止性规定,或者损害国家利益、社会公共利益、他人合法权益的除外。

第三百二十四条 开庭审理的上诉案件,第二审人民法院可以依照民事诉讼法第一百三十三条第四项规定进行审理前的准备。

第三百二十五条 下列情形,可以认定为民事诉讼法第一百七十条第一款第四项规定的严重违反法定程序:

(一)审判组织的组成不合法的;

(二)应当回避的审判人员未回避的;

(三)无诉讼行为能力人未经法定代理人代为诉讼的;

(四)违法剥夺当事人辩论权利的。

第三百二十六条 对当事人在第一审程序中已经提出的诉讼请求，原审人民法院未作审理、判决的，第二审人民法院可以根据当事人自愿的原则进行调解；调解不成的，发回重审。

第三百二十七条 必须参加诉讼的当事人或者有独立请求权的第三人，在第一审程序中未参加诉讼，第二审人民法院可以根据当事人自愿的原则予以调解；调解不成的，发回重审。

第三百二十八条 在第二审程序中，原审原告增加独立的诉讼请求或者原审被告提出反诉的，第二审人民法院可以根据当事人自愿的原则就新增加的诉讼请求或者反诉进行调解；调解不成的，告知当事人另行起诉。

双方当事人同意由第二审人民法院一并审理的，第二审人民法院可以一并裁判。

第三百二十九条 一审判决不准离婚的案件，上诉后，第二审人民法院认为应当判决离婚的，可以根据当事人自愿的原则，与子女抚养、财产问题一并调解；调解不成的，发回重审。

双方当事人同意由第二审人民法院一并审理的，第二审人民法院可以一并裁判。

第三百三十条 人民法院依照第二审程序审理案件，认为依法不应由人民法院受理的，可以由第二审人民法院直接裁定撤销原裁判，驳回起诉。

第三百三十一条 人民法院依照第二审程序审理案件，认为第一审人民法院受理案件违反专属管辖规定的，应当裁定撤销原裁判并移送有管辖权的人民法院。

第三百三十二条 第二审人民法院查明第一审人民法院作出的不予受理裁定有错误的，应当在撤销原裁定的同时，指令第一审人民法院立案受理；查明第一审人民法院作出的驳回起诉裁定有错误的，应当在撤销原裁定的同时，指令第一审人民法院审理。

第三百三十三条 第二审人民法院对下列上诉案件，依照民事诉讼法第一百六十九条规定可以不开庭审理：

（一）不服不予受理、管辖权异议和驳回起诉裁定的；

（二）当事人提出的上诉请求明显不能成立的；

（三）原判决、裁定认定事实清楚，但适用法律错误的；

（四）原判决严重违反法定程序，需要发回重审的。

第三百三十四条 原判决、裁定认定事实或者适用法律虽有瑕疵，但裁判结果正确的，第二审人民法院可以在判决、裁定中纠正瑕疵后，依照民事诉讼法第一百七十条第一款第一项规定予以维持。

第三百三十五条 民事诉讼法第一百七十条第一款第三项规定的基本事实，是指用以确定当事人主体资格、案件性质、民事权利义务等对原判决、裁定的结果有实质性影响的事实。

第三百三十六条 在第二审程序中，作为当事人的法人或者其他组织分立的，人民法院可以直接将分立后的法人或者其他组织列为共同诉讼人；合并的，将合并后的法人或者其他组织列为当事人。

第三百三十七条 在第二审程序中，当事人申请撤回上诉，人民法院经审查认为一审判决确有错误，或者当事人之间恶意串通损害国家利益、社会公共利益、他人合法权益的，不应准许。

第三百三十八条 在第二审程序中，原审原告申请撤回起诉，经其他当事人同意，且不损害国家利益、社会公共利益、他人合法权益的，人民法院可以准许。准许撤诉的，应当一并裁定撤销一审裁判。

原审原告在第二审程序中撤回起诉后重复起诉的，人民法院不予受理。

第三百三十九条 当事人在第二审程序中达成和解协议的，人民法院可以根据当事人的请求，对双方达成的和解协议进行审查并制作调解书送达当事人；因和解而申请撤诉，经审查符合撤诉条件的，人民法院应予准许。

第三百四十条 第二审人民法院宣告判决可以自行宣判，也可以委托原审人民法院或者当事人所在地人民法院代行宣判。

第三百四十一条 人民法院审理对裁定的上诉案件，应当在第二审立案之日起三十日内作出终审裁定。有特殊情况需要延长审限的，由本院院长批准。

第三百四十二条 当事人在第一审程序中实施的诉讼行为，在第二审程序中对该当事人仍具有拘束力。

当事人推翻其在第一审程序中实施的诉讼行为时，人民法院应当责令其说明理由。理由不成立的，不予支持。

十七、特别程序

第三百四十三条 宣告失踪或者宣告死亡案件,人民法院可以根据申请人的请求,清理下落不明人的财产,并指定案件审理期间的财产管理人。公告期满后,人民法院判决宣告失踪的,应当同时依照民法典第四十二条的规定指定失踪人的财产代管人。

第三百四十四条 失踪人的财产代管人经人民法院指定后,代管人申请变更代管的,比照民事诉讼法特别程序的有关规定进行审理。申请理由成立的,裁定撤销申请人的代管人身份,同时另行指定财产代管人;申请理由不成立的,裁定驳回申请。

失踪人的其他利害关系人申请变更代管的,人民法院应当告知其以原指定的代管人为被告起诉,并按普通程序进行审理。

第三百四十五条 人民法院判决宣告公民失踪后,利害关系人向人民法院申请宣告失踪人死亡,自失踪之日起满四年的,人民法院应当受理,宣告失踪的判决即是该公民失踪的证明,审理中仍应依照民事诉讼法第一百八十五条规定进行公告。

第三百四十六条 符合法律规定的多个利害关系人提出宣告失踪、宣告死亡申请的,列为共同申请人。

第三百四十七条 寻找下落不明人的公告应当记载下列内容:

(一)被申请人应当在规定期间内向受理法院申报其具体地址及其联系方式。否则,被申请人将被宣告失踪、宣告死亡;

(二)凡知悉被申请人生存现状的人,应当在公告期间内将其所知道情况向受理法院报告。

第三百四十八条 人民法院受理宣告失踪、宣告死亡案件后,作出判决前,申请人撤回申请的,人民法院应当裁定终结案件,但其他符合法律规定的利害关系人加入程序要求继续审理的除外。

第三百四十九条 在诉讼中,当事人的利害关系人提出该当事人患有精神病,要求宣告该当事人无民事行为能力或者限制民事行为能力的,应由利害关系人向人民法院提出申请,由受诉人民法院按照特别程序立案审理,原诉讼中止。

第三百五十条 认定财产无主案件,公告期间有人对财产提出请求的,人民法院应当裁定终结特别程序,告知申请人另行起诉,适用普通程序审理。

第三百五十一条 被指定的监护人不服居民委员会、村民委员会或者民政部门指定,应当自接到通知之日起三十日内向人民法院提出异议。经审理,认为指定并无不当的,裁定驳回异议;指定不当的,判决撤销指定,同时另行指定监护人。判决书应当送达异议人、原指定单位及判决指定的监护人。

有关当事人依照民法典第三十一条第一款规定直接向人民法院申请指定监护人的,适用特别程序审理,判决指定监护人。判决书应当送达申请人、判决指定的监护人。

第三百五十二条 申请认定公民无民事行为能力或者限制民事行为能力的案件,被申请人没有近亲属的,人民法院可以指定经被申请人住所地的居民委员会、村民委员会或者民政部门同意,且愿意担任代理人的个人或者组织为代理人。

没有前款规定的代理人的,由被申请人住所地的居民委员会、村民委员会或者民政部门担任代理人。

代理人可以是一人,也可以是同一顺序中的两人。

第三百五十三条 申请司法确认调解协议的,双方当事人应当本人或者由符合民事诉讼法第五十八条规定的代理人向调解组织所在地基层人民法院或者人民法庭提出申请。

第三百五十四条 两个以上调解组织参与调解的,各调解组织所在地基层人民法院均有管辖权。

双方当事人可以共同向其中一个调解组织所在地基层人民法院提出申请;双方当事人共同向两个以上调解组织所在地基层人民法院提出申请的,由最先立案的人民法院管辖。

第三百五十五条 当事人申请司法确认调解协议,可以采用书面形式或者口头形式。当事人口头申请的,人民法院应当记入笔录,并由当事人签名、捺印或者盖章。

第三百五十六条 当事人申请司法确认调解协议,应当向人民法院提交调解协议、调解组织主持调解的证明,以及与调解协议相关的财产权利证明等材料,并提供双方当事人的身份、住所、联系方式等基本信息。

当事人未提交上述材料的，人民法院应当要求当事人限期补交。

第三百五十七条 当事人申请司法确认调解协议，有下列情形之一的，人民法院裁定不予受理：

（一）不属于人民法院受理范围的；

（二）不属于收到申请的人民法院管辖的；

（三）申请确认婚姻关系、亲子关系、收养关系等身份关系无效、有效或者解除的；

（四）涉及适用其他特别程序、公示催告程序、破产程序审理的；

（五）调解协议内容涉及物权、知识产权确权的。

人民法院受理申请后，发现有上述不予受理情形的，应当裁定驳回当事人的申请。

第三百五十八条 人民法院审查相关情况时，应当通知双方当事人共同到场对案件进行核实。

人民法院经审查，认为当事人的陈述或者提供的证明材料不充分、不完备或者有疑义的，可以要求当事人限期补充陈述或者补充证明材料。必要时，人民法院可以向调解组织核实有关情况。

第三百五十九条 确认调解协议的裁定作出前，当事人撤回申请的，人民法院可以裁定准许。

当事人无正当理由未在限期内补充陈述、补充证明材料或者拒不接受询问的，人民法院可以按撤回申请处理。

第三百六十条 经审查，调解协议有下列情形之一的，人民法院应当裁定驳回申请：

（一）违反法律强制性规定的；

（二）损害国家利益、社会公共利益、他人合法权益的；

（三）违背公序良俗的；

（四）违反自愿原则的；

（五）内容不明确的；

（六）其他不能进行司法确认的情形。

第三百六十一条 民事诉讼法第一百九十六条规定的担保物权人，包括抵押权人、质权人、留置权人；其他有权请求实现担保物权的人，包括抵押人、出质人、财产被留置的债务人或者所有权人等。

第三百六十二条 实现票据、仓单、提单等有权利凭证的权利质权案件，可以由权利凭证持有人住所地人民法院管辖；无权利凭证的权利质权，由出质登记地人民法院管辖。

第三百六十三条 实现担保物权案件属于海事法院等专门人民法院管辖的，由专门人民法院管辖。

第三百六十四条 同一债权的担保物有多个且所在地不同，申请人分别向有管辖权的人民法院申请实现担保物权的，人民法院应当依法受理。

第三百六十五条 依照民法典第三百九十二条的规定，被担保的债权既有物的担保又有人的担保，当事人对实现担保物权的顺序有约定，实现担保物权的申请违反该约定的，人民法院裁定不予受理；没有约定或者约定不明的，人民法院应当受理。

第三百六十六条 同一财产上设立多个担保物权，登记在先的担保物权尚未实现的，不影响后顺位的担保物权人向人民法院申请实现担保物权。

第三百六十七条 申请实现担保物权，应当提交下列材料：

（一）申请书。申请书应当记明申请人、被申请人的姓名或者名称、联系方式等基本信息，具体的请求和事实、理由；

（二）证明担保物权存在的材料，包括主合同、担保合同、抵押登记证明或者他项权利证书，权利质权的权利凭证或者质权出质登记证明等；

（三）证明实现担保物权条件成就的材料；

（四）担保财产现状的说明；

（五）人民法院认为需要提交的其他材料。

第三百六十八条 人民法院受理申请后，应当在五日内向被申请人送达申请书副本、异议权利告知书等文书。

被申请人有异议的，应当在收到人民法院通知后的五日内向人民法院提出，同时说明理由并提供相应的证据材料。

第三百六十九条 实现担保物权案件可以由审判员一人独任审查。担保财产标的额超过基层人民法院管辖范围的，应当组成合议庭进行审查。

第三百七十条 人民法院审查实现担保物权案件，可以询问申请人、被申请人、利害关系人，必要时可以依职权调查相关事实。

第三百七十一条 人民法院应当就主合同的效力、期限、履行情况，担保物权是否有效设立、担保财产的范围、被担保的债权范围、被担保的债权是否已届清偿期等担保物权实现的条件，以及是否损害他人合法权益等内容进行审查。

被申请人或者利害关系人提出异议的，人民法院应当一并审查。

第三百七十二条 人民法院审查后，按下列情形分别处理：

（一）当事人对实现担保物权无实质性争议且实现担保物权条件成就的，裁定准许拍卖、变卖担保财产；

（二）当事人对实现担保物权有部分实质性争议的，可以就无争议部分裁定准许拍卖、变卖担保财产；

（三）当事人对实现担保物权有实质性争议的，裁定驳回申请，并告知申请人向人民法院提起诉讼。

第三百七十三条 人民法院受理申请后，申请人对担保财产提出保全申请的，可以按照民事诉讼法关于诉讼保全的规定办理。

第三百七十四条 适用特别程序作出的判决、裁定，当事人、利害关系人认为有错误的，可以向作出该判决、裁定的人民法院提出异议。人民法院经审查，异议成立或者部分成立的，作出新的判决、裁定撤销或者改变原判决、裁定；异议不成立的，裁定驳回。

对人民法院作出的确认调解协议、准许实现担保物权的裁定，当事人有异议的，应当自收到裁定之日起十五日内提出；利害关系人有异议的，自知道或者应当知道其民事权益受到侵害之日起六个月内提出。

十八、审判监督程序

第三百七十五条 当事人死亡或者终止的，其权利义务承继者可以根据民事诉讼法第一百九十九条、第二百零一条的规定申请再审。

判决、调解书生效后，当事人将判决、调解书确认的债权转让，债权受让人对该判决、调解书不服申请再审的，人民法院不予受理。

第三百七十六条 民事诉讼法第一百九十九条规定的人数众多的一方当事人，包括公民、法人和其他组织。

民事诉讼法第一百九十九条规定的当事人双方为公民的案件，是指原告和被告均为公民的案件。

第三百七十七条 当事人申请再审，应当提交下列材料：

（一）再审申请书，并按照被申请人和原审其他当事人的人数提交副本；

（二）再审申请人是自然人的，应当提交身份证明；再审申请人是法人或者其他组织的，应当提交营业执照、组织机构代码证书、法定代表人或者主要负责人身份证明书。委托他人代为申请的，应当提交授权委托书和代理人身份证明；

（三）原审判决书、裁定书、调解书；

（四）反映案件基本事实的主要证据及其他材料。

前款第二项、第三项、第四项规定的材料可以是与原件核对无异的复印件。

第三百七十八条 再审申请书应当记明下列事项：

（一）再审申请人与被申请人及原审其他当事人的基本信息；

（二）原审人民法院的名称，原审裁判文书案号；

（三）具体的再审请求；

（四）申请再审的法定情形及具体事实、理由。

再审申请书应当明确申请再审的人民法院，并由再审申请人签名、捺印或者盖章。

第三百七十九条 当事人一方人数众多或者当事人双方为公民的案件，当事人分别向原审人民法院和上一级人民法院申请再审且不能协商一致的，由原审人民法院受理。

第三百八十条 适用特别程序、督促程序、公示催告程序、破产程序等非讼程序审理的案件，当事人不得申请再审。

第三百八十一条 当事人认为发生法律效力的不予受理、驳回起诉的裁定错误的，可以申请再审。

第三百八十二条 当事人就离婚案件中的财产分割问题申请再审，如涉及判决中已分割的财产，人民法院应当依照民事诉讼法第二百条的规定进行审查，符合再审条件的，应当裁定再审；如涉及判决中未作处理的夫妻共同财产，应当告知当事人另行起诉。

第三百八十三条 当事人申请再审，有下列情形之一的，人民法院不予受理：

（一）再审申请被驳回后再次提出申请的；

（二）对再审判决、裁定提出申请的；

（三）在人民检察院对当事人的申请作出不予提出再审检察建议或者抗诉决定后又提出申请的。

前款第一项、第二项规定情形，人民法院应当告知当事人可以向人民检察院申请再审检察建议或者抗诉，但因人民检察院提出再审检察建议或者抗诉而再审作出的判决、裁定除外。

第三百八十四条 当事人对已经发生法律效力的调解书申请再审，应当在调解书发生法律效力后六个月内提出。

第三百八十五条 人民法院应当自收到符合条件的再审申请书等材料之日起五日内向再审申请人发送受理通知书，并向被申请人及原审其他当事人发送应诉通知书、再审申请书副本等材料。

第三百八十六条 人民法院受理申请再审案件后，应当依照民事诉讼法第二百条、第二百零一条、第二百零四条等规定，对当事人主张的再审事由进行审查。

第三百八十七条 再审申请人提供的新的证据，能够证明原判决、裁定认定基本事实或者裁判结果错误的，应当认定为民事诉讼法第二百条第一项规定的情形。

对于符合前款规定的证据，人民法院应当责令再审申请人说明其逾期提供该证据的理由；拒不说明理由或者理由不成立的，依照民事诉讼法第六十五条第二款和本解释第一百零二条的规定处理。

第三百八十八条 再审申请人证明其提交的新的证据符合下列情形之一的，可以认定逾期提供证据的理由成立：

（一）在原审庭审结束前已经存在，因客观原因于庭审结束后才发现的；

（二）在原审庭审结束前已经发现，但因客观原因无法取得或者在规定的期限内不能提供的；

（三）在原审庭审结束后形成，无法据此另行提起诉讼的。

再审申请人提交的证据在原审中已经提供，原审人民法院未组织质证且未作为裁判根据的，视为逾期提供证据的理由成立，但原审人民法院依照民事诉讼法第六十五条规定不予采纳的除外。

第三百八十九条 当事人对原判决、裁定认定事实的主要证据在原审中拒绝发表质证意见或者质证中未对证据发表质证意见的，不属于民事诉讼法第二百条第四项规定的未经质证的情形。

第三百九十条 有下列情形之一，导致判决、裁定结果错误的，应当认定为民事诉讼法第二百条第六项规定的原判决、裁定适用法律确有错误：

（一）适用的法律与案件性质明显不符的；

（二）确定民事责任明显违背当事人约定或者法律规定的；

（三）适用已经失效或者尚未施行的法律的；

（四）违反法律溯及力规定的；

（五）违反法律适用规则的；

（六）明显违背立法原意的。

第三百九十一条 原审开庭过程中有下列情形之一的，应当认定为民事诉讼法第二百条第九项规定的剥夺当事人辩论权利：

（一）不允许当事人发表辩论意见的；

（二）应当开庭审理而未开庭审理的；

（三）违反法律规定送达起诉状副本或者上诉状副本，致使当事人无法行使辩论权利的；

（四）违法剥夺当事人辩论权利的其他情形。

第三百九十二条 民事诉讼法第二百条第十一项规定的诉讼请求，包括一审诉讼请求、二审上诉请求，但当事人未对一审判决、裁定遗漏或者超出诉讼请求提起上诉的除外。

第三百九十三条 民事诉讼法第二百条第十二项规定的法律文书包括：

（一）发生法律效力的判决书、裁定书、调解书；

（二）发生法律效力的仲裁裁决书；

（三）具有强制执行效力的公证债权文书。

第三百九十四条 民事诉讼法第二百条第十三项规定的审判人员审理该案件时有贪污受贿、徇私舞弊、枉法裁判行为，是指已经由生效刑事法律文书或者纪律处分决定所确认的行为。

第三百九十五条 当事人主张的再审事由成立，且符合民事诉讼法和本解释规定的申请再审条件的，人民法院应当裁定再审。

当事人主张的再审事由不成立，或者当事人申请再审超过法定申请再审期限、超出法定再审事由范围等不符合民事诉讼法和本解释规定的申请再审条件的，人民法院应当裁定驳回再审申请。

第三百九十六条 人民法院对已经发生法律效力的判决、裁定、调解书依法决定再审，依照民事诉讼法第二百零六条规定，需要中止执行的，应当在再审裁定中同时写明中止原判决、裁定、调解书的执行；情况紧急的，可以将中止执行裁定口头通知负责执行的人民法院，并在通知后十日内发出裁定书。

第三百九十七条 人民法院根据审查案件的需要决定是否询问当事人。新的证据可能推翻原判决、裁定的,人民法院应当询问当事人。

第三百九十八条 审查再审申请期间,被申请人及原审其他当事人依法提出再审申请的,人民法院应当将其列为再审申请人,对其再审事由一并审查,审查期限重新计算。经审查,其中一方再审申请人主张的再审事由成立的,应当裁定再审。各方再审申请人主张的再审事由均不成立的,一并裁定驳回再审申请。

第三百九十九条 审查再审申请期间,再审申请人申请人民法院委托鉴定、勘验的,人民法院不予准许。

第四百条 审查再审申请期间,再审申请人撤回再审申请的,是否准许,由人民法院裁定。

再审申请人经传票传唤,无正当理由拒不接受询问的,可以按撤回再审申请处理。

第四百零一条 人民法院准许撤回再审申请或者按撤回再审申请处理后,再审申请人再次申请再审的,不予受理,但有民事诉讼法第二百条第一项、第三项、第十二项、第十三项规定情形,自知道或者应当知道之日起六个月内提出的除外。

第四百零二条 再审申请审查期间,有下列情形之一的,裁定终结审查:

(一)再审申请人死亡或者终止,无权利义务承继者或者权利义务承继者声明放弃再审申请的;

(二)在给付之诉中,负有给付义务的被申请人死亡或者终止,无可供执行的财产,也没有应当承担义务的人的;

(三)当事人达成和解协议且已履行完毕的,但当事人在和解协议中声明不放弃申请再审权利的除外;

(四)他人未经授权以当事人名义申请再审的;

(五)原审或者上一级人民法院已经裁定再审的;

(六)有本解释第三百八十三条第一款规定情形的。

第四百零三条 人民法院审理再审案件应当组成合议庭开庭审理,但按照第二审程序审理,有特殊情况或者双方当事人已经通过其他方式充分表达意见,且书面同意不开庭审理的除外。

符合缺席判决条件的,可以缺席判决。

第四百零四条 人民法院开庭审理再审案件,应当按照下列情形分别进行:

(一)因当事人申请再审的,先由再审申请人陈述再审请求及理由,后由被申请人答辩、其他原审当事人发表意见;

(二)因抗诉再审的,先由抗诉机关宣读抗诉书,再由申请抗诉的当事人陈述,后由被申请人答辩、其他原审当事人发表意见;

(三)人民法院依职权再审,有申诉人的,先由申诉人陈述再审请求及理由,后由被申诉人答辩、其他原审当事人发表意见;

(四)人民法院依职权再审,没有申诉人的,先由原审原告或者原审上诉人陈述,后由原审其他当事人发表意见。

对前款第一项至第三项规定的情形,人民法院应当要求当事人明确其再审请求。

第四百零五条 人民法院审理再审案件应当围绕再审请求进行。当事人的再审请求超出原审诉讼请求的,不予审理;符合另案诉讼条件的,告知当事人可以另行起诉。

被申请人及原审其他当事人在庭审辩论结束前提出的再审请求,符合民事诉讼法第二百零五条规定的,人民法院应当一并审理。

人民法院经再审,发现已经发生法律效力的判决、裁定损害国家利益、社会公共利益、他人合法权益的,应当一并审理。

第四百零六条 再审审理期间,有下列情形之一的,可以裁定终结再审程序:

(一)再审申请人在再审期间撤回再审请求,人民法院准许的;

(二)再审申请人经传票传唤,无正当理由拒不到庭的,或者未经法庭许可中途退庭,按撤回再审请求处理的;

(三)人民检察院撤回抗诉的;

(四)有本解释第四百零二条第一项至第四项规定情形的。

因人民检察院提出抗诉裁定再审的案件,申请抗诉的当事人有前款规定的情形,且不损害国家利益、社会公共利益或者他人合法权益的,人民法院应当裁定终结再审程序。

再审程序终结后,人民法院裁定中止执行的原生效判决自动恢复执行。

第四百零七条 人民法院经再审审理认为,原判决、裁定认定事实清楚、适用法律正确的,应予维持;原判决、裁定认定事实、适用法律虽有瑕疵,但裁判结果正确的,应当在再审判决、裁定中纠正瑕疵后予以维持。

原判决、裁定认定事实、适用法律错误,导致裁判结果错误的,应当依法改判、撤销或者变更。

第四百零八条 按照第二审程序再审的案件,人民法院经审理认为不符合民事诉讼法规定的起诉条件或者符合民事诉讼法第一百二十四条规定不予受理情形的,应当裁定撤销一、二审判决,驳回起诉。

第四百零九条 人民法院对调解书裁定再审后,按照下列情形分别处理:

(一)当事人提出的调解违反自愿原则的事由不成立,且调解书的内容不违反法律强制性规定的,裁定驳回再审申请;

(二)人民检察院抗诉或者再审检察建议所主张的损害国家利益、社会公共利益的理由不成立的,裁定终结再审程序。

前款规定情形,人民法院裁定中止执行的调解书需要继续执行的,自动恢复执行。

第四百一十条 一审原告在再审审理程序中申请撤回起诉,经其他当事人同意,且不损害国家利益、社会公共利益、他人合法权益的,人民法院可以准许。裁定准许撤诉的,应当一并撤销原判决。

一审原告在再审审理程序中撤回起诉后重复起诉的,人民法院不予受理。

第四百一十一条 当事人提交新的证据致使再审改判,因再审申请人或者申请检察监督当事人的过错未能在原审程序中及时举证,被申请人等当事人请求补偿其增加的交通、住宿、就餐、误工等必要费用的,人民法院应予支持。

第四百一十二条 部分当事人到庭并达成调解协议,其他当事人未作出书面表示的,人民法院应当在判决中对该事实作出表述;调解协议内容不违反法律规定,且不损害其他当事人合法权益的,可以在判决主文中予以确认。

第四百一十三条 人民检察院依法对损害国家利益、社会公共利益的发生法律效力的判决、裁定、调解书提出抗诉,或者经人民检察院检察委员会讨论决定提出再审检察建议的,人民法院应予受理。

第四百一十四条 人民检察院对已经发生法律效力的判决以及不予受理、驳回起诉的裁定依法提出抗诉的,人民法院应予受理,但适用特别程序、督促程序、公示催告程序、破产程序以及解除婚姻关系的判决、裁定等不适用审判监督程序的判决、裁定除外。

第四百一十五条 人民检察院依照民事诉讼法第二百零九条第一款第三项规定对有明显错误的再审判决、裁定提出抗诉或者再审检察建议的,人民法院应予受理。

第四百一十六条 地方各级人民检察院依当事人的申请对生效判决、裁定向同级人民法院提出再审检察建议,符合下列条件的,应予受理:

(一)再审检察建议书和原审当事人申请书及相关证据材料已经提交;

(二)建议再审的对象为依照民事诉讼法和本解释规定可以进行再审的判决、裁定;

(三)再审检察建议书列明该判决、裁定有民事诉讼法第二百零八条第二款规定情形;

(四)符合民事诉讼法第二百零九条第一款第一项、第二项规定情形;

(五)再审检察建议经该人民检察院检察委员会讨论决定。

不符合前款规定的,人民法院可以建议人民检察院予以补正或者撤回;不予补正或者撤回的,应当函告人民检察院不予受理。

第四百一十七条 人民检察院依当事人的申请对生效判决、裁定提出抗诉,符合下列条件的,人民法院应当在三十日内裁定再审:

(一)抗诉书和原审当事人申请书及相关证据材料已经提交;

(二)抗诉对象为依照民事诉讼法和本解释规定可以进行再审的判决、裁定;

(三)抗诉书列明该判决、裁定有民事诉讼法第二百零八条第一款规定情形;

(四)符合民事诉讼法第二百零九条第一款第一项、第二项规定情形。

不符合前款规定的,人民法院可以建议人民检察院予以补正或者撤回;不予补正或者撤回的,人民法院可以裁定不予受理。

第四百一十八条 当事人的再审申请被上级人民法院裁定驳回后,人民检察院对原判决、裁定、调解书提出抗诉,抗诉事由符合民事诉讼法第二百条第一项至第五项规定情形之一的,受理抗诉的人民法院可以交由下一级人民法院再审。

第四百一十九条 人民法院收到再审检察建议后，应当组成合议庭，在三个月内进行审查，发现原判决、裁定、调解书确有错误，需要再审的，依照民事诉讼法第一百九十八条规定裁定再审，并通知当事人；经审查，决定不予再审的，应当书面回复人民检察院。

第四百二十条 人民法院审理因人民检察院抗诉或者检察建议裁定再审的案件，不受此前已经作出的驳回当事人再审申请裁定的影响。

第四百二十一条 人民法院开庭审理抗诉案件，应当在开庭三日前通知人民检察院、当事人和其他诉讼参与人。同级人民检察院或者提出抗诉的人民检察院应当派员出庭。

人民检察院因履行法律监督职责向当事人或者案外人调查核实的情况，应当向法庭提交并予以说明，由双方当事人进行质证。

第四百二十二条 必须共同进行诉讼的当事人因不能归责于本人或者其诉讼代理人的事由未参加诉讼的，可以根据民事诉讼法第二百条第八项规定，自知道或者应当知道之日起六个月内申请再审，但符合本解释第四百二十三条规定情形的除外。

人民法院因前款规定的当事人申请而裁定再审，按照第一审程序再审的，应当追加其为当事人，作出新的判决、裁定；按照第二审程序再审，经调解不能达成协议的，应当撤销原判决、裁定，发回重审，重审时应追加其为当事人。

第四百二十三条 根据民事诉讼法第二百二十七条规定，案外人对驳回其执行异议的裁定不服，认为原判决、裁定、调解书内容错误损害其民事权益的，可以自执行异议裁定送达之日起六个月内，向作出原判决、裁定、调解书的人民法院申请再审。

第四百二十四条 根据民事诉讼法第二百二十七条规定，人民法院裁定再审后，案外人属于必要的共同诉讼当事人的，依照本解释第四百二十二条第二款规定处理。

案外人不是必要的共同诉讼当事人的，人民法院仅审理原判决、裁定、调解书对其民事权益造成损害的内容。经审理，再审请求成立的，撤销或者改变原判决、裁定、调解书；再审请求不成立的，维持原判决、裁定、调解书。

第四百二十五条 本解释第三百四十条规定适用于审判监督程序。

第四百二十六条 对小额诉讼案件的判决、裁定，当事人以民事诉讼法第二百条规定的事由向原审人民法院申请再审的，人民法院应当受理。申请再审事由成立的，应当裁定再审，组成合议庭进行审理。作出的再审判决、裁定，当事人不得上诉。

当事人以不应按小额诉讼案件审理为由向原审人民法院申请再审的，人民法院应当受理。理由成立的，应当裁定再审，组成合议庭审理。作出的再审判决、裁定，当事人可以上诉。

十九、督促程序

第四百二十七条 两个以上人民法院都有管辖权的，债权人可以向其中一个基层人民法院申请支付令。

债权人向两个以上有管辖权的基层人民法院申请支付令的，由最先立案的人民法院管辖。

第四百二十八条 人民法院收到债权人的支付令申请书后，认为申请书不符合要求的，可以通知债权人限期补正。人民法院应当自收到补正材料之日起五日内通知债权人是否受理。

第四百二十九条 债权人申请支付令，符合下列条件的，基层人民法院应当受理，并在收到支付令申请书后五日内通知债权人：

（一）请求给付金钱或者汇票、本票、支票、股票、债券、国库券、可转让的存款单等有价证券；

（二）请求给付的金钱或者有价证券已到期且数额确定，并写明了请求所根据的事实、证据；

（三）债权人没有对待给付义务；

（四）债务人在我国境内且未下落不明；

（五）支付令能够送达债务人；

（六）收到申请书的人民法院有管辖权；

（七）债权人未向人民法院申请诉前保全。

不符合前款规定的，人民法院应当在收到支付令申请书后五日内通知债权人不予受理。

基层人民法院受理申请支付令案件，不受债权金额的限制。

第四百三十条 人民法院受理申请后，由审判员一人进行审查。经审查，有下列情形之一的，裁定驳回申请：

（一）申请人不具备当事人资格的；

（二）给付金钱或者有价证券的证明文件没有约定逾期给付利息或者违约金、赔偿金，债权人坚持要求给付利息或者违约金、赔偿金的；

（三）要求给付的金钱或者有价证券属于违法所得的；

（四）要求给付的金钱或者有价证券尚未到期或者数额不确定的。

人民法院受理支付令申请后，发现不符合本解释规定的受理条件的，应当在受理之日起十五日内裁定驳回申请。

第四百三十一条 向债务人本人送达支付令，债务人拒绝接收的，人民法院可以留置送达。

第四百三十二条 有下列情形之一的，人民法院应当裁定终结督促程序，已发出支付令的，支付令自行失效：

（一）人民法院受理支付令申请后，债权人就同一债权债务关系又提起诉讼的；

（二）人民法院发出支付令之日起三十日内无法送达债务人的；

（三）债务人收到支付令前，债权人撤回申请的。

第四百三十三条 债务人在收到支付令后，未在法定期间提出书面异议，而向其他人民法院起诉的，不影响支付令的效力。

债务人超过法定期间提出异议的，视为未提出异议。

第四百三十四条 债权人基于同一债权债务关系，在同一支付令申请中向债务人提出多项支付请求，债务人仅就其中一项或者几项请求提出异议的，不影响其他各项请求的效力。

第四百三十五条 债权人基于同一债权债务关系，就可分之债向多个债务人提出支付请求，多个债务人中的一人或者几人提出异议的，不影响其他请求的效力。

第四百三十六条 对设有担保的债务的主债务人发出的支付令，对担保人没有拘束力。

债权人就担保关系单独提起诉讼的，支付令自人民法院受理案件之日起失效。

第四百三十七条 经形式审查，债务人提出的书面异议有下列情形之一的，应当认定异议成立，裁定终结督促程序，支付令自行失效：

（一）本解释规定的不予受理申请情形的；

（二）本解释规定的裁定驳回申请情形的；

（三）本解释规定的应当裁定终结督促程序情形的；

（四）人民法院对是否符合发出支付令条件产生合理怀疑的。

第四百三十八条 债务人对债务本身没有异议，只是提出缺乏清偿能力、延缓债务清偿期限、变更债务清偿方式等异议的，不影响支付令的效力。

人民法院经审查认为异议不成立的，裁定驳回。

债务人的口头异议无效。

第四百三十九条 人民法院作出终结督促程序或者驳回异议裁定前，债务人请求撤回异议的，应当裁定准许。

债务人对撤回异议反悔的，人民法院不予支持。

第四百四十条 支付令失效后，申请支付令的一方当事人不同意提起诉讼的，应当自收到终结督促程序裁定之日起七日内向受理申请的人民法院提出。

申请支付令的一方当事人不同意提起诉讼的，不影响其向其他有管辖权的人民法院提起诉讼。

第四百四十一条 支付令失效后，申请支付令的一方当事人自收到终结督促程序裁定之日起七日内未向受理申请的人民法院表明不同意提起诉讼的，视为向受理申请的人民法院起诉。

债权人提出支付令申请的时间，即为向人民法院起诉的时间。

第四百四十二条 债权人向人民法院申请执行支付令的期间，适用民事诉讼法第二百三十九条的规定。

第四百四十三条 人民法院院长发现本院已经发生法律效力的支付令确有错误，认为需要撤销的，应当提交本院审判委员会讨论决定后，裁定撤销支付令，驳回债权人的申请。

二十、公示催告程序

第四百四十四条 民事诉讼法第二百一十八条规定的票据持有人，是指票据被盗、遗失或者灭失前的最后持有人。

第四百四十五条 人民法院收到公示催告的申请后，应当立即审查，并决定是否受理。经审查认为符合受理条件的，通知予以受理，并同时通知支付人停止支付；认为不符合受理条件的，七日内裁定驳回申请。

第四百四十六条 因票据丧失，申请公示催告的，人民法院应结合票据存根、丧失票据的复印件、出票人关于签发票据的证明、申请人合法取得票据的证明、银行挂失止付通知书、报案证明等证据，决定是否受理。

第四百四十七条 人民法院依照民事诉讼法第二百一十九条规定发出的受理申请的公告，应当写明下列内容：

（一）公示催告申请人的姓名或者名称；

（二）票据的种类、号码、票面金额、出票人、背书人、持票人、付款期限等事项以及其他可以申请公示催告的权利凭证的种类、号码、权利范围、权利人、义务人、行权日期等事项；

（三）申报权利的期间；

（四）在公示催告期间转让票据等权利凭证，利害关系人不申报的法律后果。

第四百四十八条 公告应当在有关报纸或者其他媒体上刊登，并于同日公布于人民法院公告栏内。人民法院所在地有证券交易所的，还应当同日在该交易所公布。

第四百四十九条 公告期间不得少于六十日，且公示催告期间届满日不得早于票据付款日后十五日。

第四百五十条 在申报期届满后、判决作出之前，利害关系人申报权利的，应当适用民事诉讼法第二百二十一条第二款、第三款规定处理。

第四百五十一条 利害关系人申报权利，人民法院应当通知其向法院出示票据，并通知公示催告申请人在指定的期间查看该票据。公示催告申请人申请公示催告的票据与利害关系人出示的票据不一致的，应当裁定驳回利害关系人的申报。

第四百五十二条 在申报权利的期间无人申报权利，或者申报被驳回的，申请人应当自公示催告期间届满之日起一个月内申请作出判决。逾期不申请判决的，终结公示催告程序。

裁定终结公示催告程序的，应当通知申请人和支付人。

第四百五十三条 判决公告之日起，公示催告申请人有权依据判决向付款人请求付款。

付款人拒绝付款，申请人向人民法院起诉，符合民事诉讼法第一百一十九条规定的起诉条件的，人民法院应予受理。

第四百五十四条 适用公示催告程序审理案件，可由审判员一人独任审理；判决宣告票据无效的，应当组成合议庭审理。

第四百五十五条 公示催告申请人撤回申请，应在公示催告前提出；公示催告期间申请撤回的，人民法院可以径行裁定终结公示催告程序。

第四百五十六条 人民法院依照民事诉讼法第二百二十条规定通知支付人停止支付，应当符合有关财产保全的规定。支付人收到停止支付通知后拒不止付的，除可依照民事诉讼法第一百一十一条、第一百一十四条规定采取强制措施外，在判决后，支付人仍应承担付款义务。

第四百五十七条 人民法院依照民事诉讼法第二百二十一条规定终结公示催告程序后，公示催告申请人或者申报人向人民法院提起诉讼，因票据权利纠纷提起的，由票据支付地或者被告住所地人民法院管辖；因非票据权利纠纷提起的，由被告住所地人民法院管辖。

第四百五十八条 依照民事诉讼法第二百二十一条规定制作的终结公示催告程序的裁定书，由审判员、书记员署名，加盖人民法院印章。

第四百五十九条 依照民事诉讼法第二百二十三条的规定，利害关系人向人民法院起诉的，人民法院可按票据纠纷适用普通程序审理。

第四百六十条 民事诉讼法第二百二十三条规定的正当理由，包括：

（一）因发生意外事件或者不可抗力致使利害关系人无法知道公告事实的；

（二）利害关系人因被限制人身自由而无法知道公告事实，或者虽然知道公告事实，但无法自己或者委托他人代为申报权利的；

（三）不属于法定申请公示催告情形的；

（四）未予公告或者未按法定方式公告的；

（五）其他导致利害关系人在判决作出前未能向人民法院申报权利的客观事由。

第四百六十一条 根据民事诉讼法第二百二十三条的规定，利害关系人请求人民法院撤销除权判决的，应当将申请人列为被告。

利害关系人仅诉请确认其为合法持票人的，人民法院应当在裁判文书中写明，确认利害关系人为票据权利人的判决作出后，除权判决即被撤销。

二十一、执行程序

第四百六十二条 发生法律效力的实现担保物权裁定、确认调解协议裁定、支付令,由作出裁定、支付令的人民法院或者与其同级的被执行财产所在地的人民法院执行。

认定财产无主的判决,由作出判决的人民法院将无主财产收归国家或者集体所有。

第四百六十三条 当事人申请人民法院执行的生效法律文书应当具备下列条件:

(一)权利义务主体明确;

(二)给付内容明确。

法律文书确定继续履行合同的,应当明确继续履行的具体内容。

第四百六十四条 根据民事诉讼法第二百二十七条规定,案外人对执行标的提出异议的,应当在该执行标的执行程序终结前提出。

第四百六十五条 案外人对执行标的提出的异议,经审查,按照下列情形分别处理:

(一)案外人对执行标的不享有足以排除强制执行的权益的,裁定驳回其异议;

(二)案外人对执行标的享有足以排除强制执行的权益的,裁定中止执行。

驳回案外人执行异议裁定送达案外人之日起十五日内,人民法院不得对执行标的进行处分。

第四百六十六条 申请执行人与被执行人达成和解协议后请求中止执行或者撤回执行申请的,人民法院可以裁定中止执行或者终结执行。

第四百六十七条 一方当事人不履行或者不完全履行在执行中双方自愿达成的和解协议,对方当事人申请执行原生效法律文书的,人民法院应当恢复执行,但和解协议已履行的部分应当扣除。和解协议已经履行完毕的,人民法院不予恢复执行。

第四百六十八条 申请恢复执行原生效法律文书,适用民事诉讼法第二百三十九条申请执行期间的规定。申请执行期间因达成执行中的和解协议而中断,其期间自和解协议约定履行期限的最后一日起重新计算。

第四百六十九条 人民法院依照民事诉讼法第二百三十一条规定决定暂缓执行的,如果担保是有期限的,暂缓执行的期限应当与担保期限一致,但最长不得超过一年。被执行人或者担保人对担保的财产在暂缓执行期间有转移、隐藏、变卖、毁损等行为的,人民法院可以恢复强制执行。

第四百七十条 根据民事诉讼法第二百三十一条规定向人民法院提供执行担保的,可以由被执行人或者他人提供财产担保,也可以由他人提供保证。担保人应当具有代为履行或者代为承担赔偿责任的能力。

他人提供执行保证的,应当向执行法院出具保证书,并将保证书副本送交申请执行人。被执行人或者他人提供财产担保的,应当参照民法典的有关规定办理相应手续。

第四百七十一条 被执行人在人民法院决定暂缓执行的期限届满后仍不履行义务的,人民法院可以直接执行担保财产,或者裁定执行担保人的财产,但执行担保人的财产以担保人应当履行义务部分的财产为限。

第四百七十二条 依照民事诉讼法第二百三十二条规定,执行中作为被执行人的法人或者其他组织分立、合并的,人民法院可以裁定变更后的法人或者其他组织为被执行人;被注销的,如果依照有关实体法的规定有权利义务承受人的,可以裁定该权利义务承受人为被执行人。

第四百七十三条 其他组织在执行中不能履行法律文书确定的义务的,人民法院可以裁定执行对该其他组织依法承担义务的法人或者公民个人的财产。

第四百七十四条 在执行中,作为被执行人的法人或者其他组织名称变更的,人民法院可以裁定变更后的法人或者其他组织为被执行人。

第四百七十五条 作为被执行人的公民死亡,其遗产继承人没有放弃继承的,人民法院可以裁定变更被执行人,由该继承人在遗产的范围内偿还债务。继承人放弃继承的,人民法院可以直接执行被执行人的遗产。

第四百七十六条 法律规定由人民法院执行的其他法律文书执行完毕后,该法律文书被有关机关或者组织依法撤销的,经当事人申请,适用民事诉讼法第二百三十三条规定。

第四百七十七条 仲裁机构裁决的事项,部分有民事诉讼法第二百三十七条第二款、第三款规定情形的,人民法院应当裁定对该部分不予执行。

应当不予执行部分与其他部分不可分的,人民法院应当裁定不予执行仲裁裁决。

第四百七十八条 依照民事诉讼法第二百三十七条第二款、第三款规定，人民法院裁定不予执行仲裁裁决后，当事人对该裁定提出执行异议或者复议的，人民法院不予受理。当事人可以就该民事纠纷重新达成书面仲裁协议申请仲裁，也可以向人民法院起诉。

第四百七十九条 在执行中，被执行人通过仲裁程序将人民法院查封、扣押、冻结的财产确权或者分割给案外人的，不影响人民法院执行程序的进行。

案外人不服的，可以根据民事诉讼法第二百二十七条规定提出异议。

第四百八十条 有下列情形之一的，可以认定为民事诉讼法第二百三十八条第二款规定的公证债权文书确有错误：

(一)公证债权文书属于不得赋予强制执行效力的债权文书的；

(二)被执行人一方未亲自或者未委托代理人到场公证等严重违反法律规定的公证程序的；

(三)公证债权文书的内容与事实不符或者违反法律强制性规定的；

(四)公证债权文书未载明被执行人不履行义务或者不完全履行义务时同意接受强制执行的。

人民法院认定执行该公证债权文书违背社会公共利益的，裁定不予执行。

公证债权文书被裁定不予执行后，当事人、公证事项的利害关系人可以就债权争议提起诉讼。

第四百八十一条 当事人请求不予执行仲裁裁决或者公证债权文书的，应当在执行终结前向执行法院提出。

第四百八十二条 人民法院应当在收到申请执行书或者移交执行书后十日内发出执行通知。

执行通知中除应责令被执行人履行法律文书确定的义务外，还应通知其承担民事诉讼法第二百五十三条规定的迟延履行利息或者迟延履行金。

第四百八十三条 申请执行人超过申请执行时效期间向人民法院申请强制执行的，人民法院应予受理。被执行人对申请执行时效期间提出异议，人民法院经审查异议成立的，裁定不予执行。

被执行人履行全部或者部分义务后，又以不知道申请执行时效期间届满为由请求执行回转的，人民法院不予支持。

第四百八十四条 对必须接受调查询问的被执行人、被执行人的法定代表人、负责人或者实际控制人，经依法传唤无正当理由拒不到场的，人民法院可以拘传其到场。

人民法院应当及时对被拘传人进行调查询问，调查询问的时间不得超过八小时；情况复杂，依法可能采取拘留措施的，调查询问的时间不得超过二十四小时。

人民法院在本辖区以外采取拘传措施时，可以将被拘传人拘传到当地人民法院，当地人民法院应予协助。

第四百八十五条 人民法院有权查询被执行人的身份信息与财产信息，掌握相关信息的单位和个人必须按照协助执行通知书办理。

第四百八十六条 对被执行的财产，人民法院非经查封、扣押、冻结不得处分。对银行存款等各类可以直接扣划的财产，人民法院的扣划裁定同时具有冻结的法律效力。

第四百八十七条 人民法院冻结被执行人的银行存款的期限不得超过一年，查封、扣押动产的期限不得超过两年，查封不动产、冻结其他财产权的期限不得超过三年。

申请执行人申请延长期限的，人民法院应当在查封、扣押、冻结期限届满前办理续行查封、扣押、冻结手续，续行期限不得超过前款规定的期限。

人民法院也可以依职权办理续行查封、扣押、冻结手续。

第四百八十八条 依照民事诉讼法第二百四十七条规定，人民法院在执行中需要拍卖被执行人财产的，可以由人民法院自行组织拍卖，也可以交由具备相应资质的拍卖机构拍卖。

交拍卖机构拍卖的，人民法院应当对拍卖活动进行监督。

第四百八十九条 拍卖评估需要对现场进行检查、勘验的，人民法院应当责令被执行人、协助义务人予以配合。被执行人、协助义务人不予配合的，人民法院可以强制进行。

第四百九十条 人民法院在执行中需要变卖被执行人财产的，可以交有关单位变卖，也可以由人民法院直接变卖。

对变卖的财产，人民法院或者其工作人员不得买受。

第四百九十一条 经申请执行人和被执行人同意，且不损害其他债权人合法权益和社会公共利益的,人民法院可以不经拍卖、变卖,直接将被执行人的财产作价交申请执行人抵偿债务。对剩余债务,被执行人应当继续清偿。

第四百九十二条 被执行人的财产无法拍卖或者变卖的,经申请执行人同意,且不损害其他债权人合法权益和社会公共利益的,人民法院可以将该项财产作价后交付申请执行人抵偿债务,或者交付申请执行人管理;申请执行人拒绝接收或者管理的,退回被执行人。

第四百九十三条 拍卖成交或者依法定程序裁定以物抵债的,标的物所有权自拍卖成交裁定或者抵债裁定送达买受人或者接受抵债物的债权人时转移。

第四百九十四条 执行标的物为特定物的,应当执行原物。原物确已毁损或者灭失的,经双方当事人同意,可以折价赔偿。

双方当事人对折价赔偿不能协商一致的,人民法院应当终结执行程序。申请执行人可以另行起诉。

第四百九十五条 他人持有法律文书指定交付的财物或者票证,人民法院依照民事诉讼法第二百四十九条第二款、第三款规定发出协助执行通知后,拒不转交的,可以强制执行,并可依照民事诉讼法第一百一十四条、第一百一十五条规定处理。

他人持有期间财物或者票证毁损、灭失的,参照本解释第四百九十四条规定处理。

他人主张合法持有财物或者票证的,可以根据民事诉讼法第二百二十七条规定提出执行异议。

第四百九十六条 在执行中,被执行人隐匿财产、会计账簿等资料的,人民法院除可依照民事诉讼法第一百一十一条第一款第六项规定对其处理外,还应责令被执行人交出隐匿的财产、会计账簿等资料。被执行人拒不交出的,人民法院可以采取搜查措施。

第四百九十七条 搜查人员应当按规定着装并出示搜查令和工作证件。

第四百九十八条 人民法院搜查时禁止无关人员进入搜查现场;搜查对象是公民的,应当通知被执行人或者他的成年家属以及基层组织派员到场;搜查对象是法人或者其他组织的,应当通知法定代表人或者主要负责人到场。拒不到场的,不影响搜查。

搜查妇女身体,应当由女执行人员进行。

第四百九十九条 搜查中发现应当依法采取查封、扣押措施的财产,依照民事诉讼法第二百四十五条第二款和第二百四十七条规定办理。

第五百条 搜查应当制作搜查笔录,由搜查人员、被搜查人及其他在场人签名、捺印或者盖章。拒绝签名、捺印或者盖章的,应当记入搜查笔录。

第五百零一条 人民法院执行被执行人对他人的到期债权,可以作出冻结债权的裁定,并通知该他人向申请执行人履行。

该他人对到期债权有异议,申请执行人请求对异议部分强制执行的,人民法院不予支持。利害关系人对到期债权有异议的,人民法院应当按照民事诉讼法第二百二十七条规定处理。

对生效法律文书确定的到期债权,该他人予以否认的,人民法院不予支持。

第五百零二条 人民法院在执行中需要办理房产证、土地证、林权证、专利证书、商标证书、车船执照等有关财产权证照转移手续的,可以依照民事诉讼法第二百五十一条规定办理。

第五百零三条 被执行人不履行生效法律文书确定的行为义务,该义务可由他人完成的,人民法院可以选定代履行人;法律、行政法规对履行该行为义务有资格限制的,应当从有资格的人中选定。必要时,可以通过招标的方式确定代履行人。

申请执行人可以在符合条件的人中推荐代履行人,也可以申请自己代为履行,是否准许,由人民法院决定。

第五百零四条 代履行费用的数额由人民法院根据案件具体情况确定,并由被执行人在指定期限内预先支付。被执行人未预付的,人民法院可以对该费用强制执行。

代履行结束后,被执行人可以查阅、复制费用清单以及主要凭证。

第五百零五条 被执行人不履行法律文书指定的行为,且该项行为只能由被执行人完成的,人民法院可以依照民事诉讼法第一百一十一条第一款第六项规定处理。

被执行人在人民法院确定的履行期间内仍不履行的,人民法院可以依照民事诉讼法第一百一十一条第一款第六项规定再次处理。

第五百零六条 被执行人迟延履行的,迟延履行期间的利息或者迟延履行金自判决、裁定和其他法律文书指定的履行期间届满之日起计算。

第五百零七条 被执行人未按判决、裁定和其他法律文书指定的期间履行非金钱给付义务的，无论是否已给申请执行人造成损失，都应当支付迟延履行金。已经造成损失的，双倍补偿申请执行人已经受到的损失；没有造成损失的，迟延履行金可以由人民法院根据具体案件情况决定。

第五百零八条 被执行人为公民或者其他组织，在执行程序开始后，被执行人的其他已经取得执行依据的债权人发现被执行人的财产不能清偿所有债权的，可以向人民法院申请参与分配。

对人民法院查封、扣押、冻结的财产有优先权、担保物权的债权人，可以直接申请参与分配，主张优先受偿权。

第五百零九条 申请参与分配，申请人应当提交申请书。申请书应当写明参与分配和被执行人不能清偿所有债权的事实、理由，并附有执行依据。

参与分配申请应当在执行程序开始后，被执行人的财产执行终结前提出。

第五百一十条 参与分配执行中，执行所得价款扣除执行费用，并清偿应当优先受偿的债权后，对于普通债权，原则上按照其占全部申请参与分配债权数额的比例受偿。清偿后的剩余债务，被执行人应当继续清偿。债权人发现被执行人有其他财产的，可以随时请求人民法院执行。

第五百一十一条 多个债权人对执行财产申请参与分配的，执行法院应当制作财产分配方案，并送达各债权人和被执行人。债权人或者被执行人对分配方案有异议的，应当自收到分配方案之日起十五日内向执行法院提出书面异议。

第五百一十二条 债权人或者被执行人对分配方案提出书面异议的，执行法院应当通知未提出异议的债权人、被执行人。

未提出异议的债权人、被执行人自收到通知之日起十五日内未提出反对意见的，执行法院依异议人的意见对分配方案审查修正后进行分配；提出反对意见的，应当通知异议人。异议人可以自收到通知之日起十五日内，以提出反对意见的债权人、被执行人为被告，向执行法院提起诉讼；异议人逾期未提起诉讼的，执行法院按照原分配方案进行分配。

诉讼期间进行分配的，执行法院应当提存与争议债权数额相应的款项。

第五百一十三条 在执行中，作为被执行人的企业法人符合企业破产法第二条第一款规定情形的，执行法院经申请执行人之一或者被执行人同意，应当裁定中止对该被执行人的执行，将执行案件相关材料移送被执行人住所地人民法院。

第五百一十四条 被执行人住所地人民法院应当自收到执行案件相关材料之日起三十日内，将是否受理破产案件的裁定告知执行法院。不予受理的，应当将相关案件材料退回执行法院。

第五百一十五条 被执行人住所地人民法院裁定受理破产案件的，执行法院应当解除对被执行人财产的保全措施。被执行人住所地人民法院裁定宣告被执行人破产的，执行法院应当裁定终结对该被执行人的执行。

被执行人住所地人民法院不受理破产案件的，执行法院应当恢复执行。

第五百一十六条 当事人不同意移送破产或者被执行人住所地人民法院不受理破产案件的，执行法院就执行变价所得财产，在扣除执行费用及清偿优先受偿的债权后，对于普通债权，按照财产保全和执行中查封、扣押、冻结财产的先后顺序清偿。

第五百一十七条 债权人根据民事诉讼法第二百五十四条规定请求人民法院继续执行的，不受民事诉讼法第二百三十九条规定申请执行时效期间的限制。

第五百一十八条 被执行人不履行法律文书确定的义务的，人民法院除对被执行人予以处罚外，还可以根据情节将其纳入失信被执行人名单，将被执行人不履行或者不完全履行义务的信息向其所在单位、征信机构以及其他相关机构通报。

第五百一十九条 经过财产调查未发现可供执行的财产，在申请执行人签字确认或者执行法院组成合议庭审查核实并经院长批准后，可以裁定终结本次执行程序。

依照前款规定终结执行后，申请执行人发现被执行人有可供执行财产的，可以再次申请执行。再次申请不受申请执行时效期间的限制。

第五百二十条 因撤销申请而终结执行后，当事人在民事诉讼法第二百三十九条规定的申请执行时效期间内再次申请执行的，人民法院应当受理。

第五百二十一条 在执行终结六个月内，被执行人或者其他人对已执行的标的有妨害行为的，人民法院可以依申请排除妨害，并可以依照民事诉讼法第一百一十一条规定进行处罚。因妨害行为给执行债权人或者其他人造成损失的，受害人可以另行起诉。

二十二、涉外民事诉讼程序的特别规定

第五百二十二条 有下列情形之一，人民法院可以认定为涉外民事案件：

（一）当事人一方或者双方是外国人、无国籍人、外国企业或者组织的；

（二）当事人一方或者双方的经常居所地在中华人民共和国领域外的；

（三）标的物在中华人民共和国领域外的；

（四）产生、变更或者消灭民事关系的法律事实发生在中华人民共和国领域外的；

（五）可以认定为涉外民事案件的其他情形。

第五百二十三条 外国人参加诉讼，应当向人民法院提交护照等用以证明自己身份的证件。

外国企业或者组织参加诉讼，向人民法院提交的身份证明文件，应当经所在国公证机关公证，并经中华人民共和国驻该国使领馆认证，或者履行中华人民共和国与该所在国订立的有关条约中规定的证明手续。

代表外国企业或者组织参加诉讼的人，应当向人民法院提交其有权作为代表人参加诉讼的证明，该证明应当经所在国公证机关公证，并经中华人民共和国驻该国使领馆认证，或者履行中华人民共和国与该所在国订立的有关条约中规定的证明手续。

本条所称的"所在国"，是指外国企业或者组织的设立登记地国，也可以是办理了营业登记手续的第三国。

第五百二十四条 依照民事诉讼法第二百六十四条以及本解释第五百二十三条规定，需要办理公证、认证手续，而外国当事人所在国与中华人民共和国没有建立外交关系的，可以经该国公证机关公证，经与中华人民共和国有外交关系的第三国驻该国使领馆认证，再转由中华人民共和国驻该第三国使领馆认证。

第五百二十五条 外国人、外国企业或者组织的代表人在人民法院法官的见证下签署授权委托书，委托代理人进行民事诉讼的，人民法院应予认可。

第五百二十六条 外国人、外国企业或者组织的代表人在中华人民共和国境内签署授权委托书，委托代理人进行民事诉讼，经中华人民共和国公证机构公证的，人民法院应予认可。

第五百二十七条 当事人向人民法院提交的书面材料是外文的，应当同时向人民法院提交中文翻译件。

当事人对中文翻译件有异议的，应当共同委托翻译机构提供翻译文本；当事人对翻译机构的选择不能达成一致的，由人民法院确定。

第五百二十八条 涉外民事诉讼中的外籍当事人，可以委托本国人为诉讼代理人，也可以委托本国律师以非律师身份担任诉讼代理人；外国驻华使领馆官员，受本国公民的委托，可以以个人名义担任诉讼代理人，但在诉讼中不享有外交或者领事特权和豁免。

第五百二十九条 涉外民事诉讼中，外国驻华使领馆授权其本馆官员，在作为当事人的本国国民不在中华人民共和国领域内的情况下，可以以外交代表身份为其本国国民在中华人民共和国聘请中华人民共和国律师或者中华人民共和国公民代理民事诉讼。

第五百三十条 涉外民事诉讼中，经调解双方达成协议，应当制发调解书。当事人要求发给判决书的，可以依协议的内容制作判决书送达当事人。

第五百三十一条 涉外合同或者其他财产权益纠纷的当事人，可以书面协议选择被告住所地、合同履行地、合同签订地、原告住所地、标的物所在地、侵权行为地等与争议有实际联系地点的外国法院管辖。

根据民事诉讼法第三十三条和第二百六十六条规定，属于中华人民共和国法院专属管辖的案件，当事人不得协议选择外国法院管辖，但协议选择仲裁的除外。

第五百三十二条 涉外民事案件同时符合下列情形的，人民法院可以裁定驳回原告的起诉，告知其向更方便的外国法院提起诉讼：

（一）被告提出案件应由更方便外国法院管辖的请求，或者提出管辖异议；

（二）当事人之间不存在选择中华人民共和国法院管辖的协议；

（三）案件不属于中华人民共和国法院专属管辖；

（四）案件不涉及中华人民共和国国家、公民、法人或者其他组织的利益；

（五）案件争议的主要事实不是发生在中华人民共和国境内，且案件不适用中华人民共和国法律，人民法院审理案件在认定事实和适用法律方面存在重大困难；

（六）外国法院对案件享有管辖权，且审理该案件更加方便。

第五百三十三条 中华人民共和国法院和外国法院都有管辖权的案件，一方当事人向外国法院起诉，而另一方当事人向中华人民共和国法院起诉的，人民法院可予受理。判决后，外国法院申请或者当事人请求人民法院承认和执行外国法院对本案作出的判决、裁定的，不予准许；但双方共同缔结或者参加的国际条约另有规定的除外。

外国法院判决、裁定已经被人民法院承认，当事人就同一争议向人民法院起诉的，人民法院不予受理。

第五百三十四条 对在中华人民共和国领域内没有住所的当事人，经用公告方式送达诉讼文书，公告期满不应诉，人民法院缺席判决后，仍应当将裁判文书依照民事诉讼法第二百六十七条第八项规定公告送达。自公告送达裁判文书满三个月之日起，经过三十日的上诉期当事人没有上诉的，一审判决即发生法律效力。

第五百三十五条 外国人或者外国企业、组织的代表人、主要负责人在中华人民共和国领域内的，人民法院可以向该自然人或者外国企业、组织的代表人、主要负责人送达。

外国企业、组织的主要负责人包括该企业、组织的董事、监事、高级管理人员等。

第五百三十六条 受送达人所在国允许邮寄送达的，人民法院可以邮寄送达。

邮寄送达时应当附有送达回证。受送达人未在送达回证上签收但在邮件回执上签收的，视为送达，签收日期为送达日期。

自邮寄之日起满三个月，如果未收到送达的证明文件，且根据各种情况不足以认定已经送达的，视为不能用邮寄方式送达。

第五百三十七条 人民法院一审时采取公告方式向当事人送达诉讼文书的，二审时可径行采取公告方式向其送达诉讼文书，但人民法院能够采取公告方式之外的其他方式送达的除外。

第五百三十八条 不服第一审人民法院判决、裁定的上诉期，对在中华人民共和国领域内有住所的当事人，适用民事诉讼法第一百六十四条规定的期限；对在中华人民共和国领域内没有住所的当事人，适用民事诉讼法第二百六十九条规定的期限。当事人的上诉期均已届满没有上诉的，第一审人民法院的判决、裁定即发生法律效力。

第五百三十九条 人民法院对涉外民事案件的当事人申请再审进行审查的期间，不受民事诉讼法第二百零四条规定的限制。

第五百四十条 申请人向人民法院申请执行中华人民共和国涉外仲裁机构的裁决，应当提出书面申请，并附裁决书正本。如申请人为外国当事人，其申请书应当用中文文本提出。

第五百四十一条 人民法院强制执行涉外仲裁机构的仲裁裁决时，被执行人以有民事诉讼法第二百七十四条第一款规定的情形为由提出抗辩的，人民法院应当对被执行人的抗辩进行审查，并根据审查结果裁定执行或者不予执行。

第五百四十二条 依照民事诉讼法第二百七十二条规定，中华人民共和国涉外仲裁机构将当事人的保全申请提交人民法院裁定的，人民法院可以进行审查，裁定是否进行保全。裁定保全的，应当责令申请人提供担保，申请人不提供担保的，裁定驳回申请。

当事人申请证据保全，人民法院经审查认为无需提供担保的，申请人可以不提供担保。

第五百四十三条 申请人向人民法院申请承认和执行外国法院作出的发生法律效力的判决、裁定，应当提交申请书，并附外国法院作出的发生法律效力的判决、裁定正本或者经证明无误的副本以及中文译本。外国法院判决、裁定为缺席判决、裁定的，申请人应当同时提交该外国法院已经合法传唤的证明文件，但判决、裁定已经对此予以明确说明的除外。

中华人民共和国缔结或者参加的国际条约对提交文件有规定的，按照规定办理。

第五百四十四条 当事人向中华人民共和国有管辖权的中级人民法院申请承认和执行外国法院作出的发生法律效力的判决、裁定的，如果该法院所在国与中华人民共和国没有缔结或者共同参加国际条约，也没有互惠关系的，裁定驳回申请，但当事人向人民法院申请承认外国法院作出的发生法律效力的离婚判决的除外。

承认和执行申请被裁定驳回的，当事人可以向人民法院起诉。

第五百四十五条 对临时仲裁庭在中华人民共和国领域外作出的仲裁裁决，一方当事人向人民法院申请承认和执行的，人民法院应当依照民事诉讼法第二百八十三条规定处理。

第五百四十六条 对外国法院作出的发生法律效力的判决、裁定或者外国仲裁裁决，需要中华人民共和国法院执行的，当事人应当先向人民法院申请承认。人民法院经审查，裁定承认后，再根据民事诉讼法第三编的规定予以执行。

当事人仅申请承认而未同时申请执行的，人民法院仅对应否承认进行审查并作出裁定。

第五百四十七条 当事人申请承认和执行外国法院作出的发生法律效力的判决、裁定或者外国仲裁裁决的期间，适用民事诉讼法第二百三十九条的规定。

当事人仅申请承认而未同时申请执行的，申请执行的期间自人民法院对承认申请作出的裁定生效之日起重新计算。

第五百四十八条 承认和执行外国法院作出的发生法律效力的判决、裁定或者外国仲裁裁决的案件，人民法院应当组成合议庭进行审查。

人民法院应当将申请书送达被申请人。被申请人可以陈述意见。

人民法院经审查作出的裁定，一经送达即发生法律效力。

第五百四十九条 与中华人民共和国没有司法协助条约又无互惠关系的国家的法院，未通过外交途径，直接请求人民法院提供司法协助的，人民法院应予退回，并说明理由。

第五百五十条 当事人在中华人民共和国领域外使用中华人民共和国法院的判决书、裁定书，要求中华人民共和国法院证明其法律效力的，或者外国法院要求中华人民共和国法院证明判决书、裁定书的法律效力的，作出判决、裁定的中华人民共和国法院，可以本法院的名义出具证明。

第五百五十一条 人民法院审理涉及香港、澳门特别行政区和台湾地区的民事诉讼案件，可以参照适用涉外民事诉讼程序的特别规定。

二十三、附则

第五百五十二条 本解释公布施行后，最高人民法院于1992年7月14日发布的《关于适用〈中华人民共和国民事诉讼法〉若干问题的意见》同时废止；最高人民法院以前发布的司法解释与本解释不一致的，不再适用。

最高人民法院关于民事诉讼证据的若干规定

（2001年12月6日最高人民法院审判委员会第1201次会议通过　根据2019年10月14日最高人民法院审判委员会第1777次会议《关于修改〈关于民事诉讼证据的若干规定〉的决定》修正　2019年12月25日中华人民共和国最高人民法院公告公布　自2020年5月1日起施行　法释〔2019〕19号）

为保证人民法院正确认定案件事实，公正、及时审理民事案件，保障和便利当事人依法行使诉讼权利，根据《中华人民共和国民事诉讼法》（以下简称民事诉讼法）等有关法律的规定，结合民事审判经验和实际情况，制定本规定。

一、当事人举证

第一条 原告向人民法院起诉或者被告提出反诉，应当提供符合起诉条件的相应的证据。

第二条 人民法院应当向当事人说明举证的要求及法律后果，促使当事人在合理期限内积极、全面、正确、诚实地完成举证。

当事人因客观原因不能自行收集的证据，可申请人民法院调查收集。

第三条 在诉讼过程中，一方当事人陈述的于己不利的事实，或者对于己不利的事实明确表示承认的，另一方当事人无需举证证明。

在证据交换、询问、调查过程中，或者在起诉状、答辩状、代理词等书面材料中，当事人明确承认于己不利的事实的，适用前款规定。

第四条 一方当事人对于另一方当事人主张的于己不利的事实既不承认也不否认，经审判人员说明并询问后，其仍然不明确表示肯定或者否定的，视为对该事实的承认。

第五条 当事人委托诉讼代理人参加诉讼的，除授权委托书明确排除的事项外，诉讼代理人的自认视为当事人的自认。

当事人在场对诉讼代理人的自认明确否认的，不视为自认。

第六条 普通共同诉讼中，共同诉讼人中一人或者数人作出的自认，对作出自认的当事人发生效力。

必要共同诉讼中，共同诉讼人中一人或者数人作出自认而其他共同诉讼人予以否认的，不发生自认的效力。其他共同诉讼人既不承认也不否认，经审判人员说明并询问后仍然不明确表示意见的，视为全体共同诉讼人的自认。

第七条 一方当事人对于另一方当事人主张的于己不利的事实有所限制或者附加条件予以承认的，由人民法院综合案件情况决定是否构成自认。

第八条 《最高人民法院关于适用〈中华人民共和国民事诉讼法〉的解释》第九十六条第一款规定的事实，不适用有关自认的规定。

自认的事实与已经查明的事实不符的，人民法院不予确认。

第九条 有下列情形之一，当事人在法庭辩论终结前撤销自认的，人民法院应当准许：

（一）经对方当事人同意的；

（二）自认是在受胁迫或者重大误解情况下作出的。

人民法院准许当事人撤销自认的，应当作出口头或者书面裁定。

第十条 下列事实，当事人无须举证证明：

（一）自然规律以及定理、定律；

（二）众所周知的事实；

（三）根据法律规定推定的事实；

（四）根据已知的事实和日常生活经验法则推定出的另一事实；

（五）已为仲裁机构的生效裁决所确认的事实；

（六）已为人民法院发生法律效力的裁判所确认的基本事实；

（七）已为有效公证文书所证明的事实。

前款第二项至第五项事实，当事人有相反证据足以反驳的除外；第六项、第七项事实，当事人有相反证据足以推翻的除外。

第十一条 当事人向人民法院提供证据，应当提供原件或者原物。如需自己保存证据原件、原物或者提供原件、原物确有困难的，可以提供经人民法院核对无异的复制件或者复制品。

第十二条 以动产作为证据的，应当将原物提交人民法院。原物不宜搬移或者不宜保存的，当事人可以提供复制品、影像资料或者其他替代品。

人民法院在收到当事人提交的动产或者替代品后，应当及时通知双方当事人到人民法院或者保存现场查验。

第十三条 当事人以不动产作为证据的，应当向人民法院提供该不动产的影像资料。

人民法院认为有必要的，应当通知双方当事人到场进行查验。

第十四条 电子数据包括下列信息、电子文件：

（一）网页、博客、微博客等网络平台发布的信息；

（二）手机短信、电子邮件、即时通信、通讯群组等网络应用服务的通信信息；

（三）用户注册信息、身份认证信息、电子交易记录、通信记录、登录日志等信息；

（四）文档、图片、音频、视频、数字证书、计算机程序等电子文件；

（五）其他以数字化形式存储、处理、传输的能够证明案件事实的信息。

第十五条 当事人以视听资料作为证据的，应当提供存储该视听资料的原始载体。

当事人以电子数据作为证据的，应当提供原件。电子数据的制作者制作的与原件一致的副本，或者直接来源于电子数据的打印件或其他可以显示、识别的输出介质，视为电子数据的原件。

第十六条 当事人提供的公文书证系在中华人民共和国领域外形成的，该证据应当经所在国公证机关证明，或者履行中华人民共和国与该所在国订立的有关条约中规定的证明手续。

中华人民共和国领域外形成的涉及身份关系的证据，应当经所在国公证机关证明并经中华人民共和国驻该国使领馆认证，或者履行中华人民共和国与该所在国订立的有关条约中规定的证明手续。

当事人向人民法院提供的证据是在香港、澳

门、台湾地区形成的，应当履行相关的证明手续。

第十七条 当事人向人民法院提供外文书证或者外文说明资料，应当附有中文译本。

第十八条 双方当事人无争议的事实符合《最高人民法院关于适用〈中华人民共和国民事诉讼法〉的解释》第九十六条第一款规定情形的，人民法院可以责令当事人提供有关证据。

第十九条 当事人应当对其提交的证据材料逐一分类编号，对证据材料的来源、证明对象和内容作简要说明，签名盖章，注明提交日期，并依照对方当事人人数提出副本。

人民法院收到当事人提交的证据材料，应当出具收据，注明证据的名称、份数和页数以及收到的时间，由经办人员签名或者盖章。

二、证据的调查收集和保全

第二十条 当事人及其诉讼代理人申请人民法院调查收集证据，应当在举证期限届满前提交书面申请。

申请书应当载明被调查人的姓名或者单位名称、住所地等基本情况、所要调查收集的证据名称或者内容、需要由人民法院调查收集证据的原因及其要证明的事实以及明确的线索。

第二十一条 人民法院调查收集的书证，可以是原件，也可以是经核对无误的副本或者复制件。是副本或者复制件的，应当在调查笔录中说明来源和取证情况。

第二十二条 人民法院调查收集的物证应当是原物。被调查人提供原物确有困难的，可以提供复制品或者影像资料。提供复制品或者影像资料的，应当在调查笔录中说明取证情况。

第二十三条 人民法院调查收集视听资料、电子数据，应当要求被调查人提供原始载体。

提供原始载体确有困难的，可以提供复制件。提供复制件的，人民法院应当在调查笔录中说明其来源和制作经过。

人民法院对视听资料、电子数据采取证据保全措施的，适用前款规定。

第二十四条 人民法院调查收集可能需要鉴定的证据，应当遵守相关技术规范，确保证据不被污染。

第二十五条 当事人或者利害关系人根据民事诉讼法第八十一条的规定申请证据保全的，申请书应当载明需要保全的证据的基本情况、申请保全的理由以及采取何种保全措施等内容。

当事人根据民事诉讼法第八十一条第一款的规定申请证据保全的，应当在举证期限届满前向人民法院提出。

法律、司法解释对诉前证据保全有规定的，依照其规定办理。

第二十六条 当事人或者利害关系人申请采取查封、扣押等限制保全标的物使用、流通等保全措施，或者保全可能对证据持有人造成损失的，人民法院应当责令申请人提供相应的担保。

担保方式或者数额由人民法院根据保全措施对证据持有人的影响、保全标的物的价值、当事人或者利害关系人争议的诉讼标的金额等因素综合确定。

第二十七条 人民法院进行证据保全，可以要求当事人或者诉讼代理人到场。

根据当事人的申请和具体情况，人民法院可以采取查封、扣押、录音、录像、复制、鉴定、勘验等方法进行证据保全，并制作笔录。

在符合证据保全目的的情况下，人民法院应当选择对证据持有人利益影响最小的保全措施。

第二十八条 申请证据保全错误造成财产损失，当事人请求申请人承担赔偿责任的，人民法院应予支持。

第二十九条 人民法院采取诉前证据保全措施后，当事人向其他有管辖权的人民法院提起诉讼的，采取保全措施的人民法院应当根据当事人的申请，将保全的证据及时移交受理案件的人民法院。

第三十条 人民法院在审理案件过程中认为待证事实需要通过鉴定意见证明的，应当向当事人释明，并指定提出鉴定申请的期间。

符合《最高人民法院关于适用〈中华人民共和国民事诉讼法〉的解释》第九十六条第一款规定情形的，人民法院应当依职权委托鉴定。

第三十一条 当事人申请鉴定，应当在人民法院指定期间内提出，并预交鉴定费用。逾期不提出申请或者不预交鉴定费用的，视为放弃申请。

对需要鉴定的待证事实负有举证责任的当事人，在人民法院指定期间内无正当理由不提出鉴定申请或者不预交鉴定费用，或者拒不提供相关材料，致使待证事实无法查明的，应当承担举证不能的法律后果。

第三十二条 人民法院准许鉴定申请的,应当组织双方当事人协商确定具备相应资格的鉴定人。当事人协商不成的,由人民法院指定。

人民法院依职权委托鉴定的,可以在询问当事人的意见后,指定具备相应资格的鉴定人。

人民法院在确定鉴定人后应当出具委托书,委托书中应当载明鉴定事项、鉴定范围、鉴定目的和鉴定期限。

第三十三条 鉴定开始之前,人民法院应当要求鉴定人签署承诺书。承诺书中应当载明鉴定人保证客观、公正、诚实地进行鉴定,保证出庭作证,如作虚假鉴定应当承担法律责任等内容。

鉴定人故意作虚假鉴定的,人民法院应当责令其退还鉴定费用,并根据情节,依照民事诉讼法第一百一十一条的规定进行处罚。

第三十四条 人民法院应当组织当事人对鉴定材料进行质证。未经质证的材料,不得作为鉴定的根据。

经人民法院准许,鉴定人可以调取证据、勘验物证和现场、询问当事人或者证人。

第三十五条 鉴定人应当在人民法院确定的期限内完成鉴定,并提交鉴定书。

鉴定人无正当理由未按期提交鉴定书的,当事人可以申请人民法院另行委托鉴定人进行鉴定。人民法院准许的,原鉴定人已经收取的鉴定费用应当退还;拒不退还的,依照本规定第八十一条第二款的规定处理。

第三十六条 人民法院对鉴定人出具的鉴定书,应当审查是否具有下列内容:

(一)委托法院的名称;

(二)委托鉴定的内容、要求;

(三)鉴定材料;

(四)鉴定所依据的原理、方法;

(五)对鉴定过程的说明;

(六)鉴定意见;

(七)承诺书。

鉴定书应当由鉴定人签名或者盖章,并附鉴定人的相应资格证明。委托机构鉴定的,鉴定书应当由鉴定机构盖章,并由从事鉴定的人员签名。

第三十七条 人民法院收到鉴定书后,应当及时将副本送交当事人。

当事人对鉴定书的内容有异议的,应当在人民法院指定期间内以书面方式提出。

对于当事人的异议,人民法院应当要求鉴定人作出解释、说明或者补充。人民法院认为有必要的,可以要求鉴定人对当事人未提出异议的内容进行解释、说明或者补充。

第三十八条 当事人在收到鉴定人的书面答复后仍有异议的,人民法院应当根据《诉讼费用交纳办法》第十一条的规定,通知有异议的当事人预交鉴定人出庭费用,并通知鉴定人出庭。有异议的当事人不预交鉴定人出庭费用的,视为放弃异议。

双方当事人对鉴定意见均有异议的,分摊预交鉴定人出庭费用。

第三十九条 鉴定人出庭费用按照证人出庭作证费用的标准计算,由败诉的当事人负担。因鉴定意见不明确或者有瑕疵需要鉴定人出庭的,出庭费用由其自行负担。

人民法院委托鉴定时已经确定鉴定人出庭费用包含在鉴定费用中的,不再通知当事人预交。

第四十条 当事人申请重新鉴定,存在下列情形之一的,人民法院应当准许:

(一)鉴定人不具备相应资格的;

(二)鉴定程序严重违法的;

(三)鉴定意见明显依据不足的;

(四)鉴定意见不能作为证据使用的其他情形。

存在前款第一项至第三项情形的,鉴定人已经收取的鉴定费用应当退还。拒不退还的,依照本规定第八十一条第二款的规定处理。

对鉴定意见的瑕疵,可以通过补正、补充鉴定或者补充质证、重新质证等方法解决的,人民法院不予准许重新鉴定的申请。

重新鉴定的,原鉴定意见不得作为认定案件事实的根据。

第四十一条 对于一方当事人就专门性问题自行委托有关机构或者人员出具的意见,另一方当事人有证据或者理由足以反驳并申请鉴定的,人民法院应予准许。

第四十二条 鉴定意见被采信后,鉴定人无正当理由撤销鉴定意见的,人民法院应当责令其退还鉴定费用,并可以根据情节,依照民事诉讼法第一百一十一条的规定对鉴定人进行处罚。当事人主张鉴定人负担由此增加的合理费用的,人民法院应予支持。

人民法院采信鉴定意见后准许鉴定人撤销的，应当责令其退还鉴定费用。

第四十三条 人民法院应当在勘验前将勘验的时间和地点通知当事人。当事人不参加的，不影响勘验进行。

当事人可以就勘验事项向人民法院进行解释和说明，可以请求人民法院注意勘验中的重要事项。

人民法院勘验物证或者现场，应当制作笔录，记录勘验的时间、地点、勘验人、在场人、勘验的经过、结果，由勘验人、在场人签名或者盖章。对于绘制的现场图应当注明绘制的时间、方位、测绘人姓名、身份等内容。

第四十四条 摘录有关单位制作的与案件事实相关的文件、材料，应当注明出处，并加盖制作单位或者保管单位的印章，摘录人和其他调查人员应当在摘录件上签名或者盖章。

摘录文件、材料应当保持内容相应的完整性。

第四十五条 当事人根据《最高人民法院关于适用〈中华人民共和国民事诉讼法〉的解释》第一百一十二条的规定申请人民法院责令对方当事人提交书证的，申请书应当载明所申请提交的书证名称或者内容、需要以该书证证明的事实及事实的重要性、对方当事人控制该书证的根据以及应当提交该书证的理由。

对方当事人否认控制书证的，人民法院应当根据法律规定、习惯等因素，结合案件的事实、证据，对于书证是否在对方当事人控制之下的事实作出综合判断。

第四十六条 人民法院对当事人提交书证的申请进行审查时，应当听取对方当事人的意见，必要时可以要求双方当事人提供证据、进行辩论。

当事人申请提交的书证不明确、书证对于待证事实的证明无必要、待证事实对于裁判结果无实质性影响、书证未在对方当事人控制之下或者不符合本规定第四十七条情形的，人民法院不予准许。

当事人申请理由成立的，人民法院应当作出裁定，责令对方当事人提交书证；理由不成立的，通知申请人。

第四十七条 下列情形，控制书证的当事人应当提交书证：

（一）控制书证的当事人在诉讼中曾经引用过的书证；

（二）为对方当事人的利益制作的书证；

（三）对方当事人依照法律规定有权查阅、获取的书证；

（四）账簿、记账原始凭证；

（五）人民法院认为应当提交书证的其他情形。

前款所列书证，涉及国家秘密、商业秘密、当事人或第三人的隐私，或者存在法律规定应当保密的情形的，提交后不得公开质证。

第四十八条 控制书证的当事人无正当理由拒不提交书证的，人民法院可以认定对方当事人所主张的书证内容为真实。

控制书证的当事人存在《最高人民法院关于适用〈中华人民共和国民事诉讼法〉的解释》第一百一十三条规定情形的，人民法院可以认定对方当事人主张以该书证证明的事实为真实。

三、举证时限与证据交换

第四十九条 被告应当在答辩期届满前提出书面答辩，阐明其对原告诉讼请求及所依据的事实和理由的意见。

第五十条 人民法院应当在审理前的准备阶段向当事人送达举证通知书。

举证通知书应当载明举证责任的分配原则和要求、可以向人民法院申请调查收集证据的情形、人民法院根据案件情况指定的举证期限以及逾期提供证据的法律后果等内容。

第五十一条 举证期限可以由当事人协商，并经人民法院准许。

人民法院指定举证期限的，适用第一审普通程序审理的案件不得少于十五日，当事人提供新的证据的第二审案件不得少于十日。适用简易程序审理的案件不得超过十五日，小额诉讼案件的举证期限一般不得超过七日。

举证期限届满后，当事人提供反驳证据或者对已经提供的证据的来源、形式等方面的瑕疵进行补正的，人民法院可以酌情再次确定举证期限，该期限不受前款规定的期间限制。

第五十二条 当事人在举证期限内提供证据存在客观障碍，属于民事诉讼法第六十五条第二款规定的“当事人在该期限内提供证据确有困难”的情形。

前款情形，人民法院应当根据当事人的举证能力、不能在举证期限内提供证据的原因等因素综合判断。必要时,可以听取对方当事人的意见。

第五十三条 诉讼过程中,当事人主张的法律关系性质或者民事行为效力与人民法院根据案件事实作出的认定不一致的,人民法院应当将法律关系性质或者民事行为效力作为焦点问题进行审理。但法律关系性质对裁判理由及结果没有影响,或者有关问题已经当事人充分辩论的除外。

存在前款情形,当事人根据法庭审理情况变更诉讼请求的,人民法院应当准许并可以根据案件的具体情况重新指定举证期限。

第五十四条 当事人申请延长举证期限的,应当在举证期限届满前向人民法院提出书面申请。

申请理由成立的,人民法院应当准许,适当延长举证期限,并通知其他当事人。延长的举证期限适用于其他当事人。

申请理由不成立的,人民法院不予准许,并通知申请人。

第五十五条 存在下列情形的,举证期限按照如下方式确定:

(一)当事人依照民事诉讼法第一百二十七条规定提出管辖权异议的,举证期限中止,自驳回管辖权异议的裁定生效之日起恢复计算;

(二)追加当事人、有独立请求权的第三人参加诉讼或者无独立请求权的第三人经人民法院通知参加诉讼的,人民法院应当依照本规定第五十一条的规定为新参加诉讼的当事人确定举证期限,该举证期限适用于其他当事人;

(三)发回重审的案件,第一审人民法院可以结合案件具体情况和发回重审的原因,酌情确定举证期限;

(四)当事人增加、变更诉讼请求或者提出反诉的,人民法院应当根据案件具体情况重新确定举证期限;

(五)公告送达的,举证期限自公告期届满之次日起计算。

第五十六条 人民法院依照民事诉讼法第一百三十三条第四项的规定,通过组织证据交换进行审理前准备的,证据交换之日举证期限届满。

证据交换的时间可以由当事人协商一致并经人民法院认可,也可以由人民法院指定。当事人申请延期举证经人民法院准许的,证据交换日相应顺延。

第五十七条 证据交换应当在审判人员的主持下进行。

在证据交换的过程中,审判人员对当事人无异议的事实、证据应当记录在卷;对有异议的证据,按照需要证明的事实分类记录在卷,并记载异议的理由。通过证据交换,确定双方当事人争议的主要问题。

第五十八条 当事人收到对方的证据后有反驳证据需要提交的,人民法院应当再次组织证据交换。

第五十九条 人民法院对逾期提供证据的当事人处以罚款的,可以结合当事人逾期提供证据的主观过错程度、导致诉讼迟延的情况、诉讼标的金额等因素,确定罚款数额。

四、质　　证

第六十条 当事人在审理前的准备阶段或者人民法院调查、询问过程中发表过质证意见的证据,视为质证过的证据。

当事人要求以书面方式发表质证意见,人民法院在听取对方当事人意见后认为有必要的,可以准许。人民法院应当及时将书面质证意见送交对方当事人。

第六十一条 对书证、物证、视听资料进行质证时,当事人应当出示证据的原件或者原物。但有下列情形之一的除外:

(一)出示原件或者原物确有困难并经人民法院准许出示复制件或者复制品的;

(二)原件或者原物已不存在,但有证据证明复制件、复制品与原件或者原物一致的。

第六十二条 质证一般按下列顺序进行:

(一)原告出示证据,被告、第三人与原告进行质证;

(二)被告出示证据,原告、第三人与被告进行质证;

(三)第三人出示证据,原告、被告与第三人进行质证。

人民法院根据当事人申请调查收集的证据,审判人员对调查收集证据的情况进行说明后,由提出申请的当事人与对方当事人、第三人进行质证。

人民法院依职权调查收集的证据,由审判人员对调查收集证据的情况进行说明后,听取当事人的意见。

第六十三条 当事人应当就案件事实作真实、完整的陈述。

当事人的陈述与此前陈述不一致的，人民法院应当责令其说明理由，并结合当事人的诉讼能力、证据和案件具体情况进行审查认定。

当事人故意作虚假陈述妨碍人民法院审理的，人民法院应当根据情节，依照民事诉讼法第一百一十一条的规定进行处罚。

第六十四条 人民法院认为有必要的，可以要求当事人本人到场，就案件的有关事实接受询问。

人民法院要求当事人到场接受询问的，应当通知当事人询问的时间、地点、拒不到场的后果等内容。

第六十五条 人民法院应当在询问前责令当事人签署保证书并宣读保证书的内容。

保证书应当载明保证据实陈述，绝无隐瞒、歪曲、增减，如有虚假陈述应当接受处罚等内容。当事人应当在保证书上签名、捺印。

当事人有正当理由不能宣读保证书的，由书记员宣读并进行说明。

第六十六条 当事人无正当理由拒不到场、拒不签署或宣读保证书或者拒不接受询问的，人民法院应当综合案件情况，判断待证事实的真伪。待证事实无其他证据证明的，人民法院应当作出不利于该当事人的认定。

第六十七条 不能正确表达意思的人，不能作为证人。

待证事实与其年龄、智力状况或者精神健康状况相适应的无民事行为能力人和限制民事行为能力人，可以作为证人。

第六十八条 人民法院应当要求证人出庭作证，接受审判人员和当事人的询问。证人在审理前的准备阶段或者人民法院调查、询问等双方当事人在场时陈述证言的，视为出庭作证。

双方当事人同意证人以其他方式作证并经人民法院准许的，证人可以不出庭作证。

无正当理由未出庭的证人以书面等方式提供的证言，不得作为认定案件事实的根据。

第六十九条 当事人申请证人出庭作证的，应当在举证期限届满前向人民法院提交申请书。

申请书应当载明证人的姓名、职业、住所、联系方式，作证的主要内容，作证内容与待证事实的关联性，以及证人出庭作证的必要性。

符合《最高人民法院关于适用〈中华人民共和国民事诉讼法〉的解释》第九十六条第一款规定情形的，人民法院应当依职权通知证人出庭作证。

第七十条 人民法院准许证人出庭作证申请的，应当向证人送达通知书并告知双方当事人。通知书中应当载明证人作证的时间、地点，作证的事项、要求以及作伪证的法律后果等内容。

当事人申请证人出庭作证的事项与待证事实无关，或者没有通知证人出庭作证必要的，人民法院不予准许当事人的申请。

第七十一条 人民法院应当要求证人在作证之前签署保证书，并在法庭上宣读保证书的内容。但无民事行为能力人和限制民事行为能力人作为证人的除外。

证人确有正当理由不能宣读保证书的，由书记员代为宣读并进行说明。

证人拒绝签署或者宣读保证书的，不得作证，并自行承担相关费用。

证人保证书的内容适用当事人保证书的规定。

第七十二条 证人应当客观陈述其亲身感知的事实，作证时不得使用猜测、推断或者评论性语言。

证人作证前不得旁听法庭审理，作证时不得以宣读事先准备的书面材料的方式陈述证言。

证人言辞表达有障碍的，可以通过其他表达方式作证。

第七十三条 证人应当就其作证的事项进行连续陈述。

当事人及其法定代理人、诉讼代理人或者旁听人员干扰证人陈述的，人民法院应当及时制止，必要时可以依照民事诉讼法第一百一十条的规定进行处罚。

第七十四条 审判人员可以对证人进行询问。当事人及其诉讼代理人经审判人员许可后可以询问证人。

询问证人时其他证人不得在场。

人民法院认为有必要的，可以要求证人之间进行对质。

第七十五条 证人出庭作证后，可以向人民法院申请支付证人出庭作证费用。证人有困难需要预先支取出庭作证费用的，人民法院可以根据证人的申请在出庭作证前支付。

第七十六条 证人确有困难不能出庭作证，申请以书面证言、视听传输技术或者视听资料等方式作证的，应当向人民法院提交申请书。申请书中应当载明不能出庭的具体原因。

符合民事诉讼法第七十三条规定情形的，人民法院应当准许。

第七十七条 证人经人民法院准许，以书面证言方式作证的，应当签署保证书；以视听传输技术或者视听资料方式作证的，应当签署保证书并宣读保证书的内容。

第七十八条 当事人及其诉讼代理人对证人的询问与待证事实无关，或者存在威胁、侮辱证人或不适当引导等情形的，审判人员应当及时制止。必要时可以依照民事诉讼法第一百一十条、第一百一十一条的规定进行处罚。

证人故意作虚假陈述，诉讼参与人或者其他人以暴力、威胁、贿买等方法妨碍证人作证，或者在证人作证后以侮辱、诽谤、诬陷、恐吓、殴打等方式对证人打击报复的，人民法院应当根据情节，依照民事诉讼法第一百一十一条的规定，对行为人进行处罚。

第七十九条 鉴定人依照民事诉讼法第七十八条的规定出庭作证的，人民法院应当在开庭审理三日前将出庭的时间、地点及要求通知鉴定人。

委托机构鉴定的，应当由从事鉴定的人员代表机构出庭。

第八十条 鉴定人应当就鉴定事项如实答复当事人的异议和审判人员的询问。当庭答复确有困难的，经人民法院准许，可以在庭审结束后书面答复。

人民法院应当及时将书面答复送交当事人，并听取当事人的意见。必要时，可以再次组织质证。

第八十一条 鉴定人拒不出庭作证的，鉴定意见不得作为认定案件事实的根据。人民法院应当建议有关主管部门或者组织对拒不出庭作证的鉴定人予以处罚。

当事人要求退还鉴定费用的，人民法院应当在三日内作出裁定，责令鉴定人退还；拒不退还的，由人民法院依法执行。

当事人因鉴定人拒不出庭作证申请重新鉴定的，人民法院应当准许。

第八十二条 经法庭许可，当事人可以询问鉴定人、勘验人。

询问鉴定人、勘验人不得使用威胁、侮辱等不适当的言语和方式。

第八十三条 当事人依照民事诉讼法第七十九条和《最高人民法院关于适用〈中华人民共和国民事诉讼法〉的解释》第一百二十二条的规定，申请有专门知识的人出庭的，申请书中应当载明有专门知识的人的基本情况和申请的目的。

人民法院准许当事人申请的，应当通知双方当事人。

第八十四条 审判人员可以对有专门知识的人进行询问。经法庭准许，当事人可以对有专门知识的人进行询问，当事人各自申请的有专门知识的人可以就案件中的有关问题进行对质。

有专门知识的人不得参与对鉴定意见质证或者就专业问题发表意见之外的法庭审理活动。

五、证据的审核认定

第八十五条 人民法院应当以证据能够证明的案件事实为根据依法作出裁判。

审判人员应当依照法定程序，全面、客观地审核证据，依据法律的规定，遵循法官职业道德，运用逻辑推理和日常生活经验，对证据有无证明力和证明力大小独立进行判断，并公开判断的理由和结果。

第八十六条 当事人对于欺诈、胁迫、恶意串通事实的证明，以及对于口头遗嘱或赠与事实的证明，人民法院确信该待证事实存在的可能性能够排除合理怀疑的，应当认定该事实存在。

与诉讼保全、回避等程序事项有关的事实，人民法院结合当事人的说明及相关证据，认为有关事实存在的可能性较大的，可以认定该事实存在。

第八十七条 审判人员对单一证据可以从下列方面进行审核认定：

（一）证据是否为原件、原物，复制件、复制品与原件、原物是否相符；

（二）证据与本案事实是否相关；

（三）证据的形式、来源是否符合法律规定；

（四）证据的内容是否真实；

（五）证人或者提供证据的人与当事人有无利害关系。

第八十八条 审判人员对案件的全部证据，应当从各证据与案件事实的关联程度、各证据之间的联系等方面进行综合审查判断。

第八十九条 当事人在诉讼过程中认可的证据，人民法院应当予以确认。但法律、司法解释另有规定的除外。

当事人对认可的证据反悔的，参照《最高人民法院关于适用〈中华人民共和国民事诉讼法〉的解释》第二百二十九条的规定处理。

第九十条 下列证据不能单独作为认定案件事实的根据：

（一）当事人的陈述；

（二）无民事行为能力人或者限制民事行为能力人所作的与其年龄、智力状况或者精神健康状况不相当的证言；

（三）与一方当事人或者其代理人有利害关系的证人陈述的证言；

（四）存有疑点的视听资料、电子数据；

（五）无法与原件、原物核对的复制件、复制品。

第九十一条 公文书证的制作者根据文书原件制作的载有部分或者全部内容的副本，与正本具有相同的证明力。

在国家机关存档的文件，其复制件、副本、节录本经档案部门或者制作原本的机关证明其内容与原本一致的，该复制件、副本、节录本具有与原本相同的证明力。

第九十二条 私文书证的真实性，由主张以私文书证证明案件事实的当事人承担举证责任。

私文书证由制作者或者其代理人签名、盖章或捺印的，推定为真实。

私文书证上有删除、涂改、增添或者其他形式瑕疵的，人民法院应当综合案件的具体情况判断其证明力。

第九十三条 人民法院对于电子数据的真实性，应当结合下列因素综合判断：

（一）电子数据的生成、存储、传输所依赖的计算机系统的硬件、软件环境是否完整、可靠；

（二）电子数据的生成、存储、传输所依赖的计算机系统的硬件、软件环境是否处于正常运行状态，或者不处于正常运行状态时对电子数据的生成、存储、传输是否有影响；

（三）电子数据的生成、存储、传输所依赖的计算机系统的硬件、软件环境是否具备有效的防止出错的监测、核查手段；

（四）电子数据是否被完整地保存、传输、提取，保存、传输、提取的方法是否可靠；

（五）电子数据是否在正常的往来活动中形成和存储；

（六）保存、传输、提取电子数据的主体是否适当；

（七）影响电子数据完整性和可靠性的其他因素。

人民法院认为有必要的，可以通过鉴定或者勘验等方法，审查判断电子数据的真实性。

第九十四条 电子数据存在下列情形的，人民法院可以确认其真实性，但有足以反驳的相反证据的除外：

（一）由当事人提交或者保管的于己不利的电子数据；

（二）由记录和保存电子数据的中立第三方平台提供或者确认的；

（三）在正常业务活动中形成的；

（四）以档案管理方式保管的；

（五）以当事人约定的方式保存、传输、提取的。

电子数据的内容经公证机关公证的，人民法院应当确认其真实性，但有相反证据足以推翻的除外。

第九十五条 一方当事人控制证据无正当理由拒不提交，对待证事实负有举证责任的当事人主张该证据的内容不利于控制人的，人民法院可以认定该主张成立。

第九十六条 人民法院认定证人证言，可以通过对证人的智力状况、品德、知识、经验、法律意识和专业技能等的综合分析作出判断。

第九十七条 人民法院应当在裁判文书中阐明证据是否采纳的理由。

对当事人无争议的证据，是否采纳的理由可以不在裁判文书中表述。

六、其他

第九十八条 对证人、鉴定人、勘验人的合法权益依法予以保护。

当事人或者其他诉讼参与人伪造、毁灭证据，提供虚假证据，阻止证人作证，指使、贿买、胁迫他人作伪证，或者对证人、鉴定人、勘验人打击报复的，依照民事诉讼法第一百一十条、第一百一十一条的规定进行处罚。

第九十九条 本规定对证据保全没有规定的，参照适用法律、司法解释关于财产保全的规定。

除法律、司法解释另有规定外，对当事人、鉴定人、有专门知识的人的询问参照适用本规定中关于询问证人的规定；关于书证的规定适用于视听资料、电子数据；存储在电子计算机等电子介质中的视听资料，适用电子数据的规定。

第一百条 本规定自2020年5月1日起施行。

本规定公布施行后，最高人民法院以前发布的司法解释与本规定不一致的，不再适用。

最高人民法院关于审理民事案件适用诉讼时效制度若干问题的规定

（2008年8月11日最高人民法院审判委员会第1450次会议通过　根据2020年12月23日最高人民法院审判委员会第1823次会议通过的《最高人民法院关于修改〈最高人民法院关于在民事审判工作中适用《中华人民共和国工会法》若干问题的解释〉等二十七件民事类司法解释的决定》修正）

为正确适用法律关于诉讼时效制度的规定，保护当事人的合法权益，依照《中华人民共和国民法典》《中华人民共和国民事诉讼法》等法律的规定，结合审判实践，制定本规定。

第一条 当事人可以对债权请求权提出诉讼时效抗辩，但对下列债权请求权提出诉讼时效抗辩的，人民法院不予支持：

（一）支付存款本金及利息请求权；

（二）兑付国债、金融债券以及向不特定对象发行的企业债券本息请求权；

（三）基于投资关系产生的缴付出资请求权；

（四）其他依法不适用诉讼时效规定的债权请求权。

第二条 当事人未提出诉讼时效抗辩，人民法院不应对诉讼时效问题进行释明。

第三条 当事人在一审期间未提出诉讼时效抗辩，在二审期间提出的，人民法院不予支持，但其基于新的证据能够证明对方当事人的请求权已过诉讼时效期间的情形除外。

当事人未按照前款规定提出诉讼时效抗辩，以诉讼时效期间届满为由申请再审或者提出再审抗辩的，人民法院不予支持。

第四条 未约定履行期限的合同，依照民法典第五百一十条、第五百一十一条的规定，可以确定履行期限的，诉讼时效期间从履行期限届满之日起计算；不能确定履行期限的，诉讼时效期间从债权人要求债务人履行义务的宽限期届满之日起计算，但债务人在债权人第一次向其主张权利之时明确表示不履行义务的，诉讼时效期间从债务人明确表示不履行义务之日起计算。

第五条 享有撤销权的当事人一方请求撤销合同的，应适用民法典关于除斥期间的规定。对方当事人对撤销合同请求权提出诉讼时效抗辩的，人民法院不予支持。

合同被撤销，返还财产、赔偿损失请求权的诉讼时效期间从合同被撤销之日起计算。

第六条 返还不当得利请求权的诉讼时效期间，从当事人一方知道或者应当知道不当得利事实及对方当事人之日起计算。

第七条 管理人因无因管理行为产生的给付必要管理费用、赔偿损失请求权的诉讼时效期间，从无因管理行为结束并且管理人知道或者应当知道本人之日起计算。

本人因不当无因管理行为产生的赔偿损失请求权的诉讼时效期间，从其知道或者应当知道管理人及损害事实之日起计算。

第八条 具有下列情形之一的，应当认定为民法典第一百九十五条规定的“权利人向义务人提出履行请求”，产生诉讼时效中断的效力：

（一）当事人一方直接向对方当事人送交主张权利文书，对方当事人在文书上签名、盖章、按指印或者虽未签名、盖章、按指印但能够以其他方式证明该文书到达对方当事人的；

（二）当事人一方以发送信件或者数据电文方式主张权利，信件或者数据电文到达或者应当到达对方当事人的；

（三）当事人一方为金融机构，依照法律规定或者当事人约定从对方当事人账户中扣收欠款本息的；

（四）当事人一方下落不明，对方当事人在国家级或者下落不明的当事人一方住所地的省级有影响的媒体上刊登具有主张权利内容的公告的，但法律和司法解释另有特别规定的，适用其规定。

前款第（一）项情形中，对方当事人为法人或者其他组织的，签收人可以是其法定代表人、主要负责人、负责收发信件的部门或者被授权主体；对方当事人为自然人的，签收人可以是自然人本人、同住的具有完全行为能力的亲属或者被授权主体。

第九条 权利人对同一债权中的部分债权主张权利，诉讼时效中断的效力及于剩余债权，但权利人明确表示放弃剩余债权的情形除外。

第十条 当事人一方向人民法院提交起诉状或者口头起诉的，诉讼时效从提交起诉状或者口头起诉之日起中断。

第十一条 下列事项之一，人民法院应当认定与提起诉讼具有同等诉讼时效中断的效力：

（一）申请支付令；

（二）申请破产、申报破产债权；

（三）为主张权利而申请宣告义务人失踪或死亡；

（四）申请诉前财产保全、诉前临时禁令等诉前措施；

（五）申请强制执行；

（六）申请追加当事人或者被通知参加诉讼；

（七）在诉讼中主张抵销；

（八）其他与提起诉讼具有同等诉讼时效中断效力的事项。

第十二条 权利人向人民调解委员会以及其他依法有权解决相关民事纠纷的国家机关、事业单位、社会团体等社会组织提出保护相应民事权利的请求，诉讼时效从提出请求之日起中断。

第十三条 权利人向公安机关、人民检察院、人民法院报案或者控告，请求保护其民事权利的，诉讼时效从其报案或者控告之日起中断。

上述机关决定不立案、撤销案件、不起诉的，诉讼时效期间从权利人知道或者应当知道不立案、撤销案件或者不起诉之日起重新计算；刑事案件进入审理阶段，诉讼时效期间从刑事裁判文书生效之日起重新计算。

第十四条 义务人作出分期履行、部分履行、提供担保、请求延期履行、制定清偿债务计划等承诺或者行为的，应当认定为民法典第一百九十五条规定的“义务人同意履行义务”。

第十五条 对于连带债权人中的一人发生诉讼时效中断效力的事由，应当认定对其他连带债权人也发生诉讼时效中断的效力。

对于连带债务人中的一人发生诉讼时效中断效力的事由，应当认定对其他连带债务人也发生诉讼时效中断的效力。

第十六条 债权人提起代位权诉讼的，应当认定对债权人的债权和债务人的债权均发生诉讼时效中断的效力。

第十七条 债权转让的，应当认定诉讼时效从债权转让通知到达债务人之日起中断。

债务承担情形下，构成原债务人对债务承认的，应当认定诉讼时效从债务承担意思表示到达债权人之日起中断。

第十八条 主债务诉讼时效期间届满，保证人享有主债务人的诉讼时效抗辩权。

保证人未主张前述诉讼时效抗辩权，承担保证责任后向主债务人行使追偿权的，人民法院不予支持，但主债务人同意给付的情形除外。

第十九条 诉讼时效期间届满，当事人一方向对方当事人作出同意履行义务的意思表示或者自愿履行义务后，又以诉讼时效期间届满为由进行抗辩的，人民法院不予支持。

当事人双方就原债务达成新的协议，债权人主张义务人放弃诉讼时效抗辩权的，人民法院应予支持。

超过诉讼时效期间，贷款人向借款人发出催收到期贷款通知单，债务人在通知单上签字或者盖章，能够认定借款人同意履行诉讼时效期间已经届满的义务的，对于贷款人关于借款人放弃诉讼时效抗辩权的主张，人民法院应予支持。

第二十条 本规定施行后，案件尚在一审或者二审阶段的，适用本规定；本规定施行前已经终审的案件，人民法院进行再审时，不适用本规定。

第二十一条 本规定施行前本院作出的有关司法解释与本规定相抵触的，以本规定为准。

最高人民法院关于适用《中华人民共和国民事诉讼法》审判监督程序若干问题的解释

（2008年11月10日最高人民法院审判委员会第1453次会议通过　根据2020年12月23日最高人民法院审判委员会第1823次会议通过的《最高人民法院关于修改〈最高人民法院关于人民法院民事调解工作若干问题的规定〉等十九件民事诉讼类司法解释的决定》修正）

为了保障当事人申请再审权利，规范审判监督程序，维护各方当事人的合法权益，根据《中华人民共和国民事诉讼法》，结合审判实践，对审判监督程序中适用法律的若干问题作出如下解释：

第一条　当事人在民事诉讼法第二百零五条规定的期限内，以民事诉讼法第二百条所列明的再审事由，向原审人民法院的上一级人民法院申请再审的，上一级人民法院应当依法受理。

第二条　民事诉讼法第二百零五条规定的申请再审期间不适用中止、中断和延长的规定。

第三条　当事人申请再审，应当向人民法院提交再审申请书，并按照对方当事人人数提出副本。

人民法院应当审查再审申请书是否载明下列事项：

（一）申请再审人与对方当事人的姓名、住所及有效联系方式等基本情况；法人或其他组织的名称、住所和法定代表人或主要负责人的姓名、职务及有效联系方式等基本情况；

（二）原审人民法院的名称，原判决、裁定、调解文书案号；

（三）申请再审的法定情形及具体事实、理由；

（四）具体的再审请求。

第四条　当事人申请再审，应当向人民法院提交已经发生法律效力的判决书、裁定书、调解书，身份证明及相关证据材料。

第五条　申请再审人提交的再审申请书或者其他材料不符合本解释第三条、第四条的规定，或者有人身攻击等内容，可能引起矛盾激化的，人民法院应当要求申请再审人补充或改正。

第六条　人民法院应当自收到符合条件的再审申请书等材料后五日内完成向申请再审人发送受理通知书等受理登记手续，并向对方当事人发送受理通知书及再审申请书副本。

第七条　人民法院受理再审申请后，应当组成合议庭予以审查。

第八条　人民法院对再审申请的审查，应当围绕再审事由是否成立进行。

第九条　民事诉讼法第二百条第（五）项规定的“对审理案件需要的主要证据”，是指人民法院认定案件基本事实所必须的证据。

第十条　原判决、裁定对基本事实和案件性质的认定系根据其他法律文书作出，而上述其他法律文书被撤销或变更的，人民法院可以认定为民事诉讼法第二百条第（十二）项规定的情形。

第十一条　人民法院经审查再审申请书等材料，认为申请再审事由成立的，应当进行裁定再审。

当事人申请再审超过民事诉讼法第二百零五条规定的期限，或者超出民事诉讼法第二百条所列明的再审事由范围的，人民法院应当裁定驳回再审申请。

第十二条　人民法院认为仅审查再审申请书等材料难以作出裁定的，应当调阅原审卷宗予以审查。

第十三条　人民法院可以根据案情需要决定是否询问当事人。

以有新的证据足以推翻原判决、裁定为由申请再审的，人民法院应当询问当事人。

第十四条　在审查再审申请过程中，对方当事人也申请再审的，人民法院应当将其列为申请再审人，对其提出的再审申请一并审查。

第十五条　申请再审人在案件审查期间申请撤回再审申请的，是否准许，由人民法院裁定。

申请再审人经传票传唤，无正当理由拒不接受询问，可以裁定按撤回再审申请处理。

第十六条　人民法院经审查认为申请再审事由不成立的，应当裁定驳回再审申请。

驳回再审申请的裁定一经送达，即发生法律效力。

第十七条　人民法院审查再审申请期间，人民检察院对该案提出抗诉的，人民法院应依照民事诉讼法第二百一十一条的规定裁定再审。申请再审人提出的具体再审请求应纳入审理范围。

第十八条　上一级人民法院经审查认为申请

再审事由成立的，一般由本院提审。最高人民法院、高级人民法院也可以指定与原审人民法院同级的其他人民法院再审，或者指令原审人民法院再审。

第十九条 上一级人民法院可以根据案件的影响程度以及案件参与人等情况，决定是否指定再审。需要指定再审的，应当考虑便利当事人行使诉讼权利以及便利人民法院审理等因素。

接受指定再审的人民法院，应当按照民事诉讼法第二百零七条第一款规定的程序审理。

第二十条 有下列情形之一的，不得指令原审人民法院再审：

（一）原审人民法院对该案无管辖权的；

（二）审判人员在审理该案件时有贪污受贿，徇私舞弊，枉法裁判行为的；

（三）原判决、裁定系经原审人民法院审判委员会讨论作出的；

（四）其他不宜指令原审人民法院再审的。

第二十一条 当事人未申请再审、人民检察院未抗诉的案件，人民法院发现原判决、裁定、调解协议有损害国家利益、社会公共利益等确有错误情形的，应当依照民事诉讼法第一百九十八条的规定提起再审。

第二十二条 人民法院应当依照民事诉讼法第二百零七条的规定，按照第一审程序或者第二审程序审理再审案件。

人民法院审理再审案件应当开庭审理。但按照第二审程序审理的，双方当事人已经其他方式充分表达意见，且书面同意不开庭审理的除外。

第二十三条 申请再审人在再审期间撤回再审申请的，是否准许由人民法院裁定。裁定准许的，应终结再审程序。申请再审人经传票传唤，无正当理由拒不到庭的，或者未经法庭许可中途退庭的，可以裁定按自动撤回再审申请处理。

人民检察院抗诉再审的案件，申请抗诉的当事人有前款规定的情形，且不损害国家利益、社会公共利益或第三人利益的，人民法院应当裁定终结再审程序；人民检察院撤回抗诉的，应当准予。

终结再审程序的，恢复原判决的执行。

第二十四条 按照第一审程序审理再审案件时，一审原告申请撤回起诉的，是否准许由人民法院裁定。裁定准许的，应当同时裁定撤销原判决、裁定、调解书。

第二十五条 当事人在再审审理中经调解达成协议的，人民法院应当制作调解书。调解书经各方当事人签收后，即具有法律效力，原判决、裁定视为被撤销。

第二十六条 人民法院经再审审理认为，原判决、裁定认定事实清楚、适用法律正确的，应予维持；原判决、裁定在认定事实、适用法律、阐述理由方面虽有瑕疵，但裁判结果正确的，人民法院应在再审判决、裁定中纠正上述瑕疵后予以维持。

第二十七条 人民法院按照第二审程序审理再审案件，发现原判决认定事实错误或者认定事实不清的，应当在查清事实后改判。但原审人民法院便于查清事实，化解纠纷的，可以裁定撤销原判决，发回重审；原审程序遗漏必须参加诉讼的当事人且无法达成调解协议，以及其他违反法定程序不宜在再审程序中直接作出实体处理的，应当裁定撤销原判决，发回重审。

第二十八条 人民法院以调解方式审结的案件裁定再审后，经审理发现申请再审人提出的调解违反自愿原则的事由不成立，且调解协议的内容不违反法律强制性规定的，应当裁定驳回再审申请，并恢复原调解书的执行。

第二十九条 民事再审案件的当事人应为原审案件的当事人。原审案件当事人死亡或者终止的，其权利义务承受人可以申请再审并参加再审诉讼。

第三十条 本院以前发布的司法解释与本解释不一致的，以本解释为准。本解释未作规定的，按照以前的规定执行。

最高人民法院关于适用《中华人民共和国民事诉讼法》执行程序若干问题的解释

（2008年9月8日最高人民法院审判委员会第1452次会议通过 根据2020年12月23日最高人民法院审判委员会第1823次会议通过的《最高人民法院关于修改〈最高人民法院关于人民法院扣押铁路运输货物若干问题的规定〉等十八件执行类司法解释的决定》修正）

为了依法及时有效地执行生效法律文书，维护当事人的合法权益，根据《中华人民共和国民事诉讼法》（以下简称民事诉讼法），结合人民法院执行工作实际，对执行程序中适用法律的若干问题作出如下解释：

第一条 申请执行人向被执行的财产所在地人民法院申请执行的，应当提供该人民法院辖区有可供执行财产的证明材料。

第二条 对两个以上人民法院都有管辖权的执行案件，人民法院在立案前发现其他有管辖权的人民法院已经立案的，不得重复立案。

立案后发现其他有管辖权的人民法院已经立案的，应当撤销案件；已经采取执行措施的，应当将控制的财产交先立案的执行法院处理。

第三条 人民法院受理执行申请后，当事人对管辖权有异议的，应当自收到执行通知书之日起十日内提出。

人民法院对当事人提出的异议，应当审查。异议成立的，应当撤销执行案件，并告知当事人向有管辖权的人民法院申请执行；异议不成立的，裁定驳回。当事人对裁定不服的，可以向上一级人民法院申请复议。

管辖权异议审查和复议期间，不停止执行。

第四条 对人民法院采取财产保全措施的案件，申请执行人向采取保全措施的人民法院以外的其他有管辖权的人民法院申请执行的，采取保全措施的人民法院应当将保全的财产交执行法院处理。

第五条 执行过程中，当事人、利害关系人认为执行法院的执行行为违反法律规定的，可以依照民事诉讼法第二百二十五条的规定提出异议。

执行法院审查处理执行异议，应当自收到书面异议之日起十五日内作出裁定。

第六条 当事人、利害关系人依照民事诉讼法第二百二十五条规定申请复议的，应当采取书面形式。

第七条 当事人、利害关系人申请复议的书面材料，可以通过执行法院转交，也可以直接向执行法院的上一级人民法院提交。

执行法院收到复议申请后，应当在五日内将复议所需的案卷材料报送上一级人民法院；上一级人民法院收到复议申请后，应当通知执行法院在五日内报送复议所需的案卷材料。

第八条 当事人、利害关系人依照民事诉讼法第二百二十五条规定申请复议的，上一级人民法院应当自收到复议申请之日起三十日内审查完毕，并作出裁定。有特殊情况需要延长的，经本院院长批准，可以延长，延长的期限不得超过三十日。

第九条 执行异议审查和复议期间，不停止执行。

被执行人、利害关系人提供充分、有效的担保请求停止相应处分措施的，人民法院可以准许；申请执行人提供充分、有效的担保请求继续执行的，应当继续执行。

第十条 依照民事诉讼法第二百二十六条的规定，有下列情形之一的，上一级人民法院可以根据申请执行人的申请，责令执行法院限期执行或者变更执行法院：

（一）债权人申请执行时被执行人有可供执行的财产，执行法院自收到申请执行书之日起超过六个月对该财产未执行完结的；

（二）执行过程中发现被执行人可供执行的财产，执行法院自发现财产之日起超过六个月对该财产未执行完结的；

（三）对法律文书确定的行为义务的执行，执行法院自收到申请执行书之日起超过六个月未依法采取相应执行措施的；

（四）其他有条件执行超过六个月未执行的。

第十一条 上一级人民法院依照民事诉讼法第二百二十六条规定责令执行法院限期执行的，应当向其发出督促执行令，并将有关情况书面通知申请执行人。

上一级人民法院决定由本院执行或者指令本辖区其他人民法院执行的，应当作出裁定，送达当事人并通知有关人民法院。

第十二条 上一级人民法院责令执行法院限期执行，执行法院在指定期间内无正当理由仍未执行完结的，上一级人民法院应当裁定由本院执行或者指令本辖区其他人民法院执行。

第十三条 民事诉讼法第二百二十六条规定的六个月期间，不应当计算执行中的公告期间、鉴定评估期间、管辖争议处理期间、执行争议协调期间、暂缓执行期间以及中止执行期间。

第十四条 案外人对执行标的主张所有权或者有其他足以阻止执行标的转让、交付的实体权利的，可以依照民事诉讼法第二百二十七条的规定，向执行法院提出异议。

第十五条 案外人异议审查期间，人民法院不得对执行标的进行处分。

案外人向人民法院提供充分、有效的担保请求解除对异议标的的查封、扣押、冻结的，人民法院可以准许；申请执行人提供充分、有效的担保请求继续执行的，应当继续执行。

因案外人提供担保解除查封、扣押、冻结有错误，致使该标的无法执行的，人民法院可以直接执行担保财产；申请执行人提供担保请求继续执行有错误，给对方造成损失的，应当予以赔偿。

第十六条 案外人执行异议之诉审理期间，人民法院不得对执行标的进行处分。申请执行人请求人民法院继续执行并提供相应担保的，人民法院可以准许。

案外人请求解除查封、扣押、冻结或者申请执行人请求继续执行有错误，给对方造成损失的，应当予以赔偿。

第十七条 多个债权人对同一被执行人申请执行或者对执行财产申请参与分配的，执行法院应当制作财产分配方案，并送达各债权人和被执行人。债权人或者被执行人对分配方案有异议的，应当自收到分配方案之日起十五日内向执行法院提出书面异议。

第十八条 债权人或者被执行人对分配方案提出书面异议的，执行法院应当通知未提出异议的债权人或被执行人。

未提出异议的债权人、被执行人收到通知之日起十五日内未提出反对意见的，执行法院依异议人的意见对分配方案审查修正后进行分配；提出反对意见的，应当通知异议人。异议人可以自收到通知之日起十五日内，以提出反对意见的债权人、被执行人为被告，向执行法院提起诉讼；异议人逾期未提起诉讼的，执行法院依原分配方案进行分配。

诉讼期间进行分配的，执行法院应当将与争议债权数额相应的款项予以提存。

第十九条 在申请执行时效期间的最后六个月内，因不可抗力或者其他障碍不能行使请求权的，申请执行时效中止。从中止时效的原因消除之日起，申请执行时效期间继续计算。

第二十条 申请执行时效因申请执行、当事人双方达成和解协议、当事人一方提出履行要求或者同意履行义务而中断。从中断时起，申请执行时效期间重新计算。

第二十一条 生效法律文书规定债务人负有不作为义务的，申请执行时效期间从债务人违反不作为义务之日起计算。

第二十二条 执行员依照民事诉讼法第二百四十条规定立即采取强制执行措施的，可以同时或者自采取强制执行措施之日起三日内发送执行通知书。

第二十三条 依照民事诉讼法第二百五十五条规定对被执行人限制出境的，应当由申请执行人向执行法院提出书面申请；必要时，执行法院可以依职权决定。

第二十四条 被执行人为单位的，可以对其法定代表人、主要负责人或者影响债务履行的直接责任人员限制出境。

被执行人为无民事行为能力人或者限制民事行为能力人的，可以对其法定代理人限制出境。

第二十五条 在限制出境期间，被执行人履行法律文书确定的全部债务的，执行法院应当及时解除限制出境措施；被执行人提供充分、有效的担保或者申请执行人同意的，可以解除限制出境措施。

第二十六条 依照民事诉讼法第二百五十五条的规定，执行法院可以依职权或者依申请执行人的申请，将被执行人不履行法律文书确定义务的信息，通过报纸、广播、电视、互联网等媒体公布。

媒体公布的有关费用，由被执行人负担；申请执行人申请在媒体公布的，应当垫付有关费用。

第二十七条 本解释施行前本院公布的司法解释与本解释不一致的，以本解释为准。

最高人民法院关于人民法院办理执行异议和复议案件若干问题的规定

（2014年12月29日最高人民法院审判委员会第1638次会议通过 根据2020年12月23日最高人民法院审判委员会第1823次会议通过的《最高人民法院关于修改〈最高人民法院关于人民法院扣押铁路运输货物若干问题的规定〉等十八件执行类司法解释的决定》修正）

为了规范人民法院办理执行异议和复议案件，维护当事人、利害关系人和案外人的合法权益，根据民事诉讼法等法律规定，结合人民法院执行工作实际，制定本规定。

第一条 异议人提出执行异议或者复议申请

人申请复议,应当向人民法院提交申请书。申请书应当载明具体的异议或者复议请求、事实、理由等内容,并附下列材料:

(一)异议人或者复议申请人的身份证明;

(二)相关证据材料;

(三)送达地址和联系方式。

第二条 执行异议符合民事诉讼法第二百二十五条或者第二百二十七条规定条件的,人民法院应当在三日内立案,并在立案后三日内通知异议人和相关当事人。不符合受理条件的,裁定不予受理;立案后发现不符合受理条件的,裁定驳回申请。

执行异议申请材料不齐备的,人民法院应当一次性告知异议人在三日内补足,逾期未补足的,不予受理。

异议人对不予受理或者驳回申请裁定不服的,可以自裁定送达之日起十日内向上一级人民法院申请复议。上一级人民法院审查后认为符合受理条件的,应当裁定撤销原裁定,指令执行法院立案或者对执行异议进行审查。

第三条 执行法院收到执行异议后三日内既不立案又不作出不予受理裁定,或者受理后无正当理由超过法定期限不作出异议裁定的,异议人可以向上一级人民法院提出异议。上一级人民法院审查后认为理由成立的,应当指令执行法院在三日内立案或者在十五日内作出异议裁定。

第四条 执行案件被指定执行、提级执行、委托执行后,当事人、利害关系人对原执行法院的执行行为提出异议的,由提出异议时负责该案件执行的人民法院审查处理;受指定或者受委托的人民法院是原执行法院的下级人民法院的,仍由原执行法院审查处理。

执行案件被指定执行、提级执行、委托执行后,案外人对原执行法院的执行标的提出异议的,参照前款规定处理。

第五条 有下列情形之一的,当事人以外的自然人、法人和非法人组织,可以作为利害关系人提出执行行为异议:

(一)认为人民法院的执行行为违法,妨碍其轮候查封、扣押、冻结的债权受偿的;

(二)认为人民法院的拍卖措施违法,妨碍其参与公平竞价的;

(三)认为人民法院的拍卖、变卖或者以物抵债措施违法,侵害其对执行标的的优先购买权的;

(四)认为人民法院要求协助执行的事项超出其协助范围或者违反法律规定的;

(五)认为其他合法权益受到人民法院违法执行行为侵害的。

第六条 当事人、利害关系人依照民事诉讼法第二百二十五条规定提出异议的,应当在执行程序终结之前提出,但对终结执行措施提出异议的除外。

案外人依照民事诉讼法第二百二十七条规定提出异议的,应当在异议指向的执行标的执行终结之前提出;执行标的由当事人受让的,应当在执行程序终结之前提出。

第七条 当事人、利害关系人认为执行过程中或者执行保全、先予执行裁定过程中的下列行为违法提出异议的,人民法院应当依照民事诉讼法第二百二十五条规定进行审查:

(一)查封、扣押、冻结、拍卖、变卖、以物抵债、暂缓执行、中止执行、终结执行等执行措施;

(二)执行的期间、顺序等应当遵守的法定程序;

(三)人民法院作出的侵害当事人、利害关系人合法权益的其他行为。

被执行人以债权消灭、丧失强制执行效力等执行依据生效之后的实体事由提出排除执行异议的,人民法院应当参照民事诉讼法第二百二十五条规定进行审查。

除本规定第十九条规定的情形外,被执行人以执行依据生效之前的实体事由提出排除执行异议的,人民法院应当告知其依法申请再审或者通过其他程序解决。

第八条 案外人基于实体权利既对执行标的提出排除执行异议又作为利害关系人提出执行行为异议的,人民法院应当依照民事诉讼法第二百二十七条规定进行审查。

案外人既基于实体权利对执行标的提出排除执行异议又作为利害关系人提出与实体权利无关的执行行为异议的,人民法院应当分别依照民事诉讼法第二百二十七条和第二百二十五条规定进行审查。

第九条 被限制出境的人认为对其限制出境错误的,可以自收到限制出境决定之日起十日内向上一级人民法院申请复议。上一级人民法院应当自收到复议申请之日起十五日内作出决定。复议期间,不停止原决定的执行。

第十条 当事人不服驳回不予执行公证债权文书申请的裁定的,可以自收到裁定之日起十日内向上一级人民法院申请复议。上一级人民法院应当自收到复议申请之日起三十日内审查,理由成立的,裁定撤销原裁定,不予执行该公证债权文书;理由不成立的,裁定驳回复议申请。复议期间,不停止执行。

第十一条 人民法院审查执行异议或者复议案件,应当依法组成合议庭。

指令重新审查的执行异议案件,应当另行组成合议庭。

办理执行实施案件的人员不得参与相关执行异议和复议案件的审查。

第十二条 人民法院对执行异议和复议案件实行书面审查。案情复杂、争议较大的,应当进行听证。

第十三条 执行异议、复议案件审查期间,异议人、复议申请人申请撤回异议、复议申请的,是否准许由人民法院裁定。

第十四条 异议人或者复议申请人经合法传唤,无正当理由拒不参加听证,或者未经法庭许可中途退出听证,致使人民法院无法查清相关事实的,由其自行承担不利后果。

第十五条 当事人、利害关系人对同一执行行为有多个异议事由,但未在异议审查过程中一并提出,撤回异议或者被裁定驳回异议后,再次就该执行行为提出异议的,人民法院不予受理。

案外人撤回异议或者被裁定驳回异议后,再次就同一执行标的提出异议的,人民法院不予受理。

第十六条 人民法院依照民事诉讼法第二百二十五条规定作出裁定时,应当告知相关权利人申请复议的权利和期限。

人民法院依照民事诉讼法第二百二十七条规定作出裁定时,应当告知相关权利人提起执行异议之诉的权利和期限。

人民法院作出其他裁定和决定时,法律、司法解释规定了相关权利人申请复议的权利和期限的,应当进行告知。

第十七条 人民法院对执行行为异议,应当按照下列情形,分别处理:

(一)异议不成立的,裁定驳回异议;

(二)异议成立的,裁定撤销相关执行行为;

(三)异议部分成立的,裁定变更相关执行行为;

(四)异议成立或者部分成立,但执行行为无撤销、变更内容的,裁定异议成立或者相应部分异议成立。

第十八条 执行过程中,第三人因书面承诺自愿代被执行人偿还债务而被追加为被执行人后,无正当理由反悔并提出异议的,人民法院不予支持。

第十九条 当事人互负到期债务,被执行人请求抵销,请求抵销的债务符合下列情形的,除依照法律规定或者按照债务性质不得抵销的以外,人民法院应予支持:

(一)已经生效法律文书确定或者经申请执行人认可;

(二)与被执行人所负债务的标的物种类、品质相同。

第二十条 金钱债权执行中,符合下列情形之一,被执行人以执行标的系本人及所扶养家属维持生活必需的居住房屋为由提出异议的,人民法院不予支持:

(一)对被执行人有扶养义务的人名下有其他能够维持生活必需的居住房屋的;

(二)执行依据生效后,被执行人为逃避债务转让其名下其他房屋的;

(三)申请执行人按照当地廉租住房保障面积标准为被执行人及所扶养家属提供居住房屋,或者同意参照当地房屋租赁市场平均租金标准从该房屋的变价款中扣除五至八年租金的。

执行依据确定被执行人交付居住的房屋,自执行通知送达之日起,已经给予三个月的宽限期,被执行人以该房屋系本人及所扶养家属维持生活的必需品为由提出异议的,人民法院不予支持。

第二十一条 当事人、利害关系人提出异议请求撤销拍卖,符合下列情形之一的,人民法院应予支持:

(一)竞买人之间、竞买人与拍卖机构之间恶意串通,损害当事人或者其他竞买人利益的;

(二)买受人不具备法律规定的竞买资格的;

(三)违法限制竞买人参加竞买或者对不同的竞买人规定不同竞买条件的;

(四)未按照法律、司法解释的规定对拍卖标的物进行公告的;

(五)其他严重违反拍卖程序且损害当事人或

者竞买人利益的情形。

当事人、利害关系人请求撤销变卖的,参照前款规定处理。

第二十二条 公证债权文书对主债务和担保债务同时赋予强制执行效力的,人民法院应予执行;仅对主债务赋予强制执行效力未涉及担保债务的,对担保债务的执行申请不予受理;仅对担保债务赋予强制执行效力未涉及主债务的,对主债务的执行申请不予受理。

人民法院受理担保债务的执行申请后,被执行人仅以担保合同不属于赋予强制执行效力的公证债权文书范围为由申请不予执行的,不予支持。

第二十三条 上一级人民法院对不服异议裁定的复议申请审查后,应当按照下列情形,分别处理:

(一)异议裁定认定事实清楚,适用法律正确,结果应予维持的,裁定驳回复议申请,维持异议裁定;

(二)异议裁定认定事实错误,或者适用法律错误,结果应予纠正的,裁定撤销或者变更异议裁定;

(三)异议裁定认定基本事实不清、证据不足的,裁定撤销异议裁定,发回作出裁定的人民法院重新审查,或者查清事实后作出相应裁定;

(四)异议裁定遗漏异议请求或者存在其他严重违反法定程序的情形,裁定撤销异议裁定,发回作出裁定的人民法院重新审查;

(五)异议裁定对应当适用民事诉讼法第二百二十七条规定审查处理的异议,错误适用民事诉讼法第二百二十五条规定审查处理的,裁定撤销异议裁定,发回作出裁定的人民法院重新作出裁定。

除依照本条第一款第三、四、五项发回重新审查或者重新作出裁定的情形外,裁定撤销或者变更异议裁定且执行行为可撤销、变更的,应当同时撤销或者变更该裁定维持的执行行为。

人民法院对发回重新审查的案件作出裁定后,当事人、利害关系人申请复议的,上一级人民法院复议后不得再次发回重新审查。

第二十四条 对案外人提出的排除执行异议,人民法院应当审查下列内容:

(一)案外人是否系权利人;

(二)该权利的合法性与真实性;

(三)该权利能否排除执行。

第二十五条 对案外人的异议,人民法院应当按照下列标准判断其是否系权利人:

(一)已登记的不动产,按照不动产登记簿判断;未登记的建筑物、构筑物及其附属设施,按照土地使用权登记簿、建设工程规划许可、施工许可等相关证据判断;

(二)已登记的机动车、船舶、航空器等特定动产,按照相关管理部门的登记判断;未登记的特定动产和其他动产,按照实际占有情况判断;

(三)银行存款和存管在金融机构的有价证券,按照金融机构和登记结算机构登记的账户名称判断;有价证券由具备合法经营资质的托管机构名义持有的,按照该机构登记的实际出资人账户名称判断;

(四)股权按照工商行政管理机关的登记和企业信用信息公示系统公示的信息判断;

(五)其他财产和权利,有登记的,按照登记机构的登记判断;无登记的,按照合同等证明财产权属或者权利人的证据判断。

案外人依据另案生效法律文书提出排除执行异议,该法律文书认定的执行标的权利人与依照前款规定得出的判断不一致的,依照本规定第二十六条规定处理。

第二十六条 金钱债权执行中,案外人依据执行标的被查封、扣押、冻结前作出的另案生效法律文书提出排除执行异议,人民法院应当按照下列情形,分别处理:

(一)该法律文书系就案外人与被执行人之间的权属纠纷以及租赁、借用、保管等不以转移财产权属为目的的合同纠纷,判决、裁决执行标的归属于案外人或者向其返还执行标的且其权利能够排除执行的,应予支持;

(二)该法律文书系就案外人与被执行人之间除前项所列合同之外的债权纠纷,判决、裁决执行标的归属于案外人或者向其交付、返还执行标的的,不予支持。

(三)该法律文书系案外人受让执行标的的拍卖、变卖成交裁定或者以物抵债裁定且其权利能够排除执行的,应予支持。

金钱债权执行中,案外人依据执行标的被查封、扣押、冻结后作出的另案生效法律文书提出排除执行异议的,人民法院不予支持。

非金钱债权执行中,案外人依据另案生效法律文书提出排除执行异议，该法律文书对执行标的权属作出不同认定的，人民法院应当告知案外人依法申请再审或者通过其他程序解决。

申请执行人或者案外人不服人民法院依照本条第一、二款规定作出的裁定，可以依照民事诉讼法第二百二十七条规定提起执行异议之诉。

第二十七条 申请执行人对执行标的依法享有对抗案外人的担保物权等优先受偿权，人民法院对案外人提出的排除执行异议不予支持，但法律、司法解释另有规定的除外。

第二十八条 金钱债权执行中，买受人对登记在被执行人名下的不动产提出异议，符合下列情形且其权利能够排除执行的，人民法院应予支持：

（一）在人民法院查封之前已签订合法有效的书面买卖合同；

（二）在人民法院查封之前已合法占有该不动产；

（三）已支付全部价款，或者已按照合同约定支付部分价款且将剩余价款按照人民法院的要求交付执行；

（四）非因买受人自身原因未办理过户登记。

第二十九条 金钱债权执行中，买受人对登记在被执行的房地产开发企业名下的商品房提出异议，符合下列情形且其权利能够排除执行的，人民法院应予支持：

（一）在人民法院查封之前已签订合法有效的书面买卖合同；

（二）所购商品房系用于居住且买受人名下无其他用于居住的房屋；

（三）已支付的价款超过合同约定总价款的百分之五十。

第三十条 金钱债权执行中，对被查封的办理了受让物权预告登记的不动产，受让人提出停止处分异议的，人民法院应予支持；符合物权登记条件，受让人提出排除执行异议的，应予支持。

第三十一条 承租人请求在租赁期内阻止向受让人移交占有被执行的不动产，在人民法院查封之前已签订合法有效的书面租赁合同并占有使用该不动产的，人民法院应予支持。

承租人与被执行人恶意串通，以明显不合理的低价承租被执行的不动产或者伪造交付租金证据的，对其提出的阻止移交占有的请求，人民法院不予支持。

第三十二条 本规定施行后尚未审查终结的执行异议和复议案件，适用本规定。本规定施行前已经审查终结的执行异议和复议案件，人民法院依法提起执行监督程序的，不适用本规定。

最高人民法院关于执行担保若干问题的规定

（2017年12月11日最高人民法院审判委员会第1729次会议通过 根据2020年12月23日最高人民法院审判委员会第1823次会议通过的《最高人民法院关于修改〈最高人民法院关于人民法院扣押铁路运输货物若干问题的规定〉等十八件执行类司法解释的决定》修正）

为了进一步规范执行担保，维护当事人、利害关系人的合法权益，根据《中华人民共和国民事诉讼法》等法律规定，结合执行实践，制定本规定。

第一条 本规定所称执行担保，是指担保人依照民事诉讼法第二百三十一条规定，为担保被执行人履行生效法律文书确定的全部或者部分义务，向人民法院提供的担保。

第二条 执行担保可以由被执行人提供财产担保，也可以由他人提供财产担保或者保证。

第三条 被执行人或者他人提供执行担保的，应当向人民法院提交担保书，并将担保书副本送交申请执行人。

第四条 担保书中应当载明担保人的基本信息、暂缓执行期限、担保期间、被担保的债权种类及数额、担保范围、担保方式、被执行人于暂缓执行期限届满后仍不履行时担保人自愿接受直接强制执行的承诺等内容。

提供财产担保的，担保书中还应当载明担保财产的名称、数量、质量、状况、所在地、所有权或者使用权归属等内容。

第五条 公司为被执行人提供执行担保的，应当提交符合公司法第十六条规定的公司章程、董事会或者股东会、股东大会决议。

第六条 被执行人或者他人提供执行担保，申请执行人同意的，应当向人民法院出具书面同意意见，也可以由执行人员将其同意的内容记入笔录，并由申请执行人签名或者盖章。

第七条 被执行人或者他人提供财产担保，可以依照民法典规定办理登记等担保物权公示手续；已经办理公示手续的，申请执行人可以依法主张优先受偿权。

申请执行人申请人民法院查封、扣押、冻结担保财产的，人民法院应当准许，但担保书另有约定的除外。

第八条 人民法院决定暂缓执行的，可以暂缓全部执行措施的实施，但担保书另有约定的除外。

第九条 担保书内容与事实不符，且对申请执行人合法权益产生实质影响的，人民法院可以依申请执行人的申请恢复执行。

第十条 暂缓执行的期限应当与担保书约定一致，但最长不得超过一年。

第十一条 暂缓执行期限届满后被执行人仍不履行义务，或者暂缓执行期间担保人有转移、隐藏、变卖、毁损担保财产等行为的，人民法院可以依申请执行人的申请恢复执行，并直接裁定执行担保财产或者保证人的财产，不得将担保人变更、追加为被执行人。

执行担保财产或者保证人的财产，以担保人应当履行义务部分的财产为限。被执行人有便于执行的现金、银行存款的，应当优先执行该现金、银行存款。

第十二条 担保期间自暂缓执行期限届满之日起计算。

担保书中没有记载担保期间或者记载不明的，担保期间为一年。

第十三条 担保期间届满后，申请执行人申请执行担保财产或者保证人财产的，人民法院不予支持。他人提供财产担保的，人民法院可以依其申请解除对担保财产的查封、扣押、冻结。

第十四条 担保人承担担保责任后，提起诉讼向被执行人追偿的，人民法院应予受理。

第十五条 被执行人申请变更、解除全部或者部分执行措施，并担保履行生效法律文书确定义务的，参照适用本规定。

第十六条 本规定自2018年3月1日起施行。

本规定施行前成立的执行担保，不适用本规定。

本规定施行前本院公布的司法解释与本规定不一致的，以本规定为准。

最高人民法院关于执行和解若干问题的规定

（2017年11月6日最高人民法院审判委员会第1725次会议通过 根据2020年12月23日最高人民法院审判委员会第1823次会议通过的《最高人民法院关于修改〈最高人民法院关于人民法院扣押铁路运输货物若干问题的规定〉等十八件执行类司法解释的决定》修正）

为了进一步规范执行和解，维护当事人、利害关系人的合法权益，根据《中华人民共和国民事诉讼法》等法律规定，结合执行实践，制定本规定。

第一条 当事人可以自愿协商达成和解协议，依法变更生效法律文书确定的权利义务主体、履行标的、期限、地点和方式等内容。

和解协议一般采用书面形式。

第二条 和解协议达成后，有下列情形之一的，人民法院可以裁定中止执行：

（一）各方当事人共同向人民法院提交书面和解协议的；

（二）一方当事人向人民法院提交书面和解协议，其他当事人予以认可的；

（三）当事人达成口头和解协议，执行人员将和解协议内容记入笔录，由各方当事人签名或者盖章的。

第三条 中止执行后，申请执行人申请解除查封、扣押、冻结的，人民法院可以准许。

第四条 委托代理人代为执行和解，应当有委托人的特别授权。

第五条 当事人协商一致，可以变更执行和解协议，并向人民法院提交变更后的协议，或者由执行人员将变更后的内容记入笔录，并由各方当事人签名或者盖章。

第六条 当事人达成以物抵债执行和解协议的，人民法院不得依据该协议作出以物抵债裁定。

第七条 执行和解协议履行过程中，符合民法典第五百七十条规定情形的，债务人可以依法向有关机构申请提存；执行和解协议约定给付金钱的，债务人也可以向执行法院申请提存。

第八条 执行和解协议履行完毕的，人民法院作执行结案处理。

第九条 被执行人一方不履行执行和解协议的,申请执行人可以申请恢复执行原生效法律文书,也可以就履行执行和解协议向执行法院提起诉讼。

第十条 申请恢复执行原生效法律文书,适用民事诉讼法第二百三十九条申请执行期间的规定。

当事人不履行执行和解协议的,申请恢复执行期间自执行和解协议约定履行期间的最后一日起计算。

第十一条 申请执行人以被执行人一方不履行执行和解协议为由申请恢复执行,人民法院经审查,理由成立的,裁定恢复执行;有下列情形之一的,裁定不予恢复执行:

(一)执行和解协议履行完毕后申请恢复执行的;

(二)执行和解协议约定的履行期限尚未届至或者履行条件尚未成就的,但符合民法典第五百七十八条规定情形的除外;

(三)被执行人一方正在按照执行和解协议约定履行义务的;

(四)其他不符合恢复执行条件的情形。

第十二条 当事人、利害关系人认为恢复执行或者不予恢复执行违反法律规定的,可以依照民事诉讼法第二百二十五条规定提出异议。

第十三条 恢复执行后,对申请执行人就履行执行和解协议提起的诉讼,人民法院不予受理。

第十四条 申请执行人就履行执行和解协议提起诉讼,执行法院受理后,可以裁定终结原生效法律文书的执行。执行中的查封、扣押、冻结措施,自动转为诉讼中的保全措施。

第十五条 执行和解协议履行完毕,申请执行人因被执行人迟延履行、瑕疵履行遭受损害的,可以向执行法院另行提起诉讼。

第十六条 当事人、利害关系人认为执行和解协议无效或者应予撤销的,可以向执行法院提起诉讼。执行和解协议被确认无效或者撤销后,申请执行人可以据此申请恢复执行。

被执行人以执行和解协议无效或者应予撤销为由提起诉讼的,不影响申请执行人申请恢复执行。

第十七条 恢复执行后,执行和解协议已经履行部分应当依法扣除。当事人、利害关系人认为人民法院的扣除行为违反法律规定的,可以依照民事诉讼法第二百二十五条规定提出异议。

第十八条 执行和解协议中约定担保条款,且担保人向人民法院承诺在被执行人不履行执行和解协议时自愿接受直接强制执行的,恢复执行原生效法律文书后,人民法院可以依申请执行人申请及担保条款的约定,直接裁定执行担保财产或者保证人的财产。

第十九条 执行过程中,被执行人根据当事人自行达成但未提交人民法院的和解协议,或者一方当事人提交人民法院但其他当事人不予认可的和解协议,依照民事诉讼法第二百二十五条规定提出异议的,人民法院按照下列情形,分别处理:

(一)和解协议履行完毕的,裁定终结原生效法律文书的执行;

(二)和解协议约定的履行期限尚未届至或者履行条件尚未成就的,裁定中止执行,但符合民法典第五百七十八条规定情形的除外;

(三)被执行人一方正在按照和解协议约定履行义务的,裁定中止执行;

(四)被执行人不履行和解协议的,裁定驳回异议;

(五)和解协议不成立、未生效或者无效的,裁定驳回异议。

第二十条 本规定自2018年3月1日起施行。

本规定施行前本院公布的司法解释与本规定不一致的,以本规定为准。

最高人民法院关于公证债权文书执行若干问题的规定

(2018年6月25日最高人民法院审判委员会第1743次会议通过 2018年9月30日最高人民法院公告公布 自2018年10月1日起施行 法释〔2018〕18号)

为了进一步规范人民法院办理公证债权文书执行案件,确保公证债权文书依法执行,维护当事人、利害关系人的合法权益,根据《中华人民共和国民事诉讼法》《中华人民共和国公证法》等法律规定,结合执行实践,制定本规定。

第一条 本规定所称公证债权文书,是指根据公证法第三十七条第一款规定经公证赋予强制执行效力的债权文书。

第二条 公证债权文书执行案件,由被执行人住所地或者被执行的财产所在地人民法院管辖。

前款规定案件的级别管辖,参照人民法院受理第一审民商事案件级别管辖的规定确定。

第三条 债权人申请执行公证债权文书,除应当提交作为执行依据的公证债权文书等申请执行所需的材料外,还应当提交证明履行情况等内容的执行证书。

第四条 债权人申请执行的公证债权文书应当包括公证证词、被证明的债权文书等内容。权利义务主体、给付内容应当在公证证词中列明。

第五条 债权人申请执行公证债权文书,有下列情形之一的,人民法院应当裁定不予受理;已经受理的,裁定驳回执行申请:

(一)债权文书属于不得经公证赋予强制执行效力的文书;

(二)公证债权文书未载明债务人接受强制执行的承诺;

(三)公证证词载明的权利义务主体或者给付内容不明确;

(四)债权人未提交执行证书;

(五)其他不符合受理条件的情形。

第六条 公证债权文书赋予强制执行效力的范围同时包含主债务和担保债务的,人民法院应当依法予以执行;仅包含主债务的,对担保债务部分的执行申请不予受理;仅包含担保债务的,对主债务部分的执行申请不予受理。

第七条 债权人对不予受理、驳回执行申请裁定不服的,可以自裁定送达之日起十日内向上一级人民法院申请复议。

申请复议期满未申请复议,或者复议申请被驳回的,当事人可以就公证债权文书涉及的民事权利义务争议向人民法院提起诉讼。

第八条 公证机构决定不予出具执行证书的,当事人可以就公证债权文书涉及的民事权利义务争议直接向人民法院提起诉讼。

第九条 申请执行公证债权文书的期间自公证债权文书确定的履行期间的最后一日起计算;分期履行的,自公证债权文书确定的每次履行期间的最后一日起计算。

债权人向公证机构申请出具执行证书的,申请执行时效自债权人提出申请之日起中断。

第十条 人民法院在执行实施中,根据公证债权文书并结合申请执行人的申请依法确定给付内容。

第十一条 因民间借贷形成的公证债权文书,文书中载明的利率超过人民法院依照法律、司法解释规定应予支持的上限的,对超过的利息部分不纳入执行范围;载明的利率未超过人民法院依照法律、司法解释规定应予支持的上限,被执行人主张实际超过的,可以依照本规定第二十二条第一款规定提起诉讼。

第十二条 有下列情形之一的,被执行人可以依照民事诉讼法第二百三十八条第二款规定申请不予执行公证债权文书:

(一)被执行人未到场且未委托代理人到场办理公证的;

(二)无民事行为能力人或者限制民事行为能力人没有监护人代为办理公证的;

(三)公证员为本人、近亲属办理公证,或者办理与本人、近亲属有利害关系的公证的;

(四)公证员办理该项公证有贪污受贿、徇私舞弊行为,已经由生效刑事法律文书等确认的;

(五)其他严重违反法定公证程序的情形。

被执行人以公证债权文书的内容与事实不符或者违反法律强制性规定等实体事由申请不予执行的,人民法院应当告知其依照本规定第二十二条第一款规定提起诉讼。

第十三条 被执行人申请不予执行公证债权文书,应当在执行通知书送达之日起十五日内向执行法院提出书面申请,并提交相关证据材料;有本规定第十二条第一款第三项、第四项规定情形且执行程序尚未终结的,应当自知道或者应当知道有关事实之日起十五日内提出。

公证债权文书执行案件被指定执行、提级执行、委托执行后,被执行人申请不予执行的,由提出申请时负责该案件执行的人民法院审查。

第十四条 被执行人认为公证债权文书存在本规定第十二条第一款规定的多个不予执行事由的,应当在不予执行案件审查期间一并提出。

不予执行申请被裁定驳回后,同一被执行人再次提出申请的,人民法院不予受理。但有证据证明不予执行事由在不予执行申请被裁定驳回后知道的,可以在执行程序终结前提出。

第十五条 人民法院审查不予执行公证债权文书案件,案情复杂、争议较大的,应当进行听证。必要时可以向公证机构调阅公证案卷,要求公证机构作出书面说明，或者通知公证员到庭说明情况。

第十六条 人民法院审查不予执行公证债权文书案件，应当在受理之日起六十日内审查完毕并作出裁定；有特殊情况需要延长的，经本院院长批准，可以延长三十日。

第十七条 人民法院审查不予执行公证债权文书案件期间，不停止执行。

被执行人提供充分、有效的担保，请求停止相应处分措施的，人民法院可以准许；申请执行人提供充分、有效的担保，请求继续执行的，应当继续执行。

第十八条 被执行人依照本规定第十二条第一款规定申请不予执行，人民法院经审查认为理由成立的，裁定不予执行；理由不成立的，裁定驳回不予执行申请。

公证债权文书部分内容具有本规定第十二条第一款规定情形的，人民法院应当裁定对该部分不予执行；应当不予执行部分与其他部分不可分的，裁定对该公证债权文书不予执行。

第十九条 人民法院认定执行公证债权文书违背公序良俗的，裁定不予执行。

第二十条 公证债权文书被裁定不予执行的，当事人可以就该公证债权文书涉及的民事权利义务争议向人民法院提起诉讼；公证债权文书被裁定部分不予执行的，当事人可以就该部分争议提起诉讼。

当事人对不予执行裁定提出执行异议或者申请复议的，人民法院不予受理。

第二十一条 当事人不服驳回不予执行申请裁定的，可以自裁定送达之日起十日内向上一级人民法院申请复议。上一级人民法院应当自收到复议申请之日起三十日内审查。经审查，理由成立的，裁定撤销原裁定，不予执行该公证债权文书；理由不成立的，裁定驳回复议申请。复议期间，不停止执行。

第二十二条 有下列情形之一的，债务人可以在执行程序终结前，以债权人为被告，向执行法院提起诉讼，请求不予执行公证债权文书：

(一)公证债权文书载明的民事权利义务关系与事实不符；

(二)经公证的债权文书具有法律规定的无效、可撤销等情形；

(三)公证债权文书载明的债权因清偿、提存、抵销、免除等原因全部或者部分消灭。

债务人提起诉讼，不影响人民法院对公证债权文书的执行。债务人提供充分、有效的担保，请求停止相应处分措施的，人民法院可以准许；债权人提供充分、有效的担保，请求继续执行的，应当继续执行。

第二十三条 对债务人依照本规定第二十二条第一款规定提起的诉讼，人民法院经审理认为理由成立的，判决不予执行或者部分不予执行；理由不成立的，判决驳回诉讼请求。

当事人同时就公证债权文书涉及的民事权利义务争议提出诉讼请求的，人民法院可以在判决中一并作出裁判。

第二十四条 有下列情形之一的，债权人、利害关系人可以就公证债权文书涉及的民事权利义务争议直接向有管辖权的人民法院提起诉讼：

(一)公证债权文书载明的民事权利义务关系与事实不符；

(二)经公证的债权文书具有法律规定的无效、可撤销等情形。

债权人提起诉讼，诉讼案件受理后又申请执行公证债权文书的，人民法院不予受理。进入执行程序后债权人又提起诉讼的，诉讼案件受理后，人民法院可以裁定终结公证债权文书的执行；债权人请求继续执行其未提出争议部分的，人民法院可以准许。

利害关系人提起诉讼，不影响人民法院对公证债权文书的执行。利害关系人提供充分、有效的担保，请求停止相应处分措施的，人民法院可以准许；债权人提供充分、有效的担保，请求继续执行的，应当继续执行。

第二十五条 本规定自 2018 年 10 月 1 日起施行。

本规定施行前最高人民法院公布的司法解释与本规定不一致的，以本规定为准。

最高人民法院关于适用《中华人民共和国人民陪审员法》若干问题的解释

(2019 年 2 月 18 日最高人民法院审判委员会第 1761 次会议通过　2019 年 4 月 24 日最高人民法院公告公布　自 2019 年 5 月 1 日起施行　法释〔2019〕5 号)

为依法保障和规范人民陪审员参加审判活动，根据《中华人民共和国人民陪审员法》等法律的规定,结合审判实际,制定本解释。

第一条 根据人民陪审员法第十五条、第十六条的规定,人民法院决定由人民陪审员和法官组成合议庭审判的,合议庭成员确定后,应当及时告知当事人。

第二条 对于人民陪审员法第十五条、第十六条规定之外的第一审普通程序案件,人民法院应当告知刑事案件被告人、民事案件原告和被告、行政案件原告,在收到通知五日内有权申请由人民陪审员参加合议庭审判案件。

人民法院接到当事人在规定期限内提交的申请后,经审查决定由人民陪审员和法官组成合议庭审判的,合议庭成员确定后,应当及时告知当事人。

第三条 人民法院应当在开庭七日前从人民陪审员名单中随机抽取确定人民陪审员。

人民法院可以根据案件审判需要,从人民陪审员名单中随机抽取一定数量的候补人民陪审员,并确定递补顺序,一并告知当事人。

因案件类型需要具有相应专业知识的人民陪审员参加合议庭审判的,可以根据具体案情,在符合专业需求的人民陪审员名单中随机抽取确定。

第四条 人民陪审员确定后,人民法院应当将参审案件案由、当事人姓名或名称、开庭地点、开庭时间等事项告知参审人民陪审员及候补人民陪审员。

必要时,人民法院可以将参加审判活动的时间、地点等事项书面通知人民陪审员所在单位。

第五条 人民陪审员不参加下列案件的审理:

(一)依照民事诉讼法适用特别程序、督促程序、公示催告程序审理的案件;

(二)申请承认外国法院离婚判决的案件;

(三)裁定不予受理或者不需要开庭审理的案件。

第六条 人民陪审员不得参与审理由其以人民调解员身份先行调解的案件。

第七条 当事人依法有权申请人民陪审员回避。人民陪审员的回避,适用审判人员回避的法律规定。

人民陪审员回避事由经审查成立的,人民法院应当及时确定递补人选。

第八条 人民法院应当在开庭前,将相关权利和义务告知人民陪审员,并为其阅卷提供便利条件。

第九条 七人合议庭开庭前,应当制作事实认定问题清单,根据案件具体情况,区分事实认定问题与法律适用问题,对争议事实问题逐项列举,供人民陪审员在庭审时参考。事实认定问题和法律适用问题难以区分的,视为事实认定问题。

第十条 案件审判过程中,人民陪审员依法有权参加案件调查和调解工作。

第十一条 庭审过程中,人民陪审员依法有权向诉讼参加人发问,审判长应当提示人民陪审员围绕案件争议焦点进行发问。

第十二条 合议庭评议案件时,先由承办法官介绍案件涉及的相关法律、证据规则,然后由人民陪审员和法官依次发表意见,审判长最后发表意见并总结合议庭意见。

第十三条 七人合议庭评议时,审判长应当归纳和介绍需要通过评议讨论决定的案件事实认定问题,并列出案件事实问题清单。

人民陪审员全程参加合议庭评议,对于事实认定问题,由人民陪审员和法官在共同评议的基础上进行表决。对于法律适用问题,人民陪审员不参加表决,但可以发表意见,并记录在卷。

第十四条 人民陪审员应当认真阅读评议笔录,确认无误后签名。

第十五条 人民陪审员列席审判委员会讨论其参加审理的案件时,可以发表意见。

第十六条 案件审结后,人民法院应将裁判文书副本及时送交参加该案审判的人民陪审员。

第十七条 中级、基层人民法院应当保障人民陪审员均衡参审,结合本院实际情况,一般在不超过30件的范围内合理确定每名人民陪审员年度参加审判案件的数量上限,报高级人民法院备案,并向社会公告。

第十八条 人民法院应当依法规范和保障人民陪审员参加审判活动,不得安排人民陪审员从事与履行法定审判职责无关的工作。

第十九条 本解释自2019年5月1日起施行。

本解释公布施行后,最高人民法院于2010年1月12日发布的《最高人民法院关于人民陪审员参加审判活动若干问题的规定》同时废止。最高人民法院以前发布的司法解释与本解释不一致的,不再适用。

(三)行政诉讼

中华人民共和国行政诉讼法

(1989 年 4 月 4 日第七届全国人民代表大会第二次会议通过　根据 2014 年 11 月 1 日第十二届全国人民代表大会常务委员会第十一次会议《关于修改〈中华人民共和国行政诉讼法〉的决定》第一次修正　根据 2017 年 6 月 27 日第十二届全国人民代表大会常务委员会第二十八次会议《关于修改〈中华人民共和国民事诉讼法〉和〈中华人民共和国行政诉讼法〉的决定》第二次修正)

目　　录

第一章　总　　则
第二章　受案范围
第三章　管　　辖
第四章　诉讼参加人
第五章　证　　据
第六章　起诉和受理
第七章　审理和判决
　第一节　一般规定
　第二节　第一审普通程序
　第三节　简易程序
　第四节　第二审程序
　第五节　审判监督程序
第八章　执　　行
第九章　涉外行政诉讼
第十章　附　　则

第一章　总　　则

第一条　【立法目的】为保证人民法院公正、及时审理行政案件,解决行政争议,保护公民、法人和其他组织的合法权益,监督行政机关依法行使职权,根据宪法,制定本法。

第二条　【诉权】公民、法人或者其他组织认为行政机关和行政机关工作人员的行政行为侵犯其合法权益,有权依照本法向人民法院提起诉讼。

前款所称行政行为,包括法律、法规、规章授权的组织作出的行政行为。

第三条　【行政机关负责人出庭应诉】人民法院应当保障公民、法人和其他组织的起诉权利,对应当受理的行政案件依法受理。

行政机关及其工作人员不得干预、阻碍人民法院受理行政案件。

被诉行政机关负责人应当出庭应诉。不能出庭的,应当委托行政机关相应的工作人员出庭。

第四条　【独立行使审判权】人民法院依法对行政案件独立行使审判权,不受行政机关、社会团体和个人的干涉。

人民法院设行政审判庭,审理行政案件。

第五条　【以事实为根据,以法律为准绳原则】人民法院审理行政案件,以事实为根据,以法律为准绳。

第六条　【合法性审查原则】人民法院审理行政案件,对行政行为是否合法进行审查。

第七条　【合议、回避、公开审判和两审终审原则】人民法院审理行政案件,依法实行合议、回避、公开审判和两审终审制度。

第八条　【法律地位平等原则】当事人在行政诉讼中的法律地位平等。

第九条　【本民族语言文字原则】各民族公民都有用本民族语言、文字进行行政诉讼的权利。

在少数民族聚居或者多民族共同居住的地区,人民法院应当用当地民族通用的语言、文字进行审理和发布法律文书。

人民法院应当对不通晓当地民族通用的语言、文字的诉讼参与人提供翻译。

第十条　【辩论原则】当事人在行政诉讼中有权进行辩论。

第十一条　【法律监督原则】人民检察院有权对行政诉讼实行法律监督。

第二章　受 案 范 围

第十二条　【行政诉讼受案范围】人民法院受理公民、法人或者其他组织提起的下列诉讼:

(一)对行政拘留、暂扣或者吊销许可证和执照、责令停产停业、没收违法所得、没收非法财物、罚款、警告等行政处罚不服的;

(二)对限制人身自由或者对财产的查封、扣押、冻结等行政强制措施和行政强制执行不服的；

（三）申请行政许可，行政机关拒绝或者在法定期限内不予答复，或者对行政机关作出的有关行政许可的其他决定不服的；

（四）对行政机关作出的关于确认土地、矿藏、水流、森林、山岭、草原、荒地、滩涂、海域等自然资源的所有权或者使用权的决定不服的；

（五）对征收、征用决定及其补偿决定不服的；

（六）申请行政机关履行保护人身权、财产权等合法权益的法定职责，行政机关拒绝履行或者不予答复的；

（七）认为行政机关侵犯其经营自主权或者农村土地承包经营权、农村土地经营权的；

（八）认为行政机关滥用行政权力排除或者限制竞争的；

（九）认为行政机关违法集资、摊派费用或者违法要求履行其他义务的；

（十）认为行政机关没有依法支付抚恤金、最低生活保障待遇或者社会保险待遇的；

（十一）认为行政机关不依法履行、未按照约定履行或者违法变更、解除政府特许经营协议、土地房屋征收补偿协议等协议的；

（十二）认为行政机关侵犯其他人身权、财产权等合法权益的。

除前款规定外，人民法院受理法律、法规规定可以提起诉讼的其他行政案件。

第十三条 【受案范围的排除】人民法院不受理公民、法人或者其他组织对下列事项提起的诉讼：

（一）国防、外交等国家行为；

（二）行政法规、规章或者行政机关制定、发布的具有普遍约束力的决定、命令；

（三）行政机关对行政机关工作人员的奖惩、任免等决定；

（四）法律规定由行政机关最终裁决的行政行为。

第三章 管 辖

第十四条 【基层人民法院管辖第一审行政案件】基层人民法院管辖第一审行政案件。

第十五条 【中级人民法院管辖的第一审行政案件】中级人民法院管辖下列第一审行政案件：

（一）对国务院部门或者县级以上地方人民政府所作的行政行为提起诉讼的案件；

（二）海关处理的案件；

（三）本辖区内重大、复杂的案件；

（四）其他法律规定由中级人民法院管辖的案件。

第十六条 【高级人民法院管辖的第一审行政案件】高级人民法院管辖本辖区内重大、复杂的第一审行政案件。

第十七条 【最高人民法院管辖的第一审行政案件】最高人民法院管辖全国范围内重大、复杂的第一审行政案件。

第十八条 【一般地域管辖和法院跨行政区域管辖】行政案件由最初作出行政行为的行政机关所在地人民法院管辖。经复议的案件，也可以由复议机关所在地人民法院管辖。

经最高人民法院批准，高级人民法院可以根据审判工作的实际情况，确定若干人民法院跨行政区域管辖行政案件。

第十九条 【限制人身自由行政案件的管辖】对限制人身自由的行政强制措施不服提起的诉讼，由被告所在地或者原告所在地人民法院管辖。

第二十条 【不动产行政案件的管辖】因不动产提起的行政诉讼，由不动产所在地人民法院管辖。

第二十一条 【选择管辖】两个以上人民法院都有管辖权的案件，原告可以选择其中一个人民法院提起诉讼。原告向两个以上有管辖权的人民法院提起诉讼的，由最先立案的人民法院管辖。

第二十二条 【移送管辖】人民法院发现受理的案件不属于本院管辖的，应当移送有管辖权的人民法院，受移送的人民法院应当受理。受移送的人民法院认为受移送的案件按照规定不属于本院管辖的，应当报请上级人民法院指定管辖，不得再自行移送。

第二十三条 【指定管辖】有管辖权的人民法院由于特殊原因不能行使管辖权的，由上级人民法院指定管辖。

人民法院对管辖权发生争议，由争议双方协商解决。协商不成的，报它们的共同上级人民法院指定管辖。

第二十四条 【管辖权转移】上级人民法院有权审理下级人民法院管辖的第一审行政案件。

下级人民法院对其管辖的第一审行政案件，认为需要由上级人民法院审理或者指定管辖的，可以报请上级人民法院决定。

第四章　诉讼参加人

第二十五条　【原告资格】行政行为的相对人以及其他与行政行为有利害关系的公民、法人或者其他组织，有权提起诉讼。

有权提起诉讼的公民死亡，其近亲属可以提起诉讼。

有权提起诉讼的法人或者其他组织终止，承受其权利的法人或者其他组织可以提起诉讼。

人民检察院在履行职责中发现生态环境和资源保护、食品药品安全、国有财产保护、国有土地使用权出让等领域负有监督管理职责的行政机关违法行使职权或者不作为，致使国家利益或者社会公共利益受到侵害的，应当向行政机关提出检察建议，督促其依法履行职责。行政机关不依法履行职责的，人民检察院依法向人民法院提起诉讼。

第二十六条　【被告资格】公民、法人或者其他组织直接向人民法院提起诉讼的，作出行政行为的行政机关是被告。

经复议的案件，复议机关决定维持原行政行为的，作出原行政行为的行政机关和复议机关是共同被告；复议机关改变原行政行为的，复议机关是被告。

复议机关在法定期限内未作出复议决定，公民、法人或者其他组织起诉原行政行为的，作出原行政行为的行政机关是被告；起诉复议机关不作为的，复议机关是被告。

两个以上行政机关作出同一行政行为的，共同作出行政行为的行政机关是共同被告。

行政机关委托的组织所作的行政行为，委托的行政机关是被告。

行政机关被撤销或者职权变更的，继续行使其职权的行政机关是被告。

第二十七条　【共同诉讼】当事人一方或者双方为二人以上，因同一行政行为发生的行政案件，或者因同类行政行为发生的行政案件、人民法院认为可以合并审理并经当事人同意的，为共同诉讼。

第二十八条　【代表人诉讼】当事人一方人数众多的共同诉讼，可以由当事人推选代表人进行诉讼。代表人的诉讼行为对其所代表的当事人发生效力，但代表人变更、放弃诉讼请求或者承认对方当事人的诉讼请求，应当经被代表的当事人同意。

第二十九条　【诉讼第三人】公民、法人或者其他组织同被诉行政行为有利害关系但没有提起诉讼，或者同案件处理结果有利害关系的，可以作为第三人申请参加诉讼，或者由人民法院通知参加诉讼。

人民法院判决第三人承担义务或者减损第三人权益的，第三人有权依法提起上诉。

第三十条　【法定代理人】没有诉讼行为能力的公民，由其法定代理人代为诉讼。法定代理人互相推诿代理责任的，由人民法院指定其中一人代为诉讼。

第三十一条　【委托代理人】当事人、法定代理人，可以委托一至二人作为诉讼代理人。

下列人员可以被委托为诉讼代理人：

（一）律师、基层法律服务工作者；

（二）当事人的近亲属或者工作人员；

（三）当事人所在社区、单位以及有关社会团体推荐的公民。

第三十二条　【当事人及诉讼代理人权利】代理诉讼的律师，有权按照规定查阅、复制本案有关材料，有权向有关组织和公民调查，收集与本案有关的证据。对涉及国家秘密、商业秘密和个人隐私的材料，应当依照法律规定保密。

当事人和其他诉讼代理人有权按照规定查阅、复制本案庭审材料，但涉及国家秘密、商业秘密和个人隐私的内容除外。

第五章　证　　据

第三十三条　【证据种类】证据包括：

（一）书证；

（二）物证；

（三）视听资料；

（四）电子数据；

（五）证人证言；

（六）当事人的陈述；

（七）鉴定意见；

（八）勘验笔录、现场笔录。

以上证据经法庭审查属实，才能作为认定案件事实的根据。

第三十四条　【被告举证责任】被告对作出的行政行为负有举证责任，应当提供作出该行政行为的证据和所依据的规范性文件。

被告不提供或者无正当理由逾期提供证据，视为没有相应证据。但是，被诉行政行为涉及第三人合法权益,第三人提供证据的除外。

第三十五条 【行政机关收集证据的限制】在诉讼过程中,被告及其诉讼代理人不得自行向原告、第三人和证人收集证据。

第三十六条 【被告延期提供证据和补充证据】被告在作出行政行为时已经收集了证据,但因不可抗力等正当事由不能提供的,经人民法院准许,可以延期提供。

原告或者第三人提出了其在行政处理程序中没有提出的理由或者证据的,经人民法院准许,被告可以补充证据。

第三十七条 【原告可以提供证据】原告可以提供证明行政行为违法的证据。原告提供的证据不成立的,不免除被告的举证责任。

第三十八条 【原告举证责任】在起诉被告不履行法定职责的案件中,原告应当提供其向被告提出申请的证据。但有下列情形之一的除外:

(一)被告应当依职权主动履行法定职责的;

(二)原告因正当理由不能提供证据的。

在行政赔偿、补偿的案件中,原告应当对行政行为造成的损害提供证据。因被告的原因导致原告无法举证的,由被告承担举证责任。

第三十九条 【法院要求当事人提供或者补充证据】人民法院有权要求当事人提供或者补充证据。

第四十条 【法院调取证据】人民法院有权向有关行政机关以及其他组织、公民调取证据。但是,不得为证明行政行为的合法性调取被告作出行政行为时未收集的证据。

第四十一条 【申请法院调取证据】与本案有关的下列证据,原告或者第三人不能自行收集的,可以申请人民法院调取:

(一)由国家机关保存而须由人民法院调取的证据;

(二)涉及国家秘密、商业秘密和个人隐私的证据;

(三)确因客观原因不能自行收集的其他证据。

第四十二条 【证据保全】在证据可能灭失或者以后难以取得的情况下,诉讼参加人可以向人民法院申请保全证据,人民法院也可以主动采取保全措施。

第四十三条 【证据适用规则】证据应当在法庭上出示,并由当事人互相质证。对涉及国家秘密、商业秘密和个人隐私的证据,不得在公开开庭时出示。

人民法院应当按照法定程序,全面、客观地审查核实证据。对未采纳的证据应当在裁判文书中说明理由。

以非法手段取得的证据,不得作为认定案件事实的根据。

第六章 起诉和受理

第四十四条 【行政复议与行政诉讼的关系】对属于人民法院受案范围的行政案件,公民、法人或者其他组织可以先向行政机关申请复议,对复议决定不服的,再向人民法院提起诉讼;也可以直接向人民法院提起诉讼。

法律、法规规定应当先向行政机关申请复议,对复议决定不服再向人民法院提起诉讼的,依照法律、法规的规定。

第四十五条 【经行政复议的起诉期限】公民、法人或者其他组织不服复议决定的,可以在收到复议决定书之日起十五日内向人民法院提起诉讼。复议机关逾期不作决定的,申请人可以在复议期满之日起十五日内向人民法院提起诉讼。法律另有规定的除外。

第四十六条 【起诉期限】公民、法人或者其他组织直接向人民法院提起诉讼的,应当自知道或者应当知道作出行政行为之日起六个月内提出。法律另有规定的除外。

因不动产提起诉讼的案件自行政行为作出之日起超过二十年,其他案件自行政行为作出之日起超过五年提起诉讼的,人民法院不予受理。

第四十七条 【行政机关不履行法定职责的起诉期限】公民、法人或者其他组织申请行政机关履行保护其人身权、财产权等合法权益的法定职责,行政机关在接到申请之日起两个月内不履行的,公民、法人或者其他组织可以向人民法院提起诉讼。法律、法规对行政机关履行职责的期限另有规定的,从其规定。

公民、法人或者其他组织在紧急情况下请求行政机关履行保护其人身权、财产权等合法权益的法定职责,行政机关不履行的,提起诉讼不受前款规定期限的限制。

第四十八条 【起诉期限的扣除和延长】公民、法人或者其他组织因不可抗力或者其他不属于其自身的原因耽误起诉期限的,被耽误的时间不计算在起诉期限内。

公民、法人或者其他组织因前款规定以外的其他特殊情况耽误起诉期限的,在障碍消除后十日内,可以申请延长期限,是否准许由人民法院决定。

第四十九条 【起诉条件】提起诉讼应当符合下列条件:

(一) 原告是符合本法第二十五条规定的公民、法人或者其他组织;

(二) 有明确的被告;

(三) 有具体的诉讼请求和事实根据;

(四) 属于人民法院受案范围和受诉人民法院管辖。

第五十条 【起诉方式】起诉应当向人民法院递交起诉状,并按照被告人数提出副本。

书写起诉状确有困难的,可以口头起诉,由人民法院记入笔录,出具注明日期的书面凭证,并告知对方当事人。

第五十一条 【登记立案】人民法院在接到起诉状时对符合本法规定的起诉条件的,应当登记立案。

对当场不能判定是否符合本法规定的起诉条件的,应当接收起诉状,出具注明收到日期的书面凭证,并在七日内决定是否立案。不符合起诉条件的,作出不予立案的裁定。裁定书应当载明不予立案的理由。原告对裁定不服的,可以提起上诉。

起诉状内容欠缺或者有其他错误的,应当给予指导和释明,并一次性告知当事人需要补正的内容。不得未经指导和释明即以起诉不符合条件为由不接收起诉状。

对于不接收起诉状、接收起诉状后不出具书面凭证,以及不一次性告知当事人需要补正的起诉状内容的,当事人可以向上级人民法院投诉,上级人民法院应当责令改正,并对直接负责的主管人员和其他直接责任人员依法给予处分。

第五十二条 【法院不立案的救济】人民法院既不立案,又不作出不予立案裁定的,当事人可以向上一级人民法院起诉。上一级人民法院认为符合起诉条件的,应当立案、审理,也可以指定其他下级人民法院立案、审理。

第五十三条 【规范性文件的附带审查】公民、法人或者其他组织认为行政行为所依据的国务院部门和地方人民政府及其部门制定的规范性文件不合法,在对行政行为提起诉讼时,可以一并请求对该规范性文件进行审查。

前款规定的规范性文件不含规章。

第七章 审理和判决

第一节 一般规定

第五十四条 【公开审理原则】人民法院公开审理行政案件,但涉及国家秘密、个人隐私和法律另有规定的除外。

涉及商业秘密的案件,当事人申请不公开审理的,可以不公开审理。

第五十五条 【回避】当事人认为审判人员与本案有利害关系或者有其他关系可能影响公正审判,有权申请审判人员回避。

审判人员认为自己与本案有利害关系或者有其他关系,应当申请回避。

前两款规定,适用于书记员、翻译人员、鉴定人、勘验人。

院长担任审判长时的回避,由审判委员会决定;审判人员的回避,由院长决定;其他人员的回避,由审判长决定。当事人对决定不服的,可以申请复议一次。

第五十六条 【诉讼不停止执行】诉讼期间,不停止行政行为的执行。但有下列情形之一的,裁定停止执行:

(一)被告认为需要停止执行的;

(二)原告或者利害关系人申请停止执行,人民法院认为该行政行为的执行会造成难以弥补的损失,并且停止执行不损害国家利益、社会公共利益的;

(三)人民法院认为该行政行为的执行会给国家利益、社会公共利益造成重大损害的;

(四)法律、法规规定停止执行的。

当事人对停止执行或者不停止执行的裁定不服的,可以申请复议一次。

第五十七条 【先予执行】人民法院对起诉行政机关没有依法支付抚恤金、最低生活保障金和工伤、医疗社会保险金的案件,权利义务关系明确、不先予执行将严重影响原告生活的,可以根据原告的申请,裁定先予执行。

当事人对先予执行裁定不服的,可以申请复议一次。复议期间不停止裁定的执行。

第五十八条 【拒不到庭或中途退庭的法律后果】经人民法院传票传唤,原告无正当理由拒不到庭,或者未经法庭许可中途退庭的,可以按照撤诉处理;被告无正当理由拒不到庭,或者未经法庭许可中途退庭的,可以缺席判决。

第五十九条 【妨害行政诉讼强制措施】诉讼参与人或者其他人有下列行为之一的,人民法院可以根据情节轻重,予以训诫、责令具结悔过或者处一万元以下的罚款、十五日以下的拘留;构成犯罪的,依法追究刑事责任:

(一)有义务协助调查、执行的人,对人民法院的协助调查决定、协助执行通知书,无故推拖、拒绝或者妨碍调查、执行的;

(二)伪造、隐藏、毁灭证据或者提供虚假证明材料,妨碍人民法院审理案件的;

(三)指使、贿买、胁迫他人作伪证或者威胁、阻止证人作证的;

(四)隐藏、转移、变卖、毁损已被查封、扣押、冻结的财产的;

(五)以欺骗、胁迫等非法手段使原告撤诉的;

(六)以暴力、威胁或者其他方法阻碍人民法院工作人员执行职务,或者以哄闹、冲击法庭等方法扰乱人民法院工作秩序的;

(七)对人民法院审判人员或者其他工作人员、诉讼参与人、协助调查和执行的人员恐吓、侮辱、诽谤、诬陷、殴打、围攻或者打击报复的。

人民法院对有前款规定的行为之一的单位,可以对其主要负责人或者直接责任人员依照前款规定予以罚款、拘留;构成犯罪的,依法追究刑事责任。

罚款、拘留须经人民法院院长批准。当事人不服的,可以向上一级人民法院申请复议一次。复议期间不停止执行。

第六十条 【调解】人民法院审理行政案件,不适用调解。但是,行政赔偿、补偿以及行政机关行使法律、法规规定的自由裁量权的案件可以调解。

调解应当遵循自愿、合法原则,不得损害国家利益、社会公共利益和他人合法权益。

第六十一条 【民事争议和行政争议交叉】在涉及行政许可、登记、征收、征用和行政机关对民事争议所作的裁决的行政诉讼中,当事人申请一并解决相关民事争议的,人民法院可以一并审理。

在行政诉讼中,人民法院认为行政案件的审理需以民事诉讼的裁判为依据的,可以裁定中止行政诉讼。

第六十二条 【撤诉】人民法院对行政案件宣告判决或者裁定前,原告申请撤诉的,或者被告改变其所作的行政行为,原告同意并申请撤诉的,是否准许,由人民法院裁定。

第六十三条 【审理依据】人民法院审理行政案件,以法律和行政法规、地方性法规为依据。地方性法规适用于本行政区域内发生的行政案件。

人民法院审理民族自治地方的行政案件,并以该民族自治地方的自治条例和单行条例为依据。

人民法院审理行政案件,参照规章。

第六十四条 【规范性文件审查和处理】人民法院在审理行政案件中,经审查认为本法第五十三条规定的规范性文件不合法的,不作为认定行政行为合法的依据,并向制定机关提出处理建议。

第六十五条 【裁判文书公开】人民法院应当公开发生法律效力的判决书、裁定书,供公众查阅,但涉及国家秘密、商业秘密和个人隐私的内容除外。

第六十六条 【有关行政机关工作人员和被告的处理】人民法院在审理行政案件中,认为行政机关的主管人员、直接责任人员违法违纪的,应当将有关材料移送监察机关、该行政机关或者其上一级行政机关;认为有犯罪行为的,应当将有关材料移送公安、检察机关。

人民法院对被告经传票传唤无正当理由拒不到庭,或者未经法庭许可中途退庭的,可以将被告拒不到庭或者中途退庭的情况予以公告,并可以向监察机关或者被告的上一级行政机关提出依法给予其主要负责人或者直接责任人员处分的司法建议。

第二节 第一审普通程序

第六十七条 【发送起诉状和提出答辩状】人民法院应当在立案之日起五日内,将起诉状副本发送被告。被告应当在收到起诉状副本之日起十五日内向人民法院提交作出行政行为的证据和所依据的规范性文件,并提出答辩状。人民法院应当在收到答辩状之日起五日内,将答辩状副本发送原告。

被告不提出答辩状的,不影响人民法院审理。

第六十八条 【审判组织形式】人民法院审理行政案件,由审判员组成合议庭,或者由审判员、陪审员组成合议庭。合议庭的成员,应当是三人以上的单数。

第六十九条 【驳回原告诉讼请求判决】行政行为证据确凿,适用法律、法规正确,符合法定程序的,或者原告申请被告履行法定职责或者给付义务理由不成立的,人民法院判决驳回原告的诉讼请求。

第七十条 【撤销判决和重作判决】行政行为有下列情形之一的,人民法院判决撤销或者部分撤销,并可以判决被告重新作出行政行为:

(一)主要证据不足的;

(二)适用法律、法规错误的;

(三)违反法定程序的;

(四)超越职权的;

(五)滥用职权的;

(六)明显不当的。

第七十一条 【重作判决对被告的限制】人民法院判决被告重新作出行政行为的,被告不得以同一的事实和理由作出与原行政行为基本相同的行政行为。

第七十二条 【履行判决】人民法院经过审理,查明被告不履行法定职责的,判决被告在一定期限内履行。

第七十三条 【给付判决】人民法院经过审理,查明被告依法负有给付义务的,判决被告履行给付义务。

第七十四条 【确认违法判决】行政行为有下列情形之一的,人民法院判决确认违法,但不撤销行政行为:

(一)行政行为依法应当撤销,但撤销会给国家利益、社会公共利益造成重大损害的;

(二)行政行为程序轻微违法,但对原告权利不产生实际影响的。

行政行为有下列情形之一,不需要撤销或者判决履行的,人民法院判决确认违法:

(一)行政行为违法,但不具有可撤销内容的;

(二)被告改变原违法行政行为,原告仍要求确认原行政行为违法的;

(三)被告不履行或者拖延履行法定职责,判决履行没有意义的。

第七十五条 【确认无效判决】行政行为有实施主体不具有行政主体资格或者没有依据等重大且明显违法情形,原告申请确认行政行为无效的,人民法院判决确认无效。

第七十六条 【确认违法和无效判决的补充规定】人民法院判决确认违法或者无效的,可以同时判决责令被告采取补救措施;给原告造成损失的,依法判决被告承担赔偿责任。

第七十七条 【变更判决】行政处罚明显不当,或者其他行政行为涉及对款额的确定、认定确有错误的,人民法院可以判决变更。

人民法院判决变更,不得加重原告的义务或者减损原告的权益。但利害关系人同为原告,且诉讼请求相反的除外。

第七十八条 【行政协议履行及补偿判决】被告不依法履行、未按照约定履行或者违法变更、解除本法第十二条第一款第十一项规定的协议的,人民法院判决被告承担继续履行、采取补救措施或者赔偿损失等责任。

被告变更、解除本法第十二条第一款第十一项规定的协议合法,但未依法给予补偿的,人民法院判决给予补偿。

第七十九条 【复议决定和原行政行为一并裁判】复议机关与作出原行政行为的行政机关为共同被告的案件,人民法院应当对复议决定和原行政行为一并作出裁判。

第八十条 【公开宣判】人民法院对公开审理和不公开审理的案件,一律公开宣告判决。

当庭宣判的,应当在十日内发送判决书;定期宣判的,宣判后立即发给判决书。

宣告判决时,必须告知当事人上诉权利、上诉期限和上诉的人民法院。

第八十一条 【第一审审限】人民法院应当在立案之日起六个月内作出第一审判决。有特殊情况需要延长的,由高级人民法院批准,高级人民法院审理第一审案件需要延长的,由最高人民法院批准。

第三节 简易程序

第八十二条 【简易程序适用情形】人民法院审理下列第一审行政案件,认为事实清楚、权利义务关系明确、争议不大的,可以适用简易程序:

(一)被诉行政行为是依法当场作出的;

（二）案件涉及款额二千元以下的；

（三）属于政府信息公开案件的。

除前款规定以外的第一审行政案件，当事人各方同意适用简易程序的，可以适用简易程序。

发回重审、按照审判监督程序再审的案件不适用简易程序。

第八十三条 【简易程序的审判组织形式和审限】适用简易程序审理的行政案件，由审判员一人独任审理，并应当在立案之日起四十五日内审结。

第八十四条 【简易程序与普通程序的转换】人民法院在审理过程中，发现案件不宜适用简易程序的，裁定转为普通程序。

第四节 第二审程序

第八十五条 【上诉】当事人不服人民法院第一审判决的，有权在判决书送达之日起十五日内向上一级人民法院提起上诉。当事人不服人民法院第一审裁定的，有权在裁定书送达之日起十日内向上一级人民法院提起上诉。逾期不提起上诉的，人民法院的第一审判决或者裁定发生法律效力。

第八十六条 【二审审理方式】人民法院对上诉案件，应当组成合议庭，开庭审理。经过阅卷、调查和询问当事人，对没有提出新的事实、证据或者理由，合议庭认为不需要开庭审理的，也可以不开庭审理。

第八十七条 【二审审查范围】人民法院审理上诉案件，应当对原审人民法院的判决、裁定和被诉行政行为进行全面审查。

第八十八条 【二审审限】人民法院审理上诉案件，应当在收到上诉状之日起三个月内作出终审判决。有特殊情况需要延长的，由高级人民法院批准，高级人民法院审理上诉案件需要延长的，由最高人民法院批准。

第八十九条 【二审裁判】人民法院审理上诉案件，按照下列情形，分别处理：

（一）原判决、裁定认定事实清楚，适用法律、法规正确的，判决或者裁定驳回上诉，维持原判决、裁定；

（二）原判决、裁定认定事实错误或者适用法律、法规错误的，依法改判、撤销或者变更；

（三）原判决认定基本事实不清、证据不足的，发回原审人民法院重审，或者查清事实后改判；

（四）原判决遗漏当事人或者违法缺席判决等严重违反法定程序的，裁定撤销原判决，发回原审人民法院重审。

原审人民法院对发回重审的案件作出判决后，当事人提起上诉的，第二审人民法院不得再次发回重审。

人民法院审理上诉案件，需要改变原审判决的，应当同时对被诉行政行为作出判决。

第五节 审判监督程序

第九十条 【当事人申请再审】当事人对已经发生法律效力的判决、裁定，认为确有错误的，可以向上一级人民法院申请再审，但判决、裁定不停止执行。

第九十一条 【再审事由】当事人的申请符合下列情形之一的，人民法院应当再审：

（一）不予立案或者驳回起诉确有错误的；

（二）有新的证据，足以推翻原判决、裁定的；

（三）原判决、裁定认定事实的主要证据不足、未经质证或者系伪造的；

（四）原判决、裁定适用法律、法规确有错误的；

（五）违反法律规定的诉讼程序，可能影响公正审判的；

（六）原判决、裁定遗漏诉讼请求的；

（七）据以作出原判决、裁定的法律文书被撤销或者变更的；

（八）审判人员在审理该案件时有贪污受贿、徇私舞弊、枉法裁判行为的。

第九十二条 【人民法院依职权再审】各级人民法院院长对本院已经发生法律效力的判决、裁定，发现有本法第九十一条规定情形之一，或者发现调解违反自愿原则或者调解书内容违法，认为需要再审的，应当提交审判委员会讨论决定。

最高人民法院对地方各级人民法院已经发生法律效力的判决、裁定，上级人民法院对下级人民法院已经发生法律效力的判决、裁定，发现有本法第九十一条规定情形之一，或者发现调解违反自愿原则或者调解书内容违法的，有权提审或者指令下级人民法院再审。

第九十三条 【抗诉和检察建议】最高人民检察院对各级人民法院已经发生法律效力的判决、裁定，上级人民检察院对下级人民法院已经发生法律效力的判决、裁定，发现有本法第九十一条规定情形之一，或者发现调解书损害国家利益、社会公共利益的，应当提出抗诉。

地方各级人民检察院对同级人民法院已经发生法律效力的判决、裁定，发现有本法第九十一条规定情形之一，或者发现调解书损害国家利益、社会公共利益的，可以向同级人民法院提出检察建议，并报上级人民检察院备案；也可以提请上级人民检察院向同级人民法院提出抗诉。

各级人民检察院对审判监督程序以外的其他审判程序中审判人员的违法行为，有权向同级人民法院提出检察建议。

第八章 执　　行

第九十四条　【生效裁判和调解书的执行】当事人必须履行人民法院发生法律效力的判决、裁定、调解书。

第九十五条　【申请强制执行和执行管辖】公民、法人或者其他组织拒绝履行判决、裁定、调解书的，行政机关或者第三人可以向第一审人民法院申请强制执行，或者由行政机关依法强制执行。

第九十六条　【对行政机关拒绝履行的执行措施】行政机关拒绝履行判决、裁定、调解书的，第一审人民法院可以采取下列措施：

（一）对应当归还的罚款或者应当给付的款额，通知银行从该行政机关的账户内划拨；

（二）在规定期限内不履行的，从期满之日起，对该行政机关负责人按日处五十元至一百元的罚款；

（三）将行政机关拒绝履行的情况予以公告；

（四）向监察机关或者该行政机关的上一级行政机关提出司法建议。接受司法建议的机关，根据有关规定进行处理，并将处理情况告知人民法院；

（五）拒不履行判决、裁定、调解书，社会影响恶劣的，可以对该行政机关直接负责的主管人员和其他直接责任人员予以拘留；情节严重，构成犯罪的，依法追究刑事责任。

第九十七条　【非诉执行】公民、法人或者其他组织对行政行为在法定期限内不提起诉讼又不履行的，行政机关可以申请人民法院强制执行，或者依法强制执行。

第九章　涉外行政诉讼

第九十八条　【涉外行政诉讼的法律适用原则】外国人、无国籍人、外国组织在中华人民共和国进行行政诉讼，适用本法。法律另有规定的除外。

第九十九条　【同等与对等原则】外国人、无国籍人、外国组织在中华人民共和国进行行政诉讼，同中华人民共和国公民、组织有同等的诉讼权利和义务。

外国法院对中华人民共和国公民、组织的行政诉讼权利加以限制的，人民法院对该国公民、组织的行政诉讼权利，实行对等原则。

第一百条　【中国律师代理】外国人、无国籍人、外国组织在中华人民共和国进行行政诉讼，委托律师代理诉讼的，应当委托中华人民共和国律师机构的律师。

第十章　附　　则

第一百零一条　【适用民事诉讼法规定】人民法院审理行政案件，关于期间、送达、财产保全、开庭审理、调解、中止诉讼、终结诉讼、简易程序、执行等，以及人民检察院对行政案件受理、审理、裁判、执行的监督，本法没有规定的，适用《中华人民共和国民事诉讼法》的相关规定。

第一百零二条　【诉讼费用】人民法院审理行政案件，应当收取诉讼费用。诉讼费用由败诉方承担，双方都有责任的由双方分担。收取诉讼费用的具体办法另行规定。

第一百零三条　【施行日期】本法自 1990 年 10 月 1 日起施行。

最高人民法院关于适用《中华人民共和国行政诉讼法》的解释

（2017 年 11 月 13 日最高人民法院审判委员会第 1726 次会议通过　2018 年 2 月 6 日最高人民法院公告公布　自 2018 年 2 月 8 日起施行　法释〔2018〕1 号）

为正确适用《中华人民共和国行政诉讼法》（以下简称行政诉讼法），结合人民法院行政审判工作实际，制定本解释。

一、受案范围

第一条 公民、法人或者其他组织对行政机关及其工作人员的行政行为不服，依法提起诉讼的，属于人民法院行政诉讼的受案范围。

下列行为不属于人民法院行政诉讼的受案范围：

（一）公安、国家安全等机关依照刑事诉讼法的明确授权实施的行为；

（二）调解行为以及法律规定的仲裁行为；

（三）行政指导行为；

（四）驳回当事人对行政行为提起申诉的重复处理行为；

（五）行政机关作出的不产生外部法律效力的行为；

（六）行政机关为作出行政行为而实施的准备、论证、研究、层报、咨询等过程性行为；

（七）行政机关根据人民法院的生效裁判、协助执行通知书作出的执行行为，但行政机关扩大执行范围或者采取违法方式实施的除外；

（八）上级行政机关基于内部层级监督关系对下级行政机关作出的听取报告、执法检查、督促履责等行为；

（九）行政机关针对信访事项作出的登记、受理、交办、转送、复查、复核意见等行为；

（十）对公民、法人或者其他组织权利义务不产生实际影响的行为。

第二条 行政诉讼法第十三条第一项规定的“国家行为”，是指国务院、中央军事委员会、国防部、外交部等根据宪法和法律的授权，以国家的名义实施的有关国防和外交事务的行为，以及经宪法和法律授权的国家机关宣布紧急状态等行为。

行政诉讼法第十三条第二项规定的“具有普遍约束力的决定、命令”，是指行政机关针对不特定对象发布的能反复适用的规范性文件。

行政诉讼法第十三条第三项规定的“对行政机关工作人员的奖惩、任免等决定”，是指行政机关作出的涉及行政机关工作人员公务员权利义务的决定。

行政诉讼法第十三条第四项规定的“法律规定由行政机关最终裁决的行政行为”中的“法律”，是指全国人民代表大会及其常务委员会制定、通过的规范性文件。

二、管辖

第三条 各级人民法院行政审判庭审理行政案件和审查行政机关申请执行其行政行为的案件。

专门人民法院、人民法庭不审理行政案件，也不审查和执行行政机关申请执行其行政行为的案件。铁路运输法院等专门人民法院审理行政案件，应当执行行政诉讼法第十八条第二款的规定。

第四条 立案后，受诉人民法院的管辖权不受当事人住所地改变、追加被告等事实和法律状态变更的影响。

第五条 有下列情形之一的，属于行政诉讼法第十五条第三项规定的“本辖区内重大、复杂的案件”：

（一）社会影响重大的共同诉讼案件；

（二）涉外或者涉及香港特别行政区、澳门特别行政区、台湾地区的案件；

（三）其他重大、复杂案件。

第六条 当事人以案件重大复杂为由，认为有管辖权的基层人民法院不宜行使管辖权或者根据行政诉讼法第五十二条的规定，向中级人民法院起诉，中级人民法院应当根据不同情况在七日内分别作出以下处理：

（一）决定自行审理；

（二）指定本辖区其他基层人民法院管辖；

（三）书面告知当事人向有管辖权的基层人民法院起诉。

第七条 基层人民法院对其管辖的第一审行政案件，认为需要由中级人民法院审理或者指定管辖的，可以报请中级人民法院决定。中级人民法院应当根据不同情况在七日内分别作出以下处理：

（一）决定自行审理；

（二）指定本辖区其他基层人民法院管辖；

（三）决定由报请的人民法院审理。

第八条 行政诉讼法第十九条规定的“原告所在地”，包括原告的户籍所在地、经常居住地和被限制人身自由地。

对行政机关基于同一事实，既采取限制公民人身自由的行政强制措施，又采取其他行政强制措施或者行政处罚不服的，由被告所在地或者原告所在地的人民法院管辖。

第九条 行政诉讼法第二十条规定的“因不动

产提起的行政诉讼”是指因行政行为导致不动产物权变动而提起的诉讼。

不动产已登记的，以不动产登记簿记载的所在地为不动产所在地；不动产未登记的，以不动产实际所在地为不动产所在地。

第十条 人民法院受理案件后，被告提出管辖异议的，应当在收到起诉状副本之日起十五日内提出。

对当事人提出的管辖异议，人民法院应当进行审查。异议成立的，裁定将案件移送有管辖权的人民法院；异议不成立的，裁定驳回。

人民法院对管辖异议审查后确定有管辖权的，不因当事人增加或者变更诉讼请求等改变管辖，但违反级别管辖、专属管辖规定的除外。

第十一条 有下列情形之一的，人民法院不予审查：

（一）人民法院发回重审或者按第一审程序再审的案件，当事人提出管辖异议的；

（二）当事人在第一审程序中未按照法律规定的期限和形式提出管辖异议，在第二审程序中提出的。

三、诉讼参加人

第十二条 有下列情形之一的，属于行政诉讼法第二十五条第一款规定的“与行政行为有利害关系”：

（一）被诉的行政行为涉及其相邻权或者公平竞争权的；

（二）在行政复议等行政程序中被追加为第三人的；

（三）要求行政机关依法追究加害人法律责任的；

（四）撤销或者变更行政行为涉及其合法权益的；

（五）为维护自身合法权益向行政机关投诉，具有处理投诉职责的行政机关作出或者未作出处理的；

（六）其他与行政行为有利害关系的情形。

第十三条 债权人以行政机关对债务人所作的行政行为损害债权实现为由提起行政诉讼的，人民法院应当告知其就民事争议提起民事诉讼，但行政机关作出行政行为时依法应予保护或者应予考虑的除外。

第十四条 行政诉讼法第二十五条第二款规定的“近亲属”，包括配偶、父母、子女、兄弟姐妹、祖父母、外祖父母、孙子女、外孙子女和其他具有扶养、赡养关系的亲属。

公民因被限制人身自由而不能提起诉讼的，其近亲属可以依其口头或者书面委托以该公民的名义提起诉讼。近亲属起诉时无法与被限制人身自由的公民取得联系，近亲属可以先行起诉，并在诉讼中补充提交委托证明。

第十五条 合伙企业向人民法院提起诉讼的，应当以核准登记的字号为原告。未依法登记领取营业执照的个人合伙的全体合伙人为共同原告；全体合伙人可以推选代表人，被推选的代表人，应当由全体合伙人出具推选书。

个体工商户向人民法院提起诉讼的，以营业执照上登记的经营者为原告。有字号的，以营业执照上登记的字号为原告，并应当注明该字号经营者的基本信息。

第十六条 股份制企业的股东大会、股东会、董事会等认为行政机关作出的行政行为侵犯企业经营自主权的，可以企业名义提起诉讼。

联营企业、中外合资或者合作企业的联营、合资、合作各方，认为联营、合资、合作企业权益或者自己一方合法权益受行政行为侵害的，可以自己的名义提起诉讼。

非国有企业被行政机关注销、撤销、合并、强令兼并、出售、分立或者改变企业隶属关系的，该企业或者其法定代表人可以提起诉讼。

第十七条 事业单位、社会团体、基金会、社会服务机构等非营利法人的出资人、设立人认为行政行为损害法人合法权益的，可以自己的名义提起诉讼。

第十八条 业主委员会对于行政机关作出的涉及业主共有利益的行政行为，可以自己的名义提起诉讼。

业主委员会不起诉的，专有部分占建筑物总面积过半数或者占总户数过半数的业主可以提起诉讼。

第十九条 当事人不服经上级行政机关批准的行政行为，向人民法院提起诉讼的，以在对外发生法律效力的文书上署名的机关为被告。

第二十条 行政机关组建并赋予行政管理职能但不具有独立承担法律责任能力的机构，以自己的名义作出行政行为,当事人不服提起诉讼的,应当以组建该机构的行政机关为被告。

法律、法规或者规章授权行使行政职权的行政机关内设机构、派出机构或者其他组织,超出法定授权范围实施行政行为,当事人不服提起诉讼的,应当以实施该行为的机构或者组织为被告。

没有法律、法规或者规章规定,行政机关授权其内设机构、派出机构或者其他组织行使行政职权的,属于行政诉讼法第二十六条规定的委托。当事人不服提起诉讼的,应当以该行政机关为被告。

第二十一条 当事人对由国务院、省级人民政府批准设立的开发区管理机构作出的行政行为不服提起诉讼的,以该开发区管理机构为被告;对由国务院、省级人民政府批准设立的开发区管理机构所属职能部门作出的行政行为不服提起诉讼的,以其职能部门为被告;对其他开发区管理机构所属职能部门作出的行政行为不服提起诉讼的,以开发区管理机构为被告;开发区管理机构没有行政主体资格的,以设立该机构的地方人民政府为被告。

第二十二条 行政诉讼法第二十六条第二款规定的"复议机关改变原行政行为",是指复议机关改变原行政行为的处理结果。复议机关改变原行政行为所认定的主要事实和证据、改变原行政行为所适用的规范依据,但未改变原行政行为处理结果的,视为复议机关维持原行政行为。

复议机关确认原行政行为无效,属于改变原行政行为。

复议机关确认原行政行为违法,属于改变原行政行为,但复议机关以违反法定程序为由确认原行政行为违法的除外。

第二十三条 行政机关被撤销或者职权变更,没有继续行使其职权的行政机关的,以其所属的人民政府为被告;实行垂直领导的,以垂直领导的上一级行政机关为被告。

第二十四条 当事人对村民委员会或者居民委员会依据法律、法规、规章的授权履行行政管理职责的行为不服提起诉讼的,以村民委员会或者居民委员会为被告。

当事人对村民委员会、居民委员会受行政机关委托作出的行为不服提起诉讼的,以委托的行政机关为被告。

当事人对高等学校等事业单位以及律师协会、注册会计师协会等行业协会依据法律、法规、规章的授权实施的行政行为不服提起诉讼的,以该事业单位、行业协会为被告。

当事人对高等学校等事业单位以及律师协会、注册会计师协会等行业协会受行政机关委托作出的行为不服提起诉讼的,以委托的行政机关为被告。

第二十五条 市、县级人民政府确定的房屋征收部门组织实施房屋征收与补偿工作过程中作出行政行为,被征收人不服提起诉讼的,以房屋征收部门为被告。

征收实施单位受房屋征收部门委托,在委托范围内从事的行为,被征收人不服提起诉讼的,应当以房屋征收部门为被告。

第二十六条 原告所起诉的被告不适格,人民法院应当告知原告变更被告;原告不同意变更的,裁定驳回起诉。

应当追加被告而原告不同意追加的,人民法院应当通知其以第三人的身份参加诉讼,但行政复议机关作共同被告的除外。

第二十七条 必须共同进行诉讼的当事人没有参加诉讼的,人民法院应当依法通知其参加;当事人也可以向人民法院申请参加。

人民法院应当对当事人提出的申请进行审查,申请理由不成立的,裁定驳回;申请理由成立的,书面通知其参加诉讼。

前款所称的必须共同进行诉讼,是指按照行政诉讼法第二十七条的规定,当事人一方或者双方为两人以上,因同一行政行为发生行政争议,人民法院必须合并审理的诉讼。

第二十八条 人民法院追加共同诉讼的当事人时,应当通知其他当事人。应当追加的原告,已明确表示放弃实体权利的,可不予追加;既不愿意参加诉讼,又不放弃实体权利的,应追加为第三人,其不参加诉讼,不能阻碍人民法院对案件的审理和裁判。

第二十九条 行政诉讼法第二十八条规定的"人数众多",一般指十人以上。

根据行政诉讼法第二十八条的规定,当事人一方人数众多的,由当事人推选代表人。当事人推选不出的,可以由人民法院在起诉的当事人中指定代表人。

行政诉讼法第二十八条规定的代表人为二至五人。代表人可以委托一至二人作为诉讼代理人。

第三十条 行政机关的同一行政行为涉及两个以上利害关系人，其中一部分利害关系人对行政行为不服提起诉讼，人民法院应当通知没有起诉的其他利害关系人作为第三人参加诉讼。

与行政案件处理结果有利害关系的第三人，可以申请参加诉讼，或者由人民法院通知其参加诉讼。人民法院判决其承担义务或者减损其权益的第三人，有权提出上诉或者申请再审。

行政诉讼法第二十九条规定的第三人，因不能归责于本人的事由未参加诉讼，但有证据证明发生法律效力的判决、裁定、调解书损害其合法权益的，可以依照行政诉讼法第九十条的规定，自知道或者应当知道其合法权益受到损害之日起六个月内，向上一级人民法院申请再审。

第三十一条 当事人委托诉讼代理人，应当向人民法院提交由委托人签名或者盖章的授权委托书。委托书应当载明委托事项和具体权限。公民在特殊情况下无法书面委托的，也可以由他人代书，并由自己捺印等方式确认，人民法院应当核实并记录在卷；被诉行政机关或者其他有义务协助的机关拒绝人民法院向被限制人身自由的公民核实的，视为委托成立。当事人解除或者变更委托的，应当书面报告人民法院。

第三十二条 依照行政诉讼法第三十一条第二款第二项规定，与当事人有合法劳动人事关系的职工，可以当事人工作人员的名义作为诉讼代理人。以当事人的工作人员身份参加诉讼活动，应当提交以下证据之一加以证明：

（一）缴纳社会保险记录凭证；

（二）领取工资凭证；

（三）其他能够证明其为当事人工作人员身份的证据。

第三十三条 根据行政诉讼法第三十一条第二款第三项规定，有关社会团体推荐公民担任诉讼代理人的，应当符合下列条件：

（一）社会团体属于依法登记设立或者依法免予登记设立的非营利性法人组织；

（二）被代理人属于该社会团体的成员，或者当事人一方住所地位于该社会团体的活动地域；

（三）代理事务属于该社会团体章程载明的业务范围；

（四）被推荐的公民是该社会团体的负责人或者与该社会团体有合法劳动人事关系的工作人员。

专利代理人经中华全国专利代理人协会推荐，可以在专利行政案件中担任诉讼代理人。

四、证据

第三十四条 根据行政诉讼法第三十六条第一款的规定，被告申请延期提供证据的，应当在收到起诉状副本之日起十五日内以书面方式向人民法院提出。人民法院准许延期提供的，被告应当在正当事由消除后十五日内提供证据。逾期提供的，视为被诉行政行为没有相应的证据。

第三十五条 原告或者第三人应当在开庭审理前或者人民法院指定的交换证据清单之日提供证据。因正当事由申请延期提供证据的，经人民法院准许，可以在法庭调查中提供。逾期提供证据的，人民法院应当责令其说明理由；拒不说明理由或者理由不成立的，视为放弃举证权利。

原告或者第三人在第一审程序中无正当事由未提供而在第二审程序中提供的证据，人民法院不予接纳。

第三十六条 当事人申请延长举证期限，应当在举证期限届满前向人民法院提出书面申请。

申请理由成立的，人民法院应当准许，适当延长举证期限，并通知其他当事人。申请理由不成立的，人民法院不予准许，并通知申请人。

第三十七条 根据行政诉讼法第三十九条的规定，对当事人无争议，但涉及国家利益、公共利益或者他人合法权益的事实，人民法院可以责令当事人提供或者补充有关证据。

第三十八条 对于案情比较复杂或者证据数量较多的案件，人民法院可以组织当事人在开庭前向对方出示或者交换证据，并将交换证据清单的情况记录在卷。

当事人在庭前证据交换过程中没有争议并记录在卷的证据，经审判人员在庭审中说明后，可以作为认定案件事实的依据。

第三十九条 当事人申请调查收集证据，但该证据与待证事实无关联、对证明待证事实无意义或者其他无调查收集必要的，人民法院不予准许。

第四十条 人民法院在证人出庭作证前应当告知其如实作证的义务以及作伪证的法律后果。

证人因履行出庭作证义务而支出的交通、住宿、就餐等必要费用以及误工损失，由败诉一方当事人承担。

第四十一条 有下列情形之一，原告或者第三人要求相关行政执法人员出庭说明的，人民法院可以准许：

（一）对现场笔录的合法性或者真实性有异议的；

（二）对扣押财产的品种或者数量有异议的；

（三）对检验的物品取样或者保管有异议的；

（四）对行政执法人员身份的合法性有异议的；

（五）需要出庭说明的其他情形。

第四十二条 能够反映案件真实情况、与待证事实相关联、来源和形式符合法律规定的证据，应当作为认定案件事实的根据。

第四十三条 有下列情形之一的，属于行政诉讼法第四十三条第三款规定的“以非法手段取得的证据”：

（一）严重违反法定程序收集的证据材料；

（二）以违反法律强制性规定的手段获取且侵害他人合法权益的证据材料；

（三）以利诱、欺诈、胁迫、暴力等手段获取的证据材料。

第四十四条 人民法院认为有必要的，可以要求当事人本人或者行政机关执法人员到庭，就案件有关事实接受询问。在询问之前，可以要求其签署保证书。

保证书应当载明据实陈述、如有虚假陈述愿意接受处罚等内容。当事人或者行政机关执法人员应当在保证书上签名或者捺印。

负有举证责任的当事人拒绝到庭、拒绝接受询问或者拒绝签署保证书，待证事实又欠缺其他证据加以佐证的，人民法院对其主张的事实不予认定。

第四十五条 被告有证据证明其在行政程序中依照法定程序要求原告或者第三人提供证据，原告或者第三人依法应当提供而没有提供，在诉讼程序中提供的证据，人民法院一般不予采纳。

第四十六条 原告或者第三人确有证据证明被告持有的证据对原告或者第三人有利的，可以在开庭审理前书面申请人民法院责令行政机关提交。

申请理由成立的，人民法院应当责令行政机关提交，因提交证据所产生的费用，由申请人预付。行政机关无正当理由拒不提交的，人民法院可以推定原告或者第三人基于该证据主张的事实成立。

持有证据的当事人以妨碍对方当事人使用为目的，毁灭有关证据或者实施其他致使证据不能使用行为的，人民法院可以推定对方当事人基于该证据主张的事实成立，并可依照行政诉讼法第五十九条规定处理。

第四十七条 根据行政诉讼法第三十八条第二款的规定，在行政赔偿、补偿案件中，因被告的原因导致原告无法就损害情况举证的，应当由被告就该损害情况承担举证责任。

对于各方主张损失的价值无法认定的，应当由负有举证责任的一方当事人申请鉴定，但法律、法规、规章规定行政机关在作出行政行为时依法应当评估或者鉴定的除外；负有举证责任的当事人拒绝申请鉴定的，由其承担不利的法律后果。

当事人的损失因客观原因无法鉴定的，人民法院应当结合当事人的主张和在案证据，遵循法官职业道德，运用逻辑推理和生活经验、生活常识等，酌情确定赔偿数额。

五、期间、送达

第四十八条 期间包括法定期间和人民法院指定的期间。

期间以时、日、月、年计算。期间开始的时和日，不计算在期间内。

期间届满的最后一日是节假日的，以节假日后的第一日为期间届满的日期。

期间不包括在途时间，诉讼文书在期满前交邮的，视为在期限内发送。

第四十九条 行政诉讼法第五十一条第二款规定的立案期限，因起诉状内容欠缺或者有其他错误通知原告限期补正的，从补正后递交人民法院的次日起算。由上级人民法院转交下级人民法院立案的案件，从受诉人民法院收到起诉状的次日起算。

第五十条 行政诉讼法第八十一条、第八十三条、第八十八条规定的审理期限，是指从立案之日起至裁判宣告、调解书送达之日止的期间，但公告期间、鉴定期间、调解期间、中止诉讼期间、审理当事人提出的管辖异议以及处理人民法院之间的管辖争议期间不应计算在内。

再审案件按照第一审程序或者第二审程序审理的，适用行政诉讼法第八十一条、第八十八条规定的审理期限。审理期限自再审立案的次日起算。

基层人民法院申请延长审理期限,应当直接报请高级人民法院批准,同时报中级人民法院备案。

第五十一条 人民法院可以要求当事人签署送达地址确认书,当事人确认的送达地址为人民法院法律文书的送达地址。

当事人同意电子送达的,应当提供并确认传真号、电子信箱等电子送达地址。

当事人送达地址发生变更的,应当及时书面告知受理案件的人民法院;未及时告知的,人民法院按原地址送达,视为依法送达。

人民法院可以通过国家邮政机构以法院专递方式进行送达。

第五十二条 人民法院可以在当事人住所地以外向当事人直接送达诉讼文书。当事人拒绝签署送达回证的,采用拍照、录像等方式记录送达过程即视为送达。审判人员、书记员应当在送达回证上注明送达情况并签名。

六、起诉与受理

第五十三条 人民法院对符合起诉条件的案件应当立案,依法保障当事人行使诉讼权利。

对当事人依法提起的诉讼,人民法院应当根据行政诉讼法第五十一条的规定接收起诉状。能够判断符合起诉条件的,应当当场登记立案;当场不能判断是否符合起诉条件的,应当在接收起诉状后七日内决定是否立案;七日内仍不能作出判断的,应当先予立案。

第五十四条 依照行政诉讼法第四十九条的规定,公民、法人或者其他组织提起诉讼时应当提交以下起诉材料:

(一)原告的身份证明材料以及有效联系方式;

(二)被诉行政行为或者不作为存在的材料;

(三)原告与被诉行政行为具有利害关系的材料;

(四)人民法院认为需要提交的其他材料。

由法定代理人或者委托代理人代为起诉的,还应当在起诉状中写明或者在口头起诉时向人民法院说明法定代理人或者委托代理人的基本情况,并提交法定代理人或者委托代理人的身份证明和代理权限证明等材料。

第五十五条 依照行政诉讼法第五十一条的规定,人民法院应当就起诉状内容和材料是否完备以及是否符合行政诉讼法规定的起诉条件进行审查。

起诉状内容或者材料欠缺的,人民法院应当给予指导和释明,并一次性全面告知当事人需要补正的内容、补充的材料及期限。在指定期限内补正并符合起诉条件的,应当登记立案。当事人拒绝补正或者经补正仍不符合起诉条件的,退回诉状并记录在册;坚持起诉的,裁定不予立案,并载明不予立案的理由。

第五十六条 法律、法规规定应当先申请复议,公民、法人或者其他组织未申请复议直接提起诉讼的,人民法院裁定不予立案。

依照行政诉讼法第四十五条的规定,复议机关不受理复议申请或者在法定期限内不作出复议决定,公民、法人或者其他组织不服,依法向人民法院提起诉讼的,人民法院应当依法立案。

第五十七条 法律、法规未规定行政复议为提起行政诉讼必经程序,公民、法人或者其他组织既提起诉讼又申请行政复议的,由先立案的机关管辖;同时立案的,由公民、法人或者其他组织选择。公民、法人或者其他组织已经申请行政复议,在法定复议期间内又向人民法院提起诉讼的,人民法院裁定不予立案。

第五十八条 法律、法规未规定行政复议为提起行政诉讼必经程序,公民、法人或者其他组织向复议机关申请行政复议后,又经复议机关同意撤回复议申请,在法定起诉期限内对原行政行为提起诉讼的,人民法院应当依法立案。

第五十九条 公民、法人或者其他组织向复议机关申请行政复议后,复议机关作出维持决定的,应当以复议机关和原行为机关为共同被告,并以复议决定送达时间确定起诉期限。

第六十条 人民法院裁定准许原告撤诉后,原告以同一事实和理由重新起诉的,人民法院不予立案。

准予撤诉的裁定确有错误,原告申请再审的,人民法院应当通过审判监督程序撤销原准予撤诉的裁定,重新对案件进行审理。

第六十一条 原告或者上诉人未按规定的期限预交案件受理费,又不提出缓交、减交、免交申请,或者提出申请未获批准的,按自动撤诉处理。

在按撤诉处理后，原告或者上诉人在法定期限内再次起诉或者上诉，并依法解决诉讼费预交问题的，人民法院应予立案。

第六十二条 人民法院判决撤销行政机关的行政行为后，公民、法人或者其他组织对行政机关重新作出的行政行为不服向人民法院起诉的，人民法院应当依法立案。

第六十三条 行政机关作出行政行为时，没有制作或者没有送达法律文书，公民、法人或者其他组织只要能证明行政行为存在，并在法定期限内起诉的，人民法院应当依法立案。

第六十四条 行政机关作出行政行为时，未告知公民、法人或者其他组织起诉期限的，起诉期限从公民、法人或者其他组织知道或者应当知道起诉期限之日起计算，但从知道或者应当知道行政行为内容之日起最长不得超过一年。

复议决定未告知公民、法人或者其他组织起诉期限的，适用前款规定。

第六十五条 公民、法人或者其他组织不知道行政机关作出的行政行为内容的，其起诉期限从知道或者应当知道该行政行为内容之日起计算，但最长不得超过行政诉讼法第四十六条第二款规定的起诉期限。

第六十六条 公民、法人或者其他组织依照行政诉讼法第四十七条第一款的规定，对行政机关不履行法定职责提起诉讼的，应当在行政机关履行法定职责期限届满之日起六个月内提出。

第六十七条 原告提供被告的名称等信息足以使被告与其他行政机关相区别的，可以认定为行政诉讼法第四十九条第二项规定的“有明确的被告”。

起诉状列写被告信息不足以认定明确的被告的，人民法院可以告知原告补正；原告补正后仍不能确定明确的被告的，人民法院裁定不予立案。

第六十八条 行政诉讼法第四十九条第三项规定的“有具体的诉讼请求”是指：

（一）请求判决撤销或者变更行政行为；

（二）请求判决行政机关履行特定法定职责或者给付义务；

（三）请求判决确认行政行为违法；

（四）请求判决确认行政行为无效；

（五）请求判决行政机关予以赔偿或者补偿；

（六）请求解决行政协议争议；

（七）请求一并审查规章以下规范性文件；

（八）请求一并解决相关民事争议；

（九）其他诉讼请求。

当事人单独或者一并提起行政赔偿、补偿诉讼的，应当有具体的赔偿、补偿事项以及数额；请求一并审查规章以下规范性文件的，应当提供明确的文件名称或者审查对象；请求一并解决相关民事争议的，应当有具体的民事诉讼请求。

当事人未能正确表达诉讼请求的，人民法院应当要求其明确诉讼请求。

第六十九条 有下列情形之一，已经立案的，应当裁定驳回起诉：

（一）不符合行政诉讼法第四十九条规定的；

（二）超过法定起诉期限且无行政诉讼法第四十八条规定情形的；

（三）错列被告且拒绝变更的；

（四）未按照法律规定由法定代理人、指定代理人、代表人为诉讼行为的；

（五）未按照法律、法规规定先向行政机关申请复议的；

（六）重复起诉的；

（七）撤回起诉后无正当理由再行起诉的；

（八）行政行为对其合法权益明显不产生实际影响的；

（九）诉讼标的已为生效裁判或者调解书所羁束的；

（十）其他不符合法定起诉条件的情形。

前款所列情形可以补正或者更正的，人民法院应当指定期间责令补正或者更正；在指定期间已经补正或者更正的，应当依法审理。

人民法院经过阅卷、调查或者询问当事人，认为不需要开庭审理的，可以迳行裁定驳回起诉。

第七十条 起诉状副本送达被告后，原告提出新的诉讼请求的，人民法院不予准许，但有正当理由的除外。

七、审理与判决

第七十一条 人民法院适用普通程序审理案件，应当在开庭三日前用传票传唤当事人。对证人、鉴定人、勘验人、翻译人员，应当用通知书通知其到庭。当事人或者其他诉讼参与人在外地的，应当留有必要的在途时间。

第七十二条 有下列情形之一的,可以延期开庭审理:

(一)应当到庭的当事人和其他诉讼参与人有正当理由没有到庭的;

(二)当事人临时提出回避申请且无法及时作出决定的;

(三)需要通知新的证人到庭,调取新的证据,重新鉴定、勘验,或者需要补充调查的;

(四)其他应当延期的情形。

第七十三条 根据行政诉讼法第二十七条的规定,有下列情形之一的,人民法院可以决定合并审理:

(一)两个以上行政机关分别对同一事实作出行政行为,公民、法人或者其他组织不服向同一人民法院起诉的;

(二)行政机关就同一事实对若干公民、法人或者其他组织分别作出行政行为,公民、法人或者其他组织不服分别向同一人民法院起诉的;

(三)在诉讼过程中,被告对原告作出新的行政行为,原告不服向同一人民法院起诉的;

(四)人民法院认为可以合并审理的其他情形。

第七十四条 当事人申请回避,应当说明理由,在案件开始审理时提出;回避事由在案件开始审理后知道的,应当在法庭辩论终结前提出。

被申请回避的人员,在人民法院作出是否回避的决定前,应当暂停参与本案的工作,但案件需要采取紧急措施的除外。

对当事人提出的回避申请,人民法院应当在三日内以口头或者书面形式作出决定。对当事人提出的明显不属于法定回避事由的申请,法庭可以依法当庭驳回。

申请人对驳回回避申请决定不服的,可以向作出决定的人民法院申请复议一次。复议期间,被申请回避的人员不停止参与本案的工作。对申请人的复议申请,人民法院应当在三日内作出复议决定,并通知复议申请人。

第七十五条 在一个审判程序中参与过本案审判工作的审判人员,不得再参与该案其他程序的审判。

发回重审的案件,在一审法院作出裁判后又进入第二审程序的,原第二审程序中合议庭组成人员不受前款规定的限制。

第七十六条 人民法院对于因一方当事人的行为或者其他原因,可能使行政行为或者人民法院生效裁判不能或者难以执行的案件,根据对方当事人的申请,可以裁定对其财产进行保全、责令其作出一定行为或者禁止其作出一定行为;当事人没有提出申请的,人民法院在必要时也可以裁定采取上述保全措施。

人民法院采取保全措施,可以责令申请人提供担保;申请人不提供担保的,裁定驳回申请。

人民法院接受申请后,对情况紧急的,必须在四十八小时内作出裁定;裁定采取保全措施的,应当立即开始执行。

当事人对保全的裁定不服的,可以申请复议;复议期间不停止裁定的执行。

第七十七条 利害关系人因情况紧急,不立即申请保全将会使其合法权益受到难以弥补的损害的,可以在提起诉讼前向被保全财产所在地、被申请人住所地或者对案件有管辖权的人民法院申请采取保全措施。申请人应当提供担保,不提供担保的,裁定驳回申请。

人民法院接受申请后,必须在四十八小时内作出裁定;裁定采取保全措施的,应当立即开始执行。

申请人在人民法院采取保全措施后三十日内不依法提起诉讼的,人民法院应当解除保全。

当事人对保全的裁定不服的,可以申请复议;复议期间不停止裁定的执行。

第七十八条 保全限于请求的范围,或者与本案有关的财物。

财产保全采取查封、扣押、冻结或者法律规定的其他方法。人民法院保全财产后,应当立即通知被保全人。

财产已被查封、冻结的,不得重复查封、冻结。

涉及财产的案件,被申请人提供担保的,人民法院应当裁定解除保全。

申请有错误的,申请人应当赔偿被申请人因保全所遭受的损失。

第七十九条 原告或者上诉人申请撤诉,人民法院裁定不予准许的,原告或者上诉人经传票传唤无正当理由拒不到庭,或者未经法庭许可中途退庭的,人民法院可以缺席判决。

第三人经传票传唤无正当理由拒不到庭,或者未经法庭许可中途退庭的,不发生阻止案件审理的效果。

根据行政诉讼法第五十八条的规定，被告经传票传唤无正当理由拒不到庭，或者未经法庭许可中途退庭的，人民法院可以按期开庭或者继续开庭审理，对到庭的当事人诉讼请求、双方的诉辩理由以及已经提交的证据及其他诉讼材料进行审理后，依法缺席判决。

第八十条 原告或者上诉人在庭审中明确拒绝陈述或者以其他方式拒绝陈述，导致庭审无法进行，经法庭释明法律后果后仍不陈述意见的，视为放弃陈述权利，由其承担不利的法律后果。

当事人申请撤诉或者依法可以按撤诉处理的案件，当事人有违反法律的行为需要依法处理的，人民法院可以不准许撤诉或者不按撤诉处理。

法庭辩论终结后原告申请撤诉，人民法院可以准许，但涉及到国家利益和社会公共利益的除外。

第八十一条 被告在一审期间改变被诉行政行为的，应当书面告知人民法院。

原告或者第三人对改变后的行政行为不服提起诉讼的，人民法院应当就改变后的行政行为进行审理。

被告改变原违法行政行为，原告仍要求确认原行政行为违法的，人民法院应当依法作出确认判决。

原告起诉被告不作为，在诉讼中被告作出行政行为，原告不撤诉的，人民法院应当就不作为依法作出确认判决。

第八十二条 当事人之间恶意串通，企图通过诉讼等方式侵害国家利益、社会公共利益或者他人合法权益的，人民法院应当裁定驳回起诉或者判决驳回其请求，并根据情节轻重予以罚款、拘留；构成犯罪的，依法追究刑事责任。

第八十三条 行政诉讼法第五十九条规定的罚款、拘留可以单独适用，也可以合并适用。

对同一妨害行政诉讼行为的罚款、拘留不得连续适用。发生新的妨害行政诉讼行为的，人民法院可以重新予以罚款、拘留。

第八十四条 人民法院审理行政诉讼法第六十条第一款规定的行政案件，认为法律关系明确、事实清楚，在征得当事人双方同意后，可以径行调解。

第八十五条 调解达成协议，人民法院应当制作调解书。调解书应当写明诉讼请求、案件的事实和调解结果。

调解书由审判人员、书记员署名，加盖人民法院印章，送达双方当事人。

调解书经双方当事人签收后，即具有法律效力。调解书生效日期根据最后收到调解书的当事人签收的日期确定。

第八十六条 人民法院审理行政案件，调解过程不公开，但当事人同意公开的除外。

经人民法院准许，第三人可以参加调解。人民法院认为有必要的，可以通知第三人参加调解。

调解协议内容不公开，但为保护国家利益、社会公共利益、他人合法权益，人民法院认为确有必要公开的除外。

当事人一方或者双方不愿调解、调解未达成协议的，人民法院应当及时判决。

当事人自行和解或者调解达成协议后，请求人民法院按照和解协议或者调解协议的内容制作判决书的，人民法院不予准许。

第八十七条 在诉讼过程中，有下列情形之一的，中止诉讼：

（一）原告死亡，须等待其近亲属表明是否参加诉讼的；

（二）原告丧失诉讼行为能力，尚未确定法定代理人的；

（三）作为一方当事人的行政机关、法人或者其他组织终止，尚未确定权利义务承受人的；

（四）一方当事人因不可抗力的事由不能参加诉讼的；

（五）案件涉及法律适用问题，需要送请有权机关作出解释或者确认的；

（六）案件的审判须以相关民事、刑事或者其他行政案件的审理结果为依据，而相关案件尚未审结的；

（七）其他应当中止诉讼的情形。

中止诉讼的原因消除后，恢复诉讼。

第八十八条 在诉讼过程中，有下列情形之一的，终结诉讼：

（一）原告死亡，没有近亲属或者近亲属放弃诉讼权利的；

（二）作为原告的法人或者其他组织终止后，其权利义务的承受人放弃诉讼权利的。

因本解释第八十七条第一款第一、二、三项原因中止诉讼满九十日仍无人继续诉讼的，裁定终结诉讼，但有特殊情况的除外。

第八十九条 复议决定改变原行政行为错误，人民法院判决撤销复议决定时，可以一并责令复议机关重新作出复议决定或者判决恢复原行政行为的法律效力。

第九十条 人民法院判决被告重新作出行政行为，被告重新作出的行政行为与原行政行为的结果相同，但主要事实或者主要理由有改变的，不属于行政诉讼法第七十一条规定的情形。

人民法院以违反法定程序为由，判决撤销被诉行政行为的，行政机关重新作出行政行为不受行政诉讼法第七十一条规定的限制。

行政机关以同一事实和理由重新作出与原行政行为基本相同的行政行为，人民法院应当根据行政诉讼法第七十条、第七十一条的规定判决撤销或者部分撤销，并根据行政诉讼法第九十六条的规定处理。

第九十一条 原告请求被告履行法定职责的理由成立，被告违法拒绝履行或者无正当理由逾期不予答复的，人民法院可以根据行政诉讼法第七十二条的规定，判决被告在一定期限内依法履行原告请求的法定职责；尚需被告调查或者裁量的，应当判决被告针对原告的请求重新作出处理。

第九十二条 原告申请被告依法履行支付抚恤金、最低生活保障待遇或者社会保险待遇等给付义务的理由成立，被告依法负有给付义务而拒绝或者拖延履行义务的，人民法院可以根据行政诉讼法第七十三条的规定，判决被告在一定期限内履行相应的给付义务。

第九十三条 原告请求被告履行法定职责或者依法履行支付抚恤金、最低生活保障待遇或者社会保险待遇等给付义务，原告未先向行政机关提出申请的，人民法院裁定驳回起诉。

人民法院经审理认为原告所请求履行的法定职责或者给付义务明显不属于行政机关权限范围的，可以裁定驳回起诉。

第九十四条 公民、法人或者其他组织起诉请求撤销行政行为，人民法院经审查认为行政行为无效的，应当作出确认无效的判决。

公民、法人或者其他组织起诉请求确认行政行为无效，人民法院审查认为行政行为不属于无效情形，经释明，原告请求撤销行政行为的，应当继续审理并依法作出相应判决；原告请求撤销行政行为但超过法定起诉期限的，裁定驳回起诉；原告拒绝变更诉讼请求的，判决驳回其诉讼请求。

第九十五条 人民法院经审理认为被诉行政行为违法或者无效，可能给原告造成损失，经释明，原告请求一并解决行政赔偿争议的，人民法院可以就赔偿事项进行调解；调解不成的，应当一并判决。人民法院也可以告知其就赔偿事项另行提起诉讼。

第九十六条 有下列情形之一，且对原告依法享有的听证、陈述、申辩等重要程序性权利不产生实质损害的，属于行政诉讼法第七十四条第一款第二项规定的“程序轻微违法”：

（一）处理期限轻微违法；

（二）通知、送达等程序轻微违法；

（三）其他程序轻微违法的情形。

第九十七条 原告或者第三人的损失系由其自身过错和行政机关的违法行政行为共同造成的，人民法院应当依据各方行为与损害结果之间有无因果关系以及在损害发生和结果中作用力的大小，确定行政机关相应的赔偿责任。

第九十八条 因行政机关不履行、拖延履行法定职责，致使公民、法人或者其他组织的合法权益遭受损害的，人民法院应当判决行政机关承担行政赔偿责任。在确定赔偿数额时，应当考虑该不履行、拖延履行法定职责的行为在损害发生过程和结果中所起的作用等因素。

第九十九条 有下列情形之一的，属于行政诉讼法第七十五条规定的“重大且明显违法”：

（一）行政行为实施主体不具有行政主体资格；

（二）减损权利或者增加义务的行政行为没有法律规范依据；

（三）行政行为的内容客观上不可能实施；

（四）其他重大且明显违法的情形。

第一百条 人民法院审理行政案件，适用最高人民法院司法解释的，应当在裁判文书中援引。

人民法院审理行政案件，可以在裁判文书中引用合法有效的规章及其他规范性文件。

第一百零一条 裁定适用于下列范围：

（一）不予立案；

（二）驳回起诉；

（三）管辖异议；

（四）终结诉讼；

（五）中止诉讼；

（六）移送或者指定管辖；

（七）诉讼期间停止行政行为的执行或者驳回停止执行的申请；

（八）财产保全；

（九）先予执行；

（十）准许或者不准许撤诉；

（十一）补正裁判文书中的笔误；

（十二）中止或者终结执行；

（十三）提审、指令再审或者发回重审；

（十四）准许或者不准许执行行政机关的行政行为；

（十五）其他需要裁定的事项。

对第一、二、三项裁定，当事人可以上诉。

裁定书应当写明裁定结果和作出该裁定的理由。裁定书由审判人员、书记员署名，加盖人民法院印章。口头裁定的，记入笔录。

第一百零二条 行政诉讼法第八十二条规定的行政案件中的“事实清楚”，是指当事人对争议的事实陈述基本一致，并能提供相应的证据，无须人民法院调查收集证据即可查明事实；“权利义务关系明确”，是指行政法律关系中权利和义务能够明确区分；“争议不大”，是指当事人对行政行为的合法性、责任承担等没有实质分歧。

第一百零三条 适用简易程序审理的行政案件，人民法院可以用口头通知、电话、短信、传真、电子邮件等简便方式传唤当事人、通知证人、送达裁判文书以外的诉讼文书。

以简便方式送达的开庭通知，未经当事人确认或者没有其他证据证明当事人已经收到的，人民法院不得缺席判决。

第一百零四条 适用简易程序案件的举证期限由人民法院确定，也可以由当事人协商一致并经人民法院准许，但不得超过十五日。被告要求书面答辩的，人民法院可以确定合理的答辩期间。

人民法院应当将举证期限和开庭日期告知双方当事人，并向当事人说明逾期举证以及拒不到庭的法律后果，由双方当事人在笔录和开庭传票的送达回证上签名或者捺印。

当事人双方均表示同意立即开庭或者缩短举证期限、答辩期间的，人民法院可以立即开庭审理或者确定近期开庭。

第一百零五条 人民法院发现案情复杂，需要转为普通程序审理的，应当在审理期限届满前作出裁定并将合议庭组成人员及相关事项书面通知双方当事人。

案件转为普通程序审理的，审理期限自人民法院立案之日起计算。

第一百零六条 当事人就已经提起诉讼的事项在诉讼过程中或者裁判生效后再次起诉，同时具有下列情形的，构成重复起诉：

（一）后诉与前诉的当事人相同；

（二）后诉与前诉的诉讼标的相同；

（三）后诉与前诉的诉讼请求相同，或者后诉的诉讼请求被前诉裁判所包含。

第一百零七条 第一审人民法院作出判决和裁定后，当事人均提起上诉的，上诉各方均为上诉人。

诉讼当事人中的一部分人提出上诉，没有提出上诉的对方当事人为被上诉人，其他当事人依原审诉讼地位列明。

第一百零八条 当事人提出上诉，应当按照其他当事人或者诉讼代表人的人数提出上诉状副本。

原审人民法院收到上诉状，应当在五日内将上诉状副本发送其他当事人，对方当事人应当在收到上诉状副本之日起十五日内提出答辩状。

原审人民法院应当在收到答辩状之日起五日内将副本发送上诉人。对方当事人不提出答辩状的，不影响人民法院审理。

原审人民法院收到上诉状、答辩状，应当在五日内连同全部案卷和证据，报送第二审人民法院；已经预收的诉讼费用，一并报送。

第一百零九条 第二审人民法院经审理认为原审人民法院不予立案或者驳回起诉的裁定确有错误且当事人的起诉符合起诉条件的，应当裁定撤销原审人民法院的裁定，指令原审人民法院依法立案或者继续审理。

第二审人民法院裁定发回原审人民法院重新审理的行政案件，原审人民法院应当另行组成合议庭进行审理。

原审判决遗漏了必须参加诉讼的当事人或者诉讼请求的，第二审人民法院应当裁定撤销原审判决，发回重审。

原审判决遗漏行政赔偿请求，第二审人民法院经审查认为依法不应当予以赔偿的，应当判决驳回行政赔偿请求。

原审判决遗漏行政赔偿请求，第二审人民法院经审理认为依法应当予以赔偿的，在确认被诉行政行为违法的同时,可以就行政赔偿问题进行调解;调解不成的,应当就行政赔偿部分发回重审。

当事人在第二审期间提出行政赔偿请求的,第二审人民法院可以进行调解;调解不成的,应当告知当事人另行起诉。

第一百一十条 当事人向上一级人民法院申请再审,应当在判决、裁定或者调解书发生法律效力后六个月内提出。有下列情形之一的,自知道或者应当知道之日起六个月内提出:

(一)有新的证据,足以推翻原判决、裁定的;

(二)原判决、裁定认定事实的主要证据是伪造的;

(三)据以作出原判决、裁定的法律文书被撤销或者变更的;

(四)审判人员审理该案件时有贪污受贿、徇私舞弊、枉法裁判行为的。

第一百一十一条 当事人申请再审的,应当提交再审申请书等材料。人民法院认为有必要的,可以自收到再审申请书之日起五日内将再审申请书副本发送对方当事人。对方当事人应当自收到再审申请书副本之日起十五日内提交书面意见。人民法院可以要求申请人和对方当事人补充有关材料,询问有关事项。

第一百一十二条 人民法院应当自再审申请案件立案之日起六个月内审查,有特殊情况需要延长的,由本院院长批准。

第一百一十三条 人民法院根据审查再审申请案件的需要决定是否询问当事人;新的证据可能推翻原判决、裁定的,人民法院应当询问当事人。

第一百一十四条 审查再审申请期间,被申请人及原审其他当事人依法提出再审申请的,人民法院应当将其列为再审申请人,对其再审事由一并审查,审查期限重新计算。经审查,其中一方再审申请人主张的再审事由成立的,应当裁定再审。各方再审申请人主张的再审事由均不成立的,一并裁定驳回再审申请。

第一百一十五条 审查再审申请期间,再审申请人申请人民法院委托鉴定、勘验的,人民法院不予准许。

审查再审申请期间,再审申请人撤回再审申请的,是否准许,由人民法院裁定。

再审申请人经传票传唤,无正当理由拒不接受询问的,按撤回再审申请处理。

人民法院准许撤回再审申请或者按撤回再审申请处理后,再审申请人再次申请再审的,不予立案,但有行政诉讼法第九十一条第二项、第三项、第七项、第八项规定情形,自知道或者应当知道之日起六个月内提出的除外。

第一百一十六条 当事人主张的再审事由成立,且符合行政诉讼法和本解释规定的申请再审条件的,人民法院应当裁定再审。

当事人主张的再审事由不成立,或者当事人申请再审超过法定申请再审期限、超出法定再审事由范围等不符合行政诉讼法和本解释规定的申请再审条件的,人民法院应当裁定驳回再审申请。

第一百一十七条 有下列情形之一的,当事人可以向人民检察院申请抗诉或者检察建议:

(一)人民法院驳回再审申请的;

(二)人民法院逾期未对再审申请作出裁定的;

(三)再审判决、裁定有明显错误的。

人民法院基于抗诉或者检察建议作出再审判决、裁定后,当事人申请再审的,人民法院不予立案。

第一百一十八条 按照审判监督程序决定再审的案件,裁定中止原判决、裁定、调解书的执行,但支付抚恤金、最低生活保障费或者社会保险待遇的案件,可以不中止执行。

上级人民法院决定提审或者指令下级人民法院再审的,应当作出裁定,裁定应当写明中止原判决的执行;情况紧急的,可以将中止执行的裁定口头通知负责执行的人民法院或者作出生效判决、裁定的人民法院,但应当在口头通知后十日内发出裁定书。

第一百一十九条 人民法院按照审判监督程序再审的案件,发生法律效力的判决、裁定是由第一审法院作出的,按照第一审程序审理,所作的判决、裁定,当事人可以上诉;发生法律效力的判决、裁定是由第二审法院作出的,按照第二审程序审理,所作的判决、裁定,是发生法律效力的判决、裁定;上级人民法院按照审判监督程序提审的,按照第二审程序审理,所作的判决、裁定是发生法律效力的判决、裁定。

人民法院审理再审案件,应当另行组成合议庭。

第一百二十条 人民法院审理再审案件应当围绕再审请求和被诉行政行为合法性进行。当事人的再审请求超出原审诉讼请求,符合另案诉讼条件的，告知当事人可以另行起诉。

被申请人及原审其他当事人在庭审辩论结束前提出的再审请求，符合本解释规定的申请期限的，人民法院应当一并审理。

人民法院经再审，发现已经发生法律效力的判决、裁定损害国家利益、社会公共利益、他人合法权益的，应当一并审理。

第一百二十一条 再审审理期间，有下列情形之一的，裁定终结再审程序：

（一）再审申请人在再审期间撤回再审请求，人民法院准许的；

（二）再审申请人经传票传唤，无正当理由拒不到庭的，或者未经法庭许可中途退庭，按撤回再审请求处理的；

（三）人民检察院撤回抗诉的；

（四）其他应当终结再审程序的情形。

因人民检察院提出抗诉裁定再审的案件，申请抗诉的当事人有前款规定的情形，且不损害国家利益、社会公共利益或者他人合法权益的，人民法院裁定终结再审程序。

再审程序终结后，人民法院裁定中止执行的原生效判决自动恢复执行。

第一百二十二条 人民法院审理再审案件，认为原生效判决、裁定确有错误，在撤销原生效判决或者裁定的同时，可以对生效判决、裁定的内容作出相应裁判，也可以裁定撤销生效判决或者裁定，发回作出生效判决、裁定的人民法院重新审理。

第一百二十三条 人民法院审理二审案件和再审案件，对原审法院立案、不予立案或者驳回起诉错误的，应当分别情况作如下处理：

（一）第一审人民法院作出实体判决后，第二审人民法院认为不应当立案的，在撤销第一审人民法院判决的同时，可以迳行驳回起诉；

（二）第二审人民法院维持第一审人民法院不予立案裁定错误的，再审法院应当撤销第一审、第二审人民法院裁定，指令第一审人民法院受理；

（三）第二审人民法院维持第一审人民法院驳回起诉裁定错误的，再审法院应当撤销第一审、第二审人民法院裁定，指令第一审人民法院审理。

第一百二十四条 人民检察院提出抗诉的案件，接受抗诉的人民法院应当自收到抗诉书之日起三十日内作出再审的裁定；有行政诉讼法第九十一条第二、三项规定情形之一的，可以指令下一级人民法院再审，但经该下一级人民法院再审过的除外。

人民法院在审查抗诉材料期间，当事人之间已经达成和解协议的，人民法院可以建议人民检察院撤回抗诉。

第一百二十五条 人民检察院提出抗诉的案件，人民法院再审开庭时，应当在开庭三日前通知人民检察院派员出庭。

第一百二十六条 人民法院收到再审检察建议后，应当组成合议庭，在三个月内进行审查，发现原判决、裁定、调解书确有错误，需要再审的，依照行政诉讼法第九十二条规定裁定再审，并通知当事人；经审查，决定不予再审的，应当书面回复人民检察院。

第一百二十七条 人民法院审理因人民检察院抗诉或者检察建议裁定再审的案件，不受此前已经作出的驳回当事人再审申请裁定的限制。

八、行政机关负责人出庭应诉

第一百二十八条 行政诉讼法第三条第三款规定的行政机关负责人，包括行政机关的正职、副职负责人以及其他参与分管的负责人。

行政机关负责人出庭应诉的，可以另行委托一至二名诉讼代理人。行政机关负责人不能出庭的，应当委托行政机关相应的工作人员出庭，不得仅委托律师出庭。

第一百二十九条 涉及重大公共利益、社会高度关注或者可能引发群体性事件等案件以及人民法院书面建议行政机关负责人出庭的案件，被诉行政机关负责人应当出庭。

被诉行政机关负责人出庭应诉的，应当在当事人及其诉讼代理人基本情况、案件由来部分予以列明。

行政机关负责人有正当理由不能出庭应诉的，应当向人民法院提交情况说明，并加盖行政机关印章或者由该机关主要负责人签字认可。

行政机关拒绝说明理由的，不发生阻止案件审理的效果，人民法院可以向监察机关、上一级行政机关提出司法建议。

第一百三十条 行政诉讼法第三条第三款规定的“行政机关相应的工作人员”，包括该行政机关具有国家行政编制身份的工作人员以及其他依法履行公职的人员。

被诉行政行为是地方人民政府作出的，地方人民政府法制工作机构的工作人员，以及被诉行政行为具体承办机关工作人员，可以视为被诉人民政府相应的工作人员。

第一百三十一条 行政机关负责人出庭应诉的，应当向人民法院提交能够证明该行政机关负责人职务的材料。

行政机关委托相应的工作人员出庭应诉的，应当向人民法院提交加盖行政机关印章的授权委托书，并载明工作人员的姓名、职务和代理权限。

第一百三十二条 行政机关负责人和行政机关相应的工作人员均不出庭，仅委托律师出庭的或者人民法院书面建议行政机关负责人出庭应诉，行政机关负责人不出庭应诉的，人民法院应当记录在案和在裁判文书中载明，并可以建议有关机关依法作出处理。

九、复议机关作共同被告

第一百三十三条 行政诉讼法第二十六条第二款规定的"复议机关决定维持原行政行为"，包括复议机关驳回复议申请或者复议请求的情形，但以复议申请不符合受理条件为由驳回的除外。

第一百三十四条 复议机关决定维持原行政行为的，作出原行政行为的行政机关和复议机关是共同被告。原告只起诉作出原行政行为的行政机关或者复议机关的，人民法院应当告知原告追加被告。原告不同意追加的，人民法院应当将另一机关列为共同被告。

行政复议决定既有维持原行政行为内容，又有改变原行政行为内容或者不予受理申请内容的，作出原行政行为的行政机关和复议机关为共同被告。

复议机关作共同被告的案件，以作出原行政行为的行政机关确定案件的级别管辖。

第一百三十五条 复议机关决定维持原行政行为的，人民法院应当在审查原行政行为合法性的同时，一并审查复议决定的合法性。

作出原行政行为的行政机关和复议机关对原行政行为合法性共同承担举证责任，可以由其中一个机关实施举证行为。复议机关对复议决定的合法性承担举证责任。

复议机关作共同被告的案件，复议机关在复议程序中依法收集和补充的证据，可以作为人民法院认定复议决定和原行政行为合法的依据。

第一百三十六条 人民法院对原行政行为作出判决的同时，应当对复议决定一并作出相应判决。

人民法院依职权追加作出原行政行为的行政机关或者复议机关为共同被告的，对原行政行为或者复议决定可以作出相应判决。

人民法院判决撤销原行政行为和复议决定的，可以判决作出原行政行为的行政机关重新作出行政行为。

人民法院判决作出原行政行为的行政机关履行法定职责或者给付义务的，应当同时判决撤销复议决定。

原行政行为合法、复议决定违法的，人民法院可以判决撤销复议决定或者确认复议决定违法，同时判决驳回原告针对原行政行为的诉讼请求。

原行政行为被撤销、确认违法或者无效，给原告造成损失的，应当由作出原行政行为的行政机关承担赔偿责任；因复议决定加重损害的，由复议机关对加重部分承担赔偿责任。

原行政行为不符合复议或者诉讼受案范围等受理条件，复议机关作出维持决定的，人民法院应当裁定一并驳回对原行政行为和复议决定的起诉。

十、相关民事争议的一并审理

第一百三十七条 公民、法人或者其他组织请求一并审理行政诉讼法第六十一条规定的相关民事争议，应当在第一审开庭审理前提出；有正当理由的，也可以在法庭调查中提出。

第一百三十八条 人民法院决定在行政诉讼中一并审理相关民事争议，或者案件当事人一致同意相关民事争议在行政诉讼中一并解决，人民法院准许的，由受理行政案件的人民法院管辖。

公民、法人或者其他组织请求一并审理相关民事争议，人民法院经审查发现行政案件已经超过起诉期限，民事案件尚未立案的，告知当事人另行提起民事诉讼；民事案件已经立案的，由原审判组织继续审理。

人民法院在审理行政案件中发现民事争议为解决行政争议的基础，当事人没有请求人民法院一并审理相关民事争议的，人民法院应当告知当事人依法申请一并解决民事争议。当事人就民事争议另行提起民事诉讼并已立案的，人民法院应当中止行政诉讼的审理。民事争议处理期间不计算在行政诉讼审理期限内。

第一百三十九条 有下列情形之一的，人民法院应当作出不予准许一并审理民事争议的决定，并告知当事人可以依法通过其他渠道主张权利：

（一）法律规定应当由行政机关先行处理的；

（二）违反民事诉讼法专属管辖规定或者协议管辖约定的；

（三）约定仲裁或者已经提起民事诉讼的；

（四）其他不宜一并审理民事争议的情形。

对不予准许的决定可以申请复议一次。

第一百四十条 人民法院在行政诉讼中一并审理相关民事争议的，民事争议应当单独立案，由同一审判组织审理。

人民法院审理行政机关对民事争议所作裁决的案件，一并审理民事争议的，不另行立案。

第一百四十一条 人民法院一并审理相关民事争议，适用民事法律规范的相关规定，法律另有规定的除外。

当事人在调解中对民事权益的处分，不能作为审查被诉行政行为合法性的根据。

第一百四十二条 对行政争议和民事争议应当分别裁判。

当事人仅对行政裁判或者民事裁判提出上诉的，未上诉的裁判在上诉期满后即发生法律效力。第一审人民法院应当将全部案卷一并移送第二审人民法院，由行政审判庭审理。第二审人民法院发现未上诉的生效裁判确有错误的，应当按照审判监督程序再审。

第一百四十三条 行政诉讼原告在宣判前申请撤诉的，是否准许由人民法院裁定。人民法院裁定准许行政诉讼原告撤诉，但其对已经提起的一并审理相关民事争议不撤诉的，人民法院应当继续审理。

第一百四十四条 人民法院一并审理相关民事争议，应当按行政案件、民事案件的标准分别收取诉讼费用。

十一、规范性文件的一并审查

第一百四十五条 公民、法人或者其他组织在对行政行为提起诉讼时一并请求对所依据的规范性文件审查的，由行政行为案件管辖法院一并审查。

第一百四十六条 公民、法人或者其他组织请求人民法院一并审查行政诉讼法第五十三条规定的规范性文件，应当在第一审开庭审理前提出；有正当理由的，也可以在法庭调查中提出。

第一百四十七条 人民法院在对规范性文件审查过程中，发现规范性文件可能不合法的，应当听取规范性文件制定机关的意见。

制定机关申请出庭陈述意见的，人民法院应当准许。

行政机关未陈述意见或者未提供相关证明材料的，不能阻止人民法院对规范性文件进行审查。

第一百四十八条 人民法院对规范性文件进行一并审查时，可以从规范性文件制定机关是否超越权限或者违反法定程序、作出行政行为所依据的条款以及相关条款等方面进行。

有下列情形之一的，属于行政诉讼法第六十四条规定的“规范性文件不合法”：

（一）超越制定机关的法定职权或者超越法律、法规、规章的授权范围的；

（二）与法律、法规、规章等上位法的规定相抵触的；

（三）没有法律、法规、规章依据，违法增加公民、法人和其他组织义务或者减损公民、法人和其他组织合法权益的；

（四）未履行法定批准程序、公开发布程序，严重违反制定程序的；

（五）其他违反法律、法规以及规章规定的情形。

第一百四十九条 人民法院经审查认为行政行为所依据的规范性文件合法的，应当作为认定行政行为合法的依据；经审查认为规范性文件不合法的，不作为人民法院认定行政行为合法的依据，并在裁判理由中予以阐明。作出生效裁判的人民法院应当向规范性文件的制定机关提出处理建议，并可以抄送制定机关的同级人民政府、上一级行政机关、监察机关以及规范性文件的备案机关。

规范性文件不合法的，人民法院可以在裁判生效之日起三个月内，向规范性文件制定机关提出修改或者废止该规范性文件的司法建议。

规范性文件由多个部门联合制定的，人民法院可以向该规范性文件的主办机关或者共同上一级行政机关发送司法建议。

接收司法建议的行政机关应当在收到司法建议之日起六十日内予以书面答复。情况紧急的,人民法院可以建议制定机关或者其上一级行政机关立即停止执行该规范性文件。

第一百五十条 人民法院认为规范性文件不合法的,应当在裁判生效后报送上一级人民法院进行备案。涉及国务院部门、省级行政机关制定的规范性文件,司法建议还应当分别层报最高人民法院、高级人民法院备案。

第一百五十一条 各级人民法院院长对本院已经发生法律效力的判决、裁定,发现规范性文件合法性认定错误,认为需要再审的,应当提交审判委员会讨论。

最高人民法院对地方各级人民法院已经发生法律效力的判决、裁定,上级人民法院对下级人民法院已经发生法律效力的判决、裁定,发现规范性文件合法性认定错误的,有权提审或者指令下级人民法院再审。

十二、执行

第一百五十二条 对发生法律效力的行政判决书、行政裁定书、行政赔偿判决书和行政调解书,负有义务的一方当事人拒绝履行的,对方当事人可以依法申请人民法院强制执行。

人民法院判决行政机关履行行政赔偿、行政补偿或者其他行政给付义务,行政机关拒不履行的,对方当事人可以依法向法院申请强制执行。

第一百五十三条 申请执行的期限为二年。申请执行时效的中止、中断,适用法律有关规定。

申请执行的期限从法律文书规定的履行期间最后一日起计算;法律文书规定分期履行的,从规定的每次履行期间的最后一日起计算;法律文书中没有规定履行期限的,从该法律文书送达当事人之日起计算。

逾期申请的,除有正当理由外,人民法院不予受理。

第一百五十四条 发生法律效力的行政判决书、行政裁定书、行政赔偿判决书和行政调解书,由第一审人民法院执行。

第一审人民法院认为情况特殊,需要由第二审人民法院执行的,可以报请第二审人民法院执行;第二审人民法院可以决定由其执行,也可以决定由第一审人民法院执行。

第一百五十五条 行政机关根据行政诉讼法第九十七条的规定申请执行其行政行为,应当具备以下条件:

(一)行政行为依法可以由人民法院执行;

(二)行政行为已经生效并具有可执行内容;

(三)申请人是作出该行政行为的行政机关或者法律、法规、规章授权的组织;

(四)被申请人是该行政行为所确定的义务人;

(五)被申请人在行政行为确定的期限内或者行政机关催告期限内未履行义务;

(六)申请人在法定期限内提出申请;

(七)被申请执行的行政案件属于受理执行申请的人民法院管辖。

行政机关申请人民法院执行,应当提交行政强制法第五十五条规定的相关材料。

人民法院对符合条件的申请,应当在五日内立案受理,并通知申请人;对不符合条件的申请,应当裁定不予受理。行政机关对不予受理裁定有异议,在十五日内向上一级人民法院申请复议的,上一级人民法院应当在收到复议申请之日起十五日内作出裁定。

第一百五十六条 没有强制执行权的行政机关申请人民法院强制执行其行政行为,应当自被执行人的法定起诉期限届满之日起三个月内提出。逾期申请的,除有正当理由外,人民法院不予受理。

第一百五十七条 行政机关申请人民法院强制执行其行政行为的,由申请人所在地的基层人民法院受理;执行对象为不动产的,由不动产所在地的基层人民法院受理。

基层人民法院认为执行确有困难的,可以报请上级人民法院执行;上级人民法院可以决定由其执行,也可以决定由下级人民法院执行。

第一百五十八条 行政机关根据法律的授权对平等主体之间民事争议作出裁决后,当事人在法定期限内不起诉又不履行,作出裁决的行政机关在申请执行的期限内未申请人民法院强制执行的,生效行政裁决确定的权利人或者其继承人、权利承受人在六个月内可以申请人民法院强制执行。

享有权利的公民、法人或者其他组织申请人民法院强制执行生效行政裁决,参照行政机关申请人民法院强制执行行政行为的规定。

第一百五十九条 行政机关或者行政行为确定的权利人申请人民法院强制执行前，有充分理由认为被执行人可能逃避执行的，可以申请人民法院采取财产保全措施。后者申请强制执行的，应当提供相应的财产担保。

第一百六十条 人民法院受理行政机关申请执行其行政行为的案件后，应当在七日内由行政审判庭对行政行为的合法性进行审查，并作出是否准予执行的裁定。

人民法院在作出裁定前发现行政行为明显违法并损害被执行人合法权益的，应当听取被执行人和行政机关的意见，并自受理之日起三十日内作出是否准予执行的裁定。

需要采取强制执行措施的，由本院负责强制执行非诉行政行为的机构执行。

第一百六十一条 被申请执行的行政行为有下列情形之一的，人民法院应当裁定不准予执行：

（一）实施主体不具有行政主体资格的；

（二）明显缺乏事实根据的；

（三）明显缺乏法律、法规依据的；

（四）其他明显违法并损害被执行人合法权益的情形。

行政机关对不准予执行的裁定有异议，在十五日内向上一级人民法院申请复议的，上一级人民法院应当在收到复议申请之日起三十日内作出裁定。

十三、附则

第一百六十二条 公民、法人或者其他组织对2015年5月1日之前作出的行政行为提起诉讼，请求确认行政行为无效的，人民法院不予立案。

第一百六十三条 本解释自2018年2月8日起施行。

本解释施行后，《最高人民法院关于执行〈中华人民共和国行政诉讼法〉若干问题的解释》（法释〔2000〕8号）、《最高人民法院关于适用〈中华人民共和国行政诉讼法〉若干问题的解释》（法释〔2015〕9号）同时废止。最高人民法院以前发布的司法解释与本解释不一致的，不再适用。

最高人民法院关于行政诉讼证据若干问题的规定

（2002年6月4日最高人民法院审判委员会第1224次会议通过 2002年7月24日最高人民法院公告公布 自2002年10月1日起施行 法释〔2002〕21号）

为准确认定案件事实，公正、及时地审理行政案件，根据《中华人民共和国行政诉讼法》（以下简称行政诉讼法）等有关法律规定，结合行政审判实际，制定本规定。

一、举证责任分配和举证期限

第一条 根据行政诉讼法第三十二条和第四十三条的规定，被告对作出的具体行政行为负有举证责任，应当在收到起诉状副本之日起10日内，提供据以作出被诉具体行政行为的全部证据和所依据的规范性文件。被告不提供或者无正当理由逾期提供证据的，视为被诉具体行政行为没有相应的证据。

被告因不可抗力或者客观上不能控制的其他正当事由，不能在前款规定的期限内提供证据的，应当在收到起诉状副本之日起10日内向人民法院提出延期提供证据的书面申请。人民法院准许延期提供的，被告应当在正当事由消除后10日内提供证据。逾期提供的，视为被诉具体行政行为没有相应的证据。

第二条 原告或者第三人提出其在行政程序中没有提出的反驳理由或者证据的，经人民法院准许，被告可以在第一审程序中补充相应的证据。

第三条 根据行政诉讼法第三十三条的规定，在诉讼过程中，被告及其诉讼代理人不得自行向原告和证人收集证据。

第四条 公民、法人或者其他组织向人民法院起诉时，应当提供其符合起诉条件的相应的证据材料。

在起诉被告不作为的案件中，原告应当提供其在行政程序中曾经提出申请的证据材料。但有下列情形的除外：

（一）被告应当依职权主动履行法定职责的；

（二）原告因被告受理申请的登记制度不完备等正当事由不能提供相关证据材料并能够作出合理说明的。

被告认为原告起诉超过法定期限的，由被告承担举证责任。

第五条 在行政赔偿诉讼中，原告应当对被诉具体行政行为造成损害的事实提供证据。

第六条 原告可以提供证明被诉具体行政行为违法的证据。原告提供的证据不成立的，不免除被告对被诉具体行政行为合法性的举证责任。

第七条 原告或者第三人应当在开庭审理前或者人民法院指定的交换证据之日提供证据。因正当事由申请延期提供证据的，经人民法院准许，可以在法庭调查中提供。逾期提供证据的，视为放弃举证权利。

原告或者第三人在第一审程序中无正当事由未提供而在第二审程序中提供的证据，人民法院不予接纳。

第八条 人民法院向当事人送达受理案件通知书或者应诉通知书时，应当告知其举证范围、举证期限和逾期提供证据的法律后果，并告知因正当事由不能按期提供证据时应当提出延期提供证据的申请。

第九条 根据行政诉讼法第三十四条第一款的规定，人民法院有权要求当事人提供或者补充证据。

对当事人无争议，但涉及国家利益、公共利益或者他人合法权益的事实，人民法院可以责令当事人提供或者补充有关证据。

二、提供证据的要求

第十条 根据行政诉讼法第三十一条第一款第（一）项的规定，当事人向人民法院提供书证的，应当符合下列要求：

（一）提供书证的原件，原本、正本和副本均属于书证的原件。提供原件确有困难的，可以提供与原件核对无误的复印件、照片、节录本；

（二）提供由有关部门保管的书证原件的复制件、影印件或者抄录件的，应当注明出处，经该部门核对无异后加盖其印章；

（三）提供报表、图纸、会计账册、专业技术资料、科技文献等书证的，应当附有说明材料；

（四）被告提供的被诉具体行政行为所依据的询问、陈述、谈话类笔录，应当有行政执法人员、被询问人、陈述人、谈话人签名或者盖章。

法律、法规、司法解释和规章对书证的制作形式另有规定的，从其规定。

第十一条 根据行政诉讼法第三十一条第一款第（二）项的规定，当事人向人民法院提供物证的，应当符合下列要求：

（一）提供原物。提供原物确有困难的，可以提供与原物核对无误的复制件或者证明该物证的照片、录像等其他证据；

（二）原物为数量较多的种类物的，提供其中的一部分。

第十二条 根据行政诉讼法第三十一条第一款第（三）项的规定，当事人向人民法院提供计算机数据或者录音、录像等视听资料的，应当符合下列要求：

（一）提供有关资料的原始载体。提供原始载体确有困难的，可以提供复制件；

（二）注明制作方法、制作时间、制作人和证明对象等；

（三）声音资料应当附有该声音内容的文字记录。

第十三条 根据行政诉讼法第三十一条第一款第（四）项的规定，当事人向人民法院提供证人证言的，应当符合下列要求：

（一）写明证人的姓名、年龄、性别、职业、住址等基本情况；

（二）有证人的签名，不能签名的，应当以盖章等方式证明；

（三）注明出具日期；

（四）附有居民身份证复印件等证明证人身份的文件。

第十四条 根据行政诉讼法第三十一条第一款第（六）项的规定，被告向人民法院提供的在行政程序中采用的鉴定结论，应当载明委托人和委托鉴定的事项、向鉴定部门提交的相关材料、鉴定的依据和使用的科学技术手段、鉴定部门和鉴定人鉴定资格的说明，并应有鉴定人的签名和鉴定部门的盖章。通过分析获得的鉴定结论，应当说明分析过程。

第十五条 根据行政诉讼法第三十一条第一款第（七）项的规定，被告向人民法院提供的现场笔录，应当载明时间、地点和事件等内容，并由执法人员和当事人签名。当事人拒绝签名或者不能签名的,应当注明原因。有其他人在现场的,可由其他人签名。

法律、法规和规章对现场笔录的制作形式另有规定的,从其规定。

第十六条 当事人向人民法院提供的在中华人民共和国领域外形成的证据,应当说明来源,经所在国公证机关证明,并经中华人民共和国驻该国使领馆认证,或者履行中华人民共和国与证据所在国订立的有关条约中规定的证明手续。

当事人提供的在中华人民共和国香港特别行政区、澳门特别行政区和台湾地区内形成的证据,应当具有按照有关规定办理的证明手续。

第十七条 当事人向人民法院提供外文书证或者外国语视听资料的,应当附有由具有翻译资质的机构翻译的或者其他翻译准确的中文译本,由翻译机构盖章或者翻译人员签名。

第十八条 证据涉及国家秘密、商业秘密或者个人隐私的,提供人应当作出明确标注,并向法庭说明,法庭予以审查确认。

第十九条 当事人应当对其提交的证据材料分类编号,对证据材料的来源、证明对象和内容作简要说明,签名或者盖章,注明提交日期。

第二十条 人民法院收到当事人提交的证据材料,应当出具收据,注明证据的名称、份数、页数、件数、种类等以及收到的时间,由经办人员签名或者盖章。

第二十一条 对于案情比较复杂或者证据数量较多的案件,人民法院可以组织当事人在开庭前向对方出示或者交换证据,并将交换证据的情况记录在卷。

三、调取和保全证据

第二十二条 根据行政诉讼法第三十四条第二款的规定,有下列情形之一的,人民法院有权向有关行政机关以及其他组织、公民调取证据:

(一) 涉及国家利益、公共利益或者他人合法权益的事实认定的;

(二) 涉及依职权追加当事人、中止诉讼、终结诉讼、回避等程序性事项的。

第二十三条 原告或者第三人不能自行收集,但能够提供确切线索的,可以申请人民法院调取下列证据材料:

(一) 由国家有关部门保存而须由人民法院调取的证据材料;

(二) 涉及国家秘密、商业秘密、个人隐私的证据材料;

(三) 确因客观原因不能自行收集的其他证据材料。

人民法院不得为证明被诉具体行政行为的合法性,调取被告在作出具体行政行为时未收集的证据。

第二十四条 当事人申请人民法院调取证据的,应当在举证期限内提交调取证据申请书。

调取证据申请书应当写明下列内容:

(一) 证据持有人的姓名或者名称、住址等基本情况;

(二) 拟调取证据的内容;

(三) 申请调取证据的原因及其要证明的案件事实。

第二十五条 人民法院对当事人调取证据的申请,经审查符合调取证据条件的,应当及时决定调取;不符合调取证据条件的,应当向当事人或者其诉讼代理人送达通知书,说明不准许调取的理由。当事人及其诉讼代理人可以在收到通知书之日起三日内向受理申请的人民法院书面申请复议一次。人民法院应当在收到复议申请之日起五日内作出答复。

人民法院根据当事人申请,经调取未能取得相应证据的,应当告知申请人并说明原因。

第二十六条 人民法院需要调取的证据在异地的,可以书面委托证据所在地人民法院调取。受托人民法院应当在收到委托书后,按照委托要求及时完成调取证据工作,送交委托人民法院。受托人民法院不能完成委托内容的,应当告知委托的人民法院并说明原因。

第二十七条 当事人根据行政诉讼法第三十六条的规定向人民法院申请保全证据的,应当在举证期限届满前以书面形式提出,并说明证据的名称和地点、保全的内容和范围、申请保全的理由等事项。

当事人申请保全证据的,人民法院可以要求其提供相应的担保。

法律、司法解释规定诉前保全证据的,依照其规定办理。

第二十八条 人民法院依照行政诉讼法第三十六条规定保全证据的,可以根据具体情况,采取查封、扣押、拍照、录音、录像、复制、鉴定、勘验、制作询问笔录等保全措施。

人民法院保全证据时,可以要求当事人或者其诉讼代理人到场。

第二十九条 原告或者第三人有证据或者有正当理由表明被告据以认定案件事实的鉴定结论可能有错误,在举证期限内书面申请重新鉴定的,人民法院应予准许。

第三十条 当事人对人民法院委托的鉴定部门作出的鉴定结论有异议申请重新鉴定,提出证据证明存在下列情形之一的,人民法院应予准许:

(一)鉴定部门或者鉴定人不具有相应的鉴定资格的;

(二)鉴定程序严重违法的;

(三)鉴定结论明显依据不足的;

(四)经过质证不能作为证据使用的其他情形。

对有缺陷的鉴定结论,可以通过补充鉴定、重新质证或者补充质证等方式解决。

第三十一条 对需要鉴定的事项负有举证责任的当事人,在举证期限内无正当理由不提出鉴定申请、不预交鉴定费用或者拒不提供相关材料,致使对案件争议的事实无法通过鉴定结论予以认定的,应当对该事实承担举证不能的法律后果。

第三十二条 人民法院对委托或者指定的鉴定部门出具的鉴定书,应当审查是否具有下列内容:

(一)鉴定的内容;

(二)鉴定时提交的相关材料;

(三)鉴定的依据和使用的科学技术手段;

(四)鉴定的过程;

(五)明确的鉴定结论;

(六)鉴定部门和鉴定人鉴定资格的说明;

(七)鉴定人及鉴定部门签名盖章。

前款内容欠缺或者鉴定结论不明确的,人民法院可以要求鉴定部门予以说明、补充鉴定或者重新鉴定。

第三十三条 人民法院可以依当事人申请或者依职权勘验现场。

勘验现场时,勘验人必须出示人民法院的证件,并邀请当地基层组织或者当事人所在单位派人参加。当事人或其成年亲属应当到场,拒不到场的,不影响勘验的进行,但应当在勘验笔录中说明情况。

第三十四条 审判人员应当制作勘验笔录,记载勘验的时间、地点、勘验人、在场人、勘验的经过和结果,由勘验人、当事人、在场人签名。

勘验现场时绘制的现场图,应当注明绘制的时间、方位、绘制人姓名和身份等内容。

当事人对勘验结论有异议的,可以在举证期限内申请重新勘验,是否准许由人民法院决定。

四、证据的对质辨认和核实

第三十五条 证据应当在法庭上出示,并经庭审质证。未经庭审质证的证据,不能作为定案的依据。

当事人在庭前证据交换过程中没有争议并记录在卷的证据,经审判人员在庭审中说明后,可以作为认定案件事实的依据。

第三十六条 经合法传唤,因被告无正当理由拒不到庭而需要依法缺席判决的,被告提供的证据不能作为定案的依据,但当事人在庭前交换证据中没有争议的证据除外。

第三十七条 涉及国家秘密、商业秘密和个人隐私或者法律规定的其他应当保密的证据,不得在开庭时公开质证。

第三十八条 当事人申请人民法院调取的证据,由申请调取证据的当事人在庭审中出示,并由当事人质证。

人民法院依职权调取的证据,由法庭出示,并可就调取该证据的情况进行说明,听取当事人意见。

第三十九条 当事人应当围绕证据的关联性、合法性和真实性,针对证据有无证明效力以及证明效力大小,进行质证。

经法庭准许,当事人及其代理人可以就证据问题相互发问,也可以向证人、鉴定人或者勘验人发问。

当事人及其代理人相互发问,或者向证人、鉴定人、勘验人发问时,发问的内容应当与案件事实有关联,不得采用引诱、威胁、侮辱等语言或者方式。

第四十条 对书证、物证和视听资料进行质证时，当事人应当出示证据的原件或者原物。但有下列情况之一的除外：

（一）出示原件或者原物确有困难并经法庭准许可以出示复制件或者复制品；

（二）原件或者原物已不存在，可以出示证明复制件、复制品与原件、原物一致的其他证据。

视听资料应当当庭播放或者显示，并由当事人进行质证。

第四十一条 凡是知道案件事实的人，都有出庭作证的义务。有下列情形之一的，经人民法院准许，当事人可以提交书面证言：

（一）当事人在行政程序或者庭前证据交换中对证人证言无异议的；

（二）证人因年迈体弱或者行动不便无法出庭的；

（三）证人因路途遥远、交通不便无法出庭的；

（四）证人因自然灾害等不可抗力或者其他意外事件无法出庭的；

（五）证人因其他特殊原因确实无法出庭的。

第四十二条 不能正确表达意志的人不能作证。

根据当事人申请，人民法院可以就证人能否正确表达意志进行审查或者交由有关部门鉴定。必要时，人民法院也可以依职权交由有关部门鉴定。

第四十三条 当事人申请证人出庭作证的，应当在举证期限届满前提出，并经人民法院许可。人民法院准许证人出庭作证的，应当在开庭审理前通知证人出庭作证。

当事人在庭审过程中要求证人出庭作证的，法庭可以根据审理案件的具体情况，决定是否准许以及是否延期审理。

第四十四条 有下列情形之一，原告或者第三人可以要求相关行政执法人员作为证人出庭作证：

（一）对现场笔录的合法性或者真实性有异议的；

（二）对扣押财产的品种或者数量有异议的；

（三）对检验的物品取样或者保管有异议的；

（四）对行政执法人员的身份的合法性有异议的；

（五）需要出庭作证的其他情形。

第四十五条 证人出庭作证时，应当出示证明其身份的证件。法庭应当告知其诚实作证的法律义务和作伪证的法律责任。

出庭作证的证人不得旁听案件的审理。法庭询问证人时，其他证人不得在场，但组织证人对质的除外。

第四十六条 证人应当陈述其亲历的具体事实。证人根据其经历所作的判断、推测或者评论，不能作为定案的依据。

第四十七条 当事人要求鉴定人出庭接受询问的，鉴定人应当出庭。鉴定人因正当事由不能出庭的，经法庭准许，可以不出庭，由当事人对其书面鉴定结论进行质证。

鉴定人不能出庭的正当事由，参照本规定第四十一条的规定。

对于出庭接受询问的鉴定人，法庭应当核实其身份、与当事人及案件的关系，并告知鉴定人如实说明鉴定情况的法律义务和故意作虚假说明的法律责任。

第四十八条 对被诉具体行政行为涉及的专门性问题，当事人可以向法庭申请由专业人员出庭进行说明，法庭也可以通知专业人员出庭说明。必要时，法庭可以组织专业人员进行对质。

当事人对出庭的专业人员是否具备相应专业知识、学历、资历等专业资格等有异议的，可以进行询问。由法庭决定其是否可以作为专业人员出庭。

专业人员可以对鉴定人进行询问。

第四十九条 法庭在质证过程中，对与案件没有关联的证据材料，应予排除并说明理由。

法庭在质证过程中，准许当事人补充证据的，对补充的证据仍应进行质证。

法庭对经过庭审质证的证据，除确有必要外，一般不再进行质证。

第五十条 在第二审程序中，对当事人依法提供的新的证据，法庭应当进行质证；当事人对第一审认定的证据仍有争议的，法庭也应当进行质证。

第五十一条 按照审判监督程序审理的案件，对当事人依法提供的新的证据，法庭应当进行质证；因原判决、裁定认定事实的证据不足而提起再审所涉及的主要证据，法庭也应当进行质证。

第五十二条 本规定第五十条和第五十一条中的“新的证据”是指以下证据：

（一）在一审程序中应当准予延期提供而未获准许的证据；

（二）当事人在一审程序中依法申请调取而未

获准许或者未取得，人民法院在第二审程序中调取的证据；

（三）原告或者第三人提供的在举证期限届满后发现的证据。

五、证据的审核认定

第五十三条 人民法院裁判行政案件，应当以证据证明的案件事实为依据。

第五十四条 法庭应当对经过庭审质证的证据和无需质证的证据进行逐一审查和对全部证据综合审查，遵循法官职业道德，运用逻辑推理和生活经验，进行全面、客观和公正地分析判断，确定证据材料与案件事实之间的证明关系，排除不具有关联性的证据材料，准确认定案件事实。

第五十五条 法庭应当根据案件的具体情况，从以下方面审查证据的合法性：

（一）证据是否符合法定形式；

（二）证据的取得是否符合法律、法规、司法解释和规章的要求；

（三）是否有影响证据效力的其他违法情形。

第五十六条 法庭应当根据案件的具体情况，从以下方面审查证据的真实性：

（一）证据形成的原因；

（二）发现证据时的客观环境；

（三）证据是否为原件、原物，复制件、复制品与原件、原物是否相符；

（四）提供证据的人或者证人与当事人是否具有利害关系；

（五）影响证据真实性的其他因素。

第五十七条 下列证据材料不能作为定案依据：

（一）严重违反法定程序收集的证据材料；

（二）以偷拍、偷录、窃听等手段获取侵害他人合法权益的证据材料；

（三）以利诱、欺诈、胁迫、暴力等不正当手段获取的证据材料；

（四）当事人无正当事由超出举证期限提供的证据材料；

（五）在中华人民共和国领域以外或者在中华人民共和国香港特别行政区、澳门特别行政区和台湾地区形成的未办理法定证明手续的证据材料；

（六）当事人无正当理由拒不提供原件、原物，又无其他证据印证，且对方当事人不予认可的证据的复制件或者复制品；

（七）被当事人或者他人进行技术处理而无法辨明真伪的证据材料；

（八）不能正确表达意志的证人提供的证言；

（九）不具备合法性和真实性的其他证据材料。

第五十八条 以违反法律禁止性规定或者侵犯他人合法权益的方法取得的证据，不能作为认定案件事实的依据。

第五十九条 被告在行政程序中依照法定程序要求原告提供证据，原告依法应当提供而拒不提供，在诉讼程序中提供的证据，人民法院一般不予采纳。

第六十条 下列证据不能作为认定被诉具体行政行为合法的依据：

（一）被告及其诉讼代理人在作出具体行政行为后或者在诉讼程序中自行收集的证据；

（二）被告在行政程序中非法剥夺公民、法人或者其他组织依法享有的陈述、申辩或者听证权利所采用的证据；

（三）原告或者第三人在诉讼程序中提供的、被告在行政程序中未作为具体行政行为依据的证据。

第六十一条 复议机关在复议程序中收集和补充的证据，或者作出原具体行政行为的行政机关在复议程序中未向复议机关提交的证据，不能作为人民法院认定原具体行政行为合法的依据。

第六十二条 对被告在行政程序中采纳的鉴定结论，原告或者第三人提出证据证明有下列情形之一的，人民法院不予采纳：

（一）鉴定人不具备鉴定资格；

（二）鉴定程序严重违法；

（三）鉴定结论错误、不明确或者内容不完整。

第六十三条 证明同一事实的数个证据，其证明效力一般可以按照下列情形分别认定：

（一）国家机关以及其他职能部门依职权制作的公文文书优于其他书证；

（二）鉴定结论、现场笔录、勘验笔录、档案材料以及经过公证或者登记的书证优于其他书证、视听资料和证人证言；

（三）原件、原物优于复制件、复制品；

（四）法定鉴定部门的鉴定结论优于其他鉴定部门的鉴定结论；

（五）法庭主持勘验所制作的勘验笔录优于其他部门主持勘验所制作的勘验笔录；

（六）原始证据优于传来证据；

（七）其他证人证言优于与当事人有亲属关系或者其他密切关系的证人提供的对该当事人有利的证言；

（八）出庭作证的证人证言优于未出庭作证的证人证言；

（九）数个种类不同、内容一致的证据优于一个孤立的证据。

第六十四条 以有形载体固定或者显示的电子数据交换、电子邮件以及其他数据资料，其制作情况和真实性经对方当事人确认，或者以公证等其他有效方式予以证明的，与原件具有同等的证明效力。

第六十五条 在庭审中一方当事人或者其代理人在代理权限范围内对另一方当事人陈述的案件事实明确表示认可的，人民法院可以对该事实予以认定。但有相反证据足以推翻的除外。

第六十六条 在行政赔偿诉讼中，人民法院主持调解时当事人为达成调解协议而对案件事实的认可，不得在其后的诉讼中作为对其不利的证据。

第六十七条 在不受外力影响的情况下，一方当事人提供的证据，对方当事人明确表示认可的，可以认定该证据的证明效力；对方当事人予以否认，但不能提供充分的证据进行反驳的，可以综合全案情况审查认定该证据的证明效力。

第六十八条 下列事实法庭可以直接认定：

（一）众所周知的事实；

（二）自然规律及定理；

（三）按照法律规定推定的事实；

（四）已经依法证明的事实；

（五）根据日常生活经验法则推定的事实。

前款（一）、（三）、（四）、（五）项，当事人有相反证据足以推翻的除外。

第六十九条 原告确有证据证明被告持有的证据对原告有利，被告无正当事由拒不提供的，可以推定原告的主张成立。

第七十条 生效的人民法院裁判文书或者仲裁机构裁决文书确认的事实，可以作为定案依据。但是如果发现裁判文书或者裁决文书认定的事实有重大问题的，应当中止诉讼，通过法定程序予以纠正后恢复诉讼。

第七十一条 下列证据不能单独作为定案依据：

（一）未成年人所作的与其年龄和智力状况不相适应的证言；

（二）与一方当事人有亲属关系或者其他密切关系的证人所作的对该当事人有利的证言，或者与一方当事人有不利关系的证人所作的对该当事人不利的证言；

（三）应当出庭作证而无正当理由不出庭作证的证人证言；

（四）难以识别是否经过修改的视听资料；

（五）无法与原件、原物核对的复制件或者复制品；

（六）经一方当事人或者他人改动，对方当事人不予认可的证据材料；

（七）其他不能单独作为定案依据的证据材料。

第七十二条 庭审中经过质证的证据，能够当庭认定的，应当当庭认定；不能当庭认定的，应当在合议庭合议时认定。

人民法院应当在裁判文书中阐明证据是否采纳的理由。

第七十三条 法庭发现当庭认定的证据有误，可以按照下列方式纠正：

（一）庭审结束前发现错误的，应当重新进行认定；

（二）庭审结束后宣判前发现错误的，在裁判文书中予以更正并说明理由，也可以再次开庭予以认定；

（三）有新的证据材料可能推翻已认定的证据的，应当再次开庭予以认定。

六、附　　则

第七十四条 证人、鉴定人及其近亲属的人身和财产安全受法律保护。

人民法院应当对证人、鉴定人的住址和联系方式予以保密。

第七十五条 证人、鉴定人因出庭作证或者接受询问而支出的合理费用，由提供证人、鉴定人的一方当事人先行支付，由败诉一方当事人承担。

第七十六条 证人、鉴定人作伪证的，依照行政诉讼法第四十九条第一款第（二）项的规定追究其法律责任。

第七十七条 诉讼参与人或者其他人有对审判人员或者证人、鉴定人、勘验人及其近亲属实施威胁、侮辱、殴打、骚扰或者打击报复等妨碍行政诉讼行为的，依照行政诉讼法第四十九条第一款第（三）项、第（五）项或者第（六）项的规定追究其法律责任。

第七十八条 对应当协助调取证据的单位和个人，无正当理由拒不履行协助义务的，依照行政诉讼法第四十九条第一款第（五）项的规定追究其法律责任。

第七十九条 本院以前有关行政诉讼的司法解释与本规定不一致的，以本规定为准。

第八十条 本规定自2002年10月1日起施行。2002年10月1日尚未审结的一审、二审和再审行政案件不适用本规定。

本规定施行前已经审结的行政案件，当事人以违反本规定为由申请再审的，人民法院不予支持。

本规定施行后按照审判监督程序决定再审的行政案件，适用本规定。

最高人民法院关于审理行政协议案件若干问题的规定

（2019年11月12日最高人民法院审判委员会第1781次会议通过 2019年11月27日最高人民法院公告公布 自2020年1月1日起施行 法释〔2019〕17号）

为依法公正、及时审理行政协议案件，根据《中华人民共和国行政诉讼法》等法律的规定，结合行政审判工作实际，制定本规定。

第一条 行政机关为了实现行政管理或者公共服务目标，与公民、法人或者其他组织协商订立的具有行政法上权利义务内容的协议，属于行政诉讼法第十二条第一款第十一项规定的行政协议。

第二条 公民、法人或者其他组织就下列行政协议提起行政诉讼的，人民法院应当依法受理：

（一）政府特许经营协议；

（二）土地、房屋等征收征用补偿协议；

（三）矿业权等国有自然资源使用权出让协议；

（四）政府投资的保障性住房的租赁、买卖等协议；

（五）符合本规定第一条规定的政府与社会资本合作协议；

（六）其他行政协议。

第三条 因行政机关订立的下列协议提起诉讼的，不属于人民法院行政诉讼的受案范围：

（一）行政机关之间因公务协助等事由而订立的协议；

（二）行政机关与其工作人员订立的劳动人事协议。

第四条 因行政协议的订立、履行、变更、终止等发生纠纷，公民、法人或者其他组织作为原告，以行政机关为被告提起行政诉讼的，人民法院应当依法受理。

因行政机关委托的组织订立的行政协议发生纠纷的，委托的行政机关是被告。

第五条 下列与行政协议有利害关系的公民、法人或者其他组织提起行政诉讼的，人民法院应当依法受理：

（一）参与招标、拍卖、挂牌等竞争性活动，认为行政机关应当依法与其订立行政协议但行政机关拒绝订立，或者认为行政机关与他人订立行政协议损害其合法权益的公民、法人或者其他组织；

（二）认为征收征用补偿协议损害其合法权益的被征收征用土地、房屋等不动产的用益物权人、公房承租人；

（三）其他认为行政协议的订立、履行、变更、终止等行为损害其合法权益的公民、法人或者其他组织。

第六条 人民法院受理行政协议案件后，被告就该协议的订立、履行、变更、终止等提起反诉的，人民法院不予准许。

第七条 当事人书面协议约定选择被告所在地、原告所在地、协议履行地、协议订立地、标的物所在地等与争议有实际联系地点的人民法院管辖的，人民法院从其约定，但违反级别管辖和专属管辖的除外。

第八条 公民、法人或者其他组织向人民法院提起民事诉讼，生效法律文书以涉案协议属于行政协议为由裁定不予立案或者驳回起诉，当事人又提起行政诉讼的，人民法院应当依法受理。

第九条 在行政协议案件中，行政诉讼法第四十九条第三项规定的“有具体的诉讼请求”是指：

（一）请求判决撤销行政机关变更、解除行政协议的行政行为，或者确认该行政行为违法；

（二）请求判决行政机关依法履行或者按照行政协议约定履行义务；

（三）请求判决确认行政协议的效力；

（四）请求判决行政机关依法或者按照约定订立行政协议；

（五）请求判决撤销、解除行政协议；

（六）请求判决行政机关赔偿或者补偿；

（七）其他有关行政协议的订立、履行、变更、终止等诉讼请求。

第十条 被告对于自己具有法定职权、履行法定程序、履行相应法定职责以及订立、履行、变更、解除行政协议等行为的合法性承担举证责任。

原告主张撤销、解除行政协议的，对撤销、解除行政协议的事由承担举证责任。

对行政协议是否履行发生争议的，由负有履行义务的当事人承担举证责任。

第十一条 人民法院审理行政协议案件，应当对被告订立、履行、变更、解除行政协议的行为是否具有法定职权、是否滥用职权、适用法律法规是否正确、是否遵守法定程序、是否明显不当、是否履行相应法定职责进行合法性审查。

原告认为被告未依法或者未按照约定履行行政协议的，人民法院应当针对其诉讼请求，对被告是否具有相应义务或者履行相应义务等进行审查。

第十二条 行政协议存在行政诉讼法第七十五条规定的重大且明显违法情形的，人民法院应当确认行政协议无效。

人民法院可以适用民事法律规范确认行政协议无效。

行政协议无效的原因在一审法庭辩论终结前消除的，人民法院可以确认行政协议有效。

第十三条 法律、行政法规规定应当经过其他机关批准等程序后生效的行政协议，在一审法庭辩论终结前未获得批准的，人民法院应当确认该协议未生效。

行政协议约定被告负有履行批准程序等义务而被告未履行，原告要求被告承担赔偿责任的，人民法院应予支持。

第十四条 原告认为行政协议存在胁迫、欺诈、重大误解、显失公平等情形而请求撤销，人民法院经审理认为符合法律规定可撤销情形的，可以依法判决撤销该协议。

第十五条 行政协议无效、被撤销或者确定不发生效力后，当事人因行政协议取得的财产，人民法院应当判决予以返还；不能返还的，判决折价补偿。

因被告的原因导致行政协议被确认无效或者被撤销，可以同时判决责令被告采取补救措施；给原告造成损失的，人民法院应当判决被告予以赔偿。

第十六条 在履行行政协议过程中，可能出现严重损害国家利益、社会公共利益的情形，被告作出变更、解除协议的行政行为后，原告请求撤销该行为，人民法院经审理认为该行为合法的，判决驳回原告诉讼请求；给原告造成损失的，判决被告予以补偿。

被告变更、解除行政协议的行政行为存在行政诉讼法第七十条规定情形的，人民法院判决撤销或者部分撤销，并可以责令被告重新作出行政行为。

被告变更、解除行政协议的行政行为违法，人民法院可以依据行政诉讼法第七十八条的规定判决被告继续履行协议、采取补救措施；给原告造成损失的，判决被告予以赔偿。

第十七条 原告请求解除行政协议，人民法院认为符合约定或者法定解除情形且不损害国家利益、社会公共利益和他人合法权益的，可以判决解除该协议。

第十八条 当事人依据民事法律规范的规定行使履行抗辩权的，人民法院应予支持。

第十九条 被告未依法履行、未按照约定履行行政协议，人民法院可以依据行政诉讼法第七十八条的规定，结合原告诉讼请求，判决被告继续履行，并明确继续履行的具体内容；被告无法履行或者继续履行无实际意义的，人民法院可以判决被告采取相应的补救措施；给原告造成损失的，判决被告予以赔偿。

原告要求按照约定的违约金条款或者定金条款予以赔偿的，人民法院应予支持。

第二十条 被告明确表示或者以自己的行为表明不履行行政协议，原告在履行期限届满之前向人民法院起诉请求其承担违约责任的，人民法院应予支持。

第二十一条 被告或者其他行政机关因国家利益、社会公共利益的需要依法行使行政职权，导致原告履行不能、履行费用明显增加或者遭受损失,原告请求判令被告给予补偿的,人民法院应予支持。

第二十二条 原告以被告违约为由请求人民法院判令其承担违约责任,人民法院经审理认为行政协议无效的,应当向原告释明,并根据原告变更后的诉讼请求判决确认行政协议无效;因被告的行为造成行政协议无效的,人民法院可以依法判决被告承担赔偿责任。原告经释明后拒绝变更诉讼请求的,人民法院可以判决驳回其诉讼请求。

第二十三条 人民法院审理行政协议案件,可以依法进行调解。

人民法院进行调解时,应当遵循自愿、合法原则,不得损害国家利益、社会公共利益和他人合法权益。

第二十四条 公民、法人或者其他组织未按照行政协议约定履行义务,经催告后不履行,行政机关可以作出要求其履行协议的书面决定。公民、法人或者其他组织收到书面决定后在法定期限内未申请行政复议或者提起行政诉讼,且仍不履行,协议内容具有可执行性的,行政机关可以向人民法院申请强制执行。

法律、行政法规规定行政机关对行政协议享有监督协议履行的职权,公民、法人或者其他组织未按照约定履行义务,经催告后不履行,行政机关可以依法作出处理决定。公民、法人或者其他组织在收到该处理决定后在法定期限内未申请行政复议或者提起行政诉讼,且仍不履行,协议内容具有可执行性的,行政机关可以向人民法院申请强制执行。

第二十五条 公民、法人或者其他组织对行政机关不依法履行、未按照约定履行行政协议提起诉讼的,诉讼时效参照民事法律规范确定;对行政机关变更、解除行政协议等行政行为提起诉讼的,起诉期限依照行政诉讼法及其司法解释确定。

第二十六条 行政协议约定仲裁条款的,人民法院应当确认该条款无效,但法律、行政法规或者我国缔结、参加的国际条约另有规定的除外。

第二十七条 人民法院审理行政协议案件,应当适用行政诉讼法的规定;行政诉讼法没有规定的,参照适用民事诉讼法的规定。

人民法院审理行政协议案件,可以参照适用民事法律规范关于民事合同的相关规定。

第二十八条 2015 年 5 月 1 日后订立的行政协议发生纠纷的,适用行政诉讼法及本规定。

2015 年 5 月 1 日前订立的行政协议发生纠纷的,适用当时的法律、行政法规及司法解释。

第二十九条 本规定自 2020 年 1 月 1 日起施行。最高人民法院以前发布的司法解释与本规定不一致的,适用本规定。

最高人民法院关于行政机关负责人出庭应诉若干问题的规定

(2020 年 3 月 23 日最高人民法院审判委员会第 1797 次会议通过　2020 年 6 月 22 日最高人民法院公告公布　自 2020 年 7 月 1 日起施行　法释〔2020〕3 号)

为进一步规范行政机关负责人出庭应诉活动,根据《中华人民共和国行政诉讼法》等法律规定,结合人民法院行政审判工作实际,制定本规定。

第一条 行政诉讼法第三条第三款规定的被诉行政机关负责人应当出庭应诉,是指被诉行政机关负责人依法应当在第一审、第二审、再审等诉讼程序中出庭参加诉讼,行使诉讼权利,履行诉讼义务。

法律、法规、规章授权独立行使行政职权的行政机关内设机构、派出机构或者其他组织的负责人出庭应诉,适用本规定。

应当追加为被告而原告不同意追加,人民法院通知以第三人身份参加诉讼的行政机关,其负责人出庭应诉活动参照前款规定。

第二条 行政诉讼法第三条第三款规定的被诉行政机关负责人,包括行政机关的正职、副职负责人、参与分管被诉行政行为实施工作的副职级别的负责人以及其他参与分管的负责人。

被诉行政机关委托的组织或者下级行政机关的负责人,不能作为被诉行政机关负责人出庭。

第三条 有共同被告的行政案件,可以由共同被告协商确定行政机关负责人出庭应诉;也可以由人民法院确定。

第四条 对于涉及食品药品安全、生态环境和资源保护、公共卫生安全等重大公共利益,社会高度关注或者可能引发群体性事件等的案件,人民法院应当通知行政机关负责人出庭应诉。

有下列情形之一,需要行政机关负责人出庭的,人民法院可以通知行政机关负责人出庭应诉:

(一)被诉行政行为涉及公民、法人或者其他组织重大人身、财产权益的;

(二)行政公益诉讼;

(三)被诉行政机关的上级机关规范性文件要求行政机关负责人出庭应诉的;

(四)人民法院认为需要通知行政机关负责人出庭应诉的其他情形。

第五条 人民法院在向行政机关送达的权利义务告知书中,应当一并告知行政机关负责人出庭应诉的法定义务及相关法律后果等事项。

人民法院通知行政机关负责人出庭的,应当在开庭三日前送达出庭通知书,并告知行政机关负责人不出庭可能承担的不利法律后果。

行政机关在庭审前申请更换出庭应诉负责人且不影响正常开庭的,人民法院应当准许。

第六条 行政机关负责人出庭应诉的,应当于开庭前向人民法院提交出庭应诉负责人的身份证明。身份证明应当载明该负责人的姓名、职务等基本信息,并加盖行政机关印章。

人民法院应当对出庭应诉负责人的身份证明进行审查,经审查认为不符合条件,可以补正的,应当告知行政机关予以补正;不能补正或者补正可能影响正常开庭的,视为行政机关负责人未出庭应诉。

第七条 对于同一审级需要多次开庭的同一案件,行政机关负责人到庭参加一次庭审的,一般可以认定其已经履行出庭应诉义务,但人民法院通知行政机关负责人再次出庭的除外。

行政机关负责人在一个审理程序中出庭应诉,不免除其在其他审理程序出庭应诉的义务。

第八条 有下列情形之一的,属于行政诉讼法第三条第三款规定的行政机关负责人不能出庭的情形:

(一)不可抗力;

(二)意外事件;

(三)需要履行他人不能代替的公务;

(四)无法出庭的其他正当事由。

第九条 行政机关负责人有正当理由不能出庭的,应当提交相关证明材料,并加盖行政机关印章或者由该机关主要负责人签字认可。

人民法院应当对行政机关负责人不能出庭的理由以及证明材料进行审查。

行政机关负责人有正当理由不能出庭,行政机关申请延期开庭审理的,人民法院可以准许;人民法院也可以依职权决定延期开庭审理。

第十条 行政诉讼法第三条第三款规定的相应的工作人员,是指被诉行政机关中具体行使行政职权的工作人员。

行政机关委托行使行政职权的组织或者下级行政机关的工作人员,可以视为行政机关相应的工作人员。

人民法院应当参照本规定第六条第二款的规定,对行政机关相应的工作人员的身份证明进行审查。

第十一条 诉讼参与人参加诉讼活动,应当依法行使诉讼权利,履行诉讼义务,遵守法庭规则,自觉维护诉讼秩序。

行政机关负责人或者行政机关委托的相应工作人员在庭审过程中应当就案件情况进行陈述、答辩、提交证据、辩论、发表最后意见,对所依据的规范性文件进行解释说明。

行政机关负责人出庭应诉的,应当就实质性解决行政争议发表意见。

诉讼参与人和其他人以侮辱、谩骂、威胁等方式扰乱法庭秩序的,人民法院应当制止,并根据行政诉讼法第五十九条规定进行处理。

第十二条 有下列情形之一的,人民法院应当向监察机关、被诉行政机关的上一级行政机关提出司法建议:

(一)行政机关负责人未出庭应诉,且未说明理由或者理由不成立的;

(二)行政机关有正当理由申请延期开庭审理,人民法院准许后再次开庭审理时行政机关负责人仍未能出庭应诉,且无正当理由的;

(三)行政机关负责人和行政机关相应的工作人员均不出庭应诉的;

(四)行政机关负责人未经法庭许可中途退庭的;

(五)人民法院在庭审中要求行政机关负责人就有关问题进行解释或者说明,行政机关负责人拒绝解释或者说明,导致庭审无法进行的。

有前款情形之一的,人民法院应当记录在案并在裁判文书中载明。

第十三条 当事人对行政机关具有本规定第十二条第一款情形提出异议的，人民法院可以在庭审笔录中载明，不影响案件的正常审理。

原告以行政机关具有本规定第十二条第一款情形为由拒不到庭、未经法庭许可中途退庭的，人民法院可以按照撤诉处理。

原告以行政机关具有本规定第十二条第一款情形为由在庭审中明确拒绝陈述或者以其他方式拒绝陈述，导致庭审无法进行，经法庭释明法律后果后仍不陈述意见的，人民法院可以视为放弃陈述权利，由其承担相应的法律后果。

第十四条 人民法院可以通过适当形式将行政机关负责人出庭应诉情况向社会公开。

人民法院可以定期将辖区内行政机关负责人出庭应诉情况进行统计、分析、评价，向同级人民代表大会常务委员会报告，向同级人民政府进行通报。

第十五条 本规定自2020年7月1日起施行。

（四）非诉讼程序

中华人民共和国仲裁法

（1994年8月31日第八届全国人民代表大会常务委员会第九次会议通过 根据2009年8月27日第十一届全国人民代表大会常务委员会第十次会议《关于修改部分法律的决定》第一次修正 根据2017年9月1日第十二届全国人民代表大会常务委员会第二十九次会议《关于修改〈中华人民共和国法官法〉等八部法律的决定》第二次修正）

目 录

第一章 总 则
第二章 仲裁委员会和仲裁协会
第三章 仲裁协议
第四章 仲裁程序
　第一节 申请和受理
　第二节 仲裁庭的组成
　第三节 开庭和裁决
第五章 申请撤销裁决
第六章 执 行
第七章 涉外仲裁的特别规定
第八章 附 则

第一章 总 则

第一条 【立法宗旨】为保证公正、及时地仲裁经济纠纷，保护当事人的合法权益，保障社会主义市场经济健康发展，制定本法。

第二条 【适用范围】平等主体的公民、法人和其他组织之间发生的合同纠纷和其他财产权益纠纷，可以仲裁。

第三条 【适用范围的例外】下列纠纷不能仲裁：

（一）婚姻、收养、监护、扶养、继承纠纷；

（二）依法应当由行政机关处理的行政争议。

第四条 【自愿仲裁原则】当事人采用仲裁方式解决纠纷，应当双方自愿，达成仲裁协议。没有仲裁协议，一方申请仲裁的，仲裁委员会不予受理。

第五条 【或裁或审原则】当事人达成仲裁协议，一方向人民法院起诉的，人民法院不予受理，但仲裁协议无效的除外。

第六条 【仲裁机构的选定】仲裁委员会应当由当事人协议选定。

仲裁不实行级别管辖和地域管辖。

第七条 【以事实为根据、符合法律规定、公平合理解决纠纷的原则】仲裁应当根据事实，符合法律规定，公平合理地解决纠纷。

第八条 【仲裁独立原则】仲裁依法独立进行，不受行政机关、社会团体和个人的干涉。

第九条 【一裁终局制度】仲裁实行一裁终局的制度。裁决作出后，当事人就同一纠纷再申请仲裁或者向人民法院起诉的，仲裁委员会或者人民法院不予受理。

裁决被人民法院依法裁定撤销或者不予执行的，当事人就该纠纷可以根据双方重新达成的仲裁协议申请仲裁，也可以向人民法院起诉。

第二章 仲裁委员会和仲裁协会

第十条 【仲裁委员会的设立】仲裁委员会可以在直辖市和省、自治区人民政府所在地的市设立，也可以根据需要在其他设区的市设立，不按行政区划层层设立。

仲裁委员会由前款规定的市的人民政府组织有关部门和商会统一组建。

设立仲裁委员会，应当经省、自治区、直辖市的司法行政部门登记。

第十一条 【仲裁委员会的设立条件】仲裁委员会应当具备下列条件：

（一）有自己的名称、住所和章程；

（二）有必要的财产；

（三）有该委员会的组成人员；

（四）有聘任的仲裁员。

仲裁委员会的章程应当依照本法制定。

第十二条 【仲裁委员会的组成人员】仲裁委员会由主任1人、副主任2至4人和委员7至11人组成。

仲裁委员会的主任、副主任和委员由法律、经济贸易专家和有实际工作经验的人员担任。仲裁委员会的组成人员中，法律、经济贸易专家不得少于2/3。

第十三条 【仲裁员的条件】仲裁委员会应当从公道正派的人员中聘任仲裁员。

仲裁员应当符合下列条件之一：

（一）通过国家统一法律职业资格考试取得法律职业资格，从事仲裁工作满八年的；

（二）从事律师工作满八年的；

（三）曾任法官满八年的；

（四）从事法律研究、教学工作并具有高级职称的；

（五）具有法律知识、从事经济贸易等专业工作并具有高级职称或者具有同等专业水平的。

仲裁委员会按照不同专业设仲裁员名册。

第十四条 【仲裁委员会与行政机关以及仲裁委员会之间的关系】仲裁委员会独立于行政机关，与行政机关没有隶属关系。仲裁委员会之间也没有隶属关系。

第十五条 【中国仲裁协会】中国仲裁协会是社会团体法人。仲裁委员会是中国仲裁协会的会员。中国仲裁协会的章程由全国会员大会制定。

中国仲裁协会是仲裁委员会的自律性组织，根据章程对仲裁委员会及其组成人员、仲裁员的违纪行为进行监督。

中国仲裁协会依照本法和民事诉讼法的有关规定制定仲裁规则。

第三章 仲裁协议

第十六条 【仲裁协议的形式和内容】仲裁协议包括合同中订立的仲裁条款和以其他书面方式在纠纷发生前或者纠纷发生后达成的请求仲裁的协议。

仲裁协议应当具有下列内容：

（一）请求仲裁的意思表示；

（二）仲裁事项；

（三）选定的仲裁委员会。

第十七条 【仲裁协议无效的情形】有下列情形之一的，仲裁协议无效：

（一）约定的仲裁事项超出法律规定的仲裁范围的；

（二）无民事行为能力人或者限制民事行为能力人订立的仲裁协议；

（三）一方采取胁迫手段，迫使对方订立仲裁协议的。

第十八条 【对内容不明确的仲裁协议的处理】仲裁协议对仲裁事项或者仲裁委员会没有约定或者约定不明确的，当事人可以补充协议；达不成补充协议的，仲裁协议无效。

第十九条 【合同的变更、解除、终止或者无效对仲裁协议效力的影响】仲裁协议独立存在，合同的变更、解除、终止或者无效，不影响仲裁协议的效力。

仲裁庭有权确认合同的效力。

第二十条 【对仲裁协议的异议】当事人对仲裁协议的效力有异议的，可以请求仲裁委员会作出决定或者请求人民法院作出裁定。一方请求仲裁委员会作出决定，另一方请求人民法院作出裁定的，由人民法院裁定。

当事人对仲裁协议的效力有异议，应当在仲裁庭首次开庭前提出。

第四章 仲裁程序

第一节 申请和受理

第二十一条 【申请仲裁的条件】当事人申请仲裁应当符合下列条件：

（一）有仲裁协议；

（二）有具体的仲裁请求和事实、理由；

（三）属于仲裁委员会的受理范围。

第二十二条 【申请仲裁时应递交的文件】当事人申请仲裁,应当向仲裁委员会递交仲裁协议、仲裁申请书及副本。

第二十三条 【仲裁申请书的内容】仲裁申请书应当载明下列事项:

(一) 当事人的姓名、性别、年龄、职业、工作单位和住所,法人或者其他组织的名称、住所和法定代表人或者主要负责人的姓名、职务;

(二) 仲裁请求和所根据的事实、理由;

(三) 证据和证据来源、证人姓名和住所。

第二十四条 【仲裁申请的受理与不受理】仲裁委员会收到仲裁申请书之日起5日内,认为符合受理条件的,应当受理,并通知当事人;认为不符合受理条件的,应当书面通知当事人不予受理,并说明理由。

第二十五条 【受理后的准备工作】仲裁委员会受理仲裁申请后,应当在仲裁规则规定的期限内将仲裁规则和仲裁员名册送达申请人,并将仲裁申请书副本和仲裁规则、仲裁员名册送达被申请人。

被申请人收到仲裁申请书副本后,应当在仲裁规则规定的期限内向仲裁委员会提交答辩书。仲裁委员会收到答辩书后,应当在仲裁规则规定的期限内将答辩书副本送达申请人。被申请人未提交答辩书的,不影响仲裁程序的进行。

第二十六条 【仲裁协议的当事人一方向人民法院起诉的处理】当事人达成仲裁协议,一方向人民法院起诉未声明有仲裁协议,人民法院受理后,另一方在首次开庭前提交仲裁协议的,人民法院应当驳回起诉,但仲裁协议无效的除外;另一方在首次开庭前未对人民法院受理该案提出异议的,视为放弃仲裁协议,人民法院应当继续审理。

第二十七条 【仲裁请求的放弃、变更、承认、反驳以及反请求】申请人可以放弃或者变更仲裁请求。被申请人可以承认或者反驳仲裁请求,有权提出反请求。

第二十八条 【财产保全】一方当事人因另一方当事人的行为或者其他原因,可能使裁决不能执行或者难以执行的,可以申请财产保全。

当事人申请财产保全的,仲裁委员会应当将当事人的申请依照民事诉讼法的有关规定提交人民法院。

申请有错误的,申请人应当赔偿被申请人因财产保全所遭受的损失。

第二十九条 【仲裁代理】当事人、法定代理人可以委托律师和其他代理人进行仲裁活动。委托律师和其他代理人进行仲裁活动的,应当向仲裁委员会提交授权委托书。

第二节 仲裁庭的组成

第三十条 【仲裁庭的组成】仲裁庭可以由3名仲裁员或者1名仲裁员组成。由3名仲裁员组成的,设首席仲裁员。

第三十一条 【仲裁员的选任】当事人约定由3名仲裁员组成仲裁庭的,应当各自选定或者各自委托仲裁委员会主任指定1名仲裁员,第三名仲裁员由当事人共同选定或者共同委托仲裁委员会主任指定。第三名仲裁员是首席仲裁员。

当事人约定由1名仲裁员成立仲裁庭的,应当由当事人共同选定或者共同委托仲裁委员会主任指定仲裁员。

第三十二条 【仲裁员的指定】当事人没有在仲裁规则规定的期限内约定仲裁庭的组成方式或者选定仲裁员的,由仲裁委员会主任指定。

第三十三条 【仲裁庭组成情况的书面通知】仲裁庭组成后,仲裁委员会应当将仲裁庭的组成情况书面通知当事人。

第三十四条 【仲裁员回避的方式与理由】仲裁员有下列情形之一的,必须回避,当事人也有权提出回避申请:

(一) 是本案当事人或者当事人、代理人的近亲属;

(二) 与本案有利害关系;

(三) 与本案当事人、代理人有其他关系,可能影响公正仲裁的;

(四) 私自会见当事人、代理人,或者接受当事人、代理人的请客送礼的。

第三十五条 【回避申请的提出】当事人提出回避申请,应当说明理由,在首次开庭前提出。回避事由在首次开庭后知道的,可以在最后一次开庭终结前提出。

第三十六条 【回避的决定】仲裁员是否回避,由仲裁委员会主任决定;仲裁委员会主任担任仲裁员时,由仲裁委员会集体决定。

第三十七条 【仲裁员的重新确定】仲裁员因回避或者其他原因不能履行职责的,应当依照本法规定重新选定或者指定仲裁员。

因回避而重新选定或者指定仲裁员后,当事人可以请求已进行的仲裁程序重新进行，是否准许，由仲裁庭决定；仲裁庭也可以自行决定已进行的仲裁程序是否重新进行。

第三十八条 【仲裁员的除名】仲裁员有本法第三十四条第四项规定的情形，情节严重的，或者有本法第五十八条第六项规定的情形的，应当依法承担法律责任，仲裁委员会应当将其除名。

第三节 开庭和裁决

第三十九条 【仲裁审理的方式】仲裁应当开庭进行。当事人协议不开庭的，仲裁庭可以根据仲裁申请书、答辩书以及其他材料作出裁决。

第四十条 【开庭审理的方式】仲裁不公开进行。当事人协议公开的，可以公开进行，但涉及国家秘密的除外。

第四十一条 【开庭日期的通知与延期开庭】仲裁委员会应当在仲裁规则规定的期限内将开庭日期通知双方当事人。当事人有正当理由的，可以在仲裁规则规定的期限内请求延期开庭。是否延期，由仲裁庭决定。

第四十二条 【当事人缺席的处理】申请人经书面通知，无正当理由不到庭或者未经仲裁庭许可中途退庭的，可以视为撤回仲裁申请。

被申请人经书面通知，无正当理由不到庭或者未经仲裁庭许可中途退庭的，可以缺席裁决。

第四十三条 【证据提供与收集】当事人应当对自己的主张提供证据。

仲裁庭认为有必要收集的证据，可以自行收集。

第四十四条 【专门性问题的鉴定】仲裁庭对专门性问题认为需要鉴定的，可以交由当事人约定的鉴定部门鉴定，也可以由仲裁庭指定的鉴定部门鉴定。

根据当事人的请求或者仲裁庭的要求，鉴定部门应当派鉴定人参加开庭。当事人经仲裁庭许可，可以向鉴定人提问。

第四十五条 【证据的出示与质证】证据应当在开庭时出示，当事人可以质证。

第四十六条 【证据保全】在证据可能灭失或者以后难以取得的情况下，当事人可以申请证据保全。当事人申请证据保全的，仲裁委员会应当将当事人的申请提交证据所在地的基层人民法院。

第四十七条 【当事人的辩论】当事人在仲裁过程中有权进行辩论。辩论终结时，首席仲裁员或者独任仲裁员应当征询当事人的最后意见。

第四十八条 【仲裁笔录】仲裁庭应当将开庭情况记入笔录。当事人和其他仲裁参与人认为对自己陈述的记录有遗漏或者差错的，有权申请补正。如果不予补正，应当记录该申请。

笔录由仲裁员、记录人员、当事人和其他仲裁参与人签名或者盖章。

第四十九条 【仲裁和解】当事人申请仲裁后，可以自行和解。达成和解协议的，可以请求仲裁庭根据和解协议作出裁决书，也可以撤回仲裁申请。

第五十条 【达成和解协议、撤回仲裁申请后反悔的处理】当事人达成和解协议，撤回仲裁申请后反悔的，可以根据仲裁协议申请仲裁。

第五十一条 【仲裁调解】仲裁庭在作出裁决前，可以先行调解。当事人自愿调解的，仲裁庭应当调解。调解不成的，应当及时作出裁决。

调解达成协议的，仲裁庭应当制作调解书或者根据协议的结果制作裁决书。调解书与裁决书具有同等法律效力。

第五十二条 【仲裁调解书】调解书应当写明仲裁请求和当事人协议的结果。调解书由仲裁员签名，加盖仲裁委员会印章，送达双方当事人。

调解书经双方当事人签收后，即发生法律效力。

在调解书签收前当事人反悔的，仲裁庭应当及时作出裁决。

第五十三条 【仲裁裁决的作出】裁决应当按照多数仲裁员的意见作出，少数仲裁员的不同意见可以记入笔录。仲裁庭不能形成多数意见时，裁决应当按照首席仲裁员的意见作出。

第五十四条 【裁决书的内容】裁决书应当写明仲裁请求、争议事实、裁决理由、裁决结果、仲裁费用的负担和裁决日期。当事人协议不愿写明争议事实和裁决理由的，可以不写。裁决书由仲裁员签名，加盖仲裁委员会印章。对裁决持不同意见的仲裁员，可以签名，也可以不签名。

第五十五条 【先行裁决】仲裁庭仲裁纠纷时，其中一部分事实已经清楚，可以就该部分先行裁决。

第五十六条 【裁决书的补正】对裁决书中的文字、计算错误或者仲裁庭已经裁决但在裁决书中遗漏的事项，仲裁庭应当补正；当事人自收到裁决书之日起30日内，可以请求仲裁庭补正。

第五十七条 【裁决书生效】裁决书自作出之日起发生法律效力。

第五章 申请撤销裁决

第五十八条 【申请撤销仲裁裁决的法定情形】当事人提出证据证明裁决有下列情形之一的，可以向仲裁委员会所在地的中级人民法院申请撤销裁决：

（一）没有仲裁协议的；

（二）裁决的事项不属于仲裁协议的范围或者仲裁委员会无权仲裁的；

（三）仲裁庭的组成或者仲裁的程序违反法定程序的；

（四）裁决所根据的证据是伪造的；

（五）对方当事人隐瞒了足以影响公正裁决的证据的；

（六）仲裁员在仲裁该案时有索贿受贿，徇私舞弊，枉法裁决行为的。

人民法院经组成合议庭审查核实裁决有前款规定情形之一的，应当裁定撤销。

人民法院认定该裁决违背社会公共利益的，应当裁定撤销。

第五十九条 【申请撤销仲裁裁决的期限】当事人申请撤销裁决的，应当自收到裁决书之日起6个月内提出。

第六十条 【人民法院对撤销申请的审查与处理】人民法院应当在受理撤销裁决申请之日起两个月内作出撤销裁决或者驳回申请的裁定。

第六十一条 【申请撤销仲裁裁决的后果】人民法院受理撤销裁决的申请后，认为可以由仲裁庭重新仲裁的，通知仲裁庭在一定期限内重新仲裁，并裁定中止撤销程序。仲裁庭拒绝重新仲裁的，人民法院应当裁定恢复撤销程序。

第六章 执 行

第六十二条 【仲裁裁决的执行】当事人应当履行裁决。一方当事人不履行的，另一方当事人可以依照民事诉讼法的有关规定向人民法院申请执行。受申请的人民法院应当执行。

第六十三条 【仲裁裁决的不予执行】被申请人提出证据证明裁决有民事诉讼法第二百一十三条第二款规定的情形之一的，经人民法院组成合议庭审查核实，裁定不予执行。

第六十四条 【仲裁裁决的执行中止、终结与恢复】一方当事人申请执行裁决，另一方当事人申请撤销裁决的，人民法院应当裁定中止执行。

人民法院裁定撤销裁决的，应当裁定终结执行。撤销裁决的申请被裁定驳回的，人民法院应当裁定恢复执行。

第七章 涉外仲裁的特别规定

第六十五条 【涉外仲裁的法律适用】涉外经济贸易、运输和海事中发生的纠纷的仲裁，适用本章规定。本章没有规定的，适用本法其他有关规定。

第六十六条 【涉外仲裁委员会的设立】涉外仲裁委员会可以由中国国际商会组织设立。

涉外仲裁委员会由主任1人、副主任若干人和委员若干人组成。

涉外仲裁委员会的主任、副主任和委员可以由中国国际商会聘任。

第六十七条 【涉外仲裁委员会仲裁员的聘任】涉外仲裁委员会可以从具有法律、经济贸易、科学技术等专门知识的外籍人士中聘任仲裁员。

第六十八条 【涉外仲裁的证据保全】涉外仲裁的当事人申请证据保全的，涉外仲裁委员会应当将当事人的申请提交证据所在地的中级人民法院。

第六十九条 【涉外仲裁的开庭笔录与笔录要点】涉外仲裁的仲裁庭可以将开庭情况记入笔录，或者作出笔录要点，笔录要点可以由当事人和其他仲裁参与人签字或者盖章。

第七十条 【涉外仲裁裁决的撤销】当事人提出证据证明涉外仲裁裁决有民事诉讼法第二百五十八条第一款规定的情形之一的，经人民法院组成合议庭审查核实，裁定撤销。

第七十一条 【涉外仲裁裁决的不予执行】被申请人提出证据证明涉外仲裁裁决有民事诉讼法第二百五十八条第一款规定的情形之一的，经人民法院组成合议庭审查核实，裁定不予执行。

第七十二条 【涉外仲裁裁决的执行】涉外仲裁委员会作出的发生法律效力的仲裁裁决，当事人请求执行的，如果被执行人或者其财产不在中华人民共和国领域内，应当由当事人直接向有管辖权的外国法院申请承认和执行。

第七十三条 【涉外仲裁规则】涉外仲裁规则可以由中国国际商会依照本法和民事诉讼法的有关规定制定。

第八章　附　　则

第七十四条　**【仲裁时效】**法律对仲裁时效有规定的，适用该规定。法律对仲裁时效没有规定的，适用诉讼时效的规定。

第七十五条　**【仲裁暂行规则的判定】**中国仲裁协会制定仲裁规则前，仲裁委员会依照本法和民事诉讼法的有关规定可以制定仲裁暂行规则。

第七十六条　**【仲裁费用】**当事人应当按照规定交纳仲裁费用。

收取仲裁费用的办法，应当报物价管理部门核准。

第七十七条　**【本法适用的例外】**劳动争议和农业集体经济组织内部的农业承包合同纠纷的仲裁，另行规定。

第七十八条　**【本法施行前制定的有关仲裁的规定的效力】**本法施行前制定的有关仲裁的规定与本法的规定相抵触的，以本法为准。

第七十九条　**【本法施行前后仲裁机构的衔接与过渡】**本法施行前在直辖市、省、自治区人民政府所在地的市和其他设区的市设立的仲裁机构，应当依照本法的有关规定重新组建；未重新组建的，自本法施行之日起届满1年时终止。

本法施行前设立的不符合本法规定的其他仲裁机构，自本法施行之日起终止。

第八十条　**【施行日期】**本法自1995年9月1日起施行。

最高人民法院关于适用《中华人民共和国仲裁法》若干问题的解释

（2005年12月26日最高人民法院审判委员会第1375次会议通过　2006年8月23日最高人民法院公告公布　自2006年9月8日起施行　法释〔2006〕7号）

根据《中华人民共和国仲裁法》和《中华人民共和国民事诉讼法》等法律规定，对人民法院审理涉及仲裁案件适用法律的若干问题作如下解释：

第一条　仲裁法第十六条规定的“其他书面形式”的仲裁协议，包括以合同书、信件和数据电文（包括电报、电传、传真、电子数据交换和电子邮件）等形式达成的请求仲裁的协议。

第二条　当事人概括约定仲裁事项为合同争议的，基于合同成立、效力、变更、转让、履行、违约责任、解释、解除等产生的纠纷都可以认定为仲裁事项。

第三条　仲裁协议约定的仲裁机构名称不准确，但能够确定具体的仲裁机构的，应当认定选定了仲裁机构。

第四条　仲裁协议仅约定纠纷适用的仲裁规则的，视为未约定仲裁机构，但当事人达成补充协议或者按照约定的仲裁规则能够确定仲裁机构的除外。

第五条　仲裁协议约定两个以上仲裁机构的，当事人可以协议选择其中的一个仲裁机构申请仲裁；当事人不能就仲裁机构选择达成一致的，仲裁协议无效。

第六条　仲裁协议约定由某地的仲裁机构仲裁且该地仅有一个仲裁机构的，该仲裁机构视为约定的仲裁机构。该地有两个以上仲裁机构的，当事人可以协议选择其中的一个仲裁机构申请仲裁；当事人不能就仲裁机构选择达成一致的，仲裁协议无效。

第七条　当事人约定争议可以向仲裁机构申请仲裁也可以向人民法院起诉的，仲裁协议无效。但一方向仲裁机构申请仲裁，另一方未在仲裁法第二十条第二款规定期间内提出异议的除外。

第八条　当事人订立仲裁协议后合并、分立的，仲裁协议对其权利义务的继受人有效。

当事人订立仲裁协议后死亡的，仲裁协议对承继其仲裁事项中的权利义务的继承人有效。

前两款规定情形，当事人订立仲裁协议时另有约定的除外。

第九条　债权债务全部或者部分转让的，仲裁协议对受让人有效，但当事人另有约定、在受让债权债务时受让人明确反对或者不知有单独仲裁协议的除外。

第十条　合同成立后未生效或者被撤销的，仲裁协议效力的认定适用仲裁法第十九条第一款的规定。

当事人在订立合同时就争议达成仲裁协议的，合同未成立不影响仲裁协议的效力。

第十一条　合同约定解决争议适用其他合同、文件中的有效仲裁条款的，发生合同争议时，当事人应当按照该仲裁条款提请仲裁。

涉外合同应当适用的有关国际条约中有仲裁规定的，发生合同争议时，当事人应当按照国际条约中的仲裁规定提请仲裁。

第十二条 当事人向人民法院申请确认仲裁协议效力的案件，由仲裁协议约定的仲裁机构所在地的中级人民法院管辖；仲裁协议约定的仲裁机构不明确的，由仲裁协议签订地或者被申请人住所地的中级人民法院管辖。

申请确认涉外仲裁协议效力的案件，由仲裁协议约定的仲裁机构所在地、仲裁协议签订地、申请人或者被申请人住所地的中级人民法院管辖。

涉及海事海商纠纷仲裁协议效力的案件，由仲裁协议约定的仲裁机构所在地、仲裁协议签订地、申请人或者被申请人住所地的海事法院管辖；上述地点没有海事法院的，由就近的海事法院管辖。

第十三条 依照仲裁法第二十条第二款的规定，当事人在仲裁庭首次开庭前没有对仲裁协议的效力提出异议，而后向人民法院申请确认仲裁协议无效的，人民法院不予受理。

仲裁机构对仲裁协议的效力作出决定后，当事人向人民法院申请确认仲裁协议效力或者申请撤销仲裁机构的决定的，人民法院不予受理。

第十四条 仲裁法第二十六条规定的“首次开庭”是指答辩期满后人民法院组织的第一次开庭审理，不包括审前程序中的各项活动。

第十五条 人民法院审理仲裁协议效力确认案件，应当组成合议庭进行审查，并询问当事人。

第十六条 对涉外仲裁协议的效力审查，适用当事人约定的法律；当事人没有约定适用的法律但约定了仲裁地的，适用仲裁地法律；没有约定适用的法律也没有约定仲裁地或者仲裁地约定不明的，适用法院地法律。

第十七条 当事人以不属于仲裁法第五十八条或者民事诉讼法第二百五十八条规定的事由申请撤销仲裁裁决的，人民法院不予支持。①

第十八条 仲裁法第五十八条第一款第一项规定的“没有仲裁协议”是指当事人没有达成仲裁协议。仲裁协议被认定无效或者被撤销的，视为没有仲裁协议。

第十九条 当事人以仲裁裁决事项超出仲裁协议范围为由申请撤销仲裁裁决，经审查属实的，人民法院应当撤销仲裁裁决中的超裁部分。但超裁部分与其他裁决事项不可分的，人民法院应当撤销仲裁裁决。

第二十条 仲裁法第五十八条规定的“违反法定程序”，是指违反仲裁法规定的仲裁程序和当事人选择的仲裁规则可能影响案件正确裁决的情形。

第二十一条 当事人申请撤销国内仲裁裁决的案件属于下列情形之一的，人民法院可以依照仲裁法第六十一条的规定通知仲裁庭在一定期限内重新仲裁：

（一）仲裁裁决所根据的证据是伪造的；

（二）对方当事人隐瞒了足以影响公正裁决的证据的。

人民法院应当在通知中说明要求重新仲裁的具体理由。

第二十二条 仲裁庭在人民法院指定的期限内开始重新仲裁的，人民法院应当裁定终结撤销程序；未开始重新仲裁的，人民法院应当裁定恢复撤销程序。

第二十三条 当事人对重新仲裁裁决不服的，可以在重新仲裁裁决书送达之日起六个月内依据仲裁法第五十八条规定向人民法院申请撤销。

第二十四条 当事人申请撤销仲裁裁决的案件，人民法院应当组成合议庭审理，并询问当事人。

第二十五条 人民法院受理当事人撤销仲裁裁决的申请后，另一方当事人申请执行同一仲裁裁决的，受理执行申请的人民法院应当在受理后裁定中止执行。

第二十六条 当事人向人民法院申请撤销仲裁裁决被驳回后，又在执行程序中以相同理由提出不予执行抗辩的，人民法院不予支持。

第二十七条 当事人在仲裁程序中未对仲裁协议的效力提出异议，在仲裁裁决作出后以仲裁协议无效为由主张撤销仲裁裁决或者提出不予执行抗辩的，人民法院不予支持。

当事人在仲裁程序中对仲裁协议的效力提出异议，在仲裁裁决作出后又以此为由主张撤销仲裁裁决或者提出不予执行抗辩，经审查符合仲裁法第

---

① 本条根据《最高人民法院关于调整司法解释等文件中引用〈中华人民共和国民事诉讼法〉条文序号的决定》（法释〔2008〕18号）第79条调整。

五十八条或者民事诉讼法第二百一十三条、第二百五十八条规定的，人民法院应予支持。①

第二十八条　当事人请求不予执行仲裁调解书或者根据当事人之间的和解协议作出的仲裁裁决书的，人民法院不予支持。

第二十九条　当事人申请执行仲裁裁决案件，由被执行人住所地或者被执行的财产所在地的中级人民法院管辖。

第三十条　根据审理撤销、执行仲裁裁决案件的实际需要，人民法院可以要求仲裁机构作出说明或者向相关仲裁机构调阅仲裁案卷。

人民法院在办理涉及仲裁的案件过程中作出的裁定，可以送相关的仲裁机构。

第三十一条　本解释自2006年9月8日起实施。

本院以前发布的司法解释与本解释不一致的，以本解释为准。

中华人民共和国人民调解法

（2010年8月28日第十一届全国人民代表大会常务委员会第十六次会议通过　2010年8月28日中华人民共和国主席令第34号公布　自2011年1月1日起施行）

目　　录

第一章　总　　则
第二章　人民调解委员会
第三章　人民调解员
第四章　调解程序
第五章　调解协议
第六章　附　　则

第一章　总　　则

第一条　【立法目的和立法根据】为了完善人民调解制度，规范人民调解活动，及时解决民间纠纷，维护社会和谐稳定，根据宪法，制定本法。

第二条　【人民调解定义】本法所称人民调解，是指人民调解委员会通过说服、疏导等方法，促使当事人在平等协商基础上自愿达成调解协议，解决民间纠纷的活动。

第三条　【人民调解工作基本原则】人民调解委员会调解民间纠纷，应当遵循下列原则：

（一）在当事人自愿、平等的基础上进行调解；

（二）不违背法律、法规和国家政策；

（三）尊重当事人的权利，不得因调解而阻止当事人依法通过仲裁、行政、司法等途径维护自己的权利。

第四条　【人民调解不收费】人民调解委员会调解民间纠纷，不收取任何费用。

第五条　【对人民调解工作的指导】国务院司法行政部门负责指导全国的人民调解工作，县级以上地方人民政府司法行政部门负责指导本行政区域的人民调解工作。

基层人民法院对人民调解委员会调解民间纠纷进行业务指导。

第六条　【鼓励和支持人民调解工作】国家鼓励和支持人民调解工作。县级以上地方人民政府对人民调解工作所需经费应当给予必要的支持和保障，对有突出贡献的人民调解委员会和人民调解员按照国家规定给予表彰奖励。

第二章　人民调解委员会

第七条　【人民调解委员会的性质】人民调解委员会是依法设立的调解民间纠纷的群众性组织。

第八条　【人民调解委员会的组织形式与人员构成】村民委员会、居民委员会设立人民调解委员会。企业事业单位根据需要设立人民调解委员会。

人民调解委员会由委员三至九人组成，设主任一人，必要时，可以设副主任若干人。

人民调解委员会应当有妇女成员，多民族居住的地区应当有人数较少民族的成员。

第九条　【人民调解委员会委员产生方式及任期】村民委员会、居民委员会的人民调解委员会委

① 本条根据《最高人民法院关于调整司法解释等文件中引用〈中华人民共和国民事诉讼法〉条文序号的决定》（法释〔2008〕18号）第80条调整。

员由村民会议或者村民代表会议、居民会议推选产生；企业事业单位设立的人民调解委员会委员由职工大会、职工代表大会或者工会组织推选产生。

人民调解委员会委员每届任期三年，可以连选连任。

第十条 【人民调解委员会有关情况的统计与通报】县级人民政府司法行政部门应当对本行政区域内人民调解委员会的设立情况进行统计，并且将人民调解委员会以及人员组成和调整情况及时通报所在地基层人民法院。

第十一条 【健全工作制度与密切群众关系】人民调解委员会应当建立健全各项调解工作制度，听取群众意见，接受群众监督。

第十二条 【为人民调解委员会开展工作提供保障】村民委员会、居民委员会和企业事业单位应当为人民调解委员会开展工作提供办公条件和必要的工作经费。

第三章 人民调解员

第十三条 【人民调解员的构成】人民调解员由人民调解委员会委员和人民调解委员会聘任的人员担任。

第十四条 【人民调解员的任职条件与业务培训】人民调解员应当由公道正派、热心人民调解工作，并具有一定文化水平、政策水平和法律知识的成年公民担任。

县级人民政府司法行政部门应当定期对人民调解员进行业务培训。

第十五条 【罢免或者解聘人民调解员的情形】人民调解员在调解工作中有下列行为之一的，由其所在的人民调解委员会给予批评教育、责令改正，情节严重的，由推选或者聘任单位予以罢免或者解聘：

（一）偏袒一方当事人的；

（二）侮辱当事人的；

（三）索取、收受财物或者牟取其他不正当利益的；

（四）泄露当事人的个人隐私、商业秘密的。

第十六条 【人民调解员待遇】人民调解员从事调解工作，应当给予适当的误工补贴；因从事调解工作致伤致残，生活发生困难的，当地人民政府应当提供必要的医疗、生活救助；在人民调解工作岗位上牺牲的人民调解员，其配偶、子女按照国家规定享受抚恤和优待。

第四章 调解程序

第十七条 【人民调解的启动方式】当事人可以向人民调解委员会申请调解；人民调解委员会也可以主动调解。当事人一方明确拒绝调解的，不得调解。

第十八条 【告知当事人申请人民调解】基层人民法院、公安机关对适宜通过人民调解方式解决的纠纷，可以在受理前告知当事人向人民调解委员会申请调解。

第十九条 【人民调解员的确定】人民调解委员会根据调解纠纷的需要，可以指定一名或者数名人民调解员进行调解，也可以由当事人选择一名或者数名人民调解员进行调解。

第二十条 【邀请、支持有关人员参与调解】人民调解员根据调解纠纷的需要，在征得当事人的同意后，可以邀请当事人的亲属、邻里、同事等参与调解，也可以邀请具有专门知识、特定经验的人员或者有关社会组织的人员参与调解。

人民调解委员会支持当地公道正派、热心调解、群众认可的社会人士参与调解。

第二十一条 【人民调解员调解工作要求】人民调解员调解民间纠纷，应当坚持原则，明法析理，主持公道。

调解民间纠纷，应当及时、就地进行，防止矛盾激化。

第二十二条 【调解程序与调解方式】人民调解员根据纠纷的不同情况，可以采取多种方式调解民间纠纷，充分听取当事人的陈述，讲解有关法律、法规和国家政策，耐心疏导，在当事人平等协商、互谅互让的基础上提出纠纷解决方案，帮助当事人自愿达成调解协议。

第二十三条 【人民调解活动中的当事人权利】当事人在人民调解活动中享有下列权利：

（一）选择或者接受人民调解员；

（二）接受调解、拒绝调解或者要求终止调解；

（三）要求调解公开进行或者不公开进行；

（四）自主表达意愿、自愿达成调解协议。

第二十四条 【人民调解活动中的当事人义务】当事人在人民调解活动中履行下列义务：

（一）如实陈述纠纷事实；

（二）遵守调解现场秩序，尊重人民调解员；

（三）尊重对方当事人行使权利。

第二十五条 【调解过程中预防纠纷激化工作的措施】人民调解员在调解纠纷过程中，发现纠纷有可能激化的，应当采取有针对性的预防措施；对有可能引起治安案件、刑事案件的纠纷，应当及时向当地公安机关或者其他有关部门报告。

第二十六条 【调解终止】人民调解员调解纠纷，调解不成的，应当终止调解，并依据有关法律、法规的规定，告知当事人可以依法通过仲裁、行政、司法等途径维护自己的权利。

第二十七条 【人民调解材料立卷归档】人民调解员应当记录调解情况。人民调解委员会应当建立调解工作档案，将调解登记、调解工作记录、调解协议书等材料立卷归档。

第五章 调解协议

第二十八条 【达成调解协议的方式】经人民调解委员会调解达成调解协议的，可以制作调解协议书。当事人认为无需制作调解协议书的，可以采取口头协议方式，人民调解员应当记录协议内容。

第二十九条 【调解协议书的制作、生效及留存】调解协议书可以载明下列事项：

（一）当事人的基本情况；

（二）纠纷的主要事实、争议事项以及各方当事人的责任；

（三）当事人达成调解协议的内容，履行的方式、期限。

调解协议书自各方当事人签名、盖章或者按指印，人民调解员签名并加盖人民调解委员会印章之日起生效。调解协议书由当事人各执一份，人民调解委员会留存一份。

第三十条 【口头调解协议的生效】口头调解协议自各方当事人达成协议之日起生效。

第三十一条 【调解协议效力】经人民调解委员会调解达成的调解协议，具有法律约束力，当事人应当按照约定履行。

人民调解委员会应当对调解协议的履行情况进行监督，督促当事人履行约定的义务。

第三十二条 【当事人对调解协议的内容或履行发生争议的救济】经人民调解委员会调解达成调解协议后，当事人之间就调解协议的履行或者调解协议的内容发生争议的，一方当事人可以向人民法院提起诉讼。

第三十三条 【对调解协议的司法确认】经人民调解委员会调解达成调解协议后，双方当事人认为有必要的，可以自调解协议生效之日起三十日内共同向人民法院申请司法确认，人民法院应当及时对调解协议进行审查，依法确认调解协议的效力。

人民法院依法确认调解协议有效，一方当事人拒绝履行或者未全部履行的，对方当事人可以向人民法院申请强制执行。

人民法院依法确认调解协议无效的，当事人可以通过人民调解方式变更原调解协议或者达成新的调解协议，也可以向人民法院提起诉讼。

第六章 附 则

第三十四条 【参照设立人民调解委员会】乡镇、街道以及社会团体或者其他组织根据需要可以参照本法有关规定设立人民调解委员会，调解民间纠纷。

第三十五条 【施行日期】本法自2011年1月1日起施行。

最高人民法院关于人民调解协议司法确认程序的若干规定

（2011年3月21日最高人民法院审判委员会第1515次会议通过 2011年3月23日最高人民法院公告公布 自2011年3月30日起施行 法释〔2011〕5号）

为了规范经人民调解委员会调解达成的民事调解协议的司法确认程序，进一步建立健全诉讼与非诉讼相衔接的矛盾纠纷解决机制，依照《中华人民共和国民事诉讼法》和《中华人民共和国人民调解法》的规定，结合审判实际，制定本规定。

第一条 当事人根据《中华人民共和国人民调解法》第三十三条的规定共同向人民法院申请确认调解协议的，人民法院应当依法受理。

第二条 当事人申请确认调解协议的，由主持调解的人民调解委员会所在地基层人民法院或者它派出的法庭管辖。

人民法院在立案前委派人民调解委员会调解并达成调解协议，当事人申请司法确认的，由委派的人民法院管辖。

第三条 当事人申请确认调解协议，应当向人民法院提交司法确认申请书、调解协议和身份证明、资格证明，以及与调解协议相关的财产权利证明等证明材料，并提供双方当事人的送达地址、电话号码等联系方式。委托他人代为申请的，必须向人民法院提交由委托人签名或者盖章的授权委托书。

第四条 人民法院收到当事人司法确认申请，应当在三日内决定是否受理。人民法院决定受理的，应当编立“调确字”案号，并及时向当事人送达受理通知书。双方当事人同时到法院申请司法确认的，人民法院可以当即受理并作出是否确认的决定。

有下列情形之一的，人民法院不予受理：

（一）不属于人民法院受理民事案件的范围或者不属于接受申请的人民法院管辖的；

（二）确认身份关系的；

（三）确认收养关系的；

（四）确认婚姻关系的。

第五条 人民法院应当自受理司法确认申请之日起十五日内作出是否确认的决定。因特殊情况需要延长的，经本院院长批准，可以延长十日。

在人民法院作出是否确认的决定前，一方或者双方当事人撤回司法确认申请的，人民法院应当准许。

第六条 人民法院受理司法确认申请后，应当指定一名审判人员对调解协议进行审查。人民法院在必要时可以通知双方当事人同时到场，当面询问当事人。当事人应当向人民法院如实陈述申请确认的调解协议的有关情况，保证提交的证明材料真实、合法。人民法院在审查中，认为当事人的陈述或者提供的证明材料不充分、不完备或者有疑义的，可以要求当事人补充陈述或者补充证明材料。当事人无正当理由未按时补充或者拒不接受询问的，可以按撤回司法确认申请处理。

第七条 具有下列情形之一的，人民法院不予确认调解协议效力：

（一）违反法律、行政法规强制性规定的；

（二）侵害国家利益、社会公共利益的；

（三）侵害案外人合法权益的；

（四）损害社会公序良俗的；

（五）内容不明确，无法确认的；

（六）其他不能进行司法确认的情形。

第八条 人民法院经审查认为调解协议符合确认条件的，应当作出确认决定书；决定不予确认调解协议效力的，应当作出不予确认决定书。

第九条 人民法院依法作出确认决定后，一方当事人拒绝履行或者未全部履行的，对方当事人可以向作出确认决定的人民法院申请强制执行。

第十条 案外人认为经人民法院确认的调解协议侵害其合法权益的，可以自知道或者应当知道权益被侵害之日起一年内，向作出确认决定的人民法院申请撤销确认决定。

第十一条 人民法院办理人民调解协议司法确认案件，不收取费用。

第十二条 人民法院可以将调解协议不予确认的情况定期或者不定期通报同级司法行政机关和相关人民调解委员会。

第十三条 经人民法院建立的调解员名册中的调解员调解达成协议后，当事人申请司法确认的，参照本规定办理。人民法院立案后委托他人调解达成的协议的司法确认，按照《最高人民法院关于人民法院民事调解工作若干问题的规定》（法释〔2004〕12 号）的有关规定办理。

中华人民共和国
劳动争议调解仲裁法

（2007 年 12 月 29 日第十届全国人民代表大会常务委员会第三十一次会议通过　2007 年 12 月 29 日中华人民共和国主席令第 80 号公布　自 2008 年 5 月 1 日起施行）

目　录

第一章　总　则
第二章　调　解
第三章　仲　裁
　第一节　一般规定
　第二节　申请和受理
　第三节　开庭和裁决
第四章　附　则

第一章 总 则

第一条 【立法目的】为了公正及时解决劳动争议,保护当事人合法权益,促进劳动关系和谐稳定,制定本法。

第二条 【适用范围】中华人民共和国境内的用人单位与劳动者发生的下列劳动争议,适用本法:

(一)因确认劳动关系发生的争议;

(二)因订立、履行、变更、解除和终止劳动合同发生的争议;

(三)因除名、辞退和辞职、离职发生的争议;

(四)因工作时间、休息休假、社会保险、福利、培训以及劳动保护发生的争议;

(五)因劳动报酬、工伤医疗费、经济补偿或者赔偿金等发生的争议;

(六)法律、法规规定的其他劳动争议。

第三条 【基本原则】解决劳动争议,应当根据事实,遵循合法、公正、及时、着重调解的原则,依法保护当事人的合法权益。

第四条 【协商】发生劳动争议,劳动者可以与用人单位协商,也可以请工会或者第三方共同与用人单位协商,达成和解协议。

第五条 【调解、仲裁、诉讼】发生劳动争议,当事人不愿协商、协商不成或者达成和解协议后不履行的,可以向调解组织申请调解;不愿调解、调解不成或者达成调解协议后不履行的,可以向劳动争议仲裁委员会申请仲裁;对仲裁裁决不服的,除本法另有规定的外,可以向人民法院提起诉讼。

第六条 【举证责任】发生劳动争议,当事人对自己提出的主张,有责任提供证据。与争议事项有关的证据属于用人单位掌握管理的,用人单位应当提供;用人单位不提供的,应当承担不利后果。

第七条 【推举代表参加调解、仲裁或诉讼】发生劳动争议的劳动者一方在十人以上,并有共同请求的,可以推举代表参加调解、仲裁或者诉讼活动。

第八条 【三方机制】县级以上人民政府劳动行政部门会同工会和企业方面代表建立协调劳动关系三方机制,共同研究解决劳动争议的重大问题。

第九条 【拖欠劳动报酬等争议的行政救济】用人单位违反国家规定,拖欠或者未足额支付劳动报酬,或者拖欠工伤医疗费、经济补偿或者赔偿金的,劳动者可以向劳动行政部门投诉,劳动行政部门应当依法处理。

第二章 调 解

第十条 【调解组织】发生劳动争议,当事人可以到下列调解组织申请调解:

(一)企业劳动争议调解委员会;

(二)依法设立的基层人民调解组织;

(三)在乡镇、街道设立的具有劳动争议调解职能的组织。

企业劳动争议调解委员会由职工代表和企业代表组成。职工代表由工会成员担任或者由全体职工推举产生,企业代表由企业负责人指定。企业劳动争议调解委员会主任由工会成员或者双方推举的人员担任。

第十一条 【调解员】劳动争议调解组织的调解员应当由公道正派、联系群众、热心调解工作,并具有一定法律知识、政策水平和文化水平的成年公民担任。

第十二条 【申请调解的形式】当事人申请劳动争议调解可以书面申请,也可以口头申请。口头申请的,调解组织应当当场记录申请人基本情况、申请调解的争议事项、理由和时间。

第十三条 【调解的基本原则】调解劳动争议,应当充分听取双方当事人对事实和理由的陈述,耐心疏导,帮助其达成协议。

第十四条 【调解协议书】经调解达成协议的,应当制作调解协议书。

调解协议书由双方当事人签名或者盖章,经调解员签名并加盖调解组织印章后生效,对双方当事人具有约束力,当事人应当履行。

自劳动争议调解组织收到调解申请之日起十五日内未达成调解协议的,当事人可以依法申请仲裁。

第十五条 【不履行调解协议可申请仲裁】达成调解协议后,一方当事人在协议约定期限内不履行调解协议的,另一方当事人可以依法申请仲裁。

第十六条 【劳动者可以调解协议书申请支付令的情形】因支付拖欠劳动报酬、工伤医疗费、经济补偿或者赔偿金事项达成调解协议，用人单位在协议约定期限内不履行的，劳动者可以持调解协议书依法向人民法院申请支付令。人民法院应当依法发出支付令。

第三章 仲 裁

第一节 一般规定

第十七条 【劳动争议仲裁委员会的设立】劳动争议仲裁委员会按照统筹规划、合理布局和适应实际需要的原则设立。省、自治区人民政府可以决定在市、县设立；直辖市人民政府可以决定在区、县设立。直辖市、设区的市也可以设立一个或者若干个劳动争议仲裁委员会。劳动争议仲裁委员会不按行政区划层层设立。

第十八条 【政府的职责】国务院劳动行政部门依照本法有关规定制定仲裁规则。省、自治区、直辖市人民政府劳动行政部门对本行政区域的劳动争议仲裁工作进行指导。

第十九条 【劳动争议仲裁委员会的组成与职责】劳动争议仲裁委员会由劳动行政部门代表、工会代表和企业方面代表组成。劳动争议仲裁委员会组成人员应当是单数。

劳动争议仲裁委员会依法履行下列职责：

（一）聘任、解聘专职或者兼职仲裁员；

（二）受理劳动争议案件；

（三）讨论重大或者疑难的劳动争议案件；

（四）对仲裁活动进行监督。

劳动争议仲裁委员会下设办事机构，负责办理劳动争议仲裁委员会的日常工作。

第二十条 【仲裁员】劳动争议仲裁委员会应当设仲裁员名册。

仲裁员应当公道正派并符合下列条件之一：

（一）曾任审判员的；

（二）从事法律研究、教学工作并具有中级以上职称的；

（三）具有法律知识、从事人力资源管理或者工会等专业工作满五年的；

（四）律师执业满三年的。

第二十一条 【劳动争议仲裁案件的管辖】劳动争议仲裁委员会负责管辖本区域内发生的劳动争议。

劳动争议由劳动合同履行地或者用人单位所在地的劳动争议仲裁委员会管辖。双方当事人分别向劳动合同履行地和用人单位所在地的劳动争议仲裁委员会申请仲裁的，由劳动合同履行地的劳动争议仲裁委员会管辖。

第二十二条 【劳动争议仲裁案件的当事人】发生劳动争议的劳动者和用人单位为劳动争议仲裁案件的双方当事人。

劳务派遣单位或者用工单位与劳动者发生劳动争议的，劳务派遣单位和用工单位为共同当事人。

第二十三条 【有利害关系的第三人】与劳动争议案件的处理结果有利害关系的第三人，可以申请参加仲裁活动或者由劳动争议仲裁委员会通知其参加仲裁活动。

第二十四条 【委托代理人参加仲裁活动】当事人可以委托代理人参加仲裁活动。委托他人参加仲裁活动，应当向劳动争议仲裁委员会提交有委托人签名或者盖章的委托书，委托书应当载明委托事项和权限。

第二十五条 【法定代理人、指定代理人或近亲属参加仲裁的情形】丧失或者部分丧失民事行为能力的劳动者，由其法定代理人代为参加仲裁活动；无法定代理人的，由劳动争议仲裁委员会为其指定代理人。劳动者死亡的，由其近亲属或者代理人参加仲裁活动。

第二十六条 【仲裁公开原则及例外】劳动争议仲裁公开进行，但当事人协议不公开进行或者涉及国家秘密、商业秘密和个人隐私的除外。

第二节 申请和受理

第二十七条 【仲裁时效】劳动争议申请仲裁的时效期间为一年。仲裁时效期间从当事人知道或者应当知道其权利被侵害之日起计算。

前款规定的仲裁时效，因当事人一方向对方当事人主张权利，或者向有关部门请求权利救济，或者对方当事人同意履行义务而中断。从中断时起，仲裁时效期间重新计算。

因不可抗力或者有其他正当理由，当事人不能在本条第一款规定的仲裁时效期间申请仲裁的，仲裁时效中止。从中止时效的原因消除之日起，仲裁时效期间继续计算。

劳动关系存续期间因拖欠劳动报酬发生争议

的，劳动者申请仲裁不受本条第一款规定的仲裁时效期间的限制；但是，劳动关系终止的，应当自劳动关系终止之日起一年内提出。

第二十八条 【申请仲裁的形式】申请人申请仲裁应当提交书面仲裁申请，并按照被申请人人数提交副本。

仲裁申请书应当载明下列事项：

（一）劳动者的姓名、性别、年龄、职业、工作单位和住所，用人单位的名称、住所和法定代表人或者主要负责人的姓名、职务；

（二）仲裁请求和所根据的事实、理由；

（三）证据和证据来源、证人姓名和住所。

书写仲裁申请确有困难的，可以口头申请，由劳动争议仲裁委员会记入笔录，并告知对方当事人。

第二十九条 【仲裁的受理】劳动争议仲裁委员会收到仲裁申请之日起五日内，认为符合受理条件的，应当受理，并通知申请人；认为不符合受理条件的，应当书面通知申请人不予受理，并说明理由。对劳动争议仲裁委员会不予受理或者逾期未作出决定的，申请人可以就该劳动争议事项向人民法院提起诉讼。

第三十条 【被申请人答辩书】劳动争议仲裁委员会受理仲裁申请后，应当在五日内将仲裁申请书副本送达被申请人。

被申请人收到仲裁申请书副本后，应当在十日内向劳动争议仲裁委员会提交答辩书。劳动争议仲裁委员会收到答辩书后，应当在五日内将答辩书副本送达申请人。被申请人未提交答辩书的，不影响仲裁程序的进行。

第三节 开庭和裁决

第三十一条 【仲裁庭】劳动争议仲裁委员会裁决劳动争议案件实行仲裁庭制。仲裁庭由三名仲裁员组成，设首席仲裁员。简单劳动争议案件可以由一名仲裁员独任仲裁。

第三十二条 【通知仲裁庭的组成情况】劳动争议仲裁委员会应当在受理仲裁申请之日起五日内将仲裁庭的组成情况书面通知当事人。

第三十三条 【回避】仲裁员有下列情形之一，应当回避，当事人也有权以口头或者书面方式提出回避申请：

（一）是本案当事人或者当事人、代理人的近亲属的；

（二）与本案有利害关系的；

（三）与本案当事人、代理人有其他关系，可能影响公正裁决的；

（四）私自会见当事人、代理人，或者接受当事人、代理人的请客送礼的。

劳动争议仲裁委员会对回避申请应当及时作出决定，并以口头或者书面方式通知当事人。

第三十四条 【仲裁员承担责任的情形】仲裁员有本法第三十三条第四项规定情形，或者有索贿受贿、徇私舞弊、枉法裁决行为的，应当依法承担法律责任。劳动争议仲裁委员会应当将其解聘。

第三十五条 【开庭通知及延期】仲裁庭应当在开庭五日前，将开庭日期、地点书面通知双方当事人。当事人有正当理由的，可以在开庭三日前请求延期开庭。是否延期，由劳动争议仲裁委员会决定。

第三十六条 【申请人、被申请人无故不到庭或中途退庭】申请人收到书面通知，无正当理由拒不到庭或者未经仲裁庭同意中途退庭的，可以视为撤回仲裁申请。

被申请人收到书面通知，无正当理由拒不到庭或者未经仲裁庭同意中途退庭的，可以缺席裁决。

第三十七条 【鉴定】仲裁庭对专门性问题认为需要鉴定的，可以交由当事人约定的鉴定机构鉴定；当事人没有约定或者无法达成约定的，由仲裁庭指定的鉴定机构鉴定。

根据当事人的请求或者仲裁庭的要求，鉴定机构应当派鉴定人参加开庭。当事人经仲裁庭许可，可以向鉴定人提问。

第三十八条 【质证和辩论】当事人在仲裁过程中有权进行质证和辩论。质证和辩论终结时，首席仲裁员或者独任仲裁员应当征询当事人的最后意见。

第三十九条 【举证】当事人提供的证据经查证属实的，仲裁庭应当将其作为认定事实的根据。

劳动者无法提供由用人单位掌握管理的与仲裁请求有关的证据，仲裁庭可以要求用人单位在指定期限内提供。用人单位在指定期限内不提供的，应当承担不利后果。

第四十条 【开庭笔录】仲裁庭应当将开庭情况记入笔录。当事人和其他仲裁参加人认为对自己陈述的记录有遗漏或者差错的，有权申请补正。

如果不予补正，应当记录该申请。

笔录由仲裁员、记录人员、当事人和其他仲裁参加人签名或者盖章。

第四十一条 【申请仲裁后自行和解】当事人申请劳动争议仲裁后，可以自行和解。达成和解协议的，可以撤回仲裁申请。

第四十二条 【先行调解】仲裁庭在作出裁决前，应当先行调解。

调解达成协议的，仲裁庭应当制作调解书。

调解书应当写明仲裁请求和当事人协议的结果。调解书由仲裁员签名，加盖劳动争议仲裁委员会印章，送达双方当事人。调解书经双方当事人签收后，发生法律效力。

调解不成或者调解书送达前，一方当事人反悔的，仲裁庭应当及时作出裁决。

第四十三条 【仲裁案件审理期限】仲裁庭裁决劳动争议案件，应当自劳动争议仲裁委员会受理仲裁申请之日起四十五日内结束。案情复杂需要延期的，经劳动争议仲裁委员会主任批准，可以延期并书面通知当事人，但是延长期限不得超过十五日。逾期未作出仲裁裁决的，当事人可以就该劳动争议事项向人民法院提起诉讼。

仲裁庭裁决劳动争议案件时，其中一部分事实已经清楚，可以就该部分先行裁决。

第四十四条 【可以裁决先予执行的案件】仲裁庭对追索劳动报酬、工伤医疗费、经济补偿或者赔偿金的案件，根据当事人的申请，可以裁决先予执行，移送人民法院执行。

仲裁庭裁决先予执行的，应当符合下列条件：

（一）当事人之间权利义务关系明确；

（二）不先予执行将严重影响申请人的生活。

劳动者申请先予执行的，可以不提供担保。

第四十五条 【作出裁决意见】裁决应当按照多数仲裁员的意见作出，少数仲裁员的不同意见应当记入笔录。仲裁庭不能形成多数意见时，裁决应当按照首席仲裁员的意见作出。

第四十六条 【裁决书】裁决书应当载明仲裁请求、争议事实、裁决理由、裁决结果和裁决日期。裁决书由仲裁员签名，加盖劳动争议仲裁委员会印章。对裁决持不同意见的仲裁员，可以签名，也可以不签名。

第四十七条 【一裁终局的案件】下列劳动争议，除本法另有规定的外，仲裁裁决为终局裁决，裁决书自作出之日起发生法律效力：

（一）追索劳动报酬、工伤医疗费、经济补偿或者赔偿金，不超过当地月最低工资标准十二个月金额的争议；

（二）因执行国家的劳动标准在工作时间、休息休假、社会保险等方面发生的争议。

第四十八条 【劳动者不服一裁终局案件的裁决提起诉讼的期限】劳动者对本法第四十七条规定的仲裁裁决不服的，可以自收到仲裁裁决书之日起十五日内向人民法院提起诉讼。

第四十九条 【用人单位不服一裁终局案件的裁决可诉请撤销的案件】用人单位有证据证明本法第四十七条规定的仲裁裁决有下列情形之一，可以自收到仲裁裁决书之日起三十日内向劳动争议仲裁委员会所在地的中级人民法院申请撤销裁决：

（一）适用法律、法规确有错误的；

（二）劳动争议仲裁委员会无管辖权的；

（三）违反法定程序的；

（四）裁决所根据的证据是伪造的；

（五）对方当事人隐瞒了足以影响公正裁决的证据的；

（六）仲裁员在仲裁该案时有索贿受贿、徇私舞弊、枉法裁决行为的。

人民法院经组成合议庭审查核实裁决有前款规定情形之一的，应当裁定撤销。

仲裁裁决被人民法院裁定撤销的，当事人可以自收到裁定书之日起十五日内就该劳动争议事项向人民法院提起诉讼。

第五十条 【其他不服仲裁裁决提起诉讼的期限】当事人对本法第四十七条规定以外的其他劳动争议案件的仲裁裁决不服的，可以自收到仲裁裁决书之日起十五日内向人民法院提起诉讼；期满不起诉的，裁决书发生法律效力。

第五十一条 【生效调解书、裁决书的执行】当事人对发生法律效力的调解书、裁决书，应当依照规定的期限履行。一方当事人逾期不履行的，另一方当事人可以依照民事诉讼法的有关规定向人民法院申请执行。受理申请的人民法院应当依法执行。

第四章　附　　则

第五十二条 【人事争议处理的法律适用】事

业单位实行聘用制的工作人员与本单位发生劳动争议的，依照本法执行；法律、行政法规或者国务院另有规定的，依照其规定。

第五十三条 【劳动争议仲裁不收费】劳动争议仲裁不收费。劳动争议仲裁委员会的经费由财政予以保障。

第五十四条 【实施日期】本法自2008年5月1日起施行。

中华人民共和国农村土地承包经营纠纷调解仲裁法

（2009年6月27日第十一届全国人民代表大会常务委员会第九次会议通过 2009年6月27日中华人民共和国主席令第14号公布 自2010年1月1日起施行）

目 录

第一章 总 则
第二章 调 解
第三章 仲 裁
　第一节 仲裁委员会和仲裁员
　第二节 申请和受理
　第三节 仲裁庭的组成
　第四节 开庭和裁决
第四章 附 则

第一章 总 则

第一条 【立法宗旨】为了公正、及时解决农村土地承包经营纠纷，维护当事人的合法权益，促进农村经济发展和社会稳定，制定本法。

第二条 【调整范围】农村土地承包经营纠纷调解和仲裁，适用本法。

农村土地承包经营纠纷包括：

（一）因订立、履行、变更、解除和终止农村土地承包合同发生的纠纷；

（二）因农村土地承包经营权转包、出租、互换、转让、入股等流转发生的纠纷；

（三）因收回、调整承包地发生的纠纷；

（四）因确认农村土地承包经营权发生的纠纷；

（五）因侵害农村土地承包经营权发生的纠纷；

（六）法律、法规规定的其他农村土地承包经营纠纷。

因征收集体所有的土地及其补偿发生的纠纷，不属于农村土地承包仲裁委员会的受理范围，可以通过行政复议或者诉讼等方式解决。

第三条 【和解、调解途径】发生农村土地承包经营纠纷的，当事人可以自行和解，也可以请求村民委员会、乡（镇）人民政府等调解。

第四条 【仲裁、诉讼途径】当事人和解、调解不成或者不愿和解、调解的，可以向农村土地承包仲裁委员会申请仲裁，也可以直接向人民法院起诉。

第五条 【基本原则】农村土地承包经营纠纷调解和仲裁，应当公开、公平、公正，便民高效，根据事实，符合法律，尊重社会公德。

第六条 【指导部门】县级以上人民政府应当加强对农村土地承包经营纠纷调解和仲裁工作的指导。

县级以上人民政府农村土地承包管理部门及其他有关部门应当依照职责分工，支持有关调解组织和农村土地承包仲裁委员会依法开展工作。

第二章 调 解

第七条 【调解工作】村民委员会、乡（镇）人民政府应当加强农村土地承包经营纠纷的调解工作，帮助当事人达成协议解决纠纷。

第八条 【调解申请】当事人申请农村土地承包经营纠纷调解可以书面申请，也可以口头申请。口头申请的，由村民委员会或者乡（镇）人民政府当场记录申请人的基本情况、申请调解的纠纷事项、理由和时间。

第九条 【调解方式】调解农村土地承包经营纠纷，村民委员会或者乡（镇）人民政府应当充分听取当事人对事实和理由的陈述，讲解有关法律以及国家政策，耐心疏导，帮助当事人达成协议。

第十条 【调解协议书】经调解达成协议的，村民委员会或者乡（镇）人民政府应当制作调解协议书。

调解协议书由双方当事人签名、盖章或者按指印，经调解人员签名并加盖调解组织印章后生效。

第十一条 【仲裁调解】仲裁庭对农村土地承

包经营纠纷应当进行调解。调解达成协议的，仲裁庭应当制作调解书；调解不成的，应当及时作出裁决。

调解书应当写明仲裁请求和当事人协议的结果。调解书由仲裁员签名，加盖农村土地承包仲裁委员会印章，送达双方当事人。

调解书经双方当事人签收后，即发生法律效力。在调解书签收前当事人反悔的，仲裁庭应当及时作出裁决。

第三章 仲　　裁

第一节　仲裁委员会和仲裁员

第十二条　【农村土地承包仲裁委员会的设立】农村土地承包仲裁委员会，根据解决农村土地承包经营纠纷的实际需要设立。农村土地承包仲裁委员会可以在县和不设区的市设立，也可以在设区的市或者其市辖区设立。

农村土地承包仲裁委员会在当地人民政府指导下设立。设立农村土地承包仲裁委员会的，其日常工作由当地农村土地承包管理部门承担。

第十三条　【农村土地承包仲裁委员会的组成】农村土地承包仲裁委员会由当地人民政府及其有关部门代表、有关人民团体代表、农村集体经济组织代表、农民代表和法律、经济等相关专业人员兼任组成，其中农民代表和法律、经济等相关专业人员不得少于组成人员的二分之一。

农村土地承包仲裁委员会设主任一人、副主任一至二人和委员若干人。主任、副主任由全体组成人员选举产生。

第十四条　【农村土地承包仲裁委员会的职责】农村土地承包仲裁委员会依法履行下列职责：

（一）聘任、解聘仲裁员；

（二）受理仲裁申请；

（三）监督仲裁活动。

农村土地承包仲裁委员会应当依照本法制定章程，对其组成人员的产生方式及任期、议事规则等作出规定。

第十五条　【仲裁员的选任】农村土地承包仲裁委员会应当从公道正派的人员中聘任仲裁员。

仲裁员应当符合下列条件之一：

（一）从事农村土地承包管理工作满五年；

（二）从事法律工作或者人民调解工作满五年；

（三）在当地威信较高，并熟悉农村土地承包法律以及国家政策的居民。

第十六条　【仲裁员的培训】农村土地承包仲裁委员会应当对仲裁员进行农村土地承包法律以及国家政策的培训。

省、自治区、直辖市人民政府农村土地承包管理部门应当制定仲裁员培训计划，加强对仲裁员培训工作的组织和指导。

第十七条　【仲裁人员禁止行为】农村土地承包仲裁委员会组成人员、仲裁员应当依法履行职责，遵守农村土地承包仲裁委员会章程和仲裁规则，不得索贿受贿、徇私舞弊，不得侵害当事人的合法权益。

仲裁员有索贿受贿、徇私舞弊、枉法裁决以及接受当事人请客送礼等违法违纪行为的，农村土地承包仲裁委员会应当将其除名；构成犯罪的，依法追究刑事责任。

县级以上地方人民政府及有关部门应当受理对农村土地承包仲裁委员会组成人员、仲裁员违法违纪行为的投诉和举报，并依法组织查处。

第二节　申请和受理

第十八条　【仲裁时效】农村土地承包经营纠纷申请仲裁的时效期间为二年，自当事人知道或者应当知道其权利被侵害之日起计算。

第十九条　【仲裁参与人】农村土地承包经营纠纷仲裁的申请人、被申请人为当事人。家庭承包的，可以由农户代表人参加仲裁。当事人一方人数众多的，可以推选代表人参加仲裁。

与案件处理结果有利害关系的，可以申请作为第三人参加仲裁，或者由农村土地承包仲裁委员会通知其参加仲裁。

当事人、第三人可以委托代理人参加仲裁。

第二十条　【申请仲裁的条件】申请农村土地承包经营纠纷仲裁应当符合下列条件：

（一）申请人与纠纷有直接的利害关系；

（二）有明确的被申请人；

（三）有具体的仲裁请求和事实、理由；

（四）属于农村土地承包仲裁委员会的受理范围。

第二十一条　【仲裁申请】当事人申请仲裁，应当向纠纷涉及的土地所在地的农村土地承包仲裁委员会递交仲裁申请书。仲裁申请书可以邮寄或者委托他人代交。仲裁申请书应当载明申请人和被申请人的基本情况,仲裁请求和所根据的事实、理由,并提供相应的证据和证据来源。

书面申请确有困难的,可以口头申请,由农村土地承包仲裁委员会记入笔录,经申请人核实后由其签名、盖章或者按指印。

第二十二条 【仲裁申请的审查受理】农村土地承包仲裁委员会应当对仲裁申请予以审查,认为符合本法第二十条规定的,应当受理。有下列情形之一的,不予受理;已受理的,终止仲裁程序:

(一)不符合申请条件;

(二)人民法院已受理该纠纷;

(三)法律规定该纠纷应当由其他机构处理;

(四)对该纠纷已有生效的判决、裁定、仲裁裁决、行政处理决定等。

第二十三条 【仲裁申请处理程序】农村土地承包仲裁委员会决定受理的,应当自收到仲裁申请之日起五个工作日内,将受理通知书、仲裁规则和仲裁员名册送达申请人;决定不予受理或者终止仲裁程序的,应当自收到仲裁申请或者发现终止仲裁程序情形之日起五个工作日内书面通知申请人,并说明理由。

第二十四条 【送达】农村土地承包仲裁委员会应当自受理仲裁申请之日起五个工作日内,将受理通知书、仲裁申请书副本、仲裁规则和仲裁员名册送达被申请人。

第二十五条 【仲裁答辩】被申请人应当自收到仲裁申请书副本之日起十日内向农村土地承包仲裁委员会提交答辩书;书面答辩确有困难的,可以口头答辩,由农村土地承包仲裁委员会记入笔录,经被申请人核实后由其签名、盖章或者按指印。农村土地承包仲裁委员会应当自收到答辩书之日起五个工作日内将答辩书副本送达申请人。被申请人未答辩的,不影响仲裁程序的进行。

第二十六条 【财产保全】一方当事人因另一方当事人的行为或者其他原因,可能使裁决不能执行或者难以执行的,可以申请财产保全。

当事人申请财产保全的,农村土地承包仲裁委员会应当将当事人的申请提交被申请人住所地或者财产所在地的基层人民法院。

申请有错误的,申请人应当赔偿被申请人因财产保全所遭受的损失。

第三节 仲裁庭的组成

第二十七条 【仲裁员的选定】仲裁庭由三名仲裁员组成,首席仲裁员由当事人共同选定,其他二名仲裁员由当事人各自选定;当事人不能选定的,由农村土地承包仲裁委员会主任指定。

事实清楚、权利义务关系明确、争议不大的农村土地承包经营纠纷,经双方当事人同意,可以由一名仲裁员仲裁。仲裁员由当事人共同选定或者由农村土地承包仲裁委员会主任指定。

农村土地承包仲裁委员会应当自仲裁庭组成之日起二个工作日内将仲裁庭组成情况通知当事人。

第二十八条 【回避】仲裁员有下列情形之一的,必须回避,当事人也有权以口头或者书面方式申请其回避:

(一)是本案当事人或者当事人、代理人的近亲属;

(二)与本案有利害关系;

(三)与本案当事人、代理人有其他关系,可能影响公正仲裁;

(四)私自会见当事人、代理人,或者接受当事人、代理人的请客送礼。

当事人提出回避申请,应当说明理由,在首次开庭前提出。回避事由在首次开庭后知道的,可以在最后一次开庭终结前提出。

第二十九条 【回避决定】农村土地承包仲裁委员会对回避申请应当及时作出决定,以口头或者书面方式通知当事人,并说明理由。

仲裁员是否回避,由农村土地承包仲裁委员会主任决定;农村土地承包仲裁委员会主任担任仲裁员时,由农村土地承包仲裁委员会集体决定。

仲裁员因回避或者其他原因不能履行职责的,应当依照本法规定重新选定或者指定仲裁员。

第四节 开庭和裁决

第三十条 【仲裁方式】农村土地承包经营纠纷仲裁应当开庭进行。

开庭可以在纠纷涉及的土地所在地的乡(镇)或者村进行,也可以在农村土地承包仲裁委员会所在地进行。当事人双方要求在乡(镇)或者村开庭的,应当在该乡(镇)或者村开庭。

开庭应当公开,但涉及国家秘密、商业秘密和个人隐私以及当事人约定不公开的除外。

第三十一条 【开庭事宜通知】仲裁庭应当在开庭五个工作日前将开庭的时间、地点通知当事人和其他仲裁参与人。

当事人有正当理由的,可以向仲裁庭请求变更开庭的时间、地点。是否变更,由仲裁庭决定。

第三十二条 【仲裁和解】当事人申请仲裁后,可以自行和解。达成和解协议的,可以请求仲裁庭根据和解协议作出裁决书,也可以撤回仲裁申请。

第三十三条 【仲裁请求】申请人可以放弃或者变更仲裁请求。被申请人可以承认或者反驳仲裁请求,有权提出反请求。

第三十四条 【撤回仲裁申请】仲裁庭作出裁决前,申请人撤回仲裁申请的,除被申请人提出反请求的外,仲裁庭应当终止仲裁。

第三十五条 【缺席裁决】申请人经书面通知,无正当理由不到庭或者未经仲裁庭许可中途退庭的,可以视为撤回仲裁申请。

被申请人经书面通知,无正当理由不到庭或者未经仲裁庭许可中途退庭的,可以缺席裁决。

第三十六条 【仲裁庭审】当事人在开庭过程中有权发表意见、陈述事实和理由、提供证据、进行质证和辩论。对不通晓当地通用语言文字的当事人,农村土地承包仲裁委员会应当为其提供翻译。

第三十七条 【证据规则】当事人应当对自己的主张提供证据。与纠纷有关的证据由作为当事人一方的发包方等掌握管理的,该当事人应当在仲裁庭指定的期限内提供,逾期不提供的,应当承担不利后果。

第三十八条 【证据收集】仲裁庭认为有必要收集的证据,可以自行收集。

第三十九条 【鉴定】仲裁庭对专门性问题认为需要鉴定的,可以交由当事人约定的鉴定机构鉴定;当事人没有约定的,由仲裁庭指定的鉴定机构鉴定。

根据当事人的请求或者仲裁庭的要求,鉴定机构应当派鉴定人参加开庭。当事人经仲裁庭许可,可以向鉴定人提问。

第四十条 【质证】证据应当在开庭时出示,但涉及国家秘密、商业秘密和个人隐私的证据不得在公开开庭时出示。

仲裁庭应当依照仲裁规则的规定开庭,给予双方当事人平等陈述、辩论的机会,并组织当事人进行质证。

经仲裁庭查证属实的证据,应当作为认定事实的根据。

第四十一条 【证据保全】在证据可能灭失或者以后难以取得的情况下,当事人可以申请证据保全。当事人申请证据保全的,农村土地承包仲裁委员会应当将当事人的申请提交证据所在地的基层人民法院。

第四十二条 【先行裁定】对权利义务关系明确的纠纷,经当事人申请,仲裁庭可以先行裁定维持现状、恢复农业生产以及停止取土、占地等行为。

一方当事人不履行先行裁定的,另一方当事人可以向人民法院申请执行,但应当提供相应的担保。

第四十三条 【开庭笔录】仲裁庭应当将开庭情况记入笔录,由仲裁员、记录人员、当事人和其他仲裁参与人签名、盖章或者按指印。

当事人和其他仲裁参与人认为对自己陈述的记录有遗漏或者差错的,有权申请补正。如果不予补正,应当记录该申请。

第四十四条 【仲裁裁决】仲裁庭应当根据认定的事实和法律以及国家政策作出裁决并制作裁决书。

裁决应当按照多数仲裁员的意见作出,少数仲裁员的不同意见可以记入笔录。仲裁庭不能形成多数意见时,裁决应当按照首席仲裁员的意见作出。

第四十五条 【裁决书】裁决书应当写明仲裁请求、争议事实、裁决理由、裁决结果、裁决日期以及当事人不服仲裁裁决的起诉权利、期限,由仲裁员签名,加盖农村土地承包仲裁委员会印章。

农村土地承包仲裁委员会应当在裁决作出之日起三个工作日内将裁决书送达当事人,并告知当事人不服仲裁裁决的起诉权利、期限。

第四十六条 【独立仲裁原则】仲裁庭依法独立履行职责,不受行政机关、社会团体和个人的干涉。

第四十七条 【仲裁时限】仲裁农村土地承包经营纠纷,应当自受理仲裁申请之日起六十日内结束;案情复杂需要延长的,经农村土地承包仲裁委员会主任批准可以延长,并书面通知当事人,但延长期限不得超过三十日。

第四十八条 【裁决效力】当事人不服仲裁裁决的，可以自收到裁决书之日起三十日内向人民法院起诉。逾期不起诉的，裁决书即发生法律效力。

第四十九条 【申请执行】当事人对发生法律效力的调解书、裁决书，应当依照规定的期限履行。一方当事人逾期不履行的，另一方当事人可以向被申请人住所地或者财产所在地的基层人民法院申请执行。受理申请的人民法院应当依法执行。

第四章 附 则

第五十条 【农村土地界定】本法所称农村土地，是指农民集体所有和国家所有依法由农民集体使用的耕地、林地、草地，以及其他依法用于农业的土地。

第五十一条 【仲裁规则等的制定】农村土地承包经营纠纷仲裁规则和农村土地承包仲裁委员会示范章程，由国务院农业、林业行政主管部门依照本法规定共同制定。

第五十二条 【仲裁不收费】农村土地承包经营纠纷仲裁不得向当事人收取费用，仲裁工作经费纳入财政预算予以保障。

第五十三条 【施行日期】本法自2010年1月1日起施行。

最高人民法院关于审理涉及农村土地承包经营纠纷调解仲裁案件适用法律若干问题的解释

（2013年12月27日最高人民法院审判委员会第1601次会议通过 根据2020年12月23日最高人民法院审判委员会第1823次会议通过的《最高人民法院关于修改〈最高人民法院关于在民事审判工作中适用《中华人民共和国工会法》若干问题的解释〉等二十七件民事类司法解释的决定》修正）

为正确审理涉及农村土地承包经营纠纷调解仲裁案件，根据《中华人民共和国农村土地承包法》《中华人民共和国农村土地承包经营纠纷调解仲裁法》《中华人民共和国民事诉讼法》等法律的规定，结合民事审判实践，就审理涉及农村土地承包经营纠纷调解仲裁案件适用法律的若干问题，制定本解释。

第一条 农村土地承包仲裁委员会根据农村土地承包经营纠纷调解仲裁法第十八条规定，以超过申请仲裁的时效期间为由驳回申请后，当事人就同一纠纷提起诉讼的，人民法院应予受理。

第二条 当事人在收到农村土地承包仲裁委员会作出的裁决书之日起三十日后或者签收农村土地承包仲裁委员会作出的调解书后，就同一纠纷向人民法院提起诉讼的，裁定不予受理；已经受理的，裁定驳回起诉。

第三条 当事人在收到农村土地承包仲裁委员会作出的裁决书之日起三十日内，向人民法院提起诉讼，请求撤销仲裁裁决的，人民法院应当告知当事人就原纠纷提起诉讼。

第四条 农村土地承包仲裁委员会依法向人民法院提交当事人财产保全申请的，申请财产保全的当事人为申请人。

农村土地承包仲裁委员会应当提交下列材料：

（一）财产保全申请书；

（二）农村土地承包仲裁委员会发出的受理案件通知书；

（三）申请人的身份证明；

（四）申请保全财产的具体情况。

人民法院采取保全措施，可以责令申请人提供担保，申请人不提供担保的，裁定驳回申请。

第五条 人民法院对农村土地承包仲裁委员会提交的财产保全申请材料，应当进行审查。符合前条规定的，应予受理；申请材料不齐全或不符合规定的，人民法院应当告知农村土地承包仲裁委员会需要补齐的内容。

人民法院决定受理的，应当于三日内向当事人送达受理通知书并告知农村土地承包仲裁委员会。

第六条 人民法院受理财产保全申请后，应当在十日内作出裁定。因特殊情况需要延长的，经本院院长批准，可以延长五日。

人民法院接受申请后，对情况紧急的，必须在四十八小时内作出裁定；裁定采取保全措施的，应当立即开始执行。

第七条 农村土地承包经营纠纷仲裁中采取的财产保全措施，在申请保全的当事人依法提起诉讼后，自动转为诉讼中的财产保全措施，并适用《最高人民法院关于适用〈中华人民共和国民事诉讼法〉的解释》第四百八十七条关于查封、扣押、冻结期限的规定。

第八条 农村土地承包仲裁委员会依法向人民法院提交当事人证据保全申请的，应当提供下列材料：

（一）证据保全申请书；

（二）农村土地承包仲裁委员会发出的受理案件通知书；

（三）申请人的身份证明；

（四）申请保全证据的具体情况。

对证据保全的具体程序事项，适用本解释第五、六、七条关于财产保全的规定。

第九条 农村土地承包仲裁委员会作出先行裁定后，一方当事人依法向被执行人住所地或者被执行的财产所在地基层人民法院申请执行的，人民法院应予受理和执行。

申请执行先行裁定的，应当提供以下材料：

（一）申请执行书；

（二）农村土地承包仲裁委员会作出的先行裁定书；

（三）申请执行人的身份证明；

（四）申请执行人提供的担保情况；

（五）其他应当提交的文件或证件。

第十条 当事人根据农村土地承包经营纠纷调解仲裁法第四十九条规定，向人民法院申请执行调解书、裁决书，符合《最高人民法院关于人民法院执行工作若干问题的规定（试行）》第十六条规定条件的，人民法院应予受理和执行。

第十一条 当事人因不服农村土地承包仲裁委员会作出的仲裁裁决向人民法院提起诉讼的，起诉期从其收到裁决书的次日起计算。

第十二条 本解释施行后，人民法院尚未审结的一审、二审案件适用本解释规定。本解释施行前已经作出生效裁判的案件，本解释施行后依法再审的，不适用本解释规定。

图书在版编目（CIP）数据

中华人民共和国常用法律法规规章司法解释大全：2021年版：总第十四版/中华人民共和国司法部编．—14版．—北京：中国法制出版社，2021.1

ISBN 978-7-5216-1628-6

Ⅰ.①中… Ⅱ.①中… Ⅲ.①法律解释-汇编-中国 Ⅳ.①D920.5

中国版本图书馆CIP数据核字（2021）第019275号

责任编辑 朱丹颖（投稿联系：ss-nuannuan@hotmail.com） 封面设计 周黎明

中华人民共和国常用法律法规规章司法解释大全

ZHONGHUA RENMIN GONGHEGUO CHANGYONG FALÜ FAGUI GUIZHANG SIFA JIESHI DAQUAN

编者/中华人民共和国司法部

经销/新华书店

印刷/三河市紫恒印装有限公司

开本/880毫米×1230毫米 32开 印张/50 字数/2562千

版次/2021年1月第14版 2021年1月第1次印刷

中国法制出版社出版

书号ISBN 978-7-5216-1628-6 定价：95.00元

北京西单横二条2号

邮政编码100031 传真：010-66031119

网址：http://www.zgfzs.com **编辑部电话：010-66067369**

市场营销部电话：010-66033393 **邮购部电话：010-66033288**

（如有印装质量问题，请与本社印务部联系调换。电话：010-66032926）